Lexikon der Vogelhaltung

Dr. George Archibald
VR Dr. Peter Arnold
Otto Bernášek
Dipl.-Forsting. Klaus Borrmann
Siegfried Bruchholz
Dr. Manfred Bürger
Dr. Dr. h. c. Romuald Burkard
Prof. Dr. sc. Dr. h. c. Heinrich Dathe
Dr. Max Dornbusch
Dr. Renate van den Elzen
Prof. Dr. Otto von Frisch
Dr. Wolfgang Grummt
Prof. Dr. Dr. h. c. Bernhard Grzimek
Dr. Joachim Haensel
Dr. Hans-Dieter Hohmann
Dipl.-Biol. Klaus Jacob
Dipl.-Biol. Martin Kaiser
Horst Klatt
Theo Kleefisch
Dr. Dietmar Köhler
Rolf-Guido Krahe
Dr. Hans Löhrl
Rosemary Low
Prof. Dr. Jochen Martens

Dr. Dieter Minnemann
Dipl.-Landwirt Christian Möller
Doz. Dr. Algirdas Navasaitis
Doz. Dr. Mindaugas Navasaitis
Prof. Dr. habil. Jürgen Nicolai
Dr. Dieter Poley
Dr. Heinz-Sigurd Raethel
Dipl.-Biol. Detlef Robel
Dr. sc. Franz Robiller
Dr. Pieter Eppo Roders
Karl Sabel
Dr. Herbert Schifter
Dieter Schmidl
VR Dr. Richard Schöne
Dr. Ulrich Schürer
Dr. sc. Dr. Werner Stanek
Prof. Dr. Dr. h. c. Günther Sterba
Dr. Adelheid Studer-Thiersch
Univ.-Doz. Dr. Ellen Thaler
Klaus Trogisch
VR Dr. Werner Tschirch
Dr. Gunter Wennrich
Dr. Wolfgang Winkel
Hans-Joachim Wöhrmann

Lexikon
der Vogelhaltung

Herausgegeben von Franz Robiller

Landbuch-Verlag Hannover

Landbuch-Verlag GmbH Hannover, 1986
© 1986 by Edition Leipzig
Zeichnungen: Thomas Müller und Michael Lißmann
Lektor: Dr. Harda Voigt
Bildlektor: Marianne Portius
Typografie: Herbert Eckardt
Einband und Schutzumschlag: Rudolf Spiegel
Gesamtherstellung: Grafische Werke Zwickau
Printed in the German Democratic Republic
ISBN 3 7842 0322 1

Vorwort

In vielen Ländern setzte sich in den letzten Jahren die Erkenntnis durch, daß die freilebenden Tiere und Pflanzen unersetzliche Bestandteile der Umwelt bilden und Glieder natürlicher Systeme der Erde darstellen. Ihre Bedeutung aus wissenschaftlicher, ästhetischer, kultureller und wirtschaftlicher Sicht steigt ständig und bestimmt zunehmend menschliches Denken und Handeln. Die Gefährdung durch vielfältige Eingriffe des Menschen in Lebensräume, Pflanzen- und Tierpopulationen führte in zahlreichen Ländern zu wirksamen umwelt- und naturschützerischen Maßnahmen. Über den nationalen Schutz hinaus machten sich internationale Abkommen zwischen den Staaten notwendig, um wirksame Maßnahmen für die Erhaltung bestimmter Arten und Unterarten zu erreichen, die u. a. durch den Tierhandel in ihrem Bestand gefährdet wurden. Am 3. März 1973 kam es in Washington zu dem «Übereinkommen über den internationalen Handel mit gefährdeten Arten freilebender Tiere und Pflanzen», dem sich eine Vielzahl von Staaten anschloß. Im täglichen Sprachgebrauch wurde es als Washingtoner Artenschutzabkommen ein fester Begriff. Parallel zu dieser Entwicklung steigt von Jahr zu Jahr das Bedürfnis, Pflanzen und Tiere in die häusliche Sphäre zu holen, um auf diese Weise in unserem industrialisierten Zeitalter einen Kontakt zur Natur zu erhalten. Steigender Lebensstandard und zusätzliche Freizeit trugen sprunghaft zur Beschäftigung mit Tieren bei. Zu den begehrtesten Pfleglingen in aller Welt zählen die Vögel.

So hat die Vogelhaltung heute wissenschaftliche, pädagogische, kommerzielle, psychologische und ästhetische Beweggründe. Seit geraumer Zeit bestimmen allerdings noch weitere Aspekte die Haltung von Vögeln in Gefangenschaft. Sie zählen zu den intensiven Bemühungen arterhaltender Maßnahmen für besonders gefährdete Vögel in der Natur. In zunehmendem Maße übernehmen zoologische Gärten und weltweit tätige Naturschutzorganisationen diese verantwortungsvollen Aufgaben in speziellen Zuchtstationen, um stabile Gefangenschaftsbestände aufzubauen. Ziel der intensiven nationalen, häufig internationalen Programme ist die Bestandserhöhung der vom Aussterben bedrohten Vögel oder ihre Ansiedlung in einstigen Verbreitungsgebieten. Dieser Weg der Arterhaltung brachte für einige Spezies bereits erfreuliche Erfolge.

Die Entwicklung der letzten Jahre hat also die Vogelhaltung weit vielschichtiger gestaltet, als sie es noch vor wenigen Jahrzehnten war. Ihr Stellenwert ist seit geraumer Zeit ein anderer geworden. Im Vordergrund steht heute in der Welt die züchterische Arbeit.

Dieses Buch soll mit dazu beitragen, Wissenswertes auf dem neuen Weg der Vogelhaltung zu vermitteln. Es soll helfen, Fehler bei Pflege und Zucht zu vermeiden und soll Hinweise auf frühzeitige Erkennung von Krankheiten und Vorbeugemaßnahmen geben, damit durch reichliche Nachzuchten das Bedürfnis nach bisher noch eingeführten Wildfängen bald ganz erlischt. Zukünftig muß mit den Exemplaren gearbeitet werden, die sich bereits in der pflegenden Hand des Menschen befinden. Dieses angestrebte, sicherlich nicht einfach zu erreichende Ziel wäre ein hervorragender Beitrag der Vogelzüchter zum weltweiten Naturschutz bei gleichzeitiger Erfüllung des Wunsches vieler Menschen, ein Stück Natur im Heim zu haben und den Artenreichtum in Gefangenschaft zu erhalten.

In dem Lexikon finden alle Arten und Unterarten Berücksichtigung, die wiederholt in Europa im Handel waren, viele auch, die zu den Seltenheiten gehören. Domestizierte Arten, ihre Farbschläge, Formen, Standards und Verbindlichkeiten für Ausstellungen sollen dem Interessierten Hilfe bei der Vogelhaltung sein, ihn in fach- und sachgerechte Bahnen lenken. Die Erklärung allgemeiner biologischer Begriffe wird bei dem Benutzer das Grundlagen- und Umfeldwissen bei der Haltung und Zucht von Vögeln festigen und erweitern.

Dem Lexikon liegt die vor kurzer Zeit abgeschlossene Systematik von HANS E. WOLTERS («Vögel der Erde» Paul Parey, Hamburg u. Berlin 1975–1982) zu Grunde. Der mit der Materie Vertraute trifft an vielen Stellen auf Ungewohntes, wie es die Aufbereitung der Erkenntnisse der letzten Jahre im reichen Maße zum neuesten Wissensstand mit sich brachte, aber, wie WOLTERS selbst betont, auch noch auf manches Hypothetische. Letzteres wird in diesem Wissenschaftszweig stets einen Platz einnehmen müssen. Aber selbst dem weniger Kundigen fällt sicherlich die eine oder andere veränderte Namensgebung auf. Bei der großen Zahl von Autoren wären Doppelbearbeitungen von Vogelgruppen nach teilweiser Rückkehr zu althergebrachten, im sprachlichen Umgang geläufigen wissenschaftlichen Namen, wie sie einige meiner Mitarbeiter an mich herantrugen, kaum vermeidbar gewesen. Deshalb wurde WOLTERS' Systematik uneingeschränkt beibehalten. Die aufgeführten deutschen Vogelnamen werden ein sicheres Auffinden der Spezies erlauben, selbst wenn sie unter neuem wissenschaftlichen Namen erscheinen.

Autorenverzeichnis

Die Grenzen der biographischen Aufnahme in diesem Buch waren verständlicherweise schwer zu ziehen. Von einigen bekannten Persönlichkeiten vergangener Zeiten, die sich um die Vogelpflege verdient gemacht haben, konnten trotz aller Bemühungen keine exakten Daten erkundet werden, wenige noch im Lichte der Öffentlichkeit stehende verzichteten auf eine Berücksichtigung.

Als Herausgeber oblag mir ein vielschichtiger Aufgabenbereich. Es galt, profilierte Mitarbeiter in aller Welt zu gewinnen, für die Bildbeschaffung Sorge zu tragen, die Erfassung aller in Betracht kommender Vögel zu gewährleisten.

Dem Verlag danke ich für die Übernahme dieser Edition. Gleichzeitig gilt mein herzlicher Dank allen Autoren, daß sie meiner Bitte um Mitarbeit nachkamen und trotz mancherlei Schwierigkeiten zu einer harmonischen Zusammenarbeit beitrugen. Herrn WOLF W. BREHM, Vogelpark Walsrode, bin ich für die mehrwöchigen Aufenthalte in seinem weltgrößten Vogelpark und für umfangreiche Informationen zu besonderem Dank verpflichtet. Ebenfalls danke ich sehr herzlich Herrn Prof. Dr. sc. Dr. h. c. H. DATHE (Berlin) für seine freundliche Unterstützung. Hilfe erhielt ich außerdem von vielen Seiten. Besonders danke ich Frau Dr. R. VAN DEN ELZEN (Bonn) und Mrs. R. LOW (Sutton Surrey). Weiterhin gilt mein Dank den Herren L. BAEGE (Köthen), D. F. BRUNING Ph. D. (New York), Dr. M. BÜRGER (Magdeburg), Prof. Dr. sc. J. SCHILLE (Radebeul), Dr. Dr. h. c. R. BURKARD (Baar), W. EICHELBERGER (Mägenwil/Schweiz), Prof. Dr. Dr. h. c. B. GRZIMEK (Frankfurt/M.), TH. KLEEFISCH jun. (Bonn), Dr. H. LÖHRL (Egenhausen), Prof. Dr. Dr. K. LORENZ (Altenberg/Österreich), J. MAIER (Kirchlindach/Schweiz), M. MORIAN (Karlstein), R. NOEGEL (Tampa/Florida), TH. PAGEL (Duisburg), Dr. H.-S. RAETHEL (Berlin-West), H. REINHARD (Heiligkreuzsteinach—Eiterbach), A. C. RISSER, Jr., Ph. D. (San Diego), Dr. H. SCHIFTER (Wien), J. SCHWARZBERG † (Bochum), Dr. J. STEINBACHER (Frankfurt/M.), Dr. P. O. SWANBERG (Falköping), K. TROGISCH (Walsrode), Dr. H. E. WOLTERS (Bonn), Dr. W. ZIMDAHL (Berlin). Dank gebührt auch meiner Lektorin Frau Dr. H. VOIGT und den Grafikern M. LISSMANN (Leipzig) und TH. MÜLLER (Leipzig). Meiner Frau danke ich an dieser Stelle ganz besonders für die jahrelange unermüdliche Unterstützung.

Weimar, Weihnachten 1984   FRANZ ROBILLER

Die einzelnen Autoren

bearbeiteten folgende Sachgebiete:

ARCHIBALD, USA:
Gruiformes

ARNOLD, DDR
Laboratoriumstier Vogel

BERNÁŠEK, ČSSR:
Alaudidae

BORRMANN, DDR:
Corvidae

BRUCHHOLZ, DDR:
Tetraoninae

BÜRGER, DDR:
Stercorariidae, Tinamiformes, Turniciformes, Cariamiformes, Psophiiformes, Mesitornithiformes, Rhynochetiformes, Jacaniformes, Procellariiformes, Pelecaniformes, Pterocliformes, Threskiornithidae, (außer *Platalea*), Ciconiidae, Scopiformes, Anhimiformes, Musophagiformes, Opisthocomiformes, Cuculiformes, Apodiformes, Caprimulgiformes, Indicatoridae, Ramphastidae, Galbulidae, Bucconidae, Atrichornithidae, Menuridae, Ptilonorhynchidae, Meliphagidae, Zosteropidae

BURKARD, Schweiz:
Charmosyna, Hypocharmosyna

DATHE, DDR:
Apterygiformes, Struthioniformes, Balaenicipites

DORNBUSCH, DDR:
Praktischer Vogelschutz, Otidiformes, Spizinae, Emberizinae

VAN DEN ELZEN, BRD:
Carduelidae

VON FRISCH, BRD:
Findelkinder

GRUMMT, DDR:
Sphenisciformes, Ardeae

GRZIMEK, BRD:
Megapodiidae

HAENSEL, DDR:
Caloenadidae, Gouridae, Otidiphabidae, Columbidae (außer *Geotrygon* und *Starnoenas*), Duculidae, Treronidae, Didunculidae

HOHMANN, DDR:
Ernährung, pflanzliche und tierische Futterstoffe, Futtermischungen

JACOB, DDR:
Anatiformes

KAISER, DDR:
Ralliformes, Coraciiformes

KLATT, DDR:
Schau—Wellensittiche

KLEEFISCH, BRD:
Pipridae, Platysteirinae, Cissopinae, Thraupinae, Hemithraupinae, Tachyphoninae (außer *Rhodospingus, Coryphospingus*), Diglossidae, Catamblyrhynchidae, Dacnididae, Tersinidae

KÖHLER, DDR:
Numidinae, Pavoninae, Meleagridinae, Perdicinae, Odontophorinae, Cracidae

KRAHE, Kanada:
Strigiformes

LÖHRL, BRD:
Remizidae, Sittidae, Tichodromidae, Certhiidae, Paridae, Aegithalidae, Paradoxornithidae

LOW, England:
Neopsittacus, Psitteuteles

MARTENS, BRD:
Geschichte Deutsche Ornithologen-Gesellschaft (DO-G)

MINNEMANN, DDR:
Falconiformes, Accipitriformes, Sagittariiformes, Cathartiformes

MÖLLER, DDR:
Argusianinae, Phasianinae, Lophophorinae, Pucrasiinae, Ithagininae, Gallinae, Galloperdicinae, Ptilopachinae

NAVASAITIS, ALGIRDAS, UdSSR:
Prunellidae

NAVASAITIS, MINDAUGAS, UdSSR:
Hirundinidae

NICOLAI, BRD:
Geotrygon, Starnoenas, Anser anser

POLEY, BRD:
Trochiliformes, Nectarinidae

RAETHEL, Berlin-West:
Tragopaninae

ROBEL, DDR:
Podicipediformes, Charadriiformes, Laridae, Sternidae, Alciformes, Gaviiformes

ROBILLER, DDR:
Biographien, Artenschutz, internationale Naturschutzorganisationen, Vogelunterkünfte, Eurypygiformes, Psittaciformes (außer *Agapornis, Charmosyna, Hypocharmosyna, Neopsittacus, Psitteuteles*), Upupiformes, Eurylaimidae, Pittidae, Phytotomidae, Cotingidae, Tyrannidae, Furnariidae, Formicardiidae, Callaeatidae, Artamidae, Corcoracidae, Grallinidae, Carcticidae, Campephagidae, Prionopidae, Laniidae (ausgenommen Platysteirinae), Aegithinidae, Chloropseidae, Pycnonotidae, Bombycillidae, Oriolidae, Irenidae, Dicruridae, Monarchidae, Pholidornithidae, Estrildidae, domestizierte Prachtfinken, Sporopipidae, Ploceidae, Viduidae, Anomalospizidae, Passeridae, Fringillidae, Motacillidae, Icteridae, Zonotrichiinae, Poospizinae, Sporophilinae (außer *Sporophila*), Traupidae (außer Cissopinae, Thraupinae, Tachyphoninae), Sylviidae, Yuhinidae, Cephalopyridae, Maluridae, Timaliidae, Picathartidae, Drymodidae, Muscicapidae, Mimidae, Cinclidae, Sturnidae

RODERS, Niederlande:
Agapornis

SABEL, BRD:
Sporophila

SCHIFTER, Österreich:
Coliiformes, Trogoniformes, Capitonidae

SCHMIDL, BRD:
Alcedinidae

SCHÖNE, DDR:
Intensivhaltung (Wachtel)

SCHÜRER, BRD:
Todidae, Momotidae, Meropidae

STANEK, DDR:
Kanarienvogel—Standards

STERBA, DDR:
Allgemeine biologische Begriffe

STUDER-THIERSCH, Schweiz:
Phoenicopteriformes

THALER, Österreich:
Geronticus, Troglodytidae

TROGISCH, BRD:
Platalea

TSCHIRCH, DDR:
Anatomie, Physiologie, Parasitologie, Krankheiten, Hygiene

WENNRICH, BRD:
Picidae, Jyngidae, Paradisaeidae

WINKEL, BRD:
Coerebinae

WÖHRMANN, DDR:
Organisationen, Ausstellungswesen

Hinweise für den Benutzer

Die Stichworte wurden in mechanischer Reihenfolge nach dem Alphabet geordnet. Die Umlaute ä, ö, ü sind wie a, o, u und ae, oe, ue als alphabetisch getrennte Buchstaben behandelt. Innerhalb eines Stichwortes erfolgt eine Abkürzung mit Anfangsbuchstaben und Punkt, Verweispfeile — im Stichwortartikel oder als Querverweis — deuten auf zusätzliche Informationen hin. Um dem Leser die Aussagen übersichtlich zu bringen, wurde nicht generell auf jedes Stichwort verwiesen, das im Lexikon enthalten ist.

Wichtigste Abkürzungen

A	Art	nö.	nördlich	VS	Vorderseite
Abb.	Abbildung	NW-	Nordwest-	W-	West-
ad.	adult (Alttier)	O-	Ost-	we.	westlich
afrikan.	afrikanisch	O	Ordnung	z. B.	zum Beispiel
anschl.	anschließend	od.	oder	zool.	zoologisch
austral.	australisch	OS	Oberseite	z. T.	zum Teil
biol.	biologisch	öst.	östlich	z. Z.	zur Zeit
BK	Brutkleid	RK	Ruhekleid	0,1	Kurzbezeichnung für Weibchen, vorwiegend von Vogelhaltern u. -züchtern verwendet.
d. h.	das heißt	RS	Rückseite		
einschl.	einschließlich	russ.	russisch		
europ.	europäisch	s.	siehe		
F	Familie	S.	Seite		
Fa.	Firma	S-	Süd-	1,0	Kurzbezeichnung für Männchen, vorwiegend von Vogelhaltern u. -züchtern verwendet.
G	Gattung	schweiz.	schweizerisch		
ggf.	gegebenenfalls	SO-	Südost-		
i. d. R.	in der Regel	sog.	sogenannt		
immat.	immature, jugendlich	sü.	südlich	♂	Männchen, männlich
im Vergl.	im Vergleich	SW-	Südwest-	♀	Weibchen, weiblich
Inst.	Institut	Temp.	Temperatur	±	mehr oder weniger
i. U.	im Unterschied	u.	und		
jährl.	jährlich	u. dgl.	und dergleichen		
Jh.	Jahrhundert	Univ.	Universität		
juv.	juvenil, jugendlich (Jungtier)	ü. NN	über dem Meeresspiegel		
		UO	Unterordnung		
M-	Mittel	US	Unterseite		
N-	Nord-	usw.	und so weiter		
NN	veralteter Name	u. U.	unter Umständen		
NO-	Nordost-	Verbr.	Verbreitung		

Die Mehrzahl wird durch Anfügen eines n gebildet, z. B. A, Mehrzahl, An.

Abkürzungen, die als Stichwort erscheinen, werden nicht extra erwähnt.

Aaskrähe *(Corvus corone)* → *Corvus*
Abdimstorch *(Ciconia abdimii)* → *Ciconia*
Abeilleikernbeißer *(Hesperiphona abeillei)* → *Hesperiphona*
Abeilleikolibri *(Abeillia abeillei)* → *Abeillia*
Abeillia, Abeilleikolibris. G der Trochilidae ↗. 1 A. SO-Mexiko bis N-Nikaragua. Bevorzugen die Nebelwälder der Hochländer. Werden 1932 von G. Steinbacher für den Zoo Berlin angegeben, später nicht mehr erwähnt, anscheinend Falschbestimmung. Zucht damals nicht gelungen.
— *A. abeillei*, Abeilleikolibri. ♂: OS u. mittelste Steuerfedern goldiggrün, übrige Steuerfedern stahlblau mit hellgrauer Spitze. Kinn u. Kehle goldiggrün, unterer Teil der Kehle schwarz, US metallischgrün. Mitte des Unterkörpers u. breite Säume der Unterschwanzdecken hellgrau. ♀ wie ♂, aber die ganze US hell bräunlichgrau. Juv. wie ♀. 7,8 cm.
Abendkernbeißer *(Hesperiophona vespertina)* → *Hesperiophona*
Abessinisches Gebirgsfrankolin, NN → Erckelfrankolin
Abrachie. Fehlen der Flügel als angeborene Mißbildung ↗. Beim Huhn rezessiver Letalfaktor ↗, der über die Normalchromosomen (Faktor E 18) od. über die Geschlechtschromosomen (Faktor E 44) weitergegeben wird. Unterentwicklung der Flügel kann auch nichterblicher Ursache sein.
Abszeß. Eiteransammlung im Gewebe. Beim Geflügel meist von fester, bröckliger Konsistenz (z. B. Ballenabszeß).
Abteilungshecke. S. auch Käfighecke ↗. Großer Käfig, der sich in 3—4 Abteile (je 50 × 50 × 30 cm Höhe) durch Schieber unterteilen läßt. Zur Zucht werden 1 ♂ u. 3—4 ♀♀ Kanarien angesetzt. Brütet ein ♀, wird es von den anderen durch einen Einschub getrennt u. hat so die gewünschte Ruhe. Wenn alle ♀♀ brüten, entfernt man das ♂.
Abtragen. Greifvögel ↗ für die Beizjagd abrichten.
Aburria, Aburrias. G der Cracidae ↗. 3 An. Größe ähnl. *Penelope* ↗. Kehle i. d. R. bleiblau. Nö. bis mittl. Teil S-Amerikas. Haltung, Ernährung wie *Ortalis* ↗.
— *A. pipile*, Blaukehlguan. ♂ u. ♀: schwarzbraun mit purpurbraunem Glanz. Äußere Schwanzfedern bläulich schimmernd. Schopf gut entwickelt, weißlich. Gesicht weißlich. Kehle, Kehllappen kobaltblau. Brust u. Hals weißlich gesäumt, ebenso Flügeldecken. Große Flügeldeckfedern weiß mit dunklem breiten Endsaum. Schnabelansatz hellblau, Schnabelspitze schwarz. Iris braun. Läufe glänzend rot. Flügel ♂ 36 cm, ♀ 35 cm, Schwanz ♂ 29 cm, ♀ 28 cm, Gewicht 1 200—1 400 g. UAn. Trinidad, Guayana, S-Venezuela, S-Kolumbien u. N-Brasilien durch das Andengebiet bis Bolivien, Paraguay u. Mato Grosso. Bevorzugt tropische Wälder, von Niederungen bis 2 000 m ü. NN.
Aburrias → *Aburria*
Acanthis, Birkenzeisige. 1—2 An in der Holarktis, oft Hänflinge, G *Linaria* ↗ einbezogen.

Birkenzeisig. Paar

— *A. flammea*, Birkenzeisig. ♂ u. ♀: mit relativ kurzem, zartem Schnabel. Frischfänge an roter Kappe u. schwarzem Kehlfleck erkenntlich. Rücken einfarbig graubraun, braune Flügel mit 2 ± deutl. Binden. ♂ im BK je nach Herkunftsgebiet mit rosa überflogenem od. himbeerrotem Bürzel, solcher Brust, Vorderbauch u. Flanken (Rot verliert sich in Gefangenschaft!). Unterbauch weißlich, ♀ unterseits an Brust u. Flanken graubeige, deutl. gestreift. Juv. stärker streifig, ohne Kappe u. Kinnfleck. 13 cm.
— *A. f. hornemanni*, Polarbirkenzeisig. Vielfach als A behandelt, aus den Tundren bes. blaß gefärbt mit weißem Bürzel u. ♂ ohne Rot an der US. Größer, 15 cm. Hoher N der Neuen u. Alten Welt, England, lokal in M-Europa, eingeschleppt in Neuseeland. Im Winter teilweise südlicher. Bewohnt die Birken- u. Erlenmischwälder (u. Tundren). Nahrung Birken-, Erlensamen, Unkrautsämereien, Knospen, Insekten. Das ♀ errichtet das sorgfältig gebaute Nest (halb)hoch in Bäumen od. Büschen, Paare oft in lockeren Kolonien. Gelege 4—5 weißlichblaue, fein gezeichnete Eier. ♀ brütet 11—13 Tage; Nestlings-

Acapulco-Blaurabe

dauer 11—14 Tage. Juv. werden von beiden Partnern betreut. Verträgliche, ausdauernde Käfig- u. Volierenbewohner, winterfest, wiederholt gezüchtet. Futter Waldvogelfutter ↗, Grünfutter ↗, frische Zweige mit Knospen; im Sommer Insekten ↗, im Winter Birken- u. Erlensamen. Haltungsgenehmigung s. Naturschutzbestimmungen. Seit wenigstens 5 Jahren werden in England regelmäßig braune Mutanten gezüchtet.

Acapulco-Blaurabe *(Cissilopha sanblasiana)* → *Cissilopha*

Accipiter. G der Accipitridae ↗. 49 An. Kleine bis mittelgroße Greifvögel, Flügel kurz, gerundet, Schwanz lang, hochbeinig. Schnabel kurz mit Einkerbung am Oberschnabel. ♂ kleiner bis erheblich kleiner als ♀. Wald- u. Gebüschzonen bewohnende spez. Vogeljäger. Sehr nervöse, unruhige, schwer in Volieren zu haltende An. Benötigen völlig abgeschirmte Volieren zur Zucht. Als Schauvögel in Volieren ungeeignet.

Habicht auf Sprenkel

— *A. gentilis*, Habicht. Mittelgroß. ♂: Kopf-OS schwarzbraun bis schieferblau, Nacken weißgrau. Rücken, Flügel grau bis schiefergrau. Augenstreif schwärzlich, Überaugenstreif weiß. Hals, Brust, Hosen weiß, schwarzgrau gesperbert. Schwanz grau mit deutl. schwärzlichen Binden. ♀: OS heller, Augen- u. Überaugenstreif nicht so deutl., etwa ⅓ größer. 6 UAn. Paläarktische Region (Alaska, Kanada, Skandinavien bis Sibirien, sü. USA bis Kalifornien u. N-Mexiko, Kleinasien, Tibet, Japan). Offene Landschaft, lichte Wälder, von Wiesen u. Feldern unterbrochen, sowohl in der Ebene als auch in der Mittelgebirgsregion. Beute hauptsächl. kleine bis mittelgroße Vögel, auch Kleinsäuger. Horstet in Wäldern auf hohen Bäumen. Der alte Horst wird oft wieder benutzt. Gelege 3—4 trüb bläulichweiße Eier. Brutdauer 36—38 Tage. Nestlingsdauer 41—43 Tage. ♂ u. ♀ betreiben Brutpflege. In privaten Haltungen (Falknereien) relativ häufig. Wesen nervös und unruhig. Haltung einzeln u. paarweise. Als Eingewöhnung für die Volierenhaltung ist ein falknerisches Abtragen am günstigsten. Nahrung Küken, Hühner, Ratten, Meerschweine. Schon oft in Gefangenschaft gezüchtet. Beschaffung aus gezüchteten Beständen od. durch lizenzierten Wildvogelfang. Beliebter Beizvogel.

Brütender Sperber

— *A. nisus*, Sperber. Kleiner Greifvogel. ♂: OS schieferblau, Schwanz graublau mit 4 schwärzlichen Binden, Endbinde weiß. Hals, Brust, Bauch weiß, Flanken rot bis dunkelbraun, US gesperbert (starke Farbvariation). Iris dunkelgelb bis orange. ♀: OS graubraun bis staubgrau. US nicht so kontrastreich. Iris gelb bis hellgelb, ca. ⅓ größer. 5 UAn. Paläarktisches Vorkommen (Europa, Asien, N-Afrika außer Ägypten). Offene Landschaft, Wälder, Feldgehölze, Parks, in der Ebene u. bis ins Hochgebirge. Beute kleine Vögel, Fledermäuse, seltener Kleinsäuger od. Reptilien. Horstet in dichten Waldungen auf Laub- od. Nadelbäumen. Alte Vogelnester können als Nistgrundlage genutzt werden. Gelege 4—6 weiße, bläuliche, hell- bis dunkelbraun gefleckte Eier. Brutdauer 32—34 Tage. Nestlingsdauer 25—28 Tage. ♀ betreibt allein Brutpflege, ♂ schafft nur Nahrung herbei. Nahrung Küken, Sperlinge, Mäuse. Haltung u. Besonderheiten s. *A. gentilis*.

Accipitridae. F der Accipitriformes ↗. 11 Gn, 224 An. Morphologisch stark differenzierte F. Sind von anpassungsfähigen Kosmopoliten bis zu hochspezialisierten Insel-An vertreten. Körper im allgemeinen kräftig, gedrungen, Kopf meist rund, Hals kurz (mit Ausnahme der Geier). Gliedmaßenmuskulatur sehr kräftig. Gefieder glatt, einfarbig bis bunt. Schnabel ± stark gekrümmt. Füße kurz, Krallen gekrümmt bis fast gerade. Sehvermögen u. Gehör sind gut ausgebildet. Bis auf wenige Ausnahmen sind ♀♀ etwas größer als ♂♂. Ausgesprochener Geschlechtsdimorphismus tritt selten auf. Alle Kontinente der Erde werden besiedelt, Ausnahme Antarktika. In allen Lebensräumen, auch extremen. Leben einzeln, paarweise od. in kleineren bis größeren Trupps. Beutetiere Insekten, Reptilien, Vögel, Säugetiere od. Aas. Bauen meist eigenen Horst auf Erdboden, Bäumen, in Höhlen od. in Felswänden. Gelege unterschiedl. stark. 1—8 Eier. ♂ ♂ u. ♀ ♀ betreiben meist gemeinsam die Brutpflege ↗. Vertreter dieser F werden schon seit Jahrtausenden als Beizvögel genutzt u. gehören seit Jh.en zu den Standardtieren in Menagerien u. Tiergärten, aber werden auch schon lange von Liebhabern gehalten. Bei importierten Tieren handelt es sich meist um ausgehorstete Jungtiere in z. T. schlechter Kondition, seltener aus in Gefangenschaft gezüchteten Beständen. Anfänglich, vor allem die kleineren An, sehr nervös. Verweigern manchmal bis mehrere Tage die Nahrung, gewöhnen sich dann aber schnell an den Pfleger (die gleichen Pfleger u. der gleiche Arbeitsrhythmus sind sehr wichtig). Sind meist nur während der Brutzeit aggressiv. Voliere je nach Größe der An: kleine An 3 × 4 × 2 m, mittl. An 4 × 6 × 3 m, große An 6 × 6 × 3 m. Maschendraht mit einer Weite von 30 × 30 bis 100 × 100 mm. Die drahtbespannten Rahmen möglichst groß halten (geringere Verletzungsgefahr). $\frac{1}{3}$ der Voliere zug- u. regensicher gestalten. Sandiger Boden. Teilweise bepflanzen. Sitzstangen aus Naturholz (der Fanggröße anpassen), Kropfblöcke sowie Felsstücke. Eingewöhnung in geschlossener Quarantäne. Tropische An sind zuerst sehr kälteempfindlich. Breite Futterpalette anbieten. Reichl. Nahrungsangebot ist bes. in der ersten Zeit sehr wichtig. Nahrung Insekten, Labormäuse u. -ratten, Sperlinge, Küken, Hühner, Meerschweine, Kaninchen, Frischfleisch vom Pferd u. Hammel, Wildfleisch, Süßwasserfisch. Flaches, aber großes Badebecken. Ø 1,5—2fache Flügellänge. Gemeinschaftshaltung ist bei einigen An nur in großen Flugvolieren zu empfehlen. Zucht in gesonderten, ungestörten Volieren am besten zu erreichen. Paarzusammenstellung u. -gewöhnung an eine neue Umgebung kann bes. bei großen An Jahre dauern. Bei fehlendem Bruterfolg Voliereneinrichtung verändern od. Voliere wechseln. Horstunterlagen, genügendes Nistmaterial u. ausreichende Nahrung sind wichtigste Voraussetzung für den Brutauslöser. Während der Bebrütung u. der ersten Tage der Aufzucht ist jede Störung zu vermeiden. Zucht- u. Aufzuchtfutter ist mit Vitaminkomplex, Calciumpräparaten sowie mit Spurenelementen ↗ anzureichern. Vertreter der F sind fast weltweit vom Rückgang bedroht. Alle An stehen im Washingtoner Artenschutzabkommen ↗ auf Liste I bzw. II. Sind in vielen Ländern ganzjährig geschützt. Für vom Aussterben bedrohte An bestehen spez. Zuchtprogramme. Mit wenigen Ausnahmen sollten Anschaffungen nur von in Gefangenschaft gezüchteten Tieren erfolgen. Die Haltung bedrohter An ist dazu berufenen Einrichtungen vorbehalten.

Accipitriformes, Greifvögel. O, 2UOn (Accipitres, Pandiones).

Acestrura, Spitzschwanzelfen. G der Trochilidae ↗. 4 An. Kolumbien bis N-Bolivien. Leben an den Andenhängen mit gemäßigter Temp. bis zur Paramozone mit Buschvegetation in 3 500 m Höhe. Diese A kann ohne große Schwierigkeiten akklimatisiert werden. Haltungsdauern über 2 Jahre sind bekannt. Zucht bisher nicht gelungen.

Acridotherus

11

— *A. mulsant,* Spitzschwanzelfe. ♂: OS dunkelgrün einschl. der mittelsten Steuerfedern. Das 3. Steuerfederpaar von der Mitte ist am längsten u. etwas verengt, die beiden äußersten Paare etwas kürzer, steif u. fadenförmig, schwarz. Hinter dem Auge ein kleiner weißer Fleck. Kinn, Kehlseiten, Vorderbrust, Mitte der Brust u. des Unterkörpers sowie Unterschwanzdecken weiß, Kehle glitzernd rosenrot mit etwas violettem Schimmer, Körperseiten wie der Rücken. Schnabel schwarz. ♀: OS bronzegrün, am Kopf dunkler. Steuerfedern zimtfarben mit breiter purpurschwarzer Binde. An den Seiten des Rückens ein großer weißer flaumiger Fleck. Ohrdecken schwärzlich, von der Kopf-OS durch einen weißlichen Strich getrennt, dahinter einige grüne Federn. US bräunlich weiß, Seiten u. Unterschwanzdecken zimtfarben. Juv. wie ♀. 8,0 cm.

Acridotherus. G der Sturnidae ↗. 2 An. Asien, *A. tristis* vielerorts durch den Menschen verbr. Pflege → Sturnidae.

— *A. ginginianus,* Ufermaina. ♂ u. ♀: Kopf, Flügel, Schwanz schwarz, letzterer mit gelbbräunlichen Spitzen. Brustmitte, Bauch mit rötlicher Tönung, Unterschwanzdecken isabellfarben, übriges Gefieder hell-

Ufermaina

grau. Schnabel orange, Spitze heller. Auge rot, am Auge rötlicher, nackter Fleck. Füße orangegelb. 21 cm. N-Indien, von Pakistan bis W-Assam, Bangladesh, sü. bis Bombay, N-Orissa. Lebt an Flüssen, auf Viehweiden, Müllkippen, in Dörfern u. Städten. Nest in gegrabenen Bruthöhlen von Steilufern, Mauerlöchern, unter Brücken. Koloniebrüter. Regelmäßig im Handel. Während der Brutzeit wegen Angriffslust Paar allein unterbringen, beste Haltung in Gartenvoliere. Überwinterung frostfrei. Erstmalig 1909 im Zoo London gezüchtet, seither selten Erfolg.

Acrocephalus

— *A. tristis,* Hirtenmaina, Hirtenstar, Trauermaina. ♂ u. ♀: Kopf schwarz, nackte Augenumgebung gelb. Kehle, Vorderbrust schwarz, sonst US rötlichbraun, aber Bauchmitte, Unterschwanzdecken weiß. Schwarze Flügel mit weißem Spiegel. Schwanz mit weißen Spitzen (nicht mittl. Federn). Übriges Gefieder dunkelbraun. Auge braun. Schnabel, Füße gelb. Juv. Kopf, Kehle braun. 24 cm. UAn. Afghanistan, S-Turkestan, Vorderindien, Sri Lanka, Hinterindien (evtl. nur eingeschleppt) bis Malaysia, Indochina; Andamanen; durch den Menschen verbr. auf den Seychellen, Maskarenen, lokal auf Madagaskar, den Komoren, in Gebieten S-Afrikas, an den Küsten O-Australiens, in N-Neuseeland, auf Hawaii, Fidschi-, Gesellschafts-Inseln, Neukaledonien, Salomonen. Bewohnt offenes Land, Gärten, Parks. Sitzt zuweilen auf großen Wild- u. Weidetieren, um Insekten zu erjagen u. abzulesen. Schläft häufig gesellig in Siedlungen. Nest in Mauerhöhlen, unter Dächern, in Baumhöhlen. Gelege 4–5 grünlichblaue Eier. Sporadisch im Handel. Bald zahm. Gutes Nachahmungstalent. Beliebter Hausgefährte in seiner Heimat, Nestjunge werden häufig handaufgezogen. Beste Haltung in gutbepflanzter Gartenvoliere ↗ mit Schutzraum ↗, warme Überwinterung, Ausflug an Frosttagen kann gestattet werden. Wegen panikartigem Verhalten auch für großen Käfig kaum geeignet, falls doch diese Unterbringung nötig, dann weiche Decke. Mehrfach gezüchtet, erstmalig 1936 bei R. NEUNZIG ↗. Nistkästen aufhängen. Gelege 3–5 Eier. Nur ♀ brütet. Juv. schlüpfen nach 15 Tagen, nach ca. 21 Tagen flügge. Zu dieser Zeit meistens noch nicht voll flugfähig. Nach J. SIEBER bis zu 3 Bruten jährl. Während der Brutzeit Paar allein halten, da aggressiv gegenüber Mitbewohnern. *A. t. melanosternus* von Sri Lanka ist insges. schwärzlicher als Nominatform, Bauch hat rötliche Tönung. ♀ kleiner als ♂. Seltener im Handel als Nominatform.

Acrocephalus, Rohrsänger. G der Sylviidae ↗. 16 An. Europa, Afrika, Asien, Australien, Inseln im Stillen Ozean. Nur für den erfahrenen Liebhaber von Weichfressern ↗ geeignet. Haltung im langen Landschaftskäfig ↗, besser in biotopähnl. Voliere ↗ mit reichl. Schilf, Himbeer-, Johannisbeergestrüpp, Weiden, Windendickicht, flachem Wasserbecken, Überwinterung zwischen 18 u. 20 °C, während der Mauser ↗ nicht unter 22 °C beherbergen. Futter s. Sylviidae, außerdem reichl. Fliegenmaden, zerkleinerte, frischgehäutete Mehlkäferlarven ↗ unter Weichfutter mischen, Mückenlarven, Getreideschimmelkäfer. Verdeckt Kothaufen in Voliere legen zum Anlocken von Fliegen. Baden gern. Im Winter schlank halten, sonst Mauserprobleme. Falls in dieser Zeit nicht gebadet wird, tägl. mit Wasser besprühen (Zerstäuber), frische (eingefrostete) Insekten. Artenschutz s. Naturschutzbestimmungen.

— *A. agricola,* Feldrohrsänger. ♂ u. ♀: s. *A. scirpaceus,* Unterscheidung an Handschwingen, 2. wesentl. kürzer als bei *A. scirpaceus,* 3. gering kürzer als folgende (*bei A. scirpaceus* bildet sie mit diesen fast eine Linie), insgesamt gering heller u. rötlicher, weniger olivfarben als *A. palustris.* 12 cm. UAn. O-Europa, SW-Asien, China, NO-Indien, Burma? Bewohnt sumpfiges, schilf-, seggenbestandenes Gelände mit hohem Gras u. Weidengebüsch, pflanzenreiche Ufer stehender Gewässer. Nest, Gelege s. *A. scirpaceus.*

— *A. arundinaceus,* Drosselrohrsänger. ♂ u. ♀: auffallender heller Überaugenstreif. OS rostbraun, ungefleckt, ebenso wesentl. hellere US. Schnabel dunkelbraun. Auge braun. Füße hellbräunlichgrau. 19 cm. UAn. Europa, NW-Afrika, SW-Asien. In Schilfbeständen an stehenden Gewässern. Nest an Schilfstengeln befestigt, tiefnapfig. Gelege meistens 5 Eier. Wirt vom Kuckuck ↗. Mauser wird etwas besser in Gefangenschaft überstanden als bei anderen An. Gesang laut, rauh, besteht aus typischen, knarrenden Tönen. 1975 bei LEISLER, Möggingen, unbefruchtetes Gelege, 1976 1 Juv. †.

— *A. dumetorum,* Buschrohrsänger. ♂ u. ♀: s. Teich-, Sumpfrohrsänger, aber OS mehr erdbraun, außerdem Unterscheidung an Handschwingen (2. spitzenwärts wesentl. schmaler). 12,5 cm. S-Finnland, Estland, N-Ukraine, durch O-Europa, Sibirien bis W-Jakutien, Irkutsk, NW-Mongolei, sü. bis Transkaspien, N-Afghanistan, W-Tienschan, O-Iran. Biotop, Nest, Gelege s. Sumpfrohrsänger, lebt zuweilen an trockenen Waldrändern u. auf Lichtungen. Gesang abwechslungsreich, ähnl. Sumpfrohrsänger, bes. morgens u. abends zu hören.

— *A. palustris,* Sumpfrohrsänger. ♂ u. ♀: s. *A. scirpaceus,* oberseits mehr olivfarben, Füße fleischfarben! 12,5 cm. S-England, von Holland, Belgien, N-, O-Frankreich, N-Italien bis zum Ural u. Aralsee-Gebiet, nö. bis S-Schweden, S-Finnland, mittl. Sowjetunion, sü. bis N-Griechenland, Transkaukasien, S-Iran. Lebt in dichtbewachsenen, feuchten Gräben, vorwiegend in dichten Brennessel-, Brombeer-, Himbeerbeständen, Weidendickichten, außerdem in Getreide-, Rapsfeldern. Nest niedrig über trockenem Boden an Stengeln u. Halmen befestigt. Gelege 4–5 Eier. In früherer Zeit von Spezialisten wegen des vorzüglichen Gesanges u. außerordentl. Spöttertalents sehr gern gehalten. Große Schwierigkeiten bei der Überwinterung (Mauser ↗). Erstzucht 1912 bei ALBRECHT, Deutschland, in sehr großer Gartenvoliere, 1968 bei K. BAUER, BRD, im großen Landschaftskäfig ↗. Aufzuchtfutter reichl. Insekten.

— *A. scirpaceus,* Teichrohrsänger. ♂ u. ♀: OS braun, Bürzel mit rotbräunlichem Anflug. US weißlich, Flanken gelbbräunlich. Ungefleckt. Ähnl. Drosselrohrsänger, aber kleiner. 12,5 cm. UAn. N-Afrika, S-, M-Europa, S-Sowjetunion, Kleinasien bis Turkestan, zum Tienschan, Transkaspien, Iran, Israel. Bewohnt Röhricht, pflanzenreiche Ufer. Mancherorts weit entfernt vom Wasser im Kulturland, häufig im gleichen Bestand mit Drosselrohrsänger. Nest, Gelege s. Drosselrohrsänger. Gesang anhaltend, gleichmäßiger Vortrag wie bei Drosselrohrsänger, nicht so laut. Für Haltung wenig interessant gewesen (Gesangsqualitäten, biotopähnl. Unterkunft, Mauserproblem). Im Herbst leicht Verfettung, dann reichl. frische Insektennahrung (eingefrostete) füttern, im Frühjahr Gefahr starker Abmagerung, dann gutes, insektenhaltiges Weichfutter mit gekochtem Rinderherz reichen.

Acryllium, Geierperlhühner. G der Numidinae ↗. 1 A. Größtes u. schönstes Perlhuhn. Leben in Somalia bis Tansania. Bevorzugen trockene, warme Steppengebiete. Äußerst genügsam. Zeitweise geringer Wasserbedarf.

— *A. vulturinum,* Geierperlhuhn. ♂ u. ♀: graublauer nackter Kopf u. Oberhals ohne Anhänge, rotbraun befiedert, am Genick als Band verlaufend. Hals u. obere Mantelregion aus lanzettförmigen, innen weißen, nach außen schwarzen u. mit leuchtend blauer Säumung versehenen Federn. Lanzettfedern zum Rücken kürzer u. starrer, nach vorn lang werdend, zum Bauch herabhängend. Beim ♂ mehr ausgeprägt. Rücken, kurze Schwanzfedern, Flügel grauschwarz mit weißer Perlung u. Bänderung. Schwingenaußensäume veilchenfarbig. Bis zum Boden reichende lange mittl. Schwanzfedern, lanzettförmig, sowie Brust u. seitl. Unterhals leuchtend kobaltblau. Schwanz, Schenkel u. Flanken mit weißer Perlung. Bauchmitte einfach schwarz. Schnabel bläulichweiß. Iris rot. Füße beim ♂ grau mit 1–3 kleinen knopfförmigen Sporen versehen. Beim ♀ manchmal angedeutet. ♂ etwas stärker als ♀. Juv. Dunenküken haben ockerbraunen Kopf, schmale Streifen. Breiter schwarzer Nackenfleck. Rasche Befiederung. 1. Gefieder gebändert u. gesprenkelt in braun, ockerfarben, schwarz. Mit 2 Wochen bei Gefahr flugfähig. 72 cm. Gewicht 1,3 kg. Gelegestärke 10–14 Eier (51 × 38 mm). Dünnschaliger als Helmperlhühner ↗. Helle bis gelbliche, leicht glänzende Oberfläche, viele dichte bräunliche Poren. Brutdauer 24 Tage. Friedlich. Trockene Unterkunft mit Schutzhaus (>10 °C). Ernährung s. *Numida* ↗ *meleagris.* Erstzucht 1878 Baron CORNELY b. Tours, Frankreich.

Actenoides. G der Alcedinidae ↗. 6 An.

— *A. monachus,* Einsiedlerliest. ♂ u. ♀: oberseits graugrün; Kopfplatte schwarz od. dunkelblau. Unterseits rostbraun. Kehle weiß. Schnabel rot. UAn. Sulawesi (Celebes) u. benachbarte Inseln. Im tiefen Urwald. Schnurrender Flug. Drosselartige Pfiffe.

Fütternder Teichrohrsänger

Aegintha

Actitis. G der Scolopacidae ↗. 2 An.

— *A. hypoleucos,* Flußuferläufer. ♂ u. ♀: OS olivbraun, US reinweiß. Fliegt mit zitternden Flügelschlägen dicht über Wasser, dabei weiße Flügelbinde deutl. Juv. ähnl. Ad. 20 cm. Verbr. in ganz Europa, Asien bis nach Japan. Überwintert in Mittelmeerländern u. Afrika. Bewohnt gebüschbestandene, sandige Ufer von Flüssen, Altwässern u. Binnenseen. Nestmulde auf Kies od. Sand, immer gut gedeckt. Haltung s. Scolopacidae. Zucht gelang 1973 im Zoo Helsinki.

Actophilornis. G der Jacanidae ↗. 2 An. Afrika sü. der Sahara, Madagaskar.

— *A. africanus,* Blaustirn-Blatthühnchen. ♂ u. ♀: rotbraun, schwarzer Oberkopf u. Halsrückseite, Gesicht u. Hals-VS weiß, Brust goldgelb. Stirnlappen blau. 28–30 cm. Senegal u. Äthiopien bis Angola, Transvaal u. O-Kapprovinz.

Adansonwachtel *(Coturnix adansoni)* → Coturnix

Adelaidesittich *(Platycercus eximius adelaide)* → Pennantsittich

Adeliepinguin *(Pygoscelis adeliae)* → Pygoscelis

Adelomyia, Schwarzohrkolibris. G der Trochilidae ↗. 1 An. Von N-Venezuela u. Kolumbien bis W-Peru, NW-Argentinien u. Bolivien. Bevorzugen feuchte Gebiete, Nebelwälder u. Kaffeepflanzungen von 1 200–2 500 m Höhe.

— *A. melanogenys,* Schwarzohrnymphe, Schwarzohrkolibri, Pipitakolibri. ♂: OS bronzegrün. Steuerfedern bronzebraun, die äußeren mit bräunlich rahmfarbenen Spitzen. US hellbräunlich, weniger braun gefleckt; Körperseiten mehr rostfarben u. mit größeren, mehr grün schimmernden Flecken. Schnabel schwarz. ♀ etwas kleiner. Juv. wie ♂. 10,0 cm. Eingewöhnung scheinbar ohne Schwierigkeiten, Einzelhaltung empfehlenswert. In großen Flug-Volieren ↗ am besten haltbar. Zucht noch nicht gelungen; Nestbau u. Eiablage wurde im Zoo Heidelberg protokolliert.

Adjutantstorch *(Leptoptilos dubius)* → Leptoptilos

Adlerbussard *(Buteo rufinus)* → Buteo

Adlerschnabel, Adlerschnabelkolibri *(Eutoxeres aquila)* → Eutoxeres

Aegintha. Bund der Vogelfreunde Berlin-West. Gegründet 1875 von Dr. Karl RUß ↗. Haltung, Pflege u. Zucht fremdländ. Stubenvögel u. Vogelschutz.

Aegintha. G der Estrildidae ↗. 1 A. O-, S-Australien. Leben im Gras-, Kulturland, Waldrändern, Parks, Dörfern, Städten. Nest in niedrigen Bäumen, nach der Brutzeit bilden sie Schwärme. Äußerst selten auf dem Vogelmarkt (Ausfuhrsperre s. *Aidemosyne*). Stilles, reizendes Wesen, auch gut für Käfig geeignet. Futter s. Estrildidae. Voliere mit viel Gebüsch, besser im großen Käfig, der z. B. mit Kiefernästen od. ähnl. ausgestattet ist. Gegenüber Nestkontrollen empfindlich. Zucht mehrfach gelungen.

— *A. temporalis,* Dornastrild. ♂ u. ♀: bis auf grauen Oberkopf OS olivgrünlichgrau, US blaßgrau, Kehle weißlich, Bauchmitte isabellfarben. Unterschwanz-

Aegithalidae

decken grau od. je nach UA isabellgelb. Schwanz braun, mittl. Federn schwarz. Zügel, Augenbrauenstreif, Bürzel, Oberschwanzdecken scharlachrot. Schnabel rot, Firste, Dille schwarz. Auge karminrot. Füße gelblichhornfarben. Juv. matter, insges. dunkelgrüngrau, nur Bürzel rötlich. 12 cm.

Aegithalidae, Schwanzmeisen. F der Passeriformes ↗. Früher zu Paridae ↗ gestellt. 8 An. Färbung unterschiedl., vielfach lebhaft u. kontrastreich. Asien, Europa, N- u. M-Amerika. In wald- u. baumreichen Gebieten bis Baumgrenze im hohen N u. Hochgebirge. Nahrungssuche kletternd u. hängend, meist an dünnen Zweigen. Nahrung Kleininsekten u. deren Eier, Spinnen. Oben geschlossenes Nest aus Moos u. Flechten mit seitl. Eingang, mit Federn ausgekleidet.

Aegithalos. G der Aegithalidae ↗. 6 An. Europa, Asien. In Laubwaldgebieten in Asien in immergrünen Wäldern. Nahrung kleine Insekten, Spinnen, Beeren. Eingewöhnung nur mit lebenden Insekten. Friedlich. Käfig od. bepflanzte Voliere ↗. Z. T. winterhart, z. T. frostempfindlich. Futter Ameisenpuppen, Blattläuse, Fertigweichfutter, Eifutter, Insekten. Nicht gezüchtet.

— *A. caudatus*, Schwanzmeise. ♂ u. ♀: Kopf ganz weiß od. mit schwarzem Streifen, der vor dem Auge beginnt u. nach hinten breiter wird. Schultern rötlich, Rücken grauschwarz, Schwingen schwarzbraun, Armschwingen z. T. weiß. Schwanz schwarz, US weiß. Schnabel schwarz. Auge braun. Füße braun Juv. mit grauem Überaugenstreif, Rücken dunkler. Europa durch Sibirien bis Japan, südwärts Kleinasien, Turkestan, M-China. In Laubgehölzen, Parkanlagen, Flußniederungen, Mischwaldgebieten, außer der Brutzeit in Schwärmen, selten mit Vögeln anderer An. Eingewöhnung schwierig, nur zu mehreren möglich. Jungenaufzucht leichter u. mit Ameisenpuppen, Eifutter, Bienenlarven unter Zugabe von Vitaminen ↗ u. Kalk ↗ möglich. Größerer Käfig od. Zimmervolieren mit vielen Ästen u. Zweigen nötig. Im Sommerhalbjahr möglichst Freivoliere ↗. Nahrung mit viel Abwechslung, neben Fertigweichfutter, Eifutter, getrockneten geriebenen Quark, Insekten, tägl. einige Ameisenpuppen. Vergesellschaftung mit Vögeln anderer An nicht ratsam.

— *A. concinnus*, Rostkappen-Schwanzmeise, Rotkopfmeise. ♂ u. ♀: Kopf-OS u. Nacken rostrot. Kopf- u. Nackenseite schwarz, Rücken blaugrau. Handdecken u. Schwingen dunkelbraun, Kinn, Wange, Ohrgegend sowie Halsseite weiß. Kehle schwarz, Vorderbrust weiß, auf der Brust kastanienbraunes Band. Schwanz dunkelbraun. Schnabel schwarz. Auge hellgelb. Füße rotbraun. Juv. Stirn rotbraun, ohne Kehlfleck. Brustband verwaschen. 10–10,5 cm. Himalajagebiet, Burma, Indochina, S-China, Taiwan. Immergrüner Laubwald. Im Sommer paarweise, später im Schwarm lebend. Bewegungen aktiver u. rascher als bei *A. caudatus*, weniger hängend. Importierte Vögel bereiten keine Schwierigkeiten, sie nehmen Ameisenpuppen, Weichfutter, Eifutter u. kleine Insekten an. Der Käfig sollte Zweige enthalten u. geräumig sein. Bei Gewöhnung an Freivoliere ist Wärmelampe an kühlen Tagen u. nachts zu empfehlen. Die Vögel schlafen gemeinsam auf Kontakt. Futter abwechslungsreich, außer Insektenfutter auch Obst u. Vogelmiere. Wenn möglich, sollten blattlausbefallene Zweige gereicht werden.

Aegithina. G der Aegithinidae ↗. 4 An, früher G *Iora* der Chloropsidae ↗. SW-China, Indien, Sri Lanka u. SO-Asien. Bisher nur *A. tiphia* lebend nach Europa gekommen.

— *A. tiphia*, Schwarzflügelaegithina. ♂: BK, OS grün, Flügel schwarz mit weißen Spiegeln. Schwanz schwarz. Brust u. Bauch gelb. RK, OS blasser grün, US mattgelb. Schnabel u. Füße grau. ♀ ähnl. ♂, aber Flügel u. Schwanz grün, oberer Flügelspiegel weiß, unterer gelblich, US verwaschen gelbgrün. Schnabel wie beim ♂. Ca. 15 cm. UAn. Sri Lanka, Indien bis S-Yünnan (SW-China), Indochina, Malaysia, Sumatera, Kalimantan, Palawan, Java u. Bali. Bewohnt Waldränder, Mangrovewälder, buschreiches Gelände u. Gärten bis ca. 1 000 m ü. NN (ausgenommen Hongkong). Nest klein, napfförmig, meistens in Astgabel aus Fasern, Halmen u. Wurzeln gebaut. Gelege allgemein 2, selten 3 Eier. Sehr selten in Europa gehalten, 1980 von M. u. H. MICHI importiert. In sorgfältiger Pflege problemlos. Unterbringung am besten in kleiner dichtbepflanzter Vogelvitrine ↗ od. Innenvoliere ↗ bei 25–27 °C, relative Luftfeuchtigkeit ca. 70 %. Sehr wärmebedürftig, deshalb zusätzl. Strahler anbringen, nimmt gerne Sonnenbad (K. KRAUS, MICHI). Futter handelsübl. gutes Weichfresserfutter mit hartgekochtem, zerkleinertem Eigelb u. reichl. Ameisenpuppen, außerdem 2 × tägl. 1 Teelöffel Ameisenpuppen pro Vogel, Heimchen, Pinkies, frisch gehäutete Mehlkäferlarven. Kleingeschnittene Trauben werden gern beachtet, hingegen anderes Obst seltener. Über das Trinkwasser Multivitamintropfen verabreichen. Badet sehr gern, auch im feuchten Laub, deshalb möglichst dieses tägl. besprühen (K. KRAUS). Untereinander sehr gut verträglich.

Aegithinas → Aegithinidae

Aegithinidae, Aegithinas. F der Passeriformes ↗. 1 G *Aegithina* ↗ mit 4 An.

Aegolius, Rauhfußkäuze. G der Strigidae ↗. 4 An. Klein, rundköpfig, ohne Federohren. Keine Geschlechtsunterschiede im Gefieder, jedoch sind ♀ ♀ etwas größer u. schwerer als die ♂ ♂. Europa, Asien, N- bis S-Amerika. Waldbewohner. Nahrung überwiegend Mäuse; bei den amerik. An auch Vögel bis zur Eigengröße, große Insekten. Sehr selten gehalten. Eingewöhnung mit frischtoten Beutetieren leicht. Sollten nur paarweise in Volieren ↗ von mindestens 2,00 m Breite, 3,00 m Tiefe u. 2,00 m Höhe gehalten werden. *A. acadicus* u. *A. funereus* sind Höhlenbrüter. Bei den anderen An nimmt man es an.

— *A. acadicus*, Sägekauz, ♂ u. ♀: *A. funereus* sehr ähnl., jedoch im Durchschnitt kleiner. Unterschiedl. ist der schwarze Schnabel u. die Iris mehr orangefarbig. Juv. deutl. anders als Juv. von *A. funereus*. 17–21 cm. Von SO-Alaska u. S-Kanada bis Mexiko. Lebt in dichten Nadelholz- u. Zedernwäldern, bevorzugt sumpfige Gebiete. Überwiegend nachtaktiv. Kleine Säugetiere u. Vögel bis zur Eigengröße bilden die Ernährungsgrundlage. Sehr seltener Pflegling in Zoo- u. Liebhabervolieren Europas. Z. Z. nur im Tierpark Berlin, Zoo Rostock u. von R. G. KRAHE ↗ gehalten, von letzterem gezüchtet. Futter: Eintagsküken u. Mäuse. Gelege 3—7 Eier. Eier werden in 2tägigem Abstand gelegt. ♂ u. ♀ brüten u. füttern gemeinsam. Juv. schlüpfen nach 27 Tagen.

— *A. funereus*, Rauhfußkauz. ♂ u. ♀: mit horngelbem Schnabel u. gelber Iris. Das Großgefieder braun mit weißen Flecken. US weiß mit braunen unregelmäßigen verwaschenen Streifen. Füße pelzig befiedert. Juv. unterscheiden sich von ad. bis zur ersten Mauser u. a. durch einfarbiges schokoladenfarbiges Bauchgefieder. 19—31 cm. Bewohner der nordischen Waldgebiete Europas, Asiens, N-Amerikas. In Europa auch in den Alpen u. einigen Mittelgebirgen. Bevorzugt Nadelholzwälder mit Laubholzeinstreuung. Im hohen N auch Bewohner reiner Birkenwälder. Überwiegend nachtaktiv. Die natürl. Ernährung besteht vorwiegend aus Mäusen. Dies sollte bei der Haltung neben der Fütterung von Eintagsküken beachtet werden. Zucht öfter gelungen, nicht einfach. Voliere mit genügend Versteckmöglichkeiten u. Nistkästen notwendig. Der eigentl. Brutzeit geht ein Bruthöhlenzeigen durch das ♂ voraus. Eier werden in 2tägigem Abstand gelegt, ab 3. Ei allein vom ♀ bebrütet. Gelege 4—8 Eier. Juv. schlüpfen nach 27 Tagen. Fütterung von Mäusen zu empfehlen. Brütendes ♀ u. später Juv. werden vom ♂ mit Beute versorgt. Das ♂ füttert die kleinen Juv. nicht. Erstzucht gelang 1964 Dr. C. KÖNIG, Ludwigsburg, BRD. Zur Erhaltung von *A. funereus* sind bes. in der BRD mardersichere Nistkästen in bekannten Brutgebieten angebracht worden. Ebenfalls sind Ansiedlungsversuche mit gezüchteten Jungtieren durchgeführt worden.

— *A. harrisii*, Blasstirnkauz. ♂ u. ♀: Unterscheidet sich von *A. acadicus* u. *A. funereus* durch einfarbige gelbe US mit braunem Brustband. Nur bei *A. h.* Zehen unbefiedert. Geschlechtsunterschiede u. Gefieder der Juv. unbekannt. 17—21 cm. Lebt in 2 räumlich getrennten Verbr.-Gebieten: Kolumbien, Ekuador, Venezuela u. S-Brasilien, Uruguay, N-Argentinien. Lebensgewohnheiten unbekannt. Nachweisbar nur 1 Exempl. von einem Liebhaber in der BRD gehalten. Gefüttert wurden Eintagsküken.

Aegypius. G der Accipitridae ↗. 1 A.
— *A. monachus*, Kuttengeier. ♂ u. ♀: sehr groß, düster, Gefieder dunkelbraun bis schwarz. Untergefieder aus dichtem, schmutzig weißem Flaum, Teile von Kopf u. Hals sowie Halskrause mit langem Flaum bedeckt. Schnabel sehr kräftig, Wachshaut bläulich. Füße graublau. Iberische Halbinsel, Marokko, S-Europa, durch Kleinasien bis zur Mongolei u. W-China. Besiedelt mittl. Gebirgsregionen, Hochsteppen u. steppenähnl. Ebenen. Aasverwerter, selten werden kleine Wirbeltiere erbeutet. Ausdauernder Segelflieger. Nistet auf Felsen od. auf größeren Bäumen. Gelege 1 schmutzigweißes Ei. Brutdauer 56 Tage. Häufigster Geier in Tiergärten u. privaten Haltungen. Eingewöhnung unkompliziert. Gut in Gemeinschaftsvolieren zu halten. Wird oft zum Schaufliegen auf Falkenhöfen genutzt. Nahrung Knochenfleisch u. zur Brutzeit Ganzkörperfutter ↗. Zur Zucht ist die A besser paarweise zu halten. Erstzucht 1980 im Tierpark Berlin. Heute sollte von Frischimporten abgesehen werden, da die A fast überall bedroht ist. Zuchtversuche sollten in dafür geeigneten Einrichtungen verstärkt werden.

Aegyptainellose. Erkrankung der Vögel in warmen Ländern. Der Erreger *Aegyptianella pullorum* wird als Blutparasit durch Argasidae übertragen. Anämien u. Todesfälle bei Küken.

Aesalon. G der Falconidae ↗. 1 A.
— *A. columbarius*, Merlin. Gefiederfärbung variiert je nach UA stark. Gleicht in seiner Form einem verkleinerten Wanderfalken ↗. ♂ unterscheidet sich gut vom ♀, ist insges. heller, Schwanz ist grauschwarz gebändert. 7 UAn. Holarktisches Vorkommen, von N-Amerika, N-Europa, N-Asien bis Kamtschatka. Moore, Heiden, Tundren, Prärien. Horstet meist auf dem Boden, aber auch auf Bäumen in alten Nestern. Gelege 4—5 weiße bis braungelbe, braun gewölkte Eier. Brutdauer 28—32 Tage. ♂ u. ♀ betreiben Brutpflege. Gefangenschaftsnachzucht unbekannt. Selten im Handel angeboten. Beliebter Beizvogel.

Aethiopsar. G der Sturnidae ↗. 5 An. Asien. Pflege → Sturnidae.
— *A. cristatellus*, Haubenmaina. ♂ u. ♀: grauschwarz, Unterschwanzdecken weiß gesäumt. Flügelspiegel weiß, ebenso wurzelnahe Innenfahnen der Armschwingen u. Schwanzfederspitzen. Auffällig borstige Federn der Stirn, zu Haube verlängert. Schnabel blaßgelb, Wurzel rötlich. Auge gelb. Füße gelbrötlich. ♀ Haube kleiner. 27 cm. UAn. S-, M-China, Indochina, Taiwan; eingeschleppt auf Luzon, Negros (Philippinen), Penang (Malaysia), in Vancouver (SW-Kanada). Bewohnt vorwiegend in kleinen Flügen offene Landschaften der Ebene, auch in Siedlungen. Jagt häufig vom Rücken der Rinder nach Insekten, liest diese auch von großen Wild- u. Weidetieren ab. Nest aus Gräsern, Stroh, Laub, Federn u. anderem Material in Baumhöhlen, Mauerlöchern, unter Dächern. Erstmalig 1840 im Zool. Garten Amsterdam u. damit in Europa. Anspruchslos, bald zahm, selbst gegenüber größeren Vögeln aggressiv. Stets im Handel. In seiner Heimat als Käfigvogel sehr beliebt, bes. handaufgezogene Exempl. Sehr anhänglich, talentierter Spötter, lernt einige Worte sprechen. Gesang gurgelnd, pfeifend, lärmend. Erstmalig 1875 von F. WIENER, London, gezüchtet.
— *A. fuscus*, Braun-, Dschungelmaina. ♂ u. ♀: Kopf, Kehle schwarz, grünglänzend. Oberhals, Oberrücken graubräunlich. Übriger Rücken dunkelgraubraun. Kleine, mittl. Flügeldecken bronzebraun, große Flügeldecken weiß, Schwingen schwarz. Schwanz schwarz, grünglänzend, äußere Federn mit weißen Enden. Brust, Flanken graubraun. Unterschwanzdecken weiß, Schenkel dunkelgrau. Schnabel am Grund blaugrau, spitzenwärts orangegelb. Auge gelb. Füße orangegelb. ♀ gering kleiner. 19 cm. UAn. Indien, Himalajagebiet bis Burma; Malaysia. Bewohnt bergige, bewaldete Landschaften, auch in Siedlungen. Nest in Baumhöhlen, unter Dächern.

Aethopyga

Erstmalig 1854 in Europa (Zool. Garten Amsterdam), seither sporadisch im Handel. Erstzucht 1893 im Zoo Berlin, Paar allein unterbringen. 2 Bruten im Jahr.

Aethopyga, Seidennektarvögel. G der Nectariniidae ↗. 11 An. SO-, O-Asien, Philippinen, Sundainseln. Bevorzugen Wälder, Sekundärvegetation, Plantagen, Gärten, Parks.
— *A. siparaja,* Scharlachnektarvogel. ♂: Kopf-OS, Oberschwanzdecken, Schwanz metallischgrün, Bürzel gelb, Rücken, Kehle, Brust, Kopfseiten u. Nacken dunkel karmesinrot, Bauch, Unterschwanzdecken grünlich od. grau. ♀: OS olivgrün mit Bronzeschimmer auf den Flügeln, US gelblicholiv, Unterschwanzdecken wie beim ♂. Juv. wie ♀. 15 cm. W-Indien, Himalajagebiet bis SW-China, Hinterindien, Nicobaren, Kalimantan, Java, Sulawesi, Philippinen. Bevorzugt Kulturland, Wälder u. Sekundärvegetation bis 1 200 m ü. NN.

Afrika-Fischeule, Afrikanische Fischeule, Bindenfischeule *(Scotopelia peli)* → *Scotopelia*
Afrikanische Pfauen → *Afropavo*
Afrikanischer Brillenvogel *(Zosterops senegalensis)* → *Zosterops*
Afrikanischer Klaffschnabel *(Anastomus lamelligerus)* → *Anastomus*
Afrikanischer Marabu *(Leptoptilos crumeniferus)* → *Leptoptilos*
Afrikanischer Nimmersatt *(Mycteria ibis)* → *Mycteria*
Afrikanischer Paradiesschnäpper *(Terpsiphone viridis)* → *Terpsiphone*
Afrikanischer Wachtelfrankolin, NN → Coquifrankolin
Afrikanische Zwergohreule *(Otus senegalensis)* → *Otus*
Afrikanische Zwergwachtel, NN → Adansonwachtel
Afrika-Sultanshuhn, NN → Bronzesultansralle
Afrika-Waldkauz, Afrikanischer Waldkauz *(Strix woodfordii)* → *Strix*
Afropavo. G der Phasianidae ↗. 1 A. Zentralafrikan. Urwald von Inner- u. NO-Zaïre.
— *A. congensis,* Kongopfau. ♂: nackte Hautpartien im Gesicht blaugrau. Nackte Kehle orangerot. Kopf u. Hals sparsam samtähnl., schwarz befiedert. 10 cm hoher heller Scheitelbusch mit dahinter befindlichem schwarzem Büschel aus kürzeren, nach vorn gebogenen Federn. Oberbrust u. Rückenansatz schwarz mit violettem Federsaum. Oberpartie bis Bürzel dunkel bronzegrün. Lange Oberschwanzdeckfedern mit violetten Säumen, teilweise am Ende pfauenaugenähnl. dunkle matte Flecke. Kleine Flügeldecken dunkelgrün mit breiten blauglänzenden Säumen u. Binden. Weitere Flügelpartien grünblauglänzend schwarz. Schwanz schwarz mit grünlichblau schimmernden Außenfahnen, zerschlissene violettblaue Endsäume. US dunkelgrün, zur Brust blau, auf Flanken u. Schenkel grüne Endsäume. Unterbauch, Unterschwanz schwarz. Iris dunkelbraun. Schnabel u. Läufe hellblaugrau. Spitze weißliche Sporen. ♀: nackte Partien weniger ausgeprägt. Stirnbüschel 1—2,5 cm, kastanienbraun bis schwarz. Scheitel rotbräunlich. Kopfregion u. Hals dichter als bei ♂ befiedert. Körperseiten, Vorder- u. Unterpartie rötlich kastanienbraun mit dunkelbrauner Bänderung u. Sprenkelung. Unterbauch schwarz. Rücken, Schultern, Flügeldecken, innere Armschwingen metallischgrün, hellbräunlich gebändert. Restl. Schwingen kastanienbraun mit schwarzer Bänderung u. Flecken. Oberschwanzdecken hell kastanienbraun, lang, weich u. zerschlissen, grünlich endgesäumt. Schwanzfedern ebenso. Schnabel dunkelblau bis olivgrün. Iris gelbbraun. Läufe grau mit kurzen dünnen Sporen. Juv. Dunenküken gelbliche Vorderseiten mit schwarzer Hinterhalspartie. Dünner schwarzer Augenstreif. Rücken schwarzbraun. Jungvogel zimtbraun, schwarz gesprenkelt. ♂ nach 1. Mauser dem Alttier ähnl. ♂ 75—85 cm, ♀ 60—65 cm, Schwanz ♂ 31—33 cm, ♀ 20—22 cm. Paarweise od. in Familien lebend. Nester erhöht angebracht, 3—4 hühnereiergroße hellbräunliche Eier. Brutdauer 26 Tage. Haltung in geräumiger Voliere, feucht-warm, auch im Winter über 20 °C. Aufbaummöglichkeit bei guter Bepflanzung. Fütterung mit Körnerfutter, tierischer Nahrung, Grünzeug. Erstzucht Tierpark Rotterdam, 1960.

Afterbrut. Nachgelege einer meist nur 1mal im Jahr brütenden Vogel-A (bei Gelegeverlust).
Agaporniden → *Agapornis*
Agapornis. G der Psittaculidae ↗. 9 An. 13—17 cm, zählen zusammen mit den An von *Micropsitta* ↗, *Forpus* ↗ u. *Loriculus* ↗ zu den kleinsten Papageienvögeln. Vorwiegend grün gefärbt, Wachshaut befiedert. Verbr.-Gebiet Afrika, nur 1 A Madagaskar u. benachbarte kleine Inseln. Allein *A. swindernianus* Wald-, sonst Savannenbewohner. Starke Paarbindung (Unzertrennliche). Nahrung Samen, Beeren, Früchte u. Blattknospen. Brüten in Nestern von Webervögeln ↗, unter Hüttendächern, in Mauerlöchern, Baumhöhlen (bevorzugt in Affenbrotbäumen), Palmblattquirlen u. in Nestern von Seglern, nur *A. pullarius* nagt Gang mit Brutkammer in die Bauten baumbewohnender Termiten. ♀ ♀ tragen Nistmaterial (Zweig-, Rindenstückchen) im Bürzel- u. Körpergefieder, manche auch nur mit dem Schnabel zum Nistplatz, Vögel mancher An verbauen viel, andere kaum etwas. Bei manchen Paaren beteiligen sich auch die ♂ ♂ beim Einschleppen. Gelege 4—6 (7) Eier. Nur ♀ brütet. ♂ sitzt meistens neben dem ♀ im Nest, aber nicht auf den Eiern. Juv. schlüpfen bei einem Gelege aus 4—5 Eiern nach 20 Tagen, nachdem das 3. Ei gelegt worden ist. Sie fliegen nach 5 Wochen aus, kehren aber noch einige Wochen ins Nest zurück u. sind mit 7—8 Wochen selbständig. Liebenswerte, empfehlenswerte Pfleglinge. In der Gruppe u. gegenüber anderen Vögeln zuweilen unverträglich, bei Haltung mehrerer Tiere kann Stimme stören (Nachbarn). Anspruchslos u. ausdauernd, Vögel der meisten An leicht zu züchten, von einigen sind zahlreiche Mutationen bekannt. Keinen Einzelvogel halten. Nur paarweise Unterbringung im Käfig (Mindestgröße 100—120 × 50 cm, 60 cm hoch). Sehr günstig Kistenkäfig ↗, in diesem auch gut Zucht von häufig gehaltenen An möglich.

Holzzerstörer, Außenvoliere mit Schutzraum (Mindestgröße für 1 Paar 150 × 100 cm, 200 cm Höhe), bei reihenförmiger Volierenanordnung müssen Trennwände zu den Nachbarunterkünften im Abstand von 5—6 cm eine doppelte Drahtbespannung haben, um Bißverletzungen an den Füßen der Nachbarn auszuschließen. Mäßig warme Überwinterung. Bei Gruppenhaltung möglichst großen Flugraum, dann Fußverletzungen allgemein gering. Futter: versch. Hirse, Glanz, geschälter Hafer, Sonnenblumenkerne, Hanf, halbreife u. reife Kolbenhirse,

Agaporniden

Keimfutter, abwechslungsreiches Grünfutter (Vogelmiere, Löwenzahn, Hirtentäschelkraut, Knöterich, Kreuzkraut usw.), halbreife u. reife Grassamen u. Samenstände anderer Wildpflanzen, Obst, Beeren, Trockenobst (Feigen), Möhren, Gurken, auch Rosinen. Außerdem reichl. frische Zweige von Weiden, Eberesche, Linde, Obstbäumen usw. zum Benagen bieten. Mehlkäferlarven ↗ reichen, besser über Weich- od. Eifutter eine Mischung von den 10 wichtigsten essentiellen Aminosäuren geben. Multivitaminpräparate ebenfalls über dieses Futter zuführen, nicht über das Trinkwasser. Gabe über 3—5 Tage einmal in 4—6 Wochen. Ganzjährig Vogelgrit, außerdem gewässerten alten Mörtel, Sepiaschale, im Handel erhältliche Mineralstoffsteine zur Verfügung stellen. Trinken u. baden gern. Zur Zucht am besten Paar allein halten, obgleich die Partnerwahl möglichst in der Gruppe erfolgen möchte. Geschlechtsbestimmung bei einigen An schwierig, da gleiche Färbung. Abstand der Beckenknochen bei älteren ♀♀ größer, nicht so steil gestellt u. runder als bei den ♂♂. Vögel zur Zucht frühestens im Alter von 10—12 Monaten ansetzen. Zur Brutvorbereitung ca. 5 % Hanf (fördert den Geschlechtstrieb) dem Körnerfutter beisetzen. Nistkasten ca. 15 × 20 cm od. 15 × 15 cm, Höhe 20—25 cm, gern werden querformatige Kästen angenommen, bei Käfighaltung außen anbringen (aufklappbarer Deckel). Auch Kokosnußschalen können verwendet werden. Von dem Besprühen des Geleges zur Erhöhung der Luftfeuchtigkeit wird abgeraten. Regelmäßig frische Zweige u. Badewasser reichen. Weiterhin wird empfohlen, das alte Nistmaterial nach einer Brut im Kasten zu belassen. Nach einiger Zeit findet man dann hier Larven u. kleine Motten vor. Ihre Anwesenheit ist der biol. Beweis für die richtige Luftfeuchtigkeit. Spezialnistkästen mit Wasserbehälter führen meistens nicht zu dem gewünschten Erfolg, werden in Holland, BRD u. DDR kaum noch verwendet. Bei mangelhaftem Schlupfergebnis liegen meistens andere Ursachen zugrunde, z. B. zu wenig essentielle Aminosäuren. Nestkontrollen werden nicht verübelt, auch nicht bei A. canus bei regelmäßiger Durchführung, schon bei der Eiablage beginnen. Während der Aufzucht Eifutter, vermehrte Aminosäuren, Keimfutter u. verschiedenste halbreife Samen reichen.

— *A. canus*, Grauköpfchen. ♂: grün, Kopf, Nacken, Halsseiten, Kinn bis einschließl. Vorderbrust weißlichgrau. Rücken u. Flügeldecken dunkler grün, Bürzel, Oberschwanzdecken u. US heller, letztere mehr gelbgrün. Schwanz mit breitem schwarzen Band vor grünen Spitzen. Schnabel weißlichgrau bis rosaweißlich. Auge braun, Lidrand schmal, rötlichbraun. Füße hell bläulichgrau bis rosagrau. ♀: insges. grün, Kopf gering dunkler. Juv. ähnl. ♀, aber matter, Schnabel gelblich bis rosagelblich, Oberschnabelwurzel schwarz gefleckt, bei ♂♂ spätere graue Gefiederpartien mittelgrau (nur bei gezüchteten Vögeln, Einfluß von Milieufaktoren?). 13 cm. 2 UAn. Madagaskar, durch den Menschen verbr. auf Mauritius, Rodriguez (Maskarenen), den Komoren, Seychellen, weiterhin auf Sansibar u. Mafia (Tansania). Bewohnt Küstengebiete, vorzugsweise in der Savanne, gern nahe immergrüner Wälder. In Trupps bis zu 20 Vögeln unterwegs. Örtlich häufig. Brütet in Baumhöhlen, kleine Nestunterlage. Erstmalig 1860 im Zoo London, auch nach dem zweiten Weltkrieg bis zur Ausfuhrsperre regelmäßig im Handel gewesen. Wildfänge in Gefangenschaft scheu, beste Unterbringung Innenvoliere ↗ od. Kistenkäfig ↗. Zucht nicht einfach, erstmalig 1872 Dr. K. Ruß gelungen. Gegenüber Störungen empfindlich, verstecken sich immer im Nistkasten. Scheu u. unzugänglich. Nistkastenkontrollen werden nicht verübelt, Voraussetzung ist die regelmäßige Durchführung. Für den Anfänger nicht zu empfehlen. Stets Zucht anstreben.

— *A. fischeri*, Pfirsichköpfchen. ♂ u. ♀: grün, Stirn, Wange u. Kehle orangerot. Hinterkopf bräunlichgelb, Nacken u. Vorderbrust gelblicher, letztere auch orangegelb. Oberschwanzdecken blau, gleichfalls Spitzen der Schwanzfedern, äußere Schwanzfedern gelblich gesäumt, nahe der Schwanzwurzel orangeroter Fleck, spitzennahe schwarze Querbänderung. Schnabel rot. Auge braun, Lidring breit, nackt u. weiß. Füße hell braungrau. Juv. matter als Ad., Schnabel u. Füße dunkel gefleckt bzw. gestrichelt. Ca. 15 cm. Konspezies mit *A. personatus*? Verbr.-Gebiet sü. des Victoria-Sees (Tansania) u. auf seinen Inseln, durch den Menschen verbr. bei Tanga (NO-Tansania) u. in S-Kenia. Bewohnt Savannen der Hochländer zwischen 1 000 u. 1 700 m ü. NN. In den Schirmakazien regelmäßig in kleinen Gruppen, auch auf Getreidefeldern u. in anderem Kulturland. Mehrere Paare brüten in lockerer Gemeinschaft zusammen in Baumhöhlen, in Nestern von Webervögeln, unter großen Palmblättern, an Gebäuden. Nest aus

Agapornis

Rindenstreifen, kleinen Zweigen, Grashalmen usw. Nistmaterial im Schnabel getragen. Erstmalig 1925 bei K. V. PAINTER, USA, 1 Exempl. gehalten, 1927 erstmalig in mehreren europ. Ländern angeboten. Von allen An der G am häufigsten gehalten, nur noch gezüchtete Vögel im Handel. Überwinterung frostfrei, gut Gruppenhaltung in größerer Freivoliere möglich, allerdings darf kein unverpaarter Vogel darunter sein. Mutationen: Gelbe, Grüne, Grüngelbe Schecken, Blaue. Lutino u. Albino gibt es nicht. Bei den in der Literatur aufgeführten Vögeln handelt es sich immer um Mischlinge aus Erdbeer-, Schwarz- u. Pfirsichköpfchen. Fallen bei der Zucht von sog. Lutino- u. Albino-Schwarzköpfchen ziemlich rotgefärbte Vögel (Kopf) an, dann bekommen sie den Namen Lutino Pfirsichköpfchen. Ist der Kopf solcher Nachkommen ziemlich dunkel, dann werden sie Lutino Schwarzköpfchen genannt. Mischlinge mit Schwarz-, Ruß-, Erdbeer-, Rosenköpfchen, Taranta-Unzertrennlicher.

— *A. lilianae*, Erdbeerköpfchen. ♂ u. ♀: grün, Vorderkopf u. Kehle orangerot, Hinterkopf, Nacken u. Halsseiten hell olivfarben. Bürzel u. Oberschwanzdecken grün. Schnabel rot. Auge dunkelbraun, Augenring nackt, weiß. Füße grau bis rosafarben mit grauem Anflug. Juv. matter als Ad., Schnabel anfangs gelblichrot, Basis des Oberschnabels wenig schwarz. Ca. 14 cm. Konspezies ↗ mit *A. personatus*? Tal des mittl. Sambesi, O-Sambia (Tal des Luangwa), von NW-Moçambique bis zum südlichsten Tansania, vorwiegend in Mopanewäldern, an Fluß- u. Seeufern, auch in Akazienbeständen zwischen 300 u. 1600 m ü. NN. Bildet Trupps von 20—100 Vögeln. Brütet in Baumhöhlen, verlassenen Webernestern u. unter Hüttendächern. ♀ trägt im Schnabel Nistmaterial in die Höhle. Nest umfangreich, überdacht. Erstmalig 1926 in England u. damit in Europa. Anfangs häufig verwechselt mit Pfirsichköpfchen, letztere haben aber blaue Oberschwanzdecken, sind auch größer, ebenfalls Orangerot des Kopfes bei Erdbeerköpfchen deutl. vom olivgrünen Nacken abgegrenzt, bei Pfirsichköpfchen fließender Übergang. In europ. Anlagen selten zu finden (Ausfuhrverbote). 1978 gelangten Importe in die Schweiz u. von hier auch Vögel in die BRD (Münsterland) u. in die Niederlande (Zelhem). Von ihnen starben 90—95%, die meisten erst 3 Monate nach dem Import. Sektionsbefund: Leberleiden, wahrscheinl. durch einen Virus, der bei europ. Vögeln vorkommt. Die in Europa gezüchteten Vögel haben inzwischen gegenüber diesem Virus eine Resistenz aufgebaut. Zuchterfolge selten. Untereinander friedlich, kann auch gut mit Webervögeln ↗, robusten Prachtfinken ↗, Wellensittichen ↗ gemeinsam untergebracht werden. Zucht auch in der Gruppe möglich, dann aber 2 Nistkästen pro Paar anbieten. Manchmal Bißverletzungen an Jungvögeln durch Revierverhalten anderer Paare. Mutationen: Lutino, Grüne, Blaue. Mischlinge mit Pfirsich-, Ruß-, Schwarz-, Rosenköpfchen.

— *A. nigrigenis*, Rußköpfchen. ♂: grün, Kopf dunkelbraun, Nacken gelbbraun, ebenso Halsseiten. Bürzel u. Oberschwanzdecken grün. Kehle orangebraun. Schnabel rot, Oberschnabelbasis rosafarben. Auge braun, Augenring nackt, weiß. Füße grau bis fleischfarben. ♀ wie ♂, aber schwerer. Manchmal Wangen bräunlicher, matter, Nacken mehr grün, Kehle blasser, alles unsichere Zeichen. Juv. matter als Ad. 14—15 cm. Konspezies mit *A. personatus*? Bewohnt öst. Caprivizipfel Südwestafrikas, Sambesi-Tal (Machili-Fluß im O bis Livingstone u. im N angrenzendes Gebiet bis zum Kafue-Nationalpark in Sambia). Lebt vorwiegend an baumbestandenen Flußläufen, meistens 600 m ü. NN, auch bis 1300 m ü. NN vorkommend. Bildet allgemein Flüge von 12—20 Vögeln. Baut in Baumhöhlen, Nestern von Webervögeln, auch unter Hausdächern überdachtes Nest. Erstmalig 1907 in Europa, zeitweise in großer Zahl im Handel. Seit dem Ausfuhrverbot nur noch gezüchtete Vögel im Angebot, sehr selten. Manchmal verwechselt mit Schwarzköpfchen, oftmals auch Mischlinge als artreine Vögel gehandelt. Rußköpfchen dürfen keine schwarzen Köpfe, keine gelbe Brust u. keine blauen Bürzelfedern od. Oberschwanzdecken aufweisen. Verträglich, stets Zucht anstreben. Brutbiologie wie Schwarzköpfchen. Keine echten Mutationen bekannt, obwohl einige Züchter versuchen, Schwarzköpfchen in versch. Farben einzukreuzen. Mischlinge mit Schwarz-, Pfirsich-, Erdbeer-, Rosenköpfchen.

— *A. personatus*, Schwarzköpfchen. ♂: grün, Kopf, Kinn u. obere Kehle schwarz, Hinterkopf mehr braun. Hals, Brust u. Nacken breites leuchtend gelbes Band. Bürzel blaßblau. Schwanz oberseits zur Spitze gelbgrün. Schnabel rot. Auge braun, Augenring nackt, breit, weiß. Füße blaugrau. ♀ wie ♂, schwerer. Juv. matter als Ad., Kopf mehr bräunlich, gelbes Band trüber, Schnabelbasis schwärzlich. Ca. 16 cm. Verbr.-Gebiet inneres O-Tansania (Manyara-See bis Iringa); durch den Menschen verbr. bei Dar-es-Salaam u. in Kenia (bei Nairobi). Bewohnt mit vereinzelten Akaziengruppen u. Büschen bestandene Grassteppe, in kleinen Flügen u. Schwärmen von über 100 Vögeln unterwegs. Während der Erntezeit auf Getreidefeldern (Mais, Hirse). Brütet in Baumhöhlen, bevorzugt in Affenbrotbäumen, baut auch in Nestern von Webervögeln u. Seglern ↗ u. unter Hüttendächern überdachtes Nest. Erstmalig 1925 in Amerika, dort auch durch den Importeur K. V. PAINTER 1926 Welterstzucht. In Europa erstmalig 1927, zeitweise in großer Zahl im Handel. War während der Eingewöhnung empfindlich, wärmebedürftig. Heutzutage fast nur noch gezüchtete Vögel im Handel. Leicht zu züchten, sehr gut auch im Käfig. Überwinterung mäßig warm, (Füße frostempfindlich). Paarweise Haltung günstig. Hohe Luftfeuchtigkeit empfehlenswert. Mutationen: Grüne, Blaue, Gelbe, Weiße, Grüngelbe Schecken, Blauweiße Schecken, Zimtfarbene, Graufügel, Olive, Blaue mit rotem Schnabel. Lutino u. Albino sind alle Bastarde, entstanden aus Kreuzungen von *A. lilianae* u. *A. fischeri*. Mischlinge mit Ruß-, Pfirsich-, Erdbeer-, Rosenköpfchen, Taranta-Unzertrennliche.

— *A. pullarius*, Orangeköpfchen. ♂: grün, Stirn Kopfseiten u. obere Kehle kräftig orangerot, US heller als OS, manchmal mit gelblichem Anflug. Bürzel blau, Oberschwanzdecken grün, Unterflügeldecken schwarz. Oberschnabel orangerot, Unterschnabel orangegelblich. Auge dunkelbraun, Augenring nackt, schmal weißlichgelb od. blau. Füße grau, auch mit grünlichem Anflug. ♀ wie ♂, aber Kopf mit blasserem Rot, mehr gelborange, Unterflügeldecken grün. Juv. matter als Ad. 14 cm. 2 UAn. Bewohnt Sierra Leone bis südwe. Äthiopien, Uganda, nordwe. Tansania, nordwe. Angola u. Insel São Tomé. Lebt bevorzugt in Busch- u. Baumsavannen, sehr selten im Hochwald, meistens an Lichtungen u. Waldrändern. In Flügen bis zu 20 Vögeln unterwegs, auch paarweise. Schadenverursacher auf den Getreidefeldern, deshalb lokal verfolgt. Scheint nicht in Baumhöhlen od. Webernestern zu nächtigen. ♀ gräbt in Bauten baumbewohnender Termiten (seltener in die von erdbewohnenden An) ca. 30 cm langen Gang mit Brutkammer, wenige Blatt- u. Rindenstückchen zur Auspolsterung verwendet, die zu Spänen zerbissen werden. Erstmalig um 1730 in Europa. Ab u. zu zahlreich im Handel, zeitweise auch fehlend. Wildfänge schreckhaft. Überwinterung mäßig warm. Gegenüber arteigenen Vögeln häufig friedlich, ebenso in Gesellschaft von Prachtfinken, Webervögeln u. anderen ähnl. großen, robusten Vögeln. Nicht mit anderen An der G vergesellschaften, diese zeigen gegenüber Orangeköpfchen dominantes Verhalten. Erstzucht 1920 bei E. SPILLE, Deutschland. Wahrscheinl. schon 1893 Welterstzucht bei C. T. METZGER, USA. Als Brutstätten feuchte Torfballen in Holzfässer stampfen od. Holzkisten, auch Kuben aus Styropor werden gegeben, in üblichen Nistkästen ist kaum ein Erfolg beschieden. Gezüchtete Vögel an mitteleurop. Klima bedeutend besser als Wildfänge angepaßt. HAYWARD berichtet von blauen Orangeköpfchen, die rezessiv vererben. In Portugal hat ein Züchter ein Lutino-Orangeköpfchen in seinem Bestand, es soll ein ♂ sein. Die Vererbung ist wahrscheinl. rezessiv. Mischlinge nicht bekannt.

— *A. roseicollis*, Rosenköpfchen. ♂: grün, Kopf bis hinter das Auge, Hals, Kinn, Kehle u. Oberbrust rosarot, Stirn intensiver gefärbt. Bürzel u. Oberschwanzdecken hellblau. Schnabel hornfarben, Spitze häufig grünlichschwarz. Auge dunkelbraun, Augenring schmal weißlich bis gelblich. Füße grau bis bläulichgrau. ♀ wie ♂ (Beckenknochenabstand s. *Agapornis*). Juv. wie Ad., aber insges. blasser. Schnabelansatz schwärzlich. Ca. 17 cm. 2 UAn, *A. r. catumbella* in allen Farben leuchtender als Nominatform. Verbr.-Gebiet der A Südwestafrika u. SW-Angola. Lebt in trockenen Steppen u. Grasland der Tiefebene bis in Höhenlagen von ca. 1 600 m ü. NN, stets in der Nähe von Wasserstellen. In kleineren Flügen unterwegs. Koloniebrüter. Nest umfangreich u. überdacht, unter Dächern, in Felsspalten, meistens in Kolonien des Siedel- ↗ u. Mahaliwebers ↗ in Akazienbäumen. Ergreift auch von bewohnten Nestern Besitz, in diese wird im Bürzelgefieder nur wenig Nistmaterial eingetragen. Erstmalig ca. 1860 in Europa von K. HAGENBECK eingeführt. Stets regelmäßig u. in den letzten Jahrzehnten am zahlreichsten im Handel. Nur gezüchtete Vögel im Angebot. Hart, ausdauernd, frostfreie Überwinterung (Frostschäden an den Füßen). In der arteigenen Gruppe unverträglich, bei gemeinsamer Unterbringung von Jugend an manchmal untereinander friedlich. Für Gesellschaftsanlage mit artfremden Vögeln ungeeignet, zerbeißen Füße der anderen. Am besten paarweise pflegen. Stimme laut u. schrill, bes. bei der Haltung mehrerer Paare. 1869 Erstzucht im Berliner Zoo (Direktor A. E. BREHM ↗). Mutationen: Blaue (Pastellblaue); Gelbe: Japanisch Golden Cherry, Weiße davon Japan. Silber Cherry. Gelbe, d. h. Au-

Rosenköpfchen

stralisch Gelbe od. «Sydney Yellow's» entstanden aus rezessiven Schecken. Alle anderen Schecken vererben dominant. Gelbgesäumte: Amerikanisch Golden Cherry, Weiße davon Amerik. Silber Cherry. In diese Vögel kann wieder der Scheckenfaktor eingekreuzt werden. Falbe, Olive, Dunkelgrüne, Kobalt (Dunkelblaue), Mauve, Lutino's, Albino's, Grün-Zimter, Blau-Zimter. Zimt-Faktor kann auch wieder in alle Farben eingekreuzt werden. Gelb-Zimter (Australisch Zimt), «Mustard» (Genf) ist Australisch-Zimt mit 2 Dunkelfaktoren. Neues über eine Graumutation gibt es in den letzten 2 Jahren nicht mehr (Modifikation?). Halbseiter (Farbverteilung verläuft quer zur Körperlänge, auch asymmetrische Farbverteilungen können auftreten) sind keine vererbbaren Mutationen. Rotgesäumte Rosenköpfchen (im Handel angeboten als «Rote Roseicolli») sind eine Modifikation. Weißmasken werden aus Pastellblauen mittels einer intermediären Vererbung gezüchtet. Intermediär ist hierbei ein Meerblauer Vogel, der einen Faktor für Weißmaske aufweist. Diese Vögel sind auf Rücken u. Schulter fast grün. Mischlinge mit Schwarz-, Ruß-, Erdbeer-, Pfirsichköpfchen.

— *A. taranta*, Taranta-Unzertrennlicher, Bergpapagei. ♂: grün, Stirn rot, Kopf heller grün. Schnabel

Agelaioides

rot. Auge braun mit rotem Ring. Füße grauschwärzlich. ♀ matter als ♂, Stirn grün, ebenso Augenringe. Juv. blasser als Ad., Schnabel gelbbraun, ♂ ♂ nach 3—4 Monaten erste rote Federn. Ca. 16 cm. 2 UAn. Äthiopien, bewohnt hier Wälder des Hochlandes zwischen 1 300 u. 3 200 m ü. NN. Selten in tieferen Lagen, meistens zur Feigenreife in kleinen Flügen unterwegs, um die 10 Vögel. Nächtigt u. brütet in Baumhöhlen, Nistmaterial trägt ♀ im Kleingefieder zur Höhle, nur der Boden wird gepolstert. Erstmalig 1906 in Europa, seit 1923 in größerer Zahl im Handel. Eingewöhnung nicht zu warm. Scheu wird bald abgelegt. Angenehmer Pflegling. Stimme zwitschernd, selten schreiend. Erstzucht 1909 bei G. RAMBAUSEK, Wien. Zucht nicht leicht, Paarpartner häufig untereinander unverträglich. Paar allein halten, am besten in kleiner Gartenvoliere. Mutationen: Grüne, Blaue u. Zimtfarbene. Mischlinge mit Schwarz-, Pfirsichköpfchen.
— *A. swindernianus*, Grünköpfchen. ♂ u. ♀: grün, Nackenring schwarz mit anschl. undeutl. gelbem bis orangegelbem Band, das um den Hals bis zur Kehle zieht. Unterrücken, Bürzel u. Oberschwanzdecken ultramarinblau. Schwanzwurzel rot. Schnabel schwarz. Auge gelb bis orangegelb. Füße schmutzig gelblichgrün. Juv. matter als Ad., schwarzer Nackenring fehlt bzw. nur angedeutet. Schnabel blaßgrau. Auge braun. 13 cm. 3 UAn. *A. s. zenkeri* (Kamerun-Grünköpfchen, Zenkers Unzertrennlicher) hat rotbraunes Nackenband, zieht verwaschen über der Brust. *A. s. emini* (Ituri-Grünköpfchen, Emins Unzertrennlicher) intensiver als Nominatform gefärbt, aber Nackenband geringer ausgedehnt, Schnabel stärker, mehr gebogen, insges. größer. Liberia, sü. Kamerun u. Gabun bis nö. Uganda. Ausgesprochener Waldbewohner. In Trupps bis zu 12 Vögeln umherstreifend. Nahrung vorwiegend spez. Feigen u. Reis, auch halbreifer Mais u. Insekten. Brütet in Termitenhügeln. In den letzten Jahren wenige Exempl. nach Europa gekommen, starben innerhalb weniger Tage, da ausgesprochener Nahrungsspezialist, benötigt auf Dauer spez. Feigenfrüchte, nimmt auch etwas Kolbenhirse, beachtet sonst kein Ersatzfutter.

Agelaioides. G der Quiscalinae ↗. 1 A. O-Brasilien bis Paraguay, Bolivien; N-, M-Argentinien, Uruguay. Bewohnen offene, mit Baumgruppen bestandene Graslandschaften. Kein Brutschmarotzer. Nest napfförmig, meistens in Astgabel. Pflege wie *Cyrtotes* ↗. Selten im Handel, friedlich in Gesellschaft gleichgroßer od. größerer Vögel. Bald zutraulich.
— *A. badius*, Braunkuhstärling. ♂ u. ♀: graubraun, Zügel dunkel. Flügel rot bis rotbraun. US heller als OS. 18—19 cm. UAn. Gesang wohltönend.

Agelaius. G der Icterinae ↗. 8 An. N-, M-, S-Amerika. Pflege wie *Cyrtotes* ↗, außerdem Mais, Reis, Obst.
— *A. phoeniceus*, Rotschulterstärling. ♂: schwarz, kleine Flügeldecken kräftig rot, Schulterfleck am unteren Rand gelblich bis weiß. ♀: Schulter rostbraun, unterer Rand graugelb. US schmutzigweiß, bräunlich gestreift. 22 cm. UAn. N-Amerika durch Mexiko bis Nikaragua, NW-Kostarika, Golfküste, Florida; nordwe. Bahama-Inseln, Isla de la Juventud, W-Kuba. Lebt auf feuchten Wiesen, sumpfigem Gelände, im Röhricht. Nest vorwiegend im Schilf über dem Wasser, zuweilen auch in Büschen. Relativ häufig gehandelt. Gegenüber kleineren Vögeln unverträglich, zuweilen auch gegenüber größeren. Gesang schwätzend, nicht wohlklingend.

Agelastes, Waldperlhühner. G der Numidinae ↗. 2 An. Als Ur-Perlhühner anzusehende kleinere Vögel. Kahle rote Köpfe. 14federiger Schwanz. ♂ kurz gespornt. Dunkle Grundfarbe mit heller Tüpfel- u. Wellenzeichnung. Oberguinea, S-Kamerun, Gabun. Regenwaldgürtel.
— *A. meleagrides*, Weißbrustperlhuhn. ♂ u. ♀: Kopf, Hals rosarot. Weiße Haarfedern in Ohrnähe. Kropf, Genick, Nacken, Unterhals, Oberbrust rahmweiß. Sonst schwarzer Grund mit feinen weißen, in Bändern angeordneten Punkten. Bei Handschwingen u. Schwanz angedeutet. Aftergefieder mollig, grauschwarz. Oberschnabel grüngelblich mit elfenbeinfarbiger Spitze, Unterschnabel graubräunlich. Iris dunkelbraun. Füße schwärzlich. Gewicht ca. 800 g. Juv. braungesprenkelt, Kopf u. Hals mit schwarzen Flaumfedern. 51 cm. Liberia bis Ghana. Regenwald ohne Unterholz. Gruppengröße 15—20 Stück. Wildfänge können in Futterannahme problematisch sein, bis Gewöhnung an übliches Geflügelfutter erfolgt. Voliere, gut bepflanzt, Aufbaummöglichkeit, heizbares Schutzhaus. Haltung zur Zucht paarweise. Gelegestärke 12 Eier, 45 × 35 mm, rötlichgelblich mit weißen Poren.
— *A. niger*, Schwarzperlhuhn. ♂ u. ♀: nackter Kopf u. Vorderhals violettrot. Schwarzer, samtfarbig befiederter Scheitelstreifen. Grundfarbe schwarz. Schwingen u. Schwanz gelbbraun gewellt. Bauchmitte bräunlich. Schnabel hornfarbig. Iris dunkelbraun. Füße braun. Juv. Brust u. Armschwingen braun gewellt. Bauch weiß. 43 cm. Eier von bräunlich, rötlich bis violett gewellt (42 × 34 mm). 1957 erstmals in Europa, Antwerpener Zoo.

Aglaeactis, Rosenschillerkolibris. G der Trochilidae ↗. 4 An. Kolumbien bis Bolivien. Andenhänge über 2 000 m Höhe. Bevorzugen die buschbestandenen Hänge bis zur Paramozone in 2 800—3 600 m Höhe. In großen Flugräumen gelingt die Eingewöhnung leichter. In den Volieren ↗ des Zoologischen Instituts Braunschweig u. des Zoos Heidelberg lebten die Tiere knapp 2 ½ Jahre, bei M. BEHNKE-PEDERSEN 3 Jahre. Zuchterfolg bisher noch nicht beschrieben.
— *A. cupripennis*, Rosenschillerkolibri, Kupferflügelkolibri. ♂: OS dunkelbraun mit Bronzeschimmer, Oberschwanzdecken glitzernd goldgrün, der ganze Bürzel u. Unterrücken leuchtend amethystartig rosenrot. Band am Hinterhals u. US rostfarben; an der Vorderbrust einige verlängerte hellere Federn, Kehle mit dunkelbraunen Federspitzen, Bauch u. Unterschwanzdecken heller. Flaumbüschel weiß. Außenfahne der 1. Schwinge u. Wurzeln aller Schwingen rostrot. Steuerfedern rostrot, Schnabel schwarz. ♀: Bürzel weniger lebhaft glänzend, Flügel kürzer. Juv. wie ♀.

Aglaiocercus, Langschwanzsylphen. G der Trochilidae ↗. 2 An. N-Venezuela bis Bolivien. Bevorzugen Buschländer u. Wälder.
— *A. coelestis,* Langschwanzsylphe. ♂: OS grün, glitzerndes Stirnschild, US bronzebraun, Kehlfleck violett. Unterschwanzdecken grün. Steuerfedern grün, violett od. blaugrün, die bedeckten Teile schwarz. ♀: OS grün, Kehle bronzegrün gefleckt, über der Vorderbrust ein breites weißes Band. Juv. wie ♀. ♂ 19,5–20,0 cm, ♀ 9,8 cm. Im Innern Kolumbiens bis SW-Ekuador. Bevorzugt Waldränder u. Sekundärvegetation. Eingewöhnung: s. *A. kingi.* M. BEHNKE-PEDERSEN hielt ein Tier fast 7 Jahre. Zucht noch nicht gelungen.

Himmelssylphe

— *A. kingi,* Himmelssylphe, Gould's Himmelssylphe. ♂: OS grün, vom Oberschnabel zieht sich über den Kopf hin ein am Hinterkopf spitz auslaufendes, aus verlängerten Federn bestehendes grünes, von schwarzen Schatten eingefaßtes Kopfschild. Steuerfedern am Grunde, soweit sie von den darüber liegenden Federn bedeckt werden, samtschwarz, die unbedeckten Enden blaugrün. US grün, oft mit bräunlichem Schimmer, Unterschwanzdecken mit bräunlichen Säumen. Flaumbüschel an den Bauchseiten am Grunde schwarz, an der Spitzenhälfte weiß. Schnabel schwarz, Füße schwärzlich. ♀: OS bronzegrün, Kopf-OS grün, meist mit etwas bläulichem Schimmer. Steuerfedern purpurviolett, an den Außenfahnen mehr blau; die mittl. grün, die anderen mit weißen Spitzen. Hinter dem Auge ein weißer Fleck. Zügelstreif u. Linie unter dem vorderen Teil des Auges weiß. Kehle weiß, jede Feder mit einem metallischgrünen Fleck an der Spitze. Die ganze übrige US zimtfarben. Brustseiten mit glänzend grünem Schimmer. Juv. wie ♀. 21,0 cm. Von N-Venezuela u. Kolumbien bis W-Ekuador u. Bolivien. In der Regel kaum Schwierigkeiten bei der Eingewöhnung. Mehrjährige Haltungserfolge sind bekannt. K.-L. SCHUCHMANN ↗ erwähnt, daß diese A bereits brütete. Im Zoo Heidelberg wurden Eiablage u. Brut unbefruchteter Eier registriert.

Ägyptischer Ziegenmelker *(Caprimulgus aegyptius)* → *Caprimulgus*

Ährenträgerpfau *(Pavo muticus)* → *Pavo*

Aidemonia, Sichelnektarvögel. G der Nectariniidae ↗. 6 An. Afrika. Bevorzugen viele Biotope.
— *A. cuprea,* Kupfernektarvogel. ♂: ganzes Gefieder leuchtend kupfrig, violett u. rot schillernd, Brust u. Bauch schwarz. ♀: OS olivbraun, US stumpfgelb, Schwanz schwarz. Juv. wie ♀. 12 cm. Von Senegal bis Äthiopien, durch O-Afrika bis NO-Simbabwe, durch SO-Zaïre, Sambia bis Angola. Bevorzugt Buschland, offene Baumsavanne, Kulturland u. Gärten.
— *A. kilimensis,* Bronzenektarvogel. ♂: Gefieder metallischbronzegrün, erscheint fast schwarz, mittl. Steuerfedern verlängert. ♀: OS olivgrau, US gelblich mit dunklen Streifen, dunkle Ohrdecken. Juv. wie ♀. 15 cm. Von O-Zaïre, O-Afrika bis W-Malawi, NO-Sambia, O-Simbabwe u. Innerangola. Bevorzugt Hochländer von 1 600–2 100 m ü. NN.
— *A. reichenowi,* Goldschwingen-Nektarvogel. ♂: Gefieder leuchtend rot-, bronze- u. kupferfarben, Schwung-, Schwanzfedern mit gelben Säumen, langer Schwanz. ♀: OS olivfarben, US gelb, Flügel-, Steuerfedern mit gelben Säumen. Juv. wie ♀. 16 cm. In den Hochländern von Kenia, Uganda, N-Tansania u. NO-Zaïre. Bevorzugt Moore, Bergbuschwald u. Waldränder.
— *A. tacazze,* Takazze-Nektarvogel. ♂: Gefieder erscheint schwarz, schillert metallischviolett, Kopf kupferfarben, mittl. Schwanzfedern stark verlängert. ♀: OS schmutzig olivgrau, US heller mit weißlichen Streifen. Juv. wie ♀. 15 cm. Von Äthiopien, S-Sudan bis O-Uganda, N-Tansania. Bevorzugt Bergwälder, sumpfige Lichtungen, Gärten oberhalb 2 000 m Höhe. Soll in Europa schon gebrütet haben, sicher ist nur eine Zucht in New York.

Aidemosyne. G der Estrildidae ↗. 1 A. O-Australien. In Sümpfen u. an Ufern. Nest zwischen Schilf, Gräsern, in Büschen. Nach der Brutzeit in Schwärmen herumstreifend. Erstmalig 1872 nach Europa gekommen. Angenehme Pfleglinge, unempfindlich, friedlich. Nur gezüchtete Vögel im Handel (seit 1. 1. 1960 Ausfuhrsperre vom austral. Kontinent). Nicht unter 20 °C halten, für Käfig u. Voliere geeignet, brüten in beiden, in letzterer zuverlässiger. Futter → Estrildidae, vor allem halbreife u. reife Samen von Gräsern, Unkräutern. Vogelmiere, reife u. halbreife Kolbenhirse. Weichfutter u. Insektennahrung finden unterschiedl. Beachtung. Nestkontrollen werden manchmal verübelt. Juv. nach Selbständigkeit von Ad. trennen. Juv. ♂ ♂ singen bereits 4 Wochen nach dem Ausfliegen.
— *A. modesta,* Zeresamadine. ♂: Stirn dunkelkarminrot, Oberkopf dunkelbraun, OS braun. Innere Schwingen braun, jede Feder mit kleinem weißen Spitzenfleck. Schwingen dunkelbraun. Oberschwanzfedern graubraun mit breitem weißen Spitzenfleck, über Spitzen der Bürzelfedern breite weiße Querbänder. Schwanz schwärzlich, Federn außen jeweils mit weißem Spitzenfleck. Kopfseite silberweiß, schwarzer Zügel. Gefieder im Ohrbereich mit brau-

Ailuroedus

Zeresamadine

nen Querwellen überzogen. Kinn u. obere Kehle schwarz, US weiß, hellbraune Querbänder auf Hals- u. Körperseiten. Schnabel schwarz. Auge rotbraun, Lidrand schwärzlich. Füße fleischfarben. ♀: ohne schwarzen Kehlfleck, Zügel nicht schwarz, mehr grau. Kopfplatte kleiner als beim ♂. Querbänderung der Körperseiten verwaschen. Juv. grau mit oberseits angedeuteten Querbändern, US schmutzig weißgrau. Schnabel bleigrau. 10,5–11,5 cm.

Ailuroedus, Katzenvögel. G der Ptilonorhynchidae ↗. 2 An. ♀ wie ♂. Echte Baumvögel, die kaum zur Erde herabkommen. Schnabel kurz, kräftig. First gekrümmt. Australien, Neuguinea u. Inselwelt. Lassen häufig «miau»-Laute hören (= namengebend!) Keine kunstvollen Balzplätze. Große offene, napfförmige Nester hoch in Baumkronen. 2 weißliche Eier. — *A. crassirostris*, Grünlaubenvogel, Grünkatzenvogel. ♂ u. ♀: oberseits grasgrün, unterseits weißlich bis gelblichgrün. Federn des Oberkopfes schwärzlich gesäumt. Kopfseiten u. Kehle grünlich mit dunkler Zeichnung. Hinterhals, Brust u. Bauch weißlich gefleckt. Grüner Schwanz mit weißem Endsaum. 30–35 cm. O-Australien von SO-Queensland bis zum äußersten O-Victoria.

Aix. G der Anatidae ↗, UF Anatinae ↗, 1 A. Öst. Staaten der USA u. S-Kanada, im W von British Columbia bis Kalifornien. Fehlen im zentralen Teil N-Amerikas. Bewohnen stehende u. fließende Gewässer in Laub- u. Mischwäldern. Im Herbst u. Winter Wanderungen in sü. Gebiete mit eisfreien Gewässern. Brüten in Baumhöhlen, oft weit vom Wasser entfernt. Die Jungen springen aus der Bruthöhle u. werden vom ♀ zum Wasser geführt. Eine der am häufigsten gehaltenen Zierenten. Robust, kaum kälteempfindlich. Können paarweise od. in Gruppen mit anderen An zusammen gehalten werden. Unterbringung auf Teichen, in Kleinanlagen od. in Volieren. Fressen jedes Misch- u. Fertigfutter, daneben gern Wasserlinsen u. Eicheln. Zucht meist ohne Probleme. Eiablage ab Ende März. 10–14 Eier werden 28–32 Tage bebrütet. ♀♀ brüten u. führen zuverlässig. Regelmäßig Nachgelege. Auch künstl. Aufzucht meist verlustarm. Mit etwa 9 Wochen flugfähig. Nach einem knappen Jahr geschlechtsreif. Bastardierungsneigung bes. bei ♀♀ stark ausgeprägt. Mehrmals mit unterschiedl. Erfolg in Europa angesiedelt. — *A. sponsa*, Brautente. ♂: Kopf schwarz, metallisch glänzend mit weißer Zeichnung u. verlängerten Schopffedern. Hals u. Brust braunviolett mit weißen Tupfen. Abgrenzung zu den schwarz gewellten Körperseiten durch je einen weißen u. schwarzen senkrechten Streifen. Rückengefieder u. Schwanz schwarz. Schnabel grau mit roter Wurzel. ♀-farbiges RK. ♀: dem Mandarinenten-♀ sehr ähnl., aber dunkler u. mit mehr metallischem Glanz. Statt des weißen Augenstreifs weißer Ring um das Auge. Deutl. kleiner als Stockente ↗. Plumper u. kurzbeiniger als Mandarinente.

Akaziendrossel *(Psophochichla litsipsirupa)* → *Psophochichla*

Akaziendrossling *(Argya fulva)* → *Argya*

Aktionsraum (Begriff der Ethologie). Summe aller Aufenthaltsräume, die von einem Individuum während seines ganzen Lebenszyklus genutzt od. aufgesucht werden. Z. B. gehören bei Zugvögeln sowohl die Saisonterritorien als auch die Zugwege dazu. Entspr. wird der Begriff A. auch auf organisierte Tiergruppen für die Dauer ihres Bestehens angewendet. Reviere sind Kompartimente von A., die gegen A-Genossen abgegrenzt u. verteidigt werden. Im Gegensatz dazu ist der A. neutral.

Alario, Alariogirlitze. G der Carduelidae ↗. 1 A. S-Afrika. — *A. alario*. ♂: Kopf, Nacken sowie gabelförmiger schwarzer Brustlatz tiefschwarz. Rücken, Flügeldecken, Bürzel u. Schwanz kastanienbraun. Schwingen schwärzlich, US reinweiß bis cremefarben. ♀: oberseits unscheinbar braungrau, fein gestrichelt, nur an Flügeldecken, Schwanz u. Bürzel kastanienbraun. Brust schmutzigweiß, oft bis dunkelgrau, undeutl. gestreift. Bauch elfenbeinweiß. Juv. mit deutl. brauner Längsstreifung der US, sonst wie ♀. 12,5 cm. Be-

Alario

wohnt offene Trockengebiete. Außerhalb der Brutzeit vielfach in Schwärmen anzutreffen. Nistet in niederen Büschen nahe am Boden. ♂ trägt nur Nistmaterial zu, ♀ baut den kleinen, tiefen Napf. Gelege 3–(5) grünliche Eier, die am stumpfen Pol wenige braune Kritzel tragen. Brutdauer 13–14 Tage, Nestlingszeit 14–15 Tage, Juv. mit 4 Wochen selbständig. Keine Angaben zur Ernährung im Freiland. Futter viel gekeimtes Waldvogelfutter mit hohem Rübsenanteil, Grünfutter, wenig Obst. Zucht im Käfig (1 m Länge) möglich; in großen Volieren auch in Brutstimmung friedlich. Kühl, aber frostfrei überwintern.

Alariogirlitz *(Alario alario)* → *Alario*

Alauda. G der Alaudidae ↗. 1 A. Heimat fast ganz Europa, weite Teile Asiens, N-Afrika, eingeschleppt auf Hawaii, Vancouver, in SO-Australien, Neuseeland einschl. Auckland-, Mermadec-, Campell-, Chatham-Insel. Kulturlandschaft, trockene Wiesen, steppenähnl. Gelände.

Feldlerche

— *A. arvensis,* Feldlerche. ♂: OS erdbraun mit länglichen dunklen Flecken, US bedeutend heller, äußere Schwanzfedern weiß. ♀ wie ♂, gering kleiner. 20 cm. 2 Rassengruppen. 1. *arvensis* (Europa, N-Afrika, N-Asien). 2. *gulgula* (S-China, Japan, SO-, S-Asien). Wegen des angenehmen Gesanges in früheren Zeiten häufiger gehalten, von allen Lerchen-An am meisten. Mehrfach gezüchtet, u. a. von G. ROSE 1924, G. REINBOTH 1938.

Alaudala. G der Alaudidae ↗. 6 An. Afrika, Asien. Pflege, Zucht s. Alaudidae.

— *A. rufescens,* Stummellerche. ♂ u. ♀: unterscheidet sich von der Kurzzehenlerche ↗ durch die ausgeprägtere Längsfleckung von Kropf, Brust u. z. T. der Flanken. 14 cm. UAn. Kirgisensteppe, SO-Sowjetunion, S-Afghanistan bis Kleinasien, Syrien, Saudi-Arabien, Ägypten we. bis Marokko, S-Spanien, Kanarische Inseln. Bewohnt trockene Weiden, steppenartiges Gelände, Brachen. Früher bei europ. Vogelliebhabern kaum bekannt, in den letzten Jahren öfter von sowjet. Züchtern auf mitteleurop. Ausstellungen gezeigt. Wird wegen des sehr schönen Gesanges gehalten, ähnelt dem der Kurzzehenlerche. Kein Zuchterfolg bekannt.

Alcedinidae

Alaudidae, Lerchen. F der Passeriformes ↗. 26 Gn. 86 An. Finken- bis drosselgroß. Lange Kralle der hinteren Zehe, manchmal gering gebogen. ♂ u. ♀ überwiegend gleich gefärbt. Weltweit mit Ausnahme S-Amerikas u. ozeanische Inseln. Bevorzugen weites offenes Gelände mit dünnem Bewuchs. Nahrung: Insekten, versch. Unkraut-, Grassamen, junge grüne Pflanzenteile. Baden nicht im Wasser, aber Sand- u. Staubbäder. Schlafen in kleinen Bodenmulden. Bodenbrüter. Gelege 3–5 Eier. Brutdauer 11–15 Tage. Seit alters her wurden europ. An wegen des Gesanges einzeln im Käfig gehalten. Sehr sangesfreudig. Neben der Unterbringung im Lerchenkäfig ↗ auch interessante Vögel in der Voliere ↗, die dann mit Grasböden, Sandflecken eine offene Ausstattung haben müssen. Sonniger Standort. Anbringung von Sitzästen für andere Vögel s. Motacillidae ↗. Futter: während der Brut überwiegend handelsübl. Weichfutter od. Biskuit mit geriebener Karotte od. hartgekochtem Hühnerei u. frischen Ameisenpuppen (Rote Waldameise steht in vielen Ländern unter Naturschutz!), Mehlkäferlarven, Spinnen. Später überwiegend Samen (Gräser, Unkräuter, Hirse, Glanz, Rübsen, Mohn). Kleingehacktes Grün (Vogelmiere, frische Brennessel, frischer Löwenzahn). Zucht von Vögeln mehrerer An in Voliere gelungen. Entscheidend für den Zuchterfolg ist die Vertrautheit eines Paares mit dem Pfleger u. Lebendfutter während der Aufzucht. Dieses hat aus reichl. frischen Ameisenpuppen, Wiesenplankton, frisch gehäuteten Mehlkäferlarven, Fliegenmaden usw. u. Sepiaschale zu bestehen.

Albatrosse → Diomedeidae

Albertleierschwanz *(Menura alberti)* → *Menura*

Alca. G der Alcidae ↗. 1 A. Küsten Islands, Großbritanniens, N-Frankreichs, Skandinaviens, auf Helgoland, in N-Amerika u. Grönland. Bewohnen die steilen Meeresküsten, aber auch im Binnenland am Ladoga-See bei Leningrad. Koloniebrüter, oft mit anderen An. 1 Ei, das ohne jede Unterlage auf Felssimsen u. ä. abgelegt wird. Haltung s. Alcidae. In England Eiablage, keine Zucht bisher bekannt.

— *A. torda,* Tordalk. ♂ u. ♀: OS schwarz, US weiß. Hoher, seitl. zusammengedrückter Schnabel. Weiße Linie auf Schnabel, ebenso vom Schnabel zum Auge. 44 cm. UAn.

Alcedinidae, Eisvögel. F der Coraciiformes ↗. 27 Gn (*Ceryle* ↗, *Megaceryle* ↗, *Streptoceryle* ↗, *Chloroceryle* ↗, *Lacedo* ↗, *Cittura, Melidora, Clytoceyx* ↗, *Dacelo* ↗, *Sauromarptis, Tanysiptera* ↗, *Caridonax, Entomothera, Halcyon* ↗, *Chelicutia* ↗, *Todiramphus* ↗, *Syma* ↗, *Pelargopsis* ↗, *Actenoides* ↗, *Alcedo* ↗, *Corythornis* ↗, *Myioceyx* ↗, *Ispidina* ↗, *Ceycoides* ↗, *Ceyx* ↗, *Alcyone* ↗, *Cyanispida* ↗), 91 An. 10–46 cm. Häufig ♂ wie ♀. Meist grün- u. blaufarben, oft bunt, metallisch glänzend. Großer Kopf mit kräftigem, spitzem, geradem Schnabel (ausnahmsweise auch breit u. flach); kurzhalsiger, gedrungener Körper. Flügel abgerundet u. kurz; winzige Füße, deren 3 Vorderzehen z. T. ver-

Alcedinidae

wachsen (nur zum Sitzen taugend). Australien, Neuguinea, Asien, Afrika, Europa, Amerika, meist in tropischen u. subtropischen Zonen. Tropische An vorwiegend Waldbewohner. Einzelgänger. Teils vom Ansitz aus Insektenjäger, teils als Stoßtaucher Fischjäger. Nahrung der «Wassereisvögel» kleine Fische (meist Fisch-«unkraut») u. Insekten; bei «Baumeisvögeln»: Würmer, Mollusken, Krebse, Insekten, Amphibien, Reptilien, Jungvögel, manchmal auch Kleinsäuger. Beute wird fast stets nach Fang auf feste Unterlage aufgeschlagen, bis sie getötet u. mundgerecht ist. Bilden Gewölle. Fischjägern wird überall, wo Fischzucht betrieben, stark nachgestellt. Höhlenbrüter, in horizontal ins Erdreich gegrabenen Gängen, in Baum- u. Erdtermiten-Bauten od. in Baum- u. Spechthöhlen. Beide Partner brüten u. betreuen Juv. 3—7 weiße, meist rundliche Eier. Brutdauer 19—24 Tage. Juv. schlüpfen nackt mit geschlossenen Augen. Federscheiden platzen spät, daher igelig aussehend. Nestlingszeit 22—26 Tage. Schnell wachsend. Haltung zahlreicher An in Tiergärten u. bei Liebhabern bekannt, dennoch außer häufiger gehaltenem Eisvogel u. Jägerliest nur bei Spezialisten. Lebensweise äußerst interessant, aber in Eingewöhnung u. Haltung noch recht heikel. Haltungsbedingungen kompliziert u. Futterbeschaffung schwierig. Haltung folgender An bekannt: Eisvogel, Jägerliest, Braunliest, Zwergkönigsfischer, Malachiteisvogel, Götzenliest, Graukopfliest, Senegalliest, Streifenliest, Halsbandliest, Kappenliest, Rieseneisvogel, Gurial, Haubenliest, Schillereisvogel, Graufischer, Rotbürzelliest, Halsbandfischer, Braunbauchliest, Blaubauchliest, Feuerliest, Weißkopfliest. In geräumigen Volieren u. Vogelstuben mit dichter Hintergrundbepflanzung. Tropische Formen warm überwintern (tags 22—28 °C, nachts 18 °C). Eisvogel kann ständig, Jägerliest in milden Wintern in Außenvolieren gehalten werden. Als Ansitz freistehende Pfähle, Baumstämme od. kahle Äste aufbauen, für «Fischjäger» direkt am Rande von 25—100 cm tiefem Becken (auch eingegrabene od. freistehende Aquarien), möglichst mit durchfließendem sauerstoffreichem Wasser. Bei stehendem Wasser wurde Gefieder der Vögel schnell durchnäßt u. unansehnlich u. Tiere gingen ein. Abhilfe durch Verbindung des Beckens mit Sauerstoffgerät. Baden gern u. ausgiebig. Baden durch Eintauchen im Fliegen, daher Becken od. größeres Gefäß mit mindestens 10 cm Tiefe benutzen. Bei Betreten der Volieren oft panikartiges Umherfliegen. Glasscheiben weißen! Wegen Gegenfliegens plastikummantelter Maschendraht (10 mm Vierkantgeflecht) empfehlenswert. Dünne Sitzstangen mit 10 mm Ø werden bevorzugt. Dreizeheneisvogel wurde in Aqua-Terrarium mit 25 cm Wassertiefe bei 26 °C u. Luftfeuchtigkeit von 75—90 % gehalten. Für Erdbrüter Wände mit Bruthöhlen nachbilden, für andere An Brutkästen (evtl. mit etwas Sägemehl auslegen, da kein Nistmaterial eingetragen wird), Hohlräume od. ähnl. schaffen. Nachstehende Größen werden empfohlen: für Zwergkönigsfischer u. Malachiteisvogel 30 × 30 × 40 cm, Röhren- Ø 4 cm; für Graukopf- u. Senegalliest 40 × 40 × 60 cm, Röhre 5 cm; für Braunliest 40 × 40 × 60 cm, Röhre 6 cm; für Jägerliest 48 × 48 × 55 cm, Röhre 13 cm. Bruthöhlen werden oft auch als Schlafhöhlen benutzt. Mit anderen, möglichst gleichgroßen verträglichen Vogel-An zu vergesellschaften. Allgemein recht ruhig u. verträglich. Nur hungrige Eisvögel zeigten sich aggressiv. Eisvogel, Graufischer u. Malachiteisvogel gelangten mit 5½ bis 6 Monaten in erste Mauser. Danach traten mit A-Genossen Territorialstreitigkeiten auf; später auch aggressiv gegen andere Vogel-An. Balz fast stets erst, wenn 1,1 allein im Territorium. Mehrere ♂ ♂ derselben A nicht zusammen halten. Eingewöhnung von Alttieren sehr schwierig; sind häufig nicht zur Futteraufnahme zu bewegen; bei Zwangsfütterung wird alles erbrochen. Ansonsten müssen sie längere Zeit gestopft werden. Braunbauchlieste wurden einzeln in kleine, flache verhängte Bauer gesetzt u. die ersten 3—4 Tage morgens u. abends mit je einer kleinen Eidechse od. 2 Streifen Fleisch zwangsgefüttert. Menge nicht ausreichend, verhinderte aber Entkräftung in ersten Tagen. Ständig lebende Futtertiere (Schaben, Grillen, Stabheuschrecken, Heuschrecken, Käfer, kleine Kriechtiere) angeboten. Wurde Futter selbständig angenommen, dann neben lebenden Tieren auch Fleisch gereicht. Nach 1 Woche nur noch Fleischstreifen, 1—2 Schaben u. zusätzl. 1 Vitamintropfen tägl. Wasser wurde nie getrunken. In Thailand gefangene junge Eisvögel werden dort meist mit einem Gemisch aus gekochtem Reis u. kleingehacktem rohem Fleisch gefüttert. Fütterung Eisvogel: tägl. ca. 10 fingerlange lebende Fische; nach Eingewöhnung auch Umstellung auf tote Fische od. Fischstücke, rohe Fleischstreifen, Herz, Schabefleisch, Küken; auch Mehlwürmer, Ameisenpuppen, Kaulquappen, Frösche, Molche, Nacktschnecken, Heuschrecken, Libellen u. Hartei (in Würfel schneiden!). Beim Verfüttern von Schabefleisch ist darauf zu achten, ob beim «Aufschlagen der Beute» auch noch Futter im Schnabel bleibt. Möglichst regelmäßig mit Vitaminen u. Spurenelementen anreichern. Fisch muß stets frisch sein, da sonst leicht Todesfälle! Beim Füttern von Fleisch Insekten, kleine od. zerschnittene Federn u. Kleinsäugerhaar auftragen, um Gewöllebildung zu ermöglichen. Als Stopffutter für Juv.: haselnußgroße Kugeln von Schabefleisch mit Quark; später dazu lebende Mehlwürmer. Bei selbständiger Futteraufnahme von Pinzette: Mehlwürmer, Fisch, Hartei, in fein zerstoßener Eischale gewälztes rohes Fleisch. Als Notfütterung auch getrocknete u. wieder aufgeweichte Garnelen. *Halcyon*-An erhalten in erster Linie Insekten u. kleine Eidechsen; nach guter Eingewöhnung auch Fleischstreifen (tägl. ca. 18 g); nie kalt, möglichst angewärmt reichen. Auch kleingeschnittenes Rinderherz, zerkleinerten frischen Weißfisch, abgezogene zerkleinerte Eintagsküken, Kaninchenfleisch (mit Fell), lebende Grillen, Würmer, Maden u. Vitakalk. Als Aufzuchtfutter spez. lebende Mehlwürmer u. nach 1. Woche halbwüchsige Heuschrecken, Käfer, Maden u. nackte Mäuse. Futter für Jägerliest: Mäuse, zerteilte Küken, Fleischstreifen; auch Fisch, Mehlwürmer, Ameisenpuppen, Regenwürmer, Eidechsen, größere Käfer, Grillen, Heuschrecken, Motten. Auch Fasanen-Weichfuttermischung mit Schabefleisch, kleinen Fischen u. Mehlwürmern, angereichert mit Vitaminen u. Vitakalk. Auch über Fleischstreifen gemahlener Hanf, geriebene Semmel, Ameisenpuppen u. lebende Mehlwürmer gestreut. Hartei, Kaninchenfleisch, Ratten, Schnecken, Nacktschnecken, Frösche (keine Kröten: Darmentzündungen!), Spinnen, weiße Schmetterlinge. Aufzuchtfutter: Heuschrecken, Mehlwürmer, nackte Mäuse, zerschnittene junge Spatzen, Schabefleisch, viele kleine Insekten. Auch Vogelfuttermischung für Insektenfresser mit Fischstückchen zu Kugeln geformt. Futter für kleinere An, wie *Ispidina* u. *Myioceyx*: Kleinstfische (z. B. lebende Ellritzen, möglichst im Wasserbecken zum Selbstfischen), sonst überwiegend Insektennahrung (Mehlwürmer, Raupen, Grillen, Schaben Wachsmotten u. -maden, Libellen u. -larven, Ameisenpuppen), Hartei u. gehacktes Rinderherz. Fisch wird häufig nicht angenommen. Tägl. 1mal Multivitamine u. ä. Auch Weichfuttergemisch auf rohe Fleischstreifen, zerschnittene Tiefkühlforelle, Mehlwürmer, Wachsmaden u. -motten, zerhacktes Eigelb u. frische Ameisenpuppen. Außerdem lebende Fische (Guppys) im Wassernapf. (Pro Vogel tägl. bis zu 50 versch. Insekten, 3 Stückchen Forelle u. 3 lebende Guppys). Futter für Zwergkönigsfischer in großen, flachen, freistehenden Schalen anbieten. Nehmen lebendes Futter von Schale vom Ansitz aus im Sturzflug. Überdachte Futterstellen werden gemieden. Als juv. Zwergkönigsfischer nur Mehlwürmer aber kein Fleisch annahmen, wurden die Würmer mit emulgierten Vitaminen (Multivitaminpräparat ohne Vit. C) bestrichen u. darüber ein Proteinpräparat, bestehend aus den 9 für Vögel wichtigen essentiellen Aminosäuren, sowie Spurenelemente, Calcium u. Phosphor gegeben. Dies wurde beim Aufschlagen der Beute nur teilweise abgestreift. So sind die Juv. zumindest über die heikle Eingewöhnungszeit hinwegzubringen. Dreizeheneisvögel wurden gefüttert mit kleinen Fröschen, Guppys, Cichliden, Insekten (außer Schmetterlingen), Krebstieren, kleinen Eidechsen u. Geckos. Große An wie *Ceryle* u. *Pelargopsis* erhalten Fische entspr. Größe, große Fleischstreifen, Kaulquappen u. Insekten. Keine allzu große Schwierigkeit macht die Aufzucht von Nestlingen. Noch blinde Juv. nehmen meist sofort Futter von der Pinzette ab; älteren Juv. muß Futter in Schnabel geschoben werden, bis sie nach 2–3 Tagen sperren. Halsbandlieste wurden im Alter von 1 Woche 1972 in Sabah (N-Kalimantan) aufgezogen. Erhielten 2stündlich Mischung zerhackter Garnelen, Fisch u. Insekten. Juv. besitzen am noch schwarzen Schnabel vorn hellen Fleck (Signalwirkung in dunkler Höhle). Halsbandlieste sind während der Brutzeit recht aggressiv. Die Zucht ist inzwischen bei einer Reihe von An gelungen: Jägerliest: Zoo London 1905, 1911/12; A. CLINTON, BUCKS 1943; Zoo Wassenaar 1957; Melbourne, Fresno, San Diego 1960–64; Zoo Basel 1960–67; Zoo Washington 1961–66; Zoo Paignton (GB) 1963; Fort Worth (USA) 1966; Zoo Zürich 1966/67; Zoo Chester 1968; Zoo Berlin 1974; Zoo Köln 1976; Vogelpark Walsrode (BRD) in 70er Jahren mehrmals; Seewiesen (BRD) 1982. Eisvogel:

Alcedinedae

Welterstzucht P. CARNIEL (Österr.) 1932/33; Tierpark Hellabrunn-München u. Zoo Wrocław 1969. Zwergkönigsfischer: Welterstzucht E. M. BOEHM (USA) 1963; Zoo Frankfurt/M. 1969 u. folgende Jahre; Walsrode 1976–78; Seewiesen 1978–80 mehrfach. Senegalliest: Welterstzucht HEYSHAM, Lancashire (GB) 1971; Walsrode 1981 (Kreuzung × Graukopfliest). Malachiteisvogel: 1966/67 von im Heimatgebiet Afrika aufgezogenem Wildfangpaar insges. 17 Juv. erbrütet; Walsrode 1975. Braunliest: Zoo Calcutta 1962; Zoo Frankfurt/M. 1964–71 insges. 14 Juv. erbrütet. Rieseneisvogel: San Diego 1962. Halsbandliest: Zoo Bronx (USA) 1965. Haubenliest: Zoo Rotterdam 1978. Streifenliest: Walsrode 1980–82; Seewiesen 1978–81. Graufischer: Seewiesen 1977. Graukopfliest: Seewiesen 1981. Junger Braunbauchliest zeigte nach 1. Woche die ersten Federkiele u. nach 10. Tag öffneten sich die Augen. Malachiteisvogel mit Nestlingszeit von 4–5 Wochen; Eltern füttern die Juv. nach Verlassen des Nestes noch etwa 2 Wochen. Beim Zwergkönigsfischer brüten beide Partner, meist sich stundenweise ablösend, oft aber ♀ länger u. nachts durchbrütend. Nach 18–19 Tagen Brutdauer folgen 18–20 Tage Nestlingszeit; Eltern füttern noch 2 Wochen weiter, ehe Juv. völlig selbständig jagen. Nach 3 Wochen Schnabelumfärbung bei Juv., der nach 31 Tagen zu einem Drittel rot gefärbt. Körpermasse am 51. Lebenstag 11 u. 13 g. Häufig wenige Tage nach Ausfliegen der Juv. 2. Brut. Juv. der 1. Brut müssen dann aus Voliere entfernt werden. Senegalliest flog mit 29 Tagen aus u. nahm ebenfalls nach weiteren 2 Wochen völlig selbständig Nahrung auf. Streifenlieste zeigten eine Brutdauer von 17–18, max. 20 Tagen, eine Nestlingszeit von 27–32 Tagen, die Juv. wurden noch 14–16 Tage danach gefüttert. Beim Eisvogel erfolgte Brutablösung etwa 2½ bis 3stündlich. Brutdauer 18 Tage u. Nestlingszeit 28 Tage. Es kam vor, daß die Eltern bereits während der Brutfürsorge 2. Bruthöhle bauten. ♀ begann 2. Brut, während ♂ allein Juv. der 1. Brut fütterte. Beim Jägerliest ergaben sich eine Brutdauer von 23 bis max. 28 Tagen u. Nestlingszeiten von 30 bis max. 38 Tagen. Augen öffneten sich zwischen dem 9. u. 15. Tag. Ab 9. Tag werden 1. Federanlagen sichtbar; zwischen 16. u. 21. Tag sind alle Federkiele entwickelt; etwa am 21. Tag öffnen sich erste Federkiele an der Brust; zwischen 30. u. 40. Tag kann Juv. als voll befiedert angesehen werden. Am 41. Tag «Lachen» hörbar; am 48. Lebenstag erste selbständige Futteraufnahme; im Alter von 10 Wochen ist Juv. völlig selbständig. Kunstbrut bei 37,6–37,8 °C u. 70–80 % Luftfeuchtigkeit möglich. Bei künstl. Aufzucht wurde die Temp. unmittelbar nach dem Schlupf bei 37 °C gehalten, einige Tage später allmähl. auf 27 °C reduziert u. bei Umsetzung in anderen Raum 24 °C gegeben. Entwicklungsvergleich der Körpermasse bei 2 künstl. Aufzuchten: 1. Tag = 30 g u. 26 g (3. Tag); 5. Tag = 50 g u. 38 g; 10. Tag = 130 g u. 90 g; 15. Tag = 200 g u. 150 g; 20. Tag = 240 g u. 220 g; 27. Tag = 240 g u. 320 g;

Alcediniformes

Eisvogel

30. Tag = 270 g u. 225 g (am 46. Tag). Im 1. Fall wurde vom 1.—3. Tag halbstündlich (außer 2 Mittagsstunden) u. 1mal zwischen 22.00 u 24.00 Uhr gefüttert: Herz, Leber, Niere, Magen von weißen Mäusen mit wenigen Ameisenpuppen. Jeder Happen in Ringerlösung, mit Pepsin-Salzsäurelösung versetzt, getaucht. Außerdem bei jeder Fütterung 1—2 Tropfen Kolibri-Nährlösung ↗ u. tägl. 1 Tropfen «Protovit flüssig». Ab 4. Tag zusätzl. Mäuseschenkel (Knochen zerquetscht) u. Grillen. Ab 6. Tag nur noch stündlich u. zusätzl. Vogelmischfutter (Insektenfressermischung) mit Fischstückchen zu Kugeln geformt. Ab 30. Tag Nachfütterung eingestellt u. Pepsinlösung in Wegfall, nur tägl. 2 Tropfen Protovit. Im 2. Fall wurde gefüttert: 1. Tag = 15.00 Uhr ½ Grille, 16.00 Uhr, 17.00 Uhr ¼ nackte Maus, 20.00 Uhr 1 Grille, 22.00 Uhr ½ Maus. Ab 2. Tag von 6.30 bis 22.00 Uhr 12—15mal Fütterung mit Grillen, Mäusen, Quark mit frischen Ameisenpuppen. Später kleingeschnittene Putenherzen, Heuschrecken, halbierte junge Ratten. Ab 28. Tag ausschließl. Mäuse u. Ratten mit Fell in 3 cm-Stückchen. Handaufzucht der Juv. vom Schlupf an möglich, später auch ratsam, da sie sonst sehr scheu werden. Man sollte sie über die Selbständigkeit hinweg halten u. sich viel mit ihnen beschäftigen, da sie dann wesentl. ruhiger u. zahmer werden. Neigen bes. nach dem Ausfliegen zu starker Panik (ähnl. Pirol od. Kuckuck). Bei einer natürl. Aufzucht in San Diego wurden den fütternden Alttieren am 1.—3. Lebenstag der Juv. um 8.00 Uhr 5 kleine zerschnittene Mäuse, um 16.00 Uhr 20 Schaben, 20 Mehlwürmer, 170 g rohes Pferdefleisch gereicht; am 3.—10. Lebenstag um 8.00 Uhr 7 Mäuse, um 16.00 Uhr 40 Schaben, 284 g Pferdefleisch; am 10.—22. Lebenstag um 8.00 Uhr 7 Mäuse, um 12.00 Uhr 12 Mäuse, um 16.00 Uhr 60 Schaben u. 294 g Pferdefleisch.

Alcediniformes, Eisvogelartige. 4 Fn (Alcedinidae ↗, Todidae ↗, Momotidae ↗, Meropidae ↗).

Alcedo. G der Alcedinidae ↗. 6 An.

— *A. atthis,* Eisvogel. ♂: OS türkisblau. Kopf-OS heller blau, quergebändert. Kehle u. Halsfleck weißlich. US u. Wangen rostrot. Breiter Bartstreif dunkelgrün. Schwarzer Schnabel dolchförmig, fast 5 cm lang. Füße rot. ♀: grünlicher; Unterschnabel am Grunde rötlich. Juv. matteres dunkleres Gefieder; unterseits verwaschen fahlbraun. Schnabel kürzer. Füße grauschwarz. Wegen seiner tropisch-bunten Färbung bei uns als «Fliegender Edelstein» bezeichnet. 16,5—18 cm. Körpermasse 35—40 g. UAn. N-Afrika, Europa, Asien bis Neuguinea (einschließl. Bismarck-Archipel) u. zu den Salomonen. In M-Europa sehr selten geworden. Standvogel bzw. Teilzieher. Von 300 Brutpaaren vor dem Eiswinter 1962/63 in BRD blieben nur noch 50 übrig. Flug pfeilschnell, dicht überm Wasser. Ungesellig. Hoher durchdringender Pfiff. Ansitzjagd od. Rüttelflug überm Wasser. Stoßtaucher, mit kaum 10 % erfolgreichen Tauchversuchen. Meist zu Unrecht verfolgter Fischjäger, der höchstens in Fischzuchtanstalten bei Fischbrut u. Setzlingen Schäden anrichten kann, falls mehrere Eisvögel vorhanden. Beute meist Fisch-«unkraut» von 7—9 cm (Stichlinge, Ellritzen, Bitterlinge, Lauben, Koppen, Weißfische, Gründlinge); sonst Kaulquappen, Mollusken, Wasserinsekten, Libellen, Egel u. ä. Nach Untersuchungen in England 61 % Fische, davon 53 % wirtschaftl. unwichtige An, u. 21 % Insekten. Fischbeute, die ♂ dem ♀ als Balzgeschenk überbringt od. die Juv. als Futter gebracht wird, trägt der Vogel mit dem Kopf voran im Schnabel. Zur eigenen Ernährung wird der Fischkopf magenwärts gedreht, auch kurz vor der Röhre bei Fütterung der Juv. Höhlennest (bis 17 cm^3) in steilen Uferhängen, Sandgruben od. ä. mit nach außen abschüssigen Gängen von 50—100 cm Tiefe. Bruthöhlen oft mehrere Jahre in Benutzung. Werden in etwa 14 Tagen mittels Schnabel u. Füßen angelegt, wobei sich ♂ u. ♀ abwechseln. ♂ begattet auf Zweig sitzendes ♀ während des Überflugs. 6—8 Eier (22 × 19 mm); 4,5 g schwer. Brutdauer 21 Tage. Juv. nackt; 3—4 Wochen im Nest auf nacktem Boden (nur auf Gewöllresten aus Gräten u. Fischschuppen) sitzend. Juv. entleeren Kot einfach in Höhleneingang. Zu dieser Zeit Gefieder der Eltern stark verschmutzt; baden daher häufig u. ausgiebig mit ausgebreiteten Flügeln. ♂ manchmal 2 ♀♀ betreuend. Haltung häufiger u. Aufzucht junger Wildfänge öfter gelungen. Welterstzucht von P. CARNIEL (Österreich) 1932/33. Zuchterfolge im Zoo Breslau u. 1969 im Tierpark Hellabrunn/München.

— *A. quadribrachys,* Schillereisvogel. ♂ u. ♀: oberseits leuchtend ultramarinblau, Kopfplatte gesperbert. Kehle weiß. US hell kastanienbraun. Schnabel schwarzgrau. Füße rot. 16,5—18 cm. UAn. W-Äthiopis von Gambia bis Uganda, NW-Sambia u. N-Angola. In Wäldern u. in Gewässernähe. Schrilles Zirpen od. Pfeifen. Beute Fische u. Krabben. Bruthöhle in Ufern u. Gruben. 4—6 Eier, weißlichrosa glänzend (22 × 19 mm). Haltung 1968 von G. DETRY, Belgien u. 1969 Zoo Antwerpen.

— *A. semitorquata,* Kobalteisvogel. ♂ u. ♀: kobaltblau. Kopfplatte gesperbert. Brust u. Bauch gelb bis zimtfarben. Blauer Fleck an Halsseiten. Schnabel schwarz. Füße rot. 16,5 cm. UAn. O- u. S-Äthiopis von Äthiopien bis Angola, zum Oranje-Freistaat u. durch Natal bis zur O- u. S-Kapprovinz. In Ufervegetation, in Wäldern.

Alcidae, Alken. F der Alciformes ↗. 14 Gn, 23 An, davon 1 A †. Seevögel, die nur zur Brutzeit an Land sind. Flügel schmal u. kurz, Schwanz kurz. Vorderzehen durch Schwimmhäute verbunden, Hinterzehe fehlt. Ausgezeichnete Taucher. Benutzen beim Landen die Füße als Steuer. ♂ u. ♀: Jugendkleid ähnl. Meist schwarzweiß gefärbt. Nur in den nö. Meeren vorkommend, brüten in großen Kolonien an felsigen Küsten. Nahrung wird nur aus dem Meer erbeutet, von der Oberfläche od. aus der Tiefe, vor allem Fische, Krebse, Weichtiere u. andere Wirbellose. Meist 1 Ei, ♂ u. ♀ brüten, Juv. werden von beiden Ad. gefüttert. Haltung problematisch, da meist geschwächte od. verölte Stücke in Menschenhand geraten. Ständige Frischwasserzufuhr notwendig, regelmäßige Salzgaben verringern Mykoseanfälligkeit. Fütterung mit Frischfisch, Garnelen, Garnelenschrot, bei gefrostetem Fisch Vitaminzusätze angebracht. Kühleinrichtungen für gleichbleibende Temp. im Sommer vorteilhaft. Im übrigen gleiche Haltungsbedingungen wie bei Pinguinen ↗.

Alciformes. Alken. O. 1 F Alcidae ↗.

Alcippe. G der Timaliidae ↗. 7 An. S-Asien, Afrika. Haltung, Pflege wie *Yuhina* ↗.

— *A. brunneicauda*, Braunschwanzalcippe. ♂ u. ♀: Kopf u. Nacken grau ohne Zeichnung, Rücken, Flügel u. Schwanz bräunlich. Kehle weißlich, Brust u. Flanken grau, Bauch u. Unterschwanzdecken weißlich. Schnabel schwarz, Oberschnabel am Grund heller. Auge braun. Füße bräunlich. Ca. 15 cm. UAn. Malaysia, Sumatera, Batu-, N-Natuna-Inseln, Kalimantan. Lebt in immergrünen Wäldern u. Sekundärwäldern, in Malaysia bis ca. 900 m ü. NN. Nahrung Insekten, auch Beeren u. Blütennektar.

— *A. morrisonia*, Grauwangen-, Rotaugenalcippe. ♂ u. ♀: ähnl. *A. poioicephala*, aber Wangen grau, Überaugenstreif schwarz bis zum Hals ziehend, Kopf-OS grau, Auge rot (Augenring grauweißlich). Juv. haben braune Augen. Ca. 15 cm. UAn. S-China, N-Indochina, NW-Thailand, Burma (nicht im W), Taiwan. Bewohnt immergrüne Wälder im Gebirge bis über 1370 m ü. NN.

— *A. nipalensis*, Weißaugenalcippe, Nepal-Alcippe. ♂ u. ♀: Kopf aschgrau mit weinrotem Anflug, um das Auge weißer Ring, Überaugenstreif schwärzlich, bis in den Nacken reichend, dieser grau mit weinrotem Hauch, sonst OS olivbraun. Kehle weißlich, sonst unterseits hell gelbbräunlich. Ca. 15 cm. UAn. Im Himalaja von Nepal bis Assam u. Burma (nicht im O). Sucht in Büschen u. Baumkronen in Trupps Insekten, auch Blütennektar u. Beeren. Schlüpft emsig im Gezweig umher, auch Rüttelflug. Haltung nicht schwierig.

— *A. peracensis*, Malaienalcippe. ♂ u. ♀: Kopf grau mit langem, schwarzen Überaugenstreif. Um das Auge deutl. abgegrenzter weißer Ring. Rücken, Flügel u. Schwanz braun, Kehle u. Brust weißlichgrau. Schnabel grauhornfarben. Auge bräunlich. Füße bräunlichgrau. 16,5 cm. UAn. Mittl. u. sü. Indochina, SO-Thailand u. Malaysia. Lebt in immergrünen Wäldern über 500 m ü. NN. Gesang abwechslungsreich.

— *A. poioicephala*, Graukopf-, Braunwangenalcippe. ♂ u. ♀: Kopfseiten bräunlich (s. *A. morrisonia*), Kopf-OS u. Nacken grau. OS olivbräunlich, US gelbbräunlich. Schnabel schwärzlich. Auge bräunlich. Füße bräunlich. 16,5 cm. UAn. Indien bis Halbinsel Kathiawar, sü. Madhya Pradesh u. Orissa; Assam, Jünnan, N-Indochina, Burma, W- u. S-Thailand. Lebt in immergrünen Wäldern, im Sekundärwald, Bambusdickicht bis ca. 1400 m ü. NN (Birma). Gesang melodisch.

Alcyone. G der Alcedinidae ↗. 6 An.

— *A. argentata*, Silberfischer, Sternfischer. ♂ u. ♀: OS tiefschwarz, fein weiß gesprenkelt. US schwarz mit blauem Überzug. Kehle weiß. Auffälliger seidig weißer Rückenstreif. UAn. Sü. Philippinen.

Alectoris, Steinhühner. G der Perdicinae ↗. 7 An. Den Rebhühnern ↗ ähnl. Geschlechter gleich gefärbt. 14federiger Schwanz. Schnabel, Augenränder u. Füße leuchtend rot. ♂ ♂ kräftiger im Typ mit Sporenrudimenten. M- u. Hochgebirge Europas, Asiens u. Afrikas. Bewohnen steinige u. felsige Berghänge oft bis an die Schneegrenze. An-Kreuzungen bei Gebietsüberlappung. Ruhige, in Einehe lebende Tiere. In Volieren, aber auch in kleinen Harems bei frühzeitiger Gewöhnung zu halten. Voliere mindestens 4 m² je Paar, trocken mit Steinhaufen u. Sandbad. Bepflanzung mit Koniferen. Winterfest. Fütterung mit Getreide, Samen, Grün- u. Geflügelfertigfutter. Küken erhalten eiweißreiches Fasanen- od. Kükenaufzuchtfutter bzw. Eifutter, Quark, Grünzeug u. Samen. In der Zuchtzeit aggressiv gegen andere Hühnervögel, auch gegen Partner. Gelege in flacher mit Gras gepolsterter Mulde. Brutzeit ab Mai, in Volieren bis August möglich. I. d. R. brütet ♀. Zuweilen führt ♂ Juv. u. ♀ bebrütet 2. Gelege. Brutdauer 24 Tage. Anfällig gegen Schwarzkopfkrankheit.

— *A. barbara*, Felsenhuhn. ♂ u. ♀: Zügel u. Überaugenstreif aschgrau; Stirnmitte, Scheitel, Hinterkopf kastanienbraun, nach außen jeweils dunkler. Ohrdecken rostbraun. Kopfseiten hellgrau, Kehle weißlich, rostrot umgeben, deren Federn an Spitze weiß. Ziehen sich bis Ohrfedern hoch. Breites graubräunliches Kopfband, das großes gelbrötliches Brustschild umfaßt. Farbenfreudig gezeichnete Flanken wie *A. chukar*. Rücken, Oberschwanz graubräunlich. Äußere Schulterfedern graublau, rostrot gesäumt. Schwingen wie *A. chukar*. Unterbauch blaß ockergelb. Schwanzfeder wie *A. rufa*. Juv. hell bis weiß. Hals- u. Kopfregion bräunlich. Rücken in Reihen dunkler getupft. Flügel mit Bindenzeichnung. 32 cm. UAn. Sardinien, N-Afrika, Kanarische Inseln. Bevorzugt lichte Berghänge, felsiges Gelände. Eifarbe wie *A. chukar*.

— *A. chukar*, Chukarsteinhuhn. ♂ u. ♀: Ober- u. Hinterkopf, Hinterhals u. Rücken aschgrau mit olivbraunem Einschlag. Von Nasenwurzel beiderseits durch Augenregion läuft ein schwarzes Band zum Vorderhals u. umrahmt einen gelblich bis cremefarbigen Latz. Isabellfarbiger Überaugenstreif. Ohrdecken kastanienbraun. Vorderbrust aschgrau. Flanken bis zur Bauchseite reichend auf gelblichem Grund mit breiten schwarzen u. schmalen braunen Binden. Schulterfedern blaugrau u. rötlich gesäumt. Flügel-

Alectroenas

decken wie Rücken. Schwanz gelblichgrau. Juv.: Grundfarbe graubräunlich. Rücken hell aschgrau längsgestreift. Kopf bräunlichgrau. Iris braun. Schnabel u. Füße gelblich. Ø 33 cm. Gewicht: ♂ 500—800 g, ♀ 350—550 g. UAn. Karpaten, N-Asien, Asiat. Hochgebirge (bis 4800 m) bis Mongolei. Durch den Menschen verbr. in USA (Kalifornien, Colorado, Neumexiko) u. Neuseeland. Bevorzugt steinige Berghänge, Kahlschläge. Meidet dichten Wald. Von heißem Steingelände in tieferen Lagen bis zur Schneegrenze lebend. Gelegestärke 8—16 Eier. Nichtbrütende ♀♀ legen bis 80 Eier. Kunstbrut gut möglich. Eier mit gelblicher od. graubräunlicher Grundfarbe, etwas kräftiger gefärbter spärlicher Sprenkelung.
— *A. graeca*, Steinhuhn. ♂ u. ♀: Unterscheidet sich von *A. chukar* durch schwarzen Überaugenstreif, gelbliche Ohrdecken u. weiße Kehlfärbung. 35 cm. UAn. Alpen, Italien, Sizilien, Jugoslawien, Griechenland. S-Seite der Gebirge bevorzugt. Sommer bis 2500 m Höhenlage.
— *A. melanocephala*, Schwarzkopfsteinhuhn. ♂ u. ♀: Größte A. Mit längeren Schwanz-, Kinn- u. Scheitelfedern. Iris rotbraun. Stirn, Scheitel schwarz, zum Hinterkopf in Rotbraun übergehend. Hals isabellfarben. Breiter weißer Überaugenstreif. Schwarzer Streifen vom Oberschnabel durch Augenregion, Kehle umfassend u. in spitzem Winkel auslaufend. OS blaugrau, teilweise gelblich gerändert. US hellgrau. Bauchmitte u. Unterschwanz gelblich. Schwanzfedern blaugrau mit schwärzlicher Spitze. 40 cm. S- u. SW-Arabien, in NW-Arabien durch den Menschen verbr. Bevorzugt felsiges Hügelgelände. Teilweise polygam. 1927 Erstzucht in England. Nicht winterhart, sehr nässeempfindlich.
— *A. rufa*, Rothuhn. ♂ u. ♀: Kopf vorn grau, hinten rötlichbraun. Weißlicher Übergangsstreifen von Schnabel bis hinter das Ohr. Kleinerer Latz als bei *A. chukar* u. von schmalerem schwarzem Streifen umrahmt, der zur Brust stärker u. zum Hinterhals schwächer in schwarzen u. weißen Streifen ausläuft. Brust bläulichgrau, US bis Keil bräunlich rot. Flanken wie *A. chukar*, Rücken zum Nacken hin rötlichbraun, zum Schwanz hin fahlbraungräulich. Schwanzdeckfedern grau. Schwingen dunkelbraun. Außenschwingen am Grund heller, Armschwingen bräunlich. Schwanzfedern, außer grauen Mittelfedern, kräftig rotbraun. Juv. wie *A. chukar*. 33 cm. UAn. Lebt auf Iberischer Halbinsel bis Frankreich u. N-Italien. Ausgesetzt in England, auf den Azoren, Madeira, den Kanarischen Inseln u. den Bahamas. Bevorzugt steiniges Gelände u. Hochlagen bis 1000 m. Eifarbe kräftiger als *A. chukar*.

Alectroenas. G der Duculidae ↗. 3 rezente, 3 ausgestorbene An. Madagaskar u. benachbarte Inselgruppen. Pflege → Duculidae, Treronidae. Zucht von *A. pulcherrima* gelungen.

Alectura, Buschhühner. G der Megapodiidae ↗. 1 A. NO-, O-Australien. Bewohnen Waldgebiete, suchen unter Sträuchern u. Bäumen nach Beeren, Früchten, Samen. Während der Brutzeit schrille Rufe des ♂. Schlafplatz häufig hoch in den Bäumen. Viel Zeit verwendet das ♂ zur Bereitung des Bruthaufens u. zu dessen Pflege, welcher aus Zweigen u. Laub jedes Jahr neu gebaut wird. Erst wenn dieser vorhanden ist, läßt ♂ das ♀ auf den Bruthaufen, um die Eier in gegrabene Nischen zu legen. Mit dem offenen Schnabel im Laubhumus wird die Temp. geprüft. Nach der Regenzeit, wenn die Gärungsprozesse ablaufen, legen oftmals mehrere ♀♀ im Abstand von 2—5 Tagen 10—13, auch mehr Eier in 30—50 cm tiefe Löcher. Die Eier stehen senkrecht auf der Spitze. Eier 6 × 9 cm, Gewicht 190 g. Brutdauer 7—12 Wochen. Juv. erscheinen erst an der Oberfläche des Haufens, wenn die Federfahnen voll entwickelt sind, dadurch bereits flugfähig. Nach 3 Monaten Gefieder wie ad. Vögel, mit 9 Monaten fortpflanzungsfähig. Bereits 1872 Nachzucht im Berliner Zoo, dort wieder 1932. Mehrere Generationen in England im freien Auslauf gehalten. Öfter in zool. Gärten. Im Frankfurter Zoo in 6 Jahren 30 juv. Vögel gezogen. Zur Zucht große Mengen Laub notwendig. Im Zoo Frankfurt war die morgens abgekippte Wagenladung bereits am späten Vormittag ein paar Meter durch das Gehege gescharrt u. auf den Bruthaufen gebracht. Im Frankfurter Zoo auch erste künstl. Brut. Schlupf nach 47 Tagen. Bruttemp. 33,6—34,4 °C, Luftfeuchtigkeit 78%, Eier eingebettet in Laubmulm im Vollglasaquarium, häufiges Anfeuchten.
— *A. lathami*, Buschhuhn. ♂ u. ♀: Kopf u. Hals fast nackt, nur mit wenigen haarartigen Federn besetzt, dunkelrote Färbung. OS schwarzbraun. US hellbraun, Säume u. Querstriche der Federn silbergrau. Gelbe Hautlappen an der Vorderseite des Halses, beim ♀ kleiner, an der Kehle nur angedeutet. Füße hornfarben. 80 cm. UAn.

Alektoweber *(Bubalornis albirostris)* → *Bubalornis*
Alexandersittich *(Psittacula eupatria)* → *Psittacula*
Alexandrasittich *(Spathopterus alexandrae)* → *Spathopterus*

1 Rothuhn, 2 Steinhuhn, 3 Felsenhuhn, 4 Rebhuhn

Algosis. Erkrankung des Geflügels, verursacht durch Blaugrüne Algen. Aufnahme mit dem Futter (Wassergeflügel).

Alisterus. G der Psittaculidae ↗. 3 An. Ähneln Plattschweifsittichen, u. a. aber Schwanzfedern breiter. Schnabel hat wachsartigen Belag. Neuguinea, Maluku, mehrere benachbarte Inseln, Australien. Futterplatz in Voliere oben einrichten.

— *A. amboinensis,* Amboinasittich. ♂: Kopf, Hals, Nacken, ebenso US rot, OS blau, Flügel grün. Nur Flügelrand, Unterflügeldecken blau. Unterschwanzdecken schwarz. Äußere 2., 3. Schwanzfeder rosarote Innenfahne. Oberschnabel rot, Spitze schwarz, Unterschnabel schwarz. Auge orange. Füße dunkelgrau. ♀ wie ♂, Kopf, Schnabel gering schwächer. Juv. wie Ad. Schnabel anfangs hell hornfarben. Auge braun. 35 cm. 6 UAn. *A. a. amboinensis,* Amboina-Königssittich (Inseln Amboina, Ceram). In 70er Jahren mehrfach importiert. Eingewöhnung warm, vor allem

Junge Amboinasittiche im Brutkasten. Alter 30 u. 33 Tage

Beeren, Früchte reichen. Verträgt später auch wenige Frostgrade. Brutzeit Ende Mai/Juni. Gelege 3 Eier. Juv. fliegen nach 3 Wochen aus, manchmal 2. Brut im August. Vor allem während der Aufzucht abwechslungsreiches Obst u. Grünes bieten. *A. a. hypophonius,* Halmahera-, Blauflügel-Königssittich (Insel Halmahera). Rücken, Flügel dunkelblau. Oberschnabelbasis rot, sonst Schnabel schwarz. Einige Exempl. Mitte 70er Jahre nach Europa gekommen, sehr empfindlich. Eingewöhnung vor allem warm, Luftfeuchtigkeit über 60%. Futter in dieser Zeit nicht nur Beeren u. Früchte, nimmt auch schon Körnerfutter, bes. gekeimtes. Vor allem vitaminreiche Beeren (schwarze Johannis-, Ebereschenbeeren, Hagebutten) bieten. *A. a. sulaensis,* Sula-Königssittich (Insel Sula). Unterflügeldecken grün, blau gesäumt. Schnabel rot, Seiten des Oberschnabels gering dunkler. *A. a. dorsalis,* Salawati-Königssittich (NW-Neuguinea, Inseln Salawati, Batanta, Gemien, Waigeu). Rot dunkler als bei übrigen UAn, Oberrücken blaugrün, Schwanzfedern schwarz, keine rosaroten Säume. *A. a. buruensis,* Buru-Königssittich (Insel Buru). Oberrücken blaugrün, Schnabel schwarz. *A. a. versicolor* (Peleng-Inseln). Bewohner des Tieflandes u. der mittl. Bergwälder in Höhenlagen zwischen 1300 u. 1600 m, Baumkronen in Wäldern, meistens paarweise unterwegs.

— *A. chloropterus,* Papuasittich, Gelbschulter-Königssittich. ♂: s. *A. amboinensis,* aber Rot intensiver, blaues Nackenband zieht bis in den Obernacken. Rücken dunkelgrün. Schulterfleck breit, lang, gelbgrün. Auge gelb. ♀: Kopf grün, Unterhals grün, Federn rot gesäumt. Oberschnabel rötlicher als bei *A. scapularis.* Auge hell gelbbraun. Juv. ähnl. ♀, aber Kehle, Brust nicht rot. Schnabel braunschwarz, spitzenwärts hell. Auge braun. 36 cm. 3 UAn. *A. ch. moszkowskii,* Grünflügel-Königssittich. ♂: Oberrücken blau, scharf zum roten Nacken abgegrenzt. ♀: Mantel u. Rücken grün, Flügelstreifen phosphorisierend gelbgrün, individuell versch. breit. Auge braunrot. Juv. Schnabel fleischfarben bis hellgelb. Auge dunkelbraun. 35 cm. Verbr.-Gebiet Neuguinea im N von der Geelvink Bay öst. bis Aitape-Bezirk. Ende der 70er Jahre größere Importe dieser UA. Wärmebedürftig. Bes. ♀♀ anfällig (Mykose). Sehr ruhige Vögel. 1945 erstmalig in England gezüchtet, seither wohl nicht mehr. Heimat der A: Neuguinea (ausgenommen Vogelkop). Waldbewohner des Flachlandes u. der Mittelgebirge. Erstmalig 1909 in Europa (England). Lange Eingewöhnungszeit, nicht unter 15 °C halten, Luftfeuchtigkeit über 60%. Futter in dieser Zeit vor allem gekochter Mais, gekeimte Samen, verschiedenste Beeren. Einige Male gezüchtet, vor allem in England. Dort ist ERZA 1945 Erstzucht gelungen.

— *A. scapularis,* Königssittich. ♂: Kopf, Hals, US rot, Nackenband schmal, blau, ebenso Unterrücken, Bürzel blau. Übriger Rücken, Flügel grün. Schultern hellgrün. Schwanz schwarz, Unterschwanzdecken blau, rot gesäumt. Oberschnabel rot, Spitze schwarz, Unterschnabel schwarz. Auge gelb. Füße grau. ♀: Kopf, Rücken, Schwingen dunkelgrün. Unterrücken, Bürzel blau, grün gefleckt. Hals, Brust grün. Bauch rot. Schwanzfedern dunkelgrün, äußere schwärzlich. Schnabel schwärzlich. Auge blaßgelb. Juv. wie ♀, Schnabel gelblich, nach Monaten bei ♂ Oberschnabel rötliche Verfärbung. Auge dunkelbraun. Manche ♂♂ haben wenige hellgrüne Schulterdeckfedern. Nach gut 1 Jahr einige rote Federn an Kopf, US. Nach 2,5 Jahren wie ad. Vögel. 43 cm. 2 UAn. *A. s. minor,* Kleiner Königssittich (NO-Queensland), wesentl. kleiner als *A. s. scapularis.* Heimat Australien, sü. bis S-Victoria. Lebt im Küstengebiet u. anschl. Bergen, in Waldungen, baumbestandenen Savannen, auch in Siedlungen, Gärten, Parks. Liebt feuchte Landschaften. Paarweise, auch in Familienverbänden u. nach der Brutzeit in kleinen Flügen unterwegs. Nicht selten. Nahrung wird auf Bäumen u. Boden gesucht. Brutzeit September–Januar. Bruthöhle in abgestorbenen Bäumen. Gelege 4–6 Eier. Nur ♀ brütet. Juv. fliegen nach ca. 35 Tagen aus. In Nachbarvolieren keine Sittiche der eigenen G unterbringen. Im Winter nicht unter 10 °C halten. Selten als Einzelvogel gepflegt, handaufgezogen sehr zahm, ahmt auch wenige Worte nach. Erstzucht in Deutschland A. KÖHLER, Weißenfels. Heute Zuchtbestand gesichert. Einem Paar mehrere Bruthöhlen anbieten, am besten Baumstämme, Höhle möglichst 2 m tief, ⌀ 33 cm, Einflugloch- ⌀ 10 cm. Mehrfach Mischlinge mit An der eigenen G gezüchtet.

Alken → Alcidae → Alciformes
Allenkolibri *(Selasphorus sasin)* → *Selasphorus*
Allfarblori *(Trichoglossus haematodus)* → *Trichoglossus*

Alopecoenas. G der Columbidae ↗ (früher zu *Gallicolumba*). 11 rezente, 2 ausgestorbene An. Inseln in SO-Asien im W-Pazifik, auch Neuguinea. Pflege → Columbiformes, Columbidae. Zucht von *A. jobiensis*, Weißbrusttaube, auch Jobi-Erdtaube, *A. rubescens*, Marquesastaube, auch Marquesas-Erdtaube, gelungen.

Alopochen. G der Anatidae ↗, UF Tadorninae ↗. 1 A. Afrika sü. der Sahara, außerdem im Niltal bis zur Mündung u. entlang der Mittelmeerküste auf der arabischen Halbinsel. Bewohnen Küstengewässer, Binnenseen u. Flußläufe, meiden Wüsten u. geschlossene Waldgebiete. Außerhalb der Brutzeit in Schwärmen herumstreifend. Während der Brutzeit, meist Juli—Dezember, behaupten Paare Brutrevier. Nester am Boden od. in Baumhöhlen. Schon im alten Ägypten haustierähnl. gehalten. Robust, züchten regelmäßig. Während der Brutzeit sehr zänkisch. Deswegen in den letzten Jahren deutl. Bestandsrückgang in Tiergärten u. Liebhaberzuchten. Empfindlich gegen langanhaltende Frostperioden. Halten sich viel auf dem Lande auf u. benötigen nur kleine Wasserfläche. Ernähren sich von pflanzl. Kost, weiden gern. Mit 2—3 Jahren geschlechtsreif. Gelege mit 5—8 Eiern in großen Nistkästen, Hütten od. Innenräumen. Brutdauer 30 Tage. Die Jungen werden von ♂ u. ♀ geführt u. sind mit 9—10 Wochen flugfähig. Auch die künstl. Aufzucht bereitet keine Schwierigkeiten. Große Bastardierungsneigung.

Nilgans. Männchen

— *A. aegyptiacus*, Nilgans. ♂ u. ♀: gleichgefärbt. Im Ton variierende graubraune Gesamtfärbung mit kräftigbraunen Flecken um das Auge u. am Bauch u. ebensolchem verwaschenen Halsring. Dunkle Wellenzeichnung an den Körperseiten. Flügeldecken weiß, grünschillernde Armschwingen. Handschwingen u. Schwanz schwarz. Schnabel u. Beine blaßrot. Mehrere Farbmutationen bekannt. Kein RK. Geschlechter nicht an unterschiedl. Größe, jedoch an versch. Stimme zu erkennen. ♂ mit heiseren Zischlauten, ♀ ruft mit heller Stimme. Größe etwa wie Blässgans ↗, aber hochbeiniger.

Alpenbraunelle *(Laiscopus collaris)* → *Laiscopus*
Alpendohle *(Pyrrhocorax graculus)* → *Pyrrhocorax*
Alpenfink *(Montifringilla nivalis)* → Schneefink
Alpenkrähe *(Pyrrhocorax pyrrhocorax)* → *Pyrrhocorax*
Alpenrotschwanz *(Phoenicuropsis frontalis)* → *Phoenicuropsis*
Alpenrubinkehlchen *(Calliope pectoralis)* → *Calliope*
Alpenschneehuhn *(Lagopus mutus)* → *Lagopus*
Alpensegler *(Tachymarptis melba)* → *Tachymarptis*
Alpensittich *(Cyanoramphus malherbi)* → *Cyanoramphus*
Alpenstrandläufer *(Pelidna alpina)* → *Pelidna*
Alpentannenhäher → Tannenhäher

Alsocomus. G der Columbidae ↗ (früher zu *Columba*). 8 rezente An, 1 A †, S-Asien, Inseln SO-Asiens, Neuguinea, Australien, W-Pazifik. Pflege → Columbiformes, Columbidae. Gezüchtet wurde *A. vitiensis*, Weißwangentaube, auch Weißkehltaube.

Alttierschau. Wird in versch. Ländern am Ende eines Jahres durchgeführt, wenn alle Vögel das ad. Gefieder tragen. Sehr bekannt die Annual-Show der B. S. in England.

Altweltammern → Emberizinae
Altweltliche Goldschnepfe *(Rostratula benghalensis)* → *Rostratula*

Amadina. G der Estrildidae ↗. 2 An. Afrika. Bewohnen Gras-, Kulturland, Siedlungen. Nest in Büschen u. Bäumen, gern in verlassenen Nestern von Webervögeln ↗. *A. erythrocephala* baut selten ein Nest, nutzt verlassene anderer Vögel, häufig in den Kolonien der Siedelweber ↗. Regelmäßig im Handel. Eingewöhnung nicht unter 20 °C, in dieser Zeit etwas empfindlich. Später anspruchslos, ausdauernd hart, selten friedlich. Nur für großen Käfig, besser Voliere geeignet. Nestschläfer. Futter → Estrildidae. Zucht in Volieren leicht. Nicht mehr als 3 Bruten im Jahr erlauben. Schlupf nach 12—13 Tagen. Juv. fliegen nach 23—24 Tagen aus, 12—14 Tage später selbständig.

— *A. erythrocephala*, Rotkopfamadine. ♂: Oberkopf, Kopfseiten, Kehle scharlachrot, nur Zügel weißlich. Rücken, Flügeldecken u. innere Armschwingen graubraun, von beiden letzteren haben Spitzen isabellfarbene Flecke. Kropf, Brust schwarzweiß geschuppt, Steißregion weiß, übrige US rotbraun von schwarzer Schuppung überzogen. Unterschwanzdecken graubraun, auf jeder Federspitze weißer, schwarz eingefaßter Fleck. Schwanzfedern dunkelbraun, mit weißem, schwarz eingefaßtem Spitzenfleck auf jeder Feder, nur bei mittl. nicht. Äußerste Federn mit weißem Außensaum. Schnabel hellhornfarben. Auge braun. Füße fleischfarben. ♀: ohne rotes Kopfgefieder, statt dessen graubraun.

Kehle weißlich, dunkel quergewellt. US matter als bei ♂. Juv. wie ♀, aber heller, ♂ ♂ bereits ± ausgedehnte rote Kopffärbung, matter als bei ad. ♂ ♂. 13—14 cm. Bewohnt W-, Inner-Afrika, öst. Kapprovinz, angrenzendes Natal. Bereits im 18. Jh. nach Europa gekommen. Wurde auf Ausstellungen in Frankreich, England u. Holland gezeigt. 1874 durch K. Ruß ↗ nach Deutschland, seither ständig auf dem Vogelmarkt. Aufzuchtfutter gekeimte Körner,

Rotkopfamadine. Männchen

viel Grünes, Wildsämereien, in den ersten Tagen nach dem Schlüpfen wenig Mehlkäferlarven u. wenig Eiweichfutter. Auch während des Brütens letztere beiden nicht füttern, da sonst der Bruttrieb zu sehr angeregt wird, das Verlassen des Geleges ist dann oftmals die Folge. Juv. schon frühzeitig brutfreudig, nicht vor dem 1. Lebensjahr brüten lassen.
— *A. fasciata*, Bandfink. ♂: OS hellbraun bis rotbraun, von zahlreichen schwarzen Zickzacklinien überzogen. Bürzel u. Oberschwanzdecken mattbraun, letztere mit hellen Spitzen. Flügeldecken, Armschwingen graubraun bis hellbraun, schwarzes Querband. Spitzen gelblichbraun bis gelblichrotbraun. Übrige Schwingen dunkelbraun, gelbbraun gesäumt. Schwanzfedern schwarz, die äußeren mit weißen Außenfahnen, bis auf mittl. Federpaar alle mit weißen Spitzenflecken. Karminrotes Kehlband zieht auch über Kopfseiten, sonst Kopfseiten u. Kehle weißlich. Brust u. Bauch schokoladenfarben. Steiß weißlich, Unterschwanzdecken gelblichweiß. Schmale, unregelmäßige zickzackförmige Binden überziehen obere Brust- u. Körperseiten. Schnabel hellhornfarben. Auge braun. Füße fleischfarben. ♀: ohne Kehlband, insges. heller, auch dunkelbraune Färbung der Vorderbrust u. des Bauches fehlen. Juv. ♂ ♂ haben bereits rotes Kehlband, brauner Bauch nur angedeutet, sonst wie ♀, nur etwas heller. Ca. 12 cm. Kommt von Senegal bis zum Roten Meer zwischen 10° u. 20° nö. Breite vor, O-Äthiopien, Somalia, N-Moçambique, Simbabwe. Einer der ältesten Käfig- u. Volierenvögel in Europa, vereinzelt bereits im 17. Jh. eingeführt. Schon 10 Jahre alt geworden.
Amandava. G der Estrildidae ↗. 1 A. Indien, Indochina bis Java, Kleine Sundainseln. Leben in schilfreichen Sümpfen, im Grasland, auch auf Plantagen u. in Gärten. Nest in Grasbüscheln, auf dem Boden, in Büschen. Bereits seit 18. Jh. in Europa. Eingewöhnung leicht, später nicht unter 15 °C halten. Futter → Estrildidae. Unempfindlich, friedlich, lieblicher Gesang, für Anfänger zu empfehlen. Haltung in Käfig u. Flugräumen. Zucht nur in letzteren, reichl. mit Büschen, Kiefernzweigen, Schilf ausstatten. Gelege 4—6 Eier. Juv. schlüpfen nach 11—12 Tagen, fliegen nach 20—22 Tagen aus, noch weitere 10—12 Tage von ad. Vögeln gefüttert. Anschl. von Eltern trennen. Schon bis 10 Jahre alt geworden.
— *A. amandava*, Tigerfink. ♂: Im BK Kehle, Brust, Bauch kräftig rot mit weißen Punkten (in Gefangenschaft oftmals nur unvollständig, dadurch gescheckt aussehend). Rücken rötlichbraun, Bürzel, Oberschwanzdecken rot, Unterschwanzdecken, Schwanz schwarz. Weiße Punktzeichnung auf Flügel-, Oberschwanzdecken. Schnabel rot. Auge rot. Füße graubraun. RK ähnl. ♀ gelbgraubraun, aber bei ♂ weiße Tüpfelung auf Flügel-, Oberschwanzdecken kräftiger, Zügel intensiver gefärbt, schärfer abgegrenzt. Juv. ähnl. ♀, Schnabel schwarz. 9 cm.
Amarant (*Lagonosticta senegala*) → *Lagonosticta*
Amaurornis. G der Rallidae ↗. 5 An. S- u. SO-Asien, Indonesien, Australien.
— *A. phoenicurus*, Weißbrust-Kielralle. ♂ u. ♀: OS oliv bis schiefergrau. Stirn, Kopfseiten, Kehle, Vorderhals, Brust u. vorderer Bauch weiß, an Hals u. Brust von undeutl. schwarzer Linie begrenzt. Hinterer Bauch braun. Flanken oben schiefergrau, unten wie Unterschwanzdecken rotbraun. Schnabel gelbgrün mit roter Wurzel. Auge rotbraun. Beine gelb. 33 cm. UAn. Indien u. Sri Lanka bis S-China, Taiwan, zu den Philippinen, Sulawesi u. den Kleinen Sundainseln. Häufig. Hält sich tagsüber im dichten Bambus od. Schilf verborgen u. kommt nur nachts zur Nahrungssuche heraus. Oft an kleinen Tümpeln in u. um Ortschaften. Während der Brutzeit mißtönende, hallende Rufe. Wird hin u. wieder aus Indien in Europa eingeführt. Vorwiegend in Tiergärten.
Amazilia, Amazilie. G der Trochilidae ↗. 31 An. N-Mexiko bis Argentinien. Bewohnen sämtliche Lebensräume.
— *A. amabilis*, Blaubrustamazilie. ♂: OS grasgrün, Oberschwanzdecken bronzebraun, Kopfplatte u. Kehlstreif glitzernd grün. Mittl. Steuerfedern grünlich bronzebraun, oft fast rein grün. Steuerfedern stahlblau, weißliche Spitzen. Kinn u. oberer Teil der Kehle bräunlichgrün, von vorn dunkelbraun erscheinend; unterer Teil der Kehle u. Kropfgegend veilchenblau. Unterkörper grau. Unterschwanzdecken bräunlich, Oberschnabel schwarz, Unterschnabel rot mit schwarzer Spitze. ♀: OS u. Kopf-OS metallischgrün, Oberschwanzdeckfedern u. mittl. Steuerfedern wie beim ♂. Seitl. Steuerfedern mit weißgrauen Spitzen. US gräulichweiß, Kehlfedern mit grünen Flecken. Juv. wie ♀. 9,0 cm. Von Nikaragua bis M-Ekuador. Lebt bevorzugt in Wäldern u. Plantagen des tropischen Tieflandes. Wie bei anderen A. auch ohne

Amazilia

bes. Eingewöhnungsschwierigkeiten. Verträglich, lediglich die Hähne können bisweilen aggressiv werden. Schon bis zu 2 Jahren in Innenvolieren ↗ gehalten. Zucht bei W. SCHEITHAUER ↗ geglückt, nähere Angaben fehlen allerdings.

— *A. amazilia*, Lesson-Amazilie, Braunbauch-Amazilie. ♂: OS bronzegrün, Bürzel, Oberschwanzdecken u. Steuerfedern rostrot. Kehle bläulichgrau, jede einzelne Feder weiß mit bläulichgrünen runden Flecken, Halsseiten goldiggrün. Auf Kehle u. Vorderbrust kleiner weißer Fleck. Unterkörper u. Körperseiten rostrot, Bauchmitte weiß, ebenso die Flaumbüschel an den Bauchseiten. Unterschwanzdecken hell rostrot mit weißlichen Säumen u. weißlicher Wurzel. ♀: Braun des Bauches mit Weiß durchsetzt. Juv. wie ♀. 10,0 cm. Ekuador u. Peru. Lebt vorzugsweise an Waldrändern, in Gärten u. Plantagen der subtropischen Zone bis 1600 m Höhe. Bes. Schwierigkeiten bei der Eingewöhnung sind nicht vorhanden. Mehrjährige Haltungserfolge liegen vor, z. T. sogar in Käfigen. Zucht bisher noch nicht gelungen. W. SCHEITHAUER ↗ (1975) berichtet von einem Hybriden mit *Thalurania glaucopis* ↗ (♀) u. einem *A. a. dumerili*-♂.

— *A. candida*, Bronzekopfamazilie. ♂ u. ♀: OS bronzegrün, US, Unterschwanzdecken weiß, Hals, Körperseiten goldiggrün, Steuerfedern oliv, Unterschnabel rötlich mit schwarzer Spitze, Oberschnabel schwarz. Juv. wie ♀. 9,0 cm. Von Mexiko bis Kostarika. Lebt an Waldrändern, in Kaffeeplantagen u. auf Lichtungen. Eingewöhnung ohne Schwierigkeiten. Über die Dauer der Haltung wird von O. de QUINCEY nichts berichtet. Zucht bisher nicht gelungen.

— *A. cyanifrons*, Indigostirnchen, Indigostirnamazilie. ♂: OS glänzend grün mit etwas bronzenem Schimmer, bes. auf dem Unterrücken. Bürzelfedern u. kürzere Oberschwanzdecken fahlbräunlich, die längsten Oberschwanzdecken bräunlich stahlblau, Kopf-OS leuchtend blau. US leuchtend grün. Steuerfedern stahlblau. Unterschwanzdecken dunkelbraun mit stahlblauem Schimmer u. breiten weißlichen Säumen. ♀: Kopf-OS etwas weniger lebhaft blau. Juv. wie ♀. 9,0–9,5 cm. Von Kostarika bis Kolumbien. Lebt bevorzugt an Waldrändern, in land- u. gartenwirtschaftl. genutztem Gelände bis etwa 1600 m Höhe. Die anfangs etwas hinfälligen Vögel erweisen sich später als gut haltbar. Während der Eingewöhnung sind aggressive Tiere zu isolieren. Schon mehrjährige Haltungserfolge erzielt. Diese A soll nach K.-L. SCHUCHMANN ↗ (1979) schon gebrütet haben, nähere Berichte waren nicht zu erlangen.

— *A. fimbriata*, Glitzeramazilie, Grünkehlamazilie, Flußamazilie, Glanzkehlamazilie. ♂: OS dunkelgrün mit Bronzeschimmer u. mit dunklerer, mehr bräunlicher Kopf-OS. Kehle, Vorderbrust glitzernd hellgrün bis blau schillernd. Körperseiten hellgrün, Mitte der Brust u. des Unterkörpers weiß, Unterschwanzdecken weiß, in der Mitte etwas bräunlich. Steuerfedern schwarzblau mit metallischgrüner Wurzel u. grünlichen Spitzen, das mittelste Paar ganz grün. Oberschnabel dunkelbraun, Unterschnabel rötlich mit schwärzlicher Spitze. ♀: äußere Steuerfedern mit deutl. grauen Spitzen, ca. 2 mm kürzer. Juv. wie ♀. 9,6 cm. Von Kolumbien, Venezuela u. Guayana bis N-Bolivien, Mato Grosso u. Santa Catarina. In Galeriewäldern, Sekundärvegetation, Savannen, Dornbusch u. Gärten bis 1300 m Höhe. Oft in Trupps bis zu 20 Tieren. Von Eingewöhnungsproblemen offensichtl. gesunder Tiere ist nichts bekannt. Da diese A sehr aggressiv ist, sollte ein großer bepflanzter Flugraum ↗ vorhanden sein. Im Bronx-Zoo lebte ein Tier über 4 Jahre, die durchschnittl. Lebenserwartung wird mit über 3 Jahren angegeben. Zucht noch nicht gelungen.

— *A. franciae*, Andenamazilie, Weißbauchamazilie, Weißkehlamazilie. ♂: OS metallischgrün, Unterhals hellgrün, Kopf-OS veilchenblau. Bürzel, Oberschwanzdecken mit starkem Bronzeschimmer.

Andenamazilie

Steuerfedern hell bronzegrün, Spitzen mit schmalem, hellgrauem Saum, schwärzliche subterminale Binde. Halsseiten hellgrün. US der Unterschwanzdecken weiß, Brustseiten bis fast zur Mitte grün. Oberschnabel schwarz, Unterschnabel fleischfarben mit schwarzer Spitze. ♀: etwas kleiner. Kopf-OS bronzegrün, schwacher bläulicher Schimmer; dunkler subterminaler Schatten der äußeren Steuerfedern deutlicher. Juv. wie ♀. 10,0 cm. Im Andengebiet von Kolumbien bis Peru. An Waldrändern, in Pflanzungen, Gärten u. Parks der subtropischen Zone bis 2000 m Höhe. Anfänglich etwas anfällig, erweist sich aber nach wenigen Wochen als sehr ausdauernd. Unterschiedl. friedlich. Kann durchaus in großen Räumen mit anderen An zusammen gehalten werden. Im Zoo Berlin lebte ein Tier 3½ Jahre. Zucht noch nicht geglückt, allerdings konnte die Balz beobachtet werden. Hier konnte als einmaliger Fall im Tierreich das Füttern des ♂ durch das ♀ fotografiert werden.

— *A. lactea*, Saphiramazilie, Saphirglanzamazilie. ♂: OS grün. Oberschwanzdecken u. Kopf-OS bronzefarben. Steuerfedern dunkel bronzegrünlich, diese seitl. blauschwarz mit dunkelbraunen Spitzen. Kehle, Vorderbrust violettblau, die Federn mit schmalen weißlichen Rändern, die übrige US bläulichgrün, die Mitte u. Unterschwanzdecken weiß. Oberschnabel schwärzlich; Unterschnabel rötlich fleischfarben, Spitze schwarzbraun. ♀ wie ♂, mit deutl. heller

Kehle, seitl. Steuerfedern mit grauweißen Spitzen. Juv. wie ♀. 9,5 cm. Venezuela, O-Peru bis Bolivien, O-Brasilien von Bahia bis São Paulo. In Regenwäldern bis 1 400 m Höhe. Eingewöhnung wie bei anderen *Amazilia*-An auch. Der Zoo Kopenhagen hielt schon vor dem Krieg ein Exempl. 464 Tage. Zucht noch nicht gelungen.

— *A. leucogaster,* Gmelin-Amazilie, Weißbauchamazilie. ♂: OS grün, US u. Unterschwanzdecken weiß, Schwanz stahlblau, mittl. Steuerfedern grün, Körperseiten grün. ♀ wie ♂, Steuerfedern mit grauen Spitzen. Juv. wie ♀. 10,0 cm. Von NO-Venezuela u. Guayana bis Pará u. Bahia. Im halboffenen Waldland, der Sekundärvegetation u. der Mangroveküste von Meereshöhe bis 2 500 m Höhe. Eingewöhnung ohne Schwierigkeiten. Der Regent's Park gibt eine Haltungsdauer von 2 Jahren an. Zucht noch nicht gelungen.

— *A. saucerottei,* Stahlamazilie. ♂: OS dunkelgrün, Oberschwanzdecken u. Steuerfedern stahlblau. Flügel stahlblau. US leuchtend grün, Unterschwanzdecken dunkelbraun. Bauch mit weißen Flaumbüscheln. Oberschnabel schwarzbraun, Unterschnabel rötlich mit schwarzbrauner Spitze. ♀ etwas kleiner. Juv. wie ♀. 9,0—10,0 cm. Von Nikaragua, Kostarika bis Kolumbien u. NW-Venezuela. In fast allen Lebensräumen bis 3 000 m Höhe. Eingewöhnung wie bei anderen *Amazilia*-An. Der Regent's Park gibt eine Haltungsdauer von 1 Jahr u. 3 Monaten an. Zucht noch nicht geglückt.

— *A. tobaci,* Tobago-Amazilie, Tobagokolibri. ♂ u. ♀: OS grün mit Kupferschimmer, Bürzel mit goldigem od. kupferfarbenem Schimmer. Flügel tiefbraun mit mattem stahlblauem Glanz. Steuerfedern stahlblau. US grün, oft mit goldigem Schimmer; Schenkelbefiederung u. Aftergegend schneeweiß, Unterschwanzdecken hellrostrot. Unterschnabel rötlich fleischfarben, nur an der äußersten Spitze braun; Oberschnabel tiefbraun. 10,0 cm. Venezuela, Trinidad, Tobago. Bevorzugt Regen- u. Nebelwälder, Sekundärvegetation, Galeriewälder, Llanos, Lichtungen, Gärten, Savannen, Dornbusch bis 1 600 m ü. NN. Eingewöhnung ähnl. *A. canifrons.* Haltung wie *A. cyanifrons.* Erstmals 1907 im Zoo London. Zucht bisher noch nicht gelungen.

— *A. tzacatl,* Braunschwanz-Amazilie. ♂: OS grün. Längere Oberschwanzdecken rotbraun. Steuerfedern rotbraun mit dunkelbronzebraunen Rändern. US grün, am Unterkörper u. den Körperseiten weniger lebhaft. Bauch u. Mitte des Unterkörpers schmutzigbraun, untere Schwanzdecken kastanienbraun, Bauchbüschel weiß. Fleck vor dem Auge braunrot. Schnabel fleischfarben mit dunkler Spitze. ♀ wie ♂, aber Flügel anscheinend etwa 2 mm kürzer. Juv. wie ♀. 10,0 cm. Von Mexiko bis W-Ekuador u. NW-Venezuela. In fast allen Biotopen der subtropischen Zone bis zu einer Höhe von 800—1 300 m ü. NN. Gesunde Tiere lassen sich ohne größere Schwierigkeiten eingewöhnen, bisweilen sehr aggressiv. Mehrjährige Haltungserfolge sind bekannt. Die Zucht soll nach K.-L. Schuchmann ↗ in Europa schon gelungen sein, der Verfasser kennt nur die geglückte Zucht im Zoo von San Diego.

— *A. versicolor,* Glanzamazilie, Vielfarbenamazilie.

♂: OS goldiggrün, Halsseiten lebhaft glitzernd grün, Körperseiten goldiggrün, Mitte der US vom Kinn bis zum Bauch weiß, Unterschwanzdecken bräunlich mit weißlichen Säumen. Steuerfedern olivgrün. Oberschnabel schwarzbraun, Unterschnabel hellrot mit brauner Spitze. ♀ wie ♂, aber Flügel kürzer. Seitl. Steuerfedern mit deutl. grauen Spitzen. Juv. wie ♀. 8,5 cm. Kolumbien u. Venezuela bis Bolivien, Paraguay, Misiones u. Rio Grande do Sul. In Regen- u. Nebelwäldern von 100—1 700 m ü. NN, auch in der Sekundärvegetation, in Galeriewäldern u. halboffenen Savannen. Eingewöhnung wie andere A.-An. Im Zoo Berlin lebte ein Exempl. 2 Jahre u. 3 Monate; der Zoo Kopenhagen berichtet von einem Haltungsrekord bei 2 Tieren, die beide fast 4 Jahre lebten. Zucht noch nicht gelungen.

— *A. viridigaster,* Grünbauch-Amazilie, Grünstirnamazilie. ♂: OS dunkelgrün. Bürzel bräunlich mit hellen rostfarbenen Federrändern. Steuerfedern violettblau. US dunkelgrün, dem Bauche zu graubraun. Unterschwanzdecken graubraun. Schenkelbefiederung u. Bauchfederbüschel schneeweiß. Oberschnabel dunkelbraun, Unterschnabel fleischrot mit dunkler Spitze. ♀ wie ♂, aber kleiner. Juv. wie ♀. 9,0 cm. Kolumbien, Venezuela, Guayana, N-Brasilien. An Waldrändern, in Plantagen (spez. Kaffee) u. Buschland von 800—1 300 m ü. NN. Bei Eingewöhnung ohne bes. Pflegeansprüche. Mehrjährige Haltung bekannt. Zucht bisher noch nicht gelungen.

Braunschwanz-Amazilie

Amazona. G der Amazoninae. 29 An, davon 2 An †. Gefieder allgemein grün, rote Abzeichen häufig an Schwanz- u. Flügelspiegel. Schwanz gerade, Flügel angelegt, reichen nicht bis Schwanzende. Befiederter Zügel. Tropisches M-Amerika mit Karibischen Inseln u. S-Amerika. Als Bewohner des Regenwaldes allgemein durch Abholzungen stark gefährdet, zunehmend in den letzten Jahren. Amazonen der Karibischen Inseln zählen diesbezüglich zu den anfälligsten Spezies, da hier obendrein noch Wirbelstürme u. Vulkanausbrüche zu gravierenden Habitatzerstörungen führen. Bei Amazonen des Festlandes fließende Übergänge zwischen UAn bekannt, selbst zwischen An Abgrenzung nicht immer einfach. Bestimmung juv. Vögel zuweilen äußerst schwierig. Mischlinge in der Natur kommen vor. Die An der Karibischen Inseln sind leicht voneinander zu unterscheiden. Seit Jahrhunderten Gefährten des Menschen. Einzelvögel bald zahm, manche aber zeitlebens unberechenbar in ihrer Zuneigung, häufig gilt sie nur einer Person. Sprechtalent unterschiedl. Hohe Lern- u. Merkfähigkeit, werden sehr alt. Haltung,

Ganzmetall-Volieren für Amazonen u. andere holzzerstörende Papageienvögel

Fütterung wie Cacatuidae ↗. Ausreichend Bewegungsmöglichkeiten bieten, viel mit Einzelvogel beschäftigen. Bei der Haltung mehrerer Amazonen in der Voliere diese bald ohne Scheu, nicht so zutraulich wie Einzeltier. Zucht gelingt selten, noch seltener als z. B. bei Kakadus ↗, Graupapageien ↗, in den letzten Jahren aber zunehmend Erfolge zu verzeichnen. Allgemein keine großen Volieren erforderlich, auch im Flugkäfig versuchen. Heute sollte selbst bei den derzeitig noch reichl. importierten An unbedingt die Zucht versucht werden; auch bei diesen An werden perspektivisch Importe stark rückläufig sein. Von der endoskopischen Geschlechtsbestimmung sollte bei der Paarzusammenstellung gleichgefärbter ♂♂ u. ♀♀ voller Gebrauch gemacht werden. Zur Zucht Paar allein halten. Am besten Bruthöhle (Ø 23–25 cm, Tiefe 60–180 cm, Einschlupf- Ø ca. 12 cm) im Naturstamm od. im Hartholznistkasten. Gelege 2–4 Eier. Juv. schlüpfen nach 26–30 Tagen, fliegen nach 60–70 Tagen aus. Iris stets dunkelbraun bis schwarz, Gefieder matter u. blasser, Beine kleiner geschuppt, Schnabel vollständig glatt. Erfolgreichster Züchter gefährdeter Amazonen-An ist R. NOEGEL, Tampa, USA.

— *A. aestiva*, Rotbugamazone. ♂: grün, Federn auf der OS dunkel gesäumt. Stirn hellblau, ebenso vorderer Zügel. Scheitel, Wange, Kinn, Kehle gelb, Flügelbug rot, manchmal mit wenigen gelben Federn. Flügelspiegel rot, Spitzen der Armschwingen blau. Schwanzfedern grün, am Grunde rot. Schnabel schwärzlich. Auge orangerot, Augenring nackt, graublau. Füße blaugrau. ♀ wie ♂, Kopf, Schnabel etwas kleiner. Juv. Kopf mit wenig Blau u. Gelb, ad. Gefieder meistens erst mit 2–3 Jahren. 37 cm. 2 UAn. *A. ae. xanthopteryx*, Gelbbug-Blaustirnamazone. Bolivien, SW-Mato Grosso, Paraguay, N-Argentinien. Mit gelbem Flügelbug, meistens breiter Ausdehnung, nur Flügelrand rot mit gelb vermischt. Nakken-, Rückenfedern schmal schwarz gesäumt. Auge dunkelbraun. ♀: zuweilen schmaleren Kopf als ♂. Juv. Schulterflecken ausgedehnter gelb als bei Juv. von *A. ae. aestiva*. Verbr. der A: O-Brasilien, N-Argentinien, Paraguay, O-Bolivien. Sehr häufig an Flußläufen u. auf Feldern. In der Heimat sehr beliebt. Von allen Amazonen am häufigsten auf dem Vogelmarkt. Eingewöhnung leicht. Bald zutraulich, meistens gutes Nachahmungstalent. Zucht auch schon im Käfig gelungen. Bruthöhle 70–180 cm tief.

— *A. agilis*, Rotspiegelamazone. ♂: grün, Kopf-OS blaugrün, Halsfedern mit schwarzen Säumen, gelegentl. schwärzlicher Ohrfleck, Flügelspiegel klein, hellrot. Wurzeln der Schwanzfederninnenfahne gelb, roter Fleck. Unterschwanzdecken gelbgrün. Schnabel schwärzlich, heller Fleck am Grund des Oberschnabels. Auge dunkelbraun. Wachshaut, Füße dunkelgrau. ♀: einige Flügeldecken statt rot grün. Juv. ohne roten Flügelspiegel, dieser grün, ebenso Kopf-OS. 25 cm. Jamaika. Durch Rodungen stark im Rückgang begriffen. Erstmalig 1873 in Europa (London). Äußerst selten gehandelt. Gut verträglich mit anderen Amazonen. 1978 Welterstzucht bei R. NOEGEL, Florida.

— *A. albifrons*, Weißstirnamazone. ♂: grün, Stirn weiß. Bläulicher Scheitel, Zügel, Augenpartie rot. Handdecken rot, gleichfalls die 4 äußeren Schwanzfedern. Schnabel gelb. Auge gelb, Augenring nackt, weiß. Füße graubraun. ♀: rote Gefiederpartien nicht so ausgedehnt wie bei ♂, Flügel ohne Rot. Iris rotbraun. Juv. nur Zügel rot, wenige gelbe Federn im Stirnbereich. Schnabel bei ♂♂ etwas größer als bei ♀♀. 26 cm. 3 UAn. NW-Mexiko bis nö. Kostarika. Lebt in halboffenen Landstrichen u. naturholzreichem Waldland, in Savannen mit einzelnen hohen Bäumen, in Galeriewäldern u. in Randgebieten feuchter Wälder, zumindest im S der Halbinsel Yucatán. Häufig. Population im wesentl. stabil, starker Handel könnte mexikan. Population bald reduzieren. Tolerant gegenüber Habitatzerstörungen. Ab u. zu im Handel, temperamentvoll, anspruchslos. Juv. Vögel bald zahm, importierte ältere Tiere längere Zeit scheu. In Freivolieren nicht unter 10 °C halten. Welterstzucht 1922 in Japan, 1948 Erstzucht in den USA, seither in einigen europ. Ländern gezüchtet, in der BRD erstmalig von H. MÜLLER ↗. Schon im Käfig gezüchtet worden. Bruthöhle 40 cm Ø, Tiefe 60 cm, Einflugloch- Ø 9 cm.

— *A. amazonica,* Venezuelaamazone. ♂: grün, Zügel, Stirn bis hinter das Auge violettblau, ebenso Augenbrauenstreif. Vorderes Gesicht gelb, gleichfalls Scheitel. Ohrdecken grün. Grüne Nackenfedern mit schwärzlichem Saum, Flügelrand gelbgrün, Flügelspiegel orange (über Basis der ersten 3 Armschwingen). Schwanzfedern grün, Spitzen gelbgrün, seitl. mit orangeroter Fleckenzeichnung. Schnabel hornfarben, ausgedehnte dunkle Spitze. Auge orangerot, Augenring nackt, grau. Füße graubraun. ♀ wie ♂, Kopf etwas schmaler, Schnabel gering kleiner. Juv. mit weniger Blau u. Gelb als Ad., insges. matter. 30–33 cm. 2 UAn. *A. a. tobagensis,* Amazonenpapagei (Inseln Trinidad u. Tobago), hat Orange über ersten 5 Armschwingen (nur über 3 bei *A. a. amazonica*). Verbr.-Gebiet der A: Kolumbien bis O-Peru, Venezuela, Guayana, bis Mato Grosso u. Paraná in Brasilien, Inseln Tobago, Trinidad. Meidet im allgemeinen feuchten Tierra-firma-Wald (s. Veilchenpapagei), lebt aber in jedem anderen Habitat, das hohe Bäume aufweist. Im Amazonasbecken vorwiegend im Varzea-Wald (s. Veilchenpapagei) zu finden u. im Sekundärwuchs entlang größerer Flüsse, ansonsten mehr in halboffener Landschaft, auch in den Randbezirken mittl. u. großer Städte. Auf Trinidad in allen Waldtypen. Kommt im Flachland bis ca. 500 m ü. NN vor, selten höher. Häufig. Population im wesentl. stabil. In Europa zahlreich importiert. Wildbestände scheinen dadurch nicht zu leiden. Manchmal als Blaustirnamazone im Handel angeboten (gemeint ist Rotbugamazone). Nicht so gelehrig, allgemein auch weniger zutraulich. Mehrmals gezüchtet, u. a. 1967–74 im «Bush Gardens», Tampa, USA, 11 Juv., 1975 bei R. NOEGEL, Florida. BRD-Erstzucht 1978 bei H. MITTERHUBER. Gelber Vogel im Zoo von Paignton, England.

— *A. arausiaca,* Blaukopfamazone. ♂: grün, Kopf blau bis violettblau. Kehlfleck rot, zuweilen bis Oberbrust. Spitzen der Armschwingen bläulich, Flügelspiegel rot, erste 3 Armschwingen mit Gelb, 4. Feder gelb mit grünem Anflug. Handschwingen dunkelgrün, spitzenwärts violettblau. Oberschwanzdecken grün, Schwanzfedern grün mit gelbgrünen Spitzen, Innenfahne der 4 äußeren am Grund rot, Außenfahne der äußersten mit blauem Saum. Auge orange, Augenring nackt, blaß rötlich. Oberschnabelgrund gelblich, sonst hornfarben, Spitze grau. Graue Wachshaut. Füße grau. ♀ wie ♂, roter Kehlfleck vielleicht kleiner. Juv. Auge braun. 40 cm. Insel Dominica. Waldbewohner. Habitat u. Bestandsrückgang s. *A. imperialis.* Im Red Data Book ↗ geführt. Nahrung überwiegend Früchte. Äußerst selten in Europa gewesen. 2 Paare im Vogelpark Walsrode ↗, 2 Exempl. im Jersey Wildlife Preservation Trust. In Europa (Klima) sind die sonst lebhaften Vögel träge. Gegenüber anderen Amazonen friedlich.

— *A. autumnalis,* Rotstirnamazone. ♂: grün, Stirn, Zügel rot. Federn von Scheitel, Hinterkopf u. Nacken mit blaulila Spitzen u. schwärzlichem Endsaum. Obere Wangen goldgelb. Flügelrand gelblich hellgrün. Flügelspiegel rot. Mittl. Schwanzfedern grün, Spitzen der übrigen gelbgrün, Wurzeln der Innenfahne rot, der Außenfahne der äußersten blau gesäumt. Oberschnabel hornfarben, Spitze dunkel, Un-

Amazona

35

terschnabel grau u. Auge orangerot, Augenring nackt, weiß. Füße dunkelgrau. ♀ wie ♂, Kopf schmaler. Schnabel kleiner. Auge dunkelbraun. Juv. wie Ad., Wangen mit weniger Gelb. Schnabel dunkler als bei Ad. Ca. 34 cm. 4 UAn. Nominatform kommt von SO-Mexiko bis N-Nikaragua vor. Bewohnt truppweise feuchte u. laubabwerfende Wälder, vorwiegend der Ebene, selten bis 800 m ü. NN. Recht häufig, lokal Rückgänge (Habitatzerstörungen, Handel in. Mexiko). Laute Stimme. Vögel der UAn sehr selten gehandelt. *A. a. salvani,* Salvins-Amazone (SO-Nikaragua, O-, SW-Kostarika bis NW-Venezuela) ähnelt sehr *A. a. autumnalis,* aber Wange, Ohrregion ohne Gelb, statt dessen grün, Kinn zuweilen weinrot. *A. a. diadema,* Diademamazone (NW-Brasilien, zwischen oberem Amazonas u. dem Negro) ähnelt *A. a. salvini,* aber Scheitel lila, vorn mehr blau, Mitte grün. Federn des Hinterkopfes u. des Nackens grüngelb gesäumt. Federn des hinteren Nackens grün mit lila Rand. Wange gelblichgrün. *A. a. lilacina,* Ecuador-Amazone (W-Ekuador, nö. des Golfes von Guayaquil) gleicht *A. a. salvini,* aber Rot des Vorderkopfes ausgedehnter, Federn des Scheitels grün mit lila Spitzen, rotviolett gesäumt. Zügel dunkelrot. Wange gelblichgrün. Alle UAn werden u. a. im Vogelpark Walsrode gehalten. Nur langsam zutraulich. 1957 Nominatform bei E. N. T. VANE, England, gezüchtet. Gelege 3 Eier. *A. a. lilacina* bei PUNTAM, USA, 1946 Zuchterfolg, 1984 in Zuchtstation des Caribbean Wildlife Preservation Trust ↗ (Vogelpark Walsrode ↗).

— *A. barbadensis,* Gelbflügelamazone. ♂: grün, Federn schwärzlich gesäumt. Stirn, Vorderscheitel, Zügel weiß. Um das Auge, Hinterscheitel, Kinn, Flügelbug, Schenkel gelb. Flügelspiegel rot. Armschwingen grün, spitzenwärts blau. Schwanzfedern grün, Spitzen gelbgrün, Wurzeln der äußeren Schwanzfedern rot, äußere mit blauer Außenfahne. Schnabel hell hornfarben, Wachshaut weiß. Auge orange, Augenring nackt, grauweiß. Füße hellgrau. ♀ wie ♂, vielleicht Kopf schmaler, Schnabel kleiner. Juv. mit weniger Gelb am Kopf, US mehr einfarbig. 33 cm. 2 UAn, vielleicht auch keine. Welterstzucht R. NOEGEL, Florida. *A. b. rothschildi,* Kleine Gelbkopf-Amazone, Rothschild-Amazone (Inseln Bonaire, Blanquilla, Margarita vor der Küste von Venezuela). Gelb nicht so intensiv, Flügelbug wenig Gelb mit Rot durchsetzt. Nominatform örtl. in N-Venezuela, auf Insel Aruba (möglicherweise hier ausgestorben). Bevorzugt wüstenähnl. Buschland mit Kakteen, niedrigen dornigen Bäumen u. Büschen im Flachland des Küstenstreifens. Bestandsrückgang auf Bonaire, auf Aruba †, sonst lokal zahlreich. Brütet in Baumhöhlen, auch in Felsspalten. In den letzten Jahren seltener im Handel. Bald zutraulich, gutes Nachahmungstalent, empfehlenswerter Pflegling. 1981 Welterstzucht (3 Juv.) bei R. NOEGEL, auch 1982 dort Erfolg.

— *A. brasiliensis,* Rotschwanzamazone. ♂: grün, Kopf-OS, Zügel mattrot, Scheitel blaß orangegelb, Kopfseiten, Kinn violettblau. Flügelrand rot, Handschwingen grün, Spitzen blau, ebenso Armschwingen, aber innere mit gelbgrünen Säumen. Unterflügeldecken gelbgrün. Mittl. Schwanzfedern grün, seitl. mit breiten gelben Spitzen u. rotem Band. Schnabel hell hornfarben. Auge braun, Augenring nackt, weißlich. Füße grau. ♀: etwas weniger Rot am Kopf, dieser schmaler. Wangen mehr grün, Spitzen purpurfarben. Schnabel etwas kleiner. Juv. nicht beschrieben. Ca. 37 cm. SO-Brasilien (vom SO von São Paulo bis Rio Grande do Sul). Neuerdings nur noch Berichte von São Paulo. Lebt im Wald, wahrscheinl. im Küstenflachland u. an den flacheren Hängen der Serra do Mar, auch im *Araucaria*-Wald. Sehr selten. Im Red Data Book ↗ geführt. Äußerst gefährdet. Zur A-Erhaltung Zuchtprogramme in Gefangenschaft vorgesehen. Rarität im Handel. Gutes Nachahmungstalent. Von Prof. RIVA, Brasilien, gezüchtet.

— *A. collaria*, Jamaicaamazone. ♂ u. ♀: grün, Zügel bläulichweiß, schmales Stirnband weiß. Kopf-OS, Ohrregion bläulich, Federn schwarz gesäumt. Untere Wangen, Kinn, Kehle u. Halsseiten weinrot mit mattblauen bzw. grünen Säumen. Äußere Handdecken blau, ebenso Außenfahne der Schwingen, Innenfahne schwarz, äußere Schwanzfedern grün, seitl. Basis rot. Schnabel gelblich hornfarben. Auge grau, Augenring nackt, grauweiß. Füße hellrosa. Juv. ähnl. Ad. Ca. 28 cm. Jamaika. Bewohner der Bergwälder, in kleinen Trupps unterwegs. Durch Abholzungen Bestandsrückgang. Juv. gern von Einheimischen aufgezogen. Selten gehandelt. Bald zutraulich, liebenswürdig. Sprechtalent bescheiden. Stimme laut. Erstzucht 1970 in USA. Mischlinge mit *A. festiva*- ♂ in Keston-Farm (England) gezüchtet (3 Juv.). 1982 Erstzucht in England bei J. ARMAN, Cambridgeshire (2 Juv. Handaufzucht).

— *A. dufresniana*, Goldmaskenamazone. ♂: grün, Zügel, Stirn gelborange, Wangenfedern mit blauen Spitzen. Nacken-, Rückenfedern haben schwarze Säume. Flügelrand blaß gelbgrün, Flügelspiegel gelb bis orangerot. Innere Handschwingen schwarz, Außenfahnen mit violettblauen Spitzen. Schwanzfedern grün, Spitzen gelbgrün, Innenfahnen der äußeren Federn spitzenwärts orange bis rötlich. Schnabel dunkel hornfarben, Oberschnabelansatz breit rosarot, Wachshaut dunkelgrau. Auge orangerot. Füße grau. ♀ wie ♂, Flügelspiegel gering matter. Juv. Rot von Kopf u. Schwanz gering od. fehlend, Stirn u. Zügel zu den Rändern häufig gelb. Ca. 35 cm. 2 UAn. *A. d. rhodicorytha*, Rotscheitel-Amazone (inneres O-Brasilien) hat Stirn u. Scheitel ausgedehnt kräftig orangerot bis rot. Wangen überwiegend gelblich, z. T. blau, manchmal auch einfarbig blau. Lebt vorwiegend in feuchten Wäldern des Flachlandes, außerhalb der Brutzeit auch in den Bergen bis 1 000 m ü. NN. Verbr. heute durch Waldzerstörung lokal sehr begrenzt. Selten. Durch Rodung großer Bestandsrückgang. In Gefangenschaft äußerst selten. Welterstzucht 1980 bei P. u. B. MANN, England; 1984 1. Brut 3 Juv.; 1983 Vogelpark Walsrode in der Zuchtstation des Caribbean Wildlife Preservation Trust (1 Juv.). Gelege 2—3 Eier, Juv. nach 54 Tagen flügge, anschl. noch 3—4 Wochen von Eltern gefüttert. *A. d. dufresniana* verbr. in S-Venezuela, Inner-Guayana u. Surinam. Bewohnt feuchte Wälder, Galeriewälder nahe Savannen im Flachland, aber in Venezuela zwischen 1 000 u. 1 700 m ü. NN. Einzelheiten wenig bekannt. Nicht häufig. In der Vogelhaltung sehr selten. In Gefangenschaft angenehm, ruhig. Erstzucht 1981 bei R. MANN, Peterborough, England. Gelege 3 Eier. Nur ♀ brütet, wird vom ♂ gefüttert. Juv. schlüpften nach 24 Tagen, ab 30. Tag Handaufzucht, nach 34 Tagen befiedert, selbständig im Alter von 100 Tagen.

— *A. farinosa*, Mülleramazone. ♂ u. ♀: grün, Scheitel mit gelbem, zuweilen rotem, zum Hinterkopf in graublauen Fleck übergehend. Nackenfedern mit schwärzlichem Saum, grauer Puder, ebenso auf Rücken. Flügelrand rot, ebenso Spiegel. Hand- u. Armschwingen grün, Spitzen blauviolett. Schwanzfedern grün, Spitzen gelbgrün. Oberschnabelbasis gelblich hornfarben, spitzenwärts dunkelgrau, Wachshaut schwarzgrau. Auge rot, Augenring weißlich. Füße grau. Juv. ähnl. Ad., Scheitel mit wenig od. ohne Gelb. Ca. 38 cm. 5 UAn. Von S-Mexiko bis O-Peru, Bolivien, nö. Mato Grosso, São Paulo. Bewohnt ausschließl. Wälder, vorwiegend feuchten Tierra-firma-Wald, in einigen Gegenden auch laubabwerfende Wälder. Nahrungssuche vor allem im Blätterdach. Eigentl. Vogel des Flachlandes, erscheint aber in kleiner Zahl auch regelmäßig im Bergland bis zu 1 000 m ü. NN, gelegentl. in Höhenlagen bis 1 500 m ü. NN. Relativ häufig bis örtl. häufig, Population im wesentl. stabil. Durch Rodungen vereinzelte Rückgänge in Randgebieten. Lebhaft, hart, bald zutraulich. Rufe können stören, vor allem morgens (Käfig abends verhüllen). Verträglich. Sprechbegabung gut. Häufig mit Wasserzerstäuber besprühen od. beregnen. Zuchterfolg nicht bekannt.

— *A. festiva*, Blaubartamazone. ♂: grün, Zügel, schmales Stirnband dunkelrot, Augenbrauenstreif, Federn hinter dem Auge, Kinn hellblau, zuweilen Hinterkopf, Unterrücken, Bürzel kräftig rot. Flügelrand blaß gelbgrün. Handdecken violettblau mit schmalen grünen Säumen (kein roter Flügelspiegel!). Schwanzfedern grün, Spitzen gelblich, äußere Federn mit blauem Außensaum, an der Wurzel u. Innenfahne rot. Unterschwanzdecken gelbgrün. Schnabel grauschwärzlich, Wachshaut blaugrau. Auge orange, Augenring graublau. Füße grünlichgrau. ♀ wie ♂, Kopf schmaler, Schnabel gering kleiner. Juv. wenige rote Federn. Kopf weniger u. blasser blau als bei Ad. Ca. 34 cm. 2 UAn. *A. f. bodini*, Bodini-Amazone (von NW-Guayana u. Inner-Venezuela entlang dem Orinoco, vom Amacuro-Delta we. bis zum Meta-Fluß). Rot reicht bis auf Kopf-OS, Zügel schwärzlich. Verbr. der A: N-Brasilien, O-Peru, O-Ekuador, S-Kolumbien bis NW-Guayana. Lebt in dichten Wäldern, vorwiegend an Flüssen. Häufig. Stabile Population. Ab u. zu im Handel, ruhig, zutraulich, Sprechtalent befriedigend, ahmt gern Geräusche nach. Empfehlenswerter Hausgenosse. Bisher nur Mischlingszuchten gelungen. Mutation: Gelb (1 Exempl.) bekannt.

— *A. finschi*, Blaukappenamazone. ♂: grün, Stirn u.

Zügel braunrot. Federn von Scheitel, Nacken, Halsseiten grün, am Ende hellblau, schmal schwarz gesäumt. Flügelspiegel rot. Schwingen grün, obere Hälfte blau. Federn von Rücken u. US mit schwarzem Saum. Schwanz grün, Spitzen gelbgrün, äußerste Federn basisnah, Außenfahnen mit blauen Säumen. Schnabel hell hornfarben, Wachshaut dunkelgrau. Auge orange, Augenring grau. Füße grünlichgrau. ♀ wie ♂, kleiner. Juv. ähnl. Ad., Iris anfangs dunkelbraun. 33 cm. 2 UAn. *A. f. woodi* (NW-Mexiko) intensiver grün als *A. f. finschi*, Stirn u. Scheitelstreif schmaler, auch matter, insges. größer. Sehr selten in Gefangenschaft. Heimat der Nominatform zentraler u. sü. W von Mexiko. Spezies bewohnt bewaldetes Hügelland u. Berghänge in tieferen Lagen zwischen 500 u. 1800 m ü. NN, gelegentl. höher, zuweilen außerhalb der Brutzeit im küstennahen Flachland. Lokal recht häufig. Starker Export in USA kann Population gefährden. Erstmalig 1874 in London, 1878 in Berlin. In Europa selten im Handel. Am ehesten in zool. Gärten, u. a. im Vogelpark Walsrode. Angenehmer Pflegling, bald zahm. Kurze, hohe, nicht sehr laute Rufe. Wenige Male gezüchtet. Erstzucht 1949 bei MERCER, USA. Im Zoo von San Diego brütete Paar im Alter von 3—4 Jahren.

Königsamazone

— *A. guildingii*, Königsamazone. Erhebliche Farbvariationen, von vorwiegend gelbbraun über alle Zwischentöne bis überwiegend grün. ♂: gold-, oliv-, rotbraun od. dunkelgrün. Stirn u. Vorderscheitel cremeweiß, Hinterscheitel blaß orange. Hinterkopf u. Nakkenfedern olivgrün mit mattblauem Anflug, Spitzen schwarz. Zügel u. Augenumgebung cremeweiß, ebenso vordere Wangen (bis orange). Hintere Wangen u. Ohrdecken violettblau. Kehle u. Halsseiten orange, Federspitzen bläulich. Flügelrand orange. Äußere Handschwingendecken dunkelgrün mit violettblauen Säumen, innere Decken grün, Spitzen rötlich. Handschwingen schwarz, Federgrund gelborange, auch grün, Federmitte violettblau. Armschwingen innen dunkelgrün, spitzenwärts violettblau, äußere Federn violettblau, Mitte mit grünem Band, Federgrund orangefarben. Armschwingendecken am Grund grün, sonst orangebraun. Schwingen unterseits gelb (grün), kleine Unterflügeldecken rotbraun, zuweilen mit blaßblauem Anflug, Säume grün, größere gelb (bei grünen Vögeln alle Unterflügeldecken grün). Rücken rötlichbraun od. dunkelgrün, Oberschwanzdecken rotbraun, Spitzen grün, Schwanzfedern am Grunde orange, Mitte violettblau, Spitzen breit orangegelb. Bauch rotbraun mit grün vermischt, Federn mit schmalen schwärzlichen Spitzen. Schenkel rotbraun od. grün. Schnabel hell olivgrün hornfarben, auch weißlich mit grauem Fleck an der Basis, Wachshaut grau. Auge orange, Augenring grau. Füße hellgrau. ♀ wie ♂, gering kleiner. Juv. grün od. grünlichbraun je nach Farbtyp des späteren ad. Kleides. 40 cm. St. Vincent (Kleine Antillen). Bewohnt nur noch das Bergzentrum der kleinen Insel. Im Red Data Book ↗ geführt. Vulkanausbrüche u. Wirbelstürme dezimierten Bestand, vor allem führte 1979 Wirbelsturm «David» zu ausgedehnten Habitatzerstörungen. Schätzungen im bergigen Gelände sehr schwierig, wahrscheinl. überlebten 400—600 Vögel. Wenige Exempl. außerhalb der Insel in Gefangenschaft. Welterstzucht 1972 im Zoo Houston, USA, später auch von B. MILLER auf Barbados gezüchtet. 8 Vögel kamen 1981 von B. MILLER zu R. NOEGEL, Florida, 1 Juv. Handaufzucht. Bis 1982 nur 6 Juv. in der Welt gezogen; 1983 u. 1984 Bruterfolge in der Zuchtstation des Caribbean Wildlife Preservation Trust ↗, 6 Juv. ausgeflogen. Während der Brutzeit gegenüber Pfleger sehr aggressiv. Kontrolle der Bruthöhle kaum möglich. Sonst zutraulich. Pflege problemlos. Läßt sich sehr gern beregnen. Gelege 2—3 Eier, Brutdauer 28 Tage. Juv. nach 55 Tagen flügge, noch ca. 3 Wochen von Eltern gefüttert.

— *A. imperialis*, Kaiseramazone. ♂: Stirn, Wange dunkel weinrot, violett u. bläulich glänzend, ebenso US, Federn schwarz gesäumt. OS grün. Äußere Armschwingen an der Wurzel der Außenfahnen rot, gleichfalls Flügelrand. OS der Schwanzfedern dunkel rotbraun am Ende weinrot gesäumt, mittl. Federn u. seitl. am Grund mit grünem Anflug. Auge rotorange, Augenring blaugrau. Schnabel, Wachshaut u. Füße grau. ♀ größer u. matter als ♂. Juv. Nacken grün, hintere Wange gelblich schattiert. Ca. 45 cm. Größte Amazone. Insel Dominica (Kleine Antillen). Bewohnt Wälder der schluchtenreichen, zerklüfteten Gebirge über 625 m ü. NN. Im Red Data Book geführt. Lebt mit *A. arausiaca* im gleichen Habitat. 1979 durch den Wirbelsturm «David» ausgedehnte Zerstörungen auf der kleinen Insel (Länge 45 km, Breite 23 km), zusätzl. Abschuß durch Einheimische sorgten für gravierenden Bestandsrückgang. Wildpopulation wahrscheinl. nur noch 60 Vögel. A-Erhaltung fast hoffnungslos. 1981 empfahl ICBP ↗ Zuchtprogramm in Gefangenschaft, 1982 standen dafür weniger als ein halbes Dutzend Exempl. zur

Kaiseramazone

Verfügung, u. a. 1 Paar im Vogelpark Walsrode ↗, das im gleichen Jahr in die Zuchtstation des Caribean Wildlife Preservation Trust ↗ umgesetzt wurde. Die in Europa sehr ruhigen, trägen Vögel zeigten sich in der neuen Umgebung bereits in den ersten Stunden ausgesprochen vital. Stimme nicht unangenehm, selten zu hören, großes Nagebedürfnis. Bisher noch nicht gezüchtet. Gelege 1–2 Eier.
— *A. leucocephala*, Kubaamazone. ♂: grün, Federn von Kopf, Rücken u. Bauch mit schwarzen Säumen. Stirn u. Scheitel weiß, ebenfalls Augenumgebung. Vordere Wangen, Kinn u. Kehle rosarot, schmale weiße Federsäume, zuweilen Brustgefieder mit vereinzelten rosaroten Federn. Ohrdecken mattschwarz. Nacken u. Flügelrand blau. Außenfahnen der Handschwingen blau, Innenfahnen schwarz. Handschwingendecken blau. Armschwingen mattblau, grün gesäumte Außenfahnen, Schwingen-US blaugrün. Schwanzdecken gelbgrün, teilweise wenig schwarz gesäumt. Schwanzfedern oberseits grün, Spitzen gelbgrün, Schwanz unterseits ebenfalls gelbgrün. Basis der seitl. Federn rot od. gelb u. orange, äußerste Federn mit blauen Säumen. Bauchfedern weinrot mit dunkelgrünen Säumen. Schnabel weißlich bis hell hornfarben, Wachshaut weißlich. Auge braun, Augenring weiß. Füße gelbbraun. ♀ wie ♂, Kopf etwas schmaler, Schnabel gering kleiner. Juv. wenig Rosarot im Gefieder, Federn ohne od. nur wenig schwarz gesäumt. 32 cm. 5UAn. *A. l. bahamensis*, Bahama-Amazone (Bahamas) gering größer als Nominatform (34 cm). Weiß des Scheitels reicht weiter nach hinten, schließt Zügel u. obere Wange ein, kleiner od. fehlender Bauchfleck. Im Red Data Book ↗ (1981) geführt. Selten, auf Inagua 400–500 Vögel (1974), ebenso viele auf Abaco (1973). Brütet in Kalksteinhöhlen. 1909 in England aus 3er Gelege 1 Juv. geschlüpft, starb vor dem Ausfliegen. *A. l. caymanensis* (Insel Grand Cayman) mehr gelbgrün u. Federsäume blasser als bei Nominatform, Weiß der Kopf-OS weniger ausgedehnt mit Rot vermischt, auch gelblicher Anflug, hinter dem Auge ohne Weiß. Wangenrot vom Hals durch grünen Streif getrennt, Bauchfleck klein, Augenring grau. Bewohnt Mangrovewälder. Wärmebedürftig. 1974 Welterstzucht bei R. NOEGEL, züchtete bis 1982 45 Juv., 11 davon 2. Generation. *A. l. palmarum* (W-Kuba, Isla de la Juventud) dunkler grün als Nominatform, Kehle intensiver rot, ebenso Bauchfleck, dieser auch größer. Seit 1975 Welterstzucht mehrfach von R. NOEGEL bis 1981 21 Juv. gezüchtet. *A. l. hesterna* (Little Cayman, Cayman Brac) im Red Data Book geführt. 1981 Wildpopulation ca. 45 Vögel. 1981 Welterstzucht R. NOEGEL, (1 Juv.). 1982 zog er 2 Juv. *A. l. leucocephala* (O-, Zentral-Kuba) bewohnt Mangrovewälder, durch Ausfuhrsperre nur noch gezüchtete Vögel im Handel. Bereits sehr frühzeitig Hausgenossen gewesen, Einzelvögel bald zahm, anhänglich, kein Holzzerstörer. Nachahmungstalent sehr gut, vergißt aber auch schnell. Heute vor allem in osteurop. Ländern, vorwiegend zool. Gärten gehalten, u. a. Tierpark Berlin, DDR. Hier mehrfach Zuchterfolge, auch bei Privatzüchtern in der DDR jährl. einige Zuchterfolge. Juv. sehr stürmisch, schreckhaft.
— *A. mercenaria*, Soldatenamazone. ♂ u. ♀: grün, Stirn leuchtend hellgrün. Scheitel, Hinterkopf u. Nacken dunkelgrün, Federsäume matt graublau, Spitzen schwärzlich, ebenfalls grüne Federn der Halsseiten schwärzlich gesäumt. Wangen leuchtend hellgrün. Flügelrand gelb mit orange vermischt, Flügelspiegel rot (Basis der ersten 3 Armschwingen). Schwingen grün, spitzenwärts violettblau. Schwanzfedern grün, Spitzen gelbgrün, seitl. in der Mitte rotes Band. Schnabel grau, Oberschnabelbasis mit hornfarbenem Fleck, seitl. neben Unterschnabel wenig nackte Haut, Wachshaut dunkelgrau. Auge rot, Augenring weiß. Füße grünlichgrau. Juv. ähnl. Ad., wahrscheinl. ohne roten Spiegel (Low ↗). 34 cm. 2 UAn. W-Kolumbien, NW-Venezuela bis in die Anden von N-Bolivien. Lebt in Wäldern der subtropischen u. gemäßigten Zone, vorwiegend zwischen 1 500 u. 3 000 m ü. NN., selten höher od. tiefer. Selbst in ungestörten Berghabitaten selten, obwohl außerhalb der Brutzeit in Bolivien gelegentl. größere Ansammlung an Schlafplätzen beobachtet wird. Popula-

Junge Kubaamazonen im Brutkasten. Alter 5 Wochen

tion allgemein stabil, in Kolumbien durch Abholzungen Bestandsrückgänge. In Gefangenschaft selten, wenige Exempl. in zool. Gärten, Vogelparks, kaum in privater Hand.
— *A. ochrocephala*, Gelbscheitelamazone. ♂ u. ♀: grün, unterseits mehr gelblichgrün, Stirn gelb, z. T. noch Scheitel, Zügel manchmal gelb. Ohrdecken smaragdgrün, Nackenfedern mit schwarzen Säumen. Schwingen grün, spitzenwärts blauviolett, Innenfahnen schwarz. Flügelspiegel rot, Rückenfedern mit schwärzlichen Säumen, mittl. Schwanzfedern grün, seitl. mit breiten gelbgrünen Spitzen, Innenfahnen basisnahe rot u. gelb, äußerste Federn haben bläuliche Außenfahnen. Schnabel schwärzlichgrau, Basis des Oberschnabels mit weißlichorangenem Fleck. Auge orange, innere Iris ringförmig gelb, Augenring hellgrau. Füße hellblaugrau. Juv. weniger Gelb am Kopf, Flügelbug geringer rot, Nackenfedern mit schwärzlicheren Federsäumen, insges. blasser als Ad., Schnabel schwärzlich. Ca. 36 cm. 9 UAn. *A. o. xantholaema*, Maraja-Amazone (Marajó-Insel in der Amazonasmündung, Brasilien), Kopf-OS, Augenring u. Schenkel gelb, Stirn mit scharf begrenzendem grünem Band, Wangen u. Ohrdecken gelb. Größer als Nominatform. *A. o. nattereri*, Natterers-Amazone (S-Kolumbien, O-Ekuador, O-Peru, N-Bolivien, W-Brasilien), Stirn u. Scheitel breiter gelb als bei Nominatform, weniger ausgedehnt als bei *A. o. panamensis*, gelber Augenbrauenstreif, Wange, Ohrdecken u. Kehle grün mit kräftig blauem Anflug. *A. o. panamensis*, Panama-Amazone (W-Panama, N-Kolumbien, heute auf Archipiélago de la Perlas in der Kanalzone, auch auf Coiba), Stirn gelb, ebenso vorderer Scheitel, anschl. blaugrüne Partie, Vorderzügel gelb, über dem Auge blaugrüner Streifen, grenzt Gelb des Scheitels ab. Schenkel grün mit wenig Gelb vermischt, Flügelbug wenig rot. Auge braunrot. ♀ Stirn mit weniger Gelb als ♂. Sehr häufig gehandelt, sehr beliebt, oftmals unter falschem Namen (Gelbstirnamazone) im Angebot. 1945 Erstzucht in den USA. Europ. Erstzucht 1963 in Dänemark, weiterhin u. a. Erfolge 1967—1969 bei SMITH, England. *A. o. auropalliata*, Gelbnacken-Amazone (S-Mexiko bis NW-Kostarika), Stirn, Scheitel grün bis bläulichgrün, variables, gelbes Nackenband. Flügelspiegel rot mit wenig Blau. ♂ wie ♀. Juv. Nacken mit wenig od. ohne Gelb. Als Einzelvogel sehr geschätzt, vorzügliches Sprechtalent, liebenswürdig u. ruhig. Erstzucht 1948 bei HALLSTROM, Australien, 1974 Erfolg bei MARTIN, Schweden. Mutationen: Lutino, Blau. *A. o. parvipes*, Gelbnacken-Amazone (Inseln Roatán, Barnareta, Guanaja; Honduras, NO-Nikaragua). Sehr ähnl. *A. o. auropalliata*, aber Flügelbug rot (nicht grün), insges. kleiner, Schnabel blasser. *A. o. belizensis*, Doppelgelbkopf-, Große Gelbkopfamazone (Belize, früher British Honduras), ähnl. *A. o. oratrix*, aber grüner Hinterkopf mit wenigen gelben Federn, obere Wangen gelb, grüne Kehle zuweilen vereinzelte gelbe Federn. Sehr beliebter Einzelvogel, vor allem in den USA gepflegt, reinrassiger Zuchterfolg nicht bekannt. *A. o. oratrix*, Doppelgelbkopf-, Große Gelbkopfamazone (Zentral-Mexiko, sü. bis O-Oaxaco, Tabasco, Halbinsel Yucatán, Belize), Kopf, Kinn, Kehle u. vordere Halsseiten

Panama- oder Gelbscheitelamazone

gelb, ebenso untere Schenkel u. Flügelrand. Flügelbug blaßrot mit wenig Gelb, kleiner Flügelspiegel rot. Juv. ähnl. juv. *A. o. panamensis*, Stirnfleck gelb, sonst Kopf grün, Flügelbug grün, Flügelrand gelbgrün. Schnabel dunkel. Iris dunkelbraun. Wesen u. Sprechtalent individuell sehr unterschiedl., wie alle Gelbkopfamazonen als Einzelvogel begehrt. 1944 Erstzucht in USA, im letzten Jahrzehnt mehrere Zuchterfolge, z. B. von 1966 bis 1970 im Zoo Houston, USA, ca. 20 Juv. gezogen, bei DALTON, England, 1977 brütete 1 bei SMITH gezogener Jungvogel, also bereits in 2. Generation. Kreuzung mit *A. aestiva*. *A. o. tresmariae*, Doppelgelbkopf-, Tresmaria-Amazone (Inseln Tres Marias vor W-Mexiko), ähnl. *A. o. oratrix*, aber Oberbrust, Nacken u. Schenkel gelb, Flügelbug rot mit reichl. Gelb vermischt, unterer Bauch mit blauem Anflug, oberer blaßgrün, Schwanz länger. Zuchterfolg nicht bekannt. *A. o. magna*, Doppelgelbkopf-, Große Gelbkopfamazone (Atlantikküste von Mexiko, von Tamauplias bis öst. von Tobasco), sehr ähnl. *A. o. oratrix*, aber ohne Blau, fragliche UA. *A. o. ochrocephala*, Gelbscheitelamazone, Surinam-Amazone (Venezuela, Guayana, Surinam, Trinidad, von N-Brasilien bis öst. Anden in Kolumbien), Beschreibung s. A-Beschreibung. Vögel dieser UA überwiegend als Einzelvögel gehalten, sehr gutes Sprechtalent. Rassereine Zucht 1970 bei SMITH, England. Allgemein ist die A in Gefangenschaft sehr populär, wobei *oratrix* u. *tresmariae* die begehrtesten Amazonen sind. Alle Formen werden uneingeschränkt für die zahmsten u. besten «Sprecher» unter den neotropischen Papageien gehalten. Große Stückzahlen werden z. Z. noch aus mehreren Ländern exportiert, z. B. aus Mexiko trotz abnehmender Population zwischen Oktober 1979 u. Juni 1980 allein in die USA 2716 Exempl., weitere wurden zweifellos geschmuggelt. Die A bewohnt gewöhnl. laubabwerfende Wälder od. Galeriewald in etwas offeneren Gegenden. In Waldgebieten z. B. im Amazonasbecken ist die A in Varzea-Wald (s. Veilchenpapagei) u. im Sekundärwuchs entlang der größeren Flußläufe anzutreffen. In O-Mexiko bevorzugt *oratrix* Galeriewald in halbtrockenen Regionen im N, hingegen mehr feuchtere Savannen (auch mit Galeriewald durchsetzt) im S. Die A ist im Flachland zu finden, gelegentl. bis ca. 500 m ü. NN. Die UAn sind lokal unterschiedl. häufig u. in den Beständen stabil bis sehr selten bei einigen lokalen Bestandsrückgängen (Habitatverluste, örtl. zu hohe bzw. überhaupt schädigende Fangquoten).

— *A. pretrei*, Prachtamazone. ♂ u. ♀: grün, Kopf, Nacken u. US heller u. blasser, Federn schwarz gesäumt. Stirn, Scheitel, Zügel, Augenumgebung rot, ebenso Flügelbug, Daumenfittich, Flügelrand u. Schenkel. Handschwingendecken rot, Handschwingen grün, zu den Spitzen blau, Armschwingen ebenso gefärbt. Schwanzfedern grün, Spitzen breit gelbgrün, äußerste am Grund der Innenfahne rot gefleckt. Schnabel gelblich hornfarben. Wachshaut gelblichweiß. Auge orangegelb, Augenring weiß. Füße gelblichgrau. Juv. weniger rot als Ad., Flügelrand grün, auch weitgehend Augenumgebung. Ca. 32 cm. SO-Brasilien, von São Paulo bis Rio Grande do Sul, Misiones, NO-Argentinien. Waldbewohner, Verbr. eng an das Vorkommen von *Araucaria* gebunden, lebt zwischen 500 u. 1 000 m ü. NN. Bestandsrückgang. Im Red Data Book ↗ geführt. Sehr selten gehandelt. In der Vergangenheit wenige Exempl. in England, Frankreich gehalten.

— *A. tucumana*, Tucuman-Amazone. ♂ u. ♂: dunkelgrün, Stirn u. Vorderscheitel rot, gleichfalls Deckfedern der Arm- u. Handschwingen. Federn von Kopf, Hals bis Bauch kräftig schwarz gesäumt. Handschwingen grün, spitzenwärts blau. Äußere Armschwingen blaue Außenfahnen, innere Armschwingen blau, zum Federgrund grün. Oberschwanzdecken gelbgrün. Schwanz grün, Spitzen gelbgrün. Schnabel hell hornfarben, Wachshaut hellgrau. Auge gelborange, Augenring weiß. Füße rötlich hellgrau. Juv. ähnl. Ad., aber Schenkel grün. 31 cm. Heimat SO-Bolivien u. N-Argentinien. Brütet an den Andenhängen zwischen 1 000 u. 1 200 m ü. NN in Erlenwäldern u. Wäldern mit *Nothofagus*. Im Herbst u. Winter Scharen in Hügelland u. in nahegelegenen Tälern bis in Lagen von 300 m ü. NN. Sehr selten in Europa gehandelt. Zuchterfolg unbekannt. Gelege allgemein 4 Eier.

— *A. ventralis*, Haïtiamazone, Blaukronenamazone. ♂ u. ♀: grün, Stirn u. Zügel weiß, Scheitel bläulich, Federn schwarz gesäumt, gleichfalls schwarze Federsäume an Hinterkopf u. Nacken. Ohrfleck groß, dunkelbraun. Obere Wangen matt blau, Federn mit schwarzem Saum. Flügeldecken blau, Armschwingendecken außen mit schmalen grünen Säumen, ebenso Armschwingen. Handschwingen blau, spitzenwärts dunkler. Oberschwanzdecken gelbgrün. Schwanz grün, Spitzen gelb, seitl. Federn am Grunde rot, äußerste blau überhaucht. Brustfedern schwarz gesäumt, Bauch variierend weinrot. Schenkel bläulich. Schnabel gelblich hornfarben, Wachshaut weißlich. Auge dunkelbraun, Augenring weiß. Füße rosagrau. Juv. ähnl. Ad., aber Stirn und Zügel cremeweiß, Augenring schmaler, Vorderscheitel grün, dessen Federn schwarz gesäumt. 28 cm. Haïti u. benachbarte kleine Inseln; Puerto Rico (durch Zufall). Bewohnt Wälder im Gebirge wie auch im Flachland, je nach Nahrungsangebot in trockenen u. feuchten Gebieten, größere Flüge auch auf Feldern. Bruthöhle hoch in Bäumen. Bestandsrückgang. In Europa selten im Handel. Während der Eingewöhnung empfindlich, bald zutraulich, lebhaft. Kräftige Stimme. Nimmt gern Hagebutten, Maiskolben (auch halbreife), Weintrauben u. Mehlkäferlarven ↗. Benagt eifrig grüne Zweige. Welterstzucht 1971 im Jersey Wildlife Preservation Trust u. bei R. NOEGEL, Florida. 1979, 1980 bei FINCK, Schweiz, u. 1983 BRD-Erstzucht im Vogelpark Walsrode ↗. Außerhalb Europas in einigen Zuchtstätten große Erfolge (u. a. NOEGEL in 10 Jahren 28 Juv. 1982 in 3. Generation, Zoo Santo Domingo, s. auch *A. vittata*). Gelege 2–4 Eier. Juv. schlüpfen nach ca. 25 Tagen, fliegen nach 60–65 Tagen aus, fressen nach 13 Wochen selbst.

— *A. versicolor*, Blaumaskenamazone. ♂ u. ♀: grün, OS Federn schwarz gesäumt. Stirn u. Vorderscheitel blauviolett, hinterer Scheitel blaß blau, Nackenfedern olivgrün mit schwarzen Säumen. Zügel blauviolett. Obere Wangen blaßblau, ebenso Ohrdecken. Flügelrand gelbgrün, Flügelspiegel rot. Handschwingendecken grün, etwas violettblau, Handschwingen violettblau, Armschwingen grün, spitzenwärts violettblau, Oberschwanzdecken hellgelbgrün. Schwanz dunkelgrün, Spitzen gelbgrün bis gelb, äußerste Federn am Grund blauer Streifen u. roter Fleck. Kehle blau, Kropfband rot. Brustfedern braunrot, Basis grün. Unterseits Färbung variabel. Schnabel graubräunlich, Oberschnabelbasis gelblich hornfarben, Wachshaut schwärzlichgrau. Auge orange, Augenring hellgrau. Füße schwarzbraun. Juv. weniger Blau am Kopf als Ad., Auge blaßbraun. Ca. 43 cm. Insel St. Lucia (Kleine Antillen). Lebt im tropischen Regenwald im Zentrum der Insel, Habitat knapp 50 km^2 groß. Im Red Data Book geführt, 1975 nur noch ca. 125 Exempl. auf der Insel. Waldrodungen, Jagd durch Einheimische, natürl. vor allem nestplündernde Feinde, Konkurrenz vorwiegend mit der Perlaugendrossel um Nistplätze sorgten für Bestandsrückgang. Hurrikan «Allen» zerstörte 1980 weitflächig die Insel, z. Z. Bestand der A nur noch ca. 50 Exempl. Wird ohne Unterstützung durch Gefangenschaftszuchten kaum vom Aussterben zu retten sein. Große Anstrengungen, um Zuchterfolge zu erreichen, 4 Paare im Jersey Wildlife Preservation Trust, Jersey, Channel Islands; erstmalig gelang hier in der Welt Aufzuchterfolg 1982 (1 Vogel Handaufzucht).

— *A. vinacea*, Taubenhalsamazone. ♂: grün, alle Federn mit schwarzen Säumen. Stirn rotes Band, ebenso Zügel rot. Kinn kräftig rosa. Nacken- u. seitl. Halsfedern bläulich überhaucht, Spitzen schwarz.

Flügelrand grün, vermischt mit Rot u. Gelb, Flügelspiegel purpurfarben. Handschwingen grün, Spitzen blau, 1. Feder hat blaue Außenfahne. Oberschwanzdecken blaßgrün. Seitl. Schwanzfedern grün, Spitzen wenig gelbgrün, äußerste Federn am Grund rot, Innensäume kräftig gelb. Kehle mit weinrotem, bläulichem Schimmer, Federn mit schwärzlichen Spitzen. Brust weinrot, vermischt mit Grün. Schnabel rötlich, Spitze dunkler, Wachshaut grau. Auge rotbraun, Augenring hellgrau. Füße grau. ♀ wie ♂, gering größer. Juv. Stirn u. Zügel nur wenig rot, insges. matter als Ad., Schnabel anfangs hell. Ca. 31 cm. Von Bahia bis Rio Grande do Sul (SO-Brasilien), O-Paraguay, NO-Argentinien (bei Misiones). Waldbewohner, in einigen Gebieten besteht der Wald hauptsächl. aus *Araucaria*. In Paraguay u. Argentinien im Flachland, in Brasilien scheint sie jetzt auf feuchte Bergregionen bis ca. 1 100 m ü. NN begrenzt zu sein, früher wahrscheinl. in tieferen Lagen. Selten bis sehr selten, großer Populationsrückgang durch weiträumige Waldzerstörungen. Gehört eigentl. in das Red Data Book ↗. Einzelvögel ruhig, Sprechtalent durchschnittl. Wenige Male gezüchtet, Erstzucht 1971 bei SMITH, England, dann auch 1975 bei WIERINCKX, Belgien. Gelege allgemein 2 Eier. Schlupf nach 28 Tagen.

— *A. viridigenalis*, Grünwangenamazone. ♂: grün, unterseits blasser, mehr gelblich, Federn mit schwärzlichen Säumen. Zügel u. Kopf-OS rot. Ultramarinblaues Band, beginnt über u. hinter dem Auge u. zieht bis zu den Halsseiten. Nackenfedern mit kräftigen schwarzen Säumen. Wangen u. Ohrdecken leuchtend grün. Flügelspiegel rot, Außenfahnen der Handschwingen am Grunde grün, sonst blauviolett, Armschwingen grün, spitzenwärts blau. Schwanzfedern grün, Spitzen breit gelbgrün. Federn der Oberbrust mit schwarzen Spitzen. Schnabel gelblich hornfarben, Wachshaut weißlich. Auge gelb, Augenring weißlich. Füße blaßgrau. ♀ wie ♂, Kopf u. Schnabel kleiner, vielleicht Rot am Kopf weniger ausgedehnt. Juv. nur wenige rote Federn im Stirnbereich, Scheitel grün, blauer Streifen von Kopf u. Halsseiten fehlt. 33 cm. NO-Mexiko. Bewohnt Galeriewald u. laubabwerfende Wälder bis ca. 1 200 m ü. NN, selten höher, in kleinerer Zahl auf landwirtschaftl. Nutzflächen, hier manchmal größeren Schaden verursachend. In einigen Gebieten noch recht zahlreich, Habitatzerstörungen u. hohe Fangquoten für den Handel mit den USA führten zu starken Bestandsrückgängen. Bruthöhle hoch in Bäumen, in hohlen Ästen, auch entspr. Bäume im Kulturland werden genutzt. In Europa sporadisch auf dem Vogelmarkt, oft als «Rotstirnamazone» gehandelt. Nach der Eingewöhnung ausdauernd, Pflege problemlos. Nachahmungstalent bescheiden. Welterstzucht 1970 im Zoo Los Angeles, von 1972—1977 zog SPRINGMAN, Texas 18 Juv., züchtet Vögel schon in der 2. Generation. In Europa kein Zuchterfolg. Mutationen: Lutino (1 Paar in den USA), Kreuzungen mit *A. albifrons*, *A. aestiva*.

— *A. vittata*, Puerto-Rico-Amazone. ♂ u. ♀: dunkelgrün, unterseits heller, mehr gelblich. Stirn u. Zügel rot, Federn von Scheitel, Hinterkopf u. Nacken mit kräftig schwarzen Säumen, auch Federn von Kopfseiten u. Kehle schwarz gesäumt. Äußere Handschwingendecken dunkelblau, ebenso Handschwingen. Äußere Armschwingen mit blauen Außenfahnen, schmal mattgrün gesäumt. Schwanz grün, Federspitzen schmal gelbgrün, seitl. Federn am Grund Innenfahnen rot, äußerste Federn mit blauen Säumen. Schnabel gelblich hornfarben, Wachshaut rosafarben. Auge gelb, Augenring weiß. Füße gelbbraun. Juv. wie Ad. Ca. 29 cm. Insel Puerto Rico, früher auch auf Insel Vieques. 2. UA *A. v. gracilipes* (Culebra-Insel) †. Bewohnt üppigen tropischen Regenwald. Seltenste Amazone der Welt, im Red Data Book ↗ geführt, vom Aussterben sehr bedroht. Einst zahlreich, Population ging mit der Kolonialisierung (Waldrodungen usw.) schnell zurück. Anfang des 20. Jh. gab es noch einige Tausend Vögel, um 1940 war die Spezies nur noch im Luquillo-Forst (heute Karibischer Nationalforst von 330 ha Größe) im O der Insel. Forest Service der USA stellte Mitte der 40er Jahre Bestandsrückgang fest, erarbeitetes Schutzprogramm ungenügend bzw. nicht eingehalten (weiterhin Vogelfang, Abholzung des bevorzugten Nistbaumes *Cyrilla ratemiflora*). 1956 nur noch ca. 200 Vögel, 1968 waren es noch 24. Seit 1972 Rettungsprogramm vom U. S. Fish and Wildlife Service Endangered Wildlife Research u. dem U. S. Forest Service. Ursachen des Bestandsrückganges Waldrodung, Bejagung durch Eingeborene, Hurrikans, versch. Greifvögel-An, Ratten, Katzen, an den Nestlingen parasitierende Larven der Pferdebremse (*Philornis pici*) u. die Konkurrenz mit der überlegenen Perlaugendrossel (*Margarops fuscatus*) um die Bruthöhlen. Die Untersuchungen ergaben, daß die Drosseln flachere Höhlen als die Papageien bevorzugen, entspr. Nisthöhlen wurden so angebracht, daß der Nistplatz der Papageien im Nestrevier der Drosseln lag u. diese neben ihrem eigenen Nest auch die Bruthöhle der Papageien gegenüber A-Genossen u. neugierigen od. beutegierigen Drosseln verteidigten. Maßnahmen zur A-Erhaltung: Zuchtstation (1982 17 Vögel), Verwendung der *A. ventralis* als Ammen u. als Modell u. a. für die Auswilderung. Gewinnung von 2 Gelegen pro Paar/Jahr, da 2. Gelege nachgelegt wird. Brutbiologie: Gelege 2—4, meistens 3 Eier. Juv. schlüpfen nach 25—27 Tagen, fliegen nach 60—70 Tagen aus. Fn-Verband bleibt bis Ende des Jahres zusammen, manchmal noch folgende Brutzeit. 1983 Wildpopulation 24 Vögel, davon 4 Brutpaare.

— *A. xantholora*, Goldzügelamazone. ♂: grün, Federn mit schwärzlichen Säumen. Stirn u. Scheitel weiß, Hinterkopf mattblau, Federn mit schwarzen Säumen. Zügel goldgelb. Augenumgebung u. obere Wange rot, Ohrdecken schwarz. Handschwingendecken stets rot, zuweilen auch Daumenfittich, Handschwingen grün, spitzenwärts blauviolett, Armschwingen blauviolett, Schwanzfedern grün, Spitzen gelb, seitl. Federn am Grund rot. Schnabel gelblich hornfarben, Wachshaut gelblichgrau. Auge gelblichbraun, Augenring weiß. Füße bräunlichgelb. ♀: Rot am Kopf weniger als bei ♂, meistens Handschwingendecken weniger rot, US der vorderen Flughaut

Amazonasente

Goldzügelamazone. 1 Männchen, 2 Weibchen

bei ♂ rote Federn, bei ♀ grün, selten wenige rote, Stirn u. Scheitel matt blau, manchmal vereinzelte weiße Federn. Ohrdecken blasser. Juv. ähnl. ♀, aber obere Wange grün mit Rot vermischt, Zügel gelb mit Grün, Flügelspiegel grün od. wenig rot. 26 cm. Yucatán, Belize, Cozumel-, Roatán-Insel. Lebt im laubabwerfenden Buschwald, auch in offenen Kiefernwaldungen. Recht häufig. Bestandsabnahme in den Randgebieten. Bereits 1872 von Dr. Ruß ↗ gehalten. Welterstzucht 1980 bei A. MEIER, Schweiz. Gelege bis zu 5 Eier, Juv. schlüpfen nach 26 Tagen, fliegen nach ca. 6 Wochen aus.
— *A. xanthops*, Goldbauchamazone. ♂ u. ♀: gelblichgrün, Stirn, Scheitel, Hinterkopf u. Augenumgebung gelb. Ohrdecken orangegelb. Zügel rosafarben bis gelb. Nackenfedern dunkelgrün gesäumt, Spitzen schwärzlich. Flügelrand blaßgelblichgrün. Handschwingendecken grün, matt blau gesäumt, Handschwingen dunkelgrün mit schmalen grünlichgelben Säumen, ebenso Armschwingen. Rücken dunkelgrün. Mittl. Schwanzfedern grün, seitl. gelbgrün, am Grund orangerotes Band. Kehle, Brust u. Bauch grün, Federn breit dunkelgrün gesäumt, zuweilen mit gelben Federn (ältere Vögel) vermischt. Untere Brust u. Bauch mehr gelb, Seiten orange. Schenkelfedern hellgrün, dunkle Säume. Schnabel hell hornfarben, basisnahes Oberteil des Oberschnabels grünlich dunkelgrau, Schnabelspitze weißlich, Wachshaut rosarot. Auge gelb, Augenring weiß. Juv. Kopf mit weniger Gelb als Ad., übrige Kopffedern blaugrün gesäumt, Spitzen schwärzlich. US grün, Federn mit dunkelgrünen Säumen. Auge braun. O- u. Z-Brasilien, von Piauís bis Mato Grosso im S bis Umgebung von São Paulo. Lebt in der mit wenigen verkrüppelten Bäumen bestandenen Savanne, häufig zusammen mit *A. aestiva* u. *A. amazonica*, obwohl letztere höheren Galeriewald bevorzugen. Recht häufig. Population im wesentl. stabil. Erstmalig von K. HAGENBECK ↗ 1879 importiert. In Europa äußerst selten eingeführt. 1985 im Vogelpark Walsrode 3 Juv. in der Bruthöhle an Unterkühlung gestorben.

Amazonasente *(Amazonetta brasilensis)* → *Amazonetta*

Amazonenpapagei, UA → Venezuelaamazone

Amazonenpapageien → *Amazona*

Amazonetta. G der Anatidae ↗, UF Anatinae ↗. 1 A. S-Amerika mit Ausnahme der we. Teile. Bewohnen Teiche u. Flußniederungen des tropischen Regenwaldes u. der Savanne. Brüten in der Ufervegetation od. in Baumhöhlen. 8—12 Eier werden 25—28 Tage bebrütet. ♂ ♂ beteiligen sich am Führen der Jungen. Stellen nur geringe Ansprüche an Gehege, Futter u. Wasserqualität. Nicht winterhart. Eier werden meist in Nistkästen abgelegt. Aufzucht nicht schwierig. Von Juv., aber auch von ad. Vögeln wird gern tierische Nahrung aufgenommen. ♂ ♂ verpaaren sich häufig mit ♀ ♀ anderer kleiner Enten.
— *A. brasilensis*, Amazonasente. ♂: überwiegend braun, Kopf- u. Halsseiten etwas heller. An den Flanken dunkelbraun gepunktet. Flügeldecken u. Handschwingen samtschwarz. Spiegel mit metallischgrünem u. weißem Dreieck. Schnabel rotbraun. Füße hellrot. ♀: braun mit weißen Flecken vor dem Auge u. am Schnabelgrund. Schnabel dunkelgrau. Füße wie beim ♂ hellrot. Die A hat etwa die Größe einer Knäkente ↗.

Amblynura G der Estrildidae ↗. 9 An. Indoaustral. Inselwelt, NO-Queensland (Australien). In Gebirgswäldern, auf Lichtungen, auch im Flachland, Gras-, Kulturland. Haltung in Volieren ↗, allgemein nicht unter 18 °C. Zucht in gutbepflanzten Volieren am ehesten möglich. Halboffene Nistkästen (15 × 15 × 15 cm) anbringen. Nest aus Gräsern, Kokos-, Agavefasern. Verbauen gerne lange Halme. Futter → Estrildidae, reichl. Grassamen, halbreife Samen von Gräsern u. Unkräutern, Vogelmiere. Vögel vieler An süßes Obst, Feigen, Datteln, Weichfutter wird unterschiedl. beachtet, ebenso Insektennahrung.
— *A. coloria*, Buntkopf-Papageiamadine. ♂: Gesichtsmaske blau, Ohrfleck rot. Schwingen schwarz mit grünen Außensäumen. Bürzel, Oberschwanzdecken, die beiden mittl. Schwanzfedern rot, übrige schwarz mit roten Säumen. Sonst Gefieder satt glänzend grün. Schnabel schwarz. Auge dunkelbraun. Füße graubraun. ♀: matter als ♂, Ohrfleck blasser, kleiner. Juv. bläulich, verwaschenes Kopfgefieder, wenige rote Federn im Bereich des Ohrfleckes. Brust grün, Bauch grünockergelb. 10 cm. Bewohnt Mount Katanglat auf Mindanao (Philippinen). Hohes Trillern der ♂ ♂, von ♀ ♀ nur Einzelrufe zu vernehmen. Erst 1961 beschrieben. 1964 in die Schweiz (Dr. BURKARD ↗). u. damit erstmalig in Europa, nochmals 1981 Import zu Dr. BURKARD, von H. BREGULLA gefangen. Unempfindlich, zutraulich. Vor langer, intensiver Sonnenbestrahlung schützen! 1965 Welterstzucht von Dr. BURKARD. Nest gern in querformatigen Wellensittichkästen. Juv. fliegen häufig zu früh aus, in dieser Zeit Nestkontrollen vermeiden, sonst Verluste. Zuchtfähig bereits nach 5 Monaten.
— *A. cyaneovirens*, Kurzschwanz-Papageiamadine. ♂: Oberkopf bis in den Nacken u. Kopfseiten rot. Anschl. blaue Färbung über Rücken, Flügeldecken, schwanzwärts mehr grün. Kehle, Brust blau, manchmal auch grün. Unterkörper grün mit blauem Anflug. ♀ wie ♂, aber heller u. matter. Juv. düsterer gefärbt als Ad., Oberkopf grün. 11—12 cm. UAn. Inseln Upolu u. Savaii (Samoa). Vorwiegend Waldbewohner, Baumvogel, besucht einzeln od. paarweise während der Baumblüte auch Siedlungen. Nahrung Knospen, Blüten. Eingewöhnung mit gekeimtem Glanz, halbreifen Samen von Gräsern, Unkräutern, Eiweichfutter, Honigwasser, halbreifem Reis in den

ersten Tagen nach dem Fang. Selten gehandelt. Gute Bruteigenschaften.

— *A. kleinschmidti*, Kleinschmidts Papageiamadine, Schwarzstirn-Papageiamadine. ♂ u. ♀: Gesicht schwarz einschließl. Stirn u. Kinn. OS dunkelgrün, nur Bürzel, Oberschwanzdecken hellrot, Schwingen schwarzbraun mit grünen Säumen. Ohrregion grünlichgelb, ebenso Hals, US. Schwingen, Schwanz schwarzbraun. Auge dunkelbraun. Schnabel, Füße fleischfarben. Juv. blasser, Kopfmaske kleiner, US bräunlicholivfarben. 10 cm. Insel Viti Levu (Fidschi-Inseln). Bewohnt Bergwälder. Selten, im Red Data Book ↗. Ernährt sich wahrscheinl. viel von Früchten. Erstmalig 1914 nach Deutschland gekommen, möglicherweise seither nicht mehr.

— *A. papuana*, Papua-Papageiamadine. ♂ u. ♀: wie *A. trichroa*, aber größer, Schnabel kräftiger, blaue Gesichtsmaske ausgedehnter, reicht bis zum hinteren Scheitel. 14 cm. Gebirge Neuguineas. Erstmalig 1969 nach Europa gekommen. Eingewöhnung leicht, gut für Käfighaltung geeignet. Frischimporte ruhig, verträglich, hart. Ausdauernd. Sucht nur ungern den Boden auf. Nicht unter 10 °C halten. Frißt gern Grünes, bes. Vogelmiere, auch Grassamen, Glanz, Hirse ↗. Leicht zu züchten. H. STEITZ, BRD, zog mit 5 Paaren in 4 Jahren ca. 100 Junge.

— *A. prasina*, Pealepapageiamadine. ♂: Stirn, Scheitel, Kopfseiten kräftig rot, letztere vom Blau der Kehle durch schwarzen Streif getrennt. Hinterhals, Rücken, Flügel grün. Kinn, obere Kehle schwarz, Brust blau, Unterkörper grün. Schwanz kurz, mittl. Federn dunkelrot, übrige Federn schwärzlich mit roten Außenfahnen. Auge braun. Schnabel, Füße schwarz. ♀: gering blasser als ♂, mehr olivgrün getönt. Rot gering matter, weniger ausgedehnt. Juv. grasgrün, matter als Ad., zuweilen Oberkopf grün, Kehle, Wangen blaugrün, auch Oberkopf bläulich od. Federn von diesem rot gesäumt. 10 cm. Konspezies ↗ mit *A. cyaneovirens*? Mutante bekannt, bei der die roten Gefiederpartien gelb sind, angeblich sollen auch Vögel mit schwarzem Oberkopf vorkommen. Fidschi-Inseln. Bewohnt nach BREGULLA mit Gras, Gestrüpp u. Farn bestandenes Land, auch Bachufer mit lichtem Buschbestand. Sucht Nahrung nicht nur in Büschen, sondern auch auf dem Boden. Lebt auch auf Feldern, in Gärten u. Parks. Lagert während der Reifezeit von Reis u. Hirse ganztägig auf den Feldern, paarweise u. in Flügen unterwegs. Nester in Mangobäumen, in dichten Büschen. Erstmalig 1898 in Europa (Frankreich). Selten angeboten. Gegenüber niedrigen Temp.en unempfindlich, vertragen sogar wenige Tage Temp. um den Gefrierpunkt. Zucht nicht schwierig.

— *A. psittacea*, Rotkopf-Papageiamadine, Rotköpfige Papageiamadine. ♂: Stirn bis Scheitelmitte, Kopfseiten, Ohrregion, Kinn u. Kehle scharlachrot. Zügel schwärzlich (nicht immer). Schwingen bis auf die dunklen, grasgrünen Armschwingen, Handdecken u. Afterflügel schwarzbraun, außen grün. OS u. US grün, Oberschwanzdecken, hinterer Bürzel rot. Schwanzfedern schwarzbraun mit dunkelscharlachroten Außensäumen, mittl. Federnpaar zugespitzt. Schnabel schwarz. Auge dunkelbraun. Füße hornfarben. ♀: Rot des Kopfes gering matter, nicht so aus-

Amblynura

Rotkopf-Papageiamadine

gedehnt. US blasser. Juv. ohne Rot am Kopf od. nur vereinzelt rote Federn, übriges Gefieder matter. 12 cm. Neukaledonien. Lebt paarweise, nach der Brutzeit in kleinen Trupps in Graslandschaften, verwilderten Plantagen u. Büschen, an Waldrändern. Kam erstmalig 1873 nach Europa zu J. GEOFFROY de ST. HILAIRE in Paris, 1877 von JAMRACH nach England, dort noch 1877 von A. F. WIENER gezüchtet. Stets nur vereinzelt angeboten. Importe von Wildfängen selten. Angenehm, liebenswert, munter, friedlich, zutraulich. Während der Eingewöhnung brauchen Wildfänge viel Lebendfutter, gleichmäßige Temp. nicht unter 20 °C. Für den Käfig (Mindestlänge für 1 Paar 1,20 m) ganzjährig nicht geeignet (aber als Winterquartier), oft träge. Möglichst große Flugräume ↗ mit dicht ausgestatteten Ecken als Unterkunft verwenden. Nicht unter 18 °C halten. Zur Zucht paarweise Unterbringung. Geschlechtsfrage oft schwierig zu klären; die Balz des ♂ hilft dabei. Häufig werden Nistkästen (Wellensittichkasten im Hoch- od. Querformat, halboffener Nistkasten ↗, Harzer Bauer ↗) bezogen. Nest auch freistehend in dichten Büschen, dickwandig aus langen Halmen, Kokos-, Bast- und Aloefasern gebaut, kleine Einflugöffnung. Nestkontrollen werden meistens verübelt. Häufig Schachtelbruten.

— *A. regia*, Königspapageiamadine. ♂: Oberkopf bis Nacken rot. Rücken, Flügeldecken, Unterkörper blau. Schnabel kräftig, bauchig. ♀ wie ♂, aber blaues Gefieder mehr grün. Juv. haben Federn des Vorderscheitels mit roten Säumen, sonst Ad. sehr ähnl. 11 cm. UAn? Konspezies mit *A. cyaneovirens*? Neue Hebriden. Lebt im Bergland, vorwiegend von Früchten (wilde Feigen Hauptnahrung), Knospen, weniger von Samen, Insekten. Kommt bis zu 2000 m ü. NN vor. Untereinander kaum Kontakt. Eingewöhnung mit Wildfeigen od. eingeweichten, trockenen Feigen, Rosinen, konservierten süßen Früchten, 20 Mehlkäferlarven pro Vogel/Tag, mit gekeimtem Glanz, Weichfresserfutter (handelsübl. Mischung mit Ameisenpuppen) mit Honigwasser anfeuchten. Grünes erst später reichen, Körnerfutter findet keine Beachtung. Mit der Zeit mehr auf Körner umstellen, s. Estrildidae. Nach der Eingewöh-

Amblyornis

nung ausdauernd, hart. Volierenhaltung. Sehr selten angeboten. Mehrfach gezüchtet.
— *A. trichroa*, Dreifarbige Papageiamadine, Dreifarben-Papageiamadine. ♂: Vorderkopf, Wangen blau. Bürzel, Oberschwanzdecken, mittl. Schwanzfedern rot. Übriges Gefieder grün. Schnabel schwarz. Auge dunkelbraun. Füße hornfarben. ♀ wie ♂, aber Blau erstreckt sich nur bis zur Augenmitte, am Unterbauch häufig einige gelbbraune Federn. Juv. graugrün, Blau des Vorderkopfes weniger ausgedehnt. Vogel mit weißen od. elfenbeinfarbenen Federn als Schecke bereits gezüchtet. 12 cm. UAn. *A. t. cyaneifrons* (Blaustirnpapageiamadine), auf Insel Lifu (Loyalitäts-Inseln), Neue Hebriden, Gaua (Banks-Inseln). Kleinste UA der A, Blau der Stirn weit ausgedehnter als bei Nominatform ↗. Heimat der A Sulawesi, Maluku, Neuguinea, Inseln Sudest, Dampier; Vulkan-Inseln, Goodenough-Insel, Bismarck-Archipel, Küste von NO-Queensland (Australien), Inseln Guadalcanal (Salomonen), Gaua, Neue Hebriden, Loyalitäts-Inseln, Karolinen, Palau-Insel. In Gebirgswäldern, auch in der Ebene, selbst in Parks. UA *A. t. pelewensis* im Red Data Book ↗. Erstmalig 1866 in Deutschland, bereits wenig später gezüchtet. Brutfreudig. Während der Eingewöhnung Beunruhigungen unterlassen, tobt sofort, nachts Sparbeleuchtung. Volierenhaltung zu empfehlen, obwohl Zucht auch im großen Käfig gelang. Nicht unter 16 °C halten, auch wenn zeitweilig niedrigere Temp.en vertragen werden.
— *A. tricolor*, Blaugrüne Papageiamadine, Forbespapageiamadine. ♂: Stirn, Wangen u. US blau. Bürzel, Oberschwanzdecken u. Schwanz rot. Übriges Gefieder grün. Schnabel schwarz. Auge dunkelbraun. Füße bräunlich bis fleischfarben. ♀: insges. heller als ♂, bes. das Blau. Juv. OS schmutziggrün, US braungrün. 10 cm. Timor, Tenimber-Insel, Roma, Damar, Babar, Wetar. In Bergwäldern. 1958 kamen erstmalig wenige Vögel nach Europa (Holland). Sehr selten im Handel.

Amblyornis. G der Ptilonorhynchidae ↗. 4 An.
— *A. inornatus*, Hüttengärtner, Schopflaubenvogel, Schmuckloser Laubenvogel. ♂ u. ♀: oberseits dunkelbraun; unterseits hellbraun. 23—37 cm. NW-Neuguinea. In unteren Berglagen. ♂ baut großes, spitzes, bis 90 cm hohes Rundzelt aus Reisig, mit breitem niedrigem Eingang. Paarung im Zelt. Vor Eingang Moosbeet (bis 1 m²) mit bunten Früchten, Blüten u. Schneckenhäusern geschmückt.
— *A. macgregoriae*, Goldhaubengärtner. ♂ u. ♀: oberseits lebhaft olivbraun; unterseits gelbbraun. ♂ mit oft 10 cm hoher, quergestellter Haube aus tief orangegelben Scheitelfedern. 25 cm. M- u. O-Neuguinea. Gebirgsgegenden. ♂ baut keine Zweighütte. Mit niedrigem Wall umgebener Laubenplatz mit geschmücktem Mittelpfeiler.
— *A. subalaris*, Rothaubengärtner, Kurzschopf-Laubenvogel. ♂ u. ♀: oberseits dunkelbraun; unterseits hellbraun, weiß gesperbert. Schwanz braun. 23 cm. SO-Neuguinea. Gebirge.

Amblyospiza, Dickschnabelweber. G der Amblyospizinae ↗. 1A, 10 UAn. Seit Anfang des 20. Jh. auf dem Vogelmarkt, selten angeboten. Nur für Voliere zu empfehlen. Ausstattung mit hohen Gräsern. Frostfreie Überwinterung. Futter Hirse, Glanz, Keim-, Weichfutter, Insekten wie Ploceidae ↗. Nest freistehend in Büschen, hohem Gras. Schlupf nach 13—14 Tagen. Aufzuchtfutter reichl. Insekten. Juv. fliegen nach ca. 20 Tagen aus.
— *A. albifrons*, Weißstirnweber. ♂: Kopf, Nacken schwarzbraun od. kastanienbraun. Rücken, Flügel, Schwanz schwarzbraun od. grauschwarz. Brust schwarzbraun, sonst rotbräunlich, gelblichweiße Wellenzeichnung an Flanken u. auf Unterschwanzdecken. Am auffälligsten weiße Stirn u. weiße Flekken an den Handschwingen. Schnabel kräftig, blauschwarz od. schwarzbraun. Auge hellbraun. ♀: OS dunkelbraun, US weiß, dunkelbraun längsgestreift. 18 cm.

Amblyospizinae, Dickschnabelweber. UF der Ploceidae ↗. 1 G. Von Sierra Leone bis Äthiopien, Angola, N-Botswana bis Natal, Transkei, O-Kapprovinz. Bewohnen mit Hochgräsern bestandene Sümpfe, Schilf, Papyruswildnis. Gesellig. Nahrung Samen, Beeren, Früchte, Insekten. Koloniebrüter, Nestterritorium klein. Nest kugelig, kunstvoll zwischen Halmen, seitl. Einschlupföffnung, bei einigen UAn mit Dach.

Amblyramphus. G der Icterinae ↗. 1 A. N-Brasilien bis Paraguay, Argentinien, Uruguay. Lebt im offenen, feuchten od. sumpfigen Gelände, an vegetationsreichen Flußufern, im Röhricht. Nest im Schilf. Pflege s. *Cyrtotes*, im Winter vorzugsweise Samen, auch geschälten Hafer, Mais, Reis. Vor der Mauser ↗ Canthaxanthin zur Erhaltung der roten Gefiederfarbe dem Weichfutter od. Trinkwasser zusetzen. Möglichst große, mit Schilf u. Rohr ausgestattete Gartenvoliere bieten, warme Überwinterung. Nur mit größeren Vögeln gemeinsam unterbringen, bei Zuchtabsichten Paar allein halten.
— *A. holosericeus*, Rotkopfstärling. ♂: Kopf, Nakken, ebenso Kinn, Kehle, Brust scharlachrot, übriges Gefieder schwarz. ♀ wie ♂, angebl. kleiner. 24 cm. Gesang flötend mit Triller-, Pfeiftönen.

Amboina-Königssittich, UA → Amboinasittich
Amboina-Rotlori *(Eos bornea)* → *Eos*
Amboinasittich *(Alisterus amboinensis)* → *Alisterus*
Ameisen. Beim Sammeln Naturschutzbestimmungen unbedingt beachten.
Ameisentangaren, NN → *Habia*
Ameisenvögel → Formicariidae
Amerikanerkrähe *(Corvus brachyrhynchos)* → *Corvus*
Amerikanische Pfeifente *(Mareca americana)* → *Mareca*
Amerikanischer Nimmersatt *(Mycteria americana)* → *Mycteria*
Amerikanischer Schlangenhalsvogel *(Anhinga anhinga)* → *Anhinga*
Amerikanischer Uhu *(Bubo virginianus)* → *Bubo*
Amerikanischer Waldstorch *(Mycteria americana)* → *Mycteria*
Amerikanisches Bleßhuhn, NN → Indianerbleßralle
Amerikanische Wald-Erdtauben → *Geotrygon*

Amerika-Sultanshuhn, NN → Zwergsultansralle
Amethystglanzköpfchen *(Chalcomitra amethystina)* → *Chalcomitra*
Amethystglanzstar *(Cinnyricinclus leucogaster)* → *Cinnyricinclus*
Amethystkehliger fliegender Delphin *(Heliodoxa schreibersii)* → *Heliodoxa*
Amethystkolibri *(Calliphlox amethystina)* → *Calliphlox*
Amethystohr *(Colibri serrirostris)* → *Colibri*
Amherstfasan *(Chrysolophus amherstiae)* → *Chrysolophus*
Ammenvögel. Sammelbegriff für Vögel, die Eier von Vögeln anderer An ausbrüten u. auch deren Juv. aufziehen. Einsatz von A. bei der Vermehrung von Vögeln seltener An, bevorzugt angewendet bei der Zucht von Tauben- ↗, Papageien- ↗, Hühner- ↗, Entenvögeln ↗, Prachtfinken ↗. A. sollten nur in Ausnahmefällen Verwendung finden. 2 Gefahren: keine natürl. Auslese, folglich Nachkommenschaft mit möglichen Degenerationserscheinungen (z. B. fehlender Bruttrieb) u. Prägung der Juv. auf Ammeneltern, z. B. beim Zebrafinken ↗ am 50. Lebenstag abgeschlossen (keine od. nur sehr schwere Verpaarung mit arteigenen Vögeln), trifft für die Prachtfinken zu, wird für Taubenvögel verneint.
Ammenzucht. Methode der Züchtung, bei der Eier od. geschlüpfte Jungvögel von den eigentl. Elterntieren entfernt u. zuverlässig brütenden An untergelegt werden, damit diese die weitere Brut u. Aufzucht übernehmen. Von vielen Züchtern, Vereinen u. Organisationen abgelehnt, da nicht der Natur entsprechend. Bei vielen An sind die so aufgezogenen Jungvögel auf ihre Stiefeltern geprägt, was in vielen Fällen nicht mehr rückgängig gemacht werden kann. Diese Jungvögel eignen sich später nur noch bedingt zur Weiterzucht. A. ist auf allen Gebieten der Vogelhaltung schon praktiziert.
Ammern → Emberizidae
Ammertangaren → Thraupidae
Ammerweber → *Ploceus*
Amoropsittaca. G der Aratingidae ↗, UF Forpinae ↗. 1 A. Früher zu *Bolborhynchus* ↗ gehörend. Heimat Bolivien bis we. Argentinien u. nö. Chile (?). Bevorzugt Buschland in trockenen Zonen u. Bäume im Bereich von Häusern u. Dörfern in Landwirtschaftsgebieten zwischen 1 800 u. 3 000 m ü. NN, kleinere Gruppen auch in höheren od. niedrigeren Lagen, in letzterer Höhe vor allem an den argentinischen Andenhängen. Erscheint nicht auf der Hochebene. Recht häufig. Population im wesentl. stabil. Schädlinge am frischen Mais, werden dort von Indios gefangen. Brüten in Fels- u. selbstgegrabenen Höhlen (Gang 2 m, Brutkammer ⌀ 30 cm), auch in hohen Kakteen. Erstmalig 1959 in England, 1961 in der BRD. Während der Eingewöhnung hinfällig, dann ausdauernd (Dr. BURKARD ↗). Lieblicher Volierenvogel, brütet bei Dr. BURKARD in Gesellschaftsvoliere. Benötigen Schlafkasten. Frostfreie Überwinterung. Stimme angenehm, Gesang plaudernd. Futter: Körnerfutter → *Forpus*, Kolbenhirse wird nicht gefressen, aber unbedingt Kanarienvogel-Mischung reichen, geriebene Karotten, Obst, Vogelmiere, Salat u. frische Zweige von Weichhölzern (Holunder) bie-

ten. Zur Zucht künstl. Lehmwand zum Selbstgraben der Höhle anlegen, zuweilen wird auch geräumiger Nistkasten mit hoher Torfschicht angenommen, auch Kiste mit Lehm-Torf-Gemisch zum Selbstgraben. Gelege bis zu 10 Eiern. Juv. schlüpfen nach 20 Tagen. Kontrollen werden nicht verübelt. Nestlinge fliegen nach 6 Wochen aus.

Aymarasittich

— *A. aymara,* Aymarasittich. ♂: grün, Stirn u. Ohrdecken dunkel braungrau, ebenso Scheitel. Wangen hellgrau, gleichfalls Kehle, Halsseiten u. Oberbrust. Schwanz lang. Schnabel hornfarben mit rosafarbenem Anflug. Auge braun. Füße braun. ♀ ähnl. ♂, Scheitel etwas heller grau, Oberbrust nicht so silbriggrau, Schnabel gering dunkler, gleichfalls Füße. 20 cm.
Ampeliceps. G der Sturnidae ↗. 1 A. Von NO-Indien, Bangladesh bis Thailand, Indochina. Bewohnen in kleinen Flügen, auch paarweise, Wälder, bes. Dickichte, auch in lichten Waldungen. Nahrung Insekten, Beeren. Nest in Baumhöhlen. Erstmalig 1905 in Europa (Berliner Zoo), seither nur sporadisch u. in wenigen Exempl. im Handel. Im großen Käfig untergebracht, werden Einzelvögel bald zahm. Bei Haltung in Gartenvoliere im Winter warm unterbringen. Pflege wie *Gracula,* Sturnidae.
— *A. coronatus,* Kronenatzel. ♂: Oberkopf, Zügel, vordere Wange goldgelb, sonst schwarz, metallisch purpurn glänzend. OS grünlichschwarz, Flügel z. T. purpurn schimmernd mit weißlichgelben Flecken. US schwärzlichgrau. Schnabel orange. Auge dunkelbraun, gelblichorangener Hautring. Füße dunkelorange. ♀ ähnlich. ♂, etwas zierlicher. Juv. Kopf schwarz, wenig Gelb an der Kehle. 22 cm.
Amphibia, Amphibien, Lurche. Während die Schwanzlurche keine Rolle in der Vogelernährung

Amphibien

46

Kronenatzel

spielen, werden Froschlurche (Frösche) als Futtertiere von Wasservögeln gern verzehrt. Auch die im Wasser lebenden Entwicklungsstadien der Froschlurche, Kaulquappen genannt, als Nahrung vor allem bei der Aufzucht von Tauchenten verwendet.

Amphibien → Amphibia

Amputation. Abtrennung eines endständigen Körperteils. Beim Geflügel Methode zur Erzielung der Flugunfähigkeit ↗ durch A. der Handschwinge.

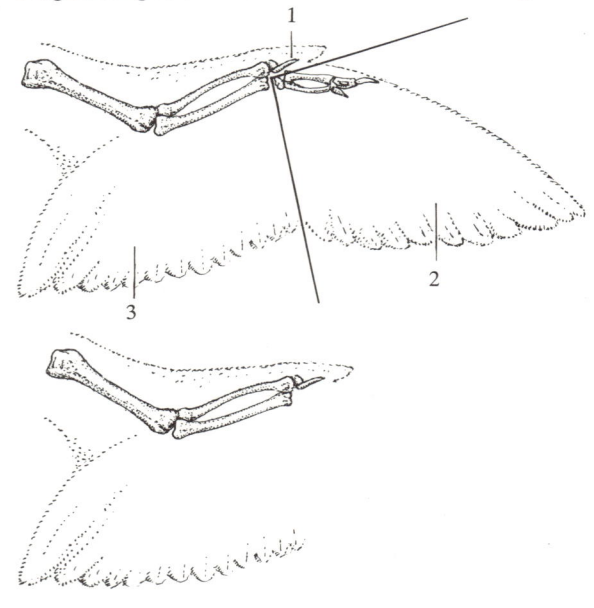

Schnittführung zur Beseitigung der Flugfähigkeit. 1 Daumen (bleibt stehen), 2 Handschwingen (werden entfernt), 3 Armschwingen (bleiben stehen)

Amsel (*Merula merula*) → *Merula*
Anambraastrild (*Estrilda poliopareia*) → *Estrilda*
Anaplectes, Scharlachweber. G der Ploceinae ↗. 1 A. Senegal bis Äthiopien, Angola bis M-Transvaal. Leben in lichten Wäldern, Plantagen. Ernährung vorwiegend von Insekten, auch Früchten, vor allem Feigen. Nest aus versch. Fasern hängt an Zweigenden. Einschlupfröhre bis 18 cm lang. Gelege 2—3 glänzende, hellblaue Eier. Selten importiert, während der Eingewöhnung bes. wärmebedürftig, nicht unter 22°C. Auch später nur in großer Vogelvitrine ↗ od. Zimmervoliere ↗ halten. Dichte Bepflanzung! Anfangs scheu, allgemein friedlich. Futter reichl. Insekten, Weichfutter, Früchte, Beeren s. Ploceidae.
— *A. rubriceps*, Scharlachweber. ♂: Vom Schnabel bis Nacken u. Brust rot, ebenso Schwingen u. Schwanzsäume. Kopfseiten, Kinn schwarz. Übrige OS braungrau, Flügeldecken weiß gesäumt. Kein Wechsel zwischen BK u. RK. Schnabel rot. Auge dunkelbraun. Füße braungrau. ♀: OS grau, ebenso Brust, Bauch weiß. Schwingen u. Schwanzfedern rot gesäumt. Juv. gelblich. Juv. ♂♂ orangegelb. 15 cm.

Anas. G der Anatidae ↗, UF Anatinae ↗. 9 An.
— *A. laysanensis*, Laysanente. ♂ u. ♀: dunkelbraun mit hellen Federsäumen. Kopf schwarzbraun. Augenumgebung weiß. Weiß beim ♀ ausgedehnter, oft bis zum Hinterkopf reichend. ♂ meist nur mit weißem Augenring. Spiegel grün, schwarz u. weiß eingefaßt. Schnabel grau. Füße orangefarben. 40 cm. Insel Laysan im Stillen Ozean. In 1. Hälfte des 20. Jh. fast ausgerottet. Inzwischen durch Schutzmaßnahmen Bestand gesichert. Bewohnt pflanzenbewachsene Gewässerufer. Nahrung besteht aus Pflanzenteilen u. Raupen. Selten gehalten. Unterbringung in Kleinanlagen. Geht nachts auf Nahrungssuche u. entweicht dabei häufig od. wird von Raubtieren geschlagen. Nester in Vegetation versteckt. ♀ bebrütet Gelege mit 5—6 Eiern 26—28 Tage. Relativ winterhart. Zucht nicht problematisch.
— *A. luzonica*, Philippinenente. ♂ u. ♀: annähernd gleichgefärbt. Gefieder einfarbig graubraun. Kopf zimtbraun mit dunkelbrauner Kopfplatte u. ebensolchem Augenstreif. Grüner, schwarz u. weiß eingefaßter Flügelspiegel. Schnabel blaugrau mit schwarzem Nagel. Füße braun. Jahreskleid. 55 cm. Schlanker als Stockente. Kommt ausschließl. auf Philippinen vor. Besiedelt Seen, Teiche, Flüsse, u. überschwemmte Reisfelder. Brutzeit April—November. Nest mit 7—12 Eiern in Bodenvegetation. Freilandpopulation nicht bestandsgefährdet, aber duch Zivilisation rückläufig. In Wassergeflügelhaltung wenig verbr., obwohl robust u. relativ winterhart. Keine bes. Ansprüche an Nahrung u. Unterbringung. Wegen großer Bastardierungsneigung Haltung in Einzelgehegen empfehlenswert. Unter Menschenobhut nicht sehr brutfreudig. Brutdauer 25—27 Tage.
— *A. platyrhynchos*, Stockente. ♂: Kopf u. Hals flaschengrün, weißer Halsring. Brust braun, Rücken, Flanken u. Bauch grau mit feiner Wellung. Spiegel blau mit weißer u. schwarzer Einfassung. Einige Schwanzdecken nach oben eingerollt. (Erpelfedern). Schnabel gelbgrün. Füße orangerot. Im RK während des Sommers wie dunkles ♀. ♀: braun mit hellen Federsäumen. Dunkler Augenstreif. Spiegel wie

Brütende Stockente

beim ♂. Schnabel rotbraun. Füße orangerot. 58 cm. Verbr. Brutvogel in weiten Teilen Europas, Asiens sowie des nö. u. mittl. N-Amerikas. Überwintert in sü. Gebieten des Brutgebietes. In Neuseeland durch den Menschen verbr. u. dort mit *A. superciliosa* z. T. vermischt. Große Anpassungsfähigkeit an Lebensraum, besiedelt alle Gewässer von Meeresküste bis Bergsee. Nahrung vorwiegend pflanzlich. Balz u. Paarbildung beginnen im Herbst u. dauern bis zum Frühjahr an. Nester meist in Ufervegetation. Ab Ende März Gelege mit 7–13 Eiern, die 24–28 Tage bebrütet werden. Nestbau, Brut u. Juv.-Aufzucht ausschließl. durch das ♀. Juv. mit 7–8 Wochen flugfähig. Nach einem Jahr geschlechtsreif. Im Winter oft Massenansammlungen auf offenen Gewässern. Da verbr. Wildvogel, selten in Anlagen gehalten. Oft halbzahm auf Parkgewässern. Stammform der meisten Hausentenrassen. ♀♀ gut als Ammen geeignet. ♂♂ versuchen im Frühjahr heftig ♀♀ anderer An zu begatten. Bastardierungsneigung zu allen An der G sehr groß.
— *A. poecilorhyncha*, Fleckenschnabelente. ♂ u. etwas kleineres ♀ gleichgefärbt. Kopf mit schwarzbraunem Scheitel u. Augenstreif, sonst Kopf u. Hals bräunlichgrau. Körpergefieder braungrau mit breiten hellen Säumen. Spiegel grün. 2 Armschwingen reinweiß. Schnabel schwarz mit gelber Spitze. Am Schnabelgrund 2 rote Flecke, die oft beim ♂ ausgedehnter

Landende Stockente

sind. Füße orangerot. Jahreskleid. 60 cm. 2 UAn. In Indien, China, O-Sibirien, Korea u. Japan verbr. In O-Asien so häufig wie Stockente in Europa. Bewohnt verschilfte Teiche, Sumpfniederungen, überschwemmte Wiesen u. Felder. Ernährt sich von versch. Wasserpflanzen u. Reis. In Japan halbzahm auf Parkteichen. Je nach Brutgebiet Stand-, Strichod. Zugvogel. Brutzeit Mai–Dezember, abhängig vom Nahrungsangebot. Nester in Wassernähe, in Bodenvegetation versteckt. 8–14 Eier, die 26–28 Tage bebrütet werden. Trotz tropischer Herkunft robust, anspruchslos u. winterhart im Gehege. Leicht züchtbar, aber mit extremer Bastardierungsneigung mit der Stockente u. anderen Vertretern der G. Deswegen reine Fleckschnabelenten selten. Häufig dagegen freifliegende Mischpopulationen aus Stock- u. Fleckschnabelenten.
— *A. superciliosa*, Augenbrauenente. ♂ u. ♀: Kopf mit schwarzbraunem Scheitel u. ebensolchem, hellgesäumten Augenstreif. Körpergefieder braun mit hellen Säumen. Flügelspiegel grün. Jahreskleid. Schnabel grau. Füße grünlich mit schwarzen Schwimmhäuten. 57 cm. 3 UAn. Geschlechter an Stimme unterscheidbar. Verbr.-Gebiet Indonesien, Australien, Neuseeland u. einige benachbarte Inseln. In Neuseeland mit durch den Menschen verbr. *A. platyrhynchos* vermischt. Bewohnt Küstenlagunen, flache Seen, Flußniederungen u. Überschwemmungsgebiete. Im Verbr.-Gebiet häufiger Entenvogel, der außerhalb der Brutzeit in großen Scharen auftritt. Von Juli–September Nester mit 6–12 Eiern in Bodenvegetation. Brutzeit 26–28 Tage. Juv. sind mit 7–8 Wochen flugfähig. Nahrung ist meist pflanzlich, aber auch Kleinlebewesen werden aufgenommen. Im Gehege robust u. winterhart. Leicht züchtbar. Starke Bastardierungsneigung zu verwandten An. UAn unter Menschenobhut vermischt.
— *A. undulata*, Gelbschnabelente. ♂: Kopf dunkelgrau, Kleingefieder graubraun mit breiten hellen Federsäumen. Dunkelgrüner, schwarz u. weiß eingefaßter Flügelspiegel. Schnabel leuchtend gelb mit ovalem schwarzem Fleck auf dem First u. schwarzem Nagel. Füße braun u. schwärzlich. Jahreskleid. ♀ wie ♂, aber kleiner. 52–56 cm. 2 UAn. Äthiopien u. Afrika sü. der Sahara. In sü. Teilen Afrikas häufig. Bewohnt ganzjährig Flußläufe, deren Mündungs- u. Überschwemmungsgebiete. In den örtl. unterschiedl. Regenzeiten kommt es zur Brut. Nester in Ufervegetation. 7–12 Eier werden 27–29 Tage bebrütet. Jungtiere mit 10–11 Wochen flugfähig. Schnabelzeichnung dann wie bei Ad. Nahrung vorwiegend pflanzlich. Im Gehege, obwohl robust u. winterhart, nicht häufig gehalten. ♂♂ während der Brutzeit oft aggressiv. Paare halten ganzjährig zusammen, trotzdem werden ♀♀ von ♂♂ anderer An getreten u. aus ihren Eiern wachsen Mischlinge auf. Die Aufzucht der Juv. bereitet keine Schwierigkeiten.

Anastomus. G der Ciconiidae ↗. 2 An.
— *A. lamelligerus*, Mohrenklaffschnabel, Afrikanischer Klaffschnabel, Schwarzer Klaffschnabel. ♂ u.

Anatidae

Sonnender Afrikanischer oder Schwarzer Klaffschnabel. Der linke Flügel ist kupiert.

♀: schwarzbraun. Langer, kräftiger Schnabel, zwischen Basis u. Spitze sich nicht berührend, sondern auseinanderklaffend. Lackschwarze Hornplättchen an Federenden an Kopf, Hals u. US. Juv. noch mit geradem, geschlossenem Schnabel. 72—90 cm. UAn. Äthiopis (ohne Waldgebiete u. S); Madagaskar. In Sümpfen, Marschen, Überflutungsgebieten, an langsam fließenden Gewässern. Standvogel. Hauptnahrung gedeckelte Wasserschnecken; auch Fische, Frösche, Kleinsäuger u. Aas. In Gruppen manchmal leise krächzende Töne, klappert auch mit Schnabel. — *A. oscitans,* Silberklaffschnabel, Indischer Klaffschnabel, Weißer Klaffschnabel. ♂ u. ♀: weiß; Schwingen u. Schwanz grünschwarz. Schnabel grünlich, in Mitte auseinanderklaffend. Füße rot. 70 bis 80 cm. Indien bis Indochina. Nahrung Muscheln, Schnecken, Fische, Amphibien, Reptilien, Würmer. Brütet kolonieweise in Bäumen od. Büschen.

Anatidae, Entenartige. F der Anatiformes ↗. 7 UFn (Dendrocygninae ↗, Stictonettinae, Anserinae ↗, Cereopsinae ↗, Tadorninae ↗, Plactropterinae, Anatinae ↗), 72 Gn, 155 An. Mittelgroß bis sehr groß, flugfähig. Körperlänge zwischen 32 u. 150 cm. Gefieder ein- od. mehrfarbig, bei ♂♂ mancher An auffallend bunt. ♂ u. ♀ gleich od. unterschiedl. gefärbt. Meist breiter, vorn abgerundeter Schnabel mit seitl. Hornlamellen. Zwischen den Zehen Schwimmhäute. Meist gute Schwimmer, einige An tauchen. ♂♂ einiger An mit ♀ farbigem RK. Bewohner aller Kontinente außer Antarktis. Nordische An sind Zugvögel. Leben unter verschiedensten klimatischen Bedingungen (tropischer Urwald bis Arktis), fast stets jedoch an od. auf Meeres- od. Binnengewässern. Nahrung unterschiedl. pflanzl. od. tierischer Herkunft im u. am Wasser. Viele An sieben Wasser u. Schlamm durch Hornlamellen des Schnabels u. halten Nahrungspartikel zurück. Kleingefieder wird jährl. 2mal gemausert. Alle Schwingen fallen fast gleichzeitig aus; in dieser Zeit mehrere Wochen flugunfähig. Nester meist am Boden in Wassernähe, seltener in Baum- od. Erdhöhlen, mit ausgerupften Dunen ausgelegt. Gelege 3—15 Eier. Eier weiß od. einfarbig ohne Zeichnung. Brutdauer zwischen 23 u. 37 Tagen. Nur bei ganz wenigen An brütet ♂ mit. Aufzucht der Jungen von beiden Eltern od. nur vom ♀. Junge Nestflüchter mit dichtem Dunenkleid. Schwimmen u. fressen wenige Stunden nach Schlupf. Sehr anpassungsfähige F. Deswegen leicht zu halten u. meist über viele Generationen gezüchtet. Einige Gn ausgesprochen langlebig. Tagaktive, bewegliche Vögel, die bes. in kleineren Anlagen recht vertraut werden können. Große An verteidigen Brutrevier auch gegen Menschen. Haltung meist flugunfähig auf offenen Wasserflächen mit angrenzendem Landteil. Auch Volierenhaltung bei kleinen od. seltenen An möglich, wenn dort ausreichend Wasser vorhanden. Die meisten Vertreter lassen sich gut miteinander vergesellschaften. Nur bei einigen Formen paarweise Haltung notwendig. Haltung im Freiflug nicht zu empfehlen, da stets Verluste od. Faunenverfälschung. Überwinterung der meisten An im Freien bei teilweise offener Wasserfläche am günstigsten. Einige tropische Vertreter in frostfreien Räumen mit Auslauf u. Bademöglichkeit überwintern. Dauer des Aufenthaltes in geschlossenen Räumen so kurz wie möglich halten. Eingewöhnung unproblematisch, da Vögel meist aus Gehegezuchten stammen. Zur Paarbildung Partner in Einzelgehegen halten. Erst nach erfolgter Verpaarung auf Gemeinschaftsanlage setzen. Als Futter ist pelletiertes handelsübl. Alleinfutter, das trocken od. angefeuchtet gereicht werden kann, am verbreitetsten. Auch Körnermischungen aus Weizen, Gerste, gequetschtem Mais u. Hirse sind zur Fütterung geeignet. Für viele Vertreter ist Grünfutter von großer Bedeutung. Vögel einiger An weiden gern kurze Gräser, andere nehmen mit Vorliebe Wasserlinsen. Bei einigen Formen ist eine zusätzl. Fütterung mit Garnelen od. Fisch notwendig. Zucht, von Ausnahmen abgesehen, nicht schwierig. Läßt man die Vögel selbst brüten u. die Jungen führen, ist sie mit Ausnahme der sehr großen An stets verlustreich. Das Ausbrüten durch Hühnerglucken od. in geeigneten Brutschränken u. die anschl. Aufzucht unter elektrischen Wärmequellen sind am verbreitetsten. Hausenten können als Ammen verwendet werden. Als Aufzuchtfutter dienen spez. für Jungtiere hergestellte pelletierte Fertigfuttermittel (Starterpellets), die je nach A durch Grünfutter od. tierisches Eiweiß ergänzt werden. Viele Vertreter dieser F haben im Gehege eine ausgeprägte Bastardierungsneigung, die selbst bei jahrelang verpaarten Vögeln plötzlich auftreten kann. Aus unterschiedl. Gründen sind einige An u. UAn in Freiheit bestandsgefährdet. Des-

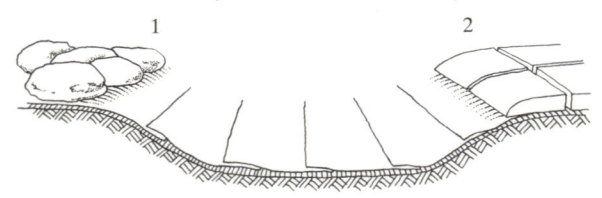

Einfacher Teich aus Dachpappe (Schnitt). 1 Teichkrone aus Natursteinen, 2 Teichkrone aus Betonplatten

wegen wurden 18 Formen in die Listen des Washingtoner Artenschutzübereinkommen ↗ aufgenommen. Bei mehreren An konnten die Wildbestände durch Rückführung von Vögeln aus Gehegezuchten erhalten bzw. vergrößert werden.

Anatiformes, Entenvögel. O der Aves ↗. Fn Anseranatidae u. Anatidae ↗. 73 Gn, 156 An.

Anatinae, Enten. UF der Anatidae ↗. 48 Gn, 105 An.

Andamanen-Bartsittich, UA → Bartsittich

Andamanenstar *(Temenuchus e. andamensis)* → *Temenuchus*

Andenamazilie *(Amazilia franciae)* → *Amazilia*

Andenbartvogel *(Eubucco bourcierii)* → *Eubucco*

Anden-Felsensittich, UA → Felsensittich

Andenflamingo *(Phoenicopterus andinus)* → *Phoenicopterus*

Andengans *(Chloephaga melanoptera)* → *Chloephaga*

Andenkauz *(Glaucidium jardinii)* → *Glaucidium*

Andenklippenvogel *(Rupicola peruviana)* → *Rupicola*

Andenkolibri *(Oreotrochilus estella)* → *Oreotrochilus*

Andensittich *(Bolborhynchus orbygnesius)* → *Bolborhynchus*

Anden-Sperlingskauz *(Glaucidium jardinii)* → *Glaucidium*

Andigena. G der Ramphastidae ↗. 4 An. ♂ wie ♀. Schnabel mit scharfkantigem First. In Wäldern der subtropischen u. gemäßigten Berglagen.

— *A. cucullata*, Schwarzkopftukan, Schwarzkehl-Blautukan. ♂ u. ♀: Oberkopf, Nacken u. Kehle schwarz. Rücken u. Flügel gelblicholivgrün. Schwanz u. Bürzel gelbgrün, US graublau, graublaues Nackenband. Unterschwanzdecken rot. Schnabel gelb. mit schwarzer Spitze u. länglichem schwarzen Fleck an Wurzel des Unterschnabels. 43 cm. O-Peru bis N-Bolivien. In gemäßigten feuchten Zonen der Anden.

— *A. hypoglauca*, Blautukan, Gelbbürzel-Blautukan. ♂ u. ♀: Oberkopf u. Nacken schwarz. Flügel u. Rücken grünlich rotbraun. Schwanz schwarz mit braunen Spitzen an mittl. Federn. Bürzel gelb. US u. Kehle sowie Nackenband blau. Unterschwanzdecken rot. Oberschnabel an Wurzel gelb mit schwarzem Fleck, an Spitze u. First rot, Unterschnabel ebenso, nur Spitze schwarz. 43 cm. UAn. Kolumbien bis O-Peru. In gemäßigtem feuchten Gürtel des zentralen Andengebietes.

— *A. laminirostris*, Leistenschnabeltukan, Blattschnabelblautukan. ♂ u. ♀: Nacken u. Kopfplatte schwarz. Rücken u. Flügel goldbraun, goldgelbe Flanken. Braunrote Schenkel. Schwanz schwarz mit braunen Spitzen an mittl. Federn. Gelber Bürzel. Roter Unterschwanz. Bauch zart blau. Schwarzer Schnabel mit kalkweißer Platte u. rotem Wurzelband. Augenfeld blau, durch gelbes Band von blauen Wangen abgegrenzt. 43 cm. SW-Kolumbien bis W-Ekuador. In subtropischen u. gemäßigten Zonen der Anden.

— *A. nigrirostris*, Schwarzschnabeltukan. ♂ u. ♀: kürzerer, kleinerer Schnabel, grauschwarz. Oberkopf u. Nacken schwarz, Rücken u. Flügel dunkelolivgrün. Schwanz schwarz, mittl. Federn mit braunen

Anhimidae

49

Spitzen. Wangen u. Kehle weiß. Bürzel gelb. Unterschwanzdecken rot. Bauch bläulichweiß. Augenfeld blau. 43 cm. UAn. NW-Venezuela u. Kolumbien bis NO-Ekuador. In Gebirgswäldern.

Angolagirlitz *(Ochrospiza atrogularis)* → *Ochrospiza*

Angola-Lachtaube, NN → Brillentaube

Angolapitta *(Pitta angolensis)* → *Pitta*

Angola-Schmetterlingsfink *(Uraeginthus angolensis)* → *Uraeginthus*

Angola-Schwarzbäckchen → Gelbbauchastrild

Anhima. G der Anhimidae ↗. 1 A. Kolumbien bis N-Argentinien, Mato Grosso u. São Paulo. In feuchten Wäldern des Amazonasgebietes. 2 Eier.

— *A. cornuta*, Hornwehrvogel. ♂ u. ♀: schwarzbraun mit blaugrünem Schimmer, hellerem Oberkopf. Brust grau u. schwarz gewellt. Bauch weiß. Bis 15 cm langer, dünner, nach vorn geneigter Hornsporn auf Stirn. 85 cm.

Anhimidae, Wehrvögel. F der Anhimiformes ↗. 2 Gn, *Anhima* ↗, *Chauna* ↗, 3 An. Bis 90 cm. Körpermasse bis 3 kg. Putenartig wirkende, langbeinige Vögel mit 2 kräftigen, bis 5 cm langen Sporen an jedem Flügelgelenk. ♂ wie ♀. Zwischen langen Zehen nur schmale Schwimmhautreste. Kopf u. Hals mit kurzen, weichen, dunigen Federn; dichter Dunenpelz unterm Deckgefieder. Federn gleichmäßig, nicht mit Fluren u. Rainen über Haut verteilt. Hühnerschnabel. Alle Knochen, selbst Wirbel, lufthaltig; Hautluftsäcke, daher gute Flieger u. Segler. ♂ ♂ fehlt Begattungsorgan. S-Amerika. In Sumpfgebieten u. feuchtem Grasland. Leben teils solitär, teils paarweise, niemals sozial. Laute trompetende Rufe. Nahrung Pflanzenteile. Umfangreiches flaches Bodennest (bis 1 m Durchmesser) aus Schilf u. Binsen in Sümpfen. Beide Partner brüten abwechselnd. 2–6 weiße ungefleckte Eier (83 × 55 mm; 110 g). Brutdauer 42–44 Tage. Nestflüchter mit gelbbraunem Dunenkleid; gänseküikenähnl. Alle An gut zu halten. In Tiergärten häufig. Auf großen Freianlagen, Wiesen mit Gewässern. Im Winter in temperierte Räume. Fütterung mit gekochtem Mais u. Reis, gekochtem Fleisch, rohem Herz, Würmer. Auch Reis mit Mahlfleisch, Hartei u. Mehlwürmern ↗ gemischt. Weichfutter od. weichgekochte Nudeln mit Fleischstückchen, Insekten od. Insektenschrot. Zur Abwechslung auch mal Fischstückchen. Für Juv. Weichfutter mit Weizenkeimflocken u. Salat. Zucht mehrfach gelungen: *Chauna chavaria* ↗ 1961 im Zoo Buenos Aires (Argentinien); 1963 Zoo Tampa (USA); *Chauna torquata* ↗: Europ. Erstzucht: 1904 Zoo London, weiterhin 1960, 1963, 1966 Buenos Aires; 1962–1964 Zoo Washington; 1963 Zoo Zürich; 1964/66 Slimbridge (Großbritannien). Im Mai 1941 ein Brutversuch im Zoo Dresden, dabei 4 Eier unbefruchtet. Legeintervall von 2 Tagen. Elternvögel sehr aggressiv gegen andere Vögel u. Menschen; mit emuähnl. Trommeln, Fauchen u. Geschrei. Im Zoo Zürich vergesellschaftet mit Störchen, Reihern, Gänsen, Enten, flugfähig auf Teichinsel gehalten. Gebrütet auf

Anhimiformes

einem zu großen Horst verbreitertem Nonnengansnest im August. 5 Eier. Juv. schwammen bereits am 4. Tag mit Eltern an Land.

Anhimiformes, Wehrvögel. 1 F Anhimidae ↗, 2 Gn, 3 An. S-Amerika.

Weißwangen-Wehrvogel

Anhinga. G der Anhingidae ↗. 2 An.
— *A. anhinga,* Anhinga, Amerikanischer Schlangenhalsvogel. ♂ u. ♀: schwarzgrünglänzend mit breitem silberweiß gestreiften Band über Flügel. Weiße Strichelung auf Schultern u. oberen Flügeln. ♀ hellerer Hals. ♂ vor Brutzeit gelber Schnabel, smaragdgrünes Gesicht. Orangefarbene Kehle. Juv. ähnl., aber ohne weiße Zeichnung. Kopf, Hals graubraun. 85 cm. Masse bis 1 kg. Sü. N-Amerika bis N-Argentinien.
— *A. rufa,* Schlangenhalsvogel. ♂ u. ♀: rostfarbener Kopf u. Hals, seitl. mit weißem Längsstrich. ♀ u. Juv. mit fahlbraunem Hals. 90 cm. UAn. Äthiopis, Madagaskar, S-Irak, Indien u. Sri Lanka bis Java, Kalimantan, Philippinen u. Sulawesi, Neuguinea, Australien.

Anhingidae, Schlangenhalsvögel. F der Pelecaniformes ↗. 1 G *Anhinga* ↗, 2 An. Verwandte der Kormorane. 80—90 cm. Schwarzes grünglänzendes Gefieder. Schwanzfedern dunkel quergewellt. ♀ durch helleren Hals unterscheidbar. Sehr schlank, mit langem dünnen Hals u. reiherartigem Dolchschnabel. Sü. N-Amerika bis N-Argentinien, Äthiopis, Madagaskar, SO-Asien, Australien, Neuguinea. An Süßwässern der wärmeren Gebiete. Äußerst gewandte Schwimmer u. Taucher, die sehr tief im Wasser liegen. Können mit scharfkralligen Füßen auch im Geäst umherklettern. Gefiedertrocknung mit ausgebreiteten Flügeln. In Mauser alle Schwungfedern gleichzeitig abwerfend, dann flugunfähig (wie Enten!). Hals wird in Ruhe s-förmig gehalten. Fischfresser. Beute wird mit spitzem Schnabel gespeert. Auch Frösche, Kaulquappen, Egel, Wasserinsekten u. Samen von Wasserpflanzen verzehrend. Brüten meist gesellig, selten einzeln, in Bäumen u. Gebüsch, oft mit Reihern, Ibissen, Kormoranen vergesellschaftet. 3—5 bläuliche od. grünlichweiße Eier mit kalkigem Überzug (57 × 36 mm), von beiden Partnern bebrütet. Brutdauer 25—28 Tage. Nesthocker mit 5—8 Wochen Nestlingszeit. Dunenkleid weißgelblich. Hals-OS u. Oberrücken rauchbraun. Nackter Kopf grün, Kehle gelblich. In Gefangenschaft nur in Tiergärten häufiger gehalten. In geräumigen Volieren od. Flughallen mit Wasserflächen. Geheizte Unterkunft im Winter erforderlich. Fütterung mit Fischen, Garnelen od. zerstoßenen Krabben, Krebsen. Ersatzweise nach Gewöhnung auch mal Streifenfleisch. Im Zoo Frankfurt/M. z. B. in Vogelhalle mit Aquaterrarium (6 m^3 Wasser) gehalten, dort Vögel auch beim Tauchen zu beobachten. 1970 dort mit *Anhinga* Zuchterfolg. *Anhinga rufa* 1962 im Zoo Kalkutta gezüchtet.

Anisognathus. G der Thraupinae ↗. 5 An. Einige Systematiker unterteilen diese G in die Gn *A.* u. *Compsocoma,* die sich in Schnabel- u. Flügelform gering unterscheiden. Andenkette von NW-Venezuela bis Bolivien. In Bergwäldern. Ernähren sich überwiegend von Beeren, Insekten. Kräftige, lebhafte Vögel. Oft aggressiv gegen nahe Verwandte od. andere Volieren-Mitbewohner. Futter usw. s. *Tangara* ↗, aber weniger wärmeliebend, frostfreie Überwinterung möglich.
— *A. flavinucha,* Blauschwingen-Bergtangare. Teils auch mit *Compsocoma flavinucha* bezeichnet. ♂ u. ♀: Stirn, Wangen u. OS schwarz. Schwung- u. Schwanzfedern blau gesäumt. Schulterfleck violettblau. Scheitel u. US gelb. Schnabel schwarz. Auge braun. 15,5 cm. 9 UAn. Subtropische Bergzonen von Venezuela u. N-Kolumbien sü. bis Bolivien. Lebt in den Nebelwäldern bis über 2 000 m Höhe. 1963 Erstzucht in England. Flügge Jungvögel sollten abgetrennt werden, da Gefahr besteht, daß sie vom erneut brutlustigen ♂ getötet werden. Zutraulich. Häufigste der eingeführten Bergtangaren.
— *A. igniventris,* Mennigohr-Bergtangare. ♂: OS, Kopf, Kehle, obere Brust schwarz. Flügelbug leuchtend blau, Bürzel bläulich, Schwingen blau gesäumt. Ohrfleck, US rotorange. Schnabel schwarz. Auge braun. Füße schwarz. ♀: etwas matter gefärbt. 16,5 cm. 4 UAn. Obere subtropische u. temperierte Bergzonen von Venezuela u. Kolumbien sü. bis Bolivien. Sowohl in halbtrockenen Biotopen als auch in dichten Wäldern. Meist nicht scheu. Teilzuchterfolg gelang 1972 in Frankreich. 2 Junge schlüpften, doch gelang es dem ♀ alleine nicht, sie aufzuziehen, nachdem das ♂ verunglückt war. Nur selten angeboten.
— *A. lacrymosus,* Tränentangare. ♂ u. ♀: oberseits rußig schwarz. Flügel- u. Schwanzfedern blau gesäumt. Bürzel u. Schulterfleck blau. US, Unteraugenfleck u. je nach Rasse auch Ohrfleck gelb bis braungelb. Schnabel schwarz. Auge braun. Füße schwarz. 17,5 cm. 8 UAn. NW-Venezuela, Kolumbien, Ekuador u. O-Peru. Nebel- u. Krüppelwald zwischen 1 800 u. 3 200 m ü. NN. Sehr selten auf dem Markt.
— *A. notabilis,* Schwarzkinn-Bergtangare. ♂: OS geloliv. Kopf, Nackenseiten, Kinn u. Schwanz schwarz. Flügelfedern schwarz mit blauviolettem

Saum. Nackenfleck u. US gelborange. Längerer schmaler Schnabel u. Füße schwarz. 18,5 cm. In höheren tropischen u. subtropischen Andenwäldern. Kolumbien u. Ekuador. Im letzten Jahrzehnt einige Stücke importiert.

Annakolibri *(Selasphorus anna)* → *Selasphorus*

Anodorhynchus. G der Aratingidae ↗, UF Aratinginae ↗. 3 An. S-Amerika. Pflege → *Ara*.

— *A. glaucus,* Türkisara, Meerblauer Ara. ♂ u. ♀: grünblau, unterseits mehr grünlich. An der Basis des Unterschnabels gelber, federloser Hautbezirk (größer als beim Hyazinthara), Augenring nackt, gelb. Kehle u. Brust mit graubläulichem Anflug. Schnabel schwärzlich, Spitze heller. Auge dunkelbraun. Füße schwarzgrau. 72 cm. Heimat reicht von Paraguay u. dem nordöst. Argentinien bis zum nordwe. Uruguay; früher auch im sü. Brasilien. Lebte in den subtropischen Wäldern entlang großer Flüsse, existierte möglicherweise auch in flußentfernteren Wäldern. Wahrscheinl. ausgestorben, evtl. noch eine kleine Population in einer ökologischen Nische im unerforschten Waldland vorhanden. Im Red Data Book ↗ u. im Anhang I von CITES ↗ geführt. Erstmalig 1860 im Zoo London gehalten. 1868 in Amsterdam, 1878 von Frl. HAGENBECK ↗ 1 Exempl. auf Ausstellung gezeigt. Nach dem zweiten Weltkrieg nicht mehr gehalten.

— *A. hyacinthinus,* Hyazinthara, Großer Hyazinthara. ♂: kobaltblau, Schwingen gering dunkler. An der Basis des Unterschnabels gelborange nackte Hautpartie, Augenring nackt, gelborange. Schwanz-US graublau. Schnabel schwarzgrau. Auge dunkelbraun. Füße schwärzlichgrau. ♀ wie ♂, Kopf schmaler, Schnabel gering kleiner, während der Brutzeit verfärben sich die nackten Hautpartien des Kopfes in ein blasses Gelb. Juv. ? 98—100 cm. Verbr.-Gebiet öst. Brasilien von Pará, Maranhao u. Piauí bis Mato Grosso u. Minas Gerais. Zahlreich in Galeriewäldern, in halboffenen Gebieten, oft in Pantanal-Gegenden, hält sich auch in ausgedehnten laubabwerfenden Waldgebieten auf, in Cerrado-Landschaften u. zumindest lokal begrenzt in Sümpfen mit Buriti-Palmen *(Mauritia flexuosa).* Unterschiedl. häufig, von lokal ausgerottet bis relativ häufig. Noch nicht ausgesprochen selten, aber sein Status wird sorgsam beobachtet. Größter Papagei. Ab u. zu auf europ. Vogelmarkt, meistens von zool. Gärten u. Vogelparks ↗ erworben. Während der Eingewöhnung manche Vögel ängstlich, Umstellung auf Ersatzfutter nicht immer problemlos, nimmt gern Zirbelnüsse, frische Maiskolben. Schließt sich der einen od. anderen Kontaktperson eng an. Erstzucht 1968 im Zoo Kobe, Japan; 1973 Handaufzucht im Zoo Brookfield, USA; 1975 Zuchterfolg (1 Juv.) im Zoo Houston, USA; 1983 in BRD (2 Juv.), Eiablage im Vogelpark Walsrode ↗.

Hyazinthara. Paar in der Bruthöhle

Lears Ara

— *A. leari,* Lears Ara. ♂ u. ♀: kobaltblau, US grauer, an der Basis des Unterschnabels Hautpartie nackt, gelb, ebenfalls Augenring. Schwingen mattblau. Schnabel schwarz. Auge braun. Füße schwärzlichgrau. Juv.? 74 cm. Bekannt nur von Grenzregion zwischen Pernambuco u. Bahia in O-Brasilien. Lebt in äußerst trockenen, entlegenen Caatinga-Wäldern. Schlaf- u. Brutplätze an den Hängen von Cañons. SICK lieferte Details über die 1978 interessante Entdeckung einer kleinen Population in Raso da Catarina (NO-Bahia), öst. des Verbr.-Gebietes von *A. hyacinthinus.* Äußerst selten. Gesamtpopulation sicherlich sehr klein. Bestandsrückgang ohne menschliches Zutun. Im Red Data Book ↗ u. im Anhang I von CITES ↗ geführt. Nur sehr selten in zool. Gärten u. Vogelparks in der Welt gehalten. Ausdauernd. 1982 Welterstzucht in Bush Garden, Tampa/Florida, mit ♂ von PARROT JUNGLE, Miami.

Anomalospiza. G der Anomalospizidae ↗. 1 A. Heimat Kamerun, S-Sudan, Äthiopien bis Transvaal. In trockenen u. feuchten Graslandschaften, auch im Kulturland u. an buschreichen Gewässerrändern. Nahrung Grassamen, auch andere Samen, Grünes, wenig Früchte. Brutschmarotzer vorwiegend bei *Cisticola* ↗, *Prinia* ↗, möglicherweise auch bei *Ortygospiza* ↗ u. einigen Sperlingen ↗. Wirte stehen verwandtschaftl. nicht nahe, auch zeigen Nestjunge keine Anpassungen an die der Wirtsvögel wie bei Viduidae ↗. Ab u. zu auf dem Vogelmarkt. Wenig emp-

Anomalospizidae

findlich, friedlich. Volierenhaltung, warme Überwinterung. Futter wie *Tetraenura* ↗, Grünes, süßes Obst. Juv. Insektennahrung. Zucht durch Wirtsvögel problematisch.

— *A. imberbis*, Kuckucksweber. ♂: Im BK Kopf-OS grünlichgelb, übrige OS olivgrün, Rücken, Flügel dunkel gestrichelt. Gesichtsseiten, US kräftig gelb, an den Flanken geringe dunkle Streifenzeichnung. Schnabel schwarz. Auge braun. Füße schwarzbraun. Im RK ♂ blasser, auf dem Kopf grünlich mit Streifenzeichnung, insges. OS, US grauer. Prachtkleid kommt durch Verschleiß der blassen Federsäume zustande, nicht durch neue Mauser. ♀: insges. bräunlicher, vermehrte Streifenzeichnung, auch Kopf-OS. US mehr weißlich. Juv. insges. dunkler als ♀, auch gestreift.

Anomalospizidae, Kuckucksfinken. F der Passeriformes ↗. 1 G *Anomalospiza* ↗. Von einigen Systematikern auch als UF Anomalospizinae der Ploceidae ↗ angesehen.

Anser. G der Anatidae ↗, UF Anserinae ↗. 6 An.

— *A. albifrons*, Bläßgans. ♂ u. ♀: grau mit brauner Tönung. Erkenntlich an großem weißem Fleck am Vorderkopf, der Blässe. Vordere US mit unregelmäßigen schwarzen Querstreifen, die sich im Herbst des 1. Lebensjahres ausbilden. Schnabel blaßrosa. Füße orangefarben. Kleiner als Graugans. 68 cm. 3 UAn. Brutvogel in der arktischen Tundra in N-Europa, N-Asien, NW-Amerika sowie in W-Grönland. Überwintert an Nord- u. Ostseeküste. Größte Gesamtpopulation aller nordischen Gänse. Ernährt sich von versch. Gräsern u. ähnl. Pflanzen. Brütet einzeln od. in lockeren Kolonien. Nester an trockenen Standorten. 5—7 Eier werden 26—28 Tage bebrütet. Aufzucht der Juv. in vegetationsreichen Gebieten durch ♂ u. ♀. Wie bei allen An dieser G während der Mauserzeit große Herden. Haltung ohne Probleme. Winterhart u. sehr verträglich. Wenn möglich ganzjährige Weidennahrung. Zucht selten. Erst nach sehr langer Eingewöhnungszeit, obwohl mit 2—3 Jahren zuchtfähig. Bastardierungsneigung insbes. zur Saatgans.

— *A. anser*, Graugans. ♂ u. ♀: Kopf, Hals bräunlich grau, Oberrücken, Schultern schwarzbraun mit weißlichen Federsäumen, Unterrücken aschgrau, Bürzelseiten, Oberschwanzdecken weiß, US grauweiß, bräunlich gewölkt u. mit verstreuten schwarzen Flecken, Hinterbauch, Unterschwanzdecken weiß. Schwingen braungrau bis schwarzbraun, Steuerfedern schwarzgrau mit weißen Säumen. Schnabel hell fleischfarben bis orange mit weißlichem «Nagel». Um die Schnabelwurzel gelegentl. ein schmaler weißer Ring. Füße fleischfarben. Juv. wie Ad., aber dunklere OS, US ohne schwarze Flecken, kein weißer Ring um Schnabelwurzel, Halsseitenfedern ohne die scharfen Spitzen der Ad.: Hals erscheint daher nicht «gerifft». Füße u. Schnabel gelblicher. Dunenkleid grünlichgelb mit olivgrüner OS, hinterer Flügelrand mit heller Binde. 76—89 cm. N-, O-Europa, SW-, M- u. O-Asien bis N-Kansu u. Ussuriland. Brütet i. d. R. an einsamen ausgedehnten Binnenseen mit reichem Schilf-, Rohr- u. Binsengürtel u. angrenzenden Weideflächen, Grünländereien u. Äckern. In Skandinavien meist in Küstennähe. Geschlechtsreife im 3. Lebensjahr. Nest umfangreich, aus allerlei Pflanzenteilen der Umgebung (Schilfhalme, Binsen, Wasserpflanzen) aufgeschichteter Bau, in dichtem Schilf od. in anderer dichter Deckung, oft auf kleinen Inseln. Gelege 4—9 (—12) Eier. Brutdauer 28—29 Tage. Küken werden von beiden Eltern geführt, erlangen in der 10. Lebenswoche ihre volle Flugfähigkeit u. bleiben bis zum nächsten Frühjahr im Fn-Verband. — Die *A. a.* ist durch den Nobelpreisträger KONRAD LORENZ zu einem wichtigen Untersuchungsobjekt der vergleichenden Verhaltensforschung geworden. Ihr ausgeprägtes Fn-Leben u. ihre Fähigkeit zu starken sozialen Bindungen waren u. sind noch gegenwärtig Gegenstand intensiver Studien der LORENZschen Schule. Die Forschungsarbeiten wurden an aus handaufgezogenen Jungtieren begründeten großen, freifliegenden Populationen der Graugans in Oberbayern (Eß-See) u. Österreich (Almtal) durchgeführt.

— *A. brachyrhynchus*, Kurzschnabelgans. ♂: grau mit dunklerem Kopf u. Hals. Flügeldecken weiß gesäumt. Schnabel schwarz mit rosafarbener Querbinde. Füße rosafarben. 65—70 cm. ♀ wie ♂, aber kleiner. Brutvogel in O-Grönland, auf Island u. Spitzbergen. Im Winter in Großbritannien u. an den Küsten der Nordsee. Zur Brutzeit in felsigem Gelände. Nester in lockeren Kolonien meist an Hängen zwischen Gestein. 5—8 Eier werden 28 Tage bebrütet. Aufzucht der Juv. auf Gras u. Sumpfflächen. Haltung in Gehegen mit guter Grasnarbe. Ausdauernd u. winterhart. Nicht alle Paare züchten. Bei Wildfängen sehr lange Eingewöhnungszeit bis zur 1. Eiablage. Ausgeprägte Bastardierungsneigung zu anderen Gänsen.

— *A. cygnoides*, Schwanengans. ♂: im Gegensatz zu übrigen Vertretern dieser G nicht grau sondern braun. Tiefbraun sind Oberkopf u. Hinterhals, sonst Kopf u. Hals rahmfarben. Langer schwarzer Schnabel mit schmalem weißen Ring an der Basis, der im Jugendkleid fehlt. Füße orangefarben. ♀ wie ♂, aber kleiner. 110—112 cm. Brutvogel in NO-Asien we. bis zum Altai. Wintergast in NO-China u. Japan. Nahrung versch. Pflanzenteile, auch unterirdische. Nistet in Flußtälern, Sumpfgebieten u. an Ufern von Steppenseen. Im Gebirge bis 2 500 m ü. NN. Nest mit 5—8 Eiern meist in Ufervegetation. Mitunter lockere

1 Graugans, 2 Saatgans, 3 Bläßgans, 4 Zwerggans, 5 Kurzschnabelgans

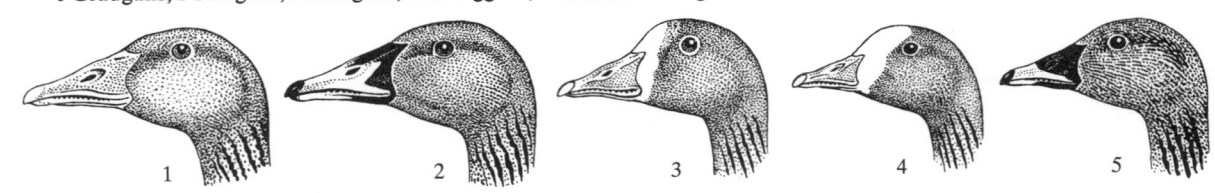

Brutkolonien. Brutdauer 28—30 Tage. Große Gans, die viel Platz benötigt. Kann durch Graben mit dem Schnabel Rasenflächen zerstören. Zucht unproblematisch. Ausgeprägte Bastardierungsneigung zu anderen Gänsen. Stammform der Höckergans.
— *A. erythropus,* Zwergblässgans. ♂ u. ♀ : Aussehen wie Blässgans. Erkenntlich an ausgedehnter Bläße, die bis zum Scheitel reicht u. gelbem Augenring. Bauchstreifung von unterschiedl. Intensität. Kleiner Schnabel blaßrosa. Füße orangefarben. Immat. ohne Bläße u. Bauchstreifung. Kleiner als Blässgans. 60 cm. Brutvogel in N-Europa u. N-Asien. Brutplätze liegen sü. von denen der Blässgans in der Waldtundra. Überwintert in kontinentalen Gebieten Europas u. Asiens in der Nähe größerer Gewässer. Nester mit 4—8 Eiern stehen einzeln unter Büschen od. Bodenvegetation. Brutdauer 25—28 Tage. Aufzucht der Juv. in vegetationsreichen Gebieten in Wassernähe. Mit ca. 6 Wochen flugfähig. Beliebter u. verbreiteter Gehegevogel. Bei guter Weidemöglichkeit ausdauernd u. regelmäßig züchtend. Sehr verträglich u. winterhart. Mit 2—3 Jahren zuchtfähig. Bastarde mit anderen Gänsen kommen vor.
— *A. fabalis,* Saatgans. ♂ u. ♀ : grau mit brauner Tönung, insbes. an Kopf u. Hals. Flügel u. Flanken mit schmalen hellen Säumen. Schnabel zweifarbig. Wurzel u. Spitze schwarz, Mittelteil orangefarben od. rosarot. Farbe u. Ausdehnung des Mittelteiles sehr variabel. Füße orangefarben. 78 cm od. etwas weniger. 3 UAn. Brutvogel im N Europas u. Asiens u. auf vorgelagerten Inseln. Überwinterung in gemäßigten Zonen sü. der Brutgebiete. Auf dem Zuge in großen Scharen im N der DDR u. BRD. Nahrung überwiegend pflanzlich. Nistet meist in niedriger Vegetation der Tundra. 5—7 Eier werden 27—29 Tage bebrütet. Weidet im Herbst u. Winter auf Ackerflächen. Haltung bei Weidemöglichkeit problemlos. Zucht selten. Nur wenige ♀ ♀ legen Eier; meist erst nach langer Eingewöhnungszeit. Zuchtfähig mit 3—4 Jahren. Mischlinge mit verwandten An kommen vor.

Anseriformes → Anatiformes

Anserinae, Gänse. UF der Anatidae ↗. 11 Gn, 23 An.

Anthochaera. G der Meliphagidae ↗. 3 An.
— *A. carunculata,* Rotlappenhonigfresser, Klunkerhonigfresser. ♂ u. ♀ : OS dunkelbraun, weiß gesperbert. US graubraun. Kehle u. Wangen weiß. Rote Ohr-Klunker. Schwanzfedern am Ende weiß gesäumt. Langer, leicht abwärts gebogener Schnabel. 40 cm. UAn. S-Australien von SO-Queensland durch O-Neusüdwales, Victoria u. sü. S-Australien bis SW-Australien.

Anthracoceros. G der Bucerotidae ↗. 4 An. SO-Asien, Malaiischer Archipel.
— *A. coronatus,* Elster-Nashornvogel, Malabarhornvogel. ♂ : schwarz glänzend, nur Spitzen der Hand-, Armschwingen, Brust, Bauch u. Unterschwanzdecken weiß, ebenso bis auf mittl. schwarzes Schwanzfederpaar Schwanz weiß. Um das Auge Haut nackt, schwarz. Kehle nackt, fleischfarben. Schnabel mit großem beilförmigem Horn, vorn spitz, gelb, hinten Rand schwarz, ebenso großer Sattelfleck. Auge rot. Füße schwarz. ♀ wie ♂, kleiner. Nackte Augenhaut fleischrot, Horn mit kleinem schwarzem Fleck, Hin-

Anthracoceros

terrand gelb. Juv. wie Ad., Schnabel u. Horn schwächer, Basis der Schwanzfedern ± schwarz. 80 cm.
A. c. albirostris (Vorder-Indien, Burma, S-China, Indochina, Thailand, Malaiische Halbinsel) wie *A. c. coronatus,* kleiner, auch Horn, hat schwarzen

Malabarhornvogel. Männchen und Kopf des Weibchens (nach K. SANFT)

Fleck an der Spitze, Sattelfleck fehlt. Nackte Haut um das Auge u. am Hals weiß, äußere Schwanzfedern schwarz, breite weiße Spitzen. ♀ wie ♂, kleiner, nackte Haut weiß. Schnabel mit weißer Spitze u. Schneiden, Unterschnabel am Grund schwarz, davor brauner Fleck. Auge rot. *A. c. convexus* (Malaiische Halbinsel, Java, Pulau Panaitan, Bali u. weitere kleine umliegende Inseln, Kalimantan u. im N vorgelagerte Inseln) wie *A. c. coronatus,* Schnabel, Horn wie vorherige UA. Nackte Hautpartien weiß, Auge rot. ♀ kleiner als ♂. Schnabel ähnelt dem vom ♀ der vorherigen UA. Nackte Haut weiß. Auge rotbraun. Juv. wie Ad., Schnabel schwächer. Äußere Schwanzfedern an der Basis ± schwarz (sehr ähnl. *A. c. albirostris*). Sri Lanka, Indien (nicht im NW), bis SO-China, Indochina, Kalimantan, Java, Bali. Bewohnt tropischen Regenwald, Bambusdschungel, Waldränder, Baumgärten, Flußufer der Ebene u. des Hügellandes. Gelege 2—3 Eier. Ab u. zu in zool. Gärten, u. a. im Vogelpark Walsrode ↗.
— *A. malayanus,* Malaienhornvogel. ♂ : schwarz, allein von äußeren 4 Schwanzfedern letztes Drittel weiß. Haut um das Auge u. den Hals bläulich. Schnabel mit beilförmig gelblichem Horn (hinten schwarz), ebenfalls Schnabel gelblich, Basis schwarz. Auge rot. Füße schwarz. ♀ wie ♂, nackte Hautpartien fleischrot, Schnabel u. Horn schwarz. Auge rotbraun. Manchmal über dem Auge weiße Streifen. Juv. wie Ad., Schnabel schwächer, Schwanzspitzen weiß mit ± dunklen Flecken. Auge dunkelgrau od. braun. Ca. 77 cm. *A. m. deminutus* (Kalimantan), kürzere Flügel als bei *A. m. malayanus.* Malaysia, Sumatera, Belitung (Billiton), Bangka u. Kalimantan. Bewohnt vorwiegend Inneres der Urwälder. Vereinzelt in zool. Gärten gepflegt.

Anthracothorax

Malaienhornvogel. Männchen und Kopf des Weibchens (nach K. SANFT)

Anthracothorax, Schimmerkolibris. G der Trochilidae ↗. 6 An. O- u. S-Mexiko bis Argentinien. Waldiges u. feuchtes Gelände bis ca. 2 000 m ü. NN.
— *A. nigricollis,* Schwarzkehlmango, Schwarzkehl-Schimmerkolibri, Schwarzbrustkolibri. ♂: OS u. Körperseiten grün. Steuerfedern dunkelbraunrot. US in der Mitte glanzlos schwarz; dieses Schwarz ist von einem in das Grün des Oberkörpers allmählich übergehenden blauen Streif umgeben. Unterschwanzdecken schwarz. Flaumbüschel an den Bauch- u. Körperseiten schneeweiß. ♀: US weiß mit breitem schwarzem Mittelstreif vom Kinn bis zum Bauch. Steuerfedern mit weißen Spitzen u. breiten blauschwarzen Binden; die beiden mittelsten dunkel schwarzgrün. Juv. wie ♀, ohne schwarzen Streifen am Bauch. 11,0—12,0 cm. Panama bis O-Bolivien, Paraguay, NO-Argentinien u. Rio Grande do Sul. Lebt an den Rändern der Regenwälder, in der Sekundärvegetation, in Galeriewäldern u. im offenen Waldland bis zu 1 400 m ü. NN. Eingewöhnung bereitet kaum Schwierigkeiten. Mehrjährige Haltungserfolge, gelangte 1906 erstmals in den Zoo London. Nestbau, Eiablage u. Brut unbefruchteter Eier wurden von K.-L. SCHUCHMANN ↗ protokolliert.
— *A. prevostii,* Grünbrustmango, Prevosts Schimmerkolibri, Grünbrustnymphe, Schimmerkolibri. ♂: OS goldiggrün. Kehle schwarz, übrige US grün, mit einem blauen Schein in der Mitte des Unterkörpers u. an den Kehlseiten. Unterschwanzdecken purpurschwarz, an den Spitzen kupfernschimmernd. Steuerfedern wie bei den verwandten An. ♀: US weiß mit schwarzem Mittelstreif. Unterschwanzdecken dunkelgrün mit weißen Spitzen. Seitl. Steuerfedern mit weißen Spitzen u. dunkler Binde. Juv. wie ♀, Hals rostrot. 11,5 cm. Von O- u. S-Mexiko bis Kostarika, Inseln Cozumel, Providencia u. San Andres, W-Panama, Venezuela u. W-Kolumbien, W-Ekuador bis N-Peru. An den Rändern der Nebelwälder, in Sekundärvegetation, offenem Waldland, Lichtungen, Gärten, entlang des Wassers. Eingewöhnung wie bei anderen A.-An vornehmen. Nähere Einzelheiten zur Haltung nicht bekannt, soll 1906 im Londoner Zoo gehalten worden sein. Zucht noch nicht gelungen.
— *A. viridigula,* Grünkehlmango, Grünkehlkolibri. ♂: OS grün, Bürzel, Oberschwanzdecken mehr goldig schimmernd, Kopf-OS dunkler. Steuerfedern braunrot mit purpurnem Schimmer u. mit breiten Spitzen u. schmalen Rändern von schwarzblauer Farbe; mittelstes Steuerfederpaar blauschwarz. Kehle glitzernd, grasgrün. Mitte von Brust u. Unterkörper schwarz, übrige US grün, Unterschwanzdecken schwärzlichgrün. Flaumbüschel weiß. Schnabel schwarz. ♀: US u. Steuerfedern wie bei *A. nigricollis.* Juv. wie ♀. 12,5 cm. Von O-Venezuela u. Guayana bis NO-Brasilien. In offenem Gelände mit einzelstehenden Bäumen, Sekundärvegetation nahe der Küstenmangrove. Erst 1980 importiert, daher sind über Eingewöhnung, Haltung, Zucht usw. keine Angaben möglich.

Anthreptes, Kurzschnabel-Nektarvögel. G der Nectariniidae ↗. 3 An. SO-Asien u. Sundainseln. Bevorzugen küstennahe Buschlandschaft, Mangrove, Gärten, Pflanzungen, Wälder.
— *A. malacensis,* Braunkehl-Nektarvogel. ♂: Kopfseiten olivgrün, Kehle hellbraun, US gelb, OS metallischgrün, Bürzel, Oberschwanzdecken metallisch purpurn, Flügeldecken, Schultern purpurfarben. ♀: US grünlichgelb, OS oliv. Juv. wie ♀. 15 cm. Von S-Burma, S-Indochina bis Malaysia, Sumatera, Java, Kalimantan, Philippinen, Sulawesi, Kleine Sundainseln. Bevorzugt Mangrove, Kokospflanzungen u. Sekundärvegetation unterhalb von 1 000 m ü. NN.
— *A. rhodolaema,* Rotkehl-Nektarvogel. ♂: ähnelt sehr dem ♂ von *A. malacensis,* Kopfseiten, Flügeldecken, Schulterfedern sind dunkelrotbraun, purpurner Schulterfleck ist kleiner. ♀: ähnelt sehr dem ♀ von *A. malacensis,* US verwaschener, Bauchmitte stärker mit Gelb abgesetzt. Juv. wie ♀. 14 cm. S-Burma bis Malaysia, Sumatera, Kalimantan. Bevorzugt Waldungen. Brütete in einem Nistkörbchen, baute mit Kokosfasern, Pappstückchen, Torfmullfasern, Nylon- u. Hanffasern. 2 blaßgrüne Eier, vom 2. Ei an bebrütet, ca. 13—14 Tage. Juv. wurden fast ausschließl. vom ♀ gefüttert. Nach 14 Tagen flogen Juv. aus. Von 8 Bruten wurden 10 Juv. gezogen.

Anthropoides. G der Gruinae ↗. 1 A. Heimat lokal im we. N-Afrika, südöst. Europa (Dobrudscha) bis Mandschurei. Zugvögel ↗, ziehen sü. des Himalaja u. der Sahara. Leben in Halbwüsten, Steppen u. vegetationsarmen Hochebenen, auch in feuchten buschbestandenen Senken auf Feldern. Vorkommen nicht an Wasser gebunden, allerdings Nest selten mehr als 1,5 km von Gewässer entfernt, auf trockenem, vegetationsarmem od. pflanzenlosem Boden. Gelege 2 Eier, Färbung ähnl. *Grus grus* ↗, aber kleiner. Überwiegend brütet ♀. Juv. schlüpfen nach 27—31 Tagen, werden von beiden Eltern 7—8 Wochen geführt. Geschlechtsreife ab 2. Jahr. Häufig gepflegt, sehr gern auch von Liebhabern, da sie nur wenig den Boden zerstören. In großem Gehege auch gut als Gruppe zu halten, dann aber kaum Zuchterfolg zu erwarten. Unterbringung, Futter, Zucht → Gruidae. Häufig gezüchtet. Kreuzungen mit Paradies- ↗, Weißnackenkranich ↗.

— *A. virgo,* Jungfernkranich. ♂: grau. Kopf bis auf weißlichgrauen Scheitel, vorderen u. seitl. Hals schwärzlichgrau, hinter dem Auge lange, schweifförmige weiße Schmuckfedern. Vorderhals mit schleppenförmig verlängerten schwärzlichen Schmuckfedern. Innerste Armschwingen verlängert, hängen über dem grauen Schwanz, Spitzen schwarz. Schnabel am Grund schmutzig graugrünlich, spitzenwärts hell gelblichorange. Auge orangerot. Beine schwärzlich. ♀ wie ♂, manchmal kleiner. Juv.: bräunlichgrau, Schmuckfedern hinter dem Auge grau, kürzer. Halsfedern nicht verlängert. Ca. 95 cm.

Anthus. G der Motacillidae ↗. 15 An. Europa, Asien, Afrika, N-Amerika, mehrere Inseln.

— *A. campestris,* Brachpieper. ♂ u. ♀: OS u. US fahl sandfarben, fast völlig ungefleckt. Dunkle Flekken nahe Flügelbug auf den Flügeldecken. Überaugenstreif rahmfarben. Bartstreif undeutl. braun. Lange gelbliche Beine. Insges. schlank, stelzenähnl. Juv. OS dunkler als bei Ad., deutl. gestreifte Brust. Beine kürzer als bei sehr ähnl. juv. *A. novaeseelandiae.* 16,5 cm. UAn. Tunesien bis Marokko, lokal in S-, M-Europa ohne Britische Inseln bis S-Rußland, Kleinasien, Transkaspien, N-Afghanistan, Kirgisien, SW-Sibirien bis Altai, W-Tienschan. Lebt auf offenen, vegetationsarmen sandigen strauchbestandenen Brachen, Ödland, Kahlschlägen, Heiden, Dünen, Steppen. Ab u. zu gehalten. Bald zahm, wenn man sich viel mit ihm beschäftigt. Gesang unbedeutend. Ansprechendes Wesen, ausdauernd. Zucht sehr selten gelungen, Käfigzucht 1903 von K. SOFFEL.

Antillentangaren, NN → *Spindalis*

Antillentaube (*Patagioenas squamosa*) → *Patagioenas*

Anzinger, Franz, geb. 2. 12. 1855 in Salzburg, gest. 17. 7. 1911 in Innsbruck. Österr. Bundesbahnbeamter; begabter, fleißiger Lokalfaunist. Sein vorwiegendes Interesse galt auch den Käfigvögeln, bes. dem Gesang einheimischer An, über den er u. a. in einschlägigen Zeitschriften publizierte. A. gehörte zu den ersten, die auf die Leierstrophe der Mönchsgrasmücke ↗ aufmerksam machten. Zahlreiche Veröffentlichungen in wissenschaftlichen Zeitschriften, u. a. die Broschüren «Unsere Kreuzschnäbel im Freien u. in Gefangenschaft» (1895), «Die unterscheidenden Kennzeichen der Vögel Mitteleuropas» (1899).

Apaloderma. G der Trogonidae ↗. 3 An, die einzigen afrikan. An, der F, 1 A importiert.

— *A. narina,* Narinatrogon, Zügeltrogon. ♂: Stirn, Kopf-OS, Kopfseiten, Hinterhals, Rücken, Schultern, Kehle u. Vorderbrust metallisch grün, Bürzel grasgrün glänzend, Schwungfedern dunkelbraun, Flügeldecken fein schwarz u. graubraun gestrichelt, Schwanz oberseits stahlblau, unterseits braun, äußere Steuerfedern mit weißen Spitzen, Brust, übrige US rosa- bis blutrot. ♀: mit brauner Stirn, Kehle u. Brust, letztere fein schwärzlich quergebändert, sonst wie ♂. Juv. mit hellen Spitzen der Flügeldecken u. mit braun gefleckter Brust. Oberschnabel gelb, Spitze grünlich hornfarben, Unterschnabelbasis

Aphantochroa

Narinatrogon

orange. Iris dunkel rotbraun, oberes Augenlid blaugrün, unbefiederte Haut an Schnabelbasis u. hinter dem Auge grüngelb u. in Blau übergehend. Füße grauviolett. 29 cm. In mehreren UAn von Sierra Leone (W-Afrika) bis Äthiopien, Angola sowie durch O-, S-Afrika bis zum öst. Kapland. Einzeln u. paarweise in Wäldern, Waldstreifen od. Galeriewäldern, in Bergen bis 2000 m. Meist ruhig in Stammnähe auf höheren Ästen sitzend u. von dort kurze Beuteflüge ausführend, um Käfer u. Schmetterlinge im Fluge zu erbeuten od. Raupen von Blättern abzulesen, daneben auch Beeren u. Früchte fressend. Macht sich durch häufige «huu»-Rufe bemerkbar, bes. vom ♂ in Fortpflanzungszeit geäußert, daneben wie «kurr» klingender Lockruf. Brut in Höhle in einem Stamm od. morschem Baumstumpf, 2—4 weiße bis cremefarbene Eier, Fortpflanzungszeit in S-Afrika auf dortigen Sommer beschränkt, in Z-Afrika fast über das ganze Jahr verteilt. Importiert, neuerdings im Vogelpark Walsrode ↗ gehalten.

Aphantochroa, Erzkolibris. G der Trochilidae ↗. 1 A. Santa Catarina u. Brasilien von Pernambuco bis Mato Grosso. Bevorzugen Wälder, Flußufer u. Buschlandschaften, Plantagen.

— *A. cirrochloris,* Erzkolibri, Dunkler Kolibri. ♂: OS dunkelgrün. Flügel dunkelbraun. Mittl. Steuerfedern grün mit bräunlichen Spitzen, die seitl. grünlich bronzefarben, an der Wurzel mehr grünlich. US bräunlichgrau. Federn der Kehle, Vorderbrust u. Körperseiten in der Mitte grün. Unterschwanzdecken grau mit schmalen weißlichen Bändern. Schnabel schwarzbraun. An den Bauchseiten ein größeres, un-

Apharyngostrigea

ter den Flügeln ein kleineres, aber längeres Büschel seidenweicher weißer Federn. ♀ wie ♂, aber wahrscheinl. etwas kleiner. Juv. wie ♀. 11,5 cm. Eingewöhnung in großen Flugkäfigen ↗ bereitet keine bes. Schwierigkeiten. Die ersten Exempl. wurden erst 1980 nach Deutschland importiert, seitdem im Zoo Heidelberg gehalten.

Apharyngostrigea, Trematoden. Parasiten von Reihervögeln.

Aphelocoma, Glattkopfblauhäher. G der Corvidae ↗. 3 An. Kleinere Häher ohne Haubenfedern, vor allem blau u. grau gefärbt. M- u. N-Amerika.
— *A. ultramarina*, Graubrusthäher. ♂ u. ♀: Kopf, Hals, Flügel u. Schwanz kobaltblau, Rücken oft dunkelgrau, Kinn u. Kehle hell blaugrau, Brust hellgrau, manchmal bläulich, Bauch u. Unterschwanz weiß. Schnabel u. Füße schwarz. Juv. matter in den Farben. 31—33 cm. Im SW der USA (Arizona, SW-Neumexiko u. SW-Texas) u. sü. Hochebene Mexikos. Bewohnt vor allem lichte Wald- u. Buschlandschaften, typisch häherartig. Ernährt sich vorwiegend von Insekten u. Samen. Nest auf kleinen Bäumen od. in Büschen, locker gebaut. Gelege 3—6 hell grünliche bis bläuliche Eier mit blaubraunen Flecken. Nach der Brut in kleinen Flügen umherstreifend. Sehr selten gehandelt. Zucht in Europa wohl noch nicht gelungen.

Aphelocoma sieberii, NN → *Aphelocoma ultramarina*

Aphelocoma sordida, NN → *Aphelocoma ultramarina*

Aphidoidea, Blattläuse. Bis max. 7 mm große Insekten ↗, die sich von Pflanzensäften ernähren. Bevorzugen Pflaumen-, Aprikosen-, Pfirsichbäume u. Ulmen. Auf Grund ihrer Ernährung hochwertiges Futter, vor allem für kleine insektenfressende Vogel-An, aber auch Prachtfinken ↗. Man gibt von A. befallene Blätter u. ganze Zweige, werden von den Vögeln abgelesen.

Apis mellifica, Honigbiene. Als Futtertier hat sie bei der Haltung des Bienenfressers *(Merops apiaster* ↗ *)* Bedeutung. Als hochkonzentrierter Futterstoff wird der Honig für Weichfuttermischungen ↗ od. als Bestandteil von Zuckerlösungen für Nektarvögel ↗ u. Kolibris ↗ verwendet. Er besitzt Wirkstoffe, die bei 40° C zerstört werden.

Aplonis. G der Sturnidae ↗. 14 An, davon 1 A †. Malaiischer Archipel, Ozeanien. Pflege wie Sturnidae.
— *A. cantoroides*, Siedel-, Sing- Inselstar. ♂ u. ♀: schwarz, stahlgrün glänzend, Flügel, Schwanz schwarz, letzterer außen mit stahlgrünem Glanz. Auge rot. Schnabel, Füße schwarz. Juv. OS grauschwarz, US weißlich mit mattschwarzen Längsstricheln. Auge gelb bis orange. 20 cm. Neuguinea, Aru-Inseln, Bismarckarchipel u. weitere benachbarte Inseln Neuguineas, Salomonen. Lärmend in großen Flügen unterwegs. Koloniebrüter, Nest hoch auf Bäumen aus Halmen, breiten Blättern, Schlingpflanzen, Stengeln am äußeren Ende der Zweige. Gelege überwiegend 2 Eier. Erstmalig 1901 im Zool. Garten Berlin (von Dr. O. Heinroth ↗ mitgebracht), seither sporadisch im Handel. Angenehmer, ausdauernder Pflegling, tägl. Obst, möglichst Beeren füttern. Juv. brüten manchmal bereits im Jugendkleid.

Aplopelia. G der Columbidae ↗. 1 A. Afrika. Pflege → Columbiformes, Columbidae. Zucht von *A. larvata*, Zimttaube, gelungen.

Apodidae, Segler. F der Apodiformes ↗. 14 Gn *(Schoutedenapus, Nephoecetes, Cypseloides, Mearnsia, Hirundapus, Chaetura, Rhaphidura, Collocalia, Tachymarptis* ↗ *, Apus* ↗ *, Aeronautes, Panyptila* ↗ *, Tachornis, Cypsiurus* ↗ *)*, 82 An. 9—23 cm. Stromlinienförmiger Körper mit sichelschmalen Schwingen. Schwalbenähnl. Aussehen. Ausgeprägteste Lufttiere unter allen Vögeln mit schnellem, kraftvollen, geradlinigen Flug. ♂ wie ♀. Schwarz- bis graubraunes, glattes Gefieder, rußigstumpf, mit weißen Bezirken. Großer, weiter Rachen. Weltweit, außer Arktis, Antarktis, Neuseeland. Zur Bewegung auf festem Boden unfähig. Kleine stark bekrallte Zehen an sehr kurzen Beinen eignen sich nur zum Ankrallen an rauhen Flächen. Hinterzehe läßt sich nach vorn wenden (außer Stachelschwanzsegler). Wahrscheinl. auch in der Luft nächtigend. Mauersegler nachts auch an Äste u. Stämme angeklammert gefunden. Bei ungünstiger Witterung in Kältestarre verfallend. Ernähren sich von im Flug gefangenen Insekten. Meist gesellig lebend u. in Kolonien nistend. Beim Nestbau spielt meist Speichel große Rolle, bei Salanganen einziges Material. 1—3 Eier, fleckenlos weiß. Juv. nackte, blinde Nesthocker. Beide Eltern brüten u. betreuen; nisten in Baumhöhlen, Felsritzen, an hohen Gebäuden. Brutdauer 19 Tage. Nestlingszeit 5—6 Wochen. Viele An unter Artenschutz! Haltung wegen komplizierter Unterbringung u. Fütterung höchstens kurzzeitig u. äußerst mühevoll möglich. Nur ausnahmsweise in Menschenhand gefallene Tiere kurzzeitig pflegbar. Alpen- u. Mauersegler 1892 von E. Perzina gehalten. Fütterung mit Ameisenpuppen, Hartei, Fleischfasern, zerschnittenem Rinderherz, Mahlfleisch, auch mit Quark vermengt. Insektenweichfuttermischung. Zum Stopfen große Kugeln formen, die sehr tief in den breiten Rachen gebracht werden müssen. Zur Aufzucht Fliegenbrei mit etwas Leinsamen, lauwarm.

Apodiformes, Segler. 2 Fn, Hemiprocnidae, Apodidae ↗, 15 Gn, 86 An.

Aprosmictus, Rot-, Scharlachflügelsittiche. G der Psittaculidae ↗. 2 An. Schwanz kurz, Federn breit, etwa gleich lang. Australien, Neuguinea, Kleine Sundainseln. Buschbestandenes Grasland, in Waldungen, an Wasserläufen, auf Feldern. Nahrung Samen, Knospen, Früchte, Blüten, Insekten, vor allem Larven.
— *A. erythropterus*, Rotflügelsittich. ♂: grün, Rükken, Schultern schwarz, Unterrücken, Bürzel hellblau. Flügeldecken scharlachrot. Schwanzfedern grün mit gelben Spitzen. Iris rotbraun. Schnabel gelbrot. Füße dunkelgrau. ♀: grün, gering matter als ♂, Flügeldecken grün, teilweise rotgesäumt, dadurch Flügelrand rot. Juv. wie ♀, Iris schwarz. Nach ca. 18 Monaten ♂♂ erste schwarze Federn auf dem Rücken, Flügelrot ausgedehnter. Erst im 3. Jahr ad.

Apteryx

57

Junge Rotflügelsittiche im Brutkasten.
25—27 Tage alt

Gefieder. 32 cm. 3 UAn. NW-, N-, inneres O-Australien, S-Neuguinea. Mehrfach gezüchtet.
— *A. jonquillaceus,* Timorsittich. ♂: grün, Oberrücken dunkelgrün, Unterrücken blau. Äußere, vordere Flügeldecken rot, hintere gelboliv. Innenfahnen der Schwanzfedern, ihre US schwarz, Spitzen gelblich. Schnabel rötlich. Iris rotbraun. Füße dunkelgrau. ♀: Schwanzfedern, Innenfahnen mit gelbem Saum. Juv. olivgrün, Flügeldecken wenig rot. Unterrücken türkisfarben. 35 cm. 2 UAn. Wetar, Timor (Kleine Sundainseln). Ausgesprochen selten gehandelt. Regelmäßig von Dr. BURKARD ↗ gezüchtet, auch im Vogelpark Walsrode ↗.

Aptenodytes. G der Spheniscidae ↗. 2 An.
— *A. forsteri,* Kaiserpinguin. ♂ u. ♀: OS bläulichgrau, orangegelbes halbkreisförmiges Band an Halsseiten. Kopf, Wangen, Kinn u. Kehle schwarz. Frischgeschlüpfte Küken mit dichtem silbergrauem Dunenkleid mit schwarzer Kopf- u. Nackenfärbung. 120 cm, größte Pinguin-A. Gewicht 40 kg. Antarktische Küsten von 66 °S bis 78 °S. Brütet im Winter bei Temp.en bis zu − 60 °C. Brutkolonien auf Eis bis über 100 km vom offenen Wasser entfernt. Nach Eiablage übernimmt ♂ das Ei u. bebrütet allein 62—63 (−67) Tage. ♀ geht ins Meer zum Fischen u. kehrt erst zur Schlupfzeit des Jungen zurück. ♂ verliert in dieser Zeit bis 50% des Körpergewichts. Jungenaufzucht durch ♂ u. ♀. Küken bleibt bis zur 5. Woche in schützender Bauchfalte der Alten. Danach Zusammenschluß der Jungen in «Kindergärten». Altvögel erkennen ihre Jungen an Stimme u. füttern nur eigenes Junges. Jugendentwicklung sehr rasch. Selbständig mit 5 Monaten. Haltung nur in klimatisierten Räumen möglich. Erstzucht 1980 in Sea World, San Diego/USA.
— *A. patagonicus,* Königspinguin. ♂ u. ♀: OS bläulichgrau bis schwarz. Orangegelber Ohrfleck. Orangegelb des Vorderhalses geht auf Brust in Weiß über. Dichtes Dunenkleid schwarzbräunlich. 95 cm, Gewicht 17 kg. Inseln der sü. Ozeane: S-Shetland-, Falkland-, Marion-, Crozet-, Kerguelen-, Macquarieinseln, S-Georgien. ♂ u. ♀ brüten. Brutdauer 52—56 Tage. Junges entwickelt sich sehr langsam. Wird erst mit 13 Monaten selbständig. Deshalb brüten Königspinguine in 3 Jahren nur 2mal. Haltung sowohl in klimatisierten Räumen als auch auf

Streifenkiwi

Außenanlagen, wenn bei hoher Temp. durch Sprühen u. Wasserwechsel Abkühlung möglich ist. Erstzucht 1919 im Zoo Edinburgh/Schottland. Seither wiederholt gelungen, auch künstl. Aufzucht.

Apterygidae, Kiwis. F der Apterygiformes ↗. 1 G *Apteryx* ↗, 3 An. Nest aus verwittertem Laub. Sehr ungesellig. In Tiergärten sehr selten u. nur vereinzelt gezüchtet. Alle An unter strengem Naturschutz.

Apterygiformes, Kiwis, Schnepfenstrauße. O. Hühnergroße Laufvögel. Flügel reduziert, daher flugunfähig. Schwanzlos. Langer, sanft gebogener Schnepfenschnabel. Nasenlöcher an der Schnabelspitze. Gutes Riechvermögen. 1—2 Finger am Flügel. Lanzettförmige Federn. Kein Afterschaft. Lange Tastborsten an den Schnabelwinkeln. 4 bekrallte Zehen. ♀ größer als ♂. Unterholzreiche Wälder, auch im Gebirge bis zur Schneegrenze Neuseelands. Nahrung animalisch Würmer, Schnecken, Insekten, aber auch Beeren. Nest in Erdhöhlen, 1—3 sehr große (größer als die der Schwäne ↗), dünnschalige weiße Eier.

Apteryx. G der Apterigidae ↗. 3 An. Neuseeland.

Rotflügelsittich

— *A. australis*, Streifenkiwi. Braun, Längsstrichel schwarz. Neuseeland. Legt 1—3 Eier, ♀ brütet die ersten 3 Tage, dann übernimmt das ♂ das Brutgeschäft. Brutdauer 75—80 Tage. ♂ jagt ♀ aus Nestnähe u. führt Küken allein. In den Zoos Sydney u. Wellington mehrmals gezüchtet. 1982 schlüpfte 1 Juv. im Zoo San Diego, USA.

— *A. haastii*, Haastkiwi. Braun, schwarze Querbänder. In vermoosten Wäldern der S-Insel Neuguineas. Legt 1—2 Eier.

— *A. owenii*, Zwergkiwi. Gefleckt. S-Insel Neuseelands.

Apus. G der Apodidae ↗. 17 An.

— *A. affinis*, Weißbürzelsegler, Haussegler. ♂ u. ♀: schwarz, Kehle u. Bürzel weiß. Schwanz nicht gegabelt, gerade abgestutzt. 13 cm. UAn. Afrika, Arabien, Israel u. Syrien bis Indien u. Sri Lanka. Oft an Gebäuden od. Felsen. Gesellig in oft großen Flügen. Scharfes trillerndes Zwitschern. Koloniebrüter.

— *A. apus*, Mauersegler. ♂ u. ♀: rauchschwarz, Kehle weißlich. OS mit bläulichgrünlichem Schimmer. Kurzer, gegabelter Schwanz. 16—18 cm. 39 g Körpermasse. UAn. N-Afrika, Europa, Vorder-, M- u. N-Asien öst. bis zur Mandschurei, N- u. W-China u. W-Himalaja. Zugvogel, im Winter in Afrika (Ende April bis Ende August in Europa). Gesellig. Stimme: scharfes «ssriieh». Nester in Mauerlöchern, unter Dachrinnen, in Felswänden, in Astlöchern. 2—3 weiße Eier (28 mm; 3,5 g). Brutdauer 18—20 Tage. Nestlingszeit 42 Tage.

— *A. caffer*, Kaffernsegler. ♂ u. ♀: schwarz, Kehle u. Bürzel weiß. Tief gegabelter Schwanz, äußere Schwanzfedern lang u. schmal. 14—15 cm. S-Spanien, Marokko (?), Senegal bis Äthiopien, durch O-Afrika bis Angola u. zur Kapprovinz. Häufig über Binnenseen u. Sümpfen, auch in Städten anzutreffen. Leise zwitschernder Ruf. Brut in Schwalbennestern.

— *A. horus*, Erdsegler. ♂ u. ♀: schwarz, Kehle u. Bürzel weiß. Schwanz nicht so tief gegabelt wie bei Kaffernsegler; äußere Schwanzfedern nicht verschmälert. 10 cm. UAn. Äthiopien u. Sudan durch O-Afrika bis Shaba (Katanga), SW-Angola, Sambia u. N-Botswana u. durch Simbabwe u. Moçambique bis zur O-Küste S-Afrikas, unterer Kongo. Oft über Gewässern. Schrilles Zwitschern. Koloniebrüter in Niströhren in sandigen Flußuferwänden.

— *A. niansae*, Braunsegler. ♂ u. ♀: rußschwarz, Kehle weiß, Bürzel dunkel. Kurzer gegabelter Schwanz. 15 cm. UAn. O-Afrika von Somalia bis N-Tansania. Koloniebrüter an steilen Felsen.

Aquila. G der Accipitridae ↗. 10 An. Mittelgroße bis große Greifvögel. Flügel lang, breit. Schwanz mittel bis lang. Kopf- u. Nackenfedern meist lanzettlich, können bei Erregung aufgestellt werden. Schnabel kräftig, stark gekrümmt. Kräftige bis zu den Zehen befiederte Beine, mit langen gekrümmten Krallen. ♂ sind etwas kleiner. Mit Ausnahmen betreiben ♂ u. ♀ Brutpflege.

— *A. audax*, Keilschwanzadler. Großer Adler. ♂ u. ♀: dunkelbraun bis schwarz. Die Lanzettfedern des Nackens u. die Spitzen der kleinen Flügeldeckfedern dunkelrotbraun. Die Nackenfedern können bei Erregung sehr weit abgespreizt werden u. verändern den Gesichtsausdruck völlig. Schwanz sehr lang, keilförmig. Wachshaut u. Überaugenwulst gelb bis gelbgrau. Immat. heller, mehr braun bis rotbraun. Ähneln im Jugendgefieder mehr dem Steinadler. 2 UAn. Australien, S-Neuguinea, Tasmanien. Außer in dichten Wäldern ist die A in allen Geländeformen zu finden, bevorzugt aber offene Landschaften u. Steppen. *A. a.* übernimmt in Australien teilweise auch die Rolle der dort fehlenden Geier. Beute kleine bis mittl. Säuger (vor allem Kaninchen), Vögel, Reptilien u. Aas. Horstet auf Bäumen, seltener in Felswänden. Gelege 1—2 (3 sehr selten) weiße, braun gewölkte bis gefleckte Eier. Brutdauer 42—45 Tage. Nestlingsdauer 75—80 Tage. Wie alle austral. An nur sehr selten importiert. Sehr ausgeglichenes Wesen, zur Brutzeit sehr aggressiv. Haltung in großer Voliere. Boden teilweise begrünen. Zur Brutzeit kräftige Horstunterlage u. Nistmaterial, auch Schafwolle, notwendig. Eingewöhnung unproblematisch, Akklimatisation notwendig, dann aber winterhart. Nahrung Ganzkörperfutter (Ratten, Kaninchen, Hühner). Welterstzucht 1981 im Tierpark Berlin. A wird auch gern als Schauflieger genutzt.

— *A. chrysaetos*, Steinadler. Großer Adler. ♂ u. ♀: braun bis dunkelschokoladenbraun. Nacken u. Flügelbug goldgelb bis rotbraun, Hosen bis hellbraun. Gefiederfärbung variiert individuell sehr stark. Schnabel schwarzblau bis schwarz, Wachshaut u. Zehen gelb. 5 UAn. Holarktisches Vorkommen. Die gemäßigten bis mediterranen Breiten Europas, Asiens bis Japan, Alaska, Kanada, USA we. bis Kalifornien. Die nö. Populationen sind Teilzieher. In offener Landschaft, bevorzugt in gebirgigen Regionen. Beute kleine bis mittelgroße Säuger, Vögel. Horst nur in unzugänglichen Felswänden, auch auf Bäumen, seltener auf dem Erdboden. Gelege 1—3 weiße, braunrot bis grau gefleckte Eier. Brutdauer 43—45 Tage. Nestlingsdauer 75—80 Tage. Gehört zu den häufiger im Angebot befindlichen Adlern. Ruhiges, selbstbewußtes Wesen. Haltung paarweise in großen Volieren, Felswand mit eingebauter Nische sehr günstig. Voliere kann auch mit Buschwerk bepflanzt werden. Kröpfplätze aus Felsgestein od. Baumstammstücke sind notwendig. Eingewöhnung unproblematisch. Nahrung Ganzkörperfutter (Ratten, Kaninchen, Hühner). Schon mehrere Male in Gefangenschaft gezüchtet. Die Nominatform gehört zu den bedrohten An. Steht in M-Europa unter strengem Schutz. Anschaffung aus gezüchteten Beständen ist möglich. Beliebtester Beizadler.

— *A. clanga*, Schelladler. Kleiner Adler. ♂ u. ♀: dunkelschwarzbraun. Bürzel weiß. Wachshaut u. Fänge gelb. Europa von Rumänien, Polen bis Finnland, Baltische Sowjetrepubliken, Sibirien bis zum Amur, Belutschistan bis NW-Indien. In waldreichen Gebieten in der Ebene, Hügelland, Seen- u. Sumpfgebieten. Horst nur auf Bäumen. Gelege 2—3 weiße, spärlich rotbraun gefleckte Eier. Brutdauer 42—44 Tage. Brutgeschäft wird fast nur vom ♀ getätigt. Selten importiert. Wesen scheu. Haltung paarweise in Volieren. Nahrung Ganzkörperfutter (Kü-

ken, Mäuse, Ratten). Noch nicht in Gefangenschaft gezüchtet. Stellenweise im Verbr.-Gebiet bedrohte A.
— *A. heliaca,* Kaiseradler. ♂ u. ♀: dunkelbraun bis schwarzbraun. Oberkopf u. Nacken fahl- bis rostgelb. OS der Flügel u. Rücken mit weißen Federn durchsetzt (kleine Flecke). UA *adalberti* mit charakteristischen weißen Schulterflecken. Schwanz hellgraubraun mit schmalen dunklen Binden. Immat. semmelgelb. 2 UAn. N-Marokko, S- u. M-Spanien, Balkan, we. u. mittl. Asien bis Transbaikalien u. NW-Indien. Wanderungen im Jugendstadium. Gebirgsränder, Landschaft mit lockerem Baumbestand, aber auch in der baumlosen Steppe. Beute kleine bis mittelgroße Säuger, Vögel. Horstet nur auf Bäumen. Gelege 2—3 weiße, matt braun gefleckte Eier. Brutdauer 43 Tage. Selten im Handel erhältlich. Ruhiges, selbstbewußtes Wesen. Haltung paarweise in großen Volieren. Nahrung Ganzkörperfutter (Küken, Ratten, Hühner). Noch nicht in Gefangenschaft gezüchtet. Gehört zu den bedrohten An.
— *A. nipalensis,* Steppenadler. Mittelgroßer Adler. ♂ u. ♀: mittel- bis dunkelbraun. Schnabel dunkel, Lippen, Wachshaut u. Fänge gelb. Immat. heller, Federn hell gesäumt. Balkan, südwe. Sowjetunion bis Transbaikalien, Mongolei. Steppengebiete, Buschlandschaften. Horstet auf dem Erdboden, Bäumen u. in Felswänden. Gelege 2 weiße, leicht braun gefleckte Eier. Brutdauer 43—45 Tage. Nestlingsdauer ca. 85 Tage. Relativ häufig importierte A. Ruhiges Wesen. Haltung in großer Voliere, aber auch in Gemeinschaft mit Geiern in Flugvolieren. Eingewöhnung unproblematisch. Nahrung Ganzkörperfutter (Küken, Ratten, Hühner). Schon mehrfach in Gefangenschaft gezüchtet. Wird gern als Schauflieger od. Beizvogel benutzt.
— *A. pomarina,* Schreiadler. Kleiner Adler. ♂ u. ♀: dunkelbraun bis braun, nicht so dunkel wie der Schelladler. Oberkopf u. Oberflügel heller, Schwanz dunkelbraun mit undeutl. Querbinden. Schnabel schlanker als beim Schelladler, blauschwarz, Wachshaut u. Zehen gelb. 2 UAn. O-Rand der DDR, Polen, Baltische Sowjetrepubliken bis Leningrad, sü. bis zum Balkan, Kleinasien, Transkaukasien, Kaukasus, Indien. Im nö. Verbr.-Gebiet Zugvogel. Feuchte Wälder, die von Teichen u. Brüchen durchsetzt sind. Im S der Verbr. auch in Gebirgswäldern. Beute Kleinsäuger, Vögel, Reptilien, große Insekten. Horstet nur auf Bäumen. Gelege 1—3, meist 2 weiße, stark gelb bis rotbraun gefleckte Eier. Brutdauer 43 Tage. Bei Juv. starker Kainismus (ca. 2 Wochen) ausgeprägt. Es überlebt immer nur 1 Juv. Nestlingsdauer ca. 2 Monate. ♀ brütet fast allein. ♂ versorgt nur die Jungtiere mit Nahrung. Selten in Tiergärten. Manchmal werden verletzte Tiere abgeben. Ruhiges Wesen. Paarweise Haltung in Volieren. Ab Temp.en unter 5°C ist ein Winterquartier notwendig. Bepflanzung der Voliere mit Rasen u. Sträuchern günstig. Nahrung Ganzkörperfutter (Küken, Ratten, Hühner). Noch nicht in Gefangenschaft gezüchtet. Im M-Europa streng geschützte A.
— *A. rapax,* Raubadler. Heller als *A. nipalensis.* UA *belisarius* rahmfarben. Afrika bis Kleinasien, Indien. Wird von vielen Autoren mit *A. nipalensis* als eine A angesehen.

Raubadler mit Jungen

— *A. wahlbergi,* Wahlberg-Adler. Kleiner Adler. ♂ u. ♀: dunkelbraun bis schwarzbraun. Kopf-OS u. Nackenfedern bilden einen leichten Schopf. Schnabel dunkel, Wachshaut u. Füße gelb. Es ist eine dunkle u. helle Phase (Kopf, Bauch u. Hosen fast weiß) bekannt. Afrika sü. der Sahara bis zur Kapprovinz. Meidet die tropischen Regenwälder. Locker bewaldete Ebenen, Buschsteppen, untere Gebirgsregionen. Beute Reptilien, kleine Säuger (Erdhörnchen), manchmal auch Vögel. Horstet nur auf Bäumen. Brutdauer 42—45 Tage. Nestlingsdauer 75 Tage. ♀ bebrütet das Gelege allein. ♂ versorgt später Juv. mit Nahrung. Seltener Adler in Tiergärten. Nur sporadische Importe aus Afrika. Winterquartier bei Temp.en unter 5°C notwendig. Noch nicht in Gefangenschaft gezüchtet.

Ara. G der Aratingidae ↗, UF Aratinginae ↗. 15 An, davon 3 An †, außerdem einige An †, die durch ungenaue Beschreibung fraglich sind, z. B. *A. erythrocephala.* M- u. S-Amerika, † An auf Inseln der Karibik. Seit alters sind Einzelvögel beliebt als Hausgenossen. Heute ist es nicht mehr zu verantworten, einen solchen Vogel auf einem Bügel ↗, Kletterbaum ↗ od. im Käfig ↗ zu pflegen. Aras sind im Haushalt fehl am Platze.
Sie leiden meistens unter Langeweile, sind dabei aber auch zeitweise wieder außergewöhnl. Streßsituationen ausgesetzt. Derartige Konflikte äußern sich u. a. im Federrupfen. In heutiger Zeit rechtfertigt allein der Zuchtgedanke eine Haltung, um gesicherte Gefangenschaftspopulationen aufzubauen. Durch die Laparoskopie zur Geschlechtsbestimmung konnte in den letzten Jahren das bedeutendste Problem der Ara-Zucht gelöst werden. Stimme der Aras ist sehr laut, bei eingewöhnten Vögeln u. Wohlbefinden aber selten zu hören. Beste Unterbringung in Ganzmetallvoliere. Warme Überwinterung. Futter (Vogelpark Walsrode ↗): Keimfutter (Sonnenblumenkerne, Hafer, Mungobohnen), gekochter Perlmais mit Obststückchen entspr. jahreszeitl. Angebot, zerkleinerte Karotten, darüber Mineralstoffgemisch streuen, auf diese Mischung übliches Papageien-Körnerfutter (Sonnenblumenkerne, versch. Hirse, Glanz, Kardisaat, Negersaat), Ziertaubenfutter, außerdem Nüsse

(1 Nuß/Vogel/Tag). Bei gemeinsamer Haltung mehrerer Aras besser Verzicht, da Gefahr besteht, daß der dominierende Vogel alle Nüsse allein frißt (Ernährung zu kalorienreich). Grüne Zweige zum Benagen reichen. Tägl. beregnen od. besprühen u. frisches Trinkwasser bieten. In Volieren werden auch Sandbäder genommen. Zur Zucht Paar allein halten, diese gelingt in kleiner bis mittelgroßer Unterkunft, zuweilen auch im großen Käfig. (u. a. in Hochgehegen ↗ in den USA). Hohler Baumstamm, Eichenfässer od. starke Hartholzkästen (50 × 50 × 100 cm) zur Brut geeignet. Aufzuchtfutter: gekeimte Körner, geriebene Karotten, eingeweichter Zwieback u. Eigelb.

— *A. ambigua*, Großer Soldatenara. ♂ u. ♀: hell olivgrün, Stirn rot, Wangen- u. Augenumgebung nackt, fleischfarben, untere Partie mit schwarzen Federreihen. Große Flügeldecken blau, ebenso Außenfahnen der Schwingen. Bürzel hellblau, gleichfalls Oberschwanzdecken, Schwanzfedern rotbraun, Spitzen blau, ebenso Unterschwanzdecken. Schnabel schwarzgrau. Auge gelb. Füße dunkelgrau. Juv. matter als Ad., vorwiegend US. Schulter mit undeutl. gelblichem Rand. Zentraler Teil der Federspitzen mattgelb. 85 cm. UAn. *A. a. guayaquilensis* (W-Ekuador u. möglicherweise im südwe. Kolumbien) ähnl. Nominatform, aber US von Schwingen u. Schwanzfedern mehr grünlich, Schnabel schmaler. Diese UA im Red Data Book ↗ geführt. Verbr.-Gebiet der A: Nikaragua bis we. Ekuador u. we. Kolumbien. Bewohnt Wälder des feuchten Flachlandes, manchmal auch in z. T. abgeholzten Gebieten, regelmäßig im bewaldeten Bergland bis 1 000 m ü. NN, sogar in 1 500 m Höhe. Lokal relativ häufig, allgemein aber starker Bestandsrückgang (Rodungen). Bereits Anfang des 19. Jh. in Europa gehalten, stets in kleiner Zahl. Einzelvogel bald zutraulich. Sehr gutes Sprechtalent. 1974 Welterstzucht im Tierpark Berlin, 1977

Ararauna

Gelb- od. Goldnackenaras

Ammen- u. anschl. Handaufzucht im Bird Paradise von Cornwall. Mehrere Mischlingszuchten bekannt.
— *A. ararauna*, Ararauna. ♂: Stirn grünlich, Kopf-OS, Nacken, OS, Schwingen hellblau, Schwingenspitzen dunkler. OS des Schwanzes hellblau, US gelb. Obere Kopfseiten weiß, nackt mit einer Reihe weniger schwarzgrüner Federn, untere Wangen weiß ohne Federn, von schwarzem, über das Kinn entlangziehendem Band eingefaßt. Halsseiten, US gelb. Steiß blau. Schnabel schwarz. Auge gelblichweiß. Füße grauschwarz. ♀ wie ♂, aber Kopf u. Schnabel schmaler. Juv. wie ad., Wangenhaut weiß, auch rosa. Auge u. Schnabel dunkel. Nach 15. Lebenstag beginnt Schnabelverfärbung. 86 cm. Heimat öst. Panama bis Bolivien, Paraguay u. São Paulo. Lebt im Geleriewald entlang von Flüssen od. Seen, in Buriti-Palmen-Sümpfen od. in der Nähe, im Flachland bis 500 m ü. NN, selten in Bergregionen. Im Zentrum seines Verbr.-Gebietes häufig; durch Jäger, Vogelsteller u. Habitatzerstörung in den Randgebieten Bestandsrückgänge. Brütet in Höhlen alter Bäume. Federn als Schmuck bei Eingeborenen sehr begehrt, wird von ihnen auch gehalten. Neben Dunkelrotem Ara am häufigsten auf europ. Vogelmarkt. Einzelvogel bald zutraulich, liebenswerter Hausgenosse. Spricht wenige Worte. Von allen Aras am meisten gezüchtet. Fortpflanzungsfähig im Alter von 6–7 Jahren. Gelege 2–3 (4) Eier. Juv. schlüpfen nach 25–30 Tagen, fliegen nach 80–85 Tagen aus, im Alter von gut 3 Monaten meistens selbständig. Im Zoo Baranquilla/Kolumbien mit weißem Brustgefieder.
— *A. auricollis*, Gelbnacken-, Goldnackenara. ♂: grün, Stirn u. Vorderkopf schwarzbraun, übrige Kopf-OS, Nacken u. Halsseiten dunkelgrün, im Nak-

Canindeara

ken breites gelbes Band. Breiter Zügel u. Augenumgebung nackt, weiß. Äußere Flügeldecken u. Schwingen blau. Schwanzfedern oberseits braunrot, unterseits gelblichbraun, Spitzen blau. Schnabel schwarz, spitzenwärts heller. Auge orangerot. Füße bräunlich. ♀ wie ♂, aber Nackenband schmaler, nackte weiße Haut der Kopfseite weniger ausgedehnt, Kopf kleiner u. schmaler. Juv. Nackenband weit weniger ausgedehnt als bei Ad. Auge dunkelbraun. 39 cm. Verbr.-Gebiet nordwe. Argentinien, Bolivien, Paraguay u. Mato Grosso. Habitate z. T. sehr unterschiedl. (feuchter Tropenwald, laubabwerfende Wälder in Trockengebieten, Galeriewald). Häufig. Beginn der 70er Jahre dieses Jh. in größerer Zahl auf europ. Vogelmarkt, seither fast regelmäßig im Handel. Eingewöhnung bei Zimmertemp., später weniger wärmebedürftig. Gut als Hausgenosse geeignet, Stimme nicht so laut. Welterstzucht 1968 in den USA. Europ. Erstzucht 1976 im Vogelpark Walsrode ↗. Seither wenige Zuchterfolge. Gelege 2–4 Eier, Brutdauer 27–30 Tage. Juv. fliegen nach ca. 45 Tagen aus. 1 Paar zog im Vogelpark Walsrode in 8 Jahren in 5 versch. Volieren 21 Juv. auf.

— *A. caninde,* Canindeara. ♂: ähnl. Ararauna, aber größer, blaugrüner Kehlfleck, zieht bis zur vorderen unteren Kopfhälfte, außerdem grüne Federn auf weißer, nackter Haut von Zügel u. oberer Wange. Schnabel anders als bei Ararauna geformt, weniger hoher First. ♀ wie ♂, aber blauer Halsfleck heller. Juv. ? 84 cm. Dürfte eigene A sein. Heimat Bolivien, in früherer Zeit auch in Paraguay, in Argentinien handelt es sich möglicherweise bei der Beobachtung von Hoy um Wanderer aus dem N. Bewohnt in Bolivien Galeriewälder an Flüssen u. Seen, flaches, sumpfiges, halboffenes Land, auch im laubabwerfenden Wald gesichtet. Selten, bis sehr selten. Im Red Data Book geführt. Rarität in den Vogelanlagen Europas, u. a. gepflegt im Vogelpark Walsrode, bei Dr. Burkard ↗ (erhielt 1976 von Ch. Cordier 2 Paare, die im Wald in der Gegend von Cochabamba gefangen wurden), Zoo Berlin-West. Wesentl. scheuer als Ararauna u. bedeutend weniger lernfähig (Dr. Burkard).

— *A. chloroptera,* Grünflügelara, Dunkelroter Ara. ♂: dunkelrot, Zügel, Augenumgebung u. unteres Gesicht nackt, weiß. Zügel- u. Wangenpartie mit wenigen streifenförmig angeordneten kleinen roten Federn. Kleine Flügeldecken rot, mittl. grün, Schwingen blau. Beide mittl. Schwanzfedern rot, Spitzen blau, übrige Federn blau mit roten Außenfahnen spitzenwärts. Steiß bläulich. Oberschnabel hell hornfarben, Schneiden u. Spitze schwarz, Unterschnabel schwärzlichgrau bis schwarz. Auge gelb. Füße dunkelgrau. ♀ wie ♂, aber gering kleiner, Kopf runder, Schnabel schmaler. Juv. Auge braun, Unterschnabel hellgrau. 90 cm. Verbr. von Panama, Kolumbien, Venezuela u. Guayana bis N-Argentinien (Taiwan), Paraguay u. südöst. Brasilien (Espirito Santo). Lebt zumeist in feuchten Flachlandwäldern, gelegentl. auch in den Ausläufern des Berglandes bis ca. 1 000 m ü. NN. Selten anzutreffen. Gesamtpopulation gering rückläufig. Von allen Ara der G. am zahlreichsten in Europa. Aufgepäppelte Einzelvögel sehr anhänglich, liebenswürdig, wenige Worte werden nachgeahmt. Ältere Vögel als Hausgenossen kaum geeignet, werden meistens nicht mehr zahm. Stimme laut, bei zutraulichem Vogel selten zu hören. Sehr gut für Ganzmetallvoliere geeignet. Welterstzucht (2 Juv.) 1962 in England; dieses Paar zog in 15 Jahren 28 Juv. auf. BRD-Erstzucht 1970 im Zoo Hannover, Gelege 2–3 Eier. Schlupf nach 27–28 Tagen. Juv. fliegen im Alter von 90–103 Tagen aus. Mischlinge mit anderen Aras bekannt.

— *A. couloni,* Gebirgs-, Blaukopfara. ♂ u. ♀: grün, Kopf blau. Zügel u. Augenpartie nackt, blau. Bürzel u. Oberschwanzdecken olivfarben, Handdecken u. Schwingen blau. Schwanz-OS rotbräunlich, Spitze blau. Schnabel schwärzlich. Auge gelb. Füße fleischfarben. Juv. ? 41 cm. Heimat öst. Peru, äußerster W der Provinz Amazonas u. Acre, Brasilien. Lebt an Waldrändern, Flußläufen, manchmal auch nahe an Städten. Äußerst selten in Gefangenschaft, 1931 im Zool. Garten Berlin, 1959 1 ♂ bei D. West, Kalifornien, USA.

— *A. macao,* Arakanga, Hellroter Ara. ♂: scharlachrot. Kopfseiten vollständig nackt, weiß. Kleine u. mittl. Flügeldecken gelb, Spitzen grün. Große Handdecken u. Schwingen hellblau, ebenso Bürzel u. Unterschwanzdecken. Außenfahnen der scharlachroten Schwanzfedern blau. Oberschnabel hell hornfarben, dreieckförmig von hinterer Schneide bis Schnabelansatz schwarz, ebenso Spitze u. Unterschnabel. Auge gelb. Füße dunkelgrau. ♀ wie ♂, Schnabel etwas mehr gekrümmt, gering kleiner. Juv. Auge braun,

Ara

Unterschnabel grau. 85 cm. Verbr.-Gebiet von O-Mexiko bis Bolivien, nö. Mato Grosso u. öst. Pará (Brasilien). Lebt in feuchten Wäldern, gern an Flußläufen, auch savannennah häufiger, zur Nahrungssuche zuweilen auf Feldern (Mais usw.). Insges. nicht gefährdet. Paare benutzen meistens über Jahre dieselbe Bruthöhle. Derartige Bäume werden unter den Einheimischen vererbt. Indianer ziehen Juv. per Hand auf, ausgesprochen zutrauliches Familienmitglied. Meistens in zool. Gärten u. Vogelparks ↗ gepflegt, Hartholzsitzstangen, keine Metallrohre. Welterstzucht 1916 in den USA. Mehrfach gezüchtet. Gelege 2–4 Eier. Juv. schlüpfen nach 26–27 Tagen, verlassen nach ca. 90 Tagen die Höhle, sind im Alter von ca. 4 Monaten flugfähig. Kreuzung mit anderen Aras ↗ bekannt.

— *A. manilata*, Rotbauchara. ♂ u. ♀: grün, unterseits heller. Haut von Zügel, Augenumgebung nackt, gelblich. Flügeldecken nahe Bug blau, ebenso Schwingen. Schwanz olivgrün, US gelblich. Bauch hat großen braunroten Fleck. Schnabel schwarz. Auge dunkelbraun. Füße schwärzlichgrau. Juv. ? 50 cm. Verbr. von Kolumbien, Venezuela u. Guayana bis nordöst. Peru; Inner-Brasilien (Pará u. Goias bis Mato Grosso). Bewohnt palmenbestandene Feuchtgebiete, aber z. B. in Guayana auch Parks u. Plantagen, in Suriname, Venezuela u. Kolumbien Palmenhaine der tropischen Zone. Die Verbr. ist sehr an die Palme *(Mauritia flexuosa)* gebunden. Lokal sehr zahlreich. Population stabil. Selten auf europ. Vogelmarkt, wird u. a. im Vogelpark Walsrode gepflegt. Eingewöhnung schwierig. Zuchterfolg nicht bekannt.

— *A. maracana*, Rotrückenara. ♂: grün, Stirn rot, Kopf-OS blau. Zügel, Augenpartie u. vordere Wangen nackt, gelblich mit streifenförmig angeordneten kleinen gelblichen Federn. Flügeldecken nahe Flügelbug bläulich, ebenso Schwingen. OS olivgrün, Unterrücken rot, Bürzel grasgrün. Brust u. Oberbauch grün, Bauch rot. Schnabel schwarz. Auge orange. Füße fleischfarben. ♀ wie ♂, aber auf Stirn, Bauch u. Unterrücken Rot weniger ausgedehnt, insges. auch etwas kleiner. Juv. Kopf u. Bauch ohne Rot, Stirn mehr gelblich, zuweilen mit wenigen roten Federn, OS matter, mehr gelbgrün, Bauch heller. 43 cm. Lebt in O-Brasilien (Pará bis Rio Grande do Sul), Paraguay u. Misiones. Waldbewohner. Heute selten (Rodungen). In früheren Jahren in größerer Zahl auf europ. Vogelmarkt. Eingewöhnung bei 20°C, später ausdauernd u. hart, verträgt aber keine Frostgrade. Einzelvogel bald zutraulich, lebhaft. Stimme nicht so laut wie von großen Aras, unterschiedl. häufig zu hören. Einige Zuchterfolge bekannt; bei VESER, Tettnang, zog 1 Paar von 1974–1981 insges. 49 Juv. auf. Bruthöhle 30 cm Ø, ca. 40 cm hoch od. Nistkasten von 35 × 35 cm Bodenfläche. Gelege allgemein 2 Eier. Nur ♀ brütet. Juv. schlüpfen nach 24 Tagen, fliegen nach ca. 7 Wochen aus.

— *A. militaris*, Soldatenara, Kleiner Soldatenara. ♂ u. ♀: olivgrün, Stirn rot. Zügel, Augenumgebung u. Wangen nackt, Augenpartie mit strichelförmig angeordneten kleinen, roten Federn, darunter streifenförmige Zeichnung aus schwarzen Federn. Kehle braungrau. Flügelbug u. Schwingen blau. Schwanzfedern rotbraun, Spitzen blau. Steiß blau. Schnabel grauschwarz. Auge gelb. Füße dunkelgrau. Juv. ? 70 cm. UAn, alle 3 sehr ähnl. *A. m. mexicana* fast wie Nominatform, nur größer; *A. m. boliviana* wie Nominatform, aber Kehle mehr rötlichbraun. Verbr. der A: von Mexiko, Kolumbien bis nordwe. Venezuela u. nö. Peru, Bolivien u. nordwe. Argentinien. Bewohnt bevorzugt tiefe Schluchten u. steile Waldhänge im od. nahe dem Bergland, zur Nahrungssuche auch in tieferen Lagen. Lebt bis 2 500 m ü. NN, überwiegend zwischen 500–1 500 m ü. NN, in W-Mexiko auch in Meereshöhe (gilt ebenfalls für die Santa Marta Gegend). Lokal begrenztes Auftreten erklärt sich durch die Felsklippen, die bevorzugt als Nist- u. Schlafplatz gewählt werden. Brütet stellenweise begrenzt auch in hohlen Bäumen. Örtl. meistens zahlreich, Rückgang offensichtl. gering, menschliche Einflüsse dafür wenig verantwortlich. Ab u. zu auf europ. Vogelmarkt. Als Käfig- u. Volierenvogel weit weniger begehrt als die übrigen farbenfreudigeren An der G. Alle UAn im Handel, Verwechslung leicht mit *A. ambigua* (bei diesem aber schwarze Federreihen an den nackten Kopfseiten deutl. breiter, Schnabelspitze heller, Kehlfärbung ohne bräunliche Tönung). Nach der Eingewöhnung hart u. ausdauernd. Welterstzucht 1973 im Zoo Wellington, Neuseeland. Europ. Erstzucht 1974 im Tierpark Berlin; 1978 1 Juv. in Bush Gardens, Tampa/Florida. Mischlingszuchten bekannt.

— *A. rubrogenys*, Rotohrara. ♂ u. ♀: olivgrün, Stirn, Scheitel u. Ohrfleck rot, ebenso Flügelbug, Flügelrand, Unterflügeldecken u. Schenkel, z. T. orangefarben. Augenpartie vollständig nackt, von schmalem Saum kleiner schwarzer Federn eingefaßt. Schwingen blaugrün, Schnabel grauschwarz. Auge orangegelb. Füße dunkelgrau. Juv. Kopf-OS u. übrige rote Gefiederteile der ad. Vögel ohne od. mit nur wenig Rot. 60 cm. Kleinstes Verbr.-Gebiet aller Aras, begrenzt auf ein Areal im öst. Z-Bolivien (Cochabamba, Santa Cruz). Lebt in einem für Aras ungewöhnl. Habitat, Gebiet bergig u. trocken mit wüstenähnl. Buschvegetation in den Tälern u. auf den tiefergelegenen Hängen, auch in trockenen Waldbeständen in höheren Lagen u. auf Kämmen. Täler in Höhen zwischen 1 300–1 500 m ü. NN, Kammlagen bei 2 000–2 200 m ü. NN. Zur Nahrungssuche auch regelmäßig auf Feldern. Brütet im höhergelegenen Bergland auf Felsen. Selten, Gesamtpopulation 1 000–ca. 3 000 Exempl. Fangbeschränkung erforderlich. Seit 1973 selten in wenigen europ. Ländern im Handel. Eingewöhnung nicht leicht, als Futter vor allem gekochten Reis, verschiedenste Nüsse neben dem Üblichen, später anspruchslos, ausdauernd. Im Zool. Garten Wuppertal Welterstzucht: 1978 Handaufzucht (3 Juv.), 1979, 1980 Naturbruten (je 2 Juv.), 1982 in England, 1984 im Tierpark Berlin.

— *A. severa*, Rotbugara. ♂: grün, Stirnband rostbraun, ebenso schmaler Begrenzungsstreif untere Wange. Kopfseiten nackt mit reihenförmig angeordneten wenigen kleinen schwarzen Federn (Strichelzeichnung). OS dunkel olivfarben, unterseits heller,

Flügelbug rot, z. T. Flügeldecken u. Schwingen blau. Schwanz rotbraun, äußere Feder-OS grün, Spitzen blau. Schnabel schwarz. Auge orangegelb. Füße grauschwarz. ♀ wie ♂, aber Kopf kleiner, Schnabel u. Stirnband schmaler. Juv. ♂ Stirn rostbraun, ♀ grün (im 3. Jahr braun). Auge dunkelbraun, wird dann weißgelb. 46 cm. UAn. *A. s. castaneifrons* (O-Panama, W-Kolumbien durch O-Kolumbien bis Orinoco-Gebiet, Venezuela, im S durch O-Peru bis N-Bolivien u. NW-Brasilien). Sehr ähnl. Nominatform, aber größer. Heimat der A: O-Panama bis O-Peru, Bolivien u. W-Venezuela; Amazonasgebiet bis nordöst. Mato Grosso u. S-Bahia; Guayana. Kommt meistens im Flachland vor, am O-Hang der Anden in Anapo (Ekuador) aber auch in Höhenlagen von 1 500 m, vielleicht auch hier nur saisonbedingt. Bevorzugt Varzea-Wald, auch Galeriewälder, z. B. in Venezuela. Häufig bis sehr zahlreich, Population stabil, vereinzelt lokal begrenzte Rückgänge. Relativ häufig in zool. Gärten u. Vogelparks. Bald zutraulich. Stimme nicht sehr laut. Liebenswerter Pflegling. Welterstzucht 1940 im Zoo San Diego, USA. Einige Male gezüchtet. Bruthöhlen- ⌀ ca. 30 cm, Höhe 70 cm. Gelege allgemein 3 Eier. Juv. schlüpfen nach 26—27 Tagen.

Arachnechthra, Gelbbauch-Nektarvögel. G der Nectariniidae ↗. 14 An. Afrika, Asien, Seychellen, Komoren, Madagaskar. Bevorzugen Gärten, Wälder, Buschland, Vegetation in Wassernähe.
— *A. asiatica*, Purpurnektarvogel. ♂: OS, Kopf, Kehle u. Brust violettblau, Bauch violett bis dunkelrot, Federbüschel gelb u. orange. RK ähnelt dem ♀. ♀: OS olivgrün, US gelblichweiß. Juv. wie ♀. 11,5 cm. SO-Arabien, SO-Iran bis O-Afghanistan durch Indien bis Sri Lanka, Burma, Thailand u. Indochina. Bevorzugt Wälder, Gärten u. Kulturlandschaft. Brutversuche bekannt.
— *A. lotenia*, Lotusnektarvogel. ♂: ähnelt sehr dem ♂ von *A. asiatica*. Brust, Bauch, Flanken u. Unterflügeldecken rauchbraun, Brustbüschel gelb. ♀: wie ♀ von *A. asiatica*. Juv. wie ♀. 13 cm. Indien, Sri Lanka. Bevorzugt Parks u. lichte Wälder, Gärten.
— *A. talatala*, Weißbauchnektarvogel. ♂: Kopf, OS, Brust metallischgrün, Schwanz schwarzblau, Brustband metallischviolett u. schwarz, US weiß, Brustbüschel gelb. ♀: OS aschbraun, US heller, ganz leicht gestreift. Juv. wie ♀. 12 cm. S-Angola, nö. SW-Afrika öst. durch Sambia, N-Botswana bis Malewi, Tansania, sü. durch Simbabwe, Moçambique bis S-Afrika. Bevorzugt Gärten u. Baumsavanne mit Akazien.
— *A. venusta*, Ziernektarvogel, Gelbbauch-Nektarvogel. ♂: OS metallischblaugrün, purpurblauer Brustfleck, Bauch orange bis gelb. ♀: OS olivgrau, US weiß bis gelblichweiß, ungestreift. Juv. wie ♀. 13 cm. Sü. der Sahara von Senegal öst. bis Äthiopien, N-Somalia, sü. bis Angola, Sambia, O-Simbabwe. Bevorzugt Gärten, Buschland, Waldränder, Kulturland, üppige Vegetation in Wassernähe.

Arachnothera, Spinnenjäger. G der Nectariniidae ↗. 10 An. SO-, O-Asien, Sundainseln. Bevorzugen Waldungen, Pflanzungen, Gärten.
— *A. affinis*, Graubrust-Spinnenjäger. ♂ u. ♀: US olivgrau mit dunklen Streifen auf Kehle u. Brust, OS olivgrün. Juv. wie Ad., ohne Streifen. 16 cm. Verbr. von Tenasserim, SW-Thailand bis zur Malaiischen Halbinsel, Sumatera, Kalimantan, Java, Bali. Bevorzugt Sekundärwald, Gärten u. Pflanzungen, bes. Bananen, bis zu 1 000 m ü. NN.
— *A. chrysogenys*, Gelbwangen-Spinnenjäger. ♂ u. ♀: gelber Ohrfleck, gelbe Augenringe, Kehle u. Brust grauoliv, wenig gestreift, Bauch, Unterschwanzdecken gelblich, Schwanz dunkeloliv. Juv. wie Ad., ohne Streifen. 16 cm. S-Burma bis Malaysia, Sumatera, Kalimantan, Java. Bevorzugt Wälder, Gärten, Buschland, verwilderte Pflanzungen bis 1 000 m ü. NN.
— *A. flavigaster*, Eyton-Spinnenjäger. ♂ u. ♀: ähnelt sehr stark *A. chrysogenys*, doch größer, US nicht gestreift. Juv. wie Ad. 18 cm. S-Thailand bis Malaysia, Sumatera, Kalimantan. Bevorzugt Sekundärwälder des Tieflandes.
— *A. magna*, Strichelspinnenjäger. ♂ u. ♀: OS gelblicholiv mit schwarzen Streifen, US weißlich, Füße orange. Juv. wie Ad. 20 cm. Vom Himalajagebiet bis Yünnan, N-Indochina, Burma, SW-Thailand. Bevorzugt Wälder u. Sekundärvegetation.

Arakakadu (*Probosciger aterrimus*) → *Probosciger*
Arakanga (*Ara macao*) → *Ara*
Arami, Eigentliche Rallenkraniche. UO der Psophiiformes ↗. 1 F Aramidae, 1 G, 1 A, *Aramus* ↗.
Aramides. G der Rallidae ↗. 7 An. M- u. S-Amerika.
— *A. axillaris*, Braunkappenralle. ♂ u. ♀: Kopf, Vorderhals, Brust, Flanken u. Handschwingen kastanienbraun. Kehle weißlich. Hinterhals u. Nacken blaugrau. Rücken u. Flügel olivbraun. Ober- u. Unterschwanzdecken, Schwanz, Bauch u. Oberschenkelbefiederung braunschwarz. Schnabel grüngelb. Auge rotbraun. Beine rot. 30 cm. Küsten von Mexiko bis Ekuador u. Guayana. Bewohnt Randgebiete der Regenwälder, Waldsümpfe, Mangrovewälder, dichtes Buschland u. offene Waldgebiete bis 1 800 m ü. NN. Lebt sehr verborgen u. scheu. Ruft häufig nachts, hohes anhaltendes Heulen. Selten in Europa. Vorwiegend in Tiergärten.
— *A. cajanea*, Cayenneralle. ♂: Kopf u. Nacken grau. Vorderhals blaugrau. Kehle weiß. OS olivbraun. Brust u. Flanken rotbraun. Bauch u. Schwanz schwarz. Schnabel grüngelb. Auge u. Füße rot. ♀ wie ♂, evtl. etwas größer. 35 cm. UAn. S-Mexiko bis Argentinien. Meist Einzelgänger in dichtem Schilf. Auch in feuchtem Gras u. Buschland bis 1 900 m ü. NN. Scheue, aber sehr lebhafte Ralle. Ruft abends, oft paarweise od. in Gruppen. Gelege 5—8 auf gelblichweißem Grund braun- od. blaugefleckte Eier. Brutdauer 19—21 Tage. ♂ u. ♀ brüten. Öfter in Europa. Für Haltung größeres Wasserbecken u. Schilfbestand nötig. Nur paarweise halten. ♂♂ bes. zur Fortpflanzungszeit sehr aggressiv. Überwinterung warm.
— *A. ypecaha*, Ypecaha-Ralle. ♂ u. ♀: Stirn, Kopfseiten u. Brust grau. Kehle grauweiß. Hinterkopf u. Schwungfedern rotbraun. Rücken u. Flügeldecken olivbraun. Schwanz u. Flanken schwarz. Bauch röt-

Aramus

Ypecaha-Ralle

lichweiß. Schnabel grüngelb. Auge u. Beine rot. 45 cm. O-Brasilien bis Paraguay, Argentinien u. Uruguay. Paarweise od. in kleineren Gruppen an schilfbestandenen Gewässern in Waldnähe. Führt eigenartige Tänze unter lautem Schreien durch. Überwiegend nachtaktiv. Brütet im Schilf. Gelege 4—7 hellbraun gesprenkelte Eier. Ab u. zu in Europa eingeführt. Nesträuber! Überwinterung warm.

Aramus, Rallenkraniche. G der Aramidae ↗. 1 A. Verwandt mit Kranichen u. Trompetervögeln. Südöst. N-Amerika (S-Georgia, Florida) u. Mexiko bis Argentinien, Antillen. An Gewässern, Mooren, Sümpfen, auch im trockenen Buschland. Einzelgängerisch u. in kleinen Trupps. Gackernde Töne, weithin schallende Rufe. Flug kranichartig. Schlafen aufgebaumt. Nahrung bevorzugt Gehäuseschnecken u. Muscheln, auch Kleintiere aller Art. 4—8 gelbbraune, grob braungefleckte Eier in großem flachen Nest aus Gräsern, Binsen, Zweigen, am Boden od. in niedrigen Büschen u. Bäumen. Brutpflege von beiden Eltern. Rallenähnl. Dunenküken Nestflüchter. Können sofort schwimmen u. tauchen. Im ersten Winter Eltern u. Juv. im Familienverband. Früher beliebtes Jagdwild. Vom Aussterben bedroht! Artenschutz! Haltung lediglich in einigen Zoos, vor allem S- u. M-Amerikas.

— *A. guarauna,* Rallenkranich, Riesenralle. ♂ u. ♀: dunkel- bis grünbraun, weiß gesprenkelt u. gefleckt. Juv. schwarzbraune Dunen. Langer, seitl. zusammengedrückter Rallenschnabel. Lange Zehen. 60—85 cm. UAn.

Araponga *(Procnias averano)* → *Procnias*
Ararauna *(Ara ararauna)* → *Ara*
Aras. Gruppe Papageienvögel der Aratingidae ↗. Zu den A. gehören die Gn *Anodorhynchus* ↗, *Cyanopsitta* ↗, *Ara* ↗, *Diopsittaca* ↗.
Arasittich *(Rhynchopsitta pachyrhyncha)* → *Rhynchopsitta*
Aratinga. G der Aratingidae ↗, UF Aratinginae ↗. 1 A, früher sehr artenreiche G. SO-Venezuela, N-Brasilien (Rio Branco), Guayana; öst. Brasilien vom Amazonas bis Rio Grande do Sul. Lebensraum s. UA. Pflege s. *Pyrrhura.* ± starke Nager. Handaufgezogene Juv. bei Einzelhaltung zahm, geringes Nachahmungstalent. Laute Schreie werden bei Einzelhaltung u. engem Kontakt mit dem Pfleger seltener.

— *A. solstitialis,* Sonnensittich. ♂: gelb bis orangegelb, Flügeldecken mit Grün vermischt, Schwingen dunkelblau, Außenfahnen grün. Schwanzfedern olivgrün, Spitzen blau. US grauoliv. Unterschwanzdecken grün u. gelb vermischt. Schnabel schwärzlich. Auge dunkelbraun, Augenring nackt, weißlich. Füße grau, zuweilen bei älteren Vögeln fleischfarben. ♀: ähnl. ♂, aber mehr Gelb, bes. an Kopf u. Bauch (kein sicheres Kennzeichen). Juv. verwaschen grünlichgelb, stellenweise matt orangerot. Ad. Gefieder nach ca. 1,5 Jahren. 30 cm. UAn (s. u.). Bewohnt vorwiegend Savannen, lichte Wälder, Palmenhaine, bis ca. 1 200 m ü. NN. Stellenweise sehr häufig, meistens in Trupps unterwegs, bildet aber auch große Schwärme. Nahrung Früchte, Samen, Nüsse. Bruthöhle in Palmen u. anderen Bäumen. Bis 1973/74 sehr selten auf europ. Vogelmarkt, seither vor allem durch Nachzuchten im Handel. Wegen der leuchtenden Farben sehr begehrt, außerdem bei reichl. Angebot frischer Zweige kaum Benagen von hölzernen Volierenteilen. Sehr gut für Außenvoliere ↗ geeignet. Überwinterung frostfrei. Bald zutraulich. Ausdauernd. Nicht übermäßig laut, Wesen liebenswürdig. Badet gern. Erstzucht 1883 bei Frau de KERVILLE, Rouen, Frankreich. Zucht einfach, bereits im Käfig gezüchtet. Brutzeit liegt häufig im Februar/März. Nicht mehr als 3 Bruten jährl. erlauben. Zernagt gern Bruthöhle, deshalb dicker Boden. Gelege 4—6 Eier. Schlupf nach 23—24 Tagen. Juv. fliegen nach ca. 50 Tagen aus. *A. s. auricapilla,* Goldscheitelsittich. ♂ u. ♀: Stirn u. Augenpartie rot bis orangerot, Scheitel gelblich. Wangen, Ohrdecken gelblich bis gelblichgrün. Unterrücken u. Bürzel grün, Federn rot gesäumt. Flügeldecken u. Schwingen blau, Unterflügeldecken orange. Schwanz olivgrün, Federspitzen bläulich. Brust u. Bauch rötlichbraun, Brust z. T. von Grün durchsetzt. Übriges Gefieder grün. Schnabel

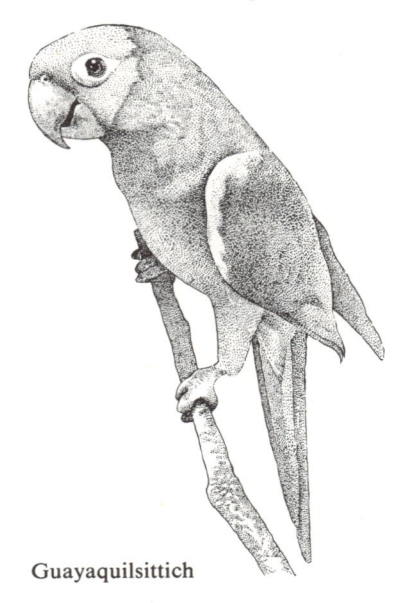

Guayaquilsittich

schwärzlich. Auge braun, Augenring nackt, weißlich. Füße grau. Juv. Kopf mit mehr Rot als bei Ad., insges. aber weniger Gelb. Wangen u. Ohrdecken ohne gelblichen Hauch. Unterrücken, Bürzel z. T. blaßrot. Augenring schwärzlich. Ähneln sehr Juv. von *A. s. aurifrons*. 30 cm. NO-Brasilien, nö. u. mittl. Bahia. Bewohnt Savannen, lichte Wälder, baumbestandenes offenes Land. Zuweilen im Handel, stets in geringer Zahl. Friedlich. Einzelvogel für Käfig geeignet, bald zutraulich. Nachahmungstalent gering. Große Nager. Badet gern. Gut mit gleichgroßen Sittichen in Gemeinschaftsvoliere zu halten. Zur Brutzeit Paar stets allein unterbringen. Erstzucht wahrscheinl. 1930 bei S. J. WIGLEY, Kalifornien, USA. Seither mehrfach gezüchtet, auch schon im Käfig. Kleine bis mittelgroße Voliere erforderlich. Brutzeit im allgemeinen im Frühjahr. 1. Gelege im Jahr meistens nur 2 Eier. *A. s. aurifrons,* Goldkappensittich, s. *A. s. auricapilla,* aber Stirn u. Scheitel mit mehr Gelb, Wangen, Ohrdecken u. unter dem Schnabel einfarbig dunkelgrün. Augenring grauweiß, Bürzel, Unterrücken ohne roten Hauch. Juv. Scheitel u. Stirn rötlich, Augenring schwärzlich. 30 cm. Verbr.-Gebiet Minas Gerais, Rio de Janeiro, São Paulo, Paraná bis in N von Rio Grande do Sul (SO-Brasilien). Lebensweise s. *A. s. auricapilla.* Sehr selten im Handel, häufig mit *A. s. auricapilla* verwechselt, wenn es sich um Jungvögel handelt. Möglicherweise Mischformen zwischen beiden UAn in S-Bahia. *A. s. jendaya,* Jendaya-Sittich. ♂: Kopf, Nacken, Oberbrust gelb bis orangegelb. Oberrücken u. Oberschwanzdecken grün, ebenso Flügel. Unterrücken orangerot. Außenfahnen der Schwingen bläulich. Unterflügeldecken orangerot. Brust u. Bauch rot. Schenkel grün. Schnabel schwarz. Auge graubraun, Augenring nackt, weißlich. Füße grau. ♀ ähnl. ♂, zuweilen obere

Goldkappensittiche

Arborophila

Jendaya-Sittich

Brust grünlich überflogen, seltener auch bei ♂. Juv. blasser als Ad., mit wenigen grünen Federn am Kopf. Augenring dunkler als bei Ad. 30 cm. NO-Brasilien. Lebt in den Küstenlandschaften, vorwiegend in Gebieten mit Kokospalmen. Hier sehr häufig. Nahrung Samen, Baumfrüchte u. Beeren. Seit der Ausfuhrsperre Brasiliens nur hin u. wieder Nachzuchten in kleiner Stückzahl im Handel. Junge, einzeln gehaltene Vögel sehr bald zahm u. für Käfige geeignet, lernt wenige Worte nachsprechen. Sehr laute Stimme. Badet gern. Große Holzzerstörer. Tägl. Zimmerfreiflug gewähren. Beste Haltung in Außenvoliere ↗ (Ganzmetall). Gut können mehrere zusammen gepflegt werden. Mehrmals im Freiflug gehalten (Nachbarschaft!). Hart. Frostfreie Überwinterung, einige Frostgrade ungefährlich. Erstmalig 1890 von Mrs. HARTLEY, England, gezüchtet, 1926 von W. HOESCH, Deutschland, seither häufig Zuchterfolge, aber nicht immer einfach. Paar allein in großer Voliere halten, großen, dickwandigen Brutkasten bieten. Brütet vorzugsweise im Frühjahr, aber auch zu anderen Jahreszeiten. Manchmal 2 Jahresbruten. Gelege 3—4 Eier. Schlupf nach ca. 25 Tagen. Juv. fliegen nach 8 Wochen aus.

Aratingidae, Neuweltpapageien. F der Psittaciformes ↗. UFn Forpinae ↗, Aratinginae ↗, Brotogeryinae ↗, Amazoninae, Triclariinae ↗ u. Pionitinae ↗.

Aratinginae, Keilschwanzsittiche. UF der Aratingidae ↗. 18 Gn, davon G *Conuropsis* mit 1 A †. Ca. 65 An, davon 5 An †. M-Amerika, Karibik u. S-Amerika.

Araukanertaube *(Patagioenas araucana)* → *Patagioenas*

Arborophila, Buschwachteln. G der Perdicinae ↗. 13 An. Rebhuhngröße. Geschlechter gleich od. ähnl. gefärbt. Iris braun, Augenregion von nackter roter Haut umgeben. Schnabel u. Läufe dunkel. An Kehle

Arceuthornis

dunkelrote Haut durchschimmernd. Mit einer Reihe dicker, rundlicher Knochen über Augenhöhle. Vorderzehenkrallen lang, gestreckt, etwas gebogen. Hinterzehenkralle kurz. Läufe sporenlos. 14fedriger, abgerundeter Schwanz. In tropischen Urwäldern vom Himalaja bis Taiwan, Hainan u. Große Sundainseln. Gelege meist 3–5, i. d. R. weißliche Eier. Brutdauer ca. 22 Tage. Monogam. In Volieren hart u. ausdauernd. Frostfreie Überwinterung. Fütterung, Aufzucht → *Alectoris*.

— *A. atrogularis*, Weißwangen-Buschwachtel. ♂ u. ♀: Kopf u. Kehle schwarz. Augenbrauen- u. Wangenband weiß. Kropf schwarzweiß gefleckt. Unterbauch, Seiten grauweiß gefleckt. Nacken gelbbraun mit schwarzen Flecken. OS olivbraun, schwarz gestrichelt u. gebändert. Federn mit schwarzem Endfleck. Äußere Armschwingen u. Schulterfedern mit rotbraunen Endsäumen. 27 cm. Assam u. Burma.

— *A. javanica*, Rotbauch-Buschwachtel. ♂ u. ♀: von Stirn über Auge zu Kopfseite breiter fahlrostgelblicher Streifen. Kehle u. Wangen gleich gefärbt. Nach unten u. hinten schwarzgefleckt. Zügel, Augengegend sowie Streifen zwischen Schläfen u. Wangen schwarz. Kropf, Brust rötlich olivbraun. Bauch rotbraun. OS olivbraun mit welliger schwarzer Querbänderung. Seiten weiß mit schwarzem Endsaum. 26 cm. Yünnan, Burma bis Indochina, Malaysia, Sumatera, Java.

— *A. rufogularis*, Rotkehl-Buschwachtel. ♂ u. ♀: Nackenband rotbraun u. schwarzgefleckt. Kopfseiten weißlich, schwarz gefleckt. Kehle rotbraun mit schwarzen Flecken. Kropf, Brust grau, zum Bauch grauweiß. Seiten grau, weiß gefleckte Federn mit rotbraunem Endsaum. OS olivbraun, schwarz gestrichelt u. gebändert. 28 cm. UAn. Himalajagebiet bis Indochina u. Yünnan.

— *A. torqueola*, Hügelhuhn. ♂: Kopf-OS braunrot, Stirngegend blasser. Genick schwarz gefleckt. Rücken olivbraun, schmal schwarz quergewellt. Überaugenstreif schwarz mit weißer Außenstrichelung. Nackte Augenumgebung rot. Ohrdecken goldrotbraun, dahinter rotbrauner, schwarz gestrichelter Streif. Kehle schwarz, weiß durchsetzt. Zwischen Kehle u. Kropf schwarzer Fleck. Kropf, Brust grau, zum Bauch grauweiß. Seiten grau mit roten Federsäumen, mit weißem tropfenförmigen Endfleck. ♀: Kopf-OS olivbraun, schwarz gestrichelt. Kehle u. Halsseiten rostgelb, schwarz gefleckt. Vorderbrustfedern rostfarbig gesäumt. 30 cm. UAn. Himalaja bis Burma u. Tonkin.

Arceuthornis. G der Muscicapidae ↗. 3 An. Früher unter *Turdus* ↗ eingeordnet. Alle An gehalten. Pflege wie *Merula* ↗

— *A. naumanni*, Naumannsdrossel. ♂: Überaugenstreif gelblichweiß, OS braungrau mit ± zimtroten Federn durchsetzt, bes. Bürzel, Oberschwanzdecken. Schwanz kastanienbraun. Kropf u. Vorderbrust rostrot, Flanken rostbraun gefleckt. ♀ wie ♂, aber Kehle mehr rahmfarben, Brust stärker gefleckt, OS bräunlicher. Juv. dunkelbraun, wenig rostrot, US mit starker schwarzbrauner Fleckung. 23 cm. UAn. *A. n. eunomus* (Rostflügeldrossel) von einigen als eigene A angesehen, Überaugenstreif deutl. weiß, ebenso Kehle. Kropfband u. Flanken mit schwarzbrauner Fleckung, sonst US weißlich. OS schwarzbraun, Federn von Hinterrücken u. Bürzel rostrot gesäumt, Flügel vorwiegend rostrot. ♀ gering blasser u. brauner als ♂. Bewohnt nö. O-Sibirien einschließl.

Wacholderdrossel

Kamtschatka. Stimme wie Nominatform. Verbr. der A: N-, O-Sibirien vom Tas, Jenissei bis Anadyrgebiet, bis Kamtschatka u. Ochotskisches Meer, sü. bis Baikalsee u. Stanowoi-Gebirge. Überwintert in O-, SO-Asien, seltener Irrgast in Europa. Gesang ähnl. Wacholderdrossel. Selten gehalten.

— *A. pilaris*, Wacholderdrossel. ♂ u. ♀: Kopf u. Nacken schiefergrau. Heller Überaugenstreif. Rücken braun, Bürzel hellgrau, Schwanz schwärzlich. Kehle, Brust goldbraun mit schwarzer Fleckung, gleichfalls Flanken, sonst unterseits weiß. Juv. braun, Bürzel mit braunen Federn durchsetzt. US stärker gefleckt als bei Ad., Schwanzfedern schwarzbraun (sonst schwarz). Um 25 cm. S-Grönland, N-, M-Europa, durch O-Europa, Sibirien bis zur Lena u. Baikalsee. Teilzieher. Bewohnt Waldränder, Feldgehölze, Auenwälder, Parks, Obstplantagen, seltener in Gärten. Brütet häufig in lockeren Kolonien. Gesang besteht aus knarrenden Tönen u. gepreßtem Zwitschern, kaum in Strophen unterteilt, insges. unbedeutend. Für Haltung in Voliere ↗ geeignet, aber sehr scheu u. flatterhaft, häufig noch nach Jahren, deshalb für Vogelgesellschaften wenig geeignet. Anspruchslos. Winterhart. Zucht in gut bepflanztem Flugraum nicht schwierig, einige Male beschrieben, wie auch bei anderen Drosseln.

— *A. ruficollis*, Bechsteindrossel. ♂: Überaugenstreif, Zügel, Kinn, Kehle u. Vorderbrust rostrot, sonst US weiß, nur Flanken hellgrau. OS aschgrau. ♀ ähnl. ♂, aber OS bräunlicher, Kehle roströtlich mit schwarzbraunen Flecken. Juv. ähnl. ♀, aber ohne Rostrot (Nominatform auch als Rotkehldrossel bezeichnet). 23,5 cm. 2 UAn. *A. a. atrogularis* (Schwarzkehldrossel), schwarzes Gesicht, ebenso

Kehle u. Brust. ♂ US weißlich, Kehle u. Oberbrust mit schwarzer Fleckung. O-Sowjetunion durch W-, M-Sibirien bis Transbaikalien, Joblonoi-Gebirge u. N-Mongolei; Tarbagatai. Wiederholt we. bis zu den Britischen Inseln, Frankreich u. Italien nachgewiesen. Bewohnt Wälder aller Art bis zur Baumgrenze. Teilzieher. Nest auf Bäumen, ähnl. Nest der Amsel ↗. Gelege 4–6 Eier. Gesang ähnelt dem der Amsel u. Singdrossel ↗. Beide UAn ab u. zu gehalten.

Archibald, George, Dr., geb. am 13. 7. 1946 in New Glasgow, Nova Scotia/Kanada. Hielt bereits als Kind auf der Farm seiner Eltern eine große Schar Fasanen u. Wassergeflügel, die er zum Studiumbeginn auflösen mußte. 1965–1968 Zoologiestudium an der Universität von Dalhousie, arbeitete anschl. im Laboratory of Ornithology der Cornell-Universität. 1971 Promotion auf dem Gebiet der Verhaltensforschung bei Tieren. Lernte an der Cornell-Universität den jungen Ornithologen R. SAUEY kennen u. gründete auf der Farm von SAUEY's Eltern zusammen mit diesem 1973 die International Crane Foundation ↗. Vorher führte er Feldstudien in Japan u. Australien an Kranichen durch. 10 Jahre nach der Gründung der ICF hat sie den Ruf, zu den wirkungsvollsten Einrichtungen des Artenschutzes der Welt zu gehören. In dieser Zeit hat A. 4 internationale Konferenzen zum Thema Kraniche ins Leben gerufen, wobei er u. seine Mitarbeiter umfangreiche schriftliche Unterlagen vorlegten. Zahlreiche Artikel über Kraniche in Zeitschriften, wie «Audubon», «Smithsonian», «Natural History» u. «National Geographic». Mitglied der Survival Service Commission im International Council for Bird Preservation ↗ u. der International Union for the Conservation of Nature ↗. Ca. die Hälfte eines Jahres verbringt A. im Hauptquartier der ICF u. leitet dort das Zuchtprogramm, die übrige Zeit arbeitet er in Asien, bes. in China, Indien, Japan, Korea u. in der Sowjetunion für den Vogelschutz u. die Arterhaltung. 1983 Orden «Golden Arc».

Archilochus, Erzkolibris. G der Trochilidae ↗. 4 An. Kanada u. USA bis Guatemala. Gärten, Parks, Sekundärvegetation, Wälder.

— *A. alexandri,* Schwarzkinnkolibri. ♂: OS goldiggrün, auf dem Kopf dunkler, Bürzel u. Oberschwanzdecken heller. Mittl. Steuerfederpaar glänzend grün wie Rücken, die übrigen schwarz mit schwachem bräunlichpurpurnen Schimmer. Kinn u. Kehle schwarz, Vorderbrust bräunlichweiß, übrige US bräunlich metallischgrün; in der Mitte des Unterkörpers eine weißliche Linie. Unterschwanzdecken grünlichgraubraun. Flaumbüschel an den Bauchseiten weiß. Schnabel u. Füße schwarz. ♀: OS goldiggrün, Kopf bräunlich. Mittl. Steuerfedern wie der Rücken; das nächste Paar grünlich mit schwarzbrauner Spitze; die folgenden beiden Paare an der Wurzel blaß metallischgrün, dann schwarz u. mit weißer Spitze; das äußerste Paar an der Wurzel heller, mit ganz schwachem grünlichem Schimmer, die weißen Spitzen größer. US hellgrau, Kehle mit dunklen Schattenstreifen. Juv. wie ♀. 8,3 cm. We. N-Amerika vom sü. British Columbia bis N-Mexiko u. Texas. In halbtrockenem Gelände, in Zedernwäldern, in Cañons, an Flüssen, in Parks u. Gärten. Eingewöhnung ohne bes. Schwierigkeiten. Haltung in großen Volie-

ren ↗. Zucht bei W. SCHEITHAUER ↗ gelungen; das Nest wird wie bei allen anderen Kolibris auch aus Schafwolle, Baumwolle u. Spinnwebe gebaut. Eiablage im 2-Tage-Abstand. Brutzeit 15 Tage. Juv. fliegen nach 21 Tagen aus. 2 Tage später schon bei selbständiger Nahrungsaufnahme beobachtet.

— *A. colubris,* Rubinkehlkolibri, Rubinkehlchen, Rubinkolibri. ♂: erste Schwinge sehr schmal u. steif. OS dunkelgrün, Bürzel u. Oberschwanzdecken heller. Mittl. Steuerfederpaar grün, übrige schwarz. Kinn schwarz. Kehle rubinrot, Vorderbrust bräunlichweiß, US bräunlich metallischgrün; Unterschwanzdecken grünlichgraubraun. Flaumbüschel an den Bauchseiten weiß. Schnabel u. Füße schwarz. ♀: OS goldiggrün, Kopf bräunlich. Mittl. Steuerfedern wie der Rücken; das nächste Paar grünlich; die folgenden beiden Paare schwarz mit weißer Spitze. US hellgrau, Kehle mit dunklen Schattenstreifen. Juv. wie ♀. 8,3 cm. Vom öst. N-Amerika u. Kanada (Süd.-Alberta bis Neuschottland) bis zur Golfküste u. Florida. Nahezu in allen Biotopen. Leicht einzugewöhnen. Mehrjährige Haltungserfolge liegen vor. A. RUTGERS berichtet von einer gelungenen Zucht, nähere Angaben fehlen allerdings.

— *A. costae,* Costakolibri. ♂: OS goldiggrün, Kopf u. Kehle hell purpurfarben, US weißlich. Schwanz wie der Rücken, Schnabel schwarz. ♀: US hellbräunlichgrau, OS grün. Juv. wie ♀. 8,5 cm. SW-USA (S-Kalifornien u. SW-Utah bis Arizona u. Neumexiko) u. Niederkalifornien. In allen Lebensräumen. Eingewöhnung u. Haltung nach W. SCHEITHAUER wie bei *A. colubris.* W. SCHEITHAUER züchtete Hybriden mit *A. alexandri.*

Ardea. G der Ardeidae ↗. 10 An. 80–140 cm. Erscheinen durch knapp anliegendes Halsgefieder bes. langhalsig. Färbung vorwiegend grau u. braun, ausnahmsweise weiß. Kein Sexualdimorphismus. Bewohnen alle Erdteile. An Gewässern aller Art, selbst an kleinsten Tümpeln. Zur Nahrungssuche auch auf Feldern u. Wiesen. Brüten meist in Kolonien im Röhricht, auf Büschen od. Bäumen. Gelege 3–5 Eier. Haltung entweder flugunfähig auf Freianlagen od. in Volieren. Ernährung mit Fisch, Mäusen, Futterküken u. Fleisch.

Schwarzhalsreiher

Ardeidae

Graureiher

— **A. cinerea,** Graureiher. ♂ u. ♀: Oberkopf u. Hals weiß, Schopf schwarz, übriges Gefieder grau. Juv. mehr graubraun. 90 cm. Europa, Asien bis Indonesien, Afrika. Auch außerhalb Brutzeit gesellig. Eingewöhnung und Haltung ohne Schwierigkeiten. Brütet leicht.
— **A. goliath,** Goliathreiher. ♂ u. ♀: Scheitel, Hinterhals u. Bauch rotbraun. Schultern, Rücken u. Flügel grau. Größter Reiher. 140 cm. Afrika, Madagaskar u. Arabische Halbinsel bis Irak. Einzeln od. paarweise an Küste od. Ufer von Seen u. Flüssen u. Sümpfen. Einzelhorste im dichten Röhricht od. auf Bäumen, bisweilen am Rande von Brutkolonien anderer Reiher. Gelege 3 bläuliche Eier. Brutdauer 30 Tage. Nestlingsdauer 5—6 Wochen. Selten eingeführt u. gehalten. Unverträglich.
— **A. herodias,** Kanadareiher. ♂ u. ♀: Kopf weiß mit schwarzem Schopf, Hals graubraun. Flügelbug u. Schenkelbefiederung rotbraun, übriges Gefieder grau. Weiße Farbphase vorwiegend in Florida. 100 cm. N-Amerika von S-Alaska, M-Amerika, W-Indien, Küste Venezuelas u. Kolumbiens; Galapagos. Haltung wie andere An der G. Regelmäßige Nachzuchten. Selten in Europa.
— **A. purpurea,** Purpurreiher. ♂ u. ♀: Scheitel u. Schopf schwarz. Hals u. Brust rotbraun. Schwarze Halsseitenbänder. Rücken, Flügel u. Schwanz blaugrau. 80 cm. S-Europa, Afrika, Madagaskar, M-, S- u. O-Asien bis Philippinen. Zugvogel ↗. Hält sich viel im Röhricht auf u. brütet auch dort. Eingewöhnung u. Haltung nicht schwierig. Muß warm überwintert werden. Regelmäßige Nachzuchten.

Ardeidae, Reiher. F der Ciconiiformes ↗. 23 Gn. 63 An. Weiches, loses Gefieder. Puderdunenfelder auf Brust, an Bürzelseiten u. in Leistengegend. Bürzeldrüse verkümmert. In Brutzeit meist Schmuckfedern auf Kopf, Rücken, Brust. Hals s-förmig gekrümmt. Langer, gerader, spitzer Schnabel (Ausnahme Kahnschnabel ↗). Lange Beine mit kräftigen, langen Zehen. 30—140 cm. 100—2600 g. ♂ u. ♀: meist gleich gefärbt. Weltweit verbr., mit Ausnahme von Arktis u. Antarktis. Größte An-Fülle in Tropen u. Subtropen. In gemäßigten Breiten z. T. Zug- u. Strichvogel. Leben vorwiegend in Wassernähe, im Röhricht, in Sümpfen u. anderen Feuchtgebieten. Nahrung rein animalisch: vorwiegend Fische u. andere wasser- u. landbewohnende Wirbeltiere u. Insekten. Die meisten An sind gesellig, haben gemeinsame Schlafplätze u. brüten in Kolonien. Nester am Boden in dichter Vegetation (Röhricht), auf Büschen, Bäumen u. bisweilen auf Felsen. Gelege 3—5 (1—9) weiße, grünliche, bläuliche, bräunliche, seltener gefleckte Eier. Eiablage tägl. od. in Intervallen bis zu mehreren Tagen. Brutdauer 16—30 Tage. Schlupf der Jungen asynchron, da Bebrütung ab 1. od. 2. Ei. I. d. R. brüten ♂ u. ♀ u. betreuen gemeinsam die Jungen. Nesthocker. Küken mit grauem od. gelbbraunem Dunenkleid. Reiher werden regelmäßig in Tiergärten, seltener von Privatliebhabern gehalten. Meist ruhige u. wenig schreckhafte Vögel. Vorsicht beim Umgang, da Schnabel gefährliche Waffe. Größere An (Grau- ↗, Kanada- ↗, Goliath- ↗, Silberreiher ↗) können flugunfähig auf Freianlagen gehalten werden. Freiflug spez. bei Kuhreihern ↗ bedingt möglich. Haltung versch. An, auch mit Ibissen ↗ u. Kormoranen ↗ möglich. Da meist Koloniebrüter Gruppenhaltung günstig. Teich od. Wasserbecken erforderlich. An gemäßigter Breiten können im Winter im Freien gehalten werden (Futter mehrmals in kleineren Portionen reichen, damit es nicht gefriert), sonst Überwinterung in temperiertem Raum. Haltung auf Naturboden (Erde, Gras). Gehege u. Voliere Bepflanzung mit Büschen u. Bäumen. Schlafen im Gezweig, auch auf dünnen Ästen od. am Boden. Eingewöhnung meist nicht schwierig, da die meisten Exempl. schnell Nahrung annehmen. Größere An erhalten Fische, Kleinsäuger od. Futterküken. Mittl. u. kleine An neben Fisch u. Fischstücken Futtergemisch aus Weichfutter mit rohem od. gekochtem Fleisch, Garnelen- od. Insektenschrot, Mehlwürmer, Mineralstoffgemisch u. Vitamine. Alle Reiher baden gern. Bei Sonnenschein häufig typische Sonnenstellung mit abgewinkelten Flügeln. Zucht der meisten An schon gelungen. Als Nestunterlage haben sich flache Körbe od. zusammengebundene Zweige bewährt. Äste, dünne Zweige u. andere Pflanzenstoffe als Nistmaterial anbieten. Beide Altvögel bauen Nest. Nester stehen dicht beieinander. Allgemein monogam lebend, doch auch Polygamie möglich. Größere An stehlen oft Junge aus Nestern schwächerer An. Aufzuchtfutter wie Futter für Ad. Altvögel erbrechen vorverdaute Nahrung bei kleineren Jungen in deren Schnabel, bei älteren Jungen auf Nestrand. Keine der Reiher-An fällt unter WAÜ ↗.

Ardeola, Rallenreiher. G der Ardeidae ↗. 5 An. 45 cm. Alle An sind nahe miteinander verwandt u. sehen sich im Ruhe- u. Jugendkleid sehr ähnl. Zerschlissene Schmuckfedern auf Rücken, bandförmige Schmuckfedern im Nacken. S-Europa, Afrika, Madagaskar, M- u. S-Asien bis Indonesien. Bewohnt wasserreiche Niederungsgebiete mit dichter Vegetation, Gebüsch u. Bäumen. Gern in Reissümpfen. Anspruchsvoller an Haltung als größere Reiher-An, da Nahrung vorwiegend Insekten, Frösche, Kaulquappen, kleine Fische. Insektenschrot zusetzen.

— *A. bacchus,* Bacchusreiher. ♂ u. ♀: BK Kopf u. Hals dunkel kastanienbraun, Rücken schieferschwarz. Juv. u. RK Kopf u. Halsseiten dunkelbraun längsgestreift. Selten gehalten. 1966 Erstzucht im Tierpark Berlin.
— *A. ralloides,* Rallenreiher. ♂ u. ♀: OS, Hals u. Brustseiten ockergelb, ebenso Rückenschmuckfedern. Schopffedern gelblich u. schwarz gestreift. Schnabel leuchtend bläulich mit schwarzer Spitze. Im Ruhe- u. Jugendkleid dunkelbraun längsgestreift. Zucht mehrfach gelungen.

Ardeotis. G der Otididae ↗. Altweltlich verbr., 2 An in Afrika, je 1 in Indien u. Australien. Große langbeinige Steppen- u. Savannenbesiedler. ♂: bis 14 kg, mit einem bei der Balz aufgepumpten Kehlsack. Alle An sind schon gehalten worden, auf dem europ. Kontinent nur 1 A; Bestand aller gefährdet. Mit *A. australis* gelangen die erfolgreichsten, der Arterhaltung dienende Trappenzuchten. Schutzprojekte der vom Aussterben bedrohten Hindutrappe *(A. nigriceps)* fußen auf internat. Schutzbestimmungen. Die von der Sahara bis Arabien heimische *A. arabs* gelangte nur selten in Gefangenschaft.
— *A. kori,* Riesentrappe. ♂: OS graubraun, Kopfseiten u. Hals hell, fein schwarz gewellt, schwarze verlängerte Scheitelfedern, Oberflügeldecken weiß mit schwarzen Enden, bis 78,0 cm Flügellänge, bis 13,5 kg. ♀: erheblich kleiner, 5 kg; Juv. Scheitel heller, ohne Federschopf. 75—130 cm. Äthiopien bis Tansania *(A. k. struthiunculus)* sowie SW- u. S-Afrika *(A. k. kori)*. Paarweise lebend. Bei der Balz werden ein dann weiß leuchtender kugeliger Kehlsack aufgepumpt u. die weißen Unterschwanzdecken durch Aufstellen des Schwanzes zur Schau gestellt. Nah-

Balzende Koritrappe

rung Gräser, Kräuter, Heuschrecken, Rept. u. a. Kleintiere. Gelegentl. in Zoos gehalten, am besten mit eingeschränktem Flugvermögen auf ausgedehntem gegattertem Trockenrasen od. Grünland mit verstreuten lichten Gehölzgruppen. Strenger Schutz des zurückgegangenen Bestandes.

Areal. Begriff der Biogeographie. Als A. bezeichnet man das Verbr.-Gebiet, genauer den Wohn- u. Fortpflanzungsraum einer systematischen Einheit, meist einer A (Art-A. od. Habitat). Die für Zug- od. Strichvögel charakteristischen Wanderwege gehören nicht zum A. Die Größe des A. wird von ökologischen Faktoren u. Ausbreitungsschranken bestimmt. Vögel haben auf Grund ihres Flugvermögens i. d. R. großflächige A.e, diese stimmen nicht selten mit den Grenzen einer zoogeographischen Region ↗ überein. Für Zugvögel ist ein Wohn- u. Fortpflanzungs-A. u. ein Ausweich-A. charakteristisch, beide können in versch. zoogeographischen Regionen liegen.

Arenaria. G der Scolopacidae ↗. UF Arenariinae ↗. 2 An.
— *A. interpres,* Steinwälzer. ♂ u. ♀: Im BK OS rotbraun mit schwarzer Fleckung, US weiß. Kopf, Hals u. Brust schwarzweiß, breites schwarzes Brustband. Gelbe Füße u. schwarzer Schnabel. Im RK OS u. Brustband schwarzbraun, weiße Kehle. Juv. ähnl. 23 cm. UAn. Küsten Skandinaviens, der nö. SU bis O-Sibirien, nö. N-Amerika u. Grönland. Überwintert an den Küsten S-Amerikas, Afrikas, Australiens u. Neuseelands. Bewohnt trockene u. steinige Küsten, oft auf Inseln. Nest flache Mulde in dichter Vegetation od. an Felsblock. 4 Eier, ♂ u. ♀ brüten. Auf Nahrungssuche drehen sie Tang, Muscheln u. Steine um, um Kleintiere zu erbeuten. Haltung s. Scolopacidae. Keine Gefangenschaftsbruten bekannt.

Arenariinae, Steinwälzer. UF der Scolopacidae ↗. 1 G *Arenaria* ↗.

Arfaklori *(Oreopsittacus arfaki)* → *Oreopsittacus*
Argala *(Leptoptilos dubius)* → *Leptoptilos*
Argundawachtel, NN → Madraswachtel
Argusfasan *(Argusianus argus)* → *Argusianus*
Argusianinae, Pfaufasanen. UF der Phasianidae ↗. 3 Gn *(Polyplectron* ↗, *Rheinardia* ↗, *Argusianus* ↗*),* 8 An.

Argusianus. G der Argusianiae ↗. 1 A. Pfauengroße Hühnervögel, 160—200 cm, Schwanzlänge 105—145 cm. Hochspezialisierte G, Armschwingen wesentl. länger als Handschwingen, mit perlschnurartig aneinandergereihten prächtigen Augenflecken. Vorherrschend braunes, mit kompliziertem Punkt- u. Streifenmuster versehenes Gefieder. Als einziger Hühnervogel ohne Bürzeldrüse. Malaiische Halbinsel, Sumatera u. Kalimantan. Bewohner ausgedehnter, dichter Urwaldgebiete mit trockenem, felsigen Untergrund. Nahrung, Haltung, Futter u. Aufzucht → *Polyplectron.*
— *A. argus,* Malaiischer Argusfasan. ♂: Kopf u. Hals fast nackt, kobaltblau gefärbt. Von Scheitelmitte bis Hinterkopf schwarzer Federstreif, der am Nacken u. Hinterhals zu einer dünnen Mähne ausgebildet ist. Mantel, Schulter u. Flügeldecken dunkelbraun mit gelbbräunlicher Zeichnung. Rücken ockergelb, schwarz gefleckt. Die außergewöhnl. langen u. breiten Armschwingen sind am Ende fast rechtwinklich, rötlichbraun mit schwarzen Kritzeln u. weißen Fleckchen. Auf den Außenfahnen entlang des Schaftes ist eine fortlaufende Kette von 15—20 großen Augenflecken, die durch Verteilung von Licht- u. Schattentönen den optisch täuschenden Eindruck

körperlich erhabener Kugeln erwecken. Die kürzeren Handschwingen mit breiter Innenfahne rotbraun mit weißpunktierter Linie, sowie gelbbraune, rotbraun getupfte schmale Außenfahnen. Die beiden mittelsten der 12 Schwanzfedern sind stark bandförmig verlängert, außen rotbraun, innen grau mit runden weißen, schwarzgeränderten Flecken versehen. Äußere Schwanzfedern in der Länge regelmäßig abgestuft, schwärzlich mit weißem Punktmuster. US kastanienbraun mit schwarzer u. isabellfarbener Netzmusterung. Schnabel gelblichgrau. Füße rot ohne Sporen. ♀: ein Drittel kleiner als ♂. Nackte Kopf- u. Halsteile blau wie bei ♂, mit längerer Hinterkopfhaube. OS dunkelbraun mit gelblicher Netzzeichnung, Handschwingen kastanienbraun, schwarz gefleckt, Rücken u. Schwanz mit breiter schwarzer Bänderung u. isabellfarbener Netzzeichnung. US rotbraun, schwarzgewellt. Schnabel u. Füße wie bei ♂. Brutdauer 25 Tage. Ei hellrötlichisabellfarben mit brauner Sprenkelmusterung. Juv. rötlichbrauner Rücken mit 4 isabellfarbenen Seitenbändern u. hellerer US. Schnabel u. Füße rosa getönt. 170–200 cm ♂, 74–76 cm ♀. UAn. Malaiische Halbinsel, Sumatera. ♂♂ legen feste Balzplätze im Urwald an, diese werden ständig von jeglichem Pflanzenwuchs freigehalten. Mit ihren langgezogenen weithin hörbaren Rufserien werden paarungsbereite Hennen angelockt. Eine feste Paarbildung besteht nicht. Zum Auftakt der Balz geht das ♂ taktförmig im Kreis um das ♀, um nach kurzer Zeit in Frontalbalzstellung, ähnl. dem Pfau ein Rad zu schlagen. Nur wird dieser große kreisrunde Schirm bei ihm aus den gespreizten Schwingen gebildet, über dem die beiden längsten Schwanzfedern wie Bänder flattern. Vorderkörper mit Hals u. Kopf werden abwärts gehalten u. von den Schwingen verdeckt. Nur ab u. zu wird der Kopf sichernd durchgesteckt. Nach der Paarung begibt sich das ♀ wieder in den Urwald, um im dichten Unterholz ihr Nest anzulegen. Schutzbestimmungen nach WAÜ. *A. a. grayi*, Borneo-Argusfasan. ♂: kleiner als Nominatform, OS mehr grau, Mantel u. Flügeldecken schwarz mit weißen Fleckchen. Rücken rosa isabellgelb. Schwanz heller mit größeren Flecken. Oberbrust hellbraun. Übrige US fein schwarz u. isabellfarben gestreift. ♀: wenig von Nominatform durch hellbraunere US unterschieden. 160–180 cm ♂, 72–73 cm ♀. Kalimantan. Schutz nach WAÜ ↗.

Argya. G der Timaliidae ↗. 11 An. S-Asien, Afrika. Pflege wie *Trochalopteron* ↗, außerdem Hirse, Glanz, Hanf u. a. kleine Samen reichen.
— *A. fulva*, Akaziendrossling. ♂ u. ♀: gelblichgraubraun, Kopf u. Nacken mit schwärzlichen Streifen. 25 cm. UAn. S-Marokko, Algerien, Tunesien, NW-Libyen, S-Ägypten bis Eritrea u. N-Sudan, we. entlang dem Südrand der Sahara (mit Aïr) bis N-Senegal, Mauretanien. Lebt im Dornendickicht, meistens auf dem Boden, an Wüstenrändern. Schwanz häufig gestelzt. Springt schnell u. weit. Stimme besteht aus rätschenden u. pfeifenden Tonfolgen. Nicht mit kleineren Vögeln vergesellschaften.

Arielfregattvogel *(Fregata ariel)* → *Fregata*
Arieltukan *(Ramphastos vitellinus)* → *Ramphastos*
Arizelomyia. G der Muscicapidae ↗. 5 An. Asien. Lebensweise, Nahrung s. Fliegenschnäpper. Pflege s. *Ficedula*.
— *A. latirostris*; Braunschnäpper, Brauner Fliegenschnäpper. ♂ u. ♀: ähnl. Grauschnäpper ↗, aber Oberkopf u. Brust ungefleckt, auffällig weißer Augenring. 12 cm. UAn. Über die Verbr. liegen ungenügende Einzelheiten vor, reicht vom Jenissei bis zum Ussuriland u. Sachalin, zur nö. Mongolei, Mandschurei, N-Korea, Japan, Kurilen, Himalaja, bes. in den Vorbergen von Kaschmir bis Nepal; Gebirge im südwe. Indien; NW-Thailand (wahrscheinl. noch in Hinterindien); Inseln Luzon u. Negros (Philippinen). Irrgast in Europa, z. B. in Norwegen, England nachgewiesen. Ausgesprochen selten in Gefangenschaft.

Arndt, Thomas, geb. 6. 6. 1952 in Luckenwalde. An der Pädagogischen Hochschule Karlsruhe tätig. Hauptarbeitsgebiete in der Ornithologie Papageienvögel von S- u. M-Amerika, sehr guter Illustrator von Psittaciden. Mehrere Publikationen in Fachzeitschriften, Buchautor von «Südamerikanische Sittiche — Keilschwanzsittiche i. e. S.» (1981), «Südamerikanische Sittiche — Pyrrhura-Arten» (1983).

Arnold, Peter, Dr., geb. 12. 8. 1938 in Meinersdorf/Erzgeb. Studium der Veterinärmedizin 1958–1963 in Leipzig. 1965 Promotion zum Dr. med. vet., Fachtierarzt für Staatsveterinärkunde, außerdem für kleine Haus- u. Pelztiere. 1980 Veterinärrat. Hauptarbeitsgebiete: klinische Veterinärmedizin bei kleinen Haus- u. Heimtieren (insbes. Vögel). Ca. 40 wissenschaftl. Publikationen, u. a. «Die klinische Untersuchung des Wellensittichs», mit R. Schöne ↗ «Der Wellensittich — Heimtier und Patient».

Art. An sind real existierende taxonomische Einheiten der lebenden Materie. Bei der Definition der A ging man früher ausschließl. von morphologischen Merkmalen aus u. forderte, daß 1. alle Individuen einer A ± identische morphologische Merkmale aufweisen u. 2. deutl. morphologische Unterschiede zu den nächsten Verwandten bestehen. Auf dieser Basis beschriebene An werden als «Morphospezies» bezeichnet. Eine solche typologische A-Beschreibung ist relativ einfach u. vor allem in der Feld- u. Museumspraxis, aber auch in der Paläontologie leicht zu realisieren. Sie hat jedoch den großen Nachteil, daß die zeitl. u. räumlichen Gegebenheiten der Evolution u. geographischen Varianz unberücksichtigt bleiben. Das Konzept von der morphologischen A wurde deshalb durch ein biol. A-Konzept ersetzt. Dieses definiert die A als Fortpflanzungsgemeinschaft, d. h. als Gruppe von Individuen, die sich 1. untereinander tatsächl. od. potentiell kreuzen u. 2. in sexueller Hinsicht von anderen solchen Gruppen isoliert sind. Die Evolution einer solchen Gruppe bedingt, daß alle ihre Einzelindividuen in ihren genetischen, physiologischen, verhaltensbiol. u. auch morphologischen Merkmalen so wenig untereinander variieren, daß sie eine natürl. od. erzwungene Fortpflanzungsgemeinschaft bilden können, sich aber andererseits so weit von anderen Gruppen von Populationen unterscheiden, daß eine Fortpflanzung mit diesen nicht möglich ist. Die A ist demnach hauptsächl. als relativ stationäres genetisches System definiert, in dem der Genpol der Population seine Eigenart aufrechterhalten kann. An mit einem begrenzten, relativ einheitl. Verbr.-Gebiet sind meist monotypisch, d. h. die Merkmale der A stimmen im ganzen Verbr.-Gebiet überein. An mit großen Verbr.-Gebieten sind dagegen i. d. R. polytypisch, d. h. bestehen aus geographisch, ökologisch od. klimatisch isolierten Populationen, die sich ± voneinander unterscheiden u. als Rassen bzw. UAn eingestuft werden. Die Zugehörigkeit der einzelnen Rassen zu einer A (Fortpflanzungsgemeinschaft) lassen sich dann häufig nur in den Berührungszonen der einzelnen Populationen durch die dort auftretenden Mischformen nachweisen. Bei sehr großen Verbr.-Gebieten mit zahlreichen ± isolierten Populationen erweisen sich die weit voneinander entfernten Rassen häufig auch dann geschlechtlich isoliert, wenn alle dazwischenliegenden Populationen sich jeweils mit den Nachbarpopulationen an den Berührungszonen vermischen u. Übergangsformen bilden. Dadurch wird aber die Unterscheidung «Rasse» u. «Art» vielfach schwierig, eine Tatsache, die zusammen mit anderen Aspekten zur Konzipierung der «Rassenkreislehre» (B. RENISCH) u. Einführung des Begriffes «Superspezies» führten. Ein bes. charakteristisches Beispiel für einen Rassenkreis liefert die Kohlmeise *(Parus major).* Sie tritt in ihrem großen Verbr.-Gebiet in 3 allopatrischen Formen auf. Die in S-Asien vorkommende S-Form hat einerseits im Iran mit der Europäischen- od. W-Form, in O-Asien mit der O-Form Kontaktzonen mit Mischformen, andererseits drang die W-Form nach der Eiszeit nach O bis zum Pazifik vor. Dabei entstanden sekundäre Kontaktareale im mittl. Asien mit der S-Form, im nö. O-Asien mit der O-Form. Obwohl in den beiden sekundären Kontaktarealen jeweils 2 Formen sympatrisch (allopatrisch) leben, bleiben sie sexuell isoliert, d. h. es kommt zu keinen Vermischungen. Grundsätzl. Schwierigkeiten ergeben sich bei der Anwendung des biol. A-Konzeptes bei Organismen, die sich nur ungeschlechtlich od. aber eingeschlechtlich (parthenogenetisch) fortpflanzen. Die Festlegung des A-Status kann in solchen Fällen nur auf der Basis morphologischer, biochemischer u. physiologischer Kriterien erfolgen.

Artamidae, Schwalbenstare. F der Passeres ↗. 1 G, 11 An. Bis 20 cm. Weiches Federkleid, weiß, schwarz, grau od. braun, haben Puderdunen ↗. Flügel lang, zugespitzt. Schwanz recht kurz. Schnabel mittellang, kräftig, gering abwärts gebogen. Rachenspalt weit. Füße klein, kräftige Zehen. ♀ wie ♂ od. sehr ähnl. Australien, indoaustral. Inselwelt bis in den pazifischen Raum, südöst. asiat. Festland. Bewohnen lichte Wälder, in Gruppen häufig auf Überlandleitungen, Telegraphendrähten, Ästen u. Palmwedeln. Vorzügliche Flieger. Vielseitiges Gruppenverhalten. Aggressiv gegenüber artfremden Vögeln, selbst größeren. Nahrung vorwiegend Insekten, die im Flug nach Art der Fliegenschnäpper ↗ erbeutet werden. Brutbeginn in Australien sofort beim Einsetzen von Regenfällen, die Nahrungsüberfluß bieten. Brüten im Verband, auch in Kolonien. Nester hoch in Bäumen, Halbhöhlen, an Felsvorsprüngen, einige austral. An in Büschen. Nutzen manchmal auch Nester anderer Vögel. Äußerst selten gepflegt. Problem ist die Gewöhnung an die Aufnahme toter Futtertiere. Für Käfig ungeeignet, Haltung nur in großen Volieren ↗, am besten als Gruppe. Vergesellschaftung mit anderen Vögeln nicht ratsam (s. oben). Fortbewegung von Ast zu Ast ungeschickt, deshalb während der Eingewöhnung Sitzgelegenheiten in kurzen Abständen anbringen. In dieser Zeit müssen Vögel zur Aufnahme toter Futtertiere bewegt werden, gelingt mit ad. Wildfängen allgemein nicht. Handaufgezogene Vögel bringen die Voraussetzungen für das Gefangenschaftsleben mit. H. MICHI, BRD, berichtet 1982 von 5 derartig aufgezogenen Weißbauchschwalbenstaren ↗, die er von Javanern bekommen hatte. Die Vögel hatten in der Heimat Larven einer baumbewohnenden Ameisenart als Futter erhalten, nahmen dann bei MICHI gleich lebende Mehlkäferlarven ↗ u. Heimchen, wenig später dann auch ein Gemisch aus handelsübl. Insektenfutter, hartgekochtem Ei, Garnelenschrot, gebrühten u. zerkleinerten Mehlkäferlarven u. Karottensaft.

Artamus. G der Artamidae ↗. 11 An. Lebensweise, Pflege s. Artamidae. Artenschutz s. Naturschutzbestimmungen ↗.

— *A. leucorhynchus,* Weißbrust-, Weißbauchschwalbenstar. ♂: schwarzgrau, aber Rücken braun, Bürzel weiß, ebenso Unterkörper. Füße blaugrau. ♀ ähnl. ♂. 19 cm. Fidschi-Inseln bis Kalimantan, Philippinen. Bewohnt vorwiegend Mangroven. Nach RUTGERS gern in der Nähe von Gewässern u. menschl. Siedlungen. Napfförmiges Nest, häufig in Bruchstellen aufrechtstehender, dicker Äste. Gelege 3—4 rahmweiße, an dem stumpfen Pol braungrau u. blau gesprenkelte Eier. 5 Exempl. 1982 im Vogelpark Wiesental, BRD, von H. MICHI.

— *A. personatus,* Maskenschwalbenstar. ♂: Kopfseiten schwarz, ebenso Kinn u. Kehle, schmale weiße Begrenzung hinten u. unten. Kopf-OS schwärzlich graubraun, sonst oberseits grau. Schwanzfedern grau, Spitzen weiß. US silbergrau. Schnabel bläulichgrau. Auge dunkelbraun. Füße bläulichgrau. ♀ wie ♂, aber Kopf grauer, insges. etwas kleiner. Juv. grau mit schwarzbraunen Flecken. Flügel ungefleckt schiefergrau. ♂♂ etwas dunkleres Gesicht. 20 cm. Australien, nicht im äußersten N u. SW, auch nicht in Tasmanien. Brütet in Sträuchern od. niedrigen Bäumen, selten höher. Häufig in Gesellschaft mit *A. superciliosus.* In Europa erstmalig um 1900, seither sporadisch nur in geringer Zahl eingeführt. Brütet in ruhiger, bepflanzter Voliere. Bei BOEHM, New Jersey, USA, wurden von 4 Bruten in Folge 7 Juv. aufgezogen. Nest aus dünnen Zweigen u. Gras im Strauch, Stützung durch Maschendraht machte sich erforderlich. Aufzuchtfutter Mehlkäferlarven ↗, Grillen, später wurde auch Ei, geschabtes rohes Fleisch u. Obst genommen. Kreuzung mit *A. superciliosus.*

— *A. superciliosus,* Weißbrauenschwalbenstar. ♂: grau, Kopfseiten schwarz, Überaugenstreif bis in den

Artbegriff

Nacken weiß, ebenso Spitzen der Schwanzfedern. US dunkelrotbraun. Schnabel hellblau, Spitze dunkler. Auge schwärzlichbraun. Füße bleigrau. ♀ ähnl. ♂, aber blasser, Überaugenstreif schmaler. 20 cm. M-Queensland bis südöst. S-Australien u. Victoria, im Winter bis W-Australien. Jagt gemeinsam nach Art der Schwalben ↗ Insekten, hüpft ähnl. den Spechten ↗ an Stämmen empor. Nest napfförmig, hoch in den Baumkronen. Gelege 2—3 olivgrüne Eier mit braunen Flecken. Erstmalig 1866 in England, bereits 1870 Bruterfolge im Zoo London. Verschiedentl. inzwischen gezüchtet,, u. a. von Mc KECHNIE, Australien, u. von BOEHM, New Jersey, USA. Aufrechtstehende Stämme mit rauher Rinde in die Anlagen einbauen, im Winter warme Unterbringung. Schlupf nach 12 Tagen. Aufzuchtfutter reichl. lebende Insekten. Juv. fliegen nach 14 Tagen aus u. sind nach ca. 2 Wochen selbständig. Häufig folgt 2. Brut.

Artbegriff → Art

Artenschutz-Bestimmungen → Washingtoner Artenschutzübereinkommen, → Naturschutzbestimmungen, → Gesetzliche Bestimmungen für die Vogelhaltung

Aruba-Braunwangensittich, UA → St. Thomas-Sittich

Asarcornis. G der Anatidae ↗, UF Anatinae ↗. 1 A. Brutvögel in Teilen Hinterindiens u. Indonesiens. Bewohnen in kleinen Populationen Gewässer des tropischen Regenwaldes. Bestandsbedroht. Nachtaktiv, tagsüber auf Bäumen ruhend. Brut während der Regenzeit. Nester in Baumhöhlungen. 6—13 Eier werden vom ♀ 30—35 Tage bebrütet. Juv. wachsen langsam. Nahrung besteht vorwiegend aus Mollusken, Würmern, Insekten u. kleinen Fischen. Auch Teile von Pflanzen werden aufgenommen. Sehr selten gehalten. Unterbringung in Volieren od. Einzelgehegen. Benötigen Schutz gegen starke Sonneneinstrahlung in Form von Büschen od. Innenräumen. Nicht winterhart. Zucht gelegentl. gelungen. Eiablage in Nistkästen. Aufzucht der Küken mit tierischer Kost.
— *A. scutulatus*, Weißflügelente. ♂: Kopf u. oberer Hals weiß, meist schwarz gesprenkelt. Weißausdehnung ist variabel. OS schwarz, grün glänzend. Bauch u. Flanken dunkelbraun. Flügeldecken weiß, einige Armschwingen blaugrau. Schnabel u. Füße blaß orangefarben. ♀: deutl. kleiner u. schwarze Gefiederteile nicht so stark glänzend wie bei ♂. 70 cm.

Ascaridiasis. Auch als Askaridiose bezeichnete Erkrankung des Geflügels infolge zu starken Befalls mit Parasiten der G *Ascaridia*. Klinische Anzeichen sind fehlende Futteraufnahme, Abmagerung, Durchfall ↗, gesträubtes Federkleid. Der Tod kann auch infolge Darmverlegung durch Wurmknäuel eintreten. Bei Hühnervögeln ↗, Tauben ↗ u. Großsittichen ist diese Erkrankung häufig nachweisbar.

Aschenbrenner, Hans, Dr., geb. 11. 10. 1932 in Blaybach (Bayern). 1952—1957 Studium der Veterinärmedizin an der Univ. München. Seit 1960 prakt. Tierarzt im Bayerischen Wald. Seit 1970 intensive Beschäftigung mit der Haltung, Zucht u. Auswilderung von Rauhfußhühnern ↗. Bis 1982 9 europ. u. nordamerik. An erfolgreich gezüchtet. Mit dieser Thematik mehrere Publikationen in wissenschaftl. Zeitschr., 1982 Buch «Grouse their Breeding and Management».

Aschkopfammer, NN → Maskenammer
Asiatische Pfauen → *Pavo*

Asio, Ohreulen. G der Strigidae ↗. 8 An. Mittelgroß, schlank, mit Federohren. Flügel immer bis Schwanzende od. darüber hinaus reichend. Keine Geschlechtsunterschiede im Gefieder, jedoch sind ♀♀ etwas größer u. schwerer als die ♂♂. Weltweit mit Ausnahme Australiens. Von dichten Fichtenwäldern bis zu baumlosen Sumpf- u. Graslandschaften. Tag- u. nachtaktive An. Eingewöhnung u. Haltung mit Eintagsküken, Mäusen problemlos. In Zoo- u. Liebhabervolieren ist nur *A. otus* häufig. Alle anderen An selten od. überhaupt nicht vertreten. Können gesellig gehalten werden, zur Zucht jedoch nur paarweise in einer Voliere ↗ mit den Mindestausmaßen 2,00 m breit, 4,00 m tief u. 2,00 m hoch. Eier werden allein vom ♀ bebrütet. Brütendes ♀ u. später Juv. werden vom ♂ mit Beute versorgt. Das ♂ füttert die kleinen Juv. nicht. 3 An bis heute gezüchtet.
— *A. capensis*, Kapohreule. Der bekannten *A. flammeus* ähnl. An schwach quergestreifter US, brauner Iris u. unbefiederten Zehen eindeutig zu unterscheiden. 30—38 cm. S-Afrika, Kapprovinz bis Zaïre u. Äthiopien, Kamerun, Tschad-Gebiet, Marokko, N-Algerien, Madagaskar. In offenen Landschaften in Form von Gras- u. Sumpfgebieten. Tag- u. nachtaktiv. Bodenbrüter. *A. c.* soll sich überwiegend von großen Insekten ernähren. Nachweisbar nur 1 Exempl. von einem Liebhaber in der BRD gehalten. Als Futter wurden Eintagsküken angenommen. Noch nicht gezüchtet. Gelege 2—6 Eier.
— *A. clamator*, Schreiohreule. ♂ u. ♀: große braune Federohren, weiß bis beigefarbene US mit kräftiger, sich zur Brust hin verdichtender dunkelbrauner Längsstrichelung. OS braun bis ockerfarben mit dunkelbraunen Längsstreifen. Auffallendes weißes Federn-X zwischen den Augen. Iris dunkel, Beine u. Zehen befiedert. Juv. camelhaarfarbenes, einfarbiges Zwischenkleid. 30—38 cm. SO-Mexiko bis Guayana, O-Kolumbien, O-Peru bis N-Argentinien, Uruguay, SO-Brasilien, ebenfalls auf der Insel Tobago. In offenen Parklandschaften, Savannen, Sümpfen u. Flußwaldungen. Tag- u. nachtaktiv. Bodenbrüter, auch in bodennahen Höhlen. Kleinsäuger u. große Insekten bilden die Nahrungsgrundlage. Sehr selten gehalten. Zucht gelang bisher nur einem Liebhaber in der BRD. Der eigentl. Brutzeit geht ein Brutplatzzeigen durch das ♂ voraus. Eier werden in über 2tägigem Abstand gelegt, ab dem 2. Ei bebrütet. Gelege 2—5 Eier. Juv. schlüpfen nach 32 Tagen. Erstzucht gelang 1970/71 R. G. KRAHE ↗, BRD.
— *A. flammeus*, Sumpfohreule. ♂ u. ♀: kleine Federohren, schwefelgelbe Iris. Weißgelbe bis rostgelbe Gefiedergrundfarbe, hat unterseits eine kräftige dunkelbraune Längsstrichelung, oberseits ein großes, dichtes, dunkelbraunes Fleckenmuster. Auffallend die schwarze Federumrandung der Augen im sonst hellen Gesichtsgefieder. Beine u. Zehen befie-

dert. Juv. gelbbraunes Zwischenkleid. 33–43 cm. O-, N- u. M-Europa, N-Asien, N-Amerika, Haïti, Puerto Rico, S-Amerika, Galápagos- u. Falklandinseln/Malwinen, Hawaii-Inseln, Insel Ponape. Bewohnt Tundra, Sümpfe u. Steppen. Tag- u. nachtaktiv. Bodenbrüter. Nahrung vorwiegend Kleinsäuger. Bei einigen Liebhabern u. in manchen Tiergärten regelmäßig gehalten. Zucht mehrmals gelungen. Einzige bekannte Eulen-A, welche noch ein Nest baut. Eier werden in 2tägigem Abstand gelegt u. nur vom ♀ ab 1. Ei bebrütet. Gelege 4–7 Eier. Brutdauer 27 Tage. Erstzucht gelang 1977 dem Tierpark Bochum, BRD. Naturschutzbestimmungen s. Strigidae.

— *A. madagascariensis,* Malegasseneule. Der bekannteren *A. otus* ähnl., keine hervorstechenden Unterscheidungsmerkmale, soll insges. dunkler u. die Gefiedergrundfarbe mehr gelborange wirken. Auf N- u. O-Madagaskar beschränkt. Sehr seltener u. in der Brutbiologie unbekannter Pflegling. Z. Z. wird nur 1 Exempl. im Vogelpark Walsrode ↗, BRD, gehalten.

Waldohreule

— *A. otus,* Waldohreule. ♂ u. ♀: mit deutl. sichtbaren Federohren u. orangegelber Iris, weiß bis gelbbraune US mit starker dunkelbrauner Längsstrichelung. OS gelbbraun mit dichtem dunkelbraunem Strich- u. Fleckenmuster. Beine u. Zehen befiedert. Juv. schmutziggraues, einfarbiges Zwischenkleid. 28–41 cm. N- u. W-USA, Kanada, N- u. M-Japan, W-China, Turkestan, Mandschurei, O-Sibirien bis Europa, Vorderasien, Kanarische Inseln, N-Afrika, Äthiopien, NO-Zaïre, Kenia. Vor allem in Randzonen dichter Nadel- u. Laubholzwälder; Jagdrevier die angrenzenden freien Flächen. Nur nachtaktiv. Als Nahrung dienen Kleinsäuger. Brütet in verlassenen Greif- u. Rabenvögelnestern. Gehört zu den am häufigsten gehaltenen Eulen-An. In Zoo- u. Liebhabervolieren gezüchtet. Erstaunlich jedoch die relativ seltenen Zuchterfolge. Eier in 2tägigem Legeabstand, werden allein vom ♀ bebrütet. Gelege 4–6 Eier. Juv. schlüpfen nach 28 Tagen. Erstzucht gelang 1970 dem Zoologischen Garten in Bojnice, ČSSR. Naturschutzbestimmungen s. Strigidae.

Asioninae, Ohreulen. UF der Strigidae ↗. 1 G, 8 An. Mit Ausnahme Australiens weltweit.

Aspergillose. Durch *Aspergillus*-Pilze — meist als Schimmel in Einstreu, Kompost, Futter — hervorgerufene Mykose der inneren Organe. Beim Vogel ist zumeist die Lunge betroffen. Bes. gefährdet sind in der Gefangenschaft Vögel der Arktis u. Antarktis, der Hochgebirgsregionen u. der Tropenwälder. Durch den sich in der Luft befindlichen Staub werden die Sporen von den Tieren eingeatmet. A. breitet sich bevorzugt bei schlechter Haltung, Fütterung u. bei Massierung von Vögeln im Winterquartier aus, vor allem wenn bei Wärme extrem hohe od. niedrige Luftfeuchtigkeit herrscht. A.-Kennzeichen sind u. a. Mattigkeit, gesträubtes Gefieder, vermehrter Durst, beschleunigte Atmung mit geöffnetem Schnabel. Je jünger die befallenen Tiere, um so schneller führt A. zum Tod. Prophylaxe: optimale Haltung, Fütterung, Brut- u. Aufzuchthygiene. Therapie: neuere Antimykotika (z. B. Miconazol).

Astrapia, Paradieselstern. G der Paradisaeidae ↗. 5 An. W-, O- u. M-Neuguinea.

— *A. stephaniae,* Stefanieparadieselster. ♂: Kopf-OS u. vorderer Nacken irisierend grünviolett. Stirn u. Zügel irisierend gelbgrün; hinterer Nacken samtschwarz. Rücken u. Flügel schwarz mit bronzegrün; hinterer Rücken u. Oberschwanzdecken samtschwarz; obere Brust, Kehle, Kinn u. Kopfseiten irisierend gelblichgrün mit blau. Federn der Ohrdecken u. Nackenseiten verlängert u. aufrichtbar; über der Brust ein breites, schwarzes Band mit bronzegrüner Farbe überdeckt, unten durch eine schmale irisierende kupferrote Linie begrenzt. Untere Brust u. Bauch stark mit Kupferbraun überdeckt, einige Federn an den Spitzen olivgrün. Flanken, untere Flügeldecken u. Unterschwanzdecken schwarz. Lange, breite, zentrale Schwanzfedern schwarz mit rosapurpur durchsetzt u. mit weißem Schaft im basalen Bereich; die übrigen Schwanzfedern schwarzglänzend mit rosapurpur. Schnabel schwarz. Iris dunkelbraun. Füße bläulichgrau. ♀: OS trübschwarz; am hinteren Rücken in schmutzigbraun übergehend; Kopf, Nacken u. oberer Brustbereich schwarz glänzend mit matt grün. US beige u. braunschwarz gestreift. Flügel u. Schwanz schwärzlichbraun. Iris bräunlichgrau. Füße grau. Juv. ähnl. dem ♀. 144 cm (♂ mit Schwanz). Gebirge von Papua-Neuguinea we. bis zu den Schrader Mountains u. zum Mount Giluwe. Haltung in Außenvoliere. Bei der Zucht wird nach der Eiablage ♂ vom ♀ getrennt, da das ♂ das ♀ jagt, sobald dieses vom Nest kommt. Gelege 1 Ei. Brutdauer 21 Tage. Küken verläßt am 27. Tag das Nest u. wird noch lange vom ♀ gefüttert. Aufzuchtfutter Insektenfuttermischung, Früchte, Mehlwürmer, Maden, Heuschrecken u. frisch getötete Mäuse. Schutzbestimmungen nach WAÜ ↗.

Athene, Steinkäuze. G der Strigidae ↗. 4 An. Klein, flachköpfig, ohne Federohren mit deutl. weißem Kehlfleck. Keine Geschlechtsunterschiede im Gefieder, jedoch sind ♀♀ meistens etwas größer u.

Äthiopis

schwerer als die ♂♂. W-, M-, S-, O-Europa, W-, M-, S-, O-Asien, N-Afrika, N- bis S-Amerika. Bewohnen Steppen, Prärien, Kulturlandschaften, Steinwüsten u. tropische Regenwälder. Nahrung Insekten, Kleinsäuger, Amphibien u. Vögel. Eingewöhnung u. Haltung mit Eintagsküken u. Mäusen problemlos. Einige sehr aggressive An. Können nur paarweise gehalten werden. Selbst hierbei schlägt das ♀ öfter noch nach langer Zeit des Zusammenlebens das ♂. Volierenhaltung mit den Mindestmaßen 2,00 × 4,00 × 2,00 m. Alle An sind Höhlenbrüter. 3 An werden in Europa gehalten u. gezüchtet.
— *A. brama*, Brahmakauz. ♂ u. ♀: *A. noctua* sehr ähnl., jedoch unterscheidet ihn geringere Größe, quergezeichnete US, 2 schmutzigweiße Flecken am Hinterkopf u. mehr orangefarbene Iris deutl. Juv. s. *A. noctua*. 19—21 cm. S-Iran bis Sri Lanka u. Indochina. In offenen Parklandschaften, Gärten, Dornenbuschsteppen. Tag- u. nachtaktiv. Häufig nach Europa eingeführt. Verluste in der Eingewöhnungsphase durch mitgebrachte Krankheiten sehr groß. Nicht selten in Liebhabervolieren zu finden. Zucht mehrfach gelungen. Gelege 3—5 Eier. Juv. schlüpfen nach 26 Tagen. Erstzucht gelang 1978 Dr. W. SCHERZINGER ↗.

Kaninchenkauz

— *A. cunicularia*, Kaninchenkauz. ♂ u. ♀: wie hochbeinige *A. noctua* mit einem sehr variablen Federkleid von Schokoladenbraun mit kräftigen weißen Flecken, Längs- u. Querzeichnungen bis zur hellsandfarbenen Grundfarbe mit weißen, sogar orangefarbenen Flecken u. Strichzeichnungen. Juv. US einfarbig beige, zu den Seiten dunkler werdend. Braunes Kehlband. 18—28 cm. W-Kanada, W-USA bis Mexiko, M- u. S-Amerika bis Feuerland, Florida, Bahamainseln, Haïti. Bewohnt baumlose Graslandschaften. Tag- u. nachtaktiv. Brütet in lockeren Kolonien in verlassenen Bauten der Präriehunde od. gräbt selbst Erdhöhlen. Nicht selten in Liebhabervolieren zu finden. Zucht mehrfach gelungen. Erstzucht 1895 bei Lord LILTORD, England. Gelege 2—11 Eier. Juv. schlüpfen nach 24 Tagen. Erstzucht gelang 1905 dem Zoo London, England.
— *A. noctua*, Steinkauz. ♂ u. ♀: mit schwefelgelber Iris. Das Großgefieder erdbraun mit weißen Flecken u. Tropfen. US gelblichweiß mit breiten, sich zur Brust hin verdichtenden braunen Längsflecken. Beine befiedert, Füße nur spärlich beborstet. Nur ♂ Reviergesang, Paar Duettgesang. Juv. ähneln im Zwischenkleid Ad., jedoch fahler u. nicht so kontrastreich. 20—22 cm. Europa außer N, Vorder- u. M-Asien bis W-China u. Mandschurei, Arabien, Küstengebiet des Roten Meeres bis N-Somalia u. O-Äthiopien, N-Afrika, S-Insel Neuseelands. In Ortschaften, Parklandschaften, Obstgärten, Äcker mit Feldgehölzen, Ödländer u. Steppen. Tag- u. nachtaktiv. Gehören zu den häufig gehaltenen Eulen-An. Zucht sehr oft gelungen. Gelege 3—7 Eier. Juv. schlüpfen nach 27 Tagen. Erstzucht 1897 E. SCHÄFF, Deutschland.

Äthiopis → zoogeographische Regionen
Atlaswitwen → *Hypochera*
Atrichornis. G der Atrichornithidae ↗. 2 An.
— *A. clamosus*, Lärmdickichtvogel, Braunbauch-Dickichtvogel. ♂: OS tiefrotbraun mit schwärzlicher Wellung. Kehle weiß. Brustband dunkelgrau. US gelbbraun. ♀: dunkler gefärbt u. kleiner als ♂. 21—22 cm. S- u. W-Australien. In dichtem Gestrüpp am Rande von Sümpfen. Steht unter strengem Artenschutz! Galt seit 1889 für ausgestorben, wurde erst 1961 wiederentdeckt. Winzige Restpopulation von 20—30 Tieren.
— *A. rufescens*, Röteldickichtvogel, Rostbauch-Dickichtvogel, Rotbrauner Dickichtvogel, Dickichtschlüpfer. ♂: OS tiefrotbraun. US rostfarben. Ganzer Körper mit feinem Wellenmuster. ♀: dunkler gefärbt u. kleiner als ♂. 17—18 cm. UAn. O-Australien in SO-Queensland u. NO-Neusüdwales. In undurchdringlichen Dickichten. Überdachtes Bodennest. 2 rostbraun gefleckte Eier, die nur ♀ bebrütet. Sehr selten; nur noch Populationen im Lamington-Nationalpark. Artenschutz!

Atrichornithidae, Dickichtvögel. F der Passeriformes ↗. 1 G, *Atrichornis* ↗, 2 An. Verwandte der Leierschwänze. Gefieder dunkelbraun, schwarz gewellt. Langer, gestufter 12federiger Schwanz. Hornige Kappen über Nasenlöcher. Schnabel kurz u. schwach. Flügel stark abgerundet, kurz. Laufen u. hüpfen mit erhobenem Schwanz sehr geschickt. Starke Rückbildung der Schlüsselbeine u. somit des Flugvermögens; meist nur flatternd. 18—23 cm. An Küsten Australiens. Im dichtesten Pflanzenbewuchs. Scheu u. versteckt lebend; einzeln od. paarweise. Laute, gellend schrille Rufe; gutes Nachahmungsvermögen. Scharren mit kräftigen Beinen im Erdreich u. Laub nach Insekten, Schnecken u. Würmern, gelegentl. auch nach Sämereien. Nur ♀ baut Nest aus locker verflochtenem Gras u. dürrem Laub u. betreut Nachwuchs. 2 rötlichweiße Eier, rotbraun gesprenkelt. Geringe Nachwuchszahl vermag die Verluste, die bes. die Katzen dem kleinen Bestand beibringen, kaum auszugleichen. Haltung infolge strengen Artenschutzes nicht möglich.

Attraktivbehälter. Behälter mit eingebrachten Giftködern zur Bekämpfung von Schadnagern. Durch entspr. Bauweise werden die Schadnager angelockt.

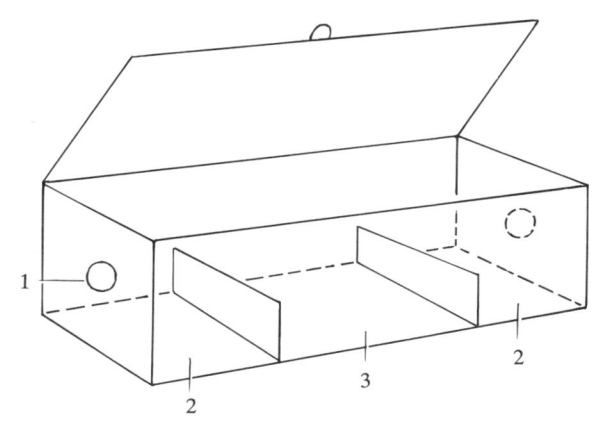

Attraktivbehälter (Modell Tannert). 1 Einschlupfloch, 2 Vorraum, 3 Hauptraum für mit Warfarin präpariertes Futter

Atzung. Nahrung für den Beizvogel.

Auerhuhn, Urhahn, Großer Hahn *(Tetrao urogallus)* → Tetrao

Aufzuchtfutter. Pflanzl. od. tierische Futterstoffe od. Mischungen von Futterstoffen, die für die Aufzucht von Jungvögeln bes. geeignet sind. Meist hoher Anteil an Eiweiß, Mineralstoffen u. Vitaminen zum Aufbau der Körpersubstanz.

Augenbrauenente *(Anas superciliosa)* → Anas

Augenbrauenguan, NN → Schakupemba

Augenbrauenhäherling *(Leucodioptron canorum)* → Leucodioptron

Augenbrauenmahali *(Plocepasser mahali)* → Plocepasser

Augenbrauensperling *(Gymnoris superciliaris)* → Gymnoris

Augenbrauenweber, NN → Braunbürzelweber

Augenring-Sperlingspapagei *(Forpus conspicillatus)* → Forpus

Aulacorhynchus. G der Ramphastidae ↗. 6 An. Vorwiegend grünes Gefieder.

— *A. coeruleicinctus,* Grauschnabel-Arassari. ♂ u. ♀: grün, US bläulichgrün. Weiße, hinten bläuliche Kehle. Grüne, seitl. hellblaue Brust, roter Bürzel. Mittl. Schwanzfedern mit braunen Spitzen. Schnabel grau, an Spitze weiß. Andengebiet von O-Peru bis N-Bolivien.

— *A. derbianus,* Derby-Assari. ♂ u. ♀: grasgrün; Bürzel u. Unterschwanzdecken grün. Mittl. Schwanzfedern an Spitzen rotbraun. Schnabel schwarz, an Wurzel u. Spitze schwärzlichrot, an Wurzel weißer Rand. 30 cm. UAn. Gebirge von Guayana durch S-Venezuela, das nördlichste Brasilien u. S-Kolumbien bis Peru u. NW-Bolivien.

— *A. haematopygus,* Blutbürzel-Arassari, Rotbürzel-Grünarassari. ♂ u. ♀: grün, an Oberkopf u. Nacken olivgrün, US u. Kehle bläulichgrün. Mittl. Schwanzfedern mit rotbrauner Spitze, roter Bürzelfleck. Schnabel schwärzlichrot mit elfenbeinweißem Wurzelrand. Augenfeld rötlichpurpur. 35 cm. UAn. Venezuela bis W-Ekuador. Weniger aggressiv als verwandte Formen.

— *A. prasinus,* Lauch-Arassari. ♂ u. ♀: grasgrün bis blaugrün. Olivgrüner Oberkopf, Kehle u. Wangen weiß. US saftiggrün mit rotbrauner Schwanzspitze. Unterschwanzdecken kastanienbraun. Schnabel oben braun, in Mitte gelb, unten schwarz. Gesicht kastanienbraun. UAn mit lebhaft blauer Kehle. 35 cm. UAn. S-Mexiko bis Venezuela u. O-Peru. In höheren Bergwäldern, meist ab 2 500 m ü. NN.

— *A. sulcatus,* Blauzügel-Arassari. ♂ u. ♀: OS dunkelgrün, US hellgrasgrün. Schmaler Zügelstreif auf Wange, himmelblauer Augenfleck. Oberschnabel blutrot, seitl. schwarze Zeichnung; Unterschnabel schwarz, an Wurzel u. Spitze rot. Auge orange, nacktes Augenfeld schwärzlich. 34 cm. UAn. Venezuela. Gebirge.

Auripasser, Goldsperlinge. G der Passeridae ↗. 2 An. W-, mittl. NO-Afrika, SW-Arabien. Bewohnen strauch- u. baumbestandene Graslandschaften, Kulturland, Siedlungen. Nahrung vorwiegend Grassamen u. andere Samen. Während der Jungenaufzucht bes. Insekten. Regelmäßig auf dem Vogelmarkt. Eingewöhnung leicht, friedlich, bald zutraulich, ausdauernd. Paarweise od. zu mehreren halten, sowohl für Käfig als auch für Voliere geeignet. Frostfreie Überwinterung. Futter Hirse ↗, Keim- ↗, Grünfutter ↗, süßes Obst, vor allem während der Brutzeit Insektennahrung, s. Ploceidae. Mehrfach gezüchtet. Juv. schlüpfen nach 11 Tagen, fliegen nach 15 Tagen aus, werden noch 2—3 Wochen von beiden ad. Vögeln gefüttert. Nicht mehr als 2—3 Bruten jährl. erlauben. Während der Brutzeit beschädigen sie manchmal Nester anderer Vögel, denen sie Nistmaterial stehlen.

— *A. euchlorus,* Goldsperling. ♂: goldgelb, Flügeldecken weiß mit gelb, Schwingen, Schwanzfedern dunkelbraun, weißlich gesäumt. Schnabel hornfarben, während der Brutzeit schwarz. Auge dunkelbraun. Füße hell fleischfarben. ♀: bräunlichgelb, Mitte des Bauches weißlich. Juv. wie ♀. 13 cm. N-Somalia, SW-Arabien. Bewohnt Sumpfgebiete, Kulturland, Siedlungen. Gesellig. Nest groß, aus Gräsern, Zweigen in Sträuchern u. auf Bäumen. Gelege 3—4 weißliche, bräunlich gefleckte Eier.

— *A. luteus,* Braunrückengoldsperling. ♂: Rücken kastanienbraun, Schultern, Flügel, Schwanz mehr graubraun. Schnabel hellhornfarben, während der Brutzeit schwarz. Auge dunkelbraun. Füße fleischfarben. ♀: sandfarben. Kinn, Kehle weißlich, US heller als OS. Große Flügeldecken, Schwingen, Schwanzfedern dunkelbraun mit breiten sandfarbenen Säumen. Breiter Überaugenstreif weißlichgelb. Vom Auge zum Nacken bräunlicher schmaler Streifen. Schnabel hornfarben, hellrosa getönt. Juv. ähnl. ♀. 13 cm. Mali bis O-Sudan, Küste Äthiopiens. Bewohnt Savannen, Kulturland, Siedlungen, nicht selten in Schwärmen unterwegs. Brutkolonien in Sträuchern u. niedrigen Bäumen, großes ovales Nest aus Gräsern, Einschlupf überdacht. Gelege 3—4 weißliche Eier mit braunen, grauen Flecken u. Tupfen.

Auroraastrild *(Pytilia phoenicoptera)* → *Pytilia*

Ausfuhrsperre. In vielen Staaten ist die Ausfuhr aller wildlebender Vögel gesperrt (Australien, Brasilien, Kenia usw. → Washingtoner Artenschutzübereinkommen), in einigen Ländern betrifft die Ausfuhrsperre nur bestimmte An (z. B. Indien). Neben nationalen Verboten bestehen internat. Abkommen.

Ausfuhr von Vögeln → Gesetzliche Bestimmungen für die Vogelhaltung

Außenvoliere. Voliere ⚹ unterschiedl. Größe im Freien. Aus Pflegegründen, bes. aber auch wegen der Wartung der Vögel nicht höher als 2—2,50 m, ausgenommen spez. Gehege, z. B. für Löffler ⚹, Greifvögel ⚹. A. meistens in Verbindung mit einem Schutzraum ⚹ gebaut, ansonsten durch fugendichte Abdeckung (ca. ⅓ der Decke im Anschluß an eine geschlossene Rückwand u. entspr. Teilverkleidung der Seitenwände) Schutz vor ungünstiger Witterung

Außenvoliere in Hanglage

schaffen. Entspr. Standort u. Größe kann für viele An Bepflanzung erfolgen, die nicht unbedingt biotopgerecht sein muß. Kälteempfindliche An benötigen entspr. temperierten Schutzraum.

Ausstellungsrichtlinien. Auch als Ausstellungsordnung od. -bestimmungen bezeichnet. Regelt einheitl. für alle Ebenen im jeweiligen Land die Organisation, Ausrichtung u. Durchführung einer Ausstellung, einschließl. Meisterschaften ⚹ u. Rahmenschau. Eingeschlossen in diese Richtlinien sind die Anmeldung, Einlieferung, Käfige, Vögel, Ringe, Standgeld, Katalog, Bewertung ⚹, Medaillen ⚹, Pokale ⚹, Klassen usw.

Austauschzentrale der Vogelliebhaber u. -züchter Deutschlands e. V. (AZ), BRD. Gegründet 1920, Mitglieder zur Zeit ca. 18 000. Betreut werden alle fremdländ. u. exotischen Vogel-An sowie einige einheimische An, die nicht unter das Washingtoner Artenschutzübereinkommen ⚹ fallen od. deren Haltung nicht durch andere Verordnungen geregelt ist. Der AZ sind nachstehende Spezialvereinigungen als Untergruppen bzw. Sparten angeschlossen:
— Deutscher Wellensittichzüchter-Verein (DWV),
— Arbeitsgemeinschaft der Züchter von Papageien An (AGZ),

Austauschzentrale der Vogelliebhaber und -züchter Deutschlands

— Arbeitsgemeinschaft der Liebhaber exotischer Körner- u. Weichfresser (AEZ),
— Arbeitsgemeinschaft der Farben-, Gestalts- u. Mischlings-Kanarien (AFZ).

Alle Mitteilungen, Fachartikel, Zuchtberichte u. Vereinsmeldungen erscheinen in einem eigenen Mitteilungsblatt, den «AZ-Nachrichten». Die AZ gibt für ihre Mitglieder jährl. geschlossene AZ-Fußringe aus, die als amtlich gelten.

Austernfischer *(Haematopus ostralegus)* → *Haematopus* → Haematopodidae

Australienkranich → Brolgakranich

Australis → zoogeographische Regionen

Australische Kasarka *(Casarca tadornoides)* → *Casarca*

Australische Krähe, NN → Neuhollandkrähe

Australischer Brillenvogel *(Zosterops lateralis)* → *Zosterops*

Australischer Königssittich → Königssittich

Automutilation, Selbstverstümmelung. Erscheinungsbild zumeist schwerer Stoffwechselschäden z. B. an Leber u. Nieren. Bei Papageien ⚹ nicht selten zu beobachten.

Aves. Kl Vögel. Zu ihr gehören folgende On, UOn u. Fn (nach H. E. WOLTERS ⚹):

O Apterygiformes-Kiwis
    F Apterygidae-Kiwis
O Dinornithiformes-Moas
    F Anomalopterygidae-Kurzschnabelmoas
O Struthioniformes-Flachbrustvögel
    UO Casuarii-Kasuarvögel
        F Casuariidae-Kasuare
        F Dromaiidae-Emus
    UO Struthiones-Strauße
        F Struthionidae-Strauße
    UO Rheae-Nandus
        F Rheidae-Nandus
O Tinamiformes-Steißhühner
    F Tinamidae-Steißhühner (Tinamus)
O Otidiformes-Trappen
    F Otidae-Trappen
O Turniciformes-Laufhühnchen
    F Pedionomidae-Trappenlaufhühnchen
    F Turnicidae-Wachtellaufhühnchen
O Cariamiformes-Seriemas
    F Cariamidae-Seriemas

Aves

O Gruiformes-Kranichvögel
  F Gruidae-Kraniche
O Psophiiformes-Rallenkraniche
  UO Psophiae-Trompetervögel
    F Psophiidae-Trompetervögel
  UO Arami-Eigentliche Rallenkraniche
    F Aramidae-Eigentliche Rallenkraniche
O Ralliformes-Rallen
  F Rallidae-Rallen
O Heliornithiformes-Binsenrallen
  F Heliornithidae-Binsenrallen
O Podicipediformes-Lappentaucher
  F Podicipedidae-Lappentaucher
O Mesitornithiformes-Stelzenrallen
  F Mesitornithidae-Stelzenrallen
O Eurypygiformes-Sonnenrallen
  F Eurypygidae-Sonnenrallen
O Rhynochetiformes-Kagus
  F Rhynochetidae-Kagus
O Jacaniformes-Blatthühnchenartige
  UO Jacanae-Blatthühnchen
    F Jacanidae-Blatthühnchen
  UO Rostratulae-Goldschnepfen
    F Rostratulidae-Goldschnepfen
O Charadriiformes-Watvögel
  UO Scolopaces-Schnepfen
    F Scolopacidae-Schnepfen
  UO Charadrii-Regenpfeiferartige
    F Burhinidae-Triele
    F Dromadidae-Reihenläufer
    F Haematopodidae-Austernfischer
    F Recurvirostridae-Stelzenläufer
    F Ibidorhynchidae-Ibisschnäbel
    F Vanellidae-Kiebitze
    F Charadriidae-Regenpfeifer
    F Glareolidae-Brachschwalbenartige
  UO Thinocori-Höhenläufer
    F Thinocoridae-Höhenläufer
O Lariformes-Möwenvögel
  UO Chionides-Scheidenschnäbel
    F Chionidae-Scheidenschnäbel
  UO Lari-Möwenartige
    F Stercorariidae-Raubmöwen
    F Laridae-Möwen
    F Sternidae-Seeschwalbenartige
O Alciformes-Alken
  F Alcidae-Alken
O Gaviiformes-Seetaucher
  F Gaviidae-Seetaucher
O Sphenisciformes-Pinguine
  F Spheniscidae-Pinguine
O Procellariiformes-Röhrennasen
  F Pelecanoididae-Lummensturmvögel
  F Hydrobatidae-Sturmschwalben
  F Procellariidae-Sturmvögel
  F Diomedeidae-Albatrosse
O Pelecaniformes-Ruderfüßer
  UO Phaethontes-Tropikvögel
    F Phaethonthidae-Tropikvögel
  UO Fregatae-Fregattvögel
    F Fregatidae-Fregattvögel
  UO Pelecani-Pelikanartige
    F Phalacrocoracidae-Kormorane (Scharben)
    F Anhingidae-Schlangenhalsvögel
    F Sulidae-Tölpel
    F Pelecanidae-Pelikane
O Pterocliformes-Flughühner
  F Pteroclidae-Flughühner
O Columbiformes-Taubenvögel
  F Raphidae-Dronten
  F Caloenadidae-Kragentauben
  F Gouridae-Krontauben
  F Otidiphabidae-Fasantauben
  F Columbidae-Tauben
  F Duculidae-Fruchttauben
  F Treronidae-Grüntauben (Papageitauben)
  F Didunculidae-Zahntauben
O Psittaciformes-Papageien
  F Aratingidae-Neuweltpapageien
  F Psittacidae-Eigentliche Papageien
  F Psittaculidae-Edelpapageien
  F Loriculidae-Fledermauspapageien
  F Psittrichidae-Borstenköpfe
  F Micropsittidae-Kleinpapageien
  F Loriidae-Loris
  F Platycercidae-Plattschweifsittiche
  F Melopsittacidae-Wellensittiche
  F Pezoporidae-Erdsittiche
  F Strigopidae-Eulenpapageien
  F Cacatuidae-Kakadus
  F Nestoridae-Nestorpapageien
O Strigiformes-Eulen
  F Strigidae-Eulen
O Falconiformes-Falken
  UO Falcones-Eigentliche Falken
    F Falconidae-Falken
  UO Daptrii-Geierfalken
    F Daptriidae-Geierfalken
O Accipitriformes-Geifvögel
  UO Accipitres-Greife
    F Accipitridae-Greife
  UO Pandiones-Fischadler
    F Pandionidae-Fischadler
O Sagittariiformes-Sekretäre
  F Sagitariidae-Sekretäre
O Cathartiformes-Neuweltgeier
  F Cathartidae-Neuweltgeier
O Ciconiiformes-Schreitvögel
  UO Ciconiae-Storchvögel
    F Threskiornithidae-Ibisse
    F Ciconiidae-Störche
  UO Balaenicipites-Schuhschnäbel
    F Balaenicipitidae-Schuhschnäbel
  UO Ardeae-Reiher
    F Ardeidae-Reiher
O Scopiformes-Schattenvögel
  F Scopidae-Schattenvögel
O Phoenicopteriformes-Flamingos
  F Phoenicopteridae-Flamingos
O Anatiformes (Anseriformes)-Entenvögel
  F Anseranatidae-Spaltfußgänse
  F Anatidae-Entenartige
O Anhimiformes-Wehrvögel
  F Anhimidae-Wehrvögel
O Phasianiformes (Galliformes)-Hühnervögel
  F Megapodiidae-Großfußhühner
  F Phasianidae-Hühner (Fasanenartige)
  F Cracidae-Hokkohühner
O Musophagiformes-Turakos
  F Musophagidae-Turakos
O Opisthocomiformes-Hoatzins
  F Opisthocomidae-Hoatzins
O Cuculiformes-Kuckucksvögel
  F Crotophagidae-Madenkuckucke
  F Centropodidae-Laufkuckucke
  F Neomorphidae-Erdkuckucke
  F Taperidae-Lerchenkuckucke

Aves

      F Coccyzidae-Regenkuckucke
      F Clamatoridae-Häherkuckucke
      F Cuculidae-Eigentliche Kuckucke
      F Eudynamidae-Koëlkuckucke
      F Phoenicophaeidae-Buntschnabelkuckucke
O Coraciiformes-Rackenvögel
      F Leptosomidae-Kurole
      F Brachypteraciidae-Erdracken
      F Coraciidae-Eigentliche Racken
O Upupiformes-Hopfartige
    UO Upupae-Hopfe
      F Upupidae-Wiedehopfe
      F Phoeniculidae-Baumhopfe
    UO Bucerotes-Nashornvögel
      F Bucerotidae-Maurerhornvögel
      F Bucorvidae-Hornraben
O Alcediniformes-Eisvogelartige
      F Alcedinidae-Eisvögel
      F Todidae-Todis
      F Momotidae-Sägeracken
      F Meropdidae-Spinte
O Trochiliformes-Kolibris
      F Trochilidae-Kolibris
O Apodiformes-Segler
      F Hemiprocnidae-Baumsegler
      F Apodidae-Eigentliche Segler
O Coliiformes-Mausvögel
      F Coliidae-Mausvögel
O Caprimulgiformes-Schwalmvögel
    UO Caprimulgi-Breitschnabelschwalme
      F Podargidae-Eulenschwalme
      F Aegothelidae-Höhlenschwalme
      F Nyctibiidae-Tagschläfer
      F Caprimulgidae-Nachtschwalben
    UO Steatornithes-Fettschwalme
      F Steatornithidae-Fettschwalme
O Trogoniformes-Trogone
      F Trogonidae-Trogone
O Piciformes-Spechtvögel
    UO Pici-Spechtartige
      F Indicatoridae-Honiganzeiger
      F Capitonidae-Bartvögel
      F Ramphastidae-Tukane
      F Picidae-Spechte
      F Jyngidae-Wendehälse
    UO Galbulae-Glanzvogelartige
      F Galbulidae-Glanzvögel
      F Bucconidae-Faulvögel
O Passeriformes-Sperlingsvögel
    UO Eurylaimi-Breitrachen (Zehenkoppler)
      F Eurylaimidae-Breitrachen (Breitmäuler)
    UO Philepittae-Lappenpittas
      F Philepittidae-Jalas
      F Neodrepanididae-Trugnektarvögel
    UO Pittae-Pittas
      F Pittidae-Pittas
    UO Tyranni-Bronchienschreier (Tyrannenartige)
      F Phytotomidae-Pflanzenmäher
      F Cotingidae-Schmuckvögel
      F Pipridae-Schnurrvögel
      F Tyrannidae-Tyrannen
      F Oxyruncidae-Flammenköpfe
    UO Furnarii-Luftröhrenschreier (Töpfervogelartige)
      F Furnariidae-Töpfervogelartige
      F Formicariidae-Ameisenvögel
      F Rhinocryptidae-Bürzelstelzer (Tapaculos)
    UO Acanthisittae-Maorischlüpfer
      F Acanthisittidae-Maorischlüpfer
    UO Passeres-Singvögel
      F Atrichornithidae-Dickichtvögel
      F Menuridae-Leierschwänze
      F Turnagridae-Piopios
      F Ptilonorhynchidae-Laubenvögel
      F Paradisaeidae-Paradiesvögel
      F Lamproliidae-Lamprolias
      F Callaeatidae-Lappenvögel
      F Artamidae-Schwalbenstare
      F Corcoracidae-Schlammnestbauer
      F Grallinidae-Drosselstelzen
      F Cracticidae-Würgerkrähen
      F Pityriasidae-Warzenköpfe
      F Corvidae-Rabenvögel
      F Campephagidae-Stachelbürzler (Raupenfresser)
      F Prionopidae-Brillenwürger
      F Laniidae-Würger
      F Vangidae-Vangawürger
      F Aegithinidae-Aegithinas
      F Chloropseidae-Blattvögel
      F Pycnonotidae-Bülbüls
      F Hypocoliidae-Seidenwürger
      F Bombycillidae-Seidenschwänze
      F Ptilogonatidae-Seidenschnäpper
      F Dulidae-Palmenschwätzer
      F Oriolidae-Pirole
      F Irenidae-Feenvögel
      F Dicruridae-Drongos
      F Monarchidae-Monarchen
      F Neosittidae-Spiegelkleiber
      F Sittidae-Kleiber (Spechtmeisen)
      F Tichodromidae-Mauerläufer
      F Salpornithidae-Stammsteiger
      F Certhiidae-Baumläufer
      F Rhabdornithidae-Trugbaumläufer
      F Climacteridae-Baumrutscher
      F Meliphagidae-Honigfresser.
      F Zosteropidae-Brillenvögel
      F Hypocryptadiidae-Zimtvögel
      F Epthianuridae-Trugschmätzer
      F Acanthizidae-Südseegrasmücken
      F Promeropidae-Proteavögel
      F Nectariniidae-Nektarvogelartige
      F Hyliidae-Hylien
      F Pholidornithidae-Strichelköpfchen
      F Remizidae-Beutelmeisen
      F Auriparidae-Goldkopfmeisen
      F Estrildidae-Prachtfinken
      F Sporopipidae-Sperlingsastrilde (Bartstrichweber)
      F Ploceidae-Webervögel
      F Viduidae-Witwenvögel
      F Anomalospizidae-Kuckucksfinken
      F Passeridae-Sperlinge
      F Fringillidae-Eigentliche Finken (Edelfinken)
      F Carduelidae-Gimpel (Hänflinge)
      F Urocynchramidae-Rosenschwanzgimpel
      F Prunellidae-Braunellen
      F Alaudidae-Lerchen
      F Motacillidae-Stelzen
      F Icteridae-Stärlinge
      F Emberizidae-Ammern
      F Thraupidae-Ammertangaren
      F Diglossidae-Hakenschnabelartige
      F Catamblyrhynchidae-Plüschkopftangaren
      F Dacnididae-Eiteltangaren
      F Tersinidae-Schwalbentangaren
      F Nephelornithidae-Parduscos
      F Parulidae-Waldsänger
      F Peucedramidae-Trugwaldsänger

F Vireonidae-Vireos
F Sylviidae-Grasmücken
F Illadopseidae-Maustimalien
F Yuhinidae-Meisentimalien
F Cephalopyridae-Flammenstirnchen
F Paridae-Meisen
F Leptopecilidae-Buschhähnchen
F Aegithalidae-Schwanzmeisen
F Paradoxornithidae-Papageienschnäbel
F Maluridae-Staffelschwänze
F Timaliidae-Timalien
F Picathartidae-Felshüpfer
F Orthonychidae-Laufflöter
F Pachycephalidae-Dickköpfe
F Drymodidae-Scheindrosseln
F Muscicapidae-Sänger
F Mimidae-Spottdrosseln
F Cinclidae-Wasseramseln
F Polioptilidae-Mückenfänger
F Ramphocaenidae-Degenschnäbler
F Troglodytidae-Zaunkönige
F Sturnidae-Stare
F Hirundinidae-Schwalben

Avicultural Society (AS), Großbritannien. Vereinigung der Vogelzüchter, Sitz in London. Mitglieder ca. 5000 im In- u. Ausland. Fachlich betreut werden vorwiegend alle fremdländ. Käfig- u. Volierenvögel. Gibt mit dem «Avicultural Magazine» eine eigene Zeitschr. heraus, in der alle Mitteilungen u. Berichte erscheinen.

Aymarasittich *(Amoropsittaca aymara)* → *Amoropsittaca*

Aythya. G der Anatidae ↗. 12 An.
— *A. americana*, Rotkopfente. ♂: Kopf u. Hals rotbraun mit Purpurglanz. Brust u. Schwanzteil schwarz. Übriger Körper grau mit feiner Wellenzeichnung. Schnabel bleigrau mit schwarzer Spitze. Auge gelb, bei *A. ferina* rot. Füße grau. ♀-ähnliches RK. ♀: graubraun mit blaugrauem Schnabel. 47 cm. Brutvogel im we. N-Amerika. Im Winter sü. der Brutgebiete. Zur Brutzeit an flachen Gewässern mit reichl. Pflanzenwuchs. Nester in Ufervegetation. ♀ brütet 24—28 Tage auf 8—13 Eiern. Nahrung vorwiegend Wasserpflanzen. Selten gehalten. Unterbringung auf nicht zu flachen Teichen. Haltung u. Zucht nicht problematisch. Ausgeprägte Bastardierungsneigung zu verwandten An.
— *A. baeri*, Schwarzkopfmoorente. ♂: mit schwarzem, grün glänzendem Kopf u. Hals. Brust dunkelkastanienbraun. Braune Flanken mit vom Bauch ausgehender Aufhellung. Schnabel grau mit schwarzer Wurzel u. Spitze. Auge weiß. Füße grau. ♀ wie ♂, aber ohne Glanz am Kopf u. mit braunem Auge. 47 cm. Brutvogel in einem Teil O-Asiens. Im Winter sü. von Brutgebieten. Zur Brutzeit an vegetationsreichen Gewässern. Nester in Bodenvegetation. 7—11 Eier werden vom ♀ 26—28 Tage bebrütet. Wasserpflanzen bilden Hauptnahrung. Selten gehalten. Haltung u. Zucht nicht schwierig.
— *A. collaris*, Halsringente. ♂: BK Kopf, Hals, Brust u. Rücken schwarz. Kopf purpurn schillernd. Schmaler kastanienbrauner Halsring. Flanken weiß mit feiner grauer Wellung. Schmaler weißer Saum an der Schnabelwurzel. Schnabel grau mit weißer Binde. Füße grau. ♀-ähnl. RK. ♀: graubraun mit heller Umrandung der Schnabelwurzel u. weißem Augenring. 43 cm. Brutvogel im mittl. N-Amerika. Im Winter meist an sü. Küsten N-Amerikas. Zur Brutzeit in Sumpfgebieten u. an flachen Binnenseen mit reichl. Ufervegetation. Nester zwischen Pflanzen in Wassernähe. 6—14 Eier brütet das ♀ 26—27 Tage. Nahrung besteht vorwiegend aus Pflanzenteilen. Selten gehalten. Unterbringung auf nicht zu flachen Teichen. Anspruchslos u. ausdauernd. Überwinterung bei offenem Wasser im Freien. Zucht nur mit wenigen Paaren gelungen. Aufzucht der Juv. problemlos.
— *A. ferina*, Tafelente. ♂: BK Kopf u. Hals rotbraun. Brust u. Schwanzteil schwarz. Übriger Körper hellgrau mit feiner dunkler Wellung. Schnabel bleigrau mit schwarzer Wurzel u. Spitze. Füße grau. ♀: graubraun mit bräunlichem Hals u. Kopf, der an den Seiten aufgehellt ist. ♂ im RK ♀-ähnl., jedoch mit hellerem Rücken. 45 cm. Von den Britischen Inseln u. SO-Europa öst. bis M-Sibirien Brutvogel. Winter wird sü. der Brutgebiete verbracht. Bewohnt vorzugsweise flache Seen u. Teiche mit dichter Ufervegetation. Dort auch Nest, Gelege 7—9, mitunter auch mehr Eier. Schlupf nach 24—27 Tagen. Brut u. Aufzucht der Juv. nur durch ♀. Die vorwiegend pflanzliche Nahrung wird z. T. unter Wasser gesucht. Haltung auf nicht zu flachen Teichen problemlos. Zucht am erfolgreichsten bei künstlicher Aufzucht. ♀♀ legen im Gehege Eier in Nistkästen. Ausgeprägte Bastardierungsneigung zu anderen Vertretern der G *Aythya*.
— *A. fuligula*, Reiherente. ♂: BK Hinterkopf mit langem Federschopf. Bauch u. Flanken weiß. Übriges Gefieder schwarz, am Kopf metallisch schillernd. Schnabel bleigrau. Auge bei ♂ u. ♀ gelb. Füße grau. ♀: einfarbig schwarzbraun mit deutl. kürzerem Schopf. Mitunter mit hellem Fleck am Schnabelgrund. ♂: im RK mit grauweißen Flanken u. übrigem schwarzbraunem statt schwarzem Gefieder. Schopf kürzer. 43 cm. Brutvogel in ganz N-Europa u. N-Asien. Meist Zugvogel, der sü. der Brutgebiete überwintert. Bewohnt vorzugsweise Binnengewässer mit Inseln u. reichl. Ufervegetation. Dort werden Nester angelegt. 8—10 Eier 23—25 Tage bebrütet. Brut u. Juv.-Aufzucht nur durch ♀. Wasserpflanzen u. Mollusken bilden Hauptnahrung. Beliebter Gehege-

Reiherente

vogel. Unterbringung auf nicht zu flachen, größeren Teichen. Verträglich u. ausdauernd. Zucht nicht problematisch, aber nur bei künstlicher Aufzucht erfolgreich. Juv. mit 8—9 Wochen flugfähig. Oft erst mit 2 Jahren zuchtfähig. Vermischt sich gern mit anderen A.-An.
— *A. marila*, Bergente. ♂: BK Kopf, Hals u. Schwanzteil schwarz. Flanken weiß. Rücken mit feiner schwarzer Wellung auf weißem Grund. Auge gelb. Schnabel u. Füße graublau. ♀: schwarzbraun mit weißem Fleck am Schnabelgrund. Auge blasser gelb als beim ♂. ♂: im RK ♀-ähnl., aber mit aufgehelltem Rückengefieder. 48 cm. Brutvogel in N-Europa, N-Asien u. N-Amerika. Europ. Tiere überwintern an den Küsten der N- u. O-See, des M-Meeres u. im Schwarzmeergebiet. Zur Brutzeit auf großflächigen Binnenseen des N. Nester unter Büschen od. im Geröll. 7—9 Eier werden 24—27 Tage bebrütet. Juv. mit 6—7 Wochen flugfähig. Nahrung überwiegend Mollusken, Krebse, Würmer u. Insektenlarven, wird tauchend vom Gewässergrund geholt. Bisher seltener gehalten u. gezüchtet als andere europ. A.-An. Zahl der Tiere u. gelungenen Zuchten nimmt jedoch zu. Absolut winterhart u. bei richtiger Haltung auch ausdauernd. Unterbringung auf möglichst tiefen Naturteichen. Stellt sich im Gehege auf pflanzliches Mischfutter um, das jedoch Fisch- od. Fleischstücke enthalten sollte. Trotz relativ seltener Haltung Kreuzungen mit anderen An bekannt.
— *A. novaeseelandiae*, Neuseelandtauchente. ♂: im Jahreskleid einfarbig schwarz mit grün glänzendem Kopf. Schnabel u. Füße grau. Auge gelb. ♀: schwarzbraun mit weißer Umrandung der Schnabelwurzel. 44 cm. Neuseeland u. einige benachbarte Inseln. Zur Brutzeit an kleinen Gewässern, auch im Bergland. Sonst in größeren Verbänden auf klaren, tiefen Seen, Talsperren u. Lagunen. Nester in Ufervegetation. ♀ brütet 29—31 Tage auf 5—8 Eiern. Nahrung vorwiegend aus Pflanzenteilen. Im Gehege wenig verbr. Unterbringung auf nicht zu flachen Teichen. Zucht gelingt regelmäßig, ist aber nicht sonderlich ergiebig.
— *A. nyroca*, Moorente. ♂: BK Kopf, Hals u. Brust leuchtend kastanienbraun. Rücken dunkelbraun. Schwingen mit weißem Streifen. Unterschwanzdecken reinweiß; gutes Erkennungsmerkmal. Schnabel bleigrau. Auge weiß. Füße grau. ♀-farbiges RK. ♀ gleicht dem ♂, jedoch nicht so leuchtend braun u. mit braunem Auge. 40 cm. Lokal verbr. von W-Europa bis W-Sibirien, im S bis Kleinasien. Zur Brutzeit auf Flachseen mit breiter Verlandungszone. Nester mit 6—10 Eiern in Ufervegetation. Brutdauer 25—27 Tage. Brut u. Aufzucht der Juv. nur durch ♀. Nahrung besteht vorwiegend aus versch. Pflanzenteilen. Da verträglich u. anspruchslos, gern gehalten. Unterbringung auf größeren, nicht zu flachen Teichen. Bei offener Wasserfläche Überwinterung im Freien möglich. Fütterung mit üblichem Mischfutter. Große Fortpflanzungsbereitschaft. ♀♀ errichten Nester in hoher Vegetation u. gehen auch in Nistkästen. Künstl. Aufzucht problemlos. Kreuzungen sind mit kleinen Vertretern versch. Gn der Anatinae bekannt.
— *A. valisineria*, Riesentafelente. ♂: BK Kopf u. Hals rotbraun. Brust u. Schwanzteil schwarz. Übriger Körper hellgrau, fast weiß. Langer Schnabel schwarz. Auge rot. Im RK dunkler. Füße grau. ♀: graubraun. 55 cm. Brutvogel im we. N-Amerika. Überwintert im S N-Amerikas. Zur Brutzeit an kleinen vegetationsreichen Gewässern u. in Sümpfen. Nester in dichter Vegetation. 7—10 Eier werden ca. 26 Tage bebrütet. Nahrung besteht vorwiegend aus Wasserpflanzen. Nicht häufig in Gehegen. Benötigt 1 m od. mehr Wassertiefe zum Tauchen. Überwinterung bei offenem Wasser im Freien. Erfolgreiche Zuchten sind selten.

AZ. Organ der Austauschzentrale der Vogelliebhaber u. -züchter Deutschlands e. V., BRD.
Aztekenbartvogel *(Semnornis frantzii)* → *Semnornis*
Aztekensittich *(Eupsittula nana)* → *Eupsittula*
Azurblaurabe *(Cyanocorax caeruleus)* → *Cyanocorax*
Azurkopftangare *(Tangara cyanicollis)* → *Tangara*
Azurnaschvogel *(Cyanerpes lucidus)* → *Cyanerpes*

Baars, Wolfgang, geb. 18. 1. 1914 in Graudenz, früheres Westpreußen. Industriekaufmann. Bereits frühzeitig Liebhaberornithologe. Sein bes. Interesse gilt der Verhaltensphysiologie u. Ethologie, insbes. bei Girlitzen ↗, außerdem der Haltung von Insekten- ↗ u. Fruchtfressern (jahrzehntelang nur den europ. An). Mehrere Publikationen in Fachzeitschr., u. a. mit R. VAN DEN ELZEN ↗: Gattungszugehörigkeit und systematische Stellung des Weißbauchgirlitz, *Ochrospiza dorsostriata* (REICHENOW, 1887), nach Verhaltensmerkmalen (Aves, Carduelidae). Buchautor von «Insektenfresser» (in der Reihe Exotische Ziervögel, Ulmer Stuttgart).
Bacchusreiher *(Ardeola bacchus)* → *Ardeola*
Bachschmätzer *(Rhyacornis fuliginosus)* → *Rhyacornis*
Bachstelze *(Motacilla alba)* → *Motacilla*
Badbrente. Napfförmiges Badebecken aus Plaste od. Blech (Ø, oben 60—80 cm, unten 50—60 cm, Höhe: 13—15 cm) für aufgeschühte Greifvögel ↗.
Badehäuschen. Im Handel angebotene Behälter aus Glas od. Plast, die bis auf die Vorderseite geschlossen sind. Die Höhe des Wasserstandes beträgt 2—3 cm. B. werden außen an den Käfig ↗ gehangen, in größeren Unterkünften auch auf den Boden gestellt. Tägl. ist eine gründliche Reinigung erforderlich, in Abständen mit Desinfektionsmittel.
Baglafechtweber *(Othyphantes baglafecht)* → *Othyphantes*
Bahama-Amazone, UA → Kubaamazone
Bahamaente *(Paecilonetta bahamensis)* → *Paecilonetta*
Bahamatangare, NN → Streifenkopftangare
Baikalente *(Nettion formosum)* → *Nettion*
Baillonius. G der Ramphastidae ↗. 1 A. SO-Brasilien.
— *B. bailloni*, Goldtukan, Goldbrusttukan. ♂ u. ♀: oberseits olivgelbgrün. Wangen, Kehle, Brust, Bauch

Schuhschnabel

goldgelb. Oberschwanzdecken rot. Schwanz dunkelgrün. Schnabel blaugrün mit rötlichem Dreieck. Augenfeld rot. 35—38 cm.
Balaeniceps. G der Balaenicipitidae ↗. 1 A. Afrika sü. der Sahara, im öst. Teil Afrikas vom Weißen Nil bis zum nö. Simbabwe. Meist paarweise, nur stellenweise etwas häufiger. In Sümpfen mit Papyrus, Schilf u. Schwingrasen. Bes. dämmerungsaktiv. Beute Fische (bes. Schuppenlose), z. B. Lungenfische, Welse, Flösselhechte; Schildkröten, junge Krokodile, Schlangen, Frösche, Kleinsäuger, Vögel. Großes Bodennest aus Gras u. Schilf in Vegetation. Brutzeit je nach geographischer Lage fast während des ganzen Jahres, oft nach der Regenzeit. 2—3 weiße, nach Bebrütung gelbliche Eier mit kreidigem Überzug. Brutdauer (nicht sicher) 35—40 Tage. Klappern, bes. in Erregung, mit dem Schnabel, Goken (gutturale «goo» oder «ook»-Silben). Viele Einzelheiten der Biologie unbekannt. Haltung im frostfreien Raum, dicht bewachsenem Gehege. Flaches Wasserbecken zur Geschmeidighaltung der Füße. Können zahm u. zutraulich werden, aber auch aggressiv, verbeißen sich dann im Gegner, greifen auch Pfleger an. Eingewöhnung mit schuppenlosen od. schuppenarmen Fischen (Aal, Aalquappen, Welse, Schleie) u. Fischfilet, später alle An Süßwasserfische, aber auch Heringe, Filet von Schellfisch u. Dorsch. Es werden Zeiten mit zurückgesetztem Futterverbrauch im Jahreslauf eingeschoben. Einmal eingewöhnt, sehr ausdauernd (im Zoo San Antonio 27 Jahre). Noch nicht in menschlicher Obhut gezüchtet. Nur Nestbauverhalten im Tierpark Berlin.
— *B. rex*, Schuhschnabel (Abu Markub). ♂: bräunlich lichtgrau, Hinterkopf mit kleinem Stutz. Kleine Zunge. Schnabel horngelb, schwärzlich geflammt. Iris bläulichweiß. Beine u. Zehen schwarzgrau. ♀ wie ♂, wahrscheinl. kleiner. Ca. 140 cm.
Balaenicipites, Schuhschnäbel. UO der Ciconiiformes ↗. 1 F Balaenicipitidae ↗.
Balaenicipitidae, Schuhschnäbel. F der Balaenicipites ↗. 1 G *Balaeniceps* ↗ mit 1 A. Großer Kopf mit holzschuhförmigem Schnabel mit Hakenspitze. Langbeinig, langzehig. Auf dem Rücken Puderdunen ↗. Kopf im Flug zwischen den Schultern.

Balearica. G der Balearicinae ↗. 1 A. Heimat Senegal bis Äthiopien; Uganda, Kenia bis S-Zaïre, Sambia, nö. Botswana, von hier we. bis S-Angola u. nö. SW-Afrika, Transvaal, O-Kapprovinz. Bewohnen feuchte Tiefebene, Verlandungszonen von Seen u. Sümpfe im trockenen Steppenland, lokal auch auf landwirtschaftl. Nutzflächen. Paare während der Brut heimlich, große Nester, manchmal auf niedrigen Bäumen. Gelege 2—3 bläulichweiße Eier, zuweilen zart bräunlich gefleckt. Juv. schlüpfen nach 22—25 Tagen. ♀ u. ♂ brüten, betreuen gemeinsam Küken. Stand- ↗ u. Strichvogel ↗. Nicht selten. Seit über 100 Jahren in Europa. Beliebter Pflegling, überwiegend in zool. Gärten u. Vogelparks ↗ gehalten. Meistens vertraut u. anhänglich, seltener durch plötzliches Zuhacken gefährlich. Sehr gut für Stelzvogelwiesen, eingezäunte Grünflächen u. für gemeinsame Haltung mit Enten u. Gänsen geeignet. Überwinterung frostfrei in trockenem, zugluftfreiem Raum. Futter → Gruidae. Selten gezüchtet. Aufzucht der Juv. problemlos.
— *B. pavonina*, Kronenkranich. Je 2 UAn schwarz- bzw. grauhalsig, z. T. als 2 An angesehen. *B. p. pavonina*, Pfauenkranich, Westafrikanischer Kronenkranich. ♂: dunkel schiefergrau, Kopf-OS samtschwarz mit großer büschelförmiger gelber Federkrone auf dem Hinterkopf. Obere Wangen nackt, weiß, untere rot. Halsgefieder wie Körper. Flügel weiß u. rotbraun. Schnabel schwärzlich. Auge hellgrau od. perlgrau. Beine schwärzlichgrau. ♀ wie ♂, aber deutl. kleiner. Juv. Federn vom Körper mit hellbraunen Endsäumen, oberer Hals u. Kopf gelblichbraun, kurze Federkrone. Flügeldecken weiß mit Graubraun durchsetzt. *B. p. regulorum*, Grauhals-, Ostafrikanischer Kronenkranich. ♂: dunkelgrau, Hinterkopf mit großer gelber Federkrone, am Ansatz scharf be-

Ostafrikan. Kronenkranich

Balearicinae

grenzter, breiter, nackter, roter Steif, an den sich samtschwarze Kopf-OS u. die hinteren u. unteren weißen Kopfseiten anschließen. Rote Halslappen, Hals hellgrau, sonst → *B. p. pavonina*. 105 cm.
Balearicinae, Kronenkraniche. UF der Gruidae ↗. 1 G *Balearica* ↗ mit 1 A.
Balistar (*Leucopsar rothschildi*) → *Leucopsar*
Ballaststoffe. Futterbegleitstoffe, die die Verdauungsorgane ↗ ohne Veränderung passieren, oft von Bedeutung für die mechanische Zerkleinerung der Nahrung. Bes. typisch ist die Aufnahme kleiner Steinchen, dem Grit, bei Hühnervögeln ↗. Er wird im Muskelmagen abgelagert u. unterstützt den Mahlvorgang sowie die Sekretion der Magenwände. B. sind auch die Samen vieler fleischiger Früchte, die unverdaut die Verdauungsorgane passieren u. so durch die Vögel weiter verbr. werden.
Ballenabszeß. Abszeß ↗ -Bildung in der Ballenhaut an der Lauffläche des Vogelfußes. Zu kantige Sitzstangen od. ungeeigneter Bodenbelag in Stall u. Auslauf werden als Ursache angenommen.
Baltimoretrupial (*Icterus galbula*) → *Icterus*
Balz → Werbeverhalten
Balzfärbung → Färbung
Bambushühner → *Bambusicola*
Bambusicola, Bambushühner. G der Perdicinae ↗. 2 An. Knapp rebhuhngroß. Geschlechter gleich gefärbt. Langer gestufter 14fedriger Schwanz. ♂ mit Sporen an Läufen, bei ♀ möglich. N-Indochina, S-China, Taiwan. Haltung in gut bewachsenen, trockenen Volieren, frostfreie Überwinterung. Fütterung s. *Coturnix*. Monogam, ♂ an Aufzucht beteiligt. Brutdauer 22 Tage. Familien bleiben bis zur folgenden Brut zusammen. Oft 2 Bruten im Jahr. Ruhige Volierenbewohner, schnelle Eingewöhnung.
– *B. fytchii*, Gelbbrauen-Bambushuhn. ♂ u. ♀: Augenband braungelb bis Genick. Von Auge bis Ohrdecken schwarze Binde. Stirn, Zügel u. Wangen bleiches Rostbraun. Vorderhals, Kehle u. Kinn hell rostfarben. Brust kastanienbraune Federn mit weißen, graugesäumten Spitzen. US gelblichweiß mit schwarzen Binden, Bauchmitte hellbräunlich. Schultern, Vorderrücken u. Flügeldecken grau. Innere Armschwingen grau u. braun gestreift mit schwarzem Endfleck. Schnabel graubraun. Iris kräftig braun. Füße grünlichgrau. Juv. gelblichbräunlich, Rückenstreifen. 30 cm. UAn. W-China bis Burma, N-Vietnam, Laos, NO-Vorderindien. Bevorzugt bambusbewachsene Hügel od. Wälder. 1869 Erstzucht im Londoner Zoo.
– *B. thoracica*, Graubrauen-Bambushuhn. ♂ u. ♀: Stirn, Zügel, Überaugenstreif bis Halsseiten grau. Kopf-OS u. Hinterhals braun. Nacken heller. Hals- u. Kopfseiten, Kehle kräftig rotbraun. Grau u. schwärzlich gewelltes Kropfband. US hellbräunlich u. seitl. mit dunkelbraunen Querflecken. OS bis Schwanz braun mit dunklen Querlinien, Vorderrücken jede Feder mit tropfenförmigem kastanienbraunem Endfleck, Schulterfedern außerdem mit weißen Flecken. Schwanz rotbraun, Mittelfedern helle u. dunkle Querzeichnung. Braune Handschwingen mit rostgelben Außenfahnen. Schnabel braun. Iris kräftig braun. Füße grünlichgrau. 28 cm. UAn. S-China, Taiwan, in Japan ausgesetzt. Gelege 3–8 Eier, dickschalig, gelblich mit kleinsten rotbraunen Punkten. Erstzucht 1930 von EZRA, England. Selten gehalten.
Bambuspapageiamadine (*Reichenowia hyperythra*) → *Reichenowia*
Bananaquit (*Coereba flaveola*) → *Coereba*
Bandammer, NN → Graukopfammer
Bänderkauz (*Taenioglaux castanoptera*) → *Taenioglaux*
Bänderpitta (*Eucichla guajana*) → *Eucichla*
Bandtaube (*Patagioenas fasciata*) → *Patagioenas*
Bandwurm. Parasiten im Magen-Darm-Kanal. Bei Gänse- u. Entenvögeln auch in Gefangenschaft häufig. Bei Hühnervögeln oft nur bei Frischimporten, da in der Gefangenschaft die Zwischenwirte fehlen.
Bangsia. G der Thraupinae ↗. 5 An. N-Kolumbien bis Peru. Tropische u. subtropische Bergwälder der Anden. Biologie wenig bekannt. Futter, Haltung usw. s. *Tangara*.
– *B. edwardsi*, Edwardstangare. ♂: Kopf-OS u. Kehle schwarz. Wangen blau. OS u. obere Brust olivgrün. Untere Brust gelb. Übrige US olivgelb. Schnabel dunkel hornfarben. Auge u. Füße braun. ♀: insges. heller, Kopf u. Kehle olivgold. 14 cm. W-Kolumbien u. NW-Ekuador. Niedrige tropische u. subtropische Gebiete. Sehr selten angeboten.
Bankivahuhn (*Gallus gallus*) → *Gallus*
Banks-Rabenkakadu (*Calyptorhynchus magnificus*) → *Calyptorhynchus*
Bannermanturako (*Tauraco bannermani*) → *Tauraco*
Barnardius. G der Platycercidae ↗. 1 A, mehrere UAn, von denen *B. z. whitei*, *B. z. barnardi*, dazu var. *crommelinae*, Barnardsittich, *B. z. macgillivrayi*, Cloncurrysittich, häufig als eigene An angesehen werden. Bewohnen W-, S-, inneres O-Australien. Leben in Savannen, Waldgebieten, Halbwüsten, Steppen, auf Feldern, auch in Gärten u. Parks. Brutzeit wird nach den unregelmäßigen Niederschlägen gerichtet, dadurch wird nicht jedes Jahr gebrütet. Europ. Erstimporte Mitte des vor. Jh. Volierenvögel. Stimme nicht laut. Hart, Überwinterung im frostfreien Schutzraum. Nager (Metallrahmenvolieren). Reichl. Keim- u. Grünfutter. Zucht nicht schwierig, wenn tiefe Nisthöhlen gegeben werden. Problem ist ein gut harmonierendes Paar zu erhalten. Nisthöhle 60–100 cm hoch, ⌀ 25–30 cm, Flugloch-⌀ ca. 8 cm. Gelege 4–5 Eier. Schlupf nach 20–21 Tagen. Juv. fliegen nach ca. 35 Tagen aus, anschl. noch 3 Wochen von Eltern gefüttert. Altersskleid nach 12–15 Monaten.
– *B. zonarius*, Ringsittich. ♂: Kopf schwarzbraun, zum Unterschnabel blau. Nackenband kräftig gelb. Ebenso Bauch. Übriges Gefieder grün, Brust bläulich schimmernd, nur Spitzen der Schwingen schwarzbraun. Schnabel weißlich. Auge schwarz. Füße graubraun. ♀: hat kleineren Kopf u. Schnabel, weißlicher Unterflügelstreifen. Juv. matter. 38 cm. UAn. *B. z. semitorquatus*, Kragensittich. SW-Australien, von Perth bis Albany. ♂: schmales rotes Stirnband, Kopf schwarz, Federspitzen bläulich. Nackenband

breit, gelb. Schwanzfederspitzen blauweiß. Übriges Gefieder grün. ♀: schwierig von ♂ zu unterscheiden, häufig Stirnband schmaler, ebenso Nackenband. Juv. matter, Nackenband verwaschener, ♂ ♂ kräftigeren Schnabel. 40 cm. *B. z. barnardi,* Barnardsittich. Inneres O-Australien, öst. 138°. ♂: rotes Stirnband, vorderer Kopf gelblich, untere Kopfseiten

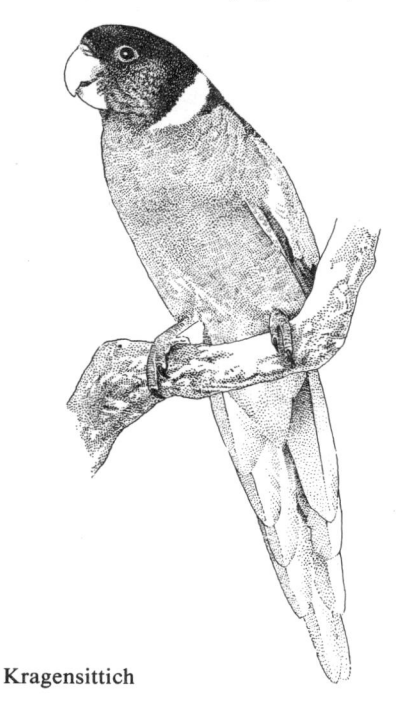

Kragensittich

blaugrün, sonst Kopf grün, Nackenband gelb. Unterschiedl. breites orangegelbes Bauchband. ♀: hat etwas kleineren Kopf, gering matteres Gefieder. Juv. Oberkopf, Nacken bräunlichgrün, US mit wenig Gelb. Unterflügelstreifen, ♂ ♂ größerer Kopf und Oberschnabel größer. 33 cm. *B. z. macgillivrayi,* Cloncurrysittich. Golf von Carpentaria bis zur Stadt Cloncurry in NW-Queensland. ♂: untere Kopfseiten blaßblaugrün, Kopf hellgrün. Nackenring breit, gelb. Bauch gelb. Flügelbug u. -rand blau, Schwingen schwarzblau, übriges Gefieder hellgrün. ♀: Kopf, Oberschnabel kleiner als bei ♂. Juv. matter, Stirnband blaßorangegelb, verschwindet später. 33 cm.

Baron Rothschild (*Phaethornis syrmatophorus*) → *Phaethornis*

Barrabandsittich, NN → Schildsittich

Bartkauz (*Strix nebulosa*) → *Strix*

Bartkolibri (*Threnetes ruckeri*) → *Threnetes*

Bartlett's Dolchstichtaube, NN → Brandtaube

Bartmeise (*Panurus biarmicus*) → *Panurus*

Bartsittich (*Psittacula alexandri*) → *Psittacula*

Bartstrichweber → *Sporopipes*

Bartvögel → Capitonidae

Bartzeisig (*Spinus barbatus*) → *Spinus*

Baßtölpel (*Morus bassanus*) → *Morus*

Bastard. Auch als Kreuzung, Mischling od. Hybrid bezeichnet. In der allgemeinen Biologie sind es Lebewesen, die aus der Verschmelzung zweier Keimzellen mit ungleichen Erbanlagen hervorgegangen sind. Je nach der Verwandtschaft der Eltern unterscheidet man innerartliche, A- u. G-Bastarde. Viele

Batis

B. sind aber unfruchtbar, einige bei verwandtschaftl. sehr nahestehenden An nur bedingt fruchtbar. Mischlinge aus Kreuzungen von UAn u. Rassen sind stets fruchtbar. In vielen Ländern wird die Mischlingszucht, außer bei Kanarien, nicht gefördert, teilweise sogar abgelehnt. Bei der Rassezucht domestizierter An ist die Hybridzucht wesentl. Bestandteil der Züchtung, da auf Grund der Gemischterbigkeit eines Hybriden (Heterozygotie) erbungleiche Nachkommen erzeugt werden. Aber auch um zu neuen Farben u. Formen zu gelangen, um die Vitalität zu stärken, um das Zuchtniveau zu erhöhen u. damit dem Standard ↗ näherzubringen, spielt die Hybridzucht eine ganz wesentl. Rolle.

Bathilda. G der Estrildidae ↗. Mittl. Queensland, N-Queensland bis W-Australien. Leben in der Trokkenzeit zu riesigen Schwärmen vereint in feuchten Landstrichen, Randgebieten der Feuchtsavannen, aber auch in trockenen Grassavannen u. auf Schlammbänken. Bilden größte Prachtfinkenansammlungen in Australien. Ernährung Samen u. Insekten. Nest bodennah zwischen Schilfstengeln u. langen Gräsern. Brutzeit richtet sich nach Einsetzen der Regenzeit. Vereinzelt in 60er Jahren des vorigen Jh. eingeführt, seit 1895 in großer Zahl bis zur Ausfuhrsperre am 1. 1. 1960. Es werden also nur noch gezüchtete Vögel gehandelt. Außerhalb der Brutzeit ausgesprochen verträglich, wegen reizendem Wesen, Färbung u. leichter Züchtbarkeit gern gehalten. Können bis 14 Jahre alt werden. Geeignet für Käfig u. Voliere, entspr. dem Biotop mit Schilf u. langen Gräsern ausstatten, nicht unter 18 °C halten. Ernährung s. Estrildidae. Zucht paarweise Haltung. Nest fast immer freistehend, aus Gräsern, Blättern, grünen Stengeln, Agavefasern im dichten Gestrüpp u. Schilf. Nestschläfer. Gelege 4–6 Eier. Gelegekontrollen werden meistens nicht verübelt. Schlupf nach 12–14 Tagen. Aufzuchtfutter reichl. Gras-, Unkrautsamen, Blattläuse, *Drosophila,* Eiweichfutter. Juv. fliegen nach 18–25 Tagen aus, anfangs sehr scheu (Unfallgefahr!). Nach 3–4 Wochen selbständig. Aus Zuchtanlage entfernen.

– *B. ruficauda,* Binsenastrild. ♂: Oberkopf bis Scheitelmitte, Kopfseiten, Zügel, Kehle rot, mit kleinen Punkten besetzt. OS mattgraugrün, Oberschwanzdecken bräunlichrot. Schwanzfedern dunkelbraun, rötlich gesäumt. US blaß weißlichgelb. Untere Kehle, Vorderbrust u. Körperseiten grünlichgrau mit weißen Punkten. Schnabel scharlachrot. Auge gelbbraun, ziegelroter Lidrand. Füße kräftig dunkelgelb. ♀ wie ♂, aber matter u. Rot der Gesichtsmaske nicht so ausgedehnt. Juv. schmutziggrau, rötliche Oberschwanzdecken, Rot am Kopf fehlt. 12–13 cm. UAn.

Batis. G der Platysteirinae ↗. 14 An. ♂ ♂ ähneln sich sehr u. sind oft nur über ihre bunteren, unterschiedl. gezeichneten ♀ ♀ sicher zu unterscheiden. Das Rückengefieder wird beim ruhenden Vogel oft zu einem «Wollknäuel» gesträubt. Von Senegal bis Kenia u. südwe. bis zur Kapprovinz. Sowohl im rei-

Batrachostomus

Weißflankenschnäpper

nen Waldland als auch in der offenen Baumsavanne. Leben paarweise. Suchen geschickt im Blattgewirr nach Nahrung. Außerhalb der Brutzeit streifen sie oft in gemischten Flügen mit anderen kleineren Insektenfressern umher. Sind sie erregt, können sie durch schnelles Flügelschlagen ein lautes Schnurrgeräusch erzeugen. Manche An dieser friedlichen Vögel zeigen sich auch in freier Natur erstaunlich zutraulich. Sie bauen kunstvolle Napfnester aus Halmen, feinen Würzelchen u. Spinnweben, oft freistehend auf einem dickeren Ast. Durch Einarbeiten von Flechten sind sie hervorragend gegen die rauhe Rinde getarnt. ♀ u. ♂ brüten die 2—3 Eier aus u. kümmern sich um die Aufzucht der Jungen. Haltung, Nahrung usw. s. *Platysteira*. Alle An fehlen z. Z. im Handel. Vor der Ausfuhrsperre Kenias u. S-Afrikas kamen einige wenige Vögel nach Europa.
— *B. capensis*, Kapschnäpper. ♂: Kopf-OS u. Nacken schiefergrau. Restl. OS beigegrau. Schwanz schwarz mit weißen Federspitzen. Ohrdecken, auf der Schulter schmal auslaufend, breites Brustband u. Flügel tiefschwarz. Handschwingen weiß gesäumt. Je nach A Flanken orangebraun. Übrige US weiß. Schnabel schwarz. Auge rotbraun. Füße schwarz. ♀: ähnl., doch Kopf-OS mehr olivgrau. Großer Kehlfleck ockerbraun. Brustband u. Flanken orangebraun. Juv. ähnelt dem ♀, doch oberseits braun gefleckt. 11,5 cm. 9 UAn. Zentrale Kapprovinz nö. bis Simbabwe und Sambia. Oft in Gebirgswäldern. Überwiegend in Baumkronen.
— *B. minor*, Kongoschnäpper. ♂: gleicht sehr *B. molitor*, jedoch Kopfplatte dunkler, hinterer Rücken u. Bürzel oft weiß gefleckt. Weißer Überaugenstreif länger, bis zum Nacken. Brustband schmaler. ♀: oberseits wie ♂. US weiß mit rotbraunem Brustband. Juv. oberseits dunkler, braungelb gesprenkelt. 10,5 cm. 2 UAn. Z-Afrika von Kamerun u. Kongo nordöst. über N-Zaïre, Sudan, bis N-Äthiopien. Gewöhnlich paarweise, ständig auf der Suche nach Insekten.
— *B. molitor*, Weißflankenschnäpper. ♂: oberseits an Kopf u. Rücken staubgrau. 12 mm breites Brustband (je nach UA auch breiter), schmal über die Schulter verlaufend in die Ohrdecken übergehend, Flügel u. Schwanz tiefschwarz. Überaugenstreif, Nackenfleck, Flügelspiegel u. US weiß. Außenfahnen der äußeren Schwanzfedern weiß. Schnabel schwarz. Auge gelb. Füße schwarz. ♀ u. Juv. oberseits mehr silbergrau, US weiß mit kastanienbraunem Kehlfleck u. Brustband. 11,5 cm. Von S-Afrika nö. bis N-Angola, Uganda u. Kenia. Im offenen Waldland, aber auch im Kulturland u. in Gärten. Freilandbeobachtungen zeigten, daß die bunteren ♀♀ auch die dominierende Rolle in der Balz spielten. Verhält sich recht ängstlich gegenüber anderen lebhaften Volierenbewohnern, sitzt dann oft regungslos in Deckung (in einer Art Schreckstarre), deshalb am besten Einzelhaltung.

Batrachostomus. G der Podargidae ↗. 9 An. Haltung s. Caprimulgiformes ↗.
— *B. auritus*, Riesenfroschmaul, Hornschwalm. ♂ u. ♀: rindenfarbig, schwarz gemustert. Heller Nackenring. US heller. 2zeilige Borstenhaube von Schnabel seitl. über Kopf ziehend. Stark entwickelte Puderdunen. 43 cm. Malaysia, Sumatera, Kalimantan, Bunguran. Kleines gut getarntes Nest auf Ästen, in Astgabeln. 1 Ei, weiß. Tagsüber von grauerem ♂, nachts von rötlicherem ♀ bebrütet. Sitzen bei Brut längs auf Ast. Dunenkleid weiß.

Bauchschnabeltyrann (*Megarynchus pitangua*) → *Megarhynchus*
Bauers Ringsittich (*Barnardius z. zonarius*) → *Barnardius*
Baumelstern → *Dendrocitta*
Baumfrankoline → *Dendroperdix*
Baumhopf (*Phoeniculus purpureus*) → *Phoeniculus*
Baumläufer → *Certhia*
Baumliest (*Halcyon smyrnensis*) → *Halcyon*
Baumpieper (*Spipola trivialis*) → *Spipola*
Baumsteiger → *Furnariidae*
Baumwachteln → *Colinus*
Bayaweber (*Ploceus philippinus*) → *Ploceus*
Beauforts Frauenlori, UA → *Frauenlori*
Beere. Der Wert der B. in der Vogelernährung liegt vor allem in ihrem hohen Anteil an Kohlehydraten, Mineralstoffen, Fruchtsäuren, Vitamin C u. Karotin. B.n stellen für viele Vogel-An ein ideales Zusatzfutter im Winter dar. Bei ihrem Einsatz sollte der Vogelhalter vor allem die im natürl. Biotop der Vögel vorhandenen B.n anbieten. Neben den typischen B.n-Fressern wie Drosseln, Bülbüls, Turakos nehmen sie auch viele Finkenvögel, Sittiche, Fasane u. Rauhfußhühner auf. Wegen des hohen Wassergehaltes der meisten B.n sind sie nur begrenzt lagerfähig. Durch Trocknung bei 25—30 °C an der Luft läßt sich jedoch die Haltbarkeit bis in die Wintermonate hinein verlängern. Auch die Lagerung in tiefgefrorenem Zustand ist empfehlenswert.

Beerenobst → *Obst*
Beizjagd. Jagd mit dem abgetragenen Greifvogel ↗, auch lautlose Jagd genannt, traditionsreiche Jagdausübung.
Beizvogel. Falknerisch abgetragener Greifvogel ↗.

Beizvogelgeschirr. Dient zur Handhabung des abgetragenen Greifvogels ↗, besteht aus einem Paar Geschühriemen, Bellen ↗, Drahlen ↗ u. Kurz- od. Langfessel.

Bekassine *(Gallinago gallinago)* → *Gallinago*

Bellen. Kugelförmige Glöckchen, werden vor allem beim abgetragenen Habicht ↗ u. Sperber ↗ verwendet.

Belonopterus. G der Vanellidae ↗. 2 An.

— *B. chilensis*, Cayenne-Kiebitz. ♂ u. ♀: gleich, OS grau, Gesicht, Hals u. Brust schwarz. Übrige US weiß. Flügeldecken bronzefarben bis grün. Auge, Flügelsporn u. Schnabel rot. Füße rosa. Kleiner Schopf. 36 cm. UAn. In S-Amerika u. Panama bis Mexiko verbr. Haltung s. Scolopacidae. Zucht gelang mehrfach im Zoo Frankfurt/Main.

Bengalenpitta *(Pitta brachyura)* → *Pitta*
Bengalenracke *(Coracias benghalensis)* → *Coracias*
Bengalenweber *(Ploceus benghalensis)* → *Ploceus*
Bennettkasuar *(Casuarius bennetti)* → *Casuarius*
Bentevi *(Pitangus sulphuratus)* → *Pitangus*
Beo *(Gracula religiosa)* → *Gracula*

Berenicornis. G der Bucerotidae ↗. 1 A. Malaysia bis S-Tenasserim, Sumatera, Kalimantan. Bewohnt dichten Urwald, vorwiegend der Ebene, meistens in Bodennähe. Nahrung Früchte, kleine Wirbeltiere (u. a. Eidechsen, Vögel). Selten in zool. Gärten, u. a. mehrere Exempl. im Vogelpark Walsrode ↗. Neigen zur Aggressivität, auch gegenüber Pfleger. Juv. färben nach ca. 2½ Jahren in ad. Kleid um.

— *B. comatus*, Langschopf-, Langhaubenhornvogel, Weißhauben-Nashornvogel. ♂: Kopf mit auffälliger Haube weiß, ebenso Hals bis Oberbauch, Spitzen der Hand- u. Armschwingen, Schwanz. Sonst schwarz, oberseits metallischglänzend. Um das Auge u. am Unterschnabelansatz Haut nackt, blau. Schnabel mit leistenförmigem Aufsatz, beide schwarz, nur Schnabelgrund gelblichgrün. Auge gelb. Füße schwarz. ♀: kleiner als ♂. Haube u. Hinterkopf weiß, ansonsten schwarz. Nackte Haut blau. Juv. nackte Hautpartien fleischrot, Kopf, Hals u. US mit schwarzweißer Fleckung. Schwanzfedern schwarz, Spitzen breit weiß. Auge grünlichgelb. 90 cm.

Bergammer *(Emberiza tahapisi)* → *Emberiza*
Bergblauschnäpper *(Cyornis banyumas)* → *Cyornis*
Bergbraunelle *(Spermolegus montanella)* → *Spermolegus*
Bergbronzemännchen *(Lonchura kelaarti)* → *Lonchura*
Bergente *(Aythya marila)* → *Aythya*
Bergfink *(Fringilla montifringilla)* → *Fringilla*
Bergfrankolin *(Pternistis hartlaubi)* → *Pternistis*
Berggimpel *(Rubicilla rubicilla)* → *Rubicilla*
Berghänfling *(Linaria flavirostris)* → *Linaria*
Berghaubenwachtel, NN → Bergwachtel
Bergjuwel, NN → *Lampornis*
Bergkalanderlerche *(Melanocorypha bimaculata)* → *Melanocorypha*
Bergkardinal, NN → Zwergkardinal
Bergkohlmeise *(Parus monticolus)* → *Parus*
Bergkrähe *(Corcorax melanorhamphos)* → *Corcorax*
Bergkrähe, NN → Alpenkrähe
Bergkrähen → *Pyrrhocorax*

Berglori *(Oreopsittacus arfaki)* → *Oreopsittacus*
Bergnymphe, NN → *Oreotrochilus*
Bergpapagei *(Agapornis taranta)* → *Agapornis*
Bergrötel *(Petrophila cinclorhyncha)* → *Petrophila*
Bergschilffink *(Munia monticola)* → *Munia*
Bergsittich *(Spathopterus anthopeplus)* → *Spathopterus*
Bergtangaren, NN → *Anisognathus*
Bergtinamu *(Nothocercus bonapartei)* → *Nothocercus*
Bergtrogon, NN → Maskentrogon
Berguhu od. **Fleckenuhu** *(Bubo africanus)* → *Bubo*
Bergwachtel *(Oreortyx pictus)* → *Oreortyx*
Bergwart *(Chalcostigma herrani)* → *Chalcostigma*
Bergzuckervögel, NN → *Diglossa*
Bernsteins Lori, UA → Rotlori
Beutelmeise *(Remiz pendulinus)* → *Remiz*

Bewertung. Einschätzung ausgestellter Vögel nach Punkten u. Prädikaten, meist domestizierter An, durch einen anerkannten Preisrichter ↗ nach einem festgelegten Standard ↗ für jeweils eine A.

Bewertungskäfig → Standardkäfig
Bezirksausstellung → Landesschau

Bielfeld, Horst

Bielfeld, Horst, geb. 10. 10. 1931 in Danzig-Langfuhr. Naturfotograf u. -schriftsteller. Hauptarbeitsgebiete u. Publikationen Haltung u. Zucht exotischer Körnerfresser ↗, insbes. über Prachtfinken ↗. Viele Beiträge in Fachzeitschr. u. Tageszeitungen, zahlreiche fotograf. Illustrationen in Büchern u. Zeitschriften. 15 Bücher, u. a. «Prachtfinken», «Weber, Witwen, Sperlinge», «Zeisige, Kardinäle u. andere Finkenvögel».

Bienenelfe *(Mellisuga helenae)* → *Mellisuga*
Bienenfresser *(Merops apiaster)* → *Merops*
Biguascharbe *(Phalacrocorax olivaceus)* → *Phalacrocorax*
Bindenerdracke *(Brachypteracias leptosomus)* → *Brachypteracias*

Bindenfaulvogel *(Nystalus radiatus)* → *Nystalus*
Bindenfischeule *(Scotopelia peli)* → *Scotopelia*
Bindenflughuhn *(Nyctiperdix indica)* → *Nyctiperdix*
Bindenfregattvogel *(Fregata minor)* → *Fregata*
Bindenkauz *(Strix melanota)* → *Strix*
Bindenkreuzschnabel *(Loxia leucoptera)* → *Loxia*
Bindenlärmvogel *(Crinifer zonurus)* → *Crinifer*
Bindenliest *(Lacedo pulchella)* → *Lacedo*
Bindennektarvogel *(Cinnyris mariquensis)* → *Cinnyris*
Bindenralle *(Hypotaenidia philippensis)* → *Hypotaenidia*
Bindenschnabeltukan *(Selenidera maculirostris)* → *Selenidera*
Bindenschwanz-Eremit *(Threnetes ruckeri)* → *Threnetes*
Bindenschwanzfasanen → *Calophasis*
Bindenschwanz-Kuckuckstaube, NN → Bindenschwanztaube
Bindenschwanztaube *(Macropygia unchall)* → *Macropygia*
Bindensittiche → *Psittacella*
Bindenspechte → *Tripsurus*
Bindentaube, NN → Bandtaube
Bindenuhu *(Bubo shelleyi)* → *Bubo*
Binsenastrild *(Bathilda ruficanda)* → *Bathilda*
Binsenrallen → Heliornithiformes
Biotop. (von griech. topos — Ort). Einheitl., gut abgrenzbare Lebensstätte einer Biozönose ↗, z. B. Bach, Moor, Auwald, Grassteppe u. a. Zwischen dem B. u. der dort lebenden Biozönose bestehen enge Wechselwirkungen. Jedes B. enthält horizontal od. vertikal angeordnete kleinere bis kleinste Raumstrukturen, z. B. Baumstümpfe, Astlöcher, Strauchschicht, Baumkronen usw. Die dort lebenden, z. T. sehr typischen An können sich aber nicht durch Selbstregulation erhalten. Die einzelnen An eines B. kommen i. d. R. nicht im ganzen B. vor, sondern treten nur in bestimmten Arealen ↗, sog. Habitaten, auf.
Biotopvoliere. Innen- ↗ od. Außenvoliere ↗ mit artenspr. Biotop ↗ (Habitat ↗)-Einrichtung.
Biozönose. An einen definierten Lebensraum (Biotop ↗) gebundene, durch eine charakteristische An-Kombination u. Charakter-An ausgezeichnete Lebensgemeinschaft von Tieren, Pflanzen u. Mikroorganismen, die sich durch Selbstregulation über lange Zeiträume weitgehend konstant erhält. Das Gleichgewicht in einer B. beruht im wesentl. auf Nahrungsketten (Stoff- u. Energiewechsel der B.). Die An-Kombination einer B. ist von den gegebenen ökologischen Faktoren des Biotops abhängig, extreme Umweltfaktoren bedingen artenarme, jedoch sehr charakteristische B.n, natürliche B.n sind stabiler als die artenarme Kultur-B.n.
Birkenzeisig *(Acanthis flammea)* → *Acanthis*
Birkhuhn, Birkwild *(Lyrurus tetrix)* → *Lyrurus*
Bischofstangare *(Thraupis episcopus)* → *Thraupis*
Bischofweber *(Euplectes gierowii)* → *Euplectes*
Bisquit, Eibisquit. Handelsübl. Futterstoff für Vögel, zeichnet sich durch hohen Eiweißanteil aus. Er enthält kaum Fett u. besitzt vor allem als Bestandteil des Weichfutters ↗ in der Aufzucht durch seine gute Verdaulichkeit Bedeutung.
Biziura. G der Anatidae ↗, UF Anatinae ↗. 1 A. Brutvogel in S-Australien u. Tasmanien. Bewohnt Wasserflächen von Sumpfgebieten. Im Winter auf offenen Gewässern, auch auf dem Meer. Paare besetzen abgegrenzte Brutreviere, die gegen Artgenossen verteidigt werden. Auffällige Balz, bei der ♂ Wasser mit Füßen nach hinten schleudert. Nest im Pflanzendickicht der Flachwasserzone. Gelegegröße u. Brutdauer noch nicht sicher bekannt. Brut u. Jungenaufzucht nur durch ♀. Nahrung besteht aus kleinen Wassertieren u. Teilen von Wasserpflanzen, die bevorzugt beim Tauchen aufgenommen werden. Sehr selten gehalten. Unterbringung in Volieren. ♀ muß sich vor balzendem ♂ zurückziehen können.
— *B. lobata*, Lappenente. ♂ u. ♀: grau, feine Wellenzeichnung, Kopf u. Nacken dunkler. Schwanz liegt beim Schwimmen auf dem Wasser. Schnabel schwarz. Füße dunkelgrau. ♂ mit großem, schwarzem Kehllappen am Unterschnabel. ♂ 66 cm, ♀ 55 cm.
Blasser Kaktussittich, UA → Kaktussittich
Blässgans *(Anser albifrons)* → *Anser*
Blaßkopfnonne *(Munia pallida)* → *Munia*
Blasskopfrosella *(Platycercus eximius palliceps)* → *Platycercus*
Blaßspötter *(Hippolais pallida)* → *Hippolais*
Blasstirnkauz *(Aegolius harrisii)* → *Aegolius*
Blaßstirnschwärzling *(Nigrita luteifrons)* → *Nigrita*
Blaßtäubchen *(Columbigallina buckleyi)* → *Columbigallina*
Blassuhu *(Bubo lacteus)* → *Bubo*
Blatthühnchen → *Actophilornis* → Jacanidae
Blattidae, Schaben. Obwohl von Vögeln gern gefressen, muß vor ihrer Verwendung als Futtertier gewarnt werden (breiten sich sehr schnell in Wohnstätten aus, Krankheitsüberträger).
Blattläuse → Aphidoidea
Blattschnabelblautukan *(Andigena laminirostris)* → *Andigena*
Blattvögel → Chloropsidae
Blauaugenkormoran *(Phalacrocorax atriceps)* → *Phalacrocorax*
Blaubartamazone *(Amazona festiva)* → *Amazona*
Blaubart-Blattvogel *(Chloropsis cyanopogon)* → *Chloropsis*
Blaubartblaurabe, NN → Weißnackenblaurabe
Blaubauch *(Triclaria malachitacea)* → *Triclaria*
Blaubäuchiger Granatastrild → Veilchenastrild
Blaubauchliest *(Halcyon cyanoventris)* → *Halcyon*
Blaubauchracke, NN → Opalracke
Blaubauchtangare, NN → Opalscheiteltangare
Blaubrustamazilie *(Amazilia amabilis)* → *Amazilia*
Blaubrustpipra *(Chiroxiphia caudata)* → *Chrioxiphia*
Blaubrustralle, NN → Graubrustralle
Blaubrustschnurrvogel, NN → Blaubrustpipra
Blaubrusttangare *(Tangara cyanoventris)* → *Tangara*
Blaubürzel-Sperlingspapagei *(Forpus cyanopygius)* → *Forpus*
Blauelster *(Cyanopica cyanus)* → *Cyanopica*

Blauer Hakenschnabel → Maskenhakenschnabel
Blauer Honigsauger, NN → Türkisnaschvogel
Blauer Ohrfasan *(Crossoptilon auritum)* → *Crossoptilon*
Blauer Staffelschwanz *(Malurus cyaneus)* → *Malurus*
Blauer Stahlfink *(Hypochera c. ultramarina)* → *Hypochera*
Blaues Veilchenohr *(Colibri coruscans)* → *Colibri*
Blaufächerschwanz-Einsiedler *(Threnetes ruckeri)* → *Threnetes*
Blaufischer *(Cyanispida caerulescens)* → *Cyanispida*
Blauflügel-Bergtangare, NN → Blauschwingen-Bergtangare
Blauflügel-Blattvogel *(Chloropsis cochinchinensis)* → *Chloropsis*
Blauflügelelster, NN → Yucatan-Blaurabe
Blauflügelente *(Spatula discors)* → *Spatula*
Blauflügelgans *(Cyanochen cyanopterus)* → *Cyanochen*
Blauflügelkitta, NN → Rotschnabelkitta
Blauflügelkolibri *(Pterophanes cyanopterus)* → *Pterophanes*
Blauflügel-Königssittich, UA → Amboinasittich
Blauflügel-Kookaburra *(Dacelo leachii)* → *Dacelo*
Blauflügelpitta *(Pitta moluccensis)* → *Pitta*
Blauflügelsittich *(Brotogeris cyanoptera)* → *Brotogeris*
Blauflügelsiva *(Siva cyanouroptera)* → *Siva*
Blauflügel-Sonnenvogel *(Siva cyanouroptera)* → *Siva*
Blauflügel-Sperlingspapagei *(Forpus xanthopterygius)* → *Forpus*
Blauflügeltangare *(Tangara cyanoptera)* → *Tangara*
Blauflügeltangare, NN → Prälattangare, Violettschultertangare
Blauflügliger Schönsittich, NN → Feinsittich
Blaufußtölpel *(Sula nebouxii)* → *Sula*
Blaugelbe Tangare, NN → Furchentangare
Blaugenick-Sperlingspapagei *(Forpus coelestis)* → *Forpus*
Blaugimpelfink *(Cyanoloxia brissonii)* → *Cyanoloxia*
Blaugraues Pfäffchen, NN → Einfarbpfäffchen
Blaugraue Tangare, NN → Bischofstangare
Blaugrüne Papageiamadine *(Amblynura tricolor)* → *Amblynura*
Blaugrüner Naschvogel, NN → Blaukopfpitpit
Blaugrüner Zuckervogel, NN → Blaukopfpitpit
Blauhäher *(Cyanocitta cristata)* → *Cyanocitta*
Blaukäppchenlori *(Vini australis)* → *Vini*
Blaukappenamazone *(Amazona finschi)* → *Amazona*
Blaukappensittich, NN → Alexandrasittich
Blaukappentangare *(Tangara cyanocephala)* → *Tangara*
Blaukehlchen *(Cyanosylvia svecica)* → *Cyanosylvia*
Blaukehliger fliegender Delphin *(Heliodoxa jacula)* → *Heliodoxa*
Blaukehlkolibri *(Lampornis clemenciae)* → *Lampornis*
Blaukehlmusketier *(Coeligena helianthea)* → *Coeligena*

Blauscheitel-Edelpapagei

87

Blaukehlnymphe *(Lampornis clemenciae)* → *Lampornis*
Blaukehlroller *(Eurystomus gularis)* → *Eurystomus*
Blaukehlschnäpper *(Cyornis rubeculoides)* → *Cyornis*
Blaukinnkolibri *(Chlorestes notatus)* → *Chlorestes*
Blaukitta, NN → Schmuckkitta
Blaukopfamazone *(Amazona arausiaca)* → *Amazona*
Blaukopfara *(Ara couloni)* → *Ara*
Blaukopf-Bartvogel, NN → Heulbartvogel
Blaukopf-Erdtaube *(Starnoenas cyanocephala)* → *Starnoenas*
Blauköpfiger Spatelschwanzpapagei *(Prioniturus discurus)* → *Prioniturus*
Blaukopf-Kaktuskolibri *(Hylocharis cyana)* → *Hylocharis*
Blaukopfpitpit *(Dacnis cayana)* → *Dacnis*
Blaukopfsaphir *(Hylocharis grayi)* → *Hylocharis*
Blaukopfschmetterlingsfink *(Uraeginthus cyanocephalus)* → *Uraeginthus*
Blaukopfsittich *(Thectocercus acuticaudatus)* → *Thectocercus*
Blaukopftangare, NN → Azurkopftangare, Schwarzbrusttangare
Blaukrönchen *(Loriculus galgulus)* → *Loriculus*
Blaukronenamazone → Haitiamazone
Blaulatzsittich *(Pyrrhura cruentata)* → *Pyrrhura*
Blauliest *(Halcyon senegalensis)* → *Halcyon*
Blaumaskenamazone *(Amazona versicolor)* → *Amazona*
Blaumeise *(Cyanistes caeruleus)* → *Cyanistes*
Blaumerle *(Cyanocincla solitaria)* → *Cyanocincla*
Blaunachtigall *(Larvivora cyane)* → *Larvivora*
Blaunackenbartvogel, NN → Temminckbartvogel
Blaunackengrünhäher, NN → Kappenblaurabe
Blaunacken-Grünorganist, NN → Blaunackenorganist
Blaunackenmausvogel *(Urocolius macrourus)* → *Urocolius*
Blaunackenorganist *(Euphonia occipitalis)* → *Euphonia*
Blaunackenpapagei *(Tanygnathus lucionensis)* → *Tanygnathus*
Blauohr-Honigfresser *(Entomyzon cyanotis)* → *Entomyzon*
Blauohrlori *(Eos cyanogenia)* → *Eos*
Blaurabe, NN → Kappenblaurabe
Blauracke *(Coracias garrulus)* → *Coracias*
Blauringtaube *(Leptotila verreauxi)* → *Leptotila*
Blaurot-Nektarvogel *(Panaeola chalybea)* → *Panaeola*
Blaurücken-Bergtangare *(Buthraupis montana)* → *Buthraupis*
Blaurückenorganist, NN → Grünorganist
Blaurückenturako *(Tauraco macrorhynchos)* → *Tauraco*
Blaurückiger Manakin, NN → Prachtpipra
Blauscheitel-Edelpapagei *(Tanygnathus lucionensis)* → *Tanygnathus*

Blauscheitelmotmot

Blauscheitelmotmot *(Momotus momota)* → *Momotus*
Blauscheitelorganist *(Euphonia musica)* → *Euphonia*
Blauscheitelsittich, UA → Blaukopfsittich
Blauscheiteltrogon *(Trogonurus curucui)* → *Trogonurus*
Blauschmätzer *(Larvivora brunnea)* → *Larvivora*
Blauschulterrötel *(Cossypha cyanocampter)* → *Cossypha*
Blauschwanz *(Ianthia cyanurus)* → *Ianthia*
Blauschwanzedelsittich, NN → Blauschwanzsittich
Blauschwanz-Eremit *(Phaethornis yaruqui)* → *Phaethornis*
Blauschwanzpitta *(Eucichla guajana)* → *Eucichla*
Blauschwanzsittich *(Psittacula calthorpae)* → *Psittacula*
Blauschwarzer Laubenvogel *(Ptilonorhynchus violaceus)* → *Ptilonorhynchus*
Blau-Schweifkitta, NN → Schmuckkitta
Blauschwingen-Bergtangare *(Anisognathus flavinucha)* → *Anisognathus*
Blauspottdrossel *(Melanotis caerulescens)* → *Melanotis*
Blausteißsittich *(Pyrrhura perlata)* → *Pyrrhura*
Blaustirnamazone, NN → Blaumasken- od. Rotbugamazone
Blaustirn-Blatthühnchen *(Actophilornis africanus)* → *Actophilornis*
Blaustirniger fliegender Delphin *(Heliodoxa leadbeateri)* → *Heliodoxa*
Blaustirniger Zwergara *(Diopsittaca nobilis)* → *Diopsittaca*
Blaustirn-Lanzenschnabel, Blaustirn-Lanzettschnabel *(Doryfera johannae)* → *Doryfera*
Blaustirn-Rotschwanzsittich *(Pyrrhura picta)* → *Pyrrhura*
Blaustirn-Schneehöschen *(Eriocnemis luciani)* → *Eriocnemis*
Blaustirnsittich, UA → Blaukopfsittich
Blautangaren, NN → *Thraupis*
Blautäubchen, NN → Schmucktäubchen
Blautukan *(Andigena hypoglauca)* → *Andigena*
Blauwangenbartvogel *(Cyanops asiaticus)* → *Cyanops*
Blauwangen-Lori, UA → Allfarblori
Blauwangenrosella *(Platycercus eximius adscitus)* → *Platycercus*
Blauwangensittich *(Pyrrhura perlata)* → *Pyrrhura*
Blauwangenspint *(Merops superciliosus)* → *Merops*
Blauzügel-Arassari *(Aulacorhynchus sulcatus)* → *Aulacorhynchus*
Bleßralle *(Fulica atra)* → *Fulica*
Blockjule. Block für Falken, aus rundem od. eckigem Holz (Ø ca. 20 cm, h: ca. 25—30 cm). Die Sitzfläche mit einer Korkplatte od. griffigem Leder abdekken. Der Block wird auf einem 50—60 cm langem Stahlstab mit Spitze befestigt. Der Stahlstab wird dann ca. 20 cm in den Erdboden versenkt. Um den Stahlstab befindet sich ein Ring zur Befestigung des Greifvogels.
Blumenküsser *(Heliothryx aurita)* → *Heliothryx*
Blumenpapageichen *(Loriculus beryllinus)* → *Loriculus*
Blutbauchsittich *(Psephotus haematogaster)* → *Psephotus*
Blutbrust-Bartvogel *(Lybius vieilloti)* → *Lybius*
Blutbürzel-Arassari *(Aulacorhynchus haematopygus)* → *Aulacorhynchus*
Blütenpapageichen *(Loriculus flosculus)* → *Loriculus*
Blutfasanen → Ithagininae → *Ithaginis*
Bluthänfling *(Linaria cannabina)* → *Linaria*
Blutkopfweber → *Queleopsis*
Blutmehl. Hochkonzentriertes Futtermittel mit nahezu 80 % Eiweißanteil. Es wird vorwiegend bei der Geflügelmast eingesetzt.
Blutohr-Rotschwanzsittich *(Pyrrhura haematotis)* → *Pyrrhura*
Blutohrsittich *(Pyrrhura haematotis)* → *Pyrrhura*
Blutpirol *(Oriolus trallii)* → *Oriolus*
Blutrote Tangare, NN → Bluttangare
Blutschnabelweber → *Quelea*
Bluttangare *(Piranga bidentata)* → *Piranga*
Blyth-Tragopan *(Tragopan blythii)* → *Tragopan*
Bobolink *(Dolichonyx oryzivorus)* → *Dolichonyx*
Bobwhite, NN → Virginiawachtel
Bodenläuferkäfig. Käfig mit weicher Decke (Wachstuch, Schaumstoff) mit möglichst großer, langgestreckter rechteckiger Bodenfläche. 80—100 cm Länge ist ratsam, 25—30 cm Breite u. 25—30 cm Höhe bedeuten Mindestmaße. 2—3 Schubladen erlauben gute u. standfeste Ausstattung mit Gräsern, Moos, Heidekraut, Steinen; Sand u. Erde gesondert einbringen. Innen- od. Außenfütterung; Badehäuschen ↗ kann an Türöffnung gehangen werden. Unterkunft für Einzelvogel, der wegen des Gesanges gehalten wird, od. für 1 Paar, z. B. Wachteln ↗, Wachtelastrilde ↗. In älterer Zeit vorwiegend Verwendung für Lerchen ↗, Pieper ↗, Stelzen ↗. Für letztere beiden werden 1—2 Sitzstangen ↗ zum Ruhen angebracht, bes. für sie sind einige größere rauhe Steine zum guten Fußen des Vogels notwendig. Für Blaumerle ↗ u. Steinrötel ↗ werden neben größeren Steinen umgipste od. aus Ton gebrannte Sitzstangen verwendet (ansonsten Fußerkrankung). → Landschaftskäfig
Bodentäubchen, NN → Nacktgesichtstäubchen
Bodini-Amazone, UA → Blaubartamazone
Boehms Starweber *(Dinemellia d. boehmi)* → *Dinemellia*
Boissonneaua, Kastanienflügler. G der Trochilidae ↗. Nö. S-Amerika. Wälder u. Pflanzungen.
— *B. flavescens,* Fahlschwanzkolibri. ♂: OS goldiggrün, Kopf lebhafter goldglänzend. Mittl. Steuerfederpaar, Spitzen u. Hälfte des Außensaumes der äußersten Steuerfeder dunkelgrün; die anderen rahmfarben. US dunkelgrün; Federn des Unterkörpers mit hellrostfarbenen Säumen. Unterschwanzdecken graubraun. Beinbefiederung u. Flaumbüschel an den Bauchseiten weiß. Achselfedern, Unterflügeldecken, Außensaum des Flügels u. der 1. Schwinge rostbraun. Schnabel schwarz. ♀: Flügel ca. 5—8 mm

kürzer, auch Schwanz u. Schnabel etwas kleiner. Juv. wie ♀. 12,0 cm. Von NW-Venezuela bis W-Ekuador. In Nebelwäldern, der Zwergbaumzone u. offenen buschigen Hängen von 2 100—3 500 m ü. NN. Von spez. Schwierigkeiten bei der Eingewöhnung ist nichts bekannt. Mehrjährige Haltungsdauer bekannt. Zucht bisher nicht gelungen. Im Heidelberger Zoo gelangen Beobachtungen der Balz, die ähnl. der von *Amazilia franciae* ist.

— *B. jardini*, Hyazinthkolibri, Hyazinthbrustkolibri, Jardins Weißschwanzkolibri, Weißschwanz-Kastanienflügler. ♂: Kopf-OS violett; Hinterkopf, Kopfseiten u. Hals schwarz. Rücken u. Bürzel bläulichgrün. Kinn u. Mitte der Kehle, Vorderbrust, Brust u. Unterkörper leuchtend violett; Brustseiten glitzernd bläulichgrün. Unterschwanzdecken kupferbronzebraun. Beinbefiederung weißlich. Außenrand der ersten Schwinge, Unterflügeldecken der inneren Armschwingen kastanienrotbraun. Steuerfedern weiß mit dunkelbronzefarbenen Spitzen u. Außensäumen, das mittelste Paar tief dunkelbronzefarben. Schnabel schwarz. ♀: Flügel kürzer, nicht ganz so lebhaft glänzend. Juv. wie ♀, OS dunkler. 12,0 cm. Von W-Kolumbien bis NW-Ekuador. In Wäldern u. Pflanzungen bis 1 800 m ü. NN. Eingewöhnungsschwierigkeiten nicht bekannt. Mehrjährige Haltungserfolge liegen vor. Zucht bisher nicht gelungen.

— *B. matthewsii*, Zimtschwanzkolibri, Kastanienbrustkolibri. ♂: OS goldgrün. Oberschwanzdecken bronzeschimmernd. Steuerfedern kastanienbraun, Spitzen bronzegrün. Außensaum der 1. Schwinge, Unterflügeldecken, Wurzel der inneren Armschwingen kastanienbraun. US dunkel kastanienbraun; Federn der Kehle, Brustseiten u. Weichen mit großen goldgrünen Endflecken. Unterschwanzdecken u. Beinbefiederung hell kastanienbraun. Schnabel schwarz. Flaumbüschel an den Bauchseiten schwarz, mit schmutzigweißen Spitzen. ♀: Brust u. Unterkörper nicht so dunkel kastanienbraun, Flügel ca. 5 mm kürzer. Juv. wie ♀. 12,5 cm. Von SO-Kolumbien bis Peru. An Waldrändern, in Flußtälern, Pflanzungen, Lichtungen u. Sekundärvegetation bis 2 000 m ü. NN. Bes. Eingewöhnungsschwierigkeiten bestehen nach den bisherigen Erfahrungen nicht. Mehrjährige Haltungserfolge bereits erzielt. Zucht bisher nicht gelungen.

Bojerweber (*Textor bojeri*) → Textor

Bolbopsittacus. G der Psittaculidae ↗. 1 A. Philippinen. Tieflandbewohner, kommen bis ca. 600 m ü. NN vor. Leben vor allem in früchtetragenden Bäumen, gern in Obstplantagen. Über Brutbiologie Einzelheiten unbekannt. Äußerst selten auf europ. Vogelmarkt. 1965 einige Vögel bei Dr. BURKARD ↗, etwa in dieser Zeit auch 2 Exempl. im Zoo San Diego, Kalifornien. Konnten überall nicht lange am Leben erhalten werden. Ernährungsprobleme, nahmen bei Dr. BURKARD eigentlich nur gekochte Kartoffeln. Futter → Psittaculidae, Früchte. Warme Haltung.

— *B. lunulatus*, Stummelschwanzpapagei. ♂: gelblichgrün, unterseits mehr gelblich. Vorderkopf, Augenpartie, untere Wange u. Kehle blau. Vom Nakken zieht blaues Band zu den Wangen. Flügelbug blau. Unterflügeldecken gelblichgrün. US der Armschwingen mit hellgelben Streifen. Schnabel bräunlichgrau, Spitze schwarz, Wachshaut befiedert. Auge dunkelbraun. Füße grünlichgrau. ♀: mit braunschwarzem halbmondförmigem Nackenband, nur untere Wange u. Kehle blau. Juv. wie ♀, aber Schnabel blaßgrau, Spitze mit grauen Flecken. 15 cm. 4 UAn.

Bolborhynchus. G der Aratingidae ↗, UF Forpinae ↗. 3 An. M- u. S-Amerika. Größe u. Stimme erlauben Zimmerhaltung. ♂ u. ♀ nicht sicher zu unterscheiden. Pflege → Forpus, reichl. Karotten, Äpfel u. Grünfutter ↗ reichen. Keine Holzzerstörer.

— *B. ferrugineifrons*, Rotstirnsittich. ♂ u. ♀: grün, US gelblichgrün. Stirnband schmal, rostbraun, ebenso um Unterschnabel. Schnabel grau. Auge dunkelbraun. Beine gelblichbraun. 18 cm. Heimat mittl. Anden von Kolumbien. Bewohnt Berghänge mit Krüppelvegetation, Vögel wurden zwischen 2 800 u. 3 800 m ü. NN gefangen. Insges. kleines Verbr.-Gebiet mit starken Eingriffen in sein Habitat. Selten. Im Red Data Book ↗ geführt. Bisher nur wenige Exempl. nach Europa gekommen, die nicht alt wurden.

— *B. lineola*, Katharinasittich. ♂: grün, unterseits gelblich, bis auf US übriger Körper mit dunkler Wellenzeichnung. Flügel mit schwarzen Flecken, ebenso Steiß u. Schwanz. Schnabel hell hornfarben, Spitze dunkler. Auge dunkelgrau. Füße hell fleischfarben. ♀: zuweilen weniger Schwarz auf Flügel, Steiß u. Schwanz. Juv. insges. blasser als Ad., auch Schnabel u. Füße heller. 17 cm. UAn. Verbr.-Gebiet sü. Mexiko bis mittl. Peru u. nordwe. Venezuela. Vogel des subtropischen Waldes, meist in Höhen zwischen 1 500 u. 2 300 m, selten in höheren od. niedrigeren Lagen. Nomadisierend. Kann lokal sehr zahlreich auftreten, aber auch in sehr geeigneten Habitaten völlig fehlen. Abholzungen haben offensichtl. kaum zu Bestandsrückgängen geführt. Population im wesentl. stabil, möglicherweise lokal Ausnahmen. Erstmalig 1886 im Zoo London, seither ab u. zu auf europ. Vogelmarkt. Gut für Zimmerhaltung geeignet, sehr beliebt. Nach der Eingewöhnung unempfindlich, frostfreie Überwinterung. Schlafhöhle bieten. Friedlich. Mehrfach gezüchtet. Naturstammhöhle od. Nistkasten 17 × 17 × 30 cm, Einschlupf ⌀ 6 cm. Bodenschicht Sägespäne. Gelege (3) 4—5 (6) Eier. ♂ füttert brütendes ♀. Juv. schlüpfen nach ca. 20 Tagen. Aufzuchtfutter: Keim-, Eifutter mit Biskuit, auch eingeweichtes, altbackenes Weißbrot. Juv. fliegen nach 38 Tagen aus, nach 1—2 Wochen selbständig.

— *B. orbygnesius*, Andensittich. ♂: grün, Wangen mit gelbgrünem Hauch, ebenso Unterhals u. Brust. Schnabel grünlichgelb, Basis grau. Auge dunkelbraun. Füße hellbraun. 17 cm. Kommt in Peru u. N-Bolivien vor. Bewohnt lichteres Waldland u. Buschland der gemäßigten Zone, lebt oft an od. über der Baumgrenze. Hält sich gewöhnlich zwischen 3 000 u. 4 500 m ü. NN auf, manchmal in tieferen Lagen. Allgemein wenig über Freileben bekannt. Lokal recht häufig. Nomadisierend. Stabile Population. Sucht in Büschen u. am Boden nach Nahrung (Samen,

Bolivien-Blaustirnsittich

Früchte). Ab u. zu im Handel. Frißt auch Hundekuchen. 1977 Erstzucht in Dänemark, Bodenbelag im Nistkasten war Torfmoos *(Sphagnum)*. Gelege 5 Eier.

Bolivien-Blaustirnsittich, UA → Blaukopfsittich

Bolivien-Rotschwanzsittich *(Pyrrhura devillei)* → Pyrrhura

Bombycilla. G der Bombycillidae ↗. 3 An.

— *B. cedrorum,* Zedernseidenschwanz, Zedernvogel. ♂: Stirnband, Augenstreif bis Hinterkopf schwarz, oberhalb schmale, weißliche Linie, unterhalb auf Vorderwange zwischen schwarzem Kinn u. oberer Kehle weißer Streif. Kopfseiten hell rostbraun, Kopf-OS mit Haube graubraun. Nacken, Vorderrücken, Schultern braun, übrige OS taubengrau. Flügeldecken braun, Schwingen schwärzlich u. grau, Armschwingen mit roten Hornplättchen. Schwanz grau mit gelber Endbinde. US rötlich graubraun, Bauch, hintere Flanken blaßgelb. Unterschwanzdecken weiß. Schnabel schwärzlich grau, manchmal Basis des Unterschnabels heller. Auge braun. Füße schwarz. ♀ wie ♂, Haube kleiner. 16 cm. SO-Alaska, N-Alberta, Manitoba, S-Quebec, Neuschottland, Neufundland, sü. bis N-Kalifornien, N-Neumexiko, Missouri, S-Illinois, S-Indiana, N-Georgia, N-Carolina. Gesang zirpend, zwitschernd, ähnl. dem der Schwalben ↗, aber auch laute Tonfolge. Nest unterschiedl. groß aus kleinen Zweigen, Stengeln, Gras, Baumrinde, Haaren, Wolle u. Federn, in Wacholdern, Zedern, auf hohen Bäumen, auch in Hecken (im S). Gelege 2—5 blaß bläulichgrüne, rötlich überhauchte, braun od. schwarz gefleckte Eier. Selten im Handel.

— *B. garrulus,* Seidenschwanz. ♂: rötlichbraun, deutl. Federhaube. Schmales Stirnband, Augenstreif, Kehlfleck schwarz. Flügel mit weißen, gelben Abzeichen u. roten Hornplättchen. Schwanz schwarz, breite gelbe Endbinde, mitunter an den Spitzen rote Hornplättchen, doch meistens abgenutzt. Unterschwanzdecken zimtbraun. Schnabel schwarz, am Grund hell hornfarben. Auge braun. Füße schwarz. ♀ ähnl. ♂, Federhaube etwas kleiner, weniger u. kleinere rote Hornplättchen. Juv. blasser als Ad., ohne schwarzen Kehlfleck, unterseits blaß gestreift. 18 cm. UAn. N-Europa, N-Asien von N-Skandinavien bis Kamtschatka, unteren Amur; von Alaska, mittl. Yukon, N-Mackenzie, N-Manitoba bis Washington, N-Idaho, sü. Alberta. Bewohnt unterholzreiche Nadelwälder, seltener Birken- u. Mischwälder, baumbestandene Moorränder u. Flußufer. Unternimmt in manchen Jahren vorwiegend zwischen Oktober/November—März Wanderungen, in M-Europa dann invasionsartiges Auftreten. Ruf «srih», Gesang unbedeutend, leise, klirrende Töne. Nest aus kleinen trockenen Reisern, Napf aus Rentiermoos, trockenen Halmen, Pflanzenwolle, wenigen Haaren, in Schweden wichtiger Bestandteil Bartflechten, mitunter (oft?) auch Rentiermoos. Standort 4—7 m hoch auf Bäumen. Gelege 4—6 (7) graue, schwarzbraun gefleckte Eier. 1 Jahresbrut. Sporadisch im Handel. Bei Volierenhaltung ist ein Alter von 14 Jahren mehrfach registriert worden. Starker Esser, nimmt gern zerkleinerte Sepiaschale. Trinkt viel. Erstzucht 1964 von F. MEADON, England; nur wenige Male gezüchtet, u. a. in England, 1971 u. 1974 in Schweden, 1978 in der DDR. Schwierigkeiten bereitet bei der Paarzusammenstellung Geschlechtsbestimmung, am besten mehrere Exempl. gemeinsam im großen Flugraum ↗ unterbringen. ♂ ♂ zeigen unbedeutende Aggressivität gegenüber arteigenen Vögeln während der Brut. Überwiegend brütet ♀. Aufzuchtfutter reichl. frische Ameisenpuppen, Wiesenplankton ↗, eingeweichte u. ausgedrückte Brotkrumen, viele frische Beeren u. Früchte. Voliere soll lichten Busch- u. Baumbestand aufweisen, günstig Fichtengruppen. Nestunterlagen anbringen.

Seidenschwanz

Bombycillidae, Seidenschwänze. F der Passeriformes ↗. 1 G, 3 An. 16—22 cm. Schlicht, überwiegend bräunlich gefärbt. Mit spitzer Scheitelhaube, kleinen, roten, lackartig aussehenden Hornplättchen an den Armschwingen. ♀ ähnl. ♂. N der Alten u. Neuen Welt. Strich- ↗ u. Zugvögel ↗. Gesellig. Nahrung im Sommer überwiegend Insekten, Früchte, im Winter fast ausschließl. Beeren in großen Mengen. Nest auf Bäumen, vom Zedernseidenschwanz ↗ auch in Hekken. Gelege 2—6 Eier. Brutdauer 14 Tage. Werden allgemein wegen der Färbung gehalten, weniger wegen des Gesanges. Selten gehandelt. Verträglich. Exkremente leicht übel riechend. Im Käfig bewegungsfaul, unermüdlicher Fresser, Verfettungsgefahr, dadurch geringere Lebenserwartung. In Volieren ↗ hohes Alter möglich. Beste Haltung ganzjährig, da winterhart, in Gartenvoliere ↗. Unterbringung nur im großen Käfig ↗ (ab 80 cm Länge), Bodenbelag Torfmull, Sägespäne, tägl. erneuern (Geruch), tägl. Zimmerfreiflug gewähren. Eingewöhnung außerhalb der Brutzeit einfach mit handelsübl. Drosselfutter u. übergestreuten Beeren (Ebereschen-, Holunderbeeren usw.). Nur geringe Scheu, Käfigverhüllung nicht notwendig. Später Drosselfutter mit Ameisenpuppen (Naturschutzbestimmungen ↗ beim Sammeln beachten!), feingehacktem Rinderherz, gekochtem Eigelb, frischen u. getrockneten Beeren u. Früchte aller Art, Sultaninen, Vogelmiere, Salat füttern, von Frühjahr bis Herbst Insekten (Wiesenplankton). Baden gern. Zucht selten versucht, bisher nur vom Seidenschwanz ↗ wenige Male gelungen, schwierig, nur im Flugraum ↗ erfolgversprechend. Nestunterlagen aus Reisern von Kiefern u. Fichten anbringen.

Bonapartetaube *(Leptotila plumbeiceps)* → *Leptotila*

Bonasa, Kragenhühner. G der Phasianidae ↗. 1 A.
— *B. umbellus*, Kragenhuhn, Kragenwaldhuhn. ♂: allgemein dunkelbraun mit schwärzlichen Zeichnungen, verlängerte Haubenfedern mit schwarzer Bänderung. Halskragen tiefschwarz mit bläulichem Purpurschimmer. Flügel zimtbraun, schwarz gesäumt. Schnabel, Iris haselnußbraun. ♀ ähnl. ♂, nur kleiner u. mit kürzerer Halskrause. Dunenküken ocker, mit schwärzlichen Tupfen, Mittelrücken dunkelbraun. 44 cm. N-Amerika (Alaska, Kanada, sü. bis N-Colorado, N-Kalifornien). Bewohnt mit Jungholz bestandene Blößen, Hochwald wird gemieden. Jedes Paar in kleinem Revier, welches gegen Artgenossen verteidigt wird. Durch Veränderung der Flügelschläge wird ein trommelndes Geräusch erzeugt u. ein besetztes Revier angezeigt. In Europa kaum gehalten, in N-Amerika jedoch relativ häufig. Mit Ausnahme der Balz- u. Brutzeit einzeln in Drahtrostkäfigen (240 cm × 60 cm × 60 cm) gepflegt. Vor dem Zusammenfügen der Zuchtpaare müssen sich diese kennenlernen. ♂ wird in durch Maschendraht getrennte Ausläufe neben ♀ gesetzt. Nach 10 Tagen wird die Trennwand entfernt. ♀ legt 10—12 Eier, bringt oft auch ein Nachgelege. Die Eier können im Brutapparat zum Schlupf gebracht werden, dabei erfolgt eine Behandlung wie bei Wachteleiern üblich. Nach dem Schlupf kommen die Küken in 60 × 80 cm große Vitrinen mit einer Wärmeglucke (40 °C). Juv. suchen Futter zuerst oben, deshalb wird das krümlige, angefeuchtete Starterfutter an ein feuchtes Papierhandtuch, das an der Vitrinenwand aufgehangen wird, «angeklebt». Nach 8—10 Wochen Juv. getrennt u. einzeln halten, sonst Verluste.

Bonomiella, Federlinge. Ektoparasiten bei Tauben.

Borneo-Bronzemännchen *(Lonchura fuscans)* → *Lonchura*

Borstenkolibri *(Glaucis hirsuta)* → *Glaucis*

Borstenkopf *(Psittrichas fulgidus)* → *Psittrichas*

Borstenrabe *(Corvus rhipidurus)* → *Corvus*

Bostrychia. G der Threskiornithidae ↗. 4 An.
— *B. carunculata*, Klunkeribis. ♂ u. ♀: wie Guinea-Ibis, nur mit Kehllappen u. auffallend weißen Flügeldecken. Äthiopien. Im Hochland.
— *B. hagedash*, Hagedasch. ♂ u. ♀: blaugrau bis olivgrau; Schwingen grün- u. purpurglänzend schwarzbraun. Schwanz schwarz. Abwärts gebogener Schnabel u. Beine rötlich schwarz. Nackte Augenumgebung schwarz. 70—75 cm. UAn. Senegal u. Äthiopien bis Angola u. öst. S-Afrika. An waldigen Küsten u. Flußufern, auf Weideland. Lautschallender charakteristischer namengebender Ruf. 3—4 Eier. Brutdauer 30 Tage. Nestlingszeit 32 Tage, danach von Eltern noch etwa 35 Tage geführt.
— *B. olivacea*, Guinea-Ibis. ♂ u. ♀: wie Hagedasch, nur Gefieder insges. grünlicher erscheinend. Schopf auf dem Kopf. 75 cm. UAn. Waldgebiete der W- u. Inner-Äthiopis (einschließl. Principe u. São Tomé); Bergwälder der O-Äthiopis. Hupender, gänseartiger Ruf.

Botaurus, Rohrdommeln, G der Ardeidae ↗. 4 An. Gefieder weich u. lose, gelbbraun, schwarzgestreift u. marmoriert. Keine Schmuckfedern. 75 cm. ♂ wenig größer als ♀. Vorwiegend gemäßigte Zone Europas, Asiens bis Japan, Australien, Neuseeland, Afrika u. Amerika. Bewohnen umfangreiche Schilf- u. Rohrwälder größerer Gewässer. Nest im Röhricht, selten im Gebüsch. Haltung relativ selten. Meist gelangen nur Einzeltiere in Menschenhand. Wenn eingewöhnt, bereitet Haltung keine Schwierigkeit. Oft aggressiv gegen Käfigmitbewohner.
— *B. stellaris*, Rohrdommel. ♂ u. ♀: Scheitel schwärzlich, Kehle rahmfarben, übriges Gefieder gelbbraun mit schwarzbrauner u. rostbrauner Fleckung. 75 cm. Europa u. Asien von England über Dänemark u. S-Schweden öst. bis Japan, N-Afrika u. sü. Afrika. Z. T. Zugvogel ↗ bis Z-Afrika, andere überwintern in M-Europa. Heimliche Lebensweise im Röhricht. Bei Gefahr Pfahlstellung einnehmend. Weithin hörbare, dumpfbrüllende Stimme («Moorochs»). Einzige Reiher-A, von der Polygamie bekannt ist. Nest im Schilf. Gelege 5—6 (3—7) Eier. ♀ brütet u. betreut die Jungen allein. Haltung von mehreren Exempl. od. Paaren oft schwierig, da gegenseitig recht aggressiv. Erstzucht 1969 im Zoo Budapest.

Botulismus. Durch *Clostridium botulinum* hervorgerufene Erkrankung bei Wasservögeln, aber auch bei Fasanen. Die als «Schiefhals» bezeichnete Erkrankung der Wasservögel wird im Sommer bei Austrocknung der Gewässer mit Freilegung größerer Schlammflächen (Fäulnisvorgänge!) beobachtet. Bei Fasanen oft nach Verfütterung von Fliegenmaden vorkommend.

Bourkesittich *(Neopsephotus bourkii)* → *Neopsephotus*

Brachpieper *(Anthus campestris)* → *Anthus*

Brachschwalbe *(Glareola pratincola)* → *Glareola*

Brachvögel → *Numenius*

Brachypodius. G der Pycnonotidae ↗. 2 An. Hinterasien, Malaiischer Archipel. Pflege, Zucht → Pycnonotidae.
— *B. atriceps*, Schwarzkopfbülbül. ♂ u. ♀: Kopf, Kehle, Brust schwarz. Keine Haube. OS gelbicholivgrün, Oberschwanzdecken gelb, Flügel gelbicholivgrün, Schwingen schwarz, Armschwingen mit gelbgrünen Außenfahnen. Schwanz gelbicholivgrün, Endhälfte mit breitem gelben Saum. US olivgrün. Auge bläulich. Schnabel, Füße schwarz. 18 cm. UAn. NO-Indien, Bangladesh, S-Burma, Thailand, Indochina, Malaysia, Sumatera u. vorgelagerte Inseln, Bangka, Billiton, Java, Bali, Kalimantan, Palawan,

Brachypteracias

Bawean-, Maratua-Inseln, Andamanen. Bewohnt Tiefland u. bergige Hänge bis ca. 700 m ü. NN, Gärten u. Laubwälder. Gelege 2—3 Eier. Sporadisch im Handel, kälteempfindlich.

Brachypteracias. G der Brachypteraciidae ↗. 2 An. Madagaskar.

— *B. leptosomus,* Bindenerdracke. ♂ u. ♀: Scheitel u. Nacken rotbraun, violett schimmernd. Kopfseiten u. Kehle rotbraun mit weißen Flecken. Augenbrauen weiß. OS olivgrün. Bürzel leuchtend blaugrün. Schwanz braun mit breiter schwarzer Binde vor weißlicher Spitze. Flügel olivgrün bis braun mit weißer Bänderung. Federn der Brust u. der Seiten weiß, rotbraun gebändert. Bauch weiß. Schnabel schwarz. Auge braun. Füße bleigrau. Juv. blasser. Scheitelfedern, Armschwingen, Flügeldecken weiß gesäumt. 33 cm. NO-Madagaskar.

— *B. squamiger,* Schuppenerdracke. ♂ u. ♀: Federn von Kopf, Hals, Brust u. Seiten weiß mit breitem schwarzen Querfleck vor der Spitze, wodurch geschupptes Aussehen (Name) entsteht. OS olivgrün. Innere Flügeldecken rotbraun. Bauch hellbraun. Schwanz olivgrün mit schwarzer Binde u. blauer Spitze. Schnabel u. Füße braun. Juv. Kopf, Hals, Rücken hell zimtbraun. US weiß. 31 cm. NO-Madagaskar.

Brachypteraciidae, Erdracken. F der Coraciiformes ↗. 3 Gn, 5 An. 26—29 cm. Kräftiger Schnabel. Flügel kurz u. abgerundet. Beine länger als bei anderen An der Coraciiformes. Schwanz mittellang bis lang. Nur Madagaskar. Bodenbewohner in dichtem Wald od. sandigem Buschland. Laufen schnell u. geduckt. Fliegen nur kurze Strecken dicht über Boden. Überwiegend dämmerungsaktiv. Fressen Insekten u. kleine Wirbeltiere, die meist vom Boden aufgelesen werden. Flugjagd sehr selten. Brüten in Erdhöhlen, die sie sich z. T. selbst graben. Eier reinweiß u. glänzend. Genaueres über Lebensweise u. Brutbiologie unbekannt. Äußerst selten in Europa. Haltung in großen Volieren mit Lauffreiheit. B. halten sich tagsüber gern zwischen Baumwurzeln od. in Erdhöhlen auf. Untereinander meist unverträglich. Nur paarweise od. ganz getrennt halten. Warme Überwinterung. Futter Weichfuttergemisch, kleingeschnittenes mageres Fleisch, Mehlwürmer, Insekten, Ameisenpuppen, Regenwürmer. Zur Zucht Möglichkeiten zum Bau von Erdhöhlen schaffen.

Brachyspiza. G der Emberizidae ↗. 1 A. Inneres Haïti, Curaçao, Aruba, von S-Mexiko bis Feuerland. Bewohnen buschbestandenes Grasland, lichte Wälder, Gärten u. Parks sowohl in der Ebene als auch im Anden-Hochland. Gesang melodisch, kurz, singt auch nachts. Nest bodennah od. auf dem Boden, seltener in Büschen u. niedrigen Bäumen. Großes Nest aus Halmen u. Fasern, Nestmulde mit Haaren, Federn u. Fasern gepolstert. Gelege meistens 4—5 Eier. Eingewöhnung leicht. Angenehmer, anspruchsloser, allgemein friedlicher Vogel. Überwinterung frostfrei. Futter wie *Sporophila* ↗. Zuchtberichte nicht bekannt.

— *B. capensis,* Morgenammer. ♂: Scheitel mit grauem Streif mit seitl. schwarzem u. weißem Streif, letzterer verläuft über dem Auge. Zügel, Wangen u. Ohrdecken schwarz mit weißlicher Fleckenzeichnung. Nacken u. Halsseiten rotbraun, sonst OS heller braun mit schwarzen Längsstreifen. Flügeldecken mit weißer Querbinde. Schwingen u. Schwanzfedern schwärzlichbraun, heller gesäumt. Kinn u. Kehlfleck weiß, läuft spitz zu den Halsseiten aus, sonst US weißlich bis graubraun. Auge dunkelbraun. Schnabel u. Füße bräunlich. ♀: gering blasser als ♂. Juv. rostbraun, US weißlichgrau, kleine schwarze Längsflecken bis zum Kinn, Flanken hellrostbraun, ebenso die später weißen Flügelbinden, keine weiße Kopfzeichnung. 14 cm. UAn.

Brachyurie, Schwanzlosigkeit. Rassemerkmal bei Kaulhühnern.

Brahmakauz od. **Brahmanenkauz** *(Athene brama)* → *Athene*

Brandgans *(Tadorna tadorna)* → *Tadorna*

Brandtaube *(Gallicolumba criniger)* → *Gallicolumba*

Brandseeschwalbe *(Thalasseus sandvicensis)* → *Thalasseus*

Brandweber *(Euplectes nigroventris)* → *Euplectes*

Branta. G der Anatidae ↗, UF Anserinae ↗. 4 An.

— *B. bernicla,* Ringelgans. ♂ u. ♀: Kopf, Hals u. Brust schwarz. Weiße, ringförmige Halszeichnung, die bei Juv. im 1. Herbst erscheint. US u. Flanken je nach UA ± hellgrau. Rücken dunkelgrau. Schnabel u. Füße schwarz. Mittelgroß, kurzbeinig. 55—60 cm. 3 UAn. Brutvogel in arktischen Gebieten N-Amerikas, Grönlands, N-Sibiriens u. auf einigen Inseln. Im Winter an gemäßigten Küsten N-Amerikas, O-Asiens u. Europas. Brütet in kleinen Kolonien in der küstennahen Tundra. Nester mit 3—6 Eiern in der Tundravegetation. Brutdauer 24—26 Tage. Aufzucht der Jungen an größeren Gewässern. Mit ca. 7 Wochen flugfähig. Ernährt sich von Seegras, Flechten, Moosen u. kleinen wirbellosen Tieren. Haltung in Gehegen mit guter Grasnarbe u. sauberem Wasser. Nicht alle Paare schreiten zur Brut. Erfolgreiche Zucht erst in den letzten Jahren häufiger. Aufzucht der Küken unter Wärmequellen nicht schwierig. Juv. u. Ad. sollten neben Weide u. Mischfutter stets einige Garnelen od. Fischstückchen erhalten. Neigung zu Mischehen mit Vertretern der G *Anser* ↗.

— *B. canadensis,* Kanadagans. ♂ u. ♀: Kopf u. Hals schwarz mit weißem Fleck über Kehle u. beiden Wangen. Rumpfgefieder je nach UA heller od. dunkler graubraun mit hellen Säumen u. Aufhellung an der Brust. Bei einigen UAn weißer Ring an Halsansatz. Schnabel schwarz. Füße dunkelgrau. UAn variieren stark in der Größe. ♂ meistens etwas kleiner u. mit kürzerem Hals. 60—110 cm. 8 UAn. Brutvogel in weiten Teilen N-Amerikas u. auf einigen Pazifikinseln. In Schweden u. Großbritannien eingebürgert. Von dort Ausbreitung auf andere europ. Länder. Im Winter sü. der Brutgebiete an Küsten, auf Weide- u. Ackerflächen. Zur Brutzeit bewohnen die großen UAn stehende u. fließende Gewässer der offenen Landschaft, während die kleineren Formen Tundrabewohner sind. Nester am Ufer, auf Inseln od. im

Flachwasserbereich. Meist 5—6 Eier, die 28—30 Tage bebrütet werden. Bei kleineren UAn Brutzeit kürzer. Juv. werden auf Gras- u. Sumpfflächen aufgezogen. Mit ca. 8 Wochen flugfähig. Nahrung sind Teile von Wiesen-, Sumpf- u. Wasserpflanzen. Große UAn sehr genügsam u. widerstandsfähig, häufig gehalten. ♂ ♂ verteidigen Brutreviere sehr energisch, deswegen Gemeinschaftshaltung nur auf sehr großen Anlagen möglich. Zucht regelmäßig u. problemlos. Kleine UAn seltener u. schwerer züchtbar. Da aber friedlicher, besser für Gemeinschaftshaltung geeignet. Eine Vermischung der UAn ist durch Einzelhaltung zu vermeiden. Ausgeprägte Neigung, sich mit anderen An zu verpaaren.
— *B. leucopsis*, Nonnengans. ♂ u. ♀ : Kopf weiß mit schwarzem Zügel u. schwarzer Kopfplatte. Hals u. Brust schwarz. Rücken silbergrau mit schwarzen u. weißen Federsäumen. Bauch u. Flanken hellgrau. Schnabel u. Füße schwarz. Sehr helle bis weiße Tiere kommen vor. ♂ meistens etwas schwächer. 60—70 cm. Brutvogel auf O-Grönland, Spitzbergen u. S-Nowaja-Semlja. Überwintert an Küsten Irlands, Großbritanniens, der Niederlande u. einiger anderer Länder im Wattenmeer u. auf angrenzenden Wiesen. Nester werden an Felsküsten von Seen u. Fjorden an steilen Hängen u. auf Felsvorsprüngen errichtet. Oft kleine Brutkolonien. 4—6 Eier werden 24—26 Tage bebrütet. Juv. springen vom Nest ins Wasser u. werden zu den Nahrungsgründen geführt. Nahrung besteht aus Knospen u. Blattspitzen von Weiden u. Birken, versch. krautigen Landpflanzen u. Moosen. Im Gehege anspruchslos u. verträglich. Zucht gelingt mit den meisten Paaren. Aufzucht der Juv. mit Eltern od. unter Wärmequellen problemlos. Mit 6 Wochen flugfähig. nach 3 Jahren geschlechtsreif. Mischehen mit Vertretern der G *Anser* ↗.
— *B. sandvicensis*, Hawaiigans. ♂ u. ♀ : Scheitel u. Gesicht sowie ein breites Nackenband sind schwarz. Verwaschener dunkler Ring am Halsansatz. Halsseiten gelbbraun mit dunklen Strichen. Brust-, Bauch- u. Rückengefieder graubraun mit hellen Federsäumen. Schnabel schwarz, Füße graubraun mit verkleinerten Schwimmhäuten. Länge 65 cm. Kommt nur auf den Inseln Hawaii u. Maui vor. Dort bewohnt sie Lavafelder an Vulkanhängen in 2 000—3 000 m Höhe. Brutzeit November—Februar. Nester mit 3—6 Eiern zwischen Lavagestein. Brutdauer 30 Tage. Juv. wachsen langsam, erst mit 12 Wochen flugfähig. Ernährt sich von Gräsern, Kräutern u. Beeren. Um 1950 fast ausgestorben. Zu dieser Zeit weniger als 40 Tiere auf der ganzen Welt. Inzwischen ausgezeichnete Zuchterfolge im Gehege u. Wiedereinbürgerungen. Weltbestand in Freiheit u. im Gehege gegenwärtig mehr als 1 000 Exempl. Haltung nicht schwierig. Paarweise od. in Gruppen in Gehegen mit Rasen. Wasser ist nur als Tränke erforderlich. Paarung auf dem Lande. Schreitet regelmäßig zur Brut. Zur Brut Innenraum zur Verfügung stellen, da Winterbrüter. ♂ ♂ während der Brutzeit aggressiv. Eltern führen zuverlässig. Futter darf nicht zu kalorienreich sein, da sonst Verfettung. Viel Grünzeug anbieten.

Brasilianische Elster, NN, **Brasilianischer Blauhäher**, NN, **Brasilianischer Blaurabe**, NN → Weißnackenblaurabe

Brasilianischer Sperlingskauz *(Glaucidium brasilianum)* → *Glaucidium*

Brasilianischer Waldkauz *(Strix hylophila)* → *Strix*

Brasilien-Rubinkolibri *(Clytolaema rubricauda)* → *Clytolaema*

Brasilien-Zwergralle, NN → Weißbrustralle

Brasilkauz *(Strix hylophila)* → *Strix*

Brassica napus var. oleifera, Raps. Ist Bestandteil vieler Futtermischungen für Körnerfresser (Waldvogelfutter ↗), sollte jedoch wie alle Ölsamen nur begrenzt u. in reiner Form angeboten werden, um eine Kontrolle über seine Aufnahme durch den Vogel zu gewährleisten.

Brassica pekinensis, Chinakohl. In der Vogelernährung wird er nur in geringem Umfang eingesetzt, seine Aufnahme ist vor allem bei Fasanen, Wildtauben ↗ u. Finken gut.

Brauengirlitz *(Poliospiza gularis)* → *Poliospiza*

Brauenmotmot *(Eumomota superciliosa)* → *Eumomota*

Brauenpfäffchen, NN → Riesenpfäffchen

Brauenschnäpper *(Muscicapula superciliaris)* → *Muscicapula*

Brauenschopftangare *(Heterospingus xanthopygius)* → *Heterospingus*

Braunbartvogel *(Calorhamphus fuliginosus)* → *Calorhamphus*

Braunbauch-Amazilie *(Amazilia amazilia)* → *Amazilia*

Braunbauch-Bergtangare *(Delothraupis castaneoventris)* → *Delothraupis*

Braunbauch-Brillant *(Heliodoxa rubinoides)* → *Heliodoxa*

Braunbauch-Dickichtvogel *(Atrichornis clamosus)* → *Atrichornis*

Braunbauch-Eremit *(Phaethornis syrmatophorus)* → *Phaethornis*

Braunbauch-Flughuhn *(Syrrhaptes exustus)* → *Syrrhaptes*

Braunbäuchiger Organist, NN → Braunbauchorganist

Braunbauchliest *(Todiramphus farquhari)* → *Todiramphus*

Braunbauchorganist *(Euphonia pectoralis)* → *Euphonia*

Braunbauch-Tragopan *(Tragopan caboti)* → *Tragopan*

Braunbrustschilffink *(Munia castaneothorax)* → *Munia*

Braunbrustschnäpper *(Cyornis tickelliae)* → *Cyornis*

Braunbrustsittich *(Pyrrhura calliptera)* → *Pyrrhura*

Braunbürzelamarant *(Lagonosticta nitidula)* → *Lagonosticta*

Braunbürzelpfäffchen *(Sporophila torqueola)* → *Sporophila*

Braunbürzelweber *(Pachyphantes superciliosus)* → *Pachyphantes*

Braunellen → Prunellidae

Brauner Fischuhu *(Ketupa zeylonensis)* → *Ketupa*

Brauner Fliegenschnäpper *(Arizelomyia latirostris)* → *Arizelomyia*
Brauner Ohrfasan *(Crossoptilon mantchuricum)* → *Crossoptilon*
Brauner Pfaufasan *(Polyplectron germaini)* → *Polyplectron*
Brauner Rabenkakadu *(Calyptorhynchus funereus)* → *Calyptorhynchus*
Brauner Reisfink *(Padda fuscata)* → *Padda*
Brauner Tropfenastrild *(Clytospiza monteiri)* → *Clytospiza*
Brauner Veilchenohr-Kolibri *(Colibri delphinae)* → *Colibri*
Brauner Waldkauz od. **Malaienkauz** *(Strix leptogrammica)* → *Strix*
Braune Würgerkrähe, UA → Würgerkrähe
Braunflügelguan *(Ortalis vetula)* → *Ortalis*
Braunflügelgurial *(Pelargopsis amauroptera)* → *Pelargopsis*
Braunflügelmausvogel, NN → Gestreifter Mausvogel
Braunkappenralle *(Aramides axillaris)* → *Aramides*
Braunkehlchen *(Saxicola rubetra)* → *Saxicola*
Braunkehlfrankolin, NN → Sumpffrankolin
Braunkehlguan *(Aburria pipile)* → *Aburria*
Braunkehl-Lappenschnäpper, NN → Lappenschnäpper
Braunkehl-Nektarvogel *(Anthreptes malacensis)* → *Anthreptes*
Braunkehlpfäffchen *(Sporophila telasco)* → *Sporophila*
Braunkinnsittich *(Brotogeris chrysoptera)* → *Brotogeris*
Braunkopfamarant *(Lagonosticta s. brunneiceps)* → *Lagonosticta*
Braunkopfammer *(Granativora bruniceps)* → *Granativora*
Braunkopf-Bartvogel *(Thereiceryx zeylanicus)* → *Thereiceryx*
Braunkopfbreitrachen *(Eurylaimus javanicus)* → *Eurylaimus*
Braunkopf-Buschtangare, NN → Rotscheiteltangare
Braunkopfkakadu *(Calyptorhynchus lathami)* → *Calyptorhynchus*
Braunkopfkuhstärling *(Molothrus ater)* → *Molothrus*
Braunkopfliest *(Halcyon albiventris)* → *Halcyon*
Braunkopfnonne, UA → Schwarzbauchnonne
Braunkopfpapagei *(Poicephalus cryptoxanthus)* → *Poicephalus*
Braunkopf-Papageischnabel *(Suthora webbiana)* → *Suthora*
Braunkopfstärling *(Erythropsar ruficapillus)* → *Erythropsar*
Braunkopftangare, NN → Finken- od. Grüntangare
Braunkopf-Zwergfischer *(Myioceyx lecontei)* → *Myioceyx*
Braunlärmvogel *(Crinifer zonurus)* → *Crinifer*
Braunlätzchen *(Euneornis campestris)* → *Euneornis*
Braunliest *(Halcyon smyrnensis)* → *Halcyon*
Braunmaina *(Aethiopsar fuscus)* → *Aethiopsar*
Braunohrhammer, NN → Graukopfammer
Braunohr-Arassari *(Pteroglossus castanotis)* → *Pteroglossus*
Braunohr-Bunttangare *(Tangara calliparaea)* → *Tangara*
Braunohrpapageien → *Hapalopsittaca*
Braunohrsittich *(Pyrrhura frontalis)* → *Pyrrhura*
Braunohrtangare, NN → Braunohr-Bunttangare
Braunpelikan *(Pelecanus occidentalis)* → *Pelecanus*
Braunrückenelsterchen, UAn → Glanzelsterchen
Braunrückengoldsperling *(Auripasser luteus)* → *Auripasser*
Braunrückenklarino *(Myadestes obscurus)* → *Myadestes*
Braunrücken-Leierschwanz *(Menura alberti)* → *Menura*
Braunrücken-Nektarvogel *(Cyanomitra cyanolaema)* → *Cyanomitra*
Braunrücken-Strauchschmätzer, UA → Strauchschmätzer
Braunrückentangare, NN → Prachttangare
Braunscheitellerche *(Eremopterix leucopareia)* → *Eremopterix*
Braunscheitelmotmot *(Momotus mexicanus)* → *Momotus*
Braunschnäpper *(Arizelomyia latirostris)* → *Arizelomyia*
Braunschwanzalcippe *(Alcippe brunneicauda)* → *Alcippe*
Braunschwanz-Amazilie *(Amazilia tzacatl)* → *Amazilia*
Braunschwanzsittich *(Pyrrhura melanura)* → *Pyrrhura*
Braunschwingenmusketier *(Coeligena lutetiae)* → *Coeligena*
Braunsegler *(Apus niansae)* → *Apus*
Braunsichler *(Plegadis falcinellus)* → *Plegadis*
Braunsteißdiuka *(Diuca diuca)* → *Diuca*
Brauntölpel *(Sula leucogaster)* → *Sula*
Braunwangenalcippe *(Alcippe poioicephala)* → *Alcippe*
Braunwangenmahali *(Plocepasser superciliosus)* → *Plocepasser*
Braunwangenscharbe *(Phalacrocorax fuscicollis)* → *Phalacrocorax*
Braunwangensittich, UA → St. Thomas-Sittich
Braunwangenweber, NN → Braunwangenmahali
Braunweißer Zwerghoniganzeiger *(Prodotiscus regulus)* → *Prodotiscus*
Braunwürger *(Lanius cristatus)* → *Lanius*
Brautente *(Aix sponsa)* → *Aix*
Brehm, Alfred Edmund, Dr., geb. 2. 2. 1829 in Renthendorf b. Neustadt (Orla), gest. 11. 11. 1884 in Renthendorf. Sohn von Ch. L. BREHM ↗. Bereits in jungen Jahren begeisterter Tierliebhaber. 1847–1852 Afrikaexpedition mit Baron v. Müller bis 1849, danach mit O. Brehm u. Dr. Vierthaler: Ägypten, Sudan, Kordofan, Blauer Nil, Sinai. Anschl. Studium der Zoologie u. Promotion in Jena. 1855 erscheinen seine «Reiseskizzen aus Nord-Ost-Afrika». 1856–1857 Jagd- u. Sammelreise mit seinem Bruder

Reinhold in Spanien. 1858—1862 Lehrer an einem Leipziger Gymnasium. Hier lernt er den Volksschriftsteller A. Roßmäßler (1806—1867), einen treuen Berater u. väterlichen Freund kennen. Reisen nach Norwegen u. Lappland folgten Expeditionen nach Afrika, W-Sibirien (u. a. mit O. FINSCH), Ungarn, wiederum Spanien u. 1883—1884 eine Vortragsreise in die USA. Die zwischenzeitl. Tätigkeiten als Direktor des Zool. Garten Hamburg u. danach als Leiter des Berliner Aquariums wurden 1874 aufgegeben. Er bleibt als Schriftsteller u. Vortragsreisender in Berlin wohnen. Herausgabe des Werkes «Illustrierte Tierleben» (1. Aufl. 1863—1869), 2. Aufl. seines Hauptwerkes erscheint 1876 unter dem Titel «Brehms Tierleben», der 10. u. letzte Band liegt 1879 vor. B. wurde durch «Illustrierte Tierleben», das in mehreren, später von versch. Autoren bearbeiteten Nachauflagen von Beginn an ein Volksbuch war, weltweit bekannt. Als Meister der deutschen Sprache fanden auch die Bücher «Das Leben der Vögel» (1861), «Die Thiere des Waldes» (1864 Bd. 1, 1867 von ROSSMÄSSLER Bd. 2 mit den Wirbellosen) begeisterte Aufnahme. 1872—1876 erscheint das zweibändige Werk «Gefangene Vögel» mit einer Fülle von Angaben zur Haltung u. Zucht von Vögeln. Zahlreiche Beiträge in wissenschaftl. u. volkstüml. Zeitschr. sorgten mit für seinen weltweiten Ruf als Forschungsreisender, Tiergärtner u. Lehrer. Trotz Fehlinterpretation tierischen Verhaltens, das in Zusammenhang mit der Zeit gesehen werden muß, in der er sein Werk schrieb, blieb bis in die Gegenwart sein Name ein Synonym für populärwissenschaftl. zool. Literatur. Auf seinen Kenntnissen bauten folgende Generationen auf. Die z. T. noch unausgewerteten Reisetagebücher enthalten eine Fülle über Sitten u. Gebräuche der Völker, Beobachtungen an Pflanzen u. Tieren u. vielem mehr. 1984 Gedenkveranstaltung zum 100. Todestag in Renthendorf (Gedenkrede Prof. DATHE ↗), wo sich auch die Brehm-Gedenkstätte befindet.

Brehm, Christian Ludwig, Dr. h. c., geb. 24. 1. 1787 in Schönau vor dem Walde b. Gotha, gest. 23. 6. 1864 in Renthendorf b. Neustadt (Orla). Vater von A. E. BREHM ↗. Naturbeobachter, der in Methodik u. Gründlichkeit ornithol. Forschungen seiner Zeit weit voraus war. Mit Jagdflinte u. Netz brachte er es in seinem Leben auf knapp 15000 etikettierte Bälge. Er konzentrierte sich nicht nur auf ausgefärbte ad. Vögel, sondern auch auf solche im Jugend-, Brut-↗, Ruhekleid. Seine Sammlung übertraf an Aussage u. Umfang weit alle anderen damaliger Zeit. Bes. sein Sohn Alfred Edmund u. J. F. NAUMANN ↗ nutzten seine reichen Kenntnisse. Ohne andere Literaturquellen hinzuzuziehen, beschrieb er in erfrischendem Stil seine Beobachtungen u. daraus gezogene Schlußfolgerungen, z. B. Unterschiede im Bau des Vogelkörpers, der Gefiederzeichnung. Nahm An-Trennung bei Garten-↗ u. Waldbaumläufer ↗, Sommer-↗ u. Wintergoldhähnchen ↗, Sumpf-↗ u. Weidenmeise ↗ vor. Obgleich in seiner Zeit hoch geehrt, z. B. 1822 Mitglied der Leopoldina, 1858 Ehrendoktorwürde der medizinischen Fakultät Jena, erhielt bis auf 2 kleine Schriften keines seiner Bücher Nachauflagen. Allein der «Vollständige Vogelfang» (Erstaufl. 1855) wurde unverändert 1926 mit einem Vorwort von O. KLEINSCHMIDT neu gedruckt. Er gab die 1. ornithol. Zeitschrift der Welt heraus (1824), die aber bereits nach Erscheinen von 3 Heften 1827 ihr Erscheinen einstellte. Unbestritten ist sein fördernder Einfluß auf die heimische Vogelkunde, er hat seinen Platz in der ersten Reihe biol. Erzieher des vorigen Jh.

Brehm, Alfred Edmund

Brehm, Wolf Walter, geb. 1. 6. 1942 in Berlin. Seit 1965 Direktor vom Vogelpark Walsrode ↗. Bes. Interesse gilt den Kranich-↗, Horn-, Papageienvögeln ↗. Seit 1981 Leiter der International Crane Foundation Deutschland e. V. ↗, Präsident des Caribbean Wildlife Preservation Trust ↗. Gründer u. Präsident des WWB-Fonds ↗. Zahlreiche Welt-, Europa- u. BRD-Erstzuchten im Vogelpark.

Brehmpapagei *(Psittacella brehmii)* → *Psittacella*
Breitbinden-Allfarblori, UA → *Allfarblori*
Breitmäuler → *Eurylaimidae*
Breitmaul-Glanzvogel *(Jacamerops aurea)* → *Jacamerops*
Breitrachen → *Eurylaimi*
Breitschnabelroller, NN → *Dollarvogel*
Breitschnabelschwalme → *Caprimulgi*
Breitschnabeltodi *(Todus subulatus)* → *Todus*
Breitschnabelweber → *Pachyphantes*
Breitschwanzlori → *Lorius*
Breitschwanzmausvögel → *Colius*
Breitschwanz-Paradieswitwe *(Steganura obtusa)* → *Steganura*
Breitschwanzpipra *(Pipra chloromeros)* → *Pipra*
Breitschwingenkolibri *(Eupetomena macroura)* → *Eupetomena*
Brewsters-Grünsittich, UA → *Grünsittich*
Brillenamazone → *Weißstirnamazone*
Brillenamsel *(Peliocichla tephronota)* → *Peliocichla*
Brillenbaumtimalie *(Stachyridopsis pyrrhops)* → *Stachyridopsis*
Brillendrossel *(Peliocichla tephronota)* → *Peliocichla*

Brillengrasmücke

Brillengrasmücke *(Sylvia conspicillata)* → *Sylvia*
Brillenhäherling *(Garrulax perspicillatus)* → *Garrulax*
Brillenibis *(Theristicus melanopis)* → *Theristicus*
Brillenkakadu *(Cacatua ophthalmica)* → *Cacatua*
Brillenkauz *(Strix perspicillata)* → *Strix*
Brillenkleiber, NN → Samtstirnkleiber
Brillenmausvogel *(Urocolius indicus)* → *Urocolius*
Brillenpapagei *(Forpus conspicillatus)* → *Forpus*
Brillenpelikan *(Pelecanus conspicillatus)* → *Pelecanus*
Brillenpinguin *(Spheniscus demersus)* → *Spheniscus*
Brillenschnäpper, NN → *Dyaphorphyia*
Brillensichler *(Plegadis chihi)* → *Plegadis*
Brillenstärling *(Xanthocephalus xanthocephalus)* → *Xanthocephalus*
Brillentangare, NN → Finkentangare
Brillentaube *(Streptopelia decipiens)* → *Streptopelia*
Brillenvögel → Zosteropidae
Brillenweber *(Hyphanturgus ocularis)* → *Hyphanturgus*
Brolgakranich *(Grus ribicunda)* → *Grus*
Bronchienschreier → *Tyranni*
Bronzefarbener Musketier *(Coeligena coeligena)* → *Coeligena*
Bronzefarbener Organist, NN → Grünkehlorganist
Bronzeflecktaube *(Turtur chalcospilos)* → *Turtur*
Bronzeflügel-Glanzstar *(Onychognathus fulgidus)* → *Onychognathus*
Bronzeflügeltaube *(Phaps chalcoptera)* → *Phaps*
Bronzefruchttaube *(Ducula aenea)* → *Ducula*
Bronzeguan *(Penelope obscura)* → *Penelope*
Bronzekolibri *(Chlorostilbon russatus)* → *Chlorostilbon*
Bronzekopfamazilie *(Amazilia candida)* → *Amazilia*
Bronzenektarvogel *(Aidemonia kilimensis)* → *Aidemonia*
Bronzeschneehöschen *(Eriocnemis vestitus)* → *Eriocnemis*
Bronzeschwanzpfaufasan *(Polyplectron chalcurum)* → *Polyplectron*
Bronzeschwanzsaphir *(Chrysuronia oenone)* → *Chrysuronia*
Bronzesultansralle *(Porphyrio alleni)* → *Porphyrio*
Brot. Während Schwarzbrot ausschließl. an Nutzgeflügel verfüttert wird, bildet Weißbrot einen wichtigen Bestandteil von Weichfuttermischungen kleiner Insektenfresser ↗, Drosseln, Stärlinge ↗, Fasanen u. Entenvögel ↗. Auch Körnerfresser nehmen eingeweichtes Weißbrot auf. Es ist stets auf frischen Zustand des eingeweichten B.s zu achten.
Brotogeris. G der Aratingidae ↗, UF Brotogeryinae ↗. 8 An. M- u. S-Amerika. Hoher, seitl. zusammengedrückter Schnabel. Schwanz stufig, meistens kurz. Überwiegend grün, ♂ u. ♀ gleich gefärbt, ebenso od. sehr ähnl. Juv. Baumbewohner. Nahrung vorwiegend Früchte, auch Knospen, Blüten, Nektar, grüne Pflanzenteile, Samen. Für Haltung in der Wohnung wegen der lauten Stimme wenig geeignet, von Jugend an einzeln gehaltene Vögel sehr zutraulich, Imitationstalent gering. Warme Überwinterung, zum Schlafen ganzjährig Kästen bzw. Baumhöhlen aufhängen. Körnerfutter → *Forpus,* außerdem reichl. Obststückchen, Beeren, grüne Zweige u. frische Äste. Baden gern. Futter- u. Badeplatz erhöht anbringen (Baumbewohner). Zur Zucht Paar allein halten, als Brutstätte Baumhöhlen, Nistkästen u. zum Selbstgraben der Höhle gestampften Lehm od. Torf (auch Gemisch von beiden) in Kisten anbieten. Zur Aufzucht Weichfutter aus Eigelb, Biskuit u. Multivitaminpräparat reichen. Zuchterfolge selten.
— *B. chiriri,* Kanarienflügelsittich. ♂ u. ♀ : grün, → *B. versicolura,* aber Armdecken gelb. 22 cm. UAn, Konspezies mit *B. versicolura*? Bolivien u. öst. Brasilien bis nö. Argentinien, Paraguay, São Paulo. Bewohnt allgemein lichtes, weitgehend offenes Waldland, das auch Caatinga- u. Chaco-Gebiete einschließt, in Galeriewäldern halboffener Gebiete, meistens im Flachland, auch im Zentralplateau Brasiliens in Höhenlagen von 1 000 m od. mehr. Im allgemeinen häufig, Population scheint stabil zu sein. Brütet in Baumhöhlen u. Bauten von Baumtermiten. In Gefangenschaft Holzzerstörung gering. Zucht → *B. versicolura.*
— *B. chrysoptera,* Braunkinn-, Goldflügelsittich. ♂ u. ♀ : grün, Stirnband schmal, dunkelbraun, Kopf bläulich. Kinn orangebraun. Vordere große Armdecken orange, ebenso Handdecken. Schnabel hellhornfarben. Auge dunkelbraun. Füße gelblichbraun. 17 cm. UAn. *B. c. tuipara,* Tuiparasittich, Stirn u. Kinn orange. Verbr.-Gebiet der A reicht von öst. Venezuela u. Guayana bis Pará u. nö. Maranhao. Hat die gleichen Habitatsansprüche wie *B. cyanoptera*. Waldbewohner, zur Nahrungssuche gelegentl. im benachbarten, offenen Land. Lebt auch im Flachland, in Venezuela allerdings in Höhen von 1 200 m ü. NN. Häufig. Population im wesentl. stabil, durch Waldzerstörungen lokal Rückgänge. Brütet in hohlen Ästen, Baumhöhlen u. Bauten der Baumtermiten. Erstmalig 1878 im Zoo London. Sehr zahmer Vogel, kann zuweilen vorübergehend im Freiflug gehalten werden. Frißt gern Biskuit, eingeweichtes altbackenes Weißbrot, Baumblüten (Robinien), Knospen u. Nektar.
— *B. cyanoptera,* Kobaltflügel-, Blauflügelsittich. ♂ u. ♀ : grün, US gelblichgrün, Stirn gelb, Kopf-OS bläulichgrün. Kinn orangerot. Schwingen u. Unterflügel blau. Schnabel hornfarben. Auge dunkelbraun. Füße fleischfarben. 18 cm. UAn. Konspezies mit *B. chrysoptera*? *B. c. gustavi,* Gustavsittich, Bug u. Flügelrand gelb, Kopf-OS bläulichgrün, Kinn orangerot, Unterflügeldecken grün. Heimat O-Peru, Bolivien. Verbr.-Gebiet der A öst. Ekuador, südöst. Kolumbien u. sü. Venezuela bis nordwe. Brasilien u. Bolivien. Waldbewohner, am häufigsten im feuchten Tierra-firma-Wald, lebt aber auch in Varzea-Waldungen (Wald, der mindestens einmal jährl. überschwemmt wird), selten auf Lichtungen, bewohnt fast nur das Flachland, nur am Fuße der Anden in Höhenlagen bis 600 m ü. NN. Häufig. Population im wesentl. stabil. Erstmalig in Dänemark gezüchtet.

— *B. jugularis*, Tovi-, Goldstirnsittich. ♂ u. ♀: grün, US gelblichgrün, Kopf hellblau überhaucht. Kinnfleck orangerot. Unterflügeldecken gelb. Schnabel hornfarben. Auge dunkelbraun. Füße gelblichbraun. 18 cm. UAn. Konspezies mit *B. chrysoptera*? *B. j. exsul*, Kleiner Tovisittich, hat nur blassen orangefarbenen Kinnfleck, liebenswerter Pflegling, bald zutraulich. Verbr. der A sü. Mexiko bis nö. Kolumbien u. nö. Venezuela. Bevorzugt halboffenes Land mit Bäumen u. Sekundärwuchs, regelmäßig auch in den Wipfeln feuchter Wälder, meist im Flachland, in kleinerer Zahl auch im Bergland bis ca. 1 000 m ü. NN. Allgemein häufig u. auffallend. Population stabil. Auch heute noch in seiner Heimat oft in Gefangenschaft gehalten. Fangquoten haben zu keiner Zeit Wildbestände dezimiert. Brütet in Bauten der Baumtermiten, Ast- u. Baumhöhlen, zuweilen mehrere Paare in einem Baum. Erstmalig 1872 im Zoo London. Erstzucht 1873 in Wien. Am besten mehrere Vögel in der Gruppe halten, Möglichkeiten zum Selbstgraben der Höhle bieten (s. o.). Gelege bis 9 Eier. Juv. schlüpfen nach 21 Tagen, fliegen nach 35 Tagen aus. Fortpflanzungsfähig nach 12 Monaten. Kreuzungen mit Feuerflügel-, Tirika-, Weißflügelsittich. Blaue Mutationen aus der Natur bekannt.

— *B. pyrrhoptera*, Feuerflügelsittich. ♂ u. ♀: grün. Stirn, Kopfseiten hellgrau, ebenso Kinn. Kopf-OS hell bläulichgrün. Flügeldecken dunkelblau, Unterflügeldecken orangefarben. Schnabel hornfarben. Auge dunkelbraun. Füße fleischfarben. Juv. Kopf-OS grün. 20 cm. Kommt vom we. Ekuador bis nordwe. Peru vor. Lebt am häufigsten in laubabwerfenden Waldbeständen, in geringerer Zahl auch im baumbestandenen, halboffenen Kulturland u. im trockenen Buschland. Flachlandbewohner bis ca. 300 m ü. NN, in Peru wahrscheinl. in etwas höheren Lagen. In Ekuador selten bis gelegentl. recht häufig, in Peru selten u. nur lokal begrenzt. Durch Habitatzerstörung u. Vogelhandel starker Populationsrückgang. 1862 erstmalig im Zoo London. Zeitweise zahlreich auf europ. Vogelmarkt. Jungvögel bald zutraulich. Importvögel im Winter wärmer halten. Stimme weniger laut als bei den übrigen An der G. Nach der Brutzeit verträglich. Brütet in Europa allgemein im Juni. Nistkasten ca. 23 × 23 × 50 cm od. entspr. Baumhöhle. Gelege 3—5 Eier. Juv. schlüpfen nach ca. 22 Tagen, fliegen ungefähr nach 5 Wochen aus. Zuchterfolge selten.

— *B. sanctithomae*, Tui-, Goldkopfsittich. ♂ u. ♀: grün, Vorderkopf u. Scheitel gelb. Schnabel rötlichbraun. Auge grau. Füße graubraun. Juv. Schnabel heller als bei Ad. Ca. 17 cm. 2 UAn. *B. s. takatsukasae*, Gelbstreifen-Tuisittich, hat deutl. kleinen gelben Streifen hinter dem Auge, Gelb des Vorderkopfes ausgedehnter als bei Nominatform. Heimat NO-Peru, Amazonasgebiet (NW-Brasilien) u. unterer Amazonas. Bewohnt vorwiegend Sekundärwuchs u. Ränder von Varzea-Waldungen (→ *B. cyanoptera*) entlang größerer Flüsse, auch auf flußnahe gelegenen Rodungen. Häufig Population stabil. Brütet in Baumhöhlen u. in Bauten der Baumtermiten. Erstmalig 1862 im Zoo London, seither manchmal in großer Zahl auf dem europ. Vogelmarkt. In der Heimat gern gepflegt. Während der Eingewöhnung in Europa warm unterbringen, später nicht unter 10 °C halten. Bald zutraulich. Zum Schlafen Höhle anbringen. Sehr selten gezüchtet. Gelege 4—5 Eier. Juv. schlüpfen nach 21 Tagen, fliegen nach 45 Tagen aus.

— *B. tirica*, Tirikasittich. ♂ u. ♀: grün, Kopfseiten gelblichgrün, Nacken bläulich überhaucht, ebenso Schwanz (12 cm lang). Kleine Flügeldecken mit bräunlichem Anflug. Schwingen mit Blau. Flanken gelblich. Schnabel hell hornfarben. Auge dunkelbraun. Füße fleischfarben. Juv. Blau sehr blaß, Schwanz kürzer. 23 cm. Verbr. von Bahia bis Rio Grande do Sul (O-Brasilien). Lebt in Baumwipfeln u. an Waldrändern (hier wahrscheinl. am zahlreichsten), aber auch in halboffenen, z. T. bebauten Landstrichen mit kleinen Baumgruppen, Waldparzellen mit Sekundärwuchs, in Parks u. auf Plätzen inmitten von Städten, sobald ein paar hohe Bäume vorhanden sind. Überwiegend im Flachland vorkommend, lokal begrenzt in bergigen Regionen bis 1 200 m ü. NN (z. B. im Bergland von Itatiaia). Selten bis recht häufig. Nach großen Verlusten in vergangenen Jahren Population jetzt nahezu stabil. Brütet in Baumhöhlen u. hohlen Ästen. Erstmalig 1862 im Zoo London, seither selten auf europ. Vogelmarkt, wird in der Heimat gern gepflegt. Bald zutraulich. Unterbringung bei Zimmer-Temp. Haltung einfach. Verträglich. 1882 deutsche Erstzucht, seither mehrmals gezüchtet. Gelege 4—5 Eier. Schlupf nach 22—23 Tagen. Juv. fliegen nach 6 Wochen aus. In Europa Brutzeit meistens im Juni. Kreuzung mit Tovisittich. Blaue Mutation.

— *B. versicolura*, Weißflügelsittich. ♂ u. ♀: grün, Kopf u. Halsseiten gelblichgrün, große Flügeldecken gelb, 1. Handschwinge schwarz, folgende 3 dunkelblau, übrige weiß. Äußere Armschwingen weißgelblich. Schnabel hornfarben. Auge dunkelbraun. Beine fleischfarben. Juv. Weiß u. Gelb des Flügels mit grünen Flecken, Schnabel heller als bei Ad. 22 cm. Heimat Kolumbien u. Guayana bis Pará. Flachlandbewohner. Kommt fast nur am Amazonasstrom u. an den Unterläufen seiner größeren Nebenflüsse vor. Lebt auf Flußinseln, im Sekundärwuchs, im Varzea-Wald (→ *B. cyanoptera*) auf Lichtungen u. in Randgebieten einiger Städte. Meistens selten, lokal auch häufig. Dr. BURKARD ↗ beobachtete ihn oft auf der Insel Marajô (Delta des Amazonas) am Arari-See: Morgens kreist ein Schwarm rund um das Dorf Genipapo, von Steppen u. See umgeben, laut rufend, dann trennen sich Einzelpaare vom Schwarm zur Futtersuche. Sammeln sich abends bei Rundflug u. fliegen im Schwarm von 30—60 Exempl. zum Schlafplatz, der wahrscheinl. im Wald ist. — Brütet in Baumhöhlen u. Bauten der Baumtermiten. Erstmalig 1862 im Zoo London, in früherer Zeit häufig auf europ. Vogelmarkt. Pflege problemlos. Eingewöhnung bei Zimmer-Temp., bald zutraulich. Mehrmals gezüchtet. Paar allein halten. Baumhöhle od. Nistkasten (18 × 18 × 40 cm, Schlupfloch ⌀ 7 cm), Bodenbelag hohe Schicht Torfmull. Gelege 5—6 Eier. Schlupf nach 23 Tagen. Juv. fliegen allgemein nach 7—8 Wochen aus, 3 Wochen später selbständig.

Brotogeryinae

Brotogeryinae, Schmalschnabelsittiche. UF der Aratingidae ↗. 2 Gn *(Brotogeris ↗, Nannopsittaca ↗)*, 9 An. M- u. S-Amerika.
Brownsittich *(Platycercus venustus)* → *Platycercus*
Bruchwasserläufer *(Tringa glareola)* → *Tringa*
Brunhilda. G der Estrildidae ↗. 2 An. Früher UG von *Estrilda* ↗. Lebensweise, Pflege wie Estrildidae, *Estrilda.*
— *B. charmosyna,* Feenastrild. ♂: OS grau, je nach UA heller od. dunkler, rötlich verwaschen, feine dunkle Querbänderung auf dem Rücken. Schwingen braunschwärzlich. Bürzel u. Oberschwanzdecken rot, Schwanz schwarz. Kopfseiten, Zügel u. Augenregion schwarz, manchmal kleiner schwarzer Kinnfleck. US hell weinrötlich, manchmal fast weißlich, schwache Querwellung, Körperseiten rötlich verwaschen. Schnabel blaugrau mit schwarzer Spitze. Auge rotbraun. Füße schwarzbraun. ♀ wie ♂, etwas weniger rötlich. Juv. wie ♀, nur angedeutet dunkle Querbänderung, ausgenommen Flügel. 12 cm. UAn. S-Sudan, S-Äthiopien, N-Somalia, sü. bis NO-Uganda, SO-Kenia bis O-Tansania. In trockenem Dornbuschland, auch im Gebirge. Sporadische Verbr. Brutwirt von *Vidua hypocherina* ↗. Eingewöhnung, Haltung u. Ernährung wie *Estrilda erythronotos.*

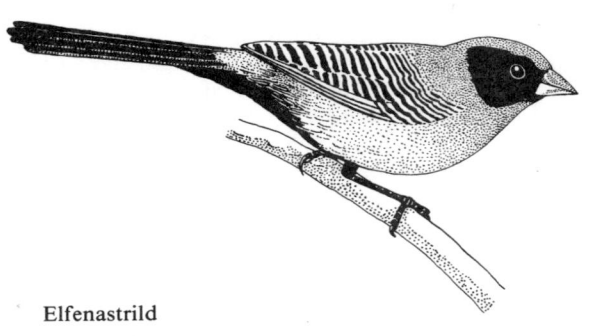

Elfenastrild

— *B. erythronotos,* Elfenastrild. ♂: Oberkopf, Rücken, Flügeldecken grau mit feinen Querwellen, auch auf den Schwingen schwärzlich mit verwaschener Bänderung. Bürzel, Oberschwanzdecken leuchtend karminrot, Schwanz, Unterschwanzdecken, Schenkel u. Bauchmitte schwarz, übrige US bis auf karminroten Seiten hellgrau u. mit einem rötlichen Schimmer überzogen, von zarten Querwellen unterbrochen. Kinn, Kopfseiten bis zum Nacken schwarz. Schwarze Ohrgegend durch graue bis weißliche Federpartien begrenzt. Stirn weißlichgrau. Schnabel schwärzlich. Auge rotbraun. Füße schwarz. ♀ wie ♂, aber matter, Unterschwanzdecken, Bauchmitte grau bis graubraun. Juv. matter als Ad., fast ohne Querbänderung. Ca. 12 cm. UAn. W- u. Inneres S-Afrika, einige Inseln im Victoriasee. Trockene baumbestandene Dornbuschsteppe in der Ebene u. im Gebirge. Kontaktruf bei ♂ u. ♀ unterschiedl.! Brutwirt von *Vidua hypocherina.* Erstmalig 1908 in Europa, gehörte immer zu den Seltenheiten. Die Transportstrapazen fordern unter Frischfängen Opfer. Während der Eingewöhnung sehr wärmebedürftig, nicht unter 25 °C halten, später nicht unter 20 °C. Liebt helle, sonnige Unterkünfte. Für große Käfige ↗, Vogelstuben ↗, Volieren ↗ sehr gut geeignet. Nach der Eingewöhnung kaum empfindlicher als andere verwandte An. Für Freivolieren ↗ nur bedingt geeignet (Temp.en!), zu empfehlen nur bei warmem Innenraum. Neben üblichem Futter zerkleinerte zarte Salatblätter, Honigtrank, saftige Fruchtscheiben (Birnen, Orangen) u. Beeren (Wein-, Heidelbeeren). Ein Exempl. wurde im Zool. Garten Hellabrunn 11 Jahre alt. Zucht schwierig. Welterstzucht 1908 FEO in S-Afrika.

Brustbandhäherling *(Garrulax pectoralis)* → *Garrulax*

Brutkleid. Bes. Färbung ↗, die auch als Prachtkleid od. Hochzeitskleid ausgebildet sein kann u. im Werbeverhalten ↗, Sexualverhalten ↗ od. bei der Brutpflege ↗ eine bes. Rolle spielt. Das B. weicht manchmal von dem sog. Zwischenkleid od. Ruhekleid ab.

Brutpflege. Sammelbegriff für alle Pflegehandlungen, die nach dem Absetzen der Eier od. Jungtiere zu deren Schutz, Ernährung, Sauberkeit u. Training von beiden Eltern od. einem Elternteil (meist das Muttertier) ausgeübt werden. In einigen Fällen bilden mehrere Tiere B.-Gemeinschaften. Bes. hoch ist die B. bei staatenbildenden Insekten, manchen Fischen, Vögeln u. Säugetieren entwickelt. Bei Vögeln wird die 1. Phase der B. als Brüten bezeichnet. Das ♀, seltener das ♂ od. beide Partner sorgen für eine fortgesetzte Erwärmung der Eier. Je nach A liegen die Bruttemp.en bei 36–41 °C, die Brutzeiten zwischen 11 u. 55 Tagen. Im Gegensatz zur B. bezeichnet man die Handlungen zur Unterbringung der Eier od. Jungtiere als Brutfürsorge, bei Vögeln z. B. Auswahl des Nistplatzes u. Nestbau. Brutfürsorge u. B. sind nicht zwangsläufig gekoppelt. Häufig enden mit der Brutfürsorge u. Eiablage die Handlungen der Eltern für die Nachkommenschaft. Die B. dauert meist bis zum Erreichen der Lebenstüchtigkeit der Jungtiere.

Bubalornis, Büffelweber. G der Bubalornithinae ↗. 2 An. Gesellig. Gemeinschaftsnester aus Reisern in Bäumen, in diesen eigentl. Nest aus Gräsern, feinen Fasern. Auf einem Baum können mehrere Horste mit bis zu 20 Brutpaaren sein. Gelege bis 3 Eier, weißlich mit zahlreichen braunen u. grauen Flecken. Nahrung Insekten, Grassamen, auch Obst. Selten gehandelt, friedlich, gut für Gesellschaftsanlagen geeignet. Futter wie Ploceidae ↗, viel Obst, Grünes.

— *B. albirostris,* Alektoweber. ♂ u. ♀: schwarz, Federfahnen am Grund weiß, bes. bei Rückengefieder. Schnabel während der Brutzeit weiß, sonst schwarz. Juv. dunkelbraun, Brust, Flanken weißgefleckt. 24 cm. Senegal bis N-Äthiopien, NW-Kenia. Sucht Insekten vorwiegend auf Viehweiden, auch auf Rücken der Tiere. Ab u. zu gehandelt. Zucht bereits gelungen.

— *B. niger,* Büffelweber. ♂: schwarz, Flügeldecken, Handschwingen weiß gesäumt. Schnabel dunkelorange. ♀: OS graubraun, US mit weißlichen Streifen. Schnabel schwärzlich. Juv. ähnl. ♀. Juv. ♂♂ Schnabel rötlich, bei juv. ♀♀ hornfarben. 25 cm. SO-Äthiopien, Tansania, O-Sambia bis Transvaal, von

Angola bis SW-Afrika. Krächzende u. schwatzende Rufe. Brütet gesellig, vorzugsweise in Affenbrotbäumen. Mehrfach importiert, wird häufig mit *B. albirostris* verwechselt.

Bubalornithinae, Büffelweber. UF der Ploceidae ↗. 2 Gn. 22—25 cm, größte Webervögel, starenähnl. Senegal bis Äthiopien, Kenia, Somalia, S-Tansania. SO-Zaïre. Bewohnen Dornbuschsteppen u. Kulturland.

Bubo, Uhus. G der Strigidae ↗. 11 An. Mittelgroß bis sehr groß mit deutl. Federohren. Keine Geschlechtsunterschiede im Gefieder, jedoch sind ♀♀ größer u. schwerer als die ♂♂. Weltweit außer Australien. In ausgedehnten Waldungen, Flußtälern, zerklüfteten Gebirgsgegenden, Steppen, tropischen Regenwäldern. Nahrung sind Säugetiere, Vögel, Rept., Amph., Fische, Insekten. Tag- u. nachtaktive An. Eingewöhnung u. Haltung mit Eintagsküken, Ratten, Meerschweinchen, Hamstern u. Mäusen problemlos. Alle B.-An sind bereits in Zoo- u. Liebhabervolieren gehalten. 7 B.-An wurden erfolgreich gezüchtet. Nur paarweise in mindestens 4,00 m breiten, 8,00 m tiefen u. 2,50 m hohen Volieren halten. Eier werden allein vom ♀ bebrütet. Brütendes ♀ u. später die Juv. werden vom ♂ mit Beute versorgt. Das ♂ füttert die kleinen Juv. nicht.

— *B. africanus*, Fleckenuhu. ♂ u. ♀: mit gelber, bei einer Rasse dunkelbrauner, Iris. Lidränder rötlich. Gefiedergrundfarbe sehr stark von grau bis rotbraun variierend. Deutl. seitl. schwarze Umrandung des Gesichtsschleiers. US u. OS dicht, schwach quergewellt. Die insges. dunklere OS mit hellen Flecken. Dunkelbraune Fleckenzeichnung an der Brust. Beine befiedert, Zehen beborstet. Juv. Ad. ähnl., Strukturen jedoch verwaschener, an der Brust ohne dunkle Fleckenzeichnung. Kleinste Uhu-A, 30—40 cm. Afrika sü. der Sahara u. S-Arabien. Bewohnt schwach bewaldete Savannen, meidet den dichten Wald. Nachtaktiv. Ernährt sich von Säugetieren, Rept., Vögeln, Insekten. Bodenbrüter, Höhlenbrüter u. Benutzer von Nestern anderer Vögel. Selten gehalten. In Europa verschiedentl. erfolgreich gezüchtet. Gelege 2—3 Eier. Nach 33 Tagen schlüpfen die Juv. Erstzucht gelang 1901/02 J. L. BONHOTE, England.

— *B. bubo*, Uhu. ♂ u. ♀: mit orangefarbener Iris, oberseits braungelb bis braunrot mit dunkelbraunen, schwarzen Bändern u. Flecken. US mit kräftig dunkelbraunen, sich zur Brust hin verdichtenden Längsflecken, am Bauch fein braun quergewellt. Alle Gefiederfarben können dunkler u. heller variieren. Beine u. Zehen befiedert. Juv. unterseits beigefarben mit dunklerer schwach wellenförmiger Querzeichnung. Größte Uhu-A, 58—74 cm. In vielen UAn in Europa, asiat. Festland bis Ochotskisches Meer, Sachalin, Kurilen, N-Afrika u. Sahara bis Mauretanien u. Sudan, Arabien. Lebt im Gebirge, Ebenen, Wäldern, Steppen u. Wüsten. Nacht- selten tagaktiv. Nahrung überwiegend Säugetiere, jedoch auch Vögel, Amph. u. Fische. Bodenbrüter, Felsnischenbrüter u. Benutzer verlassener Horste anderer Vögel. Sehr häufig in Zoo- u. Liebhabervolieren zu finden. *B. bubo* dürfte die am häufigsten gezüchtete Eulen-A der Welt sein. Gelege 2—4 Eier. Brutbeginn ab 1. Ei. Juv. schlüpfen nach 35 Tagen. Erstzucht gelang 1849

Fleckenuhu

E. FOUNTAINE, England. In der BRD sind u. werden mit unter menschlicher Obhut gezüchteten Uhus umfangreiche Auswilderungsversuche in ehemaligen Brutgebieten des Uhus durchgeführt. Durch veränderte Umweltbedingungen sind dem Erfolg jedoch Grenzen gesetzt. Naturschutz s. Strigidae.

— *B. capensis*, Kap-Uhu. ♂ u. ♀: *B. bubo* sehr ähnl., jedoch eindeutig kleiner u. an der Brust stärker dunkelbraun gefleckt. Juv. Ad ähnl., jedoch Farbstrukturen verwaschener. 46—48 cm. Nur auf Afrika beschränkt, Kapprovinz, Natal, Malawi, O-Afrika bis Äthiopien. Gebirge. Nacht- u. tagaktiv. Nahrung wie *B. bubo*. Bodenbrüter. Selten gehaltene Eule, trotzdem bereits mehrfach gezüchtet. Erstzucht gelang 1905 dem Zoo London, England.

— *B. coromandus*, Koromandeluhu. ♂ u. ♀: mit gelbem Schnabel, blaßgelber Iris, düster grau wirkendem Gefieder mit feiner Längsstrichelung an Brust u. Bauch. Beine befiedert. Füße beborstet. Juv. unbekannt. 43—48 cm. Indien bis Burma u. Malaysia. Lebt in Flußwaldungen, aufgelockerten Baumbeständen u. Kulturlandschaften. Tag- u. nachtaktiv. Hat sich vielfach auf das Erbeuten von Rabenvögeln ↗ u. Sittichen bei ihren allabendl. Einfällen zu ihren Schlafplätzen spezialisiert. Brütet in verlassenen Horsten

Uhu in Abwehrstellung (nach W. SCHERZINGER)

anderer Vögel. Brutbiologie unbekannt. Sehr selten in Europas Zoo- u. Liebhabervolieren gehalten.
— *B. lacteus*, Blassuhu. ♂ u. ♀: mit hellgrauem Schnabel, brauner Iris, oberseits graubraun, unterseits grauweiß, das ganze Gefieder eng mit feiner brauner Wellenzeichnung ohne starke Flecken od. Strichzeichnungen. Deutl. seitl. dunkelbraune Umrandung des Gesichtsschleiers. Augenlid rosa. Beine befiedert. Zehen beborstet. Juv. oberseits statt graubraun grauweiß mit enger brauner Wellenbänderung. 53—61 cm. Afrika sü. der Sahara. Nicht zu dichte Wälder, Savannen, Flußwaldungen, Gebirgsschluchten. Nachtaktiv. Nahrung Säugetiere, Vögel, Rept., Amph. u. Insekten. Brütet in großen hohlen Bäumen u. in verlassenen Horsten größerer Vögel. Selten gehaltene Eulen- A. Einige Male bereits gezüchtet. Gelege 2 Eier. Brutbeginn ab 1. Ei. Juv. schlüpfen nach 36 Tagen. Erstzucht gelang 1971 dem Zoo Amsterdam, Holland.
— *B. leucostictus*, Schwachschnabeluhu. ♂ u. ♀: mit gelber Iris, gelben Zehen u. grüngelbem Schnabel. Stark quergebänderte OS, unterseits weiß mit rotbrauner Fleckenzeichnung. Schnabel u. Zehen relativ schwach. Beine befiedert. Juv. unbekannt. 40—46 cm. W- u. Innerafrika von Sierra Leone bis Zaïre. In tropischen Regenwäldern. Vermutl. nachtaktiv. In der Ernährung eine Besonderheit, da bisher nur Insekten, vornehmlich Schaben, als Nahrung nachgewiesen werden konnten. Brutbiologie unbekannt. Sehr selten in Europas Zoo- u. Liebhabervolieren. In Europa noch nicht gezüchtet.
— *B. nipalensis*, Nepaluhu. ♂ u. ♀: mit brauner Iris, gelbem Schnabel, dunkelbraunen u. weiß gebänderten Federohren. Überwiegend braunes Federkleid mit graubraunen Flecken u. Binden. US weiß mit kräftiger dunkelbrauner Querbänderung. 51—61 cm. Sri Lanka, Indien u. Himalajagebiet bis Burma. In ausgedehnten Wäldern des Berg- u. Tieflandes. Nachtaktiv. Nahrung bilden Säugetiere u. Vögel. Brutbiologie unbekannt. Nachweisbar nur im Zoo Amsterdam, Holland, Antwerpen, Belgien u. bei einem Liebhaber in der BRD gehalten. In Europa nicht gezüchtet.
— *B. poensis*, Guinea-Uhu. ♂ u. ♀: mit brauner Iris, bleifarbenem Schnabel, dunkelbrauner OS mit ockerfarbenen Flecken, Bauch weiß, zur Seite braunweiß werdend, mit dunkelbraunen Flecken. Beine befiedert. 39—45 cm. W- u. Innerafrika von Ghana bis Kongo u. NO-Zaïre sowie NO-Tansania u. Fernando Poo. In tropischen Regenwäldern. Nachtaktiv. Nahrung Säugetiere, Vögel, Amph. u. Insekten. Brutbiologie unbekannt. Selten gehalten. Erstzucht gelang 1971 dem Vogelpark Wassenaar.
— *B. shelleyi*, Bindenuhu. ♂ u. ♀: mit brauner bis rotbrauner Iris, Schnabel gelb, Gefieder braun, unterseits auf weißem Grund gleichmäßig dunkelbraun quergebändert. Beine befiedert. Zehen nackt. Juv. unbekannt. 58—62 cm. W- u. Innerafrika von Liberia bis Zaïre. Bewohnt tropische Regenwälder. Nachtaktiv. Ernährung Säugetiere, Vögel, Amph. u. Insekten. Brutbiologie unbekannt. Bisher nur im Zoo Antwerpen, Belgien, Tierpark Berlin, DDR, u. Vogelpark Wassenaar, Holland, gehalten. Erstzucht gelang 1972 dem Vogelpark Wassenaar.
— *B. sumatranus*, Malaienuhu. ♂ u. ♀: mit brauner Iris, gelbem Schnabel, seitl. abstehenden großen Ohrbüscheln. Oberseits braun, Bauch weiß, dunkelbraun quergebändert, zur Brust hin dichter werdend u. dunkler wirkend. Beine befiedert. Zehen nackt. Juv. unbekannt. 40—46 cm. Malaysia, Sumatera, Bangka, Java, Bali u. Kalimantan. Bewohnt tropische Regenwälder. Baumhöhlenbrüter. Brutbiologie unbekannt. Selten gehalten in Holland, BRD u. DDR. Noch nicht gezüchtet in Europa.
— *B. virginianus*, Virginia-Uhu. ♂ u. ♀: mit gelber Iris. Gefieder wechselt sehr von grau, braun bis rotbraun. Allen gemeinsam die dicht dunkelbraun quergewellte US, zur Brust hin fleckenförmig. Kehle kann bis zum Bauch v-förmig reinweiß sein. Es gibt fast schwarze, weiße u. rotbraune Rassen. Beine u. Zehen immer befiedert. Juv. graubeige mit oberseits starker, unterseits schwacher Querzeichnung. 43—65 cm. Amerika von N-Kanada bis Feuerland, außer Westindische Inseln. Bewohnt boreales Waldgebiet, tropischen Regenwald, Gebirge u. Wüsten. Tag- u. nachtaktiv. Breites Nahrungsspektrum: Säugetiere, Vögel, Rept., Amph., Fische, Insekten. Brütet in verlassenen Horsten anderer Vögel, in Baumhöhlen u. auf dem Boden. Kein allzu seltener Pflegling. Zucht mehrfach geglückt. 1859 Erstzucht in Keep of Arundle Castle, Sussex, England. Gelege 2—4 Eier. Brutbeginn ab 1. Ei. Juv. schlüpfen nach 34 Tagen. Erstzucht gelang 1928 Miss E. F. Chawner, England.

Bubulcus, Kuhreiher. G der Ardeidae ↗. 1 A. Nahe verwandt mit *Ardeola* ↗.
— *B. ibis*, Kuhreiher. ♂ u. ♀: weiß. Im BK auf Scheitel, Brust u. Rücken rostgelbe Federn. Relativ kräftiger Schnabel u. Füße gelb, in Brutzeit karminrot. 50 cm. Ursprüngl. nur in Afrika u. S-Asien. Neuerdings explosionsartige Ausbreitung nach Amerika, wo er heute große Teile S-Amerikas, M-Amerikas, Karibik u. N-Amerika bis Kanada bewohnt. Ostwärts Ausbreitung bis Australien u. Neuseeland. Neuerdings auch in Camargue/S-Frankreich. Vorzugsweise in der Nähe von Wildtieren u. Haustieren

Kuhreiher

(Elefanten, Nashörner, Büffel, Antilopen, Hausrinder, Schafe u. Ziegen). Fängt aufgescheuchte Insekten. Übernachtet zu Tausenden auf Schlafbäumen. Brutkolonien auf Bäumen. Fütterung s. Ardeidae. Zur Eingewöhnung auch lebende Insekten (Mehlwürmer, Heimchen). Fängt regelmäßig Fliegen selbst. Brütet leicht. Brutdauer 22—23 Tage. Im Freiflug Gehaltene züchten regelmäßig, wandern z. T. ab. Nicht winterhart, deshalb im Winter einfangen.

Bucanetes, Trompetergimpel. G der Carduelidae ↗. 2 An. In den Hochgebirgen der Paläarktis ↗. Unregelmäßig eingeführt. Name leitet sich von den wie Trompetenstöße klingenden Kontaktrufen her.

— *B. githagineus,* Wüstentrompeter, Wüstengimpel. ♂: sandfarben, zur Brutzeit rosenrot überflogen, bes. an Stirn u. US. Schnabel korallenrot. ♀ u. ♂: außerhalb der Brutzeit (u. nach längerer Käfighaltung!) ungestreift einfarbig sandbraun, ohne Flügelspiegel u. mit sehr hell hornfarbenem Schnabel u. Beinen. Juv. rötlich beigebraun gefärbt. Beine dunkler als bei den Ad. 13 cm. Von den Kanaren über N-Afrika u. N-Arabien bis Israel, nö. bis Afghanistan u. Pakistan, lokal in S-Spanien. Bewohnt offenes, trockenes u. steiniges Gelände, sowohl im Tiefland als auch im Gebirge. Sucht vorwiegend am Boden nach Samen, Pflanzenteilen (u. Insekten?). Neststand am Boden, ♂ beteiligt sich aktiv am Bau des Napfes aus Halmen u. Stengeln. Gelege 4—6 bläuliche, fein braun gesprenkelte Eier. Brutdauer 13—14, Nestlingszeit 14 Tage, Selbständigkeit nach weiteren 14 Tagen. Beide Ad. betreuen die Juv. Ruhige Käfig- od. Volierenbewohner, die sich viel am Boden aufhalten; offensichtl. empfindlich gegen schwüles Wetter. Futter Waldvogelfutter ↗, Grünfutter ↗, Vitamine ↗, Mineralstoffe ↗. Schon gezüchtet.

— *B. mongolicus,* Mongolengimpel, Mongolentrompeter. ♂ u. ♀: fast wie vorige A im RK: sandfarben, aber Rücken ± deutl. gestreift. Schwungfedern mit schmalen weißlichen bis roten Säumen, Schwanzfedern mit breiteren, hellen Kanten. ♂: etwas stärker an Stirne, Brust, Bauch u. Bürzel rosa überflogen. Etwas langschwänziger u. größer als vorige A. Juv. unterseits undeutl. braun gefleckt. 14,5 cm. Transkaukasien bis zum Himalaja, durch Tadschikistan bis Mongolei. Bewohnt offene Felslandschaften der Hochgebirge. Lebensweise, Haltung, Futter wie vorige A. Zuchtberichte stehen aus.

Bucco. G der Bucconidae ↗. 4 An.

— *B. capensis,* Halsband-Faulvogel, Rotschnabel-Faulvogel. ♂ u. ♀: OS dunkelbraun bis rotbraun mit feiner schwarzer Wellung. Großer weißer Kehllatz. Ein schwarzes Nackenband setzt sich in schwarzem Brustband fort. US hellbraun bis rötlich; kurzer Schwanz hellbraun mit schwarzer Wellung. Breiter Schnabel rostbraun bis rot, gerade. 18—20 cm. O-Kolumbien durch S-Venezuela bis Guayana, sü. bis NO-Peru u. zum Amazonas.

— *B. tamatia,* Tamatia-Faulvogel, Rotkehlfaulvogel. ♂ u. ♀: OS trüb graubraun. Bauch weiß mit schwarzer Fleckung. Stirn u. Kehle lebhaft rotbraun. Breiter schwarzer Bartstreifen. Am Kehlrand verdichtet sich schwarze Tüpfelung. 18 cm. UAn. O-Kolumbien durch S-Venezuela bis Guayana, sü. bis O-Peru, N-Mato Grosso u. zum unteren Amazonas.

Bucephala

Büffelkopfente

Bucconidae, Faulvögel. F der Galbulae ↗. 10 Gn (*Notharchus* ↗, *Bucco* ↗, *Nystalus* ↗, *Hypnelus* ↗, *Malacoptila* ↗, *Micromonacha*, *Nonnula* ↗, *Hapaloptila*, *Monasa*, *Chelidoptera* ↗), 32 An. ♂ u. ♀: Gefieder unauffällig braun, schwarz, weiß u. grau, oft gefleckt od. gestrichelt. Verwandtschaft der Glanzvögel. Kurzer Schwanz. Kräftiger, breiter im vorderen Abschnitt seitl. zusammengedrückter, an Spitze hakiger Schnabel mit Borsten am Grund. Großer dicker Kopf, kurzer Hals. Flügel meist kurz u. abgerundet. Spechtartig 2. u. 3. Zehe nach vorn, 1. u. 4. nach hinten gerichtet. Plump u. träge wirkend. 14—32 cm. S-Mexiko bis S-Amerika. In tropischen Wäldern. Leben paarweise, seltener in größeren lokkeren Gesellschaften. Stark reviergebunden. Lautäußerungen nur als dünnes schwaches Pfeifen od. Piepsen. Ansitzjagd auf Insekten, vor allem Waldkäfer; suchen selten am Boden nach Insekten u. Kleingetier. Nisten in selbstgegrabenen Röhren in Böschungen, Uferhängen, Termitenbauten. 2—4 rundliche weiße Eier (28 × 20 mm), von beiden Eltern bebrütet. Juv. ohne Nestdunen u. Fersenpolster, nackt u. blind. Bisher kaum importiert u. gehalten. Sehr heikel in Eingewöhnung; für Liebhaber recht unattraktiv. Möglichst mit fliegenden Insekten eingewöhnen; später Umgewöhnung an Drosselfutter mit Hartei, kleinen Mehlwürmern, Maden, Raupen, Stabheuschrecken.

Bucephala. G der Anatidae ↗, UF Anatinae ↗. 1 A. Brutvogel in Kanada u. Alaska. Überwintern an O-Küste der USA. Zur Brutzeit bewohnen sie möglichst klare u. tiefe Waldseen. Die vorwiegend aus kleinen Wassertieren bestehende Nahrung wird unter Wasser gesucht. Die 7—10 Eier werden in Baumhöhlen abgelegt u. 29—31 Tage bebrütet. Die Küken werden vom ♀ aus der Höhle gelockt. Sie springen auf den Boden u. werden zum Wasser geführt. Fütterung mit Mischfutter, Garnelen, Mehlwürmern u. Fischstückchen. Überwinterung möglichst auf offenen Wasserflächen im Freien. Zucht mancherorts regelmäßig, aber wenig ergiebig. Enge Bruthöhlen werden zur Eiablage bevorzugt.

— *B. albeola,* Büffelkopfente. ♂: im BK mit schwarzem u. weißem Kopfgefieder, das zu einer Art Haube

Buceros

Doppelhornvogel an der Bruthöhle

aufgestellt werden kann. Rücken schwarz, übriges Kleingefieder weiß. Schnabel bleigrau. Füße rosa. ♀: grau mit weißer US u. ebensolchem Längsfleck an den Kopfseiten. ♂ 39, ♀ 36 cm. RK des ♂ ♀ ähnl., aber mit mehr Weiß. Selten gehaltene A.

Buceros. G der Bucerotidae ↗. 3 An. W-Indien bis SW-China u. Philippinen.
— *B. bicornis,* Doppelhornvogel. ♂: Gesicht, Körper schwarz, OS metallisch glänzend, bis auf weiße große Flügeldecken auch Flügel, aber Hand- u. Armschwingen mit weißem Grund u. Spitzen. Schwanz weiß, Mittelbinde schwarz. Hals, Bauch u. Schenkel weiß. Schnabel mit gelbem, breitem, vorn konkavem Horn (an der Spitze orange überhaucht). Schnabel an der Basis schwarz, ebenso Schneiden. Horn vorn u. hinten schwarz, ebenso Trennungslinie zum Schnabel. Auge rot. ♀ wie ♂, aber kleiner. Schnabel u. Hornabzeichen nicht schwarz, sondern rötlich. Auge weiß. Juv. Horn schwächer als bei Ad. Auge braun. 120 cm. *B. b. homrai* (Vorder-, Hinterindien) wie *B. b. bicornis,* aber größer. W-Indien (Ghats), Himalaja bis SW-China, Indochina, Malaysia, Sumatera. Bewohnt Urwälder bis 1 600 m ü. NN. (we. Himalaja, N-Thailand). Gelege 2—3 Eier. Brütet ca. 1 Monat. Juv. nach 4—6 Wochen flügge. Häufig in zool. Gärten gehalten. Nach der Eingewöhnung Pflege problemlos. Im Zoo Rostock, DDR, Brutversuche. Erfolgreiche Zucht im Jurong-Vogelpark, Singapur.
— *B. hydrocorax,* Feuerhornvogel, Rotbrauner Hornvogel. ♂: Kopf-OS, Wangen schwarz. Augenhaut nackt, gelb. Hinterkopf rotbraun. Rücken, Flügel dunkelbraun. Hand-, Armschwingen schwarz, Außenfahnen z. T. gelb gesäumt. Schwanzfedern weiß bis gelblich. Kinn schwarz, Kehle weißlich. Hals rotbraun, Brust schwarz. Bauch, Schenkel rotbraun. Schnabel mit oben abgeplattetem Horn, nach vorn überragende Spitze. Schnabel u. Aufsatz rot, Schneiden mit schwarzer Basis. Auge rot. Füße rotbraun. ♀ wie ♂, aber etwas kleiner, Schnabelschneiden rötlich. Juv. Körper weiß, ebenso Schwanz mit ± schwarzem Grund (bei *B. h. hydrocorax* mit schwarzer Mittelbinde, Schnabelspitze rot, bei anderen UAn gelb). Horn, Füße schwarz. Ca. 90 cm. *B. h. mindanensis* (Inseln Mindanao, Basilan) wenig kleiner als *B. h. hydrocorax.* Schnabel im vorderen 2/3 gelb. Nackte Augenhaut schwarz. Auge gelblichgrau, weiß-, hellgelb od. blaßgrün. Füße rot. *B. h. semigaleatus* (Inseln Samar, Leyte, Bohol, Panaon) wie *B. h. hydrocorax,* Horn geht ohne Absatz in den First des Oberschnabels über, vordere 2/3 des Schnabels gelb. Augenhaut beim ♂ schwarz, beim ♀ grünlichgelb. Auge ♂ hellgelb, ♀ hellblau, bei Juv. braun. Philippinen (nicht auf Palawan). Bewohnt Urwälder der Ebene des Hügellandes, auch am Mt. Apo in 2 100 m ü. NN gefunden. Anhang I des Washingtoner Artenschutzübereinkommens ↗. Nur wenige Exempl. in Gefangenschaft, u. a. 1 Vogel im Vogelpark Walsrode ↗.
— *B. rhinoceros,* Rhinozerosvogel. ♂: schwarz, oberseits metallisch glänzend. Bürzel, Bauch, Schenkel weiß, ebenso Schwanz, aber schwarze Mittelbinde. Schnabel gelb, z. T. mit rotem Anflug, an der Basis schwarz, ebenso hintere Schneiden des Oberschnabels. Horn nach oben gebogen bzw. eingerollt, gelb mit rotem Anflug, hinterer Rand schwarz, von den Nasenlöchern schwarze Linie entlang der Hornseite zur Spitze. Auge rot. Füße dunkeloliv. ♀ wie ♂, kleiner. Horn am Hinterrand rotbraun, ebenso Schnabelschneide, schwarze Seitenlinie fehlt. Auge weiß. Juv. wie Ad. Horn schwächer. Auge braun. 120 cm. *B. r. borneonsis* (Kalimantan) kleiner als *B. r. rhinoceros,* aber breiteres, kürzeres, stärker eingerolltes Horn. *B. r. silvestris* (W-Java) wie *B. r. rhinoceros,*

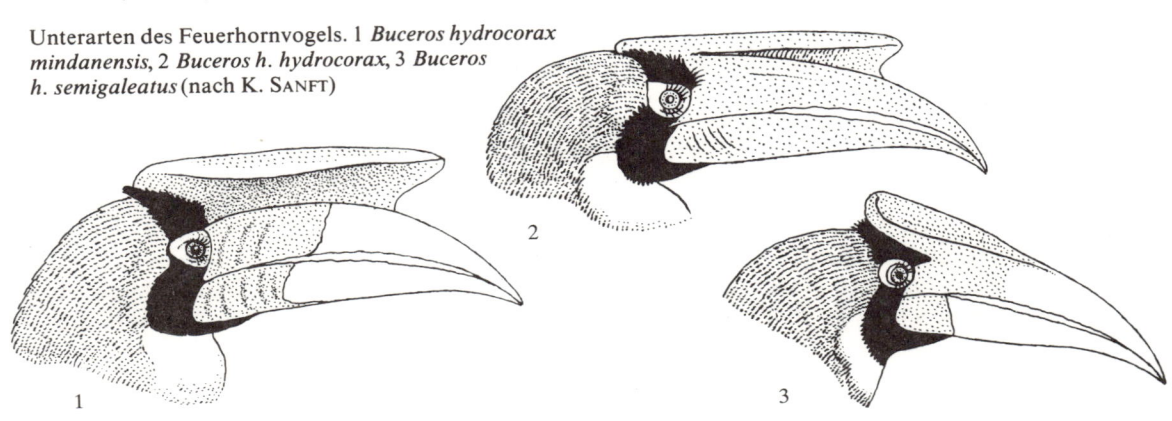

Unterarten des Feuerhornvogels. 1 *Buceros hydrocorax mindanensis,* 2 *Buceros h. hydrocorax,* 3 *Buceros h. semigaleatus* (nach K. SANFT)

aber Horn vorn nicht gerollt, fast gerade. Schwarze Schwanzbinde breiter. Malaysia, Sumatera, Kalimantan, W-Java. Bewohnt dichte Urwälder der Ebene, zuweilen bis 1200 m ü. NN. ♀ verläßt die Höhle 1 Monat vor Juv. Nestlingszeit 2⅓—3 Monate. Anhang I des Washingtoner Artenschutzübereinkommens. Gern in zool. Gärten gehalten. *B. r. rhinoceros*, *B. r. borneoensis* z. B. im Vogelpark Walsrode gepflegt. In Philadelphia lebte 1 Exempl. 33 Jahre.

Bucerotes, Nashornvögel. UO der Upupiformes ↗. 2 Fn (Bucerotidae ↗, Bucorvidae ↗).

Bucerotidae, Nashorn-, Maurerhornvögel. F der Bucerotes ↗. 13 Gn, 44 An. 26—165 cm. Auffallend großer, häufig gebogener Schnabel mit oftmals eigenartig gestalteten Hornaufsätzen (s. Name), beide nicht selten bunt. Augenlid mit auffallend langen, starren Wimpern. Kopf, Hals mit nackten farbigen Hautpartien, Kopf u. Nacken manchmal mit zerschlissener Federhaube. Gefieder vorwiegend schwarz, häufig metallisch glänzend, auch braun, grau, verschiedenste weiße u. gelbliche Abzeichen. Schwanz (10 Federn) lang bis sehr lang. Lauf kurz (Mittelzehe länger), vordere Zehen aneinander geheftet, bei 3. u. 4. besteht z. T. Verbindung. Schnabel u. Hornaufsätze sehr leicht, da Horn hohl od. nur Knochenbälkchen aufweist (allein bei *Rhinoplax vigil* ↗ massiv), 14 Halswirbel (*Rhinoplax vigil* mit 15). Bei asiat. An sind ♂♂ u. ♀♀ oft unterschiedl. gefärbt, ansonsten ♂♂ durchschnittl. 10 % größer als ♀♀, die stets etwas kürzeren Schnabel haben. Irisfärbung geschlechtsgebunden bei den Gn *Anthracoceros* ↗, *Buceros* ↗, *Ceratogymna* ↗, *Rhyticeros* ↗. Juv. haben schwächeren, andersfarbigen Schnabel als ad. Vögel, auch Iris u. nackte Hautpartien abweichend gefärbt. Unterschiede wenig bekannt. Alte Welt. Tropische Baumbewohner der Urwälder u. Steppen. Allesfresser, bevorzugen Baumfrüchte, zusätzl. wenig andere Kost (Kerfen, Schnekken, Frösche, Eidechsen, Jungvögel), kleinere An verzehren vorwiegend tierische Nahrung, bes. Insekten (fangen geschickt fliegende Ameisen u. Termiten), *Anthracoceros coronatus albirostris* fängt manchmal auch Fische. Dauerehe. Brutzeit in Trockengebieten während der Regenzeit, im tropischen Regenwald nicht jahreszeitl. abhängig. Höhlenbrüter. Eingang wird bis auf Schlitz mit Kot, Futterresten, Erde u. Speichel fast nur vom ♀ vermauert, ♂ trägt Material heran. ♂ füttert eingemauertes ♀ u. Juv. Höhle 5—40 m über der Erde. Gelege bei großen An 2 Eier (meistens wird nur 1 Juv. flügge), allein *Ptilolaemus* ↗ macht mit bis zu 5 Eiern Ausnahme. Kleine An bis 5 Eier. Farbe anfangs weiß, durch Bebrütung später schmutzigbraun. Brutdauer nach Dr. K. SANFT wahrscheinl. um 1 Monat. Bei manchen An, z. B. *Tockus* ↗, verläßt ♀ einige Wochen vor Juv. die Höhle u. füttert zusammen mit ♂. Jungen mauern dann die Höhle wieder zu. Nach dem Ausfliegen werden Juv. noch lange von Eltern gefüttert, F bleibt wahrscheinl. bis zur neuen Brutzeit zusammen. Große An mausern Großgefieder einmal jährl., ♀♀ mausern in der zugemauerten Höhle Schwingen u. Schwanzfedern (wird unterbrochen bei Verlassen der Höhle nach Störungen). ♀♀ von An, die nicht lange in der Höhle bleiben *(Tockus)*, verlieren die Federn

Bucerotidae

Rhinozerosvogel

schneller, sind zeitweise flugunfähig. Ansonsten bei ♀♀ von An, die mehrere Monate eingemauert sind, «fließende» Mauser ↗, bleiben dadurch ständig flugfähig. Nichtbrütende ♀♀ mausern so, daß die Flugfähigkeit erhalten bleibt. Attraktive Vögel in zool. Gärten u. Vogelparks ↗, kleinere An sehr selten auch bei Liebhabern. Eingeführt werden meistens der Bruthöhle entnommene Juv. u. ad. ♀♀, letztere bleiben scheu, werden aber häufig sehr alt, z. B. in Philadelphia ein *Buceros rhinoceros* 33 Jahre. Unterbringung in Volieren ↗ aus Ganzmetall (zerschlagen alles Holz) mit Schutzraum aus Stein (stets nachts), im Sommer nicht unter 10 °C halten. Nach dem Import Vögel meistens in schlechtem Gefiederzustand, deshalb auf Volierenboden dicke Stämme zum Sitzen so anbringen, daß sie gut hüpfen u. wie auf einer Leiter nach oben springen können. Bodenbelag Sand. Säuberung tägl., fressen sonst Kot. Abgebrochene Federn erst ziehen (alle auf einmal), wenn Vogel futterfest u. in guter Kondition ist. Vergesellschaftung mit A-Genossen od. anderen An gleicher Größe der F ist entspr. geräumiger Voliere unter Vorbehalt, z. B. kann 1 Jahr Zusammenleben problemlos sein, dann plötzlich Aggressivität bis zum Tod des schwächeren Vogels. Kann auch bei Geschwisterpaaren noch nach 2 Jahren eintreten (individuell große Unterschiede). Beginn häufig mit Verdrängung vom Futter. Eingewöhnung: bei 20—25 °C, je wärmer, desto besser, bei Ankunft Wurmkur. Leiden sehr unter Milbenbefall, Behandlung nur bei Befall u. bei Umsetzung (Prophylaxe). Futter: Obst nach Angebot u. Banane, alles auf Würfelzuckergröße zerkleinern, gekochter Reis, handelsübl. Drosselfuttergemisch, Pellets (für Haushühner), alles zu krümeliger Masse vermengen. Vitalkalk über Futter

Buchfink

streuen. Pro Vogel 3 Hähncheneintagsküken (abgezogen, ohne Kopf u. Beine), für kleinere An 3—4mal zerteilen, tägl. Tomaten in kleine Stücken zerschneiden u. auf das Futter legen (rote Farbe dient als Anreiz zur Futteraufnahme). Statt Küken können auch Mäuse gefüttert werden. Wichtig ist die Gewöhnung an Pellets. Von nichtabgezogenen Küken können Dunen im Schnabelwinkel ankleben, zusammen mit Futterresten dann leicht Pilzbefall. In Natur Säuberung an entspr. starken Ästen. Auch deshalb zum Schnabelsäubern u. zum Baden reichl. Wasser im Becken bieten. Während der Eingewöhnung nachmittags nachfüttern, später nur einmal tägl., Menge nach Verzehr richten. Bei mehreren Exempl. in der Voliere Futtergefäße an versch. Plätzen aufstellen, um schwächeren Vögeln eine ausreichende Aufnahme zu ermöglichen. Unterdrückte Vögel sofort gesondert unterbringen, da abgemagerte kaum noch zu retten sind. Am besten paarweise unterbringen, zukünftiges Paar durch Sichtkontakt von benachbarten Volieren aneinander gewöhnen bzw. Harmonie feststellen, z. B. Überreichen von Futter des ♂ an das ♀. Zucht selten, bei einigen An gelungen. Zur Zucht Haltung eines Paares in ruhiger Voliere (von außen mit hohen, dichten Büschen bepflanzen). Entspr. der Vogelgröße starkwandige Höhlen aufhängen od. aufstellen, am besten Eichenstämme (auch Bierfässer), Höhlentiefe ca. 60 cm, Möglichkeit zur Kontrolle des Höhleninneren vorsehen. Zum Mauern Lehm reichen.

Buchfink *(Fringilla coelebs)* → *Fringilla*

Buchstabentaube *(Geophaps scripta)* → *Geophaps*

Bucorvidae, Hornraben. F der Bucerotes ↗. Nur 1 G *Bucorvus* ↗, 2 An. Von einigen als G der Bucerotidae ↗ angesehen. Ca. 110 cm. Überwiegend schwarz, Kopfseiten, Kehle nackt, Kehlsack. Nasenlöcher von Federbüscheln bedeckt. Schnabel mit Hornaufsatz. Lauf doppelt so lang (Bodenbewohner) wie bei gleichgroßen baumbewohnenden An der Bucerotidae, 15 Halswirbel (Bucerotidae 14). ♀ wie ♂, aber kleiner, Farbe der Halshaut unterschiedl. Afrika. Bodenbewohner in Savannen u. Steppen mit nicht zu hohem Gras (Futtersuche), auch auf Plantagen, folgen Steppenbränden. Nahrung vorwiegend Schlangen, Vögel, kleine Säuger u. große Insekten (bes. Heuschrecken), Aas, auch Früchte, Samen, gern Erdnüsse. Brutzeit des Sudanhornraben ↗ nicht jahreszeitl. gebunden, bei Kaffernhornraben ↗ fällt sie in die Regenzeit. Während der Paarungszeit erschallen Rufe häufig, ähneln fernem Löwenbrüllen. Nisthöhle in dicken Bäumen, deshalb Vorkommen sehr an Affenbrotbaum *(Adansonia)* gebunden. Nest aus trockenen Blättern in 3—10 m Höhe. Höhle wird nicht zugemauert. Dauerehe. ♀ verläßt während der Brut die Höhle, Mauser so langsam, daß Flugfähigkeit erhalten bleibt. Gelege 2 Eier. Nur ♀ brütet. Schlupf nach 1 Monat, Juv. nach 3 Monaten flügge, anschl. noch lange (bis zu ¾ Jahr) von Eltern gefüttert, können 2—3 Jahre im Familienverband bleiben. Geschlechtsreife mit 3 Jahren. Gern in zool. Gärten gehalten, auch in der Heimat als Haustiere (Schlangenvertilger). Unterbringung in großen Gehegen (Auslauf mit Schutzraum), im Winter warme Haltung. Futter → Bucerotidae, aber kein Obst, Küken unzerkleinert reichen, außerdem Rinderherz u. etwas Fisch. Zur Zucht paarweise unterbringen. Bruthöhlen → Bucerotidae. Aufzuchtfutter wie übliches Futter, nur Menge größer.

Bucorvus. G der Bucorvidae ↗. 2 An. Afrika. Beide An gehalten.

— *B. abyssinicus*, Sudanhornrabe, Nördlicher Hornrabe. ♂: schwarz, nur Handschwingen weiß. Um das Auge nackt, blau. Nackte Halshaut blau, ± rot. Schnabel u. Aufsatz (vorn offen) schwarz, Oberschnabelbasis mit gelbem Fleck. Auge dunkelbraun. Füße dunkelbraun bis schwarz. ♀ wie ♂, kleiner, nackte Hautpartien blau. Juv. wie Ad., nackte Halshaut bleifarben, Schnabelaufsatz vorn geschlossen. Ca. 110 cm. Von Senegal, Sierra Leone bis Äthiopien (incl. Eritrea), W-Kenia. In zool. Gärten häufig gehalten, 1 Exempl. im Zoo London erreichte ein Alter von über 12 Jahren. Mehrmals gezüchtet, u. a. im Wildtierpark San Diego, USA, u. im Vogelpark Walsrode ↗. Letzterer machte die Erfahrung, daß Juv. relativ häufig im Alter von ca. 14 Tagen starben. Die Sektion ergab schwere Nierenveränderungen u. Darmentzündungen als Todesursache.

— *B. cafer*, Kaffernhornrabe, Süd-Hornrabe. ♂: s. Sudanhornrabe, aber Schnabelaufsatz vorn geschlossen, Oberschnabel ohne gelben Fleck, Schnabel kürzer. Augenhaut meistens rot, auch nackte Halshaut. ♀ wie ♂, Schnabel kürzer, Halshaut bläulichrot. Juv. haben anfangs bräunlichweiße Halshaut, im Alter von ca. 12 Wochen hellgrau. Gut 100 cm. Kenia, Tansania, S-Zaïre bis Angola, nö. Namibia, N-, O-Transvaal, Natal, öst. Kapprovinz. In zool. Gärten zu sehen.

The Budgerigar Club → The Budgerigar Society

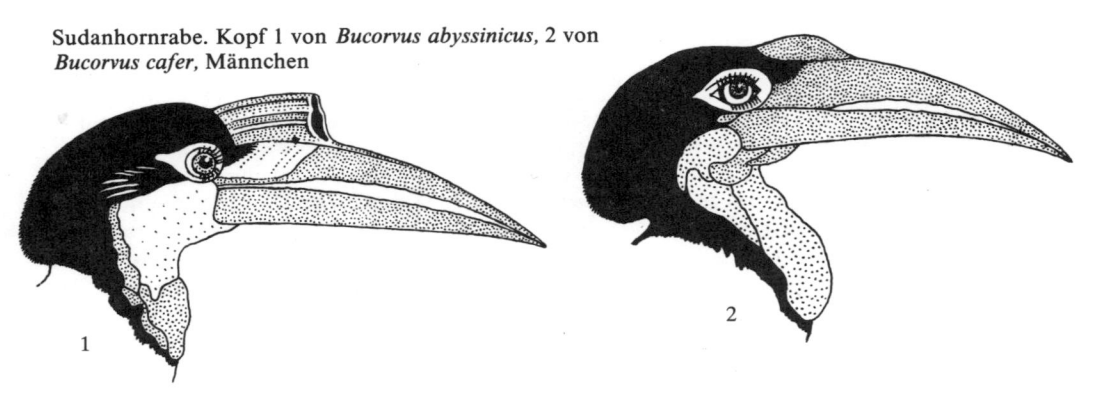

Sudanhornrabe. Kopf 1 von *Bucorvus abyssinicus*, 2 von *Bucorvus cafer*, Männchen

The Budgerigar Society (B. S.), Großbritannien. Wellensittich-Vereinigung. Wurde 1925 als «The Budgerigar Club» gegründet. Etwa 10 000 Mitglieder in vielen Ländern Europas, war die erste Vereinigung, die sich mit nur einer Vogel-A beschäftigte. Größtes Ereignis ist die jährl. Club-Schau der B. S. mit 4000 bis 5000 Wellensittichen.

Büffelkopfente *(Bucephala albeola)* → *Bucephala*
Büffelweber *(Bubalornis niger)* → *Bubalornis*
Bügel. Vor allem zur Haltung großer Papageien ↗ in zool. Gärten verwendet. Vögel entweder mit Kette ↗ od. durch Flugunfähigkeit ↗ sichern. B. aushängbar, dadurch nachts leicht Unterbringung in sicherem Raum möglich.

Bugeranus. G der Gruinae ↗. 1 A. Heimat Äthiopien, Tansania bis zur O-Kapprovinz u. Angola. Bewohnt in Äthiopien Sümpfe, gras- u. heidebestandene Hochebenen in Abessinien, im S des Verbr.-Gebietes Schilf- u. Riedsümpfe. Gesamtpopulation ca. 6000 Vögel. Zuweilen nahrungsabhängige, größere Wanderungen. Zu Beginn der Regenzeit Aufsuchen der Brutplätze. Nach 3 Wochen Bau des Nestes auf vorwiegend kleinen Inseln inmitten wasserreicher Sümpfe. Gelege 2 ockerbraune, dunkelbraun u. rötlich gefleckte Eier. Brutdauer 36 Tage. Sobald Juv. flugfähig, verläßt Familienverband Brutgebiet, dann häufig in Trupps bis zu 100 Vögeln anzutreffen. Haltung, Zucht → Gruidae. Zählen zu den Kostbarkeiten in zool. Gärten u. Vogelparks, kaum in der Hand privater Liebhaber. Die besten Zuchtergebnisse im Bronx-Zoo New York u. im Vogelpark Walsrode ↗. — *B. carunculatus,* Klunkerkranich. ♂ u. ♀: Körpergefieder überwiegend schwarz, Hinterkopf, Wangen u. 2 z. T. befiederte Hautlappen beidseits der Kehle herabhängend, Hals, Oberrücken u. Oberbrust weiß. Kopf-OS dunkelgrau, um den Schnabelansatz, vordere Wange u. vorderer Hautlappen nackt, rot, um den Schnabelansatz Haut durch viele kleine Fortsätze «runzelig». Armschwingen z. T. erheblich verlängert. Schnabel gelblichhornfarben. Auge orangegelb. Beine schwärzlich. Juv. ähnl. Ad., aber Hautlappen beidseits der Kehle kleiner. 150 cm.

Bülbülamsel od. **Bülbüldrossel** *(Merula boulboul)* → *Merula*

Bülbüls → Pycnonotidae

Bullabullasittich, NN → Barnardsittich → Ringsittich

Bulwerfasan *(Lophura bulweri)* → *Lophura*

Bund für Umwelt und Naturschutz Deutschland e. V. (BUND). Gründung 1975. Eine der bedeutendsten Naturschutzorganisationen in der BRD. Mitte 1984 95 000 Mitglieder in Landesverbänden, Kreis- u. Ortsgruppen organisiert. Ziele: Anwendung von Einsichten in ökologische Zusammenhänge als Grundlage für eine Bewertung der Landes- u. Landschaftsentwicklung. Verbr. von Kenntnissen der Umweltgefährdung in der Öffentlichkeit, Durchsetzung eines wirkungsvollen Schutzes des Lebens u. der natürl. Umwelt. Vielfältige Aufgaben, versteht sich «ausdrücklich als Lobby der Natur». U. a. Aufklärungskampagnen in Form erfolgreicher Bücher, Informationsmappen usw., Ankauf schutzbedürftiger Landstücke. Vierteljährl. erscheinende Zeitschrift «Natur und Umwelt».

Klunkerkranich

Bundesschau. Findet einmal jährl. zum Jahresende statt. Angeschlossen sind die Meisterschaften ↗ für alle domestizierten An sowie eine Rahmenschau für alle nicht standardisierten Vogel-An.

Buntastrild *(Pytilia melba)* → *Pytilia*
Buntbartvogel *(Eubucco versicolor)* → *Eubucco*
Buntdrossel *(Zoothera dauma)* → *Zoothera*
Bunthonigfresser *(Meliornis novaehollandiae)* → *Meliornis*
Buntlori *(Psitteuteles versicolor)* → *Psitteuteles*
Buntkopf-Felshüpfer *(Picathartes oreas)* → *Picathartes*
Buntkopf-Papageiamadine *(Amblynura coloria)* → *Amblynura*
Buntkopfpapageien → *Geoffroyus*
Buntlaufhühnchen *(Turnix varia)* → *Turnix*
Buntmeise *(Periparus varius)* → *Periparus*
Buntscharbe *(Phalacrocorax gaimardi)* → *Phalacrocorax*
Buntschnabelkuckucke → Phoenicophaeidae
Buntschnäpper, NN → *Batis*
Buntschwanzpapageien → *Touit*
Buntspecht *(Dendrocopos major)* → *Dendrocopos*
Buntstorch *(Mycteria leucocephala)* → *Mycteria*
Bunttukan *(Ramphastos dicolorus)* → *Rhamphastos*

Buphagus, Madenhackerstare. G der Sturnidae ↗. 2 An. Unterscheiden sich in einigen Merkmalen deutl. von den anderen An der F. Mit steifem, spitzen Schwanz, kurzem, gedrungenen Schnabel, kurzen Beinen mit scharf gekrümmten Krallen. Afrika. Bewohner der Steppe. Leben in Gebieten mit Großwild- u. Hausviehherden. Halten sich meistens auf dem Körper der Tiere auf u. picken blutsaugende Schmarotzer ab. Ihre Ernährungsweise dient der Gesunderhaltung der Herden (die Blutsauger übertragen häufig Seuchenerreger), außerdem warnen sie durch ihr Benehmen vor Feinden. Sie erweitern aber auch unnötig Wunden u. verzögern deren Heilung. Nest in Baumhöhlen, Steinhaufen, auch unter Dächern. Gelege 3—5 Eier, Bebrütung 11—12 Tage. Juv. nach

Bürger

28–29 Tagen flügge. Nur für Flugraum geeignet. Ernährung wie Sturnidae, außerdem tägl. zerkleinerte Hähnchenküken, rohe Rinderherzstückchen dem Futter zusetzen.
— *B. erythrorhynchus*, Rotschnabel-Madenhacker. ♂: oberseits lehmfarbig, nur Oberschwanzdecken mehr gelblich, ebenso US. Schnabel rötlich, wachsfarben. Auge, Augenlid gelb. Füße braun. ♀ ähnl. ♂. 21 cm. UAn. SO-Sudan, Äthiopien durch O-Afrika bis SO-Angola, N-Botswana, Transvaal, N-Oranje-Freistaat, Natal. Selten in Tiergärten u. größeren Vogelparks ↗ gehalten. Warme Überwinterung.

Bürger, Manfred, Dr., geb. 15. 6. 1930 in Lüben (ehem. Niederschlesien). Seit 1980 freischaffender Fachbuchautor. Über 30 wissenschaftl. Veröffentlichungen u. mehrere populärwissenschaftl. Bücher, u. a. 1978 «Das große Katzenbuch» (Edition Leipzig), 1979 «Tierwelt von uns erlebt» (Verlag Neues Leben), 1978 zusammen mit SEDLAG u. ZIEGER «Zooführer» (Urania-Verlag Leipzig). 1964 Silberne Ehrennadel der GzVwK, 1966 Joh.-R.-Becher-Medaille in Bronze.

Burhinidae, Triele. F der Charadriiformes ↗. 1 F *Burhinus* ↗, 9 An. In wärmeren Gebieten der ganzen Erde verbr. Große, regenpfeiferartige Vögel mit langen Beinen u. dickem Kopf. Bewohnen trockenes, vegetationsarmes Gelände. Meist in der Dämmerung aktiv. Nahrung kleine Wirbeltiere u. Insekten.

Burhinus. G der Burhinidae ↗. 9 An.
— *B. oedicnemus*, Triel. ♂ u. ♀: insges. gelbbraun mit dunklen Flecken, 2 weiße Flügelbinden. Lange, kräftige, gelbe Beine. Dicker Kopf, kurzer Schnabel, große bernsteinfarbene Augen. Juv. ähnl. Ad. 40 cm. UAn. W-, S- u. O-Europa, südwe. SU, S-Asien bis Hinterindien, N-Afrika. Stand- ↗ u. Zugvogel ↗. Bewohnt Ödland aller Art, steinige u. sandige Flächen mit wenig Vegetation, bebaute u. unbebaute Felder auf Sandboden, an Mündungsgebieten von Flüssen, Schotterbänken u. in Steppen. Kein Nest, die 2 Eier werden auf Erdboden gelegt. Beide Ad. brüten, Brutdauer 26 Tage. In Dämmerung aktiv. Nahrung Insekten, Weichtiere u. kleine Wirbeltiere. Haltung s. Scolopacidae, doch bedarf es nur eines kleineren Sumpfteiles, dafür größerer Anteil mit Kies u. kurzem Rasen. Zucht gelang an mehreren Stellen, in Europa in Basel, Budapest, Prag u. Wassenaar sowie bei Privatzüchtern.

Burkard, Romuald, Dr., Dr. h. c., geb. 27. 1. 1925 in Waltenschwil AG, Schweiz. Hervorragender Kenner der Vogelhaltung, bes. auf dem Gebiet der Pflege u. Zucht von Prachtfinken ↗, Papageienvögeln ↗. Zahlreiche Berichte in Fachzeitschr., Mitautor von «Enzyklopädie für den Vogelliebhaber». Versch. Erstzuchten von Prachtfinken, u. a. Buntkopfpapageiamadine ↗, Brauner Reisfink ↗, Wellenbauch-Bronzemännchen ↗, Samenknacker ↗, gleichfalls von Lori-An (Vielstrichel- ↗, Schön- ↗, Grünschwanzlori ↗). Goldmedaille der Zeitschr. «Die Gefiederte Welt».

Burkard, Romuald

Burma Bankivahuhn → Bankivahuhn
Burmafasan *(Calophasis humiae)* → *Calophasis*
Burmasittich, NN → Rosenkopfsittich
Bursa Fabricii. Dorsale Aussackung der Kloake bei Vögeln. Besteht aus lymphoretikulärem Gewebe u. steht in enger Verbindung zur Antikörperbildung → Laboratoriumstier Vogel.
Buru-Königssittich, UA → Amboinasittich
Burupapagei *(Tanygnathus gramineus)* → *Tanygnathus*
Buru-Rotlori, UA → Rotlori
Bürzel. Körperabschnitt an der Schwanzbasis der Vögel, oft durch bes. Färbung der Federn vom übrigen Teil des Gefieders unterschieden. Auf der B.-OS liegt die → Bürzeldrüse.
Bürzeldrüse. Einzige Hautdrüse der Vögel. Früher wurde deren öliges, z. T. unangenehm riechendes Sekret zum Einfetten des Gefieders als Schutz vor Benetzung angesehen. Neuere Forschungen wiesen nach, daß das Öl dem Horn nur die Geschmeidigkeit bewahrt, die für die wasserfeste Verflechtung notwendig ist. Bes. gut entwickelt bei Schwimmvögeln, von außergewöhnlicher Größe bei den Fischadlern (Pandionidae ↗). Beispielsweise bei juv. Wiedehopfen (Upupidae ↗) haftet dem Kot- der wenn sie älter sind, zielsicher durch das Flugloch nach außen gespritzt werden kann, ein unerträglicher Gestank an, der von der bes. gestalteten B. herrührt, die tröpfchenweise eine bräunliche Flüssigkeit ansscheidet. Bei den Baumhopfen (Phoeniculidae) bildet sich zur Zeit der Fortpflanzung eine moschusartig riechende Flüssigkeit.
Buscarla. G der Emberizidae ↗. 1 A.
— *B. rustica*, Waldammer. ♂: Kopf-OS schwarz, Streif hinter dem Auge, Kehle u. US weiß. Rücken braun, dunkel gestreift. Brustband, Flankenzeichnung u. Bürzel rotbraun. ♀ u. Juv.: Kopf braun, dunkel gestreift. 15 cm. Skandinavien bis Kamtschatka. Besiedelt in der paläarktischen Taigazone Nadelwaldsümpfe, Birkenbruchwälder, Flußniederungen. Überwinterung in O-Asien. Nest in Bodennähe,

4—6 Eier, Brutdauer 13 Tage, Nestlingszeit 14 Tage. Winterhart.

Büscheleule *(Ptilopsis leucotis)* → *Ptilopsis*
Buschelster *(Cissa thalassina)* → *Cissa*
Buschflughuhn *(Nyctiperdix quadricincta)* → *Nyctiperdix*
Buschhuhn *(Alectura lathami)* → *Alectura*
Buschkäuze → *Ninox*
Buschorganist *(Euphonia affinis)* → *Euphonia*
Buschrohrsänger *(Acrocephalus dumetorum)* → *Acrocephalus*
Buschsperling *(Gymnoris dentata)* → *Gymnoris*
Buschspötter *(Hippolais caligata)* → *Hippolais*
Buschtaube *(Phaps elegans)* → *Phaps*
Buschwachteln → *Arborophila*
Buschwürger → Malaconotinae

Buteo. G der Accipitridae ↗. 18 An. Kleine bis mittelgroße Greifvögel. Flügel breit, rund, Schwanz breit, Fänge kräftig, meist kurz. Gute Segelflieger. Auf allen Erdteilen außer Australien u. Antarktika. Meist unspez. An, die in fast allen Biotopen vertreten sind. Beutespektrum sehr mannigfaltig, von Insekten, Reptilien, Vögeln bis zu kleinen Säugern. ♂ u. ♀ betreiben Brutpflege. Vertreter der G sind häufig in Tiergärten, auf Falkenhöfen u. privaten Einrichtungen anzutreffen. Haben ein ruhiges, ausgeglichenes Wesen, sind gut für die Schauhaltung geeignet. Eingewöhnung umkompliziert. Haltung paarweise in mittelgroßen Volieren (4 × 6 × 3 m). 1/3 der Voliere wind- u. regensicher gestalten. Volieren mit Naturboden u. z. T. bepflanzt. Einrichtung mit Sitzstangen, Ästen u. Stammstücken, rauhen Felsbrocken, Badebecken (Ø 1—1,5 m), 20 cm tief. Horstunterlagen (Ø ca. 0,60—1,00 m) od. Horstnische sowie reichl. Nistmaterial versch. Qualität für den Brutauslöser wichtig. Nahrung Küken, Junghühner, Mäuse, Ratten, Meerschweine. Einige Vertreter der G gehören zu den bedrohten An u. sind streng geschützt. Andere sind gemein.

— *B. buteo,* Mäusebussard. ♂ u. ♀ : Kleiner bis mittelgroßer Greifvogel. Gefiederfärbung außerordentl. variabel, von schwarzbraun bis ganz hell (rahmfarben bis weiß). OS meist dunkler. Schwanz immer gebändert. Füße gelb, unbefiedert. 5 UAn. Paläarktische Region, Azoren, Europa, Z-Asien bis Sibirien u. Japan. Wandert im Winter sü. Offene Landschaft, Feldfluren mit eingestreuten Gehölzen, Hügel- u. Bergland. Horst meist auf Bäumen, auch in Felswänden, selten auf dem Boden. Gelege 2—5 weiße, schwach bis stark braungefleckte bis gewölkte Eier. Brutdauer 33—35 Tage. Nestlingsdauer 6 Wochen. Häufig in Tiergärten. Zur Brutzeit werden oft Jungtiere bzw. kranke Stücke eingeliefert. Schon mehrfach in Gefangenschaft gezüchtet.

— *B. hemilasus,* Mongolenbussard. ♂ u. ♀ : sehr ähnl. *B. rufinus.* Gefieder jedoch mehr dunkelbraun u. VS heller. Auch eine dunkle Phase bekannt. N-Mongolei, Mandschurei, Tibet, Transbaikalien. Steppen u. Hochebenen der Gebirge. Zugvogel. Wandert im Winter ins sü. Asien. Sehr selten in Tiergärten.

— *B. jamaicensis,* Rotschwanzbussard. ♂ u. ♀ : etwas größer als *B. buteo.* Gefieder variiert in der Färbung zwischen den UAn sehr. OS von schokoladenbraun bis mittelbraun. US weiß bis rotbraun, ± braun gefleckt. Schwanz rot- bis dunkelbraun. 14 UAn. N- u. Z-Amerika, Karibische Inseln, Bahamas u. Virginische Inseln. In Wüstenregionen, Prärien, offener Landschaft. Im Winter ziehen die nö. Populationen nach S. Horst auf Bäumen od. Felsen, gelegentl. werden auch artfremde Nester ausgebaut. Gelege 3—4 weiße, rotbraun gefleckte bis gewölkte Eier. Brutdauer 28—32 Tage. Nestlingsdauer ca. 45 Tage. Selten in Tiergärten. Noch nicht gezüchtet.

— *B. lagopus,* Rauhfußbussard. ♂ u. ♀ : etwa so groß wie *B. buteo.* Gefieder-OS schwarzbraun, Federn hell gesäumt. Kinn u. Kehle weißlich mit schmaler Längszeichnung. Brust bräunlich, zum Bauch heller mit dunklen Flecken bzw. Querbändern. Schwanz weiß mit scharf abgesetzter, schwarzer, breiter Endbinde. Füße bis zu den Zehen befiedert. 4 UAn. Nö. Europa, Asien, Kamtschatka, N-Amerika. Offene Tundra, lichte Wälder, Gebirgsregionen. Zugvogel, wandert im Winter in sü. Regionen. Horstet auf dem Erdboden, Felsen u. auf Bäumen. Gelege 3—4 weiße, wenig gefleckte Eier. Brutdauer 28—31 Tage. Nestlingsdauer ca. 40—45 Tage. Selten in Gefangenschaft, gelegentl. werden im Winter verletzte Exempl. eingeliefert. Noch nicht gezüchtet.

— *B. regalis,* Königsbussard. ♂ u. ♀ : ca. 1/3 größer als *B. buteo.* Gefieder-OS schwarzbraun, Federn hell gesäumt, Kopf weiß gestrichelt. US weiß od. weiß mit schwarzen Flecken. Brust bei Immat. hellbraun überhaucht, verblaßt im Alter. Flügelbug, Hosen rotbraun, schwarz gefleckt u. gewellt. Schwanz lang, weißlich bis hell rotbraun. Füße bis zu den Zehen befiedert. Es ist eine helle (rote) u. dunkle Phase bekannt. We. Teil im Innern der USA bis N-Mexiko. In ariden Regionen. Horst auf Bäumen u. in Felswänden. Gelege 2—4 weiße, spärlich braun gefleckte Eier. Brutzeit 35 Tage. Nestlingsdauer 7—8 Wochen. Selten in Tiergärten. Schon mehrfach in Gefangenschaft gezüchtet. In den USA bedrohte A. Anschaffung nur aus gezüchteten Beständen möglich.

— *B. rufinus,* Adlerbussard. ♂ u. ♀ : 1/3 größer als *B. buteo.* Gefieder-OS dunkelbraun mit breiten hell- bis rotbraunen Federsäumen, Kopf hellrostfarben, Federn mit dunklen Schaftstrichen. Hals, Brust rahmfarben bis hellbraun mit braunen Längsstreifen. Bauch, Hosen rostbraun mit undeutl. Querbänderung. Iris beim Ad. gelb, beim Immat. braun. Dunkle Phase, tief schokoladenbraun mit hell quergebändertem Schwanz. Wachshaut u. Füße gelb. 2 UAn. SO-Europa, N-Afrika, Vorder- u. M-Asien, Transbaikalien, Belutschistan. Steppengebiete, Wüstenrandzonen, trockene Hochgebirgszonen. Zugvogel, überwintert in sü. Regionen. Horst auf Felsen od. auf dem Erdboden, selten auf Bäumen. Gelege 3—5 weiße, braun gefleckte Eier. Brutdauer 35 Tage. Nestlingsdauer ca. 7 Wochen. Meist in Tiergärten. Erstzucht im Tierpark Berlin 1970. Wird heute in mehreren Einrichtungen gezüchtet. Beschaffung aus nachgezüchteten Beständen möglich. Als Beizvogel sehr gut geeignet.

Buteola

Adlerbussard

— *B. swainsoni,* Präriebussard. ♂ u. ♀: mittelgroß. Kopf, Hals, OS dunkel- bis mittelbraun, Federn hell gesäumt. Brust, Bauch, Hosen weiß bis hellbraun, Flanken u. Hosen schwach braun gesperbert. Schwanz braun, schwach gebändert. Selten treten dunkle Phasen auf. We. Teil N-Amerikas. Prärien, aride Regionen bis ins Hochgebirge. Im Winter Zugvogel, Überwinterungsgebiet die Pampas Argentiniens. Beute Insekten, weniger Kleinsäuger, Fledermäuse, Reptilien u. Vögel. Horst auf Bäumen, Kakteen, Felsen u. auf dem Boden. Gelege 2—5 weiße, braun gefleckte Eier. Brutdauer 28 Tage. Selten in Tiergärten. Noch nicht in Gefangenschaft gezüchtet.

Buteola. G der Accipitridae ↗. 7 An. Kleine bis mittelgroße Greifvögel. Flügel breit, rundlich, Schwanz lang.

— *B. lineata,* Rotschulterbussard. ♂ u. ♀: etwa bussardgroß. Kopf-, Hals-, Rückenfedern braun bis gelbbraun mit braunen Schaftstrichen, Flügelbug rotbraun, Arm- u. Handschwingen grau- bis dunkelbraun mit weißen Randflecken. Schwanz lang, graubraun, weiß gebändert. Brust hellrotbraun, braun gestrichelt, Bauch, Hosen gelbbraun bis hellbraun, hellgelb gebändert. Kinn weißgrau, dunkelbraun gestrichelt. Schnabel schwarz. Wachshaut, Füße gelb. 4 UAn. Kanada bis Florida, in der Golfregion bis Z-Mexiko. Offene Landschaft mit lichten Wäldern. Beute Kleinsäuger, Jungvögel, Reptilien, Amphibien, große Insekten. Horst nur auf Bäumen, Gelege 4—5 weiße, braun gefleckte Eier. Brutdauer unbekannt, wahrscheinl. der von *Buteo jamaicensis* ↗ ähnl. ♂ u. ♀ betreiben Brutpflege. Selten in Tiergärten. Wesen ruhig. Eingewöhnung, Haltung u. Zucht s. *Buteo.* Steht in den USA unter Schutz.

Buthraupis. G der Thraupinae ↗. 4 An. Zählen zu den größten Tangaren. Meist gelb, blau u. schwarz gefärbt. Ähneln der G *Anisognathus* ↗. Andenzone von NW-Venezuela bis Bolivien. In dichteren Bergwäldern. Ernährung usw. s. *Tangara* ↗. Allgemein robust u. weniger wärmebedürftig. Selten im Handel.
— *B. eximia,* Schwarzbrust-Bergtangare. ♂ u. ♀: Nacken u. Rücken blau, Kopf-OS etwas heller. Übrige OS moosgrün. US gelb. Wangen, Kehle, Flügel u. Schwanz schwarz. Große Flügeldecken grün gesäumt, kleine blau. Schnabel schwarz. Auge braun. Füße schwarz. 18—20 cm. 4 UAn. Subtropische u. temperierte Andenhänge von Kolumbien bis Ekuador. Sehr selten nach Europa importiert.
— *B. montana,* Blaurücken-Bergtangare. ♂ u. ♀: Kopf, Nacken, Kehle u. Brustseiten schwarz. Hinteres Nackenband silbrig hellblau. OS kobaltblau. Schwung- u. Schwanzfedern schwarz, schwach blau gesäumt. US gelb, Federhosen schwarz. Oberschnabel schwarz, Unterschnabel hornfarben. Auge rot. Füße schwarz. 22—24 cm. 5 UAn. Subtropische u. temperierte Andenregionen von Kolumbien sü. bis Bolivien. In dichten Wäldern. Sehr selten eingeführt.

Büttelwürger *(Lanius collaris)* → *Lanius*

Bycanistes. G der Bucerotidae ↗. 5 An. Afrika. Laute Rufer.
— *B. brevis,* Silberwangen-, Schopfhornvogel. ♂: schwarz glänzend, Spitzen der Federn an den Kopfseiten grau. Nackte Augenhaut blau. Unterrücken bis einschließl. Oberschwanzdecken weiß, ebenso Bauch, Unterschwanzdecken. Schwanz schwarz, bis auf mittl. Federpaar alle mit sehr breiten, weißen Spitzen. Schnabel mit weit nach vorn reichendem, beilförmigem, gelblichweißem Aufsatz. An der Schnabelbasis gelblicher Rand, sonst Schnabel braun. Auge braun. Füße schwarz. ♀ wie ♂, kleiner. Wesentl. kleinerer, brauner Schnabelaufsatz, zur Spitze allmähl. auslaufend. Auge braun. Juv. Federn an den Kopfseiten braungesäumt. Auge weißlich. Knapp 70 cm. Äthiopien, SW-Sudan bis Malawi, O-Simbabwe. Bewohnt Urwälder bis 2500 m ü. NN. Nahrung vorwiegend Früchte, zuweilen Insekten. Nach MOREAU möglicherweise Dauerehe. Nach seinen Angaben bringt ♂ dem ♀ eingespeichelte Erde zum Mauern, Bindemittel nur Speichel u. nicht wie bei vielen An der F Kot des ♀. Nesthöhe häufig hoch (25 m). Gelege 1—2 Eier. Schlupf wahrscheinl. nach 60 Tagen. ♀ u. 1 Juv. benötigen pro Tag ca. 360 g Fruchtfleisch. ♀ u. Juv. verlassen zusammen nach 107—120 Tagen die Höhle. Selten gehalten.
— *B. bucinator,* Trompeterhornvogel. ♂: schwarz, metallisch glänzend, Kopf-OS z. T. mit grauem Anflug. Nackte Augenhaut purpurfarben. Spitzen der Armschwingen, innere Handschwingen, Ober-

Trompeter-Hornvogel. 1 Männchen, 2 Weibchen (nach K. SANFT)

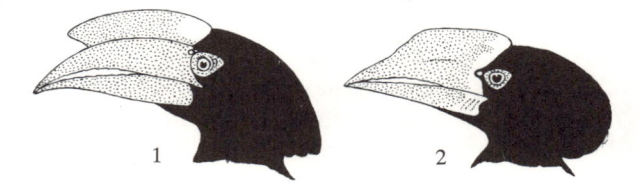

schwanzdecken weiß, ebenso Brust u. Bauch. Schwanzfedern schwarz, mittl. Paar vollständig, bei den übrigen Enden weiß. Schnabel schwarz, gleichfalls beilförmiger, längsgefurchter Aufsatz, der nach vorn spitz ausläuft. Auge braun, rotbraun od. gelb. Füße schwarzgrau. ♀ wie ♂, kleiner. Schnabelaufsatz kleiner, bildet keine Spitze. Auge braun, rotbraun, graubraun od. dunkelgelb. Juv. wie Ad., Schnabelaufsatz fehlt, am Schnabel braune Federn. 85—90 cm. Kenia bis N-Angola, Sambia, Simbabwe, O-Transvaal, Natal, S-Kappprovinz. Bewohnt weite Wälder, Waldränder, Galeriewälder der Küste, in der Ebene u. an Flüssen, selten im trockenen Buschland. Lebt meistens in kleinen Verbänden. Nahrung Früchte, Beeren, gelegentl. Insekten. Gelege allgemein 2 Eier. Ab u. zu in zool. Gärten gehalten.
— *B. subcylindricus*, Grauwangen-Hornvogel, Helmnashornvogel. ♂: schwarz, metallisch glänzend, an Kopfseiten u. Hals Federn mit grauen Säumen. Unterrücken, Bürzel, Ober-, Unterschwanzdecken weiß, ebenso Spitzenhälfte der Schwingen. 2 mittl. Schwanzfedern schwarz, am Grund weiß, übrige Federn schwarz, aber Basis u. Spitzenhälfte weiß. Bauch u. Schenkel weiß. Schnabel dunkelbraun mit beilförmigem Aufsatz, dieser zur Hälfte braun u. weiß. Auge braun. Füße schwarz. ♀ wie ♂, kleiner, ebenso Schnabelaufsatz (läuft zur Spitze flach aus). Schnabel dunkelbraun. Auge rotbraun. Juv. Federn der Kopfseiten braun gesäumt. Auge hellgrau bis braun. 65—75 cm. *B. s. subquadratus* wie *B. s. subcylindricus,* aber insges. größer, Schnabelaufsatz zur Hälfte braun u. gelblichweiß. Von Ghana bis Uganda, W-Kenia, NW-Tansania; öst. Zaïre u. lokal in N-Angola. Waldbewohner, *B. s. subquadratus* an Waldrändern u. in anschl. Savanne. Seit 1977 brütete 1 Paar mehrmals im Zoo Berlin u. zog erfolgreich Juv. auf. ♀ verließ nach über 3 Monaten zusammen mit vollbefiedertem Juv. Bruthöhle. Geschwister von diesem Paar vertrugen sich im Vogelpark Walsrode ↗ nach ca. 1,5 Jahren nicht mehr → Bucerotidae.

Cabanisweber *(Sitagra intermedia)* → *Sitagra*
Cabot-Tragopan *(Tragopan caboti)* → *Tragopan*
Cacatua, Kakadus. G der Cacatuinae ↗. 11 An. Schnabel schwarz od. grau bis gelblichweiß, klein. Wachshaut bei Schwarzschnabelkakadus (von einigen als G *Plyctolophus* angesehen) unbefiedert, bei Weißschnabelkakadus (von den gleichen Systematikern als G *Kakatoe* geführt) Wachshaut befiedert. Bruthöhle in hohen Stämmen, manchmal wenige Blätter od. Zweigstücke in der Mulde. Gelege 2—5 Eier. Schlupf 27—30 Tage. Juv. fliegen nach 9—13,5 Wochen aus, vom Brillenkakadu wahrscheinl. nach 4 Monaten, anschl. noch 3—4 Wochen von Eltern gefüttert. Pflege s. Cacatuidae.
— *C. alba*, Weißhaubenkakadu. ♂: weiß, Haube breit, reinweiß. Auge schwarz. Augenring nackt, gelblichweiß. Schnabel, Füße schwarz. ♀ wie ♂, aber Auge rot, Schnabel etwas kleiner. Juv. wie Ad., Auge schwarz, bei ♀♀ nach Wochen gräulich. 40—45 cm. Keine UAn. Mittl., nö. Maluku, die Inseln Obi, Batjan, Halmahera, Ternate, Tidore (Indonesien). Über Leben in Freiheit wenig bekannt, paar-

Gelbhaubenkakadu

weise unterwegs, auch in kleinen Flügen. Gern als Einzelvogel gehalten. Nur während der Eingewöhnung scheu, dann zutraulich, nicht laut, friedlich. Bei Erregung wird Haube aufgestellt (sonst selten bei Kakadus in Gefangenschaft). Erstzucht 1960 bei P. SCHNEIDER, Kalifornien, USA. Zucht mehrfach gelungen, am ehesten in ungestörter Freivoliere mit Schutzhaus. Bruthöhle ca. 150 cm tief. Gelege allgemein 2 Eier.
— *C. ducorps*, Salomonenkakadu. ♂: weiß, runde u. weiße Haube. Unterflügel, Unterschwanzdecken wenig gelblich. Auge schwarz, breiter Augenring weißblau. Schnabel, Füße grauweiß. ♀ wie ♂, Auge rotbraun. Juv. wie Ad., aber ♀ dunkle Iris, Haube kürzer, Schnabel kleiner. 31 cm. Keine UAn. Öst. Salomonen. Ausgesprochen selten gehandelt. Mehrere Paare bei Dr. BURKARD ↗. Zucht erforderlich! Gelege 1—3 Eier. Bisher nur Eiablage. Während der Brutzeit sehr aggressiv, auch Paar untereinander.
— *C. galerita*, Großer Gelbhaubenkakadu. ♂: weiß, Haube spitz, gelb. Ohrregion gelblich. US der Schwingen u. des Schwanzes z. T. kräftig gelb. Auge schwarz. Augenring nackt, weiß. Füße dunkelgrau. UA *C. g. triton*, Triton-Gelbhaubenkakadu, auf Neuguinea u. benachbarten Inseln, hat blauen Augenring, gelbliche Wangen fehlen. Schnabel, Füße schwarzgrau. ♀ wie ♂, Iris rotbraun. Juv. wie ♀, Auge schwarz, bei ♀♀ mit zunehmendem Alter über graubraun, braun bis rotbraun. 50 cm. 4 UAn. Neuguinea, benachbarte Inseln, N-, O-Australien bis Tasmanien. Auf Neuseeland (N-Insel), Ceramlaut, Goramlaut (Indonesien), Palau-Inseln eingeschleppt. Häufig, meistens Schwärme, oft Schäden auf Feldern. Meistens als Einzeltiere gehalten. Nicht für Gesellschaftsanlage geeignet. Unempfindlich, lassen sich gern beregnen. Europ. Erstzucht 1883 (DULITZ, Deutschland). Selten gezüchtet, beste Erfolge A. PREUSSIGER, Neuwied, BRD. Erstzucht von *C. g. triton* 1968 Zoo Amsterdam. Selten gezüchtet. Mischlinge mit anderen Kakadus bekannt.

Cacatua

Goffinkakadu

— *C. goffini,* Goffinkakadu. ♂: weiß, Haube klein, rund. Zügel blaßrot, Unterflügel, Unterschwanzdecken gelblich. Schnabel weißlich. Auge schwarz. Augenring nackt, breit, weißbläulich. Füße hellgrau. ♀ wie ♂, Auge rotbraun. Juv. Zügel weiß, Auge dunkelbraun. Ca. 30 cm. Keine UAn. Tenimber-Inseln (Indonesien). Waldbewohner. Selten gehandelt. Jungvögel zahm, liebenswürdig, allerdings unangenehme Schreie (Nachbarn!). Starke Nager. In Voliere auch Schatten bieten. Warmer Schutzraum. Erstzucht in Europa 1974 bei E. G. B. SCHULTE, Holland, im Käfig. Baumstammhöhlen bieten.

— *C. haematuropygia,* Rotsteißkakadu. ♂: weiß, Haube breit, klein. Unterschwanzfedern rotorange. US der Schwanzfedern teilweise gelblich. Schnabel grauweiß. Auge dunkelbraun. Augenring weiß, manchmal etwas bläulich. Füße grau. ♀ wie ♂, Auge rotbraun. Juv. Unterschwanzdecken blaßorange getönt. Auge schwarz, mit ca. 3 ½ Jahren ausgefärbt. Ca. 31 cm. Keine UAn. Philippinen, einschließl. Palawan. Waldbewohner, gern an Waldrändern, auch auf Getreidefeldern. Erstmalig 1865 in Europa (Zool. Garten London), sehr selten gehandelt. Beim Kauf auf vollständiges Gefieder achten. 1. u. 2. Mauser in Gefangenschaft häufig problematisch (große Verluste), später nicht mehr. Gegenüber Pfleger friedlich, sonst selten. Starker Nager. Während der Brutzeit aggressiv, auch ♂ gegenüber eigenem ♀, dann ♂ einseitig Flügel beschneiden. Zucht selten gelungen. Bis 1978 zog W. EICHELBERGER ↗ 9 Juv., 1974 bei ihm Welterstzucht.

— *C. leadbeateri,* Inkakakadu. ♂: rotes Stirnband, lange spitze Haubenfedern rot mit langen weißen Spitzen. Im Rot unterschiedl. breites gelbes Querband. Vordere Haube weiß. Kopf sonst intensiv rosa. US rosafarben, oberseits weiß. Schnabel hell hornfarben. Auge dunkelbraun. Augenring weißlich. Füße grau. ♀ wie ♂, Auge rotbraun. Juv. wie Ad., Auge hellbraun, nach ca. 3 Jahren ausgefärbt. 35 cm. 2 UAn. *C. l. mollis,* kleiner als Nominatform, Haube dunkelrot, gelbes Band schwach ausgebildet od. fehlend. Inneres W-, S-, SO-Australien. Auffällig ist die Haube, dadurch einer der schönsten Kakadus. Sehr begehrt! Zucht mehrfach gelungen. Zoo San Diego zog von 1932—1970 insgesamt 56 Juv. (Teil-Handaufzucht); mehrere Jahre Naturbruten im Vogelpark Walsrode ↗. Schwierig, harmonierendes Paar zu besitzen. Fortpflanzungsfähig erst ab 4. Lebensjahr. Brutzeit 22 Tage. Drahtstärke mindestens 3 mm. Volierenvögel, häufig scheu.

— *C. moluccensis,* Molukkenkakadu. ♂: allgemein hell lachsfarben, Haube rund, vordere blaß lachsfarben, sonst kräftig lachsrot. Haube wird nur bei Erregung aufgestellt. Schnabel schwarz, blaugraue Wachshaut. Auge schwarz, auch dunkelbraun. Augenring weiß, bläulich getönt. Füße dunkelgrau. ♀ wie ♂, auch Iris. Juv. wie Ad. Ca. 52 cm. Keine UAn. Sü. Maluku, eingeschleppt auf Amboina. Waldbewohner, lebt vorwiegend im Küstengebiet. Verursacht in Kokosnußplantagen manchmal Schaden. Liebenswerter Pflegling, nur anfangs scheu, liebt Nähe des Menschen. Kräftige Käfigstäbe! Haltung auf Bügel ↗ od. Kletterbaum ↗ nur unter Aufsicht, tägl. erforderlich. Sehr starker Nager. Reichl. frische Äste u. Zweige bieten. Vorzüglich für Voliere (Ganzmetall) geeignet, mäßig warmes Schutzhaus. 1976 Erstzucht bei Prof. G. ANDRES, Mainz, BRD. Juv. fliegen nach 90 Tagen aus, werden noch Monate von Eltern geführt. Zuchterfolge sehr selten.

— *C. ophthalmica,* Brillenkakadu. ♂: weiß, Haube breit, vordere Haube weiß, sonst kräftig gelb. Auge braun. Augenring nackt, blau. Schnabel, Wachshaut schwärzlich, ebenso Füße. ♀ wie Ad., Auge braunrot, Schnabel kleiner als Ad., kleiner. Ca. 45 cm. Keine UAn. Neubritannien, Neu-Irland (Bismarck-Archipel). Sehr selten gehandelt. Angenehmes, zutrauliches Wesen, gutes Sprechtalent. Zucht anstreben! Erstzucht 1951 bei E. HALLSTROM, Australien. Seither wenige Male gezüchtet, u. a. mehrmals im Chester Zoo, England. Zur Brut Baumstammhöhle

Inkakakadu

bieten. Gelege allgemein 1—2 Eier. Juv. schlüpfen nach 28—30 Tagen, fliegen wahrscheinl. erst nach 4 Monaten aus. Aufzuchtfutter gekochter Reis, Insektenlarven. Nach 3 Jahren fortpflanzungsfähig (ein im Chester Zoo geborenes ♂).

— *C. sanguinea*, Nacktaugenkakadu. ♂: weiß, kleine Rundhaube weiß, Federn an der Basis von Haube, Wange, Zügel u. Kehle lachsrosa. Schwanzfedern unten teilweise gelblich. Schnabel hell hornfarben. Auge braun. Sehr breiter, nackter, blaugrauer Augenring. Füße grau. ♀ wie ♂, Augenring kleiner. Iris ♂ u. ♀ gleich gefärbt! Juv. wie Ad., Augenring schmaler. Ca. 38 cm. 2 UAn. *C. s. normantoni* kleiner, blasser rosafarben. Vorkommen der A mittl. W-Australien, NW-, N-, inneres O-Australien. Manchmal große Schwärme (60 000—70 000 Exempl.) zu beobachten. Lokale Schäden auf Getreidefeldern. Lebt vorwiegend während der Trockenzeit nomadisch. Während der Brutzeit lauter Rufer. Brütet überwiegend in hohen Eukalyptusbäumen. Handaufgezogene Vögel ausgesprochen zahm, schon im Freiflug gehalten. Großer Nagetrieb. Bei paarweiser Haltung ruffreudig (Nachbarn!). Mehrfach gezüchtet, erstmalig 1907 in London. Größte Erfolge im Zoo von San Diego, 1 Paar brachte von 1929—1970 einschließl. Handaufzucht 103 Junge. Erfolgreichster Züchter der BRD A. Preussiger, Neuwied. Bruthöhle in Eichen- od. Buchenstämmen, kann auch 50-l-Bierfaß mit betonierter Mulde geboten werden. Gelege 3—4 Eier. Juv. schlüpfen nach 21—24 Tagen, fliegen nach 45—50 Tagen aus.

— *C. sulphurea*, Kleiner Gelbhaubenkakadu. ♂: weiß, spitze Haube, vorn weiß, sonst gelb, ebenso Ohrregion. Bei UA *C. s. citrinocristata*, Orangehaubenkakadu, Haube statt gelb rotorange, Federn unter den Flügeln, teilweise untere Schwanzfedern gelb. Auge schwarz. Augenring nackt, weiß. Schnabel, Füße grauschwarz. ♀ wie ♂, Auge rot, Schnabel kleiner als bei ♂. Juv. wie Ad., Iris schwarz, Umfärbung beginnt nach 1—2 Jahren, nach 3—4 Jahren beendet. Ca. 34 cm. 6 UAn. Kleine Sundainseln, kleine umliegende Inseln, Solombo-Besar (Javasee), Buton, Sulawesi. Bewohnt Wälder bis 800 m über Meeresspiegel. Verursacht manchmal Schäden auf Maisfeldern. Sehr beliebt als Käfigvogel, von allen Kakadus am besten geeignet. Gern auch in Gartenvoliere mit Schutzraum gehalten. Anfangs meistens scheu. Beachten, welches Futter der Vorbesitzer reichte, lassen sich schlecht auf vielseitige Nahrung umstellen. Eingewöhnte Tiere können kalt überwintert werden. Im Winter Luftfeuchtigkeit wenigstens 60 %, sonst Federrupfen. Mehrfach gezüchtet, auch im Käfig (manchmal kaum größer als 1 m³). Gelege 2—3 Eier. Juv. schlüpfen nach 24 Tagen (Orangehaubenkakadu nach 28), fliegen nach 9—10 Wochen aus. Aufzuchtfutter reichl. tierisches Eiweiß, Löwenzahn, frische Erbsen, Maiskolben, Unkräuter. Juv. werden von Eltern noch ca. 4 Wochen gefüttert.

— *C. tenuirostris*, Nasenkakadu. ♂: weiß, schmaler roter Stirnstreif, ebenso Zügel, um vorderen Augenring ziehend. Haube rund, klein. Kopf-, Nacken- u. Körpergefieder am Grund karminrot, ebenso Streif über der Kehle. Flügel-US u. z. T. Schwanz-US gelb. Langer Oberschnabel hell hornfarben (wird zum Graben benutzt). Auge dunkelbraun. Breiter, nackter, graublauer Augenring. Füße grau. ♀ wie ♂, Kopf u. Schnabel kleiner. Juv. wie Ad., Schnabel mehr rötlich, kurzer Oberschnabel. 38 cm. 2 UAn. *C. t. pastinator* größer als Nominatform, kein orangeroter Halsstreifen, Nacken u. Oberbrust weiß. Heimat der A: SW-, SO-Australien, nicht auf Tasmanien. Bewohnt baumbestandenes Grasland, auch auf Getreidefeldern u. an Flußläufen anzutreffen. Paarweise od. in Trupps unterwegs. Seltener geworden. Sehr lauter Schreier. Gräbt mit dem Schnabel nach Knollen, Wurzeln, Samen, Insekten. Brütet in hohlen Eukalyptus- u. Gummibäumen. Brutzeit August—November. Erstmalig 1847 in Europa (London). Vor Jahrzehnten häufiger gehandelt. Heute Rarität. Zur Zeit wohl nur im Zoo Berlin-West, im Zoo San Diego u. bei Dr. Burkard ↗ gehalten, auch bei wenigen Liebhabern in W-Europa. Zucht wird stets angestrebt. Einzelvögel zahm, anhänglich. Lärmt nur, wenn erregt od. bei Balz, bei der er bis 10 cm vom Ast abspringt. In Volieren Boden zum Graben bieten, u. a. wegen natürlicher Oberschnabelbenutzung. Unempfindlich. Für Gesellschaftsanlage ungeeignet. Futter s. Cacatuidae. Obst, reichl. Mehlkäferlarven ↗, Wachsmotten, gekochtes Kalbfleisch od. Hühnerknochen mit Fleisch. Vermehrt tierische Nahrung zur Brutstimulanz reichen. Bisher nur wenige Male gezüchtet (Erstzucht 1959 im Zoo San Diego), noch nicht in Europa. Gelege 1—3 Eier. Juv. schlüpfen nach 24—29 Tagen, fliegen nach 7—10 Wochen aus.

Cacatuidae, Kakadus. F der Psittaciformes ↗. 2 UFn, 5 Gn, 19 An. 32—67 cm, größte Papageien im indoaustral. Gebiet. Haben Federhauben, diese Signalbedeutung. Unterschnabel umfaßt Oberschnabel, meistens beide mit Zahnkerben, Oberschnabel Feilkerben. Schnabelwurzel von bandförmiger Wachshaut umschlossen, letztere nackt od. befiedert. Waldbewohner. Gesellig. Nahrung Kernsamen, Nüsse, Früchte, Insekten (bes. Larven), manche graben auch nach Wurzeln, Zwiebeln, Knollen. Brüten in Baumhöhlen, Felslöchern. Gelege 1—4 Eier. Brutdauer 21—30 Tage. Juv. fliegen nach 60—70 Tagen aus. Bereits frühzeitig in Menschenhand, schon vom Schweizer K. Gessner (1516—1565) erwähnt. Häufig Einzelvogel gehalten. Holzzerstörer. Holz (Zweige) zum Zernagen bieten, um normale Schnabelform zu erhalten. Sprechbegabung unterschiedl., oftmals nur Nachahmung weniger Worte. Argumente gegen die Haltung eines «Bubi»-Vogels s. *Ara*. Eingewöhnte C. hart, ausdauernd. Haltung im großen Käfig, auf Bügel ↗, Ständer ↗, besser Kletterbaum ↗. Sicherung durch Kette ↗, weit besser durch Schwingenstutzen eines Flügels, s. Flugunfähigkeit ↗, falls keine Volierenhaltung. Futter Nüsse, gekeimte u. trockene Sonnenblumenkerne (weiße u. gestreifte), Mais (1 Std. gekocht), Hafer (gekeimt), Kardisaat, Waldvogel-, Sittich-, Ziertaubenfuttergemisch, Obst (Äpfel, Apfelsine, Weintrauben, Erdbeeren), Möhre, Vitamin-Kalkpräparat (1 Messerspitze), Garnelen (für 4 Vögel 2 Garnelen/Tag). Futter-, Trinkgefäße befestigen od. ausgesprochen schwere Porzellannäpfe verwenden (bei großen An hilft nur Befestigung!). Zucht in Ganzmetallvolieren, Bruthöhlen in dicken Baumstämmen (für große Spezies 27 cm ∅), als Ersatz können auch alte starkwandige Holzfässer Verwendung finden.

Cacatuinae, Eigentliche Kakadus. UF der Cacatuidae ↗. 4 Gn, 18 An, zahlreiche UAn. Starker, kräftiger Schnabel.

Cacicus. G der Quascalinae ↗. 14 An. M-, S-Amerika. Pflege s. Icteridae.

— *C. cela*, Gelbbürzelkassike. ♂: schwarz, nur Unterrücken, Bürzel, Wurzelhälfte des Schwanzes, Schulterfleck goldgelb. Schnabel gelblichweiß. Auge dunkelbraun. Füße schwarz. ♀ blasser als ♂. ♂ 28 cm, ♀ 22 cm. Panama, Kolumbien, Venezuela, Guayana bis NW-Peru, N-Bolivien, Mato Grosso, S-Bahia. Trupp- od. scharenweise unterwegs, übernachten in hohen Bäumen. Koloniebrüter. Nest lang, beutelförmig an Zweigen aufgehängt, meistens über dem Wasser. Selten im Handel, aggressiv gegenüber kleineren Vögeln. Großes Spöttertalent. Zum üblichen Futter auch zerkleinerte Hähnchenküken u. kleine Mäuse reichen.

— *C. haemorrhous*, Rotbürzelkassike. ♂ u. ♀: OS schwarz, Bürzel leuchtend rot, US braunschwarz. Schnabel grünlichweiß. Auge blaßblau. Füße schwarz. 26—29 cm. ♀ kleiner. UAn. O-Kolumbien, S-Venezuela, Guayana bis Peru u. Amazonasgebiet; O-Brasilien, Paraguay, NO-Argentinien. Lebt an busch-, baumbestandenen Flußufern, im Kulturland u. in Siedlungen. Gesellig. Koloniebrüter. Nest lang, beutelförmig, an Baumzweigen aufgehängt. Erstmalig 1873 in Europa (Zoo London), seither sporadisch im Handel. Pflege wie Gelbbürzelkassike.

Caffrornis. G der Muscicapidae ↗. 1 A. Früher zu *Cossypha* ↗ gehörend. Sü. SW-Afrika, S-Afrika mit Transkai, Lesotho, Bophutatswana, Swasiland, O-Simbabwe u. angrenzende Gebiete von Moçambique; Hochländer O-Afrikas, von O-Sambia bis O-Zaïre, Uganda, Kenia u. S-Sudan. Leben an Waldrändern, im buschreichen Gelände, in trockenen Landschaften, an buschbestandenen Ufern, in Parks u. Gärten. Gesang abwechslungsreich, leise plaudernd, von lauten Rufen unterbrochen. Pflege → *Cossypha*.

— *C. caffer*, Kaprötel. ♂ u. ♀: Kopfseiten schwärzlich, unterer Rand weißlich abgesetzt, breiter, weißer Überaugenstreif. OS ± olivgrau bis braun, hinterer Bürzel u. Oberschwanzdecken rostbraun, mittl. Schwanzfedern braunschwarz, übrige rotbraun. Kinn grauweiß. Kehle, Brust rostfarben, Bauch grauweißlich. 18 cm. UAn. In den letzten Jahren kamen nur noch selten Importe nach Europa.

Cairina. G der Anatidae ↗, UF Anatinae ↗. 1 A. Brutvogel im subtropischen u. tropischen Amerika von Mexiko bis N-Argentinien. Bewohnen fließende u. stehende Gewässer in Waldgebieten. Übernachten auf Bäumen. Keine feste Paarbildung. ♀ brütet meist in Baumhöhlen. 10—15 Eier werden 35 Tage bebrütet. Nach der Brutzeit Bildung von Familientrupps. Nahrung Pflanzenteile u. kleine Wassertiere. Echte Wildvögel, selten gehalten. Unterbringung am günstigsten in Einzelgehegen. Bei Gemeinschaftshaltung versuchen ♂ ♂ auch ♀ ♀ anderer An zu begatten. Eiablage in Nistkästen od. Erdröhren. Aufzucht ohne Probleme.

— *C. moschata*, Moschusente. ♂ u. ♀: schwarz mit metallischem Glanz. Flügeldecken weiß. Beim ♂ Kopf- u. Halsgefieder mähnenähnl. verlängert. Schwarzes nacktes Gesichtsfeld u. ebensolche Warze an Schnabelwurzel (fehlt ♀). Schnabel dunkelgrau. Schwarze Füße mit langen, spitzen Krallen. ♂ 80 cm, ♀ 65 cm. Stammform der Warzenente.

Calamodus. G der Sylviidae ↗. 6 An. Europa, N-Afrika, Asien. Artenschutz, Pflege s. *Agrocephalus* ↗. Sporadisch nur von Spezialisten gehalten.

— *C. melanopogon*, Mariskensänger, Tamariskensänger. ♂ u. ♀: ähnelt Schilfrohrsänger, aber Scheitel fast schwarz, Augenstreif weiß (nicht rahmfarben), Wangen dunkelbraun, Kehle weiß. OS rostbraun, Schulter-, Rückenfedern mit breiten schwarzbraunen Schaftstrichen. Schwanz gestelzt. US blaß rötlichbraun. 12,5 cm. UAn. Tunesien, S-, O-Spanien, S-Frankreich, Korsika, Italien (nicht auf Sardinien), SO-Österreich, Jugoslawien, Ungarn bis Rumänien, SO-Sowjetunion bis Turkestan, Kaukasus, Irak, O-Iran. Bewohnt kleine u. große mit Binsen u. Igelkolben vermischte Schilfbestände an Seen, Brackwassern, Sümpfen. Nest über Seichtwasser im Schilf an Pflanzenstengel. Gelege meistens 4 Eier. Gesang wohlklingend, ähnl. dem vom Schilfrohrsänger.

— *C. paludicola*, Seggenrohrsänger. ♂ u. ♀: Scheitelstreif gelblichbraun, Augenstreif lang, braungelblich. OS bis auf Bürzel schwarz gestreift. Kehle, Brust, Flanken fein braun gestrichelt, sonst s. Schilfrohrsänger. 12,5 cm. N-Italien, lokal auch in M-Italien u. im öst. M-Europa, selten we. bis Holland, Belgien, Frankreich, in DDR sehr seltener Brutvogel, öst. durch M-, S-Sowjetunion bis zum Ural. Biotop s. Schilfrohrsänger, bevorzugt aber mit Seggen bestandene, offene Sümpfe mit reichl. niedriger Vegetation, meidet aber buschreiche Plätze, vorzugsweise in ausgedehnten Seggenbeständen. Nest über Seichtwasser od. sumpfigen Boden, gern in Seggenblüten. Gelege 5—6 Eier. Gesang weniger abwechslungsreich als vom Schilfrohrsänger.

— *C. schoenobaenus*, Schilfrohrsänger. ♂ u. ♀: s. Teichrohrsänger, aber auffälliger, weißer Überaugenstreif. OS bis auf rostbraunen Bürzel kräftig dunkel gestreift. Schwanz recht spitz. US rahmfarben, Flanken gelbbraun. Juv. gelber, bes. Bürzel, manchmal blasser, rahmfarbener Scheitelstreif. Kehle, Vorderbrust matt gefleckt. 12,5 cm. Algerien, Europa öst. bis zum Altai, W-Tienschan, sü. bis Transkaukasien, Aralsee-Gebiet. Lebt im Röhricht vegetationsreicher Zonen an stehenden Gewässern. Nest in dichter Vegetation, meistens in Wassernähe dicht über dem Boden od. über dem Wasser. Wirt vom Kuckuck ↗. Gesang ähnl. dem vom Teichrohrsänger ↗, aber abwechslungsreicher, laut.

Calandrella. G der Alaudidae ↗. 7 An. S-Europa, Afrika, Asien.

— *C. brachydactyla,* Kurzzehenlerche. ♂ u. ♀: im Vergl. zu anderen Lerchen blasses, sandfarbenes Gefieder, Halsseiten dunkel gefleckt, US weißlich, ungefleckt. Juv. dunkler als Ad., lebhafter gezeichnet, keine Halsflecken. 14 cm. UAn. S-Europa, N-Afrika durch Kleinasien, Syrien, Turkestan bis Altai, Mongolei, Sinkiang, Tsinghai, Tibet, Transbaikalien, W-Mandschurei, Szetschuan. Bewohnt offenes Gelände, trockene Weidensteppen. Früher selten gehalten, in letzten Jahren auf Vogelausstellungen öfter von ung. u. sowjet. Liebhabern gezeigt. Gesang flötend, lieblicher als von Feldlerche ↗, spottet. In Gefangenschaft ruhig, sehr zutraulich. Käfig benötigt nicht die bei Lerchen übliche weiche Decke. Erstmalig 1967 von W. SPITZNAGEL, Klein-Winterheim/ BRD, gezüchtet (bis 1980 kein weiterer Erfolg bekannt geworden).
— *C. cinerea,* Rotscheitellerche, Rotkappenlerche. ♂ u. ♀: lerchenfarbenes Gefieder, Kopf-OS rostrot, gleichfalls Überschwanzdecken. Brust gelbbraun mit dunklen Flecken. Brustseite mit rotbraunem Fleck, sonst US weiß. 14 cm. UAn. N-Nigeria (Jos-Plateau), O-Zaïre, S-Uganda, W-Kenia, bis unterer Kongo, Gabun (?), Angola, Sambia, W-Tansania, Malawi, S-Kapprovinz, Transkei, Natal. Bewohnt trockene sandige Landschaften. Importe in W-Europa meistens aus O-Afrika. Bereits Anfang des 20. Jh. in Europa in Gartenvolieren gehalten. Gesang eintönig, angenehm. Mehrere Brutversuche wurden bekannt.

Calcarius. G der Emberizidae ↗. 3 An.
— *C. lapponicus,* Spornammer. ♂: Kopf, Brust schwarz, Streif hinter dem Auge u. US weiß, Nacken rostbraun. Rücken braun, dunkel gestreift. Schnabel hell. ♀: braun, dunkel gestreift, Armdecken rostfarben. Juv. ähnl. ♀. 16 cm. Tundra des nö. Europa, Asien u. Amerika. Überwintert in gemäßigten Breiten wie in M-Europa. Bodennest, 5–6 Eier, Brutdauer 12 Tage, Nestlingszeit 11 Tage. Zucht verschiedentl. gelungen.
— *C. ornatus,* Rothalsammer. ♂: Kopf, US schwarz, Überaugenstreif, Wangen, Kehle weiß, Nacken rostbraun. Rücken braun, dunkel gestreift. ♀ u. Juv. ähnl. *C. lapponicus,* doch nur Basis der äußeren Steuerfedern weiß. 16 cm. Inneres we. N-Amerika. Prärie. Überwintert in den südwe. USA. Bodennest, 3–5 Eier.

Calidris, Strandläufer. G der Scolopacidae ↗. 3 An.
— *C. canutus,* Knutt, Küstenstrandläufer. ♂ u. ♀: im BK OS rostbraun mit schwarzer Fleckung, US rostrot. Im RK oberseits grau mit dunkler Fleckung, unterseits weiß. Juv. ähnl. Ad. 25 cm. UAn. Spitzbergen, arktische Gebiete Asiens u. N-Amerika. In M-Europa Durchzügler, überwintert am Mittel- u. Schwarzen Meer, Afrika, S-Amerika, S-Asien u. Australien. Bewohnt die hocharktische Tundra, auch trockene u. steinige Ebenen. Keine Gefangenschaftsbruten bekannt.

Calliope. G der Muscicapidae ↗. 2 An. NO-Europa u. Asien. Unterbringung im großen Landschaftskäfig ↗ od. in der Voliere ↗, auch in Freivoliere, im Winter mäßig warm halten. Futter handelsübl. Insektenweichfutter, frische Ameisenpuppen ↗, Wachsmottenraupen ↗, kleine Insekten aus der Lichtfalle ↗, während der Mauser ↗ u. der Zugzeit tägl. Multivitaminpräparat, im Wechsel mit Vitamin-B-Komplex zusetzen, außerdem über Trinkwasser u. Weichfuttergemisch Canthaxanthin zur Erhaltung des roten Kehlgefieders zuführen. Angenehme, ausdauernde Pfleglinge.
— *C. calliope,* Rubinkehlchen, Kalliope. ♂: Kinn u. Kehle scharlachrot. Überaugenstreif weiß, ebenso Bartstreif. OS vollständig olivbraun. Kropfpartie aschgrau verwaschen, bis auf weißliche Bauchmitte US braun. ♀: insges. blasser, Kinn u. Kehle weiß, übrige US weißlich. Juv. OS graubraun mit hellen Flecken. US weißlich, Brust mit grauer wolkiger Zeichnung. 14 cm. UAn. Nordöst. europ. Sowjetunion, öst. bis NO-Sibirien bis zum oberen Anadyr, Kamtschatka, Sachalin; N-Mongolei, Mandschurei, auf den Kurilen u. Hokkaido (Japan); Gebirge von Kansu u. Szetschuan (W-China). Bewohnt feuchte, unterholzreiche Nadelwälder im Gebirge bis ca. 1800 m ü. NN, auch Weidendickichte an Flußläufen. Sucht Nahrung überwiegend am Boden. Überwintert in S-Asien, Irrgast in einigen europ. Ländern (Großbritannien, Frankreich, Italien). Schöner, kräftiger Gesang, vorwiegend in den Morgen- u.

Rubinkehlchen

1 Waldammer, 2 Spornammer, 3 Rohrammer

Callipepla

Kalifornische Schopfwachtel. Männchen

Abendstunden, manchmal auch nachts. Überdachtes Nest am Boden, seitl. Eingang. Gelege 5 grünlichblaue, mit rotbraunen Flecken besetzte Eier. Zuweilen auf dem Vogelmarkt. Gern gehalten. Wurde schon bis zu 10 Jahre alt. Ohne Zusatz von Canthaxanthin (s. o.) werden Kinn u. Kehle nach der Mauser ± weiß mit rötlichem Anflug.

— *C. pectoralis*, Alpenrubinkehlchen. ♂: wie Rubinkehlchen, aber OS schiefergrau, Halsseiten dunkelgrau. Brust schwarz. Kleiner roter Kinn- u. oberer Kehlfleck. Weißer Bartstreif fehlt. Schwanz bis auf mittl. Federpaar in der Wurzelhälfte weiß, alle Federn mit weißen Spitzen. ♀: keine rote Kehle. 15 cm. UAn. *C. p. tschebaiewi* (öst. Verbr.-Gebiet) hat weißen Bartstreif. Inner-Asien, in Tadschikistan, im Pamir, NO-Afghanistan, durch den Himalaja bis Bhutan durch Tsinghai, Tibet bis zum Nan-schan, Kansu, Szetschuan, N-Yünnan u. nö. Burma. Lebt in Höhenlagen bis über 4000 m ü. NN, zieht im Winter in die Vorberge des Himalaja bis Thailand. Zur Brutzeit werden steile Felshänge oberhalb der Baumgrenze bis zur alpinen Höhenlage bewohnt. Selten auf dem Vogelmarkt.

Callipepla. G der Phasianidae ↗. 4 An. Schuppenförmige Federzeichnung an Hals, Oberrücken, Vorderpartie. Deutl. Kopfhaubenbildung. 12federiger Schwanz. We. N-Amerika bis Mexiko. Aufzucht, Fütterung s. *Coturnix* ↗ u. *Alectoris* ↗. Trockene, frostfreie Unterbringung. In Volierenhaltung Gelege oft wesentl. größer.

— *C. californica*, Schopfwachtel. ♂: Kopf mit lampionförmigen, aus 4 schwarzen, an der Wurzel schmalen, am Ende breiten Federn. Scheitelschopf. Stirn aus gelblichweißen Federn mit schwarzem Schaft. Kopf-OS schwarz, nach hinten dunkelbraun werdend. Kinn u. Kehle schwarz, von breitem weißem Band umgeben, bis zum Auge. Von hinterem Augenrand bis Ohr schwarzer Streif. Darüber weißer Streif bis Stirn. Hinterhals-, Halsseiten- u. Oberrückenfedern grau mit schwarzen Schaftstreifen, weißen Spitzenflecken u. schwarz gesäumt, schuppenförmig. OS olivbraun, gräulich. Kropf, Oberbrust blaugrau, Brustmitte gelblich. Bauchmitte aus kräftig kastanienbraunen, schwarz geschäfteten u. schwarz gesäumten Federn, eine Schuppenzeichnung bildend. Bauchseiten u. Unterbauch bläulich mit gelblichweiß geschäfteten Federn. Schnabel, Unterschwanz hellrosafarbig mit schwarzen Außenseiten. Schwanz grau. ♀: Schopf kleiner als bei ♂, Zeichnung ähnl. ♂. Kopfpartien schwarzbraun statt schwarz. Kopfgefieder, Kehle matt weißlich, dunkelgeschaftet. Insges. mehr graubraun bis olivbräunlich. Zeichnung verwaschener. Schnabel schwarz. Iris dunkelbraun. Läufe ♂ dunkelbleigrau, ♀ braun. Juv. Dunenküken oberseits hellisabell mit bräunlichem Anflug. Bläulicher Streif über Stirnmitte, Schultermitte, Hinterkopf dunkler. Helle Ohrdecken. Heller Seitenstreif am Rücken. Flügel schwarzbraun quergebändert. US gräulichgelblich. 23—25 cm. UAn. W-Nordamerika bis Niederkalifornien, durch den Menschen auf Hawaii, Neuseeland verbr. Bewohnt pazifisches Küstengebirge, Eichenwälder, Hartlaubgehölze. Kulturfolger. Truppvogel. Gelege i. d. R. aus 10—17 rahmweißen Eiern mit dunkelbraunen Punkten u. Flecken.

— *C. douglasii*, Douglaswachtel. Ähnl. *C. californica*, aber gedrungener wirkend durch kürzere Läufe u. kürzeren Schwanz, dickeren Schnabel. ♂: Kopf-OS, Kopfseiten aus weißen, schwarzgeschafteten Federn. An Hinterkopf, Nacken u. Hinterhals ebenso, aber mit 3eckigen braunen Flecken an den Federspitzen. Kopfhaube nach hinten gerichtet, fahl rostbraun auslaufend, Federn oben breiter. OS grauolivbräunlich verwaschen. Schultern, Seiten u. innere Armschwingen graubräunlich mit braunen Spitzenflecken. Federränder jeweils mit länglichen weißlichen Randflecken. Kinn, Kehle schwarz, weiß umrandet. US grau mit weißen Tropfenflecken an Bauch u. Brust. Schwanz grau. ♀: Oberpartie von Kopf bis Flügeldecken tiefbraun, fahlbraun gefleckt u. gestreift. Kürzere Kopfhaube, schwarzbraun. Kehle weißlich, schwarz gestrichelt. Rücken, Bürzel grauolivbraun. US hell bis weißlich. Sonstige Federpartien braunstreifig. Schnabel schwarz. Iris braun. Läufe dunkelbleigrau. Juv. Dunenküken Stirn, Zügel, Kopfseiten hell ockerisabellfarbig. Scheitel zu Hinterkopf braun, hell eingefaßt. Hinterhalsband bis Schwanz schwarzbraun. Seitenstreifen. US weißlich bis isabell. 23 cm. UAn. W-Mexiko. Bewohnt Buschhänge im tropischen Vorgebirge. Empfindlich gegen nasse Kälte. Gelege 6—12 Eier.

— *C. gambelii*, Helmwachtel. ♂: ähnl. *C. californica* in Gestalt u. Farbverteilung, aber heller, Schopf höher. Scheitel u. Hinterkopf kastanienrotbraun. Stirn, Vorderkopf, Kopfseiten u. Kehle schwarz, insges. weiß eingesäumt. OS einschließl. Flügel olivbraun. Brust hellgrau, Federn schmal geschaftet. Bauchlatz hell isabell mit schwarzem Mittelfleck. Brust u. Bauchseiten kastanienbraun, breite weiße Schaftstreifen. ♀: ähnl. *C. californica*, aber Bauchseiten kastanienbraun, Bauch isabellweißlich ohne Schuppenzeichnung. Am Hinterhals fehlen weiße Tüpfel. Iris braun. Schnabel u. Läufe blaugrauschwärzlich. Juv. Dunenkleid heller als *C. californica*, mehr rötliche Töne. 23 cm. UAn. We. N-Amerika von S-Nevada bis

NW-Mexiko. Lebt in Wüstensteppe in Nachbarschaft von Wasserläufen. Gelege aus 9—19 cremefarbigen bis weißlichen dunkelpurpurbraun gefleckten Eiern. ♀♀ legen oft mehr. Brutdauer 23 Tage. Nestmulde im Dornbusch.

— *C. squamata,* Schuppenwachtel. ♂: Stirn, Kopfseiten grau. Ohrdecken braun. Kurze, breite, aufrechtstehende Haube, braun mit weißer Spitze. Kinn u. Kehle gelblichweißlich. Hals, Oberrücken, Brust hellaschgrau, schmal schwarz gesäumt, Schuppenform. Zu Bauchmitte u. Unterbauch in weißlichgelb übergehend, mit brauner Winkelzeichnung auf den Federn. Teils kastanienbrauner Bauchfleck. OS u. Flügel graubraun, innere Arm- u. Schulterfedern mit weißlich gerandeter Innenfahne. Schwanz grau, äußere Federn mit weißem, schmalem Spitzenrand. Unterschwanz blaß gelblichbräunlich. ♀: kleiner als ♂. Kehlfedern dunkel geschaftet. An Innenfahnen der inneren Armschwingen sind weiße Ränder von schwarzer Linie begrenzt. Außenfahnenränder gelblich gefleckt. Iris braun. Schnabel u. Läufe dunkelhornbraun. Weißfiedrige Tiere vorhanden. Juv. Dunenküken mit angedeuteter Haube. Breites braunes Band von Schulter bis Hinterhals, schmal schwarz u. weiß eingefaßt. Vorder- u. Unterpartie weißlichgelblich bis grau. 25 cm. UAn. We. N-Amerika, Mexiko. Bewohnt sukkulentenbewachsene Wüstensteppen u. Gebirge bis 240 m ü. NN. In wasserarmen Gegenden, wasserfern anzutreffen. Gelege aus 8—14 Eiern, 2—3 Bruten möglich. Brutdauer 21 Tage.

Calliphlox, Amethystkolibris. G der Trochilidae ↗. 1 A. Von Kolumbien, Venezuela u. Guayana bis Bolivien, Paraguay, Misiones u. Rio Grande do Sul. Kommen in allen Biotopen ↗ mit Ausnahme des Regenwaldes vor, auch trockene Gebiete werden bewohnt. Die Eingewöhnung soll nach A. J. MOBBS in großen Flugkäfigen nicht schwierig sein. Mehrjährige Haltungsdauer wurde erreicht, so 3 Jahre bei A. J. MOBBS. Zucht nicht geglückt.

— *C. amethystina,* Amethystkolibri. ♂: OS dunkelgrün, Steuerfedern schwarzbraun, Kinn u. Kehle rosenrot, Vorderbrust, Unterkörpermitte grauweiß, Seiten rostrot. Unterschwanzdecken weiß, Flaumbüschel weiß, Schnabel schwarz. ♀: US grau, Körperseiten rotbräunlich, Kehlfedern mit dunklen Flecken. Seitl. Schwanzfedern mit weißen Flecken. Juv. wie ♀. 8,0 cm.

Callocephalon. G der Cacatuinae ↗. 1 A. Schnabel kürzer als hoch. Vorkommen O-Neusüdwales, Victoria, SO S-Australiens, manchmal bis zur King-Insel u. N-Tasmanien umherstreifend. Auf Känguruhinsel eingeschleppt. Bewohnen waldige Berge bis zur Küste. Nahrung kleine Samen, bes. von Pfefferminzeukalyptus, Beeren, Insekten. Häufig im Familienverband unterwegs. Brüten in hohlen Stämmen (Akazien), ♀ u. ♂ abwechselnd. Gelege 2 Eier. Brutzeit Oktober-Januar. Schlupf nach 29 Tagen. 4 Wochen nach Ausfliegen selbständig. Geschützt. Sehr selten im Handel. Haltung am besten paarweise in großen Volieren ↗. Eingewöhnung nicht leicht, da sie gerne stark rupfen. Frische Äste (auch dicke), Hühnerknochen, gehacktes Fleisch u. Mehlkäferlarven unerläßlich. Bes. starke Nager. Nach der Eingewöhnung unempfindlich. Futter wie Cacatuidae ↗, bes. frische Zweige. Erstzucht 1921 bei LÉCALLIER, Frankreich, seither mehrmals gezüchtet. Aufzuchtfutter reichl. Beeren, Grünes (Luzerne), wenige gekochte fette Hammelfleischstücken.

— *C. fimbriatum,* Helmkakadu. ♂: braungrau, Federränder hellgrau, Flügel mit grünlichem Schimmer. Kopf kräftig rot, ebenso Haube, von dieser Federn zerschlissen. Schnabel hellhornfarben. Auge braun. Augenring grau. Füße schwärzlich. ♀: ohne Rot, Federsäume gelbrosa. Juv. wie ♀, aber grauweiße Streifenzeichnung der Unterschwanzdecken u. Schwingen, ♂♂ haben rotgefleckten Kopf. 34 cm.

Callonetta. G der Anatidae ↗, UF Anatinae ↗. 1 A. Von S-Brasilien u. Bolivien bis Argentinien. Standvogel. Bewohnt flache Waldseen u. Sümpfe. 5—8 Eier werden 23 Tage in Baumhöhlen bebrütet. Friedlich, für Gemeinschaftshaltung mit ihresgleichen u. anderen Formen sehr geeignet. Neben dem üblichen Mischfutter werden zur Brutzeit Mehlwürmer u. Garnelen gern genommen. Eiablage in Nistkästen. Aufzucht meist verlustarm. Küken fressen gern Wasserflöhe. Sehr geringe Bastardierungsneigung.

— *C. leucophrys,* Rotschulterente. ♂: mit schwarzer Kopfplatte, Brust rosa mit dunklen Punkten, Flanken grau mit feiner Wellung, rotbraune Schulterfedern. Flügel mit grün glänzendem Spiegel u. weißem rundem Fleck. Schnabel grau. Füße fleischfarben. Kein RK. ♀: braun mit heller Gesichtszeichnung, die schon bei gerade befiederten juv. ♀ zu erkennen ist. 35 cm.

Calochaetes. G der Tachyphoninae ↗. 1 A. Der G *Ramphocelus* ↗ sehr ähnl. Lebensweise noch nicht erforscht. Haltung, Nahrung usw. s. *Tangara* ↗.

— *C. coccineus,* Mennigtangare. ♂: Körper scharlachrot. Maske, Kehle, Flügel, Schwanz u. Schnabel schwarz. Füße dunkelbraun. ♀: ähnl., doch etwas dunkler. 17 cm. Kolumbien bis O-Peru. Tropische Wälder der öst. Andenhänge. Nur einige Stücke gelangten bisher nach Europa.

Calocitta, Langschwanzhäher. G der Corvidae ↗. 2 An. Auffällig ein langer gestufter Schwanz, eine aufrichtbare Haube u. die weiße Bauchseite. M-Amerika.

— *C. formosa,* Langschwanzhäher. ♂: Kopf-OS blauschwarz, an Hals u. an den Wangen je ein weißer Fleck, ein dunkles Band zum Kopf. Übriger Kopf u. US weiß. OS u. Flügel blau bis blaugrau. Schwanz tiefblau, z. T. mit weißer Endbinde. Auge braun. Schnabel u. Füße schwarz. ♀: kleiner mit blauem Hinterkopf, z. T. leuchtend. Juv. ähnl. Ad. 46—55 cm. Von S-Mexiko bis Kostarika. Bewohnt Wälder, häherartig im Verhalten, z. T. recht zutraulich. Nahrung Beeren, Samen, Insekten ↗, Eier u. Junge kleinerer Vögel. Im Handel selten. Zucht wohl noch nicht gelungen.

Caloenadidae, Kragentauben. F der Columbiformes ↗ (früher zu Columbidae, UF Columbinae). 1 G, 1 A. Hochbeinig, kurzschwänzig, also typische Erdtauben. Magenmuskulatur sehr kräftig, zu Reibplatten gestaltet u. dadurch imstande, auch Früchte mit harten Schalen od. Kernen u. Nüsse zu zermahlen. Beschreibung, Verbreitung, Biologie, Pflege → *Caloenas*.

Caloenas. G der Caloenadidae ↗. Inseln in SO-Asien.
— *C. nicobarica*, Kragentaube od. Mähnen-, Nikobar(en)taube. ♂: Kopf ganz kurz befiedert, schwärzlich blaugrau, leicht silbrig überhaucht. Nacken, Hals von schmalen, verlängerten, blau, grün, an den Spitzen auch bronzefarben irisierenden Federsträhnen bedeckt. Rücken, Flügeldeckgefieder metallisch grün. Schwung- u. Deckfedern des vorderen Flügelrandes tief blau. Kurzer Schwanz weiß. US düster grün. Iris bei ad. ♂♂ weiß, sonst braun bis rotbräunlich. Schnabel schwärzlichgrau, vor der Stirn mit Warzenaufsatz. Dunkelrote Füße mit Hornplättchen. ♀: etwas kleiner, Behang geringer, Schnabelwarze unauffälliger. 35—40 cm. UAn. (?), Nikobaren bis Philippinen, Neuguinea u. Salomonen. Brütet kolonieweise, manchmal zu Tausenden, auf waldbestandenen Atollen od. auf Eilanden, die der Küste der großen Inseln vorgelagert sind. Verzehrt Früchte u. Sämereien, bes. beliebt sind fein behaarte. Nimmt etwas animalische Kost auf. Nest große Plattform, bis 12 m hoch stehend. Oft mehrere Nester dicht beisammen auf einem Baum. Gelege 1 weißes Ei. ♂ u. ♀ brüten. Brutdauer meist 30 Tage. Nestlingszeit i. d. k. 70—80 Tage. Erstmalig Ende des 18. Jh. in Holland, ab 1864 im Zoo London, überwiegend in Tiergärten. Erstzucht 1872 in Paris. Haltung in großen, mindestens 4 m hohen Volieren ↗. Sollte warm, mindestens aber frostfrei überwintert werden. Kann im Winter bei Sonne stundenweise Ausflug erhalten. In Gesellschaft verträglich. Fasanen u. andere Tauben können beigesellt werden. Mehrfach gezüchtet. Aussichten auf erfolgreiche Bruten steigen, wenn mehrere Paare zusammen leben u. die Anlage dichtbelaubte Bäume u. Büsche enthält. Reichl. Nestkörbchen befestigen. Läuft viel am Boden, ruht auf Ästen. Dämmerungsaktiv (große Augen!). Futter: Mais, Weizen, Erbsen, Hanf, Erd- u. Zirbelnüsse, Eicheln, auch Backwaren, Pellets; gehacktes Grün, z. B. Luzerne.

Calonectris. G der Procellariidae, UF Procellariinae ↗. 2 An.
— *C. diomedea*, Gelbschnabelsturmtaucher. ♂ u. ♀: OS braun, auf Kopf, Flügeln, Schwanz dunkler. Federn des Rückens u. Flügeldecken mit helleren Säumen. Äußere Handschwingen mit Weiß an der Wurzel. Längere Oberschwanzdecken weißlich od. gefleckt. Wangen u. Halsseiten grau mit Weiß gefleckt. US weiß. Schnabel gelb. 46—56 cm. Flügelspannweite 75 cm. UAn. Mittelmeer, Atlantischer Ozean. Brütet auf Inseln.

Calopelia. G der Columbidae ↗ (früher zu *Turtur*). 1 A. Afrika. Pflege → Columbiformes, Columbidae. Zucht von *C. brehmeri*, Maidtaube, gelungen.

Calophasis, Bindenschwanzfasanen. G der Phasianinae ↗. 3 An u. 1 UA. 50—90 cm. Flach getragener 16—20federiger Schwanz mit charakteristischem breiten Querbindenmuster. SW- u. SO-China, N-Burma u. Insel Taiwan. Bewohner dichter Gebirgswaldungen mit Buschunterwuchs. Nahrung grüne Pflanzenteile, Früchte, Samen u. Insekten. Zur Balzzeit lassen die ♂♂ schrille Rufe u. Pfiffe ertönen u. schwirren mit den Flügeln. ♂ balzt in Seitenstellung zum ♀. Gleichzeitig füllen sich Schwellkörper der Augenumgebung mit Blut u. erstrahlen im kräftigen Rot. In M-Europa winterhart. Dichte Bepflanzung des Geheges läßt Vertreter dieser G schnell vertraut werden u. ♀♀ können sich vor allzu stürmischen ♂♂ in Sicherheit bringen. Mehrere Aufbaummöglichkeiten vorteilhaft. Zur Zucht erhält jedes ♂ mehrere ♀♀. Juv. anfänglich sehr schreckhaft, werden bei ruhiger Behandlung schnell zutraulich. In den 1. Lebenswochen reichl. animalische Kost u. frisches Grün (Brennesseln) erforderlich. Im Herbst des 1. Lebensjahres bereits Alterskleid u. im darauffolgenden Frühling zuchtfähig.
— *C. ellioti*, Elliotfasan. ♂: Oberkopf kastanienbraun, Augenbrauen blasses Grau. Halsseiten silberweiß, Hinterhals dunkler. Wangen u. Ohrdecken graubraun, Unterhals mit schwarzem Ring gesäumt. Mantel leuchtend rotbraun, schwarz gefleckt u. mit metallisch kupferrot glänzenden Säumen. Weißes Schulterband, kupferrotbraune Flügel mit stahlblau glänzendem Band auf kleinen Flügeldecken. Große Flügeldecken mit schwarzem Band u. weißen Spitzen, eine Binde bildend. Armschwingen kastanienbraun mit schwarzweißer Säumung, eine 2. Flügelbinde bildend. Handschwingen braun; Unterrücken u. Bürzel schwarz, weiß gesäumt. 16federiger Schwanz mit abwechselnd breiten hellgrauen u. kastanienrotbraunen Bändern, von schmaleren schwarzen Streifen getrennt. Kinn, Kehle u. Vorderhals schwarz; Oberbrust wie Mantel gezeichnet. Unterbrust, Bauch u. Unterbauch weiß. Flanken kastanienbraun mit breiten, weißen Enden, Unterschwanzdecken schwarzbraun. Schwellkörper Augenumgebung rot. Schnabel horngelb. Füße grau mit Sporen. ♀: Oberkopf rotbraun mit schwarzen Spitzen. Gesicht, Seiten- u. Hinterhals graubraun. Übrige OS rötlichbraun mit schwarzen Flecken u. weißen pfeilförmigen Schaftstrichen. Flügeldecken braun u. schwarz gesprenkelt mit schwarzen Flecken u. hellgrauen Spitzen. Mittl. Schwanzfedern hellbraun schwarz gesprenkelt u. kastanienbraun gebändert. Übrige

Elliotfasan. Männchen

Schwanzfedern rotbraun mit schwarzen Querbinden vor weißen Endsäumen. Kinn, Kehle u. Vorderhals schwarz; Oberbrust rötlichbraun getüpfelt mit schwarzen Fleckchen vor Federspitzen. Unterbrust, Seiten u. Flanken braunweiß gesäumt u. gespitzt. Am Unterbauch sehr breit, so daß dieser fast weiß. Schenkel braun, Unterschwanzdecken rotbraun, schwarz gesäumt u. weiß gespitzt. Schnabel hornbraun. Füße grau. Juv. Scheitel, Hinteraugenstreif, Rücken u. Flügel kaffeebraun. Kopfseiten u. US rahmfarben. Geschlechtsbestimmung in 6. Lebenswoche durch gebänderte Schwanzfedern des ♂ möglich. Gelege 6—15 kleine cremefarbene Eier. Bebrütungsdauer 25 Tage. 80 cm ♂, 50 cm ♀. Gebirge SO-Chinas, bevorzugt dicht bewachsene Schluchten mit Farn- u. Bambusdschungel. Mehrfach importiert, gesicherter Bestand in Europa u. USA. Schutzbestimmungen nach WAÜ ↗.
— *C. humiae*, Humefasan. ♂: ähnelt sehr *ellioti*. Oberkopf grünbraun, Überaugenstreif weißlich. Hals schwarz mit metallisch purpurglänzenden Fleckchen vor blauen Endsäumen. Flügeldecken wie *ellioti* mit blauschwarzem Abzeichen u. grauem Anflug. Unterrücken u. Bürzel stahlblau mit weißen Säumen. Schwanz wie *ellioti*, jedoch 10 cm länger. Kehle, Hals u. Vorderbrust fast schwarz. Flanken u. Unterbauch dunkel rotbraun. Schwellkörper Augenumgebung rot, Schnabel horngelb, Füße grau mit Sporen. ♀: ähnelt sehr stark *ellioti*. Gesamtfarbe heller braun, ohne schwarze Kehle. Vorderhals u. Oberbrust gelbbraun, übrige US sandfarben, weiß gebändert. Juv. Zeichnungsmuster wie bei *ellioti*, nur daß alle kaffeebraunen Körperteile mehr rotbraun erscheinen. Vorderbrust u. Schenkel mit rotbraunem Schimmer. Gelege 6—11 rosigweiße Eier, größer als bei *ellioti*. Schlupf nach 27 Tagen. 90 cm ♂, 60 cm ♀. UAn. N-Burma u. NO-Indien, bewohnen Gebirge in Höhenlagen zwischen 1 200—3 000 m ü. NN. Bevorzugt lichte Waldungen mit dichtem Unterholz. Nach Europa erstmals 1960 importiert. Zwischenzeitl. gesicherter Bestand in Fasanerien. Schutzbestimmungen nach WAÜ. *C. h. burmanicus*, Burma-Humefasan. ♂: ähnelt Nominatform sehr. OS mehr stahlblau mit kräftigem Purpurschimmer, aber auf Oberrücken begrenzt. Unterrücken u. Bürzel tiefschwarz mit breiten weißen Endsäumen. ♀ u. Juv. wie Nominatform. SW-China, N-Burma, u. N-Thailand. Diese UA noch nicht nach Europa importiert. Schutzbestimmungen nach WAÜ.
— *C. mikado*, Mikadofasan. ♂: einheitl. purpurblaue Färbung. Mantel u. Brust mit schwarzen M-Flecken u. stahlblauen Säumen, auf den Flügeldecken erzgrün schillernd. Unterrücken u. Bürzel schwarz mit metallisch blauen Säumen. Große Flügeldecken schwarz mit weißen Randsäumen, eine Binde bildend. Innere u. äußere Armschwingen mit weißen Dreieckspitzenflecken. Oberschwanzdecken u. Schwanz mit 8—10 weißen Querbinden. Unterbauch rußschwarz, Unterschwanzdecken mit weißen Spitzen. Schwellkörper Augenumgebung rot. Schnabel dunkel hornfarben mit hellerer Spitze. Füße bleigrau mit Sporen. ♀: Kopf u. Hals olivbraun, auf Oberkopf u. Nacken mehr rotbraun. Mantel, Rücken u. Bürzel dunkelbraun mit rötlichem Schimmer u.

Caloramphus

Mikadofasan. Männchen

hellen Federschäften, eine Pfeilmarkierung bildend. Schultern u. Flügeldecken mit schwarzen M-Flecken u. olivfarbenen Säumen. Mittl. Schwanzfedern rotbraun, heller gerandet mit schwarzen Tupfen u. ebensolchen Längsbändern. Äußere Schwanzfedern mit schwarzweißen Enden: Kinn u. Kehle braunweiß, Brust graubraun, Flanken heller. Juv. größer u. langbeiniger, sowie länger bedaunt als Juv. der anderen An dieser G. Gesamtfärbung bei gleichem Zeichnungsmuster mehr rotbraun, auf dem Unterrücken dunkler. Geschlechtsbestimmung in 8. Lebenswoche durch gebänderte Schwanzfedern ♂♂ möglich. 88 cm ♂, 53 cm ♀. Insel Taiwan. Bewohner zentraler Gebirgszüge in Höhenlagen zwischen 1 800—3 000 m ü. NN. Bevorzugt dichte Waldungen aus Eichen, Zypressen u. Wacholdern mit Bambusunterwuchs. Gelege 5—10 cremefarbene Eier, größer u. länger als bei vorgenannten An dieser G. Bebrütungsdauer 27 Tage. Futterstoffe mit reichl. grünen Pflanzenteilen u. Gemüse. Schutzbestimmungen nach WAÜ.

Calorhamphus, Glattschnabelvögel. G der Capitonidae ↗. 1 A. Ziemlich klein, unauffällig gefärbt. Ohne die ansonsten für alle Gn der F bezeichnenden Borsten an der Schnabelbasis. ♂ u. ♀ bis auf Schnabelfärbung gleich. SO-Asien. Geselliger als andere Bartvögel. Selten eingeführt.
— *C. fuliginosus*, Braunbartvogel. ♂ u. ♀: Kopf dunkelbraun mit schwärzlich glänzenden Federkielen, Rücken, Flügel u. Schwanz dunkelbraun, Federn z. T. mit helleren Säumen, Kopfseiten, Kehle, Brust braun mit starkem rötlichen Anflug, bei UA *C. f. hayi* von Thailand u. der Malaiischen Halbinsel nur Kopfseiten mit rötlichbraunem Schimmer, Kehle verwaschen gelblichbraun, Brust, Bauch gelblichblau. Schnabel beim ♂ schwarz, beim ♀ blaß braun. Iris beim ♂ rotbraun, beim ♀ immer dunkler braun. Füße hell zinnober. 18 cm. S-Thailand über Malaysia bis Kalimantan u. Sumatera. Waldbewohner vom Tiefland bis 1 100 m, am häufigsten zwischen 600—700 m ü. NN, auf der Malaiischen Halbinsel der gemeinste Bartvogel, paarweise od. in kleinen Flügen in geringer Höhe über dem Boden unterwegs, um Früchte, Beeren u. mehr Insekten als andere An der F zu suchen. Ruf ein tiefes, mehrsilbiges Pfeifen, unähnl. den bezeichnenden Lautäußerungen anderer

Calothorax

Smaragdracke oder Smaragdbreitrachen

Bartvögel. Brut in Höhlen in ziemlich kleinen hohlen Bäumen u. Baumstümpfen überwiegend in der Nähe von Flüssen, Eier weiß. 1929 von GOODFELLOW nach England gebracht, 1938 auch nach Deutschland, neuerdings wohl wegen seiner unscheinbaren Färbung kaum eingeführt.

Calothorax, Luciferkolibris. G der Trochilidae ↗. 2 An. SW-USA, Mexiko. Trockengebiete.
— *C. lucifer*, Luziferkolibri. ♂: OS bronzegrün, Kopf-OS matter. Mittl. Steuerfedern wie Rücken, übrige bräunlichschwarz; äußeres Paar auf 1 mm verengt. Kinn, Kehle nebst den verlängerten Federn an den Kopfseiten glitzernd rosenrot, meist schwach lila. Kropfgegend, Vorderbrust, Mitte des Unterkörpers, Flaumbüschel an den Bauchseiten u. Unterschwanzdecken weiß. Seiten des Unterkörpers blaß rostbräunlich, Seiten der Brust blaß grünlich. Schnabel schwarz. ♀: US rostbräunlich, Oberdecken dunkelbraun. Seitl. Steuerfedern an der Wurzel rostbraun, dann schwarz, an der Spitze weiß. Juv. wie ♀. 9,0 cm. SW-USA, Mexiko. Bevorzugt trockenes Gelände mit Agavenwuchs. Eingewöhnung ohne Schwierigkeiten. Mehrjährige Haltungserfolge. Zucht bisher nicht gelungen.

Calyptomena. G der Eurylaimidae ↗. 3 An. Malaysia, Sumatera, Kalimantan, Siberut.
— *C. viridis*, Smaragdbreitrachen, Smaragdbreitmaul, Smaragdracke. ♂: smaragdgrün. Stirnfedern schopfförmig ausgebildet, kurz. Seitl. Nacken mit halbmondförmigem schwarzem Fleck. Flügel gelblichgrün, schwarz gestreift. Schnabel grau. Auge schwarz, Augenring gelb. Füße grau. ♀ wie ♂, aber schwarze Abzeichen fehlen. Flügelpartien mehr grün, gelber Augenring fehlt od. nur angedeutet. Ca. 16 cm. UAn. Lebt in dichten Regenwäldern, vorwiegend in den Baumkronen. Rufreihen, kein eigentl. Gesang. Verschluckt überwiegend unzerkleinerte Früchte (Samenverbreiter), weniger tierische Nahrung. In kleinen Trupps unterwegs. Gelege 2—4 cremefarbene Eier. ♀ ♀ u. ♂ ♂ brüten. Regelmäßig in geringer Stückzahl in einigen europ. Ländern im Herbst u. Winter im Angebot. Ruhig, verträglich, gut für Gesellschaftsanlage geeignet, neugierig. Eingewöhnung einfach mit Bananenstückchen, Weintrauben, Rosinen od. anderem süßem Obst, Honigfutter (Grobfutter). 1980 im Zool. Garten Wuppertal, BRD, Brutversuch im Januar, Paar gegenüber arteigenen Mitbewohnern in dieser Zeit aggressiv. Nisthilfe war Bündel aus Hanf- u. Palmfasern, an 1,70 m hohem Zweig aufgehängt. Löste bei ♀ schnell Nestbautrieb aus. Hanf-, Kokosfasern anbieten. Nach Beendigung des Nestbaues balzte ♂ mit gesträubtem Halsgefieder, bot oftmals im Schnabel ♀ Futter an. Auch ♀ balzte, sträubte dabei Rückenfedern, außerdem tiefes Kopfsenken. Schlupf nach 17 Tagen. Künstl. u. natürl. Aufzucht von 2 Bruten (Gelege je 2 Eier) mißlang.

Calyptorhynchus. G der Cacatuidae ↗, UF Cacatuinae ↗. 3 An. Schnabel höher als lang. Wachshaut nackt od. z. T. befiedert. Australien. Bruthöhlen hoch in Bäumen. Gelege häufig 2 Eier, meistens wird nur 1 Juv. aufgezogen. ♀ brütet allein, wird von ♂ gefüttert. Juv. schlüpfen nach ca. 29 Tagen, fliegen nach 10—13 Wochen aus. Sehr selten gehalten, fast nur in zool. Gärten od. Vogelparks ↗. Futter s. Cacatuidae, außerdem Koniferen-, Casuarinasamen, Kerfen (Mehlkäferlarven, Wachsmotten usw.), sparsam verschiedenste Nüsse.
— *C. funereus*, Brauner Rabenkakadu, Russkakadu. UA *C. f. funereus*, Gelbohr-Rabenkakadu. ♂: schwärzlich. Ohrfleck gelb. Hals-, Nacken-, Brust- u. Bauchfedern mit gelben Säumen. Äußere Schwanzfedern mit breiter gelber Binde, bräunlich schwarz gepunktet. Schnabel dunkelgrau. Auge dunkelbraun. ♀: Ohrdecken gelber als bei ♂, Schwanzbinde stärker gepunktet, Schnabel hell hornfarben. Juv. ähnl. ♀, bei ♂ ♂ Ohrfleck blasser. Ca. 65 cm. SO-Australien. UA *C. f. baudinii*, Weißohr-Rabenkakadu. ♂: fahl bräunlichschwarz. Ohrfleck schmutzigweiß, ebenso Federränder. Schwanzbinde einfarbig weiß, schwach braun gepunktet. Schnabel grauschwarz. Füße fleischfarben. ♀ wie ♂, aber insges. intensiver gefärbt, Ohrfleck leuchtender, Unterschwanzbinde

Weißohr-Rabenkakadu

gefleckt. Schnabel hell hornfarben. Juv. ähnl. ♀, aber Ohrfleck trüber weiß. Ca. 58 cm. Noch 2 weitere UAn werden unterschieden. Heimat der A: O-, S-, SW-Australien, Tasmanien. Lebt im dichten Wald u. im trockenen Buschland. Weißohr-Rabenkakadu im Rückgang begriffen (u. a. durch Biotopzerstörung). Während der Eingewöhnung bereitet Nahrungsumstellung Schwierigkeiten, stets Mehlkäferlarven, Kiefernzapfen füttern. Danach hart u. ausdauernd. 1967 u. 1968 im Westbury Zoo, Tasmanien, Gelbohr-Rabenkakadu gezüchtet, 1980 auch im Zoo von Adelaide, Australien. 1976 Zucht des Weißohr-Rabenkakadu in den Laboratorien des CSIRO Division of Wildlife Research bei Perth, Australien.

— *C. lathami*, Braunkopfkakadu. ♂: braunschwarz, grünlicher Schimmer. Kopf, Nacken, Hals u. Bauch braun. Schwanzfedern mit breiter roter Querbinde, mittl. einfarbig schwarz mit bräunlichgrünem Glanz. Schnabel blaßgrau. Auge dunkelbraun. Füße grau. ♀: bräunlicher u. kleiner als ♂, untere Wange u. Kehle mit gelben Federn, ebenso Steiß. Schwanzbinde verwaschen gelb mit schwarzen Querstreifen. Juv. ähnl. ♀, vereinzelte gelbe Federn am Hals u. im Unterflügel, manchmal ♂♂ Rot im Schwanz. Ca. 48 cm. Keine UAn. O-Australien (Küstenlandschaft vom mittl. Queensland bis O-Victoria), Känguruh-Insel. 1878 erstmalig 1 Exempl. bei HAGENBECK, Hamburg. Ausgesprochener Nahrungsspezialist, Haltung in Gefangenschaft dadurch äußerst erschwert, in Europa kaum möglich. Nahrung Casuarinensamen, beachtet kein Ersatzfutter. Über Jahre nur in der Heimat erfolgreich gehalten. Zusatzfutter frische Zweige, Koniferenzapfen, Erdnußbutter u. -öl beimischen. Erstzucht 1954 bei E. HALLSTROM, Taronga Zoo in Sydney, Australien, vorher dort langjährige Bemühungen. Gelege 2 Eier, nach 29 Tagen Schlupf eines Juv., flog nach 13 Wochen aus. Hier in den 70er Jahren mehrere Zuchterfolge.

— *C. magnificus*, Banks-Rabenkakadu. ♂: schwarz, Unterschwanzbinde breit, rot, nur mittl. Schwanzfedern einfarbig schwarz. Schnabel dunkelgrau. Auge braun. Füße graubraun. ♀: mit gelben Punkten an Kopf u. Flügel. Kehl-, Brust- u. Unterbauchfedern mit blaßgelben Säumen. Unterschwanzbinde orangegelb, schwarz quergestreift. Schnabel hell hornfarben. Juv. ähnl. ♀♀, diese mehr gefleckt als ad. ♀♀, im Laufe der Jahre verlieren juv. ♂♂ zunehmend gelbe Zeichnung, Schnabel wird dunkler. Im 4. Jahr ad. Gefieder. 60–65 cm. 4 UAn. SW-, N-, O-Australien, Grenzterritorium von Victoria u. S-Australien. Bewohnt offene Wälder, Grasland gern an Gewässern. Heute lokal selten geworden. Überwiegend nomadisch. Erstmalig 1862 in Europa (Zoo London). Eingewöhnung am besten mehrere Vögel gemeinsam. Benötigt große Flugvoliere. Langlebig. Stimme sehr laut. 1939 Erstzucht bei Herzog von BEDFORD, England, der sie auch im Freiflug hielt. Größte Zuchterfolge hat HALLSTROM, Australien, Gelege 1–2 Eier.

Campephagidae, Stachelbürzler, Raupenfresser. F der Passeriformes ↗. 9 Gn, 70 An. 14–36 cm. Gefieder grau, auch schwarz u. weiß, seltener schwarz u. rot. Harte Federschäfte des Unterrückens u. Bürzels «stachelförmig» zugespitzt. Schnabelborsten. Flügel lang u. spitz. Schwanz nicht übermäßig lang, abgerundet, meistens mit Stachelbürzel. ♀ blasser als ♂. Afrika, S-, SO-Asien, Australien u. Ozeanien. Baumbewohner, abgesehen von dem vorwiegend auf der Erde lebendem Gabelschwanz-Raupenfresser *(Coracina maxima)*. Einige An leben in dichten Wäldern, andere an Waldrändern, in Gärten u. an Küsten. Insektenfresser. Rufe laut, flötend, von einigen An auch kreischend. ♂ u. ♀ bauen kleines, flaches, napfförmiges Nest aus Würzelchen, Halmen, Zweigen, Moos u. Flechten. Gelege 2–5 Eier. Vögel dieser Gruppe werden in Gefangenschaft selten gehalten, eigentl. nur *Pericrocotus* ↗. Pflege s. dort.

Camposspottdrossel *(Mimus saturninus)* → *Mimus*

Campylopterus, Säbelflügler. G der Trochilidae ↗. 9 An. M-Amerika u. nö. S-Amerika. Feuchte Wälder, Plantagen, Flußtäler.

— *C. curvipennis*, Nachtigallkolibri. ♂: 1. Schwinge mit stark verdickten Schäften, OS metallischgrün, Kopf-OS veilchenblau. Steuerfedern dunkel metallischgrün mit dunkelgrauen Spitzen. US aschgrau. ♀: 1. Armschwingen nicht so sehr verbreitert. Äußerstes Steuerfederpaar mit schmalem, düstergraubraunem Fleck vor der Spitze der Außenfahne. Juv. wie ♀. 14,0 cm. SO-Mexiko, Guatemala. In Schluchten feuchter Wälder, Heliconiadickichten, am Rande von Kaffeepflanzungen. A. RUTGERS berichtet, daß diese Tiere selten eingeführt werden. Zucht noch nicht gelungen.

— *C. falcatus*, Lasurdegenflügel, Lazulikolibri. ♂: OS grün. Steuerfedern rotbraun. Kinn, Kehle u. Brust dunkelveilchenblau, Bauch grün. Unterschwanzdecken rotbraun. Schnabel schwarz. ♀: OS u. mittelste Steuerfedern grün. Kehle veilchenblau, weißlicher Bartstreif, braune Kopfseiten. Brust, Unterkörper grau. Unterschwanzdecken rostrot. Schnabel länger als beim ♂. Juv. wie ♀. 13,0 cm. NW-Venezuela, Kolumbien bis O-Ekuador. Bevorzugt schattige Wälder von 900–3 000 m ü. NN, Kaffeeplantagen, Kulturland, schattige Gärten. Eingewöhnung ähnl. *C. largipennis*. Dauerhaft nur in geräumigen Volieren ↗ zu halten. Zucht bisher nicht gelungen.

— *C. largipennis*, Graubrust-Degenflügel, Grauer Säbelflügelkolibri, Schniepelkolibri, (Dunkler) Winkelschwingenkolibri. ♂: Schaft der 1. Schwinge in der Mitte 3,4 mm breit. OS metallischgrün. US aschgrau. Steuerfedern mit weißen Spitzen. ♀: Schaft der 1. Schwinge in der Mitte kaum 1 mm breit. Juv. wie ♀. 14,0 cm. O-Kolumbien, S-Venezuela, Guayana bis Bolivien, Mato Grosso u. Minas Gerais. Bevorzugt im Regenwald, in der Sekundärvegetation u. Pflanzungen in Höhen bis 150 m. Stellt bei der Eingewöhnung verhältnismäßig geringe Pflegeanforderungen. Für die Haltung sind große Flugräume erforderlich. Zucht bisher noch nicht gelungen.

— *C. villaviscensio*, Napo-Degenflügel, Villaviscensios Säbelflügler. ♂: OS dunkelgrün, Kopf-OS goldfarben. Kopfseiten, Kinn schwärzlich. Kehle u. Vorderbrust blau. Brust, Unterkörper dunkelgrau. Unterschwanzdecken grün. Steuerfedern stahlblau, Schna-

Campylorhamphus

bel schwarz. ♀ wie ♂, US grau, seitl. Steuerfedern mit grauen Spitzen. Juv. wie ♀. 13,0 cm. Nur in O-Ekuador am Oberlauf des Rio Napo. Über die Lebensweise liegen keine Angaben vor. Bisher ist mit hoher Wahrscheinlichkeit nur 1 Paar in die BRD importiert worden, deren Eingewöhnung im Zoo Duisburg keine bes. Probleme aufwarf. Das ♂ lebte 1½ Jahre, das ♀ 2 Jahre. Zucht nicht gelungen.

Campylorhamphus. G der Furnariidae ↗. 5 An. Sü. M- u. S-Amerika. Warme Unterbringung, Voliere ↗ mit aufrechten Baumstämmen ausstatten, ansonsten Pflege wie *Furnarius* ↗.

— *C. trochilirostris*, Rotrücken-Sensenschnabel, Sichelbaumhacker. ♂: Kopf braun mit weißer Fleckenzeichnung, unter u. hinter dem Auge weißer Streif. Nacken u. Brust braun, weiß gefleckt. Oberschwanzdecken u. Schwanz dunkel rotbraun. Schnabel lang (6,5 cm), sichelförmig. ♀ ähnl. ♂. 26 cm. UAn. Panama bis NW-Peru; nö. u. mittl. Venezuela; Kolumbien durch Peru bis in das Gebiet des Amazonas; NO-Brasilien bis N-Argentinien, Paraguay u. we. Paraná. Bewohnt Bergland mit hohem Baumbestand. Brütet in Spechthöhlen. Sehr selten auf dem europ. Vogelmarkt.

Candidamykose des Geflügels, System-Mykose des Geflügels. Durch versch. *Candida*-An werden bes. das Luftsacksystem u. die Kloakenschleimhaut des Vogels befallen. Der Befall des Magen-Darm-Kanals bei Rebhühnern wird durch Ameisensäureverabreichung im Futter verhindert.

Cannabis sativa, Hanf. Von Körnerfressern ↗ Samen gern verzehrt. Sie sollen sich auf Gefiederglanz u. Geschlechtstätigkeit auswirken. Deshalb wird der Hanfanteil im Futter vor der Zuchtperiode oft erhöht (jedoch nicht über 15 % der Gesamtration, da *C. s.* narkotisierende Stoffe enthält). Energiereiches Futter, das bes. auch in der Winterperiode eingesetzt werden kann.

Capillaria, Haarwürmer. Sehr artenreiche Parasitengruppe im Magen-Darm-Trakt der Vögel. Bes. bei Tauben ↗, den kleinen Feld- ↗ u. Waldhuhn ↗-An, Greifvögeln ↗, Papageienvögeln ↗ als Todesursache bekannt geworden. Therapie mit Nilverm od. Mebendazol.

Capito. G der Capitonidae ↗. 7 An. ♂ u. ♀ versch. gefärbt. Tropisches Amerika von Panama bis Brasilien u. Bolivien. Urwaldbewohner, wenig gesellig, deshalb nur in größeren Flugräumen verträglich. Ernährung mit versch. Früchten u. mehr Insektenbeigabe als bei anderen Bartvogel-An. In der ersten Hälfte des 20. Jh. erstmals 2 An eingeführt, bis jetzt 4, davon eine gezüchtet.

— *C. aurovirens*, Olivrücken-Bartvogel, Trauerbartvogel. Stirn u. Scheitel beim ♂ rot, beim ♀ silbergrau. Kopfseiten, übrige OS bräunlich olivgrün; Kehle, Brust beim ♂ kräftig goldgelb, beim ♀ blasser; restl. US verwaschen graugrün. Schnabel schwarz, Basis des Unterschnabels beim ♂ ockergelb, beim ♀ blaugrau. Iris dunkelbraun. Füße beim ♂ blau, beim ♀ blaugrau. 18 cm. Von S-Kolumbien u. NW-Brasilien bis Ekuador u. O-Peru. Im Urwaldbereich des oberen Amazonasbeckens. Freileben kaum bekannt. Erste Einfuhr 1936 nach England, 1947 im Londoner Zoo, seit 1960 mehrfach eingeführt. Wärmebedürftig, sucht selbst bei 25 °C Raumtemp. noch gerne Wärmestrahler auf. Ernährung außer Früchten (bes. bevorzugt werden Birnen, Bananen, Weintrauben u. Kirschen) Mehlwürmer, Wanderheuschrecken, Wachsmottenraupen, frische Ameisenpuppen, Weichfutter mit rohem u. gekochtem Fleisch, in Milch eingeweichtes Weißgebäck u. geschnittener Salat. Sehr aktiv, hämmert spechtartig in weicherem Holz. Selbst Paare oft unverträglich, Gemeinschaftshaltung nur mit gleichgroßen u. größeren Vögeln empfehlenswert. Häufig «kru-kru-kru» in aufrechter Stellung mit zum Boden hin abgewinkeltem Hals rufend, wird vom Partner beantwortet, «kra-kra-kra» beim Erbeuten eines größeren Nahrungsbrockens. Zucht bisher nicht gelungen, in Gefangenschaft erreichtes Alter etwas über 5 Jahre.

— *C. hypoleucus*, Weißmantel-Bartvogel, Schwarzkopf-Bartvogel. ♂ u. ♀: Kopf-OS vorne karmesinrot, hinten sowie Nacken u. Rücken weiß, übrige OS blauschwarz, Kehle weiß, Brustband verwaschen violett, Bauch gelblichweiß, Flanken blaßgelb. Schnabel hornfarben, an den Schneiden schwärzlich. Iris braun. Füße grau. 18 cm. M-Kolumbien. Urwälder am mittl. Magdalenenfluß u. am Unterlauf des Cauca. Wenig bekannte A, seit ungefähr 1963 selten eingeführt u. in einigen Zoos gehalten. Zucht bisher nicht gelungen.

— *C. niger*, Tupfenbartvogel, Buntbartvogel. ♂: Stirn u. Kehle je nach UA rot od. orange bis bräunlichgelb. Kopfseiten, übrige OS dunkelbraun bis schwarz. Weißlicher od. gelber Augenbrauenstrich, weißer Schulterstreifen. Flügeldecken u. Schwungfedern mit weißen Flecken, Rücken, Bürzel schwarz mit feiner, weißlicher bis gelblicher Strichelung. Brust gelblichweiß, übrige US gelblich, Flanken mit schwarzen Flecken. Schnabel dunkelgrau. Iris braun. Füße grau. ♀ dem ♂ ähnl., aber oberseits mit weißen bis goldgelben Federsäumen, unterseits mit großen, schwarzen Tropfenflecken. 18 cm. Mehrere UAn, die sich im Farbton von Vorderkopf, Kehle u. übriger US unterscheiden. Von Guayana, NO-Brasilien u. Venezuela bis O-Kolumbien, Peru u. Bolivien. Weitverbr. Waldbewohner, der sich auch in sumpfigen Wäldern u. aufgegebenem Kulturland aufhält. Selten eingeführt, zuerst 1922 die rotstirnige u. rotkehlige Nominatform aus Guayana nach Frankreich gebracht, 1935 auch nach Deutschland gekommen, wo 2 Exempl. im Berliner Zoo in einer Gemeinschaftsvoliere des Vogelhauses zusammen mit versch. Stärlingen ↗ gehalten wurden. Lebhafte Vögel, die aber nicht lange lebten; neuerdings auch andere UAn nach Europa gekommen. Zucht zuerst 1965 im Frankfurter Zoo in dicht bepflanzter Voliere des Vogelhauses gelungen, 1 Junges in Höhle in einem Baumstrunk aufgezogen. 1971 nach vorausgegangenen Mißerfolgen in Winged World (England) 2 Junge aufgezogen, Brut in selbstangefertigter Höhle in morschem Baumstamm, Nestlingszeit 34 Tage, Fütterung mit Mehlwürmern ↗, später auch mit Früchten u. bes. Rosinen sowie vor dem Ausflie-

gen zusätzl. mit 1 Tag alten Mäusen; 1973 dort vom gleichen Paar 4 weitere Junge erbrütet u. aufgezogen.
— *C. squamatus,* Weißnacken-Bartvogel. ♂: Stirn, Kopf-OS vorne orange- bis scharlachrot, Scheitelmitte, Hinterkopf weiß; Kopfseiten, übrige OS blauschwarz, Flügeldecken breit weiß gesäumt. US schmutzigweiß. Schnabel hellblau, an der Spitze schwärzlich. Iris dunkelbraun. Füße blaugrau. ♀: mit weißgesäumten Rückenfedern, schwarzer Kehle u. Brust. 18 cm. SW-Kolumbien bis W-Ekuador. Wenig bekannter Waldbewohner. In neuerer Zeit gelegentl. eingeführt u. in einigen Zoos gezeigt.

Capitonidae, Bartvögel. F der Piciformes ↗. 19 Gn, 81 An. 9—32 cm. Färbung bei manchen An unscheinbar braun, bei vielen An vorwiegend grün, häufig mit bunten Abzeichen, bes. am Kopf. ♂ u. ♀: meist gleich gefärbt, nur bei wenigen An versch., Juv. meist matter. Gedrungen mit kräftigem Schnabel. Bezeichnende Borsten an der Schnabelbasis (Name!), die das Kopfgefieder vor Verschmutzung beim Verzehren von Früchten schützen sollen, zygodactyler Fuß (2 Zehen nach vorne, 2 nach hinten gerichtet). Tropen u. Subtropen Asiens von Pakistan bis S-China, die Philippinen u. Java, Afrika sü. der Sahara, S- u. M-Amerika (nö. bis Kostarika), von der Küste bis in 3 000 m Höhe. Vorwiegend Baumvögel, die meisten An in dichten Urwäldern od. am Waldrand, nur in Afrika in Savannen mit vereinzelten Bäumen od. einige An sogar in ausgesprochenen Trockenlandschaften, mehrere An regelmäßig auf Kulturland, selbst in Ortschaften. Außerhalb der Fortpflanzungszeit oft einzeln, sonst paarweise od. in kleinen Gruppen lebend. Bezeichnende laute u. gewöhnlich oft wiederholte Rufe, die häufig klingen, wie wenn Metall angeschlagen wird (s. Kupferschmied u. Tinkerbirds = Kesselflickervögel), bei vielen An Duettgesang von ♂ u. ♀. Nahrung überwiegend Früchte u. Beeren, auch Insekten u. andere Kleintiere, große Futterbrocken werden durch Anschlagen der Äste zerkleinert od. weich geklopft, bis sie verschlungen werden können. Höhlenbrüter, manche in verlassenen Spechthöhlen, meistens in selbst hergestellten Höhlen in morschem Holz od. in erweiterten Astlöchern; einige afrikan. An brüten in selbstgegrabenen Erdhöhlen, nur wenige An gesellig brütend (mehrere Bruthöhlen in einem Baum: *Gymnobucco* ↗). 2—6 weiße Eier, Brütdauer 12— ca. 18 Tage. Brut u. Aufzucht der Juv. meist durch ♂ u. ♀. Juv. zunächst nackt u. blind mit spechtähnl. Fersenschwielen, langsam wachsend, meist erst nach 4—5 Wochen flügge. Nur wenige An regelmäßig eingeführt, viele selten od. erst in den letzten Jahren, mehr als 30 noch gar nicht. Gehaltene An s. *Calorhamphus* ↗, *Capito* ↗, *Chotorea* ↗, *Cyanops* ↗, *Eubucco* ↗, *Gmynobucco* ↗, *Lybius* ↗, *Megalaima* ↗, *Pogoniulus* ↗, *Psilopogon* ↗, *Semnornis* ↗, *Thereiceryx* ↗, *Trachyphonus* ↗, *Tricholaema* ↗, *Viridibucco* ↗, *Xantholaema* ↗, *Xylobucco* ↗. Bartvögel gelten als unverträglich, selbst paarweise Haltung oft erst nach sorgfältiger Zusammengewöhnung u. in größeren Flugräumen möglich; auch gegen andere Vögel oft angriffslustig, keinere Volierenmitbewohner können sogar getötet werden; es ist daher zu empfehlen, sie nur mit gleichgroßen od. größeren Vögeln zu vergesellschaften. Viele An ruhig, im Einzelkäfig als langweilig bezeichnet, bei entsprechender Einrichtung der Volieren mit morschen Ästen u. Stämmen aktiv, stellen darin selbst Schlaf- u. Bruthöhlen her; benötigen ansonsten auch außerhalb der Brutzeit Nistkästen als Schlafgelegenheiten. Die meisten An wärmebedürftig, nur einige aus höheren Gebirgslagen weniger empfindlich; im Sommer Haltung in Außenvolieren mit anschl. Schutzraum möglich, oft für Zuchtversuche günstig. Im Winter Unterbringung in geheizten Räumen notwendig. Neigen vor allem bei zu geringen Temp.en zu Darmentzündungen, Leberleiden, Urwaldbewohner auch zu Mykosen. Ernährung mit versch. Früchten, ganz od. zerkleinert, abwechslungsreichen Weichfuttermischungen mit Fleisch, Quark u. Ameisenpuppen; Insekten (Mehlwürmer, Heuschrecken, Wachsmottenraupen, Fliegenmaden usw.), von manchen An nicht ständig genommen, zur Aufzucht von Juv. in den ersten Tagen nach dem Schlüpfen meistens erforderlich. Zucht erst von ca. 15 An gelungen, die meisten Erfolge in den letzten Jahren. Sorgfältige Überwachung nötig, da Juv. bald nach dem Selbständigwerden (1—3 Wochen nach dem Ausfliegen) von den Ad. ernstlich attakkiert werden können. Langjährige Haltung gehört noch immer zu den Ausnahmen, Alter in Gefangenschaft aber in Einzelfällen bis über 12 Jahre.

Caprimulgi, Breitschnabelschwalme. UO der Caprimulgiformes ↗. 4 Fn (Podargidae ↗, Aegothelidae ↗, Nyctibiidae ↗, Caprimulgidae ↗), 27 Gn, 102 An. Haltung s. Caprimulgiformes.

Caprimulgidae, Nachtschwalben. F der Caprimulgiformes ↗. 2 UFn, 23 Gn, 78 An mit *Caprimulgus* ↗; 78 An. 19—41 cm. ♂, ♀ oft versch. gefärbt, ♂ mit weißen Abzeichen an Flügeln. Rindenartige Tarntracht. Einige An mit Schmuckfedern. Weicher Schnabel. Weltweit, außer Polargebieten, Neuseeland u. einigen ozeanischen Inseln. Meist in Wäldern, aber auch in Steppen u. Wüsten. Sitzen längs auf Ästen. Flug völlig geräuschlos, weiches Gefieder. 1—2 walzenförmige Eier am Boden ohne Nest. Weißlich, gelblich od. rötlich, violettgrau od. braun gefleckt. Juv. mit wenigen Tagen laufend u. sofort sehend. Beim Füttern wird elterlicher Schnabel vom Schnabel des Juv. umfaßt u. Futter eingewürgt.

Caprimulgiformes, Schwalmvögel, Nachtschwalben. 2 UOn, Caprimulgi ↗, Steatornithes ↗; 5 Fn, 28 Gn, 103 An. Tarntracht in Muster u. Färbung wie Baumrinde. Breite, bis hinter die Augen reichende Schnabelöffnung. Dämmerungs- u. nachtaktiv, daher große Augen. Weiches Gefieder. Großer, gerader Schwanz, lange Schwingen. Schwache, winzige Füße. In allen Erdteilen, in warmen u. gemäßigten Gebieten. Ernähren sich von Insekten aller Art, mit Ausnahme der früchtefressenden Fettschwalme. Gewöllebildung. Tagsüber bewegungslos am Boden od. in Längsrichtung auf Ästen. Eier ohne Nestunterlagen am Boden od. in Felswänden abgelegt; nur Eulenschwalme bauen eigene Nester. Bei Nahrungsmangel durch Schlechtwetterperioden in Tagesschlaflethar-

Caprimulgus

gie («Kältestarre») verfallend. Viele An unter Artenschutz! Haltung nur gelegentl., meist aus wissenschaftl. Interesse. Fettschwalme in Gefangenschaft bisher nur kurzzeitig am Leben erhalten. Eulenschwalme u. Nachtschwalben bei entspr. Ernährung recht ausdauernd. Ernährung von Eulenschwalmen u. *Batrachostomus* ↗ mit möglichst großen Insekten, Jungmäusen u. Sperlingen. Evtl. auch Gewöhnung an gelegentl. Fütterung mit Magerfleisch, Hartei, Mehlwürmern. Tagschläfer vor allem mit Nachtfaltern (Lichtfalle ↗), Fliegen, größeren Termiten, Wespenmaden, auch Hackfleisch. Nachtschwalben mit großen Käfern, Schmetterlingen, Fliegen, Mehlwürmern, Ameisenpuppen, auch Eigelb u. Mahlfleisch; Jungmäuse. Gewöhnung an Schaben möglich. Auch Leber mit Quark u. etwas Sand, zu Kugeln formen. Juv. mit Milchsemmel, Hartei u. Rohfleisch; später grüne Heuschrecken, Motten, Schwärmer (keine Mistkäfer!). Juv. Ziegenmelker lernten nie, Nahrung vom Boden od. aus Futternapf aufzunehmen; nur von vorgehaltener Pinzette. Tägl. Nahrungsbedarf für ad. Tier ca. 17 g. Keine Wasseraufnahme beobachtet. Zucht von *Podargus strigoides* ↗ mehrfach gelungen, z. B. 1960 Zoo Basel, 1960–1963 Zoo San Diego (USA). Ebenso Zucht von *Caprimulgus europaeus* ↗. Erstzucht gelang 1906/07 O. HEINROTH ↗. Körpermasse 60–89 g. Wurden gestopft mit Fleisch u. Ameisenpuppen, großen Schaben, Weißwurm. Tranken nicht. Ab u. zu mit Blumensprenger abgebraust. Eier hell, wenig gefleckt. Brutdauer 16–18 Tage. Juv. gelblichhellgrau, mit verschwommenen schwärzlichen Flecken am Kopf, Schulter u. Rücken; Flügel u. US weißlichgrau; Schnabel schwarz. Am 22. Tag Nest verlassen. Mit 6 Wochen ausgewachsen.

Caprimulgus. G der Caprimulgidae ↗. 28 An. Haltung s. Caprimulgiformes ↗.

— *C. aegyptius*, Ägyptischer Ziegenmelker, Pharaonennachtschwalbe. ♂ u. ♀: ähnl. dem Ziegenmelker, aber lichter gefärbt, ohne schwarze Streifung auf Rücken u. bei ♂ ohne weiße Flecken an Schwingen u. Schwanz. 25 cm. N-Afrika bis Turkestan, Afghanistan u. O-Iran. In Wüsten brütend. Schnurrt wie Ziegenmelker.

— *C. europaeus*, Ziegenmelker, Nachtschwalbe. ♂ u. ♀: eulenartige Federmusterung aus grauen, braunen, gelblichen u. weißen Tönen. US rostgelb mit zahlreichen dunklen Querbändern. An Kehle jederseits ein fast weißer Fleck. ♂: an Handschwingen nahe der Flügelspitze u. an äußeren Schwanzfedern weiße Fleckung. Juv. braunes Dunenkleid; im 1. Jahr altem ♀ sehr ähnl., aber noch kürzeren Schwanz. Großer Kopf abgeflacht mit schwachem, zierlichem Schnabel u. sehr großem Schnabelspalt. Lange spitze Flügel u. langer Schwanz. Weiches, dichtes Gefieder. Große dunkle, äußerst bewegliche Augen. Beine kurz u. schwach. Auffallend lange mittl. Zehe, deren mit einem Kammrand versehene Kralle wie «verrenkt» nach außen zeigt. 26–28 cm. 80 g Körpermasse. UAn. N-Afrika, Europa, W-Sibirien u. Vorderasien bis zum Baikalsee, zur Mongolei, Chinesisch-Turkestan, Kaschmir u. Pakistan. In trockenen lichten Waldungen, auf Ödland, in Heide u. Mooren. Nachtaktiv. Zugvogel mit afrikan. Winterquartier (Ende August — Ende April), zieht einzeln od. paarweise. Im Flugbild an Turmfalken erinnernd. Monotoner nächtlicher «Schnurr»-Gesang, meist nur vom ♂ zur Balzzeit. Flugjagd nach Insekten, dabei Schnabel nur im Fangmoment öffnend; auch Ansitzjagd. 2 grau- od. rötlich-gefleckte, elliptisch-ovale Eier auf unveränderten Boden abgelegt. Brut ab 1. Ei. Eltern nur auf Nistplatz, nicht auf Gelege fixiert. ♀ brütet, ♂ auch, aber nur nachts ganz kurzzeitig. Brutdauer 17–18 Tage. Juv. unterseits dicht, oberseits spärlich bedunt. Verlassen bereits ab 1. Tag rückwärtslaufend das Nest zur Entleerung. Piepende Kontaktlaute. Zupfen bettelnd an Schnabelborsten der Eltern. Beide Eltern betreuen. 1. Blutkiele am 3. Tag an Handschwingen; am 11. Tag Federspitzen; mit 15 Tagen voll befiedert. Ab 19. Tag fliegen Juv. den Eltern stückweise hinterher; mit 35 Tagen selbständig, verlassen sie Brutrevier. Bei häufigen Schachtelbruten betreut ♂ ab 15./16. Lebenstag 1. Brut allein weiter.

— *C. ruficollis*, Rothalsnachtschwalbe, Rothalsziegenmelker. ♂ u. ♀: mehr gelbrote Tönung des Gefieders; weiße Kehle; rostgelbes Halsband, mit weißen Abzeichen an Handschwingen u. äußeren Steuerfedern. 22–32 cm. UAn. Iberische Halbinsel u. N-Afrika. In Steppen u. Halbwüsten. In Balzzeit «Kuckuck»-Rufe. 2 weiße, graubraun gefleckte Eier auf nacktem Boden.

Cardinalinae, Kardinäle. UF der Thraupidae ↗. 7 Gn, 17 An. Besprochen sind Gn *Cardinalis* ↗, *Guiraca* ↗, *Passerina* ↗ u. *Cyanoloxia* ↗.

Cardinalis. G der Thraupidae ↗. 3 An. N-, M- u. S-Amerika. Haltung, Pflege s. *Gubernatrix*.

— *C. cardinalis*, Roter Kardinal. ♂: Kopf-OS u. Haube leuchtend scharlachrot, schmales Stirnband, Zügel, Stirn, Kinn u. obere Kehle schwarz. Flügeldecken u. OS rot, Schwingen braunschwarz mit roten Außensäumen, Spitzen der Handschwingen hellrötlich. Schwanzfedern verwaschen dunkelrot mit roten Innenfahnen. US kräftig rot, zu den Seiten verwaschen. Schnabel korallenrot. Auge rotbraun. Füße hornbraun. ♀: bräunlich, Kopf mit rötlichem Anflug, US mehr gelblichbraun, Mitte des Bauches weißlich. Juv. ähnl. ♀, aber ohne schwarze Färbung von Kopf u. Kinn. ♂ ♂ mit mattrötlichen Haubenfedern. 19–22 cm. UAn. Mittl. u. öst. N-Amerika, Mexiko u. N-Guatemala, von Menschen verbr. auf den Bermudas, auf Hawaii u. in SW-Kalifornien. Bewohnt Unterholz der Wälder, Felder, Parks u. Gärten, auch Siedlungen. Stand- ↗ od. Strichvogel ↗. Gesang wohlklingende Flöten- u. Pfeiftöne, ♀ singt ebenfalls. Brütet in dichten Büschen. Napfförmiges Nest aus Reisern, Gräsern, Fasern, Stengeln u. Moos. Nach der Brutzeit truppweise umherstreifend. Schon frühzeitig in Europa eingeführt, wegen des schönen Aussehens gern gehalten. Ausdauernd, genügsam, leicht zu pflegen. Außerhalb der Brutzeit sehr verträglich, bei Brutbeginn Paar allein unterbringen, sonst gegenüber Mitbewohnern Aggressionen, bes. gegenüber solchen mit Rot im Gefieder. Erreichte in

Gefangenschaft schon Alter bis zu 16 Jahren. Für Käfig ↗ nur bedingt geeignet. Tägl. Zimmerfreiflug erforderlich, ansonsten bald verfettet. In bepflanzter Außenvoliere ↗ mit Schutzraum ↗ sehr gut zu pflegen, warme Überwinterung. Häufig gezüchtet. Gelege 2—4 Eier. Nur ♀ brütet. Juv. schlüpfen nach 13—15 Tagen, verlassen mit 10—12 (14) Tagen das Nest, kaum flugfähig. Im Alter von ca. 28 Tagen selbständig, dann von Eltern entfernen. Aufzuchtfutter wie *Gubernatrix*. 2—3 Bruten jährl.
— *C. sinuatus*, Schmalschnabelkardinal. ♂: grau, große Haube, Spitzen rot. Stirn, Zügel, Augenumgebung, Kinn u. Kehle rot. In der Mitte von Brust, Bauch u. Unterschwanzdecken durchgehend unregelmäßig begrenzter roter Streifen. Flügeldecken, Schwingen u. Schwanzfedern dunkelblau bis schwarz mit roten Säumen. Schnabel hoch, kurz, gelb. Auge graubraun. Füße braun. ♀: Haube rot, ebenso Augenring, OS grünlichgrau, US gelblichgrau. Schnabel mehr graugelb. Juv. ähnl. ♀, aber Schnabel grauer, Haube ohne Rot. 19—21 cm. UAn. S-Arizona, S-Neumexiko u. mittl. Texas durch N-Mexiko bis N-Nayarit, O-Jalisco, Michoacán, San Luis Potosi, Tamaulipas; N-Niederkalifornien. Lebt in kargen Ödlandschaften mit Dornbüschen. Kommt in der Ebene u. bis 1 200 m ü. NN vor. Gesang hohe Flötentöne. Großes Nest in dichten Dornbüschen. Gelege 3—4 Eier. Bildet nach der Brutzeit zuweilen kleine Trupps. Erstmalig 1895 in Deutschland. Stets selten im Handel. Einzelheiten wie bei *C. cardinalis*.

Carduelidae, Gimpel od. Hänflinge. F der Passeriformes ↗. Mit 9 Handschwingen u. dehnbarer Speiseröhre (Kropf), in der Samen gespeichert werden. Leben im Winter in Schwärmen, im Sommer meist paarweise, manche in lockeren Gesellschaften. Nahrung überwiegend Samen. Insekten, Spinnen, Schnecken usw. werden nur als Beikost verzehrt u. die Jungen (mit wenigen Ausnahmen) mit Körnern, die aus dem Kropf hervorgewürgt werden, gefüttert. Die ♂♂ versorgen die brütenden ♀♀ bereits am Nest mit Nahrung; in den ersten Lebenstagen indirekte Fütterung der Nestlinge durch ♂, d. h. ♂ füttert ♀ u. dieses erst die Jungen. Beliebte Stuben- u. Volierenvögel, vor allem wegen des schönen Gesanges. Viele An werden sehr zahm, sind jedoch zänkisch gegenüber anderen Käfiginsassen.

Carduelis. G der Carduelidae ↗. Heute nur 1 A. Vielfach sehr weit gefaßt, einschließl. *Chloris* ↗, *Spinus* ↗, *Acanthis* ↗, *Linaria* ↗.
— *C. carduelis*, Stieglitz. ♂ u. ♀: Alle UAn sofort am schlanken Pfriemenschnabel, der roten Gesichtsmaske u. weißem (zumindest weißlichem) Bürzel kenntlich. Kein verläßlicher Geschlechtsdimorphismus. Schwanz ohne Gelb, aber mit weißen Spitzen bzw. Innenfahnen der Federn. Flügel schwarz mit gelbem Spiegel u. weißen Tropfen an den Federspitzen. Bei den meisten UAn Kopfplatte u. Nackenring schwarz, Wangen weiß. Rücken warm sandbraun gefärbt. US je nach Herkunftsgebiet hellbeige mit schmalem sandbraunem od. grau mit breitem lehmbraunem Brustband. Juv. mit bräunlichem Kopf ohne Maske, aber mit gelbem Flügelspiegel. Werden bei intensiver Hanffütterung schwärzlich. Dem Graukopfstieglitz (*C. c.caniceps*) fehlt die schwarz-

Cariamiformes

123

Stieglitz

weiße Kopfzeichnung, seine OS ist, wie Brust u. Flanken, einheitl. graubeige. Kehle u. Unterbauch weißlich. 12 (W- u. M-Europa) bis 15 cm (*C. c.major*, Russischer Stieglitz). In zahlreichen UAn von N-Afrika über Kanaren, Mittelmeerinseln, Europa u. Asien verbr., eingeschleppt in Australien u. Neuseeland (Export!). Bewohnt offene Landschaften. Klaubt Pflanzensamen, bes. Kompositen vom Boden od. hangelnd aus den Pflanzen. Gesellig. Brütet gruppenweise in Bäumen. Das ♀ baut, ♂ trägt Nistmaterial zum Gelege, 4—(7) weißlichblaue Eier mit dunkleren Flecken am stumpfen Pol. ♀ brütet ca. 14 Tage, Nestlingsdauer 14—15 Tage, Selbständigkeit nach weiteren 7 Tagen. Relativ zänkische Käfigbewohner, jedoch robust u. vielfach gezüchtet, winterfest. Futter Waldvogelfutter, Distelsamen!, Wildsamen. Keimfutter u. Grünfutter (Löwenzahn!) sowie Insekten wichtig. Naturschutzbestimmungen ↗.

Cariama. G der Cariamidae ↗. 1 A. O-Brasilien u. O-Bolivien bis Argentinien u. Uruguay. In Hochsavannen u. offenen Baumsteppen. Nester häufiger am Boden. Eier rötlichweiß mit starker Braunfleckung. Haltung, Pflege s. Cariamiformes.
— *C. cristata*, Seriema, Schlangenstorch. ♂ u. ♀: hell gelbbraun mit feiner dunkler Querwellung. Auf Kopf u. Brust helle Längsstriche. Bauch weißlich. Schnabel u. Füße gelbrot. 65—90 cm; ca. 1,5 kg schwer.

Cariamidae, Seriemas. Einzige F der Cariamiformes ↗. 2 Gn, *Cariama* ↗, *Chunga* ↗, mit je 1 A.

Cariamiformes. O. Seriemas, Schlangenstörche. 1 F Cariamidae ↗, 2 Gn, 2 An. Wahrscheinl. verwandtschaftliche Beziehungen zu Trompetervögeln, noch unklar. Trappenähnl., schlanker, langschwänziger Laufvogel mit hohen Kranichbeinen. ♂ wie ♀, graubräunlich, feingemustert. Sehr kurze Zehen; beim Sitzen auf Ästen nach hinten wendbare Innenzehe als Widerlager. Borstiger, aufstellbarer Federstutz auf Stirn. Gedrungener, leicht gekrümmter Schnabel; langhalsig. S-Amerika. In Hochsavannen u. trockenen Hochwäldern. Schlechte Flieger, Flucht auf dem Boden vorziehend. Leben paarweise od. in kleinen Trupps. Laute Rufreihen in Dämmerung u. nachts. Nahrung Pflanzenteile, Beeren u. a. Früchte, Insek-

Caribbean Wildlife Preservation Trust

Rosengimpel

ten, Eidechsen, Schlangen, Mäuse u. a. Kleingetier. Nächtigen u. brüten meist auf Bäumen. Bauen gemeinsam Zweignest in Büschen u. Bäumen, selten auf Boden. Beide Partner brüten. 2–3 Eier. Brutdauer 25–26 Tage. Juv. verlassen Nest nach 14 Tagen u. klettern zur Erde hinab; mit 3 Monaten ausgewachsen. Haltung in Tiergärten recht häufig (z. B. Zoo Köln, Zoo Leipzig, Zoo Berlin, Vogelpark Walsrode ↗). Einzelne Bruterfolge zu verzeichnen. Liebhaberhaltung sehr selten. In Gartenvolieren ↗ mit Rasenboden u. einzelnen Büschen, teils Sand-, teils Wiesenboden. Nicht kalt überwintern. Fütterung Beeren, Früchte, Mäuse, Fisch- u. Froschfleisch, Insekten, Regenwürmer u. ä., Insektenschrot mit gequollenem Mais, gekochtem Reis, Hartei u. Rohei, Hackfleisch od. Fleischwürfel.

Caribbean Wildlife Preservation Trust. 1981 zur Erforschung u. Erhaltung der Amazonen ↗ in der Karibik gegründet. Präsident WOLF W. BREHM ↗. Unter anderem werden in spez. Zuchtstation in der Dominikan. Republik Amazonen gefährdeter An gezüchtet, um durch Aussetzen ihren Bestand in der Natur zu sichern.

Carolinakleiber (*Sitta carolinensis*) → *Sitta*
Carolinaralle (*Porzana carolina*) → *Porzana*
Carolinataube (*Zenaidura macroura*) → *Zenaidura*
Carphibis. G der Threskiornithidae ↗. 1 A. Australien. Geschätzte Heuschreckenvertilger. Brüten in kleineren Kolonien an Gewässern. Mehrfache Zuchterfolge in Gefangenschaft.
– *C. spinicollis*, Stachelibis, Strohhalsibis. ♂ u. ♀: Kopf, OS u. Brust metallisch glänzend schwarz; vom Nacken zur Brust weiß. US weiß. Unterhals, Rücken, Schultern, Flügel schwarz. Goldgelber Behang am Hals. Abwärts gebogener Schnabel schwarz. Beine braungrau. Füße schwarz. 52 cm.

Carpodacus, Rosengimpel. G der Carduelidae ↗. Vielfach auch die Gn *Erythrina* ↗, *Rubicilla* ↗, *Uragus* ↗, *Procarduelis* ↗ hinzugerechnet. 2 An. NO-Paläarktis. 1 selten gehalten.
– *C. roseus*, Rosengimpel. ♂: Kopfplatte, Kehle hell silbrig rosafarben. Kopfseiten, Nacken, Bürzel, US einfarbig dunkel rosenrot, rote Rückenfedern mit dunkler Streifung, Bauchmitte weißlich. Rot verblaßt in Gefangenschaft zu orangegrünen Farben. Flügel mit 2 weißlichrosa Binden. ♀: unterscheidet sich von ♀ der G *Erythrina* ↗ durch rötliches, dunkel gestricheltes Gefieder an Stirn, Brust, Vorderbauch u. rosarotem Bürzel. Von ♂ dieser G durch die kräftige Strichelung des Bauchgefieders unterscheidbar, bei Juv. schwieriger. N-Rußland. Lebt in den Gebirgen. Nahrung, Futter wie *Erythrina*. Nicht zu kalt überwintern.

Carrikerssittich, UA → Kolumbiasittich
Casarca. G der Anatidae ↗, UF Tadorninae ↗. 4 An.
– *C. cana*, Graukopfkasarka. ♂: rostbraun mit grauem Kopf u. Hals. Brust gelbbraun. Flügel mit weißen Decken u. grünem Spiegel. Schnabel u. Füße schwarz. ♀ rostbraun ohne Aufhellung an der Brust. Kopf unregelmäßig u. unterschiedl. ausgedehnt weißfleckig, übriger Kopf u. Hals grau. 63 cm. Im sü. Afrika verbr. Brutvogel. Bevorzugte Biotope sind flache Binnen- u. Küstengewässer. Nahrung versch. Pflanzenteile u. Algen. Brüten meist während der Regenzeit. Außerhalb der Brutzeit lebt die *C. c.* in kleinen Trupps. Nester werden oft in Erdhöhlen errichtet. Die Brutdauer der aus 10 od. mehr Eiern bestehenden Gelege beträgt ca. 30 Tage. Nur ♀ brütet. An Juv.-Aufzucht beteiligt sich auch das ♂. Haltung nur in Einzelgehegen zu empfehlen, da ♂ ♂ während der Brutzeit außerordentl. aggressiv sind. Eiablage in Nistkästen od. kleinen Hütten. Aufzucht der Juv. mit Eltern am günstigsten. Mit 2 Jahren geschlechtsreif.
– *C. ferruginea*, Rostgans. ♂ u. ♀: annähernd gleichgefärbt. Gefieder rostbraun, weiße Flügeldecken u. grüner Spiegel. ♂ mit schwarzem Halsring, ♀ mit hellerem Kopf u. Hals. Schnabel bei ♂ u. ♀ schwarz. Im Sommer wenig helleres RK, ♂ ohne Halsring. 65 cm. Kommt in S-Spanien, N-Afrika u. von SO-Europa durch ganz Asien bis zum Amur vor. Bewohnt Umgebung flacher Seen in Steppengebieten u. im Gebirge, sowie Meereslagunen. Nahrung versch. Pflanzenteile. Nester werden in Erdhöhlen von Säugetieren od. zwischen Gestein angelegt. 8–12 od. mehr Eier werden 30 Tage bebrütet. Die Aufzucht der Juv. erfolgt durch beide Eltern in Gewässernähe. Juv. mit 8 Wochen flugfähig. Ehemals verbr. Gehegevogel, gegenwärtig zahlenmäßig im Rückgang begriffen, da bes. in der Brutzeit sehr aggressiv. Robust, winterhart u. leicht züchtbar. Eier werden bevorzugt in Nistkästen, kleinen Hütten od. Innenräumen abgelegt. Die Aufzucht der Juv. mit Eltern od. unter künstl. Wärmequellen gelingt problemlos. Ausgeprägte Bastardierungsneigung zu Vertretern der Tadorninae.
– *C. tadornoides*, Australische Kasarka. ♂: Kopf u. Hals schwarz. Weißer Halsring. Brust u. Vorderrücken gelbbraun. Körper schwarz mit feiner Wellung, weißen Flügeldecken u. grünem Spiegel. Schnabel schwarz. Füße dunkelgrau. Im RK Farben an Hals u. Brust weniger kontrastreich. ♀ ähnl. ♂, Brust dunk-

ler. Weißer Ring um Auge u. Schnabelwurzel. ♂ 67 cm, ♀ 63 cm. Brutvogel im sü. Australien u. auf Tasmanien. Nahrung vorwiegend Pflanzenteile. Im Brackwasser Aufnahme von Kleinkrebsen. Zur Brutzeit an von Bäumen umgebenen Gewässern der offenen Landschaft. Während der Mauser bevorzugt im Brackwasser. Nest in Baum- od. Erdhöhlen. 10—14 Eier werden vom ♀ 30—33 Tage bebrütet. Im Gehege nicht häufig. Unterbringung in Einzelgehegen mit guter Grasnarbe od. mit größeren An vergesellschaftet. ♂ ♂ nicht so aggressiv wie bei übrigen An dieser G. Futter mit tierischem Anteil. Zucht mehrfach gelungen, aber nicht unproblematisch. Brutaktiv von Dezember—März. Eiablage in Erdröhren od. Nistkästen, auch im Überwinterungsraum. Aufzucht der Juv. nicht schwierig. Bastardierungsneigung zu allen An der Tadorninae.
— *C. variegata*, Paradieskasarka. ♂: schwarz mit feiner grauer Wellung. Flügel mit weißen Decken u. grünen Armschwingen. ♀: mit weißem Kopf u. Hals. Körper braun mit feiner Wellenzeichnung. Schnabel u. Füße bei ♂ u. ♀ schwarz. 65 cm. Ausschließl. auf Neuseeland. Nahrung vorwiegend Pflanzenteile, an der Küste auch kleine Wassertiere. Bewohnt Teiche u. Seen in der Nähe alter Baumbestände. Eiablage in Baumhöhlungen od. zwischen Felsgestein. 5—11 Eier werden 30 Tage bebrütet. Juv. werden auf freie Wasserflächen geführt u. dort aufgezogen. Während der Mauser bilden sich größere Gruppen, oftmals in Küstengebieten. In Gehegen nicht sonderlich verbr., jedoch ausdauernd u. winterhart. Während der Balz u. in der Brutzeit ♂ ♂ aggressiv. Eiablage in Nistkästen, kleinen Hütten od. Erdröhren. Juv. kälteempfindlicher als bei anderen Vertretern der G. Ausgeprägte Bastardierungsneigung zu verwandten An.

Casmerodius. G der Ardeidae ↗. 2 An. Europa, Asien bis Australien.
— *C. albus*, Silberreiher. ♂ u.♀: weiß, lange, zerschlissene Schmuckfedern nur auf Rücken. 90 cm. S-Europa, große Teile Afrikas sü. der Sahara, Madagaskar, M- u. S-Asien bis Australien u. Neuseeland, N- u. S-Amerika. Brütet häufig im Schilf. Eingewöhnung u. Haltung ohne Probleme. Nicht winterhart. Zucht wiederholt gelungen.

Cassingimpel *(Erythrina cassinii)* → *Erythrina*
Cassius Arassari *(Selenidera spectabilis)* → *Selenidera*
Casuarii, Kasuarvögel. UO der Struthioniformes ↗. 2 Fn (Casuariidae ↗, Dromaiidae ↗).
Casuariidae, Kasuare. F der Casuarii ↗. 1 G, *Casuarius* ↗, 4 sichere An. Kopf u. obere Halsteile nackt u. leuchtend bunt gefärbt. Bei beiden Geschlechtern hornüberzogener, helmartiger knochiger Höcker auf dem Kopf von arttypischer Gestalt. Fleischige Karunkeln am Vorderhals. Hühnerartiger, fester Schnabel. Kräftige Beine, 3 Zehen mit langen Krallen, womit sie gefährliche Tritte ebenso A-Genossen wie Pflegern auszuteilen vermögen. Federn schmal mit gleichlangen Afterschäften. Kein Schwanz. Schwingen zu 6 Hornstacheln umgebildet. Alterskleid schwarz glänzend, Jugendkleid strähnig hellbraun (noch kein Helm). Bis 80 kg schwer. ♀ größer als ♂. Neuguinea u. Nachbarinseln, NO-Australien, Aruinseln, Ceram. Dichte, dunkle Regenwälder. Früchte u. Kleingetier. Nest in einer Bodenmulde. Derbschalige Eier. Brutdauer 56 Tage. Juv. frischlingsartig gestreift. Frostfreier Raum mit Holzfußboden, gegebenenfalls mit Einstreu. Kasuare können nur getrennt untergebracht werden. Angriffslustig. Zucht daher sehr selten. Am ehesten in geräumigen, dicht bepflanzten Gehegen, wo die Partner sich nicht dauernd erblicken u. sich zurückziehen können, zusammenzuhalten. Geschlechtsbestimmung äußerlich schwer. ♂ brütet. Tierisches Ganzkörperfleisch (Ratten, Mäuse, Goldhamster, Meerschweinchen, Sperlinge, Fische), Früchte, angekeimtes Getreide, Multivitaminpräparate, Mineralstoffgemisch. Fangen auch selbst Mäuse u. Spatzen. Baden gern. ♂ führt Küken. An Küken kleingehacktes Grünzeug, Tomaten, Obst, Getreide, gequollen od. gekocht, kleingeschnittenes Brot, gekochte Kartoffeln, rohes u. gekochtes Fleisch, Knorpel, gekochtes Ei, Insekten u. ihre Larven, Weichfutter, dazu Vitamine u. Mineralstoffe, weiterhin Sand u. Kies. Nicht zu reichl. füttern, nicht zu viel tierisches Eiweiß!

Casuarius. G der Casuariidae ↗. 3 An.
— *C. bennetti*, Benneettkasuar. ♂ u. ♀: nackter Hals dunkelblau, Halsseiten dunkelrot. Helm auf der Rückseite abgeschrägt. Keine Kehllappen. Klein. UAn. Neuguinea, Jobi, Neubritannien. Sehr selten in Zoos.
— *C. casuarius*, Helmkasuar. ♂: beilartig gerundeter Helm. 2 Fleischlappen am Hals. Blauer Kopf, rote Karunkeln u. Hinterhals. Gefieder starr u. lackschwarz. ♀: merklich größer als ♂ (etwa 1,70 zu 1,40 m Scheitelhöhe). UAn. Ceram, Neuguinea, Aru-Inseln, N-Australien. Einzelgänger. 5 lichtgrüne Eier. Nur in Tiergärten, dort die häufigste Kasuar-A.
— *C. unappendiculatus*, Einlappenkasuar. ♂ u. ♀: Genick blau, Streifen an Halsseiten orangefarben. Hinterer Unterhals gelb. Ein Hautlappen am Vorder-

Einlappenkasuar

Catamblyrhynchidae

Rothalskasuar

hals, Helm an Hinterseite abgeschrägt. Die leuchtenden Farben am Hinterhals «glühen» bei Erregung auf, dürften zur A-Erkennung u. zum Finden der Geschlechter dienen. UAn. Neuguinea, Japan u. Salawati. Nicht allzu selten in Zoos. 1980 Welterstzucht von *C. u. occipitalis* (Jobi-Goldhalskasuar) im Vogelpark Walsrode ↗.

Catamblyrhynchidae, Plüschkopftangaren. F der Passeriformes ↗. 1 G. In der systematischen Zuordnung gehen die Ansichten oft weit auseinander, Zugehörigkeit von Thraupidae ↗ über Pyrrhuloxidae bis zu Emberizidae ↗. WOLTERS ↗ stellt sie als eigene F zwischen Diglossidae ↗ u. Dacnididae ↗.

Catamblyrhynchus. G der Catamblyrhynchidae ↗. 1 A. Subtropische Anden von Kolumbien bis Bolivien, dort recht selten. Halten sich gern in der Wipfelregion der Bäume auf. Biologie weitgehend unbekannt. Haltung, Nahrung usw. s. *Tangara*.
— *C. diadema*, Plüschkopftangare. ♂ u. ♀: Stirn, vordere Kopfplatte goldgelb, samtartig wirkend. Nacken u. Zügel braunschwarz. OS blaugrau. US orangebraun, Kopfseiten etwas dunkler. Kurzer kegelförmiger Schnabel dunkel hornfarben. Auge braun. Füße schwarz. 14 cm. Subtropische Anden von Kolumbien bis Bolivien. Paarweise isoliert od. in kleinen gemischten Flügen bevorzugt sie offenes Waldland od. Gebüschlandschaften. Erst wenige Male eingeführt.

Catamenia. G der Emberizidae ↗. 3 An. S-Amerika. Pflege wie *Sporophila* ↗.
— *C. analis*, Spiegelcatamenie, Spiegelpfäffchen, d'Orbiggnys Pfäffchen. ♂: Stirn, Zügel schwarz, ebenso Kinn. Übrige Kopffedern mit braunen Säumen, ebenso Rücken (ganzjährig?). OS blaugrau, Flügel- u. Schwanzfedern schwarz mit weißlichen Säumen. Basisnah haben Schwingen breite weiße Flecken, werden im Flug zu Flügelbinden. Schwanzfedern (nicht die mittl.) mit weißem Fleck etwa in Federmitte. US hellgrau, Unterschwanzdecken hellrotbraun. Schnabel kurz, gelb. Auge dunkelbraun. Füße rötlich bis braun. ♀: graubraun bis rötlichbraun mit dunkelbraunen bis schwarzen Längsstreifen. US weißlichgrau, dunkel gestreift, nicht die gelblichen bis zimtfarbenen Unterschwanzdecken. Weiße Abzeichen von Flügel u. Schwanz kleiner. Juv. ähnl. ♀, aber ohne weiße Flecken. 12—13 cm. UAn. *C. a. analoides* mit weißem Bauch, *C. a. alpica* mit graubraunem Bauch, *C. a. griseiventris* mit grauem Bauch. Andengebiet von Kolumbien, Ekuador, Peru, Bolivien bis nö. Chile u. we. Argentinien bis Mendoza u. W-Córdoba. Lebt an Berghängen u. in kakteenbestandenen Hochebenen bis 4500 m ü. NN, auch an buschbestandenen Flußufern. Sporadisch im Handel. Ruhig, verträglich, nimmt nach K. ŠABEL ↗ Sandbäder. Erstzucht A. MÖLLER, Kopenhagen.

Cathartes. G der Cathartidae ↗. 3 An. Amerika.
— *C. aura*, Truthahngeier. ♂ u. ♀: schwarz bis braunschwarz, metallisch glänzend, Kopf nackt, rot. Schnabel lang u. dünn, gelb. Füße rötlich. 4 UAn. S-Kanada bis Feuerland u. einige Karibische Inseln. Der häufigste Geier Amerikas. In kleineren od. größeren Flügen. Bevorzugt offene Waldgebiete, die Ebenen, Wüstengebiete, ist aber auch häufig in menschlichen Siedlungen zu finden. Nahrung Aas u. Unrat, Insekten, Früchte. Gebrütet wird meistens in Kolonien. Ritualisierter Balztanz am Boden. Nest in Fels- u. Baumhöhlen, auch am Boden unter Baumwurzeln. Gelegentl. werden auch alte Greifvogelnester benutzt. Gelege 2 weiße, schwach braun gefleckte Eier. Brutdauer 38—41 Tage. ♂ u. ♀ betreiben Brutpflege. Jungtiere werden mit ausgewürgter Nahrung versorgt. Nestlingsperiode 70—75 Tage. Nur in Tiergärten. Gut in Gemeinschaftsvolieren zu halten. Nahrung 50 % Schierfleisch u. 50 % Ganzkörperfutter (auch Fisch). Brutnische, Brutkasten od. Horstplattform anbieten. Zuchterfolg unbekannt.

Cathartidae, Neuweltgeier. F der Cathartiformes ↗. 5 Gn, 7 An. Kleine bis sehr große Geier. Glattes Gefieder, große brettartige Flügel, Nase ohne Scheidewand. An mit u. ohne Geschlechtsdimorphismus. In N-Amerika 3 An, S-Amerika 6 An. In allen Regionen, außer in den tropischen Regenwäldern. Einige An sind Kulturfolger u. zu Hunderten in den Städten zu finden. Manche An treten auch vergesellschaftet auf. Vorwiegend Aasfresser, manche An erbeuten auch Kleinsäuger, Reptilien, große Insekten od. plündern Vogelgelege. Meist Felsenbrüter. Einige An Koloniebrüter. Gelegestärke 1—2 Eier. Einfuhr sporadisch, vor allem aus S-Amerika. Meist in Tiergärten. Ruhige bis neugierige Vögel. Problemlos einzugewöhnen. Manche An anfänglich kälte- u. nässeempfindlich. Außer dem Kondor sind alle An in Gemeinschaftsvolieren zu halten. Am besten eignen sich Flug- od. Großvolieren. Für die tropischen An bei Temp.en unter 5 °C ein Winterquartier notwendig. Ein Teil der Voliere ist zu bepflanzen, Ausstattung mit kräftigen Ästen, Kröpfblöcken sowie rauhen Felssteinen. Ausreichend großes Badebecken, s. Falconidae ↗, ist wichtig. Nahrung Knochenfleisch vom Pferd, Rind od. Hammel, aber auch Wildfleisch, große Ratten u. Kaninchen. Alle An benötigen geschützte Brutnischen. Sind zur Brutzeit sehr sensibel. 5 An schon gezüchtet. Beide Kondor-An vom Aussterben bedroht.

Cathartiformes, Neuweltgeier. O, 1 F Cathartidae ↗, 7 An.

Catharus. G der Muscicapidae ↗. 11 An. N-, M- u. S-Amerika. Pflege s. *Merula* ↗.

— *C. fuscescens*, Wilson-, Wiesendrossel. ♂ u. ♀: OS hellrostbraun, US blaß bräunlich mit Fleckenzeichnung. 19 cm. UAn. Kanada u. USA. Überwintert in S-Amerika. Gelangt von dort zuweilen auf den europ. Vogelmarkt.

— *C. guttatus*, Einsiedlerdrossel. ♂ u. ♀: ähnl. Singdrossel ↗, aber kleiner. Bürzel u. Schwanz rostrot, letzterer wird häufig schnell gestelzt u. langsam gesenkt. 18 cm. UAn. Von Alaska durch S- u. M-Kanada, N-USA, öst. bis S-Labrador, Neuschottland u. Neufundland; we. N-Amerika, von Alaska bis Arizona, Neumexiko u. W-Texas. Seltener Irrgast in Europa. Lebt versteckt im Unterholz. Überwintert im S N-Amerikas. Vorzüglicher Sänger. Im großen Käfig ↗ wenig scheu, in busch- u. versteckreicher Freivoliere führt sie heimliches Leben. Frostfreie Unterbringung. Anspruchslos.

— *C. minimus*, Grauwangendrossel. ♂ u. ♀: graubraun, Wangen grau, undeutl. heller Augenring. Kehle rahmfarben, schwarz gefleckt, Flanken hellgraubraun, übrige US weißlich. 19,5 cm. (16—20 cm je nach UA). UAn. NO-Sibirien, we. bis untere Kolyma; Alaska durch Kanada bis Labrador u. Neufundland; NO-USA, sü. bis New York. In Europa seltener Irrgast. Gesang dünn, nasal. Ab u. zu auf europ. Vogelmarkt angeboten.

— *C. ustulatus*, Zwergdrossel. ♂ u. ♀: ähnl. Singdrossel ↗, aber kleiner. Wangen u. Kehle gelbbräunlich. Augenring rahmfarben. 17 cm. UAn. *C. u. swainsoni* hat olivfarbenen Rücken, bei *C. u. ustulatus* mehr rötlichbraun. S-Alaska bis Kalifornien (nicht im SO); Kanada, sü. bis in die N-USA, im Gebirge bis W-Virginia. In Europa seltener Irrgast. Lebt in bewaldeten Landschaften, gern in Gewässernähe. Überwinterung im S der USA bis M-Amerika u. S-Amerika. Gesang abwechslungsreich, melodisch, ähnelt dem der Grasmücken. Im Käfig wenig scheu, fleißiger Sänger. In Voliere ↗ heimlich.

Catreus, Wallichfasanen. G der Phasianinae ↗. 1 A. 90 cm. Schlicht gelbbraun gefärbte Hühnervögel ↗. Mit 18federigem Schwanz. ♂ u. ♀ fast gleich gefärbt. Hochgebirgsbewohner des Himalaja von Kaschmir bis Nepal. Nahrung vorwiegend Wurzeln, Grünpflanzen u. Insekten. Zur Balzzeit lassen beide Geschlechter mit lauter Stimme ohrfasanenähnl. Rufserien ertönen. Nester meist in Felsnischen. Gelege 8—15 rahmfarbene mitunter am stumpfen Ende rotbraun gepunktete Eier. Nur ♀ brütet, Schlupf nach 26 Tagen. ♂ beteiligt sich an der Aufzucht. Bepflanztes Gehege mit trockenem Untergrund u. ebensolchem Schutzraum, da hohe Anfälligkeit für versch. Infektionskrankheiten bei längeren Regenperioden. In M-Europa vollständig winterhart. Futter übliches Fasanenmischfutter mit ganzjährig hohem Anteil Wurzelgemüse u. Eiweißanteil von ca. 25 % der Futterration. Zucht nur paarweise möglich. Juv. sehr frohwüchsig, aber sehr nässeempfindlich. Ad. Gefieder wird von den Juv. bereits im Herbst des 1. Lebensjahres angelegt. Im Frühjahr des folgenden Jahres sind diese zuchtfähig.

— *C. wallichii*, Wallichfasan. ♂: Oberkopf mit Spitzenhaube schwarzbraun mit hellen Federsäumen u.

Cayenneklippenvogel

Wallichfasan. Männchen

braunweißen Spitzen. Um die Augen nackte rote Gesichtshautlappen. OS hell braungelb quergebändert. Hinterrücken u. Bürzel rostfarben mit schwarzen Querbinden, deren Ränder stahlgrün glänzen. Oberschwanzdecken hellbraun schwarz quergefleckt. Schwingen dunkelbraun mit rostfarbenen Querbinden. Schwanzfedern rostgelb mit breiten graubraunen, schwarz gezeichneten Querbinden. Kehle u. Oberbrust grauweiß, Kopf breit schwarz gebändert, übrige US rostgelb mit dunkelbrauner Bänderung. Unterkörper braunschwarz. Schnabel hell hornfarben. Füße grau mit Sporen. ♀: kurze Scheitelhaube, Oberkopf schwarzbraun, Federn rostgelb gesäumt. Hinterhals rahmfarben, schwarz gefleckt. Nacken u. Vorderrücken schwarz u. rotbraune Querlinien, rahmfarbene Schaftlinien. Schwanz rotbraun, schwarz gesprenkelt mit rostgelben Querbinden. Kehle gelblichweiß, Oberbrust schwarz bis rostrot u. breiten gelblichen Federsäumen. Bauch u. Unterschwanzdecken gelblich unregelmäßig schwarz gesprenkelt. Juv. OS schokoladenbraun mit 2 hellgrauen Seitenbändern, US hellgrau. Kopf isabellfarben, vom Auge bis zu den Ohrdecken zeigt sich ein schmales schwarzes Band. ♂ 90 cm, ♀ 75—80 cm. W- u. M-Himalaja von Kaschmir bis Nepal. Schutzbestimmungen nach WAÜ ↗.

Cayenneguan *(Penelope marail)* → *Penelope*

Cayenne-Kiebitz *(Belonopterus chilensis)* → *Belonopterus*

Cayenneklippenvogel *(Rupicola rupicola)* → *Rupicola*

Cayenneorganist *(Euphonia cayennensis)* → *Euphonia*

Cayenneralle *(Aramides cajanea)* → *Aramides*

Celebes-Fledermauspapagei *(Loriculus exilis)* → *Loriculus*

Celebeskuckuck *(Centropus celebensis)* → *Centropus*

Celebes-Muskatnuß-Fruchttaube, NN → Elsterfruchttaube

Centropodidae, Laufkuckucke. F der Cuculiformes ↗. 3 UFn (Centropodinae ↗, Couinae, Carpococcyginae), 3 Gn, 39 An. Afrika, Madagaskar, SO-Asien, Südsee-Inseln. Haltung s. *Centropus* ↗. Couinae (Seidenkuckucke auf Madagaskar) sämtlich unter An-Schutz!

Centropodinae, Spornkuckucke. UF der Centropodidae ↗. 1 G *Centropus* ↗, 28 An.

Centropus. G der Centropodinae ↗. 28 An. ♂ kleiner als ♀. 38–70 cm. ♂ u. ♀: meist braun od. glänzend schwarz. Kräftiger hoher Schnabel. Breiter langer Schwanz. Kurze breite Flügel. Lange kräftige Beine mit langer scharfer Hinterzehenkralle. Afrika, Madagaskar, SO-Asien, Südsee-Inseln. Bewohnen offenes Gelände, aber auch Rohrdickichte. Meist Bodenbewohner; gute Läufer. Keine Brutschmarotzer. ♂ baut großes überwölbtes Nest auf Erde od. dicht darüber, mit 2 seitl. Eingängen. Nur 1 A brütet in Baumhöhlen. 3–5 rundliche, weiße Eier. Brutdauer 14 Tage. Beide Eltern betreuen Juv. Schlüpfen mit auffallend langen «Haaren» (Federscheidenspitzen). Viele An unter An-Schutz! Sehr selten gehalten, nur gelegentl. in Tiergärten, wie z. B. *C. superciliosus* 1973 im Zoo Köln. Fütterung Jungmäuse, Fleischstückchen in Ameisenpuppen u. Hartei gewälzt; grobes Mischfutter aus großen Beeren, Obststückchen, gekochtem Reis od. Nudeln mit Fleischsaft u. Mehlwürmern. Wenn möglich auch Jungvögel, Küken, Eidechsen.

— *C. celebensis,* Celebeskuckuck. ♀ u. ♂: fahlbraun. Flügel u. Schwanz rotbraun. 50 cm. UAn. Sulawesi. Frißt Insekten, bes. große Heuschrecken, Eidechsen.

— *C. monachus,* Mönchskuckuck. ♀ u. ♂: Kopf u. Nacken graubraun bis blauschwarz. Kehle weiß. Bauch bräunlichweiß. Rücken u. Flügel rostbraun. Schwanz bräunlichviolett. Kurzer Schnabel. Auge rot. 45 cm. UAn. Ghana u. Äthiopien bis NW-Angola, Katanga, Uganda, Kenia. Häufig in Papyrusdickichten u. a. Sumpfvegetation.

— *C. senegalensis,* Spornkuckuck, Senegalkuckuck. ♂ u. ♀: Oberkopf u. Nacken schwarz. Flügel u. Vorderrücken rostbraun. Bürzel u. Schwanz schwarz. Kehle u. US gelblichweiß. Auge rot. 38–41 cm. UAn. Ägypten, Äthiopis von Senegal, dem S-Sudan u. Äthiopien bis Angola, N-Botswana u. Simbabwe. In Steppen u. Baumsavannen, oft in Wassernähe. Frißt Insekten, Frösche, Eidechsen u. a. Kleintiere.

— *C. sinensis,* Heckenkuckuck. ♂ u. ♀: glänzend blauschwarz, Flügel kastanienbraun. Auge rot. UAn. Pakistan, Indien u. Sri Lanka bis S-China, Indochina u. Malaysia, Große Sundainsel bis Kalimantan u. Bali; Philippinen. Einzeln od. paarweise.

— *C. superciliosus,* Tiputip. ♂ u. ♀: rostrot, Scheitel u. Nacken braun u. rahmweiß längsgestreift. Breiter weißer Strich über rubinroten Augen. Langer, leicht abwärts gebogener Schnabel. Langer, breiter Schwanz. 40 cm. UAn. Sokotra, SW-Arabien, Äthiopien bis Angola, N-Botswana u. S-Afrika.

Cephalopterus, Schirmvögel. G der Cotingidae ↗. 3 An.

— *C. ornatus,* Kurzlappen-, Schmuck-Schirmvogel. ♂: metallschwarz, Scheitel mit dichtem Schopf aus haarfeinen, 5 cm langen Federn (bei Balz fallen sie schirmartig nach allen Seiten, die Tolle verwehrt dann den Blick nach vorn). Von der Kehle hängt langer, befiederter Hautsack herab (wird bei Balz auf ca. 8 cm länge aufgebläht, versteift sich, sieht dann wie ein trockener Tannenzapfen aus). Oberschnabel schwarz, Unterschnabel hornfarben. ♀ wie ♂, aber nicht so groß, auch kleinere Anhängsel. Iris weiß. Ca. 45 cm. Öst. Kolumbien, S-Venezuela, we. Guayana bis N-Bolivien u. Amazonasgebiet. Bewohnt Regenwälder, lebt vorzugsweise in den Wipfeln hoher Urwaldbäume. Nahrung vorwiegend Früchte. Der eigentümliche Hautsack wirkt als Resonanzkörper, so daß der Balzruf, ein stierähnl. Brüllen, kilometerweit zu hören ist. Sehr selten in Tiergärten, u. a. im Zool. Garten Frankfurt/M. Früher als UAn, nach WOLTERS ↗ als An angesehen: *C. glabricollis,* Nacktkehl-Schirmvogel, hat nackte Kehle, auch Kehlanhängsel überwiegend nackt, wirkt während der Balz wie rote Tomate. Kostarika, Panama.

— *C. penduliger,* Langlappen-Schirmvogel, bei der Balz bis 40 cm langer zapfenförmiger Kehlsack. We. Kolumbien bis we. Ekuador.

Cephalopyridae, Flammenstirnchen. F der Passeriformes ↗. 1 G *Cephalopyrus* ↗ mit 1 A.

Langlappen-Schirmvogel (nach R. BERNDT und W. MEISE)

Cephalopyrus. G der Cephalopyridae ↗. 1 A. Himalaja von Kaschmir bis Yünnan u Szetschuan (W-China), NW-Thailand u. N-Laos. Waldbewohner. Suchen vorwiegend in den Zweigspitzen nach Insekten, bewegen sich ähnl. den Meisen (Paridae ↗). Gesang abwechslungsreiches Zwitschern. Nest wird in Baumhöhlen gebaut. Sehr selten im Handel. Nach W. BAARS ↗ u. H. LÖHRL ↗ Eingewöhnung mit frischen od. aufgetauten Ameisenpuppen (picken Inhalt aus), handelsübl. feinem Insektenfutter mit Möhrensaft u. Magerquark, vor allem auch Blattläuse. Mehlkäferlarven werden nicht beachtet, nur die Puppen leergefressen, auch Raupen, Motten u. Falter finden keine Beachtung. Haltung am besten in Volieren ↗ mit Nadelbäumen, Kiefernzweigen usw. Warme Überwinterung.
— *C. flammiceps,* Feuerkopfmeise, Feuerköpfchen, Flammenstirnchen. ♂: Vorderkopf, Stirn, Kinn u. Kehle orangerot, geht zur Brust in Gelb über. OS olivgrün, Flügel mit 2 hellen Binden, untere breiter. Bauch gelblichweiß. ♀: Kopf ohne Orange, insges. düsterer u. blasser als ♂. 10 cm. UAn.

Cepphus. G der Alcidae ↗. 3 An.
— *C. grylle,* Gryllteist. ♂ u. ♀: Im BK schwarz mit großem, weißen Flügelfeld. Schnabel schwarz mit roter Basis. Füße rot. RK oberseits schwarzweiß geschuppt, unterseits weiß. Juv. ähnl. RK. 35 cm. UAn. Island, Skandinavien, nö. England, Bäreninsel, Nowaja Semlja, Küsten Sibiriens, N-Amerika u. Grönland. Meist in kleineren Kolonien an felsigen u. geröllbedeckten Küsten u. Inseln, auch an bewaldeten Küsten. 2 Eier, die in Spalten u. Rissen, unter Geröll u. Felstrümmer abgelegt werden. Haltung s. Alcidae. Zucht gelang 1972 im Zoo Helsinki, sonst kein Erfolg bekannt.

Ceram-Edelpapagei → Edelpapagei

Ceratogymna. G der Bucerotidae ↗. 2 An. Afrika.
— *C. atrata,* Keulenhornvogel. ♂: schwarz, oberseits metallisch glänzend. Nackte Haut am Kopf schwarz. Schwanzfedern schwarz, mittl. Paar vollständig, übrige mit weißen Spitzen. Kehle nackt, kobaltblau. Schnabel u. zylindrischer Aufsatz schwarz, Horn vorn spitz auslaufend. Auge rot. ♀ wie ♂, kleiner. Kopf u. Hals rotbraun. Schnabel braunschwarz, Aufsatz niedrig, leistenförmig. Auge braun. Juv. ähnl. ♂. 90 cm. Liberia bis we. Uganda, Zaïre, N-Angola. In Ur- u. Galeriewäldern der Ebene, nicht über 1 250 m ü. NN. Nahrung vorwiegend Früchte, vorzugsweise von Calamus- u. Weinpalme, Insekten, wurde auch beim Plündern einer Kolonie von *Textor cucullatus* ↗ beobachtet. Ab u. zu in zool. Gärten, 1 Exempl. lebte im Zoo London 15 Jahre. Von 1972–1977 1 Paar im Vogelpark Walsrode ↗ gepflegt, war dort zutraulich, unempfindlich.

Cercotrichas. G der Muscicapidae ↗. 3 An. Afrika, Europa. Haltung im großen Landschaftskäfig ↗, in biotopähnl. eingerichteter Vogelstube ↗ od. Voliere ↗. Warme Überwinterung. Futter wie *Phoenicurus* ↗. Artenschutz s. Naturschutzbestimmungen ↗.
— *C. galactotes,* Heckensänger. ♂ u. ♀: Kopf-OS u. Rücken rotbraun (we. UA) od. graubraun (öst. UA). Auffallender schwarzer Augenstreif, kräftiger, rahmfarbener Überaugenstreif. Schwanz gerundet, braunrot, wird häufig gefächert u. nach oben gestellt, bis auf mittl. Federn Spitzen der übrigen weiß, anschl. schwarzes Band. US rahmfarben mit rötlichbraunem Anflug, bei öst. UA mehr graubraun. Juv. ähnl. Ad., stelzen u. fächern häufig den Schwanz. 15 cm. UAn. N-Afrika, sü. Iberische Halbinsel, SO-Europa, Kleinasien, N-Syrien, Transkaukasien, Irak, Iran, sü. Transkaspien u. Afghanistan bis Balchaschsee. Bewohnt buschreiches u. mit Hecken bestandenes offenes Gelände, Dorngestrüpp, Ränder an Straßen u. Ortschaften, Oliven- u. Orangenplantagen. Gesang erinnert an den des Gartenrotschwanzes ↗, kurz, ansteigend. Sehr selten im Handel.

Cereopsinae, Hühnergänse. UF der Anatidae ↗. 1 G, 1 A.

Cereopsis. G der Anatidae ↗, UF Cereopsinae ↗. 1 A. Brutvogel auf Inseln vor der S-Küste Australiens; in Neuseeland eingeschleppt. Außerhalb der Brutzeit umherstreifend, dann auch auf austral. Festland. Vor einigen Jahren bestandsgefährdet. Inzwischen stabile Freilandpopulation durch Schutzmaßnahmen. Bewohnen als ausgesprochene Grasfresser grasbewachsene Inseln. Gute Läufer u. schlechte Schwimmer. Ad. gehen so gut wie nicht ins Wasser. In Dauerehe lebend. Brutzeit im austral. Winter. Nester werden auf Grasland errichtet. 3—6 Eier bebrütet das ♀ 35—37 Tage. Immat. Tiere leben in kleinen Gruppen. Haltung nicht problematisch. Da während der Brutzeit sehr aggressiv, ist Haltung in größeren Einzelgehegen mit guter Grasnarbe zu empfehlen. Wasser nur als Tränke notwendig, da auch Paarung auf dem Lande stattfindet. Nur bei anhaltendem Frost Schutzraum erforderlich. Futter Gras, Gemüse, Mischfutter. Brutaktivität wird durch abnehmende Tageslänge ausgelöst. Brutzeit in M-Europa November—Februar. Nest in frostfreiem Innenraum vorbereiten. Juv. benötigen viel Grünfutter wie Grasbatzen, Keimgetreide, Kohl, Möhren. Mit 3 Jahren geschlechtsreif. Mischlinge mit anderen Vertretern der F sind nicht bekannt.
— *C. novaehollandiae,* Hühnergans. ♂ u. ♀: gleichgefärbt. Gefieder einfarbig aschgrau mit schwarzen Tupfen auf den Flügeldecken. Weiße Stirn u. Kopfplatte. Kurzer u. hoher Schnabel mit ausgedehnter gelbgrüner Wachshaut. Läufe fleischfarben, Zehen u. stark reduzierte Schwimmhäute schwarz. Das meist etwas schwächere ♀ trompetet laut u. tief. Die Stimme des ♂ ist leiser u. höher. Große, kräftige Gans. 80—90 cm.

Certhia, Baumläufer. G der Certhiidae ↗. 6 An. Asien, Europa, N-Afrika, N-Amerika. In Laub- u. Nadelwaldgebieten, Parks, Baumgärten. Klettervögel. Nahrung Insekten u. deren Gelege, Spinnen, Teile von Flechten. Eingewöhnung nicht ratsam. Nestjunge leicht aufzuziehen. Friedlich. In hohen Käfigen mit grober Rinde od. Freivolieren ↗. Winterhart. Futter Ameisenpuppen, Insekten, Fertigfutter, Eifutter, gemahlene Pinienkerne. Gezüchtet. Brutdauer 14 Tage, Nestlingsdauer 17 Tage, nach weiteren 7 Tagen selbständig.

Certhiidae

Gartenbaumläufer

— *C. brachydactyla,* Gartenbaumläufer. ♂ u. ♀: Kopf-OS, Rücken, Flügeldecken braun mit weißer bis rahmfarbener Längsstrichelung, an der Stirn undeutl. Fleckung. US weniger rein weiß, sonst wie *C. familiaris.* 12—13 cm. N-Afrika, S-, W- u. M-Europa (ohne Brit. Inseln), öst. bis W-Sowjetunion, Kleinasien bis Kaukasus. In Laubwäldern mit Eichen u. anderen rauhrindigen Bäumen, Obstgärten, Parkanlagen, in S-Europa in Kiefernwäldern. Eingewöhnung, Aufzucht, Haltung, Zucht s. *C. familiaris,* doch sind handaufgezogene Gartenbaumläufer furchtsamer u. weniger zahm.

— *C. familiaris,* Waldbaumläufer. ♂ u. ♀: Kopf-OS von der Stirn ab, Rücken, Flügeldecken rostbraun mit weißlicher Längsstrichelung. Über dem Auge weißer Streifen. Vom Schnabel bis Nacken brauner, weiß gestrichelter Streifen. Schwingen dunkelbraun, US rein weiß, Schwanz braun. Schnabel oben braun, unten heller. Auge braun. Füße fleischfarben. Juv. wie Ad. 12—13 cm. Europa, im S im Bergwald, Brit. Inseln, Skandinavien, öst. durch Sibirien, M-Asien bis Himalaja, China, N-Korea, Japan. In Tannen-, Buchen- u. Mischwäldern, im Gebirge bis Baumgrenze. Brütet hinter Rinde od. in Spalten. Eingewöhnung von Altvögeln nicht ratsam. Erfolgreiche Aufzucht von 8tägigen Jungen. Käfige sollten höher als breit u. reichl. mit Rinde u. berindeten Ästen ausgestattet sein. Futter muß kletternd erreichbar sein: Ameisenpuppen, Mehlwürmer, Fertigfutter, Eifutter u. gemahlene Pinienkerne. Flechtenbewachsene Äste ermöglichen Zusatznahrung. Zucht in der Voliere erfordert einen Nistkasten mit spaltförmigem Eingang, der kletternd erreichbar ist. Als Nistmaterial dienen dünne, dürre Fichtenreiser, Moos, morsches Holz, kleine Federn. Mit Mehlwürmern od. Spinnen sollte Balzfüttern des ♀ durch das ♂ ermöglicht werden. Nach 15 Tagen der Bebrütung werden die Juv. mit Blattläusen, Ameisenpuppen, später mit Mehlwürmern, Eifutter u. Bienenlarven von beiden Altvögeln gefüttert. Mit ca 17 Tagen verlassen Juv. das Nest; gut bedeckter Ort zum Übernachten ist erforderlich.

Certhiidae, Baumläufer. F der Passeriformes ↗. 6 An. Rindenfarbig braun mit weißen Flecken. Asien, Europa, N-Afrika, N-Amerika. In Waldgebieten, Parkanlagen u. Baumgärten. Klettern auf Baumstämmen u. stärkeren Ästen. Nahrung Insekten, Spinnen, Baumflechten. Spaltbrüter. Nest aus Reisern, Moos, Bast u. Federn.

Ceryle. G der Alcedinidae ↗. 1 A. Meist schwarzweiß gemustert. Langschnäbelig u. längerer Schwanz als übrige An. Äthiopis, Ägypten, Vorderasien, S-Asien bis S-China u. Indochina. Wendige Flieger. Wasserjäger an Binnengewässern u. Küstenstreifen. Geselliger. Nest in Erdhöhlen mit sehr langem Eingang. 4—6 weißglänzende, runde Eier. 1967—1969 im Universitätsinstitut Ugandas gehalten.

— *C. rudis,* Graufischer. ♂ u. ♀: Lebhaft schwarzweiß gezeichnet. Kehle, Hinterhals u. US weiß. Weißer Brauenstreif, schwarzer Augenstreif. Weißes Band in Schwanzmitte u. weißer Endsaum. Haube, Schnabel u. Füße schwarz. ♂ mit doppelter, ♀ mit einfacher schwarzer Brustbinde. Juv. weiße Nacken- u. Brustfedern rötlichgelb umsäumt; sonst wie ♀. Körpermasse 70—100 g. 26—28 cm. UAn.

Cettia. G der Sylviidae ↗. 11 An. Europa, N-Afrika, Asien. Pflege s. Sylviidae. Insektenfresser. Haltung im großen Landschaftskäfig ↗, besser im biotopähnl. eingerichteten Flugraum. Warme Überwinterung. Futter: gutes, insektenhaltiges Weichfutter mit viel Magerquark, hartgekochtem Eigelb, Polyvitamin-Mineralstoffpräparat, reichl. frische Insekten (Wiesenplankton, Ameisenpuppen usw.).

— *C. canturians,* Nachtigallbuschsänger. ♂: s. *C. diphone,* je nach UA Kopf-OS rostbraun od. OS ♀ wie ♂, aber ♂ 18 cm, ♀ 15 cm. SO-Sibirien durch Mandschurei, Korea bis zum Jangtse. Selten gehandelt. Gesang kurz, laut, ähnelt dem von *C. cetti.*

— *C. cetti,* Seidensänger. ♂ u. ♀: Überaugenstreif weißlich, OS dunkel rötlichbraun, US grauweiß. Schwanz gestuft, abgerundet. 14 cm. UAn. N-Afrika, S-, W-Europa, SW-Sowjetunion, Kleinasien, Zypern, Syrien, Israel bis Irak, SW-, N-Iran; Transkaspien, N-Afghanistan, von der Wolgamündung bis zum Tarbagatai. Niedrige Pflanzendickichte, allgemein nahe an feuchten Gräben, Bächen, Lachen, Sümpfen, im Röhricht. Nest am Boden im dichten Pflanzengewirr, sehr versteckt. Gelege meistens 4 Eier. Sehr selten in Liebhaberhand. Gesang sehr lauter Schlag, beginnt plötzlich, endet schlagartig in unverwechselbarer Weise. Alarmruf schnarrend.

— *C. diphone,* Japanbuschsänger, Uguisu. ♂: heller Überaugenstreif, OS olivbraun, Flügel, Schwanz rostfarben. US weißlich, Flanken bräunlich. ♀ wie ♂, aber wesentl. kleiner. ♂ 16 cm, ♀ 13 cm. UAn. Sachalin, S-Kurilen, Hokkaido bis Riukiu-Inseln, Bonin-, Vulkan-, Borodino-Insel (Japan); eingeschleppt auf Oahu (Hawaii). Lebt im Pflanzendickicht feuchter Landstriche, an Flußufern. Ab u. zu im Handel. Gesang ähnl. dem von *C. cetti.* Sehr bewegungsfreudig, nur im großen Flugraum unterbringen, großer Vitamin-, Mineralstoffbedarf.

Ceuthmochares. G der Phoenicophaeidae ↗. 1 A. Von Senegal u. S-Äthiopien bis N-Angola, N-Sambia, O-Rhodesien u. Natal. In Regenwäldern, Galeriewäldern u. dichtem Gebüsch u. Schlingpflanzen. Über Haltung in Gefangenschaft nichts bekannt.

— *C. aereus,* Erzkuckuck. ♂ u. ♀: metallischglänzend grüngrau; US heller. Langer, breiter Schwanz. Auffällig gelber Schnabel. Augenfeld bläulich. Schlank. 33 cm. UAn.

Ceylonbeo *(Gracula ptilogenys)* → *Gracula*
Ceylonhuhn *(Gallus lafayetii)* → *Gallus*
Ceylonkitta, NN → Schmuckkitta
Ceylonnektarvogel *(Leptocoma zeylonica)* → *Leptocoma*

Ceyx. G der Alcedinidae ⌐. 3 An. Fuß nur 3 Zehen aufweisend.
— *C. erithacus*, Dschungelfischer, Dreizehen-Eisvogel, Waldkönigsfischer. ♂ u. ♀: oberseits hellbraun mit lila Schimmer. Kopf-OS rotbraun. US orangegelb bis sandfarben. Weiße Kehle mit rotbraunem Band. Flügel blau. Lila Augenstreif in großen blauen u. weißen Fleck übergehend. Schnabel u. Füße rot. 2 Zehen nach vorn, 1 nach hinten gerichtet. Juv. matter gefärbt, unterseits weniger gelb, mehr verwaschen bräunlich. 13 cm. UAn. Indien bis SO-China, zu den Philippinen u. durch Indonesien bis Sumbawa, Flores u. Sumba. In Wäldern. Beute Fische, Krebse u. Insekten. Brut in Erdhöhlen mit langen Eingängen. 4—5 fast runde, weißglänzende Eier (19 × 15,5 mm).
— *C. fallax*, Rostfischer. ♂ u. ♀: glänzend rostfarben mit Hauch von Rosa. Bürzel blau. UAn. Sulawesi u. Sangir-Inseln. Im dichten Urwald, meist im Unterwuchs. Beute Insekten u. a. Kleingetier.
— *C. melanurus*, Goldfischer. ♂ u. ♀: glänzend rostfarben mit Hauch von Rosa. Brust zartviolett getönt. Kopf-OS violett getupft. UAn. Sü. Philippinen.

Chachalacas → *Ortalis*

Chaimarrornis. G der Muscicapidae ⌐. 1 A. Tadschikistan, O-Afghanistan durch S-Tibet u. das Himalajagebiet bis Burma; W- u. M-China, nö. bis zum Kuku Nor, bis Kansu, Schansi u. N-Hopeh, sü. bis Yünnan u. Hupeh. Verbringen den Winter in den Gebirgen von Pakistan, N-Indien, Burma, N-Laos bis Thailand u. S-China. Leben an felsreichen Gebirgsbächen zwischen 1 800 u. 5 300 m ü. NN. Überwiegend auf Steinen reißender Flüsse. Kein üblicher Gesang, neben schrillem Warnruf u. leisem «sitsit» ist als Stimmäußerung lauter, schwermütiger Pfiff zu hören (W. BAARS ⌐). Ab u. zu auf dem europ. Vogelmarkt. Unterbringung in großen biotopähnl. eingerichteten Unterkünften, bes. sind rauhe Steine wichtig, ein zeitweise fließender Gebirgsbach (Wasserumlauf z. B. durch alten Waschmaschinenmotor zu realisieren). Futter s. *Oenanthe*, außerdem Wasserinsekten füttern, z. B. Köcherfliegen-, Büschelmückenlarven usw., auch Enchyträen reichen.
— *C. leucocephalus*, Weißkopfschmätzer. ♂ u. ♀: Kopf-OS u. Nacken weiß. Rücken u. Flügel schwarz. Bürzel, Oberschwanzdecken u. Schwanz rotbraun, letzterer mit schwarzer Endbinde. Bauch u. Unterschwanzdecken rotbraun. 19 cm.

Chalcomitra, Mattrücken-Nektarvögel. G der Nectariniidae ⌐. 6 An. Afrika. Mangrovewälder, Gärten, Waldränder, Plantagen, Bergwälder, Savannen.
— *C. amethystina*, Amethystglanzköpfchen. ♂: samtschwarz, Kopf-OS mit grüner Kappe, Kehle schimmernd purpurfarben. ♀: OS olivbraun, US heller mit deutl. Längsstreifen, weißlicher Überaugenstreif. Juv. wie ♀. 14 cm. Sü. der Linie S-Somalia bis S-Zaïre bis zum Kap. Bevorzugt Bergwälder, Mangrove, Savanne, Busch- u. Kulturland.
— *C. senegalensis*, Rotbrust-Glanzköpfchen, Natalglanzköpfchen. ♂: samtbraun bis schwarz, metallischgrüne Kopfplatte u. Kehle, Brust lebhaft scharlachrot. ♀: OS braun, US heller, deutl. gefleckt. Juv. wie ♀. 14 cm. Sü. der Linie Senegal bis N-Äthiopien bis zum Kap. In versch. Biotopen. Aus Gras, Moos u. Papierfetzen baute das ♀ in einem üblichen Nistkasten ein Nest. 1 Ei wurde 14 Tage bebrütet. Bis zum 12. Tag fütterte nur das ♀, danach das ♂. Nach 24 Tagen war das Juv. selbständig.

Chalcophaps. G der Columbidae ⌐. 2 An. S-Asien bis Neuguinea, Australien, Inseln im SW-Pazifik.
— *C. indica*, Glanzkäfertaube (Grünflügeltaube). ♂: Stirn, Überaugenstreif weiß. Oberkopf, Nacken grau, bläulich getönt. Mantel, Flügel metallisch grün, kupfern glänzend. Schulter mit kleinem weißen Fleck. Hinterer Rücken schwärzlich, 2 helle Binden quer darüber. Schwanz in der Mitte schwarzbraun, außen hellgrau. US mit Wangen u. Halsseiten düster weinrot, am Bauch aufhellend, an den Flanken mehr grau. Iris braun. Orbitalring rot. Schnabel leuchtend rot. Beine rötlich. ♀: ohne Schulterfleck u. mit weniger Weiß am Kopf. 27 cm. UAn. Indo-australische Region von Vorderindien bis SO-Neuguinea, N- u. O-Australien, Neue Hebriden. Vorkommen in Wäldern, Nahrungssuche (Samen, Beeren, kleine Wirbellose) teils außerhalb derselben bis in das Innere von Ortschaften. Verzehrt regelmäßig salzhaltigen Boden. Das ziemlich voluminöse Nest steht gut verborgen in Bäumen u. Sträuchern. Gelege 2 cremefarbene Eier. Brutdauer 14 Tage. Nestlingszeit 12—13 Tage. Erstmalig 1794 in Europa (Osterley Park Menagerie in England). Erstzucht 1880 in Berlin (bei K. RUß ⌐). Unterbringung am besten in geräumiger Voliere mit Anbau für mindestens frostfreie, besser warme Überwinterung. Flugraum gut bepflanzen, insbes. mit waagerecht verlaufenden Ästen ausstatten. Verhältnismäßig verträglich, aber manche Tauber vertreiben energisch andere Vögel, die sich zu nah ans Nest heranwagen. Leicht züchtbar, doch häufig nur in großen Intervallen nistend. Unterlagen (Körbchen) dicht unter der Volierendecke anbringen. Bei Nestkontrollen unempfindlich. Futter Feinsämereien, auch Weizen, in bedeutender Menge auch ölhaltige Samen, wie Hanf, Sonnenblumenkerne, Erdnüsse (letztere gebrochen), Beeren, Weichfutter, unter das gegen Rachitis Mineralstoffe u. Vitamine gemischt werden sollten, ab u. zu einige Mehlwürmer.

Chalcopsitta. G der Loriidae ⌐. 4 An. Indonesien, Neuguinea u. umliegende Inseln, Melanesien. Vögel aller An in Europa gepflegt, stets Zucht anstreben. Geschlechtsbestimmung sehr schwierig. Paar allein halten. Warme Überwinterung. Braunloris fressen viel. Dem Futter wird deshalb bei der Rezeptur des Vogelparks Walsrode ⌐ nachmittags noch ½ Apfel beigegeben. Während der Brutzeit Paare sehr aggressiv.
— *C. atra*, Schwarzlori. ♂: schwarz mit Purpurglanz, Augenumgebung nackt, schwarz. Körper purpurblau. Schwanz-US olivgelb, am Grund rötlich. Auge gelb. Schnabel u. Füße schwarz. ♀ wie ♂, Kopf nur gering kleiner, Schnabel etwas schmaler.

Chalcostetha

Braunlori mit Jungen

Juv. Auge graubraun. Augenpartie weißlichgrau. 32 cm. UAn. *C. a. insignis*, Sammellori. ♂ u. ♀: mattblau, aber Stirn, vordere Wange, Flügelbug, Flügelrand, unterer Flügel u. innerer Schenkel rot, wenige rote Federn auch an Kopf u. US. 29 cm. O-Vogelkop (W-Irian), auf der angrenzenden Amberpon-Insel, auf den Bomberai- u. Onin-Halbinseln. Äußerst selten im Handel. Verbr.-Gebiet der A: W-Irian, Inseln Misol, Batanta u. Salawati. Wald- u. Savannenbewohner. Bildet Schwärme. Seit 1968 zuweilen Nominatform auf europ. Vogelmarkt. Ad. Vögel bleiben meistens scheu, deshalb möglichst Juv. erwerben. Wenige Male gezüchtet. Baumstammhöhle (ca. 40 cm Höhe) bieten. Gelege 2 Eier. Juv. schlüpfen nach 25 Tagen, fliegen nach 10—11 Wochen aus. Aufzuchtfutter s. Futter, aber reichlicher.

— *C. cardinalis*, Kardinallori. ♂: rot, Augenumgebung rötlichschwarz. Rücken u. Flügel dunkler, mehr bräunlich. Schnabel gelb, aber Basis des Oberschnabels dunkel hornfarben. Nur während der Brutzeit am Unterschnabel auffälliges nacktes, weißes Band, individuell versch. Auge orangerot. Füße schwärzlich. ♀ wie ♂, aber ♂ Maske etwas dunkler, ganzjährig ohne Weiß am Schnabel. Juv.? 30 cm. Salomonen, Lihir-Inseln u. weitere kleine Inseln we. der Salomonen. Bewohnt Wälder, Mangrove u. Plantagen. Sehr selten in Gefangenschaft gepflegt. 1976 von Dr. BURKARD ↗ einige Exempl. importiert, auch im Vogelpark Walsrode gehalten. In Europa kam es bisher nur zur Eiablage, allein bei Dr. BURKARD schlüpfte 1 Juv., lebte ca. 1 Woche.

— *C. duivenbodei*, Braunlori. ♂: dunkel olivbraun, Stirn gelb, ebenso Streif auf der nackten, schwarzen Haut zwischen Schnabel u. Auge, der bis unter das Kinn zieht. Augenpartie ebenfalls nackt u. schwärzlich. Halsseiten u. Nacken mit weißlichen Stricheln. Ohrdecken bräunlich. Flügelbug u. innere Schenkel gelb. Auge rötlich. Schnabel u. Füße schwarz. ♀ wie ♂, aber Kopf gering kleiner, Schnabel etwas schmaler. Juv. matter als Ad., Augenring nackt, weißlich. Auf Kopfseiten u. Kehle ist die gelbe Zeichnung der ad. Vögel braungelb, Ränder verwaschener, auch Stirn mehr bräunlichgelb in geringerer Ausdehnung. Strichelung des Nackens u. der Halsseiten fehlt weitgehend. Auge dunkelbraun. 31 cm. 2 UAn? Nö. Neuguinea. Bewohnt truppweise Baumwipfel der Wälder in der Tiefebene bis 200 m ü. NN. Seit Beginn der 70er ds. Jh. wurden zeitweise einige Vögel auf europ. Vogelmarkt angeboten. Nur arteigene Vögel zusammen halten, töten sofort andere, versuchen oft selbst Papageienvögel in Nachbarvolieren Füße zu zerbeißen. Eingewöhnung problemlos, anfangs warme, später frostfreie Überwinterung bei ca. 10 °C. Stimme sehr laut. Welterstzucht 1976 im Vogelpark Walsrode. Baumstammhöhle (30 cm ∅, Höhe 60 cm. Bodenbelag Hobelspäne) als Bruthöhle anbringen. Gelege 2 Eier. Juv. schlüpfen nach 25 Tagen, verlassen mit 70 Tagen die Höhle u. nehmen bereits 4 Wochen später selbständig Futter auf, lassen sich aber noch nach ½ Jahr ab u. zu von Eltern füttern. Der weiße Augenring bleibt ca. 8 Monate erhalten. 1 Jahresbrut, auch 2 Bruten möglich. Von 1976—1983 schlüpften von 1 Paar im Vogelpark Walsrode 19 Juv., von denen 17 ausflogen.

— *C. sintillata*, Schimmerlori. ♂ u. ♀: dunkelgrün, Stirn, Scheitel u. Schenkel rot, z. T. auch Schwanz-US. Ohrdecken, Hinterkopf u. Nacken schwarz. Brust schwärzlich, diese u. Bauch mit gelblichen, je nach UA auch rötlichen Stricheln. Schnabel schwarz. Auge gelb bis orangegelb. Füße dunkelgrau. Juv. Stirn ohne od. wenig rot, Schnabelwurzel dunkelgelb. 30 cm. Lebt im sü. Neuguinea (im W bis zur Geelvink-Bucht), Aru-Insel. Bewohnt Wälder, baumbestandene Flußufer, Savannen u. Plantagen. In Europa nur zuweilen im Handel. Nach der Eingewöhnung hart u. ausdauernd. Juv. Einzelvögel bald zutraulich, verspielt. Schlafhöhle anbringen. Stimme sehr laut, für Nachbarn kaum zumutbar. Sehr aggressiv gegenüber anderen Loris u. Vögeln, während der Brutzeit auch gegenüber dem Pfleger. Doppeltrennwände zu den Nachbarvolieren, da sie hier untergebrachten Papageienvögeln die Füße zerbeißt. Frißt sehr viel, dadurch sehr großer Schmutzer, von allen Loris mit Abstand der größte. 1978 u. 1979 jeweils 2 Juv. im Vogelpark Walsrode gezüchtet. Nistkastenkontrollen können durchgeführt werden, allerdings gilt es das aggressive Verhalten zu beachten.

Chalcostetha, Kupferkehl-Nektarvögel. G der Nectariniidae ↗. 1 A. S-Burma, S-Thailand bis Malaysia, Sumatera, Kalimantan, Palawan, Java. Bevorzugen die Mangrove, küstennahe Buschlandschaften, Sekundärvegetation u. Kulturlandschaft.

— *C. chalcostetha*, Kupferkehlnektarvogel. ♂: Kehle, Brust u. Bauch metallisch violettrot, Brustbüschel chromgelb u. orange, OS grünlichblau glänzend. ♀: Kopf gräulich, OS dunkeloliv, US grünlichgelb, Kehle weißlich, Schwanz schwarz. Juv. wie ♀. 15 cm.

Chalcostigma, Dornschnabelkolibris. G der Trochilidae ↗. 4 An. Kolumbien, Ekuador bis Bolivien. Andenhänge bis etwa 3 500 m Höhe.

— *C. herrani*, Rotbrustglanzschwänzchen, Schillerbrust-Glanzschwänzchen, Lakaikolibri, Bergwart. ♂: OS metallischgrün, Oberschwanzdecken kupferbronzefarben. Stirn u. ein am Nacken spitz auslaufender Streif glänzend braunrot, die aus verlängerten Federn bestehende Spitze heller, mehr gelblich. Kopfseiten grünlichbronzefarben. Steuerfedern stahlblau, die mittelsten an der Spitze violett, die äußeren mit ausgedehnten langen weißen Spitzen. US graubraun. Unterschwanzdecken weißlich, die längsten in der Mitte bronzefarben. Kinn glitzernd goldgrün. Schmaler, aus stark verlängerten Federn bestehender Kehlstreif leuchtend goldigfeuerrot, daneben ein schwarzer schattenartiger Streif. Schnabel u. Füße schwarz. ♀: kleiner als ♂. Kehlfedern an der Wurzel hellbräunlich, Spitze des goldiggrünen Kehlstreifens goldig orangegelb, Federn hier nicht verlängert; Haubenfedern nur wenig verlängert. Juv. wie ♀, keine Haube. 12,0 cm. Kolumbien bis N-Ekuador. Bevorzugt Busch- u. Strauchregion in 3 500 m Höhe sowie die Paramozone. Eingewöhnung s. *Oxypogon guerinii*. Haltung kaum möglich. Zucht daher noch nicht gelungen.

Charadrii, Regenpfeiferartige. UO der Charadriiformes ↗. 8 Fn (Burhinidae ↗, Dromadidae, Haematopodidae ↗, Recurvirostridae ↗, Ibidorhynchidae, Vanellidae ↗, Charadriidae ↗, Glareolodae ↗).

Charadriidae, Regenpfeifer. F der Charadrii ↗. 15 Gn, 40 An. Verbr. in Europa, Asien bis zu den Philippinen, u. Neuguinea, Australien, Neuseeland, Afrika, Madagaskar, N-, M-Amerika u. Antillen, S-Amerika.

Charadriiformes. Watvögel. O. 3 UOn (Scolopaces ↗, Charadrii ↗, Thinocori).

Charadrius. G der Charadriidae ↗. 21 An. Haltung s. Scolopacidae.
— *C. alexandrinus*, Seeregenpfeifer. ♂: Im BK Hinterkopf u. OS rötlichbraun, US weiß, Nackenring u. Überaugenstreif weiß. Weiße Stirn, oberhalb schwarzes Scheitelband. Zügel u. Fleck hinter dem Auge schwarz. Kein geschlossenes Brustband, an den Seiten nur ein schwarzer Fleck. Schnabel u. Füße schwarz. ♀: Schwarzanteile graubraun. RK ähnl. ♂. Juv. Kopf-OS, Wangen u. OS graubraun, kleiner bräunlicher Fleck an Brustseiten. 16 cm. UAn. Verbr. an den Küsten N-, W- u. S-Europas, auch Neusiedler-See, M- u. O-Asien bis Sri Lanka u. Java, N-Afrika u. Amerika. Überwintert in S-Amerika, Afrika u. S-Asien. Bewohnt die flachen, vegetationslosen Küsten

Seeregenpfeiler-Küken. 1. Lebenstag

Brütender Flußregenpfeifer

am Salzwasser, vor allem Sand-, Kies- u. Schlickstrände. Im Binnenland in der Nähe salzhaltiger Gewässer. 3 Eier in einer Mulde mit wenig Nistmaterial, oft mit Muschelschalen od. Steinchen ausgekleidet. Eier meist so in Unterlage eingebettet, daß sie kaum zu sehen sind. ♂ u. ♀ brüten, Brutdauer 26 Tage. Zucht gelang mehrfach im Zoo von Budapest u. Prag.
— *C. dubius*, Flußregenpfeifer. ♂ u. ♀: BK ähnl. RK. OS sandbraun, US weiß. Schmales, schwarzes Brustband, Zügel, Kopfseiten u. Band oberhalb der weißen Stirn schwarz. Oberhalb schwarzen Bandes über Stirn schmales weißes Band. Schwarzer Schnabel. Juv. Kopf sandfarben mit weißer Stirn, an Brustseiten braune Flecken. 15 cm. UAn. Verbr. in ganz Europa, N-Afrika, N-, M- u. S-Asien. Überwintert am Mittelmeer, Afrika u. S-Asien. Bewohnt Kiesgruben, Sand- u. Kiesufer von Seen, Teichen u. Flüssen, trockengelegte Teiche u. Braunkohlentagebaue. Nest flache Mulde, manchmal mit etwas Nistmaterial ausgelegt. 4 Eier, ♂ u. ♀ brüten, Brutdauer 25 Tage. In M- u. S-Europa meist 2 Jahresbruten. Zucht gelang in England, Helsinki u. Prag.
— *C. hiaticula*, Sandregenpfeifer. ♂ u. ♀: BK oberseits sandfarben, unterseits weiß. Stirn, Halsring u. Fleck hinter dem Auge weiß, Kopf-OS, Zügel, Kopfseiten u. Brustband schwarz. Gelber Schnabel mit schwarzer Spitze. RK OS dunkler, Schwarz am Kopf mehr bräunlich. Juv. Kopf u. Brustband braun. 19 cm. UAn. N-Europa einschließl. der Küsten der Nord- u. Ostsee, nö. SU bis zur Tschuktschen-Halbinsel, öst. N-Amerika. Überwintert am Mittelmeer, Afrika u. S-Asien. Bewohnt flache Meeresstrände u. Dünen, im Binnenland sandige Ufer von Gewässern. 4 Eier, die in eine flache Mulde meist ohne Nistmaterial gelegt werden. ♂ u. ♀ brüten, 25 Tage Brutdauer. Regelmäßig 2 Jahresbruten. Zucht gelang 1962 u. 1964 im Zoo Basel.

Charmosyna. G der Loriidae ↗. 4 An. Häufig in der systematischen Stellung wird dieser G *Hypocharmosyna* ↗ zugeordnet. Körperform, Färbung u. Größe, Eingewöhnung u. Haltung s. *Hypocharmosyna*, aber *C. josefinae* u. *C. papou* hauptsächlich rot

Charmosyna

gefärbt u. größer. Geschlechtsunterschiede immer erkennbar an der gelben Flanke des ♀. Diese beiden An nach der Eingewöhnung robuster u. weniger kälteempfindlicher. *C. pulchella* u. wohl auch *C. margarethae* stehen zwischen beiden vorherigen An u. den An von *Hypocharmosyna*. Sie entsprechen in Färbung u. Geschlechtsdimorphismus den beiden An dieser G, in der Größe u. Empfindlichkeit aber denen von *Hypocharmosyna*.
— *C. josefinae*, Josephinenlori. ♂: rot, Rücken u. Flügel dunkelgrün, Unterrücken rot u. Bürzel blau. Hinterkopf blauviolett mit schwarzem Band. Mittl. Schwanzfedern rot mit gelber Spitze, übrige Schwanzfedern grün mit roter Wurzel. Bauch u. Schenkel violettschwarz. Auge, Schnabel u. Füße orangerot. ♀: mit gelben Flanken. 24 cm. We. u. nö. Neuguinea. Selten eingeführt. Verhalten wie *C. papou*. Soll 1980 in BRD gezüchtet worden sein.
— *C. margarethae*, Margarethenlori. ♂ u. ♀: rot. Rücken, Flügel, Unterschwanzdecken grün. Hinterkopf schwarz. Breites gelbes Band über Brust, schmaleres über Rücken, von purpurschwarzem Band begrenzt. Auge, Schnabel u. Füße rot. 20 cm. Salomonen-Inseln. Einzige bekannte Einfuhr 1944. Matrosen brachten 4 Exempl. in den Zoo von San Diego, USA. Kein weiteren Nachrichten.
— *C. papou*, Papua-, Stellalori. ♂: rot. Rücken u. Flügel dunkelgrün, Unterrücken rot, Bürzel violettblau. Bauchband u. Flanken violettschwarz. Hinterkopf violett mit schwarzem Band. Schwanz grün, 2 mittl. Schwanzfedern stark verlängert, Ende je nach UA grün od. gelb. Auge gelb bis orange. Schnabel u. Füße rotorange. ♀: mit gelben Flanken. Gleichzeitig kommt melanistische Phase vor, bei der alle Farben schwarz überzogen, ausgenommen violetter Fleck am Hinterkopf, roter Unterrücken u. violettblauer Bürzel. Die rote Farbe schillert bei Sonnenlicht durch. ♀ ♀ haben gelbe Flanken sowohl bei roten als auch schwarzen Vögeln. Die melanistische Farbgebung vererbt sich dominant, d. h. die schwarzen Vögel können spalterbig in Rot sein. Bei Dr. BURKARD ↗ fiel aus schwarzem Paar auch ein roter Vogel. Juv. ähnl. Ad., aber blasser u. ohne verlängerte Schwanzfedern. Bis 42 cm. 4 UAn im Arfakgebirge, Gebirge von Mittel-Neuguinea, Huon-Halbinsel u. SO-Neuguinea in Höhen von 1 500—2 000 m. Bis vor 10 Jahren nur aus-

Neuguinea. Lebensraum des Josephinenlori

Papualori

nahmsweise in menschl. Pflege. 1910 Erstzucht bei BROOKS, England, Juv. starben nach 2 Monaten. Dann hie u. da importiert. Wenn gesund eingeführt u. sorgfältig eingewöhnt, recht robust, erträgt auch tiefere Temperaturen bei warmem Innenraum. Kann in Gruppen gehalten werden, zur Zucht nur paarweise Unterbringung. Enger Paarkontakt, Partner spielen gern u. oft zusammen im Gezweig u. auf dem Boden. ♂ lockt ♀ mit langgedehntem melancholischem Ruf, wobei es den Kopf schnell nach vorn u. oben schwingt u. langsam zurückzieht. Kreisen bei der Balz mit gesträubtem Kopfgefieder mit Kopf über u. vor dem Partner. Synchrone Bewegungen. Nur ♀ brütet, wird aber von ♂ oft im Kasten besucht. Juv. nach Schlüpfen lange Erstlingsdaunen, nach 2—3 Wochen kurze, dichtere Daunen, die beim Sprießen der Federn aber weitgehend wieder verschwunden sind. Fliegen nach ca. 8 Wochen aus. Regelmäßige Zucht im Zoo von San Diego, USA, u. Dr. BURKARD, zuweilen im Vogelpark Walsrode ↗.
— *C. pulchella*, Goldstrichellori. ♂: rot, Rücken, Flügel u. Schwanzdecken dunkelgrün. Hinterkopf mit purpurblauem Fleck. Brust u. bei einigen UAn auch Bauchseiten mit goldgelben Stricheln. Schwanz grün mit roten u. gelben Abzeichen. Auge, Schnabel u. Füße orange. ♀ wie ♂, aber mit gelben Flanken. 18 cm. UAn. Gebirge Neuguineas. Ab u. an Importe in Europa. Hält sich lange, wenn genügend Wärme u. regelmäßige Behandlung mit Mycostatin. 1908 Erstzucht in England (JOHNSTONE, BROOKS). Letzte Zuchten im Vogelpark Walsrode ↗ u. bei Dr. BURKARD ↗, der sie in der 3. Generation zieht sowie in Bedford (England). Balz u. Jugendentwicklung wie bei *Hypocharmosyna multistriata* ↗ u. *Hypocharmosyna placentis* ↗. Nach 2 Jahren geschlechtsreif.

Chaulelasmus. G der Anatidae ↗, UF Anatinae ↗. 1 A. Nö. Halbkugel Eurasiens u. N-Amerikas. Oft sporadisches Vorkommen. Im Winter sü. von Brutgebieten. Bewohnen Flachseen in baumlosen Niederungen. Nahrung vorwiegend aus Teilen von Wasserpflanzen. Nester in Ufervegetation. 8—12 Eier werden vom ♀ 26 Tage bebrütet. Juv. mit ca. 7 Wochen flugfähig u. nach 1 Jahr geschlechtsreif. Im Gehege wegen unauffälliger Erscheinung nicht sehr häufig. Ausdauernd u. widerstandsfähig, kann bei offenem Wasser im Freien überwintert werden. Zucht problemlos. ♀♀ als Ammen gut geeignet. Ausgeprägte Bastardierungsneigung zu allen gleichgroßen Enten.
— *C. streperus*, Schnatterente. ♂: im BK grau mit braunem Anflug u. feiner Wellung. Schwanzdecken schwarz. Flügel mit kastanienbraunen Decken u. schwarzweißem Spiegel. Schnabel dunkelgrau. Füße gelbbraun. Im RK ♂ ähnl. ♀: braun mit hellen Federsäumen u. weißem Spiegel. Schnabel mit orangefarbigen Rändern. Kleiner als Stockente. 50 cm.

Chauna. G der Anhimidae ↗. 2 An.
— *C. chavaria*, Weißwangen-Tschaja. ♂ u. ♀: schwärzlich mit schwarzem Hals u. Nacken. Großer weißer Wangenfleck. US grau. Federschopf im Nakken. Nacktes rotes Hautfeld ums Auge. Rosa Füße. 85 cm. N-Kolumbien bis NW-Venezuela. 4—6 gelblichweiße, glattschalige Eier.
— *C. torquata*, Halsband-Tschaja. ♂ u. ♀: grau, grob gesperbert, schwarzer Halsring, weiß angesetzt. Spitzer, grauer Federschopf im Nacken. Nacktes rotes Hautfeld ums Auge. Rosa Füße. 90 cm. O-Bolivien u. S-Brasilien bis Argentinien. In Pampassümpfen. 5—6 gelblichweiße, glattschalige Eier.

Chelicutia. G der Alcedinidae ↗. 1 A. Äthiopis von Senegal u. Eritrea bis mittl. SW-Afrika, zum mittl. Oranje, bis Transvaal u. N-Natal. In offenem Gelände. Laute schrille Triller. Ansitzjagd von Ästen auf Insekten u. Kriechtiere. Nest in Baumhöhlen von Spechten od. anderen Vögeln. 4—5 weiße Eier. Tragen Halme u. ä. in Bruthöhle ein. ♀♀ meist nachts brütend. 1980—1982 Zuchterfolge im Vogelpark Walsrode.
— *C. chelicuti*, Streifenliest. ♂ u. ♀: oberseits graubraun mit hellblauen Flecken auf Flügel. Kopf dunkelgrau. Nacken u. Kehle weißlich. Bauch weiß mit schwacher Schuppenzeichnung. Bürzel blau. Schnabel schwarz, an Basis ein wenig rötlich. Füße rot. Im Flug Flügel-US weiß, bei ♂ mit breiter schwarzer Flügelbinde, die ♀ fehlt. Dieses Merkmal bei Juv. bereits zu beobachten, wenn Federkiele aufbrechen. 17 cm. Körpermasse 42 g. UAn.

Chelidoptera. G der Bucconidae ↗. 1 A. Von O-Kolumbien, Venezuela u. Guayana bis N-Bolivien, N-Mato Grosso u. São Paulo. Jagen nach Schwalbenart Insekten. Wirken lang u. schlank.
— *C. tenebrosa*, Schwalbenfaulvogel. ♂ u. ♀: bläulich schieferschwarz. Unterbauch rotbraun. Bürzel weiß. Ausnahmsweise lange, spitzere Flügel. Kurzer schmaler, wenig gekrümmter Schnabel. Juv. mit nackter schwarzer Haut. 15—16 cm. UAn.

Schwalbenfaulvogel

Chen. G der Anatidae ↗, UF Anserinae ↗. 2 An.
— *C. caerulescens*, Schneegans. ♂ u. ♀: reinweiß, nur Handschwingen schwarz. Schnabel rosarot mit schwarzen Lamellenleisten. Füße rosa. Juv. graubraun mit mehr u. mehr zunehmenden weißen Federn. Bei der UA *C. c. caerulescens* gibt es eine grau u. weiß gescheckte Mutation, die auch in Freiheit auftritt u. Blaue Schneegans genannt wird. Bei ihr sind Kopf u. Hals, mitunter auch Brust u. Bauch weiß, das übrige Gefieder schiefergrau. 70 cm. 2 UAn. Brutvogel in N-Amerika, NW-Grönland u. NO-Sibirien. Den Winter verbringen sie an den gemäßigten Küsten N-Amerikas auf Kulturflächen. Nahrung arktische Gräser u. Seggen. Brütet in z. T. sehr großen Kolonien in Flußniederungen u. Tundratälern. In manchen Kolonien nur weiße Tiere, in anderen weiße u. graue, auch in Mischpaaren. Graue Form in Zunahme begriffen. 4—6 Eier werden vom ♀ 22—23 Tage bebrütet. Während des Heranwachsens scharen sich Gössel zu Trupps zusammen. Beliebter Gehegevogel, da hart u. ausdauernd. Sehr friedlich, kann in kleinen Gruppen auf Gemeinschaftsanlagen auch während der Brutzeit gehalten werden. Gehege mit guter Grasnarbe u. sauberem Wasser. Eiablage in Nestmulden od. kleinen Hütten.

Halsband-Tschaja

Chenonetta

Aufzucht meist verlustarm. Mit 6—7 Wochen flugfähig. Geschlechtsreif mit 2—3 Jahren. Unverpaarte Tiere gehen gern Mischehen mit Vertretern der Gn *Anser* ↗ u. *Branta* ↗ ein.
— *C. rossii*, Zwergschneegans. ♂ u. ♀: rein weiß mit schwarzen Handschwingen. Sehr kleiner Schnabel an der Wurzel bläulich, sonst rosa. ♂♂ insbes. zur Brutzeit mit warzigem Schnabelgrund. Füße rosa mit bläulichem Anflug. Deutl. kleiner als Schneegans. 55—65 cm. Im Jugendkleid im Gegensatz zur Schneegans weiß. Brutvogel nur in der Perry-River-Region im arktischen Kanada. Ernährt sich von versch. Pflanzenteilen. Brütet in lockeren Kolonien. Nester werden im Schutz von Felsbrocken od. Büschen angelegt. Brutdauer für die 5—8 Eier 21—23 Tage. Seltener Gehegevogel. Bestände erst in letzten 10 Jahren durch Nachzuchten etwas angewachsen. Haltung bei guter Weide problemlos. Sehr friedlich. Juv. scheinen empfindlicher zu sein als die der Schneegans. Mischlinge mit Vertretern der Gn *Anser* u. *Branta* bekannt.

Chenonetta. G der Anatidae ↗, UF Anatinae ↗. 1 A. Brutvögel in Australien u. Tasmanien. Bewohnen Wiesenflächen in der Nähe von Seen, Teichen u. Flußläufen. Nichtbrütende Tiere streifen auf Suche nach Weidegründen im Lande herum. Als Nahrung dienen fast ausschließl. versch. Gräser. Brut während der Regenperioden. Gelege in Baumhöhlen, oft weit vom Wasser entfernt. 9—11 Eier werden vom ♀ 28 Tage bebrütet. ♂ u. ♀ führen die Küken zum Wasser. Im Gehege anspruchslos u. sehr leicht züchtbar. Da großes Weidebedürfnis, gute Grasnarbe erforderlich. Für Gemeinschaftshaltung sehr geeignet. Schutzraum nur bei anhaltendem Frost nötig. Eiablage in Nistkästen. Bei Entfernung der Eier mehrere Nachgelege möglich. Paarung mit Partnern anderer An nur ausnahmsweise beobachtet.
— *C. jubata*, Mähnengans. ♂: Kopf u. Hals dunkelbraun mit verlängerten Nackenfedern. Körpergefieder silbergrau mit dunkler Fleckung an Kropf u. Brust. 2 schwarze Längsstreifen über Schultern u. Rücken. Metallisch grünschillernder Flügelspiegel. Schnabel u. Füße dunkelgrau. ♀: graubraun, unterseits braun gefleckt. 2 helle Längsstreifen am Kopf. Schnabel u. Füße grau. 48 cm.

Chenopis. G der Anatidae ↗, UF Anserinae ↗. 1 A. Verbr. Brutvögel in Teilen Australiens u. Tasmaniens. In Neuseeland eingeschleppt u. stark verbr. Besiedeln größere Binnenseen u. flache Küstengewässer. Nahrung besteht aus am u. im Wasser wachsenden Pflanzen. Nester in Ufervegetation u. auf Inseln. Bei großer Besiedlungsdichte Brutkolonien. Können bei günstigen äußeren Bedingungen zu allen Jahreszeiten brüten. Dann oft mehrere Bruten nacheinander. 5—6 od. mehr Eier. Brutdauer variabel zwischen 34—40 Tagen. ♂♂ beteiligen sich an Brut. Brutreife wird mit 3—5 Jahren erreicht. Verbr. Gehegevögel, lassen sich auch auf kleineren Teichen gut halten. Empfindlich gegen starken Frost. Sonst bei offenem Wasser auch im Winter im Freien haltbar. ♂ zur Brutzeit aggressiv. Bruten zu allen Jahreszeiten möglich, oft mehrere im Jahr. Nestbau mit viel Nistmaterial am liebsten auf Inseln. Aufzucht am sichersten durch Eltern. Bastardierungsneigung unbedeutend.
— *C. atrata*, Trauerschwan. ♂ u. ♀: schwarz mit brauner Tönung. Hand- u. Armschwingen weiß. Federn der Rückenpartie leicht gewellt. Schnabel rot mit weißer Binde kurz vor der Spitze. Füße grauschwarz. Etwas kleiner als Höckerschwan ↗. ♂ meist etwas größer als ♀. Ca. 145 cm.

Chettusia. G der Vanellidae ↗. 2 An.
— *C. gregaria*, Herdenkiebitz, Steppenkiebitz. ♂ u. ♀: gleich, im BK braungrau, Bauch schwarz mit rotbraunem Fleck, weißer Schwanz mit schwarzer Endbinde. Schwarze Kopf-OS, weißer Überaugenstreif, schwarze Füße. RK u. Juv. fahler, weiße US. 30 cm. Mittl., sü. u. südwe. SU. Überwintert in SW-Asien u. NO-Afrika. Bewohnt trockene Steppen mit spärlicher Vegetation. Haltung s. Scolopacidae.

Chile-Krickente *(Nettion flavirostre)* → *Nettion*
Chilenischer Flamingo *(Phoenicopterus chilensis)* → *Phoenicopterus*
Chilepfeifente *(Mareca sibilatrix)* → *Mareca*
Chiletaube, NN → Araukanertaube
Chimborazo-Stern *(Oreotrochilus estella)* → *Oreotrochilus*
Chinakohl → *Brassica pekinensis*
Chinanachtigall, NN → Sonnenvogel
Chinasittich *(Psittacula derbiana)* → *Psittacula*
Chinesengrünling *(Chloris sinica)* → *Chloris*
Chinesische Baumelster *(Dendrocitta formosae sinensis)* → *Dendrocitta*
Chinesische Nachtigall *(Leiothrix lutea)* → *Leiothrix*
Chinesisches Bambushuhn, NN → Graubrauen-Bambushuhn
Chinesische Spottdrossel *(Leucodioptron canorum)* → *Leucodioptron*

Chiroxiphia. G der Pipridae ↗. 4 An. S-Mexiko bis N-Argentinien. Überwiegend in den Waldregionen der Mittelgebirge. Hier suchen sie ihre Hauptnahrung, die aus reifen Beeren, Früchten u. Insekten besteht. Balz am weitesten entwickelt, führen gemeinschaftliche Balztänze mit ± synchronen Bewegungen aus. Die ♀♀ sind bestimmend in der Wahl des Partners u. allein für Nestbau u. Brut zuständig. Eingewöhnung meist schwierig, da sie oft mit erheblichen Darmschäden, Ernährungsstörungen u. Infektionen ankommen. Zweckmäßig dreiseitig geschlossener Käfig bei Zimmertemp. mit einer saugfähigen, tägl. zu wechselnden Papierbodeneinlage. Zusätzl. punktförmige Wärmequelle, die nach Bedarf aufgesucht werden kann. Man hält sie später am besten bei 18—20 °C in kleineren Gruppen in einer geräumigen, bepflanzten Voliere ↗, wo sie genügend Platz haben, sich ihre Tanzarenen einzurichten. Im Sommer ist auch eine Freivoliere ↗ mit Schutzraum möglich. Überwinterung jedoch im Warmhaus. Sehr badefreudig. Als Grundfutter reiche man gewürfelte reife Bananen, süße Äpfel u. Birnen, eingeweichte Feigen, Rosinen sowie Früchte der Jahreszeit. Bes. beliebt ist das Fruchtfleisch von Kaktusfeigen. Gern genommen werden oft auch Tomaten, die Fruchtdolden von Holunder sowie die Beeren von Sanddorn u. Mahonien. Daneben hartgekochtes Ei mit gemahlenem

Bisquit u. ein gutes Weichfutter ↗ mit frischen Ameisenpuppen, einigen Mehlwürmern, Pinkies od. Wachsmottenmaden, woran man die Vögel aber erst gewöhnen muß. Zum Trinken sollte man zunächst Kamillentee, angereichert mit einigen Tropfen einer Multivitamin-Emulsion geben. Später wurde auch sehr gerne ein «Nektartrank» genommen, wie er u. a. den Nectariinidae ↗ gereicht wird.
— *C. caudata*, Blaubrustpipra. ♂: mittl. Schwanzfedern 1,5—2 cm lanzettförmig verlängert. Grundgefieder himmelblau. Kopf, Nacken, Hals, Kehle u. Flügel schwarz. Oberschwanzdecken grünblau. Stirn u. Kopfplatte blutorange. Schnabel dunkel. ♀: grasgrün, unterseits heller. Die mittl. Schwanzfedern nur 1 cm verlängert. Juv. ähnl. ♀; Junge ♂♂ zeigen schon bald die ersten roten Kopffedern. Nach 2 Jahren erreichen sie ihr ad. Kleid. 13 cm. Häufig in den Wäldern des brasilianischen Berglandes vom sü. Bahia bis Rio Grande do Sul, O-Paraguay, NO-Argentinien. Die Überzahl der ♂♂ gegenüber den ♀♀ sollte nicht zu groß sein, da in diesem Falle «Vergewaltigungen» u. häufiges Jagen beobachtet wurde. Selten importiert.
— *C. linearis*, Langschwanzpipra. Konspezies mit *C. pareola*. ♂: samtig schwarz. Rücken lichtblau. Dreieckige, schopfartige Kopfplatte feuerrot. 2 ca. 14 cm lange Schwanzfedern überragen den 11 cm großen Körper. ♀: OS grasgrün, US heller, zum Bauch hin mehr gelblich. Keine verlängerten Schwanzfedern. Juv. ähnl. ♀. Bei jungen ♂♂ sind bald rote Kopffedern u. längere Schwanzfedern zu bemerken. 11 cm. 2 UAn. Wälder von S-Mexiko bis NW-Kostarika. Wenige Exempl. nach Europa eingeführt.
— *C. pareola*, Prachtpipra. Konspezies mit *C. linearis*? ♂: wie *C. linearis* gefärbt, allerdings etwas größer u. ohne jede Schwanzverlängerung. ♀: oberseits maigrün, unterseits etwas heller. Juv. wie ♀. Bei jungen ♂♂ sind bald die ersten roten Federn auf dem Kopf zu sehen. 12 cm. 5 UAn. S-Kolumbien bis N-Bolivien u. öst. bis O-Brasilien u. Rio de Janeiro. Häufig in der Buschsavanne u. den Küstenwäldern. 1972 Erstzucht im Zoo von London gelungen. Aus Moos, Laub u. Pflanzenfasern hatte das ♀ in 1,8 m Höhe in einem Kanarienkörbchen ein flaches Nest gebaut, wo es 2 bläuliche Eier mit braunen Flecken ca. 17 Tage bebrütete. Ein Vogel schlüpfte. Der Jungvogel wurde vom ♀ mit Bananen, Birnen, Weintrauben u. Tomaten gefüttert. Nach 14 Tagen verließ er noch recht unselbständig das Nest. Selten eingeführt.

Chlamydera. G der Ptilonorhynchidae ↗. 4 An. Bräunliches, graues od. blaßgelbes Gefieder. Laubenbauer. ♂♂ flechten türengroße dicke Reisigmatten mit 2 aus bis zu 40 cm langen Stecken gebildeten senkrechten geschmückten Wänden darauf. Gänge werden mit gefärbtem Speichel mittels Rindenpinsel od. Blatteilchen angemalt. Australien u. Neuguinea. In grasreichem trockenem Buschland, in offenen Parklandschaften u. in Mangrovewäldern. Etwas geselliger; außerhalb Brutzeit in kleinen Trupps von 4—6 Tieren.
— *C. lauterbachi*, Dreiganglaubenvogel, Lauterbachs Laubenvogel. ♂ u. ♀: oberseits braungelblich mit helleren Federsäumen. Unterseits hellgelb. Kopf glänzend goldorangen. Gelbe Kehle, grau gezeichnet. 28 cm. UAn. Lokal im Innern Neuguineas (we. bis zur Geelvink-Bucht). 1—2 Eier, weißlich, hellgraugrün od. grünlichgelb mit dichtem Netzwerk dunkelbrauner u. grauer Linien. Nester 7—10 m hoch in Baumkronen.
— *C. maculata*, Fleckenlaubenvogel, Kragenlaubenvogel. ♂ u. ♀: oberseits dunkelbraun mit braunweißer Fleckung. Unterseits heller bräunlich. Vorderhals u. Kehle mit dunkelbrauner Zeichnung. Schwanz dunkelbraun mit hellem Endsaum. Viele ♂♂ besitzen pfirsichrote od. orangefarbene Nackenkrause. 28—31 cm. UAn. Inneres Australien (W-Australien bis Queensland u. Victoria). ♂ ausgezeichneter Spötter u. Geräuschimitator. Vorliebe für Wildfeigen.
— *C. nuchalis*, Graulaubenvogel, Rosennackenlaubenvogel, Großer Kragenlaubenvogel. ♂ u. ♀: oberseits braungrau mit weißlichen Federsäumen. Kopf grau. Unterseits gelblichgrau. ♂ stets mit rötlichem Nackenschopf. 36 cm. UAn. N-Australien von NW-Australien bis N-Queensland. In Savannen.

Chlamydieninfektion des Geflügels → Ornithose
Chlamydotis. G der Otididae ↗. 1 A. Besiedelt den N-Teil der Wüstenzone in der SW-Paläarktis.
— *C. undulata*, Kragentrappe. OS sandfarben, grau u. schwarz gezeichnet. ♂: an Scheitel, Halsseiten u. Halsansatz mit schwarzweißen Schmuckfedern. ♀: wie ♂, doch kleiner, Schmuckfedern kürzer, Kehle schwarz gezeichnet. Juv. ähnl. Ad., gelblicher gefleckt. 65 cm. Kanarische Inseln bis Mongolei in Wermutsteppen u. Halbwüsten. Sehr starker Bestandsrückgang. Monogam, mit 2 Jahren geschlechtsreif. ♂ territorial, mit gesträubten Schmuckfedern balzend. 2—3 Eier werden 23 Tage vom ♀ bebrütet. Nahrung Wermut, Lauch u. Brassicaceae, aber auch Käfer, Heuschrecken u. Eidechsen. Trinkt kaum. Wildfänge zur Haltung wenig geeignet. Zu empfehlen ist paarweises Halten handaufgezogener Vögel mit eingeschränktem Flugvermögen (einseitig gestutzt od. gebändert) in 2 voneinander entfernten rechteckigen Volieren von 20—80 m² mit Sichtblenden, Raumteilern, regulierbarer Wetterschutzabdeckung, Sandboden u. Verbindungsgang. Zur Zucht ist Einzelhaltung vor Beginn der Eiablage in der Form erforderlich, daß das ♀ sein zwischenzeitl. nicht sichtbares ♂ durch einen Laufgang mit einseitigem Sprossendurchlaß aufsuchen kann, aber immer wieder herausgenommen wird. Fütterung mit Weichfresser-Futtermischung, geriebenen Möhren, zerkleinerten hartgekochten Eiern, Eischalen, Fleisch, Mäusen sowie Heuschrecken, Pellets ↗ u. Grünfutter. Haltung aufgrund internat. Schutzbestimmungen nur für Naturschutzzwecke mit staatl. Genehmigung. Neben Schutzprojekten in der UdSSR u. im arabisch-iranisch-pakistanischen Raum erste Ergebnisse in Israel (Wildkükenaufzucht, Haltung, Erstzucht 1980).

Chlidonias. G der Sternidae ↗. 3 An.
— *C. hybrida*, Weißbartseeschwalbe. ♂ u. ♀: Im BK OS hellgrau, US schwärzlich mit weißen Unter-

schwanzdecken. Schwarze Kopfplatte mit weißem Streif an Kopfseiten. Schnabel u. Füße rot. RK u. Juv. OS bräunlich mit dunklen Flecken, bräunlicher Hinterkopf, US u. Stirn weiß. 28 cm. UAn. W-, SW- u. SO-Europa, SW-, Vorderasien, Afrika, Australien u. Neuseeland. Bewohnt flache, vegetationsreiche Seen u. Teiche, Verlandungszonen, Moore u. Brüche. Kolonieweise brütend. Nest auf freischwimmenden Wasserpflanzen, Schlamminseln u. angeschwemmten Pflanzen im flachen Wasser. 3 Eier, Brutdauer ca. 16 Tage. Nahrung wird im Flug von der Wasseroberfläche abgelesen. Haltung s. Sternidae, doch größere Wasserstelle mit Pflanzenbewuchs. Zucht mehrfach im Zoo Tel Aviv.

— *C. niger*, Trauerseeschwalbe. ♂ u. ♀: Im BK schieferschwarz mit Ausnahme der weißen Unterschwanzdecken. Schnabel schwarz. Füße dunkelbraun. RK u. Juv. oberseits grau, Kopf u. Ohrdecken schwarz, US u. Stirn weiß. Dunkler Fleck auf Brustseiten. 25 cm. UAn. Fast ganz Europa, ostwärts bis W-Sibirien, sowie in N-Amerika. Biotop ↗ u. Haltung s. Weißbartseeschwalbe. Zucht mehrfach im Zoo Tel Aviv.

Chloebia. G der Estrildidae ↗. 1 A. N-Australien. Gern in der Nähe von Tränken, brüten überwiegend in Baumhöhlen, selten freistehende Nester in Grasbüscheln, Büschen. Nestbaubetrieb gering. Sommerliche Maximalwerte im Biotop 40—45 °C. Ausgesprochen farbenprächtig, sehr beliebt, zutraulich, friedlich. Interessantes Sozialverhalten. Für Käfig u. Voliere geeignet, gut auch für kleinere Kistenkäfige ↗, brüten darin erfolgreich. Zu empfehlen für Vogelvitrinen ↗, da hier benötigte Wärme von über 24 °C während Zucht u. Mauser ↗ am besten gewährleistet wird. Luftfeuchtigkeit 65—70%. Bei Zuchtabsichten paarweise Haltung zu empfehlen. Nistkasten (15 × 15 × 15 cm, Einflugloch ⌀ 5—6 cm, davor Sitzstange anbringen). Auch halboffener Nistkasten ↗ geeignet, dicht unter der Decke aufhängen. Nest aus Halmen u. Kokosfasern vorformen. Brutvögel müssen mindestens 1 Jahr alt sein, um kräftigen Nachwuchs zu bringen. Gegenüber Nestkontrollen unempfindlich. Juv. schlüpfen nach 14—15 Tagen, nach 2 Tagen Bettelgeschrei. Aufzuchtfutter reichl. Grünes, Eierhirse (150—200 g Hirse mit frischem (!) rohen Eigelb vermischen, dazu 1 Tl Weizenkeime, 1 Messerspitze Mineralstoff-Vitamingemisch, an der Luft trocknen, mit den Fingern leicht zerreiben, kühl, trocken, flach ausgebreitet lagern) 1 Eßl. für 2 Tiere/Tag, kleinkörnige Unkraut-, Grassamen, Kolbenhirse, auch halbreif. Außerdem versch. Hirse, Glanz, Negersaat, Keimfutter.
Mauser im Alter von 8—10 Wochen, nach 6—8 Wochen beendet. Problematische Zeit. Häufig Verluste. Vorbeugend: Temp. nicht unter 24 °C, weiterhin Aufzuchtfutter bieten, nur vollständig gemauserte Vögel umsetzen. Werden häufig auch von Japanischen Mövchen ↗ aufgezogen. Diese Vermehrungsform sollte unterbleiben, sonst Häufung von Degenerationserscheinungen.

— *C. gouldiae*, Gouldamadine. 3 Farbvarianten (schwarz-, rot-, gelbköpfig). Schwarzköpfige Vögel in der Natur sehr häufig. Gelbköpfige ausgesprochen selten, bei dieser Farbvariante handelt es sich um Verlustmutante (können aus Karotinoiden keinen roten Farbstoff bilden). ♂: Kinn, Kehle, unteres Gesicht schwarz. Stirn, Vorderkopf, Wangen schwarz, je nach Variante rot, gelb bis orange. Vom Hinterkopf über Rücken u. Flügeldecken grüne Färbung. Schwingen dunkelbraun mit grünen Außenfahnen. Bürzel u. weißlich gesäumte Schwanzfedern hellblau. An die schwarze Kehle schließt sich lilafarbener Brustschild an. Bauch, Flanken gelb, schwanzwärts weiß. Leuchtend hellblaues Band begrenzt Scheitel, Kehle. Schnabel hornfarben, zur Spitze rötlich. Auge braun, Lidrand gelb. Füße gelblich bis fleischfarben. ♀ wie ♂, doch Brustschild u. Bauch blasser, Rot u. Gelb des Gesichtes weniger leuchtend, häufig von schwarzen Federn durchsetzt. Juv. OS graugrün, US einfarbig weißlich, Schnabel schwärzlich. Erste Gesangsversuche der ♂ ♂ wenige Tage nach dem Ausfliegen. 11—13 cm. Erstmalig 1887 in England u. damit Europa, gelbköpfige Form erst 1915 importiert. Sehr erfolgreicher Züchter TEAGUE, England, zog in den 30er Jahren bis 1946 Vögel in 24 Generationen. 1979 fiel bei M. SEM, Schweiz, lilabrüstige Mutante, wird von Dr. BURKARD ↗ weitergezüchtet. Auch blaue u. weißbrüstige Mutante bekannt.

Chloephaga. G der Anatidae ↗, UF Tadorninae ↗. 5 An.

— *C. melanoptera*, Andengans. ♂: Kleingefieder weiß, auf Schultern mit schwarzen Tupfen. Flügel schwarz mit metallischem Glanz. Spiegel veilchenfarbig glänzend. Schnabel u. Füße rot. ♀ wie ♂, aber kleiner, Stimme tiefer. Größter Vertreter der G. 70—80 cm. Brutvogel in Anden von Peru bis Chile u. Argentinien. Lebt paarweise in Höhenlagen von 3000—5000 m auf Hochlandflächen u. grasbewachsenen Hängen, meist in der Nähe von Bächen od. Seen. Im Winter weicht sie nach N od. in tiefere Täler aus. Nahrung Gräser u. Kräuter. Nest in Felsspalten od. unter Büschen. 6—10 Eier werden 30 Tage vom ♀ bebrütet. Juv.-Aufzucht durch ♂ u. ♀ in Wassernähe. In Europa aufgewachsene Tiere meist hart u. widerstandsfähig. Mitunter jedoch anfällig gegen Aspergillose ↗. Zur Brutzeit ♂ aggressiv. Deswegen Unterbringung in Einzelgehegen. Teich nicht erforderlich, da Paarung in Wassernäpfen od. Pfützen. In Tiergärten oft freilaufend. Wird regelmäßig sehr zahm. Eiablage in Hütten od. Innenräumen. Juv. anfällig gegen Pilzerkrankungen. Mit 3 Jahren geschlechtsreif. Bastardierungsneigung unbedeutend.

— *C. picta*, Magellangans. ♂: Kleingefieder weiß, Rücken, Flanken, u. bei einer Variante die gesamte US schwarzgrau gestreift. Rücken schwarzgrau, Spiegel stahlgrün glänzend. Schnabel u. Füße schwarz. ♀: auf braunem Grund mit Ausnahme von Kopf, Hals u. Rücken dunkelbraun bis schwarz gestreift. Schnabel schwarz. Füße gelbbraun. Bei der Großen Magellangans *(C. p. leucoptera)* von den Falkland-Inseln ist die US nie gestreift. 60—70 cm. 2 UAn. Brutvogel von S-Chile u. S-Argentinien bis Feuerland. Überwinterung in großen Scharen nö. der Brutgebiete. Bewohnt in großer Zahl ausgedehnte Grasflächen. Paare besetzen Reviere u. legen völlig freie od. durch Vegetation geschützte Nester an. 5—8 Eier werden ca. 30 Tage bebrütet. Juv. werden in Wassernähe aufgezogen. Als Nahrung dienen fast ausschließl. Gräser. Im Gehege häufigster Vertreter dieser G. Hart u. anspruchslos, aber sehr streitsüchtig. Andere Gehegeinsassen können von ♂♂ getötet werden. Unterbringung in Einzelgehegen mit wenig Wasser. Eiablage in Hütten od. Innenräumen. Züchtet häufiger als andere Vertreter dieser G. Aufzucht der Juv. durch Eltern od. unter künstlichen Wärmequellen meist erfolgreich. Mit 10—11 Wochen flugfähig. Geschlechtsreif meist im 3. Jahr. Bastarde mit anderen Gänsen kommen vor, sind aber selten.

— *C. poliocephala*, Graukopfgans. ♂: Kopf u. Hals grau. Brust u. Vorderrücken rotbraun. Flanken schwarz u. weiß gebändert. Rücken braun mit schmalen schwarzen Federsäumen. Schnabel schwarz. Füße orangefarben, schwarz gezeichnet. ♀ wie ♂, mitunter nicht so kontrastreich gefärbt u. etwas kleiner. Geschlechter mit unterschiedl. Stimme. 55 cm. Vereinzelter Brutvogel im sü. S-Amerika. Im Winter nö. der Brutgebiete. Ernährt sich ausschließl. von Gräsern u. Kräutern. Zur Brutzeit auf Grasflächen in Tälern von Gebirgsflüssen. Nester unter Büschen. 4—6 Eier werden vom ♀ 30 Tage bebrütet. Im Gehege wenig verbr. Robust u. kaum kälteempfindlich. Unterbringung in Einzelgehegen mit guter Weide. ♂ zur Brutzeit aggressiv. Erfolgreiche Zuchten nicht häufig. Eiablage bevorzugt in Hütten od. Innenräumen. Aufzucht der Juv. auf Rasenflächen.

— *C. rubidiceps*, Rotkopfgans. ♂: Kopf u. Hals rotbraun. Brust, Vorderrücken u. Flanken auf braun u. grauem Grund schwarz quergestreift. Schnabel schwarz. Füße orangefarben mit schwarzen Flecken. ♀ wie ♂, aber kleiner. Stimme unterschiedl. 45—50 cm. Brutvogel in S-Chile, Feuerland u. auf den Falkland-Inseln. Überwinterung z. T. nö. der Brutgebiete. Zur Brutzeit auf Grasflächen in Wassernähe. Brutreviere werden gegen A-Genossen verteidigt. Nester unter Büschen od. zwischen Steinen. ♀ brütet 30 Tage auf 5—8 Eiern. Hauptnahrung sind Gräser u. Kräuter. Nicht häufig gehalten. Ausdauernd, winterhart. Unterbringung in Einzelgehegen od. zusammen mit größeren Gänsen. Weidemöglichkeit erforderlich. Erfolgreiche Zuchten selten. Eiablage in Hütten od. unter Pflanzendeckung. Juv. benötigen gute Weide.

Chlorestes, Blaukinnkolibris. G der Trochilidae ↗. 1 A. Von O-Kolumbien, Venezuela, Guayana bis O-Peru, Pará, N-Goiás u. Espirito Santo. Bevorzugen Regen-, Galeriewälder, Waldränder, Sekundärvegetation bis 1000 m ü. NN. Leben solitär. Anfangs empfindlich u. hinfällig, nach der Akklimatisation aber recht ausdauernd. Über lange Haltungserfolge ist nichts bekannt, wurde erstmals 1907 im Zoo London gehalten. Der Zoo Berlin hielt ein Exempl. 1 Jahr u. 9 Monate, M. BEHNKE-PEDERSEN nahezu 2½ Jahre. Zucht bisher noch nicht gelungen.

— *C. notatus*, Blaukinnkolibri, Grünkinnkolibri. ♂: OS glänzend dunkelgrün, Kopf am dunkelsten. US glitzernd grün, Kinn blau. Unterschwanzdecken mattgrün, Steuerfedern blauschwarz. Schnabel schwarz; Unterschnabel, mit Ausnahme der Spitze, mattrot. ♀: US weiß, Kehle u. Brust mit grünen runden Flecken in der Mitte der Federn. Juv. wie ♀. 9,0 cm.

Chloris, Grünlinge. G der Carduelidae ↗. 4 An. Paläarktis ↗. 2 An davon regelmäßig in Liebhaberhänden, 1 seltener. Teilweise Gebirgsvögel, aber auch Kulturfolger. Bewohnen Laubwälder, Gärten usw., suchen halbreife Wildsamen, Beeren u. Insekten in Baumwipfeln, Büschen, auch am Boden. Schmetterlingsartiger Balzflug charakteristisch. Nest ein tiefer Napf aus Gras, Ästchen, mit Pflanzenwolle od. Tierhaar ausgelegt. ♀ baut alleine, wird vom ♂ begleitet. Gelege 3—5 Eier, bläulich mit einem dunklen Kranz od. Kritzeln am stumpfen Pol. Brutdauer 13—15 Tage, ♀ brütet alleine. Nestlingsperiode 14—18 Tage, Juv. fliegen fast flugunfähig aus. Recht

Graukopfgans

Magellangans

Chloroceryle

Himalaya-Grünling. Männchen

zänkisch, Haltung in Einzelpaaren vorzuziehen. Sehr brutfreudig, aber Nestlinge u. Juv. anfällig. Besser kühl, aber frostfrei überwintern. Futter viel Grünfutter ↗ (Löwenzahn! u. Kleine Sonnenblume), Waldvogelfutter ↗, Fichtensamen, auch gekeimt. Regelmäßig Vitamine u. Mineralstoffe reichen.
— *C. chloris*, Grünling. ♂ u. ♀: gelbgrün, großer gelber Flügelspiegel, gelbe Schwanzwurzel. ♂ leuchtender olivgelb als ♀, bes. an der US. Armschwingen grau, Flügel- u. Schwanzspitzen, sowie mittl. Steuerfedern schwarz. Juv. gelbbraun, stark gestreift, gelbe Schwanzwurzel deutl., Flügelbinde undeutl. ausgebildet; am dicken Schnabel kenntlich. 15 cm. N-Afrika, Europa, Kleinasien bis S-Transkaspien. Eingeschleppt in Australien, Neuseeland, Uruguay. Bewohnt offene Wälder, Gärten u. Parkanlagen. Nistet in Bäumen od. Büschen. Nestlingszeit 13—15 Tage. Nach dem Ausfliegen überwiegend vom ♂ betreut. Vor etwa 20? Jahren sind im W-europ. Raum erstmals Farbmutationen aufgetreten: Lutinos (gelb mit roten Augen), isabellfarbene, braune u. silberfarbene Grünlinge werden bes. in Belgien, Holland, England, aber auch in der BRD gezogen. Haltungsgenehmigung s. Naturschutzbestimmungen ↗.
— *C. sinica*, Chinesengrünling. ♂ u. ♀: vor allem durch die gelbe Schwanzwurzel, grünlichen Bürzel u. gelbgrüne Farbtöne vom sonst sehr ähnl. gefärbten Stieglitz (G *Carduelis* ↗) unterschieden. Schnabel kräftiger. Kopf graubraun, Rücken u. Schultern düster schokoladenbraun. Flügel schwarz mit großer gelber Flügelbinde, gelbem Flügelbug u. weißen Schwungfederspitzen. US olivbraun, Unterbauch weiß. ♀: an Bürzel u. US mit weniger Gelb. 13 cm. China, N-Rußland u. Japan. Gebirge. Selten eingeführt.
— *C. spinoides*, Himalaya-Grünling (Himalaya-Zeisig). ♂: mit schwarzer Kappe, Ohrfleck u. kurzem Bartstreif. Rücken, Schwanz schwarzoliv. Stirn, Augenstreif u. Ring im Nacken gelb. Flügel dunkel mit großem gelbem Flügelspiegel, doppelter Flügelbinde u. weißen Säumen der Armschwingen. Bürzel, Schwanzwurzel gelb. US leuchtend bis verwaschen gelb. ♀: matter als ♂, Rücken grünlicher. Juv. stark gestreift. 14 cm. Bewohnt offene Buschregionen u. lockere Wälder im Himalajagebiet, im Winter tiefergelegenes Kulturland. Nestlingszeit 17—18 Tage. Öfters gezüchtet.

Chloroceryle. G der Alcedinidae ↗. 4 An.
— *C. americana*, Grünfischer, Texas-Grünfischer. ♂ u. ♀: oberseits u. Kopf grün mit wenigen weißen Flecken. Weißes Halsband u. Kehle. Brust rotbraun; unterseits weißlich, teils schwarz gefleckt. Schnabel graubraun. 18 cm. Von SW-USA u. Mexiko bis N-Chile u. Argentinien; Trinidad, Tobago. Gesellig.

Chlorocharis. G der Zosteropidae ↗. 1 A. Gebirge von Kalimantan.
— *C. emiliae*, Schwarzring-Brillenvogel, Schwarzäugiger Brillenvogel. ♂ u. ♀: oberseits olivgrün; unterseits gelblichgrün. Schwarze Brille. 12 cm. UAn.

Chlorochrysa calliparea, NN → *Tangara calliparaea*

Chlorophanes. G der Dacnidinae ↗. 1 A. Von S-Mexiko über nö. S-Amerika bis NW-Peru, Bolivien u. SO-Brasilien. Lebensweise, Nahrung usw. ähnl. der G *Cyanerpes* ↗. Zucht schon häufiger gelungen. Das ♀ brütet die 2 weißlich rotbraun gefleckten Eier allein. Nach 13 Tagen schlüpfen die Jungen u. werden meist ebenfalls nur vom ♀ mit Insekten ↗ u. Würmern gefüttert, später auch mit Obst ↗. Nach 12—14 Tagen verlassen die Jungen meist sehr unselbständig das Nest. Nach weiteren 3 Wochen sind sie flügge. Die A ist oft gegen andere Vögel u. auch gegen die Ehepartner sehr aggressiv. Sie sollten stets kontrolliert werden u. sind für eine Gesellschaftshaltung nicht zu empfehlen. Günstige Haltungsbedingungen für Paare bieten große, dicht bepflanzte Volieren ↗.
— *C. spiza*, Kappenaschvogel. ♂: Kopf-OS, Kopfseiten schwarz. Flügel- u. Schwanzfedern schwarz, grün gesäumt. Übriger Körper leuchtend blaugrün. Schnabel leicht geschwungen u. gelblich, Oberschnabelfirst schwärzlich. Auge rotbraun. Füße bleifarben. ♀: grün, an Kehle u. Brust grüngelb. 13,5 cm. 7 UAn. Sowohl im dichteren Bewuchs wie auch im offenen Savannenland anzutreffen. Futter usw. s. *Tangara*. Häufiger importiert.

Chlorophoneus. G der Malaconotinae ↗. 6 An. Afrika. Pflege, Zucht s. Laniidae.
— *C. multicolor*, Vielfarbenwürger. ♂ u. ♀: Stirn, Augenstreif, Zügel schwarz. Obere Begrenzung des Augenstreifs weiß, gleichfalls Stirn, sonst Kopf, Nakken grau. Rücken, Schwingen grün, ebenso Schwanz, dieser mit schwarzer u. gelber od. orangener Endbinde, 3 Farbphasen. Kehle, Brust entweder rot, orange od. schwarz, Bauch gelb bis orangerot. UAn. Sierra Leone bis N-Zaïre, N-Angola, Bergwälder am Edwardsee, von NO-Zaïre bis zum Tanganjika. Waldbewohner.
— *C. nigrifrons*, Graustirnwürger. ♂ u. ♀: Stirn (schmales Band), breiter Augenstreif, Zügel schwarz,

vom Scheitel bis Nacken grau, sonst OS, Schwingen, Schwanz grün. US je nach den 5 Farbphasen von Kinn bis Brust orangegelb, orange-, scharlachrot, gelblichweiß od. schwarz. Bauch heller, bei letzter Variante grün. 22 cm. UAn. Kenia, Tansania, S-Zaïre, Sambia, Malawi, Moçambique, O-Simbabwe bis NO-Transvaal. Bewohnt Bergwälder, vorwiegend Baumkronen. Flötenreicher Gesang.
— *C. sulfureopectus*, Orangebrustwürger, Orangebrust-Buschwürger. ♂: Zügel, Ohrpartie schwärzlich, Brust orangefarben. ♀: Zügel, Ohrdecken dunkelgrau. Juv. Zügel weißlich, US heller als bei Ad. mit schwärzlicher Querwellung, ebenso OS. 19 cm. UAn. Senegal, Kamerun bis S-Sudan, Äthiopien, O-Afrika bis Angola, N-Botswana, N-, O-Transvaal, Natal, Transkei, O-Kapprovinz. Lebt in dichten Büschen u. Baumkronen. Ruf flötend, laut.

Chloropsidae, Blattvögel. F der Passeriformes ↗. 1 G, 8 An. Orientalis. Gefieder locker, vorwiegend leuchtend blattgrün. Schlanker, gering abwärts gebogener Schnabel. Füße kräftig, kurz. ♂ u. ♀ unterschiedl. gefärbt, bei meisten An ♀♀ matter, häufig ohne Schwarz am Kopf u. ohne Blau des Flügels. 17–20 cm. Leben paarweise u. in kleinen Trupps in den immergrünen Kronen der Urwaldbäume, suchen kaum Boden auf (bei Haltung berücksichtigen!). Gern in blütenreichen Bäumen (*Salmalia*-, *Erythrina*-An), um Nektar aufzunehmen, dadurch große Bedeutung für Befruchtung u. Verbr. (z. B. *Loranthus*-Misteln) vieler Pflanzen-An, zählen zu den wichtigsten «Blütenvögeln». Nahrung vorwiegend Nektar, außerdem Beeren u. andere Früchte. Nest lockerer Napf aus Moos, Würzelchen, Ranken, Bastfasern, weichem Gras, außen auf Zweig hoch in Baumkronen, gut versteckt. Gelege 2–3 Eier. Wegen des Gesanges u. des Spottalents in der Heimat beliebte Käfigvögel. Aus diesem Grund auch sehr gern in Europa gehalten. Bald zutraulich, drollig, allgemein gegenüber artfremden Mitbewohnern friedlich, suchen manchmal sogar Gesellschaft anderer Vögel (z. B. Sonnenvögel ↗), aber auch Ausnahmen bekannt. Untereinander sehr streitsüchtig, ausgenommen in sehr großen Flugräumen, wo jeder Vogel gegenüber gleichgeschlechtlichen A-Genossen Revier energisch abgrenzt, meistens dient ein ausladender Baum als Revierzentrum. Schlafen zeitig u. werden morgens relativ spät aktiv. Einzelvogel gut für Käfig (Mindestlänge 1 m), am besten pflanzenreiche Vitrine ↗ od. Landschaftskäfig ↗, Vogelstube ↗, gewächshausähnl. Vogelhäuser geeignet. Futter- u. Badegefäße erhöht anbringen. Warme Überwinterung. Bodenbelag im Käfig Zeitungspapier mit Sand, besser handelsübl. Katzenstreu aus gebrannter Tonerde. Größte Sauberkeit von Sitzgelegenheiten, Futter- u. Badegefäßen. Eingewöhnung am besten im Kistenkäfig ↗, Vögel in dieser Zeit weichlich, sehr wärmebedürftig. Futter wie Kolibris, außerdem süßes Obst (z. B. saftige Birnen, halbierte Orangen, eingeweichte Sultaninen, Feigen), handelsübl. feines, insektenhaltiges Weichfutter, wenige Mehlkäferlarven. Baden sehr gern. Zucht äußerst schwierig. Nur 1 Paar in großem, pflanzenreichem Flugraum unterbringen.

Chloropsis. G der Chloropsidae ↗. 8 An. Vorkommen, Lebensweise, Pflege wie Chloropsidae.

Goldstirnblattvogel

— *C. aurifrons*, Goldstirnblattvogel. ♂: Stirn bis Kopfmitte orangegelb. Kopfseiten, Zügel, untere Kehle, Kropf schwarz. Obere Kehle blau. Schwarzes Gefieder von schmalem, orangefarbenen Saum eingefaßt. OS grasgrün, US heller. Türkisblauer Fleck auf Flügelbug. Schnabel schwarz. Auge braun. Füße bleigrau. ♀ wie ♂, aber schwarze Gefiederpartien umschließen nicht das Auge, blauer Flügelfleck kleiner. Juv. mehr graugrün, Kehle blau, kleiner, schwarzer Brustlatz, Flügelfleck fehlt. 20 cm. UAn. Sri Lanka, Indien bis S-Thailand, Indochina, Sumatera. Erstmalig 1873 in Europa (Zool. Garten Berlin), 1 Jahr später auch in London. Von allen An der F am häufigsten im Handel. Fleißiger Sänger u. Spötter. Anfangs weichlich, später ausdauernd. Zucht sehr schwierig, Problem bereits harmonierendes Paar. Erstzucht 1979 bei R. BÄHR, BRD, danach Brutdauer 14 Tage. Juv. verließen nach 17 Tagen das Nest, nach 23 Tagen erste Flugübungen u. am 32. Tag erstmalig selbständige Futteraufnahme. Aufzuchtfutter vorwiegend Grillen, Heimchen.
— *C. cochinchinensis*, Blauflügel-, Gelbkopf-Blattvogel. ♂: Gesicht, Kehle schwarz mit gelblichen Rändern. Blau bestimmt Farbe des Fluggefieders. Sonst grün. ♀: Schwarz von Kinn u. Kehle des ♂ durch Blaugrün ersetzt. Gelbes Band um Kehle u. von Auge zu Auge fehlt, sonst wie ♂. Ca. 18 cm. UAn. *C. c. jerdoni* (Jerdonsblattvogel) wurde früher als eigene A angesehen. Heimat der A Java, Kalimantan, Billiton, Natuna-Insel, Sumatera, Hinterindien bis SW-China, Bangladesh, Assam; Vorderindien, Sri Lanka. Ab u. zu im Handel, vorwiegend Jerdonsblattvogel.
— *C. cyanopogon*, Blaubart-Blattvogel. ♂: Zügel, Wangen, Kehle schwarz, Bartstreif kobaltblau. Augenbrauenstreif schmal, gelb, zieht über Ohrdecken weiter zum Kehlfleck. OS hellgrün, Flügel schwarz, nur äußerste u. innerste Federn grün. Schwanz dunkelgrün. US grün, Brust, Bauch, Unterschwanzdecken mehr gelblich. Schnabel schwarz. Auge braun. Füße dunkelgrau. ♀ wie ♂, aber ohne schwarze Zeichnung. 16 cm. UAn. S-Tenasserim,

Chlorornis

Thailand, Malaysia, Sumatera, Kalimantan, Banguey. Selten im Handel.

— *C. hardwickii*, Orangebauch-, Blaubart-Blattvogel (s. *C. cyanopogon*, Gefahr der Verwechslung). ♂: Stirn, Augenstreif, Ohrdecken gelbgrün, übrige Kopfseiten schwarz, ebenso Zügel, Nacken, Wangenstreif breit, hellblau. Oberkopf mit goldfarbenem Anflug, OS grün, Bürzel heller. Flügel grün, nur Handdecken u. Handschwingen dunkelblau. Schwanz grün, äußere Federn blau. US hellgrün, bauchwärts orangegelb. Auge braun. Schnabel, Füße schwarz. ♀: Kehle mit weniger Schwarz als bei ♂, Flügel ohne Blau, US mehr gelbgrün. 20 cm. UAn. Himalaja (Simla bis Fukien, Hainan), N-Thailand, N-Indochina, Malaysia. Erstmalig 1879 in Europa (Zoo London), seither im Handel, aber weit seltener als der sehr ähnl. Goldstirnblattvogel. Gesang abwechslungsreich, im Zimmer angenehm.

— *C. sonnerati*, Dickschnabel-, Grüner Blattvogel. ♂: wie Blauflügel-Blattvogel, aber leuchtendere blaue verborgene Farbflecken auf den Flügeln; größer. ♀: ohne Schwarz an Kopf u. Kehle, Ring um Auge leuchtend gelb. Juv. ähnl. ♀. 21—23 cm. UAn. S-Thailand, Malaysia, Sumatera, Rhio-, Natuna-Inseln, Billiton, Kalimantan, Nias, Java. Selten gehalten.

Chlorornis. G der Cissopinae ↗. 1 A. Dem roten Schnabel u. dem grünen Federkleid verdankt die A wohl ihren deutschen Namen. Meist oberhalb 2000 m anzutreffen. Biologie wenig bekannt. Fütterung usw. s. *Tangara*. Weniger wärmebedürftig.

— *C. riefferii*, Papageitangare. ♂ u. ♀: glänzend smaragdgrün. Hellgrüner Fleck am Flügelbug. Maske, hinterer Bauch u. Unterschwanzdecken kastanienfarbig. Schnabel rötlich. Auge braun. Füße rötlich. 20 cm. 5 UAn. Anden von Kolumbien bis Bolivien. Lebt paarweise in den gemäßigten Bergregionen. Ernährt sich überwiegend von süßen Beeren. Nur wenige Exempl. bisher eingeführt.

Chlorospingus. G der Hemithraupinae ↗. 12 An. OS meist olivfarben, Schnabel kurz u. spitz. M- u. S-Amerika. Nahrung usw. s. *Tangara*.

— *C. ophthalmicus*, Finkentangare. ♂ u. ♀: Kopf schwarzbraun, weißer Hinteraugenfleck. Restl. OS olivgrün. Flügel- u. Schwanzfedern schwärzlich, olivgrün gesäumt. Schnabel schwarz. Auge u. Füße braun. 14,5 cm. 8 UAn. Von SO-Mexiko bis W-Panama. Bewohnt die Wälder der höheren subtropischen bis temperierten Regionen. Im Winter zieht sie in kleineren Flügen durchs wärmere Tiefland. Sehr selten eingeführt.

Chlorostilbon, Grüne Fliegen. G der Trochilidae ↗. 11 An. Mexiko bis Argentinien, Antillen. In vielen Biotopen.

— *C. aureoventris*, Goldbauchkolibri, Grüner Kolibri, Grüne Fliege. ♂: OS goldgrün, lebhafter auf dem Kopf. US glitzernd goldgrün, Kehle mit blauem Schimmer. Schwanz stahlblau. Schnabel fleischrot, an der Spitze schwarz. ♀: US u. ein länglicher Fleck hinter dem Auge hellgrau. Steuerfedern stahlblau, seitl. mit weißen Spitzen, die mittelste blaugrün. Juv. wie ♀. 8,0—9,0 cm. In S-Amerika von Bolivien, Mato Grosso u. Maranko bis Argentinien u. Uruguay. Im tropischen Tiefland in Savannen, in Buschland u. Grasländern. Bes. Eingewöhnungsschwierigkeiten nicht bekannt. Eingewöhnt, überdauert diese A mehrere Jahre in menschlicher Obhut; der Zoo Kopenhagen gibt einen Haltungsrekord von 8½ Jahren an. Schon vor dem Kriege im Zoo Kopenhagen länger als 4 Jahre gehalten. Zucht bisher noch nicht gelungen.

— *C. gibsoni*, Rotschnabelkolibri, Grüne Fliege. ♂: OS dunkelgrün mit kupferiggoldigem Schimmer. US glitzernd goldiggrün. Oberschnabel schwarz; Unterschnabel schwarz, an der Basishälfte fleischrot. Schwanz dunkel stahlblau. Bei jüngeren ♂♂ fast der ganze Schnabel schwarz. ♀: OS goldgrün, Kopf-OS düsterer. US hellgrau. Ohrdecken schwarzbraun. Mittl. Steuerfedern blaugrün, seitl. schwarzblau mit grauer Basis u. weißlicher Spitze. Schnabel schwarz, nur die äußerste Basis des Unterschnabels hell. Juv. wie ♀. 8,0 cm. Von N-Kolumbien bis W-Venezuela. Bewohnt Xerophytengebiete, Dorndickichte u. auch die Ränder der Wälder bis 1300 m ü. NN. Keine Schwierigkeiten bei der Eingewöhnung. Jahrelange Haltungserfolge erzielt. Zucht noch nicht gelungen.

— *C. mellisugus*, Smaragdkolibri, Grüne Fliege. ♂: OS goldiggrün, Schwanz stahlblau, US glitzernd grün, Schnabel schwarz. ♀: US hellgrau, seitl. Schwanzfedern mit weißgrauen Rändern. Juv. wie ♀. 7,0 cm. Von Kostarika bis W-Ekuador, Bolivien u. zum unteren Amazonas, Inseln vor der Nordküste S-Amerikas einschl. Trinidad. In tropischen u. subtropischen Zonen bis 1850 m ü. NN. Lebt in Parkanlagen, im Unterholz der Wälder, in Llanos, xerophytischen Regionen u. Gärten. Sitzt immer sehr tief. Keine bes. Schwierigkeiten bei der Eingewöhnung. Kann unbedenklich mit größeren An zusammen gehalten werden. Zucht noch nicht gelungen; bei W. SCHEITHAUER ↗ haben diese Vögel gebalzt.

— *C. ricordii*, Ricordkolibri. ♂: OS grün mit Bronzeschimmer, Oberschwanzdecken bronzefarben. US grün, Unterschwanzdecken weiß. Schwanz tiefschwarz, die mittelsten Steuerfedern u. die Außenfahnen der übrigen mit Bronzeschimmer. Oberschnabel schwarz, Unterschnabel fleischfarben mit dunkler Spitze. ♀ wie ♂, aber US hellgrau, Brustseiten grün. Juv. wie ♀. 10,0 cm. Auf den Bahamas, Kuba, Isla de la Juventud. An Waldrändern, in Gärten u. Parks, auch in der Mangrove. Eingewöhnung nicht schwierig. Über die Haltung sind nähere Einzelheiten nicht bekannt; der Bronx-Zoo hielt ein Exempl. 2½ Jahre. Zucht noch nicht gelungen.

— *C. russatus*, Bronzekolibri. ♂ u. ♀: OS dunkelgrün, US glitzernd grün, Schwanz kupferbronzefarben. 8,0 cm. Von N-Kolumbien bis W-Venezuela. Lebt in fast allen Lebensräumen der oberen tropischen Zone. Eingewöhnung wie bei anderen An. Der Zoo Berlin hielt ein Exempl. 7 Monate. Zucht bisher nicht gelungen.

— *C. stenura*, Schmalschwanzkolibri. ♂: OS dunkelgrün, Stirn u. US leuchtend grün. Schwanz dunkelgrün, äußere Steuerfedern stark verengt. Schnabel schwarz. ♀: OS goldiggrün, Kopf matter. Strich hinterm Auge, ganze US bräunlichweiß. Mittelste Steuerfedern wie der Rücken, übrige stahlblau mit weißen Spitzen u. grünlicher Wurzel. Juv. wie ♀. 8,0 cm. Von Kolumbien bis NW-Venezuela. In Nebelwäldern u. in der höheren Buschregion, 1950–3000 m ü. NN. 1980 erstmals importiert, daher keine Angaben über Eingewöhnung, Haltung usw. möglich.

Chocotukan *(Ramphastos brevis)* → *Ramphastos*
Cholibaeule *(Megascops choliba)* → *Megascops*
Chondestes. G der Emberizidae ↗. 1 A. W- u. Inneres N-Amerika sü. bis Mexiko (bis Zacatecas), Louisiana u. Alabama. Bewohnen mit Büschen u. Baumgruppen bestandene Prärie, Gehölze, Waldränder, gern auf Baumwoll- u. Maisfeldern. Sehr selten gehalten, in Deutschland erstmalig 1911. Angenehme Pfleglinge. Nicht winterhart. Futter Hirse, Glanz, Negersaat, Kolbenhirse, trocken u. gequollen, kleine Unkraut- u. Grassamen, Vogelmiere, mit Möhre angefeuchtetes Weichfutter, Ameisenpuppen ↗, Wiesenplankton ↗ (bes. reichl. während der Aufzucht), Pinkies ↗, Mehlkäferlarven ↗. 1983 Erstzucht bei J. Dorn, DDR. Napfnest aus Kokosfasern im Geäst od. Harzer Bauer ↗. Gelege 3–5 Eier. Brutdauer? Nur ♀ brütet u. füttert. Juv. fliegen nach 10 Tagen aus.

— *C. grammacus*, Rain-, Lerchenammer. ♂ u. ♀: Kopf mit rahmfarbenem Scheitelstreif, beidseits schwarzes nach hinten kastanienfarbenes Band. Zügel, Überaugenstreif u. unter dem Auge weißlich. Schmaler schwarzer Strich vom Schnabel durch das Auge bis zum kastanienbraunen Nacken. Wange unten weiß eingefaßt, schwarzer Bartstreif. US weiß, Kropf mit wenigen schwarzen Federn. OS u. Halsseiten hell bräunlichgrau. Oberrücken schwarzbraun gestrichelt. Schnabel u. Füße hornfarben. Auge braun. Juv. braun, US heller, Strichelzeichnung, Kopffärbung der Ad. fehlt. 16 cm. UAn.

Chorpipras, NN → *Chiroxiphia*
Chotorea. G der Capitonidae ↗. 5 An. Häufig zu *Megalaima* ↗ gerechnet. Mittelgroß bis groß. Gefieder vorwiegend grün mit buntem Kopf. ♂ u. ♀ nur bei 1 A versch. Schnabel kräftig. S-Asien von Tenasserim bis Indonesien. 3 An eingeführt, noch nicht gezüchtet.

— *C. chrysopogon*, Goldwangen-Bartvogel. ♂ u. ♀: Zügel u. Stirnband rot, bräunlichgelber Scheitel setzt sich hinter dem Auge in einem dunkelbraunen Streifen fort. Hinterkopf rot, blau gesäumt, ein großer Wangenfleck goldgelb. Kinn, Kehle hellgraubraun, blau gesäumt. OS ansonsten dunkelgrün, auf dem Rücken mit helleren Federrändern. US heller, Schwanz-US bläulich schillernd. Schnabel schwarz, an der Basis grau. Iris braun. Füße olivgrün. 30 cm. Mehrere UAn. S-Thailand über Malaysia bis Sumatera u. Kalimantan.
Meist einzeln auf bewaldeten Hügeln bis 700 m, aber auch in Sumpfwäldern an der Küste vorkommend, seltener höher in den Bergen. 2silbiger Ruf, außerdem ein Triller, sehr oft zu hören. Juv. im April angetroffen, aber sonst wenig zur Fortpflanzung bekannt. Selten importiert, 1937 erstmals nach Deutschland gebracht, ein Exempl. im Vogelhaus des Berliner Zoos unverträglich, ernährte sich nur von Früchten, nahm keine Mehlwürmer ↗ u. Fleisch. Ein in England gehaltenes Exempl. verschlang jedoch ganze Heuschrecken. Hat in Gefangenschaft ein Alter von 9 Jahren erreicht.

— *C. javensis*, Javabartvogel. ♂: Stirn u. Scheitel grünlichstrohgelb, hinten von blaugrünen Federn gesäumt, ein kleiner roter Fleck seitl. an der Basis des Oberschnabels. Zügel, Augenbrauen, Ohr- u. untere Wangengegend sowie untere Kehle schwarz, an der Basis des Unterschnabels ein zitronengelber Fleck. Kinn, vordere Kehle sowie je ein Fleck seitl. am Hals dunkelscharlachrot. Nacken u. Hals gelbgrün mit dunklerer Schattierung, übrige OS u. Flügel dunkelgrün, Flügelbug blaugrün. US hellgrün, Schwungfedern dunkelbraun, Außenfahnen grün, Innenfahnen beige gerandet. Schnabel schwarz. Iris dunkelbraun. Füße gelblichgrün. ♀ wie ♂, nur etwas stumpfer gefärbt. 26 cm. Java, mindestens bis in Höhen von 1000 m nachgewiesen, meist auf hohen Bäumen. Der den ganzen Tag über zu hörende Ruf ist ein langgezogenes «buh-buh-buh». Nur selten importiert, 1928 im Londoner Zoo, um 1936 auch nach Deutschland gekommen, im Berliner Zoo «Buntbartvogel» genannt. Nahrung nur Früchte u. Beeren.

— *C. mystacophanos*, Harlekinbartvogel, Rotscheitelbartvogel. ♂: breites, goldgelbes Stirnband, Kopfplatte tiefrot, desgl. ein kleiner Fleck an der Basis des Oberschnabels. Hellblauer Überaugenstreif, hinter dem Auge schwarz fortgesetzt. Ohr- u. Wangenfleck blau. An der Basis des Unterschnabels ein fahlgelber Streifen. Kinn, Kehle rot, hinten blau gesäumt. Je ein roter Fleck an den Halsseiten, diese u. Nacken ansonsten grün mit hellen Federrändern, übrige OS u. Flügel dunkelgrün. US hellgrün. ♀: mit grünlichblauer Kopf-OS, kleinerem rotem Scheitelfleck, Kinn, Kehle grünlichgelb mit schwachem, rotem Anflug, hinten bläulich verwaschen in die grüne US übergehend. Schnabel schwarz, an der Basis heller. Iris braun. Füße mattbläulich. 23 cm. 3 UAn. S-Tenasserim über Thailand u. Malaysia bis Sumatera, Kalimantan, auf den Batu-Inseln. Waldbewohner in tieferen Lagen. «Tok»-Rufe werden versch. oft wiederholt, daneben ein hoher Triller. Ab u. zu eingeführt. 1929 von Goodfellow nach England gebracht. 1937 im Tiergarten Schönbrunn (Wien), zur selben Zeit auch in Deutschland (von Neunzig ↗ als «Scharlachscheitelbartvogel» bezeichnet), neuerdings wieder gelegentl. importiert. Paare nur in größerem Flugraum einigermaßen verträglich, vorwiegend Fruchtfresser. Recht aktiv, arbeiten gerne in morschem Holz. In Nisthöhlen schlafend.

Chroicocephalus. G der Laridae ↗. 13 An. Pflege s. Laridae.

— *C. melanocephalus*, Schwarzkopfmöwe. ♂ u. ♀: Im BK tiefschwarzer Kopf mit weißem Augenring, blaugrauer Mantel, übriger Körper weiß. Weiße Handschwingen. Schnabel u. Füße rot. Im RK Kopf weiß mit grauschwarzer Strichelung. Juv. Rücken dunkelbraun mit hellen Säumen, schwarze Schwanzendbinde, im Gegensatz zur juv. Lachmöwe aber

Chromosom

Lachmöwe

dunkler Vorderrand der Flügel u. Handschwingen schwarzbraun. 42 cm. N-Küste des Schwarzen Meeres, Kleinasien, unregelmäßig in Griechenland, Ungarn, Österreich, Holland u. der Ostseeküste. Überwintert im we. Mittelmeer. Brütet im Binnenland an vegetationsreichen Seen, an der Küste auf Inseln. Koloniebrüter. Nester auf Kaupen od. vorjährigem Schilf, kleinen Inseln u. überschwemmten Wiesen. Umfangreicher Bau aus Pflanzenmaterial od. kaum ausgefüllte Unterlagen. Brutdauer 24 Tage. Nahrung wird vorwiegend auf dem Land erbeutet. Keine Gefangenschaftsbruten bekannt.
— *C. ridibundus,* Lachmöwe. ♂ u. ♀: Im BK braune Kopfmaske, hellgrauer Mantel, übriger Körper weiß. Schwarze Handschwingenspitzen, heller Flügelvorderrand. Schnabel u. Füße rot. Im RK Kopf weiß mit dunklem Ohrfleck. Juv. Rücken dunkelbraun mit hellen Säumen, schwarze Schwanzendbinde, hellbraune Kopf-OS. 39 cm. Fast ganz Europa, M-Asien ostwärts bis Kamtschatka. Überwintert in S-Europa, im Mittelmeergebiet u. S-Asien, in Europa häufig in Groß- u. Hafenstädten. Brütet vorwiegend im Binnenland an stehenden Gewässern, vor allem kleinere Seen u. Teiche, mit reicher Vegetation u. Verlandungszonen. An der Küste auf flachem, kurzgrasigen Strand od. im Felsgeröll. Stets in größeren Kolonien. Nester ähnl. der Schwarzkopfmöwe, selten sogar auf Bäumen. Brutdauer 23 Tage. Nahrung vorwiegend Kleintiere, die auf dem Land erbeutet werden. Oft gezüchtet.

Chromosom. Alle zellulären Organismen enthalten eine Erbsubstanz, die nach Art eines Programmes ihre körperliche u. funktionelle Ausprägung gewährleisten u. einen abgestimmten Ablauf der Lebensprozesse ermöglichen. Diese Erbsubstanz ist die Desoxyribonucleinsäure (DNS); sie enthält in verschlüsselter Form die genetische Information. Bei Bakterien u. Blaualgen ist die DNS im Zellplasma eingebettet, bei Pilzen, Pflanzen u. Tieren hauptsächl. in spez. Organellen des Zellkerns lokalisiert, die man auf Grund ihrer guten Anfärbbarkeit mit basischen Farbstoffen als Ch.en bezeichnet. Form u. Anzahl der Ch.en sind artspezifisch, z. B. Mensch 46, Haushuhn 78, Graugans 80, Lachmöwe 66, Grünspecht 94. Es fällt auf, daß die angegebenen Zahlen durch 2 teilbar sind. Diese fast bei allen Organismen mit Zellkern anzutreffende Situation ist durch die Tatsache bedingt, daß von jedem Ch.-typ jeweils 2 vorkommen. Man bezeichnet diese beiden gleichen (homologen) Ch.en als Paarling u. den ges. so charakterisierten Ch.enbestand als diploiden Ch.ensatz (Symbol 2 n). Bei jeder normalen Zellteilung (Mitose) erhalten die beiden Tochterzellen durch einen Verdopplungsprozeß der einzelnen Ch.en jeweils einen diploiden Ch.ensatz, alle Zellen sind so diploid. Eine völlig andere Situation liegt bei der geschlechtl. Fortpflanzung vor. Fast alle diploiden Organismen entwickeln sich aus einer Zygote, d. h. dem Vereinigungsprodukt von Eizelle u. Samenzelle. Bezogen auf die Ch.ensätze würde dies aber bedeuten, daß sich die Anzahl der Ch.en mit jeder Generation verdoppelt. Um dies zu verhindern, reduziert jede Geschlechtszelle bei ihrer Reifung ihren Ch.ensatz auf die Hälfte (Meiose), sie wird haploid (Symbol n). Erst durch die Vereinigung des haploiden Eizellkerns mit einem haploiden Samenfadenkern entsteht wieder der normale, der diploide Zustand. Da sich die beiden haploiden Ch.ensätze im Prinzip entsprechen, erklärt dieser Vorgang auch, warum von jedem Ch. jeweils Paarlinge vorliegen. Bei vielen Tieren besteht der Ch.ensatz aus Autosomen u. 2 Geschlechts-Ch.en. Bei den Vögeln haben die ♀ ♀ die Geschlechts-Ch.en XX, die ♂ ♂ XY.

Chrysauchoena. G der Columbidae ↗ (früher zu *Geopelia*). 1 A. Australien, Neuguinea.
— *C. humeralis,* Kupfernackentaube. ♂ u. ♀: Kopf mit Hals u. bis herab auf die Brust blaugrau, Stirn u. Kinn aufgehellt. OS, beginnend auf der Kopfplatte, infolge schwarzer Federränder geschuppt, so auch der glänzend kupferrote Nacken, der graubräunliche Rücken u. die rosa überhauchten Flügeldecken. US ab Brust weiß, gelblich getönt. Iris gelb. Schnabel, Orbitalring graublau. Beine dunkelrot. 28 cm. UAn. S-Neuguinea, N- u. O-Australien. Besiedelt die dichte Vegetation an der Küste, an Wasserläufen, ferner offenes Waldland, landeinwärts manchmal im semiariden Buschland. Größte Siedlungsdichte wird an

Kupfernackentaube auf dem Nest

Standorten der Schraubenbäume *(Pandanus)* erreicht. Bewegt sich viel am Boden, wo der größte Teil der Nahrung, Samen u. Beeren, aufgenommen wird. Zeigt Balzflüge mit Flügelklatschen. Neststand niedrig auf Bäumen u. in Gebüsch. Gelege 2 weiße Eier. Brutdauer 14 Tage. Nestlingszeit 12 Tage. Ersteinfuhr u. -zucht 1868 im Zoo London. Sehr bewegungsfreudig, deshalb möglichst in geräumiger Freivoliere pflegen. Recht kältefest, so daß frostfreie Überwinterung ausreicht. Züchten leicht. Gegen Nestinspektionen unempfindlich. Zahlreiche Paare neigen dazu, Eier od. Nachwuchs vorzeitig zu verlassen, um mit einer neuen Brut zu beginnen. Für diesen Fall können Lachtauben ↗ als Ammen fungieren. In der Brutperiode oft unverträglich, sogar körperlich weit überlegene Tauben angreifend. Deshalb die Paare separat halten, u. Jungvögel bei Erreichen der Selbständigkeit herausfangen. Futter Feinsämereien wie für Wellensittiche ↗ u. Waldvögel ↗, etwas Grünes, bes. zur Brutzeit Weintrauben, Eifutter, Mehlwürmer u. a. Wirbellose.

Chrysococcyx. G der Cuculidae ↗. 6 An. Äthiopis u. SO-Asien. Haltung s. *Cuculus*.
— *C. caprius*, Goldkuckuck. ♂: metallischgrün, goldumsäumte Federn, US weiß. Schwanz überwiegend schwärzlich mit weißen Flecken an äußeren Federn. ♀: OS kupferrötlich; US rotbräunlich u. gesprenkelt. 18–20 cm. Äthiopis. Brutschmarotzend vor allem bei Webervögeln u. Bülbüls.
— *C. cupreus*, Smaragdkuckuck. Prächtigster Kuckuck. ♂: OS u. Kehle grünglänzend, schwarz gefleckt. US zartgelb. ♀: OS metallischgrün, kupferrot quergebändert, US weiß, grünglänzend gebändert. 20–24 cm. UAn. Äthiopis. In Waldgebieten, vor allem Baumwipfelzonen; Buschland u. Akaziengebieten. Brutschmarotzend bei Webern, Schnäppern, Nektarvögeln, Bülbüls, Mausvögeln.
— *C. klaas*, Klaaskuckuck. ♂: goldgrün. US weiß. Weiße äußere Schwanzfedern. ♀: oben mehr kupferfarben, unten weißlichbraun mit dunkelbrauner Bänderung, an Brustseiten dunkelgrüner Fleck. Äußere Schwanzfedern weiß mit wenigen schwarzen Flecken. Juv. auf OS grün quergestreift. 16–19 cm. Äthiopis (einschließl. S-Arabien). An Waldrändern, im offenen Land. Häufig in fruchttragenden Feigenbäumen. Brutschmarotzend bei Schnäppern, Webern, Nektarvögeln u. a. Altvögel füttern flügge Juv. Stiefgeschwister verbleiben im Nest.

Chrysoena. G der Duculidae ↗ (früher zu *Ptilinopus*). 3 An. Fidschi-Inseln.

Chrysolampis, Moskitokolibris. G der Trochilidae ↗. 1 A. Von Kolumbien, Venezuela, Guayana bis Mato Grosso, Minas Gerais, Espirito Santo, Inseln an der N-Küste S-Amerikas von Aruba bis Trinidad u. Tobago. In Galeriewäldern, xerophytischen Gebieten, Sekundärvegetation, Mangrove u. Savannen bis 1300 m ü. NN. Suchen in der niedrigen Vegetation nach Futter. Anfänglich sehr hinfällig, aber nach der ersten Mauser keine Schwierigkeiten mehr. Anfangs in kleinen Volieren ↗, später unbedenklich mit größeren An zu halten. Kamen 1907 erstmals lebend in den Zoo London. Dieser gibt eine durchschnittl. Haltungsdauer von 7½ Monaten, einen Rekord von 2½ Jahren an. Bei M. BEHNKE-PEDERSEN

Moskitokolibri

lebten 2 ♂ ♂ länger als 4 Jahre. Der Zoo Kopenhagen gibt für 4 Exempl., die er vor dem Krieg hielt, eine Haltungsdauer von fast 2 Jahren an. Zucht noch nicht gelungen.
— *C. mosquitus*, Moskitokolibri, Topasrubinkolibri. ♂: vom Schnabel bis auf den Hinterhals glitzernd rubinrot, unten vom Schnabel bis auf die Brust glitzernd goldorangefarben. Oberrücken samtartig braunschwarz; übrige OS dunkelbraun, Unterkörper ebenso, nur etwas heller. Unterschwanzdecken braunrot; Flaumbüschel an den Bauch- u. Körperseiten weiß. Steuerfedern glänzend kastanienrotbraun mit schwarzbraunen Spitzen. Schnabel schwarz. ♀: OS bräunlichgrün, am Hinterhals goldglitzernd, Bürzel, Oberschwanzdecken grün. US hell bräunlichgrau, an der Kehle meist einige goldorangefarbene glitzernde Federn. Steuerfedern kastanienrotbraun mit breitem blauschwarzem Band u. weißen Spitzen. Juv. wie ♀. 9,5 cm.

Chrysolophus. G der Phasianinae ↗. 2 An. Zierliche, schlanke Hühnervögel ↗. 64–170 cm, davon bis 115 cm Schwanzlänge. ♂ ♂ prachtvoll gefärbt, ♀ ♀ schlicht braun. 18federiger Schwanz sehr lang, dachförmig gestuft. Z-China, W-China bis NO-Burma. Bewohner felsiger Abhänge mit dichtem Gestrüpp u. Bambuswuchs. Nahrung Samen, grüne Pflanzenteile u. Insekten. Zur Balzzeit rufen ♂ ♂ oftmals mit weit hörbarem, metallisch klingendem Doppelruf. Mit gesträubter Haube u. zum ♀ hin gespreizten Federkragen umwirbt das ♂ seinen Partner. Mit plötzlicher Kehrtwendung beginnt das Spiel von der anderen Seite, dabei läßt das ♂ ein schlangenartiges Zischen vernehmen. In freier Wildbahn monogam lebend. ♀ ♀ legen ihre Nester im dichtesten Unterholz an. Gelege 6–16 isabell- bis cremeweißfarbene Eier. Bebrütungsdauer 22–24 Tage. Für Haltung kleinere Gehege von 9–15 m² mit einfachem Wetterschutz

ausreichend. In M-Europa winterhart. Futter übliches Fasanenmischfutter. Zur Zucht können dem ♂ mehrere ♀♀ zugegeben werden. Für ♀♀ Versteckmöglichkeiten durch dichte Bepflanzung der Gehegeecken schaffen, da manchmal ♂ der *C. amherstiae* aggressiv. Juv. leicht aufzuziehen. Ausbildung Prachtgefieder der ♂♂ im 2. Lebensjahr. Zuchtfähigkeit ♀♀ im 1. Lebensjahr, ♂♂ im 2. Lebensjahr.
— *C. amherstiae*, Amherstfasan. ♂: Stirn u. Oberkopf bronzegrün. Haubenfedern Hinterkopf glänzend dunkelrot. Kragen weiß mit schwarzen, innen glänzend blauen Endsäumen u. gleichen 2. Binden dahinter. Vorderrücken u. Schulter glänzend bronzegrün mit schwarzen Endsäumen. Hinterrücken goldig strohgelb. Mittl. Bürzel- u. Oberschwanzdecken scharlachrot. Verlängerte Oberschwanzdecken weiß mit schwarzblauer Bänderung u. orangeroten Spitzen. Schwanz weiß, Außenfahnen bräunlich, dunkel gebändert. Die mittelsten, dachförmig getragenen, Schwanzfedern weiß mit schiefstehenden gebogenen, schwarzbraunen Querbinden u. unregelmäßigen Fleckchen. Handschwingen schwarzbraun, Außenfahnen weiß gesäumt, Armschwingen schwarz. Flügeldecken glänzend metallisch schwarzblau. Kehle braunschwarz, Federspitzen dunkelgrün. Kopf glänzend bronzegrün mit schwarzer Randbinde u. metallisch stahlgrünem Endsaum. Brust u. Bauch reinweiß. Schenkel u. Bauchseiten mit einzelnen schwarzen Endbinden. Unterschwanzdecken schwarz, Spitzen glänzend grün. Nackte Augenhaut blau. Schnabel grüngelb, Füße hellblaugrau mit stumpfen Sporen. ♀: ähnl. ♀ *C. pictus*, jedoch mehr braungrau. Schwarze Querbindenzeichnung breiter mit grünlichem Glanz. Scheitel, Kopfseiten, Hals, Mantel u. Oberbrust satte rötliche Tönung. Kehle u. Unterbauch weißlich. Schwanzfederenden gerundet, Schwanzfedern selbst mit breiten schwarzen, hellgrauen u. isabellfarbenen Querbinden versehen, letztere mit schwarzer Wellenzeichnung. Nackte Augenhaut schiefergrau. Schnabel u. Füße blaugrün. Juv. Dunenzeichnung wie bei *C. pictus*, jedoch vielmehr rotbraunere Gesamttönung. Dichteres u. längeres Dunenkleid. 130—170 cm ♂, 66—68 cm ♀. SO-Tibet, SW-China bis NO-Burma. Gebirge, aber in höheren Gebirgslagen als *C. pictus*. Bevorzugt wie diese dichtes Buschwerk u. Bambuspflanzungen.
— *C. pictus*, Goldfasan. ♂: Oberkopf u. Haube aus seidig goldgelb langstrahligen Federn. Abspreizbarer Kragen an der Spitze mit breiten fächerförmigen Federn orangefarben, blauschwarzen Endsäumen u. gleichfarbenen 2. Querbinden dahinter. Vorderrücken goldig dunkelgrün, vor dem Federende schwarze Querbinde. Hinterrücken, Bürzel u. Oberschwanzdecken an den Spitzen karminrot. Schwingen schwarzbraun, mit rostfarbenen bis rotbraunen Säumen. Innerste Armschwingen stahlblau. Oberflügeldecken dunkel- bis rotbraun gefleckt. Schultern braunrot. Schwanz braun, unregelmäßig schwarz gewellt, die mittelsten Federn mit runden, hellbraunen, schwarz gerahmten Flecken. Um das Auge dünn befiederte Haut gelblich. Kopfseiten hellbraun, Kinn u. Kehle rostbraun. US leuchtend rot, Unterbauch rötlichbraun. Schnabel u. Füße gelblich; letztere mit rudimentären Sporen versehen. ♀: OS gelbbraun mit dunkelbrauner Bänderung. US hellgelbbraun, Kehle weißlicher. Hals, Seiten Unterschwanzdecken dunkelbraun quergebändert. Schnabel u. Füße gelblich. Einjährige ♂♂ rotbraunen Oberkopf, Hinterrücken u. Bürzel. Kastanienrote Oberschwanzdecken. Juv. OS rötlichbraun mit dunklerem Scheitelstreif u. Hinteraugenfleck, sowie einem rahmfarbenen Rückendoppelstreif. US heller gelblichweiß. Geschlechtsbestimmung nach 6 Wochen, ♂♂ hellgraue, ♀♀ dunkelbraune Iris. 110 cm ♂, 67 cm ♀. M-China, SO-Kuku-Nor, S-Kansu, Schensi, N-Szetschuan u. M-Hupeh. Bewohner felsiger Abhänge der niedrigeren Gebirgslagen. Bevorzugt Bambusdickungen u. dichtes Buschwerk. Mutationen: *C. p.* mut. *obscurus*, Dunkler Goldfasan. ♂: dunkler u. satter gefärbt als ♂ Nominatform. Mittl. Schwanzfedern wellenförmig gebändert. ♀ dunkel rotbraun. Juv. dunkelbraun mit heller Kehle. *C. p.* mut. *luteus*, Gelber Goldfasan. ♂: alle roten Farbbezirke der Nominatform durch sattes Zitronengelb ersetzt. Andere Farbtöne aufgehellt. ♀ u. juv. Gefiedermuster wie Nominatform, alle Farbtöne stark aufgehellt. Vom VKSK ↗-Standard festgelegt.

Chrysomma. G der Timaliidae ↗. 1 A. Sri Lanka, Indien, Pakistan bis zum Indus, Bangladesh, Burma, S-China, Thailand u. nö. Indochina. Leben im Grasland, lichten Wäldern, buschreichen Feld- u. Wegrändern, Gärten. Nahrung Insekten u. Früchte. Zuweilen auf dem europ. Vogelmarkt. Möglichst Paar halten (Sozialverhalten). Bewegungsfreudig, friedlich. Möglichst Unterbringung in gut bepflanztem Flugraum. Futter wie *Yuhina* ↗. Klammern sich nachts an Gitterstäbe od. senkrechte Zweige.
— *C. sinense*, Goldaugentimalie. ♂ u. ♀: vordere Wangen, Überaugenstreif u. um das Auge weiß, Auge von orangerotem Ring eingefaßt. OS je nach UA hell rostbraun bis dunkelbraun, Kopf-OS u. Hals heller. US gelblichweiß. Iris braun mit gelbem Ring. 16,5 cm. UAn.

Chrysomus. G der Icterinae ↗. 1 A. Guayana, Venezuela, Trinidad, N-, O-Kolumbien, Amazonasgebiet, in N-Brasilien, we. bis NO-Peru. Ab u. zu im Handel, am besten Haltung in Gartenvoliere ↗, die mit Büschen, niedrigen Bäumen u. flachen Wasserbecken ausgestattet ist. Nur mit größeren Vögel vergesellschaften. Überwinterung mäßig warm. Ausdauernd. Futter wie *Cyrtotes* ↗. Zur Zucht Paar allein unterbringen, baut napfförmiges Nest. In dieser Zeit anderen Vögeln gegenüber sehr aggressiv. 1955 erstmalig gezüchtet.
— *C. icterocephalus*, Gelbkopfstärling. ♂: Kopf gelb, um das Auge wenig schwarz, gleichfalls obere Brust gelb, übriges Gefieder glänzend schwarz. ♀: Kopf, Nacken gelbgrün überhaucht, Überaugenstreif gelbgrün. 17 cm. UAn.

Chrysuronia, Bronzeschwanzsaphire. G der Trochilidae ↗. 1 A. Kolumbien bis N-Bolivien, N-Venezuela, Trinidad. In der unteren subtropischen Zone bis ca. 1300 m ü. NN an Waldrändern u. in Savannengebieten. Von der Eingewöhnungszeit werden keine bes. Schwierigkeiten berichtet. Mehrjährige Haltungserfolge sind bekannt. 1907 erstmals im Zoo London gehalten. Soll nach K.-L. SCHUCHMANN ↗ bei A. J. MOBBS gebrütet haben. Zucht jedoch nicht gelungen.

— *C. oenone*, Bronzeschwanzsaphir, Goldschwänzchen. ♂: Kopf mit od. ohne Einschluß der Kehle veilchenblau. OS grün. Oberschwanzdecke u. einige Bürzelfedern goldbronzefarben, mit starkem Kupferschimmer; Steuerfedern goldbronzefarben. US grün, Unterschwanzdecken goldbronzefarben. Oberschnabel schwarz, Unterschnabel rot. ♀: US in der Mitte weiß, an den Hals- u. Brustseiten bläulichgrün. Unterschwanzdecken weißlich, äußere Steuerfedern mit hellgrauen Spitzen. OS heller grün, Kopf bläulichgrün. Juv. wie ♀. 10,0 cm.

Chukarsteinhuhn (*Alectoris chukar*) → *Alectoris*

Chunga. G der Cariamidae ↗. 1 A. Paraguay u. N-Argentinien. Bewohner lichter Stellen der trockenen Hochwälder u. Buschländer. Nest auf Büschen u. niedrigen Bäumen. Eier rötlichweiß mit spärlicher Braunfleckung.

— *C. burmeisteri*, Tschunja. ♂ u. ♀: graubraun, dunkler als Seriema. Schnabel u. Füße schwarz. 60—75 cm.

Cichladusa. G der Muscicapidae ↗. 3 An. Afrika. Pflege s. *Cossypha*.

— *C. guttata*, Tropfenrötel. ♂ u. ♀: OS braun, Kinn, Kehle u. Flanken mit dunkler, tropfenförmiger Zeichnung. 18 cm. UAn. Sü. Sudan, S-Äthiopien, S-Somalia bis Uganda u. mittl. Tansania. Lebt vorwiegend im dichten Buschwerk u. zwischen Palmen, auch in Siedlungen. Baut das tiefe napfförmige Nest fast ausschließl. aus Lehm, nur vereinzelte Fasern, auf Ast. Gesang melodisch, Strophen vermischt mit imitierten Gesängen anderer Vögel. Singt fleißig, auch nachts. Ab u. zu auf europ. Vogelmarkt gehandelt, Haltung nicht sehr schwierig.

Cichloselys. G der Muscicapidae ↗. 6 An. Europa, Asien. Pflege wie *Merula* ↗.

— *C. philomelos*, Singdrossel. ♂ u. ♀: OS olivbraun, US gelblich verwaschen mit schwärzlicher, pfeilspitzenartiger Fleckung, schwanzwärts ungefleckt, weißlich. Juv. OS u. US gefleckt. 23 cm. UAn. Früher zu *Turdus* ↗ gehörend. N- u. M-Europa, sü. bis N-Spanien, Gebirge Italiens bis N-Sizilien, SO- bis N-Griechenland; we. bis Irland, nach O durch W-Sibirien bis Baikal-See, durch Vorderasien bis W-Iran. Durch den Menschen verbr. auf allen Inseln Neuseelands u. in Victoria (SO-Australien). Lebt in Wäldern aller Art, Feldgehölzen, Parks u. baumbestandenen Gärten. In Europa Teilzieher. Gesang wechselvoll, volltönend, rhythmische Wiederholungen von Flötenpfiffen u. zwitschernden Tönen. Nest auf Bäumen u. in Sträuchern, aus Reisern, Halmen u. Moos gebaut, Napf mit Holzmulm, Lehm u. Erde glatt gestaltet. Gelege meistens 5 blaugrüne, wenig schwarzgepunktete od. dunkelbraun gefleckte Eier. 2 Jahresbruten. Pflege einfach, Wildfänge bleiben lange scheu. Nachts zur Zugzeit unruhig, deshalb weiche Käfigdecke. Vorzüglicher Sänger, bei Haltung im Käfig muß dieser mindestens 80 cm lang sein. Gesang kann im Zimmer durch Lautstärke stören, deshalb vor Fenster hängen. Singt im Käfig bis auf die Mau-

Cicinnurus

147

Nacktkopf-Paradiesvogel

serzeit ganzjährig. Mehrfach gezüchtet, sowohl in gut bepflanzter Vogelstube als auch in Gartenvoliere.

— *C. unicolor*, Einfarbdrossel. ♂: Rücken, Flügel, Schwanz aschgrau, US heller, Bauch rahmgelb, Unterflügel rotbraun. Schnabel gelb, ebenso Füße. ♀: OS olivbraun, Kinn u. Kehle weiß, Seiten mit schwarzen Stricheln. Brust olivfarben mit schwarzem Querband, Flanken ockergelblich, restl. US weiß. Unterflügel kastanienbraun. 23 cm. Früher zu *Turdus* ↗ gehörend. Himalajagebiet von Chitral u. Kaschmir bis Nepal. Im Winter im nö. Indien, sehr seltener Irrgast in Europa. Nur ab u. zu in wenigen Exempl. im Handel.

Cicinnurus. G der Paradisaeidae ↗. 3 An. Inseln Waigeo, Batanta, Misool u. Salawati bei Irian, Insel Yapen u. Aru-Inseln.

— *C. regius*, Königsparadiesvogel. ♂: kräftig zinnoberrot; Kopf rotorange, Hals rot, Brust u. Bauch weiß; zwischen Hals u. Brust metallgrüner Streifen; über den Augen je ein runder, metallgrüner Fleck. Schnabel gelb. Füße kobaltblau. ♀: Rücken bräunlich; Bauch heller mit dunkler Querbänderung. Juv. OS braun; Schwingen rotbraun; US graubraun mit dunklen Querstreifen. Füße blau, aber dunkler als bei ad. Vögeln. 18 cm (♂). Irian u. Randinseln. Bewohner dichter Baumkronen im Flach- u. Hügelland. Baumhöhlenbrüter. Eingewöhnung der Geschlechtspartner durch vorherigen Sichtkontakt. Haltung paarweise in ca. 17 m² großer Innenvoliere mit Pflanzenbewuchs (*Monstera, Ficus, Bougainvillea* usw.). Boden aus Sand u. Moos. Temp. ganzjährig bei konstant 25 °C, hoher Luftfeuchtigkeit, Tageslicht u. zusätzl. 12-stündigem Kunstlicht von 8—20.00 Uhr gleichbleibend. Futter während der Aufzucht zerkleinerte Muschelschalen, frische Ameisenpuppen; zerschnittenes, hartgekochtes Eigelb, rohes, sehr klein zerteiltes Fleisch; fein gehackter Apfel, gekochter Reis, fein gehackte Tomaten, eingeweichte Rosinen, kleine Mehlwürmer, kleine, lebende Heuschrecken u. frische Heidelbeeren. Zuchtpaar akzeptiert vorbereitetes Nest aus Moos, getrockneten Farnblättern u. sehr dünnem Gras in einem Nistkasten mit 8,5 cm Schlupflochdurchmesser. Gelege aus 2 cremefarbenen Eiern mit zahlreichen, schokoladenbraunen Strichen am stumpfen Pol. ♀ beginnt nach 1. Eiablage zu brüten. Juv. schlüpfen nach 17 Tagen, fliegen nach 14 Tagen aus u. werden mindestens noch 3 Monate

Ciconia

Sonnender Abdimstorch. Der rechte Flügel ist kupiert.

von den Eltern, vor allem vom ♀, gefüttert. Schutzbestimmungen WAÜ ↗.

Ciconia. G der Ciconiidae ↗. 7 An. ♂ wie ♀. Meist schwarzweiß gefärbt. Schnabel, Hals u. Beine lang. Flügel lang u. breit, zu ausdauerndem Streckenflug u. Segeln befähigend. Flug langsam u. bedächtig, mit ausgestrecktem, aber leicht abwärts geneigtem Hals. Gemessener Gang. 3—6 weiße Eier in Reisighorst hoch in Bäumen od. auf Felsen, aber auch in Ansiedlungen auf Dächern. Juv. Nesthocker. Betreuung durch beide Elternteile. Haltung → Ciconiidae.
— *C. abdimii*, Abdimstorch, Regenstorch. ♂ u. ♀: metallischglänzend schwarz; Bauch, Unterrücken u. Bürzel weiß. Nacktes Gesicht blaugrau; rote Hornplatte auf Stirn. Schnabel tiefgrün, an Wurzel rot. Beine dunkelgrünlich mit rosa Gelenken, Füße rot. 64—80 cm. Senegal bis Äthiopien u. Uganda. In offenen Gebieten od. in Halbwüsten. Hauptnahrung: Heuschrecken; mit Geiern u. Marabus auch am Aas. Nur selten weiche, pfeifende Laute vernehmbar. Im N Brutvogel, von September—März südlicher ziehend. Brütet in Kolonien, oft in Bäumen in Siedlungen.
— *C. boyciana*, Schwarzschnabelstorch. ♂ u. ♀: wie Weißstorch, nur Schnabel schwarz statt rot. O-Sibirien bis Korea; Japan (Hondo: nur wenige Paare). Ab 1967 durch IUCN unter strengem Artenschutz, nur noch in wenigen Tiergärten gehalten.
— *C. ciconia*, Weißstorch. ♂ u. ♀: weiß mit pechschwarzen Schwingen. Glänzend roter Schnabel, rote Beine. Juv. anfangs weißgrau, ab 7. Tag reinweiß; der anfangs nur 2 cm lange Schnabel schwärzlich, allmähl. in Blaßrot übergehend. 100 bis 110 cm; über 200 cm Flügelspannweite. Körpermasse 3—4 kg, ♀ ein wenig leichter. UAn. N-Afrika u. Europa öst. bis Turkestan. Offenes Gelände des Flach- u. Hügellandes mit Sumpfwiesen, Auen, Teichen u. Seen; gern in Nähe menschl. Ansiedlungen. Gelegentl. in Brutzeit zischend, sonst lautes rhythmisches Schnabelklappern mit zurückgelegtem Kopf. Gern auf einem Bein stehend. Nahrung Frösche, kleine Rept., Nacktschnecken, Würmer, Fische, Insekten u. deren Larven, Kleinsäuger, gelegentl. Eier von Bodenbrütern u. Jungvögel; in Afrika Heuschrecken. Als Kulturfolger baut er sein Nest bes. auf Hausdächern u. Schornsteinen, selten auf Bäumen. Nest aus Ästen u. Reisig, gern auf Unterlagen (Wagenräder). Bis 2 m Durchmesser. Mehrjährig genutzt, jährl. ausgebessert u. aufgetragen, so manchmal bis 1 t Masse. Einehe. Gesellig lebend. 3—5 mattweiße, feinkörnige Eier in zweitägigen Abständen gelegt, vom ersten Ei an bebrütet; (in Europa Ende März/Anfang April). ♂ u. ♀ brüten abwechselnd. Brutdauer 33 Tage. Nestlingszeit 63 Tage. Einige Paare nisten auch in S-Afrika. In Europa Zugvogel August/September in afrikan. Gebiete. Rückkehr Ende Februar/Anfang April; erst ♂, später ♀. Mit 3 Jahren fortpflanzungsfähig. Bestände in W-Europa stark zurückgehend. Von 1934 mit 4 407 Brutpaaren auf 1 057 im Jahre 1974 im Gebiet der BRD verringert, d. h. um 76 %. Im gleichen Zeitraum in DDR von 4 628 auf 2 928 Brutpaare, also um 37 % zurückgegangen.
— *C. episcopus*, Wollhalsstorch, Weißnackenstorch. ♂ u. ♀: glänzendschwarz; Kopfplatte schwarz; weißer, wollig erscheinender Hals; Brust u. Bauch weiß. Beine u. Füße rot. Schwanz gegabelt. 80—85 cm. UAn. S-Asien, Äthiopis (ohne SW) sü. bis Natal. Meist allein od. in Paaren am Ufer flacher Binnenseen, an Korallenriffen an Küste. Nahrung Fische, Frösche, Rept., Krebse, Mollusken, große Insekten. Während Brutzeit rauher, heiserer Schrei. Brütet in Bäumen. 3—4 weiße Eier.
— *C. maguari*, Maguaristorch. ♂ u. ♀: weiß mit schwarzen Schulterfedern. Schwanz gegabelt. Lan-

Schwarzschnabelstorch

ger, gerader Schnabel graublau, an Spitze dunkler. Nackte Augenumgebung rot. Beine u. Füße rosa. Juv. schwarz. 110 cm. Kolumbien bis Argentinien u. S-Chile. Brütet in Sümpfen.
— *C. nigra*, Schwarzstorch. ♂ u. ♀: grün- u. purpurnglänzendschwarz; US weiß. Nackte Augenumgebung rot. Schnabel u. Beine rot. Juv. OS mattbraun. Schnabel u. Füße graugrün. 70—95 cm; 200 cm Flügelspannweite. 3 kg Körpermasse. Skandinavien u. O-Mitteleuropa bis W-China; S-Äthiopis. Nahrung Fische, Frösche, Wasserinsekten. Rauhe pfeifende Töne u. klagende Rufe, selten Schnabelklappern (ohne Kopfrücklage). Vor allem in urwüchsigen, wasserreichen Laubwäldern. Nistet auf Bäumen (in Mitteleuropa vor allem Eichen u. Buchen) in 10 bis 20 m Höhe. Horst aus Ästen u. Reisig mit flacher Mulde; meist jahrelang benutzt. ♂ u. ♀ brüten abwechselnd. 3—5 weiße Eier, innen grün durchscheinend. Brutdauer 35—45 Tage. Nestlingszeit 8 Wochen. Mit 3 Jahren geschlechtsreif. Zugvogel August/September nach S-Afrika od. O-Afrika. Paarweise Rückkehr März/April. In BRD u. DDR vom Aussterben bedroht.

Ciconiae, Storchvögel. UO der Ciconiiformes ↗. 2 Fn (Threskiornithidae ↗, Ciconiidae ↗), 22 Gn, 50 An.

Ciconiidae, Störche. F der Ciconiiformes ↗. 6 Gn (*Anastomus* ↗, *Mycteria* ↗, *Ciconia* ↗, *Ephippiorhynchus* ↗, *Jabiru* ↗, *Leptoptilos* ↗), 19 An. Große, langbeinige, etwa reiherähnl. Vögel mit langem geraden Schnabel. ♂ meist wie ♀. Flügel lang u. breit. Flug mit gestrecktem Hals u. nach hinten gerichteten Beinen. Zu ausdauernden Streckenflügen u. Segeln befähigt. 75—152 cm. Über alle Erdteile in gemäßigten u. warmen Gebieten. In feuchten Niederungen, Steppen, Wäldern u. Sümpfen. Nahrung Fische, Amphibien, Reptilien, Krebse, Insekten, Würmer, Kleinsäuger, auch Aas. Umfangreiche Reisignester auf Bäumen, in Sumpfgelände u. an Felsen; Weißstorch auch auf Dächern u. Schornsteinen. Häufig gesellig nistend. 3—6 Eier, weiß, einige gelblich od. grünlich durchscheinend. Brutdauer 30—38 Tage. ♂ u. ♀ brüten. Juv. meist mit weißem Dunenkleid, beim Schlupf bereits sehend. Futter wird von Eltern aufs Nest ausgewürgt u. von dort von Juv. aufgenommen. Bleiben bis zur Erlangung der Flugfähigkeit im Nest. Störche zeigen oft bemerkenswerte Ortstreue zur Niststätte. *Ciconia boyciana* 1967 durch IUCN unter An-Schutz! *C. nigra* in BRD u. DDR unter strengem Naturschutz. In Niedersachsen, BRD, noch stärkstes Brutvorkommen, aber auch hier sind es nur wenige Brutpaare. In der DDR stieg die Anzahl der Brutpaare zwischen 1970 u. 1980 auf 35 an. Nahezu alle An ± häufig in Tiergärten gehalten. Für Liebhaberhaltung kaum geeignet. Meist kupiert auf Stelzvogelwiesen, häufig mit entspr. Säugetieren auf Freisichtanlagen vergesellschaftet, seltener in größeren Volieren. Benötigen im Winter temperierte Unterkunft. Fütterung Grünes, aufgebrühtes Getreide, gestampfter Mais, Brotwürfel (evtl. mit Fleischwasser tränken), Mahlfleisch od. Fleischstreifen, Insekten od. Insektenschrot, Obst; möglichst auch Kleinsäuger (Mäuse, Jungratten) u. Frösche. Bes. für Schwarzstorch auch kleine Fische. Jabirus u. Nimmersatte

Ciconiidae

149

Weißstorch

überwiegend Fleisch- u. Fischfresser; Marabus auch Knochen, Abfallfleisch, Kleintierkadaver, Ratten. Klaffschnäbel vor allem Mahl- u. Streifenfleisch, Fische, gekochte Nudeln gemischt mit Fleisch- u. Fischstückchen. Zur Eingewöhnung Muscheln, Würmer, Abfälle von Teichfischen, Schnecken; auch Mischfutter mit Mehlwürmern. Bei einigen An Zuchterfolge. Weißstorch wurde seit Mitte unseres Jh. häufig in versch. Tiergärten erfolgreich gezüchtet (z. B. allein zwischen 1958—1963 38 Weißstörche im Zoo Warszawa aufgezogen). Seltenere Zuchterfolge mit Schwarzstorch, z. B. seit 1965 mehrfach im Tierpark Berlin, 1964 im Zoo Münster, in den letzten Jahren auch im Vogelpark Walsrode ↗. In den 60er Jahren mehrfach im Zoo Köln, Tel Aviv u. Chicago Mischlinge zwischen Weiß- u. Schwarzstörchen aufgezogen. Abdimstorch 1964/65 in Kairo, 1966 in Tel Aviv gezüchtet. Afrikan. Marabu 1962 in Tel Aviv, Indischer Nimmersatt in den 60er Jahren häufig im Zoo Delhi gezüchtet. Über künstl. Aufzucht vom Weißstorch 1974 aus Zoo Magdeburg berichtet: Nach Schlupf anfangs bei 30 °C, nach 8 Tagen bei 25 °C u. nach Erscheinen der 1. Deckfedern normale Raumtemp. Fütterung am 1. u. 2. Tag mit kleingeschnittenen Eingeweiden von Ratten, danach zerteilte Karauschen u. nestjunge Ratten u. Mäuse (von 7—19 Uhr eineinhalbstündlich). Futter wurde in Wasser getaucht, um Wasseraufnahme zu garantieren. Ab 8. Tag unzerteilte 8 cm lange Karauschen u. junge Ratten; ab 15. Tag zusätzl. Rindfleisch (Eingeweide von Kaninchen wurde erbrochen(?)); ab 25. Tag ad. Ratten u. Küken. Alle 3 Tage Calcipot u. Ursovit. Ab 14. Tag, wenn Juv. stehen, Mangansulfat ins Trinkwasser zur Vermeidung von Perosiserscheinungen. Bei Schlupf Brust, Bauch, Hals nackt; am 3. Tag erstes weißgraues Dunengefieder; am 7.—9. Tag 2. weißes Dunengefieder u. Durchbrechen erster schwarzer Schulterdeckfedern; am 10. Tag Handschwingen, am 12. Tag Armschwingen, am 18. Tag Schwanzfedern, am 40. Tag ist Deckgefieder überall ausgebildet. Eizahn verschwindet am 20. Tag; ungefähr am 35. Tag beginnt die Schnabel-

Ciconiiformes

umfärbung bis etwa zum 70. Tag. Bereits am 2. Lebenstag «klappern» (ohne Geräusch) Juv. mit Schnabel, eine angeborene Verhaltensweise.

Ciconiiformes, Schreitvögel. 3 UOn (Ciconiae ↗, Balaenicipites ↗, Ardeiae ↗) mit 4 Fn.

Cinclidae, Wasseramseln. F der Passeriformes ↗. 1 G, 5 An. 14–19 cm, gedrungen, Flügel u. Schwanz kurz. N-Afrika, Europa, Asien, W N-Amerikas, M- u. we. S-Amerika. Leben an Bächen u. Flüssen mit steinigem Untergrund, herausragenden Steinen u. mit buschbestandenen Ufern im Mittel- u. Hochgebirge. Nahrung überwiegend Wasserinsekten, ihre Larven u. Flohkrebse, werden laufend, fliegend, auch schwimmend u. tauchend erbeutet, stoßen sich dabei mit den kräftigen Beinen am Grund des Fließgewässers ab. Das dichte Federkleid wird mit Sekret der Bürzeldrüse eingefettet. Rudern auch mit den Flügeln unter Wasser. Scheiden Gewölle ↗ aus. Zuweilen werden kleine, wirtschaftlich bedeutungslose Fische gefressen. Ungesellig. Sehr selten gehalten, wahrscheinl. nur *Cinclus cinclus* ↗ durch Unglücksfälle in Menschenhand geraten. Streng geschützt! Erfolgreiche Pflege nur in größerer Anlage mit fließendem Wasser. Nach den Erfahrungen von R. BAUMGARTNER, Graben-Neudorf, BRD, ist ein Wasserlauf von ca. 5 m Länge mit Auffang- u. Überlaufbecken günstig, Tag u. Nacht Wasserfluß (über Pumpen Kreislauf schaffen) verhindert auch im Winter das Zufrieren, bedeutungsvoll für Fütterung. Überwiegendes Futter besteht aus Mehlkäferlarven, die im Überlaufbecken gereicht werden u. größtenteils auf den Grund sinken, dort vom Vogel gesucht. Ansonsten wird ein handelsübl. Weichfutter mit grob gemahlenem Rinderherz, feingeschnittenem hartgekochten Eigelb, Ameisenpuppen u. Multivitaminpräparat als Gemisch gereicht. Noch nicht gezüchtet.

Cinclus. G der Cinclidae ↗. 5 An.
– *C. cinclus,* Wasseramsel. ♂ u. ♀: schwarzbraun, großer weißer Brustlatz, Schwanz kurz, oft gestelzt. Schnabel schwärzlich. Auge dunkelbraun. Füße graubräunlich. Juv. OS schiefergrau, US mit weißen Flecken. UAn. Algerien, Gebirge von Marokko, Europa (überwiegend im Gebirge), von der Iberischen Halbinsel u. Irland bis zum Ural durch Vorder- u. Innerasien (im N bis zum Altai) bis W-China (Kansu, Szetschuan, N-Yünnan), zum Himalaja u. Iran. Bewohnt fließende, klare Bäche u. kleine Flüsse im Hügelland, im Gebirge bis über die Baumgrenze. Überwinterung im Brutgebiet, ggf. in tieferen Lagen. Nest backofenförmig aus Moos, Eingang seitl. In Spalten u. Nischen unter Brücken, in Mauern usw. gebaut. Gelege 4–6 weiße Eier.

Cinderella-Schönbürzel *(Glaucestrilda thomensis)* → *Glaucestrilda*

Cinnyricinclus. G der Sturnidae ↗. 1 A. Äthiopis ↗ (einschl. SW-Arabien). Bewohnen Waldland, Baumsavannen, zur Reifezeit der Früchte auch in Gärten. Gesellig. Folgen in Flügen Heuschrecken- u. Termitenschwärmen, Nahrung außerdem andere Insekten, Beeren, Baumfrüchte. Nest in Baumhöhlen. Gelege 4 hellblaue, am stumpfen Pol wenig hellbraun gefleckte Eier. Anfangs etwas empfindlich, wenig aggressiv, nur vergesellschaften mit gleichgroßen od. größeren Vögeln, zur Brutzeit streitlustig. Ausdauernd, im Zoo London 1 Vogel 17 Jahre alt geworden. Auch für großen Flugkäfig geeignet. Mehrmals gezüchtet, Nistkästen aufhängen. Aufzuchtfutter in den ersten 10 Lebenstagen nur Insekten, danach auch Obst. Sonst Pflege → Sturnidae.

– *C. leucogaster,* Amethystglanzstar. ♂: Kopf, Brustlatz, OS dunkelviolett, Schwingen schwarz, nicht glänzend. Grenze von der schwarzen Brust zur sonst weißen US unregelmäßig, schuppenähnl. Aussehen. Auge gelb. Schnabel, Füße schwarz. ♀: OS bräunlich, durch helle Federsäume Schuppenzeichnung, US weißlich mit schwarzen Flecken. Juv. ähnl. ♀, aber häufig einzelne violette Federn auf der OS. Bei Importvögeln Abgrenzung von ad. ♀♀ möglich, da von letzteren Flügeldecken, innere Armschwingen dunkelbläulich schimmern. 17 cm. UAn.

Cinnyris, Nektarvögel i. e. S. G der Nectariniidae ↗. 11 An. Afrika, Arabien, Madagaskar. Bevorzugen Trockenbusch, Gärten, Akazien-Dornsavannen, Waldränder.

– *C. mariquensis,* Bindennektarvogel. ♂: metallischkupfriggrün, dunkelrotbraunes Brustband, Bauch schwarz. ♀: OS graubraun, US gelblich, Brust kräftig längsgestreift, hellbrauner Überaugenstreif. Juv. wie ♀. 14 cm. N-Äthiopien, Eritrea, Somalia durch O-Afrika bis NO-Sambia, S-Tansania, S-Angola bis zum mittl. SW-Afrika, Botswana, Simbabwe, Moçambique u. Transvaal. Bevorzugt trockene Akazien-Dornsavanne u. Kulturland.

– *C. superbus,* Prachtnektarvogel. ♂: OS metallischgoldgrün, Kopf blaugrün, Kehle, Brust metallischpurpurn, Bauch dunkelrot. ♀: OS olivfarben, US gelblich, nicht gestreift. Juv. wie ♀. 14 cm. Von Sierra Leone bis Angola, öst. durch Zaïre bis Uganda. Bevorzugt Waldungen. Ein ♀ baute im Tiergarten Heidelberg aus Lamahaar, Schafwolle u. Platanenfrüchtchen ein Hängenest.

CIPO (Conseil International pour la Préservation des Oiseaux). Franz. Name für ICBP ↗.

Circus. G der Accipitridae ↗. 11 An. Mittelgroße, schlanke, hochbeinige Greifvögel. Flügel lang, schmal, spitz, Schwanz lang, schmal. Alle An weisen einen deutl. Geschlechtsdimorphismus auf. An eignen sich nur bedingt zur Schauhaltung, sind sehr nervös u. unruhig. Haltung sollte grundsätzl. nur in völlig abgeschirmten Volieren erfolgen. Die europ. An werden gelegentl. als Jungtiere od. verletzte Stücke eingeliefert. Es ist zweckmäßig, diese Tiere nach der Heilung bzw. nach dem Flüggewerden wieder auszuwildern. *C. pygarcus* u. *C. cyaneus* sind am besten kurz vor dem Zug an den Sammelplätzen im Herbst auszuwildern. Die europ. An sind streng geschützt. Noch nicht in Gefangenschaft gezüchtet.

– *C. aeruginosus,* Rohrweihe. ♂: Kopf-OS u. Nakken, Brust hell rostgelb mit dunklen Längsstreifen, Wangen rotbraun. OS tiefbraun, Flügelspitzen schwarz, Schwanz silbergrau, Bauch u. Hosen rot bis hellbraun. Füße gelb. ♀: Kopf-OS, Nacken, Flügelbug rahmfarben, breiter dunkler Strich durchs Auge bis hinter das Ohr. Flügel u. Schwanz braun bis dunkelbraun. 8 UAn. Europa, N-Afrika, Madagaskar, Vorderasien bis Sachalin, Inseln im Indik, Neuguinea, Australien. Teiche, Seen, Flüsse, Moore, feuchte Wiesen, Röhricht, gelegentl. auch auf Feldern. Beute kleine Vögel, Reptilien, Amphibien, Kleinsäuger. Horst im Flachwasser der Schilfränder, auf einer erhöhten Rohrunterlage. Gelege 3—5 bläulichweiße Eier. Brutdauer 32—34 Tage. ♂ u. ♀ betreiben Brutpflege.

— *C. cyaneus,* Kornweihe. ♂: OS, Kehle u. Brust aschgrau (möwenblau), Bauch weiß, Flügelspitzen schwarz, Schwanz schwarz. Wachshaut u. Füße gelb. ♀: OS dunkelbraun, US hell mit dunklen Schaftstrichen. 2 UAn. Europa, Asien bis O-Sibirien, Spanien über Kaukasus bis Kalimantan, N-Afrika, N-Amerika bis Venezuela. Offenes Gelände, Wiesen, Moore, Sümpfe, Heiden. Beute Kleinsäuger, Reptilien, Amphibien, Jungvögel, Insekten. Horst auf dem Boden, in Sümpfen, Wiesen od. Feldern. Gelege 4—5 bläulichweiße Eier. Brutdauer 30—32 Tage. ♀ brütet allein. ♂ versorgt Nahrung. Gehört in M-Europa zu den bedrohten An.

— *C. pygargus,* Wiesenweihe. ♂: OS, Hals, Brust graublau. Flügel meist mit schwarzer Binde, äußere Handschwingen schwarz. Bauch, Hosen hellgrau mit rotbraunen Schaftstrichen. ♀: wie ♀ *C. cyaneus,* nur unter den Augen heller Fleck, Schwanz mit 5 breiten deutl. Binden. 1 UA. Großbritannien, M-Europa weiter bis zum Ob, Kaukasus, Transbaikalien, N-Afrika. Sumpfige Niederungen, Moore, Heiden, Luche, feuchte Wiesenflächen. Beute Kleinsäuger, Reptilien, Amphibien, Jungvögel. Horst auf dem Boden, in Sümpfen u. in bewachsenen Wiesen. Gelege 3—5 bläulichweiße Eier. Brutdauer 30—32 Tage. ♀ betreiben Brutpflege. Gehört in M-Europa zu den bedrohten An.

Cissa, Kitta. G der Corvidae ↗. 5 An. Mit leicht gekrümmtem Schnabel, langem, stufigem Schwanz u. verlängerten Oberkopffedern. S- bis O-Asien.

— *C. chinensis,* Jagdelster. ♂ u. ♀: türkisfarben, vom Schnabelgrund zum Nacken schwarzes Band. Flügel rotbraun mit schwarzem Querband u. hellblauen Spitzen. Schwanz ebenfalls türkis mit weißen Spitzen u. bis auf 2 Deckfedern schwarzem Querband. Auge rotbraun, Augenringe korallenrot. Schnabel u. Füße korallenrot. 38—39 cm. Himalaja-Gebiet, SW-China, Hinterindien, Burma, Malaysia, Sumatera u. NW-Kalimantan. Bewohnt dichte Wälder u. Bambusdickicht. Lebt bes. von Insekten. Nest niedrig aus Halmen u. Blättern, mit Wurzeln gepolstert. Gelege 4 dunkelweißliche Eier mit bräunlichen od. ockerfarbenen Flecken. Selten im Handel. Akklimatisation schwierig, Gewöhnung an Menschen gut. Im Wesen lebhaft, neugierig u. großes Badebedürfnis. Nicht winterhart. Futter s. Corvidae, vor allem Insekten ↗, auch Rosinen u. Birnenscheiben. Günstig große Volieren ↗ mit viel Grünpflanzen u. natürl. Insektennahrung. Bei ungünstigen Bedingungen vergeht das Grün des Gefieders, Vögel sind dann mehr blau gefärbt. Zucht wohl noch nicht gelungen.

— *C. ornata,* Schmuckkitta. Früher zur G *Urocissa* gerechnet. ♂ u. ♀: Kopf, Nacken, Kropf kastanienbraun, sonst Gefieder leuchtend azurblau mit rötlichem Glanz. Vorderkörper u. Flügel rost- bis kastanienbraun, Schwanz dunkelblau mit weißen Spitzen. Augenringe kahl u. dunkelrot. Füße u. Schnabel orangerot. 45 cm. Nur in Sri Lanka. Lebt in den Kronen dichter Bergwälder von Insekten, auch behaarten Raupen, Baumfröschen u. Eidechsen. Nest auf hohen Bäumen aus Zweigen, mit Moos gepolstert. Gelege 4—5 weißliche Eier mit braunen Flecken. In der Heimat beliebter Käfigvogel. Im Handel selten. Eingewöhnung u. Haltung s. *Crypsirina.* Zucht wohl noch nicht gelungen.

— *C. thalassina,* Buschelster. ♂ u. ♀: türkisfarbener Kopf, Bauch u. Seiten mehr grün, Rücken u. Schwanz mehr blau. Kopf mit schwarzem Band vom Schnabelgrund zum Nacken. Blaugrüne Flügel mit rotbraunen Abzeichen. US hell goldgelb. Schwanz gegenüber *C. chinensis* kürzer. 38 cm. Nur auf Java. Lebensweise, Eingewöhnung, Haltung u. Zucht s. *C. chinensis.*

Cissilopha, Trauerblauraben. G der Corvidae ↗. 4 An. Größere dickschnabelige Raben mit schwarzem Kopf-, Hals- u. Brustgefieder u. borstigen Stirnfedern. Verhalten u. Nahrung häherartig, deshalb z. T. auch als Trauerblauhäher bezeichnet. M-Amerika. Busch- u. Waldlandschaften bis in die Hochebenen. Haltung in Volieren ↗ mit Schutzraum ↗. Nahrung s. Corvidae, vorwiegend Insekten, Ei u. Beeren. Zuchterfolge in Europa bisher wohl noch nicht gelungen.

— *C. beecheii,* Trauerblaurabe. ♂ u. ♀: auf OS schwarz, Schenkel u. Unterschwanz blau, Flügel u. Schwanz schwarz. Kopf mit verlängerten Scheitelfedern. Schnabel schwarz. Auge gelb. Füße gelb. Juv. ähnl. Ad., nach NEUNZIG ↗ Auge aber grau. 36—41 cm. Nur in den Wäldern u. dichten Buschlandschaften NW-Mexikos. Zuchterfolge bisher nicht bekannt.

— *C. melanocyanea,* Hartlaub-Blaurabe. ♂ u. ♀: Kopf, Hals u. Brust schwarz, sonst OS u. Flügel hellblau, US graublau, Schwanz dunkelblau. Schnabel schwarz, Auge gelb, Augenringe u. Wangenflecke heller. Füße gelb. Die verlängerten Scheitelfedern bilden eine gut erkennbare herunterhängende Haube. Juv. matter in den Farben u. nach NEUNZIG Schnabel gelb. 28—30 cm. Guatemala u. Nikaragua, vor allem in den Hochebenen bis 2 600 m ü. NN bei dichter Vegetation. Nest in 2 m Höhe locker aus Zweigen, Gelege besteht aus 4 lachsroten, dunkel gefleckten Eiern.

— *C. sanblasiana,* Acapulco-Blaurabe. ♂ u. ♀: Kopf, Hals, Vorderrücken, Brust u. Bauch schwarz, hinterer Rücken, Flügel u. Unterschwanz blau. Scheitelfedern zur Haube verlängert. 29 cm. Buschlandschaften W-Mexikos.

— *C. yucatanica,* Yucatan-Blaurabe. ♂ u. ♀: auf OS u. Flügel leuchtend blau, Schwanz dunkelblau. Kopf, Hals u. US schwarz, Scheitelfedern leicht verlängert. Schnabel schwarz, Füße gelb. Juv. mit weißlich zugespitzten Schwanzfedern, Gefieder matter u. nach NEUNZIG Schnabel gelb. 31—33 cm. Halbinsel Yucatán, Honduras u. NO-Guatemala.

Cissopinae

Cissopinae, Dickschnabeltangaren. UF der Thraupidae ↗. 11 Gn, 16 An. Zusammensetzung der UF oft fraglich u. sicherlich nicht endgültig. S-Amerika. Recht unterschiedl. Gn mit ziemlich dicken, kräftigen Schnäbeln. Nahrung Beeren, Insekten u. Samen.

Cissopis. G der Cissopinae ↗. 1 A. Biologie noch wenig bekannt. Ernährung usw. s. *Tangara*. Höheren Proteinbedarf durch Zusatzfutter wie fertige Hunde-Dosennahrung (Hühnerfleisch) od. kleine Stücke geschnittener Tiefkühlforelle decken.

— *C. leveriana,* Elsterling. ♂ u. ♀: Kopf, Nacken, vorderer Rücken, Brust u. oberer Bauch glänzend blauschwarz. Flügel u. langer Schwanz schwarz. Armschwingen mit weißen Federspitzen od. weiß gesäumt, Schwanzfedern mit weißen Spitzen. Schulter, hinterer Rücken, Oberschwanzdecken u. US weiß. Schnabel schwarz. Auge gelb. Füße schwarz. 26 cm. 2 UAn. Lebt paarweise in tropischen u. subtropischen Regenwäldern von N-Bolivien über O-Peru, O-Ekuador, O-Kolumbien we. bis Surinam sowie SO-Brasilien, NW-Argentinien u. O-Paraguay. Paarweise allein halten. Oft bösartig gegen andere Mitbewohner. Zuchterfolg in den USA. Aufzuchtfutter gehacktes Rinderherz, Mehlwürmer u. Früchte. Ab u. zu im Handel.

Cistensänger *(Cisticola juncidis)* → *Cisticola*

Cisticola. G der Sylviidae ↗. 10 An. Asien, Australien, Afrika, Europa. Artenschutz, Pflege s. *Locustella* ↗.

— *C. juncidis,* Cistensänger. ♂ u. ♀: kein Überaugenstreif, OS dunkelgrau mit gelbbraunen Streifen, Bürzel einfarbig rostbraun. Schwanz dunkelbraun mit schwarzweißen Federspitzen (nicht mittl. Federpaar), kurz, stark gerundet. US gelblichweiß, Seiten rostfarben überhaucht. 10 cm. UAn. S-Europa, Afrika, O-, S-Asien, N-Australien, im Winter überwiegend im Brutgebiet. Offene, sumpfige, mit Binsen, Schilf, Gräsern, niedrigen Büschen bestandene Landschaften. Nest niedrig in dichter Vegetation, länglich beutelförmig. Gelege 4—5 blaue od. weiße, gefleckte od. einfarbige Eier. Gesang einförmig, nicht sehr laut.

CITES → Washingtoner Artenschutzübereinkommen

Clamator. G der Clamatoridae ↗. 4 An. Selten in Tiergärten gehalten. Fütterung mit grobem Mischfutter aus gekochtem Reis, Mahlfleisch, Hartei, Ameisenpuppen, Mehlwürmern, Insekten, Beeren u. geschnittenem Obst. Zucht vom Häherkuckuck mehrfach gelungen, z. B. 1961/62 in Universität von Tel Aviv (Israel).

— *C. glandarius,* Häherkuckuck. ♂ u. ♀: graubraun mit weißen Flecken, Halsseiten u. US rahmfarben. Kurze hellgraue Scheitelhaube. Im Flug an Schwungfedern rostrot. Langer, gestufter, dunkelgrauer Schwanz mit breiten weißen Säumen. Leuchtend orangefarbener Augenring. Juv. mit schwärzlichem Kopf ohne Haube mit tief kastanienbraunen Handschwingen. 40 cm. UAn. Äthiopis, N-Afrika, S-Europa (S-Frankreich); Kleinasien bis Iran. In Buschsavannen, Baumsteppen, an Waldrändern u. in Parks. Gesellig. Rufe elsternähnl. Brutschmarotzend bei Krähenvögeln (afrik. UAn bei Staren). Manchmal mehrere Eier im Wirtsnest.

— *C. jacobinus,* Jacobinerkuckuck, Elsterkuckuck. ♂ u. ♀: OS schwarz; US weißlich od. schwarz. Kurze weiße Flügelbinde, im Flug auffallend. Schopf vorhanden. Schwanzfedern an Spitze weiß gesäumt. Juv. US gelbbräunlich. 33 cm. UAn. Sri Lanka, Indien bis Burma, SO-Iran, Äthiopis von Senegal u. dem Sudan bis zum Kap.

Clamatoridae, Häherkuckucke. F der Cuculiformes ↗. 2 Gn *(Clamator* ↗, *Pachycoccyx),* 5 An. S-Europa, Afrika, Kleinasien, SO-Asien. Haltung s. *Clamator.*

Clangula. G der Anatidae ↗, UF Anatinae ↗. 1 A. Brutvogel an arktischen Küsten Europas, Asiens u. N-Amerikas. Im Winter auf großen Gewässern der gemäßigten Zone. Zur Brutzeit an kleinen Gewässern in der Tundra. Nester am Ufer od. auf Inseln in Bodenvegetation od. zwischen Steinen. 5—9 Eier werden vom ♀ 24—26 Tage bebrütet. Juv. mit 35 Tagen flugfähig. Ernährt sich fast ausschließl. von kleinen Wassertieren. Auf Binnenseen sind Insektenlarven, auf dem Meer Mollusken Hauptnahrung. Nahrungserwerb tauchend. Haltungsergebnisse trotz zahlreicher Bemühungen bisher noch unbefriedigend. Ernährung mit Fisch- u. Fleischstückchen, Garnelen u. Pelletfutter. Vitamin- u. Mineralstoffzusätze notwendig. Zucht vereinzelt schon gelungen.

— *C. hyemalis,* Eisente. ♂: Im BK mit dunkelbraunem Rücken, Kopf u. Hals. US weiß. Großer heller Fleck um das Auge. Mittl. Steuerfedern verlängert. Im Winter Kopf, Hals, Schulter u. Bauch weiß. Brust, Rücken u. Flügel schwarzbraun. Auf Wangen u. Halsseiten dunkler Fleck. Schnabel schwarz mit breiter, rosafarbener Binde. ♀ dem ♂ ähnl., insges. dunkler u. ohne verlängerte Steuerfedern. Auch ♀ mit BK u. Winterkleid. 35 cm.

Clappertonfrankolin *(Pternistis clappertoni)* → *Pternistis*

Claravis. G der Columbidae ↗. 3 An. M- u. S-Amerika. Pflege → Columbiformes, Columbidae. Zucht von *C. pretiosa,* Schmucktäubchen, Graublaues Täubchen oder Blautäubchen, *C. godefrida,* Purpurbindentäubchen, gelungen.

Claus, GmbH. Wurde 1911 von dem Schreiner u. Hobbyornithologen Karl Claus, geb. 28. 1.1888 in Waldsee, zusammen mit seiner Ehefrau Anna (geb. Eckrich) gegründet. Die Firma Eckrich in Waldsee ist die «Urmutter» des Unternehmens. 1919 wurde der Führungssitz nach Limburgerhof verlegt. Da Karl Claus vorwiegend insektenfressende Vögel hielt, beschränkte sich das Betätigungsfeld auf die Zucht von Mehlwürmern ↗ u. erste Versuche, fertige Weichfuttersorten zu produzieren. Nach dem zweiten Weltkrieg u. dem Tod von K. C. 1945 führten die Söhne Alfons (geb. 21. 7. 1912 in Waldsee) u. Rupprecht (geb. 17. 5. 1918 in Waldsee), beide von Beruf Kaufmann, die Fa. weiter. Seit 1981 lautet die Fa. Claus GmbH, geschäftsführender Gesellschafter ist Karl-Wilhelm Claus (Sohn von Alfons Claus, geb. 28. 1. 1948 in Heidelberg). Das Produktionsprogramm umfaßt weiterhin die Zucht von Lebendfutter, vorwiegend Mehlwürmern, Heimchen u. Enchyträen, die Herstellung von Spezialfuttersorten für insektenfressende Vögel, Aufzuchtfuttermittel u. Präparate für die Vogelhaltung (Federvit). Beschäftigt werden ca. 20 Personen. Alfons Claus widmet sich neben der Mitarbeit in der Fa. des Sohnes intensiv der Haltung von Weichfressern ↗, vorwiegend der Pflege u. Zucht einheimischer Vogel-An, zog u. a. 1981 Nachtigall ↗.

Cloncurrysittich *(Barnardius zonarius macgilivrayi)* → *Barnardius*

Clytoceyx. G der Alcedinidae ↗. 1 A. Neuguinea. Im Hochgebirge, meist am Boden. Nahrung Würmer, Kerbtiere u. Eidechsen. Graben oft mit kurzem, hohem, aber breitem, schaufelförmigem Schnabel im Boden nach Nahrung.
— *C. rex*, Froschschnabel, Schaufelschnabel-Eisvogel. ♂ u. ♀: rostbraun; Vorderrücken mit ockerbraunem, schwarz eingefaßtem Band. Bürzel u. Schwanz seidig blau. Kehle weiß. 32 cm. UAn.

Clytolaema, Rubinkolibris. G der Trochilidae ↗. 1 A. SO-Brasilien bis Rio Grande do Sul. Vorzugsweise in Wäldern u. Büschen. Die wenigen bisher eingeführten Exempl. machten einen robusten Eindruck. Über Haltung u. Zucht liegen noch keine Ergebnisse vor.
— *C. rubricauda*, Rubinkolibri, Brasilien-Rubinkolibri. ♂: Kopf-OS, Kopfseiten u. Hinterhals grün. Stirn u. ein nach hinten zu spitz auslaufender Streif auf der Kopf-OS mit schuppenförmigen glitzernden Federn bedeckt. Hinter dem Auge ein weißer Fleck. Rücken, Oberflügeldecken, Bürzelfedern u. Oberschwanzdecken rötlich bronzebraun. Steuerfedern rötlich kastanienbraun. Kinn schwärzlich, Kehle glitzernd feuerrot. Übrige US grün, Seiten u. Unterkörper bräunlich. Unterschwanzdecken grün. An den Bauchseiten weiße Flaumbüschel. Schwingen braunrot. Schnabel schwarzbraun. ♀: kleiner, OS einförmig metallischgrün. US rostrot, nach der Kehle zu blasser. Steuerfedern wie beim ♂. Juv. wie ♀. 12,0 cm.

Clytospiza. G der Estrildidae ↗. 1 A. Zentral-Afrika. Leben in den Savannen, häufig hüpfend im Gebüsch. Geringer Nestbaubetrieb, benutzen oft verlassene Nester anderer Vögel. Gelege 4—5 Eier. Selten nach Europa gekommen. Eingewöhnung problemlos, aber 12—14 Monate, am besten im Kistenkäfig ↗, danach hart u. ausdauernd. Später Haltung in großem Käfig, besser Vogelvitrine ↗ od. Voliere ↗. Hüpfen gern auf dem Boden. Paarweise Haltung empfehlenswert. Futter → Estrildidae, überwiegend Körner, möglichst auf den Boden streuen. Voller Zuchterfolg selten. Ovales bis rundliches Nest aus Kokosfasern, Gräsern, innen mit Moos u. wenigen Federn gepolstert. Manchmal kurze Röhre. Nest auch in halboffenen Nistkästen. Schlupf nach 13 Tagen, gut erkennbar an rastloser Futtersuche der ad. Vögel. Juv. fliegen nach 19—21 Tagen aus. Futterfest nach ca. 12 Tagen.
— *C. monteiri*, Brauner Tropfenastrild. ♂: Kopf, Hals grau. Kehle rot. Rücken, Bürzel, Flügel braun, Schwanz schwarz. US helles Rotbraun mit vielen weißen Flecken. Unterschwanzdecken weiße Querbänderung. Schnabel schwarz, bläuliche Basis. Auge rot, von bläulichem Lidrand umgeben. Füße rötlichbraun. ♀: mit weißem Kehlfleck. Juv. ♂♂ haben gegenüber juv. ♀♀ tiefrotbraune Brust u. dunklere, bleigraue Kopffärbung. 12 cm. Erstzucht bekannt von R. NEFF.

Coccidiose → Kokzidiose

Coccothraustes, Kernbeißer. G der Carduelidae ↗. Vielfach auch Gn *Eophona* ↗, *Hesperiphona* ↗ einbezogen. 1 A. Regelmäßig gehalten. Verfetten leicht!
— *C. coccothraustes*, (Kirsch-)Kernbeißer. ♂ u. ♀: mit auffallend großem, derbem, zur Brutzeit bleigrauem (sonst gelblichem) Kegelschnabel. Kopf, Bürzel ockerbraun, Nackenring grau, Rücken kaffeebraun. Schwarzer Ring um den Schnabel geht in großen Kehllatz über, sonst US weinbraun bis weingrau, Unterschwanzdecken weiß. Flügel mit weißem Spiegel, Schwungfedern mit weißen Innenfahnen, blauglänzend, an den Spitzen eigenartig geschwungen eckig. Schwanz relativ kurz, Schwanzspitze grau. ♂ kräftiger, ♀ blasser u. verwaschener gefärbt. Juv. gelblichbraun. Brust, Bauchseiten mit brauner Fleckung; Flügel, Schwanz wie Ad. Juv. ♂ mit schwärzlichem Kinn. 18 cm. N-Afrika, Europa, Rußland u. Asien bis Japan. In Laubwäldern u. Kulturland. Hält sich meist hoch in den Baumkronen auf. Nahrung sind hartschalige Samen u. (Obst)Kerne, Knospen, Insekten. Das Nest aus Reisern, Gras, Moos u. Haaren wird vom ♀ hoch in einem Laubbaum errichtet. ♂ trägt gelegentl. Material zu. Gelege 3—6 graue bis grüngetönte, mit braunen Flecken bedeckte Eier. ♀ brütet 12—14 Tage. Juv. fliegen mit 10—14 Tagen aus. Futter Sonnenblumenkerne, Hanf, Waldvogelfutter ↗, auch gekeimt. Beeren, Steinobst, Zweige mit Knospen zum Benagen, Insekten. Ziehen die Jungen mit Insekten hoch. Friedlich, Haltung besser in geräumigen Volieren. Winterhart, wiederholt gezüchtet. Naturschutzbestimmungen ↗.

Coccycolius. G der Sturnidae ↗. 1 A. W-Afrika (Guinea bis Elfenbeinküste). Leben in Flügen (10—20 Exempl.) in der Savanne, im Galeriewald, an bewaldeten Flußläufen u. in Obstgärten. Nahrung Ameisen, andere Insekten, Beeren. Über Leben wenig bekannt. Selten. Expedition der BBC u. Zool. Gesellschaft London 1954 brachte wenig neue Erkenntnisse mit, 26 Bälge, kein lebendes Exemplar. In den letzten Jahren sehr selten gehandelt, u. a. in BRD. Mehrere Vögel pflegt einige Jahre erfolgreich Vogelpark Walsrode ↗. Nach diesen Erfahrungen keine Haltungsprobleme, angenehmer Volierenbewohner. Im Winter warme Unterbringung, ansonsten gute Haltung in Freivoliere ↗ mit Schutzraum ↗ (ohne Heizung) möglich. Je ein Zuchterfolg in England, USA; 1982 bei A. BRUCH, Ahrweiler, BRD.
— *C. iris*, Smaragd-, Schillerglanzstar. ♂ u. ♀: überwiegend glänzend smaragdgrün. Von dem Auge zieht nach hinten über die Kopfseite breiter werdendes purpurnes Band, ebenso Bauch gefärbt. Schnabel schwarz. Auge dunkelbraun. Füße schwarzgrünlich. Juv. Kopfseiten, Bauch nicht purpurfarben, sondern

Coccyzidae

Smaragdstar

stumpfbraun. 20 cm. Zählt zu den schönsten Glanzstaren Afrikas.

Coccyzidae, Regenkuckucke. F der Cuculiformes ↗. 4 Gn *(Saurothera ↗, Hyetornis, Piaya, Coccyzus ↗)*, 17 An. M-Amerika, Karibische Inseln, S-Amerika, Pazifische Inseln, S-Kanada, USA. Keine Brutschmarotzer; nestbauend. Haltung in amerik. Tiergärten gelegentl., in Europa sehr selten (z. B. Eidechsenkuckuck ↗ 1965 im Tierpark Berlin).

Coccyzus. G der Coccyzidae ↗. 8 An. N-, M-, S-Amerika. Über Haltung nichts bekannt.

— *C. americanus*, Gelbschnabelkuckuck. ♂ u. ♀: oben bräunlich, unten weiß. Gelber Schnabel. Langer Schwanz, unterseits u. an Spitzen mit weißer Fleckung. Baumvogel, kleiner u. schlanker als Kuckuck. 28—33 cm. UAn. USA, British Columbia, SO-Kanada, N-Mexiko, Antillen. In Laubwäldern u. Stadtparks. Überwintert in M- u. S-Amerika. Brut in N-Amerika. Brütet selbst, nur manchmal einzelne Eier in Nester des Schwarzschnabelkuckucks legend. 2—6 blaßblaue Eier. Brutdauer 10—11 Tage. Juv. verlassen Nest mit 6—7 Tagen.

— *C. cinereus*, Graukehlkuckuck. ♂ u. ♀: OS braun, US u. Kehle grauweiß. O-Bolivien u. Paraguay, sü. bis M-Argentinien u. Uruguay.

— *C. erythrophthalmus*, Schwarzschnabelkuckuck. ♂ u. ♀: oben hellbraun, unten weiß. Vorderhals bräunlich getönt. Schwarzer Schnabel. 28 cm. S-Kanada, öst. USA. Baumvogel in Laubwäldern u. Parks. Überwintert in M- u. S-Amerika. 2—6 blaßblaue Eier. Brutdauer 10—11 Tage. Juv. verlassen Nest mit 7 Tagen. Flaches Zweignest. Manchmal einzelne Eier beim Gelbschnabelkuckuck unterbringend.

Cochlearius G der Ardeidae ↗. 1 A.

— *C. cochlearius*, Kahnschnabel. ♂ u. ♀: Scheitel u. lange, bandförmige Nackenfedern schwarz. OS weitgehend zart grau, US zimtbraun. Verbreiteter, flacher Schnabel. Juv. oberseits rotbraun, unterseits weißlich. 50 cm. Amerika von Mexiko bis O-Bolivien u. Brasilien. Stets in Gewässernähe. Aufenthalt in Mangrove, in Gebüsch u. Wäldern an Gewässern u. in Überschwemmungsgebieten. Vorwiegend nachtaktiv. Schnabelklappern wie Störche. Nest im Gebüsch u. auf Bäumen, einzeln od. in Kolonien, auch mit anderen Reiher-An. Gelege 2—4 bläuliche, braun gefleckte Eier. Brutdauer vermutl. 25 Tage. Früher regelmäßig im Tierhandel u. deshalb regelmäßiger gehalten als heute. Gemeinschaftshaltung mit anderen mittelgroßen Reihern möglich. Nachzucht wiederholt gelungen.

Coeligena, Waldnymphen. G der Trochilidae ↗. 11 An. Kolumbien bis Bolivien. Bevorzugen Nebelwälder höherer Lagen.

— *C. bonapartei*, Goldbauchmusketier. ♂: OS dunkelgrün; Kopf-OS, Hinterhals glanzlos schwarz, Stirnfleck leuchtend grün. Hinterste Bürzelfedern u. Oberschwanzdecken kupferig goldglänzend. US leuchtend grün. Großer veilchenblauer Kehlfleck, Unterkörper grünlich goldglänzend. Unterschwanzdecken grünlich bronzefarben. Steuerfedern grünlich bronzefarben. ♀: OS grün, Oberschwanzdecken, Unterkörper wie beim ♂, nur etwas weniger lebhaft glänzend. Kehle hellrostfarben, Brust,- Halsseiten glitzernd grün. Juv. wie ♀. 13,0 cm. In NW-Venezuela u. N-Kolumbien verbreitet. Bevorzugt Nebelwälder u. Krüppelbaumregion mit schütterer Vegetation in der Nähe der Paramozone von 1 400—3 200 m ü. NN. Eingewöhnung u. Haltung s. *C. helianthea*. Zucht noch nicht gelungen.

— *C. coeligena*, Himmelsmusketier, Musketierkolibri, Bronzefarbener Musketier. ♂: OS bronzebraun, Bürzel grün glänzend, Schwanz bronzefarben, US braun, Kehlfedern mit grauweißen Säumen, Schnabel schwarz. ♀ ähnelt dem ♂, aber kleiner. 14,5 cm. Von NW-Venezuela u. Kolumbien bis Bolivien. Bevorzugt die Ränder der Nebelwälder, Kaffeeplantagen, offenes Gelände mit einzeln stehenden Bäumen u. Büschen von 1 000—2 300 m ü. NN. Eingewöhnung birgt viele Schwierigkeiten. Es liegen nur wenig befriedigende Erfolge vor. Bei W. SCHEITHAUER ↗ Nestbau u. Eiablage gelungen.

— *C. helianthea*, Blaukehlmusketier. ♂: OS dunkelgrün, Kopf, Hinterhals schwarz. Oberschwanzdecken blaugrün. Stirnfleck glitzernd grün. Kehle, Brust schwarz, großer, dunkel veilchenblauer Kehlfleck, Unterkörper glitzernd rosenrot. Steuerfedern schwarzbraun. Unterschwanzdecken dunkel purpurrot. Schnabel schwarz. ♀: OS dunkelgrün, Bürzelfedern u. Oberschwanzdecken glitzernd grün u. rosig golden gemischt. Steuerfedern olivbraun. US rostfarben. Hals-Kehlseiten u. Brust mit metallischgrünen Spitzenflecken bedeckt. Unterkörper glitzernd rosenrot. Unterschwanzdecken bronzegrün. Juv. wie ♀. W-Venezuela u. Kolumbien. Bevorzugt Nebelwälder, Krüppelbaumvegetation, Gebiete mit schütterer Vegetation in 2 400—3 000 m ü. NN. Während der Eingewöhnungszeit sehr problematisch, am besten in großen Käfigen akklimatisieren. Lebt selten länger als 1 Jahr. Eine Eiablage von K.-L. SCHUCHMANN ↗ beobachtet.

— *C. lutetiae*, Braunschwingenmusketier, Graf von Paris, Gelbflügel-Waldnymphe. ♂: OS samtartig schwarz, Oberflügel- u. Oberschwanzdecken grün. Handschwingen dunkelbraun, Armschwingen hell rostgelblich. Steuerfedern schwarz. Stirnfleck glitzernd grün. US dunkelgrün mit großem violettem Kehlfleck. Schwarze Flaumbüschel. Schnabel schwarz, Füße braun. ♀: OS glänzend dunkelgrün, Stirnfedern glitzernd. Flügel, Schwanz wie beim ♂. Kinn, Kehle rostbraun, übrige US glänzend grün. Juv. wie ♀. 14,0 cm. Von Kolumbien bis Ekuador. Lebt in den Wäldern der Andenhänge. Eingewöhnung ebenfalls schwierig. H. BEHNKE-PEDERSEN hielt ein Exempl. 1 Jahr u. 5 Monate, D. POLEY ↗ im Zool. Institut der Technischen Univ. Braunschweig ein Tier über 2 Jahre. Zucht nicht gelungen.

— *C. torquata*, Krawattenmusketier, Kavalierkolibri, Weißkrawatt-Musketier, Weißschwanzkolibri, ♂: OS schwarz, Rücken, Bürzel glänzend grün, Kopfmitte mit violettem schimmernden Fleck. Obere Schwanzdecken, mittl. Steuerfederpaar schwarz, übrige Steuerfedern weiß, Spitzenhälfte des Schaftes der Außenfahne der äußersten u. breite Spitzen aller Steuerfedern grünlichschwarz. Breites weißes Brustband, Rest der US schwarz. Bauch grünlich schimmernd. Schnabel schwarz. Füße hell. ♀: OS, Unterkörper grün, Kopf-OS dunkler, Kehle weiß mit grünen Flecken. Sonst wie ♂. Juv. wie ♀, US schwarz. 13,0 cm. NW-Venezuela, Kolumbien bis Ekuador u. N-Bolivien. Bevorzugt den Nebelwald in 1400–3200 m ü. NN. Eingewöhnung u. Haltung s. *C. helianthea*. Zucht bisher nicht gelungen.

— *C. wilsoni*, Königsmusketier, Königsmusketier-Kolibri, Wilson-Waldnymphe. ♂: OS bronzebraun, Hinterhals mehr kupferig. Unterrücken, Bürzel glitzernd hellgrün. Steuerfedern bronzefarben mit feinen weißlichen Spitzensäumen. Kinn dunkelbraun, Kehle rötlichviolett, übrige US braun. Unterschwanzdecken mit breiten, sehr hell rostfarbenen Säumen. An den Kropfseiten je ein großer weißer Fleck. Flaumbüschel an den Bauchseiten mit langen weißen Spitzen. Schnabel schwarz. Flügelrand rostfarben. ♀ wie ♂, aber kleiner. Juv. ohne Kehlfleck. 12,0 cm. W-Kolumbien u. W-Ekuador. Bevorzugt Nebelwälder in 2000–2800 m Höhe. Eingewöhnung u. Haltung s. *C. helianthea*. Balzflüge, Nestbau u. Eiablage wurden von W. SCHEITHAUER ↗ protokolliert. Zucht noch nicht gelungen.

Coereba. G der Coerebinae ↗.

— *C. flaveola*, Bananaquit, Zuckervogel. Bei den zahlreichen UAn gibt es vor allem Unterschiede in der Intensität der Gefiederfärbung. ♂ u. ♀: Oberkopf, Rücken, Flügel u. Schwanz ± schwärzlichbraun. Kehle bei den meisten UAn grau (ausnahmsweise weiß). Brust, Bauch, Bürzel u. Oberschwanzdecken gelb; charakteristischer weißer Überaugenstreif (bei manchen UAn auch gelblich od. grau gefärbt). I. d. R. weißes Abzeichen an den Handschwingen. Außenfedern des gerundeten Schwanzes mit weißen Spitzenflecken. Zierlicher, schwarzer Schnabel abwärts gebogen. Auge dunkelbraun. Füße grau. Auf einigen Inseln vor der Küste Venezuelas gibt es auch vollkommen schwarz gefärbte (melanistische) Bananaquits. 10–11,5 cm. Ca. 40 UAn. Bahama-Inseln, Große u. Kleine Antillen u. andere Inseln im Karibischen Meer, S-Mexiko durch M- u. S-Amerika sü. bis N-Argentinien u. Paraguay. Lebt — weitgehend als Standvogel ↗ — meist paarweise, vor allem im Bereich von Waldrändern, Parks u. Gärten tropischer u. subtropischer Regionen. Hat sich vielerorts nahe an den Menschen angeschlossen. Nahrung hauptsächl. Nektar (Blüten werden oft am Grunde angestochen), Saft verschiedenster Früchte u. kleine Insekten. Überdachte Nester mit ovaler, nach unten weisender Eingangsöffnung. Standort sehr variabel, Nest oft gut sichtbar an Zweigenden. Am Bau der Brutnester beteiligen sich beide Partner. Außerdem gibt es Schlafnester, in denen jeweils nur 1 Vogel übernachtet. Gelege 2, manchmal 3 weißliche, um den stumpfen Pol stark rotbraun gefleckte Eier. Nur ♀ brütet. Bebrütungsdauer 12–13 Tage; beide Partner füttern die Jungen (vorwiegend aus dem Kropf). Nestlingsdauer 17–19 Tage (bei Störungen wird das Nest auch schon mit 15 Tagen verlassen). Juv. haben dunkelbräunliche OS, gelblichen Überaugenstreif u. matt gelbe US (einschließl. der Kehle). Wird nur selten im Handel angeboten. Außerordentl. munteres Wesen. Anderen An gegenüber nicht zänkisch, untereinander aber zuweilen wilde Verfolgungsflüge. Der unbedeutende Quietschgesang ist von beiden Geschlechtern das ganze Jahr hindurch zu hören. Bananaquits kommen in ihrer Lebhaftigkeit nur richtig zur Geltung, wenn sie einen größeren Flugraum zur Verfügung haben. Vorteilhaft sind geschlossene, verglaste Volieren ↗. Die Haltung dieser Vögel sollte bei 20–25 °C u. einer Luftfeuchtigkeit von etwa 70 % erfolgen. Für eine Bepflanzung der Voliere eignen sich z. B. Gummibäume u. Philodendron-An (derbe Blätter!). Die Eingewöhnung ist problemlos (frisch importierte od. durch andere Stressoren geschwächte Vögel sind anfällig für Pilzerkrankungen). Futter künstl. Nektartrunk (Hauptbestandteil Honigwasser — 1 Eßlöffel Honig auf $\frac{1}{2}$ l Wasser reicht aus); wird Trunk z. B. mit Kinderbrei etwas angedickt u. zusätzl. auch Eiweiß, Vitamine, Spurenelemente u. Futterkalk hinzugegeben, ist er zur fast ausschließl. Fütterung geeignet. Werden dagegen die leicht verderblichen Zutaten fortgelassen, um den Trunk nicht 2 × tägl. wechseln zu müssen, benötigen die Vögel auch eine eiweißhaltige Zusatznahrung: Von der käuflichen Weichfuttermischung über zerkleinertes gekochtes Eidotter bis zu in Milch aufgeweichtem Zwieback gibt es viele Möglichkeiten; außerdem sollte der Speisezettel tägl. durch frisches Obst (z. B. auf Äste aufgespießte Apfelsinenhälften) u. Insekten (z. B. Essigfliegen, aber auch Larven u. Puppen des Mehlkäfers) ergänzt werden. Mit einer ganzjährigen Verlängerung des Lichttages auf etwa 16 Stunden wurden gute Erfahrungen gemacht. C. hat das Bedürfnis, tägl. mindestens einmal ausgiebig zu baden (auf nassen Blättern od. in flachem Wasser). Zucht schon mehrfach gelungen. Große Nestbauaktivität (ein 6 cm tiefes Schlafnest wurde innerhalb von 3 Std. gebaut); beim Nistmaterial nicht wählerisch; verbaut wurden u. a. alte Grashalme, Teile getrockneter Moospolster, Kokosfasern u. Watte.

Coerebinae

Coerebinae, Zuckervögel. UF der Thraupidae ↗. 1 G *Coereba* ↗, 1 A.

Colibri, Veilchenohrkolibris. G der Trochilidae ↗. 4 An. Mexiko bis Argentinien. Bevorzugen waldige Gegenden.

— *C. coruscans,* Veilchenohr, Veilchenohrkolibri, Blaues Veilchenohr, Großer Veilchenohrkolibri, Veilchenkolibri. ♂: glänzend grün; Federn der Kehle u. Brust wie bei fast allen An der G stark schuppenförmig erscheinend. Mittl. Steuerfedern grün, die übrigen grünlichblau, subterminale schwärzliche Binde. Kinn mit einem unter dem Auge hinziehenden u. bis hinter die Ohrdecken reichenden Streifen veilchenblau. Unterkörper mit rostgelben Rändern. ♀ wie ♂, aber kleiner, Schnabel stärker gebogen. Juv. wie ♀. 13,5 cm. Von Venezuela u. Kolumbien bis NW-Argentinien. Lebt in Regen- u. Nebelwäldern, Dickichten, Pflanzungen, Gärten u. höher gelegenen Buschländern von 600–3 500 m ü. NN. Sitzt oft sehr hoch in den Bäumen. Eingewöhnung s. *C. delphinae.* Sehr hart, ausdauernd, schon viele Jahre in menschlicher Obhut. Gelangte 1913 erstmals nach Deutschland (Hamburg-Stellingen). 1 Exempl. lebte 6 Jahre in Clères, Frankreich, ein ♂ lebt seit mehr als 8 Jahren im Tierpark Berlin. Zucht schon mehrfach gelungen. Die Anlage des Nestes variiert vom aufgesetzten Napfnest bis zum Hängenest. Eiablage im 2-Tage-Abstand. Brutzeit 15–16 Tage, der Hudertrieb erlischt nach 10–12 Tagen. Nach 21–24 Tagen (in einem Falle 28 Tage) fliegen die Jungen aus u. werden noch unterschiedl. lange Zeit von der Mutter gefüttert. Noch während dieser Phase kann bereits mit einer neuerlichen Brut begonnen werden.

— *C. delphinae,* Brauner Veilchenohr-Kolibri, Telesilla-Kolibri, Braunes Veilchenohr. ♂: OS fahlbraun, Rücken schwach metallischgrün, Bürzelfedern, Ober- u. Unterschwanzdecken mit breiten rostroten Endsäumen. Zügel weißlich. US graubraun, großer goldiggrüner, am unteren Rande blauer Kehlfleck. Kopfseiten mit großem violettblauem Ohrfleck, Steuerfedern grünlichbraun mit breiter schwärzlicher Querbinde. ♀ wie ♂, aber kleiner. 11,0 cm. Von Guatemala bis Bolivien u. Bahia. In tropischen u. subtropischen Zonen von 300–2 000 m ü. NN im Regen- u. Nebelwald, oft mit Kaffeeplantagen u. mit Kahlschlägen. Kommt einzeln vor u. sitzt nie sehr hoch. Bes. Schwierigkeiten bestehen nicht, wenn die Tiere in guter Kondition Europa erreichen. Zur Haltung werden große Volieren ↗ empfohlen. Können unbedenklich mit größeren An zusammen gehalten werden. Der Zoo Berlin gibt als Haltungsrekord 2 Jahre u. 5 Monate an. L. PEIKERT berichtet von einer Mischlingszucht mit einem *C. coruscans-*♂. Eiablage im 2-Tage-Abstand, Brutzeit 15 Tage; nach 24 Tagen fliegen die Jungtiere aus. Nach 30 Tagen sind sie selbständig; ähneln im Aussehen dem *C. coruscans-*♂. L. PEIKERT gelang die Reinzucht; Eiablage im 2-Tage-Abstand, Brutzeit 17 od. 14 Tage. Nach 22 Tagen wird das Nest verlassen.

— *C. serrirostris,* Amethystohr. ♂: OS grün, Steuerfedern grün, die seitl. etwas bläulich, tiefblaue subterminale Binde. US grün, Kinn u. Vorderhals schuppenförmig, Vorderbrust u. Federn unter dem Auge blau schimmernd. Flaumiges Büschel an den Bauchseiten u. Unterschwanzdecken reinweiß. Ohrbüschel rötlichviolett od. amethystfarben. ♀: heller, etwas kleiner; äußere Steuerfedern mit weißen Endsäumen, die äußerste außerdem mit weißem Fleck an der Spitze der Außenfahne. Bauch weißlich. Juv. wie ♀. 12,0 cm. Bolivien, NW-Argentinien öst. bis Bahia u. Espirito Santo. In den Buschländern, Savannen u. Grasländern der tropischen u. subtropischen Zone. Schwierigkeiten bei der Eingewöhnung nicht bekannt. Große Erfahrungen in der Haltung liegen nicht vor. Zucht bisher noch nicht gelungen.

— *C. thalassinus,* Zwergveilchenohr, Grünes Veilchenohr, Kleiner Veilchenohrkolibri, Grün-Veilchenohrkolibri. ♂: OS glänzend grün. Kinn, Kehle glitzernd grün, am oberen Kinn an der Schnabelwurzel blauer Fleck. Unterkörper grün, Mitte lebhaft violettblau. Unterschwanzdecken metallischgrün. Streif unter dem Auge u. verlängerte Ohrdecken leuchtend violettblau. Mittl. Steuerfedern grün, die übrigen blaugrün mit schwarzblauer Binde. ♀ dem ♂ ähnl., aber Schnabel leicht gebogen. Juv. wie ♀. *C. th. cyanotus* (oft als eigene A beschrieben) hat kein Blau an Kinn u. US. 11,0 cm. Verbr. von S-Mexiko bis W-Ekuador, Bolivien u. N-Venezuela. Bewohnt Nebelwälder, offene Wälder bis zur Paramozone, Kaffeeplantagen u. Buschland von 900–3 000 m Höhe. Sitzt oft hoch in den Bäumen. Eingewöhnung s. *C. delphinae.* M. BEHNKE-PEDERSEN hielt 1 Exempl. 1 Jahr u. 3 Monate, der Zoo Duisburg knapp 2 Jahre. Bereits gezüchtet.

Coliidae, Mausvögel. Einzige F der Coliiformes ↗. 2 Gn, 6 An. Färbung unscheinbar, grau od. braun, manchmal aber mit auffallenden Farbabzeichen (Nacken- u. Ohrfleck, rote Färbung der nackten Augenumgebung, Zügel u. Schnabelbasis bei *Urocolius* ↗) od. Querbänderung des Gefieders (bei 2 An von *Colius* ↗). Geschlechter gleich gefärbt. Afrika sü. der Sahara, in Gebirgen bis 2 000 m, in O-Afrika noch höher. Savannen, Galeriewälder, z. T. auch in Kulturlandschaft, Waldränder, jedoch nicht im zusammenhängenden Urwald u. in Grassteppen. Kurzer, kräftiger Schnabel, aufstellbare Federhaube, langer Schwanz, sonst zerschlissenes, pelzartiges Federkleid bes. an der US (Name!), Fuß mit sehr beweglichen Zehen (pamprodactyl) in Anpassung an kletternde Lebensweise (Baum- u. Buschbewohner), kommen nur auf den Boden, um zu trinken od. um Sandbäder zu nehmen. Stimme ratschend od. aus 1- bis 3silbigen Pfiffen bestehend *(Urocolius).* Nahrung Früchte, Blätter, Blüten, nur wenig Insekten. Gesellig lebend, Paare sondern sich aber zur Brutzeit etwas ab, sonst in Familienverbänden umherschweifend od. kleine Flüge bildend. Ballen sich nachts zu Schlafgesellschaften zusammen, auch tagsüber häufig beisammensitzend od. hängend, um zu ruhen od. soziale Gefiederpflege zu betreiben. Balz wiederholtes Hüpfen des ♂ auf der Stelle. Fortpflanzung in Zeiten mit günstigem Nahrungsangebot (Regenzeit), in manchen Gebieten daher während eines großen

Teils des Jahres (Gabun, Zaïre); offene, napfartige Nester aus Zweigen, Wurzeln, Gras im Gebüsch u. auf Bäumen, meist in geringer Höhe, Auspolsterung mit Federn, Moos, frischen Blättern. Meist 2–4 Eier, weißlich od. mit Fleckung *(Urocolius)*. Alle An eingeführt, aber unregelmäßig im Handel, zunächst oft sehr scheu u. schreckhaft. Benötigen geräumige Volieren mit ausreichenden Klettergelegenheiten, da sie ihre Schwänze sonst leicht abstoßen; für Freivolieren im Sommer geeignet, wenn anschließender Schutzraum vorhanden, da empfindlich gegen naß-kalte Witterung; beheizte Überwinterung notwendig, suchen gerne Strahlungswärme von Lampen auf u. entfalten volle Aktivität u. Brutabsichten erst bei höheren Temp.en; gemeinsame Haltung mehrerer Paare od. mit anderen Vögeln i. d. R. möglich, in Nestnähe manchmal aggressiv. Futter Früchte (Bananen, Orangen, Äpfel, Birnen, Weintrauben usw.), Salat, in Milch eingeweichtes Weißbrot, Quark, zur Jungenaufzucht Ameisenpuppen, manchmal werden auch Mehlwürmer genommen. Großer Flüssigkeitsbedarf, trinken regelmäßig, bes. gerne Honigwasser u. ä. In Europa 4 An gezüchtet, regelmäßig erst in neuerer Zeit, beste Zuchterfolge in Innenvolieren mit gleichbleibenden Temp.en, dann oft mehrmals hintereinander brütend; bauen selbst Nester in dichtem Gebüsch od. nehmen Nisthilfen (Unterlagen, Körbchen) an; ♂ u. ♀ brüten ab dem 1. Ei abwechselnd 11–13 Tage, Juv. daher nacheinander schlüpfend, zunächst nackt u. blind, Augen öffnen sich am Ende der 1. Woche, Befiederung rasch erscheinend, verlassen Nest oft schon vor Erlangung der Flugfähigkeit kletternd mit 2–3 Wochen, dann noch viel kleiner als Ad. Mit 4–5 Wochen voll erwachsen u. selbständig, werden meist noch länger von Ad. geduldet u. können selbst bei Aufzucht weiterer Bruten mithelfen, bis sie selbst fortpflanzungsfähig werden (mit 6–12 Monaten). Insbes. aus dem Nest genommene u. aufgezogene Juv. können sehr zahm u. anhänglich werden. Einmal eingewöhnt ausdauernd, Alter bis 10 Jahre, ausnahmsweise auch mehr.

Coliiformes, Mausvögel. O. 1 F Coliidae ↗.

Colinus. G der Phasianidae ↗. 4 An. Mittelgroße Zahnwachteln. Kräftiger als Japanwachtel ↗. I. d. R. keine od. geringe Haubenbildung. 12federiger Schwanz, relativ kurze Läufe. N-Amerika bis S-Amerika.

— *C. virginianus*, Virginiawachtel, Baumwachtel. ♂: Stirn schwarz. Kopf-OS aus schwarzen, rostrot gefleckten Federn. Oberhals u. Halsseiten weiß, schwarz u. braun gefleckt. Schwarzes Band, die weiße Kehle umsäumend, von Schnabelwinkel, unter Auge entlang bis zu braunen Ohrdecken. Kopfteile sonst schwarz. Kropf u. Brustseiten weinrötlichbraun, nach hinten bräunlichweiß, zur Bauchmitte weiß mit schwarzen pfeilförmigen Fleckenbändern. Unterbauch braun u. weiß mit teils schwarzer Querbänderung. Oberrücken u. Flügeldeckenfedern wie Kropf. An Seiten graugetönt mit teils schwarzer Querbänderung. OS olivgrau mit schwärzlichgrauer, rostbräunlicher Fleckung. Schwanz schiefergrau, hellgefleckt. Unterschwanz hellrostfarbig mit weißlichgelben Spitzen. ♀: bräunlicher als ♂, schwarze Regionen, am Kopf begrenzter, Weiß fehlt. Schnabel dunkelhornbraun. Iris braun. Läufe blaugrau. Juv. bräunliche Grundfarbe der Dunenküken, typische Hühnervogelzeichnung. Farbmutanten: rot mit kastanienbrauner Grundfarbe, isabellfarbig mit aufgehelltem Gefieder u. weißfiedrige Tiere. 22 cm. UAn. N-Amerika, Mexiko bis Guatemala, Kuba, Bahamas; durch den Menschen im we. N-Amerika, Jamaika, Haïti, Neuseeland verbr. Bewohnt Kulturland, Brachfelder, Prärie, lichte Kiefernwälder. Gelege aus 8–14 kurzovalen cremeweißen Eiern, Brutdauer 23–24 Tage. In USA Jagdwild, oft in Farmen herangezogen. Winterhart, Schutzhülle notwendig. Trockene Voliere. Aufbaummöglichkeit. Aufzucht, Fütterung s. *Coturnix* ↗ u. *Alectoris* ↗.

Colius, Breitschwanzmausvögel. G der Coliidae ↗. 4 An. Schwanzfedern mit breiten Federfahnen, Gefieder oft mit Querbänderung, unbefiederte Umgebung der Augen grau od. schwarz.

— *C. castanotus*, Rotrückenmausvogel. ♂ u. ♀: oberseits dunkelbraun, Stirn, Kehle schwarz mit hellen Flecken (Tropfenzeichnung), Kopfseiten grauweiß, Unterhals grau, Brust rötlich verwaschen, übrige US hellbraun, Rücken, Bürzel dunkelrot, Schwanz braun; Oberschnabel schwarz, auf dem First ein bläulichweißer Fleck, Unterschnabel weißlich hornfarben. Auge über u. unter Pupille gelb, seitl. von ihr grünlich. Füße korallenrot. Juv. mit grünem Oberschnabel u. schwärzlichem Unterschnabel. Auge braun. Füße dunkelgrau. 29–35 cm. W-Angola von der Kongomündung bis Benguela. Galeriewälder, Savannen, Waldränder, in Bergen bis 2 000 m. Gesellig lebend. Erste Einfuhr 1876 nach England, dann gelegentl. in europ. Zoos, erst neuerdings mehrfach gezüchtet.

— *C. colius*, Weißrückenmausvogel. ♂ u. ♀: Kopf, Hals, Vorderrücken, Flügel u. Schwanz grau, Zügel, Kinn schwärzlich, in der Mitte des Rückens ein weißer Streifen, der von einem schwarzbraunen Band gesäumt wird, Bürzel dunkel weinrot, Brust blaß weinrötlich, Bauch ockergelblich. Schnabel bläulichweiß, Spitze des Oberschnabels schwarz. Auge dunkelbraun. Füße lachsrot. Juv. mit grünlichem Schnabel, insges. blasser gefärbt. 30–34 cm. Namibia, S-Afrika vom Kapland öst. bis Transvaal. Nur selten eingeführt, haben im Londoner Zoo 1893 Eier gelegt, in neuerer Zeit nicht in Europa, hier noch nicht gezüchtet.

— *C. leucocephalus*, Weißkopfmausvogel. ♂ u. ♀: Kopf-OS, Haube weißlich, Ohrgegend bräunlich, Kehle, Vorderbrust u. Vorderrücken hellbraun mit dunkelbrauner Querbänderung, übriger Rücken, Bürzel grau mit schwacher Streifung. Brust blaß weinrötlich, Bauch gelbbraun, Flügel graubraun, Schwanz hellbraun. Oberschnabel bläulich, an der Spitze hornfarben, Unterschnabel an der Basis lichtblau, an der Spitze gelb. Auge braun. Füße korallenrot. Juv. mit nur schwach angedeuteter Querbänderung des Gefieders u. mit grünlichem Schnabel. 30–33 cm. Von S-Somalia, N- u. O-Kenia bis N-Tansania, nur lokal verbr. Bewohnt Dornbusch-

Coliuspasser

Braunflügelmausvogel. Männchen aus Wema. Alter 5 Monate

savanne, in der Trockenzeit in der Nähe von Flüssen. Gesellig, Lebensweise aber wenig bekannt. Soll eingeführt worden sein.

— *C. striatus*, Gestreifter Mausvogel, Streifenmausvogel, Braunflügelmausvogel. ♂ u. ♀: vorwiegend braun, bei den meisten UAn mit schmaler schwärzlicher od. dunkelbrauner Querbänderung, Kehle grau, schwarz gesprenkelt od. ganz schwarz, Stirn manchmal schwärzlich, Ohrregion bei den ostafrikan. UAn aufgehellt bis weiß («Weißohrmausvogel»), Schwanz braun; Oberschnabel nur bei den südafrikan. UAn ganz schwarz, sonst mit hellem (bläulichem od. weißem) Fleck auf dem First, Unterschnabel weißlich; Auge je nach UA braun, 2farbig (über u. unter der Pupille meist gelb, seitl. von ihr grünlich od. grau) od. weißlich. Füße rot, bei den sü. UAn stumpf rotbraun. Juv. mit hellbraunen Flecken der Flügel- u. Rückenfedern, nur schwacher Bänderung, grünem Oberschnabel u. schwärzlichem Unterschnabel. 25—36 cm. *C. s. leucotis*, Weißohrmausvogel. UA des Gestreiften Mausvogels mit hellem Ohrfleck. Äthiopien u. O-Sudan, nicht selten werden aber auch Vertreter anderer (weißohriger) UAn von *C. s.* aus O-Afrika so genannt. *C. s. nigricollis*, Maskenmausvogel. UA mit schwarzer Stirn u. Kehle. Nigeria, Kamerun bis Zaïre u. N-Angola. Von Nigeria bis N-Angola im W, im O Afrikas vom Sudan, Äthiopien bis Kapland. Gesellig. Lebt am Waldrand, in Galeriewäldern u. in der Baumsavanne, aber auch im Kulturland, selbst in Gärten u. Parks der Städte, häufigste A der F, örtl. als Obstschädling verfolgt. Versch. UAn gelegentl. eingeführt, aus S-Afrika schon 1865 nach England, spätere Einfuhren aus Äthiopien u. W-Afrika sowie aus Kenia u. Tansania. Zucht zuerst 1914 in England gelungen, vor 1938 auch schon in Deutschland, neuerdings mehrere UAn gezüchtet.

Coliuspasser, Epaulettenwidas. G der Ploceinae ↗. 7 An. Beim BK der ♂ ♂ sind Schwanzfedern verlängert, am meisten die mittl., Gefieder in dieser Zeit überwiegend schwarz, häufig mit gelben od. roten Federpartien. Afrika sü. der Sahara. Ernährung vorwiegend von Samen, Insekten. Polygam. ♂ ♂ verteidigen Nestreviere, machen durch Balzflug auf ihre Reviere aufmerksam. Vögel einiger An in kleiner Zahl ständig im Handel. Ernährung s. auch *Niobella* ↗.

— *C. albonotatus*, Spiegelwida, Weißflügelwida. ♂: Im BK gelbe Schultern, weißer Flügelspiegel, sonst schwarz. Schnabel hell hornfarben. Auge braun. Füße bräunlich fleischfarben. Im RK ♂ ähnl. ♀, aber weiterhin mit gelben u. weißen Abzeichen. ♀: OS schwarz, graubraune Streifen. Federn der Schultern gelb gesäumt. Vordere Kopfseiten, Kinn gelblich. US hellgelblich, undeutl. dunkle Streifenzeichnung an Brust, Flanken. Juv. wie ♀, mehr bräunlich. Länge BK ♂ 18 cm, RK 14 cm, ♀ 13 cm. Sudan, S-Äthiopien bis Gabun, Angola, O-Botswana, Transvaal, Simbabwe, S-Moçambique, Natal, N von SW-Afrika. Lebt in Trockensavannen. ♂ ♂ fallen bes. durch Balzflüge u. Sitzen auf hohen Gräsern auf, in diesen Nest. Gelege 2—3 blaugrüne, grau u. braungefleckte u. gepunktete Eier. Häufig im Handel, anspruchslos, für Volieren sehr gut geeignet, nicht für Käfig. Nur während der Brutzeit manchmal zänkisch. Futter s. *Niobella ardens*. Zucht mehrfach gelungen, Voliere ↗ reichl. mit Schilf, hohen Gräsern, Büschen ausstatten. Sonst s. auch *Niobella*.

— *C. axillaris*, Stummelwida, Rotschulterwida. ♂: Im BK je nach UA rote od. orange Schultern u. gelblichbraun gesäumte Flügelfedern. Sonst schwarz. Schnabel hellhornfarben. Auge dunkelbraun. Füße schwarzbraun. Im RK behält ♂ Farbabzeichen, sonst wie ♀, dieses hat braune OS mit schwarzen Streifen. Kinn weiß, Kehle, Brust bräunlich. Schulterfedern mit orangefarbenen Säumen. Schnabel hornfarben. Länge BK ♂ 16 cm, RK ♂ u. ♀ 12 cm. Vom Oberlauf Niger (Mali), Kamerun bis Äthiopien, Angola, Natal öst. Kappprovinz. Lebt in grasbestandenen Feuchtgebieten. Nest kugelig zwischen Gräsern, bilden mit ihren Spitzen Dach über dem Nest. Gelege 2—3 grüngraue od. bläuliche Eier, rotbraun gefleckt. Schnurrender, zwitschernder Gesang. Häufig im Handel. Anspruchslos, ausdauernd, außerhalb Brutzeit friedlich. Haltung in größerer Voliere, bei Zuchtabsichten am besten 1 ♂ mit mehreren ♀ ♀. Nur ♀ brütet. Schlupf nach 12—13 Tagen. Juv. verlassen nach 23—26 Tagen das Nest. Werden noch 2—3 Wochen von Eltern gefüttert.

— *C. capensis*, Samtwida. ♂: Im BK Schultern, Oberschwanzdecken gelb, sonst schwarz. Schnabel grau. Auge braun. Füße braun. Im RK ♂ ähnl. ♀, oberseits graubraun, dunkel gestreift. Gelbbrauner Bürzel. Hellbraune US bis auf weißliche Bauchmitte gestreift. Schnabel hornfarben. 16 cm. Hochländer S-Sudans, Kamerun bis Angola, Tansania, sü., we. Kappprovinz. Truppweise in Graslandschaften. Nest groß, hängt zwischen Gräsern, wird aus grünen Halmen gebaut. Auspolsterung u. a. mit Federn. Gelege 2—4 weißliche, auch hellbraune od. hellgrüne, braungestrichelte u. gefleckte Eier. Nach der Brutzeit oft mit anderen Webern vergesellschaftet. Selten auf dem Vogelmarkt. Anspruchslos, friedlich. Volierenhaltung. Bereits gezüchtet. Wesentl. sind strauch- u. grasreiche Volieren, möglichst mehrere ♀ ♀ zu 1 ♂.

— *C. jacksoni*, Leierschwanzwida. ♂: Im BK tiefschwarz. Flügeldecken gelbbraun, Schwingen gelbbraun gesäumt. Verlängerte Schwanzfedern leierförmig nach vorn gerichtet. Halsfedern verlängert, bilden kleinen Kragen. Schnabel blaugrau. Auge dunkelbraun. Füße schwärzlich. Im RK ♂ wie ♀, dieses hellbraun, oberseits dunkel gestreift. US hellgelblich. Bauchmitte weiß. Schnabel gelbbraun. Länge im BK ♂ 35 cm, sonst 14 cm. Hochländer von N-Tansania, Inner-Kenia. Lebt in den Graslandschaften. Nest zwischen Halmen aufgehängt, aus grünen Gräsern, seitl. Einschlupf mit dachförmigem Überstand. ♂ hat Balzplatz, führt knapp meterhohe Sprünge aus, um ihn versammeln sich ♀♀ u. juv. ♂♂. Gelege 2—4 blaugrüne Eier mit braunen Flecken. Nach der Brutzeit zu großen Schwärmen vereint umherstreifend. Stimme knarrend, zischend, auch flötend. Ab u. zu eingeführt, fast nur ♂♂. Friedlich, Volierenhaltung, gut für Gesellschaftsanlage geeignet. Zucht scheitert meistens an fehlenden ♀♀, aber bereits gelungen, nur in Voliere. Brutzeit 12 Tage. Aufzuchtfutter überwiegend Hirse, Glanz, Keimfutter, Grünes, Weichfutter ↗, Insekten werden selten beachtet.

— *C. macrourus*, Gelbschulterwida. 2 Rassengruppen. ♂: Im BK schwarz, Schultern kräftig gelb, bei UAn Gelbrückenwidas auch Rücken gelb. Flügelfedern hellgelb gesäumt. Schnabel schwarz. Auge braun. Füße schwarz. Im RK ♂ ähnl. ♀, doch mit gelben Gefiederabzeichen. ♀: OS hellgelb, dunkelgestreift, US heller, Brust, Flanken gering gestreift. Länge im BK ♂ bis 23 cm, im RK 14 cm, ♀ 12 cm. Senegal bis Äthiopien, Sudan, von hier durch Uganda, W-Kenia, W-Tansania, S-Zaïre bis Angola, Gabun, sü. bis Simbabwe. Bewohnt grasbestandene Feuchtflächen. ♂♂ häufig sitzend auf hohen Grashalmen od. freihängenden Buschzweigen zu beobachten, zeigen durch Gefiedersträuben ihre gelbe Abzeichen. Nest im Gras, in Büschen. Gelege ca. 2 grünlichblaue Eier, mit zahlreichen kleinen graubraunen Punkten u. Kritzeln gezeichnet. Nach der Brutzeit in großen Schwärmen umherstreifend. Ab u. zu in Europa gehandelt. Ausdauernd, Volierenhaltung, kälteunempfindlich, trotzdem mäßig warm überwintern. Ruhig, verträglich. Für Gesellschaftsvoliere sehr zu empfehlen. Futter s. Ploceidae ↗. Über Zuchterfolge nichts bekannt.

— *C. progne*, Hahnschweifwida. ♂: Im BK tiefschwarz, ausgenommen orangerote Schultern u. hellgelbe mittl. Flügeldecken. Schnabel blaugrau. Auge dunkelbraun. Füße schwärzlich. Im RK ♂ wie ♀, dessen OS gelbbraun, dunkel gestreift. US hellgelb mit dunklen Streifen. ♂ behält ganzjährig rote Gefiederpartien. Schnabel hornbraun. Länge im BK ♂ bis 75 cm, sonst 15 cm. Heimat öst. Kapprovinz bis Angola u. Hochland Kenias. Lebt in Grasland, Schilfbestand an Gewässern. Bildet lockere Kolonien. Nest im Gras, Gelege 3—4 grünlichweiße, hellbraun gefleckte Eier. ♂ plustert oft Halskrause bei Balzflug. Nach der Brutzeit zu großen Schwärmen vereint, oft zusammen mit anderen Webervögeln. Nicht selten auf dem Vogelmarkt. Ausdauernd, unempfindlich, Volierenhaltung, mäßig warme Überwinterung. Für Gesellschaftsanlage geeignet, darf nicht zu klein sein, da andere Vögel durch Balzflüge oft erschrecken. Zucht schon gelungen, nur in Voliere.

Collyriclum. Trematoden, die in der Bauch- u. Beinhaut von Sing- ↗ u. Hühnervögeln ↗ zur Zystenbildung führen. Bei Buchfinken ↗ häufig nachgewiesen.

Coloeus, Dohlen. G der Corvidae ↗. 2 An. Früher zu *Corvus* ↗ gerechnet. Lebensweise u. Verhalten s. Corvidae.

— *C. monedula*, Dohle. ♂ u. ♀: schwarz. Nacken, Ohrdecken u. Bauch grau. Schnabel schwarz. Auge blauweißlich. Füße schwarz. Juv. mehr braunschwarz. Auge bräunlichgrau. 32—35 cm. Europa ohne den hohen N, Algerien, Marokko, Vorderasien bis zum Iran, Kaschmir u. Turkestan, NW-Mongolei, W-Sibirien. Bewohnt gesellig offenes Gelände u. Siedlungen. Nest in hohen Bäumen, an Türmen, Brücken, Gemäuern od. in Schornsteinen. Nahrung s. Corvidae, vor allem Würmer ↗, Insekten ↗. Höhlen- od. Halbhöhlenbrüter, kolonieartig. Eier 5—6, hell blaugrün mit graubraunen Flecken bes. am stumpfen Pol. Brut 17—18 Tage. Pflege 30—35 Tage. Im Winter Strichvogel ↗, auffällig, mit anderen An der G Corvidae. Im Handel selten. Eingewöhnung u. Haltung sehr gut möglich. Zuchterfolge bisher sehr selten. Von Hand aufgezogene Wildlinge mit reichl. lebenden Insekten u. gekochter Leber versorgen. Im Alter dazu alle Küchenabfälle. *C. m.* werden sehr zahm u. entwickeln in den Lautäußerungen starken Nachahmungstrieb. In der BRD u. DDR unter Naturschutz ↗. UA. *C. m. soemmeringii*, Halsbanddohle, die zuweilen im Winterhalbjahr als Vertreter der öst. Rasse in M-Europa vergesellschaftet mit *Corvus frugilegus* ↗ häufiger auftritt. In der Färbung durch blassen Halsring u. weiße Flecke an den Halsseiten unterschieden.

Columba. G der Columbidae ↗. 9 An. Europa, Asien, Afrika.

— *C. guinea*, Guineataube. ♂ u. ♀: Kopf, US bläulichgrau. Hals, Brust von gegabelten, zimtbraunen, grau gespitzten Federchen besetzt. Mantel, Flügeldecken rotbraun. Der größte Teil des Deckgefieders mit keilförmigen weißen Enden. Hinterer Rücken, Bürzel, Oberschwanzdecken grau. Schwanzmitte u. -ende mit je einem breiten Querband. Iris braun. Schnabel schwärzlich. Wachshaut hell. Breite rötliche Augeneinfassung u. Zügel nackt, wulstig aufgetrieben. Beine rosa. 35 cm. UAn. Afrika sü. der Sahara. Bewohnt savannenartiges Gelände u. Kulturland, vor allem aber Standorte bestimmter Palmen (*Borassus*), in deren Wedel viele Nester angelegt werden, ferner Felsen an der Küste. Als Kulturfolger in manchen Städten Gebäudebrüter. Gelege 2 weiße Eier. Brutdauer 15—16 Tage. Nestlingszeit 20—23 Tage. Gesellig, vor allem nach der Brutperiode. Erstmalig 1864 in Europa (Zoo London). Anspruchslos, aber ziemlich unverträglich, so daß nur große Volieren mit mehreren Paaren besetzt werden können. Bei ausreichend Platz klappt u. U. auch das Zusammenhalten mit anderen nicht zu schwachen, unempfindlicheren Tauben-An. Leicht züchtbar. Als Brutgelegenheiten am besten vorn offene, also halbhöhlenartige, halbdunkle Kästen anbieten. Der eigene Nachwuchs muß nach dem Flüggewerden ent-

Columba

Felsentaube

fernt werden. Trotz der immer wieder betonten Härte sollte das Überwintern im frostfreien, besser leicht gewärmten Schutzhaus angestrebt werden.

— *C. livia*, Felsentaube. ♂: bläulichgrau, Hals- u. obere Brustfedern gespalten u. metallisch grün u. purpurn glänzend. Flügel sehr hell, beinahe weiß u. mit 2 schwarzen Querbinden. Unterrücken u. Bürzel weiß. Schwanz mit schwarzem Subterminalband. Iris orangefarben. Schnabel schwarzgrau, Wachshaut weißlich. Beine rötlich. ♀ wie ♂, aber am Hals mit weniger Glanz. 33 cm. UAn. Stammform sämtlicher Haustauben. Domestikationsbeginn etwa 3 000 v. u. Z. In vielen Städten massenhaft verwilderte Haustauben (Stadt- od. Straßentauben), die in die Wildform zurückschlagen. Irland, Schottland u. Inselgruppen nö. davon einschließl. Shetlands u. Färöer, Mittelmeerländer, N-Afrika, Vorder- u. M-Asien bis Indien, Turkestan, Mongolei u. W-China. Bewohnt Steilküsten u. andere Felslandschaften, selbst in Wüsten. Nahrungssuche am Boden auf Öd- u. Kulturland. Verzehrt vorwiegend Samen u. Grünes, auch Beeren u. Wirbellose. Nistet auf Felsbändern u. in Nischen. Brutplätze werden mehrfach benutzt, infolgedessen stark verkotet. Gelege 2 weiße Eier. Brutdauer 17—18 Tage. Nestlingszeit etwa 4 Wochen. Selten in Gefangenschaft, meist in Tiergärten. Lebhaft, gesellig u. verträglich. Deshalb vorzüglich für Gemeinschaftshaltungen in geräumigen Volieren geeignet. Als Ersatz für Felsbänder unter der Abdeckung Laufbretter anbringen. Absolut winterhart. Gefangenschaftsgezogene Juv. können in einen Taubenschlag übernommen u. infolge Orts- u. Schlagtreue an Freiflug im Schwarm gewöhnt werden. Futter Körner mit Erbsen, Wicken, Linsen u. einem Anteil feinerer Sämereien. Viel Kalk u. andere Mineralien anbieten. Strikte Sauberkeit einhalten u. stets für frisches Trinkwasser sorgen.

— *C. oenas*, Hohltaube. ♂ u. ♀: *C. livia* recht ähnl., graublau. Halsseiten mit grünem Metallschimmer. Brust kräftig weinrötlich überzogen. Grauzeichnung der Flügel düsterer u. Bindenzeichnung nur angedeutet. Bürzel grau, nicht weiß! Schnabelspitze gelblich. Iris braun. Beine rot. 32 cm. UAn. Ganz Europa, außer N-Skandinavien u. N-UdSSR, auch in Teilen Vorder- u. M-Asiens, NW-Afrika. Bewohnt in lockeren Brutkolonien höhlenreiche Althölzer u. Feldgehölze, manchmal Parks. Vielfach enge Bindung an Eichen u. Buchen. Die Bruthöhlen stammen größtenteils vom Schwarzspecht. Nimmt geräumige Nistkästen mit großem Schlupfloch an. Im N Zugvogel (September/Oktober bis Februar/März). Winteraufenthalt in S-Europa. Bogenförmiger Balzflug. Trägt wenig od. gar keine Niststoffe ein. Gelege 2 weiße Eier. Brutdauer 16—17 Tage. Nestlingszeit knapp 4 Wochen. 2—4 Jahresbruten, die oft ineinander geschachtelt sind. In der Voliere anspruchslos. Winterfest. Züchtet leicht. Benötigt Vollhöhlen, die oben in der Freivoliere od. im Schutzraum plaziert werden. Abstand Höhlendach:Volierenabdeckung wenigstens 25 cm; Schlupfloch-∅ mind. 11 cm.

— *C. rupestris*, Klippentaube. ♂ u. ♀: Färbung wie *C. livia*, aber mit weniger Glanz am Hals, kleineren Flügelbinden u. neben weißem Bürzel zusätzlich mit auffällig weißem Querband über die Schwanzmitte. 33 cm. UAn. UdSSR (Altai, Turkestan), Mongolei, N-China, Korea. Im W Überschneidung mit *C. livia*, mit der sie sich nicht vermischt. Geselliger Felsbewohner. Als Kulturfolger in vielen Städten an Gebäuden nistend, teils gemeinschaftlich mit Stadttauben. Fortpflanzung mit *C. livia* übereinstimmend.

Futterübergabe an nesthockende Jungvögel

Ersteinfuhr 1962, Erstzucht 1963 im Tierpark Berlin. Anspruchslos wie *C. livia*.

Columbidae. F der Columbiformes ↗. 47 Gn, 173 rezente, 4 † An. Zusammensetzung der Kropfmilch bei Haustauben: 64—82 % Wasser, 7—13 % Fett u. fettähnl. Stoffe, 10—19 % Eiweiß, 1,6 % Mineral- u. Wirkstoffe, u. a. Vit. A, D, E u. B-Komplex. Grundnahrung nicht zu einseitiges Körnerfutter. Große An: Mischung aus Getreide (60—70 %) u. Leguminosen (30—40 %), auch Pellets, z. B. solche für Küken u. Junghennen. Mittl. An: gleiche Mischung ohne die größten Körnersorten, ergänzt durch Glanz u. Hirse. Kleine An: Wellensittich-, Kanarien- u. Waldvogelmischung. Allen An Grünfutter (Vogelmiere, Salat usw.) anbieten. Besonderheiten der Erdtauben beachten!

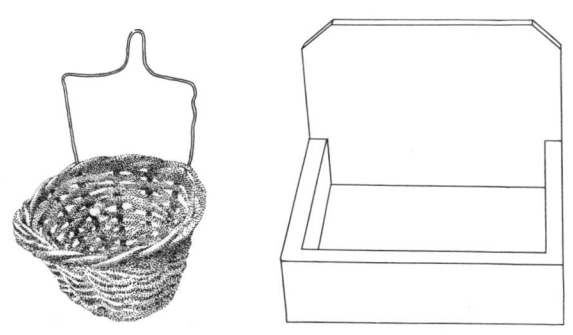

Nestunterlagen für Tauben kleiner Arten

Columbiformes, Taubenvögel. 8 Fn: Raphidae, Caloenadidae ↗, Gouridae ↗, Otidiphabidae ↗, Columbidae ↗, Duculidae ↗, Treronidae ↗, Didunculidae ↗. 67 Gn, 296 rezente, 11 † An. Erhebliche Größenunterschiede: Kleinste G *Columbigallina* ↗ mit 15, größte *Goura* ↗ mit 75—85 cm. Gefieder schlicht bis tropisch bunt. Auffallende Abzeichen, teils durch Strukturfedern mit Metallglanz gebildet, bes. an Kopf, Hals u. im Flügel. Geschlechtsidentifizierung nach Gefiederfarbe meist nicht möglich. Diesbezüglich auf Balzverhalten achten! Oberschnabelbasis mit Wachshaut, meist bis über Nasenlöcher vorgezogen. Lauf vorn mit querliegenden Schildchen besetzt. 4 Zehen mit kurzen, derben Krallen. Bürzeldrüse fehlt, statt dessen Puderdunen. Paariger Kropf kräftig entwickelt, dient als Nahrungsspeicher, zur Vorverdauung u. Bildung von Kropfmilch. Letztere entsteht bei beiden Ad. durch 10fache Umfangsvermehrung der Kropfschleimhaut u. deren Auflösung, einen Tag vor dem Schlupf beginnend. Analyse der Kropfmilch → Columbidae. Gallenblase fehlend. Blinddarm rudimentär, oft völlig verschwunden. Allesfresser bis Nahrungsspezialisten. Trink- u. Badebedürfnis meist groß. Saugtrinker. Nehmen gern Wasser-, Regen- u. Sonnen-, Bodentauben auch Staubbäder. Manche An erzeugen mit Hilfe von Schallschwingen auffällige Fluggeräusche. Weltweit verbr. mit Schwerpunkt im indoaustralischen Gebiet. Anpassung an alle Lebensräume, nur in Arktis u. Antarktis fehlend. In den gemäßigten Breiten vorkommende An sind meist Zugvögel, in den Tropen u. Subtropen lebende überwiegend Standvögel, einige Teilzieher. In Monogamie lebend.

Columbiformes

Revierbesitz wird durch Standortruf des Taubers angezeigt, vielfach auch durch arttypische Balzflüge. Der balzende Tauber verfolgt die Täubin, während der Verbeugungsbalz die Schmuckfedern präsentierend. Vor Paarung soziale Gefiederpflege, Schnäbeln u. symbolisches Füttern. Gleichgeschlechtliche Partner zeigen ambivalentes Verhalten, gesehene Paarungen also nicht echtes Paar garantierend. Nistplatzanzeigen durch Tauber. Täubin verbaut vom Tauber herbeigeschafftes Nistmaterial. Mehrzahl der An Freibrüter in Bäumen od. Gebüschen, manche Boden- od. Höhlenbrüter. Nester meist unordentlich, dünne, oft von unten durchsichtige Zweigkonstruktionen. Gelege aus 1—2 weißen bis cremegelblichen Eiern. Mehrere Jahresbruten. Legeabstand knapp 2 Tage. Bebrütungsbeginn ab 2. Ei. Brutdauer meist 13—17 (10—30) Tage. Bebrütung durch beide Ad. Juv. sind mit unförmigem Schnabel ausgestattete Nesthocker, deren Augen sich nach einigen Tagen öffnen. Nestlingszeit 10—35 (—80) Tage. Fütterung etwa 10 Tage nur mit Kropfmilch, danach etwa bis 18. Lebenstag allmähl. Zusatz im Kropf vorgequollener fester Nahrung. Futterübergabe unter ruckartig würgenden Bewegungen direkt in den von der Seite in den elterlichen Schlund eingeführten Schnabel des Jungvogels. Kurze Huder-, doch lange Fütterungsperiode. Vielfach Schachtelbruten. Haltung am besten in Volieren im Freien mit schutzbietendem, erwärmbarem, trockenem Innenraum. Abmessungen sind der Größe u. dem Bewegungsbedürfnis der An anzupassen. Mindestens für kleine An 200 × 80—100 × 200 cm, für mittl. 300—400 × 100—150 × 200 cm, für die großen An 500 × 100—200 × 200 cm; die größere Breite jeweils für überwiegend od. ausschließl. bodenbewohnende Tauben (Erdtauben) wählen. Für einige kleine (halbdomestizierte) An reichen große Käfige od. Zimmervolieren aus, auch für die Zucht. Einige große An sollten nur in Vogelhallen untergebracht werden. Freivolieren mit Wetterschutz versehen, unter Verwendung von engmaschigem Draht, auch mit Hilfe von Elektroabwehr, möglichst ratten-, katzen- u. eulensicher machen. Einrichtung mit den Bedürfnissen der An abstimmen, am besten mit naturnaher Bepflanzung, auch zur Anlage von Freinestern, wozu bes. Weißdorn, Schlehe, Pfaffenhütchen, Kiefer, Fichte geeignet sind, reichl. mit sonstigen Sitzgelegenheiten, Gesteinsbrocken, Reisighaufen (Schutz für Jungtauben nach dem Ausfliegen), Rasenplaggen auf Sandboden usw. versehen. Für flache Badegelegenheit sorgen. Als Nistunterlagen empfehlen sich aus Draht, Bast od. Weide geflochtene Körbchen, Harzer Bauer od. 4—7 cm hohe Holzkisten, abgestimmt mit der Größe der Tauben. Mehrere Unterlagen in unterschiedl. Positionen anbieten, konzentriert im Schutz- bzw. Innenraum. Sie sind mit biegsamen Ästchen (Weide, Birke), Stroh, Kokosfasern, Moos u. a. auszupolstern; weitere Materialien reichl. auf dem Boden auslegen. Innenraum mit gegeneinander versetzten Sitzstangen u. Laufbrettern aus-

Columbigallina

statten. Erwärmung mit Rotlicht (Hell- od. Dunkelstrahler). Es wird zwischen An unterschieden, die kalt, wenigstens frostfrei od. warm zu überwintern sind. Verträglichkeit gegenüber Vertretern der gleichen od. verwandter An unterschiedl.; gegenüber Angehörigen anderer On meist gut. Potentielle Gegner werden angedroht. Bodenbewohnende Tauben nicht mit Fasanen zusammenbringen. Vergesellschaftung mit Wachteln überhaupt vermeiden. Kleinvögel, vor allem körnerverzehrende, insbes. die robusten Kardinäle, sowie Kleinpapageien als Nebenbesetzung empfehlenswert. Bei Gemeinschaftshaltung auf räumliche Trennung der Futterplätze achten. Nahrungsansprüche, Fütterung → Columbidae, Duculidae, Treronidae bzw. bei den An. Dosiert u. abwechslungsreich füttern. Hohen Kalk- u. sonstigen Mineralstoffbedarf mit handelsübl. Mineralstoffgemischen für Geflügel decken, auch eine Mischung aus grobkörnigem Sand, Mörtel, zerstoßenen, sterilisierten Eierschalen, Vitakalk, Fischmehl, einer Prise Salz verwendbar, ferner für manche An Walderde mit Kochsalzzusatz, außer Fruchttauben Grit zur Nahrungszerkleinerung im Muskelmagen anbieten. Futter-, Tränk- u. Badegefäße regelmäßig säubern u. stets frisches Wasser bereitstellen. Verlegte Eier, verlassene Gelege od. verwaiste Juv. können mit Hilfe von Ammen erbrütet u./od. aufgezogen werden. Erprobte An sind Diamanttäubchen ↗, Lach- ↗, Haus- ↗, Carolina- ↗, Palm- ↗, Perlhalstaube ↗. Brutdauer von Spender- u. Ammen-A müssen annähernd übereinstimmen, sonst ist die Kropfmilchabsonderung nicht koordiniert. Spez. Nahrungsansprüche der aufzuziehenden A rechtzeitig über die Fütterung der Ammentauben berücksichtigen. Für den Versand geeignete Behälter verwenden, ihre Decke weich abpolstern (Schaumstoffe, Filz) u. bei mehrtägigem Transport fest angebrachte Tränk- u. Futtergefäße beschicken. Stürmische Täubchen in Käfigen mit weicher Decke eingewöhnen.

Columbigallina. G der Columbidae ↗. 4 An. N- bis S-Amerika, Karibik-Inseln.
— *C. minuta*, Zwergtäubchen. ♂: wie *C. passerina*, aber ohne Schuppenmuster. Die graublaue Zeichnung an Oberkopf u. Nacken tritt dadurch klarer hervor. Anzahl der Flecken im Flügel geringer u. anders verteilt. Schnabel einheitl. dunkel. ♀: Kehle u. Bauch weiß, sonst US olivgrau. 15 cm. UAn. S-Mexiko bis Panama; Venezuela, O-Brasilien bis Paraguay; Kolumbien, Peru. Erstmalig 1899 in Europa (England). Bekommt bei sonnenarmer Haltung ein schwarzes Federkleid.
— *C. passerina*, Sperlingstäubchen. ♂: Oberkopf, Nacken graubläulich, Stirn, Wangen, Brust rötlich überflogen; alle diese Partien mit Schuppenzeichnung. Brust- u. Halsseiten schwarz gepunktet. OS graubraun, Flügeldecken heller mit Blauton, teilweise mit abstechend schwarzblauer Fleckung. Kurzschwänzig. Bauch vorn rosa, nach hinten zu aufhellend u. schließl. wie Unterschwanzdecken weiß. Iris orange- bis tiefrot. Schnabel rot, fleischfarben, orange od. gelblich, seine Spitze schwarz. Beine rötlich. ♀: blasser, ohne Rosa, die Flecken auf den Flügeldecken braun. 15 cm. UAn. S-USA, M-Amerika, Inseln der Karibik, nö. S-Amerika. Habitat sehr unterschiedl., in sehr trockenen bis sumpfigen Gegenden ebenso wie in lichtem, bewaldetem bis hin zu völlig offenem Gelände, auch in Gärten u. Parks. Nahrungssuche am Boden (feine Sämereien, auch Wirbellose). Das Nest wird in geringer Höhe in Bäumen od. Sträuchern errichtet, manchmal steht es unten zwischen Grasbüscheln. Gelege 2 weiße Eier. Brutdauer 13—14 Tage. Nestlingszeit 11 Tage. Bis 4 Jahresbruten. Erstmalig 1854 in Europa (Zoo Amsterdam, UA *griseola*). Unterbringung in Freivolieren ist vorzuziehen. Anfangs scheu, später einigermaßen vertraut, doch zurückhaltend bleibend. Voliere mit Gesträuch ausstatten u./od. eine Seitenfläche dicht abpflanzen, damit die Tauben Schutz suchen können. Verträglich. Züchtet leicht, doch gegen Nestinspektionen empfindlich. Baut recht voluminöses, kompaktes Nest, in dem es mehrmals nacheinander zur Brut schreitet. Überwinterung in geheiztem Raum erforderlich. Wird es ständig dunkel gehalten, färbt sich ihr Gefieder um u. es wird allmähl. schwarz. Futter Feinsämereien, wie in Wellensittichfutter enthalten. Weichfutter wird nicht von allen akzeptiert.
— *C. talpacoti*, Rosttäubchen, Zimttäubchen. ♂: Oberkopf u. Nacken graublau; Stirn aufgehellt. OS kräftig zimtbraun, US heller, ansonsten ebenso getönt. Auf den Flügeldecken schwarzfleckig u. -streifig. Iris braun, außen mit einem roten Ring versehen. Schnabel braun bis horngrau. Beine rötlich. ♀: am Kopf ohne Grauzeichnung. OS erdbraun, US heller braun. Iris außen mit gelbem Ring. 16,5 cm. UAn. S-Mexiko bis N-Argentinien. Führt Balzflüge aus u. baut Nester mit ungewöhnlich tiefer Mulde. Europäische Ersteinfuhr u. Erstzucht 1868 (Zoo London). Züchtet leicht. Im Winter unbedingt warm, jedoch nicht ständig in dunklen, sonnenfernen Unterkünften pflegen, sonst wie die nächsten Verwandten bald schwarz werdend. Außerdem wurde folgende A gezüchtet: *C. buckleyi*, Blaßtäubchen.

Columbina. G der Columbidae ↗. 2 An. S-Amerika.
— *C. cruziana*, Goldschnabeltäubchen (Perutäubchen). ♂: Kopf graubläulich. OS graubraun. Quer über die kleinen Flügeldecken ein tiefvioletter glänzender Streif. Kein Weiß im Flügel. Innere Flügeldecken dunkelblau gefleckt. Kurzschwänzig. US zart rosa überflogen. Iris mehrfarbig, außen rot, nach innen erst grün, dann gelblich u. braun. Schnabel orangegelb, seine Spitzenhälfte schwarz. Beine rötlich. ♀ wie ♂, nur blasser. 18,5 cm. N-Ekuador bis N-Chile. Den Anden vorgelagerte aride u. semiaride Landschaften bewohnend. Gern staubbadend, was sonst nur wenige Tauben-An tun. Nester nicht nur in Bäumen u. Büschen, sondern auch in Felswänden, an Häusern od. am Boden. Brutdauer 14 Tage. Nestlingszeit 10—11 Tage. Erstmalig 1901 in Europa (Berliner Zoo).
— *C. picui*, Picuitäubchen. ♂: Stirn weiß. Zügelstrich schwarz. Oberkopf, Nacken lichtgrau. OS graubräunlich. Quer über die kleinen Flügeldecken

ein langgezogener, manchmal unterbrochener, schwarzblau glänzender Streif. Bei angelegten Schwingen schwarzer Streif entlang des inneren Flügelrandes, gebildet durch die innersten Armschwingen. Handschwingen schwarz, darüber ein auffälliges weißes Längsband, hervorgerufen durch die äußersten Flügeldecken u. Armschwingen. Langschwänzig. Kehle weiß. US bis Flanken zart grau, an Kropf u. Hals rötlich getönt. Bauch u. Unterschwanz weiß. Iris graublau. Schnabel dunkelgrau, an der Basis des Unterschnabels etwas gelblich. Beine rot. ♀: mehr braun, ohne helle Abzeichen am Kopf, ohne roten Schimmer auf der US. 18 cm. UAn. NO-Brasilien bis Bolivien, M-Chile, Z-Argentinien. Savannen u. anderes offenes Gelände mit geringem Baumbestand bewohnend. Als Kulturfolger auf landwirtschaftl. Nutzflächen sowie in Gärten u. Parks bis in die Stadtzentren. Sucht am Boden nach Sämereien. Nest in Bäumen u. Sträuchern. Gelege 2 weiße Eier. Brutdauer u. Nestlingszeit je ca. 14 Tage. Bis 4 Jahresbruten. Erstmalig 1853 in Europa (Zoo Amsterdam), Erstzucht 1905 in Deutschland (J. GLAS). Anspruchslos, aber in sonnigen Volieren halten, andernfalls wird das Gefieder allmähl. schwarz. Warm überwintern. Relativ verträglich, greift aber während der Brutperiode sogar viel kräftigere Tauben an. Zeigt sich Menschen gegenüber vertraut. Futter: Feinsämereien, z. B. Waldvogel-, Wellensittichmischung.

Confederation Ornithologique Mondiale

Confederation Ornithologiqe Mondiale (C. O. M.). Seit 1952 Weltvereinigung der Vogelliebhaber. Z. Z. 21 Mitgliedsstaaten, Sitz Belgien, Amtssprache französisch. Alle Mitgliedsländer mit jeweils einem nationalen Verband, in der Mehrzahl sind dies die Verbände der Kanarienzüchter. Hauptziel einheitl. Bewertungsrichtlinien ↗ für alle standardisierten An, Durchführung einer Weltschau, Einberufung internat. Kongresse u. Symposien zwecks Abstimmung sowie Reglementsfragen, Fragen der Organisation.

Consul-Cremer-Preis. Höchste Auszeichnung der AZ ↗, zu Ehren von C. H. CREMER ↗ benannter Preis, den L. KREIDEL ↗ stiftete. Wird nur an AZ-Mitglieder vergeben. 3 Stufen: In Gold für Welterstzucht, in Silber für europ. Erstzucht, in Bronze für BRD-Erstzucht. Wird jedes Jahr nur einmal für eine Züchtung vergeben. Es gibt nur eine Ausnahme der Vergabe in Gold, wenn Verdienste außerhalb des züchterischen Bereiches vorliegen. Nur in diesem Jahr ist es dann möglich, 2mal den Preis zu vergeben. Die Große Goldmedaille ist für züchterische Leistungen, die aber nicht für den C.-C.-P. ausreichen.

Copsychus. G der Muscicapidae ↗. 8 An. Sri Lanka, Indien, S-China, indoaustral. Inselwelt, Philippinen, Seychellen, Madagaskar. Nachfolgende An regelmäßig im Handel. ♂ als Sänger in möglichst großem Drosselkäfig ↗ unterbringen, bei eingewöhnten Tieren keine weiche Decke erforderlich, Freiflug im Zimmer gewähren. Futter s. *Merula*. Während der Mauser ↗ dem Drosselfuttergemisch Multivitaminpräparat u. Mineralstoffgemisch zusetzen. Baden gern. Zur Zucht paarweise Haltung in dicht bepflanzter Voliere ↗ od. Vogelstube ↗, obwohl auch schon im Käfig ↗ gelungen. Als Nisthilfen Halbhöhlen, Harzer Bauer ↗, Nischen u. alte Drosselnester anbringen. Zum Nestbau kleine Reiser, Halme, Würzelchen, Bast, Moos, Laub, Kokos-, Agavefasern u. kurze Haare bieten. Aufzuchtfutter neben dem üblichen Weichfutter Wiesenplankton ↗, Insekten aus der Lichtfalle ↗, Wachsmottenraupen, Mehlkäferlarven u. frische Ameisenpuppen ↗ füttern (die beiden letzteren allein reichen nicht aus).

— *C. malabaricus*, Schamadrossel, Schama. ♂: Kopf, Rücken, kleine u. mittl. Flügeldecken glänzend blauschwarz. Große Flügeldecken u. Schwingen schwarz mit matten rotbraunen Außensäumen, bei den Handschwingen nicht bis zur Spitze verlaufend. Unterflügeldecken weißlich. Bürzel u. Oberschwanzdecken weiß. Mittl. Schwanzfedern verlängert, schwarz, seitl. mit weißen Spitzen, äußere

Schamadrossel. Männchen

Coquifrankolin

weiß. Kinn, Kehle u. obere Brust glänzend blauschwarz, übrige US kräftig kastanienbraun. Schnabel schwarz. Auge braun. Füße hell fleischfarben. ♀: schwarze Gefiederpartien dunkelbraungrau, US matt braun, Bauch weißlich. Kopf- u. Halsseiten hellgraubräunlich mit rostgelben Flecken. Juv. ähnl. ♀, Kopf-, Halsseiten rostgelb gefleckt, aber ♂ von ad. ♀ durch gering höckrigen Augenlidring zu unterscheiden (bei ad. ♀ glatt, heller). Ca. 25 cm. UAn. Sri Lanka, Vorder- u. Hinterindien, Andamanen, SW-Yünnan, Hainan, Sumatera, Kalimantan, Java u. kleinere Inseln in diesem Gebiet. Bewohnt dichte Büsche der Urwälder im Flach- u. Hügelland, gern an Flüssen. Durch herrlich klingenden Gesang, anmutiges Wesen u. baldige Zutraulichkeit sehr beliebte Pfleglinge. Bes. Wildfänge lassen die vielgepriesenen, vollen schönen Strophen hören. Gezüchtete Vögel u. importierte juv. Exempl. haben meist nicht dieses vielseitige Repertoire, da ihnen guter Vorsänger fehlt. Spöttertalent. Gegenüber anderen Vögeln meistens friedlich, einzeln gehaltene ♂♂ manchmal aber auch sehr aggressiv, bei Einsetzen in Gesellschaftsanlage beachten. Jahresmauser Juli/September. Eingewöhnung nicht schwierig. Alter von 26 Jahren wurde schon erreicht. Zucht häufig gelungen, scheitert aber manchmal am unzureichenden Aufzuchtfutter. Am besten Paar allein halten. Gelege 4—6 hellgrüne, braungefleckte Eier. Überwiegend brütet ♀. Nestkontrollen werden häufig verübelt. Schlupf nach 11—12 Tagen. Altvögeln kann auch Freiflug in den Garten gewährt werden, dann 10—13 Tage nach dem Schlupf unterbinden. Juv. fliegen 1—2 Tage später aus, werden anschl. noch 14—18 Tage von den Eltern gefüttert, beginnen aber bereits am 20. Lebenstag mit der Futteraufnahme. Nachdem sie selbständig sind, getrennt unterbringen, damit nachfolgender Brutablauf nicht gestört wird. 2—3 Jahresbruten.

— *C. saularis*, Dajaldrossel, Dajal. ♂: schwarz, bei den meisten UAn mit weißem Spiegel im Flügel u. ebenso gefärbtem Bauch u. Unterschwanzdecken. Auch äußere Schwanzfedern weiß. Auge braun. Schnabel, Füße schwarz. ♀: schwarze Gefiederpartien mehr grau. Juv. brauner als Ad., Weiß trüber, Flügeldecken rostfarben gefleckt, Kehlfedern gelblich rostfarben, dunkelgrau gesäumt. 20 cm. UAn, oft sehr abweichend gefärbt, z. B. UA auf O-Kalimantan vollständig schwarz, nur weißer Flügelspiegel. Sri Lanka, Vorder-, Hinterindien, Andamanen, S-China, Sumatera, Kalimantan, Java, Bali u. kleinere Inseln in diesem Gebiet, Philippinen. Bewohnt Mangrovewälder, buschreiche Landschaften, Kulturland, auch Parks u. Gärten. Nahrung Insekten u. Beeren, auch Würmer. Gesang sehr schön, abwechslungsreich, besteht aus Flötentönen u. grasmückenähnl. Schwätzen. Erstmalig 1873 im Zool. Garten London. ♂♂ werden sehr gern als Sänger im Drosselkäfig ↗ gehalten. Anspruchslos, ausdauernd. Häufig gezüchtet. Gelege allgemein 5 Eier. Nur ♀ brütet. Juv. schlüpfen nach 13 Tagen u. verlassen nach ca. 3 Wochen das Nest. Auch in den Heimatländern als Käfigvogel geschätzt.

— *C. sechellarum*, Seychellendrossel, Seychellendajal. ♂: glänzend blauschwarz, Flügeldecken mit großem weißen Fleck. Auge braun. Schnabel u. Füße schwarz. ♀? 26 cm. Insel Frigate (Seychellen), in früherer Zeit auch auf anderen Inseln der Seychellen. Im Red Data Book ↗ geführt, soll 1867 im Zool. Garten London gewesen sein (K. NEUNZIG ↗).

— *C. stricklandii*, Weißkappenschama. ♂: ähnl. Schamadrossel, aber Kopf-OS weiß. UAn. Konspezies mit *C. malabaricus*. Kalimantan (auch auf der Maratua-Insel). Zuweilen auf dem europ. Vogelmarkt. Pflege usw. wie *C. malabaricus*.

Coquifrankolin (*Peliperdix coqui*) → *Peliperdix*

Coracias, Blauracken. G der Coracidae ↗. 8 An. Mittellanger, krähenartiger Schnabel. Schnabelgrund umborstet. Gefiederfärbung mit überwiegendem Blauanteil. Teilweise deutl. verlängerte äußere Schwanzfedern. Afrika, Asien, Sundainseln; 1 A bis Europa.

— *C. abyssinicus*, Senegalracke. ♂: Kopf blau mit weißer Streifung an Stirn u. Kinn. Rücken zimtbraun. Flügel tiefblau mit hellerer Wurzelhälfte. Mittl. Schwanzfedern schwarzgrün, äußere blau u. stark verlängert mit schwarzer Spitze. Schnabel schwarzbraun. Auge braun. Füße graubraun. ♀ wie ♂, aber leicht kürzere äußere Schwanzfedern. 45 cm, einschließl. verlängerte Schwanzfedern. Senegal u. Sierra Leone bis Eritrea, N-Uganda u. NW-Kenia. Einzeln od. paarweise, auch oft in dichten Sträuchern. Frißt bevorzugt Heuschrecken. Selten in Europa. Verträglich. Paarzusammenstellung nicht schwierig, jedoch bisher kein Zuchterfolg. Badet gern in nassem Laub.

— *C. benghalensis*, Hindu-, Bengalracke. ♂ u. ♀: Kopf grünblau. Stirn u. Kinn weißlich. Brust hellrostbraun. US blaugrün. Kehle braunviolett, hell gestrichelt. Flügel blau mit dunkelblauem Querband. Bürzel u. obere Schwanzdecken tiefblau. Rücken u. Schultern braun. Mittl. Schwanzfedern graubraun, übrige blau. Rumpfgefieder z. T. matt gestrichelt. Schnabel schwarz. Auge braun, Lidrand gelb. Füße bräunlich. 33 cm. UAn. O-Arabien, S-Iran, durch Indien, Sri Lanka bis S-China, Indochina u. Malaysia. Stand- ↗ u. Strichvogel ↗. Bewohnt baumbestandenes, offenes Gelände auch in menschl. Nähe. Wenig scheu. Brut in Baumhöhlen, unter Gebäudedächern, an Pagoden. 3—4 Eier. Erstmalig 1913 in Europa. Am häufigsten gehaltene Racke. Wildfänge sehr scheu u. stürmisch. Eingewöhnung nicht leicht. Einfütterung mit jungen lebenden Mäusen, Gewöllebildung wichtig. Unverträglich. Haltung in großen Volieren ↗. Wird leicht träge.

— *C. caudatus*, Gabel-, Grünscheitelracke. ♂: Oberkopf bis Nacken blaugrün. Stirnband u. Augenbrauenstreif weiß. OS dunkelbraun bis grünlich. Bürzel u. Flügeldecken ultramarinblau. Kehle u. Brust kräftig violett. US hell grünblau. Flügel mit versch. Blautönen. Deutl. verlängerte äußere Schwanzfedern dunkelbraun, innere grünblau. Schnabel schwarz. Auge braun. Füße bräunlich. ♀ wie ♂, aber kürzere äußere Schwanzfedern. Juv. ähnl. Ad., OS olivbräunlich. Kopfseiten u. Vorderhals graurötlich. Kehle weiß gestrichelt. Äußere Schwanzfedern nicht verlängert. 40 cm, einschließl. verlängerte Schwanzfedern. UAn. Standvogel ↗ u. Teilzieher ↗ von Äthiopien durch O-Afrika bis Angola, Mittel-SW-Afrika, zum Vaal u. N-Natal. Bewohnt auch offene Flächen, wenn hohe Ansitze (z. B. Telegrafenmaste) vorhanden sind. Erbeutet u. a. kleine Krabben u. Amphibien. Brütet in hohen Baumhöhlen. 3–5 Eier. Seit 1912 wiederholt in Europa eingeführt. Erstzucht 1968 in S-Afrika, in letzter Zeit auch in europ. Tiergärten mehrfach gelungen. Großer Nistkasten nötig. Nistmaterial Grashalme u. Federn. Brutzeit 17–19 Tage. Auch während Brutzeit gegen artfremde Vögel verträglich. Zur Jungenaufzucht viel lebende Insekten reichen.

— *C. cyanogaster*, Opal-, Blaubauchracke. ♂ u. ♀: Kopf, Nacken u. Brust rotviolett, grünlichweiß glänzend. Schwarzer Flügelstreif. Rücken schwarzbraun. Flügel ultramarinblau, Ränder hell blaugrün. Bauch tiefblau. Schwanz blaugrün, verlängerte Enden der äußeren Schwanzfedern schwarz. Auge braun. Schnabel u. Füße braunschwarz. 32 cm. Senegal u. Sierra Leone bis S-Sudan. 1925 erstmalig in Europa (Zoo London). Selten importiert. Eingewöhnung schwierig.

— *C. garrulus*, Blauracke. ♂ u. ♀: Kopf, Hals, US u. Flügeldecken türkisblau. Rücken u. Schultern zimtbraun. Bürzel u. Oberschwanzdecken ultramarinblau. Handschwingen schwarz mit blauer Wurzel. Armschwingen dunkelblau. Mittl. Schwanzfedern graugrün, übrige mit schwarzem Innensaum u. breiter lichtblauer Endbinde. Schnabel schwarz. Auge braun. Füße schmutzig gelb. 30 cm. UAn. N-Afrika, S-Europa, O-Europa (we. bis Brandenburg), Kleinasien bis zum Altai u. Turkestan. Bewohnt offenes Gelände mit alten Bäumen od. Steilwänden. Brütet in Baumhöhlen, Nistkästen, Felslöchern (auch in Gebäuden) u. sandigen Steilwänden. Brütet in M-Europa stets einzeln, in sü. Gebieten auch kolonieweise, gern in Gesellschaft von Bienenfressern ↗. 3–7 Eier, meist ohne Nistmaterial. Brutzeit 18–19 Tage. Nestlingszeit 26–28 Tage. Brutvogel des nö. Verbr.-Gebietes (Europa), überwintert in Südhälfte Afrikas bis zum Kap. Frißt neben Insekten u. kleinen Wirbeltieren auch süße Früchte, bes. Feigen. In M-Europa ist die *C. g.* sehr selten u. streng geschützt. Gelangt am häufigsten durch Funde verlassener, gestörter Bruten an die Liebhaber. Zucht in letzter Zeit mehrfach gelungen.

— *C. naevius*, Strichelracke. ♂ u. ♀: Kopf rotbraun. Stirn, Augenstreif u. Nackenfleck weiß. US rotbraun mit weißen Längsstreifen. Rücken olivbraun. Bürzel, Schwanz u. Flügel blau. Mittl. Schwanzfedern schwärzlich. Schnabel schwarz. Auge braun. Füße rötlichbraun. 33 cm. UAn. Von Senegal, Sudan, Eritrea bis SW-Afrika, zum Oranje-Freistaat u. Natal. Sehr selten in Europa. Frißt vorwiegend Heuschrecken.

Coraciidae, Eigentliche Racken. F der Coraciiformes ↗. 2 Gn, 11 An. 30–45 cm. Gefieder prachtvoll mit blauen, grünen u. braunen Farbtönen. Kräftiger Schnabel mit hakiger Spitze. Kurzfüßig. Relativ lange breite Flügel. Schwanz mittellang, äußere Federn teilweise verlängert. ♂ u. ♀ gleich gefärbt. Bewohnen offene Landschaften mit Bäumen od. sandigen Steilwänden, Gärten u. lichte Wälder Asiens, Afrikas u. Australiens, 1 A auch in Europa. Ansitzjäger, sitzen oft auf erhöhten freistehenden Plätzen. Erbeuten Insekten im Flug, wobei Beute z. T. noch in der Luft verzehrt wird, od. vom Boden, auch kleine Wirbeltiere (Eidechsen, Frösche, Kleinsäuger, juv. Vögel). Sollen z. T. auch süße Früchte (Feigen) verzehren. Ausgezeichnete Flieger, fast nie am Boden fortbewegend. Beeindruckende Balzflüge der ♂♂ mit Überschlägen werden deshalb auch Roller genannt (s. *Eurystomus*). Stimme rauh krächzend od. kreischend. Brüten in Baumhöhlen, Erdhöhlen sandiger Steilhänge, Fels- u. Gebäudenischen. Nistmaterial (Halme, Tierhaare, Federn) wird meist wenig od. nicht eingetragen. 2–6 reinweiße, glänzende Eier. Brutdauer 17–20 Tage, Nestlingszeit 26–30 Tage. ♀ u. ♂ brüten u. füttern. Alle An sehr selten im Handel, überwiegend in Tiergärten. Nur Blauracke (s. *Coracias*) durch Zufallsfunde häufiger bei Liebhabern. Wildfänge sehr scheu u. stürmisch, oft schwierig an Futter zu gewöhnen (Lebendfutter verwenden). Gegenüber Unbekanntem u. Neuem sehr ängstlich u. scheu. Bewegungsfreudige Tiere, die jedoch in zu kleinen Käfigen zu Trägheit u. Verfettung neigen. Unterbringung deshalb am besten in größeren Volieren ↗ od. Vogelstuben ↗. Im Winter warme Unterbringung notwendig. Gegenüber A-Genossen unverträglich, paarweise Haltung. Nur mit gleichgroßen od. größeren Vögeln vergesellschaften. Futter Weichfuttergemisch ↗ mit hohem tierischen Anteil, kleingeschnittenes, mageres Fleisch, kleingeschnittenes Rinderherz, nestjunge Mäuse, zerkleinerte Eintagsküken, Mehlwürmer, Regenwürmer, Ameisenpuppen, auch kleine Frösche, viel lebende Insekten, bes. während der Jungenaufzucht (Heuschrecken!). Auf Ballaststoffe ↗ für Gewöllebildung achten. Evtl. geriebene Möhre unter Futter mischen (Verfettung). Baden gern, auch Sandbäder. Für Zucht große Nistkästen bzw. Baumhöhlen im oberen Bereich der Voliere anbringen. Vögel tragen meist kein Nistmaterial ein, deshalb Sandschicht od. Sägespäne in den Nistkasten geben. Oft Handaufzucht notwendig. Junge setzen nicht umhäuteten Kot nach außen ab, kann zu Verschmierung von Nisthöhle u. Jungen führen. Juv. u. U. erst 5–6 Wochen nach Ausfliegen selbständig, müssen dann getrennt werden. Jugendgefieder ähnl. ad., etwas blasser u. stumpfer. Gegen artfremde Vögel auch während der Brutzeit meist verträglich.

Coraciiformes, Rackenvögel. 3 Fn, 6 Gn, 17 An. Ungefähr dohlengroße Vögel. Kräftiger Körperbau. Krähenartiger, teilweise breit gedrungener Schnabel. Mit Ausnahme der F Brachypteraciidae ↗ kurzbeinig. 3 Vorderzehen am Grund verwachsen. 2 Fn nur auf Madagaskar u. Komoren. 1 F hauptsächl. Afrika, Asien u. Australien. Nur 3 An im paläarktischen Gebiet. Bewohnen offene u. halboffene Landschaften u. lichte Wälder. Gute Flieger. Meist einzeln od. paarweise auftretend. Fressen vorwiegend Insekten, auch kleine Wirbeltiere. Höhlenbrüter. Eier reinweiß. Juv.

Coracopinae

durchlaufen sogenanntes «Igelstadium», da Federhüllen erst spät aufbrechen. Alle An werden selten gehalten, vorwiegend in Tiergärten.

Coracopinae, Rabenpapageien. UF der Psittacidae ↗. 1 G *Coracopsis* ↗ mit 2 An. Madagaskar, Inseln der Komoren, Seychellen. Beide An selten in Europa gehalten. Haltung, Futter s. *Amazona.*

Coracopsis. G der Coracopinae ↗. 2 An. Auf Madagaskar, Groß-Komoro, Anjouan (Komoren). *C. nigra* auch auf Praslin (Seychellen). Bewohner der Wälder, Savannen, vorwiegend des Flachlandes. Kommen bis ca. 1 000 m ü. NN vor, auch auf Reis,- Maisfeldern. Stimme laut, selten gebraucht. Beide An unter Naturschutz. Selten gehandelt. Lebhaft, manche Exempl. ruhig, zutraulich, verträglich. Nachahmungstalent wird gelobt.

— *C. nigra,* Rabenpapagei. ♂ u. ♀: braunschwarz, an Flügeln u. Schwanz gräulich. Schnabel hell hornfarben. Auge dunkelgrau, Augenring nackt, weißlichgrau. Füße grau. Juv. unbeschrieben. 35 cm. 4 UAn. Bes. die UA *C. n. barklyi* auf der Insel Praslin gefährdet, im Red Data Book ↗ geführt, 1976 nur noch 90 ± 20 Exempl.

— *C. vasa,* Vasapapagei. ♂ u. ♀: braunschwarz, US mehr dunkelgrau. Flügel, Schwanz grau überhaucht, US des Schwanzes grau. Schnabel blaß hornfarben. Auge braun, Augenring nackt, rosagrau. Füße dunkelfleischfarben. Juv. mehr bräunlich als Ad. Federn der US mit kastanienbraunem Saum. Schnabel grau. 50 cm. 3 UAn.

Coragyps. G der Cathardidae ↗. 1 A.
— *C. atratus,* Rabengeier. ♂ u. ♀: Gefieder schwarz. Kopf nackt, faltig, grauschwarz. Schnabel lang u. dünn. Füße schwarz, scheinen aber durch Kotablagerungen kalkweiß. ♂ nur geringfügig kleiner. 3 UAn. Mittl. USA bis S-Argentinien. Ist in größeren Flügen an den Küsten, den Ebenen u. in menschlichen Ansiedlungen anzutreffen. Höhere Bergregionen werden gemieden. Neben dem Truthahngeier der wichtigste Abfallbeseitiger in den tropischen Regionen, kann aber auch kleine Wirbeltiere erbeuten. Brütet in Baumhöhlen u. Felsnischen. In manchen Regionen Koloniebrüter. Gelege 2 graue, braungefleckte Eier. Brutdauer 45 Tage. ♂ u. ♀ betreiben Brutpflege. Jungtiere werden mit hervorgewürgter Nahrung sowie kleineren Beutetieren ernährt. Nestlingsperiode 50—60 Tage. Meist in Zoos od. Tiergärten. Sehr ruhige, aber neugierige Vögel. Während der Brutzeit sehr sensibel. Nistkasten od. geschützte Brutnische anbieten. Gut mit anderen Geiern zu vergesellschaften. Mehrfach gezüchtet. Nahrung 50 % Schierfleisch, 50 % Ganzkörperfutter, auch Süßwasserfisch. Selten im Tierhandel.

Corcoracidae, Schlammnestbauer. F der Passeriformes ↗. UFn Struthideinae ↗, Gimpelhäher u. Corcoracinae ↗, Bergkrähen. Je 1 G mit jeweils 1 A. 32—45 cm. Australien, Biotop wie Grallinidae ↗, aber trockenere Landschaften. Die Nahrung der Bergkrähen besteht aus Fröschen, Eidechsen, Insekten, Samen u. Früchten (Allesfresser), die der Gim-

pelhäher aus Insekten, auch aus Samen, wenn zu wenige Kerfen zur Verfügung stehen. Bauen Schlammnester, bei fehlendem Wasser auch nach Gewitterregen od. bei artesischen Brunnen. Seßhaft. Nisten gesellig. Beim Gimpelhäher bestehen Familiengruppen, die der Nachwuchs von 1 Paar sind, die Eltern sind in der Gruppe die ranghöchsten Vögel. ♀ ♀ legen Eier (2—8, durchschnittl. 4) in ein Nest. Die Nutzer eines Nestes teilen sich die Arbeit, z. B. des Bauens, Brütens u. der Jungenaufzucht. Nur die ranghöchsten ♀ ♀ in der Gruppe legen Eier. Es werden nicht mehr als 2 Juv. groß, Geschlechtsreife nach 3—4 Jahren. Beide An in zool. Gärten gepflegt, seltener in privaten Sammlungen.

Corcoracinae, Bergkrähen. UF der Corcoracidae ↗. 1 G *Corcorax* ↗.

Corcorax. G der Corcoracidae ↗. 1 A. O-Australien vom mittl. Queensland bis Victoria u. südöst. S-Australien. Lebensweise s. Corcoracidae. Pflege s. Struthidae ↗, auch zur Brutzeit können mehrere Exempl. zusammenbleiben (s. Lebensweise). Erstmalig 1865 in Europa (Tiergarten Amsterdam).

— *C. melanorhamphos,* Berg-, Drosselkrähe. ♂: schmutzigschwarz, nur Innenfahnen der Handschwingen weiß. Schnabel schwarz. Auge rot. Füße schwarz. ♀ wie ♂, etwas kleiner. 45 cm.

Corethrura. G der Rallidae ↗. 2 An. Asien, Indonesien.

— *C. fusca,* Zimtralle. ♂ u. ♀: Kopf, Hals, Kropf u. Brust bis zum Unterkörper rotbraun bis rötlich zimtfarben. Übrige OS dunkel olivbraun. Kinn u. Kehle weiß bis rahmfarben. Hand- u. äußere Armschwingen matt braun. Schwanz dunkelbraun. Größter Teil der US gräulich olivbraun mit weißen Querkritzeln. Hinterste Weichenfedern dunkler u. schärfer schmal weiß gebändert. Schnabel grünlichbraun. Auge u. Beine rot. 20 cm. UAn. Indien u. Sri Lanka bis Flores, Sulawesi u. Philippinen, China, Japan. Hält sich vorwiegend auf Reisfeldern u. in Sümpfen auf. Eier rötlich rahmfarben mit kleinen rotbraunen u. violettgrauen Flecken. Selten in Europa. Überwiegend in Tiergärten.

Cornelias Edelpapagei, UA → Edelpapagei

Corvidae, Rabenvögel. F der Passeriformes ↗. 28 Gn mit 113 An. Größte Singvögel mit 10 Handschwingen u. fast immer 12 Steuerfedern. Gefieder meist unscheinbar schwarz, grau, braun; bei einigen An auffälliger gefärbt, vor allem die großen Schnäbel u. Beine. Äußere Geschlechtsmerkmale fehlen i. d. R. ♀ geringfügig kleiner als ♂. Weltweit außer Arktis, auf Neuseeland eingeschleppt. Bewohnen Wald, offenes Gelände, zunehmend Siedlungen, oft gesellig, Nahrung meist Insekten, kleinere Tiere, Aas, Früchte, Samen. Auf dem Vogelmarkt die meisten An selten gehandelt. Eingewöhnung i. d. R. gut. Volieren ↗ notwendig, da sehr lebhaft u. viel Schmutz. «Intelligenz» u. Neugier führen zu guter Anpassung u. Gelehrigkeit. Können menschliche u. a. Laute nachahmen. Oft Vorliebe für blanke Gegenstände. Gegenüber kleineren Vögeln aggressiv. Von Hand aufgezogen werden C. sehr zutraulich. Erreichen oft hohes Alter. Futter besteht aus Fleisch, Ei, Insekten, Jungtieren, Früchten u. Küchenabfällen (Kartoffeln, Brot). Zuchterfolge selten.

Corvultur albicollis, NN → Geierrabe

Corvus, Krähen u. Raben. G der Corvidae ↗. 37 An. Verbr., Vorkommen u. Verhalten s. Corvidae ↗.

— *C. albicollis,* Geierrabe. ♂ u. ♀: schwarzes glänzendes Gefieder, Kopf u. Hals braunschwarz, Nakken u. Kropf weiß bzw. weiße Spitzen. Schnabel schwarz. Auge braun. Füße schwarz. Juv. wie Ad., weniger Glanz. 47—54 cm. S- u. SW-Afrika, im S u. O von Sambia u. Botswana, O-Zaïre, Uganda, Kenia. Bewohnt offenes Gelände, meidet nur Wälder. Nahrung s. Corvidae bis zur Größe von jungen Lämmern. Sehr selten im Handel. Zucht wohl noch nicht gelungen.

— *C. albus,* Schildrabe. ♂ u. ♀: Brust, Schulter, Halsseiten u. Bauch weiß, sonst schwarz glänzend. Schnabel schwarz. Auge braun. Füße schwarz. Juv. ähnl. Ad. 45—48 cm. NO-, O- u. S-Afrika, Madagaskar. Bewohnt offene Landschaften, auch Städte. Nahrung s. Corvidae, bes. Aas. Nest einzeln hoch auf Bäumen. Eier grünlichblau. Verhalten s. *C. corone.* Im Handel nicht häufig. Zucht wohl bisher noch nicht gelungen.

— *C. brachyrhynchos,* Amerikanerkrähe. ♂ u. ♀: tiefschwarz, OS von Körper u. Flügel mit violettem bis grünlichem Metallglanz, US grünlichblau glänzend. Schnabel schwarz. Auge braun. Füße schwarz. Juv. im Gefieder mehr braunschwarz, weniger glänzend. 40—49 cm. Kanada, einschließl. S-Alaska. Bewohnt offenes Gelände u. Wälder, lebt oft gesellig in Gruppen. Nahrung s. Corvidae. Nester auch in kleinen Kolonien (5—6 Paare). Eier 4—5, hellgrün glänzend mit braunen Punkten u. Flecken. Selten gehandelt. Haltung wie *C. frugilegus.* Zuchterfolg in Europa noch nicht bekannt.

— *C. corax,* Kolkrabe. ♂ u. ♀: tiefschwarzes Gefieder, Schnabel u. Füße schwarz, Schnabel sehr stark, Schwanz im Flug keilförmig. Juv. mit mattschwarzem Gefieder. 66—67 cm. S- u. N-Europa, N der BRD u. DDR, Alpen, Britische Inseln, Island, Polen, SU bis Vorder- u. M-Asien, Tibet, W-China, Pakistan, Kamtschatka, N-Japan, we. N-Amerika, Kanada, Mexiko, Nikaragua. Besiedelt Meeresküsten, kahle Gebirge u. Strauchtundra. In M-Europa von Wäldern unterbrochenes offenes Gelände bevorzugt Nahrung s. Corvidae, gern auch Aas. Nest aus Reisig u. Wurzeln mit Lehm verfestigt u. Tierhaaren gepolstert, hoch auf Bäumen (bes. Buchen) od. in Felsen. Eier 4—6, blaugrünlich mit braunen Flecken. Brut 17—19 Tage, Pflege 30—35 Tage. Eingewöhnung in Volieren ↗ mit Schutzraum ↗ gut möglich, winterhart, für Zucht Sonne u. Holzrost als Nestunterlage Voraussetzung. Nahrung der Jungen Ei u. Mehlwürmer ↗, ab 3. Tag Eintagsküken, später Meerschweinchen, Mäuse, Vögel, Fische ↗, Vitamingemisch. Jungvögel werden sehr zahm. Trennung von Altvögeln erforderlich. Erreichen hohes Alter. DDR Naturschutz ↗, BRD Jagdschutz ↗.

— *C. corone,* Aaskrähe. ♂ u. ♀: grau u. schwarz im Gefieder, unterschiedl. entsprechend den 6 UAn. Europa, Vorderasien, Ägypten, M-Asien bis Kamtschatka, Japan, N- u. W-China. Offenes Gelände mit Feldgehölzen u. lichten Auwäldern, z. T. wird das Hochgebirge besiedelt. Nahrung s. Corvidae, gern Jungvögel u. Eier. Nest auf Bäumen, seltener auf Felsen, aus Reisig u. Wurzeln mit Lehm verfestigt, die Mulde mit Tierhaaren gepolstert. Eier 4—6, blaugrünlich mit braunen Flecken. Brut 17—19 Tage. Pflege 30—35 Tage. Im Handel kaum erhältlich. Eingewöhnung in Volieren gut möglich, auch Wildfänge. Haltung u. Aufzucht s. *C. frugilegus.* In M-Europa ungeschützt, stark gejagt. Zucht äußerst selten. Bastarde der mitteleurop. 2 UAn fruchtbar, erkenntlich am Anteil von grauen Federn im schwarzen Gefieder u. umgekehrt. *C. c. corone,* Rabenkrähe. ♂ u. ♀: schwarzes, oberseits glänzendes Gefieder mit etwas verlängerten Kehl-, Scheitel- u. Nackenfedern. Auge braun. Schnabel u. Füße schwarz. Juv. mit mehr Braun im Gefieder u. Auge blaugrau. 45—50 cm. W- u. M-Europa, etwa bis zur Elbe, sü. durch die ČSSR u. Österreich verläuft die 60—150 km breite Grenzli-

1 Kolkrabe
2 Rabenkrähe
3 Nebelkrähe
4 Saatkrähe
5 Dohle
6 Alpenkrähe
7 Alpendohle

Corydon

nie zur öst. benachbarten UA *C. c. cornix*, Nebelkrähe. ♂ u. ♀: Kopf, Hals, Kehle, Flügel, Schenkel u. Schwanz schwarz. Schulter, Rücken u. Bauch grau. Sonst wie *C. c. corone*. Heimat öst. der Elbe als grobe Grenzlinie, sü. bis Italien vordringend, bis Rumänien, im O bis zum Ural; Skandinavien, Schottland, Irland. Meidet das Hochgebirge.
— *C. coronoides*, Neuhollandkrähe. ♂ u. ♀: schwarz bis stahlblau glänzendes Gefieder. Schnabel schwarz. Auge dunkelbraun, im Alter fast weiß. Füße schwarz. Juv. weniger glänzend. 46 cm. O-, S- u. SW-Australien, im N fehlend. Bewohnt offenes Gelände. Nahrung s. Corvidae, aber mehr Früchte. Sehr selten gehandelt. Zuchterfolg in Europa noch nicht bekannt.
— *C. frugilegus*, Saatkrähe. ♂ u. ♀: Gefieder tiefschwarz. Bei ad. *C. f.* Schnabelwurzel nackt, bei juv. mit Borsten, sonst juv. wie ad. 43—48 cm. W- u. M-Europa, Britische Inseln, SO-Europa, Kaukasusgebiet, Iran, S-Asien u. China. Auf Neuseeland eingeschleppt. Bewohnt gesellig Acker- u. Grünland mit Feldgehölzen, z. T. direkt die Siedlungen, meidet Wälder u. Gebirge. Nahrung vorwiegend Insekten, Würmer, Schnecken, Abfälle. Nester aus Reisern hoch auf Bäumen, in Kolonien, mit faulenden Pflanzenteilen ausgepolstert. Gelege 4—5 blaugrünliche, dicht braun od. oliv gefleckte Eier. Brut 16—18 Tage. Pflege 30 Tage. NO-europ. Population auffälliger Wintergast in den Siedlungen M-Europas. Kaum im Handel erhältlich. Eingewöhnung u. Haltung möglich. Zuchterfolge selten. Aufzucht von am 18.—20. Tag entnommenen Wildlingen schwierig, mit Magerquark, Kükenaufzuchtmehl u. Vitaminpräparaten möglich. Bei Aufzucht von Hand sehr starke Prägung auf den Menschen. In der BRD u. DDR in den Kolonien unter Naturschutz.
— *C. macrorhynchos*, Dickschnabelkrähe. ♂ u. ♀: schwarzes Gefieder, OS glänzend. Auge braun. Schnabel u. Füße schwarz. Schnabel äußerst dick. Juv. matter im Gefieder. 52 cm. Vorder- u. Hinterindien, Indonesien, Philippinen, Sri Lanka, O-Iran, Afghanistan, Himalajagebiet, China, Taiwan, Korea, Japan, O der SU einschließl. Sachalin. Bewohnt offene Landschaften u. Siedlungen. Nahrung s. Corvidae. Nest sehr hoch. Äußerst selten gehandelt. Zuchterfolg in Europa noch nicht bekannt.
— *C. rhipidurus*, Borstenrabe. ♂ u. ♀: glänzend schwarzes Gefieder. Schnabel schwarz. Auge braun. Füße schwarz. Juv. ähnl. Ad. 43—49 cm. W-Arabien, S-Syrien, Ägypten, S-Sudan, M-Kenia, Somalia. S-Sahara. Lebt gesellig in Wüsten, an Felsen, am Meeresstrand u. an menschlichen Siedlungen. Nahrung wie *C. albicollis*. Sehr selten im Handel. Zucht wohl noch nicht gelungen.
— *C. splendens*, Glanzkrähe. ♂ u. ♀: Brust, Nacken u. Hals graubraun, Bauch schiefergrau, sonst schwarzes Gefieder mit metallischem Glanz. Schnabel schwarz. Auge braun. Füße schwarz. Juv. matter im Gefieder. 38—45 cm. Indien u. Sri Lanka, SW-Thailand, Burma, SO-Iran. Eingeschleppt u. a. nach Aden, Sansibar, Mauritius. Bewohnt offenes Gelände. Nahrung s. Corvidae. Nester auf Bäumen, seltener an Gebäuden, zuweilen kleinere lockere Kolonien. In der Heimat auch als Hausgeflügel gehalten. In Europa seltener gehandelt. Zuchterfolg bisher nicht bekannt geworden.

Corydon. G der Eurylaimidae ↗. 1 A. Tenasserim, sü. Burma bis Malaysia, Sumatera, Kalimantan, Natuna-Inseln. Bewohnen feuchte Urwälder, auch an Ufern von Gewässern, an Sumpfrändern. Nahrung Insekten, Würmer, Schnecken. Die versch. UAn sind selten im Handel.
— *C. sumatranus*, Riesenbreitrachen, Dunkles Breitmaul. ♂ u. ♀: schwarz, Flügel weiß gezeichnet, ebenso Schwanz vor den Spitzen. Rücken z. T. rötlichgelb. Kehle wirkt wie lederartiger Schild. Augenhaut nackt, karminrot. Schnabel breit, Oberschnabel stark gekrümmt, insges. rot, nur Spitze blau. 24 cm. UAn.

Coryphospingus. G der Thraupidae ↗. 2 An. S-Amerika. Lebhafte, interessante, im allgemeinen friedliche Vögel, auch ausdauernd. Gut für Gesellschaftsvoliere geeignet, zur Zucht am besten Paar allein unterbringen. Haltung im großen Käfig ↗, besser in Vogelstube ↗ od. Freivoliere ↗ mit Schutzraum. Im Winter warme Unterkunft. Futter wie *Sporophila* ↗. Beide An mehrfach gezüchtet. Halboffene Nistkästen ↗, Kaisernester ↗ u. dichte Büsche (Koniferen) zum Nestbau bieten. Nistmaterial Halme, Kokosfaser u. Scharpie. Gelege 2—3 (4) Eier. Nur ♀ brütet. Schlupf nach 13 Tagen. Aufzuchtfutter s. *Rhodospingus*. Beide Eltern füttern. Nestlinge fliegen nach ca. 18 Tagen aus, werden anschl. noch 2—3 Wochen überwiegend vom ♂ gefüttert.
— *C. cucullatus*, Roter Kronfink, Rotrücken-Kronfink. ♂: Scheitel mit feuerrotem Streif, eingefaßt von schwarzen Streifen (aufstellbare Haube). Kopf weinrot, um das Auge schmaler weißer Ring. OS dunkelrotbraun, Bürzel rot, Schwingen u. Schwanz braun. Kinn weißlichrot, übrige US weinrot. Oberschnabel hornbraun, Unterschnabel weißlichgrau. Auge dunkelbraun. Füße dunkelbraun. ♀: brauner als ♂. Kopf graubraun ohne rote u. schwarze Haubenfedern. Kinn weißlich. Juv. ähnl. ♀, aber graubrauner. 13—14 cm. UAn. Guayana u. unteres Amazonasgebiet; SO-Brasilien, Uruguay, Paraguay, Argentinien, Bolivien, vielleicht auch in O-Peru. Bewohnt Waldränder, Buschwald, Parks, Gärten u. Gewässerufer. Allgemein 2 Jahresbruten. Erstmalig 1880 im Handel, seitdem regelmäßig angeboten, meistens in kleinerer Zahl.
— *C. pileatus*, Grauer Kronfink. ♂: Stirn schwarz, Kopf-OS in der Mitte rot, seitl. schwarz, bilden beim Aufrichten schwarzrote Haube. OS grau, Flügeldecken, Schwingen u. Schwanzfedern schwärzlich, hell gesäumt. US weißlichgrau, Bauch u. Unterschwanzdecken weißlich. Schnabel graubraun. Auge braun. Füße graubraun. ♀ ähnl. ♂, insges. bräunlicher. Kopf-OS braungrau, keine rotschwarze Haube. 14 cm. UAn. Lebt im nö. Kolumbien u. in N-Venezuela, auf der Insel Margarita; O-Brasilien bis Rio de Janeiro. Bewohnt Büsche, lichte Wälder u. Waldränder. Gesang zwitschernd u. trillernd. Meistens paarweise, bildet nach der Brutzeit kleine Trupps. Erst-

malig 1874 in Deutschland. Regelmäßig im Handel, zeitweise in größerer Zahl.

Corythaeola. G der Musophagidae ↗. 1 A. Guinea-Bissau bis N-Angola u. W-Kenia, Fernando Póo. In Wäldern u. Baumsteppen, in kleinen Trupps. Auch in Galeriewäldern entlang der Flüsse. Klangvolle, klagende od. tief gackernde Laute. 1–2 Eier. ♂ u. ♀ brüten.

– *C. cristata*, Riesenturako. ♂ u. ♀: Kopf, Brust u. OS himmelblau. Bauch blaßgrün. Schenkel u. Steiß kastanienbraun. Schwarze, helmbuschartige Haube. Hoher, starker, orangefarbener Schnabel, seitl. zusammengedrückt. Sehr langer abgerundeter Schwanz, blaß grünlichgelb mit breitem schwarzen Endband. Flügel ohne Rot. 70–75 cm. Gilt als sehr heikel, daher selten gehalten. 1961 im Zoo Berlin-West, galt zu dieser Zeit als einziger in einem Zoo der Welt.

Corythaixoides. G der Musophagidae ↗. 2 An. Metallisch glänzende Farben u. rote Schwungfedern fehlen. Seltener in Tiergärten vertreten.

– *C. concolor*, Graulärmvogel. ♂ u. ♀: einfarbig grau mit deutl. fein zerschlissenem Schopf. Handschwingen graubraun. Flacher Kopf. Schwarzer Schnabel. Weißer Augenring. 46–51 cm. UAn. Angola u. Sambia bis Namibia, Transvaal u. Natal. Im trockenen Buschland, in Wäldern u. flußnahen lichten Akazienbeständen. Paarweise od. in kleinen Trupps. Selten in Tiergärten gehalten (z. B. 1962 Zoo Köln, Vogelpark Walsrode).

– *C. personatus*, Nacktkehl-Lärmvogel, Maskenlärmvogel. ♂ u. ♀: blaßgrau. Hals u. Brust weiß mit blaßgrünem Mittelfleck. Bauch hellgraubraun. Gesicht u. Kehle unbefiedert, schwarz. Flacher graubrauner Schopf. Schnabel schwarz. 41 cm. UAn. Äthiopien bis NO-Sambia u. Tansania. Trockenes Dornbuschland u. offene Savannen. Bevorzugt Euphorbienbestände. Paarweise od. in kleinen Trupps. In Tiergärten selten gehalten (z. B. 1934 Zoo Leipzig u. Wien-Schönbrunn; 1953 Zoo Wassenaar).

Corythornis. G der Alcedinidae ↗. 5 An.

– *C. cristatus*, Haubenzwergfischer, Malachiteisvogel. ♂ u. ♀: oberseits leuchtend ultramarinblau. Kopf mit Haube blaß kobaltblau, schwarz quergestreift. Kehle weiß. Wangen u. US rötlichbraun. Schnabel u. Füße rot. Juv. Schnabel u. Füße schwarz. Rücken schwarz mit bläulichen Tupfern. Wangen u. Brust dunkel. 13–15 cm. UAn. Äthiopis von Senegal u. Äthiopien bis zum Kap; Madagaskar. An stark bewachsenen Gewässern. Beute kleine Fische u. Libellenlarven. Brütet in Erdhöhlen zuweilen in kleinen Kolonien. 4–6 weißglänzende Eier (17,5 × 15 mm). In Malawi junge Wildfänge aufgezogen; davon 1 Paar mehrfach gebrütet u. 17 Juv. aufgezogen. 1975 Zuchterfolg im Vogelpark Walsrode ↗.

– *C. leucogaster*, Weißbauch-Zwergfischer, Seidenzwergfischer. ♂ u. ♀: oberseits ultramarinblau, Kopfplatte gesperbert. Kehle u. Bauch weiß. Wangen, Flanken u. Brustband kastanienbraun. Schnabel u. Füße rot. 11,5 cm. UAn. W- u. Inner-Afrika von ehem. Portugiesisch-Guinea bis N-Angola u. NW-Sambia; Fernando Póo. In Sumpf- u. Flußuferwäldern. Selten!

Coscoroba. G der Anatidae ↗, UF Anserinae ↗. 1

Koskorobaschwan

A. Brutvögel von S-Brasilien bis S-Chile u. Feuerland. Im Winter Abwanderung in den wärmeren N. Bewohnen große Flachseen in der Pampa-Region. In Ufernähe wird großes Nest errichtet. 5–8 Eier bebrütet das ♀ 35 Tage. Bei Juv.-Aufzucht wird oft nach Gänseart geweidet. Im Gehege wenig verbr. A-Haltung auf mittelgroßen Teichen mit angrenzenden Grünflächen. Zur Brutzeit etwas zänkisch, dann gegebenenfalls Einzelhaltung. Überwinterung in frostfreien Räumen. Gilt als schwer züchtbar.

– *C. coscoroba*, Koskorobaschwan. ♂: reinweiß mit schwarzen Schwingenspitzen. Roter flacher Schnabel. Füße hell rosafarben. ♀ wie ♂, Auge beim etwas größeren ♂ orangegelb, beim ♀ dunkelbraun. Mit 4–4,5 kg kleinste Schwanen-A. Durch Schnabelform, kurzen Hals u. gute Beweglichkeit an Land sehr gänseähnl. 110 cm.

Cosmopsarus. G der Sturnidae ↗. 2 An. Afrika. Pflege → Sturnidae, außerdem kleine rohe Fleischstücken, ganzjährig Früchte füttern.

– *C. regius*, Königsglanzstar. ♂: Kopf grün mit metallischem Glanz, gleichfalls der lange, stufige Schwanz. Oberkörper blau, Flügel violett schillernd. Kinn, Kehle dunkelblau, Brust mit violettem Fleck. Übrige US goldgelb. Auge gelblich. Schnabel, Füße schwarz. ♀: wie ♂, Gefieder soll etwas weniger glänzen als bei ♂. 35 cm. Evtl. UAn. S-Äthiopien, S-Somalia, Kenia, NO-Tansania, bewohnt in Trupps trockene mit vereinzelten Baumgruppen bestandene Landschaften. Nest in Baumhöhlen. 1924 erstmalig in Europa, nur für Voliere ↗ (wegen langem Schwanz) in sonniger Lage bei trockenem Boden geeignet. Empfindlich gegenüber naßkalter Witterung. Mehrmals gezüchtet, zuerst im Zoo Moskau. Paar allein unterbringen. Nistkästen aufhängen. 1964 in England Bastarde mit Dreifarbenglanzstar ↗ gezüchtet.

Cossypha. G der Muscicapidae ↗. 10 An. Zentral- u. S-Afrika. Sehr ansprechend gefärbt, alle mit rotbraunem Schwanz, dessen mittl. Federn schwarz od. dunkelbraun sind. Geschlechtsunterschiede gering, bei einigen An ♂♂ größer als ♀♀ (z. B. *C. niveicapilla, C. cyanocampter*), letztere mit rundlicherem Kopf (bei ♂♂ abgeflachter, eckiger). Bewohnen dichten Unterwuchs waldreicher Gebiete, Trockensavannen, Parks u. Gärten. Halten sich bevorzugt in Bodennähe in dichter Vegetation auf, während der Brutzeit singen die ♂♂ häufig von erhöhter Warte. Nahrung verschiedenste Insekten, die im dichten Unterwuchs gesucht werden. Sehr gern verspeisen sie Ameisen, im Winter auch Beeren. Virtuoser Gesang, Vögel vieler An vorzügliche Spötter, z. B. imitierte 17 Monate altes ♂ des Weißbrauenrötels 16 Gesänge anderer Vogel-An. Brutzeit in der Äquatorialzone Oktober–Januar/April, 2 Bruten jährl.; im S Oktober–Januar, eine Brut jährl. ♂ u. ♀ bauen aus feinen Wurzeln, Pflanzenfasern u. trockenen Blättern gemeinsam Napfnest in dichten Büschen, Baumnischen, auf bemoosten Felsen u. unmittelbar am Boden. Gelege 2–3 Eier. Nur ♀ brütet. Schlupf nach 12–15 Tagen. Beide Eltern füttern. Juv. fliegen nach 2 Wochen aus, werden in der 4.–6. Woche selbständig. Jugendgefieder weist zum Alterskleid deutl. Unterschiede auf. Allgemein sind Kopf u. US auffallend graubraun gefleckt, Kopfzeichnung unscheinbar. Empfehlenswerte Pfleglinge, werden sehr gern gehalten. Bald zutraulich. Unterbringung im sehr großen Käfig ↗ (2–3 m Länge) od. in der Voliere ↗, am besten in dicht bepflanzter Gartenvoliere. Im Winter warme Unterbringung. Verträglich, während der Brutzeit aggressiv gegenüber arteigenen u. artfremden Mitbewohnern, selbst größeren. Futter wie *Merula* ↗,

Königsglanzstar

Schuppenkopfrötel. Männchen
(nach Foto K.-L. Schuchmann)

außerdem 1× wöchentl. mehrere Mehlkäferlarven ↗ für 1 Vogel in Multivitamintropfen wälzen. Zur Zucht Paar allein halten, empfehlenswert, nach der Eiablage ♂ gesondert unterzubringen, jagt sonst das ♀ zu sehr, tötet selbst Junge im Nest (K.-L. Schuchmann ↗ u. H. Schnaible). Einige An gezüchtet, z. T. in mehreren Generationen. Artenschutz s. Naturschutzbestimmungen ↗.

– *C. albicapilla*, Schuppenkopfrötel. ♂ u. ♀: Kopfseiten, Nacken, Kinn schwärzlich, ebenso Flügel. Kopf-OS überwiegend weiß geschuppt. Von den unteren Kopf- u. Halsseiten scharf abgesetzt die orangebraune US. Schnabel schwarz. Auge rot. Füße schwärzlichbraun. 19 cm. UAn. Von Senegal u. ehemals Portugiesisch-Guinea bis SW-Äthiopien. Eier grünbraun gefleckt. In geringer Zahl regelmäßig importiert. Bei H. Schnaible mehrfach gebrütet, Gelege stets unbefruchtet.

– *C. cyanocampter*, Blauschulterrötel. ♂ u. ♀: Kopf schiefergrau, weißer Überaugenstreif zieht vom Schnabel bis zur Halsseite. OS schiefergrau bis olivbraun, Schulterfedern blau. Oberschwanzdecken u. Schwanz rotbräunlich, mittl. Schwanzfedern braunschwarz. Von unteren Kopf- u. Halsseiten scharf abgesetzt rostrotes Kinn, Kehle u. Brust, ebenso ist die übrige US gefärbt. Schnabel schwarz. Auge rotbraun. Füße schwärzlich. Juv. Kopf schwärzlich u. bräunlich gestrichelt, Überaugenstreif nur durch wenige weiße Federn angedeutet. Insges. blasser gefärbt als Ad. 18 cm. UAn. Von Sierra Leone bis Kamerun u. Gabun; NO-Zaïre bis W-Kenia. Lebt in Büschen an Flüssen u. im Unterholz der Wälder. Eier weitgehend glänzend grün, zum stumpfen Pol hin in dunkelbraun übergehend. Importe kamen in den letzten Jahren nur noch sporadisch nach Europa. Erstzucht H. Schnaible, Gaggenau, BRD, 1981. Nest im Halbhöhlenkasten in bepflanzter Außenvoliere (2 × 1 × 2 m). Gelege 2 Eier, nur ♀ brütete, wurde regelmäßig am Nest von ♂ gefüttert. Schlupf nach 12 Tagen. Die beiden Jungvögel wurden mit Ameisenpuppen ↗, Asseln u. frischgehäuteten Mehlkäferlarven ↗ gefüttert. Juv. flogen nach 13 Tagen aus, 2 Wochen später selbständig. Können bei den Eltern bis zur Mauser in das ad. Gefieder verbleiben.

— *C. heuglini*, Weißbrauenrötel. ♂ u. ♀: Wangen, Kopf-OS bis in den Nacken schwarz. Überaugenstreif weiß, breit, zieht von Stirnmitte bis in den Nakken. OS graubläulich bis olivbraun, mittl. Schwanzfedern olivbraun, übrige rostbraun. US orangebraun. Juv. OS u. US mit heller Fleckenzeichnung. 20 cm. UAn. Von O- u. Zentral-Afrika, sü. bis Moçambique, Simbabwe, Transvaal u. N-Natal. Bewohnt unterholzreiche Wälder, buschbestandene Ufer an Flüssen, auch in Gärten. ♂ eifriger, lauter Sänger, Duettsingen beider Geschlechtspartner, bei dem ♂ u. ♀ ihre Gesangsstrophen aufeinander abstimmen, dient der Paarbildung u. -bindung. In den 60er Jahren dieses Jh. häufig in Europa eingeführt. Sehr schnell zutraulich, liebenswerter Pflegling. Mehrfach gezüchtet.

— *C. humeralis*, Weißkehlrötel. ♂ u. ♀: Stirn, Überaugenstreif weiß. Kopf-, Hals- u. Brustseiten schwarz. OS dunkel schiefergrau. Bürzel, Oberschwanzdecken u. Schwanz rostrot, äußere Schwanzfedern mit schwarzbraunen Säumen, ebenso Schwanzspitzen gefärbt. Flügel schwärzlich, innere u. mittl. Flügeldecken, Säume der Schwingen weiß (bilden weiße Längsbinde). US bis auf helle, rostrote Flanken u. Unterschwanzdecken weiß. 17 cm. Simbabwe, Transvaal, O-Botswana, Natal u. S-Moçambique. Bewohnt Dornbuschsavannen u. in Trockengebieten buschreiche Ufer an Flüssen. Bei einigen Autoren auch unter der G *Dessonornis* eingeordnet. Ein sehr schöner Vogel, der fleißig u. herrlich singt. Mehrmals erfolgreich gezüchtet. Für Zuchterfolg ist abwechslungsreiches, lebendes Insektenfutter sehr entscheidend.

— *C. natalensis*, Natalrötel. ♂ u. ♀: orangerostfarben, Schultern blaßgrau. Mittl. Schwanzfedern u. Außenfahnen der übrigen schwarz. ♀ kleiner. Juv. Brust u. OS heller als Ad. mit dunkler Fleckenzeichnung. 19 cm. UAn. Von O-, Zentral-Afrika bis Gabun, Angola, O-Natal, Transkei u. O-Kapprovinz. Bewohnt unterholzreiche Wälder bis 2 000 m ü. NN, auch in Küstengebieten. Sehr gutes Spöttertalent. Ab u. zu in Europa im Handel.

— *C. niveicapilla*, Weißscheitelrötel. ♂ u. ♀: Scheitel weiß, Kopfseiten schwärzlich. Vorderrücken u. Flügel dunkelgrau, übriges Gefieder orangerostötlich. Bei der Geschlechtsbestimmung aus der Nähe fällt auf, daß das ♂ kräftiger u. plumper ist, es erscheint kurzhalsiger, der Kopf eckig u. globig. ♀♀ sind zierlicher, wirken langhalsiger u. haben einen abgeflachten, schmalen Kopf (B. HACHFELD ↗). Juv. dunkelbraun, US hell gefleckt, Bürzel orange, mittl. Schwanzfedern braun. 20 cm. UAn. Von Senegal u. Sierra Leone bis zum Sudan, SW-Äthiopien durch W-Kenia u. Uganda bis O-Zaïre, N-Angola. Bewohnt wald- u. buschreiche Gebiete an Flußläufen. ♂ u. ♀ ausgezeichnete Sänger. Nest im Dickicht od. Baumnische, nicht höher als 1,5 m. Ab u. zu im Handel. Leicht einzugewöhnen. In mehreren Generationen gezüchtet. Nester häufig in Halbhöhlen od. in flach ausgehöhlten, aufrecht stehenden dicken Ästen. Außenbau u. Unterbau aus morschen Holzstückchen, Moos u. Laub, Nestmulde aus Kokosfasern. Gelege 2–3 olivgrünbräunliche Eier. Nur ♀ brütet. Juv. schlüpfen nach 14 Tagen, haben dunkle Haut,

Weißbrauenrötel

grauschwarze Dunen. Abwechslungsreiches, lebendes Insektenfutter erforderlich, bestand bei U. MATZINGER, Goldiwil, Schweiz, aus Mehlkäferlarven ↗, Wachsmottenraupen, Wiesenameisenpuppen, Kellerasseln, Pinkies ↗. Zweifleck-Grillen (ab 6. Tag), werden ab 8. Tag durch größere Heimchen ersetzt. Ab 2. Lebenswoche benötigen 2 Jungvögel tägl. 150 Mehlkäferlarven u. 40 Heimchen. Juv. fliegen nach 13 Tagen aus, 5 Wochen später Beginn der Mauser mit orangener Verfärbung der Brustseiten. Vollständiges Alterskleid ca. 4 Wochen später. 2 Bruten im Jahr.

— *C. polioptera*, Grauflügelrötel. ♂ u. ♀: ähnl. *C. heuglini*, aber Kopf-OS dunkelgrau. Überaugenstreif weiß, unter dem Auge schwarzer Streifen. Rücken olivbraun. 15 cm. UAn. Hochländer von Sierra Leone, N-Nigeria u. Inner-Kamerun; S-Sudan (Imatong-Berge), Uganda, W-Kenia u. NW-Tansania; NW-Sambia bis N-Angola. Lebt im Unterholz der Galerie- u. Bergwälder, kommt bis ca. 2 000 m ü. NN vor. Zuweilen im Handel.

Costakolibri (*Archilochus costae*) → *Archilochus*

Cotinga. G der Cotingidae ↗. 7 An. Außer *C. cayana* alle An geographisch vertreten. Örtl. wegen der Federn u. des schmackhaften Fleisches gejagt. 3 An allgemein im Handel, neigen zur Trägheit, deshalb Haltung möglichst in Voliere ↗.

— *C. cayana*, Halsband-, Purpurkehlcotinga. ♂: glänzend türkisfarben, z. T. grünlicher Anflug. Kopf-OS, Körper-OS mit schwarzen Stricheln, Flecken u. Schuppenzeichnung. Flügel, Schwanz schwärzlich, Federaußenränder z. T. türkisfarben gefleckt. Kinn, Kehle, obere Brust mit glänzenden purpurnen Flecken. Schnabel schwarz. ♀: braun mit dichten hellen u. dunklen Flecken. 21 cm. UAn. O-Kolumbien, Venezuela bis Guayana u. N-Bolivien, nordöst. Mato Grosso. Bewohnt vorwiegend Kronen der Urwaldbäume, überwiegend paarweise, auch im Familientrupp u. in größeren Gruppen. Erstmalig 1929 im Zoo London.

— *C. cotinga*, Purpurbrustcotinga. ♂: kornblumenblau mit wenigen schwarzen Flecken, Flügel u. Schwanz schwarz. Kehle, Brust, oberer Bauch samtig

Cotingidae

tief purpurkarmin. ♀: braun, Federn der OS u. bes. der US mit weißlichen Säumen. Juv. ähnl. ♀. 18 cm. S-Venezuela, Guayana bis zum Amazonas. Erstmalig 1898 in Europa durch FOCKELMANN, Hamburg.
— *C. maculata,* Prachtkotinga. ♂: kräftig ultramarin mit vereinzelten schwarzen Flecken. Kopf-OS mit schmalem blauem Querband. Schwingen, Schwanzfedern schwarz, blau gesäumt. Kehle, Brust, oberer Bauch purpurviolett. Schnabel dunkelbraun. Auge braun. Füße dunkelbraun. ♀: braun, Brust weißlich, Bauchfedern mit gelben Säumen. Juv. ähnl. ♀. 21 cm. Konspezies mit *C. cotinga?* O-Brasilien (S-Bahia bis Rio de Janeiro). Urwaldbewohner. Von allen An der F wohl am schönsten. Erstmalig 1875 in Europa (London), wenig später auch im Berliner Zoo, seither ab u. zu im Handel. Ruhiges Wesen. Futter → Cotingidae, gern werden auch Datteln, rohe Fleischstückchen mit Zucker bestreut u. Insekten verzehrt. Badefreudig.

Cotingidae, Schmuckvögel. F der Tyranni ↗. 24 Gn, 71 An. 7,5—50 cm. Vielgestaltig schlicht, z. T. auch sehr prächtig gefärbt. Kräftige Körper. Einige An mit Prunkfedern, Federhollen, aufblähbaren Kehlsäcken, Hautfäden, nackten Lappen od. ähnl. seltsames an Stirn od. Schnabelwinkel. Schnabel hakig. Kurzbeinig. Kräftige Stimmuskeln in bes. Anordnung. Allgemein ♂♂ u. ♀♀ unterschiedl. gefärbt. M-Amerika bis Argentinien. Baumbewohner der Tropen u. Subtropen in den mittl. u. oberen Etagen der Urwälder, wenige An auch in Sekundärwäldern. Überwiegend Einzelgänger, scheu, Kulturflüchter. Haben klangvolle, weithin klingende Stimme. Nahrung Beeren, Baumfrüchte u. Insekten. Nester sehr unterschiedl. (in Baum-, Erdhöhlen, flache Näpfe auf Ästen, Schalen aus Schlamm u. Erde, auf Felsen im Wald, geflochtene Nester an Zweigspitzen). Nur ♀♀ brüten, ♂♂ sorgen sich mit um die Aufzucht der Jungen. Einige An ab u. zu im Handel, meistens in zool. Gärten u. Vogelparks ↗ gehalten, publikumswirksame Vögel. Unterbringung kleinerer An auch im Flugkäfig ↗ möglich, sonst allgemein im Flugraum ↗. Warme Überwinterung. Futter (Vogelpark Walsrode ↗): Die einzelnen Mischungen in 3 versch. Schalen reichen. 1. Schale: Alle Sorten Obst (in kleine Würfel geschnitten), dazu ein Gemisch aus ⅔ handelsübl. Drosselfutter, ⅓ rohe Haferflocken, 5 Stück durchgedrehte, gekochte Eier (auf 20 l), Magerquark, durchgedrehte Äpfel u. Karotten ↗, jeweils 1 Messerspitze Mineralstoffgemisch u. Trockenhefe pro Vogel. Alles mit Obst (bevorzugt Tomaten, Bananen, Weintrauben, versch. Beeren) vermischen. 2. Schale: Gemisch aus Insektentrockenfutter, durchgedrehte Karotten u. durchgedrehte gekochte Eier (5 Stück auf 20 l), Magerquark, durchgedrehtes rohes Rinderherz (1 Tl/Vogel), gekochte Mehlkäferlarven ↗ (7—8 Stück/Vogel). 3. Schale: Junghennen-Preßfutter, wird sehr gern gefressen. Schale 1 u. 2 bekommen die Vögel einmal tägl., Schale 3 ist ständig mit Futter gefüllt. Züchtungen nur vereinzelt gelungen. Artenschutz → Naturschutzbestimmungen.

Coturnix, Wachteln. G der Perdicinae ↗. 7 An. Kleinste Hühnervögel. Geschlechter unterschiedl. gefärbt. Rebhuhnähnl., aber längere Flügel, kleiner. 10—12fedriger Schwanz. Läufe ungespornt. Europa, Vorderasien, Indien, Japan, Afrika. Grasland, Felder bevorzugt. Paarweise Haltung in gut bewachsenen Volieren od. auch in Käfigen (Landschaftskäfig ↗) mit niedriger weicher Decke. Mindestens 0,5—1 m² je nach Größe u. je Paar. Brutdauer 17 Tage. Nest in flachen Bodenmulden. Küken anfangs stark wärmebedürftig. Bei künstl. Aufzucht mit ca. 40 °C beginnend, auf 25 °C mit 14 Tagen senken. Fütterung mit Geflügelfertigfutter, spez. Putenküken- u. -zuchttierfutter od. Kleinsämereien, Körner bis Weizengröße, tierisches Eiweiß versch. Herkunft. Hoher Mineralstoff- u. Vitaminbedarf in der Zuchtperiode.
— *C. adansoni,* Adansonwachtel. ♂ u. ♀: ähnl. *C. chinensis,* (UA von dieser?), aber helleres Blaugrau u. größeres weißes Kinnseitenband bei ♂. Schnabel schwarz. Iris rot. Läufe gelb. 15 cm. SO- bis S-Afrika. Bevorzugt sumpfiges Grasland. Monogam. Gelege 6—8 Eier, cremefarbig bis helloliv, rauhe Oberfläche.
— *C. chinensis,* Zwergwachtel. UA *excalfactoria.* Teilweise als eigene G angesehen. Kleinste Hühnervögel. ♂: Vorderkopf u. ges. Vorderpartie dunkelblaugrau. Kinn u. Kehle schwarz. Schwarzes Band über Ohrdecken unterhalb der Augen zu Schnabelwinkel. Weiße Zügel. Seitenkinnregion weiß mit schwarzem Saum. Halbmondförmiges, nach unten schwarz gesäumtes Kehlseitenband. Ab Scheitel über Rücken, Flügel, Mantel olivbräunlichgrau. Federn mit hellen Schaftstrichen u. schwarzer, grau umrandeter Querbinde am Ende. Rotbraune Flügelbinde durch einige gesäumte Flügeldecken. US einschließl. Schwanz kräftig rotbraun. Schwanz 8fedrig. ♀: braun, Zeichnung des ♂ angedeutet, schwarze Querstreifung auf heller Brust, Seiten u. Flanken. Juv. dunkelschokoladenbraun mit hellen Streifen auf Kopf u. Rücken, Hummelgröße. Neben wildfarbigen auch silber- u. zimtfarbige Tiere. Zeichnung angedeutet. 12—13 cm, 40—50 g. UAn. SO-Asien bis China u. Indien, Australien. Bevorzugt sumpfiges Grasland; schlechte Flieger. Monogam. Gelege 4—10 Eier; 25 × 19,5 mm, olivbraun, einfarbig od. dunkel getupft. Warme Überwinterung. Kleine Volieren, auch Stubenvolieren geeignet. Ruhige Bodenbewohner. Zuerst 1842 im Zoo Amsterdam. Erstzucht 1881 von VERIN, Frankreich. Leicht zu züchten.
— *C. coromandelica,* Regenwachtel. ♂: exaktere schwarze Zeichnung an Kehle u. Hals als bei *C. coturnix.* Schwarze Flecken auf Brustmitte. Kopfseiten schwarz, weißlich gerandet. Handschwingen braun. ♀: ohne schwarze Kehlzeichnung, Kopf bräunlich. Schnabel dunkelhornfarbig, Iris braun, Läufe fleischrot. 15—16 cm, Gewicht 60—75 g. Indien, Sri Lanka bis Burma. Lebt in hohem Gras. Überwinterung in ungeheizten Räumen möglich. Gelegestärke 6—8 Eier; hellgelblichbraun bis oliv mit großen od. kleinen schwarzen Punkten u. Flecken. 1861 zuerst im Londoner Zoo.
— *C. coturnix,* Europäische Wachtel. ♂: Kopf-OS schwarz mit braunen Spitzen. Von Stirn bis Hinterkopf heller Augenbrauenstreif. Zügel am Auge

braun, davor weiß. Ohrdecken braun. Kopf- u. Kehlseiten weiß, durchzogen von dunkelbraunen bis schwarzen Streifen, am Ohr beginnend. Gleich gefärbter Streifen als Kehlsaum hinter dem Ohr ansetzend. Kehlfleck braun, aber stark variierend. Vorderbrust rostbraun mit weißen Schaftlinien. Vorderrücken, Schulter u. Rückenseite mit schwarzgesäumten rotbraunen Federn mit hellem Schaft. Rückenseite dunkel mit Querbinden. Handschwingen braun, äußere mit hellen, innere mit rötlichbraunem querfleckigem Außensaum. Armschwingen mit hellen Schäften u. schwarzen Flecken. Oberflügel braun mit hellen Schäften u. bräunlichen Querbinden. Schwanz u. Oberschwanzdecken ebenso gezeichnet u. gefärbt. Körper-US hell. ♀ wie ♂, Kehle hell, Kropf- u. Brustfedern hell mit schwarzbraunen Tropfen. Schnabel graubraun mit schwarzer Spitze. Iris braun. Läufe bräunlich, gelblich bis fleischfarben. 16–18 cm; Gewicht ♂ bis 120 g, ♀ bis 150 g. Juv. Dunenküken rostfarben u. schwarz längsgestreift. Mit 2 Wochen voll befiedert. UAn. Europa vom 65. Breitengrad bis Mittelmeerinseln, N-Afrika, W-Asien bis Baikalsee, sü. bis Linie vor Indien, Iran. Zugvogel. Im Winter nach Afrika, S-Asien. Bevorzugt Äcker, Wiesen, Kleefelder, Feldraine. Gelege 7–15 Eier. 8–10 g. 30 × 24 mm, gefleckt, getüpfelt mit bräunlicher bis bläulicher Grundfarbe in allen Übergangstönen. In Europa selten geworden C. c. japonica → Intensivhaltung des Geflügels.
– C. delegorguei, Harlekinwachtel. ♂: brauner Scheitel, Überaugenstreif u. dreieckiger Wangenfleck weiß. Rotbrauner Streifen hinter Schnabelwurzel durch Auge. Wangenfleck bis Ohrgegend gerahmt. Darunter weißer Streifen mit schmaler schwarzer Einfassung. OS von Nacken bis Oberschwanzdecken schwarzbraun, Federn mit hellbrauner Schaftzeichnung. Flügeldecke schmal gewellt. Schwanz schwarz. Brust mit größeren u. kleineren schwarzen Flecken. Seiten u. Oberschenkel dunkelbraun mit schwarzem Schaftstrich. Schnabel schwarz. Iris dunkel rotbraun. Läufe lachsfarbig. ♀: insges. heller als ♂, weniger kontrastreich. Hell- u. dunkelbraun angedeutete Kopfzeichnung. Juv. Dunen rötlichbraun mit isabellfarbigen Kopfstreifen, OS mit Streifen. 18 cm. UAn. SW-Arabien, Äthiopien, Sudan bis Angola u. O-Kapprovinz, São Tomé. Zugvogel, brütet oft in Kolonien. Gelege 5–20 Eier, cremeweiß bis sandgelb, mit braunen bis schwarzen Flecken u. Tüpfeln, 28,4 × 22,2 mm. Überwinterung mit Schutzhaus. 1869 erstmals im Londoner Zoo. Erstzucht ENGEL 1905 in München.
– C. japonica, Japanwachtel. ♂: ähnl. C. coturnix, aber z. T. lebhaftere braune Farbe u. mehr Farbvariationen am Kopf. ♀: kaum Unterschiede zu C. coturnix. 17–18 cm. ♂ bis 120 g, ♀ bis 150 g. Zahlreiche Farbmutanten; tenebrosusfarbig – schwarzbraune Farben mit zarter Wellung; isabellfarbig (gelb) – Schwarztöne der Wildfarbe durch Blaugrau ersetzt, heterozygot; homozygot helle Tiere mit versch. genetischem Hintergrund. Schecken, meist auf Kopf, Brust u./od. Flügel oft mit tenebrosus kombiniert, heterozygot. Graugeperlt – Gelbtöne der Wildfarbe durch Grauweiß ersetzt Rotkopf-♂ mit rotbraunem Kopf, bei ♂ u. ♀ rahmgelbe Grundfarbe,

Coturnix

Wachtel

braune Zeichnung wie Wildfarben mit stärkerer Schaftzeichnung auf dem Rücken. Wildform lebt auf N-Japanischen Inseln u. Sachalin. Überwintert in Japan. Bevorzugt Wiesen u. Grasland. Eier wie C. coturnix. In Japan auf Legeleistung gezüchtet. Farmwachteln ohne Bruttrieb. Legereife bereits mit 6 Wochen. Versch. Züchtungen, wie auf Legeleistung u. Körpergewicht (250 g).
– C. novaezelandiae, Schwarzbrustwachtel. Nominatform seit ca. 1870 †. C. n. pectoralis noch vorhanden. ♂: Kopf-OS braun mit hellerem Überaugenstreif, ebensolcher Streifen von Scheitelmitte bis Nacken. Hinterhals braun, hell geschaftete Federn. Kehle weiß, schwarz umrahmt. Kopf mit schwarzem länglichem Fleck, sparsam weißgetupft. Brust- u. Körperseiten braun. Rücken u. Oberschwanz braun, Federn mit hellem Schaft, mit schwarzem Zickzack gestreift. Flügel ebensolche Zeichnung, grau u. schwarz auf braun. ♀: ähnl. C. coturnix, aber OS dunkler u. schwarze Tüpfelung an Kopfseite u. Kehle. Kropf- u. Brustfedern schwarz gesäumt. Bauchseiten schwarz längs gestreift. Schnabel beim

Japanwachtel

Cracidae

174

Glattschnabelhokkos

♂ schwarz, beim ♀ oliv. Iris hellbraun. Füße fleischfarbig. Juv. ähnl. *C. coturnix*. 17 cm. UAn. Australien. Bevorzugt Graslandebenen u. Kulturland. In großen Mengen auf Stoppelfeldern anzutreffen («Stubble Quail»). Gelege 7–8 Eier, gelblich mit typischer dunkler Tüpfelung u. Sprenkelung. Erstmals 1963 im Londoner Zoo.

Cracidae, Hokkohühner. F der Phasianiformes ↗. 10 Gn, 44 An, zahlreiche UAn. Fasan- bis truthahngroß. Meist mit dunklem u. glänzendem Gefieder. Langbeinig, schlank. Subtropen u. Tropen M- u. S-Amerikas. Baum- u. Bodenbewohner. Noch relativ selten in Volieren ↗ gehalten. Frostempfindlich.

Cracticidae, Würgerkrähen, Flötenwürger. F der Passeriformes ↗. 3 Gn, 9 An. 26–52 cm. Färbung grau, schwarz u. weiß, einige An mit braunroten Gefiederpartien. Schnabel kräftig, bei der G *Cracticus* hakenförmig abwärts gebogen. Australien, Tasmanien, Neuguinea u. benachbarte Inseln. Bewohner lockerer u. dichter Waldbestände, Würgerkrähen (*Strepera* ↗) auch in Obstplantagen u. in Obstgärten. Krähenwürger (*Cracticus*) singen zu allen Jahreszeiten; ihre Strophen zählen ebenso wie die der Flötenvögel zu den besten austral. Vogelgesängen. Würgerkrähen haben sehr unmelodische Lockrufe. Flötenvögel beeindrucken durch ihre berühmten geselligen Reviergesänge in den Morgen- u. Abendstunden. Krähenwürger sind Fleischfresser (kleine Vögel, Eidechsen, Insekten). Spießen kleine Vögel auf Zweige, um sie aufzubewahren u. so gut zerkleinern zu können. Der Mangroven-Würgatzel (*C. quoyi*) verspeist kleine Krabben u. Kerfen. Würgerkrähen verzehren außerdem Früchte. Flötenvögel (*Gymnorhina* ↗) fressen Eidechsen, kleine Schlangen, vor allem Insekten, von denen viele zu den sog. Schadinsekten gehören. Flötenvögel verteidigen ihre Reviere, ebenso wie die Krähenwürger, ganzjährig. Die Würgerkrähen grenzen nur während der Brutzeit Reviere ab, vereinigen sich danach zu Schwärmen. Nester napfförmig aus Aststücken u. Zweigen in Astgabeln, innen mit Gras, Rinde od. Haaren gepolstert, 12–15 cm hoch. Gelege 3–4 Eier. Nur ♀ brütet. ♂ beteiligt sich an der Fütterung der Jungen. Flötenvögel besetzen als Gruppe ein Revier, das sie gemeinsam verteidigen. Bei ihnen besteht keine feste Paarbindung, 1 ♂ dominiert in der Gruppe, abseits gibt es auch Gemeinschaften juv. Vögel, die in der Gruppe von ihm nicht geduldet werden. Vögel einiger An zuweilen in zool. Gärten u. Vogelparks, durch Ausfuhrverbote in den letzten Jahren nur selten auf europ. Vogelmarkt. Einzelvögel bald zahm, lernen manchmal auch Worte zu imitieren, besser Paare halten, den Flötenvogel (*Gymnorhina tibicen*) in der Gruppe von A-Genossen. Unterbringung in Freivolieren ↗ entspr. Größe. Frostfreie Überwinterung. Futter gekochter Reis, etwas rohes Fleisch, Kükenalleinkorn, vermischt mit Obststückchen u. Beeren entspr. dem jahreszeitl. Angebot, Mehlkäferlarven, Pinkies, ab u. zu junge, nackte Mäuse od. abgezogene, zerkleinerte Hähnchenküken. Zur Gewöllebildung Garnelen- od. Seidenraupenschrot. Artenschutz s. Naturschutzbestimmungen ↗.

Crax, Hokkos. G der Cracidae ↗. 7 An. Bis Truthahngröße. Grundfarbe bei ♂ schwarz, bei ♀ bräunlich. Geschlechter unterschiedl. gefärbt. Kräftig, langbeinig. 12 Schwanzfedern, stark gerundete Flügel, sporenlose Läufe. Haubenbildung, am Schnabel teils Auswüchse, farbig. Mexiko bis Brasilien. Lange starke Luftröhre bei ♂. Teils polygam. ♂ beginnt Nestbau, ♀ hilft. 2 große stumpfe, rauhe Eier je Gelege, teils Nachgelege. Brutdauer 30–32 Tage. Große geräumige, bewachsene Voliere, künstl. Nest anbieten. Frostfreie Haltung. Fütterung mit Früchten, Mais, Grünfutter, rohem Fleisch u. Geflügelfertigfutter. Küken anfangs von Eltern gefüttert.

— *C. alector*, Glattschnabelhokko. ♂: Schwarz, purpurblau glänzend. Bauch, Oberschenkel u. Unterschwanzdecke weiß. Kurze, wenig volle Haube. Schnabelhaut nur leicht erhöht, gelb bis rot. Schnabel dunkelhornfarbig. Iris braun. Läufe grau. ♀ ähnl. ♂, lediglich an der Haube 2–3 weiße Streifen. Flügel ♂ 39 cm, ♀ 32 cm, Schwanz ♂ 33 cm, ♀ 32 cm, Gewicht ♂ 2800–3800 g, ♀ 2400–3400 g. UAn. Guayana u. SO-Venezuela bis O-Kolumbien u. Amazonas.

— *C. fasciolata*, Nacktgesichthokko. ♂: schwarz, mit grünblauem Glanz bes. auf dem Rücken. Bauch u. Oberschenkel weiß. Schwanzspitze weiß. Schnabelwachshaut leicht erhöht, gelb glänzend. Dunkelhornfarbiger Schnabel. Iris braun. Läufe bräunlichgrau. ♀: gut entwickelte Haube, weiß mit schwarzem Ansatz u. Spitzen. Hals über Rücken bis Schwanz grauschwarz. Nacken mit weißer Säumung. Auf Flügeldeckfedern, Schwingen u. Schwanzmitte zarter weißer Querstreifen in Zentimeterabständen. Gesamte Unterpartie kräftig gelbbraun. Iris heller als ♂, Wachshaut glanzlos dunkel, Schnabel dunkelhornfarbig, Läufe blaß fleischfarbig. Bei ♀ in der Grundfarbe Abstufung von dunkler bis heller. Flügel ♂ 37 cm, ♀ 35 cm, Schwanz ♂ 32 cm, ♀

31 cm, Gewicht ♂ 2750 g, ♀ 2200 g. UAn. NO- u. Inner-Brasilien bis Bolivien, Paraguay u. NO-Argentinien.
— *C. rubra*, Tuberkelhokko. ♂: schwarz mit Grünglanz. Bauch, Flanken u. Unterschwanzdecke weiß. Schwanz teils mit weißen Spitzen. Wachshaut leuchtend gelb mit kugliger Schnabelwarze, Schnabelspitze dunkel. Iris braunrot. Läufe graubraun mit blaßgelben Zehennägeln. ♀ in 3 Farbvarietäten: rot, dunkel u. gestreift. Rote Varietät: Kopf, Nacken schuppig schwarzweiß gestreift. Haube schwarz mit breiten weißen Querstreifen. Übrige Gefiederfarbe kastanienbraun, Brust heller. Schwanz mit 7–8 schwarzen u. weißen Querbinden. Läufe rötlich fleischfarben. Dunkle Varietät: insges. dunkler mit Sprenkelung bes. auf Schultern, Rücken, Flügel u. Schwanz. Hals schwärzlich. Läufe schieferfarbig. Gestreifte Varietät: Kopf, Nacken, Rücken, Oberbrust u. Schwanz kräftig schwarz u. weiß gestreift. Flügel kastanienbraun u. gelblich gestreift. Unterpartie bräunlichgelb mit braunen Endsäumen an Unterbrust. ♀ ohne vergrößerte Schnabelwarze, Schnabelwachshaut mattbraun, Schnabel hornfarbig. Iris bei allen rotbraun. Läufe hellgrau. Flügel ♂ 40 cm, ♀ 38 cm, Schwanz ♂ 33 cm, ♀ 32 cm, Gewicht 4600–4800 g. UAn. O-Mexiko bis W-Ekuador. Bevorzugt Waldränder.

Creatophora. G der Sturnidae ↗. 1 A. SW-Arabien, O-, S-Afrika, vom S-Sudan, N-Äthiopien bis Angola, SW-Afrika, Kapprovinz. Folgen den Schwärmen der Wanderheuschrecken, diese hauptsächl. Nahrung. Nest in Büschen, auch am Boden, füttern Junge mit flugunfähigen Larven, verlassen aber Gelege, selbst Junge, wenn Heuschrecken das fliegende Entwicklungsstadium erreicht haben, um ihnen zu folgen. Für die Haltung nur Voliere geeignet. Wenige Male gezüchtet, erstmalig im Zool. Garten Frankfurt/M. Pflege → Sturnidae.
— *C. cinerea*, Lappenstar. ♂: grau mit gelblichbraunem Anflug. Im BK Kopf, Kinn, Kehle nackt, Haut um das Auge u. dahinter gelb, Scheitel, Zügel, Kinn, Kehle schwarze Hautfärbung. Hinterkopfhaut gelb. Stirn, Scheitel, Kehle mit dicken, schwarzen Fleischlappen. Im RK Kopf befiedert, Fleischlappen fehlen, beidseits der Kehle schwarzer nackter Streif. ♀: wie ♂ im RK, aber Partie um das Auge u. dahinter nackt, gelblich, gleichfalls wie die seitl. nackten Kehlstreifen. 21 cm.

Creciscus. G der Rallidae ↗. 4 An. Amerika.
— *C. jamaicensis*, Schieferralle. ♂ u. ♀: Kopf schiefergrau. Hinterkopf, Genick u. Vorderhals blaugrau. OS schwarzbraun, weiß gesprenkelt. Schwanz schwarz mit schmalen weißen Querflecken. US dunkel schiefergrau. Flanken u. Bauch fein weiß gestreift. Schnabel schwarz. Auge rot. Beine gelbgrün. 13 cm. UAn. Öst. u. mittl. USA, Antillen (z. T. ausgestorben), Mexiko bis Chile u. W-Argentinien (lokal). Gelangt nur selten nach Europa.

Cremer, Carl Hubert

Lappenstar

Cremer, Carl Hubert, geb. 1858 in Uerdingen a. Rhein, gest. 27. 2. 1938 in Bremen. Kaufmann, gründete 1892 Reiseexportfirma in Bremen, 1902 Schiffsbedarfsfirma. Im ersten Weltkrieg Konsul in Holland, später Generalkonsul. Bedeutende Persönlichkeit im Bremer Wirtschaftsleben. Großer Vogelliebhaber, stellte Vogelhaltung planmäßig auf die Ebene wissenschaftl. Forschung. Vorwiegendes Interesse galt den Glanzstaren ↗, Webervögeln ↗, Kardinälen ↗, austral. Sittichen ↗, Agaporniden ↗. Pflegte in manchen Jahren über 1 000 Exempl. Sein Hauptziel war die Züchtung des roten Kanarienvogels, das er trotz vieler Kreuzungsversuche nicht erreichte. Dabei wurden aber bedeutende Einblicke in die An-Kreuzung gewonnen. Die großen Fortschritte u. die erzielten Erfolge bei der Vererbung der Farben des Wellensittichs ↗ u. der Züchtung der versch. Farbschläge in den 20er Jahren wären ohne seine Mitwirkung nicht möglich gewesen. In dieser Zeit Präsident der AZ ↗. Eng ist sein Name mit dem von H. Duncker ↗ auch im Zusammenhang mit der

Zeitschr. «Vögel aller Länder» verbunden, die damals ihre Blüte erlebte. Heute noch vergibt die AZ für bes. Verdienste den nach ihm benannten Consul-Cremer-Preis.

Crex. G der Rallidae ↗. 1 A. Von W- u. M-Europa bis Baikalsee u. Turkestan. Zugvögel bis tropisches u. sü. Afrika. Zur Zugzeit gesellig. Zur Brutzeit bevorzugt trockene, hohe u. üppige Wiesen, auch Raps- u. Kleefelder. Laute, knarrende Stimme zur Brutzeit Tag u. Nacht zu hören. Nahrung Insekten, Spinnen u. a. Kleingetier sowie Unkrautsämereien. Nest mit Halmen ausgelegte Bodenmulde. Gelege 8—11 (u. mehr) Eier, die auf rahmfarbenem, grünlichem od. bräunlichem Grund rotbraun od. aschgrau gefleckt sind. Brutdauer 18—19 Tage. Nur ♀ brütet. Gelangen durch Zufallsfunde aus freier Wildbahn in Liebhaberhände. In M-Europa heute sehr selten!

— *C. crex*, Wachtelkönig, Wiesenralle. ♂ u. ♀: Stirn u. Scheitel gelb- u. schwarzbraun gestreift. Gelbbrauner Augenstreif. Kopf-, Halsseiten u. Kropf blaugrau. OS gelblichbraun, schwarzbraun u. grau gefleckt. Flügeldecken rotbraun, Schwingen dunkler. Kehle u. US gelblichbraun bis grauweiß. Körperseiten weiß u. rotbraun quergebändert. Schnabel u. Füße bräunlich fleischfarben. Auge hellbraun. Im RK Kopf-, Halsseiten u. Kropf nicht graublau, sondern rostbraun. 27 cm.

Crinifer. G der Musophagidae ↗. 2 An. Wenig entwickelter Federschopf. Stärkerer, seitl. etwas zusammengedrückter Schnabel. Mannigfaltige Laute wie Quaken, Knurren, Gebell, Gekreisch. Sehr selten in Tiergärten gehalten (z. B. 1970 Tierpark Berlin).

— *C. piscator*, Schwarzschwanz-Lärmvogel. ♂ u. ♀: grauschwarz; Brust heller u. gemustert. Bauch grauweiß. Schwarzer Schwanz mit grauer Binde. Ohne auffallenden Federschopf. 50 cm. W-Äthiopis: Senegal bis zum Ubangi-Schari-Gebiet; Zaïre.

— *C. zonurus*, Bindenlärmvogel, Braunlärmvogel. ♂ u. ♀: braun u. stumpfes Grau. Schwanz mit weißer Querbinde. Weiße Flügelbinde (im Flug sichtbar). Verlängerte Nackenfedern mit weißem Saum. Bauch weiß. Schnabel grüngelb. 50 cm. N- u. W-Äthiopien bis zum Ubangi-Schari-Gebiet; O-Zaïre u. NW-Tansania. Vor allem in Baumsavannen.

Criniferoides. G der Musophagidae ↗. 1 A. Somalia bis Uganda u. Tansania. Paarweise od. in kleinen Trupps in trockenen Gebieten mit Akazienbeständen. Selten in Tiergärten gehalten (z. B. 1934 Zoo Leipzig, 1960 Zoo Köln).

— *C. leucogaster*, Weißbauch-Lärmvogel, Langhauben-Lärmvogel. ♂ u. ♀: grau; mit hoher grauer Federhaube. Bauch weiß. Flügel grau, schwarz gemustert. Langer schwarzgrauer Schwanz mit breiter weißer Binde in Mitte. Schnabel vom ♂ schwarz, vom ♀ grüngelb. 50 cm.

Cristemberiza. G der Emberizidae ↗. 5 An.

— *C. chrysophrys*, Gelbbrauenammer. ♂: Kopf schwarz, gelber Überaugenstreif, meist weißer Scheitelstreif. Rücken braun, dunkel gestreift. US rahmfarben. ♀: matter gefärbt. Juv. braun, dunkel gestreift. 16 cm. Taiga Zentralsibiriens. Im Winter in SO-China. Nest in Bodennähe, 4 Eier.

— *C. elegans*, Gelbkehlammer. ♂: Kopf mit verlängerten Scheitelfedern, Brustband schwarz, Kehle gelb. Überaugenstreif weiß bis gelb. Rücken braun, dunkel gestreift. US weiß. ♀: matter gefärbt, Kopf braunstreifig. Juv. ähnl. ♀. 15 cm. Sü. Amurgebiet, Korea, M-China. In lichten gebüschreichen Laub- u. Mischwäldern. Überwinterung in SO-China u. Japan. Nest am Boden, 4—6 Eier. Winterhart.

— *C. tristrami*, Tristramammer. ♂: Kopf u. Kehle schwarz, Scheitel-, Überaugen- u. Bartstreif weiß. Rücken braun, dunkel gestreift. Brust u. Bürzel rostbraun. Weiß an äußeren Steuerfedern. ♀: matter, ohne schwarze Kehle. Juv. grauer gefärbt. 16 cm. Sü. Amur- u. Ussurigebiet. Nadelholztaiga. Im Winter im SO Chinas. Nest etwas über dem Boden, 4—5 Eier. Volierenhaltung, Futter neben Samen auch Mehlwürmer ↗, großes Badebedürfnis.

Crithagra, Dickschnabelgirlitze. G der Carduelidae ↗. 8 An. Afrika sü. der Sahara. Groß, sehr unterschiedl. gefärbt, mit kräftigem Schnabel. In trockenen bis feuchten Lebensräumen, vielfach Kulturfolger, manche An gelten als «Schädlinge» in Obstplantagen. Vorwiegend Beeren- u. Fruchtfresser. 2 An regelmäßig, 2 vereinzelt importiert. Nach der Eingewöhnung ruhige, fast träge Vögel, die leicht verfetten. Wenn in Brutstimmung, zänkische, aber zuverlässige Eltern. Paarweise Unterbringung in geräumigen Volieren zu bevorzugen. ♀ baut das offene, napfförmige Nest aus einer gröberen Außenschicht, fein mit Pflanzenwolle usw. ausgepolstert, ganz ohne Hilfe des ♂. Bebrütung des Geleges ausschließl. durch ♀. ♂ versorgt die Juv. vom Schlupf an gemeinsam mit dem ♀. Außerhalb der Brutzeit gesellig, teilweise in artlich gemischten Schwärmen. Futter Sonnenblumenkerne u. Hanf, bes. gekeimt, etwas Waldvogelmischung, ohne Rübsen. An Grünfutter bes. Kompositen; Obst u. regelmäßig Gaben von Insekten. Frische, grüne Zweige zum Benagen sind ebenso wichtig wie ständige Mineralstoff- u. Vitamingaben. Frostarme, trockene Überwinterung empfohlen.

— *C. albogularis*, Weißkehlgirlitz. ♂ u. ♀: wie eine graue Ausgabe des sü. Schwefelgirlitzes, ganz ungestreift grau (od. graubraun) mit Ausnahme des grüngelben Bürzels; Kehllatz u. Bauch weiß, ebenso ein langer Augenbrauenstreif u. die Wangenzeichnung. Geschlechter ohne Unterschied. Juv. unterseits leicht gestreift. 17 cm. SW-Angola über Namibia öst. bis W-Transvaal. Aride Berglandschaften. Lebt in Buschwerk entlang von Bergketten. Ernährt sich von Gramineen, Euphorbien, Akazienschoten, Beeren u. ä. Sehr mineralstoffbedürftig, in Gefangenschaft anfällig gegen Darmstörungen u. Mangelkrankheiten. Futter gequollene Samen, Grünfutter ↗ wichtig, Obst ↗, grüne Triebe von Laub- od. Nadelbäumen. Tägl. Gaben von 1—2 Mehlkäferlarven ↗ sowie regelmäßige Gaben von Mineralstoffen u. Vitaminen sind empfehlenswert. Nisten halbhoch in Büschen; Gelege 3—4 grünlichweiße, ungezeichnete Eier. Brutdauer 14 Tage, Nestlingszeit 14—16 Tage.

— *C. flaviventris*, Gelbbauchgirlitz. ♂: oberseits je nach Herkunftsgebiet grün bis gelbgrün, nur wenig

gestrichelt. Überaugstreif, Wangenfleck, Bürzel wie US gelb. Neben der Rückenfärbung variiert auch Größe u. Stärke des Schnabels nach Herkunftsgebiet.
♀: am Rücken grünlichbraun, Bürzel gelb bis grün, Brust bräunlichweiß fein braun gestrichelt. Bauch, Unterschwanzdecken ungezeichnet weißlich. Gesichtszeichnung des ♂ nur angedeutet. Juv. wie ♀, aber mit kräftigeren Längsstreifen an Brust u. Flanken. 13,5 cm. Angola bis NW-Simbabwe u. in den USA. In trockener bis sehr trockener Buschsavanne u. Halbwüste. Nahrung allerlei Wildsamen, Pflanzenteile, Insekten. Hart, ausdauernd u. anspruchslos. Zur Zucht besser in Einzelpaaren halten. Nahrung vor allem Grünfutter ↗ u. Obst ↗, Insektennahrung ↗! Seit Anfang dieses Jh. in M-Europa wiederholt gezüchtet, ♀ brütet sehr zuverlässig. Gelege 3—4, selten 5 grünliche od. bläuliche weiße Eier, die am stumpfen Pol mit dunkelbraunen Punkten u. Strichen gezeichnet sind. Juv. fallen nach 13—14 Tagen aus, verlassen mit ca. 14—15 Tagen das Nest. Sie werden noch weitere 2 Wochen versorgt.
— *C. striolata*, Strichelgirlitz. ♂ u. ♀: OS warmbraun, dunkler gestrichelt, US cremeweiß bis beige mit kräftigen, breiten schokoladenbraunen Stricheln. Augenbrauen, Wangen weißlich. 16 cm. Jugendkleid? S-Sudan über Tansania bis N-Malawi. Hochgebirgsbewohner. Hält sich vielfach in der obersten Baumschicht auf; teilweise Kulturfolger, «Schädling». Nur vereinzelt in Liebhaberhänden, scheinen robust. Zuchtberichte stehen aus.
— *C. sulphurata*, Schwefelgelber Girlitz (Schwefelgirlitz). ♂ u. ♀: grün, starker Schnabel. Mehrere versch. gefärbte UAn. Vögel aus O-Afrika kleiner, an der US gelbgrün, mit weniger kräftigem Schnabel, beinahe wie *C. flaviventris*, jedoch durch grüne, nicht gelbe Stirn kenntlich. Die größeren UAn aus S-Afrika tragen einen von der düstergrünen Brust deutl. abgesetzten gelben Kehllatz. Alle UAn haben gelben Wangenfleck, gelbe Augenbrauen u. dunkelgrünen Bartstreifen. Bauch gelbgrün. 13—16 cm. Von S-Kenia über Tansania, Zaïre, Angola, Moçambique bis Kapland. In Baum- u. Buschsavannen. In S-Afrika in den letzten Jahren Garten- u. Parkbewohner, gilt stellenweise als «Schädling». Nahrung grobe Saaten, Fruchtkerne u. Insekten. Viel Keimfutter beugt einer frühzeitigen Verfettung vor. Zucht wie vorige An.

Crocethia. G der Scolopacidae ↗. 1 A. Brüten im hohen Norden in Amerika u. Asien, in Europa nur auf Spitzbergen. Überwintern auf der Südhalbkugel. Bewohnen die hocharktische Tundra, trockene, steinige u. sandige Flächen in Küstennähe. Haltung s. Scolopacidae. Keine Gefangenschaftsbruten bekannt.
— *C. alba*, Sanderling. ♂ u. ♀: im BK OS, Hals u. Vorderbrust rostbraun mit schwarzer Fleckung, US weiß. RK OS hellgrau mit dunklen Flecken, schwarzer Fleck am Flügelbug. Im Fluge auffallende weiße Flügelbinde. Juv. ähnl. RK. Hinterzehe fehlt. 20 cm.

Crossoptilon, Ohrfasanen. G der Phasianinae ↗. 3 An mit 3 UAn. 92—100 cm, kräftige Hühnervögel ↗. Mit 20—24-fedrigen, seitl. stark zusammengedrücktem, dachförmigen Schwanz. Die Fahnen der bogenförmig gekrümmten, mittl. Schwanzfedern sind lang

Crossoptilon

u. haarartig zerschlissen. Das gesamte Gefieder ist haarartig, blau, braun u. weiß gefärbt. An den Kopfseiten zeigen beide Geschlechter leuchtend rote Schwellkörper, sowie verlängerte Federohren. ♂ u. ♀ gleich gefärbt. Alle An Bewohner ostasiatischer Hochgebirge. Sehr stimmfreudig u. lassen vor allem morgens u. abends ihre kilometerweit hörbaren Rufserien ertönen. In freier Wildbahn warnen sie ihre A-Genossen mit scharfen Rufen vor den Angriffen der Steinadler. Nahrung vorwiegend Zwiebeln, Wurzeln aller Art u. Insektenlarven. Die Nahrung wird mit dem starken schaufelförmigen Schnabel aus dem Boden der Gebirgswiesen gegraben. Leben in ihrer Heimat in großen Gesellschaften, obwohl die Paare in strenger Einehe zusammenhalten. Einfache Seitenbalz, unmittelbar vor der Begattung erfolgt eine zeremonielle Verfolgungsjagd. Der Hahn nimmt dabei eine truthahnähnl. Stellung ein. Die Nester werden im Schutze bodenbedeckender Büsche angelegt. Gelege 5—15 graugrüne Eier. Nur ♀ brütet, Schlupf nach 26—28 Tagen. ♂ beteiligt sich an der Aufzucht. Große bepflanzte Gehege mit 40—60 m² Grundfläche vorteilhaft; da sehr standorttreu ist Freilauf im Garten nach Eingewöhnung möglich. Gegen stauende Nässe des Untergrunds empfindlich, einfacher trockner Schutzraum ausreichend. In M-Europa vollständig winterhart. Futter übliches Fasanenmischfutter mit ganzjährig hohem Anteil Grünpflanzen u. Wurzelgemüse. Zucht nur paarweise möglich. Juv. außerordentl. frohwüchsig, bereits nach 5 Lebensmonaten ausgewachsen u. ausgefärbt. Im 2. Lebensjahr zuchtfähig.
— *C. auritum*, Blauer Ohrfasan. ♂ u. ♀: Oberkopf mit plüschartigen schwarzen Federn, an den Kopfseiten erdbeerrote Schwellkörper. Zügel, Kinn, Kehle u. die stark verlängerten Federohren weiß. OS u. US blaugrau, die Federn haarartig zerschlissen. Armschwingen dunkelbraun mit Purpurschimmer, Handschwingen mattbraun. Die beiden mittl. Paare des aus 24 Federn bestehenden Schwanzes blaugrau mit haarartig zerschlissenen Fahnen, nach der Spitze dunkler u. stärker erzgrün schillernd, am Ende purpurviolett. Die 6 äußeren Schwanzfederpaare am Grund mit breiter weißer Querbinde, die einen Spiegel bildet. Das Endviertel dieser Federn metallisch glänzend. Schnabel dunkel hornbraun. Füße rot, ♂ mit Sporen. Juv. sind dunkler grau gezeichnet als die des *C. mantchuricum*. 96 cm. Gebirge W-Chinas, Innere Mongolei, O-Tsinghai bis Szetschuan.
— *C. crossoptilon*, Weißer Ohrfasan. ♂ u. ♀: Oberkopf mit kurzen, samtartigen schwarzen Federn. Ohrdecken weiß u. verlängert, jedoch keine Federohren bildend. Gesamte OS weiß, längere Flügel- u. Schwanzdecken in Grau übergehend. Armschwingen schwarzbraun mit stahlblauem Glanz, Handschwingen dunkelbraun. Der 20fedrige Schwanz an der Basis purpurviolett schimmernd. US reinweiß. Schnabel hornfarben, Gesicht u. Füße scharlachrot. ♂ mit Sporen. Juv. Scheitel u. OS kastanienbraun. Kopf u.

Crotophaga

Weißer oder Schmalschwanz-Ohrfasan

Hals sandfarben. Hinteraugenfleck u. Seitenhalsfleck schwarz. US cremefarben, auf Kinn u. Kehle kräftiger gefärbt. Durch die Bildung sowohl der kürzeren Federohren als auch der nur gelockten, aber nicht haarartig zerschlissenen Schwanzfedern unterscheidet sich diese A einschließl. ihrer UAn deutl. von den beiden anderen An. 92 cm. UAn. SO-Tibet, W-Szetschuan, NW-Yünnan einschließl. Likianggebirge (VR China). UA *C. c. lichiangense* von DELACOUR beschrieben, wird von WOLTERS zur Nominatform gestellt. Schutzbestimmungen nach WAÜ ↗. *C. c. drouynii,* Mekong-Ohrfasan. Gesamtes Gefieder reinweiß, außer schwarzer Kopfplatte u. dem Schwanz, sowie Randschwingen. Manche Individuen zeigen hellgraue Mantel- u. Bürzelregionen, da an den Verbr.-Grenzen vielfach Vermischung mit *C. c. auritum* registriert wurde. Tibet zwischen Jangtse u. Salwenfluß. *C. c. dolani,* Kräuselfeder-Ohrfasan. OS u. Teile der US hell aschgrau. Gesicht, Kinn, Kehle, Bauch sowie an einem Band um die schwarze Kopfplatte u. an den Ohrfedern weiß. Die gesamte Federstruktur ist stark aufgelockert u. haarartig mit rückwärts gebogenen Kräuselfedern übersät. Sü. Kukunor-Gebiet am oberen Jangtse-Fluß. Genaue Verbr.-Grenzen unbekannt. *C. c. harmani,* Harman-Ohrfasan. OS aschblaugrau, am Hals u. Oberrücken bräunlich. Schwingen schwarzbraun, Schwanz metallisch blauschwarz mit grünem Glanz. Kinn, Kehle, Teile des Vorderhalses, Ohrdecken, Nackenband u. Bauch weiß. SO-Tibet. Alle UAn Schutzbestimmungen nach WAÜ.
— *C. mantchuricum,* Brauner Ohrfasan. ♂ u. ♀: Oberkopf samtschwarze Befiederung. Kopfseiten mit roten Schwellkörpern. Kinn, Kehle u. stark verlängerte Federohren weiß. Rücken u. Flügel braun. Flügeldecken u. Armschwingen purpurn schimmernd, Unterrücken, Bürzel u. Oberschwanzdecken silberweiß. Der 22federige Schwanz mattweiß, an der Spitze braunschwarz, purpurblau glänzend. Die innersten Schwanzfedern haben haarartig stark zerschlissene Fahnen mit verlängerten, herabgebogenen Strahlen u. spatelförmigen Spitzen. Hals schwarz, nach unten zu brauner. US braun. Schnabel rötlichhornbraun. Füße rot, ♂ mit Sporen. Juv. Kopf gelbbraun mit 2 unregelmäßigen dunklen M-Streifen. Vom Auge bis Nacken ein dunkelbrauner Streif. Rücken kastanienbraun unregelmäßig schwarz gemustert u. mit 2 bräunlichweißen Längsstreifen. Seiten gelbbraun gefleckt; US graubraun. 100 cm. N Chinas, Innere Mongolei bis Schensi. Schutzbestimmungen nach WAÜ.

Crotophaga. G der Crotophagidae ↗. 3 An. ♂ u. ♀: schwarz. Schlank, elsterähnl. Hoher Schnabel, seitl. stark zusammengedrückt. M- u. S-Amerika. An Waldrändern, in offenen Buschlandschaften bis in kleinere Städte. Gesellig in kleinen Trupps, begleiten insektenfressend Viehherden. Stimme: Pfeifen u. Jodeln. Nachts zu Klumpen vereint, aufgebaumt schlafend. In Brutzeit schließen sich mehrere Paare zu Nestgemeinschaften zusammen, bauen u. verteidigen gemeinsam das Nest. Jedes ♀ legt mehrere blaugrüne, mit weißer Kalkschicht überdeckte Eier. So manchmal 12—20 Eier im Nest gleichzeitig von 3 ♀♀ bebrütet. Brutdauer 13 Tage. Juv. verlassen Nest mit 5—6 Tagen, bleiben aber noch monatelang beim Schwarm.
— *C. ani,* Glattschnabel-Ani. ♂ u. ♀: bräunlichschwarz mit violettem od. bronzenem Schimmer. Hoher Schnabel mit halbkreisförmig geschwungenem First. 35 cm. S-Florida, Bahamas, Antillen u. a. Karibische Inseln, SW-Kostarika, Panama, S-Amerika sü. bis W-Ekuador, M-Argentinien u. Rio Grande do Sul.
— *C. major,* Riesenani. ♂ u. ♀: glänzend schwarz. ♀ 150 g Körpermasse. Panama u. S-Amerika öst. der Anden sü. bis N-Argentinien, W-Kolumbien u. Trinidad. 1 Ei.
— *C. sulcirostris,* Riefenschnabel-Ani. ♂ u. ♀: schwarzglänzend. UAn. Von S-Texas u. Mexiko bis N-Venezuela u. durch W-Kolumbien u. W-Ekuador bis Peru u. NW-Argentinien.

Crotophagidae, Madenkuckucke. F der Cuculiformes ↗. 2 Gn *Guira* ↗ u. *Crotophaga* ↗, 4 An. M- bis S-Amerika. Selten, — erst in letzten Jahren — verschiedentl. gehalten. Fütterung mit Weichfutter u. lebenden Insekten, Raupen, Mehlwürmern, Stabheuschrecken, diese auch auf gekochtem Reis mit Beeren geben. Gehackte Früchte, Fleischstückchen mit Ameisenpuppen. Bei 1931/32 im Zoo Washington gehaltenen *Crotophaga ani* ↗ zur Gewöhnung an Fleischaufnahme Mehlwürmer in Fleischstückchen hineingesteckt.

Crypsirina, Spatelschwanzelstern. G der Corvidae ↗. 2 An mit auffällig dunklem Gefieder u. langem Schwanz.
— *C. cucullata,* Spatelschwanzelster. ♂ u. ♀: Kopf, Flügel u. Schwanz schwarz, im Nacken hellgraues Band. Körper sonst grau, an Seiten silbergrau. Schnabel u. Füße schwarz. 30 cm. Nur N- u. Innerburma. Bewohnt gesellig Baumkronen. Ernährung

durch Insekten, Früchte u. Baumfrösche. Sehr selten gehandelt. Eingewöhnung, Haltung u. Zucht s. *C. temia*.
— *C. temia*, Rakettschwanzelster. ♂ u. ♀: fast völlig schwarzes Gefieder mit bronzenem Glanz. Mittl. Schwanzfedern zum Ende verbreitert. Auge leuchtend blau. Thailand, Hinterindien, S- u. W-Burma, Sumatera, Java u. Bali. Meidet menschliche Siedlungen. Im Handel nicht häufig. Eingewöhnung gut, zutraulich werdend. Gegenüber anderen An unverträglich, nicht winterhart. Futter: Beeren, Samen, Mehlwürmer, rohes Fleisch. Zucht wohl noch nicht gelungen.

Cryptophaps. G der Duculidae ↗. 1 A. Sulawesi.
Cryptorhina, NN → *Ptilostomus*
Cryptospiza. G der Estrildidae ↗. 4 An. Afrika. Bewohner der Hochländer lokal bis 3 000 m ü. NN; im Wald, an seinen Rändern u. auf Lichtungen. Nahrung Grassamen, Insekten. Volierenhaltung. In gutbepflanztem bzw. ausgestattetem Flugraum am ehesten Zuchterfolg. Futter wie Estrildidae, bes. gekeimtes Körnerfutter, Vogelmiere. Während der Aufzucht reichl. Insektennahrung. Während der Eingewöhnung empfindlich, unbedingt Insektennahrung bieten. Gelege 4—6 Eier. Schlupf nach ca. 15 Tagen. In dieser Zeit Honigwasser (1 Tl Honig, 3 Tl Traubenzucker, 3 Tropfen Multivitaminpräparat) reichen. Juv. fliegen am 21. Tag aus, sehr gut flugfähig, nach gut 14 Tagen selbständig. Vögel aller An auf europ. Vogelmarkt.
— *C. jacksoni*, Jacksons Bergastrild. ♂: Stirn, Kopfseiten, vorderer Scheitel, Rücken, Bürzel, Oberschwanzdecken karminrot. Flügel, Schwanz schwarz. Hinterkopf, Nacken, Hals schiefergrau. Flügeldecken, innere Armschwingen rot gesäumt. US dunkel schiefergrau mit großen karminroten Flecken an den Seiten, Kehle heller. ♀: wie ♂, aber Rot matter, nur an Kopfseiten, Augenumgebung u. Stirn vorhanden. Schnabel schwarz. Auge dunkelbraun. Füße dunkelbraun. Juv. mehr bräunlich ohne Rot. 12 cm. Unterholz der Bergwälder im Ruwenzori-Gebiet u. Ruanda. Erstmalig 1961 in Europa gehandelt. Scheu, gewandt. Erstzucht durch SCHMASSMANN, BRD.
— *C. reichenovii*, Reichenows Bergastrild. ♂: ähnl. *C. salvadorii*, aber bis zum Oberschnabelansatz roter Fleck um das Auge, Rücken mehr purpurfarben, US grünlichbraun. Schnabel schwarz. Auge dunkelbraun, roter Lidrand. Füße dunkelbraun. ♀: wie ♂, aber ohne rote Kopffärbung. Juv. bräunlich, Rücken dunkel olivbraun, Oberschwanzdecken rot. 12 cm. Kamerun bis N-Angola, O-Kongo, Tansania, N-Moçambique. Scheu, zurückgezogen, paarweise od. in kleinen Trupps unterwegs. In Volieren friedlich, wenig kontaktfreundlich, ängstlich. Bereits gezüchtet.
— *C. salvadorii*, Salvadoris Bergastrild. ♂: Kopf olivfarben, Augenpartie, Zügel braungelblich, Rücken, Bürzel karminrot. Flügeldecken an Spitzen rötlich, große Federn rote Außensäume. Schwingen schwärzlich. Schwanz schwarz. Kinn, Kehle gelbbraun bis gelb. US oliv- bis graugrün. Körperseiten von karminroten Flecken überzogen. Schnabel schwarz. Auge dunkelbraun, roter Lidrand. Füße hornbraun. ♀: matter als ♂, an den Flanken weniger Rot. Juv. grauolivgrün. Kehle, Zügel weißlich. Unterrücken, Bürzel düster dunkelrot. 12 cm. Äthiopien bis O-Kongo, N-Tansania. In Volieren bald zutraulich, sehr verträglich, lebhaft. Erstzucht in Europa durch Dr. BURKARD ↗.
— *C. shelleyi*, Shelleys Bergastrild. ♂: Kopf, OS rot. Flügel schwarzbraun, ebenso Unterschwanzdecken, sonst US gelbgrün, Schwanz schwarz. Kräftiger Schnabel rötlich, am Grund, First u. Unterschnabelmitte bräunlich. Auge dunkelbraun, Lidrand düsterrot. Füße schwarzbraun. ♀: wie ♂, aber ohne rote Gefiederpartien. An diesen Stellen olivgrün. Juv. ähnl. ♀. Heimat wie *C. jacksoni*. 14 cm. Erstmalig wenige Vögel 1971 nach Holland u. damit nach Europa.

Crypturellus. G der Tinaminae ↗. 20 An. Waldbodenbewohner. Gelege 2—12 Eier. Brutdauer 20 Tage. ♀ bedient meist bis 4 ♂♂.
— *C. noctivagus*, Gelbfußtinamu. ♂ u. ♀: schwarze u. braune Querbänder auf Rücken, Flügel u. Schwanz. 30 cm. UAn. O-Brasilien bis Rio Grande do Sul. In feuchten Regenwäldern der Niederungen.
— *C. variegatus*, Rotbrusttinamu. ♂ u. ♀: Hals, Brust, Schultern rotbraun. Rücken u. Flügel braun u. schwarz quergemustert. 25 cm. UAn. Kolumbien, S-Venezuela bis Peru u. O-Brasilien.

Cuculidae, Eigentliche Kuckucke. F der Cuculiformes ↗. 9 Gn u. a. mit *Cuculus* ↗ u. *Chrysococcyx* ↗, 35 An. Europa, Afrika, Kleinasien, Asien, Australien, Südsee-Inseln, Neuguinea. Brutschmarotzer. Haltung s. *Cuculus*.

Cuculiformes, Kuckucksvögel. O. 9 Fn (Crotophagidae ↗, Centropodidae ↗, Neomorphidae ↗, Taperidae ↗, Coccyzidae ↗, Clamatoridae ↗, Cuculidae ↗, Eudynamidae ↗, Phoenicophacidae ↗), 40 Gn, 131 An. 16—70 cm. ♂ meist wie ♀, überwiegend unauffällig gefärbt. 2 Vorder- (2. u. 3.) u. 2 Hinterzehen (1. u. 4.). Kurzer schlanker Schnabel. Schwanz stets abgestuft. Weltweit verbreitet. Aus nö. u. gemäßigten Zonen Zugvögel. Meist einzelgängerisch lebend. Viele sind Baumvögel, andere leben in niedrigem Gestrüpp od. sind Bodentiere. Fressen überwiegend Insekten, Raupen, Schnecken, od. kleinere Wirbeltiere, seltener Früchtefresser. Zur Brutzeit laute charakteristische, die Brutreviere abgrenzende Rufe. Mehrzahl aller An schließt sich zur Brutzeit zu Paaren zusammen, die ihre Juv. selbst betreuen. Bei anderen baut oft ein ganzer Trupp gemeinsam ein Nest, das zuweilen von mehreren ♀♀ belegt wird. Es beteiligen sich auch mehrere Vögel an Brut u. Aufzucht. Andere An Brutschmarotzer (ungefähr 50 An). Meist ganz bestimmte Wirte, i. d. R. mehrere An. Eier können denen der Wirte ähnl., aber auch durchaus versch. von jenen sein. Juv. schlüpfen stets nackt u. «sperren» bei Fütterung. Haltung sehr selten, nur wenige An aus wissenschaftlichem Interesse. Baumbewohnende An bedürfen besonderer Pflege. Erdbewohner recht gut zu halten. Pflege s. einzelne Fn.

Cuculus. G der Cuculidae ↗. 6 An. Afrika, Europa, Asien. Nur *C. canorus* vereinzelt aus wissenschaftl. Interesse gehalten. Fütterung mit Weichfutter u. harten Insekten, bes. gern Rosenkäfer; auch behaarte Raupen. Leicht aufgequollenes Körnerfutter, Obst, geschnittenes Grün, Mehlwürmer, Hartei, Knospen. Od. Drosselfutter ↗ mit Ameisenpuppen ↗, Weißbrot in Milch, Hartei u. reichl. Mehlwürmer. Auch Drosselfutter mit reichl. grobem Insektenschrot, Garnelen u. Möhren. Gelegentl. Weintrauben, Tetravitol. Während Mauser bes. Mahlfleisch. Bei zu geringer Bewegungsmöglichkeit u. zu kalorienreichem Futter leicht Gefahr einer Verfettung. Aufzucht mit geriebenen Semmeln, Hundekuchen mit Möhrensaft leicht angefeuchtet, Möhren, Fleisch roh od. gekocht, Hartei, Ameisenpuppen, Vigantol, Futterkalk. Anfänglich nur glatte Raupen, erst später behaarte. Sehr lange stopfen! Kleinere An wie *Chrysococcyx* ↗ mit Beeren, Rosinen, geschnittenem Obst, Mehlwürmern, Hartei, Ameisenpuppen, Mahlfleisch. Aufzucht 1951 im Zoo Dresden gelungen. Täglich 90–140 g des Aufzuchtfutters gereicht. Zwischen 7.30 u. 20.00 Uhr alle 30 Min., bis Futter «aus dem Schnabel stand». In ersten Tagen gestopft, später wenn Juv. sperren vom Federkiel gefüttert. Wurden zuviel Mehlwürmer gereicht, traten bei Juv. Krämpfe auf, die zum Tode führten. Nach 4–7 Wochen an selbständige Futteraufnahme gewöhnt. Erst wenn futterfest, Mehlwürmer auf Sandboden geworfen. Umsetzungen vermeidbar. Bei Berührung mit Futterverweigerung reagierend. Auch nach längerer Haltung sehr scheu. Mauserbeginn in Gefangenschaft März/April mit Kopf- u. Halspartien. Mit Unterbrechungen sich lange, bis Dezember, hinziehend. Lebensbedrohliche Krisen traten bei Juv. zu Beginn der Zugzeit Anfang September für 3 Wochen u. mit Rückzugzeit kurz vor Abschluß des 1. Lebensjahres von April–Juli auf. Kuckuck verweigert in diesen Zeiten Futter ganz od. ist überaus wählerisch u. verlangt starke Abwechslung.

— *C. canorus*, Kuckuck. ♂: blaugrau mit gesperbertem helleren Bauch u. Schwanz. ♀ wie ♂, manchmal rostbraun mit dunkler Bänderung. Langschwänzig u. ziemlich spitzflügig. Beine gelb. Juv. verschiedenfarbig, OS entweder rotbraun u. stark gebändert od. graubraun mit matten Bändern. US gelblichweiß; weißer Nackenfleck. 33 cm. 100 g Körpermasse. UAn. N-Afrika, Europa, nö. Asien sü. bis Kleinasien, zum Iran, Himalaja, bis Burma u. N-Indochina, Japan. In Wäldern, Tundren od. Marschen, Parkanlagen. Zugvogel, im Winter nach Afrika (meist in Regenwälder) u. S-Asien ziehend. In Europa von Ende April bis Anfang Oktober anwesend. Frißt Insekten u. vor allem behaarte Raupen. Brutschmarotzertum vollkommen, schmarotzt bei 200 An Singvögel. Eier angepaßt. Außerhalb der Brutzeit ungesellig. Nur ♂♂ rufen in Balz «kuckuck»; ♀♀ seltener «kwick-wickwick». ♀ mit mehreren ♂♂, 4–5, manchmal bis zu 20 Eier (22 mm u. 3,3 g) legend. Wirtseier werden dabei manchmal herausgeworfen. Brutdauer 12 Tage. Nestling wächst schnell, wirft mit Rücken Eier u. «Nestgeschwister» raus. In 3 Wochen flügge.

— *C. solitarius*, Einsiedlerkuckuck. ♂ u. ♀: OS dunkelblaugrau, mit rotbraunem Fleck an Kehle u. Oberbrust; US gelblichweiß, schwarz quergestreift. Juv. dunkel mit schwarzer Kehle. 35 cm. UAn. Äthiopis. Offenes baumbestandenes Gelände, Buschland, Wälder. Zugvogel.

Cuncuma. G der Accipitridae ↗. Große Greifvögel, Flügel lang, breit, Schwanz kurz. Afrika, Asien. 3 An. Badebecken s. *Haliaeetus* ↗. Haltung u. Zucht s. Accipitridae.

— *C. leucoryphus*, Bandseeadler. ♂ u. ♀: ± braun. Kopf, Hals, Brust, Bauch u. Hosen heller. Flügel u. Schwanz dunkelbraun, Schwanz mit breiter, weißer Binde. Schnabel grau bis hornfarben. Füße grau bis gelblich. Von der Krim bis zur Mongolei, sü. über Afghanistan bis nach N-Indien. Vertreter der G in den asiat. Halbwüsten, Steppengebieten, Hochebenen. Im N der Verbr. Zugvogel. Beute Vögel, kleine Wirbeltiere, Schmarotzer. Nistet auf Bäumen, oft auf dem Boden, selten in Felswänden. Gelege 1–2 weiße Eier. Brutdauer 40–42 Tage. Brutbiologie weitgehend unbekannt. Selten in Tiergärten. Paarweise in Volieren zu halten. Ist zur Brutzeit sehr aggressiv. Noch nicht in Gefangenschaft gezüchtet.

— *C. vocifer*, Schreiseeadler. ♂ u. ♀: Kopf, Hals, Brust, Oberrücken, Schwanz weiß. Oberflügeldecken tiefschwarz. Bauch, Schenkel, Hosen u. Unterschwanz in leuchtendem Kastanienbraun bis ins Rötliche. Schnabel schwarz. Füße u. Wachshaut kräftig gelb. Farbenprächtigste A der G. 2 UAn. Afrika sü. der Sahara. In der Nähe von Flüssen, Seen u. der Küste. Beute bevorzugt Fische, aber auch kleinere Wirbeltiere. Nistet regional in Felswänden, Klippen od. auf Bäumen. Gelege 2–3 weiße Eier. Brutdauer 44–45 Tage. Nestlingsdauer ca. 65 Tage. ♂ u. ♀ betreiben Brutpflege. Nicht selten in Tiergärten. Eingewöhnung problemlos, ruhige, ausgeglichene Vögel. Frischfisch ist bei der Ernährung unerläßlich. Paarweise Haltung in Volieren am günstigsten. Bei Temp. unter 5 °C Winterquartier notwendig. Sporadisch im Tierhandel. Noch nicht in Gefangenschaft gezüchtet.

Cursoriinae, Rennvögel. UF der Glareolidae ↗. 5 Gn, 9 An, davon 1 A †. Kurzflügelig u. hochbeinig, laufen schnell u. gewandt. Meist Standvögel. Die Insektennahrung wird im schnellen Lauf erbeutet. Brüten meist auf trockenem Gelände.

Cursorius. G der Cursoriinae ↗. 4 An.

— *C. cursor*, Rennvogel. ♂ u. ♀: OS rötlichisabellfarben, US rahmfarben. Scheitel u. Nacken von schwarzweißen Streifen umrahmt, Hinterkopf bläulich. Handschwingen u. Unterflügel schwarz. Schnabel kurz u. abwärts gebogen, schwarz. Beine hell. Juv. schwarzweißer Nackenstreif nur angedeutet. 23 cm. UAn. Verbr. in N-Afrika u. Vorderasien. Bewohnt Wüsten u. Steppen. Haltung s. Scolopacidae.

Cuzcositttich, UA → Rotmaskensittich

Cyanerpes. G der Dacnidinae ↗. 4 An. Kleine lebhafte Vögel mit längerem, leicht gebogenem Schnabel. M- u. S-Amerika. In Wäldern, Kulturland, einige An in den Parks großer Städte. Nahrung Blütennektar, kleine Früchte, Beeren u. Insekten. Als Nektarersatz nehmen sie auch gern die künstl. Futtermischung aus versch. Zuckerarten, Proteinen, Blütenpollen, Vitaminen u. Wasser. (Zubereitung s. Trochilidae ↗,

Nectariniidae ↗). Das napfförmige, meist dünnwandige Nest besteht aus feinen Halmen, Würzelchen u. Tierhaaren. Die beiden weißen, braun gesprenkelten Eier werden vom ♀ ca. 12 Tage bebrütet. Beide Eltern füttern, wobei aber dem ♀ der Hauptteil zukommt. Nach 12—14 Tagen verlassen die Jungen das Nest. Zur Brutzeit wird das ♀ vom ♂ öfter energisch gejagt, deshalb ist eine Haltung in geräumigen, gut bepflanzten Volieren ↗ ratsam. Fütterung usw. s. *Tangara* ↗.

— *C. caeruleus*, Purpurnaschvogel. ♂: purpurblau, an Stirn u. Ohrdecken etwas heller. Zügel, Kehle, Flügel u. Schwanz schwarz. Schnabel u. Krallen schwarz. Auge braun. Füße gelb. ♀: oberseits grün, Zügel, Kopfseiten u. Kehle bräunlich. Bartstreifen violettblau. US gelblich, grün gestreift. Füße gelbgrün. 10 cm. 5 UAn. Kolumbien, Venezuela, Guayana, W-Ekuador, N-Bolivien u. nö. Mato Grosso. Zucht wiederholt gelungen. Aufzuchtfutter vorwiegend Insekten ↗. Mischlinge mit *Chlorophanes spiza* ↗. Friedlich. Gut geeignet für Gemeinschaftshaltung. Häufig eingeführt.

— *C. cyaneus*, Türkisnaschvogel. ♂: BK leuchtend ultramarinblau. Kopf-OS leuchtend türkisblau. Zügel, vorderer Rücken, Flügel, Schwanz u. Unterschwanzdecken samtschwarz. Flügel-US gelb, tritt beim Fliegen kontrastreich hervor. Schnabel u. Auge schwarz. Füße rot. RK ähnl. dem ♀, doch Füße rot. ♀: OS dunkel olivgrün, am Kopf mehr graugrün. Überaugenstreif weißlich. US grünlichweiß, am Bauch mehr gelblich. Insges. grün gestreift. Füße rotbraun. 11 cm. 10 UAn. Mexiko sü. bis S-Brasilien u. Bolivien. Bewohnt Laubwälder des Tieflandes, aber auch innerhalb der Städte zu finden. Zucht schon mehrfach gelungen. Mischlingszucht mit *Tangara larvata* ↗. Bekannteste A der G. Ideal für Gemeinschaftshaltung. Regelmäßig angeboten.

— *C. lucidus*, Azurnaschvogel. ♂: sehr ähnl. *C. caeruleus*, doch insges. glänzend blau. ♀: Kopf grau, OS hellgrün. Kehle ockerfarben. Bartstreifen u. Streifung der weißlichen Brust blau. Bauch gelblich, Füße grünlich. 11 cm. 2 UAn. S-Mexiko bis NW-Kolumbien. Lebt vorzugsweise in Wäldern. Außerhalb der Brutzeit oft in gemischten Flügen mit Tangaren od. anderen Naschvögeln ↗. Friedfertig. Selten importiert.

Cyanispida. G der Alcedinidae ↗. 1 A. Java, Bali, Kangean-Inseln, Lombok, Sumbawa.

— *C. caerulescens*, Türkisfischer, Blaufischer. ♂ u. ♀: OS blau. US weiß mit blauem Brustband.

Cyanistes. G der Paridae ↗. 2 An. Europa, Asien, N-Afrika, Kanarische Inseln. In Laub-, Kiefernwald, Auwaldgebieten. Nahrung Insekten u. Samen. Eingewöhnung leicht. Aggressiv. In Käfig u. Voliere ↗ paarweise. Winterhart. Nicht gezüchtet.

— *C. caeruleus*, Blaumeise. ♂ u. ♀: Kopfplatte hellblau, Stirn u. Umrahmung der Kopfplatte weiß. Vom Schnabel zum Nacken schwarzer Streifen. Vom blauen Nacken führt ringförmig ein blauer Streifen unterhalb der weißen Wangen zum schwarzblauen Kehlfleck. US gelb, in der Mitte ein kurzer, schwarzblauer Längsstreifen. Rücken grünlich, Flügeldeckfedern blau, Handschwingen grau, Schwanz hellblau. Schnabel dunkelgrau. Auge braun. Füße blaugrau.

Juv. matter, Kopfplatte grünlichgrau, Kopfseite gelblich. 11,5 cm. Von N-Afrika u. Kanarischen Inseln durch Europa bis S-Ural, Kleinasien bis Iran. Mit Ausnahme der Kanarischen Inseln im Laubwald u. in Gärten, meidet Tannenwald. Bei der Nahrungssuche meist hängend. Eingewöhnung im Winter nicht schwierig, wenn ihr das Futter bekannt ist. Wichtig ist die Möglichkeit der aktiven Betätigung, da sie anderenfalls ihr Gefieder beschädigt. Altgefangene sind gegen andere aggressiv. Zucht zweifellos möglich, wurde aber nicht ernsthaft versucht. Nahrung Nachtigallenfutter ↗, Eifutter u. Insekten; Samen nicht sehr beliebt, am ehesten Wal- u. Haselnüsse, die man zerkleinern sollte.

— *C. cyanus*, Lasurmeise. ♂ u. ♀: Kopf-OS weiß mit bläulichem Anflug. Vom Schnabel zum Nacken dunkler Strich. Nacken blau, dahinter weißlichgrauer Fleck, Rücken hell graublau. Deckfedern dunkelblau mit größeren weißen Spitzen. Schwingen graubraun. Schwanz blau mit weißen Spitzen. Kopfseite u. US weiß mit blaugrauem Längsfleck. Schnabel schwarz. Auge braun. Füße blaugrau. Juv. Oberkopf grau, Rücken dunkler. 13,5 cm. Mittl. Sowjetunion bis S-Sibirien, Mongolei u. Mandschurei, Turkestan u. NO-Afghanistan, Kaschmir bis NW-China. Ersetzt regional die Blaumeise, lebt wie sie auf Laubholz, hat sich aber nicht in Hausnähe u. Gärten angesiedelt. Eingewöhnung ohne Probleme, Mehlwürmer u. Hanfsamen werden sofort angenommen. Gewöhnung an Weichfutter ↗ muß mit Sorgfalt erfolgen. Weniger aggressiv als die Blaumeise. Die lasurblaue Färbung verliert sich im Käfig.

Cyanochen. G der Anatidae ↗, UF Tadorninae ↗. 1 A. Vorkommen auf Äthiopien beschränkt. Dort bewohnt sie savannenartige Grasflächen des Hochlandes zwischen 2000 u. 3000 m Höhe in Wassernähe. Lebt paarweise. Nester an Gewässerufern in Bodenvegetation. 4—7 Eier werden ca. 30 Tage bebrütet. Beide Eltern führen die Küken. Nahrung besteht aus Gräsern u. zu einem beträchtlichen Teil aus kleinen Wassertieren, die im flachen Wasser aufgenommen werden. Selten gehalten. Robust u. nicht sonderlich kälteempfindlich. Für Gemeinschaftsanlagen mit Rasen geeignet. Während der Brutzeit mitunter unverträglich. Zucht mehrfach gelungen u. nicht problematisch. Jungenaufzucht mit tierischer Nahrung.

— *C. cyanopterus*, Blauflügelgans. ♂: graubraun. US gefleckt. Kopf u. Hals heller als übriger Körper. Flügeldecken graublau. Spiegel metallisch grün. Schnabel u. Füße schwarz. ♀ wie ♂, aber deutl. kleiner. ♂ u. ♀ mit unterschiedl. Stimme. 55—65 cm.

Cyanocincla. G der Muscicapidae ↗. 2 An. Früher zu *Monticola* ↗ gehörend. Europa, N-Afrika u. Asien. Pflege wie *Monticola*.

— *C. rufiventris*, Rötelmerle. ♂: Augenpartie u. Wange schwarz, ebenso Kehle. OS kobaltblau, US kastanienbraun. ♀: OS olivbraun, Kehle u. Augenring weißlichbraun. Hinter Ohrdecken heller Fleck. US dunkelbraun mit gelbbrauner Schuppenzeichnung. 25 cm. Himalajagebiet von NO-Pakistan nach

Cyanocitta

Kappenblaurabe

O durch Burma bis S-China (bis Fukien). Lebt in Laub- u. Nadelwäldern, felsigen Landschaften zwischen 1 200 u. 3 000 m ü. NN, vorwiegend zwischen 1 800 u. 2 400 m ü. NN. Zieht im Winter bis NW-Thailand u. Hongkong. Ab u. zu in Europa im Handel. Gesang schwätzend, vermischt mit Flötentönen, deshalb von Kennern gern gehalten. Während der Zugzeit sehr unruhig, selbst Nachtbeleuchtung schützt nicht vor Schäden. In dieser Zeit Haltung im Tuchkäfig ↗. Ansonsten Pflege problemlos.
— *C. solitaria*, Blaumerle. ♂: blaugrau, Kopf u. Hals zuweilen fast himmelblau. Flügel u. Schwanz schwärzlich. Auge braun. Schnabel, Füße schwärzlich. RK mit graubraunen Federsäumen. ♀: vorwiegend graubraun, Hinterrücken mit blaugrauem Schimmer, US gefleckt. Juv. ähnl. ♀, aber heller, OS mit gelblichbrauner Tropfenzeichnung. 20 cm. UAn, 2 Rassengruppen bzw. Semispezies. N-Afrika (Marokko bis Tunesien), S-Europa, Kleinasien bis zum Kaukasus u. Libanon, durch N-Irak, Iran, Transkaspien u. Afghanistan bis zum Tienschan, Himalajagebiet bis China (im NW bis Mandschurei), Ussuriland, Korea, Japan u. Taiwan; Malaysia. Lebt in vegetationsarmen, trockenen, warmen Felsgebieten, meistens nicht so hoch im Gebirge wie Steinrötel ↗. Europ. Populationen überwintern in N-Afrika, die aus S-Europa verbleiben wahrscheinl. im Brutgebiet. Zuweilen auf europ. Vogelmarkt. Überwinterung kalt, aber zugluftfrei. Mauserzeiten (August-September; Februar-März) werden problemlos überstanden. Sehr schreckhaft. Wenige Male gezüchtet.

Cyanocitta, Blauhäher. G der Corvidae ↗. 2 An. Kleine Häher mit aufrichtbarer Haube u. dunkel gebändertem Schwanz. N- u. M-Amerika. Nö. Population Zugvögel.
— *C. cristata*, Blauhäher. ♂ u. ♀: Kopf, Flügel u. übrige OS ultramarin- bis kobaltblau, Brust u. Flanken rauchgrau, Kopfseiten u. US weißlich bis bräunlich. Stirnfleck u. von Ohr zu Ohr verlaufendes Halsband schwarz. Schwanz quer gebändert. Auge braun. Schnabel u. Füße schwarz. Juv. in allen Farben matter, Kopfzeichnung fehlt. 25—30 cm. O- u. mittl. N-Amerika. Bewohnt Mischwälder, Gärten, Parks. Nahrung Obst, Samen, Nüsse, Insekten, Eier u. Jungvögel sowie Abfälle. Nest meist im Nadelholzdickicht aus Zweigen u. Blättern, mit Lehm verfestigt, z. T. mit Dornen bewehrt. Gelege 3—6 sehr variable Eier. Brut 15—16 Tage. Im Handel nicht häufig. Eingewöhnung in Volieren ↗ gut, lebhaftes Wesen, winterhart. Zuchterfolge wiederholt bekannt geworden.
— *C. stelleri*, Diademhäher. ♂ u. ♀: mit langer auffälliger Haube. Kopf u. Hals braunschwarz, Rücken u. Flügel graubraun bis graublau, Kehle hellgrau, Stirn blau, US bläulichgrün. Schwanz kobaltblau, schwarz gebändert. Auge braun. Füße u. Schnabel schwarz. Juv. ähnl. Ad. Versch. UAn durch ± starke Bänderung an Kopf, Brust u. auf OS unterschieden. 28—32 cm. S-Alaska, we. N-Amerika, M-Amerika, sü. bis Nikaragua. Bewohnt bes. die Nadelwaldzone der Gebirge, z. T. Eichenwälder. Nahrung s. *C. cristata*. Nest in Nadelgehölzen aus Zweigen u. Wurzeln mit Erde u. Mull ausgelegt. Gelege 4 hellgrüne Eier mit bräunlichen Flecken. Im Handel recht selten. Eingewöhnung u. Haltung s. *C. cristata*. Zucht wohl noch nicht gelungen.

Cyanocorax, Blauraben. G der Corvidae ↗. Früher als 3 getrennte Gn betrachtet: *Cyanocorax*, *Xentoura* u. *Uroleuca*. 12 An. Auffällig die borstige, z. T. wulstige Stellung der Federn an Stirn u. Zügel, hintere Nasenlöcher bedeckt. M- u. S-Amerika. Häherartige Vögel, die gesellig in Wäldern leben u. oft Stimmen von Tieren nachahmen.
— *C. caeruleus*, Azurblaurabe. ♂ u. ♀: Kopf, Hals u. Brust schwarz, nur Kopf-OS blau, übriges Gefieder tiefblau, Oberschwanzdecken bes. leuchtend. Auge dunkel. Schnabel u. Füße schwarz. Juv. ähnl. Ad. 35 cm. SO-Brasilien, NO-Argentinien u. O-Paraguay. Relativ scheuer Waldbewohner. Verhalten u. Ernährung häherartig. Sehr selten gehandelt u. gehalten. Zucht wohl noch nicht gelungen.
— *C. chrysops*, Kappenblaurabe. ♂ u. ♀: auf ganzem Kopf eine bürstenartig aufgerichtete Haube. Kopf, Kehle u. Brust schwarz mit türkisfarbenem Ober- u. violettem Unteraugenfleck bis zur Schnabelwurzel ausgedehnt. Hinterkopf türkisblau, OS, Flügel u. Schwanz blauschwarz bis kobaltblau. Schwanz mit weißlichgelben Spitzen. US weißgelblich. Auge gelb. Schnabel u. Füße schwarz. Juv. ähnl. Ad. 32—37 cm. Uruguay, Paraguay, O-Bolivien, N-Argentinien, S- u. O-Brasilien u. sü. Amazonasgebiet. Bewohnt Hochwälder, durchstreift in der Trockenzeit gesellig das Gelände nach Häherart, besucht auch Siedlungen. Nahrung Insekten u. Samen. Nest auf kleinen Bäumen locker aus Reisern mit Blättern

u. Federn gepolstert. Gelege besteht aus 6—7 blauweißen, braun gefleckten Eiern. *C. ch.* wird aus der G am häufigsten gehandelt, auch Wildfänge lassen sich schnell eingewöhnen. RUTGERS empfiehlt als Grundfutter eingeweichtes Weißbrot, Mais, hartgekochtes Ei, Obst u. Fleisch u. die Möglichkeit des Freiflugs zur selbständigen Insektensuche. Zucht wohl noch nicht gelungen. Brutversuche bekannt. Wenn Juv. geschlüpft, sind viele Insekten aus Waldboden zur Aufzucht notwendig. Nur Puppen der Wiesenameise, nicht die der Roten Waldameise verwenden, da sich der Vogel von den Imagines belästigt fühlt u. Futtersuche am Boden einstellt. (nach PATZENBERGER).
— *C. cristatellus*, Krauskopf-Blaurabe. Früher als A der G *Uroleuca* behandelt. ♂ u. ♀: mit nach hinten gebogener Stirnhaube, Kopf, Hals u. Flügeldecken tief dunkelbraun. OS braun bis veilchenfarben, nach hinten mehr bläulich. Schwanz tiefblau. US u. Unterflügel sowie Säume der Handschwingen u. breite Endbinde des Schwanzes weiß. Auge graubraun. Schnabel u. Füße schwarz. Juv. ähnl. Ad. 28—40 cm. Gebüsche u. kleine Wälder im Inneren Brasiliens. Verhalten u. Ernährung wie übrige An der G. Äußerst selten gehandelt u. gehalten. Zucht wohl noch nicht gelungen.
— *C. cyanomelas*, Purpurblaurabe. ♂ u. ♀: Kopf dunkelbraun, Stirn u. Kopfseiten schwarz, übriges Gefieder bräunlich bis veilchenfarben, Unterschwanzdecken heller blau. Auge dunkel. Schnabel u. Füße schwarz. Juv. ähnl. Ad. 29—30 cm. SO-Brasilien, Bolivien, SO-Peru, Paraguay, NO-Argentinien. Verhalten u. Ernährung häherartig. Sehr selten gehandelt u. gehalten. Zucht wohl noch nicht gelungen.
— *C. cyanopogon*, Weißnackenblaurabe. Füher als UA von *C. crysops* betrachtet. ♂ u. ♀: mit Kopfhaube, die hinten wie abgeschnitten erscheint, trotzdem Federn bis zum Nacken verlängert, die aufgerichtet werden können. Sonst durch fast weißen Bauch u. grauweißen Nacken von *C. crysops* unterschieden. Auge kräftig gelb. Füße u. Schnabel schwarz. Juv. ähnl. Ad. 31—32 cm. M- u. O-Bolivien. In Verhalten, Ernährung, Eingewöhnung u. Zucht wie *C. crysops*.
— *C. yncas*, Grünhäher. Einige UAn zuweilen als eigene A eingestuft. ♂ u. ♀: Kopf u. Wangen kobaltblau, Hinterkopf himmelblau, Kopf-OS heller, Kinn, Brust u. Kopfseiten schwarz. OS leuchtend grün, US hellgelb bis hellgrün. Seitl. u. Unterschwanzfedern gelb. Stirn u. Schnabelgrund mit borstig aufgerichteten Federn. Schnabel schwarz. Auge hellgelb. Füße grau. Buntester Vertreter der G. Juv. wie Ad. 27—28 cm. S-Texas, Mexiko bis Honduras, N-Venezuela, Kolumbien bis O-Ekuador, Peru u. N-Bolivien. Bewohnt Wald- u. Buschlandschaften bis in Höhen über 2 000 m, z. T. in die Siedlungen eindringend. Plündert Nester kleinerer Vögel, frißt gern auch Obst u. halbreifes Getreide. Nest 3—5 cm hoch aus dornigen Zweigen. Gelege 3—5 weißgraue bzw. grünlichgelbe Eier mit bräunlichen Flecken. Eingewöhnung in Volieren ↗ gut möglich, in der Heimat häufiger Käfigvogel. Badet gern, Gesang sehr variabel, da Talent zum Nachahmen, sonst den Staren ähnl. Nahrung Fertigweichfutter, Sonnenblumenkerne, Eibiskuit, Obst, Insekten, Mehlwürmer, rohes

Grünhäher

gehacktes Fleisch. Bei schlechter Ernährung bzw. Haltung verschwindet der gelbe Farbstoff, gelb wird schmutziggrau, grün wird blau. Zucht in Europa wohl noch nicht gelungen. *C. y. luxuosa* (Mexikanischer Grünhäher) UA, früher oft als eigene A betrachtet. Gegenüber der Nominatform ein heller bis hinter das Auge reichender Wangenfleck, auffällig mehr leuchtendes Gelb auf der US; Stirn gelbweißlich ohne auffällige Borstenfedern. 25—30 cm. Nach NEUNZIG ↗ spez. im öst. Hochland Mexikos. Sonst wie *C. yncas*.

Cyanoliseus. G der Aratingidae ↗, UF Aratinginae ↗. 1 A. Heimat Chile (sü. Atacama bis Valdivia), Argentinien von Salta u. dem sü. Buenos Aires bis Chubut u. Rio Negro. Bewohnen baumlose, buschbestandene Steppe, zuweilen auch in Wäldern. Sind im Rückgang begriffen. In Argentinien als Schädlinge der Landwirtschaft verfolgt. In Chile trotz gesetzl. Schutzes *C. p. bryoni* zum Verspeisen gejagt, seltenste UA. Nahrung Samen (auch Getreidekörner), Früchte u. grüne Blatteile. Brüten in Lehm- u. Sandsteinwänden, häufig an Steilufern in großer Höhe. Einschlupföffnung Ø 8—18 cm, bis 3 m langer Gang zur ca. 40 cm Ø großen Brutkammer. Koloniebrüter. Erstmalig 1868 im Zoo London. Gegenüber Kälte u. Feuchtigkeit unempfindlich. Ist Holzzerstörer. Naturstammhöhlen nur aus Hartholz verwenden, kräftige Äste bzw. Sitzstangen anbringen, möglichst künstl. Felswand schaffen. Gruppenhaltung empfehlenswert. Stimme laut. Einzelvögel bald zutraulich. Futter → *Pyrrhura*. Häufig gezüchtet. Gelege

Cyanoloxia

2—5 Eier, Ablage im Abstand bis zu 7 Tagen wurde beobachtet. Juv. schlüpfen nach 25 Tagen, fliegen nach 55—60 Tagen aus u. sind nach weiteren 3 Wochen selbständig. Die Bruthöhle wird dann nicht mehr aufgesucht. Umfärbung der hellen Oberschnäbel beginnt nach ca. 8 Monaten. Zur Aufzucht gekeimte Samen, Unkrautsamen, Garnelen, feuchtes, altbackenes Weißbrot mit Multivitamin- u. Mineralstoffpräparat u. Grünes reichen.

— *C. patagonus*, Felsensittich. ♂: olivbraun mit grünlichem Anflug, Stirn schwarzbraun, sonst Kopf u. Flügel mehr grünlich. Rücken etwas bräunlicher. Kehle u. Brust graubraun, Oberbrust mit wenig Weiß, Bauch gelb, Bauchmitte rot, gleichfalls Schenkel. Schnabel schwarz. Auge weiß, weißer Augenring. Füße fleischfarben. ♀ wie ♂, gering größer. Juv. Oberschnabel weißlich. Auge dunkelbraun. UAn. *C. p. patagonus*, Kleiner Felsensittich; hat nur Weiß an den Seiten der Oberbrust. 43—46 cm. *C. p. byroni*, Großer Felsensittich; weißes Band auf Oberbrust, Bauchseiten sehr kräftig gelb u. rot. 53 cm. *C. p. andinus*, Anden-Felsensittich; hat kein Weiß, wenig od. kein Gelb, Rot des Bauches gering. 43—46 cm.

Cyanoloxia. G der Thraupidae ↗, UF Cardinalinae. 3 An. M- u. S-Amerika. Haltung. *Gubernatrix*.
— *C. brissonii*, Dunkelblauer Bischof, Ultramarinbischof, Blaugimpelfink. ♂: dunkelblau, nur schmales Stirnband bis zum Zügel u. Kopfseiten schwarz, Stirn bis Scheitelmitte u. Ohrpartie hellkobaltblau, ebenso gefärbter Fleck auf hinteren Wangen. Ohrdecken verwaschen blau. US schwarz. Kropf, Brust u. Bauch verwaschen dunkelblau. Körperseiten u. Unterschwanzdecken grauer. Kleine Flügeldecken u. Flügelrand intensiv kobaltblau. Übrige Flügelfedern schwarz mit dunkelblauen Säumen. Schwanzfedern schwarz, schmal bläulich gesäumt. Auge braun. Schnabel u. Füße schwärzlich. ♀: Kopfseiten, Zügel, US u. Unterflügeldecken dunkelockerbraun. Bürzel u. Oberschwanzdecken mehr rotbraun, Schwingen schwarzbraun mit dunkelockerbräunlichen Säumen, Schwanzfedern hellockerbräunlich gesäumt, ansonsten dunkelrotbraun. Schnabel dunkelgraubraun. Juv. ähnl. ♀, aber heller. 13—17 cm. UAn. Früher als *C. cyanea* bezeichnet. W-Kolumbien, N-Venezuela, Brasilien von Piauí u. Ceará bis Mato Grosso, Rio Grande do Sul, öst. Bolivien, Paraguay u. N-Argentinien. Bewohnt Waldränder u. Ufer, auch offenes buschbestandenes Land. ♂ singt fleißig. Bereits 1876 von K. Ruß ↗ gehalten. Beweglicher, anmutiger, friedlicher Vogel. Mehrfach gezüchtet. Nest napfförmig freistehend in Büschen. Nestunterlagen (Körbchen usw.) anbieten. Gelege allgemein 4 Eier. Nur ♀ brütet. Schlupf nach 13 Tagen. Juv. fliegen nach 10 Tagen aus, werden noch längere Zeit gefüttert.
— *C. parellina*, Lasurblauer Bischof, Lasurbischof. ♂: dunkelindigoblau, Stirn, Wangen leuchtend kobaltblau, Zügel schwarz. Kleine Flügeldecken, Bürzel u. Oberschwanzdecken kobaltblau. Bis auf kleine Flügeldecken übrige Flügelfedern u. Schwanzfedern schwarz, bläulich gesäumt. Schnabel schwärzlichhornbraun. ♀ ? 12—13 cm. UAn. M-Sinaloa u. sü. Tamaulipas (Mexiko) bis Nikaragua. Erstmalig 1895 im Zool. Garten London.

Cyanomitra, Grünkopf-Nektarvögel. G der Nectariniidae ↗. 5 An. Afrika sü. der Sahara. Bevorzugen Wälder, Savannen, Galeriewälder, Gebirge, Kulturland.
— *C. cyanolaema*, Braunrücken-Nektarvogel. ♂: matt rußbraun, Bauch blasser, Kopf-OS, Kehlfleck metallischstahlblau, Schulterfleck blaßgelb. ♀: OS, Flügel u. Schwanz olivfarben, Kinn weißlich, Kehle blaßbraun, US weißlich, blasser Über- u. Unteraugenstreif. Juv. wie ♀. 15 cm. W-Afrika einschließl. Fernando Póo, Guinea, Sierra Leone bis N-Angola, ostwärts durch Zaïre bis Uganda. Bevorzugt Wälder.
— *C. verticalis*, Grünkopf-Nektarvogel. ♂: olivgrün, Bauch grau, Kopf, Kehle metallischgrün. ♀: ähnelt ♂, Bauch heller, Kehle hellgrau. Juv. wie ♀. 15 cm. Senegal bis N-Angola, ostwärts bis zum Sudan u. W-Kenia, durch Zaïre bis W-, SW-Tansania, NO-Sambia, N-Malawi. Bevorzugt immergrüne Wälder, Savannen, Galeriewälder, Kulturland in Waldnähe. Im Zoo Heidelberg Nestbau aus Hanffasern, Kokosfasern, Gras, Würzelchen u. Haaren zu einem Hängenest mit seitl. Eingang. Ablage eines Eies, Brutdauer 14 Tage. Juv. wurde nicht aufgezogen.

Cyanopica, Blauelstern. G der Corvidae ↗. 1 A.
— *C. cyanus*, Blauelster. ♂ u. ♀: Kopf u. Nacken tiefschwarz, übrige OS braungrau, Flügel u. Schwanz hellblau, Kehle weiß, US aschbraun. Juv. wie Ad. 34—35 cm. In 2 isolierten Gebieten: S u. W-Spanien sowie S-Portugal; Mongolei, Transbaikalgebiet, Bereich von Amur u. Ussuri, China ohne S u. SW, Japan. Bewohnt vor allem lichte Laubwälder, auch Obstgärten. Nester kolonieartig auf niedrigen Bäumen, locker aus Reisern mit Erde verfestigt, mit Moosen u. Flechten gepolstert. Gelege 5—7 auf hell gelbbraunem Grund bräunlich gefleckte Eier. Sehr selten gehandelt. Eingewöhnung gut möglich. Ernährung s. Corvidae. Zuchterfolge wiederholt bekanntgeworden, z. B. Tierpark Berlin.

Cyanops. G der Capitonidae ↗. 13 An. Klein bis mittelgroß. Überwiegend grün mit sehr buntem Kopfgefieder. ♂ u. ♀ gleich. S-Asien, auf den be-

Felsensittich mit Jungvogel

nachbarten Inseln bis Java, Bali. Zusammenstellung von Paaren schwierig, von den 6 eingeführten An daher bis jetzt nur 1 gezüchtet.

— *C. armillaris*, Temminckbartvogel, Blaunackenbartvogel. ♂ u. ♀: Stirn, Zügel schwarz, Scheitel dunkel goldgelb, grün gesäumt, am Hinterkopf himmelblauer Fleck. Kopfseiten, Augenbrauenstreifen gelblichgrün, OS sonst dunkelgrün. Rückengefieder mit hellgrünen Rändern. US heller grün, mit dunkel goldgelbem Brustband u. je einem ebenso gefärbten Fleck seitl. am Hals. Schnabel schwarz, an der Basis hornfarben. Iris braun. Füße grün. 21 cm. Java u. Bali. Waldbewohner, vorwiegend in höheren Lagen bis fast 2000 m, auch in Kaffeeplantagen. Selten nach Europa gebracht, zuerst 1928 durch M. W. FROST nach England.

— *C. asiaticus*, Blauwangenbartvogel. ♂ u. ♀: Kopf-OS karminrot, quer über den Scheitel eine schwarz, gelb u. blau gemischte Binde, die sich in einem Längsstreifen hinter dem Auge fortsetzt. Augenbrauen, Wangen, Kehle hellblau, anschließend seitl. je ein roter Fleck. Rücken, Flügel u. Schwanz dunkelgrün, letzterer unterseits bläulich, US hellgrün. Oberschnabel schwärzlich, Basis u. Unterschnabel blaß hornfarben. Iris kastanienbraun. Füße grünlich. Juv. zunächst mit ganz grüner Kopf-OS, immat. wie Ad., aber mit stumpferen Farben. 23 cm. Mehrere UAn. W-Pakistan über Indien bis S-China, Thailand u. Kalimantan. Bewohnt baumbestandene Landschaften vom immergrünen Wald bis zu Gärten in den Städten, häufig, bevorzugt Nähe von Feigenbäumen. Bezeichnende Rufe ausdauernd vorgetragen, «tock-tock»-Rufe durch Schnellerwerden in Triller übergehend sowie 3silbiger, gellender Ruf. Glucksende Laute haben aggressive Bedeutung. Vorwiegend Fruchtfresser, nur gelegentl. werden größere Insekten erbeutet. Brut in Indien von März—Juli in Höhlen abgestorbener Baumstämme od. Äste, meist in 2—8 m Höhe, dieselben Nistplätze oft mehrere Jahre hintereinander in Verwendung. 3—4 weiße Eier, Brut u. Aufzucht der Jungen durch ♂ u. ♀. Die am häufigsten eingeführte A der F, bereits 1866 im Londoner Zoo. Regelmäßig im Handel. In Käfig od. Voliere ausdauernd, im Tiergarten Schönbrunn (Wien) lebte ein Exempl. 10 Jahre u. 10 Monate. Gemeinsame Haltung u. Zusammengewöhnung schwierig, da Distanztiere, auch anderen Vögeln gegenüber unverträglich. Erster Zuchterfolg daher erst 1979 im Max-Planck-Inst. für Verhaltensphysiologie in Seewiesen in selbst hergestellter Nisthöhle in geräumigem Flugraum mit anschl. Außenvoliere. Das einzige geschlüpfte Juv. wurde mehr vom ♀ als vom ♂ gefüttert, nach dem plötzlichen Tod des ♀ aber allein vom ♂ aufgezogen. Bettelruf klingt wie «tü-tü-tü». Nach ca. 33 Tagen ausgeflogen. Färbung wie Ad., nur blasser, mit ca. 44 Tagen bereits selbst fressend, aber auch noch um Futter bettelnd, 3 Wochen nach dem Verlassen des Nestes vom ♂ getötet. Aufzucht erfolgte ausschließl. mit dem üblichen Futter ohne Beigabe animalischer Nahrung. Futtergemisch aus zerschnittenen Tomaten u. Bananen, geriebenen Karotten u. gehacktem Rinderherz, dazu ein Insektenweichfutter, Traubenzucker u. Honig, Früchte — darunter halbierte Äpfel u. Orangen — sowie Wildbeeren, von denen diejenigen der Eberesche bes. geschätzt wurden.

— *C. faiostrictus*, Grünohr-Bartvogel. ♂ u. ♀: Stirn, Kopf-OS u. Nacken olivbraun mit hellbeigen Federrändern. Augenbrauen, Ohrfleck hellgrün. Kehle hellbraun mit dunkelbrauner Strichelung, am Hals seitl. je ein feuerroter Fleck. OS kräftig olivgrün mit helleren, blaugrünen Federrändern. Schwungfedern braun, innen hell gesäumt. Bürzel heller grün. Brust bläulich grün mit braunen Flecken, übrige US bläulich grün, Schwanz-US bläulich. Oberschnabel schwärzlich, Basis u. Unterschnabel gelblich grau. Iris rotbraun. Füße grünlich grau. Juv. ohne die roten Flecken am Hals. 24 cm. O-Thailand über Indochina bis S-China. Bewohnt Wälder u. meidet Kulturland. Nicht selten, aber im dichten Laub schwer zu entdecken, an fruchtenden Bäumen manchmal in Gruppen. Wenig bekannt, sehr selten importiert, 1928 gelangten aus Annam 2 Exempl. nach Clères (Frankreich).

— *C. franklinii*, Goldkehlbartvogel. ♂ u. ♀: Stirn leuchtend rot, Scheitel, Kopf-OS dunkel goldgelb, Hinterkopf rot, ein je nach UA versch. stark ausgebildeter, schwarzer Streifen von der Schnabelbasis über das Auge bis zum roten Nackenfleck. Ohrregion graubraun mit dunkler Strichelung. Kinn, Kehle orange bis goldgelb, hellblau gesäumt. Übrige US gelblich grün. OS dunkelgrün. Flügelbug dunkelblau, Armschwingen dunkelbraun mit blauen Außenfahnen. Schnabel schwarz, am Ansatz blaugrau. Iris kastanienbraun. Füße graugrün. 22 cm. Mehrere UAn. Im Himalaja von Nepal bis S-China u. Malaiische Halbinsel. An bewaldeten Hängen zwischen 600 u. 2400 m. Durch laute Stimme auffallender Vogel. Brut in Baumhöhlen von April—Juni. 3—4 weiße Eier. Selten importiert, 1902 nach England, 1939 auch nach Frankreich, untereinander unverträglich, Ernährung vorwiegend mit Früchten, zerkleinerte Rosinen bes. bevorzugt, keine Insekten angenommen.

— *C. henricii*, Gelbscheitel-Bartvogel. ♂ u. ♀: Stirn u. Kopf-OS goldgelb, hufeisenförmig einen blauen Scheitelfleck umfassend. Zügel u. Augenbrauenstreifen schwarz, schmales Nackenband u. am Hals seitl. je ein kleiner Fleck rot. Kinn, Kehle hellblau. OS dunkelgrün. US lindgrün. Schwanz unterseits blau. Schnabel schwarz. Auge hellbraun. Füße graugrün. 21 cm. UAn. S-Thailand über Malaysia bis Sumatera, Kalimantan. Bewohner niedrig gelegener Wälder, geht höchstens bis in 800 m Höhe. 1929 von GOODFELLOW erstmals nach England gebracht. Selten importiert.

— *C. oorti*, Schwarzbrauen-Bartvogel. ♂ u. ♀: Stirn, Zügel, ein Fleck am Hinterkopf u. je einer an den Halsseiten scharlachrot, Scheitel blaßgelb. Ein breiter, schwarzer Streifen über dem Auge, ein schmalerer schwarzer Strich von der Schnabelbasis ausgehend, Wangen u. Seiten des Hinterkopfes blau. Kehle goldgelb, blau gesäumt. OS grasgrün. US heller. Schwanz unten bläulich. Schnabel schwarz, am Ansatz hornfarben. Iris kastanienbraun, die unbefiederte Umgebung des Auges dunkelgrün. Füße graugrün. 20 cm. Mehrere UAn. Von Sumatera über Malaiische Halbinsel, Indochina; in S-China, auf Hainan u. Taiwan der häufig zu *C. o.* gerechnete Schwarzstirn-Bartvogel *C. faber.* Bewohner der Montanwälder, nicht unter 1 000 m vorkommend, geht bis 1 600 m. Erste Einfuhr 1930 durch W. Frost nach England, 1935 auch in Deutschland u. in anderen europ. Ländern angeboten. Vermutl. aus der Nisthöhle genommene u. aufgezogene Exempl. sehr zutraulich, kamen dem Pfleger sogar auf die Hand, aber wie andere An der G unverträglich, schwer zusammenzugewöhnen. Dem Blauwangenbartvogel ähnl. Ruf, aber weicher. Schläft in Nistkästen. Recht gut haltbar, ein ♂ lebte von 1935 bis 1941 im Tiergarten Schönbrunn (Wien), in neuerer Zeit aber kaum eingeführt.

Cyanopsitta. G der Aratingidae ↗, UF Aratinginae ↗. 1 A. Heimat öst. Brasilien (S-Piauí u. O-Bahia). Bewohnen Buriti-Palmenhaine u. anschl. Waldgebiete. Über das Leben in der Wildnis liegen keine Beobachtungen vor. Größe der Population unbekannt, sehr klein. Im Red Data Book ↗ als gefährdet eingestuft. Seit 1973 auf Liste 1 des Washingtoner Artenschutzübereinkommens ↗. Ausgesprochen selten im Handel, gelegentl. unerlaubt. Die in den letzten Jahren angebotenen Vögel sind meistens Nachkommen eines gefangenen Pärchens in São Paulo, das aber nicht mehr lebt. 1978 wurden in Europa nur 13 Vögel gepflegt, derzeitig weit weniger, der Vogelpark Walsrode ↗ hat 1 Paar (♂ Leihgabe aus England) in der Zuchtstation des Caribbean Wildlife Preservation Trust ↗ untergebracht. Nur noch 1 Paar im Zoo Neapel. 1980 u. 1981 Eiablage, Gelege je 2 Eier. Hinweise über den Verbleib von 4 Exempl. in der Privatsammlung von J. B. Tito, Jugoslawien, fehlen. Angenehmer, «verspielter» Pflegling. Haltung, Fütterung → *Ara.*

— *C. spixii,* Spixara. ♂ u. ♀: blau, unterseits heller, mehr graublau. Kopf graublau, Schnabel schwarz, kleiner als bei den anderen Aras ↗. Auge hellgelb, um das Auge wenig Haut nackt, dunkelgrau. Füße dunkelgrau. Juv. Schnabel mit hellen Flecken. 55 cm.

Cyanoptila. G der Muscicapidae ↗. 1 A. Heimat Mandschurei bis Hopeh (NO-China), Ussuriland, Korea, Japan (Hokkaido bis Kyushu). Bewohnen boreale Nadel-, Laubwälder, buschreiche Waldränder, vorwiegend an Flußläufen, meiden Waldesinnere. Brutvögel bis 1 800 m ü. NN. Während der Zugzeiten auch in Städten. Nahrung fliegende u. auf dem Boden lebende Insekten, Beeren. Typisch Ansitzjagd. Außerhalb der Brutzeit Einzelgänger, zählen in der Heimat als beste Sänger, auch ♀♀ singen, aber weniger abwechslungsreich, leiser (wurde in Gefangenschaft nicht beobachtet). Nest im Geäst, in Halbhöhlen u. in Höhlen, letztere beiden Nistplätze typisch. Nistmaterial Moos, Pflanzenhalme, Wurzelfasern. Gelege 4–5 Eier. In Europa nur sporadisch im Handel, erstmalig 1885 in Deutschland, nach langer Pause 1978 u. 1979 in etwas größerer Zahl. Färbung u. Gesang machen sie begehrenswert, durch unsachgemäße Pflege große Verluste. Überwinterung zwischen 10–15 °C. Unterbringung in pflanzenreicher Voliere ↗, Vogelvitrine ↗, für Käfig ungeeignet. Futter handelsübl. sehr gutes Insektenfutter mit Zwiebackanteilen, Heimchen, Wachsmotten, Mehlkäferlarven, Pinkies, Drohnenmaden, Wiesenplankton, im Herbst kohlehydratarme Fütterung, reichlich Bewegungsmöglichkeiten bieten. Baden sehr gern.

— *C. cyanomelana,* Japanschnäpper. ♂: Stirn himmelblau, Kopfseiten schwarz mit bläulichem Schimmer. OS metallisch kobaltblau, oberer Rücken ultramarinblau. Schwingen schwarz, blau gesäumt. Kehle u. Brust schwarz mit bläulichem Glanz. Übrige US weiß. ♀: OS olivbraun, US weißlich. Juv. Brust braun gefleckt, ♂♂ ähnl. ad. ♀, aber an Flügel u. Schwanz mattblau, Augenring weiß. 15 cm. UAn.

Cyanoramphus. G der Platycercinae ↗. 6 An, davon 2 An †, außerdem 2 UAn † von *C. novaezelandiae.* Vögel laufen häufig auf dem Boden, auch gern auf Ästen. Neukaledonien, Norfolkinseln, Neuseeland u. benachbarte Inseln, Chatham-, Antipoden-, Kermadec-, Auckland-Inseln. † An auf Tahiti, Gesellschaftsinseln. Gern gehalten, anspruchslos, liebenswürdig, einige auch für großen Käfig geeignet. Haltung, Fütterung → Platycercidae. Zucht leicht → Platycercinae.

— *C. auriceps,* Springsittich. ♂: grün, unterseits heller, Stirnband karminrot, schmal. Oberkopf gold- bis orangegelb. Bürzelseite mit rotem Fleck, Handdecken, einige Handschwingen außen an der Basis dunkelblau. Schnabel bleigrau. Auge rot. Füße hellbraun. ♀: kleiner, Stirnband matter, Oberkopf weniger gelb, Auge orangerot. Schnabel kleiner. Juv. wie ♀, Stirnband schmaler, matter, Schnabel hornfarben, Auge dunkel. 23 cm. 2 UAn. Neuseeland, vorgelagerte Inseln, Auckland-Inseln, Little Mangere Island. UA *C. a. forbesi* (Chatham-Inseln, Little Mangere Island), vom Aussterben bedroht, im Red Data Book ↗ geführt. Brütet in Baumhöhlen. Erstmalig 1865 in Europa (Zoolog. Garten London). Bis 1970 selten in Europa, später zahlreich gezüchtet. Anspruchslos, unempfindlich. Angenehme «mekkernde» Stimme. Sehr lebhaft, geschickter Kletterer. Volierenhaltung, trockene Überwinterung, auch bei Frostgraden. Häufig auf dem Boden (öfter umgraben, Wurmkur). Badet gern. Erstzucht 1872 H. Fiedler, Jugoslawien. Zur Zucht paarweise Haltung. Nicht mehr als 3 Bruten jährl. erlauben. Bereits mit 5 Monaten fortpflanzungsfähig. Gern als Ammen verwendet (nur im Notfall!).

— *C. malherbi,* Alpensittich. Möglicherweise nur Variante von *C. auriceps.* Stirn, Zügel orangerot, gleichfalls Fleck an Bürzelseite. Oberkopf grün bis zitronengelb, Schwanz-US grau. Sonst grün, unterseits heller. Schnabel blaugrau. Füße hellbraun. ♀ hat kleineren Kopf, auch Schnabel kleiner. 20 cm. Bewohnt Ebene u. Gebirge von Neuseeland (Südinsel), im Red Data Book geführt. Sehr selten importiert, Erstzucht 1883 bei Delaurier (Frankreich). Wahrscheinl. einzige Zucht.

— *C. novaezelandiae,* Ziegensittich. ♂: Stirn, Vorderkopf, vor u. hinter dem Auge, neben dem Bürzel rot, Flügelbug blau, sonst grün, unterseits gering hel-

ler. Schnabel bleigrau. Auge rot. Füße schwärzlich. ♀ wie ♂, aber Kopf, Schnabel kleiner, hinter dem Auge Rot matter, weniger. Auge orangerot. Juv. blaßolivgrün, wenig Rot, Auge dunkel, Schnabel hornfarben. 27 cm. 8 UAn, davon 2 UAn †. Neuseeland u. benachbarte Inseln, Neukaledonien, Norfolk-, Chatham-, Antipoden,- Kermadec-Inseln. Einst auch auf Lord-Howe-, Macquarie-Insel. Selten, unter Schutz gestellt. UA *C. c. coockii* (auf Norfolk-Inseln) vom Aussterben bedroht, im Red Data Book geführt. Ursachen: Kultivierung der Landschaft. Lebt im busch-, baumbestandenen Land. Nest in hohlen Bäumen, von Vögeln einiger UAn auch in Grasbüscheln, flachen Bodenmulden (bes. auf baumlosen Inseln). Erstmalig 1864 in Europa (Zoolog. Garten London). Rastlos, friedlich, zahm, bes. für Volieren geeignet, häufig auf dem Boden (Wurmkur, 1–2mal jährl.). Handaufgezogene juv. Einzelvögel sehr anhänglich. Leicht zu züchten. Zuchtstämme aufbauen, da Vögel anscheinend immer kleiner werden.
— *C. unicolor*, Einfarbsittich. ♂: grün, unterseits gelbgrün, Handdecken, Schwingen blau. Schnabel kräftig, grauschwarz. Füße braunschwarz. ♀ wie ♂, kleiner. Juv.? 30 cm. Antipoden-Insel (S-Pazifik), vor allem in Gebieten wo reichl. das Gras *Poa litorosa* wächst. Vom Aussterben bedroht, im Red Data Book geführt. Wohl nur 1904 im Zoo Berlin u. London gewesen. 1971 u. 1973 in Neuseeland Juv. von Ziegensittich aufgezogen.

Cyanosylvia. G der Muscicapidae ↗. 1 A. Lokal im mittl. Spanien, gleichfalls lokal in Frankreich, Belgien, Holland, M-Europa, außerdem Gebirge Skandinaviens durch O-Europa u. Sibirien (nicht im SO) bis zum Ochotskischen Meer, Kamtschatka u. NW-Alaska; Mandschurei; Iran u. Transkaspien bis zu den Gebirgen Zentral-Asiens u. dem nordwe. Himalaja. Bewohnen unterwuchsreiche, sumpfige Gehölze, Birken- u. Weidengestrüpp an Flüssen u. Seen, gern in rohrbestandenen Verlandungszonen. 2 UAn-Gruppen (Rotsterniges u. Weißsterniges Blaukehlchen). Europ. Population überwintert in N- u. NO-Afrika, das Rotsternige Blaukehlchen in Vorderasien u. NO-Afrika. Nest versteckt am Boden. Gelege 5–6 Eier. In Europa 1 Jahresbrut. Zuweilen beide UAn auf dem europ. Vogelmarkt. Von Weichfresserliebhabern gern wegen des abwechslungsreichen Gesangs gehalten, der an den von Nachtigall ↗ u. Sumpfrohrsänger ↗ erinnert. Liebenswerte Pfleglinge, weichlich, gehören nur in die Hand erfahrener Kenner. Unterbringung u. Futter wie *Luscinia*. Friedlich gegenüber artfremden Vögeln, aber sehr unverträglich gegenüber arteigenen. Zur Zucht Paar allein unterbringen. Erstzucht 1975 bei M. BARBER, England, in Freivoliere (6 × 3 × 2,5 m) mit Moorboden, Wasserstellen, Büschen usw., Dung u. Kadaver lockten reichl. Insekten an. Zeitweise untereinander sehr unverträglich, ♀ muß Ausweichmöglichkeiten haben (Nachbarvolieren), vor allem muß es über eine sehr gute Kondition verfügen, um dem ♂ entsprechenden Widerstand leisten zu können. 1. Brut (5 Juv.) verließ nach 13–14 Tagen das Nest, 2. Brut (2 Juv.) am 11. u. 12. Tag. Reichl. Lebendfutter, Volierengröße u. dichte Bepflanzung schufen Voraussetzungen für friedliches Zusammenleben der Juv. mit

Blaukehlchen

den Eltern. 1979 BRD-Erstzucht bei W. F. STÖBENER ↗ in sehr dicht bepflanzter Freivoliere (4 × 2 × 2,20 m). Fütterung mit reichl. mittelgroßen Mehlkäferlarven u. frischen Ameisenpuppen ↗ neben dem üblichen Futter sorgten für sehr gute Kondition des Paares. Nest wurde nur aus Moos gebaut. Gelege 5 Eier, Ablage tägl. in den Morgenstunden. Bebrütung ab 4. Ei. Schlupf nach 13 Tagen. Nur ♀ brütete. 2 Juv. wurden aufgezogen. Im Alter von 35 Tagen selbständig. In der Perspektive spielt die Zucht dieser A möglicherweise eine bedeutende Rolle, um sie in der Natur zu erhalten. Erkranken leicht an Entzündungen der Füße, stellen dann sofort den Gesang ein. Als Bodenbelag im Landschaftskäfig ↗ müssen deshalb unbedingt feuchtes Moos u. weiche, feuchte Rasensoden ausreichend zur Verfügung stehen. Naturschutzbestimmungen ↗ sind zu beachten!
— *C. svecica*, Blaukehlchen. ♂: Im BK Kehle leuchtend blau, schwarz u. rostrot eingefaßt, in der Mitte vom Blau halbmondförmiger, rostroter Fleck («Stern»), bei *C. s. cyanecula* weißsternig. Übrige US weißlich. Überaugenstreif rahmgelb. OS graubraun, Schwanz dunkelbraun, Basis rostrot. ♀: Kehle weißgelblich, schwarz eingefaßt, sonst ähnl. ♂. RK bei ♂ u. ♀ ähnl. Juv. weißlich mit dunklen Längsstricheln. 14 cm. 2 Rassengruppen: 1. *svecica* (Rotsterniges Blaukehlchen), verbr. von Skandinavien durch N-Eurasien bis Alaska; lokal in den öst. Alpen u. Karpaten; außerdem von O-Sowjetunion bis Zentral-Asien. 2. *cyanecula* (Weißsterniges Blaukehlchen) bewohnt Spanien, W-, M-Europa bis W-Sowjetunion, Polen, Ungarn; Kaukasus, Iran u. nordwe. Himalaja.

Cygnus. G der Anatidae ↗, UF Anserinae ↗. 1 A. Als Wildvögel in Dänemark, Schweden, in nö. Gebieten der DDR u. der BRD, Polen, Rumänien, Jugoslawien u. weiten Teilen der Sowjetunion bis zum fernen Osten brütend. In anderen europ. Ländern, den USA, Australien u. Neuseeland durch den Menschen verbr. u. oft halbwild gehalten. Im Winter auf Suche nach eisfreien Gewässern Strichvögel ↗, dann meist in Trupps. Zur Brutzeit werden von Schilfgürteln umgebene, flache Binnen- u. Boddengewässer bewohnt. Jedes Paar beansprucht ausgedehntes Brutrevier. Umfangreiche Nester aus Pflanzenteilen stets in Wassernähe. 5—7 Eier werden vom ♀ 35—37 Tage bebrütet. Führung der Küken durch beide Eltern. Mit ca. 5 Monaten flugfähig. Familienverband hält bis zum nächsten Frühjahr zusammen. Mit ca. 3 Jahren geschlechtsreif. Ad. leben in Dauerehe. Als Nahrung dienen Teile von Land- u. Wasserpflanzen. Wasserpflanzen werden gründelnd vom Gewässergrund geholt. Lange als Parkvogel bekannt. Nur für größere Teiche in Parkanlagen u. Tiergärten geeignet. Wegen des beanspruchten großen Brutreviers in Wasservogelzuchten meist nicht vertreten. Überwintern bei offenem Wasser im Freien. Bei anhaltendem Frost Strohschütten anlegen. Zahme Tiere können bei Revierverteidigung selbst Menschen verletzen. Gelegentl. Bastarde mit Vertretern der G Olor ↗, mitunter sogar mit Gänsen.
— *C. olor*, Höckerschwan. ♂: reinweiß, Schnabel orangerot, unbefiedertes Zügelfeld u. charakteristischer Schnabelhöcker schwarz. Füße schwarz. ♀ wie ♂, meist etwas kleiner, Schnabelhöcker weniger kräftig. Juv. bis zum 1. Frühjahr graubraun. 150 cm. In halbdomestizierten Beständen treten Albinos auf.

Höckerschwan

Blaukehlschnäpper

Hals wird meist S-förmig gekrümmt gehalten. Droht mit aufgestellten Flügeln.

Cyornis. G der Muscicapidae ↗. 17 An. S- u. SO-Asien, indoaustral. Inselwelt. Lebensweise, Nahrung s. Fliegenschnäpper. Pflege s. *Ficedula*.
— *C. banyumas*, Bergblauschnäpper. ♂: ähnl. Braunbrustschnäpper, aber braunrote Brust, geht allmähl. in Weiß des Bauches über, auch zieht das Rotbraun noch über die Flanke. ♀: wie Braunbrustschnäpper-♀, auch fließender Übergang des bräunlichgelben Farbtones der Brust in das Weiß der übrigen US. 15 cm. UAn. O-Himalaja (im W bis Nepal), SW-China, N-, O-Burma, Thailand, N-Indochina, Malaysia, Java, Kalimantan. Lebt in höherem Bergland. Im Handel manchmal mit Braunbrustschnäpper verwechselt.
— *C. hainanus*, Hainanschnäpper. ♂: Zügel u. Kopfseiten schwarz, Kopf-OS glänzend ultramarinblau, OS blau. Flügel schwärzlich, ebenso Schwanz, aber mittl. Federn blau. Kinn, Kehle u. obere Brust glänzend dunkelblau, zuweilen weißer Stern auf der Brust (W. BAARS ↗). Übrige US weißlichgrau. ♀: blaue Gefiederpartien des ♂ bräunlich bis rotbraun. 14 cm. S-Yünnan bis Kwangtung (S-China), Insel Hainan. Bewohnt Unterholz, gern im Bambusdickicht. Insekten werden sowohl von Blättern u. Zweigen abgelesen als auch im Flug erbeutet. Gesang ähnl. dem des Gartenrotschwanzes ↗. Angenehmer Pflegling. Keine Vergesellschaftung der ♂♂ von Hainan-, Blaukehl- u. Braunbrustschnäpper, da untereinander ausgesprochen aggressiv.
— *C. rubeculoides*, Blaukehlschnäpper. ♂: ähnl. Braunbrustschnäpper, aber farbenfroher. Kehle blau, Brust intensiv rotbraun. ♀: OS olivbraun, US roströtlich, Kinn u. Kehle blasser, Brust mehr ockerfarben. Ähnelt Zwergschnäpper ↗, aber Schwanz deutl. unterschiedl. 15 cm. UAn. Kaschmir, W-China (Yünnan bis Szetschuan, Hupeh), Burma, W-, N-Thailand, Laos u. Vietnam. Lebensraum unterholzreiche Berghänge, gern in Eichen- u. Mischwäldern. Gesang vielseitig, klingt metallisch trillernd. Sehr unverträglich gegenüber A-Genossen, auch gegenüber ♀. Außerhalb der Brutzeit unbedingt Paar getrennt

halten. Zur Zucht sehr große, gut bepflanzte Voliere ↗ mit reichl. Versteckmöglichkeiten bereitstellen. ♂ zuerst einsetzen, einige Tage später erst das ♀, Verträglichkeit beobachten.
— *C. tickelliae*, Braunbrustschnäpper, Tickell's Braunbrüstiger Fliegenschnäpper. ♂: Stirn u. Überaugenstreif u. Schulter azurblau. Kopfseiten u. Kinn schwärzlichblau. OS indigoblau. Kehle u. Brust braunrot, übrige US weißlich, scharf von der braunroten Brust abgesetzt. ♀: viel blasser als ♂, OS bräunlich, Kinn, Kehle u. Brust blaß rotbraun. Bei einer UA ist ♀ wie ♂ gefärbt, nur heller. 15 cm. UAn. Indien, Hinterindien bis Malaysia, nordöst. Sumatera, Sri Lanka. Bewohnt waldbestandene Gebiete, Bambusbestände u. Gärten. ♂ u. ♀ singen, letzteres auch während der Brutzeit. Angenehmer, bald zutraulicher Pflegling, gut für größeren Käfig bei tägl. Zimmerfreiflug od. Landschaftskäfig ↗ geeignet. Einige Male gezüchtet. Aufzuchtfutter in den 1. Tagen lebende Insektennahrung, z. B. Bienen-, Wespenlarven, Heuschrecken, Insekten aus der Lichtfalle ↗, später auch frische Ameisenpuppen ↗.

Cypsiurus. G der Apodidae ↗. 2 An.
— *C. parvus*, Palmensegler. ♂ u. ♀: blaß graubraun. Tief gegabelter Schwanz mit verschmälerten äußeren Federn. Sehr schlank. 17 cm. UAn. Äthiopis von Senegal, dem Sudan u. Äthiopien bis Angola, nö. Namibia, N- u. O-Transvaal u. Natal; Komoren, Madagaskar. An Palmen gebunden. Hoher zwitschernder Ruf. Nistet in Kolonien in Palmen, winziges löffelförmiges Nest aus Pflanzenfasern u. Federn, flach an hängenden Palmblättern. Eltern hängen angekrallt senkrecht darüber. Auch nackte Juv. angekrallt hängend. 2 Eier mit Speichel festgeklebt. Juv. mit dichtem weißen Dunenkleid.

Cyrtonyx. G der Phasianidae ↗. 2 An. Kleinste nordamerik. Zahnwachteln. Haube an Hinterkopf aus dichten, breiten, verlängerten Federn, eng anliegend. Kurzer 12federiger Schwanz.
— *C. montezumae*, Massenawachtel. ♂: Stirn schwarz, darin weißes Stirnband bis über Auge. Kopf-OS schwarz, Federn dunkelbräunlich quergestreift. Haube braun. Vorderer Zügelteil, erweiterter Bartstreif, Überaugenstreif bis obere Ohrgegend, Kinn, obere Kehlgegend u. Halsseitentrennband schwarz. Kopf sonst weiß. Brustseiten u. Weichen mit großen weißen Tropfen auf schwarzem Grund. Mitte von Kropf, Brust u. Bauch kräftig kastanienbraun. US sonst tiefschwarz. OS rostbraun, am Hals mit dunkler gezackter Querbänderung u. hellen Federschäften. Flügel- u. Schwanzfedern mit leicht dunklen Schäften u. schwarzen Flecken auf Federfahnen. ♀: Kopf-OS schwarz, bräunlich quergestreift. OS rötlichgelblich mit schwarzen Querstreifen u. Flecken. Kopfseite weiß. Augengegend u. Wangen rötlichbräunlich, schwarz gefleckt. Schwarzes Halsband. US hell rötlichbraun, untere Mittelpartie dunkler. Körperseiten schwarz gefleckt u. gestrichelt. Hinterpartie verwaschener als bei ♂. Iris dunkelbraun. Schnabelbasis u. Unterschnabel hellblau, Oberschnabel an der Spitze schwarz. Läufe hellblau. Juv. Dunenküken mit goldbraunem Streif von Scheitel bis Schwanz. Kopfseiten heller, US weißlichgelblich. 23 cm. UAn. SW N-Amerikas u. Mexiko. Bevorzugt

Dacelo

Lachender Hans

lichte Eichen- u. Kiefernwälder im Gebirge von 1 200–2 700 m ü. NN. Erdvogel. Gelege aus 8–14 kurzovalen, ungezeichneten weiß- bis cremefarbigen Eiern. Brutdauer 22–24 Tage. Verträglicher Volierenbewohner. Zucht auf Drahtrosten günstig. Nicht winterhart, trockene Voliere ↗. Fütterung, Aufzucht s. *Coturnix* ↗. Erstzucht PICHOT 1911, Frankreich.

Cyrtotes. G der Quiscalinae ↗. 1 A. Kleine Antillen, Tobago, Trinidad; O-Panama, S-Amerika bis W-Peru, S-Argentinien, Uruguay; eingeschleppt in Chile. Bewohnt offenes Grasland, gern auf Viehweiden. Brutschmarotzer, suchen deshalb zur Brutzeit vorwiegend Feldgehölze auf. Eier gleichen selten denen der Wirte. Diese ziehen Schmarotzer u. eigene Junge auf. Ab u. zu im Handel. Pflege s. Icteridae ↗, neben insektenhaltigem Weichfutter ↗ frische Insekten, Würmer, Früchte u. Samen (Hirse, Glanz, wenig Hanf) füttern. Baden gern. Mäßig warme Überwinterung. In Vogelgesellschaft allgemein friedlich.
— *C. bonariensis*, Seidenkuhstärling. ♂: schwarz, Gefieder mit purpurnem Glanz. Flügel mehr grau. Schnabel schwarz, Auge braun. Füße schwarz. ♀: graubraun, US gering heller mit dunklen Streifen. 20 cm. UAn.

Dacelo. G der Alcedinidae ↗. 2 An.
— *D. leachii*, Haubenliest, Blauflügel-Kookaburra. ♂ u. ♀: Kopf, Nacken u. Hals weißlich mit bräunlichen Flecken. Rücken dunkelbraun. Flügel blau. Schwanz violett. US rahmweiß mit bräunlicher Fleckung. Schnabel oben dunkelbraun, unten rahmweiß. Füße grau. 42 cm. UAn. N-Australien sü. bis zum mittl. W-Australien u. S-Queensland; S-Neuguinea. Beute überwiegend Heuschrecken u. Reptilien. Eiräuber. Schon 1884 einige Exempl. im Zoo London gehalten. Zuchterfolg 1978 im Zoo Rotterdam.

Dacnididae

— *D. novaeguineae,* Jägerliest, Lachender Hans, Kookaburra. ♂ u. ♀: oberseits graubraun mit schwärzlicher Wellenzeichnung u. einigen hellblauen Flecken auf Flügeln. Kopf-OS braun, verlängerte Kopffedern weiß gesäumt. Nacken u. Bauch weißlich. Schwanz braun, schwarz gebändert. Breiter schwarzer Augenstreif. Großer, flacher, dreieckiger Schnabel. ♂ blaßblauer, ♀ rotbrauner, schwarz gebänderter Bürzel. 40—46 cm. Körpermasse 360 g. UAn. O- u. SO-Australien; in W-Australien u. Tasmanien ausgewildert. In offenen Waldlandschaften, Gärten u. Parks. Paarweise od. in kleinen Trupps. Gellendes Gelächter (namengebend!). Während Balz oft Duettgesänge. Nahrung Würmer, Insekten, Krebse, Muscheln, Reptilien, Jungvögel, Mäuse, Ratten, seltener Fische. Schlägt Beute auf Äste od. Steine. Nistet in Baumhöhlen od. Termitenbauten. 3—4 (2—7) Eier, fast oval. Brutdauer 23—26 Tage. Nestlingszeit 30—36 Tage. Häufig in Tiergärten u. bei Liebhabern gehalten. Zahlreiche Zuchterfolge.

Dacnididae, Eiteltangaren. F der Passeriformes ↗. 10 Gn, 94 An. Systematisch bedarf die F sicherlich einer sorgfältigen Überarbeitung. WOLTERS ↗ trennte sie von den Thraupidae ab u. behandelt in ihr die Euphoniinae ↗ sowie die Dacnidinae ↗ als UFn. Zaunkönig- bis sperlingsgroß. Bewohnen die Tropen u. Subtropen M- u. S-Amerikas. Die überwiegend in Wäldern lebenden D. ernähren sich von süßen Früchten, Insekten u. Blütennektar. Haltung, Ernährung usw. s. *Tangara* ↗. Einige An sind regelmäßig im Handel, die meisten jedoch werden selten eingeführt.

Dacnidinae, Schillertangaren. UF der Dacnididae ↗. 8 Gn. 65 An. Viele An zählen zu den buntesten u. schillerndsten Vertretern der neotropischen Vogelwelt. Obwohl viel bestaunt, wird ihre Pflege doch oft gescheut. Als Frucht- u. Insektenfresser sind sie, was die Fütterung u. Reinigung der Käfige angeht, recht arbeitsaufwendig. Bei einigen Gn wie *Dacnis* ↗, *Cyanerpes* ↗ od. *Chlorophanes* ↗ trifft dies jedoch weniger zu. Lebhafte Vögel. Eingewöhnung, Fütterung usw. s. *Tangara* ↗. Durch zunehmende Unterschutzstellung u. Ausfuhrsperren etlicher Herkunftsländer wird die An-Vielfalt in jüngster Zeit doch stark eingeengt.

Dacnis. G der Dacnidinae ↗. 3 An. M-Amerika u. Großteil S-Amerikas. Kleinere Naschvögel, deren Hauptnahrung aus Blütennektar u. Insekten ↗ besteht. Daneben werden Beeren ↗ u. Obst ↗ genommen. Leben in Dauerehe, sind meist paarweise od. in gemischten Flügen anzutreffen. Nester beutelförmig geschlossen mit oberem seitl. Einflug. Die 2—3 weißlichen braun gesprenkelten Eier werden vom ♀ allein 12 Tage bebrütet. Nach ca. 18 Tagen verlassen die Jungen das Nest u. werden nach 3 Wochen selbständig. Ernährung usw. s. *Tangara* ↗.

— *D. cayana,* Blaukopfpitpit. ♂: kräftig himmelblau. Stirn, Zügel, langer Kehlfleck, Schulter, Flügel u. Schwanz schwarz. Flügelfedern blau gesäumt. Schnabel schwarz, am Grunde des Unterschnabels fleischfarben. Auge rotbraun. Füße fleischfarben. ♀: grasgrün, Kopf bläulich, Kehlfleck grau. 10 cm. 8 UAn. M- u. S-Amerika bis S-Brasilien, Paraguay u. NW-Argentinien. In Sekundär- u. Regenwäldern, aber auch innerhalb größerer Ansiedlungen. Zucht verschiedentl. geglückt. Brütendes ♀ wird vom ♂ ab u. zu gefüttert. Oft ist es zweckmäßig, das ♂ abzutrennen, wenn die Jungen geschlüpft sind, da es erneut in Brutstimmung kommen u. die Aufzucht stören könnte, zumal der Hauptfütterungsanteil beim ♀ liegt. Ab u. zu importiert.

— *D. venusta,* Rotschenkelpitpit. ♂: OS, Halsseiten u. Schulterfleck hellblau. Stirn, Zügel, Flügel, Schwanz u. gesamte US samtig schwarz. Schenkelbefiederung rot. Schnabel schwarz. Auge braun. Füße dunkelbraun. ♀: OS graublau, Kehle u. Brust grau, restl. US gelblich. 11—12 cm. 2 UAn. Kostarika bis NW-Ekuador. Oft in gemischten Flügen mit kleineren Tangaren. Selten eingeführt.

Dafila. G der Anatidae ↗, UF Anatinae ↗. 3 An.

— *D. acuta,* Spießente. ♂: BK Kopf dunkelbraun u. Nacken schwarz. Vorderhals, Brust u. Bauch weiß. Flanken u. Rücken grau. Mittl. Schwanzfedern spießartig verlängert. Spiegel grün, metallisch schillernd. Schnabel hell blaugrau mit schwarzem First. Füße dunkelgrau. RK dunkel ♀-farben. ♀: ähnl. dem ♀ der Stockente ↗, aber mehr grau, langgestreckter u. mit verlängerten Schwanzfedern. Schnabel wie beim ♂. 60—65 cm. Über N-Europa, W- u. N-Amerika verbr. In M-Europa spärlicher Brutvogel. Winterquartiere sü. der Brutgebiete u. in Afrika. In der Brutzeit besiedelt sie Binnenseen, Flußniederungen u. Küstengebiete. Nester werden in Ufervegetation auf trockenem Grund errichtet. Gelege besteht aus 7—10 Eiern u. wird 23 Tage vom ♀ bebrütet. Nahrung vorwiegend pflanzlich. Häufig gehaltene A. Unterbringung auf größeren Teichen am günstigsten. Sehr verträglich u. bei offenem Wasser absolut winterhart. Eiablage in Ufervegetation od. Nistkästen. Künstliche Aufzucht leicht u. erfolgreich. Juv. mit 7 Wochen flugfähig u. nach 1 Jahr geschlechtsreif. Mischlinge mit Enten verschiedener Gn.

— *D. georgica,* Spitzschwanzente. ♂: überwiegend braun. Kopf fein gepunktet. Kehle aufgehellt. Körpergefieder mit hellen Säumen. Spiegel schwarz, metallisch schillernd u. gelbbraun eingefaßt. Mittl. Schwanzfedern verlängert. Schnabel hellgelb mit dunkelgrauem First. Füße grau. ♀ wie ♂, aber mit kürzerem Schwanz, kleiner. 65 cm. 3 UAn. In S-Amerika von Kolumbien bis Feuerland verbr. Außerdem auf einigen Inselgruppen im S-Atlantik. Ernährt sich vorwiegend von Pflanzenteilen. Zur Brutzeit auf vegetationsreichen Flachseen u. feuchten Wiesen. Nester in Ufervegetation. ♀ brütet 24—26 Tage auf 6—12 Eiern. Im Gehege meist Chile-Spitzschwanzente *(D. g. spindicauda)*. Friedlich u. winterhart. Haltung u. Zucht unproblematisch. Eiablage in Ufervegetation, seltener in Nistkästen. Mischlinge mit anderen Enten kommen vor.

Dajal *(Copsychus saularis)* → *Copsychus*
Dajaldrossel *(Copsychus saularis)* → *Copsychus*
Damadrossel *(Geokichla citrina)* → *Geokichla*
Damara-Baumhopf *(Phoeniculus damarensis)* → *Phoeniculus*

Dämmerungsschaltung. In Unterkünften mit exotischen Vögeln macht sich im Winter eine künstl. Verlängerung des Tages erforderlich, damit diese entspr. lange Zeit zur Nahrungsaufnahme u. zur körperlichen Aktivität haben. Die Hellphase beträgt 12—14 Stunden. Ihre Regulierung erfolgt am besten mittels einer Schaltuhr. Sehr günstig ist es, wenn das Licht über einen zwischengeschalteten Widerstand langsam verlöscht u. so eine Zeit der Dämmerung simuliert wird.

Damophila, Juliakolibris. G der Trochilidae ↗. 1 A. Von Kostarika bis W-Ekuador. Vorzugsweise im tropischen Tiefland an Waldrändern u. an der Mangroveküste. Sehr aggressiv, sollten am besten einzeln eingewöhnt werden. Nach der ersten Mauser sehr ausdauernd. Unterbringung unbedingt in großen Flugkäfigen ↗, können mit größeren An zusammen gehalten werden. Im Zool. Institut der Technischen Universität Braunschweig hielt D. POLEY ↗ 1 Exempl. länger als 2 Jahre. Nestbau u. Eiablage bei W. SCHEITHAUER ↗ gelungen.

— *D. julie,* Juliakolibri. ♂: OS metallischgrün, Bürzel mit Bronzeschimmer. Kopf-OS, Kehle glitzernd grün, Brust, Unterkörper glitzernd veilchenblau. Unterschwanzdecken u. Schwanz blauschwarz. Schnabel schwarz, Unterschnabel rötlich mit schwarzer Spitze. ♀: Kopf-OS wie der Rücken. US weißgrau; Unterschwanzdecken dunkelbraun, äußere Steuerfedern mit graubraunen Spitzen. Juv. wie ♀. 8,0 cm.

Daption. G der Procellariidae ↗. 1 A. Sü. Meere. Brüten an Küste der Antarktis, auf S-Georgia, S-Shetland- u. S-Orkney-Inseln, Heard-, Crozet-, Kerguelen-, Snares-, Antipoden-, Bounty-, Campbell-Inseln.

— *D. capensis,* Kapsturmvogel. ♂ u. ♀: rußbraun, OS mit Schachbrettmuster. Flügel- u. Oberschwanzdecken weiß mit rußbraunen Federspitzen. US weiß. Unter dem Auge kleiner weißer Streifen. Schnabel schwärzlichbraun. 36—38 cm. UAn.

Daptridae, Geierfalken. F der Falconiformes ↗. 4 Gn, 9 An. Kleine bis mittelgroße An. Variieren stark in der Gefiederfärbung. Alle An leben in Amerika. Bevorzugen die offene Landschaft, Pampas, aber auch im Hochgebirge auf den Plains. Soziale u. solitäre An. Sehr bewegungs-, vor allem lauffreudig. Beutetiere Insekten u. Reptilien, Eier, Kleinsäuger, aber auch Aas. Bauen kein eigenes Nest. Gelege 1—3 Eier. Über die Lebensweise ist nur wenig bekannt. In Gefangenschaft erst 2 An gezüchtet. An werden schon seit über 100 Jahren in Gefangenschaft gehalten. Einige An sind sporadisch im Tierhandel. Eingewöhnung ist meist unproblematisch, Tiere gewöhnen sich sehr schnell an den Pfleger, werden sehr zutraulich. Sind sehr agile u. wendige Vögel, sehr publikumsattraktiv. Zur Haltung u. Zucht eignen sich auch Schauvolieren (4 × 6 × 3 m), die teilweise wind- u. regengeschützt sein müssen. Maschendrahtbespannung (mit einer Weite von 80 × 80 mm). Fundament muß mindestens 30 cm tief sein, die meisten An graben gern. Naturboden mit teilweiser Bepflanzung günstig. Als Sitzgelegenheiten Sitzstangen aus Naturholz, Stammstücken u. Felsbrocken. Regelmäßige Pflege u. breites Futterspektrum. Langsam auf europ. Klima umstellen (1—2 Jahre), dann winterhart bis ca. —12 °C. Nahrung Sperlinge, Küken, Junghühner, Labormäuse, -ratten (frischtot). In größeren Abständen Süßwasserfisch u. kleinere Mengen Pferdefleisch. Badebecken sind unbedingt erforderlich, s. Falconidae ↗. Zur Zucht sind in die Voliere ↗ Felsnischen od. entspr. Horstunterlagen sowie versch. Nistmaterial, auch grüne Zweige, einzubringen. Reichl. füttern. Störungen vermeiden. Greifvögel in Nachbarvolieren stören nicht. Einige An sind teilweise bedroht, andere sehr häufig.

Darwinnandu *(Rhea pennata)* → Rhea
Darwinstrauß *(Rhea pennata)* → Rhea

Dathe, Heinrich Curt, Dr. sc., Dr. hc., geb. 7. 11. 1910 in Reichenbach/Vogtl. Abitur Nikolaischule Leipzig 1930, Studium der Naturwissenschaften in Leipzig. Ab 1934 Volontär, Assistent, Direktorialassistent am Zoo Leipzig. 1936 Promotion zum Dr. phil. an der Universität Leipzig. Seit 1954 Direktor des Tierparks Berlin. Baute in unermüdlicher, überaus verdienstvoller Weise den weltbekannten Tierpark Berlin auf. Von 1955—1957 kommissarischer Direktor des Zoo Leipzig. 1957 Berufung zum Professor. Seit 1958 Direktor der Forschungsstelle für Wirbeltierforschung (im Tierpark Berlin) der Akademie der Wissenschaften der DDR. 1970 Verleihung des Dr. med. vet. h. c. (Humboldt-Universität Berlin). 1972 Promotion zum Dr. sc. nat. an der Humboldt-Universität Berlin. Vorsitzender des ZFA Ornithologie u. Vogelschutz des KB der DDR u. der Kommission für Tiergärten beim Ministerium f. Kultur. Die Ornithologie der DDR erfuhr unter seiner Leitung eine wahre Heimstatt mit allen Zweigen der Zoologie. Zahlreiche Arbeiten in Fachzeitschriften, Herausgeber u. a. von «Der Zoologische Garten» (NF), «Beiträge zur Vogelkunde», «Handbuch der Vogelliebhaberei», bedeutende Publikationen über Limicolen (Regenpfeifer ↗, Strandläufer ↗), Fortpflanzungsbiologie (Vögel u. Säuger), Vogelzug (Kra-

Juliakolibri

Daucus carota

Dathe, Heinrich

niche ↗, Enten ↗). Unzählige Sendungen im Rundfunk u. im Fernsehen. Viele Auslandsreisen, u. a. O- u. N-Afrika, Burma, Sri Lanka, Java, Japan, Kuba, Venezuela, USA. Zahlreiche Auszeichnungen, z. B. Vaterländischer Verdienstorden in Gold, Stern der Völkerfreundschaft in Gold, Banner der Arbeit, Nationalpreis, Goethepreis der Hauptstadt Berlin, Gerhart-Eisler-Plakette in Gold, Goldener Lorbeer des Fernsehens der DDR; Corresponding Fellow American Ornithologist's Union.

Daucus carota, Mohrrübe, Möhre, Karotte. Hühner ↗ u. Fasanen ↗, aber auch Papageien ↗ zerkleinern D. c. vor der Nahrungsaufnahme selbständig. Für kleinere Vogel-An, u. in der Weichfuttermischung (auch als Saft) werden sie geschabt verabreicht. Wertvolle Komponente bei der Aufzucht zahlreicher Vogelgruppen. Bedingt durch den hohen Karotingehalt soll die Ausbildung der roten Gefiederfarbe bei versch. Vogelgruppen durch D. c.-Fütterung unterstützt werden.

DBV → Deutscher Bund für Vogelschutz e. V.
Defilippistärling *(Sturnella defilippii)* → *Sturnella*
Delothraupis. G der Thraupinae ↗. 1 A. Lebensweise u. Haltung weitgehend unbekannt. Hauptnahrung Insekten ↗. Eingewöhnung, Futter usw. s. *Tangara* ↗. Weniger wärmebedürftig.
— *D. castaneoventris,* Braunbauch-Bergtangare. Synonym mit *Dubusia castaneoventris.* ♂ u. ♀: OS dunkel graublau. Stirn, Zügel u. Ohrdecken schwarz. Überaugenstreif weißlich. US kastanienfarbig. Kinn heller mit schwärzlichem Bartstreifen. Schnabel schwärzlich. Füße dunkelbraun. 15 cm. 2 UAn. Gemäßigte Zonen der bolivianischen Anden. Im letzten Jahrzehnt kamen wenige Exempl. nach Europa.

Demerarasittich *(Pyrrhura egregia)* → *Pyrrhura*
Dendrocitta, Baumelstern. G der Corvidae ↗. 6 An. Mit langem Schwanz u. kurzem gekrümmtem Schnabel. O-Asien.
— *D. formosae,* Graubrust-Baumelster. ♂ u. ♀: Stirn u. Kehle schwarz, Nacken grau, Ohrdecken braun, Rücken u. Schultern rötlichbraun, Schwanz schwarz, mittl. Federn aschgrau. Schwingen schwarz, Handschwingen weiß. US grau, zum Bauch heller. Auge rotbraun. Schnabel u. Füße dunkelgrau. 30—36 cm. Himalaja-Gebiet, O-Indien, Burma, Hinterindien, W- u. S-China u. Taiwan. Bewohnt offenes Kulturland bis 2300 m Höhe. Nahrung Insekten, Samen, Früchte. Nest niedrig aus Reisern. u. Wurzeln. Gelege 3—4 grüngraue Eier mit großen braunen Flecken. Sehr selten gehandelt. Haltung u. Zucht s. *Crypsirina.* *D. f. himalayensis,* Himalaja-Baumelster. UA des we. Verbr.-Gebietes, von NEUNZIG ↗ als eigene A behandelt. Farben sollen hier intensiver sein u. mehr glänzend. *D. f. sinensis,* Chinesische Baumelster. UA des öst. Verbr.-Gebietes, von NEUNZIG als eigene A behandelt. Gefieder mit weniger Glanz, Farben verwaschener, Armschwingen nur noch mit weißem Fleck.
— *D. frontalis,* Maskenbaumelster. ♂ u. ♀: Stirn u. Kehle schwarz. Vom Hinterkopf über Nacken zu Brust u. Bauch weiß, Schulter rotbraun. Flügel schwarz mit kleinem weißem Spiegelfleck. Schwanz schwarz, mittl. Deckfedern weiß mit dunkler Spitze. Schnabel schwarz. Auge dunkel. Füße grau. Öst. Himalaja-Gebiet, N-Burma, N-Laos, N-Vietnam. Sehr selten gehandelt. Eingewöhnung möglich, z. B. Vogelpark Walsrode ↗, Haltung u. Zucht s. *Crypsirina.*
— *D. vagabunda,* Wanderelster. ♂: Kopf u. Hals rauchbraun, übrige OS rostbraun, US hell rostbraun. Flügel u. Schwanz schwarzgrau mit breitem weißem Band. Schnabel schwarz, Auge rot. Füße grau. ♀: Gefieder mehr braun u. matter. 40—45 cm. Vorder- u. Hinterindien. Bewohnt Wälder u. Siedlungen. Nahrung Insekten, Früchte, Eier u. Jungvögel. Nest hoch auf Bäumen aus Halmen. Gelege 4—5 sehr variable Eier, die von ♂ u. ♀ in 14 Tagen abwechselnd erbrütet werden. Im Handel selten. Eingewöhnung, Haltung, Zucht s. *Crypsirina.*

Dendrocolaptinae, Eigentliche Baumsteiger. UF der Furnariidae ↗. 9 Gn, davon G *Campylorhamphus* ↗ besprochen.
Dendrocopos, Buntspechte. G der Picidae ↗. 15 An. Weltweit außer S-Äthiopien, Madagaskar, tropisches S-Amerika, Neuguinea, Australien. Vorwiegend Baumbewohner. Nahrungserwerb durch Hakken. Beim Klettern an Stämmen wird der Oberkörper weit vom Stamm abgehalten, der Lauf wird gegen den Stamm abgewinkelt. Nahrung Ameisen, Fliegen, Blattläuse, Nüsse, Koniferenzapfen, Obst. Selten im Handel. Ad. Wildfänge nur allmähl. zutraulich, handaufgezogene Vögel häufig futterzahm. Haltung paarweise in geräumigen Freiflugkäfigen mit Schlafhöhle u. ausreichenden Kletter- sowie Hackbäumen. Ausländ. An frostfrei überwintern. Futter Rinderfett-Weichfutter mit Ameisenpuppen, rohem Hackfleisch, grob geschabtem Rinderherz u. Rinderleber, Chedarkäse, zusätzl. lebende Insekten od. -larven, Sonnenblumenkerne, Hasel-, Wal- u. Erdnüsse, Na-

Dendrocygna

193

Maskenbaumelster oder Himalaja-Baumelster

delholzsamen. Zucht bei einheimischen An selten, gelegentl. Handaufzucht.
— *D. major,* Buntspecht. ♂: Rücken schwarz, große, weiße Schulterflecke, US am Schwanzansatz rot; schwarzer Bartstreif u. breites, schwarzes Wangenband bis zum Hinterkopf, roter Nackenfleck. ♀: ohne roten Nackenfleck. Juv. mit rotem Scheitel. 23—26 cm. Europa, N-Afrika, Asien bis einschließl. Japan; in M-Europa meist häufigster Specht; weit verbr. Brutvogel. Laub-, Nadelwälder, Parkanlagen u. Obstgärten. Das Erbeuten der Nahrung erfolgt durch Ablesen von Stämmen, Zweigen u. Blättern, durch Stochern, Hacken u. Spießen mit der verhornten Zungenspitze. Größere, lebende Beute, Nüsse u. Koniferenzapfen werden in der sog. Schmiede zerhackt. Bruthöhle mit Späneansammlung auf dem Boden vor allem in kernfaulen, oft auch ziemlich festen Bäumen, gewöhnlich mehr als 3 m über dem Erdboden. Gelege 3—8 Eier. Brutdauer 12—13 Tage. Juv. fliegen nach 18—21 Tagen aus, werden von beiden ad. Vögeln gefüttert. Jungvögel u. verletzte ad. Vögel, die in Gefangenschaft kommen, werden schnell futterzahm u. sehr zutraulich. Haltung in Freiflugvolieren (8,00 × 1,00, × 2,50 m) aus Hartholz (Eisenbahnschwellen) od. Metall. Gegen artfremde Volierenbewohner manchmal angriffslustig od. frißt deren Eier. Ernährung während der Handaufzucht frische Ameisenpuppen, Nüsse u. Obst.
— *D. medius,* Mittelspecht. ♂: hellroter Scheitel ohne Schwarz, schwarzes Querband an den Kopfseiten reicht nicht bis zum Genick; schwarzer Bartstreif unvollständig; Bauch rosarot; Brust mit kräftiger schwarzer Flankenstreifung. ♀: matter mit heller rotem Scheitel. Juv. matthellroter Scheitel; Bauch schmutzig rosenrot. 19—21 cm. Europa, Vorderasien, in M-Europa meist spärlicher Brutvogel. Bewohnt Laubwälder, bes. Erlen-, Eichen- u. Auwälder. Bruthöhle ohne Nestmaterial meist in mittl. u. höheren Etagen der Baumschicht. Gelege 4—6 Eier, Brutdauer 12 Tage. Juv. fliegen nach 22—25 Tagen aus u. werden von beiden Ad. gefüttert. Eingewöhnung, Haltung wie *D. major.*

Dendrocygna. G der Anatidae ↗, UF Dendrocygninae ↗. 8 An.
— *D. arborea,* Kubapfeifgans. ♂ u. ♀: Kleingefieder dunkelbraun mit hellen Säumen. Kehle weißlich. Schwarzes Band am Hinterhals. Flanken weiß gefleckt. Federn des Hinterkopfes wenig verlängert. Schnabel schwarz, Füße schwarzgrau. Auffallend hochbeinig. 50—56 cm. Antillen u. Bahama-Inseln. Bewohnt Sumpf- u. Mangrovewälder im Binnenland u. an der Küste. Bestandsgefährdet. Nester in Bodenvegetation od. Baumhöhlen. Wie bei allen An dieser G werden sie nicht mit Dunen ausgepolstert. 10—14 Eier werden, wie auch bei den anderen *Dendrocygna*-An, von ♂ u. ♀ bebrütet. Jungenaufzucht ebenfalls durch beide Partner. Brutdauer ca. 30 Tage. Nahrung bilden versch. Pflanzenteile; bevorzugt werden Früchte der Königspalme. Robusteste A der G. Haltung auf großen Gemeinschaftsanlagen od. paarweise in Einzelgehegen. Zur Fortpflanzungszeit mitunter aggressiv. Überwinterung frostfrei. Zucht bei passenden Partnern nicht schwierig. Eiablage in Nistkästen. Nachgelege. Küken sehr wärmeliebend; können mit Eltern od. unter Wärmequellen aufgezogen werden. Mit 2 Jahren geschlechtsreif. Bastarde mit An der G sind möglich, aber selten.
— *D. arcuata,* Wanderpfeifgans. ♂ u. ♀: Kleinge-

15 Tage alte Buntspechte in aufgemeißelter Höhle

Dendrocygna

fieder rostbraun. Kopfplatte, Nacken u. Rücken schwarz. Kopfseiten u. Kehle aufgehellt. Wenig verlängerte gelbe Flankenfedern. Schnabel schwarz, Füße dunkelgrau. *D. a. arcuata* 57 cm. 3 UAn. Von Philippinen bis N-Australien verbr. Bewohnt die Umgebung großer nahrungsreicher Gewässer. Nester in Ufervegetation. 6—14 Eier. Brutdauer ca. 30 Tage. Brut u. Jungenaufzucht durch beide Eltern. Nahrung: Land- u. Wasserpflanzen. Selten gehalten. Frostfreie Überwinterung. Zucht bisher selten gelungen.

— *D. autumnalis,* Herbstpfeifgans. ♂ u. ♀: Kopf-OS, Hals u. Rücken kastanienbraun. Gesicht u. Brust grau. Nö. UA mit kastanienbrauner Brust. Bauch u. Flanken schwarz. Schnabel zur Brutzeit leuchtend rot, sonst rosarot. Füße fleischfarben. 50—55 cm. 2 UAn. Sü. UA kleiner. Hochbeinig mit aufrechter Haltung. Beide UAn im Gehege häufig vermischt. Im subtropischen u. tropischen Amerika über S-Texas bis N-Argentinien verbr. Bewohnt vegetationsreiche Gewässer in Kulturlandschaften u. Waldgebieten. Nester werden in Baumhöhlen od. in der Bodenvegetation angelegt. Gelege mit 12—16 Eiern. Brutdauer 25—30 Tage. Brut- u. Jungenaufzucht durch ♂ u. ♀. Nahrung besteht vorwiegend aus Gräsern u. Wasserpflanzen. Haltung in Gemeinschaftsanlagen, da vorwiegend friedlich. Nicht winterhart. Zucht gelingt nicht regelmäßig. Eier werden in Nistkästen abgelegt. Juv. sehr wärmebedürftig. Mit 8 Wochen flugfähig. Frißt neben Gras u. Mischfutter sehr gern Wasserlinsen.

— *D. bicolor,* Gelbe Pfeifgans. ♂ u. ♀: Kopf u. Hals braun. Brust, Bauch u. Flanken gelbbraun. Rücken u. Flügeldecken schwarzbraun mit hellen Federsäumen. Schnabel dunkelgrau, Füße blaugrau. 45—50 cm. Weit verbr. Brutvogel im sü. N-Amerika, in S-Amerika sü. bis Argentinien, im zentralen u. öst. Afrika, auf Madagaskar u. in Vorderindien. Ein Teil der Population wandert im Winter in nö. bzw. sü. Gebiete. Bewohnt fast alle Gewässertypen des Verbr.-Gebietes. Sehr gesellig u. ruffreudig. Meist nachtaktiv. Errichtet großes Nest aus Pflanzenteilen der Ufervegetation. 10—15 Eier werden von ♂ u. ♀

Gelbe Pfeifgans oder Gelbbrustpfeifgans

Gelbfuß-Pfeifgans oder Sichelpfeifgans

28 Tage bebrütet. Nahrung besteht vorwiegend aus Teilen von Wasser- od. Kulturpflanzen. Oft sind Reiskörner Hauptnahrung. Haltung in Gemeinschaftsanlagen. Relativ widerstandsfähig. Im Winter frostfreie Unterkunft. Zucht gelingt regelmäßig u. ist oft sehr ergiebig. Küken sind wärmebedürftig.

— *D. eytoni,* Sichelpfeifgans. ♂ u. ♀: Kopf u. Hals gelbbraun mit aufgehellter Kehle. Brust braun. Rücken dunkelbraun. Gelbe Flankenfedern sichelähnl. verlängert u. über den Rücken hinausragend. Schnabel rotbraun mit schwarzer Fleckung. Füße fleischfarben. 50 cm. Brutvogel in Australien. Bewohnt tropische Graslandschaften in Wassernähe. Brut während der Regenzeit. Nester in Bodenvegetation. 10—12 Eier werden 28—30 Tage bebrütet. Jungenaufzucht an Gewässerufern. Nahrung Gras u. andere Pflanzenteile. Außerhalb der Brutzeit in großen Trupps. Meist nachtaktiv. Haltung in größeren Gehegen mit kurzem Rasen. Wenig brutfreudig. Oftmals werden unbefruchtete Eier abgelegt. Mischlinge mit anderen An der G bekannt.

— *D. guttata,* Tüpfelpfeifgans. ♂ u. ♀: Kleingefieder dunkelbraun mit weißen Tupfen an Flanken u. US. Kopf u. Kehle grau. Schnabel u. Füße grau mit rötlichem Anflug. 45 cm. Auf einigen indonesischen Inseln u. Neuguinea Brutvogel. Freileben wenig erforscht. Lebt in mit Büschen bewachsenen Sumpfgebieten. Nester in Baumhöhlen od. Bodenvegetation. 6—12 Eier werden 28—30 Tage bebrütet. Sehr selten gehalten. Haltung meist in Volieren mit frostfreiem Innenraum. Zucht bisher nur in wenigen Fällen gelungen.

— *D. javanica,* Zwergpfeifgans. ♂ u. ♀: *D. bicolor* sehr ähnl., aber kleiner, mit gelbem Augenring u. braunen statt gelben Oberschwanzdecken. Schnabel u. Füße blaugrau. 40 cm. Brutvogel in Vorder- u. Hinterindien, Sri Lanka u. auf einigen Sundainseln. Im Verbr.-Gebiet meist häufig. Bewohnt Flachgewässer im Dschungel u. im Kulturland. Nachtaktiv. Nester in Baumhöhlen od. Bodenvegetation. 7—12 Eier werden ca. 28 Tage bebrütet. Nahrung aus Teilen von Sumpf-, Wasser- u. Kulturpflanzen. Selten gehalten u. gezüchtet. Gut eingewöhnt, aber ausdauernd. Nicht winterhart. Bei Eiablage stets zahlreiche unbefruchtete Eier. Küken empfindlich.

— *D. viduata,* Witwenpfeifgans. ♂ u. ♀: Geringe Variationen der Zeichnung sind kein Hinweis auf unterschiedl. Geschlechter. Stirn u. Kehle weiß. Hinterkopf u. Nacken schwarz. Hals u. Brust kastanienbraun. Rückengefieder braun mit hellen Säumen. Flanken schwarz u. weiß gebändert. Schwarzer Bauchstreif. Schnabel schwarz. Füße blaugrau. 40—45 cm. Brutgebiete im tropischen S-Amerika, in Afrika sü. der Sahara mit Ausnahme der Südspitze sowie auf Madagaskar. Bewohnt nahrungsreiche Binnengewässer. Gesellig u. vorwiegend nachtaktiv. Nester in Ufervegetation od. Baumhöhlen. 8—12 Eier werden von ♂ u. ♀ 28 Tage bebrütet. Nahrung Pflanzenteile u. kleine Wassertiere. Haltung in Gruppen in Gemeinschaftsanlagen od. paarweise in Einzelgehegen. Zucht nicht häufig. ♀♀ erbringen mehrere Gelege. Nester in Ufervegetation. Küken sind sehr wärmebedürftig u. nehmen anfangs Futter am liebsten aus dem Wasser.

Dendrocygninae, Pfeifgänse. UF der Anatidae ↗. 2 Gn, 9 An.

Dendronessa. G der Anatidae ↗, UF Anatinae ↗. 1 A. O-China, Japan u. angrenzende Gebiete. Bewohnen Seen, Teiche u. Flußläufe in Laubwäldern. Tiere aus dem N des Brutgebietes wandern im Herbst nach S. Fressen jedes Misch- u. Fertigfutter, daneben gern Wasserlinsen. Brüten vorzugsweise in Baumhöhlen. Eine der am häufigsten gehaltenen Zierenten. Unterbringung am zweckmäßigsten in Kleingehegen od. Volieren, von größeren Teichanlagen entweichen sie gern. Erpel mitunter unverträglich. Im Winter härter als Brautenten. Zucht nicht schwierig, bei künstl. Aufzucht aber oft durch Unruhe der Küken erhebliche Verluste. In Nistkästen werden 8—12 Eier abgelegt, die 28—30 Tage bebrütet werden. Mit einem knappen Jahr geschlechtsreif. Aus eingegangenen Mischehen resultieren keine befruchteten Eier, da ihre Chromosomenzahl von der anderer Enten abweicht. Mehrfach beabsichtigt od. unbeabsichtigt in europ. Fauna zu finden.
— *D. galericulata*, Mandarinente. ♂: außerordentl. bunt. Mit sich nach hinten verjüngender Haube aus grün- u. purpurglänzenden Federn u. breitem weißem Band. Federn der Kopfseiten u. der Kehle bilden einen goldgelben Kragen. Kropf dunkelviolett, Körperseiten lehmgelb mit feiner schwarzer Wellung, dazwischen 2 senkrechte weiße Bänder, die

Witwenpfeifgans

schwarz eingefaßt sind. Bauch u. Unterschwanzdecken weiß. Auf dem Rücken stehen die goldgelben Fahnen zweier Armschwingen segelartig nach oben. Schnabel rot. Füße gelborange. ♀-farbiges RK. ♀: überwiegend grau. US weiß mit heller Kehle u. weißem Augenstreif. Schnabel grau. 45 cm.

Dendroperdix, Baumfrankoline. G der Perdicinae ↗. 2 An. Geschlechter unterschiedl. gefärbt. Gestrecktere Form als Rebhühner ↗. Bevorzugen offene feuchte Wälder. Fressen Knollen, Körner, Beeren u. Insekten. Fütterung, Haltung, Aufzucht s. *Alectoris*.
— *D. sephaena*, Gehäupter Steppenfrankolin. ♂: schwarzbraunes Scheitelband von Schnabelansatz bis Hinterkopf. Weißer Überaugenstreif. Schwarzer Streifen von Schnabelwurzel durch Auge bis Ohrdecken. Helle Kehle. Halsseiten- u. Hinterhalsfedern hell mit braunem Fleck, in schwarze Flecken übergehend. Bauch isabell mit graubräunlicher Querstreifung. Rücken bräunlich mit hellen Federschäften. Innenfahnen der Schwingen schwarz, ebenso Schwanzfedern, Sporen. ♀: Bürzel feiner gestreift in braun u. schwarz. Juv. feine braune Streifen auf gelblichbraunem Grund. Schnabel braun. Iris haselnuß. Läufe rot. 33—35 cm. UAn. *D. s. rovuma*, Kirkfrankolin. Überwiegend braune Töne. Äthiopien bis S-Angola, SW-Afrika, Transvaal u. Moçambique. Bevorzugt lockere Urwälder u. feuchte Akazienwälder. Paarweises Auftreten, oft mit größeren Jungtieren. Baumen auch tags auf. Gelegestärke 4—9 Eier, weiß, cremefarbig od. rosa, hartschalig. 39,3 × 30,4 mm. Brutdauer 19 Tage.

Dendrospiza, Zeisig-Girlitze. G der Carduelidae ↗. 6 An. Mittelgroß, grün, kräftig gestreift. O- u. S-Afrika. Bewohner feuchterer, geschlossener Waldgebiete. 1 A regelmäßig, 1 selten importiert. Außerhalb der Brutzeit ruhige, zutrauliche Käfig- u. Volierenbewohner. ♂ trägt Nistmaterial zu, ♀ verbaut u. brütet alleine; beide Ad. beteiligen sich an der Jungenaufzucht. Winterhart.
— *D. citrinelloides*, Dünnschnabelgirlitz, Streifengirlitz. ♂ u. ♀: schlank, grün mit kräftig gestreifter OS u. Flanken, Bauch gelblich grün, Gesicht grau. Auffälliger schlanker Schnabel. 12,5 cm. UAn, auch *hyposticta*. S-Sudan über Kenia bis N-Moçambique. Im Hochland. Nahrung im Freiland vorwiegend Kompositen; nimmt in Gefangenschaft Hirse, Waldvogelfutter ↗ (gekeimt!), viel Grünfutter ↗, gelegentl. Obst u. Insekten an. Selten importiert, aber leicht zu halten. A-Zugehörigkeit teilweise unklar.
— *D. scotops*, Waldgirlitz (Schwarzkinngirlitz). ♂: vorwiegend moosgrün, Kopf u. Rücken kräftig gestreift; ein schwarzer Kinnfleck deutl. von der gelben Kehle abgehoben; Brust gelblichgrün, fein gestreift, Bauch gelber u. stärker gestreift. ♀ wie ♂, aber mit grauem, gestreiftem Kinn. Juv. wie ♀, bräunlicher grün, stärker, aber unregelmäßiger gestreift; Schnabel sehr kräftig, klobig. 13,5 cm. S-Kapprovinz bis N-Transvaal. In Wäldern. Nahrung gröbere Samen, Beeren u. Früchte; im Käfig leicht an Waldvogelfut-

Dendrotreron

ter (auch gekeimt), Grünfutter u. süßes Obst zu gewöhnen. Ab u. zu Insekten reichen! Ausdauernd u. winterhart. Nistet in Bäumen; ♂ brütet 2—4 weiße, vorwiegend am stumpfen Pol rotbraun gesprenkelte Eier 14 Tage; Juv. fliegen mit 17 Tagen aus, sind mit 7—9 Wochen selbständig. Betreuung der Nestlinge durch beide Partner. Wiederholt gezüchtet.

Dendrotreron. G der Columbidae ↗ (früher zu *Columba*). 6 An. Afrika, S-Asien.
— *D. arquatrix*, Oliventaube. ♂: Kopf von Stirn bis Scheitelmitte, Zügel tief purpurrot. Hinterkopf, Nakken silbergrau. Wangen, Kehle, Hals rötlich, zunehmend mit lila Tönung. Mantel, Schulter, innere Flügeldecken rotbraun, etwas weißfleckig. Breiter Flügelrand vom Bug an grau. Schwingen grau überflogen. Schwanz schwarz. US purpurrot mit weißen Flecken, deren Dichte nach hinten abnimmt. Unterschwanzdecken grau, weißlich gerandet. Iris grau od. graugrün. Augeneinfassung, Schnabel, Beine hellgelb. ♀ wie ♂, nur etwas matter. 36—38 cm. Lebt in ost- u. südafrikanischen Bergwäldern bis 3 200 m ü. NN von Äthiopien bis zum Kap, we. bis Angola u. S-Zaïre. Hält sich überwiegend in den Baumkronen auf, wo sie den größten Teil ihrer Nahrung (Früchte, Beeren) aufnimmt. Überwindet beachtliche Entfernungen, um fruchtende Oliven, *Ficus*, *Podocarpus*, *Calodendron*, *Olea*, *Ocotea*, *Trema* usw. aufzusuchen. Zu diesem Zwecke oftmals einen ganzen Tag vom Standort abwesend, um sich aus dem Bergland ins Flachland zu begeben. Nur gelegentl. auf den Boden herabkommend, wo vor allem Samen, Mineralien u. Steinchen für die Verdauung aufgesammelt werden. Führt Balzflüge vor. Vermutl. brüten i. d. R. mehrere Paare dicht beisammen. Nester in Bäumen u. Sträuchern. Gelege 1, seltener 2 weiße Eier. Brutdauer 17 Tage (ermittelt in Gefangenschaft). Ersteinfuhr 1864, Erstzucht 1912 im Zoo London. Wird selten eingeführt, am ehesten in Tiergärten zu sehen. Als A, die zum Koloniebrüten neigt, ziemlich verträglich. Es ist deshalb zu empfehlen, mehrere Paare in einer geräumigen, möglichst hohen u. naturnah ausgestalteten Voliere zu vergesellschaften. Zum Brüten dann ein mehrteiliges Regal hoch oben anbringen. Warm überwintern. Futter Körnernahrung, durch Obst, Beeren, Grünes ergänzen.

Derby-Arassari (*Aulacorhynchus derbianus*) → *Aulacorhynchus*

Deroptyus. G der Amazoninae. 1 A. Nackenfedern groß, breit, bilden Kragen, der bei Erregung aufgerichtet wird. SO-Kolumbien, Guayana bis N-Mato Grosso. Ausfuhrsperre. Im ges. Verbr.-Gebiet im Tierra-firma-Wald (s. Veilchenpapagei ↗) anzutreffen, scheint Varzea-Wald (Veilchenpapagei), Waldränder u. Rodungen zu meiden, zumindest sü. des Amazonas. *D. a. fuscifrons* durch Abholzungen zurückgegangen, lebt vorwiegend nö. des Amazonas in mehreren Nationalparks u. Reservaten. Spezies im NO häufig, Population hier im wesentl. stabil. Im S des Amazonas lokal häufig. Bruthöhle hoch in Bäumen. Gelege meistens 4 Eier. Erstmalig 1856 in Europa (London). Selten im Handel gewesen, heute bes., einige Exempl. u. a. im Vogelpark Walsrode ↗. Hart, ausdauernd. Holzzerstörer. Stimme sehr laut, ruft häufig. Untereinander kontaktfreudig, zu artfremden Mitbewohnern sehr aggressiv, zuweilen auch gegenüber Pfleger (individuell unterschiedl.), aber stets während der Brutzeit, deshalb Kontrolle der Bruthöhle problematisch. Futter wie Cacatuidae ↗. Erstzucht BRD bei J. KENNING 1974. Paar allein halten. Boden der Bruthöhle reichl. mit feuchtem Holzmulm belegen. Gelege 2 Eier (Vogelpark Walsrode). Juv. schlüpfen nach 25 Tagen. Im Alter von 10 Wochen beginnen sie mit selbständiger Futteraufnahme. Manchmal auch Nachgelege (Vogelpark Walsrode).
— *D. accipitrinus*, Fächerpapagei. ♂: grün, Kopffedern u. die der Halsseiten erdbraun, mit hellen Schaftstrichen. Nackenfedern rotbraun, blau gesäumt, dadurch bandartige blaue Zeichnung. Gleichfalls so Brust-, Bauchfedern gefärbt. Schwingen schwarz, Schwanzfedern dunkelgrün, Spitzen blau. Schnabel grauschwarz. Auge schmutzig gelb, Augenring grauweiß. Füße grau. ♀ wie ♂, Schnabel kleiner, Augenring gering heller, Auge dunkler. Juv. blaue Federsäume schmal, Kopf-, Nackengefieder mit grünlichen Federn. Auge dunkel. 35 cm. 2 UAn. *T. a. fuscifrons* hat bräunlichgraue Stirn mit wenig Weiß durchsetzt. Bewohnt Provinz Pará sü. des Amazonas bis Mato Grosso, im O bis NW-Maranhão. Seltener als Nominatform im Handel. Durch Ausfuhrsperre in Vogelhandlungen zur Rarität geworden.

Desmarest-Keilschwanzzwergpapagei (*Psittaculirostris desmarestii*) → *Psittaculirostris*

Deutsche Ornithologen-Gesellschaft (DO-G). 1850 in Leipzig gegründet, ihr erster Vorsitzender war J. F. NAUMANN ↗, seinerzeit Altmeister der deutschen Vogelkunde. Die DO-G in ihrer heutigen Zielsetzung erstrebt ausschließl. die Förderung der Vogelkunde nach allen Richtungen, zudem in gemeinnütziger Form u. auf wissenschaftl. Grundlage. In diesem Rahmen fühlt sie sich allen Zweigen der Vogelkunde verpflichtet. Mittel der Förderung ist die Herausgabe der Zeitschrift «Journal für Ornithologie». Sie erscheint (seit 1853) 1982 im 123. Jahrgang u. ist damit eine der ältesten naturwissenschaftl. Zeitschriften u. die älteste ornithologische. Die DO-G beteiligt sich außerdem an der Herausgabe der Zeitschrift «Die Vogelwarte», dem Organ der Vogelwarten Radolfzell u. Helgoland. 1982 umfaßte die DO-G 2 400 Mitglieder, davon 10 % ausländische. Dem Zusammenhalt der Mitglieder u. dem Erfahrungsaustausch dienen alljährl. «Jahresversammlungen» an wechselnden (zumeist) Universitätsstädten. 1982 fand die 94. Jahresversammlung statt. Der DO-G steht ein Vorstand vor (Präsident, Vizepräsident, Generalsekretär, Schatzmeister, Schriftführer), der den Herausgeber des Journal für Ornithologie beruft. Der Vorstand wird auf den Jahresversammlungen in der Mitgliederversammlung gewählt.

Deutscher Bund für Vogelschutz e. V. (DBV). 1899 von LINA HÄHNLE als «Bund für Vogelschutz» gegründet. 1965 Erweiterung des Namens. 1984 gut 122 000 Mitglieder in 9 Landesverbänden (Bayern hat eigenen Verband — LBV). Größte Naturschutzorganisation der BRD. Ziele: Erhaltung einer vielartigen Vogelwelt, dazu vor allem Erhaltung, Pflege u. Gestaltung von Lebensräumen nicht nur von Vogel-An, sondern vor allem auch bedrohter Pflanzen u. anderer Tier-An. Wesentl. Aufgaben: umfassender Biotopschutz durch eine Zusammenarbeit mit Gesetzgeber u. Behörden, Kauf von Schutzgebieten, Unterstützung wissenschaftl. Untersuchungen. Seit 1972 wird vom DBV jährl. eine Vogelart zum «Vogel des Jahres» erklärt. Die so hervorgehobene Vogelart erfährt vielerlei Hilfe. Informationen u. Anleitungen über die zweimonatl. erscheinende Mitgliederzeitschrift «Wir und die Vögel»; Arbeitsblätter u. Seminare. Neben nationalem auch internationales Engagement für den Schutz der Vögel (z. B. Malta). Präsident bis 1984 Dr. CLAUS KÖNIG (15 Jahre lang), Nachfolger Prof. Dr. BERNDT HEYDEMANN.

Deutscher Kanarienzüchter-Bund

Deutscher Kanarienzücher-Bund e. V. (DBK), BRD. Gegründet 1947. Sitz Nürnberg. Vereinigung von Liebhabern u. Züchtern, die neben Kanarien auch Wellensittiche, Prachtfinken, Großsittiche u. andere exotische Vögel halten u. pflegen. Gibt für seine Mitglieder auch geschlossene Fußringe heraus. Alle Fachbeiträge u. Berichte erscheinen in eigener Vereinszeitschrift «Der Kanarienfreund».

Deutscher Wellensittichzüchter-Verein (DWV) → Austauschzentrale der Vogelliebhaber u. -züchter Deutschlands e. V. (AZ)

Deutsche Standard-Wellensittichzüchter-Vereinigung e. V. (DSV), BRD. Gegründet 1959, Sitz in Wetzlar. Spez. Züchter-Verein nur für Wellensittiche ↗. Schauen werden nach eigenen Richtlinien durchgeführt, die Bewertungen ↗ nach einem festgelegten Standard. Fachberichte u. Vereinsmitteilungen erscheinen in den vereinsinternen «DSV-Nachrichten».

Deville-Rotschwanzsittich *(Pyrrhura devillei)* → *Pyrrhura*

Diademamazone, UA → Rotstirnamazone
Diadembartvogel *(Tricholaema leucomelaena diademata)* → *Tricholaema*
Diademhäher *(Cyanocitta stelleri)* → *Cyanocitta*
Diademlori *(Eos histrio)* → *Eos*
Diademrotschwanz *(Diplootocus moussieri)* → *Diplootocus*

Dicruridae
197

Diademtangare *(Stepanophorus diadematus)* → *Stephanophorus*
Diademtaube, NN → Weißscheiteltaube
Diademweber *(Euplectes diadematus)* → *Euplectes*
Diamantamadine *(Stagonopleura guttata)* → *Stagonopleura*
Diamantpfäffchen *(Sporophila lineola)* → *Sporophila*
Diamanttäubchen *(Strictopelia cuneata)* → *Strictopelia*
Diarrhoe, Durchfall. Verflüssigung des normalen Kotes mit Veränderungen in Farbe, Geruch u. Häufigkeit des Absatzes. Die Ursachen sind versch. D. ist Begleitsymptom bestimmter spezifischer Erkrankungen der Vögel.

Dickcissel *(Spiza americana)* → *Spiza*
Dickichtschlüpfer *(Atrichornis rufescens)* → *Atrichornis*
Dickichtvögel → Atrichornithidae
Dickkopfnonne *(Munia melaena)* → *Munia*
Dickkopf-Schilffink *(Munia melaena)* → *Munia*
Dickschnabel-Blattvogel *(Chloropsis sonnerati)* → *Chloropsis*
Dickschnabelgirlitze → *Crithagra*
Dickschnabel-Grüntaube, NN → Papageienschnabeltaube
Dickschnabelkitta *(Urocissa caerulea)* → *Urocissa*
Dickschnabelkolibri *(Eugenes fulgens)* → *Eugenes*
Dickschnabelkrähe *(Corvus macrorhynchos)* → *Corvus*
Dickschnabelnonne *(Munia grandis)* → *Munia*
Dickschnabelorganist *(Euphonia laniirostris)* → *Euphonia*
Dickschnabelpfäffchen *(Sporophila simplex)* → *Sporophila*
Dickschnabeltangaren → Cissopinae
Dickschnabelturako *(Tauraco bannermani)* → *Tauraco*
Dickschnabelweber → *Amblyospiza*
Dickschnabel-Würgerkrähe *(Strepera graculina)* → *Strepera*

Dicruridae, Drongos. F der Passeriformes ↗. 2 Gn, 20 An. 17–37 cm. Bis zu den Spitzen der Schwanzfedern gemessen, erreichen einige An bis ca. 70 cm Länge. Gefieder allgemein schwarz, glänzend, auch stumpf matt mit grünlichem, bläulichem od. purpurnem Schimmer, nur 2 An dunkles bis weißlichgraues, ebenfalls glänzendes Federkleid. Viele An mit sehr unterschiedl. gestalteter Haube, einige mit auffällig schimmerndem Kehl- u. Brustgefieder, manche mit glänzenden lanzettförmigen Federn an den Halsseiten. G *Chaetorhynchus* mit 12 Schwanzfedern, G *Dicrurus* ↗ mit 10, Schwanz z. T. tief gegabelt, äußere Federn bei einigen An sehr lang, z. T. bis auf die Spitzen fahnenlos, allgemein nach außen gebogen. Flügel lang u. spitz. Schnabel kräftig, seitl. komprimiert, vorn hakenförmig abwärts gebogen. Lange, sehr kräftige Borsten am Ansatz. Beine kurz mit relativ langen Zehen u. Krallen. Afrika, S-Asien, Malaiische Inselwelt, Australien u.

Inseln im W des Stillen Ozeans. Leben in verschiedensten Biotopen (Wald, Sümpfe, Steppe, Kulturland) in der Ebene u. im Gebirge. Ungesellig. Nahrung Insekten versch. Größe. Nest relativ klein, flach, schaukelförmig, in dünner Astgabel, zuweilen hoch in Bäumen. Gelege 2—5 Eier, über Brutbiologie wenig bekannt. Wenige An auf europ. Vogelmarkt, regelmäßig der Flaggendrongo ↗. Unterbringung in größeren Unterkünften mit mehreren höher angebrachten Sitzgelegenheiten. Nach der Eingewöhnung bald zahm. Futter insektenhaltiges Weichfutter mit Obst bzw. Beeren nach jahreszeitl. Angebot, Insekten aus der Lichtfalle ↗, wenige Mehlkäferlarven, zerkleinerte junge Mäuse. Futtergefäße hoch anbringen. Baden nicht, häufig besprühen. Angenehme, attraktive Pfleglinge.

Dicrurus. G der Dicruridae ↗. 19 An.
— *D. adsimilis,* Trauerdrongo, Drongo. ♂: schwarz mit blauem Schimmer, Schwanz gegabelt. Schnabel schwarz. Auge rot. Füße schwarz. ♀: Schwanz weniger gegabelt. Ca. 30 cm. UAn. Senegal, Sudan, N-Äthiopien, Somalia bis S-Afrika (nicht im SW der Kapprovinz); Insel Principe. Bewohnt baum- u. buschbestandene Trockengebiete. Rufe schrill, metallisch klingend. Gesang häufig mit Strophen von Vögeln anderer An vermischt. Jagt vom Ansitz aus fliegende Insekten. Brütet hoch in Baumkronen. Gelege 3 weiße Eier mit braunen u. purpurnen Flecken. Während der Eingewöhnung heikle Pfleglinge, da Umstellung von fliegenden Kerfen auf tote Nahrung erfolgen muß, *Ficedula* ↗. Später auch süße Früchte dem Futtergemisch beigeben. Vergesellschaftung nur mit gleichgroßen od. größeren Vögeln, z. B. Beos ↗, Stare ↗, Häher ↗. Vogelgesellschaft in der ersten Zeit beobachten.
— *D. hottentottus,* Haarbusch-, Glanzspitzendrongo. ♂ u. ♀: schwarz mit metallisch blauem Glanz, vorwiegend Nacken u. Brust. Kopf mit haarförmigem Schopf. Flügel u. Schwanz schimmern bronzegrün. Schwanzfedern verlängert, Spitzen auswärts gebogen. Schnabel schwarz. Auge rot. Füße schwarz. Ca. 30 cm. Zahlreiche UAn. Lebt in SW-, O-Indien, im Himalaja, von Pakistan bis China (N-Honan, Jangtse-Mündung), Thailand, Indochina; sü. u. südwe. Philippinen, Große u. Kleine Sundainseln, Maluku, Neuguinea u. benachbarte Inseln, Guadalcanal u. San Cristobal (Salomonen), Küstengebiete des nö. u. öst. Australien bis O-Victoria. Bewohnt Buschwald, liest Insekten von Blättern u. Zweigen ab u. jagt fliegende Kerfen. Erstmalig 1866 im Zool. Garten London, 1894 in Deutschland. In den letzten Jahren sehr selten in europ. Sammlungen.
— *D. paradiseus,* Flaggendrongo. ♂ u. ♀: schwarz, metallisch grün glänzend, lockeres Federkleid, Kopf mit zerschlissen wirkendem Schopf, ebenso Nacken u. Brust mit ähnl. Federn. Äußere Schwanzfedern sehr lang, Schäfte kahl, an den Enden Federfahnen mit spatelförmigen Enden. Schnabel schwarz. Auge braun. Füße schwarz. Ca. 35 cm, ungefähr 16 cm entfallen auf den Schwanz. Sri Lanka, Vorder- u. Hinterindien, Andamanen, Nikobaren, SW-China, Hainan, Sumatera, Kalimantan, Java u. umliegende kleine Inseln. Bewohnt lichten Buschwald. Neben arteigenen, kehligen Lauten u. sanftem Flöten imitiert er andere Vogelstrophen u. Laute der Umgebung. Jagt fliegende Insekten. Wird in Indien u. Indonesien von Einheimischen gern im Käfig gehalten. Erstmalig 1870 in Europa (Zoo Berlin), seither häufig einzelne Vögel in Tiergärten u. Vogelparks ↗ gepflegt.

Didunculidae, Zahntauben. F der Columbiformes ↗ (früher zur F Columbidae, UF Didunculinae). 1 G, 1 A. Schnabel gedrungen, stark gekrümmt. Oberschnabel schmal, in den breiten, vorn gezackten (2 Kerben, 3 «Zähne») Unterschnabel eingelassen. Können damit Stückchen von Früchten «abbeißen» u. harte Schalen in papageienähnl. Weise aufbrechen. Leben überwiegend als Erdtaube.

Didunculus. G der Didunculidae ↗. 1 A. Samoa.
— *D. strigirostris,* Zahntaube. ♂: Kopf, Hals schwärzlich mit grünem Metallglanz. OS, Flügel, kurzer Schwanz rotbraun. US schwarz. Zügel, Augenumrandung, nackt, rot. Iris braun. Schnabel am Grunde rot, sonst gelb. Hohe Läufe tiefrot. ♀ wie ♂, nur blasser. 33 cm. Westsamoa (Savaii, Upolu). Bergwälder. 300—1 300 m ü. NN. Scheu. Sucht den Boden bedächtig nach Früchten, Beeren, vielleicht auch Insekten ab. Schläft aufgebaumt. Nest früher angeblich nur am Boden, heute 4—10 m hoch, wegen eingebürgerter Haustiere, in dichtbelaubten Bäumen. Gelege 2 weiße Eier. Erstmalig 1864 in Europa (Zoo London); seit etwa 70 Jahren nicht mehr importiert. In Gefangenschaft keine Zuchten, nur Gelege. Temperaturempfindlich, sonst anspruchslos. Futter Südfrüchte; etwas animalische Kost anbieten.

Diefenbach, Karl H., geb. 17. 2. 1951 in Bingen. Hauptarbeitsgebiete in der Ornithologie: Verhalten von Kakadus, Verhalten u. Zucht der Amazonenpapageien. Mehrere Vorträge, u. a. über die systematische Stellung des Nymphensittichs (DO-G ↗ 1977) u. Veröffentlichungen in Fachzeitschriften, Autor des Buches «Kakadus» (1982).

Die stolze Witwe (*Doryfera ludovicae*) → *Doryfera*

Diglossa. G der Diglossidae ↗. 17 An. Sperlingsgroß, meist schwarz od. dunkelblau gefärbt, mit einem kurzen, aufgeworfenen, in einem Haken endenden Oberschnabel. S-Mexiko bis N-Chile. Gebirge. Nahrung neben Insekten vor allem Blütennektar. Der hakenförmige Oberschnabel greift die Blütenkelche, während der spitze Unterschnabel die Blüte ansticht u. der Vogel mit seiner röhrenförmigen Zunge die Nahrung aussaugt. Am Schnabelwinkel befinden sich Borsten, die beim Insektenfang dienlich sind. Entgegen den anderen Gn der «Zuckervögel» würgt diese G die Nahrung hoch. Ihrer Nahrung u. Verbr. entspr. fällt die Brutzeit in die Hauptblütezeit der Bergflora. Brüten ausgesprochen früh, oft bei sehr kühlen Temp.en. In napfförmigen Nestern bebrüten die ♀♀ die Eier allein, während beide Eltern an der Aufzucht beteiligt sind. Brutzeit 13—14 Tage, Nestlingsdauer 16—18 Tage. Am besten paarweise in großem Flugraum halten. Wegen ihrer Streitsucht im Käfig nur einzeln halten, für die Gemeinschaftsvoliere ↗ sind sie oft ungeeignet. Futter usw. s. *Tangara,* doch weniger Obst u. weniger wärmebedürftig.

Diomedae

199

Starweber

— *D. caerulescens,* Silberhakenschnabel. ♂: oberseits dunkelblau bis graublau. US blasser. Stirn u. Zügel schwarz. Schnabel schwarz. Oberschnabelhaken nicht so ausgeprägt. Auge braunrot. ♀ ähnl. ♂, doch insges. dunkler. 13 cm. 6 UAn. Von Venezuela bis Bolivien. Bergwälder zwischen 1 500 u. 3 200 m. Ab u. zu im Handel.

— *D. cyanea,* Maskenhakenschnabel. ♂: Körper violettblau, Kopfplatte heller. Stirn, Kehle u. Maske schwarz, Flügel- u. Schwanzfedern grauschwarz, blau gesäumt. Auge rot. Schnabel schwarz. ♀ dunkler. 14 cm. 6 UAn. Subtropische u. gemäßigte Gebiete von N-Venezuela u. Kolumbien südwe. bis Bolivien. Vereinzelt importiert.

— *D. lafresnayii,* Stahlhakenschnabel. ♂ u. ♀: OS glänzend schwarz mit stahlblauen Flügeldecken, US heller rußfarben. Schnabel schwarz. Auge rot. Füße schwarz. Gebirgszonen in NW-Venezuela, Kolumbien, Ekuador u. NW-Peru. Meist solitär an Waldrändern. Erst wenige Exempl. eingeführt.

Diglossidae, Hakenschnabelartige. F der Passeriformes ↗. 4 Gn, 29 An. In älteren Systematiken steht die jetzige G *Diglossa* ↗ als G innerhalb der F Emberizidae ↗, während die jetzige G *Conirostrum* als G der F Parulidae, UF Coerebinae ↗ steht. WOLTERS ↗ behandelt sie neben 2 anderen Gn in einer eigenen F. Kleinere Singvögel bis Sperlingsgröße. Neotropis ↗. Aufgrund ihrer Vorliebe für Blütennektar werden ihre Vertreter oft als Zuckervögel bezeichnet.

Dinemellia, Starweber. G der Bubalornithinae ↗. 1 A. SO-Sudan, S-Äthiopien u. Somalia bis S-Tansania u. SO-Zaïre. Bewohnen Dornbuschsteppen. Meistens in Trupps unterwegs, vorwiegend in der Nähe von Vieh u. großen Wildtierherden. Baut Gemeinschaftsnest, bes. aus dornigen Reisern. Inmitten dieser Horste eigentl. Nester aus Gräsern, lange Einflugröhre. Gelege 2—3 weißlichblau, braun, grau u. schwarz gefleckte u. gepunktete Eier. Für Voliere zu empfehlen, diese darf nicht zu klein sein. Beste Haltung in Gartenvoliere mit Schutzhaus, dieses im Winter frostfrei halten. Wenig kälteempfindlich. Ernährung s. Ploceidae ↗, vor allem Keimfutter u. Früchte. Zur Zucht mehrere Paare gemeinsam halten, bauen Gemeinschaftshorst. Revier des Einzelnestes gegenüber nächstem Paar verteidigt. Während der Aufzucht vor allem tierisches Futter, Weichfutter ↗, reichl. Obst u. Grünes.

— *D. dinemelli,* Starweber, Weißkopf-Viehweber. 2 UAn. ♂: einschließl. Kopf US weiß. Rücken, Flügeldecken u. Schwanz schmutzig braun, Flügeldecken mit weißen Flecken, auf den Handschwingen weiße Querbinde. Flügelbug, Oberschwanzdecken, Bürzel u. Unterschwanzdecken rostrot. UA *D. d. boehmi,* Boehms Starweber. ♂ u. ♀ wie *D. d. dinemellia,* fehlt aber Weiß im Flügel, dieser außerdem schwarz. Schnabel grauschwarz. Auge innen hellbraun, äußerer Teil der Iris weißlichgelb. Füße schwärzlich. ♀ wie ♂ (Geschlechtsunterschied Balz!). 22 cm.

Diomedea. G der Diomedeidae ↗. 11 An.

— *D. epomophora,* Königsalbatros. ♂ u. ♀: weiß mit schwarzen Handschwingen. Schnabel weißlich. Füße bläulichweiß. 122 cm. Flügelspannweite bis 270 cm. UAn. S-Pazifik, SW-Atlantik. Brütet auf Neuseeland, den Chatham-, Campbell- u. Auckland-Inseln. 1 Ei, von beiden Eltern bebrütet. Längste Brutdauer aller rezenten Vögel mit 79—80 Tagen. Juv. mit 7—8 Monaten flügge; erst nach 6 Jahren brutreif. Brütet nur alle 2 Jahre.

— *D. exulans,* Wanderalbatros. ♂: weiß mit schwarzen Flügelspitzen. Schwanz u. Oberflügeldecken schwarz u. weiß gewellt. Bei jüngeren Stücken größter Teil des Flügels schwarzfleckig, ältere Vögel fast rein weiß. Schnabel gelb od. rötlichweiß. Füße hell fleischfarben. ♀: kleiner als ♂, mit dunkler Kopfplatte. Juv. schmutzigbraun, Gesicht u. Kehle weiß.

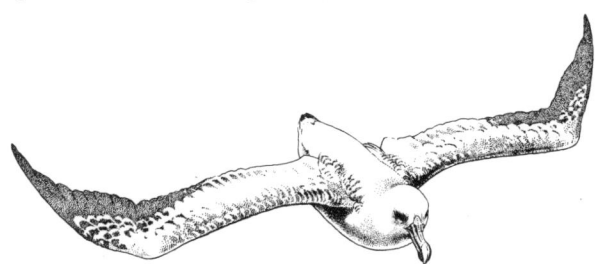

Wanderalbatros

Füße bräunlich. 100—134 cm. Größte Flügelspannweite aller rezenten Vögel bis zu 350 cm. UAn. Sü. Meere. Brütet auf Tristan da Cunha, Gough-Insel, Südgeorgien, Marion-, Prinz-Edward-, Crozet-, Kerguelen-, Auckland-, Antipoden-Inseln. Beide Partner brüten. 1 weißes Ei. Brutdauer 77—80 Tage.

— *D. immutabilis,* Laysanalbatros. ♂ u. ♀: weiß. Rücken, Flügel, Schwanzende dunkelrauchbraun. Rauchschwarzer Fleck vorm Auge. Schnabel grau. Füße rosigfleischfarben. Juv. ähnl. 80 cm. Pazifik. Brütet auf Hawaii-Inseln. 1 weißes Ei. Brutdauer 65 Tage.

— *D. melanophris,* Mollymauk. ♂ u. ♀: weiß. Rücken, Schwanz, Flügel schwarz. Schwarzer Augenstreif. Schnabel u. Füße gelb. Juv. ähnl., aber Oberkopf u. Oberhals schieferfarben. Schnabel grauschwarz. 80 cm. UAn. Sü. Meere. Brütet auf subant-

Diomedeidae

arktischen Inseln nö. bis zu den Falkland- (Malwinen) u. Antipoden-Inseln.
— *D. nigripes,* Schwarzfußalbatros. ♂ u. ♀: rußbraun, um Auge u. Schnabelwurzel weiß. Schnabel rötlichbraun. Füße schwarz. Juv. ähnl., Kopf heller, Oberschwanzdecken u. Bürzel weiß od. braunweiß gefleckt. 70—75 cm. N- u. M-Pazifik. Brütet auf Hawaii-Inseln u. Torishima.

Diomedeidae, Albatrosse. F der Procellariiformes ↗. 2 Gn *(Diomedea* ↗, *Phoebetria),* 13 An. Möwenähnl. Seevögel. Bis 135 cm u. 9—12 kg Masse. Flügelspannweite bis 330 cm. ♂ u. ♀: braun, schwarzweiß od. weiß. Dicker, an der Spitze hakenförmiger Schnabel. Schwanz abgerundet. Nasenröhren kurz. Lange schmale Schwingen. Sü. Meere u. nö. Stiller Ozean. Hervorragende Segler, die größten Teil des Lebens in Luft verbringen. Ruhen u. schlafen auf dem Wasser schwimmend. Nahrung überwiegend Tintenfisch, Fische aller Art, Krebstiere, niedere Meerestiere, Abfälle. Balzzeremonien mit Tanz, Verbeugungen, Schnabelklappen, Grunzen. Erdhügelnester auf einsamen, windreichen Inseln. Koloniebrüter. 1 großes birnenförmiges Ei, weiß mit kalkigem Überzug u. rötlichen Punkten am stumpfen Pol. Brutdauer 60—80 Tage. Juv. werden mit halbverdauter Nahrung u. Magenöl der Altvögel gefüttert, sind daher überaus fett. Erst nach Monaten ausgewachsen, auch nach Abschluß der Fütterung im Nest bleibend, vom Fettüberschuß zehrend. Mit 7—9 Jahren fortpflanzungsfähig. Haltung äußerst selten. 1960 z. B. je 4 Schwarzfuß- u. Laysanalbatrosse im Zoo Cleveland (USA). Anfangs Handfütterung. Fast jeder Fisch verwendbar. Je Tier tägl. Gelatinekapsel mit Meersalz (NaCl) u. Kapsel mit Multivitaminen in Fisch. Zur Ergänzung Streifen rohen fetten Fleisches.

Diopsittaca. G der Aratingidae ↗, UF Aratinginae ↗. 1 A, von einigen zu *Ara* ↗ gestellt. Venezuela, Guayana, nö. u. öst. Brasilien, im S bis südöst. Mato Grosso u. São Paulo. Leben in halboffenen Habitaten mit Buriti-Palmen (*Mauritia* spec.), im Galeriewald u. spärlich im lichten Dornenwald, bevorzugen nö. des Amazonas Sumpfgebiete, natürl. Savannen u. Flachland. Lokal sehr zahlreich. Stabile Population. Nahrung Samen, Beeren u. Blüten. Brüten in Baumhöhlen. Erstmalig 1872 im Zoo London *(D. n. cumanensis),* 1915 in Berlin. Ab u. zu im Handel, insges. sehr selten, von Liebhabern begehrt. Kleinster Ara. Während der Eingewöhnung warm unterbringen. Später hart u. ausdauernd. Frostfreie Überwinterung. Auf Grund der Seltenheit nur paarweise Haltung gerechtfertigt, um durch Zuchterfolge Gefangenschaftspopulation zu vergrößern. Handaufgezogene Vögel meistens sehr anhänglich, gutes Sprechtalent. Stimme manchmal sehr laut. Futter: Sonnenblumenkerne, Kolbenhirse, Obststückchen u. Beeren, nach jahreszeitl. Angebot, außerdem Keimfutter u. frische Zweige zum Benagen. Jeden Tag beregnen od. besprühen, sonst Pflege → *Ara.* Holzzerstörer. Welterstzucht 1939/40 bei V. WRIGHT, USA. Seither mehrmals gezüchtet, u. a. zog VANE, England von 1949/50 bis 1956 bald 30 Juv.; BRD-Erstzucht bei de GRAHL ↗. Zur Zucht Paar allein halten. Dickwandige, ca. 60 cm tiefe Naturstammhöhle bieten, die meistens benagt wird. Gelege 2—5 Eier. Nur ♀ brütet. Juv. schlüpfen nach 25 Tagen, fliegen nach 50—60 Tagen aus, ca. 2 Wochen später Beginn der selbständigen Nahrungsaufnahme. Aufzuchtfutter reichl. Keimfutter, eingeweichter Zwieback mit geriebener Möhre u. hartgekochtem Ei.
— *D. nobilis,* Hahns-Zwergara, Blaustirniger Zwergara, Rotschulterara. ♂: grün, unterseits mehr gelblich. Stirn blau, zuweilen nur angedeutet, manchmal auch fehlend. Zügel u. um das Auge Haut nackt, weiß, Flügelbug u. Unterflügeldecken leuchtend rot. Schnabel schwarz, Oberschnabel an der Basis heller. Auge hornorange. Füße schwärzlichgrau. ♀ wie ♂, aber Weiß um das Auge weniger ausgedehnt, reicht nicht bis Oberschnabelansatz, Kopf u. Schnabel kleiner. Juv. Stirn ohne Blau, Schnabel heller als bei Ad., Weiß um das Auge weniger, Flügel ohne Rot. 30 cm. UAn. *D. n. cumanensis* (Lichtensteins Hahns-Zwergara), Oberschnabel weißlich hornfarben, Spitze schwarz, sonst wie Nominatform. Verbr.-Gebiet Provinzen Pará bis Bahia (Brasilien). In früheren Zeiten selten im Handel, heute durch Ausfuhrsperre keine Importe mehr. Sehr lebhaft. Mehrfach gezüchtet. (VANE S. O.). Juv. Stirn grün, Flügelbug mit einzelnen roten Federn, Weiß der nackten Augenpartie weniger ausgedehnt, Oberschnabel zuweilen mit dunklen Flecken. 34 cm. *D. n. longipennis* wie *D. n. cumanensis,* aber größer. Lebt in Mato Grosso, Goiás, Minas Gerais, São Paulo u. Espirito Santo.

Diplootocus. G der Muscicapidae ↗. 1 A. Marokko bis Tunesien (N-Afrika). Trockene, steinige u. buschbestandene Hänge im Hügelland u. Gebirge u. trockene Küstenwälder. Bleiben im Winter im Brutgebiet, ziehen ggf. in tiefere Lagen. Äußerst seltener Irrgast in S-Europa. Sehr selten im Handel. Haltung u. Futter wie *Phoenicuropsis* ↗.
— *D. moussieri,* Diademrotschwanz. ♂: schmaler, glänzend weißer Stirnreif, setzt sich in Überaugenstreif fort, der an den Halsseiten in einen großen weißen Fleck ausläuft (bildet «Diadem»). OS schwarz, Bürzel, Oberschwanzdecken u. Schwanz rostrot. Weißer Spiegel auf schwarzen Flügeln. US u. Unterflügeldecken ebenfalls rostrot, schwanzwärts heller. ♀: OS blaßgraubraun, Bürzel, Oberschwanzdecken u. Schwanz wie ♂, Flügel dunkelbraun, zuweilen rahmfarbener Spiegel. US fahlbraun mit rostbraunem Anflug. 14 cm.

Discosura, Diskuselfen. G der Trochilidae ↗. 1 A. S-Venezuela u. Guayana bis Pará u. Bahia. Leben an den Flüssen des Regenwaldes im Tiefland bis ca. 200 m ü. NN. Eingewöhnung nach C. de QUINCEY nicht allzu schwierig. Zur Haltung liegen ermutigende Ergebnisse nicht vor; in neuerer Zeit gibt die Zoological Society London eine durchschnittl. Haltungsdauer von 4 Monaten, eine Rekord von 8 Monaten an. Der Zoo Kopenhagen hielt sie vor dem Kriege fast 2 Jahre. Zucht noch nicht gelungen.
— *D. longicauda,* Diskuselfe, Diskuskolibri, Spatelschwanz. ♂: OS goldiggrün, bräunlichweißes Bürzelband, Oberschwanzdecken blaßgrün. Steuerfedern dunkelgrün, äußerste mit tiefschwarzen Flaggen, US

grün, Bauch rostbräunlich, Flaumbüschel weiß. Unterschwanzdecken bräunlichgrau, Schnabel schwarz. ♀: OS wie beim ♂, Schwanzfedern nicht verlängert, mit rostfarbenen Spitzen. Kehle schwarz, Kehlseiten weiß, US grün. Juv. wie ♀. 10,5 cm.

Diskuselfe *(Discosura longicauda)* → *Discosura*
Diskuskolibri *(Discosura longicauda)* → *Discosura*
Disteln. Die reifen Samen der in Köpfchen stehenden Fruchtstände sind ein beliebtes Futter einheimischer Finkenvögel. Bes. Girlitze ↗, Stieglitze ↗ u. Hänflinge ↗ bevorzugen im Herbst u. Winter diese Nahrung, die selbst bei Schneebedeckung gut erreichbar ist. In Volieren ↗ aufgehängt, werden sie von diesen Vogel-An ausgefressen.

Diuca. G der Emberizidae ↗. 5 An. S-Amerika. Unterbringung, Pflege s. *Sicalis* ↗.
— *D. diuca*, Diukafink, Braunsteißdiuka. ♂: OS u. Brust hellgrau, Flügel- u. Schwanzfedern schwärzlich mit hellen graubeigenen Säumen. Kehle weiß, ebenso Bauch. Hintere Flanken, Unterschwanzdecken u. Schenkel rotbraun. Auge dunkelbraun. Schnabel u. Füße schwärzlich. ♀ ähnl. ♂, aber bräunlicher. Juv. ähnl. ♀. 17—18 cm. UAn. Chile, Argentinien bis Santa Cruz, Uruguay u. we. Rio Grande do Sul. Bewohnt buschreiche Landschaften, Felder, Parks, Gärten u. Ortschaften. Sehr zutraulich. Singt fleißig, Gesang flötend u. zwitschernd. Nest aus Reisern, Halmen, Fasern, Blättern, Moos mit feinen Fasern, Haaren u. Federn gepolstert, in dichten Büschen. Bildet nach der Brutzeit kopfstarke Flüge bis Schwärme. Bereits 1875 im Zool. Garten London gepflegt, wenig später auch in Deutschland. Eingewöhnung leicht. Anspruchslos, ausdauernd, Überwinterung mäßig warm. Friedlich. Zucht wie *Volatinia* ↗. Gelege 3—5 Eier. Nur ♀ brütet. Juv. schlüpfen nach 14 Tagen. Beide Eltern füttern. Nestlinge verlassen nach 15—16 Tagen das Nest, nach 2 Wochen selbständig. ♀ brütet häufig mehrmals im gleichen Nest. Zur Aufzucht reichl. lebende Insekten reichen, ansonsten muß ganzjährig neben dem üblichen Körner- u. Keimfutter auch Obst gefüttert werden.

Diukafink *(Diuca diuca)* → *Diuca*
DO-G → Deutsche Ornithologen-Gesellschaft
Dohle *(Coloeus monedula)* → *Coloeus*
Dohlengrackel, Dohlenschwarzvogel *(Quiscalus mexicanus)* → *Quiscalus*
Doktorvogel *(Sericotes holosericeus)* → *Sericotes*
Dolchstichtaube *(Gallicolumba luzonica)* → *Gallicolumba*
Dolichonychinae, Reisstärlinge. UF der Icteridae ↗. 1 G *Dolichonyx* ↗.
Dolichonyx. G der Dolichonychinae ↗. 1 A. N-Amerika. Zugvögel, überwintern in Brasilien, Argentinien, legen häufig 8 000—10 000 km 2mal im Jahr zurück. Ziehen in gewaltigen Schwärmen. Bewohnen Felder, Wiesen, Prärien, in der Zeit des vermehrten Reisanbaues verursachen sie häufig große Schäden während der Reifezeit. Nest versteckt im hohen Gras. Gelege 4—6 Eier. In früheren Zeiten häufiger im Handel. Eingewöhnung, Pflege einfach, s. Icteridae.
— *D. oryzivorus*, Reisstärling, Bobolink. ♂: im BK Kopf schwarz, Nacken gelblich, Schulter, Bürzel, Oberschwanzdecken weiß, auch mit Grau vermischt, Rücken-, Flügelfedern ockerfarben gesäumt. Übriges Gefieder schwarz. Schnabel schwarz. Auge braun. Füße schwärzlichbraun. Im RK ähnl. ♀. ♀: Kopf mit dachsartiger Streifenzeichnung, sonst bräunlich. 18 cm. ♀ gering kleiner.

Dollarvogel *(Eurystomus orientalis)* → *Eurystomus*
Domestizierte Prachtfinken. Die Domestikation ist das Ergebnis einer vom Menschen gelenkten Evolution. Zur Gruppe der Haustiere zählen auch einige Prachtfinken ↗. Um lebenskräftige, arttypische, fortpflanzungsfreudige Vögel zu erhalten, liegt der Schwerpunkt züchterischer Arbeit auf dem Erhalt bzw. der Neuzüchtung von Farbschlägen (z. B. vom Zebrafink ↗ über 50 anerkannt), die keine Beeinflussung der genannten Eigenschaften hervorruft. Häufig wird durch unüberlegtes, nicht selten auch durch kommerzielles Handeln bei der Vermehrung die eine oder andere Eigenschaft in Richtung Degeneration verändert. Aus dem Grunde wurden Standards ↗ erarbeitet. Sie legen die idealen Merkmale fest u. dienen als Vorgabe für den ernsthaften Züchter. Eine genaue Kenntnis der Vererbungslehre u. der Standards ist bei dieser Art der Liebhaberei unerläßlich, auch müssen die Paare einzeln gehalten werden. Heranziehen der Speziallitteratur notwendig (u. a. Standards in den Sonderheften der AZ im Dezember; «Standards» zusammengestellt u. bearbeitet von RÖSLER, VKSK Zentralvorstand, DDR, 2. überarbeitete Aufl. 1985; JÖDICKE «Prachtfinken Züchtung», Stuttgart 1978; KLÖREN «Zebrafinken», Walsrode 1984). Standards wurden in der BRD von der AZ ↗ für alle Prachtfinken festgelegt. In der DDR gibt es nach Festlegung der SZG Ziergeflügel u. Exoten im VKSK ↗ Standards für Japanische Mövchen ↗ u. Zebrafinken, außerdem Zuchtvergleiche für Spitzschwanzamadinen ↗, Reisfinken ↗ (wildfarbig, gescheckt u. weiß). Auf den alljährlich stattfindenden Ausstellungen werden die gezüchteten Vögel nach den Standards bewertet u. geben den Einzelnen Auf-

Fehler bei Zebrafink.
1 zu stark beschuppt,
2 fehlende Hinterzehen,
3 Gelenkverdickung,
4 Verdickung an den Zehen,
5 zu lange Nägel

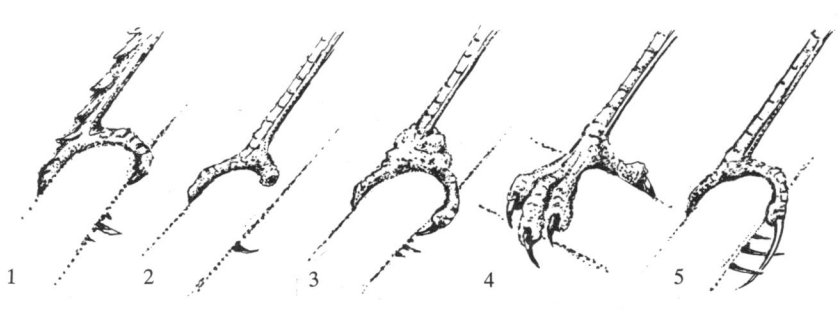

Dominikanerwitwe

202

Idealer Zebrafink. 1 Männchen, 2 Weibchen

Ideales Schau-Mövchen (einfarbig, dunkelbraun)

schluß über ihre geleistete züchterische Arbeit u. Hinweise für die kommende Zuchtperiode.
Dominikanerwitwe *(Vidua macroura)* → *Vidua*
Dompfaff *(Pyrrhula pyrrhula)* → *Pyrrhula*
Donacias, NN → *Lewinia*
Donacobius. G der Mimidae ↗. 1 A. Von Panama, nö. u. öst. Kolumbien, Venezuela u. Guayana bis Bolivien, Paraguay, nordöst. Argentinien u. Paraná. Bewohnen buschreiche Landschaften an Bächen, im Schilf u. in Sümpfen. Sehr selten im Handel. Lebhafter Pflegling. Gesang laut, melodisch.
— *D. atricapillus*, Rohrspott-, Kappenspottdrossel. ♂ u. ♀: Kopfseiten glänzend schwarz, ebenso Kopf-OS bis in den Nacken. OS rotbraun, Bürzel gelbbraun. Flügel u. Schwanz schwarz, Schwanzfedern mit weißen Spitzen, werden nach außen größer. Halsseite mit nacktem, roten Fleck. US rostgelb. Schnabel schwarz. Auge orangefarben. Füße gelblichbraun. 22 cm. UAn.
Donald-Duck-Schnabelmißbildung. Rezessiv vererbter Letalfaktor ↗ (E 32) mit Auf- u. Abwärtsverbiegung der Schnabelhälften.
Doppelbandflughuhn *(Nyctiperdix bicincta)* → *Nyctiperdix*
Doppelbinden-Arassari *(Pteroglossus pluricinctus)* → *Pteroglossus*
Doppelgelbkopfamazone, UAn → Gelbscheitelamazone
Doppelhalsband-Lachtaube, NN → Kichertaube
Doppelhaubenscharbe *(Phalacrocorax penicillatus)* → *Phalacrocorax*

Fehlerfinder des AZ/DKB Einheitsstandards Zebrafink. 1 flacher, zu wenig gerundeter Kopf, 2 hohler Rücken, Neigung zu Kreuzflügeln, 3 abgeknickter, hängender Schwanz, 4 angedeutetes Brustband bei Pinguin-Zebrafinken grober Fehler, 5 zu stark ausgewölbter Nacken, 6 unzulässige Schwanzgabelung, 7 loses Aftergefieder, 8 hängende Flügel (Konditionsmangel), 9 durchbrochenes, unregelmäßiges Flankengefieder, 10 Brustband fehlt völlig, 11 übergroßer, zu stark gewölbter Schnabel, 12 Beine zu lang, zu stark gespreizt, 13 Kopf stark abgesetzt, Hals zu dünn, 14 lange Flügel, 15 fülliges Aftergefieder, 16 kantige Brust, 17 gewölbter Rücken, 18 Schwanz zu steil getragen, 19 hohe, gewölbte Stirn, 20 unzulässige Hahnenzeichnung bei Hennen, 21 flache Brust, 22 wammenartiger Bauch, falsche Haltung

Doryfera

11 Fehlerfinder des AZ/DKB Einheitsstandards Japanisches Mövchen. A Haltung zu steil, läßt auf Nonneneinkreuzung schließen, 1 Nackenknick, 2 Scheckung bei Einfarbigen, 3 Schnabel zu wuchtig, 4 blaugraue Schnabelfarbe, 5 Brustband unterbrochen, 6 eckige, spitze Brust, 7 Bauch und Flanken bei Dunkelvögeln zu hell bzw. weiß, 8 grobgeschuppte, klobige Füße, 9 gespreizte Beine, 10 abgeknickter, hängender Schwanz, 11 stumpfer Schwanz (soll lanzettförmig sein), 12 zu heller Bürzel, 13 lockeres Bürzelgefieder, 14 hohler Rücken, 15 gewölbter zu hoher Nacken, 16 hängende, tiefangesetzte Flügel, 17 flache Brust, 18 zu starke Wamme, Hängebauch, 19 loses Bauchgefieder, 20 hängende Flügelspitzen, 21 zu lange Flügel, 22 zu voller Rücken, 23 struppige, zu kleine Haube, 24 gewölbte hängende Brust, 25 weiße Fleckung in der Bauchmitte bei Einfarbig-Geschuppten, 26 helle Beine bei Dunkelvögeln, 27 Aftergefieder hohl, dadurch erscheint Schwanz gestelzt

Doppelhornvogel *(Buceros bicornis)* → *Buceros*
Doppelspornfrankolin *(Pternistis bicalcaratus)* → *Pternistis*
Doppelzahn-Bartvogel *(Lybius bidentatus)* → *Lybius*
d'Orbiggnys Pfäffchen *(Catamenia analis)* → *Catamenia*
Dorfweber *(Textor cucullatus)* → *Textor*
Dornastrild *(Aegintha temporalis)* → *Aegintha*
Dornbusch, Max, Dr., geb. 8. 5. 1932 in Fahrenholz. Leiter der Biologischen Station Steckby am Institut für Landschaftsforschung u. Naturschutz Halle, Leiter des Arbeitskreises zum Schutz vom Aussterben bedrohter Tiere am gleichen Inst. Arbeitsgebiete: Ornithologie, Populationsökologie (Passeriformes ↗, Otididae ↗, Ciconia ↗; Schutz bestandsbedrohter An). Rund 100 Veröffentlichungen, u. a. Beiträge zur Großtrappe ↗ im «Handbuch der Vögel Mitteleuropas», Bd. 5 (1973). Naturschutz-Ehrennadel in Gold.
Dornbuschwitwen → *Tetraenura*
Dorngrasmücke *(Sylvia communis)* → *Sylvia*
Dornschnabelkolibris → *Chalcostigma*
Dornschwanzelfe *(Popelairia conversii)* → *Popelairia*
Dornschwanzkolibri *(Popelairia conversii)* → *Popelairia*
Dorntschagra *(Tchagra australis)* → *Tchagra*
Dornwürger *(Lanius collurio)* → *Lanius*
Doryfera, Lanzenschnäbel. G der Trochilidae ↗. 2 An. Von Kostarika bis Bolivien. Bevorzugen gebirgige Nebelwälder.
— *D. johannae*, Blaustirn-Lanzettschnabel, Johannisdegen-Kolibri, Blaustirn-Lanzenschnabel. Schnabel sehr lang u. gerade, spitz, vorn leicht nach oben gebogen. ♂: Stirn glitzernd dunkel veilchenblau. OS metallischgrün, Hinterkopf u. Oberrücken dunkel kupferbronzefarben. Oberschwanzdecken bläulich, undeutl. gräuliches Bürzelband. Schwanz stahlblau, seitl. Steuerfedern mit bronzefarbenen Spitzen. US schwarz mit bläulichem u. metallischgrünem Schimmer, Körperseiten metallischgrün. Unterschwanzdecken stahlblau mit violettem Schimmer. ♀: Stirn bläulichgrün. OS etwas heller, US schmutziggrünlich. Juv. wie ♀. 10,0 cm. Von Guayana, S-Venezuela, Kolumbien öst. der Anden bis SO-Peru. Bewohnt Regen- u. Nebelwälder, Waldränder, Lichtungen u. Buschregionen entlang von Flüssen u. Bächen von 280—1 800 m ü. NN. Schwierig einzugewöhnen, hält sich weder in Einzelkäfigen noch in großen Volieren ↗ sehr lange. Haltungserfolge über die erste Mauser in menschlicher Obhut liegen bisher nicht vor. Zucht bisher nicht gelungen; Versuche erforderlich.
— *D. ludovicae*, Grünstirn-Lanzenschnabel, Die stolze Witwe. Schnabel wie bei *D. johannae*. ♂ u. ♀: Stirn glänzend metallischgrün, manchmal mit goldigem Schimmer. OS metallischgrün, Kopf-OS u. Nakken dunkel kupferbronzefarben. Oberschwanzdecken glänzend blaß grünlichblau. Steuerfedern blaß mit kupferigem Glanz, seitl. mit breiten, metallisch bräunlichgrauen Spitzen. US bronzegrün mit Grau getrübt. Juv. Stirn wie Rücken. 11,5 cm. Kostarika bis NW-Venezuela, durch das Andengebiet bis Bolivien. Bewohnt Nebelwälder von 1 800—2 200 m ü. NN. Eingewöhnung, Haltung s. *D. johannae*. M. BEHNKE-PEDERSEN gibt als Haltungsrekord 4 Monate an, A. J. MOBBS 1 Jahr. Zucht nicht gelungen.

Dost, Hellmuth

Dost, Hellmuth, geb. 29. 11. 1914 in Dresden, gest. 21. 1. 1971 in Bergen/Rügen. Mit 21 Jahren Beringer der Vogelwarte Rossitten bis Kriegsende, danach der Vogelwarte Hiddensee. Durch Selbststudium u. Mitarbeit im Museum für Tierkunde Dresden erarbeitete er sich zool. u. faunistische Grundkenntnisse. Bes. Verdienste u. a. bei der Erhaltung der Kranichrastplätze auf der Insel Rügen. Vogelhalter u. -züchter. Zahlreiche Publikationen, u. a. «Die Vögel der Insel Rügen». 10 Fachbücher der Vogelhaltung, z. B. «Einheimische Stubenvögel», «Prachtfinken», «Sprechkünstler Wellensittich», «Schwäne, Gänse u. Enten». Mehrere Auszeichnungen für ornithol. u. naturschützerische Tätigkeiten.

Dottergelber Weber *(Textor vitellinus)* → *Textor*
Dottertukan *(Ramphastos vitellinus)* → *Ramphastos*
Dotterweber *(Textor vitellinus)* → *Textor*
Douglas-Schopfwachtel, NN → Douglaswachtel
Douglaswachtel *(Callipepla douglasii)* → *Callipepla*
Dow's Tangare, NN → Glanzfleckentangare
Drahle. Doppelwirbel aus Messing, der ein Verdrehen des Beizvogelgeschirrs verhindert.
Drehflügel → Kippflügel
Drehkrankheit des Geflügels. Hauptsächl. bei Tauben ↗ u. Sittichen ↗ beobachtete Erkrankung des Gehirns u. der Hirnhäute. Kopf- u. Körperdrehungen, Flugunfähigkeit. Die Ursache der Krankheit ist noch ungeklärt.
Dreifarbenglanzstar *(Lamprospreo superbus)* → *Lamprospreo*
Dreifarbennonne, UA → Schwarzbauchnonne
Dreifarben-Papageiamadine *(Amblynura trichroa)* → *Amblynura*
Dreifarbenschnäpper *(Muscicapula tricolor)* → *Muscicapula*
Dreifarbentangare *(Tangara seledon)* → *Tangara*
Dreifarbige Papageiamadine *(Amblynura trichroa)* → *Amblynura*
Dreifarbiger Blauhäher, NN → Krauskopf-Blaurabe
Dreiganglaubenvogel *(Chlamydera lauterbachi)* → *Chlamydera*
Dreilapp-Glockenvogel *(Procnias tricarunculata)* → *Procnias*
Dreisprung → Sprungschema
Dreizehen-Eisvogel *(Ceyx erithacus)* → *Ceyx*
Dreizehenglanzvogel *(Jacamaralcyon tridactyla)* → *Jacamaralcyon*
Dreizehenmöwe *(Rissa tridactyla)* → *Rissa*
Drepanoptila. G der Duculidae ↗. 1 A. Neukaledonien.
Dromaiidae, Emus. F der Casuarii ↗. 1 G, 1 A. Breiter flacher Schnabel. Kopf u. Hals mit borstigen, schwärzlichen Federn bedeckt. Zerschlissene Körperfedern lanzettförmig, schmal, Afterschaft kaum kürzer als Feder. Befiederte Schenkel. 3 Zehen. Australien.
Dromaius. G der Dromaiidae ↗. 1 A.
— *D. novaehollandiae*, Emu. ♂ u. ♀: schwärzlich gelbbraungrau. Kopf u. Hals blau. Auge beim ♂ grau, beim ♀ gelblich. Scheitelhöhe nahe 200 cm, Gewicht um 40 kg. UAn. Australien. In Trupps u. Herden in Baumsteppen, ehemals auch in Tasmanien. Es wird hauptsächl., jedoch nicht ausschließl. Pflanzenkost genommen, Juv. benötigen mehr tierisches Eiweiß. ♂ bebrütet allein das Gelege von 7–10 schwarzgrünen Eiern, frißt in dieser Zeit nichts, führt auch die Küken, die nach 52–61 Tagen Brutdauer schlüpfen. Beim Umsetzen setzen Emus teilw. — bis zu 6 Wochen — mit dem Fressen aus, werden am ehesten durch Hackfleisch zum Fressen angeregt. In ihrer Heimat als Schafkonkurrenten scharf — mit Maschinengewehren sogar — verfolgt. Brütet leicht.
Drongo *(Dicrurus adsimilis)* → *Dicrurus*
Dronten → Columbiformes
Drosselfutter. Nach K. Neunzig ↗ ein für alle größeren Insektenfresser gut geeignetes Weichfutter. Es besteht aus je einem Gewichtsteil Ameisenpuppen, Weißwurm od. Fleisch, Quark u. Bisquit ↗. Dazu werden 2 Gewichtsteile Mohrrübe ↗ gerieben. Ergänzt wird das D. durch Hanf u. zerriebene Beeren.
Drosselkäfig. S. auch Weichfresserkäfig ↗. Mindestgröße für die Einzelhaltung eines drosselgroßen Vogels: 70 × 30 × 45 cm. Anordnung der Sprunghölzer ↗ als Drei-, Kreuz- od. Vierersprung, s. Sprungschema ↗.
Drosselkrähe *(Corcorax melanorhamphos)* → *Corcorax*
Drosseln i. w. S. Zahlreiche Gn der Muscicapidae ↗. Von einigen Systematikern in der UF Turdinae zusammengefaßt, nach Wolters ↗ zerfallen sie nicht mehr in UFn.
Drosselrohrsänger *(Acrocephalus arundinaceus)* → *Acrocephalus*
Drosselsäbler *(Erythrogenys erythrocnemis)* → *Erythrogenys*

Drosselstelze *(Grallina cyanoleuca)* → *Grallina*
Drosseltangare *(Tangara punctata)* → *Tangara*
Drosseltimalien → Turdoidinae
Dryoscopinae, Schneeballwürger. UF der Laniidae ↗. 1 G *Dryoscopus*.
Dryoscopus, Schwarzspechte. G der Picidae ↗. 2 An. Europa, Asien. In Nadel-, Auen- u. Mischwäldern. Beim Klettern an Stämmen wird der Oberkörper weit vom Stamm gehalten, die Läufe werden seitl. gespreizt. Nahrung vorwiegend Ameisen u. deren Entwicklungsstadien, Insekten, Spinnen. Sehr selten im Handel. Futter Ameisen u. deren Entwicklungsstadien, Schmetterlinge, Fliegen, Spinnen, Schmetterlingsraupen, Heidelbeeren.
— *D. martius,* Schwarzspecht. ♂: schwarz mit roter Kopfplatte von der Schnabelwurzel bis zum Genick; Schnabel kräftig u. weiß mit schwarzer Spitze. Iris blaßgelb. ♀ kleiner als ♂, roter Kopffleck nur am Hinterkopf. Juv. bräunlich, Iris blaugrau. 45–51 cm. Europa, N-Asien, Mandschurei, Kamtschatka. Bewohnt Wälder aller Art mit Höhlenbäumen. Nahrungserwerb durch Hacken. Fortpflanzung in Bruthöhlen im astlosen Schaft unterhalb des 1. Astes von Bäumen. Gelege 4–6 Eier. Brutdauer 12–14 Tage. Juv. fliegen nach 24–28 Tagen aus. Beide Altvögel führen getrennt einzelne Junge. Eingewöhnung bei ad. gesunden Vögeln schwierig, bei Vögeln mit äußeren Verletzungen bei Darbietung von Mehlwürmern ↗ kann Futterzahmheit erreicht werden. Ernährung mit Nachtigallenfutter ↗, auch hartgekochtes, kleingeschnittenes Hühnerei mit halbierten Mehlwürmern, gekochter, geriebener Quark sowie gekochtes u. rohes kleingeschnittenes Rindfleisch. Haltung wie *Dendrocopus* ↗ *major*.
Dschungelatzel *(Gracula ptilogenys)* → *Gracula*
Dschungelfischer *(Ceyx erithacus)* → *Ceyx*
Dschungelkauz *(Taenioglaux radiata)* → *Taenioglaux*
Dschungelmaina *(Aethiopsar fuscus)* → *Aethiopsar*
Dschungel-Sperlingskauz *(Taenioglaux radiata)* → *Taenioglaux*
Ducula. G der Duculidae ↗. 33 An. S-Asien, Inseln in SO-Asien, Neuguinea, W-Pazifik.
— *D. aenea,* Bronzefruchttaube. ♂ u. ♀: Stirnansatz, Kinn weißlich. Kopf, Hals, US blaß grau mit lichtem rosa Anflug. OS mit Flügeldecken bronze-, Schwung- u. Steuerfedern blau- bis schwarzgrün mit Glanz. Unterschwanzdecken kastanienbraun. Iris rot. Schmale Augeneinfassung weiß. Schnabel blaugrau mit rötlicher Wachshaut. Beine rot. 43 cm. UAn. Vorderindien mit Sri Lanka, Hinterindien, Große Sundainseln, Kalimantan, Sulawesi, Philippinen. In Wäldern, so in den immergrünen des Tieflandes, auch in der Mangrove sowie in offenem Gelände mit Gehölzen u. Baumgruppen. Meist in Kleintrupps im Kronenbereich zusammen. Tauber zeigt Balzflüge. Nester in Bäumen, Büschen, Bambus, oft ziemlich niedrig. Gelege 1 weißes Ei. Brutdauer 18 Tage. Nestlingszeit 20 Tage. Erstmalig 1838 in Europa (Subspezies *polia* im Zoo London). Erstzucht 1905 im Zoo London (Subspezies *nicobarica*). Von den großen Fruchttauben am häufigsten eingeführt. Überwiegend in Tiergärten. In kleineren Unterkünften häufig unverträglich gegen A-Vertreter u. nahe Verwandte.

Dumetella

Katzendrossel

Die bisherigen Halter bezeichnen sie als temperaturempfindlich, u. in England konnte sie im Freien mit offenem Schutzraum überwintert werden, was in M-Europa nicht ratsam ist. Futter → Treronidae, Duculidae.
Duculidae, Fruchttauben. F der Columbiformes ↗ (früher zur F Columbidae, UF Treroninae). 12 Gn, 95 rezente, 3 † An. Indo-malayische Region, Australien, Neuseeland, Inseln des SW-Pazifik sowie Madagaskar. Färbung unterschiedl. Neben sehr bunten mit viel Grün gibt es einige schwarzweiße u. graue An. Gestalt gedrungen. Meist kurzschwänzig u. langflüglig. In der Ernährung ganz auf Fruchtfleisch spezialisiert: Im Gegensatz zu den Treronidae ↗ Vormagen zur Aufnahme der gewaltigen Mengen an kalorienarmer Kost sehr groß, eigentlicher Magen dünnwandig u. sehr gering bemuskelt, so daß harte Kerne unverdaut passieren. Darmtrakt kurz. Können beachtlich große Früchte hinunterschlucken, weil Unterschnabelhälfte u. Schlund sehr dehnbar sind. Aufenthalt fast ausschließl. in Bäumen, wo sie sich beim Abernten der Früchte selbst in dünnstem Zweigwerk sicher bewegen, auch kopfunter anhängen. Werden ziemlich selten gehalten, meist in Tiergärten. Pflege → Columbiformes, Treronidae. Futter → Treronidae, jedoch niemals Körner reichen. Benötigen keinen Grit zur Förderung der Mahltätigkeit im Muskelmagen. Biologie der An vielfach noch unbekannt. Erst wenige An wurden gezüchtet.
Dumetella. G der Mimidae ↗. 1 A. Inneres u. öst. N-Amerika (Brit. Columbia, mittl. Alberta, S-Manitoba, S-Ontario, S-Quebec, Neuschottland bis Texas, Golfküste u. Florida). Bewohnen unterholzreiche Waldbestände, buschbestandene Waldränder, dornenbuschreiche Gärten. Gesang abwechslungsreich, auch quietschende Töne, Spötter. Lockruf katzenähnl. Miauen. Nest in Büschen. Selten im Handel. Unterbringung in Vogelstuben ↗, Volieren ↗ od. sehr großem Käfig ↗. Mehrmals gezüchtet.
— *D. carolinensis,* Katzendrossel. ♂ u. ♀: Stirn schiefergrau. Kopf-OS bis Nacken grauschwarz bis schwarz, OS dunkel schiefergrau. Schwingen schwärzlich mit grauen Säumen. Schwanz schwarz, Federn am Grund schiefergrau gesäumt. US heller als OS, Unterschwanzdecken rotbraun. Schnabel

schwarz. Auge braun bis gelblich. Füße schwärzlichbraun. Kopf-OS bräunlichschwarz, Unterschwanzdecken mit Grau vermischt. Juv. ähnl. ♀, insges. bräunlicher. US dunkel gefleckt, Unterschwanzdecken hellrotbraun od. gelblichbraun. Ca. 20 cm.

Duncker, Hans, Dr., geb. 26. 5. 1881 in Ballenstedt (Harz), gest. 22. 12. 1961 in Saarbrücken. Studium der Zoologie in Göttingen, ging als Oberstudienrat in Bremen in den Ruhestand. In jüngeren Jahren wandte er seine Aufmerksamkeit der Zoogeographie zu, vorher bereits den unterschiedl. Ansichten des Vogelzugphänomens. Nach dem ersten Weltkrieg galt sein Interesse genetischen Fragen bei Vögeln. An Kanarienrassen verfolgte er den Erbgang körperlicher Merkmale. Unterstützt von C. H. CREMER ↗, wandte er sich ernsthaften Züchtungsversuchen mit Wellensittichen ↗ u. *Agapornis*-An zu. Über die Ergebnisse seiner Arbeiten berichtete er sachkundig in einschlägigen Zeitschriften. Sein Bestreben war, die Vogelliebhaberei auf die Ebene wissenschaftl. Forschung zu heben.
Von 1927–1933 Leitung der Zeitschr. «Vögel ferner Länder», die unter ihm ein bedeutendes fachliches Profil erhielt. Zahlreiche Publikationen in dieser Zeitschr. u. in «Die Gefiederte Welt». Nach dem zweiten Weltkrieg widmete er sich im Ruhestand dem Neuaufbau der Vogelabt. des Bremer Übersee-Museums. Neben zahlreichen Arbeiten in Fachzeitschriften praxisbezogene «Kurzgefaßte Vererbungslehre für Kleinvogelzüchter» 1929, Überblick über die geschichtliche Entwicklung der Sammlung der Vogelabt. des Bremer Übersee-Museums u. als Ergänzung zu der Arbeit von G. HARTLAUB ein Verzeichnis der vorhandenen Seltenheiten u. Typen unter dem Titel «Mitteilungen aus der Bremer Vogelsammlung» (Abh. Brem. 33, 1953).

Dunenkopf *(Pionus sordidus)* → *Pionus*
Dunkelblauer Bischof *(Cyanoloxia brissonii)* → *Cyanoloxia*
Dunkelroter Amarant *(Lagonosticta rubricata)* → *Lagonosticta*
Dunkelroter Ara *(Ara chloroptera)* → *Ara*
Dunkelroter Astrild *(Lagonosticta rubricata congica)* → *Lagonosticta*
Dunkler Guan, NN → Bronzeguan
Dunkler Kolibri *(Aphantochroa cirrochloris)* → *Aphantochroa*
Dunkler Tropenwaldkauz *(Strix huhula)* → *Strix*
Dunkler Wasserläufer *(Tringa erythropus)* → *Tringa*
Dunkles Breitmaul *(Corydon sumatranus)* → *Corydon*
Dünnschnabelgirlitz *(Dendrospiza citrinelloides)* → *Dendrospiza*
Durchfall → Diarrhoe
Düstere Schreieule *(Megascops atricapillus)* → *Megascops*
Düsteruhu *(Bubo coromandus)* → *Bubo*
Dyaphorophyia. G der Platysteirinae ↗. 4 An. Die nur zaunköniggroßen, kurzschnäbeligen An der G sind die kleinsten u. schönsten Vertreter der UF. Die nackten farbigen Hautlappen bilden einen ungleichförmigen Augenring. W- u. Innerafrika. In dichteren Wäldern. Rastlose Vögel, die meist paarweise ständig auf Nahrungssuche sind. Durch ihre klickenden od. summenden Fluggeräusche bzw. durch ihre ständigen stimmlichen Lautäußerungen sind es durchaus laute Vögel, die man zweckmäßigerweise einzeln od. paarweise in der Landschaftsvitrine ↗ pflegt. Fütterung usw. s. *Platysteira* ↗. Nur einzelne Exempl. dieser G wurden eingeführt.
— *D. blissetti,* Glanzlappenschnäpper. ♂: Kopf, Kinn u. mittl. Kehle tiefschwarz, metallischgrün glänzend. Übrige OS schwarz. Halsseiten rostig kupferbraun bis kastanienbraun. Kahler, lappenartiger Augenring lichtblau. Schnabel schwarz. Auge dunkelbraun. Füße schwarz. ♀ ähnl. ♂, doch oberseits leicht gräulich. Augenring etwas kleiner. Juv. ähnelt dem ♀, doch an Kinn u. Kehle ockerbraun. Sehr kurzschwänzig. 8,5 cm. 3 UAn. Sü. Sierra Leone u. Nigeria sü. bis N-Zaïre u. öst. bis zum S-Sudan u. W-Kenia. Weit verbr., doch da den dichten Unterwuchs bevorzugend, selten zu sehen.
— *D. concreta,* Gelbbauch-Lappenschnäpper. Fälschlich auch mit *Platysteira concreta* bezeichnet. ♂: oberseits schwarzgrün, Kinn u. Kehle kadmiumgelb. Restl. US melonengelb. Lappenartiger Augenring apfelgrün. Schnabel schwarz. Auge graubraun. Füße dunkelgrau. ♀: Kopf-OS etwas heller. Kinn mehr zinkgelb. Kehle rotbraun. Augenring etwas kleiner. Juv. oberseits grauer, unterseits blaßgelb. 8,5 cm. 4 UAn. Nominatform von Sierra Leone bis Ghana, im dichten Unterwuchs der Primärwälder.

Dybowskiastrild, NN → Dybowskis Tropfenastrild
Dybowskis Tropfenastrild *(Euschistospiza dybowskii)* → *Euschistospiza*
Dytes. G der Podicipedidae ↗. 6 An. Lebensweise u. Haltung s. *Podiceps*.
— *D. auritus,* Ohrentaucher. ♂ u. ♀: im BK rotbrauner Hals u. Flanken, schwarze Wangen u. Scheitel, goldgelbe Kopfbüschel. RK Wangen, Hals, Brust u. US weiß. Gerader Schnabel. Juv. ähnl. RK. 33 cm. UAn. Verbr. in N-Europa, nö. Asien u. N-Amerika. An größeren u. kleineren vegetationsreichen Binnengewässern, auch Sümpfe u. Altwässer von Flüssen. In M-Europa Durchzügler u. Wintergast. Nest versteckt in lockeren Beständen von Rohr, Schilf u. Binsen, manchmal auch frei. 3–5 Eier.
— *D. nigricollis,* Schwarzhalstaucher. ♂ u. ♀: im BK schwarzer Hals, schwarze Wangen u. Scheitel, rotbraune Flanken, goldbraune Ohrbüschel. RK ähnl. dem des Ohrentauchers, aber Schwarz des Scheitels bis unter das Auge. Leicht aufgeworfener Schnabel. Juv. ähnl. RK. 30 cm. UAn. Südlicher verbr. als Ohrentaucher, M- u. S-Europa, M-Asien, S-Afrika, N-Amerika. An vegetationsreichen, flachen u. verlandenden Seen mit freien Wasserflächen. Nistet meist kolonieweise, oft in Möwen- u. Seeschwalbenkolonien. Nest ähnl. Ohrentaucher, 3–4 Eier.

Ebert, Uta, Dr., geb. 27. 2. 1938 in Hannover, Studium der Veterinärmedizin 1959–1965 (Tierärztl.

Hochschule Hannover). 1966 Promotion zum Dr. med. vet. Nach dem Staatsexamen wissenschaftl. Assistentin am Institut f. Geflügelkrankheiten der Tierärztl. Hochschule Hannover, Leitung der Vogelklinik. Seit 1970 eigene Vogelpraxis. Hauptarbeitsgebiet Vogelkrankheiten, einige Veröffentlichungen in wissenschaftl. Zeitschriften, Autorin des Werkes «Vogelkrankheiten».

Echsenliest *(Todiramphus saurophagus)* → *Todiramphus*

Echte Girlitze → *Serinus*

Eclectus. G der Psittaculidae ↗. 1 A. Neuguinea, Sumba (Kleine Sundainseln), Tenimber-, Kei- u. Aru-Inseln, Maluku, Bismarck-Archipel, Admiralitäts-Inseln, Salomonen u. nordöst. Queensland (im O der Kap-York-Halbinsel), von den Menschen auf den Goram- u. Palau-Inseln verbr. Bewohnen Wälder der Tiefebene, in geringem Maße auch Gruppen hoher Bäume in der Savanne. Brüten in Höhlen hoher Bäume am Waldrand u. in lichten Wäldern. Erstmalig 1849 in Europa (Zoo Amsterdam), seither sehr begehrt. Während der Eingewöhnung anfällig, Futter s. *Psittinus* ↗. Später weitgehend unempfindlich. Unterbringung in großen Kisten- ↗ od. anderem Käfig, auch in Gartenvoliere mit zimmerwarmem Schutzraum. Einzelvogel bald zutraulich, ♂ mehr als ♀. Futterplatz hoch anbringen (kräftiger Ast muß hinführen). Trinkt recht viel. Tägl. 2× mit Wasser besprühen (Handzerstäuber), s. auch Psittaculidae. Nicht mehrere ♀♀ zusammen unterbringen, mit ♂♂ manchmal möglich. Zur Zucht Paar allein halten, Anpaarung anfangs mit Schnabelgefechten einhergehend, bis ♀ als dominierender Partner von ♂ anerkannt wird. Bestimmung der ♂♂ der UAn bereitet Schwierigkeiten. Mehrfach gezüchtet, auch schon in 2. Generation. Erfolge gelangen auch in großen Käfigen. Beste Nistgelegenheit hohler Baumstamm (Ø der Höhle 30 cm, Einschlupf- Ø 10 cm, Holzmulm als Bodenbelag). Gelege 2 (3) Eier, im Abstand von 2—3 (4) Tagen. Nur ♀ brütet. Juv. schlüpfen nach 28—29 Tagen, fliegen nach 10—12 Wochen aus, sind mit ca. 16 Wochen futterfest. Zwischen 30. u. 40. Lebenstag Geschlechter erkennbar, Schnabelausfärbung zwischen 10. u. 12. Lebensmonat. Aufzuchtfutter anfangs eingeweichter Zwieback, Vogelmiere, Salat, später Äpfel, Karotten, feuchtes, altbackenes Weißbrot, Keimfutter, hartgekochtes Eigelb, Schnittkäse, Beeren u. Früchte. Wichtig für Bruterfolg ist hohe Luftfeuchtigkeit um das Gelege, kann durch häufiges Anfeuchten des Bodenmulms erreicht werden.

Neuguinea-Edelpapagei, brütend

— *E. roratus*, Edelpapagei. ♂: leuchtend grasgrün, Körperseiten u. Unterflügeldecken rot, Flügelbug blau. Mittl. Schwanzfedern grün, äußerste Spitzen gelblichweiß, äußere Schwanzfedern grün, zur Spitze mit blauem Anflug, Spitzen gelblichweiß, äußerste Federn mehr blau überhaucht, Schwanz-US grauschwarz, spitzenwärts gelblichweiß. Oberschnabel korallenrot mit gelblicher Spitze, Unterschnabel schwarz. Auge orange. Füße grau. ♀: rot, Kopf u. Hals karminrot, Rücken mehr braunrot, ebenso Flügeldecken. Nackenband, Brust u. Bauch dunkel blauviolett. Unterschwanzdecken rot mit gelblichen Spitzen der längeren Federn. Schwanz-OS rot, spitzenwärts orangegelb, US schmutzigorange, spitzenwärts orangegelb. Schnabel schwarz. Auge gelblichweiß. Füße grau. Juv. wie Ad., anfangs Iris dunkelbraun, Schnabel bräunlichgrau mit mattgelber Spitze. 35 cm. 10 UAn. Unterschiede der sehr ähnl. ♂♂ bestehen in der versch. Färbung der Schwanzspitze, der Iris, der Ausdehnung des Rot an den Körperseiten, der Intensität der Grünfärbung, der Schnabelform u. in der Gesamtlänge. *E. r. cornelia*, Cornelias Edelpapagei, ♂: wie Nominatform, aber größer, die meisten Federn der OS mit hellgrünen Säumen, Kopf u. Nakken hellgrün, Schwanz kräftiger blau überhaucht. ♀: völlig rot, Flügelrand mit etwas Blau, ebenfalls größer als ♀ der Nominatform. 39 cm. Bewohnt Insel Sumba. Zuweilen im Handel, nach der Eingewöhnung Haltung problemlos, möglicherweise noch nicht gezüchtet. *E. r. polychloros = pectoralis*, Neuguinea- Edelpapagei, wie Nominatform, aber gering größer, ♂: Schwanzfederspitzen gelblich, Auge rot. ♀: rote u. blaue Gefiederfarben scharf abgesetzt, schmaler, blauer Augenring, großer Schnabel. Ca. 36 cm. Heimat Neuguinea u. kleinere umliegende Inseln. BRD-Erstzucht 1968 bei W. DE GRAHL ↗, bei ihm zog 1 ♀ 13 Juv. auf, ahmte vorher als Einzelvogel wenige Worte nach. Anfangs gelang Zucht in 1,25 m langem u. ebenso hohem Käfig. Vorher Zucht 1928 im Zoo San Diego, Kalifornien, 1937 bei O. HILL, Colombo, Ceylon, 1948 bei HALLSTROM, Australien, 1952 bei H. J. INGDE, Surrey, England. *E. r. roratus*, Ceram-Edelpapagei, Beschreibung s. A-Beschreibung. Bewohnt Buru, Ceram, Ambiona, Saparua u. Haruku (S-Maluku). Häufig auf europ. Vogelmarkt, ♂♂ stets mehr im Angebot. Erstzucht 1881 bei FRENZEL, Freiberg, Deutschland. 1963—1972 Tierpark Berlin, DDR, großartige Zuchterfolge, zog 10 ♂♂ u. 6 ♀♀. *E. r. salomonensis*, Salomon-Edelpapagei, sehr ähnl. *E. r. polychloros*, aber Grün mehr gelblich, Schnabel schmaler, insges. kleiner als Nominatform. ♀ ebenfalls sehr ähnl.

E. r. polychloros, aber große Schwingen mit schmalen grünen Säumen, Schnabel kleiner, auch Gesamtlänge geringer. 33 cm. Heimat Salomonen-, Admiralitäts-Inseln, Bismarck-Archipel. Selten im europ. Handel, 1975 erhielt Dr. BURKARD ↗ 18 Paare! Eingewöhnung nicht problematisch, mit üblichem Futter wie Psittaculidae. 8 Vögel vertrugen sich gut in einer Außenvoliere von 16 m² u. anschl. Innenvoliere von 6 m². Gelege stets 2 Eier. Erstzucht 1977 ebenfalls bei Dr. BURKARD. *E. r. vosmaeri*, Halmahera-Edelpapagei, sehr ähnl. Nominatform, aber ♂ hat gelblichere Unterschwanzdecken, blaue Schwanzfedern sind gelblich gefleckt, bedeutend größer. ♀: Flügel leuchtender rot als bei Nominatform, unterseits lilarot mit wenig Rot vermischt, Unterschwanzdecken gelb, Schwanz rot mit ausgedehnten gelben Spitzen. Kein blauer Augenring. 38—40 cm. Lebt auf Halmahera u. umliegenden kleinen Inseln von nö. u. zentralen Maluku. Wahrscheinl. in Europa am häufigsten im Handel. Nach de GRAHL gilt es, bei der schwierigen Unterscheidung der ♀♀ der UAn, folgende Hinweise zu beachten: Blauen Augenring haben nur *E. r. aruensis, E. r. biaki* (kleiner als alle anderen dieser Gruppe), *E. r. macgillivrayi* (größer als alle anderen dieser Gruppe), *E. r. polychloros* u. *E. r. salomonensis*. Die unterschiedl. Größenangaben beziehen sich auf den Schnabel.

Ectopistes. G der Columbidae ↗. † A. N-Amerika.
Ecuador-Amazone, UA → Rotstirnamazone
Ecuador-Weißaugensittich, UA → Weißaugensittich
Edelfinken → *Fringilla*
Edelpapagei *(Eclectus roratus)* → *Eclectus*
Edelsittiche → *Psittacula*
Edeltangaren → *Thraupinae*
Edwardsfasan *(Lophura edwardsi)* → *Lophura*
Edwards Lori, UA → Allfarblori
Edwards Schmuckohrpapagei *(Psittaculirostris edwardsii)* → *Psittaculirostris*
Edwardstangare *(Bangsia edwardsi)* → *Bangsia*
Edwards-Zwergpapagei *(Psittaculirostris edwardsii)* → *Psittaculirostris*
Egg borne disease. Sammelbegriff für Krankheiten, die über den Eierstock auf das Brutei übertragen werden.
Egregia-Zuckervogel, NN → Maskenpitpit
Egretta. G der Ardeidae ↗. 12 An. Fein zerschlissene Schmuckfedern auf Rücken und oft auch am Kropf. Meist zerschlissene od. lange, bandförmige Schmuckfedern am Hinterkopf. Mehrere weiße An mit dunklen Farbphasen. 50—60 cm. Mit Ausnahme von Arktis u. Antarktis weltweit verbr.
— *E. garzetta*, Seidenreiher. ♂ u. ♀: weiß, im BK mit 2 langen, bandförmigen Schmuckfedern am Hinterkopf. Schnabel u. Beine schwarz, Zehen gelb. Schwarze Farbphase am regelmäßigsten in Afrika. 56 cm. S-Europa, Afrika, Madagaskar, M- u. S-Asien über Indonesien bis Australien. Zucht regelmäßig gelungen. Bastarde mit anderen An, z. B. Schmuckreiher, Nachtreiher ↗.

— *E. thula*, Schmuckreiher. ♂ u. ♀: weiß, zerschlissene Schmuckfedern auf Brust u. Kopf. Schnabel u. Beine schwarz. Füße u. Wachshaut vom Auge bis Schnabelbasis leuchtend gelb. 55 cm. In Amerika regelmäßig, in Europa weniger gehalten. Zucht wiederholt gelungen. Bastarde mit Seidenreiher.

Eichelberger, Werner, geb. 28. 2. 1944 in Mägenwil/Schweiz. Passionierter Vogelliebhaber. Gründete 1973 Züchtergemeinschaft für Papageien in der Schweiz (Arbeitsgemeinschaft der Schweiz. Exotis), seit der Gründung deren Obmann, obliegt u. a. Führung eines Zuchtregisters für alle Papageienzuchten in der Schweiz. Mehrere seltene Zuchterfolge von Kakadus ↗, schweiz. Erstzuchten (Tritongelbhaubenkakadu ↗, Nacktaugenkakadu ↗), 1973 Erstzucht des Rotsteißkakadus ↗ (Welterstzucht?). Mehrere Berichte in Fachzeitschriften, Auszeichnungen für züchterische Arbeit.

Eichelhäher *(Garrulus glandarius)* → *Garrulus*
Eidechsenkuckuck *(Saurothera merlini)* → *Saurothera*
Eiderente *(Somateria mollissima)* → *Somateria*
Eier. Mit dem Begriff werden im allgemeinen die vom ♀ ausgestoßenen od. abgelegten Geschlechtsprodukte bezeichnet. Diese bestehen aus der Eizelle selbst u. den die Eizelle umgebenden Eihüllen. Die tierischen Eizellen werden in Eierstöcken gebildet u. erst in den Ausleitungsorganen mit Eihüllen ummantelt. Vögel haben nur einen linken Eierstock, die großen dotterreichen, nur von der Eimembran (Dotterhaut) umgebenen Eizellen, das Eigelb, fallen in die Leibeshöhle u. gelangen von da in den Eileiter. Dort werden sie befruchtet u. beginnen ihre Entwicklung. Erst danach wird die Eizelle beim weiteren Abwärtsgleiten durch den Eileiter u. die Kloake mit der Eiweißhülle, der Pergamenthülle u. schließl. der Kalkschale versehen. Bei allen Vogel-An werden die einzelnen Eizellen nacheinander gebildet, der zeitl. Abstand des Legens, die Zahl der E., die Eigröße, die Eifarbe u. die Form sind artspezifisch. Abgelegte E. entwickeln sich nur weiter, wenn sie bebrütet werden, das hormonal gesteuerte Brüten setzt erst ein, wenn eine bestimmte Gelegegröße erreicht ist; s. Brutpflege ↗. Unter den Wirbeltieren haben die Knorpelfische, Reptilien u. Vögel die größten E., die Säugetiere die kleinsten (⌀ der menschlichen Eizelle 0,12—0,2 mm). E. sind i. d. R. haploid, erst durch die Befruchtung wird der diploide Normalzustand wieder hergestellt (Chromosom ↗). Vogel-E. ohne Kalkschale werden als Wind-E. bezeichnet. Sind Kalkschale od. Schalenhaut der E. beschädigt, sind sie zur Brut ungeeignet.

Eierfressen. Untugend ↗ bes. bei Hühnervögeln. Mangelkrankheit od. Störungen im psychischen Verhalten durch unzweckmäßig gestaltete Umwelt.

Eierpicken → Eierfressen
Eifäulnis. Bakterielle Zersetzung des Eiinhaltes mit Veränderung von Konsistenz, Farbe u. Geruch.
— **grünfaules Ei:** Durch *Pseudomonas*-Bakterien verursachte Verderbnis des Eies.
— **käsiges Ei:** Durch eiweißzersetzende Bakterien verdorbenes Ei. Käsegeruch.
— **rotfaules Ei:** Zusammenlaufen von Dotter u. Eiklar infolge bakterieller Zersetzung.

— schwarzfaules Ei: Schwarzgrüne Dotterverfärbung infolge bakterieller Zersetzung.
— weißfaules Ei: Weiße Flockenbildung im Eiklar infolge bakterieller Zersetzung.

Eigentliche Baumsteiger → Dendrocolaptinae
Eigentliche Fasanen → Phasianinae
Eigentliche Finken → Fringillidae
Eigentliche Fliegenschnäpper. Gn der Muscicapidae ↗. Umfaßt *Niltava* ↗, *Cyornis* ↗, *Ficedula* ↗, *Muscicapa* ↗ u. Verwandte. Von einigen Systematikern als F betrachtet. Flügel allgemein spitzer u. länger als bei den Vögeln der anderen Gn der F. Schnabel breit, am Grund flach mit Borsten (Schnappschnabel). Lauf kurz, Zehen klein. Bewohner der Alten Welt. Leben in Wäldern, Plantagen, Parks u. Gärten. Nahrung Insekten, die sie meistens vom Ansitz aus im Flug erbeuten, werden von Vögeln einiger An auch von Zweigen, Blättern od. vom Boden abgelesen. Nest in Höhlen u. freistehend, z. B. in Zweiggabeln, auf Fensterbänken. Gelege allgemein 3—6 (10) Eier. Brutdauer 12 od. 13 Tage. Juv. fliegen nach 12—14 Tagen aus. Jugendkleid fast ausschließl. gefleckt.

Eigentliche Kakadus → Cacatuinae
Eigentliche Kraniche → Gruinae
Eigentliche Kuckucke → Cuculidae
Eigentliche Papageien → Psittacidae
Eigentliche Paradiesvögel → Paradisaea
Eigentliche Plattschweifsittiche → Platycercinae
Eigentliche Racken → Coraciidae
Eigentlicher Orangetrupial → Orangetrupial
Eigentliche Schnepfen → Scolopacinae
Eigentliche Timalien → Timaliinae
Eigentliche Weber → Ploceinae
Eigentliche Würger → Laniinae
Eihüllen → Eier
Eikonglobat. Durch Entzündungen an Eierstock od. Eileiter (infolge chronischer Infektionen) bedingte Verklumpung von Dotter u. Eiklar mit Schichtung der Bestandteile. Häufig Ursache von Legenot ↗ des Vogels.
Eileitervorfall → Kloaken-Eileiter-Vorfall
Einfarbdrossel *(Cichloselys unicolor)* → *Cichloselys*
Einfarbpfäffchen *(Sporophila intermedia)* → *Sporophila*
Einfarbsittich *(Cyanoramphus unicolor)* → *Cyanoramphus*
Einfarbstar *(Sturnus unicolor)* → *Sturnus*
Einfarbstelzralle *(Mesitornis unicolor)* → *Mesitornis*
Einfarbwida *(Niobella ardens tropica)* → *Niobella*
Einfuhr von Vögeln → Gesetzliche Bestimmungen für die Vogelhaltung
Eingewöhnung. Sie wird mit Frischfängen u. frisch importierten Vögeln vorgenommen u. bedarf einer bes. Sorgfalt (s. auch Quarantäne ↗). In dieser Zeit sorgen Unterbringung u. Ernährung für die Überwindung der Fang- u. Transportstrapazen, der dadurch bedingten körperlichen Schwächung u. möglichen Erkrankungen, für die Gewöhnung an die neuen Lebensverhältnisse u. an den Menschen. Eine E. ist erst abgeschlossen, wenn die Vögel futterfest sind, sich auch sonst weitgehend an das Gefangenschaftsleben angepaßt haben, u. falls amtstierärztliche Quarantänevorschriften zutreffen, diese im vollen Umfang erfüllt wurden. Mindestens 4 Wochen sollte ein Neuankömmling vom Bestand getrennt untergebracht werden. In dieser Zeit hat auch wenigstens eine 2malige bakteriologische u. parasitologische Kotuntersuchung zu erfolgen. Sind die Befunde positiv, erfolgt die Behandlung durch den Tierarzt.

Einlappenkasuar *(Casuarius unappendiculatus)* → *Casuarius*
Einsatzbauer → Harzer Bauer
Einsiedlerdrossel *(Catharus guttatus)* → *Catharus*
Einsiedlerkolibri *(Phaethornis superciliosus)* → *Phaethornis*
Einsiedlerkuckuck *(Cuculus solitarius)* → *Cuculus*
Einsiedlerliest *(Actenoides monachus)* → *Actenoides*
Einsiedlerlori *(Phigys solitarius)* → *Phigys*
Einzelhecke. Begriff, der vorwiegend zum Sprachschatz der Züchter von Kanarien ↗ gehört. 1 ♀ u. 1 ♂ werden zur Zucht in einem Heckbauer ↗ untergebracht, meistens, um bestimmte Zuchtziele zu erreichen. Bei dieser zwangsweisen Verpaarung bleibt manchmal der gewünschte Bruterfolg aus.
Eisente *(Clangula hyemalis)* → *Clangula*
Eiserositis. Entzündung der häutigen Auskleidung der Bauchhöhle durch Eidotter, die nicht in den Eileiter gelangt sind. Führt über Aszites-Bildung häufig zum Tod.
Eismöwe *(Larus hyperboreus)* → *Larus*
Eissturmvogel *(Fulmarus glacialis)* → *Fulmarus*
Eistaucher *(Gavia immer)* → *Gavia*
Eisvogel *(Alcedo atthis)* → *Alcedo*
Eisvögel → Alcedinidae
Eisvogelartige → Alcediniformes
Eiteltangaren → Dacnididae
Eiweißmangel. Beim Vogel als Ursache von Federmißbildungen u. Untugenden ↗ vermutet. Bei wachsenden Sittichen beschrieben. Selten.
Elanus. G der Accipitridae ↗. ? An. Kleine Greifvögel. Flügel spitz, Schwanz lang, manchmal stark gegabelt.
— *E. caeruleus*, Gleitaar. ♂ u. ♀: Oberkopf, Nakken, Rücken, Flügel grau bis schiefergrau. Auffällige, etwa eiförmige schwarze Marke vom Flügelbug ausgehend. Gesicht, Hals, Brust, Bauch weiß. Schwanz lang, grau, weiß gerahmt. Schnabel schwarz. Auge rot, zur Balzzeit intensiver. Zügel hinter dem Auge spitz auslaufend schwarz, Wachshaut u. Füße gelb. 5 UAn. Portugal, N-Afrika, Afrika sü. der Sahara, S-Asien. Offene Landschaft, in der Ebene u. im Hügelland, meidet das Gebirge. Beute Kleinsäuger, Insekten, Kleinvögel. Gelege 3—5 gelbweiße, braunrot gefleckte Eier. Brutdauer ca. 28 Tage. Nestlingsdauer 35—40 Tage. ♂ u. ♀ betreiben Brutpflege. Selten in Tiergärten, sporadische Importe meist aus Thailand. Wesen ruhig. Eingewöhnung unproblematisch. Bei Temp.en unter 5° C ist Winterquartier notwendig. Nahrung Insekten, Küken, Mäuse. Zucht in Gefangenschaft unbekannt. In Europa streng geschützt.

Elegantsittich

Zippammer

Elegantsittich, NN → Schmucksittich
Elfenastrild *(Brunhilda erythronotos)* → *Brunhilda*
Elfenbeinsittich *(Eupsittula canicularis)* → *Eupsittula*
Elfenblauvogel *(Irena puella)* → *Irena*
Elfenkäuzchen od. **Elfenkauz** *(Glaucidium whitneyi)* → *Glaucidium*
Elfennektarvogel *(Panaeola pulchella)* → *Panaeola*
Elfenpapagei *(Loriculus pusillus)* → *Loriculus*
Elliotfasan *(Calophasis ellioti)* → *Calophasis*
Elster *(Pica pica)* → *Pica*
Elsterdrossling *(Turdoides bicolor)* → *Turdoides*
Elsterfruchttaube *(Myristicivora luctuosa)* → *Myristicivora*
Elsterhäher, NN → Langschwanzhäher
Elsterkuckuck *(Clamator jacobinus)* → *Clamator*
Elsterling *(Cissopis leveriana)* → *Cissopis*
Elstern → *Pica*
Elster-Nashornvogel *(Anthracoceros coronatus)* → *Anthracoceros*
Elsterstar *(Sturnopastor contra)* → *Sturnopastor*
Elstertangare, NN → Elsterling

van den Elzen, Renate, (geb. Wichtl), Dr., geb. 10. 8. 1947 in Wien. Promotion zum Dr. phil. (Zoologie, Botanik) 1972. Seit 1974 am Museum A. Koenig in Bonn als wissenschaftl. Angestellte. Arbeitsgebiete: Tiergeographie, Faunistik, Stammesgeschichte, bes. der afrik. Vogelwelt. Dazu bis 1980 4 Forschungsreisen ins sü. Afrika. Über 20 wissenschaftl. Publikationen in Fachzeitschriften, u. a. «Zur Kenntnis der Avifauna Kameruns», Bonn, zool. Beitr. Seit 1976 gilt Hauptinteresse Phylogenie der Cardueliden, deshalb umfangreiche Haltung von Girlitzen ↗. Übersetzung mehrerer ornithol. Bücher, Mitautorin von «Unsere schöne Vogelwelt in Garten, Feld u. Wald», Autorin des Buches «Girlitze. Biologie, Haltung und Pflege.»

Emberiza. Artenreiche G der Emberizidae ↗ einschließl. der äthiopischen UG *Fringillaria* ↗. Altweltlich verbr.

— *E. caesia*, Grauortolan. ♂: Kopf, Brustband blaugrau, Kehle, Bartstreif hell rostbraun. OS braun, dunkel gestreift. US rotbraun. ♀: matter gefärbt, Kopf, Brust dunkel gestrichelt. Juv. ähnl. ♀, Unterflügeldecken weißlich. 16 cm. Albanien, Griechenland, S-Kleinasien. Besiedelt spärlich mit Gebüsch bewachsene Felshänge. Überwintert in NO-Afrika. Bodennest, 4—6 Eier.

— *E. cia*, Zippammer. ♂: Kopf, Kehle grau, Kopf-, Augen- u. Bartstreif schwarz. Rücken braun, dunkel gestreift. US, Bürzel rostbraun. Schnabel dunkel. ♀: matter gefärbt. Kopf, Brust braun, dunkel gestreift. Juv. ähnl. ♀. 17 cm. Mittelmeergebiet, lokal nö. bis Rheinland-Pfalz, Klein- u. Vorderasien bis NW-Mongolei. Felsige Berghänge mit Gebüsch, auch Weinberge. Teilzieher. Bodennest, 4—5 Eier, Brutdauer 13 Tage, Nestlingszeit 12 Tage. Winterhart. Zucht gelungen.

— *E. cinerea*, Türkenammer. ♂: Kopf grüngelb, OS braungrau, dunkel gestreift. US weißlich mit hellgrauem Brustband. ♀: braungrau mit gelblicher Kehle, dunkel gestrichelt. Juv. braun, dunkel gestrichelt. 17 cm. SW-Kleinasien u. SW-Iran. An felsigen Gebirgshängen. Überwinterungsgebiet am sü. Roten Meer. Bodennest, 3 Eier.

— *E. cioides*, Wiesenammer. ♂: OS braun, Rücken dunkel gestreift. Überaugenstreif weiß, schwarz abgesetzter Bartstreif u. an äußeren Steuerfedern weiß. Ohrdecken rotbraun. ♀ u. Juv. matter. 17 cm. Jahresvogel in gebüschreichem offenem Gelände O-Asiens. Nest in Bodennähe, 4—6 Eier. Volierenhaltung, badet gern, winterhart.

— *E. cirlus*, Zaunammer. ♂: Kehle, Augenstreif schwarz, Scheitel dunkel, Über- u. Unteraugenstreif bis Wange gelb. Rücken braun, dunkel gestreift, Bürzel olivgrau. US gelb, dunkel gezeichnet. Weiß an äußeren Steuerfedern. ♀: ähnl. *E. citrinella*, doch

Zaunammer

Bürzel olivgrau. Juv. ähnl. ♀. 17 cm. Mittelmeergebiet, lokal nö. bis Rheinland-Pfalz u. S-England. Jahresvogel in gebüschreichem offenem Gelände, Weinbergen, Obstgehölzen. Nest in Bodennähe, 3—5 Eier. Brutdauer 12 Tage, Nestlingszeit 12 Tage. Kalte Überwinterung in Volieren ↗ u. Flugräumen ↗. Zur Brutzeit mitunter unverträglich. Zucht gelungen.
— *E. citrinella*, Goldammer. ♂: Kopf, US gelb, Rücken braun, dunkel gestreift, Flankenzeichnung, Bürzel rostbraun. Weiß an äußeren Steuerfedern. ♀: matter gefärbt, Kopf, Brust mehr gestreift. Juv. ähnl. ♀, noch dunkler. 17 cm. Europa bis W-Sibirien. Lichte Wälder, Waldsäume u. gebüschreiche offene Landschaft. Teilzieher. Nest in Bodennähe, 4—5 Eier. Brutdauer 13 Tage, Nestlingszeit 12 Tage. Anfangs scheu, mitunter unverträglich. Mehrfach gezüchtet.
— *E. flavirostris*, Gelbbauchammer. ♂: Kopf, Nakken schwarz mit weißem Streifen auf dem Scheitel, über u. unter dem Auge, Rücken braun, Bürzel grau, US gelb, Brust rötlich, 2 weiße Flügelbinden, z. T. weiße äußere Steuerfedern. ♀: heller. Juv. matter gefärbt mit bräunlichem Scheitelstreif. 19 cm. M- bis S-Afrika. In offenem Buschland. 3—5 Eier. Bei erfolgreichen Volierenzuchten Brutdauer 13 Tage, Nestlingszeit 13 Tage. Aufzuchtfutter Insekten, Mehlwürmer.
— *E. hortulana*, Ortolan. ♂: Kopf-, Brustband graugrün, Kehle, Bartstreif gelb. Heller Augenring. OS braun, dunkel gestreift. US rotbraun. ♀: matter gefärbt, Kopf, Brust dunkel gestrichelt. Juv. ähnl. ♀, doch dunkler, beide mit graugelben Unterflügeldekken. 16 cm. Europa bis NW-Mongolei, Vorderasien, oft nur lokal. In offenem busch- u. baumreichem trockenem Gelände. Überwinterung vorwiegend in Afrika sü. der Sahara. Bodennest, 4—6 Eier, Brutdauer 13 Tage, Nestlingszeit 12 Tage. Bes. im Winter starke Neigung zur Verfettung, abwechslungsreiche knappe Fütterung, Gewicht 25—30 g. Zucht verschiedentl. gelungen.
— *E. lathami*, Haubenammer. ♂: glänzendschwarz mit dünner Federhaube, dunkel rostbraune Schwung- u. Steuerfedern. ♀: braun, dunkel gestreift, mit kürzerer Haube. Juv. ähnl. ♀. 16 cm. Himalaja, Hinterindien, S-China. Gebüschreiche, auch steinige offene Landschaft. Bodennest, 3—5 Eier. Volierenhaltung u. frostfreie Überwinterung in einer Zimmervoliere ↗. Zucht nicht bekannt.
— *E. leucocephalos*, Fichtenammer. Von manchen Systematikern nur als UA-Gruppe von *E. citrinella* angesehen. ♂: Kopf-OS, Wangen weiß, Kopfstreifen schwarz, Augenstreif, Kehle u. Halsseiten rostbraun. Nacken grau, Rücken braun, dunkel gestreift. US weiß, Flankenzeichnung, Bürzel rostbraun. Weiß an äußeren Steuerfedern. ♀: OS braun, dunkel gestreift. Juv. ähnl. ♀. 17 cm. Sibirien. Lichte Birken- u. Nadelwälder, Waldsteppe. Überwintert in M-Asien, Iran u. NO-China. Bodennest, 4—5 Eier. Eine Mischlingszucht *E. leucocephalos*-♂ × *citrinella*-♀ gelang LOEHRL ↗ an der Vogelwarte Radolfzell.
— *E. stewarti*, Silberkopfammer. ♂: OS rotbraun, Rücken dunkel gestreift. Kopf u. Brust silbergrau. Augenstreif u. Kehle schwarz. ♀ u. Juv. matter, ohne silbergraue u. schwarze Kopfzeichnung. 15 cm. Ge-

Emberizidae

Goldammer

birgsbesiedler des we. Tienschan u. Himalaja von 900—3 000 m ü. NN. Im Winter in NW-Indien. Nest am Boden, 3—5 Eier. Volierenhaltung, winterhart.
— *E. tahapisi*, Bergammer. UA *septemstriata*, Siebenstreifenammer. ♂: Kopf u. Kehle schwarz, Scheitel, Augenbrauenstreif, Wangen-, Bartstreif weiß. US u. OS rötlichbraun, letztere fahler u. schwarz gestrichelt. Auge braun. Schnabel hellbraun bis gelblich. Füße hellbraun. ♀: matter als ♂, Kopf graubraun, gestrichelt. Juv. ähnl. ♀. 15 cm. Äthiopis ↗ bis Nigeria u. S-Afrika häufig, seltener in Mauretanien u. Senegal. Bewohnt Savanne u. angrenzende Waldränder mit felsigem bzw. steinigem Boden. Selten im Handel. Für Käfig ungeeignet. Gut mit Prachtfinken ↗ gemeinsam im Flugraum zu halten, nicht unter 20 °C. Eingewöhnung leicht. Brütet nur (?) im Winterhalbjahr. Nest auf Erde od. im offenen Nistkasten bis 2,5 m Höhe, steht frei. Nistmaterial: Unterbau aus Holzstückchen, sonst Gräser, Kokosfasern, Laub u. ä. Gelege bei GERDES (Zucht 1982) 3 Eier. Schlupf nach 11 Tagen. Reichl. Pinkies ↗, gebrühte Mehlkäferlarven ↗. Juv. fliegen am 18. Tag aus. Zuchterfolg selten, Erstzucht 1893.

Emberizidae, Ammern. F der Passeriformes ↗. 5 UFn mit 252 An. UF Emberizinae mit 45 An meist altweltlich, übrige UFn Spizinae (1 A), Zonotrichiinae (110 An), Poospizinae (25 An) u. Sporophilinae (71 An) in Amerika. Emberizinae u. Spizinae vor allem in Europa, Asien, Afrika, einzelne in N-Amerika. Besiedler offener Landschaften, lichter Wälder mit Gebüschgruppen, Weidendickichten, Grasland. Nahrung vorwiegend Samen u. Insekten, letztere bes. im Sommer u. zur Jungenaufzucht. Freibrüter, Nester in Bodennähe, Eier meist dunkel gefleckt mit charakteristischen Haarlinien. Junge verlassen das Nest vielfach vor der Flugfähigkeit. Zur Eingewöhnung, zu den Zugzeiten für ziehende An sowie für größere stürmische An sind Kistenkäfige ↗ mit weicher Decke sehr geeignet. Haltung am besten in Volieren ↗, auch Vogelstuben ↗. Anfangs sehr scheu. Im Herbst u. Winter werden Samen leicht angenommen. Zur Zucht möglichst paarweise, sonst auch bei Sittichpaaren od. unter anderen Körnerfressern ↗. Einzelkäfige nicht unter 60 × 30 × 40 cm. Sauberer Bodenbelag, neben Sand auch Rasenplaggen, frische Gartenerde bieten. Großes Badebedürfnis, Neigung

Emberizinae

1 Ortolan, 2 Zippammer, 3 Zaunammer, 4 Fichtenammer, 5 Wiesenammer, 6 Kleinasiatischer Ammer

zur Verfettung, knappe Fütterung. Überwinterung vorwiegend in frostfreien, für Zugvögel in mäßig warmen Räumen. Abwechslungsreiches Futter, Spitzsamen, Hirse, Mohn, Samen vielfältiger Gräser u. Kräuter, außerdem bes. im Frühling, Sommer u. zur Jungenaufzucht Weichfresser-Futtermischung ↗, auch Eifutter sowie Ameisenpuppen, Mehlwürmer, Vogelmiere, Futterkalk, vielseitig andere Insekten, Grünfutter ↗, Keimfutter ↗, für größere An auch Hafer, Weizen, Gerste.

Emberizinae, Altweltammern. UF der Emberizidae ↗. 13 Gn, ca. 44 An. Besprochen sind Gn *Miliaria*, *Granativora*, *Emberiza* ↗, *Spina* ↗, *Schoeniclus* ↗, *Ocyris* ↗, *Cristemberiza* ↗, *Buscarla* ↗, *Calcarius* ↗, *Leptoplectron* ↗, *Plectrophenax* ↗, *Hypocentor* ↗.

Emblema. G der Estrildidae ↗. 1 A. NW-, Inner-Australien. In Steppen u. Halbwüsten, bes. an Wasserstellen. Nest in Grasbüscheln, Unterlage stets aus Steinchen, Zweigstücken, auch anderen Materialien der Umgebung. Selten gehandelt, angebotene Vögel stammen aus Nachzuchten (austral. Ausfuhrsperre), friedlich, anmutig, bald zutraulich. Unempfindlich. Vertragen zeitweilig auch Temp.en um 10 °C. Sonnenhungrig. Gut für Freivolieren geeignet. Futter s. Estrildidae. Zucht mehrfach gelungen. Juv. schlüpfen gern in den ersten Tagen nach dem Ausfliegen in dunkle Ecken. In großen Flugräumen füttern Eltern ausgeflogene Juv. unzuverlässig, obwohl sie volle Kröpfe haben. Am besten alle in Käfige setzen u. mehrmals am Tage vitaminreiches Futter bieten. Juv. 3–4 Wochen nach dem Nestverlassen selbständig.
— *E. picta*, Gemalter Astrild. ♂: von Scheitel bis einschließl. Rücken, Flügel braun. Stirn, Gesicht, Kinn rot. Große rote Flecken in Brust-, Bauchmitte, gleichfalls im Gefieder von Bürzel, Oberschwanzdecken. Sonst Brust, Bauch, Unterschwanzdecken, Schwanz schwarz. Brust u. Flanken von zahlreichen weißen «Tropfen» überzogen. Oberschnabel schwarz, rote Spitze, Unterschnabel rot, am Grund blaugrau. Auge dunkelbraun. Füße rötlichgrau. ♀: bedeutend weniger Rot als ♂, außerdem Schwarz des Bauches matter, mehr bräunlich, Punktierung aber zahlreicher. Juv. ähnl. ♀, aber matter. Rot nur wenig (Bürzel, Oberschwanzdecken), weiße Federn der ad. Vögel sind mehr grau. 10 cm.

Emeraldstar → Smaragdstar
Emingoldsperling (*Sorella eminibey*) → *Sorella*
Eminsperling (*Sorella eminibey*) → *Sorella*
Emins Unzertrennlicher, UA → Grünköpfchen
Emmas Weißohrsittich, UA → Weißohrsittich
Empidornis. G der Muscicapidae ↗. 1 A. Sudan u. W-Äthiopien durch Uganda, W-Kenia bis Inner-Tansania. Leben in trockenen Dornsavannen u. in offenen, mit Akazienbüschen bestandenen Landschaften. Brüten gern in alten Webernestern. Erbeuten Insekten sowohl auf dem Boden als auch im Fluge. Sehr selten auf europ. Vogelmarkt.
— *E. semipartitus*, Silberschnäpper. ♂ u. ♀: OS silbergrau, US rostbraun. 17 cm. UAn.

Emu (*Dromaius novaehollandiae*) → *Dromaius*
Enchytraeus, Grindelwurm. Werden von kleinen Insektenfressern ↗, aber auch Körnerfressern ↗, bei der Aufzucht gut aufgenommen. Die E.-Zucht gelingt mit einfachen Mitteln u. ist ergiebig. Als Zuchtgefäß verwendet man flache Schalen aus Holz od. Plast, die gut verschließbar sind. Eine Lüftungsöffnung ist unerläßlich. Sie wird zweckmäßig durch Gaze bedeckt. Das Zuchtgefäß wird mit einer 10–15 cm starken Schicht Garten- od. Walderde beschickt. Diese soll möglichst locker sein, deshalb wird oft Torf beigemischt. Ein Futterbrei, bestehend aus Mehlprodukten, Kartoffeln u. Gemüseabfällen, wird auf die Erdschicht gegeben, angedrückt u. mit einer Glasscheibe abgedeckt. Nach Zugabe des Zuchtansatzes wird das Zuchtgefäß 20–30 Tage dunkel gestellt u. etwas feucht gehalten. Danach können die E. unter der Glasscheibe entnommen u. ein neuer Ansatz Nahrungsbrei zugegeben werden. Schimmelndes Futter ist vorher zu entfernen. Optimale Zuchttemp. 20–25 °C.

Englische Schafstelze → Schafstelze
Enicognathus. G der Aratingidae ↗, UF Aratinginae ↗. 2 An. S-Amerika. Gut für Voliere geeignet. Nach der Eingewöhnung pflegeleicht, dann auch nicht kälteempfindlich, allerdings *E. leptorhynchus* wärmebedürftiger. Schlafhöhle anbringen. Futter: weiße u. gestreifte Sonnenblumenkerne, gekeimter Hafer, gekeimte Mungobohnen (Sojabohnen), gekochter Mais, Äpfel, Bananen, Möhren, Wellensittich-Futtergemisch, Kardisaat u. Kalk. Beide An gezüchtet.
— *E. ferrugineus*, Smaragdsittich. ♂: dunkelgrün, unterseits olivgrün, alle Federn mit schwärzlichen Säumen. Stirnband kupferrot, ebenso Schwanzfedern, großer Bauchfleck u. Partie um die Kloake. Oberschnabel schwärzlich, Unterschnabel graubräunlich. Auge rötlichbraun. Füße grau. ♀ wie ♂, Stirnband schmaler (?). Juv. sehr ähnl. Ad., Stirn u. Bauch weniger rotbraun, etwas dunkler. 33–34 cm. UAn. Heimat mittl. u. sü. Chile, sü. Argentinien bis

Feuerland. Bewohnt sü. Wälder, in denen *Nothofagus* sp. dominiert, Nahrungssuche im halboffenen Land. Im N in den Anden bis 1200 m ü. NN. Lokal häufig. Population wahrscheinl. stabil. Sü. UA Standvögel, nö. UA *(E. f. minor)* bewohnt von September—März in den Anden Höhen um 1200 m ü. NN, lebt die übrige Zeit in tieferen Lagen. Nahrung Samen, Knospen, Früchte, Wurzelknollen, während der Reifezeit des Getreides auch auf Feldern. Brütet in Höhlen, falls keine vorhanden, sollte Nest aus Halmen u. Zweigen errichtet werden. Sehr selten in europ. Sammlungen. Anspruchslos, hart u. wetterfest, *E. f. minor* kälteempfindlich, wird im Tierpark Berlin gepflegt. Hier von dieser UA 1972 Erstzucht, an gleicher Stätte in den folgenden Jahren gezüchtet. 1979 Erstzucht in Holland bei J. SPENKELINK, 1980 Erstzucht in der BRD im Vogelpark Walsrode ↗. Gelege 4—7 Eier. Bei Kontrollen des Geleges u. kleinen Jungvögeln ist Vorsicht geboten, da Ad. fluchtartig Höhle bzw. Kasten verlassen u. dabei häufig Schaden verursachen. Juv. schlüpfen nach 21—25 (27) Tagen. Aufzucht problemlos mit zerkleinertem gekochtem Ei vermischt mit geriebener Möhre, u. Sittich-Gold. Juv. fliegen nach 7—8 Wochen aus.

— *E. leptorhynchus,* Langschnabelsittich. ♂: ähnl. *E. ferrugineus,* aber Stirnband unschärfer begrenzt u. um das Auge teilweise rötlich gefärbt. Oberschnabel sehr lang, schmal, schwärzlich. Auge orangerot. Füße dunkelgrau. ♀ wie ♂, Kopf-OS mit weniger intensiver schwarzer Streifenzeichnung (?), Kopf schmaler. Juv. dunkler als Ad., Umrandung des Auges weißlicher, Oberschnabel kürzer, Spitze hell. 40 cm. M-Chile. Waldbewohner, lebt auch in Parks. Wahrscheinl. noch recht häufig. In den letzten Jahren einige Vögel in die USA u. nach Europa exportiert. Bestandsrückgang durch Rodungen, Abschüsse u. auch durch Newcastle-Krankheit. Bildet auch zur Brutzeit Schwärme. Frißt gern Samen von *Araucaria araucana,* gräbt nach Wurzeln, verspeist gekeimte Samen, grüne Pflanzenteile u. Früchte. Brütet in Baumhöhlen u. hohlen Ästen, zuweilen mehrere Paare in einem Baum. Tiefe Höhlen werden ebenso wie beim Smaragdsittich ↗ aufgefüllt (Zweige). Soll auch in Baumkronen freistehende Nester bauen, bezieht Felslöcher u. gräbt Höhlen. Erstmalig 1840 in London. Seit 1976 ab u. zu im Handel. Ganzmetallvoliere bzw. -käfig. Badet gern. Ggf. Krallen kürzen. Wühlt häufig mit dem Schnabel in der Erde. Erstzucht 1913 in Holland, auch im Käfig gezüchtet. Gelege 3—6 Eier. Schlupf nach 23—26 Tagen. Aufzuchtfutter → *E. ferrugineus.* Juv. fliegen nach ca. 8 Wochen aus. Kreuzung mit Nandaysittich ↗.

Ensifera, Schwertschnäbel. G der Trochilidae ↗. 1 A. Von Venezuela u. Kolumbien bis N-Bolivien. Leben in der Krüppelregion u. den Strauchhängen von 2500—3000 m ü. NN. Bevorzugen *Datura*-Blüten. Eingewöhnung nur mit Spezialröhrchen, deren Stutzen nach unten zeigt. Alle importierten Tiere sterben nach wenigen Wochen. Keinerlei Haltungserfahrungen. Zucht nicht gelungen.

— *E. ensifera,* Schwertschnabel, Schwertschnabelkolibri. ♂: unverwechselbarer langer Schnabel. OS grün mit etwas Bronzeschimmer. Kopf u. Hinterhals mit kupferigem Glanz. Steuerfedern bronzegrün.

Eolophus

Schwertschnabel

Wange, Kinn u. Kehle bräunlichschwarz. Vorderbrust glitzernd grün. Unterkörper glänzend grün, Unterschwanzdecken glänzend grün mit weißlichgrauen schmalen Säumen. ♀: OS wie die des ♂, Federn der US weiß, jede Feder mit rundem, grünem, großem Fleck an der Spitze. Kinn u. Kehle etwas zimtbräunlich angehaucht, mit kleineren, weniger glänzenden, mehr bräunlichgrünen Flecken. Weichen ganz grün. Äußere Steuerfedern mit weißlichem Außensaum u. weißer schmaler Spitze. Schnabel 5—10 mm länger. Juv. mit kürzerem Schnabel. 21,0—22,5 cm.

Enten → Anatinae

Entomyzon. G der Meliphagidae ↗. 1 A. N- u. O-Australien, sü. bis N- u. W-Victoria u. südöst. S-Australien; S-Neuguinea.

— *E. cyanotis,* Blauohr-Honigfresser. ♂ u. ♀: OS grauolivgrün. US weiß. Kopf schwarz, blau gestrichelt; blaue Zügel u. Ohren. Weißes Nackenband. 32 cm. UAn.

Enzephalomalazie. Breiiger Zerfall der Gehirnmasse, die bei Küken hauptsächl. durch Mangel an Vitamin ↗ E, seltener A od. B_1 verursacht wird. Verfütterung verdorbener Fleisch- u. Fischmehle vermeiden. Ausreichende Vitamin-E-Versorgung u. Zusatz von Antioxydantien zum Mischfutter verhindern E.

Eolophus. G der Cacatuinae ↗. 1 A. Schnabel kürzer als hoch. Niedrige, breite, kleine Haube. Australien, ausgenommen viele Küstengebiete u. Tasmanien. Zahlreich. Bewohnen offenes u. baumbestandenes Grasland, Felder, Siedlungen, nächtigen bes. gern in der Nähe von Wasserstellen. Gesellig, bilden manchmal riesige Schwärme. Nahrung Grassamen, Kräuter, Beeren, Getreide u. Früchte. Brüten in Bäumen, manchmal auch in Kaninchenbauen. Erstmalig 1843 in Europa (Zool. Garten London). Regelmäßig gehandelt. Nach der Ausfuhrsperre selten. Gut für Einzelhaltung geeignet, sehr zahm. Nagen gern. Bei Volierenunterbringung frostfreie Überwinterung. Stimme nicht sehr laut, gibt aber Ausnahmen. Gut für Gemeinschaftsanlage geeignet. Benötigen grö-

Eophona

Rotlori

ßere Voliere, bei dieser Haltungsform im Frühjahr u. Herbst parasitologische Kotuntersuchung. Futter s. Cacatuidae. Erstzucht 1876 in London. Mehrmals gezüchtet, manchmal 2 Jahresbruten. Tragen Nistmaterial ein, deshalb Weidenzweige bieten (Brutstimulanz, Mikroklima in der Bruthöhle). Gelege 2—5 Eier. Brutdauer (21) 23—24 (29) Tage. Juv. fliegen nach 7—8 Wochen aus, werden anschl. noch 4—5 Wochen von den Eltern gefüttert. Während der Aufzucht reichl. eingeweichter, ausgedrückter Zwieback, hartgekochtes Eigelb, viel Grünes. Kreuzungen mit Inkakakadu ↗, Kleinem Gelbhauben- ↗, Gelbwangen- ↗, Nacktaugen- ↗, Großem Gelbhauben- ↗ u. Helmkakadu ↗.

— *E. roseicapillus*, Rosakakadu. ♂: Kopf, Hals bis Bauch rosarot. Haube weißlich. Rücken, Unterschwanzdecken hellgrau. Flügel, Bürzel, Schwanz blaugrau. Schnabel hell hornfarben. Auge schwarz. Schmaler Augenring nackt, warzig, rot. Füße grau. ♀ wie ♂, aber Auge rotbraun, Augenring schmaler, warziger. Juv. unterseits nur schwachrosa mit grauen Federn. Iris dunkler, erst mit etwa 4 Jahren endgültige Färbung. Im 2. Jahr ♀ ♀ an brauner Iris u. gering schmalerem Augenring von ♂ ♂ zu unterscheiden. 35 cm. 2 UAn. Albinos in England gezüchtet.

Eophona, Maskenkernbeißer. G der Carduelidae ↗. 2 An. NO-Paläarktis ↗. Gelegentl. gehalten u. gezüchtet.

— *E. migratoria*, Schwarzschwanz-Kernbeißer. ♂: Kopf, Wangen u. Kehle schwarz. Rücken bräunlichgrau, Bürzel grauer. Kehle, vordere Brust weingrau, Bauchmitte weiß, Flanken hell kastanienbraun. Blauschwarze Schwungfedern mit mehr als 2 cm breiter weißer Spitze, Schwanz blauschwarz. ♀: braungrau, unterseits heller, sonst wie ♂, aber mit schmaleren weißen Flügelspitzen. Juv. ähnl. ♀, aber matter gefärbt. Alle mit großem, breitem, gelbem Schnabel, Schnabelspitze grün. 21 cm. SO-Sibirien, Mandschurei bis M-Japan. Lebt in Kulturland u. Laubwäldern. Gelege, Brutdauer, Nestlingszeit, Haltung u. Futter wie *Coccothraustes* ↗.

— *E. personata*, Maskenkernbeißer. ♂: graubeige Kopfplatte, Gesichtsmaske, Flügel schwarz. Armschwingen blauglänzend wie der Schwanz; Handschwingen mit schmaler, aber deutl. weißer Binde. Schnabel wachsgelb. ♀: oberseits bräunlicher, schwarze Gefiederpartien matter, Flügelbinde schmaler als beim ♂. 21,5 cm. N-China, Amur- u. Ussuriland bis N-Japan. Bewohnt Laubwälder u. Kulturland. Haltung, Futter wie *Coccothraustes*, Zucht? in M-Europa.

Eos. G der Loriidae ↗. 6 An. Indonesien, Maluku, Inseln bei Sulawesi u. Neuguinea.

— *E. bornea*, Rotlori, Ambiona-Rotlori. ♂ u. ♀: leuchtend rot, Augenring nackt, grau. Obere Schulterfedern blau, ebenso Unterschwanzdecken. Schwanz- OS dunkelrot, -US gelblichrot. Schnabel hellgelb. Auge orange. Füße grau. Juv. Schnabel vollständig od. z. T. schwarz, Ohrdecken zuweilen wenig blau, Unterschwanzdecken rot. 30 cm. 4 UAn. *E. b. bernsteini*, Bernsteins Lori, wie Nominatform, aber wenig größer. Bewohnt Kai-Inseln, auf Goram, Ceramlaut u. Watubela-Inseln. Nominatform s. A-Beschreibung. *E. b. cyanonothus*, Buru-Rotlori, wie Nominatform, aber insges. dunkler, bes. Flügel, mit 28 cm auch kleiner. Insel Buru (Indonesien). In den 60er Jahren dieses Jh. vor allem in Holland auf Vogelmarkt, temperamentvoll. Vorzüglicher Volierenvogel. Warmer Schutzraum. *E. b. rothschildi*, Rothschilds Rotlori, wie Nominatform, aber kleiner, lebt nur auf Ceram. Verbr.-Gebiet der A sü. Maluku u. Kai-Inseln. Lebt im Küstengebiet u. in Bergwäldern bis 1 250 m ü. NN (auf Ceram), auch in Mangrovewäldern. Von allen UAn Nominatform am häufigsten im Handel, meistens nur in zool. Gärten u. Vogelparks ↗ gehalten. Eingewöhnung leicht, sehr widerstandsfähig, Importe allgemein in sehr guter Verfassung im Handel, bis 1980 häufig. Dickwandige Schlafhöhle erforderlich. Gut eingewöhnte Vögel vertragen kurzfristig wenige Frostgrade. Stimme sehr laut (Nachbarn). Mehrmals gezüchtet, regelmäßig im Vogelpark Walsrode ↗, 1 Paar zog hier 20 Juv., fliegen nach ca. 8 Wochen aus. Bester Brutvogel unter allen Loris. Gutes Zuchtpaar ist zuverlässiger Brüter, zieht eine Brut nach der anderen auf. Bei Dr. BURKARD ↗ erfolgreicher Einsatz als Ammen für Gelbmantellori ↗.

— *E. cyanogenia*, Blauohrlori. ♂ u. ♀: glänzend rot, vom Oberschnabel über die Augenpartie bis zur Ohrgegend blauviolettes Band. Oberflügeldecken, Schulter u. Handschwingen schwarz. Flanke mit schwarzem Fleck, ebenso Schenkel schwarz. Mittl. Schwanzfedern schwarz, äußere Federn rot mit schwarzen Außenfahnen. Schnabel orangerot. Auge rot. Füße dunkelgrau. Juv. Oberkopf u. US dunkel gefleckt, Schnabel dunkler als bei Ad. 29 cm. Biak, Numfor, Manim, Mios u. Num (Inseln in der Geelvink-Bucht Neuguineas). Bewohnt Kokospalmen der Küsten, nicht im Inland u. nicht in den Bergen. Über Lebensweise wenig u. über Brutbiologie nichts bekannt. Selten im Handel, Importvögel allgemein in sehr gutem Zustand, Eingewöhnung problemlos, danach ausdauernd. Auch im Winter Haltung in Freivoliere mit mäßig warmem Schutzraum. Stimme laut. Zur Zucht Paar allein halten. Während der Brutzeit ausgesprochen aggressiv gegenüber dem Pfleger. Kontrollen der Bruthöhle unterlassen, da Vögel sehr hektisch sind u. Eier zerstören od. Junge aus dem Kasten werfen. Zucht selten gelungen, seit 1976 regelmäßig im Vogelpark Walsrode gezüchtet. 2 Bruten jährl.

— *E. histrio,* Diademlori. ♂: glänzend rot, Körper dunkler. Hinterer Scheitel mit breitem, purpurblauem Band, das über das Auge bis zum Oberrücken zieht, dieser u. übriger Rücken purpurblau. Schulter u. Flügel schwarz, Schenkel blau. Flügeldecken mit schwarzen Spitzen. US rot mit breitem, blauem Band über der Brust. Unterschwanzdecken vermischt mit Blau. Schwanz-OS rötlichblau, -US rot. Schnabel orangegelb. Auge rot. Füße grau. ♀ wie ♂, gering kleiner. Juv. matter als Ad., insges. dunkler. Schnabel braungelb. Auge dunkelbraun. 30 cm. 3 UAn. Sangir-, Talaut- u. Nenusa-Inseln bei Sulawesi. Baumbewohner, über dessen Lebensweise kaum etwas bekannt ist. Manchmal in Europa im Handel. Warme

Diademlori

Riesenstorch

Eingewöhnungszeit über Monate, dann ausdauernd, trotzdem nicht unter 10 °C halten. Manchmal schreckhaft, Zucht sehr selten gelungen.

— *E. reticulata,* Strichellori. ♂: glänzend rot, Ohrdecken dunkelblau gestrichelt, Nacken u. Oberrücken blauschwärzlich mit violettblauen Stricheln. Große Flügeldecken u. Schwingen mit schwarzen Spitzen. Rücken u. Bürzel tiefrot, unterschiedl. blau gestreift. Schwanz oberseits bräunlichschwarz, unterseits mattrot. Schnabel korallenrot. Auge rot. Füße grau. ♀ wie ♂, Kopf u. Schnabel wenig kleiner. Juv. Oberkopf u. Brust blauschwarz gefleckt, Strichelung der Ohrpartie u. des Nackens weniger. Schnabel dunkelgrau. 30 cm. Tenimber-Inseln (Indonesien), von Menschen auf den Kai-Inseln u. auf Damar verbr. Keine Details über Lebensraum u. Lebensweise bekannt. In Europa selten im Handel, in den letzten Jahren häufiger. Importvögel kommen allgemein in gutem Zustand an. Eingewöhnung problemlos. Ruhiger Vogel, kein großer Schreier, verträglich in der arteigenen Gruppe. Vorzüglicher Volierenbewohner, mäßig warme Überwinterung. Dickwandige Schlafhöhle. Zuverlässiger Brüter, Juv. werden problemlos

aufgezogen, fliegen nach ca. 14 Wochen aus. Gegenüber Kontrollen der Bruthöhle unempfindlich. Mehrfach gezüchtet, im Vogelpark Walsrode regelmäßig.

— *E. squamata,* Kapuzenlori. ♂: in der Färbung variabel rot, Nacken u. Halsband violettblau, Schulter matt purpurfarben, spitzenwärts schwarz. Große Flügeldecken u. Schwingen, Säume u. Spitzen schwarz. Schwanz-OS purpurrot, -US bräunlichrot. Bauch violettblau, ebenso Unterschwanzdecken, Schenkel rot. Schnabel orangerot. Auge gelb bis orangerot. Füße grau. ♀ wie ♂, gering kleiner. Juv. Federn der US mit kräftig purpurfarbenen Säumen, zuweilen Ohrdecken u. Scheitel blau, Flügeldecken grünlich. Auge braun. 27 cm. 4 UAn. *E. s. riciniata* von allen UAn wohl am häufigsten in Europa im Handel, Nackenband mehr violettgrau, Schulter rot, einige Vögel mit violettgrauem Scheitel, aber rotem Nacken. Verbr. der A nö. Maluku, Inseln Gebe, Waigu u. Batanta (W-Papua). Lebt in Kokosnußplantagen, wurde auch in *Erythrina*-Bäumen beobachtet. Kaum Einzelheiten über Freileben bekannt. Zeitweise relativ zahlreich in Europa angeboten. Nach der Eingewöhnung ausdauernd. Ruhiger Vogel, verträglich in der arteigenen Gruppe, vorzüglicher Volierenvogel, mäßig warme Überwinterung. Dickwandige Schlafhöhle. Stimme leiser als von Rotlori, aber lauter als von Vögeln der G *Trichoglossus* ↗. Wenige Male gezüchtet, 1977 u. 1979 im Vogelpark Walsrode. 1 Brut jährl., zuweilen Nachgelege.

Epaulettenwidas → *Coliuspasser*

Ephippiorhynchus. G der Ciconiidae ↗. 2 An. Haltung → Ciconiidae.

— *E. asiaticus,* Riesenstorch, Schwarzhalsstorch. ♂ u. ♀: Kopf, Hals, Unterrücken, Schwanz u. Flügeldecken glänzendschwarz; Oberrücken, Brust u. Bauch weiß. Langer, leicht nach oben gebogener Schnabel schwarz. Beine u. Füße rot. ♂ mit dunkel-

Epimachus

Sattelstorch

brauner, ♀ mit gelber Iris. 130—140 cm. UAn. S-Asien, Neuguinea, N- u. O-Australien. Geselliger. An Flüssen, in Sümpfen, im Marschland. Fischfresser, aber auch Frösche, Rept., Krebse. Nester in einzelstehenden Bäumen in Wassernähe. 3—4 weiße Eier.
— *E. senegalensis*, Sattelstorch. ♂ u. ♀: Kopf, Hals, Unterrücken, Schultern, Schwanz u. Flügeldecken dunkelgrünlichglänzend schwarz. Oberrücken, Brust, Bauch u. Flügelunterseiten weiß. Langer, sehr schmaler Schnabel rot mit schwarzer Binde u. gelbem sattelförmigem Hornaufsatz; leicht nach oben gebogen. Beine schwarz, Gelenke rosa. Am Kinn zwei helle nackte Hautlappen herabhängend. ♂ mit dunkelbrauner, ♀ mit gelber Iris. 150—165 cm. Äthiopis (ohne Somalia u. S). Meist in Sümpfen u. an Ufern von Binnengewässern. Einzeln, paarweise od. in kleinen Familien. Überall selten. Klappert mit Schnabel. Nistet in Bäumen.

Epimachus, Sichelhopfe. G der Paradisaeidae ↗. 4 An. N-, W-, O- u. M-Neuguinea.
— *E. meyeri*, Meyer-Sichelschnabel. ♂: oberer Rücken schwarz, Kopf u. Nacken je nach Lichteinfall blau, grün od. purpur metallisch glänzend; Bürzel, unterer Rücken grün metallisch glänzend; US trüb olivbraun; an den Seiten purpurfarben; an beiden Seiten der oberen Brust je ein fächerförmiger, aufrichtbarer Büschel dunkelbrauner bis schwarzer Federn, die mit Purpurrosa durchsetzt sind; vordere Federn zugespitzt, violettblau metallisch glänzend, hintere Federn länger u. schwarz; Flügel schwarzbraun; Schwanz u. Schnabel schwarz. Auge hellblau. Füße grauschwarz. ♀: Kopf-OS bis Nacken gelbbraun bis kastanienbraun; Kopfseiten braunschwarz. OS olivbraun, US einschließl. untere Flügeldecken schwach gelbbraun mit braunschwarzen Streifen. Schwanz braun u. kürzer als bei ♂. Juv. ähnl. ♀, Kopf-OS oliv, Auge braun. 170 cm (♂). Hauptgebirgskette von Neuguinea, O- bis SO-Papua-Neuguinea. Bewohner von Bergwäldern zwischen 2 200 u. 3 125 m Höhe. Eingewöhnung kaum bekannt; ein 15 Jahre altes ♀ wurde von 2 importierten A-Genossen in der Voliere ↗ nicht akzeptiert. Haltung in ca. 18 m breiter Voliere (ca. 17 °C im Winter, ca. 22 °C im Sommer) mit Wasserfall, Bade- u. Trinkbecken, Futterplatz, Balzbaum u. Nistplatz. Ernährung mit Paradiesvogelfuttermischung aus 450 g Milchpulver mit geringem Laktosegehalt, 500 g Grieß, 450 g Haferflocken, 2 000 g Möhren ↗, 225 g Honig, 45 g Hefeflocken, 30 g Kalzium sowie aus 8 g Spurenelementen einschließl. Vitaminen; dazu 2 × wöchentl. Äpfel u. Banane in Würfeln, Tomaten, Weintrauben, Fleisch u. Papajas, 10 Mehlwürmer, frisch geborene Mäuse, Grillen od. Heuschrecken. Zucht noch nicht gelungen; bisher nur Eiablagen im Kunstnest (äußerer Durchmesser 40, innerer Durchmesser 25 cm) aus zusammengeflochtenen Zweigen. Auspolsterung des Nestes durch das ♀ mit etwas trockenem Laub u. einigen Federn. Schutzbestimmungen nach WAÜ ↗.

Erblindung. Im Gefolge von Vitamin-A-Mangel zu beobachtende Augenveränderungen beim Vogel.

Erbrechen. Beim Vogel selten zu beobachten. Kropfüberladungen u. -entzündungen sind als Ursache möglich. Echtes E. ist nicht zu verwechseln mit dem Futterhochwürgen bestimmter Vogel-An zur Brutzeit. E. kann durch Medikamente ausgelöst werden.

Erckelfrankolin (*Pternistis erckelii*) → *Pternistis*
Erdbeerköpfchen (*Agapornis lilianae*) → *Agapornis*
Erddrossel (*Zoothera dauma*) → *Zoothera*
Erdeule (*Tyto longimembris*) → *Tyto*
Erdkuckuck (*Geococcyx californianus*) → *Geococcyx*
Erdracken → *Brachypteraciidae*
Erdschmätzer (*Oenanthe pileata*) → *Oenanthe*
Erdsittich (*Pezoporus wallicus*) → *Pezoporus*
Erdspechte → *Picus*
Erdtauben → *Columbiformes*
Eremiten → *Threnetes*

Eremophila. G der Alaudidae ↗. 2 An. SO-Europa, N-Afrika, Asien, N-Amerika bis S-Mexiko, Kolumbien. Artenschutz, Pflege u. Zucht s. Alaudidae.
— *E. alpestris*, Ohrenlerche. ♂: Im BK Kopf auffallend schwarz u. gelb gezeichnet, schwarzer Streif läuft von der Stirn in «Federöhrchen» aus. Brustband schwarz. RK insges. blasser. ♀ wie ♂, aber ohne Federöhrchen, Brustband schmaler. 16,5 cm. Zahlreiche UAn, bilden vielleicht mehrere An. Gebirge Innerasiens (W-Kansu, SO-Tibet, bis Himalaja), Afghanistan, we. durch Kaukasusgebiet, Kleinasien bis SO-Europa, Gebirge Marokkos, SO-Sowjetunion bis W-Mandschurei; N-Europa, N-Sibirien; von Alaska, N-Labrador bis Niederkalifornien, S-Mexiko, N-Mississippi, N-Carolina; Bogota (Kolumbien). Lebt im Gebirge, trockenen, steinigen Gebieten, Tundren. Gesang klangschön. In Gefangenschaft selten. Kein Zuchterfolg bekannt.

Eremopterix. G der Alaudidae ↗. 7 An. Afrika, Asien. Pflege, Zucht s. Alaudidae.
— *E. grisea*, Grauscheitellerche. ♂: Stirn weißlich, Überaugenstreif, Vorderwangen schwarz, Ohrpartie weißlichgrau. Kopf-OS hellgrau, OS aschgrau mit bräunlichen Flecken. Kinn bis einschließl. Bauch schwarz. ♀: kleiner als ♂, schwarze Kopffärbung bei diesen sandfarben, Ohrpartie bräunlich, Kehle

weiß, Brust isabellfarben mit dunkelbräunlichen Flecken, übrige US nur isabellfarben. 11,5 cm. Indien (einschließl. Bangladesh), Sri Lanka. Bewohnt Brachen u. Kultursteppe. Angenehmer Volierenvogel.
— *E. leucopareia,* Braunscheitellerche. ♂: Kopf-OS, Nacken rotbraun, Wangenfleck cremeweißlich, nach hinten von rostgrauem Nackenfleck abgeschlossen. Rücken-, Flügeldeckfedern grau, sandfarben gesäumt mit einigen rostbraunen Flecken in den Federfahnen. Schwingen, Schwanz graubraun, ebenfalls sandfarben gesäumt. Kinn, Kehle bis Brustmitte u. Hinterkopf schwarz gezeichnet. Schnabel hornfarben. Auge dunkelbraun. Füße hornfarben. ♀: Kopf-OS graubraun, Gesicht heller als bei ♂, schwarze Zeichnung des ♂ fehlt. US dunkel gestreift. 11 cm. O-Afrika. Bewohnt Savannen, Halbwüsten, sandiges, auch steiniges Gelände, nach der Ernte auch auf Feldern. Selten gehalten. Nach K. G. MAU ↗ am besten im größeren Flugraum zu halten, da sie gerne auffliegt u. im Gehege flattert. Gesang zwitschernde, pfeifende, «gepreßte» Töne.
— *E. leucotis,* Weißwangenlerche. ♂: Kopf, Hals schwarz, ebenso US. Allein Ohrregion, Nackenband, Flecken oberhalb der Achsel weiß. Oberrücken kastanienbraun. ♀: blasser als ♂, aber Ohrdecken gelblichbraun, Oberrücken graubraun u. US verwaschen weiß, dunkelbraun gefleckt. 12 cm. UAn. Senegal, Gambia bis Sudan, Äthiopien, NO-Uganda, Kenia, Tansania, Malawi, Simbabwe bis S-Afrika, Botswana bis nö. SW-Afrika. Empfehlenswerter Pflegling für die Voliere. Bald zutraulich, ein Paar verträgt sich gut miteinander.
— *E. nigriceps,* Weißstirnlerche. ♂: Stirn, Wangen weiß, Kopf, Kehle schwarz od. bräunlichschwarz, OS sandbraun, Schwingen hellsandfarben gesäumt. Schwanz außen weißlich. Schnabel kurz, kräftig, hellhornfarben. Auge dunkelbraun. Füße hellbraun. ♀: OS sandbraun, US weißlich sandfarben. Keine schwarze Färbung oberseits. Juv. ähnl. ♀. 12 cm. UAn. Kap-Verde-Inseln, Mauretanien, sü. der Sahara bis Eritrea, N-, O-Somalia, Arabien, N-Ägypten, S-Irak, S-Iran, Pakistan, NW-Indien bis W-Radjastan. Bewohnt Steppen, Savannen, Halbwüsten. Selten gehandelt, Eingewöhnung einfach. Für Gartenvoliere ungeeignet, benötigt warme, trockene, sonnige Unterkunft. Gern werden Sonnenbäder genommen (Infrarotstrahler, tägl. bis zu 1 Std.). Gesang trillernd.
— *E. verticalis,* Nonnenlerche. ♂: wie Weißwangenlerche, aber oberseits grau mit schwarzbrauner od. graubrauner Fleckung. ♀: wie Weißwangenlerche, aber OS grau gefleckt, US graubraun. 12–13 cm. UAn. Küste Cabinda, W-Angola, vom nö. SW-Afrika, SW-Sambia durch SW-Afrika, Botswana, W-Simbabwe, W-Transvaal, Oranje-Freistaat, Kapprovinz. Bewohnt offenes Land, gern auf Brachen u. abgeernteten Feldern. Selten angeboten. Friedlich, bald zahm. Liebt trockene Wärme. Dreht sich abends tiefe Schlafmulden, deshalb hoher Sandbelag. Flattert gern, deshalb großen Flugraum bieten. Lebendfutter in Sandschale reichen, pickt Nahrung gern aus Sand. Noch nicht gezüchtet.

Ereunetes. G der Scolopacidae ↗. 8 An. Ausschließl. auf den Tundrengürtel der Nordhalbkugel

Erfrierung

217

Ohrenlerche. Paar

beschränkt. Bewohnen sowohl trockene u. steinige Flächen in Gewässernähe als auch feuchte Niederungen u. Sümpfe. Feldornithol. schwer zu unterscheiden. Haltung s. Scolopacidae.
— *E. minutus,* Zwergstrandläufer. ♂ u. ♀: im BK rostrote OS, rötliche Halsseiten, Brust u. übrige US weiß. RK oberseits graubraun mit dunklen Strichen, US weiß, an Brustseiten gestrichelt. Hellgraue äußere Steuerfedern. Juv. ähnl. RK, auffallend 2 helle Rückenstreifen, die ein «V» bilden, diese sind bei Ad. weniger ausgeprägt. Schwarze Füße. 14 cm. Kommt im äußersten NO-Europa vor, weiter ostwärts in N-Sibirien bis zum Unterlauf der Lena. In M-Europa Durchzügler, überwintert in Afrika u. S-Asien. Bewohnt feuchte Sümpfe sowie Moos- u. Flechtentundra. Wenig an Wasser gebunden. Keine Gefangenschaftsbruten bekannt.
— *E. temminckii,* Temminckstrandläufer. ♂ u. ♀: in der Färbung an Flußuferläufer ↗ erinnernd. Im BK OS bräunlich u. im Gegensatz zum Zwergstrandläufer unregelmäßig gefleckt. Verwaschene graugemusterte Brust- u. Halsfärbung, deutl. vom weißen Bauch abgesetzt. Im RK OS einfarbig aschgrau, Brust grau. Juv. ähnl. Ad. Allen Kleidern fehlt das weiße «V» des Zwergstrandläufers. Beine grünlichbraun, weiße äußere Steuerfedern. 14 cm. NO-Europa, weiter ostwärts in Sibirien bis zur Tschuktschen-Halbinsel. Überwintert am Mittelmeer, in Afrika u. S-Asien. Bewohnt kurzgrasige u. steinige Flächen in der Nähe von Gewässern. Jährl. 2 Gelege, das 1. wird vom ♂, das 2. vom ♀ bebrütet. Keine Gefangenschaftsbruten bekannt.

Erfrierung. Veränderungen der Gewebe durch Einwirkung tiefer Temp.en. Es werden 3 Grade (Rötung, Blasenbildung, Gewebetod) der E. unterschieden, die durch schwere Veränderungen an den örtl. Blutgefäßen gekennzeichnet sind. Alle endständigen, unbefiederten Körperteile sind durch E. gefährdet

Erhaltungsfutter

Rotkehlchen

(Kämme, Kehllappen, Füße bzw. Zehen). Nicht winterharte Vogel-An sind bei nicht artgerechter Unterbringung bes. gefährdet.

Erhaltungsfutter. Landwirtschaftl. Maß für die Futtermenge, die zur Erhaltung des Ernährungsgleichgewichtes einer Tier-A erforderlich ist. Bei der Ziergeflügelhaltung liegt die benötigte Futtermenge außerhalb der Zucht- u Aufzuchtperiode kaum über dem Erhaltungsbedarf. Zu nährstoffreiche Fütterung kann in diesem Fall zu Stoffwechselschäden u. schlechten Zuchtergebnissen führen.

Eriocnemis, Wollhöschen. G der Trochilidae ↗. 10 An. Venezuela bis Bolivien. Nebelwälder in Hochlagen.
— *E. cupreoventris,* Kupferbauch-Schneehöschen, Goldbauch-Wollhöschen. ♂: OS glänzend grün mit Bronzeschimmer. Seiten des Bürzels u. Oberschwanzdecken reiner grün u. stärker glitzernd. US schwach glitzernd grün, in der Mitte rötlich kupferfarben mit etwas goldigem Schimmer. Steuerfedern dunkel stahlblau, fast schwarz. Unterschwanzdecken glänzend veilchenblau. Die großen Flaumbüschel weiß. Schnabel, Füße schwarz. ♀: Brustfedern mit schmalen anteapicalen weißen Bändern. Juv. Brust, Kehle schwarz. 11,5 cm. NW-Venezuela u. Kolumbien. In der Paramozone mit niederer Vegetation bis 3000 m ü. NN. Eingewöhnung s. *E. luciani.* Zucht noch nicht gelungen.
— *E. luciani,* Blaustirn-Schneehöschen, Violettschwanz-Muffenbeinchen, Saphirbauch-Wollhöschen. ♂: OS glänzend grün, Oberschwanzdecken lebhafter glänzend. Hinterhals, Halsseiten goldschimmernd. Stirn bis zur hinteren Augenhöhe grünlichblau. Steuerfedern blauschwarz. US glitzernd dunkelgrün, Kehle schwarz. Unterschwanzdecken glitzernd veilchenblau. Schnabel, Füße schwarz. Flaumbüschel an den Beinen weiß. ♀ wie ♂, aber der Flügel i. d. R. ca. 2 mm kürzer. Juv. wie ♀. 12,5 cm. Von Kolumbien bis W-Ekuador u. SO-Peru.

Bevorzugt subtropische Gebiete des W-Abhanges der Anden. Eingewöhnung am besten in großen bepflanzten Volieren ↗. Wurde wohl bisher nur in Einzelfällen länger als 1 Jahr gekäfigt. Zucht bisher nicht gelungen.
— *E. vestitus,* Bronzeschneehöschen, Wollhöschen. ♂: OS dunkelgrün metallisch, Hinterhals mehr goldig. Bürzel u. Oberschwanzdecken glitzernd goldgrün. Steuerfedern blauschwarz, Kehle in der Mitte veilchenblau, Vorderbrust dunkelgrün. Unterbrust u. Unterkörper grün. Unterschwanzdecken glitzernd rötlich veilchenblau. Die großen Flaumbüschel an den Beinen schneeweiß. Schnabel schwarz. ♀: OS etwas heller grün. Kehle u. Vorderbrust hell rostbräunlich, Unterkörper u. Brust weiß; alle Federn der US in der Mitte mit rundem, glänzend grünem Fleck. Kehlfleck heller veilchenblau. Juv. wie ♀. 10,0 cm. Von Venezuela, Kolumbien bis O-Ekuador. Bevorzugt Regenwälder, Hänge mit Krüppelvegetation, Kaffeeplantagen, tiefe schattige Täler in Wäldern, 2800–3600 m Höhe. Eingewöhnung u. Haltung s. *E. luciani.* Zucht bisher nicht gelungen.

Erithacus. G der Muscicapidae ↗. 1 A. Tunesien bis Marokko, Kanarische Inseln, Madeira, Azoren, Europa, W-Sibirien, Kleinasien, Kaukasus bis N-Iran. Bewohnen unterholzreiche Wälder aller Art in der Ebene u. im Gebirge, Parks u. größere Gärten. Nö. u. öst. Populationen in Europa überwintern in W-Europa, z. T. in S-Europa u. N-Afrika, teilweise auch im Brutgebiet. Nest gut versteckt am od. wenig über dem Boden, unter Wurzeln od. in irgendeiner passenden Halbhöhle. Gelege 5–7 Eier. In Europa 2 Jahresbruten. Wirt des Kuckuck ↗. Gesang perlend, melodisch u. laut, nur von ♂ vorgetragen. Pflege einfach. Ausdauernd, anspruchslos. Wildfänge anfangs scheu, bleiben es manchmal zeitlebens. Zuweilen unverträglich gegenüber artfremden Mitbewohnern, töten sie sogar. Immer aggressiv gegenüber A-Genossen, oft verträgt sich Paar nur während der Brutzeit. Bei Käfigunterbringung s. *Merula,* möglichst mit weicher Decke. Tägl. Zimmerfreiflug. Sehr gut für Freivolieren ↗ geeignet, Überwinterung frostfrei. Futter handelsübl. Insektenweichfutter mit wenigen frischen (eingefrosteten) Ameisenpuppen anreichern, je nach jahreszeitl. Angebot Beeren füttern, außerdem kleine Insekten (Lichtfalle ↗), nur wenige frischgehäutete Mehlkäferlarven. Zucht oft gelungen, auch im größeren Käfig ↗, bes., wenn ständiger Zimmerfreiflug gewährt wird. In großen Flugräumen (biotopähnl. einrichten) Paar wegen der Aggressivität allein halten. Nest wird meistens auf dem Boden aus trockenen Blättern, Moos, Würzelchen, trockenen weichen Stengeln gebaut, innen weich gepolstert. Juv. schlüpfen nach 14 Tagen u. verlassen, kaum flugfähig, nach 13–14 Tagen das Nest. Werden anschl. noch längere Zeit von den Eltern gefüttert. Aufzuchtfutter große Mengen frische Ameisenpuppen, frischgehäutete Mehlkäferlarven u. vor allem kleine Insekten aller Art.
— *E. rubecula,* Rotkehlchen. ♂: Stirn, Kopf-, Halsseiten, Kehle, obere Brust orangerot. OS u. Schwanz olivbraun. Orangerot vom Braun der OS durch bräunlichgrauen Streifen getrennt. Übrige US weißlich, Unterschwanzdecken bräunlichweiß. Schnabel

dunkel hornfarben. Auge dunkelbraun. Füße schwärzlichbraun. ♀ wie ♂, manchmal orangener Brustlatz kleiner (nur ♂ singt). Juv. OS olivbraun mit hellen, ockergelben Flecken, US rötlich rahmgelb, dunkel gefleckt. 14 cm. UAn. Artenschutz s. Naturschutzbestimmungen.

Eritreagirlitz → Gelbbürzelgirlitz
Erlenzeisig *(Spinus spinus)* → *Spinus*
Ernährung. Die vom Organismus verwertbaren Stoffe des Futters bezeichnet man als Nährstoffe. Ein wichtiger Bestandteil der E. ist die Aufnahme von Wasser. Sie ist für die E. des Vogels als Folge der hohen Stoffwechselintensität (Stoffwechsel ↗) bes. kontinuierlich zu ermöglichen, vielseitig. S. auch Verdauung.

Erolia, Sichelstrandläufer. G der Scolopacidae ↗. 1 A. Brütet in N-Sibirien, Überwinterung in Afrika, S-Asien u. Australien. Bewohner der Tundra. Haltung s. Scolopacidae. Keine Gefangenschaftsbruten bekannt.
— *E. ferruginea,* Sichelstrandläufer. ♂ u. ♀: im BK OS u. US rostrot. Leicht abwärts gebogener Schnabel, weiße Oberschwanzdecken. RK oberseits graubraun, unterseits weiß. Juv. ähnl. Ad. 19 cm.

Eroliinae, Strandläufer. UF der Scolopacidae ↗. 11 Gn, 24 An, davon aufgeführt *Philomachus* ↗, *Calidris* ↗, *Erolia* ↗, *Ereunetes* ↗, *Crocethia* ↗, *Pelidna* ↗, *Limicola* ↗.

Erythrina, Karmingimpel. G der Carduelidae ↗. 4 An. Mittelgroß. ♂♂ einander sehr ähnl., braun u. gestreift. ♀♀ mit versch. stark ausgeprägten, glänzenden roten Federpartien, die in Gefangenschaft verblassen. Von den kleineren, ähnl. gefärbten Birkenzeisigen (G *Acanthis* ↗) u. Hänflingen (G *Linaria* ↗) durch glänzende Kopfplatten u. längeren, gröberen Schnabel zu unterscheiden. Holarktis. In unterwuchsreichen Mischwäldern, teilweise Kulturfolger bis ins trockene Tiefland. Ziehen im Winter in Schwärmen ins wärmere Tiefland. Suchen in den Baumkronen od. am Boden nach Samen, Knospen, Beeren, im Sommer auch Insekten, kleinen Schnecken usw. Nisten halbhoch in Büschen od. Bäumen. Nest wird vom ♀ gebaut, ♂ mancher (aller?) An tragen Nistmaterial zu. Gelege 3—6 blaugraue, am stumpfen Pol dunkel gefleckte Eier. Brutdauer 13—14, Nestlingsdauer nach An 14—20 Tage. Alle An gehalten u. mindestens zum Brüten gebracht. Juv. werden noch etwa 3 Wochen geführt. Futter Sonnenblumenkerne, Waldvogelfutter ↗, Hirse, auch gekeimt. Obst, Wacholder- u. Ebereschenbeeren, Insekten, frische Zweige (auch Nadelhölzer) mit Knospen sollten angeboten werden. Sehr mineralstoffbedürftig. Warm, zumindest frostfrei überwintern, nicht zu eng halten!
— *E. cassinii,* Cassingimpel. ♂: mit scharf abgegrenzter karmesinroter Kappe; Wangen, Kehle u. Brust rosarot überflogen. Bauch schmutzigweiß, ungestreift. Rücken stark streifig, jedoch rosa überhaucht, Bürzel rosenrot. ♀: sperlingsähnl., oberseits beigebraun, unterseits weißlich, alle Federn mit sehr dunklen Zentren, wirkt stark gestrichelt. Juv. wie ♀. 15 cm. Kanada bis S-USA. W-Hochgebirge. Selten gehalten, da Ausfuhrsperre, s. Naturschutzbestimmungen.

Erythrina

Hausgimpel oder Mexikanischer Karmingimpel

— *E. erythrina,* Karmingimpel. ♂: karmesinrote Kappe u. roter, breit auslaufender Kehllatz, oberseits warmbraun, in frischem Gefiederzustand rosa überhaucht, Bürzel rötlich gefärbt. Streifung des Rückens wie der US nur schwach angedeutet. Bauch beige bis cremeweiß, rosa übertönt. ♀: oberseits düster olivbraun, undeutl. gestreift. US beigebraun, mit etwas dunkleren Streifen. Juv. wie ♀. 14,5 cm. Die vereinzelt eingeführte UA *E. e. roseata,* Rosenkarmingimpel (Himalaja), deutl. kräftiger gefärbt: ♂ mit glänzendhimbeerrotem Kopf u. ebensolchem Kehllatz, Färbung nur durch dunkelbraunen, breiten Augenstreif durchbrochen. Der Kehllatz geht in das rosenfarbene Bauchgefieder über. Rücken dunkelbraunrot, Bürzel karminrot. ♀ dunkler als andere UAn. Skandinavien bis O-Rußland, Gebirge M-Europas, Kleinasiens, des Himalaja bis China; Winterquartier meist Indien. In Ausbr. nach W begriffen. In feuchten Wäldern. Nicht problemlos, oft Stockmauser ↗, Haltung in geräumigen Volieren ↗ empfehlenswert. Nestlingsdauer 14 Tage, schon gezüchtet. Haltungsgenehmigung s. Naturschutzbestimmungen.
— *E. mexicana,* Mexikanischer Karmingimpel (Hausgimpel). ♂: mit glänzendem, karmesinrotem, breitem Stirnband, Überaugenstreif, Kehllatz u. Bürzel; rote Gefiederpartien scharf vom braungrauen Gefieder abgesetzt. Rücken bei ♂ u. ♀ ungestreift, beim ♀ völlig graubraun. ♀: mit braunweiß gestreifter US, Brust- u. Bauchgefieder auch beim ♂ weißbraun gestreift. Juv. wie ♀. 14,5 cm. N-Amerika von Kanada bis Mexiko, überwintert im S des Verbr.-Gebietes. Im Tiefland, in lichten Wäldern, Parks, aber auch Halbwüsten. Kulturfolger. Auch zur Brutzeit gesellig, nistet auch an Gebäuden. Unauffällige Gruppenbalz; Nestlingsdauer 14—20 Tage. Bei ausreichender Bewegungsfreiheit robuster Pflegling. Ausfuhrsperre s. Naturschutzbestimmungen.
— *E. purpurea,* Purpurgimpel. ♂: düsterbraun mit glänzender, dunkelpurpurroter Kopfplatte, die allmählich ins Braunrot des gestreiften Rückens übergeht. Bürzel einfarbig rötlich. US dunkelschmutzigweiß, Kehle u. Brust rot überflogen. ♀: oberseits düsterbraun, dunkel gestrichelt. US beigeweiß, kräftig dunkelbraun gestreift. W-Kanada bis Mexiko, im Winter im Tiefland des S. Brutvogel der Gebirge.

Erythrogenys

Zwergschnäpper

Vereinzelt gehalten, Ausfuhrsperre s. Naturschutzbestimmungen.

Erythrogenys. G der Timaliidae. 3 An. S-Asien, Haltung, Pflege wie *Yuhina* ↗.

— *E. erythrocnemis,* Rotwangen-, Drosselsäbler. ♂ u. ♀: Stirn u. Wangen rostfarben. OS olivbräunlich, Flügel dunkelbraun, Schwanz olivbraun. Kehle u. Brust abhängig von UA weiß od. grau, unterer Bauch weiß, Körperseiten u. Unterschwanzdecken rostbraun. Schnabel lang, sichelförmig abwärts gebogen, hornfarben. 20—22 cm. UAn. S-Assam, W- u. NO-Burma, N-Indochina, sü. u. mittl. China, Taiwan. Lebt im Dschungel u. an Waldrändern, sucht vorzugsweise im Fallaub nach Insekten. In neuerer Zeit ab u. zu im Handel. Pflege problemlos. Bodenbelag vorwiegend altes Laub; häufig wechseln. Badet gern.

Erythropsar. G der Icterinae ↗. 1 A. Cayenne, O-, Inner-Brasilien bis O-Bolivien, Paraguay, mittl. Argentinien, Uruguay. Hält sich gern am Boden auf. Kein Brutschmarotzer. Sporadisch im Handel. Pflege wie *Cyrtotes* ↗, im Winter vorzugsweise Glanz ↗, Hirse ↗ u. a. kleinkörnige Samen.

— *E. ruficapillus,* Braunkopfstärling. ♂: Stirn, Kehle, obere Brust kastanienbraun, übriges Gefieder schwarz. Schnabel relativ kurz, kegelförmig. ♀: Kehle, Brust gelblichbraun, sonst Gefieder braun mit schwarzen Streifen. 18 cm. UAn.

Erythropygia. G der Muscicapidae ↗. 2 An. Afrika. Für Haltung im üblichen Käfig nicht geeignet, nur im großen Landschaftskäfig ↗, in Vogelstuben ↗ od. Volieren ↗. Überwinterung warm. Futter wie *Phoenicurus* ↗, reichl. lebende Insekten u. frische Ameisenpuppen ↗ füttern.

— *E. leucophrys,* Weißbrauen-Heckensänger. ♂ u. ♀: Überaugenstreif weiß, Bartstreif schwarz. OS braun, Oberschwanzdecken rostrot, Schwanzfedern rostrot, zu den Spitzen schwarz, die bis auf die mittl. weiß sind. Flügeldecken ebenfalls weiße Spitzen (bilden 2 weiße Flügelbinden). Kinn, Kehle, Mitte der Brust weiß, Brustseiten blaßbraun mit schwarzer Streifenzeichnung. Bauch weiß. 15 cm. UAn. Von Gabun, dem nö. Zaïre u. sü. Sudan, Äthiopien u. N-Somalia bis zum mittl. SW-Afrika, N-, O-Botswana u. zur nö. Kapprovinz, dem nordwe. Oranje-Freistaat, Transvaal, Natal u. Transkei bis zur sü. Kapprovinz. Bewohnt unterschiedl. Landschaften, u. a. Urwaldlichtungen, Dornbuschgebiete, lichte Wälder, Savannen, buschbestandene Felshänge. Hält sich vorzugsweise in dichten Büschen auf. Sehr selten auf dem Vogelmarkt. Scheu. Läßt bei Erregung Flügel hängen u. stelzt den Schwanz, auch am Ende der abfallenden Gesangsstrophe (W. BAARS ↗).

Erythrosterna. G der Muscicapidae ↗. 2 An. Europa, Asien. Lebensweise, Nahrung s. Fliegenschnäpper. Pflege s. *Ficedula*.

— *E. parva,* Zwergschnäpper. ♂: Kopf-OS grau, OS graubraun, Schwanzseite mit großem weißen Fleck. Kinn u. Kehle orangerot, einjährige ♂♂, ♀♀ u. Juv. haben bräunlichweiße Kehle. Übrige US rahmgelblich. ♀ ähnl. ♂, OS brauner. Kehle bräunlichweiß. Juv. OS u. US mit dunklen Flecken. 12 cm. UAn. Von O-Niedersachsen (BRD), hier lokal, dem Bayrischen Wald, O-Alpen, Ungarn, Jugoslawien u. Bulgarien durch O-Europa u. Sibirien bis in das Gebiet des Anadyr u. Kamtschatka, im S bis zum Kaukasus, N-Iran, Transkaspien, öst. bis zum Altai, zur nö. Mongolei u. zum Amur. Bewohnt Wälder aller Art mit reichem Unterwuchs u. möglichst geschlossenem Blätterdach sowohl in der Ebene als auch im Gebirge. Zugvogel. Gesang laut, melodisch, am Schluß absinkend u. pfeifend. Bei Importen selten zu finden, meistens die UAn *E. p. parva* (mit brauner Oberschwanzdecke) u. *E. p. albicilla* (Oberschwanzdecke schwärzlich wie Schwanz). Kaum *E. p. hyperythra* (mit rostroter Kehle u. Brust, seitl. schwärzlich eingefaßt) im Handel. ♀♀ sind an der Farbe des Bürzels zu unterscheiden. Haltung leicht bei entspr. Fütterung, s. *Ficedula*, außerdem frische Ameisenpuppen (für den Winter einfrosten) u. andere lebende Insekten reichen. Unter das Weichfutter laufend Multivitamintropfen u. Mineralstoffgemisch mischen.

Erythrura. G der Estrildidae ↗. 2 An. Thailand, Malaysia, Sumatera, Java, Kalimantan u. Philippinen. Waldbewohner. *E. prasina* auch im Kulturland. Pflege s. Estrildidae.

— *E. prasina,* Lauchgrüne Papageiamadine. ♂: Stirn, Kopfseiten, Kehle kobaltblau, Zügel u. Federn um den Schnabel schwarz. OS grasgrün, ebenso innere Schwingen, alle übrigen schwarz mit grasgrünem Saum. Allein die Handschwingen sind olivgelb gesäumt. Oberschwanzdecken scharlachrot. Mittl. Schwanzfedernpaar dunkelscharlachrot, zu den Spitzen schwärzlich, übrige Schwanzfedern schwärzlich, karminrot gesäumt, olivbraune Spitzen. Kehle bis Brustmitte gelblichzimtfarben. Von der Brustmitte über den Bauch ein scharlachroter Streifen. Schnabel schwarz. Auge braun. Füße fleischfarben. ♀: trüber gefärbt als ♂, Blau an Stirn u. Kehle fehlt. Juv. Kopf, Kehle u. Oberrücken matt grau, Stirn u. Oberkopf gering dunkler. Rücken grünlichgrau. Schwanz fahl-

grau, matt grünlich überhaucht. Unterer Hals, Brust bräunlichgrau, zu den Körperseiten hin matt bräunlichweiß. Unterschwanzdecken schmutzigweiß. Oberschnabel schwärzlich, Unterschnabel rötlich horngrau. 14—15 cm. UAn. Thailand, Malaysia, Sumatera, Java, Kalimantan. Im Dickicht am Rand der Urwälder, in Bambuswildnissen u. auf Reisfeldern, bes. während der Reifezeit des Reises; bis 1 300 m ü. NN. Nahrung Gras-, Bambussamen, zeitweise fast nur Reis. Schon seit langem in Europa gehalten, wird auch heute noch häufig importiert. Erster größerer europ. Import 1878 nach London durch ABRAHAM. Lebhaft, friedlich, ausdauernd. Möglichst mit anderen Prachtfinken zusammen halten, dann futterfreudiger. In der Eingewöhnung scheu, empfindlich. 20—25 °C. Nur weichschaliges, leicht aufspaltbares Quellfutter reichen, vorrangig geschälten Hafer u. Weizen, auch gekeimten ungeschälten Hafer. Nach Tagen erst gekeimten, auch gequollenen Glanz, keinesfalls Reis u. Hirse füttern. Haltung im großen Käfig ist gut möglich, allerdings wirken hier die Vögel immer etwas «ruhig», besser gut bepflanzte Flugräume. Nur paarweise Haltung, sonst Streitereien. Ernährung wie in der Eingewöhnung, außerdem noch viel Grünes, trockenen Hafer, Gras-, Salatsamen, Weich- u. feinkörniges Vogelfutter, frische u. überbrühte trockene Ameisenpuppen, Mehlkäferlarven, halbreife Feigen, Apfel- u. Apfelsinenstücke. Erstzucht um 1880 durch den Engländer A. BARGHEER, kurze Zeit später durch HAUTH. Züchtung schwierig. Probleme bei der Paarzusammenstellung, da 2mal im Jahr Mauser ↗. Bruttrieb nach dieser am stärksten, oft mausern Partner im Jahr nicht gleichzeitig, dadurch unterschiedl. Brutstimmung.
— *E. viridifacies*, Manila-Papageiamadine. ♂: OS leuchtend grasgrün, Oberschwanzdecken, Schwanz karminrot, von letzterem mittl. Federn spießartig verlängert. US hellgrün, Unterschwanzdecken ockergelb. Schnabel schwarz. Auge braun. Füße bräunlich fleischfarben. ♀: matter als ♂, mittl. Schwanzfedern kürzer als bei ♂. Juv. mit graubrauner US. 13 cm. Insel Luzon u. Negros (Philippinen). Lebt in den Bergwäldern. Durch Rodungen Bestand ausgesprochen gefährdet. Erstmalig 1966 in Europa, sehr selten im Handel, 1980 wieder Vögel nach Holland, in die BRD u. Schweiz. Futter überwiegend Körner, s. Estrildidae, auch Keimfutter, halbreife Samen, nehmen auch Fliegenmaden, Mehlkäferlarven.

Erzkolibri *(Aphantochroa cirrochloris)* → *Aphantochroa*
Erzkolibris → *Archilochus*
Erzkuckuck *(Ceuthmochares aereus)* → *Ceuthmochares*
Erzlori *(Lorius domicella)* → *Lorius*
Erznektarvögel → *Hedydipna*
Erzpfäffchen *(Sporophila collaris)* → *Sporophila*
Erzweber *(Foudia eminentissima)* → *Foudia*
Eselspinguin *(Pygoscelis papua)* → *Pygoscelis*
Estellakolibri *(Oreotrochilus estellae)* → *Oreotrochilus*
Estrilda, BRD. Gegründet 1967 in Braunschweig als spez. Interessengemeinschaft für die Haltung u. Zucht exotischer Kleinvögel. Zweimal jährl. finden Estrilda-Treffen statt (Erfahrungsaustausch, Fach-

Estrilda

Lauchgrüne Papageiamadine

vorträge). Vereinsinterne Mitteilungen erscheinen in unregelmäßigen Abständen in eigenen Informationsblättern, Fach- u. Zuchtberichte hauptsächl. in «Die Gefiederte Welt».

Estrilda. G der Estrildidae ↗. 8 An. Früher UGn *Neisna, Estrilda, Krimhilda, Brunhilda, Glaucestrilda*. Afrika. Busch- u. baumbestandenes Gras-, Kulturland, Ränder der Galeriewälder, in Büschen zwischen Felsen, einige auch in Dörfern. Rachenzeichnung der Juv. aus Punkten bestehend. Schnabelpapillen. Kurzer, wenig wohlklingender Gesang. Nester mit unterschiedl. ausgebildeter Einflugröhre, manchmal Hahnennest ↗. Liebenswerte Pfleglinge für Käfige ↗, Vogelstube ↗, nur in den warmen Monaten für Freivoliere ↗ geeignet. Haltung zwischen 19—23 °C, während der Eingewöhnung meistens empfindlich. Futter s. Estrildidae, vor allem kleinkörnige Hirse u. Insektennahrung, letztere bes. während der Brutzeit. Baden gern.
— *E. astrild*, Wellenastrild. ♂: OS graubraun, dunkel quergewellt. Kopf grauer, Oberschwanzdecken häufig rosa überhaucht. Schwanz graubraun, undeutl. quergebändert. Leuchtend roter Streifen vom Schnabel bis hinter das Auge, nur bei UA *E. a. nigriloris* schwarz. Kopfseiten, Kehle weißlich braungrau, manchmal weiß, Kehle häufig mit rosafarbenem Hauch. US blaß graubräunlich mit dunklen Querwellen, Unterschwanzdecken schwarz. Je nach UA US unterschiedl. rosarot überhaucht, bei sü. UAn in der Mitte rosenroter längsverlaufender Streifen. Schnabel rot. Auge braun. Füße dunkelbraun. ♀ wie ♂, aber insges. blasser. Rot des Unterkörpers matter, geringer ausgedehnt. Unterschwanzdecken weniger schwarz. Juv. matter, Querwellung nur angedeutet. Schnabel schwarz. 10,5—12,5 cm. UAn. Tropisches u. sü. Afrika von Sierra Leone, Ghana, Kamerun, Sudan bis Hochland von Äthiopien, sü. bis zum Kap. Außerdem auf den Inseln Fernando Póo, Sansibar, Mafia. Auf einigen Inseln durch den Menschen verbr., z. B. Kapverdische Inseln, São Tomé, St. Helena. Bewohnt Sümpfe, gras- u. buschbestandene Fluß-, Bachufer, verschiedenste Graslandschaften, selbst Röhricht, Kulturland. Brutwirt der *Vidua ma-*

Estrilda

croura ↗. Kam bereits Mitte des 18. Jh. nach Europa. Anspruchslos, anmutig, zu empfehlen für den Anfänger. Importierte Vögel sind anfangs hinfällig, deshalb nicht unter 22 °C halten, später nicht unter 15 °C. Ideale Volierenvögel, aber auch für großen Käfig geeignet.

— *E. melpoda*, Orangebäckchen. ♂: Oberkopf bläulich bis dunkelgrau, Rücken, Flügel braun, hinterer Bürzel, Oberschwanzdecken rot. Schwanz schwarz, nur mittl. Federpaar am Grund mit rötlichen Außensäumen. Kopfseiten orangegelb bis orangerot. US hell graubläulich, nur Bauchmitte u. Steißregion okkergelblich. Schnabel rot. Auge braun. Füße bräunlich. ♀ wie ♂, orangefarbene Bäckchen manchmal matter, kein sicherer Hinweis für Geschlechtsbestimmung! Juv. OS u. US bräunlich, insges. matter als Ad. Schnabel schwarz. 10 cm. UAn. Von Senegal bis N-Angola, Tschadgebiet, Inner-, O-Kongo, N-Angola bis Inner-Kamerun verbr. Bewohnt Grassteppen, grasbestandene Ränder der Galeriewälder, Brachen u. Gärten. Ersteinfuhr wahrscheinl. Mitte des 18. Jh. Einer der häufigsten Prachtfinken in Europa. Anspruchslos, friedlich, lebhaft. Während der Eingewöhnung empfindlich, deshalb Unterbringung bei 22—25 °C, später nicht unter 20 °C halten. Zucht häufig gelungen, am besten in Volieren ↗.

— *E. ochrogaster*, Ockerastrild. ♂: Oberkopf gelblich graubraun, ebenso Kopfseiten, aber heller u. gelblicher. Augenbrauenstreif verwaschen gelblich, weiterer Streif noch undeutl. u. gelblicher unter Zügel, beide vereinigen sich hinter dem Auge. Bis auf dunkelrote Oberschwanzdecken OS wie Oberkopf, aber dunkler. Kehle kräftig gelb, US blaßgelb, Körperseiten mit grauem Anflug, hintere wie Steiß hellrot. Unterschwanzdecken weißlich. Schnabel rot. Auge rotbraun. Füße braun. ♀ wie ♂, aber hintere Körperseiten, Steiß blasser rot. Juv. Kehle weiß, US gelblichweiß. Ca. 10—11 cm. Konspezies ↗ mit *E. paludicola*? W-, S-Äthiopien, angrenzender Sudan. Lebt in mittl. Höhenlagen, aber nicht im Hochland. Selten im Handel. Häufig als *E. paludicola* (von einigen lange als UA dieser A angesehen) angeboten.

— *E. paludicola*, Sumpfastrild. ♂: Oberkopf bis Nacken grau, Rücken, Flügeldecken rehbraun. Oberschwanzdecken rot, Schwingen dunkelbraun. Schwanz schwarz, äußere Federn weißlich gesäumt. Kopfseiten hellaschgrau. Brust blaßgelb grau verwaschen, ebenso Körperseiten, sonst US meist hellgelblich. Hintere Flanken, Steiß hellrot. Schnabel rot. Auge rotbraun. Füße braunschwarz. ♀ wie ♂, Flanken, Steißregion heller rot. Juv. grau, US heller, schwachgelblich überhaucht, Bürzel rostrot, Schnabel schwarz. 10—11 cm. UAn. S-Nigeria, O-Afrika, S-Sudan, Äthiopien, N-Kongo, Uganda, W-Kenia, W- u. Inner-Tansania, nö. Simbabwe, Katanga, Angola. Bewohnt Gras-, Sumpflandschaften an stehenden u. fließenden Gewässern, Ränder der Galeriewälder, grasbewachsenen lichten Wald, um Ortschaften bis über 1 800 m ü. NN. Ersteinfuhren nach Europa seit 1957 bekannt, seither sporadisch angeboten. Friedlich, bald ohne Scheu. Nach der Eingewöhnung (nicht unter 20 °C) wenig kälteempfindlich, nicht unter 12 °C halten. Vorzugsweise für Volieren ↗ geeignet, mit Schilf u. hohen Gräsern ausstatten, klettert gern. Zucht wohl nur in Volieren möglich. Erstzucht K. SCHERTENLEIB, 1960, Schweiz.

— *E. poliopareia*, Anambraastrild. ♂: Oberkopf bräunlichgrau, Rücken hellbraun, US braungelblichweiß, zu den Seiten bräunlicher. Oberschwanzdecken orangerot, Unterschwanzdecken weißlich bis okkerfarben. Schnabel rot. Auge rahmgelb. Füße braun. ♀ wie ♂, ähnl. *E. paliducola*. S-Nigeria, Unterlauf des Niger. Bewohnt Gras-, Schilfzonen. Sicherlich häufig bei Importen als *E. paliducola* angesehen.

— *E. rhodopyga*, Zügelastrild. ♂: ähnl. *E. troglodytes*, aber mit dunkelrotem Zügel, der hinter das Auge reicht. OS bräunlich, einschließl. Oberkopf, mattbraune Querwellen. US hellgelbbräunlich, Brust, Körperseiten, Unterschwanzdecken zart quergewellt, mitunter rötlich überhaucht. Schwanz schwärzlich, rot gesäumt. Schnabel mit roten Schneiden, Basis des Unterschnabels rot, sonst Schnabel schwarz. Auge braun. Füße schwärzlich. ♀ wie ♂, gering matter, häufig dunkleres Kinn-, Kehlgefieder, Wellenzeichnung ist mehr graubraun. Bei Juv. ist Rot des Zügels nur dunkel angedeutet, Schnabel schwarz. Ca. 11 cm. UAn. Sudan, Eritrea bis NO-Moçambique, W-Ufer des Albert-Sees. Bewohnt trockene Buschsteppen u. Graslandschaften, lebt an Flußufern u. in Gärten in mittl. Höhenlage. Ersteinfuhr 2. Hälfte des 19. Jh., zeitweise im Handel. Während der Eingewöhnung über 25 °C halten. Bewegungsfreudig, am besten für Flugräume geeignet. Hier kommt ihr anmutiges Wesen vortrefflich zur Geltung. Anspruchslos, ausdauernd. Mehrfach gezüchtet.

— *E. rufibarba*, Jemenastrild. ♂ u. ♀: bräunlicher Kopf mit weißlichen Wangen u. ebenso gefärbte Kehle. Roter Augenstreif. OS bräunlich mit dunkler Querwellung, die bis zum Oberkopf reicht. US weißlich isabellbraun, nur am Kopf u. den Flanken zarte dunkle Wellenzeichnung, ohne jegliches Rosa wie bei *E. troglodytes*. Oberschwanzdecken, Schwanz schwarz. Schnabel mit roten Seiten, Firste u. Mitte des Unterschnabels schwarz. Auge braun. Füße fleischfarben. Ca. 10 cm. SW-Saudi-Arabien, Asir bis Aden. Häufig verwechselt mit *E. troglodytes*.

— *E. troglodytes*, Grauastrild. ♂: OS graubräunlich, undeutl. feine Querwellen. Oberschwanzdecken, Schwanz schwarz, nur äußere Schwanzfedern mit weißen Außensäumen. Streif durch Auge u. Zügel rot. Dunkelgraue Kopfseiten u. US schwach rötlich überhaucht. Bauchmitte rötlich bis rosafarben, auch nur weißlich isabellbräunlich. Unterschwanzdecken weißlich. Flanken zart quergewellt. Schnabel karminrot, Firste, Unterschnabelmitte schwarz. Auge rotbraun. Füße fleischfarben. ♀ wie ♂, US mehr bräunlich. Intensität u. Ausdehnung des rosaroten Bauchfleckes geringer. Juv. matter als Ad., keine Wellenzeichnung, rote Gefiederpartien fehlen. Schnabel schwarz. 10 cm. Nö. tropisches Afrika, von Senegal bis NW-Äthiopien, SW-Eritrea, SW-Arabien bis Aden. Lebt im offenen, busch-, baumbestandenen Grasland, an Uferböschungen, auf Kulturflächen, aber fern von Menschen. Brutwirt von *Vidua ma-*

croura ↗. Stets häufig in Europa. Friedliches, munteres Wesen, unempfindlich. Eingewöhnung nicht schwierig. In dieser Zeit wärmebedürftig. Sehr gut für Käfig ↗ u. Voliere ↗ geeignet, nicht unter 18 °C halten. Sonnenliebend. Zucht gelingt nicht häufig, nur in gut bepflanzten Unterkünften, auch schon in Vogelvitrine ↗.

Estrildidae, Prachtfinken. F der Passeriformes ↗. 37 Gn, etwa 123 An. Gras-, Busch-, Baumsteppen, lichte Trockenwälder, auch Urwälder, Felder, Gärten, Ortschaften. Vögel einiger An selbst noch in Halbwüsten u. Wüsten Afrikas; SO-Asien, Indoaustral. Inselwelt, Australien bis Mikronesien. Vielerorts eingeschleppt. Nahrung überwiegend reife u. halbreife Grassamen, während der Brutzeit vorzugsweise Insekten, manche Früchte. Steppenbewohner Australiens haben als zeitsparende Trinkmethode während der Evolution Saugtrinken entwickelt.

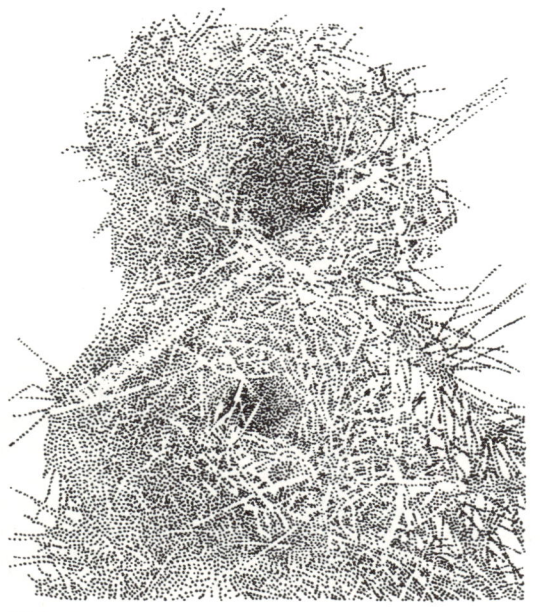

Hahnennest

Rachenzeichnung einer juv. Zeresamadine

Hochentwickeltes Balzverhalten. Nester überwiegend kugelig, überdacht aus trockenen Halmen in Grasbüscheln, Sträuchern, Bäumen, unter Dächern, manche mit kurzer Einschlupfröhre. Gelege 4–6 weiße Eier, abwechselnd von ad. Vögeln bebrütet. Schlupf nach 12–16 Tagen. Juv. arttypische Rachenzeichnung aus dunklen Flecken u. Punkten, außerdem warzen-, wulstförmige Papillen von weißer, gelber od. blauer Farbe in den Schnabelwinkeln. Sie dienen als Leitpunkte für den fütternden Elternschnabel im dunklen Nest. Diese Kennzeichen fehlen nur bei wenigen An. Bettelverhalten anders als bei übrigen Fn der Passeriformes, typisches Halsverdrehen bei Vögeln vieler An. Einmalige Technik bei der Übergabe des Nahrungsbreies aus dem Kropf, Mechanismus einer Druckpumpe ähnl. Allgemein nach 3 Wochen, selten später verlassen Juv. das Nest, anschl. noch 1–2 Wochen von Eltern gefüttert. Alleinige Wirte (4 Gn) der brutschmarotzenden Viduidae ↗. Sehr beliebte Käfig-, Volierenvögel. Haltung am be-

Savanne, Afrika

Eubucco

sten zwischen 18 u. 23 °C, einige weniger wärmebedürftig, aber nicht unter 10 °C unterbringen. Futter kleinkörnige Hirse, Glanz, Negersaat, Unkrautsamen, Grassamen, Quell-, Keim-, Weich-, Stieglitz-, Zeisigfutter, Insektennahrung, Vogelmiere, im Winter 2—3mal wöchentl. mehrere Tropfen eines Multivitaminpräparates in das Trinkwasser, Sepiaschalen.

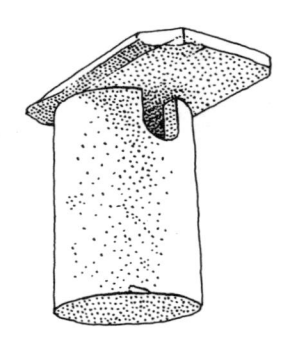

Nistkasten

Badefreudig. Nest häufig in halboffenen Nistkästen (15 × 15 × 15 cm), Harzer Bauern ↗, Wellensittichkästen, auch in Körbchen.

Eubucco. G der Capitonidae ↗. 4 An. Klein. Sehr bunt gefärbt. ♂ u. ♀ versch., in Unkenntnis dessen oft als versch. An angeboten. M-, S-Amerika von Kostarika bis Brasilien u. Bolivien. 2 An eingeführt, 1 A gezüchtet.

— *E. bourcierii*, Andenbartvogel, Rotkopfbartvogel, Scharlachkopf-Bartvogel. ♂: Kopf, Kehle leuchtend rot, bei der Nominatform erstreckt sich rote Färbung bis auf Brust u. geht dort in Orange über. Kinn, Zügel schwarz. Hellblaues od. schwärzliches Nackenband, übrige OS grün. US gelbgrün marmoriert. Schnabel an der Spitze hornfarben, sonst gelbgrün. Iris dunkelbraun. Füße olivgrün. ♀: Stirn schwarz, Kopf-OS grün mit goldenem Schimmer. Kopfseiten blau, Kehle zart grün, Bruststreifen goldgelb. Rücken, Flügel u. Schwanz dunkelgrün, restl. US gelblichgrün marmoriert. Schnabel, Iris u. Füße wie beim ♂. 15 cm. UAn. Kostarika, Panama bis NO-Peru. Wälder in Hochländern. Außerhalb der Brutzeit einzeln lebend. Im dichten Blattwerk wenig auffälliger Vogel. Ernährt sich überwiegend von Insekten. Seit ca. 1960 mehrfach eingeführt. Ernährung mit Früchten (Äpfel, Birnen, Melonen, Orangen, Bananen, alles zerkleinert, bei manchen Pflegern halbierte u. eingeweichte Rosinen bes. gerne genommen), weiter Quark u. gekochtes Ei, Insekten (in der Brutzeit bes. wichtig). Zugabe von Carotinoidfarbstoffen zur Erhaltung der leuchtend roten Färbung empfehlenswert. Höhlen werden auch zum Schlafen od. als Zeitvertreib in morschem Holz angefertigt, Bruthöhlen von ♂ u. ♀ gemeinsam od. nur vom ♀ hergestellt. Brutabsichten daran zu erkennen, wenn sich Vögel auch tagsüber längere Zeit in Höhle aufhalten, außerdem Fütterung des ♀ durch ♂. ♂ u. ♀ beteiligen sich gemeinsam an der ca. 14tägigen Bebrütung der Eier u. an der Aufzucht der Jungen, Anteil des ♀ aber größer. 1967 im Frankfurter Zoo gezüchtet, später auch in England, 1974 im Zoo Duisburg. Aufzucht der Jungen mit kleinen Heuschrecken, die vorher nicht beachtet worden waren, sowie mit Heimchen, Mehlwurmpuppen u. frisch gehäuteten Mehlwürmern ↗ sowie später auch mit Rosinen u. kleinen Fruchtstücken. Junge in der Bruthöhle auffallend leise bettelnd. Mit 31—33 Tage flügge, dann in der Färbung Ad. ähnl. Es wurde beobachtet, daß die Ad. kurz vor dem Ausfliegen der Juv. einen 2. Eingang in die Bruthöhle herstellten, durch den diese dann das Nest verließen. Fütterung nach dem Ausfliegen hauptsächl. durch ♂, aber schon nach 1 Woche manchmal selbst fressend. Neuerlicher Brutversuch in England 5 Wochen nach dem Ausfliegen der Juv. festgestellt.

— *E. versicolor*, Buntbartvogel, Vielfarben-Bartvogel. ♂: Stirn, Kopf-OS, Kopfseiten leuchtend rot, hellblaues Nackenband, Kinn schwarz, ein hellblauer Längsstreifen von der Schnabelbasis ausgehend die rote Kehle umsäumend. Rücken grün, Flügel, Schwanz dunkelgrün. Brust vorn gelb, dahinter ein keilförmiger roter Fleck, übrige US gelblichgrün marmoriert. Schnabel hornfarben, an der Basis dunkler. Iris braun. Füße grau. ♀: Stirn, Kopfseiten, Kehle hellblau. Kopf-OS, Rücken, Flügel u. Schwanz dunkelgrün. An den hinteren Kopfseiten golden schimmernd. Ein rotes Band begrenzt blaue Kehle. Brust hellgrün, übrige US wie beim ♂. Schnabel dunkler als beim ♂. 14 cm. UAn. We. S-Amerika von O-Peru bis N-Bolivien. In Freiheit wenig bekannt. Selten eingeführt, wird neuerdings im Vogelpark Walsrode ↗ gepflegt.

Eucichla. G der Pittidae ↗. 1 A. S-Thailand, Malaysia, Sumatera, Java, Bali, Kalimantan bis ca. 1 000 m ü. NN.

— *E. guajana*, Blauschwanz-, Bänderpitta. ♂: Kopf schwarz, Überaugenstreif gelblich, nackenwärts orange. Rücken rotbraun. Schwanz blau. Kehle weiß, gelblich, sonst US intensiv dunkelblau, fast schwarz, Brustseiten mit orangenen Streifen. ♀: US gelbbraun mit schwarzen Querstreifen. 21 cm. UAn. Zuchterfolge der UA *E. g. irena* 1973 im Zool. Garten Blackpool, England. 2 juv. Vögel schlüpften nach 13 Tagen, verließen nach 16 Tagen das Nest.

Eudocimus. G der Threskiornithidae ↗. 2 An.
— *E. albus*, Schneesichler, Weißibis, Weißer Sichler. ♂ u. ♀: weiß; Handschwingen mit schwarzen Spitzen. Nacktes Gesicht rot. Abwärts gebogener Schnabel erdfarben. Beine rötlich. Juv. dunkel graubraun u. weiß. Umfärbung im 2. Lebensjahr. 68 cm. Südwe. N-Amerika bis NW-Peru u. Venezuela. In feuchten Waldgebieten, in Brackwassergebieten, an Süßwasserseen. Koloniebrüter. Lockeres rundliches Nest aus Ästen, etwa 60 cm Ø. 3—5 weiße, unregelmäßig braun gesprenkelte u. getüpfelte Eier. Beide Partner brüten. Brutdauer 21 Tage. Juv. verlassen 1—2 Wochen nach Schlupf Nest u. krabbeln in Zweigen umher. Nahrung Schnecken, Krebse, Reptilien, große Insekten.

— *E. ruber*, Scharlachsichler, Rotibis, Roter Sichler. ♂ u. ♀: scharlachrot; Handschwingen mit schwarzen Spitzen. Gesicht rot. Abwärts gebogener Schnabel schwarzbraun bis erdfarben. Beine rötlich. 55—60 cm. Kolumbien bis O-Brasilien. Koloniebrüter in küstennahen Mangrovesümpfen. Nester meist sehr eng zusammen stehend. 4—5 grünlich od. bläulich weiße Eier mit braunen Flecken.

Eudromia. G der Tinamidae ↗. 2 An.

— *E. elegans,* Schopftinamu, Perlsteißhuhn. ♂ u. ♀: hellbraun mit schmalen dunklen Bändern, weiße Abzeichen am Kopf, langer spitzer Schopf am Hinterkopf. Kleiner Kopf mit dünnem Hals. Hinterzehe fehlt hier. 40 cm. UAn. Argentinien, O-Chile. Bewohnt trockene offene Pampas. Eier dunkelgrün. Coecum von beträchtl. Länge, dient als Wasserreservoire, hält Kot feucht u. dient Juv. als Nahrung

Eudromias. G der Charadriidae ↗. 1 A. In Europa in N-Skandinavien, N-England, O-Alpen, Riesengebirge u. Karpaten, weiter im Ural, O-Sibirien, Gebirgen Zentral-Asiens bis zum Baikalsee sowie N-Alaska. Überwintert in N-Afrika u. Vorderasien. Bewohnt im N die arktische Tundra, in Europa Gebirge oberhalb der Baumgrenze, gelegentl. aber auch auf Äckern (Holland). 3 Eier, die vorwiegend vom ♂ 22—25 Tage bebrütet werden, welches auch die Juv. führt. Haltung s. Scolopacidae. Keine Gefangenschaftsbruten bekannt, nur Handaufzucht von Küken beschrieben.

— *E. morinellus,* Mornellregenpfeifer. ♂ u. ♀: gleich, im BK OS graubraun mit hellen Säumen, die graubraune Vorderbrust durch weißes halbkreisförmiges Band von rostbrauner Hinterbrust getrennt. Bauch schwarz, Unterschwanz weiß. Weißer Überaugenstreif. RK vorwiegend erdgrau u. angedeutetes Brustband, weißer Bauch. Juv. ähnl. RK. 21 cm.

Eudynamidae, Koëlkuckucke. F der Cuculiformes ↗. 6 Gn u. a. mit *Eudynamys* ↗, 6 An. SO-Asien, Südsee-Inseln, Australien, Neuseeland. Über Haltung in Gefangenschaft nichts bekannt.

Eudynamys. G der Eudynamidae ↗. 1 A. Indien, Sri Lanka, Malediven, öst. bis S-China, zu den Philippinen, durch Hinterindien bis Indonesien u. Neuguinea, Salomonen, N- u. O-Australien. Fressen Früchte, vor allem Bananen u. Feigen, auch Insekten. Brutschmarotzend bei Krähenvögeln u. Staren, in Australien bei Honigfressern, Paradiesvögeln, Pirolen, Würgern. Über Haltung in Gefangenschaft nichts bekannt.

— *E. scolopacea,* Koël. ♂: einfarbig schwarz mit blauem od. grünem Schimmer. ♀: braunfleckig, US weiß mit schwarzbrauner Bänderung. Kräftiger Schnabel. 40—43 cm. UAn.

Eudyptes. G der Spheniscidae ↗. 4 An.

— *E. crestatus,* Felsenpinguin. ♂ u. ♀: Kopf, OS u.

Scharlachsichler oder Roter Sichler

Bruthabitat Mornellregenpfeifer, Lappland (Schweden)

Kehle schwarzblau. Büschel goldgelber Federn vom Schnabel bis zu den Schläfen. Schnabel orangerot bis dunkelrot. Füße fleischfarben. 63 cm. Küsten u. Inseln der Subantarktis bis Falklandinseln u. Feuerland. Geschickter Kletterer. Brutkolonien meist an steilen Felsen. Nest in Bodenmulde, zwischen Pflanzen od. in Felsnische. 2 Eier. Das zuerst gelegte Ei merklich kleiner als das 2. Brutdauer 32—34 Tage. Es wird stets nur 1 Junges aufgezogen. Bewegt sich oft mit beiden Beinen hüpfend vorwärts, deshalb der engl. Name «Rockhopper» (= Felsspringer). Zucht bisher nur wenige Male gelungen.

Eugenes, Dickschnabelkolibris. G der Trochilidae ↗. 1 A. Von SW-USA u. Mexiko bis W-Panama. Bevorzugen Nebelwälder der Kiefern-Eichen-Zone. Eingewöhnung ohne bes. Schwierigkeiten. Mehrjährige Haltungserfolge wurden erzielt. Zucht bisher noch nicht gelungen.

— *E. fulgens,* Dickschnabelkolibri, Rivolikolibri. ♂: OS bronzegrün, Hinterhals u. Oberrücken schwarz erscheinend. Kopf-OS glitzernd rötlichveilchenblau. Ohrdecken dunkel bronzegrün, hinter dem Auge ein kurzer weißer Streif. Kinn, Kehle hellgrün. US schwarz, nur Unterkörper, Körperseiten dunkel bronzegrün. Unterschwanzdecken bräunlichgrau. Flaumbüschel an Bauch- u. Körperseiten weiß. Steuerfedern bronzegrün. Schnabel schwarz. ♀: OS grün, Kopf dunkler. Steuerfedern bronzegrün mit bräunlichstahlschwarzem Querband u. weißer Spitze. Ohrdecken schwarzbraun. Unter den Zügeln u. hinter den Augen je ein weißer Fleck. US aschgrau; Hals-, Brust- u. Körperseiten metallischgrün. Schnabel schwarz. Juv. wie ♀. 13,0 cm.

Eulabeia. G der Anatidae ↗, UF Anserinae ↗. 1 A. Hochgebirgsvögel Innerasiens. Überwintern in Vorderindien u. Burma. Auf dem Zuge wird Himalaja in ca. 9 000 m Höhe überflogen. Bewohnen zur Brutzeit Seen, Flußläufe u. Moore des Hochplateaus zwischen 3 000 u. 5 000 m. Nester an selbst steilen See- od. Flußufern, auf kleinen Inseln u. sogar in alten Greifvogelhorsten auf niedrigen Bäumen. Bei günstigen Bedingungen kleine Brutkolonien. 3—6 Eier werden vom ♀ 27—30 Tage bebrütet, Aufzucht der Küken an größeren Wasserflächen. Beliebte Gehegevögel. Für Gesellschaftsgehege sehr ge-

Eulampis

eignet. Überwinterung im Freien möglich. Zucht einfach. Freie Nester in Ufernähe od. in kleinen Hütten. Aufzucht der Jungtiere problemlos. Mit 2–3 Jahren geschlechtsreif. Unverpaarte Tiere verpaaren sich leicht mit Vertretern der UFn Anserinae ↗ u. Tadorninae ↗.

— *E. indica*, Streifengans. ♂ u. ♀: hell silbergrau. Kopf weiß mit 2 schwarzen Streifen über Hinterkopf u. Nacken. Schwarzbrauner Hals mit 2 weißen Längsstreifen. Schnabel u. Füße gelb. Juv. ohne schwarze Kopfseiten. Wenig kleiner als Graugans. 75 cm.

Eulampis, Granatkolibris. G der Trochilidae ↗. 1 A. Kleine Antillen von Saba u. Antigua bis St. Vincent. Bevorzugen Bergwälder, Lichtungen, Bananenplantagen. Wurden 1914 erstmals von Graf de Ségur nach Frankreich eingeführt. 1 Paar lebte 7 Jahre in Clères. Regent's Park, London, gibt eine Haltungsdauer von 4 ½ Jahren an. Der Haltungsrekord wurde im Bronx-Zoo, New York, mit 10 Jahren, 8 Monaten u. 6 Tagen erzielt. Zucht noch nicht gelungen.

— *E. jugularis*, Granatkolibri, Rosenbrustkolibri. ♂: OS schwarz, Kopf-OS grünlich, Ober- u. Unterschwanzdecken glitzernd bläulichgrün. Schwingen und Ober- sowie Unterflügeldecken lebhaft glänzend metallischgrün. Steuerfedern schwarz mit metallischgrünem Schimmer. Kehle, Brust tief dunkelrosenrot. Unterkörper u. Schnabel schwarz. ♀ wie ♂, Schnabel stärker gekrümmt, Kopf-OS mehr metallischgrünlich. Juv. wie ♀. 12,0 cm.

Eulen → Strigidae
Eulenpapagei *(Strigops habroptilus)* → Strigopidae
Eulenschwalm *(Podargus strigoides)* → *Podargus*

Eumomota. G der Momotidae ↗. 1 A. S-Mexiko bis Kostarika. Vogel der Trocken-, Galeriewälder, Sekundärvegetation, gelegentl. in Plantagen u. auf Telegrafendrähten zu beobachten, hauptsächl. in niedrigen Höhenlagen, aber auch bis 1350 m ü. NN. Nahrung vorwiegend Insekten, die in der Luft gefangen od. von der Vegetation od. vom Boden aufgelesen werden. Große Futtertiere werden auf der Warte totgeschlagen. Lebt zur Brutzeit paarweise. Nisthöh-

Streifengänse

Granatkolibri

len in Uferbänken od. anderen steilen Erdwänden. ♂ u. ♀ bauen, kein Nistmaterial, jedoch Gewöllereste in der Nestkammer, die nicht saubergehalten wird. 3–4 weiße Eier, ♀ u. ♂ brüten, Brutdauer ca. 17 Tage. Jungtiere werden von beiden Eltern betreut u. fliegen nach ca. 4 Wochen aus.

— *E. superciliosa*, Türkisbrauensägerake, Brauenmotmot. ♂ u. ♀: Scheitel, Nacken u. unterer Rücken olivgrün, mittl. Rücken zimtfarben. Brust grün, Bauch zimtfarben. Einige UAn haben großen 3eckigen, schwarzen Kehlfleck, der türkis gesäumt ist. Türkisfarbene Streifen über den Augen, schwarzer Streifen durch das Auge. Flügel u. Schwanz oberseits blau mit breiten schwarzen Rändern. Flügel kurz u. rund. Schäfte der stark verlängerten mittl. Schwanzfedern auf großer Strecke ohne Fahnen, spatelförmiges Schwanzende deshalb bes. auffällig. Kann Schwanz seitwärts pendelförmig bewegen od. nach oben schlagen. 33–38 cm. UAn. Wurde 1947 von C. CORDIER an den Bronx-Zoo, New York, geliefert. Fraglich, ob in Europa schon gehalten, Haltung jedoch von RUTGERS ohne Ortsangabe erwähnt. Pflege wahrscheinl. wie *Momotus momota* ↗, möglicherweise mehr insektivor u. trockenheitsliebender.

Eumyias. G der Muscicapidae ↗. 5 An. Asien u. indoaustral. Inselwelt. Lebensweise, Nahrung wie Fliegenschnäpper ↗. Pflege s. *Ficedula*.

— *E. thalassina*, Lazulischnäpper, Meerblauer Fliegenschnäpper. ♂: grünblau, OS intensiver gefärbt, Stirn blau, Zügel schwarz. ♀: matter als ♂, mehr grau, Zügel fehlt weitgehend. 15 cm. UAn. Himalaja von Kaschmir bis Assam; Inneres W-China; Bergländer Hinterindiens bis N-Tenasserim, Thailand, Indochina, Malaysia; Sumatera u. Kalimantan. Lebt in Wäldern aller Art, auf Lichtungen, an Waldrändern. Kommt in Höhenlagen zwischen 1200 u. 3000 m ü. NN vor. Jagt im Flug Insekten. Gesang angenehm, lieblich, ähnelt dem des Trauerschnäppers ↗, während der Brutzeit laut. Zutraulicher, friedlicher u. ausdauernder Vogel. Erstzucht 1959 H. LÖHRL ↗ gelungen. Aufzuchtfutter vorwiegend frische Ameisenpuppen (keine gefrosteten), Raupen u. Spinnen.

Euneornis. G der Diglossidae ↗. 1 A. In Gestalt u. Lebensweise ähnl. *Coereba ↗ flaveola*. Jamaika. Vorzugsweise im offenen Waldland der Berge, seltener im Tiefland. Zutraulich u. wehrhaft, besucht gern die Futterstellen innerhalb von Siedlungen. Haltung Fütterung usw. s. *Tangara*. Bes. wichtig ist der «Nektartrank».

— *E. campestris,* Braunlätzchen. ♂: Körper graublau, Kehlfleck kastanienfarbig. Auge dunkelbraun; schmaler, leicht gebogener Schnabel sowie Füße schwarz. ♀: oberseits grauoliv, Flügel bräunlicher. US grauweiß. 13,5 cm. Erstzucht in Holland. Die Jungen wurden von beiden Eltern mit animalischer Nahrung aufgezogen. Wenig empfindlich. Erst wenige Exempl. gelangten nach Europa.

Eunetta. G der Anatidae ↗, UF Anatinae ↗. 1 A. Brutvögel in NO-Asien u. N-Japan. Im Winter in S-China, Japan u. Teilen SO-Asiens. Bewohnen Uferregionen stehender u. fließender Gewässer sowie Sumpfniederungen. Im Winter auf freien Wasserflächen u. zur Nahrungssuche auf Äckern u. Wiesen. Nest mit 6 Eiern in Ufervegetation. ♀ brütet 25 Tage. Aufzucht der Juv. nur durch ♀. Nahrung vorwiegend pflanzlich. Verbr. Gehegevögel. Sehr verträglich, anspruchslos u. winterhart. Unterbringung in Gemeinschaftsanlagen mit Rasenfläche. Auch für Kleinanlagen geeignet. Nest in dichter Vegetation, seltener in Nistkästen. Künstl. Aufzucht der Juv. am erfolgreichsten. Mitunter Mischlinge mit gleichgroßen Enten.

— *E. falcata,* Sichelente. ♂: Kopf mit verlängerten Schopffedern dunkelbraun, grün schillernd. Kehle weiß. Brust schwarz u. weiß geschuppt. Rücken u. Flanken mit feiner schwarzweißer Wellung. Teil der Schwingen verlängert u. sichelförmig gekrümmt. Schnabel u. Füße dunkelgrau. Im RK wie dunkles ♀. ♀: braun mit schwarzer Fleckenzeichnung. 45 cm.

Eunymphicus. G der Platycercinae ↗. 1 A, 2 UAn, beide im Red Data Book ↗ geführt. Neukaledonien, Uvea (Loyalitätsinseln). Bewohnen die immergrünen *Agathis-Araucaria* Wälder. Nahrung Samen aus den Zapfen der Araukariengewächse, Früchte, vor allem Beeren, Nektar. Höhlenbrüter. Erstmalig 1882 in Europa (London). Munter, liebenswert, anhänglich, ahmen Worte nach. Oft auf dem Boden. Frostfreie Überwinterung. Futter Sonnenblumenkerne, Glanz ↗, gekeimter Hafer, Erdnüsse, Insektenweichfutter, Obst, Beeren, Chicorée, Paprikafrüchte, keinen Hanf. Erstzucht 1886 durch Baron CORNÉLY, Frankreich, in BRD 1971 bei P. SCHAUF, Köln. Größte Zuchterfolge bei Dr. BURKARD ↗. Seine Erfahrungen stützen sich auf 6 Zuchtpaare. Danach sind Angaben in der Literatur revisionsbedürftig. Ge-

Sichelente

Euodice

lege max. 4 Eier. Schlupf nach 20 Tagen. Juv. fliegen nach 6 Wochen aus. Die Geschlechtsreife tritt normalerweise mit 3 Jahren ein, ausnahmsweise früher. Während der Aufzucht viel Früchte, Möhren, Grün- u. Eifutter, Insektenweichfutter u. bis zu 20 Mehlkäferlarven ↗ tägl., außerdem reichl. Keimfutter. *E. cornutus uveae* wird äußerst selten gehalten, vielleicht nur bei Dr. BURKARD ↗ u. 1 ♂ bei Dr. QUINQUE, Frankreich. Vögel sind im Verhalten wie die der Nominatform, aber schwieriger einzugewöhnen. Im Gegensatz zu diesen jagt ad. Hahn juv. ♂ ♂ schon ca. 3 Wochen nach dem Ausfliegen. 1980 züchtete QUINQUE Uveasittich × Ziegensittich ↗. Die Hornsittiche scheinen mit den Laufsittichen ↗ nahe verwandt zu sein.

— *E. cornutus,* Hornsittich. ♂: Oberkopf rot, hinterer Kopf gelblich, ebenso Ohrpartie, Bürzel. Vom Scheitel stehen zwei 3 cm lange schwarze Federn mit breiterer roter Spitze ab. Augenpartie, Zügel, untere Wange schwärzlich. Schwanz grün, zu den Spitzen blau. Übriges Gefieder grün, unterseits gelbgrün. Schnabel schwarz. Auge rotbraun, Lidrand schwärzlich. Füße grau. ♀ wie ♂, aber etwas kleiner, Kopf runder, Haubenfeder kürzer, Schnabel kleiner. Große individuelle Unterschiede, wie Dr. BURKARD an 10 Paaren feststellen konnte. Juv. weniger u. matteres Rot, Hinterkopf, Ohrpartie grünlich. Schwanzspitzen gelblich. Schnabel hornfarben. Auge dunkel. 32 cm. UAn. Bei *E. c. uveae,* Uveasittich, Gesicht dunkelgrün, ebenso Stirn- u. Scheitelfedern, diese mit roten Spitzen. 6 dunkelgrüne, lange, schmale Scheitelfedern. US grünlicher als bei Nominatform. Bewohnt Insel Uvea.

Euodice. G der Estrildidae ↗. 2 An. Afrika, Indien, Sri Lanka. Busch- u. baumbestandene Graslandschaften, gern in Graswildnis an Gewässern, im Kulturland, Gärten, Siedlungen. Nest in Büschen, Hecken. *E. cantans* bezieht auch verlassene Webernester, brütet selbst unter Dächern. Gesang leise, häufig vorgetragen, nur ♂ ♂ singen. Seit langem gehandelt. Eingewöhnung leicht, hart, ausdauernd, bald zutraulich, friedlich. Für Käfig ↗ u. Voliere ↗ geeignet, nicht unter 15 °C halten. Futter → Estrildidae. Zucht leicht. Nest gern in halboffenen Nistkästen ↗, Harzer Bauern ↗ aus trockenen Gräsern u. Fasern. Innen weich ausgepolstert. Gelege 3—6 Eier. Schlupf nach 11—12 Tagen. Juv. fliegen nach 19—21 Tagen aus, nach weiteren 10—12 Tagen futterfest.

— *E. cantans,* Silberschnäbelchen. ♂: Kopfseiten u. Kehle gelblichbräunlich, OS hellbraun, dunkel quergebändert, dunkle Flecken am Oberkopf. Bürzel u. Oberschwanzdecken schwarz (!), ebenso schwarzer Schwanz lanzettförmig zugespitzt. US isabellfarben, nur Unterschwanzdecken weißlich. Schnabel bleigrau, Unterschnabel gering heller. Auge braun. Füße fleischfarben. ♀ wie ♂, manchmal brauner getönt. Juv. hellbraun ohne Querwellen u. Flecken, Bürzel bräunlich, Schnabel braun. 11 cm. Senegal bis Rotes Meer u. Äthiopien, SW-Arabien, Somalia, sü. durch Kenia bis Tansania.

Eupetomena

Silberschnäbelchen

— *E. malabarica,* Malabarfasänchen. ♂ u. ♀: OS hellbraun, Federn des Oberkopfes in der Mitte mit dunklerer Färbung, vereinzelt auch dunkle Querwellen. Bürzel u. Oberschwanzdecken weiß (!), von letzteren äußere Federn schwarz gesäumt. Schwanz schwarz, lanzettförmig. Kopfseiten u. US weißlich hellbraun, zu den Flanken mehr gelblichbraun mit weißlichen Querbinden. Oberschnabel bleigrau, Unterschnabel etwas heller. Auge rotbraun. Füße fleischfarben. Juv. dunkel bräunlichgrau, unterseits heller. Schnabel schwarz. 11 cm. Sri Lanka über Indien bis Himalaja, von Bangladesh we. bis Afghanistan, auch in O-Saudi-Arabien an der Küste des Golfs von Oman; bis 1500 m ü. NN.

Eupetomena, Schwalbenschwanzkolibris. G der Trochilidae ↗. 1 A. Vom Amazonasgebiet u. Guayana bis N-Bolivien, Paraguay, u. São Paulo. Im Buschland u. der Savanne. *E. m. hirundo* aus Peru lebt bis 1500 m ü. NN. Sehr streitlustige A. Gesunde Tiere lassen sich ± ohne Schwierigkeiten eingewöhnen. Die Zoological Society London gibt einen Haltungsrekord von 3½ Jahren an, BEHNKE-PEDERSEN erwähnt 2 Jahre u. 8 Monate. Zucht bisher nicht gelungen.

— *E. macroura,* Breitschwingenkolibri, Schwalbenschwanzkolibri. ♂: dunkelgrün, Kopf u. Kehle ± tiefblau. Aftergegend u. je ein Büschel an den Körperseiten weiß. Schwanz stahlblau, längere obere Schwanzdecken stahlblau mit etwas Purpurschimmer, untere Schwanzdecken grünlich stahlblau. Schnabel, Füße schwarz. ♀ dem ♂ ähnl. Kopf u. Brust zeigen mehr Blau. Juv. wie ♀. 19,0 cm.

Euphonia. G der Euphoniinae ↗. ♂♂ meist blauschwarz u. gelb gefärbt, ♀♀ olivgrün (An der UGn *Euphonia* u. a., bevorzugen wärmere Tieflandgebiete) od. ♂♂ hellgrün, gelb u. hellblau u. ♀♀ überwiegend blaßgrün (An der UG *Chlorophonia* die kühleren Hochlandwälder). Letztere seltener im Handel u. auch empfindlicher in der Haltung. Eingewöhnung u. Futterumstellung oft schwierig u. langwierig. Haltungserfolge von über 2 Jahren schon gutes Ergebnis. An der anderen UGn meist weniger empfindlich. Viele An jedoch auch nur ausnahmsweise auf dem Markt. Paarweise Haltung im geräumigen Käfig ↗ od. Voliere ↗ ist anzustreben. Ruhige, friedliche Vögel, die schnell zutraulich werden können. Bei der Paarzusammenstellung müssen sie jedoch ständig beobachtet werden, da man hier hin u. wieder bösartige Angriffe erleben kann, wenn sie nicht zusammenpassen. Mit kurzen Lauten stehen die Partner meist in engem Rufkontakt. Die meisten Organisten lassen einen angenehm zwitschernden Gesang hören. Beide Geschlechter bauen ein geschlossenes Nest aus Moos od. trockenen Pflanzenstoffen in Höhlungen u. Nischen. Das Nest wird meist für mehrere Bruten benutzt. Paare halten recht eng zusammen, u. das ♀ wird während der Brutperiode vom ♂ öfters gefüttert. Vor der eigentl. Paarung wird es hin u. wieder gejagt. Gelege 2—4 weiße, rotbraun gefleckte Eier, überwiegend vom ♀ bebrütet. Nach 13—14 Tagen schlüpfen die Jungen u. fliegen nach weiteren 18—24 Tagen aus. Beide Eltern füttern in den ersten Tagen vorwiegend Insekten u. später auch Obst. Das Futter wird hochgewürgt. 2—3 Bruten im Jahr. Juv. gleichen weitgehend dem ♀, oft erst nach 2 Jahren ad. Kleid, aber schon früher fortpflanzungsfähig. Zuchterfolge blieben bisher die Ausnahme. Häufig liegt dies am fehlenden Partner, da überwiegend ♂♂ eingeführt werden u. die einzelnen ♀♀ oft nur schwer zu unterscheiden sind. Geräumige bepflanzte Volieren scheinen bes. geeignet. Überwinterung im Warmhaus, wobei die An der UG *Chlorophonia* Temperaturen von nur 15—18 °C scheinbar besser ertragen. Fütterung usw. s. *Tangara*.

— *E. affinis,* Buschorganist. ♂: OS, Kopfseiten, abgerundete Kehle u. schmales Stirnband blauschwarz. Innenfahnenbasis der Armschwingen u. Unterflügeldecken weiß. Vordere Kopfplatte bis Hinterkante Auge hellgelb. US bräunlich hellgelb. Je nach UA Unterschwanzdecken u. Innenfahnenspitze der äußeren Steuerfedern weiß. Oberschnabel schwarz, Unterschnabel bleifarben. Füße dunkel hornfarben. ♀: oberseits gelblich olivgrün. Krone, Nacken u. Rücken mehr gräulich. US gelboliv, hinterer Bauch lichter. 9,5 cm. UAn. Westl. Sierra Madre sowie SO-Mexiko sü. bis Kostarika. Hier meist in niedrigen, trockenen tropischen Wäldern anzutreffen. Nicht oft eingeführt.

— *E. cayennensis,* Cayenneorganist. ♂: Körper leuchtend blauschwarz bis auf einen großen orangegelben Schulterfleck. Schnabel schwarz. Auge dunkelbraun. Füße schwarz. ♀: oberseits gelboliv. Wangen, Kehle u. Bauchmitte dunkelgrau. Kinn, Flanken u. Unterschwanzdecken grüngelb. 10 cm. Tropische Wälder in O-Venezuela, Guayana u. NO-Brasilien. Erst vereinzelt nach Europa gelangt.

— *E. chalybea,* Grünkehlorganist. ♂: OS, Wangen u. Kehle dunkelbronzegrün. Stirn u. US gelb. Schnabel dunkelbleifarben, Füße braun. ♀: OS olivgrün, Stirn, Rücken, Flanken u. Unterschwanzdecken gelboliv. Übrige US graugrün. 12,5 cm. SO-Brasilien, O-Paraguay u. NO-Argentinien. Sehr selten importiert.

— *E. chlorotica,* Purpurkehlorganist. ♂: OS, Kopf u. stark gerundeter Kehlfleck amethystschwarz. Flügel u. Schwanz tiefschwarz. Vordere Kopfplatte zitronengelb. US gelb. Äußere Schwanzfedern mit weißer Innenfahne. ♀: OS dunkel olivgrün. Stirn gelbgrün, Bauch hellgrau. 10 cm. 6 UAn. S-Amerika öst. der

Andenkette von Kolumbien u. Venezuela südwe. bis Paraguay, NO-Argentinien u. Uruguay. 1970 gelang INGELS, Belgien, die Erstzucht. Das ♂ baute fast allein das geschlossene Nest. Beide Eltern fütterten Obst ↗, Ameisenpuppen, Mehlwürmer ↗ od. eingeweichtes u. mit Honig versüßtes Brot. Selten auf dem Vogelmarkt.

— *E. chrysopasta*, Zügelorganist. ♂: oberseits dunkel bronzegrün, am Nacken mehr grau. Zügel u. Kinn weißlich. Kopfseiten, Brust u. Flanken gelbgrün. Restl. US goldgelb. Schnabel bleifarben. Auge dunkelbraun. Füße hornfarben. ♀ ähnl. ♂, doch US mehr grau. 11 cm. 2 UAn. Wälder des Amazonasbeckens von den Guayanas bis N-Bolivien u. O-Kolumbien. 1 Exempl. gelangte 1969 nach Dänemark.

— *E. concinna*, Samtstirnorganist. ♂: sehr ähnl. *E. finschi*, doch Krone mit runderem Abschluß u. heller. Körper blauschwarz mit amethystfarbenem Glanz. Schwingen mit weißem Fleck auf der Innenfahne. ♀: wie ♀ von *E. finschi*. 10 cm. 2 UAn. Kolumbien. Sehr selten im Handel.

— *E. cyanea*, Grünorganist. UG *Chlorophonia*. ♂: Kopf, Kehle u. oberer Teil der Brust glänzend gelbgrün. Augenring, Nackenband u. Rücken lichtblau. Äußere Schwung- u. Schwanzfedern schwarz, grün gesäumt. Innere Schwingen u. Schulterdecken grün, US gelb. Schnabel schwärzlich. Auge braun. Füße schwarz. ♀: oberseits grün, unterseits gelboliv. Einige UAn zeigen bei den ♂ ♂ einen gelben Stirnfleck. 11—12 cm. 7 UAn. Anden von N-Kolumbien u. NW-Venezuela südwe. bis Bolivien sowie SO-Brasilien, NO-Argentinien u. O-Paraguay. Ab u. zu angeboten.

Grünorganist. Männchen

— *E. finschi*, Finschorganist. Konspezies mit *E. concinna?* ♂: Stirn u. US orangegelb, nach hinten in ein helles Rotbraun übergehend. Übriger Körper blauschwarz. Weiße Innenfahne an äußeren Schwingen. Schnabel schwarz. Auge dunkelbraun. ♀: oberseits gelbgrün, Wangen u. US zitronengelb. Stirn gelb. 9 cm. Buschige Küstenregion von Venezuela bis Guayana u. N-Brasilien. Sehr selten importiert.

— *E. flavirostris*, Halsbandorganist. UG *Chlorophonia*. ♂: gesamter Kopf, Kehle, obere Brust, Flanken u. Flügel grasgrün. Schwingen schwarz. Großer Nackenfleck, hinterer Rücken, Oberschwanzdecken, Augenring u. US gelb. An der Brust durch ein schmales kastanienbraunes Band von grüner Kehle getrennt. Schnabel hellorange. Iris weiß. Füße hell

Euphonia

Halsbandorganist

fleischfarben. ♀: grün, Bauchmitte mehr gelbgrün. Unterschwanzdecken gelb. SW-Ekuador, wenig verbr. Tropische Wälder in Höhen von ca. 1000 m. Offenbar nicht so empfindlich wie die anderen An der G. WEISE, BRD, pflegt ein Exempl. bereits über 8 Jahre. Sehr selten eingeführt.

— *E. gouldi*, Olivrücken-Organist. ♂: vordere Kopfplatte gelb. Restl. OS dunkelbronzegrün. Zügel schwärzlich. Flügel- u. Schwanzfedern olivgrün gerandet. Kehle u. Brust gelboliv. Bauch u. Unterschwanzdecken rotbraun. 9,5 cm. 2 UAn. Tropische Küstenwälder von SO-Mexiko bis Kostarika. Bei KLEEFISCH ↗ mißglückte ein Brutversuch mit *E. luteicapilla*. Nur vereinzelt eingeführt.

— *E. hirundinacea*, Schwalbenorganist. ♂: Stirn bis ans Auge u. gesamte US goldgelb. Sonstiger Körper glänzend blauschwarz. Innenfahnen der Armschwingen u. äußeren Schwanzfedern weiß. Oberschnabel schwarz, Unterschnabel dunkelgrau mit schwärzlicher Spitze. Auge dunkelbraun. Füße bleifarben. ♀: OS olivgrün. Kinn gelboliv. Kehle u. Brust hellgrau, Bauch mehr weißlich. Flanken hellgrün. 10,5 cm. 2 UAn. Wälder u. Plantagen von S-Mexiko bis W-Panama. Erst wenige Male eingeführt.

— *E. jamaica*, Gimpelorganist. In älteren Systematiken auch mit *Pyrrhuphonia jamaica* bezeichnet. ♂: OS blaugrau. US heller, am Bauch gelb. Unterschwanzdecken weißlich. Schnabel dunkel bleifarben, Füße graubraun. ♀: OS, Kopf blaugrau, sonst grünlich. 10,5 cm. Jamaika. Meist in offener Landschaft. Wegen des angenehmen Gesangs wird er im Heimatland gerne gekäfigt. Nach Europa kamen erst wenige Exempl.

— *E. laniirostris*, Dickschnabelorganist. ♂: ähnl. *E. violacea*, jedoch zitronengelb u. Krone ausgedehnter. Schwingen u. äußere Schwanzfedern mit weißem Fleck auf der Innenfahne. Schnabel u. Füße schwarz. ♀: oberseits olivgrün, Kehle u. Brust gelbgrün. Übrige US heller gelb. 10,5 cm. 5 UAn. Tropische Wälder von Kostarika südwe. bis Bolivien u. zentrales Mato Grosso. Erstzucht gelang 1870 in England. Ab u. zu importiert.

— *E. luteicapilla*, Gelbscheitelorganist. ♂: Stirn u. gesamte Kopfplatte zitronengelb. US gelb. OS u.

Euphoniinae

Kehle glänzend blauschwarz. Oberschnabel schwarz, Unterschnabel bleifarben, Schnabelspitze schwarz. Auge dunkelbraun. Füße dunkel hornfarben. ♀: OS blaß gelboliv. Schwung- u. Schwanzfedern schwärzlich mit gelbolivem Rand. US kräftig gelb. 9,5 cm. Nikaragua bis Panama. Bewohnt Urwaldlichtungen u. Waldränder bis 1300 m. Einige Brutversuche mit E. gouldi bei KLEEFISCH brachten nur unbefruchtete Gelege. Selten im Handel.

— *E. mesochrysa*, Grünscheitelorganist. ♂: schmales Stirnband bronzegrün. Kopfplatte bis zum Auge u. gesamte US orangegelb. Übrige OS bläulich bronzegrün. Schwung- u. Schwanzfedern gelboliv gesäumt. Oberschnabel schwarz, Unterschnabel am Grunde graublau. Auge dunkelbraun. Füße dunkelbraun. ♀: ohne gelbe Kopfplatte, US grau, zum hinteren Bauch gelboliv. 10,5 cm. 3 UAn. Von Kolumbien bis Bolivien. Andenwälder. Ende der 60er Jahre ab u. zu importiert.

— *E. minuta*, Weißbauchorganist. ♂: schmales Stirnband gelb. Übrige OS, Kopf, Halsseiten u. Kehle glänzend blauschwarz. US gelb. Hinterer Bauch u. Unterschwanzdecken weiß. Auge braun. Schnabel u. Füße schwarz. ♀: oberseits dunkeloliv. US gelblichgrün. Kehle grau. 9,5 cm. 2 UAn. Kostarika, N-Ekuador, Kolumbien, S-Venezuela, Guayana u. O-Peru. Waldränder u. Savannenlandschaften. Nur vereinzelt importiert.

— *E. musica*, Blauscheitelorganist. ♂: OS, Kehle, Kopfseiten u. Stirn blauschwarz. Einige UAn zeigen ein schmales gelbes Stirnband, Krone u. Nacken hellblau. Bürzel u. US gelborange. Flügel, Schwanz, Schnabel u. Füße schwarz. ♀: olivgrün, unterseits gelboliv. Stirn orangegelb. Kopfplatte u. Nacken hellblau. 10,5 cm. 10 UAn. Von Mexiko, großen Bereichen der Antillen südwe. bis Paraguay, N-Argentinien u. Uruguay, entspr. der weiten Verbr. in tropischen bis temperierten Klimazonen zu finden. Sehr selten eingeführt.

— *E. occipitalis*, Blaunackenorganist, Goldbrauenorganist. UG *Chlorophonia*. ♂: Kopf, Kehle, Brust u. Flanken grün. Kopf-OS u. Nackenband leuchtend blau. Übrige OS dunkelgrün. Bauch gelb, teils durch braunes Band von grüner Brust getrennt. UA *callophrys* unterscheidet sich durch goldgelbe Stirn u. Überaugenstreif von der Nominatform. Schwung- u. Schwanzfedern schwarz, grün gesäumt. Schnabel schwärzlich. Füße dunkelbraun. ♀: Nackenband weniger ausgeprägt. US dunkler grün u. ohne braunes Brustband. Bauchmitte gelblich. 12,5 cm. 2 UAn. SO-Mexiko, El Salvador, Kostarika, Guatemala u. Honduras. Lebt paarweise od. in gemischten Flügen in den Bergwäldern bis 2500 m ü. NN. Nach 4 vergeblichen Zuchtversuchen schlüpften 1971 in England 3 Junge, die ausschließl. mit Spinnen u. Früchten großgezogen wurden. Nach 8 (?) Wochen begannen die Jungen selbständig Futter aufzunehmen. Selten importiert.

— *E. pectoralis*, Braunbauchorganist. ♂: OS, Kehle u. Brust glänzend blauschwarz. Gelber Fleck an den Brustseiten. Bauch u. Unterschwanzdecken kastanienbraun. Schnabel schwarz. Auge braun. Füße schwarz. ♀: OS dunkel olivgrün mit einem großen grauen Nackenfleck. Kinn beige, Kehle u. mittl. Brust grau. Restl. US olivgrün. Unterschwanzdecken rotbraun. Wälder in SO-Brasilien, NO-Argentinien u. SO-Paraguay. Wenige Exempl. kamen bisher nach Europa.

— *E. pyrrhophrys*, Schwarzbrauenorganist. UG *Chlorophonia*. ♂: oberseits dunkel grasgrün. Stirn, Wangen, Kehle u. obere Brust gelbgrün. Stirn- u. Überaugenstreif schwarzrot. Kopfplatte u. Nacken himmelblau. Schmales Brustband schwarz. Flanken u. Rücken schwefelgelb. Zentrum der US u. Unterschwanzdecken kastanienfarbig. Schnabel, Auge u. Füße dunkel. ♀: oberseits dunkler grün. US gelbgrün. Stirn- u. Überaugenstreif kastanienfarbig. 12 cm. NW-Venezuela, Kolumbien u. O-Ekuador. Äußerst selten nach Europa gelangt.

— *E. violacea*, Veilchenorganist. ♂: breite Stirn, Kehle u. übrige US orangegelb, nach hinten mehr blaßgelb. Übriger Körper blauschwarz. Oberschnabel schwarz, Unterschnabel graublau. Auge braun. ♀: oberseits schmutzig gelbgrün, unterseits heller. 10,5 cm. 2 UAn. Breiter Küstenstreifen von Venezuela südwe. bis S-Brasilien. Lebt sowohl im Regen- u. Sekundärwald wie auch in Mangrove od. in offenen Landschaften. Erstzucht gelang bereits 1937. Das Nest wurde aus Blättern, Moos u. Grashalmen in einem halboffenen Nistkasten ↗ gebaut. Weniger empfindlich u. häufiger eingeführt.

— *E. xanthogaster*, Goldbauchorganist. ♂: OS, Kehle u. Kopf blauschwarz. Gesamte Kopfplatte u. Bauch goldgelb. US der äußeren Schwanzfedern mit weißen Innenfahnen. Schnabel schwarz. Auge dunkelbraun. Füße braun. ♀: OS dunkel olivgrün. Stirn olivgelb. Nacken graublau. US grau. Flanken u. hinterer Bauch grüngelb. 10 cm. 9 UAn. Nö. Hälfte S-Amerikas mit Ausnahme des inneren Amazonasbekkens. Bei M. HESSE, BRD (1980) u. auch bei KLEEFISCH ↗ (1981) flog je ein Junges aus, das aber nach 10 Tagen starb. Ab u. zu eingeführt.

Euphoniinae, Organisten. UF der Dacnididae ↗. 1 G, 29 An. In der Artenliste von WOLTERS ↗ sind *Chlorophonia*-An u. *Euphonia*-An in einer G als UGn zusammengefaßt. Hier ist sicherlich noch eine Überarbeitung nötig, die nach Ansicht von WOLTERS einige UGn neu zuordnet bzw. in den Rang einer eigenen G erhebt.

Euplectes, Feuerweber. G der Ploceinae ↗. 8 An. Stehen verwandtschaftlich den Widavögeln ↗ nahe. ♂♂ kurzschwänzig. BK schwarz u. rote Gefiederpartien, außer bei *E. aureus* da goldgelb. Im RK ♂♂ u. ♀♀ sperlingsartige Zeichnung. Bewohnen Gras-, Kulturlandschaften Afrikas. Nahrung Samen, Insekten, Früchte. Nester vorwiegend im hohen Gras u. Schilf. Eier allgemein grünlichblau, wenig gefleckt. Die meisten An begehrte Vögel im Handel. Futter s. Ploceidae ↗.

— *E. afer*, Tahaweber, Napoleonweber. (Nominatform) ♂: im BK Stirn, Kopf-OS, Nacken, Rücken bis einschließl. Oberschwanzdecken gelb, ebenso Brust, Flanken. Kopfseiten, Kinn, Kehle schwarz, gleichfalls Bauch, Unterschwanzdecken. Flügel-,

Schwanzfedern schwarzbraun, gelbbraun gesäumt. Schnabel schwarz. Auge dunkelbraun. Füße fleischfarben. Im RK ♂ ähnl. ♀, dessen OS graubraun mit schwarzen Streifen. Gelbliche Brust gestreift, unterseits sonst weißlich. Unterscheidung von *E. franciscanus* durch gelbliche Gesichtszeichnung u. Streifen auf den Flanken. Die UAn (2 Rassengruppen) unterscheiden sich bes. durch Ausdehnung des Schwarz der Bauchregion u. des Nackens. 11 cm. Senegal, öst. bis Äthiopien (fehlt in O-Kenia), sü. bis SW-Afrika, öst. Kapprovinz. Bewohnt sumpfige u. feuchte Flächen an Gewässern, die mit Schilf u. hohem Gras bewachsen sind. Nahrung vorwiegend Grassamen, Insekten. Gesang zischend, keckernd. ♂ verteidigt gegen Rivalen heftig das Nestrevier. Gelege 3—4 weißliche, auch grünliche Eier mit dunkelbraunen bis schwarzen Flecken. Gehört zu den ständig angebotenen Webern, sehr beliebt. Allgemein friedlich, auch für großen Käfig geeignet, bes. für Gartenvoliere mit Schutzhaus, für Vogelgesellschaften zu empfehlen. Ausstattung des Flugraumes vor allem mit Schilf, hohen Gräsern u. Büschen. Schon mehrfach gezüchtet, aber nicht leicht. Bald Nestbau, selten Vollendung. ♀ wählt gern zwischen mehreren Nestern. Aufzuchtfutter vor allem Insekten, Weichfutter ↗. ♀ u. ♂ füttern.

— *E. aureus*, Goldrückenweber. ♂: im BK Kopf bis einschließl. Bauch von Nacken bis Bürzel goldgelb, von letzteren Federn schwarz gesäumt. Flügel-, Schwanzfedern bräunlichschwarz, gelblichweiß gesäumt. Schenkel, Unterschwanzdecken weiß. Schnabel schwarz. Auge braun. Füße graubraun. Im RK ♂ wie ♀, OS zimtbraun, schwarz gestreift. Gesichtsseiten, Kinn, Bauch gelblichweiß. Kehle einschließl. Brust, Flanken bräunlich, Brustseiten dunkel gestreift. Schnabel hornbraun. 13 cm. Insel São Tomé, Küste Angolas. Einzelheiten unbekannt. Selten auf dem Vogelmarkt. Unverträglich, angenehme Stimme.

— *E. diadematus*, Diademweber. ♂: im BK Stirn orangerot. Goldgelb sind Rücken, Bürzel, Unterschwanzdecken, Schenkel. Flügelfedern schwarz, sandgelb gesäumt. Ansonsten Gefieder schwarz. Schnabel schwarz. Auge dunkelbraun. Füße fleischfarben. Im RK ♂ wie ♀, dessen OS schwarz mit hellen Flecken. Kinn, Kehle, Körperseiten beige, dunkel gefleckt. Brust, Bauch weißlich. Schnabel hell hornfarben. Juv. wie ♀. 11 cm. S-Somalia, O-Kenia, äußerstes NO-Tansania, vor allem in Küstennähe in buschreichem Gras-, Kulturland. Gern in Wassernähe, dort auch Nest in Büschen u. hohem Gras. Kleine Kolonien. Erstmalig 1965 auf europ. Vogelmarkt. Später nur in kleiner Zahl sporadisch eingeführt. Friedlich, bald zutraulich, bewegungsfreudig. Beste Haltung in Voliere. Warme Überwinterung.

— *E. franciscanus*, Feuerweber. ♂: im BK Kopf-OS, Kopf-US schwarz. Gleichfalls Kopfseiten. Flügel-, Schwanzfedern graubraun, beige gesäumt. Schenkel orangebraun, übriges Gefieder scharlachrot. Schnabel schwarz bis dunkelhornfarben. Auge dunkelbraun. Füße fleischfarben. Im RK ♂ wie ♀, dessen OS hellbraun, schwarze Streifen. US sandfarben. Überaugenstreif gelblichweiß, Kinn, Bauch weißlich. Juv. ähnl. ♀, matter. 12 cm. Senegal, Kamerun bis Äthiopien, Somalia, sü. bis N-Uganda, M-Kenia.

Euplectes

Napoleonweber

Lebt im offenen Grasland, auf Feldern, gern im Schilf an Gewässern. Stimme heiser, zischend, zirpend, schnarrend. Kleine Brutkolonien, 1 ♂ baut mehrere Nester, hat bis zu 5 ♀♀. Nester kugelig bis länglich, seitl. Einschlupföffnung, überdacht, aus Gräsern, Blattstreifen, Rispen gebaut. Gelege 3—4 blaue Eier, manchmal mit wenigen rotbraunen Flecken. Kam bereits frühzeitig nach Europa, stets in großer Menge eingeführt. Vorzugsweise wegen prächtigem BK für Gesellschaftsanlagen erworben. Recht gut verträglich. Haltung auch im großen Käfig möglich, besser gut ausgestattete Voliere. Am besten mehrere ♀♀ u. 1 ♂ gemeinsam unterbringen. Manchmal verblaßt Rot in Gefangenschaft u. wird orange, deshalb fälschlicherweise auch Name Orangeweber. Anspruchslos, leichte Pflege. Wurde in Gefangenschaft mehrfach 10—12 Jahre alt. Zucht öfter gelungen, meistens nicht versucht (billig im Angebot, ♀♀ schwer erhältlich). Nest freistehend im dichten Gebüsch, Harzer Bauer ↗, halboffenen Nistkasten ↗. ♀ wählt unter mehreren vom ♂ gebauten Nestern aus. Schlupf nach 14 Tagen. Aufzuchtfutter Insekten, vor allem frische Ameisenpuppen (Naturschutzbestimmungen beachten!), Grünes, Weich-, Keimfutter ↗. Juv. fliegen nach 14—18 Tagen aus, noch gut 3 Wochen von Eltern gefüttert.

— *E. gierowii*, Bischofweber. ♂: im BK Stirn, Kopfseiten u. Kinn schwarz, gleichfalls Flügel, Schwanz, Bauch. Schnabel schwarz. Auge braun. Füße fleischfarben. Sonst orange. Im RK ♂ wie ♀, dieses auf der OS dunkelbraun, gelblichbraune Streifen u. Flecken, ebenso Überaugenstreif gefärbt. Brust mit geringer rötlichbrauner Fleckung. Schnabel hornbraun. Juv. wie ♀. 15 cm. S-Sudan, W-Äthiopien bis N-, NO-Zaïre, Uganda, SW-Kenia, N-Tansania, N-Angola

Euplectinae

Oryxweber

bis Unterlauf Kongo. Lebt im Grasland, buschreichem offenem Gelände, gern in Gewässernähe, auch in Sümpfen u. auf Feldern. Brütet in lockeren Kolonien. Nest zwischen Gräsern u. Schilf aufgehängt. Gelege 3—4 blaugrüne Eier. 1 ♂ hat mehrere ♀♀. Im Handel selten.

— *E. hordeaceus*, Flammenweber. ♂: im BK Gesichtsseiten, US ebenso Flügel u. Schwanz schwarz. Von Stirn bis Nacken u. Halsseiten rot, ebenso breites von hier zur Brust ziehendes Band. Bürzel, Oberschwanzdecken rot. Rücken braun. Unterschwanzdecken, Schenkel bräunlichorangefarben überhaucht. Schnabel schwarz, Basis fast weiß. Auge braun. Füße hornfarben. Im RK ♂ wie ♀, dieses oberseits hellbraun, dunkel gestreift. US gelbgrau. Überaugenstreif blaßgelb. Geringe Streifung an Brust- u. Körperseite. Juv. wie ♀. 13 cm. Senegal bis SW-Äthiopien, Angola, M-Moçambique, auf den Inseln Pemba, Sansibar, São Tomé. Lebt im Grasland, Schilf, auf Feldern. Stimme zwitschernd, kreischend, auch zischend. Brütet in lockeren Kolonien, ♂ grenzt Revier ab. Polygam. Nest zwischen Gräsern u. in Büschen, seitl. Einschlupf. Gelege 2—4 blasse, blaugrüne Eier mit wenigen Flecken. Ab u. zu auf dem Vogelmarkt. Außer zur Brutzeit friedlich. Mäßig warme Überwinterung. Für Käfig wenig geeignet. In Volieren ausdauernd. Bereits einige Male gezüchtet. Bei diesen Absichten 1 ♂ u. 2—3 ♀♀ zusammen halten. Schlupf nach ca. 12 Tagen, sonst s. *E. franciscanus*.

— *E. nigroventris*, Brandweber. ♂: im BK ist außer rotbraunem Rücken ges. OS scharlachrot. Kopfseiten, US schwarz, Schenkel braun. Schnabel schwarz. Auge braun. Füße bräunlich bis fleischfarben. Im RK ♂ wie ♀, dessen OS helles Braun, schwarzbraune Längsstriche. US weißlich, Kehle, Flanke bräunlicher. Überaugenstreif hellgelblich. Schnabel hornfarben. Von ♀ des *E. franciscanus* schwer zu unterscheiden, gering kleiner u. gegenüber diesem Unterflügelfedern heller braun. 10 cm. Vorzugsweise Küste O-Kenias bis NO-Moçambique. Lebt im offenen Grasland, in Schilfbeständen. Nach der Brutzeit sind ± große Schwärme unterwegs. Kleine Brutkolonien, in Büschen, hohem Gras, Schilf. ♂ verteidigt heftig Nestterritorium. Paarung mit mehreren ♀♀. Gelege 2—3 blaßblaue Eier, dunkelbraun gefleckt u. gepunktet. Selten im Handel, friedlich, ausgenommen zur Brutzeit. Voliere mit Schilf, Gräsern, Weidenzweigen ausstatten. Zucht wenige Male gelungen.

— *E. orix*, Oryxweber, Grenadierweber. ♂: im BK Gesichtsmaske, Kehle schwarz, ebenso Brust, Bauch. Hintere Kopf-OS, Nacken, Halsseiten, Kehle orangerot. Rücken braun, Flügel, Schwanz hell braungrau. Bürzel, Oberschwanzdecken gelborange, Unterschwanzdecken orangerot. Schnabel schwarz. Auge dunkelbraun. Füße fleischfarben. Im RK ♂ wie ♀, OS dunkelbraun, dunkel gestreift, US hellbräunlich, streifig gezeichnet. Überaugenstreif gelblich. Schnabel hornfarben. Juv. wie ♀. 13 cm. M-Angola, S-, O-Zaïre, S-Uganda, sü. Inner-Kenia bis SW-Afrika, Sambia, Inner-Tansania, Malawi, Kapprovinz, Transkai, Natal, S-Moçambique. Lebt bevorzugt in Sümpfen, an schilf-, grasbestandenen Gewässerrändern. Gesang krächzend, zischend. Vom ♂ häufig zu hören. Nest zwischen Gräsern u. Schilf gehängt, seitl. Einschlupf. ♂ verteidigt Revier, hat bis zu 4 ♀♀. Gelege überwiegend 2 bläuliche Eier. Nach der Brutzeit zu Schwärmen vereint, dann häufig auch auf Feldern. Relativ regelmäßig, aber in geringer Zahl im Handel. Allgemein friedlich, Ausnahme manchmal während der Brutzeit. Volieren ↗-Haltung. Zucht in gut ausgestatteter Voliere (Schilf, hohe Gräser, Büsche). Günstig 1 ♂, mehrere ♀♀. Juv. schlüpfen nach 14 Tagen, verlassen nach 21 Tagen das Nest. Fütterung wie *E. franciscanus*.

Euplectinae, Widavögel. UF, in neuer Zeit Gn von Ploceinae ↗.

Eupodotis. Artenreichste G der Otididae ↗. Neben 2 bestandsbedrohten indischen (*E. bengalensis, E. indica*), 11 afrikan., kleinere An. 40—60 cm. Besiedler von Grassteppen, Savannen, Steinwüsten, seltener trockenem Buschland. Meist paarweise lebend. Zur Fortpflanzungszeit von Rufen begleitete Balzflüge, auch Balzsprünge der ♂♂. Einzelne An in Zoohaltungen, auch Gefangenschaftszuchten.

— *E. afra*, Gackeltrappe. ♂: OS sandfarben, dunkelbraun gewellt. Hals bis Bauch schwarz, weißer Ohrfleck. ♀: nur Bauch schwarz, Brust weiß. 53 cm. In Grassteppen u. Savannen SW-Afrikas lebend. ♂ balzrufend, am Boden. 2—3 Eier. Nahrung vorwiegend Pflanzenteile sowie Heuschrecken u. a. Insekten ↗. Wiederholte Zoozuchten der UA *E. a. afroides* in New York u. Duisburg. Kückenaufzucht s. *Otis tarda*.

— *E. cafra*, Senegaltrappe. ♂: OS dunkelbraun, Bauch weiß. Stirn u. Kehle schwarz, Hals blaugrau. ♀: Hals bräunlichgrau. Juv. Hals hell sandfarben gepunktet. 55 cm. Mehrere UAn besiedeln Grassteppen, Savannen u. trockenes Buschland von Senegal über Somalia bis zum öst. S-Afrika. Paarweise lebend. Laute Balzrufe. 1—2 Eier. Brutdauer 23 Tage. Schlupfgewicht 30 g. Hauptnahrung neben Pflanzenteilen Heuschrecken u. a. Insekten. Mit einem seit 1967 im Zoo Berlin-West in heizbarem 8 m²-Innenkäfig mit 22 m² Außenvoliere gehaltenen Wildfangpaar aus Arusha gelang 1970 durch Kunstbrut u. Handaufzucht von 3 Juv. die Erstzucht (JOHST). Wildfänge verlieren Scheu nicht. Reinigung nur 2mal wöchentl., Fütterung 1mal tägl., Pellets ↗, geriebene Möhren ↗, zerkleinertes Obst, Salat, Klee, Schafgarbe, Löwenzahn, Rindfleisch, Rinderherz u. Mäuse sowie gebrühte Heuschrecken u. Mehlwürmer, Muschelkalk, Steinchen u. Waldvogelfuttermischung ↗. Kükenaufzuchtfutter s. *Otis tarda*. Haltung in 0,5 m²-Aufzuchtkisten mit Sandeinstreu unter Wärmestrahlern bei zunächst 36 °C, die in 20 Tagen auf 25 °C abgesenkt werden. Viel Sonne u. Bewegung im Freien sind erforderlich.

— *E. melanogaster*, Schwarzbauchtrappe. ♂: OS braun marmoriert, mit weißem Flügelsaum. Kehle bis Bauch schwarz, Bürzel braun. ♀: US braunschwarz marmoriert. Juv. ♀-ähnl., doch mit gelblichen Schwingenspitzen. 60 cm. Besiedelt paarweise Savannen u. Grassteppen in O- u. Zentralafrika. ♂ Balzflug mit erhobenen Flügeln. Nahrung bes. Heuschrecken u. a. Insekten ↗! Häufige, doch seltener gewordene A. Selten in Zoos gehalten.

— *E. ruficrista*, Rotschopftrappe. ♂: OS sandbraun, weißer Brustseitenfleck. Scheitel grau, mit dunklem Kehlstreifen u. rötlichem Federschopf. ♀: ohne Kehlstreifen u. Schopf. Juv. ♀-ähnl., doch mit gelblichen Handschwingenspitzen. 50 cm. In mehreren UAn von Senegal bis Somalia, O-, S- u. SW-Afrika verbr. Besiedelt trockenes Buschland u. Baumsteppen. ♂ balzrufend, mitunter bis 60 m steil ansteigender Balzflug. 1—2 Eier, Nahrung neben Pflanzenteilen Käfer, Heuschrecken ↗ u. a. Erstzucht 1971 (FAUST) u. wiederholte Zucht in mindestens 2. Generation im Zoo Frankfurt/M.

Eupodotis senegalensis, NN → Senegaltrappe
Eupsittula. G der Aratingidae ↗, UF Aratinginae ↗. 6 An, früher zu *Arantinga* ↗ gehörend. M- u. S-Amerika. Pflege s. *Pyrrhura*. Handaufgezogene Vögel meistens sehr zahm, lernen dann auch einige Worte nachzuahmen. Laute Stimmen.

— *E. aurea*, Goldstirnsittich. ♂: grün, großer Stirnfleck orange, Scheitel bis Nacken blau, Auge von orangefarbenen Feldern ringförmig umgeben. Wangen olivgrün, ebenso Hals. Schwingen blau, unten u. Schwanz-US olivgelb. Bauch grünlichgelb. Schnabel schwarz. Auge gelb. Beine grau. ♀ wie ♂, aber Bauch grünlicher. Juv. Stirnfleck schmaler, orangener Augenring fehlt. Auge dunkel. 26 cm. UAn (s. u.). Verbr. der A: Brasilien sü. des Amazonas, O-Bolivien, Paraguay, N-Argentinien. Bewohnt baumbestandene Savanne u. ähnl. offenen Lebensraum. Häufig. Nach der Brutzeit werden bis zu 30 Exempl. zählende Flüge gebildet, aber auch paarweise anzutreffen. Nicht scheu. Nahrung Samen, Nüsse, verschiedenste Früchte, Insekten. Regelmäßig im Handel. Das Nord-Süd-Gefälle des Verbr.-Gebietes führt zu Größenabweichungen, allgemein argentinische Vögel größer, ebenso Farbabweichungen bekannt, nach Th. ARNDT ↗ zuweilen Vögel im Handel ohne orangegelben Augenring u. solche mit leichter Gelbscheckung. Gut für großen Käfig geeignet, selbst Altvögel werden noch zutraulich. Ahmt bald Worte, Melodien usw. nach. Selten laute Schreie. Hart, ausdauernd; frostfreie, aber keine warme Überwinterung. Erstzucht 1880 bei J. WENZEL, Danzig, seither zahlreich gezüchtet. In Europa Brutzeit allgemein im 1. Jahresquartal, deshalb dickwandige Bruthöhlen bw. -kästen verwenden. Brütet auch in kleinen Volieren. Wegen möglicher Beißereien während der Brutzeit Paar allein unterbringen. 2, selten 3 Bruten im Jahr. *E. a. major*, Großer Goldstirnsittich, s. Goldstirnsittich, aber größer (30 cm). Paraguay-Fluß in N-Paraguay. Äußerst selten im Handel.

— *E. cactorum*, Kaktussittich. ♂: Gesicht, Hals u. Oberbrust blaßbräunlich, Ohrdecken grün, Scheitel schieferbläulich. Flügeldecken grün, gleichfalls Schwanz-OS (Spitzen blau). OS der Schwingen blaugrün, US schmutzig olivgelb, ebenso Unterseite des Schwanzes. Unterbrust u. Bauch orangegelb, Körperseiten, Schenkel, Unterflügeldecken u. Unterschwanzdecken gelbgrün. Schnabel hell hornfarben. Auge orange, Augenring nackt, weiß. Füße graubraun. ♀: gering blasser als ♂. Juv. heller als Ad., Bauch gelblichgrün, z. T. Federn mit orangenen Säumen. 25 cm. UAn (s. u.). Verbr. der A: öst. Brasilien von Piauí, Ceará bis Minas Gerais. Lebt in den dornbusch- und kakteenbestandenen Hochebenen in Bahia, in lichten Wäldern u. Savannen. Nahrung Früchte (gern von Kakteen), Samen, Nüsse. Soll in Kakteen brüten. Sporadisch auf europ. Vogelmarkt. Nur handaufgezogene Vögel eignen sich für Einzelhaltung, Alttiere bleiben scheu. Stimme nicht sehr laut, lernt auch wenige Worte nachzuahmen. Sehr starke Nager (Ganzmetallvoliere). Überwinterung frostfrei, aber keineswegs warm. Erstzucht 1883 bei DEBRAY, Paris, Frankreich, seither häufiger gelungen. Paar zur Zucht allein unterbringen, Brutzeit in Europa etwa Jahresmitte. Gelege 4—6 Eier. *E. c. caixana*, Blasser Kaktussittich, s. Kaktussittich, aber insges. blasser, Bauch gelb (ohne Orange). Von Maranhão u. Piauí bis W-Pernambuco, im S bis NW-Bahia. Bewohner der Savannen u. lichten Wälder. Häufig. Wahrscheinl. zuweilen unerkannt im Handel.

— *E. canicularis*, Elfenbeinsittich. ♂ u. ♀: grün, unterseits blasser. Breites, orangefarbenes Stirnband, bis zu den Zügeln reichend. Vorderscheitel blau. Spitzen der großen Schwingen blau, ebenso Außenfahnen der kleinen. Unterflügeldecken gelblichgrün. Schwanz unterseits olivgelb. Hals u. Brust blaßoliv, Unterschwanzdecken gelblichgrün. Schnabel hell hornfarben. Auge gelb, Augenring nackt, gelblichweiß. Beine graubräunlich. Juv. häufig Stirnband schmaler als bei Ad., orangefarben, Auge braun. 24 cm. UAn (s. u.). Verbr.-Gebiet der A: We. Mexiko bis we. Kostarika. Bewohnt unterschiedlichste Lebensräume von trockenen Hochländern bis zu tropischen Gebieten in 1 400 m ü. NN (El Salvador). Bildet nach der Brutzeit Trupps u. Schwärme. In Gebieten mit reichl. Nahrungsangebot (Feigen, Samen, Nüsse, Beeren, Insekten) häufig. Dr. BURKARD ↗ sah ihn in Guatemala bei Indios während der Hüh-

Eupsittula

nerfütterung. Brütet Dezember—Februar in Termitenbauten (Symbiose mit *Nasutitermis nigriceps*). Überwiegend nur 1 Paar in einem Termitenbau. Schlupfloch- ∅ ca. 7 cm, anschl. ca. 30 cm lange Röhre, Bruthöhle 15—20 cm ∅. Brütet sehr selten in Baumhöhlen od. hohlen Bäumen. Gelege 3—5 Eier. Nominatform kaum im Handel. Vögel aller UAn sehr gut zur Einzelhaltung geeignet. Bald zutraulich, ahmen einige Worte nach, erlernen Kunststückchen. Nagebedürfnis gering, mit zunehmender Zahmheit werden laute Schreie seltener. Badet selten. Sehr gut für Außenvoliere ↗ mit Schutzraum ↗ geeignet, auch für gemeinsame Unterbringung mit anderen Papageienvögeln. Frostfreie Überwinterung. Haltung in Voliere von ca. 3 × 1 × 2 m ausreichend. 1932 Erstzucht bei R. SCHMIDT, Deutschland, seither mehrmals gezüchtet, aber keineswegs brutfreudig (s. Brutbiologie in Freiheit). Nisthöhlen werden selten beachtet. Künstl. Wand (Lehm, Styropor usw.) zum Anlegen der Bruthöhle bieten. In Europa Brutzeit im Frühjahr. *E. c. clarae*, Westmexikanischer Elfenbeinsittich. ♂ u. ♀: s. Elfenbeinsittich, aber orangefarbenes Stirnband schmaler, Blau des Scheitels reicht bis zu den Flügeln. Unterschnabel weitgehend schwärzlich. 24 cm. W-Mexiko. Lebt in Sümpfen, an Wasserläufen u. in anderen Feuchtgebieten, auch im trockenen Buschland u. tropischen Laubwäldern. Bildet nach der Brutzeit große Schwärme. Schlafplätze an Waldrändern u. in Baumgruppen des offenen Landes. Häufig. Von allen UAn am zahlreichsten auf europ. Vogelmarkt. Während der Eingewöhnung wärmebedürftig. *E. c. eburnirostrum*, Südmexikanischer Elfenbeinsittich. ♂ u. ♀: s. Elfenbeinsittich, aber unterseits grün (nicht gelblichgrün), Stirnband schmaler, Unterschnabel beidseits bräunlichgrau. 24 cm. SW-Mexiko. Bewohnt Laub- u. Mischwälder bis 1 360 m ü. NN. Schlafplätze sind Baumkronen u. Baumkakteen. Sehr häufig. Zuweilen in Europa im Handel. Gelbe Mutation bekannt. Erstzucht 1937 im Tierpark von San Diego, USA.

— *E. nana*, Jamaika-, Aztekensittich. ♂ u. ♀: grün. An der Wachshaut orangefarbene Federn. Kopfseiten u. Rücken heller. Außenfahnen der Schwingen blau, Unterflügeldecken grün. Schwanz-US olivgelb. Hals u. Brust olivbraun, Brust u. Bauch mehr bräunlicholiv, Unterschwanzdecken grün. Schnabel weißlich. Auge orange, Augenring nackt, weiß. Füße grau. Juv. Auge braun. 26 cm. UAn (s. u.). Verbr.-Gebiet der A: Jamaika (Nominatform Jamaikasittich), O-Mexiko bis W-Panama. Bewohnt bewaldetes Hügelland, tiefere Lagen der Bergwälder, auch im baumbestandenen Flachland. Lebt in Schwärmen zusammen. Meidet Siedlungen. Brütet in Termitenbauten, möglicherweise auch in Ameisenhügeln. Äußerst selten im Handel, 1981 1 Paar bei Th. ARNDT (Ersteinfuhr?). Ruhiger Vogel. Nagebedürfnis gering. ARNDT empfiehlt Styropor-Würfel für künstl. Termitenbau u. nicht zu kleine Voliere. *E. n. astec*, Aztekensittich. ♂ u. ♀: gelblichgrün, zuweilen schmaler orangefarbener Federsaum um den Schnabel, Hals u. Oberbrust bräunlicholiv, Bauch gelblicholivbraun, übrige US gelblicholivgrün. Außenfahnen der Schwingen u. Schwanzspitzen blau, Schwanz- u. Schwingen-US gelblichgrau. Schnabel hornfarben. Auge gelb, Augenring nackt, weißlich. Füße grau. Juv. ohne Orange am Kopf, Iris braun. Mexiko, W-Panama. Bewohnt feuchte bis halbtrockene Landschaften bis in Höhenlagen von 750 m, sowohl an Waldrändern als auch im baumbestandenen offenen Land, seltener in Regenwäldern, fehlt in Trockengebieten. Bildet nach der Brutzeit Trupps, manchmal auch große Schwärme. Vielerorts häufig, z. T. Kulturfolger. Nahrung Samen, Früchte, Blüten, grüne Pflanzenteile, auch auf Mais- u. Getreidefeldern anzutreffen, lokal großer Schadenverursacher. Brutzeit beginnt im Mai. Brütet in selbstgearbeiteten Höhlen in Termitenbauten. Ausgesprochen selten im Handel. Gut für Einzelhaltung (wegen der Seltenheit in Gefangenschaft abzulehnen) u. kleine bis mittelgroße Außenvoliere geeignet. Friedlich, zuweilen auch während der Brutzeit. Interessante Pfleglinge, Stimme nicht sehr laut, bei regelmäßigem Angebot frischer Zweige wird Nagebedürfnis meistens befriedigt. Erstzucht 1903 bei H. ATTEWELL, Jamaika. Paar brütete im Käfig. *E. n. melloni*, Honduras-Aztekensittich, s. Aztekensittich, aber Scheitel u. Nacken glatter, ebenso Brust u. Körperseiten. 24 cm. Honduras. Bewohnt Flachland bis 1 100 m ü. NN, vorwiegend an den Rändern des Regenwaldes, häufig auch im offenen Land anzutreffen. In Europa sehr selten im Handel. Ruhige Pfleglinge, wenig ruffreudig. *E. n. vicinalis*, Östlicher Aztekensittich, ♂ u. ♀: s. Aztekensittich, aber Grün heller, Hals, Brust u. Bauch grünlicher, Basis des Oberschnabels mit grauen Flecken. NO-Mexiko, NO-Veracruz. Lebt im Flachland. Häufig. Verursacht zuweilen Schäden auf Getreidefeldern u. in Plantagen. Große Seltenheit in Vogelkollektionen, in der BRD nur 1 Paar im Vogelpark Walsrode ↗. Ruhige Vögel, für Gemeinschaftshaltung geeignet. Wenig ruffreudig.

— *E. pertinax*, St.-Thomas-Sittich. ♂ u. ♀: grün, Stirn, Kopfseiten u. Kehle gelblichorange, Scheitel bläulich. Hals u. Oberbrust hell olivbraun. Außenfahnen der großen Schwingen grün, Spitzen bläulich. Außenfahnen der kleinen Schwingen blau. Unterseits Schwingen olivgelb, ebenso Schwanz-US. Untere Brust grünlichgelb, zum Bauch orange. Schnabel schwarzgrau. Auge gelb, Augenring nackt, weißlich. Füße grau. 25 cm. UAn (s. u.). Verbr.-Gebiet der A: N-Kolumbien, Venezuela, Guayana bis Amazonasgebiet. Wahrscheinl. zu Beginn des 19. Jh. auf der Insel St. Thomas eingeführt, vermehrte sich hier stark, Population aber durch extreme Witterungsunbilden 1926/28 weitgehend erloschen, Bestand erholte sich nur langsam (1963 ca. 400 Vögel). Auf Curaçao häufig. Lebt vorzugsweise in Halbwüsten, sucht auch Getreidefelder u. Obstplantagen auf. Brütet in Dattelpalmen, Sandböschungen u. Bauten der Baumtermiten. Eingangsöffnung ∅ 7—10 cm, Brutröhre bis 50 cm lang, Bruthöhle ca. 25 cm ∅. Nominatform ausgesprochene Seltenheit in europ. Vogelanlagen, im Handel häufig andere UAn unter diesem Namen im Angebot. Einzelvogel bald zutraulich, bescheidene Sprechbegabung, großer Holzzerstörer (auch bei laufendem Angebot von Frischholz nicht zu mindern). Stimme laut, nicht häufig zu hören. Beste Haltung in 2–3 m langer Voliere, frostfreie Überwinterung. Erstzucht bei PUTNAM, Kalifornien, USA, seither äußerst selten gezüchtet. *E. p. aeruginosa*, Braunwangensittich. ♂ u. ♀: grün, Stirn gelblich, Wangen bräunlich, Scheitel bis in den Nacken blaugrün, Federn von Wangen u. Ohrdecken gelb mit braunem Rand. Hals u. Brust olivbräunlich. Bauch orange überhaucht. Schnabel schwärzlich grau. Auge gelb. Juv. blasser als Ad., Bauch ohne Orange. 24 cm. N-Kolumbien. Bewohnt offenes Wald-, trockenes Busch- u. Kulturland der tropischen Zone. Verursacht gelegentl. Schäden auf Maisfeldern. In Gefangenschaft bald zutraulich, anhänglich. Sprechbegabung bescheiden. Auch während der Brutzeit gegenüber arteigenen Mitbewohnern Paar allgemein nicht aggressiv. Erstzucht 1908 M. WILLIAMS, England, seither häufig gezüchtet. Bruthöhle nach N richten. In Europa Brutbeginn meistens im Frühjahr. Gelege allgemein 4 Eier. *E. p. arubensis*, Aruba-Braunwangensittich. ♂ u. ♀: s. Braunwangensittich, aber Augenring orangegelb, Stirn blaßgelb, Kopfseiten braun von hellem Orangegelb durchsetzt. Gelbliche Ohrdecken mit braunem Saum. Scheitel bläulich, Hals u. Oberbrust bräunlichgelb. 25 cm. Insel Aruba (vor der Küste N-Venezuelas). Lebt in Halbwüsten, Mangrovewäldern, auf Getreidefeldern u. Obstplantagen. Brutzeit ganzjährig. Höhle in Palmen. Gelege ca. 4 Eier. Nur wenige Vögel in Holland. *E. p. chrysophrys*, Guayana-Braunwangensittich. ♂ u. ♀: Stirn bräunlichgelb, Wangen bräunlich, Augenring orangegelb, Schwingen auffällig blau. Juv. Zügel u. Wangen zuweilen mit Gelb, insges. blasser als Ad. Ca. 25 cm. SO-Venezuela, Guayana, N-Brasilien. Bewohnt offenes Land der Tropen, auch im Bergland der Subtropen, selten im Regenwald, häufig auf Feldern. Oft im Handel, nicht selten unter falschem Namen angeboten, Abgrenzung nicht einfach, wird noch durch Mischformen erschwert. Hart, ausdauernd. Überwinterung frostfrei, Schlafkasten bieten. Großer Holzzerstörer. Erstzucht 1955 bei A. A. PRESTWICH, Southgaten, England, seither oft gelungen. Unterbringung am besten in 3 m langer Voliere. Paar allein halten, manchmal vertragen sich auch mehrere arteigene Paare. Brutzeit in Europa meistens im Frühjahr. Gelege 4–5 Eier. *E. p. lehmanni*, Kolumbien-Braunwangensittich. ♂ u. ♀: s. Braunwangensittich, aber Augenring orangegelb, nur Vorderscheitel blaugrün, Hals braun. Schwingen u. Schwanz mit wenig Blau. 24 cm. O-Kolumbien bis Orinoco-Fluß, Venezuela. Lebt im trockenen Buschland, Grassteppen u. lichten Wäldern. Häufig. Gelegentl. im Handel, manchmal verkannt. Erstzucht 1981 bei HUTTER, Hagenau, Frankreich. *E. p. ocularis*, Augenstreif-Braunwangensittich. ♂ u. ♀: Stirn u. Scheitel grün, zuweilen mit Blau vermischt. Zügel mattbraun, ebenso Hals u. Oberbrust, Ohrdecken dunkler. Orangegelber Streif unter u. hinter dem Auge. Selten auch wenige orangefarbene Federn über dem Auge. Bauch wenig gelborange. Schnabel schwärzlichgrau. Auge gelb. Juv. gelber Augenstreif fehlt, Hals u. Brust grünlich. 24 cm. Panama. Bewohner der Savannen u. des offenen Buschlandes. Vagabundierend. Häufig. Nur paarweise od. in kleinen Flügen unterwegs. Beliebter Käfigvogel in der Heimat. Sehr selten auf europ. Vogelmarkt, früher häufiger. Manchmal verkannt, auf grüne Stirn u. deutl. abgesetzten orangegelben Augenstreifen achten. Einzelvögel legen nur manchmal Scheu ab. Bei Unterbringung in Voliere reserviertes Verhalten. Nach der Brutzeit friedlich. *E. p. sorinama*, Surinam-Braunwangensittich. ♂ u. ♀: s. Guayana-Braunwangensittich, aber Orangegelb um das Auge, Orange zieht über vordere Wangen bis zum Unterschnabelansatz. Stirn gelblichweiß, Grenze verwaschen. Hals u. Brust gelblichbraun bis matt gelblichgrün. Bauch kräftig gelb. Juv. Kopf blasser als Ad., Bauch intensiv orange. 24 cm. Bewohnt Küstenlandschaften von Guayana, Suriname u. Französisch-Guayana. Lebt in Mangrovewäldern, in der Baumsavanne u. im Kulturland. Brütet in Termitenbauten, Böschungen u. Felsspalten. Gelege 3–5 Eier. In Europa sehr selten im Handel, Mischformen mit *chrysophrys* u. *venezuelae*, bei diesen Stirn nicht gelb, sondern schmutzig weißlich od. bräunlich. Wenig scheu. Großer Holzzerstörer. Badet gern. Erstzucht in Holland. *E. p. venezuelae*, Venezuela-Braunwangensittich. ♂ u. ♀: Stirn weiß, Vorderscheitel bläulich. Zügelpartie, Wangen u. Ohrdecken mattbraun, Augenring orangegelb, unter dem Auge gering verbreitert. Hals u. Oberbrust hell olivbraun. Bauch wenig orange, zuweilen fehlend. Innenfahne der Schwanzfedern gelblich überhaucht. Schnabel schwärzlichgrau. Auge gelb. 24 cm. Venezuela. Dort häufigster Sittich. In lichten Wäldern, Strauchsteppe, Savannen. Streift nach der Brutzeit in kleinen Flügen umher, verursacht gelegentl. Schaden auf Getreidefeldern. Laute metallische Stimme. Brutzeit Februar–April, brütet in Baumtermitenbauten u. Baumhöhlen. Häufig im Handel, auch Mischformen mit den UAn *chrysophrys* u. *sorinama*, manchmal unter falschen deutschen Namen (St. Thomas-, Braunwangensittich) im Angebot. Ruhiger Pflegling. Bescheidenes Nachahmungstalent. Badet gern. Starke Nager (Ganzmetallunterkunft!). Nach der Brutzeit friedlich. Zuchterfolg nicht bekannt. *E. p. weddellii*, Weddell-Braunkopfsittich. ♂ u. ♀: grün, Kopf grau bis bläulichbraun. Federspitzen mattblau. 1. Schwingen schwarz, Rand blau, übrige grün, Spitzen blau. Schwanz blau, Basis grün. Oberbrust olivgrün. Bauch gelblichgrün. Auge gelblichweiß, Augenring nackt, groß, weißlich. Füße grau. 28 cm. Südöst. Kolumbien bis Bolivien u. we. Mato Grosso. Bewohnt überwiegend Baumsavannen, auch an Flußläufen, lebt in kleinen Flügen zusammen.

Wahrscheinl. erstmalig 1976 in der BRD, sehr selten in Vogelanlagen. Für Außenvoliere (Ganzmetall), 2,5–3 m lang, mit Schutzraum, sehr gut geeignet, frostfreie Überwinterung, kurzfristige Kältegrade werden gut vertragen. Ruft ausgesprochen selten. Erstzucht 1976 bei MILLING, Euskirchen, BRD. Die A hat insges. ca. 14 UAn, die nicht aufgeführten bisher in Europa nicht gepflegt.

Sonnenralle

Europäische Wachtel *(Coturnix coturnix)* → *Coturnix*

Eurylaimi, Breitrachen, Zehenkoppler. UO der Passeriformes ↗. 1 F Eurylaimidae ↗. Großköpfig, überwiegend breitschnäblig mit 15 Halswirbeln (sonst Sperlingsvögel ↗ 14). Sehnen der Hinter- u. Mittelzehe wie auch bei vielen anderen Vögeln miteinander verbunden, nicht aber bei den übrigen Fn der Passeriformes. Kleine Schilder auf der RS des Laufes. Runde, kurze Flügel, erlauben rasche Wendungen, wenig geeignet für Langstreckenflüge.

Eurylaimidae, Breitrachen. F der Eurylaimi ↗. 8 Gn, 13 An. 13—27 cm. Einige An auffallend gefärbt. ♂♂ u. ♀♀ allgemein von unterschiedl. Färbung. Körper untersetzt, großköpfig. 15 Halswirbel, einfacher Syrinx (höchstens 1 schwaches Muskelpaar). Große Augen (vorwiegend in der Dämmerung aktiv). Flügel kurz, rund. Schnabel kräftig, breit. Spitze hakig. Füße → Eurylaimi. Tropisches Afrika u. Orientalis ↗. Überwiegend Waldbewohner, im Flachland u. Gebirge. Truppweise unterwegs, lärmend. Vom Ansitz jagen sie im Flug nach Insekten, verzehren auch Früchte, Frösche, Eidechsen, 1 A auch Garnelen, kleine Fische u. Krabben. Nester ausgesprochen kunstvoll, birnenförmig aus Gräsern, Fasern, Gespinsten, Moos geflochten mit grünen Pflanzenteilen gepolstert, hängen am «Seil» an Zweigenden häufig in Waldschluchten, meistens über dem Wasser. Gesamtlänge kann 2 m betragen. Oftmals größerer Vorsprung über seitl. Einschlupf. Nest außen mit Flechten u. Gespinsten verkleidet. Gelege gewöhnl. 2—4 weiße, hellrote od. rahmfarbene Eier, bei einigen An gefleckt (Papagei-Breitrachen 5—6 Eier). ♀ u. ♂ an der Brut beteiligt, Einzelheiten nach B. E. SMYTHIES scheinen nicht bekannt zu sein. Wenige An sporadisch im Handel. Angenehme Pfleglinge. Eingewöhnung nicht schwierig mit insektenhaltigem Weichfutter (Honigfutter), süßem Obst, bes. gern Bananenstückchen, zerkleinertem Fleisch. Badefreudig, lassen sich gern beregnen. Unterbringung warm, im pflanzenreichen Flugkäfig ↗ od. Flugraum ↗ mit reichl. Schatten. Artenschutz s. Naturschutzbestimmungen.

Eurylaimus. G der Eurylaimidae ↗. 3 An.
— *E. javanicus,* Rosenkopf-, Braunkopfbreitrachen. ♂: Kopf-OS, Kehle rötlichgrau, Nacken mehr rotbraun. Schulterfedern verlängert, schwarz mit kräftig gelber Zeichnung, ebenso Rücken, Flügel, Bürzelmitte. Schwanz schwarz mit schmaler weißer Querbinde vor den Spitzen. US blaß dunkelrot, Brustband schmal, schwarz mit rötlichem Anflug. Schnabel breit, kräftig, schwärzlich, Schneiden grau. Füße gelbbräunlich. ♀ wie ♂, aber Brustband fehlt. Juv. unterseits gelbrötlich. 22 cm. UAn. Sü. Burma einschließl. Tenasserim, S-Indochina bis Malaysia, Sumatera, Billiton, Kalimantan, Java. Bewohnt Wälder, Flußufer, Gärten. Rufe zikadenähnl. Gelege 1—3 ? weiße, purpur u. rötlich gefleckte Eier. Selten im Handel.

Eurypyga. G der Eurypygidae ↗. 1 A.
— *E. helias,* Sonnenralle. ♂: Kopf-OS, Kopfseiten schwärzlich, über u. unter dem Auge weißer Streifen bis in den Nacken. Hals gelbbraun mit schwarzen Streifen. Schultern schwarz, rötlichbrauner Anflug, Rücken rötlich, schwarz quergestreift. Handschwingen mit grauer, schwarzer, weißer u. kastanienbrauner Bänderung. Flügeldecken mit großen weißen Rundflecken. Oberschwanzdecken mit schwarzweißen Streifen. Schwanz schmal, schwarzweiß gestreift mit 2 deutl. schwarzen, kastanienbraun überflogenen Streifen. Kehle weiß, US gelb u. braun, nur Bauch weißlich. Schnabel gelb. Auge rötlich. Füße gelb. ♀ ähnl. ♂, aber Rücken schiefergrau u. schwarz. Juv. ähnl. Ad., vom Dunenkleid wohl Entwicklung sofort ins Alterskleid (also kein Jugendkleid). 43—51 cm. 3 UAn. *E. h. major* (S-Mexiko bis Ekuador, we. der Anden), hat schwärzlichen Kopf, Kehle weiß, Nakken, Brust, oberer Rücken bräunlich od. trüb zimtbraun, dünne schwarze Bänderung. Rücken vorwiegend grau bis graubeige u. schwarze Streifen. Flügel mit rotbraunen u. sandfarbenen Flecken. Schwanz großzügig gebändert, sonst wie Nominatform. Brust, Bauch beigeweißlich. Schnabel orange. Auge rot. Füße orange.

Eurypygidae, Sonnenrallen. F der Eurypygiformes ↗. 1 G, 1 A. Reiherähnl., aber kürzere Füße, längerer Schwanz als Reiher ↗. Schnabel lang, dünn. S-Mexiko bis Bolivien u. Mato Grosso, Manu-Nationalpark in Peru. Bewohnen flache Walduser an Flüssen u. stehenden Gewässern, Mangrovewälder, kommen bis 3 000 m ü. NN vor. Semiaqu. Lebensweise. Nahrung kleine Fische, Insekten, Krebstiere. Nest häufig mehrere Meter über dem Boden. Gelege meistens 2 Eier, Schlupf nach 27 Tagen. Juv. bleiben nur 1—2 Tage im Nest, flattern dann auf den Boden. Nest wird nicht mehr aufgesucht. In der Heimat gern auf Hühnerhöfen gehalten. In Europa Haltung wohl nur in zool. Gärten u. Vogelparks ↗, am besten in großer Voliere eines Vogelhauses ↗, kann aber auch in Außenvoliere ↗ mit warmem Schutzraum ↗ untergebracht werden. Einrichtung der Voliere: flaches Wasserbecken, mehrere waagerechte Äste bzw. Stämme, einige senkrecht stehende Stammstücken zum Nestbau, offene Sandfläche, Blattpflanzen. Ausdauernd, lieben Wärme, vor allem auch Sonne. Baden. Tagsüber vorzugsweise auf dem Boden «schleichend», häufig plötzliches Verharren. Allgemein verträglich. Futter in flachen Schalen reichen, pro Tag u. Vogel 1 abgezogenes, durch den Wolf gedrehtes Eintagsküken ↗, gleichfalls 10 g durchgedrehtes Rinderherz, 7 lebende Grillen (*Gryllus* spec.), 5 frischgehäutete Mehlkäferlarven (lebend), 5 frischgehäutete gebrühte Mehlkäferlarven, 1 Eßl. Insektenfutter (handelsübl.) mit durchgedrücktem Ei, frischen Möhren ↗, Hefeflocken, 1 Messerspitze Vitakalk, 1 Messerspitze Nekton-R, alles zu feucht-krümeliger Mischung bereiten. Gern wird auch zerschnittener frischer Weißfisch od. Hering gefressen. Der Nahrungsbrocken wird allgemein vom Vogel vor dem Verspeisen in das Wasserbecken getaucht. Mehrfach gezüchtet, im Bronx-Zoo, New York, Frankfurter u. Londoner Zoo, ebenso in Rio de Janeiro, im National Zoological Park Washington, D. C., die größten Zuchterfolge hat der Vogelpark Walsrode ↗. Paarweise Haltung, Drohbalz bis zu 3–4 Min., dabei sind die weitausgebreiteten Flügel hinten angehoben u. nach vorn gekippt, so daß Flecken auf der Flügel-OS voll sichtbar werden. Drohen in dieser Weise gegenüber Artfremden am Nistplatz, aber auch gegenüber dem Pfleger in der Vogelanlage bei plötzlichem Erscheinen. Nach Dr. G. WENNRICH ↗ stehen Balz u. Nestbau im engen Zusammenhang, die Ausbreitung der Flügel während der Fortpflanzung ist nicht als Balz aufzufassen. Nistplatz gern auf senkrecht stehenden, abgeschnittenen Baumstämmen in Mindesthöhe von 1,80 m, mehrere anbieten. ♀ u. ♂ tragen Nistmaterial (Wurzelfasern, lange, breite, frische, auch trockene Blätter, Luftwurzeln, feuchte Erdbrokken). Napfförmiges Nest mit seitl. Zugang. ♀ u. ♂ brüten abwechselnd.

Eurypygiformes, Sonnenrallen. O der Aves ↗. 1 F, 1 G, 1 A.

Eurystomus, Roller. G der Coraciidae ↗. 3 An. Schnabel kurz, gebogen u. dünnwandig, an der Wurzel ebenso breit wie lang. Flügel lang. Schwanz relativ kurz u. gerade abgeschnitten. Afrika, Asien, ostindischer Archipel bis Australien. Bewohnen dichtbewachsene Biotope, lichte Wälder. Vorwiegend Flugjagd auf Insekten. Dämmerungsaktiv. Ruhen tagsüber meist in Baumwipfeln. Auffälliger Balzflug mit Überschlägen (Name). Während der Brutzeit meist sehr streitlustig.
— *E. glaucurus*, Zimtroller. ♂: Kopf, OS, Schultern u. Flügeldecken braunrot, US violett. Flügel dunkelblau, am Ende schwarz. Mittl. Schwanzfedern schwarzbraun, übrige blau. Schnabel gelb. Auge gelbbraun. Füße graugrün. ♀ wie ♂, etwas blasser. 28 cm. UAn. Von Senegal u. Äthiopien bis Angola, N-Botswana, O-Transvaal u. Natal, Madagaskar u. Anjouan (Komoren). Gelangt recht selten nach Europa.
— *E. gularis*, Blaukehlroller. ♂ u. ♀: ähnl. *E. glaucurus*. Kopf, OS u. US rostbraun. Hellblaue, violett gesäumte Kehle. Flügel blauschwarz. Schwanz schwarz, hellblau gesäumt, leicht gegabelt. 25 cm. UAn. Sierra Leone bis W-Uganda u. N-Angola. Sehr selten in Europa.
— *E. orientalis*, Dollarvogel. ♂ u. ♀: Kopf olivbraun. Mantel u. Schultern meergrün. US graugrün. Tiefblauer Kehlfleck. Flügel schwarz mit blauem Spiegel, im Flug heller kreisrunder Fleck sichtbar (Name). Schwarze Schwanzfedern blaugesäumt. Schwanz-US indigoblau. Schnabel rot mit schwarzer Spitze. Um braunes Auge nackter roter Hautring. Schwarzbekrallte Füße rot. Juv. blasser, Kehle braun. Schnabel schwarz. Füße braun. 32 cm. UAn. Von Nepal u. O-Indien bis Mandschurei, Ussuri-Gebiet, Japan, Philippinen, Sulawesi, Maluku, Neuguinea, Bismark-Archipel, Salomonen, N- u. O-Australien. Gelangt nur noch selten nach Europa.

Euschistospiza. G der Estrildidae ↗. 2 An. Afrika. Bewohnen Savannen, Wald-, Wegränder, *E. cinereovinacea* auch Savannen im Hochland bis 2000 m ü. NN. Paarweise od. in Trupps unterwegs, häufig auf dem Boden nach Nahrung suchend. Vögel beider An werden gehandelt. Haltung nur in Volieren, auch Eingewöhnung, da in kleinen Unterkünften zu scheu u. stürmisch. Volieren dicht mit Schilf, Pflanzen, Kiefernzweigen ausstatten. Futter → Estrildidae, zusätzl. Honig in Weichfutter u. Gemisch aus Zwiebackmehl, Mohn, gehackten Pinienkernen, Insektenfuttermischung, geriebener Möhre. Nest freistehend im hohen Gras, kleinen Büschen. Gelege 3–4 Eier. Schlupf nach 13 Tagen. Juv. fliegen nach ca. 3 Wochen aus, 2 Wochen später selbständig.
— *E. cinereovinacea*, Schiefergrauer Astrild. ♂: Kopf, Hals, Brust, Rücken, Flügel schiefergrau-

Schiefergrauer Astrild

braun, mit silbrigem Schimmer. Bürzel, Oberschwanzdecken, Flanken dunkelrot, letztere mit wenigen kleinen weißen Punkten besetzt. Schwärzliche Brustseiten weiß gefleckt. Von Mitte des Bauches bis einschließl. Schwanz schwarz. Schnabel grauschwarz. Auge rotbraun, roter Lidrand. Füße braun. ♀: mehr grau, gering matter. Tropfen an den Körperseiten runder, zahlreicher. Auge rotbraun. Juv. dunkel rauchbraun, Körperseiten rot überhaucht. Augenlider weißlichgrau. Oberschwanzdecken rot. Schnabel schwarz. 12 cm. Erstmalig 1963 nach Europa gebracht, Erstzucht 1965 von HEINE. Haltung bei großer Luftfeuchtigkeit, über 22 °C (große Vogelvitrine ↗).
— *E. dybowskii*, Dybowskis Tropfenastrild. ♂: Kopf, Nacken, Brust dunkelgrau, Rücken bis einschließl. Oberschwanzdecken karminrot, Flügel olivbraun, Schwanz schwarz, US schwarz mit zahlrei-

chen weißen Tropfenflecken besetzt. Schnabel schwarz. Auge rot, Lidrand rot. Füße schwärzlichbraun. ♀: Rücken, Bürzel dunkelrotbraun, nicht so leuchtend wie bei ♂, Bauchgefieder mehr grau. Augenlid bei älteren ♂♂ grau, bei jüngeren gelblichgrau. Juv. ♂♂ allgemein dunkler als juv. ♀♀. 12 cm. Sehr schöner, abwechslungsreicher Gesang, auch vom ♀, aber leiser u. kürzere Strophen. Wohl schönster Gesang aller Estrildidae. Bereits nach 5 Monaten fortpflanzungsfähig.

Eutoxeres, Adlerschnabel. G der Trochilidae ↗. 2 An. Kostarika bis SO-Peru. Tiefland unter 1 300 m Höhe.
— *E. aquila*, Adlerschnabel, Adlerschnabelkolibri. ♂ u. ♀: OS dunkelgrün, US bräunlichschwarz. Unterschwanzdecken rostfarben. Steuerfedern mit weißen Spitzen. Oberschnabel schwarz, Unterschnabel blaßgelb. 13,0 cm. Von Kostarika bis W-Ekuador u. NO-Peru. In der Sekundärvegetation unterhalb 1 300 m Höhe. Problemvogel, Spezialtrinkröhrchen erforderlich. Überlebt selten die erste Gefangenschaftsmauser, der Haltungsrekord liegt nach A. J. Mobbs bei 5 Monaten. Zucht noch nicht gelungen.

Everettpapagei *(Tanygnathus sumatranus)* → *Tanygnathus*

Exartikulation. Entfernung eines endständigen Gliedmaßenteiles durch Abtrennung im Gelenk. Operationsmethode zur Erzielung der Flugunfähigkeit ↗.

Exoten. Sammelbegriff zumeist für Tier-An, deren Heimatgebiete außerhalb der Grenzen von Europa liegen. In der Vogelhaltung werden hier alle An zu meist tropischen u. subtropischen Gebieten der Erde eingeordnet, mit häufig leuchtendem, buntem Gefieder.

Eyton-Spinnenjäger *(Arachnothera flavigaster)* → *Arachnothera*

Fächerpapagei *(Deroptyus accipitrinus)* → *Deroptyus*
Fächerschwanzfliegenschnäpper → *Rhipidura*
Fächertaube *(Goura (c.) victoria)* → *Goura*
Fachgruppen, Ornithologische. Zentraler Fachausschuß Ornithologie u. Vogelschutz (der Gesellschaft für Natur u. Umwelt ↗ im Kulturbund der DDR), seit 1951, Entwicklung u. Koordinierung der in Bezirksfachausschüssen u. Fachgruppen geleisteten ehrenamtlichen ornithologischen Tätigkeit zur Gemeinschaftsarbeit mit modernen Zielstellungen u. gesellschaftlicher Relevanz, wie Avifaunen, Beringung, Bestandsermittlungen, Vogelschutz ↗, Wasservogelforschung.

Fadenkolibris → *Popelairia*
Fadenpipras, NN → *Pipra*
Fadenschopfelfe *(Popelairia popelairii)* → *Popelairia*
Fadenschwingenkolibri *(Lafresnaya lafresnayi)* → *Lafresnaya*
Fahlbauchschnäpper *(Terpsiphone paradisi)* → *Terpsiphone*

Fahlgeier, NN → *Kapgeier*
Fahlkauz *(Strix butleri)* → *Strix*
Fahlschwanzkolibri *(Boissonneaua flavescens)* → *Boissonneaua*

Falconidae, Falken. F der Falconiformes ↗. 5 UFn, 15 Gn, 54 An. Zwerghafte bis mittelgroße An. Gefieder glatt, Hakenschnabel, mit starken Krallen bewehrte Fänge. Z. T. deutl. Geschlechtsdimorphismus (Größe, Gefiederfärbung). Außer den Regionen des ewigen Schnees weltweit verbr. Stand- ↗, Strich- ↗ u. Zugvögel ↗. Einige An ausgesprochene Kulturfolger. Leben meist paarweise, Brutkolonien selten. Das Beutespektrum ist sehr vielgestaltig u. reicht von Insekten, Reptilien, Vögeln bis zu Säugern. Nester werden nicht gebaut, als Standorte werden der Erdboden, alte Nester anderer Vogel-An, Felsnischen od. Baumhöhlen benutzt. Gelege 1—2, weiße bis dunkelbraune, meist stark braun gesprenkelte bis gewölkte Eier, Eizahl 2—9. Brutdauer, soweit bekannt, 27—32 Tage. Nestlingszeit 25—50 Tage, dann folgt noch eine ausgedehnte Bettelflugperiode. ♂ u. ♀ betreiben Blutpflege ↗. Werden heute nur selten importiert. Schon vor der Zeitrechnung als Beizvögel gehalten. In den letzten Jahren zunehmend bei privaten Haltern od. Züchtern. Manche An wichtigste Vögel für die Beizjagd ↗. Meist nervöse u. unruhige Vögel. Subtropische u. tropische An kälteempfindlich, spätere sehr langsame Akklimatisation notwendig. Paarweise Haltung in Volieren ↗ günstig, da viele An unverträglich sind. Für die Zucht sind völlig abgeschirmte, nur nach oben luft- u. lichtdurchlässige Volieren zu empfehlen. Grundfläche: kleine An 2 × 2 × 2 m, mittl. An 2 × 4 × 2 m, große An 3 × 6 × 2 m. Bepflanzen mit Koniferen u. teilweiser Bodenbewuchs (Hartgräser) günstig. Sitzstangen aus frischem Naturholz (der Fanggröße anpassen). Stärkere Stämme als Kröpfblöcke. Badebecken mit leicht rauher Oberfläche, ⌀ das 1,5fache der Flügellänge. Nahrung je nach A: Insekten (Grillen, Wanderheuschrecken) lebend füttern, Hühnerküken, Sperlinge, Hühner, Tauben, Wildenten, Labormäuse, -ratten, Hamster, Meerschweine, kleine Kaninchen frischtot verfüttern. Während der Brutzeit Voliere nicht betreten, füttern u. tränken durch unsichtbare Öffnungen, jegliche Störungen vermeiden. Bei einigen An ist vor Beginn der Brutperiode die Nahrungsmenge deutl. zu erhöhen. Vor der Brutperiode u. während der Jungenaufzucht die Beutetiere zusätzl. mit Vitaminkomplex, Spurenelementen u. Calciumpräparaten anreichern. Alle An sind durch das Washingtoner Artenschutzübereinkommen ↗ geschützt. Bei Importen od. Exporten sind spez. Papiere notwendig. Frischimporte nur bedingt möglich. Die bedrohten An sollten nur aus in Gefangenschaft gezüchteten Beständen importiert werden.

Falconiformes, Falken. O, 2 UOn (Falcones, Daptrii).

Falken → *Falconiformes* → *Falconidae*

Falkenhof. Moderne Einrichtungen, die nicht nur mit der Haltung von Greifvögeln ↗ in Volieren beschäftigt sind, sondern für das Publikum Schaufliegen mit Geiern, Adlern u. Falken vorführen. Diese F. liegen fast ausschließl. in geographisch günstigen Regionen, in den Mittelgebirgen od. den Alpen.

Falkenkauz *(Ninox scutulata)* → *Ninox*
Falkenraubmöwe *(Stercorarius longicaudus)* → *Stercorarius*
Falkland-Dampfschiffente *(Tachyeres brachypterus)* → *Tachyeres*
Falknerei. Ist die Kunst bzw. die Fähigkeit, mit abgetragenen Greifvögeln ↗ zu jagen.
Falknerhandschuh. Schutzhandschuh aus festem, aber geschmeidigem Leder mit langer Stulpe, auf dem der abgetragene Greifvogel ↗ sitzt.
Falknertasche. Spez., bauchige Umhängetasche aus Leder. Dient zur Aufnahme der Falknerutensilien, der Nahrung (Atzung) für den Greifvogel, aber auch zum Verstauen des gejagten (gebeizten) Wildes.
Falzschnabelpfäffchen *(Sporophila falcirostris)* → *Sporophila*
Familie → systematische Kategorien
Farbkanarien → Kanarienvogel
Färbung. Durch Körperinhaltsstoffe, spez. Pigmentzellen der Haut, Einlagerung von Pigmentsubstanzen in Hautderivate od. durch spez. Mikrostrukturen der Hautderivate bedingte Farbigkeit des äußeren Erscheinungsbildes eines Organismus. Bei Vögeln können alle Arten der Farbgebung realisiert sein. Das durchschimmernde Blut bedingt die rote F. des Hahnenkammes od. die F. von Kehlsäcken. Spez. Pigmentzellen sind für die F. der Regenbogenhaut der Augen verantwortl. Die F. des Gefieders beruht auf der Einlagerung von Pigmenten in die Hornsubstanz der Federn, Schillerfarben entstehen durch Mikrostrukturen in der Hornsubstanz best. Federn od. Federteile; farbige Schnäbel u. Beinschuppen enthalten ebenfalls häufig in die Hornsubstanz eingelagerte Pigmente. Die Farbe der Eier ist durch Pigmenteinlagerung in die Kalkschale bedingt. ♂♂ u. ♀♀ haben bei Vögeln i. d. R. versch. F.en, die sich bei den ♂♂ zu Prachttrachten (Schmucktrachten, Pracht-F.) steigern können. Juv. Tiere haben meist charakteristische Jugendtrachten. Häufig hat die F. Schutzfunktion, sie erschwert den Freßfeinden die Unterscheidung der Tiere von der Umgebung (Schutzanpassung). Die F. kann ± variieren, bei versch. Vogel-An gibt es jahreszeitl., temp.bedingten Farbwechsel (Schneehuhn). Bei vielen Tiergruppen kann die F. kurzfristig verändert werden (z. B. Plattfische, Frösche, Chamäleon), dieser Farbwechsel dient als Schutzanpassung od. ist Hauptbestandteil des Droh- ↗ bzw. Warnverhaltens. Der schnelle Farbwechsel wird durch exogene Signalmuster ausgelöst u. durch endogene, durch nervale od. hormonelle Beeinflussung der Pigmentzellen realisiert. Die F. u. Zeichnung od. Details der F. u. Zeichnung gehören zu den wichtigsten innerartlichen Signalgebern, die nicht nur der Erkennung der A-Genossen, sondern auch der Verhaltensabstimmung, z. B. bei der Fortpflanzung (Balz-F.), bei der Brutpflege, der Revierabgrenzung, dem Zusammenhalt von Gruppen dienen. In der Ethologie werden bei Untersuchungen über die F. als Signalgeber meist Farbattrappen verwendet.
Fasanenartige → Phasianidae
Fasanenschwanzelster → Schweifkitta
Fasantaube *(Otidiphaps nobilis)* → *Otidiphaps*
Fasantauben → Otidiphabidae
Faulvögel → Bucconidae

Felsengebirgs-Sperlingskauz

Hyazintharas. Federrupfer

Federfressen. Untugend ↗ beim Vogel. Seltener ist ein Mangel an Vitaminen, Mineralstoffen od. Eiweiß die Ursache, häufiger sind Haltungsmängel die Gründe für das Auszupfen der wachsenden Federn am eigenen Körper od. beim A-Genossen. Bekämpfung meist sehr problemreich.
Feenastrild *(Brunhilda charmosyna)* → *Brunhilda*
Feen-Niltava *(Niltava macgrigoriae)* → *Niltava*
Feenvögel → Irenidae
Fehlerfinder. Bildliche Darstellung der an standardisierten Vogel-An vorkommenden häufigsten Fehler u. deren Merkmale. In Verbindung mit dem Standard ↗ besitzt der ungeübte Vogelzüchter damit ein wichtiges Lehrmittel bei seiner züchterischen Tätigkeit. Der «Deutsche Einheits-Standard» der «Austauschzentrale der Vogelliebhaber u. -züchter Deutschlands e. V.» ↗ beinhaltet die Fehlerfinder für Wellensittiche ↗, Zebrafinken ↗, Japanische Mövchen ↗ u. Kanarien ↗. Im Standard des «Verbandes der Kleingärtner, Siedler u. Kleintierzüchter» ↗ findet man diese über Wellensittiche, Zebrafinken, Japanische Mövchen, Nymphensittiche ↗, Agaporniden ↗, Diamanttäubchen ↗ u. Goldfasanen ↗. S. auch Schau-Wellensittich ↗.
Feilkerben → Psittaciformes
Feinsittich *(Neophema chrysostoma)* → *Neophema*
Feldhühner → Perdicinae
Feldlerche *(Alauda arvensis)* → *Alauda*
Feldrohrsänger *(Acrocephalus agricola)* → *Acrocephalus*
Feldschwirl *(Locustella naevia)* → *Locustella*
Feldsperling *(Passer montanus)* → *Passer*
Felsengebirgs-Sperlingskauz *(Glaucidium gnoma)* → *Glaucidium*

Felsen-Grassittich, NN → Klippensittich
Felsenhähne → *Rupicola*
Felsenhennen → Ptilopachinae
Felsenhuhn *(Alectoris barbara)* → *Alectoris*
Felsenhühner, NN → Königshühner
Felsenkleiber *(Sitta neumayer)* → *Sitta*
Felsenkormoran *(Phalacrocorax magellanicus)* → *Phalacrocorax*
Felsenpinguin *(Eudyptes crestatus)* → *Eudyptes*
Felsenschneegimpel, NN → Mattenschneegimpel
Felsensittich *(Cyanoliseus patagonus)* → *Cyanoliseus*
Felsentaube *(Columba livia)* → *Columba*
Felsenhüpfer → Picathartidae
Ferdinand, König von Bulgarien, geb. 26. 2. 1861 in Coburg, gest. 10. 9. 1948 in Coburg. Prinz von Sachsen-Coburg-Gotha, seit 1887 Fürst, von 1908–1918 Zar der Bulgaren. Seit 1887 Mitglied u. seit 1924 hoher Protektor in der DO-G ↗. Jahrzehntelang großherziger Gönner der Gesellschaft. Das Zool. Museum in Sofia wurde durch die von ihm veranlaßten Berufungen von Fachornithologen zu einer hervorragenden Stätte für die Vogelkunde des Balkans. Nach dem ersten Weltkrieg widmete er sich in Coburg neben Reisen, u. a. nach S-Amerika u. O-Afrika, bes. den afrik. Webervögeln ↗ u. der Pflege, Haltung u. Zucht auch von anderen Vögeln in Käfig u. Voliere.
Fermosa Bambushuhn, NN → Graubrauen-Bambushuhn
Fermosa-Buschwachtel *(Arborophila crudigularis)* → *Arborophila*
Fettschwalm *(Steatornis caripensis)* → *Steatornis*
Feuerbugsittich *(Pyrrhura egregia)* → *Pyrrhura*

Fichtenammer

Feuerbürzeltangare *(Ramphocelus flammigerus)* → *Ramphocelus*
Feuerflügelsittich *(Brotogeris pyrrhoptera)* → *Brotogeris*
Feuerhornvogel *(Buceros hydrocorax)* → *Buceros*
Feuerköpfchen, Feuerkopfmeise *(Cephalopyrus flammiceps)* → *Cephalopyrus*
Feuermennigvogel *(Pericrocotus cinnamomeus)* → *Pericrocotus*
Feuerrückenfasan *(Lophura ignita)* → *Lophura*
Feuerschwanzamadine *(Zonaeginthus bellus)* → *Zonaeginthus*
Feuerstirn-Bartvogel *(Pogoniulus pusillus)* → *Pogoniulus*
Feuertangare, NN → Sommertangare
Feuertangaren, NN → *Piranga*
Feuer-Topaskolibri *(Topaza pella)* → *Topaza*
Feuertrogons → *Harpactes*
Feuerweber → *Euplectes*
Feuerzeisig, NN → Kapuzenzeisig
Ficedula. G der Muscicapidae ↗. 7 An. Europa, N-Afrika, Asien. Lebensweise, Nahrung s. Fliegenschnäpper ↗. Nach Erwerb eines Vogels, diesen stets so sorgfältig wie Frischfang behandeln, d. h. Einzelunterbringung im Kistenkäfig ↗. Futter am 1. Tag kleine Mehlkäferlarven, frische Ameisenpuppen, Fliegenmaden, Heimchen, lebende Insekten aus der Lichtfalle ↗. Am 2. Tag Lebendfutter reduzieren zugunsten von Mehlkäferlarven (mehrere Min. gebrüht) u. toten Insekten aus der Lichtfalle. In der Folgezeit in Abhängigkeit von der Gewöhnung an tote Insekten wird handelsübl. Insektenfutter (mit Magerquark, gekochtem Eigelb, geriebenem Apfel, 1 Messerspitze Mineralstoffgemisch) zunehmend beigemischt. Erst wenn dieses Futter regelmäßig u. ausreichend aufgenommen wird, gilt der Schnäpper als eingewöhnt. Er erhält außerdem frische Ameisenpuppen, kleine Heimchen, Fliegenmaden, Insekten aus der Lichtfalle ↗, Wiesenplankton ↗, reife, süße Beeren, bes. Holunderbeeren. Lebendfutter nur sparsam reichen, anderenfalls wird Fertigfuttermischung ungenügend beachtet. Unterbringung in biotopähnl. eingerichteter Voliere ↗ od. Vogelstube ↗. Für den Landschaftskäfig ↗ sehr zu empfehlen, schmutzt wenig, reizendes Wesen. Warme Überwinterung. Bei sachgerechter Haltung u. Fütterung angenehme, liebenswerte u. auch ausdauernde Pfleglinge. Gegenüber artfremden Vögeln verträglich, sehr unterschiedl. Aggressionsverhalten zu arteigenen Mitbewohnern u. Vögeln anderer Schnäpper-An, vor allem bei ähnl. Gefiederfarben (Signalwirkung). Zucht selten, meistens werden nur wenige ♀♀ importiert. Vermehrung sollte stets angestrebt werden, dazu Paar möglichst allein in größerer naturnaher Unterkunft halten, keinesfalls zusammen mit arteigenen Vögeln od. anderen Schnäppern. Aufzuchtfutter reichl. lebende Insekten. Artenschutz s. Naturschutzbestimmungen ↗.
— *F. albicollis,* Halsbandschnäpper. ♂: im BK ähnl. Trauerschnäpper, aber Weiß der Stirn ausgedehnter, breites, weißes Halsband u. Weiß der Flügel auch auf den Handschwingen. Hinterrücken weißlich. ♀: sehr ähnl. Trauerschnäpper-♀, aber OS grauer, zuweilen angedeutetes Halsband. Im RK ♂ ähnl. ♀, aber

Stirn weiß, Flügel u. Schwanz schwarz. Juv. sehr ähnl. juv. Trauerschnäpper, meistens ± angedeutetes Halsband. 13 cm. UAn. Ostsee-Insel Gotland, NO-Frankreich, S-BRD, ČSSR, Österreich, durch die Gebirge Italiens bis Calabrien, Jugoslawien, Mazedonien, öst. bis zur Ukraine u. Moskau, häufig nur lokal. Überwintert im tropischen Afrika. Bewohnt Laubwälder, Parks u. Obstgärten. Gesang unbedeutend, aber angenehm. Sehr selten in Menschenhand.
— *F. hypoleuca,* Trauerschnäpper. ♂: Im BK Stirn, US u. Schwanzkanten weiß. OS schwarz od. dunkelgraubraun. Auffallend weißer Flügelfleck. ♀: OS graubraun, US grauweiß. Weißer Flügelfleck. Juv. ähnl. ♀, OS u. US dunkel gefleckt. Im RK ♂ ähnl. ♀, aber Stirn weiß. 13 cm. UAn. N-Afrika, Iberische Halbinsel (nicht im W u. S), Großbritannien (nicht im SO), lokal in Frankreich, Belgien, Holland u. im Rheinland (BRD), M-, N-Europa bis W-Sibirien (öst. bis Jenissei), sü. bis Südrand der Alpen, Jugoslawien, Bulgarien, zur Krim, bis Omsk u. Barnaul. Lebt in Auwäldern, lichten Misch-, Laubwäldern, Parks u. großen Gärten. Europ. Population überwintert im tropischen Afrika. Gesang anspruchslos. Selten in Liebhaberhänden. Sehr selten gezüchtet.
— *F. mugimaki,* Tannen-, Mugimaki-Schnäpper. ♂: Überaugenstreif weiß, OS schwarz, weißer Flügelspiegel, Armschwingen mit undeutl. weißen Säumen. US rostbraun, nur hinterer Bauch u. Unterschwanzdecken weiß. ♀: OS hellbräunlich, fahle Flügelbinde. US bräunlich bis weißlich. 14 cm. M- u. S-Sibirien bis Sachalin u. Ussuriland, Transbaikalien, Mandschurei u. N-Hopeh (N-China). Bewohner borealer Nadelwälder. Gesang ähnl. Zwergschnäpper ↗, kürzer. Sehr selten im Handel.
— *F. narcissina,* Narzissen-, Goldschnäpper. ♂: Kopf braunschwarz, Überaugenstreif gelb. Rücken braunschwarz. Bürzel gelb. Schwanz schwarz. Kehle orangegelb. Bauch gelb, schwanzwärts weiß. Flügelspiegel weiß, kurz u. breit, im Vergl. zu dem sehr ähnl. *F. zanthopygia,* der einen langen u. schmalen Spiegel hat. ♀: OS olivgrün, US gelblichbraun. Bürzel wie Rücken, bei ♀ von *F. zanthopygia* gelb. 14 cm. UAn. ♂ von *F. n. elisae* in N-China mit olivgrünem Rücken, gelblichem Augenring, ♀ unterseits gelblich. Inneres nö. China, Sachalin, Japan von Hokkaido bis Riukiu-Inseln. Lebt in Laub- u. Nadelwäldern. Im Winter auf den Philippinen, S-Japan u. N-Kalimantan. Zuweilen im Handel. Gesang flötend, melodisch, abwechslungsreich. Zur Erhaltung der orangegelben Färbung dem Futter Canthaxanthin zusetzen, bleibt aber auch dann nicht vollständig bestehen, orangefarbene Partien werden gelb.
— *F. semitorquata,* Halbringschnäpper. ♂: ähnl. Trauerschnäpper, aber Schwanz mit weniger Weiß. ♀: OS grauer u. blasser als ♀ von Trauer- u. Halsbandschnäpper, keine Andeutung eines Halsbandes. 13 cm. Konspezies mit *F. albicollis*? Kaukasus; Griechenland, Kleinasien, Palästina bis Transkaspien, W- u. S-Iran. Bewohnt Laubwälder sowohl in der Ebene als auch im Gebirge. Gesang ähnl. wie der von *F. albicollis.* Ausgesprochen selten in Gefangenschaft.
— *F. zanthopygia,* Koreagoldschnäpper, Gelbbürzelschnäpper. ♂: ähnl. Narzissenschnäpper ↗, aber weißer Überaugenstreif, weißer Flügelspiegel lang u.

Findelkinder

Narzissenschnäpper

schmal, Brust mehr gelb, übrige US gelb. ♀: wie Narzissenschnäpper-♀, aber Bürzel gelb. Im RK ♂ OS olivfarben. 13 cm. O-Mongolei, S-Transbaikalien bis zum Amurgebiet u. Ussuriland; NO- u. M-China; Korea. Bewohnt die Ränder von Laub- u. Nadelwäldern in Gebirgslagen, vorzugsweise in Gewässernähe. Überwintert in Malaysia, Sumatera, Java. Gesang ähnl. dem vom Narzissenschnäpper. Ab u. zu im Handel.

Fichtenammer (*Emberiza leucocephalos*) → *Emberiza*

Fichtenkreuzschnabel (*Loxia curvirostra*) → *Loxia*
Fichtenmeise (*Periparus rufonuchalis*) → *Periparus*
Fichtenzeisig (*Spinus pinus*) → *Spinus*
Findelkinder. Jungvögel, die aus irgendeinem Grund den Anschluß an ihre Eltern verloren haben. Noch unselbständig, würden sie in der Natur zugrunde gehen. Sie können in menschlicher Pflege handaufgezogen werden. Dies ist für den Laien nicht ganz einfach, auch sind die Naturschutz- ↗ u. Jagdrechtbestimmungen zu beachten. I. d. R. sollte gelten: Hände weg von Jungvögeln! Sind sie jedoch verletzt od. werden von einem Dritten gebracht, u. ist kein Fachmann erreichbar, muß man sich ihrer annehmen. Aus Platzgründen kann hier nur auf solche An eingegangen werden, die am ehesten als F. in menschliche Obhut gelangen. Wesentl. für das Gelingen der Aufzucht ist die richtige Unterbringung u. Fütterung. In der Unterbringung ergeben sich vor allem Unterschiede bei Nesthockern u. Nestflüchtern. Die Fütterung ist im Freiland fast von A zu A unterschiedl., doch läßt sie sich bei Handaufzucht in gewissem Grade standardisieren. Von Nesthockern kommen als F. meist Greifvögel ↗, Eulen ↗, Drosseln ↗ u. kleine Singvögel ↗, Rabenvögel ↗ u. Tauben ↗ vor. Als Nestersatz dient ein Blumentopf, ein

Finkenammern

Pappkarton od. eine Styroporschachtel mit Heu od. Stroh ausgepolstert u. der Größe des F. entspr. Greifvögel u. Eulen brauchen beim Heranwachsen zusätzl. etwas gröberes Material in der Nestkuhle, etwa kleine Zweige, um mit den Zehen klammern zu können. Bei sehr jungen u. noch unbefiederten Nesthockern muß für Wärme durch eine Glühlampe, einen Infrarotstrahler od. ein Heizkissen gesorgt werden. Die Temp. darf nicht über 36 °C ansteigen u. nicht lange unter 30 °C fallen. Überhitzung muß unbedingt vermieden werden. Wird es Jungvögeln zu warm, so liegen sie flach ausgestreckt mit langem Hals u. hecheln mit offenem Schnabel. Vor Wärmeverlust können sie auch mit einem weichen Tuch geschützt werden. Sind Nesthocker so weit, daß sie zeitweilig die Nestmulde verlassen, wird am Nestrand ein Sitzast entspr. Stärke angebracht. Nach endgültigem Verlassen des Nestes kann das F. in einen Käfig ↗ od. eine Voliere ↗ umgesetzt werden. Bei diesem Umgebungswechsel kann vorübergehend Scheuheit auftreten, deshalb ist Vorsicht geboten. Futter für Greifvögel u. Eulen: Am besten, weil der natürl. Nahrung entspr., sind zerkleinerte Mäuse, Spatzen od. Hühnereintagsküken, für kleine An auch Insekten. Sonst wird fettfreies Muskelfleisch von Schlachttieren, bes. Herz, unter Zugabe von Federn od. Haaren zur Gewöllebildung geboten. Wichtig sind Gaben von Futterkalk ↗ u. Vitaminen für alle F. Junge Drosseln lassen sich am leichtesten mit Regenwürmern ernähren, jedoch besteht die Gefahr der Infektion mit Luftröhrenwürmern. Um die zu vermeiden, gibt man ihnen wie auch kleinen Singvögeln Insekten u. deren Larven (Mehlwürmer ↗ nur mäßig), Spinnen, Larven von Wespen u. Bienen u. deren Imagines nach Entfernen des Stachels. Als Ersatzfutter kann Magerquark vermischt mit Weichfresserfutter ↗, gekochtes Eigelb, feingeschnittenes rohes Rinderherz, Schiergehacktes u. (wenig) Obst verfüttert werden. Die Jungen der Rabenvögel erhalten schieres Fleisch, Magerquark mit Haferflocken vermischt, Insekten, Weichfresserfutter u. gekochten ungesalzenen Reis. Das Futter wird den Greifvögeln u. Eulen mit einer Pinzette unter Berührung des Schnabels vorgehalten, bis sie es abnehmen u. verschlucken. Kleinere Stücke sind besser als große. Junge Drosseln u. andere Singvögel sperren, d. h. sie öffnen den Schnabel meist unter Äußerung von Bettellauten. Das Futter wird mit der Pinzette vorsichtig in den Schlund gesteckt. Hört das F. auf zu betteln, ist es satt. Junge Tauben werden von ihren Eltern mit Kropfmilch gefüttert. Dazu stecken sie den Schnabel in den Schlund der Altvögel. Als Ersatznahrung gibt man einen Brei aus geweichtem Weiß- od. Graubrot, Haferflocken, gequollenen Hirsekörnern u. Weizenspitzen, gekochtem Eigelb u. feingehackten Brennessel- u. Salatblättern. Dieser Brei wird zwischen 3 od. 4 Fingern gereicht. Bei der Aufzucht von Nesthockern kein Trinkwasser einflößen, solange sie im Nest sind. Später trinken sie selbst. Der Kot der Greifvögel u. Eulen ist dünnflüssig u. wird über den Nestrand gespritzt. Tauben setzen ihn breiförmig ab. Bei Singvögeln ist er in ein feines Häutchen gehüllt u. läßt sich mit der Pinzette meist gut entfernen. Dünner u. blasiger Kot deutet bei ihnen auf falsche Fütterung hin. Junge Nestflüchter wie Hühner ↗, Entenvögel, Watvögel ↗ u. Möwen ↗ sind von Anfang an bewegungsfreudig u. recht aktiv. Sie brauchen zunächst einen Auslauf von mindestens 1 m² Grundfläche. Die Wände müssen so hoch sein, daß die F. nicht darüber wegsteigen können. Über einer Ecke des Auslaufes dient eine Glühlampe od. ein Dunkelstrahler als Wärmequelle, die von den F. selbst aufgesucht wird. Besteht die Möglichkeit natürl. Sonnenbestrahlung wenigstens zeitweise, fördert dies die Gesundheit der Küken. Als Bodenbelag im Auslauf kann eine Schaumstoffmatte eingelegt werden, die sich gut säubern läßt. Für Hühnerküken verwendet man sonst feinen trockenen Sand od. feine Erde, für Wat- u. Wasservögel ein leicht angefeuchtetes Torf-Erde-Gemisch, damit die empfindlichen Zehen u. Schwimmhäute geschont werden. Futter- u. Wassernapf sollen in der Mitte des Auslaufs stehen, nicht am Rand, da hier die F. beim Entlanglaufen hineinsteigen. Entenartige ↗ müssen frühzeitig die Möglichkeit zum Baden u. Schwimmen haben, erst recht, wenn sie größer sind. Haltung ohne ausreichendes Wasser ist Quälerei. Die meisten Nestflüchter nehmen vom 1. od. 2. Tag an bereits selbständig Nahrung auf. Lebendfutter wird meist rascher entdeckt, aber die Küken lernen durch Versuch u. Irrtum bald, was freßbar ist u. schmeckt. Auch Hühnerküken fressen im Freiland zunächst fast ausschließl. tierische Nahrung. Als Aufzuchtfutter kann man sie mit Preßkorn für Küken ernähren, mit Haferflocken u. Insekten aller Art sowie Weichfresserfutter. Enten- u. Watvögeln gibt man Weichfresserfutter vermischt mit Haferflocken, Schiergehacktem, Garnelenschrot u. Insekten. Mehlwürmer nur spärlich verfüttern! Hühner u. Enten nehmen dazu gerne kleingehackte Brennesselblätter, Vogelmiere u. Löwenzahnblätter. Werden die Küken größer, brauchen sie auch einen größeren Auslauf, der zum Schutz vor Katzen u. a. Feinden jedoch ringsum geschlossen sein muß. In Freivolieren ↗ können sie erst, wenn das Konturenfederkleid den Körper bedeckt u. wärmt. Gewisse Schwierigkeiten entstehen bei einigen F.n, wenn sie freigelassen werden sollen. Dies ist erst möglich, wenn sie voll flugfähig sind u. selbständig in der Nahrungssuche u. -aufnahme. Greifvögel u. Eulen müssen selbst lebende Beute, etwa Mäuse, schlagen können, die man ihnen zunächst in der Voliere ↗ vorsetzt. Sing- u. Rabenvögel sollen ebenfalls erst an lebende Nahrung gewöhnt werden, bevor man sie auswildert. Enten- u. Watvögel haben i. d. R. keine Probleme, Nahrung zu finden, wenn sie in nahrungsreichen Feuchtgebieten mit genügender Deckung ausgesetzt werden. Um den F.n das Leben in Freiheit zu erleichtern, sollen sie auch gleichzeitig vom menschlichen Pfleger entwöhnt werden, also nicht völlig zahm sein. Bes. Rabenvögel schließen sich dem Menschen oft eng an, Enten u. Gänse dann, wenn sie vom Ei an aufgezogen werden. Ein Auswildern solcher zahmen F. ist nicht zu empfehlen.

Finkenammern →Sporophilinae

Finkentangare *(Chlorospingus ophthalmicus)* → *Chlorospingus*
Finkentangaren → Hemithraupinae
Finsch-Amazone, NN → Blaukappenamazone
Finschorganist *(Euphonia finschi)* → *Euphonia*
Finschsittich *(Psittacula finschii)* → *Psittacula*
Fische → Pisces
Fischer, Wolfgang, geb. 24. 12. 1920 in Tegau, Krs. Schleiz/Thür., gest. 15. 4. 1982 in Berlin. Landwirt, seit 1970 Agrar-Ing. (Jahrzehnte Mitarbeiter im Tierpark Berlin). Hauptinteressengebiete Biologie u. Systematik, Faunistik, bes. Z-, S-Asien (Mongolei, Vietnam). Mehrere Publikationen in wissenschaftl. Zeitschriften, außerdem Buchautor von «Die Seeadler», «Die Geier», «Der Schuhschnabel». 1980 Leibniz-Medaille der Akademie der Wissenschaften der DDR.
Fischerglanzstar *(Lamprospreo fischeri)* → *Lamprospreo*
Fischers Witwe *(Tetraenura fischeri)* → *Tetraenura*
Fischertukan *(Ramphastos sulfuratus)* → *Ramphastos*
Fischerturako *(Tauraco fischeri)* → *Tauraco*
Fischeulen → *Scotopelia*
Fischuhus → *Ketupa*
Fiskalwürger *(Lanius collaris)* → *Lanius*
Fitis, Fitislaubsänger *(Phylloscopus trochilus)* → *Phylloscopus*
Flachbrustvögel → Struthioniformes
Flachland-Chachalaca, NN → Braunflügelguan
Flachsfink, NN → Bluthänfling
Flaggendrongo *(Dicrurus paradiseus)* → *Dicrurus*
Flaggensylphe *(Ocreatus underwoodii)* → *Ocreatus*
Flamingos → Phoenicopteridae
Flammengesichttangare, NN → Rotstirntangare
Flammenkopf-Bartvogel *(Trachyphonus erythrocephalus)* → *Trachyphonus*
Flammenstirnchen *(Cephalopyrus flammiceps)* → *Cephalopyrus*
Flammentangare *(Ramphocelus sanguinolentus)* → *Ramphocelus*
Flammenweber *(Euplectes hordeaceus)* → *Euplectes*
Flechtenglöckner *(Procnias averano)* → *Procnias*
Flecken-Arassari *(Selenidera maculirostris)* → *Selenidera*
Fleckenlaubenvogel *(Chlamydera maculata)* → *Chlamydera*
Fleckenkauz *(Strix occidentalis)* → *Strix*
Fleckentangare, NN → Drosseltangare
Fleckentaube *(Patagioenas maculosa)* → *Patagioenas*
Fleckenuhu *(Bubo africanus)* → *Bubo*
Fleckenschnabelente *(Anas poecilorhyncha)* → *Anas*
Fleckenschnabelpelikan *(Pelecanus philippensis)* → *Pelecanus*
Fledermauspapageien → Loriculidae
Fliegenschnäpper → Eigentliche Fliegenschnäpper
Florisuga, Weißnackenkolibris. G der Trochilidae ↗. 1 A. Von S-Mexiko bis Bolivien, Mato Grosso, Maranhão, Trinidad, Tobago. Bevorzugen Waldränder, Bananenhaine u. Flußufer bis 1 300 m ü. NN. Eingewöhnung ohne bes. Schwierigkeiten. Danach verträglich. Die Zoological Society London gibt als Haltungsrekord 2½ Jahre an. Brütete nach

Flußamazilie

Jakobinerkolibri

K.-L. SCHUCHMANN ↗ bereits in menschlicher Obhut, nähere Angaben fehlen.
— *F. mellivora,* Jakobinerkolibri, Weißnackenkolibri, Weißnacken-Jakobiner, Weißbauchkolibri, Smaragdkolibri. ♂: Kopf, Hals dunkelblau. Hinterhals nach dem Oberrücken zu grünlich, vom Rücken durch eine breite weiße Binde getrennt. OS, Oberschwanzdecken, Flügeldecken u. Körperseiten metallischgrün. Unterkörper weiß, von dem blauen Vorderhals durch ein grünes Band getrennt. Steuerfedern weiß mit schmalen blauschwarzen Spitzen. ♀: Oberkörper metallischgrün. Steuerfedern bläulichgrün mit schmalen weißen Endsäumen. US weiß mit dunkelgrünen Schuppen. Juv. mit rostfarbener Kehle. 12,0 cm.
Flötenvögel *(Gymnorhina tibicen)* → *Gymnorhina*
Flötenwürger → Cracticidae
Flötenwürger *(Laniarius ferrugineus)* → *Laniarius*
Flügelbindentangare *(Neothraupis fasciata)* → *Neothraupis*
Flügelbindenweber *(Textor taeniopterus)* → *Textor*
Flügellosigkeit → Abrachie
Flughecke. Haltung einer größeren Zahl Kanarien ↗-♀♀ u. einiger ♂♂ in Innen- ↗, Außenvoliere ↗ od. Vogelstube ↗. Die freie Partnerwahl ist bei dieser Form der Zucht am größten, aber ein bestimmtes Zuchtziel ist natürlich nicht zu erreichen.
Flughühner → Pteroclidae
Flugkäfig. Großer Käfig ↗, der dem Vogel (meistens mehreren) Möglichkeiten zum Fliegen bietet. Je nach Größe u. Ausführung manchmal schon als kleine Voliere ↗ zu bezeichnen.
Flugraum. Allgemeine Bezeichnung für größere Vogelunterkunft, z. B. Innen- ↗, Außenvoliere ↗, Vogelstube ↗, Freiflug- ↗, Tropenhalle ↗.
Flugunfähigkeit. Dominanter Letalfaktor (E9) des Geflügels. Tritt aber auch nach Unfällen, Infektionen od. Stoffwechselkrankheiten auf. Bei Exotenliebhabern od. in Zoos wird F. künstl. operativ herbeigeführt (Durchtrennung von Nerven, Sehnen, Muskeln od. durch Amputation der Handschwinge).
Flußamazilie *(Amazilia fimbriata)* → *Amazilia*

Flußregenpfeifer

Blaugenick-Sperlingspapageien

Flußregenpfeifer *(Charadrius dubius)* → *Charadrius*
Flußseeschwalbe *(Sterna hirundo)* → *Sterna*
Flußuferläufer *(Actitis hypoleucos)* → *Actitis*
Forbespapageiamadine *(Amblynura tricolor)* → *Amblynura*
Foreign Bird League, Großbritannien. Liga der Ziervogelzüchter. Größter Verband in Großbritannien, betreut alle Liebhaber exotischer Vögel außer den Wellensittichzüchtern. Weit über 10 000 Mitglieder, einschließl. Schottland, Wales u. Irland.
Formicariidae, Ameisenvögel. F der Passeriformes ↗. Ca. 53 Gn, ungefähr 240 An. 8,5–34 cm. Färbung häufig unauffällig. ♂ vorwiegend schwarz od. grau, ♀ braun, Flügel u. Schwanz oft mit hellen Abzeichen. Gefieder des Rückens u. der Körperseiten voll, weich. Schnabel bei größeren Vögeln kräftig, hakenförmig mit Zahn, bei kleineren Vögeln fein, ungezähnt. Flügel kurz gerundet. Schwanz kurz, bei einigen auch sehr lang, häufig gestelzt. S-Mexiko bis Bolivien u. N-Argentinien. Bewohner sehr warmer Landschaften in den Tropen u. Subtropen. Leben in dichten, schattigen Wäldern in Bodennähe u. in der mittl. Waldetage, nur wenige in der oberen. Nahrung verschiedenste Insekten u. andere Wirbellose, Vögel größerer An nehmen außerdem auch Frösche, Eidechsen, kleine Schlangen, Mäuse, Jungvögel; manche verzehren auch Samen. Viele An folgen den Wanderameisen, daher der Name der F. Nest meist napfförmig in Büschen, auch kugelig mit seitl. Einschlupf am Boden, taschenförmig u. in Baumhöhlen. Gelege 2–3 Eier. Beide Eltern übernehmen die Brutpflege. In Gefangenschaft kaum gehalten, nur in zool. Gärten vorhanden.
Formosakitta, NN → Dickschnabelkitta
Formosanonne, UA → Schwarzbauchnonne
Formosa-Schweifkitta, NN → Dickschnabelkitta
Forpinae, Sperlingspapageien. UF der Aratingidae ↗. 4 Gn *(Forpus* ↗, *Bolborhynchus* ↗, *Psilopiagon* ↗, *Amoropsittaca* ↗)*, 12 An. M- u. S-Amerika.

Forpus. G der Aratingidae ↗, UF Forpinae ↗. 7 An. M- u. S-Amerika. Kleine grüne Papageien, Schnabel hell u. dick, ♂♂ häufig mit blauen Abzeichen. ♀♀ der versch. An im Aussehen sehr ähnl. Juv. ♂♂ u. ♀♀ unterschiedl. gefärbt. Während der Eingewöhnung wärmebedürftig, vorwiegend Keimfutter u. gequollene Kolbenhirse reichen. Bei Haltung im Käfig ↗ wenig aktiv, obgleich in diesem mehrfach gezüchtet. 1 Paar sehr gut für Außenvoliere ↗ mit Schutzraum ↗ geeignet, im großen Flugraum vertragen sich auch mehrere Paare. Vergesellschaftung allgemein mit robusten Prachtfinken ↗, Webern ↗, Witwen ↗ u. An der Carduelidae ↗ möglich. Futter: Hirse, Glanz, Negersaat, Kolbenhirse (auch halbreif u. gequollen), halbreife u. reife Gras- u. Unkrautsamen, Hanf, Sonnenblumenkerne, frische Zweige von Weichhölzern, bes. Weiden. Obst u. Grünfutter ↗ werden wenig beachtet. Vögel einiger An baden gern im hohen, nassen Gras. Zur Zucht Paar möglichst allein unterbringen. Baumhöhle od. Nistkasten (14 × 14 × 25 cm, Flugloch ⌀ 5 cm), Bodenbelag grobes Sägemehl. Gelege: (3) 4–6 (8) Eier. ♂ füttert ♀. Kontrollen werden häufig verübelt. Schlupf nach 17–20 Tagen. Aufzuchtfutter: gekeimtes Körnerfutter, Weichfutter aus hartgekochtem Ei, Biskuit, geriebener Möhre, überbrühten, trockenen Ameisenpuppen, zuweilen werden auch Mehlkäferlarven verspeist. Juv. fliegen nach 5 Wochen aus, nehmen dann schon oft selbst Nahrung auf. Nach weiteren 2–3 Wochen futterfest. Suchen nachts Bruthöhle auf. Ab ca. 20. Lebenstag Geschlechter zu unterscheiden. 2–3 Bruten jährl.
– *F. coelestis,* Blaugenick-Sperlingspapagei, Himmelspapagei. ♂: grün, hinter dem Auge blauer Anflug, Nacken graublau, Rücken graugrün, Bürzel blau, ebenso Armschwingen, Hand- u. Unterflügeldecken. Schnabel hornfarben. Auge braun. Füße bräunlich. ♀: Bürzel schwach bläulich, Flügel ohne Blau, hinter dem Auge wenig Blau. 12,5 cm. Heimat W-Ekuador u. W-Peru. Lebt in sehr unterschiedl. Habitaten (lichtem Waldland, Gebieten mit Wüstenvegetation, in laubabwerfenden Wäldern, dann meist in den Wipfeln, im halboffenen Kulturland, gelegentl. sogar in feuchten Waldgebieten). Häufig. Z. T. sehr zahlreich, bes. in trockenen Landstrichen. Population offensichtl. stabil. In mehreren Generationen gezüchtet, während der Brutzeit aggressiv, Paar allein halten, nach der Brut gut in der Gruppe möglich. Sehr enger Kontakt der Paare. Blaue Mutation in der Natur.
– *F. conspicillatus,* Augenring-Sperlingspapagei, Brillenpapagei. ♂: grün, um das Auge blauer Ring, Bürzel blau, ebenso Armschwingen u. Handdecken. Schnabel hornfarben, Oberschnabelbasis dunkler. Auge graubraun. Füße braun. ♀: blaue Gefiederpartien des ♂ smaragdgrün. 12 cm. UAn. Verbr.-Gebiet vom öst. Panama bis Venezuela. Lebt im offenen od. halboffenen Land, im lichten Waldland u. Gebieten mit Sekundärvegetation. Gern auf Rodungsflächen (O-Panama). Meistens im Flachland zu finden, aber auch bis in die subtropische Zone, gewöhnlich bis 1700 m ü. NN, zuweilen noch höher, vorwiegend während der Streifzüge. Recht häufig, meist größere Bestandserweiterungen u. Ausdehnung des Verbr.-

Gebietes in jüngerer Zeit in Kolumbien. Dr. BURKARD ♂ hörte sie bei Fugasafugá, Kolumbien, viel in Fruchtbäumen der Plantagen. Werden von Einwohnern mit Schlingen u. angeschnittenen reifen Bananen gefangen. Fliegt paarweise od. in kleineren Gruppen. Seit 1880 in Europa gepflegt. Verspeist gern süße, weiche Früchte. Importe sehr wärmebedürftig. Öfter gezüchtet.

— *F. cyanopygius*, Blaubürzel-, Hellfarbiger Sperlingspapagei. ♂: grün, Stirn, Kopfseiten u. Kehle gelblichgrün. Bürzel türkisblau, ebenso Hand- u. Unterflügeldecken, Armschwingen dunkelblau. Schnabel weißlich. Auge braun. Füße grau. ♀: blaue Gefiederpartien des ♂ sind gelbgrün. 13 cm. UAn. Lebt endemisch im we. Mexiko, vom sü. Sonora sü. bis Colima. *F. c. insularis* ist auf die Inseln Tres Marias vor der Küste von Nayarit beschränkt. Kommt im Galeriewald u. laubabwerfenden Wald vor, auch in Buschland u. halboffenen landwirtschaftl. Flächen. Vorwiegend in den pazifischen Küstenebenen u. im niedrigen Bergland zu finden, lokal auch höher. Recht häufig. Population trotz großer Habitatveränderungen u. Vogelfang für den Tierhandel im wesentl. stabil. UA auf Tres Marias sehr selten. Verspeist gern süße Früchte, vorwiegend Feigen. Erstmalig 1924 in Deutschland. Während der Eingewöhnung heikel, danach nicht für Außenvoliere ↗ geeignet, nur gezüchtete Vögel. Untereinander Bißverletzungen an den Beinen bei Haltung in kleinerer Unterkunft. Fressen gern Keimfutter u. Kolbenhirse. Mehrfach gezüchtet, in Europa Brutzeit häufig im August. Kreuzungen mit *F. conspicillatus*, *F. coelestis*.

— *F. passerinus*, Grünbürzel-, Grüner Sperlingspapagei. ♂: grün. Bürzel smaragdgrün, Unterflügeldecken dunkelblau. Schnabel hornfarben. Auge dunkelbraun. Füße bräunlich. ♀: Stirn gelblichgrün, ohne jedes Blau. 12 cm. UAn. Verbr. vom nordöst. Kolumbien bis Guayana u. zum Amazonasgebiet in Brasilien. Lebt in halboffenen Gegenden, im Buschland, auf Flächen mit Sekundärvegetation u. an Waldrändern, auf Trinidad sogar in Mangrovehainen. Im Grunde Tieflandbewohner, erscheint aber auch, vielleicht nur saisonal, in der unteren subtropischen Zone. Häufig. Populationsanstieg offensichtl. in den letzten Jahren. Brütet in Baumhöhlen, hohlen Ästen u. Bauten von Baumtermiten. Paare sehr sozial. Mehrfach gezüchtet, auch bereits im Freiflug. Während der Brut störempfindlich.

— *F. sclateri*, Schwarzschnabel-, Sclaters Sperlingspapagei. ♂: grün, Rücken olivgrün, Bürzel blau, ebenso Armschwingen u. Handdecken. Oberschnabel dunkelgrau. Unterschnabel hell hornfarben. Auge braun. Füße graubraun. ♀: Stirn u. Wangen gelbgrün, gleichfalls US. 12,5 cm. UAn. Verbr. vom öst. Kolumbien, Venezuela u. Guayana bis zum nö. Bolivien u. Mato Grosso. Lebt im lichteren Waldland, auf Rodungen u. in anderen Sekundärhabitaten, auch im Blätterdach des Varzea-Waldes (→ *Brotogeris cyanoptera*). Dr. BURKARD sah ihn u. a. an urwaldgesäumten Flüssen, z. T. unweit von Weideland. Meistens im Flachland anzutreffen, in Ekuador lokal auch am Fuß der Anden in einer Höhe von 1 000 m gefunden. Im W seines Verbr.-Gebietes relativ häufig, weniger zahlreich im O. Rodungen im oberen Amazonasgebiet wirken wahrscheinl. bestandsfördernd. Erstmalig 1881 in London, zuweilen im Handel. Gesicherter Zuchterfolg nicht bekannt.

— *F. xanthops*, Gelbmasken-Sperlingspapagei. ♂: grün, Stirn, Scheitel, Wangen u. Kehle gelb, sonst → *F. coelestis*. Schnabel hornfarben. Auge hellbraun. Füße braun. ♀: Bürzel mattblau, Unterflügeldecken grau, blau überhaucht. 14,5 cm. Endemisch in sehr kleiner Region in N-Peru im oberen Tal des Rio Marañon, wurde im äußersten O von La Libertád nö. (flußabwärts) bis zum S von Amazonas u. Cajamarca gesichtet. Bewohnt trockenes wüstenartiges Buschland u. flußnahe Landstriche am Rio Marañon zwischen 600 u. 1 700 m ü. NN. Häufig, wahrscheinl. im ges. Verbr.-Gebiet. Population sicherlich stabil. Erstmalig 1975 in der BRD (W. HEINRICH, Mainz). Vögel gelangten 1976 in den Vogelpark Walsrode ↗. 1981 in der BRD erstmalig 4 Zuchterfolge.

— *F. xanthopterygius*, Blauflügel-Sperlingspapagei. ♂: grün, um das Auge u. Ohrdecken smaragdgrün, Unterrücken u. Bürzel leuchtend blau, ebenso Flügel- u. Unterflügeldecken. Schnabel hornfarben. Auge dunkelbraun. Füße blaugrau. ♀: blaue Gefiederpartien des ♂ sind grünlichgelb, gleichfalls Stirn u. Wangen, US gering gelblich. 12 cm. UAn. Konspezies mit *F. passerinus?* Nö. Kolumbien, nordöst. Peru, Gebiet des Amazonas u. öst. Brasilien bis öst. Bolivien, Paraguay, nordöst. Argentinien u. Rio Grande do Sul. Meidet große zusammenhängende u. hohe Waldbestände, lebt in lichtem Galeriewald, an Waldrändern, auf Lichtungen u. in Gebieten mit Sekundärwuchs, im waldreichen oberen Amazonasgebiet in der Ufervegetation größerer Flußläufe. Vorwiegend im Flachland anzutreffen, örtl. aber auch bis 1 200 m ü. NN (Berge in SO-Brasilien). Häufig, lokal sehr häufig. Population im wesentl. stabil, örtl. sicherlich begrenzte Zuwachsrate. Brütet in Baumhöhlen u. in alten Nestern von *Furnarius rufus* ↗. Anfang des 20. Jh. zahlreich auf europ. Vogelmarkt. Während der Eingewöhnung empfindlich, auch später häufig noch scheu. Mehrfach gezüchtet.

Forstenlori, UA → Allfarblori

Fortpflanzungsorgane. Die F. der Vögel entsprechen im Prinzip den der Gn der höher differenzierten Wirbeltiere, zeigen jedoch einige Spezialisierungen. Bei den ♂ ♂ liegen die beiden Hoden am vorderen Nierenende, sie vergrößern sich in der Vorbalzzeit stark. Die aus den primären Harnleitern hervorgegangenen Samengänge (Ductus deferentes) ziehen neben den Nierenausführungsgängen (sekundäre Harnleiter, Ureter) zur Kloake u. münden dort rückenseitig neben den Nierenausführungsgängen ein. Die meisten Vogelgruppen haben kein Kopulationsorgan, bekannte Ausnahmen: Entenvögel, Strauße. Der ausstülpbare Penis ist ein Blindsack, der als langgestreckter Körper aus der Kloake heraussteht u. an der Oberfläche eine Samenrinne aufweist. An ohne Kopulationsorgan pressen bei der Begattung die Kloakenöffnungen aufeinander, An mit Penis führen diesen in die Kloake des ♀ ein. Bei den ♀ ♀ werden

Fortpflanzungsverhalten

die Geschlechtsorgane paarig angelegt, erhalten bleiben aber nur der linke Eierstock u. der linke Eileiter. Die sehr großen Eier ↗ reifen einzeln, werden im Eileiter befruchtet u. erst dann mit Hüllen umgeben. Der letzte Abschnitt des Eileiters wird auch als Uterus bezeichnet, hier erhält das Ei die Kalkschale. Der Uterus mündet links in die Kloake.

Fortpflanzungverhalten → Werbeverhalten

Foudia, Schönweber. G der Ploceinae ↗. 5 An. Vorwiegend auf Inseln im Indischen Ozean. Einige An Waldbewohner, andere leben in offenen Landschaften, auch auf Feldern. Ernährung Insekten, Früchte, Samen. Ab u. zu auf dem Vogelmarkt, früher häufiger.

— *F. eminentissima*, Komoren-, Erzweber. ♂: Rot des Kopfes reicht bis Mitte Brust. Oberschwanzdecken gleichfalls rot. Sonst olivgrün. Federn des Rückens, der Flügel u. des Schwanzes in der Mitte schwarz. US weißlich olivgrün, etwas rötlich überhaucht. ♀: olivbraun, OS mit schwarzen Streifen. Weiße Spitzen an den Flügeldecken (außer den kleinen). Juv. ♂ Rot matter, Oberschwanzdecken braun, US ockerfarben. 14—15 cm. Komoren, Aldabra, O-Madagaskar. Lebt im Wald, vorzugsweise von Insekten, Früchten, reifen Samen. Nest an Zweigen. Von K. Ruß ↗ erstmalig gehalten. Seither über Einfuhr nichts mehr bekannt.

— *F. flavicans*, Rodriguezweber. ♂: im BK Kopf bis einschließl. Brust gelb, nur Wangen rötlichgelb. Schwarze Federn um die Augen. OS blaß olivbraun mit dunklen Streifen. Bürzel gelb. Bauch, Flanken gelblichbraun. Schnabel sehr schlank. RK des ♂ gleicht sehr ♀, das vorwiegend olivbraune Färbung aufweist. Wangen, US hellgelblich, Bürzel braun. 13 cm. Insel Rodriguez (Maskarenen). In Büschen u. Bäumen. Ernährung s. *F. eminentissima*. Nest in Büschen, Bäumen, oftmals hoch. Ab u. zu vor Jahren importiert. Futter Insekten, Früchte, Samen, s. Ploceidae.

— *F. madagascariensis*, Madagaskarweber. ♂: im BK Rücken, Flügel, Schwanz schwarzbraun. Rückenfedern rot gesäumt. Kleine, mittl. Flügeldecken braun gesäumt, große Flügeldecken, Schwingen gelblichbraun gesäumt. Umgebung des Auges u. Zügel schwarz. Bauch in der Mitte weiß, rötlich überhaucht. Unterschwanzdecken blaß graubraun, ansonsten Gefieder rot. Schnabel schwarz. Auge braun. Füße hellbräunlich. RK des ♂ wie ♀, überwiegend braunbeige, Federn des Rückens u. der Flügel hell gesäumt, allerdings bei ♂ einige Rückenfedern mit rotem Saum. Überaugenstreif beige, ebenso kurzer Bartstreifen unter dem Auge. Juv. ähnl. ♀, aber geringer brauner u. matter. 14 cm. In der Wildnis seltene Farbvariante: rotes Gefieder hier kräftig gelb. Madagaskar. Durch den Menschen verbr. auf den Komoren, Maskarenen, Amiranten, Seychellen, Mauritius, Réunion, Inseln im Chagos-Archipel, St. Helena. Gesellig. Während der Reisreife riesige Schwärme auf den Feldern, ansonsten in offenen Landschaften, Sümpfen, Gewässernähe. Nahrung Insekten, Früchte, Samen. Lebt in Einehe, keine Koloniebrüter. Nest in niedrigen Bäumen, Büschen. Einschlupf oben seitl., kleines Dach über der Öffnung. ♂ baut das Nest fast allein. Gelege 3—5 blaß blaugrüne Eier. Vor Jahren regelmäßig auf dem Markt, jetzt nur noch selten angeboten (Ausfuhrsperre Madagaskars). Beste Haltung paarweise in Volieren. Angriffslustig während der Brutzeit, bes. gegenüber Vögeln mit rotem Gefieder (nicht immer). Nach der Brut friedlich. Mehrfach gezüchtet. Heftige Balz des ♂, oft grillenartiger Gesang zu hören. Nistmaterial vorzugsweise Sisal-, Hanf- u. andere feine Fasern (überwiegend helles Material). Heimlich. Nur ♀ brütet. Schlupf nach 11—12 (14) Tagen. Aufzuchtfutter wie Textorweber. Allein ♀ füttert, trägt Kotballen fort od. verschluckt diese. Juv. fliegen nach 15—16 Tagen aus. Bei T. KLEEFISCH ↗ bereits 14 Tage nach dem Ausfliegen der 1. Brut in einem neuen Nest Vierergelege bebrütet, im gleichen Jahr zog Paar noch 3. Brut erfolgreich auf.

— *F. rubra*, Mauritiusweber. ♂: kein RK, wie *F. eminentissima*, aber US gleichmäßiges, blasses Olivgrün (nicht rötlich überhaucht!). Augenstreif schwarz, vom Schnabel bis zum Ohrgefieder reichend. Schnabel schlank. ♀: wie *F. madagascariensis*, aber OS mit geringerer Streifenzeichnung, US intensiver olivgrün, wenig kleiner als ♂. 14 cm. Mauritius. Lebt fast ausschließl. im südwe. immergrünen Wald des Hochlandes. Einst bedeckte Wald den größten Teil der Insel, heute sind nur weniger als 5% der ursprüngl. Vegetation erhalten. Ernsthaft vom Aussterben bedroht (aufgeführt im Red Data Book ↗). Hauptursachen: Zerstörung des Lebensraumes, Konkurrenz mit eingeführten Vögeln (bes. mit *F. madagascariensis*), zahlreichen nestplündernden Ratten *(Rattus rattus)* u. Javaneraffen *(Macaca irus)*. 1974 ges. Population weniger als 300 Vögel, wahrscheinl. nur noch 100—120, bis 1978 scheint diese Zahl noch kleiner geworden zu sein. Schutzmaßnahmen: Töten u. Fang gesetzl. verboten, großer Teil des Vorkommens liegt innerhalb staatl. anerkannter Reservate, ökologische Studien, um Status u. Bedürfnisse zu erfassen, weitere Reservate u. Nationalpark vorgesehen. Nahrung überwiegend Insekten, wenig Samen, Früchte. Paarweise od. im Familienverband unterwegs, Nest aus feinen Fasern, Moos. Bastarde mit *F. madagascariensis* bekannt. Erstmalig 1875 nach Europa gekommen (Berliner Aquarium), weitere Einzelheiten unbekannt.

— *F. sechellarum*, Seychellenweber. ♂: olivgrün, Rücken gering gestreift. Kopf bis obere Brust mattgelb, nur Ohrdecken, Zügel olivbraun, ebenso Nakken. Schwarzer Strich vom Auge bis zur Ohrregion. ♀: Kopf stumpfes, dunkles Braun, schwachgezeichneter, heller Überaugenstreif. Schnabel schlank. Bewohnt die rattenfreien Inseln Frigate, Cousin, Cousine (Seychellen; zusammen 400 ha), auf jeder Insel zahlreich. Selten (aufgeführt im Red Data Book ↗), 1965 auf Frigate 250—300 Exempl., auf Cousine 100—150 (1959 nur ca. 105), auf Cousin 1975 ca. 1000 Vögel (1959 geschätzt 80). Lebt im ursprüngl. Niederwald, paßte sich Kultivierung an, heute auch in Kokosnuß- u. Kaschu-Plantagen. Die Konkurrenz mit dem eingeschleppten *F. madagasca-*

riensis wird nicht als Faktor angesehen, der eine Verminderung des Vorkommens bewirkt. Schutzmaßnahmen: Jagd u. Fang gesetzl. untersagt, seit 1975 Insel Cousin zum strengen Naturschutzgebiet erklärt, weiterer Ausschluß von Ratten u. Katzen auf den Inseln. Einheimische Schlangen u. Echsen stellen als Feinde wahrscheinl. keine ernstzunehmende Gefahr dar. Nester in Palmenbüschen, Gräsern. Gelege 1–2 Eier. Kam früher vereinzelt nach Europa. Wenn Haltung überhaupt, dann nur (wie auch bei *F. rubra*), um zum Zwecke der Rückführung in die Natur zu züchten.

Francolinus, Frankoline. Asiat. G der Perdicinae ↗. 4 An. Rebhuhngröße. Geschlechter leicht abweichend gefärbt. 14federiger gerundeter Schwanz; ♂ mit Sporen. Von Kleinasien bis Indochina. Monogam. Brutdauer 21–23 Tage. Brüten in flachen, mit Gras ausgelegten Nestern. Ernähren sich von Früchten, Grünpflanzen, Samen, Insekten. Ruhige Volierenbewohner. Fütterung, Haltung, Zucht s. *Alectoris*.

— *F. francolinus*, Halsbandfrankolin. ♂: Stirn schwarz, Ober- u. Hinterkopf schwarz u. braun gesäumt. Überaugenstreif weiß mit schwarzen Spitzen. Kopfseiten schwarz. Weißer Unteraugenstreif bis Ohrdecken. Weißer Bartstreifen. Kehle, Kropf, Brust schwarz. Seiten schwarz mit weißen Tropfenflecken. Unterbauch hellrotbraun mit hellen Federspitzen. Unterschwanz gleich gezeichnet auf kastanienbrauner Grundfarbe. Schwarzweißes Hinterhalsband. Breiter, kastanienrotbrauner, den Hals umschließender Ring. Vorderrücken schwarzbraun mit hellbraunen Seitenstreifen. Hinterrücken, Schwanzdeckfedern u. Bürzel mit schmalen schwarzen u. weißen Querbinden. Schwanz schwarz, mittl. Federpaar mit schwarzbrauner u. weißer Querstreifung. Schwingen dunkelbraun mit aufgehellten Querbinden, an Armschwingen zahlreicher. Oberflügeldecken schwarzbraun mit hellen Flecken. ♀: Kopf-OS mit schwarzen Federrillen. Kopfseiten bräunlich. Kastanienbrauner, leicht schwarzweiß gesprenkelter Hinterhalsfleck. Rücken bis Schwanz ähnl. ♂, aber bräunlicher. Weißliche Kehle. US hell mit bräunlichschwarzen, pfeilspitzenförmigen Querbinden. Schnabel beim ♂ schwarz, beim ♀ braun. Iris braun, karminroter Augenring. Läufe orangerot. 35 cm. UAn. Kleinasien, Zypern bis Assam u. Bangladesh. Bevorzugt bewässertes Kulturland, dichte Hecken, weit verbr. Gelege 6–8 Eier, hart- u. dickschalig, gelblich bis braun mit weißen Kalkflecken.

— *F. gularis*, Sumpffrankolin. ♂: Kopf-OS braun. Helles Augenbrauen- u. Schläfenband. Vom Auge zum Ohr dunkles Band. Kehle rotbraun. Brauner Rücken u. Flügel mit schwarz u. weißer Streifung. Schwingen rotbraun mit Zeichnung. Hals, Brust u. zum Unterbauch Federn mit hellen Schäften, braun mit schwarzen Seitenbändern. Abdomen bräunlich. ♀: hellerer Grundton. Schnabel dunkel, Iris rotbraun, Läufe orangerot. 33 cm. NO-Indien. Bevorzugt Flußniederungen.

— *F. pictus*, Tropfenfrankolin. ♂: schwarz u. braun mit tropfenförmigen weißen Flecken an Hals, Brust u. Bauch. Kehle u. Kopfseiten weiß. Vom Schnabel über Augen nach Hinterhals schwarzes Band. Kopf-OS schwarzweiß gezeichnet. Rotbraunes Schulterband. Flügel, Schwanz, Bürzel schwarz u. weiß gestreift. Schnabel dunkel, Iris rotbraun, Läufe rot. ♀: hellere Grundfarbe, stumpferes Schwarz, weniger klare Zeichnung. 30–32 cm. UAn. S- u. M-Indien, Sri Lanka.

— *F. pintadeanus*, Perlhuhnfrankolin. ♂: schwarze Kopf-OS mit breitem rotbraunem Saum. Schwarzer Streifen von Schnabelwarzen durch Augenbrauen. 2. Streifen von Schnabelwarzen über Wange. Dazwischen weißes Band. Kehle weiß. Hals, Vorderrücken, Brust, US, Flügel schwarz mit runden weißen Flecken. Hinterpartie einschließl. Schwanz schwarz mit weißen Streifen. Rotbraune Schultern. ♀: helleres Braun u. Schwarz an dunklen Stellen u. isabell an weißen Partien des ♂, weniger kontrastreich. Schnabel schwarz. Iris braun. Läufe gelb. 30 cm. UAn. Burma bis SO-China, Indochina. Bevorzugt offenen Trockenwald u. trockenes buschiges Gelände in Kulturlandnähe. Gelege 3–6 Eier, isabellfarbig bis bräunlich.

Franke, Hans, geb. 13. 8. 1906 in Burghausen b. Leipzig. Seit 1950 selbständiger Ziergeflügelzüchter. Seit Kindheit passionierter Ziergeflügelfreund. Mitbegründer der SZG Ziergeflügel u. Exoten. Züchterische Schwerpunkte: seit 1931 Wasserziergeflügel, seit 1950 Großsittiche. Zahlreiche Artikel in Fachzeitschriften. Über 6 Staatsehrenpreise der DDR, 6 Goldmedaillen, 6 Erstzuchten der DDR. Seit 1959 goldene Ehrennadel der SZG, Ehrenmitglied. 1980 Goldmedaille «Für verdienstvolle züchterische Leistungen».

Frankoline (afrik.) → *Pternistis*
Frankoline (asiat.) → *Francolinus*
Frankolinwachtel *(Perdicula asiatica)* → *Perdicula*
Französische Mauser. Bei Wellensittichen ↗ häufiges Fehlen von Schwung- u. Steuerfedern, die zur

Bauplan eines Flügels

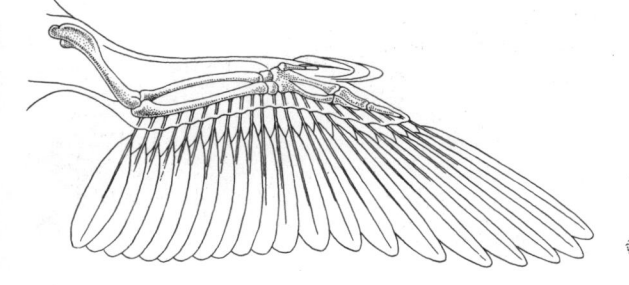

Französische Mauser. 1 normaler Flügel, 2 Flügel eines Renners

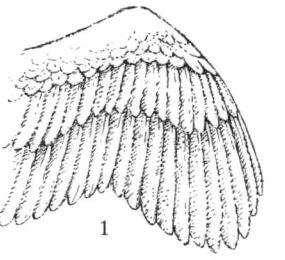

Fratercula

Flugunfähigkeit ↗ führen (Renner, Hopser). Inzucht u. komplexe negative Umwelteinflüsse gelten als Ursache. Diese Tiere sind zuchtuntauglich. Wahrscheinl. Stoffwechselstörung.

Fratercula. G der Alcidae ↗. 2 An.
— *F. arctica,* Papageitaucher. ♂ u. ♀: Kopf-OS, Hals u. übrige OS schwarz, übriger Körper weiß. Füße rot. Großer, hoher, dreieckiger, rot, blau u. gelb gezeichneter Schnabel. Bei Juv. Schnabel kleiner u. blasser. 35 cm. UAn. Island, Britische Inseln, Skandinavien, Westküste Frankreichs, Grönland, N-Amerika. Bewohnt grasbewachsene Abhänge an Küste, Festland u. Inseln. Brütet in großen Kolonien. Graben bis zu 5 m lange Erdhöhlen, wo 1 Ei abgelegt wird. Haltung s. Alcidae. Keine Gefangenschaftsbruten bekannt.

Fratzeneule *(Phodilus badius)* → *Phodilus*
Frauenlori *(Lorius lory)* → *Lorius*
Fregata. G der Fregatidae ↗. 5 An. ♂ kleiner als ♀, Körpermasse bis 2 kg; Flügelspannweite bis 230 cm. ♂ mit orangefarbener nackter Kehlhaut, die in Balz zu scharlachrotem Ballon (Durchmesser etwa 25 cm) aufgeblasen wird. ♀ mit weißem Brustschild. Lange Flügel u. Gabelschwanz; sehr kurze Beine. Schwimmhäute nur noch an Zehenwurzeln, daher Füße nicht mehr zum Schwimmen zu gebrauchen. Schnabel kormoranartig, vorn hakig. Luftsäcke in Knochen u. unter der Haut. Tropische Meere in Küstennähe. Gewandte Flieger u. Segler, nie aber aufs Wasser od. flachen Strand aufsetzend. Jagen Tölpeln, Kormoranen, Pelikanen, Möwen, Seeschwalben Beute ab, indem sie diese im Flug bedrängen, bis sie Beute fallen lassen od. ihre Nahrung erbrechen. Gelegentl. jagen sie auch Fliegende Fische od. nehmen Fische, Quallen, Weichtiere tieffliegend mit Schnabel von Wasseroberfläche auf. Gesellig in Kolonien nistend. ♂ baut Reisignest in niedrigen Büschen u. Bäumen, selten Bodennest auf Felsen. 1 weißes Ei, von beiden Partnern bebrütet. Brutdauer 41 Tage. Juv. zunächst nackt, später mit weißem Dunenkleid. Ein Altvogel bleibt ständig am Nest, da sonst Juv. von Nachbarn geraubt u. gefressen. Werden noch monatelang gehudert. Alterskleid mit 2 Jahren. Haltung in Gefangenschaft höchst selten. Zufallsfänge, meist nur kurzzeitig lebend. Im Zoo Philadelphia (USA) in Hallenfreianlage mit natürlicher Umweltgestaltung gehalten. Fütterung mit Seefischen aller Art. Süßwasserfisch nur ausnahmsweise. Seevögel reagieren äußerst empfindlich auf in Süßwasserfischen vorkommende Eingeweideparasiten.
— *F. ariel,* Arielfregattvogel. ♂ u. ♀: Gefieder schwarz mit purpurnem od. grünlichem Schimmer, mit weißem Fleck an Bauchseiten. ♀ mit kastanienbraunem Halsband, bräunlichem Fleck auf Flügeldecken, weißer Brust. Juv. OS bräunlichschwarz. Kopf, Hals, Brust, Bauch weiß, rostfarben gestreift. 80 cm. UAn. S-Atlantik, Indischer Ozean, W-Pazifik. Brütet auf S-Trinidad, Aldabra, Cocos-(Keeling-)Inseln, Inseln bei Australien u. im S-Pazifik.
— *F. magnificens,* Prachtfregattvogel. ♂: schwarz, an Kopf u. Rücken purpurn schimmernd. Schnabel bläulich. Kehlsack rot. ♀: Kehle schwarz, Brust weiß. Juv. OS bräunlichschwarz. Kopf, Hals, US weiß. 95—104 cm. UAn. Tropische Teile des Atlantik u. Pazifik, Karibik. Brütet auf Galápagos, Antillen, Bahamas, Fernando de Noronha, Kapverdische Inseln, Küste von O- u. nordwe. S-Amerika.
— *F. minor,* Bindenfregattvogel. ♂: schwarz mit blaugrünem Glanz u. braunem Flügelband. ♀: Kehle, US weiß. Juv. OS bräunlichschwarz. Kopf, Hals, US weiß, rostfarben getönt. 86—100 cm. Flügelspannweite bis 214 cm. UAn. Brütet auf S-Trinidad, Seychellen, Aldabra, Weihnachts-, Cocos-(Keeling-), Paracel-Inseln, Inseln bei Queensland im Pazifik von Hawaii bis zu den Galápagos- u. Revillagigedo-Inseln.

Fregatae, Fregattvögel. UO der Pelecaniformes ↗. 1 F, Fregatidae ↗, mit 1 G, 5 An. Tropische Meere in Küstennähe.

Fregatidae, Fregattvögel. F der Pelecaniformes ↗. 1 G, *Fregata* ↗, 5 An. Tropische Meere in Küstennähe.

Fregattvögel → Fregatidae
Freiflughalle. In zool. Gärten u. größeren Vogelparks ↗ hohe, sehr großräumige, mit Drahtgeflecht bespannte hallenförmige Unterkünfte für Vogelgesellschaften ↗, z. B. Ibisse ↗, Löffler ↗, Limikolen ↗, Beos ↗, Sekretäre ↗ (im Vogelpark Walsrode ↗ in F. Welterstzucht). Herrliche Landschaftsgestaltung möglich (Zoo München-Hellabrunn, Vogelpark Walsrode). Meistens durch Bachlauf, Wasserfälle, Brücken ausgesprochen abwechslungsreich → Tropenhalle.

Freivoliere → Außenvoliere
Fremdkörpererkrankung. In Gefangenschaft zu beobachtende Erkrankung durch Aufnahme von Ge-

Freiflughalle im Vogelpark Walsrode

genständen, die nicht zum normalen Nahrungsspektrum der A gehören (bes. bei Straußen ↗ u. fischfressenden Vögeln zu beobachten).

Freytag, Ursula, Dr., geb. 15. 6. 1931 in Frankfurt/M. 1955 Staatsexamen Dipl. agr., 1961 Staatsexamen Veterinärmedizin, Promotion zum Dr. med. vet. Aufbau der Zier- u. Wildvogelklinik im Institut für Geflügelkrankheiten der Tierärztlichen Hochschule Hannover unter Frau Prof. Dr. GYLSTORFF. Von 1978–1980 Schriftleitung der Zeitschr. «Die Voliere». Mehrere Publikationen, u. a. «Erkrankungen der Ziervögel», «Zur Narkose beim Wellensittich».

Friedenstäubchen *(Geopelia placida)* → *Geopelia*

Fringilla, Edelfinken. G der Fringillidae ↗. 3 An. *F. coelebs* u. *F. montifringilla* seit alters Käfig- bzw. Volierenvögel, in letzten Jahrzehnten durch Einfuhr von Vögeln aus Übersee nicht mehr so häufig im Handel. Eingewöhnung im Herbst, Winter leicht im unverhüllten Käfig, günstig mehrere Exempl. zusammen. Futter Rübsen, Mohn, Leinsamen, Glanz, Sonnenblumenkerne, Hirse, reife Gras- u. Unkrautsamen, Weizen, Hafer, wenig Hanf. Vogelmiere, Keimfutter ↗, wenig Mehlkäferlarven, frische Ameisenpuppen (Naturschutzbestimmungen beachten!). Baden gern. Überwinterung frostfrei, nicht zu warm. Sehr gut für Vogelgesellschaften zu empfehlen. Zur Zucht paarweise Unterbringung in gut bepflanzten bzw. reichl. mit Büschen u. Kiefernzweigen ausgestatteten Volieren. Gelege 4–6 Eier, nur ♀ brütet, wird von ♂ gefüttert. Schlupf nach 12–14 Tagen. Aufzuchtfutter kleine Insekten aller Art, Einweichfutter (Biskuit, durch Haarsieb gedrücktes Eigelb, auf Glasreibe geriebene Möhre), halbreife u. reife Gras- u. Unkrautsamen, letztere vor allem in den Tagen kurz vor dem Flüggewerden. Juv. fliegen nach ca. 14 Tagen aus, nach etwa 2 Wochen selbständig.

Freiflughalle im Zoo München-Hellabrunn

Fringilla

249

— *F. coelebs,* Buchfink. 3 Rassengruppen. 1. *spodiogenys,* Maurenfink, 2 UAn; 2. *canariensis,* Lorbeerfink, 5 UAn; 3. *coelebs,* 11 UAn. ♂: Stirn schwarz, Kopf-OS, oberer Nacken blaugrau, hinterer Nacken, Oberrücken rötlichbraun, Schultern mit grauem Anflug. Unterrücken, Bürzel grüngelb. Kleine Flügeldecken blaugrau, mittl. weiß, große schwarz mit weißen Spitzen. Armschwingen schwarz, braungelb gesäumt, erste 3 im Bereich der Wurzel weiß. Oberschwanzdecken in Schaftnähe teilweise grau, mittl. Schwanzfedern grau, übrige schwarz, äußere mit großem weißem Fleck. Kopfseiten, Hals, Brust rötlich bis rotbraun. Brustseiten karminrot, zur Mitte der Brust mehr weißlich, Flanken mit grauem Anflug, übrige US weiß. Schnabel schiefergrau, Spitze schwarz (Brutzeit), sonst hellbraun. Auge braun. Füße schmutzig rotbraun. ♀: unauffälliger, oberseits mehr schmutzig olivbraun, unterseits hellgraubraun. Juv. wie ♀, Auge gelblichbraun, juv. ♂♂ haben breite weiße Flügelbinden. Im 1. Jahreskleid spitzere Schwanzfedern. 15 cm. N-Afrika, Kanarische Inseln, Azoren, Madeira, Europa, W-Sibirien bis zum Jenissei, Kleinasien, N-, W-Iran, S-Transkaspien, Syrien, Libanon. Eingeschleppt bei Kapstadt, in Neuseeland u. auf benachbarten Inseln. Bewohnt Wälder, Parks, Alleen, Gärten. Überall zu finden, wo mehrere hohe Bäume stehen. Vögel aus N-, O-Europa überwintern in Mittelmeerländern u. SW-Europa von September/Oktober bis Februar/März. Von Mitteleuropa zieht nur ein Teil, meistens ♀♀ u. Jungvögel. Nahrung Samen aller Art, Blättchen, Knospen, Insekten. Nest napfförmig aus Flechten, Moos, Haaren, Würzelchen, Raupengespinsten, auf größeren Ästen, häufig sehr hoch, selten in Büschen. Seit Jahrhunderten wegen des «Finkenschlages» gekäfigt. Liebhaber unterscheiden mit über 20 versch., häufig kurios klingenden Namen («Wildsaufinken», «Reitzuschlag») die versch. Qualitäten der Gesänge. U. a. gab es in Thüringen, Harz u. Österreich Sangeswettbewerbe («Pokalsingen»). Ausdauernd, leicht zu halten. Alte ♂♂ bleiben häufig scheu. Zucht nicht schwierig, wird selten angestrebt, da juv. ♂♂ nur mittelmäßige Sänger. Nestunterlage starke Äste, Brettchen, Körbchen, gut mit Kiefernzweigen verschlagen. Bastarde mit Kanarienvogel ↗ selten gezüchtet, 1887 erstmalig in Deutschland.

— *F. montifringilla,* Bergfink. ♂: im BK Kopf-OS, Kopfseiten, Nacken, Vorderrücken blauschwarz, im RK schwarz mit gelbgrauen u. gelbbraunen Säumen, Wangen-, Nackenfedern mit weißen Spitzen, Seiten des Hinterkopfes u. im Nacken schwarzer Fleck. Unterrücken-, Bürzelfedern weiß gesäumt, spitzenwärts hellrotbraun. Schwingen braunschwarz, grauweißlich gesäumt, dadurch helle Querbinde. Oberschwanzdecken schwarz mit hellen Säumen, Spitzen gelblich. Schwanzfedern schwarz, weißgelb gesäumt, äußere mit weißem Saum. Im BK unterseits rostbraun, im RK Kinn, Kehle, vordere Brust hellrotbraun, seitl. gelbbraun, grau gefleckt. Sonst unterseits weiß, Unterschwanzdecken mit gelblichen Spit-

Fringillaria

Bergfink

zen. Schnabel grauschwarz, im RK gelb mit schwärzlicher Spitze. Auge dunkelbraun. Füße bräunlich. ♀: gering kleiner, matter als ♂, schwarzes Gefieder des ♂ bei ♀ graubraun. Juv. ähnl. ♀, oberseits mehr olivgrün, Bürzel, US mehr gelbbraun. 16 cm. N-Europa, N-Asien, von Skandinavien (nicht Schweden), Finnland, Estnische SSR durch die Sowjetunion bis Kamtschatka, Sachalin, außerdem NW-Mongolei. Bewohnt subarktische, lichte Nadel-, Birkenwälder. Überwinterung in Europa von Ende September/Mitte November bis März/Anfang Mai. Nahrung Samen, Grünes, Insekten. Nest napfförmig auf Bäumen, sehr kunstvoll. Überwiegend wegen der Färbung gehalten, weniger wegen des Gesanges. Lange scheu, oft zänkisch, anspruchslos, ausdauernd, liebt mehr Kälte als Wärme, deshalb als Stubenvogel wenig geeignet. Überwinterung im Freien, windgeschützt. Mehrfach gezüchtet, aber schwierig. Nestunterlagen niedrige, kräftige, dichte Birken, Koniferen.

Fringillaria, Streifenammern. UG der *Emberiza* ↗. 5 An, von denen *Emberiza striolata, Emberiza tahapisi* u. *Emberiza capensis* gehalten bzw. gezüchtet werden. Afrika.

Fringillidae, Eigentliche Finken. F der Passeriformes ↗. 1 G, 3 An. Bewohner der nö. Alten Welt. Unterscheiden sich von den nächsten Verwandten vor allem durch ausschließl. Verfütterung wirbelloser Tiere, vorwiegend Raupen, an die Nestlinge.

v. Frisch, Otto, Dr., geb. 13. 12. 1929 in München. Apl. Professor seit 1970. Direktor des Staatlichen Naturhistorischen Museums Braunschweig. Hauptarbeitsgebiete Ornithologie u. Öko-Ethologie. Über 70 wissenschaftl. Publikationen. Populärwissenschaftl. Bücher, 17 Jugendsachbücher. 1973 Deutscher Jugendbuchpreis.

Froschschnabel *(Clytoceyx rex)* → *Clytoceyx*
Fruchttangare, NN → Furchentangare
Fruchttauben → Duculidae
Frühlingspapagei *(Loriculus vernalis)* → *Loriculus*
Frühlingspapageitaube, NN → Frühlingstaube
Frühlingstaube *(Treron vernans)* → *Treron*
Fuchskolibri *(Selasphorus rufus)* → *Selasphorus*
Fuchsweber *(Textor n. castaneofuscus)* → *Textor*

Fulica. G der Rallidae ↗. 10 An. Verbr. außer Polargebiete weltweit. Unterscheiden sich von allen anderen Rallen durch breite Schwimmlappen an den Zehen. Überwiegend dunkles, schieferschwarzes Gefieder. Körperform entenähnl., plump. Halten sich mehr im freien Wasser auf u. tauchen nach pflanzlicher u. tierischer Nahrung. Rennen bei Flucht flügelschlagend über die Wasseroberfläche. Haltung in Entenanlagen gut möglich. Verletzen od. töten jedoch u. U. selbst größere Enten-An mit Schnabelhieben! Werden deshalb selten gehalten u. gezüchtet. Nest oft völlig freistehend.

— *F. americana,* Indianerbleßralle. ♂ u. ♀: Kopf u. Hals tief schwarz mit bläulichem od. grünlichem Glanz. Sonst schiefergrau. Schwanz schwarz. Unterschwanzdecken weiß. Federspitzen an Brust u. Bauch weißlich. Stirnplatte tief rotbraun. Schnabel weiß. Auge rotbraun. Schwarzbekrallte Beine grünlich. Stirnplatte im Winter kleiner u. Gefieder insgesamt heller. Juv. gesamte OS hell aschgrau bis olivbraun. US heller als bei Ad. 40 cm. UAn. N-Amerika u. sü. durch Mexiko, M-Amerika u. das Andengebiet S-Amerikas bis Chile u. W-Argentinien; Jamaika, Grenada u. Hawaii. Bewohnt ruhige, schilfbestandene Seen, Teiche u. Tümpel. Tiere des nö. Verbr.-Gebietes ziehen im Winter nach S-Amerika. Überwinternde Tiere bevorzugen große ruhige Wasserflächen mit gutem Wasserpflanzenbestand. Selten in Europa. Vorwiegend in Tiergärten.

— *F. atra,* Bleßralle. ♂ u. ♀: Kopf u. Hals schwarz, übrige OS dunkel schieferfarben mit teilweise grünlichem Schimmer. Flügel dunkelgrau mit schmalem weißem Rand. US schiefergrau. Schnabel u. Stirnplatte weiß. Auge blutrot. Lauf grünlichorangefarben, Füße grau. Juv. Kopf- u. Halsseiten sowie US grauweiß. Auge braun. 38 cm. UAn. Europa (einschließl. Azoren u. Island), nö. u. gemäßigtes Asien, Indien, Sri Lanka, Neuguinea, Australien, Tasmanien. Bewohnt alle Arten schilfbestandener Gewässer mit ± offener Wasserfläche. Im Winter in großen Trupps im offenen Wasser, auch an Meeresküsten. Geht zur Nahrungssuche oft an Land. Zur Brutzeit scharfe Revierverteidigung. Nest meist über flachem Wasser im Schilf, seltener im Ufergebüsch od. auf trockenem Boden. Gelege 6—9 auf hell gelbbraunem Grund fein u. dicht purpurschwarz gepunktete Eier. Brutdauer 21—24 Tage. ♂ u. ♀ bauen, brüten u. füttern Juv. Bei Zweitbruten helfen oft die Juv. der ersten Brut bei Fütterung der jüngeren Geschwister. Nahrung zum großen Teil pflanzlich, aber auch allerlei Kleingetier. Nestplünderer! Werden wegen Unverträglichkeit selten gehalten. Wildfänge bleiben scheu. Haltung in geräumigen Volieren mit großem Wasserbecken u. Sträuchern.

— *F. cornuta,* Rüsselbleßralle. ♂ u. ♀: OS dunkel schieferschwarz. Flügel u. US schiefergrau. Unterschwanzdecken weiß. Stirn mit nach vorn gerichtetem, 30 mm langem, häutigem Rüssel, vorn mit Fe-

derbüschel. Kein Stirnschild. Schnabel grünlich, Oberschnabelbasis mehr gelb. Auge rot. Beine grünlich. 48 cm. Andengebiet von SW-Bolivien bis Chile u. W-Argentinien. Bewohnt kleinere Seen mit ausreichendem Wasserpflanzenbestand bis 4000 m ü. NN. Einzigartiger Nestbau. Errichtet bis 60 cm hohen Steinsockel im Wasser, auf dem das Nest aus Pflanzenteilen gebaut wird. Teilweise auch pflanzliche Nestsockel im flachen Wasser. Gelege 3—4 Eier. Erstmalig 1964 im Zoo Köln. Wohl ausschließl. in Tiergärten. Futter vorwiegend pflanzlich: gekochte Kartoffeln, gekochter Reis, Früchte, verschiedenes Gemüse, Grünzeug, Hafer; zusätzl. gekochte Eier, Schabefleisch, getrocknete Garnelen u. Mehlwürmer.
— *F. cristata*, Kammbleßralle. ♂ u. ♀ : Kopf u. Hals schwarz. Sonst gesamtes Gefieder, einschl. Unterschwanzdecken, tief schiefergrau. Schnabel grau, Basis weiß. Auge rot. Stirnschild bläulich weiß, an jeder Seite ein roter Höcker hervortretend. Beine dunkel graugrün. 40 cm. O- u. S-Spanien, N-Afrika, Abessinien bis Angola u. zur Kapprovinz S-Afrikas; Madagaskar. Häufige Ralle an offeneren Gewässern mit ausreichender Ufervegetation. Nest im flachen Wasser, wenn möglich auf niedrigen Zweigen über der Wasserfläche. Gelege 4—8 Eier, auf gelblich grauem Grund purpurbraun gepunktet. Ab u. zu in Tiergärten.
— *F. gigantea*, Riesenbleßralle. ♂ u. ♀ : schieferschwarz bis schiefergrau. Weiße Stirnplatte an der Seite gelb. Schnabel gelb mit roter Spitze. 51 cm. Andengebiet von S-Peru u. Bolivien bis N-Chile. Sehr selten in Europa, wohl ausschließl. in Tiergärten.

Fulmarinae, Möwensturmvögel. UF der Procellariidae ↗. 5 Gn *(Pagodroma, Daption* ↗, *Macronestes* ↗, *Thalassoica, Fulmarus* ↗ *)*, 7 An. Antarktische u. sü. Meere; nö. Atlantischer u. Pazifischer Ozean. Haltung s. Procellariidae.

Fulmarus. G der Procellariidae ↗. 2 An. Sü. Meere u. nö. Atlantik u. Pazifik.
— *F. glacialis*, Eissturmvogel. ♂ u. ♀ : OS hellgrau. Kopf, Hals, US weiß. Dunkler Fleck vorm Auge. Schnabel grau, grünlich od. gelb. Füße fleischfarben. 48—50 cm. UAn. Nö. Atlantik u. Pazifik. Brütet an Küsten u. auf Inseln NO-Asiens, des nö. N-Amerikas, der Arktis u. N-Europas.

Fünffarbennonne *(Munia quinticolor)* → Munia
Furchenjahrvogel *(Rhyticeros undulatus)* → *Rhyticeros*
Furchenschnabel-Hornvogel *(Rhyticeros corrugatus)* → *Rhyticeros*
Furchentangare *(Rauenia bonariensis)* → *Rauenia*
Furnarii, Luftröhrenschreier. UO der Passeriformes ↗. Umfaßt Fn Furnariidae ↗, Formicariidae ↗, Rhinocryptidae.
Furnariidae, Töpfervogelartige. F der Passeriformes ↗. Untergliedert sich in UFn Metopothrichinae, Synallaxinae, Furnariinae ↗, Pygarrhichinae, Philydorinae, Dendrocinclinae, Glyphorynchinae u. Dendrocolaptinae ↗. Häufig UFn als 2 selbständige Fn (Dendrocolaptidae, Baumsteiger; Furnariidae, Töpfervögel) angesehen. Ca. 66 Gn, ungefähr 275 An. 12—37 cm, schlank. Färbung meistens unscheinbar. ♂ u. ♀ häufig gleich gefärbt. Schnabel dünn, lang od. kurz, gerade od. abwärtsgebogen. Schwanzfe-

Furnarius

Wenige Stunden alte Bleßrallen

derschäfte ganz (Baumsteiger) od. z. T. steif. M- u. S-Amerika. Sehr unterschiedl. Lebensräume von Wäldern u. kahlen Felshängen bis zu Halbwüsten u. Meeresküsten der Tropen u. Subtropen. Bewegen sich ähnl. den Baumläufern ↗ an Stämmen aufwärts, auch sonst mancherlei Ähnlichkeiten, aber keine nahe Verwandtschaft. Vögel einiger An trippeln od. schreiten auf dem Boden, andere klettern an Stämmen. Warnrufe rauh, ansonsten trillernde u. klingelnde angenehme Tonfolgen. Nahrung Insekten, Spinnen u. andere Wirbellose; Töpfervögel zuweilen auch noch Samen u. Krebstiere, größere An der Baumsteiger auch kleine Frösche. Baumsteiger (reichl. 50 An) brüten in Baumhöhlen, die sie mit Rinde u. Laub auskleiden. Gelege 2—3 weiße od. grünlichweiße Eier. Brutdauer ca. 2 Wochen. Eltern versorgen gemeinsam den Nachwuchs. Töpfervögel (über 200 An) brüten in freistehenden, stets überdachten Nestern aus Gras od. Zweigen od. in ausgekleideten Baum-, Fels- od. Erdhöhlen. Vögel der G *Furnarius* ↗ bauen aus Lehm, Schlamm, Kuhmist u. Halmen ein backofenähnl. Nest mit halbhoher Scheidewand, die eine Vorkammer u. eine mit pflanzl. Material ausgepolsterte Nestkammer unterteilt. Das Gewicht kann 5—10 kg betragen. Standorte sind Äste, Dächer, Koppelpfähle, Telefonmasten, selten steht das Nest am Boden, manchmal findet man mehrere übereinander gebaut. Durch die Sonne wird es steinhart, einmalige Benutzung. Später brüten andere Vögel in den Bauten. Gelege 2—5 weiße, blaßblaue od. bläulichgrüne Eier. Beide Eltern kümmern sich um die Jungen. Nur wenige An in Gefangenschaft gepflegt.

Furnariinae, Töpfer, Töpfervögel, i. e. S. UF der Furnariidae ↗. 5 Gn, davon G *Furnarius* ↗ besprochen.

Furnarius. G der Furnariidae ↗. 6 An. S-Amerika. Lebensweise wie Furnariidae. Haltung meistens nur in zool. Gärten. Warme Unterbringung in Volieren ↗. Futter handelsübl. Insektenfutter, vermischt mit Fleisch- u. wenig Obststückchen, verschiedenste kleine lebende Insekten.
— *F. rufus*, Töpfervogel, Rosttöpfer. ♂ u. ♀ : OS überwiegend rostbraun, Kopf heller, ebenso Ober-

Fußballengeschwulst

rücken. Vom Auge rostgelber Streifen zum Nacken verlaufend. Schwingen dunkelgrau. Kehle weiß, sonst unterseits hellbraun. Auge gelblichbraun. Schnabel u. Füße braun. 19 cm. UAn. Bolivien, Mato Grosso, Goiás, Bahia bis zum Rio Negro (Argentinien) u. Uruguay. Die Weidewirtschaft in den Pampas kommt seinen Lebensansprüchen sehr entgegen, jagt hier nach Insekten, sucht am Abend dichte Baumkronen auf. Wechselgesang zwischen ♂ u. ♀. Nest an einem der Aussichtspunkte in 2–30 m Höhe gebaut, selten tiefer. In Gefangenschaft bald zutraulich, ausdauernd.

Töpfervogel

Fußballengeschwulst → Ballenabszeß
Futterautomat → Fütterung
Futterfestigkeit. Bei der Eingewöhnung frisch importierter, zugekaufter od. umgesetzter Vögel verwendeter Begriff, der die Gewöhnung an neue Futterstoffe ↗ charakterisiert. Notwendige Futterumstellungen sollten stets langsam u. schrittweise unter Beachtung des Zustandes des Vogels erfolgen. Bes. wichtig ist die Kenntnis der bisherigen Umwelt sowie der aufgenommenen Futterstoffe.

Futterfleisch. In rohem u. gekochtem Zustand ungewürzt von vielen Vogel-An angenommen. Als gekochtes Mahlfleisch ↗ u. rohes Schabefleisch ↗ kann es bes. für Weichfuttermischungen ↗ verwendet werden. Rohes Fleisch (Muskelfleisch, Herz, Leber) sollte stets fettarm u. immer frisch sein. Als Grundfutter für Greifvögel u. Stelzvögel nicht geeignet (trotz Vitamin- u. Mineralstoffzusatz zu einseitig). Hier ist es notwendig, einen hohen Anteil an Ganzkörperfütterung ↗ zu gewährleisten.

Futtergefäß. Aus Porzellan, Keramik, Glas, Ton (glasiert) od. Plast (weniger günstig) hergestellte glattwandige Gefäße, die an Vorrichtungen von Käfigen ↗ angebracht od. auf einen Futterplatz gestellt werden. Letztere F.e haben große Grundfläche, damit die Futterauswahl für den Vogel gut sichtbar ist u. z. B. Spelzen Körner nicht verdecken können, wie es leicht bei hohen Gefäßen der Fall ist. Gründliche Säuberung u. Desinfektion je nach Verschmutzung tägl. od. 1–2× wöchentl. vornehmen.

Futterkalk. Handelsübl. Mischungen von Mineralstoffen. Überwiegend bei Nutzgeflügel, aber auch für Wasserziergeflügel u. Fasane ↗ verwendet. F. kann zu etwa 2 % dem Futter zugemischt werden. Weitere im Handel erhältliche Mineralstoffmischungen enthalten darüber hinaus Vitamine (Vitakalk ↗) od. Antibiotika. Insbes. die letzteren sind nur nach tierärztl. Beratung zu verabreichen.

Futtermittel → Futterstoffe

Futterration. Tagesfuttermenge, die auf die Erfordernisse der Vogel-A, deren Alter, Gesundheitszustand u. Leistung abgestimmt ist.

Futterstoffe, Futtermittel. F. sind alle anorgan. u. organ. Stoffe, die vom Tier teilweise od. ganz verwertet werden können, ohne daß gesundheitl. Schäden auftreten. Dabei werden Schäden durch Überfütterung od. einseitige Fütterung nicht berücksichtigt. Grit ↗ sowie giftige Stoffe, aber auch Medikamente, rechnet man nicht zu den F. Man unterscheidet pflanzl., tierische, mineralische u. gemischte F.

Fütterung. Verabreichung von Futterstoffen ↗. Sie ist den jeweiligen Besonderheiten der Vogel-A anzupassen. Für alle Vögel ist jedoch eine ständige Futteraufnahme über den aktiven Teil des Tages vorteilhaft (Stoffwechsel ↗). Bei Vögeln, die in Langtagszonen leben, ist oft eine künstl. Beleuchtung notwendig, um eine ausreichende Futteraufnahme zu sichern. Je kleiner der Vogel ist, um so mehr Aufmerksamkeit muß man diesem Umstand widmen (Jungenaufzucht). Die Verabreichung der Futterstoffe erfolgt entweder meist in Futtergefäßen ↗ od. vom Erdboden. In der Ziergeflügelhaltung ist die Verwendung von Futterautomaten nur bedingt möglich, durch die Gefahr einer zu reichl. F. besteht Verfettung. Die F. vom Volierenboden ist eine bei Volieren ↗-Haltung oft praktizierte Form. Die breitgestreuten Futterstoffe müssen vom Vogel unter naturhaften Bedingungen gesammelt werden u. vemitteln so gleichzeitig Betätigung. Negative Folgen aus der Verschmutzung durch Kot ↗ sind bei turnusmäßiger Reinigung kaum zu befürchten.

Fütterung von Kolibris u. Nektarvögeln. Sämtliche Futtermischungen für Kolibris werden nicht aufgeführt, sondern es sollen — Kenntnisse über die Wirkung von Vitaminen u. die Rolle von Kohlenhydraten, Fetten u. Eiweißen vorausgesetzt — ledigl. grundsätzl. Informationen Beachtung finden. Bei der Durchsicht der in den letzten 20 Jahren verwandten Futterlösungen u. der damit erzielten Erfolge in den einzelnen Vogelhaltungen zeigten sich folgende Ergebnisse:

1. Die Verabreichung von komplexen Nährlösungen hat sich nicht bewährt. Es ist zwar durchaus gelungen, bes. robuste Einzeltiere lange zu halten, aber Zuchterfolge erzielte man nicht.

Futterbrett für Körnerfresser an einer Wand

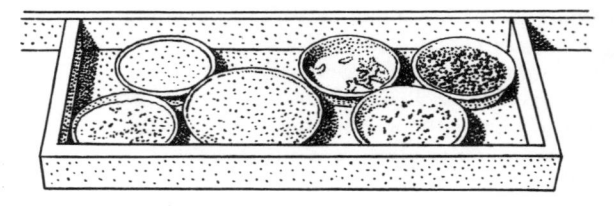

2. Alle Kolibrizüchter — Zoos od. Liebhaber — arbeiten mit relativ leicht zu erstellenden Nährlösungen, die aus nur wenigen Einzelstoffen zusammengesetzt wurden. Der Gesichtspunkt einer einfachen Handhabung u. Herstellung ist nicht nur für den Zootierpfleger, sondern auch für den Liebhaber von Bedeutung.

3. Komplex zusammengestellte Nährlösungen säuern leichter, bes. bei der gleichzeitigen Verwendung von Obstsäften u. Milcheiweiß.

4. Der Kohlenhydratanteil einer Nährlösung besteht entweder aus Bienenhonig od. einem Gemisch versch. Zucker. Bienenhonig ist der eingedickte, durch viele Bienenmägen gegangene u. durch Drüsenabsonderungen veränderte Nektar von Millionen Blüten od. der Ausscheidung von Blattläusen. Er besteht aus Traubenzucker, Fruchtzucker u. Rohzucker. Für den Kohlenhydratanteil der Nährlösung kann

a) Honig — 100 g auf ½ l Wasser — od.

b) ein Gemisch aus Fruchtzucker, 45 % Traubenzucker, 50 % Rohzucker 5 %ig in einer Konzentration von 15 % verwendet werden. Der Nektar der meisten von Kolibris besuchten Blüten hat eine Konzentration von 15 %.

5. Der Anteil an Eiweißen, Aminosäuren u. Fetten, die sehr oft in Präparaten vereinigt sind, die für andere Zwecke hergestellt werden — z. B Babynahrung —, wird mit Erfolg für die Nährlösung verwandt. So sind Kindernährmittel, die aus

12—15 % Eiweiß
22—24 % Fett
53—58 % Kohlenhydraten
ca. 2 % Mineralstoffen
ca. 0,25 % Kalk

bestehen, ohne Bedenken zu benützen, wenn feststeht, daß das schwerverdauliche Kasein durch das leichter verdauliche Laktalbumin ersetzt ist. Laktose soll nach SCHUCHMANN ↗ schon in kleinen Dosen zu schweren Entzündungen des Magen-Darm-Traktes führen. Ist der Milchzucker mit einem durch das Aufbrechen der Zellwände u. Austritt des Protoplasmas aufgeschlossenen Getreideschleim kombiniert, sind selbst die schwierig zu haltenden Einsiedlerkolibris ↗ optimal zu ernähren. Von einer solchen Babynahrung, die meist noch mit Vitaminzusätzen versehen ist, werden nur 20 g/l Wasser für den Kunstnektar verwendet. Ebenso sind Zusammenstellungen von essentiellen u. nicht essentiellen Aminosäuren geeignet; meist sind es Humanpräparate. Der Anteil von Aminosäuren an der Gesamtmenge der Bestandteile (ohne Wasser) soll 2,5 % betragen. Keinesfalls sollte das Verhältnis von Zucker zu Aminosäuren 10:1 (SCHUCHMANN 1979) betragen. Schon bei dem oben angegebenen Verhältnis von 2,5 % der Bestandteile (ohne Wasser) beträgt die erforderliche Rohproteinmenge das Zehnfache der bekannten Werte, bezogen auf den Kolibri. Eine weitere Eiweißquelle ist fettarmes Sojamehl, das anteilmäßig nicht über den oben genannten Wert steigen soll. SCHEITHAUER ↗ hat mit Erfolg ein Aufzuchtfutter für Zierfische als weitere Eiweißquelle für seinen Kunstnektar verwandt, prozentual beträgt die zugesetzte Menge ca. 4,5 % an der Gesamtmenge (ohne Wasser).

6. Zur Versorgung der Kolibris mit Vitaminen eignen sich bes. alle emulgierten Vitaminpräparate. Es können aber alle human- od. veterinärmedizinischen Vitaminpräparate verwandt werden. Kolibris können übrigens wie alle anderen Tiere (Ausnahme: Mensch, Affen, Meerschweinchen) Vitamin C im Körper synthetisieren.

7. Das Futter sollte 2—3mal tägl. neu zubereitet werden u. wird den Vögeln in Glas- od. Kunststoffröhrchen angeboten. Das Trinkröhrchen besitzt am Boden einen seitl. angebrachten Stutzen, aus dem die Tiere trinken können. Für *Eutoxeres* u. *Ensifera* sollte man Spezialröhrchen verwenden, deren Stutzen nach oben *(Eutoxeres)* gebogen od. nach unten *(Ensifera)* gerichtet ist. Stets sollten einige Röhrchen so aufgehängt werden, daß die Vögel vor ihnen sitzend trinken können.

Gabelracke *(Coracias caudatus)* → *Coracias*

Gabelschwanzhuhn *(Gallus varius)* → *Gallus*

Gabelschwanzracke, NN → Gabelracke

Gabelschwanz-Raupenfresser *(Coracina maxima)* → Campephagidae

Gabelschwanz-Waldnymphe, Gabelthalurania *(Thalurania furcata)* → *Thalurania*

Gackeltrappe *(Eupodotis afra)* → *Eupodotis*

Galah → Rosakakadu

Galapagostaube *(Nesopelia galapagoensis)* → *Nesopelia*

Galbula. G der Galbulidae ↗. 8 An.

— *G. albirostris,* Weißschnabel-Jacamar, Gelbschnabel-Glanzvogel. ♂ u. ♀: OS metallisch grün. US u. Kehle rotbaun, von breitem weißem Kehlband durchbrochen. Kopf-OS rot. Schnabel grauweiß bis gelblich. 22 cm. UAn. O-Kolumbien, S-Venezuela u. Guayana sü. bis O-Peru, zum Amazonasgebiet u. Goiás.

— *G. dea,* Paradiesglanzvogel. ♂ u. ♀: OS blauviolett. Kopf-OS rotbräunlich glänzend. US blauschwarz mit breiter weißer Kehle. Flügelbug grünlich. Mittl. Schwanzfedern stark verlängert, blauviolett. 30 cm. UAn. Von SO-Kolumbien, S-Venezuela u. Guayana bis N-Bolivien, N-Mato Grosso u. O-Paraná.

— *G. ruficauda,* Rotschwanz-Jacamar, Rotschwanz-Glanzvogel. OS metallisch grün bis bläulich. US u. kürzere äußere Schwanzfedern rotbraun. Augenumgebung u. Schnabel bläulich. ♂ Kehle weiß, ♀ rostfarben. ♀ Unterkörper blaß bräunlich. 22—26 cm. UAn. S-Mexiko bis NW-Ekuador, durch Kolumbien u. Venezuela bis Guayana; O- u. Inner-Brasilien bis N-Bolivien, Mato Grosso, Misiones u. Paraná, Trinidad, Tobago.

Galbulae, Glanzvogelartige. UO der Piciformes ↗. 2 Fn, Galbulidae ↗, Bucconidae ↗. 15 Gn, 47 An. M- u. S-Amerika.

Galbulidae, Glanzvögel, Jakamare. F der Galbulae ↗. 5 Gn *(Galbalcyrhynchus, Brachygalba, Jacamaralcyon* ↗, *Galbula* ↗, *Jacamerops* ↗*),* 15 An.

Galerida

Metallisch grün, blau od. bronzefarben. ♂ meist mit weißer, ♀ mit brauner Kehle. Schlank, spitzschwänzig. Nadelfeiner, langer Schnabel, an Schnabelwurzel Federborsten. 2. u. 3. Zehe nach vorn, 4. u. 1. Zehe nach hinten gerichtet. Typische Baumvögel. 13—30 cm. M- u. S-Amerika. Feuchte tropische Wälder, in Lichtungen u. an Dickichträndern, an Flußläufen. Ungesellig einzeln od. paarweise, selten in kleinen Trupps. Meist ausdruckslose Piepslaute; nur bei einigen An melodischer Gesang. Ansitzjagd auf Insekten. Nisten in 30—60 cm tiefen, von beiden Partnern in Böschungen od. Uferhänge gegrabenen Erdhöhlen. 3—4 rundliche weiße Eier, von beiden Eltern 19—21 Tage bebrütet. Juv. schlüpfen nackt u. blind u. werden noch 3 Wochen gepflegt. Besitzen derbe Fersenpolster; Federscheiden bleiben in Nesthöhlen geschlossen (Schutz vor Verschmutzung); lange weiße Federdunen. Bislang nur äußerst selten gehalten, da sehr heikel u. schwierig einzugewöhnen. Möglichst mit fliegenden Insekten eingewöhnen, dann Umgewöhnung an Drosselfutter ↗ mit Hartei, kleinen Mehlwürmern, Maden, Stabheuschrecken, Raupen.

Galerida. G der Alaudidae ↗. 4 An. Europa, Afrika, Asien. Artenschutz, Pflege, Zucht s. Alaudidae.

— *G. cristata*, Haubenlerche. ♂ u. ♀: wie Feldlerche ↗, aber heller, plumper, OS weniger gestreift. Auffällig langer Schopf auf dem Kopf. Schwanz kürzer, Federkanten sandfarben, nicht weiß! Juv. wie Ad., oberseits mehr gefleckt, Schopf kürzer. 17 cm. Zahlreiche UAn. Große Teile Europas, Asiens, N-Afrikas. Lebt auf trockenen Weiden, im steppenartigen Gelände, auf Ödland. In Gefangenschaft seltener als Feldlerche u. Kalanderlerche ↗. Gesang ähnl. Feldlerche. Wenige Male gezüchtet, zuerst von A. Lehmann, einige Male in England; 1971, 1972, 1974 in Tel Aviv. Mischlinge mit Feld-, Theklalerche gezüchtet.

— *G. theklae*, Theklalerche. ♂ u. ♀: wie Haubenlerche, aber gering kleiner, OS grauer, dunkler, nicht sandfarben. US weiß, blaß rahmgelblich überhaucht. Dadurch dunkle Flecken des Kropfes auffälliger. Schnabel kürzer, wirkt dicker. 16 cm. UAn. S-Frankreich, Iberische Halbinseln mit Balearen, N-Afrika. Biotop wie Haubenlerche, vorzugsweise steinige Höhenrücken u. Hänge. Selten gehalten. Gesang ähnl. Feldlerche, schöner u. lauter.

Gallicolumba. G der Columbidae ↗. 7 An. Philippinen, Sulawesi, Neuguinea.

— *G. luzonica*, Dolchstichtaube. ♂ u. ♀: OS graubläulich, teils mit Glanz, Stirn heller. Flügel breit dunkelbraun quergebändert. Schwanz an den Seiten mit Subterminalbinde. Wangen, Kinn, Kehle weiß, übrige US isabell- bis rostfarben. Brustmitte mit blutrotem Längsfleck, der, außenherum aufhellend, eine frische Stichwunde vortäuscht. Iris rotbraun. Schnabel schwärzlich. Beine rötlich. 28 cm. Philippinen, nur auf Luzon u. Polillo. An das Leben am Boden angepaßter Waldbewohner. Ruht u. schläft auf Bäumen. Verzehrt Samen, Früchte, viel Wirbellose. Präsentiert in der Balz den Brustfleck. Nest in Buschwerk u. Lianen, ziemlich niedrig, manchmal bodenständig. Gelege 2 weißliche Eier. Brutdauer 17 Tage. Nestlingszeit 12 Tage. Juv. dann, obwohl noch ohne Schwanz, flugfähig. Erstmalig 1869 in Europa (Zoo London). Erste Zucht 1871 in Frankreich bei Cornely/Tours. Außenvoliere mit Waldboden, darunter Laub u. Nadeln gemischt, ausstatten u. Teile davon dicht mit Gebüsch bepflanzen; bei intensiver Sonnenstrahlung suchen sie Schatten. Temperaturempfindlich; gehören bei Schlechtwetter u. im Winterhalbjahr in einen geheizten Innenraum. Unverträglich Tauben der eigenen od. einer anderen bodenbewohnenden A gegenüber. Auch Kleinvögel, die viel auf den Boden kommen, können traktiert werden. Fasane nicht zur Vergesellschaftung nehmen. Schreckhaft, bes. in der Eingewöhnungsperiode. Es sind Brutgelegenheiten 0,5—1,0 m hoch anzubringen. Am Nest (meist) überempfindlich, also jegliche Störung fernhalten. Trotzdem gehen viele Bruten verloren, u. Ammenaufzucht mit Lachtauben, die zur Betreuung junger Dolchstichtauben an Weichfutter u. animalische Kost gewöhnt sein müssen u. kein Körnerfutter erhalten dürfen, ist deshalb verbreitet. Futter Hanf, Sonnenblumenkerne (gequetscht), Erdnüsse, Silberhirse, Mais (geschrotet); Weichfutter mit Quark, Ei (gekocht), Fleisch (durchgedreht), Früchten; Mehl-, Regenwürmer usw.; Beeren, Obst, auch Grünes (gehackt). Außerdem wurden gezüchtet: *G. criniger*, Brandtaube, auch Bartlett's Dolchstichtaube, *G. rufigula*, Goldbrusttaube.

Galliformes → Phasianiformes

Gallinae, Kammhühner. UF der Phasianidae ↗. 1 G *Gallus* ↗, 4 An.

Gallinagininae, Bekassinen. UF der Scolopacidae ↗. 4 Gn, davon *Gallinago* ↗ aufgeführt.

Gallinago. G der Scolopacidae ↗. 15 An. Verbr. in der Alten u. Neuen Welt. Typischer Bewohner von Sumpfgelände.

— *G. gallinago*, Bekassine. ♂ u. ♀: gleich. OS dunkelbraun mit rostbrauner u. rahmfarbener Zeichnung, US weiß. Beine relativ kurz, langer Schnabel. Juv. ähnl. Ad. 27 cm. UAn. Verbr. in N-, M-Europa, im ges. N-, M-Asien u. in N-Amerika. Überwintert in W-, S-Europa u. Afrika. Brütet im Sumpfgelände, in Verlandungszonen, Mooren u. nassen Wiesen. Beim Hinunterstürzen des balzenden ♂ entsteht das «Meckern» durch Schwingungen der äußeren Schwanzfedern (Schallfedern). Nest tiefe Mulde, gut getarnt. ♂ u. ♀ brüten, Brutdauer 20 Tage. Oft 2 Jahresbruten. Haltung s. Scolopacidae. Keine Gefangenschaftsbruten bekannt. In vielen Ländern bejagt.

Gallinula. G der Rallidae ↗. 4 An. Mit Ausnahme der Polargebiete weltweit verbr.

— *G. chloropus*, Teichralle. ♂ u. ♀: Kopf u. Hals dunkel grauschwarz. Mantel u. Bürzel olivbraun. Flügelrand schmal weiß. US schiefergrau, Flanken weiß gestreift. Unterschwanzdecken schwarzweiß. Auge, Stirnschild u. Schnabel rot, Schnabelspitze gelb. Beine gelbgrün mit rotem Band über Gelenk. Juv. OS braun. US grauweiß. Stirnplatte u. Schnabel bräunlich grün. Auge graubraun. Beine grün. 33 cm. UAn. Europa, Asien (südöst. bis Sulawesi u. Sumbawa), Afrika, Madagaskar (mit Seychellen, Mauritius u. Réunion), Marianen, Hawaii, N- u. S-Amerika. Stand-, Strich- und Zugvogel. Alle An stehender Gewässer mit dichter Ufervegetation. Wippen beim Gehen ständig mit dem Schwanz. Nest im dichten Pflanzenwuchs, z. T. auch höher im Ufergebüsch. Gelege 6—10 auf gelblichbraunem Grund fein rotbraun gefleckte Eier. Brutdauer 19—22 Tage. ♂ u. ♀ brüten. 2—3 Bruten im Jahr. Juv der 1. Brut beteiligen sich an Aufzucht der 2. Brut. Gelangt durch Zufallsfunde aus freier Wildbahn häufiger in Liebhaberanlagen. Siedelt sich an Teichanlagen teilweise auch von allein an. Klettert ausgezeichnet. Überwinterung in frostfreiem Schutzhaus. Brütet meist in Nistkästen (Entenbrutkasten). Nur mit größeren bodenbewohnenden An vergesellschaften. Mehrfach, auch in Volieren, gezüchtet.

Gallirallus. G der Rallidae ↗. 1 A. Neuseeland u. vorgelagerte Inseln; auf den Chatham-Inseln durch den Menschen verbr. Flugunfähig, weichfedrig. Am 2. Finger scharfer Dorn. Bewohner der sumpfigen u. gestrüppreichen Küstenregion, in sumpfigen Wäldern sowie in Gras- u. Gebüschregion bis 6 000 m ü. NN. Vorwiegend nacht- u. dämmerungsaktiv. Schrille, laute Stimme. Können sehr schnell laufen. Neugieriges Verhalten, wagen sich in die Nähe bewohnter Häuser. Nahrung vielseitig, Kleingetier, Insekten, kleine Reptilien, Eier, Jungvögel u. a. Brüten oft sogar in Vorstadtgärten. Nest gut verborgen im dichten Unterholz, unter Wurzeln in oft selbst gegrabener Höhle. Gelege 2—4 cremeweiße, braun u. hellviolett gefleckte Eier. Ab u. zu in Europa. Überwiegend in Tiergärten, Haltung in großen Volieren ↗. Zur Zucht schmale Steinhöhlen anbieten. Nest wird in Höhlenecke aus Grashalmen, Binsen, Zweigen, Federn u. Moos gebaut. ♂ u. ♀ bauen Nest u. brüten. Brutdauer 25—27 Tage. Nesträuber! Fressen gern Eier, auch eigenes Gelege. Erstzucht 1912 in England (Zoo London).
— *G. australis*, Wekaralle. ♂ u. ♀: gesamte OS gelbbraun u. schwarz gefleckt. US grau bis bräunlich. Brust ± rotbraun u. schwarz gestreift. Heller Überaugenstreif. Augen, Schnabel u. Beine rot. 50 cm. UAn.

Galloperdicinae, Zwergfasanen. UF der Phasianidae ↗. 1 G *Galloperdix*, 3 An.

Gallus. G der Gallinae ↗. 4 An, alle gehalten u. gezüchtet. 38—80 cm, zierliche Hühnervögel ↗, wovon 13—39 cm auf die Schwanzlänge entfallen. Dachförmig getragener 16—18 fedriger Schwanz, bei den ♂♂ mittl. Paar verlängert u. sichelförmig gebogen. ♂♂ buntfarbig u. mit fleischigem Kamm auf Scheitel u. paarigen Kehllappen. ♀♀ kleiner, braun u. grau gezeichnet. SO-Asien. Bewohner tropischer Waldungen u. Buschsteppen. Nahrung Samen u. Insekten. Zur Balzzeit lassen die ♂♂ Krährufe, ähnl. der Haushühner ertönen. Leben in strenger Monogamie. In M-Europa frostfreie Überwinterungsräume erforderlich. Gelege 3—10 isabellfarbige bis bräunliche Eier. Bebrütungsdauer 19—21 Tage. ♀ führt Juv., diese anfänglich sehr wärmebedürftig. Zur Aufzucht reichlich animalische Kost erforderlich. Fast alle An legen sommerliches RK an. Sicheres Kennzeichen für An-Einheit, da in Europa vielfache Kreuzungen mit Haushuhnrassen regelmäßig im Angebot, welche kein Ruhekleid tragen.

Bankivahuhn. Männchen

— *G. gallus*, Bankivahuhn. ♂: Kamm, Kehllappen, Gesicht scharlachrot. Ohrlappen weißlich, Halsbehang zugespitzt mit zerschlissenen Säumen, rot mit dunklerem Schaftstrich. Im Nacken goldorange. Oberrücken, Flügeldecken u. Armschwingen schwarz, stahlblau glänzend. Oberflügeldecken u. Unterrücken rotbraun. Bürzel orangerot, Federn lanzettförmig verlängert. Schwanz u. Schwanzdecken metallisch dunkelgrün glänzend. US schwarz. Schnabel braun, Oberschnabel horngelb. Füße blaugrau mit scharfen Sporen. Während der Sommermauser Juni—September werden Hals- u. Sattelbehang, sowie lange Schwanzfedern durch schlichtes Gefieder ersetzt. ♀: Kopfteile wesentlich kleiner als bei ♂. Oberkopf u. Nacken rötlichbraun. Lanzettförmige Halsfedern dunkelbraun mit hellen Säumen. OS braun mit weißlichen Schaftstrichen u. feiner, schwarzer Wellung. US rotbraun, Unterbauch gelbbraun. Schnabel unterschiedlich hornfarben. Füße wie ♂♂, aber ohne Sporen. 65—75 cm ♂, 42—46 cm ♀. UAn. Vietnam, Kampuchea, Thailand. *G. g. spadiceus*, Burma Bankivahuhn. ♂: unterscheidet sich von Nominatform durch kürzeren Halsbehang u. rote Ohrscheiben. ♀: dunkler gefärbt. Burma, Thailand, N-Laos u. Malaiische Halbinsel, N-Sumatera. *G. g. jabouillei*, Tonkin Bankivahuhn. ♂: etwas orangeroter Behang am Hals, kleiner Kamm, Kehllappen u. Ohrscheiben rot. Rote Gefiederpartien dunkler als bei Nominatform. ♀: ähnl. ♀ UA *spadiceus*, nur Säumung Halsbehang dunkelgelb. Tonkin, N-Vietnam, SO-Yünnan (VR China) u. Insel Hainan. *G. g. murghi*, Indisches Bankivahuhn. ♂: ähnl. ♂ UA *spadiceus*, Halsbehang goldgelb mit schwarzen Schaftstrichen. Sattel u. Bürzel hellrot. Ohrscheiben weiß. ♀: heller als ♀ UA *spadiceus*. NO-Indien. *G. g. bankiva*, Java Bankivahuhn. ♂: von anderen UAn u. Nominatform durch gerundeten Halsbehang unterschieden. ♀: trägt breitere Halsfedern. Java, Bali, S-Sumatera, auf mehreren Südseeinseln u. Philippinen vom Menschen verbr. Alle UAn sind Bewohner dichter Dschungel. Zur Nahrungssuche wer-

Gambelschopfwachtel

den vielfach Plantagen u. Felder aufgesucht. Das Bankivahuhn ist als Stammart des Haushuhns anzusehen.

— *G. lafayetii*, Ceylonhuhn, Lafayettehuhn. ♂: schwach gezackten, roten, in der Mitte gelben Kamm u. rote Kehllappen. Scheitel rötlich, langer Halsbehang orangegelb mit schwarzen Schaftstreifen u. orangeroten Säumen. Oberrücken u. Flügeldecken intensiver rot. Unterrücken, Bürzel u. Sattelbehang purpurviolett, rot gesäumt. Übrige Flügelfedern u. Schwanz violettpurpurn, metallisch glänzend. Brust mit langen, lanzettförmigen roten Federn wie auf Oberrücken, nur intensiver gefärbt. Unterbauch schwarz. Füße gelb. Schnabel rötlich hornfarben, Spitze heller. ♀: OS rotbraun mit schwarzer Sprenkelung. Hals gelbbraune Schaftstriche u. gelbe Säume. Flügel schwarz, gelbbraun gebändert. US rötlichbraun, weißliche Mittelflecken u. dunkle Endsäume. Unterbauch weißlich. Schnabel hornbraun, US heller. Füße gelbbraun. ♂ ♂ Prachtgefieder im 2. Lebensjahr. Sommer-RK wird nicht angelegt. 66—72 cm ♂, 35 cm ♀. Sri Lanka. Scheuer Bewohner dichter Dschungelgebiete. Nahrung Samen, Beeren u. Insekten. Juv. ausschließl. Insektenfresser. In M-Europa beheizte Überwinterungsräume erforderlich. Schutzbestimmungen nach WAÜ ↗.

— *G. sonneratii*, Sonnerathuhn. ♂: Kamm leicht gezackt, dieser wie Kinnlappen, Kehle u. nacktes Gesicht rot. Halsbehang lang, Spitze gerundet, schwarze Federn grau gesäumt, an der Spitze 2—3 weißliche Hornblättchen, Spitze mit gelben Hornplättchen. Federn der US lanzettförmig, schwarz mit weißen Schaftstrichen u. hellen Säumen, Flanken mit roströtlichem Anflug. Rückenfedern purpurschwarz, Schäfte weiß, Säume grau. Behangfedern vom Bürzel mit rostroten Spitzen u. großen gelben u. weißen Hornplättchen. Schwanz glänzend purpurschwarz. Flügeldecken schwarz mit weißen Schäften, Spitzen rostgelb, sonst Flügel schwarz. Schnabel hornschwarz, Spitze gelblich. Füße gelb bis lachsrötlich. ♀: braun, Halsfedern in der Mitte gelblich, schwarz gestrichelt u. braun gesäumt. Rücken mit feinen schwarzen u. hellbraunen Wellen, Schaftstriche weißlich gelbbraun, Ränder der Striche schwarz. Flügel braun u. schwarz gewellt, Schwingen u. seitl. Schwanzfedern schwarz. Kehle gelblichweiß, Brustfedern weiß mit schwarzen od. braunen Säumen, dadurch Schuppenzeichnung. 70—80 cm ♂, 38 cm ♀. Konspezies mit *G. gallus*. UAn. S-u.W-Indien. Lebt in Wäldern u. Bambusdickicht im Hügel-u. Bergland bis 1 500 m ü. NN. Einzeln, paarweise od. in kleinen Gruppen unterwegs, bildet keine Herden.

— *G. varius*, Gabelschwanzhuhn, Grünes Kammhuhn. ♂: Kamm ohne Einkerbungen, einziger Kehllappen in Kehlmitte. Behangfedern am Unterrücken u. Bürzel schuppenartig gezeichnet. Schwanz nicht gegabelt, schwarz mit stahlblauem u. erzgrünem Metallglanz. Flügeldecken schmal zerschlissen, verlängert, schwarz mit breiten orangeroten Säumen, sonst Flügel u. US schwarz. Federn von Hals u. Vorderrücken schwarz, Säume dreifach blau, grün u. schwarz. Schnabel horngelb. Auge gelb. Füße weiß bis hellrötlich. ♀: Kopf braun, OS glänzend braunschwarz, Schaftstriche u. Säume blaß gelblich. Schwanz schwarz, Ränder mit metallisch glänzenden dunklen u. gelbbräunlichen Flecken. Kehle weiß. Brustfedern blaß braun, Säume schwärzlich. Bauch grau bis rotbraun mit unterschiedl. schwarzer Sprenkelung. Auge, Schnabel wie ♂. Füße grauweiß bis gelbrötlich. 70 cm ♂, 40 cm ♀. Java, Bali u. Kleine Sundainseln. Bewohnt Küstengebiete u. Ebenen, nicht das Gebirge, vorzugsweise im felsigen Trockenbusch nahe von Feldern. Paarweise od. in Familienverbänden zusammen, zur Nahrungssuche gern auf Reisfeldern u. in anderem Kulturland.

Gambelschopfwachtel, NN → Helmwachtel
Gambelwachtel (*Callipepla gambelii*) → *Callipepla*
Gangesbrillenvogel (*Zosterops palpebrosus*) → *Zosterops*
Gang-Gang-Kakadu → Helmkakadu
Gänse → Anserinae
Gänsegeier (*Gyps fulous*) → *Gyps*
Gänsesäger (*Mergus merganser*) → *Mergus*
Ganzkörperfütterung. Vogelgruppen, die sich vorwiegend durch den Fang von Kleinsäugern, Fischen, Amphibien u. Reptilien ernähren, benötigen auch in Menschenobhut die Fütterung von Ganzkörpern. Sowohl Haare, Knochen, Darminhalt, Blut u. innere Organe der Futtertiere sind für den normalen Stoffwechselablauf dieser Vögel notwendig. Die Futtertiere sind in jedem Fall getötet zu verabreichen, um Quälereien zu vermeiden. Die Verfütterung erfolgt in frischtotem Zustand, u. die Futterplätze sind tägl. gründlich zu säubern. Als Futtertiere eignen sich neben versch. Kleinsäugern auch Eintagsküken.

Garrulax. G der Timaliidae ↗. 22 An. S-Asien. Haltung in Volieren ↗, Vergesellschaftung nicht mit kleineren Vögeln. Handelsübl. Insektenweichfutter (Drosselmischung) vermischt mit Magerquark, außerdem Obststückchen, Beeren, Mehlkäferlarven ↗, Grillen, rohe Fleischstückchen, nackte Jungmäuse. Während der Aufzucht reichl. Lebendfutter.

— *G. albogularis*, Weißkehlhäherling. ♂: OS olivbraun, Stirn mehr gelblich. Zügelstreif schwarz, verläuft weiter unter dem Auge. Bürzel rötlichbraun. Äußere Schwanzfedern mit weißen Spitzen. Kehle weiß, sonst unterseits rötlichbraun, Unterschwanzdecken rostbraun. Schnabel schwärzlich. Auge bläulichweiß. Füße grau. ♀ wie ♂, etwas kleiner. 27,5 cm. UAn. Himalaja von N-Pakistan bis W-China; Taiwan. Bewohnt immergrüne Wälder bis über 2 000 m ü. NN. Großes napfförmiges Nest aus Halmen, Moos, Blättern, Fasern, in Astgabeln gebaut. Gelege 3—4 blaue Eier. Erstmalig 1876 in London, seither fast regelmäßig auf dem Vogelmarkt. Angenehmer Volierenbewohner. Frostfreie Überwinterung.

— *G. chinensis*, Weißohrhäherling. ♂: Kopf-OS grau, ebenso Nacken. Stirn schwarz, von schmalem weißen Band gesäumt. Vordere Kopfseiten, Augenpartie u. Hals schwarz. Ohrdecken u. hintere Kopfseiten silbrigweiß. OS olivbraun. Schwanzfedern graubraun, Spitzen schwarz. Brust grau, sonst unterseits olivbraun. Schnabel schwarz. Auge dunkel-

braun. Füße schwärzlichbraun. ♀ wie ♂, aber etwas kleiner, Schnabel kürzer. 26 cm. UAn. W- u. NO-Thailand, Laos, Vietnam, SW-China; Hainan. Lebt im Sekundärwald, im Unterholz, in Höhenlagen von ca. 1 200 m ü. NN, Bambusdickicht. Fleißiger Sänger, abwechslungsreiche Strophen. Nahrung Früchte, Insekten, kleine Reptilien u. junge Vögel. Napfförmiges Nest in Bäumen od. Dornengestrüpp aus Zweigen, Gras u. Laub, innen mit feinem Material ausgekleidet. Auch Koniferennadeln werden zur Polsterung verwendet. Fast regelmäßig im Handel. Bald zutraulich.
— *G. leucolophus*, Weißhaubenhäher, Häherling. ♂ u. ♀: Kopf, Kinn, Kehle u. Brust weiß, ebenso große Haube, diese meistens aufgerichtet. Augenstreif schwarz, reicht bis zu den Ohrdecken. Übriges Gefieder rötlichbraun. Juv. matter als Ad., Schwanzfedern spitzer. 28—30 cm. UAn. Himalaja, Assam, Yünnan, Burma, Thailand, Indochina; W-Sumatera. Bewohnt Wälder bis ca. 1 200 m ü. NN. Häufig 20—30 Tiere im Trupp vereint. Meistens auf dem Boden. Laute Rufe, klingen ähnl. menschlichem Lachen. Napfförmiges, flaches Nest aus Halmen, Stengeln, kleinen Zweigen u. Ranken, innen mit Würzelchen, weichen Gräsern u. Stengeln gepolstert, steht in hohen Büschen u. niedrigen Bäumen. Erstmalig 1876 in Europa (Zool. Garten Amsterdam u. in London). Regelmäßig im Handel. Leichte Pflege, bald zutraulich, für Käfig wenig geeignet. Zucht selten gelungen. Gelege 4—6 Eier. ♀ u. ♂ brüten. Schlupf nach 14 Tagen. ♀ u. ♂ füttern, überwiegend Insekten.
— *G. pectoralis*, Brustbandhäherling, UA *G. p. picticollis*, Nackenfleckhäherling (früher mit weiterer UA eigene A). ♂ u. ♀: Ohrdecken weißlich mit schwarzen Stricheln, manchmal auch ganz schwarz. Oberer Augenstreif weiß, unterer schwarz. Bartstreif schwarz, begrenzt die weißlichen Ohrdecken. Nakken mit goldbräunlichem Fleck. OS graubräunlich, US weiß, auffallend breites schwarzes Brustband, zieht bis in die Ohrpartie. Körperseiten u. Unterschwanzdecken mehr gelblich. 27,5 cm. Verbr. der UA von Kwangtung bis Anhwei (SO-China). Heimat der A Himalajagebiet, Assam, S-China, Burma, W-Thailand, N-Indochina. Bewohnt Sekundärwälder im Gebirge. Lebt vorwiegend im Unterholz u. am Boden. Nahrung Insekten, Samen u. Beeren. Zuweilen im Handel.
— *G. perspicillatus*, Masken-, Brillenhäherling. ♂ u. ♀: Stirn, Kopfseiten u. Ohrdecken schwarz. OS graubraun, US rostbraun u. bräunlichweiß. S-China u. N-Indochina. Bewohnt Unterholz in Wäldern u. Parks, Bambusbestände, Schilf. Napfförmiges Nest in Bäumen u. Dornengestrüpp. Nahrung Früchte, Insekten, kleine Reptilien u. junge Vögel. Erstmalig 1878 im Zoo London, seither regelmäßig im Handel. Sehr selten gezüchtet.

Garrulus, Holzhäher. G der Corvidae ↗. 3 An. Früher 3 monotypische Gn: *Lalocitta*, *Lalestris* u. *Garrulus*. Typische Waldvögel mit kurzem Schnabel. Rücken u. US rotbräunlich.
— *G. glandarius*, Eichelhäher. ♂ u. ♀: mit rötlichbraunem Körper, Scheitel hell-dunkel gestreift, aufrichtbare Haube. Flügeldecken schwarzblau gebändert. Bürzel u. Flügeldecke weiß. Zügelstreifen u.

Gartenbaumläufer

Schwanz schwarz. Auge hellblau. Juv. wie Ad. 32—34 cm. 28 UAn. Unterscheidung durch unterschiedl. Braunfärbung u. Kopfzeichnung. Europa, N-Afrika, Vorderasien bis Iran, asiat. SU bis N-Mongolei, Sachalin u. Japan, Taiwan, Himalaja-Gebiet, Hinterindien, N-Thailand u. Burma. Bewohner der Wälder, außerhalb der Brutzeit gesellig. Nahrung s. Corvidae. Nest auf Bäumen, sehr selten in Halbhöhlen, locker aus Reisig u. Wurzeln. Gelege 5—7 hell braungrünliche Eier mit kleinen hellbraunen Flecken. Brut 16—17 Tage, Pflege 20 Tage. Selten im Handel. Eingewöhnung von Wildfängen (Eichelhäher-Fangkasten) schwierig. Aufzucht von juv. Wildlingen (2—3 Tage) einfach, ähnl. *Corvus* ↗. Starke Prägung auf den Pfleger. Haltung mit anderen An problematisch. Zuchterfolge sehr selten. In der BRD u. DDR ungeschützt. *G. g. bispecularis* (Spiegelhäher, UA, von NEUNZIG ↗ noch als eigene A behandelt). Gegenüber der Nominatform Kopfplatte ohne Streifung u. wie Rücken gefärbt, aber doppelt blauschwarzweiße Flügelspiegel. Grundfarbe variiert zwischen gelblich u. zimtbraun. Etwas kleiner, 32 cm. Himalaja-Gebiet bis 2 300 m ü. NN. Im Handel äußerst selten. Verhalten, Nahrung, Eingewöhnung, Haltung s. *G. glandarius*.
— *G. lanceolatus*, Strichelhäher. ♂: Kopf schwarz, Kehle schwarz, auffällig weiß gestrichelt, ebenso der graue Kopf, Scheitel mit aufrichtbarer Haube, Flügel schwarz, braun gebändert, Handdecken weiß, Schwanz graublau, schwarz gebändert mit weißer Spitze, davor breites schwarzes Band. Schnabel gelblich grüngrau mit schwarzem Kamm. Auge dunkel. Füße bleigrau. ♀ wie ♂, aber kürzerer Schnabel. Juv. in der Farbe matter, Füße u. Schnabel fleischfarben. 30—35 cm. W-Himalaja, O-Pakistan, öst. bis Nepal. Bewohnt nach Häherart lichte Bergwälder. Nahrung s. Corvidae. Nest sehr hoch, bes. in freistehenden Laubbäumen aus Zweigen u. Wurzeln, mit Moos u.a. gepolstert. Gelege 3—4 grünliche Eier mit schwarzen Flecken u. Strichen. Im Handel des öfteren angeboten. Eingewöhnung gut, werden handzahm, sind winterhart. Bei Zucht nur 1 Paar je Voliere ↗ (Eierdiebstahl). Futter eingeweichtes Weißbrot, Erdnüsse, Ei ↗, Fleisch. Während der Brut am Nest sehr empfindlich. Juv. werden von Eltern nur mit lebenden Insekten ↗ (Mehlwürmer ↗, Ameisenpuppen) u. später lebenden jungen Mäusen gefüttert. Wird die Nahrung knapp, werden die Juv. verschlungen (nach RUTGERS). Öfter Zuchterfolge.
— *G. lidthi*, Prachthäher. ♂ u. ♀: Kopf u. Hals dunkelblau, Kropf schwarz, Kehle weiß gestrichelt. Flügel u. Schwanz dunkelblau mit weißem Endsaum. Juv. ähnl. Ad. 40 cm. Südjapan, Inseln (Riukiu-Gruppe). Waldvogel, der in Baumhöhlen brütet, Eier blau. Nahrung s. Corvidae. Äußerst selten gehandelt. Wenig gehalten, aber winterhart. Zucht wohl noch nicht gelungen.

Gartenammer, NN → Ortolan
Gartenbaumläufer (*Certhia brachydactyla*) → *Certhia*

Gartengrasmücke *(Sylvia borin)* → *Sylvia*
Gartenmausvogel, NN → Weißrückenmausvogel
Gartenrotschwanz *(Phoenicurus phoenicurus)* → *Phoenicurus*
Gartentrupial *(Pendulinus spurius)* → *Pendulinus*
Gartenvoliere → Außenvoliere
Gärtnervogel *(Sericulus chrysocephalus)* → *Sericulus*

Gastropoda, Schnecken. Bilden eine beliebte Vogelnahrung für zahlreiche systematische Gruppen. Dabei werden die Gehäuseschnecken oft mit ihrer Hülle verzehrt u. bereichern so das Angebot an Mineralstoffen. Eine Zucht von Schnecken ist nicht lohnend.

Gattung → systematische Kategorien

Gavia. G der Gaviidae ↗. 5 An.
— *G. adamsii*, Gelbschnabeleistaucher. ♂ u. ♀: gleich, im BK schwarzer, grün u. purpurn schillernder Kopf. OS schwarz mit großen weißen Flecken, gelblicher u. aufgeworfener Schnabel. RK ähnl. Prachttaucher, Federn der OS mit grauen Säumen. Juv. heller bräunlich. 75 cm. N der Kola-Halbinsel, Nowaja Semlja, arktisches Sibirien, nö. N-Amerika. Biotop ↗ u. Nest wie Prachttaucher.
— *G. arctica*, Prachttaucher. ♂ u. ♀: gleich, im BK OS schwarz mit weißer Bänderung auf beiden Seiten. Schwarzer Oberhals, ein schwarzweiß gestreiftes Feld zieht sich seitl. zur Brust. Scheitel u. Nacken grau. RK ohne Schwarzfärbung, Rücken ist dunkel ohne graue Federsäume. Hals weiß. Gerader Schnabel. Juv. ähnl. RK, mit unregelmäßiger, grauer Musterung, Schnabel bläulichweiß mit dunkler Spitze. 62 cm. UAn. Kommt in N-Europa, dem nö. Asien bis Kamtschatka u. N-Amerika vor. Brütet an größeren u. tiefen Seen im Binnenland, bewaldet od. unbewaldet. Beansprucht ein relativ großes Revier, das gegen A-Genossen verteidigt wird. Nest meist am Ufer einer Insel. Die Juv. werden zunächst mit kleineren Wirbellosen, später nur mit Fisch ernährt. Gelegentl. in Gefangenschaft, überleben meist nur kurze Zeit. Ein Tier lebte 6 Monate im Tierpark Cottbus.
— *G. immer*, Eistaucher. ♂ u. ♀: gleich, im BK ähnl. Gelbschnabeleistaucher gefärbt, schwarzer u. gerader Schnabel. RK ähnl. Prachttaucher. Juv. bräunliche OS. 75 cm. Island, Grönland, nö. N-Amerika. Biotop u. Nest ähnl. Prachttaucher.
— *G. stellata*, Sterntaucher. ♂ u. ♀: gleich, im BK rostbrauner Vorderhals, fast einfarbig bräunliche OS. RK oberseits gefleckt, Scheitel u. Nacken grau. Aufwärts gebogener Schnabel. Juv. ähnl. RK, auch Halsseiten leicht gefleckt, Schnabel bläulich mit schwarzer Spitze. 56 cm. UAn. N- u. NO-Europa, nö. Asien, Grönland, N-Amerika. Auch an kleineren Seen u. Tümpeln, manchmal in kleinen Kolonien. Zur Nahrungssuche fliegt er oft weite Strecken. Überwintert in größerer Zahl an Nord- u. Ostseeküste.

Gaviidae, Seetaucher. F der Gaviiformes ↗. 1 G *Gavia* ↗, 5 An. Nö. Wald- u. Tundrazone der Alten u. Neuen Welt. Weit hinten angesetzte Füße, Schwimmhäute zwischen den 3 Vorderzehen. Kurze Schwanzfedern, spitzer Schnabel. Tief im Wasser liegend, Kopf wird leicht schräg aufwärts gehalten. Begattung an Land, Bewegung dort meist auf dem Bauch rutschend. Brüten an tiefen Seen mit klarem Wasser od. kleineren Teichen mit Pflanzenwuchs, die sehr fischreich sind. Großes Pflanzennest, das dicht am Ufer steht. 2 olivbräunliche, dunkel gefleckte Eier. Brutdauer 25–30 Tage. Dunenjunge folgen bald den Ad., werden noch 2 Monate betreut. Außerhalb der Brutzeit meist an Küsten, einige regelmäßig im Binnenland. Zugvögel ↗, die an Atlantikküste, Mittelmeer u. Schwarzem Meer überwintern. Hauptnahrung Fische, auch Krebse u. Weichtiere. Haltung s. *Podiceps*, nur selten erfolgreich, da meist verölte od. verletzte Tiere in Menschenhand geraten. Keine Zucht in Gefangenschaft.

Gaviiformes, Seetaucher. O. 1 F Gaviidae ↗.
Gebänderter Brillenkauz *(Strix melanota)* → *Strix*
Gebänderter Tropen-Waldkauz *(Strix virgata)* → *Strix*
Gebirgsara *(Ara couloni)* → *Ara*
Gebirgsbrillenvogel *(Zosterops montanus)* → *Zosterops*
Gebirgslori, UA → Allfarblori
Gebirgsstelze *(Motacilla cinerea)* → *Motacilla*
Gefleckter Honiganzeiger *(Melipodagus variegatus)* → *Melipodagus*
Gehäubter Baumfrankolin, NN → Gehäubter Steppenfrankolin
Gehäubter Guan, NN → Rotbauchguan
Gehäubter Steppenfrankolin *(Dendroperdix sephaena)* → *Dendroperdix*
Gehelmter Honigfresser *(Meliphaga cassidix)* → *Meliphaga*
Geierpapagei, NN → Kahlkopfpapagei
Geierperlhuhn *(Acryllium vulturinum)* → *Acryllium*
Geierrabe *(Corvus albicollis)* → *Corvus*
Geierseeadler, NN → Palmgeier
Gelbbauchamazone, NN → Goldbauchamazone
Gelbbauchammer *(Emberiza flaviventris)* → *Emberiza*
Gelbbauchastrild *(Estrilda melanotis)* → *Estrilda*
Gelbbauch-Fleckentangare, NN → Gelbbauchtangare
Gelbbauchgirlitz *(Crithagra flaviventris)* → *Crithagra*
Gelbbauch-Lappenschnäpper *(Dyaphorophyia concreta)* → *Dyaphorophyia*

Brütender Sterntaucher

Gelbbauch-Nektarvogel *(Arachnechthra venusta)* → *Arachnechthra*
Gelbbauchnonne, NN → Blaßkopfnonne
Gelbbauchorganist, NN → Purpurkehlorganist
Gelbbauchschilffink, NN → Gelber Schilffink
Gelbbauchsittich *(Platycercus caledonicus)* → *Platycercus*
Gelbbauchsperling *(Passer flaveolus)* → *Passer*
Gelbbauchtangare *(Tangara xanthogastra)* → *Tangara*
Gelbbauchzeisig *(Spinus xanthogaster)* → *Spinus*
Gelbbrauenammer *(Cristemberiza chrysophrys)* → *Cristemberiza*
Gelbbrauen-Bambushuhn *(Bambusicola fytchii)* → *Bambusicola*
Gelbbrauenspecht *(Melanerpes cruentatus)* → *Melanerpes*
Gelbbrauner Fischuhu *(Ketupa flavipes)* → *Ketupa*
Gelbbrust-Fruchttaube *(Megaloprepia occipitalis)* → *Megaloprepia*
Gelbbrustgirlitz *(Ochrospiza citrinipectus)* → *Ochrospiza*
Gelbbrustkotinga *(Pipreola riefferii)* → *Pipreola*
Gelbbrust-Schilffink, NN → Gelber Schilffink
Gelbbrusttrogon, NN → Grünkopftrogon
Gelbbug-Blaustirnamazone, UA → Rotbugamazone
Gelbbürzel-Blautukan *(Andigena hypoglauca)* → *Andigena*
Gelbbürzelgirlitz *(Ochrospiza xanthopygia)* → *Ochrospiza*
Gelbbürzel-Honiganzeiger *(Indicator xanthonotus)* → *Indicator*
Gelbbürzelkassike *(Cacicus cela)* → *Cacicus*
Gelbbürzelschnäpper *(Ficedula zanthopygia)* → *Ficedula*
Gelbbürzeltangare, NN → Gelbkehltangare → Feuerbürzeltangare
Gelbe Pfeifgans *(Dendrocygna bicolor)* → *Dendrocygna*
Gelber Kernknacker *(Pheucticus chrysopeplus)* → *Pheucticus*
Gelber Schilffink *(Munia flaviprymna)* → *Munia*
Gelbflügelamazone *(Amazona barbadensis)* → *Amazona*
Gelbflügel-Waldnymphe *(Coeligena lutetiae)* → *Coeligena*
Gelbfußhonigsauger, NN → Purpurnaschvogel
Gelbfuß-Naschvogel, NN → Azurnaschvogel
Gelbfußtinamu *(Crypturellus noctivagus)* → *Crypturellus*
Gelbfußuhu *(Bubo leucostictus)* → *Bubo*
Gelbgrüner Lori *(Trichoglossus flavoviridis)* → *Trichoglossus*
Gelbgrüner Rotschwanzsittich *(Pyrrhura hoffmanni)* → *Pyrrhura*
Gelbhosenpipra *(Pipra mentalis)* → *Pipra*
Gelbkehlammer *(Cristemberiza elegans)* → *Cristemberiza*
Gelbkehl-Flughuhn *(Syrrhaptes gutturalis)* → *Syrrhaptes*
Gelbkehliger Buntastrild *(Pytilia m. citerior)* → *Pytilia*
Gelbkehlpieper *(Macronyx croceus)* → *Macronyx*

Gelbkehlsperling *(Gymnoris xanthocollis)* → *Gymnoris*
Gelbkehltangare *(Hemithraupis flavicollis)* → *Hemithraupis*
Gelbkopfamazone, NN → Gelbscheitelamazone
Gelbkopf-Blattvogel *(Chloropsis cochinchinensis)* → *Chloropsis*
Gelbkopf-Felshüpfer *(Picathartes gymnocephalus)* → *Picathartes*
Gelbkopf-Kernknacker *(Pheucticus chrysopeplus)* → *Pheucticus*
Gelbkopflori *(Trichoglossus euteles)* → *Trichoglossus*
Gelbkopforganist, NN → Goldbauchorganist
Gelbkopf-Schwarzstärling, Gelbkopf-Spiegelstärling *(Xanthocephalus xanthocephalus)* → *Xanthocephalus*
Gelbkopfstärling *(Chrysomus icterocephalus)* → *Chrysomus*
Gelbkopf-Stelzenkrähe *(Picathartes gymnocephalus)* → *Picathartes*
Gelbkopftangare *(Tangara xanthocephala)* → *Tangara*
Gelbmantellori *(Lorius garrulus)* → *Lorius*
Gelbmantelwida *(Coliuspasser m. macrourus)* → *Coliuspasser*
Gelbmasken-Sperlingspapagei *(Forpus xanthops)* → *Forpus*
Gelbnackenamazone, UA → Gelbscheitelamazone
Gelbnackenara *(Ara auricollis)* → *Ara*
Gelbnacken-Laubenvogel *(Sericulus chrysocephalus)* → *Sericulus*
Gelbnackentimalie *(Yuhina flavicollis)* → *Yuhina*
Gelbnackenyuhina *(Yuhina flavicollis)* → *Yuhina*
Gelbohr-Arassari *(Selenidera spectabilis)* → *Selenidera*
Gelbohr-Rabenkakadu, UA → Brauner Rabenkakadu
Gelbohrsittich *(Ognorhynchus icterotis)* → *Ognorhynchus*
Gelbrückenwida, UAn → Gelbschulterwida
Gelbscheitelamazone *(Amazona ochrocephala)* → *Amazona*
Gelbscheitel-Bartvogel *(Cyanops henricii)* → *Cyanops*
Gelbscheitelgirlitz → Graunackengirlitz
Gelbscheitelorganist *(Euphonia luteicapilla)* → *Euphonia*
Gelbscheiteltangare, NN → Haarschopftangare
Gelbscheitelweber, UA → Textorweber
Gelbschenkel-Rostkappenpapagei, UA → Rostkappenpapagei
Gelbschenkeltangare *(Thraupis cyanocephala)* → *Thraupis*
Gelbschnabel *(Syma torotoro)* → *Syma*
Gelbschnabel-Bartvogel *(Trachyphonus purpuratus)* → *Trachyphonus*
Gelbschnabel-Berglori *(Neopsittacus musschenbroekii)* → *Neopsittacus*
Gelbschnabeleistaucher *(Gavia adamsii)* → *Gavia*

Gelbschnabelelster

Gelbschnabelelster *(Pica nuttalli)* → *Pica*
Gelbschnabelente *(Anas undulata)* → *Anas*
Gelbschnabel-Glanzvogel *(Galbula albirostris)* → *Galbula*
Gelbschnäbelige Spitzschwanzamadine, NN → Spitzschwanzamadine
Gelbschnabelkitta *(Urocissa flavirostris)* → *Urocissa*
Gelbschnabelkuckuck *(Coccyzus americanus)* → *Coccyzus*
Gelbschnabel-Schweifkitta, NN → Gelbschnabelkitta
Gelbschnabelsturmtaucher *(Calonectris diomedea)* → *Calonectris*
Gelbschnabeltoko *(Tockus flavirostris)* → *Tockus*
Gelbschulter-Amazone, NN → Gelbflügelamazone
Gelbschulterkönigssittich *(Alisterus chloropterus)* → *Alisterus*
Gelbschulterwida *(Coliuspasser macrourus)* → *Coliuspasser*
Gelbschwanzfasan *(Lophura erythrophthalma)* → *Lophura*
Gelbschwanz-Glanzfasan *(Lophophorus impejanus)* → *Lophophorus*
Gelbspötter *(Hippolais icterina)* → *Hippolais*
Gelbsteißsittich *(Psephotus haematogaster)* → *Psephotus*
Gelbsteißtangare, NN → Feuerbürzeltangare
Gelbstirn-Bartvogel *(Thereiceryx flavifrons)* → *Thereiceryx*
Gelbstirn-Jassana *(Jacana spinosa)* → *Jacana*
Gelbstirn-Mohrenkopfpapagei, NN → Schoapapagei
Gelbstreifen-Tuisittich, UA → Tuisittich
Gelbwangenamazone, NN → Rotstirnamazone
Gelbwangenfink, NN → Yarrellzeisig
Gelbwangenkakadu → Kleiner Gelbhaubenkakadu
Gelbwangenrosella *(Platycercus icterotis)* → *Platycercus*
Gelbwangen-Spinnenjäger *(Arachnothera chrysogenys)* → *Arachnothera*
Gelbzügelamazone, NN → Goldzügelamazone
Gemalte Ammer, NN → Smithammer
Gemalte Fruchttaube, NN → Veilchenkäppen-Fruchttaube
Gemalter Astrild *(Emblema picta)* → *Emblema*
Gemeiner Blaurabe, NN → Azurblaurabe
Gemeiner Trappist *(Malacoptila fusca)* → *Malacoptila*
Gemeiner Trupial → Orangetrupial
Genickbandweber *(Textor castaneiceps)* → *Textor*
Geococcyx. G der Neomorphidae ↗. 2 An.
— *G. californianus,* Rennkuckuck, Wegekuckuck, Erdkuckuck. ♂ u. ♀: rotbraun od. metallischglänzend schwarz, mit weißen Längsflecken. Großgefieder schwarz mit grünlichem Schimmer. Bauch bräunlichweiß. Überm Auge nackter bläulichweißer Zügelstreif. Schlank, langschwänzig, lange kräftige Beine. 58 cm. SW-USA (nö. bis Kalifornien, Utah u. SW-Kansas) u. Mexiko. In Trockengebieten. Klappert mit langem Schnabel wie ein Storch. Auf Flucht 2–3 m Sprünge, mit Flügel nur flatternd. Frißt Schnecken, Heuschrecken, kleine Vögel, Mäuse, Eidechsen, Schlangen. Nest niedrig in Büschen, auf Bäumen od. Kakteen. 4–9 weißliche Eier. Brutdauer 17 Tage. Wird in seiner Heimat gern frei am Hause gehalten. In amerik. Tiergärten häufig, in europ. selten gehalten (z. B. 1963 im Zoo Berlin, 1968 im Tierpark Berlin, u. im Regents Park London). Zucht in amerik. Tiergärten mehrfach gelungen, z. B. 1961 San Diego; Dallas (hier auch 1963–65); 1962 Tuscon; 1965 Fort Worth; 1966 Chicago Brookfield u. San Antonio (Texas).

Geoffroyus. G der Psittaculidae ↗. 3 An. Kleine Sundainseln, Maluku, Neuguinea u. benachbarte Inseln, Kap-York-Halbinsel (Australien), Bismarck-Archipel, Salomonen. Haltung in Volieren, warme Unterbringung. Futterplatz hoch in der Anlage anbringen. Futter verschiedenste Beeren, reife Obststückchen, Weintrauben, unbedingt frische, halbreife Maiskolben (einfrieren für den späteren Gebrauch). Bananen, gekeimte Sonnenblumenkerne, Karotten, Weißbrot. Trinkwasser mit Multivitamintropfen u. Honig anreichern. *G. heteroclitus* noch nicht in Europa gehalten. Sehr heikle Pfleglinge.
— *G. geoffroyi,* Rotkopfpapagei. ♂: grün, unterseits u. Oberschwanzdecken mehr gelblich. Stirn, Kopfseiten u. Kehle rosarot. Scheitel u. Hinterkopf mauveblau. Mittl. Flügeldecken mit variabler rötlichbrauner Zeichnung. Unterflügeldecken blau. Schwanz-OS gelblichgrün. US schmutziggelb. Oberschnabel korallenrot, Unterschnabel bräunlichgrau. Auge hellgelb. Füße grünlichgrau. ♀: untere Wange u. Kehle olivbraun, sonst Kopf kräftig braun. Schnabel vollständig bräunlichgrau. Juv. Kopf grün, Wange u. Kehle wenig braun, Schnabel bräunlichgrau. 21 cm. 16 UAn, unterschiedl. vorwiegend in der Kopffärbung. Heimat Kleine Sundainseln, Maluku, Neuguinea u. vorgelagerte Inseln (ohne Bismarck-Archipel), öst. Kap-York-Halbinsel (Australien). Bewohnt tropische Wälder bis 800 m ü. NN. Nahrung Baumfrüchte, Beeren, Insekten u. ihre Larven, Kasuarinen- u. Eukalyptussamen. Brütet hoch in hohlen Baumstämmen. Zuweilen auf europ. Vogelmarkt, lebte nicht länger als 1–2 Monate. Stirbt plötzlich ohne ersichtlichen Grund (Streß?, Kreislaufversagen?) nach den Erfahrungen von Dr. BURKARD ↗.
— *G. simplex,* Grünkopfpapagei. ♂: grün, unterseits heller, mehr gelblich. Gesicht u. Kehle gelblichgrün. Grünlichblaues Halsband. Mittl. Flügeldecken mit bronzebraunem Saum, innerer Rand der Flügelfedern, bes. auffällig die Armschwingen, schmal gelblichgrün gesäumt. Große Flügeldecken mit gelblichgrünen Säumen. Unterflügeldecken dunkelblau. Schwanz oberseits grün, unterseits schmutziggelb. Schnabel grauschwarz. Auge cremeweiß. Füße olivgrau. ♀ wie ♂, aber ohne blauen Halsring, Scheitel u. Hinterkopf blau getönt. Juv. wie ♀, aber ohne blau. Auge grau. 22 cm. 2 UAn. Neuguinea. Lebt in den Gebirgen der Regenwälder bis ca. 2000 m ü. NN, hält sich vorzugsweise an Wasserläufen auf. Brütet hoch in hohlen Baumstämmen. Sehr selten auf

europ. Vogelmarkt, konnte hier nur wenige Tage am Leben erhalten werden.

Geokichla. G der Muscicapidae ↗. 20 An. Afrika, Asien u. Indoaustral. Inselwelt. Pflege wie *Merula* ↗.

— *G. citrina*, Damadrossel. ♂: Kopf, Hals, US orangebräunlich. Rücken, Flügel u. Schwanz blaugrau. Weiße Flügelbinde auf den mittl. Flügeldecken (fehlt bei einigen UAn). Kinn u. Kehle heller. ♀: Rücken olivbräunlich. Juv. gefleckt. 21 cm. UAn. *G. c. cyanotaus*, Weißgesichtige Damadrossel (möglicherweise eigene A), deren Heimat sü. Indien ist, hat weiße Ohrpartie mit 2 dunklen nach unten verlaufenden Streifen. Heimat der A S-Indien (ohne Sri Lanka) bis zum SO-Gudjerat u. Orissa; Himalaja öst. bis S-China, Bangladesh, Burma, Thailand, Malaysia, Indochina; Andamanen u. Nikobaren; Java, Bali, N-Kalimantan. Lebt im Dschungel, Sekundärwald, in Dickichten (Bambus), in schattenreichen Gärten. Gesang wohltönend, erinnert an den der Singdrossel. Singt ganzjährig. Regelmäßig im Handel. Während der Eingewöhnung scheu. Wird gern als Sänger im Käfig gehalten (wenigstens 1,20 m Länge), am besten Unterbringung im Landschaftskäfig ↗ od. in bepflanzter Voliere ↗ im Freien, warme Unterbringung. Ausdauernd. Mehrmals gezüchtet, Aufzuchtfutter reichl. verschiedenste lebende Insekten bieten.

— *G. sibirica*, Sibirische Drossel, Schieferdrossel. ♂: vorwiegend schieferschwarz gefärbt, Überaugenstreif weiß. Äußere Schwanzfedern haben weiße Spitzen. Bauchmitte weiß. ♀: Überaugenstreif rahmfarben, OS olivbraun, US rostgelblich mit kräftiger Fleckenzeichnung. Kehle ± einfarbig hellrostgelblich. Juv. ähnl. ♀, ♂♂ gering grauer als ♀♀. 23 cm. UAn. Früher zu *Turdus* gehörend. M-, O-Sibirien, Ussuriland, Sachalin, N-Japan (Hokkaido, N-Hondo), Mandschurei, in Europa Irrgast. Bewohnt unterholzreiche Wälder, bevorzugt Gewässernähe. Selten auf dem Vogelmarkt. 1974 größere Zahl in Europa angeboten. Ruhiger, bald zutraulicher, anspruchsloser Pflegling, Zucht mehrfach gelungen, nicht schwierig.

Geopelia. G der Columbidae ↗. 3 An. SO-Asien bis Neuguinea u. Australien. Auswilderungen. Bestrebungen, die Aufspaltung von *G. striata* aufzugeben, setzen sich bei WOLTERS (1975) nicht fort; eine mögliche Konspezifität wird aber nicht in Abrede gestellt.

— *G. maugeus*, Zebratäubchen. ♂ u. ♀: wie *G. striata*, doch durchgehende Sperberung bis auf die Brust herabgezogen, an den Flanken angedeutet. Rötlicher Anflug auf der Brust fehlt. 21—23 cm. UAn. Kleine Sundainseln, außer den von *striata* bewohnten, Kei- u. Tenimber-Inseln. Erstmalig 1867 in Europa (Zoo London), ein Jahr später gelang ebenda die Zucht.

— *G. placida*, Friedenstäubchen. ♂ u. ♀: weitgehende Übereinstimmung mit *G. striata*, insges. aber heller u. mehr grau. Bänderung unterseits nicht so ausgedehnt, auch die Flanken davon frei. 21—23 cm. UAn. *G. p. tranquilla*, Gesellschaftstäubchen. Kleiner, Sperberzeichnung über gesamten Kopf, Bauch rötlich überflogen. S-Neuguinea, N- u. NW-Australien. Verbr. der A: Australien, außer im N, NW u.

Damadrossel

SW. Erstmalig 1868 im Zoo London, erste Zucht 1881 in Deutschland (bei LANDAUER). *G. p. tranquilla* erstmalig 1864 im Zoo London, erste Zucht Anfang der 1880er Jahre bei BLAAUW, Holland. Verträglich gegen andere Kleintauben, mit denen es, auch die Brutperiode über, vergesellschaftet werden kann.

— *G. striata*, Sperbertäubchen. ♂ u. ♀: Stirnpartie, Kopfseiten, Kinn, Kehle grau. Scheitel, Nacken einfarbig rötlich. OS einschließl. Flügel braun mit schmaler schwarzbrauner Sperberzeichnung. Mittl. Steuerfedern braun, äußere schwarz mit breiten, weißen Endsäumen. Hals bis hinauf zum Nacken, Brustseiten u. Flanken bis zum Schwanz schwarzweiß gesperbert. Kropf u. Brust rötlich getönt. Bauch u. Unterschwanzdecken weiß. Iris braun. Schnabel grau bis schwärzlich. Beine rötlich. 21—22 cm. Malaiische Halbinsel ab S-Tenasserim, Kalimantan, Sumatera, Java, Kleine Sundainseln bis Lombok, Philippinen. Durch den Menschen verbr. auf den Inseln bzw. Inselgruppen St. Helena, Mauritius, Réunion, Chagros, Providence, Ambiona, Hawaii. Lebensraum offene kultivierte Landstriche mit geringem Baum- u. Buschbesatz; Gärten. Meist am Boden anzutreffen, wo Samen u. kleine Wirbellose gesucht werden. Nistet in Bäumen u. Sträuchern. Gelege 2 weiße Eier. Brutdauer 13 Tage. Nestlingszeit 11—12 Tage. Ersteinfuhr spätestens 1845 in den Berliner Zoo. Erstzucht 1868 in Frankreich (bei CORNELY), evtl. in Holland eher. Häufig gepflegt u. gezüchtet. Anspruchslos, aber möglichst Haltung in Volieren anstreben, die für die Überwinterung einen heizbaren Innenraum aufweisen. Unterbringung in Käfigen u. Vogelstuben durchaus möglich, wurde im Käfig schon gezüchtet. Zum Nestbau Körbchen in Strauchwerk anbringen. Zucht unproblematisch, wenn die immer etwas schreckhaften Vögel ungestört bleiben. Mehrere Bruten im Jahr, doch nicht mehr als 3 gestatten.

Geophaps

Sperbertäubchen

Streitsüchtig gegen andere kleine Tauben, deshalb Zuchtpaare allein halten u. Nachwuchs mit Erlangen der Selbständigkeit ab etwa 4 Wochen absetzen. Futter: Feinsämereien wie Wellensittich- u. Waldvogelmischungen, Grünes; zur Brutzeit Eifutter.

Geophaps. G der Columbidae ↗. 2 An. Australien. Pflege s. auch Columbiformes ↗. Zucht von *G. scripta*, Buchstabentaube; *G. smithii*, Schuppenbrusttaube, gelungen.

Geotrygon, Amerikanische Wald-Erdtauben. G der Columbidae ↗. 14 An. Verbr. M-, S-Amerika, Bahamas, Antillen. Bewohner tropischer Regen- u. Bergwälder, einige An in Trockenwäldern od. im Halbwüstenbusch. Nahrung: Samen, Beeren, Früchte, viele Insekten, Würmer, kleine Schnecken. Laufen tagsüber nahrungssuchend auf dem Waldboden; zu kurzen Ruhepausen u. zur Nachtruhe baumen sie auf. Die Nester werden auf niedrigen Büschen od. Bäumchen errichtet. Gelege 2 Eier (*G. caniceps* 1 Ei). Bisher 7 An importiert, in früheren Jahrzehnten häufiger, heute nur noch sehr selten. Alle 7 An gezüchtet. Haltung paarweise in dichtbepflanzten, sonnigen Volieren ↗ mit freiem Bodenraum (kein Graswuchs). Als Volierenboden eignet sich ein Gemisch von Walderde, Laub u. Fichtennadeln. Überwinterung in gut beheizten (20–24 °C), hellen Innenräumen. Futter: bes. ölhaltige Samen wie Hanf, Pinienkerne, zerkleinerte Erdnüsse u. Sonnenblumenkerne, daneben grobe Hirsesorten, Milokorn, Dari, Waldvogelfutter ↗. Sehr wichtig ist tägl. Verabreichung von kleingeschnittenem Obst, Beeren, Weichfutter, hartgekochtem Ei, kleingeschnittenem Hartkäse u. Mehlwürmern. Brutdauer 10–14 Tage, Nestlingszeit 10–14 Tage, mehrere aufeinanderfolgende Bruten pro Jahr.

— *G. caniceps*, Graukopf-Erdtaube. ♂: Stirn weißgrau, Kopf, Hals grau, Rücken tief purpurglänzend, Unterrücken, Bürzel u. Oberschwanzdecken blauviolett, Brust u. US dunkelgrau, Bauch, Unterschwanzdecken rotbraun. ♀: in allen Farben matter. Juv. OS dunkelbraun, US kastanienbraun, Stirn graubraun, Kehle hellgrau. 27 cm. Kuba u. Hispaniola. Auf Kuba im tropischen Regenwald des Flachlandes, auf Hispaniola in tropischen Bergwäldern. Auf beiden Inseln durch menschliche Verfolgung sehr selten geworden, bes. auf Kuba. Nest eine flache Reisigmulde in niedrigem Gebüsch. Gelege 1 cremefarbenes Ei, Brutdauer 13 Tage, Nestlingszeit 12 Tage.

— *G. chrysia*, Glanz-Erdtaube. ♂: OS kastanienbraun mit goldgrünem od. amethystblauem Glanz auf Kopf-OS, Nacken u. Hinterhals, veilchenroter Glanz auf Vorderrücken u. kleinen Flügeldecken. Von der Schnabelwurzel zieht sich unter dem Auge ein breiter weißer Streifen zum Hinterkopf. Halsseiten u. Brust hell weinrot, Bauch grauweiß, Flanken dunkelbraun, Schnabelspitze bräunlich, Beine hellrot. ♀: matter, weniger glänzend. Juv. gleichmäßig dunkelbraun mit hell rostfarbenen Federsäumen, ohne jeden Gefiederglanz. 26 cm. Bahamas, Kuba u. Hispaniola. Bewohnt Trockenwälder sowie den Halbwüstenbusch auf Hispaniola. Auf allen Inseln im Bestand stark rückläufig. Nest in niedrigen Büschen, gelegentl. auch auf dem Boden. Gelege 2 cremefarbene Eier. Brutdauer 12 Tage, Nestlingszeit 12–14 Tage.

— *G. frenata*, Peru-Erdtaube. ♂: wie die kleinere Streifen-Erdtaube gefärbt, doch Stirn u. Gesicht malvenrosa u. insges. dunkler, bes. die OS. ♀: ähnl., doch Grau der Brust bräunlich durchzogen. Juv. rötlicher im Gefieder mit rötlichbrauner u. schwärzlicher Bänderung aller Federn. 31 cm. Bolivien, Peru, Ekuador, M-, W-Kolumbien. Bewohnt die Wälder der subtropischen Zone. Im Bestand nicht gefährdet. Nest aus dem Freileben nicht bekannt. Gelege 2 Eier, Brutdauer 14 Tage, Nestlingszeit 14 Tage. Alle diese Daten stammen von Volierenzuchten.

— *G. linearis*, Streifen-Erdtaube. ♂: Vorderkopf rötlichbraun, Scheitel tief purpurbraun. Vom Hinterrand des Auges zieht breites blaues Band mit basalem weißem Saum bis zum Nacken. Gesicht unterhalb des Auges hell ockerbraun. Zwischen Schnabel u. Auge u. darüber hinaus ein schmaler dunkler Zügelstreif, gleichfarbener Streif von der Schnabelwurzel bis zur Ohrgegend. OS dunkelrotbraun, Hinterhalsgefieder purpurrot od. bronzegrün schillernd. Mantel violettrot, Brust hellgrau od. bräunlichgrau, an den Körperseiten ins Purpurrötliche übergehend, Bauch, Flanken, Unterschwanzdecken gelbbraun. Schnabel grau. Beine rot. ♀: ähnl. gefärbt, doch Grau der Brust bräunlich durchmischt. Juv. Braun des Gefieders mit rötlichem Ton, alle Federn mit rötlichbrauner u. schwarzer Bänderung. 27 cm. Von S-Mexiko durch ganz M-Amerika bis N-, O-Kolumbien, Venezuela, Trinidad, Tobago. Bewohnt feuchte Bergwälder. Nest ein flacher Bau aus Krautstengeln u. dünnen Zweigen im niedrigen Gebüsch. Gelege 2 rahmfarbene Eier, Brutdauer u. Nestlingszeit trotz häufiger Zuchten in England u. Kalifornien bisher nicht festgestellt.

— *G. montana*, Rote Erdtaube. ♂: OS rostbraun mit schwachem veilchenrotem Glanz. Von der Schnabelwurzel zum Hinterkopf zieht blaßrotes, darunter ein braunrötliches Band. US blaß rotbraun mit hellem

Querband an den Brustseiten. Schnabel purpurrot mit bräunlicher Spitze, Beine rot. ♀ : farblich gut unterscheidbar, olivbraun mit leichtem Grünglanz auf Mantel u. Flügeldecken. Schnabel u. Beine blasser rot. Juv. geschlechtsversch. Jugendkleid: in beiden Geschlechtern dunklere Farbtöne als die Eltern, mit hellen Federspitzen der Flügeldecken. 23 cm. Tropisches M- u. S-Amerika, von Mexiko, Kuba, Jamaika, Hispaniola u. den Kleinen Antillen bis Peru, Bolivien, N-Paraguay u. N-Argentinien. Lebt in feuchten Tieflandwäldern, Kaffee-, Kakao-Plantagen, Sekundärwald sowie in Bergwäldern bis 1 300 m Höhe. Auf den Großen, bes. den Kleinen Antillen gebietsweise durch menschliche Verfolgung selten geworden, im übrigen Verbr.-Gebiet nicht gefährdet. Nest in niedrigen Bäumen od. Büschen, gelegentl. am Boden. Gelege 2 rahmfarbene Eier, Brutdauer 10—11 Tage, Nestlingszeit 10 Tage.

— *G. mystacea*, Schnurrbart-Erdtaube. ♂ u. ♀ : der nahe verwandten Glanz-Erdtaube sehr ähnl. gefärbt, nur dunkler in allen Farbtönen. OS dunkel olivbraun mit grünem u. purpurrotem Glanz am Hinterkopf, Nacken u. Oberrücken. Handschwingen u. äußere Steuerfedern mit rotbraunen Innenfahnen. Juv. wie Glanz-Erdtaube. 27 cm. Jungferninseln u. Kleine Antillen von Saba u. Barbuda bis St. Lucia. Bewohner der Trockenwälder, überall unter starkem Jagddruck. Nest in niedrigem Gesträuch, jungen Bäumchen. Gelege 1—2 cremefarbene Eier, Brutdauer u. Nestlingszeit unbekannt.

— *G. versicolor*, Jamaika-Erdtaube. ♂ : Stirn grauschwarz, Scheitel blaugrau, breiter Zügelstreif bräunlich, übriger Kopf, US grau mit je nach Lichteinfall bronzegrünem od. violettem Glanz, bes. am Nacken u. Hinterhals. OS glänzend purpurrot bis bläulich purpurfarben. Handschwingen kastanienbraun mit schwarzgrauen Säumen, Schwanz, Bürzel grünschwarz mit leichtem Purpurglanz, Bauch, Flanken kastanienrotbraun. Auge rot. Die Nackenfedern bilden eine kurze dicke, nicht aufrichtbare Kappe. ♀ wie ♂, doch häufig blasser u. bräunlicher an Hals u. Bauch. Juv. matter in allen Farben, ohne Glanz mit rostfarbenen Federsäumen. 30 cm. Jamaika. Lebt in den Bergwäldern, seltener in den Regenwäldern der mittl. Höhenlagen u. fehlt im Flachland völlig. Nest in niedrigen Büschen, im dichten Gestrüpp od. jungen Bäumchen, manchmal auf dem Erdboden. Gelege 2 rahmfarbene Eier, Brutdauer 13 Tage, Nestlingszeit 12 Tage.

Geranoaetus. G der Accipitridae ↗. 1 A. Mittelgroße, sehr kräftige Greifvögel. Flügel breit, rund, Schwanz kurz.

— *G. melanoleucus*, Aguja. Gefieder, OS, Brust schieferblau, Flügelbug heller, Bauch, Hosen weiß (UA *melanoleucus* leicht grau gebändert). Schwanz grau. Wachshaut, Füße gelb. 2 UAn. W-Rand S-Amerikas von Venezuela bis Kap Horn, Argentinien. In offener Landschaft, trockenen Buschsteppen, Pampas, Gebirgsregionen. Beute kleine Säuger, Vögel, Reptilien. Horstet in Felswänden, auf Bäumen od. hohen Büschen. Gelege 2 weiße, sepiabraun gefleckte Eier. Brutbiologie weitgehend unbekannt. Selten in Tiergärten. In den letzten Jahren wieder zunehmend im Handel. Wesen ruhig, selbstbewußt, gegen andere An-

Geronticus

Waldrapp

sehr aggressiv u. gefährlich. Nahrung Ganzkörperfutter, Ratten, Hühner. Noch nicht in Gefangenschaft gezüchtet.

Gerbert, Helmut, Dr., geb. 7. 11. 1912 in Dresden. Tierarzt. Jahrzehntelange Haltung u. Zucht von Psittaciden ↗, insbes. von austral. Sittichen. Erfahrungen fanden Niederschlag in dem Buch «Australische Sittiche in der Voliere», das er zusammen mit seiner Ehefrau M. GERBERT ↗ schrieb.

Gerbert, Margot (geb. Schlegel), Dr., geb. 22. 5. 1926 in Dresden. Tierärztin. Erfahrene Züchterin von Papageienvögeln ↗, bes. von Austral. Sittichen. Schrieb mit ihrem Ehemann H. GERBERT ↗ das Buch «Australische Sittiche in der Voliere».

Geronticus. G der Threskiornithidae ↗. 2 An. Marokko bis Mesopotamien; Öst. S-Afrika, Lesotho u. Swasiland (*G. calvus*, Glattnackenrapp).

— *G. eremita*, Waldrapp. ♂ u. ♀ : schwarz, metallisch grün schillernd, Kopf u. Kehle unbefiedert, fleischfarben, Nackenfedern schmal, zur Mähne verlängert. 72 cm. Sehr lokal verbr. im nö. u. nordöst. Afrika u. in Vorderasien. Hochspezialisierter, vom Aussterben bedrohter Koloniebrüter, vermutlich lebenslang einehig. Zeigt eindrucksvolle Verhaltensweisen im Paar- u. Gruppenkontakt, wie verschiedene Gruß- u. Imponierzeremonien, die den Zusammenhalt der Kolonie gewährleisten, die Brutstimung beeinflussen u. den Brutablauf synchronisieren. Nackte Hautpartien am Kopf sowie Beine zur Brutzeit leuchtend rot gefärbt, sonst blasser. Brütet auf großen Reisighorsten in Felsnischen od. Ruinen, auch mitten in Städten (Birecik), immer kolonienweise. Gelege 2—4 grünlichbläuliche längsovale Eier. Beide Partner brüten u. ziehen die Jungen gemeinsam auf. Unter den Nestgeschwistern herrscht Hun-

Gesang

ger-Hierarchie, die mit zunehmendem Alter u. Gewicht der Nestlinge abnimmt. Dann können auch Nesthäkchen den Vorsprung älterer Geschwister einholen. Zur Nahrungssuche bevorzugt er trockene kurzrasige Böden, meidet Wald od. dichtes Gebüsch. Kein Sumpfbewohner! Beute vor allem Insekten, Würmer, auch Kleinsäuger u. Reptilien. Teilzieher u. Strichvogel. Nur die im 17. Jh. im Alpenraum ausgestorbene Population (UA?) zeigte echtes Zugverhalten. Als Ursache ihres Verschwindens vermutet man klimatische Veränderungen ebenso wie menschliche Eingriffe. Hochinteressante, extrem gefährdete Vogel-A, deren Pflege u. Zucht Anliegen jedes zool. Gartens sein sollte. Möglichst in mehreren Paaren u. ohne andere größere Voliereninsassen halten. Neigt zu Ängstlichkeit u. panikartigen Fluchten. Hochgelegene, geschützte Horstplätze (Nischen, Halbhöhlen) können zur Beruhigung beitragen. Der Flugraum sollte möglichst groß u. frei sein. Nistmaterial (dickere u. feine Äste, trockene Gräser) wird ab März in Mengen benötigt, sonst bestehlen sich die Paare u. gefährden Gelege. Fütterung zu jeder Jahreszeit vorwiegend animalisch, z. B. durchgedrehtes Rindfleisch, Rinderherz, Hähnchenküken, kleine Mäuse, während der Jungenaufzucht auch Insekten, Mehlkäferlarven, wenn möglich, gerne Heimchen u. Heuschrecken. Als Kalkzufuhr Schneckenhäuschen. Während der Aufzuchtperiode soll stets Futter in Auswahl u. Überfluß vorhanden sein, um Nestlingskonkurrenz zu vermeiden. Juv. mit 45—48 Tagen flügge, aber noch monatelang von Eltern geführt. Stimme: rauhes bis tonloses «Chrup», mehrfach wiederholt, begleitet das «Grüßen» u. leicht abgewandelt das Imponieren. Juv. zirpen rhythmisch.

Gesang → Stimme
Gesangskanarien → Kanarienvogel
Gesangsschrank. Ein zur gesangl. Ausbildung juv. Kanarienhähne gebauter Schrank. Die ca. 1 Woche einzeln in Harzer Bauern ↗ untergebrachten ♂♂ (in dieser Zeit sollen sie sich sehen) werden dann mit ihrem Käfig in ein entspr. Abteil des Schrankes gesetzt, um ohne Sichtkontakt zu anderen Hähnen die von diesen od. einem guten Vorsänger gehörten Strophen zu erlernen. Die Türen (mit Loch od. Schlitz) des G. werden ca. 2 Wochen später halb geschlossen. Statt Türen finden auch Stores Verwendung, später grüner od. anderer dunkler Stoff zum Abdunkeln. So lernen die jungen Hähne gut u. werden nicht zu feurig.

Geschlechtsbestimmung. Beim Vogel ohne Geschlechtsdimorphismus werden Geschlechtschromatinnachweis, Chromosomenanalyse, Hormonanalyse, Endoskop-Einsatz u. operativer Nachweis der Keimdrüsen zur G. genutzt.

Geschlechtsorgane → Fortpflanzungsorgane
Gesellschaft für Natur und Umwelt (im Kulturbund der DDR). Seit 1980, Aktivierung von Betrieben, Institutionen u. weiter Bevölkerungskreise, bes. Jugendlicher, für Naturschutz, Landschaftspflege u. Umweltschutz durch Öffentlichkeits- u. Bildungsarbeit, Landschaftstage u. wissenschaftl.-praktische Betätigung in spez. Fachgruppen ↗.

Gesellschaftstäubchen *(Geopelia placida tranquilla)* → *Geopelia*

Gesetzliche Bestimmungen für die Vogelhaltung. Gesetze, Verordnungen, Anordnungen, Verfügungen usw., die für die Haltung u. den Transport von Vögeln verbindlich sind. Auskünfte erteilen die zuständigen Veterinär- u. Naturschutz-Behörden. Z. B. gelten in der BRD, DDR, Schweiz u. Österreich folgende Bestimmungen.

BRD: Bestimmungen mit den wesentlichsten veterinärmedizinischen Forderungen. 1.) Tierseuchengesetz (Bundesgesetzblatt 1980 I). 2.) Psittakose-Verordnung (Bundesgesetzblatt 1975 I). 3.) Papageien-Einfuhrverordnung (Bundesgesetzblatt 1975 I). Bestimmungen im Artenschutzbereich: 1.) Bundesnaturschutzgesetz (Bundesgesetzblatt 1976 I). 2.) Washingtoner Artenschutzübereinkommen ↗ (Bundesgesetzblatt 1975 II, dazu 3. Verordnung vom 22. 5. 1981, Bundesgesetzblatt 1981 II). 3.) Bundesartenschutzverordnung (Bundesgesetzblatt 1980 I). 4.) Naturschutzgesetz des jeweiligen Bundeslandes, 5.) Ein- u. Ausfuhrverordnung (Bundesgesetzblatt 1980 I).

DDR: Bestimmungen mit den wesentlichsten veterinärmedizinischen Forderungen. 1.) Gesetz über das Veterinärwesen vom 20. 6. 1962 (Veterinärgesetz). 2.) Gesetz zur Verhütung u. Bekämpfung übertragbarer Krankheiten beim Menschen vom 20. 12. 1965. 3.) Verordnung zum Schutz der Tierbestände vor Tierseuchen, Parasitosen u. bes. Gefahren vom 11. 8. 1971 (Tierseuchenverordnung), dazu 1. DB vom 11. 8. 71, 2. DB vom 3. 8. 73 u. 3. DB vom 8. 6. 78. 4.) Weisung Nr. 20 zur Tierseuchenverordnung (Verhütung und Bekämpfung der atypischen Geflügelpest vom 2. 4. 1979). 5.) Verordnung über die veterinärhygienische Überwachung des Verkehrs mit Tieren, tierischen Erzeugnissen u. Rohstoffen sowie Gegenständen, die Träger von Ansteckungsstoffen für Tiere sein können, beim Überschreiten der Staatsgrenze der Deutschen Demokratischen Republik vom 22. 9. 1966 (Veterinärhygienische Grenzüberwachungsverordnung), dazu 1. DB vom 1. 4. 73. 6.) Eisenbahnverkehrsordnung vom 1. 4. 1973. 7.) Richtlinie über die Verladung u. Beförderung von Tieren auf Kraftwagen vom 1. 11. 1938. 8.) Tierschutzgesetz vom 24. 11. 1933. Bestimmungen im An-Schutzbereich: 1.) Landeskulturgesetz vom 14. 5. 1970, dazu 1. Durchführungsverordnung zum Landeskulturgesetz — Schutz u. Pflege der Pflanzen- u. Tierwelt u. der landschaftlichen Schönheiten — (Naturschutzverordnung) vom 14. 5. 1970. 2.) 1. DB zur Naturschutzverordnung — Schutz von Pflanzen- u. Tierarten — (Artenschutzbestimmung) vom 1. 10. 1984. (§ 9 u. a. Wildvogelfang ↗). 3.) Gesetz über das Jagdwesen der DDR — Jagdgesetz — vom 15. 6. 1984, wichtig 3. DB vom 15. 6. 1984. 4.) Washingtoner Artenschutzübereinkommen (in Kraft getreten am 7. 1. 1976).

Schweiz: Bestimmungen mit den wesentlichsten veterinärmedizinischen Forderungen: 1.) Tierseuchengesetz, Tierseuchenverordnung, Einfuhrverordnung, Einfuhrbedingungen für Papageien u. Sittiche. 2.) Verordnung über die veterinärrechtliche Regelung

der Ein- u. Durch- u. Ausfuhr von Tieren u. Waren. 3.) Tierschutzgesetz, Tierschutzverordnung (Haltebewilligung). Bestimmungen im An-Schutzbereich: 1.) Bundesgesetz über Natur- u. Heimatschutz vom 1. 7. 1966. 2.) Bundesgesetz über Jagd- u. Vogelschutz vom 10. 6. 1925. 3.) Washingtoner Artenschutzübereinkommen (Bundesbeschluß betr. das Übereinkommen über gefährdete An von Tieren u. Pflanzen, in Kraft getreten am 1. 7. 1975).
Österreich: Naturschutzfragen sind Sache der Länder, jedes der 9 Bundesländer hat eigene Gesetze u. Bestimmungen. Z. B. gilt für das Bundesland Wien das «Gesetz vom 22. Dezember 1954 über den Schutz u. die Pflege der Natur (Naturschutzgesetz)». An Vögeln sind darin eingeschlossen «alle einheimischen, nicht jagdbaren, freilebenden Vogel-An mit Ausnahme von Feld- u. Haussperling sowie der verwilderten Haustaube». Für das Sammeln, Fangen, Feilbieten u. Handeln ist eine Bewilligung erforderlich, die vom Naturschutzreferat der Landesregierung ausgestellt werden muß. Ein Herkunftsnachweis für geschützte An ist im Gesetz vorgesehen, u. zwar (1) a) Für den Züchter eine vom Magistrat ausgestellte Bestätigung, aus der An und Mengen der gezogenen Pflanzen od. Tiere hervorgehen; b) für Wiederverkäufer u. Letztbesitzer eine vom Züchter od. Zwischenhändler ausgestellte Bescheinigung über die Herkunft der Pflanzen od. Tiere. (2) Wer mit geschützten An, die aus dem Ausland stammen, Handel treibt, hat deren Herkunft durch Einfuhrbelege nachzuweisen. (3) Befugte Wiederverkäufer geschützter An haben ein Warenein- u. ausgangsbuch zu führen, in das den amtlichen Kontrollorganen auf Verlangen jederzeit Einblick zu gewähren ist. Sonderregelungen bestehen in Gebieten einzelner Bundesländer, wo die Vogelhaltung bes. traditionsverbunden ist, z. B. diejenige von Kreuzschnäbeln ↗ im Salzkammergut. Bewilligungen u. Ausnahmegenehmigungen für Fang u. Haltung werden zunehmend erschwert erteilt (Bundesländer).
Beim Erwerb eines Vogels ist der rechtmäßige Eigentumsnachweis (z. B. bei Waldvögeln ↗ der Wildvogelursprungschein ↗) durch den Verkäufer zu erbringen. Kaufbescheinigungen, Zeugenaussagen, vor allem aber geschlossene Beringung könnten geeignete Beweismittel für den rechtmäßigen Besitz sein.

Gesprenkeltes Sumpfhuhn, NN → Tüpfelralle
Gestreifter Mausvogel *(Colius striatus)* → *Colius*
Gewichtskontrolle. Zur Feststellung des Ernährungszustandes sind regelmäßige G.n ein Maß für die Fütterung. Die einfachste Form ist das Wiegen. Dazu wird der Vogel in einem Behälter auf einer Dezimalwaage gewogen u. so Massenzunahme od. Veränderungen festgestellt (bei sehr kleinen Vögeln Briefwaage verwenden!). Eine weitere Methode ist das Abtasten des Brustbeinkammes, unterernährte u. längere Zeit kranke Vögel zeigen ein spitzes Hervortreten des Kammes durch den Auftritt von Muskelschwund. Verfettungen lassen sich durch Wegblasen der Federn in diesem Bereich als gelblichweiße Ablagerungen unter der Haut feststellen.
Gewöhnlicher Pfeifguan, NN → Braunkehlguan
Gewöhnung. Vieldeutiger verallgemeinernder Begriff, der häufig bei der Hälterung von Tieren verwendet wird. In diesem Zusammenhang bedeutet G. die Anpassung an Bedingungen, die sich durch gleiche od. sehr ähnl. Reizmuster aus der Umwelt auszeichnen. Das Individuum reagiert darauf zunehmend einheitlicher. Solche einheitl. Reizmuster sind gleiche Raumstrukturen (Käfig), gleiche Fütterungszeiten, gleiche Kontaktpersonen, gleiche Belohnungen u. a. m. Voraussetzung für eine G. ist die Lernfähigkeit eines Individuums.

Gewölle (Speiballen). Zusammengepreßte unverdauliche Nahrungsreste, z. B. Haare, Chitin, Federn, Knochen, Gräten, Zähne, Zellulose, werden von einigen Vögeln ausgespien, z. B. von Möwen ↗, Eulen ↗, Greifvögeln ↗, Würgern ↗. Reste fallen im Drüsenmagen an. Entstehung der G. noch nicht vollständig geklärt. Untersuchungen von G.n führten bei Wildvögeln, bes. Eulen u. Greifvögeln, zu bedeutsamen Aufschlüssen über das Beutespektrum.

Gilbweber *(Textor galbula)* → *Textor*
Gimpel *(Pyrrhula pyrrhula)* → *Pyrrhula*
Gimpelhäher *(Struthidea cinerea)* → *Struthidea*
Gimpelorganist *(Euphonia jamaica)* → *Euphonia*
Gimpeltangare *(Schistochlamys ruficapillus)* → *Schistochlamys*
Gitterflügelastrild *(Stizoptera b. annulosa)* → Ringelastrild
Gitterflügelelsterchen *(Spermestes b. poensis)* → Glanzelsterchen
Girlitz *(Serinus serinus)* → *Serinus*
Glanz → *Phalaris canariensis*
Glanzamazilie *(Amazilia versicolor)* → *Amazilia*
Glanzelsterchen *(Spermestes bicolor)* → *Spermestes*
Glänzender Honigsauger, NN → Azurnaschvogel
Glanz-Erdtaube *(Geotrygon chrysia)* → *Geotrygon*
Glanzfasanen → *Lophophorus*
Glanzfleckenkolibri *(Urochroa bougueri)* → *Urochroa*
Glanzfleckentangare *(Tangara dowii)* → *Tangara*
Glanzflügelpapagei *(Pionus chalcopterus)* → *Pionus*
Glanzflügelsittich, UA → Pompadoursittich
Glanzhaubenturako *(Tauraco porphyreolophus)* → *Tauraco*
Glanzkäfertaube *(Chalcophaps indica)* → *Chalcophaps*
Glanzkehlamazilie *(Amazilia fimbriata)* → *Amazilia*
Glanzkrähe *(Corvus spledeus)* → *Corvus*
Glanzlappenschnäpper *(Dyaphorophyia blissetti)* → *Dyaphorophyia*
Glanzloris → *Chalcopsitta*
Glanzsittich *(Neophema splendida)* → *Neophema*
Glanzspitzendrongo *(Dicrurus hottentottus)* → *Dicrurus*
Glanzvögel → Galbulidae
Glanzwitwe *(Vidua hypocherina)* → *Vidua*
Glareola. G der Glareolinae ↗. 4 An.
— *G. pratincola,* Brachschwalbe, Rotflügelbrachschwalbe. ♂ u. ♀: OS olivbraun, weiße Oberschwanzdecken. Brust graubraun, übrige US weiß.

Glareolidae

Sandfarbene Kehle durch schmales schwarzes Band eingefaßt. Schnabel schwarz, an der Basis rot, kurz u. breit. Schwanz gegabelt. Juv. oberseits u. Brust graubraun mit schwarzer Fleckung, Kehle hell mit dunklen Flecken. 25 cm. UAn. S-Europa, große Teile Afrikas, SW-Asien bis SO-Asien. Europ. Populationen überwintern in Afrika. Bewohnt steppenartiges, wasserarmes Gelände u. trockene, verschlammte Flächen. 3 Eier, die ohne Nistmaterial auf dem Boden liegen. Nistet in größeren od. kleineren Kolonien. Beide Ad. brüten, Brutdauer 18 Tage. Haltung s. Scolopacidae. Zucht gelang mehrfach, in Europa in Amsterdam 1962 u. Budapest 1960.

Glareolidae, Brachschwalben. F der Charadriiformes ↗. 18 An, davon 1 A †. Verbr. in den wärmeren Gebieten der Alten Welt. Meist gute Läufer. Nahrung vorwiegend Insekten. Bauen kein Nest, die Eier brüten sie nur während der Trockenzeit. Brutgebiete sind sandiges u. steiniges Gelände, oft in der Nähe von Wasser.

Glareolinae, Brachschwalben. UF der Glareolidae ↗. 2 Gn, *Glareola* ↗, *Galachrysia*, 7 An. Lange, spitze Flügel. Schwanz bei einigen An gegabelt. Weite Mundspalte, jagen Insekten im Fluge. An die Nähe von Wasser gebunden. Meist weite Wanderungen.

Glattkopfblauhäher → *Aphelocoma*
Glattschnabel-Ani (*Crotophaga ani*) → *Crotophaga*
Glattschnabelbartvögel → *Calorhamphus*
Glattschnabelhokko (*Crax alector*) → *Crax*
Glatzenkopf (*Pionus senilis*) → *Pionus*

Glaucestrilda. G der Estrildidae ↗. 3 An. Früher UG von *Estrilda* ↗. Lebensweise, Pflege → Estrildidae, *Estrilda*.

— *G. caerulescens*, Schönbürzel. ♂: hellgraublau, an Kopfseiten u. Kehle am hellsten, hier silbern schimmernd, schwanzwärts immer dunkler. Flanken schwärzlich mit vereinzelten weißen Punkten (Zahl kein Geschlechtskriterium!). Bürzel, Ober-, Unterschwanzdecken u. mittl. Schwanzfedernpaar kräftig rot, übrige Schwanzfedern schwärzlich, rot gesäumt. Schwarzer Augenstrich. Schnabel an der Basis rötlich, zur Spitze schwärzlich. Auge braun. Füße schwärzlich. ♀ wie ♂, manchmal matteres Kehl- u. Brustgefieder. Juv. matter als Ad. 10,5—11 cm. Von Senegal bis Scharigebiet. Buschdurchsetzte Graslandschaften, Ränder der Galeriewälder, Felder, Gärten. ♂ ruft «zji», «zihüh», letzte Silbe fällt in der Tonhöhe ab. ♀ antwortet auf Rufe des ♂ mit dem Doppelruf «zieh-zieh», Töne bleiben auf gleicher Höhe. Der «hüh»-Ton fehlt. Geschlechtstypisch! Regelmäßig auf dem Vogelmarkt, vor allem wegen des reizenden Wesens beliebt. Eingewöhnung schwierig. 22—25 °C, viel tierisches Eiweiß notwendig. Nach 4—6 Wochen beendet. Haltung immer über 20 °C. Sowohl für Käfig ↗ als auch für Flugräume ↗ geeignet. Wegen des großen Bewegungsdranges sind letztere empfehlenswert. Bei Käfigunterbringung tägl. Zimmerfreiflug notwendig. Mehrfach gezüchtet. Nestkontrollen werden meistens verübelt.

— *G. perreini*, Schwarzschwanz-Schönbürzel. ♂: insges. dunkler als *Glaucestrilda. caerulescens*, Zügel, kleiner Kinnfleck, Unterschwanzdecken, Schwanz schwarz. Flanken ohne bzw. selten mit weißen Tüpfeln. Bürzel, Oberschwanzdecken rot, sonst wie *G. caerulescens*. ♀ wie ♂, Unterschwanzdecken, Steißregion gering heller. Juv. schwärzlicher als ♀. 11 cm. UAn. Kongo, Angola bis SW-Tansania, öst. S-Afrika. In feuchten grasdurchwachsenen Buschwäldern, an Waldrändern, in grasdurchwuchserten Pflanzungen, auf Waldlichtungen, gern in Gewässernähe. Ab u. zu gehandelt, während der Eingewöhnung wärmebedürftig, nicht unter 28 °C halten, auch später nicht unter 25 °C. Relative Luftfeuchtigkeit 60—70%, deshalb sehr günstig große Vogelvitrine ↗. Empfehlenswert: kleine Gruppe halten. Europ. Erstzucht gelang im großen Käfig 1967 E. PÖHLAND, Schweiz. Nach der Brut Juv. von Eltern trennen, stören häufig nächste Brut.

— *G. thomensis*, Cinderella-Schönbürzel. ♂: Flügel u. Federn hinter dem Auge schwarz, letztere bilden kurzen Augenstreif. OS weniger bläulich als bei *G. caerulescens*, wenig rötlich überhaucht. Bürzel, Oberschwanzdecken karminrot. Kinn schwarz, Kopfseiten, Kehle weißlichblaugrau. Kopf, Brust hell blaugrau, rosarötlich verwaschen schimmernd. Körperseiten karminrot, düster als Bürzel. Von Brust bis Schwanz schwärzlichgrau. Steiß, Unterschwanzdecken schwarz. Schnabel bis auf hellrötliche Basis schwärzlich. Auge dunkelbraun. Füße schwarzbraun. ♀ wie ♂, aber rötlicher Anflug auf der OS fehlend, rötliche Tönung auf Brust u. Körperseiten weitaus geringer. Juv. insges. matter als Ad. Ca. 11 cm. W-, SW-Angola. Paarweise u. in Flügen im Dorn- u. Mopane-Mischwald. Eingewöhnung bei 22—26 °C, frißt in dieser Zeit gekeimte Kolbenhirse u. andere gekeimte Samen, weniger trockene; einige Mehlwürmer, Fliegenmaden, Ameisenpuppen, bes. gern grüne Grasrispen. Nach ca. 6 Wochen können die Vögel als eingewöhnt betrachtet werden. Gut für Vogelvitrine ↗ geeignet, auch für warme Zimmervoliere. Erstzucht 1970 E. PÖHLAND, Schweiz.

Glaucidium, Sperlingskäuze. G der Strigidae ↗. 10 An. Kleine An ohne Federohren mit runden Flügeln, höchstens bis zur Hälfte den Schwanz bedeckend. Keine Geschlechtsunterschiede im Gefieder, jedoch sind ♀♀ größer u. schwerer als die ♂♂. Weltweit, außer Australien. In ihrem Lebensraum ± an Baumbestände od. Kakteen gebunden. Überwiegend tagaktive An. Nahrung überwiegend kleine Säugetiere, aber auch Vögel u. Insekten. Eingewöhnung mit Eintagsküken u. Mäusen problemlos. 6 bisher in Zoo- u. Liebhabervolieren gehalten. 4 wurden erfolgreich gezüchtet. Unverträglich, nur paarweise Haltung in mindestens 2,00 m breiten, 3,00 m tiefen u. 2,00 m hohen Volieren ↗. Eier werden in 2tägigem Abstand gelegt, bei einigen An von ♂ u. ♀ bebrütet. Brütendes ♀ u. später Juv. werden vom ♂ mit Beute versorgt.

— *G. brasilianum*, Strichelkauz. ♂ u. ♀: mit gelber Iris. Braune bis rotbraune OS, US weiß mit kräftigen braunen Längsstreifen u. Flecken. Schwanz breit quergebändert. Kopf ganz fein gestrichelt. Helle Augenbrauen. 2 schwarze, hell eingerahmte Augenflecken am Hinterkopf. Beine befiedert, Zehen beborstet. Juv. den Ad. ähnl., jedoch grauer u. alle Farben verwaschener. Iris graugelb. 13—17 cm. S-USA bis N-Chile, M-Argentinien u. Uruguay. Bewohnt Flußwaldungen, offene Waldlandschaften, mit Kakteen bestandene Wüstengebiete. Überwiegend tagaktiv. Ernährt sich von kleinen Säugern, Vögeln u. Insekten. Brütet in verlassenen Spechthöhlen. Selten in Liebhaberhand zu finden, trotzdem mehrfach gezüchtet. Gelege 3—5 Eier. Brutbeginn ab vorletztem Ei. Juv. schlüpfen nach 28 Tagen. Bei dieser A wurde auch das ♂ beim Brüten beobachtet. Erstzucht gelang 1970 G. DIESENER, Berlin.

— *G. gnoma*, Gnomenkauz. ♂ u. ♀: *G. passerinum* sehr ähnl. Gefiedergrundfarbe tendiert jedoch vielfach zu rotbraun hin. Zehen nicht befiedert, sondern beborstet. 16—17 cm. Im W von N- u. M-Amerika, Alaska bis Guatemala. Lebensraum, Ernährung u. Brutbiologie ebenfalls wie *G. passerinum*. Sehr selten nach Europa eingeführte A. Nachweisbar nur 2mal in der BRD kurze Zeit gehalten. Über einen Bruterfolg in Europa ist nichts bekannt.

— *G. jardinii*, Andenkauz, Anden-Sperlingskauz. ♂ u. ♀: mit gelber Iris, OS stark gefleckt, US mit markanter Bauchzeichnung. Schwanz schwarz mit großen weißen Flecken. 14—16 cm. Von Kostarika bis W-Panama u. von Venezuela bis Bolivien. Bewohnt die Nebelwälder der Gebirge. Überwiegend tagaktiv. Lebensweise u. Brutbiologie wie *G. brasilianum*. Äußerst selten nach Europa eingeführtes Käuzchen. Z. Z. keine Haltung in Europa bekannt. Die Erstzucht gelang bereits 1914/15 Miss E. F. CHAWNER, England.

— *G. passerinum*, Sperlingskauz. ♂ u. ♀: mit gelber Iris. OS graubraun bis rotbraun, fein weiß gesprenkelt u. getüpfelt. US weiß mit brauner Längsstrichelung. Heller Überaugenstreif. Schwanz weiß quergebändert. 2 getrennte dunkle Augenflecken mit hellen augenbrauenförmigen Streifen am Hinterkopf. Beine u. Füße befiedert. Juv den Ad. ähnl., jedoch grauer u. schwächer gezeichnet mit auffallend hellem Gesicht. 17—19 cm. Von N-Europa u. den Gebirgen M-Europas durch O-Europa u. N-Asien bis zur Mandschurei, Ussuriland u. Sachalin. Bewohnt Nadel- u. Mischwälder der Gebirge. Bevorzugt lockeren hochstämmigen Wald mit Blößen u. Lichtungen sowie Hochmoore. Überwiegend dämmerungsaktiv. Ernährt sich in der Hauptsache von Kleinsäugern, im Winter auch von Vögeln. Höhlenbrüter, meistens in Spechthöhlen. Selten, aber immer wieder in Liebhabervolieren zu finden. Verschiedentl. gezüchtet. Gelege 3—7 Eier. Brutbeginn ab dem vorletzten Ei. Juv. schlüpfen nach 28 Tagen. Erstzucht gelang 1913 in England. Züchtername unbekannt. Zur Erhaltung des *G. passerinum* wurden in der BRD Aussiedlungsversuche mit gezüchteten Jungtieren vorgenommen. Naturschutzbestimmungen s. Strigidae.

— *G. perlatum*, Perlkauz. ♂ u. ♀: von *G. passerinum* durch beborstete Zehen u. miteinander verbundenem weiß umrandeten dunkelbraunen Augenfleck am Hinterkopf zu unterscheiden. Schwanz nicht gebändert, sondern mit hellen Flecken versehen. Juv. Ad. sehr ähnl., nur blasser in den Farben. 17—19 cm. Über Afrika sü. der Sahara ausgenommen die Ur-

Glaucionetta

267

Sperlingskauz

waldgebiete in Z- u. W-Afrika sowie S der Kapprovinz verbr. Bewohnt Savannen u. Buschsteppen. Tag- u. nachtaktiv. Ernährung überwiegend Insekten, aber auch Kleinsäuger u. Vögel. Höhlenbrüter. Sehr selten in Europa gehaltene Kleineule, trotzdem mehrfach gezüchtet. Gelege 3—5 Eier. Brutbeginn ab dem vorletzten Ei. Juv. schlüpfen nach 28 Tagen. Erstzucht gelang 1976 der Wilhelma in Stuttgart, BRD.

— *G. siju*, Kubakauz. ♂ u. ♀: mit gelber Iris. Gefiedergrundfarbe sowohl graubraun als auch rotbraun, dabei ober- u. unterseits deutl. quergebändert. 17—18 cm. Kuba u. Isla de la Juventud (Isla de Pinos). Waldbewohner. Tagaktiv. Eidechsen u. Insekten ↗ bilden die Nahrung. Höhlenbrüter. Wird nur im Tierpark Berlin, DDR, gehalten. Über eine Zucht ist nichts bekannt. Gelege 3—4 Eier. Brutbiologie unbekannt.

— *G. whitneyi*, Elfenkauz. ♂ u. ♀: mit zitronengelber Iris. OS graubraun mit kleinen beigen Flecken, welche zur Stirn hin ockerfarben sind. Beigefarbene Flecken am Hinterkopf. Braunweiße US mit feinen rötlichen Längsflecken. Beine u. Zehen beborstet. Juv. wie Ad., jedoch deutl. grauer wirkend. Kleinste Eule, 13—16 cm. SW-USA bis Niederkalifornien u. M-Mexiko sowie auf der Insel Socorro (zu Mexiko). Bewohnt kakteenbestandene Wüstengebiete, Eichenwälder u. trockene sowie feuchte, mit Bäumen bestandene Graslandschaften. Nur nachtaktiv. Überwiegend Insekten, gelegentl. kleine Säuger u. Vögel. Höhlenbrüter. Haltung in Europa nur 2mal nachgewiesen. Über einen Bruterfolg in Europa ist nichts bekannt, jedoch kam es zur Eiablage. Gelege 2—5 Eier. Brutbeginn ab dem 1. Ei. ♂ u. ♀ brüten u. füttern die Juv. Brutzeit ist mit 14 Tagen die kürzeste einer Eulen-A, soweit heute bekannt. Erstzucht gelang 1967 dem National Zoo Washington, USA.

Glaucionetta. G der Anatidae ↗, UF Anatinae ↗. 2 An.

Glaucis

— *G. clangula*, Schellente. ♂: Kopf schwarz, metallisch grün glänzend. Runder weißer Fleck hinter der Schnabelwurzel. OS schwarz. Weiße Schulterfedern mit schwarzen Längsstreifen. Brust, Bauch u. Flanken weiß. Schnabel schwarz. Auge leuchtend gelb. Füße orangefarben. Im RK wie ♀. ♀: Kopf u. Hals dunkelbraun. Weißer Halsring. Sonst grau mit heller US. ♂ 47 cm, ♀ 43 cm. 2 UAn. Brutvogel in N-Eurasien u. N-Amerika. In DDR we. Verbr.-Grenze in Europa. Im Winter an Meeresküsten u. auf großen Binnenseen sü. der Brutgebiete. Zur Brutzeit auf klaren stehenden od. fließenden Gewässern in Waldgebieten od. in Nähe alter Baumbestände. Brütet ausschließl. in Baumhöhlen od. aufgehängten Nistkästen, meist in 6–8 m Höhe. 8–10 Eier, Brutdauer ca. 30 Tage. Juv. springen aus der Bruthöhle auf den Boden u. werden vom ♀ zum Wasser geführt. Aufzucht ausschließl. auf dem Wasser. Mit 8 Wochen flugfähig. Nahrung besteht vorwiegend aus kleinen Wassertieren. Verbr. in Gehegen. Ausdauernd u. winterhart. Unterbringung auf größeren, nicht zu flachen, sauberen Teichen. Überwinterung auf eisfreien Wasserflächen. Fütterung mit Mischfutter, gelegentl. Fischstückchen od. Garnelen. Futter wird lieber vom Gewässergrund als aus Näpfen u. Trögen aufgenommen. Zucht gelingt regelmäßig. Eiablage in Nistkästen. Brut durch Hühnerglucken u. Aufzucht unter Wärmestrahlern am erfolgreichsten. Meist verlustreich. Juv. benötigen tierische Nahrung. In ersten Lebenstagen können Juv. sehr gut springen u. klettern. Mischehen mit anderen An kommen selten vor.

— *G. islandica*, Spatelente. ♂: Kopf schwarz, purpur glänzend. Halbmondförmiger weißer Fleck hinter der Schnabelwurzel. OS schwarz. Schwarze Schulterfedern mit weißem Zentrum. Brust, Bauch u. Flanken weiß. Schnabel schwarz. Auge hellgelb. Füße orangefarben. Im RK wie ♀. ♀ wie ♀ der Schellente, jedoch etwas größer u. insges. brauner. ♂ 52 cm, ♀ 47 cm. Brutvogel im we. N-Amerika, NO-Kanada, auf Grönland u. Island. Im Winter an den Küsten der Brutgebiete. Zur Brutzeit an Bergseen u. Felsküsten. Nester in Baumhöhlen od. Felsspalten. 10–14 Eier. Brutdauer ca. 30 Tage. Juv. werden nur vom ♀ gefüttert. Nahrung besteht vorwiegend aus kleinen Wassertieren. Sehr selten gehalten. Unterbringung auf größeren Teichen. Fütterung mit Mischfutter, Garnelen u. Fischstückchen. Wenig brutfreudig. Zucht gelegentl. gelungen.

Glaucis, Borstenkolibris. G der Trochilidae ↗. 3 An. Panama bis N-Bolivien, Antillen. Wälder, Dickichte, Pflanzungen.

— *G. hirsuta*, Rotschwanz-Eremit, Borstenkolibri, Rotschwanz-Schattenkolibri. ♂: OS metallischgrün, Kopf dunkler, fast schwarz. US dunkel rotbraun, Kinn dunkler. Unterkörper heller; Hals-, Brustseiten metallischgrün. Mittelste Steuerfedern metallischgrün, weiße Spitze u. schwärzliche Binde vor der Spitze. Übrige Steuerfedern braunrot mit weißer Spitze. Schnabel gebogen, Unterschnabel gelblich. ♀ kleiner als ♂. Schnabel kürzer, oft stärker gebogen als beim ♂, US heller. Heller Backenstreif. Juv. US wie beim ♀, Rückenfedern hellbräunlich gerändert, Steuerfedern zugespitzt. 11,5–12,5 cm. Von Panama, Kolumbien, Venezuela u. Guayana bis N-Bolivien u. São Paulo; Grenada; Trinidad, Tobago. Bewohnt Regenwald, Sekundärvegetation, Waldränder, Mangrove, Kaffee-, Bananenplantagen, Weidegebiete, Heliconiadickichte. Lebt allein, sitzt nie sehr hoch. Eingewöhnung ist wie bei allen Einsiedler-An schwierig, wohl nur in großen Volieren ↗ überhaupt möglich. Liebt es bes., sich in der Vegetation zu verstecken. Langjährige Haltungserfolge liegen bisher nicht vor. M. Behnke-Pedersen gibt als Haltungsrekord 1½ Jahre an. Zucht bisher nicht gelungen.

Glitzeramazilie *(Amazilia fimbriata)* → Amazilia

Glogersche Regel. Die verbreitetsten Farbstoffe in der Vogelfeder sind die Melanine (Eiweißabkömmlinge), schwarze bis hellbraune Körnchen. Liegen schwarze Körnchen (Eumelanine) dicht nebeneinander, dann entsteht eine schwarze Tönung der Federn. Diese wirken hellgrau, wenn Körnchen sehr verstreut liegen. Das braune Phaeomelanin ruft je nach Dichte in den Federn dunkel-, rotbraune, blaßrötliche bis gelbliche Farbtöne hervor. Hohe Luftfeuchtigkeit führt zur vorwiegenden Bildung von Eumelaninen, ruft also dunkle Färbtönungen hervor. Geringe Luftfeuchtigkeit läßt überwiegend die Phaeomelanine u. somit eine gelbbraune Tönung entstehen → Pennantsittich. Die trockenwarme Landschaft läßt graue Farbtöne dominieren, u. in feuchtkalten Gebieten überwiegen die rotbraunen Färbungen. In der trockenkalten Polarregion fehlen die Farbstoffe; das Gefieder sieht dann weiß aus. Chem. Reaktionen der Melanine werden als verantwortl. für die «Glogersche Regel» angesehen. Einzelheiten sind noch weitgehend unbekannt.

Glossopsitta. G der Loriidae ↗. 3 An. Australien einschl. Tasmanien. Nahrung Pollen, Nektar, Blüten, Früchte, Beeren u. Samen. Brüten in Baumhöhlen, Pflege → Loriidae, aber Nachfütterung am Nachmittag ohne ½ Apfel. Bruthöhle zur Aufnahme des dünnflüssigen Kotes ca. handbreit hoch mit Holzmulm auffüllen.

— *G. concinna*, Moschuslori. ♂: grün, breites rotes Stirnband, Zügel u. Ohrdecken rot, Scheitel u. Hinterkopf blau. Nacken u. Oberrücken bronzebraun, Federspitzen grün. Brustseite mit gelbem Fleck. Unterflügeldecken gelblichgrün. Schwanz grün, äußere Feder mit orangeroten Säumen nahe der Basis. Schnabel schwarz, spitzenwärts orange. Auge orange. Füße graubraun. ♀ wie ♂, aber Scheitel weniger blau. Juv. Rot weniger leuchtend, ♂ ♂ mit ausgedehnterem Stirnrot, Nackenfleck fehlt, Schnabel dunkelbraun. 22 cm. Öst. u. südöst. Australien, einschließl. Tasmanien. Lebt im Tiefland in früchte- u. beerentragenden Bäumen, zuweilen mit anderen Loris u. Schwalbensittichen ↗ vergesellschaftet. Brutbäume häufig in Wassernähe. Gelege bis 4 Eier. In Europa selten gepflegt, in USA mehrmals gezüchtet, Welterstzucht 1903 bei Nagel, Deutschland. Bruthöhle ca. 35 cm tief u. 25 cm Ø, Einschlupf Ø 8 cm. Mischlinge: Gebirgslori ↗.

— *G. porphyreocephala*, Porphyrkopflori. ♂: Stirn breit orangefarben, ebenso Ohrdecken. Vorderscheitel dunkel purpurfarben, Nacken u. Oberrücken bronzebraun, Federn spitzenwärts grün, übriger Kopf u. OS grün. Unterflügeldecken karmesinrot. Schwanz grün, äußere Federn nahe der Basis mit orangeroten Säumen. Kehle, Brust u. Bauch hellblau, Brustseiten mit gelbem Fleck. Schenkel u. Unterschwanzdecken gelblichgrün. Schnabel schwarz. Auge braun. Füße grau. ♀ wie ♂, aber Ohrdecken etwas mehr gelblich. US blasser. Juv. matter als Ad., Scheitelfleck fehlend od. nur schwach vorhanden. 16 cm. Verbr.-Gebiet südwe. u. südöst. Australien, nicht auf Tasmanien. Hält sich vorwiegend in blühenden Eukalyptusbäumen auf, gern nahe der Küste. Gelege 3—4 Eier. Wird wohl nur in Australien gehalten, hier auch gezüchtet.

— *G. pusilla,* Zwergmoschuslori. ♂: grün, US heller, mehr gelblich. Vorderkopf rot, Kinn u. Kehle ebenfalls, Ohrdecken hellgrün gestrichelt. Nacken u. Oberrücken bronzebraun, grün überhaucht. Unterflügeldecken gelblichgrün. Schwanz grün, äußere Federn am Grunde mit orangeroten Säumen. Schnabel schwarz. Auge orangegelb. Füße grünlichgrau. ♀ wie ♂, aber Rot weniger ausgedehnt, auch insges. gering matter. Juv. blasser als Ad., ♂♂ insges. leuchtender als ♀♀. Auge dunkelbraun. Schnabel olivbräunlich. Ca. 15 cm. Öst. u. südöst. Australien einschließl. Tasmanien. Lebt überwiegend in blühenden Eukalyptusbäumen, am liebsten in lockeren Beständen, meidet geschlossene Wälder. In Trupps unterwegs, häufig mit Schuppenlori ↗ vergesellschaftet. Brütet in hohlen Ästen. u. Baumhöhlen. In Europa stets selten im Handel, in Australien weit mehr gehalten, hier auch gezüchtet, erstmalig 1948 bei N. K. BUSH, Peakhurst. Gelege 2, auch mehr Eier. Nur ♀ brütet. Juv. schlüpfen nach 22 Tagen, fliegen nach 6 Wochen aus.

Gmelin-Amazilie *(Amazilia leucogaster)* → *Amazilia*
Gnomenkauz *(Glaucidium gnoma)* → *Glaucidium*
Goffinkakadu *(Cacatua goffini)* → *Cacatua*
Goldammer *(Emberiza citrinella)* → *Emberiza*
Goldaugentimalie *(Chrysomma sinense)* → *Chrysomma*
Goldbartvogel, NN → Kupferschmied
Goldbauchamazone *(Amazona xanthops)* → *Amazona*
Goldbauchkolibri *(Chlorostilbon aureoventris)* → *Chlorostilbon*
Goldbauchmusketier *(Coeligena bonapartei)* → *Coeligena*
Goldbauchorganist *(Euphonia xanthogaster)* → *Euphonia*
Goldbauchschmuckvogel *(Pipreola aureopectus)* → *Pipreola*
Goldbauchsittich *(Neophema chrysogaster)* → *Neophema*
Goldbauch-Wollhöschen *(Eriocnemis cupreoventris)* → *Eriocnemis*
Goldbrauenorganist → Blaunackenorganist
Goldbrustatzel *(Mino anais)* → *Mino*
Goldbrustbülbül *(Rubigula melanictera)* → *Rubigula*
Goldbrüstchen *(Sporaeginthus subflavus)* → *Sporaeginthus*

Goldbrusttangare *(Tangara schrankii)* → *Tangara*
Goldbrusttaube *(Gallicolumba rufigula)* → *Gallicolumba*
Goldbrusttukan *(Baillonius bailloni)* → *Baillonius*
Goldbugpapagei *(Poicephalus meyeri)* → *Poicephalus*
Goldbürzel-Bartvogel *(Viridibucco bilineatus)* → *Viridibucco*
Goldbürzel-Honiganzeiger *(Indicator xanthonotus)* → *Indicator*
Goldfasan *(Chrysolophus pictus)* → *Chrysolophus*
Goldgrüne Tangare, NN → Goldbrusttangare
Goldfischer *(Ceyx melanurus)* → *Ceyx*
Goldflügelsittich *(Brotogeris chrysoptera)* → *Brotogeris*
Goldhäher, NN → Mexikanischer Grünhäher
Goldhalspipra *(Manacus m. vitellinus)* → *Manacus*
Goldhaubengärtner *(Amblyornis macgregoriae)* → *Amblyornis*
Goldkappensittich, UA → Sonnensittich
Goldkehlbartvogel *(Cyanops franklinii)* → *Cyanops*
Goldkehltukan *(Ramphastos ambiguus)* → *Ramphastos*
Goldkehl-Waldnymphe *(Thalurania furcata)* → *Thalurania*
Goldkinn-Brillenvogel *(Zosterops erythropleurus)* → *Zosterops*
Goldkopfpipra *(Pipra erythrocephala)* → *Pipra*
Goldkopftrogon *(Pharomachrus auriceps)* → *Pharomachrus*
Goldkuckuck *(Chrysococcyx caprius)* → *Chrysococcyx*
Goldlaubenvogel *(Sericulus aureus)* → *Sericulus*
Goldmantelweber *(Textor taeniopterus)* → *Textor*
Goldmaskenamazone *(Amazona dufresniana)* → *Amazona*
Goldmaskenspecht *(Tripsurus flavifrons)* → *Tripsurus*
Goldmaskentangare, NN → Purpurmaskentangare
Goldnackenara *(Ara auricollis)* → *Ara*
Goldnackentangare *(Tangara ruficervix)* → *Tangara*
Goldohr-Arassari *(Selenidera maculirostris)* → *Selenidera*
Goldohrtangare *(Tangara chrysotis)* → *Tangara*
Goldregenpfeifer *(Pluvialis apricaria)* → *Pluvialis*
Goldrückenweber *(Euplectes aureus)* → *Euplectes*
Goldscheitelorganist, NN → Samtstirnorganist
Goldscheitelsittich, UA → Sonnensittich
Goldschnabeltäubchen *(Columbina cruziana)* → *Columbina*
Goldschnäpper *(Ficedula narcissina)* → *Ficedula*
Goldschnepfen → Rostratulidae
Goldschultersittich *(Psephotus chrysopterygius)* → *Psephotus*
Goldschwänzchen *(Chrysuronia oenone)* → *Chrysuronia*
Goldschwingen-Nektarvogel *(Aidemonia reichenowi)* → *Aidemonia*

Rotbrust-Krontaube, UA der Krontaube

Goldsittich (*Guaruba guarouba*) → *Guaruba*
Goldsperling (*Auripasser euchlorus*) → *Auripasser*
Goldstirn-Bartvogel, NN → Gelbbstirn-Bartvogel
Goldstirnblattvogel (*Chloropsis aurifrons*) → *Chloropsis*
Goldstirnpapagei (*Loriculus tener*) → *Loriculus*
Goldstirnpipra, NN → Rotbauchpipra
Goldstirnsittich (*Brotogeris jugularis*) → *Brotogeris*
Goldstirnsittich (*Eupsittula aurea*) → *Eupsittula*
Goldstirntrupial → Baltimoretrupial
Goldstrichellori (*Charmosyna pulchella*) → *Charmosyna*
Goldtangare (*Tangara arthus*) → *Tangara*
Goldtukan (*Baillonius bailloni*) → *Baillonius*
Goldwangen-Bartvogel (*Chotorea chrysopogon*) → *Chotorea*
Goldweber (*Textor subaureus*) → *Textor*
Goldzeisig (*Spinus tristis*) → *Spinus*
Goldzügelamazone (*Amazona xantholora*) → *Amazona*
Goldzügelbülbül (*Loidorusa bimaculata*) → *Loidorusa*
Goldzügelfink (*Sicalis luteola*) → *Sicalis*
Goliathreiher (*Ardea goliath*) → *Ardea*
Goodfellowia. G der Sturnidae ↗. 1 A. Insel Mindanao (Philippinen), beschränkt auf den Mount Apo, bewohnen bis ca. 2 900 m ü. NN Bergwald. Sehr selten in Europa gepflegt, wohl nur bei Dr. BURKARD ↗. Futter s. *Mino*. Eingewöhnung problemlos. Robuster, etwas streitsüchtiger Vogel. Lautäußerungen vielfältig, bezieht möglicherweise Stimmen anderer Vögel in das Repertoire ein.
– *G. miranda,* Mount Apo-Atzel, Prachtatzel. ♂: schwarz mit blau u. grün schillerndem Glanz. Um das Auge nackter gelber Fleck. An der Stirn ansetzender kurzer, haarähnl. Federschopf, bedeckt Scheitelmitte. Unterrücken u. Bürzel weiß. Schwanz lang, gestuft. Schnabel gelb. Auge braun. Füße braun. ♀ wie ♂, möglicherweise kleiner. Ca. 30 cm.

Göttervogel (*Paradisaea apoda*) → *Paradisaea*
Götzenliest (*Todiramphus sanctus*) → *Todiramphus*
Gouldamadine (*Chloebia gouldiae*) → *Chloebia*
Gould-Arassari (*Selenidera gouldii*) → *Selenidera*
Gould's Himmelssylphe (*Aglaiocercus kingi*) → *Aglaiocercus*
Goura. G der Gouridae ↗. 1 A, 6 UAn (früher 3 An, 6 UAn). Neuguinea u. nahegelegene Inseln.
– *G. cristata,* Krontaube. ♂: graublau, Kopf u. Schwanzendbinde heller. Auffälliger Kronenfächer aus bis in die Spitzen zerschlissenen Federn. Rücken im Zentrum rotbraun. Vom Schnabelgrund ausgehender Augenstreif schwarz. Großer, braun eingefaßter Flügelspiegel weiß. Schnabel graublau. Auge rot. Füße weißlich mit roten Pflasterschuppen besetzt. ♀ wie ♂, nur etwas kleiner. 75–85 cm. 2 UAn (bei A-Status). NW-Neuguinea, Misool, Salawati, Batanta, Waigeu. In Regenwäldern u. Sumpflandschaften der Ebenen. Aufenthalt überwiegend am Boden, schwanzwippend, bedächtig schreitend. Ruht (mittags) u. schläft aufgebaumt. Gurrt nicht, brummt tief u. andauernd. Nahrung Samen, Früchte, Beeren, relativ viel Kleingetier, u. a. Schnecken. Kein Balzfüttern des ♀ durch das ♂. Nistet bis 10 m hoch auf Bäumen. Gelege 1 weißes Ei. ♂ u. ♀ brüten. Brutdauer 28–30 Tage. Nestlingszeit etwa 30 Tage. Juv. kehrt (immer?) zum Übernachten mindestens 10 weitere Tage ins Nest zurück. Füttern des Jungvogels durch Tauber endet erst mehr als 2 Monate nach Flüggewerden (Gefangenschaftsbeobachtungen!). Erstmalig Ende des 17. Jh. nach Holland gelangt, überwiegend in Tiergärten. Erste Zuchten Mitte des 19. Jh. in Rotterdam, London, Paris. Beste Zuchtaussichten in geräumigen, naturnah bepflanzten Volieren mit auch im Sommer zugänglichem, gewärmten Raum od. in Vogelhallen. Sehr frostempfindlich (Zehen!), deshalb warme Überwinterung erforderlich. Verträglich. Mehrere Paare Krontauben, auch versch. Formen, können zusammen leben. Droht mit erhobenem Flügel. Ab 15 Monaten zuchtreif. Große Drahtkörbe (∅ 60 cm) in starken Astgabeln od. auf waagerecht angebrachten Stämmen od. anderen Auflagen befestigen. Auspolstern unten mit Rasenplaggen, darauf geschmeidige Reiser geben. Futter Erdnüsse, Bucheckern, Sonnenblumenkerne, Mais, Weizen, Hanf u. a. Körner; Frischobst od. Eingeweckteres: gewürfelte Äpfel, Birnen, Weintrauben, Südfrüchte, Beeren; Salat, Endivie, Chicorée, Vogelmiere, gekeimter Weizen, Hafer; Weichfutter; Mehlwürmer, Regenwürmer, Wachsmottenlarven, kleinere Gehäuseschnecken u. a. Lebendfutter, zerstückeltes Herz.
G. c. scheepmakeri, Rotbrust-Krontaube. ♂: Krone wie bei *G. c. cristata* gefärbt, jedoch Brust kastanienbraun. Flügelspiegel lichtgrau, bei *G. c. sclateri* weiß. S- u. SO-Neuguinea. 2 UAn (bei A-Status). *G. c. sclateri* erstmalig 1903 im Zoo London sowie 1903 u. 1904 in Frankreich gehalten u. gezüchtet. *G. c. victoria,* Fächertaube. ♂: wie *G. c. cristata,* aber Brust purpurrotbraun u. Flügelspiegel licht bläulichgrau. Enden der Kronenfedern spatelförmig, außen weiß gerandet. N-Neuguinea u. die kleinen Inseln Jobi, Biak. 2 UAn (bei A-Status). Erstmalig vor 1848 im Zoo London, ebenda zuerst Mischbrut Krontauben-♂ mit Fächertauben-♀. Erste Reinzucht 1881 in Paris.

Gouridae, Krontauben. F der Columbiformes ↗ (früher zu Columbidae, UF Gourinae). 1 G, 1 (?) A.

Größte Tauben; Gewicht bis 2500 g. Lauf lang u. stark, Schwanz abgerundet u. verhältnismäßig kurz (Merkmale für Lebensweise als Erdtauben). Beschreibung, Verbr., Biologie, Pflege s. *Goura* ↗.

Grackeln → Quascalinae

Gracula. G der Sturnidae ↗. 3 An. Asien. Leben bevorzugt in der oberen Baumetage. Gesellig, lärmend. Nest in Baumhöhlen hoher Bäume. Einehe. Gelege 2—3 blaugrüne Eier, rot- od. dunkelbraun gesprenkelt. Brutdauer 12—14 Tage, Nestlingszeit ca. 4 Wochen. Vorwiegend Obstfresser, weniger Insekten, dadurch dünnflüssiger Kot, bei Käfighaltung tägl. Wechsel des Bodenbelages → Sturnidae, trotzdem manchmal noch Geruchsbelästigung. Haben beachtlichen Appetit. Handelsübl. Beo-Spezialfutter läßt festeren Kot absetzen, Haltung eines Einzelvogels im Käfig stets abzuwägen (großes Badebedürfnis, viel menschl. Kontakt notwendig, tägl. Arbeitsaufwand). Zählen neben einigen Papageien zu den talentiertesten Sprechern u. Imitatoren, bestechend ist auch die im Tonfall täuschend ähnl. Nachahmung. Dieses Talent haben aber leider nicht alle Vögel, so daß Enttäuschungen nicht ausbleiben. Der Wechsel von einer Hand in die andere stellt einen großen Leidensweg für den Vogel dar, bes. da ein Alter von über zehn Jahren keine Seltenheit darstellt. Heutzutage sollten Beos paarweise allein in einer großen Voliere ↗ zum Zwecke der Züchtung untergebracht werden. Zucht mit Importvögeln nicht einfach, da es sich meistens um handaufgezogene Beos handelt, deren Prägung auf den Menschen groß ist. Andererseits sind die Auswirkungen für die Beopopulationen, Vögel mit geringer Reproduktionsrate, durch den Handel unverantwortl. folgenschwer (z. B. wurden 1971 62 000 Beos in Thailand der Natur entnommen). Schwierigkeiten bereitet die Bestimmung der Geschlechter, Rasse u. Alter wirken dabei erschwerend. Allgemein haben ♂♂ längere Hinterkopflappen, sind gering kleiner u. sitzen etwas aufrechter.

— *G. indica*, Kleiner Beo. ♂ u. ♀: schwarz, Gefieder mit metallisch grünlichviolettem Glanz. Nackte, gelbe Hautstelle unter dem Auge, größere gelbe Hautlappen am Hinterkopf, stehen nicht miteinander in Verbindung. Flügelspitzen weiß. Schnabel orangegelb. Auge braun. Füße gelb. Juv. fehlen Hautlappen am Kopf, Gefieder weniger glänzend. 24—26 cm. Konspezies ↗ mit *G. religiosa*? Sri Lanka, SW-Indien bis 17° N. Lebt in lichten Waldungen, auch in Baumgruppen nahe Siedlungen. In seiner Heimat gern gehaltener Käfigvogel. Erstmalig 1845 in Europa (Zool. Garten Amsterdam), seither unregelmäßig im Handel. Gesang angenehm, wechselvoll, überwiegend weiche, aber auch rauhe Töne, sehr abweichend von dem von *G. religiosa*. Wegen der Größe noch am ehesten im Käfig zu halten.

— *G. ptilogenys*, Dschungelatzel, Ceylonbeo. ♂ u. ♀: s. *G. indica*, Kopf befiedert, nur am Hinterkopf kräftig gelbe Lappen. Schnabel orangerot, Wurzel schwarz. Auge grauweiß. Füße gelb. 24 cm. Sri Lanka. Auf hohen Bäumen, an Waldhängen u. in Schluchten, in kleinen Trupps unterwegs. Nest in Baumhöhlen. Gesang pfeifende, gurgelnde Töne, angenehm. Nur gelegentl. im Handel.

— *G. religiosa*, Beo. ♂ u. ♀: s. *G. indica*, UAn unter-

Beo

scheiden sich durch gelbe Hautpartien des Kopfes. UA *G. r. intermedia* (Mittelbeo) hat ineinander übergehende Hautlappen. Nö. Vorderindien, Hinterindien bis S-Thailand, Indochina, S-China, Hainan. Ca. 30 cm. Bei UA *G. r. religiosa* (Großer Beo) besteht keine Verbindung zwischen dem gelben Hautstreif unter dem Auge u. den Hautlappen am Hinterkopf. Malaiische Halbinsel, Große Sundainseln, Bali u. einige weitere kleine Inseln des Archipels. 30—35 cm. Vorkommen der A: O-Indien, Himalajagebiet, von Kumaon bis S-China, Hainan, Hinterindien bis Malaysia, Andamanen, Nikobaren, Sumatera, Kalimantan, Java u. benachbarte kleine Inseln, Palawan, Bali, Sumbawa, Flores, Pantar, Alor (Kleine Sundainseln). Von den Menschen auf der Weihnachtsinsel u. Oahu (Hawaii) verbr. Stets im Handel. Erstmalig 1852 in Europa (Zool. Garten Amsterdam). Nur im Flugraum halten. Mehrfach gezüchtet, Paar allein im Flugraum unterbringen, am besten Gartenvoliere mit Schutzraum. Nistkästen anbringen. Aufzuchtfutter in den ersten Lebenstagen vorwiegend Mehlkäferlarven, dann reichl. Banane, Johannisbeeren, nach ca. 1 Woche werden überwiegend Regenwürmer verfüttert. Ab 20. Lebenstag übliches Weichfutter u. Obst. Während der Aufzucht beachten, daß sich Interesse an Obstsorten schlagartig ändert, erst am Ende der Nestlingszeit füttern Ad. alles auch sonst gereichte Futter. Dem Aufzuchtfutter unbedingt Mineralstoffgemisch zusetzen.

Gracupica. G der Sturnidae ↗. 1 A. S-China, von Hinterindien bis Malaysia. Bewohnen in kleinen, auch größeren Flügen offenes Gras-, Kulturland, gern auf Reisfeldern. Nest kugelig, freistehend in Baumkronen. Gesang angenehm schwätzend, ähnl. *Sturnus vulgaris* ↗. Bald zutraulich, wegen der

Graf Berlepschsittich

Größe nur für Flugraum geeignet. Pflege wie Sturnidae.
— *G. nigricollis*, Schwarzhalsstar. ♂ u. ♀: Kopf weiß, Nacken mit schwarzem Band, das über hintere Kehle u. Vorderbrust zieht. Rücken, Flügel, Schwanz dunkelbraun. Flügeldecken, Schwingen, Schwanzfedern mit weißen Spitzen. Bürzel weiß, ebenso US. Schnabel grauschwärzlich. Auge gelb, umgeben von nackter, hellgelber Haut. Füße gelblichgrau. 27 cm.

Graf Berlepschsittich, UA → Braunschwanzsittich
Graf von Paris *(Coeligena lutetiae)* → Coeligena

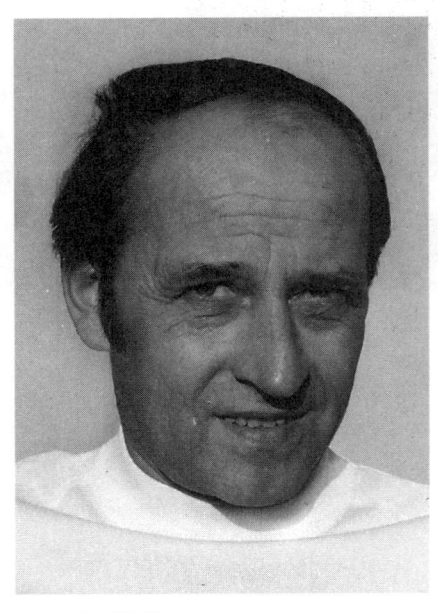

de Grahl, Wolfgang

de Grahl, Wolfgang, geb. 28. 7. 1932 in Hamburg. Journalist auf naturwissenschaftl. Gebiet, Fotograf. Hauptarbeitsgebiete: Haltung einheimischer Vögel, exotischer Finken ↗, Wachteln ↗, Fasanen ↗, Enten, bes. Papageienvögel. Bedeutende Zuchterfolge. Zahlreiche Veröffentlichungen in Vogelzeitschriften (seit 1949) u. Buchautor u. a. «Papageien unserer Erde» (2 Bd.), «Der Graupapagei», «Papageien der Welt», «Sittiche der Welt». 1970 Goldmedaille der AZN, 1975 Goldmedaille der Zeitschr. «Die Gefiederte Welt», 1974 u. 1976 Consul-Cremer-Preis.

Grallaria. G der Formicariidae ↗. 22 An. M- u. S-Amerika. Lebensweise wie Formicariidae. Warme Haltung in großen Unterkünften, Ausstattung mit Büschen, Gräsern, Moos, Walderde, reichl. Laub. Futter s. *Thamnophilus* ↗.
— *G. varia*, Königsameisenpitta, Königsameisenstelzer, Huhnpitta. ♂: braun, Kopf-OS aschgrau, Federn schwarz gesäumt. Wangen, Streif von Kinn bis Kehle gelblichweiß, Federn schwarz gesäumt, ebenso Zügel gefärbt. Rücken gelblich gestrichelt. Flügel rot- u. schwarzbraun. Schwanz rotbraun. Hals weiß, Federn mit schwarzen Säumen, US gelblichbraun, z. T. quergestreift. Oberschnabel braun, Unterschnabel hellbraun, Basis rötlichweiß. Auge braun. Füße rötlichgrau. ♀: dunkelbraun. 21 cm. UAn. S-Venezuela, Guayana bis Gebiet des Amazonas, außerdem von O-Brasilien bis Rio Grande do Sul, Misiones u. O-Paraguay. Bewohner des Waldbodens, greift auch junge Mäuse u. nesthockende Jungvögel. Erstmalig 1902 in Europa (Zoo Berlin). Vorwiegend abends aktiv. Sehr selten gepflegt.

Grallina. G der Grallinidae ↗. 1 A. Australien u. Tasmanien. Biotop s. Grallinidae. Pflege wie *Struthidea* ↗. Führen lebenslange Dauerehe, bewohnen jahrelang das gleiche Revier, das ♂ u. ♀ gegen gleichgeschlechtliche A-Genossen verteidigen. Beide singen, auch Duettgesang. ♂ u. ♀ bauen Nest, brüten auch gemeinsam u. ziehen zusammen Junge auf. 2 Jahresbruten. Außerhalb der Brutzeit z. T. Aufgabe des Reviers u. Zusammenschluß mit anderen Fn zum Schwarm, manchmal bis zu 1 000 Vögel. Nächtigen gemeinsam. Zuweilen auf dem Vogelmarkt. Mehrmals gezüchtet. Nest napfförmig aus Schlamm, Gräsern u. Haaren. Künstl. Nestunterlage bieten. Zur Brutstimulation viel Lebendfutter reichen. Gelege 3—6 hellrosa Eier mit violetten u. grauen Stricheln od. Flecken. Während des Brütens empfindlich. Juv. schlüpfen nach 12 Tagen, werden mit lebenden Kerfen gefüttert, außerdem Schnecken bieten.
— *G. cyanoleuca*, Drosselstelze. ♂: vorwiegend schwarz, Kopf, Rücken u. Brust bläulich glänzend. Augenbrauenstreif weiß, Halsseiten mit weißem Fleck. Bürzel, Oberschwanzdecken, Spitzen der inneren Schwingen, Unterflügeldecken, Schwanzwurzeln u. -spitzen weiß, ebenso übrige US. Schnabel weißlichgelb. Auge gelb. Füße schwarz. ♀: Stirn weiß, ebenso Zügel u. Kehle. 29 cm.

Grallinidae, Drosselstelzen. F der Passeriformes ↗. 2 Gn, 2 An. Australien einschließl. Tasmanien; Neuguinea (Trugstelze, *G. bruijni*). Bewohnen Landstriche mit frischen flachen Wasserständen, auch Lehmgruben. Nahrung Wasserinsekten u. Schnecken. Bauen Schlammnester. In wenigen Sammlungen gepflegt.

Grammatoptila. G der Timaliidae ↗. 1 A. Himalaja vom nö. Pandschab bis Bhutan, Assam, we. u. nordöst. Burma. Bewohnen paarweise u. in Trupps dichte Bergwälder in niedrigen Lagen. Nahrung Früchte u. Insekten. Pflege wie *Trochalopteron* ↗. Stimme zwitschernd, auch heiseres Gackern. Unempfindlich, ausdauernd.
— *G. striata*, Streifenhäherling. ♂ u. ♀: Kopf-OS rotbraun. Zügel, Kopfseiten u. Kehle weiß gestrichelt, OS rotbraun, Bürzel olivfarben überhaucht, weiße Strichelzeichnung. US graubraun, in der Mitte längsverlaufender weißlichgrauer Streif mit dunklen Säumen, Unterschwanzdecken graubraun, weißlichgrau gestrichelt. Schnabel schwarz. Auge rot. Füße blaugrau. 28 cm. UAn.

Granativora. G der Emberizidae ↗. 2 eng verwandte An. Ruhige, ausdauernde Volieren- u. Vogelstubenvögel. Frostfreie Überwinterung.
— *G. bruniceps*, Braunkopfammer. ♂: Kopf u. Kehle rotbraun, auch z. T. gelb, Rücken olivgrün, dunkel gestreift, US gelb. ♀: ähnl. Haussperlings ↗-♀, doch Flanken, Bürzel gelblichgrau. Juv. ähnl. ♀. 17 cm. M-Asien sü. bis Iran, Kaschmir. In gebüsch-

reicher offener Landschaft. In Indien überwinternd. Nest in Bodennähe, Brutdauer 13 Tage, 3—5 Eier. Zuchterfolge nicht bekannt, Eiablage mehrfach.
— *G. melanocephala*, Kappenammer. ♂: Kopf, Wangen schwarz, Halsseiten, US gelb, Rücken rostbraun. ♀: ähnl. *G. bruniceps*, Bürzel mehr gelblich rostfarben. Juv. ähnl. ♀. 18 cm. Balkan, Kleinasien, Kaukasus bis Iran. Gehölzreiche offene Landschaft, Weinberge. Überwintert in NW-Indien. Nest etwas über dem Boden, 3—5 Eier, Brutdauer 13 Tage. Zucht verschiedentl. gelungen.

Granadaamazone, NN → Goldmaskenamazone
Granatastrild *(Granatina granatina)* → *Granatina*
Granatina. G der Estrildidae ↗. 2 An. Afrika. In der Dornbuschsteppe, anderen trockenen Landschaften, lichten Wäldern. Nest in niedrigen Büschen, meistens in 0,5—1,5 m Höhe. Brutwirte von An der G *Tetraenura* ↗. Unterschiedl. häufig importiert, während der Eingewöhnung hinfällig, wärmebedürftig, auch später nicht unter 20 °C halten. Für den Käfig oft unruhig u. scheu, besser Unterbringung in Voliere. Benötigen viel Sonne, paarweise Haltung. Futter → Estrildidae, benötigen laufende Insektennahrung, vor allem reichl. während der Brutzeit. Nest überwiegend freistehend im Gebüsch, sonst im Harzer Bauer ↗, halboffenen Nistkasten ↗. Gelege 3—5 Eier. Schlupf nach ca. 13 Tagen. Juv. verlassen nach 2—3 Wochen das Nest, anschl. noch gut 2 Wochen gefüttert. Brut nicht immer erfolgreich, Ursache wahrscheinl. Unterkühlung der Juv., da ad. Vögel nur die ersten 5—6 Nächte hudern, auch unzureichende Insektennahrung. Ammenaufzucht mehrfach gut mit Schmetterlingsfinken ↗ gelungen.
— *G. granatina*, Granatastrild. ♂: schmaler Stirnstreifen blau. Wangenflecken lila. Kinn u. Zügel schwarz. Oberkopf u. Nacken kastanienbraun, gleichfalls von Kehle bis Bauch. Rücken, Flügel graubraun. Bürzel, Oberschwanzdecken blau, Schwanz schwarz. Schnabel rot. Auge rotbraun mit rotem Lidrand. Füße braun. ♀: von Kinn bis einschließl. Bauch gelblichbraun, sonst wie ♂, aber matter. Juv. graubraun, nur Bürzel blau. Lidrand schwarz, ebenso Schnabel. 14 cm. S-Afrika. Vor allem Dornbuschwildnis. Brutwirt von *Tetraenura regia* ↗. Sehr schöner Gesang, auch ♀ singt. Zucht schwierig. Nest aus Kokos-, Wurzelfasern, Rispen, weichen Gräsern. Während Brutzeit bei 25 °C halten. Flügge Jungen noch lange wärmebedürftig.
— *G. ianthinogaster*, Veilchenastrild. ♂: Stirnstreifen, Kinnstreifen schmal u. wie Augengegend, Bürzel, Oberschwanzdecken, Bauch glänzend veilchenblau. Übrige OS dunkelbraun, Schwanz schwarz. US rötlichbraun, kräftig blau gescheckt. Schnabel korallenrot. Auge rot mit rotem Lidrand. Füße schwarzgrau. ♀: ohne Blau, insges. matter als ♂, um Augen brillenähnl. weiße Maske. Lidrand blaßlila. Juv. fehlt Weiß bzw. Blau am Kopf. Schnabel schwarz. Lidringe grauschwärzlich. 14 cm. Von Äthiopien, Somalia bis Tansania. Brutwirt von *Tetraenura fischeri* ↗. ♂ hat 2 versch. schöne Gesänge, auch ♀ singt. Zucht schwierig, selten gelungen.

Granatkolibri *(Eulampis jugularis)* → *Eulampis*
Grantsamenknacker *(Spermophaga poliogenys)* → *Spermophaga*

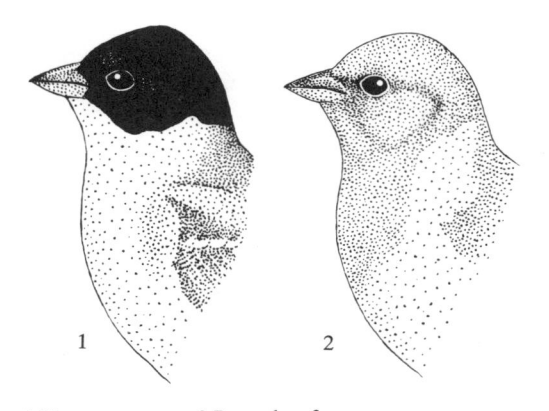

Graphephasianus

1 Kappenammer, 2 Braunkopfammer

Graphephasianus, Kupferfasanen. G der Phasianinae ↗. 1 A u. 4 UAn. 51—136 cm, davon bei den ♂♂ bis 88 cm Schwanzlänge. 16—20fedriger Schwanz flach getragen, mittl. Paar stets am längsten; auffallendes breites Querbindenmuster. Gebirgswälder der Hauptinseln Japans. Nahrung vorwiegend grüne Pflanzenteile, Samen u. Insekten. Zur Balzzeit rufen die ♂♂ mit kurzen schrillen Rufen u. klatschen weithin hörbar mit den Schwingen. Streng monogam. ♀♀ legen ihre Nester im Gebüsch mit reichl. Fallaub an. Gelege 6—12 cremeweiße einfarbige Eier. Bebrütungsdauer 24—25 Tage. In M-Europa winterhart. Bei strenger Kälte Schutzraum erforderlich. Getrennte Gehege mit Sichtkontakt für Partner, da ♂♂ sehr unverträglich. Während der Balzzeit Kontakte der Partner zur Paarung nur unter Aufsicht möglich. Dichte Bepflanzung der Gehegeecken als Unterschlupf für ♀ vorteilhaft u. einseitige Kürzung der Handschwingen des ♂. Künstl. Besamung möglich. Juv. anfänglich sehr nässeempfindlich. In den 1. Lebenswochen reichl. animalische Kost erforderlich. Im Herbst des 1. Lebensjahres bereits Prachtkleid u. im darauffolgenden zuchtfähig.
— *G. soemmeringii*, Kupferfasan. ♂: Kopf, Hals u. OS goldig kupferrotbraun mit schwarzen Fleckchen längs der Federschäfte, Spitzensäume goldkupfrig glänzend. Schultern mit schmalen weißen Säumen. Oberflügeldecken rotbraun, Wurzel schwarz. Handschwingen schwarzbraun mit unregelmäßigen rotbraunen Binden. Armschwingen ebenso mit rotbraunen Spitzen, Innenfahnen oftmals weiß gesprenkelt. Schwanz dunkelkastanienbraun mit 9—14 schwarzen, nach der Wurzel zu gelblich weiß gerändeten Querbinden. Die äußeren Federpaare mit schwarzen Enden. Oberschwanzdecken wie Schwanz, schmal weiß gesäumt. US rotbraun, Kopf kupferrot glänzend. Brust u. Unterkörper mit hellbraunen Säumen. Achselfedern mit weißen Schaftstrichen u. Säumen. Unterschwanzdecken schwarz, rotbraune Schaftstriche. Schnabel hornfarben. Nackte Augenhaut rot. Lauf bleifarben mit Sporen. ♀: Kopf schwarzbraun mit rostfarbenen Säumen. OS rotbraun mit schwarzen Fleckchen u. weißlichen Querbinden auf Schultern u. Flügeln sowie weißlichen Schaftstrichen. Hinterrük-

Graseule

ken u. Bürzel rostbraun mit schwarzbraunen Sprenkeln u. Schaftstrichen, Schwanz kastanienbraun, Spitzen heller mit schwarzer Binde schwarzbraun gesprenkelt. Kinn u. Kehle bräunlichgelb, Brust gelbbraun mit schwarzen Spitzen u. U-förmigem schwarzen Streif. Mitte Unterkörper hell rahmfarben. Seiten rotbraun, schwarz gefleckt mit hellen Endsäumen. Juv. Stirn, Zügel, Überaugenstreif, Hals u. Kopfseiten dunkel rahmfarben. Vom Auge zum Hinterkopf tiefbrauner Streif. Scheitel u. OS rotbraun, auf Hinterrücken u. Bürzel 2 rahmfarbene Streifen. US rahmfarben, Kropf dunkler. 109—136 cm ♂, 51—54 cm ♀. UAn. M- u. N-Kyushu (Japan). *G. s. scintillans*, Nördlicher Kupferfasan. ♂: Kopf heller braun, Säume mehr rostfarben. Nacken u. Vorderrücken gelblicher. Flügeldecken, Unterrücken u. Bürzel breit weiß gesäumt. Schwanz gelblich rostfarben. Die mittl. Schwanzfedern zeigen auf rötlich weißem Grund 9—10 schmale, schwarze u. breitere, rotbraune Querbinden. Seitl. Schwanzfedern an der Wurzel der Innenfahnen weiß, schwarzgesprenkelt. Brust viel heller als bei Nominatform mit grauweißen Säumen. Bauch rötlich weiß gesäumt. ♀: auf Schulter u. Oberflügeldecken heller als Nominatform. Mittl. Schwanzfedern hellere Grundfarbe mit hellgrauen bis rahmfarbenen Fleckenbinden. Juv. nicht beschrieben. 88—122 cm ♂, 51—54 cm ♀. M- u. N-Honshu (Japan). *G. s. intermedius*, Shikoku-Kupferfasan. ♂: ähnelt sehr UA *scintillans*, zeigt aber dunklere US. Schwanz dunkler mit reinweißen Querbinden. Mittelstes Schwanzfederpaar sehr lang, breitere Federfahnen. ♀: nicht von denen der UA *scintillans* unterschieden. Juv. nicht beschrieben. Shikoku u. SW-Honshu (Japan). *G. s. subrufus*, Pazifik-Kupferfasan. ♂: von UA *intermedius* durch dunkler rote Gesamtfärbung mit glänzend goldorangefarbenen Säumen auf Mantel u. Rücken unterschieden. Federfahnen des Schwanzes breiter u. heller, jedoch nicht so hell wie bei UA *scintillans*. ♀: nicht von denen der UA *scintillans* unterschieden. Juv. nicht beschrieben. SO-Honshu (Japan). *G. s. ijimae*, Weißrücken-Kupferfasan. ♂: von anderen UAn durch bes. breite weiße Säumung des Hinterrückens u. Bürzels unterschieden. Nur Federmitte ist noch kupferrot u. wird durch weiße Säumung der darüberliegenden Feder fast verdeckt, so daß Weißfärbung dieser Regionen vorherrscht. ♀ u. Juv. nicht beschrieben. SO-Kyushu (Japan). Alle UAn bevorzugen Mischwaldungen in Flußnähe der Subtropen auf S-Kyushu mit Zypressen, Kryptomerien bis zur subalpinen Nadelwaldzone auf N-Honshu. Bewohnt, sehr standorttreu u. monogam lebend, Steilhänge u. Flußtäler. Früher mehrfach importiert. Alle UAn 1980 von World Pheasant Association ↗ England importiert u. auf Mitglieder verteilt. 1981/82 mehrere Nachzuchten.

Graseule *(Tyto capensis)* → *Tyto*

Grasmückenkäfig. S. auch Weichfresserkäfig ↗. Mindestgröße für Grasmücken ↗ od. verwandte Vögel bei der Haltung eines Einzelvogels: 50 × 23 × 30 cm. Sprunghölzer s. Sprungschema ↗.

Grasmücken → Sylviidae
Grassittiche → Neopheminae
Grauammer *(Miliaria calandra)* → *Miliaria*
Grauastrild *(Estrilda troglodytes)* → *Estrilda*
Graubauch-Honiganzeiger, Graubauch-Laubpicker *(Prodotiscus zambesiae)* → *Prodotiscus*
Graubauch-Tragopan *(Tragopan blythii)* → *Tragopan*
Graublaues Täubchen, NN → Schmucktäubchen
Graubrauen-Bambushuhn *(Bambusicola thoracica)* → *Bambusicola*
Graubrust-Baumelster *(Dendrocitta formosae)* → *Dendrocitta*
Graubrust-Degenflügel *(Campylopterus largipennis)* → *Campylopterus*
Graubrust-Einsiedler *(Phaethornis guy)* → *Phaethornis*
Graubrust-Eremit *(Phaethornis guy)* → *Phaethornis*
Graubrusthäher *(Aphelocoma ultramarina)* → *Aphelocoma*
Graubrust-Paradiesschnäpper *(Terpsiphone viridis)* → *Terpsiphone*
Graubrustralle *(Lewinia striata)* → *Lewinia*
Graubrust-Spinnenjäger *(Arachnothera affinis)* → *Arachnothera*
Grauedelsänger *(Ochrospiza leucopygia)* → *Ochrospiza*
Grauer Fliegenschnäpper *(Muscicapa striata)* → *Muscicapa*
Grauer Kranich → Kranich
Grauer Kronfink *(Coryphospingus pileatus)* → *Coryphospingus*
Grauer Pfaufasan *(Polyplectron bicalcaratum)* → *Polyplectron*
Grauer Säbelflügelkolibri *(Campylopterus largipennis)* → *Campylopterus*
Grauer Tagschläfer *(Nyctibius griseus)* → *Nyctibius*
Graues Buschkehlchen *(Saxicola ferrea)* → *Saxicola*
Graue Spatelschwanzelster, NN → Spatelschwanzelster
Graue Würgerkrähe *(Strepera versicolor)* → *Strepera*
Graufischer *(Ceryle rudis)* → *Ceryle*
Grauflügeldrossel *(Merula boulboul)* → *Merula*
Grauflügelfrankolin *(Scleroptila afra)* → *Scleroptila*
Grauflügelrebhuhnfrankolin, NN → Grauflügelfrankolin
Grauflügelrötel *(Cossypha polioptera)* → *Cossypha*
Graugans *(Anser anser)* → *Anser*
Graugirlitz *(Ochrospiza leucopygia)* → *Ochrospiza*
Grauhals-Kronenkranich → Kronenkranich
Graukehlkuckuck *(Coccyzus cinereus)* → *Coccyzus*
Grauhäherling *(Ianthocincla cineracea)* → *Ianthocincla*
Graukopfalcippe *(Alcippe poioicephala)* → *Alcippe*
Graukopfammer *(Spina fucata)* → *Spina*
Graukopf-Brillenvogel *(Lophozosterops javanicus)* → *Lophozosterops*
Grauköpfchen *(Agapornis canus)* → *Agapornis*
Graukopfedelsittich, NN → Graukopfsittich
Graukopf-Erdtaube *(Geotrygon caniceps)* → *Geotrygon*

Graukopfgans *(Chloephaga policephala)* → *Chloephaga*
Grauköpfiges Silberschnäbelchen, NN → Perlhalsamadine
Graukopfjunko, UA → Junko
Graukopfkasarka *(Casarca cana)* → *Casarca*
Graukopfliest *(Halcyon leucocephala)* → *Halcyon*
Graukopfnonne *(Munia caniceps)* → *Munia*
Graukopfsittich *(Psittacula caniceps)* → *Psittacula*
Graukopfsperling *(Pyrgitopsis grisea)* → *Pyrgitopsis*
Graukopfstar *(Temenuchus malabaricus)* → *Temenuchus*
Graukopfstieglitz *(Carduelis carduelis caniceps)* → *Carduelis*
Graukopftaube, NN → Bonapartetaube
Graukopfwürger *(Malaconotus blanchoti)* → *Malaconotus*
Graulärmvogel *(Corythaixoides concolor)* → *Corythaixoides*
Graulaubenvogel *(Chlamydera nuchalis)* → *Chlamydera*
Graumantelhabia, NN → Gimpeltangare
Graumeisen → *Poecile*
Graunackengirlitz *(Serinus canicollis)* → *Serinus*
Graunackenschwärzling *(Nigrita canicapilla)* → *Nigrita*
Grauortolan *(Emberiza caesia)* → *Emberiza*
Graupapagei *(Psittacus erithacus)* → *Psittacus*
Graupelikan *(Pelecanus philippensis)* → *Pelecanus*
Graureiher *(Ardea cinerea)* → *Ardea*
Graurückenamarant, Graurückenastrild *(Lagonosticta rubricata polionota)* → *Lagonosticta*
Graurücken-Leierschwanz *(Menura novaehollandiae)* → *Menura*
Graurücken-Trompetervogel *(Psophia crepitans)* → *Psophia*
Grauscheitellerche *(Eremopterix grisea)* → *Eremopterix*
Grauschmätzer *(Saxicola ferrea)* → *Saxicola*
Grauschnabel-Arassari *(Aulacorhynchus coeruleicinctus)* → *Aulacorhynchus*
Grauschnäpper *(Muscicapa striata)* → *Muscicapa*
Grausperling, NN → Graukopfsperling
Graustirnwürger *(Chlorophoneus nigrifrons)* → *Chlorophoneus*
Grautoko *(Tockus nasutus)* → *Tockus*
Grauwachtelfrankolin, UA → Wachtelfrankolin
Grauwangenalcippe *(Alcippe morrisonia)* → *Alcippe*
Grauwangendrossel *(Catharus minimus)* → *Catharus*
Grauwangen-Faulvogel *(Nonnula ruficapilla)* → *Nonnula*
Grauwangen-Hornvogel *(Bycanistes subcylindricus)* → *Bycanistes*
Graydidascalus. G der Amazoninae. 1 A. SO-Kolumbien bis O-Peru, entlang des Amazonas bis zur Mündung u. Amapá. Charakteristische Spezies von Varzea-Waldgebieten (s. Veilchenpapagei ↗) u. anderem Sekundärwuchs u. sumpfigen od. saisonal überschwemmten Gebieten entlang größerer Flüsse. Meidet Tierra-firma-Wald strikt, lebt im Flachland bis 350 m ü. NN. Allgemein häufig, im W zahlenmäßig schwächer. Population stabil. Nahrung Früchte, Samen. Sehr selten in Europa gehalten, u. a. Vogelpark Walsrode ↗. Unterbringung warm, Futter s. Cacatuidae ↗. Anhänglich, kontaktfreudig, temperamentvoll.

— *G. brachyurus*, Kurzschwanzpapagei. ♂ u. ♀: grün, Kopf-OS mit bläulichem Schimmer. Kopfseiten leicht gelblichgrün, ebenso Flanken. Flügeldecken, Armschwingen mit gelblichen Säumen. Kleiner, kirschroter Schulterfleck. Basis der Schwanzfedern dunkelrot. Schnabel grünlichgrau. Auge rot. Füße grau. Juv. ohne roten Schulterfleck. 24 cm.

Greifvögel → Accipitriformes
Greisenkopf *(Pionus seniloides)* → *Pionus*
Grenadataube, NN → Wellstaube
Grenadierweber *(Euplectes orix)* → *Euplectes*
Grit → Ballaststoffe
Gritmangelkrankheit. Magenverstopfung durch unzerkleinerte Futterbestandteile infolge Mangels an Magensteinchen. Oft tödlich.
Große Gelbkopfamazone, UAn → Gelbscheitelamazone
Großer Alexandersittich, NN → Alexandersittich
Große Raubmöwe *(Stercorarius skua)* → *Stercorarius*
Großer Beo → Beo
Großer Bindensittich *(Psittacella brehmii)* → *Psittacella*
Großer Brachvogel *(Numenius arquata)* → *Numenius*
Großer Braunkopfpapagei, NN → Kappapagei
Großer Brillenkauz *(Strix perspicillata)* → *Strix*
Großer Elsterling, NN → Elsterling
Großer Felsensittich, UA → Felsensittich
Großer Gelbhaubenkakadu *(Cacatua galerita)* → *Cacatua*
Großer Gelbkopf, UA → Gelbscheitelamazone
Großer Goldstirnsittich, UA → Goldstirnsittich
Großer Halsband-Nektarvogel *(Panaeola afra)* → *Panaeola*
Großer Hokko, NN → Tuberkelhokko
Großer Honiganzeiger *(Indicator indicator)* → *Indicator*
Großer Hyazinthara *(Anodorhynchus hyacinthinus)* → *Anodorhynchus*
Großer Kehlsperling *(Gymnoris pyrgita)* → *Gymnoris*
Großer Kubafink *(Tiaris olivacea)* → *Tiaris*
Großer Maskenweber, UAn → Textorweber
Großer Mennigvogel *(Pericrocotus flammeus)* → *Pericrocotus*
Großer Mozambikgirlitz, NN → Weißbauchgirlitz
Großer Pünktchenamarant *(Lagonosticta nitidula)* → *Lagonosticta*
Großer Sandhügelkranich → Kanadakranich
Großer Soldatenara *(Ara ambigua)* → *Ara*
Großer Textor *(Textor cucullatus)* → *Textor*
Großer Vasa, NN → Vasapapagei
Großer Veilchenohrkolibri *(Colibri coruscans)* → *Colibri*
Großfischer *(Streptoceryle alcyon)* → *Streptoceryle*
Großfußhühner → Megapodiidae

Großschnabelpapageien → *Tanygnathus*
Großschnabelweber (*Ploceella megarhyncha*) → *Ploceella*
Großtinamu (*Tinamus major*) → *Tinamus*
Großtrappe (*Otis tarda*) → *Otis*
Grotes Atlaswitwe (*Hypochera w. camerunensis*) → *Hypochera*
Grünarassari (*Pteroglossus viridis*) → *Pteroglossus*
Grünastrild (*Neisna melanotis*) → *Neisna*
Grünbartvogel (*Thereiceryx viridis*) → *Thereiceryx*
Grünbauch-Amazilie (*Amazilia viridigaster*) → *Amazillia*
Grünbrustmango, Grünbrustnymphe (*Anthracothorax prevostii*) → *Anthracothorax*
Grünbürzel-Sperlingspapagei (*Forpus passerinus*) → *Forpus*
Grundfutter. Futterstoffe, die den Hauptanteil der Nahrung der betreffenden Vogel-A bilden. Zur ständigen Gesunderhaltung, zum Wachstum sowie zur Fortpflanzung wird die Verabreichung von Zusatzfutter ↗ notwendig.
Grüne Fliege → *Chlorostilbon*
Grüner Baumhopf (*Phoeniculus cyanomelas*) → *Phoeniculus*
Grüner Blattvogel (*Chloropsis sonnerati*) → *Chloropsis*
Grüner Brillenvogel (*Zosterops citrinella*) → *Zosterops*
Grüner Kolibri (*Chlorostilbon aureoventris*) → *Chlorostilbon*
Grüner Schattenkolibri (*Phaethornis guy*) → *Phaethornis*
Grüner Spatelschwanzpapagei (*Prioniturus luconensis*) → *Prioniturus*
Grüner Sperlingspapagei (*Forpus passerinus*) → *Forpus*
Grüner Tigerfink, NN → Olivgrüner Astrild
Grüner Tropfenastrild (*Mandingoa nitidula*) → *Mandingoa*
Grünes Kammhuhn (*Gallus varius*) → *Gallus*
Grünes Veilchenohr (*Colibri thalassinus*) → *Colibri*
Grünfischer (*Chloroceryle americana*) → *Chloroceryle*
Grünflügelara (*Ara chloroptera*) → *Ara*
Grünflügel-Königssittich, UA → Gelbschulter-Königssittich
Grünflügelsittich (*Psittacara chloroptera*) → *Psittacara*
Grünflügeltaube, NN → Glanzkäfertaube
Grünflügel-Trompetervogel (*Psophia viridis*) → *Psophia*
Grünfüßiges Teichhuhn, NN → Teichralle
Grünfuß-Pfuhlralle (*Tribonyx mortierii*) → *Tribonyx*
Grünfutter. Sammelbezeichnung für Futterstoffe, die aus grünen Pflanzen bzw. deren Teilen bestehen. Zur Gesunderhaltung des Zier- u. Nutzgeflügels ist der ständige Einsatz von G. unbedingt notwendig. Nur wenige Nahrungsspezialisten wie Fruchtfresser ↗, Insektenfresser ↗ od. Greifvögel ↗ nehmen G. nicht od. nur in Ausnahmefällen auf. Bei der Auswahl des G. läßt man sich meist von den im Biotop der Vögel vorkommenden Pflanzen-An leiten. Zur Vermeidung von Verschmutzung durch Kot gibt man das G. gebündelt u. in Käfig ↗ od. Voliere ↗ angehängt. Auch Raufen können als Futtergefäß verwendet werden. Eine ideale Möglichkeit ist der Weidegang auf Rasenflächen für Nutz-, aber auch Wasserziergeflügel u. Fasane. Dabei hat sich die Einrichtung von Wechselausläufen bewährt. In der vegetationsarmen Jahreszeit ist der Anbau von G. in Kästen od. Schalen möglich. Geeignete Pflanzen sind u. a. Vogelmiere, Tradescantia, Salat od. Keimgetreide. G. ist unbedingt in frischem, aber trockenen Zustand zu verfüttern. Bes. taunasses G. kann erhebliche Verdauungsstörungen hervorrufen.

Grünhäher (*Cyanocorax yncas*) → *Cyanocorax*
Grünhelmturako (*Tauraco persa*) → *Tauraco*
Grünhonigschmecker → *Melithreptus*
Gruidae. Kraniche. F der Gruiformes ↗. 2 UFn (Gruinae ↗, Balearica ↗), 5 Gn, 14 An. Verbr. über die ganze Erde, ausgenommen S-Amerika, Antarktis u. südpazifische Inseln. Länge 90—160 cm. Langbeinig, langhalsig. Gefiederfärbung grau, weiß od. braun, innerste Armschwingen (Ansatz Ellenbogen, unterer Oberarm) ± verlängert, oftmals zerschlissen, über dem kurzen Schwanz hängend. Kopf bei Ad. meistens mit roten, nackten Hautstellen, manche auch mit Hautlappen beidseits der Kehle, Kronenkranich ↗ mit schöner gelber Federkrone. Gerader Schnabel, nicht sehr lang. Luftröhre bei beiden Geschlechtern sehr lang, bei einigen in Hohlräumen des Brustbeines eingewachsen, beim Schreikranich ↗ bald die Hälfte. Durch diese Besonderheit ausgesprochen laute, schmetternde Rufe möglich. ♀ wie ♂ gefärbt, häufig ♂ gering größer, Geschlechtsbestimmung oft problematisch. Bodenvögel. Mehrere An mit sehr kleinen Brutgebieten, dadurch bes. gefährdet (s. u.). Z. T. Zugvögel ↗ mit traditionellen Sammel- u. Rastplätzen. Lebensraum → An. Allesfresser. Strecken im Flug Kopf u. Hals weit nach vorn. Bodennest (nur Kronenkranich baut gelegentl. auf niedrigen Bäumen), Standort, Brutdauer → An. Juv. haben rötlichbraunes Dunenkleid, sind Nestflüchter. Familienverband bleibt lange bestehen. Attraktive Vögel in zool. Gärten u. Vogelparks ↗, seltener bei privaten Liebhabern gehalten (Artenschutz ↗. Lautes trompetenartiges Rufen, bes. in den Morgenstunden). Im Handel nur noch gezüchtete Vögel (Ursachen s. u.). Kraniche sind bes. individualistische Vögel. Die Individualität jedes Vogels sollte bei der Haltung berücksichtigt werden, um die Chancen des Brütens in Gefangenschaft zu erhöhen. Nervöse Vögel müssen in ausreichender Entfernung von der Öffentlichkeit untergebracht werden, ebenso aggressive. Hier sollten Gräben od. solide Wände Kontakte mit Besuchern verhindern, da solche Tiere auch Menschen verletzen können. Kupierte zahme u. friedliche Vögel gut im parkartigen Gelände, auf Stelzvogelwiesen, auch in großen Obstgärten zu halten. Notwendige Zaun- bzw. Heckenhöhe individuell unterschiedl. Zur Zucht am besten paarweise Haltung flugfähiger Vögel in Gehegen von mindestens 18 × 18 m u. 2,5 m Höhe, mit Flugnetzen überspannt,

um den Vögeln genügend Bewegungsmöglichkeiten bieten zu können. Ein Holzdach sollte vorhanden sein, unter dem die Tiere Wetterschutz, auf Sandboden sauberes Futter u. Wasser finden. Auch Schutzhütten aus Holz mit Fenster u. Sandboden werden verwendet. Der Gehegeboden muß gut dräniert u. mit Gras bewachsen sein, um der Bildung von Krankheitserregern vorzubeugen, die auf nasser Erde u. zu kleiner Fläche bald auftreten können. Tägl. werden die Exkremente entfernt. Ein kleines, flaches Betonbecken kann als Bad bereitgestellt werden, ist aber nicht unbedingt erforderlich. Wenn jedoch ein solches Becken vorhanden ist, muß es regelmäßig gereinigt werden. Kraniche erhalten ausschließl. pelletiertes Futter, Zusammensetzung des von der International Crane Foundation ↗ verwendeten s. Tabelle. Brütenden Vögeln wird während der Brutsaison die angegebene Futtermischung in Form von 3/16-Pellets gereicht. Die Anfangsration erhalten frischgeschlüpfte Vögel in den ersten 2 Wochen als 1/8-Pellets, die Wachstums- u. Erhaltungsration wird Jungvögeln vor dem Federwuchs in Form von 1/8-Pellets gefüttert. Nichtbrütende Kraniche, die noch keine 3 Jahre alt sind u. alle ad. Vögel außerhalb der Brutzeit bekommen das Futter in Form von 3/16-Pellets. Frisches Trinkwasser wird tägl. geboten. Am brutfreudigsten sind Kraniche in kühleren Klimazonen, größere Hitze vermindert den Brutttrieb. Kraniche legen gewöhnlich zwischen April u. Juni, werden die Eier gleich nach dem Legen entfernt, kommt es zur mehrmaligen Eiablage in 1 Brutsaison, ein volles Gelege besteht sonst aus 2, sehr selten 3 Eiern. Empfehlenswert 1. Woche Natur- u. erst dann anschl. Kunstbrut. Künstl. Befruchtung kann vorgenommen werden, wenn sich ♂ u. ♀ nicht paaren, wie es manchmal bei kupierten Vögeln vorkommt. Nest hat Plattformstruktur, zum Bau grobe Halme (Schilf, Seggen, Stroh usw.) bieten. Bei der künstl. Aufzucht ist die Verwendung von Holzwolle als Bodenbelag in der Aufzuchtbox wesentl. Voraussetzung für gesunde Jungkraniche, andernfalls häufig Deformierung der Zehen u. des Laufes (Vogelpark Walsrode). Juv. Kraniche kämpfen miteinander. Falls sie nicht beaufsichtigt werden können, müssen sie getrennt in Gehegen gehalten werden. Um Krankheiten zu vermeiden, auf peinlichste Sauberkeit achten! Eine richtig pelletierte Nahrung ist sehr wichtig. Juv. sollten tägl. direkter Sonneneinstrahlung ausgesetzt sein u. viel Bewegung erhalten. In der Zeit des Gefiederwachstums muß abgesichert werden, daß sie sich bei beginnenden Flugaktivitäten nicht verletzen können. Das einseitige Kürzen der Schwingen hilft dieses Problem verringern. Man nimmt an, daß Kraniche so alt wie Menschen werden können. Nationale Fangverbote,

Bestandteile	*Brütende*	*Küken*	*Wachstum/ Erhaltung*
Grundsorten Getreide	41,3 %	34,8 %	37,0 %
Sojabohnen-Ölmehl, 44 %	15,0 %	19,0 %	12,5 %
Weizen mittl. Qualität	10,0 %	12,0 %	12,0 %
Weizenkleie	–	–	5,0 %
Fischmehl	5,0 %	6,0 %	3,8 %
Hafer	7,5 %	11,5 %	15,0 %
Kalkstein, 38 % Ca	3,5 %	–	0,5 %
Fleisch- u. Knochenmehl od. Fleischmehl, 50 % Protein	4,0 %	5,0 %	5,0 %
Alfalfamehl, 17 % Protein	5,0 %	5,0 %	5,0 %
Getrocknete Brauhefe	2,0 %	2,5 %	–
Lösliches Getreide-Destillat	1,5 %	–	–
Trockenmolke	3,5 %	3,0 %	3,0 %
Dikalziumphosphat	1,0 %	0,5 %	0,5 %
Jodiertes Salz	0,5 %	0,5 %	0,5 %
DL Methionin	0,075 %	0,05 %	0,05 %
Vitaminmischung	0,2 %	0,2 %	0,2 %
Manganoxid, gms	150 g/t	200 g/t	200 g/t
Zinkoxid od. Karbonat, gms	150	100	100
Vitamin A, I. E.	8.000.000	8.000.000	8.000.000
Vitamin D_3, I. E.	2.000.000	2.000.000	2.000.000
Riboflavin, gms	3	3	3
Vitamin E, I. E.	50.000	50.000	50.000
Vitamin B_{12}, gms	10	10	10
Nikotinsäure, gms	75	75	75
Kalzium-Pantothen, gms	20	20	20
Cholin, gms	1.000	1.000	1.000
% Protein	20,5	23	19,4
ME/kg Ration	2.533	2.554	2.530
% Kalzium	2,45	1,15	1,0
% Phosphor	0,89	0,93	0,86

Dem Vitamingemisch entweder 2 kg Weizen od. ähnl. hinzufügen.

Gruiformes

Einfuhr- u. Ausfuhrbestimmungen (CITES ↗, Naturschutzbestimmungen ↗) ermöglichen den Fang wildlebender Vögel nur noch für spez. Aufgaben im Rahmen von An-Schutzprogrammen. Von den 14 An der F werden im Red Data Book ↗ (1981) allein 6 An u. 2 UAn geführt. Kraniche sind auf den Roten Listen ↗ vieler Staaten zu finden. Die meisten bedürfen des dringenden Schutzes, vor allem auch ihrer Habitate, diesbezüglich vielfältige Bemühungen in aller Welt → International Crane Foundation, s. auch Mandschurenkranich ↗, Schreikranich ↗, Nonnenkranich ↗.

Gruiformes, Kranichvögel. O. 1 F Gruidae ↗.
Gruinae. Eigentliche Kraniche. UF der Gruidae ↗. 4 Gn (Grus ↗, Bugeranus ↗, Tetrapteryx ↗, Anthropoides ↗).
Grünkardinal *(Gubernatrix cristata)* → Gubernatrix
Grünkatzenvogel *(Ailuroedus crassirostris)* → Ailuroedus
Grünkehlamazilie *(Amazilia fimbriata)* → Amazilia
Grünkehlkolibri, Grünkehlmango *(Anthracothorax viridigula)* → Anthracothorax
Grünkehlorganist *(Euphonia chalybea)* → Euphonia
Grünkehltangare *(Tangara argyofenges)* → Tangara
Grünkinnkolibri *(Chlorestes notatus)* → Chlorestes
Grünkitta, NN → Jagdelster
Grünköpfchen *(Agapornis swindernianus)* → Agapornis
Grünköpfiger Maximilianpapagei → Maximilianpapagei
Grünkopfliest *(Todiramphus chloris)* → Todiramphus
Grünkopf-Nektarvogel *(Cyanomitra verticalis)* → Cyanomitra
Grünkopfpapagei *(Geoffroyus simplex)* → Geoffroyus
Grünkopftrogon *(Harpactes oreskios)* → Harpactes
Grünkronenheliodoxa *(Heliodoxa jacula)* → Heliodoxa
Grünlaubenvogel *(Ailuroedus crassirostris)* → Ailuroedus
Grünlicher Rotschwanzsittich *(Pyrrhura viridicata)* → Pyrrhura
Grünling *(Chloris chloris)* → Chloris
Grünohr-Bartvogel *(Cyanops faiostrictus)* → Cyanops
Grünorganist *(Euphonia cyanea)* → Euphonia
Grünrücken-Schmuckvogel *(Pipreola riefferii)* → Pipreola
Grünscheitelbrillant *(Heliodoxa jacula)* → Heliodoxa
Grünscheitelorganist *(Euphonia mesochrysa)* → Euphonia
Grünscheitelracke *(Coracias caudatus)* → Coracias
Grünschenkel *(Tringa nebularia)* → Tringa
Grünschnabel-Faulvogel *(Nystalus radiatus)* → Nystalus
Grünschnabelmarail, NN → Cayenne-Guan
Grünschwanz-Glanzfasan *(Lophophorus ihuysii)* → Lophophorus
Grünschwanz-Glanzstar *(Lamprotornis chalybaeus)* → Lamprotornis
Grünschwanz-Goldkehlchen *(Smaragdites theresiae)* → Smaragdites
Grünschwanzlesbia *(Lesbia nuna)* → Lesbia
Grünschwanzlori *(Lorius chlorocercus)* → Lorius
Grünschwanzsylphe *(Lesbia nuna)* → Lesbia
Grünsittich *(Psittacara holochlora)* → Psittacara
Grünspecht *(Picus viridis)* → Picus
Grünsperlingspapagei *(Nannopsittaca panychlora)* → Nannopsittaca
Grünstirnamazilie *(Amazilia viridigaster)* → Amazilia
Grünstirn-Lanzenschnabel *(Doryfera ludovicae)* → Doryfera
Grünstirnpapagei *(Loriculus tener)* → Loriculus
Grüntangare *(Tangara gyrola)* → Tangara
Grüntauben → Treronidae
Grün-Veilchenohrkolibri *(Colibri thalassinus)* → Colibri
Grünwangenamazone *(Amazona viridigenalis)* → Amazona
Grünwangen-Rotschwanzsittich *(Pyrrhura molinae)* → Pyrrhura
Grünzügeliger Schönsittich, NN → Goldbauchsittich
Grünzügelpapagei *(Pionites melanocephalus)* → Pionites

Grus. G der Gruinae ↗. 10 An. Europa, Asien, Neuguinea, N-Australien, N-Amerika, Kuba. Unterbringung, Futter, Zucht → Gruidae.
— *G. americana,* Schreikranich. ♂: weiß, Oberkopf u. Wangen (spitz zum Hals auslaufend) rot, z. T. schwarz eingefaßt, außerdem Nacken u. Flügel schwarz. Schnabel gelblich. Auge gelb. Beine schwarz. ♀ wie ♂, kleiner. 125 cm. In der Vergangenheit auch Brutvogel in Louisiana (eine Population von Vögeln, die keine Zugvögel waren u. um 1950 ausgerottet war), ferner in Iowa, dem nö. Illinois bis in den S von Manitoba, von Saskatchewan u. Alberta bis zum sü. Mackenzie. Während der Zugzeit erschienen sie in New Jersey we. bis zum Great Salt Lake (Utah), wo sie an der Golfküste im S Louisianas überwinterten, ferner in Texas u. im zentralen Mexiko. Seit 1922 brütet Zugvogel-Population nur noch im Nationalpark Wood Buffalo, im nö. Alberta u. im S des Mackenzie-Gebietes. Überwintert in Texas im Aransas National Wildlife Refuge u. in den angrenzenden Küstengebieten. Eine 2. Population wurde 1975 ins Leben gerufen, indem man im Greys Lake National Wildlife Refuge in Idaho *G. canadensis* Eier unterlegte u. sie als Pflegeeltern benutzte (normalerweise besteht Gelege aus 2 Eiern, fast immer wird nur 1 Juv. aufgezogen, so daß es ratsam war, 1 Ei zu entfernen u. einer verwandten Spezies unterzulegen). Diese Vögel überwintern jetzt mit ihren Pflegeeltern in New Mexiko im Bosque del Apache National Wildlife Refuge. Im Red Data Book ↗ geführt. Gefährdet, aber Bestand erholt sich allmähl. durch umfangreichen Schutz von Vögeln u. Habitat. Voll geschützt durch U. S. Endangered Species Act (Erlaß über gefährdete An), ferner durch die Migra-

tory Bird Treaties (Verträge über Zugvögel) zwischen Mexiko, den USA u. Kanada, ferner durch Anhang 1 im WAÜ ↗. 1918 Population in Louisiana ausgestorben, die in Texas überwinternde Population hatte 1941 einen Tiefstand von 21 Vögeln erreicht, stieg aber allmähl. bis 1977 auf 70 Vögel an. Wildpopulation 1982 ca. 87 Exempl. Die Sterblichkeit juv. Vögel im noch nicht brutfähigen Alter ist in den letzten Jahren hoch, Ursache unbekannt. Seit 1976 werden Eier von Gefangenschafts- u. Wildvögeln in die Nester freilebender *G. canadensis* in Idaho, USA, gelegt u. von diesen Ammen einwandfrei aufgezogen. Sehr erfolgreiche Methode zur Vergrößerung der Wildpopulation → *G. leucogeranus*. Habitat ist Feuchtland in der Prärie, Parklandschaften mit Espen, Taiga. Bewohnt im Winter Küstenlagunen, Marschengebiete mit Süß- od. Meerwasser u. Inlandprärien. 1982 25 Exempl. in Gefangenschaft (Patuxent Wildlife Research Center, USA; San Antonio Zoo, USA; International Crane Foundation ↗).

— *G. antigone*, Saruskranich. ♂: hellgrau. Kopf, oberer Nacken u. Halsansatz nackt, rot. Weißlicher Ohrfleck. Scheitel federlos, grünlichgrau. Handschwingen u. Handdecken schwarz, sonst Flügel grau, innerste Schwingen (Ansatz Ellenbogen, Oberarm) fast weiß, hängen über den grauen Schwanz. Schnabel graugrünlich. Auge orangerot. Beine rötlich. ♀ wie ♂, wenig kleiner, nackte Kopfpartie geringer kleiner. Juv. Kopf u. oberer Nacken befiedert, gelbbräunlich bis rostbräunlich. Ca. 160 cm, größte A der UF. UAn, *G. a. sharpii*, Halsbandkranich, heller als Nominatform, an das Rot schließt sich weißes, befiedertes Halsband an. Die A kommt von NO-Indien bis Indochina u. im N von Malaysia vor; Luzon (Philippinen); N-Australien. Zahlreich. Lebt in Grassavannen, Sümpfen des offenen Landes, Nominatform auch in Waldsümpfen u. waldbestandenen Flußniederungen, auf Reisfeldern. Nest im unzugänglichen Sumpf. Gelege 2, selten 3 grünliche od. rosaweißliche, wenig lehmgelb bis lilagrau gefleckte Eier. ♀ u. ♂ brüten. Juv. schlüpfen nach 32—33 Tagen, werden von beiden Eltern geführt. Zahlreich in Zoos, Vogelparks ↗ u. in privater Hand in aller Welt gepflegt, häufig gezüchtet. Kreuzungen mit Kranich, Brolgakranich.

— *G. canadensis*, Kanadakranich, Sandhügelkranich. ♂: je nach UA mehr hellbraun, hellgrau od. bräunlich. Stirn, Zügel u. Vorderscheitel bis hinter das Auge nackt, rot. Innerste Schwingen gering verlängert, nicht zerschlissen. Schnabel graugrünlich. Auge kräftig gelb. Beine schwarz. ♀ wie ♂, wenig kleiner. Juv. bräunlicher als Ad., Kopf befiedert. Ca. 100 cm. 6 UAn, unterscheiden sich weniger in der Färbung als in der Größe. *G. c. nesiotes* lokal in Kuba u. auf Isla de la Juventud. Im Red-Data Book ↗ geführt. Selten, Gesamtpopulation 150—200 Vögel. *G. c. pulla* Brutgebiet heute begrenzt auf Jackson County (Mississippi), nö. bis ca. 6 km nö. von der Stadt Vancleave, im S bis fast zum Golf von Mexiko. Im Red Data Book geführt. Population nur 40 Vögel, Ursachen des Rückgangs Habitatzerstörung, Abschuß, sehr kleine Population wahrscheinl. genetisch negativ beeinflußt u. deshalb nicht mehr sehr reproduzierfähig. *G. c. pratensis* von Flo-

Bruthabitat des Kranichs

rida u. S-Georgia früher gefährdet, z. Z. nicht. Heimat der A nordöst. Sibirien, N-Amerika u. Kuba. Nominatform aus dem N überwintert mit den südlicheren *G. c. tabida* im Gebiet von Florida bis Innermexiko. Bewohnt Seegebiete der Tundra, Moore, Sümpfe, Bruchwälder, sumpfige Lichtungen. Großes Nest auf kleinen Inseln, auf Schilf im Flachwasser, Tundrawiesen. Gelege 2 lehmfarbene mit dunkelbraunen Flecken gezeichnete Eier. Juv. schlüpfen nach 29—30 Tagen, werden von beiden Eltern betreut. In zool. Gärten u. privater Hand Wildvögel als Ammen für *G. americana*. Zahlreich, in ganz N-Amerika, mehrere Paare in Europa u. Japan, Zuchterfolge selten, meistens Zufallsergebnisse. Kreuzungen mit Klunker-, Weißnacken-, Mandschurenkranich.

— *G. grus*, Kranich. ♂: schiefergrau, Rücken bräunlich, Gesicht u. Hals schwarz, vom Auge aus hintere Kopf- u. Halsseite mit auffallendem weißem Streifen. Scheitel rot. Innerste Schwingen verlängert, hängen sichelartig über dem Schwanz. Schnabel graugrünlich, Basis bräunlich, Spitze hell graugrünlich. Auge rotbraun. Beine schwarz. ♀ wie ♂, gering kleiner. Juv. bräunlichgrau, schwarzweiße Kopf- u. Halszeichnung fehlt, kein Rot am Kopf. Ca. 120 cm. UAn. *G. g. lilfordi*, Lilfordkranich, kommt öst. der Wolga vor, etwas heller als Nominatform, gering kleiner. Verbr.-Gebiet der A N- u. O-Europa bis zur Mandschurei, Kleinasien, Transkaukasien, früher in S-Europa. Zahlreich. Bewohnt Sümpfe, Moore, Seen u. Teiche mit Verlandungszonen, Brüche, Luche, im N in lichten sumpfigen Birkenwäldern nahe an Seen od. an einsamen kleinen stehenden Gewässern in Gebirgen. Zugvogel. Neststandort unterschiedl., sowohl auf wasserumspülten Kaupen, sumpfigem Boden, kleinen Inseln, seltener auf trockenem Boden. Nestgröße abhängig vom Standort, am umfangreichsten Nester auf nassem Untergrund od. im Wasser stehende. Gelege 2, sehr selten 3 bräunliche bis grünlichgraue, selten lichtgrüne unterschiedl., braun gefleckte Eier mit violettgrauen u. rötlichvioletten Unterflecken. ♀ u. ♂ brüten 28—31, meistens 30 Tage.

Grus

Kranich auf dem Nest, Masuren

♀ u. ♂ betreuen gemeinsam Juv., die im Alter von 10 Wochen gut flugfähig sind. In europ. Staaten strenger gesetzl. Schutz, z. T. vom Aussterben bedroht. Deshalb allgemein nur verunglückte Vögel in zool. Gärten od. Vogelparks ↗, häufig in aller Welt gehalten. Lilfordkranich relativ häufig auf Vogelmarkt. Eingewöhnung bei beiden UAn problemlos. Liebenswerte Pfleglinge, mehrfach gezüchtet.

— *G. japonensis*, Mandschurenkranich. ♂: Körper, Unterhals u. Schwanz weiß. Gesicht u. obere Halshälfte schwarz, aber Kopfseiten, Hinterkopf, Nacken u. Halsansatz weiß. Scheitel nackt, rot. Handschwingen weiß, Armschwingen schwarz, innerste verlängert, fallen locker über den Schwanz. Schnabel matt grün. Auge dunkelbraun. Beine schwärzlich. ♀ wie ♂, aber kleiner. Ca. 130 cm. Gewicht ♂ 10—11,5 (13,5) kg, ♀ wiegen 7—9 kg. Nistplätze einer kleineren Zahl Vögel liegen im Gebiet des Amur u. am Khanka-See (SO-Sibirien), von ca. 1 000 Exempl. (1981) in NO-China u. 1979 von 271 Vögeln im SO Hokkaidos (Japan), einige brüten auch im Überwinterungsgebiet in Korea. Wildpopulation vielleicht 1 500 Vögel. Im Red Data Book ↗ geführt. Festlandkraniche ziehen im Winter zur Koreanischen Halbinsel, vorwiegend in die Nähe der entmilitarisierten Zone entlang des 38. Breitengrades, sowie zu den Niederungen der Jiangsu-Provinz zwischen den Mündungen des Gelben u. des Jangtse-Flusses, Japan. Vögel sind Jahresvögel. Während der Brutzeit von März—August benötigt 1 Paar z. B. auf Hokkaido eine Fläche von 3—7 km² feuchtes Flachland mit Süßwasser als Brutgebiet zum Bauen des Nestes u. um seine Juv. aufzuziehen. Außerhalb der Brutzeit weidet er in Sümpfen in der Nähe flacher Ströme u. auf Feldern. Nahrung während der Brutzeit überwiegend Wasserfauna, bes. kleine Fische, Lurche u. kleine Insekten. Außerhalb der Brutzeit gleiche Nahrung, jedoch auch Getreide von landwirtschaftl. Nutzflächen. Nest aus pflanzlichem Material, das in flachen, abgelegenen Feuchtgebieten vorhanden ist, hat Plattformstruktur, Größe ist proportional zur Tiefe des Wassers, steht allgemein in der Nähe offener Wasserflächen. Gelege allgemein 2 Eier mit variierenden braunen Tupfen od. größeren braunen Flecken od. ganz weiß. Juv. entwickeln im 2. Lebensjahr ihr Sexualverhalten, sind im 3. Jahr brutfähig. Leicht zu halten u. zu züchten. In Gefangenschaft leben ca. 250 Exempl., der größte Teil in chinesischen zool. Gärten u. in Japan, in einigen Zoos u. Zuchtzentren der USA, Koreas, Europas u. der UdSSR. Zuchtstammbuch im Ueno-Zoo von Tokio (Japan) führte am 1. 1. 1981 113 Vögel mit dem Verwandtschaftsnachweis. Natürliche Wachstumsrate der Gefangenschaftspopulation betrug 1975—1980 jährl. 7—8 % u. überstieg seit 1974 die Anzahl der tödlichen Abgänge. Die Anzahl der Vögel in Gefangenschaft wird sich zukünftig stark erhöhen u. macht eine richtige Anwendung genetischer Verfahrensweisen bei den Verpaarungen erforderlich (Austausch od. Ausleihen von nichtverwandten Vögeln zwischen Institutionen u. Kontinenten nach einem Kooperationsplan einzige Alternative, z. T. bereits realisiert, bes. Einsatz der International Crane Foundation ↗). Nur durch solche gezielten Verpaarungen kann große genetische Variabilität einer kleinen Population erhalten werden, um die Inzucht zukünftig zu vermeiden.

— *G. leucogeranus*, Nonnen-, Schneekranich. ♂: schneeweiß, nur Vorderkopf bis hinter das Auge nackt, rot. Handschwingen schwarz, innerste Armschwingen verlängert, weiß, hängen locker über dem Schwanz. Schnabel gelblichbraun. Auge gelb. Beine fleischfarben. ♀ wie ♂, gering kleiner. Juv. nackte Kopfpartien, die Ad. z. T. weißlich befiedert. Haut hellfleischfarben, ebenso Schnabel. Ca. 135 cm. Brütet im nö. Sibirien, dort 2 Populationen, 1 im nordöst. Jakutien zwischen den Flüssen Jana u. Kolyma einschließl. des oberen Indigirka-Bassins, die andere lebt am Unterlauf des Ob. Population vom Ob überwintert im Keoladeo Ghana Sanctuary in Bharatpur (Rajasthan). Vögel fallen gelegentl. auch in Afghanistan am See Ab-i-Istada ein. Möglicherweise schließt ein Teil der Jakutien-Population den überwinternden Vögeln in Indien u. Afghanistan an, 1978 Gruppe im Iran bei Feredoonkenar im sü. Küstenland entdeckt, wo sich aber der andere Teil der Jakutien-Vögel aufhält, ist nicht bekannt. 1981/82 überwinterten 15 Vögel im Iran. Im Red Data Book ↗ geführt; Status: gefährdet, z. Z. Rückgang gering. Jedes Paar benötigt sehr großes Territorium, empfindlich gegenüber Stö-

20 Tage alter Nonnenkranich

rungen. Population war früher sicherlich wesentl. größer. Jakutien-Population umfaßte 1984 190 Vögel, zur gleichen Zeit am Ob ca. 70 Stück. Bewohnt weitgehend gesetzl. geschützte Gebiete, Überwinterungsareal in Indien wurde 1956 von der Regierung von Rajasthan zum Refugium für die Vögel erklärt, seit 1977 Ab-i-Istada Reservat. 1976 Projekt zur Ansiedlung einer neuen Population, wobei Paare von *G. grus*, die sü. des Urals nisten u. am Perishan-See in Iran überwintern, als Pflegeeltern benutzt werden. Brütet in sumpfiger Tundra, flachen, sumpfigen Seekesseln in der Moos-, Flechten- u. Strauchtundra, auch in der offenen Waldtundra, möglicherweise in nö. Randbezirken der Taiga. Zugvogel. Überwinterung im Feuchtland u. an flachen mit Binsen u. Seggen bewachsenen Teichen. Nest (ausführl. Erstbeschreibung erst 1963) aus Moos u. Seggen 10—15 cm über das Wasser ragend. Gelege 2 Eier. 33 (1982) Vögel in Gefangenschaft; International Crane Foundation ↗, Oka State Nature Reserve (UdSSR), Vogelpark Walsrode ↗, Beijing Zoo (China). Erstzucht 1981 in der Zuchtstation der ICF ↗ mit ♀ aus Japan u. ♂ aus dem Vogelpark Walsrode.

— *G. monacha*, Mönchskranich. ♂ u. ♀: Körper dunkel schiefergrau, vorderer Unterhals schwärzlichgrau, sonst Hals u. Kopf weiß, aber vorderer Scheitel nackt, hinten von schwarzem Querstreif begrenzt. Stirn u. Zügel schwarz. Innerste Schwingen verlängert, sichelartig gebogen. Schnabel gelblich hornfarben. Auge orangerot. Beine schwarz. Juv. bräunlich, Kopf u. Hals gelbbräunlich, Oberkopf gelbrötlich. Ca. 90 cm. Kommt sehr zerstreut vor. Brutgebiet vermutl. in Z-Sibirien zwischen Tomsk u. Baikalsee. 1. Nest 1974 in der Nähe von Tomsk entdeckt. Zieht nach Japan (Arasaki in der Izumi-Ebene, sü. Kiuschu u. Kumage-machi, auf Honshu), Korea u. zumindest früher nach China ins untere Jangtse-Tal. Im Red Data Book ↗ geführt, Population ist angegriffen. Verfolgung durch Menschen u. Habitatzerstörungen werden als Hauptgründe für den Rückgang angesehen, beträchtl. Rückgang in Korea. 1973 waren es 2793 Vögel in Arasaki u. 137 in Kumage-machi, nach FLINT 1976/77 im Winter 2887 Vögel in Japan, 1981/82 im Winter mehr als 5000 Vögel in Kiuschu. In letzter Zeit fehlen Angaben über Populationsgröße in China. Überwinterungsgebiete in Japan seit 1955 gesetzl. geschützt, Regierung läßt zusätzl. Fütterungen durchführen, in S-Korea seit 1970 unter Schutz gestellt. Bewohnt zur Brutzeit Sümpfe mit lichtem *Larix*-Wald, im Winter Feuchtland u. landwirtschaftlich genutzte Flächen, bes. auf Reisfeldern, verursacht in Japan lokal erheblichen Schaden auf Weizen- u. Maisfeldern. 1973 wurden in 27 zool. Gärten 80 gefangene Vögel gehalten, 1975 waren es in 24 Zoos 75 Vögel. Bisher nur 2 × in Gefangenschaft gebrütet, 1908 in Woburn, England u. 1976 in der International Crane Foundation ↗ in Baraboo, USA.

— *G. nigricollis*, Schwarzhalskranich. ♂ u. ♀: überwiegend weiß. Kopf schwarz, vom Auge zieht weißer Streifen zum Hinterkopf, Scheitel rot. Stirn u. obere $2/3$ des Halses schwarz. Innerste Schwingen verlängert, schwarz, sichelförmig gebogen. Schnabel grünlich. Auge gelb. Beine schwarz. Juv. Körper graubraun, Nacken grau. Ca. 120 cm. Nachgewiesene u. angenommene Brutgebiete sind das Indus-Becken in Ladakh (Indien) u. angrenzendes Tibet, das obere Flußbecken des Brahmaputra (Tibet), in China Gebiet um den See Koko Nor (Tshinghai-Provinz), Steppen von Jalung u. Dsachu (we. Szetschuan). Im Winter am Brahmaputra (Tibet), in Bhutan, im Tal von Apa Tani in Assam (Indien), in N-Burma, Szetschuan, Yünnan (China), N-Vietnam. Im Red Data Book geführt; Status: unbestimmt. Über diese A am wenigsten von allen Kranich-An bekannt, über Populationsgröße liegen keine Schätzungen vor, aber sicherlich Abnahme. 1982 wurden 17 Vögel einschließl. 4 Brutpaaren in Ladakh registriert. Vorgesehen zum Schutz ist die Errichtung eines Hochgebirgs-Nationalparks in Ladakh. Bewohnt Marschen, Randzonen von Seen u. stehenden Gewässern mit kleinen Inseln, zwischen 3800 u. 4600 m ü. NN. Wahrscheinl. mehr Strich- als Zugvögel. Im Winter in tieferen Lagen, vor allem in Flußtälern mit Feldern. Nistplatz in deckungslosem Gelände auf kleinen Inseln inmitten schwankenden Moores, Nest manchmal nur aus Schlamm nach Art der Flamingos ↗ gebaut. Gelege 1—2 Eier, liegt ohne Nestunterlage auf Moorboden. Sehr selten gehalten, z. Z. weniger als 20 Vögel, alle in zool. Gärten Chinas, Zuchtzentrum (1982) nahe Xining (China) im Bau. Zuchterfolge nicht bekannt.

— *G. rubicunda*, Australien-, Brolgakranich. ♂: grau. Kopfseiten rotbraun, Ohrfleck gelblich. Oberkopf schmutzig gelblich, Hinterkopf mit rotem Querband. An Unterschnabelwurzel u. Kinn schwarzer Hautlappen. Flügel schwarz, innerste Schwingen verlängert, grau. Schnabel olivgrün, spitzenwärts heller. Auge orangegelb. Beine schwarz. ♀ wie ♂, aber deutl. kleiner. Ca. 100 cm. UAn. Australien, S-Neuguinea. Bewohnt heute noch in großer Zahl Sumpfgebiete u. Steppe, lokal Standvogel, sonst vagabundierend. Brütet in Sümpfen u. dicht am Meeresstrand, Gelege allgemein 2 cremeweiße Eier mit rotvioletten u. braunen Flecken, werden auf den Boden gelegt od. sind von kranzförmig angeordneten Halmen eingefaßt. Beide ad. Vögel brüten u. ziehen gemeinsam Juv. auf. In Gefangenschaft vielleicht 30 Vögel, vorwiegend in Zoos Australiens. Bald zutraulich.

— *G. vipio*, Weißnackenkranich. ♂ u. ♀: grau. Kopfseiten nackt, rot. Ohrfleck dunkelgrau. Scheitel, Nacken, hinterer Hals bis zum Rückenansatz weiß, ebenso Kinn, Kehle u. Verbindung zum Nacken. Unter Hinterkopf beginnt als schmaler Streif schwärzlichgraue Färbung, die einschließl. Kehle u. Vorderhals herab zur US zieht. Schnabel matt grün. Auge orangegelb. Beine fleischrot. Innerste Schwingen verlängert, kaum gebogen, weißlichgrau. Ca. 125 cm. Während des Sommers verbreitet in NO-Mongolei, unteres u. oberes Amurland (SO-Sibirien) u. N-Mandschurei. Im Red Data Book ↗ geführt. Population anfällig, Rückgang wahrscheinl. durch menschliche Verfolgung u. Habitatzerstörung. Brutgebiete kaum bekannt. Brütet am Chanka-See (O- u. W-

Ufer), am Amur u. Bureja (Sowjetunion), an den Flüssen Halhin, Uldza u. Onon (Mongolei). Im Winter taucht er in Japan bei Arasaki u. im sü. Kiuschu auf, früher im gesamten Japan. Überwintert auch in Korea, jetzt vorwiegend in der nö. u. sü. Chungchong-Provinz, auf den Inseln Kojedo u. Chejudo (Quelpast), in der Mündung des Flusses Han in der entmilitarisierten Zone, mehr als 100 Vögel im Winter nahe See Poyang in der Jangtse-Provinz (China). 1974 wurden in Japan ca. 300 Vögel gezählt, größte Überwinterungszahl in Korea verzeichnet (1977 ca. 2 000). In der UdSSR schätzungsweise noch ca. 20 Brutpaare. Wildpopulation insgesamt ca. 2 000 Vögel. 1952 in Japan unter Schutz gestellt, auch Überwinterungsgebiet Arasaki, hier wird die Fütterung der Vögel staatl. subventioniert. Seit 1968 in Korea unter Schutz, das Gebiet des Han-Flusses wurde geschützt, hier auch zusätzl. Fütterung. 39 km breite, entmilitarisierte Zone zwischen N- u. S-Korea wurde ungewollt zum Refugium. Bewohnt im Sommer Flußtäler, lebt im Winter im Feuchtland u. in landwirtschaftl. genutzten Gebieten, vor allem auf Reisanbauflächen. Brütet in sumpfigen Steppengegenden, sumpfigen u. waldlosen Tälern, an Oberläufen kleiner Flüsse, in weiten Mooren, welligen Marschen u. Wiesen mit kleinen Erhebungen. Typ Kranichnest. Gelege 2 grünlich graubraune Eier mit bräunlich bis graubraunen olivfarbenen Flecken (vermehrt am stumpfen Pol), sehr ähnl. denen von *G. grus*. In Gefangenschaft ca. 200 Vögel im Bronx Zoo (USA), Vogelpark Walsrode ↗, in der International Crane Foundation ↗, in weiteren Zoos in Asien, Europa u. N-Amerika. Wenige Male gezüchtet, im Vogelpark Walsrode 1978–1984 25 Exempl.

Grylltteist *(Cepphus grylle)* → *Cepphus*

Grzimek, Bernhard, Dr., Dr. h. c., geb. 24. 4. 1909 in Neisse/Schlesien. Studierte Veterinärmedizin u. Zoologie in Leipzig, schloß das Studium an der Univ. Berlin mit der Promotion zum Dr. med. vet. ab. In jungen Jahren Verdienste im Rahmen der Bekämpfung chronischer Hühnerseuchen, der Organisation der Gütebearbeitung von Eiern u. bei der Rindertuberkulose-Bekämpfung in Deutschland. 1945 übernahm G. die Leitung des Frankfurter Zool. Gartens. Mehrere Welterstzuchten. Errichtete die erste Zooschule Europas. Zahlreiche Forschungsreisen nach W-, Z-, O-Afrika, Japan, Kuba, Kanada, in die Sowjetunion, nach Australien, Neuguinea, Alaska, S-Amerika. 1960 wurde G. zum Prof. an der Univ. Gießen ernannt, im gleichen Jahr Dr. h. c. von der Univ. Berlin. Leitung mehrerer Forschungsvorhaben in O-Afrika. 5 Jahre Präsident des «Deutschen Naturschutzringes». Die Regierung von Tansania ernannte G. zum Honorary Game Warden, zum Trustee ihrer Nationalparks, zum Member of the Governing Body des «College of Wildlife Management» in Mweka sowie zum Trustee der Ngorongoro Conservation Unit. Seit 1950 Chefredakteur der von ihm begründeten Zeitschr. «Das Tier» (Bern). 1969 ernannte der Bundeskanzler G. zum «Beauftragten der Bundesregierung für den Naturschutz» mit Sitz in der Bundeskanzlei. 1981 Ernennung zum Gastprofessor an der Univ. Moskau. Glühender Verfechter des Naturschutzgedankens in aller Welt. Einzigartiges Engagement. 13 Bücher, Übersetzungen in zahlreiche Fremdsprachen. Zahlreiche Ehrungen, u. a. verlieh ihm die Zool. Gesellschaft New York 1963 ihre goldene Medaille «for the outstanding services in conservation of nature», 1964 goldene Wilhelm-Bölsche-Medaille, 1970 erhielt er von Prinz Bernhard in London die Goldene Medaille des World Wildlife Found.

Grzimek, Bernhard

Guane → *Penelope*
Guanokormoran *(Phalacrocorax bougainvillii)* → *Phalacrocorax*
Guanotölpel *(Sula variegata)* → *Sula*
Guaruba. G der Aratingidae ↗, UF Aratinginae ↗. 1 A, früher zu *Aratinga* ↗ gehörend. Nordöst. Brasilien (O-Pará u. Maranhão). Leben im tropischen Regenwald paarweise od. in Trupps, vorzugsweise in Baumwipfeln. Selten, außerdem Zerstörung des Lebensraumes. Nahrung Früchte, Nüsse u. Samen. Beginn der Brutzeit wahrscheinl. im Oktober. Im Red Data Book ↗ u. seit 1973 im Anhang I von CITES ↗ geführt. Sehr selten auf europ. Vogelmarkt. Liebenswerte Pfleglinge. Handaufgezogene Vögel erlernen auch wenige Worte. Haltung heute nur gerechtfertigt bei Zuchtabsichten. Gute Unterbringung in Außenvoliere ↗ mit Schutzraum ↗. Warme Überwinterung bei höherer Luftfeuchtigkeit. Futter s. *Pyrrhura*. Nach der Brutzeit gut mit arteigenen Vögeln zu vergesellschaften, mit anderen wegen zeitweiliger Aggressivität nicht zu empfehlen. Bei großer Unterkunft kaum Holzzerstörung. Sehr laute Stimme. 1939 Erstzucht bei Dr. O. HILL, Colombo, Sri Lanka. Seither mehrfach gezüchtet. Paar allein in geräumiger Voliere unterbringen. Brutzeit in Europa meistens im Frühjahr. Als Bruthöhle Baumstamm mit Höhlen, ⌀ von mindestens 35 cm, od. Nistkasten bieten. Kurz vor u. während der Brutzeit aggressiv, deshalb Kontrollen der Bruthöhle kaum möglich.

— *G. guarouba*, Goldsittich. ♂ u. ♀: gelb, nur Schwingen dunkelgrün. Schnabel hornfarben. Auge braun, Augenring weiß. Füße fleischfarben. Juv. gelb mit grün vermischt. Nach ca. 18 Monaten vollständiges ad. Gefieder, zuweilen ♀♀ größer als ♂♂. Ca. 35 cm.

Guatemalasittich, UA → Grünsittich

Guayana-Braunwangensittich, UA → St. Thomas-Sittich

Guayaquilsittich (*Psittacara erythrogenys*) → *Psittacara*

Gubernatrix. G der Emberizidae ↗. 1 A. Rio Grande do Sul, Uruguay u. öst. Argentinien bis Rio Negro. Leben in buschreichem Gras-, Kulturland u. im lichten Wald. Paarweise u. im Familienverband unterwegs. Gesang melodisch, monoton, laut, meistens fleißig vorgetragen. Unordentliches Napfnest in dichten Bäumen. Gelege 4—6 Eier. Bereits Anfang des 19. Jh. in Europa gehalten, seither regelmäßig im Angebot. Nach der Eingewöhnung hart, ausdauernd, sehr gut für Gartenvoliere geeignet, verträgt auch einige Frostgrade, Überwinterung aber frostfrei. Im großen Käfig ↗ Einzelvogel bald zahm (Zimmerfreiflug tägl.). Einzeln gehaltene Exempl. sind in Vogelgesellschaft friedlich, Paare nicht. Futter Hirse, Glanz, Negersaat, Weizen, Hafer, Buchweizen, etwas Hanf u. wenige Sonnenblumenkerne. Keimfutter. Außerdem Obststückchen u. Beeren, Vogelmiere, Baumknospen, handelsübl. grobes Insektenweichfutter, Mehlkäferlarven, Pinkies, Ameisenpuppen, Grillen, Wiesenplankton. Zur Zucht reichl. lebende Insekten reichen. Mehrfach gezüchtet, bereits 1863 im Zool. Garten Köln, gelingt leicht in bepflanzter Außenvoliere ↗. Als Nisthilfen Nestunterlagen in dichten Büschen u. Bäumen bieten, Drahtkörbchen anbringen. Nistmaterial Gräser, Reiser, versch. Fasern, Federn, Haare. Juv. schlüpfen nach 13—14 Tagen, verlassen nach 14—16 Tagen das Nest, werden von beiden Eltern gefüttert, auch ♂ brütet mit. Nach dem Ausfliegen füttert ♂ die Juv. bis zur Selbständigkeit nach ca. 3 Wochen. Juv. dann von Eltern trennen.

— *G. cristata*, Grünkardinal. ♂: olivgrün, breiter Überaugenstreif gelb, Wangen, Hinterkopf olivgrün mit schwärzlichen Stricheln, Zügel u. Kehlfleck schwarz, ebenso lange spitze Haube. Rücken grün mit feinen schwarzen Stricheln, Flügeldecken u. Schwingen schwarz, breite grüne u. gelbgrüne Säume. Schwanzfedern schwärzlich, Säume gelb. US grünlichgelb bis gelb. Schnabel grau. Auge braun. Füße graubraun. ♀: mehr grau, Kopfseiten, Augenbrauenstreifen u. Kehlseiten weißlich. Kropf u. obere Brust braungrau. Juv. matt grünlichgrau, von der Brust schwanzwärts dunkelgrün gefleckt, Zügel u. Kehle grau. 18—20 cm.

Guinea-Ibis (*Bostrychia olivacea*) → *Bostrychia*
Guineataube (*Columba guinea*) → *Columba*
Guinea-Turako (*Tauraco persa*) → *Tauraco*
Guinea-Uhu (*Bubo poensis*) → *Bubo*

Guira. G der Crotophagidae ↗. 1 A. Vom unteren Amazonas bis S-Argentinien (Rio Negro) u. Uruguay. In Pampas. Geselliger lebend. Fliegen mit anfangs raschen Flügelschlägen, dann lange gleitend. Übergangsformen zum Brutschmarotzertum: Manche Paare brüten noch selbst in eigenem Nest, andere bilden Nestgemeinschaften u. brüten Eier der übrigen ♀♀ mit. Eier auf blauem Grund mit zierlichem erhabenem Netzwerk aus Kalkschichtresten.

— *G. guira*, Guirakuckuck. ♂ u. ♀: OS dunkelbraun mit heller Strichelung, US rahmfarben. Bürzel weiß. Kopf mit spitzer Holle. Nacktes Augenfeld u. niedriger, dünner Schnabel gelb. Langer Schwanz. 41 cm.

Guiraca. G der Thraupidae ↗. 1 A. Sü. N-Amerika u. Mexiko bis Kostarika. Leben an buschreichen Ufern u. Wegrändern, auf Feldern u. Weiden. Zugvögel. Nest aus Reisern, Gräsern, Wurzelfasern u. Moos, innen mit Haaren u. feinen Fasern gepolstert, loser, flacher Bau. Gelege 3—4 Eier. Nur ♀ brütet. Juv. fliegen nach 12—13 Tagen aus, werden noch ca. 2 Wochen von Eltern gefüttert. Erstmalig 1911 in Deutschland, seither selten im Angebot. Eingewöhnung leicht. Für Gesellschaftsanlage nicht geeignet, ebenso nicht für Haltung im Käfig ↗. Unterbringung am besten in bepflanzter Außenvoliere ↗ mit Schutzraum ↗. Warme Überwinterung. Sehr lebhaft. Noch nicht gezüchtet. Pflege wie *Gubernatrix* ↗, gern werden Obststückchen u. Beeren verspeist.

— *G. caerulea*, Hellblauer Bischof. ♂: glänzend ultramarinblau, um den Schnabel schmaler schwarzer Rand, Zügel, Flügel u. Schwanz schwarz. Schwingen mit hellblauen Säumen, mittl. u. große Flügeldecken rostbraun gesäumt, bilden 2 Flügelbinden. Auge dunkelbraun. Oberschnabel schwärzlich, Unterschnabel weißlich bis grau. Füße graubraun. RK: Federn mit breiten hellbraunen Säumen, stoßen sich im Frühjahr allmählich ab, dadurch dann Gefieder ultramarinblau. ♀: OS braun, Flügel schwärzlich mit hellen rostbraunen Querbinden. Bürzel graubraun, gering blau verwaschen. Kopf zuweilen mit Blau. Schnabel bräunlich. Juv. rötlichbraun, ♂♂ nach der Jugendmauser oftmals braun u. blau gefleckt. 16—18 cm. UAn.

Grünkardinal

Guirakuckuck *(Guira guira)* → *Guira*
Guiratangare *(Hemithraupis guira)* → *Hemithraupis*
Güldenstädts Rotschwanz *(Phoenicurus erythrogaster)* → *Phoenicurus*
Gulielmis Kongopapagei, NN → Kongopapagei
Gulielmis Rotstirnpapagei, NN → Kongopapagei
Gurial *(Pelargopsis capensis)* → *Pelargopsis*
Gurrtaube *(Streptopelia capicola)* → *Streptopelia*
Gürtelfaulvogel *(Notharchus pectoralis)* → *Notharchus*
Gürtelfischer *(Streptoceryle alcyon)* → *Streptoceryle*
Gürtelgrasfink *(Poephila cincta)* → *Poephila*
Gustavsittich, UA → Blauflügelsittich
Guttera, Haubenperlhühner. G der Numidinae ↗. 2 An. ♂ u. ♀ gleich gefärbt. Federhaube aus glatten od. gekräuselten Federn. Schwanz 16federig, gerundet. Läufe sporenlos. An-Kreuzung bei Gebietsüberlappung im Vorkommen. UAn. Buschwald u. offene Grassteppe bevorzugt. Küstenfern. Leben in Ketten mit 50—100 Tieren. In Zuchtzeit paarweise. Importe warm überwintern, nach einigen Generationen reicht frostfreie Überwinterung. Große Volieren ↗, trokken mit Schutzhaus. Paarweise Haltung. Einfaches Nest im Gras oft gut versteckt. 9—12 Eier (50 × 40 mm), kurzoval, tiefporig, hell gelblich bis weiß u. dunkle Flecken. Brutdauer 23 Tage. Aufzucht u. Fütterung s. *Numida* ↗. Erstzucht 1911 Zoo London.
— *G. plumifera*, Schlichthaubenperlhuhn. ♂ u. ♀: aufwärts gerichtete glatte bürstenähnl. haarartige Haubenfedern, von Stirn nach hinten länger werdend. Am Schnabelwinkel nach unten spitze nackte blaue Hautlappen. Nackte Kopfteile blaugrau, schwärzlich sind Kehle u. Wangen. Gefiedergrundfarbe blauschwarz. Halsfedern mit einer Randperle, tropfenförmig. Übriges Gefieder mit mehreren Perlflecken. Äußere Armschwingen mit rahmweißen Außensäumen. Schnabel hellblau mit gelblicher Spitze. Iris dunkelbraun. Läufe blaugrau. 55 cm. UAn. Kamerun u. Gabun bis N-Kongo.
— *G. pucherani*, Kräuselfedriges Haubenperlhuhn. ♂ u. ♀: Kräuselfederhaube, schwarz u. dicht auf Kopf-OS. Augenumgebung, Hinterkopf, Kinn u. Kehle rot, unbefiedert, restl. Kopf-, Halsteile u. Hautlappen am Schnabelwinkel ebenfalls unbefiedert, aber kobaltblau. Gefieder auf schwarzem Grund blaßblau geperlt. Armschwingen-Außenfahnen rahmweiß. Handschwingen braun. Schnabel leicht grünlich hornfarbig. Iris rot. Läufe fast schwarz. Juv. OS, Oberrücken u. Flügel braunrot u. gelblichweiß gezeichnet. Stirn mit schwarzem Mittelstrich, sonst schwarzfleckig auf rötlichbraunem Grund. Über Scheitel zieht sich von Augenhöhe bis Genick ein schwarz eingefaßtes blaugraues Band. Schwarze Einfassung verbindet sich u. zieht zum Unterhals. Mittl. Unterrücken kastanienbraun mit schwarzen, gelben u. braunen seitl. Binden. Oberschnabel mit schwarzem Grund u. weißen Außenteilen, Unterschnabel weiß. Füße rosarot. Mit 8 Wochen typisch befiedert. 50 cm. UAn. Guinea bis O-Afrika, Angola u. Natal.
Gutturama, NN → Veilchenorganist
Gymnobucco. G der Capitonidae ↗. 8 An (einschließl. der manchmal in eine eigene G *Stactolaema* gerechneten An). Mittelgroß. Mit unauffälliger brauner, grauer od. schwarzweißer Färbung. Tropisches Afrika. Waldbewohner. Geselliger lebend als andere An, von einigen An sogar gemeinsames Brüten auf einem Baum bekannt, in dessen Stamm mehrere Nisthöhlen angelegt werden. 3 An selten importiert, davon 1 gezüchtet.
— *G. leucotis*, Weißohr-Bartvogel. ♂ u. ♀: Kopf-OS schwärzlich, breiter weißer Streifen hinter dem Auge. Kehle, Kopfseiten u. Brustmitte schwarzbraun, Rükken dunkelbraun mit fahleren Federrändern, bei ostafrikan. UAn weißlich, braun marmoriert. Bauch u. Bürzel weiß. Brustseiten, Flanken braun. Flügel, Schwanz schwärzlich. 18 cm. Mehrere UAn. Öst. Afrika von O-Kenia über Tansania u. Moçambique bis Simbabwe, Natal. Waldbewohner bis in Höhen von 2 000 m, häufig an den Hängen des Meru u. Kilimandscharo. Paarweise od. in kleinen Gruppen, gemeinsames Übernachten in Baumhöhlen. Brut in morschen Baumstämmen, normalerweise 2—3 weiße Eier. Es wurde beobachtet, daß an der Aufzucht der Juv. 4 Ad. beteiligt waren (Mitwirkung der Jungvögel aus früheren Bruten?). Selten eingeführt. 1934 von WEBB aus O-Afrika nach England gebracht, weitere Einfuhren zumindest in den 70er Jahren. YATES hielt 1 Exempl. 18 Monate. Ernährung vorwiegend mit Früchten (süße Trauben u. Kirschen bevorzugt), dazu Lebendfutter (Mehlwürmer, Heuschrecken, auch Spinnen u. sogar Hornissen) wurden verzehrt. Viel trinkend, gerne Nektarmischung. Badefreudig. Zucht 1975 in Dänemark mit 1971 importiertem Paar in Höhle in morschem Stamm. 1 Junges mit Mehlwürmern ↗, Insektenfressermischung u. Früchten aufgezogen, aber 3 Wochen nach dem Ausfliegen an Beinbruch eingegangen.
— *G. olivaceus*, Olivbartvogel. ♂ u. ♀: Kopf-OS mauvebraun, Kehle u. Kopfseiten graubraun. Brust u. übrige US olivgrün, Rücken, Flügel u. Schwanz oberseits dunkler grün. Schnabel schwarz. Iris rötlich. Füße schwarz. Juv. mit schwärzlichbraunem Schnabel. 17 cm. Mehrere, wenig unterschiedene UAn. Öst. Afrika von SO-Kenia durch Tansania u. Malawi sü. bis Natal. Bewohnt Wälder auf Hügeln u. niedrigeren Bergen. Stellenweise, z. B. in den Usambara-Bergen N-Tansanias keineswegs selten, aber mit seiner unauffälligen Färbung im dichten Laub schwer zu entdecken. Meist paarweise auftretend, sucht zur Reifezeit auch vereinzelte Bäume mit Früchten außerhalb der Wälder auf. Nest in selbstgemeißelten Höhlen abgestorbener Bäume. Bis zu 6 weiße Eier. Sehr selten eingeführt, 1933 von WEBB aus O-Afrika in den Londoner Zoo gebracht, keine neueren Haltungsberichte vorliegend.
— *G. whytii*, Spiegelbartvogel. ♂ u. ♀: Kopf-OS dunkel graubraun, Stirn bei der UA *G. w. stresemanni* gelb, gelblicher od. weißer Zügelstrich, der sich bis hinter das Auge fortsetzt. Rücken hellbraun. Flügel dunkelbraun. Schwungfedern außen weiß ge-

säumt. Kinn weiß. Kehle, Brust graubraun, durch helle Federränder Tupfenzeichnung. Unterkörper sonst braun, zum Steiß hin heller. Schwanz graubraun. Schnabel schwarz. Iris dunkelbraun. Füße schwärzlich. 16 cm. UAn. Von Tansania bis Malawi u. Simbabwe. Bewohnt offenes Waldland, paarweise od. in kleinen Flügen meist auf abgestorbenen Bäumen zu beobachten, auch mehrere Exempl. gemeinsam in Höhlen schlafend. Gemeinsames Brüten mehrerer ♀♀ in 1 Höhle nicht unwahrscheinl., da Gelege von 5—6 Eiern bekannt sind. Kaum bekannter Vogel. 1. Import wohl 3 Exempl., die 1980 in den Berliner Zoo gelangten. Wenig lebhaft.

Gymnoglaux, Kubaeulen. G der Strigidae ↗. 1 A. Klein, ohne Federohren. Lange Beine. Im äußeren Erscheinungsbild *Athene cunicularia* ↗ nicht unähnl. Beine u. Zehen unbefiedert. Keine Geschlechtsunterschiede im Gefieder, jedoch sind ♀♀ größer u. schwerer als die ♂♂. Kuba u. Isla de la Juventud (Isla de Pinos). Auf Kalksandsteinfelsen u. in Wäldern. Nachtaktiv. Nahrung vorwiegend Insekten.
— *G. lawrencii*, Kubaeule. ♂ u. ♀ mit brauner Iris. OS braun mit weißen u. gelblichroten Flecken, US weiß mit kurzen braunen Längsstreifen. Schnabel gelbgrün. Juv. unbekannt. 20 cm. Wenig bekannt, soll Höhlenbrüter sein u. das Gelege nur aus 2 Eiern bestehen. Brutbiologie sonst unbekannt. Wird nur im Tierpark Berlin, DDR, gepflegt.

Gymnophaps. G der Duculidae ↗ (früher zu UF Columbinae). 3 An. Inseln in SO-Asien, Neuguinea.

Gymnorhina. G der Cracticidae ↗. 1 A. Australien (mit Tasmanien) u. sü. Neuguinea.
— *G. tibicen*, Flötenvogel. ♂ u. ♀: schwarz, nur Nacken, Bürzel, Oberschwanzdecken, Schwanzwurzeln u. Flügeldecken weiß. Schnabel bläulichweiß. Auge rotbraun. Füße schwarz. 37—44 cm. UAn. *G. t. hypoleuca* u. *G. t. leuconota* häufig als eigene A *G. hypoleuca*, Weißrücken-Flötenvogel, angesehen, hat weißen Mantel. In S-Australien verbr. Ebenfalls *G. t. dorsalis* oft als eigene A betrachtet.

Gymnoris, Langschnabelsperlinge. G der Passeridae ↗. 4 An. Afrika, öst. bis SW-Arabien, weiterhin von S-Irak bis S-Indien, Bengalen. Bewohnen Graslandschaften, lichte Wälder, Felshänge, auch im Kulturland u. in Siedlungen. Nahrung Samen, Insekten, Grünes. Bisher sehr selten gehandelt. Friedlich, ausdauernd, empfehlenswerte Pfleglinge. Haltung im großen Käfig, besser Voliere. Mäßig warme Überwinterung. Futter Hirse, Glanz, Waldvogel- ↗, Keimfutter ↗, Grünes, oft Obststückchen. Weichfutter ↗, Insektennahrung, s. Ploceidae ↗.
— *G. dentata*, Buschsperling. ♂: Kopf fahlbraun, Überaugenstreif rötlichbraun. OS braun, Rücken mit rötlichbraunem Hauch. Kleiner Kehlfleck, hellgelb, sonst US beige. Schnabel während der Brutzeit schwarz, sonst hellhornfarben. Auge dunkelbraun. Füße schwärzlich. ♀ wie ♂, aber geringe Streifenzeichnung auf dem Rücken, beigefarbener Überaugenstreif. 12 cm. Senegal bis SW-Arabien. Vorwiegend Bewohner des Flachlandes, gern in Gewässernähe. Brütet in Baumhöhlen. Selten auf dem Vogelmarkt.
— *G. pyrgita*, Kehlflecksperling, Großer Kehlsperling. ♂ u. ♀: ähnl. *G. xanthocollis*, aber gelber Kehlfleck bedeutend kleiner, außerdem Überaugenstreif.

15 cm. NO-Afrika bis Senegal, sü. bis NO-Tansania. Lebt in den Savannen, Kulturland. Nest in Dornbüschen, unter Dächern. Ab u. zu gehandelt.
— *G. superciliaris*, Augenbrauensperling. ♂ u. ♀: Kopf, OS gelbbraun, Überaugenstreif weißlichgelb, schwarze Streifenzeichnung des Rückens. Kleiner gelber Kehlfleck, US bräunlichweiß. 15 cm. S-, O-Afrika. Überwiegend an Berghängen, vorzugsweise in felsiger Landschaft, auch in Siedlungen. Oft truppweise unterwegs. Nest in Felsspalten, Baumhöhlen. Gelege 3—4 bläulichweiße, graubraun gefleckte Eier. Sehr selten eingeführt.
— *G. xanthocollis*, Gelbkehlsperling. ♂: OS blaßgraubraun. Wangen, Zügel, Flügel, Schwanz gering dunkler. Zarter heller Augenstreif. Weiße u. beige Flügelbinde. Kinn weiß, Kehle kräftig zitronengelb. Brust, Flanken beige, sonst unterseits weißlich. Schnabel zur Brutzeit schwarz, sonst braungrau. Auge braun. Füße graubräunlich. ♀ wie ♂, aber insges. blasser, ebenso Juv. 13 cm. S-Irak bis S-Indien, Bengalen. Lebt im Gras-, Kulturland, lichten Wäldern, Siedlungen. Nest in Baumhöhlen, auch unter Dächern, Mauerlöchern. Gelege 3—4 graugrünliche, braun u. schwarz gezeichnete Eier. Selten gehandelt, scheu, aggressiv. Ähnelt sehr Wildfängen von *Passer* ↗ *domesticus*. Haltung nur in großer Voliere möglich. Nest aus Gräsern, Kokosfasern, Federn in Wellensittich-Nistkästen ↗, aber größere Einflugöffnung. Schlupf nach 14 Tagen. Aufzuchtfutter Keim-, Weichfutter, Vogelmiere, Salat, reichl. Insektennahrung. Juv. fliegen nach 16—20 Tagen aus.

Gypaetus. G der Accipitridae ↗. Große Geier. 1 A.
— *G. barbatus*, Bartgeier. ♂ u. ♀: Flügel lang, spitz, Schwanz lang, keilförmig, Kopf gelbweiß, breiter schwarzer Zügel mit Federbart am Ende. Schnabel lang u. kräftig. Augen von einer leuchtend roten Sclera umgeben. Hals u. Körpergefieder weißlich bis rostrot. Brust mit keilförmiger schwarzer Markierung. Flügel u. Schwanzfedern schwarz mit weißen Spitzen. Füße lang befiedert, kräftig, Krallen gekrümmt, spitz. 4 UAn. In kleinen Populationen Europas, Afrikas, Asiens. In höheren Regionen der Gebirge. Aasverwerter, vor allem auf Knochen spezialisiert, erbeutet gelegentl. aber auch kleine Wirbeltiere (Schildkröten). Ausgesprochener Felsbrüter. Gelege 2—3 helle, rotbraun gewölkte Eier. Brutdauer 53—56 Tage. Nestlingsdauer ca. 120 Tage. ♂ u. ♀ betreiben Brutpflege. Juv. wird mit frischer u. hervorgewürgter Nahrung versorgt. In Tiergärten u. privaten Haltungen beliebte A. Eingewöhnung unproblematisch, sehr sensibel. Da A in der Geierrangordnung sehr tief steht, ist paarweise Haltung in Volieren zu empfehlen. Nahrung Fleisch mit hohem Knochenanteil (Rippen), aber auch ca. 30 % Ganzkörperfutter. Horstnische ist unerläßlich, als Nistmaterial ist Schafwolle ein wichtiger Brutauslöser. A ist heute in vielen Gebieten ausgerottet bzw. stark bedroht. Anschaffung nur aus gezüchteten Beständen.

Gypohierax. G der Accipitridae ↗. Kleine Geier. Afrika. 1 A.

Gypopsitta

Gänsegeier

— *G. angolensis*, Palmgeier. ♂ u. ♀: Gefieder weiß mit Ausnahme der Hand- u. Armschwingen, Schulterfedern u. breiter Schwanzbinde, die schwarz sind. Die nackten Zügel unter- u. oberhalb des Schnabels sind gelb bis rot. Schnabel kräftig, lang, blaugrau, Wachshaut bläulich. Füße gelb. Immat. dunkles Gefieder. W-Afrika von Ghana bis Natal, O-Afrika vom Sudan bis Oranje-Region. Vorkommen ist mit der Verbr. der Öl- u. der Raphia-Palme verbunden. Palmfrüchte bilden Hauptnahrung. Es werden aber auch Fische, Vögel u. Aas verzehrt. Nistet meist auf großen Palmen. Gelege 1 weißes, braun bis purpur geflecktes Ei. Brutdauer 43—45 Tage. Nestlingsdauer ca. 90 Tage. Juv. werden mit dem Fruchtfleisch der Palmnüsse ernährt. Nur in Tiergärten. Bei der Eingewöhnung langsam auf animalische Kost umstellen. Sehr ruhiges Wesen. Nahrung zum großen Teil Süßwasserfisch, Ganzkörperfutter. Noch nicht in Gefangenschaft gezüchtet.

Gypopsitta. G der Amazoninae. 6 An. S-Amerika. Waldbewohner, auch auf Feldern.

— *G. vulturina*, Kahlkopfpapagei. ♂ u. ♀: grün, Zügel, Stirn gelblichweiß. Kopf nackt, nur spärlich haarförmige Federn, schwärzlich. Kehle, Kropf olivgelb. Gelbes Band verläuft von der Kehle über den Nacken um nackten Kopf. Nacken schwarzbraun. Flügelrand scharlachrot, ebenso Unterflügeldecken. Schultern orangerot. Eckflügel blau, gleichfalls Handdecken. Handschwingen schwarz, Außensaum blau mit schmalem, gelbem Rand. Obere Brust gelbbräunlich, schwarz geschuppt. Unterschwanzdecken grünlichgelb, Innenfahnen der Schwanzfedern gelb, Spitzen schwärzlich. Schnabel grünlichgrau, Basis gelblich. Auge orange, Augenring schmal, weiß. Füße grünlichgrau. Juv. Nackenband u. Augenregion bräunlichgelb. 23 cm. Sü. Amazonasgebiet. Bewohner sowohl im Tierra-firma-Wald als auch im Varzea-Wald (s. Veilchenpapagei ↗). In kleinen Gruppen unterwegs. Außerhalb Brasiliens nicht in Gefangenschaft gehalten, möglicherweise auch dort nicht.

Gyps. G der Accipitridae ↗. Große Geier, Schnabel groß, klobig, Hals lang, nur spärlich mit Borstenfedern bedeckt. Flügel groß, brettartig. Europa, Afrika, Asien. 7 An. Soziale An. Juv. werden mit hervorgewürgter Nahrung ernährt.

— *G. africanus*, Weißrückengeier. ♂: lichtgraubraun mit markantem weißen Unterrückenfleck, Flügel, Schwanz schwarz. Oberkopf, Hinterhals u. Nacken sind mit weißem Flaum bedeckt. Unterkopf u. Vorderhals grauschwarz. ♀: ist lichter u. blasser gefärbt, etwas größer. Senegal bis S-Angola, Äthiopien bis N-Natal. Häufigster Geier in der Savanne u. der Buschsteppe. Aasverwerter. Felsen- od. Baumbrüter. Brütet paarweise od. in Kolonien. Gelege 1 weißes, rotbraun geflecktes Ei. ♂ u. ♀ betreiben Brutpflege. Häufigster afrikan. Geier in Tiergärten. Gut in Gemeinschaftsvolieren zu halten. Nahrung Knochenfleisch u. Innereien, Hautstücke, zur Brutzeit auch Ganzkörperfutter. Brutnische od. Horstplattform anbieten. Für die Zucht sind mehrere Paare günstiger. Unter 5 °C Winterquartier notwendig. Gefangenschaftsnachzucht unbekannt. Sporadisch im Tierhandel angeboten.

— *G. bengalensis*, Bengalgeier. Dunkelste A der G. ♂ u. ♀: schwarzbraun bis schwarz. Halskrause, Unterrücken, Unterflügeldecken schmutzig weiß. Schnabel u. Wachshaut dunkel. Afghanistan, Indien bis Malaysia, SW-China. Halbwüsten, Steppen, offene Waldzonen, Kulturland. Häufigster Geier Indiens. Abfallbeseitiger, Aasverwerter (A verzehrt auch menschliche Leichen auf den Türmen des Schweigens in Indien). Nistet auf Bäumen u. in Felswänden, brütet einzeln u. in Kolonien. Gelege 1 weißes bis braungeflecktes Ei. Brutdauer 52 Tage. Nestlingsdauer 80—90 Tage. Nur in Tiergärten. Gut für Gemeinschaftshaltung, sehr verträgliche A. Nahrung Knochenfleisch, Innereien u. zur Brutzeit Ganzkörperfutter. Horstnischen od. Horstunterlagen mit versch. Nistmaterial unerläßlich. Gefangenschaftsnachzucht unbekannt? Unter 5 °C Winterquartier notwendig. Selten im Handel. Indien hat Ausfuhrverbot erlassen.

— *G. fulvus*, Gänsegeier. ♂ u. ♀: zimtfarben bis braun, Handschwingen u. Schwanz dunkelbraun, Armschwingen heller. Dunenkragen weiß. Hals u. Kopf weißlich bedunt. Nackter Fleck an der Halswurzel u. Füße bläulich. Immat. insges. dunkler. ♂ nur geringfügig kleiner. 2 UAn. Mediterraner Vertreter der G, Marokko u. Iberische Halbinsel bis NW-Mongolei u. N-Indien. Offene Gebirgs- u. Waldregionen, Steppengebiete. Spezialisierter Aasverwerter. Nistet ausschließl. in Felswänden. Brütet oft in Kolonien, Gelege 1 weißes Ei. Brutdauer 52—54 Tage. ♂ u. ♀ betreiben Brutpflege. Nestlingsdauer 125—130 Tage. Gehört heute zu den häufigen Geiern in Tiergärten. Eingewöhnung problemlos. Gut für die Gemeinschaftshaltung geeignet, oft auch als Schauflieger genutzt. Nahrung Knochenfleisch u. Innereien, zur Brutzeit auch Ganzkörperfutter. Zur Brutperiode genügend Nistmaterial anbieten. Als Brutplattform Nische aus Stein od. Fels am besten geeignet. Mehrfach in Gefangenschaft gezüchtet. Ge-

hört in Europa zu den bedrohten An. Anschaffung nur aus gezüchteten Beständen.
— *G. himalayensis*, Himalajageier. Größte A der G. ♂ u. ♀: rahmfarben bis hellbraun, Armschwingen u. Schwanz dunkelbraun, Handschwingen schwarz. Halskrause, Hals u. Kopf weiß bedunt, Schnabel hellgrau bis hornfarben. Flecke an der Halswurzel rot. Immat. Gefieder dunkelbraun mit hellen Schaftstrichen. Himalaja bis Bhutan, Afghanistan, Pamir, Tibet, N-Indien. Bewohnt die Hochgebirge. Stand- u. Strichvogel. Aasverwerter. Koloniebrüter. Nistet in Felswänden. Gelege 1 weißes Ei. Brutdauer 54—56 Tage. ♂ u. ♀ betreiben Brutpflege. Meist nur in Tiergärten. Eingewöhnung unproblematisch. Gut geeignet für eine Gemeinschaftshaltung, am besten in einer Flugvoliere ↗. Nahrung Knochenfleisch u. zur Brutzeit auch Ganzkörperfutter. Brutnischen sind unbedingt erforderlich. Erstzucht 1971 im Tierpark Berlin.
— *G. rueppellii*, Sperbergeier. ♂ u. ♀: grau- bis mittelbraun, weißlich gesperbert, Schwanz u. Armschwingen schwärzlich. 2 Schulterflecke nackt, bläulich. Schnabel gelb bis bleifarben, Wachshaut dunkel. 2 UAn. Nö. des Äquators bis Ägypten. Bewohnt die trockenen Zonen, Savannen u. Bergregionen. Kulturflüchter. Felsbrüter, in Einzelpaaren od. in Kolonien bis über 100 Paare. Gelege 1 weißes Ei. Brutdauer 52—56 Tage. ♂ u. ♀ betreiben Brutpflege. Brutbiologie weitgehend unbekannt. Nur in Tiergärten, gut in Gemeinschaftsvolieren zu halten. Unter 5 °C Winterquartier notwendig. Noch nicht gezüchtet.

Haarbuschdrongo *(Dicrurus hottentottus)* → *Dicrurus*
Haarschopftangare *(Trichothraupis melanops)* → *Trichothraupis*
Haarschopfturako *(Tauraco persa)* → *Tauraco*
Haartangare, NN → Haarschopftangare
Haarvögel, NN → Bülbüls
Haastkiwi *(Apteryx haastii)* → *Apteryx*
Habia. G der Tachyphoninae ↗. 6 An. Von M-Amerika sü. bis Paraguay u. N-Argentinien. Ihr engl. Name «Anttanager» bezeichnet eine wichtige Eigenart der G. So folgen einige An ± intensiv den Zügen der Treiberameisen, um die durch diese aufgescheuchten Insekten zu erbeuten. Haltung, Futter usw. s. *Tangara* ↗, aber Weichfutter- u. Insektenanteil erhöhen.
— *H. rubica*, Karminhabia. ♂: OS dunkel braunrot. Kehle u. Brust karminrot. Restl. US dunkel graurot. Schnabel u. Füße dunkel hornfarben. ♀: braunoliv, Kopf dunkler mit gelbbrauner, kaum wahrnehmbarer Haube. US heller. 17—18 cm. 17 UAn. M-Amerika von S-Mexiko sü. bis O-Paraguay, SO-Brasilien. Bevorzugt dichte tropische Vegetation, wo sie sich gern in Bodennähe aufhält. Folgt nur selten den Ameisenzügen. Die flachen, napfförmigen Nester sind so dünnwandig, daß man die Eier durchsehen kann. Bei Käfighaltung neigen H. dazu, zu verblassen. Mitunter aggressiv. Nur wenige gelangten bisher nach Europa.

Habias, NN → *Habia*
Habicht *(Accipiter gentilis)* → *Accipiter*
Habichtskauz *(Strix uralensis)* → *Strix*
Habichtssprenkel. Gebogene Sitzstange aus Holz od. Metall (mit Leder bezogen). Höhe des Bügels 25—30 cm, die Sehne 90 cm. An den Endstücken des Bügels befinden sich je eine 30 cm lange Metallspitze zur Befestigung im Boden. Beim Aufstellen werden die Metallspitzen bis zum Anschlag in den Boden gedrückt. Auf dem Bügel befindet sich ein Metallring, an dem der Geschühriemen ↗ befestigt wird.
Habitat → Areal
Hachfeld, Bernd, geb. 9. 7. 1950 in Göttingen. Studium der Pädagogik u. Biologie. Schriftleiter der Zeitschrift «Die Voliere». Reiseleitung ornithol. Fachexkursionen. Arbeitsgebiete Ornithologie, Ethologie, Fortpflanzungsbiologie, Ökologie, Naturschutz. Über 30 Publikationen in wissenschaftl. Zeitschriften.
Hadesnonne *(Munia stygia)* → *Munia*
Hadesschilffink *(Munia stygia)* → *Munia*
Haematopodidae, Austernfischer. F der Charadriiformes ↗, 1 G *Haematopus* ↗, 8 An. Über die ganze Erde verbr. Bewohner des Meeresstrandes. Seitl. zusammengedrückter Schnabel, der gut zum Öffnen von Muscheln geeignet ist. Paarbildung erfolgt in Gesellschaften, dazu gemeinschaftl. Balzflüge.
Haematopus. G der Haematopodidae ↗. 8 An.
— *H. ostralegus*, Austernfischer. ♂ u. ♀: OS, Kopf u. Brust schwarz, US weiß. Schnabel u. Füße rot. Juv. ähnl. Ad., dunkle Schnabelspitze u. weiße Kinnbinde. 43 cm. UAn. Brütet an den Küsten Europas, weiter in M- u. O-Asien, Amerika, Afrika, Australien u. Neuseeland. Überwintert z. T. im Brutgebiet bzw. zieht weiter südlich. Bewohnt flache Meeresküsten u. Inseln, Mündungsgebiete u. Ufer von Flüssen, kurzgrasige Wiesen u. Äcker. Nest wird in Wassernähe am Strand, in Dünen u. Wiesen angelegt. 3 Eier, die meist ohne Unterlage in flacher Mulde liegen, oft aber auch mit Muschelschalen ausgelegt sind. ♂ u. ♀ brüten. Brutdauer 24—27 Tage, Juv. werden von beiden Ad. betreut. Nahrung fast ausschließl. tierisch, meist Weichtiere, marine Ringelwürmer, Krebse u. Insekten. Haltung s. Scolopacidae. Zucht gelang in den USA, London, mehrfach im Zoo Berlin-West sowie bei Privatzüchtern.

Hagedasch *(Bostrychia hagedash)* → *Bostrychia*

Brütender Austernfischer

Hagenbeck

Hagenbeck, Carl, geb. 10. 6. 1844 in Hamburg, gest. 14. 4. 1913 in Hamburg. Ältester Sohn aus der Ehe Gottfried Class Carl HAGENBECK mit Christine ANDERSON. Tierpark- u. Circus-Gründer. Sein Lebenswerk stellt er in dem Buch «Von Tieren und Menschen» vor. Importierte u. a. Vögel zahlreicher An erstmalig in Europa.

Hagenbeck, Christiane

Hagenbeck, Christiane, geb. 20. 5. 1849, gest. 1905. Schwester von Carl HAGENBECK ↗. Inhaberin einer Handlung von exotischen Vögeln. Von ihr sind mehrere europ. Erstimporte bekannt, u. a. von Prachtfinken ↗, Papageienvögeln ↗.

Häherkuckuck (*Clamator glandarius*) → *Clamator*
Häherling (*Garrulax leucolophus*) → *Garrulax*
Hahnschweifwida (*Coliuspasser progne*) → *Coliuspasser*
Hahns-Zwergara (*Diopsittaca nobilis*) → *Diopsittaca*
Hainanschnäpper (*Cyornis hainanus*) → *Cyornis*
Haitiamazone (*Amazona ventralis*) → *Amazona*
Haitisittich (*Psittacara chloroptera*) → *Psittacara*
Hakengimpel (*Pinicola enucleator*) → *Pinicola*
Hakenschnäbel, NN → *Diglossa*
Hackenschnabelartige → Diglossidae
Halbgänse → Tadorninae
Halbmondtaube (*Streptopelia semitorquata*) → *Streptopelia*
Halboffener Nistkasten. Meistens aus Holz angefertigter Kasten (Innenmaß der Bodenfläche ca. 15 × 15 cm, Höhe 20 cm), dessen obere Hälfte vorn offen ist. Dient als Nistkasten vor allem für Vögel der F Estrildidae ↗, die ihr längsovales od. kugelförmiges Nest hineinbauen, vor allem auch für Halbhöhlenbrüter einsetzen.
Halbringschnäpper (*Ficedula semitorquata*) → *Ficedula*

Halcyon. G der Alcedinidae ↗. 9 An. Mittelgroße Eisvögel; geradschnäblig; längere Läufe als «Fischer». Zwischen W-Afrika u. den Marquesas-Inseln. An Gewässern, in Mangrovewäldern u. in trokkenen, offenen Landschaften. Beute wird auf harte Unterlage geschlagen.
— *H. albiventris*, Braunkopfliest. ♂ u. ♀: Rücken schwarz; Kopf braun od. graubraun. Flanken beigebraun. Kehle u. Brust weißlich bis beigebraun. Flügeldecken, Bürzel u. Schwanz ultramarinblau. Dunkelbrauner Augenstreif. Schnabel u. Füße rot. 20–21,5 cm. UAn. Von S-Somalia u. Kenia bis Angola, Kavango, N-Botswana, Transvaal u. durch Natal bis zur S-Kapprovinz. An Flußufern, in Wäldern u. Savannen. Schriller Pfeiflaut. Beute Krabben, Würmer, Heuschrecken, größere Insekten, kleine Reptilien. Nest in Erdhöhlen. 4 weiße Eier (27 × 29 mm).
— *H. badia*, Prachtliest, Kastanienliest. ♂ u. ♀: oberseits kastanienbraun mit leuchtend hellblauem Bürzel u. Flügelband. Brust braungelb. Kehle u. US weiß. Schwanz hellblau. Schnabel dunkelrot. 19–20 cm. UAn. W- u. Inner-Afrika von Liberia bis zum Kongo; öst. bis Uganda; Fernando Póo. Waldgebiete. Langsame Folge abfallender Pfeiflaute. Brütet in Bauten von Baumtermiten u. -ameisen.
— *H. cyanoventris*, Javaliest, Blaubauchliest. ♂ u. ♀: Kopf, Flügeldecken u. Schwungfederspitzen schwarz. Kehle, Brust, Hals bräunlichrot. Schwung- u. Schwanzfedern blaugrün. US, Rücken, Schultern u. Nackenfleck dunkelglänzend kobaltblau. Handschwingenwurzeln weiß. Schnabel u. Füße rot. 28 cm. Java u. Bali (Indonesien). In Dorn- u. Bambusgebüsch an Reisfeldern. Oft am Boden sitzend beobachtend. Heiserer Gesang. Beute Krabben, Fische, Schnecken u. Würmer. Nest gern in Felsspalten od. in steilen Flußufern. 3–4 rundliche, weiße Eier. Haltung sehr selten, z. B. K. A. NORRIS, USA, 1937.
— *H. leucocephala*, Graukopfliest. ♂ u. ♀: bräunlichgrauer Kopf. Rücken, Flügel, Schwanz u. Bürzel türkisblau. US u. Nackenband rostfarben. Kehle u. Brust weiß. Schnabel u. Füße rot. Juv. an Nackenseiten u. Brust schwärzlich gefleckt, schwacher brauner Schimmer am Bauch u. an Unterschwanzdecken. Schnabel schwärzlich. Körpermasse 46–57 g. 22–28 cm. UAn. Äthiopis (einschließl. SW-Arabien, aber ohne Waldgebiete) von Senegal u. Eritrea bis N SW-Afrikas, Rhodesien u. O-Transvaal. An Flüssen. Im S (Rhodesien/Transvaal) Zugvogel. Nahrung Käfer, Heuschecken, kleine Reptilien. Nest in Uferböschungen. 3–5 weißglänzende Eier (21,5 × 24 mm). Haltung u. Kreuzungszuchterfolg mit Senegalliest 1981 im Vogelpark Walsrode.
— *H. malimbica*, Zügelliest. ♂ u. ♀: oberseits grünlichblau, zum Kopf hin mehr grau; unterseits weiß. Brust grünblau mit breitem lebhaft hellblauem Band. Bürzel u. Schwanz kobaltblau. Schnabel oben rot, unten schwarz. Schwarzer Augenstreif. Rote Füße. 23–24 cm. UAn. W- u. Inner-Afrika von Senegal bis Uganda, NW-Tansania, Zaïre, NW-Sambia u. N-Angola; Insel Principe. Waldbewohner, häufig weit von Wasser entfernt. Sehr stimmfreudig.
— *H. pileata*, Kappenliest, Schwarzkappen-Königsfischer. ♂ u. ♀: oberseits tief kobaltblau. Kopf samtschwarz. Weißes Halsband bis zum Kinn. Kehle u.

Brust weiß. Bauch hellzimtfarben. Breiter korallenroter Schnabel; Füße dunkelrot. Im Flug weißer Flügelfleck sichtbar. Juv. mit schwarzer Strichelung vom unteren Schnabelgrund zum Nacken u. die Brustfedern schwarz umsäumt. 30 cm. Sri Lanka, Indien bis China (nö. bis zur Mandschurei), Korea u. Indochina; sonst in SO-Asien (bis Indonesien) wohl nur Überwinterer. Im Küstengebiet, auch im Waldland in Flußnähe. Brütet in Erdhöhlen. 5 Eier (29,5 × 26 mm). 1936 im Zoo Frankfurt/M. gehalten.
— *H. senegalensis*, Senegalliest, Blauliest. ♂ u. ♀: oberseits grünlichblau; Kopf u. Nacken grau. Unterseits gelblichweiß bis grau. Brust blaßgrün. Flügel schwarz mit hellblauer Binde, unterseits weiß mit breitem Band an Federspitzen. Schwanz blau. Schwarzer Augenstreif. Schnabel oben rot, unten schwarz. Füße schwarz. Juv. Nackenseiten, Brust u. Kehle schwärzlich gefleckt. Dunkler Schnabel. 60—80 g. 20—25 cm. UAn. Äthiopis von Gambia u. Eritrea sü. bis N SW-Afrikas, N- u. O-Transvaal u. durch Natal bis Transkei. Bewohnt Mangrovesümpfe, Küstenbusch, Savannengehölze, offene Waldungen u. Affenbrotbaumbestände. Beute Insekten, Heuschrecken, Käfer u. kleine Reptilien. 3—4 weißglänzende Eier (24 × 21,5 mm). Welterstzucht 1971 von HEYSHAM, Lancashire (GB). 1981 im Vogelpark Walsrode (BRD) Kreuzungszucht mit Graukopfliest.
— *H. smyrnensis*, Braunliest, Baumliest, Weißbrust-Königsfischer. ♂ u. ♀: oberseits türkisblau; Kopf, Nacken u. US schokoladenbraun. Hals, Kehle u. Brust weiß. Auf Flügeln schwarze, weiße, hell- u. dunkelblaue Flecken. Schwanz hellblau mit weißen Federschäften. Langer kräftiger roter Schnabel u. rote Füße. 80 g. 27 cm. UAn. Von Kleinasien durch Vorderasien, Sri Lanka, Vorder- u. Hinterindien bis S-China u. zu den Philippinen. In Wäldern u. Kulturlandschaften. Paarweise. Beute hauptsächl. Geckos, Schlangen, Heuschrecken u. a. Insekten, auch Fische u. Kaulquappen. 3—6 Eier (26,5 × 30,5 mm). Nest in Uferböschungen. Verschiedentl. gehalten. Zuchterfolge 1962 im Zoo Calcutta, 1946—71 im Zoo Frankfurt/M.

Haliaeetus. G der Accipitridae ↗. Große bis sehr große Greifvögel, Flügel lang, Schwanz kurz, starke Fänge. Außer S-Amerika u. Afrika weltweit verbr. 5 An. Badebecken 2—3 m² groß u. in der Mitte bis zu 30 cm tief.
— *H. albicilla*, Seeadler. ♂ u. ♀: mittel- bis dunkelbraun, Schwanz weiß, Schnabel kräftig, stark gekrümmt, blaß bis zitronengelb, Fänge stark, gelb. Flügel brettartig, Schwanz leicht keilförmig, Hosen kurz. ♂ etwas kleiner. 2 UAn. Grönland, N- u. O-Europa, Kleinasien, M-Asien, Turkestan bis Sachalin. Tundren, wasserreiche Niederungen, Steppen. Beute Fische, Wassergeflügel, kleine Säugetiere, gelegentl. auch Aas. Nistet in Felswänden, hohen einzelnen Bäumen od. auf dem Erdboden. Gelege 2—3 weiße Eier. Brutdauer 38—42 Tage. Nestlingsdauer ca. 8 Wochen. ♂ u. ♀ betreiben Brutpflege. Häufig in Tiergärten, neuerdings auch bei Liebhabern u. als Schauflieger auf Falkenhöfen. Wildfänge sind leicht einzugewöhnen u. werden meist schnell selbstsicher. Breite Nahrungspalette anbieten. Nahrung Ganzkörperfutter, davon ca. 50 % Süßwasserfisch, frisch im

Haliaeetus

Weißkopfseeadler

Badebecken anbieten. Nur paarweise in Volieren halten. Horstunterlage 1,5 m² u. genügend Nistmaterial. Zur Brutzeit sehr störungsempfindlich. Zählt in Europa zu den bedrohten An, Liste I Washingtoner Artenschutzübereinkommen ↗. Einfuhr nur noch aus asiat. Ländern od. aus Zuchtstationen. Zuchtbemühungen sollten intensiviert werden, aber erfahrenen Züchtern vorbehalten bleiben.
— *H. leucocephalus*, Weißkopfseeadler. ♂ u. ♀: mittel- bis schokoladenbraun. Schwanz, Hals, Kopf weiß, Schnabelwachshaut u. Füße gelb bis zitronengelb. Etwas kleiner als der Seeadler. ♂ geringfügig kleiner. 2 UAn. N-Amerika. Offene Landschaft, Sumpfgebiete, Küsten, Seen u. Flußniederungen, Randzonen der großen Wälder. Beute Fisch, Vögel, kleinere Säuger, gelegentl. auch Aas (Fallwild). Nistet in Felsen, auf hohen einzelnen Bäumen, aber auch auf dem Erdboden. Gelege 2—3 weiße Eier. Brutdauer 42—45 Tage. Nestlingsdauer ca. 90 Tage. ♂ u. ♀ betreiben Brutpflege. In Tiergärten, in den letzten Jahren zunehmend auch auf Falkenhöfen als Schauflieger. Eingewöhnung unkompliziert, ausgeglichenes Wesen, während der Brutzeit sehr aggressiv. Nahrung Ganzkörperfutter, davon 50 % Süßwasserfisch. Horstnische od. -unterlage für die Zucht unerläßlich. Europ. Erstzucht Tierpark Berlin. In vielen Regionen N-Amerikas bedrohte A. Ankauf nur aus Gefangenschaftsnachzucht.
— *H. leucogaster*, Weißbauchseeadler. ♂ u. ♀: Gefieder, Hosen, Schwanz weiß. Flügel u. Rücken graublau bis schieferfarben. Schnabel u. Wachshaut grau. Füße kräftig, Krallen stark gekrümmt. Indo-austral. Vertreter der G. S-China bis Australien, Indopazifische Inseln. Küsten- u. flußnahe Regionen. Beute 90—95 % Fisch u. Seeschlangen, die stoßtauchend erbeutet werden, auch See- u. Wasservögel. Nistet in Küstennähe, in steilen Klippen, Felsen od. auf Bäu-

Haliastur

men. Gelege 2 weiße Eier. Brutbiologie wenig bekannt. Wieder häufiger in Tiergärten. Ruhiges Wesen. Während der Eingewöhnungsphase ständiges Frischfischangebot sehr wichtig. Nahrung 80 % Süßwasser- od. Seefisch u. Ganzkörperfutter. Paarweise Haltung in Volieren. Unter 5 °C Winterquartier notwendig. Noch nicht in Gefangenschaft gezüchtet. Sporadische Importe vor allem aus Thailand.

Haliastur. G der Accipitridae ↗. Mittelgroßer Milantyp. Flügel u. Schwanz lang. Asien. 1 A.
— *H. indus*, Brahminenweih. ♂ u. ♀: rotbraun, Handschwingen schwarz, Kopf, Hals, Brust, Teile des Rückens weiß (verkleinerte Form des Schreiseeadlers ↗). Schnabel dunkel, Wachshaut u. Füße gelb. Indien, Sri Lanka, tropisches asiat. Festland außer Malaysia. In offener Landschaft, wasserreichen Regionen, Küsten. Gemein in vielen menschlichen Siedlungen Indiens. Beute Insekten, Krabben, Reptilien, Abfall, Aas. Nistet auf Bäumen, Mangrove, selten auf Gebäuden. Gelege 1–4 weiße, wenig braun gefleckte Eier. Brutbiologie nur wenig bekannt. Meist in Tiergärten, selten bei Liebhabern. Unkompliziert einzugewöhnen, ruhige Vögel. Paarweise in Volieren halten, sind oft sehr zänkisch zu anderen An. Nahrung kleines Ganzkörperfutter, auch Fisch. Nicht winterhart. Gefangenschaftsnachzucht unbekannt.

Halmahera-Edelpapagei, UA → Edelpapagei
Halmahera-Königssittich, UA → Amboinasittich
Halsband-Arassari *(Pteroglossus torquatus)* → *Pteroglossus*
Halsband-Bartvogel *(Lybius torquatus)* → *Lybius*
Halsbanddohlen → *Coloeus*
Halsbandeule *(Otus bakkamoena)* → *Otus*
Halsband-Faulvogel *(Bucco capensis)* → *Bucco*
Halsbandfischer *(Streptoceryle alcyon)* → *Streptoceryle*
Halsbandfrankolin *(Francolinus francolinus)* → *Francolinus*
Halsbandkotinga *(Cotinga cayana)* → *Cotinga*
Halsbandkranich → Saruskranich
Halsbandliest *(Todiramphus chloris)* → *Todiramphus*
Halsbandorganist *(Euphonia flavirostris)* → *Euphonia*
Halsbandschnäpper *(Ficedula albicollis)* → *Ficedula*
Halsbandsittich *(Psittacula krameri)* → *Psittacula*
Halsbandtangare *(Tangara pulcherrima)* → *Tangara*
Halsbandtrogon *(Harpactes diardii)* → *Harpactes*
Halsband-Tschaja *(Chauna torquata)* → *Chauna*
Halsringente *(Aythya collaris)* → *Aythya*
Halsring-Zwergohreule *(Otus bakkamoena)* → *Otus*
Haltungsbestimmungen → Gesetzliche Bestimmungen für die Vogelhaltung
Hammerkopf *(Scopus umbretta)* → *Scopus*
Hämmerling *(Procnias tricarunculata)* → *Procnias*
Hanf → *Cannabis sativa*
Hänfling *(Linaria cannabina)* → *Linaria*

Hängeflügel. Wachstumsstörung bei großen Wildvögeln in der künstl. Aufzucht (z. B. Trappen ↗, Auerhühner ↗).

Hapalopsittaca. G der Amazoninae. 2 An. S-Amerika. In Gebirgswäldern. Leben vorwiegend von Früchten, Samen. Sehr selten gehandelt. Haltung, Futter s. Cacatuidae ↗.
— *H. amazonina*, Zwergamazone. ♂ u. ♀: grün, Zügel gelb, Kopf-OS rotbraun, Federn mit gelben Schaftstrichen, gleichfalls grüne Federn der Ohrregion. Vorderkopf, Kinn orangerot. Flügelbug, Unterflügeldecken rot. Kehle, Brust olivgrün. Äußere kleine u. mittl. Flügeldecken bilden bläuliches Band. Mittl. Schwanzfedern grün, äußere hellrot, bräunlicher Außenrand, alle Federn mit blauen Spitzen. Schnabel blaugrauer Grund, zur Spitze hell hornfarben. Auge gelb, Augenring violettblau. Füße dunkelgrau. Juv. grüner Kopf, Vorderkopf nur wenig rot, kaum gelbliche Schaftstriche. 23 cm. 4 UAn. NW-Venezuela, Anden von Kolumbien bis Ekuador. Allgemein vorwiegend in den Wäldern der gemäßigten Zone beobachtet, zwischen 2300 u. 3500 m ü. NN. Im buschreichen Sekundärwuchs wahrscheinl. nur saisonal. Selten, größere Bestandsrückgänge. *H. a. fuertisi* im Red Data Book ↗ geführt. In Europa noch nicht gehalten, vielleicht noch gar nicht.
— *H. melanotis*, Schwarzflügelpapagei. ♂ u. ♀: grün, Zügel, Kopf-OS, Nacken, Halsbinde bläulich, Ohrpartie braunschwarz. Flügeldecken, Handschwingen schwarz, von letzteren Außenfahnen blau mit schmalen gelben Säumen. Äußere Schwanzfedern mit violetten Außenfahnen, übrige mit violetten Spitzen. Schnabel blaugrau. Auge braun, Augenring blaugrau, aber über u. unter dem Auge gelb. Füße hell blaugrau. Juv. nicht beschrieben. 24 cm. 2 UAn. Mittl. Peru, Bolivien. Bewohnt Gebirgswälder von 1500–3450 m ü. NN (Peru). Lokal unterschiedl., von selten bis häufig, in der subtropischen Zone zahlreicher als in der gemäßigten. Population stabil. Ausgesprochen selten in Europa, u. a. 1972 2 Exempl. bei Dr. BURKARD ↗. Vögel waren bald zutraulich. Schlafhöhle wurde sofort bezogen. Eingewöhnung gut mit Bananen, Karotten u. weichem Mais.

Haplophaedia, Schuppenschneehöschen. G der Trochilidae ↗. 2 An. Panama bis Bolivien. Gebirge.
— *H. lugens*, Schuppenschneehöschen. ♂: OS bronzegrün, Kopf, Oberschwanzdecken mehr kupferbronzefarben. US dunkelgrau, Federn der Kehle u. Vorderbrust mit weißgrauen Säumen. Körperseiten mit metallischgrünem Schimmer. Flaumbüschel an den Beinen weiß, an der Innenseite kastanienbraun. Steuerfedern blauschwarz. Schnabel schwarz. ♀: Flaumbüschel an den Beinen ganz weiß, Flügel ca. 4 mm kürzer. Juv. wie ♀. 11,0 cm. Kolumbien u. NW-Ekuador. Soll in Wäldern bis 2500 m Höhe leben. Wie *Eriocnemis* ↗-An einzugewöhnen u. zu halten. Zucht bisher nicht gelungen.

Hardwicks Blattvogel → Orangebauchblattvogel
Harlekinbartvogel *(Chotorea mystacophanos)* → *Chotorea*
Harlekintaube *(Histriophaps histrionica)* → *Histriophaps*
Harlekinwachtel *(Coturnix delegorguei)* → *Coturnix*

Harpactes, Feuertrogons. G der Trogonidae ↗. 10 An. ♂ u. ♀ versch. gefärbt, ♀ mit weniger leuchtender US. S-Asien von Sri Lanka, Indien u. Nepal bis S-China, Philippinen, Java. Nur wenige An selten importiert u. in Tiergärten gehalten. Zucht nicht gelungen.
— *H. diardii,* Halsbandtrogon. ♂: Kopf oberseits braunschwarz mit dunkelrotem Anflug, Kehle, Brust schwarz, von einem rosa Band begrenzt, desgl. ein tiefrosa Nackenband, Rücken u. Bürzel kräftig rostbraun, Schwungfedern u. Flügeldecken dunkel graubraun, letztere mit feiner weißer Zeichnung, mittl. Steuerfedern dunkelbraun mit schwarzer Spitze, daran seitl. anschließendes Paar schwärzlich, äußere Schwanzfedern dunkelbraun mit weißlicher Marmorierung im vorderen Drittel, Bauch u. Steiß rosarot. ♀: mit dunkelbraunem Kopf u. dunkel olivbrauner OS, nur Bürzel rostbraun, Kehle dunkelbraun, Brust heller, Bauch blaßrosa, Flügeldecken mit hellbrauner Bänderung. Oberschnabel dunkel kobaltblau, First schwarz, Unterschnabel kobaltblau. Iris kastanienbraun. Füße lavendelgrau mit rosa Anflug. 30 cm. Malaiische Halbinsel bis Sumatera u. Kalimantan, Bewohner des dichten Tieflanddschungels, nur selten bis 1 000 m gehend, nicht häufig. Selten importiert, neuerdings im Vogelpark Walsrode ↗.
— *H. oreskios,* Grünkopftrogon. ♂: Kopf, Hals u. Vorderbrust olivgrün, Rücken hell kastanienbraun, Schwungfedern schwarzbraun, Deckfedern mit weißen Binden, mittl. Steuerfedern dunkel kastanienbraun mit schwarzer Spitze, nächstes Paar schwärzlich, äußere Schwanzfedern in der Spitzenhälfte weiß, Bauch orangegelb, Steiß blasser. ♀: Kopf dunkel graubraun, Kehle u. Brust graugrün, übrige US blaßgelb, Rücken olivbraun, Flügeldecken beige gebändert. Schnabel schwarz. Iris graubraun. Füße bleigrau. 28 cm. SO-Asien von SW-China über Thailand u. die Malaiische Halbinsel bis Sumatera, Kalimantan u. Java. Bewohner des immergrünen Waldes in Höhen bis 1 300 m. Sitzt gerne auf Lianen od. in Stammnähe auf niedrigeren Bäumen, träge, wenig scheu, ernährt sich überwiegend von Insekten. Brut in Höhlen und verrottenden Stämmen, 2—3 blaß cremefarbene Eier, Fortpflanzungszeit Februar— April. 1936 durch M. W. FROST erstmals nach Europa gebracht, neuerdings im Vogelpark Walsrode.

Harpia. G der Accipitridae ↗. 1 A. Große, sehr kräftige Greifvögel mit deutl. Habichtshabitus, stärkste Greifvögel.
— *H. harpyja,* Harpyie. ♂ u. ♀: Gefieder, Kopf hellgrau, Kopf-OS u. Nackenfedern dunkler, deutl. zu einer aufrichtbaren Haube verlängert. OS u. Vorderhals schiefergrau bis bläulich. Brust, Bauch weiß. Flanken, Hosen weiß, schiefergrau gebändert. Schwanz lang, grau mit 4 breiten blaugrauen Binden. Schnabel kräftig, stark gebogen. Füße sehr stark, Krallen lang (Tötungskralle daumendick), stark gebogen. Immat. heller. ♂ etwas kleiner. Mexiko bis Bolivien, Venezuela bis N-Argentinien. Bewohner der tropischen Regenwälder des Tieflandes. Beute mittelgroße Säuger (Brüllaffen, Faultiere), große Vögel. Horst auf markanten, bis über 60 m hohen Bäumen. Gelege 1—2 weiße Eier. Brutdauer 54—56 Tage. Nestlingsdauer ca. 6½—7 Monate. ♂ u. ♀ betreiben Brutpflege. Selten in Tiergärten. Wesen ruhig, sehr selbstbewußt u. zur Brutzeit sehr aggressiv. Paarweise Haltung in großen Volieren. Unter 10 °C Winterquartier notwendig. Welterstzucht 1981 im Tierpark Berlin. Auf Liste I des Washingtoner Artenschutzübereinkommens ↗. Gefährdete A, wird streng geschützt.

Harpyie *(Harpia harpyja)* → *Harpia*

Harporhynchus. G der Mimidae ↗. 3 An. USA bis M-Mexiko. Pflege s. Mimidae.
— *H. redivivus,* Sichelspottdrossel. ♂ u. ♀: Kopfseiten dunkel graubraun, Ohrpartie mit feinen gelblichweißen Stricheln. Augenbrauenstreif gelblich graubraun, Wangen graubräunlich. OS dunkel graubraun, ebenso Flügel, Oberschwanzdecken u. Schwanz bräunlich. Kinn u. Kehle weißlichgelb, beidseits undeutl. dunkler Streif. Übrige US isabellgrau, Flanken bräunlich. Brust- u. Bauchmitte ockergelblich. Schnabel schwarz, Unterschnabel am Grund heller. Auge braun. Füße rötlichbraun. Juv. dunkler als Ad., Flügelfedern z. T. mit zimtfarbenen Säumen. 27—30 cm. UAn. Kalifornien u. NW-Niederkalifornien. Nach K. NEUNZIG ↗ befand sich handaufgezogener Vogel 1898 im Besitz eines Berliner Vogelliebhabers u. erreichte ein Alter von mindestens 7 Jahren.

Hartlaub-Blaurabe *(Cissilopha melanocyanea)* → *Cissilopha*

Hartlaubgirlitz *(Ochrospiza mozambica caniceps)* → *Ochrospiza*

Hartlaubsente *(Pteronetta hartlaubii)* → *Pteronetta*

Hartlaubs-Turako *(Tauraco hartlaubi)* → *Tauraco*

Hartlaub-Trauerblaurabe, NN → Hartlaub-Blaurabe

Harzer Bauer (Harzerbauer). Kleine Käfige, häufig 23 × 18 × 15 cm (Maße weichen bei den Fabrikaten geringfügig voneinander ab), Holzrahmen, allseitig offen, 2 Sprungstangen ↗, Innen- od. Außenfütterung u. -tränkung. War ursprüngl. nur Singbauer für Kanarienhähne während ihrer gesangl. Ausbildung. Werden auch als Einsatzbauer bezeichnet, da sie zeitweilig in einem Gesangsschrank ↗ ihren Platz haben. Finden häufig als Nisthilfe für nestbauende An (z. B. Prachtfinken ↗) Verwendung.

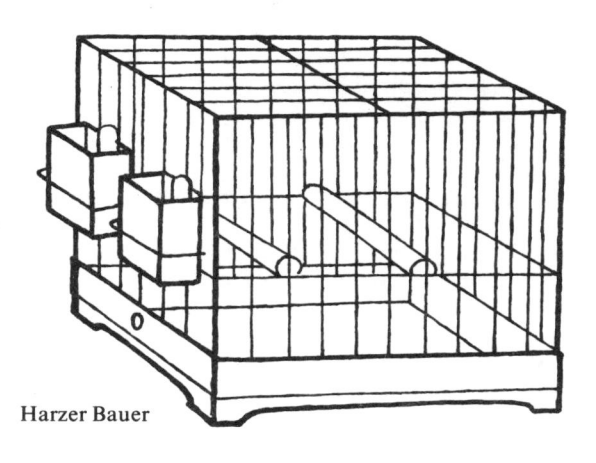

Harzer Bauer

Haselhuhn

Harzer Bauer als Nistplatz

Haselhuhn *(Tetrastes bonasia)* → *Tetrastes*
Hasting-Tragopan *(Tragopan melanocephalus)* → *Tragopan*
Haube. Mehr oder weniger verzierte, lederne Kappe, die dem abgetragenen Falken über den Kopf gezogen wird, um ihm die Augen zu verdecken. Diese Methode dient zur Konzentration des Falken auf den Jagdflug.
Haubenammer *(Emberiza lathami)* → *Emberiza*
Haubenbartvogel *(Trachyphonus vaillantii)* → *Trachyphonus*
Haubeneule *(Strix cristata)* → *Strix*
Haubenfadenkolibri *(Popelairia popelairii)* → *Popelairia*
Haubengoldvogel *(Sericulus aureus)* → *Sericulus*
Haubenhäher *(Platylophus galericulatus)* → *Platylophus*
Haubenkauz *(Strix cristata)* → *Strix*
Haubenkolibri *(Orthorhynchus cristatus)* → *Orthorhynchus*
Haubenlerche *(Galerida cristata)* → *Galerida*
Haubenliest *(Dacelo leachii)* → *Dacelo*
Haubenmaina *(Aethiopsar cristatellus)* → *Aethiopsar*
Haubenmeise *(Lophophanes cristatus)* → *Lophophanes*
Haubenperlhühner → *Guttera*
Haubenprachtweber, NN → Haubenweber
Haubentangare *(Tachyphonus cristatus)* → *Tachyphonus*
Haubentaucher *(Podiceps cristatus)* → *Podiceps*
Haubenweber *(Malimbus malimbicus)* → *Malimbus*
Haubenzwergfischer *(Corythornis cristatus)* → *Corythornis*
Hauchecorne, Friedrich, Dr., geb. 22. 9. 1894 in Charlottenburg, gest. 20. 1. 1938 bei Jülich (Rheinland). 1926–1929 Direktor des Zoos Halle, seit 1929 vom Zoo Köln. Sein Hauptinteresse galt den Vögeln, die er von Jugend an pflegte. In den von ihm betreuten zool. Gärten wollte er mit naturnahen Gehegen nicht nur das Interesse der Besucher an einheimischen u. exotischen Gefiederten wecken, sondern Beobachtungsmöglichkeiten auch unter wissenschaftl. Aspekten nutzen. Über Ergebnisse publizierte er mehrfach in den Zeitschr. «Die Gefiederte Welt» u. «Naturschutz».
Hausgimpel *(Erythrina mexicana)* → *Erythrina*
Hauskrähe, NN → Glanzkrähe
Hauslachtaube *(Streptopelia roseogrisea)* → *Streptopelia*
Hausrotschwanz *(Phoenicurus ochruros)* → *Phoenicurus*
Haussegler *(Apus affinis)* → *Apus*
Haussperling *(Passer domesticus)* → *Passer*
Haustyrann *(Sayornis phoebe)* → *Sayornis*
Hauttuberkulose. Sonderform der Geflügeltuberkulose mit Hautentzündung bei Stubenvögeln u. Papageien ↗.
Hawaiigans *(Branta sandvicensis)* → *Branta*
Heck, Ludwig, Dr., Dr. h. c., geb. 11. 8. 1860 in Darmstadt, gest. 17. 7. 1951 in München. Entschied sich bereits frühzeitig für die Zoologie, Studium in Straßburg, Darmstadt, Gießen, Berlin, Leipzig. 1886 Promotion, Direktor des Zool. Gartens Köln, 1888 Direktor des Zool. Gartens Berlin. 1906 Ernennung zum Prof., 1917 zum Geheimen Hofrat. 1927 Dr. h. c. der vet.-med. Fak. Berlin, 1933 Ernennung zum Ehrenmitglied der DO-G ↗. Als Tiergärtner u. Buchautor (u. a. Bearbeitung der 4. Aufl. «Brehms Tierleben» u. der Säugetiere für das «Tierreich», Neudamm 1894–1897) weltweit bekannt. In der Vogelhaltung für damalige Zeit einzigartige Vogelhäuser, Gehege u. umfangreiche Sammlungen lebender Vögel geschaffen, z. B. Flugvoliere für Reiher ↗ u. Möwen ↗, Stelzvogelhaus (u. a. erstmalig Schuhschnabel ↗, Kagus ↗ gezeigt), Sumpf- u. Watvogel-Haus, Straußenhaus, Fasanerie, Teich mit zahlreichen Wasservogel- An. Häufig wurden An erstmalig gezeigt, von vielen Vogelgruppen artenreichste Kollektionen gepflegt. Zahlreiche Erstzuchten.
Heckbauer. Vorwiegend in der Kanarienzucht verwendeter Käfig von 70 × 40 × 50 cm.
Heckenbraunelle *(Prunella modularis)* → *Prunella*
Heckenkuckuck *(Centropus sinensis)* → *Centropus*
Heckensänger *(Cercotrichas galactotes)* → *Cercotrichas*
Heck's-Spitzschwanzamadine *(Poephila acuticauda)* → *Poephila*
Hedydipna, Erznektarvögel. G der Nectariniidae ↗. 3 An. Afrika. Bevorzugen Trockenbuschlandschaften, Akazienwälder, Kulturland u. Küstenmangrove.
— *H. collaris,* Waldnektarvogel, Strahlnektarvogel. ♂: OS, Kehle metallischgrün, schmales violettes Brustband, Unterkörper gelb. ♀: OS metallischglänzend, US olivfarben. Juv. wie ♀. 13 cm. Sü. der Linie Guinea – S-Äthiopien bis zum Kap. Bevorzugt Wälder, Baum-, Buschsavannen, Gärten, an den Küsten in der Mangrove.
Heidelerche *(Lullula arborea)* → *Lullula*
Heiliger Ibis *(Threskiornis aethiopicus)* → *Threskiornis*
Heimfindevermögen → Orientierung
Heindl, Emmeram, geb. 31. 7. 1854 in Hofdorf/Oberpfalz, gest. 10. 5. 1917 in Andechs b. Starnberg. Priester. Ab 1882 im Kloster Andechs, widmete sich hier u. a. intensiv der Vogelkunde. Sein Interesse galt

der Haltung u. Züchtung von Stubenvögeln, aber auch der Erforschung der Avifauna seiner Umgebung, die in zahlreichen Beiträgen ihren Niederschlag fand. Als Sachkenner u. sehr guter Beobachter publizierte er ab 1891 vorwiegend in «Die Gefiederte Welt». Seine Arbeiten fielen durch klare Analyse, geordnete Darstellung u. die Einbeziehung literarischer Quellen ausgesprochen positiv auf. Vogelhaltung u. Naturschutz hatten in ihm einen vernünftigen, geachteten Fürsprecher.

Heinetangare (Tangara heinei) → Tangara

Heinroth, Magdalena (geb. Wiebe), geb. 22. 4. 1883 in Berlin, gest. 15. 8. 1932 in Ploeşti/Rumänien. Kam frühzeitig zur häuslichen Vogelpflege. Nach der Schulzeit arbeitete sie am Zool. Museum in Berlin, lernte hier O. HEINROTH ↗ kennen, heiratete ihn 1904. Seine Forschungstätigkeit erhielt durch sie stets starke Impulse. Sie zog Hunderte Jungvögel auf, die überwiegend aus dem Brutschrank kamen. Die festgehaltenen Ergebnisse der Entwicklung u. des Verhaltens der Jungvögel fanden ihren Niederschlag in dem einzigartigen vierbändigen Werk «Die Vögel Mitteleuropas», das ihr Mann u. sie 1924—1931 herausgaben. Publizierte einige Berichte über Pflege u. Zucht von Vögeln in Fachzeitschriften.

Heinroth, Oskar, Dr., geb. 1. 3. 1871 in Mainz-Kastel, gest. 31. 5. 1945 in Berlin. 1890—1895 Studium der Medizin in Leipzig, Halle, Kiel. Von 1896 zool. Studien in Berlin, Volontär am Zool. Garten u. im Zool. Museum. 1900/1901 Teilnahme an einer Südsee-Expedition. 1904 Assistent am Berliner Zoo, hier später Kustos u. Leiter des Aquariums. 1929—1936 Leitung der Vogelwarte Rossitten, von 1926—1936 u. von 1938—1945 Vorsitzender der DO-G ↗. Hervorragende tiergärtnerische Gestaltung des Berliner Aquariums (1945 zerstört). Beschäftigte sich u. a. mit Beziehungen zwischen Körperbau u. versch. Funktionen (Vogel-, Ei-, Gelegegewicht, Brutdauer, Mauserablauf usw.), bes. aber mit der vorsichtigen Interpretation tierischer Verhaltensweisen. Scharfsinnig schuf er Voraussetzungen für eine experimentelle Tierseelenkunde auf Grund feinster Beobachtung vom Verhalten der Tiere. Zahlreiche Publikationen im Fachschrifttum. 1910 erschien «Beitrag zur Biologie, namentlich Ethologie und Psychologie der Anatiden». Krönung der wissenschaftl. Arbeit durch das einzigartige 4bändige Werk «Die Vögel Mitteleuropas» mit über 4000 eigenen Fotografien, das er zusammen mit seiner Frau Magdalena H. von 1924—1931 herausgab. Es erschien 1966—1968 als Nachdruck bei Edition Leipzig. H. wurde u. a. mit der Silbernen Leibniz-Medaille, der Goethe-Medaille für Kunst u. Wissenschaft geehrt.

Helenaelfe (Mellisuga helenae) → Mellisuga
Helenafasänchen → Wellenastrild
Heliactin, Sonnenstrahlelfen. G der Trochilidae ↗. 1 A. Brasilien von Maranhão u. Bahia bis W-Mato Grosso u. São Paulo. In offenem Gelände mit einzeln stehenden Bäumen. Eingewöhnung ohne nähere Angaben, soll aber ohne Schwierigkeiten vonstatten gehen. Im Zoo Kopenhagen lebten die meisten Tiere vor dem Kriege weit über 1 Jahr, eines davon länger als 2 Jahre. Zucht noch nicht gelungen.

— *H. cornuta,* Sonnenstrahlelfe, Sonnenstrahlkolibri, Wundersylphe. ♂: Kopf-OS grünlichblau. Über dem Auge nach hinten je ein Büschel schmaler verlängerter Federn, die nach der Wurzel zu purpurglitzernd, nach den Spitzen goldig u. grünlich, deren längste Federn aber z. T. glanzlos schwarz sind. OS metallischgrün. Seitl. Steuerfedern weiß, Außenfahnen graubraun. Das Steuerfederpaar zunächst dem mittelsten ganz weiß, das mittelste tief purpurbraun. Kinn u. der spitz verlängerte Kehlfleck tief schwarz. US weiß, Körperseiten metallischgrün. ♀: OS goldiggrün, Kopf-OS wie der Rücken, keine Büschel. US weiß, Kinn blaß bräunlich. Mittelste Steuerfedern grün, die übrigen weiß mit einem breiten schwarzen Band. Juv. wie ♀. 11,0 cm.

Heliangelus, Sonnennymphen. G der Trochilidae ↗. 6 An. Venezuela bis Bolivien. Wälder der Anden.

— *H. amethysticollis,* Sonnennymphe. ♂: OS grün, Kopf schwarz, Stirnschild grün, Steuerfedern schwarz. US dunkelgrün, Kehle lilarosenrot. ♀: OS u. Schwanzfedern wie beim ♂, Kehle schwärzlich mit weißen Federsäumen. Juv. wie ♀. 11,0 cm. Von NW-Venezuela (Anden), Kolumbien, S-Ekuador bis N-Bolivien. Bevorzugt Regen- u. Krüppelbaumwälder, Waldränder, offenes, buschiges Terrain entlang von Flüssen in Höhen von 1 800—3 000 m. Eingewöhnung u. Haltung s. *H. exortis.* Zucht noch nicht gelungen.

— *H. exortis,* Turmalinnymphe, Turmalinkolibri, Kardinalkehlkolibri, Turmalin-Sonnenengel. ♂: äußerst ähnl. *H. micraster,* aber OS reiner grün, Bürzel u. Oberschwanzdecken dunkler, von vorne gesehen schwärzlich, aber nicht bronzebraun. Mittl. Steuerfedern dunkler, das leuchtende Kehlschild viel rötlicher, mehr rosenrot mit etwas Lila-Schimmer, nach dem Kinn zu mehr violett. ♀: Kehle weiß, bräunlichschwarz umrandet, zuweilen in der Mitte bei sehr alten ♀♀ einige rötlichviolette Federspitzen. Juv. wie ♀. 11,0 cm. Kolumbien, O-Ekuador u. N-Peru. In ca. 2 800 m ü. NN in der Busch- u. Strauchregion der Andenhänge. Schwierig einzugewöhnen, Ursachen sind allerdings nicht bekannt. Nur in den seltensten Fällen wurden einige Exempl. länger als 1 Jahr gehalten. Zucht nicht gelungen.

— *H. micraster,* Kleiner Turmalinkolibri. ♂: OS dunkelgrün. Kopf-OS bronzefarben, von vorne gesehen fast schwarz. Bürzel, Oberschwanzdecken bronzebraun. Stirnschildchen glitzernd grün. Kinn schwärzlich mit violettem Schimmer. Kehle glitzernd, leuchtend rotgold, mehr rot nach dem Kinn zu. Brust dunkelgrün. Unterkörper metallischgrün, in der Mitte bräunlich. Unterschwanzdecken weiß. Mittl. Steuerfedern bronzefarben, seitl. schwarz mit etwas Bronzeschimmer u. winzigen hellbräunlichen Spitzen. ♀ wie ♂, aber Kopf, Bürzel, Oberschwanzdecken mehr grün, der rotgoldene glitzernde Kehlfleck kleiner. Kinn weiß, Unterkörper etwas mehr bräunlich. Juv. wie ♀. Wird von einigen Autoren auch als UA von *H. exortis* geführt. 10,0 cm. S-Ekuador, N-Peru. In den oberen Rändern der Nebelwäl-

Helianthus annuus

der. Eingewöhnung, Haltung s. *H. exortis*. Zucht noch nicht gelungen.
— *H. viola*, Violettkehlnymphe, Veilchenkehlkolibri. ♂: OS grün, Kopf-OS bronzefarben, Stirn bis in Augenhöhe bläulichgrün. Kopfseiten bronzefarben, hinter dem Auge ein kleiner weißer Fleck. Mittl. Steuerfedern des tief gegabelten Schwanzes grün, die übrigen schwarz stahlbläulich. Kehle glänzend purpurviolett. Vorderbrust glitzernd bläulichgrün, US metallischgrün; Unterschwanzdecken mit breiten hellrostbräunlichen Säumen. Flaumbüschel an den Bauchseiten schwarz mit hellbraunen Spitzen. Schnabel schwarz. ♀: OS metallischgrün, Kopf mehr bronzeschimmernd, Stirn grün. Kehle schwärzlich, viele Federn mit hellbraunen Seitenflecken, die in der Mitte der Kehle oft mit violetten Spitzen. Juv. wie ♀. 12,0 cm. W-Ekuador, Peru. In Wäldern der subtropischen u. gemäßigten Andenhöhen. Eingewöhnung in große Flugvolieren nicht unbedingt so schwierig wie bei *H. exortis* u. *H. micraster*. Zucht noch nicht gelungen.

Helianthus annuus, Sonnenblume. In der Vogelernährung spielen die Samen eine sehr universelle Rolle. Sie werden von vielen Finkenvögeln ↗, Papageienvögeln ↗, Meisen ↗, aber auch Fasanen ↗, Tauben ↗ u. Enten ↗ gern aufgenommen. Keinesfalls als Grundfutter verabreichen, da das zur Verfettung der Vögel führt. Bes. gern werden die Samen aus den bis etwa 20 cm Durchmesser aufweisenden Fruchtständen gepickt. Diese Tätigkeit bietet den Vögeln naturnahe Bedingungen der Nahrungssuche. Sonnenblumenextraktionsschrote (Extraktionsschrot) — bis 40 % Protein — sind wertvolle Futtermittel bei Haltung u. Mast des Nutzgeflügels.

Heliodoxa, Heliodoxa-Kolibris. G der Trochilidae ↗. 8 An. Venezuela bis Bolivien. Berg- u. Regenwälder der Anden.
— *H. imperatrix*, Kaiserbrillant, Kaiserin Eugenie, Kaiserin-Kolibri. ♂: OS dunkel grün, Mittelrücken am dunkelsten, metallisch schimmernd. Steuerfedern schwarz. Kopf-, Halsseiten, Kinn, Kehle u. Vorderbrust glitzernd dunkelgrün, Unterkörper glitzernd goldgrün, Kehlfleck violettrosa- od. kupferigrosafarbig. Unterschwanzdecken grün. Schnabel schwarz. ♀: OS glänzend grasgrün. Federn der US glitzernd grün, nach der Wurzel zu weißlich, am Unterkörper mehr rostbräunlich. Steuerfedern schwarz mit metallgrünem Schimmer auf der OS. Juv. Kinn rostrot, Kehle schwärzlich. 14,5 cm. W-Kolumbien bis NW-Ekuador. In den Wäldern der unteren Bergregion. Eingewöhnung u. Haltung s. *H. rubinoides*. Zucht bisher noch nicht gelungen.
— *H. jacula*, Grünscheitelbrillant, Blaukehliger fliegender Delphin, Grünkronenheliodoxa. ♂: OS → *H. leadbeateri*, aber Hinterhals, Oberschwanzdecken weniger bronzefarben; Kopf-OS glitzernd grün, über dem Auge schmal samtschwarz. US glitzernd grün, Unterkörper glänzend grün, in der Mitte der Kehle ein veilchenblauer Fleck; sonst wie *H. leadbeateri*. ♀: sehr ähnl. dem von *H. leadbeateri*. Juv. wie ♀. 12,5 cm. Kostarika durch Kolumbien bis W-Peru. In Waldgebieten u. Waldrändern bis 1 600 m ü. NN. Eingewöhnung u. Haltung → *H. rubinoides*. Eine Haltungsdauer von 9 Monaten wird von M. BEHNKE-PEDERSEN angegeben. Zucht noch nicht gelungen.
— *H. leadbeateri*, Violettstirn-Brillant, Blaustirniger fliegender Delphin, Veilchen-Heliodoxa. ♂: OS dunkelgrün, Hinterhals, Oberschwanzdecken bronzebraun. Kopf-OS schwarz. Von der Schnabelwurzel bis über die Kopfmitte ein veilchenblauer Fleck. US vom Kinn bis über die Brust hin grün. Unterkörper metallischgrün. Unterschwanzdecken bräunlichgrün. Steuerfedern blauschwarz. Schnabel schwarz. An den Bauchseiten weißliche Flaumbüschel. ♀: Kopf-OS grün, ohne Blau. US weiß, jede Feder mit großem grünen rundlichem Spitzenfleck; Mitte des Unterkörpers mit hell rostfarbenem Anflug. Seitl. Steuerfedern mit weißen Spitzen. Sonst wie ♂. Juv. Kehle rostbraun. 12,5 cm. Von N-Venezuela u. Kolumbien bis Bolivien. Bevorzugt Regen- u. Nebelwälder, Kaffeeplantagen, offenes Waldland, Waldränder u. Lichtungen von 500–2 250 m ü. NN. Sucht allein bis zur mittl. Baumhöhe nach Futter. Eingewöhnung → *H. rubinoides*. M. BEHNKE-PEDERSEN hielt 1 Exempl. über 2 Jahre. Zucht wahrscheinl. bereits gelungen.
— *H. rubinoides*, Braunbauch-Brillant, Pfennigkehl-Kolibri. ♂: OS dunkelgrün, Stirn u. Mitte der Kopf-OS glitzernd grün, Oberflügeldecken u. Oberschwanzdecken rötlich bronzebraun. Hinter dem Auge ein kleiner weißer Fleck. Kinn, Kehlseiten grün, großer hell rosenroter, eigenartig bleiartig glitzernder Kehlfleck. Mittl. Steuerfedern dunkel bronzebraun, die seitl. Paare heller. Außenrand der 1. Schwinge, Unterflügeldecken u. Wurzelteile der inneren Schwingen rostrot. US rostbräunlich. Schnabel schwarz. ♀: Kehle glitzernd grün, ohne rosenroten Fleck, sonst dem ♂ gleich. Juv. wie ♀. 11,5 cm. Andengebiet von Kolumbien bis W-Ekuador u. NO-Peru. In Wäldern u. an Waldrändern, gelegentl. in Pflanzungen, Gärten. Erhält man gesunde Tiere — dies gilt für alle *Heliodoxa*-An-, sollte man sie am besten einzeln eingewöhnen. Wie andere H. in großen Flugräumen ↗ nicht mit anderen Kolibri-An zusammen halten. Zucht noch nicht gelungen.
— *H. schreibersii*, Schwarzkehl-Brillant, Amethystkehliger fliegender Delphin. ♂: OS grün, Stirnfleck glitzernd grün. US trüb schwarz mit etwas grünem Schimmer an Brust u. Seiten. Vorderbrust glitzernd grün. Kehle schwarz mit einem großen rötlichvioletten, glänzenden Fleck. Steuerfedern, Unterschwanzdecken blauschwarz. Schnabel schwarz. Außenkante des Flügels u. der 1. Schwinge rostbraun. ♀ wie ♂, aber mit einem hell rostgelben Wangenstreif u. mit mehr Grün an Brust u. Seiten. Juv. ohne Stirnfleck, rötlicher Kopfstreifen. 13,0 cm. O-Ekuador u. im angrenzenden NW-Brasilien. Bevorzugt in Wäldern, Gestrüpp, gelegentl. in Pflanzungen. Eingewöhnung u. Haltung → *H. rubinoides*. Zucht bisher noch nicht gelungen.

Heliomaster, Sonnensucher. G der Trochilidae ↗. 4 An. Mexiko bis Argentinien. In vielen Biotopen ↗.
— *H. longirostris*, Rosenkehlchen, Lord der Sonne. ♂: OS grün, Oberkopf blaugrün. Auf dem Unterrücken ein unregelmäßig begrenzter weißer Fleck. Mittl.

Steuerfedern bronzegrün, die übrigen an der Wurzel metallischgrün, nach der Spitze zu schwarzstahlblau. Fleck hinter dem Auge, ein von der Schnabelwurzel unter dem Auge u. den braunen Ohrdecken hinziehender Streif, Seitenstreif am Rücken, Mitte des Unterkörpers u. Flaumenbüschel an den Bauchseiten weiß. Kinn schwarz. Ganze Kehle glitzernd rosigrot. Brust, Seiten des Unterkörpers grau. Brustseiten u. Weichen mit mattem grünlichem Schimmer. Unterschwanzdecken schwarz mit weißen Spitzen. Schnabel, Füße schwarz, ♀: Kopf-OS wie Rücken, Kehle schwarz mit weißen Federrändern, zuweilen einigen glitzernd roten Federn in der Mitte. Juv. wie ♀. 12,0 cm. Von S-Mexiko bis NW-Peru, Bolivien, Mato Grosso u. São Paulo, Trinidad. An Waldrändern, in buschiger Vegetation, in Savannen. Eingewöhnung am besten in geräumigen Einzelkäfigen. Selten lange mit Erfolg gehalten. Zucht noch nicht gelungen.
— *H. squamosus*, Temminck-Kolibri. ♂: OS grün, Kopf-OS hellgrün. Kinn, Kehle, verlängerte Kopf- u. Halsfedern dunkel rosenrot, US dunkelgrün, weißer Bauchstreif, Flaumbüschel weiß, Schwanz stahlblau, Unterschwanzdecken blauschwarz mit weißen Säumen. Schnabel schwarz. ♀: OS grün, Schwanz grün mit weißen Spitzen, US bräunlichgrau, Kehle oft mit einigen rosenroten Federn. Juv. wie ♀. 12,0 cm. Von O-Brasilien u. Pernambuco bis São Paulo. In Wäldern, Buschland, Savannen, Parks u. Grasland. Eingewöhnung s. *H. longirostris*. Im Regents Park lebte ein Tier 4 ½ Jahre. Zucht noch nicht gelungen.

Heliornithiformes, Binsenrallen. O. 1 F Heliornithidae, 3 Gn, 3 An. Wahrscheinl. noch keine A in Gefangenschaft gehalten.

Heliothryx, Blumenküsser. G der Trochilidae ↗. 2 An. Mexiko bis N-Bolivien. Bevorzugen Regen- u. Nebelwälder, Buschland.
— *H. aurita*, Schwarzohrelfe, Blumenküsser. ♂: OS goldiggrün. Kopf, Kinn, Kehle u. verlängerte Halsfedern grün, Ohrdecken schwarz, Ohrfedern blau, US weiß. Mittl. Steuerfedern schwarz, äußere weiß. ♀: keine blauen Ohrfedern, Schwanz länger als beim ♂, seitl. Schwanzfedern mit schwarzer Binde, Kehle mit grünlichen Flecken, Kinn weiß, nicht grün. Juv. wie ♀. 11,5 cm. O-Kolumbien, S-Venezuela, Guayana bis N-Bolivien, Mato Grosso u. Paraná. In Regen-, Nebelwäldern, Buschland bis 1300 m ü. NN. Nur C. de QUINCEY berichtet von einer längeren Haltung. Zucht noch nicht gelungen.
— *H. barroti*, Purpurkopfelfe, Weißer Engel. ♂: OS glänzend grün, Kopf veilchenblau, verlängerte Federn der Halsseiten, Kinn u. obere Kehle glitzernd grün. Zügelstreif, Ohrdecken schwarz, hinter den Ohrdecken einige veilchenblaue verlängerte, breite Federn. US von der Kehle an reinweiß. Flügel schwärzlich, obere u. untere Flügeldecken glänzend grün, 2 mittl. Steuerfederpaare schwarz mit etwas stahlblauem Schimmer, 3 äußere weiß. ♀: Kopf nicht glitzernd, ohne Blau hinterm Ohr. Schwanz viel länger als beim ♂, seitl. Steuerfedern mit je einer schwarzen Binde. Kehle mit grünlichbronzebraunen Flecken, Kinn weiß, nicht grün. Juv. wie ♀. 11,5 cm. Von Mexiko bis SW-Ekuador. In Regen- u. Nebelwäldern bis ca. 1300 m ü. NN. Importierte Exempl. kommen meist sehr hinfällig an u. sterben in den ersten Wochen der Akklimatisation. Zur Haltung liegen befriedigende Erfolge nicht vor. Zucht bisher nicht gelungen.

Hellblauer Bischof (*Guiraca caerulea*) → *Guiraca*
Heller Blutbauchsittich (*Psephotus haematogaster pallescens*) → *Psephotus*
Heller Steppenfrankolin, NN → Clappertonfrankolin
Hellfarbiger Sperlingspapagei (*Forpus cyanopygius*) → *Forpus*
Hellroter Ara (*Ara macao*) → *Ara*
Hellroter Astrild (*Lagonosticta rubricata congica*) → *Lagonosticta*
Hellschwanz-Eremit (*Threnetes leucurus*) → *Threnetes*
Helmkakadus → *Callocephalon*
Helmkasuar (*Casuarius casuarius*) → *Casuarius*
Helmkolibri (*Oxypogon guerinii*) → *Oxypogon*
Helmlederkopf (*Philemon buceroides*) → *Philemon*
Helmnashornvogel (*Bycanistes subcylindricus*) → *Bycanistes*
Helmperlhuhn (*Numida meleagris*) → *Numida*
Helmturako (*Tauraco corythaix*) → *Tauraco*
Helmwachtel (*Callipepla gambelii*) → *Callipepla*

Hemitarsus. G der Pycnonotidae ↗. 1 A. S-Tenasserim bis Malaysia, Sumatera u. benachbarte Inseln, Kalimantan, Java. Bewohnen Sekundärwald, vorzugsweise an bewaldeten Flußufern im Tiefland, auf Java bis 700 m ü. NN. Erstmalig 1893 in Europa (Zoo London), seither sehr selten im Handel. Auf Java beliebter Käfigvogel, dort wohl der beste Sänger, Strophen melodisch, laut flötend, Duettsänger. Wildfänge anfangs sehr schreckhaft. Pflege, Zucht → Pycnonotidae.
— *H. zeylanicus*, Gelbscheitelbülbül. ♂ u. ♀: Kopf strohgelb, etwas orange, Wangenstreif schwarz. Rücken braun, Federn spitzenwärts grauer mit weißen Schaftlinien, nicht bei dem olivgelblichen Bürzel. Flügel graubraun, Schwingen außen olivgelb verwaschen. Schwanz braun, außen dunkel gelblicholiv. Kehle weiß, Brust weißbraun gestreift. Körperseiten bräunlichgrau, Bauchmitte bräunlichweiß, Unterschwanzdecken gelblichgrau. Schnabel schwarz. Auge braun bis rot. Füße schwarzbraun. 24—27 cm.

Hemiphaga. G der Duculidae ↗. 1 A Neuseeland.
Hemispingus. G der Hemithraupinae ↗. 9 An. Tropische bis temperierte Gebirgszonen des nö. S-Amerika. Biologie weitgehend unbekannt. Haltung, Fütterung usw. s. *Tangara* ↗, doch weniger wärmebedürftig.
— *H. frontalis*, Olivrücken-Hemispingus. ♂ u. ♀: OS dunkelbraunoliv. Schwingen braun, olivgrün gesäumt. Langer, schmaler gelblicher Überaugenstreif. US rostbraun, an Kehle heller. Schnabel schwarz. Auge braun. Lauf braun. 5 UAn. N-Venezuela, Kolumbien sü. bis O-Peru. Paarweise od. einzeln in Waldlandschaften zwischen 1500 u. 3000 m. Sehr selten importiert.

Hemithraupinae, Finkentangaren. UF der Thraupidae ↗. 11 Gn, 40 An. Schlicht gefärbt. M- u. S-Ame-

Hemithraupis

rika vom tropischen Tiefland bis in über 3000 m Höhe. Bei den Liebhabern kaum bekannt. Außer einem scharfen Gezwitscher bieten sie auch gesanglich nicht viel. Die Nester werden gerne in das Gewirr epiphytischer Pflanzen gebaut. Während das ♀ allein brütet, beteiligen sich beide Geschlechter an der Jungenaufzucht.

Hemithraupis. G der Hemithraupinae ↗. 3 An. Kleinere, überwiegend gelbolivschwarz u. weiß gefärbte Tangaren mit recht spitzem Schnabel, der auf vermehrte Insektennahrung hinweist. Nö. u. zentrales S-Amerika. Biologie wenig erforscht. Ernährung usw. s. *Tangara* ↗.

– *H. flavicollis*, Gelbkehltangare. ♂: Kopf, OS u. Schwanz schwarz, Kehle, Bürzel, Ober- u. Unterschwanzdecken goldgelb. Flügeldecken teils gelb. US u. Flügelspiegel weiß. Oberschnabel dunkel hornfarben, Unterschnabel heller. Auge u. Füße braun. ♀: oberseits dunkel olivgrün, unterseits gelbgrün. 13 cm. 11 UAn. O-Panama, O-Kolumbien sü. bis Bolivien, we. bis zur Amazonasmündung, W-Mato Grosso sowie Küstenregion von Bahia bis Rio de Janeiro. In kleineren Flügen in offenem Gelände. In früheren Jahren vereinzelt eingeführt.

– *H. guira*, Guiratangare. ♂: Zügel, Wangen u. Kehle schwarz. Stirn u. Streifen über den Augen bis auf die Halsseiten gelb. Rücken u. Brust hell rotbraun. Restl. US gelbgrün. Schnabel hornfarben, unten heller. Auge u. Füße braun. ♀ wie ♂, doch ohne schwarze Maske u. ohne Rotbraun an Bürzel u. Brust. 13 cm. 8 UAn. Von Venezuela sü. bis NW-Argentinien, Paraguay u. S-Brasilien. Vorwiegend im Buschwald od. in halboffenen Wäldern, wo sie gerne nach Insekten jagen. Ruhiger Vogel. Erst wenige Exempl. importiert.

Hemixos. G der Pycnonotidae ↗. 1 A. Himalaja-Gebiet bis Fukien (China), Hinterindien bis Malaysia, Sumatera, N-Kalimantan. Bewohnen vorzugsweise Wälder, gern auch an Waldrändern zum offenen Land von 700–1600 m ü. NN. Nisthöhe manchmal über 12 m. Gelege 2–4 (3) Eier. Gesang flötend, Spötter. Erstmalig 1877 in Europa (Zoo London), seither ab u. zu im Handel. Bald zahm, können sehr anhänglich werden. Haltung, Ernährung u. Zucht → Pycnonotidae.

– *H. flavala*, Braunohrbülbül. ♂ u. ♀: Kopf, Haube graubraun, Wangenfleck braun, Zügel, Bartstreif schwarz. OS gräulich, Flügel grau mit gelben Handschwingen. Kehle, Bauch, Unterschwanzdecken weiß, sonst US aschgrau. Schnabel schwarz. Auge dunkelrotbraun. Füße schwärzlich bleigrau. 18 cm. UAn.

Henicophaps. G der Columbidae ↗. 2 An. Neuguinea u. umliegende Inseln. Pflege s. auch Columbiformes ↗.

Henker (*Pitangus lictor*) → *Pitangus*

Hennenfiedrigkeit. Umkehr der sekundären Geschlechtsmerkmale beim Hahn. Erbliches Rassemerkmal od. nach Kastration zu beobachten. Gegensatz: Hahnenfiedrigkeit.

Hepatosplenitis infektiosa strigum → Infektiöse Leber- u. Milzentzündung der Eulen

Herbstpfeifgans (*Dendrocygna autumnalis*) → *Dendrocygna*

Herdenkiebitz (*Chettusia gregaria*) → *Chettusia*

Herinsmöwe (*Larus fuscus*) → *Larus*

Herzruptur. Durch Zerreißen der Herzwand tritt Verblutung in den Herzbeuteln auf. Wandschäden als Ursache. Beim Auerhuhn ↗ in Gefangenschaft häufig.

Hesperiphona, Abendkernbeißer. 2 An. N- u. M-Amerika. Gebirge. ♀ errichtet das lockere Nest, Gelege 3–(5), grünlichgraue, am stumpfen Pol dunkel gezeichnete Eier. ♀ brütet 12–14 Tage: Nestlingszeit 13–14 Tage. Juv. von beiden Eltern (? nur anfangs) mit Insekten aufgezogen. Vereinzelt eingeführt, beide An. schon gezüchtet. Leicht einzugewöhnen, ruhige Pfleglinge. Nahrung sind Kerne von Obst u. Beerenfrüchten, Knospen, Beeren, Samen, Insekten. Futter Sonnenblumenkerne ↗, Waldvogelfutter ↗, auch gekeimt, (Stein-)Obst ↗, Grünfutter ↗, Zweige mit Knospen zum Benagen. Frostfrei überwintern.

– *H. abeillei*, Abeilleikernbeißer (Mexikanischer Abendkernbeißer). ♂: mit völlig schwarzem Kopf, bräunlicholivgrünem Rücken. Bürzel, US gelb. Armschwingen weiß, bilden großen Flügelspiegel. Flügel, Schwanz schwarz. ♀: düster olivgrün, nur mit schwärzlicher Kappe, olivgrünen Wangen u. weißlichem Kinn. Juv.? Beide mit starkem, gelbem bis grünlichem Kernbeißerschnabel u. hellen Beinen. 18,5 cm. Mexiko u. Guatemala. Bewohnt die Gebirgs- u. Nebelwälder.

– *H. vespertina*, Abendkernbeißer. Ähnl. vorige A. ♂: Stirn, Augenstreif gelb, Kopfplatte schwarz. Rücken, Brust, düster olivbraun. Bürzel, Bauch u. Flanken gelber, Schwanz schwarz. ♀: ober- u. unterseits olivgrau, Schwanz mit weißen Endflecken; Flügel mit großem weißem Flügelspiegel, heller Schnabel u. Beine bei ♀ u. ♂. Juv. wie ♀, etwas grauer, juv. ♀ schon mit weißen Schwanzspitzen. 18,5 cm. W- u. öst. Amerika, sü. bis Hochland von Mexiko. Nadelwälder der Gebirge. Im Winter im wärmeren Tiefland, neuerdings Kulturfolger. Brütet gruppenweise.

Heteromunia. G der Estrildidae ↗. 1 A. N-Australien, vom nö. W-Australien bis N-Queensland (nicht auf Kap-York-Halbinsel, sü. bis Charters Towers). In Grassteppen, Halbwüsten, stets in sehr trockenen Landschaften. Nest bodennah zwischen Halmen. Nahrung vorzugsweise Grassamen, während der Brutzeit auch Insekten. Bilden nach der Brut kleinere, auch größere Trupps. Erstimporte Ende des vorigen Jh. Hart, ausdauernd, friedlich, wenig scheu. Nicht unter 18 °C halten, bei Zuchtabsichten in Volieren ↗. Zucht nicht schwierig bei Ausstattung des Flugraumes mit langhalmigen Grasbüscheln, Schilf, verschiedenstem Gestrüpp. Halboffene Nistkästen ↗ in unterschiedl. Höhe anbringen. Nistmaterial weiche u. harte Gräser unterschiedl. Länge, Kokosfasern, kleine Zweige vom Ginster, Kiefernnadeln. Brutbiologie wie Braunbrustschilffink ↗.

– *H. pectoralis*, Weißbrustschilffink. ♂: Kopfseiten, Zügel, Kehle schwarz. Schmaler, rotbrauner Streif von der Stirnseite über das Auge bis hinter die Halsseiten, der sich hinten verbreitert u. hellere Tönung aufweist. OS matt glänzend, bräunlichsilbergrau. Wangen, Flügeldecken weiß gepunktet. Brust schwarz, große weiße Rundflecken, übrige US weinrötlichgrau. Unterschwanzdecken mit schwarzweißer Querbänderung. Schwanz braunschwarz, mittl. Federn laufen etwas spitzer als die übrigen aus. Schnabel blaugrau. Auge dunkelbraun. Füße fleischfarben. ♀: Kopf, Kehle bräunlichschwarz, Überaugenstreif schmaler als bei ♂, vordere Brust stärker geschuppt. Juv. Oberkopf aschgrau, Kopfseiten, Kehle dunkelbraun. Schnabel bräunlichschwarz. 12 cm.

Heteronetta. G der Anatidae ↗, UF Anatinae ↗. 1 A. Brutvögel im mittl. S-Amerika. Bewohnen kleine pflanzenreiche Flachgewässer. Einziger Brutparasit dieser F. Eier werden in Nester anderer Vögel abgelegt. Hauptwirtsvogel ist Peposakaente ↗. Auch Vertreter anderer An wurden als Wirtsvögel festgestellt. Eier auffällig groß. Brutdauer 24—25 Tage od. weniger. Juv. verlassen wenige Stunden nach dem Schlupf das Wirtsnest u. schließen sich anderen Enten-Fn an. Selten gehalten. Haltung u. Zucht jedoch nicht schwierig. Für Zucht Gemeinschaftshaltung mit anderen nistenden Enten notwendig, da sonst keine Eiablage.
— *H. atricapilla,* Kuckucksente. ♂: Kopf schwarz. Schwarzbraune OS bräunlich gewellt. US aufgehellt. Schnabel dunkelgrau mit rotem Basalfleck. Füße gelbbraun. ♀: graubraun mit hellerem Überaugenstreif. 37 cm.

Heterospingus. G der Tachyphoninae ↗. 1 A. Überwiegend schwarz gefärbt. Lebensweise kaum bekannt. Der Schnabel ist für Tangaren recht lang. Haltung, Ernährung usw. s. *Tangara* ↗.
— *H. xanthopygius,* Braunschopftangare. ♂ u. ♀: OS glänzend schwarz. Dreieckiger Rückenfleck u. kleine Flügeldecken zitronengelb. Überaugenstreif weiß, in einen scharlachfarbenen, breiten Federquast übergehend. US grauschwarz mit einem weißen Flankenfleck. Schnabel schwarz. Auge rotbraun. Füße schwarz. 17,5 cm. 3 UAn. Kostarika, Panama, Kolumbien u. NW-Ekuador. Seltene A in tropischen Waldzonen. Erst vereinzelt importiert.

Heuglinweber *(Textor atrogularis)* → *Textor*
Heulbartvogel *(Megalaima virens)* → *Megalaima*
Heuschreckenastrild *(Paludipasser locustella)* → *Paludipasser*
Heuschreckensänger *(Locustella naevia)* → *Locustella*

Hexamitas, Flagellaten. Führen zu Darm-Entzündungen. Bei Puten u. Kranichen ↗ sehr oft tödlich. Metronidazol eignet sich zur Therapie.

Hierofalco. G der Falconidae ↗. 11 An. Europa, Asien, Australien, Afrika u. Amerika. Großfalken mit langen, spitzen Flügeln, kurzer Schwanz, Schnabel mit scharfem Doppelzahn. Schnelle Flieger. ♀♀ größer als die ♂♂. Alle Großfalken schon in Gefangenschaft gezüchtet.
— *H. biarmicus,* Lannarfalke. ♂ u. ♀: Gefiederfärbung ähnl. dem Laggarfalken, aber mehr variabel. 5 UAn. S-Italien bis Armenien, N-Afrika, Äthiopien bis Ghana. Beutetiere hauptsächl. Vögel u. Flughunde. Horstet in Felswänden od. alten Vogelnestern. Gelege 3—4 weiße, hell bis rotbraun gefleckte (bes. stark am Pol) Eier. Brutdauer 27—28 Tage. Be-

Hierofalco

Sakerfalke

liebter Beizfalke. Selten im Angebot. Ankauf nur aus Gefangenschaftshaltung möglich.
— *H. cherrug,* Sakerfalke. ♂ u. ♀: Gefiederfärbung sehr variabel, vom hellen Braun bis zum tiefen Schokoladenbraun. OS dunkler, Brust u. Bauch immer heller, leicht dunkelbrauner Backenstreif. Auch bei den UAn sind Farbphasen bekannt. ♀♀ sind manchmal etwas dunkler. 26 UAn. SO-Europa bis zur Mongolei. Beutetiere Kleinsäuger bis mittelgroße Vögel. Baumbrüter, kein eigener Horst. Gelege 3—5 weiße, lehmbraun bis braun gefleckte Eier. Brutdauer 28 Tage. Nestlingsdauer 40—45 Tage. Beliebter Beizvogel. Beschaffung aus nachgezüchteten Vögeln.
— *H. jugger,* Laggarfalke. ♂ u. ♀: OS schiefergrau, Federn rahmfarben, US heller, Flanken u. Bauch tropfenförmig gefleckt, Oberkopf u. Hals rotbraun, Backenstreif dunkel u. lang. A kleiner als Saker- u. Wanderfalke. Belutschistan, O-Afghanistan, Indien, Burma. Beutetiere Insekten, Reptilien, Kleinvögel, Kleinsäuger, Fledermäuse. Koloniebrüter bis zu 100 Paaren. Gelege 3—6 weißbraun gefleckte Eier. Brutdauer 28 Tage. A ist relativ selten im Handel angeboten.
— *H. mexicanus,* Präriefalke. ♂ u. ♀: OS hellbraun, Handschwingen u. Stoß dunkelbraun, Federn hell gesäumt. VS hell mit hellbraunen Tropfen. Backenstreif lang, dunkelbraun. Fänge kräftig u. Zehen lang. Helle u. normale Phase. Prärien im Inneren des Westens N-Amerikas bis nach Mexiko. Lebensweise s. *H. peregrinus.* Beutetiere Kleinsäuger u. Vögel. Winterquartier notwendig. Selten im Handel.
— *H. pelegrinoides,* Wüstenfalke. ♂ u. ♀: OS lichtblaugrau, Nacken braungelb, Flügel schieferfarben, Federn hell gesäumt. US rötlicher Farbton, dunkel

Himalajageier

quergebändert, Schwanz grau, dunkel gebändert. Helle u. dunkle Phase. ♂ wesentl. kleiner als ♀. 2 UAn. Besiedelt die Wüstengürtel von der Mongolei bis zur Sahara. Lebensweise dem Wanderfalken sehr ähnl. Schnellster Falke. Beute überwiegend Vögel. Beliebter Beizfalke.

— *H. peregrinus*, Wanderfalke. ♂ u. ♀ : UAn variieren sehr stark in der Gefiederfärbung. Charakteristisch ist ein ± breiter Backenstreif, der sich vom hellen Wangenfeld abhebt. Flügel lang u. spitz. Körper u. Stoß bilden Tropfenform. Fänge kräftig mit langen Zehen u. spitzen Krallen. Hochspezialisierte Vogeljäger. Bis zu 320 km/h werden im Stoßflug erreicht. 17 UAn. Kosmopolitische Verbr., gemieden werden nur extreme Klimazonen (Regenwald, Wüste, Hochgebirge). Beute fast ausschließl. Vögel, die in der Luft geschlagen werden. Nest in Felsnischen, alten Krähennestern od. auf dem Erdboden. Gelege 3—4 Eier, rahmfarben, stark braun bis braunrot gefleckt. Brutdauer 28—29 Tage. Nestlingsdauer 5—6 Wochen. ♂ u. ♀ betreiben Brutpflege. Beliebter Beizvogel. Erstzucht 1970, wird heute schon massenhaft gezüchtet, oft aber leider Kreuzungen zwischen versch. UAn. Ernährung sehr abwechslungsreich, Vögel u. Kleinsäuger. Streng geschützt, Ankauf nur aus Zuchtstationen.

— *H. rusticolus*, Gerfalke. ♂ u. ♀ : 3 Farbphasen, die weiße, graue u. dunkle Phase. Der hocharktische Typ ist fast reinweiß u. der amerik. Typ am dunkelsten. Gilt als edelster Großfalke. Zirkumpolar verbr. Bewohnt die Tundren u. Strandzonen. Kraftvoller u. rasanter Jäger. Beutetiere Schneehühner, Strand- u. Seevögel, aber auch Lemminge u. Schneehasen. Horstet in Felswänden, in der Waldtundra auch auf Bäumen in alten Kolkrabennestern. Gelege 3—5 weißliche, leicht braun gefleckte bis gewölkte Eier. Brutdauer 28—29 Tage. Nestlingszeit 46—50 Tage. Trotz Gefangenschaftsnachzuchten sehr selten im Angebot. Der gefragteste Falke für die Beizjagd.

Himalajageier *(Gyps himalayensis)* → *Gyps*
Himalaya-Baumelster, NN → Maskenbaumelster
Himalaya-Felsenhuhn, NN → Himalaya-Königshuhn
Himalaya-Fischuhu *(Ketupa flavipes)* → *Ketupa*
Himalaya-Grünling *(Chloris spinoides)* → *Chloris*
Himalayahäher, NN → Jagdelster
Himalaya-Königshuhn *(Tetraogallus himalayensis)* → *Tetraogallus*
Himalayasittich *(Psittacula himalayana)* → *Psittacula*
Himalaya-Zeisig, NN → Himalaya-Grünling
Himantopus. G der Recurvirostridae ↗. 1 A. SW-, SO-Europa mit einigen isolierten Brutplätzen in S-Europa, weiter in M-, S-Asien, Afrika, Australien, Neuseeland, M- u. S-Amerika. Die eurasischen Populationen überwintern in Afrika u. S-Asien. Bewohnen Flachufer mit schlammigem Grund an Salz- u. Süßwasser, Lagunen u. Küstenstreifen, die locker bewachsen sind. Flache Nestmulde auf Inseln u. Kaupen, meist vom Wasser umgeben. 4 Eier, die beide Ad. bebrüten. Brutdauer 25—26 Tage. Haltung s. Scolopacidae. Zucht mehrfach außerhalb Europas sowie in den Zoos von Kopenhagen u. Prag gelungen.

— *H. himantopus*, Stelzenläufer. ♂ der eurasischen UA schwarzweißes Gefieder, langer, dünner Schnabel u. überlange rote Beine. ♀ ähnl., mehr Schwarz auf Schulter u. Vorderrücken. Die UA aus Amerika u. Australien mit anderer Schwarz-Weiß-Verteilung. 38 cm. UAn.

Himmelsmusketier *(Coeligena coeligena)* → *Coeligena*
Himmelspapagei *(Forpus coelestis)* → *Forpus*
Himmelssylphe *(Aglaiocercus kingi)* → *Aglaiocercus*
Hindublatthühnchen *(Metopidius indicus)* → *Metopidius*
Hinduracke *(Coracias benghalensis)* → *Coracias*
Hinduspint *(Merops viridis)* → *Merops*
Hippolais, Spötter. G der Sylviidae ↗. 6 An., Europa, N-Afrika, Asien. Artenschutz, Pflege, Zucht s. Sylviidae. Etwas heikle Pfleglinge. Käfig s. *Sylvia* ↗, aber Unterbringung möglichst nur im Winter, ansonsten wegen notwendiger Zucht in Gartenvoliere (gut bepflanzt). Mauser ↗ problematisch, Schlankhalten bei gutem Futter notwendig, wenn dann noch keine Mauser, kann das umstrittene Federziehen erfolgen. W. FORST empfiehlt: Eingefrorene Rinderschilddrüse mit Messer leicht über üblichem Futter abschaben, nach 1 Woche Mauserbeginn. Überwinterung unbedingt warm, Luft nicht zu trocken.

— *H. caligata*, Buschspötter. ♂ u. ♀ : Überaugenstreif rostgelblichweiß. OS graubraun mit rostbräunlichem Hauch. Schwanzkanten weißlich. US weiß, an Seite u. Flanke verwaschene rostgelbliche Flecken. 11,5 cm. UAn. N-, M-Sowjetunion durch Sibirien bis zum Jenissei, NW-Mongolei, W-Sinkiang, Turkestan, Afghanistan, Transkaspien bis N-Iran. Bewohnt Weidenbüsche, Birken, Wälder an Gewässern, Büsche im Kulturland u. in der Steppe, selten in Getreidefeldern. Nest am Boden in Weidenbüschen od. unkrautreichen Plätzen. Sehr selten gehalten. Gesang lieblich, kraftvoll, vorgetragen tagsüber u. nachts.

— *H. icterina*, Gelbspötter. ♂ u. ♀ : OS grüngrau, US hellschwefelgelb. Scheitelfedern können haubenförmig gesträubt werden. Juv. unterseits matter als Ad., oberseits bräunlicher. 13 cm. Europa (nicht Britische Inseln u. S) bis SW-Sibirien, sü. bis Transkaukasien, N-Iran. Bewohnt lichte Laubwälder mit reichem Unterwuchs, Feldgehölze, Parks, Gärten. Nest in Astgabel von hohen Sträuchern u. Bäumen gebaut. Gelege meistens 5 Eier. Hervorragender Sänger. Eingewöhnung nur im Frühjahr mit frischen Ameisenpuppen in verhülltem Käfig. Im Winter neben eingefrosteten Ameisenpuppen wenige Mehlkäferlarven ↗ tägl. u. Weichfutter s. Sylviidae. Zucht sehr schwierig, wohl nur 1934 P. GANZLIN gelungen, 5 Junge. Bedeutende Einzelheiten unerwähnt im Bericht.

— *H. olivetorum*, Olivenspötter. ♂ u. ♀ : OS intensiver bräunlichgrau als bei Blaßspötter. US weiß. Augenstreif weißlich. Schwanz schwarzbraun, schmal weißlich umrandet. 16 cm. SO-Europa, W-, S-Kleinasien bis Israel. Bewohnt überwiegend Ölbaumhaine, auch lichte Eichenwälder, vorzugsweise in den Baumkronen. Scheu, unruhig. Gesang unmelodisch, ähnl. Schilfrohrsänger ↗, laut. Nur sehr vereinzelt gehalten.

— *H. pallida*, Blaßspötter. ♂ u. ♀: OS einfarbig hellbräunlichgrau. Flügel, Schwanz dunkler. US weißlich, bräunlichgrauer Hauch. 13 cm. UAn. SO-Europa, Kleinasien, Zypern, Syrien, Irak, Iran, Transkaspien, Tadschikistan bis zum W-Tienschan, N-Afghanistan, Unter-Ägypten, S-Algerien, Gebiet des Tschadsee, Oasen der S-Sahara, N-Tunesien bis Marokko, S-, M-Spanien. Lebt in Parks, Gärten, Plantagen, busch- od. baumbestandenem (einzelne Gruppen) Gelände. Nest s. *H. icterina*. Gelege 3—4 Eier. Sehr selten gehalten.

— *H. polyglotta*, Orpheusspötter. ♂ u. ♀: s. *H. icterina*, aber Überaugenstreif, US allgemein gelber, OS grünlich olivgrau. 1. Handschwinge länger als bei *H. icterina*, 2. kürzer. 13 cm. N-Afrika, Iberische Halbinsel, Frankreich (nicht W-Bretagne, äußerster NW u. O, fehlt auf Korsika), Italien (fehlt auf Sardinien), Sizilien, NW-Jugoslawien. Parks, lichte Eichenwälder, an Rändern von Wäldern, buschreichen Flußläufen, Plantagen. Nest, Eier s. *H. icterina*. Gesang erinnert an Teichrohrsänger ↗ u. Dorngrasmücke ↗, wesentl. anders als von *H. icterina* (Merkmal zur A-Unterscheidung). Sehr selten gehalten.

Hirse. Sammelbezeichnung für hirseartige Süßgräser. Viele tropische u. subtropische Körnerfresser nehmen H. gern auf, so daß sie mehr als 50 % des Grundfutters ↗ bilden kann (Sittiche ↗, Prachtfinken ↗), aber auch kleinere Wildtauben-An ↗, Hühnervögel ↗ u. Enten ↗. Man verabreicht die Samen der Rispenhirse in trockenem, sauberem Zustand, keineswegs dürfen sie verschimmelt sein. Ganze Fruchtstände der Kolbenhirsen ermöglichen den Vögeln gleichzeitig naturnahe Bedingungen bei der Nahrungsaufnahme. Ein gutes Futter stellt auch gequollene u. angekeimte H. dar. Wegen ihrer Verdaulichkeit wird sie von vielen Vogel-An, bes. Prachtfinken, bevorzugt aufgenommen. Dazu gibt man die Samen in flache Schalen u. deponiert sie 2—3 Tage bei 20 °C. Vor dem Verfüttern müssen sie gut abtropfen. Die Keimlinge sind wegen ihres hohen Vitamin-D_2-Gehaltes wertvoll. Auch in halbreifem Zustand können die Fruchtstände gereicht werden. Dazu verwendet man — falls man die H. nicht selbst anbaut — die als Ackerunkräuter wachsenden H.-An, die unschwer zu sammeln sind.

Hirtenmaina, Hirtenstar *(Acridotheres tristis)* → *Acridotheres*

Histomonas. Flagellaten im Blinddarm der Vögel. Führt bei Puten, Pfauen ↗, Rebhühnern ↗ u. Waldhühnern ↗ sehr oft zum Tod. Durchfall ↗ ist das Leitsymptom der Erkrankung. Metronidazol u. Dimetridazol eignen sich zur Prophylaxe u. Therapie.

Histriophaps. G der Columbidae ↗ (früher zu *Phaps*). 1 A. Australien. Pflege s. auch Columbiformes ↗. Zucht von *H. histrionica*, Harlekintaube, gelungen.

Hoatzin *(Opisthocomus hoazin)* → *Opisthocomus*

Hochgehege. Aus hygienischen Gründen werden seit Jahren ad. Kragenhühner ↗ u. Küken der Rauhfußhühner ↗ auf Drahtböden gehalten. Auch für die

Gelbspötter

Unterbringung von Sittichen ↗ u. anderen Papageienvögeln ↗ ist die Haltung u. Zucht im H. zu empfehlen. Sie bedeutet eine sehr gute Prophylaxe vor der Verseuchung mit Askariden u. Capillaria (wesentl. Vorzug gegenüber üblichen Volieren ↗), weiterhin geringerer Bauaufwand, materialsparend. Am besten werden drahtbespannte Rahmen miteinander verschraubt, für den Bodenrahmen aus kräftigeren Kanthölzern gezimmert, so daß ein Betreten möglich wird. Gehegehöhe mindestens 1,5 m. Bodenrahmen in ca. 80 cm Höhe auf entsprechend starke eingegrabene od. eingeschlagene Eisenrohre od. Winkeleisen gesetzt u. mit diesen verschraubt. Länge des H.s kann beliebig gewählt werden. Sprungstangen ↗ werden so angebracht, daß der Kot nicht auf die Kanthölzer fällt, deshalb auch Rahmen innen mit Drahtgeflecht bespannen. Unter dem Drahtboden sammeln sich Kot, Spelzen, Futterreste usw. auf dem Sand. Futter- u. Badegefäße werden ebenso wie eine flache Schale mit Sand u. Erde auf den Drahtboden gestellt. H. kann mit Schutzhaus ↗ od. auch solitär aufgestellt werden, dann aber hinteres Drittel, Rückseite u. hinteres Drittel der Seiten zum Witterungsschutz für die Vögel verkleiden (Holz, Asbestzementtafeln, Plast usw.). Um der Anlage ein gefälliges Bild zu geben, wird die Vorderfront mit immergrüner Hecke bepflanzt, die durch Schnitt auf Höhe des Drahtbodens gehalten wird.

Hochlandsittich *(Leptositaca branickii)* → *Leptositaca*

Höckerbleßhuhn, NN → Kammbleßralle

Höckerglanzente *(Sarkidiornis melanotos)* → *Sarkidiornis*

Höckerschwan *(Cygnus olor)* → *Cygnus*

Hoffmannsittich *(Pyrrhura hoffmanni)* → *Pyrrhura*

Höhenschilffink *(Munia montana)* → *Munia*

Hohes Reck. Sitzstangen aus Holz od. mit Leder bezogenes Metall. Von der Unterkante der Sitzstange bis zum Erdboden wird ein derbes Tuch gespannt, das ein Verwickeln des Geschühs ↗ verhindert.

Höhlensittich (*Geopsittacus occidentalis*) → Pezeoporidae
Hohltaube (*Columba oenas*) → *Columba*
Hokkohühner → Cracidae
Holarktis → zoogeographische Regionen
Hollenturako (*Tauraco persa*) → *Tauraco*
Holzhäher → *Garrulus*
Holzstorch (*Mycteria americana*) → *Mycteria*
Honduras-Aztekensittich, UA → Aztekensittich
Honiganzeiger → Indicatoridae
Honigfresser → Meliphagidae
Honigsauger, NN → *Cyanerpes*
Hoodedsittich (*Psephotus chrysopterygius dissimilis*) → *Psephotus*
Hopfe → Upupae
Hoplopterus. G der Vanellidae ↗. 2 An.
— *H. spinosus*, Spornkiebitz. ♂ u. ♀: OS fahlbraun, Halsseiten weiß; Kopf, Vorderhals u. übrige US schwarz. Lange Beine, am Flügelbug Sporn. Juv. US bräunlich. 28 cm. Verbr. in Griechenland, Kleinasien, O-, M-Afrika. Überwintert im Brutgebiet. Bewohnt Ebenen mit spärlicher Vegetation sowie sandige u. schlammige Ufer. Nest flache Mulde mit wenig Nistmaterial. 4 gefleckte Eier, Brutdauer anscheinend nicht genau bekannt. Haltung s. Scolopacidae. Zucht gelang mehrfach, in Europa nur in England u. im Zoo Antwerpen.
Hoppe, Dieter, geb. 3. 8. 1946 in Glauchau/Sachsen. Haltung von Papageienvögeln, durch umfangreiches Quellenstudium u. zahlreiche Reisen nach S-, M-Amerika u. SO-Asien Erwerb großer Sachkenntnis über die Psittaciformes ↗. Zahlr. Publikationen. Autor der Bücher „Die Amazonen" u. „Die Aras".
Hornraben → Bucorvidae → *Bucorvus*
Hornschwalm (*Batrachostomus auritus*) → *Batrachostomus*
Hornsittich (*Eunymphicus cornutus*) → *Eunymphicus*
Hornwehrvogel (*Anhima cornuta*) → *Anhima*
Horsfieldbrillenvogel (*Zosterops flavus*) → *Zosterops*
Hottentottenente (*Punanetta hottentota*) → *Punanetta*

Spornkiebitz oder Schmiede-Spornkiebitz

Hottentottengirlitz (*Pseudochloroptila totta*) → *Pseudochloroptila*
Hügelhuhn (*Arborophila torqueola*) → *Arborophila*
Hügelkrähe → Schlankschnabel-Würgerkrähe
Hügelrebhühner, NN → Buschwachteln
Hühner (Fasanenartige) → Phasianidae
Hühnerfasanen → *Lophura*
Hühnergans (*Cereopsis novaehollandiae*) → *Cereopsis*
Hühnerhabicht, NN → Habicht
Hühnervögel → Phasianiformes
Huhnpitta (*Grallaria varia*) → *Grallaria*
Humboldtpinguin (*Spheniscus humboldti*) → *Spheniscus*
Hummelkolibri (*Mellisuga helenae*) → *Mellisuga*
Hunsteinnonne (*Munia hunsteini*) → *Munia*
Hüttengärtner (*Amblyornis inornatus*) → *Amblyornis*
Hyazinthara (*Anodorhynchus hyacinthinus*) → *Anodorhynchus*
Hyazinthbrustkolibri (*Boissonneaua jardini*) → *Boissonneaua*
Hyazinthhuhn, NN → Zwergsultansralle
Hyazinthkolibri (*Boissonneaua jardini*) → *Boissonneaua*
Hydrobates. G der Hydrobatidae ↗. 1 A. Mittelmeer, N- u. O-Atlantik, Küsten Afrikas. Brüten auf Island u. lokal an europ. Küsten von Norwegen bis Malta.
— *H. pelagicus*, Sturmschwalbe. ♂ u. ♀: rußschwarz, weißes Band oben über Flügel. Weißlicher Fleck auf Unterflügeldecken; Oberschwanzdecken u. Bürzelfleck weiß. 14—19 cm.
Hydrobatidae, Sturmschwalben. F der Procellariiformes ↗. 2 UFn, 8 Gn (*Nesofregetta*, *Fregetta*, *Garrodia*, *Oceanites*, *Pelagodroma*, *Halocyptena*, *Oceanodroma* ↗, *Hydrobates* ↗), 21 An. Kleinste Röhrennasenvögel, 20—23 cm. ♂, ♀ schwarzbraun bis dunkelgrau, manche mit weißer Schwanzwurzel. Nasenröhren bilden einheitl. Rohr. Schlanker, dünner Schnabel mit hakiger Spitze. Inselwelt des Atlantik, des Stillen Ozeans, des Indischen Ozeans, der sü. Meere u. des Mittelmeers. Flug schwalbenartig. Suchen Meeresoberfläche nach Meeresgetier u. Abfällen ab. Manche jagen auch fliegende Insekten. Koloniebrüter. 1 weißes Ei mit rostroten Punkten, meist länglich rund bis elliptisch. Brutdauer 40 Tage. Juv. dichtes Dunenkleid, grau bis bräunlich. Haltung nur ausnahmsweise von in Tiergärten gelangenden seltenen Zufallsfängen, wie z. B. Wellenläufer u. Sturmschwalben. Fütterung s. Procellariidae.
Hydrocoloeus. G der Laridae ↗. 1 A. Verbr. lückenhaft, NO-Europa bis zur Wolga, W-Sibirien, O-Sibirien sowie kleinere Vorkommen in S-Schweden, Dänemark u. Holland. Bewohnen größere Binnenseen mit reicher Vegetation in kleineren u. größeren Brutkolonien. Nester über flachem Wasser od. auf vorjährigem Pflanzenmaterial. Nahrung wird von der Wasseroberfläche od. im Fluge erbeutet. Haltung s. Laridae. Keine Gefangenschaftsbruten bekannt.
— *H. minutus*, Zwergmöwe. ♂ u. ♀: im BK schwarzer Kopf, blaugrauer Mantel, übriger Körper weiß. Dunkle Unterflügel. Schnabel schwärzlichrot. Füße rot. RK: Kopf weiß, Hinterkopf u. Ohrgegend grau.

Juv. oberseits schwarzbraun mit dunklem Diagonalband auf Flügel, variierendem Nackenband u. schwarzer Schwanzendbinde. 29 cm.

Hydrophasianus. G der Jacanidae ↗. 1 A. S-Asien von Indien u. Sri Lanka bis Malaysia u. Java, Philippinen, Taiwan, S-China. Im N bis in Höhen des Himalaja. In nö. Regionen Zugvögel. Gesellig lebend. Vorzügliche Schwimmer u. Taucher. Nahrung kleines Wassergetier aller Art, Samen von Wasserpflanzen, Reiskörner. Schwimmnest aus Pflanzenteilen. 4 olivgrüne bis olivbraune Eier (38 × 27 mm). Brutdauer 24 Tage. Juv. mit 6 Wochen flügge.

— *H. chirurgus,* Wasserfasan. ♂ u. ♀: schokoladenbraun, bronzeschimmernd. Weiße Flügel. Goldgelber, schwarz eingefaßter Hinterhals; Gesicht u. Vorderhals weiß. 30 cm, fasanartiger Schwanz bis 53 cm.

Hydroprogne. G der Sternidae ↗. 1 A. Zerstreut in S-Skandinavien, SO-Europa, Afrika, M-, S-Asien, Australien, Neuseeland u. N-Amerika vorkommend. Bewohnen sandige Meeresküsten u. flache, vegetationslose Strände von Binnenseen. Einzeln od. in großen Kolonien brütend. Haltung s. Sternidae. Keine Gefangenschaftsbruten bekannt.

— *H. caspia,* Raubseeschwalbe. ♂ u. ♀: im BK OS blaugrau, unterseits weiß, schwarze Kopfplatte. Kräftiger roter Schnabel mit schwarzer Spitze, schwarze Füße. RK: Kopfplatte mit weißen Federn. Juv. ähnl. RK. 55 cm.

Hylocharis, Schwammkolibris. G der Trochilidae ↗. 7 An. S-USA bis N-Argentinien u. Uruguay. Waldränder, Sekundärvegetation, Gärten.

— *H. cyana,* Weißkinnsaphir, Blaukopf-Kaktuskolibri. ♂: OS grün, Oberschwanzdecken bronzefarben. Kopf, Kehle u. Vorderbrust veilchenblau, Unterkörper gräulich, Schwanz, Unterschwanzdecken tief stahlblau. Schnabel rot mit schwarzer Spitze. ♀: oben heller grün, Kopf-OS wie der Rücken. US hellgrau, Körperseiten grün, Kehlfedern mit ± ausgeprägten grünen Spitzen. Oberschnabel schwarz. Seitl. Steuerfedern mit hellgrauen Spitzen. Juv. wie ♂. Ca. 9,0 cm. Kolumbien, Venezuela, Guayana bis Bolivien, Mato Grosso, Pará, von Bahia bis São Paulo. An den Rändern der Regenwälder u. Sekundärvegetation, in Pflanzungen, oft in Wassernähe, von 600—1250 m ü. NN. Anfangs etwas hinfällig, Eingewöhnung in großen Volieren ↗ etwas kritisch, deshalb ist der Eingewöhnung in Käfigen ↗ der Vorzug zu geben. Über längere Haltungserfolge ist nichts bekannt bis auf einen einzelnen Haltungsrekord im Zoo London mit 4 Jahren. Nicht sehr streitsüchtig; gut bepflanzte Volieren sind für die Haltung günstig. Zucht bisher nicht gelungen; bei W. SCHEITHAUER ↗ balzten diese Vögel.

— *H. grayi,* Blaukopfsaphir. ♂: OS goldiggrün, Kopf veilchenblau, US grün, Flaumbüschel weiß. Schnabel rot mit schwarzer Spitze. ♀: Kopf-OS grün, US hellgrau. Juv. wie ♀. 10,0 cm. Von O-Panama bis NW-Ekuador. In Wäldern, Büschen u. der Mangrove des Tieflandes. Soll ohne Schwierigkeiten zu akklimatisieren sein. Eine längere Haltung wurde erzielt. Zucht noch nicht gelungen, aber Balzflüge wurden protokolliert.

— *H. leucotis,* Weißohrkolibri, Weißohrsaphir. ♂: Vorderkopf veilchenblau. OS goldiggrün. Mittl.

Hylocharis

Weißohrsaphir

Steuerfedern goldiggrün, seitl. schwarzbraun, Kopfseiten, Ohrdecken schwarz; vom Auge zu den Halsseiten zieht ein weißer Streif. Kinn veilchenblau, Kehle, Brust grün. Unterkörper metallischgrün, in der Mitte weißlich. Unterschwanzdecken metallischgrün. Schnabel rot mit schwarzer Spitze. ♀: ohne Blau am Kopf. Kopf-OS braun. Seitl. Steuerfedern mit bräunlichweißen Spitzen. US gelblichweiß mit runden grünen Flecken in der Mitte der Federn, Körperseiten grün. Juv. wie ♀. 9,0 cm. Von S-Arizona bis Mexiko u. Nikaragua. Vorzugsweise in Waldgebieten der gemäßigten u. kühlen Höhenlagen zwischen 1 200 u. 3 900 m ü. NN. Von spez. Schwierigkeiten bei der Eingewöhnung nichts bekannt. W. SCHEITHAUER hielt ein ♂ über einen längeren Zeitraum. Zucht noch nicht gelungen.

— *H. sapphirina,* Rotkehlsaphir, Rotkehlschwammkolibri. ♂: OS dunkelgrün. Oberschwanzdecken rötlichbronzefarben. Steuerfedern, Unterschwanzdecken dunkelkastanienbraun. Kinn rostrot. Kehle u. Vorderbrust saphirblau. Unterkörper dunkelgrün. Schnabel rot mit schwarzer Spitze. ♀: Steuerfedern mehr bronzefarben mit breiten dunklen Spitzen. US schmutzigweiß, Kehlfedern mit runden blauen Flecken. Oberschnabel schwarz. Juv. wie ♀. 9,0 cm. Von Kolumbien, Venezuela u. Guayana bis N-Argentinien u. São Paulo. An den Rändern der Regenwälder bis 500 m, soll bis 1 850 m hoch gehen. Bewohnt Lichtungen, Sekundärvegetation u. Dickichte. Anfangs sehr empfindlich, aber nach Wochen, bes. nach der 1. Mauser, recht ausdauernd. Im Zoo Heidelberg betrug die höchste Haltungsdauer 3 Jahre, der Londoner Zoo hielt 1 Exempl. fast 2 Jahre. Zucht noch nicht gelungen.

Hylocichla

Hylocichla. G der Muscicapidae ↗. 1 A. SO-Kanada; O- u. M-USA vom SO Süddakotas, M-Minnesota, Wisconsin, Michigan, S-Maina bis SO-Texas u. nö. Florida. Bewohnen Unterholz bewaldeter Niederungen, gern in Gewässernähe, auch in Parks u. Gärten. Gesang melodische, weiche Flötentöne mit anschl. Triller. Neben Insekten, Würmern u. Schnekken verzehren sie gern Obst, bes. Beeren. Ab u. zu im Handel, anspruchsloser, angenehmer Pflegling. Bereits gezüchtet. Zucht s. *Merula*.
— *H. mustelina*, Wald-, Mäusedrossel. ♂ u. ♀: ähnl. Singdrossel ↗, aber kleiner, Kopf rötlichbraun, US mit zahlreichen großen Punkten. 20 cm.

Hypargos. G der Estrildidae ↗. 2 An. O-, SO-Afrika. Bewohnen trockene Wälder, bes. Ränder, Lichtungen, gern in Gewässernähe, auch an Wegrändern. Nahrung Samen, Insekten, werden vorwiegend auf dem Boden gesucht. Nest auf dem Boden, in Grasbüscheln u. Büschen. Ab u. zu im Handel, während der Eingewöhnung empfindlich, nicht unter 25 °C halten, später nicht unter 18 °C. *H. margaritatus* schwieriger einzugewöhnen als *H. niveoguttatus*, braucht über 25 °C, viel Insektennahrung, gekeimte Hirse. Versteckt sich im Gebüsch. Futter → Estrildidae. Zucht nicht leicht, nur in gut bepflanzter Voliere. *H. niveoguttatus* brütet meistens am Boden. Nest freistehend, versteckt zwischen Grasbüscheln, bodennahen Zweigen. Gelege 3—6 Eier. Schlupf nach 12—13 Tagen. Juv. fliegen nach ca. 3 Wochen aus. Aufzuchtfutter reichl. Ameisenpuppen, Samen von Gräsern, Kolbenhirse.
— *H. margaritatus*, Perlastrild. ♂: OS rötlichbraun, Kopf-, Halsseiten, Zügel, Kehle, Oberbrust, Oberschwanzdecken matt rot, US schwarz, an den Seiten mit rosaweißen Punkten gezeichnet. Schnabel blaugrau. Auge dunkelbraun, Lidrand weißblau. Füße schiefergrau. ♀: leicht von ♂ zu unterscheiden, denn rötlichbraune Partien des ♂ sind grau, außerdem US in der Mitte hell, zu den Flanken schwarz. Juv. Oberkopf, Rücken, Flügeldecken graubraun, Wangen heller, Oberschwanzdecken rot. Kehle, Brust hellbraun, Bauch grauweißlich verwaschen. 12,5 cm. Erstmalig 1832 in Deutschland, stets große Seltenheit auf dem Vogelmarkt. Erstzucht 1967 durch Dr. BURKARD ↗.
— *H. niveoguttatus*, Roter Tropfenastrild. ♂: Kopf rot, Stirn, Scheitel graubraun. Kehle, Halsseiten, Brust rot. OS bis auf roten Bürzel u. Oberschwanzdecken braun. Bauch, Unterschwanzdecken sonst schwarz, Flanken mit großer weißer Tropfenzeichnung. Schnabel stahlblau. Auge schwarzbraun, Lidrand blaßblau. Füße grau. ♀: ohne schwarzen Bauch u. Oberkopf wie ♂, aber graubraunes Gefieder. Kopf, Brust hellbraun, Federspitzen mitunter rotbraun. Juv. ähnl. ♀, insges. rotbräunlich. US mehr graubraun, weiße Flecken fehlen. 13 cm. Gezüchtet.

Hyperparathyreoidismus. Primärer H. z. B. bei Geschwülsten der Nebenschilddrüse, sekundärer H. bei zu hoher Phosphorzufuhr im Futter. Bei Ziervögeln nicht selten beobachtet.

Hyphanturgus, Zügelweber. G der Ploceinae ↗. 3 An. Afrika. Leben im buschreichen Wald, an Waldrändern, in Sümpfen, an Gewässern. Nester mit langer Einschlupfröhre, werden gern an Zweigen über Gewässer gebaut. Alle 3 An. u. einige UAn nach Europa importiert, aber nur selten angeboten.
— *H. melanogaster*, Schwarzbauchweber. ♂: Gesicht einschließl. Ohrregion gelb, je nach UA auch gelbes Halsband, sonst schwarz. Schnabel schwarz. Auge rotbraun. Füße grauschwarz. ♀ ähnl. ♂, aber Kehle vollständig gelb. Insel Fernando Póo, Hochländer von O-Nigeria, W-Kamerun, NO-Zaïre (ausgenommen Ruwenzori), W-Kenia, SW-Uganda, sü. S-Sudan. Bis 2500 m Höhe im Unterholz, am Rand von Lichtungen, in buschreichen Wäldern zu finden. Nicht häufig. Nest kugelig, lange Einschlupfröhre. Nur ab u. zu nach Europa eingeführt. Volierenhaltung, mäßig warme Überwinterung. Ernährung vor allem Insekten, Obst wie Ploceidae.
— *H. nigricollis*, Kurzflügelweber. 2 Rassengruppen. ♂: Kopf goldgelb. OS bei UAn *H. n. nigricollis*, *H. n. melanoxanthus* schwarz od. schwarzbraun, bei den UAn *H. n. brachhypterus*, *H. n. po* olivgrün. Zügel, Augenstreif schwarz, ebenso Kinn u. Kehle, anschl. unterseits goldgelb. Schnabel schwarz. Auge rot. Füße fleischfarben. ♀ ähnl. ♂, aber Kinn, Kehle gelb, Stirn, Kopf-OS wie OS. Über schwarzem Augenstreif verläuft gelber Streifen. Juv. wie ♀, allerdings bei UA mit schwarzer bzw. schwarzbrauner OS ist diese grünlichbraun. Von Senegal bis S-Äthiopien, S-Somalia, M-Angola, S-Zaïre, N-Tansania, Insel Fernando Póo. Lebt in buschreichen, feuchten Wäldern, an Gewässern u. in Sümpfen. Ernährung Insekten, Früchte. Allgemein paarweise unterwegs. Kein Koloniebrüter. Umfangreiches Nest mit langer, nach unten gerichteter Einschlupfröhre (bis über 1 m Länge). Gelege 2—3 weiße, rot, grau, braungefleckte Eier. Wurde bisher nur selten eingeführt. Friedlich. Liebt deckungsreiche Unterkunft, am besten Gartenvoliere mit Schutzhaus. Mäßig warme Überwinterung. Futter Insekten u. Früchte s. Ploceidae.
— *H. ocularis*, Brillenweber. ♂: Stirn, Kopf-OS kräftig gelb, OS olivgrün. Schwanz bräunlichgrün. Kinn, Kehle mit schmalem schwarzem Fleck. Wangen gelb. Schwarze Augenregion, ebenso Zügel. US kräftig gelb. Schnabel schlank, schwarz. Auge gelb. Füße hornbraun. Kein Wechsel zwischen BK u. RK. ♀ ähnl. ♂. 15 cm. Kamerun bis S-Sudan, Äthiopien, S-Somalia, sü. Gabun, Zaïre (ausgenommen Wälder) bis S-Angola u. öst. Kapprovinz. Bewohnt überwiegend paarweise Wälder, bes. an den Rändern, Uferböschungen. Gesang trillernd, zischend. Im Geäst meisenähnl. Verhalten. Nest längsoval, bis 30 cm lange Röhre, an Zweigen aufgehängt, die oftmals über das Wasser reichen. Gelege 2 hellblaue Eier, dunkelbraun gefleckt. Selten auf dem europ. Vogelmarkt angeboten, s. *H. nigricollis*.

Hypocentor. G der Emberizidae ↗. 4 An. Überwinterung in mäßig warmen Vogelstuben ↗.
— *H. aureola*, Weidenammer. ♂: Stirn, Kinn u. Wangen schwarz, Scheitel dunkel rostbraun. Rücken braun, dunkel gestreift. US gelb, rostbraunes Brustband unterschiedl. Breite. 2 Flügelbinden u. äußere Steuerfedern weiß. Mitunter ♀ farbig. ♀ u. Juv.

ähnl. Goldammer ↗, doch helle Flügelbinden u. Scheitelstreif. 15 cm. M-Finnland bis Kamtschatka. Taigazone, gebüschreiche offene Landschaft u. Weidendickichte der Flußauen. Im Winter von N-Indien bis SO-China. Nest am Boden, 4—6 Eier, Brutdauer 13 Tage, Nestlingszeit 13 Tage. Mitunter unverträglich, da zur Brutzeit territorial. Zucht gelungen.
— *H. rutilus*, Rötelammer. ♂: Kopf, Kehle, Rücken u. Bürzel rotbraun, US gelb. ♀ u. Juv.: OS braun, dunkel gestreift, Bürzel rotbraun. 14 cm. Transbaikalien. Lärchen- u. Birkenbruchwald. Im Winter in Hinterindien. Nest in Bodennähe, 4—5 Eier.
— *H. spodocephalus*, Maskenammer. ♂: Kopf grau bis graugrün, Kehle grau bis graugrün *(H. s. spodocephalus, H. s. sordida)* od. gelb *(H. s. personatus,* von manchen als eigene A angesehen). US weißlich bis gelb, Rücken braun, dunkel gestreift. Flügel schwarz, äußere Steuerfedern weiß. ♀ u. Juv. matter gefärbt, mehr dunkel gestreift. 15 cm. Z-Sibirien bis M-China sowie Sachalin, Japan *(H. s. personatus)*. Gebüschreiche Bachtäler, Flußniederungen. Überwinternd von S-China bis Hinterindien. Nest in Bodennähe, 4—6 Eier.

Hypocharmosyna, Kleinloris. G der Loriidae ↗. 10 An. Häufig in der systematischen Stellung *Charmosyna* ↗ zugeordnet. Gestreckte, elegante Körperform, Schwanz gestuft mit spitz zulaufenden Federn; feiner, spitzer rot od. orange gefärbter Schnabel. Vorwiegend grünes Gefieder. Länge unter 23 cm, nur z. T. Geschlechtsdimorphismus. Neuguinea u. südpazifische Inseln. Zarte Tiere, die warm gehalten werden müssen. Bes. auf Kälteempfindlichkeit u. Anfälligkeit auf Mykosen achten. Letztere mit Mycostatin behandeln. Eignen sich nur für erfahrene Liebhaber. Loribrei sehr wässrig anmachen, mit genügend Multivitaminpräparat anreichern, insbes. Vitamin A.
— *H. multistriata*, Vielstrichellori. ♂ u. ♀: grün, US mit tiefgelben, seitl. leuchtend grüngelben Stricheln durchsetzt. Hinterkopf mit dunkelbraunem Band, von schmalen Streifen oranger Federspitzen begrenzt. Unterbauch u. Basis der Unterschwanzdecken rot. Schnabel orange, Oberschnabelbasis bleigrau. Auge außen orange, innerer Ring graubraun. Füße hellbleigrau. 20 cm. 5 UAn. Inneres von Neuguinea (Südhänge des Schneegebirges bis oberer Fly River). Seit den 70er Jahren ds. Jh. hier u. da in kleiner Zahl Importe in Europa. Meist schlechter Zu-

Rötelammer

stand, hohe Verluste. Weitere Importe kaum verantwortbar. Im Vogelpark Walsrode ↗ u. bei Dr. BURKARD ↗ gehalten, bei letzterem einzige bekannte Bruten, von R. LANDOLT 1981 beschrieben («Die Gefiederte Welt»). Sehr enger Paarzusammenhalt. Fressen oft gemeinsam. Gegenseitiges Kraulen. Kontaktruf hoch u. rein, nicht sehr laut. Balz mit aufgestellten Bauchfedern. Hoher Balzruf. Ziehen Iris zusammen. Synchrone Bewegungen. Strecken sich schnell über Partner u. vor ihm, wobei Flügel schnell angehoben u. Balzruf ausgestoßen wird. Während dieser Wiegebewegung bewegt sich die Zunge schnell vor u. zurück. Gelege 2 Eier (16,4 × 19,7 mm), aber immer nur 1 Juv. geschlüpft. Nur ♀ brütet. Juv. hat lange Nestling-Daunen. Während ersten 10 Tage von Eltern ganztägig gehudert. Nach 2 Wochen zweite Daunen, kürzer u. dichter, mit 4—5 Wochen erste Federn. Mit 8 Wochen vollbefiedert (ähnl. Eltern), verläßt jetzt das Nest, wird aber noch 3—4 Wochen gefüttert.
— *H. palmarum*, Palmzierlori. ♂: grün, US heller, Binde um den Schnabel u. Kehlfleck rot. Auge u. Schnabel rot. Füße orange. ♀: ohne rote Abzeichen, 17 cm lang. ♂ 19 cm lang. Neue Hebriden u. Duff-, Santa Cruz- u. Banks- Inseln. H. BREGULLA sandte 1967 einige Vögel an Dr. BURKARD, die später an die Universität Zürich abgegeben wurden. Verträglich im Schwarm. Verluste durch Aspergillose. Liebliches Wesen, enge Paarbindung. Kein Zuchterfolg.
— *H. placentis*, Schönlori. ♂: OS dunkelgrün, US gelblichgrün. Wangen, Unterflügeldecken, Brust- u. Bauchseiten rot. Ohrdecken leuchtend blau. Auge orange. Schnabel u. Füße rot. ♀: Wangen grün mit goldgelben Stricheln; Unterflügeldecken, Brust u. Bauchseiten gelbgrün. Auge gelb. Juv. Kopffärbung rote Abzeichen wie ♂ u. gelbe Wangenstrichel wie ♀. 18 cm. 5 UAn. Maluku, den Inseln Kai u. Aru, Neuguinea bis Bismarck-Archipel u. Salomon-In-

1 Weidenammer, 2 Maskenammer

seln. Wahrscheinlich 1908 erstmals in Südengland eingeführt, in den letzten Jahren in kleiner Zahl in die BRD u. Schweiz. Schwierig einzugewöhnen, da oft schon von Mykosen befallen. Verschiedene Bruten bei Dr. BURKARD in Käfig von 160 cm Länge. Enger Paarzusammenhalt. Bei der Balz sitzen Vögel eng zusammen u. führen Bewegungen synchron aus. Strecken Körper schnell nach vorn u. ziehen ihn langsam zurück, rufen dabei «gri gri». Dabei wird Stirngefieder aufgerichtet; Iris zusammengezogen. Nach synchroner Wiegebewegung erfolgt oft Kopulation. Entwicklung der Juv. wie bei *H. multistriata*. Fliegen mit 8 Wochen aus; haben engeren Körperkontakt zu Eltern als *H. multistriata*. Nach ca. 4 Monaten in Altersgefieder umgefärbt.

— *H. rubronotata*; Rotbürzellori. ♂: grün, US heller; Gesicht u. Vorderscheitel rot. Kopfseiten blau. Brustseiten, Bürzel u. Unterschwanzdecken rot. Schwanz rot mit rotem Fleck an den Federwurzeln, gelbe Schwanzspitzen. ♀: ohne rote Abzeichen am Kopf, Kopfseiten mit goldgelben Stricheln. 17 cm. 2 UAn, auf Salawati, Biak u. NW-Neuguinea bis Sepik River. Wurde in den letzten Jahren vereinzelt zusammen mit *H. placentis* in Europa eingeführt, 2 Paar gelangten zu Dr. BURKARD ↗. Lebten nur wenige Wochen, da sie an Aspergillose ↗ litten. Im Verhalten wie *H. placentis*.

Hypochera, Atlaswitwen. G der Viduidae ↗. 6 An, einzelne Formen zeigen Unterschiede in Färbung von Schnabel, Füßen, Schwingen u. ± intensiven Metallschimmer der ♂♂ im BK. Afrika sü. der Sahara. Brutschmarotzer bei An der G *Lagonosticta* ↗. Für Käfig u. Voliere geeignet, für letztere besser. Erschrecken manchmal andere Vögel durch Balzflüge. Im Winter mäßig warm halten. Futter Hirse, Glanz, Keim- ↗, Weichfutter ↗, Grassamen, Vogelmiere u. anderes Grünes, wenig Insektennahrung s. Ploceidae.

— *H. chalybeata*, Rotfuß-Atlaswitwe. 6 UAn. ♂: im BK schwarz, stahlblau glänzend, je nach UA auch grünlichblauer od. grüner Glanz. Schnabel gelblichweiß, bei UA *H. c. amauropteryx* (Rotschnabel-Atlaswitwe) rot. Auge dunkelbraun. Füße rötlich od. rot. Bei UA *H. c. ultramarina*, Blauer Stahlfink, Gefieder stahlblau glänzend. Im RK ♂ wie ♀, OS gelblichbraun, dunkel gestrichelt, Scheitelstreif hellgelbbraun, Überaugenstreif braun. Kinn, Kehle weißgrau, US weißlich. Brust, Flanken bräunlicher. 11 cm. Von Senegal bis Äthiopien, Angola, nö. SW-Afrika, Transvaal, Natal. Bewohner des Lebensraumes aller UAn von *Lagonosticta senegala*, in Savannen, auf Kulturland, in menschlichen Siedlungen, selbst in Städten. Seit langem in Käfig u. Voliere gehalten. Warme Überwinterung. Futter wie Viduidae. Mehrfach gezüchtet, in großen Volieren mit Paaren von *Lagonosticta senegala* unterbringen. Schwierigkeit: Jede UA von *H. chalybeata* benötigt die für sie «richtige» UA von *L. senegala* in der Zuchtanlage.

— *H. funerea*, Traueratlaswitwe. 5 UAn. ♂: im BK schwarz, bei UAn unterschiedl. Glanz (grün, rötlich, violett, blau, grünblau). Braune Schwingen, wenig weiß am seitl. Bürzel. Schnabel weißlich. Auge braun. Je nach UA Füße rot od. weißlich. Im RK ♂ ähnl. ♀, dieses wie von *H. chalybeata*, aber intensivere Streifenzeichnung, insges. mehr rötlichbraun. 11 cm. 3 rotfüßige UAn von öst. Kappprovinz durch O-Transvaal, O-Afrika bis S-Sudan. 2 hellfüßige UAn N-Angola, Unterlauf des Kongo, S-Zaïre, Mali bis Kamerun. Brutparasit bei *Lagonosticta rubricata*, sonst s. *H. chalybeata*.

— *H. incognita*, Nicolais Atlaswitwe. ♂: schwarz, dunkelviolett glänzend, nur Flügel, Schwanz braun. Schnabel weißlich. Auge braun. Füße blaß fleischfarben. ♀: dunkle Streifen auf Kopf-OS, Rückenfedern dunkel gesäumt. 11 cm. Angola, S-Zaïre, lebt in schilf- u. grasbestandenen Feuchtgebieten. Brutschmarotzer bei *Lagonosticta nitidula*. Erstmalig 1972 von Dr. NICOLAI ↗ importiert.

— *H. lorenzi*, Lorenz' Atlaswitwe. ♂: außer braunen Flügeln, Schwanz braun, sonst schwarz, violetter Glanz. Schnabel weißlich. Auge braun. Füße fleischfarben. ♀ ähnl. anderen ♀♀ von H. 11 cm. Nigeria, möglicherweise auch im übrigen Verbr.-Gebiet von Brutwirt *Lagonosticta rufopicta*. Bewohner der Savannen, vorwiegend in feuchten Landstrichen, auch in der Nähe von Siedlungen. Erstmalig 1972 von Dr. NICOLAI beschrieben, der einen mitgebrachten Nestling mit Japanischen Mövchen ↗ aufzog.

— *H. purpurascens*, Purpuratlaswitwe. ♂: Flügel, Schwanz braun, sonst schwarz mit purpurnem Glanz. Schnabel weiß. Auge dunkelbraun. Füße weißlich, weißrötlich. Im RK ♂ u. ♀ ähnl. ♀♀ der anderen An von H. ♀ hat weiß bis hellbraunen Schnabel. 11 cm. Transvaal bis Kenia, möglicherweise bis Äthiopien. Bewohnt Graslandschaften, auch an Waldrändern u. an Gewässern. Brutparasit bei *Lagonosticta rhodopareia*.

— *H. wilsoni*, Wilsons Atlaswitwe. ♂: im BK Schwingen, Schwanz hellbraun, sonst Gefieder schwarz, violettblau glänzend. Schnabel weißlich. Auge dunkelbraun. Füße weißlich. Im RK ♂ wie ♀, dieses rötlichbraun, gestreift. UA *H. w. camerunensis*, Grotes Atlaswitwe (Senegal bis Äthiopien) nicht violettglänzend, sondern blauglänzend. UA *H. w. nigeriae* grünglänzend. 11 cm. W-Afrika bis S-Sudan, Uganda. Brutparasiten bei *Lagonosticta vinacea*, *Lagonosticta rubricata*, *Lagonosticta rara*. Ab u. zu im Handel.

Hypotaenidia. G der Rallidae ↗. 3 An. Australien, Indonesien.

— *H. philippensis*, Bindenralle. ♂ u. ♀: Kopf u. Nacken schwarz u. rotbraun gefleckt. Heller, breiter Überaugenstreif von der Schnabelwurzel bis zum Nacken, schwarzer u. gelbbrauner Streifen durch das Auge. Rücken, Flügel u. Schwanz schwarz, gelbbraun u. weiß gefleckt u. gesprenkelt. Kinn weiß. Graue Kehle durch schmales schwarzweißes Band von einem breiten, kastanienbraunen Brustband getrennt. Restl. US mit schwarzer Streifung auf weißem bis gelblichem Grund. Auge rot. Schnabel u. Beine bräunlich. 27 cm. UAn. Philippinen, Sulawesi u. kleine Sundainseln bis Neuguinea, Samoa, Tonga, Neuseeland u. Australien. Lebt in dichtbewachsener Sumpflandschaft, sehr scheu. Nest in dichter Vegetation, auch in niedrigen Sträuchern. Gelege 6—10 Eier. Brutdauer 20—22 Tage. Juv. werden von ♀ geführt. Nur selten in Europa. Haltung in grasbewachsenen Volieren mit einigen Sträuchern. Überwinterung warm. Zucht mehrfach gelungen.

Hypothymis. G der Monarchidae ↗. 4 An. S-Asien, indoaustral. Inselwelt, Philippinen.

— *H. azurea*, Schwarznackenmonarch, Schwarzgenickschnäpper. ♂: azurblau mit samtigem Glanz, Nacken mit schwarzem Fleck (Schopf wird bei Erregung aufgerichtet). Schmales, schwarzes Halsband. US weißlich. ♀: Kopf u. Kehle blau, Nacken u. Halsband fehlen. Rücken bräunlich. Brust bräunlichgrau, Bauch weiß. 17 cm. UAn. Sri Lanka, Indien bis S-China (Kwangtung) durch Hinterindien, Andamanen, Nikobaren, Sumatera mit umliegenden kleinen Inseln, Kalimantan, Java bis Flores, Alor, den Philippinen u. Taiwan. Bewohnt buschbestandene Landschaften, Wälder u. Bambusbestände. Gesang besteht aus krächzenden Tönen. Zuweilen im Handel.

Hypovitaminose → Vitaminmangelkrankheiten

Hypsipetes. G der Pycnonotidae ↗. 6 An. Asien, Madagaskar u. weitere Inseln im Indischen Ozean. Pflege, Zucht → Pycnonotidae.

— *H. leucocephalus*, Rotschnabelfluchtvogel. ♂ u. ♀: schwarz bis grau, Kopfhaube schwarz, Schwanz schwach gegabelt. Schnabel u. Füße korallenrot. Juv. keine Haube; Schnabel, Füße braun. 23 cm. UAn. Sri Lanka, SW-Indien, Himalajagebiet von O-Afghanistan bis SW-China, Burma, N-, O-Thailand, N-Indochina, S-, M-China, Taiwan. Bewohnt dichte alte Waldbestände, vorzugsweise zwischen 1 800 u. 2 100 m ü. NN. Brütet hoch in Bäumen. Gelege 2—3 Eier. Selten auf dem europ. Vogelmarkt. Während der Eingewöhnung scheu, sehr schreckhaft. Erstzucht 1965 in England.

— *H. madagascariensis*, Madagaskarfluchtvogel. ♂ u. ♀: Oberkopf, Haube, Hinterkopf, Zügel schwärzlich, OS dunkelgrau, Flügel, Schwanz braunschwarz. US hellgrau, nur Bauch, Steiß gelblichweiß, Unterschwanzdecken olivgrünlichgrau, weißliche Spitzensäume. Schnabel orangegelb. Auge bräunlichgelb. Füße schmutziggelb. 23 cm. UAn. Madagaskar, Gloriosa, Aldabra, Komoren. Schon in früherer Zeit sehr selten im Handel, erstmalig 1893 in Europa (Zool. Garten Berlin).

Ianthia. G der Muscicapidae ↗. 3 An. NO-Europa, Asien. Unterbringung im Landschaftskäfig ↗ u. in biotopähnl. eingerichteter Voliere ↗, frostfreie Überwinterung. Gegenüber A-Genossen unverträglich. Futter wie *Phoenicuropsis* ↗.

— *I. cyanurus*, Blauschwanz. ♂: vor dem Auge Überaugenstreif weiß, über u. hinter dem Auge blau (nur bei Nominatform, sonst durchgehend blau). OS kobaltblau, Oberschwanzdecken u. kleine Flügeldecken leuchtend blau. Kehle weiß, US weißlich, Flanken rotbraun. Im 1. Lebensjahr bräunlichgraublau ähnl. ♀ (sog. Hemmungskleid). ♀: olivbraun, Bürzel mattblau, Schwanzfedern bräunlich mit bläulichen Säumen. US ähnl. der des ♂. 14 cm. UAn. NO-Finnland, N-Sowjetunion, Sibirien bis Ussuriland, N-Mongolei u. Mandschurei; Sachalin, Kam-

Icteridae

305

tschatka, Kurilen u. Japan; W-China, we. durch das Himalajagebiet bis in das südöst. Afghanistan. Nö. UA lebt in feuchten Taigawäldern (Finnland bis Kamtschatka), auch in lichten Birken- u. subalpinen Koniferenwäldern, z. B. in Japan bis in Höhenlagen von 3 000 m ü. NN. Sü. UA bewohnt im Himalaja ebenfalls Wälder mit lockerem Unterholz, auch in Rhododendronbeständen. Lebt von Insekten, Spinnen usw., auch von Beeren. Zuweilen auf dem europ. Vogelmarkt, 1975 in größerer Zahl angeboten. Eingewöhnung allgemein problemlos. Bald zutraulich. Gesang zu Beginn leise, pfeifend, wird zunehmend lauter, drosselartig.

— *I. indica*, Weißbrauenblauschwanz. ♂: Kopfseiten blau, Zügel schwarz, breiter Überaugenstreif weiß, zieht vom Schnabel zum Nacken. OS stahlblau, Schwingen olivbräunlich. US orange bis rotbraun, Unterbauch weißlich, Unterschwanzdecken rostrot. ♀: Überaugenstreif undeutl. weiß, OS olivbraun, US ockerfarben, Unterbauch weißlich. 15 cm. UAn. *I. i. formosana* vielleicht eigene A. Himalajagebiet, W-China, Gebirge von Taiwan. Lebt im Unterholz subalpiner Mischwälder, im Himalaja zwischen 3 000 u. 4 200 m ü. NN. Überwinterung in den Vorgebirgen des Himalaja in NO-Burma u. NW-Tonkin. Bleibt aber selbst noch in Höhenlagen von 3 800 m. Selten im Handel. Eingewöhnung problemlos. Angenehmer, zutraulicher Pflegling. Gesang ähnl. dem von Blauschwanz.

Ianthocincla. G der Timaliidae ↗. 6 An. SO-Asien.

— *I. cineracea*. Grauhäherling. ♂ u. ♀: graubraun, Kehle schwarz gestreift, Wange mit weißer, halbmondförmiger Zeichnung. Auge gelb. Schnabel u. Füße bräunlich. Ca. 22 cm. UAn. Assam, Burma, S-China, (nö. bis S-Kansu u. Jangtsemündung). Bewohnt vorzugsweise Regenwälder von 1 500—2 400 m ü. NN. Nahrung vorwiegend bodenbewohnende Insekten, auch Beeren. Gesang laut, monoton. Heute selten im Handel. Kein Zuchterfolg bekannt.

Ibisse → Threskiornithidae

ICBP → The International Council for Bird Preservation

Icteridae, Stärlinge. F der Passeriformes ↗. 3 UFn, 32 Gn, 98 An, davon 1 A †. 15—55 cm. Vorwiegend Gelb, Braun u. Schwarz im Gefieder. Flügel spitz, lang, schnelle Flieger. Schnabel unterschiedl., aber stets spitz, kegelförmig, hart. ♂ meistens auffälliger als ♀. Amerika, überwiegend in den Tropen, aber auch bis zur Baumgrenze im N u. Falkland-Inseln im S, z. T. Zugvögel. Bewohnen Wälder, Buschland, einige Gras-, Kulturland, Sümpfe. Nahrung vorwiegend Insekten, auf dem Speisezettel aller An, sehr breites Spektrum von Samen, Früchten, Nektar bis zu Wirbeltieren. Schreiten gern auf dem Boden. Viele An Koloniebrüter, bei diesen oftmals Vielweiberei. Etliche bauen sehr kunstvolle Nester, einige sind Brutparasiten. Nest beutel- bis napfförmig. ♀ brütet u. hudert allein. Eier allgemein gefleckt od. marmoriert. Einige An im Handel. Haltung am be-

Icterinae

sten in Flugräumen, empfehlenswert Gartenvoliere. Überwinterung mäßig warm. Als Einzelvogel auch für den Käfig (Mindestlänge 1,5 m) noch geeignet. Bodenbelag Zeitungspapier od. anderes saugfähiges Material. Wenige Sprunghölzer. Lebhaft, anspruchslos, ausdauernd, allgemein gut für Gesellschaft mit gleichgroßen u. kräftigeren Vögeln geeignet. Z. T. gute Sänger u. Spötter. Eingewöhnung problemlos, bei manchen An Nektarfütterung notwendig. Gemischtköstler! Im Sommer handelsübl. Insektenfuttergemisch, Mehlkäferlarven, Wachsmottenraupen, Fliegenmaden, Wiesenplankton, Obst, manche An erhalten außerdem Nektartrank (im Handel erhältlich). Ganzjährig Glanz, Hirse reichen, im Winter

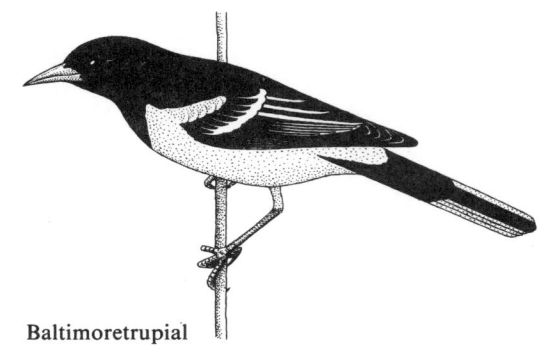

Baltimoretrupial

außerdem Mehlkäferlarven. Baden gern, Zucht sehr schwierig, dazu Unterbringung nur eines Paares in gutbepflanzter Voliere. Aufzuchtfutter reichl. versch. Insekten.

Icterinae, Trupiale. UF der Icteridae ↗. Gn *Pendulinus* ↗, *Agelaius* ↗, *Erythropsar* ↗, *Chrysomus*, *Amblyramphus* ↗, *Xanthocephalus* ↗, *Xanthopsar*, *Icterus* ↗, *Gymnomystax*, *Pseudoleistes* ↗, *Sturnella* ↗, *Leistes* ↗, *Rhodinocichla*.

Icterus. G der Icterinae ↗. 12 An. Verbr., Pflege wie Icteridae. In Gefangenschaft treten Verluste in der Farbintensität des Gefieders auf. Als Prophylaxe Fütterung Canthaxanthin u. schwarze Süßkirschen. Zum üblichen Futter Rosinen, aufgequollene, zerkleinerte Feigen, Obst nach jahreszeitl. Angebot, Insekten aus der Lichtfalle ↗ reichen.

— *I. galbula*, Baltimoretrupial. ♂: Kopf schwarz, reicht bis auf den Rücken, ebenso Schwingen schwarz mit weißen Rändern, Flügelbinde weiß, Schwanzfedern schwarz, äußere mit orangefarbenen Spitzen. Kehle, oberer Kropf schwarz. Übriges Gefieder orange. Schnabel schwarz. Auge braun. Füße schwärzlichgrau. ♀: OS graubraun mit schwarzen Flecken, US gelblichweiß. Schwanz olivgelb. 18 cm. UAn. 2 Gruppen, wurden früher als 2 An angesehen: 1. *bullockii*, (Goldstirntrupial). ♂: Stirn, Augenbrauenstreif goldorange, ebenso Wangen, Halsseiten, Kopf-OS, Kehle bis obere Brust, Nacken, Rücken schwarz. Breiter weißer Flügelspiegel. ♀: OS dunkel graugrün, US heller, gelblich überhaucht. Kleinerer Flügelspiegel. We. N-Amerika, Mexiko. 2. *galbula*, monotypisch, öst. N-Amerika. An Flußläu-

fen u. Wasserstellen, Sümpfen, Kulturland. Nester im dichten Gestrüpp, häufig in Bäumen, Gelege 4—5 Eier, nur ♀ brütet. Schlupf nach 13 Tagen. Juv. nach 2 Wochen flügge. Ersteinfuhr in Europa 1839 (Tiergarten Amsterdam), seither im Handel. Goldstirntrupial erst seit 1911 in Europa, seltener im Angebot. Bald zahm, ausdauernd, manche lernen, Melodien nachzupfeifen. Zucht rassereiner Vögel noch nicht gelungen, aber Mischlinge gezüchtet.

— *I. icterus*, Orangetrupial. ♂ u. ♀: Kopf, Vorderrücken, Flügel, Schwanz schwarz, ebenso Kinn, Kehle u. Brust. Flügel mit weißem Spiegel. Übriges Gefieder gelb bis orange. Schnabel blaugrau. Auge gelblichweiß, grauer, nackter Fleck umgibt Auge. Füße blaugrau. 23—26 cm. UAn. 3 Rassengruppen, von manchen als eigene An betrachtet: 1. *icterus* (Gemeiner Trupial), 2. *croconotus* (Safrantrupial), 3. *jamacaii* (Eigentlicher Orangetrupial), monotypisch, kleiner als Nominatform (hat hellgelbe Iris), bei dieser UA Iris rötlichgelb. N-, O-Kolumbien, Küstengebiete Venezuelas, O-Brasilien, SW-Guayana bis NO-Bolivien, Paraguay, Inseln Aruba, Curaçao, Margarita. Wird gern in seiner Heimat gehalten, ständig, aber nicht in großer Zahl in Europa gehandelt. Bald zahm. Sehr schöner Gesang, guter Imitator. Mäßig warm überwintern.

— *I. nigrogularis*, Orangebrusttrupial. ♂ u. ♀: Zügel, Vorderwange, Kinn, Kehle bis Kropfmitte schwarz. Flügel schwarz mit gelblichweißer Binde, Schwingen weiß gesäumt. Schwanzfedern schwarz, seitl. mit weißen Spitzen. Übriges Gefieder zitronen- od. orangegelb. Schnabel schwarz, am Grund hell blaugrau. Auge braunschwarz. Füße blaugrau. Juv. OS gelblicholiv, US gelb, z. T. olivfarben. 20 cm. UAn. N-, O-Kolumbien, Venezuela, NO-Brasilien, Guayana; Inseln Monos, Trinidad, Margarita, Bonaire, Curaçao, Aruba. Bewohnt buschreiches Land, Waldränder. Nest frei an Zweigen hängend, länglich beutelförmig. 1882 erstmalig in Europa (Zoo Amsterdam), seither sporadisch im Handel. Gesang besteht aus zwitschernden, kreischenden, quäkenden Tönen.

— *I. pectoralis*, Tropfentrupial, Schwarzbrusttrupial. ♂ u. ♀: orangerot, Zügel, Vorderwangen, Kinn, Kehle, Brust schwarz, ebenso Rücken, Flügel, Schwanz. Auf Flügeldecken gelborangener Streif, Schwingen mit weißem Streif. Kropf-, Brustseiten mit kleinen schwarzen Flecken besetzt. Schwingen weiß gesäumt, äußere Schwanzfedern haben weißlichgraue Endsäume. Schnabel u. Auge schwarz, Unterschnabelwurzel blaugrau, ebenso Füße. 22 cm. UAn. S-Mexiko bis NW-Kostarika, eingeschleppt auf SO-Florida. Bald zahm. Gesang unbedeutend, pfeift laut, lernt Melodien zu imitieren. Für Vergesellschaftung mit kleinen Vögeln ungeeignet.

IFCB → International Foundation for the Conservation of Birds

ILT → Infektiöse Laryngotracheitis

Iliacus. G der Muscicapidae ↗. 1 A. Früher zu *Turdus* ↗ gehörend. Island, Färöer, Skandinavien (nicht in S-Schweden), dem Baltikum durch N-, M-Sowjetunion u. Sibirien, im N öst. bis zur Kolyma, sü. bis zum Baikalsee. Bewohnen lichte Birkenwälder, in Skandinavien auch in Parks. Teilzieher. Variabler, nicht lauter Gesang, besteht aus mehreren ± abfal-

Indicatoridae

Orangebrusttrupial

lenden Flötentönen. Brüten zuweilen in kleinen Kolonien. Nest niedrig in Sträuchern od. am Boden. Gelege 5–6 Eier. Angenehme, ruhige, beliebte Pfleglinge, bald zutraulich. Anspruchslos. Pflege wie *Merula*. Zucht schwieriger als bei anderen Drosseln. Paar allein halten.
— *I. iliacus*, Rot-, Weindrossel. ♂ u. ♀: ähneln Singdrossel ↗, aber Überaugenstreif weiß, Achselfedern u. Flanken kastanienbraun, US mit dunklen Längsstreifen. Juv. sehr ähnl. juv. Singdrossel, aber am Überaugenstreif zu unterscheiden. 21 cm. UAn.

Imponierverhalten → Werbeverhalten
Inambu (*Rhynchotus rufescens*) → *Rhynchotus*
Indianerbleßralle (*Fulica americana*) → *Fulica*
Indicator. G der Indicatoridae ↗. 9 An.
— *I. archipelagicus*, Malaien-Honiganzeiger. ♂ u. ♀: OS graubraun. Kehle u. US weiß. Wangen grau. Am Flügelbug gelblich. Schnabel dicker, plumper. 18 cm. W- u. S-Thailand, Malaysia, Sumatera, Kalimantan.
— *I. indicator*, Schwarzkehl-Honiganzeiger, Großer Honiganzeiger. ♂: OS dunkelbraungrau. Wangen u. US schmutzigweiß. Am Flügelbug gelblich. Oberflügeldecken weißlich gesäumt. Ad. ♂♂ mit schwarzer Kehle. Schnabel leuchtend rötlichweiß. 3 äußere Federpaare des Schwanzes hauptsächl. weiß. ♀: heller u. verwaschener gefärbt, oberseits mehr olivbraun. Kehle weißlich mit dunklen Flecken. Juv. US weiß. An Hals u. Brust orangebräunlich verwaschen. 18–20 cm. UAn. Äthiopis (ohne Waldgebiete) von Senegal u. Eritrea bis Angola u. durch Simbabwe u. O-Botswana bis zum Oranje-Freistaat u. zur O- u. S-Kapprovinz. An Rändern des Regenwaldes, in trockenen Hochländern, Kulturländereien, auch im Dornbuschgebiet u. Akazienbeständen. Frißt Bienenhonig, Maden, Wabenwachs.

— *I. minor*, Nasenstreif-Honiganzeiger, Kleiner Honiganzeiger. ♂ u. ♀: OS dunkel oliv mit gelblichweißen Federsäumen. Kehle weiß. US blaßgrau, zum Bauch hin weißlich. 3 äußere Schwanzfederpaare weiß, bes. im Fluge sichtbar. Schnabel kurz, gedrungen. 13–15 cm. 25 g Körpermasse. UAn. Äthiopis von Senegal u. N-Äthiopien bis nö. SW-Afrika, Transvaal u. O-Kapprovinz. In Savannen, Wäldern, Busch- u. Trockenbuschländereien u. Kulturland. Brutdauer 16 Tage. Juv. mit 38 Tagen flügge.
— *I. xanthonotus*, Gelbbürzel-Honiganzeiger, Goldbürzel-Honiganzeiger. ♂ u. ♀: OS braun bis schwarz. Kopf, Kehle, Bürzel goldfarben. Brauner Zügel. Oberflügeldecken goldfarben gesäumt. US hellbraun bis grau. 15 cm. UAn. Sü. Himalaja von Pakistan bis N-Burma. In Bergwäldern.

Indicatoridae, Honiganzeiger. F der Piciformes ↗. 5 Gn (*Prodotiscus* ↗, *Melignomon*, *Melipodagus* ↗, *Indicator* ↗, *Melichneutes* ↗), 16 An. Spechtvögel. ♂ häufig wie ♀ gefärbt. OS grau bis bräunlich, US heller, gesprenkelt. Äußere 3 Schwanzfederpaare weiß, im Flug gut sichtbar. Schnabel kurz, meist kräftig. Paarweise gestellte Zehen (äußere 4. Vorderzehe nach hinten parallel zur Hinterzehe gedreht). Spitzflüglig; welliger kräftiger Flug. 10–20 cm. Afrika sü. der Sahara, S-Asien, nur 2 An W-Himalaja, Indonesien. Ausgesprochene Busch- u. Baumbewohner, nur selten auf dem Erdboden. Leben einzeln od. paarweise. Ernähren sich meist vom Wachs, das sie mit

Schwarzkehl-Honiganzeiger

Hilfe von Darmbakterien verdauen, Honig u. Larven wilder Bienen. Verzehren auch süße Früchte, Termiten u. a. Insekten. Das «Honiganzeigen» wird nur von 3 An (*Indicator indicator*, *I. minor*, *I. variegatus*) ausgeführt. Mittels ihrer schnarrenden Laute («Kjie») u. angeborener auffälliger Gebärden verleiten sie Honigdachse od. den Menschen, zum Bienenstock zu folgen u. diesen aufzubrechen. Brutschmarotzer bei Bartvögeln ↗, Spechten ↗, Drongos ↗ u. a. Legen ihre rundlichen weißen Eier (24 × 28 mm) in dunkle Bruthöhlen der Wirtsvögel. Wirtseier wer-

Indien-Brillenvogel

den oft angestochen, um ihre weitere Entwicklung auszuschließen. Juv. nackte u. blinde Nesthocker mit 2 kalkigen Spritzen auf Unter- u. Oberschnabel, um damit andere Nestinsassen töten zu können. Nach reichl. 5 Wochen ausfliegend.

Indien-Brillenvogel *(Zosterops palpebrosus)* → *Zosterops*

Indienscharbe *(Phalacrocorax fuscicollis)* → *Phalacrocorax*

Indigofink *(Passerina cyanea)* → *Passerina*

Indigostirnamazilie *(Amazilia cyanifrons)* → *Amazilia*

Indigostirnchen *(Amazilia cyanifrons)* → *Amazilia*

Indische Glanzkrähe, NN → Glanzkrähe

Indischer Ibisstorch *(Mycteria leucocephala)* → *Mycteria*

Indischer Klaffschnabel *(Anastomus oscitans)* → *Anastomus*

Indischer Lappenkiebitz *(Lobivanellus indicus)* → *Lobivanellus*

Indischer Marabu *(Leptoptilos dubius)* → *Leptoptilos*

Indischer Nimmersatt *(Mycteria leucocephala)* → *Mycteria*

Indischer Paradiesschnäpper *(Terpsiphone paradisi)* → *Terpsiphone*

Indisches Bambushuhn, NN → Gelbbrauen-Bambushuhn

Indisches Bankivahuhn → Bankivahuhn

Infektiöse Laryngotracheitis. Blutige Entzündungen in Kehlkopf u. Luftröhre von Hühnern u. Fasanen ↗ führen über Atemnot u. Sekundärinfektionen oft zum Tod. Herpes-Viren als Ursache. Einschleppung durch Geflügelzukauf. Impfung der Küken ist möglich.

Infektiöse Leber- u. Milzentzündung der Eulen. Herpes-Virus-Infektion der Eulenvögel ↗ in Europa. Entzündungen des ges. Magen-Darm-Kanals. Hohe Sterberate.

Infektiöse Nekrose der Kanarien → Pseudotuberkulose

Infrarotstrahler. Elektrischer Wärmestrahler zur Aufzucht von Jungvögeln u. zur Therapie-Unterstützung kranker Vögel.

Ingluvitis → Kropfentzündung

Inkakakadu *(Cacatua leadbeateri)* → *Cacatua*

Inkaseeschwalbe *(Larosterna inca)* → *Larosterna*

Inkatäubchen *(Scardafella inca)* → *Scardafella*

Innenvoliere. In einem Raum eingebaute Voliere ↗, meistens wird eine Ecke mitgenutzt. I. soll immer länger als breit sein, hellen, zuggeschützten u. je nach Vogel-A ruhigen Standort haben. Bei Bauüberlegungen gilt es die artgerechte Einrichtung (Landschaftsvoliere ↗), Schmutz (Spelzen, Sand, Wasserspritzer usw.), Geruch u. Nagebedürfnis zu berücksichtigen. Wird häufig auch im Anschluß an Außenvolieren ↗ gebaut, z. B. in einem Schutzhaus ↗.

Insecta, Kerbtiere, Kerfe, Insekten. Die Anzahl der in der Vogelhaltung u. Vogelzucht als Futter einsetzbaren An ist praktisch unbegrenzt. Dabei kann der Lebensraum des gehaltenen Vogels wertvolle Hinweise auf den Einsatz bestimmter I.-An geben. So werden Bodenbewohner vorwiegend Boden-I., Wasservögel vorwiegend I. des Wassers u. der Uferzone u. gewandte Flieger Flug-I. erbeuten. Je natürlicher die Haltung des Vogels gestaltet wird, um so mehr wird er in die Lage versetzt, sich mit I.-Nahrung selbst zu versorgen. Das trifft bes. auf die Haltung in Volieren ↗, Ausläufen u. auf Wasserflächen zu. Durch gezielten Fang von I. u. ihren Entwicklungsstadien wird das Angebot ergänzt u. bereichert. Für Vogel-An, die sich überwiegend von I. ernähren, ist das Anlegen einer Futtertierzucht meist unumgänglich (s. auch Lichtfalle; Wiesenplankton).

Insekten → Insecta

Insektenfresser. In der Vogelhaltung gebräuchl. Bezeichnung für Vögel, die sich überwiegend durch Insekten ↗ u. andere Futterstoffe tierischen Ursprungs ernähren. Sie sind an ihrem relativ dünnen, oft langen Schnabel u. der flachen Kopfform zu erkennen. Meist verzehren I. auch weiche pflanzl. Futterstoffe, z. B. Beeren. Diesen Umstand macht man sich bei der Bereitung eines eiweißreichen Futters zunutze, indem man ein sog. Weichfutter als Mischung anbietet. Danach werden I. auch oft als Weichfutterfresser bezeichnet. I. sind meist nicht in der Lage, Samen u. harte Früchte als Nahrungsquelle zu nutzen. Allerdings gibt es bei vielen Vogelgruppen fließende Übergänge. Gegensatz zu I. → Körnerfresser.

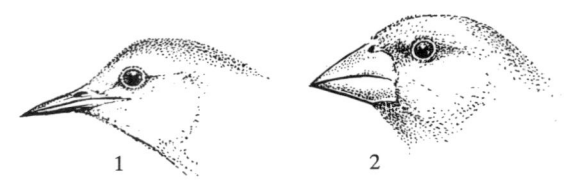

Schnabelformen.
1 Insektenfressertyp, 2 Körnerfressertyp

Insektenschrot. Frisch gefangene Insekten werden nach Überbrühen od. Abtöten in trockener Hitze bei einer Mindesttemp. von 100–105 °C mehrstündig getrocknet. Nach mechanischem Zerreiben in einem Sieb ergeben sie einen hochwertigen lagerfähigen Zusatz zum Weichfutter ↗. Bei milder Trocknung unter Zimmertemp. werden evtl. anhaftende Keime nicht abgetötet, u. es bleibt oft eine relativ hohe Restfeuchte zurück. Auch abgestorbene Imagines der Eintagsfliege *(Ephemera vulgata)* werden oft zu Schrot verrieben u. als Weißwurmschrot in den Handel gebracht. I. ist in verschlossenen Behältern trocken zu lagern.

Inseleule *(Otus rutilus)* → *Otus*

Inselstar *(Aplonis cantoroides)* → *Aplonis*

Intensivhaltung des Geflügels. Im Gegensatz zu der extensiven Geflügelhaltung (Stall, Auslauf mit z. T. individueller Futtersuche im Freien) ist die I. d. G. ausschließl. auf Stallhaltung unabhängig von natürlichen Bedingungen orientiert. Durch sie ist es möglich geworden, den erhöhten Bedarf an Geflügelerzeugnissen kontinuierlich über alle Jahreszeiten zu decken. Es wird zwischen Bodenintensiv- u. Käfighaltung unterschieden. Intensiv wird vor allem das Wirtschafts- od. Nutzgeflügel gehalten: Huhn, Ente, Gans, Pute, Wachtel, Taube. Die Haltungsformen richten sich nach der jeweiligen Produktionsrichtung, wie Elterntierhaltung, Bruteierproduktion, Konsumeierproduktion, Geflügelmast. Wachtel: Zur Produktion von Lebensmittel wird die Japanische Wachtel *(Coturnix coturnix japonica)* verwendet. Zucht- u. Legewachteln werden in Käfigen bei einer Besatzdichte von 8—14 Tieren/Käfig (40 × 50 × 20 cm) gehalten. Jungmastwachteln erreichen in 50—65 Tagen mit 90 g, Fleischwachteln mit 130 g die Schlachtreife.

Interkanaria. Wettbewerb der sozialistischen Länder, der seit 1975 turnusmäßig in einem anderen Land ausgetragen wird. Gilt nur für Gesangskanarien. Es wird der beste Züchter u. das beste Land ermittelt. Wird jährl. vom I.-Bund vergeben.

The International Council for Bird Preservation (ICBP). Internationale Organisation zum Schutz der Vogelwelt, Gründung 1922, u. a. von T. GILBERT PEARSON, Präsident der National Audubon Society, VISCOUNT GREY of FALLODON, Großbritannien, u. JEAN DELACOUR, Frankreich. Älteste internationale Schutzorganisation der Welt. Nimmt seit der Gründung eine hervorragende Rolle bei der Erhaltung von Vögeln auf allen Kontinenten u. Ozeanen ein. War erfolgreich bei der Einrichtung zahlreicher Naturreservate in bedrohten Gebieten, bei der Ausarbeitung internat. Abkommen über den Schutz von Zugvögeln u. bei der Förderung ökologischer Forderungen für gefährdete An, bei der Aufklärung von Regierungen u. Völkern der Welt über den notwendigen Schutz der Vögel u. ihrer Lebensräume. Der Rat ist die Zentrale der 65 nationalen Sektionen, die wiederum die führenden ornithol. u. Schutzorganisationen ihrer Länder enthalten. Diese Sektionen sind sowohl Sammelstelle für nationale Meinungen u. Informationen als auch Verbindung für gemeinsames Handeln auf internat. Ebene. Obwohl die Einrichtung der nationalen Sektionen von den einzelnen Ländern bestimmt werden, besteht das Ziel, sie auf eine breite Arbeitsbasis zu stellen, so daß neben dem Schutz von An u. ihrer Biotope auch wissenschaftl., weidmännische, landwirtschaftl. u. andere tangierende Interessen verfolgt u. einbezogen werden können. Auf internat. Ebene ist die ICBP eng mit der IUCN ↗ u. mit dem WWF ↗ verbunden. Die ICBP übernimmt vom IUCN Belange der Erhaltung von Vögeln in ihre Verantwortung u. steht dem WWF bei betreffenden Aufgaben beratend zur Seite. Einer der größten Schwerpunkte der ICBP besteht in der Unterstützung der nationalen Sektionen in ihren Bemühungen um den Vogelschutz u. die Kooperation zwischen Ländern u. Kontinenten zu ermöglichen. In über 50 Jahren hat die ICBP in großem Umfange an Erhaltungsmaßnahmen mitgewirkt, von internat. Maßnahmen zum Schutze der Meere vor Ölverschmutzungen bis hin zur Intervention auf hohen politischen Ebenen, um anstehenden Gefahren für gefährdete An im voraus zu begegnen. Zu diesen Leistungen zählen die Organisationen weltweiter Konferenzen über den Status von Vögeln, z. B. die Weltkonferenz über Greifvögel 1975 in Wien; Publikationen u. Unterstützung von Büchern, die Erhaltungsmethoden u. anderweitige Schutzbemühungen um spez. Vogelgruppen beschreiben, z. B. «Flamingoes» von KEAR u. DUPLAIX-HALL, «A Guide to the Birds of Panama» von RIDGELY; bei Gesetzgebungen u. internat. Abkommen über Vögel beratend zur Seite zu stehen, z. B. Abkommen der USA u. Japans über Zugvögel; Ausarbeitung des Bandes über Vögel in der Red Data Book ↗-Reihe; Organisation von Arbeitsgruppen für Vogel-An, deren Erhaltung bes. Aufmerksamkeit gilt, z. B. Greifvögel ↗, Kraniche ↗, Papageienvögel ↗. Die Arbeit der Gruppen besteht in der Sammlung von Informationen, Einleitungen von Erhaltungsmaßnahmen u. Beratung des IUCN u. WWF. Typische Forschungs- u. Erhaltungsvorhaben, die von der ICBP in den letzten Jahren entwickelt od. finanziert wurden, betreffen u. a. Abbott-Tölpel (Weihnachts-Insel), Tyrannenadler (S-Mexiko bis Paraguay), Kokardenspecht (SO-USA) u. die Amazonen ↗ der Kleinen Antillen. Ein hervorragendes Beispiel der Arbeit der ICBP ist das Programm für den Schutz der Vogelwelt der Inseln des Indischen Ozeans. Z. B. kaufte 1968 die britische Sektion der ICBP Cousin Island (Seychellen), auf der neben vielen anderen Vögeln der hochgradig gefährdete Seychellenrohrsänger endemisch vorkommt. Inzwischen hat sich seine Zahl von 30 auf über 400 Vögel erhöht. Ein weiteres Beispiel sind ökologische Studien der bedrohten Vögel von Mauritius (Mauritius-Turmfalke, Rosataube, Mauritiussittich). Heute werden die An mit Unterstützung der Regierung von Mauritius erfolgreich in Gefangenschaft mit Ziel der Rückführung in die Natur gezogen.

International Crane Foundation (ICF). Weltzentrum für die Erforschung u. Erhaltung aller An der Kraniche ↗, außerdem schließt die Arbeit gefährdete Ibisse ↗ u. Störche ↗ ein. Gründung 1973. Sitz der Zentrale in Baraboo/Wisconsin, USA, Zweigstellen in der BRD (Vogelpark Walsrode ↗) u. Japan. Mitarbeiter in Korea, China, Indien, der UdSSR u. in vielen anderen Ländern der Welt. Hauptanliegen sind die Fortpflanzung von Kranichen in Gefangenschaft, Erforschung der Lebensweise der Vögel u. ihrer Habitate, Schutz ihrer Habitate, Vergrößerung von Wildpopulationen gefährdeter An.

International Foundation for the Conservation of Birds (IFCB). Gründung 1922. Die Stiftung unterstützt u. finanziert Projekte, die sich mit der Aufzucht von Vogel-An in Gefangenschaft befassen, vor allem von gefährdeten Spezies, ferner aussichtsreiche Projekte, die sich mit Feldstudien zur Erforschung von Verhaltensweisen, Habitaten, Nahrung u. anderen Faktoren beschäftigen, die zur Erhaltung freilebender Vogel-An bedeutungsvoll sind, bes. gefährdeter An. Außerdem werden ganz spez. Forschungsprogramme zur Aufzucht od. Konservierung von Vogel-An — vorwiegend der gefährdeten — unterstützt. Förderung erfahren gemeinsame Projekte, an denen Vogelzüchter, Ornithologen, Veterinärmediziner, Regierungsbeamte, interessierte Laien u. Zoologen beteiligt sind. Es wird nach einem sorgfältig ausgearbei-

International Union for Conservation of Nature and Natural Resources

Türkis-Irene

tetem Programm vorgegangen. Hierbei geht es stets um die Aufzucht von gefährdeten u. im Bestand rapide zurückgehender Vögel in Gefangenschaft.
Für alle Projekte werden vierteljährl. Berichte ausgearbeitet, ferner gibt es für jedes Projekt einen Abschlußbericht. Die Forschungsergebnisse werden in wissenschaftlichen Fachzeitschriften ausgewertet.

International Union for Conservation of Nature and Natural Resources (IUCN). Internationale Union für die Erhaltung der Natur u. der Naturschätze mit Sitz in Morges (Schweiz). 1948 in Fontainebleau unter dem Namen UICN (Union Internationale pour la Conservation de la Nature et de ses Ressources) gegründet, bekannter unter dem engl. Namen IUCN. Internat. Dokumentations- u. Koordinierungszentrale für den Naturschutz. Gibt u. a. die Reihe Red Data Book ↗ heraus. Ihr Exekutivrat hat Beraterfunktion bei der UNESCO (Organisation für Erziehungswesen, Wissenschaft u. kulturelle Angelegenheiten der Vereinten Nationen) u. weiteren UN-Organisationen.

International Wildfowl Research Bureau (IWRB). Internat. Organisation zur Erforschung der Wasservögel mit Sitz in Le Sambuc (Frankreich).

Ioras → *Aegithina*

Irania. G der Muscicapidae ↗. 1 A. Kleinasien, Libanon u. Kaukasus durch Transkaspien, Iran bis in das nö. Afghanistan, Tadschikistan, S-Kasachstan. Gebirgsvögel, bewohnen felsiges u. steiniges, mit Büschen u. Bäumen bestandenes Gelände. Im Winter im öst. Afrika. Irrgast in Schweden u. Griechenland. Sehr selten auf dem europ. Vogelmarkt. Pflege s. *Calliope*.
— *I. gutturalis*, Weißkehlsänger, Iranie. ♂: Kopf- u. Kehlseiten schwarz, Überaugenstreif u. dreieckförmiger Kehlfleck weiß. OS blaß schiefergrau, Schwanz schwarz. US ockerfarben, nur Bauch u. Unterschwanzdecken weiß. ♀: Kopf- u. Kehlseiten u. OS bräunlichgrau. Nur angedeuteter Überaugenstreif. Kehle weißlich, sonst US rostfarben verwaschen. Nach E. J. O. HARTERT besteht der Gesang aus prachtvollen glockenartigen Tönen, der mit dem der Nachtigall wetteifern könnte, wenn er länger wäre.

Iranie (*Irania gutturalis*) → *Irania*
Irena (*Irena puella*) → *Irena*
Irena. G der Irenidae ↗. 2 An.
— *I. puella*, Irena, Türkis-Irene, Elfenblauvogel. ♂: Kopf-OS, Nacken, Rücken u. Bürzel emailähnl. blau, übriges Gefieder samtschwarz. Schnabel schwarz. Auge rot. Füße schwarz. ♀: grünlichblau, Schwingen mit dunkelbraunen Säumen. Juv. ähnl. ♀. 26 cm. UAn. S-, SW-Indien, SO-Nepal bis Indochina u. Malaysia; Andamanen u. Nikobaren; Sumatera, Java, Palawan, Balabac u. Calamianes-Inseln. (Philippinen). Einige Male gezüchtet. Juv. werden in den ersten Lebenstagen von Eltern nur mit lebenden Kerfen gefüttert, später werden auch rohes Fleisch u. Früchte genommen. Nestlinge fliegen nach ca. 14 Tagen aus, noch unvollständig befiedert. Nach 4 Wochen volle Größe u. vollständiges Federkleid, ab 6. Lebenswoche selbständige Futteraufnahme. Manchmal 2. Jahresbrut.

Irenen → Irenidae
Irenidae, Irenen, Feenvögel. F der Passeriformes ↗. 1 G, 2 An. Reichl. starengroß, farbschön. S-Asien, Malaiische Inselwelt. Leben paarweise od. in Trupps im tropischen Urwald. Nahrung Früchte, die I. von N-Kalimantan verzehren auch Insekten. Nest flacher Napf aus Wurzeln, loser Bau, innen mit feinen Würzelchen ausgekleidet. Gelege 2—3 blaßgraue Eier mit brauner, purpurner u. grauer Zeichnung. Schlupf nach 13 Tagen. Mehrere UAn von *Irena* ↗ regelmäßig auf europ. Vogelmarkt. Warme Unterbringung, am besten in pflanzenreicher Voliere ↗. Eingewöhnung schwierig, da sie anfangs überwiegend nur Früchte nehmen. Umstellung auf handelsübl. Insektenfutter vermischt mit geschabtem rohen Fleisch, Magerquark u. Eigelb bereitet manchmal Schwierigkeiten, ist aber notwendig. Außer diesem Futter später auch noch Fruchtstückchen u. Beeren nach jahreszeitl. Angebot, zerkleinerte Datteln u. Rosinen reichen, zusätzl. Mehlkäferlarven ↗ u. Pinkies ↗. I. gut für Vogelgesellschaften geeignet, z. B. in Gemeinschaft mit Tangaren ↗, Nektarvögeln ↗, Kolibris ↗, kleinen Täubchen.

Iridophanes pulcherrima, NN → *Tangara pulcherrima*

Irislori (*Trichoglossus iris*) → *Trichoglossus*

IRV. Internationaler Rat für Vogelschutz, deutscher Name für ICBP ↗.

Isabellschmätzer, Isabellsteinschmätzer (*Oenanthe isabellina*) → *Oenanthe*

Isabelltangare (*Tangara cayana*) → *Tangara*

Isabellwürger → Rotrückenwürger

Ispidina. G der Alcedinidae ↗. 1 A. Äthiopis von Senegal u. Äthiopien bis Angola, N-Transvaal u. durch Natal bis zur O-Kapprovinz. In Wäldern u. baumreichen Gebieten, mitunter weitab von Gewässern anzutreffen. Dünner, quiekender Ruf. Erbeuten Insekten, vor allem Heuschrecken, u. Schlangen auf

Grasland im Sturzflug, an Gewässern auch Fische. 4—6 reinweiße, fast runde Eier. Brutdauer 18 Tage. Welterstzucht 1963 von E. M. BOEHM (USA). Weitere Zuchterfolge 1963 Zoo Trenton (USA); 1969 u. folgende Jahre Zoo Frankfurt/M.; 1976—1978 Vogelpark Walsrode ↗.
— *I. picta*, Natalzwergfischer, Zwergeisvogel, Zwergkönigsfischer. ♂ u. ♀: oberseits glänzend türkisblau, Kopf-OS schwarz gesperbert. Kehle weiß. US u. Kopfseiten rostrot. Haube fehlt. Schnabel karminrot. Unterschnabel bei ♀ stärker gekielt als bei ♂. Füße orange. 10—13 cm. UAn.

Italiensperling *(Passer d. italiae)* → *Passer*
Ithagininae, Blutfasanen. UF der Phasianidae ↗. 1 G *Ithaginis* ↗, 1 A.
Ithaginis, Blutfasanen. G der Ithagininae ↗. 1 A mit 10 UAn. 39—48 cm. Mit gerundetem 14federigen Schwanz. Die äußere Form sehr an Feldhühner erinnernd. Das weiche Gefieder besteht größtenteils aus lanzettförmigen Federn. ♂ u. ♀ tragen auf dem Oberkopf eine dichte aufrichtbare Federholle. ♂: zeigt im Gefieder einzigartige blutrote u. hellgrüne Farbtöne. ♀: unscheinbar braun mit unregelmäßiger Kritzelzeichnung. Himalaja u. Tibet bis Kansu, Hunan, Yünnan, NO-Burma. Bewohner feuchter subalpiner Gebirgswälder in Höhenlagen zwischen 2 700 u. 4 200 m ü. NN. Fn-Verband verständigt sich durch schrille Pfiffe. Nahrung vorwiegend junge Triebe versch. Pflanzen, Samen u. Insekten. Balz ähnelt der des Koklasfasans ↗. ♂ umwirbt ♀ mit gesträubter Holle, schleifenden Flügeln u. ausgebreitetem Schwanz. ♀♀ legen ihre Nester als flache Mulde in dichten Unterholz an. Gelege 5—12 variabel gezeichnete isabell- bis dunkelorangegelbe Eier mit unregelmäßiger dunkelbrauner Musterung. Nur ♀ brütet, Schlupf nach 27—29 Tagen.
Geräumige grasbewachsene Ausläufe notwendig. In M-Europa winterhart. Fütterung wie bei G *Pucrasia* ↗ beschrieben. Zur Zucht paarweise Haltung vorteilhaft. Ad. Gefieder u. Zuchtfähigkeit im 1. Lebensjahr. Mehrfach in Europa gezüchtet.
— *I. cruentus*, Nepal-Blutfasan. ♂: Stirn u. Gesicht schwarz, Oberkopf hellbraun, Holle grau mit weißen Schaftstrichen, Kinn schwarzrot, Kehle karminrot gesprenkelt. Kopfseiten u. Hals schwarzweiß. Oberbrust hellgrün, teilweise karminrot gefleckt. Unterbrust u. Seiten gründunkle Säumung. Unterbauch isabellfarben, Schenkel grauweiß gestrichelt. Unterschwanzdecken karminrot mit hellgelben Spitzen Mantel grau mit weißen an den Spitzen schwarzgesäumten M-Streifen. Flügeldecken mit breiten grünweißen Schaftstreifen. Hand- u. Armschwingen dunkel. Lange Schwanzdecken, breite karminrote Säumung. Schnabel schwarz, Zügel, Lidhaut, Augenumgebung u. Füße leuchtend rot. Letztere mit mehreren Sporen. ♀: Stirn, Gesicht u. Kehle kastanienbraun, teilweise mit rotem Anflug; Haube u. Nacken grau. OS braun mit dunkler Wellenzeichnung. US rötlichbraun, an Flanken unregelmäßig gewellt. Schnabel schwarz, Spitze u. Basis rötlich. Wachshaut u. Schnabelwinkel gelblichrot. Füße leuchtend rot. Juv. Kopf u. Kehle isabellfarben. Schwarzer Streif von Schnabelwurzel bis Nacken. Übriges Dunengefieder braun mit dunklerem Rückenmittelstreif. Schnabel orangerot. Füße rötlich ockerfarben. Geschlechtsunterscheidung im Alter von 10 Tagen an dunklerer Gesamtfärbung der ♂♂ möglich. 48 cm ♂, 42 cm ♀, UAn. N-Nepal bis NW-Bhutan. Bewohner feuchter subalpiner Gebirgswälder mit Bambus-Unterwuchs. In höheren Lagen bevorzugt Rhododendron u. Wacholderbestände mit anschl. Gebirgswiesen in Höhenlagen bis 4 200 m ü. NN. An den Verbr.-Grenzen der einzelnen UAn vielfache Mischpopulationen bekannt. *I. c. tibetanus*, Tibet-Blutfasan. ♂: i. U. zu Nominatform mit roter statt schwarzer Stirn- u. Gesichtsbefiederung. Grünliche Brustfedern mit sehr breiten roten Rändern. ♀: dunklere Gesamtfärbung, US stärker gemustert. Bhutan u. S-Tibet. *I. c. kuseri*, Assam-Blutfasan. ♂: ausgedehntere Rotfärbung auf Kopf u. Brust. Von Hinterhalsseiten über Oberbrust schwarzes Band, welches das Rot von Kehle u. Brust trennt. Flügeldecken u. US dunkelgrün. ♀: dunkler als ♀ der UA *tibetanus*. Tibet u. Himalaja öst. der UA *tibetanus* bis zum Mekong u. NW-Burma. *I. c. marionae*, Vernay-Blutfasan. ♂: vorgenannter UA recht ähnl., schwarzes Brustband vielfach mit roten Federn durchsetzt, ebenso Überaugenstreif. OS schmal weißgestreift. ♀: nicht von UA *kuseri* unterschieden. NO-Burma bis Yünnan (VR China). *I. c. rocki*, Rock-Blutfasan. ♂: weniger rot auf der Brust als UA *kuseri*. Ebenso tritt der Schwarzanteil an Hals u. Kehle zurück. Holle mit langen zerschlissenen Federn. ♀: nicht beschrieben. NW-Yünnan (VR China). *I. c. clarkei*, Clarke-Blutfasan. ♂: noch längere u. zerschlissenere Befiederung von Holle u. Nacken. Stirn schwarz. Sehr geringer Rotanteil auf Kinn, Kehle u. Brust. ♀: mehr graubraune Gesamtfärbung, mit längerer grauer Holle u. Ohrdecken. NW Yünnan im Likiang Gebirge (VR China). *I. c. geoffroyi*, Geoffroy-Blutfasan. ♂: Kehle u. Oberbrust grau, Rotfärbung fehlt. Hollen u. Nackenfedern kurz. ♀: wie UA *clarkei* mit kürzerer Holle u. etwas mehr Graufärbung. N- u. O-Likiang (VR China). *I. c. berezowskii*, Berezowski-Blutfasan. ♂: Holle bis 7 cm lang, bräunlichschwarz. Oberkopf grau mit weißen Schaftstreifen schwarz eingefaßt, auf Bürzel u. Oberschwanzdecken grün schimmernd. Armschwingen u. Flügeldecken rotbraun. Übrige Schwingen dunkelbraun mit weißen Schäften u. weißlichen Säumen. Schwanz grau, bis auf die beiden äußersten mit purpurn schimmernden roten Säumen, ebenso lange Oberschwanzdecken. Kopfseiten u. Kehle schwarzbraun mit rotem Anflug. Vorderbrust u. Flanken hellgrün, teilweise mit dunklen Säumen. Brust u. Unterkörper graubraun, Schenkel mit hellen Schaftstrichen. ♀: Holle bis 7 cm lang, aschgrau. Ohrdecken schwarzbraun, an den Spitzen heller gefleckt. Gesamtfärbung dunkelgraubraun, unregelmäßig schwarzbraun gewellt. N- u. NW-Szetschuan, S-Kansu (VR China). *I. c. beicki*, Beick-Blutfasan. ♂: nur von UA *berezowskii* durch hellere rotbraune, grün schimmernde Flügeldecken unterschieden. ♀: mehr grau gefärbt als vorgenannte UA. NO-Tsinghai bis Kansu (VR China). *I. c. michaelis*, Bianchi-Blut-

Ituri-Grünköpfchen

fasan. ♂: OS fahler grau u. Schaftstreifen grünlich. Sonst UA *beicki* sehr ähnl. ♀: nicht beschrieben. Nanschan Gebirge (VR China). *I. c. sinensis*, David-Blutfasan. ♂: OS dunkelgrau mit schmaler weißer Schaftzeichnung u. breiten schwarzen Säumen. Flügeldecken rotbraun ohne Grünschimmer. ♀: Gesamtfärbung mehr hellbraun. OS mit Weißsprenkelung. S-Schensi u. SW-Honan (VR China).

Ituri-Grünköpfchen, UA → Grünköpfchen
IUCN → International Union for Conservation of Nature and Natural Resources
IWRB → International Wildfowl Research Bureau
Ixobrychus, Zwergdommeln. G der Ardeidae ↗. 9 An. 30—36 cm. Kleinste Reiher. Keine Schmuckfedern. Meist An mit Sexualdimorphismus in Färbung. Auf allen Erdteilen vertreten. Bewohnen große u. kleine Gewässer, Voraussetzung, daß dichte Vegetation mit Gebüsch vorhanden ist. Gelege 5—6 (4—7) weiße Eier. Brutdauer 17—19 Tage. ♂ u. ♀ brüten u. betreuen die Jungen. Junge verlassen Nest zeitweilig schon mit 5—6 Tagen. Flugfähig mit 1 Monat.
— *I. minutus*, Zwergdommel. ♂: OS überwiegend schwarz, US rahmfarben. ♀: Kopfplatte schwarz, übrige OS bräunlich, unterseits ockerfarben. Juv. ähnl. ♀ mit bräunlicher Fleckung u. Streifung. 36 cm. Bewohnt Europa, Afrika, Madagaskar u. Asien bis zum Ob u. bis NW-Indien. Zugvogel ↗ bis Afrika. Sorgfältige Eingewöhnung mit Mehlwürmern u. Heimchen u. kleinen Fischen. Zucht in Volieren mehrfach gelungen.

Jabiru *(Jabiru mycteria)* → Jabiru
Jabiru. G der Ciconiidae ↗. 1 A. S-Mexiko bis Argentinien. In wasserreichen offenen Gebieten, an Flußufern u. in Sümpfen. Nahrung Fische, Amphibien u. a. Wassergetier. Nest auf hohen Bäumen. Eier grünlich weiß.
— *J. mycteria*, Jabiru. ♂ u. ♀: nackter Kopf u. Hals schwarz. Kropfgegend orangerötlich. Halskrause, Flügel u. US weiß. Schnabel klobig. 140—150 cm.
Jacamaralcyon. G der Galbulidae ↗. 1 A. SO-Brasilien.
— *J. tridactyla*, Dreizehenglanzvogel. OS stahlblau glänzend. Brauner Kopf mit heller Fleckung. Grauschwarze Körperseiten. US in der Mitte weiß. ♂ weiße, ♀ braune Kehle. Schlanker Schnabel. 1. Zehe fehlt. Nur 10 Schwanzfedern, da beide äußeren fehlen. 20 cm.
Jacamerops. G der Galbulidae ↗. 1 A. Kostarika u. Panama bis W-Ekuador; N-Bolivien, zum Amazonas-Gebiet u. Goiás.
— *J. aurea*, Breitmaul-Glanzvogel. ♂ u. ♀: grünschillernd, goldener Rücken, rotbraune Brust u. Bauch. ♂ Kehle weiß, ♀ bräunlich. Breiter, flacher Schnabel, nicht länger als der Kopf. 12federiger Schwanz, lang u. abgestuft. 30 cm. UAn.
Jacana. G der Jacanidae ↗. 2 An. M- u. S-Amerika.

— *J. jacana*, Rotstirn-Jassana. ♂ u. ♀: Kopf, Hals, Brust, Bauch schwarz; Rücken, Flügel, Bauchseiten rotbraun. Schnabel gelb; 2zipfliger roter Stirnlappen. Sporn am Flügelbug. 24 cm. UAn. Panama bis Argentinien u. Uruguay.

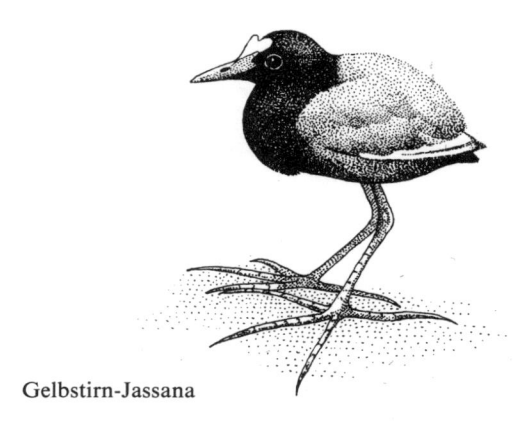

Gelbstirn-Jassana

— *J. spinosa*, Gelbstirn-Jassana. ♂ u. ♀: zimt- bis kastanienbraun; an Kopf u. Hals schwarz; grünlichgelbe Schwungfedern mit dunklem Rand. 3zipfliger gelbroter Stirnlappen. Sporn am Flügelbug. 24 cm. UAn. Mexiko bis W-Panama, Große Antillen.
Jacanae, Blatthühnchen. UO der Jacaniformes ↗. 1 F, 6 Gn, 8 An. Pflege s. Jacanidae ↗.
Jacanidae, Blatthühnchen. F der Jacaniformes ↗. 6 Gn (*Jacana* ↗, *Actophilornis* ↗, *Hydrophasianus* ↗, *Metopidius* ↗, *Irediparra*, *Microparra*), 8 An. 24—30 cm. Rallenähnl. ♂, ♀ gleichgefärbt; ♂ kleiner. Langbeinig mit extrem langen Zehen u. Hinterkrallen (über 10 cm). Sü. N-Amerika, M- u. S-Amerika, Antillen, Afrika, Madagaskar, S-Asien, Philippinen, Australien, Neuguinea. In wärmeren Gebieten in flachen Uferzonen ruhiger mit Schwimmpflanzen dicht bedeckter Gewässer. Laufen, zuweilen unter Zuhilfenahme der Flügel, geschickt über schwimmende Blattschichten. Vermeiden auf festem Boden zu laufen. Fliegen gern, bei Gefahr tauchend. Stimme laut, schrill, manchmal katzenähnl. miauend. Nahrung Kleingetier aller Art, Fischchen, Samen von Wasserpflanzen. Kunstloses Nest auf Schwimmblättern. Bis 4 gelbliche, schwarz gefleckte Eier. Brutdauer 22—24 Tage. ♀ versorgt mehrere ♂ ♂ mit Gelegen. ♂ brütet u. treibt Brutfürsorge; oft 2 Bruten nacheinander. Gestreifte Dunenjunge Nestflüchter, können sofort schwimmen. Nach Brutzeit sehr gesellig in kleinen Völkern zusammen. Gelangen nur selten in Tierhandel. Selbst in Tiergärten noch verhältnismäßig selten (z. B. Tierpark Berlin: Rotstirn- u. Gelbstirn-Jassana ↗, Blaustirn-Blatthühnchen ↗, Wasserfasan ↗, Hindublatthühnchen ↗. Zoo London: Wasserfasan. Zoo Wassenaar: Gelbstirn-Jassana). In Freiflughallen mit künstlichen Gewässern. Nicht kalt halten. Fütterung Insekten u. Insektenschrot ↗, Hartei, Mahlfleisch, Mehlwürmer, gekochter Reis od. gekochte Feinnudeln mit frischen Ameisenpuppen. Weiches od. aufgebrühtes Getreide eingemischt u. feinstzerschnittenes saftiges Grün. Auch rohe, aufgequollene Reiskörner, bes. für Wasserfasan. Zucht nur in Einzelfällen gelungen (z. B. Zoo Philadelphia mit Rotstirn-Jassana).

Jacaniformes. O Blatthühnchenartige. 2 UOn, Jacanae ↗, Rostratulae ↗. Pflege s. Jacanidae.
Jacksons Bergastrild *(Cryptospiza jacksoni)* → *Cryptospiza*
Jacksontoko *(Tockus deckeni)* → *Tockus*
Jacksonweber *(Textor jacksoni)* → *Textor*
Jacksonwida, NN → Leierschwanzwida
Jacobinerkuckuck *(Clamator jacobinus)* → *Clamator*
Jagdelster *(Cissa chinensis)* → *Cissa*
Jagdfasan *(Phasianus colchicus)* → *Phasianus*
Jagdkitta, NN → Jagdelster
Jägerliest *(Dacelo novaeguineae)* → *Dacelo*
Jahresgast. Vögel, die das ganze Jahr anzutreffen sind, aber nicht brüten.
Jahrvogel *(Rhyticeros undulatus)* → *Rhyticeros*
Jakamare → Galbulidae
Jakarini *(Volatinia jacarina)* → *Volatinia*
Jakarinifink *(Volatinia jacarina)* → *Volatinia*
Jako, NN → Graupapagei
Jakobinerkolibri *(Florisuga mellivora)* → *Florisuga*
Jallastar → Elsterstar
Jamaicaamazone *(Amazona collaria)* → *Amazona*
Jamaicafink *(Tiaris bicolor)* → *Tiaris*
Jamaicataube *(Leptotila jamaicensis)* → *Leptotila*
Jamaicazuckervogel, NN → Braunlätzchen
Jamaica-Zwergralle, NN → Schieferralle
Jamaika-Erdtaube *(Geotrygon versicolor)* → *Geotrygon*
Jamaikakolibri *(Trochilus polytmus)* → *Trochilus*
Jamaikaorganist, NN → Gimpelorganist
Jamaikasittich *(Eupsittula nana)* → *Eupsittula*
James-Flamingo *(Phoenicopterus jamesi)* → *Phoenicopterus*
Jamesonamarant *(Lagonosticta r. jamesoni)* → Rosenamarant
Jandaya-Sittich, UA → Sonnensittich
Japanbrillenvogel *(Zosterops japonicus)* → *Zosterops*
Japanbuschsänger *(Cettia diphone)* → *Cettia*
Japanisches Mövchen. Entstammt keiner Wildvogelart. Es ist das Zuchtprodukt mehrerer An bzw. UAn der G *Lonchura* ↗. Besonders fällt die Ähnlichkeit mit *Lonchura striata* ↗ auf. Es wurde bereits vor Jh. in China zum Haustier, kam später nach Japan u. von dort nach Europa. Den Namen Japanisches Mövchen gab ihm K. Ruß ↗. ♂ von ♀ nur durch Gesang u. Ruf zu unterscheiden. Stets friedlich, anspruchslos, sehr leicht zu pflegen u. zu züchten. Paarweise Haltung, sehr günstig im Käfig ohne andere Mitbewohner. Unterbringung nicht unter 10°C, während der Brut wenigstens 16°C. «Rosettenmövchen» sind während der Brutzeit sensibler als andere Mövchen, ein Paar brütet manchmal nur, wenn es allein in einem Raum gehalten wird (verborgen). Futter → Estrildidae. Allgemein zuverlässige Brüter, am besten paarweise Unterbringung im Käfig, aus Heu Nestmulde im halboffenen Nistkasten formen (Nestbautrieb weitgehend verlorengegangen). Gelege 4–6 weiße Eier, vom 1.Ei brüten ♀ u. ♂ abwechselnd, nachts beide im Nest, oft auch tagsüber. Nestkontrollen werden nicht verübelt. Nach 8–10 Tagen Befruchtung der Eier prüfen (gegen Lampe halten). Schlupf nach 12 Tagen. Aufzuchtfutter: Weichfutter (hartgekochtes Ei durch Haarsieb gedrückt, auf Glasreibe geriebene Möhre, krümeliger Eibiskuit), tägl. erneuern. Grünes. Juv. fliegen nach 24 Tagen aus, nach 3 Wochen selbständig, dann von Eltern trennen, sonst folgende Brut gefährdet. Nach 3.–4. Lebensmonat juv. ♂ ♂ sicher anhand des Gesanges von den ♀ ♀ zu unterscheiden. Nicht vor 1 Jahr brüten lassen. J. M. werden häufig als Ammen für Prachtfinken ↗ verwendet. Nur vertretbar, wenn es sich um Vögel seltener An handelt, denn große Gefahr der Prägung.
Nach den Standards ↗ (s. auch domestizierte Prachtfinken) soll vom Typ das ideale Japan. Mövchen kräftig, kompakt mit breiter Brust u. Schulter sein. Die gerade Rückenlinie verläuft in Höhe der Schwanzwurzel abgewinkelt, die Bauchlinie ist gerundet. Die Flügel sind geschlossen, dürfen nicht hängen od. sich überkreuzen. Schwanz lanzettförmig, mittl. Federn am längsten (Abstufungen gut am gefächerten Schwanz zu beurteilen). Schnabel proportioniert, Färbung von Schnabel u. Füßen entsprechen dem Farbschlag. Ca. 12 cm. Aufrechte Haltung, Körper darf nicht auf der Sitzstange liegen od. zu steil aufgerichtet sein. Lebhaft, vital. Zahlreiche Farbschläge bekannt.
Japankormoran *(Phalacrocorax capillatus)* → *Phalacrocorax*
Japanschnäpper *(Cyanoptila cyanomelana)* → *Cyanoptila*
Japanse Meeuwen Club. Im Nederlandse Bond van Vogelliefhebbers (N. B. V.) organisiert.
Japanwachtel *(Coturnix japonica)* → *Coturnix*
Jardins Weißschwanzkolibri *(Boissonneaua jardini)* → *Boissonneaua*
Jassana → *Jacana*
Java Bankivahuhn → Bankivahuhn
Javabartvogel *(Chotorea javensis)* → *Chotorea*
Javabrillenvogel *(Lophozosterops javanicus)* → *Lophozosterops*
Javabronzemännchen *(Lonchura leucogastroides)* → *Lonchura*
Javaliest *(Halcyon cyanoventris)* → *Halcyon*
Javanische Kitta, NN → Buschelster
Javanischer Marabu *(Leptoptilos javanicus)* → *Leptoptilos*
Jemenastrild *(Estrilda rufibarba)* → *Estrilda*
Jerdon-Bergbronzemännchen, NN → Bergbronzemännchen
Jerdonbronzemännchen *(Lonchura kelaarti)* → *Lonchura*
Jerdonsblattvogel → Blauflügel-Blattvogel
Jobi-Erdtaube, NN → Weißbrusttaube
Jobi-Maleo *(Talegalla jobiensis)* → *Talegalla*
Jobst, Karl-Heinz, geb. 12. 12. 1928 in Niedergebra Krs. Nordhausen. Hauptinteressengebiete: austral. Sittiche ↗, Weichfresser ↗. 1956 Mitglied im Zuchtausschuß der SZG Ziergeflügel u. Exoten, 1957 Kassierer, 1957–1966 Geschäftsführer u. seit 1966 Obmann der SZG. Seit 1959 Mitglied der Zentralen Zuchtkommission des Zentralvorstandes. Jeweils

Jodmangelkropf

goldene Ehrennadel der SZG Ziergeflügel u. Exoten u. der Fachrichtung Z. E. K. VKSK, Ehrenmitglied der SZG Ziergeflügel u. Exoten u. weitere Auszeichnungen.

Jodmangelkropf. Schilddrüsenschwellung durch Jodmangel in bestimmten Gegenden. Der bei Sittichen häufig beschriebene J. wird jedoch in den seltensten Fällen tatsächl. durch Jodmangel verursacht, die Ursachen der Schilddrüsenschwellungen sind noch nicht eindeutig geklärt. Bei der klinischen Vermutung des J. verabreichtes Jod führt bei Überdosierung zum Tod des Vogels. Deswegen muß die Jodverabreichung bei beginnender Kropfeinschmelzung sofort eingestellt werden.

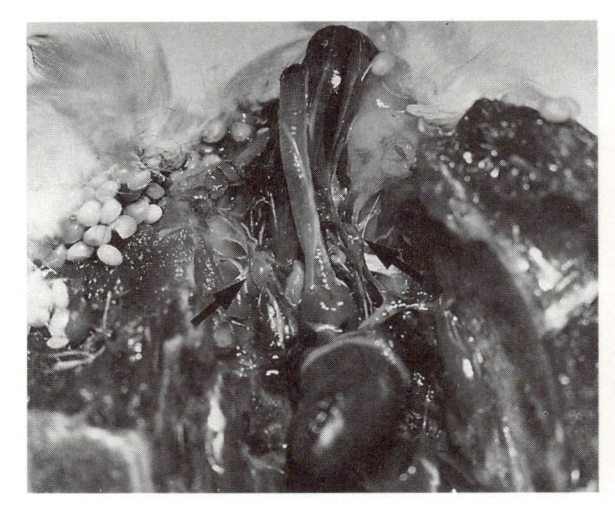

Schilddrüse des Wellensittichs

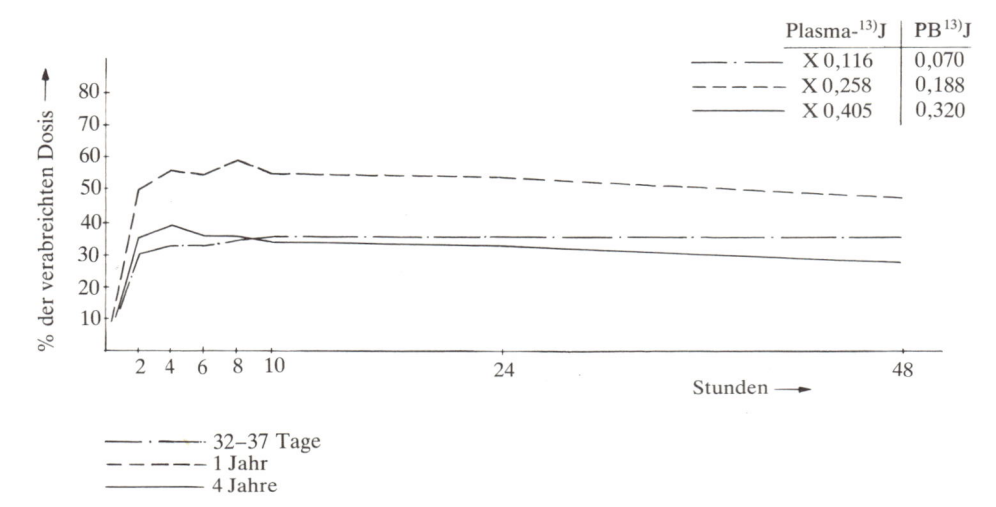

	Plasma-^{13}J	PB^{13}J
— · —	X 0,116	0,070
— — —	X 0,258	0,188
———	X 0,405	0,320

— · — 32–37 Tage
— — — 1 Jahr
——— 4 Jahre

Altersabhängige Schilddrüsenfunktion beim Wellensittich. Jodaufnahme in der Schilddrüse und Hormonwerte im Blut nach 48 Stunden (nach F. ROBILLER)

Johannisdegen-Kolibri *(Doryfera johannae)* → *Doryfera*

Josephinenlori *(Charmosyna josefinae)* → *Charmosyna*

Jotreron. G der Duculidae ↗ (früher zu *Ptilinopus*). 6 An. Inseln in SO-Asien, Neuguinea. Zucht von *J. melanospila*, Schwarznacken-Fruchttaube, gelungen.

Juliakolibri *(Damophila julie)* → *Damophila*

Junco. G der Emberizidae ↗. 3 An. N- u. M-Amerika. Unterbringung in bepflanzter Außenvoliere ↗ mit Schutzraum ↗. Warme Überwinterung. Futter wie *Sporophila* ↗, außerdem Obststückchen u. Beeren nach jahreszeitl. Angebot.
— *J. hyemalis*, Junko, Winterammer. ♂: Kopf schwarzgrau, OS schiefergrau. Kinn, Kehle u. Vorderbrust grau, sonst US weiß, ebenso äußere Schwanzfedern. Schnabel gelblich, dunkle Spitze im Winter. Auge schwarzbraun. Füße hornfarben. ♀ ähnl. ♂, aber heller, Flanken ebenfalls grau. Juv. wie ♀, aber heller, z. T. auch gefleckt. 12–15 cm. 3 Rassengruppen, früher als eigene An angesehen: 1. *hye-*

Schwarznacken-Fruchttaube oder Schwarznacken-Flaumfußtaube

malis, Eigentlicher Junko; 2. *oreganus*, Oregonjunko; 3. *caniceps*, Graukopf-, Rotrückenjunko. Kopf bis Vorderbrust, Flanken u. Bürzel grau, Rücken rotbraun. N-Amerika von N-Alaska bis Labrador, Neufundland, Gebirge von W- u. N-Niederkalifornien, S-Neumexiko, W-Texas, weiterhin bis Minnesota, Wisconsin, mittl. Michigan, S-Ontario, New York u. Connecticut, in den Appalachen bis ins nö. Georgia. Bewohnt Nadel- u. Mischwälder sowohl im Gebirge als auch im Flachland. Im Winter von S-Kanada bis Mexiko. Gesang trillernd. Nest versteckt auf dem Boden aus Halmen, Fasern u. Blättern, gepolstert mit Haaren, kleinen Fasern u. Moos. Gelege 3—5 Eier. Nur ♀ brütet. Juv. schlüpfen nach 12 Tagen, werden von beiden Eltern gefüttert. Nahrungssuche vorwiegend auf dem Boden. Bereits von K. Ruß ↗ gepflegt. Angenehmer, lebhafter, friedlicher Vogel, benötigt größere Voliere ↗, für Käfig ungeeignet. Mehrfach gezüchtet.

Jungfernkranich *(Anthropoides virgo)* → *Anthropoides*

Junghans, Karl, Dr., geb. 20. 5. 1852 in Kassel, gest. 4. 6. 1918 in Kassel. Großer Sachkenner der Vogelpflege, zeichnete sich gleichzeitig auch durch feldornithol. Studien seiner Umgebung aus, wie eine Reihe Publikationen in Zeitschriften belegen. Mitglied der DO-G ↗.

Jungklaus, Friedrich, Dr. Dr., geb. 24. 9. 1875 in Pyritz (Pommern), gest. 9. 1. 1953 in Meesdorf. Studium der Medizin, Geisteswissenschaften u. Zoologie in Berlin, München, Jena. 1905—1929 Oberarzt in Bethel b. Bielefeld. Einer der großen Vertreter der deutschen Jagdwissenschaft, erforschte bes. die Jagdkulturgeschichte der Völker u. kynologisches Gebiet (Geschichte der Bracken). Gleichzeitig galt sein Interesse der Historie der Falknerei u. Beizjagd, war maßgeblich an dem 1923 gegründeten Deutschen Falkenorden beteiligt. Einer der Urheber der modernen Falknerei. Förderte vor allem den Schutzgedanken für Greif- u. Jagdvögel auf Grund ausgezeichneter Kenntnisse über ihre Biologie.

Jungtierschau. Wird nur bei einigen Vogel-An durchgeführt. Sehr bekannt in England die von der B. S. organisierte Young Stock Show (Jungtierschau) od. Nest Feather Show (Nestgefiederschau), die im Juni/Juli des Jahres veranstaltet wird. Dabei soll eine gute od. sehr gute Veranlagung des Jungvogels bereits vom Preisrichter ↗ erkannt u. herausgestellt werden.

Junko *(Junco hyemalis)* → *Junco*

Juwelenkrönchen *(Polyplancta aurescens)* → *Polyplancta*

Jyngidae, Wendehälse. F der Piciformes ↗. Früher zu Picidae ↗ gerechnet, heute von einigen Systematikern auch als UF der Picidae angesehen. 2 An. Europa, Afrika, Asien. Bewohnen zur Brutzeit offene Misch-, Au- u. Laubwälder, Parkanlagen, Alleen, Friedhöfe. Unauffällige Vögel mit eigentüml. Kopfpendeln, das als Abschreck- u. Balzbewegung dient. Nahrung während der Handaufzucht vor allem Ameisen ↗ u. deren Puppen, sonst auch Raupen, Spinnen, Käfer. Höhlenbrüter.

Jynx, Wendehälse. G der Jyngidae ↗. 2 An. Unauffällig, etwa sperlingsgroß mit weichem, eulenarti-

Käfig

315

Wendehals im Jugendkleid

gen Gefieder. Afrika, Europa, Asien mit Überwinterungsgebieten in M-Afrika u. in S-Asien. Schnabel relativ kurz, Zunge weit vorstreckbar wie bei den echten Spechten. Verhalten u. Körperbau spechtartig; Kletterfuß u. Leimrutenzunge, aber ohne Stützschwanz u. Meißelschnabel. Höhlenbrüter. Kaum im Handel.

— *J. torquilla*, Wendehals. ♂: graubraun mit heller US u. komplizierter, dunkler Musterung, die dem Gefieder ein rindenartiges Aussehen gibt. ♀ wie ♂, auf der US aber etwas blasser. Juv. wie Altvögel. 16—17 cm. Von Europa bis O-Asien. Bewohnt Misch-, Au- u. Laubwälder, Parkanlagen, Friedhöfe, Alleen. Bestand gebietsweise abnehmend. Brütet in natürl. u. künstl. Höhlen u. Baumspalten, in Steilwänden, an Gebäuden, oft an niedrigen Standorten. Brutdauer 12—14 Tage; nach Vollendung des Vollgeleges brütet überwiegend das ♀. Juv. fliegen nach 19—21 Tagen aus, werden von beiden Eltern gefüttert. Eingewöhnung problemlos. Haltung paarweise, mit artfremden, körnerfressenden Vögeln verträglich; für $3 \times 2 \times 2$ m große Freilandvoliere mit angrenzendem Schutzraum gegen Zugluft geeignet, frostfreie Überwinterung. Futter Fettfuttergemisch u. Ameisenpuppen aus der Tiefkühltruhe, lebende Ameisen ↗, Blattläuse u. Eichenwickler. Zusammenstellung eines wirklichen Zuchtpaares schwierig. ♂ soll an lauteren Lockrufen in der Balzzeit u. an etwas größerem Körperbau zu erkennen sein. Zuchtversuch mit 1,2 handaufgezogenen Vögeln in $9 \times 6 \times 3$ m großer Freilandvoliere. Gelege aus 7 Eiern. ♂ beteiligt sich nicht am Brutgeschäft u. an der Jungenfütterung.

Kaffernhornrabe *(Bucorvus cafer)* → *Bucorvus*
Kaffernsegler *(Apus caffer)* → *Apus*
Kaffernweber *(Textor c. olivaceus)* → *Textor*
Käfig. Vogelunterkunft in mehreren Varianten (offener Drahtkäfig, Kisten- ↗, Weichfresser- ↗, Tuchkäfig ↗, Vogelvitrine ↗). Das Verhältnis von Länge:Breite:Höhe hat allgemein 4:2:3 zu betragen,

Käfighecke

ausgenommen Spezialkäfige, z. B. Langläuferkäfig ↗, Papageienkäfig ↗. Nach Möglichkeit ist eine große Länge zu wählen, Mindestlänge 50 cm (nicht beim Harzer Bauer ↗), günstiger 70 od. 80 cm. Je größer ein K. ist, um so weniger spielen die oben genannten Maße eine Rolle. Haltung von Körnerfressern ↗ meistens in allseitig offenen Drahtkäfigen, die in früherer Zeit vorzugsweise aus Buchenholzrahmen u. Gitterstäben gebaut waren, im unteren Viertel bis Drittel eine Verkleidung mit Glasscheiben, Zinkschublade, an den Seiten einhängbares Futter- ↗ u. Tränkgefäße hatten. Heute angebotene K.e bis 70 cm Länge haben meistens die so überaus pflegeleichten Plastwannen statt des Holz- od. Metallsockels mit den zerbrechlichen Glasscheiben. Holzkäfige boten leicht Ektoparasiten Schlupfwinkel, die heute gut mit Insektizid-Aerosolspray bekämpft werden. (Beachten, daß Unschädlichkeit für den Vogel ausgewiesen ist!) Badehäuschen ↗ wird allgemein in die Türöffnung gehangen. Weitgehend unabhängig von der gehaltenen Vogel-A muß ein K. hell, trocken, zugluftfrei u. mindestens in Augenhöhe des Betrachters stehen. Er muß einen luftigen Standort haben, der keinen extremen Temp.-Schwankungen unterliegt. Die Sonne sollte nach Möglichkeit, wenn auch nur für kurze Zeit am Tage, ohne Filterung durch Glasscheiben den Vogel erreichen. Er muß dabei aber auch stets die Möglichkeit haben, einen schattigen Platz aufsuchen zu können. An die Sicherheit vor Katzen, marderartigen Säugern u. Greifvögeln ↗ ist zu denken! Scheuen Pfleglingen wird bei einem freistehenden K. durch einige Blattpflanzen an den Seiten das Gefühl der Sicherheit gegeben. Falls nicht ausreichend, Vogel mit einer teilweisen Tuchverhüllung des K.s vor Streßsituationen bewahren. Die intensive Beschäftigung mit ihm u. die schrittweise Verkleinerung der Tuchabdeckung schaffen oftmals die gewünschte Zahmheit. Andernfalls helfen nur noch längere Zeit außen am K. angebrachte Kiefernzweige od. ein Kistenkäfig ↗. Das abendliche Fernsehen hat möglicherweise durch Reizüberflutung eine Schädigung des Vogels zur Folge. Abdecken des K.s beugt vor. Eine Schädigung durch evtl. Strahlung gibt es nicht.

Käfighecke. In der Kanarienvogelzucht verwendeter Begriff. In einem Käfig ↗ (100 × 50 × 60 cm Höhe) werden 1 ♂ u. 3–4 ♀♀ untergebracht (Verträglichkeit berücksichtigen!) Die «freie» Partnerwahl bringt sehr gute Bruterfolge, modifizierte Form der K. ist Abteilungshecke ↗.

Käfigregal. S. Zuchtregal ↗. Dient häufig im Winter als Unterkunft für Vögel, die sonst in Außenvolieren ↗ od. im ungeheizten Vogelhaus ↗ leben u. einer frostfreien Überwinterung bedürfen.

Kagu *(Rhynochetos jubatus)* → *Rhynochetos*
Kahlkopfatzel *(Sarcops calvus)* → *Sarcops*
Kahlkopfpapagei *(Gypopsitta vulturina)* → *Gypopsitta*
Kahnschnabeltyrann *(Megarynchus pitangua)* → *Megarynchus*

Kaiseradler *(Aquila heliaca)* → *Aquila*
Kaiseramazone *(Amazona imperialis)* → *Amazona*
Kaiserbrillant *(Heliodoxa imperatrix)* → *Heliodoxa*
Kaiserfasan *(Lophura imperialis)* → *Lophura*
Kaisergans *(Philacte canagica)* → *Philacte*
Kaiserin Eugenie, Kaiserin-Kolibri *(Heliodoxa imperatrix)* → *Heliodoxa*

Kaisernest. Spez. Nistgelegenheit für Girlitze ↗ der G *Serinus* ↗, bes. für Kanarienvögel ↗ entwickelt. Das eigentl. Nistkörbchen wird von einem 3seitig geschlossenen Aufbau, der nach vorne offen ist, überdacht. Die Maße für die Nestmulde liegen bei 8–10 cm, der Aufbau, der aus Kunststoffgittern, -platte od. Drahtgeflecht bestehen kann, ist meist um 12 × 15 cm groß. K. lassen sich außen an Käfigen befestigen. Im Idealfall sind sie mit einer Kontrolltür versehen, wodurch Gelege u. Jungvögel ständig kontrolliert werden können. Das brütende ♀ fühlt sich in dem geschlossenen K. vielfach wohler u. sicherer als im offenen Nistkörbchen.

Kaiserpinguin *(Aptenodytes forsteri)* → *Aptenodytes*
Kahlscheitel-Lederkopf *(Philemon corniculatus)* → *Philemon*
Kaka *(Nestor meridionalis)* → *Nestor*
Kakadus → *Cacatua*
Kakapo → *Strigopidae*
Kaktussittich *(Eupsittula cactorum)* → *Eupsittula*
Kaktusspötter *(Toxostoma curvirostre)* → *Toxostoma*
Kalabülbül *(Pycnonotus cafer)* → *Pycnonotus*
Kalanderlerche *(Melanocorypha calandra)* → *Melanocorypha*
Kalifornische Schopfwachtel, NN → Schopfwachtel
Kalk → Futterkalk

Kalkbeinkrankheit. Durch *Knemidocoptes*-Milben verursachte Fußräude mit Verhornung, Borkenbildung u. Juckreiz. Typische Löcher als Zugang zu den Bohrgängen der Milben sind sichtbar. Bei Sittichen u. Hühnern häufig. Therapie: Hornerweichende u. Ektoparasiten-Mittel, Öle.

Kalliope *(Calliope calliope)* → *Calliope*
Kambodschastar *(Leucopsar burmannicus)* → *Leucopsar*
Kamerun-Grünköpfchen, UA → Grünköpfchen
Kamerunstelzenkrähe *(Picathartes oreas)* → *Picathartes*
Kammbleßralle *(Fulica cristata)* → *Fulica*
Kammhühner → Gallinae
Kammschnabelturako *(Tauraco johnstoni)* → *Tauraco*
Kampfläufer *(Philomachus pugnax)* → *Philomachus*
Kampfwachtel → Turniciformes
Kanadagans *(Branta canadensis)* → *Branta*
Kanadakleiber *(Sitta canadensis)* → *Sitta*
Kanadakranich *(Grus canadensis)* → *Grus*
Kanadameisenhäher, NN → Meisenhäher
Kanadareiher *(Ardea herodias)* → *Ardea*
Kanarengirlitz *(Serinus canaria)* → *Serinus*
Kanarienflügelsittich *(Brotogeris chiriri)* → *Brotogeris*

Kanarienpocken. K.-Virus verursacht bei Kanarien Hautpocken od. eine Septikämie. Impfung möglich.

Kanarienvogel. Die Wildform des K. *(Serinus ↗ canaria)* ist in der baumbewachsenen Region der Kanarischen Inseln beheimatet. Sie ähnelt auffällig dem vorwiegend grünen Zitronengirlitz. Um das Jahr 1500 begannen spanische Mönche mit der Zucht des K., vorwiegend des angenehmen Gesanges wegen. Anfang des 17. Jh. gelangten die ersten Gesangsstämme über Italien nach Tirol, wo die damals berühmten «Tiroler Nachtigallenschläger» entstanden. Über Innsbruck, Nürnberg (1640), Augsburg gelangten die Vögel nach St. Andreasberg in den Harz, wo die Gesangskanarienzucht im 18. u. 19. Jh. mit dem «Harzer Edelroller» zu einem Begriff wurde. Pflege s. *Serinus.* Heute werden 4 Zuchtrichtungen betrieben, die Gesangs-, Farb-, Gestalts- u. Hybridzucht. Die Gesangskanarienzucht ließ über eine ständige geschickt gewählte Auslese über viele Generationen aus dem ursprüngl. Lied des wilden K. das heute bekannte wunderbare Kanarienlied entstehen, das ein großes Repertoire an wohlklingenden Tönen besitzt. Die unterschiedl. Liedteile od. Turen wurden gegliedert u. bereits 1922 in Kassel über eine Werteinstufung mit entspr. Punktzuordnung in der «Deutschen Einheitsskala» fixiert. Diese wurde im Laufe der Jahre mehrmals verändert. Nach der letzten Änderung dieser Bewertungsgrundlage im Jahre 1959 wurden 2 Gruppen von Turen, die Wertturen u. die Fehlturen unterschieden. Es gibt neben dem Gesamteindruck 8 Wertturen: Hohlrolle, Knorre, Wassertur, Hohlklingel, Schockel, Pfeife, Glucke u. Klingelturen. Alle Turen haben ihrer Charakteristik u. ihres versch. strukturellen Aufbaues wegen unterschiedl. Bedeutung. Ihre Stellung im Lied u. ihr Turenwert richten sich nach den vorgetragenen Variationsmöglichkeiten der Lage des Liedes, der Klangfarbe, dem Tonumfang, dem Wohlklang u. der Reinheit. Der Werteinstufung liegt das Dreiteilungsprinzip zugrunde mit den 3 Wertstufen «sehr gut», «gut» u. «genügend». Jede Tur wird in diesen 3 Stufen bewertet. Gleichzeitig ist das gesamte Kanarienlied in 3 Turengruppen gegliedert. Zu den sehr guten Turen, den Hauptturen, gehören Hohlrolle, Knorre u. Wasserturen. Zu den guten Turen, den sog. Mittelturen, werden gezählt Hohlklingel, Schockel, Pfeife u. Glucke, u. zu den genügenden Turen, den Nebenturen, zählen Klingelturen (Klingel u. Klingelrolle) sowie der Gesamteindruck, der aber in diesem Sinn keine selbständige Tur ist.

Das Erkennen u. richtige Einstufen der Turen in ihre Lage setzt Fachkenntnis u. jahrelange Erfahrung in der Gesangszucht voraus. Zur Beschreibung typischer Merkmale einer Tur werden die Vokale u. Konsonanten des Alphabetes verwendet. Die Vokale «ü, o, u» u. z. T. auch «i» u. «ö» werden positiv bewertet. Die flach, hart u. krächzend heiser klingenden Vokale «a» od. gar «ä» u. «e» werden negativ eingeschätzt. Analog ist die Beurteilung der Konsonanten. Während die Konsonanten «w, d» u. «b» im Gesangsvortrag auf das menschliche Ohr weich u. zart wirken, hören sich die Konsonanten «p, t, z» u. «s» hart, schroff u. schrill an. Letztere gelten als unrein, unsauber u. somit als unerwünscht.

Die ansprechendste Gesangstur im Kanarienlied ist

Kanarienvögel

Kanarien-Mischlinge. Von links Kanarie-Gimpel, -Girlitz, -Grünfink, -Himalaya-Grünfink

Kanarienvogel

die Hohlrolle. Der Aufbau der Tonsilben bei der Hohlrolle erfolgt grundsätzl. über den Konsonant «r» in Verbindung mit den Vokalen «ü, o, u». Bei der Hohlrolle wird in Vortragsarten unterschieden, in die gerade, fallende, steigende u. gebogene. Die Vortragsart heißt gerade, wenn die Tur immer auf der gleichen Tonhöhe, meist auf dem Vokal «ü», verharrt. Wie die Bezeichnung steigend bzw. fallend bereits ausdrückt, steigt die Tur in eine höhere bzw. fällt die Tur in eine tiefere Tonlage während des Vortrages. Die schwierigste, aber begehrteste Hohlrolle ist die gebogene, die sich wechselseitig wie eine Sinuskurve nach oben u. unten bewegt. Sie schwankt somit permanent zwischen hohen u. tiefen Lagen. Je tiefer die Hohlrolle vorgetragen wird, desto wohlklingender ist sie.

Auch die Knorre gehört zu den rollenden Turen. Von Experten wird sie die Baßtur des Kanarienliedes genannt. Die verwendeten Konsonanten sind das «k» u. das «r». An Vokalen treten auf «ä–a–ö–o» u. «u». Die besten Knorren sind die auf «ou». Voraussetzung für einen reinen Knorre-Vortrag ist stets der beim Singen geschlossen gehaltene Schnabel. Die Knorre kann gerade u. fallend gesungen werden.

Die 3. Hauptur, die Wassertur, ist ebenfalls eine rollende Tur, weshalb sie früher Wasserrolle genannt wurde. Die Tur erhielt ihren Namen durch eine gewisse Ähnlichkeit mit dem Rauschen u. Gurgeln eines mit starkem Gefälle dahinfließenden Gewässers. Die verketteten Konsonanten «bl» treten auf in Verbindung mit den Vokalen «ü–o–u». Ein Qualitätsmerkmal der Wassertur ist der Wechsel in der Tonhöhe.

Ebenfalls zu den rollenden Turen gehört die Hohlklingel (od. Klingelrolle), die aber nach dem Dreiteilungsprinzip bereits den Mittelturen zugeordnet wurde. Die Hohlklingel fängt hoch u. leise an u. klingt immer höher u. heller. Sie erinnert an das Klingen aufeinandertreffender Glasglöckchen.

Für die Schockel sind der Konsonant «h» u. die Vokale «ü, o, u» maßgebend. Hier bestimmt der Konsonant den Rhythmus der Tur. Den Abschluß eines Liedvortrages bilden meist die Pfeifen. Für sie zeichnen der Konsonant «d» u. die Vokale «i, ü, o, u» verantwortlich. Die besten Pfeifen sind die auf «dududu».

Die 4. Einzeltur unter den Mittelturen ist die Glucke. Sie wird sehr unterschiedl. beurteilt. Heute wird die Glucke als prämierungswürdig angesehen, wenn die Konsonantenverbindung «gl» den Anfang u. der Konsonant «k» den Schluß der Tonsilbe bilden. Als Vokale können auftreten «ü, o, u», wobei auch hier das «u» die beste Bewertung erfährt. Die Tonfolgen der Glucke lauten verbal interpretiert: «glük–glük» od. «glok–glok» od. «gluk–gluk».

Frisékanarienvogel Nordholländer

Zu den Klingelturen zählen die Klingelrolle u. die Klingel. Die erstere stellt eine Ausdehnung der Hohlrolle in höhere Tonlagen dar. Die Tur entsteht durch kontinuierliches Aneinanderreihen der Silbe «ri».

Die Klingel dagegen verwendet als abgesetzte Tur statt des Konsonanten «r» den Konsonanten «l». Die Kopplung mehrerer «li»-Silben hört sich dann wie «lilililili» an.

Trotz aller charakteristischen Kennzeichen ist das Kanarienlied, wie auch das Lied aller Finkenvögel, nichts konstantes, sondern es unterliegt starken Wandlungen. Nicht nur die Turen des Liedes sind versch., sondern selbst innerhalb eines Stammes weichen sie je nach Begabung voneinander ab. Der Liedvortrag wird darüber hinaus stark von den Umwelteinflüssen, wie z. B. Jahreszeit, Alter, Stimmung u. Standort des Käfigs beeinflußt.

Während die einfachen Laute, wie Locktöne, Angstrufe, Drohlaute u. z. T. Balzrufe den Vögeln angeboren sind, sind die komplizierten, klangreicheren Lieder, wozu bes. das Kanarienlied gehört, nicht unmittelbar genetisch fixiert. Allerdings gibt es gewisse Anlagen, die einen entspr. arteigenen Gesang zulassen. Hierzu werden vor allem gezählt die Form u. Ausprägung der Stimmritzen, die Länge der Luftröhre, die Schwingungsamplitude der Kehlorgane sowie der ge-

Der Steiger W. **Schreyer,** Clausthal, in seinem Kanarien-Heckzimmer

samte Bau des Brustkörpers des Vogels, der als Resonanzkörper wirkt. All diese körperlichen Eigenschaften unterliegen der Steuerung von Genen. Der Gesang an sich ist nicht erblich bedingt. Diese Erkenntnisse wurden durch Versuche mehrfach nachgewiesen. So bringen z. B. Vögel, die von A-Genossen isoliert aufgezogen werden (sog. Kasparhauser) lediglich ein Gestümper zustande, zeigen aber andererseits starke Neigungen, Laute nachzuahmen.

Der Gesangskanarienzüchter nutzt diese Erkenntnisse, indem er nach denjenigen genetisch fixierten körperlichen Merkmalen selektiert, die ihm phänotypisch die gewünschten bevorzugten Gesangsturen bringen. Dabei weiß er, daß der Schwerpunkt in der Gesangszucht in der Beachtung der Umwelteinflüsse liegt. Alle Gesangskanarien erhalten ein Gesangsstudium. Dazu werden gesanglich vorzügliche Vorsänger eingesetzt. Es wird während der Studienzeit darauf geachtet, daß die jungen Kanarienhähne außer dem Vorsänger möglichst keine anderen Fremdgeräusche, vor allem keine anderen Vogelgesänge zu hören bekommen. Eine noch günstigere u. intensivere Gesangsschulung wird heute unter Verwendung moderner Tontechnik praktiziert. So werden z. B. die schönsten Strophen des Kanarienliedes auf Magnetband aufgezeichnet u. über ein klanglich einwandfreies Tonbandgerät den Jungvögeln tägl. mehrmals vorgespielt. Derartig ausgebildete K. leisten oftmals gesanglich unerwartet Vorzügliches.

Neben der in vielen Ländern betriebenen Zucht der «Harzer Edelroller» gewann in den letzten Jahren in Spanien die Zucht des «Spanischen Timbrador» u. in Belgien die Zucht des «Belgischen Wasserschläger» an Bedeutung.

Frisékanarienvogel
Pariser Trompeter

Die Zucht von Farbkanarien nahm einen gewaltigen Aufschwung, als zu Beginn des 20. Jh. in Deutschland unter den Nachkommen der Verpaarung (Kapuzenzeisig x Kanarie) fruchtbare Hybridhähne waren, über die der rote Farbstoff genetisch auf Kanarien übertragen wurde. Träger der Färbung, die von

Kanarienvogel

schlichter Einfarbigkeit bis zu mit der Umgebung verschmelzender Schutzfärbung u. auch bis zu bunterster Pracht reicht, ist das Federkleid. Die Zahl der genetischen Faktoren, die die farbliche Mannigfaltigkeit hervorbringt, ist überraschend klein, wenn das im Phänotypus erscheinende Farbbild nach seinen 3 Hauptkomponenten analysiert wird. Die schwarzen, braunen, grauen, rostroten u. ockergelben Tönungen rühren allein von Melaninen her, dem aus stäbchenförmigen Farbstoffpartikeln bestehenden Eumelanin u. dem aus kornförmigen Partikeln bestehenden Phaeomelanin.

Gestalt der Farbkanarie

Die 2. Farbgruppe sind die Carotinoide (Fettfarben), die als Vorstufen od. bereits fertig mit der pflanzl. Nahrung aufgenommen werden müssen im Gegensatz zu den körpereigenen Melaninen. Diese Carotinoide baut der Organismus des K. entspr. seiner genetischen Struktur auf, indem die Farben in flüssiger Form im Blutstrom an die Federkiele transportiert werden, wo sie im verhornenden Gewebe der Feder kristallisieren. Die Skala der Carotinoide reicht beim K. von gelb (Xanthophyll) bis feuerrot (Canthaxanthin).

Prinzipiell ist beim K. jedes Melanin u. jedes Carotinoid sowohl kombiniert als auch isoliert voneinander züchtbar, weil Melanine u. Carotinoide unabhängig voneinander vererbbar sind. Das erklärt die heute außerordentl. große Zahl von Farbschlägen (über 100) beim K.

Die 3. Farbkomponente beim K. wird durch die Strukturfarben hervorgerufen.

Die möglichen Kombinationen der 3 Farbkomponenten lassen sich räumlich darstellen, indem von einer Matrix ausgegangen wird, deren Zeilen aufsteigend den Grad der Ausfärbung der Carotinoide u. deren Spalten absteigend den Grad der Melaninausfärbung angeben.

Sowohl die 1. Zeile als auch die 1. Spalte sind jeweils reserviert für die genetischen Faktoren, die entweder die Carotinoidausbildung od. Melaninausbildung hemmen. Über dieser Matrix können noch weitere Ebenen liegen, von denen jede einen Strukturfaktor darstellt, d. h. jede Kombination (jedes Element der

Kanarienvogel

Matrix) aus Carotinfaktoren u. Melaninfaktoren kann mit jeder Ebene kombiniert werden. Der so entstehende dreidimensionale Körper dient zur Widerspieglung des Genotypus u. Phänotypus beim K. sowie zur symbolischen Verschlüsselung der standardisierten Farbschläge bei internat. Bewertungen u. Meisterschaften. Die Ausbildung der Carotinoide wird durch die folgenden 4 Gene beeinflußt. (Das Vorhandensein eines Faktors wird durch ein hochgestelltes «$+$», das Fehlen durch ein hochgestelltes «$-$» symbolisiert. Jede Faktorenabkürzung beginnt mit einem Großbuchstaben. Es können dann noch Kleinbuchstaben folgen, wie z. B. bei multipler Allelie. Mehrere Faktoren werden durch Komma getrennt.)

C: dominant vererbender Faktor, der über eine sog. 1 Gen — 1-Enzym-Reaktion die Aufnahme von Carotinoiden aus pflanzl. Stoffen bewirkt; sein doppeltes Fehlen (C^{--}) führt zum rezessiv-weißen K.

F: rezessiv vererbender Faktor zur Bildung des Prolipochroms, das eine Vorstufe der Carotinoide darstellt; F^{--} wirkt letal

G: dominant vererbender Faktor, zur Erzeugung gelber Farbe; in Verbindung mit dem Rotfaktor wirkt er intermediär.

R: dominant vererbender Faktor zur Bildung roter Farbe; in Verbindung mit dem Gelbfaktor wirkt er intermediär.

Der allbekannte gelbe K. entstand, wie alle aufgehellten Vögel, außer dem rezessiv-weißen durch einen Faktor, der die Melaninausfärbung (S^{--}) hemmt. Aus dem grünen K. wurde ein gelber. Die Intensität der gelben Farbe, die sich von strohgelb bis goldgelb erstreckt, richtet sich nach dem in einfacher od. doppelter Quantität vorhandenem Faktor G sowie nach den zusätzl. vorhandenen Strukturfaktoren I u. O.

Durch die intermediäre Wirkung von G u. R zeigen sich phänotypisch orangefarbene F1-Hybriden aus der Verpaarung Kapuzinerzeisig × K. Um in langjähriger Züchtung zum roten K. zu gelangen, wurde der Grad der Carotinausfärbung am Vogel mittels normierter Farbtafeln nach OSWALD in «OF» (Oswaldsche Farbnorm) gemessen. Den einzelnen Farbstufen von OF 1 bis OF 6, die den Phänotypus widerspiegeln, entsprachen folgende Genotypen:

OF	Genotypus	Phänotypus
keine OF	G^{--}, R^{--}	vollweiß
OF 1,5	(G^{++}, R^{--})	gelb
OF 2,5	(G^{++}, R^{+-})	gelborange
OF 3,5	(G^{++}, R^{++})	
	od. (G^{+-}, R^{+-})	orange
OF 4,5	(G^{+-}, R^{++})	rotorange
OF 5,5	(G^{--}, R^{+-})	
	od. (G^{--}, R^{++})	rot

Dem weißen K. können 3 versch. Genotypen zugrunde liegen:

— der rezessiv-weiße Vogel (C^{--}), der trotz des Vorhandenseins der Faktoren G u. R nicht in der Lage ist, Carotinoid mit der Nahrung aufzunehmen

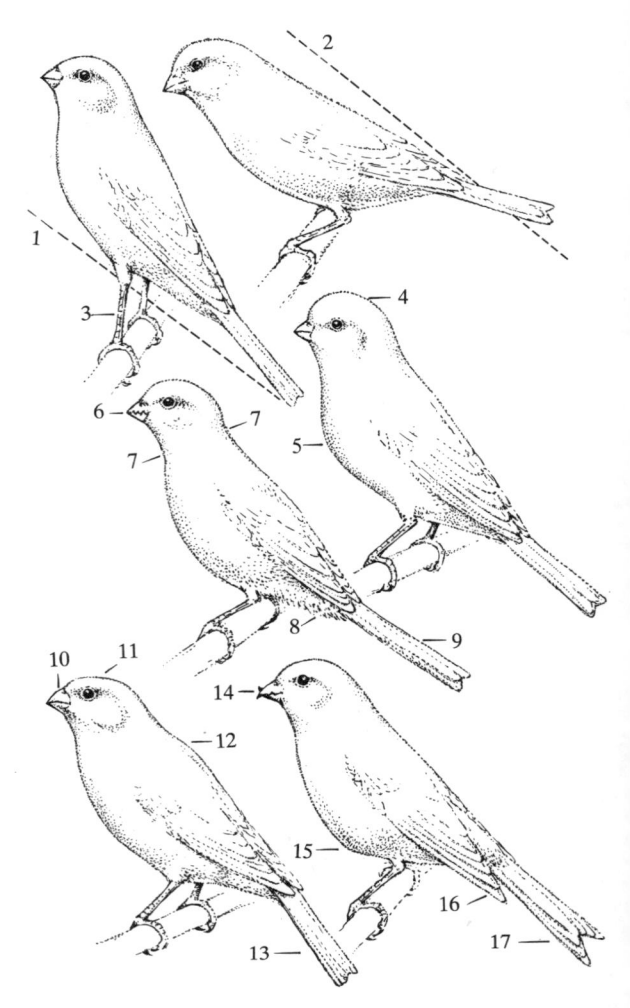

Fehlerfinder Farbkanarien. 1 zu aufrechter Gang, 2 zu flache Haltung, 3 Beine zu lang (Stelzen), 4 Kopf zu stark gewölbt, 5 hervortretende Brust, 6 unregelmäßiger Schnabelrand, 7 Einschnürung, 8 loses Gefieder, 9 Schwanz «getragen», 10 «Höcker» auf dem Schnabel, 11 zu flacher Kopf, 12 Buckel, 13 Schwanz «hängend», 14 «Kreuzschnabel», 15 hervortretender Bauch, 16 herabhängender Flügel, 17 zu breiter Schwanz, «Fächerschwanz»

— der dominant-weiße K. (F^{+-}), der nach DUNCKER eine zu langsame Prolipochromausbildung zeigt, so daß die genetisch existierenden Faktoren für rot, gelb od. irgendeiner Zwischenstufe nicht mehr zur Wirkung kommen, abgesehen von geringfügigen Carotinablagerungen im Großgefieder. Auf Grund der letalen Wirkung von F^{--} sollte zur Zucht von dominantweißen Vögeln stets ein roter bzw. gelber Partner verwendet werden

— der wegen seiner Seltenheit wissenschaftl. umstrittene vollweiße K. mit den Faktoren (G^{--}, R^{--}); selbst bei entspr. carotinhaltiger Fütterung ist er genetisch nicht in der Lage, irgendeinen Farbstoff auszubilden.

Die Ausbildung der Melanine wird von folgenden 4 genetischen Faktoren gesteuert:

S: im wesentl. intermediär vererbender Faktor zur Bildung von Melanin in der Feder (Scheckungsfaktor)

E: geschlechtsgebunden dominant vererbender Faktor zur vollen Bildung von schwarzem Eumelanin; bei doppeltem Ausfall dieses Faktors (E^{--}) entsteht der rezessiv-braune K.

P: dominant vererbender Faktor zur Bildung des braunen Phaeomelanins; bei Ausfall beider Faktoren (P^{--}) entstehen die rezessiven Ino-Kanarien mit roten Augen

V: geschlechtsgebunden rezessiv vererbender Faktor zur Verdünnung des braunen Phaeomelanins.

Hauptmerkmale schwarzer unverdünnter Melaninvögel sind schwarzes Großgefieder, dunkle Beine, Zehen u. Schnabel. In Verbindung mit den Carotinoiden entstehen folgende Phänotypen: mit rezessiv-weiß (C^{--}) → rezessiv-schiefer, mit dominant-weiß (F^{+-}) → dominant-schiefer, mit gelb (G^{++}, R^{--}) od. (G^{+-}, R^{--}) → grün, mit gelborange (G^{++}, R^{+-}) → bronze, mit orange (G^{++}, R^{++}) od. (G^{+-}, R^{+-}) → kupfer, mit rotorange (G^{-+}, R^{++}) → kupferrot, mit rot (G^{--}, R^{+-}) od. (G^{--}, R^{++}) → rotschwarz.

Braunvögel entstehen, wenn der Ausfärber für Eumelanine ausfällt. Hieraus ist wieder ersichtlich, daß es unzweckmäßig ist, die Erbfaktoren nach ihrem Phänotypus statt nach ihrer Wirkung zu benennen. Weil die Mutation von E^+ zu E^- geschlechtsgebunden ist, tritt die Braunfärbung zunächst bei ♀♀ auf. Da die überwiegende Mehrheit aller in der Natur vorkommenden Braunaberrationen ♀ Geschlechts sind, liegt die Vermutung nahe, daß auch bei vielen anderen Vögeln der Schwarzausfärber geschlechtsgebunden vererbt. Diese Tatsache wird auch genutzt zur sicheren Feststellung des Geschlechts bei Eintagsküken od. in zielgerichteten Spezialzuchten od. zur Erzielung neuer Farbeffekte in der Finkenhybridzucht.

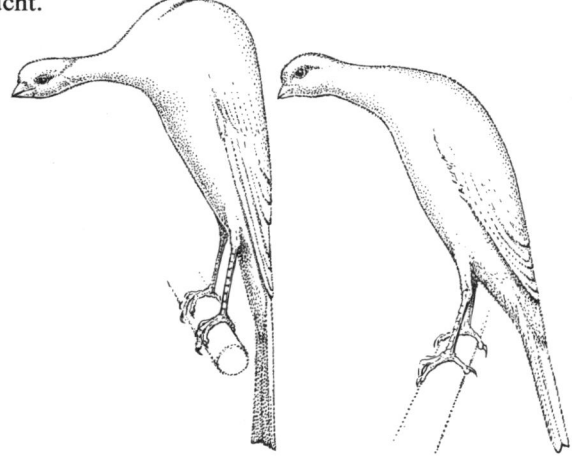

Positurkanarienvogel Bossu Belge

Positurkanarienvogel Münchner

Braunvögel zeigen anstelle des schwarzen Pigments bräunliche Pigmentfärbung, was am deutlichsten in den Schwung- u. Steuerfedern in Flügel u. Schwanz sichtbar wird.

Leider sind in der Fachliteratur die Farbbezeichnungen sehr unterschiedl. u. z. T. verwirrend. Am verbreitetsten ist diejenige Benennung der Braunvögel, bei der der Farbname der aufgehellten Vögel unter Anflügen von «braun» genutzt wird, z. B. rotbraun.

Eine Ausnahme stellen die Weiß- u. Gelbvögel dar. Man spricht dann von falb od. silber, z. B. dominantfalb. Wird gelb u. braun kombiniert, spricht man von zimt. Die durch eine Mutation ↗ auftretende Verdünnung des Melanins wirkt auf das braune Phaeomelanin, somit gibt es sowohl verdünnte Schwarzvögel (Achatvögel) als auch verdünnte Braunvögel (Isabellvögel). Das Gen V bewirkt bei den Achatvögeln eine Verdünnung der Melaninzeichnung von schwarz in ein dezentes anthrazitgrau. Die mikroskopisch kleinen Farbkörperchen sind nur noch in halber Dichte abgelagert. Typisch für Achatkanarien ist eine markante Kopfzeichnung, bestehend aus einem fettfarbigen Überaugenstreif u. aus einem sich zu beiden Seiten unterhalb des Auges bis zum Hals abwärts ziehenden grauen Streifen, dem sogen. «Achatbart». Die Hornteile u. Beine verdünnter Schwarzvögel sind bleigrau. Mit zu den beliebtesten Melaninkanarien gehören die Isabellvögel, die ein hellbräunliches bis beige gefärbtes Großgefieder besitzen. Die Strichelung ist kaum noch erkennbar. Bei den verdünnten Braunvögeln kommt die Carotinausfärbung sehr gut zur Geltung. Bes. ansprechend wirken die verdünnt rotbraunen K. Zu braune od. grau erscheinende Isabellvögel, die auf Kreuzung mit anderen Melaningruppen deuten, gelten als Fehler.

Anstelle der Bezeichnung «Achat» u. «Isabell» setzt sich immer mehr durch, das vor die Farbzeichnung gestellte Attribut «verdünnt».

Bei doppeltem Ausfall von Phaeomelanin (P^{--}) entstehen die Ino-Kanarien. Die Entwicklung des Phaeomelanins wird durch keinen geschlechtsgebundenen Erbgang gesteuert. Damit gibt es Braun-Ino, Schwarz-Ino, verdünnt Braun-Ino u. verdünnt Schwarz-Ino K. Kreuzungen mit Nichtpigmentierten ergaben gescheckte Nachkommen. Am wirkungsvollsten erscheinen die Inos in der Braungruppe, weil bei diesen Vögeln das Eumelanin bereits ausgefallen ist (E^{--}). In der Kopplung mit zusätzl. Eumelanin-Hemmern, wie den genetischen Faktoren V, P u. O sind zeichnungsfreie fast unpigmentierte Vögel mit roten Augen züchtbar.

Alle Melaninfarben setzen die doppelte Quantität des Gens S voraus. Ist es nur in einfacher Quantität vorhanden, entstehen Schecken, die, falls sie symmetrisch gezeichnet sind, sehr ansprechend aussehen. Bei doppeltem Fehlen des Gens (S^{--}) entstehen die aufgehellten Vögel. Neben dem Gen S sind noch weitere genetische Faktoren zu berücksichtigen, soll die Scheckenzeichnung mathematisch definiert u. über Wahrscheinlichkeitsrechnung vorausbestimmt werden.

Die die Federstruktur beeinflussenden genetischen Faktoren sind die 5 folgenden:

I: dominant vererbender Faktor, der das Carotinoid im Phänotypus intensiv erscheinen läßt; bei doppelter Quantität teilweise letal

P: geschlechtsgebunden rezessiv vererbender Faktor, der eine Verdünnung des Eumelanins bewirkt (Pastellfaktor)

Kanarienvogel

L: geschlechtsgebunden rezessiv vererbender Faktor, der die Carotinoide wie durch eine Milchglasscheibe erscheinen läßt (oft als Lipochrom-Pastell-Faktor bezeichnet)
O: rezessiv vererbender Faktor, der eine optische «Blau»-Färbung erzeugt
M: geschlechtsgebunden rezessiv vererbender Faktor, der ein intensives Carotinoid an nur 5 Stellen des Gefieders (Augenstreif, Flügelbug, Kehle, Brust u. Bürzel) zeigt (sog. Mosaikfärbung).

Zeichnungskanarienvogel Lizard

Alle 5 Strukturfaktoren können zusätzl. zu jeder Kombination von Genen aus den beiden anderen Gruppen von genetischen Faktoren auftreten. Intensive K. (I^+, I^-) haben ein dünneres u. enger anliegenderes Gefieder, so daß sie schlanker u. kleiner wirken. Bei intensiven Vögeln dringen die Carotinoide bis in die Federspitzen, während die blassen (nicht intensiven) einen weiß bereiften Federrand haben, weshalb die Engländer sie treffend «frosted canaries» nennen. Als Faustregel gilt für den Züchter, stets intensiv mit nichtintensiv zu verpaaren.
Mosaikkanarien sind bes. blasse Vögel mit der markanten Carotinfärbung an 5 Körperstellen. Am eindrucksvollsten ist die Mosaikzeichnung bei den aufgehellten Rotvögeln.
Der Pastellfaktor P, der zum 1. Mal in Holland in einem verdünnten Braun-Stamm auftrat, schwächt das Melanin ab. Eine analoge Abschwächung bewirkt der Lipochrom-Pastell-Faktor L bei den Carotinoiden, der ebenfalls in Holland zuerst als Mutation ↗ auftrat. Die Vögel schimmern wie Porzellan od. Elfenbein, deshalb wurde diese Mutation dort auch mit «Ivoor» bezeichnet. Um 1950 entstanden in S-Deutschland Opalkanarien als Mutationen aus einem grünen Gesangskanarienstamm. Charakteristisch für sie ist eine hellbläuliche Ausfärbung der OS der Federn, im Gegensatz zur dunkel gebliebenen US. In Verbindung mit braunem Pigment kommt der Blaueffekt nicht zur Geltung. Sehr ansprechend ist der Phänotypus bei der Kombination der Gene von verdünnt Opal-Schiefer-Vögeln. Die neuerdings bekanntgewordenen «Grauflügel» entstanden aus Kombinationszüchtungen mit dem Opal-Faktor O.
Es ist bereits für den Fachmann außerordentl. schwierig, nur auf Grund des Phänotypus die unterschiedl. Verdünnungseigenschaften exakt zu determinieren. Deshalb u. unter Berücksichtigung des Aufbaues von Genreservoires erfolgt eine Bildung von Bewertungsklassen bei Kanarienmeisterschaften, die versch. Farbschläge in einer Klasse vereinen.
Die Zucht von Gestaltskanarien hat in den letzten Jahren sprunghaft zugenommen, bes. in den westeurop. Ländern. Zu den frisierten K. gehören der Pariser Trompeter (Frise-Parisien), die Nord- u. Südholländer u. der Gibber Italicus. Bei den frisierten K. sollen alle Federn lang u. weich sein. Der Pariser Trompeter ist mit über 20 cm Länge der Riese unter den K. In Italien u. Brasilien werden Exempl. bis 24 cm Länge ausgestellt. Vom Kopf soll die Rückenlinie geradlinig bis zum Schwanz verlaufen. Je mehr Volumen u. Federfülle der Vogel zeigt, um so wertvoller ist er. Es gibt kaum eine Körperpartie, für die nicht eine Frisurvorschrift existiert. Der mit 17 cm kleinere Nordholländer zeigt wie alle Holländer-Rassen eine dreigeteilte Frisur: Mantel, Brustkörbchen od. Jabot, Stützfedern od. Flanquarte. Die verlängerten Mantelfedern sollen aufwärts u. auswärts auseinanderwallen. Die Flankenstützfedern schieben sich über die Handschwingen u. vereinigen sich dort mit den Mantelfedern. Die von beiden Brustseiten zur Mitte strebenden langen gebogenen Federn bilden eine Krause, das sog. Brustkörbchen. Während das Hauptmerkmal des Nordholländers eine völlig gerade Kopf-Rücken-Schwanz-Linie ist, zeigt der Südholländer eine merkwürdig gekrümmte Körperhaltung. Sein Stand ist sehr aufrecht bis 90 Grad von der Sitzstange bis zum Flügelbug. Dabei streckt der Vogel das dünne Köpfchen am langen Hals fast im rechten Winkel zum Körper weit nach vorn, ohne mit dem Kopf über die hochgezogenen Schultern zu ragen. Ähnl. dem Südholländer ist der Gibber Italicus

Lancashire

mit seinen 15 cm eine sehr skurrile Gestalt, die nicht auf jeden anziehend wirkt. Auf Grund seiner nackten Brust u. nackten Schenkel wird er auch humorvoll «Strip-tease-canary» genannt. Die zartknochige Konstitution des Vogels, das sehr dünne Gefieder u. die nackten Körperpartien weisen auf die Wärmebedürftigkeit dieser Rasse hin.
Eine 2. Gruppe von Gestaltskanarien sind die Haubenrassen. Neben der deutschen Haubenrasse, deren Körperstruktur dem Harzer Typ des Farbkanarienvo-

gels entspricht u. bei der alle Farbenschläge zugelassen sind, wobei sich die Haube möglichst kontrastreich von der übrigen Gefiederfarbe absetzen soll, haben sich die beiden britischen Rassen «Crested» u. «Closter-Fancy» sehr verbr. Eine gewisse Mittelstellung nimmt der Paduaner ein, der sowohl eine Haube trägt als auch zu den frisierten Kanarien gehört.
Während der Closter klein, nicht größer als 12 cm u. gedrungen wie ein Federbällchen wirken soll mit kurzem, schmalem Schwanz, erscheint der 16 cm große Crested bedingt durch die gewünschte Federfülle schwer u. massig. Der Crested wurde aus der ausgestorbenen Lancashire-Rasse erzüchtet. Die Hauben sollen auf einem großen, runden Kopf strahlenförmig vom Mittelpunkt nach außen verlaufen. Während beim Crested die Haube bis über die Augen reicht, bleiben die Augen beim Closter frei. Die die Haube beeinflussenden genetischen Faktoren sind der dominant u. in doppelter Quantität letal wirkende Haubenfaktor u. ein Federverlängerungsfaktor. Auf Grund des Letalfaktors ↗ wird meist Haube mit Glattkopf verpaart. Die behaubten Vögel bezeichnet man mit Corona, die unbehaubten, aber aus einer Haubenzucht stammenden, mit Consort.
Die Rasse des Yorkshire tritt in 2 Varietäten auf. Ursprüngl. verkörpert der Yorkshire eine schlanke, hochgerichtete, anliegend befiederte Rasse mit ca. 18 cm Körperlänge. Heute wird der bullige, eine typische Mohrrübenform besitzende Typ bevorzugt. Die allseitig gerundete, sehr untersetzte Gestalt des Norwich gleicht einem Taubenei (Kopf), das einem Gänseei (Körper), aufgesetzt wurde. Der Hals sollte möglichst nicht erkennbar sein; die Beine sind kurz.
Der Border wird vom Laien meist nicht als spez. Rasse erkannt. Mit seinen 14 cm Körperlänge ist er dem Farbkanarienvogel am ähnlichsten.
Der Lizard ist durch eine markante Schuppenzeichnung des Gefieders u. durch eine dunkel abgesetzte Kappe charakterisiert. Er ist etwa 12–13 cm groß. Zur Herauszüchtung der aufgehellten Kappe wird genetisch bedingt unterschieden in: clear cap (klare volle Kappe), broken cap (unterbrochene Kappe), patched cap («geflickte» Kappe) u. non cap (keine Kappe). Der Lizard besitzt als Gestalts-Farb-K. eine Zwitterstellung; die meisten nationalen Züchterverbände ordnen ihn den Gestalts-K. zu.
Neben den vorstehend behandelten Rassen gibt es noch eine Vielfalt weiterer lokaler Rassen. Genannt werden sollen als Beispiele noch der ähnl. dem Südholländer «abgewinkelte», nicht frisierte Belgische Bult, der in versch. Farben gezüchtete 17–18 cm große, in Positurstellung einer Sichel ähnelnde Scotch-Fancy, der dem Yorkshire ähnl. Berner K., der glatt befiederte aus dem frisierten Holländer gezüchtete Münchner K., der zart wirkende Japan-Hoso, der amerik. Columbus-Fancy u. der den früher in spanischen Klöstern gezüchteten K. ähnl. aussehende Spanische Timbrador.
Unter der Finkenhybridzucht wird die Zucht von Vögeln verstanden, deren Eltern versch. zu den Fn Fringillidae ↗, Carduelidae ↗ gehörende An repräsentieren. Hauptziel der Finkenhybridzucht unter sofortiger od. nachfolgender Einkreuzung des K. ist die Modifikation der Farbe od. Gestalt.

Kanarienvogel → Kanarengirlitz
Kanincheneule *(Athene cunicularia)* → *Athene*
Kaninchenkauz *(Athene cunicularia)* → *Athene*
Kaninde-Ara *(Ara caninde)* → *Ara*
Kapamsel, Kapdrossel *(Peliocichla olivacea)* → *Peliocichla*
Kapbrillenvogel *(Zosterops pallidus)* → *Zosterops*
Kapente *(Nettion capense)* → *Nettion*
Kapfrankolin *(Pternistis capensis)* → *Pternistis*
Kapkanarie → Graunackengirlitz

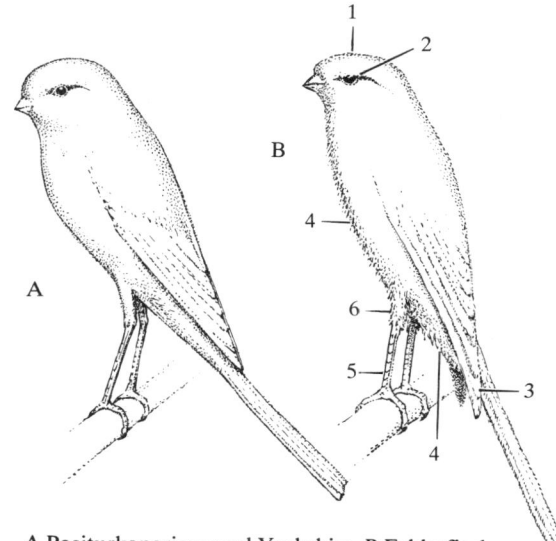

A Positurkanarienvogel Yorkshire. B Fehlerfinder Yorkshire. 1 zu flacher Kopf, 2 «Augenbrauen», 3 schlechte Flügelhaltung, 4 loses Gefieder, 5 zu kurze Beine, 6 loses Gefieder – sogenannte «Hosen»

Kapkauz *(Taenioglaux capensis)* → *Taenioglaux*
Kapkormoran *(Phalacrocorax capensis)* → *Phalacrocorax*
Kaplachtaube, NN → Gurrtaube
Kap-Ohreule *(Asio capensis)* → *Asio*
Kappapagei *(Poicephalus robustus)* → *Poicephalus*
Kappenammer *(Granativora melanocephala)* → *Granativora*
Kappenastrild *(Krimhilda atricapilla)* → *Krimhilda*
Kappenblaurabe *(Cyanocorax chrysops)* → *Cyanocorax*
Kappeneule *(Megascops atricapillus)* → *Megascops*
Kappenhäher, NN → Kappenblaurabe
Kappenliest *(Halcyon pileata)* → *Halcyon*
Kappennaschvogel *(Chlorophanes spiza)* → *Chlorophanes*
Kappenpitta *(Pitta sordida)* → *Pitta*
Kappensänger *(Lophodytes cucullatus)* → *Lophodytes*
Kappensai, NN → Kappennaschvogel
Kappensittiche → *Purpureicephalus*
Kappenspottdrossel *(Donacobius atricapillus)* → *Donacobius*
Kaprötel *(Caffrornis caffer)* → *Caffrornis*
Kapscharbe *(Phalacrocorax capensis)* → *Phalacrocorax*

Kap-Schleiereule *(Tyto capensis)* → *Tyto*
Kapschnäpper *(Batis capensis)* → *Batis*
Kapsperling *(Passer melanurus)* → *Passer*
Kap-Sperlingskauz *(Taenioglaux capensis)* → *Taenioglaux*
Kapsturmvogel *(Daption capensis)* → *Daption*
Kaptäubchen *(Oena capensis)* → *Oena*
Kap-Uhu *(Bubo capensis)* → *Bubo*
Kapuzenlori *(Eos squamata)* → *Eos*
Kapuzenzeisig *(Spinus cucullatus)* → *Spinus*
Kapweber *(Textor capensis)* → *Textor*
Kardinäle → Cardinalinae
Kardinalhonigfresser *(Myzomela cardinalis)* → *Myzomela*
Kardinalkehlkolibri *(Heliangelus exortis)* → *Heliangelus*
Kardinaltangaren → Tachyphoninae
Kardinalweber *(Queleopsis cardinalis)* → *Queleopsis*
Karibengrackel *(Quiscalus lugubris)* → *Quiscalus*
Karmesinastrild *(Pyrenestes sanguineus)* → *Pyrenestes*
Karmingimpel *(Erythrina erythrina)* → *Erythrina*
Karminhabia *(Habia rubica)* → *Habia*
Karminspint → Scharlachspint
Karolinataube *(Zenaidura macroura)* → *Zenaidura*
Karotte → *Daucus carota*
Kastanienbrustkolibri *(Boissonneaua matthewsii)* → *Boissonneaua*
Kastanienente *(Nettion castaneum)* → *Nettion*
Kastanienflügelstar *(Onychognathus fulgidus)* → *Onychognathus*
Kastanienflügler → *Boissonneaua*
Kastanienkleiber, NN → Zimtkleiber
Kastanienliest *(Halcyon badia)* → *Halcyon*
Kasuare → Casuariidae
Kasuarvögel → Casuarii
Katharinasittich *(Bolborhynchus lineola)* → *Bolborhynchus*
Katzendrossel *(Dumetella carolinensis)* → *Dumetella*
Katzenvögel → *Ailuroedus*
Käuze → *Strix*
Kavalierkolibri *(Coeligena torquata)* → *Coeligena*
Kea *(Nestor notabilis)* → *Nestor*
Kear, Janet, geb. 13. 1. 1933. 1956 B. Sc. Univ. London (King's College) II (i), Zoologie. 1959 Ph. D. an der Univ. Cambridge (Girton College), Promotion über die Verhaltensweisen bei der Nahrungsaufnahme britischer Finken. 2. Direktor des Wildfowl Trust, Kurator des Wildfowl Trust Reserve in Martin Mere, Lancashire, Großbritannien. Arbeitsgebiete British Ornithologists' Union, Mitglied des Vorstandes u. Herausgeber der Zeitschrift «Ibis». Royal Society for the Protection of Birds (Königliche Gesellschaft für den Vogelschutz); Mitglied des Wissenschaftlichen Beratungskomitees International Union for the Conservation of Nature; Endangered Waterfowl Group Chairman (International Union zur Erhaltung der Natur, Vorsitzende der Gruppe «Gefährdetes Wassergeflügel»). Über 80 Publikationen, Autorin mehrerer Bücher, u. a. 1975 «Flamingos», 1980 «The Hawaiian Goose: an Experiment in Conservation».

Kehlflecksperling *(Gymnoris pyrgita)* → *Gymnoris*
Kehlstreifen-Honiganzeiger *(Melipodagus maculatus)* → *Melipodagus*

Keidel, Leopold

Keidel, Leopold, geb. 20. 5. 1893 in München, gest. 18. 8. 1982 in München. Wiedergründer der AZ im Jahre 1949, deren Präsident u. Herausgeber der AZ-Nachrichten bis 1974. Hauptarbeitsgebiete: Kanarienvögel ↗, exotische Vögel. Div. Veröffentlichungen in den AZN. Für bes. Verdienste um die AZ 1976 mit dem Consul-Cremer-Preis ↗ ausgezeichnet.

Keilschwanz-Grüntaube *(Treron sphenura)* → *Treron*
Keilschwanzloris → *Trichoglossus*
Keilschwanzsittiche → Aratinginae

Keimfutter. Durch die Keimung von Samen kann vor allem in der kalten Jahreszeit ein vitaminreiches Futter hergestellt werden. Geeignet sind alle An von Getreide, wobei dem Hafer für größere u. der Hirse ↗ für kleinere Vogel-An der Vorrang gegeben wird. Die Samen werden in dünner Schicht in flachen Schalen deponiert u. ständig feucht gehalten. Heller Standort u. Temp.en von 25 °C begünstigen den Vorgang. Die Keimlinge zeigen sich nach 3–6 Tagen. Vor dem Verfüttern ist das K. einer mehrstündigen Lufttrocknung auf Gaze zu unterziehen. Schimmliges K. darf nicht verfüttert werden, es besteht die Gefahr von Mykosen. Bei fortschreitender Keimung findet ein Nährstoffverlust statt. In diesem Falle können die grünen Pflanzenteile abgeschnitten u. als Grünfutter verwendet werden.

Keratomykose. Durch Pilzbefall verursachte Entzündung der Augenhornhaut. *Candida-* u. *Aspergillus-*Pilze als Ursache.

Kerfe, NN → Insecta
Kernbeißer *(Coccothraustes coccothraustes)* → *Coccothraustes*
Kernbeißerweber *(Ploceella hypoxantha)* → *Ploceella*
Kernknacker → Pheucticinae
Kette. Vor allem in früheren Jahren zur Haltung von großen Papageien ↗ auf Ständer ↗, Bügel ↗, Kletterbaum ↗ verwendet. Anketten an einem Lauf. Um Verdrehen zu vermeiden, sind 1 od. 2 sog. Wirbel notwendig. Im Abstand von 1—2 Monaten Wechsel des Kettenfußes, sonst Deformierung. Um Durchbeißen zu vermeiden entspr. Material verwenden.
Ketupa, Fischuhus. G der Strigidae ↗. 4 An. Groß bis sehr groß, mit deutl. Federohren. Keine Geschlechtsunterschiede im Gefieder, jedoch sind ♀♀ größer u. schwerer als die ♂♂. Über weite Teile Asiens verbr. Lebensraum immer an Gewässer gebunden. Tag- u. nachtaktiv. Fische sind die Hauptnahrung, aber auch Säuger u. Vögel werden nicht verschmäht. Eingewöhnung u. Haltung mit Eintagsküken, Ratten, Meerschweinchen sowie Fischen problemlos. Seltsamerweise werden bei gekäfigten Exempl. Fische öfters verschmäht. 3 K.-An bereits in Zoo- u. Liebhabervolieren gehalten. 1 K.-A wurde erfolgreich gezüchtet. In mindestens 4,00 m breiten, 8,00 m tiefen u. 2,50 m hohen Volieren ↗ nur paarweise halten. Brutbiologie aller K.-An weitgehend unbekannt.
— *K. blakistoni,* Riesen-Fischuhu. ♂ u. ♀: mit gelber Iris. Oberseits dunkelbraun mit beigefarbenen Aufhellungen, unterseits gelbweiß mit dunkelbraunen Längsstreifen, dabei schwach quergewellt. Nur bei dieser K.-A sind die Beine befiedert. Zehen nackt. Juv. unbekannt. Größte Fischuhu-A. Bis zu 2,00 m Flügelspannweite. 51—61 cm. NO-China u. N-Korea bis zur Küste des Ochotskischen Meeres, Sachalin, Hokkaido, Kurilen. Bewaldete Flußtäler mit schnellfließenden, im Winter nicht zufrierenden Gewässern sind sein Lebensraum. Tag- u. nachtaktiv. Nahrung überwiegend Fische. Bodenbrüter. Wird z. Z. nur in Leningrad, UdSSR, u. Flamingo Gardens Olney, England, gehalten. Über eine Zucht in Europa ist nichts bekannt. Brutbiologie unbekannt.
— *K. ketupu,* Sunda-Fischuhu. ♂ u. ♀: *K. zeylonensis* sehr ähnl. Deutl. Unterscheidungsmerkmal die fehlende Wellenzeichnung der US u. die geringere Größe. 38—45 cm. S-Assam, Burma, Thailand bis Sumatera, Java, Bali u. Kalimantan. Bewohnt bewaldete Flußläufe, Mangrovesümpfe, Fischteiche u. überflutete Reisfelder. Tag- u. nachtaktiv. Fisch ist die Grundnahrung, aber auch Amph. Sowohl Baumhöhlenbrüter als auch Brüter in Felsspalten u. in Höhlen von Flußuferböschungen. Selten gehalten. Bereits mit Erfolg gezüchtet. Gelege besteht nur aus 1 Ei. Die Erstzucht gelang 1968 dem Zoo in London, England.
— *K. zeylonensis,* Wellenbrust-Fischuhu. ♂ u. ♀: mit gelber Iris u. dunkelbrauner OS, zum Kopf hin rotbraun mit weißen bis ockerfarbigen Flecken. US weißgelb mit kräftiger dunkelbrauner Längsstrichelung u. schwacher wellenförmiger Querbänderung. Schnabel graugrün. Beine u. Zehen unbefiedert. Juv. unbekannt. 48—51 cm. SO-Kleinasien, Israel, Irak u. S-Iran durch Indien bis S-China u. Indochina. An bewaldeten Flußläufen. Tag- u. nachtaktiv. Nahrung überwiegend Fische, jedoch auch Säuger, Amph., Rept. u. Vögel. Brütet in verlassenen Raben- u. Greifvogelnestern, in Felsspalten u. in Höhlen von Flußuferböschungen. Selten gehalten. Über eine gelungene Zucht in Europa ist nichts bekannt. Gelege 1—3 Eier. Brutbiologie sonst unbekannt.

Keulenhornvogel *(Ceratogymna atrata)* → *Ceratogymna*
Kichertaube *(Streptopelia bitorquata)* → *Streptopelia*
Kiebitz *(Vanellus vanellus)* → *Vanellus*
Kiebitzregenpfeifer *(Pluvialis squatarola)* → *Pluvialis*
Kiefernkreuzschnabel *(Loxia pytyopsittacus)* → *Loxia*
Kiefernsittich *(Rhynchopsitta pachyrhyncha)* → *Rhynchopsitta*
Kieferntangare *(Piranga ludoviciana)* → *Piranga*
Kippflügel. Vererbte Bindegewebeschwäche an den Flügelsehnen bes. bei Wassergeflügel. Die Handschwinge hängt nach außen gedreht herab.
Kirkfrankolin, UA → Gehäubter Steppenfrankolin
Kirschkernbeißer → Kernbeißer
Kirschlori *(Trichoglossus rubiginosus)* → *Trichoglossus*
Kistenkäfig. Eine bis auf die mit einem Vorsatzgitter ↗ versehene Vorderansicht allseitig mit Holz, Plast od. Hartfaserplatten geschlossene Unterkunft. Von der Gitterseite wird gefüttert u. getränkt. Ebenfalls am Gitter hängen außen Nistgelegenheiten, selten an einer Seitenwand. Verwendung u. a. zur Eingewöhnung scheuer Vögel (ggf. Decke mit Schaumstoffplatte bekleben), bei gezielter Zucht mit Einzelpaaren (Wellensittich ↗, Kanarienvogel ↗ usw.).
Kitta → *Cissa*
Kiwis → Apterygidae → Apterygiformes
Klaaskuckuck *(Chrysococcyx klaas)* → *Chrysococcyx*
Klais, Violettkopfkolibris. G der Trochilidae ↗. 1 A. Von Nikaragua bis Venezuela, durch Kolumbien, O-Ekuador bis Bolivien. In baum u. buschbestandenem Gelände, Sekundärvegetation u. Lichtungen von 150—1900 m ü. NN. Eingewöhnung ohne bes. Schwierigkeiten. Über längere Haltungsperioden ist nichts bekannt. Zucht bisher nicht geglückt.
— *K. guimeti,* Violettkopfkolibri, Kleiner Blauschleier. ♂: OS grün mit Bronzeschimmer. Hinterhals dunkler grün, Kopf-OS dunkel violettblau. Zügel schwarz, hinter dem Auge ein kleiner weißer Fleck. Steuerfedern bronzegrün, die seitl. mit schmaler schmutzigweißer Spitze, bläulichschwärzlicher Querbinde. Schuppenförmige Kehlfedern dunkel violettblau, übrige US grau. Vorderbrust, Brust u. Körperseiten mit metallischgrünem Schimmer. ♀: Kopf-OS blasser, mehr blau, nicht so stark violett wie beim ♂. Ganze US grau, seitl. Steuerfedern mit größeren weißlichen Endflecken. Juv. wie ♀. 8,5 cm.

Klappergrasmücke *(Sylvia curruca)* → *Sylvia*
Klasse → systematische Kategorien
Klatt, Horst, geb. 16. 5. 1936 in Breslau, Bauingenieur in Erfurt. Hauptinteressengebiete: Papageienvögel ↗, spez. Wellensittich ↗, Wasserziergeflügel. Wenige Berichte in der Monatsschrift der SZG. 1967—1974 II. Zuchtwart der SZG, seit 1975 I. Zuchtwart. 1966 DDR-Wellensittich-Meister; Ehrenmitglied der SZG, Goldene Ehrennadel der Fachrichtung SEK im VKSK.
Klee → *Trifolium* spec.
Kleefisch, Theo, geb. 16. 7. 1943 in Bonn. Architekt. Seit Kindheit Vogelhaltung, z. T. seltene Zuchterfolge, u. a. von Tangaren, Kappensai ↗. Vogelfotografie, Bildautor in deutschen holländ., dänischen Vogelbüchern. 1972, 1974 mehrmonatige naturkundl. Reisen nach Paraguay, Brasilien, Peru. Mehrere Zucht- u. Erfahrungsberichte in Fachzeitschriften.
Kleiber *(Sitta europaea)* → *Sitta*
Kleine Bronzeflügeltaube, NN → Buschtaube
Kleine Gelbkopf-Amazone, UA → Gelbschulteramazone
Kleine Gelbkopfamazone, NN → Gelbflügelamazone
Kleinelsterchen *(Spermestes cucullatus)* → *Spermestes*
Kleiner Alexandersittich, NN → Halsbandsittich
Kleine Raubmöwe *(Stercorarius longicaudus)* → *Stercorarius*
Kleiner Beo *(Gracula indica)* → *Gracula*
Kleiner Bischof *(Ramphomicron microrhynchum)* → *Ramphomicron*
Kleiner Blauschleier *(Klais guimeti)* → *Klais*
Kleiner Brillenkauz *(Strix melanota)* → *Strix*
Kleiner Felsensittich, UA → Felsensittich
Kleiner Gelbhaubenkakadu *(Cacatua sulphurea)* → *Cacatua*
Kleiner Gelbkopf, NN → Gelbflügelamazone
Kleiner Halsband-Nektarvogel *(Panaeola chalybea)* → *Panaeola*
Kleiner Honiganzeiger *(Indicator minor)* → *Indicator*
Kleiner Königssittich, UA → Königssittich
Kleiner Kubafink *(Tiaris canora)* → *Tiaris*
Kleiner Mennigvogel *(Pericrocotus cinnamomeus)* → *Pericrocotus*
Kleiner Purpurastrild *(Pyrenestes minor)* → *Pyrenestes*
Kleiner Safranfink *(Sicalis luteola)* → *Sicalis*
Kleiner Sandhügelkranich → Kanadakranich
Kleiner Soldatenara *(Ara militaris)* → *Ara*
Kleiner Soldatenstärling *(Sturnella defilippii)* → *Sturnella*
Kleiner Textor, NN → Schwarzkopfweber
Kleiner Tovisittich, UA → Tovisittich
Kleiner Turmalinkolibri *(Heliangelus micraster)* → *Heliangelus*
Kleiner Vasa, NN → Rabenpapagei
Kleiner Veilchenohrkolibri *(Colibri thalassinus)* → *Colibri*

Kleines Sultanshuhn, NN → Bronzesultansralle
Kleine Trauertangare, NN → Trauertangare
Kleingirlitze → *Ochrospiza*
Kleinpapageien → Micropsittidae
Kleinralle *(Porzana parva)* → *Porzana*
Kleinschmidt, Theodor, geb. 6. 3. 1834 in Wolfhagen (Bez. Kassel), gest. 10. 4. 1881 in Utuan (Neubritannien). Neffe von O. KLEINSCHMIDT (1870—1954). Pflegte zeitlebens Vögel u. sammelte Naturalien. Wurde 1875 Forschungsreisender für das deutsche Handelshaus J. C. GODEFFROY. Lieferte von den Fidschi-Inseln u. der Duke-of-York-Insel Lebensschilderungen von Vögeln im Zusammenhang mit aussagekräftigen Zeichnungen an das Hamburger Museum, entdeckte mehrere Formen, die von O. FINSCH beschrieben wurden.
Kleinschmidts Papageiamadine *(Amblynura kleinschmidti)* → *Amblynura*
Kleinschnabelkolibri *(Rhamphomicron microrhynchum)* → *Rhamphomicron*
Kleinspecht *(Xylocopus minor)* → *Xylocopus*
Kleinweber → *Sitagra*
Kletterbaum. Zur Haltung von großen nur zahmen Papageien ↗ verwendet. Aus Hartholz verzweigter, kräftiger Ast od. stammnaher Teil einer Baumkrone, fest in einem Holz- od. Metallkasten montiert. Bodenbelag Sand. Größe u. Höhe richten sich nach Größe des Vogels u. den Platzmöglichkeiten. Flugunfähigkeit ↗ durch Beschneiden der Schwingen. Futter- u. Trinkgefäße am K. befestigen. K. muß wegen Zernagen in Abständen erneuert werden.
Kletterhonigfresser *(Melithreptus validirostris)* → *Melithreptus*
Klippenfrankolin, NN → Bergfrankolin
Klippensittich *(Neophema petrophila)* → *Neophema*
Klippentaube *(Columba rupestris)* → *Columba*
Klippenvögel → *Rupicola*
Kloake. Aussackung des Darmes, in die sowohl Harnleiter als auch die Ausführgänge der Geschlechtsorgane (Eileiter, Samenleiter) münden. Vögel scheiden Harn u. Kot als gemeinsames Produkt über die K. aus.
Kloaken-Eileiter-Vorfall. Durch Bindegewebsschwäche od. zu starkes Pressen bei Legenot ↗ od. Kloakenentzündung entstehendes Ausstülpen von Kloake u. Eileiter. Oft Anlaß für Kannibalismus ↗.
Klös, Heinz-Georg, Dr., geb. 6. 1. 1926 in Elberfeld. Ab 1. 4. 1954 Zoodirektor in Osnabrück u. seit 1. 1. 1957 Direktor des Zool. Gartens in Berlin-West. Seit 1969 Honorarprofessor der Freien Univ. Berlin. Mitglied des Internat. Verbandes der Direktoren zool. Gärten seit 1957, Präsident dieses Verbandes seit 1980. Hauptarbeitsgebiete Tiergartenbiologie, insbes. Anatiden, ca. 50 wissenschaftl. Publikationen, u. a. Anatiden-Teil in «Grzimeks Tierleben» u. die Übersetzung des Buches «Das Wassergeflügel der Welt» von P. SCOTT. Zahlreiche Ehrungen.
Klunkerhonigfresser *(Philemon buceroides)* → *Philemon*
Klunkeribis *(Bostrychia carunculata)* → *Bostrychia*
Klunkerkranich *(Bugeranus carunculatus)* → *Bugeranus*
Knäckente *(Querquedula querquedula)* → *Querquedula*

Knopfbleßhuhn, NN → Indianerbleßralle
Knutt *(Calidris canutus)* → *Calidris*
Kobalteisvogel *(Alcedo semitorquata)* → *Alcedo*
Kobaltflügelsittich *(Brotogeris cyanoptera)* → *Brotogeris*
Kobaltniltava *(Niltava grandis)* → *Niltava*
Kochsalzvergiftung. Durch Aufnahme größerer Kochsalzmengen mit dem Futter verursachte Vergiftung beim Vogel, die durch gleichzeitigen Trinkwassermangel verstärkt wird. Erbrechen, Durchfall ↗ u. zentralnervöse Störungen treten als Symptome auf. Kann auch bei versehentl. Einsatz von Mineralstoffgemisch für Wiederkäuer (mit Salzanteil) am Geflügel entstehen od. bei der Kochsalztherapie des Federfressens ↗.
Koël *(Eudynamys scolopacea)* → *Eudynamys*
Koenig, Lilli, geb. 7. 9. 1918 in Vösendorf b. Wien. Passionierte Vogelhalterin. Hauptarbeitsgebiete: Verhalten von Bienenfressern ↗, Kunstbrut u. Handaufzucht empfindlicher Vogel-An. 23 wissenschaftl. Publikationen, 5 Kinder-, Jugendbücher. Korrespond. Mitglied der DO-G ↗.
Köhler, Gustav Adolf, geb. 4. 8. 1829 in Weißenfels, gest. 7. 10. 1881 in Weißenfels. Während der Wanderjahre Beschäftigung mit der Vogelwelt u. der Präparation von Vogelbälgen in Algier. Seit 1850 pflegte er zahlreiche ausländ. Vögel, u. a. Tauben-, Hühner-, Gänsevögel ↗, Wachteln ↗, Sittiche ↗, Finken ↗. Bekannt als erfahrener Vogelpfleger u. durch seine Zuchterfolge, erhielt für die Züchtung der Frankolinhühner ↗ von der Société d'Acclamatation zu Paris eine silberne Medaille. Berichtete in «Die Gefiederte Welt» über Erfahrungen in der Vogelpflege u. -zucht. Gehörte bis zum Tode dem Vorstand des Vereins zum Schutze der Vogelwelt an.
Kohlmeise *(Parus major)* → *Parus*
Kokettkolibri *(Lophornis magnificus)* → *Lophornis*
Koklasfasan *(Pucrasia macrolopha)* → *Pucrasia*
Kokoshonigschmecker *(Myzomela sclateri)* → *Myzomela*

Klös, Heinz-Georg

Kokzidiose. Infektionskrankheit durch Protozoen. Die Dauerformen werden aus Futter od. Einstreu bzw. Erde aufgenommen. Durchfall ↗, Abmagerung u. häufige Todesfälle bei Jungtieren sind zu beobachten. Dünndarm-, Blinddarm-, Enddarm- u. Nierenkokzidiose. Rote Kükenruhr ist ein volkstüml. Ausdruck für K.: Prophylaxe u. Therapie durch Chemotherapeutika, Hygieneverbesserung u. Desinfektion. Bekannte Kokzidiostatika: Sulfathiatol, Sulfadimidin, Amprolium, Joalen. Nach längerem Gebrauch Wechsel der Kokzidiostatika notwendig, da Kokzidien resistent werden.
Kolbe, Hartmut, geb. 5. 4. 1938 in Roßlau-Meinsdorf. Arbeitsgebiete Vogelberingung, Avifaunistik (Mittelelbegebiet). Seit 1968 Haltung von Anatiden. Mehrere seltene Zuchterfolge, u. a. von Meeresenten, Säger, Pfeifgänsen ↗, nordischen Gänsen, Ruderenten. Seit Jahren in der Leitung der Interessengemeinschaft «Wasserziergeflügel» der SZG im VKSK tätig. Mehrere Studienreisen in Wasservogelhabitate osteurop. Länder, M-Asiens, O-Sibirien, Mongolei, Kola-Halbinsel. Über 40 wissenschaftl. Publikationen. 2 Bücher («Die Entenvögel der Welt», «Wasservögel im Freiland und Gehege»).
Kolbenente *(Netta rufina)* → *Netta*
Kolibris → Trochilidae → Trochiliformes
Kolkrabe *(Corvus corax)* → *Corvus*
Kollektion. Vorwiegend bei den Standardvögeln ↗ angewandter Begriff, die an einer Meisterschaft ↗ teilnehmen. Zu einer Kollektion können 4–6 Tiere gehören, wobei meistens die 4 bestbewerteten Vögel in die Wertung gelangen. Die Verteilung des Geschlechts ist dabei sehr häufig unbedeutend, Ausnahmen bilden der Paarzwang u. sog. Zuchtstämme (vorwiegend bei Rassegeflügel). Aber auch das Ausstellen einer Reihe von An einer bestimmten Vogelgruppe zu den allgemeinen Ausstellungen kann als Kollektion bezeichnet u. entspr. prämiert werden (z. B. Großsittichkollektion, Prachtfinkenkollektion usw.).
Kolumbiasittich *(Psittacara wagleri)* → *Psittacara*
Kolumbien-Braunwangensittich, UA → St. Thomas-Sittich
Kometschweifkolibri *(Sappho sparganura)* → *Sappho*
Komfortverhalten. Bewegungsabläufe, die der Körperpflege dienen u. häufig auch als Ausdruck des «Wohlbefindens» od. des «Geborgenseins» gedeutet werden. Man unterscheidet versch. Formen des K., unter denen die Putz- u. Schüttelbewegungen die wichtigsten sind. Ein typisches Beispiel ist der Bewegungskomplex Streckschütteln u. anschl. Kopfschütteln der Schwäne u. Enten.
Komorenweber *(Foudia eminentissima)* → *Foudia*
Kongopapagei *(Poicephalus guilielmi)* → *Poicephalus*
Kongopfau *(Afropavo congensis)* → *Afropavo*
Kongoschnäpper *(Batis minor)* → *Batis*
Königliche Waldnymphe *(Thalurania glaucopis)* → *Thalurania*

Königsalbatros (*Diomedea epomophora*) → *Diomedea*
Königsamazone (*Amazona guildingii*) → *Amazona*
Königsameisenpitta (*Grallaria varia*) → *Grallaria*
Königsameisenstelzer (*Grallaria varia*) → *Grallaria*
Königsfasan (*Syrmaticus reevesii*) → *Syrmaticus*
Königsglanzstar (*Cosmopsarus regius*) → *Cosmopsarus*
Königshühner → *Tetraogallus*
Königsmusketier, Königsmusketier-Kolibri (*Coeligena wilsoni*) → *Coeligena*
Königspapageiamadine (*Amblynura regia*) → *Amblynura*
Königsparadiesvogel (*Cicinnurus regius*) → *Cicinnurus*
Königspinguin (*Aptenodytes pategonicus*) → *Aptenodytes*
Königsscharbe (*Phalacrocorax albiventer*) → *Phalacrocorax*
Königssittich (*Alisterus scapularis*) → *Alisterus*
Königstyrann (*Tyrannus tyrannus*) → *Tyrannus*
Königswitwe (*Tetraenura regia*) → *Tetraenura*
Königswürger (*Lanius schach*) → *Lanius*
Konkurrenz. Interspezifische K.: Kampf zwischen An um lebensnotwendige Anteile an solchen Faktoren, die in dem gemeinsam besiedelten Areal nur begrenzt vorhanden sind, z. B. Nistplätze, Nahrung, Nutzung von Verstecken. An der Entstehung von Kulturfolgern hat die K. vermutlich großen Anteil. Die intraspezifische K. ist seltener u. bei Vögeln vor allem eine K. um Nistplätze in räumlich beschränkten Brutstätten.
Konspezies. Form, die in der Systematik als eigenständige A geführt wird, aber möglicherweise die Rasse einer anderen A ist od. der Rassengruppe einer anderen A angehört.
Kontaktverhalten. Sammelbegriff für versch. Verhaltensweisen, die der Begrüßung dienen, z. B. Schnäbeln u. Begrüßungsfüttern bei Vögeln.
Kookaburra (*Dacelo novaeguineae*) → *Dacelo*
Korallenschnabelpapagei, UA → *Dunenkopf*
Kordillerenzeisig (*Spinus uropygialis*) → *Spinus*
Koreagoldschnäpper (*Ficedula zanthopygia*) → *Ficedula*
Koritrappe, NN → *Riesentrappe*
Kormoran (*Phalacrocorax carbo*) → *Phalacrocorax*
Körnerfresser. Im Gegensatz zu den Insektenfressern ↗ Vögel, die sich überwiegend durch pflanzl. Kost ernähren. Ihr Aussehen ist durch kräftigen Schnabel u. relativ rund wirkenden Kopf gekennzeichnet. Dabei kann der Schnabel durchaus unterschiedl. ausgebildet sein. Bei den Papageien (Psittaciformes ↗) ist der Oberschnabel mit dem Schädel gelenkig verbunden, was das Aufbrechen härtester Früchte ermöglicht. Den K.n ist u. a. gemeinsam, daß sie tierische Kost, wie Insekten ↗ od. Weichfutter ↗, ebenfalls nicht verschmähen. Oft wird sie als überwiegender Bestandteil bei der Jungenaufzucht eingesetzt.
Koromandeluhu (*Bubo coromandus*) → *Bubo*

Körperpflegehandlungen → *Komfortverhalten*
Korsenkleiber (*Sitta whiteheadi*) → *Sitta*
Koskorobaschwan (*Coscoroba coscoroba*) → *Coscoroba*
Kot. Endprodukt der Verdauung. Enthält den vom Vogel nicht verwertbaren Teil der Futterstoffe. Seine Beschaffenheit ist je nach Vogel-A leicht geformt bis breiig → *Kloake*. Während der K. je nach Nahrung von bräunlicher bis grüner Farbe ist, weist der Harn weiße Farbe auf. Bei Vögeln, die in den Blinddärmen Zellulose verdauen, wird ein bes. Blinddarmkot (s. Tetraonidae ↗) erzeugt. Die Beobachtung der Kotbeschaffenheit kann wichtige Hinweise über den Gesundheitszustand eines Vogels geben. Breiiger, wäßriger K. ist oft ein Zeichen von Darmerkrankungen. Allerdings kann auch bei Aufregung, z. B. Fang, dünnflüssiger K. ausgeschieden werden. Regelmäßiges Entfernen des K.es ist ein wichtiger hygienischer Grundsatz der Vogelhaltung.
Krabbe, Albert, geb. 3. 2. 1896 in Anklam. Passionierter Vogelliebhaber. 1920 Mitbegründer der AZ. Zahlreiche Beiträge in Fachzeitschriften. Spezialgebiet Webervögel ↗, Widavögel ↗.
Kragenfasanen → *Chrysolophus*
Kragenhopf (*Lophorina superba*) → *Lophorina*
Kragenhühner → *Bonasa*
Kragenlaubenvogel (*Chlamydera maculata*) → *Chlamydera*
Kragensittich (*Barnardius zonarius semitorquatus*) → *Barnardius*
Kragentaube (*Caloenas nicobarica*) → *Caloenas*
Kragentrappe (*Chlamydotis undulata*) → *Chlamydotis*
Krahe, Rolf-Guido, geb. 22. 8. 1933 in Bonn. In früheren Jahren Liebhaber europ. Weichfresser ↗. Seit 1969 auf die Haltung von Eulen spezialisiert. Mehrere Publikationen in der Zeitschr. «Die Gefiederte Welt».
Krähen u. **Raben** → *Corvus*
Krähenscharbe (*Phalacrocorax aristotelis*) → *Phalacrocorax*
Krähenstirnvogel (*Psarocolius decumanus*) → *Psarocolius*
Krähenwürger → *Cracticidae*
Krallenwachstum. Im Käfig gehaltene Vögel zeigen mitunter ein fehlerhaftes K., das durch entsprechende Maßnahmen korrigiert werden muß.

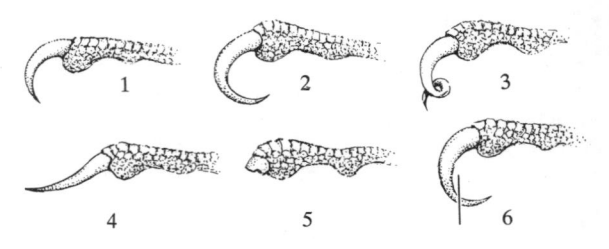

Krallenwachstum. 1 normal, 2 überlang, 3, 4 pathologisch, 5 Krallenverlust, 6 Schnittlinie

Kramer, Helmut, Dr., geb. 29. 4. 1934 in Bonn. Bevorzugte Arbeitsgebiete: Naturschutz; Ökologie u. Verhalten der Vögel; Dokumentationsarbeit, um die zahlreich vorhandenen Informationen einem größeren Kreis zu erschließen. Über 50 Publikationen, u. a.

1968 die F der Reiher (Ardeidae). In: «Grzimeks Tierleben», «Bruten europäischer Vogelarten in Gefangenschaft» (Zool. Garten N. F., Jena *50*). Silberne Ehrennadel des Deutschen Bundes für Vogelschutz.

Krammetsvogel → Wacholderdrossel

Kranich *(Grus grus)* → *Grus*

Krankenkäfig. Käfig zur Isolierung eines kranken Vogels. Sie muß sofort nach Erkennung der ersten Krankheitszeichen erfolgen. Ein Infrarotstrahler ↗ (Mindestabstand ist der Gebrauchsanweisung zu entnehmen) sorgt für die erforderliche Wärme. Der Kranke u. später Genesende muß immer die Möglichkeit haben, eine ihm angenehme Wärme wahrnehmen zu können. Die Verwendung eines nicht zu kleinen Käfigs u. die Anordnung der sparsam angebrachten Sitzstangen schaffen dafür die Voraussetzung. Nach Entlassung des Vogels aus dem K. wird das Behältnis einschließl. Futter- u. Trinkgefäß gründlich gereinigt u. desinfiziert.

Kraus, Kurt, geb. 14. 4. 1939 in Abertham b. Karlsbad. Hauptarbeitsgebiete in der Ornithologie: Über 20 Jahre Haltung u. Zucht von Prachtfinken ↗ u. Girlitzen ↗, im letzten Jahrzehnt überwiegendes Interesse an der Vogelwelt in SO-Asien mit Schwerpunkt Blattvögel ↗, Bülbüls ↗ u. a. Stare ↗, u. a. Nestbau u. Eiablage bei mehreren An der Blattvögel. Größere Zahl von Publikationen in Fachzeitschriften, u. a. Sonderheft der Zeitschr. «Die Gefiederte Welt».

Kräuselfedriges Haubenperlhuhn *(Guttera pucherani)* → *Guttera*

Kräuselscharbe *(Microcarbo melanoleucos)* → *Microcarbo*

Krauskopf-Arassari *(Pteroglossus beauharnaesii)* → *Pteroglossus*

Krauskopf-Blaurabe *(Cyanocorax cristatellus)* → *Cyanocorax*

Krauskopfpelikan *(Pelecanus crispus)* → *Pelecanus*

Kräutertee. Mischungen von getrockneten Pflanzenteilen der Heilpflanzen. Wirkt auf kranke u. geschwächte Vögel appetit- u. verdauungsanregend u. wird von vielen Vogel-An anstelle des Trinkwassers gut aufgenommen.

Krawattenmusketier *(Coeligena torquata)* → *Coeligena*

Kreisausstellung → Ortsschau

Kreischeule *(Megascops asio)* → *Megascops*

Kresse → *Lepidium sativum*

Kreuzschnabel. Schnabelanomalie bei geradschnäbligen Vögeln. Die Ursachen können sehr versch. Natur sein. Beim Hühnerküken bei Mehlfütterung provoziert, aber auch erblicher Ursache.

Kreuzschnäbel → *Loxia*

Kreuzsprung → Sprungschema

Krickente *(Nettion crecca)* → *Nettion*

Krimhilda. G der Estrildidae ↗. 2 An. Früher UG von *Estrilda* ↗. Lebensweise, Pflege → Estrildidae, *Estrilda*.

— *K. atricapilla,* Kappenastrild. ♂ u. ♀: Oberkopf, Zügel u. Augengegend schwarz, OS aschgrau von schwarzen Querwellen überzogen. Bürzel, Oberschwanzdecken rot. Schwanz u. Schwingen schwarz, letztere mit feinen grauen Außensäumen. Körperseiten, Schenkel rot. US bis auf die schwärzliche Bauchmitte aschgrau. Unterschwanzdecken schwarzgrau. Kopfseiten u. Kehle weißgrau. Schnabel bis auf den roten Grund des Unterschnabels schwarz. Auge dunkelbraun. Füße bräunlichschwarz. Juv. dunkleres Gefieder, Rot der US fehlt, Bürzel u. Oberschwanzdecken graurot. 10,5—11 cm. UAn. Kamerun, Gabun, Kongo, Kenia, Angola. Bewohnt Lichtungen, Felder u. Gärten, zwischen 1500 u. 2500 m ü.NN, vereinzelt auch bis 3000 m ü.NN. Erstmalig 1874 durch JAMRACH nach London u. damit nach Europa. Bei der Eingewöhnung manchmal Ernährung problematisch, nicht unter 20 °C halten. Vorwiegend verschiedenste Grassamen anbieten. Haltung am besten in Flugräumen ↗.

Nonnenastrild

— *K. nonnula,* Nonnenastrild. ♂: Oberkopf, Zügel u. Augenregion schwarz. Rücken, Flügeldecken grau, zarte schwarze Querbänderung. Bürzel, Oberschwanzdecken scharlachrot. Handschwingen schwärzlichbraun. Schwanz schwarz. Kopfseiten, Kinn u. Kehle weiß, ebenso US, je nach UA auch rahmfarben bis weißlichgrau. Körperseiten rot. Schnabel schwarz, roter Streif an den Seiten des Oberschnabels, an der Wurzel des Unterschnabels roter Fleck. Auge braun. Füße schwärzlich. ♀ wie ♂, Bauch aber mehr gelbgrau. Juv. OS dunkler als Ad., Querwellung fehlt. Oberschwanzdecken rot. US weißlichbraun. Schnabel schwarz. Ca. 10 cm. UAn. Heimat Fernando Póo, S- bis mittl. Kamerun, öst. durch den Kongo bis zum NW des Tanganjika-Sees, W-Ufer des Victoria-Sees, Uganda, W-Kenia, S-Sudan. Bewohnt busch- u. baumdurchsetzte Savannen, graswachsene Waldlichtungen, Waldränder, Kulturlandschaft, Siedlungen, in der Ebene u. bis 3000 m ü.NN. Erstmalig 1935 durch C. S. WEBB nach London u. damit nach Europa. Seither selten im Vogelhandel. Gewandt, ansprechend, verträglich. Eingewöhnung meistens nicht schwierig, wärme- u. sonnenbedürftig. Manchmal Probleme bei der Futterannahme, da Vögel aus gebirgigen Höhenlagen das Gebotene nur zögernd fressen. Tägl. Vitamintropfen über Trinkwasser verabreichen. Fütterung in dieser Zeit wie sonst auch üblich. Ausgesprochene Volierenvögel (Sonne!). Zucht mehrfach gelungen.

Krokodilwächter *(Pluvianus aegyptius)* → *Pluvianus*

Kronammer, NN → Silberkopfammer

Kronberger, Harry, Dr. sc., geb. 15. 5. 1926 in Breslau, gest. 21. 4. 1977 in Leipzig. VR. Prof. Dr. sc. med. vet. Bedeutendste Arbeitsgebiete: Allgemeine Pathologie, Pathologische Anatomie u. Histologie, Pathologische Physiologie in Lehre, Forschung u. Diagnostik, Krankheiten der Zoo-, Wild- u. Heimtiere an der Veterinärmedizin. Fakultät u. der Sektion Tierproduktion u. Veterinärmedizin der Univ. Leipzig. Bes. Interesse galt Herz- u. Kreislaufkrankheiten, Zootierkrankheiten, Zooanthroponosen, Krankheiten der Vögel, Vergleichende Pathologie, Vergleichende Onkologie. Über 100 Publikationen in wissenschaftl. Zeitschriften. 25 Fachbuchbeiträge u. Bücher, u. a. «Haltung von Vögeln — Krankheiten der Vögel». 1959 Ehrennadel der Karl-Marx-Universität, 1967 Johannes-R.-Becher-Medaille in Silber, 1970 Ehrenspange der Wissenschaftl. Gesellschaft für Veterinärmedizin in Bronze.

Kronenatzel *(Ampeliceps coronatus)* → *Ampeliceps*
Kronenhäher, NN → Diademhäher
Kronenkranich *(Balearica pavonina)* → *Balearica*
Kronenmeise *(Machlolophus xanthogenys)* → *Machlolophus*
Kronenorganist, NN → Gelbscheitelorganist
Kronpipra, NN → Goldkopfpipra
Krontangare *(Tachyphonus coronatus)* → *Tachyphonus*
Krontaube *(Goura (c.) cristata)* → *Goura*
Kropf → Verdauung
Kropfentzündung. Entzündung der Kropfschleimhaut durch spezifische Infektion (z. B. Trichomonadidae) od. Futterschädigungen.
Kropfmilch → Columbiformes → Columbidae
Kropfmykose → Candidamykose des Geflügels
Krummhals der Vögel → Botulismus
Krummschnabel-Spottdrossel *(Toxostoma curvirostre)* → *Toxostoma*
Kubaamazone *(Amazona leucocephala)* → *Amazona*
Kubaeule *(Gymnoglaux lawrencii)* → *Gymnoglaux*
Kubakauz *(Glaucidium siju)* → *Glaucidium*
Kubapfeifgans *(Dendrocygna arborea)* → *Dendrocygna*
Kubasittich *(Psittacara euops)* → *Psittacara*
Kuba-Sperlingskauz *(Glaucidium siju)* → *Glaucidium*
Kubatangare, NN → *Spindalis zena pretrei*
Kubatrogon *(Priotelus temnurus)* → *Priotelus*
Kuba-Wachtel → Virginiawachtel
Kuckuck *(Cuculus canorus)* → *Cuculus*
Kuckucksente *(Heteronetta atricapilla)* → *Heteronetta*
Kuckucksfinken → Anomalospizidae
Kuckuckskauz *(Ninox novaeseelandiae)* → *Ninox*
Kuckuckstaube *(Macropygia amboinensis)* → *Macropygia*
Kuckucksvögel → Cuculiformes
Kuckucksweber *(Anomalospiza imberbis)* → *Anomalospiza*
Kuckucksweber, NN → Anomalospizidae

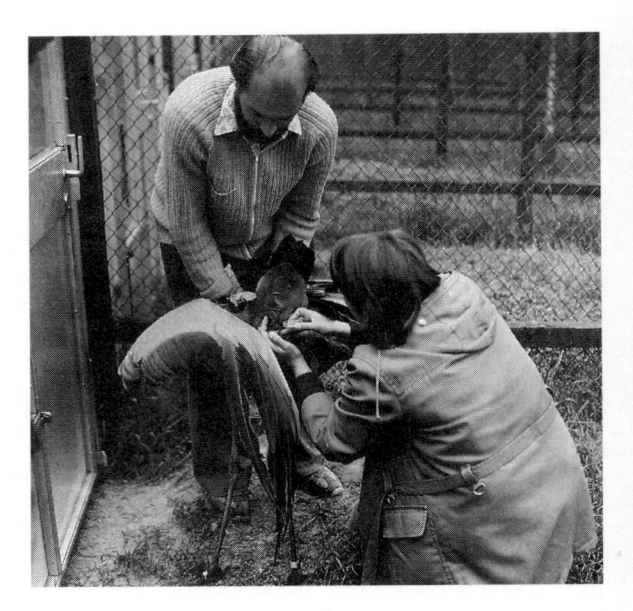

Künstliche Besamung beim Paradieskranich. Gewinnung von Sperma.

Kuhstärling *(Molothrus ater)* → *Molothrus*
Kullmann, Karl, geb. 1855, gest. 11. 6. 1910 in Frankfurt/M. Pflegte vor allem beste Sänger Europas, u. a. befaßte er sich bes. mit dem Gesang der Orpheusgrasmücke ↗. Verehrer von K. Ruß ↗, machte sich durch den Zusammenschluß der deutschen Vogelliebhaber 1905 verdient, war ihr 1. Vorsitzender. Zahlreiche Beiträge über die Vogelpflege in der Zeitschr. «Die Gefiederte Welt». Vertiefte mit Vorträgen Kenntnisse einer biol. sachgerechten Vogelpflege.
Künstliche Besamung. Noch wenig verwendete Paarungsmethode, bei der durch spez. Massage des Vatertieres gewonnenes Sperma mittels Glaspipette in die Legeöffnung der ausgestülpten Kloake des Muttertieres übertragen wird. Die k. B. wird hauptsächl. in der Putenzucht sowie bei Zuchtversuchen mit vom Aussterben bedrohten An eingesetzt (z. B. Greifvögel ↗, Rauhfußhühner ↗, Kraniche ↗).
Kupferbauch-Schneehöschen *(Eriocnemis cupreoventris)* → *Eriocnemis*
Kupferfasan *(Graphephasianus soemmeringii)* → *Graphephasianus*
Kupferflügelkolibri *(Aglaeactis cupripennis)* → *Aglaeactis*
Kupferglanzschwänzchen *(Metallura tyrianthina)* → *Metallura*
Kupferkehlnektarvogel *(Chalcostetha chalcostetha)* → *Chalcostetha*
Kupfernackentaube *(Chrysauchoena humeralis)* → *Chrysauchoena*
Kupfernektarvogel *(Aidemonia cuprea)* → *Aidemonia*
Kupferschmied *(Xantholaema haemacephala)* → *Xantholaema*
Kupferspiegelente *(Speculanas specularis)* → *Speculanas*
Kurol *(Leptosomus discolor)* → *Leptosomus*
Kurzflügeltyrann *(Machetornis rixosus)* → *Machetornis*

Kurzflügelweber *(Hyphanturgus nigricollis)* → *Hyphanturgus*

Kurzlappen-Schirmvogel *(Cephalopterus ornatus)* → *Cephalopterus*

Kurzschnabelarassaris → *Selenidera*

Kurzschnabelflamingo, NN → James-Flamingo

Kurzschnabelgans *(Anser brachyrhynchus)* → *Anser*

Kurzschnabel-Gilbammer *(Sicalis luteola)* → *Sicalis*

Kurzschnabel-Nektarvögel → *Anthreptes*

Kurzschopf-Laubenvogel *(Amblyornis subalaris)* → *Amblyornis*

Kurzschwanzkitta, NN → Buschelster

Kurzschwanzpapagei *(Graydidascalus brachyurus)* → *Graydidascalus*

Kurzschwanz-Papageiamadine *(Amblynura cyaneovirens)* → *Amblynura*

Kurzschwanzrabe, NN → Borstenrabe

Kurzzehenlerche *(Calandrella brachydactyla)* → *Calandrella*

Küstenscharbe *(Phalacrocorax neglectus)* → *Phalacrocorax*

Küstenseeschwalbe *(Sterna paradisaea)* → *Sterna*

Küstenstrandläufer *(Calidris canutus)* → *Calidris*

Kuttengeier, NN → Mönchsgeier

Laboratoriumstier Vogel. Unter den Versuchstieren spielen Vögel wie das Haushuhn, die Japanische Wachtel, seltener die Taube, der Kanarienvogel, der Wellensittich u. das Rosenköpfchen zahlenmäßig eine geringe Rolle. Sie erreichen die am häufigsten verwendeten Versuchstier-An Maus, Ratte, Meerschweinchen u. Kaninchen bei weitem nicht. Hinzu kommen für bestimmte Fragestellungen das Ei u. der Embryo von Huhn, Wachtel u. Ente. Diese Vögel erfüllen die allgemeine Forderung, die an eine Tier-A als Versuchstier-A zu stellen ist: Versuchstiere müssen leicht züchtbar, unkompliziert u. billig in der Haltung sein, eine hohe Reproduktionsrate besitzen u. die Geschlechtsreife früh erreichen, so daß eine schnelle Generationsfolge gewährleistet wird.

— Haushuhn *(Gallus var. domesticus)*: Als Versuchstier hauptsächl. in der Krebs- (insbes. Leukose-) u. Arterioskleroseforschung eingesetzt. Bes. Bedeutung als Versuchstier, da alle Entwicklungsstufen vom unbebrüteten Ei bis zum ad. Tier zu Versuchszwecken verwendet werden können. Bevorzugte Rasse: Weißes Leghorn. Einzel- od. Gruppenhaltung in Bodenhaltung od. Käfigbatterien. Kennzeichnung durch Fußringe od. Flügelmarken.

— Japanische Wachtel *(Coturnix japonica)*: Seit ca. 20 Jahren als Versuchstier u. a. in der Pharmakologie, Toxikologie, Genetik, Krebsforschung (Leukose, Rous-Sarkom, Fibrosarkom) u. für experimentelle Übertragung von Geflügelpest, Infektiöse Bronchitis, *Salmonella pullorum*, *Salmonella gallinarium* u. a. verwendet. Einzel- od. Gruppenhaltung in Käfigbatterien. Kennzeichnung durch Fußringe od. Flügelmarken.

— Taube *(Columba var. domestica)*: Selten als Versuchstier verwendet. Einsatz in der Arterioskleroseforschung. Bevorzugte Rasse: Weiße Carneau. Schlag- od. Käfigbatteriehaltung.

— Kanarienvogel *(Serinus canaria)*: Selten verwendet. Versuchstier für Malaria- u. a. Protozoeninfektionen, für Toxizitätsuntersuchungen pharmazeutischer Präparate u. für virologische Untersuchungen, insbes. Pocken.

— Wellensittich *(Melopsittacus undulatus)*: Einsatz nicht häufig. Prädestiniert für Krebsforschung durch hohe Spontantumorrate, die nach dem Hund die höchste aller Haustiere ist. Einsatz in der Genetik, als Modelltier für Erprobung von Vogelfutter u. als endokrinologisches Versuchsmodell, insbes. für experimentelle Untersuchungen der Schilddrüse. Volieren- od. Käfighaltung.

— Rosenköpfchen *(Agapornis roseicollis)*: Kleinpapageien-A mit bes. Eignung als Versuchstier für die Wahrnehmensforschung durch akustische Imitationsfähigkeit u. ihr gutes Raumorientierungsvermögen. Selten als Versuchstier benutzt. Volieren- od. Käfighaltung.

— Embryoniertes Ei: Vorrangig Hühner-, aber auch Wachtel- u. Entenei. Die Bedeutung des Embryos in der Virologie ist die Folge seiner großen Empfänglichkeit gegenüber versch. Viren u. der Leichtigkeit seiner Verwendung als Versuchstier. Die Nutzung embryonierter Eier erfolgt für die Isolierung von Viren aus pathologischem Material, Vermehrung von Virusstämmen, Herstellung von Lebend- u. Totvakzinen u. a. Das Ei ist neben der aufwendigen Zellzuchtmethode in der virologischen Praxis wichtigstes Zellzuchtmedium u. a. für die Anzüchtung von Influenza-, Parainfluenza-, New castle disease-, Variola-, Mumps- u. Rabiesviren u. für Rickettsien. Das embryonierte Ei bietet 4 versch. Möglichkeiten für die Virusvermehrung: Amnion, Allantoishöhle, Chorioallantoismembran u. Dottersack.

Lacedo. G der Alcedinidae ↗. 1 A. Burma u. Indochina bis Malaysia, Sumatera, Java, Bangka, Kalimantan. Vorwiegend Insektennahrung.

— *L. pulchella*, Wellenliest, Schönliest, Bindenliest. ♂: OS mit Bindenmuster in Schwarz, Hellblau u. Weiß. Stirn u. Wangen sattbraun. Scheitel blauglänzend. US weiß mit rostgelbem Brustband. Schnabel rot. ♀: Kopf u. Körper goldbraun u. schwarz gebändert. 20 cm. UAn.

Lachender Hans *(Dacelo novaeguineae)* → *Dacelo*

Lachmöwe *(Chroicocephalus ridibundus)* → *Chroicocephalus*

Lachtaube *(Streptopelia roseogrisea)* → *Streptopelia*

Lafayettehuhn *(Gallus lafayetii)* → *Gallus*

Lafresnaya, Fadenschwingenkolibris. G der Trochilidae ↗. 1 A. Von NW-Venezuela u. Kolumbien bis Peru. Bevorzugen die Ränder der Nebelwälder u. die offenen Hänge mit schütterer Vegetation in 2 200—3 000 m ü. NN. Zufriedenstellende Resultate bei der Eingewöhnung sind noch nicht bekannt. M. BEHNKE-PEDERSEN hielt 1 Exempl. 7 Monate. Zucht noch nicht gelungen.

— *L. lafresnayi*, Fadenschwingenkolibri. ♂: OS dunkelgrün. Steuerfedern rostgelb od. bräunlichgelb mit

Lagonosticta

dunkel bronzebraunen, an den mittl. Paaren schmalen, an den äußeren breiteren u. am alleräußersten Paar etwa ¼ der Außenfahne entlang ziehenden Spitzensäumen. Hinter dem Auge ein sehr kleiner weißer Fleck. US grün. Unterkörper schwarz. Unterschwanzdecken metallischgrün. Schnabel schwarz. ♀: OS wie beim ♂. Steuerfedern mit ausgedehnteren schwärzlichen Spitzen. US hell rostgelb, Kehle, Brust u. Körperseiten mit glänzend grünen Flecken. Juv. wie ♀. 11,0 cm.

Lagonosticta. G der Estrildidae ↗. 9 An. Bewohnen in Afrika buschbestandenes Grasland, Waldränder, Ufer von Gewässern, auch in der Nähe von Ortschaften anzutreffen, leben in niedrigen u. mittl. Höhenlagen, lokal bis 2500 m ü.NN. ♂♂ stets ausgedehnte, rote Federpartien. Weniger gesellig als *Estrilda* ↗, meist paarweise od. im Familienverband zusammen. Angenehmer, überwiegend wohlklingender Gesang. Nest aus Gras u. Rispen mit runder Einflugöffnung ohne Röhre, wenig über dem Boden in Grasbüscheln, niedrigen Bäumen, als Kulturfolger auch unter Dächern u. in Gebäuden. Haltung in Vogelvitrinen ↗, Landschaftskäfigen ↗, Vogelstuben ↗, Innenvolieren, stets reichl. mit Pflanzen, langhalmigen Gräsern, Zweigen ausstatten. Möglichst gleichbleibende Temp., nicht unter 20 °C, deshalb Freivolieren ↗ mit warmem Schutzhaus ↗ nur bedingt für Sommermonate geeignet. Reichl. animalische Kost → Estrildidae, kleinkörnige Hirse, kleine reife u. halbreife Gras- u. Unkrautsamen. Gelege 3–6 Eier, Schlupf nach 11–13 Tagen. Aufzuchtfutter reichl. Insekten, Grassamen, Keimfutter s. Estrildidae. Juv. fliegen sehr unterschiedl. aus, z. B. bei *L. rubricata* nach 14, bei *L. senegala* nach 18–23 Tagen. 1–2 Wochen später selbständig.

— *L. landanae*, Landanaamarant. ♂ u. ♀: wie *L. rubricata*, aber Oberschnabel dunkelgrau, Unterschnabel rot, Spitze dunkel. Ca. 11 cm. Konspezies ↗ mit *L. rubricata*? Cabinda, unterer Kongo bis Boma u. Matadi, NW-, Inner-Angola.

— *L. larvata*, Larvenamarant. ♂: Oberkopf, Rücken bräunlichgrau, Flügel bräunlich. Brust dunkel rosarot. US schwarzgrau. Brust-, Bauchseiten rötlich überhaucht mit weißen Punkten. Gesicht schwarz. Schnabel stahlblau. Auge braun. Füße schwarzbraun. UA *L. l. nigricollis* (Schwarzkehlamarant) hat mehr grauen Rücken u. Flügel. ♀ wie ♂, aber ohne schwarzes Gesicht, insges. mehr gelblich bis braun. Juv. ähnl. ♀. 11 cm. UAn. O-Sudan bis SW-, N-Äthiopien. Savannen. Ab u. zu im Handel. Wärmebedürftig. Einige Male gezüchtet. Gegenüber Nestkontrollen empfindlich.

— *L. nitidula*, Braunbürzelamarant, Großer Pünktchenamarant. ♂: Gesicht bis Ohrpartie, Kehle, Brust rot, letztere mit weißen Pünktchen. Sonst Gefieder graubraun. Schwanz schwarz. Schnabel an der Basis rötlich, zur Spitze hin mehr rot. Firste graublau, Unterschnabelmitte schwärzlichgrau. Auge braun, Lidrand weißlich. Füße bräunlich bis blaugrau. ♀ wie ♂, aber Rot am Kopf weniger ausgedehnt. Juv. braun ohne Pünktchen, Schnabel schwarz. Angola, S-Kongo, Sambia, N-Simbabwe. Gras- u. schilfbestandene Feuchtgebiete. Nicht häufig im Handel, wenige Male gezüchtet. Nest in Körbchen, Nistkästen, selten freistehend.

— *L. rara*, Seltener Amarant. ♂: dunkelrot, nur Bauch, Unterschwanzdecken schwarz u. Flügel bräunlich. Keine Pünktchenzeichnung. Schnabel schwarz, Unterschnabel hat rote Seiten. Auge braun. Füße bräunlich. ♀ ähnl. ♂, allerdings mehr graubraun. Juv. ähnl. ♀. 11 cm. Von Nigeria bis Uganda, Sierra Leone. Lebt in Gras-, Buschsteppen. Große Seltenheit auf dem Vogelmarkt. Erstmalig 1903 nach Deutschland gekommen. Während der Eingewöhnung bes. empfindlich. Auf Dauer nicht unter 22 °C halten. Mehrfach gezüchtet.

— *L. rhodopareia*, Rosenamarant. ♂: ähnl. *L. rubricata*. Rot-, Brauntöne je nach UA heller od. dunkler. Bei UA *L. r. jamesoni* (Jamesonamarant) rehbrauner Rücken rot verwaschen, Brust- u. Körperseiten manchmal weißgepunktet. ♀ wie ♂, aber Zügel- u. Stirnseiten nicht rosenrot, sondern gelblichrot. Juv. OS braun mit rötlichem Schimmer. Bürzel, Oberschwanzdecken rot. US hellbraun, Brust rötlich überhaucht. Schnabel blaugrau, Spitze schwärzlich. Auge braun, Lidrand rötlichweiß. Füße rötlich bis braun. 11 cm. S-Afrika bis Äthiopien, Angola, außerdem lokal im Kongo. Buschsteppe, an Rändern von Gewässern. u. Wäldern. Ab u. zu gehandelt. Verträgt kleinere Temp.-Schwankungen schlecht. Friedlich, heimlich. Mehrfach gezüchtet.

— *L. rubricata*, Dunkelroter Amarant. ♂: Oberkopf, Halsseiten schiefergrau, ja nach UA rötlich überhaucht. Rücken, mittl. Flügeldecken bräunlich bis schiefergrau, übrige Flügelfedern olivbraun. Oberschwanzdecken und Bürzel kräftig rot. Schwanz schwarz. Stirnseiten, Augenbrauen, Zügel, Wangen, Kehle bis einschließl. Vorderbauch u. Körperseiten dunkelrot. Brust- u. Körperseiten mit wenigen weißen Punkten besetzt, fehlen manchmal, stets größer als bei *L. senegala*. Bauchmitte graubraun bis schwärzlich. Schnabel schwärzlich blaugrau. Auge dunkelbraun, rötlicher Lidrand. Füße hornfarben bis schwärzlich. Bei UA *L. r. congica* (Dunkelroter Astrild, Hellroter Astrild) Rücken mehr olivbraungrau. Bei UA *L. r. polionota* (Graurückenamarant) Oberkopf rot überhaucht, Hinterhals weniger rötlich getönt. Rücken olivbräunlich bis schiefergrau. US leuchtend karminrot. ♀: insges. matter als ♂, die dunkelroten Partien der US des ♂ sind hellbraunrot, Körperseiten mit weißen Punkten. 2. Handschwinge von außen wie bei *L. senegala* wird an der Innenfahne vor der Spitze schmaler. ♀ von *L. r. polionota*: Oberkopf, Kopfseiten grau, Zügel leuchtend rot. Kopf weniger rötlich als bei ♂. Juv. gelbbräunlich, US etwas heller. Oberschwanzdecken bereits rötlich. Schwanz schwarz. Schnabel schwärzlich. Etwa 11 cm. Vom W bis O Inner-Afrikas. Buschbestandene Waldränder, Graslandschaften, Uferböschungen, Felder. Nach K. RUß ↗ bereits Anfang des 18. Jh. gezüchtet, stets selten im Handel. Bald ohne Scheu, friedlich, kontaktfreudig, rastlos, sehr neugierig. Schöner Gesang. Juv. fliegen nach 14 Tagen aus, nach einer weiteren Woche erst vollständig befiedert.

— *L. rufopicta*, Pünktchenamarant. ♂: ähnl. *L. nitidula*, allerdings Oberschwanzdecken rot. ♀ wie ♂, aber Rot matter. Juv. mattgraubraun, US heller. 10 cm. Senegal bis S-Sudan, N-Uganda. Vorwiegend in tropischen Steppenlandschaften. Stets nur in geringer Zahl gehandelt. Während der Eingewöhnung hinfällig. Später nicht mehr, empfindlicher als übrige An der G. Bald zutraulich. Sehr streitlustig.

— *L. senegala*, Amarant. ♂: Kopf, Nacken, Kehle, Brust, Vorderbauch, Bürzel, Oberschwanzdecken hell- bis bräunlichrot. Je nach UA Brustseiten mit weißen Punkten besetzt. Hinterer Bauch, Unterschwanzdecken u. restl. OS graubraun. Bei UA *L. s. brunneiceps* (Braunkopfamarant) OS erdbraun, manchmal rötlich überhaucht. Unterschwanzdecken, hinterer Bauch graubräunlich. Kräftig rote Gefiederpartien. Schnabel rot, in der Mitte oben u. unten schwarz. Auge braun, Lidrand gelb. Füße hellgraubraun. ♀: graubraun, auch gelblichgrau. Brustseiten weiß gepunktet. Überaugenstreif rot, ebenso Zügel, Bürzel, Oberschwanzdecken. Juv. graubraun, sonst ähnl. ♀. 9–10 cm. Senegal. u. SW-Küste bis zum Roten Meer, O-, S-Afrika, stellenweise wieder bis zur W-Küste. Trockene Steppengebiete, Buschland, auch in Dörfern. Häufig gezüchtet, einfach, wenn nicht unter 20 °C gehalten u. reichl. tierische Nahrung gereicht wird.

— *L. vinacea*, Schwarzkehlamarant. ♂: Stirn, Kopfseiten, Kehle schwarz. Oberkopf, Rücken, Flügel grau, Oberschwanzdecken, mittl. Schwanzfedern dunkelrot. Sonst Schwanzfedern schwarz mit roten Außenfahnen. US weinrot, Brustseiten mit weißen Punkten. Unterschwanzdecken schwarz. Auge braun, Lidrand blaugrau. Füße schwarzbraun. ♀: ohne Schwarz am Kopf, Kehle gelblichgrau. US weinrot, aber Bauch gelblichgrau. Rücken, Flügeldecken verwaschen bräunlichrot. 11 cm. Selten gehandelt.

Lagopus, Schneehühner. G der Phasianidae ↗. 3 An. Eng verwandte An innerhalb der G. Charaktervögel der Hochgebirge, nö. Moore, Heiden, Taiga u. Tundra. Verbleiben im Winter als einzige Vögel auf Spitzbergen u. Grönland. Der Kälteregion vollkommen angepaßt. Gefieder wird zum guten Tarnkleid. Haltung u. Zucht in nahezu keimfreier Umgebung, erfordert ein Höchstmaß an Hygiene.

— *L. lagopus*, Moorschneehuhn. ♂ u. ♀: im Winter reinweiß, Handschwingen schwärzlich. ♂ größer u. mit größerem rotem Überaugenfleck. BK ♂: Kopf u. Hals kastanienbraun, Hinterrücken weiß, Flügel weiß, Schwanzfedern braunschwarz mit schmalem weißem Endsaum. RK bei ♂ u. ♀ gleich, Körper u. Schwanz gelbbraun, weiße Flügel. Dunenküken rostiggelb mit dunkelbraunen Fleckungen. 41 cm. Britische Inseln, N-Europa, N-Asien, nö. N-Amerika. Bewohnt Moor- u. Heidegebiete, arktische Tundren. ♂ beteiligt sich bei den monogam lebenden Schneehühnern nicht an der Brut. Wildfänge kommen kaum in den Handel. Es werden nur gezüchtete od. handaufgezogene angeboten. Für 1,1 reicht ein Gehege von 15 m² (Höhe 2 m), ⅔ sollte überdacht sein. Wichtig für die Zucht sind Deckungsmöglichkeiten für das ♀ (Kiefernwipfel), da das ♂ häufig sehr aggressiv ist. Grundfutter (Getreidemischfutter mit hohem Haferanteil) wird nur abends gereicht (Verfettungsgefahr).

Lagopus

Amarant. Paar

Tagsüber werden Vögel mit Naturfutter versorgt. Heidekraut (gebündelt aufgehangen), Weiden-, Birken-, Haselnußtriebe, Heidelbeersträucher, im Sommer Löwenzahn, Beeren u. Früchte, auch halbreif. Gelege in gescharrter Mulde, im April/Mai 7–9 Eier. Schlupf nach 21 Tagen. Innerhalb des Geheges ist an möglichst vielen Stellen Futter auszulegen. Aufzuchtfutter (50 % Legehennenfutter, 50 % kleingeschnittenes hartgekochtes Ei). Küken nehmen das Futter in den ersten Tagen nicht vom Boden, das Futtergemisch ist deshalb an feuchte Heide zu kleben. Nach 8 Tagen nehmen die Juv. schon Heidekraut u. können zu diesem Zeitpunkt auf Putenstarterfutter umgestellt werden. Schneehuhneier lassen sich im Brutapparat erbrüten. Der Aufzuchtkasten sollte 100 × 80 cm groß sein u. eine Höhe von 40 cm haben. Später erfolgt Aufzucht wie bei den anderen Rauhfußhühnern ↗, bes. wichtig ist die ständige Beseitigung des Kotes u. die prophylaktische Behandlung gegen Parasitenbefall u. infektiöse Erkrankungen. UA *L. l. scoticus*, Moorhuhn, Schottisches Moorschneehuhn. Britische Inseln, hat auch im Winter dunkelbraunes Gefieder, oft mit weißen Federspitzen. Im Sommer dunkelbraun mit schwarzen Wellenzeichnungen, Flügel etwas heller. ♀ allgemein etwas heller gelblich als ♂, Färbung oft variabel. Dunenküken ähnl. dem Birkhuhnküken ↗, typisch ist jedoch, daß sich auch an den Zehen Dunen befinden. 38 cm. Bewohnt Moore u. Torfmoore mit reichl. Vorkommen an Rausch- u. Moosbeere. Berühmtes Jagdwild, deshalb in Belgien um die Jahrhundertwende ausgesetzt. Ein kleiner Bestand hat sich dort bis zur Gegenwart gehalten. Die Nahrung besteht zu 73 % aus Zweigen u. Trieben der Heide. Eingewöhnung, Haltung u. Zucht s. Moorschneehuhn.

— *L. leucurus*, Weißschwanz-Schneehuhn, Amerikanisches Alpenschneehuhn. ♂ u. ♀: im Winter weiß, im Sommer gelblichbrauner Körper mit weißen Flügeln u. Unterschwanzfedern. ♂ gering gelblicher als ♀. Übergangskleider je nach Mauserstadium ± dem Sommer- od. Wintergefieder ähnelnd. Dunenküken schmutziggelb, Scheitel, Hinterkopf zimtbraun mit

Laiscopus

Alpenbrauhellen

Laiscopus. G der Prunellidae ↗. 2 An. Europa, N-Afrika, Asien, Japan.
— *L. collaris,* Alpenbraunelle. ♂ u. ♀: wie Heckenbraunelle, aber lebhafter in der Färbung. OS graubraun, streifig. Kinn, Kehle weißlich mit schwarzen Flecken, Brust gräulich, Flanken mit rostbraunen Streifen. Juv. Kehle grau, ungefleckt. 18 cm. UAn. S-Europa bis Alpen, Karpaten, Sudeten, Kleinasien bis Kaukasus, N-Iran, Transkaspien; Gebirge N-Afrikas; Himalaja, Gebirge Innerasiens (O-Afghanistan, Tienschan, Tibet bis zum Altai, zur Mongolei, W-, N-China mit Mandschurei), Stanowoi-Gebirge, Ussuriland; Gebirge von Hondo, Taiwan. Während der Brutzeit nur im Hochgebirge. Auf geröllbedeckten, mit Knieholz bestandenen Hängen zwischen Baum- u. Schneegrenze. Überwinterung im Brutgebiet in tieferen Lagen. Nur ausnahmsweise Irrgast in anderen Ländern. Gesang plaudernd, angenehm. Zucht schwierig, einige Versuche wurden bekannt. Brut bei AICHHORN, Innsbruck.

Lakaikolibri *(Chalcostigma herrani)* → *Chalcostigma*

Lalage. G der Campephagidae ↗. 9 An. Südostasiat. Inselwelt, Australien, Ozeanien. Lebensweise wie Campephagidae, Pflege s. *Pericrocotus* ↗.
— *L. sneurii,* Weißflügellalage, UA *L. s. tricolor,* Weißschulterraupenfresser, Weißschulterlalage. ♂: Kopf-OS, Nacken u. Vorderrücken glänzend schwärzlichgrün, sonst oberseits hellgrau. Flügel schwarz, kleine Flügeldecken weiß, äußere große Flügeldecken mit weißen Säumen. Schwanz schwarz, äußere Federn mit weißen Spitzen. Übriger Kopf, Hals, Schultern u. US weiß. Schnabel schwarz. Auge braun. Füße schwarz. ♀: OS, Flügel u. Schwanz braun, Flügeldecken, Armschwingen gelblichweiß gesäumt. US blaß gelblichweiß, Oberbrust u. Brustseiten mit braunen Flecken. Schnabel an der Wurzel gelb, Firste u. Spitze rotbraun. Füße schwärzlichgrau. Juv. ähnl. ♀. 18 cm. Außer dieser UA noch Nominatform. Heimat der A O-Java, Kleine Sundainseln, S-Sulawesi u. Nachbarinseln, Australien (nicht im N). Lebt in geschlossenen Waldgebieten. Gesang laut, angenehm. Von beschriebener UA waren 1899 3 Vögel im Zoo Berlin, lebten dort ca. 8 Jahre.

Lalestris → *Garrulus*

Lalocitta → *Garrulus*

Lamellibranchiata, Muscheln. Ähnl. den Schnecken von Vögeln gern verzehrt. Die an Meeresküsten vorhandenen Bänke von Muschelschalen können eine wertvolle Mineralstoffquelle sein. In zerstoßenem Zustand sind sie universell einsetzbar. Werden oft irreführend als Muschelgrit bezeichnet. Im Gegensatz zu Grit ↗ wird Muschelgrit bei der Verdauung aufgelöst.

Lampornis, Berjuwel. G der Trochilidae ↗. 6 An. S-USA bis Panama. Bewaldete Täler, Bergwälder.
— *L. clemenciae,* Blaukehlkolibri, Blaukehlnymphe. ♂: OS bronzegrün, Bürzel bronzefarben, Oberschwanzdecken bläulichschwarz, Kopf fast schwarz. Steuerfedern blauschwarz, die 2—3 seitl. Paare mit ausgedehnten weißen Spitzen. Hinter dem Auge ein breiterer, unter diesem ein schmalerer weißer Streif. Ohrdecken schwärzlich. Kehle glitzernd blau, übrige US grau. Brust u. Körperseiten etwas dunkler mit

schwarzer Einfassung. Dunkler Wangenstrich, auf Rücken u. Rumpf zimtbrauner Fleck. 31 cm. We. N-Amerika. Bewohnt die Hochgebirge, lebt in alpinen Zonen, die über der Baumgrenze liegen. Bei Gefahr läuft sie häufiger weg, als daß sie fliegt (Schutzfärbung). Lebt streng monogam. Gelege 4—8 Eier, die in 24 Tagen erbrütet werden. Schon nach 8 Tagen sind Juv. flugfähig. Im Alter von 8 Wochen erreichen sie das Gewicht der Ad. Die Nahrung besteht aus Heidekraut, Moos, Flechten, Blättern von Weiden, Samen von Gräsern u. Seggen. Juv. benötigen in den ersten Lebenstagen ausschließl. Insektennahrung. Über Haltung u. Zucht liegen in Europa nahezu keinerlei Erfahrungen vor. Auch in N-Amerika zählt diese A zu den ausgesprochenen «Problemvögeln» in den Zuchten.
— *L. mutus,* Alpenschneehuhn. ♂ u. ♀: im Winter schwarzbrauner Schwanz, sonst weiß. ♂ jedoch mit schwarzem Strich durch das Auge. Im Sommer gelblichbrauner Kopf u. Körper, schwarzbrauner Schwanz, weiße Flügel. Dunenküken etwas blassere, gelblichere Färbung als die der Moorschneehühner. 35 cm. N-Eurasien, nö. N-Amerika, Gebirge Japans, Arktis, Schottland, Pyrenäen, Alpen. Ausgesprochene Bewohner kältester Regionen. In den Alpen erst in über 2 000 m bis zur ewigen Schneegrenze lebend. Balzende ♂ ♂ rufen von Felsblöcken od. Erhebungen mit erhobenem Kopf u. senkrecht gestelltem Schwanz. Der Balzflug erfolgt fast senkrecht 20 m hoch. Die ♂ ♂ behaupten ihre Reviere u. verteidigen diese. Obgleich die A monogam lebt, sind aus hochnordischen Gebieten Fälle definitiver Paarbildung, 1 ♂ u. 2 ♀♀, bekannt. Die Ernährung der Ad. u. Juv. unterscheidet sich nicht von der anderer *Lagopus*-An. Nestmulden werden sowohl vom ♂ als auch vom ♀ angelegt. Ø Gelegegröße 6,5 Eier. Brutdauer 22—23 Tage. Haltung u. Zucht unterscheidet sich nicht von der anderer *Lagopus-An.*

grünlichem Metallschimmer. Unterschwanzdecken mit weißen Säumen. Schnabel schwarz. ♀: etwas heller gefärbt, etwas kleiner, Schnabel etwas länger. Kehle aschgrau. Juv. wie ♀. 13,0 cm. SW-USA u. Mexiko. In den bewaldeten Tälern des Hochlandes. Eingewöhnung gelingt ohne bes. Schwierigkeiten. Verschiedentl. über mehrere Jahre gehalten. Zucht bisher noch nicht gelungen.

Lamprocorax. G der Sturnidae ↗. 7 An. Hinterasien, Malaiischer Archipel. Pflege → Sturnidae.

— *L. metallicus*, Weber-, Spinnenstar. ♂ u. ♀: schwarz, stahlgrün glänzend, aber Kopf, Kropf, Vorderrücken kupferrötlich. Flügel schwarz, ebenso gestufter Schwanz, der intensiv metallischgrün glänzt. Auge rot. Schnabel, Füße schwarz. Juv. wie *Aplonis cantoroides* ↗. 24 cm. UAn. Neuguinea u. benachbarte Inseln, Salomonen, NO-Australien, Maluku, Tenimber-, Damar-Inseln. Lebt in kleinen Flügen zusammen. Paare brüten einzeln, bilden auch Kolonien. Nest hängt flaschenförmig an den Zweigen hoher Bäume, Einschlupf seitl. Gelege meistens 2 Eier. Erstmalig 1907 in Europa (England).

— *L. panayensis*, Malaienstar. ♂ u. ♀: schwarz, grün schillernd. Auge dunkelorange bis rot. Schnabel, Füße schwarz. Juv. Gefieder ohne metallischen Glanz, helle US mit dunklen Längsstricheln. 22—24 cm. UAn. NO-Indien, Bangladesh bis W-Thailand, S-Indochina, Malaysia, Andamanen, Nikobaren, Sumatera u. benachbarte Inseln, Billiton, Java, Bali, Kalimantan, Philippinen, N-, M-Sulawesi u. umliegende kleine Inseln. Erstmalig 1939 im Berliner Zoo. Selten im Handel, u. a. 1957 im Zoo London 4 Junge gezüchtet. Angenehme, friedliche Vögel, Gesang mit metallischen Tönen durchsetzt.

Lamprospreo. G der Sturnidae ↗. 5 An. Afrika. Pflege, Zucht → Sturnidae, außerdem rohe Fleischstückchen füttern.

— *L. fischeri*, Fischerglanzstar. ♂ u. ♀: Kopf, Hals, Brust, Flügel, OS, Schwanz graubraun, Oberkopf, Kehle hellgrau, Zügel schwarz. Von Brust bis einschließl. Unterschwanzdecken weiß. Auge gelb. Schnabel, Füße schwarz. 20 cm. S-Äthiopien, N-Kenia, S-Somalia u. N-Tansania. Nicht häufig, als Trupps in großen Schwärmen anderer Stare. Nest groß, rund bis birnenförmig in Dornenbüschen, Einschlupf seitl. Selten im Handel.

— *L. pulcher*, Rotbauchglanzstar. ♂ u. ♀: metallisch glänzend grün, Kopf graubraun, Schwanz bläulich. Bauch, Flanken, Unterschwanzdecken rostrot. Auge gelblichweiß. Schnabel, Füße schwarz. 20 cm. UAn. Senegal bis N-Sudan, N-Äthiopien. Bewohnt Savannen, Weiden, Felder. Nest groß, kugelig, in Dornenbüschen. Nur selten im Handel.

— *L. superbus*, Dreifarbenglanzstar. ♂: Kopf schwarz goldfarben schimmernd, OS stahlblau, Flügel grünglänzend, Schwanz dunkelblau. Brust metallisch stahlblau, anschl. weißes Band, Bauch rostrot, Unterschwanzdecken weiß. Auge gelb. Schnabel, Füße schwarz. ♀ wie ♂, gering zierlicher. 21 cm. SO-Sudan, S-Äthiopien, Somalia bis Uganda, SW-Tansania. Lebt auf Weiden nahe menschl. Siedlungen, Feldern, in Gärten. Brütet in dichten Büschen, Baumhöhlen, Felsspalten. Auch auf alten Nestern anderer Vögel wird Nest gebaut. Gelege 4 blaugrüne

Lamprotornis

335

Malaienstar

Eier. Erstmalig 1923 in Europa bei J. DELACOUR, Clères, Frankreich. Seither ständig gehandelt. Sehr beliebt, unempfindlich, brutfreudig. Möglichst nur mit größeren Vögeln unterbringen, am besten 1 Paar in gut bepflanzter Gartenvoliere halten, da streitlustig. Nistkästen aufhängen. Nistmaterial Gräser, Laub, kleine Reiser, Federn. Juv. nach ca. 24 Tagen flügge. Nach Selbständigkeit von Ad. wegen möglicher 2. Brut trennen.

Lamprothreptes, Violettmantel-Nektarvögel. G der Nectariniidae ↗. 6 An. Tropisches Afrika. Bevorzugen Wälder, Mangrove u. Gebüsche.

— *L. orientalis*, Schwalbennektarvogel. ♂: OS, Schwanz u. Kinn metallischblauviolett. US weiß, gelbes Brustbüschel. ♀: OS grau, US weiß, Überaugenstreif weiß, Schwanz violettschwarz. Juv. wie ♀. 14 cm. SO-Sudan, M-Äthiopien, Somalia bis N-Uganda, O-Tansania. Bevorzugt Trockenbusch u. Akazienwälder.

Lamprotornis. G der Sturnidae ↗. 16 An. Afrika. Pflege, Zucht → Sturnidae, bei den größeren An außerdem zerkleinertes Fleisch füttern. Möglichst nicht mit anderen Vögeln zusammen halten. Nur für großen Flugraum geeignet. Brüten in Kästen. Schlupf nach ca. 14 Tagen. Juv. nach ca. 4 Wochen flügge.

— *L. caudatus*, Langschwanz-Glanzstar. ♂: Kopf, Kehle schwarz, goldglänzend. OS dunkelgrün mit blauschillerndem Glanz. Bürzel, Oberschwanzdecken, Schwanz u. US dunkel purpurviolett. Brustmitte bronzefarben glänzend. Auge gelb. Schnabel, Füße schwarz. ♂ wie ♀, Schwanz kürzer (nur wenige cm). 45 cm, Schwanz allein 30 cm. Senegal, öst. bis Kordofan, Nil, we. Bahr-el-Ghazel-Gebiet. Bewohnt Savannen u. baumbestandene Halbwüsten, häufig zur Nahrungssuche auf Feldern. Brütet in lockeren Kolonien.

Landanaamarant

Langschwanz-Glanzstar

Erstmalig in Europa im Zoo Amsterdam. Eingewöhnung leicht mit üblichem Futter, nur für großen Flugraum geeignet, am besten langgestreckter. Während der Brut häufig aggressiv. Können im Winter kurzfristig in Freivoliere gelassen werden, wenn mäßig warmer Innenraum zur Verfügung steht.

— *L. chalybaeus,* Grünschwanz-Glanzstar. ♂: von Hinterkopf bis einschließl. Rücken stahlblau, ebenso Halsseiten. Schulter mit violettem u. blauem Fleck. Bürzel stahlblau. Schwanz glänzend blau. Kehle bläulich, Bauch blau, ansonsten Gefieder metallisch glänzend, goldgrün. Auge gelborange. Schnabel, Füße schwarz. ♀ wie ♂, aber angeblich etwas kleiner. 23 cm. UAn. Senegal bis N-Sudan, N-Äthiopien, N-Somalia durch O-Afrika bis N-, O-Transvaal, N-Natal; N-Botswana, NO SW-Afrikas, S-Angola. Lebt im offenen Waldland, auch an baumbestandenen Wüstenrändern u. im Kulturland. In großen Schwärmen unterwegs, zur Brutzeit nur noch kleine Flüge, auch nur Paare zusammen. Nest in Baumhöhlen, zuweilen auch Reisignest auf verlassenen anderer Vögel. Häufig im Handel, erstmalig 1972 Zuchterfolg (Zoo London). Sehr beliebt, lebhaft, attraktive Volierenbewohner.

— *L. chloropterus,* Messingglanzstar. ♂ u. ♀: wie *L. chalybaeus,* aber Innenfahnen der Handschwingen sind nicht ausgebuchtet, insges. kleiner. OS grün bis dunkelblau mit goldenem Glanz, Schulter purpur bis violett. Auge rötlich. Schnabel, Füße schwarz. UAn. Senegal bis Äthiopien, Uganda. Trupps od. Schwärme in Gegenden, wo sich massenhaft Heuschrecken od. fliegende Termiten aufhalten, auch in Bäumen mit Früchten. Brütet in Baumhöhlen. Ab u zu im Handel. Temperamentvoll, ausdauernd.

— *L. mevesii,* Mevesglanzstar. ♂ u. ♀: wie *L. caudatus,* aber Kopf veilchenfarben, Oberschwanzdecken kupferrot. 34 cm, Schwanz ca. 21 cm lang. UAn. Konspezies ⚤ möglicherweise mit *L. caudatus.* M-Angola, S-, O-Sambia, Malawi bis NO SW-Afrika, N-Botswana, Simbabwe, N-, NO-Transvaal. Brütet in Baumhöhlen.

— *L. nitens,* Rotschulter-Glanzstar. ♂ u. ♀: wie *L. chalybaeus,* aber Flügeldecken weniger purpurn, mehr rötlich, Schwanz ohne grünen Schimmer, Bauch geringer blau, außerdem kleiner. Auge dunkelgelb. Schnabel, Füße schwarz. 20 cm. UAn. Gabun, W-, S-Angola, SW-Sambia, Simbabwe bis NW-, O-Kapprovinz; S-Moçambique. Höhlenbrüter. Erstmalig 1906 in Europa (Zoo London), sporadisch im Handel. Eingewöhnung, Haltung problemlos.

— *L. ornatus,* Prinzen-, Schmuckglanzstar. ♂ u. ♀: Stirn schwarz, Oberkopf, vorderer Rücken blaugrün, Hinterrücken violett, Bürzel blau. Schwanz violett mit blauer Endbinde. US grün. Insges. Gefieder mit kupferrotem bis bronzefarbenem Glanz. 25 cm. Golf von Guinea, Insel Principe vor westafrik. Küste.

— *L. purpureus,* Purpurglanzstar. ♂ u. ♀: Stirn, Kopfseiten u. US metallisch violett glänzend. Rücken, Schwingen grün, goldfarben schimmernd. Übriges Gefieder glänzend blau. Auge orangegelb, ebenso Haut um das Auge. 26 cm. UAn. Senegal, Guinea bis Dafur, Uganda, W-Kenia. Bewohnt Savannen. Brütet in Baumhöhlen, ab u. zu im Handel.

— *L. purpuropterus,* Schweifglanzstar. ♂ u. ♀: wie *L. caudatus,* aber Nacken, Bürzel violett, Rücken glänzend dunkelblau, kleiner. Schwanz kürzer. 28–36 cm. UAn. O-, S-Sudan, N-Äthiopien, S-Somalia bis O-Zaïre, S-Tansania. Lebt gesellig in Galeriewäldern, an baumbestandenen Ufern von Gewässern, auch auf Feldern. Brütet in Baumhöhlen, baut auch Nest freistehend in Zweigen auf verlassenen Nestern anderer Vögel. Ab u. zu im Handel. Erstzucht 1930 in England, zur Zucht am besten Paar allein unterbingen.

Landanaamarant (*Lagonosticta landanae*) → *Lagonosticta*

Landesbund für Vogelschutz in Bayern e. V. (LBV). 1909 als «Staatlich autorisierte Vogelschutzkommis-

Purpurglanzstar

sion für Bayern» gegründet, nahm seine Entwicklung über veränderte Namensgebungen (1919, 1932, 1938), reichsstaatliche Zwangseingliederung in den «Reichsbund für Vogelschutz e. V.» u. über die 1945 wieder erreichte Selbständigkeit. Über 20 000 Mitglieder, zahlreiche Vogelschutzprogramme, u. a. Biotoppflege auf gepachteten od. gekauften Grundstükken, Schaffung von Nisthilfen, Horstbewachungen, spez. Hilfsprogramme für besonders gefährdete An. 120 Kreis-, Orts- u. Jugendgruppen. Vertreter in fast allen Naturschutzbeiräten od. ähnl. Gremien. Vorsitzender von 1965 bis 1978 Dr. Einhard Bezzel, seither Ludwig Sothmann.

Landesschau. Einmal im Jahr in der BRD von einem Landesverband od. einer Landesgruppe für ein Bundesland, eine Provinz od. einen Bezirk veranstaltet. Sollte vor der Bundesschau ↗ liegen.

Landschaftskäfig. Allgemein langgestreckter Käfig ↗, der dem Biotop ↗ sehr ähnl. eingerichtet wird. Nur sparsam mit Vögeln besetzt. Bei der Einrichtung ist auf die Perspektive der Betrachter zu achten. Günstige Effekte können räumliche Größe vortäuschen, z. B. ansteigendes Gelände zur Rückwand, größere Steine im Vordergrund, kleinere weiter hinten, ihre Anordnung in Diagonalen. Keine Spiegel verwenden! Sitzgelegenheiten so anordnen, daß Kot nur auf leicht erreichbare u. einfach zu reinigende Stellen fällt. Diese sollten, ebenso wie Futtergefäße, Tränke u. Badegelegenheiten, möglichst nicht im Sichtbereich liegen.

Landschaftsvoliere. S. Innenvoliere; Ausstattung s. Landschaftskäfig, aber durch größere Unterkunft Einrichtungsmöglichkeiten günstiger.

Langflügelpapageien → *Poicephalus*
Langhaubenhornvogel (*Berenicornis comatus*) → *Berenicornis*
Langhauben-Lärmvogel (*Crinoferoides leucogaster*) → *Crinoferoides*
Langlappen-Schirmvogel (*Cephalopterus penduliger*) → *Cephalopterus*
Langschnabel-Einsiedlerkolibri, Langschnabel-Eremit (*Phaethornis malaris*) → *Phaethornis*
Langschnabelsittich (*Enicognathus leptorhynchus*) → *Enicognathus*
Langschopf-Nashornvogel (*Berenicornis comatus*) → *Berenicornis*
Langschopfturako (*Tauraco livingstonii*) → *Tauraco*
Langschwanz-Einsiedlerkolibri, Langschwanz-Eremit (*Phaethornis superciliosus*) → *Phaethornis*
Langschwanz-Glanzstar(*Lamprotornis caudatus*)→ *Lamprotornis*
Langschwanzhäher (*Calocitta formosa*)→ *Calocitta*
Langschwanz-Nektarvögel → *Nectarinia*
Langschwanznymphe (*Thalurania watertonii*) → *Thalurania*
Langschwanz-Paradieswitwe (*Steganura interjecta*) → *Steganura*
Langschwanzpipra (*Chiroxiphia linearis*) → *Chiroxiphia*
Langschwanzsittich (*Psittacula longicauda*) → *Psittacula*
Langschwanz-Soldatenstärling (*Sturnella militaris*) → *Sturnella*

Rotbauchwürger

Langschwanzsylphe (*Aglaiocercus coelestis*) → *Aglaiocercus*
Langschwanztaube, NN → Carolinataube
Laniariinae, Flötenwürger. UF der Laniidae ↗. 1 G *Laniarius* ↗.
Laniarius. G der Laniariinae ↗. 12 An. Afrika, Pflege, Zucht s. Laniidae ↗.
— *L. atrococcineus*, Rotbauchwürger. ♂ u. ♀: Kopf-OS braun, OS schwarz, Flügelquerbinde u. -längsbinde weiß. US rot. Schnabel schwarz. Iris braun. Füße schwärzlich. 22 cm. SW-Angola, Namibia, SW-Sambia, Botswana, W-Simbabwe, W-Transvaal, W-Oranje-Freistaat. Bald zahm, verliert in Gefangenschaft leider rote Farbe, dann rosafarben. Durch Fütterung von Carotinoiden ± Farbverlust zu verhindern.
— *L. erythrogaster*, Scharlachwürger. ♂ u. ♀: wie *L. atrococcineus*, aber weiße Abzeichen auf den Flügeln fehlen. Juv. oberseits schwarze Federn mit braungelblichen Spitzen, unterseits auf gelblichem Grund schwarze, querverlaufende Wellenzeichnung. 21 cm. Konspezies ↗ mit *L. barbarus*? N-Kamerun bis Äthiopien, Sudan, Uganda, W-Kenia, SO-Zaïre, Burundi, NW-Tansania. Bewohnt Buschwildnis. Zwischen ♂ u. ♀ Duettgesang als Flötenrufe. Rotes Gefieder in Gefangenschaft wie *L. atrococcineus*.
— *L. ferrugineus*, Flötenwürger. ♂: Bürzel grau, sonst OS schwarz. Flügel mit weißen Quer- u. Längsbinden. US je nach UA weiß bis bräunlich. ♀: OS nur wenig blasser als bei ♂. Juv. schwarze Federn der OS mit hellbraunen Spitzen, Flügel mit weißen Spiegeln, Bauch hat graue Sperberung. 23 cm. UAn, 4 Rassengruppen, die häufig als gesonderte An angesehen werden. 1. *turatii*, 2. *aethiopicus*, 3. *ferrugineus*, 4. *bicolor*. Ehemal. Portugiesisch-Guinea bis Äthiopien, Somalia, nö. Namibia, N-, O-Botswana, durch O-Afrika, Moçambique; Simbabwe, Transvaal (ohne SW), Natal, Transkei bis O-, S-Kapprovinz. Lebt in dichten Büschen, Nahrungssuche am Boden.

Laniidae

Von KAUFMANNS wurde ein Jungvogel handaufgezogen. Aufzuchtfutter: Zu gleichen Teilen Ameisenpuppen (eingefrostete), frischer Magerquark, dazu hartgekochtes Eigelb, je 1 Messerspitze Hefeflocken, Mineralstoffgemisch, Multivitaminkonzentrat, außerdem eine zerkleinerte nackte Maus, Wachsmotten-, Mehlmottenraupen, 1 Tropfen Multimulsin, ab 3. Lebenswoche vermehrt Ameisenpuppen u. Weichfutter.

Laniidae, Würger. F der Passeriformes ↗. 6 UFn, 15 Gn, 94 An. Bis drosselgroß (durch den bei allen An sehr langen Schwanz einige noch größer) mit hakig nach unten gebogenem Oberschnabel, scharfem Hornzahn an den Oberschnabelschneiden, ermöglicht harte Chitinkörper von Insekten aufzubrechen. ♂ ♂ meistens auffällig gezeichnet, viele in Afrika sogar bunt, ♀ ♀ schlichter. Afrika, Madagaskar, Europa, Asien, N-Amerika u. Mexiko. Leben überwiegend im offenen, buschbestandenen Gelände, einige An auch im Wald u. Dickicht. Nahrung Insekten, manche An nehmen auch kleine Wirbeltiere. Großes Napfnest, gewöhnlich in Büschen od. Bäumen. Gelege 2—8 gefleckte Eier, ♀ u. ♂ brüten u. füttern. Ungesellig, lebhaft. Interessante Pfleglinge, Haltung aber mit einigem Aufwand, der auf Dauer nicht von jedem Begeisterten erbracht werden kann. Dies gilt es vor der Anschaffung zu berücksichtigen. Kleine u. mittelgroße An nur für Käfig ↗ (Mindestlänge 1 m für 1 Vogel) geeignet, sonst nur Haltung im Flugraum ↗, am besten Gartenvoliere, aber warme Überwinterung. Vertreter der versch. UFn stellen entspr. ihrer Lebensweise unterschiedl. Ansprüche an Unterkunft u. Ernährung. Eigentl. Würger (Laniinae): Eingewöhnung leicht im Kistenkäfig (60—80 cm lang) mit weicher Decke, tuchverhüllter Vorderfront, frischen Insekten (Ameisenpuppen, Mehlkäferlarven, Wachsmottenlarven, Wiesenplankton), bei größeren An zerkleinerte, nackte Mäuse, zerschnittene Hähnchenküken auf insektenhaltiges Weichfutter legen. Gesunde Futterverweigerer nehmen immer lebende, nackte Mäuse u. Sperlinge. Wenige Sprunghölzer, keine Dornenzweige (Verletzungsgefahr bei Zugunruhe od. nächtlichem Erschrecken), aber mehrere kleine Astgabeln zum Einklemmen der Beute im Käfig anbringen. Bodenbelag bei allen Würgern: Dünne Schicht Torfmull mit Sägemehl. Größte Sauberkeit. Setzen im Herbst Fett an, deshalb bis in das Frühjahr vermehrt kleine Mäuse, zerteilte Hähnchenküken, eingefrorene Ameisenpuppen (beim Sammeln Naturschutzbestimmungen berücksichtigen!) u. a. Insekten füttern. Ganzjährig Multivitaminpräparate unter Weichfutter mischen od. Insekten darin wälzen. Gleichfalls Mineralstoffgemisch zufügen, vermehrt beide während der Mauser geben. Baden gern. Die übrigen Würger leben vorwiegend in der Buschwildnis u. in dichten Baumkronen u. suchen hier nach Insekten. Entspr. dicht müssen ihre Flugräume ausgestattet sein, während für An der offenen Landschaft einige markante Sitzwarten angebracht werden, von denen einige auch Regen- u. Windschutz haben. Ein insektenhaltiges Weichfutter mit reichl. frischen Ameisenpuppen, Mehlkäferlarven, kleinen Insekten des Wiesenplanktons wird Vögeln dieser Gruppen als Futter gereicht. Bisher nur von wenigen An Zucht gelungen. Auch bei diesen dann Einzelfälle. Einige Male wurden Vögel handaufgezogen. Bei Zusammenstellung eines Paares ist wegen möglicher Aggressionen Vorsicht geboten. Günstig ist es, vorher Sicht- u. Rufkontakt bei getrennter Unterbringung herzustellen u. danach längere Zeit Paar beobachten. Aufzuchtfutter je nach UF unterschiedl. Immer reichl. frische Ameisenpuppen, bei größeren An frisches Fleisch von kleineren Mäusen u. Hähnchenküken. Juv. aller An benötigen zum Wachstum Multivitaminpräparate, Mineralstoffgemische ↗. Artenschutz s. Naturschutzbestimmungen.

Laniinae, Eigentliche Würger. UF der Laniidae ↗. 1 G *Lanius* ↗.

Lanius. G der Laniinae ↗. 25 An. Europa, Afrika, Asien, N-Amerika. Bewohnen offenes Gelände, mit Büschen, wenigen Bäumen, an Wegerändern. Ansitzjäger, schnappen nicht nur Beute am Boden, sondern auch fliegende Insekten. Zur Nahrung zählen außerdem Mäuse, Eidechsen, Blindschleichen, kleine Schlangen, Frösche, kleine Vögel. Werden vorwiegend zur Zerkleinerung auf Dornen gespießt od. in Astgabeln geklemmt, selten dienen sie als Vorräte. Artenschutz, Pflege, Zucht s. Laniidae.

— *L. collaris,* Fiskal-, Büttelwürger. ♂: Kopf, Nakken, Oberrücken schwarz, breites weißes Band über kleinen Flügeldecken. Flügel-, Schwanzfedern schwärzlich mit weißen Säumen. US weiß. ♀: Flanken kastanienbraun. Juv. s. *L. collurio,* bräunliche OS von dunklen Querwellen überzogen, ebenso hellere US. 22 cm. UAn. Sierra Leone, Kamerun, Sudan, N-Äthiopien bis zum Kap, auf São Tomé. Bewohnt die Baumsteppe. Gelege beträgt 3—5 Eier, Brutdauer 15—16,5 Tage. Juv. nach 17—21 Tagen flügge. Nach W. BAARS ↗ Lockruf rauh, angenehmer Gesang, vermischt mit Strophen anderer Vögel. Im Sommer Vollmauser.

— *L. collurio,* Rotrückenwürger, Neuntöter, Dornwürger. ♂: Kopf, Bürzel grau, breiter schwarzer

Neuntöter. Weibchen

Augenstreif. Rücken rotbraun. Schwanz schwarz u. weiß. US weiß bis rosafarben. Iris braun. Schnabel, Füße bräunlichschwarz. ♀: OS braun, US grauweiß, braun quergebändert. Juv. ähnl. ♀, aber ober- u. unterseits mit schwacher, schwärzlicher Querwellung. 18 cm. UAn. 2 Rassengruppen, werden manchmal auch als An angesehen. 1. collurio, 2. isabellinus (Isabellwürger), Mischlinge zwischen beiden Gruppen. N-Europa, S-England, Frankreich, NW-Spanien, N-Portugal, Italien, M-Europa, SO-Europa, Kleinasien bis zum Jenissei, zum Altai, zur Mongolei, NW-Mandschurei, Turkestan, N-Afghanistan, O-, S-Iran. Gelege 3—8, meistens 6 Eier. 1 Brut/Jahr. In früheren Jahrzehnten von erfahrenen Liebhabern gehalten. Gesang abwechslungsreich, hervorragender Spötter, individuell große Unterschiede. Strophen nicht sehr laut. Während der Mauser (Febr.) anfällig, dann gleichmäßige Wärme, eingefrostete Ameisenpuppen reichen. Zucht: Paar allein in Voliere ↗ halten. Mehrmals in England gezüchtet, 1961 von H. BREMER, DDR, in Gartenvoliere.

— *L. cristatus*, Rotschwanz-, Braunwürger. ♂: Stirn weiß, ebenso Überaugenstreif, schwarzer Augenstreif bis zur Ohrgegend, Scheitel, gleichfalls Oberschwanzdecken mehr rot als die graubraune bis rotbraune OS. US gelblichweiß. ♀: schwarzer Augenstreif weißlich verwaschen, Flanken mit bräunlicher Wellenzeichnung. Juv. ähnl. ♀, Stirn braun, Rücken, Brustseiten, Flanken mit schwärzlicher Wellenzeichnung. 20 cm. UAn. *L. cristatus lucionensis* (China, Korea). Scheitel hellgrau. Sibirien, N-Mongolei, China, Korea, N-, M-Japan. In Europa selten im Handel. Gesang eintönig, manchmal auch nachts vorgetragen. Im Sommer u. Winter Vollmauser, bei KAUFMANNS spätestens nach 5 Wochen beendet.

— *L. excubitor*, Raubwürger. ♂: Stirn, OS grau, Oberschwanzdecken hellgrau. Breiter, schwarzer Augenstreif vom Oberschnabel bis über Ohrpartie ziehend. Flügel schwarz mit 2 od. 1 weißen Spiegel. Schwanz schwarz, an Basis, Rändern, Spitzen weiß (nur mittl. Paar schwarz). US weiß, Schnabel, Füße schwärzlich. ♀ ähnl. ♂, Brust mit zarter grauer Querwellung. Juv. OS bräunlichgrau, Brust-, Körperseiten mit graubrauner Wellung. 25 cm. UAn, teilweise als eigene An angesehen. Nö. Kanada, N-Alaska, Sachalin, S-Kurilen, N-, Inner-, Vorderasien, Europa, N-Afrika bis sü. Sahara, N-, O-Äthiopien, N-Somalia, Sokotra, S-Arabien bis S-Indien (nicht auf Sri Lanka), Kanarische Inseln. Relativ leicht zu halten, handaufgezogen außerordentl. zahm, auch Wildfänge bald zutraulich, Unterbringung allein, im Käfig, besser Voliere. Überwinterung im Freien möglich. Gesang bedeutungslos, oft Nachahmung anderer Vogelstimmen. Interessant durch Wesen u. Gefiederfärbung. Eingewöhnung im unverhüllten Käfig, anderenfalls keine Futteraufnahme. Reichl. Fleischfütterung mit Hähnchenküken (einfrosten), Mäusen. Zuchterfolg äußerst selten. 1971 von D. ENGLAND, Großbritannien, beschrieben.

— *L. excubitorius*, Graumantel-, Graurückenwürger. ♂: Von der Stirn zieht über die Kopfseite breites schwarzes Band bis zur hinteren Halsseite. Oberkopf weißlichgrau, ebenso Bürzel, sonst OS hellgrau. Flügel schwarz. Basis des Schwanzes weiß, sonst

Lanius

Raubwürger
mit aufgespießter Beute
(nach Foto in GRZIMEKS Tierleben)

schwarz. US weiß. Schnabel, Auge u. Füße schwarz. ♀ ähnl. ♂, aber Flanken mit kastanienbraunem Anflug. Juv. OS blaßbraun mit dunklen Querwellen, US rostbräunlich, schwach quergebändert. 25 cm. UAn. Nö. Kamerun bis Sudan u. Äthiopien, im S bis O-Zaïre, W-Tansania u. W-Kenia. Lebt in der Buschsavanne u. im akazienbestandenen offenen Land, häufig als kleiner Trupp anzutreffen. Pfiffe melodisch, Rufe kratzend u. schrill. Nahrung Insekten, kleine Wirbeltiere. Dichtes Nest aus Reisern, Halmen u. Würzelchen, niedrig im Dornengestrüpp. Gelege 2—4 Eier. Zuweilen auf europ. Vogelmarkt. Attraktiver Volierenbewohner. Sehr gut für Außenvoliere ↗ mit Schutzraum ↗ geeignet. Warme Überwinterung. Ausdauernd. Wird über Jahre im Vogelpark Walsrode ↗ gepflegt.

— *L. melanoleucus*, Elsterwürger. ♂ u. ♀: schwarz, hinterer Rücken u. Schwingen weiß gezeichnet. Schwanz schwarz, sehr lang. Schnabel, Auge u. Füße schwarz. Juv. bräunlicher als Ad. 35 cm. UAn. Sü. Kenia durch O-Afrika u. sü. Sambia bis S-Angola, im S bis mittl. Namibia, sü. Botswana, W-Oranje-Freistaat, südwe., nö. u. öst. Transvaal, Natal. Bewohnt Dornbuschsavannen u. ähnl. Biotope. Paarweise u. in kleinen Trupps unterwegs. Rufe melodisch, zweisilbig, laut, auch krächzende Töne. Nahrung vorwiegend Heuschrecken, ansonsten Insekten, auch kleine Reptilien. Nest allgemein einige Meter hoch in äußeren Zweigen der Dornakazien, s. *L. excubitorius*. Gelege 4—5 Eier. Selten im Handel, u. a. im Vogelpark Walsrode gehalten. Haltung s. *L. excubitorius*.

— *L. minor*, Schwarzstirnwürger. ♂ u. ♀: Stirn, Augenstrich, Flügel, mittl. Schwanzfedern schwarz. OS grau, US, Flügelbinde weiß, Brust u. Flanken zartrosa überhaucht. Flügelbinde breiter als bei Raubwürger. Juv. ähnl. Ad., Stirn grau, OS bräunlichgrau mit schwacher Querwellung. 20 cm. UAn. SO-Europa, Italien bis S-, O-Frankreich, in DDR u. BRD nur noch seltener Brutvogel, O-Europa, Kleinasien

Lanzenschnabel

Schachwürger

bis Turkestan, N-Afghanistan, Transkaspien, Iran. Weichlich, allgemein verträglich, Eingewöhnung einfach, Überwinterung warm. Käfigdecke weich (Zugunruhe). Während der Mauser lebende Insekten (u. a. eingefrostete Ameisenpuppen). Gesang: Schilpen, plauderndes Zwitschern, Imitation anderer Vogelstimmen. Zucht noch nicht gelungen.

— *L. nubicus*, Maskenwürger. ♂ u. ♀: Stirn weiß, sonst OS schwarz, auf den Flügeln weiße Abzeichen. US weiß, Flanken roströtlich. Juv. OS blaßbraun, Federn mit schwarzbraunen Säumen. US weiß, dunkelbraun gebändert. 17 cm. O-Bulgarien, Griechenland, Türkei, Israel, Syrien bis SW-Iran. Selten gehalten. Gesang melodisch, eintönig. Überwinterung warm. Während der Mauser frische Insekten (eingefrostete Ameisenpuppen, Grillen, Wachsmottenlarven usw.).

— *L. schach*, Schach-, Königswürger. ♂ u. ♀: je nach UA Stirn, Kopfseiten schwarz od. Kopf, Nakken, Scheitel, Überrücken grau, übrige OS, Schultern rotbraun. Flügel schwarz mit weißem Spiegel. Schwanz schwarz. US weiß, Flanken, Unterschwanzdecken hell rötlichbraun. 25 cm. UAn. Turkestan, Afghanistan, NO-Iran, Himalaja, Indien, Sri Lanka, Burma, N-Thailand, Indochina, S-, M-China, Philippinen, N-Kalimantan, Malaysia, Sumatera, Java, Kleine Sundainseln (mit Bali), O-Neuguinea. Ab u. zu im Handel. Gesang schwätzend, wenige Flötentöne, Spötter. Neben Weichfutter große Insekten, Hähnchenküken, Mäuse füttern.

— *L. senator*, Rotkopfwürger. ♂ u. ♀: Scheitel, Nacken rotbraun, sonst OS bis auf weißen Schulterfleck u. Bürzel schwarz. US weiß. Juv. ähnl. Rotrückenwürger, aber OS mit Querwellung, weißer Schulterfleck. 19 cm. UAn. N-Afrika, S-Europa, M-, NO-Frankreich, sehr seltener, unregelmäßiger Brutvogel in DDR u. BRD, Grenze zieht weiter nach Polen, nö. Verbr.-Grenze schwankend; Kleinasien, Israel bis O-Iran. Wildfänge bald zutraulich. Gesang eigenartiges Zwitschern, vermischt mit Strophen anderer Vögel, bis zu 18 versch. nachgewiesen. Haltung einfach, aber nicht sehr ausdauernd. Noch nicht gezüchtet.

— *L. tephronotus*, Tibetwürger. ♂ u. ♀: s. *L. schach*, aber Rücken grau, Bürzel, Oberschwanzdecken rotbraun. Schwanz kastanienbraun. Körperseiten rostfarben, sonst US weiß. 25 cm. Konspezies mit *L. schach*? UAn. N-Pakistan, Himalaja, Tibet bis W-China. Lebt zwischen 2700 u. 4500 m ü. NN, im Winter zieht er talwärts. Selten im Handel.

— *L. tigrinus*, Tigerwürger. ♂: Kopf-OS, Nacken grau. Breiter schwarzer Augenstreif vom Schnabel bis Halsseite. Rücken, Flügel, Schwanz rotbraun mit schwarzen Querwellen. US weißlich, Körperseiten mit bräunlicher Wellung. Schnabel schwarz. ♀: Überaugenstreif weißlich. OS braun, dunkel quergewellt. US weißlich, Hals, Körperseiten bräunlich gewellt. Juv. ähnl. ♀, Augenstreif schwärzlich gewellt. 19 cm. N-, M-China, Ussuriland, Insel Hondo (Japan). Lebt nicht im offenen Gelände, sondern in der Buschwildnis von Sekundärwäldern, auch an Waldrändern. Selten gehandelt.

— *L. vittatus*, Rotschulterwürger. ♂ u. ♀: Stirn, Vorderscheitel, breiter Augenstreif (nicht bis zum Nakken), Zügel schwarz. Kopf-OS weiß, Nacken grau. Rücken, Schulter rotbraun, Flügel schwarzbraun mit weißer Binde. Schwanz schwarz, außen weiß. US weiß, Körperseiten rotbraun. 19 cm. UAn. Afghanistan, O-Iran, Himalaja bis Nepal, Indien (ohne Sri Lanka). Bewohnt offenes Land mit vereinzelten Büschen u. Bäumen. Eingewöhnung problemlos. Gesang flötend, eintönig. Nach W. BAARS ↗ im Winter Voll-, im Sommer Teilmauser. Benötigt in dieser Zeit Wärme, größere Mengen Vitamin- u. Mineralstoffzusatz im Weichfutter.

Lanzenschnabel → *Doryfera*
Lappenente (*Biziura lobata*) → *Biziura*
Lappenkiebitze → *Lobivanellus*
Lappenschnäpper (*Platysteira cyanea*) → *Platysteira*
Lappenstar (*Creatophora cinerea*) → *Creatophora*
Lappentaucher → *Podiceps*
Lapplandmeise (*Poecile cincta*) → *Poecile*

Lari, Möwenartige. UO der Lariformes ↗. 3 Fn (Stercorariidae ↗, Laridae ↗, Sternidae ↗).

Laridae, Möwen. F der Lariformes ↗, UO Lari ↗. 43 An. Fluggewandte u. gesellige Küstenvögel. Hakig gebogener Schnabel. Spitze Flügel, zwischen den Vorderzehen Schwimmhäute. ♂ u. ♀ gleich gefärbt, die Juv. tragen Zwischenkleider, oft mit 3—4 Jahren erst Alterskleid. Über die ganze Erde verbr., auf der Nordhalbkugel zahlreicher. Leben an den Küsten u. in Küstennähe, einige auf der Hochsee u. im Binnenland. Nahrung Wirbellose, Insekten, Würmer, Fisch, Nahrungsabfälle (Fischfang u. -verarbeitung, Schuttabladeplätze). Kolonieweise brütend. Gelege 2—3 gefleckte Eier, Brutdauer 22—28 Tage. ♂ u. ♀ brüten, Juv. werden von den Ad. noch eine Zeitlang gefüttert. Leicht einzugewöhnen. Haltung auf Freianlagen, die einen Teich, einen Grasteil u. Sandflächen enthalten.

Inkaseeschwalbe

In Volieren sandiger Untergrund mit Rasenstücken u. Wasserteil. Für Vögel der meisten An kein Schutzraum für Winter notwendig. Bei Gemeinschaftshaltung mit anderen Vogelgruppen ist daran zu denken, daß Vögel großer An Eier u. Jungvögel erbeuten können. Fütterung mit Fisch, Garnelen u. Fleisch.

Lariformes, Möwenvögel. O. 2 UOn (Chionides, Lari ↗).

Lärmdickichtvogel (Atrichornis clamosus) → *Atrichornis*

Lärmlederkopf (Philemon corniculatus) → *Philemon*

Larosterna. G der Sternidae ↗. 1 A. Peru u. Chile. Bewohnen die Felsküsten u. vorgelagerte Inseln. Nester werden in Höhlen angelegt, 1—2 Eier. Nahrung wird schmarotzend an Seelöwen erbeutet. Haltung in größerer Voliere, Kies- od. Sandteil mit Wasserstelle, mehrere Steine als Sitzwarten bzw. Höhlen schaffen. Fütterung s. Sternidae.
— *L. inca*, Inkaseeschwalbe. ♂ u. ♀: OS u. US bläulichsilbergrau, schwarzer Kopf, gewellte weiße Bartfedern, gelber Hautlappen unter dem Auge. Schnabel u. Füße rot. Juv. mit grauen Bartfedern. 40 cm.

Larus. G der Laridae ↗. 14 An.
— *L. argentatus*, Silbermöwe. ♂ u. ♀: Mantel silbergrau bis schiefergrau (Flügeldecken u. Schultern), übriger Körper weiß. Schwarze Handschwingen mit weißen Spitzen. Kräftiger, gelber Schnabel mit rotem Fleck auf unterer Hälfte. Füße bei den UAn versch. gefärbt, fleischfarben, rötlich, grünlich od. gelb. Im RK Kopf-OS u. Nacken gestrichelt. Juv. bräunlich. 56 cm. UAn. Küsten Europas, N-Europa, Mittelmeer, Schwarzes u. Kaspisches Meer, große Teile Asiens u. N-Amerika. Bewohnt Küsten aller Art am Meer u. an Binnengewässern. Nistet in großen Kolonien, auf Dünen, Klippen, Inseln, auch Hausdächern. Brutdauer 26 Tage. Haltung s. Laridae. Ernährung sehr vielseitig, Allesfresser. Oft gezüchtet.
— *L. canus*, Sturmmöwe. ♂ u. ♀: graublauer Mantel, übriger Körper weiß. Schwarze Handschwingen mit weißen Spitzen. Schnabel u. Füße gelblichgrün. RK, Kopf-OS u. Nacken gestrichelt. Juv. bräunlich. 44 cm. UAn. N-, NO-Europa, auch Nord- u. Ostseeküste sowie an einigen Stellen im Binnenland in M-Europa, ostwärts ganz N- u. M-Asien bis nach W-Kanada, auch am sü. Kaspisee u. Transkaukasien. Bewohnt in Europa Küsten aller Art, vor allem Inseln,

Brütende Silbermöwe

Sturmmöwe

sonst im Binnenland an Seen u. Flüssen. Nistet in z. T. großen Kolonien. Brutdauer 23—24 Tage. Haltung, Ernährung s. Laridae. Zucht in mehreren zool. Gärten, einige Male z. B. in Leipzig.
— *L. fuscus*, Heringsmöwe. ♂ u. ♀: Mantel dunkelgrau bis schwarz, übriger Körper weiß. Gelbe Füße, gelber Schnabel mit rotem Fleck. RK: Hinterkopf u. Nacken dunkelgrau gestrichelt. Juv. bräunlich. 53 cm. UAn. Nördlichstes Europa, öst. Skandinavien bis NW-Sibirien. Bewohnt steile u. flache Meeresküsten, auch an Binnengewässern u. Mooren. In Kolonien nistend. Brutdauer 24—27 Tage. Haltung s. Laridae. Oft gezüchtet.
— *L. glaucoides*, Polarmöwe. ♂ u. ♀: hellgrauer Mantel, übriger Körper weiß. Weiße Handschwingen. Gelber Schnabel mit hellrotem Fleck, fleischfarbene Füße. Rote Augenlider. Im RK Kopf u. Hals bräunlich gefleckt. Juv. OS rahmfarben, bräunlich gefleckt, US hellbraungrau mit wenig Fleckung. 53 cm. UAn. Küsten Grönlands u. nordwe. N-Amerika. Bewohnt die Küsten u. Fjorde. Nistet in Kolonien an steil abfallenden Felswänden od. auf flachen, steinigen Inseln. Haltung s. Laridae. Zucht gelang mehrfach im Zoo Kopenhagen.
— *L. hyperboreus*, Eismöwe. ♂ u. ♀: hellgrauer Rücken u. Flügel, übriger Körper weiß. Weiße Handschwingen, gelber Schnabel mit rotem Fleck, fleischfarbene Füße. Augenlider gelb. Im RK Kopf u. Hals

Larvenamarant

bräunlich längsgefleckt. Juv. ähnl. Polarmöwe. 69 cm. UAn. Im nordöst. Europa, sonst zirkumarktisch verbr. Bewohnt Steil- u. Flachküsten u. Inseln, sowohl einzeln als auch in Kolonien brütend. Haltung s. Laridae. Zucht äußerst selten.
— *L. marinus*, Mantelmöwe. ♂ u. ♀: Rücken u. Flügel schwarz, übriger Körper weiß. Gelber Schnabel mit rotem Fleck, fleischfarbene Füße. RK: Hinterkopf u. Nacken gestrichelt. Juv. bräunlich gefleckt. 76 cm. Island, Küsten N-Englands, N-Frankreichs u. Skandinaviens, Grönland, nordöst. N-Amerika. Bewohnt steinige u. felsige Küsten u. vorgelagerte Inseln, auch an Binnengewässern, auf Mooren u. Heiden. Brütet verstreut in Kolonien anderer Seevögel, selten in größeren Gruppen. Brutdauer 26—28 Tage. Oft Gelege u. Juv. anderer Vögel raubend. Haltung s. Laridae. Zucht an mehreren Stellen gelungen.

Larvenamarant (*Lagonosticta larvata*) → *Lagonosticta*

Larvivora. G der Muscicapidae ↗. 4 An. Asien. Pflege wie *Calliope* ↗.
— *L. brunnea*, Orangenachtigall, Blauschmätzer. ♂: Kopfseiten schwarz, nach unten weißlich abgesetzt. OS schieferblau. US kräftig rostrot. ♀: OS olivbraun, US blaßbräunlichrot. 14 cm. UAn. Himalaja von W-Pakistan bis Bhutan; we. China (Szetschuan, S-Kansu, SW-Schensi); Burma (Chin Hills). Überwintert in den Vorbergen des Himalaja, in SW-Indien bis Sri Lanka. Bewohnt vorzugsweise unterholzreiche Wälder, sowohl am Boden als auch in dichten Büschen auf Nahrungssuche. Lebt von Insekten. Gesang bescheiden, besteht aus monotonen Pfeiftönen u. Trillern. Sporadisch auf dem europ. Vogelmarkt.
— *L. cyane*, Blaunachtigall. ♂: Kopfseiten schwarz, nach unten schärf von dem Weiß des Kinns, der Kehle u. Brust abgesetzt. Zügel schwarz. Kopf-OS u. OS leuchtendblau. US hellbräunlich. Schnabel schwarz. Auge braun. Füße fleischfarben. ♀: OS bräunlich, Kinn weißlich, ebenso Bauch. Weiße Brust mit bräunlicher Schuppenzeichnung. Juv. ♂ ♂ ähnl. ad. ♀ mit wenigen blauen Federn auf der OS, zuweilen auch ad. ♀ ♀ so gefärbt (W. BAARS ↗). 15 cm. UAn. Vom Altai öst. zum Ochotskischen Meer, Sachalin, Ussuriland; Mandschurei, Korea, lokal auf Kamtschatka, auf den Kurilen, von Hokkaido bis Kyushu (Japan). Zieht im Winter bis Indien, S-China, Sumatera u. Kalimantan, auch in die Berge von Burma, Thailand, Laos. Lebensweise wie Orangenachtigall. Gesang erinnert an den der Nachtigall ↗, ihm fehlt aber die Tonfülle u. Klangstärke, auch der Endschlag. Sehr selten auf europ. Vogelmarkt.

Lasurbischof (*Cyanoloxia parellina*) → *Cyanoloxia*
Lasurblauer Bischof (*Cyanoloxia parellina*) → *Cyanoloxia*
Lasurdegenflügel (*Campylopterus falcatus*) → *Campylopterus*
Lasurmeise (*Cyanistes cyanus*) → *Cyanistes*
Laterallus. G der Rallidae ↗. 3 An. M- u. S-Amerika.
— *L. leucopyrrhus*, Weißbrustralle. ♂ u. ♀: Kopf u. Nacken leuchtend rotbraun. Rücken, Flügel u. Schwanz olivbraun. US weiß. Flanken schwarzweiß gebändert. Auge u. Beine rot. Schnabel grüngelb. 18 cm. SO-Brasilien bis Paraguay u. Argentinien. Bewohnt recht zahlreich dichtbewachsene Sümpfe. Brütet auch höher in Strauchgestrüpp. Wird von allen tropischen Rallen am häufigsten importiert u. gehalten. Kann gut mit anderen An vergesellschaftet werden, friedfertiges Wesen. Sitzt oft erhöht auf Zweigen u. Ästen. Mehrfach in Volieren gezüchtet. Gelege 2—4 weiße Eier. Brutdauer 22—24 Tage. ♂ u. ♀ brüten u. füttern. 2—3 Bruten im Jahr. Juv. der 1. Brut beteiligen sich an Fütterung der Juv. aus 2. Brut.

Lathaminae, Schwalbenloris. UF der Platycercidae ↗. 1 G *Lathamus* ↗.

Lathamus. G der Lathaminae ↗. 1 A. Tasmanien u. Inseln der Bass-Straße; in SO-Australien außerhalb der Brutzeit. Anpassung von Schnabel u. Zunge, um Blütenpollen u. Nektar aufzunehmen, aber weniger differenziert als bei Loris ↗. Anatomie, Sozialverhalten usw. zeigen Verwandtschaft mit Plattschweifsittichen ↗. Bewohnen ursprüngl. Baumsavanne, heute außerdem in Gärten u. Parks. Häufig. Streifen in kleinen Gruppen umher, zuweilen auch in größeren Schwärmen. Stimme angenehm. Nahrung — in Kronen blühender Bäume gesucht — besteht aus Nektar, Insekten, Früchten, Grünem u. Samen. Brüten in Höhlen von Eukalyptusbäumen zwischen 7 u. 20 m, häufig mehrere Paare in einem Baum zu finden. Von Januar—Mai ziehen Vögel von Tasmanien zum Festland, im August Rückzug. Erstmalig 1863 im Zoo London. Benötigen großen Flugraum, anfangs an Stirnseite Tücher hängen → Platycercidae. Bei gemeinsamer Gruppenhaltung Vögel alle gleichzeitig einsetzen. Während der Brutzeit gegenüber artfremden Mitbewohnern unverträglich. Keine Nager. Unterbringung frostfrei. Futter hoch in der Anlage anbringen. Ernährung reichl. Fruchtstücken, Beeren, blühende Zweige, flüssige Kindernahrung mit Honig, Keimfutter, halbreife Gräser u. Getreide, frische Maiskolben, Grünes, Ameisenpuppen, wenig Mehlkäferlarven. Körnerfutter (übermäßige Gabe führt leicht zur Verfettung). 1882 Welterstzucht bei A. ROUSSE, Frankreich, 1967 in der BRD (W. GROTE, A. WOESTENDIEK). Nistkasten (17 × 17 × 35 cm) od. Baumstammhöhle bieten, Einschlupf- ⌀ 7 cm, Bodenbelag Holzmulm od. Sägespäne. Höhle hoch anbringen. In Europa Brutbeginn meistens im April, zuweilen 2. Brut im Juni. Gelege 2—5 Eier. Juv. schlüpfen nach 20 Tagen, fliegen nach 35—40 Tagen aus, sind dann nach 2—3 Wochen selbständig. Fortpflanzungsfähig nach 1 Jahr.
— *L. discolor*, Schwalbensittich. ♂: grün, unterseits gelblicher. Stirn rot, Zügel gelb, Scheitel blau. Kinn, Kehle u. Unterflügeldecken rot, Unterschwanzdecken hellrot. Flügelbug braunrot. Schnabel dunkel hornfarben. Auge gelb. Füße bräunlich. ♀ wie ♂, aber gering weniger Rot u. Blau am Kopf, Unterschwanzdecken blasser. Juv. matter als Ad., Auge bräunlich, weniger Rot im Gefieder. 24 cm.

Lauch-Arassari (*Aulacorhynchus prasinus*) → *Aulacorhynchus*

Laubenvögel → Paradisaeidae → Ptilonorhynchidae

Lauchgrüne Papageiamadine *(Erythrura prasina)* → *Erythrura*
Laufhühnchen → Turniciformes
Laufkuckucke → Centropodidae
Laufsittich, NN → Ziegensittich
Lautäußerung → Stimme
Lauterbachs, Laubenvogel *(Chlamydera lauterbachi)* → *Chlamydera*
Layardiella. G der Platycercinae ↗. 1 A. Fidschi-Inseln, eingeschleppt auf Eua (Tonga-Insel). Bewohnen Mangrovewälder, vor allem in Morgen- u. Abendstunden aktiv. Dann auch in Obstplantagen u. auf Maisfeldern anzutreffen. In der Heimat gern als Einzelvogel gehalten. Erstmalig 1873 in Europa (London). Sehr selten auf europ. Markt, mehrere Exempl. hielt u. a. Dr. BURKARD ↗. Handaufgezogene Vögel sehr zahm, ahmen wenige Worte nach. Rufen laut, vor allem in mondhellen Nächten. Eingewöhnung sorgfältig über 20 °C. Tagsüber ruhig zurückgezogen lebend, in hellen Nächten recht aktiv. Allgemein verträglich. Haltung, Futter s. Platycercidae, außerdem Obst reichen. Vögel von UAn *L. t. taviunensis* u. *splendens* hält Tierpark Berlin. Bisher nur Mischlingszuchten innerhalb der UAn der A bekannt.
— *L. tabuensis*, Pompadoursittich. ♂: Gesicht schwärzlich, übriger Kopf, US kirschrot. Nacken mit breitem blauen Band. Rücken, Flügel grün, Handdecken, Afterflügel blau. Unterflügeldecken blaugrün, kirschrot gesäumt. Schwanzfedern blaugrün. Iris gelborange. Schnabel, Füße dunkelgrau. ♀ wie ♂, Kopf, Schnabel kleiner. Juv. wie Ad., Schnabel hell hornfarben. Iris braun. 45 cm. 5 UAn. *L. t. taviunensis*, Taveuni-Pompadoursittich. Wie Nominatform, aber ohne blaues Nackenband. Bewohnt Taveuni u. Ngamea-Inseln. 40 cm. In Mangrovewäldern. Erstmalig 1864 im Zoo London, stets sehr selten im Handel. *L. t. splendens*, Glanzflügelsittich. Nackenband blau, Rücken, Flügel u. Bürzel dunkelgrün, stark glänzend. Schwanz oberseits blau mit Grün vermischt. ♀♀ haben schmaleren Kopf u. kleineren Schnabel. Juv. wie Ad., aber Rot stumpfer. Schnabel schwärzlichgelb. Auge braun. 44 cm. Heimat Kandavu, auf einigen Inseln eingeführt. Bewohnt Mangrovewälder, während der Nahrungssuche auch in Pflanzungen. Sehr selten in Europa, u. a. 1973 1 Paar im Tierpark Berlin. Benötigt lange Zeit Zimmerwärme. Erstzucht 1976. Gelege 2–4 Eier. Juv. schlüpfen nach 24 Tagen. Aufzuchtfutter reichl. Obststückchen, versch. Beeren, Keimfutter u. Grünes.
Layardweber, UAn → Textorweber
Laysanalbatros *(Diomedea immutabilis)* → *Diomedea*
Laysanente *(Anas laysanensis)* → *Anas*
Lazulifink *(Passerina amoena)* → *Passerina*
Lazulikolibri *(Campylopterus falcatus)* → *Campylopterus*
Lazulischnäpper *(Eumyias thalassina)* → *Eumyias*
LBV → Landesbund für Vogelschutz in Bayern e. V.
Lears Ara *(Anodorhynchus leari)* → *Anodorhynchus*
Lebensdauer. Zeitspanne von der Entstehung eines Organismus bis zu dessen Tod. Die L. der einzelnen An ist außerordentl. unterschiedl. u. mit einer größeren od. geringeren Schwankungsbreite genetisch fixiert, sie wird deshalb als «mittl. L.» angegeben. Sie nimmt i. d. R. mit dem Körpervolumen zu, z. B. Adler, Gans: 80 Jahre; Storch, Kolkrabe: 70 Jahre; Taube, Papagei: 50 Jahre; Singvögel: 5–20 Jahre; Ausnahme Strauß: 40 Jahre.
Lebensraum → Biotop
Leber → Futterfleisch
Legenot. Unvermögen der Eiablage. Eianomalien, Eileiterentzündungen, aber auch Unterkühlungen können Ursache sein. Wärme, Öle, Hormone u. vorsichtiges Massieren an der Kloake (bei Sichtbarwerden der Eischale diese aufstechen u. Schale entfernen), auch der Kaiserschnitt eignen sich zur Behebung der L.
Leierschwänze → Menuridae
Leierschwanz-Honiganzeiger *(Melichneutes robustus)* → *Melichneutes*
Leierschwanzwida *(Coliuspasser jacksoni)* → *Coliuspasser*
Leioptila. G der Timaliidae ↗. 6 An. S-Asien. Haltung in großer Vogelvitrine ↗ od. bepflanzter Voliere ↗. Futter wie *Yuhina* ↗.
— *L. capistrata*, Schwarzkappentimalie. ♂ u. ♀: Kopfseiten, Kopf-OS u. vorderer Nacken schwarz, Federn der Kopf-OS verlängert. Bartstreif weiß. Unterer Hals u. Halsseiten rostbraun. Rücken, Bürzel u. Oberschwanzdecken graubraun. Schwanz mit schwarzbrauner Binde, Ende weiß. US rotbraun. Schnabel schwarz. Auge braun. Füße bräunlich. 22 cm. UAn. Himalaja bis Pakistan u. N-Assam. Lebt in immergrünen Wäldern u. an buschreichen Waldrändern. Klettert ähnl. Spechten ↗ an Stämmen u. Ästen; bei der Haltung berücksichtigen! Napfförmiges Nest aus Moos u. Nadeln. Gelege 2–3 Eier. Erstmalig 1899 im Zoo London, seither zuweilen im Handel. Lebhafte Vögel, bald zutraulich. Überwinterung in ungeheizter Unterkunft möglich, empfindlich gegenüber feuchtkalter Witterung. Nicht mit kleineren Vögeln zusammen halten. Erstzucht SHERIFF, England. ♀ u. ♂ brüten. Juv. schlüpfen nach 15 Tagen, fliegen nach ca. 17 Tagen aus. Aufzuchtfutter reichl. lebende Insekten, Spinnen, Würmer u. Obstsäfte.
Leiothrix. G der Timaliidae ↗. 2 An. Verbr. s. An. Pflege wie *Siva* ↗, außerdem Hirse ↗, Kanariensaat ↗, Mohn u. wenig Hanf füttern. Einzelvögel werden auch gern im großen Käfig ↗ als Sänger gehalten, dann tägl. Zimmerfreiflug gewähren. Beide An gezüchtet. Paar allein halten, möglichst nicht mit anderen Vögeln zusammen. Als Nestunterlagen Brettchen, Nistkörbchen u. waagerechte Reiser im dichten Gestrüpp anbringen. Napfförmiges Nest aus Agava-, Kokosfasern, feinen Wurzeln u. weichen Halmen gebaut. Gelege 3–4 Eier. Juv. schlüpfen nach 14 Tagen u. verlassen nach ca. 12 Tagen das Nest, werden noch 2–3 Wochen von den Eltern gefüttert. Während der Aufzucht reichl. lebende Insekten füttern (meistens entscheidend für den Zuchterfolg).

Sonnenvogel

— **L. argentauris**, Silberohrsonnenvogel. ♂: ähnl. *L. lutea*, aber Kopf-OS u. Wangen schwarz, silberweißer Ohrfleck. Schnabel gelb (bei *L. lutea* korallenrot). ♀ ähnl. ♂, etwas matter, Rücken mehr grau, US grauweißlich. Juv. Kopf-OS schwarz, Kopfseiten bräunlichgrau, Ohrdecken silbergrau. Bürzel graubraun mit mattem orangefarbenem Anflug. US mausgrau, Bauch mehr weißlich. 17 cm. UAn. Himalaja im W bis Himachal Pradesh; Assam, SW-China, nö. Indochina, NW- u. S-Thailand, Burma, Malaysia, we. Sumatera. Bewohnt Unterholz u. niedrige Bäume der Wälder. Erstmalig Anfang des 20. Jh. auf europ. Vogelmarkt, stets seltener als Sonnenvogel. Singt schlechter als Sonnenvogel, auch in der Pflege empfindlicher. Während der Eingewöhnung weichlich, anfangs kälteempfindlich, im Futter sehr wählerisch, überwiegend Insektennahrung bieten. Benötigt auch später mehr Lebendfutter u. abwechslungsreichere Ernährung als Sonnenvogel. Vorzügl. Volierenbewohner. Brut öfter gelungen.

— **L. lutea**, Sonnenvogel, Chinesische Nachtigall. ♂: Kopf-OS u. Nacken gelblichgrün, sonst OS olivfarben. Handschwingen schwarz mit gelben Säumen, am Grund orangerot, innerste Armschwingen am Grund orangegelb, sonst glänzendschwarzblau. Äußere Armschwingen u. Flügeldecken olivgrau. Oberschwanzdecken mit weißen Spitzen, die sich an dunkles querverlaufendes Band anschließen. Schwanz schwarzblau. Zügel u. Augenumgebung weißlich, dunkelgrauer Bartstreif. Kinn, Kehle gelb, zur oberen Brust in Orange übergehend, sonst US graugelblich, Körperseiten graugrünlich. Schnabel korallenrot. Auge braun. Füße bräunlich. ♀: wenig matter als ♂ (sicherer Geschlechtsunterschied Stimme). Juv. überwiegend aschgrau, unterseits verwaschen weißlichgrau. Schnabelumgebung weiß. Schnabel fleischfarben, dunkler First, gelbe Spitze. 15 cm. UAn. Himalaja von Kaschmir bis Assam, W- u. NO-Burma u. N-Vietnam; S-China. Von dem Menschen verbr. auf Hawaii, Maui, Moahu u. Kauai (Hawaii-Inseln). Bewohnt Büsche u. Unterholz der Bergwälder. Brütet in dichten Büschen. Erstmalig 1866 in Europa (Zool. Garten London) gehalten, seither regelmäßig in großer Zahl auf dem Vogelmarkt. Leichte Haltung, ausdauernd (erreicht in Gefangenschaft Alter von 23 Jahren). Sehr gern wegen Aussehen, Temperament u. des schönen Gesangs gepflegt, auch in den Heimatländern. Ruf geschlechtstypisch, in der Tonhöhe deutl. versch. Bald zutraulich. Eingewöhnung einfach. Überwinterung frostfrei. Erstmalig 1873 von K. Ruß ↗ gezüchtet, seither häufig gelungen. Frißt zuweilen Eier kleinerer Vögel.

Leipoa, Thermometerhühner. G der Megapodiidae ↗. 1 A. S-, SW-Australien (nicht Tasmanien). Bewohnen trockene Malleebuschgebiete, also dort, wo der Zwergeukalyptusbaum wächst u. zwischen Tag u. Nacht große Temp.-Unterschiede herrschen. Leben paarweise, sehr scheu. Reviere bis 50 ha. Durch trokkenen Biotop ↗ bedingt wird der Aufbau des Bruthügels mit einer Grube begonnen. ♂ ist das ganze Jahr mit der Vorbereitung u. Erhaltung der Funktionsfähigkeit des Bruthaufens beschäftigt. Um die nötige Feuchtigkeit in der trockenen Landschaft zum Ausbrüten der Eier zu erreichen, gräbt ♂ eine etwa 2 m breite u. 1 m tiefe Grube, trägt Blätter u. Zweige hinein, die durch den Winterregen die nötige Nässe erhalten. Die feuchten Pflanzenteile werden dann mit Sand bedeckt. Auf diese Weise entsteht über der pflanzengefüllten Grube ein Hügel von ca. 5 m Ø u. 1 bis 1,5 m Höhe. Die zersetzenden Pflanzenteile schaffen die nötige Wärme. Bis dahin vergehen 4 Monate. Im Abstand von 5—17 Tagen legt das ♀ 6—20 Eier in eine vom ♂ gescharrte Kammer nahe den angehäuften Pflanzen. Die Eier werden mit Sand bedeckt. Sie haben eine Länge von fast 9 cm u. wiegen 200 g. Bruttemp. um 33,5 °C. Juv. schlüpfen nach 7 Monaten od. später in Abhängigkeit von der Außentemp. u. der Jahreszeit. Bis dahin sorgt das ♂ ständig für die Wärmeregulierung. Im Frühling gräbt es Höhlen, um die Hitze im Inneren abzuleiten, im Sommer füllt es Erde auf den Hügel, um die Eier vor der intensiven Sonnenwärme zu schützen. In dieser Zeit gräbt das ♂ alle paar Tage in der Morgendämmerung den Hügel auf u. füllt die Grube mit Erde, die von der Nachtluft noch kühl ist. Im Herbst öffnet es das Nest, um die Sonnenstrahlen zu nutzen. Es bedeckt anschließend die Eikammer schichtweise mit dem wärmsten Sand der Umgebung. Mit den kürzer werdenden Herbsttagen ist die Brutzeit zu Ende. Bis zu 17 Stunden braucht ein Junges, bis es sich aus dem Haufen gegraben hat. Es kann dann bereits laufen u. ist einen Tag später flugfähig. Nach 3 Monaten sieht es wie ad. Vögel aus. Früher gern von Eingeborenen gejagt, heute u. a. durch eingeführte Füchse gefährdet. Ab u. zu in zool. Gärten u. Vogelparks ↗ zu finden. Die Haltung richtet sich nach der oben geschilderten Lebensweise.

— **L. ocellata**, Thermometerhuhn, Wallnister. ♂ u. ♀: OS rotbraun u. grau mit schwarzen u. weißen Bändern. Augenpartie nackt, bläulich. Wange, Kinn u. Kehle rotbraun. Brust grau, schwarzes Längsband, Bauch weiß. Steiß u. Unterschwanzdecken gelblich, Schwanzfedern gelbbraun, schwarze Querbänderung. Schnabel dunkelbraun, kurz. Auge braun. Füße dunkelbraun. 56 cm.

Leistenschnabeltukan *(Andigena laminirostris)* → *Andigena*

Leistes. G der Icterinae ↗. 2 An. S-Amerika. Pflege s. Icterinae.

— *L. militaris*, Rotbruststärling. ♂: Überaugenstreif weißlich, reicht bis Wange. Kehle bis einschließl. Vorderbauch scharlachrot, ebenso Flügelbug. Übriges Gefieder schwarz. ♀: rotes Gefieder des ♂ hier hellbraun, OS graubraun. 19 cm. Panama, O-, N-Kolumbien, N-Venezuela, Guayana, Trinidad, Tobago. Lebt überwiegend auf dem Boden. Nahrung Insekten. Gesang unbedeutend.

Leistungsfutter. Charakterisiert in der Vogelhaltung die Futtermenge, die sich aus dem erhöhten Bedarf bei Zucht od. Wachstum ergibt.

Lepidium sativum, Kresse, Gartenkresse. Eine zu den Salaten zu rechnende Kulturpflanze. Wertvolles Gemüse mit geringem Temp.-, Licht- u. Platzbedarf. Anbau im Winter in Kästen möglich u. ergiebig. Die Zeit zwischen Anbau u. Ernte beträgt 10—14 Tage. Es ist deshalb zweckmäßig, die Schalen in Intervallen anzusetzen. Durch hohen Vitamin C-Gehalt bekannt.

Lepidopygia. G der Estrildidae ↗. 1 A. Bewohnen Buschsteppen u. Kulturlandschaften auf Madagaskar u. auf der Komoren-Insel Majotta. Einzige ursprüngl. nur auf Madagaskar vorkommende Prachtfinken-A. Nest in dichten Büschen. Gelege 4—6 Eier. Schlupf nach ca. 12 Tagen. Juv. fliegen nach gut 3 Wochen aus. Rachenzeichnung hufeisenförmiger Ring. Im Alter von 30—35 Tagen futterfest. Erstmalig wahrscheinl. 1818 nach Europa gekommen. Seither ab u. zu in kleinerer Zahl importiert, dazwischen oft längere Pausen. Seit 30er Jahren Ausfuhrsperre, nur wenige Freigaben in den letzten Jahren. Für Käfig u. Voliere geeignet, sonst s. *Spermestes*. Allerdings bei der Aufzucht mehr Ameisenpuppen, Unkrautsamen füttern.

— *L. nana*, Zwergelsterchen. ♂ u. ♀: Stirn, Kehlfleck, Zügel u. Federn über dem Auge schwarz. Oberkopf dunkelgrau. Kopfseiten silbergrau. Rücken, Flügel braun, Bürzel, Oberschwanzdecken hellolivgrün. Schwanz schwarz. US hellbraun, rosarot überhaucht, geringe schuppige Zeichnung. Brust mehr gräulich gefärbt. Unterschwanzdecken schwärzlich mit gelbbräunlichen Säumen. Oberschnabel schwarz, Unterschnabel hornfarben. Auge braun. Füße fleischfarben bis gelbbraun. Juv. haben dunklen Kehlfleck, aber blasser u. kleiner, übriges Gefieder bräunlich gefärbt. 9 cm. Geschlechter nur an dem Gesang des ♂ zu unterscheiden.

Leptocoma, Trauernektarvögel. G der Nectariniidae ↗. 4 An. S-, SO-Asien, Sundainseln bis Bismarck-Archipel. Bevorzugen Wälder, Plantagen, Gärten, Mangrove u. Parks.

— *L. sperata*, Purpurkehl-Nektarvogel. ♂: schwarz, Kehle metallisch amethystfarben, Brust karmesinrot. Bauch gelblich. ♀: US gelblicholiv, Bauch, Unterschwanzdecken grünlichgelb. Juv. wie ♀. 16 cm. O-Pakistan, S-Assam bis Burma, S-Thailand, S-Indochina, Malaysia, Sumatera, Java, Kalimantan, Philippinen. Bevorzugt Küstenniederungen, Mangrove, Buschland, Gärten u. Kulturland.

— *L. zeylonica*, Ceylonnektarvogel. ♂: US dunkeloliv bis gelb, Kehle metallisch purpurn, Oberbrust, Kopfseiten u. OS dunkelkarmesinbraun, Kopf-OS metallischgrün. Flügel dunkelbraun, Bürzel u. Oberschwanzdecken metallischpurpurn. ♀: Kehle, Brust u. Seiten grauweiß, US gelb. Juv. wie ♂. 11 cm. Sri Lanka, Indien u. Bangladesh. Bevorzugt Wälder, Gärten u. Kulturland.

Leptoplectron. G der Emberizidae ↗. 1 A. Nearktis ↗.

— *L. pictum*, Smithammer. ♂: Kopf schwarz, Überaugenstreif, Wange u. Bartstreif weiß. Rücken hellbraun, dunkel gestreift. US hellbraun. Weiß an äußeren Steuerfedern u. Armdecken. ♀ u. Juv.: Kopf hellbraun, dunkel gestreift. 16 cm. N-Alaska bis SO-Kanada. Tundra. Überwintert in den südöst. USA. Nest am Boden, 4—6 Eier, Brutdauer 12 Tage.

Leptoptilos. G der Ciconiidae ↗. 3 An. Haltung → Ciconiidae.

— *L. crumeniferus*, Afrikanischer Marabu, Marabu. ♂ u. ♀: OS u. Flügel grünschillerndschwarz; große Armdecken silbergrau gesäumt; US weiß. Am Ansatz des fleischfarbenen nackten Halses weiße Halskrause. Zeitweilig aufgeblasener großer rötlicher

Marabu am Aas

Kropfsack am Hals, der mit Nasenhöhle in Verbindung steht. Kopf nackt. Hoher, langer, klobig wirkender, hornfarbener Schnabel. Beine grauschwarz. Juv. tragen noch haarige Dunen an Kopf u. Hals. 125—150 cm; 5—6 kg Körpermasse. Äthiopis, sü. bis SW-Afrika u. Natal. Standvogel. Lebt in erster Linie von Aas, dort oft mit Geiern vergesellschaftet; frißt auch Frösche u. Heuschrecken. Ausdauernder Segelflug. In Kolonien krächzende u. grunzende Laute u. Schnabelklappern hörbar. Nistet in Brutkolonien auf Bäumen od. in Felsen. Brutdauer 30 Tage. Nestlingszeit 110 Tage.

— *L. dubius*, Argala, Indischer Marabu, Adjutantstorch. ♂ u. ♀: nackter Kopf u. Hals fleischfarben; rötlicher Kropfsack am Hals. Halskrause, Brust, Bauch u. Rücken schmutzig weiß; Oberflügeldecken u. Schwanzdecken silbergrau bis grauschwarz; Armschwingen weißlich. Klobiger erdfarbener, etwa 45 cm langer Schnabel. Beine u. Füße rot. 150 cm. Flügelspannweite 300 cm. Indien bis Indochina, Kalimantan, Java u. Sumatera. Einzeln od. in Paaren. Aasfresser; auch Fische, Frösche, Rept., große Insekten. Brütet in Kolonien. Nest mit großem Durchmesser in lichten Waldbäumen od. auf Felsen. 3—4 weiße Eier.

Leptosomidae

— *L. javanicus*, Malaienstorch, Javanischer Marabu. ♂ u. ♀: wie Afrikanischer Marabu, aber ohne Kropfsack, mit horniger Stirnplatte. 110 cm. Sri Lanka, S-Indien, Burma u. S-China bis Malaysia, Sumatera, Java u. Kalimantan. Kleintierjäger.

Leptosomidae, Kurole. F der Coraciiformes ↗. 1 G *Leptosomus* ↗ mit 1 A.

Leptosomus. G der Leptosomidae ↗. 1 A. Metallisch glänzendes Gefieder weich u. dicht. Puderdunen ↗. Kurzer, kräftiger Schnabel mit Nasenlöchern in der Mitte. Flügel lang. Schwanz kürzer. Kurzfüßig. Wendezehe. Madagaskar u. Komoren. Bewohnen paarweise od. gesellig Wälder u. Savannen. Bevorzugen hohe Bäume. Eigenartiger langer Flügelschlag. Standvögel ↗. Laute Rufe u. Pfiffe. Erbeuten Insekten u. deren Larven, auch behaarte Raupen ähnl. Kuckuck ↗, sowie kleine Reptilien (Chamäleons) meist im Gezweig der Bäume. Brüten zur Regenzeit in Baumhöhlen. 4—5 grünlich weiße Eier. Kein Nestbau, jedoch Mulm u. Nahrungsreste als Unterlage. Allein brütendes ♀ wird von ♂ gefüttert. Brutdauer ca. 20 Tage. Juv. in ersten Lebenstagen mit langen, haarähnl. weißen Dunen. ♂ u. ♀ füttern. Nestlingszeit ca. 30 Tage. Sehr selten in Europa.

— *L. discolor*, Kurol. ♂: gehaubter Scheitel schwarz. Kopf, Hals u. Brust blaugrau. Nacken hellgrau. Rükken, Flügeldecken u. Schwanz metallisch grün mit Kupferglanz. Schwungfedern mattschwarz, metallisch glänzend, Innenfahne an der Basis weiß. US grauweiß. Schnabel schwarz. Auge braun. Füße orangebraun. 42 cm. ♀: gehaubter Kopf, Hals u. Nacken rotbraun, z. T. schwarz gebändert. Scheitelmitte schwarz. Rücken braun mit Kupferglanz. Flügeldecken schwarz mit braunen Flecken. Schwingen kupferrot glänzend, Armschwingen rotbraun gerandet u. gebändert. Schwanz braun, die rostrot gesäumte Spitze schwarz. Fahlrote US mit grünlichschwarz glänzenden Flecken. Auge u. Schnabel braun. Füße orangebraun. 45 cm. UAn.

Leptotila. G der Columbidae ↗. 11 An. N- bis S-Amerika, Karibik. Pflege s. auch Columbiformes ↗. Zucht von *L. verreauxi*, Blauringtaube, *L. rufaxilla*, Rotachseltaube, *L. plumbeiceps*, Bonapartetaube od. Graukopftaube, *L. wellsi*, Wellstaube od. Grenadataube, *L. jamaicensis*, Jamaicataube od. Weißstirn-Erdtaube, gelungen.

Lerchen → Alaudidae
Lerchenfink, Lerchenammer (*Chondestes grammacus*) → *Chondestes*
Lerchenkäfig → Bodenläuferkäfig
Lerchenkuckucke → Taperidae
Lerchenlaufhühnchen (*Ortyxelos meiffrenii*) → *Ortyxelos*
Lerchenstärling (*Sturnella magna*) → *Sturnella*
Lesbia, Schleppensylphen. G der Trochilidae ↗. 2 An. NW-Venezuela bis NW-Bolivien. Hochländer.

— *L. nuna*, Grünschwanzlesbia, Grünschwanzsylphe. ♂: OS grün, Kehle wie bei *L. victoriae*, aber nicht spitz auslaufend. Steuerfedern glänzend grün, äußere rein stahlblau. ♀: dem ♀ von *L. victoriae* sehr ähnl. Juv. wie ♀. 12,5—13,0 cm. Von NW-Venezuela, Kolumbien bis NW-Bolivien. In subtropischen u. temperierten Zonen bis fast 3 000 m ü. NN. Eingewöhnung → *L. victoriae*. Der Zoo Berlin hielt 1 Exempl. 1 1/2 Jahre. Zucht noch nicht gelungen.

— *L. victoriae*, Schwarzschwanzlesbia, Schleppensylphe, Victoriasylphe. ♂: OS glänzend grün. US hellfahlbraun. Unterschwanzdecken fahlbraun. Kehle glitzernd grün, diese Färbung nach der Brust zu in eine Spitze auslaufend. Flaumbüschel an den Bauchseiten weiß mit schwarzer Wurzel. Steuerfedern bräunlichschwarz, jede Feder mit glänzender goldiggrüner Spitze, äußerste Steuerfeder an der Außenfahne, die etwas weiter als die zweite reicht, hell rauchbraun. Schnabel, Füße schwarz. ♀: US weiß, am Bauch mehr bräunlich, jede Feder, mit Ausnahme derer in der Mitte des Unterkörpers, mit grünen runden Flecken. Untere Kehle mit unregelmäßig geformtem goldgrünem Fleck. Schwanz viel kürzer als beim ♂, mittl. Steuerfedern fast ganz grün, die übrigen — mit Ausnahme der längsten — mit viel ausgedehnterer grüner Färbung an den Spitzen. Juv. wie ♀. 23,0 cm. Von Kolumbien bis S-Peru. Eingewöhnung schwierig, gelingt wohl am besten in geräumigen Einzelkäfigen. Bisher selten mit Erfolg in menschlicher Obhut gehalten; der Zoo Berlin gibt eine Haltungsdauer von 8 Monaten, M. BEHNKE-PEDERSEN 15 Monate an. Zucht noch nicht gelungen.

Lesson-Amazilie (*Amazilia amazilia*) → *Amazilia*

Letalfaktor. Erbfaktoren, die nach unterschiedl. Erbgang zum Tod der Individuen führen können. Beim Geflügel nach internat. Letalfehlerliste katalogisiert.

Leucochloris, Weißkehlkolibris. G der Trochilidae ↗. 1 A. Von Minas Gerais bis Paraguay, Misiones u. Rio Grande do Sul. Bevorzugen Wälder u. Buschlandschaften der Gebirge. RUTGERS berichtet von Einfuhren, nähere Angaben fehlen. Zucht nicht gelungen.

— *L. albicollis*, Weißkehlkolibri, Weißhalskolibri. ♂: OS dunkelgrün, mittelstes Steuerfederpaar dunkelgrün, das nächste schwarz mit grünem Schimmer an der Wurzelhälfte, die 3 äußersten Paare schwarz mit ausgedehnten weißen Spitzen u. grünem Schimmer nahe der Wurzel. Kinn, breites Brustband, Seiten des Körpers, Unter- u. Oberflügeldecken dunkelgrün. Kehle, Mitte des Unterkörpers u. Unterschwanzdecken weiß. Oberschnabel schwarz, Unterschnabel fleischfarben, das vordere Drittel dunkelbraun. ♀ wie ♂, etwas kleiner. Juv. wie ♀. 10,0 cm.

Leucodioptron. G der Timaliidae ↗. 1 A. Nö. Indochina u. S-China mit Insel Hainan, nordwe. bis Szetschuan, S-Schensi u. zur Mündung des Jangtse; Taiwan. Durch den Menschen auf Hawaii (nicht auf Lanai) verbr. Leben im Dickicht u. Unterholz bis ca. 1 200 m ü. NN. Beliebte Käfigvögel in der Heimat. Pflege wie *Trochalopteron* ↗. Gesang sehr geschätzt, besteht vorwiegend aus Flötenrufen, schwätzenden Folgen u. Strophen anderer Vögel. Bald zutraulich.

— *L. canorum*, Augenbrauenhäherling, Chinesische Spottdrossel. ♂ u. ♀: oberseits dunkelrostbraun, Kopf mit rötlichem Anflug, Kopf-OS, Hals u. obere Brust mit schwarzen Stricheln. Flügel braun, ebenso

Schwanz. US gelblich, Bauch dunkler, Bauchmitte grau. 21 cm. UAn.

Leucopsar. G der Sturnidae ↗. 3 An. Asien.

— *L. burmannicus*, Kambodschastar. ♂ u. ♀: Kopf, US gelblichrosarot, gleichfalls Bürzel. Rücken, Oberschwanzdecken schwärzlich, Schwanzfedern schwarz, Spitzen gelblichrosa. Flügel schwarz u. braun, nur kleine Flügeldecken weiß. Schnabelgrund orangerot, sonst gelb. Auge braun, um das Auge nackt, graubraun. Füße gelb. 20 cm. UAn. SW-, M-, O-Burma, Thailand, S-Indochina. In Flügen in der Ebene bis ca. 500 m ü. NN, lebt im offenen Grasland, auch auf Feldern, vorwiegend in Reisanbaugebieten, auf der Suche nach Schnecken, Würmern usw. Brütet in Baumhöhlen. Gelege 4—6 blaue Eier. Nur ♀ brütet. Erstmalig 1913 in Europa, überwiegend in Tiergärten. Anspruchslos. Haltung in Voliere ↗, benötigt im Winter nur geschützten Raum zum Übernachten. In Vogelgesellschaft friedlich, anmutiges, zutrauliches Wesen. Mehrfach gezüchtet. Nistkästen aufhängen. Nistmaterial Halme, reichl. Federn.

— *L. melanopterus*, Schwarzflügelstar. ♂ u. ♀: weiß, nur Armschwingen braunschwarz, grünlichglänzende Säume. Handschwingen am Grund weiß. Sonst Flügelfedern schwarz, ebenso Schwanzfedern, diese aber mit weißen Spitzen. Auge fast weiß. Schnabel, Füße gelb. 22 cm. UAn. Java, Bali, Lombok. Erstmalig 1862 in Europa (Zool. Garten Amsterdam), in den folgenden Jahren ab u. zu, u. a. durch Frl. HAGENBECK ↗, eingeführt. Frißt auch Körner.

— *L. rothschildi*, Balistar. ♂: schneeweiß, nur Flügel, Schwanz schwarz. Kopf mit langem Schopf, Augenumgebung nackt, blau. ♀ wie ♂, Schopf kürzer (ca. 6 cm lang, bei ♂ ca. 8 cm). Juv. nicht reinweiß wie Ad., Gefieder mit blaßbraunem Anflug, um das Auge weniger blau, unter diesem brauner Punkt. 24 cm. Insel Bali, Nusa Penid (kleine Insel vor der S-Küste Balis). Bewohnt Wald u. Waldränder, auf Bali eine geschätzte Fläche von 200 km² (1976). Hochrechnung im gleichen Jahr ergab 500—1 000 Vögel. Fallende Zahl, vom Aussterben bedroht, im Red Data Book ↗ geführt, bereits seit 1973 auf Liste I des Washingtoner Artenschutzübereinkommens ↗. Gefahren: Größte wahrscheinl. durch menschliche Besiedlung (Rodung des Waldes), Zustrom der Menschen von Java nach N-Bali hat Druck auf Habitat ↗ u. Vogel noch verstärkt. Kultivierung der Landschaft

Kambodschastar

Balistar

hat Verbr. des Schwarzflügelstars erheblich gefördert, der früher nicht im selben Habitat nistete. Im Gebiet des hauptsächlichsten Vorkommen des Balistars war er z. B. 1976 3mal so zahlreich wie dieser. Schutzmaßnahmen: Seit 1971 Fang, Abschuß, Export ausdrücklich verboten, ein Teil seines Vorkommens ist durch das 20 000 ha umfassende Bali-Barat Reservat geschützt, vorgesehen weiterhin die Umsiedlung der 4 500 im Schutzgebiet lebenden Menschen (Stand 1976), Verbot weiterer menschlicher Ansiedlungen, des Holzeinschlages, der Tierhaltung u. -zucht (bes. an Wasserstellen), sorgfältige Kontrolle des Tourismus. Häufig gezüchtet, vorwiegend in zool. Gärten, auch in Vogelparks ↗ u. von privaten Liebhabern. Erstzucht 1931 in Foxwarren, England. Mitte der 60er Jahre wurden in Gefangenschaft gehaltene Exempl. immer zahlreicher, 1964 waren von 50 Vögeln in 17 Sammlungen 10 % in Gefangenschaft gezogen worden, 1973 betrug deren Zahl 27 %, 1974 schon 36 % (190 von 526 Exempl. in 84 Sammlungen). In einigen zool. Gärten wurde er in 2. Generation u. folgenden gezogen. Von D. BREUNIG, Lahr, BRD, bereits in der Vogelvitrine ↗ (150 × 60 cm, Höhe 120 cm) gezogen. *L. m.* ist auf dem Weg der Selbsterhaltung in Gefangenschaft, damit erlischt zunehmend die Nachfrage an gefangenen Vögeln, die trotz Verbots immer noch gefangen u. exportiert werden. Paarweise Haltung, auch mit wenigen größeren Vögeln gut möglich. Nistkasten aus Brettern (Grundfläche 25 × 25 × 30 cm Höhe, Flugloch- ⌀ 6—6,5 cm), hoch anbringen. Gelege 3—4 Eier. Schlupf nach 10—14 Tagen, meistens nach 12 Tagen. Juv. fliegen nach 21—26 Tagen aus. Allgemein nach gut 5 Wochen selbständig. Aufzuchtfutter lebende Fliegenmaden, Grillen, gekochte Mehlkäferlarven, handelsübl. Insektenfutter. Handaufzucht problemlos mit durch den Wolf gedrehtem Rinderherz, Zusatz von Multivitaminpräparat u. Mineralstoffgemisch. Nach ca. 5 Wochen futterfest. Teilaufzucht auch gut durch wildlebende Stare ↗ möglich, Eier möglichst nur von der 1. Brut austauschen, später besteht auf Grund der fortgeschrittenen Jahreszeit Gefahr, daß Gelege od. Juv. verlassen werden. 2 Tage vor dem Ausfliegen aus dem Kasten nehmen, anschl. Handfütterung (Erfahrung im Vogelpark Walsrode ↗).

Leucosarcia. G der Columbidae ↗. 1 A. Australien. Zucht von *L. melanoleuca*, Wongataube, gelungen.

Leucosticte, Schneegimpel (Rosenfinken). G der Carduelidae ↗. 3 An. Bewohnen die mattenbestandenen Hochalpinzonen des Hohen Nordens wie der Gebirge in der Neuen u. Alten Welt. Meist gesellig. Suchen am Boden nach Samen, Knospen u. kleinen Insekten. Nisten in Spalten an Felshängen. Nest ein kleiner Napf aus feinen Pflanzenteilen u. Haaren, nur vom ♀ errichtet. Das Gelege (4—6 reinweiße Eier) wird vom ♀ 12—14 Tage bebrütet. Juv. fliegen mit 15 Tagen aus. 2 An vereinzelt als Beifang eingeführt. Wenig Haltungserfahrung. Futter Waldvogelfutter ↗, auch gekeimt, Grünfutter ↗, Mineralstoffe u. kleine Insekten ↗. bes. in den ersten Tagen der Jungenaufzucht.

— *L. brandti*, Mattenschneegimpel (Felsenschneegimpel). ♂ u. ♀: ungestreift, sandfarben mit dunkelbraunem Gesicht u. Kopfplatte. Im RK sind die dunklen Kopffedern, wie beim Bergfinken ↗, hell gesäumt. Ad. ♂ auch je nach Herkunftsgebiet mit schwach rosa angehauchtem, grauem Bürzel. 15,5 cm. Von Afghanistan durch die Gebirge Innerasiens bis Szetschuan zu Hause, im Winter im Tiefland.

— *L. nemoricola*, Waldschneegimpel (Waldrosenfink). ♂ u. ♀: oberseits warm ocker bis milchkaffeebraun, Federn mit dunklen Zentren. Streifung je nach Jahreszeit u. Herkunftsgebiet versch. stark ausgeprägt. Schwingen dunkelbraun mit 2 schmalen, weißen Binden. US einfarbig aschgrau. Rote Iris. Der spitze Schnabel u. deutl. gekerbte Schwanz erleichtern die Unterscheidung von Sperlings- ♀♀. 14 cm. Vom Himalajagebiet bis Kansu u. Schensi. Einmal nachgezogen.

Levaillants Bartvogel, NN → Haubenbartvogel

Levaillant's Rebhuhnfrankolin, NN → Rotflügelfrankolin

Lewinia. G der Rallidae ↗. 3 An. S- u. SO-Asien, Indonesien, Australien.

— *L. striata*, Graubrustralle. ♂: OS dunkelbraun mit unregelmäßigen wellenförmigen Streifen u. Flecken. Kopf u. Halsseiten rötlich kastanienbraun. Kinn u. Kehle weiß. Vorderhals u. Brust aschgrau. Bauch u. Flanken schwärzlich, deutl. weiß gestreift. Schnabel u. Auge rot. Beine olivgrün. ♀: viel matter, am Bauch mehr weißlich. Juv. dunkelbraun gestreifter Rücken, weiße Streifen u. Flecken fehlen od. undeutl. Scheitel u. Nacken rotbraun, dunkelbraun gestreift. 27 cm. UAn. Indien u. Sri Lanka bis S-China, Taiwan, Philippinen, Sulawesi, Kalimantan, Java u. Sumatera.

Bewohnt dichtbewachsene Sumpfgebiete bis 6 000 m ü. NN. Häufig auch in Reisfeldern auf der Suche nach Schnecken, Insekten u. zarten Grünpflanzen. Gelege 4—6 cremefarbene, stark rotbraun gefleckte Eier. ♀ u. ♂ brüten, Brutdauer ca. 22 Tage. Selten in Europa. Frißt in Gefangenschaft gern eigenes Gelege u. plündert Nester anderer An! Erstzucht 1973 in England.

Lichenostomus. G der Meliphagidae ↗. 12 An.

— *L. cassidix*, Gehelmter Honigfresser. ♂ u. ♀: OS bräunlicholivgrün. US gelblichgrün. Kehle leicht dunkel gesprenkelt. Gelber Schulterfleck. Weißes Federbüschel am Kopf. Kopfseiten schwarzgrün, olivfarbenes kurzfedriges Häubchen. 20 cm. UAn. SO-Australien von SO-Queensland durch O-Neusüdwales u. Victoria bis südöst. S-Australien., In Eukalyptus-, Eichen- u. Akazienwäldern, auch in Gärten u. Parkanlagen. Gesellig, in kleinen Trupps, lebhaft. Anderen An gegenüber ungesellig.

— *L. virescens*, Zügelhonigfresser, Sängerhonigfresser, Pfeifhonigfresser. ♂ u. ♀: OS olivgrün. US gelb u. grau gestrichelt. Gelber Zügel. 20 cm. UAn. Australien ohne nö. u. öst. Küstengebiete u. ohne Tasmanien. Von Mangroven der N-Küste über die Steppen u. Eukalyptus-Savannen des Inneren bis zu den sü. Wäldern. Jagd Insekten u. plündert gelegentl. Vogelnester (Eier).

Lichtensteins Hahns-Zwergara, UA → Hahns-Zwergara

Lichtfalle. Zum Fang von Insekten ↗ geeignetes Gerät, mit dem die in der Dunkelheit ins Helle fliegenden Insekten durch eine starke Lichtquelle angelockt werden. Einfachste L. ist ein nachts im Freien aufgespanntes helles Tuch, unter das eine Lampe gestellt wird. Die Insekten werden vom Tuch abgelesen. Die meisten L.n bestehen aus 2 Behältern, dem eigentl. Fangraum sowie dem Raum für die Lichtquelle. Die gefangenen Insekten werden am Morgen durch eine Klappe entnommen. Sie können sowohl der Lebendfütterung zugeführt od. nach Trocknung zu Insektenschrot ↗ verarbeitet werden.

Lichtfalle für Insekten, Eigenbau. 1 Einflugspalt, 2 Gazetrennwand, 3 Entnahmeklappe, 4 Lichtquelle, 5 Öffnung zum Glühlampenwechsel

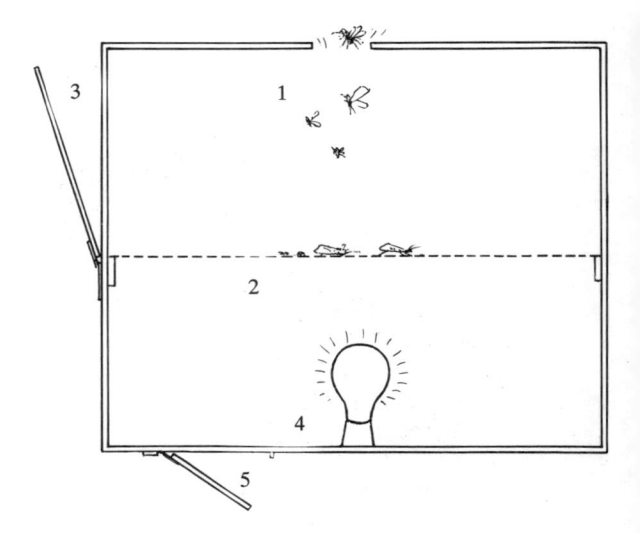

Liebe, Karl Theodor, Dr., geb. 11. 2. 1828 in Moderwitz b. Neustadt a. d. Orla, gest. 5. 6. 1894 in Gera. 1885 Ernennung zum Mitglied der Leopoldina. 1886 Titel Hofrat. Kenntnisse auf dem Gebiet Geologie, Paläontologie u. Ornithologie. Sein bes. Interesse galt den Verhaltensweisen der Vögel, engagierte sich für den Vogelschutz (künstl. Nisthöhlen). War 1878 maßgeblich an der Gründung des Deutschen Vereins zum Schutze der Vogelwelt beteiligt, 2. Vorsitzender, ab 1884 Herausgeber der Ornithol. Monatsschrift. Überwiegende Zahl seiner Arbeiten hier zu finden. A. E. BREHM verwertete zahlreiche Beiträge von ihm für das «Illustrierte Tierleben» u. die «Gefangenen Vögel».

Liebestaube *(Zenaida aurita)* → *Zenaida*
Liktor *(Pitangus lictor)* → *Pitangus*
Limicola. G der Scolopacidae ↗. 1 A. Brütet in N-, M-Skandinavien u. im nö. Sibirien. Bewohnt Moore im Inneren des Landes, sowohl Tiefland als auch Gebirge bis 1 000 m. Nest sorgfältig gebaut, gut gedeckt, Brutdauer unbekannt. Haltung s. Scolopacidae. Keine Gefangenschaftsbruten bekannt.
— *L. falcinellus*, Sumpfläufer. ♂ u. ♀: gleich, BK ähnl. RK. OS bräunlich mit schwarzer Fleckung, US weiß. Brust dunkel gefleckt, weißer Überaugenstreif. Juv. ähnl. 17 cm. UAn.

Limnobaenus → *Corethrura*
Limnocorax. G der Rallidae ↗. 3 An. Afrika, Madagaskar, Asien.
— *L. flavirostris*, Mohrenralle. ♂ u. ♀: einfarbig schieferschwarzes Gefieder. Auge u. Beine rot. Schnabel apfelgrün. Juv. oberseits mehr olivbraun mit weißlicher Kehle u. dunklerem Schnabel. 20 cm. Senegal, Sudan u. Äthiopien bis zur Kapprovinz S-Afrikas. Wenig scheu, oft in offenerem Gelände bei der Nahrungssuche. Schrille Rufe ähneln denen des Zwergtauchers ↗. Napfförmiges loses Nest meist am Boden, seltener höher in Sträuchern. Gelege 3–6 Eier, auf weißlichem bis hellrötlichem Grund rotbraun gesprenkelt od. gefleckt. Brutdauer ca. 20 Tage. Ab u. zu in Europa. Haltung nur paarweise. Partner dann sehr verträglich, werden schnell zutraulich. Bei Haltung in großen, gut bepflanzten Volieren Vergesellschaftung mit größeren An möglich. Überwinterung frostfrei. Erstzucht 1930 in England.

Limnocrex, NN → *Laterallus*
Limosa. G der Scolopacidae ↗. 4 An. Amerika, Europa u. Asien. Bewohnen ähnl. Biotope ↗ wie Großer Brachvogel ↗.
— *L. lapponica*, Pfuhlschnepfe. ♂ u. ♀: ähnl., im BK US rostrot, beim ♀ etwas schwächer. Schmal gebänderter Schwanz, Schnabel an der Spitze etwas aufwärts gebogen. RK aschbraun mit rostfarbenen Säumen. Juv. ähnl. 37 cm. UAn. Im nördlichsten Skandinavien, im N der SU u. Alaska verbr. Bewohnt die nasse u. sumpfige Tundra. Überwintert am Mittelmeer, in S-Asien u. Neuseeland. Haltung s. Scolopacidae. Keine Zucht in Gefangenschaft.
— *L. limosa*. Uferschnepfe. ♂ u. ♀: gleich, im BK Kopf, Hals u. Brust rostbraun, US weiß. Brust, Flanken mit schwarzer Querbänderung. Weißer Schwanz mit breiter schwarzer Endbinde, im Fluge breite weiße Flügelbinde. Langer gerader Schnabel. RK

Brütende Uferschnepfe

fahl graubraun, Juv. ähnl. 40 cm. UAn. N-, NO-Europa, mittl. Asien bis Kamtschatka. Bewohnt nasse Wiesen u. Sumpfgebiete. Überwintert im Mittelmeergebiet. Haltung s. Scolopacidae. Zucht in den Zoos Budapest u. Prag sowie Tierpark Rheine. In M-Europa im Bestand stark gefährdet.

Limosinae, Uferschnepfen. UF der Scolopacidae ↗. 1 G *Limosa* ↗.
Linaria, Hänflinge. G der Carduelidae ↗. 4 An. Europa, Asien, Somalia, SW-Arabien. 2 regelmäßig gehalten, schon gezüchtet.
— *L. cannabina*, Bluthänfling (Flachsfink). ♂: im BK mit roter Stirn, graubraunem Kopf u. breitem graubraunem Nackenband. Rücken milchkaffeefarben. Schwungfedern schwärzlich mit weißen Kanten, Kehle weiß mit brauner Streifung, an den Brustseiten 2 große, blutrote Flecken. Bauch beige. ♀ u. ♂: Im RK sowie in Gefangenschaft u. Juv. ohne alles Rot. Kehle weißlich, sonst unterseits beige, an Brust u. Flanken dunkler gestrichelt; Kopf grauer, Rücken wärmer braun. ♂ im Winter gelegentl. mit rötlichem Anflug. Schnabel deutl. dunkler u. kräftiger als bei *L. flavirostris*. 14 cm. Von N-Afrika (einschließl. Kanarische Inseln), Europa, Sibirien, Kleinasien bis Altai. Im S und W Jahresvogel. In offenem Gelände. Nistet, oft gesellig, in niederen Büschen. ♀ bebrütet die 4–6 weißlichblauen, leicht gefleckten Eier 12–14 Tage, Nestlingsdauer 13–15 Tage. Nahrung kleine Wildsamen, die vom Boden od. direkt geklaubt werden. Verträglich, neigt in kleinen Käfigen zum Fettwerden. Wiederholt gezogen, winterfest. Futter Waldvogelfutter ↗, möglichst gekeimt, viel Grünfutter ↗, Wildsamen ↗. Haltungsgenehmigung s. Naturschutzbestimmungen.
— *L. flavirostris*, Berghänfling. ♂ u. ♀: ähnl. Bluthänflings-♀, aber mit kleinem, gelbem Schnabel. Kopf u. Rückenfärbung nicht versch., beigebraun mit dunkleren Streifen. Schwungfedern mit weißen Kanten. Kehle braunbeige ohne, Brust u. Flanken mit dunklerer Streifung, Bauch weiß. ♂ mit rosa Bürzel. Im BK einfarbiger, weniger gestreift, Bürzel dunkler. Vögel aus Kleinasien *(L. f. brevirostris)* mit schwärzlicher Brust. 14 cm. N-England u. Skandinavien; Tür-

kei über Innerasien bis Himalajagebiet. Zieht im Winter weiter sü. Gelege, Brutpflege, Haltung, Futter wie *L. cannabina.*

Linden, Emil, geb. 15. 7. 1825 in St. Gallen, gest. vermutl. in St. Gallen. In 70er u. 80er Jahren einer der eifrigsten Vogelhalter damaliger Zeit. Hielt in einem großen heizbaren Vogelhaus von K. NOPPEL zahlreiche exotische Vögel, beschäftigte sich bes. mit Papageien ↗.

Linurgus, Pirolgimpel. G der Carduelidae ↗. 2 An. Hochgebirge W-Afrikas (Kamerun, Nigeria, 1 A) u. O-Afrika (Sudan bis Malawi, 1 A).

— *L. olivaceus,* Pirolgimpel. ♂: schwarzgelb wie ein Pirol ↗. Kopf, Kehle, Brustlatz tiefschwarz. Nacken bis Schwanz gelb- bis olivgrün. Flügel schwarz mit gelblichweißen Spitzen, weißlichen Innenkanten u. Armschwingen mit weißlichen Außenkanten. US goldgelb. Von den teilweise sehr ähnl. gefärbten Webern ↗ durch leuchtend orangegelbe Beine u. Schnabel, die aber in Gefangenschaft verblassen, versch. ♀: mit einheitl. moosgrünem Gefieder, am Kopf schwärzlich, Flügel wie ♂. Juv. wie ♀, Flecken der Flügelspitzen grünlich. 15 cm. Vogel der Montanwaldstufe, bewohnt dort lockeres Baum- u. Buschgelände. Nahrung Beeren, Samen, Knospen, möglicherweise Insekten. Nistet in Büschen, brutbiol. Daten weitgehend unbekannt. In großen Volieren ↗ verträglich. Frostfrei überwintern. Nicht ganz einfach zu halten, regelmäßige Gaben an Vitaminen u. Mineralstoffen nötig. Futter Waldvogelfutter ↗, auch gekeimtes. Grünfutter ↗, Obst, Knospen. Nur vereinzelt eingeführt, teilweise in Ländern mit Ausfuhrsperre verbr., s. Naturschutzbestimmungen.

Lobivanellus. G der Vanellidae ↗. 4 An.

— *L. indicus,* Indischer Lappenkiebitz, Rotlappenkiebitz. ♂ u. ♀: gleich, Kopf, Hals u. Brust schwarz, Rücken grünlichbraun, Wangen u. US weiß. Roter Augenring mit rotem Hautlappen. Roter Schnabel mit schwarzer Spitze. Grünlichgraue Beine. Juv. weniger kontrastreich. 30 cm. UAn. Verbr. in S-Asien von Arabien bis Vietnam. Bewohnt Weiden, Ackerland u. Ufer. Haltung s. Scolopacidae.

Lockemachen. Das Vertrautmachen des Greifvogels, so daß er ohne Scheu auf die Faust des Falkners springt.

Locusta migratoria, Wanderheuschrecke. Imagines, vor allem jedoch die Entwicklungsstadien, sind geschätzte Futtertiere für Insektenfresser ↗ über Drosselgröße, Fasane ↗ u. Wasserziergeflügel. Sie können lebend, zerkleinert, aber auch getrocknet gefüttert werden. Unter günstigen Bedingungen ist die Zucht nicht schwierig. Man verwendet Glasbehälter von mindestens 400 mm Kantenlänge, die in die Zweige als Sitzgelegenheit eingebracht werden. Die Ablage der Eier erfolgt in Paketen, die gern in feuchten Sand abgesetzt werden. Dazu verwendet man flache Plasteschalen. Die Jungtiere schlüpfen nach 12—18 Tagen. Als Nahrung eignet sich Grüngetreide, aber auch versch. Blattnahrung kann angeboten werden. Optimale Zuchttemp. 30 °C.

Locustella. G der Sylviidae ↗. 7 An. Europa, Asien bis N-Japan. 1 A auch lokal in Algerien. Artenschutz, Pflege s. *Acrocephalus* ↗. Ab u. zu nur von wenigen Spezialisten gehalten.

— *L. certhiola,* Streifenschwirl. ♂ u. ♀: ähneln Schilfrohrsänger ↗, aber Überaugenstreif weniger auffällig, OS dunkler, Rücken gestreift. Bürzel, Überschwanzdecken rotbraun. US grauweißlich, feine Fleckung über der Brust. Schwanz unterseits mit schwarzer Endbinde, Spitzen weiß (fehlt übrigen Schwirlen). Juv. Brust, Körperseiten häufig gelblicher als bei Ad., undeutl. dunkel geflecktes Brustband. 13,5 cm. UAn. Sibirien, Innerasien vom Tarbagatai, Tienschan, Mongolei, Tsinghai bis zur Mandschurei, überwintert in S-, SO-Asien. Bewohnt feuchte, mit hohem Gras u. Sträuchern bestandene Sumpfwiesen, im Winter im Kulturland, in Schilfwäldern, Sümpfen. Irrgast in Europa. Gesang zu Beginn wetzend, zum Ende hin angenehm klingende Strophe ähnl. der vom Schilfrohrsänger.

— *L. fasciolata,* Riesenschwirl. ♂ u. ♀: schmaler Überaugenstreif hell aschgrau. OS braun. Kehle, Mitte des Unterkörpers weiß, Kropf, Vorderbrust blaß aschgrau. Gelblich olivbraune Flanken. 18 cm. UAn. M-, O-Sibirien bis zum Amurgebiet, zum Ussuriland, zur N-Mandschurei; Sachalin, Kurilen, N-Japan (Hokkaido), Überwinterung in SO-Asien, Irrgast in Frankreich, Dänemark.

— *L. fluviatilis,* Schlagschwirl. ♂ u. ♀: ungefleckt, OS erdbraun, US weißlich, Kehle, Kropf mit verwaschenen dunklen Flecken. Schwanz stufig. Füße rosa. Juv. OS rotbrauner, US gelblichweiß, Kehle mit angedeuteter Streifenzeichnung. 15 cm. M-Europa durch O-Europa bis W-Sibirien, überwintert im tropischen Afrika. Bewohnt unterwuchsreiche Bruchwälder, sumpfige Waldlichtungen, auch im gestrüppreichen, offenen Gelände mit Brombeerdickicht. Nest am Boden in dichter Vegetation. Gelege 4—5 Eier. Gesang schwirrend, wetzend, singt gern in der Dämmerung, zuweilen auch nachts.

— *L. lanceolata,* Strichelschwirl. ♂ u. ♀: ähnl. Feldschwirl, aber OS mehr braun, diese, Brust, Flanken mit stärkerer Fleckung. US oftmals heller. Augenstreif undeutl. bräunlichweiß. Oberschnabel braun, Unterschnabel blaß fleischfarben. Füße rötlich. 11,5 cm. O-Sowjetunion, NW-, M-, O-Sibirien mit Ussuriland, Sachalin, Kamtschatka, Mandschurei, Korea, Hokkaido u. Hondo (N-Japan). Bewohnt busch- u. schilfbestandenes Sumpfgelände u. nasse Wiesen. Nest am Boden im dichten Pflanzenwuchs. Gelege 5 Eier. Gesang ähnl. Feldschwirl, schwirrend, von kurzen Pfeiftönen durchsetzt.

— *L. luscinioides,* Rohrschwirl. ♂ u. ♀: ähnl. kleinem Drosselrohrsänger ↗, aber durch recht langen, stufigen Schwanz u. Stimme unterschieden. OS rötlicholivbraun, ungefleckt. US heller, Kinn, Kehle weißlich. 14 cm. UAn. Iberische Halbinsel, W-, M-Europa durch O-Europa, Kleinasien bis SW-Sibirien, Tienschan zum Aralsee-Gebiet; lokal in Algerien. Lebt in weiten, dichten Rohrbeständen flacher Seen, Sümpfen. Nest gut versteckt im Pflanzenwuchs dicht über Boden od. Wasser. Gelege 4—5 Eier. Gesang ähnl. Feldschwirl, aber tiefer, kürzer, Verwechslung mit Maulwurfsgrille od. Wechselkröte möglich.

— *L. naevia*, Feldschwirl, Heuschreckensänger. ♂ u. ♀: OS gelblich olivbraun mit dunklen Längsflecken. Bürzel geringer gestreift. Schwanz blasse Bänderzeichnung, stark abgerundet. US trüb weiß mit wenigen Flecken auf der Brust. Füße rötlich, variabel. 12,5 cm. UAn. W-, M-Europa durch O-Europa bis Kaukasus durch SW-Sibirien bis oberen Jenissei, NW-Mongolei, Tienschan, Pamir. Bewohnt mit hohem Gras u. Büschen bestandene feuchte Wiesen, breite Verlandungszonen von Teichen, trockene Heiden u. Waldlichtungen (gestrüppreich). Nest im dichten Pflanzenwuchs am Boden. Gelege 5—6 Eier. Gesang helles Schwirren, unermüdlich vorgetragen, vorwiegend morgens u. abends, auch in der Nacht. 1909 von M. HEINROTH ↗ Zuchtversuch angegeben.

Löffelente *(Spatula clypeata)* → *Spatula*
Löffler *(Platalea leucorodia)* → *Platalea*
Löhrl, Hans, Dr., geb. 25. 5. 1911 in Stuttgart. Biologe. Dr. phil., 1936 an der Univ. München. 1937 Arbeit in der Vogelschutzwarte Stuttgart. Nach dem Krieg Leiter der Staatl.Vogelschutzwarte für Baden-Württemberg in Ludwigsburg. 1962 Berufung an die Vogelwarte Radolfzell am Max-Planck-Institut für Verhaltensphysiologie. Neben Arbeiten an Höhlenbrütern in Versuchsgebieten gelangen eine Reihe von Erstzuchten von asiat. Fliegenschnäppern ↗, Meisen-An ↗, Papageienschnäbeln ↗, asiat. Kleibern ↗ sowie vom Mauerläufer ↗. Seit 1976 im Ruhestand. Es erschienen rund 300 Publikationen u. 7 Bücher bzw. Broschüren.

Loidorusa. G der Pycnonotidae ↗. 7 An. Indien, Sri Lanka u. SO-Asien.
— *L. bimaculata*, Goldzügelbülbül. ♂: zwischen Auge u. Oberschnabel orangene Flecken, über dem Auge gelber bis orangener Augenstreif. Wangen gelblich. Übriger Kopf, Rücken, Flügel u. Schwanz braun mit gelbem Anflug, ebenso Kinn, Kehle u. Brust. Übergang zum Bauch mit weißgrauen Flecken, Bauch weiß, Bürzel gelb, Schwanz unterseits graubraun. Am Schnabelansatz 4—5 steife, ca. 4 mm lange Borsten. Schnabel schwarz. Auge braun. Füße grau. ♀ ähnl. ♂, aber Augenflecken hellorange od. gelb, Überaugenstreif orange, unterseits Schwanzfederspitzen halbmondförmig, hellbraun. Juv. OS graubraun, Bürzel heller mit wenigen gelben Flecken. Schwanz graubraun. Kinn, Kehle u. Brust grau, Bauch weiß. OS des Oberschnabels grau, übriger Schnabel fleischfarben. Füße fleischfarben. Ca. 21 cm. UAn. Sumatera, Java u. Bali. Bewohnt vorwiegend lichte Gehölze u. Waldränder, auch Gärten u. Parks, kommt bis 2 000 m ü. NN vor. Nahrung überwiegend aus pflanzl. Bestandteilen, bes. Früchten (bevorzugt auch Brombeere), weniger Insekten. Sehr selten in Europa gehalten, 1981 von M. u. H. MICHI importiert, davon 1 Paar zu K. KRAUS ↗. Ruhige, angenehme, aktive u. problemlose Vögel, gut mit gleichgroßen Weichfressern ↗ gemeinsam zu halten. Gesang melodisch, sehr laut, auch ♀ singt, aber seltener u. leiser (Hilfe bei Bestimmung der Geschlechter). Unterbringung am besten in pflanzenreicher Voliere. Futter handelsübl. Weichfresserfuttermischung mit reichl. Insekten, vermischt mit kleingehacktem, hartem Eigelb, halbierte Orangen, Bananen, Äpfel, Weintrauben, Rosinen, Ananas, Feuerdorn-, Brombeeren u. andere süße Beeren nach jahreszeitl. Angebot, außerdem Ameisenpuppen, Heimchen, Grillen, Mehlkäferlarven ↗, Fliegen. Badet gern. Vorliebe für Sonnenbaden. Während der Brutzeit gegenüber Mitbewohnern aggressiv. Duettgesang. Erstzucht 1982 bei K. KRAUS. Nest napfförmig, vorwiegend aus Kokosfasern auf körbchenförmiger Drahtgeflechtunterlage mit Filterwatte als Unterlage, lieber in Astgabel von Gummibaum gebaut (Filterwatte in Astgabeln als Unterlage anbringen). Gelege 1—2 (3) cremefarbene, am stumpfen Pol violette bis braungepunktete u. gefleckte Eier. ♀ u. ♂ brüten abwechselnd. Tagsüber vorwiegend ♂. Juv. schlüpfen nach 15 Tagen, beide ad. Vögel füttern. Zur Aufzucht Pinkies ↗, Heimchen u. Ameisenpuppen reichen, letztere fanden kaum Beachtung. Nur in den ersten Tagen vorwiegend lebende Insekten verfüttern, dann mehr Früchte. Nestkontrollen werden nicht verübelt. Aufzucht durch Eltern problemlos. Juv. fliegen nach ca. 14 Tagen aus, recht fluggewandt, nach ca. 2 Wochen erste selbständige Futteraufnahme. Werden noch längere Zeit ab u. zu gefüttert. In dem gleichen Jahr fanden 3 Bruten bei K. KRAUS statt. Bei den Juv. beginnt die Umfärbung in das Alterskleid ca. 2 Monate nach dem Ausfliegen u. ist nach 4—6 Wochen beendet.

Lonchura. G der Estrildidae ↗. 9 An, zusätzl. 1 aus mehreren An gezüchtete Form (Japanisches Mövchen ↗). S-, SO-Asien, Malaiischer Archipel, Neuguinea, S-China, N-Australien. Bewohnen Grasland, Sümpfe, Felder, lichte Wälder, Gärten, Wegränder. Vögel vieler An bilden nach der Brutzeit große Schwärme, richten dann örtl. Schäden auf Feldern an. Von etlichen An zahlreiche Exempl. ständig im Handel. Genügsam, ausdauernd, friedlich, deshalb dem Anfänger der Vogelhaltung zu empfehlen. Pflege s. Estrildidae. Gelege 4—6 Eier. Brutdauer ca. 13 Tage. Juv. fliegen nach 21—25 Tagen aus, nach 2—3 Wochen selbständig.
— *L. fuscans*, Borneo-Bronzemännchen. ♂ u. ♀: einfarbig schwärzlichbraun, nur Schwingen, Schwanz schwarz. Oberschnabel bräunlichschwarz, Unterschnabel bleigrau. Auge dunkelbraun. Füße bleigrau. Juv. ähnl. Ad., Schnabel schwarz. 11 cm. Natuna-Insel, Kalimantan mit Banguey-Insel u. Cagayan Sulu. Vorzugsweise im Grasland u. auf Reisfeldern. Erstmalig 1931 nach Europa, nur ab u. zu im Handel, wenige Exempl. 1980 zu Dr. BURKARD ↗.
— *L. kelaarti*, Bergbronzemännchen, Jerdonbronzemännchen. ♂ u. ♀: Oberkopf dunkelbraun, übrige OS gering blasser mit hellen Schaftstrichen. Oberschwanzdecken u. von den schwarzen Kopfseiten bis einschließl. Vorderbrust glänzend orangegelbbraun. Übrige US rötlichockerfarben. Schwanz schwarz. Oberschnabel schwärzlich, Unterschnabel graubläulich. Auge braun. Füße bleigrau. 12 cm. UAn. Sri Lanka, SW-Indien, lokal in SO-Indien. An Waldrändern, auf Lichtungen, in Pflanzungen sowohl in der Ebene als auch in den Bergen. Erstmalig 1971 in der BRD. Europ. Erstzucht 1972 bei H. STEITZ, BRD.

Lonchura

Muskatfink

Schlupf nach 16–17 Tagen. Aufzuchtfutter Eierhirse, halbreife Gras- u. Unkrautsamen, Keim-, Grünfutter. Vögel brutfreudig.

— *L. leucogastra*, Weißbauch-Bronzemännchen. ♂ u. ♀: schwarzbraun, aber Wange, Brust, Flanke, Schenkel, Unterschwanzdecken braunschwarz. Sonst US weiß, zu den Seiten braunfleckig begrenzt. Flügeldecken weißlich gestrichelt. Oberschnabel schwärzlich, Unterschnabel graublau. Auge braun. Füße bleigrau. Ca. 12 cm. UAn. S-Thailand, Malaysia, Sumatera, Kalimantan, Philippinen mit Palawan. Waldränder, die an offenes Grasland grenzen, auch auf Reisfeldern u. in der Nähe von Siedlungen. Ab u. zu eingeführt, häufig wohl verkannt. Unempfindlich. Oft sterben Embryonen ab. Einsprühen mit Wasserzerstäuber mindert Verluste. Zuchterfolg 1976 S. KIRSCHKE, BRD.

— *L. leucogastroides*, Javabronzemännchen, Schwarzbürzel-Bronzemännchen. ♂: Gesicht, Kehle, Oberbrust, hintere Bauchseiten schwarz. OS braun, auf den Flügeln gestrichelt. Bauch weiß, Unterschwanzdecken hellbraun. Schwanz dunkelbraun. Oberschnabel schwarz, Unterschnabel grau. Auge braun. Füße bleigrau. ♀ wie ♂, nur fehlt jegliche Schaftstrichelung. Auch ist die bräunliche Fleckenzeichnung der Körperseiten vermehrt. Juv. ähnl. ♀, aber US bräunlichweiß. 11 cm. Lombok, Bali, Java, Sumatera, eingeschleppt in der Nähe von Singapur. Bewohner der Gras-, Buschwildnis, Gärten. Anspruchslos, friedlich. Zucht leicht, gelingt auch im Käfig. Baut Nest gern im halboffenen Nistkasten ↗ s. Estrildidae.

— *L. leucosticta*, Schuppenbrust-Bronzemännchen, Weißgezeichnetes Perlenbronzemännchen. ♂ u. ♀: wie *L. tristissima*, Brustseiten weiß geschuppt, Augenbrauenstreif u. Kehle weißlich. US braun, Unterschwanzdecken schwärzlich. 10 cm. Konspezies ↗ mit *L. tristissima*? Zwischen Fly River u. Noord-Fluß (S-Neuguinea). Lebensweise s. *L. tristissima*. 1980 Import zu Dr. BURKARD ↗. Gefällt bes. durch die schöne Perlenzeichnung. Verhalten ähnl. Japanischem Mövchen ↗. 1981 von R. NEFF, BRD, mehrmals gezogen, 1982 Zucht in 2. Generation.

— *L. molucca*, Wellenbauch-Bronzemännchen. ♂ u. ♀: Oberkopf schwarz, Rücken hellbraun, Bürzel, Oberschwanzdecken u. US mit schwarzweißer Querbänderung. Zeichnung mehr Wellung als Bänderung. Schwarzer Kehlfleck. Schwanz schwarz. Oberschnabel schwarz, Unterschnabel grau. Auge dunkelbraun. Füße grau. Juv. Kopf, Kehle braun. 12 cm. UAn. Kei-Insel, Seramlaut u. benachbarte kleine Inseln, Sula-Inseln, Maluku, Sulawesi, Kalao, Kalaotua; Timor, Flores, Sumba (Kleine Sundainseln). Im Grasland, auf Feldern, in Gärten. Erstmalig 1879 nach Europa gebracht worden. Fehlte viele Jahrzehnte auf dem Vogelmarkt. Seit 1970 wieder, aber selten im Angebot. Kreuzungen mit Japanischem Mövchen ↗ bringen große Vögel mit sehr guter Zeichnung, Nachkommen in 1. Generation nur bedingt fruchtbar (scheinbar nur ♂♂), Juv. aus Rückkreuzungen mit Japanischen Mövchen scheinen dagegen fruchtbar zu sein.

— *L. punctulata*, Muskatfink, Muskatamadine. ♂ u. ♀: Kopf, OS rotbraun, häufig mit gelbbraunen od. weißen Schaftstrichen. US braun mit weißer Schuppen- bzw. Streifenzeichnung. Bauchmitte häufig nur weiß. Unterschwanzdecken gelblich, je nach UA mit brauner Wellenzeichnung. Bürzel mit gelblichen Querbändern, aber auch weiß. Oberschwanzdecken, Schwanz gelbbraun. Schnabel blaugrau, Firste schwärzlich. Auge dunkel- bis rotbraun. Füße graubräunlich. Juv. Rücken dunkelbraun, US hellbraun ohne Schuppenzeichnung, insges. heller als Ad. 12 cm. UAn. Sri Lanka, Indien bis S-Nepal durch Hinterindien bis Malaysia, Sumatera, Nias, Java, Bali, Kleine Sundainseln bis Timor, Kissar, Roma, Letti, Babar, Tenimber-Inseln; Sulawesi, Philippinen, Taiwan, S-China, durch den Menschen verbr. auf den Maskarenen (Mauritius, Réunion), auf Palau, Hawaiische Inseln, O-Australien, Puerto Rico. Kulturfolger, meidet geschlossene Wälder, häufig auch in Dörfern u. Städten. Seit Anfang des 18. Jh. auf europ. Vogelmarkt, seither ständig in großer Zahl angeboten. Anspruchslos, ausdauernd, friedlich, nicht immer leicht zu züchten. Für Käfig u. Voliere geeignet, bes. für Anfänger zu empfehlen. Zucht nur in Voliere ↗. Partnerwahl am besten aus einer Gruppe ermöglichen.

— *L. striata*, Spitzschwanz-Bronzemännchen. ♂ u. ♀: Gesicht, Kehle schwarz, Halsseiten, OS braun, von gelben Schaftstrichen überzogen, häufig Federn mit hellen Säumen. Bürzel weiß mit gelblicher bis brauner Strichelung. Oberschwanzdecken, Schwanz braun, ebenso Brust, Bauch weiß bis gelblich mit braunen Stricheln. Hintere Flanke, Unterschwanzdecken braun. Oberschnabel schwarz, Unterschnabel bleigrau. Auge dunkelbraun. Füße bleigrau. Juv. blaßbraun, keine Strichelzeichnung. 12 cm. UAn. *L. s. striata* (Weißbürzelbronzemännchen), aus Indien u. Sri Lanka neben *L. s. acuticauda* u. der Nominatform im Handel, übrige UAn nur selten. Verbr. der A Sri Lanka, S-, M-Indien, Himalaja von Garhwal bis Burma, W-Bengalen, Bangladesh, S-China, Taiwan, Andamanen, Nikobaren; Hinterindien bis Malaysia, Sumatera, Bangka. Lebt in baumbestandenen Graslandschaften, auf Lichtungen, an Feldrändern u. in Siedlungen. Gehört zu den ältesten Prachtfinken-An auf europ. Vogelmarkt. Aus UAn wurde Japanisches Mövchen gezüchtet. Eingewöhwöhnung leicht. Haltung in Käfig, Voliere. Bei Zucht nur letztere, dann auch paarweise Unterbringung zu empfehlen. Während der Aufzucht reichl. halbreife Samen von Gräsern, Unkräutern, reichl. Grünes, Eiweichfutter.

— *L. tristissima*, Trauerbronzemännchen. ♂: schwarzbraun. Stirn, Nacken, Kopf-, Halsseiten gelblich gestrichelt. Bürzel hellgelb, davor scharf abgesetztes, schwarzes Querband. Oberschwanzdecken schwarz, Schwingen bräunlich, Flügeldecken mit hellbraunem Band. Federn der Brustseiten braun gesäumt. Schnabel silbergrau. Auge dunkelbraun. Füße blaugrau. ♀ wie ♂, angeblich schwarzes Band vor gelbem Bürzel schmaler, auch sollen braune Federsäume des Brustgefieders zahlreicher sein. Juv. ohne Gelb. 10 cm. UAn. *L. t. hypomelaena* (Trauerbronzemännchen) verbr. von Wandammen-Halbinsel bis Weylandgebirge (W-Iran). OS mit dunklerem Braun als Nominatform, breites schwärzliches Band über hinteren Rücken. Diesem u. Flügeldecken fehlt fast vollständig helle Fleckenzeichnung, US braunschwarz, Brustseiten meistens ohne helle Querwellung. Verbr. der A: W-Irian, M-Neuguinea, Insel Karkar. Im hohen Gras, an Waldrändern, auf Lichtungen, an Ufern von Gewässern. Erstmalig 1933 in Europa (Zool. Garten London). 1980 Import von *L. t. hypomelaena* zu Dr. BURKARD ↗. Geselliger Vogel, Gesang u. Verhalten ähnl. Japanischen Mövchen ↗.

Lophodytes. G der Anatidae ↗, UF Anatinae ↗. 1 A. Lokales Vorkommen in N-Amerika. Zur Brutzeit auf stehenden u. langsam fließenden Gewässern in Waldgebieten. Im Winter an Atlantik- u. Pazifikküste N-Amerikas. Nisten in Baumhöhlen. 6–12 Eier werden vom ♀ 31 Tage bebrütet. Aufzucht der Juv. durch ♀ im Flachwasser. Nahrung besteht aus kleinen Wassertieren, Fischen u. Pflanzenteilen. Am häufigsten gehaltene Säger-A. In letzten Jahren mit zunehmender Zahl im Gehege. Unterbringung auf größeren, nicht zu flachen Teichen. Überwinterung auf offenen Wasserstellen im Freien. Fütterung mit Pellets, Garnelen u. gelegentl. Fisch. Zucht gelingt zunehmend häufiger. Eiablage in kleinen Nistkästen. Frischgeschlüpften Juv. soll Palette versch. Futterstoffe angeboten werden. Mit 7 Wochen flugfähig. Geschlechtsreif meist im 2. Jahr.

— *L. cucullatus*, Kappensäger. ♂: große Holle, die bei Erregung aufgestellt wird. Kopf, Hals u. Hollensaum schwarz, metallisch glänzend. Holle weiß. Rücken schwarz. Schulterfedern verlängert u. mit weißem Strich. Brust u. Bauch weiß. Flanken braun. Schnabel schwarz. Füße braun. RK ♀-ähnl. mit gelbem Auge. ♀: braun mit kürzerer Holle u. braunem Auge. ♂ 45 cm, ♀ 42 cm.

Lopholaimus. G der Duculidae ↗. 1 A. Australien.

Lophonetta. G der Anatidae ↗, UF Anatinae ↗. 1 A. Im Andengebiet von Peru bis Feuerland u. auf den Falklandinseln Brutvogel. Bewohnen flache Küstenregion u. Hochgebirge bis 5 000 m ü. NN. Bevorzugte Aufenthaltsorte sind vegetationsarme, meist salzige Seen. Verteidigen energisch Brutrevier. Nester meist in Bodenvegetation. 5–8 Eier werden vom ♀ 30 Tage bebrütet. Juv. mit 10 Wochen flugfähig. Nahrung besteht vorwiegend aus kleinen Wassertieren. Nur vereinzelt gehalten. Zur Brutzeit unbedingt Einzelhaltung, da sehr aggressiv. Zucht mehrfach gelungen u. nicht sonderlich problematisch.

— *L. specularioides*, Schopfente. ♂: braun, an Kehle u. Hals aufgehellt. Augenumgebung dunkelbraun. Verlängerte Schopffedern. Schnabel u. Füße grau. Kurzbeinige, langgestreckte Gestalt. ♀ wie ♂, aber Schopffedern kürzer. 45 cm. 2 UAn.

Lophophanes. G der Paridae ↗. 2 An. Europa, Asien. Sowohl in Laub- als auch in Nadelwäldern. Nahrung Insekten u. Samen. Eingewöhnung ad. Tiere schwierig, Jungenaufzucht günstiger. Friedlich. Haltung paarweise in Käfig od. Voliere. Winterhart. Nicht gezüchtet.

— *L. cristatus*, Haubenmeise. ♂: Kopf-OS grauschwarz mit weißen Federrändern, Scheitelfedern zu

Haubenmeise an der Bruthöhle

spitzer Haube verlängert. Kopf- u. Halsseiten weiß, hinter dem Auge beginnend schwarzer, nach unten führender Streifen. Kinn u. Kehle schwarz, von dort als Band zum Genick führend. Rücken, Flügel, Schwanz hellbraun, US weißlich. Schnabel schwarz. Auge braun. ♀: Haube etwas kürzer. 11–12 cm. Europa von S-Spanien bis N-Skandinavien, öst. bis zum Ural. In Großbritannien nur in Schottland. Tannenwälder, spärlich Kiefern- u. Lärchen-, in S-Spanien auch Korkeichenwälder. Nistet in vorgefundenen u. selbst gezimmerten Baumhöhlen. Eingewöhnung nicht leicht, Jungenaufzucht ohne Schwierigkeiten mit Ameisenpuppen, Spinnen u. Insekten ↗ aus der Lichtfalle ↗. Käfige od. Volieren ↗ sind häufig mit neuen Zweigen od. morschen, flechtenbewachsenen Ästen auszustatten. Als Futter dient Nachtigallenfutter ↗, Eifutter, lebende Insekten, im Winter Fichtensamen od. Pinienkerne ↗.

Lophophaps. G der Columbidae ↗. 2 An. Australien.

— *L. plumifera*, Rotschopftaube, Schopfwachteltaube. Wachtelähnl. ♂ u. ♀: Oberkopf mit langem Spitzhäubchen zimtbraun. Stirn, Schläfenstreif, untere Ohrdecken grau. Zügel nackt, knallrot, durch schmale schwarze Streifen eingefaßt, von denen der

Lophophorinae

Gelbschwanz- oder Königsglanzfasan. Männchen

obere über das Auge hinwegreicht. Weiße Zone von der Kehle über die Wangen bis zu den oberen Ohrdecken, hinten breit schwarz gesäumt. Gefieder überwiegend zimtbraun mit ± deutl. schwärzlichen Querbinden. Breites weißes, an den Seiten spitz auslaufendes Brustband, unten schmal schwarz abgesetzt. Grün schillernder Fleck auf jeder der 3 letzten Armschwingen. Schnabel schwarz. Auge hellgelb. Füße rötlichschwarz. Tauber am Rucksen identifizierbar. 20 cm. UAn (?). Zentrales N- u. Inner-Australien. Felsiges Gras- u. Buschland mit *Spinifex*, Wasser in der Nähe erforderlich. Bodentaube. Oft sonnenbadend. Gesellig, auch zur Brutzeit, doch stets zu Streitereien aufgelegt. Tiefe, mit wenigen Grashalmen, Federn, auch Kot ausgelegte Nestmulde auf der Erde unter einem Grasbüschel od. neben einem Steinbrocken. Gelege 2 weiße Eier. Brutdauer 17 Tage. Nestlingszeit etwa gleiche Zeit, doch Juv. schon nach 10 Tagen erstmals aus dem Nest gehend. Erstmalig 1865 in Amsterdam. Erstzucht 1894 in Frankreich. In sonnigen, trockenen Volieren mit heizbarem Innenraum halten, muß immer zugänglich sein u. bei Schlechtwetter umgehend gewärmt werden. Reichl. Sand sowie Geröll einbringen, in die Außenvoliere auch Steinhaufen, widerstandsfähiges Büschelgras, ferner Ranken u. Astwerk, wohin sich die Tauben zum Ruhen zurückziehen können. Sitzstangen überflüssig, da sie niemals aufbaumen. In sehr großen Flugräumen können mehrere Paare zusammen leben. Gegen andere Tauben u. Wachteln unverträglich. Vergesellschaftung mit geeigneten Kleinvögeln möglich. Brütet leicht, gibt aber im allgemeinen Eier od. Juv. auf. Gute Erfolge mit Lachtauben ↗ als Ammen. Futter Silberhirse, Glanz, Mohn.

Lophophorinae, Glanzfasanen. UF der Phasianidae ↗. 1 G *Lophophorus* ↗, 3 An.

Lophophorus, Glanzfasanen. G der Lophophorinae ↗. 3 An. 68–80 cm. Mit starken Läufen, gebogenem Schnabel u. 18fedrigem viereckigem Schwanz. ♂♂ zeigen im Mantelgefieder starken metallischen Glanz, während ♀♀ schlicht braun gefärbt sind. Himalaja u. Hochgebirge W-Chinas. Bewohnen alpine Hochgebirgswaldungen bis oberhalb der Baumgrenze. Nahrung vorwiegend Wurzeln, Knollen u. Samen, wenig Insekten. Zur Balzzeit rufen die ♂♂ oftmals mit schrillen Pfiffen. ♀♀ legen ihre Nester im Rhododendrendickicht od. in Felsnischen an. Gelege 4–6 rahmfarbene mit gleichmäßiger rotbrauner Punktzeichnung versehene Eier. Nur ♀ brütet, Schlupf nach 27 Tagen. ♂ beteiligt sich an Aufzucht. Geräumige, schattige, bepflanzte Gehege, mit guter Wasserdurchlässigkeit des Erdbodens, notwendig. In M-Europa vollständig winterhart. Futter übliches Fasanenmischfutter mit ganzjährig hohem Anteil Grünfutter u. Wurzeln (Luzerne, Löwenzahn, Rotklee, Zwiebeln, Möhren, Tobinambur, Äpfel). Zur Zucht erhält jedes ♂ nur ein ♀. Für ♀ Versteckmöglichkeiten durch dichte Bepflanzung schaffen, da manchmal ♂ aggressiv. Nistgelegenheit: Bodenmulde mit Heuunterlage hinter Sichtblende. Juv. frohwüchsig, aber nässeempfindlich. Zuchtfähigkeit im 2. Lebensjahr, ebenso Ausbildung Prachtgefieder der ♂♂. Nur *L. impejanus* gezüchtet.

— *L. impejanus*, Gelbschwanz-Glanzfasan, Königsglanzfasan. ♂: trägt auf Oberkopf ein Büschel kahlschäftiger erzgrün schillernder Federn. Kopf, Hals u. OS metallgrün u. blau schimmernd. Hinterhals feurig kupferrot, Rücken u. Bürzel weiß. Flügeldecken blaugrün mit starkem Glanz. Schwanz zimtfarben, US samtschwarz. Schnabel hornbraun, um das Auge eine nackte hellblaue Haut. Füße bräunlichgrün mit dickem Sporn. ♀: kurze Haube, OS braunschwarz mit hell rostfarbenen Schaftstreifen. Hinterrücken gelblichbraun mit schwarzen Querlinien. Schwanz braunschwarz quergebändert. Kehle weiß, US dunkelbraun, hell punktiert. Juv. Kopf dunkler M-Streif, kastanienbrauner Scheitel. Nacken braun mit hellen Flecken, rostfarbener Rücken mit gelbbraunen Längsstreifen. Flügel u. Schwanz rotbraun mit schwarzbraunen, unregelmäßigen Querlinien. US rostgelb. Einjährige ♂♂ wie ♀♀ gefärbt, in der Kehlgegend einzelne schwarze Federn. 70 cm ♂, 63 cm ♀. Himalaja von O-Afghanistan bis SW-Sikang u. NO-Assam. Bewohner lichter Eichen-, Kiefern- u. Rhododendrenwaldungen in Höhenlagen zwischen 2000–3800 m ü. NN. Schutzbestimmungen nach WAÜ ↗.

— *L. lhuysii*, Grünschwanz-Glanzfasan, Chinesischer Glanzfasan. ♂: Scheitel metallischgrün. Dahinter Schopf bronzefarben, purpur schillernd. Hinterhals, Nacken u. Vorderrücken goldbronzefarben. Übriges Mantelgefieder blaugrün bis leuchtend goldgrün. Hinterrücken schneeweiß, Oberschwanzdecken blaugrün. US schwarz mit bläulich glänzenden Federsäumen. Schnabel dunkelhornfarben, Füße bleigrau mit Sporen. ♀: OS tiefbraun mit Schaftlinien u. Querflecken. Rücken weiß, Schwanz schwarz mit rostroten Querbinden. US braun gefleckt. Schnabel wie ♂, Füße gelblichgrau. 80 cm ♂, 76 cm ♀. Juv. u. Ei unbekannt. W-China nö. bis Tsinghai u. S-Kansu. Bewohner der Hochgebirge, oberhalb der

Baumgrenze in Lagen zwischen 3600 u. 5600 m ü. NN bis zur Schneegrenze. Schutzbestimmungen nach WAÜ.
— *L. sclateri*, Weißschwanz-Glanzfasan, Sclater-Glanzfasan. ♂: Oberkopf mit glänzenden moosgrünen, gekräuselten Federn, kein Schopf. Hinterhals grün, kupfrig schillernd. Mantelgefieder dunkel metallischgrün mit purpurnen Reflexen. Bürzel u. Oberschwanzdecken schneeweiß. Schwanz kastanienfarben mit breiten weißen Spitzen, Schwanzbasis schwarz mit unregelmäßigen weißen Querbinden. US schwarz, am Vorderhals mit blauen Reflexen. Um das Auge ein blauer Ring nackter Haut. Schnabel horngelb. Füße grünlichbraun mit Sporen. ♀: Kopf, Nacken bräunlich mit gelblichen Linien vor den Federspitzen, auf dem Kopf rundliche Flecke. Rücken dunkel umbrabraun mit Schaftlinien u. Kritzeln. Schwanz schwarz mit weißen Querstreifen. US olivbräunlich, hell rostgelb quergekritzelt. Juv. u. Ei unbekannt. 68 cm ♂, 63 cm ♀. O-Himalaja bis N-Burma u. N-Yünnan. Bewohner buschbestandener Gebiete oberhalb der Baumgrenze in Höhenlagen bis zu 4000 m ü. NN. Schutzbestimmungen nach WAÜ.

Lophorina. G der Paradisaeidae ↗. 1 A.
— *L. superba*, Kragenhopf. ♂: schwarz; Stirn, Kinn u. Federbüschel an der Basis des Oberschnabels purpurglänzend; Kopf-OS grünlich glänzend; aufrichtbarer Kragen aus verlängerten, samtschwarzen u. bronzeschillernden Federn vom Nacken bis zum Rücken. In der oberen Brustgegend großer Schild aus metallisch glänzenden, ölgrünen Federn; Steuerfedern violettpurpur. Schnabel u. Füße schwarz. ♀: Kopf-OS, Nacken u. Kopfseiten schwarz; undeutl., beigeweißer Überaugenstreif; Rücken, Bürzel u. Oberschwanzdecken tief rötlich braun, Flügel u. Schwanz dunkelbraun; Außenrand der Federn kastanienbraun. US einschließl. untere Flügeldecken grau bis leicht beige getönt u. schwärzlichbraun gestreift. Füße dunkelgrau. Juv. wie ♀, aber mit veränderlichen, beigefarbenen Zeichnungen auf schwarzem Kopf. 35 cm. Gebirge Neuguineas in Höhen zwischen 1300 u. 2300 m; häufig. Bewohner von Wäldern. Zucht selten gelungen. Brutdauer 19 Tage, Küken verläßt nach etwa 20 Tagen das Nest, sucht es aber nachts auf. Schutzbestimmungen nach WAÜ ↗.

Lophornis, Schmuckelfen. G der Trochilidae ↗. 9 An. Mexiko bis Bolivien. Waldränder, Buschland, Parks.
— *L. magnificus*, Prachtelfe, Kokettkolibri. ♂: OS goldiggrün, Stirn u. Zügel rotbraun, die Haubenfedern nach der Spitze zu fein auslaufend, dann wieder an der Spitze etwas erweitert u. eine dunkelgrüne Keule tragend. Längste Haubenfeder bis 24 mm. US grün. Weißer Kehlfleck. Unterschwanzdecken mit rotbraunen Säumen. Kragen nicht ausgebildet, die seitl. Kehlfedern nur bis 8 mm lang, zimtfarben mit grünen Spitzen. ♀: Kopf-OS zimtfarben, OS bronzegrün, bräunlichweißes Bürzelband. Bürzel, Oberschwanzdecken dunkel purpurbraun. Mittl. Steuerfedern mit kleinen rotbraunen Spitzensäumen. Zügel-, Kehlfedern an der Spitze zimtfarben. Kehlseiten grünlich bronzebraun. US hell zimtfarben, Brustseiten metallischgrün. Bauchbüschel weiß, Flügel purpurstahlblau. Juv. wie ♀. 7,5 cm. In Brasilien von

Schwarzhauben-Zwergkardinal oder Zwergkardinal. Paar

Bahia bis Mato Grosso u. Rio Grande do Sul. In Wäldern, Buschlandschaften, Plantagen u. Parks. Die ersten Stunden nach dem Fang entscheiden über die Akklimatisation, die dann meist ohne Schwierigkeiten abläuft. Mehrjährige Haltungserfolge sind von W. SCHEITHAUER ↗ bekannt, M. BEHNKE-PEDERSEN hielt 1 Exempl. länger als 1 Jahr. Zucht noch nicht gelungen, von W. SCHEITHAUER sind Balzflüge beobachtet worden.
— *L. ornatus*, Schmuckelfe. ♂: Kehlfederbüschel rotbraun mit grünen Spitzen. Stirn, Zügel u. Kehle grün, Haubenfedern rotbraun; übrige OS goldiggrün. Gelblichweißes Bürzelband. US grün, Flaumbüschel weiß. Mittelste Steuerfedern grün, Rest rotbraun. Schnabel orange mit schwarzer Spitze. ♀: OS grün, US rötlichbraun. Juv. wie ♀. 7,5 cm. Venezuela, Guayana, N-Brasilien (Rio Branco), Trinidad. Bevorzugt Ränder der Regenwälder, Galeriewälder, Dickichte, Savannen bis zu 700 m ü. NN. Eingewöhnung s. *L. magnificus*. Zucht bisher nicht gelungen.

Lophospingus. G der Emberizidae ↗. 2 An. S-Amerika. Unterbringung, Pflege wie *Junco* ↗.
— *L. pusillus*, Zwergkardinal. ♂: Kopf schwarzweiß, weißer Überaugenstreif, zum Hinterkopf breiter werdend, im Nacken spitz auslaufend. Vom Schnabel zieht zur Kehlseite weißer Streif, auch durch das Auge bis in die Ohrpartie breiter schwarzer Streif. Aufstellbare, lange, schwarze Haube. Kinn u. Kehlfleck schwarz. OS schiefergrau, mittl. u. große Flügeldecken weißlich gesäumt, gleichfalls die schwärzlichen Schwingen u. Schwanzfedern (nicht die mittl.). US hellgrau, Steiß u. Unterschwanzdecken weißlich. Schnabel hellhornfarben, nur First u. Spitze des Oberschnabels schwarz. Auge schwarzbraun. Füße bräunlich bis fleischfarben. ♀ ähnl. ♂, aber brauner, Haube schwarzbraun, Kehle weiß mit dunklen Bartstreifen. Juv. ähnl. ♀, aber blasser, US längsgefleckt,

Lophotibis

♂♂ haben erst nach ca. 6 Monaten schwarzen Kehlfleck. 12—13 cm. O-Bolivien, W-Paraguay u. N-Argentinien. Bewohnt buschreiches Grasland, lichten Bergwald, Waldränder. Gesang melodische Flötentöne, laut, ♀ singt leiser, Töne weicher. Nest in Büschen, auch in niedrigen Bäumen. Erstmalig 1938 in Deutschland im Handel, selten im Angebot, nur in den 60er Jahren in größerer Zahl. Eingewöhnung nicht unter 18 °C, einfach. Bald zutraulich, auch gegenüber kleineren Vögeln friedlich. Lebhaft. Mehrfach gezüchtet, am besten Paar allein halten, brütet auch in kleiner Voliere ↗. Als Nisthilfen Körbchen, Astquirle usw. anbieten. Nest napfförmig aus Kokos-, Sisalfasern, weichen Gräsern, Würzelchen gebaut, innen mit Haaren, Federchen u. Scharpie gepolstert. Gelege meistens 2 Eier. Nur ♀ brütet, wird vom ♂ gefüttert. Juv. schlüpfen nach 11 Tagen. Aufzuchtfutter Mehlkäferlarven, Pinkies, kleine Grillen u. andere kleine Insekten. Beide Eltern füttern. Die ersten 8 Tage übergibt ♂ das Futter dem ♀. Nach 13 Tagen verlassen Juv. das Nest, werden noch überwiegend vom ♂ gefüttert.

Lophotibis. G der Threskiornithidae ↗. 1 A. Madagaskar. In Wäldern, auf hohen Bäumen brütend. Stark gefährdet.

— *L. cristata*, Schopfibis, Mähnenibis. ♂ u. ♀ : rotbraun; golden u. blau schimmernde Nackenmähne. Nackte Augenumgebung rot. Flügel-US weiß, im Flug sichtbares Signal. 65 cm. UAn.

Lophozosterops. G der Zosteropidae ↗. 6 An.

— *L. javanicus*, Javabrillenvogel, Graukopf-Brillenvogel. ♂ u. ♀ : grün; unterseits heller; Kopf graugrün; Stirn u. Augenring weiß; ♀ : weiße Partien um Augen u. Stirn weniger ausgeprägt. 14 cm. UAn. Java u. Bali. Gebirgsgegenden. Untereinander u. gegen andere Arten aggressiv; nur paarweise halten. Überwiegend reine Insektenfresser, kaum Früchte verzehrend.

Lophura, Hühnerfasanen. G der Phasianinae ↗. 9 An. Mittelgroße bis große Hühnervögel ↗ mit seitl. zusammengedrücktem, dachförmig getragenen 14—16federigen Schwanz. ♂♂ tragen stark vergrößernde Schwellkörper in der Augenumgebung u. an den Füßen scharfe Sporen. ♂ Balzhaltung zum ♀ typische Seitenstellung mit vertikaler Ausbreitung des Schwanzes u. herabhängenden Flügeln. Geschlechter sehr versch. gefärbt. Himalajagebiet, China, Burma, Thailand, Vietnam, Laos, Malaiische Halbinsel u. Inseln Sumatera, Kalimantan, Hainan u. Taiwan.

— *L. bulweri*, Bulwerfasan. ♂ : Oberkopf schwarz, Gesichtsseiten mit hellblauen außergewöhnlich dehnbaren Schwellkörpern, die am Hinterkopf jeweils 2zipflig, an der Kehle in 2 schmalen Lappen auslaufen. Um die Augen karmesinroter Ring. OS schwarz, Kopf u. Oberhals blauschimmernd. Mantel, Flügeldecken, Rücken mit samtschwarzen Binden vor glänzendblauen Endsäumen. Diese metallisch reflektierenden Säume lassen die OS wie mit schimmernden Flitterbändern quergestreift erscheinen. Armschwingen schwarz, Handschwingen dunkelbraun. Oberschwanzdecken u. Schwanz weiß. Schwanzfedern breit, sichelförmig gekrümmt, am Ende zugespitzt, an den Spitzen ohne Fahnen. RK 24federiger Schwanz, Prachtgefieder 32federiger Schwanz durch Umbildung innerer Oberschwanzdecken — einzigartig in der Vogelwelt! Vorderhals u. Oberbrust schwarz, purpurrotbraun angehaucht mit blauglänzender Säumung, übrige US schwarz mit ebensolchen Säumen. Schnabel schwarz mit heller Spitze. Füße karminrot mit Sporen. ♀ : OS kastanienbraun mit zarter unauffälliger dunklerer Wellenzeichnung, US wenig heller. 26federiger Schwanz dunkelbraun. Schwellkörper Augenumgebung blau, Augenring u. Iris karminrot. Schnabel u. Füße wie bei ♂, letztere aber ohne Sporen. Juv. Zeichnungsmuster wie bei *L. ignita*, mehr rotbraun gefärbt. ♂♂ Prachtgefieder erst im 2. Lebensjahr, ebenso Erlangung Zuchtfähigkeit. Einjährige ♂♂ 24federigen, dunkelbraunen Schwanz, Gesamtgefieder stumpf schwarz. 77—80 cm ♂, 55 cm ♀. Kalimantan. Bewohner des tropischen Regenwaldes bis in Höhenlagen um 1000 m ü. NN. Lebensweise u. Ernährung wie *L. ignita*. Gelege 3—8 hell rötliche Eier. Bebrütungsdauer 24—26 Tage. Balz einzigartiges Schauspiel. Schwanz kreisförmig ausgebreitet, berührt einerseits den M-Rücken u. andererseits mit fahnenlosen Schäften der äußeren Federpaare Urwaldboden, wobei raschelndes Geräusch entsteht. Schwellkörper der Augenumgebung erektieren durch Blutfüllung zu hellblauen, bis zu 18 cm großen Sicheln, aus deren Mitte Augen blutrot aufleuchten. Welterstzucht vor wenigen Jahren in Mexiko gelungen. Warme Überwinterungsräume unbedingt erforderlich.

— *L. diardi*, Prälatfasan. ♂ : Scheitelmitte mit 7—9 cm langer kahlschäftiger, schwarzer Federholle mit zerschlissenen Fahnen. Kopf schwarz. OS blaugrau mit feinster dunkler Wellenzeichnung. Flügeldecken mit breiten schwarzen, schmal weißlichen Querbinden, kurz vor den Federenden. M-Rücken intensiv zitronengelb, Unterrücken u. Oberschwanzdecken metallisch blau mit glänzenden braunroten Säumen. Schwanz schmal, sichelförmig nach unten u. etwas nach außen gebogen; Farbe schwarz, metallisch blau u. erzgrün schimmernd. Kinn u. Kehle schwarz, Hals u. Oberbrust wie OS. Unterbrust, Körperseiten u. Unterschwanzdecken schwarz mit metallischblauen Säumen. Bauch u. Schenkel schwarz. Schwellkörper Augenumgebung blutrot, Schnabel hornfarben, Füße karminrot mit langen hornfarbenen Sporen. ♀ : ohne Scheitelhaube, Kopf graubraun, Oberrücken rotbraun. Rücken mit schwarzer Wellenzeichnung. Flügel, Unterrücken, Bürzel u. Oberschwanzdecken sowie mittl. Schwanzfederpaare schwarz mit breiter, welliger isabellfarbener Bänderung. Übrige Schwanzfedern kastanienbraun. Kinn hellbraun, US rotbraun, auf Unterbrust u. Körperseiten weiß gesäumt. Schnabel hornschwarz, kleinere Schwellkörper Augenumgebung u. Füße rot. Juv. Zeichnungsmuster wie *L. ignita rufa*, aber heller gefärbt. Kleinere kurzdaunigere Juv. 80 cm ♂, 60 cm ♀. Burma, Thailand, Laos, Vietnam. Bewohner tropischer Urwälder u. Bambusdschungel bis in Höhenlagen von 600 m ü. NN. Gelege 5—8 isabellfarbene

Eier, Bebrütungsdauer 24—25 Tage. Balzreviere, der monogam lebenden A werden durch Flügelschwirren u. Pfiffe der ♂ ♂ gekennzeichnet. Umfärbung juv. in ad. Gefieder im 1. Lebensjahr. Fortpflanzungsfähigkeit erst im 3. Lebensjahr. Ernährung u. Haltung wie *L. ignita*, jedoch nicht so so wärmebedürftig. Zur Zucht nur paarweise Haltung möglich, sehr schreckhaft — dichte Bepflanzung des Geheges erforderlich. ♂ ♂ oftmals sehr aggressiv, so daß zeitweise Trennung der Partner notwendig.
— *L. edwardsi*, Edwardsfasan. ♂: Kopf mit kurzer weißer Haube. Gesamtfarbe dunkelblau mit breiten seidigblauglänzenden Säumen. Schultern, Unterrücken, Bürzel u. Oberschwanzdecken zusätzlich samtschwarze Binden vor Glanzsäumen. Flügeldecken mit erzgrünen Säumen. Schwanz blau, mittl. Federpaare gerundet, insgesamt kurz u. gerade. Nackte Gesichtshaut mit Stirn- u. Kinnlappen blutrot. Schnabel weißlichgrün mit dunkler Basis, Füße karminrot mit Sporen. ♀: ohne Haube, vorwiegend kastanienbraun mit sehr feinem unauffälligem dunklerem Wellenmuster. Kopf u. Hals graubraun, Mantel rotbraun, Federschäfte heller. 3 mittl. Schwanzfederpaare dunkelbraun, die anderen schwarz. Schnabel hornbraun, Füße karminrot. Juv. OS dunkelbraun mit schwärzlichem Scheitel u. Hinteraugenstreif. Rücken mit isabellfarbenen Längsstreifen. Flügel braun mit hellem Band, Brust u. Körperseiten hellbraun, übrige US isabellfarben. Im Herbst des 1. Lebensjahres ausgefärbt. Zuchtfähig im 2. Lebensjahr. 58—65 cm ♂, 48—56 cm ♀. S- u. M-Vietnam. Bewohner unzugänglicher tropischer Regenwälder in Höhenlagen bis 900 m ü. NN. Gelege 4—7 rosaisabellfarbene Eier mit weißer Porenzeichnung. ♀ brütet allein, Schlupf nach 21 Tagen, ♂ beteiligt sich an Aufzucht. Trotz tropischer Herkunft in M-Europa ziemlich winterhart, nur in strengen Wintern erwärmter Schutzraum erforderlich. Ernährung mit üblichem Fasanenmischfutter, Weichfutter u. Obst. Edwardsfasanen nehmen fast kein Grünfutter auf. Zur Zucht genügen dieser monogamen A kleinere Gehege (14—20 m²) mit reichl. Bepflanzung als Deckungsmöglichkeiten. Schutzbestimmungen nach WAÜ ↗.
— *L. erythrophthalma*, Malaiischer Gelbschwanzfasan. ♂: Kopf ohne Haube, schwarzglänzend. Mantel, Flügel u. Körperseiten schwarzblau, fein grau gestrichelt. M-Rücken feurig kupferrot, Bürzel seidig kastanienrot. Oberschwanzdecken purpurstahlblau mit rotbraunen Säumen. 14—16federiger kurzer, dachförmiger Schwanz, zimtgelb. Hals u. Brust purpurschwarz, letztere mit silbergrauen Schaftstrichen u. ebensolchen feinen Fleckchen, Bauch schwarz. Rote Gesichtslappen mit erektilen Zapfen am oberen Ende. Schnabel horngrünlichweiß, Füße blaugrau mit Sporen. ♀: ist bis auf dunkelbraunen Kopf u. graue Kehle vollständig schwarz stahlblau glänzend. Schnabel schwarz, Unterschnabelbasis hell hornfarben. Füße blaugrau mit Sporen. Juv. ähnl. *L. ignita rufa* dunkelgelbbraun. Umfärbung in ad. Gefieder bereits nach 6 Monaten. Zuchtfähigkeit im 2. Lebensjahr. 47—50 cm ♂, 42—44 cm ♀. UAn. Malaiische Halbinsel u. Sumatera. Bewohner feuchtheißer tropischer Regenwälder der Niederungen. Lebt paarweise u. außerhalb der Brutzeit in Fn-Verbänden.

Lophura

357

Gelege 3—6 rosaweißliche Eier, Schlupf nach 24 Tagen. Haltung u. Ernährung wie *L. ignita*. Warme Überwinterungsräume unbedingt erforderlich. *L. e. pyronota*, Borneo-Gelbschwanzfasan. ♂: Hals u. Oberrücken hellgrau, fein schwarz gesprenkelt mit weißen Schaftstrichen. Bürzel dunkelkastanienrotbraun, Oberschwanzdecken stahlblau. Gelbe Schwanzfedern mit schwarzer Basis, Brust u. Körperseiten purpurstahlblau glänzend, mit lanzettförmigen schwarzen Federn u. breiten weißen Schaftstrichen. ♀ etwas größer als ♂. Nominatform mit stärkerem Purpurglanz des Gefieders. N-Kalimantan. Lebensweise wie Nominatform. Sehr selten in Europa.
— *L. ignita*, Kleiner Borneo-Feuerrückenfasan. Alle Vertreter dieser A u. UAn tragen auf dem Oberkopf eine dicke Holle aus festen, am Grunde kahlschäftigen u. an der Spitze mit spatelförmiger Fahne versehene Federn. Bei den ♀ ♀ etwas schwächer ausgebildet. ♂: Kopf u. OS schwarz purpurblauglänzend. Flügeldecken dunkelblau mit schillernden ultramarinblauen Säumen. Arm- u. Handschwingen blauschwarz. Unterrücken Federwurzeln schwarz, sichtbarer Teil kupferrot. Bürzel u. Oberschwanzdecken mit breiten blauschimmernden Säumen. 16federiger Schwanz, dessen 3 mittl. Schwanzfederpaare zimtgelb, die übrigen blauschwarz sind. Hals u. Brust wie OS. Unterbrust u. Seiten glänzend kupferbraun, Unterbauch schwarz. Schnabel hornfarben. Schwellkörper Augenumgebung kobaltblau. Füße grauweiß mit langen Sporen. ♀: Haube, Kopf u. OS kastanienrotbraun. Flügeldecken, Bürzel u. Oberschwanzdecken fein schwarz bekritzelt. Schwanz, Arm- u. Handschwingen schwarz. Kehle isabellfarben, Oberbrust kastanienbraun mit hellen Schaftstrichen. Brust, Körperseiten bis an die Schenkel dunkel rotbraun, weiß gesäumt — ein Schuppenmuster bildend. Unterbauch weißlich. Schnabel hornfarben, Basis bräunlich. Gesicht blau, Füße grauweiß ohne Sporen. Juv. Oberkopf u. Nacken goldkupferbraun. OS u. Hinteraugenstreif kaffeebraun, beiderseits des Rückens cremefarbene Längsbänder, auf Flügeln ebensolche Querbinden. US weißlich. 65—67 cm ♂, 56—57 cm ♀. UAn. S-Kalimantan u. Insel Bangka. In heißen tropischen Regenwäldern der Niederungen. Durchstreift paarweise bzw. mit Juv. Revier. Nahrung Samen, Früchte u. Insekten. Gelege 4—8 cremeweiße Eier, ♀ brütet allein, Schlupf nach 24 Tagen, ♂ beteiligt sich an Aufzucht. Umfärbung Juv. in Prachtkleid im 1. Lebensjahr. Geschlechtsreife im 2. bzw. 3. Lebensjahr. Benötigt gut heizbare, trockene u. geräumige Winterunterkünfte, die auch im Sommer bei ungünstigen Witterungsperioden genutzt werden können. Zur Fütterung ist ein gehaltvolles Weichfutter — bestehend aus tierischem Eiweiß (Fleisch, Quark, Eier) u. Früchten aller Art-, sowie grünen Pflanzenteilen einzusetzen. Monogame Lebensweise setzt paarweise Haltung zur Zucht voraus. Geräumige Volieren mit reichl. deckungsbietender Bepflanzung, begünstigt den Zuchterfolg. *L. i. nobilis*, Großer Borneo-Feuerrückenfasan. ♂ u. ♀ unterschei-

Lophura

Weißhaubenfasan. Männchen. Gehört zur Rassengruppe der Kalij oder Schwarzfasanen

den sich von Nominatform nur durch etwas bedeutendere Größe. Flügel u. Schwanz 10–15 cm länger; erscheint außerdem hochbeiniger. N-Kalimantan u. Sarawak. *L. i. macartneyi*, Delacour-Feuerrückenfasan. Instabile UA mit variierenden Zeichnungsmustern der Nominatform u. *L. i. rufa*. Mehrfach nach Europa importiert – keine Zuchtberichte. SO-Sumatera – Provinz Palembang. *L. i. rufa*, Vieillot-Feuerrückenfasan. ♂: Schwellkörper der Augenumgebung himmelblau, Spitzen etwas mehr ausgeformt als bei Nominatform. M-Rücken intensiv kupferrot. 3 mittl. Schwanzfederpaare schneeweiß u. 10 cm länger als *L. ignita*. Brust u. Körperseiten stahlblau, letztere mit versch. breiten weißen Schaftstrichen. Füße rot mit langen hornweißen Sporen. ♀: kräftiger u. etwas hochbeiniger als *L. ignita*, außerdem durch einfarbig kastanienbraune Hand-, Armschwingen u. Schwanz, sowie rote Füße unterschieden. Juv. bei gleichem Zeichnungsmuster dunkler gefärbt als Nominatform. 65–70 cm ♂, 58–65 cm ♀. Malaiische Halbinsel nö. bis S-Tenasserim, S-Tailand, Sumatera (nicht im SO).
— *L. imperialis*, Kaiserfasan. ♂: Kopf blauschwarze Spitzenhaube. Gesamtfärbung dunkelblau, dadurch entstehend, daß jede schwarze Feder mit breitem metallischblau schimmerndem Saum versehen ist. Mittl. Schwanzfedern zugespitzt, etwas gebogen u. länger als die folgenden. Gesichtshaut u. Füße scharlachrot, letztere mit Sporen. Schnabel gelblichgrün mit dunkler Basis. ♀: verlängerte Scheitelfedern, OS kastanienbraun mit hellen Federschäften u. feiner Musterung, Kopf graubraun. Mittl. Schwanzfedern braun, schwarz gestrichelt, äußere schwarz. US blaßgraubraun. Juv. Zeichnungsmuster wie bei *L. edwardsi*, jedoch etwas dunkler u. größer. Einjährige ♂♂ dunkelbraun mit einzelnen blauen Federsäumen auf der OS. Umfärbung ad. Kleid im Herbst des 2. Lebensjahres, nach dessen Beendigung zuchtfähig. 75 cm ♂, 60 cm ♀. M-Vietnam u. Laos. Bewohner mit Dschungeln bedeckter Kalkgebirge. Gelege 5–7 rosaisabellfarbene Eier mit feiner weißer Porenzeichnung. Bebrütungsdauer 25 Tage. Haltung, Ernährung, Zucht wie *L. edwardsi*. Schutzbestimmungen nach WAÜ.
— *L. inornata*, Salvadorifasan. ♂: Gesamtfarbe schwarz mit breiten metallisch glänzenden stahlblauen Säumen vom Kopf bis zu den Schwanzdecken, ebenso auf Brust u. Flanken. Schwanz u. Unterbauch schwarz. Schnabel horngelb, Gesichtslappen scharlachrot mit blaßgrünem Ring um die Augen. Füße graugrün mit Sporen. ♀: Gesamtfarbe hellkastanienrotbraun, jede Feder mit breiten gelbbraunen M-Streifen, schwarzen Pünktchen u. hellem Schaft. Kehle hellbraun, Schwanz schwarzbraun. Gesicht u. Füße wie ♂. Juv. OS kastanienbraun mit dunkelbrauner Linie auf dem Rücken. US heller. Zur Körpermasse der Ad. außergewöhnlich groß, vergleichbar mit juv. Größe → *Lophophorus*. 46–55 cm ♂, 40–45 cm ♀. UA. S-Sumatera. Bewohner tropischer Gebirgswälder in Höhenlagen zwischen 600–2400 m ü. NN. Gelege 2 schokoladenbraune glanzlose Eier mit sehr fester Schale. Bebrütungsdauer 22 Tage. Haltung u. Ernährung wie *L. ignita*. Sehr selten importiert. Geringer Zuchtbestand in Europa u. USA. Seit 1976 mehrfach gezüchtet. *L. i. hoogerwerfi*, Atjeh-Fasan. Bisher nur 2 ♀♀ beschrieben. Kein Zuchtbestand in Europa u. USA. NW-Sumatera.
— *L. leucomelana*, Nepalfasan. ♂: schwarze Haube, Stirn, Oberkopf, Hals u. Nacken schwarzblau. Mantel stahlblauglänzend mit wenigen grauen Säumen. Rücken, Bürzel u. Oberschwanzdecken schwarzblau, am Federgrund braun, mit schmalen weißen Endsäumen. Längere Oberschwanzdecken braunschwarz vor weißen Endsäumen. Handschwingen dunkelbraun, Armschwingen schwärzlich, Außensäume stahlblauglänzend. Kinn, Kehle u. Vorderhals schwarzbraun. Brust u. Körperseiten verlängerte lanzettförmige braune Federn mit weißen Schäften. Unterbauch braun, Weichen u. Unterschwanzdecken dunkelbraun mit stahlblauem Glanz. Nackte Gesichtslappen rot, Schnabel grünlichhornfarben. Füße graubraun mit Sporen. ♀: Scheitelhaube braun mit helleren Schäften. OS rotbraun mit weißen Schaftlinien, olivbraunen Säumen u. schwarzbraun punktierten Federspitzen. Mittelstes Schwanzfederpaar rotbraun mit gelblichen Querlinien u. Flecken. Äußere Schwanzfedern dunkelbraun mit stahlblauem Glanz. US braun mit weißen Schäften u. breiten rahmfarbenen Endsäumen, Unterbauch gelblichbraun. Juv. Kopf u. Oberrücken kastanienbraun, dunkelbrauner Hinteraugenstreif, ebensolche OS mit 2 hell isabellfarbenen breiten Längslinien. US rahmfarben. 65–73 cm ♂, 50–60 cm ♀. UAn. Gebirgswälder Nepals in Höhenlagen von 1000–3000 m ü. NN. Gelege 6–10 weiße Eier. ♀ brütet allein, Schlupf nach 24–25 Tagen, ♂ beteiligt sich an Aufzucht Juv. Bevorzugt Wälder mit dichtem Unterholz, während der Balzzeit häufiges Flügelschwirren. Monogam lebend. ♂♂ umwerben ♀♀ mit einfacher Seitenbalz. Umfärbung Juv. in Prachtgefieder Ad. im 1. Lebensjahr. Beide Geschlechter im 1. Lebensjahr fortpflanzungsfähig. Ernährung u. Haltung wie *L. nycthemera*.

Zucht nur paarweise. UA *L. l. leucomelana* bildet eigenen Rassenkreis u. vertritt sich analog UA *L. nycthemera* geographisch gegenseitig. *L. l. hamiltonii, L. l. melanotus, L. l. moffitti, L. l. lathami* u. *L. l. lineatus* nach Europa importiert u. vielfach gezüchtet. *L. l. hamiltonii*, Weißhaubenfasan. ♂: lange weiße Scheitelhaube. Grundfärbung wie Nominatform, jedoch mit breiteren weißen Säumen auf Unterrücken u. Bürzel. ♀♀ heller braun als ♂♂ Nominatform. W-Himalaja bis Nepal in Höhenlagen zwischen 350 u. 3350 m ü. NN. *L. l. melanotus*, Schwarzrückenfasan. ♂: von Nominatform durch blauschwarzes Bürzel- u. Oberschwanzdeckengefieder mit samtschwarzen Endsäumen unterschieden. Haube u. Schwanz kürzer, OS glänzend blauschwarz ohne Säumung. ♀: dunkelbraun mit heller Säumung u. Kehle. N-Indien u. W-Bhutan in Höhenlagen von 600—2700 m ü. NN. *L. l. moffitti*, Moffitt- od. Schwarzfasan. ♂: Gesamtfärbung schwarz mit stahlblauem Glanz auf OS u. Brust, letztere mit wenigen schwachen hellen Schaftlinien. ♀: wie ♀ *L. l. melanotus* mit dunklerer Kehle. Bhutan — Verbr.-Grenzen unbekannt. *L. l. lathami*, Horsfield- od. Schwarzbrustfasan. ♂: kürzere, aufrechtgetragene Haube, kürzeren Schwanz, längere Läufe. Gesamtfärbung schwarz, stahlblauglänzend; Unterrücken, Bürzel u. Oberschwanzdecken mit breiten weißen Säumen. ♀: wie ♀ *L. l. melanotus* mit kürzerem Schwanz, mittl. Federpaare fein schwarz gewellt. O-Bhutan, N-Assam bis Burma. Bewohner niedriger Gebirgslagen, in Bhutan bis in Höhenlagen von 1600 m ü. NN. *L. l. williamsi*, William-Fasan. ♂: Haube u. US schwarz; Halsseiten u. Nacken blauschwarz, fein weiß gewellt. Übrige OS purpurschwarz mit weißen Schaftstrichen u. unregelmäßigen weißen Linien. Unterrücken, Bürzel u. Oberschwanzdecken weiße Endsäume. Schwanz u. Flügel schwarz mit weißen Streifen. N-Burma. *L. l. oatesi*, Oates-Fasan. ♂: schwarze, fein weiß gestrichelte OS. US schwarz, lanzettförmige Brustseitenfedern mit weißen Schaftstrichen. Burma. *L. l. lineata*, Strichelfasan. ♂: Haube schwarz, OS fein schwarzweiß gestrichelt. Flügel u. Schwanz breiter gezeichnet. Mittl. Schwanzfedern auf Innenfahnen u. an den Spitzen weißlich. Füße graubraun mit Sporen. ♀: Haube dunkelbraun, OS goldbraun mit grauen Federspitzen. Hals u. Oberrücken tragen V-förmige, weiße, schwarzgesäumte Zeichnungen. Die beiden mittelsten Schwanzfederpaare bräunlich gelb, die übrigen kastanienbraun, schwarzweiß gestreift. Kinn u. Kehle hell, US braun mit weißen lanzettförmigen Schaftflecken. Juv. typisches Zeichnungsmuster dieser Rassengruppe. OS mit 2 hellen Längsbändern, braunrot. US rahmfarben. 63—74 cm ♂, 54—56 cm ♀. Burma u. NW-Thailand. Vorgebirgslagen, bevorzugt mit dichtem Unterholz bewachsenes Gelände in Wassernähe. In Europa vielfach mit anderen verwandten UAn gekreuzt, so daß artenreine Tiere sehr selten sind. *L. l. crawfurdii*, Crawfurd-Fasan. ♂: von ♂ *L. l. lineata* durch gröbere Schwarzweißzeichnung der OS sowie ausgeprägte weiße, lanzettförmige Brustseitenbefiederung unterschieden. ♀: dunkler, V-förmige weiße Musterung breiter. Unterschiedl. Fußfärbung möglich. Stellt Übergang zu Silberfasanengruppe dar.

Lophura

359

Silberfasan. Männchen

— *L. nycthemera*, Silberfasan. ♂: dichte blauschwarze Kopfhaube aus langen zerschlissenen Federn. Nacken schneeweiß, Rücken, Oberschwanzdecken u. Flügeldecken weiß, mit schmalen, schwarzen, in Winkeln zusammenlaufenden Linien, deren Breite auf den Flügeln zunimmt. Schwanz reinweiß mit wenigen feinen schwarzen Linien an der Basis der Außenfahnen. Kinn, Kehle, Hals u. US intensiv blauglänzend schwarz. Schwellkörper der Augenumgebung scharlachrot, Schnabel hell grünlichweiß. Füße karminrot mit hellen Sporen. Diese A übertrifft alle folgenden UAn an Größe u. Harmonie der Farbzusammenstellung. ♀: dunkelbraune Haube mit schwarzen Spitzen. Gesamtfärbung hellbraun, OS mit feiner dunklerer Sprenkelung u. hellen Schäften braun, mittl. Federpaare dunkelgewellt, äußere Federpaare schwarzbraun u. weiß gewellt. Kehle weißgrau gesprenkelt, Brust braun, US braun mit teilweiser hellgrauer Strichelung. Gesichtslappen u. Füße wie bei ♂♂ nur kleiner bzw. ohne Sporen. Juv. Kopf goldbraun, dunkler Scheitel- u. Nackenstreif bzw. schwarzer Hinteraugenstreif. OS dunkelbraun mit 2 isabellfarbenen Längsbändern, US gelblich isabellfarben. Geschlechtsbestimmung nach 6 Wochen möglich. ♂♂ grob gemusterte Schwanzdecken, ♀♀ fein gesprenkelt. ♂♂ Prachtgefieder im 2. Lebensjahr, ebenso Zuchtfähigkeit. ♀♀ zeigten bereits im 1. Lebensjahr kleines Gelege. 120—125 cm ♂, 70—71 cm ♀. UAn.

S-China u. N-Vietnam. Bewohner dichter Gebirgswälder in Höhenlagen bis 1800 m ü. NN. Durchstreifen auf Nahrungssuche truppenweise in Fn-Verbänden immergrüne Busch- u. Bambusdickungen. ♀♀ legen Nester im dichten Pflanzengewirr an. Gelege 6—8 rötlich isabellfarbene Eier mit individuell variierendem weißen Porenmuster. Bebrütungsdauer 25 Tage. Eine der beliebtesten Zierfasanen-An Europas, winterhart u. genügsam, besonders dem Anfänger zu empfehlen. Ernährung mit Standardkörnerfut-

Lorbeerfink

termischung, etwas Weichfutter, Gemüse u. grüne Pflanzenteile. Zur Zucht erhält jedes ♂ mehrere ♀♀. Diese sind zuverlässige Mütter u. eignen sich auch als Ammen. Die OS der ♂♂ wird bei den UAn immer heller u. weißer je näher sie geographisch dem Verbr.-Gebiet der Nominatform liegen. Die Aufhellung der OS entsteht dadurch, daß die schwarze Strichelzeichnung bei den einzelnen UAn immer schmaler u. feiner wird u. der weiße Untergrund stärker hervortritt.

Dunkle UAn mit grob gestrichelter OS u. daher vorherrschend grauem Gesamteindruck sind *L. n. lewisi*, Lewis-Silberfasan aus Kampuchea, *L. n. annamensis*, Annam-Silberfasan aus S-Vietnam, *L. n. engelbachi*, Bolowen-Silberfasan aus S-Laos, *L. n. beli*, Bel-Silberfasan aus Z-Vietnam u. *L. n. rufipes*, Rubinminen-Silberfasan aus Burma. *L. n. berliozi*, Berlioz-Silberfasan aus Z-Vietnam ist schon bedeutend heller u. leitet zeichnungsmäßig zu den folgenden UAn über: *L. n. occidentalis*, Westlicher Silberfasan aus NW-Yünnan (S-China) u. NO-Burma, *L. n. ripponi*, Rippon-Silberfasan aus Burma, *L. n. jonesi*, Jone-Silberfasan aus N-Thailand, S-China u. N-Vietnam, *L. n. beaulieui*, Beaulieu-Silberfasan aus N-Laos, S-China u. N-Vietnam. Der Nominatform schon recht ähnl. sind *L. n. fokiensis*, Fujian-Silberfasan aus Fujian (S-China) u. *L. n. whiteheadi*, Hainan-Silberfasan aus Hainan mit etwas stärker gezeichneter OS. Von allen UAn wurden nur *L. n. lewisi, L. n. beli, L. n. berliozi* u. *L. n. beaulieui* nach Europa importiert u. vereinzelt gezüchtet.

— *L. swinhoii*, Swinhoefasan. ♂: weiße Scheitelhaube, Kopf u. Hals dunkelblau glänzend. Hinterer Nacken u. Oberrücken großer weißer Fleck. Unterrücken, Bürzel u. Oberschwanzdecken dunkelblau mit schmalen schwarzen Binden vor breiten metallisch glänzenden blauen Säumen. Schulter kräftig weinrot. Flügeldecken schwarz mit erzgrün glänzenden Säumen u. davor liegenden samtschwarzen Binden. Arm- u. Handschwingen blaugrau. Mittl. Schwanzfederpaar schneeweiß, länger als die übrigen blauen Schwanzfedern. US seidig dunkelblauglänzend. Schwellkörper Augenumgebung blutrot, während der Balz erigieren Stirnhörner u. Kehllappen. Schnabel horngelb. Füße karminrot mit hellen Sporen. ♀: Oberkopf ohne Haube kastanienbraun, schwarz gebändert. Oberrücken, Schulter u. Flügeldecken braun u. schwarz mit hellbraunen, pfeilförmigen Dreiecksflecken. Rücken, Bürzel, Oberschwanzdecken u. mittl. Schwanzfedern schwarz u. braun gemustert, letztere noch mit hellbrauner Bänderung; übrige Schwanzfedern kastanienrotbraun. Gesicht u. Kehle hellgrau, Brust rotbraun mit schwarzen V-förmigen Strichen. US auf gelbbraunem Grund, dunkel winkelförmig gebändert. Farbe Gesichtshaut, Schnabel u. Füße wie bei ♂, letztere ohne Sporen. Juv. Zeichnungsmuster wie bei *L. ignita*, nur OS mehr schokoladenbraun u. flaumige Daunen länger. Einjährige ♂♂ zeigen statt der weißen Federbezirke der ad. Tiere rotbraune. Geschlechtsbestimmung der Juv. nach wenigen Wochen durch dunkelbraune Färbung der US u. mittl. Schwanzfedern der ♂♂ möglich. Prachtgefieder im 2. Lebensjahr, ebenso Zuchtfähigkeit. 79 cm ♂, 51 cm ♀. Taiwan. In seiner Heimat seltener, heimlicher Bergwaldbewohner in Höhenlagen von 900—2000 m ü. NN. Gelege 6—12 rötlichcremefarbene Eier. Bebrütungsdauer 25 Tage. Monogame A, i. d. R. nur paarweise zu halten, da sich ♀♀ untereinander oftmals bekämpfen. In M-Europa winterhart, benötigt lediglich trockenen, zugfreien Übernachtungsplatz. Fütterung mit Standardkörnermischung, etwas Weichfutter u. grünen Pflanzenteilen. Zur Zucht kann ♂ zu einzeln gehaltenen ♀♀ wechselseitig zugegeben werden. Schutzbestimmungen nach WAÜ.

Lorbeerfink, UAn → Buchfink
Lorbeertaube (*Palumbus junoniae*) → *Palumbus*
Lord der Sonne (*Heliomaster longirostris*) → *Heliomaster*
Lorenz' Atlaswitwe (*Hypochera lorenzi*) → *Hypochera*
Loriculidae, Fledermauspapageien. F der Psittaciformes ↗. 1 G *Loriculus* ↗, 11 An, davon 7 An endemisch. Länge 10—16 cm. Typische Ruhe- u. Schlafstellung, kopfunter nach Art der Fledermäuse, in dieser Stellung auch Gefiederpflege u. Nahrungsaufnahme. Schnabel loriähnl., hat aber Feilkerben. Verbr.-Gebiet SO-Asien. Bewohnen verschiedenste Biotope, z. B. Regenwald, offenes Waldland, Bambusdickichte, Plantagen u. Gärten der Tiefebene u. untere Lagen der Berge. Stimmen angenehm, z. T. melodisch. Nahrung vielseitig, vorwiegend Früchte, Beeren, Blüten, Nektar, Vögel einiger An nehmen auch Samen, möglicherweise Pflanzensäfte. Brüten in Baumhöhlen, tragen im Bürzel-, Rücken- u. Brustgefieder ähnl. *Agapornis* ↗ frische Pflanzenteile als Nestunterlage ein. Gelege 3—4 Eier. Juv. schlüpfen nach ca. 22—24 Tagen, fliegen nach 30 Tagen aus, bald selbständig. Gelten häufig als hinfällig, sind aber gut eingewöhnt u. bei sachkundiger Pflege ausdauernd u. gut zu züchten. Wesentl. Voraussetzungen für große Überlebensaussichten in Europa ist die sorgfältige Eingewöhnung im Heimatland. Sind Importvögel bei der Ankunft in schlechtem Allgemeinzustand, dann große Verluste. Häufigste Mängel nach dem Fang sind Überbesatz in Drahtkäfigen, keine Badegelegenheiten. Daraus resultierend Gefiederschäden u. Streßsituationen. Hauptursache des Todes bei Wildfängen (wie auch bei Loris): Aspergillose ↗, Candidiasis (Dr. BURKARD ↗). Nach MICHI längere Eingewöhnung vor der Behandlung (schreibt Gesetzgeber vor) in der Quarantänestation notwendig. In dieser Zeit tägl. duschen, auf 1 l Badewasser 1 g Chinosol zusetzen, keine Behandlung mit Antibiotika. Erst während der Quarantäne ↗ ist die Therapie mit Tetracyclin-Amphotericin-B-Kombination wesentl. erfolgreicher als die ausschließl. Tetracyclingabe (zieht innerhalb von 2—3 Wochen Hefepilzinfektionen nach), dadurch überwiegend Verluste unter 3 % (MICHI). Für Käfig ungeeignet (dünnflüssiger Kot, Bewegungsdrang, Zuchtgedanke), Haltung in pflanzenreicher Vogelvitrine ↗ u. Innenvoliere ↗ (spritzen zuweilen in der Ruhestellung auch Kot an die Decken, deshalb leicht zu säuberndes Material

verwenden), ebenso von Frühjahr bis Herbst in M-Europa in Außenvoliere ↗ mit warmen Schutzraum ↗. Während Schlechtwetterperioden nicht ins Freie lassen, Thermostateinsatz. Hohe Luftfeuchtigkeit scheint untergeordnete Rolle zu spielen, auch für Schlupfergebnisse. Fledermauspapageien können sehr gut mit kleinen Vögeln, z. B. Nektar- ↗, Brillenvögeln ↗, Tangaren vergesellschaftet werden. Bei Anordnung der Sitz- bzw. Ruhezweige Kotverschmutzungen der Umgebung bedenken. Abwechlungsreiches Futter bieten, stets Lori-Futter s. *Charmosyna*, außerdem Vogelmiere, Salat, Spinat, verschiedenste Hirse ↗, reichl. Kanariensaat, geschälter Hafer, sehr gutes Insektenfuttergemisch mit Mehlkäferlarven. Bei den Vögeln wechselt in ± großen Abständen das Interesse an den versch. Futtermitteln, trotzdem stets vielfältige Palette bieten. Große Vorliebe für saftige, dünne, knospenreiche Zweige, auch solche frischen Blätter, lecken gern den Saft von geschälten Holz. Tägl. frisches Trinkwasser. Beregnen s. Psittaculidae. Zucht bei mehreren An gelungen. Keine enge Paarbildung, aber Rufkontakt der Partner. Reichl. frische Zweige als Nistmaterial bieten. Nisthöhle ca. 30 cm hoch, ⌀ ca. 16 cm, Einschlupf-⌀ 4,5 cm. Brutbiologie s. o. Nach Schlupf der Jungen sind tägl. Kontrollen der Nisthöhlen wegen Verschmutzungen durch den dünnflüssigen Kot notwendig, ggf. Wechsel der Unterlage. Zur Aufzucht übliches Futter reichlicher geben, das bevorzugte in ausreichender Menge.

Loriculus. G der Loriculidae ↗. 11 An. Verbr.-Gebiet s. An. Lebensweise, Unterbringung u. Futter s. Loriculidae.

— *L. amabilis*, Zierfledermauspapagei. ♂: grün, unterseits heller u. mehr gelblich. Stirn, Scheitel u. Hinterkopf karmesinrot, unterer Mantel u. Rücken goldorange getönt, Flügelrand dunkelrot. Kinn u. Kehle mit karmesinrotem Fleck. Bürzel u. Oberschwanzdecken dunkelrot, letztere reichen bis zur Schwanzspitze. Schwanz oberseits grün, unterseits grünlichblau, Federspitzen grünlichgelb. Schnabel schwarz. Auge hell gelblichweiß. Füße orange. ♀: Scheitel grün, Stirn mit rötlichem Fleck. Kehle mit 2–3 unregelmäßig roten Flecken. Auge braun. Juv. Kehlfleck u. Vorderflügel gering gelblich. Auge hellbraun. 11 cm. 4 UAn. Heimat nö. Maluku (Halmahera, Batjan), Sulu-Inseln, Peling, Banggai, Groß-Sangir. Lebt in Wäldern, Parks u. Gärten. Sehr selten u. dann nur in wenigen Exempl. in Europa, u. a. in den 30er Jahren bei dem DUKE of BEDFORD, England. Kaum etwas über die Pflege bekannt. Nach de GRAHL ↗ kam es in England zur Brut, aber Dreiergelege unbefruchtet.

— *L. beryllinus*, Blumenpapageichen. ♂: grün, unterseits heller. Stirn, Scheitel, Rücken u. Oberschwanzdecken scharlachrot, Genick u. Mantel goldorange überflogen. Zügel u. Wange mit schwachem hellblauen Anflug. Kinn u. Kehle mit hellblauem Fleck. US des Flügels u. Schwanz grünlichblau. Schnabel dunkelorange, zur Spitze heller. Auge braun. Füße hell orange. ♀: Zügel u. Wangen mit weniger Blau, Rot des Kopfes geringer ausgedehnt, Kehle grün. Juv. Stirn grünlichgrau, Scheitel grün mit orangefarbenem Anflug. Schnabel hell orange. 13 cm. Bewohnt Sri Lanka. Lebt im Tief- u. Hügelland bis ca. 1600 m ü. NN. Baumbewohner. Früher selten in kleiner Stückzahl bis zum Ausfuhrverbot für alle Vogel-An aus Sri Lanka im Handel, bis vor einigen Jahren noch 1 ♂ im Vogelpark Walsrode ↗ gepflegt. Verhalten u. Haltungsansprüche wie *L. galgulus*. Sehr anfällig gegenüber Mykosen, deshalb peinlichste Sauberkeit in der ges. Unterkunft.

— *L. exilis*, Celebes-Fledermauspapagei. ♂: grün, unterseits gelblicher, Flügel dunkler. Kehle mit längsovalem roten Fleck. Umgebung grünlichblau. Rücken u. Oberschwanzdecken rot, Federn an der Basis gelb überflogen. US des Flügels grünlichblau. Schwanz-OS grün, US ebenfalls grünlichblau. Äußere Federn spitzenwärts grünlichgelb. Schnabel korallenrot. Auge gelb. Füße orange. ♀ wie ♂, aber Kehlfleck kleiner od. fehlend. Auge braun. Juv. Kehle ohne Rot, Schnabel gelblichbraun, Auge braun, Füße gelblich. 10,5 cm. Konspezies ↗ mit *L. flosculus*? Verbr.-Gebiet nö. u. südöst. Sulawesi. Lebt vorzugsweise in blühenden Bäumen, möglicherweise nomadisch (bestimmt vom Nahrungsangebot). Einer der kleinsten Papageienvögel. Brütet nach PLATEN 2 × jährl. in Palmhöhlen. Einige Male vor dem ersten Weltkrieg auf dem europ. Vogelmarkt, überlebte da nur kurz, da er Futter kaum beachtete. Nach dem zweiten Weltkrieg wahrscheinl. überhaupt nur 1 Exempl. in Europa eingeführt, kam zu MICHI, anschl. zu Dr. SCHUCHMANN ↗, unter dessen Pflege sich der schlechte Allgemeinzustand besserte. Der Vogel war in der Heimat 7 Monate mit einem Brei aus Reispulver u. Fruchtsäften ernährt worden.

— *L. flosculus*, Blütenpapageichen. ♂: grün, unterseits merklich heller. Genick orange getönt, Bürzel u. Oberschwanzdecken karmesinrot. Kehle mit ausgedehntem roten Fleck. US des Flügels grünlichblau. Schwanz oberseits grün, spitzenwärts hellgrün, wenig rot gefleckt, Schwanzunterseite grünlichblau. Schnabel rot. Auge orange. Füße orange. ♀: roter Kehlfleck kleiner. Juv. unbeschrieben. 12 cm. Heimat Insel Flores (Kleine Sundainseln). Über Lebensweise kaum etwas bekannt. Vielleicht ausgestorben, Kenntnismangel durch ungenügende Erforschung. 1 Exempl. besaß Dr. K. RUß ↗, wahrscheinl. seither nicht mehr in Europa gehalten.

— *L. galgulus*, Blaukrönchen. ♂: grün unterseits heller. Scheitel mit dunkelblauem Fleck, Mantel mit goldgelbem dreieckförmigem Fleck. Unterrücken mit gelbem Querband. Kehle, Bürzel u. Oberschwanzdecken scharlachrot. Unterflügeldecken u. US der Schwingen grünlichblau, ebenso Schwanz. Schnabel schwarz. Auge dunkelbraun. Füße orangerot. ♀: Kopf-OS ohne Blau, Kehle ohne Rot. Juv. grün, Nacken nicht braungelb, Bürzel rot, Kehle grün. Schnabel hell hornfarben. 12 cm. Bewohnt sü. Thailand, Malaysia, Sumatera, Kalimantan u. kleinere Inseln nahe Sumatera u. Kalimantan. Lebt vorzugsweise in den Baumkronen blühender Bäume. Gern auch von Einheimischen gehalten, bekommt überwiegend Bananen als Futter. In Europa regelmäßig in kleiner Zahl im Handel. Haltung problemlos. Sehr

Loriidae

angenehmer Pflegling, Stimme melodisch. Mehrmals gezüchtet. Gelege allgemein 4 Eier. Juv. schlüpfen nach 22 Tagen, sind nach gut 4 Wochen flügge. Bruthöhle im Baumstamm bieten (Höhe ca. 30 cm, ⌀ 16 cm).

— *L. philippensis*, Philippinen-Fledermauspapagei. ♂: grün, unterseits heller u. mehr gelblich. Stirn u. Vorderscheitel rot, hinten von schmaler, gelber Linie begrenzt u. Hinterkopf mit schmutziggelbem Fleck. Genick mit goldorangefarbenem Band. Kehle mit rotem Fleck, der bis zur Mitte der Oberbrust reicht. Bürzel u. Oberschwanzdecken rot, Bürzelseite hellblau gezeichnet. Große Unterflügeldecken blau. US

Philippinen-Fledermauspapagei. Paar

der Flügel u. Schwanz grünlichblau. Schnabel rot. Auge braun. Füße orangerot. ♀: ohne roten Fleck auf Kehle u. Brust, hier gelblichgrün. Juv. wie ♀, aber nur wenig Rot (auch fehlend) an Stirn u. Vorderscheitel. Bürzel rot. 14–15 cm. 11 UAn. Heimat Philippinen einschließl. Sulu-Inseln (nicht auf Palawan). Ursprüngl. Waldbewohner, auch im Kulturland, das mit blühenden u. früchtetragenden Bäumen bestanden ist. In Europa hin u. wieder in kleinen Stückzahlen im Handel. Haltung für Kenner nicht schwierig. Zucht wiederholt gelungen, zuweilen leicht. Bei Frau SPENKELINK, Soesterberg, Holland, in mehreren Generationen. Bruthöhle (30 cm Höhe, ⌀ 16 cm, Einschlupfloch ⌀ 4,5 cm) im Baumstamm bieten.

— *L. pusillus*, Elfenpapagei. ♂: glänzend grün, unterseits heller u. mehr gelblich. Bürzel u. Oberschwanzdecken rot. US der Flügel grünlichblau. Kehle mit orangerotem Fleck. Schnabel orangerot. Auge gelblichweiß. Füße schmutzig gelborange. ♀ wie ♂, aber Kehlfleck weniger leuchtend. Juv. gelbgrün, Schnabel gelborange, Auge bräunlich. 12 cm. Bewohnt Java u. Bali, allerdings hier kaum noch vorhanden, wahrscheinl. nur noch in O-Java u. auf der vorgelagerten Insel Madura (M. u. H. MICHI). Lebt in den Kronen blühender Bäume, auch sehr gern während der Reifezeit in Wildfeigenbäumen in Höhenlagen zwischen 1200 u. 1800 m ü. NN. Brütet in Höhlen der Kokospalmen, auch in ausgehöhlten Baumfarnen. Selten u. dann nur in wenigen Exempl. in früherer Zeit auf europ. Vogelmarkt gewesen, erst 1980 wieder kleine Gruppe von MICHI importiert. Eingewöhnung problemlos. Gesang melodisch. Warme Unterbringung. Futter Obst, Nektar u. etwas Kolbenhirse, manche Vögel nehmen auch Mehlkäferlarven. Erstzucht 1968 im Zool. Garten Wassenaar (2 Juv.), Zucht im Käfig bei H. SCHNELLBACHER, Pfungstadt, BRD.

— *L. stigmatus*, Rotplättchen. ♂: grün, unterseits heller u. mehr gelblich. Stirn u. Scheitel rot, Genick u. Mantel orangegelb getönt. Hinterkopf grün. Kinn u. Kehle mit rotem Fleck. Flügelrand rot gezeichnet. Bürzel u. Oberschwanzdecken dunkelrot. Spitzen reichen bis zur Schwanzspitze. US des Flügels grünlichblau. Schwanz oberseits grün, spitzenwärts heller, Schwanzunterseite grünlichblau. Schnabel schwarz. Auge gelb. Füße orange. ♀: Stirn u. Scheitel grün, zuweilen Federn an der Basis rot. Auge braun. Juv. Stirn u. Scheitel grün. Kehlfleck gelb mit rotem Anflug. Flügelrand grünlichgelb. Schnabel hornfarben. Füße gelblichbraun. Ca. 15 cm. 3 UAn. Heimat Sulawesi, Togian-Inseln, Butung u. Muna. Bewohnt Flach- u. Hügelland bis 800 m ü. NN, vorzugsweise in Kokosnußplantagen, gern auch in Kapokbäumen. Erstmalig 1981 durch Ch. KRAUSE wenige Exempl. in bester Verfassung nach Europa gekommen, u. a. im Vogelpark Walsrode ↗ gehalten. Robust, nehmen wahrscheinl. mehr Samen als Vögel der übrigen An der G auf (MICHI).

— *L. tener*, Grünstirn-, Goldstirnpapagei. ♂: grün, Stirn u. Vorderscheitel grün, Kehle mit orangerotem Fleck. Bürzel u. Oberschwanzdecken gelblichgrün. Schnabel schwarz. Auge gelb. Füße orange. ♀: Vorderkopf grünlichblau, ebenso Wangen. Juv. unbeschrieben. 10,5 cm. Konspezies mit *L. aurantiifrons*? Bewohnt Bismark-Archipel. Lebt in Bergwäldern. Einer der kleinsten Papageienvögel. Möglicherweise noch nicht in Europa gehalten.

— *L. vernalis*, Frühlingspapagei. ♂: grün, US heller, Kopf glänzender. Kehle mit blauem Fleck. Bürzel u. Oberschwanzdecken rot. US des Flügels grünlichblau. Schwanzoberseite grün, unterseits bläulich. Schnabel korallenfarben, Spitze gelblich. Auge gelblichweiß. Füße hellorange. ♀: Kehle ohne hellblauen Fleck. Juv. Stirn u. Wangen matt graugrün, Bürzel rot. Schnabel hellorange. Auge braun. 13 cm. Heimat Indien bis Thailand u. Indochina, außerdem auf den Andamanen. Lebt in immergrünen Wäldern, auf Plantagen u. im baumbestandenen Kulturland in Thailand mindestens bis in 1400 m ü. NN, in Indien unter 2000 m ü. NN. In Europa regelmäßig im Handel. Haltung problemlos. Einige Male gezüchtet, mehrfach Handaufzucht.

Loriidae. Loris. F der O Psittaciformes ↗. 13 Gn (*Lorius* ↗, *Phigys* ↗, *Vini* ↗, *Charmosyna* ↗, *Hypocharmosyna* ↗, *Neopsittacus* ↗, *Psitteuteles* ↗, *Glossopsitta* ↗, *Oreopsittacus* ↗, *Trichoglossus* ↗, *Pseudeos* ↗, *Eos* ↗, u. *Chalcopsitta* ↗). Ca. 52 An. 13–42 (mit langem Schwanz) cm. Auffällig bunte Vö-

Loriidae

gel, vorwiegend rot u. grün gefärbt. Anpassung an die Nahrung führte zur Rückbildung der Feilkerben des Oberschnabels. Zungenspitze durch lange Papillen pinselförmig. Keine od. nur sehr geringe äußerliche Geschlechtsunterschiede. Heimat → Gn, ebenso Habitat. Nahrung Nektar, Blüten, Früchte, Beeren, selten Samen, möglicherweise kleine Insekten bei Nektaraufnahme. Brüten meistens hoch in Baumhöhlen. Begehrte u. beliebte Vögel in Menschenhand. Für Anfänger sind die An der G *Trichoglossus* ↗ zu empfehlen. Loris nur für die Zucht halten, um Gedanken des Artenschutzes gerecht zu werden. Allein handaufgezogene Tiere häufig gepflegter An rechtfertigen Einzelhaltung. Diese sehr anhänglich. Bei der Haltung ist stets zu berücksichtigen, der große Bewegungsdrang, das ausgesprochene Geselligkeitsgefühl, der hohe Verschmutzungsgrad der Anlage u. der Aufbau stabiler Gefangenschaftspopulationen. Für Käfighaltung bis auf wenige An (s. unten) ungeeignet, kleine An können in großen Vogelvitrinen ↗ (leicht abwaschbare Rückwand; hoher lockerer Waldbodenbelag, häufig wechseln; Anordnung der Äste, daß reichlich Bewegungsmöglichkeiten bei geringer Wand- u. Scheibenverschmutzung gegeben sind) gepflegt werden. Die meisten Loris benötigen einen Flugraum, einige legen mehr Wert auf reichliche Klettermöglichkeiten, z. B. *Lorius garrulus* ↗ u. *Lorius chlorocercus* ↗. Klettermöglichkeiten können durch richtige Auswahl der Äste u. deren geeignete Anordnung leicht erreicht werden. Die Voliengröße muß artabhängig unterschiedlich sein. Großen Einfluß hat die Vertrautheit mit dem Pfleger. Zahme Paare von *Lorius garrulus* u. *Eos bornea* ↗ brüten schon im Käfig von 1 m² Größe, hingegen der viel kleinere *Charmosyna pulchella* ↗ bei Dr. BURKARD ↗ nur in 8 m langer Voliere (davon entfallen 4 m auf die Außenvoliere), seine nahen verwandten *Hypocharmosyna multistriata* ↗ u. *Hypocharmosyna placentis* ↗ hingegen in Käfigen von 2 m Länge u. je 0,5 m Breite u. Höhe. Bei letzteren Käfigen kann durch Einschieben einer Trennwand der Brutkasten abgetrennt werden u. so leicht eine Kontrolle des Kastens u. Säuberung des verschmierten Kopfes der Juv. jede Woche vorgenommen werden. Obwohl größer als *Ch. pulchella* begnügt sich *Charmosyna papou* ↗ mit einer Voliere von 2 m² Grundfläche, allerdings sind sie weit weniger störanfällig während des Brütens als bei einer Volierentiefe von 3–4 m. Nach diesen Erfahrungen von Dr. BURKARD u. denen vom Vogelpark Walsrode ↗ gibt es keine allgemeine Normen für die Größe der Unterkunft. Als entscheidendes Kriterium bei der Größenwahl ist die Geborgenheit des Zuchtpaares zu berücksichtigen (Dr. BURKARD). Bei der Haltung in Volieren, die für die meisten Lori-An aus oben genannten Gründen in Betracht kommt, muß bei einer Außenvoliere stets ein Innenraum von wenigstens 1 × 1 m anschließen (Vogelpark Walsrode). Überwinterung je nach gehaltener A mäßig warm (um 15 °C) bis warm (20–25 °C), Thermostateinsatz im Schutzraum. Bodenbelag der Außenvoliere grobe Kiesschicht auf Betonboden (Gefälle) mit Abfluß, Innenraum mit oberflächlichem glattem Betonboden od. Fließen. Tägl. abspritzen. Peinlichste Sauberkeit. Eine Berieselungsanlage

Frühlingspapageien

an der Decke der Unterkunft bietet viele Vorteile, u. a. wäscht sie einiges an Schmutz ab, großer Vorteil, wenn der Boden aus gröberem Kies besteht. Importvögel während der Quarantäne über Bodenrost halten, in dieser Zeit keine Schlafhöhle bieten. Bei Ankunft sofort Wurmmittel in den Schnabel (!) verabreichen u. Behandlung gegen Ektoparasiten durchführen. Eingewöhnung stets warm, je nach Zustand der Vögel bis 1 Jahr, zuweilen auch länger. Loris nehmen als Hauptnahrung Blütennektar auf u. mit diesem Pollen u. Kleininsekten. Dazu kommen bei vielen An auch Früchte. Einen Sonderfall stellen die An von *Neopsittacus* ↗ u. einige von *Trichoglossus* ↗ dar, deren Hauptnahrung aus trockenen u. gekeimten Körnern (Sonnenblume, Hirse usw.), Früchten, Insekten (haupsächlich Mehlkäferlarven ↗) u. sehr wenig Nektar besteht. Es gibt viele Rezepte für die Futterzusammenstellung. 2 Beispiele: Im Vogelpark Walsrode wird für große An wie *Trichoglossus* ↗, *Eos* ↗, *Chalcopsitta* ↗ folgende Zusammensetzung u. Fütterungsform gewählt. Einem Liter warmen Wasser werden zugesetzt: 6 Eßlöffel Milch-Fertignahrung (Zusammensetzung s. unten) 1 Eßlöffel Dextropur, 1 Eßlöffel Hefeflocken, 1 Eßlöffel Haferflocken f. Babys, 1 Eßlöffel Honig, ¼ Eßlöffel Mineralstoffgemisch. Die Milch-Fertignahrung enthält in 100 g: Eiweiß 13,3 %, Kohlehydrate 60,0 %, Fett 22,0 %, Mineralstoffe 3,1 %, Kalziumcarbonat 0,125 g, Vitamin A 1347 I. E., Vitamin B_1 0,27 mg, Vitamin B_2 0,33 mg, Vitamin B_6 0,20 mg, Vitamin B_{12} 1 mcg, Vitamin C 40 mg, Vitamin D_3 270 I. E., Vitamin E 4 mg, Biotin 7,5 mcg, Ca-D-Pantothenat 2,7 mg, Folsäure 70 mcg, Niacinamid 2,7 mg. Diese Zusammensetzung entspricht 2082 Kilojoule (491 Kilokalorien). Das Gemisch wird zerrührt u. er-

Loriidae

hält als Obstzugabe Banane, Apfel, Birne, Apfelsine, Weintrauben, verschiedenste Beeren u. anderes Obst entsprechend dem jahresbedingen Angebot. Die Früchte werden in etwa 5 mm große Würfel geschnitten. Durch die Beigabe in die oben bereits suppige Nahrung trocknet das Obst nicht aus. Allgemein aasen Loris sehr mit dem Futter. Diese Form des Nahrungsangebotes zwingt den Vogel jedesmal 1 Würfel aufzunehmen, so daß wenig Abfall auf den Boden fällt bzw. Futterverluste auftreten. Auch eine wesentl. bessere Hygiene ist so gewährleistet. Pro Futternapf wird ½ Zwieback als Ballaststoff zugegeben. Gegen 2 Uhr erfolgt tägl. eine Nachfütterung von Flüssignahrung. Dr. BURKARD gibt folgendes Futter getrennt u. überläßt den Vögeln (ausgenommen bei Verfettung, Krankheit usw.) die Auswahl.

1. Die Nektarmischung wird sehr dünnflüssig in einem Mixer hergestellt. Sie hat die Konsistenz wie eine sehr dünne Suppe. Sie enthält ein Fünfkorn-Flockengemisch (Hirse, Weizen, Mais, Hafer, Roggen), Babyfood, 2–3 Früchte (Äpfel, Birnen, Orangen, Bananen usw.), Dextrose, Vitamine u. Mineralien. Zweimal od. dreimal in der Woche wird Spinat, Mangold od. Salat beigefügt, da Chlorophyll die photochemischen Prozesse fördert.

2. Die Protein-Nektarmischung setzt sich wie die Mischung 1. zusammen, wird aber durch Yoghurt, ein Proteinpulver (hydrolisiertes Knochenmehl) od. rohes Ei ergänzt. Es steht den Vögeln frei, zwischen dem proteinarmen u. dem proteinreichen Brei zu wählen. Einmal neigen sie mehr zu dem, einmal zum anderen. Es ist typisch für viele Loris, daß sie gerne Abwechslung haben. Bei zarten Loris wie *Charmosyna*-An wird zeitweilig Milch in einem gesonderten Geschirr gegeben.

3. Früchte werden tägl., meist in zwei bis drei Arten gereicht. *Charmosyna* nehmen relativ wenig davon. Sie ziehen aber aufgeschnittene Weintrauben vor. *Chalcopsitta cardinalis* ↗, *Lorius chlorocercus* ↗, vor allem aber *Neopsittacus musschenbroeks* ↗, u. *Neopsittacus pullicauda* ↗, fressen gern u. viele Früchte. Die Früchte werden gesondert aufgestellt. Sie sind z. T. (z. B. Äpfel, Papaja) sehr gut geeignet, den Schnabel u. die umliegenden Federn von Futterresten zu reinigen.

4. Körner nehmen die meisten An, vor allem gekeimter Form. Eine Ausnahme machen hier *Charmosyna, Psitteuteles goldiei* ↗, *Phigys solitarius* ↗, u. *Charmosyna palmarum* ↗, soweit dies beobachtet werden konnte. Einige An, wie *Lorius chlorocercus*, lieben die Keimlinge des Weizens u. der Sonnenblumen in besonderem Maße.

5. Als Insektenfutter dienen vor allem Mehlkäferlarven ↗, mit Vorliebe die noch weißen. Manchmal wird auch ein Insektenfutter, wie es im Handel für Tangaren, Drosseln ↗ usw. erhältlich ist, angenommen. Pinkies ↗ finden unterschiedliche Beachtung. *Charmosyna* nehmen keine od. nur sehr wenige. *Lorius chlorocercus* füttern während der Aufzucht reichlich, ebenso *Neopsittacus* u. *Psitteuteles goldiei* ↗, letztere ziehen Juv. nur mit weichen weißen Mehlkäferlarven auf, außerhalb der Brutzeit finden Mehlkäferlarven kaum od. keine Beachtung. Während der Aufzucht nehmen die Loris allgemein mehr von der proteinreichen Nahrung, deren Anteil zum Ende der Aufzuchtzeit wieder sinkt. Artabhängige u. individuelle Abweichungen sind bekannt (Dr. BURKARD). Fütterungszeiten einmal morgens, ein- bis zweimal nachmittags. Lori-Kot muß flüssig sein. Er darf nicht die Konsistenz u. Farbe kleiner gelber Fäden aufweisen (liegt Verdauungsstörung vor). Wasser 1 × tägl. erneuern. Futtergefäße u. Tränke tägl. gründlich säubern u. stets desinfizieren. Bei Verwendung von Wechselnäpfen sind diese unten für jede Voliere zu kennzeichnen, um der Ausbreitung von Infektionen vorzubeugen. Viele, vor allem wenig zahme Loris, brauchen ein Versteck, einen verborgenen Winkel. Bereits die Einteilung in Innen- u. Außenraum geben dieses Gefühl der Sicherheit. Oft wird der Nistkasten einfach als Versteck genutzt, sofern andere nicht zur Verfügung stehen. Bei den Loris gibt es Paarindividualisten, die wenig Neigung zur Bildung einer größeren Gruppe zeigen, z. B. *Chalcopsitta cardinalis, Lorius chlorocercus*. Andere bilden hierarchische Gruppen, z. B. die An von *Trichoglossus*. Weniger enge u. organisierte Gruppen, die als teilweise hierarchisch eingestuft werden können, scheinen *Psitteuteles goldiei* zu sein. Anonyme Gruppen, die z. B. einige Kakadus ↗ bilden, scheint es bei den Lori-An nicht zu geben (Dr. BURKARD). Zur Zucht stets Paar allein halten, selbst wenn sich mehrere gut vertragen. Es brütet allgemein nur das dominante Paar. Brutbeginn wetterabhängig, bei sonnigem, warmem Wetter frühzeitig im Jahr, bei ausschließlicher Haltung in einer Vogelvitrine, Innenvoliere ↗ od. Vogelstube ↗ Brut zu jeder Jahreszeit bei entsprechender Wärme u. Helligkeit von 6 bis 22 Uhr. Nur eine Bruthöhle aufhängen (günstig Baumstammhöhle), nicht wählerisch. Für größere Loris sind Höhlen von 60 cm Höhe u. ca. 25 cm Ø günstig, für kleinere Loris 40 cm Höhe u. 15–20 cm Ø. Schlupfloch Ø z. B. für Erzlori ↗ 8 cm. Ast od. Anflugstange anbringen. Bodenbelag grobe Hobeleinstreu, ca. 15 cm hoch. Manche Lori werfen diese z. T. aus der Höhle, dann trotzdem am nächsten Tag wieder auffüllen. Gelege 2 Eier, selten 3, wenn 4 Eier, dann kein Paar, sondern 2 ♀♀. Nach Schlupf der Juv. jeden Tag Bruthöhlenkontrolle, da Kot sehr flüssig, bei etlichen An stehen Juv. bereits nach einem Tag in den Exkrementen, betteln dann nicht mehr, werden dann auch nicht mehr gefüttert. Bei den austral. Loris ist die Nässe sehr viel geringer als bei den An aus Neuguinea u. von den anderen Inseln (Vogelpark Walsrode ↗). Tägl. neuen hohen Bodenbelag einbringen. Schlupf u. Ausfliegen der Juv. → An. Juv. Loris lernen schnell selbständig Nahrungsaufnahme. Aufzuchtfutter übliches Futter, aber in dieser Zeit wenigstens verdoppeln, vor allem Anteil an Proteinen erhöhen. Bei Handaufzucht günstig Fütterung vom Löffel. Größte Lori-Zuchterfolge im Zoo San Diego (USA), Vogelpark Walsrode ↗ u. bei Dr. BURKARD ↗. Loris haben in Gefangenschaft eine nicht so große Lebenserwartung wie körnerfressende Papageienvögel, da sie anfällig gegenüber Ernährungsstörungen u. Krankheiten sind, besonders

gegenüber Mykosen: Candidiasis am u. im Schnabel sowie obere Luftwege, Aspergillose ↗ in Luftwegen u. Luftsäcken.

Loris → Loriidae

Lorius. G der Loriidae ↗. 6 An. Nahrung Nektar, Blüten, Früchte u. Beeren, wahrscheinl. auch Insekten. Bis auf *L. albidinucha* alle An gehalten. Schlafhöhle anbringen. Bruthöhle mit dicker Schicht Holzmulm.

— *L. chlorocercus*, Grünschwanzlori. ♂: rot, Stirn, Augenring, Scheitel u. Hinterkopf schwarz glänzend. Seitl. des Nackens blauschwarzer Fleck, Oberbrust mit gelbem Querband. Flügel grün, Flügelbug weiß, variabel mit Blau. Unterflügeldecken blau. US der Handschwingen mit breitem rosaroten Streifen. Schwanz rot, oberseits mit breiter grüner Endbinde, unterseits Spitzen breit schmutzig gelb. Schenkel violett. Schnabel korallenrot. Auge gelborange. Füße dunkelgrau. ♀ wie ♂, aber Schnabel orange, schwarze Kopfkappe nicht glänzend. Juv. Augenpartie hell, Rückenfedern schmutziger gefärbt als bei Ad., wenig dunkel gesäumt, Schnabelbasis dunkel gefleckt (im Nest schwarz). 29 cm. Öst. Salomonen. Bewohnt Wälder u. Kokosnußplantagen der Tiefebene u. des Hügellandes. In wenigen Exempl. bereits im 19. Jh. in Europa, stets sehr selten eingeführt, 1944 im Zoo San Diego, 1975 erhielt Dr. BURKARD ↗ 2 ♂♂ u. 1 ♀ (Wildfänge), von diesen Vögeln 1983 ein Stamm von einigen Exempl. Zählt zu den besten Imitatoren unter allen Papageien. Lernt in 1—2 Wochen einen neuen Pfiff. Imitiert fast alle benachbarten Vögel. Welterstzucht 1980 bei Dr. BURKARD, 1 Juv. flog nach ca. 10 Wochen aus. Zucht gelang in Freivoliere mit Schutzraum (je 3 m² groß). Braucht für die Aufzucht gekeimte Sonnenblumen u. Weizen sowie Mehlkäferlarven ↗.

— *L. domicella*, Erzlori. ♂: rot, Rücken dunkler, Stirn, Scheitel u. Hinterkopf schwarz, Genick violett od. purpurn schimmernd. Oberbrust mit variablem gelbem Querband. Flügel grün, Streif auf dem Flügel weiß mit blauem Rand (variabel). Schwanz rot, Spitzen breit, kräftig bräunlichrot. Schenkel violettblau. Schnabel orange. Auge rötlichbraun bis orange. Füße dunkelgrau. ♀ wie ♂, aber Kopf u. Schnabel gering kleiner. Juv. Kappe im Nacken sehr dunkel, Schnabel dunkelbraun. 30 cm. Seram u. Ambiona (Maluku), auf Buru durch den Menschen verbr. Lebt in Wäldern des Hügellandes, meistens paarweise unterwegs. Erstmalig 1872 im Zoo London, Einzelvögel beliebte Hausgenossen. Sehr gelehrig, Nachahmungstalent. Sehr hart u. ausdauernd. Warme Überwinterung. Neben Gelbmantellori am häufigsten auf europ. Vogelmarkt. Welterstzucht 1922 bei Prinz TAKATSUKASA, Japan, europ. Erstzucht 1976 im Vogelpark Walsrode ↗, hier in den letzten Jahren regelmäßig gezüchtet. Gelege 2 Eier. Kontrollen der Bruthöhle werden nicht verübelt. Juv. schlüpfen nach 24 Tagen, fliegen nach 82—86 Tagen aus, erste selbständige Futteraufnahme nach 1—2 Wochen, futterfest nach 3 Wochen. In der Bruthöhle durch Kot der Juv. weniger Nässe als bei vielen anderen An der F.

— *L. garrulus*, Gelbmantellori. ♂: rot, Schulterpartie dunkler. Dreieckiger Rückenfleck gelb. Flügel u. Schenkel grün, Band auf Flügel u. Unterflügeldecken gelb. US der Handdecken mit breitem, rosarotem Band. Schwanz rot, breite dunkelgrüne Endbinde. Schnabel orange. Auge orangerot. Füße dunkelgrau. ♀ wie ♂, aber möglicherweise gelber Rückenfleck mit Grün vermischt. Iris heller. Kleiner, nackter Augenring ellipsenförmig, bei ♂ rund. Juv. wie Ad., aber Schnabel dunkelbraun, Umfärbung beginnt nach ca. 4 Monaten, Auge dunkelbraun. 30 cm. 3 UAn. Maluku. Lebt vorwiegend in blühenden Kokosnußpalmen, paarweise unterwegs, häufig. In Europa regelmäßig im Handel. Eingewöhnung bei Zimmertemp. problemlos, später gut für Gartenvoliere mit Schutzraum geeignet, mäßig warme Überwinterung. Frißt neben üblichem Lori-Futter zuweilen auch gekeimte Sonnenblumenkerne, geschälten Hafer. Mehrfach gezüchtet. Welterstzucht 1913 bei Lord POLTIMORE, England, 1934 Erstzucht in Österreich im Tiergarten Schönbrunn, 1969 BRD-Erstzucht K. PETERSOHN, Dannenberg. Gelege 2 Eier. Bruthöhle ⌀ ca. 30 cm, Höhe 60 cm, Einschlupfloch ⌀ 10 cm. Juv. schlüpfen nach knapp 4 Wochen, fliegen nach 9—10 Wochen aus. Mischlinge mit Schmuck- ↗, Rotnackenlori ↗ gezüchtet. Zuweilen die UAn *L. g. flavopalliatus* u. *L. g. morotaianus*, Prachtgelbmantel-Loris, auf dem europ. Vogelmarkt, haben im Vergleich zur Nominatform dunklere grüne Flügel, gelber Rückenfleck scharf begrenzt (1. UA) od. ausgedehnter u. matter (2. UA).

— *L. hypoinochrous*, Schwarzsteißlori. ♂ u. ♀: rot, Brust u. Oberbauch heller. Stirn, Scheitel, Außenring u. Hinterkopf schwarz mit purpurblauem Glanz. Flügel grün, zuweilen schmutzigrotes Querband auf dem Oberrücken. Unterflügeldecken rot, äußerste Federn mit schwarzem Rand. Schwanz-OS rot, breite dunkelblaugrüne Endbinde, -US matt olivgelb. Unterbauch bläulich purpurfarben, ebenso Schenkel u. Unterschwanzdecken. Schnabel u. Auge orange, Nasenhaut weißlich. Füße schwärzlichgrau. Juv. Auge dunkelbraun, Schnabel bräunlich. 26 cm. 3 UAn. *L. h. rosselianus* mit roter Brust u. ebensolchem Oberbauch. Bewohnt Rossel-Inseln (Louisiade Archipel). *L. h. devittatus* wie Nominatform, aber große Unterflügeldecken ohne schwarze Säume. Verbr. in SO-Neuguinea u. auf benachbarten Inseln; Bismarck-Archipel u. D'Entrecasteaux-Archipel. Heimat der A Neuguinea u. benachbarte Inseln, Louisiade-Inseln, Bismarck-Archipel. Lebt in Regenwäldern, hält sich vorzugsweise in Kokosnußpalmen auf. Sehr selten auf europ. Vogelmarkt. Mäßig warme bis warme Überwinterung. Welterstzucht 1973 im Zoo Chester, England.

— *L. lory*, Frauenlori. ♂: rot, Stirn, Scheitel, Augenring, Hinterkopf u. Genick schwarz mit purpurnem Glanz. Dunkelblaues Band zieht vom Nacken über die Brustseiten u. den Bauch bis einschließl. Unterschwanzdecken, ebenso Schenkel gefärbt. Flügel bronzegrün, Unterflügeldecken rot. US der Schwingen mit breitem gelbem Streif. Schwanz-OS rot, breite Endbinde blauschwarz, -US olivgelb. Schnabel orangerot. Auge gelb bis orangerot. Füße dunkelgrau. ♀ wie ♂, aber Kopf u. Schnabel gering kleiner.

Lotusnektarvogel

Juv. kleine Unterflügeldecken blau, bei Ad. rot. Schnabel, Auge dunkelbraun. 30 cm. 7 UAn. *L. l. erythrothorax*, Salvatori-Frauenlori, untere Brust rot, Blau des Bauches dehnt sich nicht auf die Brustseiten aus, diese rot; Unternacken mit schmalem blauen Band. ♀ wie ♂. Juv. Unterflügeldecken blau, äußere Federn gelb, schwarz gefleckt. SO-Neuguinea. Lebt meistens paarweise in hohen Bäumen, gern in Bananenpflanzungen. Während der Eingewöhnung wärmebedürftig, auch später nicht unter 12 °C unterbringen. Gegenüber artfremden Vögeln aggressiv, auch gegenüber arteigenen, deshalb nur Paar od. einzeln halten. Wenige Male gezüchtet, Gelege 2 Eier, zerbeißt zuweilen kleine Juv. *L. l. lory* Frauenlori, s. A-Beschreibung. Bewohnt Inseln, Waigeu, Batanta, Salawati, Misool u. Vogelkop (W-Iran). Lebt in Wäldern u. baumbestandenen Sumpfgebieten bis 1600 m ü. NN, häufig in *Pandanus*-Palmen. Meistens paarweise unterwegs. Stets nur in kleiner Zahl auf europ. Vogelmarkt angeboten, häufig zahme Vögel (aus der Bruthöhle genommene Juv., die von den Einheimischen handaufgezogen wurden). Haltung nur paarweise im mäßig warmen bis warmen Schutzraum mit Außenvoliere. Aggressiv, deshalb Haltung s. vorherige UA. Wenige Male gezüchtet. *L. l. viridicrissalis*, Beauforts Frauenlori, ähnl. *L. l. erythrothorax*, aber mit dunklem, mehr schwärzlichblauen unteren Nacken, ♂ Unterflügeldecken vorwiegend schwarz mit Dunkelblau, ♀ Unterflügeldecken dunkelblau, Schnabel kleiner als bei ♂. Juv.? N-Neuguinea zwischen Humboldt-Bucht u. Mamberano-Fluß. Bewohnt Tief- u. Hügelland bis 1500 m ü. NN. Überwiegend paarweise, selten, in kleinen Flügen unterwegs. Sehr selten auf europ. Vogelmarkt. Warme Haltung in größerer Unterkunft. Noch nicht gezüchtet. Verbr. der A Neuguinea, Waigeu, Batanta, Salawati, Misool, Jobi u. Biak.

Lotusnektarvogel (*Arachnechthra lotenia*) → *Arachnechthra*

Lousianatangare, NN → Kieferntangare

Fichtenkreuzschnabel. Paar mit Jungem

Low, Rosemary

Low (verehel. Grantham), Rosemary Harman, geb. 14. 4. 1942 in Sidcup, Kent, England. Journalistin (tätig für das Wochenmagazin «Cage and Aviary Birds»), Buchautorin. Spezialgebiete: Zucht von seltenen Papageien-An, bes. neotropische Spezies u. Lories. Autorin Hunderter Artikel in engl. u. ausländ. Fachzeitschriften Europas u. den USA. Mehrere vielbeachtete Buchpublikationen.

Löwenzahn → *Taraxacum officinale*

Loxia, Kreuzschnäbel. G der Carduelidae ↗. 3 An. Groß, kräftig mit charakteristischen Schnäbeln, deren Spitzen sich überkreuzen. Dadurch können sie ihre Nahrung, Samen von Koniferen, aus den Zapfen lösen. Holarktis. In Nadelwäldern des Hohen Nordens u. der Gebirge. Jede A ist auf andere Nadelholzgewächse spezialisiert. Jahresvögel, die nur in manchen Wintern invasionsartig ins Tiefland M-Europas vordringen. Brüten vielfach in lockeren Gruppen, Brutbeginn zeitweilig im Winter. Das Nest, ein offener Napf, wird vom ♀ auf einem Ast errichtet. Gelege 3-(5) grünliche od. bläuliche Eier mit unterschiedl. dunkler Fleckenzeichnung. Brutdauer 14–16 Tage, Nestlingszeit im Freiland 20–25, in der Voliere ↗ 17–18 Tage. Junge werden erst spät selbständig (mit ca. 6–8 Wochen). 1 A regelmäßig, 2 seltener in Liebhaberkreisen. Futter die jeweils artspezifischen Koniferensamen, Sonnenblumenkerne, Hanf u. Waldvogelfutter ↗, auch gekeimt. Frische Koniferenzweige u. -zapfen zum Benagen, Vitamine u. Mineralstoffe sollten regelmäßig verabreicht werden. Alle An gezüchtet. Winterhart. Haltungsgenehmigung s. Naturschutzbestimmungen ↗.

– *L. curvirostra*, Fichtenkreuzschnabel. Ausgefärbtes ♂ oberseits orange- bis kupferrot, bes. an Kopf u. Bürzel leuchtend gefärbt, ebenso auf der US. Nur Bauchmitte u. Unterschwanzdecken grau. ♀ sowie ♂ nach längerer Käfighaltung olivgelb mit olivfarbenem bis gelbem Bürzel. Flügel bei ♂ u. ♀ ohne weiße Binden, Schwung-, Schwanzfedern schwarzbraun. Schnabel relativ schlank, aber kräftig. Im Jugendkleid braungrau, stark gestreift. 16,5 cm. Europa, N- u. Z-Asien, NW-Afrika u. N-Amerika. Fichten- u. Tannenbestände der Gebirge. Nahrung über-

wiegend Fichten- u. Tannensamen. Ruft hell «gip-gip». Vielfach gezüchtet.
— *L. leucoptera*, Bindenkreuzschnabel. ♂ u. ♀: kleiner, zierlicher als vorige A, mit wesentl. schlankerem Schnabel. Eindeutig an den 2 breiten, weißen Flügelbinden zu erkennen. Sonst wie vorige A gefärbt. 15 cm. N-Europa, N-Sowjetunion, N-Amerika, dort sü. bis in die Gebirge von Haïti. In Zirbelkiefer- u. Lärchenwäldern. Ernährt sich von Zirbel- u. Lärchensamen. Wird nur vereinzelt gehalten.
— *L. pytyopsittacus*, Kiefernkreuzschnabel. Größte u. klobigste A. Vom fast identisch gefärbten Fichtenkreuzschnabel nur durch den kräftigen, plumpen Schnabel u. anderen Ruf zu unterscheiden. Lockruf ein tiefes «gop u. zok». 17 cm. Skandinavien bis NW-Sowjetunion. In Kiefernwäldern. Ernährt sich überwiegend von Kiefernsamen. Nur vereinzelt in Liebhaberhand.

Lubbock, Michael Ralph

Lubbock, Michael Ralph, geb. 17. 1. 1944 in Taunton, England. Beruf Vogelzüchter für Wasservögel, widmete sich seit 17. Lebensjahr Studien im Wildfowl Trust. Von 1968–1970 Kurator der Privatsammlung (größte Amerikas) von W. Guest jun. Hier gelangen zahlreiche Erstzüchtungen für Amerika, auch 3 Welterstzuchten. Seit 1972 Kurator im Slimbridge Wildfowl Trust, seit 1979 2. Direktor für den Bereich Vogelzucht. Seit seiner Rückkehr nach England weitere 6 Erstzuchten bei Wasservögeln. Zahlreiche Beiträge über Wasservögel im «Zoo Year Book» u. im «Wildfowl». Leitete mehrere große Sammelexpeditionen, u. a. nach Alaska, Kanadische Arktis, Falkland-Inseln, Argentinien, Australien.

Luchs, Ernst, Dr., geb. 1812 in Warmbrunn/Riesengeb., gest 3. 1. 1886 in Warmbrunn. Wirkte anregend auf die Vogelforschung in Schlesien, besaß eigene große Balgsammlung. Hatte zu vielen angesehenen Ornithologen seiner Zeit, u. a. mit K. Ruß ↗, Verbindung.

Luftröhrenschreier → Furnarii
Luggerfalk, NN → Laggarfalk
Lullula. G der Alaudidae ↗. 1 A. N-Afrika, S-,

Lungenmykose

M-Europa (ohne Schottland, Irland), öst. bis Ural, Kaukasus, Transkaspien, Kleinasien bis NW-Iran. Leben auf Kahlschlägen, steinigen baumbestandenen Hängen in der Ebene u. im Gebirge, trockenen Kieferheiden.
— *L. arborea*, Heidelerche. ♂ u. ♀: wie Feldlerche ↗. Von dieser durch hellen Augenstreif zu unterscheiden, der im Nacken zusammenstößt, auch Schwanz kürzer, weiße Kanten fehlen. 15 cm. UAn. In früherer Zeit beliebter Stubenvogel. Der wunderschöne Gesang wird bes. in der Dämmerung u. nachts vorgetragen. Zucht selten gelungen, schwierig. 1934 von E. Hopkinson, England, 1962 von P. Kinchington, Southampton, England.

1 Feldlerche,
2 Heidelerche,
3 Haubenlerche,
4 Ohrenlerche,
5 Kalanderlerche,
6 Mohrenlerche,
7 Dupontlerche

Lummensturmvogel *(Pelecanoides urinatrix)* → *Pelecanoides*
Lungenmykose. Hauptsächl. bei Vögeln der Arktis u. Antarktis, der Hochgebirgsregionen u. der Vögel tropischer Wälder, also staubfreier Regionen, vor allem durch *Aspergillus*-Pilze verursachte Entzündung der Lungen u. Luftsäcke. Oft hohe Verluste. Neuerdings medikamentös angehbar.

Luscinia

Fütternde Nachtigall

Luscinia. G der Muscicapidae ↗. 2 An. Verbr. s. An. Haltung im Landschaftskäfig ↗, in der Vogelstube ↗ od. in biotopähnl. ausgestatteter Freivoliere, früher als Sänger im Weichfresserkäfig (60—70 cm langer Kistenkäfig ↗ mit weicher Decke) gehalten. Ab September mäßig warme Unterbringung. Futter handelsübl. Insektenfutter (Nachtigallmischung) mit geriebenem Käsequark, Ameisenpuppen u. wenigem Biskuit vermischen, mit Möhrensaft anfeuchten. Während der Zug- u. Gesangszeit geriebenes Rinderherz u. zerkleinertes, hartgekochtes Eigelb zusetzen. Außerdem wenige Mehlkäferlarven, reichl. Insekten aus der Lichtfalle ↗ u. Beeren reichen. Vögel beider An wegen des herrlichen Gesanges schon in frühesten Zeiten der Vogelliebhaberei sehr begehrt. Beide mehrfach gezüchtet. Nistplatz auf der Erde od. wenig darüber im dichten Gestrüpp, Reisig- od. Laubhaufen. Nest tiefnapfig aus Halmen, Würzelchen u. Fasern gebaut. Gelege meistens 5 Eier. Nur ♀ brütet. Nestkontrollen werden nicht verübelt. Juv. schlüpfen nach 13 Tagen, verlassen nach 11 Tagen das Nest, sind 2—3 Tage später flugfähig, ca. weitere 2 Wochen danach selbständig. Aufzuchtfutter große Mengen frischer Ameisenpuppen, Asseln, kleine Schnecken, Spinnen, Raupen, Insekten aus der Lichtfalle. Aus kleineren Anlagen muß ♂ manchmal wegen Unverträglichkeit gegenüber den flüggen Jungen entfernt werden, das ♀ füttert die Brut dann allein groß. Artenschutz s. Naturschutzbestimmungen.

— *L. luscinia,* Sprosser. ♂: ähnl. Nachtigall. OS rötlichbraun, US grauweißlich, Kropfpartie mit Wolkenzeichnung. ♀ wie ♂, Unterscheidung nur durch den Gesang des ♂ od. durch das im Frühjahr bei diesem stark hervortretende Steißzäpfchen. Juv. gefleckt, ähnl. wie junge Rotkehlchen ↗, aber braunroter Schwanz. 17 cm. O-Europa, we. bis SO-Schweden, O-Dänemark, O-Schleswig-Holstein (BRD), N-DDR bis W-Polen, O-Ungarn, W-Rumänien, nordwe. bis S-Finnland, außerdem SW-Sibirien bis zum Altai. Lebt in lichten, feuchten Auwäldern mit reichl. Unterholz, auch in Erlen- u. Weidenbrüchen. Europ. Population überwintert im tropischen O- u. SO-Afrika. Zuweilen einige Importe auf europ. Vogelmarkt. In der Ernährung anspruchsvoller u. wählerischer als Nachtigall. Enttäuscht häufig den Freund des Vogelgesanges, da er in Gefangenschaft gar nicht od. nur kurze Zeit im Jahr singt. Der Sprosserschlag zählt zu den besten Gesängen europ. Vögel. Handaufgezogene Vögel bleiben zeitlebens stümperhafte Sänger. Kein kaltes Trinkwasser reichen. Füße überwachen, werden leicht wund, deshalb weichrindige Sitzäste verwenden, häufig auswechseln. Ebenso Bodenbelag in kurzen Abständen wechseln, bei Käfighaltung saugfähiges Papier am zweckmäßigsten, tägl. erneuern. Während der Zugzeit nächtliche Notbeleuchtung.

— *L. megarhynchos,* Nachtigall. ♂ u. ♀: OS rötlichbraun, Oberschwanzdecken u. Schwanz rotbraun. Kehle weißlichgrau, übrige US bräunlichcremefarben. Juv. gefleckt, ähnl. wie juv. Rotkehlchen, aber Schwanz braunrot. 16,5 cm. UAn. N-Afrika, S-, W-Europa (ohne Irland, N-England, Schottland), nordwe. bis S-Jütland u. Schleswig-Holstein (BRD), S-Mecklenburg (DDR), öst. bis Weichsel u. Ukraine, durch Kleinasien, Krim, Kaukasus, Transkaukasien, Syrien, Irak, nö. Iran u. Transkaspien bis N-Afghanistan, weiter zum Pamir bis Tadschikistan, zum Tienschan u. zum we. Sinkiang; Kirgisien bis Wolgadelta. Bewohnt Auwälder, unterholzreiche Parks, Buschwälder, gebüschreiche Verlandungszonen sowohl in der Ebene als auch im Hügelland. Europ. Population überwintert in S-Arabien u. im tropischen Afrika. Zählt zu den besten Sängern. Tag- u. Nachtschläger, letzterer Gesang am schönsten. Pflege wie Sprosser. Zucht in biotopähnl. eingerichteten, größeren Unterkünften nicht bes. schwierig. Wird in neuerer Zeit auch zur Wiederansiedlung in Gebieten, die ehemals als Bruthabitat der A galten, durchgeführt, z. B. 1980 in der ČSSR.

Luziferkolibri *(Calothorax lucifer)* → *Calothorax*

Lybius, Zahnbartvögel. G der Capitonidae ↗. 11 An. Mittelgroß. Sehr kräftiger Schnabel mit einem od. mehreren Zähnen an der Schneide des Oberschnabels. Afrika von Senegal bis Kapland. 6 An eingeführt, davon nur 2 mehrfach gezüchtet.

— *L. bidentatus,* Doppelzahn-Bartvogel, Rotbrust-Bartvogel. ♂ u. ♀: Stirn, Kopf-OS schwarz, rot gestrichelt; OS sonst schwarz mit stahlblauem Glanz, am Rücken ein weißer Fleck, ein schmales rotes Band am Flügel. Schwanz schwarzbraun. Kinn u. Federn seitl. an Schnabelbasis schwärzlich. Kehle, Brust u. Bauch rot. Flanken weiß, Steiß u. Hosen schwarz. Schnabel elfenbeinfarben, mit 2 deutl. Zähnen am Oberschnabel. Iris grauweiß, unbefiederte Umgebung der Augen gelb. Füße olivbraun. Juv. mit schwärzlicher Kehle u. Brust. 23 cm. Mehrere, nicht sehr deutl. voneinander unterschiedene UAn. W-Afrika (Guinea-Bissau) bis W-Äthiopien, W-Kenia, N-Angola. In bewaldeten Gebieten, aber vorwiegend an Waldrändern, in Galeriewäldern, in Pflanzungen, selbst in Ortschaften. Paarweise od. in kleinen Gruppen, findet sich an fruchtenden Bäumen oft in größerer Zahl ein. Bevorzugt Feigen, aber auch Bananen, Guavafrüchte u. Papajas. Brütet in Baumhöhlen, häufig von anderen Vögeln begonnene erweiternd, oft hoch oben in Bäumen. 3—4 weiße Eier. Erst in neuerer Zeit eingeführt. 1966 3 Stück aus W-Kenia im Frankfurter Zoo, die noch im gleichen Jahr erfolgreich brüteten u. bis 1969 in 10 Bruten 20 Juv. aufzogen. Im Vergl. zu anderen An der F gesellig u. verträglich auch zu anderen Volierenmitbewohnern. Alle gemeinsam in einer Höhle schlafend, nur in der Balzzeit duldet Brutpaar nur Juv. der letzten Brut in der Nähe. Bei der Balz ♂ heftig mit dem Schwanz wippend u. sich steil aufrichtend, weißes Flanken- u. Rückengefieder wird gespreizt. ♂ u. ♀ brüten, ♀ aber länger. Brut ca. 13 Tage, Fütterung der Juv. auch durch überzählige Ad. u. Juv. früherer Bruten. Ausfliegen erst nach 5 ½ Wochen. Zunächst bevorzugt mit Mehlwürmern aufgezogen, später auch mit Obst u. Salat, bald nach dem Ausfliegen selbst fressend, aber noch längere Zeit von Ad. gefüttert. Neuerdings auch in anderen Zoos u. bei einem Vogelliebhaber in England gezüchtet, dort bei Haltung in Freivolieren von 3 Bruten nur 1 Juv. voll aufgezogen, 1 Juv. nach heftigem Gewitter in Außenvoliere ertrunken, obwohl ein gedeckter Schutzraum zur Verfügung stand.

— *L. dubius*, Senegalfurchenschnabel. ♂: OS größtenteils schwarz mit stahlblauem Glanz, nur am Rücken ein großer, weißer Fleck. US karminrot, ein schmales schwarzes Band vom Schnabelansatz unter dem Ohr bis zu den Schultern, ein 2. viel breiteres quer über die Brust. Bauchmitte heller rot mit weißlichen Federspitzen, Flanken gelblich weiß. Hosen, Steiß schwarz. Mächtiger Schnabel gezähnt u. mit starken Furchen unverkennbar. Oberschnabel rotbraun, Unterschnabel blaß hornfarben. Iris gelblichweiß, von einem roten Ring umgeben, breite unbefiederte Umgebung der Augen weißlich. Füße fleischfarben. ♀: mit schwarzen Tupfen auf den weißen Flanken. 25 cm. Von Senegal durch die Trockensavanne bis zum Tschadseegebiet, bes. in der Nähe von Feigen- u. Affenbrotbäumen. Paarweise od. in kleinen Flügen. Im Vergl. zu anderen An eher ruhig, nur kurzer Ruf «ca» u. ein schwirrendes «harr-harr». Brut in Höhlen alter Bäume, offenbar Gelege nur aus 2 weißen Eiern bestehend. Nahrung Früchte, aber auch viele Insekten, bes. Heuschrecken. Selten eingeführt. Zuerst 1939 von A. WEIDHOLZ in Kamerun mit Früchten u. Heuschrecken eingewöhnt, seine Vögel gelangten in den Berliner Zoo u. in den Tiergarten Wien-Schönbrunn, wo sie wohl aus kriegsbedingten Ernährungsschwierigkeiten nur bis 1 Jahr aushielten; 1939 auch in den Londoner Zoo, dort ausdauernder, neuerdings gelegentl. eingeführt, aber noch nicht gezüchtet.

— *L. guifsobalito*, Purpurmasken-Bartvogel, Abessinischer Rotkopf-Bartvogel. ♂ u. ♀: Kopf scharlachrot, übriges Gefieder glänzend blauschwarz, Flügeldecken mit weißen, Schwungfedern mit gelben Säumen, Flügel-US weiß. Schnabel schwarz. Iris braun. Füße schwarzbraun. Juv. mit weniger glänzendem Gefieder, rote Kopffärbung noch nicht so ausgeprägt. 18 cm. Äthiopien u. Sudan bis Uganda u. NO-Zaïre. Kommt in offenem Buschland mit vereinzelten Bäumen vor, heute stellenweise auch in Ansiedlungen u. Gärten. Tritt paarweise od. in kleinen Gruppen auf, läßt schrille, 2silbige Rufe mit Vorliebe von den höchsten, abgestorbenen Ästen der Bäume ertönen. Brütet in Baumhöhlen vornehmlich zwischen Oktober u. Januar. Nur selten eingeführt, aber schon 1896 nach England gebracht, mehrfach seit ca. 1928, im Londoner u. Berliner Zoo u. bei Vogelliebhabern. Mit gutem Weichfutter unter Beigabe von Früchten, Insekten ausdauernd. Hat im Käfig ein Alter von 11 Jahren erreicht.

— *L. leucocephalus*, Weißkopf-Bartvogel. ♂ u. ♀: Kopf, Kehle, Brust weiß, Rücken, Flügel dunkelbraun, Bürzel weiß, Schwanz schwarzbraun, Flügeldecken weiß gefleckt; Bauch braun, weiß gesprenkelt, Steiß weißlich. Schnabel schwarz, Borsten an der Schnabelbasis weißlich. Iris braun. Füße schiefergrau bis schwärzlich. Juv. noch nicht mit ganz weißem Kopf u. Brust, sondern dunkel verwaschen. 18 cm. Mehrere UAn, die sich in der Ausdehnung der weißen Federpartien u. der Fleckung der US unterscheiden. N-Nigeria bis S-Sudan, Kenia, Tansania u. Angola. Bevorzugt einzelne, hohe Bäume in offenen Landschaften. Nahrungsbedingt lokale Wanderungen unternehmend, an fruchtenden Feigenbäumen oft in größerer Zahl erscheinend. Brut von März bis Juni in Baumhöhlen, Gelege normalerweise 3 weiße Eier. Selten eingeführt, 1939 aus Kamerun im Berliner Zoo, 1967 u. danach im Frankfurter Zoo, ließ dort Fortpflanzungsabsichten erkennen, ohne aber zu brüten.

— *L. torquatus*, Halsband-Bartvogel. ♂ u. ♀: Stirn u. Scheitel rot, mit schwarzen Federn durchsetzt. Kinn, Kehle, Kopfseiten u. Hals scharlachrot, von einem breiten schwarzen Band begrenzt. Vorderrücken graubraun, dunkler gemustert, Schwungfedern dunkelbraun, Außenfahnen z. T. gelb gesäumt, Bürzel graubraun mit gelblichem Anflug. Schwanz dunkelbraun mit schmalem gelbem Rand an Außenfahnen. Brust, Bauch gelblichweiß, grau meliert. Schnabel schwarz. Iris hellrot. Füße schwärzlich. Juv. noch ohne rote Kopf-OS, auch an Kehle u. Brust mehr schwärzlich. 19 cm. Mehrere UAn. S-Kenia u. Angola sü. bis zum öst. Kapland, davon UA *L. t. albigularis* aus S-Tansania u. Moçambique mit schwarzweißer Zeichnung an den sonst roten Stellen. Kommt mehr in offener Landschaft mit Dornbüschen od. vereinzelten Bäumen vor. Meist paarweise auftretend, an fruchtenden Bäumen auch in größerer Anzahl, dann stark lärmend. Vielfältige Lautäußerungen. Brut in selbst hergestellten Baumhöhlen u. erweiterten Astlöchern, meist 3 weiße Eier. Häufig Wirte für die brutschmarotzenden Honiganzeiger ↗, die die juv. Bartvögel aus den Nestern werfen. Brutzeit ca. 18 Tage, Nestlingszeit fast 5 Wochen. 1911 im Berliner Zoo, 1939 dort auch dunkelköpfige UA *L. t. albigularis*. Neuerdings häufiger eingeführt. 1970 in Frankreich (Clères), seit 1974 auch in Frankfurt gezüchtet.

— *L. vieilloti*, Blutbrust-Bartvogel. ♂ u. ♀: Stirn, Kinn, Kopfseiten blutrot. Hinterkopf braun mit roten, gelb gesäumten Federspitzen, Rücken gelbweiß, Bürzel hellgelb, Flügel braun mit gelben Säumen der

Lyrurus

Birkhuhnküken

Schwungfedern. Schwanz braun, weiß gerandet; Kehle, Brust gelbweiß mit roten Tupfen, Bauch gelbweiß. Schnabel schwarz. Iris rotbraun. Füße schwarz. Juv. mit dunkelbrauner Stirn, weißgrauer Kehle u. Brust. 16 cm. Senegal bis Äthiopien. In trockener Dornbuschsteppe mit vereinzelten Bäumen. Auffallender Duettgesang. Brut in Baum- od. Astlöchern, 2–3 weiße Eier. 1936 im Kopenhagener Zoo, 1939 auch im Berliner Zoo. Neuerdings kaum eingeführt.

Lyrurus, Birkenhühner. G der Phasianidae ↗. 2 An.

— *L. tetrix*, Birkhuhn, Birkwild, Kleiner Hahn, Spielgeflügel. ♂: Kopf, Hals, Brust, Rücken schwarzblau, metallisch glänzend, Flügeldecken bräunlich, über dem Flügelbug ein weißer Spiegelfleck. Der leierförmige 18federige Schwanz (Spiel, Sichel) wird in der Mitte durch weiße Unterschwanzfedern überragt. Zur Balzzeit gehen die nackten, feuerroten Rosen über den Scheitel. ♀: ähnl. Auerhuhn ↗. Kopf, Hals dunkelrostgelb mit braunen Querflecken. Kehle, Kopf u. Brust mit schwarzen Wellen. Rosen schwach ausgeprägt. Dunenküken rostgelblich, dunkel gefleckt mit dunkler Kopfplatte. ♂ 62 cm, ♀ 48 cm. Europa, Asien, von Schottland (in Großbritannien fehlend) bis zum 70. Breitengrad, von der sü. Alpenkette bis zum Ussurigebiet u. Korea. Bewohnt Moor- u. Heidegebiete, sumpfige Wiesen u. Brüche mit schütterem, ursprüngl. Baumbewuchs sowohl im Flachland wie im Hochgebirge. Die starre Bindung an bestimmte Pflanzengesellschaften (Birke, Weide, Heide, Beerkraut) u. die Reaktion auf landeskulturelle Einflüsse führte in allen mitteleurop. Ländern in diesem Jh. zu einem starken Rückgang. ♂♂ führen zur Balzzeit (März–Mai) auffallende Gemeinschaftsbalz durch. Sie laufen flügelschleifend umher, springen, wobei sie laut kullern u. zischen. Diese Imponierbalz findet in den frühen Morgenstunden statt. Wildfänge sind schwierig einzugewöhnen, selbst gezüchtete Tiere neigen zu panikartigem Auffliegen, deshalb ist eine Dachabdeckung aus elastischem Netz empfehlenswert. Gezüchtete B. sollten nicht vor Oktober erworben werden, da der September für Juv. noch eine kritische Entwicklungsphase darstellt. Die A läßt sich auf Dauer nicht auf Naturboden halten. Hochgehegehaltung auf Drahtrosten od. Holzdielung ist zumindest zeitweise erforderlich. Für einen Zuchtstamm 1:3 ist eine Volierengröße von mindestens 35 m^2 angebracht (davon 1/3 überdacht). Das Raumbedürfnis ist größer als das der Auerhühner. Ad. haben einen hohen Bedarf an Rauhfaser, deshalb sind Birkenzweige, Aspe, Weide, Kiefer, Haselnuß neben Beersträuchern u. Heide Grundfutter, das je nach Jahreszeit durch Grünfutter ergänzt wird. Getreidemischung (Hafer, Buchweizen, Weizen) wird wenig gereicht. Im Frühjahr erfolgt ein Zusatz mit eiweißreichem Futter (Legehennenpellets). ♀♀ legen in geschützten Erdmulden 7–10 Eier. In ruhigen Gehegen brüten diese auch sicher (Brutdauer 25–27 Tage), allerdings ist das ♂ zu entfernen. Ausschließl. Kunstbrut gelingt kaum. I. d. R. wird mit Zwerghuhnglucken vorgebrütet, u. wenige Tage vor dem Schlupf werden die Eier dem Brüter anvertraut. Nach dem Schlupf erfolgt eine Desinfektion des Nabels. In der Aufzuchtvitrine (80 × 120 cm) verbleiben Juv. bis zu 3 Wochen. Der Strahler soll auf dem Rücken der Juv. 40 °C entwickeln, jedoch Gesamttemp. im Aufzuchtraum möglichst niedrig halten. Juv. wachsen bei Putenstarterfutter, gewiegtem, hartgekochtem Ei, lebenden Insekten u. Grünfutter rasch. Ab 6 Wochen beziehen sie eine große Voliere ↗. Auch bei der Aufzucht ist eine Drahtrosthaltung nicht völlig zu umgehen. Prophylaktisch werden infektiöse Erkrankungen behandelt. Die Sorge um das Aussterben der A im mitteleurop. Raum u. Bemühungen zur Auswilderung waren Anlaß zum Aufbau staatl., gesellschaftl. u. privater Zuchten.

Birkhuhn. Männchen

Machetornis. G der Tyrannidae ↗. 1 A. N-Kolumbien, Venezuela; Bolivien, Paraguay, öst. Brasilien bis M-Argentinien, Uruguay. Bewohnen Tiefland mit lockerem Baumbestand, Weiden, gern in der Nähe von Siedlungen. Paarweise od. im Familienverband unterwegs. Nahrung Insekten, sitzen auch auf dem Rücken von Weidevieh, häufig auf dem Boden. Rufe laut, schrill, metallisch klingend. Nest vorzugsweise in Baumhöhlen. Gelege 4–5 weißliche bis bräunlichweiße dichtgefleckte u. gestrichelte Eier. Erstmalig 1892 im Zool. Garten London.

— *M. rixosus*, Stelzen-, Kurzflügeltyrann. ♂ u. ♀: Stirn, Zügel, Wangen mit grauem Anflug, Kopf-OS mit Haube, rotem Mittelfleck. OS bräunlicholiv. Schwingen braun. Oberschwanzdecken mit rostfarbenen Säumen. Schwanz lang, braun, seitl. Federn haben breite gelbe Spitzen. Kehle gelblichweiß. US gelb. Schnabel schwarz. Auge orange. Füße schwarz. 19 cm. UAn.

Machlolophus. G der Paridae ↗. 3 An. Asien. Im immergrünen Laubwald niederer Lagen. Nahrung Insekten. Eingewöhnung leicht. Friedlich. Im Winter in frostfreien Käfigen ↗, im Sommer Voliere ↗. Nicht gezüchtet.

— *M. xanthogenys*, Kronenmeise. ♂ u. ♀: Stirn, Scheitel, Schopf schwarz, ebenso Nackenseiten u. Band vom Schnabel bis Nacken, Kehle u. breiter Mittelstreifen über Brust u. Bauch schwarz. Hinterkopf, Nackenmitte gelb, ebenso Streifen über dem Auge, Wangen u. US. Rücken grünlicholiv, Flügeldecken, Schwingen schwarz mit weißer Spitze. Armschwingen mit weißer Spitze. Schwanzfedern schwarz. Schnabel grauschwarz. Auge braun. Füße grau. Juv. Kehle grüngelb, Bauchstreifen schmal. Indien u. tiefere Lagen vom W-Himalaja bis O-Nepal. Immergrüne Waldgebiete u. Gehölzgruppen unterhalb 2 000 m. Lebensweise, Gesang, Brutverhalten erinnern an *Parus major* ↗. Importierte *M. xanthogenys* sind noch gelb gefärbt, während vermauserte Stücke weißlichgrau werden. Mit Wärmestrahler ↗, Insekten- ↗ u. Nachtigallfutter ↗ gewöhnt man sie ein. In die Freivoliere sollten sie nicht vor Ende Mai kommen, doch können sie nach Mauser ↗ u. langer Gewöhnung sogar Kältegrade überleben. Die Ernährung muß der von Insektenfressern ↗ entsprechen, Samen sollten nur Beifutter bilden. Häufige Abwechslung verhindert schlechte Futteraufnahme. Vitamingaben notwendig.

Macronectes. G der Procellariidae ↗. 2 An. Sü. Meere.

— *M. giganteus*, Riesensturmvogel. ♂ u. ♀: dunkelgrau mit hellerem Kopf od. weiß (im Antarktisgebiet), dunkelbraun gefleckt. Schnabel groß, hell strohfarben od. graugrün. Füße silberbraun od. rußschwarz. Juv. schieferschwarz bis schokoladenbraun, weißgefleckt. 85 cm. Flügelspannweite 85 cm. Größter Vertreter der F.

Macronyx. G der Motacillidae ↗. 8 An. Afrika. Pflege, Zucht s. Motacillidae.

— *M. croceus*, Gelbkehlpieper, Safrangroßsporn. ♂ u. ♀: Kopf, OS, Flügel gelbbraun, schwarz gefleckt, Überaugenstreif gelblich. Obere Brust mit schwarzem Band zieht schmaler werdend bis unter die Wangen, sonst US kräftig gelb. 19 cm. UAn. Senegal, Sierra Leone bis zum Sudan, N-Angola, O-Zaïre, Uganda, Kenia, O-Tansania, O-Sambia, Malawi, Moçambique, O-Simbabwe, N- u. O-Transvaal, Natal, Transkei. Lebt im offenen, feuchten Grasland in der Nähe von Büschen u. Bäumen, gern auf deren Zweigen. Ruf miauend, Gesang angenehm. Selten im Handel.

Macropygia. G der Columbidae ↗. 8 An. S-Asien, Inseln in SO-Asien, Neuguinea, Australien, W-Pazifik. Pflege s. auch Columbiformes ↗. Zucht von *M. unchall*, Bindenschwanztaube od. Bindenschwanz-Kuckuckstaube, *M. amboinensis*, Kuckuckstaube, *M. phasianella*, Maronentaube, gelungen.

Madagaskarfluchtvogel *(Hypsipetes madagascariensis)* → *Hypsipetes*

Madagaskar-Rallen → *Mesitornithidae*

Madagaskar-Turteltaube *(Streptopelia picturata)* → *Streptopelia*

Madagaskar-Waldohreule *(Asio madagascariensis)* → *Asio*

Madagaskarweber *(Foudia madagascariensis)* → *Foudia*

Madagaskar-Zwergohreule *(Otus rutilus)* → *Otus*

Madenhackerstare → *Buphagus*

Madenkuckucke → Crotophagidae

Madraswachtel *(Perdicula argoondah)* → *Perdicula*

Magellangans *(Chloephaga picta)* → *Chloephaga*

Magellanpinguin *(Spheniscus magellanicus)* → *Spheniscus*

Magellanzeisig *(Spinus magellanicus)* → *Spinus*

Maguaristorch *(Ciconia maguari)* → *Ciconia*

Mahali *(Plocepasser mahali)* → *Plocepasser*

Mahaliweber *(Plocepasser mahali)* → *Plocepasser*

Mahlfleisch. Als im Fleischwolf zerkleinertes, gekochtes Rindfleisch, meist Rinderherz, wird M. in der Ziergeflügelhaltung sehr vielseitig verwendet. Fettarmes Futter vor allem bei der Aufzucht, als Bestandteil von Weichfutter ↗-Mischungen empfehlenswert.

Mähnengans *(Chenonetta jubata)* → *Chenonetta*

Mähnenibis *(Lophotibis cristata)* → *Lophotibis*

Mähnentaube, NN → Kragentaube

Maier, Josef, geb. 5. 7. 1914 in Luzern. Kaufmann. Passionierter Vogelzüchter. 20 Jahre Schriftleiter u. Redakteur der Zeitschr. «Der gefiederte Freund». Jahrelang Zentralpräsident der Schweizerischen EXOTIS, seit 1955 deren Ehrenpräsident, seit 1975 Ehrenmitglied der AZ. Zahlreiche Artikel in Zeitschr.

Maidloris → *Vini*

Maidtaube *(Calopelia brehmeri)* → *Calopelia*

Malabarfasänchen *(Euodice malabarica)* → *Euodice*

Malabarhornvogel *(Anthracoceros coronatus)* → *Anthracoceros*

Malabarsittich, NN → Taubensittich

Malachiteisvogel *(Corythornis cristatus)* → *Corythornis*

Malachitnektarvogel *(Nectarinia famosa)* → *Nectarinia*

Malaconotinae, Buschwürger. UF der Laniidae ↗. Gn *Nicator, Malaconotus* ↗, *Chlorophoneus* ↗, *Telophorus* ↗.

Malaconotus. G der Malaconotinae ↗. 6 An. Afrika. Pflege, Zucht s. Laniidae.

— *M. blanchoti*, Graukopfwürger, Riesenbuschwürger. ♂ u. ♀: Kopf, Nacken grau, sonst OS, Schwanz grün, ebenso Schwingen. Flügeldecken, Armschwingen mit gelben Spitzen. Kehle, Brust unterschiedl. orange bis rot, sonst US hellgelb. Schnabel hoch, schwarz. Juv. Schnabel hornfarben. Farbvariante durch fehlende Gelbkomponente, grüne Gefieder-

Malacoptila

partien dann grau, gelbe weiß, orangerote fahlbräunlich. 28 cm. UAn. Senegal, Sierra Leone bis Sudan, N-Äthiopien, Somalia, durch O-Afrika bis Angola, O-Botswana, N-, O-Transvaal, Natal, Transkei, O-Kapprovinz. Lebt überwiegend in Büschen, dichten Laubwipfeln, Nahrung außer Insekten auch Schlangen. Nest in Büschen od. Bäumen. Gelege 2—4 Eier. Ruf seufzend (Spukvogel), Gesang besteht aus weichen, klappernden u. quitschenden Tönen. Selten im Handel.

Malacoptila. G der Bucconidae ↗. 7 An.
— *M. fusca*, Weißbrust-Faulvogel, Gemeiner Trappist. ♂ u. ♀ : OS graubraun, weiß gesprenkelt. Kehle u. Bauch graubräunlich bis weiß; weißes u. schwarzes Band trennt Kehle von Brust. Kurzer, breiter graubrauner Schnabel. 20 cm. UAn. O-Kolumbien durch S-Venezuela bis Guayana; O-Ekuador, O-Peru u. NW-Brasilien.
— *M. panamensis*, Weißzügel-Faulvogel, Panamafaulvogel. ♂ : oberseits u. an Kopfseiten braun mit heller Fleckung. Kehle braun mit weißen Flecken. Vorderhals rostfarben; übrige US bräunlichweiß mit dunkleren Flecken auf Brust u. Flanken. ♀ : statt braun grau getönt. 18 cm. UAn. S-Mexiko bis N-Kolumbien u. W-Ekuador.

Malaienalcippe *(Alcippe peracensis)* → *Alcippe*
Malaienfächerschwanz *(Rhipidura javanica)* → *Rhipidura*
Malaien-Fischuhu *(Ketupa ketupu)* → *Ketupa*
Malaien-Honiganzeiger *(Indicator archipelagicus)* → *Indicator*
Malaienhornvogel *(Anthracoceros malayanus)* → *Anthracoceros*
Malaienkauz *(Strix leptogrammica)* → *Strix*
Malaienstar *(Lamprocorax panayensis)* → *Lamprocorax*
Malaienstorch *(Leptoptilos javanicus)* → *Leptoptilos*
Malaienuhu *(Bubo sumatranus)* → *Bubo*
Malaiienspint *(Merops viridis)* → *Merops*
Malaiischer Nachtspint *(Nyctyornis amictus)* → *Nyctyornis*
Malaiischer Pfaufasan *(Polyplectron malacense)* → *Polyplectron*
Malakkatrogon → Halsbandtrogon

Malaria. Durch Protozoen verursachte Erkrankung der Vögel. Die Blutparasiten werden durch Mücken übertragen. Klinische Erkrankung mit schweren Verlusten hauptsächl. bei Pinguinen ↗. Therapie noch unsicher.

Malegasseneule *(Asio madagascariensis)* → *Asio*

Malimbus, Prachtweber. G der Ploceinae ↗. 10 An. Überwiegend rot u. schwarz gefärbt, nur An dieser G von Eigentlichen Webern i. e. S. haben rote Zeichen im Gefieder. Zu dieser G gehört einziger Webervogel mit Scheitelhaube (*M. malimbicus*). Afrika. Vorwiegend Bewohner der Urwälder. Nahrung überwiegend Insekten, Knospen, Früchte, Blüten. Futter abwechslungsreiche Insekten-, Fruchtnahrung s. Ploceidae ↗.
— *M. malimbicus*, Haubenweber. ♂ : Wangen, Halsseiten, Kehle karminrot, ebenso Kopf-OS, rote Haube. Sonst schwarz, Bauch mehr bräunlich. ♀ wie ♂, Haube kleiner. UA *M. m. nigrifrons* ♂ u. ♀ wie Nominatform, aber Bauch schwarz (Heimat Sierra Leone bis Nigeria). Juv. Kehle schwarz, vereinzelt rote Federn. Schnabel schwarz. Auge grau, bei Ad. dunkelbraun. 18 cm. 2 UAn. W-Afrika. Dichte Urwälder. Nest hoch in Baumkronen, kurze Einschlupfröhre. Gelege 2 matt hellgrüne Eier, braun u. grau gefleckt. Angeblich bereits einige Male auf dem Vogelmarkt, Einzelheiten unbekannt.
— *M. nitens*, Rotkropfweber, Rotkehlweber. ♂ : schwarz, allein Kehle u. Vorderbrust mit rotem Fleck. Schnabel stahlblau. Auge rot. ♀ wie ♂, aber unterseits stumpfschwarz, Unterschwanzdecken schwarzbraun. Juv. im roten Gefieder häufig bräunliche Flecken. Schnabel stahlblau. Auge rot. 17 cm. Von Guinea, Gabun bis O-Zaïre. Wälder. Nest aus Blattstreifen, Fasern, vorwiegend in Palmen an Flußläufen. Herabhängender Einschlupf mit Vorkammer. Gelege ca. 2 Eier, können gelblich, grün, grau, auch braun sein, dunkelgrün od. braun gefleckt u. gestrichelt. Erstmalig 1931 in Europa. Während der Eingewöhnung sehr empfindlich. Auch später über 22 °C bei hoher Luftfeuchtigkeit halten (großer Vitrinenkäfig ↗, Zimmervoliere ↗). Dichte Bepflanzung. Gartenvolieren nicht geeignet (Wärme!).

Maluridae, Staffelschwänze. F der Passeriformes ↗. 10 Gn, ca. 23 An. Klein bis mittelgroß, langschwänzig. Etliche prächtig gefärbt, z. B. *Todopsis*, *Malurus* ↗, bei letzteren wirkt Gefieder wie Samt u. Email in Blau, Violett, Rot, Schwarz u. Weiß. ♀ schlichter, RK des ♂ dem ♀ sehr ähnl. Hingegen die An von *Amytornis* meistens bräunlich mit weißen Streifen. Australien, nur 5 An auf Neuguinea u. benachbarten Inseln. Insektenfresser. Nest allseitig geschlossen, Eingang seitl. Durch Ausfuhrsperre Australiens (seit 1. 1. 1960) kaum noch gehalten, auch vorher zählten sie zu den empfindlichen Seltenheiten auf dem Vogelmarkt.

Malurus. G der Maluridae ↗. 5 An. Australien. Warme Unterbringung in Vogelvitrine ↗, Landschaftskäfig ↗ od. reichl. bepflanzter Innenvoliere ↗. Gutes handelsübl. Insektenfutter, außerdem frische Ameisenpuppen, Pinkies, kleine Mehlkäferlarven, Insekten aus der Lichtfalle ↗ u. a. lebende Insekten, in Abständen Multivitaminpräparat. In Gefangenschaft kommt es zuweilen beim ♂ nicht zur vollen Ausbildung des Prachtkleides.
— *M. cyaneus*, Prachtstaffelschwanz, Blauer Staffelschwanz. ♂ : Ohrpartie, unter dem Auge, Kopf-OS u. Oberrücken türkisblau, sonst OS samtschwarz, ebenso Kehle u. obere Brust. Flügel braun, langer Schwanz schwärzlichblau, äußerste Federn mit weißen Spitzen. US weißlich, Flanken mit blauem Hauch. Schnabel schwarz. Auge schwarzbraun. Füße braun. RK ähnl. ♀, dieses oberseits braun, unterseits bräunlichweiß. 13 cm (allein Schwanz 6 cm). UAn. SO-Australien vom südöst. Queensland durch öst. Neusüdwales u. Victoria bis südöst. S-Australien, außerdem auf Tasmanien. Lebt im Unterholz u. im hohen Gras. Schwanz häufig hochgestellt, meist auf dem Boden hüpfend. Fliegt selten, dann auch nur

kurze Strecken. Zur Brutzeit lebt nur das Paar zusammen, danach vereint in Trupps. Lebhafter Vogel. Nest kugelförmig aus Gras, Haaren u. anderem weichen Material gebaut. Erstmalig 1902 in Europa (England). Bis zur Ausfuhrsperre Importe sehr selten. Erstzucht Anfang des 20. Jh. bei PHILLIPS, London, 1961 auch bei BOEHM, New Jersey, USA. Nest im Strauch, vorwiegend aus Hundehaaren gebaut. Gelege 3 Eier. Juv. schlüpfen nach 13 Tagen, beide Eltern füttern. Während der Aufzucht reichl. lebende Insektennahrung bieten. Nestlinge fliegen nach 14 Tagen aus. 1 ♂ lebte im Zool. Garten Frankfurt/M. mindestens 6 Jahre.

Malus silvestris, Apfel. Von Weichfutterfressern, aber auch von Körnerfressern ↗, Sittichen ↗, Fruchttauben ↗ u. Fasanen ↗ genommen. Durch Zerreiben der Früchte erhält man ein Mus, das auch bei zarteren Vögeln die Fütterung ermöglicht.

Mamulastelze (*Motacilla maderaspatensis*) → *Motacilla*

Manacus. G der Pipridae ↗. 1 A. Zahlreiche UAn. Nordöst. S-Amerika. Bevorzugt im dichteren Unterwuchs am Rande der Savannenwälder. Bei der Balz, die an senkrechten Sprößlingen dicht über dem Boden stattfindet, zeigt sich das ♂ stets in waagerechter Haltung, so daß die gespreizten längeren Kehlfedern wie ein mächtiger Bart herunterhängen. Haltung, Ernährung usw. s. *Chiroxiphia* ↗.
— *M. manacus*, Säbelpipra. ♂: OS, Schwanz, Flügel, Stirn u. Kopfplatte schwarz. Kinn, verlängerte Kehlfedern, obere Brust, Hals u. Nacken cremeweiß. Oberschwanzdecken grau. Bauch u. übrige US silbergrau. Schnabel schwarz, Füße hell hornfarben. Je nach UA zeigen sich starke Unterschiede in Intensität u. Ausdehnung von Weiß auf der US, aber auch im Nacken. Einige UAn haben dort sogar gelbes od. gelbgrünes Gefieder (z. B. *M. m. vitellinus*). ♀ u. Juv.: oberseits olivgrün, unterseits mehr maisgrün, zum Bauch hin gelblicher. Von SO-Mexiko bis O-Paraguay, Misiones u. Paraná. In früheren Jahren einige Male importiert, in jüngster Zeit nicht mehr.

Manakins, NN → Schnurrvögel

Mandarinenstar (*Sturnia sinensis*) → *Sturnia*

Mandarinente (*Dendronessa galericulata*) → *Dendronessa*

Mandelkrähe, NN → Blauracke

Mandingoa. G der Estrildidae ↗. 1 A. Guinea, Angola bis S-Äthiopien, sü. O-Afrika, Fernando Póo. Lokal an Waldrändern, Lichtungen, auch im Hochland. Ab u. zu im Handel. Europ. Erstzucht 1960 durch F. KARL, BRD. Eingewöhnung schwierig, Vögel sehr «nervös». Keine kleinen Mehlkäferlarven bieten (fressen Chitinhülle mit), nur große werden ausgequetscht. Insektenschrot reichen, sonst kleinkörnige Hirse, Glanz, Keimfutter ↗. Unterbringung in Käfig od. Voliere (20–26 °C). Zucht nur in dichtbepflanztem Flugraum. Nest aus Kokosfasern, Moos, Wurzeln, Stengeln, umfangreich, meistens freistehend. Von außen mit Walderdklümpchen beklebt. Gelege 4–6 Eier. Schlupf nach 13 Tagen. Juv. fliegen nach 21 Tagen aus. Nach gut 1 Woche selbständig.
— *M. nitidula*, Grüner Tropfenastrild. ♂: Gesicht vom Schnabelansatz bis hinter das Auge rot, ebenso Kinn, Zügel, häufig auch Kehle u. obere Brust mit rotem Hauch. Übrige US schwarz mit zahlreichen kleinen Tropfen. OS moosgrün, nur Bürzel, Oberschwanzdecken orange bis hellrot. UA *M. n. schlegeli* (Schlegels Grüner Tropfenastrild), Kehle bis Oberbrust rot, OS manchmal rötlich verwaschen. Oberschwanzdecken orangefarben. Schnabel schwarz, rote Spitze. Auge dunkelbraun, Lid graublau. Füße graubraun bis rötlich. ♀: gelbgrüne Kehl-, Kropfregion, US heller, OS dunkler als bei ♂. Juv. graugrün ohne Tropfenzeichnung. 10–11 cm. 4 UAn.

Mandschurenkranich (*Grus japonensis*) → *Grus*

Mangroven-Würgatzel (*Cracticus quoyi*) → *Cracticus*

Manila-Papageiamadine (*Erythrura viridifacies*) → *Erythrura*

Mantelbrillenvogel (*Zosterops lateralis*) → *Zosterops*

Mantelmöwe (*Larus marinus*) → *Larus*

Mantelschwärzling (*Percnopis fusconata*) → *Percnopis*

Mantelwollrücken (*Thamnophilus palliatus*) → *Thamnophilus*

Manyarweber (*Ploceus manyar*) → *Ploceus*

Marabu (*Leptoptilos crumeniferus*) → *Leptoptilos*

Maraja-Amazone, UA → Gelbscheitelamazone

Mareca. G der Anatidae ↗, UF Anatinae ↗. 3 An.
— *M. americana*, Amerikanische Pfeifente. ♂: unterschiedl. ausgeprägter weißer Scheitel u. flaschengrüne Kopfseiten. Übriger Kopf graubraun mit schwarzen Tupfen. Brust, Flanken u. Vorderrücken weinrot mit feiner Wellung. Flügeldecken weiß, Spiegel grün. Schnabel bleigrau mit schwarzem Rand u. Nagel. Füße dunkelgrau. Im RK wie ♀. ♀: einfarbig graubraun. Mehr grau, insbes. am Kopf, als ♀ von *M. penelope*. Achselfedern reinweiß, bei *M. penelope* mit schwarzer Streifung. 46 cm. Lokal als Brutvogel in N-Amerika verbr. Überwintert in Südstaaten der USA u. M-Amerika, meist auf Binnengewässern. Zur Brutzeit an Seen in Prärie u. Tundra. Nester in Bodenvegetation. 7–10 Eier werden vom ♂ 24 Tage bebrütet. Nahrung besteht vorwiegend aus Pflanzenteilen. Seltener gehalten als die anderen An der G. Haltung u. Zucht nicht problematisch. Bastardierungsneigung ausgeprägt, insbes. zu *M. penelope*. Großer Teil der Gehegetiere sind Bastarde zwischen beiden An.
— *M. penelope*, Pfeifente. ♂: Kopf u. Hals kastanienbraun mit gelbem Scheitel. Brust weinrötlich. Rücken u. Flanken silbergrau mit feiner Wellung. Flügeldecken weiß, Spiegel grün. Schnabel bleigrau mit schwarzem Rand u. Nagel. Füße dunkelgrau. Im RK wie ♀. ♀: braun. 46 cm. In N-Europa u. N-Asien verbr. Brutvogel. Überwintert an westeurop. Küsten, in Afrika u. S-Asien. Zur Brutzeit an Seen, Flüssen u. Küsten. Im Winter auf überschwemmten Wiesen u. im Wattenmeer. Nester in Bodenvegetation. 7–10 Eier werden vom ♀ 23–25 Tage bebrütet. Nahrung fast ausschließl. pflanzlich. Im Sommer Gras u. Wasserpflanzen, im Winter Seegras u. Tang.

Margarethenlori

Chilepfeifente

Verbr. u. beliebter Gehegevogel. Unterbringung in Gemeinschaftsanlagen mit Grasnarbe. Die meisten Paare brüten. Nester zwischen Pflanzen. Aufzucht der Juv. problemlos. Mit 7 Wochen flugfähig u. nach 1 Jahr geschlechtsreif. Überwinterung bei offenem Wasser im Freien. Ausgeprägte Bastardierungsneigung. Um Mischlinge mit *M. americana* zu vermeiden, stets von dieser getrennt halten.

— *M. sibilatrix*, Chilepfeifente. ♂ u. ♀: Jahreskleid, Kopf von Schnabelwurzel bis Auge weiß, übriger Kopf schwarz, grün schillernd. Brust schwarz u. weiß gebändert. Schwarzer Rücken mit weißer Strichzeichnung. Flanken rostbraun. ♀ am Kopf meist weniger glänzend. Schnabel blaugrau mit schwarzem Rand u. Nagel. Füße dunkelgrau. 45–50 cm. Brutvogel von Chile u. Argentinien bis Feuerland u. auf den Falklandinseln. Wandert z. T. im Winter nach N. Zur Brutzeit an vegetationsreichen Binnengewässern. Nest mit 6–9 Eiern in Bodenvegetation. ♀ brütet 24–25 Tage. ♂ führt Juv. mit. Nahrung überwiegend pflanzlich. Sehr verbr. Gehegevogel. Unterbringung in Gemeinschaftsanlagen mit Grasnarbe. In Kleinanlagen ♂ ♂ mitunter streitsüchtig. Überwinterung bei offenem Wasser im Freien. Eier werden in Nistkästen od. Bodennestern abgelegt. Aufzucht der Juv. problemlos. Verpaarungen mit anderen An kommen vor.

Margarethenlori *(Charmosyna margarethae)* → *Charmosyna*

Margaroperdix, Perlwachteln. G der Perdicinae ↗. 1 A. Wachtelgröße. Geschlechter unterschiedl. gefärbt. 12federiger Schwanz, Lauf ungespornt. Sporenlos.

— *M. madagarensis*, Perlwachtel. ♂: rotbraun bis bräunlich. Schwarzgesäumtes helles Braun auf braunem Scheitel. Darunter schwarzgesäumte weißliche Augenbrauenbinde. Unter Auge von Schnabelwinkel aus ebensolche Binde um schwarze Kehle. Kopf- u. Halsseiten schwärzlich bis grauschwarz. Braunrotes Brustschild. Von Nacken bis Bürzel rotbraun u. schwarzgebändert mit hellen schwarzgesäumten Federschäften. Brauner Schwanz mit schmalen weißen Binden. Perlfleckung — weiß auf schwarzem Grund — auf Brustmitte u. Unterleib. Brust- u. Bauchseiten grau bis hell. Unterschwanzdecken, Aftergegend braunrot mit schwarzgesäumten gelblichen Längsflecken. Flügel u. Schwingen braun einfarbig, erstere dunkler. Schnabel horngrau. Iris dunkelbraun. Läufe dunkelgrau. ♀: OS wie ♂, aber heller. Kopf- u. Halsseite braungelblich, schwarz gefleckt, helle Kehle. Dunklerer Scheitelstreif als bei ♂. US hell, schwarz geschuppte Bindenzeichnung. Juv. bräunlich mit Rückenstreifen. Länge beim ♂ 24 cm, beim ♀ 21 cm. Madagaskar. In kleinen Gesellschaften auf Gras-, Öd-, Steppenland. Leichte Gewöhnung an Volieren. Fütterung s. *Coturnix* ↗. Gelege 5 Eier, gelblich mit dunklen braunen Flecken. Erstzucht 1890 Paris.

Margarops. G der Mimidae ↗. 1 A. Bahama-Inseln, kleine Inseln bei Haïti, Puerto Rico, Kleine Antillen, Inseln Bonaire u. Horquilla. Leben vorwiegend im Wald, Brutplatzkonkurrent von *Amazona* ↗ *vittata*. Erstmalig 1885 im Zool. Garten London. Pflege s. Mimidae.

— *M. fuscatus*, Perlaugendrossel. ♂ u. ♀: Kopfseiten graubraun, Wangen blaß hell gestreift. OS graubraun, Oberschwanzdecken breit weiß gesäumt. Flügel- u. Schwanzfedern braun mit blassen graubraunen Säumen, bis auf mittl. Schwanzfedern alle mit breiten Spitzen, die nach außen größer werden. Kinn bis Oberbrust mit dunkelgraubrauner Streifenzeichnung, auf der Brust sehr verwaschen. Hals graubraun. Körperseiten graubräunlich, Flanken graubraun gefleckt, Unterschwanzdecken weiß. Schnabel hornbraun. Auge gelblich. Füße hell hornfarben. Ca. 28 cm. UAn.

Mariskensänger *(Calamodus melanopogon)* → *Calamodus*

Marmaronetta. G der Anatidae ↗, UF Anatinae ↗. 1 A. Brutvögel in S-Europa, N-Afrika u. Kleinasien bis W-Indien. Europ. Population bestandsgefährdet. Im Winter umherstreifend. Zur Brutzeit an flachen Süß- u. Brackwasserseen. Ausgedehnte Schilfbestände werden gemieden. Nester gut versteckt in Bodenvegetation. 9–15 Eier werden 25–27 Tage bebrütet. Nahrung besteht aus kleinen Wassertieren u. Pflanzenteilen. In Gehegen mit zunehmender Zahl vertreten. Unterbringung auf kleinen bis mittl. Teichen mit gut bewachsenen Landteilen. Im Winter bei offenem Wasser im Freien. Nur bei anhaltendem Frost geschützte Unterbringung nötig. Zucht nicht problematisch. Eiablage in Nistkästen od. unter Stauden u. Büschen. Neben Mischfutter werden gern Garnelen u. Mehlwürmer aufgenommen. Verpaarungen mit anderen An sind bekannt, aber selten.

— *M. angustirostris*, Marmelente. ♂ u. ♀: Jahreskleid. Hellgraubraun mit hellen Punkten. Lange Schopffedern. Augenumgebung dunkel, kein Flügelspiegel. Schwarzgrauer Schnabel schmal u. lang. Füße olivgrau. ♀ oft mit kürzeren Schopffedern, mitunter kleiner. 40 cm.

Marmelente *(Marmaronetta angustirostis)* → *Marmaronetta*

Marmorfischeule *(Scotopelia bouvieri)* → *Scotopelia*

Marmormilzkrankheit des Fasans. Nekrosen der Milz beim Jungfasan, verursacht durch Adenoviren. Sehr verlustreiche Erkrankung.

Marmorspätzling *(Pseudonigrita arnaudi)* → *Pseudonigrita*

Marmorstar *(Saroglossa spiloptera)* → *Saroglossa*
Marmorweber *(Pseudonigrita arnaudi)* → *Pseudonigrita*
Maronensperling *(Sorella eminibey)* → *Sorella*
Maronenstirnsittich *(Rhynchopsitta terrisi)* → *Rhynchopsitta*
Maronentaube *(Macropygia phasianella)* → *Macropygia*
Maronenweber *(Textor rubiginosus)* → *Textor*
Marquesas-Erdtaube, NN → Marquesastaube
Marquesastaube *(Alopecoenas rubescens)* → *Alopecoenas*
Maskenamadine *(Poephila personata)* → *Poephila*
Maskenammer *(Hypocentor spodocephalus)* → *Hypocentor*
Maskenbaumelster *(Dendrocitta frontalis)* → *Dendrocitta*
Maskenbergzuckervogel, NN → Maskenhakenschnabel
Maskeneule *(Phodilus badius)* → *Phodilus*
Maskengrasmücke *(Sylvia rueppelli)* → *Sylvia*
Maskenhäherling *(Garrulax perspicillatus)* → *Garrulax*
Maskenhakenschnabel *(Diglossa cyanea)* → *Diglossa*
Maskenkernbeißer *(Eophona personata)* → *Eophona*
Maskenlärmvogel *(Corythaixoides personatus)* → *Corythaixoides*
Maskenpfuhlralle *(Porphyriops melanops)* → *Porphyriops*
Maskenpirol *(Oriolus larvatus)* → *Oriolus*
Maskenpitpit *(Polidacnis lineata)* → *Polidacnis*
Maskenschwalbenstar *(Artamus personatus)* → *Artamus*
Maskensittich *(Prosopeia personata)* → *Prosopeia*
Maskenstelze → Schafstelze
Maskentangare, NN → Schwarzbrusttangare
Maskentölpel *(Sula dactylatra)* → *Sula*
Maskentrogon *(Trogonurus personatus)* → *Trogonurus*
Maskenweber *(Textor velatus)* → *Textor*
Maskenwürger *(Lanius nubicus)* → *Lanius*
Maskenzeisig *(Spinus lawrencei)* → *Spinus*
Maskenzwergpapagei *(Opopsitta diophthalma)* → *Opopsitta*
Massena-Haubenwachtel, NN → Massenawachtel
Massenawachtel *(Cyrtonyx montezumae)* → *Cyrtonyx*
Mattenschneegimpel *(Leucosticte brandti)* → *Leucosticte*
Mau, Klaus-Georg, geb. 5. 4. 1943 in Kallies/Pommern. Arbeitsgebiete in der Vogelhaltung: Insektenzuchten, Weichfresser ↗, vorwiegend Girlitze ↗, unter bes. Berücksichtigung ernährungsphysiologischer Probleme bei montanen u. ariden Formen. Aufbau von Zuchtstämmen versch. Girlitzformen. Ca. 30 Publikationen über Tierhaltung u. zu fachdidaktischen Themen der Schulbiologie.
Mauerläufer *(Tichodroma muraria)* → *Tichodroma*
Mauersegler *(Apus apus)* → *Apus*
Maurenfink, UAn → Buchfink
Maurerhornvögel → Bucerotidae
Mauritiustaube, NN → Rosentaube
Mauritiusweber *(Foudia rubra)* → *Foudia*
Mäusebussard *(Buteo buteo)* → *Buteo*
Mäusedrossel *(Hylocichla mustelina)* → *Hylocichla*
Mauser. Vollständiger od. teilweiser Federwechsel des Vogels, der bei normalen Ablauf hormonell gesteuert wird. M. kann auch künstl. ausgelöst werden (Zwangsmauser ↗) od. durch plötzlichen Streß (Schreckmauser ↗). Während der M. ist der Bedarf an Mineralstoffen u. Vitaminen bes. groß, desgleichen die Krankheitsanfälligkeit. Abnorme M. s. auch Französische M. Sie steht wie die Reifung der Gonaden unter photoperiodischer Kontrolle u. erstreckt sich meist über einen längeren Zeitraum. Die Ausprägung ♂ ♂ od. ♀ ♀ Charakteristika des Federkleides wird dabei durch unterschiedl. artcharakteristische Hormoneinflüsse gewährleistet. Meist bedingen ♀ ♀ Geschlechtshormone (Östrogene) die typische ♀-Tracht, dagegen sind die oft prächtigen ♂ ♂-Trachten nicht von den ♂ ♂ Geschlechtshormonen (Androgenen) abhängig. Experimentell läßt sich bei ♂ ♂ verschiedener An durch Injektionen von Östrogenen eine typische ♀-Tracht erzielen, dagegen verändern in ♀ ♀ injizierte Androgene die ♀-Tracht nicht. Über Voll- und Teilmauser, sowie Jugend- u. Alterskleid → Alterskleid.
Mauserhaus. Haus mit hellen, luftigen Kammern, in denen die Beizvögel während der Mauser frei gehalten werden.
Mausersalz. Mineralstoffmischung, die während der Mauser ↗ eine optimale Versorgung für die Neubildung der Federn sichern soll.
Mausvögel → Coliidae
Maximilianpapagei *(Pionus maximiliani)* → *Pionus*
Mearns-Wachtel, NN → Massenawachtel
Medaillen. Vergabe vorwiegend an Standardvögel ↗ entspr. der erreichten Punktzahl od. des vergebenen Prädikats, Abstufung in Gold, Silber u. Bronze. Können auch für nicht standardisierte Vogel-An bei bes. Zuchterfolg od. Seltenheit vergeben werden.
Meenataube *(Streptopelia orientalis)* → *Streptopelia*
Meerblauer Ara *(Anodorhynchus glaucus)* → *Anodorhynchus*
Meerblauer Fliegenschnäpper *(Eumyias thalassina)* → *Eumyias*
Meerblaue Tangare, NN → Prälattangare
Meerespelikan *(Pelecanus occidentalis)* → *Pelecanus*
Megaceryle. G der Alcedinidae ↗. 2 An.
— *M. maxima,* Riesenfischer, Rieseneisvogel. ♂ u. ♀: OS schwarz, weiß getropft; US weiß mit schwarzen Flecken. Nackenschopf. ♂ Brust, ♀ Bauch kastanienbraun. Breiter, flacher, grauschwarzer Schnabel. Füße olivbraun. Juv. an Hals u. Brust schwarz u. rostbraun gesprenkelt. Körpermasse 370 g. 40—45 cm. UAn. Äthiopis (außer im größten Teil von SW-Afrika, Botswana, Somalia). Bewohnt Grasländer u. Regenwälder, an Gewässer gebunden. Laute scharfe Rufe u. Schnarrlaute. Hauptnahrung Fisch u.

Megalaima

Süßwasserkrabben. Nest in Erdhöhlen mit sehr langem Eingang. 3—4 weißglänzende Eier (45,5 × 35 mm). 1962 im Zoo San Diego erfolgreich gezüchtet.

Megalaima. G der Capitonidae ↗. Nur 1 A, häufig aber An der Gn *Chotorea* ↗, *Cyanops* ↗, *Thereiceryx* ↗, *Xantholaema* ↗ hierher gerechnet. Größte Bartvögel. S-Asien.

— *M. virens*, Heulbartvogel, Blaukopf-Bartvogel. ♂ u. ♀: Stirn schwarz mit bläulichem Anflug, Kopf sonst schwarzbraun mit blauen Federspitzen, die im Nacken in Gelb übergehen. Rücken, Brust dunkelbraun, Handschwingen braun mit blauen Außenfahnen u. Deckfedern, Armschwingen grün, Bauch gelbbraun, grün gesprenkelt, Steiß hellrot. Schwanz-OS dunkelgrün, -US bläulich. Schnabel gelb, First schwarz. Iris rotbraun. Füße grünlich schiefergrau. 33 cm. UAn. Im Himalaja von Pakistan bis Indochina u. S-China im O. Bewohnt die feuchten Wälder an den Berghängen, im Sommer zwischen 1 000 u. 3 000 m ü. NN, wandert im Winter in die Täler. Einzeln od. in kleinen Gruppen, an fruchttragenden Bäumen aber auch in größeren Ansammlungen. Hält sich meist hoch oben in den Bäumen auf, im Laub nur schwer zu entdecken. Verrät seine Anwesenheit durch ausdauernd geäußerte Rufe, die weithin hörbar sind u. von anderen Exempl. beantwortet werden. Außerdem Duettgesang von ♂ u. ♀ mit versch. Lauten. Nahrung Früchte, größere Insekten, die auch im Flug erbeutet werden. Brut in verlassenen Spechthöhlen od. in selbst hergestellten Höhlungen, meist zwischen April u. Juli; 3—4 weiße Eier. An Brut u. Aufzucht der Juv. beteiligen sich ♂ u. ♀. Bereits 1876 im Zoo London, 1895 im Zoo Berlin, auch in neuerer Zeit öfters eingeführt, aber von Liebhabern wegen seiner lauten u. monotonen Rufe kaum gehalten, jedoch nicht empfindlich u. ausdauernd. Bisher nicht gezüchtet.

Megaloprepia. G der Duculidae ↗ (früher zu *Ptilinopus*). 13 An. SO-Asien mit Inselwelt, Neuguinea, Australien. Zucht von *M. porphyrea*, Rothals-Fruchttaube od. Rosenhals-Fruchttaube, *M. occipitalis*, Gelbbrust-Fruchttaube, gelungen.

Megapodiidae, Großfußhühner. F der Phasianiformes ↗. 7 Gn mit 12 An. Haushuhn- bis knapp truthahngroße, dunkle Hühnervögel ↗. SO der Alten Welt, vorwiegend auf Neuguinea. Bewohnen sowohl Trockengebiete als auch Wälder. Ernähren sich von Körnern, Beeren, Früchten, Insekten, Würmern. Unterscheiden sich von anderen Vögeln durch die Art des Eierausbrütens. Manche An legen ihre Eier in die Nähe heißer vulkanischer Quellen od. warmer Lava, andere benutzen die Wärme, die sich beim Verrotten von Laub u. Pflanzenteilen entwickelt, u. wieder andere graben die großen Eier in den sonnenbestrahlten Sand. Niemals brüten sie selber. Entweder werden Gänge für die Eier gegraben od. aus sandiger Erde u. Laub bzw. anderem pflanzl. Material Haufen gebaut, von denen manche bis 12 m ⌀ u. bis 5 m Höhe haben. Der Hahn «prüft» die Wärme im Bruthaufen, indem er den Kopf in gescharrte Löcher steckt. Der Temp.-Sinn liegt wahrscheinl. im Schnabel; einige An kontrollieren nach der Eiablage aber auch nicht mehr die Bruttemp. Artabhängige unterschiedl. Verhaltensweisen bei der Eiablage. Brutbeginn u. -dauer hängen von der Umgebungstemp. ab. Während günstiger Legezeiten kann z. B. ein Thermometerhuhn *(Leipoa ocellata)* bis zu 35 Eier legen. Juv. schlüpfen bis zu 1 m unter der Erdoberfläche, sie wühlen sich oft mit letzter Kraft nach oben. Juv. können gleich od. bald danach bereits aufbaumen. ♀ u. ♂ kümmern sich nicht um sie. In zoolog. Gärten u. Vogelparks ↗ gehaltene Vogelgruppe. Große bepflanzte Volieren ↗ u. reichl. Material für Bruthaufen bieten. Futter (für 3 Tiere pro Tag): 120—150 g Obst (Bananen, Äpfel, Tomaten, Birnen, Apfelsinen) sowie 100 g Weichfutter (1 Teel. zerkleinerte Karotten, 1 Teel. gekochtes Hühnerei, ca. 10 g Haferflocken, ca. 10 g Hefeflocken, 2 Eßl. handelsübliches Drosselfutter, 1 Messerspitze Vitalkalk ↗), etwas Preßfutter für Junghennen. Einige An gezüchtet.

Megarynchus. G der Tyrannidae ↗. 1 A. Mexiko bis nordwe. Peru, Bolivien, Paraguay, nordöst. Argentinien, Paraná; Trinidad. Waldbewohner. Ruf «gneiii». Nahrung Insekten. Nest hoch, napfförmig, auf Ästen. Gelege 2—3 dunkelrahmfarbene großgefleckte Eier. Erstmalig 1866 in Europa (Zool. Garten Amsterdam), seither sporadisch in wenigen Exempl. im Handel.

— *M. pitangua*, Bauchschnabel-, Kahnschnabel-, Pitanguatyrann. ♂ u. ♀: Kopf schwarz, Scheitelmitte gelb. Augenbrauenstreif breit, weiß, ebenso Schläfenband gefärbt. OS, Flügel u. Schwanz olivbraun. Kinn u. Kehle weiß, Halsseite olivbraun. US gelb, ebenso Achsel u. Unterflügeldecken. Schnabel schwarz. Auge braun. Füße schwarz. 24 cm. UAn.

Megascops, Kreischeulen. G der Strigidae ↗. 10 An. Klein mit gelber Iris, bis auf *M. nudipes* alle mit Federohren. Keine Geschlechtsunterschiede im Gefieder, jedoch sind ♀ ♀ größer u. schwerer als die ♂ ♂. N- bis S-Amerika. Waldgebiete vom tropischen Regenwald bis zu trockenen Gebirgswaldungen. Nachtaktiv. Kleinsäuger u. Insekten sind ihre Hauptnahrung. Eingewöhnung u. Haltung bei den bisher nach Europa eingeführten 4 An mit Mäusen u. Eintagsküken problemlos. 2 An konnten bisher erfolgreich gezüchtet werden. Sehr verträglich, trotzdem ist eine paarweise Haltung in 2,00 m breiten, 3,00 m tiefen u. 2,00 m hohen Volieren ↗ vorzuziehen. Brutbiologie der meisten An unbekannt.

— *M. asio*, Kreischeule. ♂ u. ♀: treten sowohl in einer grauen als auch rotbraunen Färbungsphase des Gefieders auf, weder geschlechts- noch altersspezifisch. OS u. US dunkelbraun längsgestrichelt. Gelbweiße Fleckenanordnung auf dem Rücken. Seitl. dunkelbraune Umrandung des Gesichtsschleiers. Beine u. Zehen befiedert. Juv. ohne jede Längsstrichelung der OS u. US, wirken quergebändert, sonst wie Ad. 18—26 cm. N-Amerika von SO-Alaska u. S-Kanada bis Niederkalifornien u. M-Mexiko. Vorwiegend Waldvogel, sowohl in Laubholz- als auch in Koniferenwäldern anzutreffen. Insekten u. Kleinsäuger sind die Ernährungsgrundlage, aber auch Vögel, Rept., Amph. u. sogar Früchte konnten nachgewiesen werden. Baumhöhlenbrüter. Sehr seltener Gast in

Europas Zoo- u. Liebhabervolieren. Zucht bereits gelungen. Gelege 4—6 Eier. Werden vom ♀ in 2tägigem Abstand gelegt u. von ♂ u. ♀ bebrütet. Beginn der Bebrütung scheint nach dem heutigen Wissensstand individuell verschieden zu sein. Juv. schlüpfen nach 27 Tagen. Beim Tode des ♀ brütet das ♂ die Eier allein aus u. zieht die Juv. groß. Im Normalfalle füttern beide Eltern. Eine gehaltene M. a. wurde 20 Jahre alt. Erstzucht gelang 1972 dem Zoologischen Garten in Louisville, USA.

— *M. atricapillus*, Kappeneule. ♂ u. ♀: mit auffallend dunkel längsgestrichelter Kopf-OS. Je nach UA mehr marmoriert od. mehr gefleckt mit kurzer dunkelbrauner Längsstrichelung. Zehen nackt. Juv. unbekannt. 20—26 cm. Von O-Brasilien bis Uruguay. In tropischen u. subtropischen Waldgebieten. Ernährt sich von Insekten u. Kleinsäugern. Nachweisbar nur einmal in einer Sendung südamerik. Vögel nach Europa gelangt. Über eine Zucht ist nichts bekannt. Brutbiologie unbekannt.

— *M. choliba*, Cholibaeule. ♂ u. ♀: OS dunkelbraun mit 2 streifenförmig angeordneten weißen Fleckenreihen. US weiß, zur Seite u. Brust hin vielfach ockerfarben mit klarer dunkelbrauner Längsstrichelung. Schwarzbraune seitl. Begrenzung des Gesichtsschleiers. Beine befiedert, Zehen nackt. Orangefarbene Federn an den Oberbeinen. Juv. ohne senkrechte Längsstrichelung der US, welche grau u. ganz schwach quergebändert ist. 19—23 cm. Von Kostarika bis Bolivien, Paraguay, N-Argentinien u. Uruguay. Bewohnt offene, mit Buschwerk u. Bäumen bestandene Landschaften. Meidet den geschlossenen Wald. Insekten u. Kleinsäuger dienen als Nahrung. Baumhöhlenbrüter. Von allen M.-An die am häufigsten eingeführte A. Trotzdem selten in Liebhabervolieren zu finden. Bereits mehrfach gezüchtet. Gelege 3—5 Eier. Eiablage in 2tägigem Abstand, wird nach Ablage des 2. od. 3. Eies vom ♂ u. ♀ bebrütet. Juv. schlüpfen nach 27 Tagen. Beide Elternteile füttern die Juv. Erstzucht gelang 1976 E. ANDERS, BRD.

— *M. watsonii*, Watsoneule. ♂ u. ♀: *M. atricapillus* ähnl., jedoch insges. heller u. US gelbbraun mit dunkelbrauner, nicht zu dichter Längsstrichelung. Juv. unbekannt. 19—23 cm. O-Kolumbien, S-Venezuela u. Guayana durch N- u. W-Brasilien bis N-Argentinien. Bewohnt tropische Regenwälder. Ernährt sich von Insekten u. Kleinsäugern. Nachweisbar nur von einem Liebhaber in der BRD gehalten. Brutbiologie unbekannt. Über eine Zucht in Europa ist nichts bekannt.

Mehlkäfer, Mehlkäferlarve → *Tenebrio molitor*
Mehlmotte → *Anagasta kuehniella*
Mehlschwalbe (*Delichon urbica*) → *Delichon*
Mehlwurm → *Tenebrio molitor*
Meisen → *Paridae*
Meisenastrild (*Nesocharis shelleyi*) → *Nesocharis*
Meisengimpel (*Uragus sibiricus*) → *Uragus*
Meisenglocke → Winterfütterung
Meisenhäher (*Perisoreus canadensis*) → *Perisoreus*
Meisenring → Winterfütterung
Meisentimalien → *Yuhinidae*
Meisenyuhina (*Yuhina nigrimenta*) → *Yuhina*
Meister. Ist der absolut beste Züchter vorrangig domestizierter An für eine bestimmte A, wobei 2—4 Tiere, verschiedentl. auch als Kollektion ↗, in die Wertung kommen. Gilt als Ehrentitel.

Meisterschaft. Ausschreibung eines Wettbewerbs mit Bewertung ↗ auf Club-, Landes- od. internat. Ebene zur Ermittlung der Meister ↗ u. Sieger ↗. Bei entspr. Beteiligung je Vogel-A Unterteilung in Gruppen, Klassen od. Farben bzw. nach dem Geschlecht. Gilt vorrangig für alle domestizierten An, für die ein einheitl. Standard ↗ erarbeitet wurde u. Gültigkeit hat.

Melanerpes, Sammelspechte. G der Picidae ↗. 7 An. N- u. S-Amerika, Kleine Antillen. Vorwiegend in Laub-, Nadelwäldern u. Feldern. Können im Fluge Insekten erbeuten; legen im Herbst Wintervorräte an, indem sie Eicheln, Bucheckern, Nüsse u. andere Früchte sammeln u. in vorhandenen od. selbstgezimmerten Höhlungen in Baumstubben, Stämmen, Masten, Koppelpfählen u. Gebäudewänden unterbringen. Selten im Handel.

— *M. candidus*, Weißspecht. ♂: Kopf, vorderer Rücken, US u. Schwanzbasis weiß; am Nacken, auf der Brust u. am Bürzel ein zitronengelber Fleck; Flügel, Schwanz u. Augenstreif sowie Bereich unterhalb des Nackens schwarz. ♀ wie ♂, aber ohne Gelb. Juv. sehen im Alter von 4 Wochen den Ad. ähnl. 26—27 cm. S-Brasilien, Argentinien, Bolivien, Paraguay. Bewohnt Flußauen, Urwald u. lichten Baumbestand; offenes Gelände wird bevorzugt. Eingewöhnung problemlos, Vögel können futterzahm werden. Haltung in ca. 2,00 × 3,50 × 2,15 m großer Innenvoliere eines Tropenhauses; verträglich mit 1,1 Weißbauch-Laufhühnchen (*Laterallus leucopyrrhus*). Ernährung durchgedrehte, frische Eintagsküken u. Rinderherz, gekochte Mehlwürmer ↗, lebende Wachsmottenmaden u. Grillen, Obst (Bananen, Äpfel, Birnen, Apfelsinen, Tomaten), Hefeflocken, Quark mit Insektenfutter ↗ sowie etwas Vitakalk ↗. Zucht mehrfach gelungen. Gelege aus 4 glänzend weißen Eiern in einer Baumhöhle, Flugloch 7—8 cm, kein Nest; Brutdauer ca. 14 Tage, beide Eltern füttern, das ♂ beteiligt sich dabei mehr als das ♀. Juv. fliegen nach 4—5 Wochen aus, werden noch ca. 3 Tage von beiden Eltern gefüttert. Aufzuchtfutter sind eingeweichte Weißwürmer u. getrocknete, eingeweichte, mit Eigelb u. ein wenig Quark vermischte Ameisenpuppen.

— *M. cruentatus*, Gelbbrauenspecht. ♂: schwarz glänzend; Kopf-OS vorn karminrot; Streifen vom Auge bis zum Nacken; Streifen am Auge weiß beginnend u. am Nacken gelb endend; US weiß; Bauchmitte karminrot; Seiten schwarzweiß gestreift; Bürzel weiß; schlanker, schwarzer Schnabel; blaugraue Füße. ♀: ohne karminroten Fleck an Kopf-OS, sonst wie ♂. Juv. wie ♂, aber nicht so kräftig gefärbt. Kopfplatte rosa. 20 cm. O-Kolumbien, O-Ekuador, O-Peru, N-Bolivien durch Venezuela u. das Amazonasgebiet. Bewohnt Wald u. abgebrannte Lichtungen. Haltung in 15 × 5 × 2 m großer Außenvoliere, die mit Sträuchern, Stauden u. morschen Baumstämmen besetzt ist. Frostfreie Überwinterung; verträg-

Melanitta

Männchen und Weibchen der Trauerente (1), Samtente (2) und Brillenente (3)

lich mit einheimischen u. fremdländ. Weichfressern, unverträglich mit Buntspecht; bisweilen mit Schama ↗, Pirol ↗ u. Mittelspecht ↗ zänkisch. Ernährung Futtermischung für Grasmücken ↗, mit frischem Quark angefeuchtet u. mit Hackfleisch angereichert; reichl. Bananen, Mehlwürmer, Rinderfett. Zucht selten; in 2,5 × 2,5 × 2 m großer Voliere mit Starenkasten als Nisthöhle gelungen. Gelege 4 Eier. ♂ entfernt manchmal Eier aus der Nisthöhle. Beide Partner brüten vom Tage der 1. Eiablage an. Brutdauer 18 Tage. Juv. verlassen nach etwa 4 Wochen die Nesthöhle u. werden noch 3 Wochen von beiden Eltern gefüttert.

Melanitta. G der Anatidae ↗, UF Anatinae ↗. 4 An.

— *M. fusca*, Samtente. ♂: im BK schwarz. Kleiner weißer, halbmondförmiger Fleck unter dem Auge. Spiegel weiß. Schnabel gelb mit schwarzem, von der Wurzel bis zur Schnabelmitte reichendem Fleck. Füße rot. Im RK wie ♀. ♀: schwarzbraun mit hellem Fleck am Zügel u. in Ohrgegend. Spiegel weiß. Schnabel schwarzgrau. 55 cm. Brutvogel in N-Europa bis W-Sibirien. Im Winter an flachen Küsten u. auf großen Binnenseen z. T. we. von Brutgebieten. Zur Brutzeit auf Seen u. Teichen der Tundra u. Taiga. Nester am Ufer od. auf Inseln unter Sträuchern od. zwischen Steinen. 8—10 Eier werden vom ♀ 27—29 Tage bebrütet. Nahrung im Binnenland Wasserpflanzen u. kleine Wassertiere, auf dem Meere überwiegend Mollusken u. Krebse. Sehr selten gehalten. Eingewöhnung problematisch. Unterbringung auf tiefen Teichen mit sauberem Wasser. Fütterung mit Fertigfutter, Garnelen u. Fischstückchen. Eingewöhnt können sie in Einzelfällen sehr ausdauernd sein.

— *M. nigra*, Trauerente. ♂: im BK einfarbig schwarz. Schnabel schwarz mit gelbem Fleck in Schnabelmitte. An der Wurzel Schnabelhöcker. Füße schwarzbraun. Im RK wie ♀. ♀: dunkelbraun, Wangen, Halsseiten u. Kehle weißlichbraun. Schnabel schwarzgrau, mitunter gelb gefleckt. 47 cm. 2 UAn. Brutvogel in altweltlicher Arktis sü. bis Island u. N-Skandinavien, in N-Amerika von Alaska bis NO-Kanada. Im Winter an Meeresküsten in gemäßigten Breiten. Zur Brutzeit an stehenden od. ruhig fließenden Gewässern der Tundra u. Taiga. Nester unter Sträuchern od. zwischen Steinen am Ufer. 8—9 Eier werden vom ♀ 27—28 Tage bebrütet. Wenn Juv. flügge, Abwanderung auf das Meer. Nahrung im Binnenland kleine Wassertiere u. wenig Pflanzenteile, auf dem Meere vorwiegend Mollusken. Selten gehalten. Eingewöhnung nicht leicht. Unterbringung auf tiefen Teichen mit sauberem Wasser. Fütterung mit Fertigfutter, Garnelen u. Fischstückchen. Erfolgreiche Haltung häufiger gelungen als von *M. fusca*. Bereits einige Male gezüchtet.

Melanocorypha. G der Alaudidae ↗. 6 An. Europa, N-Afrika, Asien. Artenschutz, Pflege, Zucht s. Alaudidae.

— *M. bimaculata*, Bergkalanderlerche. ♂ u. ♀: wie Kalanderlerche, aber zierlicher, kleiner, Überaugenstreif weiß, Brustseiten mit kleinen, schwarzen Flecken, den Armschwingen fehlen weiße Endsäume, Schwanzfedern nur an den Spitzen weiß. Schnabel grau hornfarben. Auge dunkelbraun. Füße bräunlichgelb. 16—17 cm. UAn. Kleinasien, Syrien, Libanon bis Afghanistan, Turkestan, S-Ural, Überwinterung in Indien, Arabien, Ägypten, Sudan. Gebirgsbewohner, lebt über 2300 m ü. NN. Brütet relativ dicht beieinander, im Winter in Wüsten, Steppen. Selten im Handel, ruhig, friedlich, bald zahm. Gesang ähnl. dem von Kalanderlerche.

— *M. calandra*, Kalanderlerche. ♂: unterscheidet sich von allen anderen Lerchen durch auffällige, schwarze Flecken an den Kropfseiten, den dicken gelblichen Schnabel. ♀ wie ♂, aber Kropfflecken kleiner. Juv. wie Ad., aber gelblich rahmfarben, teilweise verdeckter Halsfleck. 19—20 cm. UAn. Länder um das Mittelmeer u. das Schwarze Meer, Kleinasien, Syrien bis Kirgisensteppe, Turkestan, N-Afghanistan. Als Irrgast in vielen europ. Ländern. Bewohnt steppenartiges Gelände, Felder, trockene Weiden. Gehörte früher zu den begehrten Stubenvögeln, in den letzten Jahren wieder häufiger auf Ausstellungen u. bei Züchtern. Gesang wohlklingend, volltönend, lauter als von Feldlerche. Brutversuch wird 1922 von K. Neunzig ↗ angegeben.

— *M. mongolica*, Mongolenlerche. ♂: Ober-, Hinterkopf kastanienbraun, Scheitelplatte bräunlichgelb. Überaugenstreif, engere Augenregion weißlich. OS lerchenartiges Gefieder mit rötlichbraunem Hauch, US weißlich, Brustseiten schwarz gefleckt. Oberbrust mit schwarzem Band. ♀ wie ♂, kleiner, Scheitelplatte nicht so ausgeprägt. 19 cm. SO-Transbaikalien bis W-Mandschurei, im S bis NO-Tsinghai (China). Bereits während der Eingewöhnung nur geringe Scheu. Angenehmer Pflegling, wird viel in China gehalten. Dort handaufgezogene Vögel wegen des Spottalents sehr begehrt. Wildfänge keine Spötter.

— *M. yeltoniensis*, Mohrenlerche. ♂: hat im Gegensatz zu anderen Lerchen bräunlichschwarzes Gefieder, Federn mit fahlbräunlichweißen Säumen. ♀: ähnl. Kalanderlerche, aber blasser, US weiß, Unterflügeldecken bräunlichschwarz. 20 cm. SO-Sowjetunion, Kirgisensteppe bis zum we. Altai. Irrgast in vielen europ. Ländern. Trockene Weiden, Steppen, selbst in Salzsteppen, im strengen Winter auch in Siedlungen. Kaum im Handel, in den letzten Jahren oft von sowjet. Züchtern auf mitteleurop. Vogelausstellungen gezeigt. Gesang ähnl. wie von Kalanderlerche. Unempfindlich gegenüber Kälte, Überwinterung in Freivoliere mit Schutzhaus möglich. Selten gezüchtet, erstmalig 1888 von W. HARRES.

Melanotis. G der Mimidae ↗. 2 An. Mexiko bis N-Honduras u. El Salvador, Tres-Marias-Inseln. Pflege s. Mimidae.

— *M. caerulescens*, Blauspottdrossel, Mexikanischer Blauspötter. ♂: Stirn, Kopf-OS, Augenpartie graublau mit schemenhafter Streifenzeichnung. Zügel, Wangen u. Ohrdecken schwarz, ebenso Kinn. OS graublau, Schwingen schwärzlichgrau. Schwanz dunkel schieferblau, Federn außen u. mittl. Schwanzfedern blau. Vorderhals u. Oberbrust hellblau, gestreift, sonst US wie OS, aber heller. Schnabel schwarz. Auge braun. Füße schwärzlich. ♀ wie ♂, etwas kleiner u. blasser. Ca. 26 cm. UAn. Mexiko u. Tres-Marias-Inseln. Angenehmer Pflegling. Anfangs scheu. Bewegungsfreudig, springt weit, hält sich auch gern im Geäst auf. Größere Unterkunft bieten (Voliere ↗, Vogelstube ↗), nur für sehr großen Käfig ↗ geeignet. Badet gern. Gesang abwechlungsreich.

Melanotrochilus, Trauerkolibris. G der Trochilidae ↗. 1 A. In O-Brasilien von Pernambuco bis Rio Grande do Sul. Vorzugsweise in Wäldern, Gärten u. Plantagen, nisten in verlassenen Wespennestern u. Bienenhöhlen. Eingewöhnung ohne bes. Schwierigkeiten. Sollen nach A. RUTGERS leicht zu halten sein; die Zoological Society London erwähnt einen Haltungsrekord von 8 Monaten. Zucht noch nicht gelungen.

— *M. fuscus*, Trauerkolibri, Schwarzweißer Kolibri. ♂ u. ♀: OS, US u. mittelstes Steuerfederpaar schwarz, Bürzel, Oberschwanzdecken sowie mittelste Steuerfedern mit metallischgrünem Schimmer. 4 äußere Steuerfederpaare weiß mit purpurschwarzem Endsaum. Körperseiten mit weißem Streif. Aftergegend weiß. Juv. wie ♀. 12,0 cm.

Meleagridinae, Truthühner. UF der Phasianidae ↗. 1 G *Meleagris* ↗, 2 An.

Meleagris, Truthühner. G der Meleagridinae ↗. 2 An. Groß, schlank, hochbeinig. Prächtig gefärbt. 18fedriger Schwanz, bei ♂ in Balz zum Rad geschlagen. Kopf oberhalb nackt, Fleischklunker über Oberschnabel. ♂ deutl. größer, gespornt. M- u. we. N-Amerika. Wildform der Hauspute. Fütterung mit Putenfertigfutter, Küken mit Putenstarterfutter; sonst wie Haushuhn.

— *M. gallopavo*, Truthuhn. ♂: Kopf nackt, veilchenblau, Augenregion dunkler, Hals purpurrote Haut. An Oberschnabelwurzel eine Fleischklunker, in Erregung 6 cm lang. Fleischwarzen an Kopf u. Oberhals, dazwischen Borstenhaarfedern. Gefiedergrundfarbe dunkelbraun, bronze bis grünlich schillernd. Rük-

Mohrenlerche

ken-, Brust-, Seiten- u. Flankenfedern mit samtschwarzem Endsaum. Unterrücken- u. Bürzelfedern mit breiterem schwarzem Saum, vor dem ein kupferfarbiger Streifen verläuft. Oberschwanzdecken dunkel purpurkastanienbraun mit schmalem samtschwarzem Band vor dem Endsaum. Zur Federbasis matt grünlichschwarzes Band. Schwanz rötlichbraun, breit schwarz gebändert. Flügeldecken bronzefarbig, schillernde Außenfahnen. Innenfahnen heller, gebändert. Handschwingen braun mit weißer Bänderung. Armschwingen ebenso, aber hellerer Grundton. Körperunterseite schwärzlich, gelblich gebändert. An Brust schwarzer Borstenfederbüschel. Schnabel gelb auf orangefarbenem Grund. Iris tiefbraun. Füße purpurrot. Gewicht 6,5–8,0 kg. ♀: kleiner als ♂, mehr bräunlich, weniger glänzendes Gefieder, Hals behaarter; Gewicht 4,1 kg. Juv. Dunenküken bräunlich, Brust u. Flanken heller. Scheitel-OS dunkelbraun gefleckt. Kopf u. Unterseiten gelblich bis elfenbeinfarbig. Band gelb. 107–127 cm. UAn. N-Amerika bis Mexiko. Lichte Mischwälder bevorzugt. Polygam in der Zucht. Wintergesellschaften. Guter Läufer. Baumt nachts auf. Winterhart. Unproblematische Eingewöhnung. Gelege 8–15 Eier, gelblichweißlich mit feinen Punkten u. Flecken bedeckt. 62 × 45 mm, Gewicht 65–75 g. Nest in Bodenmulde. Brutdauer 28 Tage. Vorzügliche Brüterinnen u. Ammen für zahlreiche An. Küken feuchtigkeitsempfindlich. Fruchtbar zu kreuzen mit *Meleagris ocellata*. In Europa als Wildtier ausgesetzt (Österreich).

— *M. ocellata*, Pfauentruthuhn. ♂: Kopf u. Oberhals nackt, hellblaue Haut. 15–20 mm hohe Kopfbeule u. Stirnzapfen orange bis karminrot. Halsgefieder u. Oberbrust mit bronzegrün schillerndem Endsaum, davor samtschwarze Binde. Unterbrust, Seiten u. Flanken mit US bis After u. Schenkel schwärzlichgrau. Rücken- u. Schulterfedern bronzegrün. Unterschwanz blaugrau mit kupferbronzigem Endsaum. Kleine Flügeldecke metallgrün glänzend. Jede Feder mit schwarzem Querband vor Ende. Große Flügeldecke metallisch kupferbronzefarbig. Innere Armschwingen weiß gebändert; äußere Armschwingen mit weißen Außenfahnen, grauer verdeckter Fleck in

Melichneutes

Schaftnähe. Handschwingen u. -decken grauschwarzweiß gebändert. Bürzelfedern metallisch blau mit bronze glänzendem Ende u. schwarzen Querbinden. Oberschwanzdecken außerdem mit nach hinten breiter werdenden kupferroten Endsäumen. Schwanz hellgrau gewellt u. gebändert mit glänzendem, bronze- bis kupferrotem Endsaum, davor metallisch blauer Augenfleck mit schwarzem Saum. Iris dunkelbraun. Schnabel u. Füße rot. Gewicht 3,2—4,2 kg. ♀: Kopfbeule u. Stirnzapfen fehlen. Weniger groß, blasser gefärbt. Kleinerer Augenfleck auf Schwanzfedern. Juv. Dunenküken Kopf-OS u. Oberhals dunkelgelb. Schwarzbrauner Streif über Scheitel, Nakken, Oberrücken, Oberkörper, gelbgrauschwarz längsmarmoriert. Gesicht, Brust gelb. Zur US heller. Schnabel hellrot. Auge grau. Füße rot. Rasche Befiederung. Streifung wie Ad., Glanz fehlt. ♂ 100 cm, ♀ 83 cm. Guatemala, Honduras, Mexiko. Savannen, buschige Waldränder bevorzugt. Äsung auf Kulturflächen. Warme Unterbringung bei Neuzugängen u. im Winter. Großer Auslauf. Gelegestärke 7—9 Eier, hellzimtfarbig mit schokoladenbrauner Tüpfelung (57 × 46 mm), Brutdauer 28 Tage. Erstzucht 1882 Zoo Berlin.

Melichneutes. G der Indicatoridae ↗. 1 A. Elfenbeinküste, SO-Nigeria u. S-Kamerun bis Gabun u. Zaïre. In tropischen Urwäldern.
— *M. robustus,* Leierschwanz-Honiganzeiger. ♂ u. ♀: OS schwarzbraun mit olivgelben Federsäumen, US heller. 4 äußere Schwanzfederpaare weiß u. schmal, kurz. Beide mittl. Schwanzfederpaare an Spitze auswärtsgebogen. 13—17 cm.

Melierax. G der Accipitridae ↗. 2 An. Mittelgroße «Habichte». Flügel kurz, gerundet. Schwanz ⅔ der Flügellänge. Hochbeinig.
— *M. metabates,* Graubürzel-Singhabicht. Kleiner Greifvogel. ♂ u. ♀: OS grau bis schiefergrau. Flügelspitzen schwarz, Rest des Gefieders weißgrau, schwarz gesperbert. Schwanz sehr lang, schwarzgrau mit 3 weißen Binden, außer den mittl. Steuerfedern. Immat. braun bis hellbraun. Schnabel schwarz. Wachshaut, Iris, Füße rot. We. u. zentrales Afrika, SW-Arabien. Lichte Wälder, Busch, Steppe, Savanne, Halbwüsten. Beute Insekten, Reptilien, kleine Vögel, Kleinsäuger. Jagt sehr gern zu Fuß. Horst auf der Spitze von Bäumen. Gelege 2 weißbläuliche Eier. Brutbiologie weitgehend unbekannt. Selten in Tiergärten, nur zufällig im Tierhandel angeboten. Wesen agil. Voliere mit genügend Lauffläche ist notwendig. Nahrung Küken, Mäuse, Insekten. Bei Temp.en unter 5 °C Winterquartier notwendig. Noch nicht in Gefangenschaft gezüchtet.

Meliornis. G der Meliphagidae ↗. 3 An.
— *M. novaehollandiae,* Bunthonigfresser, Weißaugen-Honigfresser. ♂ u. ♀: schwarzweiß gemustert u. gefleckt, mit gelben Säumen an Schwung- u. Schwanzfedern. 18 cm. UAn. Küstennahe Gebiete SO-Australiens von SO-Queensland bis Victoria u. südöst. S-Australien, Tasmanien; SW-Australien.

Meliphagidae, Honigfresser. F der Passeriformes ↗. 51 Gn, u. a. mit *Lichenostomus* ↗, *Nesoptilotis* ↗ *Prosthemadera* ↗, *Philemon* ↗, *Anthochaera* ↗, *Entomyzon* ↗, *Melithreptus* ↗, *Meliornis* ↗, *Myzomela* ↗. 168 An. (Abgrenzung der Gn nur provisorisch!) Schlichte Färbung in olivgrün, schwarz, braun, weiß u. gelb, nur einige An mit Scharlachrot im Gefieder. Häufig mit nackten, farbigen Hautstellen od. fleischigen Anhängseln am Kopf. Lange spitze Flügel mit 10 Handschwingen; 12federiger Schwanz teils kurz, teils auch länger. Dünner, abwärts gekrümmter, spitzer Schnabel, oft röhrenförmig. Lange Läufe mit kräftigen Zehen. ♂ meist wie ♀. Baum- u. Buschvögel. 10—36 cm. Australien, Bali, Samoa, Hawaii, Marianen, Neuguinea, Bonin-Inseln bei Japan. In Wald- u. Buschland, vom Meeresufer bis ins Hochgebirge, *Lichenostomus, Nesoptilotis*-An vor allem in Eukalyptuswäldern. Besitzen vielfach melodische Lockrufe. ♂♂ kleinerer An oft hervorragende Sänger. Rinnenförmig gebaute, vorn aufgefaserte lange Zunge u. Bau des Magens weisen auf urspüngl. Ernährungsweise durch Aufnahme von Säften, meist mit Rüttelflug od. im Sitz aufgenommen (Blütenbestäuber!). Viele An leben aber von Früchten, Beeren u. Insekten, zuweilen auch von kleinen Wirbeltieren u. Vogeleiern. Nester in Bäumen od. Gebüsch, napfförmig oben offen od. seltener überwölbt, mit Pflanzenfasern an Zweigen aufgehängt. 2—3 Eier (24 × 17 mm) auf weißem, rötlichen od. gelblichen Grund verschiedenartig dunkel gefleckt. Einige An Zugvögel. Seit die Ausfuhr wegen Artenschutzes verboten, nur noch höchst selten gehalten (z. B. *Philemon* im Zoo Zürich). Ggf. Vergesellschaftung mit Bülbüls, Tangaren u. Nektarvögeln möglich. Gemisch von Eierbrot od. Biskuit mit rohem Möhrenbrei od. Milch, Mahlfleisch, Hartei, geschnittenen Früchten mit Zucker, süße Beeren füttern. Dazu Honig in Milch od. Wasser mit Eigelb. Halbierte Orangen mit Zucker separat. Frischgehäutete Mehlwürmer ↗, rote u. weiße Mückenlarven, Enchyträen, geschnittene Schaben. Größere An wie *Philemon* auch größere Obststückchen u. Fleischfasern; an Zuckersaft geklebte Stummelfliegen (als «Beschäftigungstherapie» zur Eingewöhnung). Sehr begehrt soll der Nektar des Fingerhuts sein. Für *Myzomela*-An Haferschleim, Fleischextrakt, Honig, Traubenzucker, Fruchtsaft, halbierte u. bezuckerte Apfelsinen, Kleininsekten. Für *Prosthemadera* Ameisenpuppen, Insekten, Früchte u. Beeren.

Melipodagus. G der Indicatoridae ↗. 2 An.
— *M. maculatus,* Tropfenbrust-Honiganzeiger, Kehlstreifen-Honiganzeiger. ♂ u. ♀: olivgrün mit runden, gelblichgrünen Flecken auf Brust u. Bauch. 4 äußere Schwanzfederpaare weiß. Schnabel hell. Juv. auf US gestrichelt. «Miau»-Laute. 16,5 cm. UAn. Gambia bis Zaïre u. nur in einigen Wäldern W-Ugandas. In dichten Wipfelregionen.
— *M. variegatus,* Strichelstirn-Honiganzeiger, Schuppenhoniganzeiger, Gefleckter Honiganzeiger. ♂ u. ♀: OS olivbraun mit weiß gesäumten Federn auf Stirn u. im Gesicht. US weißlich mit dunklen Flecken an Kehle, Vorderhals u. Brust. Äußere Schwanzfedern weiß. 18 cm. UAn. S-Sudan u. Äthiopien bis Angola, Sambia u. durch Moçambique, O-Simbabwe u. Natal bis zur S-Kappprovinz.

Melithreptus, Grünhonigschmecker. G der Meliphagidae ↗. 7 An. Größer als verwandte An. OS grün. Kleine nackte Hautflecken am Kopf. Kürzerer, wenig gebogener Schnabel.
— *M. albogularis*, Weißkinn-Honigschmecker. ♂ u. ♀: OS grün mit kleinen nackten Hautflecken am Kopf. Kehle weiß. Kurzer, wenig gebogener Schnabel. UAn. N-Australien bis NO-Neusüdwales, S-Neuguinea.
— *M. lunatus*, Mondstreif-Honigschmecker, Weißnackenhonigschmecker. ♂ u. ♀: OS grün. Kopf u. Nacken schwarz, Kehle u. Vorderhals weiß, nackter Fleck am Auge rot. Schwarzweißes Nackenband. 14 cm. UAn. O-Australien; O-Queensland durch O-Neusüdwales bis Victoria u. südöst. S-Australien, SW-Australien. In Wäldern, Parks u. Gärten, bevorzugt blühende Eukalyptusbäume.
— *M. validirostris*, Starkschnabel-Honigschmecker, Kletterhonigfresser. ♂ u. ♀: OS grünlich. US bräunlichweiß. Kopf-OS schwarz mit weißem Nackenband von Auge zu Auge. Langer kräftiger Schnabel. Mit kräftigen Füßen u. Krallen spechtähnl. kletternd. 13–14 cm. Tasmanien u. Inseln der Bass-Straße.

Melittophagus. G der Meropidae ↗. 3 An. Afrika.
— *M. pusillus*, Zwergspint. ♂ u. ♀: Stirn, Scheitel, Oberkopf, Rücken, Flügeldecken grün, Handschwingen braun, Armschwingen braun mit schwarzen Spitzen, Federn am Schnabelansatz können blau sein, schmaler blauer Streifen über Auge, schwarzer Augenstreif von Zügel bis Ohrregion, Kinn u. Kehle intensiv gelb, schwarzes od. dunkelblaues Band od. Fleck in der Kropfregion, nach hinten in Kastanienbraun übergehend, übrige Bauchseite hellbraun. Schwanz ganz schwach gegabelt, Schwanzfedern mit Ausnahme des grünen mittl. Paares hellbraun, im letzten Drittel schwarz. Auge rot. Schnabel u. Füße schwarz. Juv. gesamte Bauchseite grün, ohne gelbe Kehle u. schwarzes Band, Auge braun. 14–18 cm (kleinste A der F), 14–20 g. UAn. Wahrscheinl. häufigster afrikan. Spint. W-, Z-, O-Afrika, Sudan, Angola bis Natal. In Steppen u. Savannen, Schilfzonen an Seen u. Flüssen, Waldränder. Sitzt nach Art der Fliegenschnäpper ↗ auf niedrigen Warten, macht von dort aus kurze Jagdflüge, erbeutet z. B. Fliegen, kleine Hautflügler u. a., kleine Insekten, die auf der Warte totgeschlagen werden. Nicht gesellig, brütet solitär. Neströhre 0,5–1,25 m lang, in niedriger Sandbank od. Böschung, oft in Bauen von Erdferkeln od. großen Nagetieren gegraben. Brütet am Ende der Trockenzeit. 4–6 Eier, brütet vom 1. Ei an, Brutdauer 28–29 Tage, Nestlingszeit 29 Tage. Juv. werden von beiden Eltern gefüttert. In den 50er Jahren von L. KOENIG lange Zeit gehalten. Erwiesen sich als kälteempfindlich. Beim Insektenangebot ist geringe Größe des Vogels zu berücksichtigen. 1970 in der Winged World, Morecambe, Großbritannien, gezüchtet, 2 Jungvögel.

Melizophilus. G der Sylviidae ↗. 3 An. Europa, N-Afrika. Artenschutz, Pflege, Zucht s. Sylviidae.
— *M. sardus*, Sardengrasmücke. ♂: Kopf-OS, Kopfseiten, Flügel, Schwanz fast schwarz, letzterer meistens schräg nach oben gehalten. OS dunkel schiefergrau, Kehle, US schiefergrau, Bauch bräunlichweiß. Augenringe rot. ♀: brauner als ♂. 12,5 cm. UAn. Inseln des we. Mittelmeeres. Küstengebiete von NO-Spanien u. Tunesien. Bewohnt Macchia, Strauchheiden. Nest bodennah in Büschen. Gelege 4–5 Eier. Gesang wohlklingend, zwitschernd, zügig vorgetragen. Ab u. zu gehalten.
— *M. undatus*, Provencegrasmücke. ♂: s. Sardengrasmücke, aber Rücken dunkelbraun, OS rostbraun, Schwanz gestelzt od. gefächert, dunkelbraun, weiß gesäumt. Augenring rötlichorange. ♀: OS u. US blasser, brauner als bei ♂. Juv. ähnl. ♀. 12,5 cm. UAn. Iberische Halbinsel, S-, W-Frankreich, S-England, Küstengebiet Italiens (nicht im NO), Korsika, Sardinien, Sizilien, Tunesien bis Marokko. Lebt im offenen Gelände, im S Macchia-Landschaft, in NW-Europa mit Stechginster bewachsene Heiden. Nest bodennah in Büschen. Gelege 3–4 Eier. Gesang erinnert an den der Dorngrasmücke, aber weit wohlklingender. Selten gehalten. Noch nicht gezüchtet. Versuch 1979 bei U. SEELIG, BRD. Nistmaterial waren feine vorjährige Halme, Polsterung mit Pferdehaaren. Nestbaudauer 5 Tage. Nest stand 30 Tage leer (kalte Witterung). Gelege 3 Eier, ab letztem Ei brüten ♀ u. ♂. Schlupf nach 13 Tagen. Als Aufzuchtfutter wurde Wiesenplankton, frische Ameisenpuppen, kleine Mehlkäferlarven ↗ gereicht.

Mellisuga, Hummelkolibris. G der Trochilidae ↗. 2 An. Kuba, Isla de la Juventud, Jamaika, Haïti, Gonave, Tortue. Buschland, Waldränder, Gärten.
— *M. helenae*, Bienenelfe, Helenaelfe, Hummelkolibri. ♂: OS bläulichgrün, Schwanz grünlichblau, Kopf u. Kehle karmesinrot. US grauweiß, Schnabel schwarz. ♀: OS wie beim ♂, ganze US grauweiß, Steuerfedern mit weißen Spitzen. Juv. wie ♀. 6,0 cm. Auf Kuba u. Isla de la Juventud. Im Buschland, in waldigem Gelände, Gärten, ist hin u. wieder im offenen Gelände anzutreffen. H. O. WAGNER hielt 1937 ein einzelnes ♂, das er später dem Zoo Berlin überließ. Nähere Angaben über die Haltung fehlen. Zucht noch nicht gelungen.
— *M. minima*, Zwergelfe, Zwergkolibri. ♂: OS glänzend dunkelgrün, Kopf-OS mehr braun. Steuerfedern blauschwarz. US schmutzigweiß, an den Seiten dunkler, Kehle mit kleinen dunkelgrauen Flecken. Schnabel schwarz. ♀ wie ♂, Steuerfedern blauschwarz, an der Wurzel grünlich; die mittelsten zum großen Teil grünlich, die 3 seitl. Paare mit weißen Spitzen. Kehle ganz ungefleckt. Juv. wie ♀. 6,5 cm. Auf Jamaika, Haïti, Gonave, Tortue (Antillen). In allen Biotopen ↗ mit Ausnahme der Nebelwälder. Eingewöhnung ohne bes. Schwierigkeiten. Mehrjährige Haltungserfolge wurden im Zoo Wuppertal erzielt, im Bronx-Zoo lebte 1 Tier über 5 Jahre. Zucht bisher noch nicht gelungen.

Melopelia. G der Columbidae ↗ (früher zu *Zenaida*). 1 A. N-, M-, S-Amerika, Karibik.
— *M. asiatica*, Weißflügeltaube, Weißbug-, Weißschwingen-, Mosquitotaube. ♂: gelblichbraun, Scheitel bis Nacken rosa überhaucht. Halsseiten mit kleinem schwarzem Abzeichen, dahinter ein bronzener Glanzfleck. Flügel mit breitem weißen Band

Melopsittacidae

vom Bug entlang der Kante sowie einer weißen Querbinde. Bürzelbereich bläulichgrau. Schwanz mit weißem End- u. schwarzem Subterminalband. US vorn gelbbräunlich, hinten blaugrau, an der Brust mit weinrötlichem Anflug. Schnabel schwarz. Auge orange bis rot. Augenumrandung bläulich. Beine rötlich. ♀ wie ♂, aber blasser u. weniger rötlich getönt. 30 cm. UAn. SW-USA bis Panama, Bahamas, Große Antillen, SW-Ekuador bis N-Chile. Busch- u. Waldlandschaften, Mangrove. Kulturfolger. Futtersuche am Boden (Sämereien) od. in Bäumen u. Kakteen (Beeren, Früchte usw.). Nester in Bäumen u. Sträuchern. Gelege 2 gelbliche bis weiße Eier. Brutdauer 18 Tage. Nestlingszeit 3–4 Wochen. Bildet im N des Verbr.-Gebietes lockere Brutkolonien, dann bis 3 Nester in einem Baum. Auch sonst sehr gesellig. Erstmals 1901 in England bei ALDERSON, der sie 1902 auch züchtete. Anspruchslos. Verträglich, auch anderen, sogar brütenden Tauben gegenüber. Leicht züchtbar. Sollte warm überwintert werden. Körnernahrung, z. B. Waldvogelfutter, auch Weizen, Beeren, viel Grünes.

Melopsittacidae, Wellensittiche. F der Psittaciformes ↗. 1 G *Melopsittacus* ↗ mit 1 A. Lebensweise, Pflege, Zucht s. *Melopsittacus*, Schau-Wellensittich.

Melopsittacus. G der Melopsittacidae ↗. 1 A. Australien (fehlt in den meisten Küstengebieten, auch in Tasmanien). Bewohnen Trockengebiete, fehlen in dichten Wäldern. Bilden riesige Schwärme, während langer Dürrezeiten weit umherschweifend. An Wasserstellen Tausende Vögel. Gern an Flußläufen, bevorzugen hohe Eukalyptusbäume. Leben hier in Gruppen bis zu ca. 40 Exempl. zusammen. Brutzeit abhängig vom Regen, nach reichl. Niederschlägen bzw. wiederholten auch 2 od. mehr Bruten hintereinander, da dann genügend Samen (bes. halbreife) zur Aufzucht der Juv. vorhanden sind. Brüten bereits im Alter von 3–4 Monaten. Mehrere Paare brüten in einem Eukalyptusbaum, bevorzugt werden Höhlen mit kleiner Einschlupföffnung, um der Nistplatzkonkurrenz größerer Sittich-An vorzubeugen (de GRAHL ↗). Gelege 3–5 Eier. Erstmalig 1840 durch J. GOULD in England. In den folgenden Jahren regelmäßig in großen Zahlen eingeführt, zog 1894 Ausfuhrverbot nach sich. Vorzügliche u. beliebteste Käfigvögel, die durch massenhafte Vermehrung u. die züchterische Erhaltung verschiedenster Farbmutationen weltweite Popularität erreichten. Leichte Pflege, große Zutraulichkeit, z. T. gutes Sprechtalent vorwiegend der ♂♂ sorgen neben Ausdauer, Widerstandsfähigkeit u. leichter Züchtung auch zukünftig für uneingeschränkte Beliebtheit. Ernsthafte Züchter haben in aller Welt seit Jahrzehnten das Bestreben, von Inzuchterscheinungen freie Vögel in sehr guter Qualität zu züchten. Sie legten verbindliche Richtlinien fest. So wurden bereits vor Jahren Vögel gezüchtet, die heute wesentl. von denen aus reinen Vermehrungszuchten abweichen u. als Schau-Wellensittiche ↗ bezeichnet werden. Die überwiegende Zahl der Wellensittiche wird als Einzelvogel im Käfig (querverlaufende Gitterstäbe ermöglichen besseres Klettern) als Hausgenosse gepflegt. Käfiglänge mindestens 50–60 cm. 4 Sitzstangen pro Käfig, Spielzeug (im Handel erhältlich) sparsam verwenden, günstig Schaukel od. Holzring, keinen Spiegel anbringen. Hölzerner Spielplatz auf den Käfig stellen. Möglichst viel Zimmerfreiflug, mindestens 1 × tägl. (Zimmerpflanzen schützen). Futter versch. Hirse, Kanariensaat, vor allem Kolbenhirse, geschälter Hafer, wenig Negersaat ↗, Gras- u. Getreiderispen, Vogelmiere, Löwenzahn, Salat, frische Zweige mit weicher Rinde. Im Handel erhältliche Sittichkolben, -ringe, Sprechkörner usw. sind zu empfehlen, da sie neben Mineralien u. anderen Zusatzstoffen auch zur natürl. Schnabelabnutzung beitragen. Gewürzte Speisen sind schädlich. Automatische Tränkröhrchen aus Plastik. Um einen zahmen, «sprechenden» Hausgenossen zu haben, wird ein möglichst junges, selbständig Futter aufnehmendes ♂, besser ein handaufgezogener Vogel erworben. Für das Nachahmen von Worten ist die Zahmheit des Tieres Voraussetzung. Mit dem «Sprechunterricht» wird sofort nach dem Einzug in den Käfig begonnen. Mehrmals am Tage müssen wenige, stets die gleichen Wörter, wegen des höheren Tonfalles möglichst von einer Frau vorgetragen werden. Rufnamen mit den Buchstaben E, I, EI, Ü kommen der hohen Tonlage der eigenen Rufe nahe u. sind deshalb günstig. Nachahmungstalent individuell sehr unterschiedl. Bestens geeignet für Haltung in Freivoliere ↗ mit Schutzraum ↗, Heizung nicht nötig. Pro Paar ca. 2 m³ Flugraum rechnen, außerhalb der Zuchtzeit können auch mehr Vögel in Unterkünften dieser Größe gehalten werden. Bodenbelag Sand. Sehr günstig ist Unterbringung im Hochgehege ↗. Gegenüber anderen Vögeln friedlich, nur ♀♀ während der Brut gegenüber Mitbewohnern aggressiv. Erstzucht in Deutschland 1855. Leicht zu züchten, unabhängig von der Jahreszeit, Raumtemp. bestimmend. Zucht gut im Käfig möglich, am besten im Kistenkäfig ↗, sehr vermehrungsfreudig bei Gruppenhaltung. Quer- od. hochformatige Holznistkästen (bei Gruppenhaltung 2 Kästen/Paar). Format z. B. 14 × 20 cm, Höhe 14 cm, Flugloch ⌀ 4 cm, gefräste Bodenmulde mit etwas Sägemehl. Alle Nistkästen in gleicher Höhe anbringen. Gelege 4–6, selten bis zu 10 Eier. Nur ♀ brütet. Kontrollen werden nicht verübelt. Bebrütung ab 2. Ei. Juv. schlüpfen nach 18 Tagen in 2tägigem Abstand, fliegen nach 30–35 Tagen aus, selbständig nach 7, spätestens 14 Tagen. Aufzuchtfutter ist eingeweichtes, altes Weißbrot od. Eibiskuit mit geriebener Möhre, reichl. Grünes u. Keimfutter. 2–3 Bruten jährl. erlauben. Umfangreiche Untersuchungen von Dr. F. ROBILLER wiesen die sehr große Seltenheit des Jodmangels der Schilddrüse nach, außerdem die Eignung als Modell für endokrinologische Fragestellungen.

— *M. undulatus,* Wellensittich. ♂: Wachshaut (Umgebung der Nasenlöcher) blau. ♀: Wachshaut bräunlich. Auge bei ♂ u. ♀ gelb. Juv. matter als Ad., Kehlflecken unregelmäßig, kleiner. Wachshaut rosafarben bis hellbläulichweiß, ♀ Nasenlöcher weiß gerandet, bei ♂ nicht, ♀ u. ♂ Auge schwarz. Wildlebender Vogel grün, in Freiheit Farbmutationen sehr selten, s. Schau-Wellensittich. 18 cm. Keine UAn.

Melopyrrha. G der Thraupidae ↗. 1 A. Kuba, Insel Grand Cayman, Isla de la Juventud. Bewohnen buschbestandene Waldränder, auch sonst an Rändern mit Büschen. Leben im Familienverband, zur Brutzeit paarweise. Nest in verästelten Zweigen auf Bäumen. Gelege 3—4 Eier. Wegen des Gesanges in seiner Heimat häufig gekäfigt. Erstmalig im Zool. Garten London, 1877 von Frl. HAGENBECK ↗ in größerer Zahl importiert, in früheren Jahren zeitweise häufig im Handel. Anmutige, friedliche, etwas plump wirkende Vögel. Haltung, Pflege wie *Sporophila* ↗.
— *M. nigra*, Schwarzgimpelfink, Schwarzer Bischof. ♂: glänzend schwarz, nur Wurzel der Handdecken, Saum der inneren Handschwingen, Achselfedern, Afterflügel u. Unterflügeldecken weiß. Schnabel schwarz. Auge dunkelbraun. Füße schwärzlichbraun. ♀ matter als ♂, mehr schieferschwarz, wenig Glanz. Ca. 14 cm. UAn.

Mennigohr-Bergtangare (*Anisognathus igniventris*) → *Anisognathus*

Mennigtangare (*Calochaetes coccineus*) → *Calochaetes*

Mennigvögel → *Pericrocotus*

Menura. G der Menuridae ↗. 2 An.
— *M. alberti*, Braunrücken-Leierschwanz, Albertleierschwanz, Schwarzleierschwanz. ♂ u. ♀: oberseits dunkleres Braun; Rücken u. Flanken lebhaft rostfarben. ♂ mit Schmuckschwanz, Rahmenfedern schwarzbraun. 85 cm, davon 50 cm Schwanz. SO-Queensland u. äußerster NO Neusüdwales. In gebirgigen Gegenden. Für Balztanz flache Erdmulde von 75 cm Durchmesser anlegend.
— *M. novaehollandiae*, Graurücken-Leierschwanz, Prachtleierschwanz. ♂ u. ♀: oberseits schlicht braun; unterseits graubraun. Kehle rotbräunlich. ♂ mit 60—70 cm langem Schwanz; beide s-förmig geschwungenen Außenfedern unten silberweiß, mit schmaler Außen- u. breiter grauer Innenfahne, die rotbraune Bänderung zeigt. Bei Balz Umrisse einer Leier bildend. Übrige Steuerfedern, bis auf kahlschäftige mittl. mit langen sperrigen weißen Federstrahlen. ♀ ohne Schmuckfedern, nur mit 12 Steuerfedern. ♂ 95—130 cm (einschließl. Schwanz), ♀ 78 cm (davon 45 cm Schwanz). UAn. Vom äußersten SO-Queensland durch O-Neusüdwales bis O- u. M-Victoria; in Tasmanien eingebürgert.

Menuridae, Leierschwänze. F der Passeriformes ↗. 1 G *Menura* ↗, 2 An. Fasanenähnl. mit langen Beinen u. kräftigen Füßen mit krallenbewehrten Zehen zum Scharren. Schnabel hühnerartig kurz u. schlank. Kleiner Kopf auf langem Hals. Augenumgebung nackt. Flügel kurz u. abgerundet mit 11 Handschwingen. Schwanz des ♂ mit 16 Federn, prachtvoll auffallend bei Balzzeremonie. Bei ♀ kürzer, nur mit 12 Federn. Läufe mit Hornschilder-Reihen. SO-Australien. In dichten feuchten Wäldern. Primärsingvögel, mit einem den Singvögeln ähnl. Syrinx, aber nur 3 Muskelpaaren. Leistungsfähiges Stimmorgan, daher große Nachahmungskünstler für andere Vogel- u. Tierstimmen u. Geräusche aller Art. Sollen darin alle anderen Vögel weit übertreffen. Scheue Einzelgänger. Nachts aufgebaumt schlafend. Nahrung Würmer, Schnecken, Insekten. Revier des ♂ manchmal bis fast Quadratkilometergröße. ♂ scharrt sich mehrere flache Erdhügel im Revier, auf denen er abwechselnd balzt. Dabei wird ausgebreitetes Schwanzgefieder über Rücken u. Kopf gekippt, so daß Vogelkörper darunter verschwinden. Prachtkleid erst ab 3. Jahr. ♀ baut allein großes überdachtes Bodennest mit seitl. Eingang. 1 Ei (64 × 45 mm), hellgrau bis purpurbraun, dunkelgrau bis schwarzbraun gefleckt. Nach Eiablage vergeht manchmal bis zu 1 Woche, ehe ♀ mit Brut beginnt. ♀ brütet u. betreut allein Nachwuchs. Brutdauer 35—42 Tage. 6 Wochen Nestlingszeit. Juv. nackt, bald aber dunkles, dichtes Dunenkleid. Bis zum 3. Jahr gleichen Junghähne den Hennen. An-Schutz, da wegen vielfältiger Nachstellungen vom Aussterben bedroht. Früher vereinzelt in Tiergärten, 1867 erstmalig im Zoo London gehalten. In Tiergärten gelang es Eier sowohl in Brutapparaten als auch durch Haushühner ausbrüten zu lassen. Ernährung von Würmern, Insekten aller A, fein geschnittenem Rohfleisch, kleinen Mäusen. Bes. wichtig sind Würmer u. Mollusken (Gehäuseschnecken). Vermutlich ein Teil dieser Nahrung durch Weichfutter ↗ mit Insektenschrot ↗ u. Quetschkörner ersetzbar.

Mergellus. G der Anatidae ↗, UF Anatinae ↗. 1 A. Brutvögel in N-Europa u. N-Asien. Im Winter in W- u. S-Europa u. in S-Asien. Zur Brutzeit auf stehenden u. fließenden Gewässern der Nadelwaldzone. Nester in Baumhöhlen. 6—9 Eier werden vom ♀ ca. 30 Tage bebrütet. Juv. springen wenige Stunden nach dem Schlupf aus der Bruthöhle u. werden vom ♀ zum Wasser geführt. Mit 10 Wochen flugfähig. Geschlechtsreif nach 2 Jahren. Nahrung besteht aus kleinen Wassertieren u. Fischen. Begehrte, aber noch seltene Gehegevögel. Gezüchtet od. gut eingewöhnt. Haltung nicht problematisch. Unterbringung auf größeren, nicht zu flachen Teichen. Fütterung mit Pelletfutter, Garnelen, Mehlwürmern u. Fischbrut. Auch Haltung ohne Fisch möglich. Zucht mehrfach gelungen.
— *M. albellus*, Zwergsäger. ♂: im BK weiß mit schwarzen Abzeichen. Schwarz sind Rücken, die Augenumgebung, 2 Streifen an der Brust u. Teil der Haube. Schmaler, gezahnter Schnabel schwarzgrau. Füße dunkelgrau. Im RK wie ♀. ♀: Ober- u. Hinterkopf hellbraun. Kopfseiten u. Kehle weiß, sonst grau. 40 cm.

Mergus. G der Anatidae ↗, UF Anatinae ↗. 5 An.
— *M. merganser*, Gänsesäger. ♂: im BK Kopf schwarz, metallisch grün glänzend. Federn des Hinterkopfes bilden kleinen Schopf. Rücken schwarz. Hals, Brust, Flanken u. US weiß mit lachsfarbenem Anflug. Roter Schnabel sehr lang u. schmal. Füße rot. Im RK wenig verändert. ♀: Kopf rotbraun mit deutl. Haube. Deutl. abgesetzte weiße Kehle. Rücken blaugrau, Flanken wenig heller. Schnabel u. Füße rotbraun. ♂ 67 cm, ♀ 63 cm. 3 UAn. Brutvogel auf Island, den Brit. Inseln, in N- u. O-Europa, N- u. M-Asien u. N-Amerika sü. bis N-Mexiko. Teilweise sü. der Brutgebiete auf großen Binnenseen in Schwärmen überwinternd. Zur Brutzeit an fischreichen Bin-

Meropidae

384

Mittelsäger

nen- u. Küstengewässern. Nester in Baumhöhlen od. am Boden zwischen Wurzeln u. Steinen. 8–10 Eier werden 30–33 Tage bebrütet. Aufzucht der Juv. durch ♀ auf Gewässern mit kleinen Fischen u. anderen Wassertieren. Juv. «reiten» häufig auf dem Rücken der schwimmenden Mutter. Hauptnahrung sind ca. 10 cm lange Fische, daneben im Wasser lebende Wirbellose u. Pflanzenteile. Selten gehalten. Unterbringung auf größeren Teichen. Sehr friedlich. Fütterung mit Pellets, Fisch, Garnelen u. Getreide. Zucht mehrfach gelungen.
— *M. serrator*, Mittelsäger. ♂: im BK Kopf schwarz, metallisch grün glänzend. Am Hinterkopf auffällige Doppelhaube. Breiter weißer Halsring. Brust braun geschuppt. Rücken schwarz, Flanken hellgrau, fein gewellt. Rotbrauner Schnabel sehr lang u. schmal. Füße rotbraun. Im RK dem ♀ ähnl. ♀: wie ♀ von *M. merganser*. Weiße Kehlzeichnung jedoch nicht so scharf vom Rotbraun des Kopfes abgesetzt. ♂ 62 cm, ♀ 58 cm. Brutvogel im nö. Europa, Asien u. N-Amerika. Im Winter an gemäßigten Küsten. Zur Brutzeit an fischreichen Binnen- od. Küstengewässern. Nester stets am Boden unter Büschen, zwischen Wurzeln od. Steinen. 8–12 Eier werden vom ♀ 29–32 Tage bebrütet. Oft Bindung der Juv. an das ♀ sehr locker. Hauptnahrung sind kleine Fische, daneben werden auch wirbellose Wassertiere aufgenommen. Selten gehalten. Unterbringung auf größeren, nicht zu flachen Teichen. Vergesellschaftung mit anderen An problemlos. Fütterung mit Pellets, Mischfutter u. Fischstückchen. Zucht mehrfach gelungen. Juv. nehmen anfangs nur sich bewegende Nahrung auf. Müssen oft gestopft werden.

Meropidae, Bienenfresser od. Spinte. F der Alcediniformes ↗. 9 Gn, 25 An. 14–35 cm. Gefieder oft außerordentl. bunt; grüne, blaugrüne, braune u. rote Farben herrschen vor, aber auch gelbe, blaue u. schwarze. Kehle oft bes. leuchtend abgesetzt, oft schwarzes Band von Zügel bis Ohrregion. Schnabel lang u. spitz, leicht abwärts gebogen. 12 Schwanzfedern, bei einigen An mittl. Schwanzfederpaar verlängert. 1 A *(Merops hirundineus)* mit ausgeprägtem Gabelschwanz. Füße klein, 3. u. 4. Zehen etwa zur halben Länge miteinander verwachsen. Geschlechter äußerl. nicht od. schwer unterscheidbar, Jugendkleid bis zur 1. Mauser häufig etwas abweichend. In den wärmeren Zonen der Alten Welt, Verbr.-Schwerpunkt Afrika, die wahrscheinl. ursprünglichsten An *(Nyctyornis* ↗*)* in SO-Asien, je 1 A in Australien u. in S- u. M-Europa. *Merops apiaster* ↗ brütet in BRD u. DDR sehr selten. Meist in offenem Gelände, z. B. Savannen, nur wenige An im Wald. Viele An sind Zugvögel ↗. Nahrungsspezialisten *(Nyctyornis* weniger spezialisiert*)*, erbeuten hauptsächl. od. ausschließl. Insekten im Flug, bes. stacheltragende Hautflügler (z. B. Bienen u. Wespen). Erbeutete kleine stachellose Insekten werden manchmal im Flug abgeschluckt, größere gewöhnlich aber zur Warte getragen (trockene Zweige, herausragende Wurzeln an Uferböschungen, Telegrafendrähte) u. dort totge-

Mittelsäger, Gänsesäger und Zwergsäger.
1 Männchen, 2 Weibchen

schlagen. Die Totschlagbewegungen erfolgen so, daß die Köpfe der erbeuteten Insekten auf die harte Unterlage treffen. Stacheltragende werden nach dem Totschlagen mit geschlossenen Augen auf der Unterlage gerieben u. mit Schnabel durchgeknetet, bis der Stechapparat funktionslos ist u. ein großer Teil des Giftes herausgeflossen u. abgestreift ist. Vor dem Abschlucken können weitere Totschlagbewegungen erfolgen. Dennoch wurden Stiche im Rachenraum schon festgestellt. Möglicherweise sind Spinte bis zu einem gewissen Grad gegen Bienen- u. Wespengifte immun. Bei einem elternlos aufgezogenen *Merops bulocki* stellte FRY fest, daß die Bewegungen zum Unschädlichmachen des Stechapparats wahrscheinl. angeboren sind. Viele An folgen Heuschreckenschwärmen u. finden sich bei Steppenbränden ein, um auffliegende Insekten zu fangen. Bei der Nahrungssuche meist gesellig. Flug sehr schnell, schwalbenähnl. Sehr stimmfreudig. M. brüten in selbstgegrabenen Erdhöhlen, entweder in senkrechten Lehm- od. Sandbänken od. graben Röhren zu ebener Erde schräg nach unten. Röhren 0,5–3 m lang, sie biegen am Ende zur ovalen Nestkammer um. Kein Nistmaterial, Gewölle auf dem Boden der Nestkammer, die nicht saubergehalten wird. Meist werden Nistkammer alljährl. neu gegraben, ältere stark verändert. Viele An Koloniebrüter, *Merops malimbicus* in Kolonien bis ca. 25 000 Vögel, andere einzeln brütend. Die bisher daraufhin beobachteten afrikan. An brüten nur einmal im Jahr. I. d. R. 2–5 Eier. Juv. schlüpfen blind u. nackt, sind Nesthocker, durch Hornscheiden der sprießenden Federn erhalten sie später ein stacheliges Aussehen. Die Nester afrikan. An werden von Honiganzeigern (Indicatoridae ↗) parasitiert. Bei *M. albicollis, M. apiaster, M. bulocki* u. *M. nubicus* ↗ wurden Nesthelfer beobachtet. Juv. von *M. bulocki* wurden von den Eltern kaum mit stacheltragenden Insekten gefüttert. M. werden im gewerbsmäßigen Vogelhandel glücklicherweise sehr selten angeboten. Sie sollten nur zur Erforschung ihrer Biologie gehalten werden. Ihrem großen Flugbedürfnis ist durch Unterbringung in geräumigen Volieren ↗, Vogelstuben ↗ od. sonstigen Fluträumen Rechnung zu tragen. Käfighaltung ist abzulehnen. Ad. gefangene Bienenfresser ↗ sind nur sehr schwer einzugewöhnen. Von jung an aufgezogene Nestlinge werden dem Pfleger gegenüber oft sehr zahm u. anhänglich. L. KOENIG gelang die Aufzucht vom Ei an mit Insekten, Ameisenpuppen, Fleischstückchen u. Weichfutter in einem warm gehaltenen, abgedunkelten Kästchen mit Sandboden. Ad. Gefangene u. auch künstl. Aufgezogene neigen in ungewohnter Umgebung zu panikartigen Fluchtreaktionen. Deshalb ist stets Vorsicht beim Umsetzen od. Änderung der Volierenausstattung geboten. Die Hauptschwierigkeit bei der Eingewöhnung von Bienenfressern u. Spinten liegt darin, sie zur selbständigen Nahrungsaufnahme, insbes. aus dem Futternapf zu bewegen. Bei frisch gefangenen Altvögeln ist anfangs Zwangsfütterung od. wenigstens Vorhalten des Futters mit der Pinzette notwendig. Eingewöhnte lernen es schnell, zugeworfenes Futter im Flug zu ergreifen. Als Nahrung eignen sich lebende od. frischtote größere Insekten, z. B. Bienen, Wiesenheuschrecken, kleine Wanderheuschrecken, Heimchen, Stabheuschrecken, Küchenschaben, Junikäfer, Wiesenplankton ↗ u. Mehlkäferlarven ↗. Bei an den Futternapf gewöhnten Bienenfressern kann Zufütterung guter Weichfuttermischungen für Insektenfresser versucht werden. In Volieren im Freien wurden mit dem Aufstellen ganzer Bienenstöcke gute Erfolge erzielt. Die Völker überstanden das Wegfangen einer großen Zahl von Bienen gut. Chitinpanzer der Insekten werden als Gewölle ausgeschieden. Bes. während der Jungenaufzucht ist der Nahrungsbedarf außerordentl. groß. Ausschließl. Verfütterung von Mehlkäferlarven ist nicht ausreichend. Auch bei vielseitiger Fütterung müssen fehlende Vitamine u. Mineralstoffe ergänzt werden. Nach Erfahrungen von L. KOENIG bewirken Vitamin-A-Präparate, die z. B. auf Mehlwürmer getropft wurden, eine einwandfreie Mauser u. eine Intensivierung verblaßter Gelbtöne. Eine mit Vitamin A u. Vitaminen des B-Komplexes angereicherte, ß-karotin-haltige Paste verhinderte Rot- u. Gelbausfall im Gefieder. Zugaben von Multivitaminpräparaten, möglichst versch. Kombinationen im Wechsel, sind in jedem Fall ratsam. L. KOENIG betonte den starken Kalkbedarf brutlustiger ♀♀. Zur Schonung der Schwanzfedern brachte L. KOENIG, auch F. BAUMGARTNER, Futternäpfe auf einem Sockel hoch an. C. KÖNIG stellte bei seinen Bienenfressern eine außergewöhnl. starke Gewöhnung an einen bestimmten Futternapftyp fest. M. müssen unbedingt Grabmöglichkeiten in Form einer mäßig festen, aber nicht steinharten Brutwand geboten werden, sonst wächst das Schnabelhorn stark aus. Es wird sehr hart u. ist nur unter Schwierigkeiten zu kürzen. Mehrere An graben Bruthöhlen in ebenem Boden, die meisten aber in Lehmwände od. steile Böschungen. Die Anlage einer solchen Brutmöglichkeit gelingt in der Voliere am leichtesten in einem kistenartigen, großen Holzgestell, das auf einer senkrechten Seite genügend große freie Flächen zum Graben von Nisthöhlen bietet. Es ist dabei möglich, Öffnungen zur Kontrolle der Nestkammer zu schaffen. Natürlich gestaltete Wände wirken ansprechender, neigen aber dazu, einzustürzen, u. die Nester sind darin nicht zu kontrollieren. Die richtige Konsistenz der Wand aus einem Gemisch aus tonig-lehmiger Erde u. Sand muß im Einzelfall erprobt werden. Die Kunstwand darf nicht zu hart sein, muß ein Einstürzen der Röhren aber verhindern, auf Regenschutz achten. Zucht einiger An schon gelungen. Bes. umfangreiche Beobachtungen hierzu veröffentlichte L. KOENIG. Die Vogelliebhaber G. DETRY, Belgien, u. L. HILL, England, pflegen viele M. Einzelheiten sind nicht überliefert, die folgende Aufzählung der bisher gehaltenen An ist deshalb möglicherweise unvollständig. Wer den sehr großen Aufwand bei der Haltung von M. scheut, sollte darauf verzichten u. keine Minimallösungen versuchen.

Meropiscus. G der Meropidae ↗. 5 An. Afrika.
— *M. bullockoides*, Weißstirnspint, Weißstirn-Rotkehlspint. ♂ u. ♀: Stirn u. Scheitel weiß bis hellgelb,

Merops

das am Hinterkopf in türkis übergehen kann. Hinterkopf u. Oberhals hellbraun, Rücken grün, Flügel u. Schwanz-OS grün. Schwarzer Augenstreif von Zügel bis Ohrregion, darunter weißer Streifen, der am Kinn breiter wird. Leuchtend roter Kehlfleck, Brust hellbraun, Bauch grün, Unterschwanzdecken dunkelblau, Schwanz-US schwarz bis schwarzgrau, ohne verlängerte mittl. Schwanzfedern. Schnabel schwarz. Auge dunkelbraun. Füße grau. Juv. Brust grün statt hellbraun. 20—22 cm, ca. 30 g. UAn. O-Afrika, sü. des Kongobeckens bis Angola u. Natal. In Savannen u. Galeriewäldern, oft in der Nähe von Flußläufen. Fängt Insekten von Warten aus. Kleine stachellose Insekten werden im Flug verzehrt, größere auf der Warte totgeschlagen. Schmetterlinge sind häufige Nahrung. Im Freiland nicht sehr scheu. Obligatorischer Steilwandbrüter, Röhren zur Nestkammer verlaufen aufwärts, brütet in Kolonien, Gelege 2—4 Eier. Gelangte 1926 erstmalig in den Zoo London, 2 wurden dort auch 1931 gehalten. Vor 1968 mindestens 12 Exempl. im Zoo Duisburg. GEWALT fing *M. bullockoides* in S-Kenia selbst, die Eingewöhnung gelang mit Termiten. 1975 3 Jungvögel in der Winged World, Morecombe, Großbritannien, gezüchtet.

Merops. G der Meropidae ↗. 9 An. S- u. M-Europa, Afrika, Asien u. Australien.

— *M. apiaster*, Bienenfresser. ♂ u. ♀: Stirn weiß, zwischen Stirn u. Scheitel eine Reihe grünblauer Federn, Scheitel u. Nacken kastanienbraun, am Vorderrücken heller werdend, Hinterrücken u. Bürzel goldgelb, Flügeldecken rotbraun, Flügelbug blaugrün, Handschwingen blaugrün mit schwarzen Spitzen, Armschwingen rotbraun mit schwarzer Spitze. Zügel bis Ohrregion schwarzer Augenstreif, zwischen Zügel u. Auge unten blau gesäumt, Kinn u. Kehle gelb, nach hinten von schwarzem Querband gesäumt. Übrige Körper-US grünblau bis türkis. Schwanz mit verlängerten mittl. Schwanzfedern, oberseits dunkelgrünblau. Schnabel schwarz. Auge rot. Füße schwarzbraun. Juv. OS grün, Verlängerungen der mittl. Schwanzfedern fehlen. Auge dunkelbraun. Jugendgefieder wird bis in den Herbst des 1. Lebensjahres getragen. 24—28 cm, davon 2 cm auf Verlängerung der mittl. Schwanzfedern. Ca. 60 g. Brutvogel im Mittelmeergebiet außer Libyen u. Ägypten, Balkanhalbinsel, Ungarn, Türkei, sü. Sowjetunion, Kleinasien, Iran bis Afghanistan, Pakistan, S-Afrika, einzelne Bruten auch in M-Europa. Zugvogel, überwintert in Afrika sü. der Sahara. Bewohner offener, sonniger Landschaften. Benötigt trockene, sandige Böden mit Geländeeinschnitten zur Anlage von Bruthöhlen, einzelne Bäume als Warten bei der Nahrungssuche u. als Schlafplätze. Außerhalb der Brutzeit unstet bis nomadisch. Flugjäger, der von Warten aus jagt. Auf mittelgroße bis große fliegende Insekten spezialisiert, Nahrung hauptsächl. stechende Hautflügler (Bienen, Wespen, Hummeln, Hornissen), auch große Käfer, Libellen, Schmetterlinge, nur wenig Fliegen u. Heuschrecken. Brütet in lockeren Kolonien. Nisthöhlen bevorzugt an Steilufern od. anderen Abbruchkanten, in trockenen Ebenen auch in ebenem Boden. In Steilwänden anfangs meist leicht ansteigende, zuerst gerade, dann leicht abgebogene Röhre von 1—1,6 m Länge (Extremwerte 0,7—2,1 m). Die querovalen Röhren haben Durchmesser von etwa 5—7 × 6—9 cm, Nestkammer 8—15 cm hoch, 15—20 cm breit u. 25—30 cm lang. Höhlen in ebenem Boden sind 1,45—2,15 m lang u. reichen in 49—74 cm Tiefe. Kein Nistmaterial, jedoch Chitinreste aus ausgeworfenen Speiballen in der Nesthöhle. ♂ u. ♀ graben, ♂ beginnt. Erde wird mit dem Schnabel gelöst u. mit Scharrbewegungen aus der Röhre geschleudert. Einmal benutzte Nesthöhlen werden nicht wieder bezogen. 1 Brut pro Jahr, wenn diese verlorengeht, Nachgelege. 6—7 Eier (Extremwerte 4—10) von je ca. 6,5 g Gewicht. Brutdauer 20—25 Tage, normalerweise 22 Tage. Nestlingszeit 31—33 Tage. Nestlinge sind vor dem Ausfliegen mit 65—71,5 g schwerer als Altvögel. An Versuchen, Bienenfresser zu halten, hat es in der Geschichte der Vogelliebhaberei in Europa nicht gefehlt. Schon A. E. BREHM ↗ gab 1876 in seinem Buch «Gefangene Vögel» Ratschläge hierzu. HEINROTH ↗ ernährte seine Bienenfresser nur mit lebenden u. frischtoten Küchenschaben u. Mehlwürmern. L. KOENIG hatte bes. gute Haltungserfolge. Die ersten 4 Jungen schlüpften 1950, 7 Junge von 2 Paaren 1951, von denen 4 aufwuchsen, 1953 gelang die Aufzucht der 2. Generation. Zu Beginn der Brut verteidigten ihre Bienenfresser Brutplatz u. Sitzgelegenheiten bes. gegen gleichgeschlechtl. A-Genossen, mit Brutbeginn wurden sie verträglicher u. duldeten fremde Bienenfresser, die sogar mitbrüten u. mitfüttern durften (Nesthelfer). Insekten wurden vor Verfütterung an die Jungen gründlich totgeschlagen. Die Eltern fütterten flügge Jungvögel noch rund 3 Wochen. 1 ♂ erreichte bei L. KOENIG das Alter von 9 Jahren u. 19 Tagen in Gefangenschaft. In den letzten Jahren erzielten private Halter in der BRD ausgezeichnete Zuchterfolge.

Künstliche Lehmwand in Bienenfresser-Voliere

— *M. nubicus*, Scharlachspint (2 UAn, WOLTERS ↗ führt *M. n. nubicoides* als eigene A, Karminspint). ♂ u. ♀: Stirn u. Scheitel blaugrau, schwarzer Augenstreif von Zügel bis Ohrregion. Körper-OS u. -US karmin, auf den Flügeln in Braunrot übergehend. Bürzel u. Oberschwanzdecken hellblau, Kehle bei *M. n. nubicus* wie Stirn u. Scheitel blaugrau, bei *M. n. nubicoides* karmin, Bauch u. Unterschwanzdecken hellblau. Mittl. Schwanzfedernpaar stark verlängert u. dünn ausgezogen, Schwanz-US schwarzgrau. Schnabel kräftig, schwarz. Auge rot. Füße schwarz. 31—35 cm, davon entfallen bis 9 cm auf verlängertes mittl. Schwanzfedernpaar. *M. n. nubicus* in den Savannen sü. der Sahara von W-Afrika bis zum Sudan u. Tansania sü. bis Rufiji-Fluß, *M. n. nubicoides* in den Savannen sü. des Kongobeckens. Am Ende der Regenzeit wandern Vögel beider UAn äquatorwärts, mischen sich aber nicht. Nahrung außer Hautflüglern sehr viele Heuschrecken, auch Wanderheuschrecken. Stellt sich bei Steppenbränden sehr schnell ein u. fängt auffliegende Insekten. Ist möglicherweise in der Lage, stachelbewehrte Hautflügler im Fluge zu entstacheln u. zu verzehren. *M. n. nubicus* reitet auf Huftieren, Riesentrappen ↗ u. Abdimstörchen ↗ u. benutzt diese als Warten, um aufgescheuchte Insekten zu erhaschen. Gewölle enthalten im Durchschnitt Reste von 18 Insekten-An. Koloniebrüter, oft in Gruppen von über 1000 Individuen, brütet in steilen Erdwänden, z. B. Uferböschungen. Nesthöhlen 2—3 m tief, Graben von Nesthöhlen auf ebenem Boden nur ausnahmsweise. Brutkolonien in W-Afrika nicht selten in der Nähe von Dörfern. Manchmal gemischte Kolonien mit *M. bulocki*. In daraufhin untersuchten Populationen Überzahl von ♂♂ festgestellt. 2—4 Eier, kein Nistmaterial, aber Insektenreste aus Gewöllen im Nest. In den 50er Jahren von L. KOENIG, Biologische Station Wilhelminenberg, mehrere Jahre gehalten. Brutversuche wurden durch hereinbrechende Schlechtwetterperioden vereitelt. Sie vermauserten rotbraun u. erhielten erst durch Verfütterung einer ß-Karotin-haltigen Paste mit Vitamin-A- u. -B-Präparaten die normale Farbe wieder. Zugeworfene Insekten ergriffen Scharlachspinte mit größter Gewandtheit in der Luft. In den 70er Jahren Gruppe in den Padstow Tropical Bird Gardens in Voliere (5 × 6 × 3 m) gehalten. Vor 1970 von CALLEGARI, Ravenna, Italien, gehalten, dort Bastard mit *M. apiaster* gezüchtet.

— *M. ornatus*, Schmuckspint, Regenbogenspint. ♂ u. ♀: Stirn u. Scheitel olivgrün, am Hinterkopf in Hellbraun übergehend, Oberhals olivgrün, Rücken u. Oberschwanzdecken hellblau, Flügeldecken oliv, Handschwingen-OS hellbraun. Schwarzer Augenstreif von Zügel bis Ohrregion, unten türkis gesäumt. Kinn u. Wangen gelb, zur Kehle hin kastanienbraun, schwarzes Kehlband. Kropfregion olivgrün. Brust, Bauch, Unterschwanzdecken hellblau. Schwanz ober- u. unterseits schwarz, mittl. Schwanzfedernpaar verlängert, beim ♀ nicht so stark wie beim ♂. Schnabel schwarz. Auge rot. Füße grau. Juv. fehlt schwarzes Kehlband u. Verlängerung der mittl. Schwanzfedern. 24—28 cm, davon entfallen bis 6 cm auf verlängerte mittl. Schwanzfedern. Brutvogel in Australien, Zugvogel, überwintert auf Neuguinea, den Salomon-Inseln, Timor u. Sulawesi, einige bleiben im tropischen N-Australien. In Savannen u. Steppen mit lehmigem od. sandigem Boden, oft in der Nähe von Wasserläufen. Nahrung zu etwa 80 % Hautflügler, außerdem auch Libellen, Käfer u. andere Insekten. Brütet in lockeren Kolonien, sowohl in Erd- u. Sandbänken als auch in Niströhren in ebenem Gelände. Niströhre über 1 m lang. 3—7 (meist 4—5) Eier, ♀ u. ♂ brüten, Brutdauer 3 Wochen. Juv. werden auch nach dem Ausfliegen noch gefüttert. 1864 im Zoo Amsterdam, vor 1927 im Zoo London u. 1974 im Taronga Zoo Sydney gehalten. Unterbringung u. Fütterung wie *M. apiaster*. Zuchtberichte liegen nicht vor.

— *M. superciliosus* (Syn. *M. persicus*), Blauwangenspint. ♂ u. ♀: Stirn am Schnabelansatz gelblichweiß, Scheitel, Oberkopf grün (grünbraun bei *M. superciliosus* aus Madagaskar), Rücken, Oberschwanzdecken, Flügel-OS, Schwanz-OS grün. Schwarzer Augenstreif von Zügel bis Ohrregion, oben u. unten blau gesäumt (Blauwangenspint), Kinn weißgelb, Kehle zimtfarben, Brust, Bauch, Unterschwanzdecken grün, mittl. Schwanzfedern stark verlängert, Schwanz-US graubraun. Schnabel schwarz. Auge rotbraun. Füße grauschwarz. 25—32 cm, davon entfallen 5—8 cm auf verlängerte mittl. Schwanzfedern. UAn. Sehr großes, zerrissenes Verbr.-Gebiet, u. a. N-Afrika, Nildelta, Sahel-Zone, Küstenregionen O-Afrikas von Somalia bis Moçambique (brütet ausnahmsweise auch in S-Afrika, in Afrika in den Randgebieten der Sahara), Madagaskar, Komoren, Kleinasien, von Iran sü. des Himalaja bis S-China, Indochina, Malaiische Halbinsel, Neuguinea. Zugvogel. In Afrika u. Vorderasien in extrem trockenen Gebieten, aber nicht in Wüsten. Hält sich oft an Wasserläufen auf. An der Nahrung können Libellen einen sehr hohen Anteil haben, sonst Honigbienen, Grabwes-

Bienenkorb in Bienenfresservoliere

Merula

pen, Käfer u. Schmetterlinge. Soll angeblich im Flug Fische von der Wasseroberfläche fangen u. bei schlechtem Wetter Nahrung vom Boden aufnehmen. Brütet sowohl in steilen Erdwänden als auch in Niströhren in ebenem Grund. Niströhren 0,9–2,55 m lang. L. KOENIG fand in N-Afrika Nester in Hügeln aus festgebackenem Sand. Röhren gingen vom Eingang an schräg aufwärts, ohne Knick in der Laufröhre. Eltern übernachten in der Röhre. 5–6 Eier, Brutdauer nicht bekannt, beide Eltern brüten, Brutablösung ca. alle 1–1½ Stunden. Juv. im Alter von ca. 30 Tagen flügge, werden danach noch längere Zeit gefüttert. 1951 von KOENIG in der Biologischen Station Wilhelminenberg gehalten. Es handelte sich um 5 Exempl. *M. s. chrysocercus*, davon lebte eines mehr als 7 Jahre. Zuchtberichte sind nicht bekannt.
— *M. viridis*, Malaiienspint, Hinduspint. ♂ u. ♀: Kopf bis Rückenmitte kastanienbraun, unterer Rücken, Bürzel, Schwanz-OS blau, Flügel-OS grün, schwarzer Augenstreif von Zügel bis Ohrregion, darunter schmaler blauer Streifen od. ganze Kehle blau, Körper-US grün, Schwanz-US grauschwarz. Schnabel u. Füße schwarz. Auge rot. Gewicht um 50 g. 24–27 cm, davon entfallen 4–6 cm auf verlängertes mittl. Schwanzfederpaar. UAn. Malaiische Halbinsel, Sumatera, Java, Kalimantan, Philippinen, zieht über kürzere Entfernungen. Jagt von Warten aus, Nahrung enthält bes. viele Libellen, Käfer, Geradflügler, Hautflügler einschließl. geflügelte Ameisen, Termiten. Nahrung wird hauptsächl. im Flug erbeutet, kann aber auch vom Boden u. sogar von der Wasseroberfläche aufgelesen werden. Gesellig, brütet in Kolonien in flachen, sandigen Ebenen, 3–4 Eier. Nach NEUNZIG von Frl. HAGENBECK ↗ gehalten. Es ist nach seiner Gefiederbeschreibung (wenn sie sich tatsächl. auf das gehaltene Individuum bezieht, was nicht wahrscheinl. ist) auch möglich, daß es sich hierbei um *M. orientalis* gehandelt hat. *M. orientalis* ist *M. viridis* ähnl., hat aber keinen braunen Kopf u. kommt in einem schmalen Verbr.-Gürtel von Senegal bis Eritrea, im Nildelta, an den Küsten der Arabischen Halbinsel, S-Iran, Vorder- u. Hinterindien u. Sri Lanka vor.

Merula. G der Muscicapidae ↗. 20 An, 1 A wahrscheinl. †. Früher zu *Turdus* ↗ gehörend. Europa, N-Afrika, Asien, indoaustral. Inselwelt, Japan, Südsee-Inseln, N-, M-Amerika u. Karibik, einige An vielerorts durch den Menschen verbr. Vögel mancher An gern als Sänger im Drosselkäfig ↗ gehalten. Bodenbelag aufsaugfähiges Papier mit etwas Sand, je nach Verschmutzung u. Geruch alle 1 bis 2 Tage erneuern. Schwere Bade- u. Futtergefäße ↗ verwenden. Heute meistens Unterbringung im Landschaftskäfig ↗, bei Zuchtabsichten Haltung in bepflanzter Voliere ↗, am besten in Biotopvoliere ↗. Ausstattung mit Koniferen, Holunderbüschen usw. Nestunterlagen aus Reisern anbringen, außerdem Astquirle im Gebüsch befestigen bzw. mit Kiefernzweigen verblenden. Bei scheuen Vögeln außerdem Volierenseiten außen mit hohen, dichten Büschen bepflanzen, anfangs innen mit Kiefernzweigen verblenden. Im Winter frostfrei unterbringen. Zum Nestbau alte zerpflückte Drosselnester (nicht den Innennapf), Reiser, trockene Halme, Moos, feuchte Erde bieten. Günstig paarweise Haltung in Volieren von 3 m × 2 m × 2 m. Bodenbelag Walderde, häufig auswechseln. Ausreichend Badegelegenheiten bieten. Futter handelsübl. Drosselweichfutter mit Quark, zerkleinertem Eigelb, feingeschnittenem Obst (Apfel, Birnen), Beeren je nach Jahreszeit (gern werden Holunder-, Ebereschenbeeren verspeist), Mehlkäferlarven ↗, Wiesenplankton ↗, Ameisenpuppen, auch eingefrostete. Während der Mauser wie *Copsychus* ↗. Fütterung von Regenwürmern, *Syngamus* ↗ *trachea*. Während der Aufzucht reichl. Insekten füttern, außerdem Gartenerde reichen, diese bei Handaufzucht unter das Futter mischen. Beachten, daß nicht von Stellen entnommen wird, bei denen Herbizide, Insektizide od. Kunstdünger eingesetzt wurde. Möglichkeit des Freifluges nach Schlupf der Jungen prüfen, nur im weitgehend katzen-, marder- u. greifvogelsicheren Terrain zu empfehlen. 2–3 Tage vor dem Ausfliegen der Juv. unterbinden, außerdem in dieser Zeit übliches Futter weiterreichen. Artenschutz s. Naturschutzbestimmungen ↗.
— *M. boulboul*, Bülbülamsel, Bülbüldrossel, Grauflügeldrossel. ♂: ähnl. Amsel, aber silbergraue Färbung der großen Flügeldecken u. Armschwingen, Bauch mit schwarzbräunlicher Fleckung. Augenring orangerot, ebenso Schnabel. ♀: wie Amsel-♀, aber große Flügeldecken u. Armschwingen roströtlich. 28 cm. UAn. Himalaja, vom Knie des Indus, öst. bis SW-China (S-Yünnan, Kwangsi), N-Indochina. Waldbewohner, bevorzugt in Eichenwäldern u. Rhododendronbeständen zwischen 1800 u. 2000 m ü. NN. Nahrung Insekten, Würmer, Früchte, Beeren. Nest aus Halmen, Wurzeln, trockenen Blättern, außen u. Nestmulde mit Moos, zuweilen auch mit lehmiger Erde. Standort in 2–4 m Höhe. Vorzüglicher Sänger, gut in Gartenvoliere zu pflegen.
— *M. merula*, Amsel. ♂: schwarz, Schnabel u. Augenring gelb bis orangegelb. ♀: OS dunkelbraun, Kehle hellbraun gefleckt, Bauch graubraun. Schnabel hornfarben od. schmutzig gelborange. Juv. US

Amselnest (Freiland). Wenige Tage alter Jungvogel, ein weiterer blieb im Ei stecken.

hell u. dunkel geschuppt, OS mit hellen Längsstrichen, Federn bräunlich gesäumt. 25 cm. UAn, möglicherweise *M. m. sowerbyi* u. *M. m. mandarinus* eigene A *M. mandarinus*. Marokko bis Tunesien, we. Kanarische Inseln, Madeira, Azoren, Europa nö. bis M-Skandinavien u. S-Finnland, bis zum Ural, Kleinasien, Kaukasus, Syrien, Libanon, Israel bis N-, W-Iran durch Afghanistan, Innerasien, Himalaja bis Szetschuan, S-Schensi u. zur Jangtse-Mündung; durch den Menschen verbr. in SO-Australien u. Neuseeland. Bewohnt vorzugsweise unterholzreiche Wälder der Ebene u. im Gebirge, Parks u. Gärten, in W- u. M-Europa ausgesprochener Kulturfolger. Überwintert in M- u. W-Europa überwiegend im Brutgebiet, vorwiegend Juv. ziehen nach SW u. überwintern in W- bzw. SW-Europa. Populationen aus N- u. O-Europa ziehen sü. bis in Mittelmeerländer. Nest auf Bäumen, in Sträuchern, Spalieren, Mauernischen, Gartenlauben u. anderen Stellen. Durch verbaute Erde fester Bau. Gelege 4—5 Eier. ♂ gern wegen des laut flötenden Gesanges als Einzelvogel gehalten. Eingewöhnung leicht, am besten im Herbst mit Holunderbeeren auf dem Weichfutter, im Frühjahr mit Mehlkäferlarven ↗ auf dem Futtergemisch. Relativ lange scheu u. schreckhaft. Kann später im allseitig offenen Käfig gepflegt werden. Anspruchslos, hart, ausdauernd, im Käfig fleißiger Sänger. In der Voliere zuweilen gegenüber Mitbewohnern sehr unverträglich, manchmal auch auf deren Nestjunge ausgedehnt. Zucht einfach, meistens nicht versucht.

— *M. migratoria*, Wanderdrossel. ♂: Kopf schwärzlich, Augenring weiß. OS graubraun. Kehle weiß,

1 Ringdrossel   2 Wacholderdrossel   3 Rotflügeldrossel   4 Schwarzkehldrossel

5 Sibirische Drossel   6 Wanderdrossel   7 Naumannsdrossel   8 Rotkehldrossel

9 Weißbrauendrossel   10 Misteldrossel   11 Erddrossel

Mesitornis

schwarz gestrichelt. Brust ziegelrot. Schwanz schwärzlich. Schnabel gelb. ♀ wie ♂, aber gering blasser. Juv. Brust mit dunklen Flecken. 25 cm. UAn. *M. m. confinis* früher als eigene A betrachtet. Alaska, N-Kanada (mit Labrador u. Neufundland) bis Niederkalifornien, Gebirge von S-Mexiko zur Golfküste, N-Florida. Überwintert vorwiegend in den Golfstaaten im SO, wiederholt Irrgast in Europa. Biotop ähnl. Amsel, ebenso Stimme. Ab u. zu gehalten.

— *M. obscura*, Weißbrauendrossel. ♂: Kopf, Hals, Nacken, Kropf grau. Überaugenstreif schmal, weiß. OS olivbräunlich. Kehle weiß, Brust, Seiten u. Flanken gelblichrostbraun, restl. US weiß. ♀: blasser als ♂. 19 cm. O-Sibirien (Jenisseigebiet, NO-Altai bis Kamtschatka) sü. bis N-Mongolei, Amurgebiet, Ussuriland; Sachalin, Kurilen. Überwintert in SO-Asien, mehrfache Nachweise in Europa. Gesang melodisch, klangvoll, aber etwas monoton. Sehr selten gehalten.

— *M. torquata*, Ringdrossel. ♂: überwiegend rußschwarz, Brust mit halbmondförmigem weißen Fleck. ♀: schwarzbraun, Brustfleck trüber, unterseits haben Federn weißliche Säume. Juv. ähnl. juv. Amseln, Kehle sehr hell, unterseits dunkel quergewellt. 24 cm. UAn. *M. t. alpestris* heller als Nominatform, da Federn mit breiteren weißen Säumen, sowohl beim ♂ als auch beim ♀. Irland, Großbritannien (ausgenommen Mitte u. SO), Gebirge Skandinaviens bis nordwe. Sowjetunion, Bornholm, in höheren Gebirgslagen M-, S-Europa, O-Kleinasien, Kaukasus bis Transkaspien, N-Iran. Teilzieher. Bewohnt in N-Europa moorige Landschaften, buschbestandene, felsblockreiche Berghänge, lichte Nadel-, Laubwälder, häufig nahe der Baumgrenze, auch in der Knieholzregion. Gesang ähnelt dem der Singdrossel ↗, aber rauher, einförmiger, unterbrochen von schirkenden Tönen. Nest wie Amselnest, in niedrigen Bäumen, auch am Boden. Ab u. zu gehalten. Selten gezüchtet, u. a. berichtet von der Zucht 1966 R. G. KRAHE ↗, 1971 u. 1973 C. J. O. HARRISON.

Einfarbstelzralle

Mesitornis. G der Mesitornithidae ↗. 2 An.
— *M. unicolor*, Einfarbstelzralle. ♂ u. ♀: rostbraun mit weißem Augen-Nacken-Streifen. 25 cm. O-Madagaskar. Nest oft in Astgabeln schräger Baumstämme. 1 braungraues Ei. ♀ brütet.

Mesitornithidae, Stelzenrallen, Madagaskarrallen. F der Mesitornithiformes ↗, 2 Gn *Mesitornis* ↗, *Monias* ↗, 3 An. Verwandte von Sonnenralle u. Kagu. 25—28 cm. Braunes Gefieder mit Puderdunen. Madagaskar. Langschwänzige Waldbewohner. Gewandte Bodentiere, selten fliegend. Über Lebensweise wenig bekannt. Nahrung Samen, Früchte, Gliedertiere. Nester niedrig auf Bäumen, in Gebüsch. 2—3 rallenartig gefärbte Eier. Juv. Nestflüchter. Haltung wegen strengen Artenschutzes nicht in Betracht kommend.

Mesitornithiformes. O Stelzenrallen. 1 F, Mesitornithidae ↗, 2 Gn, 3 An. Madagaskar. Isolierte Gruppe mit unsicherer systematischer Stellung.

Messingglanzstar (*Lamprotornis chloropterus*) → *Lamprotornis*

Messungen am Vogel. Ein Vogel wird folgendermaßen gemessen:

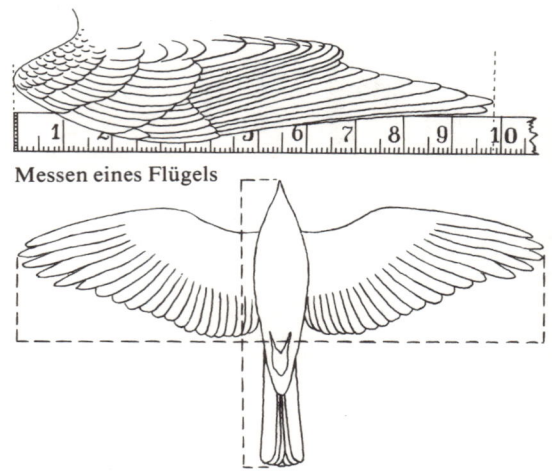

Messen eines Flügels

Messen der Flügelspannweite und der Gesamtlänge

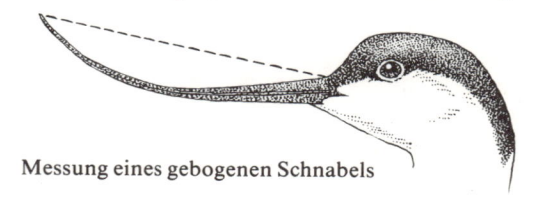

Messung eines gebogenen Schnabels

Ringdrossel

Messen der Schnabellänge   Messen der Lauflänge

Messen der Schwanzlänge

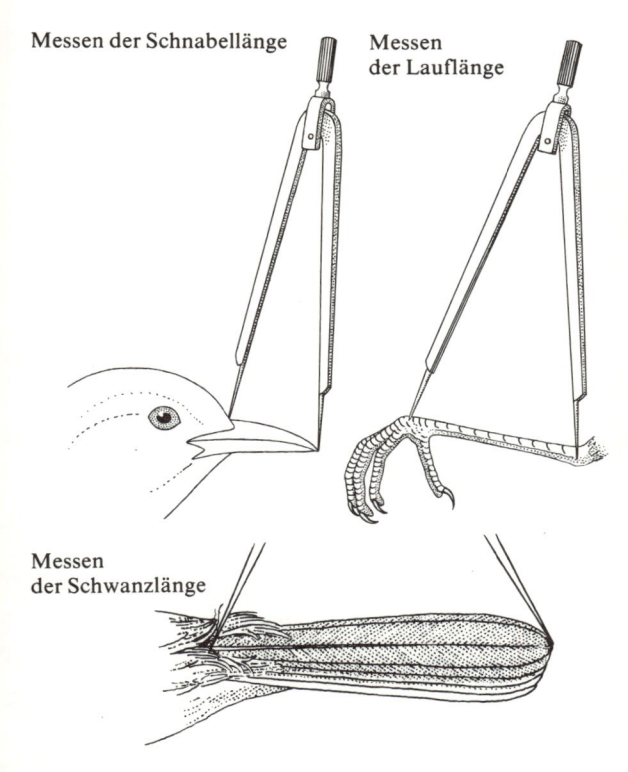

Metallgrüne Tangare, NN → Schwarznackentangare
Metallschwänze → *Metallura*
Metallura, Metallschwänze. G der Trochilidae ↗. 8 An. Venezuela bis Bolivien. Andenhänge oberhalb 2 000 m Höhe.
— *M. tyrianthina,* Smaragdkehl-Glanzschwänzchen, Kupferglanzschwänzchen, Smaragdkehlkolibri. ♂: OS u. US glänzend bronzegrün. Steuerfedern bronzefarben, oben mit weniger, unten mit tieferem Purpurschimmer, von hinten gesehen blauschillernd. Kehle glänzend grün, Kehlseiten von vorne gesehen fast schwarz erscheinend. Schnabel schwarz. Unterschwanzdecken mit breiten hell rostbräunlichen Säumen. ♀: OS wie beim ♂, nur etwas heller grün. US rostfarben, Unterkörper heller, Federn an Kehle u. Unterkörper mit bronzegrünen Spitzen. Äußere Steuerfedern mit graubraunen Spitzen. Juv. wie ♀. 9,5 cm. Von Venezuela, Kolumbien bis W-Peru, Bolivien. Bevorzugt Nebelwälder, Strauchvegetation u. Paramozone von 2 000–3 600 m Höhe. Eingewöhnung mit Schwierigkeiten verbunden; am besten einzeln in größeren Käfigen ↗ akklimatisieren. Wurde bisher nur in seltenen Fällen länger als 1 Jahr gehalten; A. J. MOBBS berichtet von 2 Jahren. Zucht noch nicht gelungen.
Metopiania. G der Anatidae ↗, UF Anatinae ↗. 1 A. Über M-Chile, Paraguay u. Uruguay bis N-Patagonien verbr. Sü. Brutvögel ziehen im Winter nach N. Bewohnen zur Brutzeit kleine nahrungsreiche Flachseen u. Küstengewässer. Nester in Ufervegetation. 9–14 Eier. Mitunter legen mehrere ♀♀ in das gleiche Nest. Bevorzugte Wirtsvögel der *Heteronetta atricapilla* ↗. Brutdauer 25–27 Tage. Nahrung vorwiegend Wasserpflanzen. Verbr. Gehegevögel. Unterbringung auf nicht zu flachen Teichen. Überwinterung meist im Freien möglich. Neben Mischfutter

Peposakaente. Männchen

werden gern grüne Pflanzenteile, z. B. Wasserlinsen, aufgenommen. Zucht nicht problematisch. Eiablage meist in Nistkästen. Aufzucht der Juv. unter Wärmequellen stets verlustarm. Bastardierungsneigung mit Vertretern der Gn *Netta* ↗ u. *Aythya* ↗ ausgeprägt.
— *M. peposaca,* Peposakaente. Jahreskleid. ♂: Kopf, Hals, Brust u. Rücken schwarz. Kopf mit purpurnem Glanz. Flanken grau mit schwarzer Wellung. Schnabel mit flachem Stirnhöcker leuchtend rot. Füße orangefarben. ♀: dunkelbraun mit Aufhellung am Kopf u. an der Kehle. Meist weißer Ring um Schnabelbasis. Schnabel bleigrau. Füße graubraun. 55 cm.
Metopidius. G der Jacanidae ↗. 1 A. Indien bis Sumatera, Java.
— *M. indicus,* Hindublatthühnchen. ♂ u. ♀: glänzend schwarzer Kopf, Nacken, Brust; grünlichbronzeschimmernder Rücken u. Flügel; Bauch bläulichgrün; kurzer Schwanz kastanienbraun bis rot. Breiter weißer Streifen vom Auge zum Nacken. Beine grün. Juv. hauptsächl. weißlich, rötlich u. braun.
Metriopelia. G der Columbidae ↗. 4 An. S-Amerika. Pflege s. auch Columbiformes. Zucht von *M. ceciliae,* Nacktgesichtstäubchen od. Bodentäubchen, *M. melanoptera,* Weißbugtäubchen, gelungen.
Mevesglanzstar *(Lamprotornis mevesii)* → *Lamprotornis*
Mexikanerzeisig *(Spinus psaltria)* → *Spinus*
Mexikanischer Abendkernbeißer, NN → Abeilleikernbeißer
Mexikanischer Blauhäher, NN → Graubrusthäher
Mexikanischer Blauspötter *(Melanotis caerulescens)* → *Melanotis*
Mexikanischer Grünhäher *(Cyanocorax yncas luxuosus)* → *Cyanocorax*
Mexikanischer Karmingimpel *(Erythrina mexicana)* → *Erythrina*
Mexikanische Schuppenwachtel, NN → Schuppenwachtel
Mexiko-Rotbauchschakuhuhn, NN → Rotbauchguan
Mexikozeisig, NN → Mexikanerzeisig
Meyer-Sichelschnabel *(Epimachus meyeri)* → *Epimachus*
Meyers Papagei, NN → Goldbugpapagei

Microcarbo

Rotkehlfälkchen oder Rotschenkel-Zwergfalke. Paar in der Bruthöhle

Microcarbo. G der Phalacrocoracidae ↗. 5 An.
— *M. africanus,* Riedscharbe. ♂ u. ♀: schwarzglänzend, im Winter braun mit mattweißer Kehle. Schultern u. Flügeldecken grau mit schwarzen Federsäumen. Im BK schwarzes Stirnfederbüschel. Nackte Gesichtshaut gelb. Juv. OS braun, US gelblichweiß. 56—58 cm. UAn. Äthiopis, Madagaskar. Brütet im ganzen Verbr.-Gebiet an Seen u. Flüssen u. auf Inseln vor Küste S-Afrikas. Ziemlich einzeln lebend. Schwimmt mit fast völlig untergetauchtem Körper.
— *M. melanoleucos,* Kräuselscharbe. ♂ u.♀: schwarz mit grauen Oberflügeldecken, schwarze Federsäume. Augenlinie, Kopfseiten, Kehle, Hals, US weiß. Im BK kurze Stirnhaube. Gesichtshaut gelb. Juv. ähnl., aber OS braun. Kurzer Schnabel u. Hals, aber langer Schwanz. 56—61 cm. UAn. Sunda-, Palau-Inseln, Salomonen, Santa-Cruz-Inseln, Australien, Tasmanien, Neuseeland.
— *M. niger,* Mohrenscharbe. ♂ u. ♀: schwarzglänzend mit grauen Flügeldecken, schwarze Federsäume. Im Winter Kehle weiß. Im BK Nackenfedern etwas verlängert. Gesichtshaut schwarz. Juv. dunkelbraun mit weißlicher Kehle. 56 cm. Indien u. Sri Lanka bis Java, Kalimantan. Gezüchtet 1968/69 im Tierpark Berlin.
— *M. pygmeus,* Zwergscharbe. ♂ u. ♀: grünlichschwarz. Kopf, Hals rötlichbraun; Schultern u. Flügeldecken grau mit schwarzen Federsäumen. 3eckiger Kopffleck u. Augenlinie weiß. Im BK Nackenfedern zu Haube verlängert. Gesichtshaut fleischfarben. Juv. OS schwärzlichgrau, US weißlichgrau, Kehle u. Bauch weiß. 48—58 cm. Masse 350 g. SO-Europa, Kleinasien bis Irak, Kaspisee bis Turkestan. Brut vor allem an Flüssen u. Lagunen, selten an Meeresküste. Koloniebrüter. Eigröße 47 × 30 mm.

Microhierax. G der Falconidae ↗. 5 An. Kleinste Vertreter der Falconiformes. Flügel kurz, spitz. Schwanz lang. Schnabel kräftig mit Doppelzahn. Fänge kräftig mit stark gekrümmten Krallen. Tropisches Asien.
— *M. caerulescens,* Rotschenkel-Zwergfalke. ♂ u. ♀: weißer Überaugenstreif u. Nackenfleck, Kopfzeichnung schwarz. Bauch, Flanken u. Schenkel rostbraun, Flügel u. Schwanz schwarzweiß getupft. 2 UAn. Indien, Burma, Thailand, Siam u. Kambodscha. Waldlichtungen, Waldränder u. Felder mit Ansitzen. Paarweise zur Brutzeit, Sozialverhalten ungeklärt. Beute vorwiegend große Insekten (Libellen, Heuschrecken, Schmetterlinge), selten Kleinvögel. Brütet in Baumhöhlen. Gelege 4—6 schmutzigweiße Eier. ♂ u. ♀ betreiben Brutpflege. Brutbiologie weitgehend unbekannt. Sporadische Importe aus Thailand od. Burma. Sehr selten in Tiergärten od. privaten Haltungen. Sehr unruhige u. quicklebendige Vögel. Vorsichtige Eingewöhnung (helles Licht, Temp. 25 °C). Breites Beuteangebot. Haltung in verglasten Innenvolieren (Temp. 20—25 °C) u. angeschlossenen Außenvolieren. Gut mit Grünpflanzen u. dünnen Sitzstangen ausstatten. Schlaf- u. Nistkasten unerläßlich. Sehr kälte- u. nässeempfindlich. Beute Insekten (Grillen, Heuschrecken, Mehlwürmer), Labormäuse, Küken, Sperlinge. Gehört zu den sehr anspruchsvollen An. Wurde in Gefangenschaft noch nie gezüchtet.

Micropsittidae, Kleinpapageien. F der Psittaciformes ↗. 2 UFn (Micropsittinae ↗, Psittaculirostrinae ↗), 4 Gn, 11 An. Die Zusammengehörigkeit der in dieser F zusammengestellten Gruppen bedarf nach WOLTERS ↗ weiterer Bestätigung.

Micropsittinae, Spechtpapageien. UF der Micropsittidae ↗. 1 G *Micropsitta* mit 6 An. Kleinste Papageienvögel. Gefieder grün, z. T. mit roten, blauen, gelben u. bräunlichen Abzeichen. Schwanzfedern kurz, starr, dienen als Stützschwanz wie bei Spechten ↗. Große Speicheldrüsen, kleiner Drüsenmagen. ♀ u. ♂ unterschiedl. gefärbt. Länge 8,5—10 cm. Verbr.-Gebiet Maluku, Neuguinea, u. benachbarte Inseln, Bismarck-Archipel, Salomonen, Admiralitäts-Inseln, St. Matthias u. Squally-Insel im Pazifik. 5 An Bewohner des Tieflandes, 1 A Gebirgsvogel. Nahrung besteht, wie H. BREGULLA auf den Salomonen-Inseln feststellen konnte, praktisch nur aus Pilzen u. Flechten an Rinden der Bäume, in diesen sind Kleininsekten, Larven usw. enthalten. Brüten in Bauten baumlebender Termiten. Gelege 2 Eier. Alle Spechtpapageien blieben bisher in Gefangenschaft nur Stunden am Leben. Auch Dr. BURKARD ↗ konnte sie mit der oben angegebenen Nahrung nicht eingewöhnen, da äußerst «scheudumm». Ursachen des baldigen Todes unbekannt, möglicherweise Herz-Kreislaufversagen auf Grund von Streßmechanismen mit Katecholamin-Einwirkung auf das muskelkräftige Herz (Mißverhältnis zwischen O_2-Verbrauch u. Angebot). Hypothese bedarf der weiteren Klärung durch funktionelle, morphologische u. mikroskopische Untersuchungen. K. TROGISCH ↗ stellte bei Sektionen gefangener u. wenig später gestorbener Vögel im Vergl. zur Körpergröße ein ausgesprochen großes Herz fest.

Mikadofasan *(Calophasis mikado)* → *Calophasis*

Milben. Gliederfüßer, Parasiten. Bewirken Hautentzündungen u. Leistungsminderungen, übertragen Krankheiten od. treten als Vorratsschädlinge auf.

Milchuhu *(Bubo lacteus)* → *Bubo*

Miliaria. G der Emberizidae ↗. 1 A. SW-Paläarktis ↗.

— *M. calandra,* Grauammer. ♂: graubraun, dunkel gestreift. ♀: etwas kleiner. Juv. ähnl. ♀. 18 cm. Europ.-turkestanische Verbr. von Spanien, NW-Afrika, über M- u. SO-Europa, Anatolien bis M-Asien. In offenen trockenen Gebieten, Steppe bis Ackerland mit Steinen, Gebüsch, Leitungsdrähten als Singwarten. Teilzieher. Bodennest, 4—6 Eier, Brutdauer 13 Tage, Nestlingszeit 11 Tage. Eingewöhnung im Kistenkäfig ↗ mit weicher Decke nicht leicht, da sehr stürmisch. Hirse, Hafer, Gerste werden jedoch bald angenommen. Oft unverträglich, knappe Fütterung, Gewicht beim ♂ 55 g, beim ♀ 45 g. Zucht nicht bekannt.

Milvus. G. der Accipitridae ↗. 2 An. Mittelgroße, schlanke Greifvögel. Flügel lang, spitz, Schwanz lang, ± gegabelt, Füße schwach. Außerordentl. geschickte u. wendige Flieger. Unspez. Beutegreifer. Regional sind An Kulturfolger. Sind gut für die Haltung in großen Gemeinschafts- od. Flugvolieren geeignet. Sie bilden vor allem in mit Geiern besetzten Volieren durch ihre Flugkünste ein belebendes Element. Sind während der Brutzeit aggressiv. Schon in Gefangenschaft gezüchtet. Werden auch als Beizvögel genutzt.

— *M. migrans,* Schwarzmilan. ♂ u. ♀: OS düsterbraun mit schwarzen Schaftstrichen, schwach rostbraun gesäumt. Auf den Flügeldecken sind die Säume bes. deutl. Handschwingen schwarzbraun. Brust graubraun, Bauch, Hosen rotbraun mit schwarzen Schaftstrichen. Kopf grau, schwarz gestrichelt. Schwanz nur schwach gekerbt, dunkelbraun mit 8 schmalen schwarzen Binden. Wachshaut u. Füße gelb. 6 UAn. Europa ohne Skandinavien u. Großbritannien, Asien, Afrika, Australien. Lichte Wälder, Feldgehölze, Kulturflächen, in der Nähe fließender od. stehender Gewässer, vor allem in der Ebene. Stand- u. Strichvogel. Beute Kleinsäuger, Reptilien, Fische, Insekten, aber auch Aas. Gehört in den wärmeren Regionen mit zu den Abfallbeseitigern. Horst auf Bäumen, brütet gern in Kolonien, auch mit anderen Vogel-An vergesellschaftet. Gelege 2—3 weißliche, braun gefleckte Eier. Brutdauer 20—32 Tage. Nestlingsdauer ca. 50 Tage. ♂ u. ♀ betreiben Brutpflege. Häufig in Tiergärten. Regional werden manchmal verletzte Ad od. Jungtiere eingeliefert. Besonderheiten s. *M. milvus.*

— *M. milvus,* Rotmilan. ♂ u. ♀: OS dunkelbraun, Federn gelbbraun gesäumt, Flügelspitzen schwarzbraun, Bauch u. Hosen rotbraun mit dunklen Schaftstrichen. Kopf, Hals, Oberbrust weißgrau mit schwarzbraunen Schaftstrichen. Schwanz tief gegabelt, rotbraun, am Ende gelbbraun in schwarz übergehend. Wachshaut, Füße gelb. 2 UAn. Europa, Kleinasien bis Iran, NW-Afrika, Kanaren, Kapverden. Strich- u. Standvogel. Offene Landschaft, Felder, Fluren, lichte Wälder. Mehr in der Ebene als im Hügelland. Beute Kleinsäuger, Reptilien, Jungvögel, Insekten. Geschlechtsreife nach 3. Lebensjahr, bei *M. migrans* nach 4. (Dr. M. SCHÖNFELD). Horst nur auf Bäumen, manchmal werden auch alte Krähennester ausgebaut. Gelege 2—4 weißliche, spärlich rotbraun gefleckte Eier. Brutdauer 28—30 Tage. Nestlingsdauer ca. 50 Tage. ♂ u. ♀ betreiben Brutpflege. Häufig in Tiergärten. Im Verbr.-Gebiet werden gelegentl. Jungtiere u. verletzte Ad. eingeliefert. Wesen ruhig, Eingewöhnung unproblematisch. Haltung paarweise in Zuchtvolieren. Die Volieren sollten wesentl. länger als breit sein, um die Flugfähigkeit besser zu gewährleisten. Nahrung Küken, Mäuse, kleine Ratten.

Rotmilan

Mimidae, Spottdrosseln. F der Passeriformes ↗. 11 Gn, davon 7 Gn monotypisch. 30 An. 20—30 cm, schlank u. langschwänzig. Schnabel schmal, gerade od. nach unten gebogen. Überwiegend unscheinbar graues bis rotbraunes Gefieder, unterseits heller bis weiß, auch gefleckt od. vollständig dunkel. Schwanz lang u. gestuft. ♀ wie ♂ gefärbt od. gering unterschiedl. Juv. haben gefleckte OS. Amerika, von S-Kanada bis S-Chile u. Argentinien. Populationen von N- u. M-USA sind Zugvögel. Überwiegende Zahl der An bewohnen Halbwüsten mit Dornbüschen, Kakteen u. Salbei. Leben einzeln, zur Brutzeit paarweise. Vögel vieler An singen nicht nur zur Brutzeit, dann auch ♀ ♀. Gesang wird häufig nachts vorgetragen, gern beim Mondschein. Singen von Warte u. im Fluge. Von *Mimus* ↗ u. *Dumetella* ↗ Strophen laut, variabel. Große Spötter. Nahrung Wirbellose, überwiegend Insekten, werden auf dem Boden gesucht, außerdem Beeren u. Früchte. Tiefes, napfförmiges Nest in Büschen, dichten Bäumen, von Sichelspöttern selbst in Kakteen. Als Baumaterial wird kein Lehm verwendet. Gelege 2—5 Eier. Nur die ♀ ♀ brüten (ausgenommen Sichelspötter). Juv. werden von beiden Eltern gefüttert. Haltung im Landschaftskäfig ↗, biotopähnl. Volieren ↗ od. Vogelstuben ↗. Warme Überwinterung. Futter ist handelsübl. Insektenfutter (Drosselmischung), frische Ameisenpuppen, Insekten aus der Lichtfalle ↗, Beeren u. Obst nach jahreszeitl. Angebot, auch eingeweichte Rosinen, zeitweise zerkleinertes hartgekochtes Eigelb, ausgedrückter Magerquark u. gekochtes, mageres Fleisch (Rinderherz). Ausdauernde Pfleglinge.

Mimus

Mimus. G der Mimidae ↗. 9 An. Von den USA über M- bis S-Amerika; Galápagos-Inseln, Inseln der Karibik. Pflege s. Mimidae.
— *M. polyglottos,* Spottdrossel. ♂ u. ♀: Zügel dunkelgrau, Augenbrauenstreif ± deutl. hellgrau od. weißlichgrau. Ohrpartie grau, undeutl. weißlich gestreift, sonst Kopfseiten trübweiß mit undeutl. Flecken. OS bräunlich schiefergrau, Flügel mit weißem Spiegel u. 2 weißen Binden. Schwingen dunkel schwarzgrau, hellschieferfarben gesäumt. Äußere Schwanzfedern weiß. Kinn u. Kehle schmutzigweiß, seitwärts ± deutl. dunkler Bartstreif. Übrige US fahlbräunlich, aber Brustmitte u. Bauch weiß, Unterschwanzdecken gelblichweiß. Schnabel schwarz. Unterschnabel am Grund bräunlich. Auge gelblich. Füße dunkelgrau. Juv. OS heller als bei Ad., gefleckt, ebenso trübweiße US. 24 cm. UAn. USA, Mexiko, Bahama-Inseln, Kuba, Jamaika, Haïti, Puerto Rico, Virgin Islands; sü. Mexiko bis Honduras u. El Salvador; Insel San Andrés (Karibik), auf Panama durch den Menschen verbr.; N-Kolumbien, Venezuela, Trinidad, Tobago, Kleine Antillen, Guayana, nö. Brasilien; öst. Brasilien. Bewohnt Waldränder, Feldgehölze, Gärten, auch in Ortschaften. Verteidigt nicht nur Brutrevier sehr heftig, sondern auch Winterbezirke, ♀ hat oft einen eigenen, singt dann, um diesen zu markieren u. zu verteidigen. ♀ u. ♂ bauen in ca. 2 Tagen das Nest. Gelege 3–6 Eier. Juv. schlüpften nach 9–12 Tagen. Bis zu 3 Jahresbruten. Gesang ausdauernd, melodisch, vermischt mit Nachahmungen von Strophen anderer Vögel. CHAPMAN stellte innerhalb eines 10 minütigen Gesanges eines Vogels Nachahmungen von 32 Strophen anderer An fest. Über die Sangesqualitäten wurde viel gestritten. Singt auch in klaren Nächten. Zuweilen auf dem europ. Vogelmarkt, während der Eingewöhnung empfindlich, später ausdauernd. Nach der Brutzeit Paar getrennt unterbringen. Häufig gezüchtet. Nest wird im Nistkörbchen od. im freien Gebüsch gebaut. Brutdauer in Gefangenschaft 13–14 Tage. Juv. verlassen nach 12–13 Tagen das Nest. Beginn der Mauser in das ad. Kleid nach 3 Monaten. In früherer Zeit auch häufig handaufgezogene Vögel im Handel.
— *M. saturninus,* Camposspottdrossel. ♂: Zügel u. Augenbrauenstreif weißlich. Ohrgegend schwärzlich. OS bräunlichgrau, Rückenfedern mit hellen Säumen. Schwingen schwarzbraun, ebenso Schwanzfedern, äußere mit weißen Spitzen. Kehle weißlich, US weißlichgraugelb, Brust u. Flanken dunkel gestrichelt. Schnabel bräunlichgrau. Auge braun. Füße bräunlichgrau. ♀: grauer als ♂. Weiße Spitzen des Schwanzes kleiner, an den Enden gerundeter. Juv. Federn der OS mit hellen, schwanzwärts mit roten Säumen, ebenso Flügeldecken. US mit Fleckenzeichnung. 25 cm. UAn. Unterer Amazonas durch das öst. Brasilien bis zum nö. Bolivien, durch Paraguay bis M-Argentinien u. Uruguay. 1895 im Zool. Garten Berlin, selten im Handel, manche sehr gute Sänger.

Mindanao-Lori *(Trichoglossus johnstoniae)* → *Trichoglossus*

Mineralstoffe. Sind im allgemeinen bei vielseitiger Fütterung in den Futterstoffen ↗ in ausreichender Menge vorhanden. Bei einseitiger u. den natürl. Bedingungen wenig entspr. Fütterung ↗ u. Haltung kann jedoch Mangel an M.n eintreten (Rachitis ↗, Jodmangelkropf ↗).
— Natrium: Als Bestandteil des Kochsalzes (Natriumchlorid) für Tiere lebenswichtig. Zufütterung nicht erforderlich, da in Futterstoffen ausreichend vorhanden.
— Kalium: Wichtiger Bestandteil für die Lebensfähigkeit der Zellen. Zufütterung nicht erforderlich, da in Futterstoffen ausreichend vorhanden.
— Calcium: Erforderlich für Knochenaufbau u. wichtiger Blutbestandteil. Zum Aufbau der Eischale werden 2 g Calcium benötigt. Zufütterung während Legeperiode u. Wachstum ist empfehlenswert, keine Schäden durch zu hohe Dosierung. Bedarf für Legehennen 3–4 g.
— Magnesium: Erforderlich für Knochenaufbau. Zufütterung nicht notwendig, da in Futterstoffen ausreichend vorhanden.
— Mangan: Einfluß auf Fortpflanzung u. Wachstum. Zufütterung bei Aufzucht von Nutzgeflügel u. Fasanen ↗. In Fischmehl u. Weizenkleie enthalten.
— Eisen: Bestandteil des Blutes. Zufütterung nicht erforderlich, da in Futterstoffen ausreichend vorhanden.
— Jod: Notwendig für die Tätigkeit der Schilddrüse. Zufütterung nur bei Auftreten von Mangelerscheinungen nach tierärztl. Anweisungen.
— Schwefel: Bestandteil der Eiweiße, erforderlich zum Aufbau der Hornsubstanz von Schnabel, Zehen usw. Zufütterung nicht notwendig, da in Futterstoffen, vor allem tierischer Herkunft, ausreichend vorhanden.
— Phosphor: Notwendig für die gesamte Lebensfähigkeit. In pflanzl. Futterstoffen von Vögeln schwer nutzbar, deshalb tierischer Anteil günstig. Zugabe kann auch über Mineralstoffmischungen erfolgen.
— Spurenelemente: Versch. M., die in geringsten Mengen wirken. Sie sind in handelsübl. Mineralstoffmischungen enthalten.
Aufbauend auf Erfahrungswerten werden im Handel sowohl für Nutzgeflügel als auch Ziergeflügel ↗ Mineralstoffmischungen angeboten. Sie werden meist als Futterkalk ↗ bezeichnet. Die Verabreichung soll jedoch stets nach angegebener Vorschrift erfolgen, um Schäden durch Überdosierungen zu vermeiden. Bei den in gepreßter Form produzierten Taubensteinen besteht auf Grund ihrer Bestandteile diese Gefahr nicht. Pulverförmige Mischungen werden dagegen günstig über eine Weichfuttermischung verabreicht. M.-Bedarf ist bei wachsenden Tieren größer: beim ad. Vogel zusätzl. Bedarf z. B. während der Legezeit od. der Mauser.

Mineralstoffmischung → Mineralstoffe

Mino. G der Sturnidae ↗. 2 An. Futter kleingeschnittene Früchte, Eibiskuit, Aufzucht-Fertigfutter für Küken, Mehlkäferlarven ↗ u. mageres gehacktes Rindfleisch. Zucht sehr schwierig.
— *M. anais,* Goldbrust-, Orangeatzel. ♂ u. ♀: Kopf schwarz, je nach UA Scheitel orangegelb mit od. ohne unterschiedl. großen schwarzen Nackenfleck.

Nacken, Halsseiten, Rücken u. Oberschwanzdecken orangegelb, ebenso Brust. Bauch u. Unterschwanzdecken blaß orangegelb. Flügel mit weißem Fleck. Übriges Gefieder schwarz mit grünem Anflug. Auge gelb, Umgebung nackt, dunkel. Schnabel u. Füße gelb. Juv. matter als Ad., Federn von Scheitel u. US schwarz mit gelben Säumen. Ca. 24 cm. UAn. Bewohnt Neuguinea, Inseln Salawati u. Jobi. Häufig in kleinen Gruppen unterwegs, rastet gern auf den Spitzen von Baumwipfeln. Nahrung Baumfrüchte. Stimme laut, Rufe sehr unterschiedl., heiser klingend, auch Pfiffe. Gesang kurzes, melodisches Lied. Brütet in Baumhöhlen von Waldbeständen. In Europa selten gehalten, u. a. im Vogelpark Walsrode.
— *M. dumontii*, Papua-Atzel. ♂: schwarz, purpur, grün u. blaugrünschillernd. Um das Auge großer, nackter, orangener Fleck. Ober- u. Unterschwanzdecken weiß. Bauch gelb. Schnabel orange. Auge braun od. orange. Füße gelb. ♀ wie ♂, Flügel allgemein gering kürzer. Juv. ähnl. Ad., aber insges. matter, Bauch blasser. Ca. 25 cm. Neuguinea u. benachbarte Inseln (auch Aru-Inseln. u. Bismarck-Archipel), Salomonen, aber nicht auf San Cristobal. Bewohnt Waldränder u. Sekundärwald, im Flachland, z. T. auch im Bergland. Meistens paarweise, selten in kleinen Gruppen (ca. 4 Vögel) unterwegs. Stimme lautes zweisilbiges, unmelodisches Krächzen. Hält sich vorwiegend in dichtbelaubten Wipfeln auf, die vereinzelt das Blätterdach des Waldes überragen. Brütet hoch in Bäumen. Selten in Europa gepflegt, u. a. im Vogelpark Walsrode u. bei Dr. BURKARD ↗. Gelege 1—3 blaue, rostfleckige Eier. Schlupf nach 14 (?) Tagen. Juv. fliegen nach 4½ Wochen aus, noch weitere 2 Wochen von Eltern gefüttert. Sehr wichtig während der Aufzucht: Tägl. 2—6 junge, abwechslungsreich gefütterte Mäuse (vor Eiablage schon reichen), Hackfleisch, Rinderherz, Pal-Hundefutter.

Misteldrossel *(Turdus viscivorus)* → *Turdus*
Mitchells Lori, UA → Allfarblori
Mitglieder-Schau. Wird von einer bestimmten Vereinigung nur für ihre Mitglieder veranstaltet. Die bekannteste Schau ist die Members-Show der B. S. ↗ in England.
Mittelbeo → Beo
Mittelmeerschmätzer, Mittelmeersteinschmätzer *(Oenanthe hispanica)* → *Oenanthe*
Mittelsäger *(Mergus serrator)* → *Mergus*
Mittelspecht *(Dendrocopos medius)* → *Dendrocopos*
Mittlere Raubmöwe *(Stercorarius pomarinus)* → *Stercorarius*
Mitu *(Mitu mitu)* → *Mitu*
Mitu, Mitus. G der Cracidae ↗. 3 An. Hybriden mit anderen Hokkos bekannt. Truthuhngroße Hühnervögel. Grundfarbe schwarz. ♂ schwerer als ♀, gleich gefärbt. Stark gerundete Flügel, 12 Schwanzfedern, sporenlose Läufe. Kräftige Schnäbel. Nö. S-Amerika. Tropenbewohner. Paarweise, zuweilen polygam. Nest einfach aus grünen Blättern. 2 Eier, 140—180 g, 29—34 Tage bebrütet. Ernähren sich mit Früchten, Blättern, Insekten. Fütterung auch mit Geflügelfertigfutter möglich. Küken werden anfangs von Eltern gefüttert, fressen bald allein. Aggressiv in Brutzeit gegen kleinere Vögel. Frostfreie Haltung.

Momotidae
395

— *M. mitu*, Mitu. ♂ u. ♀: Grundfarbe schwarz. Unterschwanz u. hinterer Bauch kastanienbraun. OS blau schimmernd. Flügel- u. Schwanzfederkiele blau. Schwanzfedern am Ende mit ca. 2 cm breitem weißen Band. Kleine Haube auf Kopf, in Erregung aufgestellt. Oberschnabel sehr stark nach oben vergrößert. Iris rotbraun. Schnabel u. Läufe rot. Juv. braun gefleckt. Brust u. Bauch weißlichbraun. Flügel ♂ 40 cm, ♀ 37 cm, Schwanz ♂ 34 cm, ♀ 32 cm, Gewicht ♂ 3800 g. UAn. Inner-Brasilien bis O-Peru u. Bolivien. Wiederholt gezüchtet.
— *M. salvini*, Salvinhokko. ♂ u. ♀: ähnl. *M. mitu*, lediglich. Unterschwanzgefieder bis an Läufe weiß, Schnabel weniger stark. Flügel ♂ 37 cm, ♀ 35 cm, Schwanz ♂ 31 cm, ♀ 29 cm. Gewicht 3500—3800 g. S-Kolumbien bis O-Ekuador u. NO-Peru.

Mohreneremit *(Threnetes niger)* → *Threnetes*
Mohrenibis *(Phimosus infuscatus)* → *Phimosus*
Mohrenklaffschnabel *(Anastomus lamelligerus)* → *Anastomus*
Mohrenkopf *(Poicephalus senegalus)* → *Poicephalus*
Mohrenkopfpapagei, NN → Mohrenkopf
Mohrenlerche *(Melanocorypha yeltoniensis)* → *Melanocorypha*
Mohrennonne *(Munia nigerrima)* → *Munia*
Mohrenralle *(Limnocorax flavirostris)* → *Limnocorax*
Mohrenreisknacker *(Oryzoborus crassirostris)* → *Oryzoborus*
Möhrensaft → *Daucus carota*
Mohrenscharbe *(Microcarbo niger)* → *Microcarbo*
Mohrenweber *(Textor nigerrimus)* → *Textor*
Mohrrübe → *Daucus carota*
Molina-Rotschwanzsittich *(Pyrrhura molinae)* → *Pyrrhura*
Möller, Christian, geb. 23. 11. 1943 in Erfurt. Dipl.- Landwirt. Seit Kindheit Vogelhaltung, vorwiegend Fasanen- ↗, Taubenvögel ↗. Zucht von Vögeln zahlreicher seltener An. Mehrere DDR-Erstzuchten von Tauben u. Fasanen. Staatsehrenpreise.
Mollymauk *(Diomedea melanophris)* → *Diomedea*
Molothrus. G der Quiscalinae ↗. 1 A. N-Amerika von N-British-Columbia bis Mexiko, Golfküste, S-Carolina, ziehen im Winter aus dem N südwärts bis S-Mexiko. Leben im offenen Grasland, häufig bei weidenden Viehherden. Brutschmarotzer. Pflege wie *Cyrtotes* ↗. Lebhaft, friedlich.
— *M. ater*, Braunkopfkuhstärling, Kuhstärling. ♂: Kopf, Hals braun, übriges Gefieder schwarz mit grünlichem Glanz. ♀: OS dunkelbräunlich, Kinn, Kehle weißlich, sonst US hell graubraun. 19 cm. UAn.
Molukkenibis *(Threskiornis moluccus)* → *Threskiornis*
Molukkenkakadu *(Cacatua moluccensis)* → *Cacatua*
Momotidae, Sägeraken, Motmots. F der Alcediniformes ↗. 6 Gn, 9 An. 16—47 cm lange Vögel. Grundfärbung grün, einige mit rotbraunem Kopf u.

Momotus

rotbrauner Bauchseite, oft blauer Scheitel u. Brauen, schwarze Flecken an Kehle u. Kinn. Mittl. Schwanzfederpaar außer bei Zwergsägerake *(Hylomanes momotula)* stark verlängert. Mittl. verlängertes Schwanz-

Motmot

federpaar verliert außer bei Blauflügelsägerake *(Aspatha gularis)* u. Rotkopfsägerake *(Baryphthengus ruficapillus)* aus dem sü. Teil des Verbr.-Gebietes einige cm vor dem Ende die Fahnen, der Schaft wird sichtbar, die Fahnenreste am Schwanzende sehen spatelartig aus. Bei Erregung, Beunruhigung od. Balz ruckartige Pendelbewegungen bei *Momotus* u. *Baryphthengus* beobachtet. Flügel kurz u. rund. Schnabel kräftig, an der Spitze leicht herabgebogen, Schneiden des Oberschnabels fein bis grob gezähnelt (Sägeraken). Lauf kurz, 3. u. 4. Zehe an der Basis miteinander verwachsen. Mittel- u. S-Amerika von Z-Mexiko bis NW-Argentinien. Verbr.-Schwerpunkt M-Amerika, fehlen auf den Karibischen Inseln, Motmotsägerake *(Momotus momota ↗)* jedoch auch auf Trinidad u. Tobago. Bevorzugen feuchtere Waldgebiete, nur Braunscheitelmotmot *(Momotus mexicanus ↗)* u. Türkisbrauenmotmot *(Eumomota superciliosa ↗)* in Trockengebieten. Ansitzjäger, ernähren sich hauptsächl. von Insekten u. anderen Gliederfüßlern, mindestens Motmotsägerake u. Rotkopfsägerake auch von kleinen Wirbeltieren, Beeren u. Früchten. ♂ u. ♀ äußerlich gleich. Brüten in selbstgegrabenen Erdhöhlen, die bis 2 m, ausnahmsweise bis 5 m lang sein können, gelegentl. auch Benutzung von Röhren anderer grabender Tiere. Leben während der Brutzeit paarweise, manche wahrscheinl. ganzjährig, andere außerhalb der Brutzeit solitär. Soweit bekannt, brüten ♂ u. ♀. 3—4 Eier, weiß u. dünnschalig, Junge schlüpfen nackt u. blind. Recht ruhige Vögel, die ihre Aktivität am besten in bepflanzten großen Volieren ↗ u. Freiflughallen ↗ entfalten. Käfighaltung nur zur Eingewöhnung. Nicht mit Kleinvögeln zusammen halten. Sind frostempfindlich, deshalb unbedingt warme Überwinterung. Bisher wohl erst Motmotsägerake gezüchtet u. häufiger gehalten.

Momotus. G der Momotidae ↗. 2 An. Verbr. s. An. Habitat, Lebensweise s. Momotidae.

— *M. mexicanus* (Syn. *M. castaneiceps*), Braunscheitelmotmot. ♂ u. ♀: Scheitel, Nacken u. oberer Rücken rotbraun (i. U. zu *M. momota* schwanzwärts in Grün übergehend). Breites, schwarzes, blaugesäumtes Band von Auge bis Ohrregion. Körper-US blaßgrün mit schwarzem Brustfleck. Mittl. Schwanzfederpaar verlängert, mit spatelförmigem Ende, Schwanz oberseits blaugrün, unterseits grau, kann Schwanz pendelförmig seitwärts bewegen. Schnabel schwarz. Füße grau. 28—33 cm. UAn. Z-Mexiko bis Guatemala. In trockenem Buschland u. Vegetationsinseln in Trockengebieten. Gräbt Nisthöhlen in Böschungen. Wurde 1947 von C. CORDIER in 4 Exempl. aus Guatemala an den Bronx-Zoo New York geliefert. Keine gesicherten Berichte über Pflege in Europa. Haltung vermutlich wie *M. momota,* Unterbringung möglicherweise trockener.

— *M. momota* (Synonyme *M. bahamensis, M. caeruliceps, M. lessonii, M. subrufescens*), Motmotsägerake, Blauscheitelmotmot, Motmot. Mehr als 20 Subspezies, deren Färbung variiert. ♂ u. ♀: Scheitel in der Mitte schwarz, seitl. türkis (bei den einzelnen UAn versch., manchmal ganzer Scheitel türkis), schwarzer Streifen vom Zügel bis hinter das Auge, wo er spitz ausläuft. Dieser Streifen kann unten dunkelblau gesäumt sein. Körper-US grün od. je nach UAn in der Brustregion ins Olivgrün bis olivbraun gehend. 1 od. 2 schwarze Flecken an der Brust, die türkis gesäumt sein können. Flügel-OS grün, Handschwingenaußenfahnen blau. Schwanz lang, oberseits blaugrün, unterseits schwarz, mittl. Paar stark verlängert, mit spatelförmigem Ende. Der Schwanz wird bei Beunruhigung u. bei der Balz pendelförmig hin u. her od. auf u. ab bewegt. Schnabel überwiegend schwarz. Auge rot bis rotbraun. Füße grau. Juv. gleichen Ad., Schnabel u. Schwanz kürzer u. ohne spatelförmiges Ende. 38—53 cm, 90—130 g. UAn s. o. NO-Mexiko bis Brasilien u. NW-Argentinien, von Meereshöhe bis über 2000 m. Im Regenwald, an Regenwaldrändern, im Galeriewald, Sekundärvegetation, Kaffee- u. Obstplantagen. Sehr anpassungsfähig, hält sich viel im Unterholz auf, nimmt gerne Staubbäder. Jagt von Warten, zu denen er zurückkehrt, um größere Beutetiere totzuschlagen. Sehr viel Nahrung wird vom Boden aufgelesen. Ernährt sich von Insekten, bes. Käfern, großen Zikaden, Heuschrecken, Insektenlarven, Spinnen, kleinen Echsen u. Früchten. Samen dieser Früchte werden mit den Gewöllen ausgeschieden. Motmots leben die meiste Zeit des Jahres, möglicherweise ganzjährig, paarweise. ♂ u. ♀ graben Nesthöhle in steile Abhänge od. auch nur schwach ansteigenden Grund. Damit wird in der Regenzeit (weicher Boden) lange vor Eiablage begonnen. Erweitern auch Röhren grabender Säugetiere. Eingänge manchmal gut verborgen. Die Röhre zur Nestkammer kann bis 2,10 m, ausnahmsweise bis 4,2 m lang sein. Oft biegt sie zur Nestkammer seitl. um, Röhren-Ø ca. 7,5 cm. Kein Nistmaterial. 3 Eier, beide Eltern brüten. An einem Nest im Freiland wurden nur 2 Wechsel im Laufe eines Tages beobachtet. Brutdauer 3 Wochen. Juv. schlüpfen nackt, werden nur wenige Tage gehudert, mit Insekten, einschließl. Raupen gefüttert, ältere Nestlinge auch mit Früchten. Fliegen mit 29—32 Tagen aus. Altvögel mausern nach der Jungenaufzucht. Mehrere UAn werden regelmäßig gehalten, *M. m. subrufescens* 1860 u. 1890 im Zoo London, Nominatform 1877 im Zoo London, 2 Stück 1884 erstmals im Zoo Berlin. Haltung in großen, gut bepflanzten Volieren od. Freiflugräumen, dicke feste Bodenschicht, möglichst steile Erd- od. Lehmwand. Fütterung insektenhaltiges Weichfutter wie für große Drosseln, Mehlwürmer, Heimchen, Wanderheuschrecken, kleingeschnittene Mäuse od. andere kleine Wirbeltiere, in kleine Stücke geschnittenes Obst. Futtertiere werden auf der Sitzstange totgeschlagen. Futter wird sehr gerne von hoch aufgehängten Ampeln genommen. Frostempfindlich, erfrieren leicht die Zehen. Erstzucht 1951 im Zoo Philadelphia, später in Freiflughallen ⌕ u. Großvolieren weiterer zool. Gärten u. Vogelparks ⌕ der USA u. Großbritanniens, 1977 im Zoo Münster. In den letzten Jahren zunehmend häufiger gezüchtet. Zuchtberichten von HAWKINS (Pittsburgh, USA) u. ROOTS (Winged World Heysham, England) ist zu entnehmen, daß *M. momota* zur Zucht paarweise gehalten werden muß, überzählige Exempl. werden vom Paar nicht geduldet. Zur Balz gehören Herbeitragen u. Übergeben von Futter u. Pflanzenteilen (obwohl kein Nest gebaut wird!) vom ♂ zum ♀, heftige Pendelbewegungen mit dem Schwanz u. charakteristische Rufe. Am Graben der Nesthöhle beteiligen sich beide, graben mit dem Schnabel u. scharren lose Erde mit den Beinen hinaus. In lockerer Erde gelingt Graben der Nisthöhle oft nicht, feste, möglichst steil aufgeschichtete Erd- od. Lehmwände sind besser. Bei HAWKINS brütete nur ♀, ♂ versorgte es mit Futter. Exakte Brutdauer bei Gefangenschaftsbruten nicht ermittelt. Nestlingszeit einmal 28 Tage od. etwas länger. Nestlinge wurden von beiden Eltern mit tierischer Nahrung gefüttert, möglichst abwechslungsreiches, reichhaltiges Angebot. In einem Falle fraßen die ausgeflogenen Jungvögel nach 1 Woche selbst, in einem anderen wurden sie 3 Wochen lang gefüttert, bevor mit neuer Brut begonnen wurde.

Monarchen → Monarchidae
Monarchidae, Monarchen. F der Passeriformes ⌕. 22 Gn, ca. 130 An. 14—15 cm, einige An mit sehr langem Schwanz. Farbenprächtig. Mit meistens breitem, aber nicht flachem, am First häufig gekieltem Schnabel. Beine kurz. Flügel relativ lang. Schwanz kurz bis sehr lang. Afrika, S-Asien, Malaiische Inselwelt bis Polynesien u. Tasmanien. Suchen von den Blättern in Bäumen u. Büschen Kerfen. Nest napfförmig, klein, in Zweiggabel gebaut. Vögel weniger An auf europ.

Monticola

Vogelmarkt. Haltung nicht einfach, am besten in Vogelstube ⌕ od. warmer großer Voliere ⌕. Reichl. mit Pflanzen ausstatten. Warme Überwinterung. Futter s. Ficedula ⌕, außerdem fliegende Insekten (Wachsmotten usw.), Beeren werden allgemein nicht beachtet. In Gefangenschaft nicht ausdauernd.
Mönchschnurrvogel, NN → Säbelpipra
Mönchsgrasmücke *(Sylvia atricapilla)* → Sylvia
Mönchsittich *(Myiopsitta monachus)* → Myiopsitta
Mönchskranich *(Grus monacha)* → Grus
Mönchskuckuck *(Centropus monachus)* → Centropus
Mönchspirol *(Oriolus monacha)* → Oriolus
Mönchstangare, NN → Nemosia
Mönchsweber *(Sitagra pelzelni)* → Sitagra
Mondschwanztrogone → Priotelus
Mondstreif-Honigschmecker *(Melithreptus lunatus)* → Melithreptus
Mongolengimpel *(Bucanetes mongolicus)* → Bucanetes
Mongolenlerche *(Melanocorypha mongolica)* → Melanocorypha
Mongolentrompeter *(Bucanetes mongolicus)* → Bucanetes
Monias. G der Mesitornithidae ⌕. 1 A. SW-Madagaskar. In trockenen Wäldern. Wahrscheinl. flugunfähig. Gesellig in kleinen Trupps. ♀ mit mehreren ♂ ♂ paarend. Nestbau u. Brutfürsorge durch ♂. Juv. sperren bei Futterübergabe.
— *M. benschi,* Moniasralle, Sichelstelzralle, Naka. ♂ u. ♀: braun. Weißer Kehlgrund dunkel getropft. Sichelförmiger Schnabel. Gestufter langer Schwanz. 36 cm.
Moniasralle *(Monias benschi)* → Monias
Monteiroastrild, NN → Brauner Tropfenastrild
Montezumastirnvogel *(Psarocolius montezuma)* → Psarocolius
Montezumawachtel, NN → Massenawachtel
Monticola. G der Muscicapidae ⌕. 9 An. Europa, Afrika, Madagaskar u. Vorderasien. Wohl nur der Steinrötel ab u. zu bei Kennern der Weichfresserliebhaberei zu finden. Haltung in biotopähnl. Landschaftskäfig ⌕ od. in entspr. Voliere. Ausstattung der Anlage mit möglichst einer Felssteinwand mit Nischen zum Brüten, einigen großen rauhen Steinen, Grassoden (kurzhalmig), Baumstubben, wenigen Ästen. Falls sich Unterbringung im Käfig notwendig macht, dann Drosselkäfig ⌕ mit weicher Decke wählen, Bodenbelag saugfähiges Papier, 2—3 fingerstarke Sitzstangen u. größerer rauher Stein od. Ziegelstein. Fußpflege. Im Winter mäßig warme Unterbringung, zugluftfreie, kalte Überwinterung des Steinrötels. Futter handelsübl. Drosselmischfutter mit Möhrensaft u. Magerquark vermengen. Außerdem zerkleinertes hartgekochtes Eigelb zufügen. Von Mai-August zusätzl. frische Ameisenpuppen u. andere kleine Kerfen, im Herbst versch. Beeren (Eberesche, Holunder usw.). Im Winter leicht überernährt, dann kein gehacktes Ei füttern, Weichfuttermischung mit geriebenem Apfel strecken. Zur Zucht halboffene

Montifringilla

Steinrötel

Nistkästen, Nischen u. alte Amselnester anbringen. Aufzuchtfutter reichl. lebende Insekten.
— *M. saxatilis*, Steinrötel. ♂: im BK Kopf, Vorderrücken, Kinn, Kehle, Vorderbrust blaugrau, Hinterrücken weiß. Schwanz rötlichbraun, übrige US ziegelrot. Auge braun. Schnabel, Füße schwarz. Im RK blaugraue Gefiederpartien durch bräunliche Federsäume verdeckt. ♀: OS graubraun mit dunklen Schaftstrichen, US rötlichgelb u. braun geschuppt, im Gegensatz zum ♀ der Blaumerle ↗ sind Oberschwanzdecken u. Schwanzfedern rostrot. Juv. ähnl. ♀, OS gering bläulich verwaschen. Flügeldecken u. Schwingen mit breiten rahmweißen Spitzen. 19 cm. N-Afrika (Atlas), S-Europa nö. bis Pyrenäen, S-Frankreich zu den sü. Alpen (in früherer Zeit bis W- u. S-Deutschland u. im Harz), Gebirge SO-Europas bis S-Polens, Kleinasiens bis Libanon; Krim, Ukraine, Kaukasus, Transkaspien, Iran, Afghanistan u. Turkestan bis Altai, Mongolei, Kansu u. Hopeh (NW-China). Bewohnt Felslandschaften mit Steilwänden, Geröllfelder, auch Steinbrüche, Ruinen u. Weinberge, sowohl in der Ebene als auch im Gebirge. Europ. Population überwintert im tropischen Afrika. Nest aus Halmen, Moos usw. in Gesteinsspalten. Gelege 4—5 blaßblaue, meistens ungefleckte Eier. In Europa 1 Brut im Mai/Juni. Sehr selten im Handel, wird bes. wegen des melodischen Gesanges gepflegt. Wildfänge haben sich in früherer Zeit selbst im verhüllten Käfig schwer an die Gefangenschaft gewöhnt. Badet gern. Überwinterung s. o. Schon mehrfach gezüchtet, z. T. in mehreren Generationen, mitgeteilt bereits 1875 von K. Th. LIEBE, Deutschland.

Montifringilla, Schneesperlinge. G der Passeridae ↗. 7 An. Bewohner einiger europ. Hochgebirge u. der Hochsteppen Innerasiens. Auf dem Vogelmarkt bisher nur *M. nivalis*. Haltung im Bauer u. Volieren. Ausstattung u. a. mit großen Steinen. Überwinterung frostfrei. Futter Hirse ↗, Glanz, Waldvogel- ↗ Weichfutter ↗, Mehlkäferlarven ↗, Grünes, Knospen.
— *M. nivalis*, Schneefink, Schneesperling, Alpenfink. ♂: Kopf, Nacken grau. Schultern, Rücken, Bürzel braun. Armschwingen weiß bis cremefarben, ebenso äußere Schwanzfedern, übrige Schwanzfedern schwarz, gleichfalls Handschwingen. Schwarzer Kehlfleck. US weiß bis cremefarben. Schnabel im BK schwarz, sonst gelb mit schwarzer Spitze. Auge dunkelbraun. Füße gelbbraun. Nach der Brutzeit Kehlfleck stellenweise durch helle Säume der Federn verdeckt, die sich bis zur Brutzeit abnutzen, so daß dieser wieder einheitl. schwarz aussieht. ♀ ähnl. ♂, etwas blasser im Gefieder, gering kleiner. Juv. ähnl. ♀, ohne Kehlfleck. 18 cm. Hochgebirge Pyrenäen, Alpen, Balkan bis inneres Asien. Bewohner von Felsen, Schuttflächen zwischen Baumetage u. Stufe des ewigen Schnees. Im Winter talwärts ziehend. Quäkender Ruf, Gesang zwitschernd. Nest napfförmig, in Felsspalten, Felshöhlen, auch an Schutzhütten, Berghotels. Gelege 4—5 Eier. Schlupf nach 14 Tagen. Juv. fliegen nach 15 Tagen aus. Außerhalb der Brutzeit gut einzugewöhnen, bald zutraulich, für Gesellschaftsanlage zu empfehlen. Mehrfach gezüchtet in Gartenvolieren ↗ mit spaltenreichen Steinwänden.

Moorente (*Aythya nyroca*) → *Aythya*
Morgenammer (*Brachyspiza capensis*) → *Brachyspiza*
Mornellregenpfeifer (*Eudromias morinellus*) → *Eudromias*
Morus. G der Sulidae ↗. 3 An.
— *M. bassanus*, Baßtölpel. ♂ u. ♀: weiß, Kopf u. Hals hellstrohgelb, Handschwingen schwärzlichbraun. Schnabel hornweiß. Kehlhaut bläulichschwarz. Füße schwarz. Juv. oben dunkelgraubraun mit kleinen weißen Flecken, unten weiß, Federn mit graubraunen Spitzen. 84—103 cm. Masse bis 3,5 kg. Inseln u. Küsten des N-Atlantiks. Tiefe, laute, rauhe Rufe. Eindrucksvolle Balzzeremonien. 1 Ei (78 × 50 mm) mit 105 g. Brutdauer 43 Tage. Nestlingszeit 9 Wochen, von Eltern verlassen, fasten sie weitere 14 Tage im Nest u. gehen erst danach ins Wasser. Erst im 5. Jahr ausgefärbt.
— *M. capensis*, Kaptölpel. ♂ u. ♀: weiß, Flügel, Schwanz schwärzlichbraun. Schnabel hellbläulich. Gesichts- u. Kehlhaut schwarz. Füße schwarz. Juv. oben dunkelgraubraun mit kleinen weißen Flecken, unten weiß, Federn mit graubraunen Spitzen. Alterskleid bereits mit 1—2 Jahren. 79—89 cm. Inseln an Küste S-Afrikas. Wichtiger Guanoerzeuger. Bereits 1936 im Zoo Berlin gehalten. 1961 Zuchterfolg im Zoo London.

Moschusente (*Cairina moschata*) → *Cairina*
Moschuslori (*Glossopsitta concinna*) → *Clossopsitta*
Moskitokolibri (*Chrysolampis mosquitus*) → *Chrysolampis*
Mosquitotaube, NN → Weißflügeltaube
Mossie (*Passer melanurus*) → *Passer*
Motacilla. G der Motacillidae ↗. 10 An. Europa, Asien, Afrika, Madagaskar, Japan. Artenschutz, Pflege, Zucht s. Motacillidae.

— *M. aguimp*, Witwenstelze. ♂ u. ♀: Wangen, Kopf-OS bis einschließl. Rücken schwarz, ebenso breites Brustband u. weißgesäumter Schwanz. Flügel schwarzweiß. Überaugenstreif weiß, gleichfalls bis auf Brustband auch US. 18 cm. UAn. Von Senegal. Sudan, Ober-Ägypten, Äthiopien bis SW-Afrika, N-Botswana bis Oranje-Freistaat, Natal, öst. Kapprovinz, im Tal des Oranje, auf São Tomé. Lebt an Wasserläufen, Biotop ↗ ähnl. *M. alba*. Nicht häufig gehalten.

— *M. alba*, Bachstelze. ♂: BK der europ. Festlandrasse UA *M. a. alba*: Stirn, Kopfseiten weiß. Kopfplatte, Kehle, Vorderbrust schwarz. Rücken hellgrau, Flügel schwarz mit weißen Säumen. Schwanzfedern schwarz, äußere weiß. Bauch weiß. Schnabel schwarz. Auge braun. Füße schwarz. RK: Kehle weiß, hufeisenförmiges Kropfband schwarz, grau gesäumt. Breite graue Säume verdecken Schwarz der Kopf-OS. ♀ wie ♂, aber Schwarz der Brust u. am Hinterkopf mit Grau vermischt. Vorderkopf grau gefleckt. Juv. Kinn, Kehle, Bauch gelblichweiß, das später schwarze Gefieder ist bräunlich. 18 cm. Mehrere UAn. Britische UA *M. a. yarrellii* (Trauerbachstelze) im BK Rücken schwarz. SO-Grönland, Europa, nö. u. mittl. Asien, sü. bis Kleinasien, Syrien, Iran, bis Himalaja, N-Burma, N-Indochina, bis N-Hondo, Marokko. 4 Rassengruppen. Lebt an Wasserläufen u. Seen, auf Rieselfeldern, Bauplätzen, Schutthalden, in Siedlungen. Kulturfolger. Gesang anspruchslos, zwitschernd, besteht aus abgewandelten Lockrufen. Mehrfach gezüchtet, in großer Gartenvoliere nicht schwierig. 2 Bruten jährl.

— *M. cinerea*, Gebirgsstelze. ♂: Im BK Überaugenstreif weiß, Kopf-OS, Wange grau, darunter vom Schnabel aus verläuft weißer Streif. Kinn, Kehle schwarz (fehlt *Motacilla flava!*). OS blaugrau, Bürzel grünlichgelb. Flügel schwarz, z. T. mit hellen Säumen. Schwanz lang u. schwarz, äußere Federn weiß. US schwefelgelb. Im RK Kehle weißlich, Brust gelbbräunlich. ♀ wie ♂, aber Kehle ganzjährig weißlich. OS mit grünlichem Ton. Juv. OS graubraun, US gelblichgraubraun (juv. *M. alba* haben keine gelben Unterschwanzdecken). 18 cm. UAn. S- u. mittl. Europa (einschließl. Brit. Inseln) lokal in S-Skandinavien, N-Algerien, Marokko, Madeira, Kanarische Inseln, Kleinasien, vom Kaukasus bis N-Afghanistan u. Himalaja, öst. bis Sikkim, Turkestan bis Altai u. N-Mongolei, Sowjetunion bis Ochotskisches Meer, Sachalin, Ussuriland, Mandschurei, Korea, Kamtschatka, N- u. mittl. Japan. Lebt an fließenden Gewässern, vorwiegend in den Bergen u. im Hügelland, auch in der Ebene, selbst in Siedlungen. Gesang abwechslungsreicher als von *M. alba*. Einige Male gezüchtet, vor allem in England. Mischlinge mit *M. alba* züchtete H. KNÖCKEL, BRD, 1970.

— *M. flava*, Schafstelze. ♂: BK der mitteleurop. UA *M. f. flava*: Kopf grau, Überaugenstreif weiß, ebenso Kinn, sonst US leuchtend gelb. OS olivgrünlich. Schwanz kürzer als von *M. cinerea*, sonst ebenso gefärbt. RK blasser, Kopf-OS olivgrün, OS mehr bräunlich. ♀ im BK blasser als ♂, Kopf-OS stets olivgrün, sonst ähnl. ♂. Juv. Kinn gelblich, OS graubraun, US weißlich, schwarzbraun bandförmig am Kropf gefleckt. 16,5 cm. 6 Rassengruppen, stellen möglicher-

Motacillidae

399

Schafstelze

weise eigene An dar. Mischlinge zwischen den Gruppen. ♂ ♂ im BK an der Färbung des Kopfes zu unterscheiden, im RK schwieriger, z. B. britische UA *M. f. flavissima* (Englische Schafstelze) im BK Kopf-OS, Zügel, Ohrregion grünlichgelb, Überaugenstreif gelb. UA *M. f. feldegg* (Maskenstelze) Kopfkappe tiefschwarz, Überaugenstreif fehlt. N-Afrika, Europa (fehlt in Island, Irland, Schottland), Vorderasien, N-Asien bis Tschuktschen-Halbinsel, Kamtschatka bis Ussuriland, Mandschurei, Mongolei, W-Sinkiang, Afghanistan, Iran, NW-Alaska bis Nushagak-Fluß u. Point Barrow. Lebt in Wassernähe auf feuchten bis sumpfigen Wiesen u. Weiden, Strandwiesen, Verlandungszonen, Flußbänken, bisweilen auf feuchten Feldern. Ruf wohltönend, Gesang einfach. Einige Male gezüchtet, in Deutschland 1937 von P. FUCHS.

— *M. maderaspatensis*, Mamulastelze. ♂: Kopf schwarz, ebenso OS, Flügel, Schwanz. Kinn bis einschließl. Brust schwarz, übrige US weiß, gleichfalls breiter Überaugenstreif (reicht vom Schnabel bis Nacken). Mittl. Schwanzfederspitzen, äußere Schwanzfedern (nur Außenfahnen) weiß. Äußere Handschwingen mit weißen Außensäumen. ♀: Rücken schwärzlichbraun, insges. dunkler gefärbt als ♂. 22,5 cm. Indien (nicht Sri Lanka), öst. bis W-Bangladesh. Gesang anspruchslos, angenehm. Nicht häufig gehalten.

Motacillidae, Stelzen. F der Passeriformes ↗. 14 Gn, 56 An. Umfaßt Stelzen u. Pieper. Weltweit, fehlen nur auf Südseeinseln u. in polnahen Breiten. Vögel laufen, hüpfen nicht. Lauf lang. Schnabel dünn, schlank. Stelzen langschwänziger als Pieper, auch auffälliger gefärbt. ♂ u. ♀ z. T. deutl. unterschiedl., ebenso Juv. u. Ad. In nö. Breiten Zugvögel. Flug bogenförmig, auffallend beim Laufen u. Sitzen Schwanzwippen. Bodenvögel, Insektenfresser. Nest in Halbhöhlen od. am Boden (Ausnahme Baumstelze). Pieper sind sperlingsgroß, lerchenähnl., leben am Boden. Nicht so schlank wie Stelzen. ♂ u. ♀ gleichen sich im Gefieder. Bei vielen An Hinterkralle verlängert. Juv. ähnl. Ad. Bewohner der offenen

Motmot

Landschaft, z. T. Zugvögel. Insektenfresser. Nest am Boden. Gelege 2—8 gefleckte Eier, ♀ od. beide Partner brüten. Brutdauer 11—16 Tage. Juv. verlassen noch flugunfähig nach 11—15 Tagen das Nest. Viele An brüten jährl. mehrmals. Vögel aller An gut zu halten, sowohl einzeln im Stelzenkäfig ↗ als auch in der Voliere ↗. Bald zutraulich, allerdings im Käfig nicht immer zu erreichen, dann Umsetzen in Voliere, die offene Flächen mit Gräsern, Moos, Heidekraut, Kies hat. Sitzgelegenheiten für andere Vögel so anbringen, daß Verschmutzungen mit Kot nur auf Sand fallen (leichte Säuberung). Auch in Voliere nur Einzelvögel halten, ansonsten heftige Streitereien. Ein Paar verträgt sich nicht immer. Warme Überwinterung. Weichfutter ↗ mit frischen Ameisenpuppen, Wachsmottenraupen, im flachen Badewasser Wasserflöhe, Tubifex, Köcherfliegenlarven (aus ihrer Hülle ziehen) reichen. Baden viel, laufen auch gern durch das Wasser, deshalb möglichst flache, größere Badegefäße verwenden. Allgemein nicht leicht zu züchten, nur in Voliere, Vogelstube, mit mehreren An gelungen. Aufzuchtfutter kleine Insekten, vor allem frische Ameisenpuppen, Spinnen, frisch gehäutete Mehlkäferlarven, Weißwurm, Mückenlarven, Daphnien. Freiflug der Altvögel während der Aufzucht der Jungen sehr günstig, aber nur bis zu deren 10. Lebenstag gewähren. Artenschutz s. Naturschutzbestimmungen ↗.

Motmot *(Momotus momota)* → *Momotus*
Motmotpapagei *(Prioniturus platurus)* → *Prioniturus*
Motmots → *Momotidae*
Motmotsägerake *(Momotus momota)* → *Momotus*
Mottsumpfhuhn, NN → Kleinralle
Mount Apo-Atzel *(Goodfellowia miranda)* → *Goodfellowia*
Mövchen → Japanisches Mövchen
Möwen → Laridae
Möwenartige → Lari
Möwensturmvögel → Fulmarinae
Möwenvögel → Lariformes
Mozambikgirlitz *(Ochrospiza mozambica)* → *Ochrospiza*
Mozambikzeisig, NN → Mozambikgirlitz
Mt. Apo-Lori → Mindanao-Lori

Mugimaki-Schnäpper *(Ficedula mugimaki)* → *Ficedula*
Müller, Horst, geb. 5. 8. 1932 in Braunschweig. Verleger. Gründete 1968 den Verlag Horst Müller, Walsrode, der sich bes. um die Verbr. der Kenntnisse über Pflege u. Zucht der Vögel in Form vieler Fachbücher verdient gemacht hat. Hervorragender Tierfotograf von Vögeln in Gefangenschaft. BRD-Erstzucht der *Amazona albifrons* ↗.
Müller, Karl, geb. 16. 7. 1825 in Friedberg/Hessen, gest. 24. 9. 1905 in Alsfeld/Hessen. Betätigte sich u. a. neben der Beobachtung von Vögeln in Wald u. Flur intensiv mit der Vogelpflege. Schilderte die Abrichtung der Dompfaffen ↗ im häuslichen Milieu des Vogelbergs.
Mülleramazone *(Amazona farinosa)* → *Amazona*
Müllers-Edelpapagei *(Tanygnathus sumatranus)* → *Tanygnathus*
Müllers Schwarzkopfpitta, UA → Kappenpitta
Munia Nonnen. G der Estrildidae ↗. 20 An. Indien, Sri Lanka bis Kwangtung, Malaysia, Taiwan, Sumatera, Neuguinea, Kleine Sundainseln, Australien, Bismarck-Archipel, Philippinen. Lebensraum, Verhalten, Brutbiologie, Pflege, Zucht s. *Lonchura*.
— *M. caniceps*, Graukopfnonne. ♂ u. ♀: Kopf, Hals hellgrau, Rücken, Flügel dunkelbraun, Bürzel, Oberschwanzdecken, mittl. Schwanzfedern bräunlichgelb. US hellerdbraun. Ab Bauchmitte bis einschließl. Unterschwanzdecken schwarz. Schnabel dunkelgrau. Auge dunkelbraun. Füße dunkelgrau. 10 cm. Verbr. in Sumpfgebieten u. grasreichen Ufern von SO-Neuguinea. Erstmalig 1970 zu Dr. BURKARD ↗ u. damit nach Europa.
— *M. castaneothorax*, Braunbrustschilffink. ♂: Oberkopf, Nacken, Hinterhals graubräunlich, braune Strichelzeichnung. Gesicht, Wangen, Kehle schwarz. Rücken, Flügeldecken, vorderer Bürzel zimtbraun, sonst Bürzel, Oberschwanzdecken gelblich bis gelbbraun. Kropf, Brust kastanien- bis gelblichbraun, scharf begrenztes schwarzes Band trennt vom weißen Bauch, seitl. schwarze bis dunkelbraune Flecken. Unterschwanzdecken schwarz. UA *L. c. nigriceps* (Schwarzköpfiger Braunbrustschilffink), Oberkopf wesentl. dunkler als bei Nominatform. Oberschwanzdecken strohgelb, Brust dunkelkastanienbraun, Färbung reicht weiter aufwärts, schwarzes Band zum Bauch schmaler. Körperseiten mit zimtbraunen Flecken. UA *L. c. sharpii* (Zwergschilffink), kleiner als Nominatform, Wangen tief-

1 Gelber Schilffink
2 Braunbrustschilffink
3 Weißbrustschilffink

schwarz, Scheitel weiß. Verhalten wie Australier. Neuguinea, 1980 in größerer Zahl zu Dr. BURKARD. Alle UAn: Schnabel bläulichblau. Auge braun. Füße grau. ♀ wie ♂, insges. matter, möglicherweise auch Brustband schmaler. Juv. Kopf graubraun, OS dunkelbraun. Brust, Gesichtsmaske bräunlich, US gelbbräunlich. 11 cm. N-, SO-Neuguinea (einschließl. Goodenough-Insel), NW-Australien, N-Territorium, O-Australien. Eingeschleppt in Neukaledonien, auf den Neuen Hebriden, den Marquesas-Inseln, Gesellschafts-Inseln. Erstmalig 1860 in Europa (Zool. Garten London). In den letzten Jahren nur noch Importe von Neuguinea, fast ausschließl. Nachzuchten im Handel. Während der Eingewöhnung hinfällig, danach ausdauernd, hart. Volierenhaltung. Nest auch im halboffenen Nistkasten s. Estrildidae. Gelegekontrollen werden nicht verübelt. Juv. können bereits nach 4 Monaten fortpflanzungsfähig sein.

— *M. ferruginosa*, Schild-, Schwarzkehlnonne. ♂ u. ♀: Kopf weiß, Schwarz von Kehle, Vorderhals scharf abgegrenzt, sonst wie *M. malacca atricapilla*. 11 cm. Java. Lebensraum, Pflege, Zucht wie *M. malacca*.

— *M. flaviprymna*, Gelber Schilffink. ♂ u. ♀: Oberkopf, Nacken, Hinterhals weißlichgrau, Rücken, Flügel kastanienbraun. Schwingen graubraun mit kastanienfarbigen Außenfahnen. Hinterer Bürzel, Oberschwanzdecken ockergelb. Kopfseiten weißgrau, gelblich getönt. US von weißlicher Kehle bis zu schwarzen Unterschwanzdecken isabellgelb, nur Brust ockerbräunlich. Auge dunkelbraun. Schnabel, Füße graublau. Juv. OS dunkelbraun, US gelblichgrau. 10—11 cm. N-Australien, N-Territorium, NW-Queensland bis we. Kap-York-Halbinsel. Grasland-, Sumpfbewohner. Selten im Handel, nur gezüchtete Vögel. Juv. während Mauser ↗ (2.—3. Lebensmonat) hinfällig.

— *M. grandis*, Dickschnabelnonne. ♂ u. ♀: Kopf, Hals, US schwarz. Rücken, Flügeldecken kastanienbraun. Schwingen dunkelbraun mit rotbraunen Außensäumen. Bürzel, Oberschwanzdecken orangebraungelb. Schwanz stufig, dunkelbraun, Federn mit gelben Kanten. Vordere Flanke mit rotbraunem Fleck. Schnabel weißlich. Auge rot. Füße blaugrau. 12 cm. UAn. N-, SO-Neuguinea. Lebt in Sümpfen, an gras- u. schilfbestandenen Gewässern. Nest allerdings in Büschen u. auf Bäumen. Erstmalig 1970 in Europa zu Dr. BURKARD ↗. 1980 wiederum Import zu BURKARD. Robuste Vögel, sollten in Gruppen gehalten werden.

— *M. hunsteini*, Hunsteinnonne. ♂ u. ♀: schwarz, Oberkopf, Nacken grau, Schwanzfedern gelbbraun. 10 cm. UAn. Neuirland (Bismarck-Archipel), Insel Ponape (Mikronesien). 1979 bei Dr. BURKARD 1 EXEMPL.

— *M. maja*, Weißkopfnonne. ♂: Kopf, Nacken bis hin zur Kehle weiß. Brust, Bauchseiten, Rücken, Flügel kastanienbraun. Bürzel, Oberschwanzdecken rotbraun. Brust bis einschließl. Unterschwanzdecken schwarz, übrige US stumpf kastanienbraun. Schwanz schwarzbraun mit rotbraunen Säumen. Schnabel blaugrau. Auge dunkelbraun. Füße dunkelgrau. ♀ wie ♂, aber Kopfpartie mehr grauweiß, unscharfer

Munia
401

Übergang zum Braun des Rückens. Juv. Gefieder glanzlos, Kopf u. OS braun, Kehle, Bauch hellbraun, Schnabel schwarz. 11 cm. UAn? S-Thailand, Malaysia, Sumatera, Java, Bali. Bewohnt Grasland, Felder u. Gärten. Nest im hohen Gras u. in Büschen. Eingewöhnung leicht, Haltung einfach. Friedlich, anspruchslos, ausdauernd. Zucht nicht leicht, nur in Voliere ↗.

— *M. malacca*, Schwarzbauchnonne. ♂ u. ♀: Kopf, Hals, Kropf schwarz, je nach UA auch braun od. weiß. Übrige OS braun, unterer Bürzel, Oberschwanzdecken rotbraun. Mitte des Unterkörpers schwarz bis braunschwarz, übrige US rotbraun od. weiß. Unterschwanzdecken schwarz, Schwanzfedern schwarz, rotbraun bis goldbraun gesäumt. Juv. US graubraun, OS schmutzigbraun, Schnabel schwarz. 11—12 cm. UAn. 2 Rassengruppen: 1. *malacca* (Dreifarbennonne), monotypisch. Kehle, Kopf, Bauchmitte, Schenkel, Unterschwanzdecken schwarz, übrige US weiß. Rücken, Flügeldecken blaßrotbraun; 2. *atricapilla* (Schwarzkopfnonne), hier 8 UAn, vielleicht eigene An; von diesen allgemein im Handel *M. m. atricapilla* (Schwarzkopfnonne), mit braunschwarzer Bauchmitte, übrige US kräftig rötlichbraun. *M. m. formosana* (Formosanonne) bis auf schwärzliches Gesicht u. ebensolche Stirn mehr graubraune Färbung. *M. m. brunneiceps* (Braunkopfnonne), mit rauchbraunem Kopf, schwarze Gefiederpartien der US ausgedehnter als bei übrigen UAn. Rücken hell rotbraun. Dreifarbennonne lebt an der sü. W-Küste u. südöst. Küste Indiens, auf Sri Lanka; Schwarzkopfnonne unterhalb des Himalaja von O-Indien bis Burma, China (Kwangtung), Hainan; Formosanonne auf Taiwan; Braunkopfnonne bewohnt nö. Sulawesi u. Buton. Heimat der übrigen UAn Nepal, Indien, öst. bis Vietnam, Malaiische Halbinsel, Sumatera, Natuna-Insel, Kalimantan, Sulawesi, Halmahera, Philippinen. Von den Menschen bei Sydney u. auf Oahu (Hawaiische Inseln) verbr. Vögel aller UAn leben vorzugsweise im Grasland u. auf Reisfeldern, verursachen während der Reifezeit des Reises häufig größere Schäden; bis 1 600 m ü. NN vorkommend. Eingewöhnung leicht, anspruchslos, ausdauernd, friedlich, für den Anfänger zu empfehlen. Für Käfig u. Voliere geeignet. Nur ♂♂ singen. Anfangsstrophen für menschl. Ohr nicht wahrnehmbar, nur am Vibrieren der Kehle zu erkennen. Zucht selten. Volieren vor allem reichl. mit Schilf ausstatten. Allgemein stürmisches Nestverlassen bei Kontrollen.

— *M. melaena*, Dickkopf-Schilffink, Dickkopfnonne. ♂ u. ♀: Kopf, vorderer Rücken, Brust schwarz, übriger Rücken, Flügel bräunlichschwarz. Hinterer Bürzel, Oberschwanzdecken gelblichrotbraun, Schwanzfedern schwarzbraun mit gelblichrotbraunen Säumen. Anschl. an die Brust-US hellzimtbraun, nur Schenkel, Unterschwanzdecken schwarz. Körperseiten von schwarzer, querverlaufender Fleckenzeichnung überzogen. Auge braun. Schnabel, Füße schwärzlich. 11 cm. Neubritannien (Bismarck-Archipel). Graslandschaften, ebenso im Schilf. Erst-

Musca domestica

Weißkopf-, Schwarzkopf-, Schildnonne

malig 1933 in Europa, seither wohl nicht wieder importiert.
— *M. montana,* Höhenschilffink. ♂ u. ♀: wie *M. monticola,* aber Brust gelblichbraun, nur schmales, schwarzes Begrenzungsband zum weißen Bauch, auch Wellenzeichnung an den Flanken schmal. Schnabel hellbläulichgrau. 11 cm. Oranje-Gebirge (M-Neuguinea). Bis über 3 000 m ü. NN.
— *M. monticola,* Bergschilffink. ♂ u. ♀: Kopf, Kinn, Kehle schwarz bis bräunlichschwarz. Nacken, Rücken, Flügel dunkelbraun. Bürzel, Oberschwanzdecken, OS des Schwanzes bräunlichgelb. Brust hellbraun u. weiß gefleckt. Schwarzes trennendes Band zwischen Brust u. weißem Bauch. Unterschwanzdecken schwarz, Flanken schwarz quergewellt. Füße bleigrau. 11 cm. SO-Neuguinea. Im Hochgebirge um 3 000 m ü. NN. Nach der Brutzeit in kleineren u. größeren Flügen unterwegs.
— *M. nevermanni,* Weißscheitelnonne. ♂: Vorderkopf, Scheitel weiß. Nacken, Halsseiten gelblichweiß, braun geschuppt. Rücken, Flügel erdbraun. Bürzel, Oberschwanzdecken, Schwanz-OS kräftig goldgelb. Kinn, Kehle, Schenkel, Unterschwanzdecken schwarz, übrige US rostbräunlich. Schnabel blaugrau. Auge dunkelbraun. Füße dunkelbraun bis schwarz. ♀: weiße Gefiederpartien des ♂ mehr grau. 11 cm. S-Neuguinea. In Sümpfen, am Rande von Gewässern, im Grasland der Niederungen. Europ. Erstzucht 1978 durch E. MEYER, BRD, u. im gleichen Jahr von EHMKE, BRD. Nest aus Schilf, Kokosfasern im Nistkasten. Nestkontrollen werden nicht verübelt.
— *M. nigerrima,* Mohrennonne. ♂ u. ♀: schwarz, glänzendes Gefieder, nur Bürzel u. Oberschwanzdecken goldbraun. 10 cm. Insel Neuhannover (Bismarck-Archipel). Verhalten u. Gesang wie Gelber Schilffink. Erstimport in Europa 1980 von 18, z. T. noch unausgefärbten Vögeln zu Dr. BURKARD ↗.
— *M. pallida,* Blaßkopfnonne. ♂ u. ♀: Kopf, Nacken, Vorderbrust blaßgrauweiß. Rücken, Flügel braun, sonst rotbraun, nur Bauchseiten u. hintere Brust gelblichgrau. Schnabel bleigrau. Auge braun. Füße grau. 11 cm. Kleine Sundainseln u. benachbarte Inseln, S-Sulawesi. Bewohner des Graslandes. Erstmalig 1879 nach Europa gekommen, ab u. zu im Handel, 1978 bis 1980 größere Importe. Verhalten, Gesang wie *M. flaviprymna,* deshalb besser Bezeichnung Blaßkopf-Schilffink.
— *M. quinticolor,* Fünffarbennonne. ♂ u. ♀: Ober-, Vorderkopf, Kopfseiten hellkastanienbraun, letztere weiß gestrichelt. Kehle dunkelbraun. Nacken rotbraun mit weißen Querbinden, wirkt geschuppt. Rücken, Flügel bräunlichgelb. Bürzel, Oberschwanzdecken, OS des Schwanzes orangegelb. US weiß, Unterschwanzdecken schwarz, ebenso Flanken u. hinterer Bauch. Auge braun. Schnabel, Füße hellgrau. 11 cm. Kleine Sundainseln, Sermata, Babar (in Banda-See). In Gras-, Buschlandschaften, Schilf. Erstmalig 1939 nach Europa (England) gekommen. Einige Exempl. 1975 aus Timor zu Dr. BURKARD ↗. Erstzucht 1978 M. SEM, Schweiz, 1979 EHMKE, BRD.
— *M. spectabilis,* Prachtnonne. ♂ u. ♀: Rücken, Flügel rotbraun. Oberschwanzdecken, Federsäume des Schwanzes gelbbraun. US weiß, gelblich bis bräunlich getönt. Übriges Gefieder schwarz. Schnabel hellgrau. Auge braun. Füße dunkelgrau. 10 cm. UAn. Neubritannien (Bismarck-Archipel), O-, NO-Neuguinea. Graslandschaften bis 2 300 m ü. NN, auch in Ortschaften. In Neuguinea im Gebirge. Häufig. Erstmalig Anfang der 30er Jahre des 20. Jh. nach Europa gekommen, dann erst wieder 1970 zu Dr. BURKARD ↗. Anspruchslos, verträglich. Kann während der Eingewöhnung in der Gruppe gehalten werden, da sehr verträglich. Heimlich, aber nicht scheu. Voliere mit Schilf u. dichtem Gestrüpp ausstatten. Haltung nicht unter 10 °C. Nest freistehend. Erstzucht 1971 von R. NEFF, BRD, M. SEM, Schweiz. Besprühen des Geleges mit lauwarmem Wasser wird empfohlen, um besseres Schlupfergebnis zu erreichen. In den ersten Tagen brütender Vogel gegenüber Störungen empfindlich. Geschlechtsreife bereits nach 9 Monaten.
— *M. stygia,* Hadesschilffink, Hadesnonne. ♂ u. ♀: schwarz, nur Oberschwanzdecken u. mittl. Schwanzfedern gelb. 11 cm. Merauke-Distr. bis Fly River (S-Neuguinea). Von R. NEFF bis 1982 bereits in 2. Generation gezüchtet.

Musca domestica, Stubenfliege. Wird von Insektenfressern ↗ bis zu Drosselgröße gern angenommen. Man füttert zweckmäßig von der Pinzette. Ihre Larven werden vor allem bei der Aufzucht von Fasanen ↗ u. Enten eingesetzt. Ihre Zucht ist im Sommerhalbjahr mit Fleischködern im Freien möglich. Dazu werden auf einem Drahtrost Fleischabfälle u. Knochen deponiert, auf denen binnen kurzer Zeit die Fliegen ihre Eipakete ablegen. Die Larven, auch Fliegenmaden genannt, sammelt man in einem glattrandigen Auffanggefäß, das unter den Drahtrost gestellt wird. Es empfiehlt sich, das Auffanggefäß mit einer dünnen Schicht Erde zu beschicken, auf die ein Brett gelegt wird. Die Larven sammeln sich unter dem Brett u. können leicht entnommen werden. Obwohl Geruchsbeeinträchtigungen nur in geringem Maße auftreten, sollte die Aufstellung so erfolgen, daß ein unkontrollierter Kontakt mit Menschen od. Haustieren nicht möglich ist. Die Zucht der S. ist auch im Behälter möglich. Die Zuchtbehälter müssen Schleusen enthalten, um ein Entweichen zu verhindern. Als Nahrung gibt man Zucker, Trockenmilch od. Mehlprodukte. Entwicklung bis Imago etwa 18 Tage.

Muscheln → Lamellibranchiata

Muscicapa. G der Muscicapidae ↗. 1 A. Tunesien bis Marokko (N-Afrika), Europa, W-Sibirien u. sü. M-Sibirien bis Transbaikalien u. nö. Mongolei, Kleinasien, Kaukasus, Iran, Transkaspien, nö. Afghanistan, Turkestan bis O-Kirgisien, W-Sikiang. Bewohner von Wäldern aller Art, Parks u. Gärten, im Gebirge bis zur geschlossenen Waldgrenze. Europ. Population überwintert im tropischen u. sü. Afrika. Sitzen auffallend aufrecht auf Warte u. jagen nach vorbeifliegenden Insekten, kehren meistens anschließend auf den alten Ansitz zurück. Nest in Halbhöhlen u. Nischen. Gelege meistens allgemein 5 grünliche Eier mit rotbraunen Flecken. Gesang Reihe kurzer scharfer Locktöne, klingt sehr bescheiden. Bei Importen selten zu finden. Angenehmer Pflegling. Haltung u. Futter s. *Ficedula.* 1968 von D. BLACKTOPP, England, gezüchtet. Paar brütete in einem vorn offenen Kasten. Nest aus Federn u. feinem Moos. Sobald Juv. selbständig sind, gleich von den Eltern trennen.
— *M. striata,* Grauschnäpper, Grauer Fliegenschnäpper. ♂ u. ♀: OS aschgrau, Kopf mit Längsstricheln, ebenso Brust gezeichnet. US grauweiß. Juv. ähnl. Ad., aber deutl. hell u. dunkel gefleckt. 14 cm. UAn.

Muscicapidae, Sänger. F der Passeriformes ↗. 114 Gn, ca. 430 An, 2 An †. In Aussehen u. Größe sehr unterschiedl. Verbindende Merkmale u. a. in der Anatomie des Stimmapparates. Weltweit ± häufig verbr. Etliche An ausgesprochen gern gehalten. Pflege von manchen relativ einfach (z. B. *Turdus* ↗), andere schwierig, z. T. große Sachkenntnis erforderlich (z. B. *Erythrosterna* ↗). Ursprüngl. vorwiegend wegen der allgemein sehr guten gesangl. Qualitäten gehalten, deshalb meistens als Einzelvögel im Käfig. Heute stehen züchterische Gesichtspunkte im Vordergrund, um auch zukünftig viele An in Gefangenschaft zu erhalten, da nationale u. internat. Bestimmungen u. Abkommen den Fang von Vögeln vieler An unterbinden bzw. beschränken, s. Naturschutzbestimmungen. Spez. Pflegehinweise s. unter den aufgeführten Gn.

Muscicapula. G der Muscicapidae ↗. 5 An. Asien. Lebensweise, Nahrung s. Fliegenschnäpper. Pflege s. *Ficedula.*
— *M. superciliaris,* Brauen-, Weißbrauenschnäpper. ♂: Kopfseiten blau, Zügel schwarz, Überaugenstreif weiß. OS blau, äußere Schwanzfedern an der Basis weiß, US weißlich. ♀: OS graubraun, US weißlich. 12 cm. UAn. *M. s. astigma* ohne bzw. nur mit angedeutetem Überaugenstreif. Himalaja von Kaschmir bis zum südöst. Tibet, Assam, Manipur; SW-China (N-Yünnan, S-Szetschuan). Lebt im W zwischen 1 800 u. 3 000 m ü. NN, im O in Höhenlagen von 2 000 bis 2 700 m ü. NN, lokal auch bis 3 200 m. Bewohnt vorwiegend Mischwald u. Rhododendron-Gebiete. Gesang kurz, angenehmes Zwitschern. Sehr selten auf europ. Vogelmarkt.
— *M. tricolor,* Dreifarbenschnäpper. ♂: Stirn hell graublau. Zügel u. Wangen schwarz. OS schieferblau. Oberschwanzdecken u. Schwanz schwarz. Kehle weiß, übrige US grauweiß. ♀: OS olivbraun, schwanzwärts rötlichbraun. Kehle weiß, sonst US bräunlichweiß. Blaßgelber Augenring. 12 cm. UAn. Himalaja von Indus bis südöst. Tibet u. südwe. China (Yünnan, Szetschuan bis SW-Schensi), Burma u. NW-Indochina. Lebt vorwiegend im Gebüsch, meistens auf dem Boden. Stelzt häufig den Schwanz. Sehr gut für Landschaftskäfig ↗ geeignet. Dem Futter regelmäßig frische Ameisenpuppen, Multivitaminpräparat im Wechsel mit Vitamin-B-Komplex u. Mineralstoffgemisch zusetzen.

Muskatamadine, Muskatfink *(Lonchura punctulata)* → Lonchura

Musketierkolibri *(Coeligena coeligena)* → Coeligena

Musophaga. G der Musophagidae ↗. 2 An.
— *M. rossae,* Roß-Turako. ♂ u. ♀: blauglänzend bis schwarzviolett, karminrote Schwingen. Gelbes Stirnschild über gelbrotem Schnabel. Gesicht gelb. Kurzer, dunkelroter Schopf. Füße schwarz. 50 cm. O-Kamerun u. Ubangi-Schari-Gebiet bis zum S-Sudan, Uganda bis W-Kenia, NW-Tansania bis M-Sambia, M- u. N-Angola. In lockeren Verbänden gesellig in Wäldern u. an bewaldeten Gewässerufern. Krächzende od. gackernde Rufe. Häufiger gehalten.
— *M. violacea,* Schildturako, Pisangfresser. ♂ u. ♀: blauglänzendschwarz; samtig roter Oberkopf. Federschopf fehlt. Rote Schwungfedern. Bleßhuhnartiges gelbes Stirnschild über gelbem Schnabel. Halbmondförmiger weißer Augenstreif. Nacktes Augenfeld rot. ♀: etwas kleiner als ♂ u. mit kürzerem Schwanz. 44—48 cm. Gambia bis Nigeria, O-Kamerun, Ubangi-Gebiet. In lichteren Wäldern, einzeln od. paarweise. Bevorzugt Feigenbestände. Seltener gehalten.

Musophagidae, Turakos. F der Musophagiformes ↗. 6 Gn *(Corythaeola* ↗, *Musophaga* ↗, *Tauraco* ↗, *Corythaixoides* ↗, *Criniferoides* ↗, *Crinifer* ↗*)*, 22 An. Einheitl. Gruppe aus der Kuckucksverwandtschaft. 36—74 cm. ♂ wie ♀. Lebhafte Färbung, sattes Grün vorherrschend. Im Flug u. bei Balz meist ein herrlich karminrotes Schwingenfeld entfaltend. Rücken, Flügel u. Schwanz bei Helmvögeln glänzend stahlviolett, erzgrün od. metallblau. Auf Scheitel aufrichtbare dichte Federhaube, die bei manchen Lärmvögeln nur angedeutet. Langer breiter Schwanz. Alle Federn mit Afterschaft. Äußere Zehe als Wendezehe. Hühnerartiger kurzer, kräftiger Schnabel, an Rändern leicht gesägt. Afrika sü. der Sahara. Waldbewohner, die sich vom Boden fernhalten, viel im Geäst umherklettern. Flug erscheint schwerfällig. Einzeln u. in kleinen Trupps. Lautes, krächzendes u. kreischendes Schreien; Lärmvögel mit markanten, auch von anderen Vögeln beachteten Warnrufen. Nahrung Früchte, Samen, Knospen, Würmer, Maden, Insekten. Grobes, flaches Zweignest auf Bäumen. 2 (1—3) weiße od. grünlichbläuliche Eier. Brutdauer 22—23 Tage; beide Eltern brüten. Juv. Nesthocker, rauchgrau bedunt; bleiben nur etwa 10 Tage im Nest, dann im Geäst umherkletternd. Eltern würgen Futterbrei aus Kropf vor. Nach 4—5 Wochen dichtes Federdunenkleid (erste Federkiele nach

Musophagiformes

10 Tagen); mit 6 Wochen flugtüchtig. Wahrscheinl. auch später noch im Familienverband zusammen bleibend. Brutzeit sehr variabel, je nach günstigsten Umweltverhältnissen. Beliebte u. ausdauernde Pfleglinge. Viele An in Tiergärten u. bei Liebhabern häufig. Recht lebhafte, anfangs scheue, schnell vertraut werdende Vögel. Für dicht bepflanzte höhere Volieren ↗ od. Fasanenvolieren gut geeignet. Vergesellschaftung risikolos mit Tukanen, Fruchttauben, Schopfwachteln, auch mit Hähern, Häherlingen, Elstern u. Staren sowie Gabelracken, mit kleineren An wie Prachtfinken, Zeisigen, Pfäffchen, Girlitzen usw. jedoch Vorsicht geboten! Lieben es, hoch im Blattwerk zu sitzen. Waldbewohnende Formen (Turakos, Pisangfresser) benötigen unbedingt Schattenplätze, lieben höhere Luftfeuchtigkeit. Im Sommer daher häufiger aus feiner Blumenspritze mit lauwarmem Wasser besprühen. Fütterung mit Bananen, Feigen, Datteln (gehackt), Trauben, Kirschen, Orangen, süßen Birnen u. Äpfeln. Auch Fruchtsalate mit Hartei auf gekochtem Reis, leicht mit Zucker od. Honigwasser vermengt. Einige Mehlwürmer ↗ als Zusatzkost. Manche nehmen auch Quark. Im Herbst gern frische Holunderbeeren. Für Riesenturakos Reis u. Mais, eingeweckte Kirschen. Lärmvögel nehmen vorwiegend Früchte, kommen aber nicht ohne Insekten bzw. Fleisch aus. Auch Kartoffeln mit u. ohne gekochte Möhren; viel Grünes, lebende Insekten (z. B. kleine Wanderheuschrecken, Maden, Raupen). Stets frisches Trinkwasser. Für Turakos Kupfer-Gaben, um Gefiederfarbstoffbildung zu ermöglichen. Wöchentl. 1 Tropfen Lösung in Weintraube eingespritzt; so am besten dosierbar u. kontrollierbar. Haltungsrekord mit 30 Jahren im Tierpark Hellabrunn, München. Neuerdings gute Zuchterfolge: *Tauraco leucotis* ↗ 1964–1966 u. 1973/74 im Zoo Köln, u. 1970 im Regent's Park, London. *T. corythaix* ↗ 1962/64/66 im Zoo Köln, 1963 Paine (Liebhb.). *T. persa* ↗ 1924 (?); 1962/63 Zoo Antwerpen; 1963/64 Zoo Köln.

Weißer Nandu. Normalfarbener Vogel s. *Rhea*

T. erythrolophus ↗ 1973/74 Zoo Köln. *T. hartlaubi* ↗ 1964/65 Zoo Dublin (Irland). *T. livingstoni* ↗ 1964 Elisabethville (Lubumbashi, Zaïre). *T. macrorhynchos* ↗ 1904 in England (?). *T. porphyreolophus* ↗ 1966 Amanzimtoti (S-Afrika). Zuchtbedingungen im Zoo Köln: Fasanenvolieren. Innenkäfige 2 × 3,80 m u. bepflanzte Außenvolieren 3,80 × 7,40 m. Tiere können beliebig wechseln. Innenräume im Winter leicht geheizt. Vögel auch im Winter bei starkem Frost gern draußen. Fütterung mit allen Obstsorten, kleingeschnittenem Fleisch, Mehlwürmern. Oben offene Brutkiste (37 × 24 × 20 cm) im Innenraum in 2 m Höhe. Auf Boden gestreute kleine Zweige als Nistmaterial. Ein Brutpaar mit 4 Bruten nacheinander im Jahr.

Musophagiformes, Turakos. 1 F, Musophagidae ↗, 6 Gn, 22 An. Afrika.

Mutation. Spontan auftretende u. experimentell induzierbare Strukturveränderung im genetischen Material. M.en kommen mit versch. Häufigkeit in den Körper- u. Keimzellen des Organismus vor. In den Körperzellen bedingen M.en z. T. krankhafte Veränderungen. M.en in den Keimzellen (generative M.en) können unterschiedl. Veränderungen bei der Nachkommenschaft hervorrufen. Generative M.en sind die wichtigsten Voraussetzungen für die Evolution der Organismen. Als Punkt-M.en bezeichnet man punktvolle Veränderungen in den Molekülen, die die genetische Information speichern (Chromosom ↗). Chromosomen-M.en sind Veränderungen ganzer Chromosomen, z. B. durch Zerbrechen eines Chromosoms u. falsche Wiedereingliederung der Bruchstücke. Polyploidie-M.en sind dagegen Veränderungen, bei denen die Normalzahl der Chromosomen durch zusätzl. od. fehlende Chromosomen gestört od. die Normzahl verdoppelt ist. Spontane M.en können durch exogene physikal. u. chem. Faktoren verursacht sein, z. B. kosmische Höhenstrahlung, chem. Verbindungen in Luft, Wasser u. Nahrung, aber auch zufällig auftreten. Die experimentell erzeugten M.en haben z. B. in der Pflanzen-, Pilz- u. Bakterienzüchtung große praktische Bedeutung.

Myadestes. G der Muscicapidae ↗. 7 An. N-, M-Amerika, Jamaika, Haïti, Kleine Antillen u. S-Amerika. Jagen während der Brutzeit nach Art der Schnäpper ↗ Insekten, zu anderen Zeiten werden auch reichl. Früchte u. Beeren verzehrt. Während der Eingewöhnung versch. lebende Insekten, bes. auch tiefgekühlte Ameisenpuppen füttern, keine Mehlkäferlarven ↗. Möglichst bald an handelsübl. Insektenweichfuttergemisch gewöhnen. Später auch Obststückchen u. Beeren bieten.

— *M. obscurus*, Braunrückenklarino. ♂ u. ♀: ähnl. Schieferklarino, aber Rücken olivbraun, auch ist der weiße Augenring nur vorn unterbrochen. 20 cm. UAn. Mexiko, Guatemala u. El Salvador. Bewohnt Hochländer u. Gebirge im Sommer in Höhen zwischen 1 000 u. 2 500 m, zieht im Winter tiefer. Lebt in dichten Wäldern der Nadelwald-Eichen-Zone. Gesang laut, klingt quietschend u. blechern, deshalb auch Blechklarino genannt. Zuweilen im Handel.

— *M. unicolor*, Schieferklarino. ♂ u. ♀: schieferfarben, unterseits heller. Augenring weiß, vorn u. hinten unterbrochen. 18 cm. S-Mexiko, Guatemala, nö.

Honduras u. Nikaragua. Lebt in buschreichen Gebieten im Hügelland. Gesang besteht aus klirrenden Tönen. Ab u. zu auf europ. Vogelmarkt. Singt in Gefangenschaft nach kurzer Zeit (W. BAARS ↗).

Mycerobas, Zahnschnabelkernbeißer. G der Carduelidae ↗. 4 An. Im Himalaja-Raum. 1 A gelegentl. als Beifang im Handel.

— *M. carnipes,* Wacholderkernbeißer. ♂: mit schwarzem Kopf, Brust u. Rücken. Bauch, hinterer Rückenabschnitt bis Bürzel olivgrün. Kleiner, aber deutl. weißer Flügelspiegel. Schwarze Flügelfedern mit gelbgrünen Säumen, Schwanz schwarz. Großer, grauer Kernbeißerschnabel. Zahn an der Seite des Oberschnabels bei dieser A nicht ausgeprägt. ♀ ähnl. ♂, dessen schwarze Gefiederpartien jedoch schiefergrau. Iran über Himalaja bis in die Mongolei. Bewohnt die höher gelegenen Zwergwacholderbestände. Soll sich fast ausschließl. von Wacholderbeeren ernähren, aber auch Insekten fressen. Haltung, Futter wie *Coccothraustes* ↗.

Mycteria. G der Ciconiidae ↗. 4 An.

— *M. americana,* Amerikanischer Waldstorch, Holzstorch, Amerikanischer Nimmersatt. ♂ u. ♀: Kopf u. Hals bläulichschwarz u. nackt. Unterhals, Rücken, Armschwingen u. Brust weiß. Handschwingen u. Schwanz schwarz. Langer, leicht nach unten gebogener Schnabel grüngrau. Beine schwarzgrau. 110–120 cm. Vom S N-Amerikas bis Argentinien. In Sumpfgebieten, an pflanzenreichen Gewässern. Hauptnahrung Fische, Frösche, Wasserinsekten. Gesellig. Brütet in großen Kolonien (bis 6000 Nester gezählt!), vor allem in Zypressen der Sumpfgebiete.

— *M. ibis,* Afrikanischer Nimmersatt, Rosanimmersatt. ♂ u. ♀: weiß mit rosa Überflug. Armschwingen weiß mit schwarzen Handschwingen. Schwarzer Schwanz. Nackter Kopf rötlich. Schnabel gelb bis orange, leicht nach unten gebogen. Füße gelb. Juv. grau. 105 cm. Äthiopis, Madagaskar. An Binnengewässern u. Küstenstreifen. Standvogel. In Kolonien versch. rauhe Laute zu hören. Nistet in Brutkolonien auf Bäumen u. Felsen.

— *M. leucocephala,* Buntstorch, Indischer Ibisstorch, Indischer Nimmersatt. ♂ u. ♀: Kopf u. Schnabel gelborange. Schnabelwurzel mit dunkler Binde. Nakken, Hals, Rücken, Brust u. Bauch weiß. Oberflügeldecken schwarzweiß gebändert. Armschwingen weiß, Handschwingen schwarz. Beine u. Füße rötlichbraun. 100 cm. Indien bis SW-China u. Indochina. Brütet kolonieweise auf Bäumen, oft inmitten von Ansiedlungen.

Myioceyx. G der Alcedinidae ↗. 1 A. W- u. Inner-Afrika von Guinea bis Uganda u. N-Angola. In dichten Wäldern, nicht nur in Wassernähe. Schwaches, sehr hohes Pfeifen.

— *M. lecontei,* Braunkopf-Zwergfischer. ♂ u. ♀: oberseits dunkel ultramarinblau. Kopf-OS kastanienbraun. Stirn schwarz. Kehle weiß. Unterseits rostfarben. Flacher Schnabel u. Füße rot. 10 cm.

Myiopsitta. G der Aratingidae ↗, UF Aratinginae ↗. 1 A. Öst. Bolivien, Paraguay, sü. Mato Grosso u. Rio Grande do Sul bis mittl. Argentinien (Rio Negro). Leben in lichten Wäldern, im trockenen Akazienbuschland, an baumbestandenen Flußufern, in Palmenhainen, auf Feldern u. in Gärten, meistens bis

Myristicivora
405

Afrikanischer Nimmersatt

1000 m ü. NN. Bewohnen Landschaften mit wenig Niederschlägen. Kulturfolger. Allgemein häufig bis sehr häufig. Heute auch in Freiheit in SO-New York, New Jersey u. in Connecticut anzutreffen. Gesellig. Bauen Kolonienester aus Zweigen, 1 Paar hat in einem solchen Brutkammer. Eingang meistens von der US. Nest ganzjährig bewohnt, Vögel bauen ständig daran. Gewicht kann bis 200 kg erreichen. Zuweilen brüten auch andere Vogel-An, z. B. Baumenten (*Dendrocygna* ↗), auf solchem Bau. Mancherorts intensiv als Schadensverursacher auf Hirse- u. Maisfeldern bekämpft. Seit langem billig im Handel. Trotz Zutraulichkeit von juv. Einzelvögeln wegen Geschrei für Wohnungen wenig geeignet. Sehr für Außenvoliere ↗ (Ganzmetallkonstruktion) zu empfehlen, vertragen Frostgrade, wenn dickwandiges Nest vorhanden ist. Dafür Unterlage aus kräftigen Drahtgittern u. Ästen anbieten, reichl. ca. 50 cm lange Zweige zum Bau reichen. Auch gut für Freiflug bei nesthockenden Jungvögeln geeignet, allerdings wegen größerer Baumschäden in der Nachbarschaft überdenkenswert. Möglichst mit anderen An nicht gemeinsam unterbringen, in kleinen Volieren sehr aggressiv gegenüber artfremden Vögeln. Futter s. *Pyrrhura*. Erstzucht 1867 in Wien. Brüten auch in Nistkästen (15 × 25 × 40 cm, Einschlupf- ⌀ 7 cm), tragen Zweige ein. Gelege 5–8 Eier. Juv. schlüpfen nach 26 Tagen u. fliegen nach 6 Wochen aus. Jährl. 2–3 Bruten. Nach 1 Jahr fortpflanzungsfähig. Kreuzungen mit Goldstirnsittich ↗, Mutationen: Blau u. Gelb.

— *M. monachus,* Mönchssittich. ♂ u. ♀: grün, Stirn u. Gesicht grau, ebenso Unterhals u. Brust. Schnabel gelblichbraun. Auge dunkelbraun. Füße grau. Juv. Vorderkopf mit wenig Grün. 29–30 cm. UAn.

Myristicivora. G der Duculidae ↗ (früher zu *Ducula* ↗). 3 An. Inseln SO-Asiens, Neuguinea, Australien. Zucht von *M. luctuosa,* Elsterfruchttaube od.

Myzomela

Celebes-Muskatnuß-Fruchttaube, u. *M. bicolor*, Zweifarbenfruchttaube, gelungen.

Myzomela. G der Meliphagidae ↗. 26 An. Kleine zierliche meisenartige Honigschmecker mit dünnerem, längerem Schnabel. ♂ oft bunt, ♀ unscheinbar gefärbt.

— *M. cardinalis,* Kardinalhonigfresser. ♂: OS, Kopf, Kehle, Brust kardinalrot. Flügeldecken, Schwanz u. Bauch blauschwarz. Schwarzer Augenstreif. ♀: matt grün gefärbt. 11 cm. UAn. Loyalitäts-Insel, Neue Hebriden, Santa-Cruz-Insel, S-Salomonen, Samoa.

— *M. rosenbergii,* Rosenberg-Honigfresser. ♂ u. ♀: schwarz, nur Rücken, Halsseiten u. Brust rot. UAn. Bergwälder von Neuguineas Goodenough-Inseln.

— *M. sanguinolenta,* Scharlachhonigfresser. ♂: leuchtend rot, am Rücken schwarz gestrichelt. Flügel u. Schwanz schwarz. Bauch weiß. ♀: mattes Grün. 10—15 cm. UAn. Küstennahe Gebiete O-Australiens von N-Queensland bis O-Victoria, Neukaledonien. In kleinen Trupps. 2—3 Eier in napfförmigen Nestern; ♀ u. ♂ brüten 18 Tage.

— *M. sclateri,* Palakuru-Honigfresser, Kokoshonigschmecker. ♂ u. ♀: schwarzgrau, olivgrüne Schwingenränder. US gelblichgrau. Kehle leuchtend karminrot. 12 cm. Dampier-Inseln u. Long Island vor der Küste NO-Neuguineas; kleine Inseln im Bismarck-Archipel. Bevorzugt gelbliche Blüten der Kokospalme u. Bananenblüten.

Nachtflughuhn *(Nyctiperdix bicincta)* → *Nyctiperdix*
Nachtigall *(Luscinia megarhynchos)* → *Luscinia*
Nachtigallbuschsänger *(Cettia canturians)* → *Cettia*
Nachtigallenfutter. Nach K. NEUNZIG ↗ ein Weichfutter mit hohem Eiweißanteil. Er empfiehlt: Je 1 Gewichtsteil Ameisenpuppen, Weißwurm, Weißkäse sowie 2 Gewichtsteile Mohrrübe ↗, gerieben. Dazu wird etwas Bisquit ↗, gemahlener Hanf u. zerdrückte Beeren gegeben. Alle Bestandteile sind gut zu mischen u. stets frisch zu verabreichen.
Nachtigallkolibri *(Campylopterus curvipennis)* → *Campylopterus*
Nachtreiher *(Nycticorax nycticorax)* → *Nycticorax*
Nachtschwalbe *(Caprimulgus europaeus)* → *Caprimulgus*
Nachtschwalben → Caprimulgiformes
Nachtsittich *(Geopsittacus occidentalis)* → Pezoporidae
Nackenfleckhäherling, UA → Brustbandhäherling
Nacktaugenkakadu *(Cacatua sanguinea)* → *Cacatua*
Nacktaugentaube *(Patagioenas corensis)* → *Patagioenas*
Nacktgesichthokko *(Crax fasciolata)* → *Crax*
Nacktgesichtstäubchen *(Metriopelia ceciliae)* → *Metriopelia*
Nacktkehlglockenvogel *(Procnias nudicollis)* → *Procnias*

Nacktkehlglöckner *(Procnias nudicollis)* → *Procnias*
Nacktkehl-Lärmvogel *(Corythaixoides personatus)* → *Corythaixoides*
Nacktkehl-Schirmvogel *(Cephalopterus glabricollis)* → *Cephalopterus*
Nageschnäbler → Trogoniformes
Namaguafrankolin, NN → Rotschnabelfrankolin
Nandaysittich *(Nandayus nenday)* → *Nandayus*
Nandayus. G der Aratingidae ↗, UF Aratinginae ↗. 1 An. Südöst. Bolivien u. Mato Grosso bis N-Argentinien. Bewohnen Savannen, Waldland, Palmenhaine u. Kulturflächen. Während der Reifezeit des Getreides häufig auf Feldern. Brüten in Baumhöhlen, hohlen Ästen u. in morschen Zaunpfählen. Erstmalig 1870 im Zoo London. Holzzerstörer. Laute Stimme ist ebenfalls bei der Haltung zu beachten. Schlafhöhle bieten. Baden gern. Futter s. *Pyrrhura*. Erstzucht 1881 in Frankreich, seither häufig gezüchtet. Brutkasten ca. 30 × 30 × 40 cm. Gelege 4—5 Eier. Schlupf nach 25 Tagen. Kontrolle der Bruthöhle wird nicht verübelt. Juv. fliegen nach 7 Wochen aus. Beste Zuchterfolge bei gemeinsamer Haltung mehrerer Paare. Kreuzung mit Jendayasittich ↗.

— *N. nenday,* Nandaysittich. ♂: grün, Gesicht u. Kopf-OS schwarz, Augenring nackt, weiß. Kehle u. Oberbrust mit blauem Anflug, sonst unterseits gelblichgrün. Schenkel rot. Schnabel schwarz. Auge dunkelbraun. Füße fleischfarben. ♀ wie ♂, aber Schnabel schwächer, Blau von Kehle u. Oberbrust gering blasser. Juv. Kehle u. Oberbrust blaß graublau. Füße schwärzlich. 33 cm.

Nandu *(Rhea americana)* → *Rhea*
Nannopsittaca. G der Aratingidae ↗, UF Brotogeryinae. 1 A. Schnabel klein u. zart. Heimat O-Venezuela u. die Inselberge in W-Guayana. Bewohnen Bergwälder der oberen Tropen u. Subtropen, wurden wahrscheinl. noch nicht in Europa gehalten.

— *N. panychlora,* Tepuisittich, Grünsperlingspapagei. ♂ u. ♀: grün, US heller, Augenpartie gering gelb. Schnabel schwärzlich. Auge braun. Füße hellbraun. 14 cm.

Nannopsittacus. G der Psittaculirostrinae ↗. 1 A. Neuguinea, Salawati u. Aru-Inseln. Bewohnen Wälder im Flachland u. Savannen, lokal häufig. In kleinen Flügen unterwegs. Nahrung vorzugsweise Wildfeigen. Brüten in Baumhöhlen u. Höhlen in Baumfarnen, Orchideenballen. In Europa äußerst selten auf dem Vogelmarkt. 1977 5 Exempl. im Vogelpark Walsrode ↗, lebten ca. 3 Jahre. Warme Unterbringung. Futter s. *Opopsitta*. Hier auch Brut. Gelege 2 Eier. 2 Juv. schlüpften, verunglückten vor dem Ausfliegen. Handelte sich um die UA *N. g. amabilis* (Reichenow's Orangebrust-Zwergpapagei), deren Heimat NO-Neuguinea von der Huon-Halbinsel öst. bis zur Milne-Bucht reicht.

— *N. gulielmitertii,* Orangebrust-Zwergpapagei. ♂: grün, obere US u. Unterflügeldecken heller u. mehr gelblich. Stirn, Scheitel u. hinter dem Auge dunkelblau. Kopfseiten, Zügel u. Kehle hellgelb, variabler schwarzer Streif auf den Ohrdecken. Brust u. Oberbauch orange. Innerste Flügeldecken gelb gesäumt. Schnabel grauschwarz. Auge dunkelbraun. Füße grünlichgrau. ♀: Wange gelb, hinten gesäumt von auffällig schwarzem Band, unten von grünlichblauem Streifen. Ohrdecken orange. Brust grünlich. Juv. ähnl. ♀, aber Brust grün, mehr orange an den Kehlseiten. 13 cm. 7 UAn. *N. g. amabilis*. ♂: Scheitel schwarz, matt dunkelblau überflogen, Kopfseiten, Brust u. Oberbauch hell gelblichweiß. Kein schwarzer Ohrfleck, kleiner als Nominatform. ♀: Brust u. Oberbauch orange, Federn schmal gelb gesäumt, Wange schmutzigschwarz, dehnt sich über die Ohrdecken aus. Schwarz von Stirn u. Scheitel umschließt das Auge u. endet schmal hinter dem Auge. Vorderer Zügel, übrige Kopfseiten weißlich, Kehle hellgelb, mehr weißlich. Juv. ähnl. ♀, aber Brust mehr gelblich.

Napo-Degenflügel *(Campylopterus villaviscensia)* → *Campylopterus*

Napoleonweber *(Euplectes afer)* → *Euplectes*

Narethasittich *(Psephotus haematogaster narethae)* → *Psephotus*

Narinatrogon *(Apaloderma narina)* → *Apaloderma*

Narzissenschnäpper *(Ficedula narcissina)* → *Ficedula*

Naschvögel, NN → *Cyanerpes*

Nasenkakadu *(Cacatua tenuirostris)* → *Cacatua*

Nasenstreif-Honiganzeiger *(Indicator minor)* → *Indicator*

Nashornpelikan *(Pelecanus erythrorhynchus)* → *Pelecanus*

Nashornvögel → Bucerotidae

Natalfrankolin *(Pternistis natalensis)* → *Pternistis*

Natalglanzköpfchen *(Chalcomitra senegalensis)* → *Chalcomitra*

Natalrötel *(Cossypha natalensis)* → *Cossypha*

Natalzwergfischer *(Ispidina picta)* → *Ispidina*

National-Schau. Nationale Ausstellung eines Landes für alle Käfigvögel, einschließl. Kanarien ↗, einheimischer u. fremdländ. Vögel entspr. den erlassenen Bestimmungen. Die bekanntesten Schauen sind die AZ-Bundesschau (BRD), die DDR-Ausstellung (DDR), National Exhibition of Cage Birds (Großbritannien), Schweizerische Nationale Exotisschau (Schweiz), Österreichische Bundesschau (Republik Österreich).

Natterers-Amazone, UA → Gelbscheitelamazone

Natterers-Arassari *(Selenidera nattereri)* → *Selenidera*

Naturschutzbestimmungen. Die N. dienen dem Schutz von Pflanzen, Tieren, landschaftlicher Schönheit u. Besonderheiten der Natur. Sie sind in den einzelnen Staaten unterschiedl. in Gesetzen, Verordnungen, Durchführungsbestimmungen, Anordnungen usw. fixiert. Verbindliche Auskünfte erteilen die zuständigen Naturschutzbehörden. Für jeden Vogelhalter besteht die Pflicht der rechtzeitigen Information vor dem Erwerb eines Vogels, s. Gesetzliche Bestimmungen für die Vogelhaltung, s. Washingtoner Artenschutzübereinkommen.

Naumann, Johann Andreas, geb. 3. 4. 1744 in Ziebigk b. Köthen, gest. 15. 5. 1826 in Ziebigk. Bauer u. Ornithologe. Vater u. Wegbereiter von Johann Friedrich NAUMANN ↗. Als Besitzer eines ererbten Bauernhofes in Ziebigk gelangte er über das damals zu Nahrungszwecken verbr. Vogelstellen ↗ zur wissenschaftl. Betrachtung u. Erforschung der heimatlichen Vogelwelt, veröffentlichte als Autodidakt zunächst die bemerkenswerten Bücher «Der Vogelsteller» (1789) u. «Der Philosophische Bauer» (1791), sodann als Hauptwerk von 1795 bis 1817 bei zunehmender Mitarbeit seiner Söhne eine illustrierte 5bändige «Naturgeschichte der Vögel des nördlichen Deutschlands und angrenzender Länder», die erste geschlossene avifaunistische Darstellung eines größeren Gebietes. Mitglied u. Ehrenmitglied naturforschender Gesellschaften.

Naumann, Johann Friedrich

Naumann, Johann Friedrich, Dr. h. c., geb. 14. 2. 1780 in Ziebigk b. Köthen, gest. 15. 8. 1857 in Ziebigk. Bauer, Ornithologe, vogelkundlicher u. botanischer Illustrator. Sohn Johann Andreas NAUMANN's ↗. Begründer der wissenschaftl. Vogelkunde M-Europas, als Wissenschaftler u. Künstler Autodidakt. Seit dem 15. Lebensjahr fertigte er die Kupferradierungen für das Vogelwerk seines Vaters an, entwickelte sich nach nur 4jährigem Schulbesuch auf der ökonomischen Grundlage des von ihm bewirtschafteten Bauernhofes zum eigenständigen Forscher u. veröffentlichte 1820–1844, 1860 Nachtragsband, sein 13bändiges Hauptwerk «Naturgeschichte der Vögel Deutschlands» mit fast 400 eigenen Kupferradierungen. Daneben weitere Bücher u. zahlreiche Aufsätze über Vogelkunde, Tierpräparation u. Botanik. 1837 ehrenhalber «Anhalt-Cöthenscher Professor der Naturgeschichte», 1839 Dr. h. c. u. Magister der Freien Künste der Univ. Breslau (Wrocław), Mitglied u. Ehrenmitglied in- u. ausländ. naturforschender Gesellschaften, Mitbegründer u. 1. Vorsitzender der Deutschen Ornithologen-Gesellschaft. Im Nebenamt Inspektor des herzoglichen Naturalienkabinetts in Köthen mit der von ihm gegründeten u. selbst präparierten Vogelsammlung (1 200 Exempl.). Diese sowie der in seltener Vollzähligkeit erhaltene wissenschaftl., künstl. u. persönl. Nachlaß werden heute im Naumann-Museum Köthen bewahrt u. gezeigt.

Naumannsdrossel *(Arceuthornis naumanni)* → *Arceuthornis*

Nearktis → zoogeographische Regionen

Nebelkrähe *(Corvus corone cornix)* → *Corvus*

Necrosyrtes. G der Accipitridae ↗. Afrika. 1 A.
— *N. monachus*, Kappengeier. Kleiner Geier. ♂ u. ♀: Flügel lang u. breit, Schnabel schmal u. dünn. Gefieder mittel- bis dunkelbraun, Brustlatz weißlich befiedert. Kopfkappe u. hinterer Hals rahmfarben, wollig bedunt. Gesicht u. Vorderhals graurötlich, zur Balzzeit leuchtend rot. Füße graublau. 2 UAn. Sü. der Sahara bis zum Oranjefluß u. Natal. Savannen, Wüstenränder, offene Waldgebiete, menschl. Ansiedlungen (häufigster Geier in den Städten). Wichtiger Unrat-, Abfall- u. Aasbeseitiger Afrikas. Steht in der Geierrangordnung an letzter Stelle. Nistet auf Bäumen, aber auch auf Gebäuden. Koloniebrüter. Gelege 1 weißes, leicht braun gewölktes Ei. Brutdauer 46 Tage. ♂ u. ♀ betreiben Brutpflege. Juv. werden mit ausgewürgter Nahrung ernährt. Nur in Tiergärten, selten im Tierhandel. Scheue Vögel, die vorsichtig eingewöhnt werden müssen (breites Futterangebot). Gut in Gemeinschaftsvolieren zu halten. Unter 5°C Winterquartier notwendig. Horstunterlage u. ausreichendes Nistmaterial anbieten. Brüten im europ. Raum meist nur im Winter. Noch nicht gezüchtet.

Nectarinia, Langschwanz-Nektarvögel. G der Nectariniidae ↗. 2 An. Afrika sü. der Sahara. Bevorzugen Bergländer.
— *N. famosa*, Malachitnektarvogel. ♂: leuchtend smaragdgrün, mittl. Steuerfedern verlängert, gelbe Brustbüschel. ♀: OS bräunlichgrau, US gelblich. Juv. wie ♀. 16 cm. Äthiopien, Sudan durch O-Afrika, O-Zaïre bis N-Malawi, O-Simbabwe u. S-Afrika. Bevorzugt die Hochländer bis 4400 m ü. NN. In England baute ein ♀ aus Grasblüten, Strohhalmen, Moos, Kapok u. kurzen Bindfadenstücken ein Nest. Brutzeit nicht angegeben. Juv. war nach 14 Tagen flügge.

Nectariniidae, Nektarvögel. F der Passeriformes ↗. 104 An. Verhältnismäßig einheitl. Vogelgruppe. I. d. R. tragen die ♂♂ ein Prachtkleid, einige An mausern dies in ein Schlichtkleid. ♀♀ sehr einfach u. schlicht gefärbt. Tropen der Alten Welt von Afrika über das sü. Asien bis Australien sowie alle Inseln des Verbr.-Gebietes. Wie die Kolibris ↗ besuchen auch die N. Blumen, um den Nektar auszubeuten, außerdem verzehren sie viele Insekten. Charakteristische beutelförmige Hängenester aus verwobenen Pflanzenfasern u. Tierhaaren mit Spinnenweben. Vermutl. halten die Paare das ganze Jahr über zusammen, doch bleibt das Brutgeschäft zum größten Teil den ♀♀ überlassen, bei einigen An sogar gänzlich. In dieser Hinsicht herrscht anscheinend keine Einheitlichkeit innerhalb der F. Eier weiß bis gelblich, manche mit kräftigen Tupfen, die Anzahl im Gelege beträgt 1—3. Die Brutzeit dauert i. d. R. 13—14 Tage, nach 17 Tagen Nestlingszeit fliegen die Juv. aus. Bei einigen An hilft ♂ gelegentl. beim Nestbau u. beim Füttern der Jungen.

Schnabel eines Nektarvogels

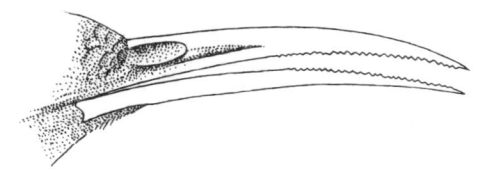

Negerralle, NN → Mohrenralle

Nehrkornbrillenvogel *(Zosterops atrifrons)* → *Zosterops*

Neisna. G der Estrildidae ↗. 1 A. W-Angola; S-, O-Kappprovinz in S-Afrika durch Transkei, Natal bis O-, M-, N-Transvaal, S-Simbabwe; Hochländer von O-Simbabwe, angrenzendem Moçambique, O-Sambia, Malawi, O-Zaïre, Tansania, Kenia, Uganda bis N-Äthiopien. Leben auf Lichtungen, am Rande des Bergwaldes, an buschreichen Wasserläufen, Waldwegen, im Kulturland bes. auf Brachen u. in größeren Gärten, in denen Hirse wächst. Allgemein im hügeligen bzw. bergigen Land, in Erythrea z. B. zwischen 1000 u. 2500 m ü. NN, in S-Simbabwe, schon in tieferen Lagen ab 300 m ü. NN. Vögel aller UAn unterschiedl. häufig im Handel. Liebenswerte Pfleglinge. Sehr gut für Käfig ↗ u. Voliere ↗ geeignet. Zutraulich, friedlich. Während der Eingewöhnung empfindlich, wärmebedürftig. Lebensweise, Pflege s. Estrildidae, *Estrilda*. Zucht mehrfach gelungen, allgemein gegenüber Nestkontrollen empfindlich. Gelege 4—6 Eier, meistens nur 2—4 in Gefangenschaft. Schlupf nach 12 Tagen. Juv. haben keine Rachenzeichnung, Oberschnabel nur mit schwarz abgegrenztem weißlichen Wulst (auch bei *Estrilda astrild* ↗), Unterschnabel auf jeder Seite mit 2 weißen Papillen auf schwarzem Grund. Juv. verlassen nach ca. 3 Wochen das Nest, nach knapp 2 Wochen erstmalige Futteraufnahme, nach weiterer guter Woche selbständig. Erstzucht 1910 bei Bannier.
— *N. melanotis*, Grün-, Gelbbauchastrild. ♂: Kopf, Nacken grau, Kopfseiten, Zügel, Kehle schwarz. Rücken, Flügel gelbbräunlich olivgrün, manchmal orangegelb überhaucht mit zarten dunklen Querwellen. Bürzel, Oberschwanzdecken rot. Brust grau, sonst US gelb. Schwanz schwarz. Oberschnabel schwarz, Unterschnabel hellrot. Auge dunkelbraun. Füße schwarz. ♀: Kopf ohne Schwarz, weißlich bis graue Kopfseiten, weißliche Kehle, insges. matter als ♂. Bürzel, Oberschwanzdecken häufig gelblichrot. Juv. ähnl. ♀, Schnabel aber vollständig schwarz. 9—10 cm. UAn, 3 Rassengruppen: 1. *bocagei* (Angola-Schwarzbäckchen), monotypisch, Rücken mehr grünlich mit zarter Querwellung, diese deutlicher als bei Nominatform, gleichfalls graue Brust mit unterschiedl. intensiven Querwellen. Bauch, Unterschwanzdecken kräftiger gelb. ♂: Kopfseiten, Kehle schwarz; 2. *melanotis* (Schwarzbäckchen), monotypisch, s. Artbeschreibung; 3. *quartinia* (UAn *stuartirwini, kilimensis, quartinia*. UA *N. m. kilimensis* (Grünastrild) ♂: Wangen, Kehle hellgrau, letztere grauweißlich, OS reiner olivgrünlich mit schwachen dunklen Querwellen. Bürzel leuchtend karminrot. Graue Brust ohne Querwellen. Bauch ockergelb, Flanken grünlichgrau. ♀ wie ♂, aber hellere graue

Brust. UA *N. m. quartinia* (Gelbbauchastrild) wie *N. m. kilimensis*, aber Grau des Oberkopfes heller, US reiner gelb, mehr zitronenfarben. Rot des Bürzels heller, dieses beim ♀ mit gelblichem Anflug, mehr ziegelrot.

Nektarvogelfutter. Für Nahrungsspezialisten wie Dicaeidae ↗, Blütenpicker, Coerebidae ↗, Zuckervögel u. Meliphagidae ↗, Honigfresser empfiehlt K. Ruß ↗ zusätzl. zum Weichfutter nachstehende Spezialmischung: 1 Tl. Milchpulver, verrührt in 1 Eßl. Wasser; 1 Tl. Kondensmilch; 1 Tl. Honig. Diese Bestandteile werden in 200 ml heißes Wasser gegeben u. als Nektarersatz in Tränkröhrchen angeboten.

Nektarvögel → Nectariniidae

Nemosia. G der Hemithraupinae ↗. 2 An. Venezuela, Guayana u. zentrales S-Amerika. Biol. wenig bekannt. Futter usw. s. *Tangara* ↗. Zusätzl. mehr Insekten ↗.

— *N. pileata*, Nemosia. ♂: Kopfplatte, Nacken, Zügel u. Wangen bis zur Schulter schwarz. Restl. OS graublau. Schwungfedern schwarz, blau gesäumt. Überaugenstreif u. Kehle weiß. US grauweiß. Schnabel schwarz. Auge gelb. Füße hornfarben. ♀ ähnl. ♂, doch ohne Schwarz am Kopf. Unterschnabel hell. 13 cm. 6 UAn. Von N-Kolumbien we. bis Guayana, sü. Amazonasbecken bis O-Bolivien, Paraguay u. N-Argentinien. Bevorzugt offene Waldgebiete od. Mangrovewälder. Sehr selten nach Europa gelangt.

Nemosia (*Nemosia pileata*) → Nemosia

Neochen. G der Anatidae ↗, UF Tadorninae ↗. 1 A. S-Amerika von Venezuela bis N-Argentinien. Bewohnt in Einzugsgebieten des Orinoko u. Amazonas Gewässer des subtropischen u. tropischen Urwaldes. Paare grenzen Brutreviere ab. Nester in Baumhöhlen, meist in geringer Höhe über dem Boden. 7—10 Eier werden vom ♀ 28—30 Tage bebrütet. Führung der Juv. durch ♂ u. ♀. Nahrung Pflanzenteile u. kleine Wassertiere. Selten gehalten. Empfindliche Tropenvögel. Sehr streßanfällig. Unterbringung in Volieren od. kleinen Einzelgehegen. Nur kleine Wasserfläche erforderlich. Zur Brutzeit wird Revier energisch verteidigt. Nicht winterhart. Fütterung mit Misch- u. Grünfutter. Tierische Kost als Zusatz notwenig. Zucht mehrfach gelungen. Eiablage bereits im Februar/März. Bevorzugt werden in 1—2 m Höhe angebrachte Nistkästen angenommen. Aufzucht der Juv. stets verlustreich.

— *N. jubatus*, Orinokogans. ♂: Kopf u. Hals isabellfarben. Rücken u. Flanken braun. Flügeldecken schwarz mit purpurnem Schimmer. Kleiner weißer Flügelspiegel. Schnabel rot mit schwarzem First. Füße hellrot. ♂ wie ♀, aber unterschiedl. Stimme, auch kleiner. 60—65 cm.

Neochmia. G der Estrildidae ↗. 1 A. N-Australien, S-Neuguinea. Bewohnen schilfbestandene Ufer, feuchtes Grasland, Sümpfe, Gärten, Parks. Nest in hohen Gräsern, Sträuchern, Bäumen, auch in Ananas-, Bananenstauden, selbst an Gebäuden. Nach der Brutzeit vereint in großen Schwärmen umherstreifend. Erstmalig 1861 nach Europa gekommen (Zool. Garten London). Durch Ausfuhrsperre, s. *Aidemosyne*, sehr selten im Angebot. Paarweise Haltung, streitsüchtig, nicht unter 20 °C halten. Anspruchslos, zutraulich. Für großen Käfig auch geeignet. Nest auf Brettchen, Zweigunterlagen, in halboffenen Nistkästen. Zucht nicht schwierig bei «passendem Paar». Luftfeuchtigkeit wenigstens 60 %. Aufzuchtfutter vorwiegend Ameisenpuppen, außerdem Spinnen, kleine Insekten bieten. Grassamen, Keimfutter ↗.

— *N. phaeton*, Sonnenastrild. ♂: Stirn rot, Mitte graubräunlich. Scheitel dunkelgraubraun, rötlich überhaucht. Nacken aschgrau, Rücken, Flügel braun, gleichfalls rötlich überhaucht. Oberschwanzdecken häufig rot. Schwanzfedern braun mit rötlichen Außenfahnen, mittl. rot. Zügel, Augenpartie, Kopfseiten, Kehle, Brust, Flanken leuchtend rot. Auf den Brustseiten kleine weiße, halbmondförmige Flecken. Untere Brust, Unterschwanzdecken schwarz. Schnabel rot, Ansatz des Unterschnabels grauweißlich. Auge hellbraun. Füße gelblich. 2 UAn mit schwarzem Bauch u. Unterschwanzdecken, bei übrigen beiden UAn diese weiß. UA *N. ph. evangelinae* (Weißbauch-Sonnenastrild), oft als eigene A angesehen. ♀: Brust, Flanken graubraun, gleichfalls mit Punkten gezeichnet. Rücken, Flügel aschgrau. Rot matter als bei ♂. Juv. fahlbraun, US braungelblich. Bürzel, Schwanz rötlichbraun. Schnabel grauschwarz. 13 cm. 1979 u. 1980 kamen Weißbauch-Sonnenastrilde aus Neuguinea in BRD u. Schweiz. Bes. ♀♀ bei Eingewöhnung recht hinfällig. Brauchen 25 °C, viel Insektenfutter. In Verhalten u. Stimme wie *N. ph. phaeton*, aber etwas weniger aggressiv. Sehr aggressiv, insbes. gegen Vögel mit roten Abzeichen, auch ♂ gegenüber ♀. Zur Zucht wird ♂ am besten ein Flügel etwas gestutzt, um Aggressivität zu dämmen.

Neomorphidae, Erdkuckucke. F der Cuculiformes ↗. 4 Gn (*Neomorphus* ↗, *Morococcyx*, *Dromococcyx*, *Geococcyx* ↗), 10 An. Sü. N-Amerika. M- u. S-Amerika. Haltung s. *Geococcyx*.

Neomorphus. G der Neomorphidae ↗. 5 An. M- u. S-Amerika.

— *N. geoffroyi*, Tajazuira. ♂ u. ♀: OS schwarz mit grünem od. bläulichem Glanz auf Rücken u. Flügeln. Auf Kopf-OS schwarze, blauschillernde Haube. Stirn braun gebändert. Vorderhals schwarz mit braunen Federsäumen, schwarzes Brustband, US braun. 52 cm. UAn. Nikaragua bis N-Bolivien, Brasilien sü. des Amazonas. Frißt vor allem Wanderameisen.

Neophema. G der Neopheminae ↗. Zierliche Vögel. 6 An. Australien, Tasmanien, Inseln der Bass-Straße. Bewohnen Gras-, Kulturland, Wälder, Sümpfe, Haltung, Futter, Zucht → Neopheminae.

— *N. chrysogaster*, Orangebauch-, Goldbauchsittich. ♂: Kehle, Brust gelbgrün, sonst bis auf orangefarbene Bauchmitte US gelb. Stirn blau mit grünblauem Rand, ebenfalls Bug u. Rand des Flügels. Zügelpartie grün. OS grün. Handschwingen, Unterflügeldecken blau. Mittl. Schwanzfedern grün mit bläulichen Spitzen, übrige gelb, blau gesäumt, ebenso Spitzen, Wurzeln schwarz. Unterschwanzdecken gelblich. Auge schwarz. Schnabel u. Füße braungrau. ♀: insgesamt

Neophema

dunkler, Blau der Stirn schmaler, grünblauer Rand fehlt. Bauchfleck blasser. Juv. ähnl. ♀, dunkler. Bauchmitte weniger u. blasser orangefarben. 20 cm. Tasmanien (selten), Inselwelt der Bass-Straße, Küsten von W-Victoria u. SO S-Australiens (selten), angrenzende Inseln. 1980 wurde Bestand auf weniger als 100 Exempl. geschätzt. Im Red Data Book ↗ geführt. Lebt im feuchten Strauchland, Sümpfen. Ernährung vorwiegend Samen von Gräsern. Erstmalig 1873 in Europa (London). Selten gehalten. Erstzucht wohl 1971 von van BRUMMELEN, Holland.
— *N. chrysostoma,* Feinsittich. ♂: olivgrün, Stirnband blau, reicht bis zum Auge. Flügeldecken, Unterflügel blau. Zügel, Partie hinter dem Auge gelb.

Feinsittich

Handschwingen schwarz. Bauch gelblich, manchmal orange. Mittl. Schwanzfedern grünlichblaugrau, übrige hellgelb mit blauen Außenfahnen. Auge schwärzlich, ebenso Schnabel. Füße braungrau. ♀: Stirnband schmaler, Blau des Flügels dunkler, selten orangefarbenen Bauchfleck, dann immer kleiner. Juv. matter, ohne Stirnband. Unterflügelstreifen bei ♀♀ weißlich, bei ♂♂ nur manchmal vorhanden. 22 cm. SO-Australien, Tasmanien, Inseln der Bass-Straße. Bewohnt Hochwälder bis offenes Grasland, Sümpfe, Kulturland. Anspruchslos. Erstmalig 1874 in Europa (Zoo Berlin). Sehr ruhiger Vogel, friedlich. Kalte Überwinterung im Schutzraum. Gut für Gesellschaftsanlage geeignet. Europ. Erstzucht 1879 durch BIGEAU, Frankreich. Zucht gelingt nicht immer. Verfettungsgefahr (schmale, lange Flugräume!). Bruthöhle 30—50 cm Höhe.
— *N. elegans,* Schmucksittich. ♂: olivgrün, US gelblich, Mitte des Bauches orange. Stirn dunkelblau, zum Oberkopf hellblau. Gelber Zügel. Schulter, kleine Flügeldecken blau, große Schwingen, Unterflügel schwarz. Auge schwärzlich, ebenso Schnabel. Füße braungrau. ♀ ähnl. ♂, aber Unterflügel grauschwarz. Bauchmitte selten orangerot. Blaues Stirnband oftmals schmaler. Juv. wie ♀, insgesamt matter, bes. Stirnband, auch schmaler. 23 cm. SO-, SW-Australien, bewohnt buschbestandenes Grasland. Erstmalig 1862 in Europa (Zool. Garten London). Unempfindlich, kalte Überwinterung in Voliere mit Schutzhaus, angenehme Pfleglinge. Häufig gezüchtet, in Belgien erstmalig Mutation Lutino.
— *N. petrophila,* Klippensittich. ♂: olivgrün, Bauch, Steiß gelblich, Stirn blau, hellblau bis hinter das Auge gesäumt. Zügel, vordere Wangen blaßhellblau. Bauch gelbgrün, manchmal mit orangefarbenem Fleck. Steiß gelbgrün. Flügelrand dunkelblau. Schwingen schwarz mit blaugrünlichen Außenfahnen. Mittl. Schwanzfedern hellblaugrün, ebenso Füße. ♀ ähnl. ♂, aber Blau der Stirn geringer, unterseits dunkler. Juv. insgesamt schmutziger in den Farbtönen, Stirn wenig blau. 22 cm. Küste S-, SW-Australien. Entfernt sich höchstens einige hundert Meter vom Wasser. Nicht selten werden Gelege in den offenen Felshöhlen von Spritzern der Brandung benetzt. Neigung zum Koloniebrüter. Erstmalig in 2. Hälfte vorigen Jh. in Europa. War durch schlichtes Gefieder wenig begehrt. Etwas empfindlich, leicht Verfettung (lange, schmale Volieren ↗), friedlich. Erstzucht in Deutschland 1879 Dr. RUß ↗. Zuchterfolg sehr selten. Voraussetzung wahrscheinl. hohe Luftfeuchtigkeit (s. Biotop). 2 Paare pflegte Mitte der 60er Jahre Dr. BURKARD ↗. Waren sehr träge, verfetteten. Gelege stets unbefruchtet.
— *N. pulchella,* Schönsittich. ♂: olivgrün, US kräftig gelb, manchmal orangegelb. Gesicht blau, ebenso Flügeldecken. Handschwingen dunkelblau, spitzenwärts schwärzlich. Flügeldecken mit rotem Streif, Unterflügeldecken dunkelblau. Steiß, Unterschwanzdecken gelb, äußere Schwanzfedern gelb, mittl. grün. Schnabel schwärzlich. Auge dunkelbraun. Füße dunkelgrau. ♀: hat kein rotes Band, Gesicht heller blau, Unterflügel grauschwarz, weißlich gestreift. Juv. insgesamt blasser, häufig ♂♂ wenige rote Schulterfedern, zuweilen bereits in der Bruthöhle. US der Flügel schwarz, bei ♀♀ grauschwarz, oft noch mit weißlichen Streifen. 20 cm. NO-Victoria, örtl. in Neusüdwales, vor Jahren in SO-Australien. Galt schon als ausgestorben. Strenger Schutz, im Red Data Book ↗ registriert. Bewohnt vorzugsweise hügeliges, baumbestandenes Grasland. Schon Mitte vorigen Jh. in Europa. Erstzucht 1852 (Zool. Garten London). Angenehmer Pflegling, leise Stimme, kalte Überwinterung im Schutzraum. Auch für großen Käfig geeignet. Wohl haltungsbedingt treten rote Unterbauchflecken auf. Leicht zu züchten.
— *N. splendida,* Glanzsittich. ♂: Kopf, Kehle blau, Kehle u. Oberbrust rot, sonst US gelb bis orangegelb. Rücken grün. Flügeldecken hellblau, Rand dunkelblau. Äußere Schwanzfedern überwiegend gelb, mittl. grün. Schnabel schwärzlich. Auge dunkelbraun. Füße graubraun. ♀: Kopf heller blau als bei ♂. Kehle, Brust ohne Rot. Gegenüber ♀ von *N. pulchella* Flügel heller blau, auch Kopf heller. Juv.

Schnabel hellhornfarben, ♂♂ wenige rote Federn an Kehle, Unterflügel schwarz, Kopf kräftiger blau als bei juv. ♀♀ (Unterflügel grauschwarz). 20 cm. Vorwiegend inneres S-Australien. Bewohnt trokkene Landschaften mit Eukalyptussträuchern u. Spinifexgras, Hügelland. Ortstreu, selten, galt zeitweise als ausgestorben. Aufgeführt im Red Data Book. Erstmalig 1871 in Europa (Zool. Garten London). Bald danach gezüchtet. Angenehm, still, ruhig. Paarweise Haltung, verträglich. Überwinterung wenigstens einige Grade über Null. Suchen gern auf dem Boden nach Futter, deshalb öfter umgraben (Wurmkur!). Blaue, gelbe, gelbgescheckte Mutationen.

Neopheminae. Grassittiche. UF der Platycercidae ↗. 2 Gn, 7 An. Überwiegend nur für Voliere geeignet. Futter → Platycercidae, aber wenig Sonnenblumen, reichl. Grassamen u. Grünes. Zucht: Unterbringung paarweise. Baumstammhöhle, Nistkasten (17 × 19 × 30 cm, Schlupfloch 6–7 cm ⌀, davor Zweig od. Sitzstange anbringen), wenig Sägemehl als Bodenbelag. Gelege 4–6 (7) Eier. Juv. schlüpfen nach 18–19 Tagen, fliegen nach 30–35 Tagen aus, nach 2-3 Wochen selbständig. Jährl. höchstens 3 Bruten erlauben.

Neophron. G der Accipitridae ↗. 1 A. Kleine Geier.

— *N. percnopterus*, Schmutzgeier. ♂ u. ♀: weiß, Hand- u. Armschwingen schwarz, Schwanz keilförmig. Schnabel schmal, lang, gelb mit schwarzer Spitze, Gesicht (bis zum Scheitel), Kehle nackt gelb, Kopf u. Hals mit länglichen spitzen Federn, Füße gelb. Immat. dunkelbraun. Afrika, Mittelmeerraum bis Indien. Offene Landschaft, Wüstenrandzonen, Gebirge, in menschlichen Siedlungen. Regional Zug- od. Standvogel. Wichtiger Unrat-, Abfall- u. Aasbeseitiger, erbeutet aber auch Insekten, kleinere Wirbeltiere, plündert Gelege u. verzehrt auch Früchte (Datteln, Palmkerne). Regional Einzel- od. Koloniebrüter. Bevorzugt werden Nester in unzugänglichen Felswänden, Gemäuern, seltener auf Bäumen. Gelege 1–3 gelbweiße, rostbraun gefleckte Eier. Brutdauer 42–45 Tage. Juv. werden mit kleinen Beutetieren od. mit hervorgewürgter Nahrung ernährt. ♂ u. ♀ betreiben Brutpflege. Meist nur in Tiergärten, Einfuhr sporadisch. Eingewöhnung unkompliziert, werden schnell zutraulich. Für die Gemeinschaftshaltung geeignet. Unter 5 °C Winterquartier notwendig. Nahrung 50 % Schierfleisch, 50 % Ganzkörperfutter, gelegentl. rohe Eier. Für die Zucht ist die paarweise Haltung in einer abgeschirmten Voliere günstig, Brutnischen notwendig. Schon in Gefangenschaft gezüchtet. A ist in vielen Regionen Euopas bedroht.

Neopsephotus. G der Neopheminae ↗. 1 A. Etwas gedrungener als An der G *Neophema* ↗. Inner-Australien, vom inneren W-Australien bis SW-Queensland, W-Neusüdwales. Bewohnen mit Akazienbüschen bestandene Mulgasteppen. Kulturfolger. Unregelmäßige Wanderungen. Brüten in Astlöchern in 1–3 m Höhe. Durch den Lebensraum bedingte größere Aktivitäten in den Morgen- bzw. Abendstunden. Erstmalig wohl bereits 1867 in Europa (London). Ruhig, zutraulich, allgemein friedlich. Mehrere Paare können auch zusammen gehalten werden. Für Käfig

Schmutzgeier

u. Voliere geeignet. Juv. Einzelvögel werden sehr zahm. Frostfreie Überwinterung. Futter → Neopheminae. Europ. Erstzucht wohl 1877 H. KESSELS, Belgien, deutsche 1880 Dr. RUß ↗. Brüten im großen Käfig (Verfettungsgefahr), besser in Voliere, günstig paarweise Unterbringung. Zuchtfähig erst ab 15. Lebensmonat.

— *N. bourkii*, Bourkesittich. ♂: Stirn, Augenbrauenstreif hellblau. Augenpartie weißlich. Kehl-, Wangenfedern hellrosa bis weißlich, braun gesäumt. Schulter, Flügelrand blau, braune Schwanzfedern mit blauen Außensäumen. OS blaßolivbraun. Brust, Bauch rosarot. Flanken, Steiß, Unterschwanzdecken hellblau. Schnabel dunkelhornbraun. Auge schwarz. Füße braungrau. ♀: ohne blaue Stirn, unterseits häufig blasser. Juv. ähnl. ♀, aber matter, Bauch weniger rosarot, manchmal ♂♂ wenige blaue Stirnfedern. 19 cm. Mutationen: Isabellfarbene, Falben, Gelbe, Weiße, Gelb-Schecken, Rosa, Rosa-Schecken, Hauben-Vögel (Haubenform wie bei Japan. Mövchen ↗).

Neopsittacus. G der UF Loriinae. 2 An, 6 UAn. Neuguinea. Selten im Handel.

— *N. musschenbroekii*, Gelbschnabel-Berglori. ♂ u. ♀: Haube, Nacken, Hinternacken u. Wangen olivfarben, bei Nominatform Wangen blaßgrün gestreift, UA *N. m. major* Wangen hell grüngelb gestreift, Zügel grünlichschwarz. OS dunkelgrün. Kehle, Brust u. mittl. Unterbauch hellgrün mit rot (scharlachfarben bei *N. m. major*). Untere Flügeldeckfedern u. ein breiter Streifen über der US der Schwingen rot.

Schwanzfedern grün, gelb getupft, seitl. an der Basis rot. US hell orangegelb. Schnabel gelb. Auge rot. Füße grün. Juv. matter als Ad., ohne rote Töne auf unteren Partien, mit Ausnahme auf der Oberbrust, die rot getönt ist. Schnabel braun. 23 cm. UAn. Gebirge Neuguineas. Einige Vögel wurden in den 30er u. 40er Jahren dieses Jh. nach Europa exportiert. Zoo San Diego, Kalifornien, stellte die UA *major* in den 60er Jahren aus. 10 Jahre später war die A im Stuttgarter Zoo u. im Vogelpark Walsrode ↗ zu sehen. Um 1970 kamen einige Vögel privat in die BRD. Sie erwiesen sich als widerstandsfähig, ertrugen niedrige Temp. en, waren sehr aktiv u. flogen umher wie Finken. Im Gegensatz zu den meisten kleinen Loris ↗ sind Samen die Hauptnahrung der A. Daneben brauchen sie eine nahrhafte Nektarmischung, Früchte u. Grünfutter. Wegen ihrer Seltenheit Zuchterfolge rar. Erstzucht wahrscheinl. in der Sammlung von Sir E. HALLSTROM 1953 in Australien. Gelege gewöhnl. 2 Eier, Brutdauer ca. 23 Tage. Juv. nach ca. 9 Wochen flügge.

— *N. pullicauda*, Orangeschnabel-Berglori. ♂ u. ♀: s. Gelbschnabel-Berglori, aber fast gesamte US rot, ledigl. Flanken, Schenkel grün. Schwanz dunkleres Grün ohne gelbe Spitze. Schnabel orange. 18 cm. UAn. Neuguinea (nicht auf Vogelkop-Halbinsel). Lebt im Gebirge, vorwiegend zwischen 2400 u. 3800 m ü. NN, in Scharen. In der Vogelzucht fast unbekannt.

Neothraupis. G der Cissopinae ↗. 1 A. O- u. S-Brasilien, O-Bolivien u. NO-Paraguay. Nahrung vorwiegend Insekten u. Samen. Haltung usw. s. *Tangara*.

— *N. fasciata*, Flügelbindentangare. ♂: Kopfseiten u. Zügel schwarz. OS grau. Flügeldecken schwarz mit weißem Spiegel. US weiß, Flanken grau. Oberschnabel schwarz, Unterschnabel bleifarben. Auge braun. Füße hornfarben. ♀: blasser gefärbt. 17 cm. Selten importiert.

Neotis. G der Otididae ↗ mit 2 afrikan. An. 90—100 cm. Paarweise lebende Steppenvögel. Die nö. An (*N. denhami*) Ende voriges Jh. in engl. Zoos.

Neotropis → zoogeographische Regionen
Nepal-Alcippe (*Alcippe nipalensis*) → Alcippe
Nepalfasan (*Lophura leucomelana*) → Lophura
Nepaluhu (*Bubo nipalensis*) → Bubo

Nesocharis. G der Estrildidae ↗. 3 An. Afrika. In busch- u. baumbestandenen Steppen, Flußlandschaften, Bergsavannen, suchen nach Art der Meisen im Gezweig u. im Gras vorwiegend nach Insekten u. kleinen Samen. Nester in Büschen u. niedrigen Bäumen, auch solche von Webervögeln benutzt. Gelege 2—3 Eier. Nur vereinzelte Exempl. nach Europa gekommen. Reichl. Insektennahrung bieten, s. Estrildidae. Empfindliche Pfleglinge, nicht unter 23 °C halten. Scheu, deshalb für Käfig wenig geeignet. Volieren dicht bepflanzen. Lieben Wasserbesprühung. Nestschläfer ↗.

— *N. capistrata*, Weißwangenastrild. ♂ u. ♀: Stirn, Wangen weiß, von schmalem, schwarzen Band umgeben, bildet mit dem Schwarz von Kinn u. Kehle eine Verbindung. Scheitel, Nacken grau, sonst OS u. Flanken olivgelb. Unterkörper, außer bräunlicher Bauchmitte, grau. Schnabel schwarz. Auge rot. Juv. weißes Gefieder grau gefärbt. 12 cm. W- u. Inner-Afrika. In Savannen u. Gewässernähe. Angeblich erstmalig 1971 lebend nach Holland u. damit nach Europa gekommen.

— *N. shelleyi*, Meisenastrild. ♂: Kopf schwarz, graues Nackenband, OS olivgelbgrün, je nach UA auch Bürzel u. Oberschwanzdecken orangegelb od. gelblich getönt. Brust olivgelb, US dunkel, blaugrau. Schwanz schwarz. Schnabel schwarz, am Grund bläulich. Auge schwarz. Füße bräunlich. ♀: Brust graublau, US heller als bei ♂. Bürzel, Oberschwanzdecken mehr grünlich. Etwa 8 cm. Erstmalig 1929 von Fernando Póo über Hamburg nach Europa eingeführt, waren nur 10 Exempl. Badet angeblich nicht, sondern soll besprüht werden. Zuchterfolg nicht bekannt.

Nesoenas. G der Columbidae ↗ (früher zu *Columba* ↗). 1 A. Mauritius. Pflege s. auch Columbiformes. Vom Aussterben bedroht. Langzeitzuchtprogramme zur A-Erhaltung von Regierung festgelegt. Gefangenschaftspopulation auf mehrere Zuchtstätten in der Welt verteilt. Erstzucht in Zuchtstation auf Mauritius von *N. mayeri*, Rosa- od. Mauritiustaube.

Nesopelia. G der Columbidae ↗. 1 A. Galapagos.

— *N. galapagoensis*, Galapagostaube. ♂: braun, Ohrgegend weißlich, oben u. unten von schwarzem Längsstrich eingefaßt. Kleiner Halsfleck glänzendviolett. Schulterpartie mit weißen Längsstreifen, Flügeldecken mit schwarzen Zentren u. weißen Säumen, Flügelrand weiß. Schwanz mit schmaler, sich nach außen verbreiternder schwarzer Subterminalbinde. Schwanzende an den Seiten graublau. US gelbbräunlich, am Kropf mattrötlich. Schnabel schwärzlich. Auge braun. Auffällige Augeneinfassung bläulich. Füße rötlich. ♀ wie ♂, aber etwas kleiner u. blasser. 21—22 cm. UAn. Erdtaube, die sich geschickt zwischen dem Lavagestein entlang der flacheren Küstenlandstriche bewegt. Fliegt zu benachbarten Inseln. Buddelt mittels hastiger Schleuderbewegungen des Schnabels im lockeren Boden u. spürt so einen Teil der Nahrung (Samen, Wirbellose) auf. Verspeist außerdem Keimlinge, Knospen, frisches Grün. Neststand in Nischen u. Höhlen am Boden. Gelege 2 weiße Eier. Brutdauer 13 Tage. Nestlingszeit 17 Tage. Juv. übernachten noch einige Tage im Nest. Erstmalig 1893 im Zoo London, 1933 dort europ. Erstzucht. Sehr wärmebedürftig. Voliere deshalb sonnig u. trocken. Bei Schlechtwetter u. zum Übernachten müssen sie sich in einen gewärmten Raum zurückziehen können. Überwinterung bei mindestens 20 °C. Volierenausstattung teils mit steinigem Boden, auch einzelnen größeren Blöcken als erhöhte Sitzplätze, teils mit Lauberde, auch Gras u. etwas Gesträuch. Nischen am Boden für die Brut schaffen. Zusätzl. Brutgelegenheiten 0,5—1,5 m hoch an der Wand anbringen. Unverträglich, spez. gegen andere Tauben. Leicht zu züchten, aber nur wenn die Temp.-Ansprüche beachtet werden. Schachtelbruten kommen häufig vor. Lachtauben sind als Ammen geeignet. Futter Senegalhirse, Waldvogelfutter, Weizen (gebrochen), Glanz, Mohn, Grassamen, Eifutter u. Grünes. Um Futterverschwendung durch das erwähnte Schnabelschleudern zu vermeiden, sollten Näpfe mit hohen, nach innen gebogenen Rändern verwendet werden.

Nesoptilotis. G der Meliphagidae ↗. 2 An.
— *N. leucotis*, Weißohrhonigfresser, Schwarzkehl-Honigfresser. ♂ u. ♀: OS olivgrün. Graue Kopf-OS, schwarze Kehle, weißer, schwarz eingefaßter Ohrfleck. 20 cm. UAn. O-Australien von M-Queensland durch Neusüdwales u. Victoria bis südöst. S-Australien, sü. W-Australien.

Nestor. G der Nestoridae ↗. Nahrung Früchte, Beeren, Blütennektar, Käfer, Larven, fressen gern fettes Fleisch. Unterbringung in Volieren, Ausstattung mit hohlen Baumstämmen, Wurzelstubben, die tagsüber Unterschlupf bieten. Boden locker, graben gerne mit dem Schnabel. Futter gekeimte Sonnenblumenkerne, Weizen, Hafer, Nüsse, eingeweichter Mais, Möhren, Obst, Vogelmiere, Löwenzahn, Salat, wenig gekochtes Hühner-, Kalbfleisch, Fertigfutter (Leber, Fleisch für Katzen).
— *N. meridionalis*, Kaka. ♂ u. ♀: dunkelolivbraun, Federn schwärzlich gesäumt. Kopf-OS hellgrau, Schnabelwurzel rot, Ohrpartie bräunlichgelb. Unterkörper, Bürzel, Ober-, Unterschwanzdecken blutrot, gleichfalls Nackenband. Schnabel schwärzlich, stärker gekrümmt. Auge dunkelbraun. Augenring nackt, weißlich. Füße grauschwarz. Juv. wie Ad., Basis des Unterschnabels gelb. 43 cm. S-, N-Neuseeland, Stewart-Inseln, küstennahe, kleine Inseln. Ausgestorben auf Chatham-Insel. Bewohner der Gebirgswälder. Überwiegend Baumvogel, gesellig. Brütet in Baumhöhlen. Anfang 20. Jh. häufig, heute sehr selten. Dient den Eingeborenen als Nahrung, Federn als Schmuck begehrt. Stets selten gehalten, Holzzerstörer, friedlich.
— *N. notabilis*, Kea. ♂: olivgrün, Federsäume schwarz. Bürzel, Unterschwanzdecken orangerot, Achselfedern gelbrot, Schwingen wurzelnah an der Innenfahne blaßgelb gebändert, Handschwingen außen blaßblaugrau. Schnabel graubraun. Auge dunkelbraun. Füße dunkelbraun. ♀ wie ♂, Oberschnabel kleiner. Insges. kleiner als ♂. Juv. Unterschnabel, Wachshaut, Augenring gelblich, Kopf-OS, Kehle mehr grün als bei ad. Vögeln. Kopfseiten, Hals, Brust dunkelrotbraun. Schnabel, Augenring noch nach 20 Monaten nicht umgefärbt. 50 cm. Bewohnt Hochgebirge von S-Neuseeland. Lebt oberhalb der Baumetage. Nistet häufig in Felslöchern (Juni–September). Vielehe. Frißt gern fettes Fleisch, bes. Fett. Wurde ihm nachgesagt, daß er Schafe töte, deshalb jahrzehntelang verfolgt (Abschußprämien!). Untersuchungen ergaben, daß «Schafkiller» ausgesprochene Ausnahmen sind. Auch heute noch nicht geschützt. Lebensraum reicht bis 2 000 m Höhe. Gelege 3–4 Eier, Schlupf nach 29 Tagen. Juv. verlassen nach 10–11 Wochen Höhle unter Baumwurzeln, in Felsspalten, selten auch in Bäumen. Juv. dann noch nicht flugfähig, erst nach Wochen. Betteln noch nach ½ Jahr Eltern um Futter an. Relativ häufig in großen zool. Gärten u. Vogelparks. Zuchterfolge über 20 Jahre, im Inst. für vergleichende Verhaltensforschung Wilhelminenberg/Wien wurden in 9 Jahren

Netta
413

Kolbenente. Männchen

von einem Paar 32 Juv. gezogen. Zucht in 2. Generation. Liebenswürdig, zutraulich, Holzzerstörer, Futternäpfe auf den Boden stellen (befestigen!). Nicht kälteempfindlich. Nur in ausgesprochen großen Volieren zu ♂ 2 od. 3 ♀♀ geben.

Nestoridae, Nestorpapageien. F der Psittaciformes ↗. 1 G, 3 An, davon 1 A †. Ursprünglichste der noch lebenden Papageienformen. Krähengroß. Gestreckter, schmaler Schnabel, stark gekrümmt, an der Spitze erheblich nach unten verlängert. Zahnhöcker schwach ausgebildet, keine Feilkerben. Wachshaut kreisförmig um die rundlichen Nasenlöcher, bandförmig um Schnabelwurzel verlaufend, schmal. Bewohnen Neuseeland u. vorgelagerte kleine Inseln, auf einigen ausgestorben. Dämmerungsvögel. Pflanzl., tierische Nahrung.

Nestorpapageien → *Nestor*

Nestschläfer. Vögel, die regelmäßig in einem Nest übernachten. Meistens paarweise schlafend, nur gelegentl. als Gruppe (z. B. Estrildidae ↗). Diesen Vögeln auch außerhalb der Brutzeit Nistmaterial u. Nisthilfen anbieten. Schlafen in Gefangenschaft auch außerhalb von Nestern, falls keine vorhanden sind od. die angebotenen Nistplätze nicht zusagen.

Netta. G der Anatidae ↗, UF Anatinae ↗. 1 A. Lokal verbr. Brutvögel in Europa. Hauptvorkommen in Zentral-Asien bis W-Sibirien. Zugvögel ↗. Überwintern im Mittelmeerraum u. im sü. Vorderasien. Zur Brutzeit an großen, warmen Flachseen mit reicher Ufervegetation. Umfangreiche Nester stehen zwischen Uferpflanzen. 8–12 Eier werden vom ♀ 26–28 Tage bebrütet. Führung der Juv. durch ♀. Ernähren sich von Wasserpflanzen u. Gräsern. Verbr. Gehegevögel. Anspruchslos u. ausdauernd. Unterbringung auf nicht zu kleinen u. flachen Teichen mit grasbewachsenen Ufern. Für Gemeinschaftshaltung geeignet. Relativ winterhart. Fütterung mit Misch- u. Grünfutter. Weiden gern. Zucht gelingt regelmäßig. Eier werden bevorzugt in Nistkästen abgelegt. ♀♀ brüten zuverlässig. Aufzucht der Juv. problemlos. Nach 1 Jahr geschlechtsreif. Ausgeprägte Bastardierungsneigung zu gleichgroßen Enten. ♂♂ paaren sich im Frühjahr gern mit ♀♀ anderer An.
— *N. rufina*, Kolbenente. ♂: im BK mit fuchsrotem Kopf, dessen Federn meist gesträubt abstehen. Unte-

rer Hals u. Brust schwarz. Rücken braun mit kleinem weißem Schulterfleck. Flanken weißlich. Schnabel rot. Füße bräunlich. Im RK ähnl. ♀, mit rotem Schnabel. ♀: einfarbig graubraun mit aufgehellter Wangenzeichnung. Schnabel grau. Cremefarbene Mutation gelegentl. aufgetreten u. weitergezüchtet. 55 cm.

Nettion. G der Anatidae ↗. UF Anatinae ↗. 8 An.
— *N. capense*, Kapente. Jahreskleid. ♂: grau, am Kopf mit kleinen dunklen Punkten. Brust, Flanken u. US dunkel geflceckt. Spiegel grün. Rosaroter Schnabel mit schwarzer Wurzel. Füße graugelb. ♀ wie ♂, oft kleiner, unterschiedl. Stimme. 40 cm. Brutvogel in Z- u. S-Afrika. Bewohnt Binnenseen u. Küstengewässer. Nester in Bodenvegetation. 6—11 Eier werden vom ♀ 26—27 Tage bebrütet. ♂ beteiligt sich an der Führung der Juv. Mit 7 Wochen flugfähig. Ernährt sich von kleinen Wassertieren, daneben auch von Pflanzenteilen. Nicht sonderlich häufig im Gehege. Unterbringung in Einzelgehegen am günstigsten, da zur Brutzeit oft aggressiv gegen andere kleine An. Sehr bewegungsaktiv. Nicht winterhart. Benötigt neben Mischfutter tierische Nahrung. Zucht unproblematisch. Eiablage in Nistkästen od. in Ufervegetationen. Verpaarung mit Partnern anderer An. selten.
— *N. castaneum*, Kastanienente. ♂: Kopf schwarz, grünschillernd. Rücken schwarz, hell gesäumt. Brust, Bauch u. Flanken kastanienbraun. Flanken schwarz gefleckt. Schwarzgrüner Spiegel. Schnabel u. Füße grau. ♀: dunkelgraubraun, hell gesäumt. Untere Kopfhälfte u. Kehle aufgehellt. 42 cm. Brutvogel im sü. Australien u. auf Tasmanien. Hält sich bevorzugt an Flußmündungen u. Küstengewässern auf. Nester in Ufervegetation od. zwischen Steinen, gelegentl. in Baumhöhlen. 7—13 Eier werden vom ♀ 28 Tage bebrütet. ♂♂ beteiligen sich z. T. an der Aufzucht der Juv. Nahrung Pflanzenteile u. kleine Wassertiere. Einfach zu pflegende, ausdauernde A. Unterbringung in Klein- od. Gemeinschaftsanlagen. Bei anhaltendem Frost Schutzraum erforderlich. Zucht gelingt regelmäßig. Aufzucht nicht schwierig. Mischlinge mit anderen An nicht selten.
— *N. crecca*, Krickente. ♂: im BK mit kastanienbraunem Kopf. Vom Auge zum Nacken grüner, weiß eingefaßter Fleck. Rücken u. Flanken grau gewellt. Brust gelblich mit feinen Tupfen. Unterschwanzdecken leuchtend gelb. Flügelspiegel grün u. schwarz. *N. c. carolinensis* aus N-Amerika mit senkrechtem weißen Streif an Brustseiten u. nicht so kontrastreich abgesetztem grünem Fleck am Kopf. Schnabel u. Füße grau. Im RK wie ♀. ♀: graubraun mit dunklem Augenstreif, Spiegel wie ♂. 35 cm. 2 UAn. In Europa, M- u. N-Asien sowie im we. N-Amerika weit verbr. Im Winter sü. von Brutgebieten, z. T. bis Afrika. Zur Brutzeit an nahrungsreichen Binnengewässern u. in Sumpfniederungen. Im Winter auf offenen Binnen- u. Küstengewässern. Nester auf trockenem Grund gut unter Pflanzen versteckt. 8—10 Eier. Brutdauer 21—23 Tage. Brut u. Aufzucht der Juv. nur durch ♀. Nahrung versch. Pflanzenteile u. kleine Wassertiere. Verbr. Gehegevogel. Unterbringung in Kleingehegen od. Volieren. Haltung problemlos. Winterhart. Mitunter etwas scheu. Im Frühjahr bei Nistplatzsuche Gefahr des Entweichens. Zucht gelingt regelmäßig. Nester meist unter Büschen od. Stauden, gelegentl. auch in Nistkästen. Aufzucht unter Wärmequellen am erfolgreichsten. Neigt nur selten zu Bastardierungen.
— *N. flavirostre*, Chile-Krickente. Jahreskleid. ♂: grau. Kopf fein schwarz gepunktet. Hals, Brust u. Flanken dunkel gefleckt. Rücken mit hellen Federsäumen. Spiegel grün. Schnabel gelb mit schwarzem First. Füße dunkelgrau. ♀ wie ♂, aber unterschiedl. Stimme u. meist etwas kleiner. 40 cm. 3 UAn. *N. f. oxypterum*, Spitzschwingenente, ohne Fleckung auf den Flanken. *N. f. andium*, Anden-Krickente, mit grauem Schnabel. In S-Amerika von Kolumbien bis Feuerland verbr. Bewohnt zur Brutzeit flache nahrungsreiche Binnen- u. Küstengewässer in Niederungen. Die beiden anderen UAn leben in Hochtälern der Anden bis 4000 m ü. NN an Seeufern. Nester in Bodenvegetation, Erdhöhlen u. anderen Vogelnestern auf Bäumen. 5—8 Eier werden 26 Tage vom ♀ bebrütet. Nahrung besteht aus kleinen Wassertieren u. Teilen von Sumpf- u. Wasserpflanzen. Chile-Krickente u. Spitzschwingenente sind anspruchslose Pfleglinge. Weitgehend winterhart. Unterbringung in Kleingehegen u. Gemeinschaftsanlagen. Regelmäßig gezüchtet. Eiablage in Ufervegetation. od. Nistkästen. Aufzucht der Juv. problemlos. Bastardierungsneigung wenig ausgeprägt.
— *N. formosum*, Baikalente. ♂: im BK mit schwarzer Kopfplatte, je einem gelben ausgedehnten Fleck am Schnabelgrund u. in der Wangengegend sowie grüner hinterer Kopfhälfte. Brust weinrot mit kleinen dunklen Punkten. Flanken grau. Weißer senkrechter Streif an Brustseiten. Sichelartig gebogene Schulterfedern. Spiegel grün. Schnabel dunkelgrau. Füße grau. Im RK wie ♀, aber mit etwas verlängerten Schulterfedern. ♀: gelbbraun mit runden hellen Flecken am Schnabelgrund. 40 cm. Häufiger Brutvogel in O-Sibirien. Im Winter auf Binnenseen u. Meeresbuchten Japans u. SO-Chinas. Zur Brutzeit an flachen Seen u. Teichen, in Sümpfen u. Flußniederungen. Nester in Ufervegetation. 6—10 Eier werden vom ♀ 24—28 Tage bebrütet. Zeitweise sehr verbr. Gehegevogel. Unterbringung in Klein- u. Gesellschaftsanlagen. Haltung problemlos. Galt jahrelang als nicht züchtbar. In letzten Jahren Zucht mehrfach gelungen. Zuchtaussichten nur mit gezüchteten Tieren. Eiablage unter Stauden u. Sträuchern. Aufzucht ohne Besonderheiten. Mit 1 Jahr geschlechtsreif. Kreuzungen mit anderen An kommen vor.

Neuguinea-Edelpapagei, UA → Edelpapagei
Neuhollandkrähe (*Corvus coronoides*) → *Corvus*
Neukaledonien-Allfarblori, UA → Allfarblori
Neumanns Blausteißsittich, UA → Blausteißsittich
Neunfarbenpitta (*Pitta brachyura*) → *Pitta*
Neuntöter (*Lanius collurio*) → *Lanius*
Neunzig, Karl August, geb. 6. 10. 1864 in Berlin-Schöneberg, gest. 11. 6. 1944 in Berlin-Hermsdorf. Besuchte in Berlin die Hochschule für Bildende Künste. Anfangs widmete er sich der Landschaftsmalerei, später der Darstellung von Tieren, bes. Vögeln.

K. Ruß ↗ gewann ihn zur Bebilderung der Zeitschr. «Die Gefiederte Welt», die er 1899 als Herausgeber nach dem Tode von Ruß übernahm. Zahlreiche Aufsätze u. sehr gute Vogelbilder brachte er jahrzehntelang in «Die Gefiederte Welt», vor allem Haltungsberichte über exotische Vögel. Lenkte über die volkstüml. Vogelkunde die Gedanken auf den Vogel- u. Naturschutz. Bearbeitete «Das Handbuch für Vogelliebhaber» von Ruß, das nunmehr in 2 Bänden «Fremdländische Stubenvögel» (5. Aufl. 1921) u. «Einheimische Stubenvögel» (4., 5., 6. Aufl. 1904, 1913, 1922) erschien. Die Machtergreifung Hitlers in Deutschland führte zur Verbrennung seiner Bücher.

Neuseeland-Brillenvogel *(Zosterops lateralis)* → Zosterops

Neuseelandtauchente *(Aythya novaeseelandiae)* → Aythya

Neuweltpapageien → Aratingidae

Nevermann-Nonne, NN → Weißscheitelnonne

New York Zoological Society. 1895 gegründet, besteht (1981) aus 5 wesentl. Abteilungen, die in den USA u. darüber hinaus weltweit tätig sind. Es sind der New York Zoological Park (Bronx-Zoo), das New York Aquarium u. die Osborn Laboratories of Marine Sciences in Brooklyn, der Wildlife Survival Center auf St. Catherine's Island, Georgia u. das Animal Research and Conservation Center (ARC), das sein Hauptquartier im Bronx-Zoo hat. Im Ausland unterhält das ARC Stationen im Kibale Forst in Uganda, auf der Halbinsel Valdés in Argentinien, ferner in Nairobi, Kenia, dazu kommen außerdem Forschungsprojekte in weiteren 25 Ländern. Im Wildlife Survival Center u. im Bronx-Zoo gelangen zahlreiche seltene Zuchterfolge verschiedenster Tier-An. Bes. Bemühungen liegen auf dem Gebiet der Ornithologie, um die Wildpopulationen gefährdeter Vogel-An aufzubessern (großartiges erfolgreiches Beispiel Kondor ↗, auch für den Kalifornischen Kondor ↗ in Anwendung). Breiten Raum nimmt die Forschungs- u. Entwicklungsarbeit ein. Hier stehen im Vordergrund die künstl. Besamung, Einfrieren von Samen, Ernährungswissenschaft, ferner neue Methoden zur Geschlechtsbestimmung durch Laparoskopie (Endoskopie) bei der Verpaarung von Vögeln. Die Grundlagenforschung auf dem Gebiet der Verhaltensforschung, Zucht u. Konservierung spielt eine immer größer werdende Rolle in den Aktivitäten der ornithol. Abteilung.

Niamniam-Papagei *(Poicephalus crassus)* → Poicephalus

Nicaragua-Grünsittich, UA → Grünsittich

Nicobarensittich, UA → Langschwanzsittich

Nicobar(en)taube, NN → Kragentaube

Nicolai, Jürgen, Dr. habil., geb. 24. 10. 1925 in Neidenburg. Wissenschaftl. Direktor des Instituts für Vogelforschung «Vogelwarte Helgoland», Wilhelmshaven. Dr. rer. nat. 1954, Habilitation 1973. Ernennung zum Professor für Zoologie 1980 (Univ. Hamburg). Arbeitsgebiete Öko-Ethologie, Sozialverhalten, Prägung u. Lernen, Brutparasitismus, Systematik, Bioakustik. Über 50 wissenschaftl. Publikationen, außerdem zahlreiche Bücher u. a. «Vogelleben», «Elternbeziehung und Partnerwahl im Leben der Vögel», «Vogelhaltung – Vogelpflege», «Käfig- und Volierenvögel», «Tauben», «Singvogel-Kompaß», «Greifvogel-Kompaß», «Wasservogel-Kompaß»; Mitherausgeber (zusammen mit K. Immelmann, J. Steinbacher ↗ u. H. E. Wolters ↗) von «Vögel in Käfig und Voliere».

Nicolais Atlaswitwe *(Hypochera incognita)* → Hypochera

Nigrita. G der Estrildidae ↗. 4 An. Afrika. Waldbewohner. Nest in Bäumen. Nahrung Insekten, Früchte, Samen, bes. Schalen der Ölbaumfrüchte. Gelege 4–5 Eier. Kamen selten u. vereinzelt nach Europa. Haltung in Volieren.

– *N. bicolor*, Zweifarbenschwärzling. ♂: OS schiefergrau bis graubraun, Flügel, Schwanz schwarz. Stirn, Zügel dunkelkastanienbraun. Kopfseiten, US kastanienbraun. Schnabel schwarz. Auge rot, je nach UA braun, Lidrand blaugrau. Füße dunkelbraun. ♀: mit hellerer kastanienbrauner Stirn u. US. Braun der Stirn schmaler. Juv. graubraun. Ca. 12 cm. Sierra Leone bis N-Angola, Uganda, Insel Principe. Vorwiegend an Waldrändern u. auf Lichtungen. Europ. Ersteinfuhr wohl in England. 1972 u. in den folgenden Jahren wenige Exempl. nach Holland, u. a. 1975 3 ♂♂ von M. Th. Ammer, Holland.

– *N. canicapilla*, Graunackenschwärzling. ♂ u. ♀: Stirn, Vorderscheitel, Zügel, Flügel, Schwanz schwarz. Kopf- u. Nackenseiten mattschwarz, grauweiß eingefaßt, übriger Kopf u. Rücken düstergrau. Bürzel etwas heller, meistens nur dunkel gebändert u. gefleckt; Schulterflecken weiß. Schnabel dunkel, Basis des Unterschnabels heller. Auge rot. Füße dunkelbraun. Juv. dunkelbraun, nur wenige blasse weiße Flecken an den Spitzen der Flügeldecken u. Armschwingen. 13–14 cm. W-, Inner-Afrika, bewohnt vor allem die oberen Baumetagen. Nester bis 20 m Höhe. Erstmalig in Europa im Zool. Garten London. In den letzten Jahren vereinzelt angeboten. Teilzuchterfolg 1977 durch M. Th. Ammer, Holland. Aufzuchtfutter Weichfutter, zusätzl. reichl. Mehlkäferlarven

Graunackenschwärzling

u. Ameisenpuppen. Vollständiger Zuchterfolg bei AMMER 1979, es flogen 2 juv. Vögel aus.

— *N. luteifrons*, Blaßstirnschwärzling. ♂: Stirn gelbbräunlich, Oberkopf, Rücken, Bürzel grau, sonst schwarz, nur Flügeldecken grau verwaschen. Schnabel schwarz. Auge rot. Füße fleischfarben. ♀ wie ♂, aber Stirnband schmaler, US dunkelblaugrau. 11 cm. Selten. Ersteinfuhr in Europa 1972 (Holland).

Nilgans *(Alopochen aegyptiacus)* → *Alopochen*

Niltava. G der Muscicapidae ↗. 6 An. Asien. Lebensweise, Nahrung s. Fliegenschnäpper. Pflege s. *Ficedula* ↗.

— *N. grandis*, Kobaltniltava. ♂: schwarzblau. Kopf-OS leuchtend kobaltblau, ebenso Nacken u. Abzeichen an den Halsseiten. ♀: olivbraun, Kopf-OS graubraun bis blau, am Hals blaue Flecken, ähnl. *N. sundara*, aber größer. 21 cm. UAn. Himalaja von Nepal bis Assam, SW-China, Burma, Thailand, Indochina, Malaysia u. Sumatera. Lebt vorwiegend auf dem Boden bzw. bodennah in Büschen. Neben Insekten werden vor allem auch Beeren verzehrt. Gesang monotone Flötentöne. Sehr selten im Handel. Wegen der Größe Unterbringung in Voliere ↗.

— *N. macgrigoriae*, Feen-Niltava, Zwergniltava. ♂: Kopf u. Rücken leuchtend blau, Halsseiten mit ultramarinblauem glänzenden Fleck. US weißlichgrau. ♀: bräunlichgrau, US heller. Seitl. des Nackens länglicher blauer Fleck; ähnl. *N. grandis*, aber bedeutend kleiner. 12 cm. UAn. Himalaja von Kumaon bis Yünnan u. Kwangsi (SW-China), Burma, N-Thailand u. N-Indochina. Bewohnt Büsche an fließenden Gewässern, auch Ränder von Lichtungen, im Himalaja zwischen 1000 u. 2000 m ü. NN, zieht im Winter tiefer. Ernährt sich fast nur von Insekten, werden im Flug erjagt. Gesang ansteigend u. anschließend abfallende Strophe. Zuweilen auf europ. Vogelmarkt. Bei sachgerechter Ernährung (tägl. frische Ameisenpuppen reichen, für den Winter einfrosten) wie *Ficedula* gut zu halten.

— *N. sundara*, Rotbauchniltava, Rotbauchschnäpper. ♂: Stirn u. Kopfseiten schwarz, Kopf-OS, Bürzel u. Oberschwanzdecken glänzend ultramarinblau, ebenso Fleck an der Halsseite. Rücken schwarzblau. Kleine Flügeldecken glänzend blau, sonst Flügelfedern schwarz, Handschwingen blau. Schwanz schwarz, mittl. Federn u. Außensäume der übrigen blau. Kinn u. Kropf schwarz, scharf abgesetzt von orangefarbener übriger US. ♀: OS olivbraun, US graubraun. Juv. ♂ blaue Schwanzfedern. 1. Jahreskleid Handschwingen nicht blau, sondern bräunlichgrau (H. LÖHRL ↗). 16 cm. UAn. Von Pakistan im Himalaja öst. bis SW-China (Yünnan durch Szetschuan bis Schensi, Hupeh) u. N-Burma. Unterholzbewohner, sucht vorwiegend Insekten von Blättern u. Zweigen ab, jagt aber auch nach Art der Fliegenschnäpper. Gesang angenehm, melodisch, flötende u. zuweilen schwatzende Töne, nicht übermäßig laut. Verhalten ähnl. Rotkehlchen ↗. Auf dem europ. Vogelmarkt regelmäßig gehandelt. Wird sehr gern gepflegt. Sehr gut für Landschaftskäfig ↗ od. gut bepflanzte Innenvoliere ↗ bzw. Vogelstube ↗ geeignet. Futter s. *Ficedula*, mit Obst- od. Möhrensaft anfeuchten, gern werden Holunderbeeren verspeist. ♂ u. ♀ nur während der Brutzeit gemeinsam unterbringen, ansonsten trennen. Zur Zucht Haltung in größerer bepflanzter Unterkunft. Einige Male gelungen, z. B. bei H. LÖHRL in 2. Generation. Nest wird allgemein aus Halmen, Moos, trockenem Laub, Würzelchen, dürren Zweigen in einer Halbhöhle gebaut. Aufzuchtfutter in den 1. Tagen neben frischen Ameisenpuppen reichl. Tausendfüßler, Fliegen- u. Heuschreckenlarven, später außerdem Falter (Lichtfalle ↗). Mehlkäferlarven, wenig zur Aufzucht geeignet, obgleich sie verspeist werden. Sobald Juv. selbständig sind, von Eltern trennen, da sie von ad. ♂ bald verfolgt werden.

Ninox, Buschkäuze. G der Strigidae ↗. 14 An. Klein bis mittelgroß, ohne Federohren, mit relativ langem Schwanz u. spitzen Flügeln. Bei allen An ist der bei den meisten Eulen stark ausgeprägte Gesichtsschleier nur schwach angedeutet. Beine befiedert, Zehen beborstet. Im äußeren Erscheinungsbild falkenähnl. Keine Geschlechtsunterschiede im Gefieder. Im Gegensatz zu anderen Eulen-An sind bei einigen N.-An die ♂♂ schwerer u. größer als die ♀♀. Indoaustral. Raum u. Madagaskar. Innerhalb ihres Verbr.-Gebietes in fast allen Biotopen zu finden. Nachtaktiv. Viele An ernähren sich überwiegend von Insekten, jedoch auch Kleinsäugern u. Vögeln. Eingewöhnung u. Haltung mit Eintagsküken u. Mäusen problemlos. N.-An sind so gut wie nie im Tierhandel zu finden. Zucht bisher nur bei einer A gelungen. Haltung sollte in mindestens 2,00 m breiten, 4,00 m tiefen u. 2,00 m hohen Volieren ↗ paarweise erfolgen. Über die Brutbiologie der meisten N.-An ist sehr wenig bekannt.

— *N. novaeseelandiae*, Kuckuckskauz. ♂ u. ♀: mit hellgelber, grüngelber u. brauner Iris. Gefiedergrundfarbe sehr variabel von fahl rotbraun bis tief rotbraun. OS mit einem weißen Fleckenmuster, US auf gelbweißem Untergrund kräftige Längsstreifen. Flügel u. Schwanz quergebändert. Um die Augen dunkelbraune Federn. Helle, miteinander verbundene Augenbrauen. Juv. den Ad. sehr ähnl., jedoch insges. verwaschener. 34-36 cm. Über Australien, Neuseeland, Norfolk-Inseln, Lord-Howe-Insel, Tasmanien, S-Neuguinea, Kai- u. Babar-Inseln, Moa, Romang, Leti, Timor, Alor verbr. Bewohnt tropische Regenwälder, Trockengebiete im Inneren Australiens u. Parkanlagen am Rande der Städte. Insekten bilden die Ernährungsgrundlage, aber auch Kleinsäuger u. Vögel. Baumhöhlenbrüter, vielfach in abgestorbenen Bäumen. Sehr selten gehalten. Mehrfach gezüchtet. Sehr verträglich, brüten mit mehreren Paaren in einer Voliere. Gelege 2—4 Eier. Legeabstand 3 Tage. Die Eier werden vom ♀ allein in 29 Tagen ausgebrütet. ♀ u. Juv. werden vom ♂ mit Nahrung versorgt. Erstzucht gelang 1925 D. FLEAY, Ballarat, Australien; in Europa 1972 dem Tierpark Berlin, DDR.

— *N. scutulata*, Falkenkauz. ♂ und ♀: mit gelber Iris, einfarbig dunkelbrauner OS, zum Kopf hin graubraun werdend. US weiß mit großen, ovalen, rotbraunen, sich zur Brust hin verdichtenden Flecken. Deutl.

graues Dreieck oberhalb des Schnabels zwischen den Augen. Juv. den Ad. sehr ähnl., jedoch Farben verwaschener. 20—25 cm. Von Indien u. Sri Lanka bis Java, Kalimantan, Philippinen, Taiwan, O-China bis Ussuriland u. Japan (größtes Verbr.-Gebiet aller N.-An). In Wäldern u. offenem Gelände. Findet sich als Kulturfolger auch in Dörfern u. Städten. Im nordischen Verbr.-Gebiet Zugvogel. Hauptnahrung Insekten, aber auch Vögel u. Kleinsäuger. Führt Futterbrocken wie Papageien ↗ mit dem Fang zum Schnabel. Baumhöhlen- u. Bodenbrüter. Noch seltener als *N. novaeseelandiae* in Zoo- u. Liebhabervolieren zu finden. Über eine Zucht ist nichts bekannt. Gelege 3—5 Eier. Brutbiologie sonst unbekannt.

Niobella, Schildwidas. G der Ploceinae ↗. 1 A. Sierra Leone bis SW-Sudan, Uganda sü. bis Angola, S-, O-Zaïre, Tansania, Sambia, Malawi, Moçambique, O-Simbabwe, Transvaal, Oranje-Freistaat, Natal bis zur öst. Kapprovinz. Bewohner des Busch-, Graslandes. Truppweise anzutreffen, ♀♀ überwiegen. ♂ baut zwischen Halme mehrere Nester, Revierverteidigung, hat 2—4 ♀♀. Singender Balzflug. Gelege 2—3 blaugrüne, auch graugrüne, gefleckte Eier. Regelmäßig in kleinerer Zahl auf dem Vogelmarkt. Haltung einfach, nur Voliere ↗. In der Brutzeit durch Balzflug viel Unruhe in der Anlage, auch aggressiv. Ernährung s. Ploceidae. Animalische Kost vor allem während der Jungenaufzucht. Mehrfach gezüchtet, für erfolgreiche Zucht wesentl., daß ♂ u. mehrere ♀♀ aus der gleichen Gegend kommen (gleichzeitig Brutstimmung, Mauser).
— *N. ardens*, Schildwida. ♂: im BK auf Vorderbrust rotes Band, sonst schwarz. Schwanzfedern länger, mittl. am längsten. Schnabel, Auge, Füße schwarz. 2 Rassengruppen. Bei UAn (Rassengruppe *laticauda*)

Schildwida

N. a. suahelica, N. a. laticauda sind Kopf-OS, Nakken rot, deshalb auch Name Rotscheitelwida. Einfarbig schwarz ist UA *N. a. concolor,* außerdem gehören zu dieser Rassengruppe *(ardens) N. a. ardens, N. a. tropica* (Einfarbwida) in W-Afrika. Im RK ♂ wie ♀, aber kräftigere Streifenzeichnung. OS des ♀ hellbraun, schwarz gestreift. Überaugenstreif breit, hellgelblich. Kehle gelblich, Brust, Flanken bräunlich. Mitte des Bauches weiß. Schnabel hornbraun, ebenso Füße. Länge BK ♂ 28 cm, RK ♂ u. ♀ 13 cm.

Nipponia. G der Threskiornithidae ↗. 1 A. Japan: W-Hondo (sehr selten); früher auch in China bis zur Mandschurei u. in SO-Sibirien (Ussuriland). Seit 1960 unter strengem An-Schutz, äußerst gefährdet.
— *N. nippon*, Nipponibis. ♂ u. ♀: schneeweiß.

Nipponibis *(Nipponia nippon)* → *Nipponia*

Nisthilfen für den praktischen Vogelschutz ↗. Verbr. sind Nistkästen. Als Ersatz für Baumhöhlen, allgemein aus Holz gebaut. Sie müssen trocken, temperaturausgleichend, dauerhaft, sicher zu befestigen, weitgehend raubtier- u. spechtsicher, leicht zu kontrollieren u. alljährlich September/Oktober zu reinigen sein. Nistkastentypen:

Innenmaße (cm)	Flugloch (mm)	Besiedler (Vogelarten)
13 × 14 × 23	32	Meisen
12 × 12 × 23	27	Blaumeise, andere kleine Meisen
13 × 14 × 15	60 (Spalt)	Nischenbrüter (Grauschnäpper, Bachstelze, Rotschwänze)
15 × 15 × 28	46	Star, Wiedehopf
18 × 18 × 33	85	Blauracke, Hohltaube
25 × 25 × 55	150	Enten, Eulen

Auch Niststeine in Mauern für Nischenbrüter, Nisthilfen für Schwalben ↗, Segler ↗, Eulen ↗ u. Horstunterlagen für Greifvögel ↗, Störche ↗ sind von Bedeutung.

Nistkästen → Nisthilfen

Nistklötzchen. In einem Stück Baumstamm von 8—12 cm ⌀ u. 10—15 cm Länge mit oben flacher Mulde werden von außen schräg in den Stamm Löcher gebohrt, um für kleine Kiefernzweige od. künstl. Tannengrün eine Steckmöglichkeit zur Verblendung zu schaffen. Ein seitl. angenageltes schmales Brett dient als Halterung des Klötzchens u. wird hoch an der Volierenwand od. einem dicken Stamm usw. befestigt. N. werden sehr gern u. a. von Vögeln der Carduelidae ↗ u. *Sporophila* ↗ als Neststandort gewählt.

Nonnenastrild *(Krimhilda nonnula)* → *Krimhilda*
Nonnengans *(Branta leucopsis)* → *Branta*
Nonnenkranich *(Grus leucogeranus)* → *Grus*
Nonnenlerche *(Eremopterix verticalis)* → *Eremopterix*
Nonnenmeise, NN → Sumpfmeise
Nonnenschmätzer, Nonnensteinschmätzer, UA → Mittelmeersteinschmätzer

Nonnula. G der Bucconidae ↗. 5 An.

Nordelfen

— *N. ruficapilla,* Grauwangen-Faulvogel, Rotkappen-Zwergfaulvogel. ♂ u. ♀: OS olivbräunlich mit grauem Nackenband, graue Kopfseiten u. Halsseiten. Kopf-OS rotbraun. US braun. Flanken grau. 15 cm. UAn. Von Panama durch Kolumbien, O-Peru u. Amazonas bis W-Mato Grosso.

Nordelfen → *Selasphorus*

Nördlicher Hornrabe *(Bucorvus abyssinicus)* → *Bucorvus*

Notharchus. G der Bucconidae ↗. 4 An.

— *N. macrorhynchos,* Weißhals-Faulvogel, Weißnacken-Faulvogel. ♂ u. ♀: OS bis auf weißen Nacken schwarz. Flügel, Schwanz u. breites Brustband schwarz. Gesicht, Kehle, Vorderbrust u. Bauch weiß, Bauchseiten schwarz gewellt. Sehr breiter schwarzer Schnabel. 25 cm. UAn. S-Mexiko bis W-Ekuador, O-Peru, N-Bolivien, zum Amazonas-Gebiet u. Guayana; ferner SO-Brasilien, Misiones u. Paraguay.

— *N. pectoralis,* Gürtelfaulvogel. ♂ u. ♀: OS u. breites Brustband schwarz, stahlblau schimmernd. Wangen, Kehle, Bauch u. schmaler Nackenring weiß. 20 cm. Panama bis NW-Ekuador. Paare graben Nisthöhlen in Termitenbaue.

Nothocercus. G der Tinaminae ↗. 3 An. Haltung, Pflege s. Tinamidae.

— *N. bonapartei,* Bergtinamu. ♂ u. ♀: sattbraunes Gefieder. 35 cm. UAn. Kostarika bis NO-Peru. In warmen Nebelwäldern u. trockenen Bergwäldern bis 2000 m ü. NN. Gelege 7—11 Eier, von mehreren ♀♀.

Nothoprocta. G der Tinamidae ↗. 7 An.

— *N. cinerascens,* Rebhuhntinamu, Cordobasteißhuhn. ♂ u. ♀: rebhuhnfarben. 30 cm. S-Bolivien bis Argentinien. In offenen Waldgebieten u. auf Viehweiden. ♂ besitzt großes Revier, oft mehr als 20 ha groß, u. lockt mehrere ♀♀ an. 1965 im Zoo Wrocław, VR Polen, gezüchtet.

— *N. ornata,* Schmucktinamu, Pisaca. M-Peru bis Chile, W-Argentinien. Kühle Grasländer der Hochanden bis 4300 m ü. NN. Verträgt Kälte. Paarweise lebend. Gelege 4—9 Eier.

Nucifraga, Tannenhäher. G der Corvidae ↗. 2 An. In den Gebirgen Europas, Asiens u. N-Amerikas.

Tannenhäher

Großer Brachvogel über dem Nest

— *N. caryocatactes,* Tannenhäher. ♂ u. ♀: dunkelbraun mit weißer Tropfenfleckung. Schwanz mit hellem Endsaum. Schnabel schwarz u. kräftig. Füße dunkel. Juv. heller braun u. weniger kräftig gefleckt. 32—35 cm. N-Europa u. die Gebirge M-, SO- u. O-Europas, die Gebirge von Turkestan, Burma, Afghanistan, NW-Pakistan, N- u. W-China, Taiwan, Japan bis N-Asien (Kamtschatka). Bewohnt in N-Europa auch die Ebenen, in M-Europa die Waldzone der Mittelgebirge über 300—1900 m ü. NN. Als Nahrung dienen Samen von Nadelhölzern, vor allem der Zirbelkiefer, bei Mangel Invasion von osteurop. Populationen im Herbst nach M-Europa. Nest auf Nadelbäumen, 4—7 m hoch, aus Reisern, recht tief, gut ausgepolstert. Eier 3—4, blaugrün u. braungrau gefleckt. Brut 16—18 Tage. Pflege 22 Tage. Im Handel selten erhältlich. Eingewöhnung gut möglich. Aufzucht von juv. Wildlingen mit Quark, Fleisch, Ei, Nüssen, Mehlwürmern, ab 5. Woche dazu Haferflocken. Stets Wasser zum Baden anbieten. Zucht äußerst selten. *N. c. caryocatactes,* Alpentannenhäher, heimische UA der Nominatform mit verhältnismäßig dickem Schnabel. *N. c. macrorhynchos,* Sibirischer Tannenhäher, gelegentl. Invasionsvogel aus öst. Verbr.-Gebiet in M-, auch W-Europa. Kaum eine Rückwanderung, trotzdem selten als Brutvogel verbliebene Paare beobachtet. Erkenntlich am längeren u. dünneren Schnabel. I. d. R. sehr vertraut.

Numeniinae, Brachvögel. UF der Scolopacidae ↗. 1 G *Numenius* ↗.

Numenius. G der Scolopacidae ↗. 8 An. 3' An in Amerika, 5 An in Europa u. Asien. Bewohnen feuchte Wiesen u. Sumpflandschaften.

— *N. arquata,* Großer Brachvogel. ♂, ♀ u. Juv. gleich. Langer, stark abwärts gebogener Schnabel. Braungemusterte OS u. US. 57 cm. UAn. Verbr. in M-Europa ostwärts ins nö. u. mittl. Asien bis zum Baikalsee u. dem Amur. Bewohnt feuchte Wiesen, Luche, Hoch- u. Niederungsmoore. Überwintert in Afrika u. S-Asien, manche auch an den westeurop. Küsten. Haltung s. Scolopacidae. Zucht gelang im Zoo Budapest u. in England. In M-Europa im Bestand bedroht.

— *N. phaeopus,* Regenbrachvogel. ♂, ♀ u. Juv. in Färbung Großem Brachvogel ähnl., doch kleiner, Brust u. Flanken mit tropfenförmigen Flecken. Dunkler Scheitel mit gelblichen Längsstreifen.

Schnabel kürzer, nach unten gebogen. 39 cm. UAn. N- u. NO-Europa, NW- u. O-Sibirien u. N-Amerika. Überwinterung in Afrika u. S-Asien. Bewohnt Moore u. Tundren. Haltung s. Scolopacidae. Nur selten in Gefangenschaft, keine Zucht.

Numforliest *(Tanysiptera carolinae)* → *Tanysiptera*

Numida, Helmperlhühner. G der Numidinae ↗. 1 A. Geschlechter gleich gefärbt. 16federiger Schwanz. Knöchern ausgebildetes Horn auf dem Scheitel, Kopf u. Hals nackt. Fleischige Hautlappen am Schnabel. Einige UAn tragen borstige Haarfederbüschel am Schnabel (Pinselperlhühner). Stammform des Hausperlhuhnes. N-Afrika (Äthiopien bis W-Marokko). Leben in Steppen u. Waldrändern. Gruppen oft über 100 Tiere. Baumen auf. Benötigen zur Zucht großen Auslauf od. sehr große Voliere mit hohem Gras. Allesfresser. Samen aller Art, tierisches Eiweiß in versch. Form möglich. Geflügelfertigfutter sehr gut geeignet. Monogam in der Zucht. Nestmulde zwischen hohen Gräsern. 12–15 Eier, gelblich bis hellbraun mit dunkler, feiner Sprenkelung. Gewicht 45 g, Brutdauer 27 Tage. ♂ wacht am Nest. Küken feuchtigkeitsempfindlich.

— *N. meleagris*, Helmperlhuhn. ♂ u. ♀: Hornhöhe u. -länge variiert bei den UAn. Horn ist bräunlichgrau gefärbt. Längstes Horn bei UA *reichenowi*. Kopfseiten u. Stirn schiefergrau. Wangen, Ohrgegend, Halsseiten bläulichweiß. Fleischlappen am Oberschnabel in der Mitte bläulichweiß, nach außen leuchtend rot. Von hier roter Streifen zur dunkelroten Nasenwachshaut. Übrige nackte Kopfhaut braunschwarz. Am Hinterhals u. -kopf schwarze Haarfedern nach oben gerichtet. Bei Pinselperlhühnern über Nasenlöchern meist gelbliche Borstenfedern. Gefiederfärbung dem Hausperlhuhn gleich. Um Kopf u. unteren Hals ein lilagrau bis weinrötliches Band. Grundfärbung der OS u. Flügeldecken schwärzlich, zart isabellfarbig gewellt u. mit weißen, schwarz umsäumten Punkten (Perlen) besetzt. Schwanz grau, wie Rücken geperlt. Handschwingen u. Armschwingen mit parallelen Querbinden od. Streifen. Außenfahnen mit enger Wellenzeichnung. Unterbrust bis -schwanz kräftig geperlt. Schnabel rötlich am Grund, gelb an der Spitze. Iris dunkelbraun. Füße schwarzgrau. Juv. Dunenküken am Kopf bräunlich mit schwarzen Längsstreifen u. mit breiten

Helmperlhuhn

Schnee-Eule

Scheitelstreifen. OS gelblich mit dunkelbrauner bis schwarzer Sprenkelung. US heller. Läufe rot. 55 cm. UAn. Farbmutanten: violett, hellblau, weiß mit Perlung, weiß ohne Perlung, blau mit Perlung an Körperseiten u. versch. Schecken.

Numidinae, Perlhühner. UF der Phasianidae ↗. 4 Gn (*Guttera* ↗, *Numida* ↗, *Acryllium* ↗, *Agelastes* ↗), 6 An.

Nußknacker, NN → Tannenhäher

Nyctea, Schnee-Eulen. G der Strigidae ↗. 1 A. Groß, weiß, mit nicht sichtbaren Federohren. Einzige Eulen der Welt, wo sich deutl. die Geschlechter im Gefieder unterscheiden. ♀♀ größer u. schwerer als die ♂♂. Zirkumpolare Verbr. In Tundren. Tag- u. nachtaktiv. Nahrung in der Hauptsache Kleinsäuger (Lemminge). Eingewöhnung u. Haltung mit Eintagsküken, Ratten u. Meerschweinchen problemlos. Haltung sollte in mindestens 4,00 m breiten, 8,00 m tiefen u. 2,50 m hohen Volieren ↗ erfolgen. Gelege 4–9 Eier. Eiablage in 2–3tägigem Abstand. Bebrütung durch das ♀ beginnt mit dem 1. Ei. Juv. schlüpfen nach 35 Tagen. ♀ u. später die kleinen Juv. werden vom ♂ mit Beute versorgt.

— *N. scandiaca*, Schnee-Eule. ♂ u. ♀: mit bernsteinfarbener Iris. Schnabel u. Krallen schwarz. Beine u. Zehen dicht u. lang befiedert. ♂ im Alter reinweißes Gefieder mit Ausnahme der sehr kleinen Federohren, welche braun pigmentiert sind. ♀ oberseits auf weißem Grund dunkelbraun gefleckt, unterseits sind die Federn schuppenförmig dunkelbraun umrandet. Schwanz dunkelbraun quergebändert. Juv. dunkelaschgrau. 53–66 cm. Bodenbrüter. Eine der am meisten gehaltenen u. nach *Bubo bubo* ↗ die wohl am häufigsten gezüchtete Eule. Erstzucht gelang 1975 E. FOUNTAINE, England.

Nyctibiidae, Tagschläfer. F der Caprimulgiformes ↗. 1 G *Nyctibius* ↗, 5 An.

Nyctibius. G der Nyctibiidae ↗. 5 An. ♂, ♀ rindenfarbig. 24–55 cm. Sehr großer, breiter Schnabel,

Nyctigryphes

aber dünn u. flach. Schnabelborsten fehlen. S-Mexiko bis Paraguay; Jamaika, Haïti. In Wäldern u. Savannen. Nachtaktiv. Bei Gefahr starre Tarnstellung am Ast. In Dämmerung u. nachts Lauerjagd auf Insekten. 1 weißes, unregelmäßig braun getüpfeltes Ei, ohne Nest in Astmulde. Beide Partner brüten. Juv. gelblichweiße Dunen. Haltung s. Caprimulgiformes.
— *N. grandis*, Riesenschwalk. ♂ u. ♀: auf weißem Grund graubraun, am Vorderrücken rotbraun gewellt. Gefieder flaumweich mit stark entwickelten Puderdunen. Guatemala bis O-Peru; Mato Grosso u. São Paulo. Nachts tiefes Quaken.
— *N. griseus*, Urutau, Grauer Tagschläfer. ♂ u. ♀. grau bis graubraun mit schwarzer Wellung u. Fleckung. US heller mit schwarzer Zeichnung. Puderdunen. 37 cm. UAn. Jamaika, Haïti, S-Mexiko bis W-Ekuador, N-Argentinien u. N-Uruguay; Trinidad.

Nyctigryphes. G der Rostratulidae ↗. 1 A. Chile, Argentinien, S-Paraguay, Uruguay, SO-Brasilien. 3 weißliche, schwarzgefleckte Eier. Über Brutverhalten nicht sicheres bekannt.
— *N. semicollaris*, Weißflecken-Goldschnepfe, Südamerikanische Buntschnepfe. ♂ u. ♀: Rücken u. Brust braun. Flügel graugrün, US weiß. Auf Rücken 2 Streifen u. große schneeweiße Tropfen auf Flügeln. Schnabel abwärts gekrümmt. 24 cm.

Nycticorax, Nachtreiher. G der Ardeidae ↗. 2 An. Weltweit verbr.
— *N. nycticorax*, Nachtreiher. ♂ u. ♀: Oberkopf u. Rücken schwarz, übrige OS grau, US weiß. 2—4 weiße, bandförmige Genickfedern. Juv. braun mit weißen Flecken. 60 cm. Europa, Afrika, Madagaskar, S-Asien bis Philippinen, Amerika von mittl. USA bis Feuerland. Bewohnt Feuchtgebiete mit dichtem Buschwerk od. Bäumen. Vorwiegend nachtaktiv. Wird häufig gehalten u. regelmäßig gezüchtet. Oft brüten schon einjährige Vögel im Jugendkleid. Haltung im Winter im Freien möglich, da nicht sehr kälteempfindlich.

Nyctiperdix. G der Pteroclidae ↗. 8 An.
— *N. bicincta*, Nachtflughuhn, Doppelbandflughuhn. ♂ u. ♀: dicht schwarzweiß quergebänderte US. ♂ mit 2 auffälligen, schmalen schwarzweißen Bändern quer über Brust. Weiße Flecke auf Rücken, Flügeln u. Kopf. 26 cm. UAn. SW-Angola, SW- u. SO-Sambia u. Malawi bis zur Kapprovinz. In offenem Waldland u. an steinigen, lichtbewaldeten Hängen.
— *N. decorata*, Schmuckflughuhn. ♂ u. ♀: mit schwarzem, maskenartigem Muster an Gesicht u. Kehle. Breites weißes Brustband. Keine verlängerten Schwanzfedern. 25 cm. UAn. Somalia bis N-Tansania. In trockenem Dornbusch u. buschbestandenen Halbwüsten. Weniger gesellig als Verwandte, meist paarweise od. in Familienverbänden.
— *N. indica*, Bindenflughuhn. ♂ u. ♀: schwarzweißschwarze Querbinde am Vorderkopf, braune Fleckenreihen über Hinterkopf. Hals, Gesicht, Brust zimtbraun, Brust mit braunweißschwarzbrauner Binde. Flügel braunweiß gewellt. US schwarzweiß dicht gewellt. Keine verlängerten Schwanzfedern. 26 cm. Indien, Pakistan. Buschsteppen. Meist paarweise, selten in Trupps. Nest im Schutz von Büschen auf steinigem Grund. Bis 3 Eier, weißgelblich mit rötlichgrauen Flecken.
— *N. lichtensteinii*, Wellenflughuhn. ♂ u. ♀: wie Schmuckflughuhn, nur schwarz gefleckter Hals, u. bei ♂ fehlt an Kehle schwarzer Fleck. UAn. Arabien, Sudan, Äthiopien, Somalia, N-Kenia. In halbwüstenartigem Buschland.
— *N. quadricincta*, Buschflughuhn. ♂ u. ♀: ähnl. Wellenflughuhn, aber Hals u. Kehle ungefleckt. UAn. Senegal bis Äthiopien u. NW-Kenia. In trockenem Buschland.

Nyctyornis, G der Meropidae ↗. 2 An. SO-Asien, s. auch Meropidae.
— *N. amictus*, Malaiischer Nachtspint, Rotbartspint. ♂: Stirn rosa, am Schnabelansatz u. am Scheitel türkis gesäumt, Kehle u. Kropfregion scharlachrot, kann in der Vorderbrust orange auslaufen. Federn an der Kehle lang. Rücken, Nacken, Flügel-OS, Bauch grün, Schwanz-OS grün, US gelbbraun mit schwarzer Spitze. Schnabel schwarz. Auge gelb bis rot. Füße grau. ♀: von ♂ gering unterschiedl. in der Kopffärbung. Juv. grün. 26—28 cm. Malaiische Halbinsel, Sumatera u. Kalimantan. Regenwaldbewohner. Nahrung größere Insekten, einschließl. stacheltragender Hautflügler, Insektenlarven u. andere Gliederfüßler, auch kleine Echsen. Erbeutet einen Teil der Nahrung im Flug, ist dabei weniger geschickt als Spinte ↗ u. Bienenfresser ↗, liest aber auch Nahrung von der Vegetation ab. Gräbt über 1,5 m lange Neströhre, meist in die Uferbänke kleiner Urwaldflüsse. Gelege 1—3 Eier, sichere Einzelheiten über Brutbiologie nicht bekannt, ♀ soll angeblich allein brüten. Sehr selten gehalten. 1971—1973 in den Zoologischen Gärten Berlin u. Duisburg, da nicht so stark spezialisierte Flugjäger wie die Angehörigen der G *Merops* ↗, leichter zu pflegen als diese. Futter wie große Bienenfresser u. Spinte, Unterbringung in gut bepflanzten Volieren.

Nymphensittich (*Nymphicus hollandicus*) → *Nymphicus*

Nymphicinae, Nymphensittiche. UF der Cacatuidae ↗. 1 G. Um den Schnabel bandförmige Wachshaut, unterhalb der aufgetriebenen Nasenlöcher befiedert. Spitzhaube aus schmalen Federn.

Nymphicus. G der Nymphicinae ↗. 1 A. Australien, ausgenommen Küstengebiete, fehlen auf Tasmanien. Bewohnen offenes Grasland. Häufig, bilden große Schwärme, scheu, je nach Nahrungsangebot weite Wanderungen. Sehr häufig gehalten, bes. dem Anfänger zu empfehlen. Auch für Käfig geeignet (Mindestlänge 60 cm), dann aber wenigstens 1 × tägl. Zimmerfreiflug. Handaufgezogene Vögel sehr anhänglich. Ideale Volierenvögel, gut für Gesellschaftsanlage geeignet. Hart, ausdauernd, frostunempfindlich. Stimme kaum störend (manchmal während der Brutzeit). Futter Hirse ↗, Glanz ↗, Sonnenblumenkerne ↗, Vogelmiere ↗, Möhre ↗, Apfelstückchen. Brüten am besten im querformatigen Nistkasten. Gelege 4—6 Eier; von ♀ u. ♂ bebrütet. Gegenüber Kontrollen manchmal empfindlich. Schlupf nach 19 Tagen. Aufzuchtfutter: altbackenes eingeweichtes Weißbrot od. Zwiebackmehl mit geriebener Möhre vermischen. Juv. fliegen nach knapp 5 Wochen aus, werden noch ca. 2 Wochen von Eltern gefüttert.

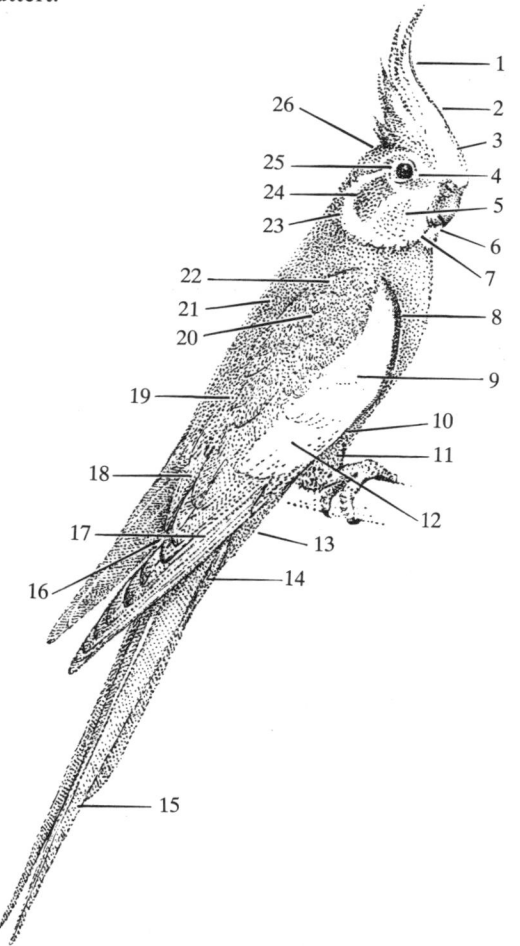

Fachausdrücke des Nymphensittich-Standards.
1 Haube, 2 Scheitel, 3 Stirn, 4 Zügel, 5 Wangen/Maske, 6 Kinn, 7 Kehle/Bart, 8 Flügelbug, 9 Flügelspiegel, 10 Flanken, 11 Hose, 12 Armschwingen, 13 Steiß, 14 Unterschwanzdecken, 15 lange Schwanzfedern, 16 Schwanzwurzel, 17 Handschwingen, 18 Bürzel, 19 Unterrücken, 20 Flügeldecken, 21 Oberrücken, 22 Schulter, 23 Halsband/Nacken, 24 Ohrfleck, 25 Augenring, 26 Hinterkopf

— *N. hollandicus*, Nymphensittich. ♂: schlank, Kopf zitronengelb, gleichfalls Kinn, Kehle, orangeroter Ohrfleck. Spitze, gelbe Haube. Sonst grau, obere Handschwingen außen weiß. Schwanzfedern schwarz. Schnabel horngrau, Iris braun, Füße bleigrau. ♀: Kopf gräulich, ebenso Haube. Schwanzfedern unten mit welliger Querbänderung, sonst ähnl. ♂. Juv. wie ♀, ♂♂ manchmal Kopf gelber, mittl. Schwanzfedern silbergrau, diese bei ♀♀ mehr marmoriert. Nach ca. 9 Monaten ad. Gefieder. 32 cm. Keine UAn. Mutationen: Albino ↗, Lutino ↗, Schecken, Vögel mit schuppen-, perlähnl. Gefiederzeichnung. Vom VKSK Standard ↗ festgelegt.

Nystalus. G der Bucconidae ↗. 4 An.
— *N. radiatus*, Grünschnabel-Faulvogel, Bindenfaulvogel. ♂ u. ♀: OS rotbraun. US gelbbraun mit schwarzer Querbänderung. Schwingen rotbraun. Nackenband weißlich od. bräunlich. Kehle rotbraun. Grünlicher Schnabel schlanker u. schwächer als bei anderen An. Bartstrich schwarz. 20 cm. Panama bis W-Ekuador.

Obst. Von mehrjährigen, holzartigen od. teilweise verholzten Pflanzen der gemäßigten Zone stammende, der menschlichen Ernährung dienende Früchte od. Samen. Viele Vogel-An ernähren sich teilweise od. überwiegend von O. Seine Aufnahme ist dabei oft jahreszeitl. bedingt. Man unterscheidet versch. O.-An: Kern-O.: Apfel, Birne, Quitte, Edeleberesche, Mispel. Stein-O.: Pflaume, Pfirsich, Kirsche, Aprikose. Schalen-O.: Walnuß, Haselnuß, Mandel, Eßkastanie u. Beeren-O.: Johannisbeere, Stachelbeere, Erdbeere, Himbeere, Brombeere, Heidelbeere. O. enthält Vitamine ↗, Fruchtsäuren, Mineralstoffe ↗, Zuckerarten, Pektine u. Ballaststoffe ↗. Der Kaloriengehalt ist mit Ausnahme der Nüsse sehr niedrig. Da O. in frischem Zustand oft nur begrenzt haltbar ist, wird es über längere Zeit konserviert. Während bei der Hitzebehandlung eine teilweise Zerstörung der Vitamine einsetzt, behält tiefgekühltes O. weitgehend seinen vollen Wert. Einige O.-Arten (Apfel, Birne) sind auch in unbehandeltem Zustand längere Zeit haltbar.

Obduktion, auch Sektion, auch Autopsie. Öffnung eines toten Lebewesens, u. a. zum Zwecke der Feststellung der Todesursache, Lehrzwecken.

O-Bein. Bogenförmige Verbiegung vorwiegend des Laufes beim Vogel nach außen. Besonders bei Vögeln während der Aufzucht bei nicht optimaler Ernährung, auch bei ungenügenden Haltungsbedingungen auftretend. Betroffen sind vor allem Kraniche ↗, Reiher ↗, Störche ↗, Löffler ↗, Ibisse ↗. Im Gegensatz zum O.-B. ist das X-Bein als Deformierung im wesentl. mit gleichen Ursachen zu nennen.

Oberflächenanästhesie. Örtl. Betäubung der unversehrten Körperoberfläche durch Aufbringung von lokal wirkenden Betäubungsmitteln.

Occipitalgesicht. Bei einigen Eulen-An (Strigidae ↗) auftretend. Augenmuster am Hinterkopf, ein sog. «Zweites Gesicht», das manche Angreifer abschreckt; bes. gut beim Perlkauz (*Glaucidium perlatum*) ausgeprägt.

Oceanodroma. G der Hydrobatidae ↗. 11 An.
— *O. leucorhoa*, Wellenläufer. ♂ u. ♀: OS rußschwarz, Flügel u. Schwanz dunkler, Oberschwanzdecken weiß. US rußbraun mit wenigen weißen Federn an Flanken. Schwanz tief gegabelt. 20—22 cm. UAn. Beringmeer, Nordpazifik, Nordatlantik, sü. bis Neuseeland, Galápagos-Inseln, Kap der Guten Hoffnung. Schneller rasanter Flug. Ei 32,8 × 23,9 mm.

Ochrospiza, Kleingirlitze. G der Carduelidae ↗. 9—12 An. Afrika u. S-Arabien. Trocken- bis Feuchtsavannen, auch Kulturland. Nahrung vorwiegend Gras-, Unkrautsamen. 5 An häufig, 2 vereinzelt im Handel. Alle An leicht einzugewöhnen u. zu halten,

Ockerbrustpfäffchen

Weißbürzelgirlitz oder Grauedelsänger

ausdauernde Sänger, verläßliche Brüter. Zänkisch, daher paarweise Unterbringung empfehlenswert; Zucht auch im Käfig (1 m Länge) möglich. Beide Partner bauen das offene Nest vorwiegend aus Scharpie od. Pflanzenwolle. ♀ brütet 13—14 Tage, nach 18—21 Tagen verlassen die Juv. das Nest. Versorgung der Nestlinge durch beide Partner; Selbständigkeit der Juv. spät, mit ca. 5—7 Wochen. Besser frostfrei überwintern.
— *O. atrogularis*, Angolagirlitz (Gelbbürzelgirlitz). ♂ u. ♀: oberseits braungrau, dunkel gestrichelt. Auffallender grünlichgelber Bürzel, breite weiße Endsäume an Schwanzfedern. ♂ mit regional versch. stark ausgeprägtem schwarzem Kinn-, Brustfleck, schwarzweißer Wangenzeichnung u. hellem Überaugenstreif. Gesichtszeichnung beim ♀ nur angedeutet. Beide unterseits bräunlich- bis cremeweiß; Ad. wenig, Juv. stark gestrichelt. 11 cm. Kenia über Zaïre nach S-Afrika. In trockener, offener Landschaft. Außerhalb der Brutzeit in Schwärmen. Nest kleiner versteckter Napf in Bäumen. Gelege 2—4 weiße Eier, am stumpfen Pol mit dunklen Sprenkeln. Futter Hirse, Negersamen, Salatsamen, auch gekeimt; mindestens während der Aufzucht Grünfutter u. Insekten.
— *O. citrinipectus*, Gelbbrustgirlitz. ♂: in Größe u. Gestalt wie *O. mozambica*, aber mit weißem Bauch u. gelblichweißer Gesichtsmaske. Von *O. dorsostriata* durch geringe Größe u. grauen Rücken unterschieden. ♀: mausgrau, dunkler gestrichelt, mit weißem Bauch u. weißer Gesichtszeichnung. Vereinzelt in Holland importiert. Futter wie *O. mozambica*.
— *O. dorsostriata*, Weißbauchgirlitz (Großer Mozambikgirlitz). Vielfach mit *O. mozambica* verwechselt. 2 UAn eingeführt: *O. d. dorsostriata* - ♂ ♂ sind unterseits einfarbig gelb gefärbt, nur an Unterschwanzdecken weißlich; ♀ blasser als ♂, an der Brust stark gestrichelt. ♂ von *O. d. maculicollis* mit weißem Bauch u. Unterschwanzdecken, ♀ mit «Perlenhalsband», einem Kranz dunkler Punkte unter dem gelben Kehllatz. ♂ u. ♀ beider UAn oberseits olivgrün, kräftig dunkel gestrichelt. Deutl. gelbes Stirnband, gelber Überaugenstreif, gelbe Wangenflecken u. Bürzel. Schwarzer Bartstreif, weißlicher Kinnfleck. Jugendkleid wie jeweiliges ♀-Kleid. 13 cm. O-Afrika von Tansania bis Äthiopien u. Sudan. In trockener Dornbuschsavanne. Keine Haltungs- od. Zuchtprobleme; einzeln od. paarweise auch in Käfigen unterbringen. Bevorzugt ölhaltige Samen, Rübsen, Salatsamen, Waldvogelfutter ↗, auch gekeimt, Grünfutter, Obst, etwas Insektennahrung. Nistet im Freiland in halbhohen Büschen od. in Bäumen. Gelege aus 3—4 weißlichblauen Eiern, mit od. ohne rotbraune Sprenkel am stumpfen Pol.
— *O. leucopygia*, Grauedelsänger (Graugirlitz). ♂ u. ♀: OS aschgrau, undeutl. gestrichelt, keine Gesichtszeichnung, Brust u. Kehle weißlichgrau, deutl. fein gestreift, Bauch, Bürzel weißlich. Juv. brauner als Ad. u. kräftiger gestreift. 10,5 cm. W- u. O-Afrika. Bewohnt die Sahel- u. Sudansavanne. Nistet in halbhohen Büschen. Fütterung wie *O. atrogularis*. Ausdauernder Sänger, anspruchslos, zuweilen zänkisch. Sehr häufig eingeführt.
— *O. mozambica*, Mozambikgirlitz. Mehrere UAn eingeführt. Aus W-Afrika *O. m. caniceps*, Hartlaubgirlitz. ♀ u. ♂: mit schiefergrauer, fein schwarz gestrichelter Kopfplatte. ♀ mit einem Kranz aus grauen Tropfen über dem gelben Kehlfleck. Imm. unterseits gestreift, mit «Perlenhalsband». O- u. S-afrikan. UAn an Kopfoberseite moosgrün wie Rükken gefärbt. ♀ ohne Perlenhalsband, etwas weniger leuchtend gelbes Brust-, Bauchgefieder. Imm. unterseits an Brust u. Flanken gestreift. Alle UAn mit moosgrünem, kaum gestricheltem Rücken (vgl. *O. dorsostriata*), Kopf, Gesichtszeichnung wie diese A. W-, O- u. S-Afrika, nicht öst. des Grabenbruchs. Lebt in Feuchtsavannen. Außer der Brutzeit gesellig. Stellenweise Kulturfolger; Nahrung Grassamen, Unkräuter, zeitweilig Knospen, Blüten. Regelmäßig eingeführt, problemlos, nur zur Brutzeit zänkisch. Futter Hirse, Unkraut (Wild-)samen, halbreife Gräser, Obst, etwas Insektennahrung. Nestbau, Gelege usw. s. o.
— *O. reichenowi*, Reichenowgirlitz. Vielfach als UA von *O. atrogularis* betrachtet. ♂ u. ♀: OS gelbgrau mit olivgrauen Stricheln, Bürzel leuchtend chromgelb. Stirnband, Superciliarstreif weiß. Weiße Kehle von dunklem Bartstreif u. Perlenhalsband eingefaßt. US weißlichbraun mit dunkler Streifung an Brust u. Flanken. Juv. mit kräftiger Längsstreifung an Brust u. Flanken. 11 cm. S-Sudan über Äthiopien bis Tansania. Lebt in trockener Akaziensavanne. In kleinen Käfigen zänkisch. Futter, Brutgewohnheiten wie *O. atrogularis*. Mehrfach gezogen.
— *O. xanthopygia*, Gelbbürzelgirlitz (Eritreagirlitz). Vielfach als UA des *O. atrogularis* geführt. ♂ u. ♀: OS einfarbig beigegrau mit undeutl. Strichelung am Rücken, die am Kopf stärker ausgeprägt ist. Der gelbe Bürzel, geringe Größe u. fehlender Überaugenstreif ermöglichen Unterscheidung von *Poliospiza ↗ tristriata*. Kehle, Bauch perlweiß bis elfenbeinfarben. Jugendkleid mit gestreifter Brust. 11,5 cm. N- u. W-Äthiopien. In Trockensavannen. Robuster, zuweilen zänkischer Vogel. Haltung, Bruten wie vorige An.

Ockerbrustpfäffchen *(Sporophila hypoxantha)* → *Sporophila*

Ockerfarbener Schattenkolibri *(Phaethornis syrmatophorus)* → *Phaethornis*

Ocreatus, Flaggensylphen. G der Trochilidae ↗. 1 A. Von Venezuela u. Kolumbien bis W-Ekuador u. Bolivien. Leben in Nebelwäldern, Krüppelvegetation, Kaffeeplantagen u. in tiefen bewaldeten Tälern von 850–3000 m Höhe. Eingewöhnung bereitet kaum Schwierigkeiten, in großen Flugräumen ↗ besser. Mehrjährige Haltungserfolge liegen vor. I. SCHULTZE berichtet von einer später verunglückten Brut; Eiablage im 2-Tage-Abstand, Brutzeit 18 Tage. Juv. starben nach 1 Woche, weil Nistmaterial den Schlund verstopfte.

— *O. underwoodii,* Flaggensylphe. ♂: OS metallischgrün. Mittl. Steuerfedern glänzend metallischgrün; seitl. Paar stahlschwarz, Flaggen blauschwarz, an der Spitze meist etwas bronzegrünlich. Kehle, Brust glitzernd grün. Unterkörper, Unterschwanzdecken metallischgrün mit schwachem Bronzeschimmer. Beinbefiederung schneeweiß (*O. u. peruanus* hat rotbraune Höschen). Schnabel schwarz. Füße weißlich. ♀: OS metallisch glänzend grün, Vorderkopf bronzeschimmernd. US weiß mit grünen Flecken, Unterschwanzdecken hell rostgelb, seitl. Steuerfedern stahlblau mit weißen Spitzen. Juv. wie ♀. 14,0 cm.

Ocydromus, NN → *Gallirallus*

Ocyris. G der Emberizidae ↗. 1 A.

— *O. pusilla,* Zwergammer. ♂: OS braun, dunkel gestreift, US heller. Scheitel, Wangen rostbraun, schwarz eingefaßt. ♀: matter gefärbt. Juv. weniger rostbraun, unterseits stärker gefleckt. 14 cm. N-Skandinavien bis O-Sibirien. Strauch- u. Waldtundra, in der nö. Taiga lichte Laubwälder u. Weidendickichte der Flußniederungen. Im Winter in SO-Asien. Bodennest, 4–6 Eier, Brutdauer 12, Nestlingszeit 11 Tage.

Ocyphaps. G der Columbidae ↗. 1 A. Australien.

— *O. lophotes,* Spitzschopftaube od. Schopftaube. ♂ u. ♀: Kopf bläulichgrau. Lange, fast immer aufgerichtete Spitzhaube schwärzlich. US hellgrau. Hals-, Brustseiten rosarötlich. OS olivbräunlich. Kleine u. mittl. Flügeldecken mehr gelblich mit schmalen schwarzen Querstreifen. Große Flügeldecken schillernd bronzegrün mit weißen Rändern. Schwanz schwarz, in der Mitte mit weißlichen Spitzensäumen. Schnabel schwarz. Augeneinfassung rot. Auge orange. Läufe rötlich. 33 cm. Australien ohne Küstenregion im N, O u. S. Baum- u. buschbestandene Landstriche. Als Kulturfolger jetzt in Parks u. Gärten eingewandert. Häufig. Außerhalb der Brutperiode sehr gesellig. Fliegt Wasserstellen über große Distanzen an. Futter hauptsächl. Grassamen, am Boden suchend. Tauber zeigt Balzflug. Nest in Bäumen od. Buschwerk. Gelege 2 weiße Eier. Brutdauer 18 Tage. Nestlingszeit um 21 Tage, danach werden Juv. noch 2 Wochen gefüttert. Erstmalig 1872 in Europa (Jardin d'Acclamatation, Paris; dort auch Erstzucht). Brütet leicht. Aggressiv gegen andere Tauben, Juv. deshalb im Alter von 3 Monaten herausfangen. Vergesellschaftung am besten nur mit Kleinvögeln u. Fasanenartigen. Letztere gefährden noch nicht flügge Juv., die am Boden hocken. Kältefest. Überwinterung in ungeheizten Schutzräumen. Winterbruten möglich. Futter Wellensittich-, Kanarien- u. Waldvogelmischung, mit viel Silberhirse, Glanz, Mohn. Weich- u. Grünfutter wird manchmal abgelehnt.

Oena

Perlhalsamadinen

Odontophorinae, Zahnwachteln. UF der Phasianidae ↗. 9 Gn. 31 An. Kleine bis mittelgroße Hühnervögel. Geschlechter oft versch. gefärbt. Kurzer, hoher Schnabel, stark gezähnelt, hakig herabgebogene Spitze. Lange Hinterzehe, sporenlose Läufe. Amerika.

Odontospiza. G der Estrildidae ↗. 1 A. S-Sudan bis mittl. Tansania. Bewohner der Trockensteppen, gerne in der Nähe von Wasserstellen, halten sich in Büschen u. niedrigen Bäumen auf. Großes Nest mit langer Einschlupfröhre im Dornengebüsch. Gelege 4–6 Eier. Schlupf nach 16 Tagen. Juv. fliegen nach 21–24 Tagen aus. Ab u. zu auf dem Vogelmarkt, für Käfig u. Voliere geeignet. Eingewöhnung nicht schwierig, schnell zutraulich, friedlich. Nestschläfer ↗. Zucht in Voliere leicht, gern in Nistkästen (15 × 15 × 20 cm). Futter s. Estrildidae.

— *O. caniceps,* Perlhalsamadine. ♂: Kopf, Kehle, Nacken grau, Stirn, Wangen, Kinn mit kleinen weißen Pünktchen besetzt. Rücken, Flügeldecken braun, Bürzel, Ober-, Unterschwanzdecken weiß. Schwingen, Schwanz schwarz. Brust braun, zum Bauch hin beige. Auge schwarzbraun. Oberschnabel dunkelgrau, Unterschnabel heller. Füße schwärzlich. ♀ wie ♂, allgemein gering heller, Schwingen mehr schwarzbraun. Juv. matteres Gefieder als Ad., Brust trübes Grau. Weiße Punkte fehlen. Dunkelgrauer Schnabel mit schwärzlicher Spitze. 11–12 cm.

Oena. G der Columbidae ↗. 1 A. Afrika, Madagaskar.

— *O. capensis,* Kaptäubchen. ♂: schwarze Maske, von der Stirn über Zügel, Kinn, Kehle bis auf den Kropf reichend. Oberkopf bis Mantelansatz bläulichgrau, OS dahinter braun. Innen liegende Flügeldecken u. Armschwingen mit violettblau, grün od. rötlich irisierenden Abzeichen besetzt. Achselpartie schwarz. Hinterer Rücken u. Bürzel von 2 schwarzen Querstreifen überzogen, dazwischen weiß. Stufiger Schwanz sehr lang, die beiden seitl. Federn mit wei-

Oenanthe

ßen Außenfahnen. US weiß. Schnabel rot, Spitze gelblich. Auge braun. Füße rot. ♀: ohne schwarze Gesichtsmaske. 22—26 cm. UAn. SW-Arabien, Afrika sü. der Sahara, Madagaskar. Busch- u. Waldsteppen, als Kulturfolger in Siedlungen. Viel am Boden u. dort in großer Eile nach Futter (kleinere Samen) suchend. Nutzt die Gluthitze der Mittagsstunden, um zur Tränke zu fliegen. Errichtet typisch liederliches Taubennest in dornigem Gesträuch, manchmal in Felsbändern, auf Termitenbauten od. anderen Erdhügeln. Gelege 2 creme- bis elfenbeinfarbene Eier. Brutdauer 14 Tage. Nestlingszeit 12—13 Tage. Flugfähig erst nach 16—18 Tagen. Ab 22. Tag ist beim ♂ mit dem Erscheinen der ersten schwarzen Gesichtsfedern zu rechnen. Erstmalig 1854 im Zoo London, erste Zucht 1875 in Deutschland (bei v. WARTENBERG). Haltung in Volieren, Vogelstuben, auch in geräumigen Käfigen. Sehr wärmebedürftig. Zur Brutzeit mindestens 24 °C erforderlich, was durchgängig nur in Innenräumen bzw. Volieren mit geheiztem Schutzraum zu garantieren ist. Verträglich, so daß Gemeinschaften mit Sittichen ↗, Webervögeln ↗ u. Prachtfinken ↗ zusammengestellt werden können. Die üblichen Unterlagen mit vorgefertigtem Nest anbieten. Leicht zu züchten, aber nicht zuverlässig. Viele Paare geben das Gelege auf od. lassen den Nachwuchs im Stich. In solchen Fällen können Diamanttäubchen ↗ als Ammen eingesetzt werden. Es ist darauf zu achten, daß der eben ausgeflogene Nachwuchs die Nacht nicht draußen am Boden verbringt. Verluste durch Verklammen sind sonst die Folge. Überwinterung bei mindestens 15 °C. Futter kleinkörnige Samen, z. B. Wellensittich- u. Waldvogelmischungen. Verzehrt gern gequollene bzw. gekeimte Hirse, ferner Grünes, u. a. Vogelmiere. Geht selbst in der Brutperiode nicht an Weichfutter.

Oenanthe. G der Muscicapidae ↗. 17 An. Sperlingsgroße od. gering größere Vögel mit weißen, schwarzen od. hellbräunlichen Farben. Bei einigen An haben ♂♂ 2 od. mehr Zeichnungsformen. ♂♂ u. ♀♀ allgemein unterschiedl. gefärbt. Europa, Asien, Afrika, nur Steinschmätzer auch in Grönland u. NO-Kanada, z. T. Zugvögel. Leben im offenen, vegetationsarmen Gelände, wie Ödland, Steppen, Wüsten, felsigen Gebirgen u. Ruderalflächen an Stadträndern. Bodenvögel. Gesang bescheiden. Nest aus Halmen, Haaren, Federn in Höhlen u. Halbhöhlen am od. dicht unter dem Boden, z. B. in Steinhaufen, auch in Uferwänden. Gelege 4—6 Eier. Vögel einiger An zuweilen auf dem Vogelmarkt. Sind nicht leicht zu pflegen. Haltung nur im Landschaftskäfig ↗, besser in biotopähnl. gestalteter Voliere ↗. An aus warmen Zonen vertragen schlecht mitteleurop. Klima (naßkalte Tage), so daß ihre Haltung nur im Zimmer (Innenvoliere ↗, Vogelstube ↗, Landschaftskäfig ↗) in Betracht kommt. Unterkunft mit wenigen rauhen Steinen, je nach Größe auch mit Steinhaufen, feinem u. grobem Kies, kurzhalmigen Rasensoden, wenigen Sträuchern u. Stubben ausstatten. Vögel einzeln od. paarweise unterbringen. Sorgfältige Fußpflege, vorbeugend rauhe Sitzsteine verwenden, häufig säubern od. auswechseln. Futter handelsübl. gutes Insektenweichfutter, tägl. mit ausgepreßtem Magerquark vermischen, 2 mal wöchentl. zerkleinertes, hartgekochtes Hühnerei, gemahlenes Rinderherz u. 1 Tl frische Ameisenpuppen pro Vogel, 1—2 Tropfen eines Multivitaminpräparates u. 1 Messerspitze Mineralstoffgemisch beigeben. Außerdem Mehlkäferlarven ↗, Grillen, Wiesenplankton ↗ füttern. Auf den Kies etwas zerkleinerte Sepiaschale streuen. Mauser wird mit reichl. frischen Ameisenpuppen gut überstanden. Zucht schwierig, Paar allein unterbringen. Aufzuchtfutter reichl. verschiedenste lebende Insekten, Asseln, Spinnen u. frische bzw. aufgetaute Ameisenpuppen.

— *O. deserti*, Wüstensteinschmätzer. ♂: sandfarben, Kehle schwarz, Schwanz fast bis zur Wurzel schwarz. Insges. dem schwarzkehligen Mittelmeersteinschmätzer ähnl., aber jener mit schwarzem Rücken u. anderer Schwarz-Weiß-Verteilung auf dem Schwanz.

Wüstensteinschmätzer

♀: Kehle weißlich, Bürzel u. Oberschwanzdecken sandfarben, bei ♂ weiß. 14 cm. UAn. N-Afrika von der ehemaligen Spanischen Sahara u. dem sü. Marokko bis Ägypten, Israel u. NW-Arabien; S-Kaukasus durch Transkaspien, Iran, NW-Pakistan, Afghanistan, Turkestan bis zur Mongolei, im S durch Innerasien bis Kaschmir, Sinkiang, Tsinghai, Kansu. Bewohnt Wüsten u. Steppen. Überwintert in NO-Afrika, im sü. Vorderasien, NW-Indien. Mehrmaliger Irrgast in Europa. Zuweilen auf europ. Vogelmarkt.

— *O. hispanica*, Mittelmeersteinschmätzer, Mittelmeerschmätzer. ♂: rötlichsandfarben, Flügel schwarz, Schwanz schwarzweiß. 2 Mutanten: eine

Mittelmeersteinschmätzer. Schwarz- und weißkehlige Phase

Oenanthe

Trauerschmätzer

schwarzkehlige u. eine weißkehlige. ♀: ohne Schwarz am Kopf, zur Unterscheidung des ♀ vom Steinschmätzer Rückenfarbe heranziehen, bei letzterem grau, sicheres Kennzeichen auch zwischen ♂ der weißkehligen Mutante u. Steinschmätzer-♂. 14,5 cm. UAn, 2 Rassengruppen, die häufig als eigene An angesehen werden: 1. *hispanica* (we. Vorkommen), 2. *pleschanka* (öst. Vorkommen), wird als Nonnensteinschmätzer od. Nonnenschmätzer bezeichnet, ♂ im BK Kehle u. Vorderbrust, Rücken u. Flügel schwarz. Kopf-OS u. Nacken grauweiß. Hintere Brust gelblichweiß, übrige US weiß, ebenso Bürzel. RK bräunlicher. ♀ ähnl. Steinschmätzer-♀. Bewohnt Steppen u. steinige Gebiete. Sommervogel, im Winter in NO-Afrika. Verbr. der A N-Afrika, Iberische Halbinsel (nicht im NW), S-Frankreich, Italien, SO-Europa, Kleinasien bis Israel, Transkaukasien, W- u. NW-Iran; sü. Sowjetunion durch Turkestan bis zum Altai, zur Mongolei, N-China (Schansi, Hopeh), sü. bis zum Kaukasus, Afghanistan, N-, NO-Iran, Ladakh, Sinkiang, Kansu; Zypern. Lebt im steinigen, vegetationsarmen Gelände in der Ebene u. in niederen Gebirgslagen, im halbwüstenartigen Gebiet, im Bett ausgetrockneter Flüsse. *O. h. hispanica* überwintert im tropischen W-Afrika, als Irrgast u. a. auf den Britischen Inseln, Helgoland, in den Niederlanden, Schweden u. in der Schweiz. Gesang kurz, lerchenartige Strophen. Nur von wenigen Kennern in Europa gehalten. Erstzucht in Tel Aviv 1963.

— *O. isabellina*, Isabellsteinschmätzer, Isabellschmätzer. ♂: fahl sandfarben, US heller. Insges. ähnl. Steinschmätzer-♀, aber größer, auch Schwingen sandfarben gesäumt. ♀ sehr ähnl. ♂. Juv. ähnl. juv. Steinschmätzer. 16 cm. N-Griechenland, Kleinasien, Syrien, Israel, N-Arabien bis Afghanistan, Pakistan; SO-Sowjetunion durch den S-Sibiriens, Transbaikalien, M-China bis zur Inneren Mongolei, Kansu. Lebt im offenen steppenartigen, steinigen od. sandigen Gelände. Überwintert in O-Afrika u. im sü. Asien. Irrgast u. a. in Norwegen, Finnland, England. Gesang besteht aus gepreßten Lauten u. angenehmen Pfeiftönen. Nistet vorwiegend in Erdhöhlen, z. B. von Zieseln. Zuweilen bei europ. Weichfresserliebhabern zu finden.

— *O. leucopyga*, Sahara-Steinschmätzer, Weißbürzel-Steinschmätzer. ♂: blauschwarz, Scheitel variiert je nach Alter von Schwarz bis Weiß. Bürzel, Afterfedern, Ober-, Unterschwanzdecken, Schwanzfedern (mittl. Paar schwarz) weiß, letztere mit schwarzem Endsaum. Im Sommerhalbjahr in jedem Alter Bauch weiß, beim sehr ähnl. Trauersteinschmätzer im BK schwarz, im RK grau. 15 cm. UAn. Irak, Arabien u. S-Jordanien; Ägypten bis Marokko, sü. bis Djibuti, Äthiopien, Sudan, Niger u. nö. Mali. Überwintert im Brutgebiet.

— *O. leucura*, Trauersteinschmätzer, Trauerschmätzer. ♂: schwarz, aber Bürzel weiß, auch überwiegender Teil der äußeren Schwanzfedern. ♀: bräunlichschwarz, weiße Gefiederteile wie ♂. Juv. rußschwarz, Bürzel weiß. 18 cm. UAn. Tunesien bis Marokko, Iberische Halbinsel (nicht im N), S-Frankreich, ausnahmsweise (?) lokal in Italien mit vorgelagerten Inseln. Bewohnt trockene vegetationsarme Gebiete wie Felswüsten, geröllbedeckte Abhänge, Felsschluchten, Klippen. Überwintert im Brutgebiet, in einigen europ. Ländern als Irrgast festgestellt. Gesang melodisch, variationsreich, kratzende u. flötende Töne. Brütet in Höhlen aller Art, meistens vor dem Nesteingang kleiner Steinchenwall. Sehr selten in Europa gepflegt. 1979 von W. F. STÖBENER ↗ in der Zimmervoliere gezüchtet (Erstzucht).

— *O. oenanthe*, Steinschmätzer. ♂: im BK Zügel, Ohrdecken schwarz. Überaugenstreif schmal, weiß. Kopf-OS, Nacken u. Rücken hellgrau. Bürzel u. basisnaher Teil der äußeren Schwanzfedern weiß, sonst Schwanz schwarz. Flügel schwärzlich. US rahmfarben. Im RK ähnl. ♀, allerdings Ohrdecken dunkler. ♀: im BK OS graubraun, US dunkler als ♂. Juv. ähnl. ♀, aber OS u. Brust mit dunkler Schuppenzeichnung. 15 cm. UAn. N-Afrika (Gebirge Algeriens u. Marokkos), Europa, Grönland, NO-Kanada, N-, Vorder-, M-Asien, öst. bis NO-Sibirien, sü. bis Libanon, Iran, N-Afghanistan, Sinkiang, Innere Mongo-

Juv. Steinschmätzer

Oenositta

lei, W-Mandschurei bis SO-Jakutien; Alaska, NW-Mackenzie. Lebt im steinigen offenen, vegetationsarmen Gelände, in offenen Landschaften mit Steinhaufen, auf Kahlschlägen, sandigen Feldern, in Sandgruben u. Weinbergen, auf steinschuttbedeckten Gebirgshängen. Europ. Vögel überwintern überwiegend im tropischen Afrika. Nest an unterschiedl. Standorten, am od. dicht über dem Boden in Höhlen, Halbhöhlen od. Spalten. Gesang kurz, besteht aus kratzenden u. trillernden Tönen, imitiert häufig andere Vogelstimmen, z. B. von Hänfling ↗, Lerche ↗, Bachstelze ↗, Rebhuhn ↗. Gelege 5—6 blaßblaue Eier. In Europa 1 Jahresbrut. Ab u. zu in Gefangenschaft. Alte Wildfänge lange scheu, Eingewöhnung im Kistenkäfig ↗. Handaufgezogene Tiere bald zahm, aber kaum im Vogelhandel angeboten. Sehr gut für Volieren ↗, bes. im Freien, od. Vogelstuben ↗ geeignet. Gute Verträglichkeit mit artfremden Vögeln. Singt in Gefangenschaft von Januar-Juli, manchmal auch länger. Falls Unterbringung im Käfig erforderlich (z. B. im Winter), dann im Drosselkäfig ↗ od. einer größeren Unterkunft mit weicher Decke. Zucht schwierig, mehrere Male gelungen. Artenschutz s. Naturschutzbestimmungen ↗.

— *O. pileata*, Erdschmätzer. ♂ u. ♀: Stirn u. Überaugenstreif weiß, Augenstreifen u. Ohrdecken schwarz, laufen seitl. des Nackens in schwarzes Brustband aus. Kopf-OS dunkelbraun, Rücken etwas heller. Oberschwanzdecken, Schwanzfedern (nicht die mittl.) weiß, ebenso US. 14 cm. UAn. Von Angola, dem sü. Zaïre, Tansania, Kenia u. dem sü. Somalia bis zur Kapprovinz (S-Afrika). Bewohnt offene Flächen mit niedrigem Grasbestand, der auch fehlen kann. Große Fluchtdistanz. Gesang setzt sich aus Ruffolge u. Nachahmung anderer Vogelgesänge zusammen. Singt häufig im Flug, auch noch in der Abenddämmerung. Zuweilen auf dem europ. Vogelmarkt. Anfangs scheu, deshalb Eingewöhnung im Kistenkäfig ↗ mit weicher Decke. Später gut für Voliere ↗ od. Vogelstube ↗ geeignet.

— *O. xanthoprymna*, Rostbürzel-Steinschmätzer, Rostbürzelschmätzer, Rotbürzelsteinschmätzer. ♂ u. ♀: ähnelt Wüstensteinschmätzer, aber Bürzel rostrot, Flügeldecken nicht dunkel. UAn. O-Türkei, Iran, sü. Transkaspien u. Afghanistan. Bewohnt Felslandschaften. Ausgesprochen selten in Gefangenschaft.

Oenositta. G der Sittidae ↗. 2 An. S-Asien. Im subtropischen Laubwald, Parks u. Baumreihen. Klettervögel. Nahrung Insekten, Spinnen. Eingewöhnung schwierig, nur mit lebenden Insekten. Friedlich, aber dauernd furchtsam. Allein od. paarweise in hohen Käfigen mit Ästen. Keine Freivolieren ↗. Futter Ameisenpuppen, Insekten ↗, Eifutter. Nicht gezüchtet.

— *O. frontalis*, Samtstirnkleiber, Brillenkleiber. ♂: Stirn bis zum Auge u. dünner Streifen vom oberen Augenrand bis zum Hals samtschwarz. Kopf-OS, Rücken, Flügeldecken, Schwanz-OS leuchtend azurblau. Handschwingen grauschwarz. Außenfahne blau. US rahmfarben, Kehle, Brust weiß. Schwanz azurblau. Schnabel leuchtend zinnoberrot. Iris auffallend gelb. ♀: ohne schwarzen Streifen hinter dem Auge. Juv. unbekannt. 11 cm. Subtropische Gebiete in Indien, Sri Lanka, China, Nepal, Burma, Java, Philippinen, Thailand, Vietnam, Kampuchea. In Waldgebieten u. offenem Gelände mit lockerem Baumbestand. Aus dem Handel bezogene Tiere sind sehr wärmebedürftig u. benötigen neben einem zugfreien Käfig einen Wärmestrahler, mindestens in den ersten Wochen. Die Vögel werden kaum zahm u. verbergen sich jahrelang vor Menschen; sie neigen zur Panik. Die rote Schnabelfarbe erhält in Gefangenschaft einen gelblichen Farbton. Nahrung neben regelmäßigen Mehlwurm ↗-Gaben gutes Fertigfutter für empfindliche Weichfresser, im übrigen alle erreichbaren kleinen Insekten. Zum Trinken hat sich Honigwasser bewährt.

Offene Klasse. Auch als X-Klasse bezeichnet. Alle Züchter können hier ihre Vögel ohne Rücksicht auf Vereinszugehörigkeit u. gleich welcher Ringmarkierung zur Ausstellung bringen. Ist nicht in allen Ländern üblich.

Offene Schau. Auch als Open-Show in England bezeichnet, zu der alle Aussteller Zutritt haben.

Ognorhynchus. G der Aratingidae ↗, UF Aratinginae ↗. 1 A. Kolumbien u. Andengebiet im nö. Ekuador. Leben in Subtropen u. gemäßigten Zonen, in denen Wachspalmen *(Ceroxylon andicola)* wachsen, wurden auch zwischen 2 500 u. 3 200 m ü. NN gesichtet. Im Red Data Book ↗ geführt. Bruthöhlen hoch unter Palmwedeln. Kolonien. Erstmalig 1871 in Stettin u. damit erstmalig in Europa (?). Seither äußerst selten importiert. Z. Z. nur 4 Exempl. in Gefangenschaft bekannt. Pflege s. *Pyrrhura*.

— *O. icterotis*, Gelbohrsittich. ♂: grün, Stirn, Zügel, Vorderwange u. Ohrdecken gelb. Halsseiten grün, Rücken dunkelgrün, US, Flügelbug u. Flügelrand gelb, Unterschwanzdecken grün, Ränder schwach gelblich. Schnabel schwarz. Auge rotbraun, Augen-

Gelbohrsittich

ring nackt, grau. Füße grau. ♀ wie ♂ (?). Juv. unbekannt. 42 cm.

Ohrenbartvogel, NN → Rotbüschel-Bartvogel
Ohrenlerche *(Eremophila alpestris)* → *Eremophila*
Ohrenscharbe *(Phalacrocorax auritus)* → *Phalacrocorax*
Ohrentaucher *(Dytes auritus)* → *Dytes*
Ohreulen → *Asio*
Ohrfasanen → *Crossoptilon*
Ohrfleck-Bartvogel *(Trachyphonus darnaudii)* → *Trachyphonus*
Ohrfleckhonigfresser → *Meliphaga*
Ohrflecktaube *(Zenaidura auriculata)* → *Zenaidura*
Olivbartvogel *(Gymnobucco olivaceus)* → *Gymnobucco*
Olivenspötter *(Hippolais olivetorum)* → *Hippolais*
Oliventaube *(Dendrotreron arquatrix)* → *Dentrotreron*
Olivgelber Sittich, NN → Bergsittich
Olivgrüner Astrild *(Stictospiza formosa)* → *Stictospiza*
Olivrücken-Bartvogel *(Capito aurovirens)* → *Capito*
Olivrücken-Hemispingus *(Hemispingus frontalis)* → *Hemispingus*
Olivrückenorganist *(Euphonia gouldi)* → *Euphonia*
Olivtangare *(Orthogonys chloricterus)* → *Orthogonys*

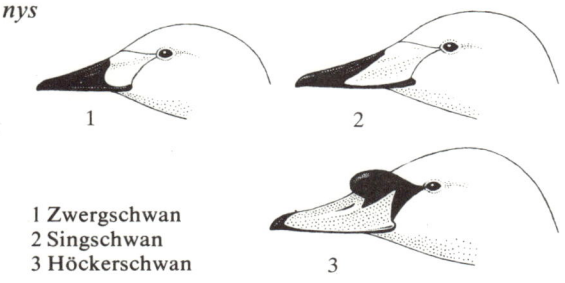

1 Zwergschwan
2 Singschwan
3 Höckerschwan

Olor. G der Anatidae ↗, UF Anserinae ↗. 4 An.
— *O. bewickii*, Zwergschwan. ♂ u. ♀: reinweiß. Der relativ kurze Hals wird stets aufrecht getragen. Schnabel von Basis bis Nasenloch gelb, sonst schwarz. Füße schwarz. 120 cm. Brutvogel im hohen N Europas u. Asiens. Im Winter sü. der Brutgebiete, we. bis M-Europa u. England. Brütet an Seen u. in Sümpfen der Tundra. Brutrevier wird verteidigt. Ne-

Trompeterschwäne mit Jungen

Onychognathus

Brütender Singschwan in Lappland

ster an erhöhten trockenen Plätzen. 3–5 Eier werden vorwiegend vom ♀ 29–32 Tage bebrütet. Betreuung der Juv. durch ♂ u. ♀. Als Nahrung dienen versch. Wasser- u. Landpflanzen. Selten gehalten. Benötigt größere Wasserfläche u. Weidemöglichkeit. Zucht sehr vereinzelt gelungen. Mischlinge mit anderen Schwänen od. großen Gänsen möglich.
— *O. buccinator*, Trompeterschwan. ♂ u. ♀: reinweiß. Schnabel völlig schwarz. Füße schwarz. Größte A der F Anatidae. 150 cm. 13 kg. Flügelspanne 250 cm. Isolierte Brutvorkommen im nordwe. N-Amerika. In 30er Jahren vom Aussterben bedroht. Durch Schutzmaßnahmen Gesamtpopulation auf mehrere tausend angewachsen. Errichtet großes Nest in Ufervegetation. 4–7 Eier. Brutdauer 33–37 Tage. Geschlechtsreif nach 3–5 Jahren. Ernährt sich von versch. Wasser- u. Landpflanzen. Selten gehalten. Unterbringung auf großen Teichen mit Weidemöglichkeit. Zucht mehrfach gelungen. Aufzucht der Juv. problemlos.
— *O. cygnus*, Singschwan. ♂ u. ♀: reinweiß. Hals beim Schwimmen nicht gekrümmt. Schnabel bis vor das Nasenloch gelb, sonst schwarz. Füße schwarz. Im 1. Jahr schiefergrau ohne Gelb am Schnabel. 148 cm. Brutvogel auf Island, in N-Europa u. im nö. Asien, im Winter sü. u. we. von Brutgebieten. Zur Brutzeit an Gewässern der Nadelwaldzone u. auf großen pflanzenreichen Steppenseen Zentral-Asiens. Umfangreiche Nester aus Pflanzenteilen auf kleinen Inseln od. in Ufervegetation. 5–7 Eier werden vom ♀ 35 Tage bebrütet. Betreuung der Juv. durch ♂ u. ♀. Ernährt sich von versch. Wasser- u. Landpflanzen. Weidet gern. Im Gehege häufigster Vertreter dieser G. Unterbringung auf größeren Wasserflächen mit Weidemöglichkeit od. paarweise in Einzelgehegen mit kleinem Teich u. guter Grasnarbe. Zur Brutzeit aggressiv. Ausdauernd u. hart. Zucht nicht problematisch, bei einzelnen Paaren sehr ergiebig. Benötigt neben Mischfutter stets Weide od. Grünfutter, insbes. bei Aufzucht der Juv. Mischlinge mit Höckerschwan ↗ bekannt.

Onychognathus. G der Sturnidae ↗. 13 An. Afrika, Arabien. Pflege s. Sturnidae.
— *O. fulgidus*, Kastanienflügelstar, Bronzeflügel-Glanzstar. ♂ u. ♀: dunkelgrün, stellenweise bläu-

Opalracke

lich od. rotviolett glänzend. Flügeldecken bronzefarben. Auge rot. Schnabel, Füße schwarz. Ca. 35 cm. UAn. Sierra Leone bis N-Angola öst. bis W-Uganda; Inseln Fernando Póo, São Tomé. Sporadisch im Handel. Bereits gezüchtet.
— *O. lugubris*, Spitzschwanzstar, Spitzschwanz-Glanzstar. ♂: schwarz mit bläulichviolettem Glanz, Flügel schwärzlichbraun, z. T. haben Federn helle Säume u. schwarze Spitzen, mittl. Schwanzfedern schmal, lang (ca. 12 cm). Schnabel schwarz. Auge gelb. Füße schwärzlichbraun. ♀: grau, bläulicher Glanz, Flügel mit braunem Fleck (nur bei ausgebreiteter Schwinge zu sehen), Schwanz kürzer als bei ♂. 23 cm. UAn. Von Sierra Leone bis W-Uganda, N-Angola. Nest hoch in Baumhöhlen. Gelege meistens 3 Eier. Selten im Handel. Warme Überwinterung. Ganzjährig Früchte, sonst Futter s. Sturnidae.
— *O. morio*, Rotschwingenstar, Rotschwingen-Glanzstar. ♂: OS purpurglänzend violettschwarz, US blauschwarz. Schnabel braunschwarz. Auge braun, außen rot. Füße schwarz. ♀: Kopf, Hals grau mit glänzend schwarzen Streifen, sonst ähnl. ♂. Juv. Kopfseite, US braunschwarz, Wurzeln der Handdecken rotbraun, Füße rötlichbraun. 30 cm. UAn. O-Senegal bis Äthiopien, N-Somalia, O-Afrika, SO-Zaïre, Simbabwe, S-Afrika bis zum Kap (nicht NW-Kapprovinz u. Namibia). In Flügen umherstreifend, auch während der Brutzeit gesellig. Nest aus Reisern u. Gras, mit Erde verfestigt, in Fels- u. Mauerspalten, zwischen Klippen, unter Dächern, selten freistehend in Bäumen (vorwiegend Palmen). Wird im S zunehmend von eingeführten *Sturnus vulgaris* ↗ aus den Dörfern u. Städten verdrängt. Gelege 4—5 blaugrüne Eier, wenig blaßbraun gesprenkelt. Selten im Handel. Haltung im Flugraum, frißt angeblich auch Nestjunge kleinerer Vögel (bei Vergesellschaftung berücksichtigen).

Opalracke *(Coracias cyanogaster)* → *Coracias*

Opalscheiteltangare *(Tangara callophrys)* → *Tangara*

Opisthocomidae, Hoatzins, Schopfhühner, F der Opisthocomiformes ↗. 1 G *Opisthocomus* ↗, 1 A. Haltung s. *Opisthocomus*.

Opisthocomiformes, Hoatzins, Schopfhühner. O. 1 F Opisthocomidae ↗, 1 G, 1 A. Haltung s. *Opisthocomus* ↗.

Opisthocomus. G der Opisthocomidae ↗. 1 A. O-Kolumbien u. Guayana bis Inner-Brasilien. Verwandtschaftliche Stellung dieser Reliktform noch unklar. Schlanke fasanenähnl. Bewohner der Baumkronen sumpfiger Wälder entlang der Wasserläufe. Gesellig in kleinen Trupps von 10 bis 50 Vögeln. Schlechte Flieger. Laute: heiseres Kreischen u. kehliges Schnattern. Nahrung Früchte, Knospen, harte Blätter (Arum-Gewächse), daher 3 kropfartige muskulöse Speiseröhrenbildungen. Flaches Reisignest, einige Meter über dem Wasser in Büschen u. Bäumen. 2–3 rallenartig weiße, braungesprenkelte Eier (46 × 33 mm). Nackte Nestflüchter, die sehr bald im Geäst umherklettern. Besitzen Krallen am 2. u. 3. Finger (am Flügelbug, wie Archaeopteryx!), die bereits im Alter von 2–3 Wochen verschwinden. Nehmen Futter aus dem Rachen der Eltern entgegen. Haltung äußerst selten, da die enge Nahrungsspezialisation auf bestimmte Pflanzenteile sie selbst in heimatlichen Breiten zu schwierigen, heiklen Pfleglingen macht. Durch C. S. WEBB 1931 erstmalig lebend nach Europa (London) gebracht, wo sie aber nur wenige Monate lebten. In dicht bepflanzten Volieren, im Winter in leicht beheizten Räumen. Fütterung wie Hühner, mit viel Abwechslung in Körnerart u. Grünem, mit geschabten Möhren, Hartei u. Mehlwürmern ↗, Früchte. Empfehlenswerte Körnermischung s. Pteroclidae ↗.

— *O. hoazin*, Hoatzin, Schopfhuhn, Zigeunerhuhn. ♂ u. ♀: braun. OS dunkel mit olivfarbenem Schein, weiße Flügelbänder. US blaß rostfarben. Schütterer langer Schopf aus schmalen steifen Federn. Scheitel rötlich. Nackte Gesichtshaut blau. Schnabel kurz,

Hoatzin

kräftig, hühnerartig. Kleiner Kopf mit langem Hals, schlanker Rumpf, runde Flügel (hokkoartiges Aussehen). Juv. blaßbraunes bis rotbraunes Dunenkleid. 60 cm. Ad. ohne Krallen am Flügelbug.

Opisthotonus. Rückwärtsbiegen des Kopfes durch Entzündungen im Zentralnervensystem, aber auch bei Vitamin-B_1-Mangel.

Opopsitta. G der Psittaculirostrinae ↗. 1 A. Neuguinea u. benachbarte Inseln einschließl. Aru-Insel (nicht auf Bismarck-Archipel), NO-Australien (Küstengebiet), im S bis nö. Neusüdwales. Waldbewohner in Neuguinea bis ca. 1600 m ü. NN, leben in den küstennahen Regenwäldern Australiens. Nahrung Früchte, Beeren, Wildfeigen, Nektar, Insekten u. Samen. Brüten in Baumhöhlen. *O. d. coxeni* (S-Queensland u. nö. Neusüdwales) im Red Data Book ↗ geführt. Seit 1977 sehr selten im Handel, auch vorher kaum angeboten. Wurden in Gefangenschaft unterschiedl. alt. Im Zoo London 10 Jahre, sonst weit weniger. Warme Unterbringung. Futter: Fruchtstückchen u. Beeren nach jahreszeitl. Angebot, eingeweichte Feigen, Keim- u. Körnerfutter s. Psittaculidae, außerdem Mehlkäferlarven ↗, unbedingt Multivitaminpräparat beimengen. Benagen gern frische Zweige. Erstzucht 1978/79 bei Dr. BURKARD ↗. In morschem Stamm wurde ein ca. 20 cm langer Gang von ca. 4 cm ∅ u. anschl. kugelförmiger Ausweitung von 15 cm ∅ genagt. Zur Zucht Paar allein unterbringen. Sehr gut für Flugkäfig geeignet. Querformatiger Wellensittich-Nistkasten wird als Brutplatz bevorzugt. Während der Aufzucht sehr viel Mehlwürmer füttern (Dr. BURKARD). Juv. fliegen nach ca. 5 Wochen aus, nach ca. 14 Tagen selbständig, dann von Eltern trennen, da neue Brut begonnen wird. Höchstens 2 Bruten jährl., die meisten mißlingen, da Juv. kurz vor od. nach dem Ausfliegen sterben (Dr. BURKARD). 1980 BRD-Erstzucht bei T. WEISE.

— *O. diophthalma,* Maskenzwergpapagei. ♂: grün, US heller u. mehr gelblich. Vorderer Zügel, Stirn u. vorderer Scheitel scharlachrot bis dunkelrot, Rand des Hinterscheitels mit variablem, orangegelbem Band. Vor u. über dem Auge blau, Wangen scharlachrot bis dunkelrot, unten von mauveblauem Band begrenzt. Innerste Flügeldecken orangerot. Unterflügeldecken gelblichgrün. US der Armschwingen mit gelblichweißem Streif. Brustseite u. Flanke gelb. Schnabel hellgrau, spitzenwärts schwarz. Auge dunkelbraun. Füße grünlichgrau. ♀: untere Wange gelbbräunlich, hinten mehr weißlich. Juv. ähnl. ♀, aber nur Stirn rot, Wange orange gefleckt, Schnabel rosa, oberseits u. spitzenwärts grau. 14 cm. 8 UAn.

Orangeatzel *(Mino anais)* → Mino
Orangebäckchen *(Estrilda melpoda)* → Estrilda
Orangebauch-Blattvogel *(Chloropsis hardwickii)* → Chloropsis
Orangebauchsittich *(Neophema chrysogaster)* → Neophema
Orangeblaufink *(Passerina leclancherii)* → Passerina
Orangebrust-Buschwürger *(Chlorophoneus sulfureopectus)* → Chlorophoneus
Orangebrustkotinga → Goldbauchschmuckvogel
Orangebrusttangare *(Tangara desmaresti)* → Tangara
Orangebrusttrupial *(Icterus nigrogularis)* → Icterus
Orangebrustwürger *(Chlorophoneus sulfureopectus)* → Chlorophoneus
Orangebrust-Zwergpapagei *(Nannopsittacus gulielmitertii)* → Nannopsittacus
Orange-Felsenhahn *(Rupicola rupicola)* → Rupicola
Orangeflügelamazone, NN → Soldatenamazone
Orangehaubenkakadu, UA → Kleiner Gelbhaubenkakadu
Orangeköpfchen *(Agapornis pullarius)* → Agapornis
Orangekopftangare *(Thlypopsis sordida)* → Thlypopsis
Orangenachtigall *(Larivora brunnea)* → Larvivora
Orangepfäffchen *(Sporophila bouvreuil)* → Sporophila
Orangeschnabel-Berglori *(Neopsittacus pullicauda)* → Neopsittacus
Orangetrupial *(Icterus icterus)* → Icterus
Orangetukan *(Ramphastos vitellinus)* → Ramphastos

Oreortyx

Maskenzwergpapagei. Das Männchen hat rote Wangen, das Weibchen weißliche.

Orangeweber, NN → Feuerweber
Ordnung → systematische Kategorien
Oregonjunko, UA → Junko
Oreopsittacus. G der Loriidae ↗. 1 A. Gebirge Neuguineas. Waldbewohner in Höhenlagen zwischen 2000 u. 3750 m ü. NN, auch schon in 1000 m ü. NN beobachtet worden. Nicht selten. In Gesellschaft anderer Loris u. blütenbesuchender Vögel während der Nahrungsaufnahme in den Baumkronen. Fressen auch Früchte. Brüten in Baumhöhlen. In Europa mehrfach eingeführt, aber allgemein nur kurze Zeit überlebt. Haltung → Loriidae, aber Nachfütterung am Nachmittag ohne ½ Apfel.

— *O. arfaki,* Berg-, Arfaklori. ♂: grün, US mehr gelblich. Vorderkopf u. Scheitel rot, Zügel u. Wangen pupurfarben mit weißer, doppelreihiger Strichelzeichnung. Untere Wange einfarbig purpurfarben. Unterflügeldecken u. Brustseiten rot, US der Armschwingen mit gelbem Band. Schwanz grün, spitzenwärts rosarot, US rosarot. Bauch u. untere Flanke orange bis rot, Unterschwanzdecken seitwärts gelb. Schnabel schwarz. Auge dunkelbraun. Füße grünlichgrau. ♀: Vorderkopf u. Scheitel grün. Juv. ♂ u. ♀ Vorderkopf wenig rot, Wangenzeichnung angedeutet. 15—17 cm. 3 UAn.

Oreortyx. G der Phasianidae ↗. 1 A. Größte nordamerik. Zahnwachteln mit bandförmiger Haube aus 2—6 cm langen lanzettförmigen Federn. Gelege aus 6—15 cremegelb bis rötlichisabellfarbigen Eiern, im Bodennest. Brutdauer 23 Tage. Kunstbrut möglich, oft notwendig. Fütterung, Aufzucht s. *Coturnix.* Trockene Voliere, winterhart, Schutzraum notwendig. Gebirgsbewohner, an mit Hartlaubgewächsen bestandenen Cañyonhängen. Washington bis Niederkalifornien.

— *O. pictus,* Bergwachtel. ♂: Kinn, vordere Wangen u. Zügel weiß. Kehle rotbraun, von weißem Band, bis Ohrdecken reichend, umgeben. Schwarzer Unteraugenfleck, teils das Kehlband besäumend. Sonstige

Oreostruthus

Kopf-, Hals-, Kropf-, Brust- u. Oberrückenpartien blaugrau. OS weiter olivbräunlich. Bauch kastanienbraun, nach hinten heller. Körperseiten mit schwarzen u. weißen Querbinden. Unterschwanz schwarz mit brauner Mitte. Schulterfedern u. innerste Schwingen bleigrau, mit heller, rötlichbraun belegter Innenfahne. Weitere Flügelfedern u. Schwanz olivbraun. Schnabel schwarz. Iris dunkelbraun. Läufe hell sepiabraun. ♀ wie ♂, aber kleiner, Haube kürzer. Juv. Dunenküken bräunlich isabellfarbig. Dunkler Streif über Kopf bis Schwanz. Helle Zeichen am Kopf. US gelblich isabell. 24—26 cm. UAn.

Oreostruthus. G der Estrildidae ↗. 1 A. Neuguinea in 3 000 m ü. NN, im buschbestandenen Grasland, Waldrändern. Paarweise, heimliche Lebensweise. Nahrung überwiegend Grassamen. Pflege → Estrildidae.

— *O. fuliginosus,* Bergamadine. ♂: grünlich bis graubraun, nur Kehle, Brust, Flanken, Oberschwanzdecken rot, Bauchmitte, Unterschwanzdecken schwarzbraun. Schwanz braun mit matten, dunklen Querbändern. Schnabel rot. Auge braun. Füße hornbraun. ♀ wie ♂, aber heller. Rote Gefiederpartien weniger ausgedehnt. Juv. ähnl. ♀, Schnabel schwarzbraun. 12 cm. Erstmalig 1967 in Holland auf dem Vogelmarkt.

Oreotrochilus, Bergnymphen. G der Trochilidae ↗. 4 An. Ekuador bis Chile. Hochlagen der Anden.

— *O. estella,* Andenkolibri, Chimborazo-Stern, Sternkolibri, Estellakolibri. ♂: OS olivbräunlich, Kopf-OS dunkler. Mittelstes Steuerfederpaar dunkelgrün, die übrigen weiß mit schwarzbraunen Außenrändern. Federn an Kinn u. Kehle leuchtend grün. Brust, Unterkörper weiß mit rotbraunem Längsstreif in der Mitte; an den Seiten, wie die Unterschwanzdecken, graubraun. ♀: OS wie beim ♂, US hellbraun, Kehle weißlich mit dunkelbraunen Flecken. Mittelstes Steuerfederpaar grün, das nächste mit weißen Spitzen, das äußerste Paar weiß mit dunkler Spitze der Außenfahne. Juv. wie ♀. *O. e. chimborazo* mit blauer Kehle. 13,0 cm. In den Anden von Ekuador bis Argentinien. Bewohnt die Paramo- u. Punazone des Altiplano. Alle Versuche, diese A einzugewöhnen, scheiterten bisher an der Hinfälligkeit der Tiere. Selbst im Herkunftsland konnten sie nur wenige Wochen am Leben erhalten werden. Haltung also noch nicht möglich.

Organisation Mondiale des Juges (O. M. J.), Weltverband der Juroren. Die Organisation der internat. Preisrichter ist der C. O. M. ↗ angeschlossen. Bewerber müssen Preisrichter ↗ auf nationaler Ebene sein, die 2 Sprachen beherrschen u. eine entspr. Prüfung vor einem Gremium der O. M. J. ablegen.

Organisten → Euphoniinae

Orientalis → zoogeographische Regionen

Orientierung. Begriff für das Sichzurechthalten u. Sichzurechtfinden im Raum. Das Sichzurechthalten wird endogen gesteuert u. bedingt eine best. Normallage, das Sichzurechtfinden ist auf Signalgebung aus der Umwelt angewiesen. Die Umweltsignale können einen gesteigerten (Kinese) od. gerichteten Bewegungsablauf (Taxis) od. beides auslösen, z. B. Objekt-O. beim Beutefang. Beim Sichzurechtfinden unterscheidet man Nah- u. Fern-O. Kriterium ist dabei nicht die Entfernung selbst, sondern die ständige bzw. nicht ständige Wahrnehmbarkeit des Zieles. So z. B. spricht man von Fern-O., wenn das nahegelegene Nest beim Anfliegen für den Nestbesitzer erst im letzten Moment sichtbar wird. Zugvögel ↗ orientieren sich je nach A nach Sonne, Mond u. Sternen sowie auch dem Magnetfeld der Erde od. nach Landmarken.

Orient-Turteltaube, NN → Meenataube

Orinokogans *(Neochen jubatus)* → Neochen

Oriolidae, Pirole. F der Passeriformes ↗. 3 Gn, 25 An. Ca. drosselgroße Baumvögel. Bewohner der Alten Welt, vorwiegend der warmen Breiten. ♂ ♂ auffällig gefärbt, ♀ ♀ unscheinbar. Rufe flötend, Gesang schwätzend. Nahrung Insekten, Beeren, Obst. Bauen kunstvolle Napfnester, meistens in waagerechten Astgabeln. Ab u. zu einige An aus Afrika, Asien auf dem Vogelmarkt, in früheren Jahren auch der Pirol ↗, aber stets selten. Haltung nicht einfach, anfangs stürmisch, weichlich. Während der Eingewöhnung Käfig mit Tuch verhüllen. Unterbringung einzeln im Käfig (Mindestlänge 80—100 cm) mit weicher Decke od. im Kistenkäfig ↗. Gut eingewöhnte Vögel zutraulich, können dann auch im normalen Käfig beherbergt werden. Fingerstarke Sitzstangen anbringen. Bodenbelag Torfmull od. Zeitungspapier mit Sand, tägl. wechseln. Wärmebedürftig. Beste Haltung in Gartenvolieren ↗ mit Schutzhaus ↗. Überwinterung nicht unter 22 °C. Futter handelsübl. Drosselfutter od. Weichfuttergemisch aus Quark, hartgekochtem Ei, Oblatenbruch od. trockenem Biskuitboden, Ameisenpuppen (beim Sammeln Naturschutzbestimmungen beachten!); während der Eingewöhnung frische Ameisenpuppen, Mehlkäferlarven ↗ auf das Weichfutter legen, wird dann bald angenommen. Ganzjährig Beeren, Obst reichen, empfehlenswert bes. schwarze Süßkirschen (portionsweise einfrosten). Unter das Weichfutter kleingehackte Vogelmiere, Löwenzahn, zarte Brennesseln mischen, manchmal wird Grünes auch gleich beachtet. Blattgrün (Chlorophyll) beeinflußt gelbgrüne Gefiederfarbe. Baden gern. Zucht schwierig. Hohe, große, gut bepflanzte Gartenvolieren mit warmem Schutzraum notwendig, feine Halme als Nistmaterial u. hoch angebrachte, waagerechte Astgabeln bieten. Aufzuchtfutter reichl. frische Insekten (bes. Ameisenpuppen), Früchte. Artenschutz s. Naturschutzbestimmungen ↗.

Oriolus. G der Oriolidae ↗. 17 An. Europa, Afrika, Asien. Artenschutz, Pflege, Zucht s. Oriolidae.

— *O. chinensis,* Schwarznackenpirol. ♂: Augenstreif schwarz, zieht bis in den Nacken, bildet hier schwarzes Band. Flügel, Schwanzfedern schwarz bis auf mittl. Paar alle mit breiten gelben Spitzen. Ansonsten Gefieder gelb, bes. auf dem Rücken leuchtend, hier grünlich überhaucht. Schnabel fleischfarben. Auge braun. Füße grau. ♀: schwarze Gefiederpartien des ♂ sind blaugrau, Rücken, mittl. Schwanzfedern

grünlich. 23 cm. UAn. Öst. Himalaja; China bis Mandschurei, Amur- u. Ussuri-Gebiet bis O-Transbaikalien; Korea, Taiwan, Philippinen, Sulawesi, benachbarte kleine Inseln, Lombok bis Alor, Majau (Maluku), Kangean, Bali, Java, Kalimantan, Bangka, Billiton, Sumatera, umliegende Inseln, Hinterindien, Nikobaren, Andamanen. Zieht nach der Brutzeit von N nach Sri Lanka, Vorder-, Hinterindien.
— *O. larvatus*, Maskenpirol. ♂ u. ♀: wie *O. chinensis*, aber Kopf schwarz, Rücken gelbgrünlich, mittl. Schwanzfedern gelbgrün, Armschwingen weißlich gesäumt. Juv. Kopf graugrün, US trübweiß. 25 cm. UAn. S-Sudan, S-Äthiopien, Somalia bis Angola, O-Botswana, Simbabwe, Moçambique, Transvaal, Oranje-Freistaat (nicht im W), Natal, O-, S-Kapprovinz. 1964 von BOEHM, USA, gezüchtet. Juv. werden von Eltern gefüttert, verlassen nach 19 Tagen das Nest.
— *O. monacha*, Mönchspirol. ♂ u. ♀: Kopf, Nakken, Brust schwarz, Flügel grünlich, Schwingen weiß gesäumt. Schwanz schwarz, grünlichgelb, außen gelb. Übriges Gefieder olivgelb. Schnabel, Iris rot. Füße bräunlichgrau. Juv. schwarze Kopffedern mit grünlichgelben Säumen. Schnabel schwarz. 23 cm. UAn. Äthiopien.
— *O. oriolus*, Pirol. ♂: leuchtend gelb, nur Flügel u. Schwanz schwarz, Federn mit gelben Kanten. ♀: OS grünlichbraun, US schmutzigweiß mit feinen, dunklen Längsstricheln. Juv. ähnl. ♀. 24 cm. UAn. S-, M-Europa (ausnahmsweise nur in England) bis W-Sibirien, Vorderasien bis Turkestan, Afghanistan, Indien. Gelege 2—5 Eier, Brutdauer 14—15 Tage. Juv. nach ca. 2 Wochen flügge. Auch in früheren Jahren sehr selten gehalten, Vogel für sehr erfahrene Liebhaber. Gegenüber Artgenossen unverträglich. Noch nicht gezüchtet.
— *O. traillii*, Blutpirol. ♂: Kopf blauschwarz, Flügel schwarz, Schwanz rotbraun. Übriges Gefieder kräftigrot bis kastanienbraun. ♀: Kopf mehr schwarzbraun, US trübweiß, dunkel gestrichelt. 26 cm. UAn. Himalaja bis Yünnan (China), Indochina; Hainan, Taiwan.
— *O. xanthornus*, Schwarzkopfpirol. ♂: Kopf, Kehle schwarz, Flügel, Schwanz schwarz, gelb. Ansonsten Gefieder goldgelb. ♀: blasser als ♂. Stirn gelblich, Kopffedern matter mit gelblichen Säumen, Kehle schwarz, weißlich gestrichelt. 21—24 cm. UAn. Indien, Sri Lanka, Burma, Thailand, bis Indochina, N-Malaysia; NO-Sumatera, Andamanen, NO-Kalimantan u. umliegende kleine Inseln.

Ornithophilie → Trochilidae
Ornithose. Durch *Chlamydia psittaci* bedingte Infektionskrankheit der Vögel. Weltweit verbr. u. bei ca. 80 Vogel-An nachgewiesen. Entzündungen der Lidbindehäute, Nasenschleimhäute sowie der Atmungs- u. Verdauungsorgane gehören zum klinischen Bild. Zur Prophylaxe (Quarantäne-Stationen) u. Therapie eignen sich Chemotherapeutika, bes. Chlor- u. Oxytetrazyklin.
Orpheusgrasmücke (*Sylvia hortensis*) → *Sylvia*
Orpheusspötter (*Hippolais polyglotta*) → *Hippolais*
Ortalis, Chachalacas. G der Cracidae ↗. 9 An. Kleinste Hokkohühner, fasanengroß. Geschlechter gleich gefärbt. ♂ mit lauter Stimme durch lange

Orthorhynchus

Luftröhre. 12federriger Schwanz, sporenlose Läufe. Nackte Kehle, befiederter Kopf. Mittl. u. nö. S-Amerika. Bevorzugen Buschwaldränder. Voliere mindestens 3 m hoch. Grundfläche 3 × 5 m od. mehr, mit Bäumen bepflanzen, Klettermöglichkeit schaffen, Nistmaterial bereitstellen. Zur Zucht paarweise. ♀ brütet 24—26 Tage, 2—3, selten 4 Eier. Nester in Bäumen aus Zweigen, Gras u. trockenen Blättern. Küken groß, lebhaft. Springen, fliegen, klettern. Eltern füttern anfangs. Ernährung mit Früchten u. Blättern. ♂ zur Zuchtzeit aggressiv gegen andere Volierenbewohner. Kunstbrut möglich. Warme Aufzucht. Küken anfangs mit Hilfe von Pinzette füttern. Geflügelstarterfutter u. hart gekochtes Eigelb.
— *O. motmot*, Parakua. ♂ u. ♀: Kopf, Kehle kastanienbraun. Hals, Rücken, Schwingen u. Schwanz dunkeloliv bis dunkelolivbraun. Außenschwanzfedern bräunlich getönt. Von Brust über Bauch bis Unterschwanz hellolivbräunlich. Nackte Kehle, rot. Augenränder u. Schnabel schieferfarbig. Iris hellbraun. Läufe rötlich. Flügel ♂ 23 cm, ♀ 20 cm, Schwanz ♂ 25 cm, ♀ 24 cm, Gewicht ♂ 600 g, ♀ 550 g. UAn. M-Kolumbien, SO-Venezuela u. Guayana bis Bolivien u. Piauí, O- u. SO-Brasilien.
— *O. ruficauda*, Rotschwanzguan. ♂ u. ♀: Kopf schiefergrau, am Kinn heller mit schwarzen Schäften. Rücken, Hals u. Flügeldecken olivbraun. Schwanz dunkler, schwärzlichgräulichbräunlich schimmernd. Mittl. Schwanzfedern mit grauweißen Flecken. Außenschwingen kastanienrotbraun. Nackte Kehle, rot. Unterbrust u. Bauch helloliv bis gelblichgrau. Flanken bis Unterschwanz kastanienfarbig. Iris bräunlich. Augenränder, Schnabel, Läufe schieferfarbig. Juv. ähnl. *O. vetula*. Flügel ♂ 23 cm, ♀ 21 cm, Schwanz ♂ 25 cm, ♀ 24 cm. Gewicht ♂ 600—660 g, ♀ 500—590 g. UAn. NO-Kolumbien, Venezuela, Tobago, Kleine Antillen.
— *O. vetula*, Braunflügelguan. ♂ u. ♀: Kopf u. Kehlseiten matt schwarzbraun. Rücken u. Hals dunkelolivbraun, Schwanz dunkler, mit Grünglanz, Schwingen dunkelbraun. Brust olivbraun. Unterbrust aschbraun. Unterschwanz grauweiß. Nackte Kehle, rot. Iris hellbraun. Schnabel, Augenränder, Läufe hornbläulich. Juv. ähnl. Ad., bräunlicher. Flügel 21 cm, Schwanz ♂ 24 cm, ♀ 23 cm, Gewicht 300—525 g. UAn. S-Texas bis Nikaragua, Kostarika.

Orthogonys. G der Tachyphoninae ↗. 1 A. Biologie wenig bekannt. Haltung, Nahrung usw. s. *Tangara*.
— *O. chloricterus*, Olivtangare. ♂ u. ♀: OS olivgrün, US gelbgrün. Schwanz recht lang. Schnabel schwarz u. lang u. kegelförmig. Auge braun. Füße hellhornfarben. 20,5 cm. Küstengebiet O-Brasiliens von Espirito Santo bis Santa Catarina. 1974 nach Belgien importiert.
Orthorhynchus, Haubenkolibris. G der Trochilidae ↗. 1 A. Bewohnen die Kleinen Antillen. In allen Biotopen ↗ bis in die Berge, fehlen aber meist im Tiefland. 1914 erstmals von Graf de SÉGUR nach Frankreich eingeführt. Die Zoological Society, Lon-

Orthotomus

don, gibt eine durchschnittl. Haltungsdauer von 9 Monaten, einen Haltungsrekord von 2 Jahren an. Vor dem Kriege lebten im Zoo Kopenhagen 3 Exempl. etwas über 1 Jahr, 3 fast 2 Jahre, 3 fast 4 Jahre. Zucht noch nicht gelungen.

— *O. cristatus*, Haubenkolibri. ♂: Stirn goldgrün, haubenartig verlängerte Kopffedern ebenso od. blau od. violett. OS dunkelgrün, Steuerfedern schwarz. US, Unterschwanzdecken rauchschwarz, Brustseiten schwach metallischgrün, Kinn, Kehle hellgraubraun. Flaumbüschel an den Bauchseiten u. einige flaumige Federn unter den Flügeln weiß. Schnabel, Füße schwarz. ♀: OS, mittelstes Steuerfederpaar grün, übrige Steuerfedern schwarzbraun, innere mit kleinen, äußere mit 5—6 mm langen schmutzigweißen Spitzen, Wurzel metallischgrün. US bräunlichgrau. Juv. wie ♀. 8,5 cm.

Orthotomus. G der Sylviidae ↗. 8 An. S- u. SO-Asien. Nähen in vorzüglicher Weise ein od. mehrere Blätter zur Tüte, in die sie aus Wolle, Fasern u. Haaren das Nest bauen. Biegen lebende Blätter deren Ränder sie nach Durchlöchern mit dem Schnabel mit Spinnen- od. anderen Fäden zusammennähen.

— *O. sepium*, Rostwangen-Schneidervogel. ♂: Stirn, Vorderscheitel, Kopfseiten u. Kinn rostbraun. Rücken grau, Flügel bräunlich. Oberschwanzdecken hellgrau, Schwanz gestaffelt, verlängert, graubräunlich zu den Spitzen schwärzlich. US grau. Brust dunkler. Schenkel rostbraun. Auge rotbraun. Schnabel rosafarben, Oberschnabel oberseits dunkler, Spitze weißlich. Füße fleischfarben. ♀ wie ♂, aber US weiß. Juv. ähnl. ♀. 10,5 cm. 2 Semispezies. 1. *ruficeps* (Tenasserim bis Sumatera, Kalimantan, N-Java); 2. *sepium* (Inner-Java, Bali, Lombok), monotypisch. Verbr.-Gebiet der A: Tenasserim, S-Thailand, Malaysia, Sumatera, umliegende Inseln, Kalimantan, Java u. benachbarte Inseln, Bali, Lombok. Bewohnt gestrüppreiches Gelände u. Mangrovewälder. Erstmalig 1981 in der BRD. Erstzucht 1983 bei KLEEFISCH ↗, vorher mehrere Brutversuche. Eigentum, Haltung, Futter → *Prinia*. ♂ «schneiderte» Nest, «nähte» überwiegend größere Blätter von zur Verfügung stehenden Piperaceen od. großblättrigen *Hibiscus*-spec. zusammen (in Gefangenschaft Gefahr des frühzeitigen Welkens u. Abfallens vor Brutende), auch kleine geschlossene, geflochtene Nistkörbchen, wie sie bei Prachtfinken ↗ Verwendung finden, werden beachtet. Gelege 2—3 weiße, rotbraun gesprenkelte Eier. Nur ♀ brütet. Juv. schlüpfen nach 13 Tagen. Aufzuchtfutter → *Prinia*, vorzugsweise lebende kleine Spinnen, kleine Maden der Großen bzw. Kleinen Wachsmotte sowie die Motten selbst, kleinste Heimchen, kleine möglichst frisch gehäutete Mehlkäferlarven ↗ u. Drosophila. Alles lebend reichen, außerdem Multivitamintropfen. ♀ u. ♂ füttern. Nestlinge haben 2 schwärzliche Zungenflecken. Ab 11. Tag hudert ♀ nur noch nachts. Juv. fliegen nach 14 Tagen aus, sind sehr unselbständig, kurzer Schwanz beginnt erst 8 Tage danach zu wachsen. Noch lange von den Eltern gefüttert.

— *O. sutorius*, Rotstirn-Schneidervogel. ♂: ähnl. *O. sepium*, aber rotbraune Kopffarbe anders verteilt, unterseits weiß. ♀ wie ♂, mittl. Schwanzfedern 6—7 mm kürzer. Ca. 12 cm. UAn. Heimat Sri Lanka, Indien (mit Pakistan) bis S-China, Hinterindien bis Malaysia; Java. Bewohnt Flächen mit Sekundärwuchs, Dickichte, Gärten, bambusbestandene Flächen bis ca. 1500 m ü. NN. Wiederholt in der BRD eingeführt, besonders Anfang der 70er Jahre. Bevorzugt nach KLEEFISCH ↗ scheinbar niedrige Neststandorte mit großen länglichen Blättern (♂ «nähte» in 40—50 cm Höhe unter ein Blatt einer *Hymenocallis*, auch in herabhängenden dürren Blättern einer *Dieffenbachia* Nest). Nistmaterial überwiegend Hundehaare (Unterhaare des Chow-Chows). Bei KLEEFISCH auch Eiablage. Eier (17 × 12 mm) sind blaßgrün mit großflächigen blaßbräunlichen Flecken.

Ortolan (*Emberiza hortulana*) → *Emberiza*

Ortsschau. Ausrichter sind die entspr. Ortsgruppen od. Sparten in der BRD, die diese in eigener Zuständigkeit veranstalten. Einmal im Jahr durchgeführt. Angeschlossen sind zumeist die Meisterschaften ↗ der Sparte für die domestizierten An. Sollten terminlich vor Bundes- ↗ u. Landesschau ↗ liegen, dürfen auf keinen Fall zum gleichen Zeitpunkt wie diese stattfinden.

Ortygornis, Wachtelfrankoline, asiat. G der Perdicinae ↗. 1 A. Nur ♂ mit Sporen. Asien. Ernährung Samen u. Insekten, Allesfresser. Geflügelfertigfutter gut geeignet. Brutdauer 21—23 Tage. Monogam in der Zuchtperiode. Warme Überwinterung. Trockene Volieren. Anpassungsfähig an Umgebung.

— *O. pondicerianus*, Wachtelfrankolin. ♂ u. ♀: Stirn, Wangen, Überaugenstreif u. Kehle, Scheitel u. Hinterhals bräunlich bis oliv mit unklarer Längsfleckung. Halsseiten u. hintere Kehlsäumung weiß mit angedeuteter schwarzer Wellenzeichnung. Weißer Bartstreifen. Rücken graubraun u. schwarz gewellt mit rötlichbraunen u. weißen Querbinden, deutl. weiße Schaftstriche. Unterbauch bläulichweiß mit dunkler Wellung. Schnabel dunkelgrau. Iris braun. Läufe rot. 28 cm. UAn. SO-Arabien, SO-Iran, Indien u. Sri Lanka. Durch den Menschen verbr. auf Mauritius, Réunion, Andamanen, Arniranten. Kulturland in Buschnähe bevorzugt. Gelegestärke 6—9 Eier, glänzendweiß bis hellbräunlich.

Ortygospiza. G der Estrildidae ↗. 1 A. 1. Rassengruppe: S-Uganda, NW-Tansania, Rwanda, O-Zaïre, N-Sambia, S-Zaïre, M-, N-Angola, W-Zaïre, Gabun; 2. Rassengruppe: Senegal, Liberia bis Nigeria, N-Kamerun (hier lokal); S-Sudan bis NO-Zaïre, Uganda, W-Kenia; 3. Rassengruppe: Äthiopien; M-Kenia durch Inner-Tansania bis NO-, S-, SW-Sambia, Malawi; N-, O-Botswana bis S-, M-Angola, Namibia (hier lokal); Simbabwe, lokal in S-Moçambique, S-Afrika, einschließl. Swasiland, Lesotho, Transkei, Bophutatswana, nicht im NW der Kapprovinz. Bewohnen feuchtes Grasland, aber auch auf grasbestandenen Sandböden, auf Lichtungen, gern in der Nähe von Wasserstellen. Überwiegend trippelnd auf dem Boden, fliegen selten auf. Wenig gekrümmte, lange hintere Kralle zeigt u. a. Anpassung an das Bodenleben. Nest unter Grasbüscheln, auch in niedrigen Büschen. Gesellig, bilden manchmal lockere

Brutkolonien. Unterschiedl. häufig im Handel. Entspr. der Lebensweise große Bodenfläche bieten, reichl. mit Grasbüscheln, Heidekraut, Zwerg-Koniferen u. Moos dschungelartige Landschaft gestalten, dazwischen kleine Sandflächen (zum Sonnen). Für Käfig ↗, Vogelstube ↗, Innenvoliere ↗ geeignet, Mindestgröße 2,50–3 × 1,50 × 1,50–2 m Höhe. Futter s. Estrildidae. Ruhig, friedlich, zutraulich, wärmeliebend. Häufig gezüchtet, möglichst mehrere Vögel zusammenhalten. Nestkontrollen werden oft verübelt. Während der Aufzucht reichl. Insektennahrung → Estrildidae. Erfolgreichster Züchter OČKO, Österreich. Möglichst wenig umsetzen, da längere Zeit zum Eingewöhnen erforderlich ist.
— *O. atricollis*, Wachtelastrild. ♂: Stirn, Kehle, Oberkopf schwarz, weiße brillenartige Zeichnung um das Auge, Zügel grau, OS graubraun, Brust, Flanken mit breiten schwarzweißen Querstreifen. Vorderbauch gelbbraun, schwanzwärts gelblicher. Unterschwanzdecken gelblich bis weißlich. Oberschnabel schwärzlichrot, während der Brutzeit wie Unterschnabel rot. Auge gelbbraun. Füße fleischfarben. ♀: weniger Streifenzeichnung als ♂, dessen schwarze Gefiederpartien grau. Juv. Querstreifung nur angedeutet, ♂♂ mit schwacher Brillenzeichnung. 10 cm. UAn. 3 Rassengruppen: 1. *gabonensis* (Schwarzkinn-Wachtelastrild) hat statt weißen

Rebhuhnastrild

schwarzen Kinnfleck; 2. *atricollis* (Rebhuhnastrild) hat keine weiße Brillenzeichnung; 3. *fuscocrissa* (5 UAn).

Ortyxelos. G der Turnicidae ↗. 1 A. Wirken lerchenartig. Beide Geschlechter sehr ähnl. Senegal bis N-Kenia. Trockene sandige Steppengebiete. Erzeugen kein schwirrendes Flügelgeräusch wie verwandte Formen. 2 Eier.
— *O. meiffrenii*, Lerchenlaufhühnchen. ♂ u. ♀: OS gelblichbraun mit schwarzen u. weißen Flecken; US weiß mit bräunlicher, weißgefleckter Brust. ♂ 10,5 cm, ♀ 12 cm.

Oryxweber (*Euplectes orix*) → *Euplectes*
Oryza sativa, Reis. Bei der Haltung u. Zucht des Ziergeflügels wird er zur Erhöhung seiner Verdaulichkeit überwiegend in gekochtem Zustand als Weichfutterbestandteil von vielen Vogelgruppen gern aufgenommen. Sowohl bei der Aufzucht als auch in der Winterperiode bei wärmeliebenden Exoten ein wichtiger Energiespender.
Oryzoborus. G der Emberizidae ↗. 3 An. M- u. S-Amerika. Haltung im großen Käfig ↗, Vogelstube ↗, Innen ↗- od. bepflanzter Außenvoliere ↗ mit Flugraum ↗. Mäßig warme Überwinterung. Futter verschiedenste Hirse ↗, Glanz ↗, Hanf, Weizen ↗, reichl. Kolbenhirse, Grünes, Obststückchen u. Beeren.
— *O. angolensis*, Schwarzkopf-Reisknacker. UA *O. a. torridus*. ♂: Kopf u. Kehle glänzendschwarz, ebenso OS. Flügel mit kleinem weißem Spiegel. US rotbraun. Schenkel schwarz. Schnabel hornschwarz, Unterschnabelwurzel gelblich, Schneiden hell. Auge graubraun. Füße schwärzlichbraun. ♀: Wangen u. Kehle dunkelbraun, Zügel rostbraun. OS dunkelolivbraun, hinterer Bürzel u. Oberschwanzdecken rostbraun. Flügeldecken dunkelbraun mit rostbraunen Säumen. Schwingen u. Schwanzfedern schwarzbraun, dunkelolivbraun bis rostbraun gesäumt. Unterflügeldecken weiß, verwaschen olivgelb. Kinn weißlich, Brust dunkelbraun, sonst US hellzimtbraun, Bauchmitte u. Flanken mehr rostbräunlich. Lidrand schmutzigweiß. 12–13 cm. Mehrere UAn. Von Kolumbien, Venezuela, Trinidad u. Guayana bis N-Bolivien, Paraguay, Misiones u. Rio Grande do Sul; von S-Mexiko durch M-Amerika, N- u. W-Kolumbien bis W-Ekuador. Lebt im offenen Gelände. Gesang leise, zwitschernd u. trillernd. Beschriebene UA erstmalig 1870 im Zool. Garten London, seither sporadisch im Handel. Stiller, friedlicher Vogel.
— *O. crassirostris*, Mohrenreisknacker, Schwarzer Reisknacker. ♂: glänzendschwarz, Schwingen zu den Spitzen bräunlicher, Flügelspiegel weiß. Unterflügeldecken weiß mit großem schwarzem Fleck. Schnabel hornschwarz. Auge schwarz. Füße schwärzlich. ♀: olivbräunlich, US dunkelockerfarben, Brustseite grünlicholiv. Unterflügeldecken gelblichweiß. Ca. 14 cm. UAn. N-Brasilien, nordöst. Peru, Kolumbien, Venezuela, Trinidad u. Guayana. Lebt in kleinen Flügen im Gras- u. Sumpfland, auch zusammen mit Jakarinifink ↗. Gesang anspruchslose Strophen. Nest aus trockenen Grashalmen gebaut, steht niedrig in Büschen. Selten im Handel.

Ostafrikanischer Kronenkranich → Kronenkranich
Östlicher Aztekensittich, UA → Aztekensittich
Östlicher Blauhäher, NN → Blauhäher
Östlicher Saruskranich → Saruskranich
Ostroller, NN → Dollarvogel
Othyphantes, Schwarzohrweber. G der Ploceinae ↗. 4 An. Leben im Wald u. an Waldrändern, auf Lichtungen, an Flußläufen u. an Seen, auch auf Plantagen u. Feldern. Nahrung Hirse, Grassamen, Früchte u. Insekten. Gesang krächzend, schilpend. Rufe schrill. Nest oval mit seitl. Einschlupföffnung in Büschen, aus Gräsern gebaut. Gelege 1–2 blaugrüne bis zartrosafarbene Eier, braun gefleckt. Versch. Rassen importiert, trotzdem selten angeboten. Gut für Voliere ↗ geeignet, am besten Gartenvoliere mit Schutzhaus. Futter Hirse, Glanz, Keimfutter, Grünes, Insekten, Früchte. Nest wird in dichten Büschen gebaut. Friedlich. Zucht noch nicht gelungen.

Otididae

— *O. baglafecht*, Baglafechtweber. 9 UAn. ♂: im BK schwarze Wangen, Stirn u. Kopf-OS intensiv gelb, übrige OS grün. US bis auf weiße Bauchmitte gelb. Schnabel schwarz. Im RK schiefergrau. Füße fleischfarben. ♀: ohne schwarze Wangenflecke, grünliche Stirn. Im RK ♂ u. ♀ sperlingsähnl. UA *O. b. reichenowi*, Reichenowweber. ♂: Nacken, Rücken, Flügel schwarz, beim ♀ außerdem Kopf-OS u. Kopfseiten. Angeblich kein RK. Kamerun, S-Sudan bis N-Äthiopien, Malawi u. NO-Sambia.

Otididae, Trappen. Einzige F der Otidiformes ↗. 6 Gn, 22 An. Bräunliche Bodenvögel mit kräftigen mittellangen Beinen ohne Hinterzehe. Klein bis sehr groß, darunter die schwersten flugfähigen Vögel der Erde *(Otis tarda ↗)*. Von 22 An in 6 Gn sind 3 paläarktisch, 3 orientalisch, 1 austral. und 15 äthiopisch verbr. Besiedler der offenen Landschaft von der (Agrar-)Steppe bis zur Wüste. Zurschaustellung bestimmter Gefiederpartien u. Halserweiterungen optisch wirksames Verhalten der ♂♂ zur Fortpflanzungszeit, die Trappenbalz. Meist ausgeprägter Geschlechtsdimorphismus. Dunenbasis der Federn rosa durch lichtunbeständiges Koproporphyrin. Sehr scheu, schon von weitem Gefahren laufend ausweichend, aber auch kraftvoller Flug. Nur ♀ brütet, führt die Juv. Gelege in flacher Bodenmulde, bis 5 Eier, dickschalig, olivgrün bis bräunlich mit braunen Flecken. Sandfarbene dunkel marmorierte Dunenjunge sind Nestflüchter. Beginnen erst nach einigen Tagen nach Nahrung zu picken, bekommen aber Futter vom ♀ in der Schnabelspitze vorgehalten. Wilde *Tetrax-, Chlamydotis-* u. auch *Otis*-Küken können sich mit 10—14 Tagen schon weitgehend allein ernähren, Aufzuchtküken meist erst später. Mit 5 Wochen flügge, bleiben sie bis in den Herbst beim ♀. Außerhalb der Fortpflanzungszeit Gruppen bildend. Ernährung omnivor, bevorzugt werden Heuschrecken, Käfer u. a. Insekten, kleine Wirbeltiere (z. B. Mäuse, Eidechsen) sowie ein hoher Anteil krautiger Pflanzenteile (Leguminosae, Brassicaceae, *Artemisia, Allium* u. a.) u. Magensteinchen. Volieren- u. Gehegehaltung bekannt von 12, auf europ. Festland 8 An. Fortpflanzung in Gefangenschaft, teilweise mit Kunstbrut, bisher bei 7, in Europa bei 5 An. Da Gefangenschaftszuchten unter den für Trappen meist relativ begrenzten Raumbedingungen schwierig sind, ist es für Erhaltungszuchten angebracht, Nachgelege anzuregen, um Jungvögel durch Kunstbrut u. Handaufzucht zu erzielen. Schutz in der Natur sehr notwendig, da Bestand fast aller An gefährdet.

Otidiformes, Trappen. O mit einziger F Otididae ↗.

Otidiphabidae, Fasantauben, F der Columbiformes ↗ (früher zu Columbidae, UF Columbinae, gestellt). 1 G, 1 A. Habitus fasanenähnl. Flügel recht kurz, abgerundet. Anzahl der Steuerfedern 20—22, spitzdachartig angeordnet. Lange Beine mit nur bei dieser F vorhandenen Quertafeln. Fast nur am Boden, wo sie sich, je nach Erregungsgrad langsamer od. schneller schwanzwippend, bedächtig bewegen. Versuchen bei Gefahr zunächst zu Fuß in Deckung zu gelangen bzw. fliegen nur ein kurzes Stück, um dann die Flucht am Boden fortzusetzen. Zum Schlafen aufbaumend, dann Schwanz lotrecht nach unten haltend. Pflege s. *Otidiphaps*.

Otidiphaps. G der Otidiphabidae ↗. 1 A. Neuguinea u. nahegelegene Inseln.

— *O. nobilis*, Fasantaube. ♂ u. ♀: Kopf schwarz, grün bzw. blau schimmernd, mit od. ohne Häubchen. Vordere Partie des Halses u. US schwärzlich mit unterschiedl. Glanz, am Hals blau, an der Brust purpurn, am Bauch grün. Hinterer Hals, Nacken bis Mantelansatz je nach UA sehr verschieden, bei *O. n. nobilis* oben grün mit Bronzeglanz, darunter in Form eines Flecks goldbronzefarben, bei *O. n. aruensis* silbrigweiß, bei *O. n. cervicalis* lichtgrau, bei *O. n. insularis* ohne besonderes Abzeichen. Rücken u. Flügel kräftig rot- bis kastanienbraun. Hinterer Rücken blau, purpurn durchsetzt. Oberschwanzdecken blau. Schwanz schwarz mit grünlichem Glanz. Schnabel knallrot. Schmale Augeneinfassung u. Auge rot bzw. orange. Füße rot, Schienen gelblich. 50 cm. UAn. Neuguinea, Batanta, Waigeu, Aru- u. Fergusson-Inselgruppe. Urwälder an Berglehnen bis 1 800 m ü. NN. Sucht auf Waldboden nach Nahrung: Samen, Beeren, (viel) Kleingetier. Zweignest i. d. R. zwischen Wurzelwerk am Boden, mitunter niedrig in Geäst. Gelege 1 licht cremefarbenes Ei. ♂ u. ♀ wechseln sich beim Brüten ab; im Gegensatz zu anderen Columbiformes wird der Tauber noch mittags für etwa 30 Min. von der Täubin abgelöst. Brutdauer 23—26, bei Schlechtwetter bis 29 Tage; ♂♂ sollen eher als ♀♀ schlüpfen. Während der 1. Woche füttert nur die Täubin, die die Nahrung vorher vom Tauber empfängt. Juv. nach 4 Monaten unabhängig (Brutangaben nach Gefangenschaftsbeobachtungen, die einer Bestätigung bedürfen!). Selten in Tiergärten, Rarität bei Liebhabern. Erstmalig 1923 *(O. n. cervicalis)* im Zoo London, 1927 bei BLACK Los Angeles/USA *(O. n. nobilis)* bzw. 1930 bei EZRA/England *(O. n. aruensis)*. Vereinzelt gezüchtet: 1930—1937 bei BLACK, ab 1977 im Vogelpark Walsrode ↗. Lebhafter, übernervöser Vogel, der eine geräumige, bes. am Boden reich mit Deckung ausgestattete Voliere verlangt. Erhält Mischfutter wie andere größere Tauben, dazu animalische Kost. Insekten lassen sich mittels Dunghaufen anlocken. Sind warm zu überwintern.

Otis. G der Otididae ↗. Nur 1 südpaläarktisch verbr. A.

— *O. tarda*, Großtrappe. ♂: OS braungelb, schwarz bebändert. Kopf u. Hals grau, BK mit weißen Bartfedern, 10 bis 17 kg! ♀: bedeutend kleiner, 4 kg; Juv. Handschwingen mit gelben Spitzensäumen. 100 cm. Iberien, öst. M-Europa bis Turkestan *(O. t. tarda)* sowie O-Altai bis Ussurigebiet *(O. t. dybowskii)*. Starker Bestandsrückgang. Einehig; ♂ mit 5, ♀ mit 3 Jahren geschlechtsreif. Mit umgelegtem Schwanz, aufgepumptem Kehlsack u. durchgedrückten Ellenbogen verwandelt sich das balzende ♂ in einen weithin leuchtenden weißen Federball. 2—3 Eier, Brutdauer 23 Tage. Schlupfgewicht 95 g. Nahrung Kräuter wie Raps u. a., Brassicaceae, Leguminosae, Löwenzahn sowie Heuschrecken, Käfer u. a. Insekten bis zu kleinen Wirbeltieren. Eingewöhnung von Wildfängen in größeren Gehegen möglich, doch handaufgezogene Tiere zu Haltung u. Zucht besser geeignet. Bisherige Handaufzuchten aus gestörten Gelegen vielfach zur Bestandsstützung von Wildpopulationen. Gehegezuchten weniger erfolgreich. Erstzucht 1964 (von GEWALT, Berlin-West). Auch Haltung handaufgezogener Vögel mit eingeschränktem Flugvermögen in Grünlandgehegen mit Sandstellen von 200 bis über 5 000 m² nicht einfach. Evtl. nächtl. Einstallung od. einzeln in Boxen von 1,5–2 m². Fütterung bis 4× tägl. abwechslungsreich mit viel Grünkraut sowie Pellets ↗, Fleischbrocken u. a. Kükenaufzucht mit gebrühten Mehlwürmern ↗, Wanderheuschrecken ↗, Fleischstückchen (Rinderherz, Mäuse, Sperlinge), hartgekochten Eiern, Weißbrot, Pellets, viel Grünfutter (Vogelmiere, Schafgarbe, Löwenzahn, Weißklee, Luzerne u. a.), sparsam Kiesel, Afarom, Mangansulfat, Ergokalziferol; individuelle knappe Fütterung mit begrenzter Eiweißzufuhr. Perosis ↗, Kokzidiose ↗, Kippflügeln ↗ u. Knochenbrüchen ist vorzubeugen. Bei Erhaltungszuchten unter Ausnutzung von Nachgelegen Kunstbrut in kleinen Flächenbrütern. Kükenhaltung in 0,5 m² – Aufzuchtkisten mit Sand unter Infrarotstrahlern bei zunächst 36 °C, die in 20 Tagen auf 25 °C abgesenkt werden. Tagsüber viel Sonne u. Bewegung im Freien durch Hüten erforderlich. Fütterung alle 2 Std. durch Vorhalten der Nahrung. Vom 20.–40. Tag Zufütterung mit der Hand absetzen u. Unterbringung in größeren, anfangs erwärmten Aufzuchthütten mit Auslauf im Gehege. Haltung aufgrund internat. Schutzbestimmungen nur für Naturschutzzwecke mit staatl. Genehmigung.

Großtrappe. Männchen

Großtrappe. Fütterung eines Jungvogels

Otus, Zwergohreulen. G der Strigidae ↗. 21 An. Klein, mit Federohren u. gelber Iris. Ausnahmen bilden nur *O. flammeolus* u. *O. bakkamoena* mit brauner Iris. Keine Geschlechtsunterschiede im Gefieder, jedoch sind ♀♀ größer u. schwerer als die ♂♂. Weltweit, außer Australien. In Wäldern der Niederungen u. der Gebirge sowie offenen baumbestandenen Gras- u. Kulturlandschaften. Nachtaktiv. Hauptnahrung Insekten, bes. in der Brutzeit auch Kleinsäuger u. Vögel. Eingewöhnung u. Haltung bei den 4 in Europa bereits gehaltenen An mit Eintagsküken, kleinen Mäusen, Mehlwürmern u. Heimchen problemlos. 3 An konnten bisher erfolgreich gezüchtet werden. Sehr verträglich. Trotzdem ist eine paarweise Haltung in einer 2,00 m breiten, 3,00 m tiefen u. 2,00 m hohen Voliere ↗ einer Gemeinschaftshaltung immer vorzuziehen. Die Brutbiologie der meisten An ist unbekannt.
— *O. bakkamoena,* Halsbandeule. ♂ u. ♀: Gefieder sandockerfarben mit unterseits schwacher, dunkelbrauner Längsstrichelung, oberseits u. am Oberkopf durch kräftige dunkelbraune Flecken dunkler wirkend. Seitl. dunkelbraune Gesichtsumrandung. Einzige asiat. Eule mit brauner Iris. Beine befiedert, Zehen im nö. Verbr.-Gebiet befiedert, sonst nackt. Juv. Kleingefieder einfarbig sandfarben ohne dunkelbraune Strichelung u. Flecken. 19–23 cm. In S-Asien einschließl. Sri Lanka, Sumatera, Java, Bali, Kalimantan, Philippinen, Taiwan, China bis Ussuriland, Sachalin, Kurilen u. Japan. Bevorzugter Lebensraum sind die baumbestandene offene Landschaft einschließl. Gärten u. Kulturland sowie die Mangrovewälder in Küstennähe. Insekten, Kleinsäuger u. Vögel bilden ihre Nahrungsgrundlage. Baumhöhlenbrüter. Gehaltene Exempl. nehmen auch Obst u. Salatblätter sehr gern. Selten gehalten. Zucht mehrfach gelungen. Gelege 3–5 Eier. Legeabstand 2 Tage. Nach Ablage des 2. Eies beginnt das ♀ mit der Bebrütung. Juv. schlüpfen nach 26 Tagen. Erstzucht gelang 1943 dem Zool. Garten Dehiwela, Ceylon (Sri Lanka).

Oxypelia

Halsbandeule

— *O. rutilus,* Inseleule. ♂ u. ♀: mit gelber Iris, OS graubraun, fein dunkelbraun längsgestrichelt, US schmutzigweiß mit dunkelbrauner kräftiger, sich zur Brust hin verdichtender Längsstrichelung. Beine befiedert, Zehen nackt. Juv. den Ad. ähnl., jedoch alle Farbstrukturen verwaschener. 19—23 cm. Auf Madagaskar, den Komoren u. Pemba. In lichten Waldungen. Baumhöhlenbrüter, auf Pemba auch als Bodenbrüter nachgewiesen. Insekten u. Kleinsäuger sind ihre Nahrung. Äußerst selten gehalten, jedoch bereits gezüchtet. Erstzucht gelang 1961 dem Tierpark Krefeld, BRD. Brutbiologie u. Lebensweise weitgehend unbekannt.
— *O. scops,* Zwergohreule. ♂ u. ♀: mit oberseits graubraunem u. unterseits silbergrauem Gefieder mit zahlreicher dunkelbrauner, feiner Längsstrichelung, welche dem Gefieder ein borkenähnl. Aussehen verleiht. Beine befiedert, Zehen nackt. Juv. den Ad. sehr ähnl., jedoch sind alle Farbstrukturen verwaschener. Iris bei Jungvögeln grüngelb. 19—21 cm. N-Afrika, S-Europa bis Frankreich, Ungarn, Rumänien, S-Sowjetunion durch Sibirien bis zur Mongolei, Kleinasien u. Israel bis Afghanistan. Offene baumbestandene Landschaften, auch Kulturlandschaften wie Obstgärten, Parkanlagen, Alleen u. alte Gebäude sind ihr Lebensraum. Hauptanteil der Nahrung Insekten, vereinzelt Kleinsäuger u. Vögel. Baum- u. Mauerhöhlenbrüter. In der Hauptsache von Privatliebhabern gehalten. Zucht oft gelungen. Gelege 3—5 Eier. Die in 2tägigem Abstand gelegten Eier werden vom ♀ allein bebrütet. Juv. schlüpfen nach 25 Tagen, ♀ wird vom ♂ mit Beute versorgt. Juv. werden vom ♂ u. ♀ gefüttert. Erstzucht gelang 1888 F. SCHMIDT, BRD. Naturschutzbestimmungen s. Strigidae.
— *O. senegalensis,* Afrikanische Zwergohreule. ♂ u. ♀: *O. scops* sowohl in Gefieder, Größe, Ernährung als auch in der Lebensweise ähnl. Afrika sü. der Sahara. Äußerst selten gehalten. Vereinzelt in der BRD gehalten. Brutbiologie ebenfalls s. *O. scops.*

Oxypelia. G der Columbidae ↗ (früher zu *Columbina* ↗). 1 A. S-Amerika. Pflege s. auch Columbiformes.

Oxypogon, Helmkolibris. G der Trochilidae ↗. 1 A. Von NW-Venezuela bis Kolumbien. Bewohnen die Paramozone u. deren Täler, Busch- u. Grashänge der Anden in Höhen von 3 500—4 000 m ü. NN. Eingewöhnung kaum möglich, da fast immer in schlechter Verfassung importiert. Haltungserfolge liegen nicht vor. Zucht nicht geglückt.
— *O. guerinii,* Helmkolibri. ♂: OS dunkelgrün. Kopf-OS u. Kopfseiten schwarz, von der Schnabelwurzel nach der Kopfmitte 2 weiße Streifen, die sich auf dem Scheitel vereinigen. Kopf-OS mit langer schwarzer, in der Mitte weißer Haube. Kinn weiß, in der Mitte mit grünen Punkten. Kehlfedern stark verlängert, weiß. Breiter weißer, oben u. unten bräunlich getrübter Halsring. US olivgrün, Federn mit bräunlichweißen Säumen. Mittelstes Steuerfederpaar wie der Rücken, die übrigen dunkelbronzefarben, die Schäfte zu ⅔ weiß. Schnabel schwarz. ♀: ohne verlängerte Federn an Kopf u. Kehle. Kopf-OS wie Rücken, der weiße Halsring nicht so deutl. Kinn, Kehle weiß mit einigen bronzegrünen Flecken. Äußere Steuerfedern mit weißem Strich auf der Außenfahne. Sonst wie ♂, aber kleiner. Juv. wie ♀. 11,0 cm.

Oxyura. G der Anatidae ↗, UF Anatinae ↗. 6 An.
— *O. jamicensis,* Schwarzkopfruderente. ♂: von *O. j. jamaicensis* im BK kastanienbraun. Ober- u. Hinterkopf schwarz. Kopfseiten weiß. Schwanz wird insbes. bei der Balz senkrecht aufgestellt. Schnabel hellblau. Füße dunkelgrau. Im RK graubraun mit schmutzigweißen Kopfseiten. Schnabel grau. ♀: grau mit dunklem Oberkopf u. Zügelstreif. Schnabel grau. 40 cm. 3 UAn. Brutvogel im we. Teil Amerikas von Kanada bis Feuerland. Brutvogel N-Amerikas zieht im Winter nach S. Zur Brutzeit auf flachen Seen mit reichl. Vegetation. In N-Amerika in den Niederungen, in S-Amerika auf den Hochebenen der Anden. Ernährt sich von kleinen Wassertieren u. Pflanzenteilen, die z. T. tauchend aufgenommen werden.

Zwergohreule

Überdachte Nester in Ufervegetation. Gehege mit 6—10 großen Eiern werden vom ♀ ca. 25 Tage bebrütet. ♂ beteiligt sich an der Führung der Juv. Im Gehege häufigste Ruderente. Unterbringung auf nicht zu kleinen u. flachen Teichen. Nimmt Futter gern direkt aus dem Wasser od. schwimmend vom Ufer auf. Überwinterung im Freien auf eisfreien Wasserstellen. Fütterung mit Mischfutter, Wasserlinsen u. gelegentl. Garnelen. Zucht gelingt noch nicht regelmäßig. Eiablage in Bodenvegetation od. Nistkästen. Künstl. Aufzucht oft problematisch. Juv. benötigen sehr zeitig Wasser zum Schwimmen u. Tauchen. Futter mit reichl. tierischem Eiweiß.
— *O. leucocephala*, Weißkopfruderente. ♂: im BK Kopf weiß mit schwarzem Scheitel u. Halsring. Brust kastanienbraun. Rücken u. Flanken braun mit feiner Wellenzeichnung. An der Wurzel aufgetriebener Schnabel hellblau. Füße grau. Im RK mit mehr Braun als ♀. Kopfseiten weiß mit Wangenstreif. ♀: braun mit hellem Wangenstreif u. heller Kehle. 45cm. Lokal Brutvogel vom Mittelmeergebiet bis M-Asien. Im Winter sü. der Brutgebiete. Nahrung Pflanzenteile u. kleine Wassertiere. Bewohnt zur Brutzeit Flachseen mit reichl. Ufervegetation. Vorliebe für Brackwasser. Nest im Schilf unmittelbar am Wasser. Gelege 5—12 Eier. Brutdauer ca. 25 Tage. Selten gehalten. Unterbringung auf mittelgroßen Teichen mit reichl. Ufervegetation. Überwinterung auf offenem Wasser. Zucht einige Male gelungen.

Pabstfink *(Passerina ciris)* → *Passerina*
Pacheco-Papageienkrankheit. Stark ansteckende Krankheit der Papageien ↗, verursacht durch ein Herpes-Virus. Nekrosen in Leber u. Milz.
Pachyphantes, Breitschnabelweber. G der Ploceinae ↗. 1 A. Sierra Leone, S-Äthiopien bis N-Angola u. NW-Tansania. Savannen u. Sümpfe. Kleine Trupps. Kugeliges, auch längliches Nest zwischen hohen Grashalmen, seitl. Einschlupf. Gelege 3—4 weiße bis isabellfarbene Eier mit zahlreichen graubraunen Pünktchen u. Flecken besetzt. Ernährung s. Ploceinae. Selten im Handel. Unterbringung in Voliere, frostfreie Überwinterung. Futter → Ploceidae.
— *P. supercilliosus*, Braunbürzelweber. ♂: Stirn, Kopf-OS goldgelb, Wangen, Kinn, Kehle schwarz, letztere von goldgelber Färbung umgeben. Hinterkopf blaßgelb, ebenso Halsseiten, US, letztere mehr weißlich. OS sonst olivbraun, auch Flügel u. Schwanz. Bürzel kräftig braun. Rückenfedern mit gelben Säumen. Flügelfedern weiß gesäumt. Schnabel schwarz. ♀: Kopf-OS schwarz, auffällig ist der gelbe Streifen über dem Auge, sonst dem ♂ sehr ähnl. Im RK ♀ u. ♂ schlichter, vorwiegend bräunlich. Schmaler schwarzer Augenstreifen, Überaugenstreif dann zimtfarben.
Padda. G der Estrildidae ↗. 2 An. Temperamentvolle Vögel. Pflege s. Estrildidae.
— *P. fuscata*, Brauner Reisfink, Timorreisfink. ♂ u. ♀: OS dunkelbraun, Oberkopf schwarz, Wangen weiß, scharf begrenzt. Kehle schwarz, Brust hellbraun. Bauch, Unterschwanzdecken weiß. Schnabel blaugrau. Auge dunkelbraun, Lidrand blaugrau. Füße hornfarben. 12 cm. Insel Timor u. Samau

Padda

Reisfink

(Kleine Sundainseln). Lebensweise wenig bekannt. Sehr selten gehandelt. Import u. Erstzucht 1976 durch Dr. R. BURKARD ↗, vorher wahrscheinl. letztmalig 1939 in Europa eingeführt. Züchtet am besten bei Haltung mehrerer Paare in großer Voliere ↗. Bei BURKARD bis zu 9 Junge in einem Nest. Sonst s. Reisfink.
— *P. oryzivora*, Reisfink. ♂ u. ♀: Augengegend, Zügel, Oberkopf bis Nacken schwarz, ebenso Handdecken, Bürzel, Oberschwanzdecken u. Schwanz. Rücken, Flügeldecken, innere Armschwingen hellbläulichgrau, übrige Schwingen schwarz, grau gesäumt. Kopfseiten weiß, unten von schmalem schwarzen Band begrenzt, zieht zu Kinn u. oberer Kehle. Übriger Kopf, Halsseiten, Brust hellbläulichgrau. Bis auf weiße Schenkel u. Unterschwanzdecken US hell rötlichgrau. Schnabel kräftig, rötlich mit weißlicher Spitze u. ebensolchen Schneiden. Auge rostbraun, Lidrand rot. Füße fleischrot. Sichere Geschlechtsbestimmung nur Gesang des ♂. Juv. OS dunkelgrau, US mehr gelblichgrau, Schnabel schwarz. 14 cm. Weiße Kulturform, leuzistische Mutante, vor mehreren Jh. von Chinesen gezüchtet, weitere Mutanten bekannt, s. domestizierte Prachtfinken. Java, Bali. Durch den Menschen verbr. auf Sri Lanka, in S-Burma, Malaysia, Sumatera, auf den Kleinen Sundainseln, Sulawesi, Maluku, Philippinen, Fidschi-Inseln, auf der Weihnachtsinsel, auf Cocos Keeling, Sansibar, Pemba, gegenüberliegende Küste Tansanias, St. Helena, Puerto Rico. Fast der erste Prachtfink in Europa. Ausdauernd, hart, anspruchslos. Gegenüber kleineren Vögeln zänkisch, bes. während der Brutzeit. Weichlich während der Eingewöhnung, im Handel fast nur noch gezüchtete Vögel. Gut für Käfig (Mindestlänge 1 m) geeignet, hier auch Zucht möglich. Hervorragender Pflegling für Freivoliere. Nicht unter 8°C halten. Zucht leicht, aber nicht mit Wildfängen! Baut gern in Wellensittich-Nistkästen (Querformat), kein freistehendes Nest. Kasten wird vollständig mit groben Halmen, Rispen, Fasern, Stroh, Kiefernnadeln zugebaut. Polsterung mit weichen Blättern, Gräsern, welker Vogelmiere. Gelege 4—6, selten 8 Eier. ♀ u. ♂ brüten abwechselnd. Nestkon-

Paecilonetta

trollen werden nicht verübelt. Aufzuchtfutter viel Grünfutter, Keim-, Eiweichfutter. Juv. fliegen nach 24—26 Tagen aus, nach 14 Tagen selbständig. Bei Käfighaltung Junge von den Eltern trennen, sonst Störung der nächsten Brut; in großen Flugräumen nicht unbedingt notwendig. Manchmal wird schon im Jugendgefieder gebrütet.

Paecilonetta. G der Anatidae ↗, UF Anatinae ↗. 2 An.
— *P. bahamensis*, Bahamaente. Jahreskleid. ♂: untere Kopfhälfte u. Kehle leuchtendweiß. Übriger Kopf braun, schwarz gesprenkelt. Brust u. Flanken braun mit dunklen Tupfen. Rücken schwarz, hellbraun gesäumt. Spiegel dunkelgrün. Mittl. Schwanzfedern verlängert. Schnabel blaugrau mit 2 seitl. roten Flecken an der Wurzel. Füße graubraun. ♀: weniger intensiv gezeichnet, kleiner, Schwanzfedern kürzer. 40—46 cm. 2 UAn. Brutvogel auf den Bahama- u. Galapagosinseln, den Antillen u. in S-Amerika von Venezuela bis Argentinien. Zur Brutzeit an flachen Küstengewässern u. in der Mangrovezone. Nester zwischen Pflanzen in Ufernähe. 8—12 Eier werden vom ♀ 25—26 Tage bebrütet. Verbr. Gehegevogel. Anspruchslos u. verträglich. Bedingt winterhart. Unterbringung in mittelgroßen Gemeinschaftsanlagen. Regelmäßig gezüchtet. Nester in Nistkästen od. Bodenvegetation. Aufzucht der Juv. problemlos. Mischlinge mit anderen An sind selten. Die gelegentl. gehaltene Silberbahamaente ist durch Mutation entstanden.
— *P. erythrorhyncha*, Rotschnabelente. Jahreskleid. ♂: untere Kopfhälfte u. Kinn weiß mit gelbem Anflug. Kopf-OS u. Hinterhals dunkelbraun. Brust u. Flanken graubraun, hell gesäumt. Rücken dunkelbraun mit hellen Federsäumen. Schwanzfedern zugespitzt, aber nicht verlängert. Schnabel rot mit dunkelbraunem Firststreifen. Beine dunkelgrau. ♀ kleiner als ♂, unterschiedl. Stimme. 43—48 cm. Brutvogel in S- u. O-Afrika sowie auf Madagaskar. Bewohnt im Binnenland Seen, Tümpel, Flußläufe u. Überschwemmungsgebiete. Häufigste Ente Afrikas. Außerhalb der Brutzeit in Trupps. Brütet in Regenzeiten. Nester in Ufervegetation. Gelege mit 5—12 Eiern. Brutdauer 25—27 Tage. Im Gehege nicht bes. häufig. Widerstandsfähig u. verträglich. Für Gemeinschaftsanlagen sehr geeignet. Nicht ganz winterhart. Leicht züchtbar. Eiablage in Nistkästen od. zwischen Uferpflanzen. Aufzucht der Juv. problemlos. Mischlinge mit anderen An sind bekannt, aber selten.

Pagel, Theo, geb. 5. 5. 1936 in Duisburg. Seit 1948 Vogelliebhaber, anfangs nur Interesse für Prachtfinken ↗, später auch Haltung zahlreicher Weich-, Frucht- u. Nektarvögel, auch fleischfressender Vogel-An. 1958 Eintritt in die AZ ↗, einer der aktivsten Mitglieder. Seit 1971 Obmann der Arbeitsgemeinschaft der Prachtfinkenzüchter (APZ), wurde auf sein Drängen in Arbeitsgemeinschaft der Liebhaber exotischer Körner- u. Weichfresser (AEZ) umgewandelt. Ab 1972 2. Vorsitzender der AZ, seit 1975 Exotenpreisrichter, seit 1983 verantwortl. Redakteur der AZ-Nachrichten. Zahlreiche Veröffentlichungen vorwiegend in den AZ-Nachrichten.

Pagodenkauz *(Strix seloputo)* → *Strix*
Pagodenstar *(Temenuchus pagodarum)* → *Temenuchus*
Paläarktis → zoogeographische Regionen
Palaku-Honigfresser *(Myzomela scaleteri)* → *Myzomela*
Palästina-Waldkauz *(Strix butleri)* → *Strix*
Palawan-Pfaufasan *(Polyplectron emphanum)* → *Polyplectron*
Palmensegler *(Cypsiurus parvus)* → *Cypsiurus*
Palmentangare *(Thraupis palmarum)* → *Thraupis*
Palmenweber *(Textor bojeri)* → *Textor*
Palmertangare *(Tangara palmeri)* → *Tangara*
Palmkakadu *(Probosciger aterrimus)* → *Probosciger*
Palmtangare, NN → Palmentangare
Palmtaube *(Streptopelia senegalensis)* → *Streptopelia*
Palmzierlori *(Hypocharmosyna palmarum)* → *Hypocharmosyna*

Paludipasser. G der Estrildidae ↗. 1 A. Lokal in SW-, NO-Angola, S-Zaïre, Sambia, Simbabwe, M-Moçambique, Malawi, S-Tansania, in W-, NO-Zaïre. Leben vorzugsweise im feuchteren Grasland u. auf Sandboden, dort weit häufiger als *Ortygospiza atricollis* ↗. Lebensweise, Pflege wie *Ortygospiza*. Erstmalig 1964 in Europa (Holland). Vereinzelt im Handel, vorwiegend in Holland u. England.
— *P. locustella*, Heuschreckenastrild. ♂: Vorderkopf, Kinn, Kehle, Halsseiten u. Oberschwanzdecken rot. Von Stirnmitte an OS dunkelbraun, Flügeldecken mit weißen Pünktchen. Flügelbug blaßrotbraun. Schwanz schwärzlich. Von Brust an US braungrau. Schnabel rot, Firste schwärzlich. Auge gelbbraun. Füße dunkelbraun. ♀: ohne Rot am Kopf, stattdessen Braun. Kehle, Brustseiten weißlicher, Seiten mit braunen Querwellen. Juv. ähnl. ♀. 10 cm. UAn.

Palumbus. G der Columbidae ↗ (früher zu *Columba* ↗). 6 An. Europa, Asien, N-Afrika.
— *P. palumbus*, Ringeltaube. ♂: Kopf bläulichgrau. Halsseiten mit weißer Fleckzeichnung, darum grün- u. purpurnglänzend. OS grau mit lichtem Braunton. Band entlang des Flügelrandes weiß. Armschwingen schieferfarben. Handdecken u. -schwingen schwarz. Schwanz dunkelblaugrau mit breiter schwarzer Endbinde. Kehle grau. Brust weinrot, nach hinten zu u. nach den Seiten Übergang zu Grau. Unterschwanzdecken weißlich. Schnabel an der Basis rot, sonst gelblich. Auge gelblich. Füße rot. ♀ wie ♂, aber kleiner u. matter. 40—43 cm. Europa bis W-Sibirien, doch ohne den N Skandinaviens u. der UdSSR, ferner im SO von Kleinasien bis N-Indien sowie in NW-Afrika, auf Madeira, Azoren. Bewohnt Laub-, Nadel- u. Mischwälder, offenes Gelände mit Gehölzen, parkartige Strukturen in Ortschaften. Im N u. NO Zugvogel ↗ (Oktober/November bis Februar/März), sonst Teilzieher ↗, im S Standvogel ↗. Außerhalb der Brutperiode gesellig. ♂ demonstriert Revierbesitz mit prahlendem Balzflug. Baumbrüter. Gelege 2 weiße Eier, Brutdauer 15½—17 Tage. Nestlingszeit 20—25 (28) Tage. 3—4 Jahresbruten. Für die Haltung in naturnah, d. h. mit viel Astwerk, einge-

richteten Großvolieren sehr geeignet. Nur Wildfänge, die als Altvögel in Menschenhand gerieten, gewöhnen sich schwerer ein, bleiben zeitlebens scheu u. neigen zum Toben. Nicht frostempfindlich, aber ein Wetterschutz bzw. ein offener Schutzraum sollten wenigstens vorhanden sein. Kann Fasanen ↗ beigesellt werden. Die Paare sollten allein bleiben. Züchtet verhältnismäßig leicht, doch am Nest sehr störanfällig, wie im Freileben. Nachkommen, die aus Bastardzuchten mit Haus- ↗ u. Hohltauben ↗ hervorgingen, sind immer unfruchtbar. Nicht wählerisch, neben grober Körnernahrung Pellets, Eicheln, Buchekkern usw., auch gewürfeltes Obst, Beeren, Grünzeug, außerdem Insekten (Mehlwürmer ↗), Schnecken ↗ anbieten, zur Jungenaufzucht Weichfutter bzw. weiche Futtermittel, wie Zwieback, Weißbrot, Hundekuchen, alles zerbröckelt u. angefeuchtet, gekeimte od. gequollene Sämereien. Außerdem *P. trocaz*, Silberhalstaube, auch UA *P. t. bollii*, früher eine eigenständige A, u. *P. junoniae*, Lorbeertaube, gezüchtet.

Pampahuhn (*Rhynchotus rufescens*) → Rhynchotus
Pampastrauß (*Rhea americana*) → Rhea
Panaeola, Elfennektarvögel. G der Nectariniidae ↗. 16 An. Afrika. Bevorzugen Trockenbuschgebiete, Flußläufe, Wälder, Bergwälder.
— *P. afra*, Großer Halsband-Nektarvogel. ♂: ähnelt sehr dem ♂ von *P. chalybea*, rotes Brustband ist doppelt so breit. ♀: ähnelt sehr dem ♀ von *P. chalybea*, am Bauch gelber. Juv. wie ♀. 13 cm. S-Afrika. Bevorzugt Wälder u. Buschlandschaften.
— *P. chalybea*, Kleiner Halsband-Nektarvogel, Blaurot-Nektarvogel. ♂: Kopf, OS, Bürzel, Flügeldecken, Kinn u. Hals metallischblau, Flügel u. Schwanz schwärzlich, schmales blaues, darunter breites rotes Brustband, Bauch grau, Brustbüschel gelb. ♀: OS dunkelaschgrau, US blasser. Juv. wie ♀. 11 cm. S-Afrika. Bevorzugt Trockenbusch u. immergrüne Wälder.
— *P. pulchella*, Elfennektarvogel. ♂: OS, US metallischgrün, scharlachroter Brustfleck mit seitl. gelber Einfassung, mittl. Steuerfedern verlängert, Bauch schwarz od. metallischgrün. ♀: OS aschgrau, US gelblich, schwach gestreift, weißlicher Augenstreif. Juv. wie ♀. 13 cm. Von Senegal bis Eritrea, sü. bis SW-Tansania. Bevorzugt Buschland, Savannen, offenes Waldland, Akaziengehölze.
— *P. reichenowi*, Preussnektarvogel. ♂: OS, US leuchtend metallischgrün, purpurroter Bruststreif, darunter breites dunkelrotes Band, Bauch dunkelolivfarben, Oberschwanzdecken violett. ♀: einheitl. oliv, US heller. Juv. wie ♀. 14 cm. Kamerun (Fernando Póo), NO-Zaïre bis S-Sudan, W-Kenia. Bevorzugt Bergwälder.

Panama-Amazone, UA → Gelbscheitelamazone
Panamafaulvogel (*Malacoptila panamensis*) → Malacoptila
Pandion. G der Pandionidae ↗. 1 A.
— *P. haliaetus*, Fischadler. ♂ u. ♀: mittelgroß, Flügel lang u. schmal, Kopf weißlich, Hinterkopfgefieder schopfartig. Breiter Backenstreif. Rücken, Flügeldecken dunkelbraun, US fast weiß. Füße hellblau, Krallen stark gekrümmt, spitz, Außenzehe nach hinten wendbar, Zehenballen dornig. Ca. 55 cm, ♂ etwas kleiner. Kosmopolitische Verbr., lokale Vorkommen in Europa, Asien, Afrika, den Küsten Australiens, Antillen. Regional Stand ↗-, Strich ↗- u. Zugvogel ↗. Große fischreiche Seen, Flüsse, Küstengewässer. Nest wird meist auf markanten großen Bäumen errichtet. Gelege 3 weißliche, braun gefleckte Eier. Brutdauer 35—38 Tage. Nestlingsdauer ca. 52 Tage. ♂ u. ♀ betreiben Brutpflege. Einfuhr sehr selten, gelegentl. werden verletzte Tiere abgegeben. Voliere groß, sonniger Standort, geeignete Naturholzsitzstangen u. Kröpfblöcke ↗, großes Badebecken (mindestens 2 m²) notwendig. Sandboden. Behutsame Eingewöhnung notwendig. Nahrung nur lebende od. frischtote Süßwasserfische, im Wasserbecken anbieten. Bisher noch nicht gezüchtet. A ist in M-Europa bedroht.

Pandionidae, Fischadler. F der Accipitriformes ↗. 1 G, 1 A. Europa, Afrika, Asien.
Panurus, Bartmeisen. G der Paradoxornithidae ↗. 1 A. Europa, Asien. Bewohnen umfangreiche Schilfgebiete an Flüssen u. Seen. Nahrung Insekten, im Winter Schilfsamen. Eingewöhnung selbständiger Jungvögel nicht schwierig, im Tuchkäfig ↗ mit lebenden Insekten u. Ameisenpuppen. Friedlich. Frostfreie Überwinterung. Futter Insekten, Ameisenpuppen, Eifutter, Maisgrieß. Mehrfach gezüchtet. Brutdauer 11 Tage, Nestlingsdauer 13 Tage. 9 Tage später sind die Juv. selbständig.
— *P. biarmicus*, Bartmeise. ♂: Kopf-OS graublau, Zügel, Wangen u. Bartstreif tiefschwarz, Nacken, Rücken, Schwanz zimtbraun. Handdecken weiß, Armschwingen schwarz mit braunem Saum, Handschwingen graubraun mit weißem Saum. Kehle weißlich, Weichen braun, Unterschwanzdecken schwarz. ♀: ohne Bartstreifen mit hellbraunem Kopf. Juv. Rücken u. Schwanz schwarz, ohne Bartstreifen. 16,5 cm. Lokal in S- u. M-Europa, England, Polen, S-Sowjetunion, Österreich, Ungarn, Griechenland, Kleinasien, übriges Asien bis zur Mandschurei. An

Bartmeise. Paar

Panyptila

ausgedehnte Schilfgebiete angepaßt. Nahrung im Sommer Insekten, im Winter Schilfsamen. Eingewöhnung von Jungvögeln im Herbst nicht schwierig, zunächst im Tuchkäfig mit Mehlwürmern u. Ameisenpuppen. In größeren Käfig sollte viel Schilf durchgesteckt werden. Über Ameisenpuppen gewöhnt man sie an Fertigweichfutter, Eifutter u. Maisgrieß, wenn möglich Blattläuse u. Insekten aus der Lichtfalle ↗, die man am besten in Wasser wirft. Bartmeisen benötigen einen größeren Käfig mit flachem Wasserbecken. Stets mehrere Vögel gemeinsam halten, da sie soziale Gefiederpflege betreiben. Zucht gelingt auch im Zimmer, besser in Freivoliere ↗ mit kleinem Teich; viel Schilf ist wichtig, auch zerkleinertes Schilf auf dem Boden. Als Nistort dienen überdachte Nischen, etwa ein Nistkasten ohne Vorderwand, in Schilf eingebunden. Das Nest besteht aus Schilfblättern. Bebrütung durch beide Altvögel. Juv. erhalten Blattläuse, Ameisenpuppen, Mehlwürmer u. Kleininsekten aus der Lichtfalle.

Panyptila. G der Apodidae ↗. 2 An.
— *P. cayennensis,* Steigrohrsegler. ♂ u. ♀ : bläulichschwarz, Kehle, Bürzel, Nackenring weiß. 14 cm. UAn. SO-Mexiko, Honduras bis Guayana u. O-Peru, Trinidad, Tobago, lokal in Brasilien bis Mato Grosso u. São Paulo. Bis 60 cm langes röhrenförmiges Nest an Baumstämmen, Rohr unten offen, am oberen Ende Nistkammer.

Papageiamadinen → *Amblynura* → *Erythrura* → *Reichenowia*

Papageien → Psittaciformes

Papageienkäfig. Meistens rechteckige Ganzmetallkäfige mit waagerechter Gitteranordnung (um besseres Klettern zu ermöglichen). Gitterstärke 2–3 mm, Abstand der Stäbe 2–2,5 cm. Höhe des Sockels 12–15 cm, der Schublade wenigstens 5 cm. Sandbelag. Keinen Gitterrost über dem Boden verwenden. Mindestens 2 Sitzstangen unterschiedl. Stärke (z. B. für Amazonen 3 u. 4 cm ⌀). Futter- u. Trinkgefäße sehr gut befestigen, Tür sichern (ggf. mit kleinem Vorhängeschloß). Größe eines Käfigs für Nymphensittich ↗, Rosella ↗, Mohrenkopf- ↗, Schwarzohrpapagei ↗ od. einen ähnl. großen Papageienvogel ↗ mindestens 80 × 40 × 60 × cm, für Amazonen ↗, Graupapageien ↗ 90–100 × 40 × 60 cm od. 60 × 60 × 80 cm, tagsüber Kletterbaum ↗; für Kakadus ↗ 100 × 100 × 150 cm. Aras ↗ für Dauerhaltung im Käfig ungeeignet, tagsüber Ständer ↗ od. Bügel ↗ als Aufenthaltsplatz bieten, nur nachts im Käfig unterbringen.

Papageienkrankheit → Ornithose

«Papageienschnabel». Mißbildung beim Küken, die bei versch. Letalfaktoren ↗ zu beobachten ist.

Papageienvögel → Psittaciformes

Papageischnäbel → Paradoxornithidae

Papageischnabelpfäffchen *(Sporophila peruviana)* → *Sporophila*

Papageischnabeltaube *(Treron curvirostra)* → *Treron*

Papageitangare *(Chlorornis riefferii)* → *Chlorornis*

Papageitauben, NN → Grüntauben

Papageitaucher *(Fratercula arctica)* → *Fratercula*

Papua-Atzel *(Mino dumontii)* → *Mino*

Papuagoldvogel *(Sericulus aureus)* → *Sericulus*

Papua-Hornvogel, Papua-Jahrvogel *(Rhyticeros plicatus)* → *Rhyticeros*

Papualori *(Charmosyna papou)* → *Charmosyna*

Papua-Papageiamadine *(Amblynura papuana)* → *Amblynura*

Papuasittich *(Alisterus chloropterus)* → *Alisterus*

Parabuteo. G der Accipitridae ↗. 1 A. Kleine bis mittl. Greifvögel mit Habichtshabitus. Flügel kurz, Schwanz lang, hochbeinig.
— *P. unicinctus,* Wüstenbussard. ♂ u. ♀: Gefieder schokoladenbraun. Oberflügeldecken, Hosen u. unterer Bauch rot bis rotbraun. Schwanz dunkelbraun, Schwanzwurzel u. Endbinde grauweiß. Schnabel grau, Wachshaut, Überaugenwulst u. Füße gelb. 2 UAn. Sü. USA (Kansas), W-Rand S-Amerikas bis Chile, O-Seite der Anden bis Argentinien u. Chile. Beute Vögel, Reptilien, Kleinsäuger. Horst auf Bäumen od. hohen Sträuchern. Gelege 2–4 weiße, leicht braun gefleckte Eier. Brutbiologie weitgehend unbekannt. Selten in Tiergärten, nur zufällige Importe aus S-Amerika. Wesen unruhig, nervös. Nahrung Ganzkörperfutter, Mäuse, Ratten, Küken. Welterstzucht in England (Newend).

Paracholera der Vögel → Pseudotuberkulose

Paradieselstern → *Astrapia*

Paradiesglanzvogel *(Galbula dea)* → *Galbula*

Paradieskasarka *(Casarca variegata)* → *Casarca*

Paradieskranich *(Tetrapteryx paradisea)* → *Tetrapteryx*

Paradiesliest *(Tanysiptera sylvia)* → *Tanysiptera*

Paradiessittich *(Psephotus pulcherrimus)* → *Psephotus*

Paradiestangare, NN → Siebenfarbentangare

Paradiesvögel → Paradisaeidae

Paradieswitwen → *Steganura*

Paradisaea, Eigentliche Paradiesvögel. G der Paradisaeidae ↗. 5 An. Neuguinea, Inseln Waigeo, Batanta, Saonek, Misool, Yapen.
— *P. apoda,* Göttervogel, Großer Paradiesvogel. ♂: kurze samtweiche Federn an Stirn, Zügel u. Kinn grün glänzend, vorderer Teil der Wangen u. Kehle irisierend öliggrün. Kopf-OS bis Nacken orangegelb, übrige OS einschließl. Flügel u. Schwanz kastanienbraun. Obere Brust braunschwarz, restl. US in kastanienbraun übergehend, an Brustseiten u. Flanken auffällige Büschel aus langen, dünnen, gelborangegelben Federn mit zimtfarbigen Spitzen. Mittl. Schwanzfedern in Form 2er drahtartiger Federn verlängert, diese an der Basis dunkelkastanienbraun, spitzenwärts dunkler, Schnabel blaßgrau mit blasser Spitze. Iris gelb. Füße trüb rosabraun. ♀: kastanienbraun, Kopf, Nacken u. obere Brust dunkler, übrige US schwächer kastanienbraun, Bauch u. Unterschwanzdecken rosa. Schnabel blaugrau. Füße bräunlichrosa. Juv. ähnl. ♀. 61 cm. (♂). UAn. Aru-Inseln, Indonesien, W-Irian, S-Neuguinea, eingeführt auf Tobago u. westind. Inseln. Bewohner von Waldgebieten bis 1000 m ü. NN. Haltung in ca. 3,00 × 5,40 × 2,60 m großer Voliere ↗ des Tropenhauses im Vogelpark Walsrode ↗ zusammen mit

5 Rotzügel-Mausvögeln *(Urocolius ↗ indicus)* u. 1 Rotbauch-Buschwachtel ↗ od. dem Braunbrüstigen Waldrebhuhn *(Arborophila javanica brunneopectus).* Ernährung Obst (zerkleinerte Äpfel, Bananen, Tomaten) vermischt mit Insektenfutter unter Zusatz von Honigfutter u. Mehlwürmern. Im Vogelpark Walsrode werden 2 UAn gehalten: Großer Aruensischer Paradiesvogel *(P. a. apoda)* sowie Kleiner Paradiesvogel *(P. a. minor).* Schutzbestimmungen nach WAÜ ↗.

Paradisaeidae, Paradies- u. Laubenvögel. F der Passeriformes ↗, UF Paradisaeinae. 34 An. 15–70 cm. ♂ ♂ mit sehr auffälligem Gefieder u. vorwiegend bunten Farben sowie vielseitigen Schmuckfedern. Neuguinea u. benachbarte Inseln, Maluku (Molukken) u. NO-Australien. Bewohnen tropische Waldgebiete. Nahrung vorwiegend Beeren u. Früchte, auch Insekten. Balz meist auf Bäumen. Nest vorwiegend napfförmig. Eier meist mit einem Gewirr aus rötlichen bis braunen Linien, Streifen u. Flecken auf grauen bis malvenrosa Grund. Nur ♂ ♂ ursprüngl. An ohne Prachtgefieder beteiligen sich an der Brutpflege.

Paradoxornithidae, Papageischnäbel. F der Passeriformes ↗. Früher zu Paridae ↗, später der F Timaliidae ↗ eingegliedert. 17 An. Farbe meist lebhaft. Asien, Europa. Dickichte in Waldgebieten u. Tälern unterschiedl. Höhe od. in großflächigen Schilfdickichten. Klettern, hüpfen u. scharren auf dem Boden. Öffnen Insektenverstecke od. Samen mit dem Schnabel, ohne zu hämmern. Nahrung Insekten, Beeren, Früchte u. Samen. Oben offenes Nest aus Halmen od. frischen Rindenfasern, Pflanzenwolle.

Paraka *(Ortalis motmot)* → *Ortalis*

Pardirallus. G der Rallidae ↗. 3 An. S-Amerika – *P. nigricans,* Trauerralle. ♂ u. ♀: Kopf u. US aschgrau. Kehle weiß. OS olivfarben. Schwanz schwarz. Füße rot. Schnabel gelbgrün. 25 cm. Kolumbien bis Paraguay, Misiones u. Rio Grande do Sul. Ab- u. zu in Europa. Kann mit anderen An vergesellschaftet werden, verträglich. Nest flache Bodenmulde mit Halmen ausgelegt. Gelege 2–4 Eier. Brutdauer ca. 20 Tage. ♀ brütet überwiegend. Zucht u. a. in England gelungen.

Paridae, Meisen. F der Passeriformes ↗. 49 An. Färbung meist lebhaft, vielfach mit schwarzer Kopfplatte, z. T. mit Federschopf. Asien, Europa, Afrika, N-Amerika. In Waldgebieten, baumbestandenen Savannen u. Gärten bis Baumgrenze im Hochgebirge u. dem hohen N. Klettern gewandt auf Ästen. Nahrung Insekten u. im Winterhalbjahr Samen. In tropischen u. subtropischen Gebieten nur Insekten u. Spinnen. Nahrung wird unter den Zehen festgehalten u. zerlegt. Ausschließl. Höhlenbrüter. Nester aus Moos, Gräsern, Tierwolle, Federn.

Parmoptila. G der Estrildidae ↗. 1 A. W-, Inner-Afrika. Waldbewohner, ernähren sich nur von Insekten. Nester große Haufen aus Gräsern, Laub, Moos, Fasern. Gelege 3–4 Eier. Sehr selten nach Europa gekommen. Eingewöhnung nach H. MITSCH schwierig, nur mit lebenden Insekten möglich, verweigern Ersatzfutter. Gern werden Enchyträen gefressen, Blattläuse, Falter, Waldameisen (stehen in vielen Ländern unter Naturschutz!). Scheu, gewandt, untereinander

Parus

441

Großer Aruensischer Paradiesvogel

kontaktarm. Nicht unter 24 °C halten, hohe Luftfeuchtigkeit. Mit Handzerstäuber Vögel «beregnen». Zucht noch nicht gelungen.
– *P. woodhousei,* Ameisenpicker ♂: Stirn braun, Federn mit roten Spitzen. Scheitel, Nacken braun, Federspitzen heller. OS grünlichbraun, Wangen, Kinn, Kehle rotbraun. US weißlich mit olivbraunen Querbändern. Schnabel schwarz. Auge rotbraun. Füße rötlich. ♀ wie ♂, aber Stirnfedern ohne rote Spitzen. Juv. rotbraun, US mit dunkler Querwellung. 11 cm.

Parus. G der Paridae ↗. 7 An. Europa, Asien, Afrika. In Laub- u. Mischwald, Baumgärten, Savannen. Nahrung vorwiegend Insekten, im N auch Samen. Eingewöhnung leicht. Z. T. aggressiv gegen A-Genossen u. A-Fremde. Im Käfig nur einzeln, in Voliere ↗ paarweise halten. Möglichst frostfreie Überwinterung. Futter Nachtigallfutter, Eifutter, Insekten, Samen. *P. major* mehrfach gezüchtet. Juv. schlüpfen nach 13 Tagen, fliegen nach 19 Tagen aus, 1 Woche später selbständig.
– *P. major,* Kohlmeise. ♂: Kopf-OS glänzend schwarz, im Nacken heller Fleck, der in die grünliche Rückenfärbung übergeht. Große Flügeldeckenfedern blaugrau mit weißen Spitzen, Schwingen grauschwarz, Schwanz blaugrau, Wange u. Ohrgegend weiß, Kehle schwarz, schwarzes Band zum Genick ziehend, übergehend in breiten Längsstreif über US bis zu den Unterschwanzdecken. Übrige US gelb. Schnabel dunkelgrau. Auge dunkelbraun. Füße blaugrau. ♀: mit schmalerem Längsstreifen. Juv. matt, blasser, Längsstreifen schmal. 14 cm. N-Afrika über Europa, Asien bis Japan. Vor allem Laubwald, fehlt

aber in Europa nirgends außer N-Skandinavien. Brütet oft in Häusernähe. Eingewöhnung einfach, doch ist Einzelhaltung im Käfig nötig. Im Winter sind verschiedenartige Samen u. Nüsse ausreichend, doch sollte Gewöhnung an Nachtigallfutter rechtzeitig erfolgen. Gemeinsame Haltung mit Vögeln anderer An nicht ratsam, doch in dicht bepflanzten Volieren möglich. Importierte Vögel der indischen, unten grauen Rasse sind weniger aggressiv u. leichter zu halten. Zucht ohne Schwierigkeiten in bepflanzten Volieren. Nistmaterial frisches Moos u. Tierwolle. Kalk in Form zerkleinerter Eischalen zur Verhinderung von Legenot ↗ erforderlich. Nach dem Schlüpfen der Juv. kann in geeignetem Gelände freier Ausflug gewährt werden, so daß die Beschaffung der Jungennahrung entfällt.

— *P. monticolus*, Bergkohlmeise. ♂: Kopf-OS glänzend schwarz, Rücken olivgrün. Große Flügeldecken mit großen weißen Spitzen als deutl. Flügelband. Schwingen grauschwarz, Schwanz blaugrau, mit weißer Außenfahne. Wange u. Ohrgegend weiß, Kehle schwarz, mit dem Genick durch schwarzes Band verbunden, übergehend in einen breiten Längsstreifen bis zu den Unterschwanzdecken. Übrige US sattgelb. Schnabel dunkelgrau. Auge dunkelbraun. Füße blaugrau. ♀ wie ♂, mit kaum schmalerem Längsstreif. Juv. matter, Längsstreif schmal u. kurz. US mattgelb. 14 cm. Himalajagebiet von Kaschmir über Nepal bis W-China u. N-Indochina. Immergrüner Laubwald ab etwa 1 600 m ü. NN. Bei Eingewöhnung frisch importierter Vögel zunächst viel Insektenfutter, da Meisen im Handel mit Samen gefüttert werden. Neben Eifutter u. Fertigweichfutter kann man zusätzl. Nüsse od. Zirbelnüsse reichen. Auffallend geringe Aggressivität gegen A-Genossen. Erst wenn die ♂ ♂ singen, trennt man sie. Im April in bepflanzte Volieren gebracht, beginnen die ♀ ♀ bald mit dem Nestbau, wobei alle Einzelheiten an Kohlmeisen erinnern. Nach der Mauser ↗ verschwindet die gelbe Farbe. Jungvögel wurden freibrütenden Kohlmeisen unterlegt, damit die Fütterung mit Naturfutter erfolgte.

Passer, Sperlinge. G der Passeridae ↗. 12 An. Afrika, Europa, Asien. Einige An in viele Teile der Erde verschleppt. Bewohnen Flach-, Hochländer, Steppen, Wüsten, Kulturland, Siedlungen u. Städte. Nahrung Samen, Getreide, Insekten, Spinnen.

— *P. domesticus*, Haussperling, Spatz. 15 UAn, 3 Rassengruppen. ♂: oberer Kopf aschgrau, Kehlfleck schwarz. *P. d. hispaniolensis*, Weidensperling, *P. d. transcaspicus* haben kastanienbraune Kopf-OS, Kehlfleck reicht bis auf Brust, an den Rändern schuppig auslaufend. Bei *P. d. italiae*, Italiensperling, *P. d. flueckigeri* oberer Kopf kastanienbraun. Schwarz erstreckt sich bis Vorderbrust, aber nicht auf Rücken u. an den Seiten. Schnabel hornfarben, während der Brutzeit schwarz. Auge dunkelbraun. Füße braun. ♀: graubraun, mit kräftigen Längsstreifen auf der OS. Juv. wie ♀. 14 cm. Europa, N-, NO-Afrika, Asien, fast überall eingeschleppt. Weidensperling bewohnt lichte Wälder, buschreiche Landschaften, Nest auf Bäumen, benutzt auch geeignete anderer Vögel, brütet im Unterbau großer Horste. Bildet lockere Brutkolonien. Vögel der übrigen UAn, größtenteils fast ausnahmslos in Nähe menschlicher Wohnstätten, sowohl auf einzelnen Gehöften als auch in Großstädten. Umfangreiches liederliches Nest aus Gräsern, Fasern, Papierschnitzeln, Stroh, innen weich mit Federn gepolstert. Gelege 3—6 bläulichweiße bis grünliche, dunkelgefleckte Eier. Für Käfig u. Voliere geeignet, allerdings werden nur Jungvögel zahm, die aufgepäppelt wurden. (Im Alter von 5—6 Tagen aus dem Nest nehmen!) Winterhart, anspruchslos, ausdauernd. Futter Waldvogelfutter ↗, Hirse, Glanz, Negersaat, Getreide, Druschabfälle, halbreifes Getreide, bes. Hafer, Grünfutter ↗, süße Obststückchen. Während der Brutzeit Weichfutter ↗, Insektennahrung (vor allem während der Jun-

Weidensperling

genaufzucht), s. Ploceidae. Zucht nur in Volieren, Nest in Nistkästen, auch freistehend in dichten Büschen. Schlupf nach 14 Tagen. Juv. fliegen nach 17—18 Tagen aus, werden anschl. noch ca. 14 Tage von ad. Vögeln gefüttert. Silber- u. zimtfarbene Mutanten gezüchtet.

— *P. flaveolus*, Gelbbauchsperling. ♂: Gesichtsseiten gelb. Kinn, Kehle bis Vorderbrust schwarz, übrige US gelb. Oberer Kopf graugrün, gleichfalls Bürzel, Flanken. Zügel schwarz. Nacken, Schultern, Rücken zimtbraun. Grünlichbraune Oberschwanzdecken. Flügel-, Schwanzfedern braun, grau gesäumt. Auf den Flügeldecken gelbe u. weißliche Binden. Schnabel schwarz. Auge braun mit gelbem Lidrand. Füße fleischfarben. ♀: hat gelblichgrüne OS, US mehr gelb. Kehlfleck kleiner, weniger schwarz als bei ♂. 12 cm. Burma bis Indochina. Bewohnt vor allem Kulturland, auch in Siedlungen. Nest in Büschen, Baumhöhlen, unter Dächern. Gesellig. Schäden auf Getreide-, Reisfeldern. Außerdem frißt er reichl. Grünes, süße Früchte. Selten im Handel. Friedlich. Käfig-, Volierenhaltung, mäßig warme Überwinterung. Futter s. *P. domesticus*.

— *P. melanurus*, Kapsperling, Mossie. ♂: wie *P. domesticus*, aber Kopf schwarz, weißer Streifen vom Auge zum Nacken, von hier zur seitl. Kehle. Schultern mehr rötlichbraun. Bürzel, Oberschwanzdecken rotbraun. ♀: blasser, Kopf, Kehle graubraun. 15 cm. SW-Angola, Botswana, S-Transvaal bis zum Kap. Lebt in Steppen, Savannen, auch in Siedlungen. Gesellig. In kleinen u. größeren Gruppen während der

Passeridae

Reifezeit auf Getreidefeldern. Nahrung verschiedenste Samen, Grünes, Früchte, Insekten, letztere bes. zur Jungenaufzucht. Nest in Büschen u. in Gemäuern, nutzt auch verlassene Webernester. Gelege 3—6 weißliche, dunkelgraue, braungefleckte Eier. Wird ab u. zu gehandelt. Eingewöhnung leicht. Friedlich, zutraulich. Geeignet für großen Käfig u. Voliere. Überwinterung mäßig warm. Futter wie *P. domesticus.* Mehrfach gezüchtet. Benötigt als Neststandort halboffene Nistkästen ↗, dichte Büsche, Kiefernzweige. Schlupf nach 13 Tagen. Juv. verlassen nach 22—24 Tagen das Nest.

— *P. montanus,* Feldsperling. ♂: ähnl. *P. domesticus,* aber oberer Kopf kastanienbraun, schwarze Ohrflecke, weißlicher Halsstreifen, schwarzer Fleck von Kinn u. Kehle kleiner. Schnabel schwarz, außerhalb der Brutzeit dunkelhornfarben. Auge braun. Füße braun. ♀ wie ♂, etwas blasser. Juv. ähnl. ♀, aber matter. 14 cm. Europa, Asien bis N-Indien, Indochina über Sumatera, Java, Bali bis Japan. Eingeschleppt in USA (örtl.), SO-Australien. Bewohnt Kulturland, Waldränder, Gärten, Parks. Nest in Baumhöhlen, auch im Unterbau von Horsten, Mauerspalten. Umfangreicher Bau aus Gräsern, innen mit Federn, Haaren gepolstert. Gelege ca. 5 weißliche, dunkelgefleckte Eier. Wildfänge nicht so stürmisch wie von *P. domesticus,* angenehme Pfleglinge sind handaufgezogene Vögel. Ab u. zu gehalten, meistens Findelkinder ↗. Friedlich, anspruchslos, winterhart. Futter wie *P. domesticus.* Zucht in Voliere einfach. Schlupf nach 12 Tagen. Juv. verlassen nach 16—17 Tagen das Nest, nach 2—3 Wochen selbständig.

— *P. motitensis,* Rostsperling, Rotbrauner Sperling, Riesensperling. ♂: Stirn, oberer Kopf, Nacken grau. Vorderkopf weißlich (außer Stirn), Überaugenstreif rotbraun, zieht bis zum seitl. Nacken, Augenstreif schwarz, ebenso Kinn, mittl. Kehle. Zügel schwarz, Rücken rötlichbraun mit schwarzen Längsstreifen. Schultern, Bürzel rötlichbraun, Zügel schwarz. Flügel-, Schwanzfedern schwarzbraun, beige Säume. Weißliche US. Schnabel schwarz. Auge braun. Füße braun. ♀: matter als ♂, grauer Kehlfleck, Überaugenstreif blasser als beim ♂. 15 cm. Vom Sudan, O-, S-Afrika bis zum Fluß Oranje, 1 UA auf Kapverdischen Inseln. Lebt in Graslandschaften im Hochland, auch inmitten menschl. Siedlungen. Nest in Büschen u. niedrigen Bäumen, groß. Gelege 3—6 weißliche, dunkelgrau gefleckte Eier. Lebensweise ähnl. *P. domesticus.* Selten im Handel. Friedlich, anfangs scheu. Volierenhaltung empfehlenswert. Futter wie *P. domesticus.*

— *P. rutilans,* Rötelsperling. ♂: Kopf rotbraun, gleichfalls Nacken, Schultern, Bürzel. Rücken, Flügel, Schwanz schwarzbraun, Federn mit hellen rostfarbenen Säumen u. Spitzen. Oberschwanzdecken braun. Zügel schwarz, ebenso mittl. Kehle. US blaßgraubraun, an den Seiten rotbraun überhaucht. Bauchmitte weißlich. Schnabel schwarz. Auge braun. Füße fleischfarben bis bräunlich. Ausgangs des Sommers oberseits graubraun, im Frühjahr wieder rotbraun, da dann Federn abgenutzt sind u. diese Färbung zum Vorschein kommt. ♀: OS rotbraun, Streifen vom Auge bis Hinterhals schwarzbraun, rostgelblicher Streif darüber. US hell rostbraun, Mitte des Bauches weißlich. Schnabel, Füße bräunlich hornfarben. Juv. ähnl. ♀. 14 cm. O-Afghanistan, bis S-Tibet, China, Korea, Japan, Taiwan. Bewohnt Waldränder, gern auf Feldern. Selten auf dem europ. Vogelmarkt. Haltung, Futter wie *P. domesticus.*

Passeres, Singvögel. UO der Passeriformes ↗. 91 Fn.

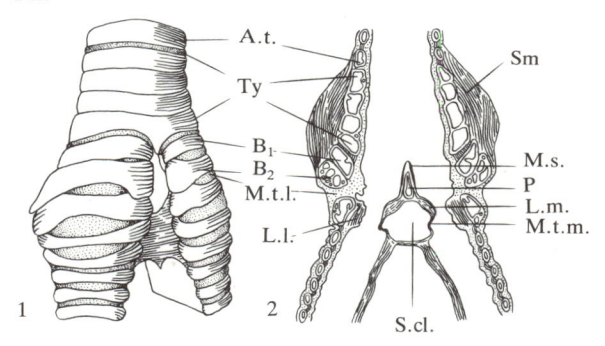

Feldsperling-Gelege

Syrinx eines Singvogels. Nach PORTMAN aus GRASSÉ. 1 Ansicht des Knorpelgerüstes, 2 Frontalschnitt. A. t. Anulus trachealis (Knorpelring der Luftröhre), B_1 und B_2, 1 und 2 Knorpelhalbring der Bronchien, L. l. Labium laterale (äußere Stimmlippe), L. m. Labium mediale (innere Stimmlippe), M. s. Membrana semilunaris (halbmondförmige Membran), M. t. l. Membrana tympaniformis lateralis (äußere Paukenhaut), M. t. m. Membrana tympaniformis medialis (innere Paukenhaut), P Pessulus (Steg), S. cl. Saccus clavicularis (Schlüsselbeinluftsack), Sm Syrinxmuskeln, Ty Tympanum (Trommel aus Knorpelringen der Luftröhre entstanden)

Passeridae, Sperlinge. F der Passeriformes ↗. Früher zu Fringillidae ↗ gerechnet, heute von einigen Systematikern auch als UF der Ploceidae ↗ angesehen. 29 An. Färbung häufig unscheinbar. Afrika, Asien, Europa, vielerorts eingeschleppt. Bewohnen trockene u. warme Landschaften, auch Hochgebirge, manche im Bereich menschlicher Wohnstätten. Nah-

Passeriformes

rung vorwiegend Samen, Insekten. Während der Jungenaufzucht letztere reichl. Teilweise Höhlenbrüter, Nester überdacht. Haltung, Futter s. Ploceidae.

Passeriformes, Sperlingsvögel. O. 7 UOn (Eurylaimi ↗, Philepittae, Pittae ↗, Tyranni ↗, Furnarii ↗, Acanthisittae, Passeres ↗), 104 Fn.

Passerina. G der Thraupidae ↗, UF Cardinalinae. 6 An. Haltung u. Pflege wie *Sporophila* ↗, außerdem Obststückchen u. Beeren füttern. Aufzuchtfutter muß aus reichl. lebenden Insekten u. Keimfutter bestehen. Als Nistunterlagen Kaisernester ↗, Nistklötzchen ↗ u. Körbchen in dichten Büschen anbringen, selten werden halboffene Nistkästen ↗ bezogen. Baden gern.

— *P. amoena,* Lazulifink. ♂: Kopf, Hals u. Brustseiten blau, Zügel graublau, ebenso Vorderrücken. Hinterrücken u. Bürzel blau. Kleine Flügeldecken schiefergrau, mittl. weiß, große schwärzlich mit grauem Saum u. weißen Spitzen. Schwanzfedern schwärzlichgrau mit blauen Säumen. Kehle hellblau, Kropf u. obere Brust orangebraun, ebenso Flanken, sonst US weiß. Oberschnabel bräunlichschwarz, Unterschnabel weißlich bis gelblichhornfarben. Auge graubraun. Füße schwärzlich. RK: große Flügeldecken mit weißen Spitzen, innere Armschwingen weiß gesäumt, übrige Federn mit sandfarbenen Säumen u. Spitzen. ♀: Kopf-OS bis Vorderrücken braun, Scheitel mit bläulichem Anflug. Kleine Flügeldecken blaugrau, übrige u. Schwingen schwärzlichbraun mit bläulichen Säumen. Spitzen der mittl. u. großen Flügeldecken gelblichweiß, übrige OS graubraun. Schwanzfedern blau mit blauen Säumen. US hellgelbbraun, Brustseiten dunkel gestrichelt. Bei Juv. OS graubraun, US weißlichgelb. Brust zuweilen gering dunkel gestrichelt. 12—13 cm. We. N-Amerika. Bewohnt Waldränder, häufig Parks u. Gärten. Überwintert in S-Arizona u. Mexiko. Gesang melodisch, etwas eintönig, kurz vorgetragen. Nest in dichten Büschen aus Gräsern, Würzelchen u. Bast mit Insektengespinsten, Wolle u. Haaren gepolstert. Gelege 3—4 (5) Eier, fast nur ♀ brütet. Erstmalig in der 2. Hälfte des vorigen Jh. in Europa gehalten, erst seit 1894 größere Zahl auf dem Vogelmarkt, seither stets im Angebot. Auch für großen Käfig ↗ geeignet. Anspruchslos, ausdauernd, verliert bald seine Scheu. Einige Male gezüchtet. Juv. schlüpfen nach 13 Tagen, verlassen nach 11—13 Tagen das Nest, werden anschl. noch von beiden Eltern gefüttert.

— *P. ciris,* Pabstfink. ♂: Kopf, Nacken, Halsseiten blau mit purpurfarbenem Anflug. Zügel schwarz. Schultern u. Oberrücken gelblichgrün, z. T. rötlich verwaschen. Kleine Flügeldecken dunkelblau, mittl. rot, große grün. Handdecken pupurfarben. Schwingen graubraun, außen rot gesäumt, Armschwingen z. T. mit grünen Säumen. Schwanzfedern wie Schwingen, außen rot verwaschen. Unterrücken, Bürzel u. Oberschwanzdecken kräftig rot mit violettem Hauch. US scharlachrot, Kehlseiten lilafarben. Schnabel hornfarben. Auge dunkelbraun mit rotem Lidrand. Füße bräunlich. ♀: Kopf wie OS grün, z. T. gelblich verwaschen, US rötlichgelb mit hellem Grün vermischt. Augenring gelbgrün. Juv. ähnl. ♀, aber bräunlicher, US weißlichbraun. 13—14 cm. UAn. Sü. USA von SO-Neumexiko u. Kansas, öst. bis N-Carolina, sü. bis N-Mexiko, Golfküste u. mittl. Florida. Bewohnt bes. Obstplantagen, baumbestandene Straßenränder, Parks, Gärten, oft inmitten der Ortschaften. Vor dem Zug nach dem S sammeln sie sich in großen Schwärmen. Nahrung Samen u. Insekten. Brütet niedrig in Büschen u. Stauden, Nest napfförmig aus trockenen Gräsern, Würzelchen, Haaren u. Gespinsten. Lebt nach der Brutzeit in Trupps zusammen. Bereits Anfang des 18. Jh. in England gehalten, immer in größerer Zahl in Europa im Handel. Wegen seiner Farbenpracht, leichten Haltung u. großer Ausdauer stets begehrt. Wurde in Gefangenschaft schon bis zu 16 Jahre alt. Meistens werden nur ♂ importiert. Paarzusammenstellung außerdem schwierig, da angebliche ♀♀ nach der Mauser sich häufig als ♂♂ entpuppen, deshalb möglichst ♀♀ Exempl. mit sehr hellen Kehlen erwerben. Gegenüber artfremden Vögeln friedlich, ♂♂ untereinander aggressiv. Während der Eingewöhnung weichlich, in dieser Zeit viel Keim- u. Lebendfutter reichen. Bereits in den 80er Jahren des vorigen Jh. von K. Ruß ↗ gezüchtet, seither oft gelungen. Nest häufig freistehend, aber auch im Harzer Bauer ↗, Nistkörbchen, auf Brettchen in dichten Büschen od. Kiefernzweigen. Nistmaterial Halme, Agave-, Kokosfasern, Moos, Bast, kleine Würzelchen. Gelege meist 4 Eier. Schlupf nach 13 Tagen. Juv. fliegen nach ca. 11 Tagen aus, werden anschl. noch von den Eltern gefüttert, in der letzten Zeit häufig nur vom ♂.

— *P. cyanea,* Indigofink. ♂: Kopf, Hals ultramarinblau, Zügel schwärzlich. OS blau, Bürzel u. Oberschwanzdecken kobaltblau. Kleine Flügeldecken kräftig blau, übrige schwärzlich mit blauem Rand. Handschwingen grau mit hellblauem Saum, übrige Schwingen u. Schwanz bräunlichschwarz. US ultramarinblau, zu den Körperseiten u. Unterschwanzdecken heller werdend. Schnabel silbriggrau. Auge dunkelbraun. Füße schwärzlichbraun. RK: OS rostbraun mit einigen blauen Federn, Flügeldecken u. innere Schwingen rötlichbraun gesäumt. US ockerbraun mit blauen Federn vermischt. Schnabel hellhornfarben. ♀: OS braun, Ohrdecken u. Wangen rotbraun. Kropf, Brust u. Körperseiten dunkelbraun, sonst US hellbraun, wenig gestrichelt. Juv. ähnl. ♀, aber matter, Farben verwaschener, OS u. US mit dunklen Flecken u. Stricheln. 12—13 cm. Keine UAn. Zuweilen werden *amoena* (Lazulifink) u. *cyanea* als 2 Semispezies angesehen. N-Amerika von S-British-Columbia, S-Saskatchewan, S-Manitoba, S-Ontario, S-Quebec u. Neubraunschweig bis N-Kalifornien, Arizona, Texas, zur Golfküste u. N-Florida. Bewohnt Feldgehölze, Waldränder, Alleen, Parks u. Gärten, auch innerhalb von Ortschaften anzutreffen. Im Winter von O-Mexiko bis N-Kanada, während des Zuges auf Kuba u. den Bahamas vorkommend. Gesang leise monoton, melodisch klingend. Nahrung kleine Samen, Insekten, Beeren u. Blüten. Brütet in niedrigen dichten Büschen, napfförmiges Nest vom ♀ aus Gräsern, Wurzeln, Fasern u. Spinnweben gebaut, innen mit feinen Wurzeln, Gräsern u. Haaren gepolstert. Bereits frühzeitig in Europa gepflegt. Eingewöhnung mit reichl. lebenden Insekten, Beeren, in dieser Zeit wärmebedürftig. Danach unempfindlich, ausdauernd. Gegenüber anderen Vögeln außer zur Brutzeit immer friedlich. Erstmalig 1875 von K. Ruß gezüchtet, in der Folgezeit häufiger, aber meistens nur Teilerfolge (Problem ist Aufzuchtfutter: reichl. lebende Insekten, Keimfutter, viel Grünes, halbreife u. reife Unkrautsamen). Paar allein unterbringen. Brutbiologie s. Pabstfink.

— *P. leclancherii,* Orangeblaufink. ♂: vordere Kopfseiten gelb, hintere kobaltblau, ebenso Halsseiten. Zügel kräftig gelb, Kopf-OS gelbgrünlich. Nacken kobaltblau, ebenso Rücken, zum Bürzel grünlich überhaucht. Große Flügeldecken, Handdecken, Schwingen bräunlichgrau, Außenfahne blaugrünlich, Handschwingen weißlich gesäumt, Spitzen der inneren Armschwingen gelblich, kleine u. mittl. Flügeldecken blau. Schwanzfedern grünlichblau, mittl. braungrau. Kehle u. Brust orangefarben, übrige US leuchtend gelb, Bauch u. Unterschwanzdecken etwas heller. Auge braun, Lidrand gelb. Schnabel u. Füße hornfarben. ♀: mehr graubraun, OS mit bläulichem Schimmer, US hellgelbbraun. Juv. ähnl. ♀, insges. mehr graugrünlich. 13 cm. UAn. SW-Mexiko von Colima u. Michoacán bis SW-Chiapas. Bewohnt buschreiche Waldränder, Feldgehölze, lichte Wälder u. Parks. Gesang angenehm, melodisch, zwitschernde Strophen, während der Brutzeit laut. Napfförmiges Nest in dichten Büschen aus Halmen, Fasern, Gespinsten u. Haaren. Erstmalig 1909 in Europa (Zool. Garten Berlin), in der Folgezeit regelmäßig, aber nicht in großer Zahl eingeführt. Anfangs empfindlich, benötigt in dieser Zeit Wärme u. große Mengen Lebendfutter, später hart u. ausdauernd, zuweilen in Gesellschaft anderer Vögel unverträglich. Vollständiger Zuchterfolg in Gefangenschaft selten, am besten in biotopähnl. ausgestatteter Voliere bei vorhandenem Schutzraum, da bes. gegenüber feuchter Kälte empfindlich. Gelege 2—3 Eier, Brutbiologie wie Pabstfink.

— *P. versicolor,* Vielfarbenfink. ♂: schmaler Stirnstreif, Zügel u. Kinnfleck schwarz. Wangen intensiv blau bis blauviolett, ebenso Kopf-OS. Hinterkopf scharlachrot, zum Nacken u. den Halsseiten mehr rotviolett. Rücken u. Flügeldecken rötlichbraun, Bürzel rot- bis blauviolett. Schwingen u. Schwanzfedern graubraun, bläulich gesäumt. Kehle leuchtend rot, zur Vorderbrust mehr violett. Bauch rötlichgrau. Schnabel hornfarben. Auge dunkelbraun, hinterer Teil von rotem Federring umgeben. Füße schwärzlich. ♀: OS graubraun, US gelblichbraun, keinerlei Streifenzeichnung. Juv. ähnl. ♀, aber insges. matter, mehr grau. 12—13 cm. UAn. S-Niederkalifornien, S-Arizona, W-, S-Texas durch Mexiko bis Guatemala. Bewohnt Dickichte, vorwiegend an Gewässern. Nest in dichten Büschen, vom ♀ gebaut. Seit letztem Drittel des 19. Jh. in Europa gehalten, stets selten im Handel. Während der Eingewöhnung wärmebedürftig, reichl. Lebendfutter. Auch später nur in den Sommermonaten in pflanzenreicher Außenvoliere mit warmem Schutzraum unterbringen. Gegenüber artfremden Vögeln in Gesellschaftsanlagen friedlich. Während der Brutzeit Paar allein unterbringen, da

Orangeblaufink. Männchen

aggressiv. Mehrfach gezüchtet. Gelege 3—4 (5) Eier. Brutbiol. wie Pabstfink.

Pastor. G der Sturnidae ↗. 1 A. Lokal in SO-Europa, weiter durch S-Sowjetunion, Kleinasien bis SW-Sibirien, Turkestan, Afghanistan, Iran. Bewohnt Steppen od. ähnl. Landstriche, an Steilwänden, Steinhaufen, alten Mauern Nistgelegenheiten bieten. Koloniebrüter. Nest in Erdlöchern u. an den genannten Plätzen. Gelege 4—6 Eier. Artenschutz, Pflege, Zucht → *Sturnus,* Sturnidae. Wenige Male gezüchtet.

— *P. roseus,* Rosenstar. ♂: Kopf mit Federholle. Nacken, Flügel, Schwanz, Brust schwarz. Übriges Gefieder rosa. ♀: blasser als ♂, Haube kürzer. Juv. wie *Sturnus vulgaris* ↗, aber heller, US weißlich bis sandfarben. 21,5 cm. In Gefangenschaft verblaßt Gefieder zum Schmutzigweiß, deshalb im Handel erhältliche Farbzusätze beigeben.

Rosenstar

Pastorvogel *(Prosthemadera novaeseelandiae)* → *Prosthemadera*

Patagioenas. G der Columbidae ↗ (früher zu *Columba* ↗). 17 An. N- bis S-Amerika, Inseln der Karibik.

— *P. fasciata,* Bandtaube, Binden-, Schuppenhalstaube. ♂ u. ♀: sichelförmiges weißes Abzeichen am oberen Nacken, darunter grün schillernd. OS braun, hinten mehr olivgrünlich. Kopf, US grau, doch weinrötlich überhaucht. Breites Subterminalband

Patagona

schwarz. Schwanzende grau. Schnabel gelblich, Spitze nur bei der Nominatform schwarz. Auge gelblich. Augeneinfassung rötlich. Füße hellgelb. 34—36 cm. UAn. Ausgedehntes Verbr.-Gebiet vom W N-Amerikas bis NW-Argentinien. Hügel- u. Bergland bis 3 500 m ü. NN. In Wäldern u. savannenartigem Gelände. Gelege 1, seltener 2 weiße Eier. Brutdauer 15—18 Tage. Nestlingszeit über 3 Wochen. Erstmalig 1851 in Europa (Zoo London). Erstzucht 1969 im Tierpark Berlin. Anspruchslos. Verträglich. Als Nebenbesetzung in Fasanenvolieren mit bestem Erfolg erprobt. Gegen tiefe Temp.en unempfindlich. Zucht problemlos.
— *P. leucocephala*, Weißscheiteltaube, Diademtaube. ♂: düster schiefergrau, nur Kappe des flachen Kopfes bis in Augenhöhe weiß, hinten schwarzbraun. Schuppenzeichnung im Nacken u. auf den Halsseiten mit überwiegend grünem Metallglanz. Schnabel rot, Spitze weißlich. Auge weißlich, ebenso Orbitalringe. Füße rötlich. ♀: Oberkopf bräunlich verwaschen, OS unsauber erdbräunlich. 30 cm. S-Florida u. Inseln der Karibik. Brutvogel in der Mangrove, lokal in Wäldern der montanen Zone. Aufenthalt u. Nahrungssuche in den obersten Etagen der Vegetation (Samen, Früchte, Beeren), selten am Boden. Weite Nahrungsflüge, auch zu anderen Inseln. Bildet kopfstarke Schlafgemeinschaften. Koloniebrüter. Gelege 1—2 weiße Eier. Brutdauer? Nestlingszeit? Erstmalig 1836 im Zoo Amsterdam. Erstzucht 1865 im Zoo London. Selten importiert, überwiegend in Tiergärten. Im allgemeinen verträglich, trotzdem Vorsicht bei Gemeinschaftshaltungen, da ♂♂ zur Brutzeit gegeneinander aggressiv werden können. Im Winter warmhalten. Viel Beeren u. andere Früchte zur Verfügung stellen.
— *P. picazuro*, Pikazurotaube. ♂: Kopf, US graublau, weinrot überflogen. Nacken mit geschuppter Ringzeichnung, bestehend aus weißlichen bis hellgrauen Federchen, die glänzend schwärzlichgrüne Ränder besitzen. OS grau, nur Schultern u. innere Flügeldecken braun. Flügeldeckgefieder weiß gerändert. Schwanzendbinde schwarz. Schnabel am Grunde rötlich, an der Spitze gelblich. Orbitalringe rot, Auge orange. Füße rot. ♀ wie ♂, doch kleiner u. matter. 37,5 cm. UAn. NO-Brasilien u. O-Bolivien bis Z-Argentinien. In Wäldern u. Gehölzen, selten in Gärten. Außerhalb der Brutzeit gesellig. Futter neben Körnern verhältnismäßig viel Grünes u. Wirbellose, wird überwiegend am Boden gesammelt. Nest hoch auf einem Baum plaziert. Gelege 1 weißes Ei. Brutdauer? Nestlingszeit? Erstmalig 1868 im Zoo London; kurz danach dort Erstzucht. Anspruchslos, aber ängstlich. Für große Volieren geeignet, die mit Deckung bietendem, hohem Gebüsch bepflanzt werden sollten. Kalte Überwinterung in hellen Schutzräumen möglich, doch Warmhaltung günstiger. Verträglich. Zucht problemlos. Rekord steht bei 5 erfolgreichen Bruten/Jahr ohne Verschachtelungen. Nimmt bevorzugt Nestunterlagen, am besten Bastkörbchen, an, die in Gebüsch befestigt sind, brütet jedoch entgegen anderen Erfahrungen auch in flachen, an der Wand des Schutzraumes angebrachten Holzkistchen. Nestkontrollen werden geduldet. Futter außer Körnergemisch Weichfutter, Hundekuchen (eingeweicht); Obst u. Beeren anbieten.
— *P. speciosa*, Schuppenbrusttaube od. Schuppenhals-, Prachttaube. ♂: Kopf graubraun, purpurn schimmernd. Schuppenzeichnung an Hals, Kehle, Brust u. auf der restl. US. Einzelfedern am Hals 3farbig, am Grunde schwärzlich, am Spitzenteil weiß, ihre Säume purpurn u. grünlich irisierend. Übrige Schuppung unterschiedl. getönt. OS purpurrot bis -braun. Handschwingen u. Schwanz schwarzbraun. Schnabelbasis rot, -spitze gelblich. Augeneinfassung rot. Auge purpurrotbraun, außen schmal blau. Füße rötlich. ♀ wie ♂, aber matter u. OS mehr graubraun. 31,5 cm. S-Mexiko bis NO-Argentinien. Baumvogel, begibt sich kaum auf den Boden. Erntet in den Kronen alle möglichen Früchte ab. Neststand in Bäumen u. Strauchwerk, oft erstaunlich niedrig. Gelege 1—2 weiße Eier. Brutdauer 16—17 Tage. Nestlingszeit mehr als 21 Tage. Erstmalig 1868 im Zoo London. Erstzucht erst 1961 in USA (bei NAETHER). In hohen Volieren mit viel Strauchwerk halten. Wenig bewegungsfreudig, aber scheu. Friedfertig, auch zur Brutzeit u. dem eigenen flüggen Nachwuchs gegenüber. Kombination von einem Tauber mit 2 Täubinnen ohne weiteres möglich. Warm überwintern. Übliche Körnermischung (bevorzugt Mais) u. dazu viel Obst u. Beeren füttern.

Patagona, Riesenkolibris. G der Trochilidae ↗. 1 A. Von N-Ekuador bis Chile u. Argentinien. In der gemäßigten Zone von 1 000—4 000 ü. NN an den Trockenhängen der Berge. Keine Angaben über bes. Eingewöhnungsschwierigkeiten vorliegend. Verträglich, sollen nur in großen Volieren ↗ gehalten werden. Mehrjährige Haltungserfolge liegen vor; im Bronx-Zoo lebte 1 Exempl. 7 Jahre u. 8 Monate. Zucht noch nicht geglückt.
— *P. gigas*, Riesenkolibri, Riesengnom. ♂: OS dunkel graubraun. Bürzelfedern mit weißen Säumen, Oberschwanzdecken grünlich. Steuerfedern grünlichbraun. US rotbraun, Unterschwanzdecken bräunlichweiß, Federbüschel der Bauchseiten weiß. ♀ wie ♂, aber Flügel 6—9 mm kürzer, Schnabel 1—2 mm länger. Juv. wie ♀. 21,0—22,0 cm.

Pavo. G der Phasianidae ↗. 2 An. Größte altweltliche Hühnervögel. Verlängerte Oberschwanzdeckfedern ergeben beim ♂ Schleppe bzw. Rad. ♂ gespornte Läufe. Wärmere Region von Asien.
— *P. cristatus*, Pfau. ♂: auf Scheitel ca. 6 cm lange, aus 20—24 an der Spitze mit blauschillernder Fahne versehene Federn. Von Nasenloch bis Auge u. halbmondförmig unter dem Auge unbefiedert, weiß. Dazwischen dunkelblauer Streif. Kopf, Hals metallischgrün glänzend bis purpurblau, goldgrün gesäumt. Oberbrust ebenso, aber Gefieder zerschlissen. Rücken grünblauglänzend mit schwarzem Saum u. V-förmigem Fleck. Rückenmitte tiefblau. Schultern u. Flügeldeckfedern hellrostfarbig mit schwarzen grünglänzenden Querstreifen. Äußere Handschwingen rostrot, innere schwärzlich mit rötlicher Fleckung. Schwanzfedern graubraun. US schwarz, dunkelgraue Flanken. Schenkel isabellfarbig mit dunkler Quer-

bänderung im Oberteil. Oberschwanzdecke bildet mit 100—150 Federn, weiß geschäfteten, zerschlissenen Fahnen, die Schleppe bzw. das Rad. An der Spitze Augenfleck aus dunkelbraunem Mittelteil, das mehrfach blaugrau u. goldgrün eingefaßt ist. ♀: kleiner als ♂, kürzerer Federbusch auf Kopf, graubraun, weniger glänzend. Kopf braun. Halsfedern grünlich mit grauem Saum. Kehle bis Unterpartie weißlich. Schwingen braun, Schwanz dunkelbraun mit grauweißer Spitze. Schleppe kürzer als bei ♂. Schnabel horngrau. Iris gelbbraun. Läufe bräunlichgrau. Juv. ähnl. ♀. Ende 2. Jahr Durchfärbung zu ad. Gefieder. Schleppe im 3. Jahr. Dunenküken hell isabellbraun, dunkle Oberpartie. ♂ 1,8—2,3 m, ♀ 0,9—1,0 m, Gewicht ♂ 4,1—5,4 kg, ♀ 2,2—3,8 kg. Indien u. Sri Lanka, lokal in Australien u. in Neuseeland (Nordinseln) durch den Menschen verbr. Ältester Ziervogel. Freihaltung üblich, winterhart. Polygam, bis 1:5. Gelege 3—5, hellhornweiß bis zartgelbliche Eier. Brutdauer 27—30 Tage. Selbstbrüter od. Glucken — bzw. künstl. Aufzucht. Nesthilfe in 50 cm Höhe im Stall. Fütterung u. Aufzucht wie Truthühner. Küken nässeempfindlich.

— *P. muticus*, Ährenträgerpfau. ♂: Kopf u. Oberhals blaugrünglänzend. Schopf aus Bündel von 10—12 goldgrünen 12—15 cm langen nach hinten gerichteten schmalen ährenartigen Federn. Kopfseiten nackt, Augenumkreis kobaltblau, nach hinten breit chromgelb eingefaßt. Blauschwarzer Zügelstreif von Schnabel bis Augenbrauenregion. Oberbrust u. -rücken mit schuppenförmigen Federn, goldbronzefarbig mit teils verdecktem dunkelbläulichem bis grünlichem Zentrum. Rücken u. Oberflügeldecken smaragdgrün. Flügeldecken dunkelblaugrün glänzend. Innere Armschwingen bronzekupferfarbig, übrige dunkelbraun mit metallischgrün glänzender Außenfahne. Große Flügeldecken u. Handschwingen hellbraun. Schwanzfedern dunkelbraun, bilden Schleppe, goldgrün u. kupferbronzefarbig. Augenflecken dunkelpurpurn, eingesäumt in glänzend grün, bräunlich, schwarz u. bronzegrün. Flanken u. Unterbauch dunkelgrün. Hintere Unterpartien braunschwarz. ♀ ähnl. ♂, aber weniger Metallglanz. Hals, Brust heller. Rücken schwärzlichbräunlich, isabell gebändert, grün gesäumt. Oberschwanzdecke bis Schwanzende, Handschwingen schwarzbraun mit gelblichbrauner Bänderung. Nackte Gesichtspartien matter als bei ♂. Kurze stumpfe Sporen. Iris braun. Schnabel u. Läufe braunschwarz. Juv. Dunenküken größer u. grauer als *P. cristatus*. Jungvögel matter als ♀. Bei 2jährigen ♂ ♂ augenlose Schleppe. ♂ 1,8—3 m, ♀ 1—1,1 m. Gewicht ♂ 3,8—5 kg. UAn. SO-Assam, S-Yünnan, Burma, Indochina, Thailand, Malaysia u. Java. Gelege aus 3—5 orangegelblichen bis schokoladenfarbigen 110—140 g schweren Eiern. Brutzeit 28—30 Tage. Brut mit Glucke od. Kunstbrut möglich. Warme, trockene Aufzucht. Fütterung mit üblichem Kükenfutter. Polygam, ♂ oft aggressiv. Volierenhaltung daher empfehlenswert. Geräumige Voliere, gut bewachsen, mindestens 80 m² je Zuchtpaar. Nicht winterhart. Großer Schutzraum mit wärmender Einstreu notwendig.

Pavoninae, Pfauen. UF der Phasianidae ↗. 2 Gn, 3 An.

Weißer Pfau

Pavuasittich (*Psittacara leucophthalma*) → *Psittacara*

Pealepapageiamadine (*Amblynura prasina*) → *Amblynura*

Pedionomidae, Trappenlaufhühnchen. F der Turniciformes ↗. Einzige G *Pedionomus* ↗ mit 1 A.

Pedionomus. G der Pedionomidae ↗. 1 A. SO- u. O-Australien. Laufgewandte, scheue Bewohner der trockenen, offenen Ebenen. Besitzen doppelte Kopfschlagadern. Dämmerungs- u. nachtaktiv. Verbergen sich vor Feinden im dichten Pflanzenwuchs. Nahrung Samen, Würmer u. Insekten. 4 Eier, birnenförmig, gelbweiß bis grau mit brauner bis dunkelgrauer Fleckung. ♂ versorgt Nachkommen. Haltung, Pflege wie Turnicidae ↗.

— *P. torquatus*, Trappenlaufhühnchen, Steppenläufer. ♂ u. ♀: graubraun, ♀ mit schwarzweiß gefeldertem Halsring u. rotbraunem Kehlschild. Kurzschwänzig. 13—17 cm. ♀ größer als ♂. Längere Beine als Wachtellaufhühnchen, mit Hinterzehen.

Pelargopsis. G der Alcedinidae ↗. 3 An.

— *P. amauroptera*, Braunflügelgurial. ♂ u. ♀: oberseits dunkel-, unterseits heller rotbraun. Bürzel blau. Mächtiger Schnabel. 40 cm. Von NO-Indien durch Burma bis Malaysia.

— *P. capensis*, Gurial, Storchschnabel-Eisvogel, Riesenschnabel. ♂ u. ♀: oberseits grünlichblau. Kopf u. Nacken braun. Bauch u. Halsring ockerfarben. Bis 8,5 cm langer, roter Schnabel u. Füße. 35—37 cm. UAn. S-Asien von Sri Lanka u. Indien bis zu den Philippinen u. zu den Kleinen Sundainseln. In Mangrovewäldern, an bewaldeten Flußufern. Beute vor allem Krabben u. Krebse, Frösche, Fische. Nistet in Erdhöhlen. 4 weißglänzende Eier (36,6 × 31,2 mm). 1976—1984 im Vogelpark Walsrode ↗ gehalten.

Pelecani, Pelikanartige. UO der Pelecaniformes ↗. 4 Fn, Phalacrocoracidae ↗, Anhingidae ↗, Sulidae ↗, Pelecanidae ↗.

Pelecanidae. Pelikane. F der Pelecaniformes ↗. 1 G *Pelecanus* ↗, 7 An. Größte u. flugtüchtige Ruderfüßler. 120—190 cm; Flügelspannweite 250—300 cm.

Pelecaniformes

Brillenpelikan

Körpermasse 10—12 kg. ♂ wie ♀. Massiger Körper auf kurzen, stämmigen Beinen. Langer, riesiger Schnabel, vorn hakig. Weiter Schlund von großer Dehnbarkeit. Unterkiefer durch Kehlhaut auseinanderziehbar. Tropische u. gemäßigte Zonen der Alten u. der Neuen Welt; Australien u. Tasmanien. Bevorzugt an großen Binnengewässern, Flüssen, Lagunen. Knochenpneumatisation von allen Vögeln am stärksten entwickelt, verhindert Tauchen, liegen sehr hoch im Wasser. Auf festem Boden watschelnder Gang. Während Flug Hals angezogen, Kopf auf Rumpf aufliegend; meist in Keil- od. Reihenformation. Fischen im Verband, meist synchron u. geordnet. Fische schöpfend. Beute wird durch Hochwerfen mit Schnabel in richtige Lage gebracht. Nur Meerespelikan stoßtauchend. Trocknen des Gefieders durch Abstreifen der Nässe mit Hilfe des Schnabels, sowie durch Körperschütteln u. «Flügeln». Ausbreiten der Flügel zum Trocknen wie bei Kormoranen nur selten. Oft «Sonnen»-stellung mit Abstellen eines Flügels. Kehlsackfächeln bzw. Hecheln bei hoher Temp. Koloniebrüter auf Inseln in großen Binnengewässern. Nester von einfachem Bodenwall bis Reisignest od. schwimmende Schilfinsel, seltener auf Büschen u. Bäumen od. nacktem Fels. Brutbeginn im 3. Lebensjahr. 2—3 bläulichweiße, kalküberzogene Eier (165 g). Brutdauer 33—42 Tage. Nesthocker. Kurzschnäblig. Eltern würgen Brei halbverdauter Fische vor; später Juv. Futter aktiv tief aus Schlund holend. Nach wenigen Tagen wachsen nacktem Juv. Dunen. Nach 2—3 Monaten ausgewachsen. Alterskleid mit 3 Jahren. In Tiergärten sehr häufig; alle An werden gehalten. Ausdauernde u. anspruchslose Pfleglinge. Für Privatliebhaber nicht geeignet. Große Schwimmbassins, Teiche mit Inseln od. natürliche Wasserläufe erforderlich. Möglichst in größeren Gruppen pflegen; keine Einzelhaltung. Graswachsene Uferzonen. Im Winter geheizte Unterkünfte erforderlich. Nahrung Fisch, vor allem Hering; für ausgewachsenes Tier ca. 2 kg tägl. Zucht noch verhältnismäßig selten: Rosa- ↗, Nashorn- ↗, Meerespelikan ↗. Von Rotrücken- ↗, Grau- ↗, u. Krauskopfpelikanen ↗ nur unbefruchtete Gelege.

Pelecaniformes. O Ruderfüßler. 3 UOn (Phaethontes ↗, Fregatae ↗, Pelecani ↗), 6 Fn. Im Gegensatz zu allen anderen Vögeln zwischen den 3 Vorderzehen u. der einwärts gewendeten Hinterzehe zur inneren Vorderzehe derbe Schwimmhäute. Lange Flügel mit 11 Handschwingen. Nasenlöcher zugewachsen. Ausdauernde, gewandte Flieger (außer 1 A, der Stummelscharbe); schlecht zu Fuß. Fischfresser.

Pelecanoides. G der Pelecanoididae ↗. 5 An. ♂, ♀ OS schwarz, US grauweiß. Plumper Körper. Hals, Flügel, Schwanz, Beine kurz. Kurze, weite Nasenröhren, sich nach unten öffnend. W-Küste S-Amerikas, Subantarktische Inseln, SO-Australien, Tasmanien, Neuseeland. Quakende u. miauende Laute. Jagen einzeln od. in kleinen Trupps kleine Meerestiere unter Wasser. An Land nur nachtaktiv. Beide Partner bebrüten einziges, rein weißes Ei in selbstgegrabener Erdhöhle od. in Felsspalte. Juv. dicht bedunt, 7 Wochen im Schutz der Nisthöhle bleibend. Haltung unbekannt; höchstens in Tiergärten gelangende seltene Zufallsfänge.

— *P. urinatrix,* Lummensturmvogel. ♂ u. ♀: OS schwarz, Schultern dunkelgrau mit weißlichen Endbinden. US weiß. Schnabel schwarz. Füße kobaltblau. 16—25 cm. UAn. Sü. Ozeane von Küsten S-Amerikas öst. bis in neuseeländische Gewässer.

Pelecanoididae, Lummensturmvögel. F der Procellariiformes ↗. 1 G *Pelecanoides* ↗, 5 An.

Pelecanus. G der Pelecanidae ↗. 7 An.

— *P. conspicillatus,* Brillenpelikan. ♂ u. ♀: weiß, Flügel, Schultern, Schwanz schwarz. Nackter Augenring. Am Hinterkopf Haube graubrauner Federn. Schnabel fleischfarben, teils schieferblau. Schnabelsack hellfleischfarben. Füße hellschieferfarben. Juv. ähnl., aber dunkle Flügel u. Schwanz braun. 150—160 cm. Australien, Tasmanien. Brutzeit Juli–November. Gehalten 1937 im Zoo Berlin.

— *P. crispus,* Krauskopfpelikan. ♂ u. ♀: silbergrau, Flügel dunkelbraun bis schwarz. Weiches Kopfgefieder gekräuselt. Zur Balz wallender Federschopf im Nacken. Großer gelber Fleck auf hinterer Kehle. Schnabel grau mit roten Rändern. Schnabelsack gelb. Gesichtshaut rötlich. Füße tiefgrau. Juv. oben

Krauskopfpelikan

bräunlichgrau, unten weiß. Schnabelsack grau. Im Dunenkleid weiß. 152—190 cm. Flügelspannweite 280—305 cm. Körpermasse bis 10 kg. SO-Europa bis zur Mongolei u. zum Iran. Brutzeit Februar—Mai (Donaudelta). Gelege 2—3 Eier (93 × 58 mm). Brutdauer 39 (41—42) Tage. Häufig gehalten. Zucht bisher, außer bei einem Mischpaar zwischen *P. crispus* × *P. rufescens* 1966 im Zoo Berlin-West, noch nicht gelungen.

— *P. erythrorhynchus*, Nashornpelikan. ♂ u. ♀: weiß, Flügel schwarz. Hellgelbe Flecken an Brust u. Flügeldecken. Federhaube am Hinterkopf. Schnabel u. Schnabelsack rötlich od. gelb. Gesichtshaut u. Füße orange od. gelb. Vor allem während Brutzeit schmaler Hornaufsatz auf Schnabel. Juv. ähnl., aber ohne gelbe Flecken. 135—254 cm. Flügelspannweite bis 300 cm. Körpermasse bis 9 kg. We. N-Amerika. Brutzeit Mai—Juni. Häufig gehalten. Welterstzucht 1914 im Zoo Washington, weiterhin dort: 1928, 1930, 1931. 1934 Bastardierung mit Meerespelikan. Europ. Erstzucht 1964 Zoo Berlin-West. Brut erfolgte in großem Teich vor einer der Inseln auf künstl. Plattform dicht an Wasseroberfläche. Juv. bei Schlupf (Juni) amselgroß, nackt, hellhäutig, mit offenen Augen. Beide Eltern wechseln beim Hudern ab. Am 16. Lebenstag hühnergroß mit weißem Flaum. Am 28. Tag Durchbrechen schwarzer Schwungfedern, am 37. Tag Rückendeckfedern, am 41. Tag Steuerfedern. Stirn u. Oberkopf zartgrau. Schnabel schwarzgrau. Kehlsack fleischfarben. Mit 28 Tagen verließ Juv. zeitweilig Nest. Weitere Zuchterfolge 1964 u. 1974 im Tierpark Berlin.

— *P. occidentalis*, Braunpelikan, Meerespelikan. ♂ u. ♀: düster graubraun; rotbraune Halsrückseite, strohgelber Scheitel, schmale weiße Streifen an Halsseiten. Handschwingen schwarz. Kleine Haube am Hinterkopf. Schnabel gefleckt. Schnabelsack dunkel. Gesichtshaut bläulich. Füße schieferschwarz. Juv. oben bräunlich, unten weiß. Kleinster Pelikan, 102—137 cm. Flügelspannweite 200 cm. Körpermasse 4,5 kg. UAn. Küsten des sü. N-Amerikas, M-Amerikas, Venezuelas, Kolumbiens bis Chile, Antillen. Nur diese A jagt im Meer stoßtauchend bis in über 20 m Tiefe. Wichtiger Guanoerzeuger. Brutzeit ganzjährig, meist Oktober. Haltung bereits 1937 im Zoo Berlin. Zucht erfolgreich 1962 Zoo Houston, USA; 1965 Tierpark Berlin.

— *P. onocrotalus*, Rosapelikan. ♂ u. ♀: weiß mit rosiger Tönung. Gelbe Federbüschel an Brust. Hand- u. einige Armschwingen schwarz. Kleine Haube am Hinterkopf. Schnabel grau mit rötl. Rand. Schnabelsack gelb. Gesichtshaut purpurweiß od. gelb. Füße rötlich. Juv. OS hellgelblichbraun, ein wenig gefleckt. Handschwingen braun, unten weiß. Dunenkleid schwarzbraun. 137—185 cm. Flügelspannweite bis 270 cm. Körpermasse bis 10 kg. SO-Europa bis Irak u. Turkestan, Mekongdelta, S- u. O-Äthiopis (lokal). Vor Brutzeit schwillt 5—7 cm großer Höcker auf Stirn. Nur ♀ brütet, vom 1. Ei ab. 2—3 Eier (95 × 60 mm), ca. 165 g. Brutzeit Januar—Juni (Donaudelta). Brutdauer 33—36 Tage. Schnellwüchsig, mit 3 Wochen gänsegroß, mit kurzem dunklem Schnabel. Mit 2 Jahren ausgefärbt. Am häufigsten in Tiergärten gehalten. Welterstzucht 1870 Zoo Rotterdam. Weiterhin 1931 Zoo Basel, 1932 Zoo Tokio, seit 1961 mehrfach u. seit 1970 in 2. Generation im Tierpark Berlin; 1964 Zoo Berlin-West; 1965 Zoo Nowosibirsk, UdSSR. Am 1. Lebenstag dunkelrot, nachfolgend Umfärbung in bleigrau; 17. Tag schmutzigbrauner Flaum; 35. Tag hellbraune Schwungfedern durchbrechend; 38. Tag dunkelbraune große Armdeckfedern; 45. Tag Steuerfedern. Mit 5 Monaten ausgeprägtes Jugendkleid schmutzigbraun. Altersrekord im Zoo Düsseldorf 41 u. 43 Jahre.

— *P. philippensis*, Graupelikan, Fleckschnabelpelikan. ♂ u. ♀: OS, Kopf u. Hals grau. US grauweiß, Unterschwanzdecken braun gefleckt. Hinterkopfhaube braun mit weißen Federspitzen. Schnabel fleischfarben mit blauen Flecken. Schnabelsack matt purpurfarben mit bläulichschwarzer Zeichnung. Füße dunkelbraun. 130—157 cm. Indien, Pakistan, Sri Lanka bis S-China, zu den Philippinen u. Java. Brutzeit November—März. Haltung 1959 im Zoo Berlin-West mit Gelege; 1959 im Tierpark Berlin; 1969 in Wipsnade (England). Zuchterfolge 1965 im Zoo Rangun (Burma).

— *P. rufescens*, Rötelpelikan, Rotrückenpelikan. ♂ u. ♀: weiß, im Sommer Rücken, Flanken, Bürzel, Unterschwanzdecken rötlich getönt. Handschwingen, einige Armschwingen u. Flügeldecken schwarz. Hinterkopfhaube, Schnabel gelblichweiß, an Spitze orange. Schnabelsack fleischfarben. Füße gelblichweiß. Juv. ähnl., Flügel u. Schwanz braun. 140—147 cm. Äthiopis. Brutzeit November—März. Eier 80 × 55 mm. Haltung 1937 u. 1959 Zoo Berlin-West, hier auch Gelege; 1955 im Tierpark Berlin; 1971 im Regent's Park, London.

Pelidna. G der Scolopacidae ↗. 1 A. Vorkommend in N-Europa — auch Schleswig-Holstein u. Ostseeküste —, weiter in schmalem Streifen rings um den Pol bis N-Amerika, auch auf Grönland u. Spitzbergen. Häufige Durchzügler in M-Europa, überwintern in W-Europa, am Mittelmeer u. N-Afrika. Brüten in Tundra, feuchten Niederungen u. Mooren sowie Strandwiesen an der Küste. Nest gut getarnte Mulde, 4 gefleckte Eier. Beide An brüten ca. 22 Tage. Gelegentl. 2 Jahresbruten. Haltung s. Scolopacidae. Keine Gefangenschaftsbruten bekannt.

— *P. alpina*, Alpenstrandläufer. ♂ u. ♀: im BK OS bräunlich mit hellen Federsäumen, US weiß mit schwarzem Brustschild. Schnabel länger als Kopf u. etwas abwärts gebogen. RK OS bräunlichgrau, Brust weißlich mit grauer Fleckung, übrige US weiß. Juv. OS bräunlich, bräunlich gefleckte Brust. 18 cm. UAn.

Pelikane → Pelecanidae

Peliocichla. G der Muscicapidae ↗. 10 An. Früher zu *Turdus* ↗ gehörend. Afrika. Pflege s. *Merula*.

— *P. libonyana*, Rotschnabeldrossel, Rotschnabelamsel. ♂ u. ♀: Kehle weiß, seitl. mit schwarzer Strichelzeichnung, OS graubraun, US gelblichweiß, Körperseiten ± orangefarben, Bauch weiß. Schnabel orangerot. Füße blaß orangegelblich. Juv. Schnabel gelb. 23 cm. UAn. Angola, S-Zaïre, Sambia u. Tansania bis NO Namibias, N-, O-Botswana, Transvaal u.

Peliperdix

Natal. Lebt im Kulturland, in lichten Wäldern u. Baumbeständen, oft in trockeneren Landschaften als Kapamsel. Häufiger Standvogel. Gesang ähnl. dem der Misteldrossel ↗, wird fleißig vorgetragen. Regelmäßig gehandelt, angenehmer, anspruchsloser Pflegling. Käfiglänge mindestens 1,20 m, gut in bepflanzter Freivoliere zu halten, warme Überwinterung. Wertvolles, handelsübl. Drosselfutter reichen.
— *P. olivacea*, Kapamsel, Kapdrossel. ♂ u. ♀: OS dunkel olivbraun, Kehle u. Brust blasser, erstere mit schwarzen Längsstricheln. Bauch kontrastreich rostfarben. Schnabel, Füße orange. Juv. matter als Ad., US heller mit schwarzer Fleckenzeichnung. 23 cm. UAn. S-Afrika, sü. Namibia, Transkei, Lesotho u. Swasiland. Lebt in Wäldern, Parks u. baumreichen Gärten, häufiger Gartenvogel im Hochland Kenias. Oft auf dem Boden. Umfangreiches Nest in Astgabeln od. Nischen, ähnl. dem der Amsel ↗. Gelege 2–3 Eier. Juv. schlüpfen nach 14 Tagen u. verlassen nach 16 Tagen das Nest. Selten im Handel.
— *P. tephronota*, Brillendrossel, Brillenamsel. ♂ u. ♀: blaß, aschgrau, um das Auge nackte gelbe Haut, Bauch orangerötlich. Ca. 21 cm. S-Äthiopien u. Somalia durch O-Kenia bis Inner-Tansania. Bewohnt vorzugsweise trockenes Buschland u. Küstenbusch. Zuweilen auf dem europ. Vogelmarkt. Pflege wie Rotschnabeldrossel.

Peliperdix, Wachtelfrankoline, afrikan. G der Perdicinae ↗. 4 An. Knapp rebhuhngroß. Geschlechter abweichend gefärbt. ♂ mit Sporen. Bevorzugen mit Bäumen u. Büschen bestandenes Grasland. Typische Bodenvögel. Scheu. Leben fernab menschlicher Siedlungen. Nahrung Samen, Körner, Insekten. Geflügelfertigfutter wird angenommen. Brutdauer 19–20 Tage. Paarbildung zur Zucht. Warme Überwinterung. Trockene Voliere.
— *P. coqui*, Coquifrankolin. ♂: Kopfseite einschließl. Nacken gelbbräunlich. Dunkler dünner Streifen durch Augenmitte bis Ohrdeckfedern. Braunes Scheitelband von Oberschnabel bis Genick. Weißliche Kehle. Federn auf Brust, Bauch u. Flanken auf hellem Grund mit schwarzbraunen Querstreifen. Braune Querstreifung auf gesamter OS bis Schwanz einschließl. Flügel. ♀ ähnl. ♂, mit schwarz eingefaßter weißer Kehle. Weißer, nach oben schwarz gesäumter Streifen von Schnabelansatz durch Auge nach Seitenhals verlaufend. Brust gelbbräunlich mit brauner Querstreifung. Schnabel hornfarbig. Iris braun. Läufe gelb. Juv. gelblichbraun mit feiner kastanienbrauner Längsstreifung. 28 cm. UAn. Senegal bis N-Nigeria, S-Äthiopien bis Angola, nö. SW-Afrika, Transvaal u. Natal. Gelege 4–6, auch bis 10 Eier, weiß bis blaßrosa.

Pellets, Preßlinge. In der Tierzucht gebräuchl. Form von Fertigfutter ↗ unterschiedl. Größe u. Zusammensetzung, meist hoher Nährstoffkonzentration. Wird in der Vogelhaltung ab u. zu verwendet. Bei den Gn u. An erfolgen detaillierte Angaben.

Pelzelnfink, UA → Safranfink

Pelzelns Weber, NN → Mönchsweber

Pendulinus. G der Icterinae ↗. 12 An. N-, M-, S-Amerika. Pflege s. *Cyrtotes* ↗.
— *P. spurius*, Gartentrupial. ♂: Kopf, Nacken, Vorderrücken, Flügel, Schwingen schwarz, ebenso Kinn, Kehle. Schwingen, Schwanzfedern weißgesäumt, sonst Gefieder kastanienbraun. ♀: nur Kinn, Kehle schwarz. OS olivgrün, US gelblichgrün. 16 cm. UAn. M-, öst. N-Amerika bis Mexiko. Bewohnt offenes, von Waldstücken unterbrochenes Grasland, Gärten, mit Büschen bestandene Flußufer, Nest beutelförmig, in Astgabel aufgehängt. Gesang angenehm.

Penelope, Guane. G der Cracidae ↗. 15 An. Hybriden beobachtet. Hokkohühner von Fasanengröße. Geschlechter gleich gefärbt. ♂ schwerer. Elegante kräftige Tiere, 12federriger Schwanz, stark gerundete Flügel, sporenlose lange Läufe. Kinn u. Kehle nackt, rot mit zentralem Kehllappen. Gesicht u. Augenregion nackt. Nackenfedern teilweise aufgestellt. Federn in Hals- u. Oberregion oft hell gesäumt. Teils kurze, teils lange Luftröhre. Typische kräftige Trommellaute bei Flügelschlag. Mexiko bis mittl. S-Amerika. Bevorzugt in Hoch- bis Buschwäldern. Gelege 2–3 Eier, glatt u. glänzend, ca. 100 g schwer, 26–28 Tage bebrütet. ♂ führt bei 2. Brut Küken des 1. Geleges. ♂ schützt Gelege bei Abwesenheit von ♀. Haltung, Ernährung wie *Ortalis* ↗. Frostfreie Unterbringung.
— *P. jacquacu*, Spixguan. ♂ u. ♀: Kopf mattschwarzbräunlich, verlängerte Federn schmal weißlichgrau gesäumt. Gesicht schieferfarbig. Gesamte Oberpartie schwärzlich mit kräftig grünem Glanz. Halspartie hell gesäumt. Lediglich äußere Schwanzfederkiele bläulich glänzend. Handschwingen bräunlich mit bläulichem Glanz. US mattbräunlich. Brustfedern gesäumt. Schnabel dunkel. Iris braun. Läufe rot. Flügel ♂ 31 cm, ♀ 29 cm, Schwanz 30 cm, Gewicht ♂ 1200 g, ♀ 1100 g. UAn. Guayana, O-Venezuela u. S-Kolumbien bis Bolivien u. N-Mato Grosso. Bevorzugt tropische bis subtropische Regionen.
— *P. marail*, Cayenneguan. ♂ u. ♀: Kopf u. Nacken schwärzlichbraun grünglänzend, Schopffedern verlängert, gesäumt; größter Guanschopf. Gesicht schieferfarbig. Nackte scharlachrote Kehle. Rücken u. Brust bräunlicher mit olivgrünem Glanz. Federsäume weißlichgrau, auf Schulter schwächer u. auf Brust stärker. Schwingen u. mittl. Schwanzfedern olivgrün, äußere Schwanzfedern bläulichschwarz. US bis Brust zimtfarbig mit unregelmäßiger schwärzlicher Zeichnung. Schnabel schwärzlich. Iris walnußfarbig. Läufe purpurrot. Juv. kräftig, brauner Streifen von Oberschnabel über Kopf, Hals, Rücken bis Schwanzansatz, Vorderpartie hellgelblich bis weißlich, Flügel weißquergestreift auf grauem Grund. Flügel ♂ 29 cm, ♀ 27 cm, Schwanz ♂ 26 cm, ♀ 24 cm, Gewicht ♂ 700–1000 g, ♀ 770–825 g. UAn. S-Venezuela u. Guayana bis zum Amazonas. Bevorzugt tropische Zonen. Erstzucht 1845 in Paris.
— *P. obscura*, Bronzeguan. ♂ u. ♀: Kopf dunkelschieferfarbig. Kopffedern verlängert, schmal, silberweiß nach hinten gesäumt. Gesicht schiefergrau. Dunkler Augenbrauenstreif aus kurzen silberweiß gespitzten Federn. Nackte rote Kehle. Hals, Oberrücken, Flügel dunkelschiefergrau, grünlich schattiert,

Federendsäume weißlich. Bronzener Schimmer auf Schwungfedern. Rücken olivbraun mit hellen Stellen. Mittl. Schwanzfedern dunkelbraun, bronzeglänzend, außen mit purpurnem Schimmer. Unterbrust u. Bauch mattdunkelgrau bis kastanienbraun. Schnabel schwärzlich. Iris braun. Läufe dunkelgrauschwarz. Flügel ♂ 30 cm, ♀ 29 cm, Schwanz ♂ 31 cm, ♀ 30 cm. Gewicht ♂ 1000 g, ♀ 900 g. UAn. O- u. SO-Brasilien bis Uruguay u. S-Paraguay, Bolivien bis NW-Argentinien. Lebt in tropischen u. oberen tropischen Zonen, spez. Bergwälder bis in 2000 m ü. NN.
— *P. pileata*, Weißschopfguan. ♂ u. ♀: Gut entwickelter weißlicher Schopf, rötlichbraun gesäumt, am Grund dunkler. Gesicht schieferfarbig. Nackte rote Kehle. Hals u. gesamte Vorderpartie bis Aftergegend tief kastanienbraun. Am Vorderhals bis Brust weißlich gesäumt. Flügelregion, Rücken bis Schwanz dunkelgrün bis schwarzgrün glänzend. Rücken mit weißlicher Säumung. Iris dunkelrot, bei ♀ heller. Läufe dunkelkorallenrot, Zehennägel schwarz. Juv. Schlupfmasse 64—70 g. Flügel ♂ 32 cm, ♀ 30 cm, Schwanz ♂ 33 cm, ♀ 32 cm, Gewicht 1600 g. UAn. S-Ufer des Amazonas zwischen Rio Tapajós u. Rio Madeira. Erstzucht 1845, Paris.
— *P. purpurascens*, Rotbauchguan. ♂ u. ♀: Kopf u. Nacken dunkelbraun. Kopffedern zur Haube aufgestellt. Gesicht violettschwarz bis schieferblau. Pupurroter Kehllappen. Schultern u. Schwingen olivbraun, leicht glänzend. Dunkle Schwingenkiele. Rücken matt rostbraun. Mittl. Schwanzfedern ölgrün, äußere bläulich schattiert. Brust u. Nacken helleres Braun als Kopf. Gesamte vordere Ober- u. Unterpartie weiß gesäumt. Bauch bräunlichrot. Schnabel schwarz. Iris braunschwarz. Läufe korallenrot. Juv. kastanienbraun mit ledergelben u. schwarzen Tüpfeln. Kastanienbrauner Nackenstreifen zum Rücken. Flügel ♂ 40 cm, ♀ 39 cm, Schwanz 38 cm, Gewicht ♂ 1600 g, ♀ 1400 g. UAn. Mexiko bis Venezuela u. Ekuador. Tropen, seltener Subtropen, bevorzugt tropische Wälder. Lebt in Höhen von 3000 m ü. NN.
— *P. superciliaris*, Schakupemba. ♂ u. ♀: Kopf u. Ohrdecken mattschwärzlich, zum Vorderkopf blasser. Gesicht schieferfarbig. Helles schmales Augenbrauenband. Nackte scharlachrote Kehle. Hinterhals u. Schultern dunkeloliv bis grünlichbraun u. mit teils unsichtbaren schiefergrauen Enden. Flügelfedern, Grundfarbe wie vorher, mit kastanienbraunen Säumen. Rücken u. Oberschwanzdecke hellkastanienbraun mit dunklen Säumen. Schwanz dunkeloliv mit blauschwarzen Außenfedern. Brust dunkelgrau mit grünem Schimmer, gelblich gesäumter Unterbauch bis Unterschwanzdecke zimtbraun. Schnabel schwarz. Iris walnußfarbig. Läufe purpurrot. Juv. bräunlicher als *P. marail*. Flügel ♂ 25 cm, ♀ 24 cm, Schwanz 27 cm, Gewicht ♂ 1000 g, ♀ 950 g. UAn. O-Brasilien, Paraguay, Misiones. Bevorzugt Niederungen des tropischen Waldes. Erstzucht 1952 bei TAIBEL, Italien.

Penelopides. G der Bucerotidae ↗. 2 An. Philippinen, Sulawesi.
— *P. panini*, Tariktikhornvogel. ♂: Kopf-OS gelblichweiß, Kopfseiten, Kehlband schwarz. Haut um das Auge u. Kehle nackt, fleischrot. Rücken, Flügel schwarz, metallisch glänzend. Oberschwanzdecken rötlich. Schwanz rötlichgelb, breite, schwarze Endbinde. Hals, Brust gelblichweiß, Bauch, Schenkel, Unterschwanzdecken rötlich. Schnabel u. Aufsatz rot mit gelben Querfurchen. Auge rot. ♀ kleiner als ♂,

Tariktikhornvogel. 1 Männchen, 2 Weibchen (nach K. SANFT)

Kopf, Hals u. Körper schwarz. Nackte Haut bläulich, sonst wie ♂, auch Auge. Juv. wie Ad., aber Schnabel braun, Oberschwanzdecken u. Endsaum des Schwanzes braun. ♀ anfangs wie ♂ gefärbt (ca. 6 Monate). Auge braun. 55 cm. 8 UAn. Philippinen (nicht auf Palawan). Im tropischen Regenwald bis 1000 m ü. NN. Nahrung überwiegend Früchte, Insekten, kleine Wirbeltiere. Gelegentl. gehalten, u. a. 1979—1981 4 Exempl. im Vogelpark Walsrode ↗, Zoo Berlin.

Pennantsittich (*Platycercus elegans*) → *Platycercus*
Pepoaza (*Xolmis irupero*) → *Xolmis*
Peposakaente (*Metopiana peposaca*) → *Metopiana*
Percnopis, G der Estrildidae ↗. 1 A. Ghana bis Uganda, N-Angola, Insel Fernando Póo. Zu Beginn der 30er Jahre erstmalig nach Europa, Zool. Garten London. In Afrika zog M. Th. AMMER juv. Vögel mit der Hand auf. Pflege → Estrildidae.
— *P. fusconata*, Mantelschwärzling. ♂ u. ♀: Stirn, Scheitel, Zügel glänzend blauschwarz, Nacken, Flügeldecken schwarz, Rücken, Flügel u. Bürzel braun, bei UA *P. f. uropygialis* Bürzel blaß gelbbräunlich. Oberschwanzdecken, Schwanz schwarz. Kinn, Wangen, US weiß bis hellgrau. Schnabel schwarz. Auge dunkelbraun. Füße hellgrau. Juv. Kopf dunkelbraun. 11 cm.

Perdicinae, Feldhühner. UF der Phasianidae ↗. 27 Gn, 98 An.
Perdicula, Frankolinwachteln. G der Perdicinae ↗. 2 An. Wachtelgröße. Geschlechter unterschiedl. gefärbt. Kurzer hoher Schnabel, 12federiger Schwanz. Sporenhöcker an Läufen. Indien u. Sri Lanka. Außer Brutzeit gesellig lebend, sonst monogam. Nest in Bodenmulde mit Gras u. Pflanzenteilen gepolstert. Brutdauer 21 Tage. Haltung in hellen, trockenen Volieren mit Innenraum. Frostfreie Überwinterung zu empfehlen. Fütterung, Aufzucht s. *Coturnix*.

— *P. argoondah*, Madraswachtel. ♂: ähnl. ♂ von *P. asiatica*, kastanienbraune durch kräftig ziegelrote Töne ersetzt. Helles Band in Augenregion fehlt. OS dunkler gewellt mit hellen schwarzgesäumten dreieckigen Flecken gezeichnet. ♀: weinrötliche Grundfarbe mit rostgelblicher Zeichnung. Vorderpartie von Kehle ab weißlich. Schwingen rostgelb gezeichnet. 16 cm. UAn. Indien. Lebt in karg bewachsenen felsigen Gebirgsgegenden. Erstzucht K. Ruß ↗ 1876.

— *P. asiatica*, Frankolinwachtel. ♂: Kopf-OS, Stirn, Zügel kastanienbraun. Unter u. über ebenso gefärbtem Überaugenstreif ein gelblichweißes Band. Ohrgegend dunkelbraun. Nackenfedern braun mit schwarzen Spitzen. Kastanienbraunes Kinn u. Kehle nach oben von gelblichweißem Band eingefaßt. US weiß mit schwarzer Querbänderung. Bauch u. Unterschwanz hell mit bräunlichrotem Hauch. Rücken, Oberschwanzdecken graubraun mit schwarzer Querwellung. Vorderrückenfedern weiß, gelber Schaft. Schulter u. Flügeldecken ebenso, dazu gleiche Querlinien, Federrand schwarz gestreift u. gefleckt. Schwingen dunkelbraun, erste Außenfahnen rostbraun gestreift. ♀: Kopf-OS braun mit feiner weißer u. schwarzer Punktzeichnung. Überaugenstreif schmal, blaßbräunlich. Weißlicher Kehlfleck; Wangen, Kehle, Brust u. Bauch hellrötlichbraun, zur Bauchmitte heller. Nacken u. ges. Rücken bräunlichgrau mit weißlicher u. schwärzlicher streifenförmiger Punktierung. Schwingen bräunlich mit rötlich gepunkteten Außenfahnen. Flügeldecken hell- u. dunkelgrau gebändert, z. T. mit deutl. schwarzen u. weißen Endbinden. Schwanz dunkel mit feiner heller Bänderung. Schnabel dunkelhornfarbig bis schwarz. Iris nußbraun. Läufe orangefarbig. Juv. rostbraun, OS gelblich gefleckt. Gelblicher Kopfseitenstreif. Körper-US heller. 15—16 cm. UAn. Indien u. Sri Lanka. Bevorzugt Gras- u. Buschgebiete, lichte Wälder, bis 1 200 m ü. NN. Gelege 5—7 Eier, weißlichgelblich. 30 × 20 mm. Erstmalig 1868 im Londoner Zoo. Erstzucht 1882 von Thein, Leipzig.

Perdix, Rebhühner. G der Perdicinae ↗. 3 An. Geschlechter ähnl. gefärbt. 16—18federiger Schwanz. Keine Sporenansätze. Europa bis O-Asien. Monogam. Fütterung, Haltung, Aufzucht s. *Alectoris*.

— *P. perdix*, Rebhuhn. ♂: Herbst bis Frühjahr Kopf rostbraun. Dabei Ohrdecken mehr grau u. Kopf-OS braun, Federspitzen heller. Zwischen Stirn, Überaugenregion u. Kopf-OS ein grauer Streifen. Kehle rostbraun. Kropfregion hellaschgrau mit welliger schwarzer Punktbänderung. Warziger Augenring, hinter dem Auge rot. Seitenfedern mit weißen, schwarz eingefaßten Schäften u. kastanienbraunen Querbinden. Kastanienrotbraune hufeisenförmig gezeichnete Federpartie, teils weiß gesäumt an der Brust. Unterkörper weiß, zu Unterschwanz gräulichweiß mit bräunlichem Schimmer. Rücken bräunlich mit braunen Binden, die zu Oberschwanzdecken hin breiter werden. Schulter u. Flügeldecken dunkler, dazu hell u. dunkel Querkritzelzeichnung u. braune Endquerbinde sowie rahmfarbene schwarz eingefaßte Schäfte. Handschwingen dunkelbraun mit hellen Querbinden. Armschwingen mit brauner Kritzelzeichnung. Schwanzfedern kräftig rotbraun sowie heller u. dunkler Querzeichnung. Im Sommer Kopf-OS einfarbig braun. Nacken u. Kopfseiten bräunlicher. ♀: ähnl. gefärbt. Größere helle Flecken am Kopf. An Nacken u. Vorderrücken überwiegend braune Töne. Querbinden auf OS mehr tiefbraun. Hufeisenförmiger Fleck an Brust oft kleiner, manchmal nur angedeutet. Schnabel grünlichgrau. Iris braun. Läufe blaugrau. ♀ kleiner als ♂. Juv. rotbraune Kopf-OS, schwarz gefleckt. Stirn u. Kopfseiten gelblich mit schwarzer Fleckung. OS bräunlich mit 2 schwarzen Längsstreifen. US hellgelblich. 30 cm. UAn. N- u. M-Europa bis W-Sibirien, Turkestan u. N-Iran. Kulturfolger in Ackerbaugebieten. Auch in Heide, Mooren, bewachsenen Dünen. In Ebenen u. im Hügelland, selten im Gebirge. Lebt im Winter in Gruppen. Gelege 10—20 Eier, hellbraun bis olivgrau bzw. -braun. (34,9 × 26,3 mm). Brutdauer 25 Tage, brütet in flacher, geschützter Bodenmulde. Zucht häufig gelungen, einfach.

Pericrocotus. G der Campephagidae ↗. Ca. 10 An. Bei den meisten An ♂ rot u. schwarz gefärbt, ♀ gelb bzw. orange, schwarz od. grau. Langer, stufenförmiger Schwanz. S- u. SO-Asien. Leben vorwiegend als größere Gruppen in Baumwipfeln. Angenehm klingende Rufe. Reizendes Wesen. Warme Haltung (nicht unter 20 °C) im großen Flugraum, für Käfig nicht geeignet. Sehr bewegungsfreudig. Futter handelsübl. Insektengemisch mit reichl. Ameisenpuppen, außerdem Wachsmottenraupen, frische Ameisenpuppen, frisch gehäutete Mehlkäferlarven ↗ u. Insekten aus der Lichtfalle ↗ reichen. In kürzeren Abständen Multivitaminpräparat dem Weichfutter beigeben od. damit Mehlkäferlarven benetzen. Häufig verblaßt nach der Mauser die rote Gefiederfärbung.

— *P. cinnamomeus*, Zwerg-, Feuermennigvogel, Kleiner Mennigvogel. ♂: Kopf, Hals u. Rücken dunkelgrau, Flügelspiegel rot, ebenso Brust. Bauch u. Unterschwanzdecken weißlichgrau. Schnabel schwarz. Auge braun. Füße schwarz. ♀: Kopf-OS. Rücken bräunlichgrau, Bürzel orange, Flügelspiegel gelb. Kehle u. Brust schmutzigweiß, Bauch u. Unterschwanzdecken blaßgelb. 16 cm. UAn. *P. c. igneus* von einigen als eigene A angesehen, zusammen mit *trophis, saturatus*. Die A kommt in Sri Lanka, Vorder- u. Hinterindien, auf den Andamanen, auf Sumatera, Billiton, Kalimantan, Palawan, Simalur, Java u. Bali vor. ± regelmäßig auf europ. Vogelmarkt.

— *P. flammeus*, Scharlachmennigvogel, Großer Mennigvogel. ♂: Kopf u. Hals glänzend schwarz, Flügel schwarz mit rotem Spiegel u. länglichem rotem Fleck auf den Armschwingen. Ansonsten OS u. US mennigrot, auch Bauch u. Unterschwanzdecken. Schnabel schwarz. Auge braunschwarz. Füße schwarz. ♀: OS grau, nur Vorderkopf, Hinterrücken, Bürzel, Oberschwanzdecken grünlichgelb. Armschwingen mit gelbem Fleck. US gelb. 19 cm. UAn. Himalaja, von Yünnan bis Fokien (S-China), Andamanen, Hinterindien, Sumatera, Bangka, Billiton, Kalimantan, Philippinen, Java, Bali u. Lombok. Erstmalig 1908 in Deutschland, seither regelmäßig auf dem Vogelmarkt. Bald zutraulich. In großen Flugräumen wird durch die Bewegungsmöglichkeiten (?) rote Farbe des Gefieders erhalten (K. NEUNZIG ↗).

Periparus. G der Paridae ↗. 8 An. Asien, Europa, N-Afrika. In Laub- u. Nadelwald bis in Hochlagen. Nahrung Insekten u. Samen. Eingewöhnung teils leicht, teils unbekannt, friedlich, zutraulich. Paarweise od. zu mehreren in Voliere ↗ zu halten. Nö. Formen winterhart. Futter u. Brutverhalten s. *Poecile.*
— *P. ater,* Tannenmeise. ♂ u. ♀: Kopf-OS glänzend schwarz, im Nacken weißer Fleck. Rücken aschgrau, Schwanz, Flügel dunkelgrau. Wangen, Ohrgegend weiß. Kinn, Kehle, Vorderbrust schwarz. US weißlich, an den Seiten rahmfarben verwaschen. Schnabel grauschwarz. Auge braun. Füße blaugrau. Juv. matter, US u. Kopfseiten gelblich. 11 cm. Von N-Afrika über Europa, N-Asien bis nach Japan, ebenso China u. O-Nepal. Mit wenigen regionalen Ausnahmen an Nadelwald gebunden, dabei wird Fichten-Tannenwald dem Kiefernwald vorgezogen. Brütet häufig in Löchern auf dem Boden. Eingewöhnung mehrerer Meisen zugleich ist im Herbst nicht schwierig. Mehlwürmer sind nicht bei allen Vögeln beliebt. Werden meist bald vertraut. Junge sind leicht aufzuziehen. In der Voliere sind große Fichtenäste mit hängenden Zweigen begehrt. Nahrung Insekten, Spinnen, Eifutter, Weichfutter ↗, Nadelholzsamen. Aus offenen Tannenzapfen holen sie die Samen selbst heraus. Zur Zucht sind schon kleine Volieren ausreichend. Für den Nestbau wird eine Moosart verwendet, die auf Baumstümpfen wächst. Das Nestinnere enthält Haare u. einzelne Federn. ♂ füttert ♀ von der Eiablage ab. Wenn die Jungen nach 13 Tagen schlüpfen, sind blattlausbefallene Zweige sehr begehrt, später Spinnen, Raupen, Ameisenpuppen u. Insekten aus der Lichtfalle ↗. Bei Schwierigkeiten hilft stets das Einbringen neuer Äste, die Naturnahrung enthalten.
— *P. melanolophus,* Schwarzschopfmeise. ♂ u. ♀: Kopf-OS mit Schopf bis zum Nacken schwarz, in der Nackenmitte weißer Fleck. Rücken bis Schwanz blaugrau, Flügeldecken mit gelblichen Spitzen, Handschwingen braunschwarz, Kinn u. Kehle weiß. Zügel, Ohrgegend, Wangen, Halsseite weiß, US dunkel blaugrau. Achselfedern u. Seitengefieder lebhaft rostrot, ebenso Unterschwanzdecken. Schnabel schwarz. Auge braun. Füße graubraun. Juv. kurzer Schopf, matter u. dunkler. 10—11 cm. Beschränkt auf den Hindukusch, O-Afghanistan bis zum W-Himalaja in W-Nepal. Zedern- u. Tannenwälder ab 2000 m ü. NN. Ersetzt dort die Tannenmeise, der sie auch in der Stimme ähnelt. Brütet auch vielfach in Bodenlöchern. Im Winter wird sie gelegentl. in tieferen Lagen gefangen. Junge sind ohne Schwierigkeiten mit Insekten aufzuziehen u. im Käfig od. in der Voliere zu halten. Häufiger Wechsel von Kiefern- od. Fichtenästen ist zu empfehlen. Geschlechter sind erst unterscheidbar, wenn ♂ singt. Im April beginnt der Nestbau durch das ♀, das vom ♂ mit Insekten gefüttert wird. Moos bildet die Nestunterlage, es folgt reichl. Tierwolle. Nach 13—14 Tagen schlüpfen Juv., die von ♂ u. ♀ gefüttert werden. Nestlingsdauer 19 Tage. Jungenaufzucht gelingt mit Ameisenpuppen, Raupen, Faltern usw. Die Nahrung wird gründlich bearbeitet. Juv. beginnen schon vor der Jugend-

Periparus

Schwarzschopfmeise

mauser mit dem Verstecken. Vom Sommer an zusätzl. Nadelholzsamen als Futter. Mit anderen An vertragen sie sich gut.
— *P. rufonuchalis,* Fichtenmeise. ♂ u. ♀: Kopf-OS bis Nacken u. Schopf glänzend schwarz, in der Nackenmitte weißer Fleck. Rücken, Schwanz blaugrau. Flügeldecken blaugrau, Schwingen dunkelgrau. Kinn, Kehle, Brust schwarz, Zügel, Wange, Ohrgegend, Halsseite weiß. Übrige US aschgrau. Achselfedern, Unterschwanzdecken rotbraun. Schnabel blauschwarz. Auge braun. Füße blauschwarz. Juv. Kopf-OS u. Brust schwarzbraun. Schopf kürzer, US rahmfarben. 12—14 cm. Hindukusch (Afghanistan) bis W-Himalaja (W-Nepal). Bergwälder ab 2000 m auf Steineichen, Zedern u. Tannen. Nistet in Baumhöhlen u. unter Steinen. Standvogel, meidet Wärme. Juv. mit jeder Art Insektenfutter ohne Schwierigkeit aufzuziehen. In der Voliere wird häufig Naturfutter erbeutet. Dies läßt sich begünstigen, wenn man Insekten aus der Lichtfalle in der Voliere fliegen läßt, wo sich nachtaktive Falter sofort in Deckung begeben. Vom Herbst ab werden Samen gerne genommen, wobei die Kerne von Zirbelnüssen sowie Pinienkerne bevorzugt werden. Friedlich gegenüber Vögeln kleinerer An in der Voliere.
— *P. varius,* Buntmeise. ♂ u. ♀: Kopf-OS schwarz mit blauem Glanz, in der Mitte des Nackens großer weißer Fleck. Rücken, Flügel, Schwanz blaugrau. Zwischen Nacken u. Rücken rotbraunes Band. Stirn, Zügel, Wange, Ohrgegend weiß mit rahmfarbenem Anflug. Kinn, Kehle tiefschwarz, Vorderbrust rahmfarben, übrige US hell rotbraun. Schnabel grauschwarz. Auge dunkelbraun. Füße blaugrau. Juv. blasser, auf dem Rücken grünlich. 13 cm. Taiwan, Japan, Korea. In Japan in Wäldern u. Gärten. Brütet in vorgefundenen Höhlen. Lebt von Insekten u. Samen. Eingewöhnung offenkundig leicht. Importierte Exempl. werden in der Voliere rascher als im Käfig handzahm. Häufiger Wechsel der Zweige u. Äste günstig. Lebhafter Gesang des ♂ ermöglicht Unterscheidung der Geschlechter. ♂ füttert ♀ regelmäßig. Insektenfutter nur im Frühjahr nötig, sonst Sonnenblumen, Nüsse u. a. Extrem ausgeprägter Verstecktrieb.

Unglückshäher

Perisoreus, Meisenhäher. G der Corvidae ↗. 3 An. Gefieder weich, Schnabel kurz, bis zur Hälfte mit Borsten bedeckt. N-Amerika u. Eurasien. In Mooren, Nadelwäldern, z. T. Gebirgen.

— *P. canadensis*, Meisenhäher. ♂ u. ♀: Stirn, Kehle u. Kopfseiten weiß, Zügelstreifen, Hinterkopf u. Nacken schwarz, Rücken grau, Flügel u. Schwanz grau mit weißer Spitze, Hals u. US hell graubraun. Schnabel schwarz. Auge dunkelbraun. Füße schwarz. Juv. ähnl. Ad. 28 cm. Alaska, Kanada, nö. USA, Gebirge der we. USA. Typischer Bewohner der Nadelwaldzone. Nahrung Sämereien u. Insekten, die mit Hilfe von starken Speicheldrüsen nach Spechtart aufgenommen werden. Äußerst selten gehandelt u. gehalten. Zucht wohl noch nicht gelungen.

— *P. infaustus*, Unglückshäher. ♂: graubraun, Flügel mehr kastanienbraun, Schwanz heller mit grauen Spitzen, Brust gelblichweiß, Bauch rötlichbraun. Schnabel u. Füße schwarz. ♀ u. Juv. wie ♂. 30—32 cm. Nö. Nadelwaldzone N-Europas u. N-Asiens ohne Kamtschatka, bis zum Ussurigebiet u. Sachalin, N-Mongolei u. N-Mandschurei. In Lappland als Glücksvogel geschützt, dadurch sehr zutraulich. Nahrung: Insekten, Samen u. Beeren. Nest aus Reisig mit Flechten u. Federn sehr dicht gepolstert, in 3—5 m Höhe auf Bäumen. Gelege 3—4 auf weißgrünlichem Grund braungefleckte Eier. Brut 19—20 Tage. Aufzucht 21—24 Tage. Danach in lockeren Verbänden herumziehend. Im Handel selten, Eingewöhnung gut, die Volieren müssen voll überdacht sein, gut mit Kiefernzweigen ausstatten u. Moos auslegen. Gegen Kälte unempfindlich, Sonnenschutz erforderlich. Futter s. Corvidae, bes. Beeren ↗ u. Insekten ↗. Bisher in Gefangenschaft keine Brut od. Brutversuche.

Perlastrild (*Hypargos margaritatus*) → *Hypargos*
Perlaugendrossel (*Margarops fuscatus*) → *Margarops*
Perlenbartvogel (*Trachyphonus margaritatus*) → *Trachyphonus*
Perlenbronzemännchen, NN → Weißgezeichnetes Perlenbronzemännchen
Perlhals-Buschtimalie (*Stachyris leucotis*) → *Stachyris*
Perlhalstaube (*Streptopelia chinensis*) → *Streptopelia*
Perlhühner → *Numidinae*
Perlhuhnfrankolin (*Francolinus pintadeanus*) → *Francolinus*
Perlkauz, Perl-Sperlingskauz (*Glaucidium perlatum*) → *Glaucidium*
Perlsteißhuhn (*Eudromia elegans*) → *Eudromia*
Perlwachtel (*Margaroperdix madagarensis*) → *Margaroperdix*
Perlwasserläufer (*Tringa erythropus*) → *Tringa*
Pernis. G der Accipitridae ↗. 2 An.

— *P. apivorus*, Wespenbussard. Bussardgroßer Greifvogel. ♂ u. ♀: Gefiederfärbung sehr variabel. Nacken, Rücken, Flügel mittel- bis dunkelbraun mit dunklen Schaftstrichen. Hals, Brust, Bauch u. Hosen variieren von fast weiß über weiß mit schwarzer Bänderung, rotbraun bis dunkelbraun mit grauen bis schwarzen Tropfenflecken. Beim ♂ ist der Oberkopf oft aschgrau bis graubraun. Nackenfedern manchmal etwas schopfartig verlängert. Schwanz länger, graublau bis braun mit 2—3 schwarzen Querbinden, Endbinde breiter. Schnabel schwach, nur mäßig gekrümmt. Füße gelb, Krallen nur wenig gebogen (Lauffüße). 7 UAn. Europa, Asien, Indien u. Indonesien. Die nö. Populationen ziehen in der kalten Jahreszeit nach S. Abwechslungsreiche, offene Wälder, Feldgehölze, Buschregionen, in den Ebenen häufiger als in höheren Lagen. Beute hauptsächl. Nester (Maden, Puppen, Honig) von Wespen, Hummeln u. Bienen, aber auch große Insekten, kleine Reptilien, Amphibien, Kleinsäuger, selten Früchte. Horst am Rande der Wälder auf Laub- od. Nadelbäumen. Gelegentl. werden auch Horste von anderen Greifvögeln genutzt. Gelege 1—3 weiße, kastanienbraun gefleckte bis gewölkte Eier. Brutdauer 30—35 Tage. Nestlingsdauer 40—45 Tage. ♂ u. ♀ betreiben Brutpflege. Selten in Tiergärten. Gelegentl. werden Findlinge ↗ od. verletzte Alttiere eingeliefert. Anfänglich sehr nervös u. schreckhaft, später ruhiger. Eingewöhnung in abseits gelegenen Volieren. Haltung paarweise. Gemeinschaftshaltung, z. B. mit Fasanen in großen Volieren, ist möglich. Nahrung Spezialfuttermischung (gekochter Reis, Möhren roh geraspelt, Früchte, z. B. Äpfel, Weintrauben, Pfirsiche, Orangen geschnitten, Quark, Rosinen, rohes Eigelb, in Milch aufgeweichte Semmel, Bienenhonig) in krümeliger Struktur anbieten, gelegentl. gehackte Mäuse od. Küken reichen. Im Sommer Bienenwaben mit Brut. Bei Temp.en unter 5 °C ist Winterquartier notwendig. Noch nicht in Gefangenschaft gezüchtet.

Perosis. Mangelkrankheit. Stoffwechselkrankheit beim wachsenden Großvogel (bes. Puten, Trappen ↗, Rauhfußhühnern ↗, Straußenvögeln ↗) in Gefangenschaftszucht bei fehlendem Auslauf. Mangel an Mangan u. Störungen im Stoffwechsel von Vitamin E, Selen, Cholin u. Biotin spielen eine Rolle. Klinisch kommt es nach Verdickung des Sprunggelenkes zum Abgleiten der Beugesehne vom Fersenhöcker mit Auswärtsdrehung des Beines.

Peru-Erdtaube *(Geotrygon frenata)* → *Geotrygon*
Perugrünhäher, NN → Grünhäher
Perusittich, UA → Kolumbiasittich
Perutangare, NN → Braunohr-Bunttangare
Peters, Hans-Joachim, geb. 31. 1. 1920 in Eisleben. Seit ca. 30 Jahren verantwortl. Redakteur «Ziergeflügel und Exoten» der SZG. An zahlreicher Vogelgruppen gehalten, Vorliebe gilt den Weichfressern ↗. Mehrere seltene Zuchterfolge, u. a. Augenbrauenhäherling ↗. Über 100 Publikationen in Zeitschriften.
Perutäubchen, NN → Goldschnabeltäubchen
Petronia, Steinsperlinge. G der Passeridae ↗. 1 A. S-Europa, N-Afrika über Vorderasien bis Mongolei, Kanarische Inseln, Madeira. Bewohnen sonnige Hänge im offenen Gelände mit Steilwänden, auch Ruinen, Kulturland, Siedlungen. Lebhaft. Nest in Felsspalten, Mauerlöchern, großer liederlicher Bau aus Gräsern. Gelege 4–6 (7) Eier, s. *Passer* ↗ *domesticus*. Ab u. zu gehandelt. Eingewöhnung leicht, bald zutraulich. Haltung in großen Käfigen u. Volieren, am besten Biotopvoliere ↗ (große Steine, Felslandschaft, Baumstämme als Nistkästen).
— *P. petronia*, Steinsperling. 7 UAn. ♂ : oberer Kopf dunkelbraun. Scheitel beigegrau, sonst oberseits graubraun, Federn mit beigen Spitzen. Wangen, Ohrregion dunkelbraun, Augenstreif beige. Kopf längsgestreift. Kehlfleck schwefelgelb. US grau, geringe schuppige Zeichnung. Unterschwanzdecken sowie Schwanz mit weißlichen Spitzen. Schnabel kräftig, gelblich. Auge braun. Füße gelbbraun. ♀ ähnl. ♂, Kehlfleck weniger leuchtend, kleiner. Juv. ähnl. Ad., aber gelber Kehlfleck fehlt. 15 cm.
Petrophassa. G der Columbidae ↗. 1 A. Australien. Pflege s. auch Columbiformes. Zucht von *P. albipennis*, Weißspiegeltaube, gelungen.
Petrophila. G der Muscicapidae ↗. 2 An. Früher zu *Monticola* ↗ gehörend. Asien. Pflege s. *Monticola*.
— *P. cinclorhyncha*, Bergrötel. ♂: ähnl. Rötelmerle ↗, aber Kehle weiß, ebenso Flügelspiegel. Bürzel u. Unterkörper rostrot. ♀: wie ♀ von Rötelmerle, aber Halsseite ohne hellen Fleck u. US wesentl. heller. 19 cm. Von O-Afghanistan u. Himalajagebiet bis in das öst. Assam, einschließl. der Berge sü. des Brahmaputra. Bewohnt die Gebirge zwischen 1 200 u. über 3 000 m, vorwiegend zwischen 1 200 u. 2 200 m ü. NN. Lebt in lichten Wäldern, überwiegend Nadelwäldern, aber auch an grasbewachsenen Felshängen. Zieht im Winter bis S-Indien u. W-Burma. Ab u. zu im Handel, s. Rötelmerle.
Petschorapieper *(Spipola gustavi)* → *Spipola*
Pezoporidae, Erdsittiche. F der Psittaciformes ↗. 2 monotypische Gn. Australien, Tasmanien, ausgesprochene Bodenbewohner, -brüter. *Giopsittacus occidentalis*, Höhlensittich, Nachtsittich, örtl. im Inneren Australiens, möglicherweise ausgestorben. Bewohnte Landschaften mit überwiegend *Spinifex*-Bewuchs.
Pezoporus, Erdsittiche. G der Pezoporidae ↗. 1 A. SW-, SO-Australien, Tasmanien. In küstennahen, baumlosen Sumpfgebieten. Im vorigen Jh. noch häufig. Jetzt sehr selten. Streng geschützt. Laufen schnell auf dem Boden, aber auch sehr gute Flieger. Nahrung Schilf-, Akazien-, Gras-, Kräutersamen, frische Grasspitzen. Brutzeit September–Dezember. Nest zwischen Grasbüscheln, Gelege 3–4 Eier, Brutdauer wohl 21 Tage. Juv. verlassen nach 21 Tagen das Nest, noch nicht voll flugfähig. Sehr selten gehalten, angeblich 1865 1 Exempl. im Zool. Garten London, im Zoo von Adelaide über größeren Zeitraum gehalten worden. Futter: Sonnenblumenkerne, Hirse, Glanz, Grünes. Zucht durch A. E. R. LEER, Sydney schon gelungen.
— *P. wallicus*, Erdsittich. ♂ : grün. Stirn rot. Kopf-OS mit schwarzen Stricheln. Oberkörper schwarze Fleckung, teilweise mit schmaler gelber Bänderung. Kehle mit Stricheln u. Fleckung, US grüngelb mit schwarzen Querbändern. Schwanzfedern mit schmaler, gelber Bänderzeichnung u. schwarzbrauner Fleckung. Schnabel bräunlich. Auge matt gelb. Füße braun. ♀ wie ♂, blasser, Stirn weniger Rot. Juv. Stirn ohne Rot. 31 cm.
Pfäffchen → *Sporophila*
Pfau *(Pavo cristatus)* → *Pavo*
Pfauenkranich → Kronenkranich
Pfauensteißhuhn *(Taoniscus nanus)* → *Taoniscus*
Pfauentrogon *(Pharomachrus pavoninus)* → *Pharomachrus*
Pfauentruthuhn *(Meleagris ocellata)* → *Meleagris*
Pfaufasanen → *Polyplectron*
Pfefferfresserarassari *(Selenidera culik)* → *Selenidera*
Pfeifente *(Mareca penelope)* → *Mareca*
Pfeifgänse → Dendrocygninae
Pfeifhonigfresser *(Lichenostomus virescens)* → *Lichenostomus*
Pfeilschwanz-Kolibri *(Phaethornis malaris)* → *Phaethornis*
Pfennigkehlkolibri *(Heliodoxa rubinoides)* → *Heliodoxa*
Pfirsichköpfchen *(Agapornis fischeri)* → *Agapornis*
Pflaumenkopfsittich *(Psittacula cyanocephala)* → *Psittacula*
Pfuhlschnepfe *(Limosa lapponica)* → *Limosa*
Phaethon. G der Phaethontidae ↗. 3 An. 40–48 cm; Schwanzfedern nochmals 30–65 cm. Zierlichste Ruderfüßler. ♂, ♀ weißes Gefieder mit schwarzen Abzeichen. 2 schmale, stark verlängerte mittl. Schwanzfedern. Lange Flügel, kurze Beine, gerader kräftiger Schnabel. Tropische Meere. Große Flugleistungen, da meist in der Luft; am Boden schwerfällig beweglich. Schrille, krächzende Schreie. Erbeuten stoßtauchend Fische, Tintenfische, Krebstiere. Brüten gesellig. 1 weißes, rötlichviolett geflecktes Ei (64 × 46 mm), auf kahlem Boden, in Felsspalten od. Erdhöhlen. Beide Partner brüten. Brutdauer 28 Tage. Juv. mit weißlichem Dunenkleid. Nestlingsdauer 2 Monate. Haltung infolge extremer Lebensweise als Hochseeflieger kaum möglich.
— *P. aethereus*, Rotschnabeltropikvogel. ♂ u. ♀: weiß mit schwarzem Augenband u. schwarzer Wellenzeichnung. Weiße Schwanzfedern. Roter Schnabel. 60–100 cm. UAn. Tropische Meere (außer W-Pazifik) bis zum Roten Meer u. Chile. Brütet auf kleinen

Phaethontes

Inseln: Galápagos, vor W-Mexiko u. S-Amerika, Antillen, Kap Verde, Ascension, St. Helena, im Persischen Golf u. im Golf von Aden.

— *P. lepturus,* Weißschwanztropikvogel. ♂ u. ♀: reinweiß mit breitem schwarzem Augenstreif u. schwarzem Flügelband. 40—80 cm. UAn. Brütet auf kleinen Inseln im SW-Pazifik, im Indischen u. Atlantischen Ozean u. Karibik bis zu Bahama- u. Bermuda-Inseln.

— *P. rubricauda,* Rotschwanztropikvogel. ♂ u. ♀: weiß mit schwarzem Augenstreif, schwarze Wellenzeichnung. Rote Schwanzfedern u. Schnabel. 50—90 cm. UAn. Tropischer Indischer u. Pazifischer Ozean. Brütet auf Inseln von Mauritius bis zu den Kermadec-, Gesellschafts-, Bonin- u. Hawaii-Inseln. Häufiger Segelflug.

Phaethontes, Tropikvögel. UO der Pelecaniformes ↗. 1 F Phaethontidae, mit 1 G, 3 An. Tropische Meere.

Phaethornis, Schattenkolibris. G der Trochilidae ↗. 24 An. Mexiko bis Bolivien. Bevorzugen Waldungen.

— *P. guy,* Graubrust-Eremit, Grüner Schattenkolibri, Graubrust-Einsiedler. ♂: OS dunkelmetallischgrün. Bürzel hellbräunlich. Steuerfedern schwarz, mittelstes Paar verlängert mit weißen Spitzen. Ohrdecken schwarz. Bartstreif, Kehlmitte gelblichrostfarben. US bräunlichgrau, Bauchmitte rostfarben, Unterschwanzdecken metallischgrau. Oberschnabel schwarzbraun, Unterschnabel orangerot. ♀: weiße Spitzen der mittl. Steuerfedern 10—15 mm länger. US heller grau. Juv. wie ♀. 15,0 cm. Von Kostarika bis NO-Venezuela u. SO-Peru. In Regenwäldern u. Sekundärbusch bis 1200 m ü. NN, zutraulich. Wird bei der Eingewöhnung als sensibler Problemvogel beschrieben. Überlebt in menschlicher Obhut selten die erste Mauser. Zucht noch nicht gelungen.

— *P. longuemareus,* Zwergeremit. ♂ u. ♀: OS bronzegrün, Hinterhals bräunlich, Bürzel, Oberschwanzdecken mit rostfarbenen Säumen. Superciliar- u. Bartstreif rostfarben, Kinn-, Kehlmitte schwarz. US rostbraun, Unterschwanzdecken weiß. Schwanzfedern bronzegrün, die mittelsten mit weißen, übrige mit rostfarbenen Spitzen. Unterschnabel zitronengelb. Juv. wie ♀. 10,0 cm. SO-Mexiko bis W-Ekuador, O-Peru u. NW-Pará, Trinidad. Bevorzugt Tiefwaldländer, Dickichte u. Gestrüppränder. Eingewöhnung wie bei anderen An auch schwierig. A. J. Mobbs hielt 1 Exempl. 5 Monate, es dürfte dies der Rekord sein. Zucht noch nicht gelungen.

— *P. malaris,* Langschnabel-Eremit, Langschnabel-Einsiedlerkolibri, Pfeilschwanz-Kolibri. ♂ u. ♀: ähnl. *P. superciliosus,* aber größer, Kehle u. Brust graubraun, Mittelstreif an der Kehle nicht scharf begrenzt. US rostbräunlich, Unterschwanzdecken wie der Unterkörper, aber nicht weiß. Juv. wie ♀. 18,0 cm. Von Cayenne bis NO-Brasilien. Lebt wie *P. superciliosus.* Eingewöhnung wie bei allen An schwierig. Haltung bis zu einem Jahr möglich. Zucht noch nicht geglückt.

— *P. pretrei,* Planalto Eremit, Pretres Kolibri. ♂ u. ♀: OS bronzegrün, Bürzelfedern rostrot gesäumt, Streif unter u. über dem Auge hellrostfarben. US zimtbraun. Steuerfedern braunschwarz mit weißen Spitzen. Juv. wie ♀. 15,0 cm. Im Hochland von O- u. M-Brasilien (Maranhao u. Ceará bis Mato Grosso u. São Paulo), O-Bolivien bis N-Argentinien. In Wäldern, Savannen, Parks u. Plantagen. Wie alle Einsiedler ein Problemvogel, lebt selten länger als 1 Jahr in menschlicher Obhut. Zucht bisher nicht gelungen.

— *P. ruber,* Rotbauch-Eremit, Zwergeinsiedler, Rotbürzelkolibri. ♂ u. ♀: Kopf-OS braun mit metallischgrünem Schimmer. Hinterhals, Rücken u. Oberflügeldecken metallischgrün. Bürzel, Oberschwanzdecken rostbräunlich. Steuerfedern dunkelbraun mit weißen Spitzen; mittelstes Paar 10 mm länger. Kinn, Kehle bräunlichweiß. US rostbraun, Unterschwanzdecken fast weißlich. Brust mit einem Büschel verlängerter bronzebrauner Federn. Ohrgegend schwarz, bräunlichweißer Superciliarstreif. 9,5 cm. SO-Kolumbien, S-Venezuela, Guayana bis N-Bolivien, N-Mato Grosso, Goias, São Paulo. Im Regenwald u. Sekundärbusch, lebt einzeln. Wie andere Einsiedler ein Problemvogel, lebte selten länger als 1 Jahr. A. J. Mobbs gibt eine durchschnittl. Haltungsdauer von 11 Monaten an, 1 Exempl. lebte 1 Jahr u. 8 Monate. Zucht bisher nicht gelungen.

— *P. superciliosus,* Langschwanz-Eremit, Einsiedlerkolibri, Langschwanz-Einsiedlerkolibri. ♂: OS grünlichbronzebraun, Bürzel, Oberschwanzdecken bronzegrün mit rostfarbenen Kanten u. dunklen Querstreifen. Superciliar-, Bartstreif hellrostfarben. Ohrgegend schwärzlich, US hellbräunlich, hellrostfarbener Kehlstreif. Steuerfedern metallischgrün. ♀: etwas kleiner als ♂. Juv. wie ♀. 16,0—16,5 cm. Von S-Mexiko bis Ekuador, Bolivien u. Pará. In Regen- u. Nebelwäldern von 450—1300 m Höhe, sehr zutraulich, oft in Trupps zu beobachten. Dr. D. Poley ↗ bevorzugt die Eingewöhnung in Außenvolieren ↗ mit der Möglichkeit, Innenräume aufzusuchen. Haltung bis zu 1 Jahr möglich. Zucht noch nicht gelungen.

— *P. syrmatophorus,* Braunbauch-Eremit, Ockerfarbener Schattenkolibri, Schleppenkolibri, Baron Rothschild. ♂ u. ♀: OS dunkelbronzegrün mit rostfarbenen Bändern, Bürzel, Oberschwanzdecken dunkelrostfarben. Hellrostgelber Streif, weißer Bartstreif. Kinn, Kehlmitte u. Bauchstreif weiß. US mit Unterschwanzdecken rostfarben. Steuerfedern metallischgrün, verlängertes mittl. Paar mit weißen Spitzen. Oberschnabel schwarz, Unterschnabel orangerot. Juv. wie ♀. 15,0 cm. Kolumbien bis NO-Peru. Liebt tropische u. subtropische Wälder bis 2000 m Höhe. Soll ein Problemvogel sein, überlebte bisher selten die erste Mauser in menschlicher Obhut. Zucht bisher nicht gelungen.

— *P. yaruqui,* Blauschwanz-Eremit, Weißbart-Schattenkolibri, Schwarzflügel-Einsiedler. ♂ u. ♀: OS metallischgrün, US bräunlichgrau. Unterschwanzdecken weiß, Schwanz stahlblau. Bart-, Superciliarstreif bemerkbar, aber nicht sehr ausgebildet. Oberschnabel schwarzbraun, Unterschnabel orangerot. Juv. wie ♀. 15,5 cm. Von W-Kolumbien bis NW-Ekuador. Im Inneren der Wälder, gelegentl. in kleinen Trupps an den Rändern. Scheint eine der unempfindlicheren Einsiedler-An zu sein. Wurde schon bis zu 9 Monaten in menschlicher Obhut gehalten; M. BEHNKE-PEDERSEN gibt 7 Monate an. Zucht noch nicht gelungen.

Phalacrocoracidae, Kormorane, Scharben. F der Pelecaniformes ↗. 2 Gn, *Microcarbo* ↗, *Phalacrocorax* ↗, 30 An. 50—80 cm; Körpermasse 350—2500 g. ♂ wie ♀ dunkelbraun od. schwärzlich mit metallischem Schimmer. Schlanker Schnabel mit hakiger Spitze. An Meeresküste u. Binnengewässern. Liegen beim Schwimmen tief im Wasser, da Haut u. Knochen nicht lufthaltig. Beim Tauchen Flügel angelegt, Füße zusammen als Ruder, Schwanz als Steuer. Gefieder wird nach Auftauchen mit ausgebreiteten Flügeln getrocknet. Kein Segelflug. An Land aufrechter Watschelgang, da Füße weit hinten angesetzt. Rauhe tiefe Stimme. Fischfresser; tägl. Bedarf ca. 400 g. Erbeuten Nahrung tauchend, nach Art der Lappentaucher. Koloniebrüter. Beide Partner brüten. Nester auf Büschen od. Bäumen aus Reisern od. Tang, Gras, Guano am Boden. 2—4 Eier, lichtblau mit kalkigem Überzug. Brutdauer 22—24 Tage. Nestlingszeit 5—8 Wochen. Juv. wird zuerst mit erbrochenem Futterbrei aus elterlichem Schnabel ernährt; später holt es sich Futterbrei selbst aus dem Schlund des Elternvogels. Nach 1—2 Wochen dunkelbraunes Dunenkleid; mit 7 Wochen Flugbeginn. Die meisten An bereits gehalten. Ausdauernde u. leichte Pfleglinge. Meist in Tiergärten; für Liebhaberhaltung wenig geeignet, da großräumige Wasseranlagen bevorzugend, stets Bedarf an frischem Fischfutter. Kräftig ätzende Kotabgabe. Meist amputiert auf Freianlagen mit Gewässern u. Inseln od. in geräumigen Vogelhäusern. Häufig vergesellschaftet mit Pelikanen, Stelzvögeln, Störchen, Pinguinen u. auch Ringelrobben. Oft treten bei Kormoranen Ballengeschwülste durch rauhe Fußböden u. Verletzungen durch Frosteinwirkungen mit anschl. bakterieller Infektion auf. Häufig Fußkontrollen vornehmen! Fütterung mit See- u. Flußfisch aller Art, bevorzugt kleine Heringe, Schellfisch, Weißfisch, Weißlinge, Brasse, Barsch, Hecht. Günstig ist ein natürlicher Fischbesatz im Gewässer. Nach Eingewöhnung evtl. ersatzweise auch mal Fischstreifen. Zahlreiche An gezüchtet. Im Zoo Breslau zwischen 1933 u. 1944 in Kolonie freifliegender *Phalacrocorax carbo sinensis* insges. 60 Juv. aufgezogen. Im Februar begann meist der Nestbau, Mitte März Brutbeginn; durchschnittl. 3 Eier je Gelege. Nester auf Bäumen im Zoo, wobei die Bäume stark beschädigt wurden. An Teichufer viel zusätzl. Astmaterial als Nisthilfen gereicht. Im Winter Verluste durch Tauchen unter die Eisdecke der Teiche. Teile der Kolonie im Herbst weggezogen, im Frühjahr zurückgekehrt. Selbst bei Balz u. Brut verhalten sich beide Partner gleich, so daß keine Geschlechtsunterscheidung möglich. Masse des frischgeschüpften Juv. ca. 29 g. Bei Bruterfolgen in freifliegender Kormoran-Kolonie im Zoo Rotterdam 1966 wurden Juv. im Alter von 5 Wochen aus dem Nest genommen, damit sie nicht bei ersten Flugversuchen ins Wasser fallen u. ertrinken. Zu diesem Zeitpunkt wiegen sie 2500 g u. benötigen pro Tag 500—600 g Weißlinge. Mit 3 Monaten fähig, selbständig zu tauchen.

Phalacrocorax. G der Phalacrocoracidae ↗. 25 An.

— *P. albiventer,* Königsscharbe. ♂ u. ♀: schwarzglänzend. Kehle, Unterhals, Flügelband, US weiß. Gelbe Warzen an Schnabelwurzel. Im BK Kopfhaube. 69—74 cm. Feuerland, S-Argentinien, Falkland-Inseln.

— *P. aristotelis,* Krähenscharbe. ♂ u. ♀: glänzend grünlichschwarz. Schnabel schwarz, an Wurzel gelb. Gelbe Gesichtshaut. Kehlhaut blauschwarz. Im BK Kopfhaube. Juv. oben braun, unten weiß. 66—76 cm. UAn. Felsige Küsten von Europa, N-Afrika, Kleinasien.

— *P. atriceps,* Blauaugenkormoran. ♂ u. ♀: schwarzglänzend; Kehle, Unterhals, US weiß. Im BK Kopfhaube. Weißes Flügelband u. weißer Rückenfleck. Schnabel braun mit gelben Warzen an Wurzel. Gesichtshaut blau mit orangefarbenen Abzeichen. Augenlider ultramarin. 69—74 cm. UAn. Macquarie-Inseln (S-Pazifik), Küste von S-Chile bis zur Magellanstraße, Falkland-Inseln (Malwinen), Grahamland (Antarktis), Inseln im S-Atlantik u. sü. Indischen Ozean.

— *P. auritus,* Ohrenscharbe. ♂ u. ♀: grünschwarz glänzend. Schultern u. Flügeldecken bronzegrau, Federn schwarz gesäumt. Im BK schwarze od. schwarzweiße gekräuselte Federbüschel an Kopfseiten. Schnabel grau, an Wurzel gelb. Gesichtshaut u. Kehle orange. Juv. oben graubraun, Brust grauweiß, unten schwärzlich. 74—89 cm. N-Amerika, Bahama-Inseln, Kuba. Gezüchtet 1964—1972 im Tierpark Berlin; 1965 Zoo Washington.

— *P. bougainvillii,* Guanokormoran. ♂ u. ♀: grünlichschwarz glänzend; Hals, Kehle, US weiß. Im BK weiße Federhaube. Schnabel hornfarben mit roter Warze an Wurzel. Gesichtshaut rot mit grünem Augenring. Juv. ähnl., aber Vorderhals weiß. 76 cm. Küsten von Peru u. Chile, Argentinien. Durch größte Brutkoloniebildungen aller Vögel wichtigster Guanoerzeuger dieser Länder. Mehrfach gehalten im Zoo Berlin-West.

Brutkolonie von Ohrenscharbe und Kormoren im Vogelpark Walsrode

Phalcobaenus

Kormoran-Paar auf dem Nest

— *P. capensis,* Kapscharbe, Kapkormoran. ♂ u. ♀: schwarz. Unterhals u. Brust dunkelbraun. Schnabel schieferschwarz. Gesichtshaut u. Kehle gelb. Juv. bräunlich, Unterhals u. Brust weißlich. 61—64 cm. Küsten Namibias u. der Kapprovinz. Wichtiger Guanoproduzent.

— *P. capillatus,* Japankormoran. ♂ u. ♀: glänzend grünlichschwarz. Schultern, Rücken, Flügeldecken bronzegrau, Federn schwarz gesäumt. Im BK Kopf u. Hals dicht mit weißen haarförmigen Federn bedeckt. Schnabel gelblich. Gesichtshaut orangegelb. Juv. bräunlichschwarz, US heller bis weiß. 84 cm. Japan, Korea.

— *P. carbo,* Kormoran. ♂ u. ♀: glänzend grünlichschwarz. Schultern, Rücken, Flügeldecken bronzegrau, Federn schwarz gesäumt. Kehle u. Gesichtsseiten weiß. Im BK Federhaube, an Flanken großer weißer Fleck. Schnabel u. Gesichtshaut gelb. Juv. bräunlichschwarz, unterseits heller, manchmal weiß. 78—102 cm. Masse bis 2500 g. UAn. Nordöst. N-Amerika, Grönland, Island, Küsten der Britischen Inseln, N-, M-, SO-Europa bis Japan, S-Neuguinea, SW-, S-, O-Australien, Tasmanien, Neuseeland, Äthiopis, W-Marokko. Beide Partner bauen Nest u. brüten abwechselnd. 2—4 (-6) bläuliche Eier (66 × 41 mm) mit kalkigem Überzug. Brutdauer 23—24 Tage. Juv. mit 6 Wochen flügge. Zucht häufig gelungen, z. B. 1933—1944 im Zoo Breslau, 1953 u. 1961 in Paris-Vincennes u. Zoo Rotterdam, 1963 Zoo Barcelona, Berlin-West, Budapest, Melbourne, Tokio-Ueno-Zoo, 1964/65 Zoo Barcelona, Berlin-West, Paris, Stuttgart, Tierpark Berlin, 1966 Zoo Paris, Rotterdam, Stuttgart, Tierpark Berlin, Washington.

— *P. fuscicollis,* Braunwangenscharbe, Indienscharbe. ♂ u. ♀: glänzend bronzeschwarz. Wangen hellbraun, Kehle weiß. Im BK ♂ mit weißem, zerschlissenem Federbüschel an Kopfseiten. Schnabel bräunlich. Gesichtshaut hellgrünlich. Kehle gelb. Juv. oben schwarz, unten bräunlichweiß. 61—69 cm. Sri Lanka, Indien bis Burma.

— *P. gaimardi,* Buntscharbe, Rotfußkormoran. ♂ u. ♀: hell- bis dunkelgrau mit langem weißem Fleck an Halsseiten. Schnabel gelb. Kehle orangefarben. Füße korallenrot. Juv. dunkelbraun mit weißem Fleck an Halsseiten. Flügeldecken u. US bräunlichweiß gefleckt. 71 cm. Küsten von Peru, Chile, Argentinien. Mehr einzelgängerisch lebend. Hohe, fast zwitschernde Töne. Brütet an Felsgesimsen.

— *P. magellanicus,* Felsenkormoran. ♂ u. ♀: grünlichschwarz, US weiß. Im Winter auch Kehle u. Unterhals weiß. Im BK viele weiße haarförmige Federn. Schnabel schwarz. Gesichtshaut u. Kehle rot. Juv. schwarz. 66 cm. Küste des sü. S-Amerikas, Falkland-Inseln (Malwinen). Gehalten 1967 im Regent's Park, London.

— *P. neglectus,* Küstenscharbe. ♂ u. ♀: glänzend schwarz. Im BK Federhaube. Schnabel schwarz mit gelber Wurzel. Gesichtshaut gelb. Kehle schwarz mit gelben Flecken. Juv. bräunlichschwarz. 69—76 cm. Inseln vor der Küste S-Afrikas.

— *P. olivaceus,* Biguascharbe. ♂ u. ♀: glänzend schwarz. Im BK Gesichtsseiten u. Kehle weiß. Weiße Federbüschel an Kopfseiten. Schnabel bräunlich. Kehlhaut mattgelb. Füße schwarz. Juv. bräunlich, unten weiß. 64—76 cm. ÜAn. Bahamas, Louisiana, Mexiko bis Feuerland. Gehalten 1961 im Tierpark Berlin.

— *P. penicillatus,* Pinselscharbe, Doppelhaubenscharbe. ♂ u.♀: glänzend grünlichschwarz. Kehle rehfarben. Im BK weiße haarförmige Federn über Hals u. Vorderrücken u. büschelförmig hinter Ohren. Schnabel dunkelgrau. Kehlhaut blau. Füße schwarz. Juv. braun, unten heller. 76 cm. Küste des we. N-Amerikas. Gehalten 1959 im Zoo Berlin-West.

Phalcobaenus. G der Daptriidae ↗. S-Amerika. 4 An.

— *P. australis,* Falkland-Karakara. Mittelgroß. ♂ u. ♀: Schnabel grau bis hellblau, Wachshaut gelb, Flügel lang u. spitz u. Gefieder dunkelbraun bis schwarz, Brust schwachgrau bis weißlich getropft. Unterbauch u. Hosen rotbraun. Endbinde des Schwanzes hellgrau. Füße gelb. Krallen leicht gebogen. Inselform, Falkland-Inseln, kleine Inseln Feuerlands. ♂ etwas kleiner. Nistet in Bäumen, Sträuchern od. auf dem Erdboden. Gelege 2—4 weiße, braungesprenkelte Eier. Brutbiologie weitgehend unbekannt. Selten im Handel.

Phapitreron. G der Columbidae ↗ (früher zu UF Treroninae). 2 An. Philippinen. Pflege s. auch Columbiformes ↗.

Phaps. G der Columbidae ↗. 2 An. Australien, Tasmanien.

— *P. chalcoptera,* Bronzeflügeltaube. ♂: Stirn gelblich. Oberkopf u. Nacken braun. Seiten des Hinterkopfes purpurschillernd. Zügel schwarz. Weißer Streif vom Unterschnabel bis hinter die Ohrdecken. OS, Handschwingen graubraun, durch helle Federsäume grob geschuppt. Innere Armschwingen mit kupferrot, Flügeldecken mit bronzegrün glänzenden Flecken. Schwanzseiten vor dem Ende mit schwärzlichem Querband. Kehle weiß. Halsseiten graubläulich. US grau, zart rötlich überflogen. Bauch grau. Schnabel schwarz. Auge tiefbraun. Füße rötlich. ♀: Stirn verwaschen grau. Ohne Metallglanz am Kopf.

Im Flügel nur grüne Glanzflecken, diese kleiner. 33—35 cm. UAn. (?). Australien (außer Kap-York-Halbinsel, N-Queensland) u. Tasmanien. Offene, lichte Wald- u. Buschlandschaften. Bedingt Kulturfolger. Meist paarweise zusammenhalten. Nahrungssuche am Boden, dort Balz u. Paarung. Neststandort verschieden, meist in Bäumen, nicht selten dicht über, auch auf dem Boden, aus Reisern, Halmen u. Blättern gebaut. Gelege 2 weiße Eier. Brutdauer 12—14 Tage. Nestlingszeit ca. 14 Tage. Erstmalig 1844 in Europa, Amsterdam. Erstzucht 1863 in Frankreich. Beste Unterbringung in Freivolieren mit Schutzabteil, wo Sitzstangen u. -bretter anzubringen sind. Keine besonderen Haltungsansprüche, aber frostfreie Überwinterung. Verträglich, auch anderen Tauben gegenüber. Brütet zuverlässig in an den Wänden befestigten Körbchen od. Kästchen. Nistmaterial biegsame Zweige, Stroh, Queckenwurzeln. Vorsicht bei Nestinspektionen; diese vor Schlupf ganz unterlassen (Erfahrungen jedoch unterschiedl.!). Am Boden hockende Jungtauben vor Einbruch der Dunkelheit zurück ins Nest geben, bis sie mit den Eltern «oben» übernachten. Futter Weizen, Silberhirse, Glanz, Waldvogelmischung, auch Grünes, gewürfeltes Obst, Beeren, Mehlwürmer, zur Brutzeit Eiweichfutter. Neigt zum Verfetten. Gegen Rachitis ↗ Jungtauben ab 5. Lebenstag über die Eltern mit Multivitaminpräparat u. gekeimter Hirse versorgen lassen. — Auch die *P. elegans*, Buschtaube, wurde gezüchtet.

Pharomachrus. G der Trogonidae ↗. 5 An. Die größten An der F, oberseits u. an Brust leuchtend grün, übrige US rot, ♀ stumpfer gefärbt, zerschlissene Oberschwanzdecken bis zur Schwanzspitze reichend od. bei 1 A sogar weit überragend. M- u. S-Amerika. 2 An eingeführt.

— *P. auriceps*, Goldkopftrogon, Pfauentrogon. ♂: Kopf kupfern goldgrün, übrige OS, Kehle u. Brust metallischgrün, Schwung- u. Steuerfedern schwarz, Flügeldecken zerschlissen, goldgrün, Oberschwanzdecken leuchtend goldgrün, die Steuerfedern nicht überragend, Schwanz unterseits schwarz, Bauch u. Unterschwanzdecken leuchtend rot. Schnabel gelb. Iris braun. Füße grau. ♀: Kopf braun, am Hinterkopf mit bronzegrünem Anflug, übrige OS stumpfer grün als ♂, Brust mattgrün, Bauch braun, Steiß rot, Steuerfedern oberseits schwärzlich, äußere auf den Außenfahnen im Spitzendrittel breit weißlich gebändert, Schwungfedern dunkelbraun, Schnabel schwarz. 35 cm. Von O-Panama u. NW-Venezuela durch das Andengebiet bis O-Peru, N-Bolivien. Neuerdings mehrfach eingeführt u. in Zoos gehalten, meist als Pfauentrogon bezeichnet, die UA Pfauentrogon aus dem nordöst. S-Amerika aber mit rotem Schnabel u. grünem Kopf.

— *P. mocinno*, Quetzal. ♂: Kopf, OS u. Brust hell metallischgrün, auf dem Kopf zu kammartiger Haube verlängert, Schwungfedern u. innere Steuerfedern schwarz, äußere Steuerfedern weiß, goldgrüne Flügeldecken lang u. geschwungen, Oberschwanzdecken stark verlängert, zerschlissen u. gebogen, Schwanz weit überragend, Bauch, Unterschwanzdecken hellrot. Schnabel gelb. Iris braun. Füße schwarz. ♀: Kopf, Brust u. Steiß bräunlich, ohne Haube, sonst oberseits metallischgrün, Flügel u. Schwanz rußbraun, äußere Steuerfedern weiß gebändert, Oberschwanzdecken nur bis zur Schwanzspitze reichend, unterseits nur Unterbauch, Unterschwanzdecken rot, Schnabel schwärzlich. ♂ 105 cm, ♀ 36 cm. Von S-Mexiko bis W-Panama. Gebirgswälder. Durch starke Verfolgung u. Zerstörung des Lebensraumes nur noch in Rückzugsgebieten; geht in der Trockenzeit bis 3 000 m Höhe, in der Regenzeit in 1 000—1 400 m ü. NN brütend. Balzflüge der ♂ ♂ bezeichnend, dann bes. ruffreudig, Brut in morschen Baumstämmen in 4—20 m Höhe, Höhlen darin selbst hergestellt, ♂ u. ♀ brüten; 3 hellblaue Eier, Junge langsam heranwachsend, verlassen Nest mit 1 Monat voll flugfähig. 1937 im Londoner Zoo, später gelegentl. importiert, benötigen große Flugräume, sind niedrigen Temp.en gegenüber aber nur wenig empfindlich, benötigen daher nur im Winter Innenraum, eingewöhnt ausdauernd, haben in Volieren ↗ ein Alter von 21 Jahren erreicht. Ernährung vorwiegend mit Früchten, die sie bis Kirschengröße ganz schlukken, rote Früchte u. Beeren bevorzugt, nehmen auch Futterkugeln aus Bananen, Fleisch, Knochen- u. Fischmehl sowie anderen Zusätzen, tägl. Futterbedarf groß, mit ca. 100 g mehr als die Hälfte des Eigengewichtes. Bei Hitze träge, halten sich dann vorwiegend im Schatten auf, bes. in Morgenstunden aktiv. Zucht in Europa nicht gelungen, haben nur in einer Voliere in Kostarika erfolgreich gebrütet.

Pharaonennachtschwalbe *(Caprimulgus aegyptius)* → *Caprimulgus*

Phasianidae, Hühner (Fasanenartige). F der Phasianiformes ↗. 15 UFn (Numidinae ↗, Pavoninae ↗, Meleagridinae ↗, Argusianinae ↗, Phasianinae ↗, Lophophorinae ↗, Pucrasiinae ↗, Ithagininae ↗, Gallinae ↗, Tragopaninae ↗, Galloperdicinae ↗, Ptilopachinae ↗, Perdicinae ↗, Odontophorinae ↗, Tetraoninae ↗).

Phasianiformes, Hühnervögel. O. 3 Fn, Megapodiidae ↗, Phasianidae ↗, Cracidae ↗.

Phasianinae, Eigentliche Fasanen. UF der Phasianidae ↗. 8 Gn (*Chrysolophus* ↗, *Phasianus* ↗, *Graphephasianus* ↗, *Syrmaticus* ↗, *Calophasis* ↗, *Lophura* ↗, *Crossoptilon* ↗, *Catreus* ↗), 21 An.

Phasianus, Jagdfasanen. G der Phasianinae ↗. 1 A u. 33 UAn. 60—90 cm schlanke Hühnervögel ↗. Mit 18fedrigem, flach getragenem Schwanz. Mittl. Schwanzfederpaare weisen zerschlissene Säume auf. Charakteristisch für ♂ ♂ dieser G sind verlängerte Federohren an beiden Seiten des Hinterkopfes u. stark erektile blutrote Schwellkörper der Augenumgebung. Geschlechter sehr versch. gefärbt. Bei ♂ ♂ überwiegen metallisch glänzende Rot- u. Grünfarbtöne, während ♀ ♀ schlicht graubraun gefärbt sind. Vom Kaukasusgebiet durch Innerasien bis SO-Sibirien, N-Vietnam, Burma, Japan u. Taiwan. Ausgewildert in Europa, N-Amerika, S-Australien, Tasmanien, Neuseeland u. Hawaii. Bewohner lichter Auwälder u. Baumsteppen mit dichtem Gebüsch. Bevorzugen die Nähe von Gewässern, in deren dichtbe-

Phasianus

wachsenen Uferzonen sie sich vornehmlich im Winter zu größeren Gesellschaften vereinen. Landwirtschaftl. Nutzflächen werden zur Nahrungssuche bevorzugt. Nahrung grüne Pflanzenteile, Früchte u. Insekten. Zur Balzzeit kennzeichnen die ♂♂ ihre Reviere mit häufigem Flügelschwirren u. charakteristischen kurzen, lauten Doppelrufen. In ihrer asiatischen Heimat leben die Paare in Einehe. ♂ lockt ♀ mit Futterbrocken. Während der Balz erigieren die Schwellkörper der Augenumgebung u. die Federohren werden aufgerichtet. Das ♀ wird in typischer Seitenstellung angebalzt, dabei stößt ♂ bei geschlossenem Schnabel ein lautes Zischen aus u. bringt mit den ausgebreiteten Schwanzfedern ein vibrierendes Geräusch hervor. ♀ legt Nest im dichten Gebüsch an. Gelege 12–18 olivgrüne Eier, Bebrütungsdauer 24 Tage. ♀ übernimmt Brut u. Aufzucht allein. Juv. im Herbst des 1. Lebensjahres ausgefärbt u. zuchtfähig. In M-Europa winterhart. Beliebte Volierenpfleglinge, die aber infolge ihrer natürlichen Schreckhaftigkeit gut bepflanzte Gehege u. weiche Volierendeckenbespannung benötigen, sonst sind häufige Kopfverletzungen unvermeidlich. Einseitige Handschwingenkürzung kann in Einzelfällen nützlich sein. Zur Zucht erhält jedes ♂ 2–5 ♀♀. In Gehegeecken werden mit Koniferenästen od. Strohmatten Sichtblenden zur Herrichtung von Nistgelegenheiten geschaffen. Künstl. Erbrütung der Juv. allgemein üblich. Juv. sehr frohwüchsig, mit 16 Wochen fast erwachsen. Aufzucht mit üblichem Fasanenaufzuchtfutter problemlos. Die zahlreichen UAn dieser G vertreten sich geographisch u. stimmen in der Wahl des Biotops sowie in ihrem Verhalten weitgehend überein. Entsprechend ihrem Zeichnungsmuster werden mehrere Gruppen unterschieden. Nur die Nominatform u. einige UAn sowie versch. Mutationen werden in den Fasanerien Europas gehalten.

— *P. colchicus*, Jagdfasan. ♂: Oberkopf bronzegrün, Stirnstreif, Federohren, Kopfseiten u. Hals metallischgrünblau glänzend. Nacken u. Vorderrücken rotbraun mit dunkelbrauner Basis, schwarzem Spitzenfleck u. kupfrig schimmernden Endsäumen. M-Rücken mit breiten goldfarbenen Säumen u. schwarzen Binden. Bürzel gelbbraun, schwarz gefleckt mit breiten kupferroten Säumen; gleichgefärbte Oberschwanzdecken mit stark zerschlissenen Säumen. Schwanz gelbbraun mit feiner schwarzer Sprenkelung u. schwarzen Querbinden. Flügeldecken gelblichbraun mit hellen Schäften, Schwingen braun mit hellen Fleckenbinden, äußere mit kupferroten Säumen. Kopf, Brust u. Flanken rotbraun, mit metallisch schillernden Spitzen u. blauschwarzen Endsäumen. Mitte des Unterkörpers dunkelbraun mit grünem Glanz. Unterschwanzdecken rotbraun, Federspitzen schwarz, metallischgrün glänzend. Schwellkörper der Augenumgebung leuchtend rot, unter den Augen feine samtartige, streifenförmige Befiederung. Schnabel u. Füße bräunlichhornfarben, letztere mit Sporen. ♀: OS sandfarbenhellbraun, dunkel gewellt u. schwarz gefleckt. Nacken unterschiedl. rötlich schillernd. Vorderhals u. Kopf rötlichbraun mit schwarzen Querlinien u. helleren Endsäumen. Übrige US gelblichhellbraun, mit unregelmäßigen braunen Tüpfeln, Unterbauch fast einfarbig. Farbe Schnabel u. Füße wie bei ♂, jedoch letztere ohne Sporen. Juv. OS gelblichbraun, schwarzer M-Längsstreifen u. schmale Seitenstreifen. Dunkel punktierter Oberkopf mit heller Stirn u. Überaugenstreif, hinter dem Ohr 1 schwarzer Fleck. US rahmfarben. 80–90 cm ♂, 60 cm ♀. UAn. Schwarzmeerküste von Türkei bis Aserbaidshanische SSR. Als Jagdvogel in Europa u. Amerika ausgewildert. Bewohner versch. Buschlandschaften, bevorzugt die Uferzonen der Seen u. Flüsse. Nahrungssuche oftmals auf landwirtschaftl. Nutzflächen. Durch vielfache Einkreuzungen mit versch. UAn sind artenreine Tiere in Europa kaum erhältlich. Ebenfalls zur schwarzhalsigen Gruppe der Jagdfasanen zählen *P. c. septentrionalis*, Nordkaukasischer Jagdfasan aus den Flußniederungen nö. des Kaukasus u. W-Küste des Kaspischen Meeres; *P. c. talischensis*, Talysch-Jagdfasan aus der Aserbaidshanischen SSR u. dem Iran an der S-Küste des Kaspischen Meeres; *P. c. persicus*, Persischer Jagdfasan von der SO-Küste dieses Meeres. Zur weißflügeligen Gruppe der Jagdfasanen zählen *P. c. principalis*, Prinz of Wales Jagdfasan aus der Turkmenischen SSR u. N-Afghanistan. ♂: grüner Oberkopf, kastanienbraune Kehle, Brust mit purpurbraunen Säumen u. braunem Unterbauch. Nach Europa importiert, vielfach gezüchtet u. mit anderen UAn gekreuzt. *P. c. zarudnyi*, Sarudny Jagdfasan aus der Turkmenischen SSR. *P. c. chrysomelas*, Chiwa Jagdfasan an der S-Küste des Aralsees, der Oase Chiwa, bis zur Karakum-Wüste. *P. c. bianchii*, Bianchi Jagdfasan aus der Tadshikischen SSR. *P. c. shawi*, Yarkand Jagdfasan aus China sü. des Tienschangebirges an den Flüssen Jarkand, Tarim, u. Aksu. *P. c. zerafschanicus*, Serafschan Jagdfasan aus der Usbekischen SSR im Flußtal des Serawschan. Die nachfolgenden Vertreter der Jagdfasanen werden auch Ringfasanen genannt, da bei den meisten UAn ein charakteristischer weißer Halsring vollständig od. teilweise ausgebildet ist. Die Gruppe der Kirgisischen Jagdfasanen zeigt rotbraune Unterrücken u. Bürzel sowie weiße Flügeldecken. Die übrige OS ist kupferrot mit grünem Schimmer. *P. c. mongolicus*, Mongolischer Ringfasan. ♂: Oberkopf metallischgrün, kleine Federohren, breites weißes Halsband vorn unterbrochen. Rücken kastanienbraun mit schwarzen Schaftspitzen u. breiten grünglänzenden Säumen. Bürzel u. Oberschwanzdecken dunkelbraun, schwarz gemustert mit breiten grünglänzenden Säumen. Schwanz gelbbraun, rotbraun gesprenkelt mit schwarzen Querbinden u. hellen feinen Binden, zerschlissene Säume grün schimmernd. Oberflügeldecken weiß; Kehle u. Vorderhals rotbraun mit Bronzeschimmer, Halsseiten blauglänzend. Brust rotbraun, dunkelgrün gesäumt, Körperseiten goldbraun mit breiten schwarzen grünglänzenden Säumen. Bauchmitte dunkelgrün, Schnabel u. Füße hornfarben, letztere mit Sporen. Horizontale Körperhaltung beider Geschlechter unterscheidet sie von anderen UAn. ♀: Gesamtfärbung hellbraun gefleckt. Hinterhals u. Nacken mit rötlich bis lilafarbenem Schimmer. US bis auf Flanken ungefleckt. 94 cm ♂. SO der Kasachischen SSR, NW-China, Dsungarei. Anfang des Jh.s nach Europa importiert u. in der Folgezeit vielfach in europ. Jagdfasanenbestände eingekreuzt. Aus dieser UA entstand als Mutation sogen. Riesenjagdfasan mit doppeltem Körpergewicht. Bes. Bedeutung zur Produktion von Fasanenbroilern in versch. Ländern. *P. c. turcestanicus,* Syr-Darja Ringfasan Kasachische SSR, Flußtal des Syr-Darja an der NO-Küste des Aralsees. *P. c. tarimensis,* Tarim Fasan aus NW-China, Xinjiang an den Flußläufen Tarim u. Tschertschen. Zur graubürzeligen Gruppe zählen 17 UAn, gemeinsame Merkmale ♂♂: hellgraue Unterrücken- u. Bürzelregion mit blauem bzw. grünem Schimmer. Mantel u. Flanken hellgelblich, Flügeldecken grau. Schwanz gelboliv mit schwarzen Querbinden u. rötlichen Säumen. ♀♀ durchgehend dunkel gesprenkelt. *P. c. torquatus,* Chinesischer Ringfasan. ♂: Oberkopf graugrün, Überaugenstreif rahmweiß, Federohren, Kopf u. Hals grünblauglänzend, weißer Halsring an den Seiten breit, hinten schmal u. vorn unterbrochen. Mantel braungelb, blauschwarz gesäumt mit ebensolchem Schaftstrich u. Spitzenfleck. Schultern breit rotbraun gesäumt, kleine Flügeldecken hellblaugrau, große Flügeldecken Mitte grau, Seiten rotbraun. Hinterrücken grünlich, Bürzel u. Oberschwanzdecken blaugrau, violett schimmernd. Schwanz braungelb, dunkel quergebändert, zerschlissene Federsäume rotviolett. Vorderbrust leuchtend purpurbraunrot, schmal schwarz gesäumt. Körperseiten blaßgelb mit großem schwarzem Spitzenfleck. Unterbauch schwarz, Schnabel hellgelb, Füße hellgrau mit Sporen. ♀: wenig von anderen UAn unterschieden. OS mit rötlichem Schimmer. VR China Shandong im N bis Zhuang im S. Bereits im 18. Jh. nach Europa importiert u. mit anderen UAn gekreuzt. Lebensweise u. Haltung nicht von anderen UAn unterschieden. Zur graubürzeligen Rassengruppe zählen weiterhin *P. c. takatsukasae,* Tonkin Ringfasan aus N-Vietnam, *P. c. formosanus,* Formosa Ringfasan von Taiwan. Von *P. c. torquatus* durch hellgelben Mantel u. isabellfarbene Flanken unterschieden. Mehrfach nach Europa importiert u. gezüchtet. *P. c. karpowi,* Korea Ringfasan aus China u. Korea sü. des 40. Breitengrades. Mehrfach nach Europa importiert u. gezüchtet. *P. c. pallasi,* Mandschurischer Ringfasan aus der UdSSR (S-Sibirien, Stromlauf des Ussuri), China u. N-Korea. *P. c. hagenbecki,* Kobdo Ringfasan aus der W-Mongolei, Flußlauf des Chows. *P. c. satscheuensis,* Satschu Ringfasan aus China, Provinz Kansu. Weitere 10 UAn wie die letztgenannten nicht nach Europa importiert, für Volierenhaltung ohne Bedeutung. Zur Gruppe der Japanischen Buntfasanen zählen *P. c. versicolor,* Südlicher Buntfasan. ♂: bronzegrüne OS, Hals violett schimmernd. Mantel mit teilweisen rostgelben Linien, Schultern rostrot gesäumt u. mit grünen Schäften. Oberflügeldecken graublau mit rostbrauner Zeichnung. Unterrücken, Bürzel u. Oberschwanzdecken mit blaugrauem Anflug. Schwanz grüngrau mit schwarzen Querbinden, zerschlissene Säume rotbraun. US dunkelgrün, Brust mit Bronzeschimmer, Flanken dunkler. ♀: stärker gefleckt als vorgenannten UAn. Japan-Inseln Kyusku u. SO Honshu. *P. c. tanensis,* Pazifischer Buntfasan. Sü. Teile von Honshu u. vorgelagerte Inseln im Stillen Ozean. *P. c. robustipes,* Nördlicher Buntfasan. Insel Shikoku u. Insel Honshu nö. Izu. Alle UAn dieser Gruppe nach Europa importiert u. gezüchtet. Sehr scheu u. schreckhaft. Die Jagdfasanen haben mehrere reinerbige Mutationen hervorgebracht. *P. c. mut. tenebrosus,* Tenebrosus-Fasan. ♂: OS metallischgrün. Flügeldecken dunkelbraun gezeichnet. Schwanz dunkel, schwarz gebändert. US purpurblau mit einigen helleren Schaftlinien. ♀: schwarzbraun mit vereinzelten gelbbraunen Bänderungen. Juv. schwarzbraun, Kopf u. US mit weißen Flecken. Um die Jahrhundertwende erstmals in England aufgetreten. In Europa weit verbr.; absolut winterhart u. sehr robust. Die weiße Zuchtform tritt ebenfalls reinerbig auf. Empfindlicher als wildfarbene Jagdfasanen.

Pheucticinae, Kernknacker. UF der Thraupidae ↗. 1 G *Pheucticus* ↗ mit 3 An.

Pheucticus. G der Thraupidae ↗. 3 An. N-, M- u. S-Amerika. Eingewöhnung leicht. Unterbringung im großen Käfig ↗, in der Innenvoliere ↗, Vogelstube ↗ od. in bepflanzter Freivoliere ↗ mit Schutzraum ↗. Überwinterung warm. Futter Hirse, Glanz, gebrochener Mais, geschälter Hafer, Negersaat, Rübsen, Sesamsaat, Hanf, Buchweizen, Sonnenblumenkerne, gutes Waldvogelfutter ↗, halbreife u. reife Samen von Kräutern u. Gräsern, Kolbenhirse (auch halbreif), Baumknospen, Beeren, Biskuit mit hartgekochtem Ei, außerdem wenige Mehlkäferlarven ↗. Während der Aufzucht zusätzl. frische Ameisenpuppen, Grillen, Pinkies, Wachsmottenlarven u. andere Insekten reichen.

— *P. chrysopeplus,* Gelbkopf-Kernknacker, Gelber Kernknacker. ♂: Kopf goldgelb, ebenso Nacken u. US. Rücken schwarz, Federn mit gelben Säumen, Bürzel grünlichgelb. Oberschwanzdecken schwarz mit weißen Abzeichen, ebenso Flügel. 1 Flügelspiegel u. 2 Flügelbinden weiß, Schwanz schwarz, bis auf mittl. haben die übrigen Federn weiße Innenfahnen. Auge dunkelbraun. Schnabel u. Füße blaugrau. ♀ ähnl. ♂, aber Kopf, Nacken u. US olivgrün bis gelblichbraun mit brauner bzw. schwarzbrauner Strichelzeichnung. Flügel, Oberschwanzdecken u. Schwanz graubraun bis schwarzbraun. Juv. ähnl. ♀, ♂♂ bereits frühzeitig mehr Gelb u. weniger gestrichelt. 20—22 cm. UAn. *P. ch. aurantiacus* orangefarben, *P. ch. chrysogaster* hellgelb, von einigen als bes. A angesehen. 18—19 cm. Von W-Mexiko bis N-Kolumbien, N-Venezuela durch die Anden bis Peru. Bewohnt Bergwälder, buschreiche Berghänge, Plantagen u. Siedlungen. Gesang angenehm, abwechslungsreich. Brütet in Bäumen, Büschen u. an Gebäuden. Bildet nach der Brutzeit kleine Trupps. Erstmalig 1895 im Zoo Berlin, seither selten im Handel. Eingewöhnung leicht. Friedlich, bald zutraulich.

— *P. ludovicianus,* Rosenbrust-Kernknacker. ♂: Kopf, Nacken u. Rücken schwarz, ebenso Flügel u. Schwanz. Flügel mit 2 breiten weißen Binden, Handschwingen mit weißem Spiegel, Armschwingen mit weißen Spitzen. Außenfahnen des Schwanzes weiß. Kehle schwarz, spitz zum Bauch verlaufender rosaroter Brustfleck, Brustseiten weiß, ebenso übrige US. Schnabel gelblich. Auge schwarzbraun. Füße gelbbraun. ♀: braun, US weißlich mit dunkelbraunen Stricheln. Kopf mit weißlichem bis sandfarbenem Scheitelstreif, ebenso gefärbter breiter Überaugenstreif. Nacken u. Rücken braun mit sandfarbener Streifenzeichnung. Weiße Abzeichen auf den Flügeln, z. T. auf Oberschwanzdecken u. Schwanz, aber kleiner. Bauch u. Unterschwanzdecken weiß. Juv. ähnl. ♀, ♂♂ haben rosarote Unterflügeldecken, juv. ♀♀ gelbbraune. Im RK ad. ♂ ähnl. ♀, ebenfalls rosarote Unterflügeldecken. 17—21 cm. 2 Semispezies, häufig als selbständige An angesehen, Vermischung an den Verbr.-Grenzen: 1. *melanocephalus*, Schwarzkopf-Kernknacker, Heimat w. N-Amerika u. Mexiko. ♂: Kopf schwarz, ebenso Flügeldecken, Schwingen u. Schwanz. Auf dem Flügel 2 weiße Binden. Weiße Spiegel an den Handschwingen. Außenfahnen des Schwanzes mit weißen Abzeichen. Kinn wenig schwarz. Nackenband, Bürzel rostbraun, ebenso Kehle, Brust u. Bauch. Rücken rostbraun mit schwarzen Streifen. Bauchmitte u. Unterschwanzdecken weißlich, vermischt mit rostbraun. Schwarze Oberschwanzdecken, Spitzen weiß. ♀: unterseits rostbräunlicher u. weniger Streifenzeichnung an Flanken u. an der OS als ♀ des Rosenbrust-Kernknackers, Kehle u. Brustmitte ohne Streifen. 16—19 cm. 2. *ludovicianus*, Rosenbrust-Kernknacker, monotypisch, im O des Verbr.-Gebietes. Von British-Columbia bis Neuschottland, im W bis N-Kalifornien u. S-Mexiko, im O bis Kansas, Missouri, Indiana u. New Jersey, in den Bergen bis N-Georgia. Bewohnt lichte Wälder, Feldgehölze u. Parks, bevorzugt im N Mischwald. Gesang melodisch, singt fleißig, auch in hellen Nächten. Nest aus Reisern, Würzelchen, Gräsern u. Haaren in dichten Büschen od. auf Zweigen von Bäumen. Gelege 3—5 blaßblaue Eier mit dunklen Flecken. Juv. schlüpfen nach 14 Tagen, verlassen nach 14—15 Tagen das Nest, werden anschl. noch von den Eltern betreut. Bereits im vorigen Jh. von K. Ruß ↗ gezüchtet. Eingewöhnung einfach, zuweilen in kleinen Unterkünften zänkisch, bei Haltung in Vogelgesellschaft mehrere Futterplätze einrichten. Nicht kälteempfindlich, Überwinterung frostfrei. Zucht einfach. Als Nisthilfen Harzer Bauer ↗, Drahtkörbchen u. mit Zweigen verblendete Brettchen anbringen.

Phigys. G der Loriidae ↗. 1 A. Fidschi-Inseln. Leben in blühenden Bäumen, auch in Palmen am Straßenrand, meistens paarweise u. in kleinen Flügen unterwegs. Brüten in hohlen Bäumen. Selten in Europa. Ca. 1965 erhielt Dr. Burkard ↗ einige Exempl. von H. Bregulla. Seither mehrfach von Dr. Burkard gezüchtet, in 1 Brut meistens 1 Juv., nur einmal 2 Juv. Zur Zucht Paar allein halten. Juv. schlüpfen nach ca. 28 Tagen, fliegen nach 9 Wochen aus. Anfällig gegenüber Pilzerkrankungen.

— *P. solitarius*, Einsiedlerlori. ♂: Zügel, Stirn u. Scheitel dunkelpurpurfarben, Nacken, Flügel u. Schwanz grün. Rücken gelblichgrün, Nackenband, Wangen, Ohrdecken, Kinn, Kehle, Brust u. Oberbauch scharlachrot. Schenkel u. Unterbauch purpurfarben, Unterschwanzdecken grün, ebenso Unterflügeldecken. Schnabel orange. Auge rot. Füße rosaorange. ♀: nur durch z. T. grünliche Federn am Hinterkopf von ♂ zu unterscheiden. Juv. Brust mit wenig Blau vermischt. Auge dunkelbraun, ebenso Schnabel, Füße mehr grau. 20 cm.

Philacte. G der Anatidae ↗, UF Anserinae ↗. 1 A. Brutvögel in NO-Sibirien u. NW-Alaska. Im Winter auf den Aleuten, Kamtschatka u. an der W-Küste N-Amerikas. Enge Bindung an die Meeresküste, wo sie im Sommer brüten u. im Winter Nahrung suchen. Nester unmittelbar am Wasser zwischen Treibholz u. Tang. 4—7 Eier werden vom ♀ 24—25 Tage bebrütet. Nur kleiner Teil der Juv. wächst auf. Ernähren sich von Mollusken u. anderen Kleinlebewesen, die am Strand aufgelesen werden, sowie von Teilen versch. Pflanzen. Verbr. Gehegevögel. Unterbringung auf großen Gemeinschaftsanlagen od. in Einzelgehegen mit Weidemöglichkeiten. Verträglich u. meist sehr vertraut. Zucht gelingt nicht regelmäßig. Gelege oft mit großer Zahl unbefruchteter Eier. Nest in Innenräumen od. am Ufer zwischen Pflanzen. Juv. müssen vor andauernder Hitzeeinwirkung geschützt werden. Dem Mischfutter sollten in Abständen Garnelen od. Fischstückchen zugesetzt werden. Bei nicht verpaarten Tieren ausgeprägte Bastardierungsneigung.
— *P. canagica*, Kaisergans. ♂ u. ♀: Kopf u. Hinterseite des Halses weiß. Kehle u. Vorderhals schwarz. Körper blaugrau. Jede Feder mit weißer u. schwarzer Binde. Schnabel 2farbig, mit schwarzer Wurzel u. Spitze. Rosafarbener Mittelteil unterschiedl. Größe. Füße gelb. 65—70 cm.

Kaisergans

Philemon. G der Meliphagidae ↗. 16 An.
— *P. buceroides*, Helmlederkopf, Klunkerhonigfresser. ♂ u. ♀: OS graubraun. US heller. Nackte Kopfseiten u. Hals. Kräftiger, kaum gebogener Schnabel. Höckerartiger Aufsatz an Schnabelbasis. UAn. Kleine Sundainseln, Melville-Inseln u. Teile des nö. Australien, NO-Queensland, Inseln der Torres-Straße, Neuguinea u. benachbarte Inseln.
— *P. corniculatus*, Lärmlederkopf, Kahlscheitel-Lederkopf. ♂ u. ♀: OS graubräunlich, US heller. Langfedrige weiße Halskrause. Kehle weiß. Schnabel leicht abwärts gekrümmt mit kleinem schwarzem Nasenhöcker. 43 cm. UAn. O-Australien von NO-Queensland bis NO-Victoria. In Kulturlandschaften; oft beträchtliche Schäden anrichtend.

Philetairinae, Siedelweber. UF der Ploceidae ↗. 1 G. Namibia, S-Botswana, N-Kapprovinz, W-Oranje-Freistaat u. W-Transvaal. Bewohnen ausgesprochene Trockensteppen, Halbwüsten. Bauen bis zu 7,5 m langes u. gut 3 m starkes Gemeinschaftsnest auf kräftigem, waagerechtem Ast, vorwiegend in Akazien. Nestdach (Schutz vor Hitze, Kälte, Feinden) aus groben Gräsern u. Zweigen. Unterbau aus Gräsern, daran bis zu 70 runde Einzelnester. Diese haben bis 20 cm lange Einflugröhren, deren Weite 6—7 cm beträgt. Nestkammer mit weichen Pflanzenfasern gepolstert. Bis zu 500 Exempl. in einer Kolonie. Mehrere Vögel nächtigen auch außerhalb der Brutzeit in einer Nestkammer. Brutzeit nach Regen. Von dessen Dauer hängt Gelegegröße (2—6 Eier) ab. In Folge bis zu 4 Bruten. Ältere Geschwister helfen bei Fütterung (vor allem Insekten, bes. Termiten) mit. Natürl. Feinde vorwiegend Schlangen u. Honigdachs.

Philetairus, Siedelweber, Siedelsperlinge. G der Philetairinae ↗. 1 A. Anfang des 20. Jh. häufig eingeführt, später nur sporadisch. Eingewöhnung mit Insektennahrung einfach. Volierenhaltung, am besten Gartenvoliere mit Schutzhaus. Überwinterung frostfrei. Zucht schwierig, s. Lebensweise Philetairinae. Erstzucht in Europa 1956 Dr. J. NICOLAI ↗.

— *P. socius,* Siedelsperling. ♂ u. ♀: schwarze Gesichtsmaske, ansonsten graubraun, bis auf schwarzbraune Federn des Rückens u. der Flanken, die hellgraue Säume haben. Schnabel hellgraublau. Auge braun. Füße gelbbraun. Juv. bräunlichgrau. 14 cm.

Philippinenente *(Anas luzonica)* → *Anas*
Philippinen-Fledermauspapagei *(Loriculus philippensis)* → *Loriculus*
Philippinen-Uhu *(Pseudoptynx philippensis)* → *Pseudoptynx*

Philomachus. G der Scolopacidae ↗. 1 A. Brüten in N-Europa sowie an den Küsten der Nord- u. Ostsee, weiter ostwärts im ges. N-Asien bis NO-Sibirien. Überwinterung im tropischen u. sü. Afrika. Bewohnen feuchte Niederungswiesen u. Hochmoore an der Küste u. im Binnenland, in M-Europa auf Viehweiden in Gewässernähe, im N in der Tundra. ♂ führen im Frühjahr Balzspiele auf bestimmten Plätzen im kurzgrasigen Grünland aus. Sie laufen mit aufgerichteter Halskrause umher, springen sich gegenseitig an, führen Schnabelgefechte aus; sinken zu Boden, sobald ein ♀ in die Nähe des Balzplatzes kommt. Nach Begattung obliegt Brut allein dem ♀. Brutdauer 21 Tage. Haltung s. Scolopacidae. Zucht gelang schon Anfang des Jh. in England, in neuerer Zeit 1973 im Zoo Helsinki.

— *P. pugnax,* Kampfläufer. ♂: Prachtkleid mit stark variierender Halskrause, die in allen Farben ausgebildet sein kann, gleichgefärbte ♂♂ scheint es nicht zu geben. Übrige OS braun mit hellen Säumen. ♀: kleiner, braun mit hellen Säumen, dadurch «geschupptes» Aussehen. Dunkler Schwanz mit weißen Außenflecken. Im RK ♂ u. ♀ gleich, OS schwarzbraun mit hellen Säumen, Kinn u. Kehle weiß, Brust aschbraun, übrige US weiß. Juv. ähnl. RK. 26 bzw. 23 cm.

Phimosus. G der Threskiornithidae ↗. 1 A. Kolumbien bis Argentinien u. Uruguay.

— *P. infuscatus,* Mohrenibis, Schwarzer Ibis. ♂ u. ♀: glänzendschwarz; vom Schnabelgrund zur Augenumgebung rotes Dreieck. Abwärts gebogener Schnabel u. Beine graugrün. Füße u. Gelenke rötlich. 50 cm. UAn.

Phodilinae, Fratzeneulen. UF der Strigidae ↗. 1 G, 2 An. SO-Asien u. M-Afrika.

Phodilus, Fratzeneulen. G der Strigidae ↗. 2 An. Klein, mit Federhörnern u. dunkler Iris. Keine Geschlechtsunterschiede im Gefieder, jedoch sind ♀♀ größer u. schwerer als die ♂♂. SO-Asien u. M-Afrika. Waldbewohner. Nachtaktiv. Kleinsäuger, Vögel, Amph. u. Insekten bilden die Nahrung. Eingewöhnung u. Haltung mit Eintagsküken u. Mäusen problemlos, allerdings wurde bisher nur die SO-asiat. A gehalten u. gezüchtet. Haltung paarweise in mindestens 2,0 × 3,0 × 2,0 m Volieren ↗. Brutbiologie weitgehend unbekannt.

— *P. badius,* Fratzeneule. ♂ u. ♀: OS überwiegend braun bis rotbraun, US weiß bis gelbweiß mit feinen, dunkelbraunen Punkten, zu den Seiten u. zur Brust hin sich verdichtend. Beine befiedert, Zehen nackt. Schnabel hellhornfarben. Juv. US schmutzigweiß ohne dunkelbraune Punkte. 23—33 cm. Sri Lanka, N-Indien, Himalajagebiet bis Indochina u. Malaysia, Sumatera, Nias, Belitung (Billiton), Kalimantan, Java, Bali u. Samar. Bewohnt dichte Wälder. Baumhöhlenbrüter. Sehr selten gehalten. Zucht bereits gelungen. Gelege 3—4 Eier. Die in 2tägigem Abstand gelegten Eier werden ab dem 1. Ei vom ♀ allein bebrütet. Erstzucht gelang 1976 K. LANGFELDT, BRD.

Phoebe *(Sayornis phoebe)* → *Sayornis*

Phoeniconaias. G der Phoenicopteridae ↗. 1 A. W-, O-, S-Afrika, NW-Indien. Lebensweise, Eingewöhnung, Haltung, Zucht s. Phoenicopteridae. Kälteempfindlich; bisher in Gefangenschaft nicht gezüchtet, da Ansprüche wohl noch zu wenig bekannt (im Freien, auch bei der Gesellschaftsbalz, u. U. in riesigen Scharen). Futter: als Grundstock Geflügelmehl s. Phoenicopteridae.

— *P. minor,* Zwergflamingo. ♂ u. ♀: Körpergefieder rosa. Flügeldecken, Achsel- u. Schulterfedern dunkelrot. Schnabel relativ klein, mit schwarzer Spitze, Haut zwischen Auge u. Schnabelbasis u. Rest des Schnabels tiefviolett. Oberschnabel schmal, tief zwischen die Äste des Unterschnabels eingesenkt. Sehr feinmaschiger Filterapparat. Hinterzehe vorhanden. Beine rot. 18,5—25 cm.

Kampfläufer. Männchen im Sommer und Herbst

Phoenicoparrus. G der Phoenicopteridae ↗. 2 An. S-Amerika. Oberschnabel schmal, tief zwischen die Äste des Unterschnabels eingesenkt. Feinmaschiger Filterapparat. Hinterzehe fehlt. Lebensweise, Eingewöhnung, Haltung, Ernährung, Zucht s. Phoenicopteridae.

— *P. andinus*, Andenflamingo. ♂ u. ♀: Körpergefieder rosa mit dunkleren Partien an Brust u. Hals. Flügeldecken auf OS u. US rot. Flügeldecken kurz, so daß die schwarzen Schwingen auch in Ruhestellung nicht gedeckt werden. Haut zwischen Auge u. Schnabelbasis rot, Schnabel mit Ausnahme der ausgedehnten Spitze blaßgelb. Beine gelb. 20—27 cm. Hochland der Anden (Grenzgebiete von Peru, Bolivien, Argentinien, Chile) in über 2500 m Höhe. In Gefangenschaft vereinzelt gezüchtet; Brut offensichtl. in kleinerern Brutgruppen möglich.

— *P. jamesi*, James-Flamingo. ♂ u. ♀: Körpergefieder rosa mit dunkelroten Partien an Hals u. Kopf. Oberflügeldecken, Achsel- u. Schulterfedern rot. Abgebogener Teil des Schnabels relativ kurz. Haut zwischen Auge u. Schnabelbasis u. an der Schnabelwurzel rot, Rest des Schnabels mit Ausnahme der schwarzen Spitze gelb. Beine rot. 18,5—24,5 cm. Hochland der Anden (Grenzgebiete von Peru, Bolivien, Argentinien, Chile) in über 3500 m Höhe. Futter: als Grundstock Geflügelmehl. Bisher in Gefangenschaft nicht gezüchtet. Ansprüche u. Verhalten ± unbekannt.

Phoenicophaeidae, Buntschnabelkuckucke. F der Cuculiformes ↗. 9 Gn u. a. mit *Ceuthmochares* ↗, 13 An. Afrika, SO-Asien, Philippinen. Bauen u. brüten selbst, lockeres Zweignest. Über Haltung in Gefangenschaft nichts bekannt.

Phoenicopteridae, Flamingos. Einzige F der Phoenicopteriformes ↗. 3 Gn; 5 An. Ad.-Gefieder weißrosa od. rot, Schwungfedern schwarz; ♂ u. ♀ gleich gefärbt. 1. Dunenkleid: weiß bis grau, Beine u. der noch gerade Schnabel in den ersten Lebenstagen leuchtendrot. 2. Dunenkleid: graubraun, Jugendgefieder überwiegend graubraun mit helleren, u. U. leicht rosa getönten Partien; Schnabel u. Füße schwarz. 1. Jahreskleid: Körpergefieder überwiegend weiß. In den folgenden Jahren zunehmende, unterschiedl. rasche Angleichung an Ad. Zwei bis mehrjährige Immat. u. U. an generell bleicherer Färbung (Gefieder, Schnabel, Füße) u. dunklen Fersengelenken u. Schwimmhäuten erkennbar. Mit sehr langem Hals u. langen Beinen. Füße mit Schwimmhäuten. Haut zwischen Auge u. Schnabelbasis unbefiedert. Ca. 90—100 cm. Mediterrane bis tropische Zonen der Alten u. Neuen Welt mit Ausnahme Australiens. In Lagunen u. Salzseen von Meereshöhe bis auf über 4000 m ü. NN (Anden). Schnabel zu Filterapparat ausgebildet, mit dem je nach Feinheit der Lamellen unterschiedl. große Partikeln aus dem Wasser filtriert werden; etwa in der Mitte scharf nach unten abgebogen, so daß beim Seihen der vordere Teil des Oberschnabels dem Boden zugekehrt ist («Verkehrtschnäbler»). Nahrung je nach Feinheit der Lamellen von Blaualgen u. Kieselalgen bis zu kleinen Mollusken u. kleinen freischwimmenden Krebsen (z. B. *Artemia*). Leben gesellig in großen Gruppen bis riesigen Ansammlungen. Brüten in großen Kolonien auf Inseln od. am Rande von Salzseen. Gesellschaftsbalz mit u. a. versch., ritualisierten Komfortbewegungen, an der sich zahlreiche ♂♂ u. ♀♀ in gleicher Weise beteiligen; dient vor allem, zumindest bei *Phoenicopterus* ↗, dazu, daß sich aus der großen Schar ähnl. brutbereite Tiere in kleineren Gruppen zusammenfinden, die später Untergruppen der Brutkolonie bilden. Nur im Hinblick auf eine mögliche Zucht u. nicht zu Dekorationszwecken halten; in Gruppen mit ausgewogenem Geschlechtsverhältnis von mindestens 15—20 Tieren jeweils nur der gleichen A bzw. UA, da kleinere An unterdrückt werden, bzw. sehr rasch eine Verbastardisierung stattfindet. Meist in Freianlagen mit einseitig kupiertem Flügel gehalten; allerdings wird Kopulationfähigkeit der ♂♂ durch Kupieren beeinträchtigt. Raumanspruch für 20 Tiere etwa 250 m² ebenes, offenes, sandiges od. mit kurzem Gras bewachsenes Gelände; für jeden weiteren Vogel zusätzl. 1 m². Dazu mindestens 100 m² Wasserfläche (Süßwasser); Wassertiefe 0,05—1 m. Benötigen zum Bau der Schlammnester nassen, mit Lehm durchsetzten Sand, Schlamm od. feuchten Mergel. Höhe der Nester regulierbar über Feuchtigkeit des Baumaterials, aber Gelände bei den Nestern nicht ganz austrocknen lassen, da die Ad. nach der Fütterung des Kükens trinken. Gegenüber vertrauten Störungen recht unempfindlich, aber heftige Reaktion auf ungewohnte u. schwer auszumachende Ereignisse, bes. vom zeitigen Frühjahr an bis zum Brüten. Brutzeit in M-Europa Frühjahr bis Frühsommer, jedoch u. U. bis September/Oktober. Ein möglicher Auslöser für das Brüten: Niederschläge. Mit Ausnahme von *Phoeniconaias* ↗ recht kälteunempfindlich, trotzdem in M-Europa geräumiges Winterquartier mit reichl. u. fließendem Wasser, Heiz- u. Beleuchtungsmöglichkeit erforderlich; dieses nahe bei der Anlage, so daß die Vögel es selber aufsuchen od. hineingetrieben werden können (beim Fang Schockgefahr). Bei Neuaufbau einer Gruppe ausgewogenes Geschlechterverhältnis wichtig (große Vögel sind eher ♂♂, sehr kleine eher ♀♀). Jungvögel gewöhnen sich leichter ein als Ad., überstehen den Transport besser u. haben eine höhere Lebenserwar-

Flamingolagune

tung. Quarantäne ↗ nicht unbedingt erforderlich. In den ersten Tagen reichl. Futternäpfe. Einfügen neuer Tiere in eine alte Gruppe für diese u. U. schwere Störung, daher nicht zwischen März u. Juni. Isolierte Haltung einer kleinen Gruppe schafft schon nach kurzer Zeit Bindungen, die beim späteren Einfügen in eine größere Gruppe noch längere Zeit fortbestehen u. damit die gewünschte Eingliederung verzögern können. Zusammensetzung des Futters: Eiweiß 20 %, Fett 3 %, Kohlenhydrate 4—5 % (Stoffwechselenergie von 2500 cal/kg); an Salzen Ca 1 %, P 1%, u. NaCl 0,5—1 %; daneben Vitaminzusätze, bes. Vitamin A; Spurenelemente wie z. B. Zn, Mn, Fe usw., als Pigmentzusatz Carotinoide, z. B. Canthaxanthin. Grundstock der Nahrung handelsübl. Geflügelwürfel od. -mehl, bei *Phoenicopterus* ↗ u. U. angereichert mit Getreidekörnern u. getrockneten Garnelen. 250—300 g Futter pro Vogel u. Tag. Futter in Wasser aufschwemmen, Futtergefäße von Wasser umgeben. Mehrere Futtergefäße fördern gleichmäßige Ernährung aller Vögel. In M-Europa Beginn der intensiven Gesellschaftsbalz im zeitigen Frühjahr. Zwischen ihrem Ende u. Brutbeginn beim einzelnen Vogel Abstand von einigen Tagen bis Wochen; in dieser Zeit Kopulationen. Kegelförmiges Schlamm- od. Erdnest. Intensive Bautätigkeit erst kurz vor der Eiablage u. während des Brütens. ♂ u. ♀ an Nestbau, Brüten u. Jungenaufzucht in gleicher Weise beteiligt. Gelege normalerweise ein weißes, längliches Ei. Brutzeit 28—32 Tage. Das Junge verläßt im Alter von reichl. 1 Woche meist das Nest endgültig u. schließt sich mit anderen Jungen in einer lockeren Gruppe zusammen. Juv. wird von beiden Eltern mit Sekret gefüttert, das im vorderen Verdauungstrakt, von der Mundhöhle bis zum Drüsenmagen, ausgeschieden wird, in seinem Nährwert etwa der Säugermilch entspricht u. durch Carotinoide u. Blutzellen rot gefärbt ist. Lamellenapparat erst mit mehr als 10 Wochen voll funktionstüchtig. Fütterungen des Juv. in Gefangenschaft vor allem durch ♂, u. U. viele Monate, daher wegen Erschöpfungsgefahr der Altvögel Junge im Alter von reichl. 3 Monaten von den Eltern trennen.

Phoeniciformes, Flamingos. O. Alte Reliktgruppe, angepaßt an die massenhafte Aufnahme kleiner u. kleinster Wasserorganismen. Verwandtschaftl. Beziehungen zu Ciconiiformes ↗, Anseriformes ↗ u. u. U. auch Charadriiformes ↗. Nur 1 F Phoenicopteridae ↗, Flamingos.

Phoenicopterus. G der Phoenicopteridae ↗. 2 An, 1 davon mit 2 UAn. Oberschnabel groß u. breit, liegt den Ästen des Unterschnabels auf. Relativ grober Filterapparat. Hinterzehe vorhanden. In Zoos mehrere regelmäßig brütende Zuchtgruppen. Lebensweise, Eingewöhnung, Haltung, Ernährung, Zucht s. Phoenicopteridae.

— *P. chilensis,* Chilenischer Flamingo. ♂ u. ♀: Körpergefieder rosa. OS u. US der Flügel rot. Schnabel relativ klobig. Haut zwischen Auge u. Schnabelbasis u. Schnabel mit Ausnahme der ausgedehnten schwarzen Spitze blaßgelb. Beine grünlichgrau mit roten Füßen u. ebensolchen Fersengelenken. ♂ 24—27,5 cm, ♀ 20,5—24 cm. S-Amerika von Peru an sü. Vor allem in den Salzseen der Anden. Sporadisches Brüten einzelner Paare, in kleinen Gruppen möglich.

— *P. ruber,* Roter Flamingo. ♂ u. ♀: Körpergefieder rot. Haut zwischen Auge u. Schnabelbasis u. Schnabelwurzel gelb, Rest des Schnabels mit Ausnahme der schwarzen Spitze rötlich. Beine rot. Körperlänge beim ♂ 32—37,5 cm, beim ♀ 22,5—32 cm. 2 UAn. Inseln der Karibik, Yucatan, N-Küste von S-Amerika, Galapagos. *P. r. roseus,* Rosaflamingo, Rosenroter Flamingo. ♂ u. ♀: Körpergefieder rosa. OS u. US der Flügel rot. Haut zwischen Auge u. Schnabelbasis u. Schnabel mit Ausnahme der schwarzen Spitze rosa. Beine rot. ♂ 29—42 cm, ♀ 22—30,5 cm. S-Europa, Afrika, Asien.

Phoeniculidae, Baum-, Sichelhopfe. F der Upupae ↗. 1 G, 6 An. 24—40 cm. Schlank, überwiegend schwarz, metallischglänzend, keine Federhaube. Schwanz lang, gestuft. Langer Schnabel, gering abwärts gebogen. Füße mit langen Krallen (s. Lebensweise). ♀♀ wie ♂♂ od. diesen sehr ähnl. Afrika. Bewegungsfreudig. Rufen häufig, lärmend gackernd. Suchen ruckartig nach Art der Baumläufer ↗ an Urwald- u. Steppenbäumen Insekten, deren Larven u. Eier, verspeisen zuweilen auch Samen u. Knospen. Hängen auch wie Meisen ↗ mit dem Rücken nach unten im Gezweig. Meiden den Boden. Leben paarweise od. in Trupps zusammen. Brüten in Baumhöhlen, zuweilen mit Nistmaterial. Gelege 3—5 grünliche od. bläuliche Eier. Nur ♀♀ brüten, werden von ♂♂ gefüttert, selbst noch in den Tagen des Huderns. Nester haben unangenehmen Geruch. Bes. während der Brutzeit bildet Bürzeldrüse moschusähnl. riechende Flüssigkeit. Vorwiegend in zool. Gärten u. Vogelparks ↗, in Volieren ↗, Tropenhallen ↗ od. anderen wohltemperierten Unterkünften gepflegt, im Winter nicht unter 12 °C. Anlage entspr. der Lebensweise. Reichl. mit stehenden Baumstämmen, möglichst mit Höhlen u. Grünpflanzen ausstatten. Bei Zuchtabsichten Naturstammhöhlen anbringen. Futter handelsübl. Insektenfutter, kleingeschnittenes Rinderherz, zerkleinerte abgezogene Eintagsküken, Grillen. Baden nicht, huschen aber gern zwischen nassen Blättern entlang (Wasserzerstäuber). Haltung am besten paarweise bzw. in großen Unterkünften im Fn-Verband. Nur mit größeren Vögeln vergesellschaften. Zur Aufzucht reichl. frische Insekten bieten.

Phoeniculus. G der Phoeniculidae ↗. 6 An.

— *P. bollei,* Weißmaskenhopf, Weißkopf-Baumhopf. ♂ u. ♀: schwarz, metallischschillernd, Flügel u. Schwanz (beide ohne weiße Abzeichen) mit purpurblauem Glanz. Kopf weiß. Schnabel, Füße rot. 35—38 cm. UAn. Ghana bis sü. Sudan, Uganda, Inner-Kenia. Bewohnt im lärmenden Fn-Verband Wälder, im Hochwald von Kenia lokal häufig. Angenehmer Pflegling. Sehr ruffreudig. Im Vogelpark Walsrode ↗ gezüchtet.

— *P. cyanomelas,* Sichelhopf, Grüner Baumhopf. ♂: glänzendblauschwarz, Flügel mit schmaler, weißer Binde, einige Schwanzfedern mit weißen Spitzen. Schnabel sichelförmig abwärts gebogen, schwarz. Füße schwarz. ♀: Kehle mehr bräunlichfarben. Juv.

geringer glänzend als Ad., Kehle, Brust braun. 28 cm. UAn, oft werden 5 UAn als eigene A *P. aterrimus* angesehen. Senegal bis Äthiopien (mit Eritrea) bis Angola, sü. bis zum Oranje u. Natal. Bewohnt lichtes Wald-, Buschland, offene Savannen. Meistens einzeln od. paarweise unterwegs. Im Vogelpark Walsrode ↗ gezüchtet.

— *P. damarensis*, Damara-Baumhopf, Steppenbaumhopf. ♂ u. ♀: schwarz, Flügel u. Schwanz mit kreisrunden Flecken. Schnabel lang, gekrümmt, leuchtend rot. Füße rot. Juv. weniger glänzend als Ad., Schnabel schwärzlich. Ca. 40 cm. UAn. Mittl. Namibia bis Angola; Kenia bis SW-Äthiopien. In Kenia lokal häufig. Bewohnt Baumsavanne u. Trockenwaldgebiete. Selten in Europa gepflegt. Erstzucht 1982 im Zoo Heidelberg, BRD. Eier grünlichblau, 1 Juv. schlüpfte nach ca. 14 Tagen, flog nach weiteren 4 Wochen aus.

— *P. purpureus*, Baumhopf. ♂ u. ♀: schwarz, purpur u. grünlichglänzend. Weiße Flügelbinde. Schwanz sehr lang, stufig, Spitzen (nicht mittl. Paar) weiß. Schnabel lang, gebogen, kräftig rot, bei UA in Äthiopien schwärzlich. Füße rot. Juv. geringer glänzend als Ad. Schnabel schwärzlich. 38—40 cm. UAn. Äthiopis ↗ (ohne Waldgebiete). Bewohnt Baumsavanne, Trockenwaldgebiete, Akazienwälder. Standvogel, in O-, Z-Afrika häufig. Lebt im Fn-Verband, meistens lärmend. Zuweilen gehalten.

Phoenicuropsis. G der Muscicapidae ↗. 1 A. Himalaja we. bis Kaschmir, SO-Tibet u. W-China bis Kansu u. Schensi. Bewohnen offene von Büschen durchsetzte Landschaften. Wippen nach Art der Schmätzer ↗ mit dem Schwanz u. zittern nicht damit in typischer Weise wie die Rotschwänze der G *Phoenicurus* ↗. Sehr selten auf dem europ. Vogelmarkt. Schöne, lebhafte Vögel, die jahrelang bei sachgerechter Pflege in Gefangenschaft leben (W. BAARS ↗). Futter abwechslungsreich, frische Ameisenpuppen (auch aufgetaute eingefrostete), Wachsmottenraupen, Wachsmottenschmetterlinge, kleine fliegende Insekten aus der Lichtfalle ↗ u. andere, kleine Kerfen des Wiesenplanktons ↗ neben einem handelsübl. sehr guten Weichfutter mit reichl. Insektenbeimischung. Auch Imagines von Wespen u. Bienen verspeisen sie gern. Ansonsten Pflege wie *Phoenicurus*.

— *P. frontalis*, Alpenrotschwanz. ♂: intensiv dunkelblau, Stirn hell leuchtend blau, Kopf-OS, Rücken schwarz, ebenso Kehle u. Vorderbrust. Flügel ohne weiße Zeichnung. Bürzel u. Schwanz rostrot, letzterer mit schwarzer Endbinde, nur mittl. Federn schwarzbraun. Restl. US rostrot. Nach der Mauser haben Federn bräunliche Säume, die sich zum Frühjahr hin abnutzen. ♀: ähnl. ♀ vom Spiegelrotschwanz ↗, aber Weiß im Flügel fehlt. 16 cm.

Phoenicurus. G der Muscicapidae ↗. 5 An. Gefieder überwiegend schieferschwarz, im Flügel auffallend weiße Zeichnung. Typisches Schwanzzittern. Europa, N-Afrika, Asien. Rotschwänze werden bei der Haltung im Käfig od. Unterbringung in kleinen Unterkünften allgemein als empfindliche Pfleglinge eingeschätzt. In großen Volieren ↗ od. Vogelstuben ↗ trifft dies bei sachgerechter Fütterung keineswegs zu. Im Winter können Gewichtsverluste eintreten. Dem Futter s. *Phoenicuropsis*, dann zerkleinertes hartgekochtes Eigelb, geriebenes gekochtes Rinderherz u. etwas Weizenkeimöl beimischen. Allgemein mit artfremden Vögeln gut zu vergesellschaften, gegenüber arteigenen gleichgeschlechtlichen aggressiv, manchmal bis zum Tode. Aufzuchtfutter frische Ameisenpuppen, kleine Insekten (Lichtfalle ↗), Weichfutter, geriebenes Rinderherz u. hartgekochtes Eigelb zusetzen.

— *P. auroreus*, Spiegelrotschwanz. ♂: Stirn schwarz, Kopf-OS u. Nacken grau, Schwingen mit großem weißen Spiegel, Rücken schwarz, Bürzel rostrot. Schwanzfedern rostrot, nur mittl. schwarz. Kopfseiten, Kinn u. Kehle schwarz, übrige US rostrot. Auge dunkelbraun. Schnabel, Füße schwarz. ♀: bräunlichgrau, Flügel mit weißem Spiegel, mittl. Schwanzfedern braun. 15 cm. UAn. S-Sibirien von Nischne-Udinsk bis zum Ussuriland, nö. Mongolei, Mandschurei, N- u. M-Korea, NW-, W-China bis SO-Tibet, Yünnan. Zieht im Winter bis zum Himalaja, bis S-China, S-Japan u. Taiwan, zuweilen auch in Birma, NW-Thailand, N-Annam, Tonkin, Inner- u. N-Laos. Bewohnt Gehölze, buschreiches Gelände u. Gärten. Jagt nach Art der mitteleurop. Rotschwänze Insekten. Selten auf dem europ. Vogelmarkt gehandelt.

— *P. erythrogaster*, Güldenstädts Rotschwanz, Riesenrotschwanz, Weißkappen-Rotschwanz. ♂: ähnl. Gartenrotschwanz, aber Kopf-OS u. Nacken weißlich rahmfarben, Rücken schwärzlich. Auffallend großer weißer Flügelfleck. Bürzel u. Schwanz intensiv kastanienbraun. Stirn, Kopf-, Halsseiten, Kinn, Kehle u. Kropf matt schwarz. Übrige US kräftig kastanienbraun. ♀: OS u. Flügel graubraun, ohne Weiß, US heller mit rötlichem Anflug. 17,5 cm. UAn. Kaukasus, Transkaukasien bis nö. Iran; Gebirge Innerasiens (Afghanistan) bis zum Altai, bis SO-Transbaikalien, Kansu, Tibet u. nö. Himalaja. Bewohnt Felshänge im Hochgebirge, steinige Hochsteppen u. alpine Tundren. Überwintert im Brutgebiet, zieht während der kalten Jahreszeit in tiefere Lagen. Brütet in Felsspalten. Sehr selten im Handel.

— *P. ochruros*, Hausrotschwanz. ♂: düster, schieferschwarz, Flügelspiegel weiß, Kehle u. Vorderbrust dunkler als übriges Gefieder. Bürzel u. Schwanz ziegelrot. ♀: US graubraun (bei ♀ des Gartenrotschwanzes hell rotbraun), übriges Gefieder graubraun, Bürzel u. Schwanz ziegelrot. Juv. ähnl. ♀. 14 cm. UAn. Marokko (Atlas), S- u. M-Europa, Krim, W-, O-Kleinasien, Kaukasus, Syrien, Israel durch den nö. Iran, die Gebirge Innerasiens u. den Himalaja bis zur we. Mongolei u. W-China. Bewohnt Felslandschaften bis ins Hochgebirge, Weinberge, Dörfer u. Städte. In Europa Teilzieher, W- u. südeurop. Populationen aber Standvögel. Gesang rauh aus melodischen Trillern u. gepreßt klingendem Kratzen bestehend. Manche Vögel mit bescheidenem Nachahmungstalent. Nest in Höhlen u. Nischen. Gelege allgemein 5 weiße Eier, in Europa 2 Jahresbruten. Zuweilen bei europ. Vogelliebhabern zu finden, wird gegenüber dem Gartenrotschwanz als weichlicher befunden. Verträglich, keinesfalls gegenüber arteigenen ♂ ♂. Zucht schwierig, einige Male gelungen. Artenschutz s. Naturschutzbestimmungen.

— *P. phoenicurus*, Gartenrotschwanz. ♂: im BK Stirn weiß, Kopfseiten, Kinn u. Kehle schwarz. Kopf-OS, Nacken u. Rücken grau. Schwanz ziegelrot. Brust u. Flanken orangerötlich. Übrige US weiß. Auge dunkelbraun. Schnabel, Füße schwarz. RK insges. weniger kontrastreich. ♀: OS graubraun, US rötlichgrau, insges. heller als ♀ des Hausrotschwanzes. Juv. OS u. US mit heller u. dunkler Fleckenzeichnung. 14 cm. UAn. N-Afrika (Atlas), Europa, ausgenommen Irland, W-Sibirien; Kleinasien bis Turkestan. Lebt in lichten Waldungen, an Waldrändern, in Parks, Obstplantagen u. Gärten. Europ. Population überwintert in S-Arabien u. im tropischen Afrika. Gesang variabel, kurze Flötentöne mit anschl. mehreren Trillern, manche gute Imitatoren anderer Vogelstimmen. Nest aus Halmen, Moos, Blättern u. a. gebaut, mit Federn gepolstert. Gelege 6—7 blaugrüne Eier. 2 Jahresbruten in Europa. Wirt des Kuckucks ↗. Ab u. zu gepflegt. Wie allen Rotschwänzen tägl. frisches Badewasser bieten. Einige Male gezüchtet. Für die Aufzucht sind reichl. frische Insekten notwendig. Artenschutz s. Naturschutzbestimmungen ↗.

Phylloscopus. G der Sylviidae ↗. 3 An. Europa. N-Afrika, Asien. Gehören nicht in die Hand des Vogelliebhabers, s. Naturschutzbestimmungen. Bereits in alten Zeiten kaum gehalten, da hinfällig, bes. während der Mauser ↗ im Winter. Werden nur aufgeführt, da verunglückte ad. Vögel od. Nestlinge der möglichen Pflege bedürfen. Gesunde, voll flugfähige Vögel baldmöglichst freilassen (Zugzeiten beachten!). Haltung in reichl. mit Laubgehölzen, Koniferen, Sträuchern bepflanzten Flugräumen od. großem Landschaftskäfig ↗. Warme Überwinterung, Mauser s. *Acrocephalus* ↗. Insektenfresser. Futter s. *Regulus, Cettia*.

— *P. collybita*, Zilpzalp, Weidenlaubsänger. ♂ u. ♀: Überaugenstreif gelblich, wenig ausgeprägt. OS grüngrau, US weißlich, wenig zitronengelb überhaucht. Füße allgemein schwärzlich. 2. Handschwinge nicht so lang wie 6., hingegen bei *P. trochilus* länger. 11 cm. UAn, 2 Rassengruppen, 1. *collybita*, 2. *tristis*, Mischform mit mehreren UAn bekannt,

Gartenrotschwanz

einige als eigene An von manchen angesehen. N-Afrika, Kanarische Inseln, Iberische Halbinsel (nicht SW, O u. lokal im Inneren), W-, M-Europa, Italien, SO-Europa, N-Kleinasien, Kaukasus bis SW-Transkaspien, Skandinavien (nicht S, N), O-Europa durch Sibirien bis zur Kolyma, NW-Mongolei; Gebirge W-, Innerasiens bis NW-Himalaja, N-Iran. Verschiedenste Wälder der Ebene u. Gebirge, Feldgehölze, Parks, größere Gärten u. Friedhöfe, vorzugsweise in Bäumen. Nest am Boden od. bodennah, in niedrigen Büschen, verschiedenstem Gestrüpp, backofenförmig. Gelege 6—7 Eier. Gesang eintönig, vorwiegend in Folge «zilp-zalp».

— *P. trochilus*, Fitis, Fitislaubsänger. ♂ u. ♀: s. Weidenlaubsänger, aber Beine gewöhnl. hellbraun, bessere Unterscheidung s. Weidenlaubsänger auch Gesang; allgemein gering gelblicher. 11 cm. UAn. N-, M-Europa bis S-Frankreich, N-Italien, N-Rumänien durch O-Europa, Sibirien (nicht SO), bis

Hausrotschwanz am Nest (Freilandaufnahme)

Zilpzalp oder Weidenlaubsänger

Piapia

zum Anadyr. Bewohnt lichte Wälder, sowohl Misch- als auch Nadelwälder, sofern sie unterholzreich u. nicht zu trocken sind, weiterhin in Parks, größeren Gärten, an buschreichen Fluß-, Teichufern, bevorzugt Buschvegetation, seltener in Baumkronen. Nest am Boden, backofenförmig. Gelege 6—7 Eier. Gesang wohltönend, weich, Ruf 2silbig, ähnl. dem vom Zilpzalp.

Piapia → *Ptilostomus*

Pica, Elstern. G der Corvidae ↗. 2 An. Europa, N-Afrika, N-Amerika, M-Asien. Bewohnen offene Landschaften, Flußniederungen, z. T. menschliche Siedlungen. Nahrung vorwiegend Insekten ↗, Kleingetier, Jungvögel, Aas, Beeren ↗. Vögel beider An auf dem Vogelmarkt sehr selten gehandelt.

— *P. nuttalli*, Gelbschnabelelster. Zuweilen als UA von *P. pica* eingestuft. Gefieder s. *P. pica*. ♂ u. ♀: Schnabel gelb, Augenringe nackt u. gelb. 38—40 cm. Nur W-Kalifornien. Nester aus Zweigen u. Blättern auf Bäumen, auch kolonieartig. Gelege 5—8 graugelb, grünlich od. bräunlich gefärbte Eier. In Europa Zucht wohl noch nicht gelungen.

— *P. pica*, Elster. ♂ u. ♀: Kopf, Hals, Kehle, Nakken, Flügel u. Schwanz schwarz, Schulter u. Bauch weiß, Schnabel u. Füße schwarz. Schwanz sehr lang. 48—50 cm in M-Europa. Juv. ähnl. Ad. Schwanz etwas kürzer. Verbr. in Europa, N-Afrika (Tunesien, Algerien, Marokko), Vorder- u. M-Asien, Iran, S-Arabien, Hinterindien, Taiwan, Mongolei, China, auf Kamtschatka (getrenntes Vorkommen), Alaska, W-Kanada, W-USA, O-Kalifornien, W-Oklahoma, N-Mexiko. Nach Japan eingeschleppt u. unter Naturschutz ↗. Im Hochgebirge bis 2 000 m ü. NN. Nest aus Zweigen mit typischer Haube in geringer Höhe in der Spitze der Bäume od. im Dornendikicht, selten an Bauwerken. Napf mit Lehm fest ausgebaut, mit Pflanzen u. Tierhaaren ausgepolstert. Gelege 4—9 grünliche Eier mit graubraunen Flecken. Brut 17—18 Tage. Aufzucht in 24—30 Tagen. Danach in lockeren Fn-Verbänden auch außerhalb des Brutreviers herumziehend. In M-Europa stark bejagt, in N-Europa Jagdschutz ↗. Eingewöhnung gut möglich. Voliere ↗ notwendig, winterhart. Aufzucht jung entnommener Wildlinge (4. Tag) mit Magerquark, Haferflocken, Weichfutter, Fleisch, Ei, lebenden Insekten. Einzeltiere werden sehr zahm, starke Prägung auf den Menschen. Zuchterfolge selten.

Picathartes. G der Picarthardidae ↗. 2 An. W-Afrika von Sierra Leone bis Togo. Bewohnen felsreiche Nebelwälder. Führen heimliches Leben. Suchen auf dem Boden nach Reptilien, Schnecken u. Insekten. Leben paarweise u. in kleinen Trupps zusammen. Nest napfförmig aus Schlamm u. Halmen, innen mit Pflanzenteilen ausgekleidet, an Felswänden u. in hohlen Bäumen. Gelege 1—2 Eier. Erstimport nach dem zweiten Weltkrieg, wenige Exempl. in zool. Gärten u. Vogelparks ↗. Bald zutraulich, in der Gruppe gut verträglich. Unterkunft muß feuchtwarm sein. Futter handelsübl. grobes Insektenweichfutter, lebende Insekten u. Früchte. Baden gern.

Gelbkopf-Felshüpfer oder Gelbkopf-Stelzenkrähe

— *P. gymnocephalus*, Gelbkopf-Stelzenkrähe, Gelbkopf-Felshüpfer. ♂ u. ♀: Kopf federlos gelblich, seitl. matter schwarzer Fleck (in diesem liegt Ohröffnung). Nacken weiß, OS schwarzbraun, Schwanz dachartig gestuft. US weiß. Schnabel kräftig, schwarz. Auge hellbraun. Füße grau. 35 cm. W-Afrika von Sierra Leone bis Togo. Lebt gesellig, vorwiegend am Boden. Spingt gern, auch im Geäst. Wendiger Flieger. Seit 1962 im Zoo Frankfurt. Sehr neugierig, friedlich, auch gegenüber artfremden Vögeln. Bei der Nahrungssuche wird häufig Fallaub gewendet. Frißt auch Mäuse. Lautäußerung nur leises Krächzen. Mehrere Zuchterfolge im gleichen Zoo, erstmalig 1966. Nistmaterial ist feuchte Erde, vermischt mit Halmen u. schmalen Blättern. ♀ u. ♂ brüten, Schlupf nicht vor 19 Tagen. Die ersten 3 Tage werden Juv. aus dem Kropf gefüttert, dann tragen Eltern Futter im Schnabel herbei, beseitigen bis 16. Lebenstag Kot aus dem Nest. Junge fliegen nach 19—25 Tagen aus (Zoo Frankfurt 2 Bruten), anschl. füttern Eltern noch 18—25 Tage, dann auch schon 1. Ei der 2. Brut gelegt. Brutpflege dauert also ca. 56 Tage (I. Faust).

— *P. oreas*, Buntkopf-Felshüpfer, Kamerunstelzenkrähe. ♂ u. ♀: Kopfseiten schwarz, Kopf-OS u.

Elster

Bartstreif blau, Hinterkopf rotbraun, OS schiefergrau, Flügel schwarz. US weißlich. Schnabel schwarz. Auge orangerot. Füße bräunlich. Konspezies mit *P. gymnocephalus?* W-Kamerun. Bewohnt vorzugsweise Flußufer. Lebt versteckt, meistens am Boden. Koloniebrüter. Erstmalig 1948 im Zoo London, seit 1968 in der BRD (Frankfurter Zoo).

Picathartidae, Felshüpfer. F der Passeriformes ↗ Gn *Picathartes* ↗ u. *Eupetes*. 3 An. Kahlköpfig mit drosselähnl. Beinen. Afrika u. S-Asien.

Pici, Spechtartige. UO der Piciformes ↗. 5 Fn (Indicatoridae ↗, Capitonidae ↗, Ramphastidae ↗, Picidae ↗, Jyngidae ↗).

Picidae, Spechte. F der Piciformes ↗. 203 An. 3 UFn: Picumninae, Weichschwanzspechte; Nesoctitinae ↗, Hüpfspechte; Picinae, Stützschwanzspechte. Zaunkönig- bis krähengroß (8–56 cm). Europa, Asien, Afrika, Amerika. In Europa wurden bisher nur einige Vetreter der Stützschwanzspechte gehalten.

Piciformes, Spechtvögel. O. 2 UOn (Pici ↗, Galbulae ↗), 7 Fn.

Picuitäubchen *(Columbina picui)* → *Columbina*

Picus, Erdspechte. G der Picidae ↗. 9 An. Europa, Asien. Feldgehölze u. Waldränder mit anschl. Wiesengelände, Weiden, Mischwälder, Auwälder, Alleen u. Parkanlagen. Nahrungserwerb durch Stochern. Nahrung sind Ameisen, Hummeln, Fliegen, Käfer, Beeren u. Früchte. Sehr selten im Handel. Gelegentl. Handaufzucht.

– *P. viridis,* Grünspecht. ♂: olivgrüner Rücken, gelblichgrüner Bürzel. Scheitel rot; vordere Kopfseiten schwarz; rotschwarzer Bartsteif; Schnabel gelblichgrau; Iris bläulichweiß. ♀ ähnl. ♂, aber mit schwarzem Bartsteif. Juv. ohne vollständige schwarze Gesichtsmaske. 35–37 cm. Europa, Vorderasien; in M-Europa verbr. Brutvogel. In Laub- u. Mischwäldern, Parkanlagen u. offenen Baumgruppen. Als typischer Bodenspecht wird der Körper beim Klettern dicht an den Stamm gedrückt, der Lauf liegt parallel an. Nahrung Ameisen, Insekten, Schnecken, im Holz lebende Larven, Obst, Eicheln. Bruthöhle in Baumstämmen in Höhen von 1,50 bis 10,00 m. Gelege 5–7 Eier. Brutdauer 15–17 Tage. Juv. fliegen nach 23–27 Tagen aus u. werden von beiden Eltern noch ca. 18 Tage gefüttert. Zucht bisher nicht bekannt. Eier sind sehr empfindlich gegen Erschütterungen u. verlieren beim Transport (z. B. vom Eiablageplatz zur Brutmaschine) ihre Keimfähigkeit. Ernährung während der Handaufzucht Weichfutter mit Quark, vom 2 Wochen-Alter an zusätzl. Mehlwürmer. Bei Futterverweigerung müssen die Jungen gestopft werden.

Pieper → Motacillidae

Pigmentierungsanomalie. Färbungsänderungen von Haut, Schleimhäuten od. Federn auf der Basis von Stoffwechselkrankheiten od. erblicher Vorgänge.

Pigmentschwund. Farbverluste der Federn des Vogels bei Mangelkrankheiten (z. B. Kupfer od. Mangan).

Pikazurottaube *(Patagioenas picazuro)* → *Patagioenas*

Pikuitäubchen, NN → Picuitäubchen

Pinguine → Spheniscidae

Pinicola

Grünspecht

Pinicola, Hakengimpel. G der Carduelidae ↗. 1 A.

– *P. enucleator,* Hakengimpel. Groß, plump, mit kräftigem Schnabel. Die Oberschnabelspitze als Haken über den Unterschnabel gekrümmt. ♂ mit orange- bis himbeerrotem Kopf. Federn von Rücken, Bürzel, US grau mit breiten roten Säumen, dadurch geschupptes Aussehen. Bauch, Unterschwanz einfarbig grau. In Gefangenschaft wird das Rot durch Gelbgrün bis Orange ersetzt. 22 cm. Nö. N-Amerika, Europa u. UdSSR. In Nadelwäldern. Nahrung Beeren, Koniferensamen, Insekten. Nistet meist hoch in Bäumen. Das ♀ errichtet den lockeren Bau aus Reisern,

Hakengimpel

Rostkappenpapagei

Moos u. Gräsern. Gelege 3–5 bläulichgrüne, dunkel gezeichnete Eier, die 13–14 Tage bebrütet werden. Nestlingsdauer 14–16 Tage. Haltung in großen Volieren ↗ zu empfehlen; wiederholt gezogen, winterfest. Futter Sonnenblumenkerne, Hanf, Hafer, Waldvogelfutter ↗, auch gekeimt, Grünfutter, süße Beeren, Insekten, kleine Schnecken. Teilweise Ausfuhrsperre; Haltungsgenehmigung s. Naturschutzbestimmungen.

Pinkies. Handelsbezeichnung für zu Futterzwecken gezüchtete Fliegenmaden.

Pinselscharbe (*Phalacrocorax penicillatus*) → *Phalacrocorax*

Pinselsittich (*Leptosittaca branickii*) → *Leptosittaca*

Pionites. G der Aratingidae ↗, UF Pionitinae ↗. 2 An. S-Amerika. Waldbewohner der Tropen, brüten in Baumhöhlen. Beide An in Europa stets nur in kleiner Zahl im Handel. Haltung nur bei Zuchtabsichten gerechtfertigt. Unterbringung in kleinen bis mittelgroßen Volieren, warme Überwinterung, *P. leucogaster* ganzjährig bei Zimmerwärme halten. Gegenüber artfremden Vögeln unverträglich. Futter → *Ara*, aber nur kleine Nüsse. Zur Zucht Paar allein unterbringen. 1–2 mal tägl. beregnen.

— *P. leucogaster*, Rostkappenpapagei. ♂ u. ♀: Kopf-OS u. Nacken rostfarben, Zügel, Wangen, Halsseiten u. Kehle gelb. Augenring nackt, hell fleischfarben. OS grün. Brust u. Bauch weißlich, Unterschwanzdecken gelb, Schenkel grün. Schnabel hell hornfarben. Auge rot. Füße fleischfarben. Juv. Unterschwanzdecken am Grund gelblich, sonst grün. 23 cm. UAn. *P. l. xanthomeria* (Gelbschenkel-Rostkappenpapagei) wie Nominatform, aber Schenkel gelb, Augenring dunkel, bewohnt oberen Amazonas in der Beni-Provinz. Ausgesprochen selten in Gefangenschaft. Eine 3. UA *P. l. xanthurus* wahrscheinl. noch nicht in Europa gepflegt. Verbr. der A: öst. Peru u. Gebiet des Amazonas bis zur Küste, im S bis nö. Bolivien. Noch nicht gezüchtet, nur Kreuzung mit *P. melanocephalus* bekannt.

— *P. melanocephalus*, Grünzügelpapagei. ♂: Kopf-OS schwarz, Zügel breit grün, sonst Kopf-, Halsseiten u. Kehle gelb. Augenring dunkelgrau. Nacken gelbbraun, OS, Flügel u. Schwanz grün. Brust u. Bauch cremeweiß, Bauchseiten u. Flanke orange, Schenkel u. Unterschwanzdecken gelb. Schnabel schwärzlich. Auge orange. Füße schwärzlich. ♀ wie ♂, aber Augenring nur gering heller, Schnabel kleiner. Juv. Federn der Kopf-OS mit grünlichen Säumen. Augenring weißlich. Schnabel anfangs heller als bei Ad. Auge dunkelbraun. 24 cm. UAn. *P. m. pallida* wie Nominatform, aber Brust, Flanken u. Schenkel hellgelb, verbr. von S-Kolumbien bis NO-Peru u. O-Ekuador. Heimat der A von S-Kolumbien, O-Ekuador, NO-Peru bis Guayana bis N-Pará (Brasilien). Empfehlenswerter Pflegling. Einige Male gezüchtet, regelmäßig im Vogelpark Walsrode ↗, hier auch einmalig ein gesunder Vogel mit beidseits einer überzähligen Zehe. Gelege 3–4 Eier. Juv. schlüpfen nach 23 Tagen. Aufzucht problemlos.

Pionitinae, Weißbauchpapageien. UF der Aratingidae ↗. 1 G *Pionites* ↗, 2 An.

Pionopsitta. G der Amazoninae. 1 A. NO-Argentinien, Paraguay bis SO-Brasilien. Waldbewohner, suchen zur Obstreife auch Gärten auf. Verlieren durch fortschreitende Kultivierung im Küstengebiet SO-Brasiliens an Lebensraum. Zählen in Brasilien zu den bedrohten Vogel-An. Paarweise u. in kleinen Trupps unterwegs. Leben in Baumwipfeln. Nahrung Früchte, Beeren u. Samen. Bruthöhlen liegen in beträchtlicher Höhe. Kamen bis 1970 selten nach Europa, erst im letzten Jahrzehnt in einigen Ländern in größerer Zahl angeboten. Eingewöhnung schwierig. Nach Erfahrung des Vogelparks Walsrode ↗ sind von 100 importierten Vögeln ca. 90 ♂♂ u. nur 10 ♀♀, von denen ca. 20 ♂♂ u. 1 ♀ die Quarantänezeit überstehen. Können erst nach 2 Jahren als eingewöhnt betrachtet werden. Pflege dann problemlos. Angenehme, keineswegs laute u. friedliche Volierenvögel. Futter Keimfutter (weiße u. gestreifte Sonnenblumenkerne, Hafer, Mungobohnen), gekochter Mais, Apfel-, Bananen-, Möhrenstückchen, Wellensittich-Futtermischung, Kardisaat u. Kalk. Welterstzucht in England, 1978 Erstzucht Schweiz bei E. MAURER, 1980 BRD-Erstzucht Vogelpark Walsrode, 1984 zog 1½ jähriges ♂ mit ♀ 2 Juv. auf. Zur Zucht Paar allein halten. Baumstammhöhlen bieten (Ø 20 cm, Höhe 40 cm, Einschlupf-Ø 6 cm, Bodenbelag Hobelspäne). Gelege 3–4 Eier. Juv. schlüpfen nach 26 Tagen. Aufzuchtfutter gekochtes Ei, geriebene Möhren u. geriebener Apfel u. Sittich-Gold als Gemisch. Kontrollen der Bruthöhle werden nicht verübelt.

— *P. pileata*, Scharlachkopfpapagei. ♂: überwiegend grün, Stirn u. Scheitel rot, ebenso Augenregion, bräunlicher Ohrfleck. Flügelrand u. Handdecken dunkelblau, Schwingen schwarz mit blaugrünen Außenfahnen. Schwanzfedern grün, Spitzen blau. Kinn u. Kehle schwachblau getönt. Schnabel graugrün, spitzenwärts hornfarben, Spitze dunkel. Auge dunkelbraun. Füße grau. ♀ ähnl. ♂, aber rote Gefiederpartien sind grün, Vorderkopf bläulich getönt.

Juv. ♂ ♂ haben bereits in der Bruthöhle rote Federn am Kopf. 22 cm. Keine UAn.

Pionus. G der Amazoninae. 8 An. M-, S-Amerika. Waldbewohner. Ab u. zu im Handel. A-Bestimmung bei Jungvögeln schwierig. Nachahmungstalent kaum vorhanden. Während der Eingewöhnung empfindlich. Erkranken häufig an Aspergillose ↗. Haltung, Futter s. *Amazona*.

— *P. chalcopterus,* Glanzflügelpapagei. ♂ u. ♀: violettblau. Federn von Kopf u. Nacken bronzebraun, Spitzen violettblau. Kinn weiß, Kehlfedern mit weißen Säumen. Federn der oberen Brust rosa gesäumt. Unterschwanzdecken rot. Bürzel, Schwanz hellblau. Schnabel gelblich. Auge braun, Augenring breit, rosa. Füße bräunlich. Juv. Kopf, OS grünlich, US bräunlich. 29 cm. 2 UAn. Anden von NW-Venezuela, Kolumbien bis NW-Peru. Lebt meistens in den oberen tropischen u. der tiefergelegenen subtropischen Zone zwischen 500–2 000 m ü. NN. Im Grunde Waldvogel, sehr nomadisch (Kolumbien). Lokal häufig, bes. in Ekuador, ansonsten durch Rodungen Bestandsrückgang. Sehr selten in Europa gehalten, u. a. Vogelpark Walsrode ↗. Sollte nur paarweise gepflegt werden, da sonst von dominantem Paar verdrängt. Angenehmer, ruhiger Pflegling. Sehr selten gezüchtet.

— *P. fuscus,* Veilchenpapagei. ♂ u. ♀: Kopf blauschwarz, Stirn schmal rötlich gefärbt. Ohrdecken schwärzlich, weißlich gesäumt. Kropf grauviolett, Bauch rotviolett. Rücken, Flügel braun bis bläulichbraun. Schwingen, Spitzen der Schwanzfedern blau, Unterschwanzdecken rot, ebenso Innenfahnen der äußeren Schwanzfedern. Schnabel dunkelgrau mit gelblicher Basis. Auge braun, breiter weißlicher Augenring. Füße grau. Juv. ähnl., aber ohne violette Tönung. Unterschwanzdecken blaßrot. 26 cm. NO-Kolumbien, Venezuela, Guayana bis zum Gebiet des Amazonas, Maranhão, Pará. Bewohnt Tierra-firma-Wald (hochgelegener, niemals überschwemmter Wald), in geringem Maße im Varzea-Wald (Wald, der wenigstens 1 × jährl. überschwemmt wird), selten auf Lichtungen. Lebt allgemein im Flachland unter 600 m ü. NN, nur isolierte Population in Kolumbien in 1 200 m ü. NN. Recht häufig. Population stabil, außer sü. des Amazonas (Abholzungen). Bruthöhle hoch in Bäumen. Gelege ca. 4 Eier. Erstmalig 1869 in Europa (London). Selten gehandelt. Bald zutraulich, schreckhaft, Stimme laut, aber selten zu hören.

— *P. maximiliani,* Maximilianpapagei. ♂ u. ♀: OS olivgrün, Federn mit grauen Säumen. Stirn, Zügel schwärzlich, sonst Kopffedern grünbläulich, dunkelgrau gesäumt. Kehle, obere Brust blau, übrige US bläulichgrün bis olvigrün. Federn vom Steiß blaugrün, rot gesäumt. Unterschwanzdecken rot. Außenfahnen der Schwanzfedern blau, Wurzeln blaßrot. Schnabel hellhornfarben, an der Basis dunkelgrau. Das Grau reicht am Oberschnabel weit spitzenwärts. Auge dunkelbraun, Augenring bläulich, über u. unter dem Auge weiß. Füße grau. Juv. matter als Ad., Blau von Kehle u. Oberbrust fehlend, Unterschwanzdecken hellrot. 29 cm. 4 UAn. *P. m. siy,* Grünköpfiger Maximilianpapagei (Mato Grosso, mittl. u. O-Bolivien, O-Paraguay u. N-Argentinien). Selten im Handel. Heimat der A: Bolivien bis N-Argentinien, Rio Grande do Sul. Bewohnt bevorzugt laubabwerfende u. Galeriewälder in den Tropen, außerdem in Caatinga-Gebieten u. im nö. Chaco (beide Ökosysteme trocken mit dichter, oft dorniger niedriger Baum- od. Buschvegetation). Lebt vorzugsweise im Flachland, im SO Brasiliens auch bis 1 500 m ü. NN. Häufig, lokal Rückgänge unerheblich. Ab u. zu im Handel, zeitweise häufig. Sehr zahm. Schrille Stimme. Schreie werden individuell unterschiedl. oft ausgestoßen. Nachahmungstalent mangelhaft. Verträglich. Eingewöhnung problemlos. Wenige Male gezüchtet.

— *P. menstruus,* Schwarzohrpapagei. ♂ u. ♀: grün, Kopf, Hals blau, Kehle mit wenigen roten Federn. Zügel, Ohrdecken braunschwarz. Unterschwanzdecken rot, Spitzen grün. Schwanzfedern haben an der Wurzel rote Innenfahnen, Außenfahnen grün, nur äußere Schwanzfedern blau. Schnabelbasis rot, sonst schwärzlich. Auge dunkelbraun, Augenring weißlichgrau. Füße hellgrünlichgrau. Juv. Kopf, Hals grün, vereinzelt Federn mit blauen Säumen. 28 cm. 3 UAn. Kostarika bis Bolivien, Rio de Janeiro, Mato Grosso, Kolumbien bis W-Ekuador. Lebt in kleinen u. größeren Trupps in einer Vielzahl von Habitaten, z. B. laubabwerfende u. feuchte Wälder, Sekundärwaldland, Galeriewald, auch meistens im Flachland, lokal bis 1 300 m ü. NN der Subtropen. Häufig. Population stabil, gewisser Rückgang bei der brasil. UA *reichenowi* (Habitatzerstörung). Unterschiedl. häufig im Handel, liebenswerter, anhänglicher Pflegling, liebt menschliche Gesellschaft. Friedlich. In Gesellschaftsanlage nur halten, wenn sie sehr groß ist. Wird bei Brutstimmung aggressiv. Nachahmungstalent gering, bei Verstimmung laute Schreie ausstoßend. Wenige Male gezüchtet.

— *P. senilis,* Glatzenkopf, Weißkappenpapagei. ♂: dunkelolivgrün, Stirn, Scheitel weiß, ebenso Kehle. Nacken, Kopfseiten dunkelblau. Schwingen grün, die äußeren blau. Schultern goldbraun. Schwanzfedern blau, OS grün, Innenfahnen mit roten Wurzeln. Unterschwanzdecken rot. Schnabel grünlichgelb, an der Basis grau. Auge dunkelbraun bis orangebraun, Augenring breit, fleischfarben. Füße rosa. ♀: etwas weniger Weiß am Kopf als ♂. Juv. matter, vereinzelte weiße Federn am Kopf. Wangen, Hals grünlich. 25 cm. S-Mexiko bis W-Panama. Lebt im Blätterdach der Wälder, häufig auch an Waldrändern u. auf Lichtungen mit hohen Bäumen, offenbar ökologisch anpassungsfähig. Meistens im Flachland zu finden, allerdings auch in der niederen subtropischen Zone bis ca. 1 500 m ü. NN, gelegentl. höher. Häufig. Population stabil. Im Trupp u. Schwarm unterwegs. Selten auf dem Vogelmarkt. Zutrauliches, angenehmes Verhalten, erinnert an Amazonen ↗. Nachahmungstalent gering. Gezüchtet 1934 in England, 1981/82 in USA.

— *P. seniloides,* Greisenkopf. ♂ u. ♀: grün bis olivfarben. Stirn-, Scheitelfedern weiß, blaßrosarot gesäumt. Übriger Kopf, Nacken, Hals braungrau, weiß gesprenkelt. Rücken, Schwingen dunkelgrün. Brust, Bauch braungrün, Unterschwanzdecken rot. Innenfahnen der Schwanzfedern an der Wurzel hellrot. Schnabel hellolivgelb. Auge braun, Augenring nackt, breit, weiß. Füße grünlichgrau. Juv. Kopffedern grün mit weißer Basis. Scheitel gleichfalls mit schmalen mattroten Säumen. 30 cm. Anden von NW-Venezuela, Kolumbien bis Ekuador. Am häufigsten in Wäldern der gemäßigten Zone anzutreffen, meistens in Höhen von 2 000–3 000 m ü. NN. Nomadisch. Allgemein selten, aber lokal u. saisonabhängig häufig zahlreicher. Populationen sind offensichtl. zurückgegangen, allerdings nur wenige exakte Angaben. Sehr selten gehandelt. Anfangs scheu, später anhänglich.

— *P. sordidus,* Dunenkopf. ♂ u. ♀: grün, Kopf-OS schwarzblau mit grünlichem Hauch. Wangen, Nakken, Kehle grün, ebenso Rücken, Flügel. Unterschwanzdecken rot. Außenfahne der äußeren Schwanzfedern blau, Wurzeln rot. Schnabel rot. Auge braunschwarz, Augenring breit, nackt, weißlich. Füße grau. Juv. Kopf-OS ohne bläulichen Schimmer. 28 cm. 6 UAn. *P. s. corallinus,* Korallenschnabelpapagei (O-Ekuador, Kolumbien, Bolivien u. Peru). Selten im Handel, wird u. a. im Vogelpark Walsrode gehalten. Pflege problemlos. Heimat der A: Kolumbien, Venezuela bis N-Bolivien. Bewohnt Wälder u. ihre Randzonen, fliegt oft zur Nahrungssuche zu nahe gelegenen Rodungen. Meistens kommt er in Höhenlagen zwischen 500 u. 1 500 m ü. NN vor, in kleinerer Anzahl in höher u. wenig tiefer gelegenen Gegenden. Im allgemeinen recht häufig, geringer Rückgang des Gesamtbestandes. In Gefangenschaft ist er relativ selten, nur wenige Exempl. werden exportiert. Manchmal auch als Zwergamazone ↗ angeboten. Ruhiger, angenehmer, zutraulicher Pflegling, stößt bei Erregung laute Schreie aus.

— *P. tumultuosus,* Purpurstirnpapagei, Rosenkopfpapagei. ♂ u. ♀: grün, Kopf rotbraun, unter dem Auge bis zum Ohr weiße Flecken, untere Wangen mit roten Flecken, Federn mit dunklen Säumen. Obere Brust mit lila Schimmer, Federn dunkel gesäumt. Gelber Flügelrand. Unterschwanzdecken, US der Schwanzfedern rot, OS grün, die äußeren mit weißen bis bläulichweißen Spitzen. Schnabel olivgelb. Auge braun, Augenring breit, nackt, weiß. Füße grünlichgrau. Juv. Hinterkopf, Nacken dunkelgrün, Wangen, Brust grün. 29 cm. Anden in O-, NW-Peru, Bolivien. Habitat s. *P. seniloides,* gelegentl. auch in waldnahen landwirtschaftl. genutzten Landstrichen, vorwiegend im N. Population recht stabil. In Gefangenschaft sehr selten, u. a. erhielt 1972 Dr. BURKARD 1 Paar, weitere Paare 1977 von CORDIER, Cochbamba (Bolivien). Er ließ sie von Indios nach der Maisernte in den Maisschuppen fangen. Sehr ruhige u. friedliche Vögel.

Pipitakolibri *(Adelomyia melanogenys)* → *Adelomyia*

Pipra. G der Pipridae ↗. 3 UGn, 16 An. Leben im nö. S-Amerika, wo sie in den zahlreichen früchtetragenden Bäumen u. Sträuchern abwechslungsreiche Nahrung finden. Lebensweise, Haltung u. Futter s. *Chiroxiphia.* ↗. Selten nach Europa gekommen.

— *P. aureola,* Rotbauchpipra. ♂: samtigschwarz, nur Kopf, Nacken, Rücken, Hals u. Brust glänzendfeuerrot, an Stirn u. Kinn in pastellorange übergehend. Flügelbug gelb. Schenkelfedern weißgelb. Schnabel u. Füße dunkel hornfarben. ♀ u. Juv. oberseits olivgrün, unterseits currygelb, an Kinn u. Kehle gelblicher. 10 cm. NO-Venezuela, Guayana u. NO-Brasilien. Häufig im dichten Unterholz sumpfiger Wälder. Sehr selten importiert.

— *P. chloromeros,* Breitschwanzpipra. ♂: tiefschwarz, sehr kurzschwänzig. Stirn, Ohrdecken u. Kopf-OS mit verlängerten blutorangenen Federn. Schenkelbefiederung zinkgelb. Unterflügeldecken schwarz. Schnabel u. Füße hornfarben. ♀ u. Juv. olivgrün, am Bauch gelblicher. 10 cm. O-Peru u. Bolivien. Bes. in dichteren Wäldern. Nur wenige Exempl. in Europa eingeführt.

— *P. erythrocephala,* Goldkopfpipra. ♂: glänzendtiefschwarz. Kopf-OS, Ohrdecken u. Nacken melonengelb. Nackenfedern mit schmalem rotem Saum. Schenkelfedern rot. Unterflügeldecken schwarz. Schnabel u. Beine hornfarben. ♀ u. Juv. OS farngrün, US heller. 7,5 cm. 3 UAn. Kolumbien, Venezuela, Guayana, NO-Peru u. Amazonien. Häufig in offenen Savannenbusch im dichten Unterwuchs. Nahrung Beeren u. Insekten. Sehr selten importiert.

— *P. mentalis,* Gelbhosenpipra. ♂: tiefschwarz. Stirn, Kopf, Nacken u. Ohrdecken blutorange. Kinn gelblich. Schenkelfedern u. Unterflügeldecken schwefelgelb. Schnabel hornfarben, Füße dunkel. ♀ u. Juv. oberseits dunkelolivgrün, unterseits etwas heller. Karibische u. pazifische Küste von S-Mexiko sü. bis Ekuador. In Regenwäldern. Das napfförmige Nest wird aus Blättern, Fasern u. Spinnweben in eine waagerechte Astgabel gebaut. Das Gelege besteht aus 2 gräulichgelben, braun gefleckten Eiern. Nur einzelne Vögel eingeführt.

— *P. rubrocapilla,* Rotkopfpipra. ♂: ähnelt sehr *P. erythrocephala,* doch Kopf-OS u. Kopfseiten scharlachrot. Unterflügeldecken weiß. Schwanzgefieder länger u. weicher. ♀ u. Juv. dunkeloliv. US mehr schmutziggrau. Amazonasgebiet sü. bis N-Bolivien, Mato Grosso u. Rio de Janeiro. Im Unterwuchs der Wälder. Sonstige Lebensweise kaum bekannt. Äußerst selten nach Europa gelangt.

Pipraeidea. G der Thraupinae ↗. 1 A. Biologie u. Haltung nicht bekannt. Ernährung usw. s. *Tangara.*

— *P. melanonota,* Schwarzrückentangare. ♂: Kopf, Nacken, Bürzel u. Schulterfleck glänzendlichtblau. Stirn, Zügel u. Ohrdecken schwarz. Rücken schwarz, blauschimmernd. Flügel schwarz mit blauen Federsäumen. US sandgelb bis braunbeige. Schnabel schwarz. Auge rotbraun. Füße schwarz. ♀ insges. blasser. 14 cm. 3 UAn. We. S-Amerika von Venezuela bis Paraguay. Von hier öst. bis Uruguay u. SO-Brasilien. Lebt einzeln od. paarweise in großen Wäldern, im offenen Waldland od. Buschwald. Erst wenige Exempl. importiert.

Pipras, NN → *Pipra*

Pipreola. G der Cotingidae ↗, einschließl. *Euchlornis.* 8 An.

— *P. aureopectus,* Goldbauchschmuckvogel. ♂: Kopf schwarz, glänzend. OS hellgrün, Brustlatz breit, kräftig orange, zieht sich als schmales Band um den

Nacken. Flanken grünlich u. gelb, gering streifig gezeichnet, Unterschwanzdecken gelb, grünlich überhaucht. Schnabel orange. Auge goldgelb. ♀: hat dunkleres Grün als ♂. US aber heller grün, gelbe Streifenzeichnung der Brust, oranger Brustlatz fehlt. Kopf schwärzlichgrün. 18 cm. UAn werden häufig als eigene An betrachtet. We. Venezuela, Kolumbien, Ekuador u. Peru. Bewohnt Regenwälder, nicht nur die Baumkronen, in denen sie ihre Balztänze zeigen. UA *P. a. jucunda,* Orangebrustkotinga, ab u. zu im Handel. Erstmalig in England, in der BRD zuerst 1965 bei Dr. H. GEISLER, Heidelberg. Nach seiner Ansicht beste Haltung zwischen 18 u. 20° C u. 60 % Luftfeuchtigkeit. Futter gekochter Reis, Quark, reichl. Obststückchen, gebrühte Mehlkäferlarven ↗, Messerspitze Multivitaminpräparat. Im Käfig ↗ sehr ruhig, unter Sitzplatz wird zwecks leichten Auswechselns saugfähiges Papier gelegt. In großen Flugräumen ↗ u. a. gut mit anderen Schmuckvögeln, Pirolen ↗, Turakos ↗, gemeinsam zu halten.

— *P. riefferii,* Grünrücken-Schmuckvogel, Gelbbrustkotinga. ♂: ähnl. Goldbauchschmuckvogel, aber schwarzer Kopf mit grünlichem Schimmer. OS dunkelgrün, Flügeldecken z. T. mit weißen Spitzen. Brustlatz schwarz mit kragenförmigem, gelbem Saum. US mehr gelblich. ♀: unterseits grün, gelb gefleckt. Schwanz oberseits grün mit gelben Spitzen, unterseits schwarzgrau. UAn. NW-Venezuela, Kolumbien bis nö. Peru. Wesen, Pflege → Orangebrustkotinga. Sporadisch u. dann vereinzelt im Handel. Bericht über Zuchterfolg 1963 im Avicultural Magazine in Anlagen von BOEHM. ♀ baute napfförmiges Nest aus Gras, Fasern, Roßhaar im aufgehängten Korb eines Baumes (Voliere 18 × 6 m mit Wasserlauf). Gelege 2 hellbraune Eier. ♂ fütterte brütendes ♀, verteidigte Nest-Territorium. Schlupf nach 19 Tagen (1 Juv.). Aufzuchtfutter nur lebende Insekten (Mehlkäferlarven, Fliegen, Motten usw.), nach 10 Tagen fütterten ad. Vögel auch Obst, durchgedrehtes rohes Fleisch u. Fischchen aus dem Gewässer. Verlassen Nest nach 3 Wochen.

Pipridae, Schnurrvögel. F der Passeriformes ↗. 15 Gn, 45 An. Meisen- bis sperlingsgroß. ♂♂ häufig sehr konstrastreich gefärbt. ♀♀ miteinander sehr ähnl., meist olivgrün. S-Mexiko bis N-Argentinien. Mit ca. 30 An in Brasilien größte An-Dichte. Vorwiegend in tropischen Wäldern des Tieflandes u. der Mittelgebirge. Lieben im allgemeinen Wärme u. hohe Luftfeuchtigkeit. Eine Besonderheit ist ihr Balzverhalten. Einige Gn zeigen komplizierte Tanzbalzflüge u. erzeugen mit Schwung- od. Steuerfedern oft schnurrende od. knackende Balzgeräusche. Das Balzverhalten ist artweise sehr versch. u. gipfelt wohl in den synchronen Balztänzen der G *Chiroxiphia* ↗. Die ♂♂ befassen sich nur mit ihren Balzplätzen, wo sie von den brutlustigen ♀♀ aufgesucht werden. Nestbau, Brutgeschäft u. Aufzucht werden ausschließl. von den ♀♀ betrieben. Im Vogelhandel selten zu finden. Vor einigen Jahren kamen vorwiegend wenige Exempl. der G *Chiroxiphia* nach Europa, meist ♂♂, die an ihren Balzplätzen gefangen worden waren. An anderer Gn waren meistens Einzeltiere od. sind nur in Zoos zu sehen.

Piranga. G der Tachyphoninae ↗. 9 An. ♂♂ meist rot, ♀♀ meist grünoliv. N-Amerika sowie S-Amerika bis N-Argentinien. 4 An der G sind Zugvögel. Brüten in Kanada u. den USA u. überwintern in M- od. S-Amerika. Die Gelege sind mit 3—5 Eiern größer als bei den meisten anderen Tangaren-Gn. Die hellblaugrünen, dunkel gesprenkelten Eier werden vom ♀ allein 12—14 Tage bebrütet. Beide Eltern füttern die Jungen. Hauptnahrung Insekten, daneben versch. Beeren. Haltung, Ernährung usw. s. *Tangara.* Gegen das Verblassen des roten Gefieders können Karotin-Präparate zugefüttert werden. Im allgemeinen selten im Handel.

— *P. bidentata,* Bluttangare. ♂: Körper rotorange. Schulter schwarzbraun, rot gefleckt. Rücken rotbraun. Flügel u. Schwanz schwarzbraun. Äußere Schwanzfedern, Flügeldecken u. Armschwingen mit großer weißer Federspitze. Schnabel bräunlich. Füße schwarz. ♀: ähnl. gezeichnet, doch gelbgrün. 18—19 cm. 4 UAn. Von Mexiko sü. bis Kostarika u. Panama. Vorzugsweise in Bergeichenwäldern. Sehr selten eingeführt.

— *P. flava,* Zinnobertangare. ♂: OS braunrot, Rückenfedern teils mit grauem Rand. Übriger Körper mattrot. Schnabel dunkelbleifarben. Füße schwarz. ♀: gelboliv, teils gelblicher Überaugenstreif u. Zügel. OS grauoliv. 17—20 cm. 15 UAn. Von NW-Arizona durch M-Amerika sü. bis Paraguay u. NW-Argentinien weit verbr. Nö. UAn., die in den USA brüten, überwintern in S-Arizona od. M-Amerika. Bevorzugt die trockeneren Savannenlandschaften. Selten importiert.

— *P. leucoptera,* Weißbindentangare. ♂: ähnl. *P. bidentata,* jedoch viel kleiner, mehr blutorange, Flügel u. Schwanz schwärzer. Schwanzfedern u. Armschwingen ohne Weiß. Zügel u. kleiner Augenring schwarz. Schnabel u. Füße schwarz. ♀: wie ♀ von *P. bidentata,* doch Schulter nicht so geschuppt, Kopf etwas dunkler. 13 cm. 4 UAn. Von Mexiko sü. über Kolumbien, Venezuela bis Peru u. Bolivien. Höhere tropische bis subtropische Gebiete. Nur wenige Exempl. kamen bisher nach Europa.

— *P. ludoviciana,* Kieferntangare. ♂: Kopf-OS u. Kehle rot, an Nacken u. Brust in Gelb übergehend. Flügel u. Schwanz schwarz, Flügelbinden weißgelb. Obere Rückenfedern schwarz, blaßgrüngelb gesäumt. Nacken, Bürzel u. US grünlichgelb. Schnabel hornfarben. Auge u. Füße braun. Im Winterkleid nur an Stirn u. Kinn rot, sonst olivgrün. ♀: OS olivgrün, Schulter u. Flanken gräulich. US mehr gelbgrün. 17 cm. Zugvogel. Im Sommer in S-Alaska bis W-Texas, im Winter von Mexiko bis W-Panama. Meist im Kiefernbergwald. Erst wenige eingeführt.

— *P. olivacea,* Scharlachtangare. ♂: BK scharlachrot. Flügel u. Schwanz schwarz. Schnabel, Auge u. Füße braun. RK, rotes Gefieder wird olivgrün. ♀: OS olivgrün, US grüngelb. 17 cm. Zugvogel. Im Sommer in SO-Kanada u. O-USA, im Winter NW-Kolumbien bis W-Bolivien. Im April—Mai bezieht sie ihr Brutgebiet. Das ♂ beteiligt sich nur wenig an der Aufzucht der Jungen u. verläßt die Familie oft schon bevor Juv. ausgeflogen sind. Von *Molothrus ater* parasitiert. Bereits im Juli beginnt der Rückzug ins Winterquartier, der sich aber auch bis in den November hinziehen kann. Ab u. zu eingeführt.

— *P. rubra*, Sommertangare. ♂: ziegelrot, unterseits heller. Schwingen bräunlich, außen dunkelrot gesäumt. Oberschnabel bräunlich, Unterschnabel gelblich. Auge braun. Füße graubraun. ♀: US gelboliv, OS grünoliv. Zügel graubraun, Augenring gelb. 17–18 cm. 2 UAn. Zugvogel. Sommer sü. USA, Winter von Mexiko sü. bis Bolivien u. W-Brasilien. Bewohnt offenes Waldland. Von *Molothrus ater* parasitiert. In früheren Jahren verschiedentl. importiert.

— *P. rubriceps*, Scharlachkopftangare. ♂: Kopf, Kehle u. Brust scharlachrot. Schulter olivgelb, Rücken mehr gelb. Schwingen u. Schwanzfedern schwarz, letztere olivfarben gesäumt. Kleine Flügeldecken gelb. Schnabel schwarz. Auge u. Füße braun. ♀: ähnl., doch Rot am Kopf nicht so ausgedehnt. 19 cm. Sehr selten eingeführt.

Pirol *(Oriolus oriolus)* → *Oriolus*
Pirolgimpel *(Linurgus olivaceus)* → *Linurgus*
Pirolweber, NN → Gilbweber
Pisacca *(Nothoprocta ornata)* → *Nothoprocta*
Pisangfresser *(Musophaga violacea)* → *Musophaga*
Pisces, Fische. Futtertiere für alle Vogelgruppen, die sich in ihrer natürl. Lebensweise teilweise od. überwiegend durch P. ernähren. Dabei wird der P.-Anteil an der Gesamtnahrung oft überschätzt. Fischfressende Vögel wie Reiher ↗, Pelikane ↗, Möwen ↗, versch. Enten ↗ u. Greifvögel ↗ haben ein sehr differenziertes Beutespektrum, das neben Kleinsäugern auch Amphibien, Reptilien u. Insekten umfaßt. Bei einseitiger P.-Fütterung besteht die Gefahr von Schäden durch Eiweißüberfütterung (Gicht). Es ist zu empfehlen, den Anteil des P. auch bei sog. Fischfressern auf weniger als 50 % zu beschränken. Durch Einbringen von Vitaminen u. Mineralstoffen in die Leibeshöhle von Futterfischen kann dem Auftreten von Mangelerscheinungen entgegengewirkt werden. Zur Verbesserung der Aufnahme kann Fisch auch gekocht verabreicht werden.

Pitanguatyrann *(Megarynchus pitangua)* → *Megarynchus*

Pitangus. G der Tyrannidae ↗. 2 An.

— *P. lictor*, Liktor, Henker. ♂ u. ♀: Kopf schwarz bis braunschwarz mit großem gelbem bis orangefarbenem Scheitelfleck. Augenbrauenstreif weiß, beide vereinigen sich häufig im Nacken. Wangen weiß, Zügel oft weißgrau. OS, kleine Flügeldecken oliv, Oberschwanzdecken graubraun bis dunkeloliv mit rostfarbenen Säumen. Schwanz dunkelgraubraun, mittl. Federn mit rostbraunem Rand. Kinn, Kehle weiß. US, Achselfedern gelb. Schnabel schwarz. Auge dunkel. Füße schwarz. 16–17 cm. UAn. Panama, Kolumbien, Venezuela, Guayana bis N-Bolivien, Mato Grosso, Rio de Janeiro. Waldbewohner. Stimme heller Pfiff. Nest überwiegend kugelförmig, unterschiedl. hoch in Astgabeln aus trockenen Pflanzenteilen gebaut, fest, kunstvoll, hat waagerechte, lange Röhre an der Kuppel. Gelege 4 weiße, rotbraun gefleckte u. gepunktete Eier. Erstmalig 1940 im Zool. Garten Berlin. Sehr selten im Handel.

— *P. sulphuratus*, Bentevi, Schwefeltyrann. ♂ u. ♀: Stirn, Wangen, Vorderhals weiß, ebenso Überaugenstreif, der bis in den Nacken reicht. Zügel, Ohrpartie, Hinterhals, Nacken schwarz, gleichfalls Kopf-OS, aber Scheitelmitte goldgelb. OS kastanienbraun, US schwefelgelb. Schnabel schwarz. Auge braun. Füße schwarz. 25 cm. UAn. S-Texas, Mexiko, M-, S-Amerika bis mittl. Argentinien; Trinidad. In Wäldern, auch in Siedlungen, einzeln od. paarweise auf Bäumen, attackiert heftig Greifvögel ↗. Warnruf schrill «benteviii». Nest ohne Röhre, sonst wie bei Liktor, Einflugloch oftmals dachförmig überbaut. Gelege 3–4 rahmweiße, am stumpfen Pol violett u. schwarz gefleckte Eier. Nahrung Insekten, kleine, junge Vögel, selbst stoßtauchend erbeutete Fische, zuweilen Beeren. Von allen An der Tyrannidae am häufigsten im Handel. Benötigt großen Flugraum ↗, gegenüber kleineren Vögeln unverträglich. Lebhaft.

Pitpit, NN → Blaukopfpitpit
Pitta. G der Pittidae ↗. 18 An.

— *P. angolensis*, Angolapitta. ♂: Kopf schwarz, Augenbrauenstreif gelblichweiß. Rücken grün. Bürzel, Oberschwanzdecken türkis, ebenso Flügelrand, einige Flügeldeckfedern blau gesäumt. Schwingen, Schwanz schwarz. Kehle weißlichrosa, US bauchwärts gelblichweiß, vom Bauch an scharlachrot. Schnabel schwarz. ♀ wie ♂, sehr ähnl. *P. brachyura*. 19 cm. UAn. Konspezies ↗ mit *P. brachyura*? UA *P. a. reichenowi* von einigen als eigene A angesehen. Äthiopis ↗. Bewohnt dichte Wälder mit überwiegend steinigem Boden.

— *P. brachyura*, Neunfarben-, Bengalenpitta. ♂ u. ♀: Kopf-OS hellbraun, schwarzer Scheitelstreif, ebenso Augenstreif bis in den Nacken, oben von schmalem, weißem Streif begrenzt. OS grün, nur Oberschwanzdecken, kleine Flügeldecken hellblau. Schwingen schwarz mit weißem Streif. Schwanz schwarz, Spitzen blau. Kinn, Kehle, Hals weißlich, Kropfpartie gelbbraun, Steiß, Unterschwanzdecken scharlachrot, übrige US gelblichbraun. Schnabel schwarz. Iris braun. Füße fleischfarben, bräunlich. 18 cm. N-, M-Indien bis Bangladesh, im Winter bis Sri Lanka. Erstmalig 1960 von BOEHM, England, gezüchtet. 4 juv. Vögel schlüpften nach 18 Tagen aus 5 Eiern, die ab 2. Tag abwechselnd von ♀ u. ♂ bebrütet wurden. Flügge nach 16 Tagen, bereits nach dem 21. Lebenstag selbständig. Im gleichen Jahr erfolgreiche 2. Brut.

— *P. moluccensis*, Blauflügelpitta. ♂ u. ♀: breiter, schwarzbrauner Scheitelstreif, läuft im Nacken in breiten, schwarzbraunen Augenstreif aus, der von Ober- u. Unterschnabel ausgeht. Hinterkopf, Nacken gelblichweiß. Rücken, überwiegend Flügel grün mit breitem blauen Streif auf den Flügeln. Schwingen schwarz, gering blau mit weißem Querband. Von Bürzel über Oberschwanzdecken blauer Streif. Schwanz schwarz, an den Spitzen blau. Kinn braun, Kehle, Halsseiten gelblichweiß. US rostbraun, Bauch rot, ebenso Unterschwanzdecken. Schnabel schwarz. Iris braun. Füße bräunlich. 18 cm. Konspezies mit *P. brachyura*? Burma, Thailand, Indochina, Kali-

mantan, während des Zuges bis W-Australien. Relativ häufig im Handel.
— *P. sordida,* Kappenpitta. ♂ u. ♀: Kopf-OS u. Hinterkopf rotbraun. Übriger Kopf, Kinn, Kehle, Hals schwarz. Rücken, Flügel dunkelgrün, Schwingen schwarz, auf Flügeldecken leuchtend blauer Fleck, ebenso Flügelbug u. Bürzel gefärbt. US grün, von Bauchmitte läuft Rot zu Unterschwanzdecken, dieses schwarz eingefaßt. Schwanz schwarz, Spitzen blau. Schnabel schwarz. Iris braun. Füße bräunlich. 17 cm.UAn, einige möglicherweise zu eigenen An zusammenzufassen. Himalaja bis Uttar Pradesh, Nepal, Bangladesh, Hinterindien, Sumatera, Bangka, Belitung (Billition), Java, Kalimantan, Sulawesi, Philippinen, Neuguinea u. vorgelagerte Inseln. Bewohnt Unterholz der Berge u. des Hügellandes. Ab u. an auch UA *P. s. muelleri,* im Handel, ihr fehlt schwarze Begrenzung des Rots auf der US.

Pittae, Pittas. UO der Passeriformes ↗. Nur 1 F Pittidae ↗. Plumper Körper, großer Kopf, kurzer Schwanz, Beine lang, Lauf vorn u. hinten jeweils mit langer Schiene. Tropen der Alten Welt (Afrika bis Japan u. Salomonen).

Pittas → Pittidae

Pittidae, Pittas. F der Passeriformes ↗, UO Pittae ↗. 6 Gn. 29 An. Drosselgroß, kurzschwänzig, langbeinig, farbenprächtig von gedrungener Gestalt. ♂ u. ♀ überwiegend gleich gefärbt. Vorwiegend Asien, Australien, Afrika (1 A), in nö. Breiten Zugvögel. Leben bevorzugt in den Tropen, in dunklen Regen-, Mangrovewäldern, Bambusdickichten, tagsüber auf dem Boden, nachts baumen sie auf. Zur Brutzeit paarweise zusammen, sonst Einzelgänger. Suchen hüpfend Nahrung (Insekten, Schnecken, Würmer, kleine Eidechsen, wenige Beeren u. grüne Pflanzenteile). Nest kunstvoll, oval, ballähnl. (20–30 cm ⌀) mit seitl. Eingang, aus Halmen, Zweigen, Laub gebaut, innen mit Moos u. Fasern gepolstert. Standort artabhängig am Boden od. in Sträuchern, Bäumen (bis ca. 10 m Höhe). Gelege 4–6 ge-

Blauschwanzpitta

Kappenpitta

sprenkelte Eier. P. regelmäßig in zool. Gärten u. Vogelparks ↗, selten in Privathand. Durch Ausfuhrverbote in vielen Heimatländern nur noch selten im Handel. Farbenpracht beeindruckend. Gesang unbedeutend, mehrsilbige, stereotype Ruffolgen. Ruhige, angenehme Pfleglinge, bald zahm. Eingewöhnung problemlos, nicht unter 20 °C. Nicht für Käfig geeignet, nur für gutbepflanzte Vogelvitrine ↗ mit weicher Decke, Innenvoliere ↗, Vogelstube ↗ od. Gartenvoliere (teilweise überdacht) mit Schutzraum ↗. Warme Unterbringung, nehmen gerne Sonnenbäder, deshalb in Innenräumen Glühlampe mit Reflektor als Wärmequelle bieten. Feuchter, weicher Bodenbelag aus Moos, Grasboden, z. T. Laub, Torfmull, Sägemehl, anderenfalls Fußentzündungen. Dicke Aststükken. Futter handelsübl. gutes Insektenfuttergemisch, außerdem Mehlkäferlarven ↗ (10–15 Stck. tägl./Vogel), Heimchen, Fliegenmaden ↗, Enchyträen, Tubifex, Schnecken ↗, kleine nackte Mäuse. Obst wird nicht beachtet. Baden gerne. Zucht sehr selten gelungen. Schwierigkeiten bereitet Zusammenstellung eines Paares (Geschlechtsbestimmung). Aufzuchtfutter: reichl. frische Insekten, Multivitaminpräparate, Mineralstoffgemisch.

Planalto Eremit *(Phaethornis pretrei)* → *Phaethornis*

Platalea. G der Threskiornithidae ↗. 6 An. N-, S-Amerika, Europa, Asien, Äthiopis ↗ u. Madagaskar, Australien. Schnabel lang, flach u. am Ende verbreitert. ♂ ♂ wie ♀ ♀ gefärbt, letztere allgemein gering kleiner. Leben u. brüten gesellig. Zugvögel ↗. Fliegen mit ausgestrecktem Hals u. schnellen, gleichmäßigen Flügelschlägen, gleiten nur gelegentlich im Gegensatz zu Ibissen ↗. Nahrungssuche in Flachgewässern offener Landschaften, in Sümpfen u. Flußmündungen. Suchen watend mit halbgeöffnetem Schnabel, den sie in typischer Weise im Wasser hin- u. herwenden nach Krebstieren, Insekten, Lurchen, Fischen, Würmern, pflanzlichen Stoffen usw. Können mit dem Schnabel klappern. Brüten im schwer zugänglichen Röhricht, auf Büschen od. Bäumen. In Gefangenschaft nicht sehr häufig gepflegt, meistens in zool. Gärten u. Vogelparks ↗. Im Sommer in Frei-

Plattschweifsittiche

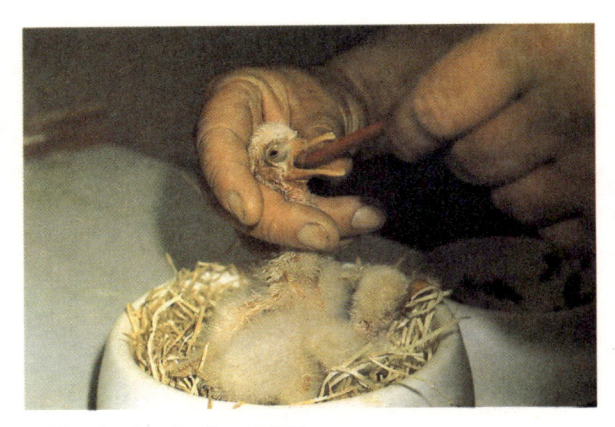

Handaufzucht eines Löfflers

flughallen ↗ od. Flugvolieren, möglichst nicht kupiert u. in der Gruppe (Paare stimulieren sich besser) halten. Flaches Wasserbecken bis 60 cm Tiefe bei jeder Haltungsform zum Baden, vor allem auch zum Säubern des Schnabels erforderlich. Im Winter Unterbringung in Innenvolieren bei ca. 10° C, Bodenbelag Torf u. Stroh. Futter außerhalb der Brutzeit: durch den Wolf gedrehte Hühnereintagsküken, Süßwasserfisch, Rinderherz, Garnelen, Kalk u. bei Vögeln mit rosa bzw. rotem Gefieder Zusatz von Karotinpräparaten. Einmalige Fütterung morgens, nur bei heißem Wetter nochmals am späten Nachmittag. Bei Aufzucht durch die Eltern 4–5 Tage vor dem Schlupf Futterumstellung, dann abgezogene, durch den Wolf gedrehte Hühnereintagsküken, ebenfalls durchgedrehtes Rinderherz u. Süßwasserfisch, Zusatz von Kalk- u. Multivitaminpräparat. Handaufzucht: die ersten 3 Wochen durch den Wolf gedrehtes Rinderherz vermischt mit Multivitamin- u. Kalkpräparat vom Löffel gefüttert, anfangs alle 2 Std., später je nach Bedarf alle 3–4 Std. stets zwischen 6 u. 22 Uhr. Günstig sind zeitweilige längere Fütterungspausen, um so besseres Bettelverhalten auszulösen. Schnabel nicht gewaltsam öffnen, ist zu weich, führt immer zu Deformierungen, Geduld beim Füttern notwendig. Nach den ersten 3 Wochen folgendes Futter: kleingeschnittene abgezogene Hühnereintagsküken u. Süßwasserfische, ebenfalls kleingeschnittenes Rinderherz mit Kalk- u. Multivitaminpräparat. Nehmen Juv. selbständig Nahrung auf, dann Umstellung auf Futter der ad. Vögel. Geflochtene Korbnester od. Drahtgeflechte als Nestunterlagen halbhoch in unterschiedlicher Höhe in kräftigen Büschen od. Bäumen anbringen. Aus Reisern Vornest fertigen. Reichlich Reiser, Schilf, trockenes Gras als Nistmaterial anbieten, anderenfalls bestehlen sich die Brutpaare (ständige Brutstörungen). Im Vogelpark Walsrode wird stets das 1. Gelege in die Brutmaschine eingelegt u. die Juv. werden von Hand aufgezogen. Das Nachgelege brüten die Paare selbst aus u. die Aufzucht bleibt den Eltern überlassen, nur bei schlechtem Wetter werden wegen der großen Verluste Gelege od. Junge entnommen. Alle 3 in Gefangenschaft gehaltene An regelmäßig im Vogelpark Walsrode gezüchtet.

— *P. ajaja*, Rosalöffler. ♂ u. ♀: Kleingefieder weiß, rosa getönt, Flügeldecken karminrot, Schwingen hellrot. Kopf u. Kehle nackt, weißlichgrau, Hinterkopf u. seitl. Halsansatz mit schwarzem Saum. Schnabel graugrünlich. Beine fleischfarben. Juv. weiß, Flügeldecken mit Braun durchsetzt. Ca. 70 cm. Sü. N-Amerika bis Chile u. Argentinien. Nur in abgelegenen Gebieten S-Amerikas noch in größerer Zahl vorhanden, durch zunehmende Kultivierung der Landschaft aus angestammten Brutgebieten verdrängt, außerdem durch übertriebenen Insektizideinsatz bei der Moskitobekämpfung im Bestand stark gefährdet. Nistet in Büschen u. bis 7 m hohen Bäumen, im Röhricht od. auf ufernahen Inseln, zusammen mit Reihern u. Waldstörchen. Gelege 3–5 schmutzigweiße, braun gesprenkelte Eier. Juv. klettern nach 5–6 Wochen aus dem Nest, haben nach 7–8 Wochen volle Flugfähigkeit erreicht. Regelmäßig gezüchtet.

— *P. alba*, Schmalschnabel-Löffler, Rosenfußlöffler. ♂ u. ♀: schneeweiß, nacktes Gesicht u. Beine rot. Schnabel blaugrau. Juv. Handschwingen mit schwärzlichen Flecken, Beine schwarz. Ca. 80 cm. Äthiopis ↗ u. Madagaskar. Weit verbr. Nistet überwiegend auf Bäumen, seltener im Röhricht u. auf vegetationslosem Fels. Gelege 2–4 weißliche, rotbraun u. bläulich gesprenkelte Eier. Schwieriger als Löffler u. Rosalöffler zu züchten.

— *P. leucorodia*, Löffler. ♂ u. ♀: schneeweiß, Halsansatz u. Federschopf am Hinterkopf ockergelb getönt. Schnabel schwarz, spatelförmig verbreiterte Spitze gelb. Beine schwarz. Juv. ohne Ockergelb am Hals, Schwingenspitzen schwarz, Schnabel graurötlich, Beine gelblich bis grau. 86 cm. UAn. Lokal in der nordöst. Äthiopis, an der Küste Mauretanies, in S-Europa bis im S der Sowjetunion, Holland, außerdem in Vorderasien, Indien u. Sri Lanka, im N bis sü. u. öst. Sibirien. Nistet im weitflächigen Röhricht, auf kleinen vegetationslosen Inseln, örtl. auf Bäumen u. Büschen. Gelege 3–6 weiße mit rotbraunen u. violettgrauen Flecken gezeichnete Eier. Juv. schlüpfen nach 21 Tagen, werden von beiden Eltern betreut u. verlassen nach ca. 4 Wochen das Nest, sind mit etwa 8 Wochen voll flugfähig. Mehrfach gezüchtet.

Plattschweifsittiche → Platycercidae

Rosenfußlöffler

Platycercidae, Plattschweifsittiche. F der Psittaciformes ↗. 3 UFn (Platycercinae ↗, Lathaminae ↗, Neopheminae ↗), 9 Gn, ca. 29 An. Australien u. benachbarte Inseln, Tasmanien, Neukaledonien, Neuseeland u. umliegende Inseln. Wald-, meistens Steppenbewohner, nach der Brutzeit Schwarmbildung, manche unternehmen ausgedehnte Wanderungen, um Nahrung u. Wasser zu suchen. Stimme angenehm. Einige An u. UAn vom Aussterben bedroht, andere Kulturfolger. Nahrung Samen (vorwiegend Gräser), Insekten, Früchte. Haltung meistens in Freivolieren ↗ mit Schutzraum ↗. Beliebte Volierenvögel. Volierenboden jährl. spatentief abtragen, dann umgraben u. neu Erde einbringen. Wurmkuren. 2—4 Sitzstangen, darunter Sandschicht, diese häufig erneuern. Volierengröße: Länge 2—6 m, Breite 0,81—1 m, Höhe 2—2,30 m. Futter Hirse, Kolbenhirse, Sonnenblumenkerne (vor allem gekeimte), geschälter Hafer, Waldvogelfutter, Weichfutter (Eibiskuit mit geriebener Karotte), Vogelmiere, Gras-, Unkrautsamen (auch halbreif), Löwenzahnblütenköpfe, Obst. Zur Zucht Paar allein unterbringen. Kurz vor Ausfliegen der Juv. Volieren für einige Tage durch einhängbare Drahtwände verkürzen od. Stirnseite mit aufgehängten Tüchern für die unerfahrenen, schnellfliegenden Juv. wegen der Unfallgefahr «sichtbar» machen.

Platycercinae, Eigentliche Plattschweifsittiche. UF der Platycercidae ↗. 6 Gn, 19 An, davon 2 An †, zahlreiche UAn. Volierenvögel, handaufgezogene Einzelvögel können sehr zahm werden, dann auch im großen Käfig bei tägl. Zimmmerfreiflug Haltung möglich. Unterbringung paarweise. Nistkästen 1—2 m lang, Bodenfläche quadratisch 25—30 cm, Maschendraht von unten bis Schlupfloch (Ø 8—10 cm) als «Leiter» annageln. Gelegekontrolle durch Türchen in Bodenhöhe. Brüten auch im Kurzkasten (25 × 25 × 40 cm), ♀♀ sitzen aber nicht so ruhig. Naturhöhlen für Vögel sehr angenehm. Wenig Sägemehl auf Kastenboden. Gelege 4—6 (9) Eier. Schlupf nach 21—22 Tagen. Juv. fliegen nach etwa 30 Tagen aus, noch 2—4 Wochen von Eltern gefüttert, danach gesondert unterbringen.

Platycercus. G der Platycercinae ↗. 5 An. Schnabelzahn deutl., Schwanz stufig, 4 mittl. Federn fast gleiche Länge. Australien, Tasmanien, Neuseeland, Inseln der Bass-Straße. Leben in Wäldern, Gras-, Kulturland. Alle An gezüchtet.

— *P. caledonicus,* Gelbbauchsittich. ♂: Stirn rot, Oberkopf, Kopfseiten kräftig gelb, ebenso US, Wangenpartie blau, gleichfalls große Deckfedern, Handschwingen. Rücken-, Schulterfedern schwarzbraun mit grünen Säumen, dadurch Schuppenzeichnung. Schwanz → *P. eximius.* Schnabel grauweiß. Auge dunkelbraun. Füße graubraun. ♀ wie ♂, aber Stirnband schmaler, blaue Wangenflecken kleiner. US gelboliv, Steiß rötlich überhaucht. Oberschnabel kleiner, dunkler. Juv. Kopf, US grüngelb, sonst dunkelgrün, Unterflügelstreifen. ♂♂ Kopf u. Schnabel kräftiger als ♀♀. 36 cm. Tasmanien, Inseln der Bass-Straße. Bewohnt waldreiches Gelände, auch Gärten u. Parks. Seit 1860 in Europa (Zool. Garten London). Hart, ausdauernd, Überwinterung frostfrei, obwohl ihm Kälte kaum etwas ausmacht. Vor dem zweiten Weltkrieg selten artenreine Vögel im Angebot, danach reine Stämme mit gutem Erfolg aufgebaut. Eiablage in unseren Breiten im letzten Maidrittel. Mehrfach Mischlinge mit anderen An, UAn der UF gezüchtet.

Junge Blasskopfrosella. 25—27 Tage alt

— *P. elegans,* Pennantsittich. ♂: Kopf, Rücken, Bürzel, Oberschwanzdecken, US karminrot. Wangenfleck, Außensaum der Handschwingen, Schwanzfedern blau. Auf dem Oberrücken Federn schwarzrot gesäumt. Schnabel hellgrau. Auge dunkelbraun. Füße grau. ♀ wie ♂, Kopf, Schnabel manchmal kleiner. Juv. je nach UAn unterschiedl. von vollständig Grün bis fast zum einheitl. Rot gefärbt. Übergänge, da in europ. Zuchtanlage häufig Vermischung der UAn. 33—36 cm. UAn SO-, O-Australien, nicht in Tasmanien. Eingeschleppt in Neuseeland u. Norfolk-Inseln. Bewohnt feuchte Wälder, durch Rodungen geht Bestand zurück. Bis in 2000 m Höhe lebend. Erstmalig 1861 in Europa (Zool. Garten London). Haltung leicht, hart, ausdauernd, brutfreudig. Handaufgezogene Vögel sehr zahm. Europ. Erstzucht 1874 von VASELLE, Frankreich. Paar allein unterbringen. 1—2 Bruten jährl. Erste Vollmauser 12—15 Monate. Fortpflanzungsfähig bereits einjährig. *P. e. adelaide,*

Gelege des Pennantsittichs

Platycercus

Adelaidesittich. Sü. S-Australien. Stirn, Oberkopf rötlich, Wangen blau, ebenso Flügel, Rücken-, Nackenfedern schwarz, orangegelb gesäumt. Übriges Gefieder orangegelb bis rotgelb. ♀ wie ♂, Kopf, Oberschnabel kleiner. Juv. olivgrün bis grünlich, Kopf, Oberbrust, Bürzel ziegelrot. *P. e. flaveolus*, Strohsittich. SO-Australien um Murray-Fluß. Stirn rötlich, untere vordere Wange blau, Nacken-, Flügelfedern schwarz, strohgelb gesäumt. Flügelrand, kleine Handschwingen bläulich. Schwanz blaugrün, übriges Gefieder strohgelb. ♀ wie ♂, gering kleiner, häufig weiße Unterflügelstreifen. Juv. grün bis fahlgelbgrün, Unterflügelstreifen stets hell. Färbung der UAn hängt nach K. IMMELMANN mit immer trockeneren Lebensräumen zusammen. Das Rot im Gefieder wird mit zunehmender Trockenheit der Landschaft durch Gelb verdrängt → Glogersche Regel.
— *P. eximius*, Rosella. ♂: Kopf, Hals, Brustlatz rot, Rückenfedern, Flügeldecken schwarz mit gelbgrünen Säumen. Kleine Flügeldecken ergeben schwarzen Fleck, mittl. Flügeldecken, kleine Handdecken hellblau. Schwingen schwarz, Außenfahnen dunkelblau. Unterrücken hellgrün. Mittl. Schwanzfedern mit blaugrünen Spitzen, seitl. an der Basis dunkelblau, zum Ende hin weiß. Wangenfleck weiß, US gelblichgrün, Steiß grün. Unterschwanzdecken rot. Schnabel grau, zur Spitze heller. Auge dunkelbraun. Füße dunkelgrau. ♀ u. Juv. s. unten. 30—33 cm. UAn. *P. e. cecilae*, Prachtrosella. Inneres S-Queensland bei Darling Downs. Rot dunkler. Rücken, Flügel leuchtend gelb. Bürzel, Oberschwanzdecken blaugrün. UAn *P. e. diemensis, P. e. eximius* werden auch als Prachtrosella bezeichnet. *P. e. diemensis* manchmal auch als Tasmanischer Rosella gehandelt. Wangenflecken größer, Rot kräftiger. *P. e. adscitus*, Blauwangenrosella. N-Queensland, Kap-York-Halbinsel. Häufig als eigene A angesehen. ♂: Kopf gelblich, untere Wangen, Flügelrand, US kräftig blau, sonst Flügel schwarz. Rückenfedern schwarz mit gelbgrünen Säumen. Bürzel grüngelb, Oberschwanzdecken blaugrün. *P. e. palliceps*, Blaßkopfrosella. N-Queensland bis sü. Neusüdwales. ♂ siehe vorherige UA, aber Wangenfedern mit blauen Säumen, US manchmal blaßblau, Rückenfedern goldgelb gesäumt, Bürzel bläulich. ♀♀ von allen UAn wie ♂♂, meistens Kopf, Schnabel kleiner, matter. *P. e. adscitus* wenige rote Kopffedern, Unterflügelstreifen. *P. e. eximius* auch matter u. stets weißliche Unterflügelstreifen. Juv. Vögel je nach UA unterschiedl., stets weißliche Unterflügelstreifen, ♀♀ allgemein blasser. Bewohner busch- u. baumbestandener Savannen, auch im Kulturland, an Flußläufen. Sehr häufig gehalten, ausdauernd, hart, verträgt auch Frost. Paarweise Haltung in Volieren, höchstens Einzeltiere im großen Käfig. Holznager. Leicht zu züchten. *P. e. adscitus* selten gehalten, ebenso *P. e. diemensis*.
— *P. icterotis*, Stanleysittich, Gelbwangenrosella. ♂: Kopf, US scharlachrot, vom Unterschnabel bis hinter das Auge gelber Wangenfleck. Rückenfedern schwarz, gelbgrün od. rot gesäumt. Hinterer Rücken, Oberschwanzdecken grün. Flügeldecken, Flügelrand blau, kleinste Flügeldecken bilden schwarzen Fleck am Unterarm, Schwingen schwarz mit dunkelblauen Außenfahnen. Mittl. Schwanzfedern grünblau, seitl. hellblau mit weißen Spitzen, Basis der Innenfahnen schwarz. Schnabel hellhornfarben. Auge braun. Füße graubraun. ♀ matter als ♂, grüne Federn unterbrechen Rot der Brust u. Bauchpartie. Wangen weniger breit u. deutl. gefärbt. 25 cm. SW-Australien. Baumbestandenes Grasland, Gärten, Gehöfte, manchmal Schaden auf Getreidefeldern. Waldrodungen kamen seiner Verbr. entgegen. Brütet in Astlöchern von Eukalyptusbäumen. In Europa erstmalig 1864 (Zool. Garten London). Durch Farbenpracht, Friedfertigkeit, Zutraulichkeit beliebter Käfig-, Volierenvogel. Gut für Freivoliere mit Schutzhaus geeignet. Frostfreie Überwinterung. Zucht nicht schwierig. Brütet zuweilen nach 1 Jahr. 1—2 Bruten jährl. ♀ häufig bei Temp.Schwankungen Legenot. Zucht auch schon im großen Käfig bei Zimmerfreiflug gelungen. Wurden auch Vögel mit rotem Bürzel gezüchtet.
— *P. venustus*, Brownsittich. ♂: Ober-, Hinterkopf, Schultern schwarz, Rückenfedern ebenso, aber blaßgelb gesäumt. Obere Wangen weiß, untere blau, gleichfalls Flügeldecken, Handschwingen, Oberschwanzdecken. US, Bürzel hellgelb, Unterschwanzdecken rot. Schnabel weißlichgrau. Auge schwarz. ♀ wie ♂, manchmal im Gefieder matter, auch bei einigen Schnabel kleiner. Gefieder von ♀ u. ♂ variiert in Bauch- u. Rückenfarben. Juv. matter als ad. Vögel, Kopf, Brust manchmal mit wenigen braunroten Federn. 28 cm. N-, NW-Australien. Bewohnt baumbestandene Savannen, Mangrovewälder. Ausfuhrverbot. Erstmalig 1899 in Europa (London). Selten gehandelt, heute wenige artenreine Zuchtstämme in Europa. Große Voliere, warmer Innenraum. Zucht schwierig. Brütet in Europa meistens ab Oktober. Häufig unbefruchtete Eier (möglicherweise unterschiedl. Bruttrieb von ♂ u. ♀). Durch Kunstlicht Fütterungszeiten verlängern (6-20 Uhr). Dämmerungslichtschalter! Nestkontrollen sind zu unterlassen. Manchmal 2 Bruten im Jahr, meistens fällt dann im folgenden die Brut aus.

Junge Strohsittiche im Brutkasten. 2 Tage vor dem Ausfliegen

Platylophus, Haubenhäher. G der Corvidae ↗. 1 A, früher zur F Laniidae ↗ gezählt.
— *P. galericulatus,* Haubenhäher. ♂ u. ♀: braunschwarzes Gefieder, auf Kopf sehr auffällige Federkrone. Weiße auffällige Halsflecke. 28 cm. S-Thailand, Malaysia, W-Indonesien. Bewohner des tropischen Urwaldes. Nahrung vor allem Insekten, z. T. Samen. Sehr selten gehandelt. Eingewöhnung in Volieren ↗ möglich. Frostfreie Überwinterung. Futter s. Corvidae, viel Insekten ↗. Zucht wohl noch nicht gelungen.

Platysteira. G der Platysteirinae ↗. 3 An. Etwa kohlmeisengroß, Schwanz relativ lang, abgerundet. Über dem Auge ein nackter, halbmondförmiger Hautlappen. ♀♀ bunter gefärbt. Von Z- bis nö. S-Afrika. Nur wenige Exempl. wurden bisher eingeführt. Oft einseitig mit Mehlwürmern ernährt, so daß gewisse Mangelerscheinungen vorliegen können. Umstellung auf Weichfutter ↗ ist meist langwierig. Als Grundfutter gibt man reines Insektentrockenfutter, angemacht mit geriebenen Möhren ↗, Äpfeln, Magerquark od. Honig, angereichert mit frischen Ameisenpuppen, Ebereschenbeeren, Sojabohnenmehl, Bierhefe, Vitaminen ↗ u. Mineralstoffen ↗. Daneben wenige Mehlwürmer od. Wachsmottenmaden, kleine Grillen, Fliegenmaden usw. sowie Fluginsekten wie Wachsmotten, Fliegen od. Nachtfalter (Lichfalle ↗). Mit dem Trinkwasser gebe man ab u. zu wenige Tropfen Vitamin K, Vitamin B-Komplex od. ein Multivitaminpräparat. Recht friedlich, eignen sich gut für die Haltung im Weichfresserkäfig ↗ od. in der Landschaftsvitrine ↗. In der Gemeinschaftsvoliere verhalten sie sich oft sehr ängstlich, bes. wenn sie mit unruhigen Vögeln zusammen gehalten werden. Die Badefreudigkeit im Napf ist nicht sonderlich groß, sie ziehen es meist vor, durch nasses Blattgewirr zu hüpfen. Brutversuche bisher nicht bekannt.
— *P. cyanea,* Lappenschnäpper. ♂: oberseits graphitschwarz. Kopf, Nacken u. Brustband mehr blauschwarz. Bürzel grau, weiß auslaufend. Flügelspiegel weiß. Halbmondförmiger, kahler Überaugenlappen zinnoberrot. US u. Außenfahnen der äußeren Schwanzfedern weiß. Schnabel schwarz. Auge graubraun. Schwanz u. Füße schwarz. ♀: oberseits mehr graubraun, Kopf u. Nacken schiefergrau. Kinn weiß. Kehle u. obere Brust kastanienbraun, zur Brust hin schwarz gesäumt. Augenlappen mehr scharlachrot. Juv. oberseits braungelb gefleckt. Großer lohfarbener Flügelfleck. Augenlappen weniger ausgebildet. 12,5 cm. 3 UAn. Von Guinea über Nigeria, N-Kamerun öst. bis sü. Sudan, W-Äthiopien u. W-Kenia. In Wäldern, größeren Gärten u. sogar in reinen Mangrovewäldern. Kunstvolle Nester aus Halmen, feinen Würzelchen, außen mit Flechten getarnt. Die beiden blaßoliven Eier mit bräunlichen Flecken werden von ♀ u. ♂ bebrütet. Bis jetzt wenige Exempl. in Europa.
— *P. peltata,* Schwarzkehl-Lappenschnäpper. ♂: OS sehr schmales Brustband u. Schwanz blauschwarz. US weiß. Halbmondförmiger Überaugenlappen scharlachrot. Schnabel schwarz. Auge dunkel. Füße schwarz. ♀ ähnl. ♂, doch an Kehle u. oberer Brust ebenfalls blauschwarz. Kinn weiß. 12,5 cm. 3 UAn. W-Kenia, Uganda, S-Angola, öst. bis W-Moçambique u. Tansania, außer großes Kongobecken. An Waldrändern in Galeriewäldern od. im immergrünen Strauchwerk entlang der Flüsse, paarweise. In Nestnähe wird jeder andere Vogel energisch verjagt. Vor einigen Jahren ab u. zu im Handel.

Platysteirinae, Schnäpperwürger. UF der Laniidae ↗. 7 Gn, 27 An. In einigen älteren Systematiken zu den Muscicapidae ↗ gerechnet. Zaunkönig- bis meisengroß. Gehören zu den wenigen Vogelgruppen, wo die ♀♀ z. T. bunter gefärbt sind als die ♂♂. Die einzelnen An sind meist schwarzweiß gefärbt, mit zusätzl. kastanienbraunen Gefiederpartien die ♀♀. Einige Gn zeigen bunte kahle Hautlappen um die Augen. Schnabel meist breit u. flach. Afrika sü. der Sahara. Sowohl in feuchteren Galeriewäldern als auch trockenem Savannenland. Insekten bilden ihre Hauptnahrung u. werden nach Meisenart durchs Geäst turnend od. im Beuteflug nach Schnäpperart gefangen. Die P. zählen zu den Raritäten in Liebhaberhand, u. bisher wurden nur wenige An eingeführt. Halteerfolge von 2—3 Jahren sind bei diesen als heikel zu bezeichnenden Vögeln bisher erreicht worden.

Plectrophenax. G der Emberizidae ↗. 1 A, 2 UAn.
— *P. nivalis,* Schneeammer. ♂: weiß, nur Rücken, Handschwingen u. mittl. Steuerfedern schwarz. ♀: Kopf, Rücken graubraun, schwarz gefleckt. Winterkleid u. juv. Kopf u. Brust bräunlich, Rücken braunschwarz gefleckt. 17 cm. Nö. Europa, Asien u. Amerika. Tundra. Teilzieher zu offenen Küstenebenen. Nest in bodennahen Höhlungen, 4—6 Eier. Brutdauer 13 Tage, Nestlingszeit 12 Tage. Mitunter unverträglich, da zur Brutzeit territorial. Schattige Voliere ↗ im Sommer, Bademöglichkeit, kalte Überwinterung. Zucht verschiedentl. gelungen.

Plegadis. G der Threskiornithidae ↗. 3 An.
— *P. chihi,* Brillensichler, Weißgesichtibis. ♂ u. ♀: wie Braunsichler, nur mit weißer Brillenzeichnung von Schnabel bis ums Auge. 45—55 cm. Kolumbien bis Feuerland. An Seen u. in Sumpfgebieten. Zuchterfolg 1964—1966 in Dallas, USA.
— *P. falcinellus,* Braunsichler. ♂ u. ♀: Kopf, Hals, Rücken, Brust u. US schokoladenbraun. Flügel bronze- u. purpurschimmernd grünbraun. Vom Schnabelgrund bis zum Auge nacktes helles Feld. Schlanker dunkler Schnabel, abwärts gebogen. Beine grauschwarz. 50—60 cm. 750 g Körpermasse. Lokal in Afrika, Madagaskar, S-Europa, Vorder- u. S-Asien bis Australien, N-Amerika u. auf Antillen. An Gewässern u. in Sumpfgebieten. Weitest verbr. A. In Europa Zugvogel, im Winter bis S-Afrika wandernd. Stellenweise in S-Europa noch nistend. Grünblaue Eier. Brutdauer 22 Tage. Dicht besiedelte Brutkolonie im Röhricht, auf Büschen od. in Bäumen. Oft mit Löfflern, Reihern, Zwergscharben vergesellschaftet. Lautes reiherartiges Quarren. Mehrfach Zuchterfolge in Gefangenschaft.
— *P. ridgwayi,* Schmalschnabelsichler. ♂ u. ♀: wie Braunsichler. Beine schwarz. Anden von Peru bis N-Chile. Hochebenen. 1974 im Tierpark Berlin.

Ploceella

Ploceella, Kernbeißerweber. G der Ploceinae ↗. 2 An. Indien bis Java. Bewohnen offenes Grasland, Sümpfe, Schilfwildnis, Gewässernähe. Ernähren sich von größeren Samen, Getreide, Früchten, Insekten. Nester im hohen Gras u. Büschen, aus Gräsern u. Blattstreifen. Selten nach Europa gekommen. Ernährung u. Futter s. Ploceidae ↗.
— *P. hypoxantha,* Kernbeißerweber. ♂: im BK Wangen, Kinn, Kehle schwarz. Oberer Kopf u. Nakken kräftig gelb. Oberschwanzdecken blaßgelb. Rücken, Flügeldecken schwarzbraun mit gelben Streifen. Schwarze Schwingen ebenfalls gelblichweiß gesäumt. US goldgelb. Schnabel schwarz. Auge braun. Füße hellfleischfarben. RK des ♂ ähnelt sehr dem ♀, dessen OS beigebraun, Rücken mit dunklen Streifen. Bürzel, Oberschwanzdecken rotbraun, US hellrötlichbraun. Schnabel hell. Juv. ähnl. ♀, insges. rötlicher. 14—15 cm. S-Burma, Thailand, S-Indochina, Sumatera, Java. Lebt in Sümpfen, an den Rändern von Gewässern, die mit Schilf u. hohem Gras bestanden sind, auch in Siedlungen. Nest zwischen Halmen, seitl. Eingang, ohne lange Einschlupfröhre, Standort oft in der Nähe von Ameisen-, Hornissenvölkern. Gelege 2 Eier sehr unterschiedl. Färbung, weißlich, grünlich, blaugrau, rötlich, bräunlich. Selten importiert. Erstmalig 1915 (Zool. Garten Berlin). Reichl. Insekten.
— *P. megarhyncha,* Großschnabelweber. ♂: im BK oberseits (außer Kopf) dunkelbraun, ebenso Wangen. Rückenfedern mit gelben Säumen. Schwingen, Schwanz hellbraun gesäumt. Oberer Kopf, Nacken, Gesicht kräftig gelb. Bürzel, Oberschwanzdecken schmutziges Gelb. Schnabel schwarz. Auge hellbraun. Füße rötlichbraun. RK ♂ wie ♀ von *Ploceus ↗ philippinus,* etwas brauner, Schnabel kräftiger. ♀: hat während der Brutzeit etwas gelbere Kopf-OS u. US. Ca. 15,5 cm. Lebt am sü. Fuße des Himalaja von Kumaon bis Assam bis 1 300 m Höhe im offenen grasbestandenen Land, Schilf, Bambusdickichten, Büschen. Gesellig. Kugeliges Nest im Gras u. im Geäst. Erstmalig 1900 in Europa (Zoo London), seither selten importiert. Haltung nicht schwierig, Voliere, mäßig warme Überwinterung.

Ploceidae, Webervögel. F der Passeriformes ↗. 32 Gn, 113 An. 10—21,5 cm. Kräftiger Schnabel, unterschiedl. Gestalt. ♂♂ häufig mit auffälligem BK, nach der Brutzeit manche mit schlichtem, ♀-ähnl. RK. ♂♂ einiger An tragen ganzjährig farbenfrohes Gefieder, dann häufig auch ♀♀, allerdings meistens anders gezeichnet. Die meisten An bewohnen Afrika sü. der Sahara, Madagaskar u. benachbarte Inseln, auch in S-Asien bis Sumatera, Java u. Bali. Überwiegend gesellig in Steppen u. Savannen, Kulturlandschaften, Siedlungen, auch im hohen Gras u. Schilf an Gewässern, in Sümpfen, wenige An drangen in den Wald u. das Hochgebirge vor. Überwiegend Vögel der Tropen u. Subtropen. Ernährung Grassamen u. Insekten. Nest kunstvoll, sehr haltbar im hohen Gras, im Schilf, in Büschen u. auf Bäumen, hängt auch an langen derben Seilen an Zweigenden. Viele weben regelrecht ihre Nester (Prinzip: Kette u. Schuß) aus Gräsern u. Palmblattstreifen. Waldbewohner verwenden auch Ranken. Typischer Bauablauf sichtbar: ♂ flicht ein od. mehrere Nester rohbaufertig. Auspolsterung durch ♀ mit Fasern, Haaren, Federn. Oftmals Einschlupfröhren (bei Steppenwebern kurz od. fehlend), bedeuten Schutz vor Feinden (vorwiegend Schlangen). Standort deshalb gern über Wasseroberfläche. Aus Schutzgründen bei wenigen An Entwicklung eines abweichenden Nestbaus *(Bubalornis ↗, Philetairus ↗).* Kleine bis große, lockere bis dichte Brutkolonien. Häufig polygam. Gelege 2—6 Eier, bei Baumbewohnern Gelege kleiner. Verluste unter Juv. u. a. durch Spulwürmer u. Infektionskrankheiten. Sehr vital, lautfreudig. Nur wenige haben angenehme Stimmen, meistens Quietschen, Kreischen, Knarren, Zischen. Einige An häufig im Handel, fast ausschließl. Wildfänge. Anfangs scheu, bald zutraulich, an der Umgebung sehr interessiert. Käfiggröße richtet sich nach Größe des Webers, Bauart nicht unter 100 × 50 × 70 cm. Besser Haltung in Volieren ↗, Mindestgröße 200 × 200 × 100 cm. Während der Brutzeit unruhig. Dann oftmals unverträglich (Vogelgesellschaften!). Meistens mit nahen Verwandten zänkisch. Ideale Unterbringung Voliere im Freien mit anschl. Schutzraum, der mindestens 10 bis 15 °C haben muß. Ausstattung Zweige unterschiedl. Stärke, sowohl hängende als auch senkrecht stehende, ausdauernde hohe Gräser, trockenes Schilf an den Wänden befestigen, Dornengestrüpp, Sand. Schwere, flache Futternäpfe, Trinkröhrchen, Stülptränken od. Badehäuschen ↗. Großes Badebedürfnis. Futter Hirse, vor allem Kolbenhirse, Reis, Samen versch. Gräser, halbreifer Hafer u. Weizen für größere An. Keimfutter, Vogelmiere, Salat, Kresse, Spinat, frisch aufgegangenes Gras (in Schalen). Stückchen von Äpfeln, Birnen, Pflaumen, Beeren, Bananen, Orangen, Weintrauben, Rosinen, Datteln, Feigen, Blattknospen (Zweige vortreiben). Tierische Nahrung vorwiegend während der Brutzeit, sonst nur bei wenigen An erforderlich. Frisch gehäutete, gebrühte, auch zerkleinerte Mehlkäferlarven ↗, Fliegenmaden ↗, Wachsmottenlarven, Ameisenpuppen (Naturschutzbestimmungen beachten!), Getreideschimmelkäferlarven, Grillen, Wiesenplankton, nachts mit Insektenfallen angelockte Kerfen ↗. Weichfutter Biskuit, hartgekochtes Ei, geriebene Möhre, Weizenkeime, Trockenmilch, Traubenzucker. Zusätzl. Vitamingaben ↗ im Winter, während der Mauser, bei Streßsituationen (vor Versand!), im Weichfutter od. im Trinkwasser verabreichen. Vitakalk ↗, Sepiaschale, Vogelgrit. ganzjährig bieten. Zucht nur im Flugraum. Nur von 1 A ein Paar bzw. von polygamen Vögeln 1 ♂ u. bis zu 4 ♀♀ unterbringen. Auffällige, oft stürmische Balz. Eiablage tägl., Bebrütung ab vorletztem od. letztem Ei. Ggf. stürmisches ♂ bei Brutbeginn entfernen. Brutdauer 12—15, meistens 13—14 Tage. Brüten u. Aufzucht werden bei vielen An allein vom ♀ vorgenommen, ansonsten überwiegend vom ♀. Juv. fliegen nach 17—24 Tage aus, anschl. noch ca. 14 Tage gefüttert. Jugendmauser 3.—6. Monat. Juv. ♂♂ mausern frühestens nach 1 Jahr in das BK, bei manchen An wahrscheinl. erst später.

Ploceinae, Eigentliche Weber. UF der Ploceidae ↗. 24 Gn. Von einigen Systematikern als eigene UF Euplectinae mit 7 Gn u. 26 An angesehen. Überwiegend sü. der Sahara, wenige An in S-Asien, auf Madagaskar, den benachbarten Inseln u. S-Arabien. Leben überwiegend in der offenen Savanne, auch Waldbewohner. Meist Vielweiberei, dann große Nestkolonien. Vögel waldbewohnender An meist einehig. Bei einigen Gn der Widavögel Nester rundlich mit seitl. Eingang oben, sonst oft retortenförmige Nester mit langer Einflugröhre. ♂ flicht Rohbau, ♀ nimmt Innenausbau vor. Ernährung Insekten, Grassamen, auch Früchte (bes. Waldbewohner), allerdings Widavögel vorzugsweise Samen. Mehrzahl der An wechselt jährl. prachtvolles BK u. einfaches RK, Waldbewohner meistens nicht. Weniger für Käfig ↗, vorwiegend für Voliere ↗ geeignet.

Plocepasser, Mahaliweber. G der Plocepasserinae ↗. 4 An. 15–17 cm. Von Senegal bis Äthiopien, Kenia u. von S-Angola bis zur inneren Kapprovinz. Leben in Savannen, 1 A in heißen Fels- u. Halbwüsten.
— *P. mahali,* Augenbrauenmahali, Mahali, Mahaliweber. ♂ u. ♀: Stirn, Kopf-OS, Zügel schwarz, Überaugenstreif weiß, reicht bis zum Nacken, wird dort breiter. Kopf-, Halsseiten, Rücken braun. Bürzel, Oberschwanzdecken weiß. Flügel u. Schwanz schwärzlich. Fleck u. Binde auf den Flügeln weiß. Schwingen hellbraun gesäumt. Schwanz mit weißen Säumen. US weiß, Brust mit braunen Flecken. Schnabel schwarz. Auge rotbraun. Füße fleischfarben. Juv. mehr bräunlichgrau, Schnabel braungrau. 16 cm. S-Sudan, S-Äthiopien bis S-Angola u. innere Kapprovinz. Bewohnt Trockensteppen u. Halbwüsten. Brütet kolonieweise, bes. in Akazien. ♂ mit angenehmem, abwechslungsreichem Gesang, Kontakt-, Warnruf rauh. Ernährung Samen, Insekten, Früchte. Nest birnenförmig mit 2 Öffnungen unterseits. Während des Brütens wird eine geschlossen, Öffnung erst wieder, wenn Junge ausfliegen. 2–3 Eier, creme- bis rosafarben mit grauer bis brauner wolkiger Zeichnung, außerdem rötlich bis violett gekritzelt. Hält sich ganzjährig in Nähe der Brutkolonie auf. Ab u. zu nach Europa gekommen, erstmalig 1876 im Zoo Berlin. Nur für Voliere geeignet, läßt sich gut mit anderen Webern vergesellschaften. Während der Brutzeit paarweise Haltung, möglichst allein. Ernährung s. Ploceidae ↗.
— *P. superciliosus,* Braunwangenmahali. ♂ u. ♀: Kopf-OS rotbraun, Augenbrauenstreif breit, weiß, bis in den Nacken reichend. 2 weiße Binden auf den Flügeldecken, vordere breiter u. heller. Übrige OS braun, US grauweiß außer Kinn u. Kehle, die weiß sind, von schwarzen Streifen begrenzt. Schnabel braun, Unterschnabel heller. Auge rotbraun. Füße hellbraun. 15 cm. Von Senegal bis N-Äthiopien, N-Uganda u. NW-Kenia. Lebt vorzugsweise im wald- u. buschreichen Gelände. Nur örtl. verbr., nicht häufig. Angenehm zwitschernder Gesang. Ernährung vorwiegend von kleinen Samen. Paar brütet einzeln, auch in kleinen Kolonien. Längsovales Nest in Astgabeln aus Gräsern, kleinen Zweigen u. Blättern. Wirkt unordentlich. Gelege ca. 4 Eier, creme bis rosa mit zahlreichen braunen Flecken u. zartvioletter wol-

Ploceus

kiger Zeichnung. Außerhalb der Brutzeit kleine Trupps. Sehr selten nach Europa gekommen, Einzelheiten über Haltung unbekannt.

Plocepasserinae, Sperlingsweber. UF der Ploceidae ↗. 4 Gn. SW-Angola, Inneres S-Afrika, O-Afrika bis Somalia. In trockenen Steppen. Lauter, angenehmer Gesang. Von den 7 An nur wenige hin u. wieder eingeführt. Haltung vor allem in Voliere ↗ zu empfehlen. Ernährung s. Ploceidae.

Ploceus, Ammerweber. G der Ploceinae ↗. 3 An. Asien. Offenes Gelände, auch auf Feldern u. in Siedlungen. Koloniebrüter. Nach der Brutzeit bilden sie oftmals riesige Schwärme. Haltung einfach. Angenehme Pfleglinge, ausdauernd, meistens friedlich. Futter Hirse, Glanz, Reis, Getreide, Weichfutter, Mehlkäferlarven, süße Früchte. Mehrfach gezüchtet.
— *P. benghalensis,* Bengalenweber. ♂: im BK außer gelber Stirn u. gelber Kopf-OS sind Kopf u. OS braun bis schwarzbraun. Rücken-, Flügeldeckfedern sandfarben gesäumt. Oberschwanzdecken heller im Braun. Querverlaufendes Band über Kehle, vordere Brust, sonst unterseits hellgelbbraun. Schnabel stahlgrau. Auge dunkelbraun. Füße fleischfarben. RK des ♂ ähnl. ♀, dessen US weißbeige. Brustband dunkler schwarz. OS mehr braun als bei ♂, gleichfalls Kopf-OS braun. Schnabel mehr bräunlich als bei ♂. 14 cm. Pakistan, N-Indien bis Assam, Bangladesh, Manipur, örtl. häufig. Ernährung Samen, Insekten, Früchte. Gern auf Feldern, Reisfeldern (manchmal großer Schadenverursacher). Nest kugelig in Büschen u. hohem Gras, kurze Einschlupfröhre. Bei Standort in Gräsern flicht er Spitzen der Halme u. Rispen über dem Nest zusammen bzw. bezieht sie in den Nestbau ein. Lockere Kolonien. Gelege 2–3 Eier. Kam erstmalig Ausgang des 19. Jh. auf den europ. Vogelmarkt. Seither in ± großer Zahl eingeführt. Eingewöhnung leicht, ausdauernd, beste Haltung in Gartenvolieren ↗ mit Schutzhaus. Überwinterung frostfrei, nur mäßig warm. Zucht gelang erstmalig K. Ruß ↗ bereits kurz nach der Ersteinfuhr. Öfter gezüchtet. Während der Brutzeit zänkisch, deshalb Brutpaar einzeln halten. Gelege 2–3 Eier, nur ♀ brütet, Schlupf nach 14 Tagen. Anfangs füttert nur ♀, später beide.
— *P. manyar,* Manyarweber. ♂: im BK Kopf-OS goldgelb, OS sonst dunkelbraun. Kinn, Kehle braun, Brust, Flanken braungestreift. Sonst unterseits bräunlichweiß. Schnabel schwarz, im RK hornfarben. Auge braun. Füße blaßfleischfarben. RK ♂ wie ♀, bei diesem zur Brutzeit Kopf-OS dunkelbraun, OS schwarzbraun mit sandfarbenen Streifen. Überaugenstreif gelblich. Kinn, Hals hellgelblich. Sonst unterseits schmutzigweiß, allerdings Brust, Flanken noch beigefarben, Federn mit ausgedehnten breiten kräftig braunen Schaftstreifen. Ca. 14,5 cm. Indien bis Indochina, Inseln Java, Bali, Bawean u. Sri Lanka. Häufig truppweise im Schilf, hohen Gras, gern in Gewässernähe, auch auf Feldern. Ernährung Grassamen, Insekten, Früchte. Kleine Brutkolonien. Neststandort u. Bau wie *P. benghalensis*. Gelege

ca. 2—3 weiße Eier. Ab u. zu auf dem Vogelmarkt. Eingewöhnung nicht schwer. Ausdauernd. Friedlich, nicht immer gegenüber A-Genossen. Zu empfehlen für Gartenvoliere mit Schutzraum. Mäßig warme Überwinterung. Bereits einige Male gezüchtet. Juv. schlüpfen nach 14 Tagen. ♂ hat eigenes Schlafnest. Bastarde mit beiden anderen An von *P.* bekannt.

— *P. philippinus*, Bayaweber. ♂: im BK Gesichtsseiten bis fast Augenoberkante, Kinn, Kehle, schwärzlichbraun, sonst Kopf, Nacken, Brust gelb. Übrige OS dunkelbraun, gestreift. Oberschwanzdecken blaß sandbraun. Ebenso Unterschwanzdecken u. Bauch, dessen Mitte aber weißlich. Schnabel schwarzbraun, Basis hellhornfarben. Auge dunkelbraun. Füße fleischfarben. RK ♂ u. ♀ OS beige mit dunkelbraunen Streifen, die bis Kopf-OS reichen. Bürzel braun ohne Streifen. Flügel-, Schwanzfedern schwärzlichbraun, beige gesäumt. Überaugenstreif beige, Halsseiten blaßrostbraun. US sandfarben. Im Bereich der Wangen, Brust u. Körperseiten gering dunkler. Schnabel hell. 15 cm. Indien, Pakistan, bis einschließl. Indochina, Sri Lanka, Sumatera mit Nias. Ausgesprochen gesellig. Nach der Brutzeit riesige Schwärme. Verursacht dann auch Schäden auf Reis- u. Getreidefeldern. Brütet in kleineren u. größeren Kolonien auf Bäumen. Nester aus Gräsern, Blattstreifen, an Zweigen aufgehängt, etwa 30 cm langes «Seil». Nest gegliedert in Brutkammer, von einer 2. Kammer geht lange Einschlupfröhre ab. Erdklumpen in den Nestwänden verhindern übermäßiges Pendeln im Wind. ♂ baut mehrere Nester, ♀ wählt eines aus. 1 ♂ manchmal mit mehreren ♀♀. Brutzeit ist die Regenzeit. Gelege 2—4 weiße Eier. Ab u. zu in kleiner Zahl importiert. Friedlich. Haltung am besten in größerer Voliere, 1 ♂ mit mehreren ♀♀. Gegenüber anderen Vögeln nicht immer friedlich. Einige Male gezüchtet.

Ploch, Ludwig, Dr., geb. 20. 3. 1875 in Darmstadt, gest. 13. 8. 1945 in Ober-Klingen b. Dieburg. Oberlehrer u. Professor in Alsfeld. Sein Interesse galt neben dem intensiven Studium freilebender Vögel der Heimat auch der Vogelpflege.

Plüschkopftangare *(Catamblyrhynchus diadema)* → *Catamblyrhynchus*

Pluvialis. G der Charadriidae ↗. 3 An.
— *P. apricaria*, Goldregenpfeifer. ♂ u. ♀: OS dunkel mit gelblichen Flecken, Unterflügel u. Achseln weiß. Im BK US schwarz, im RK Brust gelblich mit bräunlichen Flecken, übrige US weiß. Juv. ähnl. RK. 28 cm. UAn. N-Europa (wenige Brutpaare in nordwe. BRD), nö. SU ostwärts bis zum Jenissei. Überwintert im Mittelmeergebiet u. in SW-Asien. Bewohnt Tundren, Hoch- u. Torfmoore sowie Hochebenen. Nest mit Pflanzenmaterial ausgelegte Mulde, 4 stark gefleckte Eier. Brutdauer ca. 28 Tage. Haltung s. Scolopacidae. Nahrung zu einem großen Teil (etwa 25%) pflanzl. Zucht gelang 1974 in England.

— *P. squatarola*, Kiebitzregenpfeifer. ♂ u. ♀: OS schwarzbraun mit hellen Federsäumen, Achseln schwarz. Im BK US schwarz, im RK US weiß u. OS aschgrau. Juv. ähnl. RK. 28 cm. Nö. N-Amerika u. nö. Asien. Überwintert in S-Amerika, S-Afrika u. S-Asien. Bewohnt die arktische Tundra. Nest eine Mulde, meist auf kleinen Erhebungen. Haltung s. Scolopacidae. Keine Gefangenschaftsbruten bekannt.

Pluvianus. G der Glareolidae ↗. 1 A. Afrika nö. des Äquators. Brüten an sandigen Flußufern. 4 Eier, die ebenso wie die Juv. zuweilen im Sand vergraben werden, dadurch Schutz vor Sonneneinstrahlung. Haltung s. Scolopacidae.

— *P. aegypticus*, Krokodilwächter. ♂ u. ♀: Flügel blaugrau, US gelb, schwarzweiße Zeichnung an Kopf u. Rücken, je ein schwarzer Streifen an den Halsseiten. Juv. matter gefärbt. 22 cm.

Pneumomykose → Lungenmykose
Pneumotyphus der Vögel → Ornithose
Podargidae, Eulenschwalme. F der Caprimulgiformes ↗. 2 Gn, *Podargus* ↗, *Batrachostomus* ↗, 12 An. 21—55 cm. Färbung ziegenmelkerähnl.; ♀ etwas rötlicher. Breite bis unters Auge reichende Mundspalte. Lange Schnabelborsten. Kräftiger, flacher, dickhorniger Hakenschnabel. Weiches Gefieder. Großes Auge. Von Indien u. Burma bis Tasmanien u. zu den Salomonen. In Wäldern, Waldsteppen u. Parklandschaften. Sitzen quer zur Astrichtung. Laute: Brummen, Grunzen, Zischen (nur nachts!). Nahrung hauptsächl. an Ästen erbeutend od. vom Ansitz aus in gezieltem Fluge am Boden. Käfer, Motten u. a. Insekten; Tausendfüßer, Skorpione, Raupen, Baumfrösche, kleine Schlangen u. Mäuse. Eigene Nester locker aus Zweigen, Federn, Rinde, Moos, in Astgabeln bauend. 1—2 weiße Eier (44 × 32 mm). Beide Partner brüten u. füttern. Juv. mit weißlichem Dunenkleid.

Podargus. G der Podargidae ↗. 3 An. Haltung s. Caprimulgiformes ↗.

— *P. strigoides*, Eulenschwalm. ♂ u. ♀: rindenfarbig; bläulichschwarz stark gemustert. Breiter gelber Rachen. Kurzer Schnabel mit steifen Borsten am Ansatz. Stark entwickelte Puderdunen. 48—50 cm. UAn. Australien, Tasmanien. Gelege 2 reinweiße Eier (44 × 32 mm). Flaches Reisignest auf Bäumen (Aus-

Goldregenpfeifer im Sommer, nördliche Rasse

nahme!). Beide Partner brüten. Dunenkleid weiß. Zucht gelungen.

Podiceps. G der Podicipedidae ↗. 3 An. Alte u. Neue Welt. Bewohnen stehendes Süßwasser jeder Art mit dichter Vegetation, was genügend freie Wasserfläche enthält. Selten an vegetationslosen Gewässern. Nahrung ausschließl. animalisch, Fische ↗, Krebse, Amphibien, Insekten. Nest wird aus nassem, verrottenden Pflanzenmaterial gebaut. 4—6 Eier. Die längsgestreiften Dunenjungen schlüpfen nach 20—25 Tagen u. können sofort schwimmen, lassen sich anfangs noch auf Rücken der Ad. mitführen. Federfressen ab/am 1. Tag, Funktion noch nicht ganz klar. Wenig gehalten. Benötigen größere Becken mit klarem Wasser. Fütterung mehrmals am Tage mit Frischfisch, von Vorteil ist das Einsetzen lebender Fische, die die Taucher selbst fangen. Wildfänge müssen meist zunächst gestopft werden, fressen bei gutem Körperzustand bald selbst. Gefangenschaftsbruten nicht bekannt.

— *P. cristatus,* Haubentaucher. ♂ u. ♀: mit zweigeteilter schwarzer Federhaube, nicht im Winter. Schwarzbraune Halskrause, bräunlicher Rücken, rötliche Flanken. Beim (seltenen) Fliegen 2 weiße Flügelbinden sichtbar. Auch im RK mit rötlichem Schnabel. Juv. ähnl. RK. 48 cm. UAn. Brutgebiet ganz Europa, M-Asien bis Japan u. N-China, S-Afrika, Australien u. Neuseeland. Brütet an größeren Seen u. Teichen, meist einzeln, gelegentl. kolonieartig. Im Frühjahr auffälliges Balzspiel, stellen sich Brust an Brust, schütteln sich, überreichen gegenseitig Niststoffe od. Fischchen. Nest s. Ohrentaucher. 4 bläulichweiße Eier, die sich im Laufe der Bebrütung braun färben. In M-Europa Zugvogel. In den meisten Ländern bejagt, oft das ganze Jahr über.

— *P. grisegena,* Rothalstaucher. ♂ u. ♀: gleich, im BK rotbrauner Hals, weiße Wangen, schwarzer Scheitel, dunkelbrauner Rücken. RK dunkle Kopf-OS, weißlichgrauer Hals, gelber, an der Spitze schwarzer Schnabel. Juv. ähnl. RK. 43 cm. UAn. Verbr. in der gemäßigten Zone von N-Amerika u. Asien sowie in Europa. Bevorzugt kleinere verlandende Gewässer, ist nirgends häufig. Balzgeschrei an einen wiehernden Hengst erinnernd. Nest u. Eier ähnl. Ohrentaucher ↗.

Podicipediformes, Lappentaucher. O. 1 F Podicipedidae ↗.

Podicipedidae, Taucher. F der Podicipediformes ↗. 20 An. In allen Erdteilen außer Antarktis ↗ beheimatet. Weit hinten angesetzte Füße als Anpassung an Wasserleben. Keine Schwimmhäute, sondern Schwimmlappen. Tiere wirken schwanzlos. Brüten auf schwimmendem Nest an Süßwasserseen u. -teichen. Haltung, Futter s. *Podiceps.*

Poecile, Graumeisen. G der Paridae ↗. 13 An. Asien, Europa, N-Amerika. In Laub- u. Nadelwald bis Baumgrenze im N u. Hochgebirge. Nahrung Insekten u. Samen. Vorratssammler. Eingewöhnung leicht. Friedlich, werden zutraulich. Paarweise zu halten. Vor allem für Voliere ↗ geeignet. Winterhart. Futter Nachtigallfutter ↗, Eifutter, Samen, Nüsse, Pinienkerne. Z. T. gezüchtet. Brutdauer 13 Tage, Nestlingsdauer 20 Tage, eine Woche später selbständig.

Poecile

— *P. cincta,* Lapplandmeise. ♂ u. ♀: Kopf-OS bis zum Rücken dunkelbraun, über dem Auge etwas dunkler, Rücken hellbraun. Schwingen u. Schwanz graubraun, Kopf- u. Halsseiten weiß. Kehle schwarzbraun, US hell, bräunlich verwaschen. Schnabel schwarzbraun. Auge dunkelbraun. Füße graubläulich. Juv. matter. 13—14 cm. Von N-Skandinavien durch N-Rußland, Sibirien bis zum Baikalsee, Alaska bis NW-Kanada. In Wäldern, in Skandinavien im Birken-Fichtenwald, in der Taiga in Nadelwäldern. Brütet in fertigen od. gezimmerten Höhlen. Eingewöhnung im Winter möglich. Bei der Jungvogelaufzucht ist Insektennahrung nötig, vor allem Ameisenpuppen. Entspr. den kargen Umweltverhältnissen im N sind sie nicht anspruchsvoll. Morsches Holz u. Wechsel von Zweigen u. Ästen sind nötig, um die Aktivität der etwas trägen Vögel anzuregen. Im Winterhalbjahr sind ölhaltige Samen, Nüsse u. Zirbelnüsse begehrt.

— *P. lugubris,* Trauermeise. ♂ u. ♀: Kopf-OS schwarz mit bräunlichem Anflug, im Frühjahr bräunlicher werdend, Rücken graubraun, Flügel dunkler, Schwanzfedern graubraun, Kopf- u. Halsseiten weiß, in Grau übergehend. Kehle, Kropf schwarzbraun. US weißlichgrau, an den Seiten bräunlich verwaschen. Schnabel grauschwarz. Auge braun. Füße blaugrau. Juv. blasser. 14—15 cm. Jugoslawien über Bulgarien, Ungarn, Rumänien, Griechenland, Kleinasien bis Iran. Brutorte sind lockere Baumbestände (meist Flaumeichen). Eingewöhnung wohl sehr schwierig. Aufzucht von Jungvögeln ohne Schwierigkeiten mit Insekten ↗ sowie den stets notwendigen Mineralstoffen- ↗ u. Vitamingaben ↗. Sobald selbständig, sollten sie in eine Voliere kommen, da sie sehr aktiv sind. Sie sind ungewöhnlich vorsichtig gegenüber allem Neuen, auch bei bisher unbekannter Nahrung im Futtergefäß, dagegen nicht bei lebenden Insekten. Gesang u. Balz beginnen schon Mitte Februar. ♂ befliegt u. zeigt Bruthöhle. Am Nestbau beteiligt sich gelegentl. auch das ♂. Nestunterlage aus dürren Halmen, später folgen Federn. Eiablage im März beginnend, Brutdauer 13 Tage. ♂ übergibt dem ♀ das Futter in den ersten Lebenstagen der Juv. Mit 19—20 Tagen sind Juv. flügge u. schon gut flugfähig. Es folgt 2. Brut, bei deren Beginn Junge der Erstbrut bekämpft werden u. getrennt werden müssen.

— *P. montana,* Weidenmeise. ♂ u. ♀: Kopf-OS mattschwarz bis auf den Nacken, Rücken u. Flügel graubraun. Schwanzfedern dunkler braungrau. Kopf- u. Halsseiten weiß. Kinn, Kehle mit schwarzem Fleck ohne scharfe Grenzen. US grauweißlich. Schnabel schwarz. Auge braun. Füße blaugrau. Juv. Kopfplatte mit bräunlichem Schimmer. 11—12 cm. M- u. N-Europa vom Alpensüdrand bis zur Baumgrenze im N, öst. durch Sowjetunion über Sibirien bis nach Japan. Alle Waldgebiete, wo morsche Hölzer zur Anlage einer Bruthöhle verfügbar sind. Versteckt vom Herbst ab Samen als Wintervorrat. Eingewöhnung im Herbst ohne Schwierigkeiten, wenn Käfig od. Voliere mit Ästen ausgestattet sind u. bekannte

Poephila

Spitzschwanzamadine

Samen angeboten werden. Morsche Äste od. Stämme erlauben die erforderliche Betätigung der Vögel. Juv. sind ohne Schwierigkeiten mit Ameisenpuppen, Drohnenlarven u. Insekten aus der Lichtfalle ↗ aufzuziehen. Man kann jedoch bald Samen, vor allem Pinienkerne, bieten. Sie verstecken zunächst häufig, unterlassen es aber bald. Übernachtung in abgeschnittenen Papprohren am oberen Käfigrand.

— *P. palustris*, Sumpfmeise, Nonnenmeise. ♂ u. ♀: Kopf-OS glänzend schwarz, Rücken u. Flügel graubraun, Schwingen mit helleren Außensäumen. Schwanzfedern dunkel braungrau. Kopf- u. Halsseiten weiß. Kinn u. oberer Teil der Kehle mit schwarzem Fleck, relativ scharf abgegrenzt. US weißlich. Schnabel schwarz. Auge braun. Füße blaugrau. 11—12 cm. Europa bis S-Skandinavien, öst. durch Sowjetunion bis S-Ural, S-Sibirien bis Japan, Mongolei, N-China. Vor allem Laub-, aber auch Nadelwald, wenn Baumhöhlen vorhanden sind. Oft auch in Obstgärten. Eingewöhnung im Herbst u. Winter problemlos, da bekannte Samen sofort genommen werden. Als Ausstattung Äste u. morsche Hölzer. Junge sind leicht aufzuziehen u. werden sehr zahm. Futter Ameisenpuppen, Drohnenlarven u. Wachsmotten. Die große Aktivität macht Unterbringung in Voliere empfehlenswert, mit anderen An verträgt sich diese Meise gut. Nahrung Nachtigallfutter, Eifutter, vom Sommer ab Hanfsamen. Stark ausgeprägter Verstecktrieb.

Poephila. G der Estrildidae ↗. 3 An. Australien. In Savannen, Trockensteppen. Nahrung Grassamen, Insekten, letztere bes. während der Jungenaufzucht. Nest in Bäumen, Büschen, Graswildnis, auch im Unterbau von Greifvogelhorsten. Alle An gehalten u. gezüchtet. Wegen der bestehenden Ausfuhrsperre vom austral. Kontinent heute Eingewöhnung nicht mehr aktuell. In einigen Ländern haben sich interessierte Züchter zur Erhaltung bes. austral. Estrildidae in Gemeinschaften zusammengeschlossen, um gezielt Zuchtstämme aufzubauen, damit Inzuchterscheinungen vermieden werden. Vögel für Käfig (Mindestlänge 80 cm), Voliere geeignet. Nicht unter 14 °C halten, feuchte Witterung ungünstig. Futter s. Estrildidae. Nest freistehend, häufig auch in Nistkästen. Nestschläfer ↗. Gelege 4—6 Eier. Aufzuchtfutter halbreife, reife Samen, Keim-, Weichfutter, tierische Kost. Juv. fliegen nach ca. 21 Tagen aus. Nach weiteren 2—3 Wochen selbständig, anschl. von Eltern trennen.

— *P. acuticauda*, Spitzschwanzamadine. ♂: Oberkopf, Hinterhals u. Halsseiten zart blaugrau, ebensolches breites Band verläuft quer über den vorderen Bürzel u. zieht bis zu den Körperseiten, übriger Bürzel, Oberschwanzdecken weiß. Schwanz schwarz gestuft, mittl. Federpaar zu haarfeinen Spitzen verlängert. Übrige OS braun. Äußere Handschwingen schwärzlich, weißlich gesäumt. Kehle, Kropf samtartig schwarz, scharf abgegrenzt. US bis auf das schwarze vom Bürzel herunterziehende Band u. weiße Unterschwanzdecken matt weißrötlich. Schnabel bei *P. a. acuticauda* (Gelbschnäbelige Spitzschwanzamadine) gelb, bei *P. a. hecki* (Rotschnäbelige Spitzschwanzamadine, Heck's-Spitzschwanzamadine) rot. Auge rotbraun. Füße fleischfarben. ♀ wie ♂, nur schwarzer Kehlfleck kleiner, mittl. Schwanzfedern etwas kürzer (frühestens bei einjährigen Tieren nachweisbar). Juv. wesentl. matter als Ad. Schnabel schwarz. Ca. 17 cm. UAn. Nö. W-Australien, nö. N-Territorium, NW-Queensland. Im offenen Grasland, gern an baumbestandenen Ufern. Ruf ♂ «üüht», ♀ «üääht» (Geschlechtsbestimmung). Gesang des ♂ ähnl. dem des Gimpels ↗. Ersteinfuhr in Deutschland durch Frl. HAGENBECK ↗ 1897, wegen der Schönheit, aparten Erscheinung u. leichten Züchtung stets gern gehalten. Mutation: u. a. Isabell-Spitzschwanzamadine, Vererbung rezessiv ↗.

— *P. cincta*, Gürtelgrasfink. ♂: Kopf, Hals, Kopfseiten aschgrau, letztere etwas heller. Zügel, Kehle, Unterhals schwarz. OS u. US hellbraun. Schwingen graubräunlich. Ober-, Unterschwanzdecken, Steiß weiß, breites schwarzes Band über Bürzel u. Flanken bis zu den weißen Schenkeln. Schwanz schwarz, mittl. beiden Federn spitz auslaufend. Schnabel schwarz. Auge dunkelbraun. Füße fleischrot. ♀: nur manchmal matter als ♂, Kehlfleck gering kleiner, birnenförmig (keine sicheren Geschlechtshinweise, nur Gesang von ♂). Juv. düster u. matter als Ad., Kehl-, Kropffleck bräunlichschwarz, kleiner als bei ad. ♀♀. Ca. 11 cm. UAn. *P. c. atropygialis* u. *P. c. nigrotecta* als Schwarzbürzel-Gürtelgrasfink bezeich-

Gürtelgrasfink

net, früher als eigene A angesehen. Gegenüber Nominatform Bürzel schwarz. Sehr selten im Handel. Regelmäßig, aber in geringer Zahl im Zoo San Diego, von M. SEM, Schweiz, u. Dr. BURKARD ↗ gezüchtet. A ist von O-Australien, von Kap-York bis NO-Neusüdwales verbr. Nester allgemein höher als bei *P. acuticauda*, bis 6,5 m hoch, zuweilen im Unterbau von Greifvogelhorsten, meistens im hohen Gras u. in Pandanusbüschen. Erstmalig 1861 in Europa. Beweglich, anmutig, ausdauernd. Sehr angriffsfreudig, dadurch Störenfried in Vogelgesellschaft. Bald zutraulich. Verpaarung mit *P. acuticauda* sollte unterbleiben, um A-Reinheit zu erhalten. Mischlinge fruchtbar.

— *P. personata*, Maskenamadine. ♂: OS zimtbraun, vor dem weißen Bürzel schwärzlich. Oberschwanzdecken weiß, Schwanz schwarz, keilförmig. Stirn, Zügel, vordere Wange u. Kinn schwarz. Kopf-, Halsseiten, US bis zum Bauch weinrötlich. Von der Bauchmitte über den Steiß bis zu den Unterschwanzdecken weiß gefärbt. An den Flanken breiter schwarzer Fleck. Handschwingen braun, weißlich gesäumt. Bei *P. p. leucotis* (Weißohramadine) Kopfseiten, Gefieder unter dem schwarzen Kinnfleck weiß, außerdem weißer Fleck vor dem schwarzen Band der Körperseiten. Schnabel orangegelb. Auge rot. Füße fleischrot. ♀ wie ♂, manchmal etwas matter gefärbt. Schwarzer Fleck an den Körperseiten soll weniger breit sein. Juv. matter, sehen «verwaschener» aus, schwarze Gefiederpartien weniger ausgedehnt. Bauch hellgrau. Schnabel schwarz. Füße hellgrau. 12 cm. Nö. W-Australien bis zur W-Seite des Golfs von Carpentaria. In trockenen Steppen u. Savannen, durchsetzt mit vereinzelten Eukalyptusbäumen u. dichtem Gestrüpp; auch auf Feldern u. in Gärten. Häufig an der Küste anzutreffen. Rufe bei den Geschlechtern nicht unterschiedl. Als Anhalt bei der Geschlechtsbestimmung kann allein das forschere Auftreten des ♂ dienen. Von allen Grasfinken am seltensten in Vogelanlagen zu finden, erstmalig 1897 in Europa. Empfehlenswerte Pfleglinge. Paarzusammenstellung schwierig.

Pogoniulus, Zwergbärtlinge. G der Capitonidae ↗. 2 An. Sehr klein. Mit roter od. gelber Stirn. Tropisches Afrika. Wegen ihres oft wiederholten, metallisch klingenden Rufes engl. «Tinker-Birds» (= Kesselflicker-Vögel) genannt. Nur 1 A selten eingeführt u. gezüchtet.

— *P. pusillus*, Feuerstirn-Bartvogel. ♂ u. ♀: Stirn rot, Kopf-OS, Nacken, Rücken schwärzlich mit breiten, gelben Federsäumen, 2 schwarze Streifen an den gelblichen Kopfseiten; US gelblichweiß. Schnabel schwarz. Iris braun. Füße schwarz. Juv. noch ohne rote Stirn. 11 cm. Mehrere UAn. Öst. Afrika vom SO-Sudan, Äthiopien bis S-Afrika. Bewohner der Dornbuschsavanne u. offener Buschsteppe mit vereinzelten Bäumen, von denen vor allem in der Mittagszeit ihr monotoner Ruf erklingt. Nahrung Früchte, Beeren, kleine Insekten. Benimmt sich meisenartig. Nisthöhlen in abgestorbenen Ästen, Eingang von der US. 2—3 weiße Eier. Berichte über Importe im Jahr 1914 beruhen auf Verwechslung mit *Tricholaema leucomelaena* ↗. 1930 von WEBB aus Moçambique nach England gebracht. Im Oktober 1972 in die Schweiz importiert, untereinander verträglich, 4 Exempl. gemeinsam in Nistkasten schlafend. Auch gegenüber Prachtfinken ↗ friedlich. Nimmt bes. gerne Holunderbeeren sowie Salat- u. Blattstücke. 1974 Zucht bei B. BÜCHL, danach bei den beiden ersten Bruten Juv. aus Nest geworfen, erst bei 3. Brut nach 13tägiger Bebrütung 1 Juv. geschlüpft. Mit 30 Tagen ausgeflogen. Ausschließl. Lebendfutter (frisch gehäutete Mehlwürmer ↗, Wachsmottenraupen, Heimchen, auch Fliegenmaden ↗) vom ♂ zum ♀ ins Nest gebracht. Juv. nach Verlassen der Bruthöhle in einem Stamm nur vom ♂ gefüttert, 3 Wochen danach selbst fressend. Auch nach neuerlichem Brutbeginn mit Eltern in Bruthöhle schlafend, vom Züchter dann vorsichtshalber aus der Voliere genommen.

Pogonocichla. G der Muscicapidae ↗. 1 A. Hochländer O-Afrikas, außerdem von Natal bis zur S-Kapprovinz. Leben vorzugsweise in Bergwäldern, in äquatorialer Zone bis ca. 3500 m ü. NN, im S tiefer. Jagen nach Art der Rotschwänze ↗ im Fluge Insekten, suchen aber auch Nahrung auf dem Boden im Laub. Gesang bescheiden, besteht aus 2 Flötentönen mit anschl. höherer Tonfolge. Zuweilen auf dem europ. Vogelmarkt. Pflege s. *Phoenicurus*.

— *P. stellata*, Sternrötel. ♂ u. ♀: Kopf dunkelblau, weißer Fleck zwischen Stirn u. Auge, ebenso Kehle weiß. Hals dunkel stahlblau, Rücken olivgrün mit goldfarbenem Anflug. Schwingen schiefergrau. Schwanz goldgelb, aber mittl. Federn, Säume der äußeren u. Federspitzen schwarz. US intensiv goldgelb. Juv. schwarz u. gelbe Fleckenzeichnung, einige UAn haben grünes Zwischenkleid. 15 cm. UAn.

Poicephalus, Langflügelpapageien. G der Psittacinae ↗. 9 An. Afrika. Haltung, Futter s. auch *Amazona* ↗.

— *P. crassus*, Niamniam-Papagei. ♂ u. ♀: ähnelt sehr *P. cryptoxanthus*, aber Braun dunkler, Zügel schwarz. Oberrückenfedern braun mit grünlichen Säumen, Schultern grün. Iris rot! Juv. Kopf u. Nakken graubraun, olivgelblich überhaucht. US matter als bei Ad. 25 cm. Keine UAn. O-Kamerun bis SW-Sudan, NO-Zaïre. Bewohnt Wälder u. Baumsavanne.

— *P. cryptoxanthus*, Braunkopfpapagei. ♂ u. ♀: Kopf, Nacken, Hals graubraun, Kopfseiten mehr grau. Unterflügel gelb, Schwingen, Schwanz grauschwärzlich. Flügeldecken grünlich gesäumt. Oberschnabel blaugrau mit schwärzlicher Spitze, Unterschnabel weißlichgelb. Iris gelb, Augenring graubraun. Füße grauschwarz. Juv. matter, Nacken, Brust geloliv. 22 cm. 3 UAn. SO-Kenia bis Transvaal, Natal. Bewohnt Ebene, kommt auch bis 1000 m ü. NN paar- u. truppweise vor. Lebt im Buschland, besucht auch Mais-, Hirsefelder, Nahrung aber vorwiegend Früchte, Nektar. Brütet in Baumhöhlen, Gelege 2—3 Eier. Erstmalig 1870 in Europa, sehr selten gehandelt. Im Verhalten ähnelt er *P. senegalus*.

— *P. flavifrons*, Schoapapagei. ♂ u. ♀: grün, Kopf-OS, Kopfseiten kräftig gelb, Bürzel, Oberschwanzdecken hellgrün mit bläulichem Hauch, ebenso US. Schwanzfedern olivbraun, grünlich gesäumt. Schna-

Poicephalus

Mohrenkopf

bel bräunlichgrau, Basis des Unterschnabels weißlich. Iris orangerot, Augenring dunkelgrau. Füße braungrau. Juv. Kopf gelblicholivgrün. 28 cm. 2 UAn. Äthiopien. Bewohner des Berglandes bis in 3 000 m ü. NN. Meistens truppweise in den Baumkronen. Ausgesprochen selten in Europa gehandelt. Bald zutraulich.

— *P. guilielmi,* Kongopapagei. ♂: grün, Stirn orangerot, ebenso Flügelbug, untere Schenkel. Scheitelfedern mit roten Säumen. Kopfseiten braunschwarz mit grünen Säumen, die zum Hals u. zur US immer breiter werden. Oberschnabel dunkelhornfarben, zur Spitze schwärzlich, Unterschnabel schwärzlich. Iris rotorange, Augenring rosaweißlich. Füße graubraun. ♀ wie ♂, etwas kleiner, Kopf schmaler, Schnabel kleiner. Juv. ohne Rot. Augenring dunkelgrau. 28 cm. 4 UAn. Z-Afrika. Bewohner der Bergwälder bis 3 500 m ü. NN in O-Afrika, hingegen in N-Angola in tropischen Wäldern auch in Pflanzungen. Brütet in Baumhöhlen. Nur ab u. zu vereinzelt im Handel, bald zutraulich, manchmal auch zeitlebens scheu, Nachahmungstalent gering, großer Spieltrieb. Haltung problemlos. 1978 erstmalig gezüchtet.

— *P. meyeri,* Goldbugpapagei. ♂: Scheitel gelb. Stirn, übriger Kopf, Nacken, Rücken, Schwanz braungrau, grünlicher Hauch. Flügelbug, Unterflügeldecken, Schenkel gelb, Bürzel, Oberschwanzdecken grünbläulich. US grün. Schnabel dunkelgrau. Iris orangerot. Füße grauschwarz. ♀ wie ♂, aber Schnabel schwächer. Juv. ohne bzw. mit sehr wenig Gelb, tritt nach ca. 1,5 Jahren auf. 21 cm. 6 UAn. Z-, O-Afrika. Lebt in Savannen u. Baumlandschaften bis ca. 1 600 m ü. NN. Nach der Brutzeit große Schwärme. Gelege 2—4 Eier in Baumhöhlen. Erstmalig 1855 in Europa (London). Ab u. zu im Handel. Ad. Importvögel bleiben stets etwas scheu. Juv. aber bald zahm. Badet gern. Überwinterung frostfrei. Untereinander verträglich. Ruft selten, nicht sehr laut. Im Wesen sehr *P. senegalus* ähnl. Mehrmals gezüchtet. Bruthöhle ⌀ 23 cm, Höhe 45 cm. Brutdauer ca. 30 Tage.

— *P. robustus,* Kappapagei. ♂: dunkelgrün, Zügel schwarz, Kopf, Hals grau. Brust, Flügelbug, Schenkel rot. Schwanz dunkelgrün. Schnabel hornfarben. Iris braun, Augenring grau. Füße blaugrau. ♀ wie ♂, aber rosarote Stirn. Juv. rosa Stirn, diese nach ca. 5 Monaten bei ♂♂ grau. Kopf u. Nacken bräunlicholiv, Schwanz dunkelgrün. 33 cm. 3 UAn. S-, Z-Afrika. Bewohnt vorzugsweise Waldränder u. Bäume an Flußläufen. Scheu. Nach der Brutzeit größere Gruppen bildend. Brütet in Baumhöhlen. Gelege 3—4 Eier. Erstmals 1853 in Europa (London). In früherer Zeit nur ab u. zu eingeführt. Eingewöhnung leicht. Verträgt Temperaturen bis an den Gefrierpunkt. Bald zutraulich. Nachahmungstalent befriedigend. Einige Male gezüchtet, bes. im Zoo Basel. Schlupf nach ca. 25 Tagen. Juv. fliegen nach 54—79 Tagen aus.

— *P. rueppellii,* Rüppellpapagei. ♂: dunkelgrau, silberner Hauch. Flügelbug gelb, anschl. gelber Flügelfleck. Unterflügeldecken, Schenkel gelb. Schnabel grauschwarz. Iris orangerot, Augenring schwärzlich. Füße braungrau. ♀ wie ♂, aber Bürzel kobaltblau. Unterbauch, Unterschwanzdecken blau. Juv. ohne bzw. mit wenig Gelb im Flügel, Blau blasser, weniger, haben wohl auch ♂♂. 22 cm. Keine UAn. SW-Angola, Namibia. Verbr. lokal. Lebt vorwiegend auf Bäumen in ausgetrockneten Flußläufen. Brütet in Baumhöhlen. Ab u. zu im Handel. Während der Eingewöhnung scheu, deshalb Unterbringung im Kistenkäfig ↗. Liebenswerter Hausgenosse. Haltung problemlos. Paare am besten allein unterbringen. Für Gesellschaftsanlage wenig geeignet. Noch nicht gezüchtet. Kreuzung mit *P. meyeri* 1969 gelungen.

— *P. rufiventris,* Rotbauch-Mohrenkopf. ♂: dunkelgrau, Wangen, Kehle, Kinn rosafarbener Hauch. Brust hellrot, übrige US grün, vereinzelt hellrote Flecken. Schnabel grauschwarz. Iris orangerot, Augenring schwärzlich. Füße grau. ♀: US ohne Rot, statt dessen grün. Juv. wie ♀, aber ♂ Brust, Bauch mit orangefarbenen Federn durchsetzt. 22 cm. 2 UAn. NO-Afrika. Meistens gruppenweise im akazienbestandenen trockenen Buschland. Bis in 2 000 m ü. NN beobachtet (während der Feigenreife). Bruthöhle in 2—3 m Höhe, auch in Termitenbauten. Äußerst selten nach Europa gekommen. Stimme laut, schrill.

— *P. senegalus,* Mohrenkopf. ♂: grün, Kopf dunkelgrau, Bauch, Unterflügeldecken orangegelb. Schnabel grau. Iris gelb. Füße bräunlich. ♀ wie ♂, Kopf gering schmaler, Stirnlinie geschwungener, nach de GRAHL ↗ Steiß, Unterschwanzdecken mit vereinzelten grünen Federn. Juv. matter als Ad., Kopf-OS dunkelgrau, Wangen wesentl. heller. Iris dunkelbraun. 23 cm. 3 UAn. Senegal bis Nigeria, N-Kamerun. Bewohnt baumbestandene Savannen in kleineren u. größeren Trupps, verursacht manchmal Schäden auf Feldern. Gelege 3—4 Eier in Baumhöhlen. Häufig gehandelt, gern auch als Einzelvogel gehalten. Stimme nicht störend. Nachahmungstalent befriedigend. Überwinterung frostfrei. Badet gern.

Schon 36 Jahre alt geworden. Mehrfach gezüchtet, nicht einfach. Zucht gelang auch schon im Käfig. Bruthöhlen- ∅ etwa 35 cm. Einschlupfloch ∅ 8 cm. Schlupf nach 19—22 Tagen. Juv. fliegen nach ca. 11 Wochen aus. Umfärbung der Iris beginnt nach ca. 3 Monaten.

Pokal. Im Umlauf befindliche Wander- od. sonstige Pokale sind Eigentum des Stifters od. Veranstalters bis zur endgültigen Erringung. Gebräuchlichster Modus zur Erringung ist 3mal hintereinander od. 5mal außer der Reihe. Gilt als eine sehr ansprechende Form der Auszeichnung für Meister ↗ u. Sieger ↗.

Polarbirkenzeisig *(Acanthis flammea hornemanni)* → *Acanthis*

Polarmöwe *(Larus glaucoides)* → *Larus*

Polemaetus. G der Accipitridae ↗. 1 A.
— *P. bellicosus*, Kampfadler. Großer Greifvogel. ♂ u. ♀: Flügel lang u. breit, Schwanz kurz. Haube kurz. Gefieder-OS schiefergrau bis graubraun, Brust, Bauch, Hose weiß, beim ♂ schwach u. beim ♀ stärker dunkelbraun bis schwarz gefleckt. Füße, Zehen sehr kräftig, Krallen stark gekrümmt u. spitz. Afrika sü. der Sahara bis zum Kap. Savannen u. Dornbuschsteppen, meidet die Wälder. Nahrung ca. 80 % Vögel, seltener Säuger (kleine Antilopen, Affen). Horst auf mächtigen, meist markanten Bäumen. Gelege 1, selten 2 weiße bis leicht gräuliche Eier. Brutdauer 45—48 Tage. Nestlingsdauer ca. 80 Tage. ♂ u. ♀ betreiben Brutpflege. Sehr selten in Tiergärten. Wesen sehr ruhig, selbstbewußt. Nahrung Hühner, Ratten, Meerschweinchen. Noch nicht gezüchtet.

Poley, Dieter, Dr., geb. 26. 3. 1935 in München. 1972 Direktor des Tiergartens Heidelberg. 1972 Aufnahme in den Verband Deutscher Zoodirektoren, 1980 in den Internat. Verband von Direktoren zool. Gärten. Bevorzugte Arbeitsgebiete: Biologie der blütenbesuchenden Tiere, Tiergartenbiologie. Über 50 wissenschaftl. Veröffentlichungen, Buchautor: «Kolibris». Goldmedaille der Zeitschr. «Die Gefiederte Welt» für die Züchtung des Rotstirnbartvogels ↗ (1974).

Polidacnis. G der Dacnidinae ↗. 2 An. Ältere Systematiken stellen sie unter die G *Dacnis* ↗. Tropisches M-Amerika u. nö. S-Amerika. Lebensweise weitgehend wie *Dacnis* ↗. Nester jedoch napfförmig aus feinen Halmen u. Würzelchen erstellt. Fütterung usw. s. *Tangara*. Aufzucht der Jungen fast ausschließl. mit Insekten.
— *P. lineata*, Maskenpitpit, Egregia-Zuckervogel für die UA *P. l. egregia*. ♂: Kopfplatte, Bürzel, Kehle, Brust u. Flanken leuchtend hellblau. Bauch u. Unterschwanzdecken weiß. Stirn, breites Band über den Kopfseiten, Nacken, Schulter, Flügel u. Schwanz schwarz. Armschwingen blau gesäumt. Schnabel schwarz. Auge gelb. Füße dunkelbleifarben. Bei *P. l. egregia* ist weißes Gefieder der US gelb. ♀: oliv, unterseits mehr grauoliv. 12 cm. 3 UAn. Kolumbien, S-Venezuela, Guayana südwe. bis W-Ekuador, O- u. NW-Brasilien. In tropischen Wäldern. 1977 gelang SCHUCHMANN ↗ die Erstzucht mit *P. l. egregia*. KLEEFISCH ↗ züchtete 1980 *P. l. lineata* × *P. l. egregia*. Beide Eltern beteiligten sich an Brut u. Aufzucht. Brutdauer 14 Tage. Nach 16 Tagen verlassen die Jungen das Nest, das teilweise aber noch einige Tage nachts zum Schlafen aufgesucht wird. Recht friedlich. Sehr selten eingeführt.

Poliospiza, Brauengirlitze. G der Carduelidae ↗. 5 An. Mittelgroß, graubraun. Kein Geschlechtsdimorphismus. Die meisten An mit weißem Augenbrauenstreif u. weißgestrichelter Kopfplatte od. Stirn. Afrika. Baum- u. Buschsavannenbewohner, teils Kulturfolger. Nahrung, soweit bekannt, Gras-, u. Unkrautsamen, Früchte, Beeren u. Knospen. Durch das Fehlen eines gelben od. gelbgrünen Bürzels gekennzeichnet. Alle (?) An mit charakteristischer «Kugelbalz», d. h. stark aufgeplustertem Rücken- u. Bauchgefieder. 1 A regelmäßig, 2 weitere An vereinzelt im Handel. Frischfänge oft schreckhaft, Haltung später bis auf *P. tristriata* problemlos. Haltung in Volieren ↗ geeigneter als in Käfigen. Paarweise Unterbringung empfehlenswerter als zu mehreren. Futter für alle An vorwiegend Hirse, Wildsamen, etwas Waldvogelfutter ↗, bes. gekeimt; Grünfutter ↗. Süßes Obst wichtig, Insekten in Maßen. Zucht selten. Nestbaubeteiligung des ♂ unklar, ♀ brütet 14 Tage. Juv. fliegen mit 15—17 Tagen aus. Winterhart.
— *P. gularis*, Brauengirlitz. ♂ u. ♀: OS graubraun, Kopfplatte kräftig weiß gestrichelt, breiter weißer Überaugenstreif bis in den Nacken. US regional versch. einfarbig cremeweiß bis schmutziggrau, weißer Kehllatz von dunklem Bartstreif gesäumt, beim ♂ stärker ausgeprägt. 15 cm. Angola bis Sambia u. öst. Südafrikan. Republik. In gelichteter Baum- u. Buschsavanne, Kulturfolger, gilt stellenweise als «Schädling». Baut einen offenen Napf in Büschen. Gelege 2—4 weißlichgrüne Eier, mit dunklen Sprenkeln am stumpfen Pol.
— *P. menelli*, Schwarzwangengirlitz. Von voriger A vorwiegend durch schwarzbraune (♂) od. schokoladenbraune (♀) Wangen u. die gleichmäßig gestreifte US unterschieden. Braun des Rückens dunkler als bei voriger A. Kopfplatte mit weißen Stricheln. Kehle weiß. Juv. wie ♀. 14 cm. N-Moçambique bis SO-Zaïre. Lebt in baumbestandener offener Grassavanne. Da recht lebhaft u. flugfreudig (Balzflugspiele), nicht für kleine Käfige geeignet! Nistet relativ hoch in Bäumen; Gelege aus 2—3 weißlichgrünen Eiern, am stumpfen Pol gesprenkelt. Wird nur sporadisch eingeführt. Keine Zuchtberichte.

Maskenpitpit. Männchen

Karakara

— **P. tristriata**, Rüppellgirlitz. ♂ u. ♀: OS u. US bis auf die weiße Kehle einfarbig graubraun. Der weiße Überaugen- u. Stirnstreif scheint beim ♂ stärker ausgebildet zu sein. Keine weißen, sondern dunkle Strichel an der Kopfplatte, heller Kehlfleck schwach, Bartstreif nicht ausgebildet. Schnabel schlanker, spitzer als bei vorigen An. Jugendkleid? 12,5 cm. Äthiopien, N-Somalia. Im Hochland. Brütet in Büschen od. Bäumen. Nahrung unbekannt. Heikler Pflegling, stark anfällig für Infektionen u. Mangelerkrankungen. Vereinzelt in Holland importiert.

Polyborus. G der Daptriidae ↗. Amerika. 1 A.
— **P. plancus**, Karakara. Mittelgroß, Flügel spitz, Schwanz lang. ♂ u. ♀: Schnabel groß, flach, hellblau. Wachshaut sehr ausgedehnt gelb bis orange. Schopffedern verlängert, schwarz. Vorderhals weiß, Rücken, Flügel, Hosen dunkelbraun bis schwarz, Brust schwarzweiß gesperbert, Schwanz schwarzweiß gebändert mit breiter schwarzer Endbinde, Füße gelb, Krallen leicht gekrümmt. 3 UAn. Texas bis Feuerland, Kuba, Falklandinseln. Lichte Wald- u. Buschlandschaft, Pampas, Küstenregionen. Nistet in Felswänden, auf Bäumen (Palmen), aber auch auf dem Erdboden. Es werden auch fremde Nester ausgebaut. Gelege 2–3 weiße bis rotbraune Eier. Brutdauer 32–34 Tage. ♂ u. ♀ betreiben Brutpflege. Einfuhr erfolgt sporadisch aus S-Amerika. Sehr interessante, quicklebendige, neugierige Vögel. Unbeheiztes Winterquartier ab −12° C. Liebt als Nahrung auch Frösche u. Insekten. Schon gezüchtet.

Polyplancta, Juwelenkrönchen. G der Trochilidae ↗. 1 A. S-Kolumbien, S-Venezuela bis O-Peru, N-Mato Grosso. Bewohnen einzeln die Regenwälder u. deren Ränder von 150–550 m Höhe. Von dieser nur äußerst selten importierten A sind bes. Eingewöhnungsschwierigkeiten nicht bekannt. 1 Exempl. im Zoo Heidelberg wurde 2 Jahre gepflegt. Zucht noch nicht gelungen.
— **P. aurescens**, Juwelenkrönchen. ♂: OS glänzend grün, Kopf-OS (von vorne gesehen) schwarz mit einem nach hinten zu spitz verlaufenden, bis in Augenhöhe reichenden glitzernd veilchenblauen Mittelfleck. Kinn schwarz. Vorderhals, Halsseiten goldiggrün. Brust mit breitem rotbraunem Band; übrige US goldiggrün. Mittl. Steuerfedern goldiggrün, seitl. rotbraun mit goldiggrünen Spitzen. Schnabel schwarz. ♀: etwas kleiner als ♂, Färbung im allgemeinen weniger lebhaft. Kopf-OS ohne veilchenblaue Mittellinie. Juv. wie ♀. 12,0 cm.

Polyplectron. G der Argusianiae ↗. 6 An mit 6 UAn. Zierliche Hühnervögel ↗. 50–75 cm, davon 25–40 cm Schwanzlänge. Unscheinbares vorherrschend graues u. braunes Gefieder mit auffallenden metallischgrün u. blau schimmernden Augenflecken auf Mantelgefieder u. Schwanz bei den ♂♂. Läufe der ♂♂ oft mit 2 Sporen. ♀♀ gleiche Färbung mit angedeuteten Augenflecken. O-Himalaja bis Vietnam u. die Inseln Hainan, Sumatera, Kalimantan u. Palawan. Bewohner urwaldbestandener Gebirgszüge u. des tropischen Regenwaldes. Nahrung fast ausschließl. animalische Kost u. Früchte. Während der Balzzeit lassen die ♂♂ oftmals einen weit hörbaren zweisilbigen Pfiff ertönen. Die ♂♂ breiten Schwingen u. Schwanz frontal zu ♀♀ aus, so daß im entfalteten Fächer die metallisch glänzenden Augenflecken prachtvoll zur Geltung kommen. Gelege 2 cremeweiße Eier. Bebrütungsdauer 18–21 Tage. ♀ führt Juv. bis diese vollständig erwachsen sind. Alle gehalten u. gezüchtet bis auf P. b. katsumatae. Bei der Haltung entsprechend der tropischen Herkunft erwärmte Überwinterungsräume erforderlich. Pfaufasanenvolieren sind herrlich zu bepflanzen, da Grünzeug verschmäht wird; selbst Tradeskantien können gedeihen. Haltung nur paarweise möglich. Das Nest wird in einer Bodenmulde versteckt angelegt. Die Geschlechter sind im 2. Lebensjahr ausgefärbt u. zuchtfähig. Futter energiereiches Weichfuttergemisch mit hohem Anteil tierischem Eiweiß (Schabefleisch, gekochtem Ei, Quark, Garnelenschrot, Ameisenpuppen, Mehlwürmer ↗), zur Ergänzung kleingeschnittene Früchte aller Art. Pfaufasanengelege besteht i. d. R. aus 2 Eiern. Bei künstlicher Aufzucht sehr leicht Haushühner als Glucken zu verwenden (Chabo, Seidenhühner). Da juv. Pfaufasanen in den ersten Lebenstagen Futterbrocken nur aus dem Schnabel der Mutter empfangen, muß Pfleger Nachhilfe durch Vorhalten von Ameisenpuppen u. Wurmstückchen auf Pinzette gewährleisten. Nach wenigen Tagen lernen Juv. selbständig fressen. Hochwertige animalische abwechslungsreiche Kost ist für gute Entwicklung erforderlich. In den 1. Lebenswochen sehr wärme- u. ruhebedürftig.
— **P. bicalcaratum**, Grauer Pfaufasan. ♂: Oberkopfgefieder mit kurzer aufrichtbarer Holle, haarartigen hellgrauen Federn. Grundfarbe Gefieder dunkelgrau, jede Feder mit zahlreichen kleinen weißen Tupfen. Mantelgefieder, Flügeldecken, Oberschwanz-

decken u. Schwanz mit großen, metallischgrün – bis violett – schimmernden Augenflecken, die von je einem hintereinanderfolgenden schwarzen, braunen u. grauweißen Ring umgeben sind. Breit gerundeter Schwanz mit 20–24 Steuerfedern, auf jeder Fahne 1 großer Augenfleck. Kinn, Kehle u. Wangen weiß. Um die Augen bis zur Ohrgegend eine fahlrötliche nackte Haut. Schnabel u. Füße grau; letztere mit 2 Sporen versehen. ♀ ca. 1 Drittel kleiner als ♂, dunkler, auf Mantelgefieder Augenflecken nur angedeutet, auf Schwanzfedern ausgebildet. Brutdauer 21 Tage. Ei isabellweiß. Küken zeigen dunkelbraune OS mit 2 isabellfarbenen Rückenbändern. US hellohfarben. 65–75 cm ♂, 55 cm ♀. UAn. NO-Assam, Burma, Laos, SW-Thailand. Schutzbestimmungen nach WAÜ ↗. *P. b. bailyi,* Lowe-Pfaufasan. Mantelgefieder mehr grauer braun, Sprenkelung isabellfarben statt weiß. Sikkim, Bhutan, W-Assam bis Manipur. *P. b. ghigii,* Ghigi-Pfaufasan. Etwas braunere Gesamtfärbung als Nominatform. Augenflecken auf den Schwanzfedern allseitig gleichmäßig von einem gelbgrauen Saum umgeben, die bei den anderen UAn stets nach der Spitze zu verschmälerte Säume aufweisen. M-, N-Vietnam, O-Tonkin, M-Laos. Entlang des Roten Flusses Mischform mit *P. b. bicalcaratum.* *P. b. katsumatae,* Hainan-Pfaufasan. Brauner als vorstehende UA, am ähnlichsten *P. b. ghigii,* jedoch wesentl. kleiner, auch Holle u. Kragen kürzer. Insel Hainan. Wurde noch nicht nach Europa importiert. Alle UAn bewohnen dichte Urwälder, Bambusdschungel u. Teeplantagen. Schutzbestimmungen nach WAÜ.
— *P. chalcurum,* Südlicher Bronzeschwanz-Pfaufasan. Ähnelt in der Zierlichkeit der Gestalt stark ♀ vom Goldfasan. Stellt innerhalb der G die primitivste A dar. Es fehlen die typischen Augenflecken der anderen An dieser G. Die mittl. Steuerfedern des noch typisch fasanenartigen Schwanzes tragen lediglich einen metallisch glänzenden Fleck. ♂: Kopf, Hals erdbraun, OS kastanienbraun mit unregelmäßigen, schmalen, schwarzen Bändern. Die gleichgefärbten Schwanzfedern haben schwarze Bänder, die nach dem Schwanzende zu auf den Außenfahnen, dann auch auf den Innenfahnen zu einem purpurviolett-metallisch glänzendem Fleck verschmelzen. Schwanzspitze selbst dunkelbraun mit schmalen schwarzen Streifen. Schnabel u. Füße grauschwarz. Ei isabellweiß. Dunenküken zeigen Zeichnungsmuster der Pfaufasanengruppe, sind in der Gesamtfärbung dunkler. Bei einjährigen Hähnen reichen die metallisch glänzenden Schwanzflecke bis zur Schwanzspitze. Die Verfärbung ins Alterskleid erfolgt im Herbst des 2. Lebensjahres. Nach Vollendung desselben sind beide Geschlechter fortpflanzungsfähig. 56 cm ♂. UAn. Gebirge Sumateras sü. des Äquators in Höhenlagen zwischen 450 u. 1 200 m ü. NN. Allerdings sind manche ♂♂ während der Balzzeit aggressiv, so daß die Geschlechter gegebenenfalls getrennt gehalten werden müssen. Schutzbestimmungen nach WAÜ. *P. ch. scutulatum,* Nördlicher Bronzeschwanz-Pfaufasan. UA unterscheidet sich nur durch kräftiger gestreifte OS geringfügig von *P. ch.* Gebirge N-Sumateras, nö. des Äquators.
— *P. emphanum,* Napoleon-Pfaufasan, Palawan-Pfaufasan. ♂: spitzer Schopf, der wie der ganze Scheitel dunkelbronzegrün ist; umgeben von beiderseitigen weißen Streifen, um die Augen eine nackte rote Gesichtshaut. Unterhalb der Augen ein dreieckiger weißer Wangenfleck; übriger Kopf, Hals, Hand- u. Armschwingen an der Wurzel schwarz. Mantelgefieder, Flügeldecken u. innere Armschwingen an der Wurzel schwarz, im übrigen metallischgrün u. blau glänzend. Hinterrücken u. Bürzel rotbraun u. schwarz gefleckt, Schwanzdecken lang, gerade endend, schwarzbraun, gelb gefleckt u. mit großen, blaugrünen, schwarz u. fahlbraun gesäumten Augenflecken geschmückt. 22 bis 24 Steuerfedern sind grauer, weiß gefleckt u. gesäumt, tragen je 2 Augenflecken, die auf den mittl. Federn gleich groß u. nach außen immer kleiner werden. US, Schnabel u. Füße schwarz, letztere oftmals mit 2 Sporen. ♀: kurze Federholle rückwärts dem Scheitel angelegt. Gesicht, Kehle grauweiß. Hinterhals schwärzlich, OS braun mit heller Sprenkelung. Flügeldecken mit großen schwarzen Flecken, die auf den Außenfahnen bläulich schillern. US braun. Schnabel u. Füße dunkelgrau. ♂ 50 cm, ♀ 40 cm. Philippineninsel Palawan. Bewohner feuchtheißer Urwälder der Ebenen bis mittl. Lagen. Stimmungslaut leises «pitt pitt». Balzruf langgezogen, klingt wie Stöhnen od. Gähnen. Schutzbestimmungen nach WAÜ.
— *P. germaini,* Germains-Pfaufasan, Brauner Pfaufasan. ♂: keine Kopfhaube, Kopf, Kehle u. Hals schwarz, fein grauweiß gezeichnet. OS dunkelbraun mit isabellfarbener Fleckung. Mantelgefieder u. Flügeldecken mit großen runden violettblauen Augenflecken, mit schwarzer u. blaßgoldbrauner Umsäumung. 20federiger, kaum gestufter Schwanz breit u. abgerundet. Jede Fahne trägt einen grünschillernden, schwarz u. blaßgrau gesäumten Augenfleck. US unregelmäßig isabellfarben gebändert, Unterbauch schwarz. Dunkelrote nackte Gesichtshaut. Schnabel u. Füße schwarzbraun, letztere oft mit Sporen. ♀: kleiner als ♂. Gesamtes Gefieder dunkelbraun, fahl gesprenkelt, nicht gefleckt. Augenflecken auf Oberrücken u. Flügeln dreieckig, metallischblau schimmernd mit schwarzer Basis u. hellisabellfarbenem

Einen Tag alter Brauner Pfaufasan

Polytelis

Obersaum. Schwärzliche Schwanzfedern fein isabellfarben quergebändert u. mit grünen Augenflecken, undeutl. als bei ♂, ohne hellen Saum. Ei cremeweiß. Juv. dunkler als Juv. der grauen Pfaufasanen. 55 cm ♂, 48 cm ♀. S-Vietnam u. Kampuchea. Bewohnt Regenwälder entlang der Küste am S-chinesischen Meer bis in Höhenlagen von 200 m. Während der Balz ruft ♂ mehrfach kurz hintereinander «hwo hwo hwoit». Alarmruf ein schnelles lautes Gackern. Keine feste Brutzeit, nachdem die Juv. selbständig sind, erfolgt nächste Brut. Starker Zusammenhalt der Paare — vorbildliches Familienleben, trotzdem berichten versch. Züchter über Aggressivität der ♂♂. Schutzbestimmungen nach WAÜ.

— *P. inopinatum*, Rotschild-Pfaufasan. ♂: Kopf, Hals, Kehle dunkelgrau mit hellerer Strichelzeichnung u. weißen Fleckchen. Mantelgefieder, Flügel u. Rücken rötlichbraun, fein schwarz gewellt. Jede Feder an der Spitze mit einem kleinen metallischblauen Augenfleck mit einer schmalen, schwarzen u. einer breiteren, rötlichen Umsäumung. Oberschwanzdecken schwarzbraun, äußere mit großen blauen Augenflecken. 20federiger Schwanz zugespitzt u. abgestuft wie bei *P. chalcurum*. Farbe schwarz mit hellbräunlicher Fleckung. Die innersten Federpaare ohne Glanzflecken, die übrigen mit grün schillernden Glanzflecken auf beiden Fahnen. Diese Farbbezirke nehmen die Form von Glanzaugen an. US grauschwarz, hellgrau gestreift. Schenkel u. Unterschwanzdecken bräunlich. Schnabel u. Füße grau, letztere mit 2 Sporen. ♀: kleiner als ♂, Augenflecken durch stumpfschwarze Flecken ersetzt. Grundfarbe trüber als bei ♂, Schwanz kürzer, weniger gestuft u. rötlicher. Ei gelblichweiß. Dunenküken entsprechend dem allgemeinen Pfaufasanentyp, Kopf u. OS braunrot. 65 cm ♂, 46 cm ♀. Z-Malaysia. Tropische Gebirgswälder. Selten importiert, mehrfache Zucht in den USA gelungen. Schutzbestimmungen nach WAÜ.

— *P. malacense*, Malaiischer Pfaufasan. ♂: Haube aus langen zerschlissenen metallischerzgrünglänzenden Federn, ausgedehnte rote Gesichtshaut. Übriger Kopf mit feiner hellgrauer Strichelzeichnung, Kehle blaßgrau; am Nacken u. Hinterhals eine Mähne aus zerschlissenen, vorwärts gerichteten Federn mit hellgrauer u. schwarzer Streifung sowie metallischvioletten Spitzen. OS hellbraun, schwarz gepunktet. Nakken, Flügel u. Schwanz mit großen blaugrünglänzenden Augenflecken mit gelblichen Säumen an der Spitze. 22federiger Schwanz breit u. eckig, schwarz, gelbbraun gesprenkelt. Das mittelste Paar trägt auf jeder Fahne einen Augenfleck, die am Federschaft zusammenstoßen. Die folgenden nur je einen schwarzumrandeten Augenfleck auf der Außenfahne. US braun mit schwarzer Wellenmusterung, mittl. Brustregion gelblicher. Schnabel dunkelgrau. ♀: kürzere Haube u. Mähne. Kopf u. Hals dunkelbraun, schwarz gefleckt. OS zartisabellbraun gesprenkelt mit stumpfschwarzen dreieckigen Augenflecken auf Mantel u. Flügeldecken. Die längsten Oberschwanzdecken mit 2 stahlblauen Augenflecken. Schwanzfedern zeigen auf den mittl. 2, auf den folgenden einen Augenfleck. Ei isabellfarben mit weißen Poren. Dunenküken heller gefärbt als andere Pfaufasanenküken. 50 cm ♂, 40 cm ♀. Malaiische Halbinsel nö. bis nach S-Tenasserim, SW-Thailand u. Sumatera. Bewohner tropischer Wälder bis 1000 m ü. NN. Balz gleicht grauen Pfaufasanen. Bei der Haltung dieser kostbaren A ist für sicher heizbare Unterkunft während der Wintermonate u. bei naßkalten Witterungsperioden Sorge zu tragen. Schutzbestimmungen nach WAÜ. *P. m. schleiermacheri*, Borneo Pfaufasan. ♂: kurze grauschwarz gestreifte Haube, in der Mitte erzgrünschillernde Federn, breite ebensolche Mähne, an den Spitzen metallischviolettblau schimmernd. OS wie *P. malacense,* aber rötlicher, mit kleineren, grünen Augenflecken. Der kürzere Schwanz zeigt auf den Außenfahnen der äußeren Schwanzfedern einen grünen Augenfleck, auf den Innenfahnen einen trübschwarzen Fleck. Kehle u. Oberbrust weiß, Brustseiten metallischblaugrün, Mitte Unterbrust weiß, übrige US schwarz mit weißlichen Schaftlinien. Schnabel u. Füße dunkelgrau. ♀: ähnelt *P. malacense*, aber rötlicher mit kürzerem Schwanz. Oberschwanzdecken ohne Augenflecken, die der Schwanzfedern sind klein u. undeutl. 50 cm ♂. O- u. SW-Kalimantan. Bewohnt die Urwälder der Ebenen. Sehr seltene A, wurde erst 1971 von C. SIVELLE (USA) aus Indonesien importiert. In den USA mehrfach gezüchtet. Haltung wie Nominatform. Schutzbestimmungen nach Washingtoner Artenschutz übereinkommen.

Polytelis. G der Psittaculidae ↗. 1 A. Schlank. Schwanz länger als Flügel. N-Victoria, Inneres Neusüdwales. Kleinstes Verbr.-Gebiet aller austral. Sittiche, fast nur in Gebieten der Wasserläufe des Murrumbidgee, in diesen aber relativ häufig. In letzten Jahrzehnten durch Bewässerungsanlagen Verbr.-Gebiet etwas vergrößert. P. an hohen Baumbestand gebunden. Bruthöhlen in höchsten Wipfeln, am liebsten in Querästen. Meistens nur wenige Exempl. gemeinsam anzutreffen. Selten größere Gruppen, max. 100 Tiere. Lokal auch Kulturfolger (Parks, Gärten). Trinken u. baden nur morgens u. abends. Nahrung Blütennektar, Gräser, Kräuter, Weizenkörner, Insekten. Brutzeit September—November. Erstmalig 1867 in Europa (London). Beliebt, zutraulich, hart, verträgt Frost, wenn Schutzraum vorhanden ist. Erstzucht 1881 bei DUVAL, Frankreich. Naturstamm als Bruthöhle (Ø 25—30 cm, Höhe 50 cm, Einschlupfloch Ø 9 cm). Gelege 4—6 Eier. Nur ♀ brütet. Schlupf nach 20 Tagen. Juv. fliegen nach 35 Tagen aus, nach weiteren 4 Wochen von Eltern trennen. ♀ manchmal schon nach 1. Lebensjahr fortpflanzungsfähig. ♂ nach 2—3 Jahren.

— *P. swainsonii*, Schildsittich. ♂: grün, vorderer Kopf, Wangen, Kinn gelb, halbmondförmiges, rotes Band auf unterer Kehle. Schnabel hellorange. Iris gelbbraun. Füße graubraun. ♀ wie ♂, nur Kinn, Kehle graugrün. Auge bräunlich. Juv. wie ♀, manchmal bei ♂ vereinzelt gelbe od. rote Federn. Nach 6 Monaten hilft Irisfarbe bei Geschlechtsbestimmung. Sicher ♂ nach 1 Jahr zu unterscheiden. 40 cm. Keine UAn.

Polytelislähme. Lähmung des Vogelfußes mit Faustbildung bei Sittichen der G *Polytelis* ↗. Ursache unbekannt.

Pomatorhininae, Sicheltimalien. UF der Timaliidae ↗. 6 Gn, 17 An. Aufgeführt ist *Erythrogenys* ↗.

Pompadoursittich *(Layardiella tabuensis)* → *Layardiella*

Poospiza. G der Emberizidae ↗, UF Poospizinae ↗. 15 An. S-Amerika. Unterbringung, Pflege s. *Junco*.

— *P. hispaniolensis,* Schwarzbrust-Ammerfink. ♂: Kopfseiten schwarz, breiter Überaugenstreif weiß, Scheitel schwarz bis dunkelgrau. OS grau, Flügeldecken dunkelgrau mit sandfarbenen bis weißlichen Säumen, bilden Binde. Schwingen schwärzlich, hell gesäumt. Schwanzfedern schwärzlich. Innenfahnen weiß. Kinn, Kehle u. Halsseiten weiß. Schwarzes Brustband mit wenigen weißen Flecken, übrige US weißlich, Unterschwanzdecken rostfarben überhaucht. Auge graubräunlich. Schnabel graubraun. Füße blaßfleischfarben. ♀: Kopf u. OS nicht schwarz u. grau, sondern hellbraun. Brustband fehlt, US weißlich mit graubraunen Längsstreifen. Schnabel u. Füße rosafarben. Juv. ähnl. ♀, aber blasser. 13 cm. Südwe. Ekuador u. W-Peru bis Ica. Lebt bis ca. 2500 m ü. NN auf kargen Hochebenen, an buschreichen Berghängen u. Wasserläufen, in lichten Wäldern, an Feldrändern u. in Gärten. In den letzten Jahren häufiger im Handel. Eingewöhnung bei Zimmertemp., bald zutraulich, friedlich. Gesang einfach, angenehm.

— *P. ornata,* Schmuckammerfink. ♂: Scheitel dunkelaschgrau. Augenbrauenstreif hellbraun, oberer Rand schwärzlich, unter dem Auge kleiner weißer Fleck. Wange kastanienbraun. Rücken dunkelrotbraun. Oberschwanzdecken dunkelgrau. Kleine Flügeldecken aschgrau, mittl. Flügeldecken weiß, bilden Spiegel. Schwingen u. Schwanz schwärzlich, außer mittl. Schwanzfedern, Spitzen der Innenfahnen weiß. Kinn weißlichbraun. Vorderhals u. Brust kräftig weinfarben kastanienbraun, Bauch zimtfarben rötlichbraun, Unterschwanzdecken blaßzimtfarben. ♀: insgesamt blasser als ♂, Kopf, Hinterhals u. Ohrdecken viel heller, mehr aschfarben, Streif über dem

Junge Schild- oder Barrabandsittiche in der Bruthöhle. 3 Tage vor dem Ausfliegen

Schmuckammerfink

Auge rötlichweiß, Wangen u. US hellzimtfarben rötlichbraun. 14 cm. NW-Argentinien im S bis Mendoza u. W-La-Pampa, vereinzelt bis Buenos Aires, im Winter bis nö. Salta. Bewohnt buschreiches u. mit niedrigen Bäumen bestandenes Gelände. Nahrungssuche am Boden. Sehr selten in Europa. Eingewöhnung problemlos. Ruhiger, angenehmer Pflegling. Überwinterung warm. Ausdauernd. Stimme trillernd.

Poospizinae, Südammern. UF der Emberizidae ↗. 8 Gn, ca. 25 An. Besprochen sind Gn *Lophospingus* ↗, *Gubernatrix* ↗ u. *Poospiza* ↗.

Popelairia, Fadenkolibris. G der Trochilidae ↗. 4 An. Kostarika bis Bolivien. Wälder, Dickichte.

— *P. conversii,* Dornschwanzelfe, Dornschwanzkolibri. ♂: ohne Haube. Rücken grün, Kehle dunkelgrün, nicht glitzernd, Fleck in der Mitte der Brust blau. Unterkörper, Unterschwanzdecken glänzendgrün. Der ganze Schwanz stahlblau, Schäfte u. eine Linie neben dem Schaft oben grau, unten weiß. Schenkelbefiederung schwarzbraun. ♀: OS wie beim ♂, Schwanz stahlblau, US schwärzlich, untere Kehlfedern an der Wurzel weiß. Juv. wie ♀. 11,0 cm. Von Kostarika bis SW-Ekuador. In Regenwäldern entlang von Flußläufen. Während der Eingewöhnung, die am besten in Käfigen ↗ erfolgt, sind keine Schwierigkeiten zu erwarten. Mehrjährige Haltungserfolge liegen vor. Zucht noch nicht gelungen.

— *P. popelairii,* Fadenschopfelfe, Haubenfadenkolibri. ♂: OS bronzegrün, weißes Bürzelband, Oberschwanzdecken stahlblau, Steuerfedern blauschwarz mit weißen Schäften. Kopf mit langer, spitzer Haube; Kopf-OS, Zügel u. Kehle grün. US schwarz, Körperseiten grünlich, Unterschwanzdecken blauschwarz mit weißen Säumen. Beinbefiederung rostrot. ♀: OS bronzegrün, Bürzel wie beim ♂, Steuerfedern stahlblau, seitl. mit weißen Spitzen. Kehle dunkelbraun, seitl. weiß eingefaßt. US schwärzlich, Seiten bronzegrünlich, Seiten des Unterkörpers weiß. Juv. wie ♀. ♂ 12,0 cm. Kolumbien bis NO-Peru. Eingewöhnung ähnl. *P. conversii.* M. BEHNKE-PEDERSEN hielt 1 Exempl. 3 Jahre. Zucht noch nicht gelungen.

Population. Gesamtheit der Individuen einer A in einem begrenzten Raum, z. B. Insel, Waldgebiet, Gebirge, See. Räumlich begrenzte Organismenkollek-

Porphyrio

tive aus mehreren verwandten, hinsichtlich ihrer Biologie ähnl. An werden als Misch-P.en bezeichnet, z. B. mehrere Möwen-An auf einer Insel. Die Mitglieder einer P. pflanzen sich untereinander fort, d. h. tauschen ständig Erbmaterial aus, Art ↗.

Porphyrio. G der Rallidae ↗. 4 An. SW-Europa, Afrika, Asien, Indonesien, Australien u. umliegende Inseln, Amerika. Auffälligste Rallen. Vorwiegend blau u. grün glänzendes Gefieder. Haltung in größeren Volieren ↗. Nur mit größeren An vergesellschaften. Nestplünderer! Überwinterung warm.

— *P. alleni,* Bronzesultansralle, Afrikanische Sultansralle. ♂ u. ♀: Kopf schwarz. Hals, Nacken u. Brust rötlichblau. Übrige OS einschließl. Flügel olivgrün. Schwanz dunkler. Bürzel, Bauchmitte, Steiß u. Schenkelbefiederung schwärzlich. Flügelrand u. Unterflügeldecken blau. Unterschwanzdecken weiß. Auge, Schnabel u. Beine rot. Stirnschild grünlichblau. Juv. vollständig sandbraun mit dunkelbraunen Flecken auf der OS, Auge braun. 25 cm. Senegal u. S-Sudan bis S-Afrika, São Tomé, Madagaskar. Bewohnt rohr- u. binsenbewachsene Sümpfe. Klettert sehr geschickt u. baut hohe Plattformen aus geflochtenen Rohrhalmen, um an die Samenstände zu gelangen. Schnarrender Lockton. Nahrung vorwiegend pflanzlich. Loses Nest in eher offenen Sümpfen oder in Reisfeldern. Gelege 2—3 Eier, auf gelblichweißem Grund dicht rotbraun gefleckt u. feiner gepunktet. Ab u. zu in Europa. Vorwiegend in Tiergärten.

— *P. martinica,* Zwergsultansralle. ♂ u. ♀: Kopf, Hals u. US purpurblau. Nacken leuchtend violettblau. Rücken u. Flügel bronzegrün. Unterschwanzdecken weiß. Schwanz grünlichbraun. Schnabel rot mit gelber Spitze. Auge braunrot. Stirnschild graublau. Beine grüngelb. Juv. OS hellbraun. Hals u. US heller. Brust weißlich. Flügel grünlich. 33 cm. S N-Amerikas u. Antillen bis Argentinien. Bewohnt paarweise überschwemmte, schlammige u. schilffreie Flußufer, Lagunen u. Reisfelder. Teilweise gesellig in größeren Gruppen. Nahrung überwiegend pflanzlich. Ab u. zu in Europa. Vorwiegend in Tiergärten.

— *P. porphyrio,* Purpurralle. ♂ u. ♀: gesamte OS dunkelblau, teilweise grünlich glänzend. Kopfseiten, Vorderhals, Kropf u. Brust lebhaft blau, heller als OS. Schwingen schwarz. Übrige US blauschwarz. Unterschwanzdecken weiß. Auge, Schnabel, Stirnplatte u. Beine rot. Juv. düster bläulich schieferfarben, Kopf u. Hals fast schwarz, Kehle u. Bauch weißlich, Schnabel schwärzlich. 48 cm. UAn. Sardinien, S-Spanien, N-Afrika, Senegal bis Sudan, O- u. S-Afrika, Madagaskar, Syrien bis Turkestan, S-Asien (einschließl. Philippinen), Palau-Inseln, Maluku, Neuguinea u. benachbarte Inseln, Samoa, Fidschi-Inseln, Neue Hebriden, Neukaledonien, Australien, Tasmanien, Neuseeland, Chatham-Inseln. Bewohnt gesellig flache stehende Gewässer u. Sümpfe mit dichter Vegetation. Klettert geschickt im Rohr umher. Stimme trompetenartig, beim ♀ heller u. schriller als beim ♂. Nahrung überwiegend pflanzlich. Gelege 3—5 Eier, hellockerfarben bis rötlich mit grauen, braunen od. violetten Flecken u. Kritzeln. Brutdauer 23—25 Tage. ♂ u. ♀ bauen, brüten u. füttern Juv. Versch. der vielen UAn werden ± häufig in Europa importiert u. gehalten. Werden schnell zahm. Zucht mehrfach gelungen. Außergewöhnl. für Rallen ist die Tatsache, daß manchmal mehrere ♀♀ u. ♂♂ zusammen Nestbau u. Brutpflege betreiben. Das Gelege stammt dabei wohl nur von einem ♀.

Porphyriops. G der Rallidae ↗. 1 A. Kolumbien u. O-Brasilien bis S-Argentinien, Chile. Bewohner wasserreicher Gebiete mit dichter Vegetation. Nahrung vorwiegend pflanzlich. Gelege 4—5 auf gelbbraunem Grund fein dunkelbraun u. violett gesprenkelte Eier. Selten in Europa. Vorwiegend in Tiergärten.

— *P. melanops,* Maskenpfuhlralle. ♂ u. ♀: Kopf mit schwarzer, Stirn u. Seiten umfassender Maske, Kopf sonst wie Hals u. US blaugrau. Rücken, Flügel rot- bis dunkelbraun. Körperseiten olivbraun, weißlich quergebändert. Schnabel dunkel graugrün mit roter Wurzel. Stirnplatte grün. Auge rotbraun. Beine olivgrün. 30 cm. UAn.

Porphyrkopflori *(Glossopsitta porphyreocephala)* → *Glossopsitta*

Porzana. G der Rallidae ↗. 6 An. Außer Polgebiete weltweit verbr.

— *P. carolina,* Carolinaralle. ♂ u. ♀: Stirn, Scheitelmitte, Zügel, Augenregion, Kehlmitte u. Vorderhals schwarz. Graue Überaugenstreifen treffen über schwarzer Stirn V-förmig zusammen. Scheitelseiten u. Nacken olivbraun. Kopfseiten, Hals u. Brust grau, zur Bauchmitte weißlich verblassend. Rücken olivbraun, schwarz gefleckt u. weiß gestreift. Weiß gestreifte Körperseiten schwärzlichbraun. Unterschwanzdecken weiß. Schnabel hellgelb mit schwarzer Spitze. Auge braunrot. Beine hellgelb. Juv. Kehle weiß. 19 cm. Kanada bis Niederkalifornien, Missouri u. Maryland. Bewohnt einzeln od. in kleineren Gruppen Mangrovewälder, Sümpfe, verschlammte Flußufer, Reisfelder u. überschwemmtes Weideland bis 2500 m ü. NN. Lebt scheu, verborgen u. meist schweigsam. Zugvogel ↗. Überwintert in S-Amerika bis Venezuela u. Peru. Ab u. zu in Europa.

— *P. parva,* Kleinralle. ♂: Stirn, Kopf- u. Halsseiten, US hellblaugrau. Kopfplatte u. Oberhals braun, übrige OS olivbraun mit spärlicher, auf den Flügeln fehlender weißer Zeichnung. Rücken längs der Mitte schwarz gefleckt. Schwanz braun. Bauchfedern u. Unterschwanzdecken mit weißen Spitzen. Schnabel an der Basis rot, sonst grün. Auge rot. Beine bräunlichgrün. ♀: Kehle weiß. US hellrostfarben bis rötlich. Aftergegend u. Unterschwanzdecken schwarzbraun u. weißlich quergebändert. OS, Flügel u. Schwanz wie ♂. Juv. ähnl. ♀, Seiten graubraun quergebändert. 19 cm. Bewohnt sehr versteckt vegetationsreiche Sümpfe, gern an Gewässern mit dichter schwimmender Pflanzendecke. Zugvogel. Überwintert in Mittelmeerländern u. in Afrika. Nest meist auf Seggenblüten od. Schilfhalmen über dem Wasser. Gelege 6—8 Eier, auf braungelbem Grund mit rotbraunen Flecken u. Wolken oft völlig bedeckt. Brutdauer 20—21 Tage. ♂ u. ♀ brüten u. füttern Juv., die nach dem Schlupf noch recht stark an das Nest gebunden sind. Gelangt meist durch Funde aus freier Wildbahn in Liebhaberanlagen. Selten gehalten.

— *P. porzana*, Tüpfelralle. ♂: Stirn, Kehle u. breiter Überaugenstreif schiefergrau. Vom hinteren Augenrand zu den Halsseiten verläuft ein braunes, heller geflecktes Band. Halsseiten, Kropf u. Vorderbrust bräunlich mit weißer Tüpfelung. OS braun mit schwarzen Streifen u. weißen Flecken u. Strichen. Unterkörper grauweiß. Körperseiten braun mit weißer Querbänderung. Unterschwanzdecken hellrostgelb. Schnabel an der Wurzel orange, sonst olivgrün mit brauner Spitze. Auge braun. Beine grünlich. ♀ wie ♂, Kehle oft mit weißen Federspitzen. 23 cm. Europa bis M-Sibirien. Zugvogel. Überwintert im Mittelmeerraum bis Afrika. Bewohnt als Einzelgänger dicht bewachsene schlammige Gewässerufer u. Sümpfe. Lebt sehr versteckt, meidet offene Wasserflächen. Dämmerungsaktiv. Nest meist auf Gras- od. Seggenblüten. Gelege 8—14 Eier, auf olivfarbenem Grund gleichmäßig dunkelbraun gefleckt. Brutdauer 18—21 Tage. ♂ u. ♀ brüten u. füttern Juv. Gelangt durch Funde aus freier Wildbahn in die Liebhaberanlagen. Zucht bereits mehrfach gelungen. Wird sehr schnell zahm u. ist daher unter den Rallen-An recht beliebt. Verträglich, aber Nesträuber!

— *P. pusilla*, Zwergralle. ♂: Kopfplatte u. Oberhals rotbraun mit schwarzer Zeichnung. Rücken, Schultern, Bürzel u. Flügel rotbraun mit feinen weißen Flecken u. Kritzeln. Kopf- u. Halsseiten, Kehle u. Brust blaugrau. Bauch, Unterschwanzdecken u. Körperseiten schwarz u. weiß quergebändert. Insgesamt sehr ähnl. *P. parva*. Schnabel grün. Auge braun. Beine olivbraun. ♀ wie ♂, unterseits etwas heller, fast rahmfarben. Juv. wie ♀. 18 cm. UAn. SW-Europa, lokal in M-Europa u. öst. bis SO-Sibirien u. Japan, Philippinen, Sundainseln, Neuguinea, Australien, Tasmanien, Neuseeland, Chatham-Inseln, N-Afrika u. von Äthiopien bis Angola u. zur Kapprovinz. Bewohnt dichtbewachsene Sümpfe, Verlandungszonen stehender Gewässer u. Sumpfwiesen. Lebt sehr versteckt. Nest gut in dichter Vegetation verborgen im flachen Wasser od. auf sumpfigem Boden. Gelege 6—8 Eier, auf braungelbem Grund mit verwaschenen violettgrauen Flecken bedeckt. Brutdauer 20—21 Tage. ♂ u. ♀ brüten u. füttern die Juv. Gelangt durch Funde aus freier Wildbahn ab u. zu in Liebhaberanlagen. Durch völlig friedliches Wesen auch für Gesellschaftsvoliere gut geeignet.

Positurkanarien → Kanarengirlitz
Prachtamazone *(Amazona pretrei)* → Amazona
Prachtammer, NN → Gelbbrauenammer, Gelbbauchammer
Prachtatzel *(Goodfellowia miranda)* → Goodfellowia
Prachtelfe *(Lophornis magnificus)* → Lophornis
Prachtfärbung → Färbung
Prachtfinken → Estrildidae
Prachtflügelsittich *(Pyrrhura calliptera)* → Pyrrhura
Prachtfregattvogel *(Fregata magnificens)* → Fregata
Prachtgelbmantel-Loris, UAn → Gelbmantellori
Prachthäher *(Garrulus lidthi)* → Garrulus
Prachtkotinga *(Cotinga maculata)* → Cotinga
Prachtleierschwanz *(Menura novaehollandiae)* → Menura
Prachtliest *(Halcyon badia)* → Halcyon
Prachtnektarvogel *(Cinnyris superbus)* → Cinnyris
Prachtnonne *(Munia spectabilis)* → Munia
Prachtpipra *(Chiroxiphia pareola)* → Chiroxiphia
Prachtrosella, UAn → Rosella
Prachtschnurrvogel, NN → Prachtpipra
Prachtsittiche → Polytelis
Prachtstaffelschwanz *(Malurus cyaneus)* → Malurus
Prachttangare *(Tangara preciosa)* → Tangara
Prachttangare, NN → Dreifarbentangare
Prachttaube, NN → Schuppenbrusttaube
Prachttaucher *(Gavia arctica)* → Gavia
Prachtweber → Malimbus
Prälatfasan *(Lophura diardi)* → Lophura
Prälattangare *(Thraupis prelatus)* → Thraupis
Präriehühner → Tympanuchus
Präriekauz *(Athene cunicularia)* → Athene
Preisrichter. Fachlich qualifizierter Züchter, der nach Ablegen einer Prüfung berechtigt ist, auf allen Schauen u. Meisterschaften ↗ Vögel entspr. ihres Standards zu bewerten. Alle Preisrichter gehören nationalen Verbänden od. Vereinen an.

Preßlinge → Pellets
Pretres Kolibri *(Phaethornis pretrei)* → Phaethornis
Preussnektarvogel *(Panaeola reichenowi)* → Panaeola
Prevosts Schimmerkolibri *(Anthracothorax prevostii)* → Anthracothorax
Priestervogel *(Prosthemadera novaeseelandiae)* → Prosthemadera
Princess-of-Wales-Sittich *(Spathopterus alexandrae)* → Spathopterus
Prinia. G der Sylviidae ↗. 13 An. Afrika, S- u. SO-Asien.

— *P. familiaris*, Sundaprinie. ♂: Zügel dunkelgrau, Oberkopf, Nacken u. Brustseiten grau, ebenso Rücken u. Flügeldecken, letztere mit weißen Spitzen. Schwanz wenig gestaffelt, grau, vor weißen Spitzen dunkelgraue Querbinde. Untere Wangen u. ganze US weiß, einige überleitende graue Federn im Weiß der Brust zu den Brustseiten. Außenfahnen der Schwingen bräunlich gesäumt. Schnabel schmal, leicht abwärts gebogen, schwärzlich. Auge rotbraun, Lidrand weiß. Füße rosafarben. ♀ wie ♂, aber im Zügel weiß. Nacken u. Rücken bräunlicher. Juv. oberseits schmutziggrau, Schnabel hellhornfarben, First schwärzlich. Kopf mit Längsstricheln, auch unterseits u. Spitzen der Flügeldecken trüber weiß. Schnabel schwärzlich. Ca. 14½ cm. UAn. Sumatera, Java u. Bali. Bewohnt Kulturland, bevorzugt feuchtere gras- u. buschbestandene Biotope u. Sekundärwald. Im Geäst hüpfend auf Insektenjagd, Flugbild ähnl. dem der Bartmeise ↗, scheint offene Flächen ungern zu überfliegen (Th. KLEEFISCH ↗). Häufig. Erstmalig 1980 u. 1981 von Chr. KRAUSE in die BRD eingeführt. Haltung in pflanzen- u. gestrüppreicher warmer Unterkunft. Futter sehr gutes handelsübl. feines Insektenfuttergemisch. Erstzucht 1982 bei TH. KLEEFISCH, Bonn, BRD (Leihgabe von Dr. SCHUCHMANN ↗ bzw.

Prinzenglanzstar

Museum Alexander Koenig, Bonn). ♀ baut binnen 3 Tagen Nest in ca. 1 m Höhe im Gestrüpp. Gelege 2—3 blaßgrüne Eier. Nur ♀ brütet. Juv. schlüpfen nach 12—13 Tagen. Beide ad. Vögel füttern. Aufzuchtfutter kleine frischgehäutete Mehlkäferlarven ↗, kleine Wachsmottenmaden, Pinkies ↗, frische Ameisenpuppen u. vor allem kleine Grillen u. Heimchen. Juv. fliegen nach 13 Tagen aus. Nach 3 vergeblichen Brutversuchen gelangen 3 weitere ohne Schwierigkeiten.

Prinzenglanzstar *(Lamprotornis ornatus)* → *Lamprotornis*

Prioniturus. G der Psittaculidae ↗. 6 An. Typisch sind die beiden mittl. zum Schwanzende fahnenlosen Federn, die nur am Ende spatelförmige Fahnen aufweisen. Philippinen, Sulawesi u. Maluku. Für Gefangenschaft nicht geeignet. Sie sind langsam in der Bewegung, träge, geraten leicht in plötzliche Panik, häufig mit Todesfolge (Dr. BURKARD ↗). Sehr schwer einzugewöhnen, unbedingt warm, problematisch Futterumstellung, große Verluste. Auch später warme Haltung in Volieren. Futter, reichl. Keimfutter u. Früchte. Futterplatz hoch in der Anlage anbringen. Nur wenige Exempl. nachfolgender An in Europa gepflegt. Noch nicht gezüchtet.

— *P. discurus*, Blauköpfiger Spatelschwanzpapagei. ♂: grün, unterseits heller, mehr gelblich. Scheitel, Hinterkopf u. Nacken blau. Rücken u. Schwingen dunkelgrün. Armschwingen mit schmutziggelben Säumen. Unterflügeldecken grün. Verlängerte Spatelschwanzfedern oben grün, spatelförmige Spitzen schwarz, blau getönt, Schwanz-US vollständig grünlichblau. Schnabel hellhornfarben. Auge braun. Füße rosagrau. ♀: mit kürzeren Spatelschwanzfedern, sonst wie ♂. Juv. blau von Scheitel, Hinterkopf u. Nacken weniger od. fehlend. Mittl. Schwanzfedern nicht verlängert, Schwanz wenig gefleckt. 28 cm. 5 UAn. Philippinen (einschließl. Palawan). Bewohnt tropische Wälder bis ca. 1 750 m ü. NN, auch auf Plantagen. Brütet in Baumhöhlen. Koloniebrüter?

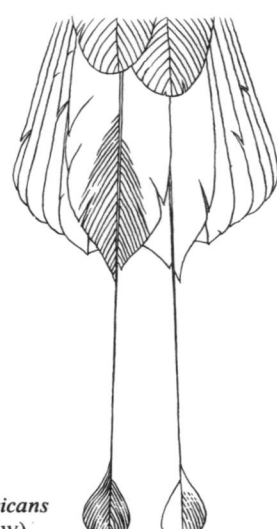

Schwanzoberseite von *Prioniturus flavicans* (nach J. M. FORSHAW)

— *P. luconensis*, Grüner Spatelschwanzpapagei. ♂: gelblichgrün, Kopf u. Oberrücken heller. Unterflügeldecken gelblichgrün, US der Schwingen grünlichblau. Mittl. Schwanzfedern oberseits grün, spatelförmiges Ende schwarz mit bläulichem Anflug. Schwanz-US grünlichblau. Schnabel hellbläulichgrau, spitzenwärts hellhornfarben. Auge dunkelbraun. Füße bläulichgrau. ♀: gering dunkelgrüner als ♂, Spatelschwanzfedern kürzer. Juv. ohne Spatelschwanzfedern, mittl. Federn mit Blau. 29 cm. Bewohnt Luzon u. Marinduque (Philippinen). Lebt im tropischen Urwald, auch auf Kornfeldern. Brütet in Baumhöhlen.

— *P. platurus*, Motmotpapagei. ♂: grün, Bauch, Körperseiten u. Unterschwanzdecken heller, mehr gelblich. Hinterer Scheitel blaßrosarot, anschl. grünlichblauer Fleck bis in den Nacken, unterer Oberrücken bläulichgrau, manchmal mit Grün. Flügeldecken mattgrau. Innenfahnen der Armschwingen mit hellgelben Säumen. Unterflügeldecken grün, US der Schwingen grünlichblau. Spatelschwanzfedern oben grün, Spatel schwarz mit grünlichem Anflug, äußere Schwanzfedern oben grün, spitzenwärts schwärzlich u. blau, Schwanz-US grünlichblau. Schnabel hellbläulichgrau, spitzenwärts dunkelgrau, Unterschnabel dunkelgrau. Auge dunkelbraun. Füße grünlichgrau. ♀: oberseits grün, Spatelschwanzfedern kürzer. Sonst wie ♂. Juv. wie ♀, aber ohne Spatelschwanzfedern. 29 cm. 3 UAn. Lebt auf Sulawesi u. benachbarten Inseln, Talaut-Insel. Bewohnt Bergregionen zwischen 1 800 u. 2 000 m ü. NN. Bes. dämmerungsaktiv, auch nachts auf Nahrungssuche, in kleinen Trupps unterwegs. Erkrankt in Gefangenschaft leicht an Mykose.

Prionodura. G der Ptilonorhynchidae ↗. 1 A. NO-Australien (Cairns-District, N-Queensland). ♂ begabter Spötter. ♂ baut um od. zwischen Bäumchen u. Büschen bis 3 m hohe Reisigtürme (oft mehrere Balzperioden hindurch); dazwischen meterbreite, mit Flechten u. Blüten geschmückte Tenne. Lockruf krächzend. Bei Balz verlängerte Nackenfedern aufgerichtet, Schwanz gespreizt. ♀ baut umfangreiches Nest dicht über Waldboden. Brutfürsorge nur vom ♀. 2 reinweiße Eier.

— *P. newtoniana*, Säulengärtner, Reisigturmbauer. ♂: Scheitel, Hinterhals u. US gelb. Kopfseiten, Rücken, Flügel olivbraun mit gelber Zeichnung. Schwanz gelb u. olivfarben. ♀: oberseits olivbraun; unterseits blaßgraubraun. 23—25 cm.

Priotelus, Mondschwanztrogon. G der Trogonidae ↗. 1 A. Schwanzfedern am Ende tief halbmondförmig ausgeschnitten, nach außen gebogen.

— *P. temnurus*, Kubatrogon. ♂ u. ♀: Kopf-OS schwarz mit dunkelgrünem, blauem u. purpurnem Glanz, Zügel, Wangen u. Ohrfleck schwarz, Rücken bronzegrün, Bürzel blaugrün, Kinn weißlich. Vorderhals u. Brust hellgrau, Bauch u. Unterschwanzdecken blutrot, Flügel schwärzlich mit dunkelgrünem Glanz u. weißen Flecken, mittl. Schwanzfedern stahlblau, äußere mit weißen Spitzen u. Flecken. Schnabel-OS schwarz, Basis u. US rot. Iris gelbrot. Füße dunkel hornfarben. 23 cm. Kuba u. Isla de la Juventud. Waldbewohner, früher gemein, durch Rodungen auf noch intakte Lebensräume beschränkt; trotz seiner

Färbung wenig auffallend, meist ruhig in aufrechter Haltung auf Ästen sitzend, von hier aus zu Beuteflügen startend, aber auch Früchte u. Blüten im Fluge abrupfend u. dann auf Ast verzehrend. Brütet von April—Juli in verlassenen Spechthöhlen, 3—4 bläulichweiße Eier. 1909 im Berliner Zoo, dann gelegentl. importiert, recht gut haltbar u. in größeren Flugräumen ausdauernd, suchen auch Freivolieren ↗ auf, um Sonnenbäder zu nehmen, warme Überwinterung notwendig. Ernährung mit Weichfutter, Ameisenpuppen, Salat, Früchten (Bananen u. Weintrauben meist bevorzugt) u. Mehlwürmern, die bes. gern genommen u. auch vom Boden, bei einem Pfleger sogar von der Hand geholt wurden. In Gemeinschafsvoliere ruhig, meist verträglich, können kleineren Vögeln gegenüber aber gefährlich werden. Ruf ein aus tiefer Kehle kommendes Krächzen, beim ♀ angeblich höher, in Angst ein schriller Ruf. Im Vogelhaus des Tiergartens Wien-Schönbrunn lebte ein ♂ 7½ Jahre, Zucht in Voliere ↗ noch nicht gelungen.

Probosciger. G der Cacatuinae ↗. 1 A, größte der F. Seitl. zusammengedrückter, sehr großer Schnabel, lange Spitze. Wachshaut befiedert. Lange fleischige Zunge, vorstreckbar, Ränder können aufgewölbt werden, dadurch wird zerkleinerte Nahrung wie mit einem Löffel zur Speiseröhre befördert. Schnabel so gestaltet, daß z. B. große Nuß im vordersten Teil festgehalten werden kann, mittelgroße im mittl. Schnabeldrittel u. kleine Nahrungsstücken in der hintersten Auskerbung. Neuguinea, Jobi, Waigeu, Salawati, Misool, Gemien, Biak, Aru-Inseln, Kap-York-Halbinsel (NO-Australien). Bruthöhle in ca. 10 m Höhe. Brutzeit August—Februar. 1 Ei. Nur ♀ brütet, wird vom ♂ gefüttert. Meistens nur in zool. Gärten gehalten, mehrere Exempl. im Vogelpark Walsrode ↗. Futter wie Cacatuidae ↗, Zirbelnüsse bieten. Mit letzteren am besten Eingewöhnung, danach unempfindlich. Verträglich. Lassen sich gerne beregnen. Erstzucht wohl 1944 bei SCHEFFLER, USA. Erfolge äußerst selten. 1981 u. 1982 im Zool. Garten Leipzig gezüchtet. Balzt mit Verbeugungen u. springt auf Ast hoch. Während der Aufzucht außerdem flüssig-breiige Babynahrung reichen. Hohes Alter (45 Jahre altes ♀ legte im Zoo London noch 1 Ei, dieses allerdings unbefruchtet).
— *P. aterrimus*, Palm-, Arakakadu. ♂: schwarz, Wangen nackt, fleischfarben (bei Erregung dunkelrot). Große Haube, lange schmale Federn. Auge dunkelbraun. Schnabel, Füße schwarz. ♀ wie ♂, aber kleiner bes. Kopf, Oberschnabel. Juv. wie Ad., gelbliche Flecken auf Unterflügeldecken. 55—60 cm. 3 UAn.

Procarduelis, Rosenbrauengimpel. G der Carduelidae ↗. 11 An. ♂ ♂ aller An mit silbrigrosenrotem Augenbrauenstreif u./od. Stirn u./od. Kehle, dunkelrotbraunem streifigem Rücken u. meist einfarbig hell- bis dunkelroter US. ♀: einfarbig streifig ockerbraun, dunkler, brauner als ♀ der G *Erythrina* ↗. Asien. Vereinzelte An als Beifänge importiert, gelegentl. nachgezogen. Haltung, Futter s. *Erythrina*.
— *P. rhodochlamys*, Rosenmantelgimpel. Bes. große, dunkle Form. ♂: mit silbernrosafarbener Kehle u. Augenstreif. ♀: ockerbraun, dunkel gestreift. Bes. kräftiger, dunkler Schnabel. 17 cm. Pakistan über Himalaja u. Innerasien bis Mongolei. Bewohnt Hochgebirge.
— *P. rhodochroa*, Rosenbrauengimpel. ♂ u. ♀: wie eine kleine Ausgabe der vorigen A. 13 cm. Himalaja von Kaschmir bis Sikkim.

Procellariidae, Sturmvögel. F der Procellariiformes ↗. 4 UFn, Procellariinae ↗, Pterodrominae, Pachyptilinae, Fulmarinae ↗, 15 Gn, 63 An. 19—85 cm. ♂ wie ♀, graubraun bis schwarz. Jugendkleid ähnelt meist dem der Ad. Nasenröhren wohlentwickelt. Alle Meere bewohnende Langstreckenflieger. Fliegen oft dicht über Wellen («Wellenscherer»), dabei Meeresgetier aller Art von Wasseroberfläche aufnehmend, manchmal auch schwimmend od. danach tauchend. Ebenso Abfälle u. Aas. Auf festem Boden nur mühsame Fortbewegung. Zur Brutzeit nachts laute klagende Rufe. Brut auf Felsklippen am Boden, häufig in Höhlen. 1 weißes Ei. Juv. wird mit öligem Magenbrei des Altvogels gefüttert, daher sehr fett werdende Nesthocker. Von versch. An werden Juv. zu hunderttausenden vom Menschen zur Ernährung eingesammelt. (5 «Hammelvögel» ergeben 1 l klares Öl). Dadurch Bestände solcher An stark bedroht. Ihre spez. Lebensweise gestattet kaum eine Gefangenschaftshaltung. Sind empfindlich u. hinfällig; stellen an Unterbringung u. Pflege nicht zu realisierende Ansprüche. Haltung ohne Bruterfolg lediglich von einigen Zufallsfängen in Tiergärten, wie z. B. Schwarzschnabelsturmtaucher ↗ u. Gelbschnabelsturmtaucher ↗. Fütterung mit frischem Seefisch, auch mit injiziertem Lebertran, Garnelen, Miesmuschelfleisch od. gemahlenem Seefisch mit Insektenschrot. Ersatzweise auch mal Süßwasserfisch möglich, der sorgfältig gereinigt u. mit Kochsalz imprägniert sein muß (überflüssiges Salz wird durch Nasendrüsen ausgeschieden). Trinken Salzwasser.

Procellariiformes. O Röhrennasen. 4 Fn, Pelecanoididae ↗, Hydrobatidae ↗, Procellariidae ↗, Diomedeidae ↗, 6 UFn, 26 Gn, 102 An. ♂ wie ♀. Nasenöffnungen röhrenförmig, zur Ableitung des zur Einfettung dienenden Magenöls u. zur Ausscheidung überschüssigen Salzes. Sü. Meere u. Stiller Ozean. Ausgesprochene Hochseevögel; ausdauernde Segelflieger. Beide Partner brüten. Haltung s. Diomedeidae.

Procellariinae, Wasserscherer. UF der Procellariidae ↗. 6 Gn (*Procellaria, Adamastor, Puffinus* ↗, *Ardenna, Thyellodroma, Calonectris* ↗), 17 An. Haltung s. Procellariidae.

Procnias. G der Cotingidae ↗. 4 An. ♀ ♀ vorwiegend grün, ähneln sich sehr, aber ohne nackte Hautpartien u. Anhängsel. Balzrufe der ♂ ♂ klingen wie Glockentöne od. Amboßschläge. Nahrung Früchte, Insekten. Unterbringung in Volieren ↗, warme Haltung für großen Käfig ↗ wenig geeignet. Alle An im Handel, fast ausschließl. in zool. Gärten gehalten, da laute Rufe Nachbarn stören. Eingewöhnung mit juv. Vögeln einfach, nehmen bald neues Futter → Cotingidae. Attraktive Vögel im Schaugehege, u. a. alle An im Vogelpark Walsrode ↗.

Prodotiscus

Dreilapp-Glockenvogel

— *P. alba*, Zapfenglöckner, Zapfenglockenvogel. ♂: weiß, von der Stirn hängt neben dem Schnabel befiederter Hautfaden herab, wird bei der Balz ca. 3mal länger. Schnabel, Füße schwarz. ♀: grün wie Erlenzeisig ↗. 27 cm. Südöst. Venezuela, Guayana, am Rio Negro (N-Brasilien). Urwaldbewohner. Sehr selten im Handel.

— *P. averano*, Flechtenglöckner, Araponga. ♂: perlgrau, Kopf, Nacken braun, Kehle nackt mit zahlreichen herabhängenden flechtenähnl. Hautfäden (werden beim Rufen vom Körper gespreizt). Flügel schwarz. Schnabel, Füße schwarz. ♀: grün, grau u. gelb. 26 cm. UAn. Nordöst. Kolumbien, N-, O-Venezuela, we. Guayana, N-Brasilien. Urwaldbewohner. Balzruf des ♂ dröhnend wie bei Amboßschlag, anschl. zart.

— *P. nudicollis*, Nacktkehlglöckner, Nacktkehlglockenvogel, Schmied. ♂: weiß, Zügel, um Auge u. Kehle nackt, Haut runzlig, grünlich. Kehle aufblähbar. Großes Auge, Schnabel, Füße schwarz. ♀: olivgrün, unterseits mit gelben Streifen. 28 cm. SO-Brasilien, Misiones, südöst. Paraguay. Bewohner der Baumkronen im Urwald, vorzugsweise in den Bergen. Rufe klingen wie Amboßschläge (Name Schmied), oft stundenlang vorgetragen. Seit langem im Handel, in jedem größeren zool. Garten gepflegt, erstmalig 1866 im Zoo London.

— *P. tricarunculata*, Hämmerling, Dreilapp-Glockenvogel. ♂: Kopf, Hals weiß, sonst hellkakaobraun. Von Stirn u. Schnabelwinkel geht je 1 abstehender dünner, langer Hautzapfen ab. Schnabel, Füße schwarz. ♀: grün u. gelb. 27 cm. Nikaragua, Kostarika, Panama. Urwaldbewohner. In Europa erstmalig im Vogelpark Walsrode ↗ gehalten.

Prodotiscus. G der Indicatoridae. ↗. 3 An.

— *P. regulus*, Wahlberg-Laubpicker, Braunweißer Zwerghoniganzeiger, Schmalschnabel-Honiganzeiger. ♂ u. ♀: dunkelbraun bis graubraun, US blasser. 3 äußere Schwanzfederpaare weiß. Beiderseits des Bürzels weiße Federbüschel. Ähnelt kleinen grauen Fliegenschnäpper. 11—12 cm. UAn. Äthiopis von SO-Nigeria bis Äthiopien u. durch O-Afrika bis Angola, nordöst. SW-Afrika, N- u. O-Botswana, Transvaal u. durch Natal bis zur O-Kapprovinz. In Savannen, Buschland u. Akazienbeständen. Ansitzjagd auf Insekten, frißt kein Wachs.

— *P. zambesiae*, Graubauch-Laubpicker, Graubauch-Honiganzeiger, Zwerghoniganzeiger. ♂ u. ♀: ähnl. *P. regulus*, aber oberseits dunkler, tief olivfarben verwaschen. US weißlichgrau. Schwanz gerade abgeschnitten mit weißen Außenfedern. UAn. Von Äthiopien durch O-Afrika bis S-Angola, Sambia u. O-Simbabwe. In Wäldern u. Regenwäldern. Ansitzjagd auf Insekten, frißt kein Wachs. Nur 1 Ei, meist bei Sängern, Brillenvögeln, Fliegenschnäppern. Brutdauer 12—16 Tage.

Prosopeia, Maskensittiche. G der Platycercinae ↗. 1 A. Heute nur noch auf Viti Levu (Fidschi-Inseln, früher auf weiteren Inseln dieser Gruppe heimisch gewesen). Bewohnen Mangrovesümpfe, buschbestandene Wasserläufe. Bes. dämmerungsaktiv. Im Red Data Book ↗ geführt. Sehr selten gehandelt. Wenige Exempl. vor allem in die Schweiz gekommen, u. a. zu Dr. BURKARD ↗. Auffallend ist ihr Moschusgeruch. Verengen in der Aufregung Iris, so daß Auge rot erscheint. Verstecken sich gern. Stoßen lauten Ruf aus, der in der Folge immer leiser vorgetragen wird, als ob sich der Vogel entfernt hätte (Tarnverhalten). Haltung, Futter → Platycercinae. Reichl. Obst füttern. Dr. BURKARD züchtete 1974 3 Junge *P. personata* × *Layardiella tabuensis*. Juv. gleichen sehr *Layardiella*, nur Rot ist heller u. Grün weiter nach oben gezogen. Keine Nachzuchten.

— *P. personata*, Maskensittich. ♂: smaragdgrün, Gesicht schwarz. Brust-, Oberbauchmitte gelb, Unterbauchmitte orangegelb. Handschwingen außen hell-

1 Nacktkehlglöckner
2 Flechtenglöckner, 3 Zapfenglöckner, 4 Hämmerling

Pompadoursittich.

blau, Armschwingen grün. Auge orangerot. Schnabel, Füße schwarzgrau. ♀ wie ♂, Kopf, Schnabel kleiner. Juv. wie Ad., Auge braun, Schnabel heller, gering gefleckt. 47 cm.
Prosthemadera. G der Meliphagidae ↗. 1 A. Neuseeland, Auckland- u. Kermadec-Inseln, Chatham-Inseln. Früher in Mengen als Käfigvogel gefangen, da ausgezeichnete Spötter. Strenger Artenschutz!

Tui oder Priestervogel

— *P. novaeseelandiae*, Tui, Pastorvogel, Priestervogel. ♂ u. ♀: grünschwarz glänzend, Rücken u. Bauch dunkelbraun bis olivgrün. Am Hinterhals lange weiße Federn u. weißes Nackenband. An Kehlseiten 2 Büschel breiter weißer Kräuselfedern. 28—30 cm. UAn.
Provencegrasmücke *(Melizophilus undatus)* → *Melizophilus*
Prunella. G der Prunellidae ↗. 3 An. Europa, Asien, Japan, Kurilen.
— *P. modularis*, Heckenbraunelle. ♂ u. ♀: Kopf-OS, Nacken graubraun. Rücken rotbraun, dunkel längsgestreift. Kehle, Halsseiten, Brust bleigrau, Flanken rostbraun, sonst US weißlichgrau. Juv. Kopf graubräunlich mit undeutl. Flecken, US bis auf Bauch dunkel gefleckt. 14,5 cm. UAn. Europa, Kleinasien, Kaukasus, N-Iran. Bewohnt unterwuchsreiche Laub-, Nadelwälder, gern in Fichtenschonungen, Parks, Gärten in der Ebene u. im Gebirge. Gesang bescheiden, nicht sehr laut, emsiger Sänger. Anspruchslos, pflegeleicht, ausdauernd, bald zahm, in früheren Zeiten Vogel für den Anfänger der Weichfresserpflege. Weiche Käfigdecke nicht notwendig. Sehr verträglich, bes. für Vogelgesellschaften geeignet. Zucht leicht. Voraussetzung zutrauliches Paar, Aufzuchtfutter in reichl. Menge. Juv. 3 Wochen nach dem Ausfliegen selbständig, dann von Ad. trennen. Meistens noch 2. Brut im Jahr.
Prunellidae, Braunellen. F der Passeriformes ↗. 4 Gn, 12 An. Gut sperlingsgroß, wenig auffallend gefärbt, vorwiegend braun. Schnabel spitz, schlank. Europa, N-Afrika, Asien. Nahrung Insekten, Würmer, Spinnen, Schnecken, Samen, Beeren. Nest napfförmig aus Halmen, Stengeln, Moos, Tierhaaren, Federchen, wenig über od. auf dem Boden. Gelege 3—6 Eier, überwiegend 2 Bruten jährl. Brutdauer 12—14 Tage. Juv. nach 13—14 Tagen flügge. Gut für Haltung geeignet. Anspruchslos, sehr verträglich, auch mit Körnerfressern ↗, ausdauernd. Bald zutraulich. Käfig mindestens 60 cm lang für Einzelvogel. Weiche Decke nicht erforderlich. Sehr gut für Vogelgesellschaft geeignet. Bodenbelag Sand. Eingewöhnung im Herbst u. Winter einfach, im ungeheizten Raum. Über Mehlkäferlarven ↗ bald an handelsübl. insektenhaltiges Weichfutter zu gewöhnen. Sichtblenden aus wenigen Kiefernzweigen zu empfehlen, Tuchverhüllung nicht nötig. Ernährung: vom Frühjahr bis Spätsommer insektenhaltiges Weichfutter, frische Ameisenpuppen (bei Roter Waldameise Naturschutzbestimmungen beachten!), Wachsmottenlarven, Wiesenplankton, Vogelmiere, halbreife Samen von Gräsern u. Unkräutern. Das übrige Jahr Mohn, Negersaat, Glanz, wenig Hanf, 2—3 Mehlkäferlarven, 1 Messerspitze eingefrostete Ameisenpuppen. Tägl. frisches Badewasser. Einige An mehrfach in Volieren gezüchtet. Aufzuchtfutter: insektenhaltiges Fertigfutter mit reichl. frischen Ameisenpuppen anreichern, diese auch gesondert bieten, viele kleine Insekten von Wiesenplankton, frisch gehäutete od. kleine Mehlkäferlarven. Naturschutzbestimmungen!
Psarocolius. G der Quiscalinae ↗. 12 An. M-, S-Amerika. Pflege u. Futter s. Icteridae ↗.

Heckenbraunelle

Psephotus

— *P. decumanus*, Krähenstirnvogel. ♂: schwarz bis braunschwarz, wenig glänzend. Bürzel, Oberschwanzdecken kastanienbraun, Schwanz zitronengelb, mittl. Federn schwarz. Unterschwanzdecken braun. Schnabel grünlichgelb. Auge dunkelblau. Füße schwarz. ♀ wie ♂, kleiner. Juv. ähnl. Ad., insges. blasser, Schnabel bräunlich. 42—46 cm. UAn. Panama, Kolumbien (nicht im W), Venezuela (nicht im NW), Trinidad, Tobago, Guayana, Peru, Bolivien, Paraguay, Brasilien bis N-Argentinien, Santa Catarina. Waldbewohner. Gesellig, allgemein Brutkolonien von 30—40 Paaren. Nest sehr lang, schmal, beutelförmig, an Ast hängend. Gelege 1—2 Eier. Erstmalig 1873 in Europa (Zoo London, Zoo Berlin), seither selten im Handel. Nur für großen Flugraum geeignet. Zum üblichen Futter auch zerkleinerte Hähnchenküken, junge Mäuse, rohe Fleischstückchen u. Obst je nach Jahreszeit.

— *P. montezuma*, Montezumastirnvogel. ♂: Kopf, Nacken schwarz, ebenso Brust, sonst Gefieder überwiegend kastanienbraun, US am intensivsten. Schwanz außen leuchtend gelb, US vollständig gelb. Schnabel lang, spitz, schwarz, Spitze orange. Haut an Unterschnabelwurzel nackt, ebenso die unterhalb des Auges, rot gefärbt. ♂ 50 cm, ♀ 43 cm. SO-Mexiko bis Panama. Bewohnt Wälder, gern in der Nähe menschlicher Siedlungen. Nester bis zu 2 m lang, beutelförmig, hängen in hohen Bäumen. Koloniebrüter, bis zu 100 Nester in einer Baumkrone. In den Heimatländern gern gehalten, dort vorzugsweise mit gekochtem Reis u. Obst ernährt. In Europa wohl nur in Tiergärten u. Vogelparks ↗ gepflegt.

Psephotus. G der Platycerinae ↗. 5 An. Schnabelzahn fehlt. Australien. Offenes Gras-, Kulturland. Haltung, Futter s. Platycercidae ↗.

— *P. chrysopterygius*, Goldschultersittich. ♂: Stirnband, Augenpartie gelb, Oberkopf schwarzbraun. Flügeldecken gelb. Oberrücken, Schulter bräunlichgrau. Bauch, Steiß, Unterschwanzdecken rot. Schwingen schwarzbraun mit blauen Säumen. Übriges Gefieder hellblau mit grünlichem Hauch. Schnabel hornfarben. Auge braun. Füße braungrau. ♀: Vorderhals, Brust gelbgrün, insgesamt matter u. heller. Juv. ähnl. ♀, ♂♂ Vorderkopf, Steiß intensiver gefärbt als bei ♀♀. 26 cm. Jugendmauser nach ca. 15 Monaten abgeschlossen, aber nach 1 Jahr geschlechtsreif. N-Australien, sü. Kap-York-Halbinsel. Bewohnt savannenartige Waldgebiete, Mangrovewälder. Im Red Data Book ↗ geführt. Selten gehandelt, empfindlich (klimabedingt), nicht unter 12 °C halten. Erstzucht 1956 E. HALLSTROM, Australien. Bruthöhle im warmen Innenraum. *P. c. dissimilis*, Hoodedsittich. N-Territorium, Arnhemland, im Red Data Book geführt. ♂: kein gelbes Stirnband. Oberkopf, vordere Wangen schwarz. Blau mehr türkisfarben, nur Steiß, Unterschwanzdecken orangerot. Gelb im Flügel leuchtender. ♀: insgesamt blasser, Steiß orange. Juv. Jugendmauserung zwischen 8—16 Monaten, Dauer nach de GRAHL ↗ einige Monate. Volierenlänge 3 m ausreichend. Vögel beider UAn brüten in Europa mit Vorliebe im Herbst. Guter Zuchtvogel. Wärmestrahler unter Nistkästen trägt zur schnelleren Entwicklung der Juv. bei. Goldschultersittich weit schwieriger zu züchten, noch heute große Rarität. Seit 1963 beide regelmäßig von Dr. BURKARD ↗ gezogen, ersterer u. a. auch von H. FRANKE ↗.

— *P. haematogaster*, Blutbauchsittich, Gelbsteißsittich. ♂: Gesicht blau, ebenso Flügelbug, Flügelrand, äußere Flügeldecke, letztere innere olivgelb. Übriger Kopf, Kehle, Brust, OS grauolivbraun. Unterkörper blaßgelb mit rotem Bauchfleck. Unterschwanzdecken gelb. Schnabel hellgrau. Auge braun. Füße graubraun. ♀: Kopf u. Schnabel kleiner, manchmal etwas matter. Juv. matter, gering dunkler. 28 cm. UAn. Verbr. der A sü. u. inneres südöst. Australien bis sü. Queensland. Bewohnt busch- u. baumbestandene Savannen, Ufer von Wasserläufen. Selten gehandelt, temperamentvoll, manchmal ♂ aggressiv, paarweise Unterbringung. Erstzucht der Nominatform 1878 in Belgien. *P. h. haematorrhous*, Rotsteißsittich. N-Neusüdwales, S-Queensland. Unterschwanzdecken rot, kleinere innere Flügeldecken rotbraun. Erstmalig 1862 in Europa (Zool. Garten London). 1878 Erstzucht in Belgien. *P. h. narethae*, Narethasittich. Sü. W-Australien. ♂: Stirn türkis, Wange, Kehle blau, ebenso Rand u. Bug des Flügels. Obere Flügeldecken rot. Oberkopf bis Rücken grauoliv, gleichfalls Flügel, Oberbrust. Bauch gelblich, roter Steiß. ♀: insgesamt kleiner, bes. Oberschnabel meistens auch dunkler. Erst 1921 entdeckt, Welterstzucht 1941 Zoo Adelaide, Australien. 1971 Erstzucht BRD, 1972 Schweiz. Empfehlenswert Naturstammhöhle bis auf sehr

Gelbsteißsittich. Paar.
1 Weibchen, 2 Männchen

1   2

kleine Öffnung mit Baumrinde zunageln, wird dann ausgenagt. (K. H. STEGEWEIT). *P. h. pallescens,* Heller Blutbauchsittich. S-Australien. Blauer Vorderkopf, US u. OS mehr grau, mittl. Flügeldecken schmutziggelb, Flügelbug türkis. Ausgesprochen selten gehandelt. Baumstammhöhlen am günstigsten. Brütet zeitig im Frühjahr. Meistens nur 1 Brut.

— *P. haematonotus,* Singsittich. ♂: bläulichgrün. Hand-, Armschwingen blau, Schulterfleck gelb, Ober-, Unterschwanzdecken grün, Unterrücken, Bürzel rot. Bauch gelb, Steiß gelblichweiß. Schwanz-OS blaugrün, US gräulich. Auge schwärzlich, ebenso Schnabel. Füße graubraun. ♀: grauoliv, Unterrücken, Bürzel grün. Unterbauch hellgrau. Juv. matter. Unter dem Flügel hell gestreift. Schnabel hornfarben. 27 cm. SO-Australien (nicht Tasmanien). Bewohnt offenes Land in der Ebene. Häufig im Handel, lebhaft, anspruchslos, hart, zutraulich, leicht zu züchten. Paarweise Unterbringung. Haltung in Volieren (2—3 m Fluglänge). Überwinterung im frostfreien Schutzhaus. Europ. Erstzucht 1857 (Zool. Garten London). 2—3 Bruten jährl. Mutation: Pastellgelb, ♂♂ haben roten Bürzel. Beliebter Ammenvogel.

— *P. pulcherrimus,* Paradiessittich. ♂: Stirn rot, ebenso Bauch bis Unterschwanzdecken, kleine Flügeldecken. Oberer Kopf u. OS braun, nur Bürzel, Oberschwanzdecken blau. Übriger Kopf, Halsseiten, Kehle, Brust blaugrün, Augenpartie gelb. Schnabel hornfarben, Basis schwärzlich. Auge braun. Füße braunschwarz. ♀: Stirn gelblichgrün, fast kein Rot, insgesamt matter. Juv. ähnl. ♀, ♂♂ Oberkopf dunkler. Rot der Flügeldecken intensiver. Ebenso Grün des Gesichtes u. der Brust. 28 cm. SO-Queensland bis NW-Neusüdwales. Ausgestorben? Lebensraum buschbestandenes Grasland u. lichte Wälder. Ausgesprochen selten im Handel gewesen. Erstzucht 1878 in Belgien. An entlegener Stelle in Australien wird er möglicherweise gezüchtet.

— *P. varius,* Vielfarbensittich. ♂: Stirn gelb, ebenso Streif auf oberem Flügel, Bauchmitte, Unterschwanzdecken. Hinterkopf mit rotem Fleck, Mitte des Bauches kräftig rot, manchmal auch Schenkel. Armschwingen bläulich, Enden schwarz. Flügelrand, Unterflügeldecken blau. Flügeldecken mit rotorangenem Fleck. Schwanz-OS grün u. blau. US bläulich u. weiß. Übriges Gefieder grün. Schnabel dunkelgrau. Auge dunkelbraun. Füße graubraun. ♀: bräunlicholivgrün mit rotem Fleck auf Hinterkopf u. Schulter (fehlt dem sonst sehr ähnl. ♀ von *P. haematonotus*). Juv. ♂♂ gelber Schulterfleck, intensiver grün als juv. ♀♀. 28 cm. Inneres S-Australien. Bewohnt paarweise od. in Familiengruppen trockene spärlich bewachsene Landschaften, auch im Kulturland, Waldrodungen kamen seiner Verbr. entgegen. Brütet hauptsächl. in Astlöchern von Eukalyptusbäumen. Kälteempfindlicher als *P. haematonotus.* Paarweise Unterbringung, möglichst in Nachbarvolieren keine *P.*-An. Brütet zeitig im Jahr (Januar), dann nicht unter 10—12 °C halten. Bei frühen Bruten nicht selten 2 jährl. Fortpflanzungsfähig allgemein nach 1 Jahr.

Pseudeos. G der Loriidae ↗. 1 A. Neuguinea, Salawati u. Jobi. Bewohnen Wälder u. baumbestandenes Grasland bis 2 000 m ü. NN. Brutbiol. Einzelheiten unbekannt. Stets in wenigen Exempl.en auf dem europ. Vogelmarkt. Eingewöhnung → *Eos bornea,* Dauer 1—2 Jahre. Danach unempfindlicher, Überwinterung mäßig warm. Stimme laut. Mehrere Male gezüchtet. Gelege 2 Eier. Juv. fliegen nach 10 Wochen aus.

— *P. fuscata,* Weißbürzellori. ♂: schmutzig olivbraun, Scheitel gelb, Federn von hinterem Nacken u.

Singsittich. Männchen

Weißbürzellori

Pseuditis

Marmorspätzling

Oberbrust mit mattgelben Säumen, über der Kehle gelb bis orangegelbes Querband, zuweilen auch über unterer Brust 2. halbmondförmiges Band, Oberbrust u. Bauch gelb bis orangerot, Schenkel orangerot. Unterschwanzdecken bläulich purpurfarben. Rücken u. Bürzel cremeweiß, Unterschwingen olivbraun u. mattgelb, 2 orangegelbe Querbänder auf Flügel-US. Schwanz matt olivgelb mit orangefarbenen Säumen. Schnabel dunkelorange. Auge rot. Füße dunkelgrau. ♀ wie ♂, gelber Scheitelfleck möglicherweise größer. Juv. rötlichorangefarbene Gefiederpartien der Ad. gelb od. hellorange. Schnabel braunschwarz. 26 cm.

Pseuditis. G der Threskiornithidae ↗. 1 A. Indien bis Indochina. In lockeren Scharen od. paarweise in offenem Gelände. Nahrung Insekten u. kleine Reptilien. Nest in hohen Bäumen. 2–4 Eier, grünlich, teils mit braunen Flecken. Zuchterfolg 1965 in Saigon.
— *P. papillosa*, Warzenibis. ♂ u. ♀: schwarz. Flügel metallischblaugrün glänzend. Weißer Schulterfleck; nackte schwarze Kopfplatte mit rötlichen Warzen. Abwärts gebogener Schnabel schwarzbraun; Füße rot. UAn.

Pseudochloroptila, Hottentottengirlitze. G der Carduelidae ↗. Vielleicht kein echter Girlitz. 2 An. S-Afrika. Im Bergland.
— *P. totta*, Hottentottengirlitz. ♂ u. ♀: schlank, sehr düster gefärbt. Rücken, Flügel u. Schwanz schokoladenbraun, Federn am Kopf, Bürzel, der US olivgrün, fein gestrichelt. ♂ weniger gestrichelt u. mit deutl. gelbem Kehlfleck u. gelber Brust. Auffallende weiße Tropfen an den Spitzen von Flügel- u. Schwanzfedern, beim ♂ größer als beim ♀, Schnabel schlank, pfriemenförmig. Juv. bräunlicher, sonst wie ♀. 13 cm. S-Kapprovinz. Lebt in der feuchten Bergmacchie. Nahrung Gräser, bes. Sumpfgräser u. andere kleine Wildsamen. Nistet in Felsspalten od. niedrigen Büschen. ♂ beteiligt sich am Nestbau; ♀ bebrütet das Gelege von 3–4 rein weißen Eiern 16–17 Tage. Juv. fliegen mit 18 Tagen aus, sind nach weiteren 2 Wochen selbständig. In der Voliere ↗ wie im Käfig (1 m Länge), wenig scheu, verträglich. Futter Waldvogelmischung ↗, gekeimte Kolbenhirse, Wildsamen, bes. Nachtkerze, geringe Mengen Insektenfutter ↗. Auf gleichmäßiges Angebot von Grünfutter ↗, Vitamin- u. Mineralstoffzufuhr ↗ achten. Wenig robust u. nur bedingt winterhart.

Pseudonigrita, Marmorspätzlinge. G der Plocepasserinae ↗. 1 A. S-Sudan, S-Äthiopien bis Tansania. Bewohnen Savannen, vorzugsweise mit Akazien u. Dornbüschen bestanden. Gesellig. Flaschenförmiges Nest mit Einschlupfröhre an Zweigenden, auch in Astquirlen, bes. in Akazien. Leben im Gegensatz zu anderen Tieren gut mit angriffsfreudigen Ameisen zusammen, die Gallen auf Akazien bewohnen. Gesang ähnl. Star ↗. Ernährung s. Ploceidae. Ab u. zu eingeführt. Anfangs empfindlich, nicht unter 22 °C halten (Infrarotstrahler). Später gut für Gartenvoliere mit Schutzhaus geeignet. Meistens friedlich, besonnen, neugierig, zur Brutzeit paarweise allein halten. Zucht öfter gelungen, nur in Volieren. Nest aus Gräsern u. Kokosfasern in Körbchen ↗, halboffenen Nistkästen ↗, auch freistehend im Gebüsch. Auspolsterung mit feinen Halmen. Gelege ca. 4 weißliche, rosa od. bläuliche Eier, die rötlichbraun, auch graubraun gefleckt u. gepunktet sind. Schlupf nach 14 Tagen. Aufzuchtfutter vor allem Insekten, s. Ploceidae. Juv. fliegen nach 3 Wochen aus, werden noch weitere 14 Tage von ad. Vögeln gefüttert, brauchen dann nicht abgetrennt zu werden.
— *P. arnaudi*, Marmorspätzling. ♂ u. ♀: hellgraubraun, ausgenommen weißliche Kopf-OS, im Ohrbereich mehr braun. Schwingen schwarz, kurze Schwanzfedern teilweise schwarz. Schnabel schwarz. Auge braun. Füße fleischfarben. Juv. Kopfplatte gelblichgrau, sonst bräunlich. 13 cm.

Pseudoptynx, Streifenuhus. G der Strigidae ↗. 1 A. Mittelgroß, überwiegend dunkelorangefarben, mit relativ kleinen Federohren u. gelber Iris. Keine Geschlechtsunterschiede im Gefieder, jedoch sind ♀♀ größer u. schwerer als die ♂♂. Philippinen, Inseln Luzon, Cebu u. Mindanao. Tropischer Regenwald. Nahrung sind Kleinsäuger, Vögel u. Insekten. Eingewöhnung u. Haltung dürfte mit Eintagsküken u. Mäusen problemlos sein. Haltung in mindestens 2,00 × 4,00 × 2,00 m Volieren ↗ zu empfehlen. Brutbiologie u. Lebensweise unbekannt.
— *P. philippensis*, Streifenuhu. ♂ u. ♀: OS dunkelorangefarbene Grundfarbe mit dunkelbraunen Längsstreifen, US Brust gelbweiß mit breiten dunkelbraunen Längsstreifen. Bauch einfarbig gelbweiß. Beine befiedert. Zehen nackt. Schwanz quergebändert. Juv. unbekannt. 40 cm. Äußerst selten gehaltene Eule. Nachweisbar nur einmal in der BRD gekäfigt.

Pseudotuberkulose. Infektionskrankheit. Zoonose. *Yersinia pseudotuberkulosis* als Erreger. Beim Vogel meist sporadisch auftretend als Septikämie chronisch verlaufend. Therapie mit Chemotherapeutika selten erfolgreich.

Psilopiagon. G der Aratingidae ↗, UF Forpinae ↗. 1 A. Früher zu *Bolborhynchus* ↗ gehörend. Heimat nordwe. u. mittl. Peru, Bolivien, Chile u. we. Argentinien bis Cordoba. Hochlandvögel, leben weitverbr. auf der trockenen, offenen Hochebene, vorwiegend zwischen 3 500 u. 4 500 m ü. NN, im S in niedrigeren Lagen. Nominatform bewohnt allerdings trockenes Buschland u. bewässerte Täler entlang der Küstenebene u. an den niedrigen Andenhängen von Peru zwischen La Libertad u. Arequipa. Recht häufig. Population im wesentl. stabil, in der Küstenzone Perus gewisser Bestandsrückgang (?). Brüten in Fels- u. selbstgegrabenen Höhlen. In Gefangenschaft stets selten, 1958 im Zoo London. Vögel starben bald (Klima?). Auf Grund der hohen Sterblichkeitsrate allgemein wenig geeignet für die Vogelhaltung, sollten nicht exportiert werden. Dennoch sind vom Okt. 1979–Juni 1980 300 Exempl. nach den USA ausgeführt worden. Scheu, friedlich. Körnerfutter → *Forpus,* außerdem Karotten, Äpfel, Bananen, Orangen u. reichl. Grünes. Baden gern. Erstzucht 1967 in der BRD. Bruthöhle war Wellensittich-Nistkasten. Juv. schlüpfen nach 23 Tagen. Aufzuchtfutter geriebene Karotten mit Multivitaminpräparat, Körnerfutter. 2 Bruten jährl.

— *P. aurifrons,* Zitronensittich. ♂: grün, US gelbgrün. Stirn u. vordere Wangen gelb. Schnabel hornfarben. Auge dunkelbraun. Füße fleischfarben. ♀: ohne Gelb. Juv. blasser als Ad., ♂♂ Stirn gelb. 17 cm. UAn.

Psilopogon. G der Capitonidae ↗. 2 An. Große Bartvögel. Auffallende rote Borstenbüschel an der Basis des Oberschnabels, roter Steiß. Schnabel kräftig, kurz. SO-Asien, Sumatera. Beide An eingeführt, Zucht noch nicht gelungen.

— *P. lagrandieri,* Rotsteiß-Bartvogel. ♂ u. ♀: Kopf-OS, Zügel dunkelbraun, Federn an der Stirn u. über den Augen mit blauen Spitzen, Ohrgegend, Halsseiten beige, im Nacken vereinzelte rote Federn, übrige OS olivgrün. Flügel mehr braungrün, Kehle, Vorderbrust graubraun, übrige US hellgelblichgrün, Steiß leuchtend rot. Schnabel dunkelgrau. Auge graubraun. Füße hellgrau. 30 cm. Indochina. Waldbewohner, in den Bergen bis über 2 000 m. Wenig bekannt u. selten eingeführt, von J. DELACOUR 1932 nach Clères.

— *P. pyrolophus,* Rotbüschel-Bartvogel, Ohrenbartvogel. ♂: Stirn, Zügel u. Federn an der Schnabelbasis schwarz. Stirnborsten an der Basis schwarz, sonst leuchtend rot. An Kopf-OS eine schmale, weißliche Querbinde, Hinterkopf, Nacken dunkelbraun mit rötlichen Federspitzen. Wangen-, Ohrgegend hellgrau, hinter dem Auge schmaler, grüner Streifen, übrige OS einschließl. Flügel u. Schwanz leuchtend grasgrün, an den Flügeln u. am Bürzel mit bläulichem Anflug. Kinn schwarz, Kehle mattgrün, dahinter ein goldgelbes u. ein schwarzes Brustband, restl. Unterkörper hellgrün. Schwanz-US bläulich. Kurzer, seitl. zusammengedrückter Schnabel blaßgrün mit schwärzlicher Binde in der Mitte. Iris kastanienbraun. Nackter Augenring dunkelolivgrün. Füße grünlichgrau. ♀: mit breiterer, weißer Querbinde an Kopf-OS, Federn am Hinterkopf ohne rötliche Spitzen. 28 cm. Malaiische Halbinsel u. Sumatera. In Bergwäldern bis 1 500 m ü. NN. Meist in kleinen Flügen von 5–6 Exempl. Nicht so laut wie andere An. Hin u. wieder eingeführt, 1 Vogel schon 1928 bei Dr. ARNAULT, Frankreich. 1929 erstmals nach England gekommen, 1935 auch nach Deutschland u. in den Berliner Zoo. Er ließ den Sommer über eine immer

Psittacara

Rotbüschel- oder Grauwangen-Bartvogel

schneller u. lauter werdende Folge von Rufen, die wie «kerr-kerr-kerr» klangen, hören. Nach längerer Einfuhrpause neuerdings gelegentl. in Zoos u. bei Vogelliebhabern. Ernährt sich meist nur von Früchten u. schläft gerne in Höhlen od. Nistkästen. Einigermaßen ausdauernd, lebhaft.

Psittacara. G der Aratingidae ↗, UF Aratinginae ↗. 9 An, davon *P. labati,* früher zu *Aratinga* ↗ gehörend. Verbr.-Gebiet M-, S-Amerika u. Karibik. Pflege → *Pyrrhura.*

— *P. chloroptera,* Haiti-, Grünflügelsittich. ♂ u. ♀: grün, US gelblichgrün. Am Kopf zuweilen wenige rote Federn. Flügelbug u. Flügelsaum rot, ebenso äußere Unterflügeldecken, übrige grün, z. T. rot. Schwingen-US olivgelb, gleichfalls Schwanz-US. Schnabel hornfarben. Auge rötlichbraun, Augenring nackt, weißlich. Beine grau. Juv. Rot nur äußere Unterflügeldecken. 32 cm. UAn. Haïti, früher auch auf Mona, Fremdling auf Puerto Rico. Vorzugsweise Bewohner der Berge im Landesinneren. Häufig. Brütet in hohlen Bäumen od. Ästen. Gelege 4–5 (7) Eier. Nahrung Baumfrüchte, Beeren, Samen, zuweilen Schadensverursacher auf Maisfeldern. Äußerst selten im Handel gewesen, heute wohl nur im Vogelpark Walsrode ↗ u. im Vogelpark Gran Canaria gepflegt. Leicht mit Pavuasittich zu verwechseln. Erstzucht bei V. WRIGHT, USA, in den 70er Jahren auch in Dänemark gezüchtet. *A. c. maugei,* Puerto Rico-Sittich. Einst auf Insel Mona u. Puerto Rico, heute †.

— *P. erythrogenys,* Guayaquilsittich, Rotkopfsittich. ♂: Kopf bis untere Wangen leuchtend rot, Hals mit

Psittacara

vereinzelten roten Federn. Flügelbug, Flügelsaum rot, ebenso kleine u. mittl. Unterflügeldecken u. Schenkel. Größere Unterflügeldecken gelblicholiv. Schwingen- u. Schwanz-US graugelblich. Übriges Gefieder grün. Schnabel hornfarben. Auge orangegelb, Augenring nackt, weißlich. Füße grau. ♀ wie ♂, evtl. schwächerer Schnabel. Juv. nur Unterflügeldecken rot, ansonsten Gefieder ohne Rot. 33 cm. We. Ekuador u. we. Peru. Lebt vorwiegend in trockenen Gebieten, erscheint in unterschiedl. Habitaten vom laubabwerfenden Wald bis zur vegetationsarmen Wüste, zuweilen auch in Städten. Flachlandbewohner bis in Höhen von ca. 500 m ü. NN. Lokal Bestandsrückgang. Bildet nach der Brutzeit Schwärme, erreicht manchmal SW-Kolumbien, auch in Höhenlagen bis 2 500 m angetroffen. Brutgebiet unbekannt. Ab u. zu im Handel. Juv. manchmal mit Pavuasittich verwechselt. Interessanter Käfigvogel, selbst Altvogel bald zahm. Sprechbegabt. Lernt Kunststückchen. Starkes Nagebedürfnis. Sicherer Käfigverschluß. Badet selten. Wurde auch im Freiflug gehalten. Kleine bis mittelgroße Außenvoliere (Ganzmetall) ideale Unterkunft. Frostfreie Überwinterung. Nach der Brutzeit verträglich. Erstzucht 1925 bei SHORE-BAILY, England. Seither mehrmals Zuchterfolge, bei größerer Unterkunft nicht schwierig, nur Paarzusammenstellung (Geschlechtsbestimmung) problematisch. Zur Zucht Paar allein halten. Brutzeit in Europa anscheinend im Sommer (Th. ARNDT ↗). Gelege 3—4 Eier. Schlupf nach 28 Tagen. Juv. fliegen nach 7 Wochen aus.

— *P. euops*, Kubasittich. ♂ u. ♀: grün, US mehr gelblichgrün. Kopf, Hals, weniger übriger Körper mit vereinzelten roten Federn. Flügelbug rot, ebenso kleine Unterflügeldecken, größere Schwingen- u. Schwanz-US olivgelb. Schnabel hell hornfarben. Auge gelb, Augenring nackt, weißlich. Füße bräunlich. Juv. Flügelbug grün, Kopf u. Hals ohne Rot, nur wenig Rot auf Unterflügeldecken. 26 cm. Kuba (früher auch auf Isla de la Juventud). Bewohner urwüchsiger Wälder, auch im offenen Land. Nicht selten. Lebt in Trupps bis ca. 30 Vögel zusammen. Keine Scheu. Nahrung Baumfrüchte, Beeren, Samen, Nüsse, Blattknospen. Brutzeit Mai—Juli. Brütet in verlassenen Höhlen vom Kubagrünspecht *(Xiphidiopicus percussus)* in Palmen od. Termitenbauten. Gelege 2—5 Eier. In Europa sehr selten gepflegt, am häufigsten wohl in der DDR u. ČSSR. Erstzucht 1967 von H. HÄHNE, Berlin, DDR, in 2 m langer Außenvoliere. Paar allein halten, sehr aggressiv. Schlupf nach 23 Tagen. Juv. fliegen nach 7 Wochen aus.

— *P. finschi*, Fisch-, Rotstirnsittich. ♂ u. ♀: grün, unterseits blasser. Stirn u. vorderer Zügel rot (nicht bis Auge), ebenso Flügelbug u. Flügelsaum, auch äußere Unterflügeldecken. Hals gelegentl. mit vereinzelten roten Federn. Größere Unterflügeldecken gelb, Schwingen- u. Schwanz-US olivgelb. Schenkel z. T. rot. Auge orange, Augenring nackt, weiß. Füße graubraun. Juv. ohne od. mit wenig Rot, Unterflügeldecken olivfarben. 28 cm. S-Nikaragua bis W-Panama. Bewohnt offenes Land der Tropen u. Subtropen bis 1 600 m ü. NN, nur in lichten Wäldern, auf Lichtungen u. im Kulturland. Häufig. Nahrung Baumfrüchte, Beeren, Samen, Nüsse, grüne Pflanzenteile, gelegentl. auf Getreidefeldern anzutreffen. Brutbeginn Juli, 2 Jahresbruten (?). In Europa sehr selten gepflegt, zuweilen im Handel verkannt. Warme Eingewöhnung über mehrere Monate. Später auch gut für Außenvoliere ↗ mit frostfreiem Schutzraum ↗ geeignet. Juv. Einzelvögel bald zahm, ahmen wenige Worte nach, gelegentl. laute Schreie. Noch nicht gezüchtet. Bei Th. ARNDT unbefruchtetes Gelege.

— *P. holochlora*, Grünsittich. ♂ u. ♀: grün, unterseits mehr gelbgrün. Kopf od. Hals zuweilen mit einigen roten Federn. Unterflügeldecken blaß gelblichgrün. Schwingen- u. Schwanz-US olivgelb. Schnabel hell hornfarben. Auge orangerot, Augenring nackt, fleischfarben. Füße bräunlich. Juv. Auge braun. 32 cm. UAn (s. u.). Verbr. der A von Mexiko bis N-Nikaragua. Heimat der Nominatform O- u. S-Mexiko, diese lebt sowohl in den Kiefernwäldern bis 2 200 m ü. NN als auch in den kargen tropischen Ebenen der pazifiknahen Landschaften. Nominatform noch recht häufig, Abnahme (?) durch Rodungen. Streift nach der Brutzeit in Trupps umher, Paare halten zusammen. Schadensverursacher auf Getreide- u. Maisfeldern, ansonsten Nahrung wie übrige An der G. Brütet in großen Baumhöhlen. War früher gelegentl. auf europ. Vogelmarkt, manchmal mit Pavuasittich verwechselt (letzterer hat roten Flügelbug). Einzelvögel bald zutraulich. Mit zunehmender Vertrautheit laute Schreie seltener. Nach der Eingewöhnung hart u. ausdauernd. Erstzucht 1934 bei W. J. SCHEFFLER, USA, seither selten Bruterfolge. *P. h. rubritorquis*, Guatemalasittich, Rotkehliger Grünsittich, grün, unterseits gelblichgrün, Kinn, Kehle, Oberbrust orangerot, wenige rote Federn auf seitl. Nacken u. unterer Wange. Juv. grün. 30 cm. O-Guatemala, El Salvador, Honduras u. N-Nikaragua. Bewohnt Hochland bis 2 600 m ü. NN. In früherer Zeit ab u. zu Importe, durch Ausfuhrsperre heute Rarität. Sehr gut für Käfig geeignet (heute unbedingt Zucht anstreben). Nach der Eingewöhnung hart, ausdauernd, Unterbringung in 3 m langer Außenvoliere ↗ mit frostfreiem Schutzraum ↗. Nur nach der Brutzeit verträglich mit arteigenen Vögeln, artfremde Mitbewohner müssen wenigstens gleich groß sein. Erstzucht 1976 bei Th. ARNDT. Brutzeit in Europa im Frühjahr, aber auch später. Während dieser Zeit sehr aggressiv, selbst gegenüber Pfleger. Gelege 3—4 Eier. 1979 Zucht im Vogelpark Walsrode ↗. *P. h. strenua*, Nicaragua-Grünsittich → Grünsittich. Schnabel u. Füße kräftiger, insges. größer. Ca. 35 cm. Verbr.-Gebiet reicht von Oaxaca (S-Mexiko) bis N-Nikaragua. Lebt an Gebirgshängen der pazifischen Küste, im Hochland, auch im trockenen Landesinneren von Guatemala u. El Salvador. Brütet in Spechthöhlen u. Termitenbauten. In früheren Zeiten sehr selten auf europ. Vogelmarkt, in den letzten Jahren kaum noch. Ruhiger Pflegling, ruft sehr selten. Starker Nager. Badet gern.
Die UAn *P. h. brevipes*, Socorro-Grünsittich u. *P. h. brewsteri*, Brewsters-Grünsittich, wahrscheinl. noch nicht lebend in Europa.

Psittaciformes

— *P. leucophthalma*, Pavua-, Weißaugensittich. ♂ u. ♀: grün, Bauch heller. Kopf u. Nacken mit wenig Rot, Wangen mit etwas vermehrt roten Federn. Flügelbug, -rand u. kleine Unterflügeldecken rot, gleichfalls untere Schenkel. Schwingen unterseits gelblicholiv, große Unterflügeldecken leuchtend gelb. Schwanz-US gelblicholiv. Schnabel hell hornfarben. Auge orange, nackter Augenring weißlich. Füße bräunlichgrau. Juv. Flügelbug gelblichgrün, kleine Unterflügeldecken mit Grün vermischt, große olivfarben. 32 cm. UAn (s. u.). Verbr. der A vom öst. Kolumbien, Venezuela u. Guayana bis nö. Argentinien u. nö. Uruguay; Trinidad. Bewohnt in Suriname Mangrovewälder u. Palmenhaine im Küstengebiet u. an Flußufern, in Venezuela tropische Regenwälder, Savannen u. Sümpfe, in Kolumbien Wälder u. Palmenhaine der Tropen. In weiten Gebieten häufig, bildet oft große Schwärme. Allgemein scheu. Population stabil. Nahrung vorwiegend Grassamen, außerdem Beeren u. Früchte, auch Insekten. In den letzten Jahren in kleiner Zahl regelmäßig auf europ. Vogelmarkt. Nach der Eingewöhnung hart u. ausdauernd, Überwinterung frostfrei. Großer Holzzerstörer. Schreit häufig. Juv. Einzelvögel bald zutraulich, bescheidenes Sprechtalent, erlernt auch Kunststücke. Badet gern. Erstzucht 1934 bei W. J. SCHEFFLER, USA, seither einige Male gezüchtet. Gelege allgemein 4 Eier. Manchmal 2 Jahresbruten. *P. l. callogenys*, Ecuador-Weißaugensittich → Pavuasittich, aber Grün dunkler, Schnabel kräftiger. 34 cm. O-Ekuador, NO-Peru u. NW-Brasilien. Zuweilen auf europ. Vogelmarkt, häufig verkannt.

— *P. mitrata*, Rotmaskensittich. ♂: grün, unterseits gering heller. Stirn, Vorderscheitel, Zügel, Augenpartie, z. T. auch Wangen dunkelrot. Flügelbug grün, Unterflügeldecken olivgrün, Schwingen unterseits olivgelb, ebenso Schwanz-US. Häufig im Körpergefieder u. Schenkel vereinzelte rote Federn. Schnabel hornfarben. Auge orangegelb, Augenring nackt, weißlich. Füße bräunlich. ♀: Wangen mit wenig od. keinem Rot. Juv. ohne od. wenig Rot an Kopfseiten. Iris braun. 38 cm. UAn. Heimat der A mittl. Peru, Bolivien bis nordwe. Argentinien. Bewohner der Anden, bevorzugt in Lagen zwischen 1 000 u. 2 600 m ü. NN. Bildet nach der Brutzeit Schwärme, dann manchmal Schadensverursacher auf Maisfeldern. Brütet hoch in Baumhöhlen, auch mit Holzstücken ausgepolsterte Höhle bekannt geworden. Selten im Handel, oft als Rotkopfsittiche angeboten. Für Käfige gut geeignet, bald zutraulich, bescheidenes Sprechtalent. Stimme hart, manchmal störend. Nagt gern. Großes Badebedürfnis. In der Voliere scheu, diese nicht zu klein bemessen. Frostfreie Überwinterung, ausdauernd u. hart. *P. m. alticola*, Cuzcositich → Rotmaskensittich, aber mehr dunkelgrün mit bläulichem Anflug. Stirn dunkelrot, sonst nur noch wenige rote Federn im Gefieder. 37 cm. Lebt um die Stadt Cuzco (Zentral-Peru) in ca. 3 400 m ü. NN. Häufig Schwärme auf Maisfeldern anzutreffen, schläft im Regenwald. Sehr selten in Europa im Handel. Angenehmer, ruhiger Vogel. Hatte bei Dr. BURKARD ↗ mit *Thectocercus acuticaudatus* ↗ befruchtete Eier, die abstarben.

— *P. wagleri*, Kolumbiasittich. ♂ u. ♀: grün, unterseits gelblichgrün. Stirn rot, ebenso Scheitel (erreicht nicht das Auge). Flügelbug u. -rand grün, Unterflügeldecken olivgelb, gleichfalls US der Schwingen u. Schwanz-US. Zuweilen rotes Querband über den Hals ziehend, manchmal sehr unvollständig. Körpergefieder, Flügelbug u. Schenkel gelegentl. mit wenigen roten Federn. Schnabel hell hornfarben. Auge orangebräunlich, Augenring nackt, weißlich. Füße bräunlich. Juv. ohne Rot. 36 cm. UAn (s. u.). Verbr. der A reicht von Kolumbien bis zum nö. Venezuela u. südwe. Peru. Bewohner der felsreichen Gebirgswälder in den Subtropen von 500—2 000 m ü. NN, zuweilen Schadensverursacher in Obstplantagen. Lokal häufig. Population im wesentl. stabil. Bildet Brutkolonie. Brütet in Spalten u. Löchern unzugänglicher Felshänge. Sehr selten auf europ. Vogelmarkt, manchmal unter anderen Importen unerkannt im Handel. Interessanter Vogel, sehr gut für Voliere geeignet, frostfreie Überwinterung. Badet gern. Benagt fleißig grüne Zweige. Laute Schreie können stören. Gegenüber Mitbewohnern friedlich. Erstzucht 1957 auf der Buteyn Bird Ranch, USA, in der BRD 1977 bei KLÖSSNER, Schiffweiler. Am besten in der Gruppe halten u. Steinhöhlen bieten (ARNDT ↗). *P. w. frontata*, Perusittich, grün mit gelblichem Anflug, Rot von Stirn u. Vorderscheitel zieht bis Zügel u. Auge (nicht unter das Auge). Bug u. Saum des Flügels rot, ebenso Schenkel. Schwanz lang. Schnabel hell hornfarben. Augenring nackt, weißlich. Füße fleischfarben. Juv. insges. mit weniger Rot. Heimat W-Ekuador u. W-Peru bis nahe chilenische Grenze. Lebt vorzugsweise in den Anden zwischen 1 000 u. 3 000 m ü. NN, manchmal auch auf Plantagen u. in Obstgärten. Selten. Ab u. zu in wenigen Exempl. auf dem europ. Vogelmarkt, häufig verwechselt mit Carrikerssittich (Flügellänge unter 21 cm). Nach der Eingewöhnung ausdauernd, frostfreie Überwinterung, außerhalb der Brutzeit gegenüber Mitbewohnern friedlich. Noch nicht gezüchtet. *P. w. minor*, Carrikerssittich → Perusittich, aber Grün dunkler, Schenkel mit mehr, aber blasserem Rot. Füße hellgrau. Juv. ohne Rot am Flügelbug, Rot zieht nicht bis zum Auge. 39 cm. Verbr.-Gebiet Zentral- u. S-Peru. Lebt an Berghängen zwischen 1 400 u. 2 800 m ü. NN. Ausgesprochen häufig. Selten im Handel. Unterbringung in mittelgroßer Voliere. Badet gern. Reichl. grüne Zweige reichen. Noch nicht gezüchtet. *P. w. transilis*, Venezuelasittich, wahrscheinl. noch nicht in Europa gehalten.

Psittacella. G der Psittaculidae ↗. 4 An. Neuguinea. Gebirgsbewohner. Bisher kam nur *P. brehmii* (Brehmpapagei, Großer Bindensittich) einmalig von E. HALLSTROM, Australien, 1966 in den Zoo San Diego, Kalifornien. Der letzte der beiden Vögel lebte dort 8 Wochen.

Psittacidae, Eigentliche Papageien. F der Psittaciformes ↗. 2 UFn (Psittacinae ↗, Coracopinae ↗). 3 Gn, 12 An. Afrika, Madagaskar, Komoren, Seychellen.

Psittaciformes, Papageien. Nach WOLTERS ↗ mit folgenden Fn: Aratingidae ↗, Psittacidae ↗, Psittaculidae ↗, Loriculidae ↗, Psittrichidae ↗, Micro-

Psittacinae

psittae ↗, Loriidae ↗, Platycercidae ↗, Melopsittacidae ↗, Pezoporidae ↗, Strigopidae ↗, Cacatuidae ↗ u. Nestoridae ↗. Gut abgegrenzte Vogelgruppe seltener Einheitlichkeit. 8,5—100 cm. Farbenprächtige, aber auch schlicht gefärbte u. gezeichnete An. Typisch ist die bekannte Schnabelform. Oberschnabel hakig, durch eigenes Gelenk auch gegen den Schädel beweglich, Innenseite des Hakens mit harten Raspelleisten (Feilkerben), dienen in Zusammenarbeit mit der dicken, muskelkräftigen Zunge u. dem stumpfen Unterschnabel vorzüglich dem Festhalten von Samen u. Früchten u. dem Zerraspeln härtester Schalen. Der Unterschnabel kann nach Art eines Schlittens vor u. zurück bewegt werden, allgemein auch noch seitl. Zunge mit zahlreichen Tast- u. Geschmackspapillen. Bei den Loriidae pinselförmige Anpassung der Zunge an die Aufnahme der Nektar- u. Blütennahrung. Schnabel dient als 3. Fuß beim Klettern. Kopf durch kräftigen Schnabel mit leistungsfähigen Muskeln ausgestattet, deshalb dickköpfig. Lauf kurz, beim Fuß 1. u. 4. Zehe nach hinten gerichtet, bilden mit den nach vorn gerichteten 2. u. 3. Zehen Greifzange, vorzüglich zum Klettern geeignet, dient bei vielen An als Hand, die Nahrung zum Schnabel führt. Puderdunen ↗. Keine Blinddärme. Außer in polnahen Gebieten, gemäßigten Breiten der nö. Erdhalbkugel u. im S Afrikas weltweit verbr. Bis auf wenige Ausnahmen alle Höhlenbrüter. Eier weiß. Juv. von ♀ u. ♂ versorgt. Ausgesprochen beliebte Hausgenossen u. Volierenbewohner. Bei etlichen An Gedächtnis u. Nachahmungstalent vorzüglich ausgebildet. Der Aufbau von stabilen Gefangenschaftspopulationen, auch bei den An, von denen derzeitig noch reichl. Wildfänge eingeführt werden, ist für die zukünftige Sicherung in Gefangenschaft dringend erforderlich. Einzelheiten s. An, s. Washingtoner Artenschutzübereinkommen.

Psittacinae, Graupapageien. UF der Psittacidae ↗. 2 Gn (*Poicephalus* ↗, *Psittacus* ↗). 10 An. Afrika, Insel Fernando Póo. Einige An in Europa gern gehalten. Haltung, Futter s. *Amazona* ↗.

Psittacula, Edelsittiche. G der Psittaculidae ↗. 16 An, davon 2 An †. ♂ u. ♀ häufig versch. gefärbt. Haben langen Schwanz, stufig, mittelste Feder häufig verschmälert. Bewohnen Wälder, Felder, manche auch Ortschaften. Gesellig. Schnelle Flieger, klettern geschickt. Nahrung Samen, Früchte. Bruthöhlen in Bäumen. Vögel einiger An häufig gehalten. Für Käfig weniger geeignet, besser paarweise Unterbringung in Volieren ↗ (möglichst 4—6 m lang). Haltung, Futter, Zucht s. Platycercidae, Psittaculidae. Gelege 2—4 Eier. Nur ♀ brütet. Schlupf nach (22) 23—28 Tagen. Aufzuchtfutter in Milch eingeweichtes, altes Weißbrot, geriebene Möhre ↗, Eigelb, als krümeliges Gemisch reichen. Juv. fliegen nach 6—8 Wochen aus, fortpflanzungsfähig im 3. Lebensjahr, dann meistens auch erst ad. Gefieder.

— *P. alexandri,* Bartsittich. ♂: grün, schmaler schwarzer Stirnstreif, der bis zum Auge zieht. Kopf sonst grau, bläulicher Hauch. Untere Wangen durch breiten schwarzen Streifen zum Unterschnabel begrenzt. Kehle, Brust, Oberbauch lachsrosa. Flügel mit olivgelbem Fleck. Schnabel korallenrot. Auge hellgelb. Füße grünlichgrau. ♀ wie ♂, aber Schnabel schwarz. Juv. Brust grünlich, Schnabel gelblichrot, später schwarz. Nach gut 1 Jahr Kehle bis Oberbauch rosa, Schnabel bei ♂ rot. 33 cm. 8 UAn.

Rosenbrustbartsittich

P. a. fasciata, Rosenbrustbartsittich. ♂: Oberschnabel rot. ♀: schwarz. N-Indien, Nepal, Burma, Thailand u. S-China, Insel Hainan. *P. a. abboti,* Andamanen-Bartsittich, ♂: Oberschnabel rot, ♀: schwarz, sonst ähnl. *fasciata,* aber Kopf u. Brust matter, insges. größer. Verbr.-Gebiet O-Indien, Andamanen-Insel. Heimat der A: Himalaja bis S-China, Indochina, Andamanen, kleine Inseln we. von Sumatera, Java, Kangean, Bali, eingeschleppt auf S-Kalimantan. Bewohnt Wälder bis ca. 2000 m ü. NN, gern auf Reisfeldern. Laute Stimme. Ab u. zu im Handel. Einzelvogel bald zutraulich, Nachahmungstalent befriedigend. Am besten aber Haltung in Volieren (Metallkonstruktion, kräftiger Draht), nicht kälteempfindlich. Mehrfach gezüchtet, selbst schon in großen Käfigen.

— *P. calthorpae,* Blauschwanzsittich. ♂: Stirn grün, gleichfalls Partie um das Auge bis zum Schnabel. Kopf blaugrau, Halsband schmal, schwarz, Nackenband breit, hellgrün. Rücken blaugrau. Flügeldecken violett, sonst Flügel grün. Bürzel dunkelblau, Schwanzfedern blauviolett, Spitzen grüngelb, äußere Federn haben gelbe Innenfahnen. Schwanz unterseits gelb. US grün. Schnabel rot. Auge gelblichweiß. Füße grünlichgrau. ♀ wie ♂, aber Schnabel grauschwarz. Grün der Augenpartie matter. Juv. grün, Bürzel graublau. Schnabel anfangs rot, dann grauschwarz, nur bei ♂ wird er anschl. rot. 29 cm. Keine UAn. Sri Lanka. Bergwälder bis 2000 m ü. NN. Sehr selten gehandelt. Frostfreie Überwinterung. Mehrfach gezüchtet.

— *P. caniceps,* Graukopfsittich. ♂: grün, Stirn hat schwärzliches Band, zieht bis zum Auge. Kopf, Nakken grau. Kinn, untere Wangen schwarz. Schwanz-US gelb. Oberschnabel rot, Unterschnabel schwärzlich. Auge orangerot. Füße grünlichgrau. ♀ wie ♂, aber matter, Schnabel schwarz. Juv. ähnl. ♀. 56 cm. Keine UAn. Nikobaren. Lebt vorwiegend in hohen Baumkronen. Laute kreischende Stimme. Erstmalig

1902 in Europa (London). Ausgesprochen selten gehandelt.

— *P. columboides,* Taubensittich. ♂: Kopf, Nacken, Rücken, Brust grau mit rosafarbenem Hauch. Augenregion grün, ebenso Bauch, Steiß. Vom Schnabel zieht schmales, schwarzes Band um den Hals, unterhalb blaugrünes Band, ebenso Unterrücken gefärbt. Flügeldecken dunkelgrün. Handschwingen außen blau, gleichfalls mittl. Schwanzfedern, Spitzen gelblichweiß. Schwanz unten gelb. Oberschnabel rot, zur Spitze gelblich, Unterschnabel bräunlich. Auge gelb. Füße blaßgrau. ♀: blaugrünes Nackenband fehlt. Halsband schwarz. Schnabel schwärzlich. Juv. graugrün, Nacken mit schmalem schwärzlichem Band. Blaugrünes Nackenband fehlt. Schnabel anfangs orangerot, dann schwarz, später nur ♂♂ Oberschnabel rot. 38 cm. Keine UAn. SW-Indien. In Hochwäldern bis ca. 1 600 m ü. NN. Brütet hoch in Baumhöhlen. Lebt vorwiegend von Früchten u. Grünem, während der Eingewöhnung berücksichtigen. In dieser Zeit empfindlich (Zimmerwärme!), erst später Körnerfutter reichen. Nimmt gern Insekten (Mehlkäfer-↗, Wachsmottenlarven). Wird selten gehandelt. Gut für Gartenvoliere geeignet, ruhig, bedingt verträglich. Einzelne juv. Vögel bald zahm. Einige Male gezüchtet.

— *P. cyanocephala,* Pflaumenkopfsittich. ♂: Kopf pflaumenrot, Halsband schwarz. Schulterfleck rotbraun. Flügel grün, Rand blaugrün. Schwanzfedern blaugrün, Spitzen gelb. Oberschnabel orangegelblich, Unterschnabel bräunlichschwarz. Auge gelblichweiß. Füße grünlichgrau. ♀: Kopf blaugrau, Halsband gelb. Kein Schulterfleck. Insges. Gefieder blasser. Oberschnabel blaßgelb, Unterschnabel gräulich. Juv. grüner Kopf, 2–3 Monate später Kopf hellgrau. Ähnl. ad. ♀. Nach ca. 12 Monaten ♂ wenige blaurote Kopffedern. Nach 2 Jahren ad. Gefieder. 33 cm. Keine UAn. Indien bis Pakistan, Nepal, Bhutan, Sri Lanka. Bewohner der Berge bis in ca. 1 500 m ü. NN. Auch auf Feldern, in Pflanzungen, Gärten. Verursachen dort als Schwärme häufig Schaden. Gelege 4–6 Eier in Baumhöhlen. Häufig gehalten. Während der Eingewöhnung wärmebedürftig. Später ausdauernd. Frostfreie Überwinterung. Reichl. Obst ↗,

Pflaumenkopfsittich. 1 Jahr alt

Psittacula

Junger Chinasittich. 14 Tage ausgeflogen

Vogelmiere, Löwenzahn neben dem üblichen Futter bieten. Sehr gut für Voliere mit Schutzraum geeignet. Brutzeit in Europa bei Importvögeln häufig in Wintermonaten, dann nicht unter 13 °C halten. Einfach zu züchten.

— *P. derbiana,* Chinasittich. ♂: Stirn, Zügel schmales schwarzes Band. Kopf blaugrau, OS grün. Flügel mit gelblichem Fleck. Unter den Wangen bis Kinn breiter schwarzer Streif. Brust, Bauch blaugrau mit rötlichem Hauch. Schwanz oben blaugrün, unten graugrün. Oberschnabel rot mit gelblicher Spitze, Unterschnabel schwarz. Auge gelblichweiß. Füße grünlichgrau. ♀ ähnl. ♂, insges. matter. Schnabel schwarz. Juv. Schnabel schwärzlich, nach 2. Lebensjahr bei ♂ Umfärbung des Oberschnabels, im 3. Jahr ad. Gefieder. 50 cm. Keine UAn. SO-Tibet, NO-Assam, SW-China. Gebirgsbewohner bis in 4 000 m ü. NN. Besucht auch Pflanzungen. Dort in kleinen Gruppen. Laute Stimme. Ab u. zu im Handel. Sehr gut für Voliere (möglichst Ganzmetall) mit Schutzraum (im Winter ungeheizt) geeignet. Ausdauernd, hart, friedlich. Bes. für Gesellschaftsanlage zu empfehlen. Mehrfach gezüchtet, bes. im Zool. Garten Prag. Juv. im 3. Lebensjahr ad. Gefieder.

— *P. eupatria,* Alexandersittich. ♂: grün, Nacken mit rosafarbenem Band, nach vorn zum Kinn schwarzes Halsband. Schulter mit länglichem braunrotem Fleck. Schwanzfedern blaugrün, Spitzen gelb. Schnabel rot. Auge blaßgelb. Füße grünlichgrau. ♀ ohne Halsband. Juv. ähnl. ♀, ebenfalls kein Halsband. Nach ca. 18 Monaten wenige braune Schulterfedern, ausgefärbt im 3. Jahr. 50 cm. 5 UAn. Indien, Pakistan bis Indochina, Sri Lanka. Lebt im waldreichen Hügelland bis ca. 1 600 m ü. NN, auch im Regenwald u. auf Plantagen. Zahlreich, bildet häufig Schwärme. Laute, schrille Stimme. 2–4 Eier in Baumhöhlen. Bereits Mitte voriges Jh. in Europa. Heute ab u. zu im Angebot. Einzelne juv. Vögel auch für Käfig mit Kletterbaum ↗ geeignet. Nachahmungstalent gering. Ad. Wildfänge bleiben meistens scheu. Gut für

Psittacula

Voliere (ganz aus Metall) geeignet. Frostfreie Überwinterung. Häufig unverträglich. Zucht nicht schwierig. Nistkasten wenigstens 30 × 30 × 50 cm. Einschlupfloch Ø 11 cm, am besten Baumhöhle. Mutationen: Blau, Lutino, Schecken.

— *P. finschii*, Finschsittich. ♂ u. ♀: ähnl. *P. himalayana*, aber Kopf grauer mit wenig blauem Anflug, allgemein mehr Gelb, bes. OS. Juv. Wange bräunlichgrün, übriger Kopf grün. Undeutl. mattgrünes Band hinterer Nacken. Schnabel hornfarben mit bräunlicher Basis des Unterschnabels. 40 cm. Keine UAn. Assam bis Burma, N-Thailand, Laos, Vietnam, N-Yünnan. Habitat wie *P. himalayana*. Ab u. zu im Handel. Nicht scheu, friedlich. Sehr gut für Voliere mit Schutzraum (nicht unter 10 °C) geeignet.

— *P. himalayana*, Schwarzkopfedel-, Himalayasittich. ♂: grün, Kopf dunkelgrau mit bläulichem Schimmer. Nackenband schmal, schwarz, zieht entlang dem Hals zum Schnabel, am Hals breiter Schulterfleck klein, braunrot. Schwanzfedern grün, blau, Spitzen gelb. Oberschnabel rot mit gelblicher Spitze, Unterschnabel gelblich. Auge weiß. ♀ blasser als ♂, Schnabel hornfarben, Unterschnabel am Grund braun. Juv. wie *P. finschii*. 40 cm. Keine UAn. O-Afghanistan bis N-Indien, Nepal, Assam, nö. vom Brahmaputra. Bewohnt Wälder des Himalaja bis in Höhen von 3 800 m ü. NN, auch auf Feldern u. Plantagen während der Nahrungssuche. Nicht scheu. Ruf laut, klangvoll. Brütet hoch in Baumhöhlen. Selten im Handel. Günstig Haltung in Volieren mit frostfreiem Schutzraum. Ad. Importvögel lange schreckhaft. Bereits gezüchtet. Gelege 4—5 Eier.

— *P. krameri*, Halsbandsittich. ♂: grün, Hinterkopf bläulich überhaucht. US Grün heller. Vom Nasenloch zieht schmaler, schwarzer Streifen zum Auge. Unter Kinn beginnt schwarzes Halsband, zum Nakken schmaler, läuft mit rosa Nackenband zusammen. Schwanz oben grün, mittl. Federn bläulich, Spitzen gelb. Schwanz-US gelblich. Oberschnabel dunkelrot, zur Spitze schwärzlich. Unterschnabel schwarz mit dunkelroter Basis. Auge blaßgelb. Füße grünlichgrau. ♀: ohne schwarzen Strich zum Auge, Halsband fehlt, Nackenband statt rosa smaragdgrün. Juv. Kopf, Hals, Nacken grün. Im Alter von ca. 2 Jahren beginnt Umfärbung in ad. Gefieder. 40 cm. 4 UAn. S-Mauretanien, Senegal, Guinea bis Äthiopien, N-Somalia, W-Uganda, Indien, Pakistan bis SO-China, Sri Lanka. Eingeschleppt auf Mauritius (Maskarenen), Sansibar, örtl. in Ägypten, SW-, SO-Arabien, Irak, Afghanistan, Kenia. Bewohnt Wald-, Kulturland. Kommt bis in Höhen von ca. 1 600 m ü. NN vor. Gern an Flußläufen. Bildet häufig Schwärme. Verursacht manchmal Schaden auf Feldern, in Obstplantagen. Seit langem gehalten. Gut für großen Käfig (juv. Einzeltiere bald zahm), Vogelstube, Volieren geeignet. In Gartenvoliere ruffreudiger. Haltung problemlos. Nagebedürfnis gering. Überwinterung frostfrei. Häufig gezüchtet. Gegenüber Nestkontrollen manchmal empfindlich. Nistkasten od. Baumhöhle mit ca. 35 cm Ø, 35 cm Tiefe. Gelege 3—4 Eier. Juv. schlüpfen nach ca. 22 Tagen, fliegen nach 6—7 Wochen aus. Mutationen: Lutino, Blaue, Albino, Schekken.

— *P. longicauda*, Langschwanzsittich. ♂: grün, Kopf-OS schwarz, Kopfseiten, Hinterkopf rot, nach vorn zum Unterschnabel breites, dreieckförmiges Band. Rücken grün, gelblicher Anflug, gleichfalls Schultern. Bürzel blaugrün. Flügeldecken dunkelolivgrün. Schwingen bläulich, schwärzlich. Schwanzfedern sehr lang, bläulich, Spitzen weiß, seitl. Federn grüngrau. Oberschnabel rot, Unterschnabel bräunlich. Auge gelblichweiß. Füße grünlichgrau. ♀: insges. verwaschenere Farben als ♂, Kopfseiten orangerot, mittl. Schwanzfedern kürzer. Schnabel insges. bräunlich. Juv. überwiegend grün, Kopfseiten verwaschen orangerot. Schnabel bräunlich. 42 cm. 5 UAn.

Langschwanzsittich. Männchen

Andamanen, Nikobaren, Malaysia, Sumatera, Kalimantan, Inseln zwischen Sumatera, Malaysia, Kalimantan. *P. l. nicobarica*, Nicobarensittich (Nikobaren), Scheitel leuchtend grün, Nacken gelblichgrün, bei ♂ mit lila Tönung. Kopfseiten leuchtend rot. *P. l. modesta*, Rotwangensittich (Enggano Insel, Indonesien), ähnl. Nominatform, Scheitel mattrot mit grünlichem Schimmer. Bewohnt in Gruppen u. Schwärmen vorwiegend Mangrove-, Bambuswälder, auch auf Plantagen. Brütet in Baumhöhlen. Gelege 2—3 Eier. Selten gehandelt. Während der Eingewöhnung wärmebedürftig. Braucht unbedingte Ruhe. Allgemein friedlich, ruhig. Später unempfindlich. Sehr gut für Gartenvoliere mit Schutzhaus geeignet. Frostfreie Überwinterung. Stimme nicht sehr laut, Rufe selten. Läßt sich gerne beregnen.

— *P. roseata*, Rosenkopfsittich. ♂: ähnl. *P. cyanocephala*. Kopf-OS, Kopfseiten rosarot, zum Nacken bläulichlila. Vom Kinn zieht breiter schwarzer Streifen, der zum Nacken schmaler wird. Länglicher rotbrauner Flügelfleck. US gelblichgrün. Mittl. Schwanzfedern blau mit blaßgelblichen Spitzen, äußere Federn gelblichgrün mit blaßgelblichen Spitzen. Oberschnabel orangegelb, Unterschnabel grau. Auge blaßgelb. Füße grünlichgrau. ♀: Kopf blaßbläulichgrün. Schulterfleck nur angedeutet. Oberschnabel gelb, Unterschnabel grauweiß. Juv. Kopf grün, Kinn gering grau. Schnabel blaßgelb. 30 cm. 2 UAn. Bengalen, Assam bis Indochina. Bewohnt Wälder, auch Kulturland. Angenehme Stimme. Nagt nicht. Selten gehandelt. Während der Eingewöhnung wärmebedürftig, verträgt nach Monaten auch kühle Witterung. Mehrfach gezüchtet. Ähnelt in Haltung u. Zucht *P. cyanocephala*.

Psittaculidae, Edelpapageien. F der Psittaciformes ↗. 14 Gn. (*Psittacula* ↗, *Tanygnathus* ↗, *Eclectus* ↗, *Aprosmictus* ↗, *Alisterus* ↗, *Spathopterus* ↗, *Polytelis* ↗, *Geoffroyus* ↗, *Prioniturus* ↗, *Bolbopsittacus* ↗, *Psittinus* ↗, 3 Gn mit jeweils 1 A†); ca. 44 An, davon 5 An †. Verbr. von W-Afrika, Maskarenen bis China, Neuguinea, Australien u. Fidschi-Inseln. Leben in Wäldern, manche auch im baumbestandenen Grasland, auf Feldern u. inmitten menschlicher Siedlungen. Vögel zahlreicher An gern gehalten. Überwiegend nur für Volierenhaltung geeignet. Vögel der Gn *Aprosmictus, Alisterus, Spathopterus* u. *Polytelis* regelmäßig in größeren Sittichkollektionen zu finden. Diese nur für Voliere von 6–10 m Länge u. mindestens 1 m Breite mit Schutzraum von 1,5–2 m Länge geeignet. Viele unempfindlich, ausdauernd, Überwinterung frostfrei bis warm. Futter für Vögel der F Sonnenblumenkerne, Glanz, Hirse, Kardisaat u. Hafer (alles auch gekeimt bieten), Mais (1 Std. gekocht), wenig Weizen, Obststückchen (Apfel, Banane, Apfelsine, Erdbeere, Weintrauben, eingeweichte Rosinen, Hagebutten), frische halbreife u. reife Maiskolben, Karotten, Kolbenhirse (halbreif, auch gekeimt), Mineralstoff-Vitamingemisch (für 2 Vögel 1 Messerspitze tägl. über Körner-, Keimfutter u. Obstgemisch), 1 Garnele tägl./Tier untermischen, Löwenzahn, Vogelmiere, halbreife Getreideähren, reife u. halbreife Grassamen. Aufzuchtfutter wie *Psittacula*. Tägl. 1–2mal 5–10 Min. mit Wasser von oben besprühen, am besten Zerstäuberdüsen auf Volierendecke anbringen. Zur Zucht Paar allein halten.

Psittaculirostrinae, Zwergpapageien. UF der Micropsittidae ↗. Nach WOLTERS ↗ keine sichere Zuordnung dieser UF zur genannten F. 3 Gn *(Psittaculirostris* ↗, *Opopsitta* ↗, *Nannopsittacus* ↗), 5 An. Schnabel dick ohne Feilkerben, mit starker Zahnauskerbung u. flachem First. Zungenspitze nicht pinselförmig. Farbenfreudige Vögel. Nahrung Früchte, Beeren, Insekten. Alle An in Europa gehalten, aber selten. Empfindlich. Während der Eingewöhnung sehr wärmebedürftig, auch später warm unterbringen. Schlafhöhlen werden meistens aufgesucht. Futter Obststückchen (Apfel, Banane, Beeren nach jahreszeitl. Angebot), gequollene u. gekeimte Sonnenblumenkerne u. Kolbenhirse, Hanf, Mehlkäferlarven, Pinkies ↗, außerdem regelmäßig Multivitaminpräparat mit Vitamin K reichen. Während der Aufzucht auch Eifutter mit weicher Banane vermischt. Zu allen Zeiten werden gern eingeweichte Feigen verspeist. Zuchterfolge s. Gn.

Psittaculirostris. G der Psittaculirostrinae ↗. 3 An. Verbr.-Gebiet s. An.

— *P. desmarestii,* Desmarest-Keilschwanzzwergpapagei. ♂: grün, US heller u. mehr gelblich. Stirn u. Vorderscheitel orangerot, übriger Scheitel u. Nacken in orangegelb übergehend. Hinterkopf mit variablem, blauem Fleck. Hinterer Nacken grün. Wange grün, unter dem Auge blauer Fleck. Hellblaues Brustband unterseits von orangerotem Streif begrenzt. Brust seitl. blau gezeichnet. Innerste Flügeldecken mit orangenen Säumen. Unterflügeldecken bläulichgrün, hellgelber Streif auf dem Unterflügel. Schnabel schwarz. Auge dunkelbraun, Augenring nackt, grau.

Psittacus
507

Füße graugrün. ♀ wie ♂, Ohrdecken möglicherweise grünlicher. Juv. Kopf-OS mattgelblich. 18 cm. 6 UAn, unterscheiden sich vor allem in der Kopffärbung. Heimat südöst., sü. u. we. Neuguinea, Salawati, Misool u. Batanta. Lebt im Tiefland. Nahrung vorwiegend Feigen u. Beeren. Bruthöhle in Bäumen. Rarität auf europ. Vogelmarkt, größere Zahl 1978 im Angebot, dann kaum noch. Zucht bisher noch nicht gelungen, nur Eiablage. Gelege 2 Eier. ♀♀ leicht Legenot, u. a. bei Dr. BURKARD ↗ 2 × Eiablagen, jedesmal Verlust des ♀, trat auch bei anderen Züchtern auf.

— *P. edwardsii,* Edwards-Schmuckohrpapagei, Edwards-Zwergpapagei. ♂: grün, Brustseite u. obere US mehr gelblich. Stirn u. Scheitel gelblichgrün, Hinterkopf olivbraun, breites schwarzes Nackenband bis zum Auge. Wange rot, Federn schmal u. verlängert. Ohrdecken gelb, variable rote u. blaue Spitzen, Federn schmal u. lang. Kehle u. Brust rot. Oberbrust mit blauschwärzlichem Band. Innerste Flügeldecken orangerot gesäumt. Unterflügeldecken bläulichgrün. Flügel unterseits mit gelbem Streif. Schnabel grauschwarz. Auge rot. Füße grau. ♀: Oberbrust mit ausgedehntem blauen Band, übrige Brust gelblichgrün. Juv. ähnl. ♀, Wange gelb mit unterschiedl. Rot gezeichnet. Federn am Kopf nicht verlängert, aber schmal. Ohrdecken grünlichgelb, Auge rötlichbraun. 19 cm. Bewohnt nö. Neuguinea von der Humboldt-Bucht bis zum Huon-Golf. Lebt in geschlossenen Wäldern, verspeist gern Wildfeigen. In Gefangenschaft häufig scheu, benötigt Schlafkasten. Nagt gerne an frischen Zweigen. Zucht noch nicht gelungen.

— *P. salvadorii,* Salvadori-Schmuckohrzwergpapagei, Salvadori-Zwergpapagei. ♂: grün, obere US heller u. mehr gelblich. Stirn bläulichgrün, Scheitel grün, bläulich gestrichelt. Genick u. Wange goldgelb, Wangenfedern schmal u. verlängert. Blauer Fleck hinter dem Auge. Brust rot. Unterflügeldecken hellgrün, innerste Flügeldecken orange gesäumt. Schnabel schwarz. Auge bräunlichrot. Füße grünlichgrau. ♀: Brustband hellbläulichgrün, Scheitel grün mit blauen Stricheln, Brustseiten orangebraun gezeichnet. Unterflügeldecken bläulichgrün, Flügelunterseite mit gelbem Band. Juv. matter als Ad., Federn der Kopfseiten kürzer als bei Ad., ♂♂ Brust bläulich mit Rot gezeichnet. Ad. Gefieder vollständig nach 2 Jahren. 20 cm. Heimat nö. Neuguinea von der Geelvink-Bucht bis zur Humboldt-Bucht. Lebensweise wenig bekannt. 1976 erstmalig in der BRD, in den folgenden Jahren auch in anderen Ländern u. USA im Handel. Benötigt viel Vitamin K. Eingewöhnung im Kistenkäfig ↗. Schlafhöhle im Baumstamm bieten. BRD-Erstzucht T. WEISE, Dortmund, wahrscheinl. auch Welterstzucht. Vögel wurden bei 22 ° C gehalten. Gelege meist 2 Eier. Juv. fliegen nach 8 Wochen aus, bereits 10 Tage danach selbständig. Während der Brutzeit Paar sehr aggressiv.

Psittacus, Graupapageien. G der Psittacinae ↗. 1 A. Gabun bis W-Kenia, Inseln Fernando Póo, Prin-

Psittakose

cipe. UA *P. e. princeps* bewohnt beide Inseln, fällt unter Washingtoner Artenschutzübereinkommen ↗. Bewohnen Mangrovewälder, Flußmündungen, suchen auch Felder auf (Mais), verursachen dann nicht selten Schaden. Nach der Brutzeit bilden sie Schwärme. Bruthöhle in Bäumen, lockere Kolonien. Wird seit 16. Jh. in Europa gehalten, möglicherweise schon früher. Hervorragendes Nachahmungstalent machten ihn zum begehrten Stubenvogel. Viel Geduld ist nötig, um Vertrauen zu gewinnen, Voraussetzung, um zur Nachahmung zu animieren. Individuell unterschiedl. Talent. Ahmte schon bis zu 60 Worte, kurze Sätze nach. Merkfähigkeit hervorragend. Erinnerung selbst noch an jahrelang zurückliegende Erlebnisse. Möglichst Jungvogel als Stubengenossen anschaffen. Ansonsten Anhänglichkeit in Frage gestellt. Käfig möglichst groß, Tür sicher verschließen. Futternäpfe fest, nicht auf dem Boden anbringen. Anfangs schreckhaft, mißtrauisch. 2 × wöchentl. vorsichtig besprühen. Luftfeuchtigkeit über 60 % im Raum (Winter!), sonst bald Federrupfer. Frostfreie Überwinterung. Futter s. *Amazona*. Mehrfach gezüchtet. Nimmt sehr unterschiedl. Bruthöhlen, vom Naturstamm (Höhlen- ⌀ 25—30 cm) bis zum Kasten (30 × 30 × 50 cm), Einschlupfloch ⌀ 10 cm. Gelege 3—4 Eier, Schlupf nach ca. 30 Tagen. Juv. fliegen nach 11—12 Wochen aus. Ad. während der Aufzucht aggressiv. Aufzuchtfutter gekeimte Sonnenblumenkerne, eingeweichtes Weißbrot bzw. gekochter Reis mit Traubenzucker u. Vitamine, halbreife bzw. reife Maiskolben, reichl. Grünes. Futter für ausgeflogene Jungvögel an Ästen bzw. Sitzstangen anbringen.

— *P. erithacus*, Graupapagei. ♂: grau, Ober-, Unterschwanzdecken, Schwanz scharlachrot, Gesicht nackt, weiß, ebenso Wachshaut. Schnabel schwarz. Iris blaßgelb. Füße dunkelgrau. ♀: Kopf schmaler. US häufig heller, Krümmung des Oberschnabels geringer. Juv. Iris dunkel, nach Monaten weißgelb bis blaßgelb. 33 cm. 3 UAn. Die UA *P. e. timneh*, Timneh-Graupapagei (S-Guinea, Sierra Leone, Liberia, we. Elfenbeinküste), Oberschnabel fleischfarben, Schwanz rostbraun. Seltener gehandelt als Nominatform.

Psittakose → Ornithose

Psitteuteles. G der Loriinae. 2 An. Gedeihen gut in Gefangenschaft. Brauchen hauptsächl. flüssige Nahrung, z. B. eine Nektarmischung aus Babynahrung mit Fruchtgeschmack, Malzextrakt, Glukose od. Honig u. Kondensmilch; Früchte, bes. weiche Birne u. Apfel, auch eingeweichte Hirse ↗. Sie sind nicht laut, zerstören wenig, benötigen keine großen Käfige ↗, *P. goldiei* haben schon Juv. in Drahtkäfigen von 1 m Länge großgezogen. Nistkasten sollte ca. 12 cm² mit einer Höhe von 30 cm messen.

— *P. goldiei*, Veilchenlori. ♂: Stirn, Haube scharlachfarben, Haube u. Augen malvenfarbig umsäumt. Zügel, Wange u. Ohrdecken zart bläulichrosa. Nakken, US hellgrün mit dunkelgrünen Streifen; OS dunkelgrün. Schnabel schwarz. Iris dunkelbraun. ♀ wie

♂, aber Rot der Haube weniger. Juv. matter als Ad. mit weniger ausgeprägten Streifen. Rot am Kopf ist dunkler, weniger ausgedehnt. Wachshaut weißlich (bei ad. Vögeln dunkelgrau). 19 cm. War bis 1977 bei Vogelzüchtern fast unbekannt, danach in Europa u. USA weit verbr. Vorher große Rarität, erfolgreiche Zucht ledigl. 1950 im Brookfield Zoo von Chicago. Seitdem *P. goldiei* in Europa erhältlich ist, häufig gezüchtet. Gelege 2 Eier. Brutdauer ca. 23 Tage. Juv. nach ca. 8 Wochen flügge.

— *P. versicolor*, Buntlori. ♂: Stirn, Haube u. Zügel scharlachfarben; Kehle, Wangen, Hinterkopf graublau mit gelben Streifen. Ohrdecken gelb. Unterpartien durchweg gelb gestreift. Oberbrust weinfarben, Unterbrust u. Hinterleib hellgrün. Obere Teile grün mit grüngelben Streifen. Schwanz grün, äußere Federn gelb gesäumt auf der inneren Federfahne. Schnabel orange. Auge gelb, von erhöhter weißer Hautpartie umgeben. ♀ ähnl. ♂, Geschlechtsunterschiede ± ausgeprägt. Rot am Kopf beim ♂ intensiver, weinfarbener Ton auf Oberbrust beim ♀ matter. Juv. matter als Ad., am Kopf nur Stirn rot. Schnabel bräunlich. 19 cm. Außerhalb Australiens ist diese A in der Vogelzucht fast unbekannt. Erster Zuchterfolg auf der Keston Foreign Bird Farm in England 1936. In Australien Erstzucht 1949 bekannt. Wie auch bei versch. anderen austral. Loris ist das Gelege größer als die sonst üblichen 2 Eier, u. zwar bis zu 4 Eier. Brutzeit ca. 22 Tage. Juv. fliegen bereits nach ca. 40 Tagen aus.

Psittinus. G der Psittaculidae ↗. 1 A. Sü. Burma (Tenasserim), südwe. Thailand, Malaysia, Sumatera u. Kalimantan. Bewohnen Ur- u. Mangrovewälder des Tieflandes. Brüten häufig hoch in Baumhöhlen. Etwa seit 1970 ab u. zu auf europ. Vogelmarkt. Sehr schwer zu halten. Große Verluste (Streß?, Futter? 90 % †). Warme Eingewöhnung bedarf großer Sorgfalt, Futterumstellung in dieser Zeit problematisch, auch nach der Eingewöhnung immer noch empfindlich, ständig warme Unterbringung. Anfangs gekeimte Sonnenblumenkerne, gekeimten Hafer u. gequollene od. halbreife Kolbenhirse reichen, außerdem gekochten Mais, Apfelstückchen, reichl. Beeren (für spätere Zeit einfrosten), eingeweichte Feigen. Langsam an Körnerfutter gewöhnen, s. Psittaculidae. Zucht in der Schweiz gelungen.

— *P. cyanurus*, Rotachselpapagei. ♂: Kopf graublau, Kehle u. US hell grünlicholiv. Brust wenig rotbräunlich getönt. Rücken bläulichschwarz, schwach grün u. grau gezeichnet. Unterrücken, Bürzel u. Oberschwanzdecken kräftig blau. Flügel (Achsel) mit rotem Band. Oberste Flügeldecken kastanienbraun, Armschwingen u. große Flügeldecken dunkelgrün mit grünlichgelben Säumen. Handschwingen dunkelgrün, Unterflügeldecken rot. Schenkel u. Unterschwanzdecken gelblichgrün mit schwachen blauen Säumen. Schwanz oberseits grünlichgelb, unterseits gelb. Oberschnabel rot, Unterschnabel bräunlich. Auge hellgelb. ♀: Kopf braun. Schnabel bräunlich. Juv. wie ♀, aber Kopf grün, Schulterfleck schwach rotbraun, ♂♂ Kopf bläulich überhaucht, Schnabel dunkel. 16—18 cm. 3 UAn.

Psittrichas. G der Psittrichidae ↗. 1 A. Neuguinea. Bewohnen Gebirgswälder in 800—1 300 m

ü. NN. Leben im Familienverband u. in kleinen Trupps zusammen. Nahrung Fruchtsäfte, Blüten, süße Früchte. Lebensweise, Brutbiologie weitgehend unbekannt. Selten in Gefangenschaft, in den letzten Jahren Rarität. Seit 1973 mehrere Exempl. im Vogelpark Walsrode ↗, auch bei Dr. BURKARD ↗. Eingewöhnung schwierig (Futterumstellung, Klima). Später warmer Innenraum, suchen aber sogar bei Schnee die Außenvoliere auf. Starke Äste als Sitzgelegenheiten anbringen. Große Holzzerstörer. Unbedingt tägl. beregnen, s. Psittaculidae. Futter (Vogelpark Walsrode ↗, Dr. BURKARD ↗) reichl. Früchte, unbedingt Bananen, Loribrei s. *Chalcopsitta*, gekochter Reis mit feinen Haferflocken, Mais-, Hirsemehl als Brei reichen. Loribrei muß genügend Protein (Ei od. Proteinpräparat) enthalten. Ab u. zu Hühnerknochen mit Fleisch reichen. Zucht: voller Erfolg in Holland, sonst nur Teilerfolge. Gelege 2 Eier.
— *P. fulgidus*, Borstenkopf. ♂: schwarzbraun bis schwarz, Kehl- u. Brustfedern mit grauen Säumen, übrige US scharf rot abgesetzt. Flügelbug u. Oberschwanzdecken rot. Zügel, ober- u. unterhalb davon u. Augenpartie nackt, schwärzlich. Hinter dem Auge wenig Rot. Nacken mit borstenähnl. Federn. Schnabel lang, spitz, ausgezogen, schwarz. Auge braunschwarz. Füße bräunlichgrau. ♀ wie ♂, aber ohne Rot. Juv. ♂♂ mit rotem Ohrfleck, ♀♀ ohne Rot hinter dem Auge, rote Gefiederpartien dunkler als bei Ad. 45—50 cm.

Psittrichidae, Borstenköpfe. F der Psittaciformes ↗. 1 G *Psittrichas* ↗, 1 A.

Psophia, Trompetervögel. G der Psophiidae ↗. 3 An. 50 cm, bis 1 kg schwer. ♂, ♀ schwarz mit bronzenem, purpurnem od. grünlichem Schimmer. Kopfgefieder samtartig; innere Schwingen haarfein zerschlissen. Hühnerähnl. Schnabel. Beine u. Hals mäßig lang. Hochrückige Haltung. Rundliche kurze, selten benutzte Flügel. In feuchten Urwaldgebieten S-Amerikas, von Venezuela bis O-Peru u. M-Brasilien. Schnelle, gewandte, ausdauernde Läufer, gute Schwimmer. Tagsüber gesellig in kleinen od. größeren Gruppen am Waldboden auf Nahrungssuche, nachts aufbaumend. Laute: dumpfes Trommeln u. trompetenartiges Schmettern. Nahrung Samen, Grünzeug, Früchte, Kleingetier aller Art. Kranichähnl. Balztanz um Partner mit Luftsprüngen, gesträubtem Halsgefieder u. ausgebreiteten Flügeln. Nisten hoch in Bäumen (nach O. L. AUSTIN: auf dem Boden). 2—10 (?) grünlich bis gelbweißliche Eier. Juv. mit graubraunen Dunen; Nestflüchter, vom Nest auf Boden herabspringend. Da jagdlich sehr verfolgt, stark dezimiert. Früher in großer Zahl importiert, heute seltener. Ausdauernde, verhältnismäßig leicht zu haltende, nicht sehr scheue Pfleglinge. In fast allen größeren Tiergärten, seltener bei Liebhabern. In Gartenvolieren ↗ mit dichter Bepflanzung; manchmal mit Reihern zusammen gehalten. Nicht kalt halten. Häufig Verluste durch Trematoden-Befall. Fütterung vegetabilisches Grundfutter mit Mais, Getreide, Samen, Hirse, gekochtem Reis u. Brotwürfeln. Auch pelletiertes Legehennenfutter als Grundfutter. Gemüse, Salat u. a. Grünzeug. Gekochte Kartoffeln, rohe durchgedrehte Möhren, Obst, Luzerne- u. Brennesselblattmehl, dazu Mahlfleisch mit Garnelenschrot od. Insektenschrot, Futterkalk ↗, Multivitaminpräparat. Auch Mehlwürmer, Insekten, Hartei, Fischfleisch. Zucht mehrfach gelungen.
— *P. crepitans*, Graurücken-Trompetervogel. ♂ u. ♀: schwarz mit blauem u. grünlichem Schimmer. Rücken hellgrau. Juv. hell kastanienbraun mit hellgrauer Zeichnung oberseits. 50—55 cm. UAn. S-Kolumbien u. vom Orinoco bis zum Amazonas. Nest in Astgabeln. 6—10 glanzlose, gelblichweiße Eier.
— *P. leucoptera*, Weißflügel-, Weißrücken-Trompetervogel. ♂ u. ♀: schwarzrückig. Schulterdecken u. innere Armschwingen weiß. 45 cm. W-Brasilien bis NO-Bolivien.
— *P. viridis*, Grünflügel-Trompetervogel. ♂ u. ♀: OS braun, Innenschwingen grünlich. 55 cm. UAn. O-Brasilien sü. des Amazonas bis zum Rio Madeira.

Grünflügel-Trompetervogel

Psophiae, Trompetervögel. UO der Psophiiformes ↗. 1 F, 1 G, 3 An. S-Amerika. Haltung, Pflege s. *Psophia* ↗.

Psophiidae, Trompetervögel. F der Psophiae ↗. 1 G *Psophia*. S-Amerika. Haltung, Pflege s. *Psophia* ↗.

Psophiiformes. O Rallenkraniche. 2 UOn, Psophiae ↗, Arami ↗. S-Amerika u. M-Amerika, südöst. N-Amerika.

Psophocichla. G der Muscicapidae ↗. 1 A. Äthiopien; S-, M-Angola, S-Zaïre, Sambia, südwe. Tansania, Malawi bis mittl. Namibia, Botswana, Transvaal u. Natal (nur lokal). Leben im Buschland, in Brachystegia- u. Mopanebeständen, Akazienwäldern, bewohnen im Hochland von Äthiopien Kulturland. Gesang laut, melodisch, setzt sich aus der Wiederholung von 4—5 Flötentönen zusammen. Nahrung wird vorzugsweise auf dem Boden gesucht, besteht aus Insekten, Würmern, Schnecken, Spinnen usw. Nest in Astgabeln. Gelege 2—4 türkisfarbene od. bläulichweiße, rotbraun gefleckte Eier. Zuweilen im Handel. Angenehme, anspruchslose Pfleglinge, warme Überwinterung. Pflege wie *Merula* ↗. Als Bodenbelag in der Voliere z. T. Laubschicht u. Walderde einbringen.
— *P. litsipsirupa*, Akaziendrossel. ♂ u. ♀: ähnl. Misteldrossel ↗, Wangenzeichnung schwärzlich, OS braungrau, Armschwingen orangebraun, kurzer Schwanz. US bräunlichweiß, kräftig schwarz ge-

Pṭernistis

fleckt. Juv. blasser als Ad., Federn mit hellen Spitzen. 21,5 cm. UAn.

Pternistis, Frankoline, afrikanische. G der Perdicinae ↗. 24 An. Wachtel- bis Rebhuhngröße. ♂ i. d. R. gespornt. M- bis S-Afrika. Leben paarweise od. in kleinen Familien. Als Federwild gejagt. Monogam in der Zucht. In Volieren auch polygam. Lieben bewachsene Volieren, Aufbaummöglichkeit u. Sandbad. Fressen Früchte, Obst, Beeren, Samen, Kerbtiere. Fütterung u. Aufzucht s. *Alectoris* ↗. Über Erstzucht wenig bekannt.

— *P. adspersus*, Rotschnabelfrankolin. ♂ u. ♀: Kopf bräunlichgrau mit feiner dunkler Wellenzeichnung. Augenränder nackt, gelb. Vom Auge nach hinten feiner heller Streifen. Kehle u. Hals grau, hell gewellt. Brust u. Bauchfedern bis Unterbauch mit zahlreichen grauen u. weißlichen Querbinden. Rücken, Flügel, Schwanz graubraun geriffelt. ♂ mit kräftigen Sporen. Iris braun. Schnabel u. Läufe rot. 30—38 cm. S-Angola u. Namibia bis W-Simbabwe u. W-Transvaal. Lebt in trockenen Gebieten. Gelege 6—8 Eier, cremefarbig bis bräunlichgelb.

— *P. afer*, Rotkehlfrankolin. ♂: dunkelbraunoliv. Nackte rote Haut vom Schnabelansatz um die Augenregion herum nach hinten spitz verlaufend. Ebensolcher Streifen von Unterschnabel als Kehlstreifen, ca. 3—4 cm lang. Kopffarbe braunoliv, Brust u. Bauch ebenso, mit hellen Federschäften. Rücken u. Schwanz u. Flügel braun, am Federgrund mit breiten schwarzen Schäften. Iris braun. Schnabel u. Läufe rot. ♀ kleiner als ♂. Juv. mit Kopfband, über Stirn beginnend. Seitenstreifen verringern sich in Ohrgegend. 25—38 cm. Hellere UAn. S- u. O-Kapprovinz, Natal bis SO-Kenia, Uganda, Sambia, S-Zaïre, Angola. Bevorzugt kleine Buschgruppen, Waldränder, Nähe von Kulturland. Gelege 4—8 Eier, gelblich.

— *P. bicalcaratus*, Doppelspornfrankolin. ♂: schwarzes Stirnband, weißer Überaugenstreif. Kopf-OS bräunlichrötlich. Unterhals u. Halsseiten rotbraun mit schwarzem, länglichem, weiß umrandetem Mittelfleck. Kopfseiten unter Auge weiß u. schwarz gestrichelt. Ohrdecken bräunlich. Kehle weiß. Bauch u. US rahmweiß mit länglichem schwarzem Fleck mit weißen Zentralflecken. Federränder an der Seite rotbraun gesäumt. OS bis Schwanz blaßrötlichbraun sowie schwarzbraun gesprenkelt u. gewellt. Vorderrücken u. Flügeldecken mit hellem, schwarzbraun eingefaßtem Saum. Schwingen braun. Handschwingenaußenfahnen mit rahmgelben Flecken. Innenfahnen rötlich gewellt. ♀ wie ♂, letzteres mit 2 Sporen, untere länger. Schnabel gelblich mit dunklem First. Iris braun. Läufe graugelb. 32 cm. UAn. Senegal bis Kamerun. Bewohnt alle Biotope außer Busch- u. Hochwald. Gelege 5—6 Eier, weiß bis hellisabellfarbig.

— *P. capensis*, Kapfrankolin. ♂ u. ♀: schwarzbraun. Kopf u. Hals mit hellem Randsaum. Rücken, Flügel, Schwanz mit doppeltem hellem Saum u. hellem Federschaft. Brust u. Bauch einfach gesäumt u. breiterer weißer Federschaft. Bauch wie Kopfpartie. Sporen auch bei ad. ♀. Schnabel dunkelhornfarbig, Schnabelansatz orange. Iris rötlichbraun. Läufe dunkelgelb. 40—42 cm. W-Kapprovinz, S-Afrika. In Siedlungsnähe recht zahm. Lebt in Gestrüpp an Flußläufen. Meidet Hochwald. Gelege 6—8 Eier, hellrosa bis purpurrosa.

— *P. clappertoni*, Clappertonfrankolin. ♂ u. ♀: Kopf-OS braun, nach Schnabel zu schwarz. Weißer Überaugenstreif von Schnabelansatz bis Hinterscheitel. Augengegend von weiß u. schwarz gestrichelten Federn umgeben. Rote Augenränder. Ohrdecken braun. Hals weiß u. schwarz gefleckt. Kehle weiß. US weißlich mit braunen Schäften u. braunen u. weißen Säumen. Unterschwanz isabell mit schwarzem Muster. Rücken u. Flügel dunkelbraun mit hellem Federsaum. Flügeldecken u. Mantelfedern braun mit weißem Seitensaum u. hellbraunen Schäften. Schwingen gelblich mit braunem Schaft. Seitenstreifen bei Handschwingen, Armschwingen mit brauner Bänderung. Schwanz braun mit weißlichgelbem Muster. Schnabel schwarz mit roter Basis. Iris dunkelbraun. Läufe dunkelbraune Vorderteile, hinten orange. 30—35 cm. UAn. Niger u. N-Nigeria bis Äthiopien u. W-Kenia. Sandige Steppenebene. Gelege 4—6 Eier, dickschalig mit Poren, schmutzigweiß bis gelblichbraun. Erstzucht KÖHLER, Weißenfels 1877.

— *P. erckelii*, Erkelfrankolin. ♂ u. ♀: dunkelbraune Kopf-OS, Stirn u. langer breiter Überaugenstreif mattschwarz. Zügel, Wangen schwarz mit weiß gesäumten Federchen. Kehle weiß, graue Schaftstriche. Brust grau mit kastanienbraunen weißgerandeten Federspitzen. Unterbauch gelblichweißliche, flaumige Federn. Unterschwanzdecken mit V-förmiger schwarzbrauner Binde vor Federende. Nacken u. Hinterhalsfedern kastanienbraun mit langen weißen Seitensäumen, Mantelregion mit weißem Band am Schaft u. grauem, braun gesäumten Außenteil. Hinterrücken, Bürzel, Oberschwanzdecken, Schwanzfedern graubraun. Letztere mit leichter dunkler Querwellung. Flügeldecken graubraun. Handschwingen graubraun mit dunklen Schäften. Flanken u. Seiten nach hinten heller werdend. Schnabel schwarz. Iris dunkelbraun. Läufe gelb, beim ♂ doppelt gespornt. Juv. braune Grundfarbe, schwarzer Stirnmittelstreif. OS mit 2 fahlgelben Seitenbändern. 50 cm. UAn. N-Äthiopien bis O-Sudan. Bevorzugt trockenes hügeliges Gelände. Flüchtet lieber laufend als fliegend. Gelege 6—10 Eier, hartschalig, gräulichweiß. ♀ legt oft bis 100 Eier. Kunstbrutfest. Erstmals 1925 in Europa.

— *P. hartlaubi*, Bergfrankolin. ♂: schwärzlichbraunes Kopfband zum Hinterhals, eingerahmt von schmalem weißem Band. Davor zum Schnabel schwarzer Streifen durch Auge. Ohrgegend bräunlich. Kehle, Vorder- u. Seitenhals bis Unterbauch weißlich mit dunklen breiten Schaftstrichen; um Aftergegend quer gestreift. Schnabel kräftig mit starker langer Spitze, gelblichbraun. Iris dunkelbraun. Läufe ockergelb. ♀: bräunlich, dunkleres Stirnband über Kopf. Kopfseiten bis Kehle rötlichockergelb. In Kropfhöhe dunkleres Band nach Brust u. Hinterhals laufend. Rücken bis Schwanz u. Flügel schwarz u. braun unregelmäßig quergestreift. Brust, Flanken u. Unterbauch bräunlichockergelb mit isabellfarbigen

Federsäumen. 25—28 cm. UAn. S-Angola u. nö. Namibia. Felsen- u. Klippengelände. Eier cremefarbig, länglich.
— *P. natalensis*, Natalfrankolin. ♂ u. ♀: Kopffedern schwarz mit weißer Säumung; Kehle auf weißem Grund schwarz getüpfelt. Kropf schwarz u. weiß gebändert. Brust u. Bauch schwarz u. weiß quergestreift u. weiß gesäumt. Rücken bis Schwanz u. Flügel braun mit schwarzer Wellung, helle Federschäfte. Bauch ocker u. weiß gesäumt. Schnabel rosa. Iris braun. Läufe rot. Kräftige Sporen bei ♂. Juv. s. *P. swainsonii*, zarterer Augenstreif. 30—38 cm. UAn. Natal u. N-Kapprovinz bis S-Sambia. In Gebirgen bis 1 500 m ü. NN. Gelegestärke 4—8 Eier, gelblichcremefarbig.
— *P. squamatus*, Schuppenfrankolin. ♂ u. ♀: Kopf dunkelbraun. Hals u. Oberrücken ebenso, aber mit hellem Außensaum. Rücken bis Schwanz auf braunem Grund schwarz gewellt. Flügel ebenso mit roten Schäften. Kehle hell. Vorderhals dunkelbraun u. weißlichgraubraun gesäumt. Kopf, Brust, Bauch hellbraun mit kräftigen rötlichbraunen Schäften u. Säumen. Unterbauch ähnl., aber undeutl. gezeichnet. Iris rotbraun. Schnabel u. Läufe orangerot. 30—36 cm. UAn. SO-Nigeria bis Äthiopien, Kenia, Zaïre, Tansania, Malawi. Waldbewohner, Futtersuche auf Lichtungen u. Kulturland.
— *P. swainsonii*, Swainsonfrankolin. ♂: nackte rote Augenregion kleiner als bei *P. afer*. Kehlstreifen rot, nackt. Kopf braun, Hals braun gesprenkelt auf blaßbräunlichem Grund. Rücken gleiche Grundfarbe mit kräftiger bräunlicher Zeichnung zum Schwanz zu. Schwingen braun u. blaßbraun gerieffelt. Brust u. Bauch mit braunen Federschäften. Oberschnabel schwarz, Unterschnabel rot. Iris braun. Läufe schwarz. Juv. Kopfband über Stirn beginnend. Seitenband bis ans Auge verlaufend. 34—39 cm. UAn. Nö. Namibia, Botswana u. Transvaal bis Sambia. Lebt in trockenen Buschsavannen mit Dorngebüsch. Gelege 4—5 Eier, gelblich.
Pternura. G der Accipitridae ↗. 1 A. Mittelgroße Greifvögel mit charakteristischem Habichtshabitus.
— *P. tyrannus*, Tyrannenadler. ♂ u. ♀: schwarz, Schopffedern schwarz mit weißer Wurzel zu einer aufrichtbaren Haube verlängert. Flügelbug, FlügelUS, Unterbauch, Hosen schwarzweiß gebändert. Schwanz lang, schwarz mit 3 weißen Binden. Immat. etwas heller. ♂ deutl. kleiner. 2 UAn. Z-Mexiko bis Peru, Brasilien bis Argentinien. Halboffene Landschaft mit lichten Wäldern, Buschzonen, ist nur in der Ebene anzutreffen. Beute Vögel, kleine Säuger. Brutbiologie unbekannt. Sehr selten in Tiergärten. Besonderheiten s. *Spizaetus ornatus*. Noch nicht in Gefangenschaft gezüchtet.
Pterocles. G der Pteroclidae ↗. 1 A. S-Frankreich, Iberische Halbinsel, N-Afrika, Kleinasien u. Israel bis Turkestan. In trockenen Ebenen, hochgelegenen Steinplateaus, an Rändern von Morasten. Gewöhnlich in großen Schwärmen. Hinterzehe nur klein u. funktionslos, hochansetzend. Am Boden nistend. Eier 45 mm. Brutdauer 21—23 Tage.
— *P. alchata*, Spießflughuhn. ♂: zur Brutzeit gelblicholivgrauer Oberkopf, Vorderrücken u. Schultern, gelbschwarz gebänderter Unterrücken, Bürzel u. Schwanz. Schwanz mit weißer Endbinde. Äußere Handschwingen braun u. weiß. Gesicht ockerfarben, schwarzer Augenstrich u. Kehle. Breites kastanienbraunes Brustband. US weiß. ♀: OS schwarz u. braungelb quergebändert. Schulter u. Flügel weißgefleckt. Weiße Kehle. Auf Vorderhals u. Brust 2—3 schwarze Binden. US weiß. Lange, nadelspitze mittl. Steuerfedern. 32 cm. 280—350 g. UAn. Zucht mehrfach gelungen, z. B. 1964/65 Universität Tel Aviv, Israel.

Pteroclidae, Flughühner. F der Pterocliformes ↗. 4 Gn. (*Syrrhaptes* ↗, *Pterocles* ↗, *Nyctiperdix* ↗, *Calopterocles*), 16 An. Wahrscheinl. verwandt mit Taubenvögeln. 40 cm. Tarntracht. ♂ meist auffälliger gefärbt als ♀. Schlank, mit langem, spitzem Schwanz u. spitzen Flügeln. Hühnerartiger Schnabel; Nasenlöcher mit Hautklappe vor Sandstaub geschützt. Läufe befiedert. Kropf u. lange Blinddärme vorhanden. Afrika, Asien, Iberische Halbinsel, Kanaren. In Steppen, Buschsteppen u. offenen Ebenen od. Steinwüsten. Gesellige Bodenvögel. Schnelle Läufer, hohe Fluggeschwindigkeiten. Kurze, kräftige, zwitschernde Lockrufe. Nahrung Samen, aber auch Knospen, Beeren u. gelegentl. Insekten. Saugtrinken fast wie bei Tauben; zum Abschlucken sich aufrichtend. Nester in lockeren Gruppen, in einfacher Bodenmulde. 2—3 walzenförmige, gelbliche, bräunliche od. graue u. braun- od. graugefleckte Eier. Brutdauer 23—28 Tage. Oft 2 Bruten nacheinander. ♀ brütet tagsüber, ♂ nachts. Nestflüchter mit dichtem Dunenkleid, von beiden Eltern betreut. Einige An führen weite nahrungsbedingte Wanderflüge durch. Tränken Juv. mit Hilfe vollgesogenem Bauchgefieders. In Gefangenschaft verhältnismäßig leicht zu pflegen. Recht scheu. In Tiergärten häufiger gehalten. Haltungsrekord 18 Jahre. Geräumige Fasanenvolieren mit dichter Hintergrund-Bepflanzung; Grasboden. Sandbäder erforderlich, da Gefiederreinigung nie im Wasser. Stellen sich zum Trinken ins Wassergefäß, so daß Brustgefieder durchnäßt. Im Winter Schutzräume mit Temp.en nicht unter 0 ° C. Fütterung ähnl. wie Hühner, nur mit mehr Abwechslung in Körnerart. Samen, Grün, Insekten, auch geschabte Möhren u. Mehlwürmer. Empfehlenswerte Körnermischung: 25 % Spitzsamen, 25 % große Hirse, 25 % Senegalhirse, 10 % Hafer, 5 % geschälter Hafer, 5 % Weizenspitzen u. 5 % Buchweizengrütze. Erste erfolgreiche Zucht wahrscheinl. 1906 mit *Pterocles exustus*. In letzten Jahrzehnten mehrfach gelungen mit *Syrrhaptes paradoxus*, *S. orientalis*, *S. exustus*; *Pterocles alchata*.

Pterocliformes, Flughühner. 1 F, Pteroclidae ↗, 4 Gn, 16 An. Afrika, Asien, Iberische Halbinsel, Kanaren.

Pteroglossus. G der Ramphastidae ↗. 9 An. Schnäbel kürzer als Echte Tukane u. schwarzweiß gefärbt. Zierlichere Gestalt. Gefieder seidig, meist schwarz od. grünlichschwarz, unterseits mit gelben Federpartien. Vor allem in Bergwäldern verschiedenster Höhenlagen. Geselligste aller Tukane.

Pteronetta

— *P. aracari*, Schwarzkehl-Arassari. ♂ u. ♀: Kopf u. Kehle schwarz. Flügel olivgrün. Brust u. Bauch gelborange mit rotem Band. Bürzel scharlachrot. Schnabel schwarz mit weißen Seiten, an Wurzel gelbweißes Band. Augenfeld blau. 44 cm. UAn. O-Venezuela u. Guayana bis SO-Brasilien.
— *P. beauharnaesii*, Krausskopf-Arassari. ♂ u. ♀: hornige Kräuselfedern des Oberkopfes bräunlichschwarz. Rücken, Flügel u. Schwanz gräulichschwarzgrün. Nacken u. Bürzel rot. Wangen- u. Kehlfedern ebenfalls zu weißen hornigen Plättchen umgebildet, an äußeren Spitzen schwarz. US gelb mit roter Bauchbinde. Schnabel oben orange, seitl. mit dunkelblauen Längsstreifen, hellgelber Spitze, weißen Schneiden. US strohgelb. 34 cm. O-Peru u. N-Bolivien bis N-Mato Grosso.
— *P. bitorquatus*, Rotnacken-Arassari. ♂ u. ♀: OS schwarzgrün, Nacken karminrot. Gelbes Band zwischen schwärzlichrotbrauner Kehle u. roter Brust. Schnabel oben gelbgrün, unten an Spitze schwarz, an Wurzel gelbweiß. 37 cm. UAn. Brasilien vom Rio Madeira u. NW-Mato Grosso bis N-Maranhão.
— *P. castanotis*, Braunohr-Arassari. ♂ u. ♀: Oberkopf u. Kehlband schwarz, säumen sattes Violettbraun von Wangen u. Kehle. Rücken graugrün. US gelb mit roter Bauchbinde. Bürzel rot. Schnabel schwarzgelb gemustert, an Wurzel weißer Rand. 35—45 cm. UAn. O-Kolumbien bis Paraguay, Misiones, Paraná, Minas Gerais u. Goiás.
— *P. flavirostris*, Rotkopf-Arassari. ♂ u. ♀: oberseits schwarzgrün, Kopfseiten, Nacken u. Kehle kastanienrotbraun. Oberkopf rotbräunlichschwarz. Kropf rot. Brust schwarz, Bauch rot u. blaßgelb. Schnabel kalkweiß mit schwarzen Flecken an Schneide. 37 cm. UAn. S-Kolumbien u. S-Venezuela bis O-Peru, N-Bolivien u. NW-Brasilien.
— *P. inscriptus*, Schriftarassari. ♂: Kopf, Kehle, Vorderhals schwarz. Schenkel braun. US hellgelb, OS grünschwarz. Oberschwanzdecken rot. Schnabel weiß mit schwarzen Streifen u. Flecken. Augenfeld blau. ♀: braun an Kopfseiten, Kehle u. Vorderhals. 32 cm. UAn. SO-Kolumbien bis NW-Brasilien, O-Peru u. N-Bolivien.
— *P. pluricinctus*, Doppelbinden-Arassari. ♂: Kopf, Hals, Kehle schwarz. Flügel, Schwanz u. Schenkel grün. Roter Nackenfleck. Brust u. Bauch gelbrotgelb. Schnabel oben gelbbraun, unten schwarz, weißer Saum an Schnabelwurzel. Augenfeld rot. ♀: mit braunen Ohrdecken u. rotem Saum unter schwarzer Kehle. 38—48 cm. O-Kolumbien u. W- u. M-Venezuela bis NO-Peru u. NW-Brasilien.
— *P. torquatus*, Halsband-Arassari. ♂ u. ♀: schwarzer Kopf u. Hinterhals mit grünlichem Schimmer, rotbraunes Nackenband. Bürzel u. Oberschwanzdecken rot, sonst grünschwarze OS. US hellgelb mit Rot gemischt. Schwarzer Brustfleck, rotschwarze Bauchbinde. Braune Schenkel. Schnabel schwarzgelblichweiß mit gelbem Rand an Wurzel. Augenfeld blaugrün. 36 cm. UAn. S-Mexiko bis N-Kolumbien u. NW-Venezuela u. W-Ekuador. In Baumkronen der

Hartlaubsenten

Wälder u. an Flußufern. In kleinen Trupps. 2—4 weiße Eier, von beiden Eltern bebrütet. Brutdauer 16 Tage. Nestlingszeit 45 Tage.
— *P. viridis*, Grünarassari. ♂: Kopf, Hals, Kehle schwarz, Rücken, Flügel u. Schwanz schwarzgrün, Brust gelb. Bauch gelblichgrün, Bürzel rot, Schenkel braun. Schnabel oben u. an Wurzel gelb, Seiten rotbraun, Zähne der Schneiden weiß, Unterschnabel schwarz. Augenfeld blaugrau. ♀: Kopfseiten, Hals u. Kehle braunrot. 33 cm. Guayana bis O-Venezuela u. NO-Brasilien.

Pteronetta. G der Anatidae ↗, UF Anatinae ↗. 1 A. W- u. M-Afrika. Bewohnen paarweise od. in Familien Gewässer des tropischen Urwaldes. Häufig auf Ästen sitzend. Gelege mit 7—11 Eiern in Baumhöhlungen. Brutdauer 32—33 Tage. Nahrung Pflanzenteile u. kleine Wassertiere. Selten gehalten. Unterbringung in Einzelgehegen od. Volieren. Kälteempfindlich. Zucht mehrfach gelungen. Eiablage in Nistkästen. Aufzucht der Juv. durch Eltern od. unter Wärmequellen.
— *P. hartlaubii*, Hartlaubsente. ♂: Kopf u. Hals schwarz. Weißer Fleck unterschiedl. Größe auf der Stirn. Körper braun, zum Schwanz hin dunkler werdend. Flügeldecken leuchtendblau. Schnabel schwarz mit hellem Band. Füße schwarz. ♀ kleiner als ♂, ohne weißen Stirnfleck, unterschiedl. Stimmen. 55—60 cm.

Pterophanes, Blauflügelkolibris. G der Trochilidae ↗. 1 A. Von Kolumbien bis Bolivien. Bevorzugen die offenen, vegetationsarmen Hänge der Anden. Alle bisher eingeführten Tiere starben in den ersten Wochen. Haltung bisher kaum möglich; A. J. MOBBS hielt 1 Exempl. 3 Monate, der Zoo Heidelberg 1 Exempl. 6 Monate. Zucht nocht nicht gelungen.
— *P. cyanopterus*, Blauflügelkolibri, Temmincks Saphirflügel-Kolibri. ♂: OS dunkelmoosartig grün mit etwas goldigem Schimmer, Oberschwanzdecken bronzegrün. Steuerfedern dunkelbronzegrün. Oberflügeldecken, Schwungfedern oben u. unten glänzendstahlblau. US wie OS, aber mit etwas blauem Schimmer. Unterschwanzdecken grün. Schnabel schwarz. Füße hellbraun. ♀: OS heller, mehr metallischgrün als beim ♂, Kopf-OS dunkelbraun, US dunkelrotbraun, die Seiten mit grünen Flecken; Un-

terschwanzdecken glänzendgrün. Juv. wie ♀. 16,0 cm.

Ptilinopus. G der Duculidae ↗. 27 An. Inseln in SO-Asien, Neuguinea, Australien, Pazifik. Zucht von *P. coronulatus,* Veilchenkappen-Fruchttaube od. Gemalte Fruchttaube, gelungen.

Ptilonorhynchidae, Laubenvögel. F der Passeriformes ↗. 8 Gn (*Ailuroedus* ↗, *Scenopoeetes* ↗, *Chlamydera* ↗, *Sericulus* ↗, *Ptilonorhynchus* ↗, *Archboldia* ↗, *Amblyornis* ↗, *Prionodura* ↗), 18 An. Verwandte der Paradiesvögel. ♂♂ oft mit auffällig gefärbtem Gefieder an Kopf u. Nacken. ♀♀ unscheinbar. Flügel kurz u. abgerundet. Beine kräftig. Schwanz verhältnismäßig kurz u. gerade. 23—36 cm. Australien, Neuguinea. In offenem gebüschbestandenem Gelände u. in Wäldern. Können gut fliegen, halten sich aber meist am Boden auf. Nahrung Früchte, Beeren, Samen, Insekten, Schnecken u. a. Kleingetier. Meist werden kunstvolle artspezifische Balzplätze angelegt. Gebrauch von Werkzeugen zum Ausmalen der Lauben (3 An) u. Anbringen von Zierat (Schneckenschalen, Chitinpanzer von Insekten, Samen, Beeren, Federn u. a.). Einmalig im Tierreich in dieser Art. Oft nur Begattung in od. bei der Laube. Nest u. Laube unabhängig voneinander. ♀ baut allein flaches od. napfförmiges Zweignest in Bäumen. 2—3 Eier, vom ♀ bebrütet. Bei einigen An füttert ♂ mit. Früher gelegentl. im Tierhandel. In Zoos häufiger gehalten. Hier auch verschiedentl. Laubenbau u. Balz. Seidenlaubenvogel u. Gelbnacken-Laubenvogel: London (1857) u. Berlin (1895); Fleckenlaubenvogel: Amsterdam (1870); Grünkatzenvogel: London (1879) u. Berlin (1895); Graulaubenvogel: Berlin (1894). Benötigen geräumige, dicht bepflanzte u. gut temperierte Volieren. Kleineren An gegenüber verträglich. Mehrere ♂♂ der Laubenvögel nicht zusammen halten. Selten Bruterfolge: Gelbnacken-Laubenvogel Welterstzucht 1905 durch R. PHILIPS (GB), danach sowohl in Australien als auch in Europa Bruterfolge. Seidenlaubenvogel Welterstzucht 1912 durch Mrs. JOHNSTONE (GB). Heute kaum noch gehalten. Artenschutz! Als Ernährungsgrundlage bes. Insektenmischung u. gequetschte Samen.

Ptilonorhynchus. G der Ptilonorhynchidae ↗. 1 A. O-Australien in N-Queensland u. von SO-Queensland bis Victoria. Nur in feuchten Regenwäldern. Kehlige Schreie u. sägeartiges Quietschen. ♂ errichtet aus Halmen u. kahlen Zweigen Tenne mit 2 Zaunwänden, die Laubengang einschließen. Vor Eingang blauen u. gelbgrünen Zierat. Aus blauem Fruchtfleisch u. Speichel wird Farbstoff gewonnen, der mittels zerkauter Rinde als Pinsel auf Wände aufgetragen wird. Laubengang stets in N-S-Richtung. ♀ wird nach Balztanz des ♂ in Laube begattet. ♀ brütet allein. Graugelbe Eier, dunkelolivbraun u. grau gefleckt (42 × 30 mm). Nach Brut in Schwärmen bis über 100 Vögel vereint umherziehend. ♂ erst nach 4—7 Jahren ausgefärbt. In Gartenkulturen oft Schäden anrichtend, da gern saftige reife Früchte fressend.

— *P. violaceus,* Seidenlaubenvogel, Blauschwarzer Laubenvogel. ♂: schwarz, violettblauglänzend. Schnabel blau mit hellgelbgrüner Spitze. Auge blau. ♀: grün; Wangen, Flügel u. Schwanz braun gesper-

Ptilostomus

Büscheleule

bert. Bauch weißlich gesperbert. Juv. wie ♀. 28—32 cm. UAn. Welterstzucht 1912 (GB).

Ptilopachinae, Felsenhennen. UF der Phasianidae ↗. 1 G *Ptilopachus,* 1 A.

Ptilopsis, Büscheleulen. G der Strigidae ↗. 1 A. Klein, grauweiß, mit Federohren. Mit keiner anderen Eule zu verwechseln. Keine Geschlechtsunterschiede im Gefieder, jedoch sind ♀♀ größer u. schwerer als ♂♂. Afrika sü. der Sahara bis Natal u. Oranje-Freistaat. In offenen baumbestandenen Savannen. Meiden den Wald. Tag- u. nachtaktiv. Nahrung sind Kleinsäuger, Vögel, Insekten. Boden- u. Baumhöhlenbrüter. Benutzen zur Brut auch die verlassenen Nester größerer Vögel. Eingewöhnung u. Haltung mit Eintagsküken, Mäusen, jungen Ratten problemlos. Verträglich. Paarweise Haltung in mindestens 2,00 × 3,00 × 2,00 m Volieren ↗ zu empfehlen. Gelege 2—3 Eier. Legeabstand 2—3 Tage. Nur das ♀ brütet.

— *P. leucotis,* Büscheleule. ♂ u. ♀: mit gelb- bis kräftig orangefarbener Iris. Gefieder oberseits grau, unterseits grauweiß mit dünner schwärzlicher Längsstrichelung. Gesamte US schwach quergewellt. Schwanz quergebändert. Das weiße Gesicht wird seitl. schwarz eingerahmt. Juv. ohne Längsstrichelung der US. 19—24 cm. Selten gehalten. Erstzucht gelang Miss E. F. CHAWNER, England.

Ptilostomus, Piapia. G der Corvidae ↗. Syn. *Cryptorhina.* 1 A.

— *P. afer,* Piapia. ♂: schwarzes Gefieder mit purpurseidigem Glanz, Schwanz, Schenkel, Handschwingen bräunlich. Schwanz lang, stark gestuft, nur 10 Federn. Schnabel schwarz. Auge rotbraun mit violettem Außenring. Füße schwarz. ♀ wie ♂, aber Schnabel rötlichweiß mit schwarzer Spitze, Auge dunkelbraun.

Pucrasia

Juv. ähnl. Ad. 42—45cm. Senegal bis S-Äthiopien u. Uganda. Bewohnt offenes Gelände, Viehweiden, auch an Gehöften, oft gesellig. Nahrung vorwiegend Insekten, Würmer, Getreide, Samen. Nest in Blattscheiden hoher Palmen, mit Dornen verkleidet. Sehr selten gehandelt. Zucht noch nicht gelungen.

Pucrasia, Koklasfasanen, Schopffasanen. G der Pucrasiinae ↗. 1 A mit 9 UAn. 52—64 cm. Mit 16federigem, keilförmigem Schwanz. Das Gefieder von ♂♂ u. ♀♀ besteht aus lanzettförmigen Federn. ♂♂ tragen eine Scheitelhaube, deren M-Teil dem Scheitel, auch während der Balz, angelegt bleibt. Während die beiderseits hinter den Ohrdecken entspringenden Schopffedern in der Balzphase wie Hörner aufgerichtet getragen werden. Himalaja von Afghanistan bis Nepal, NO-Tibet u. Gebirge O- u. N-Chinas. Bewohnen trockene, zerklüftete dicht bewachsene Berghänge von 600—4500 m ü. NN. Nahrung vorwiegend grüne Pflanzenteile, Samen u. Insekten. Zur Balzzeit lassen die ♂♂ weithin hörbare Rufserien ertönen, die ihnen den Namen Koklas einbrachten. ♀♀ legen ihre Nester im dichten Gestrüpp an. Gelege 6—12 rahmfarbene, rotbraun gefleckte Eier. Nur ♀ brütet, Schlupf nach 26—27 Tagen. ♂ beteiligt sich an Aufzucht. Geräumige grasbewachsene Ausläufe notwendig. Als Trockenhochlandbewohner sehr empfindlich gegen hohe Luftfeuchtigkeit. In M-Europa vollständig winterhart. Futter fast ausschließl. Grünfutter u. Obst (versch. Grassorten, Luzerne, Rotklee, zerkl. Möhren ↗, versch. Beeren ↗, Kirschen, Äpfel ↗). Zur Zucht erhält jedes ♂ nur eine ♀. Juv. frohwüchsig, aber nässeempfindlich. Ad. Gefieder u. Zuchtfähigkeit im 1. Lebensjahr. Mehrere UAn nach Europa importiert u. mit wechselndem Erfolg gezüchtet.

— *P. macrolopha*, Gemeiner Schopffasan. ♂: Kopf u. Nacken schwarz, metallischgrünschimmernd, an den Halsseiten ein ausgedehnter Längsfleck. Seitl. lange Haubenfedern schwarzgrün, die mittl. gelbbraun, graue Rückenfedern mit breiten schwarzen Schaftstreifen. Nacken mit rostfarbenem Anflug. Schwingen dunkelbraun, Außenfahnen der äußeren Handschwingen gelbbraun; Armschwingen mit hellbraunen Säumen u. dunkleren Schaftstrichen. Schwanz rotbraun mit schwarzer Binde vor dem weißen Endsaum. US grau mit schwarzen Schaftstreifen. Kastanienbrauner Längsstreif von Mitte Unterhals bis zum Bauch. Unterschwanzdecken mit gelblichen Federspitzen. Schnabel schwarz. Füße grau mit fleischfarbenen Anflug u. Sporen. ♀: schwarzer Oberkopf mit rostbraunen Flecken. Schopf grau mit hellen Schaftstreifen u. dunklen Saumflecken. Rükken dunkelbraun mit gelbbrauner Sprenkelung. Mittl. Schwanzfedern dunkelbraun, rotbraun gebändert mit gelblichen Spitzen. Äußere Schwanzfedern dunkelbraun, rotbraunschwarz gefleckt. Kinn, Kehle, Halsflecken rahmfarben. US rötlichbraun mit hellen Schaftlinien, hellgrauen Spitzen u. dunkelbraunen Streifen längs der Fahnen. Ei rahmfarben rotbraun gefleckt. Juv. Gesamtfärbung gelblichbraun, Scheitel bis Rücken dunkelbraun gesprenkelt. Schwarzbrauner Halbkreis über dem Auge, sowie gleichfarbenes Band von den Ohren bis zum Nacken, am Hinterkopf durch verlängerte Daunen eine Krause bildend. 64 cm ♂, 56 cm ♀. UAn. W-Himalaja von S-Kaschmir bis Kumaon. Bewohner steppenartiger Hänge mit felsigem Untergrund u. lichtem Baumbestand in Höhenlagen von 1800 m bis zur Baumgrenze in etwa 5000 m ü. NN. *P. m. bethelae*, Punjab-Schopffasan. Dunklere Gesamtfärbung als Nominatform, Bauchbinde schwarzbraun. Kulu-Tal bei Sultanpur (Indien). *P. m. biddulphi*, Kaschmir-Schopffasan. ♂: Hinterhals kastanienbraun. Rücken mehr braun als grau. ♀: dunkler als ♀♀ Nominatform. Übergangszeichnungen zu UA *castanea*. N-Kaschmir, öst. von Ladak (Indien). *P. m. castanea*, Afghanistan-Schopffasan. ♂: diese UA trägt stark ausgedehnte kastanienbraune Färbung der US, dunklen Rücken u. rußschwarze Schwanzfärbung. ♂: dunkler gefärbt als Nominatform. *P. m. nipalensis*, Nepal-Schopffasan. ♂: Mantelgefieder weniger lanzettförmig, mehr gerundet, fast schwarzes Rücken- u. Flankengefieder. Hinterhals, obere Mantelregion u. Schwanz dunkelkastanienbraun. ♀: rötlichere Gesamtfärbung als Nominatform. W-Nepal. *P. m. meyeri*, Meyers-Schopffasan. ♂: fast gleich gefärbt wie UA *P. m. xanthospila*, jedoch kastanienbraune Schwanzfärbung wie Nominatform. Mittelschopf schwarz mit braunen Spitzen, Schopffedern des Hinterkopfes braun. Rückengefieder mit breiten grauen Schaftstreifen u. schwarzen Seitenbändern, schmaler Saum grau. Schwanzfärbung wie bei Nominatform, jedoch mit starker schwarzer Streifung der Oberschwanzdecken u. mittl. Schwanzfedern. ♀: rötliche Gesamtfärbung des Mantel- u. Brustgefieders. SO-Tibet u. W-Yünnan, öst. bis zur Likiang-Kette (VR China). *P. m. ruficollis*, Rothals-Schopffasan. ♂: bis auf 1 mehr rötliches satt isabellfarbenes Halsband von UA *P. m. xanthospila*, fast nicht zu unterscheiden. Etwas dunklere Gesamtfärbung; Kinn u. Kehlbasis grünblau. ♀: nicht näher beschrieben. Kansu u. W-Schensi (VR China). *P. m. xanthospila*, Gelbhals-Schopffasan. ♂: heller gefärbt als Nominatform. Große weiße Halsflecke, Hinterhals hellisabellfarben mit rötlichen Federsäumen. Brust u. Unterbauch kräftig kastanienbraun. Mantelgefieder hellgrau mit schwarzen Streifen. Graue äußere Schwanzfedern mit schwarzen Außensäumen u. schwarzer Binde vor weißer Spitze. ♀: ebenfalls überwiegend durch graue äußere Schwanzfedern von Nominatform unterschieden. SO-Mongolei, N-Schensi u. Tschili (VR China). Mehrfach nach Europa importiert. *P. m. joretiana*, Joret-Schopffasan. ♀: kürzere volle Haube aus abgerundeten Federn, ohne gelbe Hinterhalsflecken. Starke Ähnlichkeiten zu UAn *P. m. xanthospila* u. *P. m. darwini*. Satte kastanienbraune Färbung Brust u. Halsgefieder. Federmitte des Mantel- u. Rückengefieders stets grauweiß, nicht isabellfarben. ♀: nicht näher beschrieben. SW-Anhwei (VR China). *P. m. darwini*, Darwin-Schopffasan. ♂: Kopf- u. Halsfärbung wie Nominatform, stärkere Ausdehnung Grünglanz auf Kinn u. Kehle. US isabellfarben, kastanienbraunes Band der US wenig ausgeprägt, mitunter fehlend. ♀: variiert von rötlicher bis isabellfarbener Gesamtfärbung. Hupeh, SO-Szetschuan, Tschekiang, Fukien u. N-Kwangtung (VR China). Mehrfach nach Europa importiert.

Pucrasiinae, Koklasfasanen. UF der Phasianidae ↗. 1 G *Pucrasia* ↗.

Puderdunen. Bes. ausgebildete Federn, die nur noch der Pudererzeugung dienen. An der Spitze löst sich die Dune bei fortschreitendem Wachstum in Puder auf. Er dient wie das Öl der Bürzeldrüse als Nässeschutz für das Gefieder. P. sind bei Vögeln zu finden, die keine od. nur eine kleine Bürzeldrüse haben, ihre Anordnung kann zu Puderflecken vorwiegend am Unterrücken od. Bauch konzentriert sein. Durch das Einpudern des Gefieders kann dieses z. B. einen metallischen Glanz, reifartige od. blaugraue Färbung erhalten. P. haben u. a. Reiher ↗, Papageien ↗.

Puerto-Rico-Amazone *(Amazona vittata)* → *Amazona*

Puffinus. G der Procellariinae ↗. 7 An. Haltung s. Procellariidae ↗.

— *P. puffinus,* Schwarzschnabelsturmtaucher. ♂ u. ♀: OS schieferschwarz od. schwärzlichbraun; Kopf- u. Halsseiten grau od. braungefleckt. US weiß. Schnabel schwarz. 35–38 cm. Flügelspannweite 60 cm. UAn. Mittelmeer, Atlantischer u. Pazifischer Ozean. Brütet auf kleineren Inseln u. an Küsten Islands, der Britischen Inseln, der Bretagne, Niederkaliforniens, Neuseelands. Brutdauer 52–54 Tage. Kurzzeitig gehalten 1936 im Zoo Frankfurt/M.

Punaente *(Punanetta puna)* → *Punanetta*

Punanetta. G der Anatidae ↗, UF Anatinae ↗. 3 An.

— *P. hottentota,* Hottentottenente. Jahreskleid. ♂: Kopf mit schwarzbrauner Kappe u. gelber unterer Kopfhälfte. Schwarzer Fleck in Ohrgegend. Hals, Brust u. vordere Flanken auf braunem Grund dunkel gefleckt. Flügeldecken schwarzbraun, metallischglänzend. Spiegel grün mit weißem Rand. Schnabel blaugrau mit schwarzer Firstlinie. Füße grau. ♀ wie ♂, aber unterschiedl. Stimme. 32–36 cm. Brutvogel in der sü. Hälfte Afrikas u. auf Madagaskar. Bewohnt pflanzenreiche Binnen- u. Küstengewässer, Sumpf- u. Überschwemmungsgebiete. Nester u. Aufzucht der Juv. in Ufervegetation. Gelege mit 6–8 Eiern werden 24–25 Tage bebrütet. Führung der Juv. durch ♀. Nahrung hauptsächl. Pflanzenteile. Selten gehalten. Unterbringung in kleinen sonnigen Gehegen, auch in Gesellschaft mit anderen kleinen An. Nicht winterhart. Zucht mehrfach gelungen. Juv. sehr wärmebedürftig.

— *P. puna,* Punaente. Jahreskleid. ♂: Kopf mit schwarzer Kappe u. weißer unterer Kopfhälfte; Weiß mit rosafarbenem Anflug. Brust, Vorderrücken u. vordere Flanken auf hellbraunem Grund dunkel gefleckt. Übrige Flanken schwarzweiß gestreift. Flügeldecken braun. Schnabel blau mit schwarzer Firstlinie. Füße grau. ♀: meist kleiner als ♂. 43–48 cm. Brutvogel der Andenzone von Peru bis N-Chile. Bewohnt ganzjährig flache Hochgebirgsseen bis über 4 000 m Höhe (Punazone). Nester in Vegetation unweit vom Wasser. Gelege enthalten 5–6 Eier. Brutdauer ca. 24 Tage. Selten gehalten. Zucht schwierig, aber mehrfach gelungen.

— *P. versicolor,* Versicolorente. Jahreskleid. ♂: Kopf mit schwarzbrauner Kappe u. gelblicher unterer Kopfhälfte. Brust u. vordere Flanken auf hellbraunem Grund dunkel gefleckt. Hintere Flanken schwarzweiß gestreift. Rücken u. Schwanz fein gewellt. Flügeldecken braun. Spiegel blaugrün. Schnabel hellblau mit schwarzer Firstlinie. An der Wurzel jederseits gelber Fleck. Füße grau. ♀ ähnl. ♂, aber kleiner u. nicht so kontrastreich gefärbt. Mitunter fehlt gelber Schnabelfleck. 40–45 cm. 2 UAn. Brutvogel in S-Amerika von M-Chile u. S-Brasilien bis Feuerland. Sü. Population zieht im Winter nach N. Bewohnt vegetationsreiche Flachgewässer der Niederungen. Nester in Ufervegetation. 7–10 Eier werden 24–25 Tage bebrütet. Nahrung besteht vorwiegend aus Pflanzenteilen. In Gehegen selten. Unterbringung in kleinen sonnigen Anlagen zusammen mit anderen kleinen An möglich. Nicht winterhart. Zucht gelingt nicht mit allen Tieren u. ist schwierig. Oft unbefruchtete Eier u. Verluste bei der Aufzucht. Eiablage meist in Nistkästen. Aufzucht der Juv. unter Wärmequellen mit Wasserlinsen u. Ameisenpuppen. Bastarde mit anderen An sehr selten.

Pünktchenamarant *(Lagonosticta rufopicta)* → *Lagonosticta*

Purpurastrild *(Pyrenestes ostrinus)* → *Pyrenestes*

Purpuratlaswitwe *(Hypochera purpurascens)* → *Hypochera*

Purpurbartvogel, NN → Gelbschnabel-Bartvogel

Purpurbauchtangare, NN → Rotbauchtangare

Purpurbindentäubchen *(Claravis godefrida)* → *Claravis*

Purpurblaurabe *(Cyanocorax cyanomelas)* → *Cyanocorax*

Purpurbootschwanz *(Quiscalus quiscula)* → *Quiscalus*

Purpurbrustkotinga *(Cotinga cotinga)* → *Cotinga*

Purpureicephalus. G der Platycercinae ↗. 1 A. SW-Australien, sü. des Moore River nahe Perth. Waldbewohner. Lebensraum wurde immer kleiner. Erstmalig 1854 in Europa (Zool. Garten London). Ab u. an gehandelt, Zuchtstämme in Europa vorhanden. Allgemein scheu, Volierenlänge etwa 5 m. Verträglich, individuell unterschiedl. Nagebedürfnis. Hart, Überwinterung im frostfreien Schutzraum. Baden gern. Futter → Platycercidae. Erstzucht 1909 in England. Brutbeginn in Europa im April. Bruthöhle (40–70 cm tief, 28 cm × 28 cm Grundfläche) hoch anbringen, starke Wandung, altes Holz, Nestkontrollen nur, wenn ♀ Kasten verlassen hat. Gelege 5–7 Eier. Schlupf nach ca. 22 Tagen. Juv. fliegen nach 35 Tagen aus. Fortpflanzungsfähig nach 12 Monaten. Mehrfach Mischlinge mit An der eigenen F gezogen.

— *P. spurius,* Rotkappensittich. ♂: Oberkopf rot, Wangen, Kehle gelbgrün, Rücken grün, Flügelrand blau. Bürzel, Oberschwanzdecken grünlichgelb. Grüne Schwanzfedern, von denen äußere blau sind u. weiße Säume haben. US violettblau. Schnabel hornfarben, auffällig verlängerter, schlanker Ober-

Purpurgimpel

schnabel. Auge dunkelbraun. Füße braungrau. ♀: wenige rote Federn auf Oberkopf, manchmal Federn auch braunrot. US bläulich, verwaschener als bei ♂. Kopf kleiner, Unterflügeldecken weiß. Juv. Stirnband braunrot, ♂♂ ungefähr 6 helle Flecken auf den Unterflügeln, ♀♀ weit mehr. 36 cm.

Purpurgimpel (*Erythrina purpurea*) → *Erythrina*
Purpurglanzstar (*Lamprotornis purpureus*) → *Lamprotornis*
Purpurgrackel (*Quiscalus quiscula*) → *Quiscalus*
Purpurgranatastrild → Veilchenastrild
Purpurhaubenturako (*Tauraco porphyreolophus*) → *Tauraco*
Purpurhonigsauger, NN → Purpurnaschvogel
Purpurkehlkotinga (*Cotinga cayana*) → *Cotinga*
Purpurkehl-Nektarvogel (*Leptocoma sperata*) → *Leptocoma*
Purpurkehlorganist (*Euphonia chlorotica*) → *Euphonia*
Purpurkopfelfe (*Heliothryx barroti*) → *Heliothryx*
Purpurkronfink (*Rhodospingus cruentus*) → *Rhodospingus*
Purpurmasken-Bartvogel (*Lybius guifsobalito*) → *Lybius*
Purpurmaskentangare (*Tangara larvata*) → *Tangara*
Purpurnaschvogel (*Cyanerpes caeruleus*) → *Cyanerpes*
Purpurnektarvogel (*Arachnechthra asiatica*) → *Arachnechthra*
Purpurralle (*Porphyrio porphyrio*) → *Porphyrio*
Purpurreiher (*Ardea purpurea*) → *Ardea*
Purpurstirnpapagei (*Pionus tumultuosus*) → *Pionus*
Purpurtangare (*Ramphocelus carbo*) → *Ramphocelus*
Purpurtyrann (*Pyrocephalus rubinus*) → *Pyrocephalus*

Pycnonotidae. F der Passeriformes ↗. 31 Gn, 117 An. Weiches Gefieder (auch Haarvögel genannt), längere haarähnl. Federn im Nacken. Flügel klein, gerundet. Vögel vieler An mit typischer aufstellbarer Haube. Kurzfüßig. ♂ u. ♀ allgemein gleich gefärbt. 63 An leben in Tropen und Subtropen Asiens, 54 An bewohnen Afrika u. Madagaskar, wenige An in Australien, auf Florida (USA) durch den Menschen verbr. Bewohnen unterschiedlichste Biotope ↗ (Wälder, Baumsavannen, Feldränder, Parks, Gärten) im Gebirge u. in der Ebene, eigentl. überall, wo Dikkicht u. Büsche wachsen. Vögel vieler An Kulturfolger. Bewegungsfreudig. Trupp- u. schwarmweise unterwegs, oft vergesellschaftet mit Bart- ↗, Elfenblauvögeln ↗, Pirolen ↗. Vorwiegend Fruchtfresser, gern Datteln, Feigen, auch Nektar, Insekten ↗ u. Spinnen (letztere bes. während der Brutzeit). Nur die beiden An der G *Spezixost* fressen Samen mit harten Schalen. Gesang melodisch, wenig abwechslungsreich, allgemein angenehm, manchmal geringes Nachahmungstalent, u. a. bei Weißohrbülbül ↗. 2–3 Bruten jährl. Nest napfförmig aus Zweigen, Gräsern, Rispen, Blättern, Moos, Federn, Haaren usw. (artspezifische Unterschiede). Gelege 2–3, stark gesprenkelte (am stumpfen Pol wird häufig Kranz gebildet) Eier, selten 4–5, manche An nur 1–2 Eier. Je nach An Färbung weiß bis rötlich. Brutdauer, Nestlingszeit jeweils 11–12 Tage. ♀ u. ♂ bauen Nest, brüten u. füttern. Am häufigsten von allen Weichfressern ↗ in Europa importiert. Anfangs nervös, kälteempfindlich, deshalb Haltung zwischen 20–25 °C. Später ausdauernd, hart, zutraulich, dann koboldähnl., neugieriges Verhalten. Unterbringung am besten in Volieren ↗, paarweise Haltung, unverträglich gegenüber Artverwandten, nur mit größeren Vögeln vergesellschaften. Futter grobes, süßes Weichfutter ↗ mit Honig; Früchte (Kirschen, Beeren, Birnen, Rosinen, Bananen), bes. während der Aufzucht Mehlwürmer ↗, Grillen ↗, Ameisenpuppen, geschabtes Rinderherz, gekochtes Eigelb. Bei Zuchtabsichten Volieren dicht mit Sträuchern, Laubgehölzen, Koniferen, Kiefernzweigen ausstatten. Als Nisthilfen halboffene Kästen, Drahtkästchen, -körbchen, Nestquirle anbringen.

Pycnonotus. G der Pycnonotidae ↗. 7 An. Äthiopien bis Indochina, S-, M-China u. Taiwan, Sumatera bis Australien. Bewohnen Wälder, Dickichte, Gehölze, Siedlungen in der Ebene u. im Bergland. Pflege, Zucht s. Pycnonotidae.
— *P. cafer*, Russ-, Tonki-, Kalabülbül. 2 Rassengruppen, werden häufig als selbständige An angesehen. 1. *cafer* (Rotsteiß-, Tonkibülbül): *cafer, pusillus, saturatus* = «wetmorei», *humayuni, intermedius, bengalensis* u. a.; 2. *aurigaster* (Kotilangbülbül): *klossi, thais* (mit var. *innitens*), *germani, latouchei, chrysorrhoides, aurigaster* u. a.; *nigropileus* u. *burmanicus* sind Mischlingspopulationen zwischen beiden Rassengruppen. ♂ u. ♀: Kopf schwarz, Rücken dunkelbraun, Bürzel weiß. US bräunlichgrau, Unterschwanzdecken leuchtend rot, bei Kotilangbülbül Unterschwanzdecken gelb. Auge dunkelbraun bis dunkelrot. Schnabel, Füße schwärzlich. Juv. heller als Ad. 18–20 cm. Sri Lanka, Indien, Burma bis Indochina u. Fukien (S-China), auf Java. Vielerorts eingeschleppt (Sumatera, Singapur, Melbourne, Samoa, Fidschi-Inseln). Bewohnt Ebene u. Bergland. Lebt in Laubwäldern, Kulturland, menschl. Siedlungen. 2–3 Bruten jährl. Gelege 2–3 Eier. ♀ u. ♂ brüten. In der Heimat als Käfigvogel geschätzt, auch zu Kampfspielen abgerichtet, bald handzahm. Gute Sänger. Bereits gezüchtet. Wenig kälteempfindlich.
— *P. capensis*, Graubülbül. 7 Rassengruppen, werden häufig auch als eigene An angesehen. 1. *nigricans* (Maskenbülbül): *nigricans, superior*; 2. *capensis* (Kapbülbül): *capensis* 3. *tricolor* (Layardbülbül): *tenebrior, layardi, pallidus, naumanni, tricolor, minor* u. a.; 4. *dodsoni* (Dodsonbülbül): *dodsoni*; 5. *somaliensis* (Somalibülbül): monotypisch; 6. *barbatus* (Graubülbül i. e. S.): *schoanus, arsinoe, nigeriae, inornatus, barbatus* u. a.; 7. *xanthopygos* (Vallombrosabülbül): monotypisch. ♂ u. ♀: Kopf, Kehle schwarz, Rücken braungrau, Bauch weißlichgrau, Unterschwanzdecken gelb. Auge rötlichbraun. Schnabel, Beine schwarz. Bei Maskenbülbül Iris, Augenlid rot, bei Kapbülbül Iris schwarz u. Augenlid weiß. Bei Graubülbül Auge rotbraun, Lidrand schwarz. 18–20 cm. Äthiopien, SO-Kleinasien u. Sy-

rien durch Israel, W-Arabien bis S-Jemen. Kapbülbül bewohnt Gehölze an Küsten u. Flußufern, Maskenbülbül vorwiegend im Buschland zu Hause, Graubülbül (sehr häufig) lebt in Wäldern u. Dickichten. Die 3 genannten UAn von allen afrik. Bülbül-An am häufigsten im Handel, Importe unregelmäßig. Vögel ausdauernd, hart. Angenehmer Gesang.
— *P. jocosus*, Rotohrbülbül. ♂ u. ♀: Kopf mit Haube schwarz, aber roter Ohrfleck. Rücken braun, Bauch weiß, Unterschwanzdecken rot. 18–20 cm. Indien, S-China, Indochina. Bewohnt Gärten, Parks, Dörfer u. Städte, nicht in geschlossenen Waldungen. Nest häufig in menschl. Siedlungen. Gelege 2–3 Eier, z. T. 2. Brut im Jahr nach Monsunzeit. Von allen Bülbüls am häufigsten im Handel, anspruchslos, ausdauernd. Regelmäßig gezüchtet.
— *P. leucogenys*, Weißohrbülbül. ♂ u. ♀: weißer Wangenfleck, Oberkopf schwärzlich mit nach vorn gerichteter Haube. Vorderkopf, Kehle, Nacken, Brust schwarz. Schwanz mit weißer Spitze, Unterschwanzdecken gelb, übriges Gefieder im wesentl. grau. 20 cm. Persischer Golf bis Pakistan, Indien, Thailand. Lebt an Berghängen, im buschreichen, offenen Land, in Dörfern u. Städten von 300–2 100 m ü. NN. Häufiger Brutvogel. Nest in Bäumen, gern in Kopfweiden, auch in Hütten. Gelege 3–5 Eier. 2 Bruten jährl. ± häufig im Handel, bald zahm, sehr anhänglich, ausdauernd, wurde schon bis zu 13 Jahre alt. Erstzucht 1910 in England, seither mehrfach gezüchtet.

Weißohrbülbül

— *P. sinensis*, Chinesenbülbül. ♂ u. ♀: Kopf, kurze Haube schwarz, Augenbrauenstreif, Vorderhals, Nackenband weiß. OS olivgrün, Flügel braungrün. Juv. fehlt weißes Nackenband. 18 cm. UAn. Bei *P. s. hainanus* fehlt weißes Nackenband. S-, M-China, Taiwan. Bewohnt Sekundärwald, Gehölze, Gärten. Gelege 2–4 Eier. Brutzeit April–August. Ab u. zu im Handel. Lebhaft, gegenüber anderen Vögeln aggressiv. Gesang plaudernd, schilpend. Mehrmals gezüchtet, u. a. 1975–1977 in England, auch 1980 u. 1981. Dabei wurden folgende Angaben festgehalten: Gelege stets 2 Eier, Ablage im 24-Stunden-Intervall, nur ♀ brütet. Gegenüber Störungen relativ unempfindlich. Schlupf nach 13 Tagen. Aufzuchtfutter zerschnittene Mehlkäferlarven, selbstgefangene Mük-

Pygoscelis

Rotohrbülbül

ken u. Fliegen. Juv. flogen am 11. Tag aus, 5 Tage später bereits gut flugfähig, 2 Bruten jährl., 3. wurde begonnen.

Pygoscelis. G der Sphensicidae ↗. 3 An.
— *P. adeliae*, Adeliepinguin. ♂ u. ♀: Kopf, Hals u. OS schwarz. Weißer Augenring. Auffallend langschwänzig. 71 cm. Antarktische Küsten u. vorgelagerte Inseln (S-Shetland, S-Orkney, S-Sandwich). Riesige Brutkolonien, z. T. bis 300 km vom Wasser entfernt. Nest aus Steinen. ♂ übernimmt nach Eiablage Bebrütung u. verliert dabei bis 40 % an Körpergewicht. ♀ kehrt nach etwa 2 Wochen vom Meer zurück u. brütet 2 Wochen, ehe ♂ den Rest der Brut übernimmt. Brutdauer 35 Tage. Im Alter von 4–5 Wochen Zusammenschluß der Jungen in Kindergärten. Haltung nur in klimatisierten Räumen.
— *P. papua*, Eselspinguin. ♂ u. ♀: Kopf u. OS schiefergrau bis schwarz. Weißes Band von den Augen über den Kopf. Schnabel orangerot. Füße orange. 76 cm. Arktische u. subantarktische Inseln nö. bis Falkland-, Marion- u. Kergueleninseln. Brutkolonien oft fernab vom Strand. Gelege 2 (–3) Eier. Brutdauer 35–39 Tage. Frißt neben Fisch vorwiegend Krebse. Haltung in kühleren Klimaten auf Außenanlage möglich, sonst in klimatisierten Räumen. Regelmäßige Zucht nur im Zoo von Edinburgh/Schottland. Steine als Nistmaterial, Durchmesser von 2,5–5 cm. Kleinere Steine werden von Küken verschluckt u. führen zum Tod. Altvögel nehmen alle möglichen Fremdkörper auf (z. B. Ästchen, Mauserfedern), die häufig Verluste verursachen.

Pyrenestes

Pyrenestes. G der Estrildidae ↗. 3 An. Kräftiger Schnabel. Afrika. In Sümpfen, an schilfbewachsenen Gewässern, halboffenem Grasland, Lichtungen, Ränder der Bergwälder. Kommen selten nach Europa, Eingewöhnung leicht in dicht bepflanzter Voliere. Futter → Estrildidae, Futter erhöht anbieten, nicht auf den Boden stellen.

— *P. minor*, Kleiner Purpurastrild. ♂: Vorderkopf bis zur Ohrregion scharlachrot, ebenso Kehle, Vorderbrust, Oberschwanzdecken, mittl. Schwanzfedernpaar u. Außensäume der übrigen Schwanzfedern, sonst braun. Schnabel schwarz. Auge braun. Füße braun. ♀: Rot weniger ausgedehnt, sonst wie ♂. 14 cm. Tansania bis Moçambique. Erstmalig 1966 nach Europa (Schweiz, BRD). Fortan ab u. zu in wenigen Exempl. eingeführt. Recht hinfällig.

— *P. ostrinus*, Purpurastrild. ♂: wie *P. sanguineus*, aber statt braunem schwarzes Gefieder. ♀: dieser A zum Verwechseln ähnl. 13 cm. Elfenbeinküste bis N-Angola, S-Sudan, durch den Kongo bis Tansania. Aufzuchtfutter vor allem Insekten.

— *P. sanguineus*, Karmesinastrild. ♂: Kopf, Hals, Brust, Oberschwanzdecken, mittl. beiden Schwanzfedern u. Außenfahnen der übrigen Schwanzfedern leuchtend rot. Sonst Gefieder olivrotbräunlich. Schnabel stahlblau. Auge dunkelbraun, weißlicher Lidrand. Füße dunkelbraun. ♀: nur Vorderkopf u. Kehle rot. 14 cm. Gambia bis Elfenbeinküste. In den 80er Jahren des 20. Jh. etwas häufiger gehandelt, vorwiegend in Holland. Während der Eingewöhnung selbst in Voliere stürmisch. Gegenüber anderen Vögeln allgemein friedlich. Futter Hirse, Insekten, Vogelmiere. Badet gern. Erstzucht gelang 1976 H. FRITZ, BRD. Nest freistehend, aber auch in Nistkästen. Nestschläfer ↗. Schlupf nach 16 Tagen. Aufzuchtfutter Ameisenpuppen, halbreifer Hafer, Quell-, Keimhirse, Eifutter. Juv. fliegen nach 24 Tagen aus, 10 Tage später selbständig.

Pyrgitopsis, Graukopfsperlinge. G der Passeridae ↗. 1 A, 5 Rassengruppen. Senegal, Mali, N-Sudan, N-Äthiopien bis Namibia, zum Oranje, Lesotho, Transkei. Bewohnen Buschlandschaften, Kulturland, Ortschaften. Nahrung wie *Passer* ↗. Nest liederlich, in Baumhöhlen, auch unter Dächern. Vor Jahrzehnten regelmäßig im Handel, heute selten wegen mangelnder Nachfrage. Eingewöhnung leicht. Häufig aggressiv, stets während der Brutzeit. Brüten auch im Käfig. Benutzen Nistkästen. Nistmaterial Grashalme, trockene Blätter, Federn. Futter, Zucht s. *Passer domesticus*.

— *P. grisea*, Graukopfsperling. ♂ u. ♀: grauer Kopf, Rücken bräunlichgrau. Schulter, Bürzel rotbraun. Flügel braun, Schwanz schwärzlichbraun. US hellgrau, Bauch weißlich. Schnabel graubraun, Ansatz des Unterschnabels gering gelb, in der Brutzeit schwarz. Füße graubraun. Juv. blasser, Rücken, Flügeldecken dunkel gestreift. 15 cm.

Pyrocephalus. G der Tyrannidae ↗. 1 A. SW-USA bis Nikaragua; N-Kolumbien, W-Ekuador bis N-Chile; Venezuela, we. Guayana; N-Brasilien; Paraguay, Uruguay bis S-Argentinien; Galápagos-Inseln. Bewohnen Waldränder, offenes Land, Ufer. Von Sitzwarten jagen sie nach fliegenden Insekten. Erstmalig 1951 in der BRD bei Dr. J. STEINBACHER ↗. Sowohl für großen Käfig ↗ als auch für Gartenvoliere ↗ mit Schutzraum geeignet. Wärmebedürftig, deshalb Wärmestrahler im Schutzraum (auch im Sommer). Futter: Insektenfuttergemisch mit geriebenem Apfel u. Möhre anfeuchten, zusätzl. 4–5 Mehlkäferlarven ↗ pro Vogel tägl. Während der Mauser ↗ Canthaxanthin füttern, um rote Gefiederfärbung zu erhalten. Sind dankbar für Besprühen, lieben Sonnenbäder. Bald zutraulich. Guter Zusammenhalt eines Paares, häufige sanfte Stimmfühlungslaute. Nest napfförmig. In Gefangenschaft bisher nur Eiablage (Gelege 3 Eier).

— *P. rubinus*, Purpur-, Rubintyrann. ♂: purpurrot, nur Zügelstreif (bis in den Nacken ziehend u. sich hier verbreiternd u. in den Rücken auslaufend u. Rücken, Flügel u. Schwanz schwarzbraun. Schnabel schwarzbraun. Auge hellbraun. Füße graubraun. ♀: OS graubraun, US weiß mit rötlichem Anflug u. bräunlicher Streifung. 14 cm. UAn. Aus Peru graubraune Variante von ♂ u. ♀ bekannt, ♂ mit vereinzelten roten Federn.

Pyrrhocorax, Bergkrähen. G der Corvidae ↗. 2 An. Typische Bewohner steiler Felswände an den Küsten u. im alpinen Bereich.

— *P. graculus*, Alpendohle. ♂ u. ♀: glänzendschwarzes Gefieder. Schnabel gelb. Füße rot. Juv. weniger glänzend. 38–41 cm. In den Hochgebirgen S-Europas bis zu den Alpen, Marokko, Vorder- u. M-Asien bis zum Altai, W-China einschließl. des O-Himalaja. Nest in Felsspalten, seltener an Gebäuden bzw. Türmen, kolonieartig. Eier 4–5, weiß bis hellgrünlich mit braunvioletten Flecken u. Punkten. Brut 18–21 Tage. Pflege 31 Tage. Im Winter gesellig auch in tiefer gelegenen Städten. In den Alpen durch Tourismus in der Nähe der Berghütten an den Menschen gewöhnt. Im Handel selten. Eingewöhnung gut möglich. Nahrung besteht aus Abfällen, Insekten, Früchten, Fleisch. Zucht selten. Bastardierung mit *P. pyrrhocorax* möglich. Steht unter Naturschutz ↗.

— *P. pyrrhocorax*, Alpenkrähe. ♂ u. ♀: glänzendschwarzes Gefieder. Schnabel lang abwärts gebogen, rot. Füße rot. Juv. mit orangerotem Schnabel. 39–44 cm. Felsenküste der Britischen Inseln u. Frankreichs, Pyrenäen, Alpen u. Abruzzen, auf Sardinien u. Sizilien, Gebirge N-Afrikas, N-Griechenlands, Kretas, der Türkei, dann Vorder- u. M-Asien, Iran, W- u. NO-China. Bewohnt gesellig die Hochgebirge zwischen 2 000 u. 4 000 – 6 000 m ü. NN. Nester kolonieweise in Felsspalten u. Gebäuden. Eier 3–5, rahmfarben mit braunen Flecken u. Punkten. Brut 19–21 Tage. Pflege 38 Tage. Im Winter auch gesellig in tieferen Lagen. Selten gehandelt. Eingewöhnung möglich. Nahrung s. *P. graculus*. Welterstzucht 1970 im Zoo Paignton. Steht unter Naturschutz, in den Alpen vom Aussterben bedroht.

Pyrrhula, Gimpel. G der Carduelidae ↗. 7 An. Kräftige, gedrungene Körnerfresser ↗ mit charakteristischem, an der Basis verbreitertem Kegelschnabel. Die meisten An mit schwarzer Gesichtsmaske. Größer als die im Körperbau ähnl. Pfäffchen ↗. Palaarktis (6 An), Philippinen (1 An). Waldbewohner, aber auch Kulturfolger. Hauptsächl. Knospen, Beeren- u. Samenfresser, im Sommer u. zur Jungenaufzucht auch Insektennahrung. Das ♀ errichtet, vom ♂ begleitet, das Nest halbhoch in Büschen od. Bäumen: äußere Schicht aus gröberen Reisern, innen mit Moos u. Haaren ausgekleidet. Gelege 4-(7) hellblaue Eier, die am stumpfen Pol mit braunen Klecksen gezeichnet sind. ♀ brütet 13–14 Tage. Nestlingsdauer (nur Gimpel) 15–17 Tage. Beide Ad. versorgen die Jungen. Futter Sonnenblumenkerne, Waldvogelfutter ↗, auch gekeimt; getrocknete Eberseschen- u. Wacholderbeeren. Viel frisches Obst, Beeren, Grünfutter ↗, Zweige zum Benagen u. Insekten ↗. 1 A häufig, 1 (2?) vereinzelt gehalten.

— *P. erythrocephala*, Rotkopfgimpel. Zierlicher als Gimpel. ♂: mit orangeroter Kopfplatte, Nacken u. US. Wangen grünlichgelb. ♀: Kopf gelbgrün, US braungrau. 13,5 cm. Im Himalajagebiet von Kaschmir bis O-Bhutan u. SO-Tibet. Nahrung Samen, Knospen u. Beeren.

— *P. pyrrhula*, Gimpel, Dompfaff. ♂: mit schwarzer Kopfplatte u. schwarzer Maske. Rücken schiefergrau, in den schwarzen Flügeln breite, weiße Flügelbinde. Schwanz schwarz, Bürzel, Unterschwanzdecken weiß. US, je nach Herkunftsland, leuchtend (NO-Europa) od. dunkler (England), rosenrot. ♀: unterseits grau, rosa angehaucht. Rot verblaßt in Gefangenschaft, bei intensiver Hanffütterung werden Vögel schwärzlich. UAn aus Sowjetunion (bes. *P. p. cineracea*), ♂ mit stahlgrauer Brust, ♀ leicht rosafarben. Juv. braun, ohne Kopfzeichnung. 14,5 (S u. W) – 16,5 (N u. O) cm. Robuster, dankbarer Pflegling, vielfach gezogen. Paarweise Haltung in Volieren ↗ zu empfehlen, winterhart. Haltungsgenehmigung s. Naturschutzbestimmungen ↗.

Pyrrhura. Rotschwanzsittiche. G der Aratingidae ↗, UF Aratinginae ↗. 17 An. M- u. S-Amerika. Schlanke Vögel, Schwanz gestuft, lang. Nackter, häufig weißer Augenring. Bei fast allen An Schuppenzeichnung auf Kehle u. Brust. ♂ wie ♀ gefärbt, Juv. matter als Ad., Schnabel heller. Viele An nur sporadisch auf europ. Vogelmarkt. Gut für Volierenhaltung geeignet, keine Holzzerstörer. Schreien nicht. Überwinterung frostfrei. Können im Schwarm gehalten werden, bilden hierarchische Gesellschaft. Neugierig u. temperamentvoll. Futter Sonnenblumenkerne, Hirse, Glanz, Hanf, Negersaat, Hafer, Buchweizen, Kolbenhirse (auch halbreife), Maiskolben (auch halbreife), gekochter Mais, Grünes, Obststückchen u. Beeren. Baden. Höhlen zum Schlafen anbringen. Zucht gelingt allgemein leicht, bis zu 2 Bruten jährl. Brüten in Nistkästen, Naturstammhöhlen, zuweilen graben sie Höhlen in Volierenboden. Gelege 4–9 Eier. Schlupf nach 24–28 Tagen. Juv. fliegen nach 6–8 Wochen aus. Zur Aufzucht reichl. Grünfutter, Karotten, Obst, gekeimtes Körnerfutter, unreife od. gequollene Kolbenhirse, Biskuit mit Honigwasser angefeuchtet u. mit Multivitaminpräparat reichen. Bei nur 1 Brut können Juv. bei Eltern bleiben.

— *P. albipectus*, Weißhals-, Weißbrustsittich. ♂ u. ♀: grün, Ohrpartie orangegelb, Wangen grün mit blaßgelben Säumen. Kopf-OS braun, Nacken mit weißlichem Band. Kehle u. Oberbrust weiß mit rosa

Färbungsanomalie beim Gimpel, Schwärzling

Anflug, geht in Gelb der Unterbrust über, Schuppenzeichnung fehlt. Handdecken rot. Schwanz rotbraun. Schnabel graubraun. Auge braun. Füße dunkelgrau. Juv.? 24 cm. Südöst. Ekuador. Waldbewohner der oberen tropischen Zone u. der Subtropen in niedrigen Lagen. Selten. Erstmalig 1928(?) in Europa, seither nicht mehr.

— *P. calliptera*, Prachtflügel-, Braunbrustsittich. ♂ u. ♀: grün, Ohrpartie rotbraun, vordere Kopfseiten grün, Kopf-OS braun, blau überhaucht. Kehle u. Halsseiten rötlichbraun, ebenso Oberbrust, helle Federränder, dadurch Schuppenzeichnung. Handdecken gelb. Schwanzfedern rotbraun. Schnabel hornfarben. Auge gelb, nackte Umgebung weiß. Füße bräunlich. Juv. Handdecken grün (?). 22 cm. Bewohner der öst. Anden im mittl. Kolumbien. Lebt in Wäldern u. Hochmooren der Subtropen u. gemäßigten Klimazonen, meist in 2 000–3 000 m ü. NN. Selten, gefährdet durch Rodungen. Möglicherweise noch nicht lebend in Europa, 1979 25 Exempl. in USA.

— *P. cruentata*, Blaulatzsittich. ♂ u. ♀: grün, Zügel u. Ohrdecken rötlichbraun, anschl. orangefarbener Fleck, Scheitel- u. Nackenfedern dunkelbraun mit orangenen Säumen. Nackenband leuchtendhellblau, ebenso Oberbrust. Flügelbug u. Bürzel rot, Schwanz oberseits olivgelb, unterseits rotbraun. Ausgedehnter rotbrauner Bauchfleck. Schnabel graubräunlich. Auge gelborange. Füße grau. Juv. matter als Ad. 28–29 cm. Öst. Brasilien von S-Bahia bis NO-São Paulo. Waldbewohner, durch Rodungen gefährdet. Selten. Im Red Data Book ↗ geführt. Zuweilen auf europ. Vogelmarkt. Erstzucht 1937 bei H. WHITLEY, England, auf europ. Festland 1976 bei K. MATHYS, Schweiz. Brütet in Baumhöhlen.

— *P. devillei*, Deville-, Bolivien-Rotschwanzsittich. ♂ u. ♀: grün, Ohrdecken olivbraun, ebenso Kopf-OS mit angedeuteter Schuppenzeichnung. Halsseiten, Kehle u. Brust olivbraun mit weißer Schuppenzeichnung. Flügelbug u. kleine Unterflügeldecken leuchtendrot, übrige Unterflügeldecken olivgelb. OS des Schwanzes olivgelb, US kupferrot. Bauch mit rotem Fleck. Schnabel dunkelgrau. Auge braun. Augenring nackt, weiß. Füße grau. 26 cm. Konspezies ↗ mit *P. frontalis?* Verbr.-Gebiet öst. Bolivien, nö. Paraguay u. südwe. Mato Grosso. Bewohnt Gale-

Pyrrhura

riewälder u. laubabwerfende Wälder, selten in der Savanne. Einzelheiten über das Freileben kaum bekannt. Lokal häufig. Möglicherweise noch nicht in Europa gehalten.
— *P. egregia*, Feuerbug-, Demerarasittich. ♂ u. ♀: grün, Stirn u. Zügel braun, Kopf-OS bräunlich. Ohrdecken rotbraun. Kehle, Halsseiten u. Oberbrust grün mit gelblichweißer Schuppenzeichnung. Flügelbug rot, Unterflügeldecken gelborange. OS des Schwanzes rotbraun, US grau. Schnabel hellhornfarben. Auge orangebraun. Augenumgebung nackt, weiß. Füße grau. Juv. Kopf-OS grün, Flügelbug nur wenig rot, Auge schwarz. 25 cm. 2 UAn. Südöst. Venezuela, we. Guayana u. nordöst. Brasilien (Roraima-Gebiet). Lebt in Wäldern. Über das Freileben kaum etwas bekannt. Wahrscheinl. noch nicht in Europa gehalten.

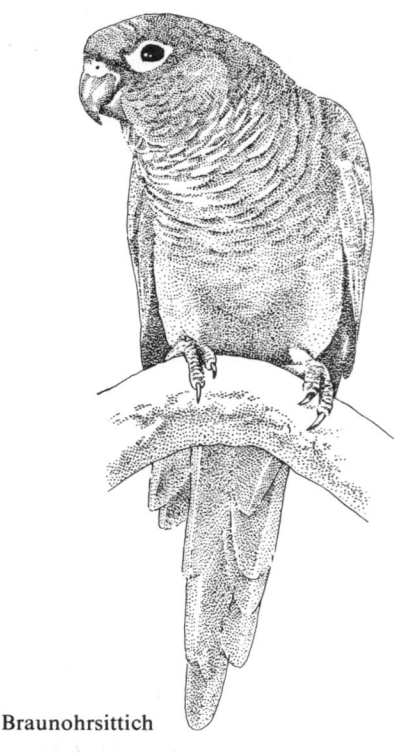

Braunohrsittich

— *P. frontalis*, Braunohrsittich. ♂ u. ♀: grün, über der Wachshaut wenige rote Federn, Zügel schwarz. Ohrpartie blaßgraubraun. OS des Schwanzes grün, Spitzen rötlich, US rotbraun. Federn von Halsseiten, Kehle u. Brust olivfarben mit gelblichem Saum. Bauchfleck dunkelrot. Schnabel schwarz. Auge dunkelbraun. Augenumgebung nackt, weiß. Füße grau. Juv. matter als Ad., Bauch wenig braunrot. 26 cm. 3 UAn. Südöst. Brasilien, Uruguay, Paraguay u. nö. Argentinien. Bewohnt Wälder in Höhenlagen zwischen 800 u. 1300 m ü. NN, auch auf Plantagen, Maisfeldern. Häufig. Stimme sehr laut. Brütet in Baumhöhlen. 1869 erstmalig im Zoo London, seither zahlreich eingeführt, in den letzten Jahren auf Grund der brasil. Ausfuhrsperre überwiegend *P. f. chiripepe*. Einge-

wöhnung u. Haltung leicht. Dickwandige Schlafhöhle bieten, dann werden auch wenige Grade Frost vertragen. Gegenüber artfremden Vögeln meistens friedlich, mehrfach gezüchtet, zuweilen 2 Bruten jährl. Brütet auch gut in der Gruppe. Gelege 3—6 Eier.
— *P. haematotis*, Blutohrsittich, Blutohr-Rotschwanzsittich. ♂: grün, Stirn u. Scheitel braun, Ohrpartie rot. Halsseiten braungrau geschuppt, ebenso olivfarbene Kehle u. Oberbrust. Bauch mit wenig Rot. Schwanz rotbraun, Spitze olivgrün. Schnabel grauschwärzlich. Auge braun, Umgebung nackt, weiß. Füße grau. ♀ wie ♂, Ohrpartie nur mit wenigen roten Federn. Juv.? 25 cm. 2 UAn. Lebt in N-Venezuela. Bewohnt die Bergwälder der Subtropen, auch obere tropische Zone, meistens zwischen 1000 u. 2000 m ü. NN. Relativ häufig. Wahrscheinl. noch nicht auf europ. Vogelmarkt.
— *P. hoffmanni*, Gelbgrüner Rotschwanz-, Hoffmannsittich. ♂ u. ♀: grün, Kopf gelblichgrün, Ohrpartie rot, Flügeldecken gelb mit grünen Spitzen. OS des Schwanzes rötlicholivfarben, Spitze braunrot, Schwanz-US rotbraun. Schnabel hellhornfarben. Auge bräunlich. Füße grau. Juv. wie Ad. 24—25 cm. 2 UAn. Verbr. von Kostarika bis W-Panama. Bewohner der Bergwälder, meistens der Subtropen, zwischen 1000 u. 2400, selten bis 3000 m ü. NN. Häufig bis recht häufig. Wahrscheinl. noch nicht in Europa gehalten.
— *P. leucotis*, Weißohrsittich. ♂ u. ♀: grün, Stirnband schmal, rotbraun, ebenso Augenpartie u. vordere Wangen. Ohrdecken grauweiß. Kopf-OS graubraun, Nacken hellblau. Flügelbug rot. Bürzel braunrot. Schwanz rotbraun. Halsseiten u. Kehle grün mit gelblicher Bänderzeichnung. Bauchfleck braunrot. Schnabel graubraun. Auge braun, Umgebung nackt, schwärzlich. Füße grau. Juv. Ohrfleck bräunlich. 23 cm. 5 UAn. *P. l. emma* (Emma's Weißohrsittich): Kopf-OS blau, Ohrdecken hellbräunlich. Federsäume breiter als bei Nominatform, mattbraun am seitl. Nacken, bräunlichweiß am Hals, auf der Oberbrust hellgelb. Lebt in Küstengebieten Venezuelas. Bewohnt Wälder der Tropen u. Subtropen. Äußerst selten auf europ. Vogelmarkt. Erstzucht wohl in Dänemark. *P. l. griseipectus*, Salvadori-Weißohrsittich. Kopf dunkelbraun, Ohrdecken weiß, zwischen weißlich gebänderter Brust u. großem rotbraunem Bauchfleck unregelmäßiger grüner Streifen. ♂: Flügelbug mit ausgedehnterem Rot. Kopf «kantiger», Schnabel größer. Juv. matter als Ad., Kopf graubraun, Ohrfleck bräunlichweiß. Lebt in der Provinz Ceará (NO-Brasilien). Sehr gut für Voliere geeignet, verträgt auch kurzfristig wenige Frostgrade. Mehrmals gezüchtet. Juv. schlüpfen nach 21 Tagen, fliegen nach ca. 35 Tagen aus. Verbr.-Gebiet der A reicht von Ceará bis São Paulo (O-Brasilien), außerdem in N-Venezuela. Lebt vorwiegend in Baumkronen. Erstmalig 1871 in England. Heute sehr selten gehalten. 1880 Erstzucht in Wien. Gelege 5—9 Eier, 2 Bruten jährl. Höhle im dickwandigen Baumstamm zum Brüten anbringen, außerdem unbedingt Bademöglichkeiten bieten, da ♀ häufig mit nassem Gefieder Bruthöhle aufsucht. Hohe Luftfeuchtigkeit u. Wärme sind wesentl. Voraussetzung für guten Schlupf u. erfolgrei-

che Aufzucht. Juv. im 2. (?) Jahr fortpflanzungsfähig. Kreuzung mit Braunohrsittich.
— *P. melanura,* Braunschwanz-, Schwarzschwanzsittich. ♂ u. ♀ : grün, Stirn rötlichbraun. Handdecken rot, Spitzen gelb. OS des Schwanzes schwarz, Basis grün, Schwanz-US dunkelbraun. Halsseiten, Kehle u. Brust grünlichrotbraun mit heller Schuppenzeichnung. Schnabel grau. Auge dunkelbraun, Umgebung nackt, weiß. Füße grau. Juv. wie Ad. 24 cm. 5 UAn. *P. m. berlepschi* (Graf Berlepschsittich) hat bräunliche Stirn. Handschwingen blau. Federn von Kehle u. Brust breit weißgrau gesäumt, Bauchfleck rotbraun. Huallaga-Tal (O-Peru). Zuweilen seit Ende der 70er Jahre auf europ. Vogelmarkt, vorwiegend in Holland. 1977 Erstzucht bei Frau SPENKELINK, Holland. Gelege 4 Eier. *P. m. pacifica,* West-Anden-Schwarzschwanzsittich. Vorderkopf grün, Augenumrandung grau, kommt in SW-Kolumbien vor. *P. m. souancei,* Souancei's Schwarzschwanzsittich. Rote Handdecken, aber ohne gelbe Spitzen. O-Anden von Kolumbien, O-Ekuador u. N-Peru. Verbr.-Gebiet der A: Kolumbien u. sü. Venezuela bis nordwe. Ekuador, öst. Peru u. nordwe. Brasilien. Waldbewohner, auch an Waldrändern u. Lichtungen. Population aller UAn stabil. Zuweilen im Handel, bedarf Wärme u. höhere Luftfeuchtigkeit als übrige An der G. Nagebedürfnis gering. Gelege 3–5 Eier. Luftfeuchtigkeit im Raum ca. 70%. Juv. schlüpfen nach 22 Tagen, fliegen nach ca. 45 Tagen aus. Im Alter von 7–8 Wochen selbständig.
— *P. molinae,* Molina-, Grünwangen-Rotschwanzsittich. ♂ u. ♀ : grün, Kopf-OS dunkelbraun, Ohrdecken graubraun, Wangen grün, Nacken mit wenigen blauen Federn. Schwanz rotbraun. Halsseiten, Kehle u. Oberbrust hellbräunlich, weißlich u. dunkel gebändert. Bauchfleck rot. Juv. wie Ad., Bauchfleck angedeutet, Schwanz blaßrot. Schnabel grau. Auge braun, Umgebung nackt, weiß. Füße dunkelgrau. 26–27 cm. 5 UAn. S-Mato Grosso, N-Bolivien, NW-Argentinien (Salta u. Jujuy). Waldbewohner bis 2000 m ü. NN. Ökologisch sehr anpassungsfähig. Häufig. Population stabil. Brütet in Baumhöhlen. 1971 bei Dr. R. BURKARD ↗, 1977 mehrere Vögel im Vogelpark Walsrode ↗. Erstzucht 1973 bei Dr. BURKARD. 2 Paare gruben meterlangen Gang unter den Bretterboden u. zogen Juv. auf, flogen nach ca. 7 Wochen aus. *P. m. restricta* 1978 von Frau SPENKELINK gezüchtet.
— *P. perlata,* Blausteiß-, Blauwangensittich. ♂ u. ♀ : grün, schmaler Stirnstreif dunkelbraun, Kopf-OS braun, Wangen bläulich, Ohrdecken weißlichgrau. Bürzel grün, Flügelbug rot, ebenso kleine Unterflügeldecken. OS des Schwanzes braun, US schwärzlich. Halsseiten u. Kehle grau mit hellgrauer Schuppenzeichnung. Oberbrust mit wenig Blau, Bauchfleck rotbraun, Unterschwanzdecken hellblau. Schnabel schwarz. Auge rötlichbraun, Umgebung nackt weiß. Füße dunkelgrau. Juv. Schnabel u. Beine heller. 24 cm. 4 UAn. *P. p. anerythra,* Neumann's Blausteißsittich, in der Färbung variabel, z. B. Flügelbug grün od. rot, obere Wangen grünlich, untere Wangen bläulich. Provinz Pará (Brasilien). Zuweilen im Handel. *P. p. lepida,* Wagler's Blausteißsittich, variiert in der Färbung. Kopf-OS graubraun,

Pyrrhura

521

Ohrpartie weißlichbraun. Breiter, weißlicher, nackter Augenring. Nacken bläulich. Kehle u. Oberbrust, ebenso Halsseiten fahlbraun, Federn gelbbraun gesäumt. Unterbrust u. Bauch grünbläulich. Oberer Flügelrand rot, ebenso kleine Unterflügeldecken. Lokal verbr. von Belem bis zur Cuma-Bucht (Brasilien). Verbr. der A: O-Pará u. N-Maranhão (Brasilien). Bewohnt feuchte Wälder. Selten. Bestandsrückgang durch Abholzungen, bes. in den letzten Jahrzehnten. Erstmalig 1884 im Zoo London. Sehr gut für Voliere geeignet, ausgesprochen neugierig. Schlafhöhle anbringen. Kein Holzzerstörer. Erstzucht 1960 bei A. MØLLER, Dänemark (Nominatform?), 1980 von MATHYS in der Schweiz gezüchtet. Gelege 3–5 Eier. Schlupf nach 23–25 Tagen. Juv. fliegen nach 7 Wochen aus. Zucht anstreben.
— *P. picta,* Rotzügel-, Blaustirn-Rotschwanzsittich. ♂ u. ♀ : grün. Vorderkopf blau, ebenso Nackenbinde u. untere Wangen. Obere Wangen u. Zügel rotbraun. Kopf-OS u. Nacken braun. Ohrdecken je nach UA bräunlich bis weißlich. Flügelbug rot. Unterrücken, Oberschwanzdecken u. Schwanz braun. Halsseiten, Kehle u. Oberbrust mit breiter weißlicher Schuppenzeichnung. Bauchfleck rotbraun. Schnabel graubraun. Auge braun, nackter Augenring dunkelgrau. Füße grau. Juv. nur vereinzelte rote Federn im Flügelbug. 22–24 cm. 9 UAn. Verbr.-Gebiet reicht von Kolumbien, S-Venezuela u. Guayana bis zum öst. Peru, nö. Mato Grosso u. Goiás. Bewohnt Wälder an Flußufern mit hoher Luftfeuchtigkeit u. Wärme. Brütet in Baumhöhlen. Erstmalig 1870 im Zoo London. Während der Eingewöhnung hinfällig. 6–12 Monate bei mindestens 20 °C halten. Dickwandige Schlafhöhle bieten. Auch später nicht unter 10 °C halten. Wenige Male gezüchtet, meistens UA unbekannt, *P. p. lucianii* bereits 1866 in Frankreich.
— *P. rhodocephala,* Rotkopfsittich. ♂: grün, Kopf-OS rot, Ohrdecken bräunlichrot. Handdecken weiß. Schwanz rotbraun. Bauchfleck bräunlichrot. Schnabel hornfarben. Auge braun, Augenring nackt, weiß. Füße dunkelgrau. ♀ wie ♂, Kopf-OS grün mit wenigen roten Federn. 24 cm. We. Venezuela. Waldbewohner der subtropischen Zone, auch höher u. tiefer (800–3050 m ü. NN). Durch Waldrodungen bedroht. Wahrscheinl. noch nicht in Europa gehalten.
— *P. rhodogaster,* Rotbauchsittich. ♂ u. ♀ : grün, Stirn bläulich, über Wachshaut schmaler brauner Streifen. Federn von Kopf-OS u. Kehle fahlbraun mit hellen Säumen. Vordere Wangen bis unter das Auge gelblichgrün, übrige Kopfseite bläulich. Flügelbug rot, ebenso kleine Unterflügeldecken. Unterbrust u. Bauch leuchtend rot. Untere Flanken blau. OS des Schwanzes rotbraun, Spitze blau, Schwanz-US grau. Schnabel graubraun. Auge dunkelbraun, Augenring nackt, weiß. Füße grau. Juv. US grün, sehr wenig Rot der Federsäume. 24 cm. Sü. Amazonasgebiet u. nö. Mato Grosso. Meistens in Baumwipfeln gesehen worden, über Freileben wenig bekannt, lebt wahrscheinl. in Feuchtwäldern. Noch recht häufig. Erstmalig 1927 in England gepflegt. Ausgesprochen

Pytilia

schöner Sittich, zu allen Zeiten äußerst selten in Sammlungen. Während der Eingewöhnung wärmebedürftig, auch danach nicht unter 15 °C halten. 1966 Erstzucht im Zoo Rotterdam, in den folgenden Jahren hier weitere Zuchterfolge. 1976 auch im Zoo Chester gezüchtet.

— *P. rupicola*, Schwarzkappen-, Steinsittich. ♂ u. ♀: grün, Kopf-OS braun, Kopfseiten grün, Flügelbug u. Handdecken rot. OS des Schwanzes grün, Schwanz-US dunkelgrau. Halsseiten, Kehle u. Oberbrust dunkelbraun mit weißlicher Schuppenzeichnung, zur Unterbrust mehr gelblich. 25 cm. 2 UAn, möglicherweise auch keine UAn. *P. r. sandiae*, Nakken, Halsseiten u. Brustfedern mit schmaleren Säumen, kaum von Nominatform zu unterscheiden. Provinz Loreto (S-Peru). NW der Provinz Acre (Brasilien), Provinz Beni (Bolivien). Wenig über Freileben bekannt. Soll in Felslöchern brüten. Erstmalig 1981 auf europ. Vogelmarkt. Verbr. der A: öst. Peru bis nö. Bolivien u. nordwe. Brasilien. Lebt zwischen 170 u. 300 m ü. NN.

— *P. viridicata*, Grünlicher Rotschwanzsittich, Santa-Marta-Sittich. ♂ u. ♀: grün, Stirnstreif schmal, rot, Ohrpartie purpurbraun. Flügelbug gelb u. orangerot, ebenso Unterflügeldecken. OS des Schwanzes grün, Schwanz-US rötlichbraun. Halsseiten, Kehle u. Brust grün ohne Schuppenzeichnung, Federn schmal dunkel gesäumt, sonst US rötlichbraun mit Grün vermischt. Schnabel hellhornfarben. Auge braun. Füße grau. Juv.? 25 cm. Santa-Marta-Gebirge (N-Kolumbien). Bewohnt in den Subtropen gras- u. buschbestandene Berghänge in Höhenlagen von ca. 2000 m ü. NN u. darüber. Einzelheiten kaum bekannt. Wahrscheinl. noch nicht in Europa gepflegt.

Pytilia. G der Estrildidae ↗. 4 An. Afrika. Bewohnen Trockensteppen, buschreiches Gras-, Kulturland, an Wasserläufen, auch in Gärten. Brüten überwiegend in Büschen. Gelege 2—5 Eier. Schlupf nach 12—13 Tagen. Juv. fliegen nach ca. 20 Tagen aus, etwa 14 Tage später futterfest. Wirtsvögel von *Steganura* ↗. Vögel aller An werden gehandelt, einige während der Eingewöhnungszeit hinfällig, wärmebedürftig, nicht unter 20 °C halten, auch später nicht. Sonnenliebend. Paarweise Unterbringung. Für Käfig, besser Volieren geeignet. Futter s. Estrildidae, reichl. Insekten, bes. während Brutzeit. Juv. von Eltern trennen.

— *P. afra*, Wienerastrild. ♂: Stirn, Augenregion, Kopfseiten u. obere Kehle leuchtend rot, übriger Kopf grau, Rücken olivgelb, ebenso Flügel. Bürzel, Oberschwanzdecken rot, Flügeldecken u. Schwingen braun, außen orangegelb gesäumt. Schwanzfedern außen rot, sonst braun, mittl. Schwanzfedern vollkommen rot. Kehle grau, von Kropfregion an US gelblicholivbraun, schmale gelbliche Querwellung, Mitte des Bauches fast gelblichweiß. Schnabel, Auge rot, Basis des Oberschnabels braun. Füße fleischfarben. ♀: fehlt rote Gesichtsmaske, übriges Gefieder matter, ähnl. ♀ von *P. melba*, orangefarbene Gefiederzeichnung u. kürzerer Schnabel. Juv. wie ♀, matter. Bürzel, Oberschwanzdecken orangerot. Etwa 12 cm. Verbr. vom oberen Weißen Nil u. S-Äthiopien bis mittl. Moçambique, Simbabwe, we. durch O-, S-Kongo bis Angola. An Waldrändern, Buschsteppe, lichtem Waldrand, auch im Mopanewald bis etwa 1800 m ü. NN. Wirt von *Steganura obtusa* ↗. Kam bisher selten nach Europa. Während der Eingewöhnung anfällig u. weit wärmebedürftiger als *P. phoenicoptera*, auch später nicht unter 20 °C halten. Zuchterfolge selten. Nest freistehend an dunklen Stellen im Gebüsch od. in Nistkästen, Bau wirkt liederlich. ♀ häufig Legenot.

— *P. hypogrammica*, Rotmaskenastrild. ♂: Stirn, Kopfseiten, obere Kehle, vordere Scheitelregion karminrot, übriger Scheitel bräunlichgrau. Flügel braun, Federn schmutziggelb gesäumt. Oberschwanzdecken u. Bürzel rot, Schwanz schwarz, bis auf die äußersten Federn rötlich überhaucht. Von der Kehle US bleigrau, mit weißen Querwellen, im Bereich des Unterschwanzes als breite weiße Bänderung. Schnabel schwarz, Unterschnabel an der Wurzel bläulich. Auge rot. Füße fleischfarben. ♀: nur vereinzelt rote Federn in der Augenbrauenregion, sonst kein Rot am Kopf. US bräunlichgrau, ebenfalls weiß quergewellt. Juv. wie Juv. *P. phoenicoptera*, nur gelbliche Federsäume. Sind auch unter «lopezi» bekannt, haben rote Flügel. Handelt sich möglicherweise um Mutation od. um Kreuzung mit *P. phoenicoptera*. Etwa 12 cm. Von Sierra Leone über die Elfenbeinküste, Ghana, Togo, Dahome, Nigeria, mittl. Kamerun bis Zentralafrikanische Republik. In feuchten Savannengebieten, auch im Kulturland. Sporadisch in wenigen Exempl. auf dem Markt, nicht selten mit Wienerastrild verwechselt. Erstzucht 1973 von ECKL. Nest im halboffenen Nistkasten ↗. In den ersten Tagen wurden nur frische Ameisenpuppen verfüttert. Im Alter von 8 Wochen zeigen sich bei ♂ ♂ rote Kopffedern.

— *P. melba*, Buntastrild. Rotzüglige u. grauzüglige Gruppen, die sich in 12—13 UAn untergliedern. ♂: Stirn, vordere Wangen, Kehle je nach Rasse in unterschiedl. Ausdehnung rot. Bei einigen UAn roter Zügel, bei anderen grau. Übriger Kopf, Nacken u. Halsseiten grau, Rücken, Flügel gelblich olivgrün. Oberschwanzdecken rot, Schwanz braun, Federn mit roten Außenfahnen. Kropf je nach UA gelb bis olivgelb, orangerot überhaucht, sonst US bräunlichschwarzgrau mit weißen Querbändern. Mitte des

Buntastrild. Männchen

Bauches je nach UA ± weiß. Unterschwanzdecken ebenfalls je nach UA weiß mit ± schwachen Bändern. Schnabel rot. Auge rotbraun. Füße hell bis dunkelbräunlichgrau. ♀: fehlt Rot am Kopf, der insges. grau ist, Kehle heller, zuweilen wie Kropf dunkelgrau mit weißen Querbändern. Schnabel weniger rot als bei ♂, Oberschnabel überwiegend dunkel, gesamtes Gefieder matter als bei ♂. Bei ♂ von *P. m. citerior* (Gelbkehliger Buntastrild) ist Kropfregion leuchtend gelb. Rot am Kopf reicht bis hinter die Augen. Zügel rot, OS fahl olivgrün. Von Mitte Brust US weiß, mit weiter bräunlichgrauer Bänderung. Unterschwanzdecken weiß, ungebändert. ♀: Kehle, Kropfregion fahlgrau, weißliche Querwellen. Juv. Kopf bräunlich, Rücken u. Flügel ebenso, aber mehr olivfarben. US nicht gebändert, Schnabel schwarzbraun. 12—13 cm. Bewohnt das tropische Afrika, sü. der Sahara von Senegal bis zum Sudan u. Eritrea, sü. bis mittl. Namibia. Lebt in den trockenen Gras- u. Buschsavannen, meidet die Urwälder. Gesang abwechslungsreich, Flötentöne, auch ♀ singt, allerdings leiser u. kürzere Strophen. Wirtsvogel von *Steganura paradisaea* ↗. Nicht häufig auf dem Vogelmarkt. Erstzucht 1936 in England von SEWELL, 1937 in Dänemark von HANSEN, 1976 von GENZ, DDR. Bewegungsfreudig, bald zutraulich, sehr neugierig.

Auroraastrild. Paar

— *P. phoenicoptera*, Auroraastrild. ♂: OS aschgrau, rötlich verwaschen an Schulter u. Bürzel. Flügeldecke, Schwingen graubraun, rote Säume. Oberschwanzdecken, mittl. Schwanzfedern karminrot, restl. Schwanzfedern schwarzbraun, außen rot gesäumt. Kopf, US grau, von Kropfregion feine weiße Querwellen. Unterschwanzdecken dunkelgrau, weiße Querbänder. Schnabel schwärzlich. Auge rot. Füße graurötlich. ♀: mattgrau bräunlich, Säume der Flügelfedern mehr bräunlich als rot. Querwellen der US an der Kehle beginnend. Juv. graubraun, US nur schwache Querbänder. Flügel, Schwanz mehr bräunlich. Schnabel schwarz. Auge rotbraun. Füße rotbraun. Die UA *P. ph. lineata* (Streifenastrild) ähnl. Nominatform, insges. aber heller grau. Querbänder der US deutl. u. breiter. Schnabel leuchtend hellrot. 11—13 cm. Verbr. von Gambia, Guinea-Bissau bis zum Oberlauf des Uelle, NO-Kongo bis S-Sudan u. N-Uganda. Lebt in den trockenen Savannen u. Buschlandschaften der Tropen, auch im lichten Trockenwald, Buschwald u. Kulturland. Wirt von *Steganura interjecta* ↗. Erstmalig 1870 von HAGENBECK in Deutschland eingeführt. Ruhig, still, friedlich.

Quelea

Blutschnabelweber

Zucht häufig gelungen. Juv. brauchen nicht von ad. Vögeln getrennt zu werden. Manchmal Schachtelbruten.

Quarantäne. Getrennte Haltung von Tieren über einen bestimmten Zeitraum, um sie dann einem vorhandenen Tierbestand zuzufügen. Die Q. erfolgt, um vorhandene Infektionen u. Invasionskrankheiten festzustellen u. ihre Übertragung auf den Bestand zu vermeiden.

Quascalinae, Grackeln. UF der Icteridae ↗. 18 Gn, *Psarocolius* ↗, *Cacicus* ↗, *Cyrtotes* ↗, *Molothrus* ↗, *Agelaioides* ↗, *Quiscalus* ↗.

Quecksilbervergiftung. Beim Vogel durch Aufnahme gebeizten Saatgutes verursacht. Verätzungen u. Nekrosen von Leber u. Niere, Lähmungen.

Quelea, Blutschnabelweber. G der Ploceinae ↗. 1 A. S-Mauretanien, Senegal, Gambia öst. bis Sudan, Äthiopien, bis öst. Kapprovinz, von Angola, Sambia bis Namibia. Im S sporadisches Vorkommen. Leben in Savannen, Steppen, Kulturlandschaften. Nach der Brutzeit zu riesigen Schwärmen vereint, nächtigen im Schilf u. hohen Gräsern. Richten auf Hirse-, Getreidefeldern örtl. sehr großen Schaden an. Werden deshalb bekämpft. Koloniebrüter. Nest kugelig klein aus frischen Gräsern im Schilf u. in hohen Grasbeständen. Gelege ca. 3 hellblaue Eier, braungefleckt. Stets regelmäßig u. in großer Zahl auf dem Vogelmarkt. Friedlich. Für großen Käfig u. Voliere geeignet. Ausdauernd. Überwinterung frostfrei. Futter s. Ploceidae. Voliere ↗ reichl. mit Schilf, Büschen, Birken, Trauerweidenzweigen (für Nestbau) ausstatten. Sehr nestbaufreudig, deshalb franz. Name «Travailleur», also Arbeiter. Überwiegend ♂ ♂ bauen. Grüne, kräftige, lange Grashalme. Empfehlenswert für den Anfänger. Mehrfach gezüchtet, aber nicht einfach. Aufzuchtfutter vor allem Insektennahrung, Keimfutter, Weichfutter, Grünes, halbreife Samen.

Queleopsis

— *Q. quelea*, Blutschnabelweber. ♂: im BK Stirn, Kopfseiten, Kehle schwarz. Kopf-OS, Hals ockergelb, häufig mit rosafarbenem Hauch. OS braun. Flügel-, Schwanzfedern bräunlich, gelbgesäumt. US okkerfarben, oftmals rosafarbener Hauch. Mitte des Bauches weißlich. Schnabel rot. Auge braun, Lidrand rot. Füße fleischfarben. Variante mit schwarzes Gesicht, dieses Gefieder zimtbraun, mit lilarotem Rand. Wird als Rußweber bezeichnet. Im RK ♂ wie ♀, hat aber immer roten Schnabel. ♀: bräunlich, Schnabel gelblich. Augenbrauenstreif weißlich. Lidrand gelb. 12 cm.

Queleopsis, Blutkopfweber. G der Ploceinae ↗. 2 An. Bewohnen Savannen, Feuchtgebiete in Afrika. Nach der Brutzeit auch auf Feldern, dann riesige Schwärme. Nahrung Samen, Insekten. Ab u. zu eingeführt in Europa, zeitweise regelmäßig in kleinerer Zahl angeboten. Anspruchslos, friedlich, beste Haltung Gartenvoliere ↗ mit Schutzhaus ↗. Mäßig warme Überwinterung.

— *Q. cardinalis*, Kardinalweber. ♂: Kopf einschließl. Kehle rot, OS gelblichbraun, Federn des Rückens u. der Flügel dunkelgraubraun, beige gesäumt. Kurzer braungrauer Schwanz. Seiten der Brust gelblich mit brauner Wolkenzeichnung. Übrige US weißlich. Schnabel kräftig, hell, schwarz längsgestreift, manchmal auch vollkommen schwarz. Auge dunkelbraun. Füße fleischfarben. ♀: ohne roten Kopf, insges. braun mit dunkler Streifung, Überaugenstreif gelblich. Juv. ähnl. ♀. 11 cm. S-Äthiopien, S-Sudan bis Uganda, Kenia, Tansania, O-Sambia. Bewohnt Buschsavanne, Graslandschaften in der Nähe von Gewässern. Zischende u. quietschende Rufe, aber auch leise Tonfolge. Nest zwischen Gräsern. Gelege 2—3 Eier unterschiedl. Färbung (hellblau, blaugrün, rosafarben mit rötlichgrauen bis schwärzlicher Flecken u. Strichzeichnung). Brutzeit zu unterschiedl. Jahreszeiten. Selten eingeführt, Verwechslung leicht mit *Q. erythrops*. Ruhig, friedlich. Futter s. Ploceidae.

— *Q. erythrops*, Rotkopfweber. ♂: im BK roter Kopf, vorderer Nacken, Kehle wenig rot, mehr rotschwarz. Sonst wie *Q. cardinalis*. Schnabel am Grund weißlich, sonst schwarz. Auge braun. Füße horn- bis fleischfarben. ♀: RK wie ♀ von *Q. cardinalis*, ebenso Juv. 13 cm. Senegal bis S-Äthiopien, O-Afrika bis Angola. Feuchtgebiete, Felder, Gärten. Koloniebrüter. Nest im hohen Gras, Gelege meistens 2 bläuliche Eier. In geringer Zahl auf dem Vogelmarkt. Ausdauernd, friedlich. Gartenvoliere mit Schutzhaus, mäßig warme Überwinterung. Volierenausstattung mit Bambus, Schilf, dichten Büschen. Mehrfach gezüchtet. Länge der Zehennägel beachten, ggf. beschneiden. Futter s. Ploceinae.

Querquedula. G der Anatidae ↗, UF Anatinae ↗. 1 A. Brutvögel in Europa, N- u. M-Asien bis Kamtschatka u. N-Japan. Überwintern sü. der Brutgebiete, z. T. auch in Afrika. Zur Brutzeit an flachen Teichen, Gräben u. überschwemmten Wiesen. Nester an trokkenen Standorten zwischen Gräsern versteckt. Mitunter weit vom Ufer entfernt. Gelege mit 7—12 Eiern. Brutdauer ca. 22 Tage. Aufzucht der Juv. nur durch ♀. Nahrung zu annähernd gleichen Teilen tierischer u. pflanzlicher Herkunft. Häufig gehalten. Unterbringung in Kleinanlagen, Volieren od. Gemeinschaftsanlagen. Frostfreie Überwinterung empfehlenswert. Zucht gelingt regelmäßig. Nester meist zwischen Gräsern od. krautigen Pflanzen. Aufzucht problemlos. Futter mit tierischen Zusätzen. Bastardierung mit anderen kleinen Enten nicht selten.

— *Q. querquedula*, Knäkente. ♂: im BK mit breitem weißen Streifen am Kopf, der vor dem Auge beginnt u. sich verjüngend am Nacken endet. Kopf u. Brust braun, hell gesäumt. Graue Schulterfedern verlängert. Flanken hellgrau mit feiner Wellung. Flügeldecken blaugrau. Hellgrüner Spiegel weiß eingefaßt. Schnabel u. Füße graubraun. RK wie ♀ mit blaugrauen Flügeldecken. ♀: graubraun gefleckt mit hellem Überaugenstreif. 38 cm.

Quetzal (*Pharomachrus mocinno*) → *Pharomachrus*

Quiscalus. G der Quiscalinae ↗. 7 An. M-, S-Amerika. Pflege wie Icteridae ↗, außerdem kleine Fleischstückchen, zerkleinerte Hähnchenküken, nackte, tote Mäuse füttern.

— *Q. lugubris*, Trauergrackel, Karibengrackel. ♂: schwarz, Kopf mit bläulichem Flügel, Schwanz mit grünlichem Schimmer. Schnabel schwarz. Auge gelb. Füße schwarz. ♀: schmutzigbraunschwarz, US heller. Flügel u. Schwanz schwarz. 20—25 cm. UAn. Kleine Antillen, Trinidad, Inseln vor Venezuela, N-Venezuela, Guayana, NO-Brasilien. Lebt in Sümpfen, Ortschaften, Feldern. Kulturfolger, Standvogel ↗. Bildet riesige Schwärme. Brutkolonien bestehen aus 30—100 Nestern in Bäumen, verbauen viel Schlamm. Kolonien häufig in der Nähe von Siedlungen, auch auf großen Höfen u. Plätzen. Brütet erst bei Beginn der Regenzeit (zur Jungenaufzucht reichl. Insekten). Erstmalig 1862 in Europa (Zoo London). Selten gehandelt, wohl nur in Tiergärten u. Vogelparks ↗ gehalten.

— *Q. mexicanus*, Dohlengrackel, Dohlenschwarzvogel. ♂: schwarz, US purpurglänzend, Flügel, Schwanz grünlichschimmernd. Schwanz lang, fächerförmig, Schnabel schwarz, lang. Auge graugrün. ♀: Kopf bräunlich, Rücken schwarzbraun, Flügel, Schwanz grünlichschimmernd, kürzer als bei ♂, braune US. 28—35 cm. UAn. SW-USA, durch Mexiko, M-Amerika bis NW-Peru, NW-Venezuela. Nest in dichten Büschen an Flußufern. Gelege 2—5 Eier. Nur ♀ brütet, Schlupf nach 15 Tagen. Nach der Brutzeit in Schwärmen unterwegs, gern auf Getreidefeldern. Erstmalig 1879 in Europa, selten gehandelt, meistens in zool. Gärten gehalten.

— *Q. quiscula*, Purpurgrackel, Purpurbootschwanz. ♂: schwarz, auffällig schillernd, Rücken bronzefarben. Schwanz lang, Federn gestaffelt, kann V-förmige Gestalt erhalten. Schnabel schwarz. Auge hellgelb bis weißlich. Füße schwarz. ♀ ähnl. ♂, weniger glänzend, bräunlicher. Juv. braun, Schwanz purpurn überhaucht. Auge braun. ♂ 31 cm, ♀ kleiner. UAn. M-, öst. N-Amerika bis zur Golfküste, Florida. Lebt im offenen Wiesen-, Moorland, in Gärten, Parks, Siedlungen, auf Feldern. Koloniebrüter, Nester gern über dem Wasser auf Bäumen. Nest napfförmig. Gelege 4—6 Eier, Schlupf nach 14 Tagen. Juv. nach 18 Tagen flügge. Erstmalig 1872 im Berliner Zoo. Benötigt großen Flugraum, deshalb meistens nur für Tiergärten u. Vogelparks ↗ geeignet. Erstmalig 1884 von Dr. WENTKO, Jaszo, gezüchtet. Aufzuchtfutter abwechslungsreich, große Insekten (Lichtfalle ↗), Grillen, hartgekochtes Ei, zerkleinerte Hähnchenküken, nackte Mäuse, Würmer, handelsübl. Drosselweichfutter, Kuchen, gekochte Kartoffeln, eingeweichtes Weißbrot, gekochter Reis, Beeren u. a. Obst.

Rabenkakadus → *Calyptorhynchus*
   Rabenkrähe *(Corvus corone corone)* → *Corvus*
   Rabenpapagei *(Coracopsis nigra)* → *Coracopsis*
   Rabenvögel → *Corvidae*
   Rachitis, Mangelkrankheit ↗. Erkrankung des Skelettsystems durch Mangel an Kalzium, Phosphor u. Vitamin D bzw. einem Mißverhältnis dieser Stoffe im Körper zueinander. Verbiegungen der Beinknochen u. des Brustbeins beim wachsenden Vogel.
   Rackenvögel → *Coraciiformes*
   Radjah. G der Anatidae ↗, UF Tadorninae ↗. 1 A. N-Australien, auf Neuguinea u. benachbarten Inseln. Bewohnen Gewässer tropischer Wälder u. Sümpfe, sowie der Küstengebiete. Bevorzugter Aufenthalt im Flachwasser. Ruhen gern auf Bäumen. Nahrung besteht vorzugsweise aus kleinen Wassertieren. Pflanzenteile werden nur gelegentl. aufgenommen. Gelege mit 6—12 Eiern in Baumhöhlen. Brutdauer ca. 30 Tage. Aufzucht der Juv. durch ♂ u. ♀ auf Schlammflächen u. an Gewässerufern. Selten gehalten. Unterbringung paarweise in sonnigen Einzelgehegen mit Sitzästen. Nicht winterhart. Zucht mehrfach gelungen. Juv. sehr wärmebedürftig. Futter mit hohem tierischem Anteil. Gehegetiere, z. T. Mischlinge aus beiden UAn.
   — *R. radjah*, Radjahgans. ♂: Kopf, Hals, Flanken u. US weiß. Schultern u. Rücken schwarz; bei *R. r. rufitergum* dunkelrotbraun. Schnabel u. Füße fleischfarben. ♀ wie ♂, Stimme unterschiedl. 50 cm. 2 UAn.
   Radjahgans *(Radjah radjah)* → *Radjah*
   Radtke, Georg A., geb. 1. 9. 1922 in Lackmedien/Ostpreußen. Erlernter Beruf Landwirt. Feldornithologe. Arbeitsgebiete: Seevogelschutz, Entenvogelforschung, Versuchsvogelhaltung, Auslandskorrespondenz, Öffentlichkeitsarbeit. AZ- u. Internat. Preisrichter. Mehrere Arbeiten, zahlreiche Aufsätze in Zeitungen u. Zeitschr. Autor von 10 Fachbüchern, u. a. «Handbuch für Wellensittichfreunde». Große Goldene Plakette der AZ.
   Raethel, Heinz-Sigurd, Dr., geb. 18. 10. 1920 in Berlin. Dr. med. vet. (1951). Veterinärdirektor, Fachtierarzt für Pathologie mit Spezialgebiet Wildvögel. Über 40 wissenschaftl. Publikationen, außerdem 3 Bücher über Vogelkrankheiten, Haltung von Wildtauben u. zusammen mit WISSEL ↗, STEFANI ↗ «Fasanen und andere Hühnervögel».
   Rainammer *(Chondertes grammacus)* → *Chondertes*
   Rakettschwanzelster *(Crypsirina cucullata)* → *Crypsirina*
   Rallen → *Rallidae* → *Ralliformes*

Rallidae

   Rallenkranich *(Aramus guarauna)* → *Aramus*
   Rallenreiher *(Ardeola ralloides)* → *Ardeola*
   Rallidae, Rallen. F der Ralliformes ↗. 2 UFn, 51 Gn, 127 An. Klein bis hühnergroß. Körper ± seitl. zusammengedrückt u. biegsam. Weiches, strähniges Gefieder. Flügel ± rund u. kurz. Schwungfedern werden gleichzeitig gemausert (zeitweise Flugunfähigkeit). Schwanz kurz u. weich. Schnabel kräftig, kurz bis mittellang, manchmal leicht gebogen. Einige An mit auffällig gefärbter Stirnplatte. Beine kräftig, mittellang bis lang mit teilweise sehr langen Zehen. ♂, ♀ meist gleich gefärbt. Bis auf Polargebiete weltweit verbr. 16 An in paläarktischer Region. Viele (teilweise flugunfähige) Inselformen. Einige An in historischer Zeit ausgestorben. An nö. Verbr.-Gebiete (Europa) Zugvögel ↗, sonst Standvögel ↗. R. leben überwiegend sehr versteckt u. heimlich in dichten Pflanzenwuchs sumpfiger Gebiete u. an dichtbewachsenen Gewässerrändern. Oft nacht- od. dämmerungsaktiv. Fliegen ungern. Schwimmen gut. Viele An mit ungewöhnlicher, lauter Stimme, Rufreihen oft nachts zu hören. Nahrung sowohl tierisch als auch pflanzlich: Kleingetier wie Schnecken, Muscheln, Würmer, Krebstiere, Insekten, Spinnen, kleine Amphibien (vor allem Larven), Jungvögel u. Eier, Aas; Grünteile versch. Land- u. Wasserpflanzen, Sämereien, Getreide, Früchte, Obst, Algen. Napfförmige Halmnester aus Schilf u. a. Pflanzenteilen im dichten Pflanzenwuchs (oft im Schilf) am Boden od. niedrig über flachem Wasser. Nestmulde mit feinerem Pflanzenmaterial ausgepolstert. Nest oft durch zusammengezogene Halme überdacht. ♂ u. ♀ bauen meist zusammen, teilweise nur ein Partner. Gelege 2—15 (u. mehr) glattschalige, auf hellerem Grund unterschiedl. gefleckte Eier. Grundfarbe weiß, grau, gelblich, grünlich, rötlich od. verschiedene Brauntöne. Reinweiße Eier selten. 1—2, seltener 3 Bruten im Jahr. ♂, ♀ brüten meist abwechselnd. Brutdauer je nach A sehr unterschiedl. 17—28 Tage. Juv. Nestflüchter mit plüschartigem schwarzem Dunenkleid. Bei manchen An grellfarbige Abzeichen an Kopf u. Schnabel. Flügel oft mit deutl. Daumennagel. Juv. kehren in ersten Lebenstagen oft ins Nest zurück od. werden unter Flügeln der Ad. getragen. Juv. picken vom oft auffällig gefärbten elterlichen Schnabel Futter. ♂, ♀ u. teilweise Geschwister der vorangegangenen Brut füttern. Nach 4—9 Wochen selbständig u. flügge. Europäische An gelangen recht häufig in die Hände der Liebhaber. Einige trop. An werden ± häufig importiert. Viele An nur in Tiergärten. R. sind sehr bewegungsaktiv u. beleben die Bodenregion der Unterkünfte. Es sind interessante u. attraktive Pfleglinge. Wildfänge anfangs sehr scheu u. versteckt. Eingewöhnung relativ problemlos. Gehen schnell an Futter u. werden ± zutraulich. Verletzen sich u. U. empfindlich Schnabel durch Stochern im Käfiggitter. Unterbringung in großen Volieren ↗, Vitrinen ↗, Vogelstuben ↗ od. Gewächshäusern mit Bodenbewuchs u. Sträuchern. Größeres Wasserbecken mit flachem Rand unbedingt nötig. Baden sehr

gern u. ausgiebig. Viele An benötigen Wärme u. hohe Luftfeuchtigkeit. Bei relativ deckungsarmer Bepflanzung der Unterkunft werden R. zutraulicher als bei sehr dichtem Pflanzenwuchs. R. klettern sehr gut, Unterbringung daher nur in allseitig geschlossenen Unterkünften. Überwinterung mindestens frostfrei, meist aber Wärme nötig, erfrieren sich bes. leicht die Zehen. Haltung fast ausschließl. paarweise. Nur mit größeren, kräftigeren An vergesellschaften, da viele R. nicht nur zur Brutzeit sehr aggressiv sind. Plündern Nester anderer Vögel! Abwechslungsreiche Ernährung wichtig, gutes Mischfutter, auch Enten- u. Hühnermischfutter, Samen, Getreide, Grünzeug, Wasserpflanzen, Mehlwürmer, Insekten, Garnelen, Wasserflöhe, Tubifex, rohes Eigelb, gekochtes Ei, Regenwürmer, Schabefleisch, Fisch- u. Fleischstückchen, eingeweichtes Brot, junge Vögel u. Mäuse als Leckerbissen. Für erfolgreiche Zucht sind vor allem Größe der Voliere, Wasserbeschaffenheit u. Nahrung wichtig. Warmes Wasser mit vielen Wasserinsekten, Wasserflöhen, Würmern u. Algen fördern bei vielen An Fortpflanzungsbereitschaft. Dichtbewachsene Stellen am Wasser zum Nestbau nötig. Bauen aber z. T. ihre Nester auch in Nistkästen (Entenbrutkasten) od. Röhren am Boden. Für Freinester Drahtgestell als Unterlage anbieten. Aufzuchtfutter vorwiegend tierisch. Viele An benötigen Erde zur normalen Verdauung.

Ralliformes, Rallen. O. 1 F Rallidae ↗.

Rallus. G der Rallidae ↗. 8 An. Europa, Afrika, Madagaskar, Asien, Amerika.
— *R. aquaticus*, Wasserralle. ♂ u. ♀: OS olivbraun mit schwarzen Längsflecken. Kopf- u. Halsseiten, breiter Überaugenstreif u. US schiefergrau. Hintere Hälfte des Unterkörpers isabellfarben. Unterschwanzdecken mit weißer u. isabellfarbener Zeichnung. Körperseiten schwarz mit weißer Querbänderung. Auge u. Schnabel rot. Beine bräunlich. Juv. US weiß mit hellrostfarbenem Anflug u. bräunlichen Federsäumen, bes. an Seiten u. Vorderbrust. Auge u. Schnabel braun. 28 cm. UAn. N-Afrika, Europa, Vorder-, N- u. M-Asien bis Japan. Stand-, Strich- u. Zugvogel. Tiere aus M-Europa überwintern im Mittelmeerraum. Bewohnt dichtbewachsene Flachgewässer, Sümpfe, Brüche u. Moore. Sehr versteckt u. ungesellig. Auffallend laute, schweineähnl. quietschende u. grunzende Stimme. Nest in dichter Sumpfvegetation, aber auch auf trockenem Gelände in der Nähe sumpfiger Wasserflächen. Nest regelmäßig mit Haube aus zusammengezogenen Halmen. Gelege 6—12 Eier, auf rahmfarbenem Grund spärlich blaugrau u. braun gefleckt. Brutdauer 19—21 Tage. ♂ u. ♀ brüten u. füttern Juv. Gelangt durch Funde aus freier Wildbahn ab u. zu in die Liebhaberanlagen. Anfangs sehr scheu u. versteckt. Verletzungsgefahr an langen Zehen u. langem Schnabel! Wird schnell zutraulich. Klettert ausgezeichnet. Zur Brutzeit ausgeprägtes Territorialverhalten, dann recht aggressiv.

Ramphastidae, Tukane. F der Piciformes ↗. 6 Gn (*Andigena* ↗, *Aulacorhynchus* ↗, *Selenidera* ↗, *Baillonius* ↗, *Pteroglossus* ↗, *Ramphastos* ↗), 33 An. ♂ meist wie ♀. Grundfärbung schwarz mit größeren bunten Flächen. Nackte Augenhaut kräftig gefärbt. Meist bunter, übergroßer, durch Hornlamellenstruktur extrem leicht gebauter Schnabel, der leicht gebogen u. am Rand gezähnt ist (A-Kennzeichen!), hat Signalfunktion u. dient als Fruchtpresse. Spechtver-

Doppelband-Arassari oder Doppelbindenarassari

wandte, früher unberechtigterweise als «Pfefferfresser» bezeichnet. 1. u. 4. Zehe nach hinten gerichtet. Arassaris schlanker, mit langem, stufigem Schwanz u. starker Schnabelscheidenzähnung. 30—63 cm. 300—600 g Körpermasse. M- u. S-Amerika. In Wäldern, meist in Baumkronen kletternd od. hüpfend. Paarweise od. gesellig in kleinen Trupps. Abgerundete Flügel; keine gewandten Flieger, spechtartiger Wellenflug. Schrille, krächzende Laute. Schlafend wird Schnabel angezogen od. auf Rücken gelegt, dabei Schwanz hochgeklappt. Arassaris benutzen Bruthöhlen auch als Schlafstätten. Früchtefresser, gelegentl. auch Insekten, Spinnen, Eier, Jungvögel, Baumfrösche, Reptilien. Nahrung wird mit Schnabelspitze aufgenommen u. mit hochgerichtetem Schnabel in Schlund geworfen, da dünne, lange, seitl. fransige Zunge Nahrung nicht transportieren kann. Fruchtkerne u. a. als Gewölle auswerfend. Paarungs- u. Brutzeit April—Juni. Beide Partner brüten vom letzten Ei ab in Baumhöhlen (oft Spechthöhlen). 2—4 weißglänzende Eier. Brutdauer 16—18 Tage. Juv. nackte blinde Nesthocker, von beiden Eltern betreut (5—7 Wochen). Dicke Hornpolster an Fersen («Hockzeit»); nach 2 Wochen erste Federscheiden; mit 25 Tagen Augenöffnung; mit etwa 2—3 Monaten endgültige Gestalt. Mit 2—3 Jahren ausgewachsen u. ausgefärbt. Richten Schäden in Obstplantagen an. Indianer stellen ihnen wegen des geschätzten Fleisches u. der Schmuckfedern nach; halten auch gezähmte Vögel. In Tiergärten sehr häufig gehalten u. regelmäßig im Tierhandel, weniger bei Liebhabern. Eingewöhnung ohne Komplikationen, leicht zahm werdend u. spielfreudig, lebhaft, zutraulich, neugierig. Ersteinfuhr von Halsbandarassaris in Europa 1870 für Zoo London. In Außenvolieren ↗ (Mindestgröße 2 × 2 × 2 m für 1 Paar) mit Schutzraum ↗. Im Winter in beheizten Räumen. Auch in dichtbepflanzten Freiflughallen ↗ (hier kommen jedoch trotz Versteckmöglichkeiten dann keine Kleinvögel auf). Untereinander u. mit anderen Tukan-An verhältnismäßig verträglich. Rangordnung existiert in Form einer «Hackordnung». Eingewöhnte Gruppen nur sehr schwer durch Neulinge zu vergrößern. Oft plötzlich Auseinandersetzungen mit Todesfolgen auftretend. Gut beobachten u. gegebenenfalls Verfolgten herausnehmen. Volieren reichl. mit Baumstämmen u. Ästen dekorieren; dabei sollte stets 1 Stamm schräg vom Boden ins Geäst reichen. Maschendrahtgeflecht 5–7 cm. Sitzstangen mit 4–6 cm ⌀. Baden gern. Verhältnismäßig große Exkrementmengen anfallend, daher leicht zu wechselnde Sandböden bevorzugen. Leiden häufig unter Endoparasiten, bes. unter Capillariabefall. Regelmäßig Wurmkuren durchführen. Bei mehreren Tieren mehrere Futterschalen an unterschiedl. Orten aufstellen. Nicht in Metallschalen, da Futter leicht säuert. In 3–4 cm große Würfel zerkleinertes Obst aller Art (Apfel, Birne, Pflaume, Pfirsich, Aprikose, Banane, Apfelsine, Kirsche, Weintraube, Dattel, Feige, Beeren), im Winter entsprechend eingewecktes Obst, Rosinen, Sultaninen. Strecken mit Weichfutter aus Stampfkartoffeln, gekochten Möhren u. Reis; rohes Schabefleisch od. kirschgroße Fleischwürfel, Hartei u. rohes Ei, Quark, Haferflocken, evtl. Nudeln (zerkleinert!); alles überzuckern od. mit Obstsaft. Auch rohe geschabte Möhren, Weizenkeime, Traubenzucker, Honigfertigfutter, Honig, Nestle, Federvit, Vogelbeeren, Mehlwürmer, – alles mit etwas Wasser verrührt auf Reis, am besten in 3–4 cm großen Kügelchen reichen. Ab u. zu auch gern größere Insekten, junge nackte Mäuse u. Spatzen. Im Vogelpark Walsrode ↗ Bunttukanen auch Junghennen-Preßfutter u. zusätzl. Hundefertigfutter (Fleisch mit Reis, Mineralien, Vitaminen) u. dazu Früchte gegeben. Frisches Trinkwasser, evtl. mit Honig ansüßen. Zur Aufzucht vor allem Früchte, bes. Banane, Hartei. Für Arassaris zu Früchten aller Art noch Magerquark, Rohfleisch, Tomate, rohe Möhre, weicher Mais, Mehlwürmer u. reichl. Insekten bzw. mehr Fleisch als andere Tukane. Kurzschnabelarassaris der G *Selenidera* nehmen am liebsten Insektenkost. Zucht bisher selten gelungen (Bindenschnabeltukan ↗, Bunttukan ↗ u. unbefruchtetes Gelege von Riesentukan ↗).

Ramphastos. G der Ramphastidae ↗. 7 An. Langer Schnabel, seitl. zusammengedrückt mit scharfkantigem First. ♂ wie ♀. Überwiegend schwarz.
— *R. ambiguus*, Goldkehltukan. ♂ u. ♀: Oberkopf u. Rücken braunschwarz. Flügel u. Schwanz schwarzviolett. Bürzel weiß. Unterschwanzdecken rot. Wangen, Kehle u. Brust goldgelb, rot gegen schwarzen Bauch abgesetzt. Schnabel schwarz, an First u. Spitze gelb. Augenfeld hellblau. 55 cm. UAn. Honduras bis O-Ekuador u. N-Venezuela. In subtropischen Gebieten der Anden.
— *R. brevis*, Chocotukan. Ähnl. *R. ambiguus*. O-Panama bis W-Kolumbien u. NW-Ekuador.

Fischertukan

— *R. dicolorus*, Bunttukan. ♂ u. ♀: OS schwarz, US rot. Unterbauch schwarz. Bürzel, Schwanz u. Brust rot. Wangen u. Kehle sattgelb mit großem orangegelbem Fleck. Schnabel grün mit schwarzem Wurzelband. Schnabel bei ♀ breiter u. gewölbter, Oberschnabel hakig endend, bei ♂ zur Spitze hin allmählich verlaufend. Augenfeld rot. 48–50 cm. SO-Brasilien, Paraguay u. N-Argentinien. Welterstzucht 1965 Vogelpark Walsrode ↗.
— *R. sulfuratus*, Fischertukan. ♂ u. ♀: schwarz mit rotem Unterschwanz, Oberschwanzdecken weiß. Nacken kastanienrotbraun. Wangen u. Kehle gelb, rot gegen schwarzen Bauch abgesetzt. Schnabel grün mit roter Spitze u. länglichem hellorangenem Fleck an Wurzel. Oberschnabel mit schwarzer schmaler Wurzelbinde. Buntester aller Vogelschnäbel! Hellgrünes Augenfeld. 45–50 cm. UAn. S-Mexiko bis N-Kolumbien u. NW-Venezuela. In dichten Regenwäldern der Niederungen.
— *R. toco*, Riesentukan. Größter Tukan, mit Schnabel von 22 cm. ♂ u. ♀: samtschwarz, Oberschwanzdecken weiß. Unterschwanzdecken rot. Wangen, Kehle u. Bürzel weiß. Orangefarbener Schnabel mit schwarzem Spitzenfleck u. schwarzem Band an Wurzel, First u. Schneiden rot. Augenfeld gelb u. orangerot. 57–65 cm. UAn. Guayana, N- u. O-Brasilien bis N-Bolivien, Paraguay, N-Argentinien u. Rio Grande do Sul. In Regenwäldern der Niederungen. Frißt auch Paprikaschoten. Im Zoo bereits einmal ein unbefruchtetes Gelege.
— *R. tucanus*, Weißbrusttukan, Rotschnabeltukan. ♂ u. ♀: OS schwarz. Kehle, Wangen, Vorderhals weiß, gegen Brust rot abgesetzt. Oberschwanzdecken orange. Unterschwanzdecken rot. Schnabel oben gelb, Seiten rot, an Wurzel gelbes u. schwarzes Band. Unterschnabel rot, an Wurzel blaues u. schwarzes

Ramphocelus

Ariel- oder Orangetukan. Unterart des Dottertukan

Band. Augenfeld blau. 55—60 cm. UAn. Guayana durch Venezuela, N- u. Inner-Brasilien bis Kolumbien, O-Peru u. N-Bolivien.
— *R. vitellinus,* Dottertukan, Arieltukan, Orangetukan. ♂ u. ♀: schwarz mit tieforangegelbem Kehlfleck. Wangen u. Halsseiten weiß. Bauchmitte, Brust, Ober- u. Unterschwanzdecken rot. Schnabel schwarz, an Wurzel graues Band, weiße Schneidenränder. Augenfeld blau. 45 cm. 350 g Körpermasse. UAn. Kolumbien, Venezuela u. Guayana bis Mato Grosso u. Santa Catarina. Ei 38 × 29 mm.

Ramphocelus. G der Tachyphoninae ↗. 6 An. Recht groß, überwiegend schwarz, gelb u. rot gefärbt. Ihr Unterschnabel ist an der Basis wulstartig verdickt u. meist silbrigblauweiß gefärbt. Tropische Zonen des nö. S-Amerika sowie M-Amerika. Bewohnen lichte Wälder u. Kulturland. Nur während der Brutzeit halten die Paare ± fest zusammen. Außerhalb vagabundieren sie in losen Flügen umher. Die ♀♀ scheinen zahlreicher zu sein. Sie bebrüten allein die 2 blaßblauen, bräunlich gesprenkelten Eier. Brutdauer 12—14 Tage. Beide Alttiere füttern. Nestlingszeit 13—15 Tage. Wegen Größe u. Lebhaftigkeit mehr für Volierenhaltung ↗ geeignet. Oft bösartig. Haltung, Futter usw. s. *Tangara*. Früher häufiger im Handel.
— *R. carbo,* Purpurtangare. Einige Systematiker stellen die Purpurtangare mit *R. bresilius* als eigene A dar. Die anderen UAn um die Nominatform werden dann als Silberschnabeltangare od. Samttangare bezeichnet. ♂ Nominatform: Kopf u. Brust samtigschwarz, sonst glänzendschwarzbraun bis schwarz. Oberschnabel schwarz. Basis des Unterschnabels bläulichweiß. Auge schwarz. Füße dunkelbraun. ♀: oberseits matter u. mehr rotbraun. US heller. Schnabel schwärzlich. *R. c. bresilius,* ♂: Körper leuchtend scharlachrot. Flügel, Schwanz u. Füße schwarz. Schnabel schwarz, Unterschnabel am Grunde hellhornfarben. Auge rot. ♀: braun bis rotbraun. 17 cm. 10 UAn. S-Amerika öst. der Anden von Venezuela sü. bis Paraguay u. SO-Brasilien. In Plantagen, offenen Waldlandschaften u. Sümpfen. Bei Gemeinschaftshaltung oft aggressiv. *R. c. bresilius* wiederholt gezüchtet.
— *R. dimidiatus,* Scharlachbauchtangare. ♂: Kopf, Nacken, Schulter u. Brust schmutzigrotbraun. Flügel, Schwanz, Bauch u. Federbeine schwarz. Bürzel u. US leuchtend feuerrot. Schnabel schwarz, am Grunde des Unterschnabels hellblaugrau. Auge rotbraun. Füße dunkelgrau. ♀: oberseits braunschwarz, teils rot schimmernd. Mantel schwärzlich geschuppt. Rücken u. US braunrot. 15—16 cm. 6 UAn. W-Panama, NW-Venezuela u. Kolumbien. Häufiger Vogel an Waldrändern u. im Buschwald. In England gelang die Zucht in einer größeren Voliere, wo das Paar ein sehr leichtes Nest baute u. 1 Junges mit animalischem Futter aufzog. Bei einer 2. Brut beteiligte sich der Jungvogel aus der letzten Brut an der Aufzucht. Selten im Handel.
— *R. flammigerus,* Feuerbürzeltangare. Die UA *R. f. icteronotus* wird in älteren Systematiken als eigene A behandelt. ♂: samtigschwarz. Rücken u. Bürzel individuell unterschiedl. feuerrot bis gelbrot. Schnabel silbriggraublau. Auge rotbraun. Füße schwarz. ♀: OS schwarzbraun. Rücken, Oberschwanzdecken u. Brustband orangerot. Kopfseiten u. Kehle gelbweiß, US orangegelb. ♂ der UA *R. f. icteronotus* ähnl., doch Rücken u. Bürzel zitronengelb. ♀: OS dunkeloliv, schwärzlich geschuppt. US zitronengelb. 17—20 cm. 2 UAn. Panama, W-Kolumbien u. W-Ekuador. Höhere tropische u. subtropische Gebiete. Bevorzugt Kahlschläge, Brachland, Buschwälder entlang der Flüsse. Beide UAn wurden in größeren, gut bepflanzten Volieren schon nachgezogen. Beide Eltern fütterten meist Mehlwürmer u. Früchte. Die ausgeflogenen Jungen gleichen dem ♀, waren jedoch wesentl. kleiner. Teils aggressiv gegen Jungvögel anderer An. Selten im Handel, nur wenige Importe.

Samttangare. Unterart der Purpurtangare

— *R. nigrogularis,* Maskentangare. ♂: leuchtend feuerrot. Gesichtsmaske, Kehle, Schulter, Flügel, Schwanz u. Bauch schwarz. Schnabel schwarz. Auge braun. Füße schwarz, Unterschnabel am Grunde silbrigblauweiß. ♀ insges. matter. 19 cm. SO-Kolumbien, O-Ekuador, O-Peru u. W-Brasilien. Tropische Wälder. 1971 in Frankreich gezüchtet. Sehr selten importiert.
— *R. sanguinolentus,* Flammentangare. Synonym mit *Phlogothraupis sanguinolenta.* ♂ u. ♀: Kopfplatte, hinterer Nacken, Halsseiten, Brust, Rücken, Ober- u. Unterschwanzdecken glänzend blutrot. Übriger Körper schwarz. Schnabel blaugrau. Auge rot. Füße schwarz. 17,5 cm. 2 UAn. Karibische Küste von SO-Mexiko bis NW-Panama. Gebietsweise häufig. Bevorzugt Waldränder u. Ufervegetation. Sehr selten importiert.

Ramphocelus icteronotus, NN → *Ramphocelus flammigerus*

Ramphodon, Sägeschnäbel. G der Trochilidae ↗. 1 A. Von SO-Brasilien u. Minas Gerais bis Rio Grande do Sul. Leben in den dichten Wäldern des Tieflandes. Die Tiere des Erstimportes 1980 akklimatisierten sich ohne Schwierigkeiten. Haltungserfolge liegen noch nicht vor. Zucht noch nicht gelungen.
— *R. naevius,* Sägeschnabeleremit, Sägeschnabel. ♂: OS grünlichbronzebraun, Kopf-OS dunkelbraun, hellbräunlicher Überaugenstreif. Flügel tiefbraun. Steuerfedern bronzefarben, seitl. mit hellrostfarbenen Spitzen. Kehle rostbraun mit schwarzer, seitl. hellrostgelblich begrenzter Mittellinie. Brust weißlich, schwarz gestreift. Oberschnabel schwarz, Unterschnabel gelb. ♀: deutl. kleiner, Schnabel gebogen. Juv. wie ♀. 15,0 cm.

Ramphomicron, Kleinschnabelkolibris. G der Trochilidae ↗. 2 An. Anden von NW-Venezuela bis S-Peru. Andenhänge oberhalb 2 000 m ü. NN.
— *R. microrhynchum,* Kleinschnabelkolibri, Kleiner Bischof. ♂: OS purpurfarben, Steuerfedern schwarz mit purpurnem Schimmer. US metallischgrün, Mitte des Unterkörpers hellbräunlich. Kehle glitzernd goldiggrün mit blauem Fleck. Kopfseiten schwarz mit purpurnem Schimmer. Unterschwanzdecken bronzefarben mit breiten hellbräunlichen Säumen. Flaumbüschel an den Bauchseiten rahmfarben mit schwarzer Wurzel. Schnabel, Füße schwarz. ♀: OS glänzend grün, längste Oberschwanzdecken kupferbronzefarben. Steuerfedern schwarz, die mittl. mit starkem, seitl. mit schwachem Purpurschimmer u. weißen Spitzen. US bräunlichweiß. Kehle mit spärlichen kleinen, Körperseiten dicht mit großen grünen Flekken bedeckt. Unterschwanzdecken hellrostfarben. Juv. wie ♀. 9,0 cm. Im Andengebiet von NW-Venezuela u. Kolumbien bis W-Ekuador u. S-Peru. Bevorzugt Nebelwald, Zwergbuschvegetation der Andenhänge von 2 500–3 000 m ü. NN. Noch nie zufriedenstellend eingewöhnt od. gehalten, ledigl. A. J. MOBBS hielt 1 Tier 3½ Jahre. Zucht bisher noch nicht gelungen.

Raphidae → Columbiformes
Raps → *Brassica napus* var. *oleifera*
Rasiermesserschnäbliger Hokko, NN → *Mitu*
Raubmöwen → Stercorariidae
Raubwürger *(Lanius excubitor)* → *Lanius*

Recurvirostridae

Raubseeschwalbe *(Hydroprogne caspia)* → *Hydroprogne*
Rauchschwalbe *(Hirundo rustica)* → *Hirundo*
Rauenia. G der Thraupinae ↗. WOLTERS ↗ spaltete sie als eigene G mit 1 A von der G *Thraupis* ↗ ab, der sie in der Struktur ähneln, doch farblich u. auch in der Schnabelform abweichend. Haltung usw. s. *Tangara* ↗, weniger wärmebedürftig.
— *R. bonariensis,* Furchentangare. ♂: Kopf, Kehle, Schulterfleck, Ränder der Schwung- u. Schwanzfedern blau. Rücken u. Augenregion schwarz. Bürzel orange. Brust gelborange, unterseits gelblicher. Schnabel dunkelhornfarben, unterseits heller. Auge braun. Füße braun. ♀: OS oliv, US heller. 17,5 cm. 4 UAn. Anden von Ekuador sü. bis N-Chile u. öst. über Bolivien, Paraguay, SO-Brasilien bis NO-Argentinien. Lebt in offenen Wäldern, Plantagen u. Gärten. Nachzucht in den USA gelungen. Nest wurde sehr hoch gebaut. Jungen wurden von beiden Eltern gefüttert. Unregelmäßig angeboten.

Rauhfußhühner → Tetraoninae
Rauhfußkauz *(Aegolius funereus)* → *Aegolius*
Raupe → Insecta
Raupenfresser → Campephagidae
Rebhuhn *(Perdix perdix)* → *Perdix*
Rebhuhnastrild *(Ortygospiza a. atricollis)* → *Ortygospiza*
Rebhuhnfrankolin *(Scleroptila levaillantoides)* → *Scleroptila*
Rebhuhntinamu *(Nothoprocta cinerascens)* → *Nothoprocta*

Recurvirostra. G der Recurvirostridae ↗. 4 An. Brüten an Nord- u. Ostseeküste, in SW- u. SO-Europa, auch am Neusiedler-See u. in Ungarn, in SW- u. Zentral-Asien ostwärts bis Transbaikalien u. nö. Mongolei sowie in O- u. S-Afrika. Überwinterung in Afrika u. S-Asien. Bewohnen Flachküste mit Schlickflächen, Lagunen, Mündungsgebiete von Flüssen, im Binnenland an salzhaltigen Flachgewässern. Die Bestände in S-Europa gehen zurück. Nestmulde wird mit wenig Nistmaterial ausgelegt. 1 Jahresbrut, beide Ad. brüten, Brutdauer 22–24 Tage. Nahrungserwerb durch Durchseihen von Wasser u. Schlamm, indem der Schnabel auf der Wasseroberfläche hin- u. hergeschwungen wird. Haltung s. Scolopacidae. Im Winter Auslauf bei Temp.en über 0 °C. Zucht mehrfach.
— *R. avosetta,* Säbelschnäbler. ♂ u. ♀: schwarzweißes Gefieder, lange, blaugraue Beine, schwarzer, sanft nach oben gebogener Schnabel. Juv. ähnl. Ad., Schnabel kürzer u. erst später gebogen. 43 cm.

Recurvirostridae, Säbelschnäbler. F der Charadriiformes ↗. 3 Gn, 6 An. Auffallend lange Beine, versch. Schnabelform. In allen Erdteilen außer Antarktis vorkommend. Leben im seichten Wasser von Salzwasser- u. Binnenseen, 1 A an Bergbächen Tibets. Zumeist gesellig u. in lockeren Kolonien brütend. Nahrung fast ausschließl. tierisch, Insekten, Weichtiere, kleine Krebse u. a. Nest wird in feuchten Uferzonen angelegt, 3–5 Eier. Juv. Nestflüchter. Haltung s. Scolopacidae. Zucht mehrfach gelungen.

Hudernder Säbelschnäbler (nach Fotos F. ROBILLER)
Das Weibchen dient den Juv. als Wärmespender

Red Data Book. Buchfolge der IUCN ↗. Band II. Aves ↗ von der ICBP ↗ in dieser Reihe herausgegeben. Band II führt die gefährdeten Vogel-An u. -UAn der Welt auf. Jedes Datenblatt gibt den Grad der Bedrohung der A bzw. UA an u. faßt alles über Status, Verbr., Populationsgröße u. -trends, Habitat, durchgeführte u. vorgeschlagene Erhaltungsmaßnahmen, weitere Informationen u. eine ausführliche Angabe der wichtigsten Literatur zusammen. Ziel ist es, die früher nur einem begrenzten Fachkreis bekannten Informationen über die Bestandsituation gefährdeter An u. UAn, Ursachen des Rückganges, Darstellung des Ausmaßes der verschiedensten Probleme weltweit zu publizieren u. für Regierungen, Organisationen u. Einzelpersonen Maßnahmen zur Erhaltung aufzuzeigen u. zu ermöglichen. Die 1. Edition wurde 1966 von Colonel JACK VINCENT zusammengestellt, der als Verbindungsmann der ICBP in der Zentrale der IUCN in Morges, Schweiz, tätig u. bis 1972 für die regelmäßige Aufbereitung neuer Informationen verantwortlich war. Pionierarbeit leisteten außerdem J. C. GREENWAY, jun., S. D. RIPLEY, Sir PETER SCOTT u. JAMES FISHER. Das ICBP-Sekretariat in Cambridge, England, sammelt ständig neue Fakten zu den angegebenen Informationen, die bei einer überarbeiteten Ausgabe einfließen, um einen möglichst hohen Grad an Aktualität der Informationen zu erreichen. Die Datenkartei wird in enger Zusammenarbeit mit Einrichtungen der IUCN geführt. Dieser Band wurde ursprüngl. in 2 Teilen 1978 u. 1979 als ungebundene Schriften-Sammlung herausgegeben. Er erschien erstmalig 1981 als gebundene Buchausgabe.

Regenbogenspint *(Merops ornatus)* → Merops
Regenbrachvogel *(Numenius phaeopus)* → Numenius
Regenkuckucke → Coccyzidae
Regenpfeifer → Charadrius
Regenstorch *(Ciconia abdimii)* → Ciconia
Regenwachel *(Coturnix coromandelica)* → Coturnix
Regenwaldhuhn *(Bubo poensis)* → Bubo

Regulus, Goldhähnchen. G der Sylviidae ↗. 5 An. Europa, N-Afrika, Kanaren, Asien, N-, M-Amerika. Selten gehalten, kommen durch widrige Umstände in Menschenhand. Benötigen spätestens nach 1 Stunde Nahrung, fressen viel. Eingewöhnung: Vögel werden bei Zimmertemp. im Pappkarton (40 × 30 × 30 cm), der mit biegsamen Fichtenzweigen eingerichtet ist, untergebracht, mit weicher Fliegengaze abdecken. Um Gefiederpflege auszulösen, naßspritzen. Futter: Am 1. Tage reichl. Lebendfutter (Taufliegen, Raupen u. Falter der Wachsmotte, später kleine Heimchen), am folgenden Tag Weichfutter: Magerquark, kleingeschnittenes Rinderherz, Trocken-Milchnahrung, Multivitamin-Tropfen, Mineralstoffgemisch, Ameisenpuppen (Rote Waldameise steht in vielen Ländern unter Naturschutz). Benötigen in den ersten Tagen das 1- bis 2fache des Körpergewichtes an Futter (5–10 g/Vogel). Bald zahm. Untereinander sehr streitsüchtig. Nach 1 Woche vollkommen eingewöhnt. Nicht für Käfig geeignet. Sobald gute körperliche Verfassung wiederhergestellt ist, unbedingt in Freiheit entlassen! Falls dies nicht möglich, Unterbringung in reichl. mit Nadelgehölzen ausgestatteten Innen-, Gartenvolieren. Futter: Je zur Hälfte Weich- u. Lebendfutter. Nach E. THALER ↗ kleine Insekten im Fichtenwald von Zweigen abklopfen, ganzjährig, reichl. kurz vor u. während der Zeit der Eiablage u. Jungenaufzucht, kleine Schneckenhäuschen reichen, sehr wesentl. für den Kalkhaushalt. Nesthockende Findlinge bedürfen eines großen Pflegeaufwandes. Zucht äußerst schwierig. Von E. THALER beide europ. An gezüchtet, juv. Wintergoldhähnchen ab 7. Tag handaufgezogen. Zur Zucht Wipfeläste großer Fichten in Voliere anbringen. Nistmaterial: Moos, Flechten, vor allem reichl. Insektengespinste. Gelege s. An. Bei europ. An brüten nur ♀♀, Schlupf nach 15 Tagen, kann auch 1–2 Tage später sein. Artenschutz s. Sylviidae.

— *R. ignicapillus,* Sommergoldhähnchen. ♂: unterscheidet sich von Wintergoldhähnchen durch weißen Überaugenstreif u. schwarzen Augenstreif, Scheitel

orangerot. Halsseiten goldgelb getönt, OS grün, US heller. ♀: Schnabel gelb. Juv. Streifen an Kopfseiten angedeutet, Scheitel olivgrün. 9 cm. UAn. N-Afrika, Madeira, S-, M-Europa. Lebt in Laub-, Misch-, subalpinen Nadel-, immergrünen Eichenwäldern, Parks. Kugeliges, überwiegend aus Moos gebautes Nest, hoch, aber auch niedrig in Zweigen als Hängenest in Nadel- od. Laubbäumen, zuweilen in dichten Büschen. Gelege 7—12 Eier. Voller Zuchterfolg 1972 bei E. THALER, einzigartiges Engagement. Probleme: Ausreichende Huderzeit des ♀ in den ersten Tagen u. reichl. kleinste Insekten (vor allem Springschwänze) von abgeklopften Fichtenzweigen. Selbst in großen Volieren ist bei der großen Fütterungsaktivität die Distanz Futter zum Nest noch zu kurz. Durch Zusatzkäfig u. handbetätigtes Öffnen u. Schließen eines Schiebers wurde der zu schnelle Fütterungsrhythmus der ♂♂ in naturähnl. Zeitabständen gesteuert (1. Woche), in dieser Zeit reichl. kleine Insekten abgeklopfter Fichtenzweige (auch eingefrostet aufbewahren), Blattläuse. In der 2. Woche abwechslungsreiche Insektennahrung getrennt bieten (kleine Heimchen, Raupen u. Falter von Wachsmotten, kleinste Stabheuschrecken, Blattläuse mit den Zweigen zwischen Fichtenäste hängen), sehr große Mengen füttern ad. Vögel am 14. u. 28. Tag. Juv. flügge endgültig am 28. Tag, ab 34. Tag füttern Ad. selten, am 50. Tag Auflösung des Familienverbandes.
— *R. regulus*, Wintergoldhähnchen. ♂: Scheitel gelb, Mitte orangefarben, schwarz begrenzt. Kein Augenstreif! OS olivgrün, Flügel hat 2 weiße Binden u. schwarzes Band. US schmutzigweißlich, Flanken grünlich. ♀: Scheitel einfarbig gelb. Juv. fehlt Scheitelstreif. 9 cm. UAn. Europa, Azoren, Kleinasien, sü. W-, M-Sibirien, Mandschurei, am unteren Amur, Sachalin, Kurilen, Hokkaido bis M-Hondo, Korea?, W-China, Himalaja-Gebiet bis O-Afghanistan. Bewohnt Nadel-, Mischwälder von der Ebene bis Baumgrenze im Gebirge. Nest s. Sommergoldhähnchen, recht hoch außen in Fichten- od. Tannengezweig. Gelege 8—11 Eier. Zucht s. Sommergoldhähnchen.

Reich → systematische Kategorien
Reichardweber *(Textor reichardi)* → *Textor*
Reichenowgirlitz *(Ochrospiza reichenowi)* → *Ochrospiza*
Reichenowia. G der Estrildidae ↗. 1 A. Malaysia, W-Java, Kalimantan, N-Luzon, Mindoro, Sulawesi, Lombok, Flores, Sumbawa. Bewohnen Urwälder im Gebirge bis gut 3000 m ü. NN, leben vorwiegend paarweise, heimlich. Ernährung überwiegend Bambussamen. Erstmalig 1930 in Deutschland, sehr selten im Angebot, 1964 UA *R. h. brunneiventris* bei Dr. BURKARD ↗. Nestbau im Gebüsch, aber Junge nicht aufgezogen. 1980 kamen einige Paare aus Sulawesi in die BRD u. Schweiz. Wenig kälteempfindlich. Unterbringung in pflanzenreicher Voliere ↗.
— *R. hyperythra*, Bambuspapageiamadine. ♂: Stirn blau, über dem Schnabel schwarzer Streifen. Wangen gelbbraun. OS intensiv grün, Oberschwanzdecken je nach UA grün bis orangegelb. Kehle, US gelbbraun. Schnabel schwarz. Auge dunkelbraun. Füße hell fleischfarben. ♀: matter als ♂, Stirnband bräunlich. Blauer Vorderscheitel kleiner als bei ♂, auch matter.

Sommergoldhähnchen

Juv. blasser als ♀, keine blaue Stirn. Schnabel hornfarben. 11 cm. UAn.
Reichenows Bergastrild *(Cryptospiza reichenovii)* → *Cryptospiza*
Reichenows Orangebrust-Zwergpapagei, UA → Orangebrust-Zwergpapagei
Reichenowweber *(Othyphantes b. reichenowi)* → *Othyphantes*
Reiher → Ardeidae
Reiherente *(Aythya fuligula)* → *Aythya*
Reinhard, Hans, geb. 8. 6. 1941 in Eiterbach. Seit 1973 freischaffend als Tierfotograf. Hauptarbeitsgebiete einheimische Wildtiere, außereurop. Tiere, Haustiere, Blumen u. Pilze. In über 400 Büchern sind von ihm Fotos veröffentlicht. R.-Foto-Ausstellungen.
Reinwardt-Arassari *(Selenidera reinwardtii)* → *Selenidera*
Reinwardtoena. G der Columbidae ↗. 3 An. Inseln in SO-Asien, Neuguinea. Pflege s. auch Columbiformes.
Reisfink *(Padda oryzivora)* → *Padda*
Reisigturmbauer *(Prionodura newtoniana)* → *Prionodura*
Reisstärling *(Dolichonyx oryzivorus)* → *Dolichonyx*
Remiz, Beutelmeisen. G der Remizidae ↗. 1 A. Europa, Asien. Schilf u. Weidendickichte in Tälern, in Bruch- u. Birkenwäldern. Nahrung kleine Insekten, im Winter Schilfsamen. Eingewöhnung schwierig, in Tuchkäfig ↗ möglich. Friedlich. Haltung im Käfig, im Sommer bepflanzte Freivoliere ↗. Frostfreie Überwinterung. Futter Ameisenpuppen, Insekten ↗, Eifutter ↗. Nestbau in Voliere ↗. Nicht gezüchtet.
— *R. pendulinus*, Beutelmeise. ♂: Kopf-OS grauweiß, vom Oberschnabel über das Auge bis zur Ohrgegend schwarz. Rücken, Flügeldecken kastanienbraun, Schwingen, Schwanz graubraun. Kehle weiß, Brust braun, übrige US rahmfarben. Schnabel dunkelgrau. Auge braun. Füße blauschwarz. RK matter. ♀: meist mit schmalem Kopfstreifen. Juv. matt, ohne schwarzen Kopfstreifen. 11 cm. Lokal in O-Spanien, S-Frankreich, Italien, M-Europa, Baltikum, W-, SO-Sowjetunion, Kleinasien, Iran, Turkestan, Mongolei. An Fluß- u. Seeufern mit Weiden, Pappeln u. Schilf;

Remizidae

Beutelmeise

nur wenige überwintern. Außer der Brutzeit gesellig. Eingewöhnung im Herbst nicht schwierig, in hellem Tuchkäfig. Im Winter Heizung nötig, da sie mausern. Man kann sie gemeinsam halten, nicht so aktiv wie Meisen. Futter vor allem Ei- u. Weichfutter ↗, dazu Zweige mit Blattläusen, auch frisch gehäutete Mehlwürmer ↗ u. Ameisenpuppen. Samenstände der Vogelmiere u. angeheftete Apfelschnitzel sind beliebt. Zucht schwierig, nicht dagegen Nestbau u. Gelege. In der Freivoliere mit dünnen, hängenden Zweigen, dazu aufgelockerte Hanfschnüre, altes Schilf, Wolle der Salweide od. Rohrkolben als Baumaterial. Notfalls Watte in Astgabeln. Wenn Nest fertig, beginnt ♀ das ♂ zu verjagen. Kampf möglich, bei dem ein Partner beschädigt od. getötet werden kann.

Remizidae, Beutelmeisen. F der Passeriformes ↗. Früher den Paridae ↗ eingegliedert. 7 An. Zugehörigkeit von 2 weiteren An bzw. Gn umstritten. Färbung unscheinbar. Afrika, Europa, Asien. In Waldgebieten, Savannen, an Fluß- u. Seeufern mit Schilf u. Weidendickichten. Nahrungssuche kletternd u. hängend. Nahrung Kleininsekten, vor allem Blattläuse. Oben geschlossenes, hängendes Nest mit Eingangsröhre aus Fasern u. Pflanzenwolle.

Rendeira, NN → Säbelpipra

Rennkuckuck *(Geococcyx californianus)* → *Geococcyx*

Rennvogel *(Cursorius cursor)* → *Cursorius*

Rhadina. G der Sylviidae ↗. 2 An. Europa, N-Afrika, Asien. Artenschutz, Pflege s. *Phylloscopus*.
— *R. sibilatrix,* Waldlaubsänger. ♂ u. ♀: Überaugenstreif gelb. OS gelblichgrün. Kehle schwefelgelb, US reinweiß. 13 cm. W-, M-Europa bis S-Skandinavien, Gebirge Italiens, O-Europa bis Rumänien, Bulgarien, zur Krim, zum Kaukasus, öst. bis SW-Sibirien. Laub-, Mischwälder mit wenig Unterwuchs, gern in Buchen-, Eichenwäldern. Nest am Boden, backofenförmig. Gelege 6—7 Eier. Gesang klangvoll, flötende Töne u. schwirrende Triller in typischer Folge, unverkennbar.

Typisches freihängendes Nest der Beutelmeise an einem Zweig (nach R. KINZELBACH)

Rhea. G der Rheidae ↗. 2 An. S-Amerika.
— *R. americana,* Nandu, Pampastrauß. ♂ u. ♀: grau, US weiß. ♂: Oberkopf u. Hals schwarz. Ca. 170 cm. UAn. Brasilien bis mittl. Argentinien. Grassteppen. Frißt Gras u. Kräuter, aber auch aller-

Ruhende Nandus

lei Kleingetier. ♂ lebt mit 5—7 Hennen. Balztanz. Mehrere Hennen legen in eine Bodenmulde um die 20 elfenbeingelbe, glatte Eier, die der Hahn 42 Tage allein bebrütet. Küken frischlingsartig gestreift. Haltung u. Fütterung etwa wie *Struthio* ↗. In Zoos häufig u. regelmäßig gezüchtet, sowohl Naturbrut wie auch im Brutschank. ♂ nur zur Brutzeit aggressiv, aber kaum gegen den Pfleger. Eine weiße Zuchtform regelmäßig im Handel.
— *R. pennata*, Darwinnandu, Darwinstrauß. ♂ u. ♀: braun, Federn weiß gespitzt. Kleiner u. kurzbeiniger als Nandu (Rückenhöhe 90 cm). Bewohnt Hochebenen von SO-Peru über Chile bis Patagonien. Biologie, Haltung u. Fütterung wie Nandu. Eier goldgelb. In den letzten Jahrzehnten nicht so selten in Zoos, auch gezüchtet, nicht so temperaturempfindlich, aber dennoch heikler als Nandu. Verfettet leicht aus Mangel an Bewegung.
Rheae, Nandus. UO der Struthioniformes ↗. 1 F Rheidae ↗.
Rheidae, Nandus. F der Rheae ↗. 1 G *Rhea* ↗, 2 An. Etwas eleganter u. kleiner als die anderen An der O. Breiter Schnabel. 3 Finger, davon einer bekrallt. 3 Vorderzehen. Kopf, Hals sowie Schenkel befiedert. S-Amerika.
Rheinardia. G der Argusianiae ↗. 1 A. Nahe Verwandte von *Argusianus* ↗. 74—235 cm, Schwanzlänge bis 170 cm. Vorherrschend braunes Gefieder mit unzähligen kleinen helleren Flecken. Armschwingen nicht länger als die Handschwingen. 12federiger Schwanz stufenförmig verlängert u. zugespitzt. ♂ am Hinterkopf mit Schopf aus haarartigen Federn, die bei der Balz aufgerichtet eine puderquastenförmige Haube bilden. Vietnam u. Malaiische Halbinsel. Bewohner feuchter Urwälder bis in Höhenlagen um 1 000 m ü. NN. Nahrung vornehmlich Früchte u. Insekten, wenig Sämereien. Zur Balzzeit legen ♂ ♂ einen festen Balzplatz an, diese mehrere m^2 große Fläche wird ständig von jedem Pflanzenwuchs freigehalten. Mit weithin hörbarem Pfiff macht das ♂ die paarungswilligen ♀ ♀ auf seine Balzfläche aufmerksam. Nach 25tägiger Bebrütung der beiden Eier schlüpfen die Juv. Aufzucht, Fütterung → *Polyplectron*. Haltung entsprechend der tropischen Herkunft in geräumigen erwärmten Überwinterungsräumen. Zur Zucht Nistgelegenheiten (Korb, Kiste) in 1—2 m Höhe anbringen. Juv. erreichen erst im 2. Lebensjahr volle Größe. Sie sind vom 3. Lebensjahr ab fortpflanzungsfähig. Nach DELACOUR sehr anfällig gegen versch. Infektionskrankheiten (Diphtherie).
— *R. ocellata*, Annam-Rheinhartfasan. ♂: dichte Haube aus 6 cm langen haarartigen Federn, die vorn braun u. im Zentrum weiß gefärbt sind. Überaugenstreif weiß, nackte Gesichtshaut schieferblau, Kopfseiten grau, Hals kastanienbraun. Mantel dunkelbraun, auf Rücken u. Flügeln mit vielen kleinen gelblichen Flecken. Lange Schwanzfedern grau mit runden, rotbraunen Flecken u. vielen kleinen, weißen Punkten. Die kürzeren äußeren Schwanzfedern rotbraun mit weißen u. schwarzen Flecken. Braune US mit unregelmäßigen schwarzen u. rotgelblichen Flecken. Schnabel rötlich. Füße braun mit rötlichem Anflug. ♀: dunkelbraun mit unregelmäßigen schwarzen Streifen u. Flecken, sowie gelblichen Tupfen, Kopfseiten grau, dem ♂ ähnl., aber dunkler, kürzere Haube u. ohne stark verlängerte Schwanzfedern. Schnabel u. Füße braun. Brutdauer 25 Tage. Ei rötlichisabell mit braunen Flecken. Juv. dunkelbraune OS mit 2 isabellfarbenen Rückenbändern, US isabellfarben. Schnabel u. Füße hellrötlichbraun. 195—235 cm ♂, 74 cm ♀. UAn. Gebirge M-Vietnams. *R. o. nigrescens*, Malaiischer Rheinhartfasan. ♂: dunkler u. regelmäßiger gezeichnet als Nominatform. Überaugenstreif isabellfarben, 85 mm langer weißer Schopf mit schwarzem Fleck auf der Stirn, Hals hellbraun. OS u. Flügel dunkelbraun mit schwarzer Zeichnung u. kleinen runden weißen Flecken. US braun mit regelmäßigen weißen u. schwarzen Flecken. ♀: unterscheidet sich von Nominatform durch kräftigere schwarz gemusterte Gesamtfärbung, US heller. Juv. u. Eier unbekannt. 190 cm ♂. Malaiische Halbinsel. Gebirge. Schutzbestimmungen nach WAÜ ↗.
Rheinhartfasan (*Rheinardia ocellata*) → *Rheinardia*
Rhinocorax affinis, NN → *Corvus rhipidurus*
Rhinoplax. G der Bucerotidae ↗. 1 A. Malaysia, Sumatera, Kalimantan. In Baumkronen des tropischen Regenwaldes. Bisher nur Nester mit einem Juv. gefunden. Durch Zerstören des Lebensraumes (Fällen der Urwaldbäume, um Pflanzungen anzulegen) u. die Jagd durch Eingeborene (Horn für Schnitzarbeiten u. «medizinische Zwecke» begehrt) gefährdet. Liste 1 des Washingtoner Artenschutzübereinkom-

Schildschnabel (nach K. SANFT)

Rhinozerosvogel

mens ↗. Sehr selten in zool. Gärten, u. a. 1974 5 Exempl. im Vogelpark Walsrode ↗. Vögel erwiesen sich in der Ernährung sehr heikel, nahmen zeitweise nur Weintrauben, dann wieder nur Tomaten, ohne das andere Futter zu beachten. Konnten nicht länger als max. 1,5 Jahre erhalten werden.

— *R. vigil*, Silberhornvogel, Schildschnabel. ♂: um das Auge rotbraune Feder, sonst Kopf, Rücken, Flügel dunkelbraun, von letzteren Spitzen weiß, ebenso Schwanzfedern, mit schwarzem Band vor den Spitzen, mittl. Federpaar sehr lang (gleicht Kopflastigkeit des schweren Schädels aus, deshalb mausern diese Federn nicht gleichzeitig). Nackte Haut von Kopf, Hals u. Vorderrücken leuchtend rot. Brust dunkelbraun, US weiß. Schnabel mit großem Aufsatz (massiv) u. vorn gelb, sonst einschließl. Horn rot. Auge rotbraun. Füße rötlichbraun. ♀ wie ♂, kleiner, nackte Haut, schmutziglila, Hals-US blau u. grünlichweiß mit hellblauen Adern. Spitze des Schnabels schwarz gefleckt. Auge wie ♂. Juv. wie Ad., Schnabel gelblichgrün, kleiner, ebenso Aufsatz, mittl. Schwanzfedern wie bei Ad.; beim ♂ nackter Hals rötlich, beim ♀ violett. Ca. 165 cm.

Rhinozerosvogel (*Buceros rhinoceros*) → *Buceros*

Rhipidura. G der Monarchidae ↗. 37 An. SO-Asien, Australien u. Ozeanien. Bewohner des trop. Regenwaldes, leben auf buschreichen Waldlichtungen u. an buschbestandenen Wasserläufen. Jagen nach Insekten. Nest sehr klein, aus feinen Pflanzenfasern in 2—5 m Höhe gebaut, z. B. an Bambusast. Gelege allgemein 2 Eier. Wenige An in kleiner Zahl in Europa eingeführt, meistens *R. javanica*. Pflege bisher überwiegend erfolglos. Rastlose, behende Vögel, die als ausgesprochene Insektenfresser schlecht an ein Fertigfutter gewöhnt werden können, magern allgemein bald ab. Voraussetzung für erfolgreiche Haltung ist unbedingt vielseitige Insektennahrung aus eigener Zucht. Warme Unterbringung.

— *R. albicollis*, Weißkehl-Fächerschwanz. ♂ u. ♀: schwarzgrau, Überaugenstreif schmal u. kurz, weiß. Schwanzfedern schwärzlich, äußere mit weißen Spitzen. Kehlfleck weiß. 16 cm. UAn. Indien, Himalaja (bis Kaschmir), SW-China, Hinterindien, Sumatera u. Kalimantan. Bewohnt Berghänge bis ca. 2000 m ü. NN. Ab u. an auf europ. Vogelmarkt. Gesang unbedeutend, rauh. Ruf klingt scharf.

— *R. javanica*, Malaienfächerschwanz. ♂ u. ♀: Oberbrust mit schwarzem Querband, bildet Kontrast zu weißer Kehle u. gelblichweißem Bauch. OS dunkelgraubraun, Kopf schwärzlich, Augenbraue weiß, ebenso Spitze der Schwanzfedern. Juv. Bürzel u. Oberschwanzdecken rostbraun, Brustband schmaler u. weiß gezeichnet. Ca. 18 cm. UAn. Bali, Java, Sumatera, Kalimantan, Malaysia, Thailand (nicht im N), sü. Indochina u. Philippinen. In Mangrove-, Sekundärwäldern, offenen Waldgebieten, Gärten. In Europa von allen An der G am häufigsten gehandelt.

Rhodopechys, Rotflügelgimpel. G der Carduelidae ↗. Vielfach auch Gn *Bucanetes* ↗, *Rhodospiza* ↗ dazugerechnet. Heute 1 A.

— *R. sanguinea*, Rotflügelgimpel. ♂ u. ♀: groß, kräftig, mit schwarzer Kopfplatte, rötlichem Augenstreif u. Wangen, grauem Ohrstreif. Rücken beigebraun, Federn mit dunklen Zentren. Flügel schwarz mit großem rosarotem Flügelspiegel. Armschwingen mit weißen Spitzen. Schwanz schwarz, an der Wurzel rosa, mit weißen Enden. Kehle, Brust lehmbraun, ♂ mit schwarz geflecktem Brustband. Restl. US weißlichrosa. Schwarzer Scheitel beim ♂ deutl., beim ♀ verwaschener. Juv. düsterer u. fleckiger als ad. ♀. Alle mit gelbem Schnabel u. dunklen Beinen. 15 cm. Lokal in N-Afrika; Kleinasien u. vom Libanon bis Iran, Afghanistan u. Tadschikistan. Bewohnt felsiges Gelände im Hochgebirge, im Winter auch im tieferliegenden Kulturland. Neststand am Boden; Gelege 4—5 weißlichblaue, fein gezeichnete Eier. Brutdauer 12—14, Nestlingsperiode 12—14 Tage. Futter Sonnenblumenkerne, Waldvogelfutter ↗, auch gekeimt; Grünfutter ↗, Obst, Insekten? ↗. Robuster, dankbarer Pflegling, meist nur ♂ für Mischlingszucht eingeführt, Reinzucht? Nicht zu kalt überwintern.

Rhodospingus. G der Thraupidae ↗. 1 A. W-Ekuador u. we. Peru. Bewohnen buschreiche Berghänge, lichte Wälder, auch Plantagen. Gesang zwitschernd. Nest häufig in dichten Büschen u. niedrigen Bäumen aus Gräsern, Fasern u. Blättern gebaut, mit Haaren gepolstert. Bilden nach der Brutzeit kleine Flüge. Erstmalig 1881 in Europa, stets selten im Handel, Eingewöhnung leicht. Bald zutraulich. Futter wie *Sporophila* ↗, viel Grünes u. Obststückchen. Gegenüber artfremden Vögeln meistens friedlich. Lebhafte Vögel, können nach der Eingewöhnung auch in bepflanzter Freivoliere ↗ mit Schutzraum ↗ gehalten werden, im Winter warme Unterbringung. Mehrfach gezüchtet, bereits 1883. Paar am besten allein unterbringen, da ♂ häufig aggressiv. Nest freistehend in Büschen, auch im halboffenen Nistkasten ↗ od. Kaisernester ↗. Nistmaterial Gräser, Kokosfasern, Würzelchen. Gelege meistens 3 blaßblaue Eier, nur ♀ brütet. Schlupf nach 11—12 Tagen. Aufzuchtfutter frischgehäutete Mehlkäferlarven ↗, frische Ameisenpuppen, Pinkies ↗, Wiesenplankton, Insekten aus der Lichtfalle ↗ usw. Beide Eltern füttern. Nach 12—14 Tagen fliegen Juv. aus, werden noch ca. 2 Wochen von Eltern gefüttert, vorwiegend vom ♂.

— *R. cruentus*, Purpurkronfink. ♂: OS schwarz, Federn mit breiten, braunen Säumen, Kopf-OS mit karminroten Längsstreifen, keine Haube. Bürzel schwarz mit grauen Flecken. Kinn gelblichweiß, ebenso Schenkel, sonst US karminrot, Bauch u. Unterschwanzdecken gering heller, Flanken mit schwarzen Strichelm. Schnabel, Auge u. Füße braun. ♀: Gesicht gelblichweiß, Wangen u. Ohrdecken mehr bräunlich, letztere Federn mit hellen Schaftstrichen. US gelblichbraun. Steiß u. Unterschwanzdecken weißlich. Juv. ähnl. ♀, aber matter graubraun, Flügeldecken mit hellen Säumen. ♂♂ haben unterseits bald einige rote Federn. 11—12 cm.

Rhodospiza, Weißflügelgimpel. Monotypische G der Carduelidae ↗.

— *R. obsoleta*, Weißflügelgimpel (Schwarzzügelgimpel). ♂ u. ♀: OS sandfarben, am Bauch noch heller. Mit kräftigem, zur Brutzeit (in Gefangenschaft immer?) schwarzem, sonst hornfarbenem Gimpelschnabel. Flügel mit deutl. rosenrotem u. weißem Spiegel, Gabelschwanz mit weißen Außenkanten. ♂ mit schwarzem Zügel, sonst kein Geschlechtsunterschied. Juv. unterseits verwaschener, schmutzigweißer als Ad. 14,5 cm. Israel über S-Türkei bis Afghanistan, durch Tadschikistan bis NO-Tsinghai. Bewohnt offenes, aber baum- u. buschbestandenes Gelände, hält sich viel am Boden auf, wo er nach Samen u. Knospen sucht. Brütet (halb)hoch in Bäumen od. Büschen; ♀ errichtet den Napf aus Zweigen, Halmen, Haaren usw. Gelege 5—6 weißlichblaue, vorwiegend am stumpfen Pol gesprenkelte Eier, Brutzeit ca. 14 Tage, Nestlingsdauer 14—16 Tage. Juv. werden von beiden Partnern betreut u. sind nach weiteren 14 Tagen selbständig. Leicht einzugewöhnen, harter, dankbarer Pflegling, wenn er genügend Raum zur Verfügung hat. Wiederholt erfolgreich nachgezogen. Futter Waldvogelfutter ↗, Hanf, Sonnenblumenkerne, bes. gekeimt. Viel Grünfutter ↗, Insekten ↗?

Rhyacornis. G der Muscicapidae ↗. 2 An. Asien, Philippinen. Pflege wie *Chaimarrornis*.
— *R. fuliginosus*, Bachschmätzer, Wasserrötel. ♂: bleifarben, Schwanz rotbraun. ♀: OS bräunlichgrau, Flügeldecken mit weißen Spitzen. US mit grauweißer Schuppenzeichnung. Schwanzfedern weiß (äußere mit braunem Außensaum) mit seitwärts schmaler werdender Endbinde. 14 cm. UAn. Himalaja von Pakistan bis SO-Tibet, we. China (Gebirge), Hainan, Burma, N-Thailand u. nö. Indochina; Taiwan. Lebt an reißenden Gebirgsflüssen in Höhen zwischen 1000 u. 4000 m ü. NN, Überwinterung in tieferen Lagen. Gesang metallisches Zirpen. Zuweilen auf europ. Vogelmarkt. Sehr beweglich, deshalb Unterbringung in großen Unterkünften.

Rhynchopsitta. G der Aratingidae ↗, UF Aratinginae ↗. 2 An. Mexiko. In früheren Jahren zuweilen auf dem europ. Vogelmarkt. Durch CITES ↗ Wildfänge nicht mehr im Angebot. Volierenvögel, kalte Überwinterung. Holzzerstörer. Suchen gern auf dem Boden nach Nahrung, deshalb in Frühjahr u. Herbst Wurmkur durchführen, auch Haltung im Hochgehege ↗ zu empfehlen. Futter: Sonnenblumenkerne, Glanz, Hafer, Weizen, wenig Hanf, alles auch als Keimfutter, außerdem Koniferensamen, Nüsse, Beeren, halbreife u. reife Maiskolben, Karotten, Äpfel, frische Kiefern- u. Fichtenzweige zum Benagen bieten.
— *R. pachyrhyncha*, Ara-, Kiefernsittich. ♂: grün, breiter Stirnstreif, über u. hinter dem Auge rot, ebenso Flügelbug u. unterer Schenkel. Unterflügeldecken gelb, äußerer Rand innen mit rotem Fleck. Schnabel schwarz. Auge orangegelb, Augenring nackt, gelblich. Füße grau. ♀ wie ♂, aber Unterflügel ohne roten Randfleck. Schnabel schmaler. Juv. Überaugenstreif fehlt, Flügelbug grün, Schnabel hornfarben. 40 cm. Nordwe. u. mittl. Mexiko. Lebt im Hochland in Wäldern zwischen 1500 u. 3400 m ü. NN. Durch Zerstörung des Lebensraumes gefährdet, im Red Data Book ↗ geführt. Brütet hoch in Höhlen meist abgestorbener Pinien. 1920 im Zoo Washington, vorher nicht bekannt. Bis 1970 ab u. zu im Handel. Erstzucht 1965 im Zoo San Diego, seither wenige Male gezüchtet, u. a. im Zoo Berlin-West. Gelege 1—2 Eier. Brutkasten 35 × 35 × 60 cm, Einschlupfloch- ⌀ 15 cm. Bodenbelag Sägespäne. Juv. schlüpfen nach 28 Tagen, fliegen nach ca. 60 Tagen aus. Anfangs füttert nur ♀.
— *R. terrisi*, Maronenstirnsittich. ♂: s. Arasittich, aber rote Gefiederpartien sind kastanienbraun. ♀ wie ♂, Schnabel schmaler. 40 cm. Konspezies mit *R. pachyrhyncha*? W-Nuevo León u. südöst. Coahuila (NO-Mexiko). Lokal begrenzt anzutreffen, Hauptbedingung für das Vorkommen sind Wälder, vor allem mit versch. *Pinus* spec. für Nahrungsaufnahme, für Schlafplätze u. zum Nisten außerdem Felsklippen im Habitat. Hochlandbewohner, meistens zwischen 1500 u. 2500 m ü. NN. Selten. Bestand wird auf mindestens 3000 Vögel geschätzt, Rückgänge durch Habitatzerstörung. Im Red Data Book geführt.

Rhynochetidae, Kagus. F der Rhynochetiformes ↗. 1 G, *Rhynochetos* ↗, 1 A. Neukaledonien. Pflege s. *Rhynochetos*.

Rhynochetiformes. O Kagus. 1 F, Rhynochetidae ↗, 1 G, 1 A. Neukaledonien. Pflege s. *Rhynochetos*.

Rhynochetos. G der Rhynochetidae ↗. 1 A. Verwandt mit Sonnenrallen. ♂ wie ♀. Neukaledonien. In Gebirgswäldern bis 1100 m ü. NN in dichtem Unterholz. Bestand äußerst gefährdet. Artenschutz! Fliegen ungern u. selten. Stehen meist ruhend auf einem Bein, anderes nur leicht angewinkelt. Heller, 3silbiger Ruf weit hörbar. Bohren mit reiherartig langem, kräftigem, spitzem Schnabel im Boden nach Schnek-

Arasittich

Rhynchotinae

Runzelhornvogel

ken, Würmern, Kerbtieren. Hornschneide überdacht, Nasenlöcher schützend. Bodennest aus Zweigen mit Blättern. Gelege 1—2 hellbraune, grob dunkelbraun gefleckte Eier, von beiden Eltern 36 Tage bebrütet. Haltung in letzter Zeit wegen strengen Artenschutzes kaum mehr in Betracht kommend. Erster Lebendimport nach Europa 1864 (Frankreich). Im Zoo Berlin zwischen 1913 u. 1954 ständig gehalten. Haltungsrekord 21 Jahre. Um 1960 befanden sich etwa 14 Tiere in rund 6 europäischen Zoos. 1962 konnten nochmals 16 Kagus für Zoos Frankfurt/M. u. Berlin-West importiert werden. Pflege verhältnismäßig einfach; Vögel anspruchslos, werden bald zahm. Ans Gehege geringe Ansprüche stellend. Der Aufenthaltsraum muß nicht groß sein, benötigen keine Sitzstangen. Möglichst weicher Bodengrund, im Winter als Einstreu Torfmull, Laub, Sand od. Sägespreu. Im Außengehege unbedingt Schattenplätze z. B. durch Holundergebüsch schaffen, im Innenraum großblättrige Topfpflanzen od. ähnliches. Als Grundnahrung gutes Weichfutter ↗ aus rohem gemahlenem Fleisch, vermengt mit entschalten, grob zerdrückten Garnelen od. Garnelenschrot ↗; auch Hühnerpellets mit Garnelen u. mit Wasser befeuchtetem Algenmehl. Dazu gehacktes Pferdefleisch, Schnecken, Regenwürmer, Heuschrecken, Mehlwürmer ↗, Fröschchen, Engerlinge, Pferde- od. Rinderherz (alles in Stückchen geschnitten). Auch junge Mäuse od. Vögel, Süßwasserfisch, Seidenraupen, Ameisenpuppen, Hartei. Regelmäßig Vitamingaben. Im Zoo Frankfurt zur Geschlechtsbestimmung Chromosomenanalyse erfolgreich angewendet. Welterstzucht in Privathaltungen um 1920 in Nouméa (Neukaledonien) u. New South Wales (Australien). Danach im Zoo Berlin Eiablagen 1913 u. 1933; jeweils 2 unbefruchtete Eier (66 g u. 59 × 45 mm; 67 g u. 60 × 46 mm). Erstzucht für Europa 1964 im Zoo Berlin-West; in 4 Jahren (1964—1969) von 2 Brutpaaren 14 Eier mit 5 Juv., alle jedoch nur wenige Stunden alt geworden.

— *R. jubatus*, Kagu. ♂ u. ♀: einfarbig hellschiefergrau; Flügel gebändert mit sehr weichen Federn. Gefieder stark gepudert. Dicker Kopf mit an Nacken dicht anliegender langer Fächermähne (bis 13 cm), die nur während Balz aufgestellt wird. Gedrungene Gestalt; langbeinig, Läufe u. Zehen orangerot. Dunenkleid dunkelrostbaun mit hellgelblicher Zeichnung. 55 cm; Masse 500 g.

Rhynchotinae, Steppensteißhühner. UF der Tinamidae ↗ 6 Gn (*Rhynchotus* ↗, *Nothoprocta* ↗, *Nothura, Taoniscus* ↗, *Eudromia* ↗, *Tinamotis*).

Rhynchotus. G der Tinamidae ↗. 1 A. S-Amazonasgebiet bis M-Argentinien, Uruguay. Einzelgänger. Gelege 5—9 Eier, schwarzgrau mit violettem Überflug. Verschiedentl. vergeblich versucht als Jagdwild in Europa, spez. in England, einzubürgern. In europ. Zoos mehrfach gezüchtet, dabei keine bes. Probleme.

— *R. rufescens*, Pampahuhn, Inambu. ♂ u. ♀: langer Hals, kleiner Kopf, rostrotgelb. Oberkopf schwarz gestreift, Deckfedern breit schwarz gebändert. Beine stark, hochläufig. 40 cm. UAn.

Rhyticeros. G der Bucerotidae ↗. 8 An. SO-Asien, Malaiischer Archipel.

— *R. corrugatus*, Runzelhornvogel, Furchenschnabel-Hornvogel. ♂: Kopf-OS, Nacken, Rücken, Flügel schwarz, ebenso US. OS, Flügel mit schwachem Glanz. Gesicht, VS des Halses unterschiedl. intensiv gelb, Halsseiten blasser. Haut um das Auge nackt, hellblau. Kehlhaut nackt, gelblichgrün. Schwanz an der Basis ⅓ schwarz, sonst weißlich. Schnabel mit helmförmigem Horn (mit Falten), rötlich mit gelblichem Schimmer in der vorderen Hälfte, auch einheitl. hellrot. Oberschnabel spitzenwärts schwach gelb, zur Basis zunehmend rot. Unterschnabel am Ende braun mit schrägen Furchen unterschiedl. Zahl. Auge rot. Füße schwarz. ♀ ähnl. ♂, aber kleiner. Kopf, Hals schwarz, die wenig sichtbare Kehlhaut blau. Juv. wie ad. ♂. Auge bräunlichgelb. 81—88 cm. *R. c. rugosus* (Malaiische Halbinsel, Sumatera u. vorgelagerte Inseln) wie *R. c. corrugatus* (Malaysia, Sumatera, Kalimantan), aber größer. Bewohnt tropischen Regenwald. Selten gehalten, einige Exempl. im Vogelpark Walsrode ↗. Während der Eingewöhnung heikel, benötigt viel Wärme, auch später etwas wärmer halten als die anderen An der F. Im Vogelpark Walsrode Gruppenhaltung von 5—6 Vögeln, nach ca. 1 Jahr Beginn der Unverträglichkeit. Vitamin-A-Mangel mit Medikamenten vorbeugen. Anfällig gegenüber Nieren-, Leber- u. Darmentzündung.

Kagu

— *R. plicatus,* Papua-Hornvogel, Papua-Jahrvogel. ♂: schwarzmetallischglänzend, nur Kopf u. Hals rotbraun, Schwanz weiß. Um das Auge Haut nackt, hellblau, Kehle bläulichweiß. Schnabel mit flachem, in Wülste gegliedertem Aufsatz, Basis rotbraun, sonst gelblich. Auge rot. Füße schwarz. ♀ kleiner als ♂, ganz schwarz, Auge blau. 100 cm. *R. p. dampieri* (Bismarck-Archipel), beim ♂ Kopf, Hals rötlichgelb, Auge rot, auch beim ♀, auch hellbraun od. weiß. *R. p. harterti* (we. Salomonen), beim ♂ Kopf, Hals gelb, Auge gelb bis weißgrau. *R. p. jungei* (öst. Neuguinea, Insel Jobi, d'Entrecasteaux-Archipel) wie *R. p. ruficollis,* größer, bei ♂ Auge rot, bei ♀ braun, purpurgrau od. weißgelb. *R. p. mendanae* (sü. Salomonen) wie *R. p. harterti,* nur kleiner, um das Auge beim ♂ u. ♀ Haut blau, bei Juv. weiß, ebenso bei ♂ u. ♀ nackte Kehlhaut. Auge bei ♂ rot, rötlichgelb, bei ♀ rot od. braun. *R p. ruficollis* (nö. Maluku, W-Irian u. Inseln we. von Neuguinea), bei ♂ Kopf, Hals rötlichgelb, Auge rot, bei ♀ rot, hellbraun u. weiß, sonst wie *R. p. plicatus.* Maluku, Neuguinea u. umliegende Inseln, Bismarck-Archipel, Salomonen. Waldbewohner. In der Ebene u. in den Bergen bis 1 500 m ü. NN. Vorwiegend Fruchtfresser. Selten in zool. Gärten, u. a. im Vogelpark Walsrode.

— *R. undulatus,* Furchenjahrvogel, Jahrvogel. ♂: Scheitel, Nacken schwarzbraun. Gesicht, Hals, VS weißlich, OS (mit Metallglanz), US, Flügel schwarz. Schwanz weiß. Augenhaut nackt, fleischfarben, Kehlhaut zitronengelb mit dunkelgrünem bis schwarzem Querband. Schwanz weiß. Schnabel mit Aufsatz gelblichweiß, in der hinteren Hälfte mit unterschiedl. ausgeprägten gefurchten Platten. Aufsatz durch dunkle Querfurchen in Wülste gegliedert. Auge rot. Füße schwarz. ♀ wie ♂, aber kleiner. Kopf, Hals schwarz. Kehlhaut nackt, hell- bis dunkelblau mit schwarzem Querband. Juv. wie ad. ♂, zunächst auch ♀♀, weniger Wülste des Aufsatzes (0–3), Kehlhaut nackt, gelblichgrün ohne Band (manchmal einige Punkte), Auge orange. Ca. 100 cm. *R. u. aequabilis* (Kalimantan) kleiner als *R. u. undulatus.* Platten am seitl. Schnabel weniger ausgebildet. Bali, Java, Sumatera, Malaysia, Indochina bis Assam, Kalimantan. Bewohnt ausgedehnte dichte Wälder der Ebene, auch in höheren Lagen. Brütendes ♀ wird vorwiegend mit Früchten gefüttert, Juv. bis etwa 1. Hälfte der Nestlingszeit vor allem tierische Kost, später mehr Früchte. ♂ trägt Futter herbei, reicht dieses an ♀ weiter, füttert dann Juv.; Entleerung des Kotes aus dem Nestspalt, große Chitinreste werden gewöllt. ♀ u. Juv. verlassen gemeinsam die Höhle, ♀ nach ca. 4 ½ Monaten. Schnabelaufsatz wird vom 10.–12. Lebensmonat gebildet, 8 Wochen später 1. Querfurche. Jugendmauser u. Entwicklung des Schnabelaufsatzes können zeitl. unterschiedl. ablaufen. Gern in zool. Gärten gehalten. Im Bronx-Zoo, New York, gezüchtet.

Ricordkolibri *(Chlorostilbon ricordii)* → *Chlorostilbon*

Ridgway-Wachtel → Virginiawachtel

Riedscharbe *(Microcarbo africanus)* → *Microcarbo*

Riefenschnabel-Ani *(Crotophaga sulcirostris)* → *Crotophaga*

Riesenani *(Crotophaga major)* → *Crotophaga*

Rissa

Riesenbleßralle *(Fulica gigantea)* → *Fulica*
Riesenbreitrachen *(Corydon sumatranus)* → *Corydon*
Rieseneisvogel *(Megaceryle maxima)* → *Megaceryle*
Riesenelsterchen *(Spermestes fringilloides)* → *Spermestes*
Riesenfischer *(Megaceryle maxima)* → *Megaceryle*
Riesen-Fischuhu *(Ketupa blakistoni)* → *Ketupa*
Riesenfroschmaul *(Batrachostomus auritus)* → *Batrachostomus*
Riesengnom *(Patagona gigas)* → *Patagona*
Riesenkolibri *(Patagona gigas)* → *Patagona*
Riesennonne, NN → Dickschnabelnonne
Riesenpfäffchen *(Sporophila frontalis)* → *Sporophila*
Riesenralle *(Aramus guarauna)* → *Aramus*
Riesenrotschwanz *(Phoenicurus erythrogaster)* → *Phoenicurus*
Riesenschnabel *(Pelargopsis capensis)* → *Pelargopsis*
Riesenschwalk *(Nyctibius grandis)* → *Nyctibius*
Riesenschwirl *(Locustella fasciolata)* → *Locustella*
Riesensperling *(Passer motitensis)* → *Passer*
Riesenstorch *(Ephippiorhynchus asiaticus)* → *Ephippiorhynchus*
Riesensturmvogel *(Macronectes giganteus)* → *Macronectes*
Riesentafelente *(Aythya valisineria)* → *Aythya*
Riesentrappe *(Ardeotis kori)* → *Ardeotis*
Riesentukan *(Ramphastos toco)* → *Ramphastos*
Riesenturako *(Corythaeola cristata)* → *Corythaeola*
Ringdrossel *(Merula torquata)* → *Merula*
Ringelastrild *(Stizoptera bichenovii)* → *Stizoptera*
Ringelgans *(Branta bernicla)* → *Branta*
Ringeltaube *(Palumbus palumbus)* → *Palumbus*
Ringsittich *(Barnardius zonarius)* → *Barnardius*

Risdon, Dornald Herbert Shier. Seit 1950 Ratsmitglied der Avicultural Society, seit 1973 ihr Vizepräsident. Publikationen in Zeitschriften, seit 1952 («Foreign Birds for Beginners») bis 1965 erschienen von ihm 5 Bücher, als letztes «Cage and Aviary Birds». Ehrendiplome der Avicultural Society für folgende Erstzuchten im Vereinigten Königreich: 1968 Helm-Kakadu ↗, 1970 Roter Sichler ↗. Auszeichnungen für große züchterische Leistungen.

Rissa. G der Laridae ↗. 2 An.

— *R. tridactyla,* Dreizehenmöwe. ♂ u. ♀: im BK Mantel graublau, übriger Körper weiß. Schwarze Flügelspitzen. Schnabel gelb. Füße schwarz. Im RK Kopf u. Hals grau. Juv. auf Flügeln dunkles Diagonalband, dunkles Nackenband u. schwarze Schwanzendbinde. 41 cm. UAn. Küsten Englands, N-Frankreichs u. des nö. Skandinaviens, Island, Grönland sowie arktische Küsten Asiens u. N-Amerikas, auch auf Helgoland. Brütet in Kolonien auf schmalen Simsen u. Vorsprüngen von steilen Felsklippen, in Norwegen auch an Hausfassaden u. Speichern. Nest eine feste Unterlage aus Schlamm u. Wasserpflanzen mit tiefem Napf. Außerhalb der Brutzeit nur in der Hoch-

Rivolikolibri

see. Da gewandte Flieger, nur kurze Füße. Bei Haltung sind Steine od. nachgestaltete Felsen angebracht, sonstige Haltung s. Laridae. Nachzuchten in Holland.

Rivolikolibri *(Eugenes fulgens)* → *Eugenes*

Robel, Detlef, geb. 6. 6. 1944 in Cottbus. Dipl.-Biologe. Haltung u. Zucht von Wasservögeln. Zahlreiche feldornithol. Publikationen in Fachzeitschriften, u. a. (1979): «Erstzucht von Eiderenten in der DDR», mit D. KÖNIGSTEDT (1976): «Das Vorkommen des Schwarzschnabel-Sturmtauchers *(Puffinus puffinus)* an der Westküste des Schwarzen Meeres». Ehrennadel für heimatkundl. Leistungen.

Roders, Pieter Eppo, geb. 30. 6. 1931 in Ooststellingwerf, Niederlande. 1960 Promotion zum Dr. med. vet. in Utrecht. Tätig als Tierarzt für Vogelkrankheiten in den Niederlanden u. in der BRD. Mitglied der A. A. V. Association of Avian Veterinarians. Hauptarbeitsgebiet in der Ornithologie ist die Vogelfotografie, spez. austral. Sittiche in freier Wildbahn, außerdem Zucht austral. Sittiche u. Agaporniden ↗. Zahlreiche Veröffentlichungen. Seit 1978 Vorsitzender der Parkieten Sociëteit.

Rodriguezweber *(Foudia flavicans)* → *Foudia*

Rohrammer *(Schoeniclus schoeniclus)* → *Schoeniclus*

Rohrdommel *(Botaurus stellaris)* → *Botaurus*

Röhrennasen → Procellariiformes

Rohrhuhn, NN → Teichralle

Rohrsänger → *Acrocephalus*

Rohrschwirl *(Locustella luscinioides)* → *Locustella*

Rohrspottdrossel *(Donacobius atricapillus)* → *Donacobius*

Rokitansky, Gerth, Dr., Dr., geb. 8. 2. 1906 in Eggenberg bei Graz. Hauptarbeitsgebiete: Biologie einheimischer Vögel. 1958 Ernennung zum Mitglied des Internat. ornithol. Komitees, 1973 Ehrenmitglied der Österreichischen Gesellschaft für Vogelkunde. Ca. 130 Publikationen in wissenschaftl. Zeitschr.

Roller → *Eurystomus*

Rollulus, Straußwachteln. G der Perdicinae ↗. 1 A. Kleiner als Rebhuhn ↗. Geschlechter unterschiedl. gefärbt. Borstenfedern auf Stirn. ♂ mit Schopf auf Hinterkopf. 12federiger Schwanz. Lauf ungespornt.

— *R. roulroul,* Straußwachtel. ♂: Stirnbüschel aus schwarzen, borstenähnl. Federn. Kastanienroter pinselförmiger Schopf auf Hinterkopf. Kopf schwarz mit weißem Querband zwischen den Schöpfen. OS dunkelblau, blaugrün zu Unterrücken u. Bürzel; Schwanz schwarz, Flügel braunschwarz, Unterhals, Halsseiten u. US schwarz, Kopf u. Brust blauglänzend. Schnabel an der Basis rot, sonst schwarz. Iris blaugrau, breiter roter Augenrand. Läufe scharlachrot. ♀: Borstenbüschel auf Stirn. Kopf schwarz außer dunkelgrauem Scheitel u. Ohrdecken. Sonst grün mit grauer Körper-US. Flügel zimtbraun. Augenrand wie ♂, Schnabel auf grauer Basis schwarz, Läufe rot. Juv. dunkelbraune bis rötliche Dunen, schwarzer Augenstrich, mit hellem Über- u. Unteraugenstrich. Schnabel u. Füße rotbraun. 27 cm. Gewicht ♂ 190 g, ♀ 140 g. SO-asiatische Inseln. Bevorzugt Bambushaine u. bewachsene Kahlschläge im Urwald. Gesellig lebend. Wildfänge sehr scheu, Kopfverletzungen. Paarweise od. ♂ ♂ ohne ♀. Gut bepflanzte Voliere. Nestmaterial für überdachtes Nest. Ernährung mit viel tierischem Eiweiß, auch hart gekochten Eiern, rohem Hackfleisch, Früchten, aber auch eiweißreichem Geflügelfertigfutter, angefeuchtet. Gelegestärke 4 Eier; 35,9 × 31 mm, 17–19 g, gelblichweiße Schale. Brutdauer 20 Tage. Monogam, auch polygam. Erstzucht 1876 von WIENER, London.

Rom, Karl, Dr., geb. 18. 12. 1902 in Oberdeutschau bei Gottschee, gest. 6. 12. 1963 in Wien. Passionierter Vogelliebhaber, beschäftigte sich bes. mit der Eingewöhnung u. Pflege einheimischer Vögel (Weichfresser ↗). 22 Publikationen in Fachzeitschriften, bes. in «Die Gefiederte Welt». Aufgeführt im Buch «Österreicher der Gegenwart», Wien 1951.

Rosaflamingo *(Phoenicopterus ruber roseus)* → *Phoenicopterus*

Rosakakadu *(Eolophus roseicapillus)* → *Eolophus*

Rosalöffler *(Platalea ajaja)* → *Platalea*

Rosanimmersatt *(Mycteria ibis)* → *Mycteria*

Rosapelikan *(Pelecanus onocrotalus)* → *Pelecanus*

Rosataube, NN → Rosentaube

Rosella *(Platycercus eximius)* → *Platycercus*

Rosen. Rot od. rötlich aufrecht stehende Hautwarzen in der Umgebung des Auges, hauptsächl. über ihm, bei allen Rauhfußhühner-An. Schwellen in der Balzzeit auffällig an. Bei ♀ ♀ weniger ausgeprägt.

Rosenamarant *(Lagonosticta rhodopareia)* → *Lagonosticta*

Rosenbauchsittich, NN → Bourkesittich

Rosenberg-Honigfresser *(Myzomela rosenbergii)* → *Myzomela*

Rosenbergs Allfarblori, UA → Allfarblori

Rosenbrauengimpel *(Procarduelis rhodochroa)* → *Procarduelis*

Rosenbrustbartsittich, UA → Bartsittich

Rosenbrust-Kernknacker *(Pheucticus ludovicianus)* → *Pheucticus*

Rosenbrustkolibri *(Eulampis jugularis)* → *Eulampis*

Rosenbrustsittich, NN → Bartsittich

Rosenfinken → *Leucosticte*

Rosenfußlöffler *(Platalea alba)* → *Platalea*

Rosengimpel *(Carpodacus roseus)* → *Carpodacus*

Rosenhals-Fruchttaube, NN → Rothals-Fruchttaube

Rosenkakadu, NN → Rosakakadu

Rosenkarmingimpel *(Erythrina erythrina roseata)* → *Erythrina*

Rosenkehlchen *(Heliomaster longirostris)* → *Heliomaster*

Rosenkopfbreitrachen *(Eurylaimus javanicus)* → *Eurylaimus*

Rosenköpfchen *(Agapornis roseicollis)* → *Agapornis*

Rosenkopfpapagei *(Pionus tumultuosus)* → *Pionus*

Rosenkopfsittich *(Psittacula roseata)* → *Psittacula*

Rosenmantelgimpel *(Procarduelis rhodochlamys)* → *Procarduelis*

Rosennackenlaubenvogel *(Chlamydera nuchalis)* → *Chlamydera*

Rosenroter Flamingo, Rosaflamingo *(Phoenicopterus ruber roseus)* → *Phoenicopterus*
Rosenschillerkolibri *(Aglaeactis cupripennis)* → *Aglaeactis*
Rosenstar *(Pastor roseus)* → *Pastor*
Rosentaube *(Nesoenas mayeri)* → *Nesoenas*
Rosette. Eine bes. Form der Auszeichnung für die Siegertiere, die am jeweiligen Käfig angebracht werden kann.
Rösler, Gerhard, geb. 30. 3. 1927 in Gosen. Oberschullehrer. Passionierter Vogelliebhaber, bes. von Taubenvögeln ↗. Buchautor von «Wildtauben», «Sporttauben», «Standards».
Roß-Turako *(Musophaga rossae)* → *Musophaga*
Rostbartammer, NN → Grauortolan
Rostbauch-Dickichtvogel *(Atrichornis rufescens)* → *Atrichornis*
Rostbürzelschmätzer, Rostbürzel-Steinschmätzer *(Oenanthe xanthoprymna)* → *Oenanthe*
Rostfischer *(Ceyx fallax)* → *Ceyx*
Rostflügeldrossel → Naumannsdrossel
Rostgans *(Casarca ferruginea)* → *Casarca*
Rosthaubentangare, NN → Rotscheiteltangare
Rostkappenpapagei *(Pionites leucogaster)* → *Pionites*
Rostkappen-Schwanzmeise *(Aegithalos concinnus)* → *Aegithalos*
Rostkehltangare *(Tangara rufigula)* → *Tangara*
Rostratula. G der Rostratulidae ↗. 1 A. Madagaskar, Äthiopis, Ägypten, S- u. O-Asien bis zur Mandschurei u. Japan, Australien u. Tasmanien. Einzelgänger in sumpfigem, deckungsreichem Gelände. In Asien gern in Reisfeldern. Meist am Boden. Dämmerungsaktiv. Gelege bis 4 Eier (36 × 25 mm).
— *R. benghalensis,* Altweltliche Goldschnepfe. ♀ größer u. schöner gefärbt als ♂. Brust, Rücken, Gesicht dunkelbraun. Weißer Augenring. Flügel graugrün, schwarzweiß gemustert. US weiß mit weißem Brustring. Schnabel leicht abwärts gekrümmt. 25 cm.
Rostratulae, Goldschnepfen. UO der Jacaniformes ↗. 1 F Rostratulidae ↗, 2 Gn, 3 An. Pflege s. Rostratulidae.
Rostratulidae, Goldschnepfen. F der Jacaniformes ↗. 2 Gn, *Nycticryphes* ↗, *Rostratula* ↗, 2 An. Schnepfenartiger gedrungener Körper; kräftige Beine mit langen Zehen. Schnabel hart u. starr (nicht weich u. beweglich wie bei Schnepfen). S-Amerika, Madagaskar, Äthiopis, Ägypten, S- u. O-Asien bis zur Mandschurei, Japan, Australien u. Tasmanien. In Sumpfgebieten mit reicher Vegetation. Dämmerungs- u. nachtaktiv. Einzelgänger od. im kleinen Trupps. Flug langsam u. unbeholfen. In Erregung mit Schwanz wippend. Laute beim ♂ zirpend, beim ♀ tief volltönend. Nahrung Kleingetier aller Art, Samen, Grünzeug. ♀ verteidigt Revier, balzt um ♂ u. versorgt mehrere ♂ ♂ mit Gelegen. ♂ baut Nest u. treibt Brutfürsorge. 3–4 gelbbraune, dunkelbraun gefleckte Eier. Brutdauer 19 Tage. Kaum in Tierhandel, äußerst selten gehalten. Geräumige, flache Fasanenvolieren mit warmer Unterkunft od. in Freiflughallen. Fütterung Samen, feingehacktes Grün, Hartei mit Mehlwürmern ↗ untermischt; Ameisenpuppen, Insekten ↗. Ersatzweise Fleisch in zarte Streifen geschnitten.

Rostsperling *(Passer motitensis)* → *Passer*
Rosttäubchen *(Columbigallina talpacoti)* → *Columbigallina*
Rosttöpfer *(Furnarius rufus)* → *Furnarius*
Rostwangen-Schneidervogel *(Orthotomus sepium)* → *Orthotomus*
Rotachselpapagei *(Psittinus cyanurus)* → *Psittinus*
Rotachseltaube *(Leptotila rufaxilla)* → *Leptotila*
Rotaugenalcippe *(Alcippe morrisonia)* → *Alcippe*
Rotaugentaube, NN → Halbmondtaube
Rotbäckiger Schmetterlingsfink → Schmetterlingsfink
Rotbartspint *(Nyctyornis amictus)* → *Nyctyornis*
Rotbauchara *(Ara manilata)* → *Ara*
Rotbauch-Bergtangare, NN → Menningohr-Bergtangare
Rotbauch-Buschwachtel *(Arborophila javanica)* → *Arborophila*
Rotbauch-Drosselschmätzer *(Thamnolaea cinnamomeiventris)* → *Thamnolaea*
Rotbauch-Eremit *(Phaethornis ruber)* → *Phaethornis*
Rotbauchglanzstar *(Lamprospreo pulcher)* → *Lamprospreo*
Rotbauchguan *(Penelope purpurascens)* → *Penelope*
Rotbäuchigkeit. Isospora-Erkrankung der Kanarien ↗. Durch Leberschwellung ist am Bauch der Kanarien ein roter Fleck sichtbar. Kokzidiostatikum zur Therapie.
Rotbauch-Mohrenkopf *(Poicephalus rufiventris)* → *Poicephalus*
Rotbauchniltava *(Niltava sundara)* → *Niltava*
Rotbauchpipra *(Pipra aureola)* → *Pipra*
Rotbauchschmätzer *(Thamnolaea cinnamomeiventris)* → *Thamnolaea*
Rotbauchschnäpper *(Niltava sundara)* → *Niltava*
Rotbauchsittich *(Pyrrhura rhodogaster)* → *Pyrrhura*
Rotbauchtangare *(Tangara velia)* → *Tangara*
Rotbauchwürger *(Laniarius atrococcineus)* → *Laniarius*
Rotbeiniges Sumpfhühnchen, NN → Weißbauchralle
Rotbrauner Bindenwollrücken *(Thamnophilus palliatus)* → *Thamnophilus*
Rotbrauner Dickichtvogel *(Atrichornis rufescens)* → *Atrichornis*
Rotbrauner Hornvogel *(Buceros hydrocorax)* → *Buceros*
Rotbrauner Sperling *(Passer motitensis)* → *Passer*
Rotbrauner Weber, NN → Maronenweber
Rotbraune Zwergralle, NN → Cayenneralle
Rotbrillenamazone, NN → Prachtamazone
Rotbrust-Bartvogel, NN → Doppelzahn-Bartvogel
Rotbrust-Glanzköpfchen *(Chalcomitra senegalensis)* → *Chalcomitra*
Rotbrustglanzschwänzchen *(Chalcostigma herrani)* → *Chalcostigma*
Rotbrüstiger Schönsittich, NN → Glanzsittich
Rotbrust-Krontaube *(Goura c. scheepmakeri)* → *Goura*

Rotbrustsamenknacker *(Spermophaga haematina)* → *Spermophaga*
Rotbruststärling *(Leistes militaris)* → *Leistes*
Rotbrusttinamu *(Crypturellus variegatus)* → *Crypturellus*
Rotbugamazone *(Amazona aestiva)* → *Amazona*
Rotbugara *(Ara severa)* → *Ara*
Rotbürzel-Grünarassari *(Aulacorhynchus haematopygus)* → *Aulacorhynchus*
Rotbürzelkassike *(Cacicus haemorrhous)* → *Cacicus*
Rotbürzelkolibri *(Phaethornis ruber)* → *Phaethornis*
Rotbürzelliest *(Todiramphus pyrrhopygius)* → *Todiramphus*
Rotbürzellori *(Hypocharmosyna rubronotata)* → *Hypocharmosyna*
Rotbürzeltangare, NN → Siebenfarbentangare
Rotbüschel-Bartvogel *(Psilopogon pyrolophus)* → *Psilopogon*
Rotdrossel *(Iliacus iliacus)* → *Iliacus*
Rote Erdtaube *(Geotrygon montana)* → *Geotrygon*
Rote Halsringtaube, NN → Zwerglachtaube
Rötelammer *(Hypocentor rutilus)* → *Hypocentor*
Röteldickichtvogel *(Atrichornis rufescens)* → *Atrichornis*
«**Rote Listen**». Aufstellung über gefährdete Vogel-An u. UAn mit Angaben von belegten od. angenommenen Ursachen des Bestandsrückganges.
Rötelmerle *(Cyanocincla rufiventris)* → *Cyanocincla*
Rötelkauz *(Strix albitarsis)* → *Strix*
Rötelpelikan *(Pelecanus rufescens)* → *Pelecanus*
Rötelschwalbe *(Cecropis daurica)* → *Cecropis*
Rötelsperling *(Passer rutilans)* → *Passer*
Röteltaube *(Streptopelia vinacea)* → *Streptopelia*
Roter Felsenhahn *(Rupicola peruviana)* → *Rupicola*
Roter Fischuhu *(Ketupa ketupu)* → *Ketupa*
Roter Flamingo *(Phoenicopterus ruber ruber)* → *Phoenicopterus*
Roter Kardinal *(Cardinalis cardinalis)* → *Cardinalis*
Roter Kronfink *(Coryphospingus cucullatus)* → *Coryphospingus*
Roter Luftröhrenwurm → *Syngamus*
Roter Sichler *(Eudocimus ruber)* → *Eudocimus*
Rotes Buch → Red Data Book
Rote Spottdrossel *(Toxostoma rufum)* → *Toxostoma*
Rotes Sumpfhuhn, NN → Zimtralle
Rotflanken-Brillenvogel *(Zosterops erythropleurus)* → *Zosterops*
Rotflügelbrachschwalbe *(Glareola pratincola)* → *Glareola*
Rotflügelfrankolin *(Scleroptila levaillantii)* → *Scleroptila*
Rotflügelgimpel *(Rhodopechys sanguinea)* → *Rhodopechys*
Rotflügelsittich *(Aprosmictus erythropterus)* → *Aprosmictus*

Rotflügliger Rotmaskenastrild → Rotmaskenastrild
Rotfuß-Atlaswitwe *(Hypochera chalybeata)* → *Hypochera*
Rotfußhonigsauger, NN → Türkisnaschvogel
Rotfußkormoran *(Phalacrocorax gaimardi)* → *Phalacrocorax*
Rotfußtölpel *(Sula sula)* → *Sula*
Rotgesichtiger Auroraastrild → Rotmaskenastrild
Rothalsammer *(Calcarius ornatus)* → *Calcarius*
Rothals-Fruchttaube *(Megaloprepia porphyrea)* → *Megaloprepia*
Rothalsgans *(Rufibrenta ruficollis)* → *Rufibrenta*
Rothals-Lappenschnäpper, NN → Glanzlappenschnäpper
Rothalsnachtschwalbe *(Caprimulgus ruficollis)* → *Caprimulgus*
Rothalstangare, NN → Flammentangare
Rothalstaucher *(Podiceps grisegena)* → *Podiceps*
Rothalsziegenmelker *(Caprimulgus ruficollis)* → *Caprimulgus*
Rothaubengärtner *(Amblyornis subalaris)* → *Amblyornis*
Rothaubentangare, NN → Haubentangare
Rothosen-Zuckervogel, NN → Rotschenkelpitpit
Rothuhn *(Alectoris rufa)* → *Alectoris*
Rotibis *(Eudocimus ruber)* → *Eudocimus*
Rotkäppchentimalie *(Timalia pileata)* → *Timalia*
Rotkappenlerche, NN → Rotscheitellerche
Rotkappenmanakin, NN → Goldkopfpipra
Rotkappensittich *(Purpureicephalus spurius)* → *Purpureicephalus*
Rotkappen-Zwergfaulvogel *(Nonnula ruficapilla)* → *Nonnula*
Rotkehl-Buschwachtel *(Arborophila rufogularis)* → *Arborophila*
Rotkehlchen *(Erithacus rubecula)* → *Erithacus*
Rotkehlfaulvogel *(Bucco tamatia)* → *Bucco*
Rotkehlfrankolin *(Pternistis afer)* → *Pternistis*
Rotkehlhabia, NN → Karminhabia
Rotkehliger Grünsittich, UA → Grünsittich
Rotkehl-Nektarvogel *(Anthreptes rhodolaema)* → *Anthreptes*
Rotkehlpieper *(Spipola cervina)* → *Spipola*
Rotkehl-Prachtweber, NN → Rotkehlweber
Rotkehlsaphir, Rotkehlschwammkolibri *(Hylocharis sapphirina)* → *Hylocharis*
Rotkehltangare, NN → Rostkehltangare
Rotkehlweber *(Malimbus nitens)* → *Malimbus*
Rotkopfbartvogel, NN → Andenbartvogel
Rotkopfente *(Aythya americana)* → *Aythya*
Rotkopfgans *(Chloephaga rubidiceps)* → *Chloephaga*
Rotkopfgimpel *(Pyrrhula erythrocephala)* → *Pyrrhula*
Rotkopfhäherling *(Trochalopteron erythrocephalum)* → *Trochalopteron*
Rotköpfige Papageiamadine, Rotkopf-Papageiamadine *(Amblynura psittacea)* → *Amblynura*
Rotkopfkakadu → Helmkakadu
Rotkopfmeise, NN → Rostkappen-Schwanzmeise
Rotkopfpapagei *(Geoffroyus geoffroyi)* → *Geoffroyus*
Rotkopfpipra *(Pipra rubrocapilla)* → *Pipra*

Rotkopfsägerake *(Baryphthengus ruficapillus)* → Momotidae
Rotkopfsamenknacker *(Spermophaga ruficapilla)* → *Spermophaga*
Rotkopfsittich *(Pyrrhura rhodocephala)* → *Pyrrhura*
Rotkopfstärling *(Amblyramphus holosericeus)* → *Amblyramphus*
Rotkopftangare, NN → Scharlachkopftangare
Rotkopfweber *(Queleopsis erythrops)* → *Queleopsis*
Rotkopfwürger *(Lanius senator)* → *Lanius*
Rotkronenturako *(Tauraco fischeri)* → *Tauraco*
Rotkropf-Arassari *(Pteroglossus flavirostris)* → *Pteroglossus*
Rotkropfweber *(Malimbus nitens)* → *Malimbus*
Rotlappenhonigfresser *(Anthochaera carunculata)* → *Anthochaera*
Rotlappenkiebitz *(Lobivanellus indicus)* → *Lobivanellus*
Rotlori *(Eos bornea)* → *Eos*
Rotmaskenastrild *(Pytilia hypogrammica)* → *Pytilia*
Rotmaskensittich *Psittacara mitrata)* → *Psittacara*
Rotnacken-Arassari *(Pteroglossus bitorquatus)* → *Pteroglossus*
Rotnackenlori, UA → Allfarblori
Rotohramadine *(Zonaeginthus oculatus)* → *Zonaeginthus*
Rotohrammer, NN → Wiesenammer
Rotohrara *(Ara rubrogenys)* → *Ara*
Rotplättchen *(Loriculus stigmatus)* → *Loriculus*
Rotrückenara *(Ara maracana)* → *Ara*
Rotrückenastrild → Elfenastrild
Rotrücken-Fischeule *(Scotopelia ussheri)* → *Scotopelia*
Rotrückenjunko, UA → Junko
Rotrücken-Kronfink *(Coryphospingus cucullatus)* → *Coryphospingus*
Rotrückenliest *(Todiramphus pyrrhopygius)* → *Todiramphus*
Rotrückenmausvogel *(Colius castanotus)* → *Colius*
Rotrückenpelikan *(Pelecanus rufescens)* → *Pelecanus*
Rotrücken-Sensenschnabel *(Campylorhamphus trochilirostris)* → *Campylorhamphus*
Rotrücken-Spottdrossel *(Toxostoma rufum)* → *Toxostoma*
Rotrückentaube *(Patagioenas cayennensis)* → *Patagioenas*
Rotrückenwürger *(Lanius collurio)* → *Lanius*
Rotrückiges Schwarzbäckchen → Elfenastrild
Rotscheitel-Amazone, UA → Goldmaskenamazone
Rotscheitelbartvogel, NN → Harlekinbartvogel
Rotscheitellerche *(Calandrella cinerea)* → *Calandrella*
Rotscheiteltangare *(Tangara vitriolina)* → *Tangara*
Rotscheitelwida, UA → Schildwida
Rotschenkel *(Tringa totanus)* → *Tringa*
Rotschenkelpitpit *(Dacnis venusta)* → *Dacnis*
Rotschenkelzwergfalk, NN → Rotkehlfälkchen
Rotschild Pfaufasan *(Polyplectron inopinatum)* → *Polyplecton*
Rotschilds Rotlori, UA → Rotlori

Rotschnabelamsel, Rotschnabeldrossel *(Peliocichla libonyana)* → *Peliocichla*
Rotschnabel-Atlaswitwe *(Hypochera c. amauropteryx)* → *Hypochera*
Rotschnabelente *(Paecilonetta erythrorhyncha)* → *Paecilonetta*
Rotschnabel-Faulvogel *(Bucco capensis)* → *Bucco*
Rotschnabelfluchtvogel *(Hypsipetes leucocephalus)* → *Hypsipetes*
Rotschnabelfrankolin *(Pternistis adspersus)* → *Pternistis*
Rotschnäbelige Spitzschwanzamadine, NN → Spitzschwanzamadine
Rotschnabelkitta *(Urocissa erythroryncha)* → *Urocissa*
Rotschnabelkolibri *(Chlorostilbon gibsoni)* → *Chlorostilbon*
Rotschnabel-Madenhacker *(Buphagus erythrorhynchus)* → *Buphagus*
Rotschnabel-Schweifkitta, NN → Rotschnabelkitta
Rotschnabeltaube *(Patagioenas flavirostris)* → *Patagioenas*
Rotschnabeltoko *(Tockus erythrorhynchus)* → *Tokkus*
Rotschnabeltropikvogel *(Phaethon aethereus)* → *Phaethon*
Rotschnabeltukan *(Ramphastos tucanus)* → *Ramphastos*
Rotschnäbliger Büffelweber *(Bubalornis niger)* → *Bubalornis*
Rotschopftaube *(Lophophaps plumifera)* → *Lophophaps*
Rotschopftrappe *(Eupodotis ruficrista)* → *Eupodotis*
Rotschopfturako *(Tauraco erythrolophus)* → *Tauraco*
Rotschulterente *(Callonetta leucophrys)* → *Callonetta*
Rotschulter-Glanzstar *(Lamprotornis nitens)* → *Lamprotornis*
Rotschulterstärling *(Agelaius phoeniceus)* → *Agelaius*
Rotschulterwürger *(Lanius vittatus)* → *Lanius*
Rotschwanzamazone *(Amazona brasiliensis)* → *Amazona*
Rotschwänze. Gn *Phoenicuropsis* ↗, *Phoenicurus* ↗, *Diplootocus* ↗ u. *Dorisornis* der Muscicapidae ↗.
Rotschwanz-Eremit *(Glaucis hirsuta)* → *Glaucis*
Rotschwanz-Glanzvogel, Rotschwanz-Jacamar*(Galbula ruficauda)* → *Galbula*
Rotschwanzguan *(Ortalis ruficauda)* → *Ortalis*
Rotschwanzkakadu → Banks-Rabenkakadu
Rotschwanz-Schattenkolibri *(Glaucis hirsuta)* → *Glaucis*
Rotschwanzsittiche → *Pyrrhura*
Rotschwanzteichhuhn, NN → Weißbrust-Kielralle
Rotschwanztropikvogel *(Phaethon rubricauda)* → *Phaethon*

Rotschwanzwürger

542

Ruhekleid der Lachmöwe. Brutkleid s. Chroicocephalus ridibundus

Rotschwanzwürger *(Lanius cristatus)* → *Lanius*
Rotschwingen-Glanzstar, Rotschwingenstar *(Onychognathus morio)* → *Onychognathus*
Rotspiegelamazone *(Amazona agilis)* → *Amazona*
Rotsteiß-Bartvogel *(Psilopogon lagrandieri)* → *Psilopogon*
Rotsteißiger Astrild, NN → Sumpfastrild
Rotsteißkakadu *(Cacatua haematuropygia)* → *Cacatua*
Rotsteißpapageien → *Pionus*
Rotsteißsittich *(Psephotus haematogaster haematorrhous)* → *Psephotus*
Rotsterniges Blaukehlchen, UA → Blaukehlchen
Rotstirnamazone *(Amazona autumnalis)* → *Amazona*
Rotstirnbartvogel *(Tricholaema leucomelaena)* → *Tricholaema*
Rotstirngirlitz *(Serinus pusillus)* → *Serinus*
Rotstirn-Jassana *(Jacana jacana)* → *Jacana*
Rotstirnsittich *(Psittacara finschi)* → *Psittacara*
Rotstirntangare *(Tangara parzudakii)* → *Tangara*
Rotstirnwürger *(Telophorus dohertyi)* → *Telophorus*
Rotwangensäbler *(Erythrogenys erythrocnemis)* → *Erythrogenys*
Rotwangen-Schneidervogel *(Orthotomus ruficeps)* → *Orthotomus*
Rotwangensittich, UA → Langschwanzsittich
Rotzügelkakadu → Nacktaugenkakadu
Rotzügelmausvogel *(Urocolius indicus)* → *Urocolius*
Rotzügel-Rotschwanzsittich *(Pyrrhura picta)* → *Pyrrhura*
Roulroul, NN → Straußwachtel
Rubicilla, Berggimpel. G der Carduelidae ↗. 2 An. Asien. Gelegentl. 1 A eingeführt. Futter, Haltung s. *Erythrina* ↗.
— *R. rubicilla,* Berggimpel. Auffallend groß. ♂: Federn an Kopf u. US rotglänzend mit weißer Fleckung, am Bauch Zeichnung verwaschener. Schultern, Bürzel einfarbig rosa bis rosenrot. Rücken weingrau, schwach gestreift. ♀ u. Juv. wie ein übergroßes Karmingimpel ↗-♀. 19—20,5 cm. Gebirge des Kaukasus, Himalaja bis Mongolei. Bewohnt dort buschbestandene Hochflächen, im Winter im Tiefland. Nahrung Beeren (Wacholder!) u. Samen, Insekten ↗.

Rubigula. G der Pycnonotidae ↗. 1 A. Sri Lanka, SW-Indien, Himalaja-Gebiet bis SW-China, Hinterindien bis Malaysia, Sumatera, Java, Kalimantan. Bewohner unterholzreicher Wälder des Buschlandes, der Obstgärten u. Dörfer bis in Höhenlagen von ca. 1500 m ü. NN. Gelege 2—4 Eier. Nicht häufig im Handel, während der Eingewöhnung wärmebedürftig. Pflege, Zucht → Pycnonotidae. Erstzucht 1973 in England.
— *R. melanictera,* Goldbrust-, Schwarzhaubenbülbül. ♂ u. ♀: Kopf, Haube schwarz, sehr typische Kopfhaube. Schwanz braun. Kehle schwarz, US gelb. Auge hellgelb. Schnabel, Füße schwarz. 18 cm. UAn.

Rubinkehlchen *(Calliope calliope)* → *Calliope*
Rubinkehlkolibri, Rubinkolibri *(Archilochus colubris)* → *Archilochus*
Rubintyrann *(Pyrocephalus rubinus)* → *Pyrocephalus*
Rucker's Einsiedlerkolibri *(Threnetes ruckeri)* → *Threnetes*
Ruderfüßler → Pelecaniformes
Rüdiger, Wilhelm (sen.), geb. 1845, gest. 23. 1. 1907 in Grünenberg bei Eichhorst (Mark). Preußischer Hegemeister in der Schorfheide, bes. Interesse an der Vogelwelt, baute ab 1880 eine Sammlung von Eiern der Vögel seiner näheren Umgebung auf. Publizierte neben feldornithol. Beobachtungen auch über die Haltung einheimischer u. exotischer Vogel-An.

Rufibrenta. G der Anatidae ↗, UF Anserinae ↗. 1 A. Wenig verbr. Brutvögel in NW-Sibirien. Im Winter an der W-Küste des Kaspischen Meeres u. seit einigen Jahren auch in der rumänischen Dobrudscha. Bestand gefährdet u. streng geschützt. Zur Brutzeit in hügligen Teilen der Strauchtundra. Versch. Gräser, bevorzugt Wollgräser, bilden ausschließl. Nahrung. Nester meist in kleinen Kolonien an Abhängen der Flußtäler. Zum Schutz des Nistplatzes dieser oft in Nähe von Greifvogel- od. Großmöwennestern. 3—6 Eier werden vom ♀ 25 Tage bebrütet. Aufzucht der Juv. durch ♂ u. ♀ auf nahegelegenen Wiesen. Sehr begehrte Gehegevögel. Unterbringung in Gemeinschaftsanlagen mit gutem Rasen od. paarweise in Einzelgehegen. Friedlich u. sehr ausdauernd. Überwinterung im Freien mit Bademöglichkeit.

Rothalsgans

Zucht gelingt immer häufiger. Juv. wärmeempfindlich, sonst Aufzucht problemlos. Bastardierungsneigung nur bei Einzeltieren beobachtet.
— *R. ruficollis,* Rothalsgans. ♂ u. ♀: weißumränderter Wangenfleck, Vorderhals u. Brust leuchtendrotbraun. Übriger Kopf u. Hinterhals schwarz. Weißer Fleck zwischen Schnabelwurzel u. Auge. Rücken, Flanken u. Bauch schwarz. Breites weißes Band am oberen Flankenrand. Sehr kleiner schwarzer Schnabel. Füße schwarz. 53—55 cm.

Ruhekleid → Brutkleid
Rukia. G der Zosteropidae ↗. 2 An.
— *R. ruki,* Trukbrillenvogel, Zimtbrillenvogel. ♂ u. ♀: einfarbig lebhaft zimtbraun. 14 cm. Mikronesien (Insel Truk). Artenschutz, da sehr selten!

Runzelhornvogel *(Rhyticeros corrugatus)* → *Rhyticeros*

Rupicola, Felsenhähne, Klippenvögel. G der Cotingidae ↗. Häufig als eigene F betrachtet. 2 An. Federkämme, zerschlissene Prunkfedern an Stirn, Rücken u. Flügel. Füße kräftiger als bei übrigen An der F. Nö. u. nordöst. S-Amerika. Urwaldbewohner, leben in fels- u. wasserreichen Schluchten u. Tälern, häufig auf dem Boden. Zur Balzzeit zeigen ♂ ♂ auf Felsvorsprüngen vor zuschauenden ♀ ♀ u. ♂ ♂ Balztänze. Napfförmiges Nest auf felsigem Untergrund. Gelege 2 bräunliche, gefleckte u. gestrichelte Eier. Beide An selten im Handel, werden fast ausschließl. in zool. Gärten gepflegt. Sehr begehrt. Eingewöhnung schwierig, am einfachsten mit juv. Vögeln, die leichter das gebotene Futter annehmen. Haltung in Volieren ↗, warme Überwinterung, bei Temp.en über 35 °C häufigeres Baden. Vertragen nachts auch bis 5 °C. Futter → Cotingidae. Vertragen sich untereinander nicht gut. In großen Volieren Vergesellschaftung u. a. mit Hähern ↗, Tauben ↗, Tangaren möglich.
— *R. peruviana,* Andenklippenvogel, Roter Felsenhahn. ♂: karminrot, Federkamm einfarbig rot, Flügel u. Schwanz schwarz, innere Schwingen bilden auf dem Rücken großes hellgraues Feld. Schnabel gelblich. Auge goldgelb. Füße fleischfarben. ♀: mattorangebraun, Federkamm kleiner als bei ♂. 32 cm. UAn. Anden von NW-Venezuela, Kolumbien bis we. Ekuador, N-Bolivien.
— *R. rupicola,* Cayenneklippenvogel, Orange-Felsenhahn. ♂: orange, Federkamm mit schmalem, kastanienbraunem Rand u. noch schmalerem orangegelbem Endsaum. Flügel schwarz, Handschwingen mit weißlichem Spiegel, Rücken mit schwarzen, breit silbergrau gesäumten Flügelfedern bedeckt. Schwanz dunkelbraun mit gelblichorangener Endbinde. Schnabel blaßorange. Auge orangerot. Füße blaßorange. ♀: graubraun, Federkamm kleiner, Flügel, Schwanz braun. 35 cm. Öst. Kolumbien, S-Venezuela bis Guayana, sü. bis zum Amazonas. Früher u. häufiger als vorige A im Handel, erstmalig 1866 im Zool. Garten London. Welterstzucht 1979 im Zoo Houston/USA, vorher in anderen zool. Gärten Juv. erbrütet, aber Aufzucht mißlang. ♀ baute in künstl. Felsnische aus trockenem Lehm, Pflanzenteilen u. Speichel napfförmiges Nest von 22 cm ⌀, 15 cm Höhe, Tiefe der Nestmulde 5 cm, letztere mit Palmfasern ausgepolstert. Nest innerhalb 3 Tagen gebaut.

Ruß
543

Andenklippenvogel

Gelege 1—2 Eier. ♂ getrennt unterbringen. Schlupf nach 31—32 Tagen, Juv. schwarzhäutig, grau bedunt. Aufzuchtfutter Beeren, Hunde- od. Katzennahrung, zerteilte Mäuse. Anfällig gegenüber Magen-Darmerkrankungen. Juv. nach ca. 6 Wochen selbständig.

Rüppellgirlitz *(Poliospiza tristriata)* → *Poliospiza*
Rüppellpapagei *(Poicephalus rueppellii)* → *Poicephalus*
Rüppells Blausteißpapagei, Rüppells Langflügelpapagei, NN → Rüppellpapagei

Ruß, Karl

Ruß, Karl, geb. 14. 1. 1833 in Baldenburg/Westpreußen, gest. 19. 9. 1899 in Berlin. Altmeister der

Rußbülbül

deutschen Vogelpflege. Gründete 1875 den ersten Berliner Vogelliebhaberverein «Aegintha». Reichl. züchterische Erfahrung, vorwiegend interessiert an exotischen Vögeln, bes. deren Verhalten u. Brutpflege. Seine publizistischen Aktivitäten führten zur beträchtlichen Steigerung der Einfuhr von exotischen Vögeln in den 80er u. 90er Jahren. Gründete 1872 die Zeitschr. «Die Gefiederte Welt». 1871 u. 1873 erschien das «Handbuch für Vogelliebhaber, -züchter u. -händler» in 2 Bänden. 1879–1899 folgte die Enzyklopädie «Fremdländische Stubenvögel» in 4 Bänden.

Rußbülbül *(Pycnonotus cafer)* → *Pycnonotus*
Rüsselbleßralle *(Fulica cornuta)* → *Fulica*
Russischer Stieglitz *(Carduelis carduelis major)* → *Carduelis*
Russkakadu *(Calyptorhynchus funereus)* → *Calyptorhynchus*
Rußköpfchen *(Agapornis nigrigenis)* → *Agapornis*
Ruß-Seeschwalbe *(Sterna fuscata)* → *Sterna*
Rußsumpfhuhn, NN → Zimtralle
Rußweber, NN → Blutschnabelweber
Ruwenzoriturako *(Tauraco johnstoni)* → *Tauraco*

Saatgans *(Anser fabalis)* → *Anser*
Saatkrähe *(Corvus frugilegus)* → *Corvus*
Sabel, Karl, geb. 1. 12. 1923 in der Reifenmühle, Gemeinde Mörz/Rhein-Hunsrück-Kreis. Seit Kindheit Haltung u. Zucht einheimischer u. exotischer Finkenvögel. 1948–1961 Beringer der Vogelwarte Radolfzell. Seit 1979 stellv. Vorsitzender des Verbandes deutscher Waldvogelpfleger u. Vogelschützer e. V. 1961–1969 ehrenamtl. Vertrauensmann für den amtlichen Vogelschutz im Regierungsbezirk Koblenz, ab 1969 Stellv. Seit 1970 Mitglied der «Estrilda». Mehrere Publikationen in Zeitschriften über ornithol. Feldbeobachtungen u. Vogelpflege. Autor mehrerer Bücher.
Säbelflügler → *Campylopterus*
Säbelpipras, NN → *Manacus*
Säbelschnäbler *(Recurvirostra avosetta)* → *Recurvirostra*
Safranammer, Safranfink *(Sicalis flaveola)* → *Sicalis*
Safrantrupial → Orangetrupial
Sägekauz *(Aegolius acadicus)* → *Aegolius*
Sägeraken → Momotidae
Sägeschnabel, Sägeschnabeleremit *(Ramphodon naevius)* → *Rhamphodon*
Sagittariidae, Sekretäre. F der Sagittariiformes ↗ 1 G, 1 A.
Sagittariiformes, Sekretäre. O, 1 F Sagittariidae ↗, 1 A.
Sagittarius. G der Sagittariidae ↗. 1 A.
– *S. serpentarius,* Sekretär. Großer, sehr hochbeiniger Greifvogel. Hinterkopf Schopf mit langen dunklen spatelförmigen Federn. Schwanz stufig, die beiden Steuerfedern stark verlängert. Schnabel kurz, aber stark gekrümmt, Lauf sehr lang, Zehen kurz,

Sekretär

Krallen stumpf. ♂ etwas größer, Schopffedern länger, Schwanzendbinde schmaler, Schwanz länger. Afrika sü. der Sahara bis zum Kapland. Bewohnt die Savannen. Hochspezialisierter Greifvogel, Beute — Kleinsäuger, Reptilien (vor allem Schlangen), Eier, aber auch große Insekten — wird zu Fuß erjagt. Nest wird auf der Spitze hoher Bäume (Akazien) errichtet. Gelege 2–3 weißliche Eier. Brutdauer 45 Tage. Die Jungtiere verlassen nach ca. 85 Tagen das Nest. Schon im 19. Jh. nach Europa importiert, meist in Tiergärten. Sehr nervös, leicht erregbar (Panik). Benötigt eine große (lange) Voliere, die nur sparsam eingerichtet werden darf, nur einige starke Holzblöcke, große Laufflächen sind notwendig, kälte- u. nässeempfindlich. Beheiztes Winterquartier notwendig (mindestens 10 m² pro Paar). Horstunterlage (2m²) ist mindestens 1,50 m über dem Erdboden anzubringen. Großes Angebot von Nistmaterial notwendig. Badebedürfnis wenig ausgeprägt, dafür aber ein Sandbad. Nahrung Küken, Mäuse, kleine Ratten, kleine Hühnereier, Sperlinge (Beutetiere müssen ganz abgeschluckt werden können). Zur Brutzeit Futterangebot erhöhen. 1981 Handaufzucht u. 1983 Naturbrut im Vogelpark Walsrode ↗.

Sahara-Steinschmätzer *(Oenanthe leucopyga)* → *Oenanthe*
Saint-Lucia-Amazone, NN → Blaumaskenamazone
Salawati-Königssittich, UA → Amboinasittich
Salomon-Edelpapagei, UA → Edelpapagei
Salomonenkakadu *(Cacatua ducorps)* → *Cacatua*
Saltatoria, Springschrecken, Heuschrecken. Gruppe von Insekten ↗, die sich auf Grund ihrer teilweise beträchtlichen Größe sehr gut als Futtertiere auch für Insektenfresser ↗ ab Drosselgröße sowie Fasane ↗ u. Wasserziergeflügel ↗ eignet. Ein Hauptbestandteil des Wiesenplanktons ↗ trockener Wiesen. Jedoch auch in Gewächshäusern können Hausgrillen *(Acheta domesticus),* auch Heimchen genannt, od. Gewächshausschrecken *(Tachycines asynamorus)* gefangen werden. Zur Zucht bes. geeignet ist die in Afrika u. Asien verbr. Wanderheuschrecke *(Locusta migratoria).*
Salvadorifasan *(Lophura inornata)* → *Lophura*
Salvadori-Frauenlori, UA → Frauenlori
Salvadori-Grassittiche, NN → Grassittiche
Salvadoris Bergastrild *(Cryptospiza salvadorii)* → *Cryptospiza*

Salvadoris Schmuckohrzwergpapagei *(Psittaculirostris salvadorii)* → *Psittaculirostris*
Salvadori-Weißohrsittich, UA → Weißohrsittich
Salvadori-Zwergpapagei *(Psittaculirostris salvadorii)* → *Psittaculirostris*
Salvinhokko *(Mitu salvini)* → *Mitu*
Salvins-Amazone, UA → Rotstirnamazone
Salzausscheidung. Bei Meeresvögeln erfolgt die Ausscheidung mit dem Meerwasser aufgenommenen Salzes über Nasen- od. Salzdrüsen. Das Sekret dieser Drüsen hemmt das Wachstum von Pilzen u. damit das Angehen von Pilzinfektionen beim Vogel in der freien Natur. Bei Haltung auf Süßwasser verkümmern diese Drüsen.
Salzmann, Ernst, geb. 17. 3. 1857 in Tabarz, gest. 1. 5. 1918 in Gotha. Bereits frühzeitig Jäger, Vogelschützer, Sammler, pflegte Käfigvögel. Beobachter im Felde u. Sachkenner der Vogelhaltung. Mehrere Publikationen in Fachzeitschriften.
Sammelspechte → *Melanerpes*
Samtente *(Melanitta fusca)* → *Melanitta*
Samtgoldvogel *(Sericulus chrysocephalus)* → *Sericulus*
Samtkappenfink, NN → Plüschkopftangare
Samtkopfgrasmücke *(Sylvia melanocephala)* → *Sylvia*
Samtstirnkleiber *(Oenositta frontalis)* → *Oenositta*
Samtstirnorganist *(Euphonia concinna)* → *Euphonia*
Samttangare, NN → Purpurtangare
Samtvögel, NN → Schnurrvögel
Samtweber, NN → Samtwida
Samtwida *(Coliuspasser capensis)* → *Coliuspasser*
San-Blas-Haubenhäher, San-Blas-Trauerblauhäher, NN → Acapulco-Blaurabe
Sanderling *(Crocethia alba)* → *Crocethia*
Sandflughuhn *(Syrrhaptes orientalis)* → *Syrrhaptes*
Sandhügelkranich *(Grus canadensis)* → *Grus*
Sandner, Max, geb. 28. 7. 1883 in Innsbruck, gest. 25. 8. 1945 in Zell am See (Tirol). Bundesbahn-Oberinspektor. Feldornithologe, bes. in der Umgebung seiner Heimat aktiv. Kenntnisreicher Vogelpfleger. Gründete Vereine «Natur und Haus» u. «Tiroler Vogelwarte», außerdem die Vogelhäuser bei der Villa Blanka. Idee für den Alpenzoo Innsbruck (Errichtung 1961) ging auf ihn zurück. Mehrere Publikationen in Fachzeitschriften.
Sandregenpfeifer *(Charadrius hiaticula)* → *Charadrius*
Sänger → Muscicapidae
Sängerhonigfresser *(Lichenostomus virescens)* → *Lichenostomus*
Sängertangaren, NN → *Tachyphonus*
Santa-Marta-Sittich *(Pyrrhura viridicata)* → *Pyrrhura*
Saphiramazilie *(Amazilia lactea)* → *Amazilia*
Saphirbauch-Wollhöschen *(Eriocnemis luciani)* → *Eriocnemis*
Saphirglanzamazilie *(Amazilia lactea)* → *Amazilia*
Saphirlori *(Vini peruviana)* → *Vini*
Saphirtangare, NN → Purpurmaskentangare
Sappho, Sapphokolibris. G der Trochilidae ↗. 1 A. In den Anden von Bolivien bis NW-Argentinien u. Chile. Bevorzugen buschige Berghänge der Anden bei ca. 3000 m ü. NN. Immer in ungewöhnl. guter Verfassung importiert, Eingewöhnung ohne Schwierigkeiten. Mehrjährige Haltungserfolge wurden bereits erzielt. Brüteten im Zoo Heidelberg mit Erfolg.
— *S. sparganura,* Schleppensylphe, Sapphokolibri, Kometschweifkolibri. ♂: Kopf, Hinterhals, Oberflügeldecken, Schulterfittiche u. US metallischgrün, Federn der US mit feinen hellbräunlichen Federrändern. Rücken, Oberschwanzdecken karmesinrot. Kinn, Kehle lebhaft glitzerndgrün, Kehlfedern etwas verlängert u. steif. Steuerfedern leuchtendfeuerrot mit 4—10 mm langen, am äußersten Paar längsten, samtschwarzen Spitzen; der von den darüberliegenden Federn bedeckte Teil dunkelbraun. Unterschwanzdecken hellfahlbraun mit dunkelroter Mitte. Flaumbüschel an den Bauchseiten bräunlichweiß mit schwarzer Wurzel. ♀: Kinn bis Bauch weiß mit hellbraunen u. grünen Flecken, Rücken grün, Bürzel rot. Schwanz kürzer als beim ♂, weniger tief gegabelt, Schwanzfedern rotgold. Juv. wie ♀. 17,0 cm.
Sapphokolibri *(Sappho sparganura)* → *Sappho*
Sarcogyps. G der Accipitridae ↗. 1 A.
— *S. calvus,* Kahlkopfgeier. Mittelgroße Geier. ♂ u. ♀: dunkelbraun bis schwarz, Kopf nackt, orange bis rot, an den Halsseiten deutl. Lappen, Schnabel schwarz. Ovale nackte Stellen an den Innenschenkeln u. Füße rot. Indien, Burma bis Malaysia, Thailand, Laos bis S-Yünnan. Offene Landschaften, im Gebirge bis ca. 1 700 m, Ränder des Dschungels, meidet das Kulturland. Nistet auf Bäumen (kleines Nest). Gelege 1 weißes Ei. Brutdauer 45—50 Tage. ♂ u. ♀ betreiben Brutpflege. Nur in Tiergärten. Läßt sich gut in Gemeinschaftsvolieren halten. In Gefangenschaft noch nicht gezüchtet. Selten importiert. Indien hat Handelsverbot erlassen.
Sarcops. G der Sturnidae ↗. 1 A. Philippinen (nicht auf Palawan). Leben in Wäldern. Nest in Baumhöhlen. Sehr selten im Handel, erstmalig 1905 in England u. damit in Europa. In seiner Heimat gern im Käfig gehalten, handaufgezogene Vögel mit gutem Nachahmungstalent, lernen auch einige Worte sprechen. Pflege wie *Gracula* → Sturnidae.
— *S. calvus,* Kahlkopfatzel. ♂ u. ♀: Kopf fleischrot, unbefiedert, Stirn, Schnabelwurzel schwarz, schmales Band quer über Kopfmitte, Hinterkopf befiedert, schwarz, ebenso Wangen, US, nur Unterschwanzdecken grauschwärzlich. Körperseiten silbergrau. OS dunkelgrau, glänzend. Rücken unterschiedl. bräunlich od. schwärzlich. Flügel u. Schwanz schwarz. Auge braun bis rotbraun. Schnabel, Füße schwarz bis braun. 26—30 cm.
Sarcoramphus. G der Cathardidae ↗. 1 A.
— *S. papa,* Königsgeier. Farbenprächtigster Geier. ♂ u. ♀: rahmweiß, Hand- u. Armschwingen, Schwanz u. Halskrause grauschwarz, Hals leuchtend gelb bis rot, Kopf schwarz bis grau, Wachshaut kräftig gelb bis orange mit warzenartigem Anhang. Bei den ♂♂ ist die Wachshautwarze wahrscheinl. etwas größer. Schnabel rot, Auge von leuchtend rotem Lidring umgeben. Füße rosa. Mexiko bis N-Argentinien.

Sardengrasmücke

546

Randzonen der tropischen Regenwälder, offene Wald- u. Buschlandschaften der Ebene. Nahrungssuche im Flug u. zu Fuß. In erster Linie Aasverwerter. Nest in Felswänden u. in alten Greifvogelhorsten. Gelege 1 weißes Ei. Brutdauer 56 Tage. ♂ u. ♀ betreiben Brutpflege. Junges wird mit hervorgewürgter Nahrung versorgt. Meist nur in Tiergärten zu finden.

Königsgeier

Sehr zutraulich u. neugierig, mit anderen Greifvögeln zu vergesellschaften. Während der Brutzeit sehr aggressiv. Nahrung Knochenfleisch u. Ganzkörperfutter. Horstunterlage od. besser Brutnische anbieten. Schon in Gefangenschaft gezüchtet.
Sardengrasmücke *(Melizophilus sardus)* → *Melizophilus*
Sarkidiornis. G der Anatidae ↗, UF Anatinae ↗. 1 A. Brutvögel in S-Amerika von Panama bis Argentinien, im mittl. u. sü. Afrika, auf Madagaskar sowie in Indien u. Thailand. Bewohnen in Trupps Sumpf- u. Überschwemmungsgebiete mit Baumbewuchs. Nahrung besteht vorwiegend aus Pflanzen. Weiden auf Grasflächen od. Reisfeldern. ♂ ♂ leben z. T. polygam. Nester in Ufervegetation od. hohlen Bäumen. Sitzen gern auf Ästen. Selten gehalten. Nicht sonderlich empfindlich, aber nicht ganz winterhart. Friedlich u. für Gemeinschaftsanlagen geeignet. Zucht mehrfach gelungen.
— *S. melanotos,* Höckerglanzente. ♂ u. ♀: Kopf u. Hals weiß mit schwarzer Fleckung. Brust u. US weiß. Rücken schwarz, metallisch glänzend. Flanken grau. Schnabel schwarz. In der Brutzeit mit fleischigem schwarzem Höcker auf dem Oberschnabel. Füße grau. Südamerik. UA mit schwarzen Flanken. ♀ ohne Schnabelhöcker. ♂ 77 cm, ♀ deutl. kleiner.
Saroglossa. G der Sturnidae ↗. 1 A. Himalaja von Pakistan bis Assam. Baumbewohner, suchen auch in Gefangenschaft nicht den Boden auf. Leben in Bergwäldern, ziehen im Winter talwärts, dann auch in der Ebene anzutreffen. Scheu. Nahrung Insekten, Früchte, Nektar. Nest in Baumhöhlen. Gelege 3 (4—5) Eier. Ab u. zu im Handel. Bald zutraulich. Bewegen sich in oberer Region einer Anlage. Ruf quakend, häufig. Futter Weichfutter s. Sturnidae, tägl. Früchte, Nektartrank.
— *S. spiloptera,* Marmorstar, Spleißflügel. ♂: Oberkopf, Hals graubraun, Federn grünlichschwarz gesäumt. Oberrücken, Schultern graubraun, Federn dunkelbraun gesäumt. Restl. OS, Schwanzfedern rostbraun, nur letztere grau gerändert. Außenfahnen der Handschwingen am Grund fadenförmig verlängert. Flügel schwarz mit weißem Spiegel. Zügel, Kopfseiten schwarz, Kinn, Kehle rotbraun, sonst US zimtbraun, nur Bauchmitte weiß. Schnabel schwarz, Unterschnabel am Grund rötlich, Schnabelränder gelblich. Auge gelblichweiß. Füße schwarz. ♀: Kopfseiten schwärzlichbraun, OS heller. Weißer Flügelspiegel wie bei ♂. US blaß rotbräunlich mit weißlichen Sprenkeln. 22 cm.
Saruskranich *(Grus antigone)* → *Grus*
Sattelstorch *(Ephippiorhynchus senegalensis)* → *Ephippiorhynchus*
Sathyrhühner → Tragopaninae → *Tragopan*
Satyr-Tragopan *(Tragopan satyra)* → *Tragopan*
Säulengärtner *(Prionodura newtoniana)* → *Prionodura*
Saurothera. G der Coccyzidae ↗. 4 An. Karibische Inseln.
— *S. merlini,* Eidechsenkuckuck. ♂ u. ♀: ockerbräunlich. Langer Schnabel. 55 cm. UAn. Kuba, Bahamas. Frißt Eidechsen, große Insekten, Mäuse. Hüpft meist im Astwerk umher, fliegt selten. Rauhe Quarr-Laute. Baut Nest u. brütet selbst. 2—3 weiße Eier. 1965 im Tierpark Berlin gehalten. Fütterung s. *Centropus.*
Saxicola. G der Muscicapidae ↗. 11 An. Europa, Afrika, Asien u. indoaustral. Inselwelt. Vögel weniger An selten in Gefangenschaft. Sehr heikle, anmutige Pfleglinge. Für Käfig ungeeignet, einzelne od. paarweise Unterbringung im großen Landschaftskäfig ↗ od. in biotopähnl. Freivoliere ↗ (Ausstattung mit Staudengräsern, bizarren Baumwurzeln od. anderen wenigen Sitzwarten in unterschiedl. Höhe, grasbestandene Freiflächen anlegen). Warme Überwinterung. Futter handelsübl. Insektenfutter mit Möhrensaft, Magerquark, zerkleinertem, hartgekochtem Ei u. gemahlenem Rinderherz vermischen, außerdem ca. 10 Mehlkäferlarven pro Vogel/Tag, frische Ameisenpuppen, Wiesenplankton ↗, Grillen, Asseln, Wachsmottenraupen, Pinkies ↗. Vögel verfetten leicht, bei ersten Anzeichen Mehlkäferlarven u. Eigelb reduzieren, ggf. zeitweise weglassen. Zucht schwierig, Paare allein unterbringen, reichl. verschiedenste Insektennahrung füttern. Artenschutz s. Naturschutzbestimmungen.
— *S. caprata,* Mohrenschwarzkehlchen. ♂: schwarz, Flügelfleck u. Oberschwanzdecken weiß. ♀: braun, dunkel gestrichelt, ohne Weiß. Juv. dunkelbraun, OS dunkel bis rostfarben gefleckt. 14 cm. UAn. Transkaspien, Afghanistan, O-Iran, Sri Lanka, Indien bis SW-China, Burma, Indochina, Philippinen, Kalimantan, Java, Bali, Kleine Sundainseln von Lombok bis Timor u. Wetar, Insel Babar, Neuguinea, Neubritannien. Bewohnt mit Sekundärwuchs bestandene offene Flächen, Hecken, Kulturland. Selten im Handel. Im Sommer Volierenhaltung. 1983 bei E. Sypiena, BRD, Nest in Mauerspalte aus trockenem Gras, Moos, Wurzelfasern u. Laub. Gelege 3—4 Eier. Juv. schlüpfen nach 10 Tagen, fliegen im Alter von 11 Tagen aus, werden anschl. noch ca. 3 Wochen von Eltern gefüttert.

Saxicola

— *S. ferrea,* Graues Buschkehlchen, Grauschmätzer. ♂: Wangen u. Zügel schwarz, Überaugenstreif weiß. Rücken schwarzgrau gescheckt. Schulterfleck weiß. Schwanzfedern schwarz, nur äußere weiß. Kehle weiß, Brust grau, Bauch weiß. ♀: Kehle u. Bauch weiß, Überaugenstreif rahmbraun. Schulterfleck fehlt, ansonsten unterschiedl. braun gefärbt. Juv. ähnl. juv. Schwarzkehlchen, aber Brust ohne Streifenzeichnung. 15—16 cm. UAn. Himalaja von W-Pakistan bis N-Indochina; S-China u. südöst. Tibet, nö. bis S-Schensi u. S-Kansu. Überwintert im Tal des Ganges (Indien) u. in seinem Delta (Bangladesh). Bewohnt buschbestandene Trockenrasen, Waldlichtungen, buschreiche Waldränder. Sucht gern Buschspitzen als Sing- u. Ansitzwarten auf. Gesang kurz, endet mit Triller, klingt angenehm. Jagt im Sturzflug nach Insekten od. nach Art der Fliegenschnäpper ↗ nach fliegenden Kerfen. Ausgesprochen selten auf dem europ. Vogelmarkt, meistens nur ♂ ♂. Ruhig, verträglich. Nimmt gern Sonnenbäder, badet selten. Sehr warme Unterbringung. Gewicht 14—16 g.

Braunkehlchen. Männchen

Grauschmätzer

— *S. rubetra,* Braunkehlchen. ♂: Überaugenstreif weißlich, Zügel u. Ohrdecken dunkelbraun, weiß eingefaßt. OS braun, dunkel längsgestreift. Obere Hälfte der äußeren Schwanzfedern weiß. US rahmfarben, Brust mit rötlichbraunem Anflug. Auge braun. Schnabel, Füße schwarz. RK weniger lebhaft gezeichnet. ♀: blasser als ♂, die beiden weißen Flügelflecken fehlen. Juv. ähnl. ♀, stärker gefleckt. 13 cm. UAn? N-, M-Europa (mit Britischen Inseln), sü. bis N-Spanien, Korsika, weiter zu den Appeninen u. nö. Griechenland; Kaukasus, N-Iran; we. Sibirien bis zum Altai. Bewohnt feuchte, mit Büschen bestandene Wiesen, nicht zu trockenes Heideland u. Moore, auch mit einzelnen Büschen u. Gras bewachsene Bahndämme u. Landstraßen mit anschl. offener Landschaft. In Europa zahlreiche Durchzügler, europ. Vögel überwintern sü. der Sahara. Gesang abwechslungsreich flötend, vermischt mit pfeifenden u. rauhen Tönen, häufig Nachahmung von Gesängen anderer Vögel. Nest gut versteckt am Boden. Meistens 6 kräftig blaugrün gefärbte Eier. Zuweilen Wirt vom Kuckuck ↗. Nur gelegentl. im Handel. Sehr empfindlich, Weichfuttergemisch geriebenen Apfel zusetzen. Sommermauser im Juli/August wird im allgemeinen sehr gut überstanden, Wintermauser im Februar gerät häufig ins Stocken. Vogel muß in dieser Zeit, Normalgewicht (20 g), gleichmäßige Wärme u. gutes, insektenreiches Futter erhalten. 1977 gelang W. F. STÖBENER ↗ Zucht im Landschaftskäfig ↗. Brutdauer 12—13 Tage, Eltern füttern fleißig. Juv. verlassen nach ca. 13 Tagen das Nest, sind mit 19 Tagen flugfähig, werden weiterhin von Eltern gefüttert. Mit 26—30 Tagen selbständig. Aufzuchtfutter Blattläuse, Mehlkäferlarven ↗, Pinkies ↗, Ameisenpuppen.

— *S. torquata,* Schwarzkehlchen. ♂: Kopf u. Kehle schwarz, Halsseiten mit weißem Fleck. Rücken u. Flügel dunkel, letzterer mit weißem Längsfleck. Bürzel grauweiß, Schwanz schwärzlich. Kropf u. Vorderbrust kastanienbraun. Auge braun. Schnabel, Füße schwarz. ♀: matter als ♂, Kehle schwarzbraun, weißer Fleck an der Halsseite nur angedeutet (keinen weißen Überaugenstreif wie Braunkehlchen). Juv. ähnl. ad. ♀. OS dunkelbraun mit länglicher rahmfarbener Fleckenzeichnung, Kehle bräunlichweiß. Brust mit blasser Fleckenzeichnung, US rahmfarben. Ca. 13 cm. UAn (3 od. 4 Rassengruppen). Madagaskar, Großkomoro (Komoren); Afrika von O-Zaïre, Uganda, Kenia durch S-Zaïre, Sambia bis Gabun, Angola, nordöst. Namibia u. N-Botswana, durch Simbabwe, Moçambique, Transvaal, Oranje-Freistaat u. Natal bis zur Kapprovinz; Kamerun, auf Fernando Póo, lokal an der Elfenbeinküste, Sierra Leone, Senegal, Mali u. Darfur; Äthiopien, S-Sudan, SW-Arabien; Marokko bis Tunesien; S-, W-Europa mit Britischen Inseln, nö. bis Schleswig-Holstein, öst. bis S-Polen u. südwe. Sowjetunion; Kleinasien bis zum Kaukasus; Iran bis Armenien, O- u. NO-Sowjetunion bis zum Ochotskischen Meer, sü. bis zum Himalaja, N-Burma, N-Indochina, W- u. N-China, Korea u. bis M-Hondo (Japan). Bewohnt offenes trocke-

Saxicoloides

nes, von einzelnen Büschen u. Bäumen unterbrochenes Wiesenland, auch steinige Gebiete, vorzugsweise in der Ebene u. im Hügelland, Weinberge, Ruderalflächen. Lebt im Gegensatz zum Braunkehlchen mehr im unkultivierten Gelände, bisweilen beide An nebeneinander. Nest am Boden, Gelege 5—6 graugrüne, mit feinen rostroten Flecken gezeichnete Eier. In Europa 2 Jahresbruten. In Gefangenschaft hinfälliger als Braunkehlchen, Pflege aber durch fehlende Wintermauser einfacher. Sommermauser Mitte Juli— Anfang September. Zum Frühjahr Gewichtsschwankungen (Normalgewicht ca. 15 g). Wenige Male gezüchtet. Ein Paar allein in biotopgerechter großer Unterkunft halten, während der Aufzucht reichl. Wiesenplankton ↗ u. frische Ameisenpuppen füttern.

Saxicoloides. G der Muscicapidae ↗. 1 A. Indien, Pakistan, in tieferen Lagen von Nepal, öst. bis W-Bengalen, Sri Lanka. Leben an steinigen Hängen u. im dichten Buschwerk, häufig nahe od. inmitten menschl. Siedlungen. Stelzen den Schwanz bei Erregung so steil, daß mit dem Rücken spitzer Winkel gebildet wird. Zuweilen auf dem Vogelmarkt. In großen Unterkünften, auch im Landschaftskäfig ↗ ausdauernd. Pflege wie *Oenanthe* ↗.
— *S. fulicata*, Strauchschmätzer. ♂: fast vollständig schwarz. Weißer Schulterfleck. Unterbauch u. Unterschwanzdecken rotbraun. ♀: braungrau, ohne Schulterfleck. 16,5 cm. UAn. Von *S. f. cambaiensis* u. *S. f. erythrura* (beide als Braunrücken-Strauchschmätzer bezeichnet) im N ist bei den ♂♂ Kopf-OS u. Rücken braun. Die UA *S. f. intermedia*, verbr. im mittl. Indien, hat schwarzbraunen Rücken.

Sayornis. G der Tyrannidae ↗. 3 An.
— *S. phoebe*, Phoebe, Haustyrann. ♂ u. ♀: im BK Kopf, Hinterhals rauchbraun, Zügel, Federn unter dem Auge trübweiß. OS, kleine Flügeldecken grauoliv, übrige Flügelfedern hellgrauoliv. Schwanzfedern graubraun, äußere mit breitem weißlicholivem Saum. Kinn, manchmal auch obere Kehle dunkelgrau, Brustseiten hellgrauoliv. Oberschnabel schwarz, Unterschnabel bräunlich. Auge braun. Füße schwarz. RK: OS oliv, US mehr gelb, ebenso Säume der Flügelfedern. Ca. 16 cm. Von Kanada bis öst. Neumexiko, M-Texas, Alabama, nö. Georgia, we. S- u. N-Carolina. Zieht im Winter in die S-Staaten der USA, nach Mexiko, Kuba. Häufig in der Nähe von Siedlungen. Sitzt auf Häusern u. Bäumen. Nahrung Insekten. Nest an, auch in Gebäuden aus Stroh, Lehm, Federn, innen mit Halmen, Federn ausgepolstert. Gelege 4—5 weiße Eier mit feinen braunen Flecken am stumpfen Pol. Sehr selten im Handel.

Scardafella. G der Columbidae ↗. 2 An. N- bis S-Amerika.
— *S. inca*, Inkatäubchen. ♂ u. ♀: gesamtes Gefieder, ausgenommen Stirn, Kehle u. Brustzentrum, mit grauer Schuppenzeichnung, die unterseits matter ausfällt. OS blaßgraubräunlich. Kopf, Hals, Brust rosa, Bauch, Flanken gelblich getönt. Handschwingen rotbraun. Steuerfedern lang, gestuft, innen graubraun, außen schwarz, letztere am Ende mit weißen Säumen. Schnabel schwärzlich. Auge orange. Füße rötlich. 20—22 cm. SW-USA bis NW-Kostarika. In allen offenen Lebensräumen mit Baum- u. Gebüschbewuchs, als Kulturfolger auch in der Agrarlandschaft, in Gärten u. Parks. Verzehrt Körner bis Weizengröße, die am Boden gesucht werden. Brütet in Bäumen u. Büschen, vielfach alte Nester anderer Vögel als Unterlagen übernehmend. Gelege 2 weiße Eier. Brutdauer 14 Tage. Nestlingszeit 14—16 Tage. Keine konkreten Angaben über Ersteinfuhr u. -zucht in Europa (infolge Verwechselung mit *S. squammata*). Ziemlich selten importiert. Am besten in sonnigen Freivolieren halten. Nimmt gern Sonnenbäder. Warm u. trocken überwintern. Nicht so schreckhaft wie *S. squammata*, deshalb leichter zu halten u. zu züchten. Bei längerer Unterbringung in dunklen Unterkünften entwickeln sich allmählich immer mehr schwarze Federn. Futter kleinkörnige Samen wie für Wellensittiche ↗, Prachtfinken ↗ od. Waldvögel ↗, etwas Grünes.
— *S. squammata*, Schuppentäubchen. ♂ u. ♀. *S. inca* sehr ähnl., doch nicht so bräunlich; deshalb tritt u. a. Schuppenzeichnung stärker hervor; auch an den Stellen deutl. vorhanden, wo sie bei *S. inca* fehlt od. kaum wahrnehmbar ist. Flügel mit weißem Abzeichen, gebildet durch die hellen Spitzen der Deckfedern entlang der Vorderkante. 20—22 cm. UAn. NO-Kolumbien, Venezuela; NO- u. Z-Brasilien bis Paraguay u. N-Argentinien. Habitat wie *S. inca*. Erstmalig 1867 im Zoo London, Erstzucht 1904 ebenfalls in England (bei SETH-SMITH). Etwas häufiger als *S. inca* importiert. Überaus schreckhaft, was sich auch später kaum ändert. Gute Ausstattung der Voliere mit Strauchwerk erforderlich, damit sich die Täubchen verbergen können. Verübelt Nestkontrollen, überhaupt alle Störungen in Nestnähe. Ist trokken u. warm zu überwintern. Bei «Dunkelhaft» zu Melanismus neigend.

Scenopoeetes. G der Ptilonorhynchidae ↗. 1 A. NO-Australien (N-Queensland). Bewohnen bewaldete Berge. ♂♂ begabte Spötter. ♂ schneidet mit Hilfe der Hornzähne grüne Blätter, mit denen es tägl. Balzplatz von 1—2 m ⌀ schmückt. Alte Blätter als Wall rundherum, mit Schneckenhäusern verziert. 2 bräunlichweiße Eier.
— *S. dentirostris*, Zahnlaubenvogel, Zahnschnabellaubenvogel, Tennenbauer. ♂ u. ♀: oberseits olivbraun; unterseits rahmweiß mit olivbraunen Längsflecken. Kurzer, kräftiger Schnabel mit Hornzähnen an Schneiden. First stark gekrümmt. 27 cm.

Schabefleisch. Rohes Muskelfleisch von Rind od. Pferd wird im Fleischwolf zerkleinert u. in frischem Zustand verfüttert. Vor allem Starenartige ↗, Tukane ↗, Hühnervögel ↗, Enten ↗ u. Rallen ↗ nehmen S. zu Klößchen geformt gern auf. Es kann zudem gut mit Vitaminpräparaten u. Mineralstoffen versetzt werden. Durch die Zugabe pflanzl. Stoffe, wie Getreideschrot, geschabte Mohrrübe ↗ u. ä., läßt es sich zu einem hochwertigen Weichfutter ↗ verarbeiten. Nur kurzfristig lagerfähig; ein mehrmaliges Auftauen muß unbedingt vermieden werden!

Schachwürger *(Lanius schach)* → *Lanius*
Schafstelze *(Motacilla flava)* → *Motacilla*

Schakupemba *(Penelope superciliaris)* → *Penelope*
Schama, Schamadrossel *(Copsychus malabaricus)* → *Copsychus*
Scharben → Phalacrocoracidae
Scharlachbauchtangare *(Ramphocelus dimidiatus)* → *Ramphocelus*
Scharlachflügelsittich, NN → Rotflügelsittich
Scharlachhonigfresser *(Myzomela sanguinolenta)* → *Myzomela*
Scharlachkopf-Bartvogel, NN → Andenbartvogel
Scharlachkopfpapagei *(Pionopsitta pileata)* → *Pionopsitta*
Scharlachkopftangare *(Piranga rubriceps)* → *Piranga*
Scharlachmennigvogel *(Pericrocotus flammeus)* → *Pericrocotus*
Scharlachnektarvogel *(Aethopygia siparaja)* → *Aethopygia*
Scharlachscheitelbartvogel, NN → Harlekinbartvogel
Scharlachsichler *(Eudocimus ruber)* → *Eudocimus*
Scharlachspint *(Merops nubicus)* → *Merops*
Scharlachtangare *(Piranga olivacea)* → *Piranga*
Scharlachweber *(Anaplectes rubriceps)* → *Anaplectes*
Scharlachwürger *(Laniarius erythrogaster)* → *Laniarius*
Scharrammern → Zonotrichiinae
Schattenkolibris → *Phaethornis*
Schattenvogel *(Scopus umbretta)* → *Scopus*
Schaufelschnabel-Eisvogel *(Clytoceyx rex)* → *Clytoceyx*

Schau-Wellensittich. Kurzbezeichnung SWS, die Benennung erfolgte nach dem engl. Exhibition Budgerigar. Zu Beginn der 20er Jahre unseres Jh., als die Farbenzucht in vielen Ländern die Wellensittichzüchter beeinflußte, entwickelte sich, zwar erst recht zaghaft, die Zucht der Wellensittiche nach bestimmten Gestaltsmerkmalen in Großbritannien. In diese Zeit fällt auch die Gründung der ersten Vogel-Vereinigung – «The Budgerigar Club». In Deutschland wurde 1926 der «Deutsche Wellensittichzüchterverband» (DWV) als Unterabteilung der «Austauschzentrale der Vogelliebhaber und Züchter Deutschlands e. V.» (AZ) gegründet. Erste Impulse erhielt die SWS-Zucht nach dem zweiten Weltkrieg in den 50er, mit steigender Tendenz in den 60er u. spontaner Entwicklung in den 70er Jahren auf dem europ. Kontinent, wobei fast ausschließl. auf hervorragendes engl. Tiermaterial zurückgegriffen wurde. Grundlage der zielbewußten SWS-Zucht bildete zuerst der Standard ↗ der Budgerigar Society. Die dynamische Entwicklung ließ jedoch in den einzelnen Ländern eigene Standards entstehen, die sich untereinander meist nur geringfügig unterscheiden. Folgende Eigenschaften werden von einem SWS gefordert: – Kondition, gesunder Gesamteindruck, keine Gefiederlücken od. gebrochene Federn, guter Schautrainingszustand. – Typ, Körperform in harmonisch abgestimmten Proportionen, dabei breit, kräftig u. gedrungen, Brust in einer eleganten Kurve vorgewölbt, gerade Rückenlinie. – Länge, von der höchsten Stelle des Kopfes bis zur Schwanzspitze gemessen. – Haltung, stolz auf der Stange stehend in einem Winkel von etwa 60° zur Horizontalen. – Kopf, groß, rund u. breit von jedem Blickpunkt aus gesehen, die Schädelwölbung (Kopfgefieder) von der Nasenhaut an beginnend, an der Stirn u. an den Seiten auswärts

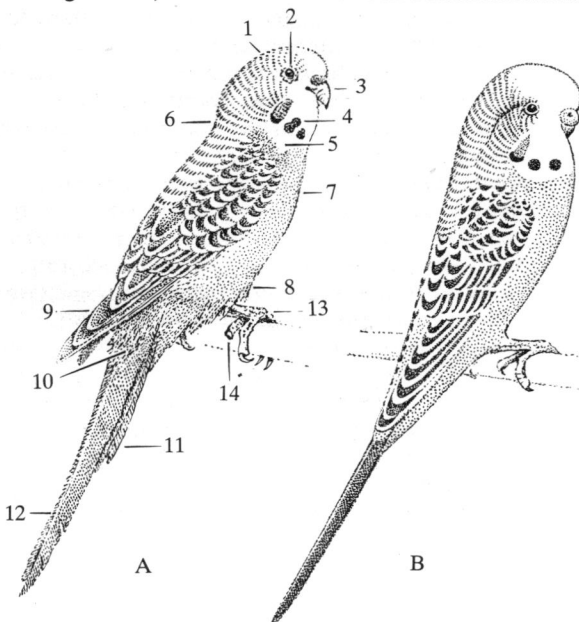

A Fehlerfinder Wellensittich. 1 Kopf zu klein und zu flach, 2 Grind auf den Lidern, 3 vorstehender Schnabel, Risse, Grindbefall, 4 unregelmäßige, eng stehende Kehltupfen, 5 auslaufende Maske, 6 hohler Nacken, 7 flache Brust, 8 voller Bauch und struppiges Gefieder, 9 langer Flügel und fehlende Schwingen, 10 struppiger Bürzel, 11 zerstoßener Schwanz, 12 hängender Schwanz, 13 Grindbefall, 14 fehlende Kralle, B Idealer Schauwellensittich

u. aufwärts, über den Scheitel bis zum Nacken in einem gleichmäßigen, schwungvollen Bogen. – Schnabel, klein u. gut in Gesicht einbezogen, Oberüber Unterschnabel reichend. – Auge, ausdrucksvoll u. klar mit gutem Abstand von Stirn u. Scheitel. – Maske u. Kehltupfen, reinfarbig, tief u. weit vom Scheitel bis zur Kehle, auf der Brust in einem gleichmäßigen Bogen gut abgegrenzt; 6 gleichmäßige, große, möglichst runde Kehltupfen, die im unteren Drittel der Maske in gleichmäßigem Abstand voneinander eine vollständige Halskette bilden. Die beiden äußeren Tupfen werden zu beiden Seiten des Kopfes von je einem länglichen Wangenfleck halb verdeckt. Die Farbe von Maske, Kehltupfen u. Wangenflecken den Musterbeschreibungen entspr. – Hals, kurz, breit u. voll von allen Seiten betrachtet. – Flügel, gut anliegend, mit je 7 sichtbaren Schwungfedern auf den Bürzelfedern endend, nicht gekreuzt, sie sollen ca. $2/5$ der Länge des Vogels betragen. – Füße u. Zehen kräftig u. gerade, je 2 Zehen nach vorn u. nach hinten, mit gleichmäßig gebogenen Krallen versehen, die Stange fest umgreifend, Farbe nach Musterbeschreibung. – Schwanz in Verlängerung der geraden Rückenlinie leicht angestellt mit 5 Paar Staffelfedern sowie den beiden langen Deckfedern; Farbe nach

Schau-Wellensittich

Musterbeschreibung. — Farbe nach den Musterbeschreibungen rein u. gleichmäßig ohne andere Schattierungen. — Zeichnung entspr. den Musterbeschreibungen für die versch. Farbschläge, d. h. entweder klar u. deutl. hervortretend, gut abgegrenzt, als Geisterzeichnung od. auch gar nicht vorhanden. Diesen Forderungen ist eindeutig zu entnehmen, daß den Gestaltsmerkmalen die größte Beachtung geschenkt wird. Die häufigsten Mängel an einem Vogel lassen sich an einem Fehlerfinder ↗ veranschaulichen. Die Richtlinien für die Bewertung sehen je nach Schwere der Fehler bestimmte Abzugspunkte bei der Beurteilung der SWS durch einen Preis- od. Zuchtrichter vor. Von jeglicher Bewertung werden SWS ausgeschlossen, die keine Rasse- od. Selektionsmerkmale erkennen lassen, ständig im Ausstellungskäfig herumtoben u. sich nicht «zeigen», die einen offensichtl. kranken Eindruck machen od. Krankheitsmerkmale erkennen lassen, die mit Schnabelschwamm od. Schuppengesicht befallen sind, die einen übergreifenden Unterschnabel tragen, beim Fehlen von mehr als 2 Krallen, mit offensichtl. Augenfehlern, bei denen die beiden Deckfedern des Schwanzgefieders fehlen sowie Vögel mit Langflügelcharakter, d. h. mit zu langen Flügel- u. Schwanzfedern, Australische Schecken, denen mehr als 4 Kehltupfen fehlen (ohne daß es auf Mauser beruht), Vögel ohne geschlossenen Ring, gekennzeichnete Vögel (z. B. zusätzl. Plastring), Vögel in vom Standard abweichenden Käfigen, nicht vorschriftsmäßige Trinkgefäße bzw. Futtereinstreu, Jungvögel, die die 1. Mauser noch nicht abgeschlossen haben od. noch das 1. Junggefieder zeigen. Entspr. den Musterbeschreibungen werden die einzelnen Farbschläge in Schauklassen bzw. Bewertungsgruppen eingeteilt. Diese sind den entspr. Standards zu entnehmen. Bei Hauben-Wellensittichen werden unterschieden — Spitzhauben, werden aus 1—60 Federn gebildet, die auf der Stirn od. am Oberkopf aufwärts u. am Ende in einer Spitze zusammenlaufend aus einem Wirbel wachsen. — Halbrundhauben, Kopffedern wachsen seitwärts u. nach vorn, so daß sie auf der Stirn u. bis fast zur Nasenhaut reichend ein Halbrund ähnl. der Form eines Mützenschirms bilden. — Rund- od. Doppelhauben, entstehen durch hintereinanderliegende Doppelwirbel, deren Abstand, Anordnung u. Größe verschieden sein können, so daß 2—120 Federn nach allen Seiten rund um den Kopf u. auch nach aufwärts wachsen. Beim Erwerb der SWS ist stets darauf zu achten, daß die Tiere aus Zuchtanlagen stammen, die auf jahrelange erfolgreiche Ausstellungserfolge zurückblicken können. Aus einem bewährten Stamm werden mindestens 1,2 nicht zu eng miteinander verwandte SWS erworben. Nach ARMOUR wird im 1. Jahr der 1,0 (A) mit beiden Hennen (B u. C) nacheinander verpaart, so daß die Linie 1 in der F1-Generation ½A ½B u. in der Linie 2 ½A ½C verkörpert. Im 2. Jahr werden die besten Töchter der beiden Linien an den 1,0 (A) verpaart, so daß sich die guten Eigenschaften des sehr guten Ausgangshahnes stabilisieren. Dieselben Zusammensetzungen können gleichzeitig über die 0,2 vorgenommen werden. Außerdem besteht die Möglichkeit, die Halbgeschwister obiger F1-Generationen zu verpaaren. Stets ist das Studium des Standards sowie der Musterbeschreibungen zu wiederholen. Grundsätzl. ist die Zucht von SWS in Einzelzuchtboxen anzustreben. Die Größe für 1 Paar beträgt mindestens 60 × 40 × 40 cm. Die Nistkästen, in Hoch- u. Querformat gleichermaßen geeignet, betragen in ihren Innenmaßen etwa 25 × 18 × 17 cm, wobei eine flache Nistmulde gegen das Auseinanderrollen der Eier in den Nistkastenboden eingearbeitet ist.

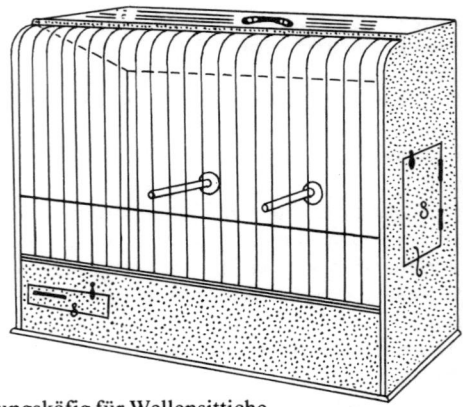

Ausstellungskäfig für Wellensittiche

Zur leichteren Nestkontrolle, die für einen Brutablauf sowie für die Beringung der Jungvögel u. die exakte Zuchtbuchführung unerläßlich ist, sind die Kästen leicht zugänglich an den Zuchtboxen zu befestigen. Als Einstreu kann eine geringe Menge Sägespäne vorgesehen werden. Rund 3—4 Wochen vor der Brutperiode sind die Vögel nach Geschlechtern zu trennen u. so unterzubringen, daß sie nicht in nebeneinanderliegenden, nur durch einen Maschendraht getrennten Räumen sitzen. Diese Zeit reicht aus, um geflissentliche Verpaarungen «vergessen» zu lassen. Zur Stimulierung wird ein Quell- od. Keimfutter gereicht. Die gute Versorgung mit Vitaminen u. Mineralstoffen ist von gleicher Bedeutung. Ein Weichfutter wird 1—2mal wöchentl. zur Gewöhnung für die Annahme zur Aufzucht gereicht. Entspr. dem eigenen Zuchtziel sind die Zusammensetzungen der Paare, immer unter Beachtung der Forderungen des Standards sowie der Eigenschaften der einzelnen Vögel, schriftlich zu fixieren. Die Anfänge genetischer Untersuchungen an Wellensittichen durch DUNKER ↗ gehen auf das Jahr 1925 zurück. Auf Grund der großzügigen Unterstützung durch den Generalkonsul C. H. CREMER ↗ in Bremen, standen DUNKER ein gut eingerichtetes Vogelhaus, Pflegepersonal u. teilweise sehr wertvolle Vögel (für blaue Wellensittiche wurden 100 Reichsmark je Stück bezahlt) zur Verfügung. Unter diesen Voraussetzungen arbeitete er mit den damals bekannten 18 Farbschlägen: Hellgrün (die aus Australien eingeführte Wildform), Dunkelgrün, Oliv, Grauflügelhellgrün, Grauflügeldunkelgrün, Grauflügeloliv, Himmelblau, Kobalt, Mauve, Grauflügelhimmelblau, Grauflügelkobalt, Grauflügelmauve, Hellgelb, Dunkelgelb, Gelboliv, Weiß mit himmelblauem Anflug auf der Bauchseite,

Weiß mit kobaltfarbigem Anflug auf der Bauchseite u. Weiß mit mauvefarbigem Anflug auf der Bauchseite. Mikroskopische Untersuchungen, die KNIESCHE 1908 an einer hellgrünen Wellensittichfeder angestellt hatte, gaben DUNKER Aufschluß über die Struktur von blauen, gelben u. weißen Wellensittichfedern u. die Entstehung der 4 Hauptfarbentypen. Diese Erkenntnisse u. erste Ergebnisse weniger Paarungen wurden in «Die Gefiederte Welt» 1926, Heft 18 u. 19, u. bald darauf auch in England vom Budgerigar Club unter dem Titel «Colour Breeding in Budgerigars» veröffentlicht. Mit dieser Publikation war der erste Schritt einer wissenschaftl. Arbeit für die Öffentlichkeit getan. Breite Züchterkreise erklärten sich nun zur Mitarbeit bereit, so daß bald fundamental belegte Aussagen über erlangte Zuchtergebnisse die Theorie bestätigten. DUNKER bezeichnete die versch. Erbfaktoren mit Symbolen: F-Anlage für gelben Farbstoff in der Rindenschicht der Federn, f-Fehlen des gelben Farbstoffes in der Rindenschicht der Federn, O-Anlage für die dunklen Farbkörner im zentralen Mark der Federrami. Je nach Anreicherung der dunklen Farbkörper (Melanine) wird der Faktor O nach On, Og u. Ow unterschieden. On stellt Vögel mit intensiver Farbe u. schwarzer Wellenzeichnung dar. Og erzeugt schwächere Melaninbildung, somit etwas blassere Farbe u. graue Wellenzeichnung (Grauflügel). Ow führt zu sehr schwacher Melaninausbildung mit sog. Geisterzeichnung (Gelbe u. Weiße). In ihrer Wirkungsweise kennen wir die dominante (überwiegende, hervortretende), die rezessive (zurückweichende), die intermediäre (mittelnd, dazwischenstehende) u. geschlechtsgebundene Vererbung. Die Mendelschen Gesetze bilden dabei die Grundlage. Dominant vererbt Grün über Blau, schwarze Wellenzeichnung (Normal) über Grauflügel, Grauflügel über Gelb u. Weiß. Rezessiv verhält sich Blau gegenüber Grün, Grauflügel gegenüber Normal. Der rezessive Faktor wird in der F1-Generation verdeckt getragen, man spricht von Spalterbigkeit. In der Genetik wird der Phänotyp (Erscheinungsbild) vor u. die Spalterbigkeit nach einem Schrägstrich dargestellt (Hellgrün/blau). Die intermediäre u. die geschlechtsgebundene Vererbung (Opalin, Ino, Zimtflügel) sind in Schema 4 dargestellt. Nachstehend einige Erbformeln

Hellgrün	— FFOnOnbb;
Hellgrün/blau	— FfOnOnbb;
Oliv	— FFOnOnBB;
Hellgelb/weiß	— FfOwOwbb;
Himmelblau	— ffOnOnbb
Kobalt/Grauflügel	— ffOnOgBb
Grauflügelmauve	— ffOgOgBB
Weißkobalt	— ffOwOwBb

Mit diesen Erbformeln lassen sich alle zu erwartenden Ergebnisse nach Farbe u. Zeichnung errechnen. Man zerlegt die einzelnen Formeln in ihrer Kombination so, daß jeder Buchstabe (Faktor) nur einmal auftritt. Es zerlegt sich

Hellgrün/blau	— FfOnOnbb in FOnb u. fOnb
Grauflügelkobalt/weiß	— ffOgOwBd in fOgB, fOgb, fOwB u. fOwb

Schau-Wellensittich

Setzt man bei einer Verpaarung dieser beiden Vögel die Kombinationen schematisch zusammen, so ergeben

	F On b	f On b
f Og B	Ff OnOg Bb	ff OnOg Bb
f Og b	Ff OnOg bb	ff OnOg bb
f Ow B	Ff OnOw Bb	ff OnOw Bb
f Ow b	Ff OnOw bb	ff OnOw bb

Stellen wir diese Formeln in Farbbezeichnungen um

Ff OnOg Bb (12,5 %)	— Dunkelgrün/blau u. Grauflügel
Ff OnOg bb (12,5 %)	— Hellgrün/blau u. Grauflügel
Ff OnOw Bb (12,5 %)	— Dunkelgrün/weiß
Ff OnOw bb (12,5 %)	— Hellgrün/weiß
ff OnOg Bb (12,5 %)	— Kobalt/Grauflügel
ff OnOg bb (12,5 %)	— Himmelblau/Grauflügel
ff OnOw Bb (12,5 %)	— Kobalt/weiß
ff OnOw bb (12,5 %)	— Himmelblau/weiß

Diese theoretischen Berechnungen können heute mit allen bekannten Farbspielarten u. -kombinationen durchgeführt werden, so daß gestellte Zuchtziele im voraus festgelegt u. bestimmt werden können. Das Einsetzen der Zuchttiere in die Zuchtbox setzt eine gute Zucht- od. Brutkondition voraus. Dies zeigt sich bei den Hähnen durch lebhaftes Benehmen, gegenseitiges Anbalzen mit dabei nickenden Bewegungen des Kopfes sowie vollständigem Gefiederzustand. Gleiches trifft für die Hennen zu, bei denen darüber hinaus die Braunfärbung der Nasenhaut ein deutl. Zeichen dafür ist. Die Hennen können mit einem Alter von 8 Monaten mit einem möglichst zuchterfahrenen Hahn eingesetzt werden. Nach ca. 8–10 Tagen wird zumeist das 1. Ei abgelegt. Die weiteren folgen jeweils im Abstand von 2 Tagen. Mit einem weichen Filzstift kann man die Eier numerieren bzw. kenntlich machen. Sind nach 3 Wochen noch immer keinerlei Anzeichen zur Eiablage bei der Henne zu erkennen, so ist das Paar zu trennen. Die Brutbiologie entspricht im wesentl. der normaler Wellensittiche ↗. Ein kräftiges Aufzuchtfutter, die Beringung der Jungvögel u. die gewissenhafte u. exakte Zuchtbuchführung sollten zur Selbstverständlichkeit werden. Nach dem Ausfliegen der Nachkommenschaft verbleibt diese noch kurze Zeit bei den Altvögeln, die oft schon zum gleichen Zeitpunkt mit einer neuen Eiablage begonnen haben. Danach setzt man die Jungen in einen Trainingskäfig, der an einem möglichst oft begangenen Platz steht. Alle Bewegungen u. Handreichungen in der Nähe der Tiere sind ruhig u. zutraulich auszuführen, so daß diese beim Nähertreten keinerlei Scheu erkennen lassen. Diese Eigenschaft ist eine wichtige Voraussetzung für das Verhalten der SWS auf Ausstellungen. In der Zeit von 4–6 Wochen erlernen sie in diesem Trainingskäfig das notwendige Zutrauen u. Verhalten. Danach tummeln sich alle in der Freivoliere, wo sie auch die 1. Mauser überstehen. Von Oktober–Dezember finden die meisten Ausstellungen u. Meisterschaften statt. Die SWS bedürfen dazu einer besonderen Vorbereitung. Etwa 8–10 Wochen vor dem Ausstellungstermin sind die langen Schwanzfedern zu kontrollieren. Überalterte, geknickte u. gebrochene Federn sind zu ziehen. Sie wachsen in o. g. Zeit nach u. man hat die Gewähr, daß sie zur Ausstellung vollzählig sind. Alle in Betracht kommenden Vögel werden danach nicht wieder in die Freivoliere gesetzt, sondern kommen in den bereits erwähnten Trainingskäfig. Das Umsetzen in den temperierten Innenraum löst fast immer eine Mauser aus. Nun ist bei der Fütterung auf einen erhöhten Anteil von Glanz (Kanariensaat) im Körnergemisch, eine gute Versorgung mit Mineralstoffen u. Vitaminen zu achten. So werden die Tiere die Mauser bis zum Schautermin gut überstehen u. sich dem Preis- od. Zuchtrichter mit großer Sicherheit in guter Kondition präsentieren. Ein Besprühen der Vögel aller paar Tage mit warmem Wasser bis 3 Tage vor der Bewertung hat sich als positiv erwiesen. Bes. bei SWS, die aus Industriegebieten mit einer relativ hohen Luftverschmutzung stammen, ist ein Waschen bzw. Übersprühen unerläßlich. Unmittelbar vor einer Schau ist die Maske zu «frisieren», d. h. überzählige u. fehlplazierte Kehltupfer sind zu entfernen. Zerstoßene Schwanzfedern u. Schwingen können durch Eintauchen in heißes Wasser u. vorsichtiges Glattstreichen mit den Fingern gerichtet werden.

Schauwesen. Damit wird die Gesamtheit von Ausstellungen aller Größenordnungen, Anliegen u. Ziele in einem Land bezeichnet. Eingeschlossen in diesen Begriff sind sowohl alle allgemeinen Ausstellungen als auch alle Meisterschaften auf allen Ebenen eines Landes.

Scheithauer, Walter

Scheithauer, Walter, geb. 22. 2. 1920 in Leipzig. Hielt in der Jugend vor allem Waldvögel ↗. Erwarb nach 1945 die ersten Kolibris ↗, seither widmet er sich intensiv dieser Vogelgruppe, hält zeitweise 90 Kolibris von ca. 30 versch. An. Begann bereits nach dem zweiten Weltkrieg mit systematischen ernährungsphysiol. u. brutbiol. Untersuchungen, die zu guten Haltungs- u. Zuchtergebnissen führten. Mehrere Erstzuchten. Veröffentlichungen über Haltung, Ernährung u. Zucht von Kolibris in Fachzeitschriften, Autor des Buches «Kolibris, fliegende Edelsteine». Seine hervorragenden Kolibri-Fotografien sind in vielen Büchern der ganzen Welt publiziert. Mehrere Fernseh-Beiträge.

Schellente (*Glaucionetta clangula*) → *Glaucionetta*
Scherzinger, Wolfgang, Dr., geb. 20. 1. 1944 in Wien. Etho-Ökologie der Eulen- ↗ u. Rauhfußhühner ↗. Ca. 70 Veröffentlichungen. 1976–1979 Mitglied der Forschungskommission der DO-G ↗. Zahlreiche z. T. sehr seltene Zuchterfolge vorwiegend von Eulen u. Rauhfußhühnern.
Schieferastrild, NN → Schiefergrauer Astrild
Schieferdrossel (*Geokichla sibirica*) → *Geokichla*
Schiefergrauer Astrild (*Euschistospiza cinereovinacea*) → *Euschistospiza*
Schieferklarino (*Myadestes unicolor*) → *Myadestes*
Schieferralle (*Creciscus jamaicensis*) → *Creciscus*
Schifter, Herbert, Dr., geb. 15. 6. 1937 in Wien. Zoologe. 1964 Promotion zum Dr. phil. (Univ. Wien). Hauptarbeitsgebiete Verhaltensweisen u. Systematik der Maus- (Coliidae) u. Bartvögel (Capitonidae). Weit über 100 Publikationen in Zeitschriften. 1965 Goldmedaille «Die Gefiederte Welt» für die seltenste Züchtung des Jahres (Brillenmausvogel ↗), 1973 Förderungspreis des «Theodor-Körner-Stiftungsfonds zur Förderung von Wissenschaft und Kunst».
Schildammer, NN → Dickcissel
Schilddrüsenerkrankungen. Bei Sittichen mitunter zu beobachtende Vergrößerungen der Schilddrüsen, führen zu Atembeschwerden, Erbrechen u. Kreislaufkollaps. Selten durch Jodmangel bedingt. Ursachen von S. beim Vogel bisher wenig erforscht.
Schildhornvogel (*Rhinoplax vigil*) → *Rhinoplax*
Schildkauz (*Ninox scutulata*) → *Ninox*
Schildnonne (*Munia ferruginosa*) → *Munia*
Schildrabe (*Corvus albus*) → *Corvus*
Schildschnabel (*Rhinoplax vigil*) → *Rhinoplax*
Schildsittich (*Polytelis swainsonii*) → *Polytelis*
Schildturako (*Musophaga violacea*) → *Musophaga*
Schildwida (*Niobella ardens*) → *Niobella*
Schilfrohrsänger (*Calamodus schoenobaenus*) → *Calamodus*
Schillerbrust-Glanzschwänzchen (*Chalcostigma herrani*) → *Chalcostigma*
Schillereisvogel (*Alcedo quadribrachys*) → *Alcedo*
Schillerglanzstar (*Coccycolius iris*) → *Coccycolius*
Schillertangaren → Dacnidinae
Schimmerkolibri (*Anthracothorax prevostii*) → *Anthracothorax*
Schimmersai, NN → Azurnaschvogel
Schirmvögel → *Cephalopterus*
Schistochlamys. G der Cissopinae ↗. 2 An. Überwiegend grau. Nö. S-Amerika. Biologie weitgehend unbekannt. Ernährung usw. s. *Tangara*.
– *S. melanopis,* Schleiertangare. Synonym *S. atra*. ♂: Kopf-OS, Wangen, Kehle u. Brustlatz schwarz. Sonstige OS blaugrau, US grau. Schnabel bleifarben. Auge braun. Füße schwarz. ♀: oberseits schmutzigoliv, unterseits helloliv. 16,5 cm. 5 UAn. Tropische u. subtropische Gebiete in Peru, Ekuador, Kolumbien bis O-Brasilien. Einzeln od. paarweise in den unteren

Waldregionen, wo sie nach reifen Beeren u. nach Samen suchen. Vereinzelt importiert.
— *S. ruficapillus*, Gimpeltangare. ♂ : OS, Flanken u. Federhosen blaugrau. Schwung- u. Schwanzfedern schwarz, gräulich gesäumt. Stirn, Zügel u. Kinn schwarz. Kopf, Nacken, Brust, vorderer Bauch u. Unterschwanzdecken cremebraun. Hinterer Bauch weiß. Schnabel u. Füße schwarz. ♀ : sehr ähnl., doch blasser. 18 cm. 3 UAn. NO- u. SO-Brasilien. Erst wenige eingeführt.

Schlag, Friedrich, geb. 15. 7. 1824 in Metzels bei Wasungen, gest. 27. 1. 1906 in Steinbach-Hallenberg. Neben Mitteilungen über feldornithol. Beobachtungen seiner näheren Umgebung u. über die Haltung einheimischer An auch durch eine Broschüre über die Aufzucht u. Abrichtung des Gimpels ↗ bekannt.
Schlagschwirl *(Locustella fluviatilis)* → *Locustella*
Schlammnestbauer → Corcoracidae
Schlangenhalsvogel *(Anhinga rufa)* → *Anhinga*
Schlangenstörche → Cariamiformes
Schlankschnabelsperlinge → *Gymnoris*
Schlankschnabel-Würgerkrähe *(Strepera versicolor)* → *Strepera*
Schleiereule *(Tyto alba)* → *Tyto*
Schleierhabia, NN → Schleiertangare
Schleiertangare *(Schistochlamys melanopis)* → *Schistochlamys*
Schlegels Grüner Tropfenastrild *(Mandingoa n. schlegeli)* → *Mandingoa*
Schleppenkolibri *(Phaethornis syrmatophorus)* → *Phaethornis*
Schleppensylphe *(Sappho sparganura)* → *Sappho*
Schlichthaubenperlhuhn *(Guttera plumifera)* → *Guttera*
Schmalbinden-Lori, UA → Allfarblori
Schmalschnabel-Honiganzeiger *(Prodotiscus regulus)* → *Prodotiscus*
Schmalschnabelkardinal *(Cardinalis sinuatus)* → *Cardinalis*
Schmalschnabel-Löffler *(Platalea alba)* → *Platalea*
Schmalschnabelsichler *(Plegadis ridgwayi)* → *Plegadis*
Schmalschnabelsittiche → Brotogeryinae
Schmalschnabelstar *(Scissirostrum dubium)* → *Scissirostrum*
Schmalschwanzkolibri *(Chlorostilbon stenura)* → *Chlorostilbon*
Schmalschwanzmausvögel → *Urocolius*
Schmalschwanzwitwen → *Vidua*
Schmarotzerraubmöwe *(Stercorarius parasiticus)* → *Stercorarius*
Schmätzer. Gn der Muscicapidae ↗. Größere An-Gruppe. Bewohner der Alten Welt, einzige Ausnahme Steinschmätzer ↗ (auch in Amerika). Überwiegende Zahl leben auf dem Boden od. in niedrigen Büschen. «Schmatzende» Rufe.
Schmetterlingsfink *(Uraeginthus bengalus)* → *Uraeginthus*
Schmuckammer, NN → Gelbkehlammer
Schmuckammerfink *(Poospiza ornata)* → *Poospiza*
Schmuckbartvögel → *Trachyphonus*
Schmuckelfe *(Lophornis ornatus)* → *Lophornis*
Schmuckflughuhn *(Nyctiperdix decorata)* → *Nyctiperdix*

Schneidervögel

Schmuckglanzstar *(Lamprotornis ornatus)* → *Lamprotornis*
Schmuckkitta *(Cissa ornata)* → *Cissa*
Schmucklori *(Trichoglossus ornatus)* → *Trichoglossus*
Schmuckloser Traubenvogel *(Amblyornis inornatus)* → *Amblyornis*
Schmuckpfäffchen *(Sporophila caerulescens)* → *Sporophila*
Schmuckreiher *(Egretta thula)* → *Egretta*
Schmuck-Schirmvogel *(Cephalopterus ornatus)* → *Cephalopterus*
Schmucksittich *(Neophema elegans)* → *Neophema*
Schmuckspint *(Merops ornatus)* → *Merops*
Schmucktangare *(Thraupis ornata)* → *Thraupis*
Schmucktinamu *(Nothoprocta ornata)* → *Nothoprocta*
Schmucktrachten → Färbung
Schmucktäubchen *(Claravis pretiosa)* → *Claravis*
Schmuckvögel, NN → Schnurrvögel
Schnabelanomalien. Können angeboren od. nach dem Schlupf ausgebildet sein. Sie führen zu Schlupfunfähigkeit der Embryonen od. zum Tod der Jungen nach dem Schlupf durch Unvermögen der Futteraufnahme. Sie gehören zum Bild versch. Erbkrankheiten, Letalfaktoren ↗ u. Fütterungsschäden. Bekannte S. sind Kreuz-, Papageien-, Donald-Duck-Schnabel u. Schnabelverkürzungen.
Schnabelverletzungen. Bei Psittaciden u. anderen großschnäbligen Vogel-An durch Gegenfliegen, Beißereien od. andere Gewalteinwirkungen auftretend. In Abhängigkeit von Art u. Größe des Defektes ist ein Überleben evtl. möglich. Einsatz von Metall od. Kunststoff zur Defektdeckung od. als Schnabelersatz sollte versucht werden. Das Nachwachsen des Schnabelhorns dauert sehr lange.
Schnäpperwürger → Platysteirinae
Schnappkrankheit. Züchterbegriff für Kanarienpocken.
Schnatterente *(Chaulelasmus streperus)* → *Chaulelasmus*
Schnecken → Gastropoda
Schneeammer *(Plectrophenax nivalis)* → *Plectrophenax*
Schneeballwürger → Dryoscopinae
Schnee-Eule *(Nyctea scandiaca)* → *Nyctea*
Schneefink *(Montifringilla nivalis)* → *Montifringilla*
Schneeflöckchen *(Xolmis irupero)* → *Xolmis*
Schneegans *(Chen caerulescens)* → *Chen*
Schneegeier, NN → Himalajageier
Schneegimpel → *Leucosticte*
Schneehühner → *Lagopus*
Schneekopfweber *(Pseudonigrita arnaudi)* → *Pseudonigrita*
Schneekranich *(Grus leucogeranus)* → *Grus*
Schneesichler *(Eudocimus albus)* → *Eudocimus*
Schneesperling *(Montifringilla nivalis)* → *Montifringilla*
Schneetaube *(Columba leuconota)* → *Columba*
Schneidervögel → *Orthotomus*

Schnepfen

Rohrammer. Männchen

Schnepfen → Scolopaces → *Limosa*
Schnepfenstrauße → Apterygiformes
Schnepfenvögel → Scolopacidae
Schniepelkolibri *(Campylopterus largipennis)* → *Campylopterus*
Schnurrbärtchen *(Sporopipes squamifrons)* → *Sporopipes*
Schnurrbart-Erdtaube *(Geotrygon mystacea)* → *Geotrygon*
Schnurrvögel → Pipridae
Schoapapagei *(Poicephalus flavifrons)* → *Poicephalus*
Schoeniclus. G der Emberizidae ↗. 2 An, 5 UAn. – *S. schoeniclus*, Rohrammer. ♂: Kopf, Kehle schwarz, Bartstreif, Nacken, US grauweiß. Rücken braun, dunkel gestreift. Weiß an äußeren Steuerfedern. Schnabel dunkel. ♀: auch am Kopf braun, dunkel gestreift. Juv. ähnl. ♀. 16 cm. Europa bis Kamtschatka. Vorwiegend in Röhrichten u. Weidendickichten an Gewässern. Teilzieher. Nest in Boden-

Rohrammer. Gelege

nähe, 4–6 Eier. Brutdauer 13 Tage, Nestlingszeit 11 Tage. Im Sommer reichl. animalische Kost. Sorgfältige Eingewöhnung der anspruchsvollen Pfleglinge. Mehrfach gezüchtet.
Schönbürzel *(Glaucestrilda caerulescens)* → *Glaucestrilda*
Schöne, Richard, Dr. geb. 25.10. 1942 in Leipzig. Hauptarbeitsgebiete Prophylaxe, Diagnostik u. Therapie von Vogelkrankheiten. Ca. 20 wissenschaftl. Publikationen, mit ARNOLD ↗ Buchautor von «Der Wellensittich – Heimtier und Patient».
Schönliest *(Lacedo pulchella)* → *Lacedo*
Schönlori *(Hypocharmosyna placentis)* → *Hypocharmosyna*
Schönsittich *(Neophema pulchella)* → *Neophema*
Schönweber → *Foudia*
Schöpf, Albin, geb. Juni 1822 in Hirschberg (Saale), gest. 26. 4. 1881 in Dresden. Gehörte zu den ersten, der Paradiesvögel ↗ u. Auerhühner ↗ hielt u. letztere züchtete. Publizistisch zurückhaltend, leistete für «Brehms Tierleben» Zuarbeit.
Schopfammer, NN → Haubenammer
Schopfente *(Lophonetta specularioides)* → *Lophonetta*
Schopfhornvogel *(Bycanistes brevis)* → *Bycanistes*
Schopfhuhn *(Opisthocomus hoazin)* → *Opisthocomus*
Schopfibis *(Lophotibis cristata)* → *Lophotibis*
Schopflaubenvogel *(Amblyornis inornatus)* → *Amblyornis*
Schopftaube, NN → Spitzschopftaube
Schopftinamu *(Eudromia elegans)* → *Eudromia*
Schopfwachtel *(Callipepla californica)* → *Callipepla*
Schopfwachteltaube, NN → Rotschopftaube
Schottisches Moorschneehuhn *(Lagopus scoticus)* → *Lagopus*
Schranks Tangare, NN → Goldbrusttangare
Schreckmauser. Durch äußere Einflüsse verursachtes Abwerfen der Federn, nicht mit der normalen Mauser ↗ in Beziehung stehend.
Schreieule *(Asio clamator)* → *Asio*
Schreikranich *(Grus americana)* → *Grus*
Schreitvögel → Ciconiiformes
Schriftarassari *(Pteroglossus inscriptus)* → *Pteroglossus*
Schuchmann, Karl-Ludwig, Dr., geb. 7. 10. 1948 in Weiterstadt bei Darmstadt. Arbeitsgebiete: neotropische Vögel, vor allem Kolibris. 35 wissenschaftliche Publikationen. Goldmedaille der Zeitschr. «Die Gefiederte Welt» für die Zucht von Fannys Waldnymphe *(Thalurania furcata fannyi)*. Herausgeber der Zeitschr. «Trochilus».
Schuhschnabel *(Balaeniceps rex)* → *Balaeniceps*
Schulterfleckenweber *(Textor badius)* → *Textor*
Schuppenbartvogel *(Xylobucco scolopaceus)* → *Xylobucco*
Schuppenbrust-Bronzemännchen *(Lonchura leucosticta)* → *Lonchura*
Schuppenbrusttaube *(Patagioenas speciosa)* → *Patagioenas*
Schuppenerdracke *(Brachypteracias squamiger)* → *Brachypteracias*
Schuppenfrankolin *(Pternistis squamatus)* → *Pternistis*
Schuppenhalstaube, NN → Schuppenbrusttaube
Schuppenhoniganzeiger *(Melipodagus variegatus)* → *Melipodagus*
Schuppenköpfchen *(Sporopipes frontalis)* → *Sporopipes*
Schuppenkopfrötel *(Cossypha albicapilla)* → *Cossypha*

Schuppenlori *(Trichoglossus chlorolepidotus)* → *Trichoglossus*
Schuppenschneehöschen *(Haplophaedia lugens)* → *Haplophaedia*
Schuppentangare, NN → Silberfleckentangare
Schuppentäubchen *(Scardafella squammata)* → *Scardafella*
Schuppenwachtel *(Callipepla squamata)* → *Callipepla*
Schuppenwaldfrankolin, NN → Schuppenfrankolin
Schuppenzwergbärtlinge → *Xylobucco*
Schürer, Ulrich, Dr., geb. 9. 11. 1947 in Onstmettingen. Seit 1973 am Zool. Garten Wuppertal tätig. Hauptarbeitsgebiete in der Ornithologie Vogelhaltung u. Vogelzucht, bes. Wassergeflügel. Mehrere ornithol. Publikationen. Goldmedaille von der Zeitschr. «Die Gefiederte Welt».
Schutzhaus. S. Schutzraum, ebenfalls als Unterkunft im Zusammenhang mit Außenvolieren ⌐ erbaut. Häufig mit mehreren Abteilen entspr. der Anordnung der Volieren ⌐ ausgestattet. Von einem Futtergang wird die Wartung der Vögel vorgenommen. Im S. außerdem manchmal Käfige (Zuchtregal ⌐, Krankenkäfig ⌐). Sparbeleuchtung nachts empfehlenswert.
Schutzraum. Folgt im Anschluß an eine Außenvoliere ⌐. Hat unterschiedl. Größe u. Bauausführung. Allgemein kleiner als Außenvoliere. Dient als Wetterschutz, meistens auch als frostfreie, gelegentl. beheizte Unterkunft. Nachts stets Unterbringung der Vögel im S. Sparbeleuchtung empfehlenswert (sonst bei Erschrecken Unfallgefahr, Verlassen des Geleges od. der Jungvögel).
Schwachschnabeluhu *(Bubo leucostictus)* → *Bubo*
Schwalben → Hirundinidae
Schwalbenfaulvogel *(Chelidoptera tenebrosa)* → *Chelidoptera*
Schwalbenlori → Schwalbensittich
Schwalbenloris → Lathaminae
Schwalbennymphe *(Thalurania furcata)* → *Thalurania*
Schwalbenorganist *(Euphonia hirundinacea)* → *Euphonia*
Schwalbenracke, NN → Gabelracke
Schwalbenschwanzkolibri *(Eupetomena macroura)* → *Eupetomena*
Schwalbenschwanzracke, NN → Senegalracke
Schwalbensittich *(Lathamus discolor)* → *Lathamus*
Schwalbenstare → Artamidae
Schwalbentangare *(Tersina viridis)* → *Tersina*
Schwalmvögel → Caprimulgiformes
Schwanengans *(Anser cygnoides)* → *Anser*
Schwanzmeise *(Aegithalos caudatus)* → *Aegithalos*
Schwarmmücken → *Chironomus*
Schwarzarassaris → *Pteroglossus*
Schwarzbäuchiger Grünkolibri *(Sericotes holosericeus)* → *Sericotes*
Schwarzbauchnonne *(Munia malacca)* → *Munia*
Schwarzbauchtrappe *(Eupodotis melanogaster)* → *Eupodotis*
Schwarzbauchweber *(Hyphanturgus melanogaster)* → *Hyphanturgus*
Schwarzberg, Joachim, geb. 28. 12. 1927 in Groß-

Schwarzgesichtchen

555

Ottersleben, gest. 5. 5. 1983 in Bochum. Präsident der AZ u. Herausgeber der AZ-Nachrichten seit 1974. Zahlreiche Publikationen über Schau-Wellensittiche ⌐.
Schwarzblaue Tangare, NN → Rotbauchtangare
Schwarzbrauen-Bartvogel *(Cyanops oorti)* → *Cyanops*
Schwarzbrauenorganist *(Euphonia pyrrhophrys)* → *Euphonia*
Schwarzbrust-Ammerfink *(Poospiza hispaniolensis)* → *Poospiza*
Schwarzbrust-Bergtangare *(Buthraupis eximia)* → *Buthraupis*
Schwarzbrustkolibri *(Anthracothorax nigricollis)* → *Anthracothorax*
Schwarzbrusttangare *(Tangara nigrocincta)* → *Tangara*
Schwarzbrusttrupial *(Icterus pectoralis)* → *Icterus*
Schwarzbrustwachtel *(Coturnix novaezelandiae)* → *Coturnix*
Schwarzbrustzeisig *(Spinus notatus)* → *Spinus*
Schwarzbürzel-Bronzemännchen *(Lonchura leucogastroides)* → *Lonchura*
Schwarzbürzel-Gürtelgrasfink, UAn → Gürtelgrasfink
Schwarzbürzel-Ringelastrild, NN → Gitterflügelastrild
Schwarzbüscheleule *(Ptilopsis leucotis)* → *Ptilopsis*
Schwarze Baumelster, NN → Rakettschwanzelster
Schwarzer Bergzuckervogel, NN → Stahlhakenschnabel
Schwarzer Bischof *(Melopyrrha nigra)* → *Melopyrrha*
Schwarzer Einsiedler *(Threnetes niger)* → *Threnetes*
Schwarzer Hokko, NN → Glattschnabelhokko
Schwarzer Ibis *(Phimosus infuscatus)* → *Phimosus*
Schwarzer Klaffschnabel *(Anastomus lamelligerus)* → *Anastomus*
Schwarzer Reisknacker *(Oryzoborus crassirostris)* → *Oryzoborus*
Schwarze Spatelschwanzelster, NN → Rakettschwanzelster
Schwarze Sumpfralle, NN → Mohrenralle
Schwarzes Wasserhuhn, NN → Bleßralle
Schwarzflügelaegithina *(Aegithina tiphia)* → *Aegithina*
Schwarzflügel-Einsiedler *(Phaethornis yaruqui)* → *Phaethornis*
Schwarzflügel-Iora → Schwarzflügelaegithina
Schwarzflügelpapagei *(Hapalopsittaca melanotis)* → *Hapalopsittaca*
Schwarzflügelstar *(Leucopsar melanopterus)* → *Leucopsar*
Schwarzfußalbatros *(Diomedea nigripes)* → *Diomedea*
Schwarzfüßiger Nacktkehlfrankolin, NN → Swainsonfrankolin
Schwarzgenickschnäpper *(Hypothymis azurea)* → *Hypothymis*
Schwarzgesichtchen *(Tiaris bicolor)* → *Tiaris*

Schwarzgesichtsibis (*Theristicus caudatus*) → *Theristicus*
Schwarzgimpelfink (*Melopyrrha nigra*) → *Melopyrrha*
Schwarzhalsibis (*Threskiornis melanocephalus*) → *Threskiornis*
Schwarzhalskranich (*Grus nigricollis*) → *Grus*
Schwarzhalsschwan (*Sthenelides melancoryphus*) → *Sthenelides*
Schwarzhalsstar (*Gracupica nigricollis*) → *Gracupica*
Schwarzhalsstorch (*Ephippiorhynchus asiaticus*) → *Ephippiorhynchus*
Schwarzhalstaucher (*Dytes nigricollis*) → *Dytes*
Schwarzhaubenbülbül (*Rubigula melanictera*) → *Rubigula*
Schwarzhauben-Zwergkardinal, NN → Zwergkardinal
Schwarzkappen-Brillenvogel (*Zosterops atricapillus*) → *Zosterops*
Schwarzkappen-Königsfischer (*Halcyon pileata*) → *Halcyon*
Schwarzkappenpapagei, NN → Grünzügelpapagei
Schwarzkappensittich (*Pyrrhura rupicola*) → *Pyrrhura*
Schwarzkappentimalie (*Leioptila capistrata*) → *Leioptila*
Schwarzkehlamarant (*Lagonosticta vinacea*) → *Lagonosticta*
Schwarzkehlammer, NN → Tristramammer, aber auch Dickcissel
Schwarzkehl-Arassaris (*Pteroglossus aracari*) → *Pteroglossus*
Schwarzkehl-Blautukan (*Andigena cucullata*) → *Andigena*
Schwarzkehlbraunelle (*Spermolegus atrogularis*) → *Spermolegus*
Schwarzkehl-Brillant (*Heliodoxa schreibersii*) → *Heliodoxa*
Schwarzkehlchen (*Saxicola torquata*) → *Saxicola*
Schwarzkehl-Honiganzeiger (*Indicator indicator*) → *Indicator*
Schwarzkehl-Honigfresser (*Nesoptilotis leucotis* → *Nesoptilotis*
Schwarzkehliges Zwergpfäffchen → Ockerbrustpfäffchen
Schwarzkehl-Lappenschnäpper (*Platysteira peltata*) → *Platysteira*
Schwarzkehlmango (*Anthracothorax nigricollis*) → *Anthracothorax*
Schwarzkehlnonne (*Munia ferruginosa*) → *Munia*
Schwarzkehl-Schimmerkolibri (*Anthracothorax nigricollis*) → *Anthracothorax*
Schwarzkinn-Bergtangare (*Anisognathus notabilis*) → *Anisognathus*
Schwarzkinngirlitz, NN → Waldgirlitz
Schwarzkinnkolibri (*Archilochus alexandri*) → *Archilochus*
Schwarzkinntimalie (*Stachyridopsis pyrrhops*) → *Stachyridopsis*

Schwarzkinn-Wachtelastrild (*Ortygospiza a. gabonensis*) → *Ortygospiza*
Schwarzkopf-Bartvogel, NN → Weißmantel-Bartvogel
Schwarzkopfbülbül (*Brachypodius atriceps*) → *Brachypodius*
Schwarzkopf-Buntschnäpper, NN → Kongoschnäpper
Schwarzköpfchen (*Agapornis personatus*) → *Agapornis*
Schwarzköpfchen → Kappenastrild
Schwarzkopfedelsittich, NN → Himalayasittich
Schwarzkopfhäher, NN → Diademhäher
Schwarzkopfibis (*Threskiornis melanocephalus*) → *Threskiornis*
Schwarzköpfiger Braunbrustschilffink, UA → Braunbrustschilffink
Schwarzkopf-Kernknacker → Rosenbrust-Kernknacker
Schwarzkopfkitta (*Urocissa erythroryncha occipitalis*) → *Urocissa*
Schwarzkopfmoorente (*Aythya baeri*) → *Aythya*
Schwarzkopfmöwe (*Chroicocephalus melanocephalus*) → *Chroicocephalus*
Schwarzkopfnonne, UAn → Schwarzbauchnonne
Schwarzkopfpirol (*Oriolus xanthornus*) → *Oriolus*
Schwarzkopf-Reisknacker (*Oryzoborus angolensis*) → *Oryzoborus*
Schwarzkopfruderente (*Oxyura jamaicensis*) → *Oxyura*
Schwarzkopfsittich, NN → Brownsittich
Schwarzkopfsittich, NN → Himalayasittich
Schwarzkopfsteinhuhn (*Alectoris melanocephala*) → *Alectoris*
Schwarzkopf-Tragopan (*Tragopan melanocephalus*) → *Tragopan*
Schwarzkopftukan (*Andigena cucullata*) → *Andigena*
Schwarzkopfweber (*Textor melanocephalus*) → *Textor*
Schwarzkopf-Wollschnäpper, NN → Kongoschnäpper
Schwarzleierschwanz (*Menura alberti*) → *Menura*
Schwarzmanteltangare (*Tangara peruviana*) → *Tangara*
Schwarznacken-Fruchttaube (*Jotreron melanospila*) → *Jotreron*
Schwarznackenmonarch (*Hypothymis azurea*) → *Hypothymis*
Schwarznackenpirol (*Oriolus chinensis*) → *Oriolus*
Schwarznackentangare (*Tangara labradorides*) → *Tangara*
Schwarzohrelfe (*Heliothryx aurita*) → *Heliothryx*
Schwarzohrkolibri, Schwarzohrnymphe (*Adelomyia melanogenys*) → *Adelomyia*
Schwarzohrpapagei (*Pionus menstruus*) → *Pionus*
Schwarzohrtangare, NN → Goldtangare
Schwarzohrweber → *Othyphantes*
Schwarzpapageien, NN → *Coracopsis*
Schwarzperlhuhn (*Agelastes niger*) → *Agelastes*
Schwarzring-Brillenvogel (*Chlorocharis emiliae*) → *Chlorocharis*
Schwarzrücken-Bartvogel (*Trachyphonus vaillantii*) → *Trachyphonus*

Schwarzrücken-Flötenvogel → Flötenvogel
Schwarzrückentangare *(Pipraeidea melanonota)* → *Pipraeidea*
Schwarzscheiteltangare, NN → Heinetangare
Schwarzschnabelamazone, NN → Weißstirnamazone
Schwarzschnabelkuckuck *(Coccyzus erythrophthalmus)* → *Coccyzus*
Schwarzschnabel-Sperlingspapagei *(Forpus sclateri)* → *Forpus*
Schwarzschnabelstorch *(Ciconia boyciana)* → *Ciconia*
Schwarzschnabelsturmtaucher *(Puffinus puffinus)* → *Puffinus*
Schwarzschnabeltalegalla *(Talegalla fuscirostris)* → *Talegalla*
Schwarzschnabeltukan *(Andigena nigrirostris)* → *Andigena*
Schwarzschnabelturako *(Tauraco schuetti)* → *Tauraco*
Schwarzschopfmeise *(Periparus melanolophus)* → *Periparus*
Schwarzschulter-Edelpapagei, Schwarzschulterpapagei *(Tanygnathus megalorhynchus)* → *Tanygnathus*
Schwarzschultertangare, NN → Schwarzmanteltangare
Schwarzschwanz-Kernbeißer *(Eophona migratoria)* → *Eophona*
Schwarzschwanz-Lärmvogel *(Crinifer piscator)* → *Crinifer*
Schwarzschwanzlesbia *(Lesbia victoriae)* → *Lesbia*
Schwarzschwanz-Schönbürzel *(Glaucestrilda perreini)* → *Glaucestrilda*
Schwarzschwanzsittich → Braunschwanzsittich
Schwarzspecht *(Dryocopus martius)* → *Dryocopus*
Schwarzsteißlori *(Lorius hypoinochrous)* → *Lorius*
Schwarzstirn-Brillenvogel *(Zosterops atricapillus)* → *Zosterops*
Schwarzstirn-Edelpapagei *(Tanygnathus gramineus)* → *Tanygnathus*
Schwarzstirn-Papageiamadine *(Amblynura kleinschmidti)* → *Amblynura*
Schwarzstirnweber, NN → Maskenweber
Schwarzstirnwürger *(Lanius minor)* → *Lanius*
Schwarzstorch *(Ciconia nigra)* → *Ciconia*
Schwarztangare *(Tachyphonus rufus)* → *Tachyphonus*
Schwarztukane → *Ramphastos*
Schwarz-und-grün Tangare, NN → Silberfleckentangare
Schwarzwangengirlitz *(Poliospiza menelli)* → *Poliospiza*
Schwarzwangentangare, NN → Isabelltangare
Schwarzwasserläufer *(Tringa erythropus)* → *Tringa*
Schwarzweißer Kolibri *(Melanotrochilus fuscus)* → *Melanotrochilus*
Schwarzzeisig *(Spinus atratus)* → *Spinus*
Schwarzzügelgimpel, NN → Weißflügelgimpel
Schwarzzügelibis *(Theristicus melanopis)* → *Theristicus*
Schwefel(gelber)-Girlitz *(Crithagra sulphurata)* → *Crithagra*
Schwefeltyrann *(Pitangus sulphuratus)* → *Pitangus*

Scleroptila

Schmalschnabelstar

Schweifglanzstar *(Lamprotornis purpuropterus)* → *Lamprotornis*
Schweifhuhn → *Tympanuchus*
Schweifkitta → *Urocissa*
Schweifstare → *Streptocitta*
Schwertschnabel, Schwertschnabelkolibri *(Ensifera ensifera)* → *Ensifera*

Scissirostum, Schmalschnabelstare. G der Sturnidae ↗. 1 A. Sulawesi, Togian-Insel u. Peling (nahe Sulawesi). Gesellig. Gesang schwatzend, hohe zirpende, auch knarrende Töne, angenehm. Höhlen- u. Koloniebrüter. Sehr selten im Handel, wahrscheinl. erstmalig 1982 von MICHI, BRD, importiert, u. a. kamen 6 Vögel in den Vogelpark Walsrode ↗, 1 Paar zu K. KRAUS ↗. Lebhaft. Möglichst Gruppe halten. Vergesellschaftung mit artfremden gleichgroßen Vögeln, auch Webervögeln ↗, gut möglich. Im Sommer Unterbringung in Freivoliere ↗ mit Schutzraum ↗, im Winter warme Haltung. Schlafhöhle anbringen. Bei KRAUS wurde Höhle von ca. 40 cm Höhe u. ca. 15 cm ⌀ als Bruthöhle bezogen. Tragen trockene Halme u. Schilfblätter ein, mit Dunen sorgfältige Auspolsterung. Eier blaßblau mit rotbraunen Flecken am stumpfen Pol. 1982 bei KRAUS Schlupf von 1 Juv. (nach 2 Tagen tot). Zur gleichen Zeit brütete 1 Paar bei Liebhaber in der Schweiz.
— *S. dubium,* Schmalschnabelstar. ♂: schwärzlich bis schiefergrau, Bürzelfedern mit lackroten Federspitzen, wenige an den Flanken in Schenkelhöhe. Schnabel kräftig, einfarbig gelb, am Oberschnabelgrund seitl. wenige nach vorn gerichtete borstenartige Federn. Vom Oberschnabelansatz zieht seitl. eine dunkle Längsrille zum Nasenloch. Auge rötlich bis rotbraun. Füße gelb, Krallen schwarz. ♀ wie ♂, aber Schnabel schmaler. Juv. Bürzelfedern mit orangefarbenen Spitzen, Schnabel blaßgelb. Ca. 21 cm. UAn.

Sclaters Sperlingspapagei *(Forpus sclateri)* → *Forpus*

Scleroptila, Rebhuhnfrankoline. G der Perdicinae ↗. 6 An. Rebhuhngröße. Geschlechter gleich ge-

Scolopaces

färbt. ♂♂ mit Sporen. Leben in kleinen Völkern, zur Zucht monogam. Brutdauer 20 Tage. Nester in flachen Erdmulden, unter Grasbüscheln. Ernähren sich von Wurzeln, Knollen, Früchten, Samen u. Insekten. Trockene Volieren in sonniger Lage. Warme Überwinterung, zumindest frostfrei. Fütterung, Haltung, Aufzucht s. *Alectoris*.

— *S. afra*, Grauflügelfrankolin. ♂: Stirnband braun mit grauen Federenden. Vom Auge nach hinten zum hinteren Seitenhals ein grauweißlich gestreiftes Band. Ebenso gezeichnet die Kehle, zum Unterschnabel heller. Unter Auge bis Seitenhals ein ockergelbes Band. Kropfregion grau u. braun, Brust braun befiedert, zum Unterbauch grau u. weißlich gestreift. Rücken bis Schwanz u. Flügel mit schmalen braunen u. hellen Querstreifen u. hellen Federschäften. ♀ wie ♂, teilweise mit Sporenansätzen. Schnabel braun. Iris braun. Läufe gelblichbraun. 33 cm. UAn. S-Afrika. Im Flachland u. Gebirge. Gelege 4—8 Eier, gelblichbraun u. gefleckt.

— *S. levaillantii*, Rotflügelfrankolin. ♂ u. ♀: Scheitel schwarz u. gelblich gesprenkelt. Ockergelbes Band von Schnabel, Augenregion streifend, zum Seitenhals breiter auslaufend. Von Schnabel unterhalb des Auges bis Ohr schwarzweiß gesprenkeltes Band, das sich nach dem bräunlichgrauen Ohr fortsetzt u. die ockergelb umfaßte weiße Kehle umschließt u. als Kragen um Hinterhals u. Kropf läuft. Rücken u. Flügel graubraun mit schwarzen Querstreifen u. deutl. weißen Schaftstrichen. Brust u. Flanken rotbraun befiedert mit hellen Schäften. Bürzelgegend grauweiß gestreift. Schnabel dunkel mit gelber Basis. Iris dunkelbraun. Läufe gelb. Juv. gelblichbraun mit schwarzbraunen Streifen u. Flecken am Kopf. 38 cm. UAn. S-Kapprovinz bis O-Transvaal, Angola, Sambia, bis Uganda u. W-Kenia. Häufig in feuchtem Grasland anzutreffen, auch in gebirgigen Gegenden. Gelege 3—5 Eier, bräunlichgelb mit Flecken.

— *S. levaillantoides*, Rebhuhnfrankolin. ♂ u. ♀: Scheitel braun, schwarz gefleckt. Ohr bräunlich. Weißlicher Überaugenstreif. Schmaler dunkler Streifen durch Auge nach hinten. Großer weißer Kehlfleck, von schwarz- u. weißgeflecktem Binde eingefaßt. Hinterhals braun. OS bis Schwanz auf grauer Grundfarbe schwarz u. braun gefleckt mit hellen Federschäften. US bräunlichgelb. Flanken kräftig braune große Flecke. Bauchfedern schwärzlich quergebändert. Schnabel hornfarbig. Iris braun. Läufe gelblichbraun. Juv. gelblichbraun mit braunen Streifen u. Flecken in Kopfregion. 33—35 cm. UAn. SW-Angola, Namibia, SO-Transvaal bis Äthiopien. Bevorzugt Grassteppe, aber auch in höheren Gebirgslagen auf Geröll u. Steinen. Gelege 5—8 Eier, gelblichbraun mit braunen Tüpfelchen.

— *S. shelleyi*, Shelleyfrankolin. ♂ u. ♀: graugelblich gestreiftes Scheitelband. Schwarzer Strich durch Augenmitte, setzt sich fort als gesprenkeltes schmales Band, am Hals auslaufend. Kopf u. Halsseiten ockergelblich. Großer, von schwarzweiß geflecktem Band umgebener weißer Kehlfleck. Kropfregion bräunlich mit hellen Schaftstrichen. Brust dunkelgrau u. weißlich gestreift, zu den Flanken in Braun übergehend. Flügel u. Schwanz grau mit Braun durchsetzt u. hellen Federschäften. Iris braun. Schnabel grau mit gelber Basis am Unterschnabel. Läufe gelb. Juv. ähnl. *Scleroptila levaillantii*. 33 cm. UAn. Natal bis Katanga u. Kenia. Lebt auf steinigem Boden mit kurzem Grasbestand, auch in lichten Wäldern. Gelege 4—7 Eier, weiß bis rosafarbig, z. T. mit braunen Flecken.

Scolopaces, Schnepfen. UO der Charadriiformes ↗. 1 F Scolopacidae ↗.

Scolopacidae, Schnepfenvögel. F der Charadriiformes ↗. 9 UFn (Scolopacinae ↗, Eroliinae ↗, Gallinagininae ↗, Limosinae ↗, Numeniinae ↗, Bartramiinae, Prosoboniinae, Tringinae ↗, Phalaropodinae, Arenariinae ↗). 85 An. Formenreichste Gruppe der Wat- u. Möwenvögel. Meist hohe, dünne Beine u. langer Hals, fast stets spitzflügelig. Verbr. zumeist im N der Alten u. Neuen Welt. Leben in offenen, baumlosen Gebieten, wo Wasser u. Land ineinander übergehen. Nahrung überwiegend tierisch, versch. Schnabelformen als Anpassung. 2—4 gefleckte Eier, Nest gewöhnlich flache Mulde auf Boden. Juv. Nestflüchter. In neuerer Zeit auch in Gefangenschaft gehalten u. einige An gezüchtet. Eingewöhnung meist relativ leicht. Haltung in geräumigen Volieren ↗, die gegen Raubzeug gesichert sind. Wasserbecken mit Zu- u. Abfluß; sumpfiger Teil mit Torf u. Pflanzen (z. B. Binsen), der ein natürl. Stochern ermöglicht. Sonst oftmals übermäßiges Schnabelwachstum, was regelmäßige Kürzungen erfordert. Übrige Voliere mit kurzem Rasen u. Flußkies. Schutzraum für den Winter. Flugfähige Exempl. können sich Schnabel an Voliere verletzen, daher einseitiges Flügelbeschneiden od. Kupieren ratsam. Fütterung bei Gemeinschaftshaltung an mehreren Stellen. Futter Fisch ↗, Fleisch (Rindfleisch, Eintagsküken, Mäuse) u. Möhren ↗ gemahlen, dazu Weißbrot u. Garnelen gemischt. Auch Starter-Pellets ↗ u. Waldvogelfutter reichen. Zusätzl. regelmäßig Algenmehl, Mineralstoffe ↗, Vitamine ↗ u. Mehlwürmer ↗. In M-Europa sind viele An als Bewohner von Feuchtgebieten in ihren Beständen rückläufig, z. T. sehr stark gefährdet.

Scolopacinae, Eigentliche Schnepfen. UF der Scolopacidae ↗. 1 G *Scolopax* ↗.

Scolopax. G der Scolopacidae ↗. 6 An. Sowohl zur Brutzeit als auch während des Zuges an Wald gebunden.

— *S. rusticola*, Waldschnepfe. ♂ u. ♀: gedrungen, kurzbeinig, aber langer Schnabel («Stecher»). Färbung dem Boden angepaßt, oberseits «herbstlaubartig», unterseits bräunlichweiß mit dunkler Querbänderung. Hochliegendes großes Auge, das ein Sehen nach allen Seiten garantiert. 34 cm. Verbr. in Europa, mittl. Asien bis Japan. Überwintert in S- u. W-Europa. Bewohnt Waldungen aller Art, bes. Laub- u. Mischwald. ♂ mit Flugbalz im Vorfrühling. Nest eine Mulde aus Laub u. Halmen, immer gut getarnt. 4 bräunliche bis rahmfarbene, kräftig gefleckte Eier. Nur ♀ brütet, nach ca. 21 Tagen schlüpfen Juv., werden vom ♀ noch 5—6 Wochen geführt. 2 Jahresbruten. Haltung s. Scolopacidae. Keine Gefangenschaftsbruten bekannt. In einigen Ländern stark bejagt (z. T. auch im Frühjahr), Bestand gefährdet.

Scopidae, Schattenvögel. F der Scopiformes ↗. 1 G, *Scopus* ↗, 1 A. Äthiopis, Madagaskar.

Scopiformes, Schattenvögel. 1 F, Scopidae ↗. 1 G, 1 A. Äthiopis, Madagaskar. Haltung s. *Scopus*.

Scopus. G der Scopidae ↗. 1 A. Äthiopis, Madagaskar. Schreitvögel an bewaldeten Flußufern. Dämmerungs- u. nachtaktiv. Einzeln, paarweise od. in kleinen Trupps. Laute: schrille, kreischende Pfiffe. Fressen Fische, Frösche u. a. Wassergetier, Insekten. Überdachte Nester mit Durchmesser bis zu 2 m auf Bäumen; oft mehrere Jahre hindurch benutzt. 3–5 weiße Eier, von beiden Eltern bebrütet. Brutdauer 21 Tage. Nesthocker mit graubraunem Dunenkleid, von beiden Eltern betreut. Nach 7–8 Wochen wird Nest zeitweilig verlassen. In Tiergärten gelegentl. gehalten. In Großvolieren od. Freiflughallen mit Wasseranlagen. Fütterung mit Rind- u. Pferdeleber, Herz, Hartei, gekochtem Reis, bes. aber kleinen Fischen ↗ filetiertem Fisch, Schaben, Mehlwürmern ↗ u. a. Insekten, Kaulquappen. Zucht in einzelnen Tiergärten erfolgreich, z. B. im Zoo Berlin 1937 2Juv., 1938 2 erfolgreiche Bruten.

Hammerkopf

— *S. umbretta*, Hammerkopf, Schattenvogel. ♂ u. ♀: dunkelbraun mit dickem breitem, nach hinten abstehendem Federschopf. Juv, ähnl. reiherartiger, an Spitze hakiger Schnabel. Lange Beine. 50–60 cm. UAn.

Scotopelia, Fischeulen. G der Strigidae ↗. 3 An. Groß bis sehr groß, ohne Federohren. Keine Geschlechtsunterschiede im Gefieder, jedoch sind ♀♀ größer u. schwerer als die ♂♂. Zum besseren Greifen von Fischen sind die Zehen z. T. an der Sohle stachelig. Afrika. An Gewässer gebunden. Tag- u. nachtaktiv. Hauptnahrung sind Fische u. Amph., vereinzelt auch Vögel u. Säugetiere. Eingewöhnung u. Haltung mit Eintagsküken, Ratten u. Meerschweinchen problemlos. Alle S. bereits in Europa gehalten. Haltung paarweise in mindestens 4,00 × 8,00 × 2,50 m Volieren ↗. Brutbiologie aller S.-An fast unbekannt. Konnten bis heute auch nicht beim Fischfang beobachtet werden.

Selasphorus

— *S. bouvieri*, Marmorfischeule. ♂ u. ♀: mit brauner Iris, OS dunkelbraun marmoriert, US gelbweiß mit kräftigen rotbraunen Längsstreifen. Schnabel gelbbraun. Beine u. Zehen gelb u. nackt. Juv. unbekannt. 46–51 cm. Liberia, S-Kamerun bis Zaïre. Ausgesprochene Urwaldbewohner. Nachtaktiv. Äußerst selten gehalten. Im Tierpark Berlin, DDR, kam es zur Eiablage. Brutbiologie unbekannt.

— *S. peli*, Bindenfischeule. ♂ u. ♀: mit rotbrauner Iris. Gefiedergrundfarbe gelb bis rotgelb mit oberseits kräftiger brauner Querbänderung, US mit braunen Flecken. Beine u. Zehen schmutzigweiß u. nackt. Schnabel u. Krallen schwarz. Schwanz dunkelbraun quergebändert. Juv. unbekannt. 51–61 cm. Senegal bis Äthiopien, sü. bis Angola, Ngamiland, O-Sambia, O-Simbabwe, Natal u. O-Kapprovinz. Bewohnt bewaldete Ufer von Seen u. Flüssen. Tag- u. nachtaktiv. Fische u. Amph. sind ihre Grundnahrung. Brütet in verlassenen Greifvogelhorsten. Äußerst selten gehalten, z. Z. im Zoo Amsterdam, Zoo Frankfurt/M. Gelege 2–4 Eier. Zucht unbekannt, Brutbiologie ebenfalls.

— *S. ussheri*, Rotrücken-Fischeule. ♂ u. ♀: mit brauner Iris, OS einfarbig hellrotbraun, US gelbweiß mit rötlicher Längsstrichelung. Schwanz u. Flügel dunkelbraun quergebändert. Schnabel hellhornfarben. Beine u. Zehen nackt u. gelb. Juv. unbekannt. 46–51 cm. Von Ghana, Liberia bis Sierra Leone. Flußwälder. Nachtaktiv. Äußerst selten gehalten. Wird z. Z. im Zoo London gepflegt. Brutbiologie unbekannt.

Seeregenpfeifer *Charadrius alexandrinus*) → *Charadrius*
Seeschwalben → Sternidae
Seetaucher → Gaviiformes → Gaviidae
Seggenrohrsänger (*Calamodus paludicola*) → *Calamodus*
Segler → Apodidae
Seidenhornkauz (*Otus bakkamoena*) → *Otus*
Seidenkuhstärling (*Cyrtotes bonariensis*) → *Cyrtotes*
Seidenlaubenvogel (*Ptilonorhynchus violaceus*) → *Ptilonorhynchus*
Seidenliest (*Tanysiptera galatea*) → *Tanysiptera*
Seidennektarvögel → *Aethopyga*
Seidenreiher (*Egretta garzetta*) → *Egretta*
Seidensänger (*Cettia cetti*) → *Cettia*
Seidenschwanz (*Bombycilla garrulus*) → *Bombycilla*
Seidenturako (*Tauraco hartlaubi*) → *Tauraco*
Seidenzwergfischer (*Corythornis leucogaster*) → *Corythornis*

Selasphorus, Nordelfen. G der Trochilidae ↗. 7 An. S-USA bis Panama. Leben in vielen Lebensräumen.

— *S. anna*, Annakolibri. ♂: OS goldiggrün. Kopf-OS, Kehle, Kopf u. Halsseiten glitzernd rosenrot. Mittelstes Steuerfederpaar wie der Rücken, die übrigen in der Mitte schwarz, nach den Seiten zu dunkel bräunlichgrau, das äußerste Paar bis auf 3–4 mm verengt, sehr steif. Unterkörper grün. Vorderbrust

Selenidera

bronzeähnlich, jede Feder mit weißlichem Saum. Unterschwanzdecken bronzegrün. Schnabel schwarz. ♀: Kopf-OS bräunlicher als der Rücken. Das mittelste Steuerfederpaar wie der Rücken, das nächste ebenso, aber mit breiter schwarzer Spitze, die übrigen an der Wurzelhälfte bräunlichgrau, dann schwarz u. mit ausgedehnten weißen Spitzen. US hellbräunlichgrau. Körperseiten grünlich, Kehlfedern in der Mitte grünlichbraun, manchmal einige glitzernd rosenrot. Juv. wie ♀. 10,0 cm. Kalifornien, NW-Niederkalifornien. Bevorzugt nahezu alle Biotope ↗. Eingewöhnung ohne Schwierigkeiten. 1 einzelnes Exempl. lebte über 2 Jahre im Duisburger Zoo. Zucht bei W. SCHEITHAUER ↗ gelungen.

— *S. rufus*, Zimtkolibri, Fuchskolibri. ♂: OS dunkel zimtfarben, Schwanz ebenso. Mittelstes Steuerfederpaar mit schwarzem Spitzenstreif, das nächste an der Spitze plötzlich verengt, schwarz, die übrigen ebenfalls mit schwarzen Spitzen. Kopf-OS grünlichbronzefarben. Oberflügeldecken bronzegrün. Kopf-, Halsseiten u. Kehlschild glitzernd feuerrot. Brust weiß, Unterkörper zimtfarben, Mitte heller. Unterschwanzdecken zimtfarben. Flaumbüschel an den Bauchseiten weiß. Schnabel schwarz. ♀: OS bronzegrün. Kopf, Hinterhals bräunlicher. Steuerfedern an der Wurzel zimtfarben, mittelste metallischgrün. US weiß, Halsseiten mit bronzebraunen Flecken. Körperseiten, Unterschwanzdecken zimtfarben überwaschen. Juv. wie ♀. 8,6 cm. Im we. N-Amerika von S-Alaska, S-Yukon, SW-Alberta bis NW-Kalifornien, Idaho u. SW-Montana. Bevorzugt etwas gebirgige Gegenden, hier vor allem Wiesen, Flußufer, Gärten. Eingewöhnung ohne bes. Ansprüche. Mehrjährige Haltungserfolge liegen vor. Zucht noch nicht gelungen.

— *S. sasin*, Allenkolibri. ♂: ähnl. *S. rufus*, aber OS mit Ausnahme des hinteren Teiles des Bürzels u. der Oberschwanzdecken glänzend grün. Mittl. Steuerfedern mit viel schmaleren schwarzen Spitzenstreifen, das dem mittelsten benachbarte Steuerfederpaar mehr allmählich auslaufend, nicht so plötzlich an der Spitze verengt, seitl. Steuerfedern merklich schmaler. Kopfseiten braunrot. ♀: scheint sich von dem von *S. rufus* nicht zu unterscheiden, außer durch etwas schmalere seitl. Steuerfedern. Juv. wie ♀. 8,5 cm. In W-USA, SW-Oregon, Kalifornien einschließl. der Santa Barbara-Inseln. Bevorzugt flachere Gegenden mit vielen Bäumen u. Büschen. Eingewöhnung u. Haltung s. *S. rufus*. Zucht noch nicht gelungen.

Selenidera. G der Ramphastidae ↗. 6 An. Kurzer Schnabel. ♂, ♀ versch. gefärbt.

— *S. culik*, Pfefferfresserarassari. ♂: Kopf, Hals u. Brust schwarz. Gelber Ohrfleck, orangegelbes Nackenband, Rücken u. Flügel olivgrün, Schwanzfedern an Spitze rotbraun, Unterschwanzdecken rot. Schnabel schwärzlichgrau, an Wurzel u. hinterer Unterschnabelhälfte rot. ♀: mit rotbraunem Nackenband. Unterhals u. Brust grau. 35 cm. Guayana u. N-Brasilien we. bis zum Rio Negro.

— *S. gouldii*, Gould-Arassari. Ähnl. *S. maculirostris*, nur mit schwarzem Oberschnabel. 30 cm. UAn. Brasilien in Pará u. N-Ceará.

— *S. maculirostris*, Flecken-Arassari, Goldohr-Arassari, Bindenschnabeltukan. ♂: Kopf, Kehle, Vorderhals stahlblau glänzend schwarz, schmale gelbe Nackenbinde, übrige OS, Flügel u. Schwanz dunkelgrün. Brust u. Bauch graugrün, braune Schenkel, rote Unterschwanzdecken. Von Schnabelwurzel, unterm Auge hinweg bis zum Ohr orangegelber Fleck. Kürzerer Schnabel bläulichweiß mit schwarzer Zeichnung. Augenfeld grün. ♀: Kopf u. Hals dunkelbraun, gelber Fleck nicht so ausgeprägt. 28–32 cm. O-Brasilien von Bahia bis Rio Grande do Sul; NO-Argentinien (Misiones). In Gebirgswäldern. In einem Zoo bereits 1 Juv. geschlüpft, wurde aber von Eltern nicht gefüttert.

— *S. nattereri*, Natterers-Arassari. ♂: Kopf, Hals, Brust schwarz. Ohrfleck u. Nackenband hellgelb, orangegelber Weichenfleck. Rücken u. Flügel olivgrün, Unterschwanzdecken rot. Schnabel rot mit schwarzem First u. schwarzen Flecken an Wurzel, schwarzer Querbinde u. weißlichen Schneiden. ♀: rotbrauner Nacken, Unterhals u. Brust grau. 35 cm. Guayana durch S-Venezuela bis NW-Brasilien.

— *S. reinwardtii*, Reinwardt-Arassari. Ähnl. *S. nattereri*, nur hellroter Schnabel mit schwarzer Spitze u. First u. schwarzen Flecken an Schneiden. 35 cm. UAn. O-Kolumbien bis O-Peru u. NW-Brasilien.

— *S. spectabilis*, Gelbohr-Arassari, Cassius Arassari. ♂: Kopf u. Hals schwarz, gelber Ohrfleck. Rücken u. Flügel grün, Schwanzfedern an Spitze nicht rotbraun, Unterschwanzdecken rot. Oberschnabel an First grünlich, Schneiden u. Unterschnabel grau. ♀: Kopf rotbraun. 35 cm. Honduras bis NW-Kolumbien.

Seltener Amarant (*Lagonosticta rara*) → *Lagonosticta*

Semnornis, Zinkenschnäbel. G der Capitonidae ↗. 2 An. Im Vergl. zu anderen Bartvögeln kleinschnäbelig, langschwänzig, Unterschnabel vorne zinkenartig ausgebildet. In M- u. anschl. S-Amerika. Waldbewohner. Offenbar geselliger als andere Bartvögel, schlafen auch gemeinsam in Baumhöhlen. Frucht- u. Insektenfresser. Wahrscheinl. beide An eingeführt, eine gezüchtet.

— *S. frantzii*, Aztekenbartvogel. ♂: Kopf-OS goldbronzefarben, Nacken olivbräunlich, Rücken, Bürzel olivgrün, Schwanz graubraun, US dunkelgelbbraun, zur Bauchmitte hin heller werdend, Flanken graugrün. ♀ wie ♂, aber mit schwarzem, anliegendem Federschopf am Hinterkopf. Schnabel bleigrau, First u. Spitze bräunlich. Iris rot. Füße grünlich. 20 cm. Kostarika u. W-Panama. Bewohner feuchter Regenwälder bis in 2000 m Höhe. Hält sich vorwiegend im Unterwuchs auf. Außerhalb der Brutzeit gesellig, auch gemeinsam in Baumhöhlen schlafend. Ruft häufig, gerne im Chor «cwa cwa cwa». Ab März sondern sich die Paare zur Fortpflanzung ab, Höhlenbau durch Abbeißen von morschem Holz, nach ca. 8 Tagen fertiggestellt. 4–5 weiße Eier abwechselnd von ♂ u. ♀ bebrütet, nachts beide Partner in Bruthöhle. Brutdauer mindestens 13 Tage, Junge werden zunächst nur mit kleinen Insekten gefüttert, nach 1 Woche aber schon ausschließl. mit Früchten. Juv. im Alter von 9 Tagen noch nackt, Augen geschlossen, erst

nach 1 Monat flügge. Kehren auch danach längere Zeit hindurch zum Schlafen in die Bruthöhle zurück. In Kostarika nur 1 Brut pro Jahr. Soll eingeführt worden sein, obwohl keine Haltungs- od. Zuchtberichte vorliegen.
— *S. ramphastinus*, Tukanbartvogel. ♂ u. ♀: Zügel, Wangen, Kopf-OS glänzend blauschwarz, Nackengefieder beim ♂ zu einem anliegenden Schopf verlängert. Zwischen dunkler Kopfplatte u. hellgrauer Ohrgegend ein weißer Streifen, Kinn, Kehle graublau, Rücken goldenbraun, Schultern stahlblau, Flügel, Schwanz schwärzlich, Brust leuchtend rot, Bauch je nach UA rot od. gelb. Flanken, Bürzel goldgelb. Schnabel gelb, Spitze schwarz. Iris rot. Füße grünlich. 22 cm. W-Kolumbien u. W-Ekuador. Bewohnt dichte Wälder bis in 2 000 m Höhe, aber nur lokal auftretend, selten. Hält sich in kleinen Flügen von 4 od. 5 Vögeln hoch oben in den Bäumen auf. Außerhalb der Brutzeit vorwiegend Fruchtfresser. Duettgesang von ♂ u. ♀, gerufen wird mit gerade nach vorne oben ausgestrecktem Hals. Zuerst 1939 nach England gekommen, neuerdings mehrfach eingeführt, Zucht 1972 im Zoo Frankfurt/M. u. in Winged World (England) gelungen. Brut in selbst ausgehöhltem Loch in morschem Baumstamm, genaue Brutdauer u. Nestlingszeit der Juv. unbekannt, aber diese verließen Höhle nach 43 Tagen, nachdem sie erstmals bei der Fütterung in der Höhle zu hören waren. Betteln sehr laut. Juv. zunächst nur mit Mehlwürmern ↗ gefüttert, später auch mit Früchten, vornehmlich Weintrauben, zuletzt auch mit 2—3 Tage alten Mäusen. Juv. beim Ausfliegen bereits Ad. ähnl., nur etwas kleiner u. blasser gefärbt, Iris schwarz. Ad. nahmen auch gerne Schaben. Langjährige Haltung selten, obwohl gemäß Herkunft gegen niedrige Temp.en nicht so empfindlich wie die meisten anderen Bartvögel. Leidet aber unter Mykosen.

Senegalbrillenvogel *(Zosterops senegalensis)* → *Zosterops*
Senegaleule *(Otus senegalensis)* → *Otus*
Senegalfurchenschnabel *(Lybius dubius)* → *Lybius*
Senegalliest *(Halcyon senegalensis)* → *Halcyon*
Senegalkuckuck *(Centropus senegalensis)* → *Centropus*
Senegalracke *(Coracias abyssinicus)* → *Coracias*
Senegaltaube, NN → Palmtaube
Senegaltrappe *(Eupodotis cafra)* → *Eupodotis*
Senegaltschagra *(Tchagra senegala)* → *Tchagra*
Senegal-Zwergohreule *(Otus senegalensis)* → *Otus*
Sericotes, Doktorvögel. G der Trochilidae ↗. 1 A. In O-Puerto Rico, auf den Kleinen Antillen bis Barbados u. Grenada. Vor allem in Waldlichtungen des Hochlandes, in tieferen Lagen fehlen sie oft. 1914 von Graf de Ségur nach Frankreich eingeführt. Neuere Angaben fehlen bis auf eine Angabe aus dem Bronx-Zoo, der ein Exempl. 10 Jahre, 7 Monate u. 7 Tage hielt. Zoo Kopenhagen gibt vor dem Kriege eine Haltungsdauer von 1 u. 2 Jahren an. Zucht bisher nicht gelungen.
— *S. holosericeus*, Doktorvogel, Schwarzbäuchiger Grünkolibri. ♂ u. ♀: OS grün mit goldenem Schimmer, Kopf-OS matter, etwas bräunlich. Ober-, Unterschwanzdecken glitzernd bläulichgrün. Steuerfedern blauschwarz. Kinn, Kehle u. Vorderbrust glitzernd grasgrün. Brust in der Mitte dunkelblau glänzend. Unterkörper schwarz, an den Seiten mit grünem Metallschimmer. Flaumbüschel weiß. Schnabel schwarz. Iris dunkelbraun. 11,0 cm.

Sericulus. G der Ptilonorhynchidae ↗. 3 An.
— *S. aureus*, Goldlaubenvogel, Papuagoldvogel, Haubengoldvogel. ♂: in sattem Goldgelb. Kehle, Flügelspitzen u. Schwanz schwarz. Dichte, kurze Scheitelhaube u. Nackenkragen goldrot. ♀: schlichter befiedert. 28—30 cm. UAn. S-, W-, NW-Neuguinea.
— *S. chrysocephalus*, Gelbnacken-Laubenvogel, Samtgoldvogel, Gärtnervogel. ♂: samtschwarz; Kopf-OS, Stirn, Nacken u. Hinterhals sowie großer mittl. Flügelfleck goldgelb. ♀: oberseits blaßbraun mit dunklen Federsäumen u. dunkler Fleck auf Hinterkopf. Unterseits weißlich mit dunklerer Zeichnung. Flügel u. Schwanz braun. 25—28 cm. UAn. O-Australien von SO-Queensland bis O-Neusüdwales. Laube des ♂ schlichter; nur manche bemalen Wände. 2 gelblichgraue od. weißliche Eier mit dichtem Netzwerk brauner u. violettgrauer Haarlinien.

Seriema *(Cariama cristata)* → *Cariama*

Serinus, Echte Girlitze. G der Carduelidae ↗. Vielfach alle An unter dieser G vereinigt; heute aufgeteilt in *Alario* ↗, *Dendrospiza* ↗, *Ochrospiza* ↗, *Poliospiza* ↗, *Pseudochloroptila* ↗ u. *Serinus*. 9 An. Kleine, vorwiegend gelbgrüne An, vielfach deutl. gestreift, Schwanz stark gegabelt. In der Alten Welt, vorwiegend Paläarktis. Vielfach Gebirgsvögel, in Bergwäldern mit Laub- od. Nadelholzbeständen, teilweise auch Parkanlagen u. Obstgärten (Winter). Nahrung versch. Samen (Kompositen!) sowie Knospen. 2 An häufig im Handel, 4 An vereinzelt in Liebhaberhänden. Nestbau: ♂ trägt Nistmaterial (Pflanzen- u. Tierwolle) zu, ♀ baut das offene napfförmige Nest u. brütet alleine. Gelege meist 3—4 Eier, Brutzeit ca. 14 Tage, Nestlingsdauer 14—17 Tage. Versorgung der Nestlinge durch beide Partner. Jugendkleider bräunlich u. gestreift. Nur in geräumigen Volieren ↗ zu mehreren halten, paarweise od. einzelne Unterbringung empfehlenswert. Futter Waldvogelfutter ↗ mit hohem Rübsenanteil u. Salatsamen, möglichst auch gekeimt; Fichten-, Birken- u. Lärchensaat. Mindestens zur Aufzucht Insekten ↗. Grünfutter ↗, bes. Löwenzahn (auch tiefgefroren). Teilweise heikel, empfindlich gegen hohe Temp.en, jedoch überwiegend winterhart (*S. syriacus*?), wenn vor Nässe geschützt.
— *S. canaria*, Kanarengirlitz (Kanarienvogel). Domestiziert der beliebteste u. häufigste Stubenvogel neben dem Wellensittich ↗. Wildform mit graugrünem Rücken, Federn mit dunkelbraunen Zentren. ♂: mit gelber Kehle, gelbem Augen- u. Wangenstreif, gelber Ohrfleck von dunklem Bartstreif eingerahmt. US gelbgrün, an den Flanken kräftig dunkel gestrichelt. Bauchmitte bis Unterschwanzdecken weißlich. ♀: mit weniger deutl. Gesichtszeichnung, streifigerer US, grauer gefärbt. Bürzel bei beiden grünlich, der kräftige Schnabel hell hornfarben. Juv. bräunlich,

stärker gestreift. 13 cm. Kanarische Inseln; seit 1550 verwildert auf Elba. Waldgebiete u. Obstplantagen. Nahrung halbreife Samen (bes. Kanariengras, Wildform des Glanz), süße Früchte, bes. Feigen. Das ♀ baut allein das Nest in Bäume od. Büsche; Gelege 3—5 bläuliche, braun gefleckte Eier; Brutdauer 13—14 Tage, Nestlingszeit 17—21 Tage. Mehrere Jahresbruten. Ende des 15. Jh. wegen des Gesanges in Europa eingeführt. Ende des 16. Jh. erste gelb gescheckte Kanarien aus Tirol bekannt. Heute mehrere Zuchtrichtungen s. Kanarien-Standard.

— *S. canicollis*, Graunackengirlitz (Kapkanarie, Gelbscheitelgirlitz). ♂ u. ♀: Rücken bis Schwanzfedern, Flügelbug, Armdecken olivgelb. Hinterkopf, Nacken, Halsseiten anthrazitgrau. Davon deutl. abgehoben die zitronen- bis goldgelbe Stirn, Scheitel, Wangen u. Kehle. Beim ♂ reicht ein breiter gelber Längsstreifen vom Kinn bis zur gelben Brust, beim ♀ stößt das Grau der Halsseiten (fast) aufeinander. Bauchmitte weißlich, Schwingen schwarz mit grünen Säumen. Juv. brauner, bes. unterseits mit dunklen Längsstreifen. 13 cm. In Berglandschaften vom S-Sudan entlang des ostafrikan. Grabenbruches bis in die Kapprovinz anzutreffen; dort Kulturfolger bis ins Tiefland. Nahrung vorwiegend halbreife Kompositen. Bes. Keimfutter anbieten, da er zu Verfettung neigt. Nistet versteckt hoch in Bäumen; (Kaisernester ↗ anbieten!); Gelege 3—(5) grünlichweiße Eier, am stumpfen Pol gesprenkelt. Bebrütungszeit 14 Tage, Nestlingsdauer 16—18 Tage. Robust, winterhart.

— *S. citrinella*, Zitronengirlitz. Wie ein zierlicher, spitzschnäbeliger u. matt gefärbter Graunackengirlitz. Am spitzen Pfriemenschnabel leicht zu erkennen. 12 cm. Jahresvogel der Nadelwaldregionen der Gebirge Spaniens, Frankreichs, der Alpen, im Harz u. Schwarzwald sowie auf Korsika, Sardinien u. den Balearen. In SW-Europa auch außerhalb der Nadelwälder. Nahrung sind Samen von Wildkräutern, bes. Hahnenfußgewächsen u. Wildgräsern. Haltung nur mit Genehmigung s. Naturschutzbestimmungen. Gilt als heikel. Grünfutter ↗ (Löwenzahn!) u. Koniferensamen wichtig. Gelege 3—(5) weißliche Eier; Schlupf

Gelbbauchgirlitz. Gelege

Rotstirngirlitz. Paar

nach ca. 14 Tagen, Nestlingszeit 18 Tage; Juv. mit ca. 4 Wochen selbständig. Jugendkleid braun, stark streifig.

— *S. pusillus*, Rotstirngirlitz. ♂ u. ♀: mit orange- bis feuerroter Stirn u. Vorderscheitel. Kopf, Wangen u. Brust tiefschwarz. Rückenfedern gelblichsandfarben bis ockerbraun, mit breiten schwarzen Zentren, Bürzel ockergelb. Bauch elfenbeinfarben, Brustseiten u. Flanken kräftig schwarz gestreift. Juv. mit zimtbraunem Kopf, Wangen u. Schultern, schwarzgescheckter Brust. 13 cm. Kleinasien, Iran, Afghanistan bis Kaschmir. Lebt zur Brutzeit in 2500—4000 m Höhe in den Gebirgen. Im Winter im Buschland der Tiefländer. Nahrung vorwiegend Kompositen u. andere halbreife Wildsamen, Knospen u. Beeren. Futter Wildsamen, Koniferensaat, viel Keimfutter, Grünfutter u. Insekten. Nistet in Wacholder- u. Wildrosenbüschen. Gelege 4—5 blaß blaugrüne Eier, oft mit braunen Sprenkeln am stumpfen Pol. Schlupf nach 14 Tagen; Nestlingszeit 16 Tage. Heikler Pflegling, Todesursache noch unklar. Sehr vitamin- u. mineralstoffbedürftig.

— *S. serinus*, Girlitz. ♂: Stirn, ein Streif durchs Auge, Scheitelmitte, Halsring, Kehle, Brust u. Bürzel kräftig zitronengelb. ♀: nur mit angedeuteter Gesichts- u. Brustfärbung, nur der gelbe Bürzel auffallend. Sonst beide Geschlechter grünlichgelb mit dunkler Streifung, Bauch u. Unterschwanzdecken weißlich, Flanken kräftig gestreift. Sehr kurzer, kräftiger dunkler Schnabel. Von der Wildform des *S. canaria* durch stärkere Streifung an Kopf u. Flanken sowie geringere Größe u. Schnabelform unterschieden. Juv. bräunlich, stark streifig, ohne gelben Bürzel. 11,5 cm. Ges. Mittelmeerraum u. M-Europa öst. bis Baltikum. Kulturfolger. Nistet hoch in Bäumen, Gelege 3—4 weißlichblaue, am stumpfen Pol gefleckte Eier. ♀ brütet 13 Tage, Nestlingszeit 15 Tage, mit 3—4 Wochen selbständig. Bei uns erst seit etwa 150 Jahren. Schwer an kleine Käfige zu gewöhnen, scheuer als andere An. Haltungsgenehmigung s. Naturschutzbestimmungen.

— *S. syriacus*, Zederngirlitz. Blasse, braungraue Färbung, geringe Streifenzeichnung. ♂: leuchtend gelbe Stirn, auffallende gelbe «Brille» u. Kehle. Bürzel, Säume der Schwingen u. Schwanzfedern gelblich. Unterseits mit beigegrauer, gelblich überflogener Brust, Vorderbauch gelb, Bauchmitte weiß, Flanken dunkel gestreift. ♀: blasser u. matter gefärbt. Juv. braun, ohne Gesichtsmaske, von anderen An an kaum gestreifter US zu unterscheiden. 13 cm. Syrien u. Libanon. Zedernbestände der Gebirge, im Winter Kulturfolger in Irak u. Palästina. Geringe Haltungserfahrung, selten eingeführt.

Seychellendajal, Seychellendrossel *(Copsychus sechellarum)* → Copsychus
Seychellenweber *(Foudia sechellarum)* → Foudia
Shelleyfrankolin *(Scleroptila shelleyi)* → Scleroptila
Shelleys Bergastrild *(Cryptospiza shelleyi)* → Cryptospiza
Shelleys Rebhuhnfrankolin, NN → Shelleyfrankolin
Shelleys Uhu *(Bubo shelleyi)* → Bubo
Siamkitta *(Urocissa erythroryncha magnirostris)* → Urocissa
Sibirische Drossel *(Geokichla sibirica)* → Geokichla
Sibirischer Tannenhäher → Tannenhäher
Sicalis. G der Emberizidae ↗. 12 An. M- u. S-Amerika. Unterbringung im großen Käfig ↗, Vogelstube ↗, Zimmer- ↗ u. Außenvoliere ↗ mit Schutzraum ↗. Warme Überwinterung. Futter wie *Sporophila* ↗.

— *S. flaveola*, Safranfink, Safranammer. ♂: Stirn u. Scheitel orange, sonst kräftig grünlichgelb, Wangen mit orangefarbenem Anflug. Flügel u. Schwanzfedern graubraun, gelb gesäumt. Schnabel hornfarben. Auge graubraun. Füße graubraun. ♀: Kopf gelblichgrau, grünlich überhaucht, Stirn mit wenig Orange, Wangen u. Kehle grau, OS grünlichgrau. Juv. ähnl. ♀, OS grünlichgrau mit schwärzlichen Stricheln. 13—14 cm. UAn. Nordwe. Peru, W-Ekuador, N-, O-Kolumbien, Venezuela u. Guayana. *S. f. pelzelni*, Pelzelnfink. ♂: Stirn orange, Wangen u. Scheitel gelborange. OS gelb, schmal schwarz gestrichelt. Flügeldecken u. Schwingen dunkelgraubraun, gelb gesäumt, ebenso Schwanz. Bürzel u. Oberschwanzdecken gelbgrau, US kräftig gelb, Flanken u. Bauch mit schwärzlichen Stricheln. Schnabel hellgrau bis graubraun. Auge dunkelbraun. Füße hornfarben. ♀: OS gelblichbraun mit dunklen Stricheln. US grauweiß, Flanken gelblich bis rostbraun überhaucht. Brust- u. Halsseiten mit dunkelbraunen Streifen. Kehle weiß. Juv. ähnl. ♀, aber mehr grau, insges. blasser. O-Brasilien, Uruguay durch Mato Crosso, Paraguay bis O-Bolivien, Argentinien, Trinidad, auf Jamaika u. in Panama durch den Menschen verbr. Bewohnt vorwiegend Grasland mit lockerem Busch- u. Baumbestand, Waldränder, Ufer, Feldränder, Gärten u. Höfe. Gesang trillernd u. zirpend, melodische Teile von sehr harten u. schrillen Tönen unterbrochen. Nest in Baumhöhlen, unter Dächern, in Holzstapeln u. hohlen Zaunpfählen, selten freistehend in dichten Büschen, bezieht auch ab u. zu Nester anderer Vögel. Gelege 3—4 Eier, zuweilen brütet ♂ mit. Bildet nach der Brutzeit Schwärme. Ersteinfuhr in Europa Mitte des 19. Jh., 1863 erstmalig gezüchtet. Regelmäßig im

Sicalis

Safranfink

Handel, in früheren Zeiten in größerer Zahl. Lebhaft, ausdauernd. In der Heimat ♂ gern im Käfig gehalten. Einzelvogel in Gesellschaftsanlage allgemein gut verträglich, nicht bei Haltung eines Paares. Wegen der Unverträglichkeit deshalb Paar allein unterbringen. Zucht leicht. Stürmische Balz, in dieser Zeit Beobachten der Vögel, um ggf. erschöpften Partner zu isolieren. Nest in halboffenen Nistkästen ↗ od. Wellensittichnistkästen aus Gräsern, Moos, Fasern gebaut, auch Kaisernester ↗ u. größere, mit Zweigen verblendete Körbchen u. Nistklötzchen ↗ werden bezogen. Während der Brut gegenüber Störungen empfindlich. Juv. schlüpfen nach 13—14 Tagen, fliegen nach ca. 2 Wochen aus u. werden noch ca. 14 Tage vom ♂ gefüttert. Während der Nestlingszeit füttern beide Eltern. ♂ balzt manchmal bereits wieder ♀ an, wenn Juv. noch im Nest sind, dann ♂ außer Sicht- u. Hörweite unterbringen. Jährl. können 3—4 Bruten aufwachsen.

— *S. luteola*, Kurzschnabel-Gilbammer, Kleiner Safranfink, Goldzügelfink. ♂: Wangen grauoliv, Stirn, Zügel u. um das Auge gelb. Kopf-OS gelbgrün, dunkel gestreift. OS rötlichbraun bis olivbräunlich, schwärzlich gestreift, nur Bürzel einfarbig olivgelb. Flügel- u. Schwanzfedern dunkelbraun bis schwärzlich, sandfarben gesäumt. US gelb, je nach UA ± orange. Schnabel bräunlich, Unterschnabel heller. Auge braun. Füße braun. ♀ ähnl. ♂, aber US blasser, Brust u. Flanken bräunlich überflogen. 11—12 cm. 3 Rassengruppen, sind möglicherweise als An anzusehen: 1. *chrysops*, 2. *luteola*, 3. *luteiventris*. S-Mexiko, Guatemala bis Panama, durch die Anden von Kolumbien, Ekuador bis S-Peru; W.- u. N-Kolumbien (tiefere Lagen), Venezuela, Guayana, N-Brasilien u. um den unteren Amazonas; Chile, Argentinien, Uruguay, Paraguay, öst. Bolivien u. sü. Brasilien. Von den Menschen verbr. auf Barbados, Grenadinas, Santa Lucia u. Martinique (Kleine Antillen). Lebt in buschreichen Landschaften, an Waldrändern, auf Berghängen, an Flußufern, auf Plantagen, in Gärten u. Parks. Nest in dichten Büschen u.

zwischen Gräsern aus Halmen, Fasern u. Stengeln. Gelege 4—5 Eier. Bildet nach der Brutzeit Schwärme. Bereits Mitte des 19. Jh. im Handel, wegen des unscheinbaren Aussehens stets wenig angeboten. Paar gut für Käfig geeignet. Nach der Eingewöhnung auch für Freivoliere ↗ mit Schutzraum. Warme Überwinterung. Angenehmer Pflegling. Gesang leise, trillernde u. schwirrende Töne. Zucht mehrfach gelungen, s. *S. flaveola.*

Sichelbaumhacker *(Campylorhamphus trochilirostris)* → *Campylorhamphus*
Sichelente *(Eunetta falcata)* → *Eunetta*
Sichelhopf *(Phoeniculus cyanomelas)* → *Phoeniculus*
Sichelnektarvögel → *Aidemonia*
Sichelpfeifgans *(Dendrocygna eytoni)* → *Dendrocygna*
Sichelspottdrossel *(Harporhynchus redivivus)* → *Harporhynchus*
Sichelstelzralle *(Monias benschi)* → *Monias*
Sichelstrandläufer *(Erolia ferruginea)* → *Erolia*
Sicheltimalien → *Pomatorhininae*
Siebenfarbenpapagei *(Touit batavica)* → *Touit*
Siebenfarbentangare *(Tangara chilensis)* → *Tangara*
Siebenstreifenammer, UA → Bergammer
Siedelsperling *(Philetairus socius)* → *Philetairus*
Siedelstar *(Aplonis cantoroides)* → *Aplonis*
Siedelweber *(Philetairus socius)* → *Philetairus*
Sieger. Bester Züchter innerhalb einer Gruppe, Klasse od. Farbe bzw. eines jeden Vogelgeschlechtes. Wird nur bei Meisterschaften ↗ vergeben.
Silberbrillenvogel *(Zosterops lateralis)* → *Zosterops*
Silberfasan *(Lophura nycthemera)* → *Lophura*
Silberfischer *(Alcyone argentata)* → *Alcyone*
Silberfleckentangare *(Tangara nigroviridis)* → *Tangara*
Silberhakenschnabel *(Diglossa caerulescens)* → *Diglossa*
Silberhalstaube *(Palumbus trocaz)* → *Palumbus*
Silberkehltangare *(Tangara icterocephala)* → *Tangara*
Silberklaffschnabel *(Anastomus oscitans)* → *Anastomus*
Silberkopfammer *(Emberiza stewarti)* → *Emberza*
Silbermöwe *(Larus argentatus)* → *Larus*
Silberreiher *(Casmerodius albus)* → *Casmerodius*
Silberohrsonnenvogel *(Leiothrix argentauris)* → *Leiothrix*
Silberschnäbelchen *(Euodice cantans)* → *Euodice*
Silberschnabeltangare, NN → Purpurtangare
Silberschnäpper *(Empidornis semipartitus)* → *Empidornis*
Silberwangenhornvogel *(Bycanistes brevis)* → *Bycanistes*
Singbauer → Harzer Bauer
Singdrossel *(Cichloselys philomelos)* → *Cichloselys*
Singschwan *(Olor cygnus)* → *Olor*
Singsittich *(Psephotus haematonotus)* → *Psephotus*
Singstar *(Aplonis cantoroides)* → *Aplonis*

Singvögel → *Passeres*
Singweber → *Symplectes*
Siphia. G der Muscicapidae ↗. 1 A. Himalaja von Kaschmir nach O; W-China; W- u. N-Burma, Vietnam. Bewohnen Wälder aller Art, ebenso buschreiches Land im Hochgebirge. In Gefangenschaft bald zutraulich, ausdauernd, gegenüber Mitbewohnern friedlich. Zur Zucht Paar allein, am besten in gut bepflanzter Freivoliere halten. Halbhöhlen anbringen. Zur Aufzucht verschiedenste lebende Insekten.
— *S. strophiata,* Zimtkehlschnäpper. ♂: Stirn weiß. OS olivbraun. Schwanz schwarz, Basis weiß. Kinn u. Kehle schwarz. Brust mit ovalem, orangefarbenem Fleck, rostbrauner Halskragen. Übrige US grau, Bauch weiß. ♀: blasser als ♂, Weiß der Stirn schmaler, ebenso Halskragen. Kehle u. Bauch grau. 14 cm. UAn.

Sitagra, Kleinweber. G der Ploceinae ↗. 4 An. Bewohnen Buschsavannen, feuchte Landstriche, gern in Wassernähe, aber auch Trockenwald u. in Siedlungen. Manche Nester mit langer Einschlupfröhre, manchmal große Brutkolonien.
— *S. intermedia,* Cabanisweber. ♂: im BK Kopf, Kinn, Kehle schwarz, Hinterkopf, Nacken gelb, orangebraune Begrenzung des Schwarz sehr deutl. bei UA *S. i. cabanisii,* OS sonst gelbgrün, Flügelfedern schwärzlich, gelbgrün gesäumt. US gelb. Schnabel schwarz. Auge gelb. Füße grauschwarz. Im RK beim ♂ Vorderkopf gelbgrün, gelber Überaugenstreif, Bauch weißlich, hornfarbener Schnabel. ♀ ähnelt RK ♂, zur Brutzeit US kräftiger gelb. 14 cm. Von O-Afrika bis Angola, SW-Afrika. Bewohnt Buschsavannen, gern in Wassernähe. Gesellig. Große Brutkolonien, oftmals auf hohen Bäumen, allerdings auch im Schilf u. hohen Gras. Nest kugelig, seitl. nach unten gerichtete Einschlupfröhre, wird von ♂ aus Gräsern gebaut. ♀ polstert mit feinen Halmen, Fasern u. Haaren aus. Gelege 2—3 blaue, braungefleckte Eier. Häufig auf dem Vogelmarkt angeboten, wird oftmals mit *Textor* ↗ *vitellinus* verwechselt (Stirnband bei diesem schmal, Auge orangerot!). Empfehlenswerter Volierenvogel. Ausdauernd, allgemein friedlich, nur während der Brutzeit Störenfried. Mäßig warm überwintern. Futter wie Ploceidae ↗. Zucht mehrfach gelungen. Alleinige, paarweise Haltung bzw. 1 ♂ mit 2—3 ♀♀ in dicht bepflanzter (hohe Gräser, Büsche) Voliere ↗ halten. Nistmaterial Schilfblätter, Rispen, lange Gräser.
— *S. luteola,* Zwergweber, Zwergmaskenweber. ♂: im BK Vorderkopf, Kinn, Kehle schwarz, sonst zitronengelb, Rücken etwas gefleckt. RK wie ♀, dieses ohne Schwarz am Kopf, US weißlich, nur während der Brutzeit gelb. Schnabel schwarz. Auge braun. Füße schwärzlich. Von Senegal u. ehemals Portugiesisch-Guinea bis Äthiopien, NO-Zaïre, W-Kenia, Uganda, NW-Tansania. Bewohnt Savannen, Trokkenwälder, Felder u. Siedlungen. Ernährung vorwiegend Insekten, Früchte, kleine Samen. Nest in Büschen u. Bäumen, kugelig, aus Gräsern, lange Einschlupfröhre, innen fein ausgepolstert. Gelege 2—3 Eier, weiß, blaugrau od. rosa gefärbt. Wird regelmäßig gehandelt, auch für große Käfige geeignet. Außerhalb der Brutzeit friedlich. Während der Eingewöhnung empfindlich, später ausdauernd. Braucht

Insektennahrung wie Ploceidae, ansonsten Hirse, Glanz, Keimfutter, Grünes, Beeren, Fruchtscheiben. Zucht mehrfach gelungen. Juv. schlüpfen nach 12 Tagen, ♀ u. ♂ brüten, allerdings letzteres weit weniger, Aufzuchtfutter vorwiegend Insekten. Juv. von beiden ad. Vögeln gefüttert. Juv. fliegen nach 20 Tagen aus, werden noch ca. 14 Tage von Eltern gefüttert.

Zwergweber.
Männchen (nach Foto H. BIELEFELD)

— *S. pelzelni*, Mönchsweber. ♂: Kopf schwarz, ebenso Kinn u. Kehle, nur Hinterkopf goldgelb, ebenso Halsseiten, US. Olivgrüner Rücken. Flügel-, Schwanzfedern graubraun, grünlichbraun, mit gelben Säumen. Schnabel schmal, schwarz. Auge braun. Füße schwarzbraun. Kein RK. ♀: Kopf, Kehle gelb, Überaugenstreif hellgelb. Rücken olivgelb. Juv. ähneln ♀. 12 cm. Ghana durch Nigeria, Kamerun, Zaïre, Uganda bis W-Kenia, NW-Tansania sü. bis zum unteren Kongo, S-Zaïre, NO-Gambia. Bewohnt Papyrusdickichte, feuchte Wälder an Gewässern, in Siedlungen. Ernährung vorwiegend Insekten. Nest kugelig, an Zweigen von Büschen u. Bäumen geflochten, auch an Gräser aufgehängt, ohne Einschlupfröhre. Gelege 2—3 Eier, weiß bis rosafarben, manchmal braungefleckt. Nur ab u. zu auf dem Vogelmarkt, häufig Verwechslung mit *S. luteola*. Haltung, Futter s. dort, benötigt aber mehr tierische Kost.

Sitta, Kleiber. G der Sittidae ↗. 17 An. Asien, Europa, N-Amerika, N-Afrika. In Laub-, Nadelwaldgebieten, Parkanlagen. Klettervögel. Nahrung Insekten u. Baumsamen. Eingewöhnung leicht. Kleine An friedlich, große z. T. aggressiv. Paarweise möglichst in Volieren ↗ mit berindeten Ästen. Winterhart. Futter Insekten, Ameisenpuppen, Fertigweichfutter, Eifutter, Samen. Mehrfach gezüchtet. Brutdauer 15—18 Tage, Nestlingsdauer 24 Tage. Nach 10 Tagen selbständig.
— *S. canadensis*, Kanadakleiber. ♂: Kopf-OS bis zum Hals glänzend schwarz. Vom Schnabel über das Auge bis zur Nackenseite schwarzer Streifen, darüber weißer Streifen. Rücken blaugrau. Flügeldecken, Schwingen graubraun, Schwanz blaugrau. Wange, Kinn weiß, an der Kehle in rostbraune US übergehend. ♀: Kopf-OS blaugrau, US blasser. Juv. US vom Kinn ab rostbräunlich. 10—11 cm. N-Amerika von S-Alaska, Labrador u. Neufundland bis in die S-Staaten der USA, dort im Gebirge. Vor allem im Nadelwald. Teilweise Zugvogel. Juv. können mit Insekten, vor allem Ameisenpuppen, Wachsmotten u. Nachtfaltern aus der Lichtfalle ↗ aufgezogen werden, unter Zugabe von Kalk u. Vitaminen ↗. Sehr sozial, friedlich. Nahrung im Sommer alle An von Insekten neben Eifutter. Käfig muß grobrindige Äste enthalten, so daß größere Insekten in Ritzen gesteckt u. zerkleinert werden können. Vom Herbst bis Frühjahr bilden Nadelholzsamen die Hauptnahrung.
— *S. carolinensis*, Carolinakleiber. ♂: Kopf-OS, Nacken schwarz, über dem Auge, Wange, Ohrgegend weiß, Rücken aschgrau. Handdecken, Handschwingen schwarzbraun mit hellen Außenfahnen. Mittl. Schwanzfedern blaugrau. Kinn, Kehle, Halsseiten, US weiß, Unterschwanzdecken weiß. Oberschnabel schwarz, Unterschnabel heller. ♀: etwas matter. Juv. mattschwarze Kopfplatte. 13—15 cm. Häufigster Kleiber in N-Amerika von Florida bis Kanada. Im offenen, baumbewachsenen Gelände inmitten der Siedlungen. Eingewöhnung im Herbst nicht schwierig, da die A mit Körnerfutter ↗, Fett u. Mehlwürmern ↗ leicht ans Futter geht. Junge sind ebenso leicht aufzuziehen wie die anderer An der G. Geeignet sind hohe Käfige mit Ästen, besser Volieren, die reichl. mit Rindenstücken u. starken Ästen versehen sind. Gegen andere An friedlich. Nahrung im Sommer Fertigfutter, Eifutter u. Insekten, vor allem Bienen- (Drohnen-) Larven. Zusätzl. Samen u. Nüsse, die im Winter Hauptnahrung sind. In den USA sind sie im Winter häufige Gäste an den Futterplätzen.
— *S. castanea*, Zimtkleiber, Kastanienkleiber, Zwergkleiber. ♂: Kopf-OS, Rücken, Flügeldecken, innere Armschwingen blaugrau. Am Kopf schwarzer Streifen vom Schnabel durch das Auge bis zum Hals, breiter werdend. Wangen, Kehle weiß. US einfarbig kastanienbraun, Unterschwanzdecken graublau mit braunen Federsäumen. Schnabel blaugrau. ♀: US hellbraun. Juv. etwas matter. 11—12 cm. Brütet in mehreren UAn versch. Größe in subtropischen Gebieten in SO-Asien, Indien u. Nepal. Meidet Bergwälder. Lebt vor allem in Laubgehölzen der Talgebiete, oft in Gärten in Häusernähe. Importe aus Indien. Nach Ankunft im Winterhalbjahr sehr wärmebedürftig, ein Heizstrahler ist vorteilhaft. Wärme ist dauernd nötig. Nahrung Mehlwürmer u. aufgetaute Insekten, keine Samen. Käfige, die höher als breit sind mit ausreichend Klettergelegenheit. Viel friedlicher als *S. europaea*. Nahrung Fertigfutter, Eifutter u. Insekten. Gemahlene Pinienkerne nach Gewöhnung möglich, tägl. Mehlwurmgaben notwendig. Zucht in der Voliere nicht schwierig, doch sollte bei kühler Witterung beheizt werden. Als Bruthöhle womöglich natürl. Baumhöhle, deren Eingang verklebt wird. Nötig ist feuchte Erde u. Kiefernrinde für den Nestbau. Gelege 3—4 Eier. Für die Jungenaufzucht ist ein vielfältiges Insektenfutter nötig; Drohnenlarven sind begehrt. Notfalls kann man Juv. auch von freilebenden Kohlmeisen ↗ od. Kleibern aufziehen lassen u. später vollends handaufziehen.
— *S. europaea*, Kleiber, Spechtmeise. ♂: Kopf-OS, Rücken, Flügeldecken, innere Armschwingen blaugrau, äußere Arm-, Handschwingen braun u. blaugrau, Schwanz blaugrau. Am Kopf schwarzer Strei-

Sitta

fen von Schnabel über Auge bis zum Hals. Kehle, Wangen weiß, US weißlich, seitl. kastanienbraun. Schnabel blaugrau. Auge braun. ♀: seitl. mattbraun. Juv. wie ♀, aber matter. 13–14 cm. S- u. M-Europa (fehlt in Irland, Sardinien, Korsika), Marokko, Kleinasien bis Kaukasus, Sibirien, Japan, Korea, Teile von China. Bewohnt Laub-, Nadelwald, vor allem Eiche. Klettert an Stamm u. Ästen auf- u. abwärts. Im Winterhalbjahr leicht einzugewöhnen mit Samen u. Mehlwürmern in mit grober Rinde od. Ästen ausgestattetem, stabilem Käfig. Zunächst ist Einzelhaltung empfehlenswert. Aufgezogene Jungvögel werden bes. vertraut. Bewährt haben sich schmale, aber hohe (1 m) Käfige, in die man kräftige Äste stellt. Eine kleine Schlafhöhle in einer oberen Ecke ist erforderlich. Nahrung Haselnüsse, Sonnenblumenkerne od. Bucheckern, doch sollte stets auch Weichfutter verfügbar sein, außerdem tägl. Mehlwürmer od. Lichtfallenbeute. Abwechslung in der Ausstattung u. Nahrung ist für den aktiven Vogel wichtig. Zucht in Voliere, die mit grobrindigen Stämmen ausgestattet ist. Als Bruthöhle ist ein Meisenkasten ↗ ausreichend. Zum Kleben bietet man feuchte Erde, als Nistmaterial dünne Kiefernrinde. Gelege 5–8 Eier. Zur Jungenaufzucht sind Ameisenpuppen, alle Insekten- u. Spinnen-An, auch gezüchtete Heimchen u. Bienenlarven brauchbar.

— *S. krueperi*, Türkenkleiber. ♂: Stirn, Scheitel bis zur Kopfmitte schwarz, andere Stirnfedern weiß. Über dem Auge ein schmaler weißer Streifen. Kinn, Wange, Halsseite, Kehle weißlich. OS blaugrau, Schwingen braungrau. Schwanz blaugrau. US mit größerem kastanienbraunem Fleck auf der Brust, sonst hellblaugrau. ♀: schwarze Kopfplatte etwas kleiner. Juv. weitgehend blaugrau außer heller Kehle. Schwarze Kopfplatte, brauner Brustfleck schwach angedeutet. 11–12 cm. Kleinasien bis Kaukasus, auch vorgelagerte griech. Insel Lesbos. Vor allem Kiefernwälder versch. Höhenstufen. Brütet in selbstgezimmerten u. vorgefundenen Höhlen in Kiefern u. Laubbäumen. Lockruf ist ein kanarienähnl. «doid». Befiederte Jungvögel können mit Insekten u. Ameisenpuppen aufgezogen werden. Auch im Winter Freivoliere möglich, wenn eine Papprohre als Schlafplatz geboten wird. Häufiger Wechsel berindeter u. bemooster Äste, damit Aktivität angeregt wird. Nahrung Weichfresserfutter, Eifutter, Insekten u. Spinnen sowie dünnschalige ölhaltige Samen. Wegen ausgeprägter Versteckaktivität sollten größere Samen od. Haselnüsse gemahlen geboten werden.

— *S. leucopsis*, Weißwangenkleiber. ♂: Kopf-OS, Nacken glänzend schwarz, Rücken dunkelblaugrau. Flügeldecken, Schwingen schwarzbraun. Schwanz blaugrau. Kopf, beginnend unter der schwarzen Platte, ebenso Halsseite, Kehle u. Brust weiß, ins Rahmfarbene übergehend. Seite u. Unterschwanzdecken lebhaft kastanienbraun. ♀ etwas matter. Juv. wie ♀. 12–14 cm. Hindukusch über Kaschmir, W-Nepal bis NW-China (Kansu). Bewohnt ausschließl. Nadelwald in den Hochlagen, vor allem Zedern.

Klettert nahrungssuchend mehr an Ästen u. Zweigen als am Stamm. Aufzucht von Jungvögeln nicht schwierig. Insekten, deren Larven u. Puppen sind als Futter geeignet, auch Falter aus der Lichtfalle. Nach dem Ausfliegen sind Juv. in Käfig u. Voliere extrem aktiv. Morsches Holz wird ausdauernd bearbeitet. Gegeneinander u. gegen Vögel anderer An oft aggressiv. Im Winterhalbjahr werden Pinienkerne vor allem anderen bevorzugt. Versteckaktivität nicht stark ausgeprägt.

— *S. neumayer*, Felsenkleiber. ♂ u. ♀: Kopf-OS u. Rücken blaugrau. Vom Schnabel durch das Auge bis zu den Halsseiten ein schwarzer Streifen. Flügeldecken, Schwingen bräunlich. Schwanz blaugrau, Kinn, Kehle, Brust weiß, nach hinten rahmfarben bis rostfarben. Schnabel schwarz. Auge dunkelbraun. Juv. US mehr rahmfarben. 14–17 cm. SO-Europa, Jugoslawien, Griechenland, Kleinasien, Syrien, N-Jordanien, Iran. Bewohnt Felsgebiete, in Griechenland auch Gebäude u. Ruinen. Aufzucht von Jungen ist mit Insekten, Ameisenpuppen u. Zugabe von Kalk u. Vitaminen möglich. Käfig muß mit größeren Steinen belegt werden, damit sich Krallen, Lauf u. Schnabel abnützen können. Freiflug im Zimmer nicht empfehlenswert, da der Vogel Gegenstände beschädigt. Die lauten Rufe u. Gesangsstrophen sind in der Wohnung lästig, eine Außenvoliere ↗ ist günstiger. Große Vorsicht gegenüber allem Neuartigen u. laute Erregungsrufe typisch. Nahrung neben Insekten kleine Gehäuseschnecken, im Winter auch Samen.

Korsenkleiber. Männchen

— *S. whiteheadi*, Korsenkleiber. ♂: Kopf-OS glänzend schwarz, hinten in Blaugrau übergehend, über dem Auge breiter weißer Streifen bis zum Hinterkopf. Vom Schnabel durch das Auge ein schwarzer Streifen, Kopfseiten, Kehle weißlich, Rücken, Schwanz blaugrau. US leicht rahmfarben graugelblich. Schnabel schwärzlich. Auge dunkelbraun. ♀: Kopf-OS dunkelblaugrau. Juv. etwas matter. 11 cm. Ausschließl. Insel Korsika. In Bergwäldern auf Schwarzkiefern. Sozialer als *S. europaea*, häufig mit Tannenmeisen ↗ vergesellschaftet. Bei Erregung rauhes Rätschen wie entfernter Eichelhäher. Nahrung im Winterhalbjahr hauptsächl. Samen der Schwarzkiefer, die hängend aus den Zapfen geholt werden. Jung Aufgezogene werden sehr zahm. Zur Aufzucht sind Ameisenpuppen u. alle Insekten geeignet. Stubenfliegen sind sehr begehrt. Ein größerer Käfig od. eine Zimmervoliere ↗ mit starken Ästen sind notwendig. Freiflug im Zimmer ist möglich. Starker Verstecktrieb. Als Nahrung dient Fertigfutter, Eifutter u. Ameisenpuppen. Zusätzl. ganzjährig Samen von Nadelbäumen sowie Hanfsamen.

Sittichpapageien → Triclariinae

Sittidae, Kleiber. F der Passeriformes ↗. 22 An. Färbung meist blaugrau mit heller US. Asien, Europa, N-Amerika, N-Afrika. In Waldgebieten, Parkanlagen u. Baumgärten. Kletterer auf Baumstämmen u. Ästen. Nahrung Insekten u. Baumsamen, in den Subtropen nur Insekten u. Spinnen. Nahrung wird in Spalten eingeklemmt u. zerlegt. Brüten ausschließl. in Höhlen, z.T. mit verengtem Eingang. Nester aus Moos, Tierwolle, Federn od. nur dünner Rinde.

Sitzstangen → Sprungstangen

Siva. G der Timaliidae ↗. 1 A. Himalaja, Assam, Burma (nicht im S), SW-China, Indochina, NW-, SO- u. S-Thailand u. Malaysia. Bewohner der Bergwälder bis ca. 1 000 m ü. NN. Schlüpfen emsig durch das Gezweig. Gesang sanft, melodisch. Napfförmiges Nest aus Gräsern, Laub u. Moos, gern in Schlingpflanzen gebaut. Gelege 3–5 Eier. Erstmalig 1877 bei K. Ruß ↗, zur gleichen Zeit auch in London, seither regelmäßig im Handel. Haltung in Vogelvitrine ↗, Vogelstube ↗ od. pflanzenreicher Voliere ↗. Einzelvögel zuweilen unverträglich. Warme Überwinterung. Handelsübl. Insektenweichfutter mit Obst- u. Möhrensaft anfeuchten, außerdem Obststückchen, süße Beeren, Mehlkäferlarven, Ameisenpuppen, Pinkies ↗ u. a. Insekten (Lichtfalle ↗). Bald zutraulich. Erstzucht 1907 von Nagel, Deutschland. ♀ u. ♂ brüten. Juv. fliegen nach 14 Tagen aus. Während der Aufzucht übliches Futter, reichl. lebende Insekten.

— *S. cyanouroptera*, Blauflügel-Sonnenvogel, Blauflügelsiva. ♂ u. ♀: Gesicht weiß, Ohrdecken unscharf graubraun gestrichelt. Kopf-OS blau bis blauviolett. OS braun. Flügel blau u. schwarz, Schwanz blau. US weißlich. Schnabel hellhornfarben. Auge braun. Füße fleischfarben. 14,5 cm. UAn.

Skua *(Stercorarius skua)* → Stercorarius

Smaragdbreitmaul *(Calyptomena viridis)* → Calyptomena

Smaragdbreitrachen *(Calyptomena viridis)* → Calyptomena

Smaragdites, Grünschwanz-Goldkehlchen. G der Trochilidae ↗. 1 A. Von SO-Kolumbien, S-Venezuela u. Guayana bis O-Peru u. Pará. Bewohnen Waldränder, Savannengebiete, Sekundärbusch u. Dickichte von 100–300 m Höhe. Neuankömmlinge benötigen offenbar viel Wärme u. leichtverdauliches Futter. Erste Exempl. 1980 importiert, daher Haltung wenig bekannt, Zucht noch nicht gelungen.

— *S. theresiae*, Grünschwanz-Goldkehlchen. ♂: OS glänzend grün, Kopf-OS matter. US hell glitzernd grün. Schwanz glitzernd grün. Oberschnabel dunkelbraun, Unterschnabel fleischfarben mit brauner Spitze. ♀: US matter, seitl. Steuerfedern mit weißen Spitzen. Juv. wie ♀. 9,0 cm.

Smaragdkehl-Glanzschwänzchen, Smaragdkehlkolibri *(Metallura tyrianthina)* → Metallura

Smaragdkolibri *(Florisuga mellivora)* → Florisuga

Smaragdkuckuck *(Chrysococcyx cupreus)* → Chrysococcyx

Smaragdlori *(Vini ultramarina)* → Vini

Smaragdracke *(Calyptomena viridis)* → Calyptomena

Smaragdstar *(Coccycolius iris)* → Coccycolius

Smith, George Alfred, geb. 7. 7. 1932 in Peterborough, England. Hauptarbeitsgebiete allgemeine Ornithologie u. Vogelzucht, spez. Systematik, Ethologie, Fortpflanzung in der Gefangenschaft, Krankheiten u. Selektion nach typischen Merkmalen in der Gefangenschaft, Genetik, Anatomie. Über 100 Publikationen, u. a. 2 Bücher.

Smithammer *(Leptoplectron pictum)* → Leptoplectron

Socorro-Grünsittich, UA → Grünsittich

Soldatenamazone *(Amazona mercenaria)* → Amazona

Soldatenara *(Ara militaris)* → Ara

Somalipapagei, NN → Rotbauch-Mohrenkopf

Somaliweber *(Textor spekei)* → Textor

Somateria. G der Anatidae ↗, UF Anatinae ↗. 3 An.

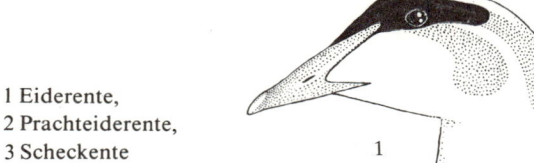

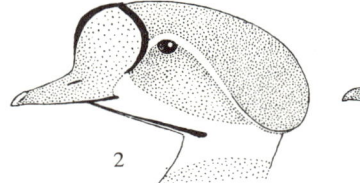

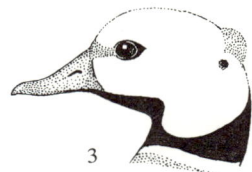

Blauflügelsiva

1 Eiderente,
2 Prachteiderente,
3 Scheckente

— *S. fischeri*, Plüschkopfente.
— *S. spectabilis*, Prachteiderente. Sehr selten gehalten.
— *S. mollissima*, Eiderente. ♂ u. ♀ mit charakteristischem langem Kopfprofil. ♂: im BK Kopf, Hals, Brust u. Rücken weiß. Oberkopf schwarz. Nacken hell moosgrün. Brust mit rosafarbenem Anflug. Flanken u. US schwarz. Schnabel grünlich, bei 2 UAn gelb. Füße dunkelgrün. Im RK dunkelbraun mit weißen Federn durchsetzt. ♀: rostbraun mit schwarzer Bänderung. 58 cm. 3 UAn. Brutvogel entlang der Küsten NO-Sibiriens, des nö. N-Amerikas, Grönlands u. N-Europas, sü. bis zu den Friesischen Inseln. Im Winter weicht sie bei Küstenvereisung nach S aus. Ganzjähriger Aufenthalt vor Meeresküsten. Nahrung vorwiegend Muscheln. Daneben werden Krebstiere, Fische u. Pflanzenteile aufgenommen. Nester zwischen Geröll od. dürftiger Vegetation. Mitunter lockere Brutkolonien. Nistmulde reichl. mit Dunen ausgelegt. 4—6 Eier werden vom ♀ 25—26 Tage bebrütet. ♂ hält sich in Nestnähe auf. ♀ führt Juv. auf das Meer. Dort oft Vergesellschaftung mehrerer Fn. Wird in zunehmender Zahl im Gehege gehalten. Unterbringung auf tiefen Teichen mit sauberem, möglichst fließendem Wasser. Für Gemeinschaftshaltung geeignet, da sehr friedlich. Fütterung mit pelletiertem Mischfutter u. Fischstückchen. Zucht gelingt nicht mit allen Tieren. Nester zwischen Steinen od. Uferpflanzen. Künstl. Aufzucht nicht schwierig. Aufzuchtfutter mit hohem tierischem Anteil. UAn sollten nicht gemeinsam gehalten werden, da Gefahr der Vermischung.

Eiderenten. Paar

Sommergast. Vögel, die im Sommer regelmäßig anzutreffen sind, aber nicht brüten.
Sommergoldhähnchen *(Regulus ignicapillus)* → *Regulus*
Sommertangare *(Piranga rubra)* → *Piranga*
Sonderschau. Spezialausstellung für bes. An od. eine Vogelgruppe, meist als Rahmenschau veranstaltet.
Sonnenblume → *Helianthus annuus*
Sonnenkleid. Rezessiv vererbte Federmißbildung. Fehlen von Deck- u. Schwungfedern.
Sonnennymphe *(Heliangelus amethysticollis)* → *Heliangelus*
Sonnenralle *(Eurypyga helias)* → *Eurypyga*
Sonnensittich *(Aratinga solstitialis)* → *Aratinga*
Sonnenstrahlelfe, Sonnenstrahlkolibri *(Heliactin cornuta)* → *Heliactin*
Sonnensucher → *Heliomaster*
Sonnenvogel *(Leiothrix lutea)* → *Leiothrix*
Sonnerathuhn *(Gallus sonneratii)* → *Gallus*
Soorkrankheit des Geflügels → Candidamykose des Geflügels
Sora-Sumpfhuhn, NN → Carolinaralle
Sorella, Maronensperlinge. G der Passeridae ↗. 1 A. Sudan, Äthiopien bis Kenia. Bewohnen Dornbuschsavanne, gern in Feuchtgebieten, auch in Siedlungen. Nest hoch in Bäumen, nutzen möglicherweise Nester von Webervögeln ↗, die sie umbauen. Zwitschernder, angenehmer Gesang. Gelege 3—4 weißlichgrüne, dunkel gefleckte Eier. Eingewöhnung problemlos, friedlich, bald zutraulich. Futter s. *Auripasser* ↗. Erstzucht 1975 H. BIELFELD ↗. Nest aus Kokosfasern in Nistkörbchen. Schlupf nach 11 Tagen. Aufzuchtfutter Insekten, s. Ploceidae. Juv. fliegen nach 16—17 Tagen gut befiedert aus. Anschl. noch 14 Tage von ♀ gefüttert. ♂ füttert Nestlinge nur in den 1. Lebenstagen mit.
— *S. eminibey*, Maronen-, Emin-, Emingoldsperling. ♂: rotbraun, Flügel-, Schwanzfedern gelbbraun gesäumt. Schnabel schwarz. Auge dunkelbraun. Füße bräunlich bis fleischfarben. ♀: graubraun, dunkler, hell gestreift. Oberer Kopf grau. Kinnfleck hellrotbraun, ebenso Bürzel, Oberschwanzdecken. US helles Grau, zur Bauchmitte mehr weißlich. Schnabel hellhornfarben. Füße fleischfarben. 11 cm.
Souanceis Schwarzschwanzsittich, UA → Braunschwanzsittich
Sparbeleuchtung. In der Nacht brennendes Dämmerungslicht mit sehr niedriger Wattzahl, um panikartigem Umherflattern nach plötzlichem Erschrecken vorzubeugen u. damit Verletzungen, folgenschwere Brutstörungen usw. zu vermeiden (s. Dämmerungsschaltung).
Spatelente *(Glaucionetta islandica)* → *Glaucionetta*
Spatelliest *(Tanysiptera galatea)* → *Tanysiptera*
Spatelraubmöwe *(Stercorarius pomarinus)* → *Stercorarius*
Spatelschwanz *(Discosura longicauda)* → *Discosura*
Spatelschwanzelster *(Crypsirina cucullata)* → *Crypsirina*
Spatelschwanzpapageien → *Prioniturus*
Spathopterus. G der Psittaculidae ↗. 2 An, von einigen zu G *Polytelis* ↗ gerechnet. Australien. Bilden max. Flüge von 20 Exempl., enger Zusammenhalt der Vögel. Gern gehalten. Unterbringung, Futter s. Platycercidae, Obst reichen. Brüten in Baumhöhlen (Ø 30 cm, 75 cm tief, Einflugloch Ø 9—10 cm). Gelege 4—7 Eier. Nur ♀ brütet, wird von ♂ gefüttert. Brutdauer 21 Tage, Nestlingszeit 35—40 Tage, fortpflanzungsfähig überwiegend im 2. Lebensjahr.
— *S. alexandrae*, Alexandrasittich, Princess-of-Wales-Sittich. ♂: grün, Stirn, Scheitel hellblaue Tönung. Kopf bis Schultern, Rücken olivbräunlichgrün. Unterrücken, Bürzel lilablau. Flügeldecken gelbgrün, mittl. Schwanzfedern verlängert. Wangen, Kinn, Kehle rosarot, sonst US graugelblich. Am entfalteten Flügel 3. Handschwinge aufwärts gebogen. Schnabel rot. Iris orangerot. Füße dunkelgrau. ♀ ähnl. ♂,

Kopf schiefergrau, 3. Handschwinge gerade, Schwanzfedern kürzer. Flügeldecken olivgrün. Juv. matter als ♀, ♂♂ beginnen mit 6 Monaten zu balzen, nach gut 12 Monaten ad. Kleid. 45 cm. Keine UAn. Inner-Australien. Bewohnt trockene Steppen, Halbwüsten, nur in *Spinifex*-Landschaften, dort in der Nähe zeitweiliger Wasserläufe mit hohen Bäumen (Bruthöhle). Nomadisierend. Interessanter Pflegling, sehr friedlich. Ohne Scheu, kein Nager. Häufig gezüchtet. Am besten Höhlen in Baumstämmen, schräg stellen, da ♀ häufig auf Gelege springt (Eibeschädigung). Brutbeginn April. Mutation: Blau (Körper perlgrau, Kopf blau, rote Abzeichen heller), Lutino, Weiß.
— *S. anthopeplus*, Bergsittich. ♂: gelb, Rücken olivbraun, Schwingen, Schwanz schwarz, kleine, mittl. Flügeldecken gelb, große schwarz mit grünen Säumen. Innere Armschwingen teilweise außen rot. Schnabel rot. Iris orange. Füße graubraun. ♀: matter als ♂; Kopf, US mehr olivgelb, mittl. Schwingen gelb. Schnabel matter. Juv. wie ♀, ♂♂ manchmal intensiver gefärbt, nach ca. 7 Monaten vereinzelt gelbe Federn. Nach 14—18 Monaten ad. Kleid. 40 cm. Keine UAn. S-Australien. 2 geograph. getrennte Populationen. Ostaustral. Vogel lebt in dichten Strauchsteppen, westaustral. ausgesprochener Kulturfolger, in SW-Australien häufig sehr zahlreich in Weizenfeldern, verursacht dann meistens großen Schaden. Nach IMMELMANN dringt er zunehmend in Eukalyptuswälder im äußeren SW vor. Brütet in hohen Eukalyptusbäumen, bevorzugt senkrechte Bruthöhlen, Tiefe manchmal mehr als 5 m, selten Brutröhre in Uferwänden. Vögel im feuchten SW mehr grünlich, übrige mehr gelb. Erstmalig 1864 in Europa (Zoo London). Hart, ausdauernd, verträgt Frost, wenn Schutzraum vorhanden ist. Friedlich. Häufig gezüchtet.

Spatula. G der Anatidae ↗, UF Anatinae ↗. 6 An.
— *S. clypeata*, Löffelente. ♂ u. ♀ mit langem, vorn löffelähnl. verbreitertem Schnabel. ♂: im BK mit grünglänzendem schwarzen Kopf u. weißer Brust. Flanken u. Bauch rotbraun. Flügel mit hellblauen Decken u. grünem Spiegel. Schnabel schwarz. Füße orangefarben. Im RK dem ♀ ähnl. ♂: graubraun mit graublauen Flügeldecken u. grünem Spiegel. Schnabel braun. 50 cm. Brutvogel in M- u. W-Europa, M- u. N-Asien sowie im we. N-Amerika. Überwinterung im Mittelmeergebiet, in Afrika u. im subtropischen u. tropischen Asien. Nahrung pflanzliche u. tierische Kleinlebewesen, die seihend aus dem Wasser aufgenommen werden. Zur Brutzeit an flachen Seen u. Teichen, auf sumpfigen Wiesen. Nester auf trockenem Untergrund in Ufernähe od. auf wassernahen Wiesen. Gelege mit 8—12 Eiern werden vom ♀ 22—25 Tage bebrütet. Aufzucht der Juv. in der Ufervegetation. Beliebter u. verbr. Gehegevogel. Unterbringung auf Gemeinschaftsanlagen od. kleinen Teichen mit bewachsenen Ufern. Friedlich u. ausdauernd. Überwinterung bei offener Wasserstelle im Freien möglich. Zucht bei guten Bedingungen nicht problematisch. Nester zwischen Stauden od. im Gras. Futter mit tierischem Anteil, auch bei Aufzucht. Mischlinge mit gleichgroßen An kommen vor.
— *S. cyanoptera*, Zimtente. ♂: im BK Kopf, Brust,

Junge Princess-of-Wales-Sittiche im Brutkasten. Normalfarbiger Vogel und Lutinos. Alter 21 Tage

Flanken u. Bauch rotbraun. Rücken braun, hell gesäumt. Flügeldecken blau. Langer schwarzer Schnabel. Füße orangefarben. ♂: im RK wie ♀; rotbraun überhaucht. ♀ graubraun mit rotbrauner Tönung u. längerem Schnabel als ♀ von *discors*. 38—45 cm. 3 UAn. Brutvogel vom südwe. N-Amerika bis zum sü. S-Amerika. Im Winter Wanderungen in Richtung Äquator. Nahrung mit hohem tierischem Anteil wird seihend aus dem Wasser aufgenommen. Zur Brutzeit an nahrungsreichen Flachgewässern im Flachland u. Gebirge. Nester zwischen Ufervegetation. 6—10 Eier werden vom ♀ 24—25 Tage bebrütet. Im Gehege UAn meist vermischt. Friedlich u. ausdauernd. Unterbringung in nicht zu großen Gemeinschaftsanlagen mit reichl. Vegetation. Zucht nicht problematisch. Eiablage in Nistkästen od. freien Nestern. Mischlinge vorzugsweise mit An der gleichen G anzutreffen.
— *S. discors*, Blauflügelente. ♂: im BK mit weißem, halbmondförmigen Fleck zwischen Schnabel u. Auge. Kopfseiten graublau. Scheitel u. Kinn schwarz. Brust, Bauch u. Flanken hellbraun mit dunklen Punkten. Flügeldecken hellblau. Spiegel blaugrün. Schulterfedern wenig verlängert. Schnabel schwarz. Füße gelb mit dunklen Schwimmhäuten. ♀-farbiges RK. ♀: graubraun, gefleckt. 38 cm. 2 UAn. Verbr. Brutvogel im gemäßigten N-Amerika. Im Winter in S-Staaten der USA. Nahrung mit hohem tierischen Anteil, wird vorwiegend im Wasser aufgenommen. Zur Brutzeit an flachen Seen, in Flußniederungen u. Sumpfgebieten. Nester auf trockenem Grund zwischen Pflanzen. Gelege 8—10 Eier, werden vom ♀ 23—24 Tage bebrütet. Aufzucht der Juv. in der Ufervegetation. Beliebter Gehegevogel. Unterbringung in kleinen, grasbewachsenen Anlagen. Leicht zu halten. Friedlich, für Gemeinschaftshaltung geeignet. In strengen Wintern Unterbringung im Schutzraum. Zucht nicht schwierig. Eiablage in Bodenvegetation. Mischlinge mit anderen kleinen Enten kommen vor.

Spatz

Kleinelsterchen

— *S. platalea,* Südamerikanische Löffelente. ♂: mit hellgraubraunem, fein gesprenkeltem Kopf. Brust, Bauch u. Flanken auf hellrotbraunem Grund dunkel gefleckt. Schulterfedern wenig verlängert. Schwanz zugespitzt. Löffelähnl. verbreiteter Schnabel dunkelgrau. Füße gelb mit dunklen Schwimmhäuten. ♀: graubraun mit graublauen Flügeldecken. 48 cm. Brutvogel in S-Amerika von Peru, Bolivien u. S-Brasilien bis Feuerland. Brutvogel aus dem S des Brutgebietes zieht im Winter nach N. Bewohnt flache Gewässer u. Sümpfe. 6—8 Eier. Brutdauer 25 Tage. Außerhalb der Brutzeit in kleinen Trupps. Die Nahrung besteht vorwiegend aus kleinen Wasserlebewesen, weniger aus Wasserpflanzen. Anzahl der Tiere im Gehege zunehmend. Haltung u. Zucht wie *clypeata.*

Spatz (*Passer domesticus*) → *Passer*
Spechte → Picidae
Spechtmeise, NN → Kleiber
Spechtpapageien → Micropsittinae
Speculanas. G der Anatidae ↗, UF Anatinae ↗. 1 A. S-Amerika von Chile u. Patagonien bis Feuerland. Bewohnen Flußläufe u. Sumpfniederungen in Waldgebieten der Anden. Nahrung besteht aus pflanzlichen u. tierischen Substanzen. Besetzen u. verteidigen Brutreviere. Nester in Ufervegetation. Gelege mit 4—6 Eiern werden vom ♀ ca. 30 Tage bebrütet. Selten gehalten. Robust u. winterhart. Unterbringung nur in Einzelgehegen, da gegen alle Mitbewohner äußerst bösartig. Zucht mehrfach gelungen u. nicht sonderlich schwierig.
— *S. specularis,* Kupferspiegelente. ♂: Kopf u. Hals dunkelbraun. Großer weißer Fleck zwischen Auge u. Schnabel. Weiße Kehlzeichnung, die sich bis zum hinteren Kopf halbmondförmig ausdehnt. Brust braun. Flanken braun mit schwarzen Flecken. Flügeldecken schwarz, Flügelspiegel bronzefarben, schwarz u. weiß eingefaßt. Schnabel bleigrau. Füße orangefarben. ♀ wie ♂, schwer zu unterscheiden. 58 cm.

Speiballen → Gewölle
Spekeweber (*Textor spekei*) → *Textor*
Sperber (*Accipiter niser*) → *Accipiter*
Sperbereule (*Surnia ulula*) → *Surnia*
Sperbergrasmücke (*Sylvia nisoria*) → *Sylvia*
Sperbertäubchen (*Geopelia striata*) → *Geopelia*
Sperlinge → Passeridae → *Passer*
Sperlingsastrilde → *Sporopipes*
Sperlingskauz (*Glaucidium passerinum*) → *Glaucidium*
Sperlingspapageien → Forpinae
Sperlingstäubchen (*Columbigallina passerina*) → *Columbigallina*
Sperlingsweber → Plocepasserinae
Spermestes. G der Estrildidae ↗. 3 An. Afrika. Bewohnen Gras-, Kulturland, Wälder, oftmals an den Rändern, Uferböschungen, Siedlungen. Nest in Büschen, niedrigen Bäumen, unter Dächern. Gelege 4—6 Eier. Nach der Brutzeit gesellig umherstreifend. Vögel aller An auf dem Vogelmarkt. Eingewöhnung leicht. Anspruchslos, ausdauernd, nicht unter 15 °C halten. Untereinander streitlustig, deshalb am besten paarweise Haltung in Käfig od. Voliere. Futter s. Estrildidae, vor allem gekeimtes Körnerfutter; Insektennahrung wird wenig beachtet. Zucht leicht, Schlupf nach 12—14 Tagen. Juv. verlassen nach ca. 3 Wochen das Nest. Dieses wird häufig in halboffenen Nistkästen ↗, Harzer Bauern ↗ od. Bastkörbchen aus Gräsern, Kokos-, Agavefasern gebaut, innen mit weichen Fasern u. Federn ausgepolstert. Juv. 10 Tage nach Nestverlassen selbständig, mit den Eltern dann unverträglich.
— *S. bicolor,* Glanzelsterchen. ♂ u. ♀: OS glänzend schwarz, untere Brust bis einschließl. Unterschwanzdecken weiß. Flanken schwarzweiß gezeichnet. *S. b. poensis* (Gitterflügelelsterchen) mit schwarzweißer gitterähnl. Zeichnung auf Flügel, Bürzel, Oberschwanzdecken. Gleichfalls die UAn *S. b. nigriceps, S. b. rufodorsalis, S. b. woltersi,* alle als Braunrückenelsterchen bekannt, weisen diese Zeichnung auf, haben allerdings Rücken- u. Flügeldecken braun. Schnabel bleigrau. Auge dunkelbraun. Füße schwarz. Juv. matt grauschwarz, unterseits graubraun, Schnabel schwarz. 9—10 cm. Nur ♂ singt. Guinea bis S-Äthiopien, Somalia bis Natal, von Uganda, N-Kongo bis N-Angola, außerdem SO-Kongo, Sambia.
— *S. cucullatus,* Kleinelsterchen. ♂ u. ♀: Kopf, Hals schwarz, grünglänzend. Rücken, Flügel dunkelbraun. Grünglänzender, schwarzer Schulterfleck. Bürzel, Oberschwanzdecken bräunlichweiß. Schwanz abgerundet, schwarz. Unterkörper weiß, seitl. braun u. weiß quergebändert. An der Brustseite auffälligen, metallischgrünglänzenden Fleck. Weiße Unterschwanzdecken mit schwarzen Querwellen. Oberschnabel schwarz, Unterschnabel blaugrau. Auge braun. Füße schwarzgrau. Juv. OS dunkelbraun, US heller. Schwanz schwarzbraun. Schnabel schwarz. 9 cm. Kam erstmalig vor gut 100 Jahren nach Europa. Erstzucht gelang Dr. Ruß ↗.
— *S. fringilloides,* Riesenelsterchen. ♂ u. ♀: Kopf, Hals, Bürzel bis einschließl. Schwanzfedern schwarz mit grünlichem Glanz. Rücken, Flügel braun, Flügeldecken weißgestrichelt. Brust bis einschließl. Unterschwanzdecken weiß. Körperseiten schwarz, brauner Flankenfleck. Oberschnabel schwarz, Unterschnabel bleigrau, Spitze schwarz. Auge braun. Füße dunkel-

grau. Juv. insges. matter, US helles Graubraun, keine Strichelzeichnung. Schnabel schwarz. 12 cm. Nur ♂ singt. Tropisches Afrika, z. T. nur lokal verbr., von Senegal bis oberen Nil, durch den Kongo bis Moçambique. Bewohner der Steppen, Waldränder, vor allem auch verunkrauteter Felder, Bambusbestände, Regenwald. Wahrscheinl. erstmalig 1868 nach Europa gekommen, seither stets gehandelt, brüten auch in größeren Käfigen. Leicht zu züchten, schon 46 Jungtiere von einem Paar in einem Jahr bekannt geworden.

Spermolegus. G der Prunellidae ↗. 5 An. Kleinasien, SW-Arabien, Asien. Artenschutz, Pflege, Zucht s. Prunellidae.

— *S. atrogularis*, Schwarzkehlbraunelle. ♂ u. ♀: Stirn bis Hinterkopf, Zügel, Ohrregion, Kehle bräunlichschwarz. Augenstreif fahl rostgelb, zieht von Schnabelwurzel bis Halsseite. OS blaß gräulich rostbraun, überzogen von schwarzbraunen Längsflecken. Flügel-, Schwanzfedern dunkelbraun mit rostbraunen Säumen. Kehle, Brust rostgelb. Flanken mit dunkelbraunen Streifen, sonst unterseits weißlich. Schnabel schwärzlich. Füße bräunlich. Juv. OS trüber als Ad., Kehlfedern schwärzlich, rostgelb gesäumt, Unterseite rostgelblich mit dunkelbraunen Streifen. 15 cm. UAn. N-Ural, Altai, Gebirge des we. Innerasiens, sü. bis Tadschikistan, Kaschgar, Tienschan. Auf dem Zuge durch W-Sibirien. Überwinterung: Transkaspien bis Afghanistan, Belutschistan. Lockruf 3silbig, Gesang angenehm, überwiegend piepsend, kunstlos.

— *S. montanella*, Bergbraunelle. ♂: Kopf-OS, Kopfseiten braunschwarz, getrennt durch breiten, hellokkerfarbenen Überaugenstreif, zieht von der Schnabelwurzel zum Hinterkopf. Rotbrauner Rücken mit dunklen Flecken besetzt. Bürzel, Oberschwanzdecken graubraun, Schwanz braun. US ockergelb bis weißlich, Flanken mit braunen Streifen. ♀ matter als ♂, US heller. UAn. N-Ural bis zum Anadyr, durch Stanowoi-Gebirge, Transbaikalien bis zu den Sajanen, NO-Altai. Überwinterung in O-Asien. Irrgast in W-Sowjetunion, Schweden, CSSR, Italien, Griechenland.

Spermophaga. G der Estrildidae ↗. 3 An. Kräftiger Schnabel. Afrika. Leben in Tropenwald, auf Lichtungen, an Waldrändern, gern in Gewässernähe. Nahrung Samen, Insekten, Früchte. Schöner Gesang. Vögel aller 3 An ab u. zu im Handel. Lebhaft, friedlich, nicht gegenüber A-Genossen, deshalb paarweise Haltung, nur *S. ruficapilla* durch große Scheu anfangs stürmisch. Am besten Volierenhaltung. Futter → Estrildidae, außerdem Beeren, Obststückchen. Während der Aufzucht reichl. Insektennahrung.

— *S. haematina*, Rotbrustsamenknacker. ♂: Kopf, OS, Bauch, Unterschwanzdecken, Schwanz schwarz. Von Kinn bis Brust, Flanken, Oberschwanzdecken rot. Schnabel hellblaugrau, an Schneiden u. Spitze rot. Auge braun, hellbläulicher Lidrand. Füße schwärzlich. ♀: OS schiefergrau, nur Oberschwanzdecken düsterrot. Kopf rötlichbraun, Bauch, Unterschwanzdecken schwarz, mit weißer Schuppenzeichnung. Juv. ♂♂ Brust schwach rötlich, bei juv. ♀♀ bräunlich, außerdem zartgraue Tropfen auf der US. Etwa 14 cm. W-Afrika. Buschreiche Waldränder,

Spezialzuchtgemeinschaft Wildvogelzüchter (SZG)

571

Rotbrustsamenknacker

grasbestandene Lichtungen. Anspruchsloser Pflegling, empfehlenswert für Gesellschaftsvoliere. Erstzucht 1964 Naturbrut bei Dr. BURKARD ↗, 1976 durch ULASZEWSKI, DDR. Aufzuchtfutter vorwiegend Larven von *Corethra plumicornis*, Wasserflöhe, reichl. Ameisenpuppen, Mehlwürmer ↗.

— *S. poliogenys*, Granatsamenknacker. ♂: Kopf bis Brust rot, gleichfalls Flanken, Oberschwanzdecken, sonst schwarz. Schnabel hell stahlblau, Schneiden u. Spitze rot. Auge braun, blaßblauer Lidrand. Füße braun. ♀: Kinn, Kehle, Kropf rot, übriges Gefieder schwarz mit zahlreichen weißen Tropfen übersät. OS dunkelschiefergrau. 13 cm. Inner-Kongo bis W-Uganda. Erstmalig 1963 nach Europa zu Dr. BURKARD ↗. Haltung in dichtbepflanzten Volieren.

— *S. ruficapilla*, Rotkopfsamenknacker. ♂: Kopf, Hals, Brust, Flanken, Oberschwanzdecken rot, sonst schwarz. Schnabel hell blaugrau. Auge braun, Lidrand blau. Füße braun. ♀ wie ♂, roter Kopf, sonst wie ♀ *S. poliogenys*. Juv. Kopf braun, sonst schiefergrau, ♂♂ Spitzen der Oberschwanzdecken rot, ♀♀ US schwach gebändert. Lokal verbr. in NO-Tansania (Usambara-Berge), nö., we., südwe. um Victoria-See, NO-Angola. Lebt im dichten Unterholz feuchter Buschwälder, auch in mannshohem Gras der Brachlandschaften, Lichtungen der Bergwälder, aber nicht über 2000 m ü. NN. Aggressiv gegenüber ähnl. gefärbten Vögeln. Anspruchslos. Wenige Male gezüchtet.

Spezialzuchtgemeinschaft Kanarienzüchter (SZG), DDR. Gegründet 1947. Aufgliederung in 8 Zuchtwartsbereiche mit über 100 Sparten. Fachlich betreut werden Gesangs-, Farben-, Gestalts- u. Mischlingskanarien. Ausstellungen u. Meisterschaften werden jährl. auf Sparten- u. Zuchtwartsbereichsebene durchgeführt, jährl. eine DDR-Meisterschaft. Ausgestellt wird nach den bestehenden Ausstellungsrichtlinien ↗, bewertet nach einem eigenen Standard. Diese SZG hat eigens ausgebildete Zuchtrichter ↗ für ihre Wettbewerbe.

Spezialzuchtgemeinschaft Wildvogelzüchter (SZG), DDR. Gründung Juli 1978. Hauptziele sind die Zu-

**Spezialzuchtgemeinschaft
Ziergeflügel- u. Exotenzüchter (SZG)**

sammenarbeit mit den für den Vogelschutz verantwortl. Behörden u. Organisationen, die züchterische Arbeit mit Wildvögeln u. die, die im Rahmen der Naturschutzbestimmungen gehalten werden dürfen.

Spezialzuchtgemeinschaft Ziergeflügel- u. Exotenzüchter

Spezialzuchtgemeinschaft Ziergeflügel- u. Exotenzüchter (SZG), DDR. Gründung im Oktober 1952, heute hat die SZG über 16 000 Mitglieder. Fachlich u. züchterisch betreut werden alle fremdländ. Vögel, einschließl. der domestizierten An. Schauen werden auf Sparten-, Kreis-, Bezirksebene mit Meisterschaften ↗ durchgeführt, einmal jährl. zum Jahresende die DDR-Ausstellung mit den DDR-Meisterschaften. Bewertet wird nach einem eigenen Standard ↗, die Meisterschaften u. Ausstellungen werden nach beschlossenen Ausstellungsrichtlinien ↗ durchgeführt. Zur fachlichen Spezialisierung erfolgte Untergliederung in Interessengemeinschaften (z. B. IG Prachtfinken).

Spezies → Art

Spheniscidae, Pinguine. F der Sphenisciformes ↗. 6 Gn, 16 An. ♂ u. ♀ gleich gefärbt, ♂ meist etwas größer als ♀. Bewohnen Meere u. Küsten der S-Halbkugel vom antarktischen Kontinent bis S-Küste S-Amerikas, S-Afrikas, S-Australiens, Neuseeland u. Galapagosinseln. Außerhalb der Brutzeit an sandigen u. felsigen Küsten u. auf Eis. Fressen vorwiegend Fische, aber auch Tintenfische u. Krebse (Krill). Brüten in Kolonien, oft Hunderttausende von Paaren gemeinsam. Nest aus verschiedenem Pflanzenmaterial u. Federn in Erdhöhlen, Felsspalten, zwischen Steinen od. aus zusammengetragenen Steinen (z. B. Adeliepinguin ↗). Kaiser- ↗ u. Königspinguin ↗ tragen Ei zur Bebrütung auf Füßen u. stülpen Bauchhaut darüber. Gelege 1—2, selten 3, weiße Eier. Brutdauer zwischen 33 u. 67 Tagen. ♂ u. ♀ brüten, beim Kaiserpinguin nur ♂. ♂ u. ♀ füttern die Jungen. Am häufigsten werden Pinguine der gemäßigten Zone (Brillen- ↗, Humboldt- ↗ u. Magellanpinguin ↗) importiert. Sie können unter europäischem Klima im Freien gehalten werden. Bei hochsommerlichen Temp.en Abkühlung durch Wassersprüher u. Wasserwechsel im Wasserbecken. Bei Temp.en unter −15 °C Gefahr von Erfrierungen an Füßen u. Flügelspitzen, deshalb möglichst frostfreien Raum zur Unterbringung bei starker Kälte. Haltung antarktischer Formen (Kaiser- u. Adeliepinguine) nur in klimatisierten Räumen möglich. Frischimporte bes. gegen Aspergillose empfindlich. Auch Vogelmalaria bringt oft Verluste. Meist sehr zahm und zutraulich. Freianlagen mit Wasserbecken. Wassertiefe 80—150 cm. Landteil mit Sand u. Rasen. Beton- u. Steinfußboden kann zu Fußerkrankungen führen. Klimatisierte Innenanlagen mit Lufttemp. zwischen +2 u. +10 °C, Luftfilterung, Anwendung keimtötender Lampen. Teilweise Beschickung des Landteils mit Eis günstig. Bei antarktischen An Lichtregime entsprechend dem des Herkunftgebietes günstig. Eingewöhnung von Frischimporten in geschlossenen Räumen empfehlenswert bis futterfest. Bei Nahrungsverweigerung Zwangsfütterung. Tägl. 2 Fütterungen. Futter: Heringe, Sardinen, Makrelen, Stinte, Wittlinge. Kommerzielle Fischfressernahrung in Pelletform wird nicht angenommen. Nahrungsbedarf je nach A 0,4—1,5 kg. Zusätzlich Multivitamingaben. Um Schäden durch Thiaminase vorzubeugen, Zugaben von Vitamin B_1 empfehlenswert (je Tier 25—100 mg pro Tag). Salz in Form von NaCl-Tabletten (tägl. 2 g/Tier) vorteilhaft. Vor der Mauser meist erhöhter Nahrungsbedarf. Während Mauser, die normal höchstens 2—3 Wochen dauert, gehen Pinguine meist nicht ins Wasser. Im Freien wird in dieser Zeit nicht gefressen, in Gefangenschaft nehmen sie dennoch meist Nahrung auf. Zucht von Brillen-, Humboldt- u. Königspinguinen gelingt regelmäßig, bei anderen An Bruterfolge bisher mehr sporadisch. Soziale Stimulation zur Brutauslösung ist wichtig, deshalb bessere Zuchterfolge bei Gruppenhaltung (empfehlenswert mindestens 3 Paare, besser jedoch 15—20 Individuen). Für Humboldt-, Brillen- u. Magellanpinguine vorbereitete Nisthöhle von 60 × 60 cm Grundfläche. Im weichen Boden graben diese An selbst Nisthöhlen bis 2 m Tiefe. Bauen Nest aus Zweigen u. Halmen. Felsenpinguine ↗ bauen Grasnest, Adeliepinguine benötigen Steine, Eselpinguine ↗ bauen Nester aus Steinen, Zweigen u. Federn. Häufig gegenseitiges Stehlen von Nistmaterial. Besonderes Aufzuchtfutter für die Jungen nicht erforderlich. Bruttemp. bei Kunstbrut 35,8 °C. Futtermischung als Brei für künstl. Aufzucht aus Fisch, Garnelen, Sahne, Vitaminen u. Mineralstoffen. Fütterung mit Spritze. Junge möglichst kurz vor Flüggewerden von den Eltern trennen u. Zwangsfütterung bis zur selbständigen Nahrungsaufnahme. Unter Washingtoner Artenschutzübereinkommen ↗ fallen Humboldt- (Anhang I) u. Brillenpinguin (Anhang II).

Sphenisciformes, Pinguine. O. 1 F Spheniscidae ↗.

Spheniscus. G der Spheniscidae ↗. 4 An.

— *S. demersus*, Brillenpinguin. ♂ u. ♀: OS, Wangen, Kehle u. hufeisenförmiges Band auf US schwarz. Breites weißes Augenbrauen-, Schläfenband. Rosa Fleck über Schnabelwurzel. 65 cm. Inseln u. Küsten S-Afrikas nö. bis Angola. Im vorigen Jh. auf Dassen-Insel vor S-Afrika 5 Millionen. Vor allem durch Absammeln von Eiern stark zurückgegangen. 2 Bruten im Jahr. In Zoos Gelege während des ganzen Jahres, Höhepunkt der Fortpflanzung von Ende August—Dezember. Höchstalter im Zoo 20 Jahre.

Geschlechtsreife: ♀ mit 2 Jahren, 5 Monaten; ♂ mit 3—4 Jahren.
— *S. humboldti*, Humboldtpinguin. ♂ u. ♀: OS schiefergrau, Oberkopf, Wangen u. hufeisenförmiges Band über Brust entlang der Körperseiten schwarz. Schmales weißes Augenbrauen-, Schläfenband. Schnabelwurzel u. Augenring fleischfarben. 68 cm. Pazifikküste S-Amerikas von N-Peru bis M-Chile. Bestand in jüngster Zeit drastisch zurückgegangen, Gesamtpopulation zwischen 15 000 u. 18 000, damit seltenste Pinguin-A. Gründe für Rückgang: Verlust der Bruthöhlen im Guano durch starken Guanoabbau u. Nahrungsmangel durch Überfischung. An S-Grenze der Verbr. Überlappung mit Magellanpinguin u. neuerdings Bastardierung zwischen beiden An. Nahrung vorwiegend Anchovis. Gelege in Gefangenschaft vorwiegend von März bis Mai. Brutdauer 37—39 Tage. Höchstalter im Zoo mindestens 20 Jahre.
— *S. magellanicus*, Magellanpinguin. ♂ u. ♀: OS schiefergrau, Scheitel, Wangen u. Kehle schwarz, ebenso hufeisenförmiges Brustband u. Band am Unterhals. Schmales weißes Augenbrauen-, Schläfenband. 70 cm. Küsten des südlichsten S-Amerika u. Falklandinseln. Gräbt bis 3 m lange Gänge zur Bruthöhle. Brutdauer 39—43 Tage. Junge mit 3 Monaten flügge u. selbständig.
Spiegelbartvogel *(Gymnobucco whytii)* → *Gymnobucco*
Spiegelbaumelster, NN → Graubrust-Baumelster
Spiegelcatamenie *(Catamenia analis)* → *Catamenia*
Spiegelhäher *(Garrulus glandarius bispecularis)* → *Garrulus*
Spiegelliest *(Todiramphus macleayii)* → *Todiramphus*
Spiegelpfäffchen *(Catamenia analis)* → *Catamenia*
Spiegelrotschwanz *(Phoenicurus auroreus)* → *Phoenicurus*
Spiegelwida *(Coliuspasser albonotatus)* → *Coliuspasser*
Spieß, August von, geb. 6. 8. 1864 in Przemysl (Galizien), gest. 4. 4. 1953 in Sibiu (Siebenbürgen). Sein Interesse galt bes. den Großvögeln, auch in Gefangenschaft. Um Wachstum, Verhaltensweisen usw. zu studieren, hielt er in großen Flugvolieren u. a. Gänse- ↗, Schmutz- ↗, Mönchsgeier- ↗, Stein- ↗, Kaiser- ↗, Seeadler ↗. Erstzucht des Mönchsgeier ↗. Unterstützte zool. Gärten u. Museen mit Forschungsmaterial, so auch O. HEINROTH ↗.
Spießente *(Dafila acuta)* → *Dafila*
Spießflughuhn *(Pterocles alchata)* → *Pterocles*
Spießracke, NN → Senegalracke
Spießschnurrvogel, NN → Langschwanzpipra
Spina. G der Emberizidae ↗. 1 A.
— *S. fucata*, Graukopfammer. ♂: Kopf-OS grau, Rücken braun, beides schwarz gestreift. Wangen rostbraun. US rahmfarben mit charakteristischem schwarzrostbraunem Brustband. ♀: matter gefärbt. Juv. OS braun, dunkel gestreift. 15 cm. Transbaikalien bis Korea, SO-China u. Himalaja. In gebüschreicher, steiniger offener Landschaft, auch im Gebirge. Überwintert von S-China bis N-Indien. Bodennest, 4—6 Eier.

Spinus

573

Humboldtpinguin

Spindalis. G der Thraupinae ↗. 1 A. Biologie wenig bekannt. Hauptnahrung Beeren, junge zarte Pflanzentriebe. Haltung, Futter usw. s. *Tangara*. «Quark-Gemüse-Obst-Mischung» bes. zu empfehlen (Rezept s. *Tangara*).
— *S. zena*, Streifenkopftangare. ♂: Kopf, Wangen, Kehle, Flügel u. Schwanz schwarz. Langer Überaugen-, Bartstreif u. Kinn sowie Flügelspiegel weiß. Bürzel gelb, in braunrot übergehend. Brust u. Nackenband kastanienbraun. US gelb, ab Bauchmitte weiß. Schnabel dunkel bleifarben. Füße schwarz. ♀: OS graubraun, Kehle heller, US grüngelb. 14—15,5 cm. 8 UAn. Die UA *S. z. pretrei* wird von einigen Systematikern als eigene A behandelt. Karibische Inselwelt. Gebietsweise häufig. Während der Brutzeit ♂ oft aggressiv. Früher hin u. wieder angeboten, in jüngster Zeit nicht mehr.
Spinnenjäger → *Arachnothera*
Spinnenstar *(Lamprocorax metallicus)* → *Lamprocorax*
Spinte → *Meropidae*
Spinus, Zeisige. G der Carduelidae ↗. 19 An. N- u. S-Amerika, Paläarktis. Bewohnen oft Gebirgswaldungen, auch Wälder in der Ebene, Waldränder, buschreiches Gelände u. Kulturland. Neststand meist hoch in (Nadel-) Bäumen. ♀ baut das Nest, vom ♂ begleitet. Gelege 3—5 weißliche od. blaß grünlich blaue Eier, mit feinen braunen Sprenkeln überzogen. Brutzeit 12—14 Tage. Nestlingsperiode ca. 15 Tage (13—17). Nach der Brutzeit in Schwärmen. Nahrung Samen von Nadelhölzern u. andere Baumsamen, vor allem von Birke u. Erle, Samen von Stauden u. Kräutern, auch Grassamen, Knospen u. frische Triebe; zur Jungenaufzucht in den ersten Tagen Insekten u. halbreife Samen bis in den Herbst. 13 An eingeführt, 11 An gezüchtet. Nicht alle An für den Einzelkäfig geeignet, da zu Fettsucht neigend. Werden meist bald zutraulich. Futter ölhaltige Samen (aber Vorsicht mit Negersaat!), Wildsamen, Fichtensamen, Keimfutter ↗, Grünfutter ↗ (Löwenzahn!,

Spinus

Kapuzenzeisig

Distel!), Obst, Gräser, Fichtenzweige zum Beknabbern. Zur Jungenaufzucht kleine Insekten ↗.

— *S. atratus*, Schwarzzeisig. ♂: schwarz mit gelben Flügelbinden u. -spiegeln, auch unterer Bauch, Unterschwanzdecken u. Basis der äußeren Steuerfedern sind gelb. ♀: matter, bräunlicher bzw. hellgelblich gefärbt, Juv. wie ♀. 12,5 cm. Anden, S-Peru, W-Bolivien bis N-Chile (Puna-Zone), W-Argentinien in Höhen ab 2600 m ü. NN. Frißt mit Vorliebe Negersaat, die in großer Menge gereicht Leberschäden hervorruft. Kalt einzugewöhnen mit Wildsamen u. halbreifem Löwenzahn (im Winter tiefgekühlt). Soll bereits mit vollem Erfolg gebrütet haben; heikel.

— *S. barbatus*, Bartzeisig. ♂: Kopf-OS bis in den Nacken, Kinn schwarz, Rücken olivgrün mit dunklen Federmitten; Kopfseiten u. US gelb, unterer Bauch u. Unterschwanzdecken weißlich. Flügel schwarz mit gelben Flügelbinden, Schwanzfedern schwarz, am Grunde gelblich. ♀: ohne schwarzen Kopf, ganze OS olivgrün dunkel gestreift. Juv. ähnl. ♀. 13 cm. N-Chile u. Neuquén in W-Argentinien bis Feuerland. Kommt in niederen Höhen vor, selten mehr als 1500 m ü. NN, Kulturfolger. Frißt gern Obst. Nicht regelmäßig eingeführt. Bereits gezüchtet.

— *S. cucullatus*, Kapuzenzeisig. ♂: scharlachrot, Kopf, Kehle, Flügel u. Schwanz schwarz, Schwingen mit roten Spitzen u. Säumen, Steuerfedern rot an der Basis; Bauch u. Schenkel weiß. ♀: oberseits rötlichgrau, an Bürzel u. Oberschwanzdecken scharlachrot, Kinn, Bauch u. Schenkel weißlich, Kehle u. Brust orangerot; Flügel u. Schwanz wie ♂, aber das Rot matter. Juv. wie ♀, aber das Grau bräunlicher. 10 cm. NO-Kolumbien, N-Venezuela (?). Liebt offenes, buschreiches Gelände. Heute völlige Importsperre (Anhang I Washingtoner Artenschutzübereinkommen ↗). Stammvater aller Rotkanarien. Guter Zuchtstamm in Europa vorhanden.

— *S. lawrencei*, Maskenzeisig. ♂: grünlichgrau, gelblicher Schimmer an Kehle u. Bürzel; Steuerfedern u. Schwingen schwärzlich, Armschwingen weiß gesäumt. 2 leuchtend gelbe Flügelbinden, Stirn, Vorderkopf u. Kinn schwarz. ♀: ohne Schwarz am Kopf. 10—11 cm. W- u. Niederkalifornien. Wurde 1980 importiert. Berichte über die Haltung liegen noch nicht vor. Ausfuhrsperre s. Naturschutzbestimmungen.

— *S. magellanicus*, Magellanzeisig. ♂: grünlichgelb, Kopf u. Kehle schwarz; Rücken oliv, am Bürzel gelber; US gelb. Flügel, Schwanz schwarz mit gelben Federsäumen; Basis der Schwingen gelb, Flügelspiegel u. -binden bildend. ♀: dunkelolivfarbener Kopf, Rücken heller, Bürzel gelb; US grünlichgrau, Bauch u. Unterschwanzdecken weißlich; Schwanz bräunlichschwarz; kleiner gelber Flügelspiegel. Juv. ähnl. ♀. 11 cm. S-Amerika von S-Kolumbien, S-Venezuela u. Guayana bis N-Chile, S-Argentinien u. Uruguay. Häufiger Bewohner von buschreichem Grasland mit Waldinseln, sumpfigem Gelände, Parks u. Gärten. In letzter Zeit die kleine UA *S. m. paulus* aus Peru eingeführt. Ohne Schwierigkeit zu halten u. in der Voliere wie im Käfig zu züchten.

— *S. notatus*, Schwarzbrustzeisig. ♂: Kopf, Kinn, Kehle schwarz, als spitzer Latz auslaufend; Rücken olivgrün; US, Bürzel leuchtend gelb wie auch Spiegel im schwarzen Flügel u. obere Federhälften im schwarzen Schwanz. ♀: sehr ähnl. ♂, vielleicht etwas matter gefärbt u. Brustlatz abgerundet. Juv. ohne schwarzen Kopf. 10—11 cm. Mexiko bis N-Nikaragua. Kommt im offenen Gelände der Nadelholz/Eichen-Zone im Gebirge vor u. im Grenzgebiet zu tieferen Lagen; auch im Kulturland nach der Brut umherstreichend. Regelmäßig zusammen mit Mexikanerzeisigen eingeführt. Darf nicht zu nahrhaft ernährt werden. Viel Grünfutter ↗ (Löwenzahn! ↗). Mehrfach gezüchtet.

— *S. pinus*, Fichtenzeisig. ♂ u. ♀: die graubräunliche OS u. weißliche US sind dunkelbraun gestreift; Federn am Bauch ohne Streifung; Flügel u. Schwanz dunkelbraun, gelblichweiße Flügelbinde u. helle Säume an den Schwingen, äußere Schwanzfedern am Grunde gelb. 11 cm. We. N-Amerika von S-Alaska durch Kanada bis S-Kalifornien, N-Michigan bis SW-Guatemala. Brütet in immergrünen Wäldern bis an die Baumgrenze in Kanada; stets gesellig. Im Winter bis M-Amerika. Frißt gern Birkensamen. Nicht regelmäßig eingeführt, z. T. Ausfuhrsperre.

— *S. psaltria*, Mexikanerzeisig. 2 UA-Gruppen. ♂: entweder schwarzrückig od. mit schwarzem Vorderkopf u. dunkelolivem Rücken; US immer gelb; Schwanzfedern schwarz, weiß gerandet; Flügel schwarz, Armschwingen mit weißen Flecken, Handschwingen mit weißem Flügelspiegel. ♀: ähnl. ♀ des Trauerzeisigs, aber oberseits grünlicher. Juv. ähnl. ♀ ohne Weiß im Schwanz. ♂ immat. mit schwarzer Strichelung am Kopf u./bzw. auch Rücken. 10 cm. We. N-Amerika bis Texas, Mexiko durch M-Amerika bis NW-Peru u. N-Kolumbien. Bewohnt offenes Gelände mit Baumgruppen. Regelmäßig eingeführt, oft mit Kokzidien infiziert, entspr. einzugewöhnen. Hat verschiedentl. mit Erfolg gebrütet. Teilweise Ausfuhrsperre.

— *S. spinus*, Erlenzeisig. ♂: Stirn, Kopf-OS schwarz, manchmal auch Kinn; oberseits grünlichgelb mit dunklen Streifen; unterseits gelb, am Bauch weiß, Flanken dunkel gestreift; Flügel, Schwanz schwarzbraun mit gelb gesäumten Federn, erstere mit gelbem Spiegel. ♀: ohne Schwarz am Kopf u. stärker gestreift; US weißlich. 11,5 cm. Irland, Schottland, vereinzelt in Gebirgen S-, W- u. M-Europas; von N- u. O-Europa über Kleinasien, Sibirien, Mandschurei bis Japan. Brütet in Gebirgswäldern, aber auch in geeignetem Biotop in der Ebene. Nest in Nadel- u. immergrünen Bäumen. Im Winter in großen Scharen im Tiefland. Brütet sowohl in der Voliere ↗ als auch im Flugkäfig ↗. Seit einigen Jahren werden in England braune Mutanten gezüchtet. Haltungsgenehmigung s. Naturschutzbestimmungen.

— *S. tristis*, Trauerzeisig (Goldzeisig). ♂: im BK gelb, Stirn, Vorderkopf, Scheitel schwarz; Ober-, Unterschwanzdecken, Schenkel weiß; Schwingen schwarz, an der Spitze weiß gesäumt, kleine u. mittl. Flügeldecken gelb; Steuerfedern schwarz, an der Spitze weiß, mittl. weiß gesäumt. ♂ im RK bräunlich bis gelblich; Flügel u. Schwanz wie im BK; am Kopf kein Schwarz. ♂ immat. nach erster Herbstmauser wie ♂ ad. im RK, aber Flügel u. Schwanz bräunlich; die kleinen Flügeldecken sind bräunlich, z. T. gelblich mit weißen Spitzenrändern (beim ♂ ad. auch im RK gelb). ♀: im BK düster geloliv, Bürzel u. Unterkörper hellgelb, Schwanz u. Flügel bräunlich. ♀ im RK wie ♂ immat. nach der 1. Herbstmauser, aber ohne gelbliche Federn in den kleinen Flügeldecken. 12,5 cm. S-Kanada u. Neufundland bis N-Niederkalifornien, Colorado, NO-Texas u. N-Südcarolina. Zieht im Winter u. U. bis Mexiko. Bewohnt offenes Gelände mit Bäumen u. Sträuchern, Waldränder, auch im Kulturland. Nahrung (Gras-)Samen u. sicherlich mehr Insekten als angenommen wird. In den letzten Jahren regelmäßig eingeführt. Bes. im Käfig Mauserschwierigkeiten (Futterumstellung, Klimawechsel, Mangel an Insekten). Kühl unterbringen! Möglichst in weiträumigen Volieren halten. Teilweise Ausfuhrsperre.

— *S. uropygialis*, Kordillerenzeisig. ♂: Kopf, Nakken, Rücken schwarz, Federn am Rücken mit gelblichgrünen Spitzen, Bürzelfedern gelb mit schwarzen Rändern; Brust, Bauch, Unterschwanzdecken leuchtend gelb, Flanken grünlich; Flügel schwarz mit gelben Abzeichen; Schwanz schwarz, mit Ausnahme der mittl. Steuerfedern an der Basis gelb. ♀: grünlich dunkelbraun statt schwarz. 11,5 cm. S-Peru u. SW-Bolivien bis M-Chile u. W-Argentinien. In den Anden. Gebirgsvogel von 2 500—3 500 m ü. NN. Bereits gezüchtet.

— *S. xanthogaster*, Gelbbauchzeisig. ♂: oberseits schwarz, unterseits leuchtend gelb bis auf tiefschwarze Kehle u. Oberbrust; Flügel- u. Schwanzfedern schwarz, am Grunde gelb. ♀: OS u. Kehle dunkeloliv; US fahlgelb, Bauchmitte weiß. 9,5 cm. Kostarika, W-Panama, N-Venezuela, Kolumbien, SW-Ekuador u. N-Bolivien. In subtrop. gemäßigter Zone an buschreichen Gebirgshängen. Selten eingeführt.

— *S. yarrellii*, Yarrellzeisig. ♂: intensiv gelb, Rücken bräunlich, Stirn u. Kopf-OS schwarz; Flügel- u. Schwanzfedern schwarz, erstere mit gelben u. weißen

Spipola

575

Erlenzeisig

Säumen, letztere äußere an der Basis gelb. ♀: OS olivgelb, ohne Schwarz am Kopf; Flügel u. Schwanz bräunlich schwarz. 10 cm. NO-Venezuela, O-Brasilien. Ausfuhr- u. Haltungsgenehmigung (Anhang II Washingtoner Artenschutzübereinkommen ↗).

Spipola. G der Motacillidae ↗. 8 An. Europa, Asien, N-Amerika, zahlreiche Inseln. Artenschutz, Pflege, Zucht s. Motacillidae.

— *S. cervina*, Rotkehlpieper. ♂ u. ♀: wie *S. pratensis*, im BK aber unterschiedl. durch blaß rostrote Kehle u. Kropf, OS dunkler, intensiver gefleckt (olivgrünlicher Anflug fehlt). Bürzel kräftig gestreift im RK ebenfalls im Gegensatz zu *S. pratensis*. Auch intensiv dunkel gestreifte US. 14,5 cm. UAn. N-Europa, N-Sibirien bis Tschuktschen-Halbinsel. Bewohnt Moos-, Strauchtundra, mit Birken u. Weiden bestandene Fjälls, feuchte Niederungen u. Felder. Lockruf «zieh» u. weich «djie-e». Gesang höher, weniger wohltönend als der von *S. pratensis*. Selten gehalten, noch nicht gezüchtet.

— *S. gustavi*, Petschorapieper. ♂ u. ♀: wie *S. trivialis*, auf dem Rücken aber 2 rahmweiße Längsstreifen, Bürzel intensiv gestreift, äußere Schwanzfedern gelbbräunlich (!). US kräftig gestreift. 14,5 cm. NO-Sowjetunion, N-, NO-Sibirien (einschließl. Kamtschatka). Kommandeur-Inseln. Lebt in Strauch- u. Waldtundra, sü. 64° n. Br. Sehr selten gehalten. Gesang langandauernd, 2teilig (Triller mit folgendem leisem Zwitschern). Noch nicht gezüchtet.

— *S. pratensis*, Wiesenpieper. ♂ u. ♀: lerchenfarbig, OS dunkel gezeichnet, US hell sandfarben mit schwarzbraunen Längsflecken. Sehr ähnl. *S. trivialis*, aber sehr lange Hinterkralle, außerdem 4. Handschwinge gleichlang wie die ersten 3 (bei *S. trivialis* kürzer). Juv. wie Ad., OS düsterer, US gelb getönt. 14,5 cm. UAn. SO-Grönland, Island, Britische Inseln, N- u. M-Europa bis S-Frankreich, Alpen (lokal in Italien, SO-Europa), N-Ukraine, NW-Sibirien. Bewohnt nasse, moorige Wiesen, Dünen, Ödland. Gesang anspruchslos, eintönig, deshalb auch in früheren Jahrzehnten nicht häufig gehalten. Bald zutraulich. Sehr selten gezüchtet.

— *S. spinoletta*, Wasserpieper. ♂ u. ♀: im BK OS grau getönt. Überaugenstreif weißlich, äußere Schwanzfedern weiß. US ungestreift weiß, rötlich überhaucht. RK: weiße US gestreift. Schlanker als

Spirochaetose

S. pratensis. Recht langer Schnabel. Beine deutl. dunkler als bei übrigen Pieper-An. 16 cm. 3 Rassengruppen. Höhere Gebirge, sü. M-Europa, Kleinasien, vom Kaukasus durch Gebirge Innerasiens öst. bis Kansu nö. bis zum Altai, SW-Transbaikalien; NO-Sibirien einschließl. Kamtschatka, Ussuriland (ausgenommen den Süden), Sachalin, Kurilen, Kommandeur-Inseln, Aleuten, N-Amerika (Alaska bis Keewatin, N-Quebec, Neufundland, Gaspê-Halbinsel, W-Grönland, Baffin-Insel, im Gebirge W-Nordamerikas, sü. bis N-Kalifornien, N-Arizona, N-Neumexiko, Küsten der Britischen Inseln. Färöer, W-Frankreich, N-Europa bis Kola-Halbinsel, Åland-Insel. Als Brutvogel im Gebirge (Wasserpieper) od. an der Meeresküste (Strandpieper). Bewohnt je nach UA feuchte Hochgebirgsmatten oberhalb der Baumgrenze od. felsige Küsten u. Inseln. Im Winter in Sumpfniederungen, auf Schlickflächen an Binnengewässern u. an der Küste. Gesang ähnl. dem des *S. pratensis.* Angenehmer Pflegling, auch in früheren Jahrzehnten selten gehalten, einige Male in England gezüchtet.

— *S. trivialis,* Baumpieper. ♂ u. ♀: OS braun mit schwärzlichen Streifen, gelblicher Überaugenstreif. Bartstreif schwärzlich. Äußere Schwanzfedern weiß. US gelbbräunlich, Brust, Flanken kräftig gestreift. Sehr ähnl. *S. pratensis,* Unterschiede s. dort. Juv. wie Ad., aber rötlicher, OS gestreifter. 15 cm. UAn. N-M-Europa (fehlt in Irland), bis N-Spanien, Italien (einschl. Sizilien), N-Griechenland, Kleinasien, N-Iran, Sibirien bis obere Kolyma, Baikal-See, Turkestan, W-Tienschan, Pamir, W-Himalaja. Bewohnt lichte Wälder, Lichtungen, Kiefernheiden, Hänge mit vereinzelten Büschen u. Bäumen. Gesang laut, wohltönend. Deshalb in früheren Jahrzehnten beliebter Käfigvogel. Anmutig, zutraulich. Auch gegenüber Artverwandten kaum zänkisch. Selten gezüchtet.

Spirochaetose. Durch Borrelien verursachte akute Infektionskrankheit der Vögel, bes. in den wärmeren Ländern. Septikämie, Lähmungen, Krämpfe, Durchfall, Blutarmut sind klinische Zeichen der oft tödlich verlaufenden Erkrankung.

Baumpieper am Nest

Spitzschopftaube *(Ocyphaps lophotes)* → *Ocyphaps*
Spitzschopfturako *(Tauraco livingstonii)* → *Tauraco*
Spitzschwanzamadine *(Poephila acuticauda)* → *Poephila*
Spitzschwanz-Bronzemännchen *(Lonchura striata)* → *Lonchura*
Spitzschwanzelfe *(Acestrura mulsant)* → *Acestrura*
Spitzschwanzelster, NN → *Piapia*
Spitzschwanzente *(Dafila georgica)* → *Dafila*
Spitzschwanz-Glanzstar *(Onychognathus lugubris)* → *Onychognathus*
Spitzschwanzlaufhühnchen *(Turnix sylvatica)* → *Turnix*
Spitzschwanz-Paradieswitwe *(Steganura paradisea)* → *Steganura*
Spitzschwanzsittich *(Thectocercus acuticaudatus)* → *Thectocercus*
Spitzschwanzstar *(Onychognathus lugubris)* → *Onychognathus*
Spixara *(Cyanopsitta spixii)* → *Cyanopsitta*
Spixguan *(Penelope jacquacu)* → *Penelope*

Dickcissel

Spiza. G der Emberizidae ↗. 1 A.
— *S. americana,* Dickcissel. ♂: Rücken braun, schwarz gestreift, Brust gelb mit schwarzer, V-förmiger Zeichnung an der Kehle, Kopf grau, heller Überaugenstreif. ♀ ähnl. Rohrammer ↗, doch ohne Weiß an äußeren Steuerfedern. Juv. ähnl. ♀. 15 cm. Mittl. N-Amerika. Bewohnt Felder, Prärie u. Straßenränder. Überwintert in M-Amerika. Nest in Bodennähe, 3–5 hellblaue Eier. Winterhart. Zucht unbekannt.

Spizaetus. G der Accipitridae ↗. 1 A.
— *S. ornatus,* Prachtadler. Mittelgroßer Greifvogel mit deutl. Habichtshabitus. Gefiederfärbung sehr kontrastreich, Kopfplatte u. aufstellbare Haube schwarz. Kopf, Hals, Rücken rotbraun. Brust weiß, schwarz gebändert. Flügel schwärzlich, Schwanz lang mit breiten weißschwarzen Binden. Schnabel kräftig, Wachshaut gelblich. Füße bis zu den Zehen befiedert, starke Krallen. 2 UAn. Z-Mexiko bis Argentinien, Trinidad u. Tobago. Bewohner der feuch-

ten tropischen Waldgebiete der Ebenen u. Berglandschaften. Nahrung Vögel (Reiher, Papageien), kleine Säuger. Horst auf hohen Bäumen. Gelege 1–2 weißliche Eier. Brutbiologie weitgehend unbekannt. Selten in Tiergärten, Importe nur sehr sporadisch, vor allem aus Argentinien. Einmal in Gefangenschaft gezüchtet.

Spizinae, Stärlingsammern. UF der Emberizidae ↗. 1 G *Spiza* ↗ mit 1 A.

Spleißflügel *(Saroglossa spiloptera)* → *Saroglossa*

Sporaeginthus. G der Estrildidae ↗. 1 A. Senegal bis Äthiopien, öst. S-Afrika, nicht in Tropenwäldern. Bewohnen feuchte Graslandschaften, Uferböschungen, Schilfbestände, Dorf-, Stadtränder, soweit Gewässer in der Nähe sind. Flüge zur Nahrungssuche auch in trockene Landstriche. Nahrung Grassamen, wenige Insekten. Nest zwischen Grasstengeln bis 1,2 m Höhe, gern werden auch Nester von anderen Estrildidae benutzt, bes. in S-Afrika. Schon seit langem auf dem europ. Vogelmarkt, wird stets in großer Zahl angeboten. Anspruchslos, widerstandsfähig, friedlich (außer gegenüber A-Genossen während der Brutzeit). Während der Eingewöhnung empfindlich, wärmebedürftig, zwischen 22 u. 25 °C halten. Haltung im großen Käfig od. in der Voliere nicht unter 15 °C. Gitterabstand od. Maschenweite nicht mehr als 10 mm. Futter kleinkörnige Hirsesorten, Kolbenhirse, beides auch gekeimt, Kanarien-, Negersaat, Gras-, Salatsamen, Puppen der Rasenameise, zerkleinerte frisch gehäutete u. gebrühte Mehlkäferlarven. Wenig beachtet werden Blattläuse u. Eiweichfutter. Reichl. Vogelmiere. Zur Zucht paarweise Unterbringung. 2–3 Bruten jährl. Nest freistehend od. in Nistkästen errichtet, stets gut getarnt. Auch verlassene Nester anderer Prachtfinken werden bezogen u. ausgebessert. Gelege 4–6 Eier. Gegenüber Nestkontrollen unempfindlich. Schlupf nach 11–12 Tagen. Aufzuchtfutter reichl. tierisches Futter, verschiedenste kleinkörnige Samen anbieten. Juv. fliegen nach 18 Tagen aus. 10–12 Tage später selbständig, dann aus dem Zuchtabteil entfernen.

– *S. subflavus,* Goldbrüstchen. ♂: OS grünlichgrau, hinterer Bürzel, Oberschwanzdecken rot. Schwanz schwarz, nur die 2 äußeren Federn mit weißem Spitzen- u. Außensaum. Zügel schwarz. Augenbrauenstreif rot. Grünlichgraue Körperseiten mit schmalen gelben Querstreifen. US gelb od. orange, bes. Kropfregion bei UA *S. s. subflavus.* Unterschwanzdecken orangegelb bis orangerot. Schnabel rot mit schwarzen Firsten, Unterschnabel am Grund schwarz. Auge rot. Füße fleischfarben. ♀: matter als ♂, roter Augenstreif fehlt, US wesentl. matter. Auge rotbraun. Juv. wie ♀, nur noch matter, mehr bräunlich. Schnabel schwarz. 9–10 cm. UAn.

Spornammer *(Calcarius lapponicus)* → *Calcarius*
Spornkiebitz *(Hoplopterus spinosus)* → *Hoplopterus*
Spornkuckuck *(Centropus senegalensis)* → *Centropus*

Sporophila. G der Emberizidae ↗. 30 An. Kleine, flinke u. sehr vitale finkenähnl. Singvögel ↗ mit ± stark gebogenem Schnabelfirst. Bei allen An, deren Rückengefieder nicht einheitl. schwarz od. braunschwarz ist, haben die Flügel- u. Schwanzfedern andersfarbige Säume (meist Farbe des Rückens), die an

Goldbrüstchen

den Handschwingen u. äußeren Schwanzfedern sehr schmal u. bei abgenutztem Gefieder fehlen, an den einzelnen Armschwingen körperwärts breiter werden u. an den mittl. u. großen Armdecken sowie an den oberen Schwanzfedern am breitesten sind. ♂♂ fast aller An haben einen ± großen weißen Fleck in der Flügelmitte (Flügelspiegel), der durch weiße Stellen an der Wurzel der mittl. Flügelfedern (Hand- u./od. Armschwingen) gebildet wird; er ist bei ♀♀ mehrerer An kleiner u. blasser, je nach Flügelhaltung aber nicht immer sichtbar. ♀♀ fast aller An ± einfarbig weißlichgrau, gelblicholiv bis bräunlichgrau mit dunkleren Schwanz- u. Flügelfedern. Markante Stellen im Gefieder der ♂♂ erscheinen z. T. auch andeutungsweise beim ♀. Juv. ähnl. ♀, verwaschener u. heller. Auge braun. Tropische bis suptropische Gebiete Amerikas von S-Grenze der USA (Rio Grande) bis M-Argentinien (Rio de la Plata). Bewohnen Waldlichtungen u. -ränder, parkähnl. Gelände, Gärten, Steppen, See-, Flußufer u. Sümpfe. Biologie der meisten An ungenügend erforscht. Folgende Angaben wurden größtenteils durch Haltung u. Zucht ermittelt u. betreffen die unten beschriebenen An. Mauser in M-Europa: Vollmauser Oktober–Dezember, Teilmauser März–Juni. Nahrung hauptsächl. Gras-, weniger Samen von Kräutern; Knospen, Blätter u. Beeren, zusätzl. Insekten, bes. zur Jungenfütterung. ♂ u. ♀ – meist ♀ – bauen freistehendes, dünnwandiges Napfnest aus Graswurzeln u. -stengeln u. ähnl. zähen Pflanzenteilen, das z. T. durch Einweben von Zweigen im Geäst Halt findet. Gelege 2–3 relativ dicke Eier. Brutdauer 11–13 Tage, ♀ brütet allein, wird vom ♂ selten od. nicht auf dem Nest gefüttert. ♂ markiert Revier durch Gesang, der auch zur Nestverteidigung dienen kann. ♂♂ sind unverträglich gegenüber artgleichen od. artähnl. ♂♂. Streitereien können im Gehege zur Tötung des Schwächeren führen. ♀ hudert Jungen 6–8 Tage, frißt deren Kot od. trägt ihn später weg, Nest bleibt

Sporophila

Sumpfpfäffchen

sauber. ♂ u. ♀ füttern Junge, die mit 10–13 Tagen Nest verlassen, kaum flugfähig, einzeln im Gebüsch sitzen u. sich bis etwa 40. Lebenstag füttern lassen (Schwanz dann voll ausgewachsen). Das sehr dünne Nestgefieder wird z. T. kurz nach der Selbständigkeit gewechselt. Umfärbung ins Alterskleid dauert 1–3 Jahre, nach 1. Lebensjahr fortpflanzungsfähig. Mehrere Bruten hintereinander bis Vollmauser. An neigen untereinander zur Bastardierung. Eingewöhnung bei Temperaturen über 20 °C. Überwinterung in geheizten Räumen, dann ausdauernd, unempfindlich u. langlebig, mit 10 Jahren noch fortpflanzungsfähig. Ernährung handelsübl. Hirsearten u. Glanz, auch angekeimt, bes. zur Jungenaufzucht. Dazu halbreife Hirse u. europ. Gräser: Rispengras (*Poa* spec.), Knäuelgras (*Dactylis* spec.), Hühnerhirse (*Echinochloa grus-galli*), Borstenhirse (*Setaria* spec.), Faden- u. Bluthirse (*Digitaria* spec.). Andere handelsübl. Samen wie Negersaat, Perilla, Mohn usw. sollten angeboten werden u. halbreife Samen von Kräutern, z. B. Vogelmiere (*Stellaria media*), Löwenzahn (*Taraxacum officinale*), Sauerampfer (*Rumex acetosa*), Hirtentäschelkraut (*Capsella bursapastoris*), versch. Knöterich-An (*Polygonum* spec.). Blatt- u. Blütenknospen von Bäumen u. Sträuchern werden ± gern genommen, s. Carduelidae. Insektennahrung ± notwendig: Mehlwürmer ↗, Ameisenpuppen (Naturschutzbestimmungen beachten!), Pinkies ↗, Blattläuse, Fruchtfliegen usw. Sand als Bodenbelag. Mineralien: zerstoßene Eierschalen u. Sepiaschale. Badegelegenheit sollte stets vorhanden sein. Zehennägel, Oberschnabelspitze u. -ränder müssen bei einigen An ab u. zu beschnitten werden. Zucht gelingt am besten in Vogelstuben ↗ mit Gezweig u. im Hochsommer in Volieren ↗ mit Bepflanzung. Nistplätze in Büschen u. durch Nistklötzchen ↗. Nistmaterial s. oben: Kokos- u. Sisalfaser auf 5–10 cm schneiden. Watte wird auch von manchen An genommen.

— *S. albogularis*, Weißkehlpfäffchen. ♂: oberseits aschgrau, nach Unterrücken heller, nach Nacken dunkler werdend u. in das Schwarz des Kopfes übergehend. Stirn, Augengegend, Wangen u. Brustband schwarz. Kehle u. Halsseiten (manchmal auch Stirnflecke) u. übrige US weiß. Flügel- u. Schwanzfedern schwarz, grau gesäumt. Flügelspiegel. Schnabel gelb. Füße dunkelgrau. ♀: oberseits graubraun. Kehle, Bauch u. Unterschwanzdecken weißlich. Brust u. Flanken hellbräunlich. Flügel- u. Schwanzfedern schwärzlich, graubraun gesäumt. Füße wie ♂. Schnabel hornbraun bis schwärzlich. 11 cm. O-Brasilien, von Piauí u. Pernambuco bis Espirito Santo. Angenehmes Gezwitscher mit melodischen Flötentönen. Bis vor einigen Jahren in Europa häufig eingeführt. Erstzucht 1885 durch FRANKEN, Deutschland. Seit den 30er Jahren dieses Jh. öfters in Dänemark gezüchtet.

— *S. americana*, Wechselpfäffchen, Streifenpfäffchen. ♂: oberseits einschließl. Flügel u. Schwanz schwarz, leicht grünlich glänzend. Bürzel u. Oberschwanzdecken z. T. grau. Brustband schwärzlich. Unterer Lidrand weiß. Kleine, mittl. u. große Armdecken mit weißen Spitzen, Flügelstreifen bildend; zusätzl. Flügelspiegel. Halsring (im Nacken nicht geschlossen) u. US weiß, Flanken z. T. schwärzlich. Schnabel schwarz. Füße grauschwarz. ♀: oberseits olivbraun, Bürzel rötlichbraun. US ocker- bis gelblichbraun. Flügel- u. Schwanzfedern dunkelbraun, olivbraun gesäumt. Schnabel u. Füße dunkelbraun. 12 cm. 6 UAn. Tobago, Trinidad, von NO-Venezuela durch Guayana bis Brasilien um die Amazonasmündung. Gesang ähnl. *S. albogularis*, wohlklingender. Selten eingeführt. 1913 im Zoo Berlin. Erstzucht 1976 durch J. DORN, DDR.

— *S. bouvreuil*, Orangepfäffchen. ♂: Kopfplatte ± schwarz, zuweilen auch Oberschwanzdecken. Übrigens Körpergefieder hellrötlichbraun bis zimtfarben, z. T. unterseits heller. Flügel- u. Schwanzfedern dunkelbraun bis schwarz, hellrötlichbraun gesäumt. Flügelspiegel. Schnabel dunkelbraun bis schwarz. Füße braun. ♀: oberseits einheitl. graubräunlich. Flügel- u. Schwanzfedern dunkelbraun, hellbraun gesäumt. Flügelspiegel. Oberschnabel dunkelgrau, Unterschnabel hellhornfarben. Füße hellgrau. 9–10 cm. 4 UAn, kaum unterschiedl. außer einer (*S. b. crypta*), deren ♂ weibchenfarbig ist. Guayana u. von Amazonasmündung durch O-Brasilien bis O-Paraguay u. Rio Grande do Sul. Leises Gezwitscher mit schrillen Flötentönen. Ab u. zu in Europa im Handel. Erstzucht 1931 durch SICH, England. Keine weitere Züchtung bekannt.

— *S. caerulescens*, Schmuckpfäffchen. ♂: Stirn, Kehle u. Brustband schwarz (nö. UA auch Kopfplatte u. Wangen). OS grau, ± dunkel. Unterer Lidrand, Bartstriche, die sich mit Vorderhalsband vereinigen, weiß, ebenso ± intensiv übrige US. Flügel- u. Schwanzfedern dunkelbraun bis schwarz, graubraun gesäumt. Armdecken graubraun. Flügelspiegel kann bei ♂♂ beider UAn vorhanden sein u. fehlen. Schnabel gelb, bleigrau durchscheinend. Füße grau. ♀: oberseits hellbräunlichgrau, unterseits mehr gelblich. Bartstriche u. Vorderhals weißlich. Flügel- u. Schwanzfedern heller als ♂. Füße wie ♂. Ober-

schnabel gelblichgrau, Unterschnabel heller. 11—12 cm. 2 UAn. Brasilien, vom unteren Amazonas bis Paraguay, Uruguay u. M-Argentinien, we. bis N-Bolivien u. SO-Peru; im S Zugvogel. Kurze Strophe mit schneller Lautfolge, z. T. kreischend. Seit vorigem Jh. häufig nach Europa gebracht, oft gezüchtet.
— *S. collaris*, Erzpfäffchen. 2 UAn sehr versch. *S. c. melanocephala*, Erzpfäffchen. ♂: Kopf, Brustband, Flügel- u. Schwanzfedern schwarz. Über u. unter jedem Auge gelblich- bis weißlichbrauner Streifen. Kehle u. Oberbrust weiß, übrige OS u. US sowie Säume der kleinen u. mittl. Handdecken rotbraun; große Handdeckensäume fahlbraun. Flügelspiegel. Schnabel schwarz. Füße dunkelbraun. ♀: Kopf u. US fahlgelblichbraun, Kehle u. Augengegend heller. OS graubraun. Flügel- u. Schwanzfedern dunkelbraun bis schwärzlich, hellbraun gesäumt. Schnabel u. Füße wie ♂. 13 cm. O- u. S-Brasilien, Paraguay, Uruguay u. Argentinien sü. bis Buenos Aires. Gesang erinnert an den des Drosselrohrsängers ↗. Selten eingeführt. Gezüchtet von A. MÖLLER, Dänemark, u. in den 70er Jahren von SABEL ↗ u. ZEHMER, BRD. Etwas ängstlich u. scheu.
— *S. falcirostris*, Falzschnabelpfäffchen. ♂: gesamtes Körpergefieder olivbräunlichgrau. Augengegend u. Brust mehr gelblich od. weißlich, ebenso Kehle, Bauch u. Unterschwanzdecken. Zuweilen kleiner weißlicher Augenbrauenstreif vorhanden. Unterer Lidrand weißlich. Spitzen der mittl. u. großen Armdecken hellbraun bis schmutzigweiß gesäumt, 2 fahle Flügelbinden bildend. Flügelspiegel. Flügel- u. Schwanzfedern dunkelbraun, olivbräunlich gesäumt. Schnabel grauschwarz, unterseits horngelb. Unterschnabel in der Mitte höher u. breiter als Oberschnabel, ähnl. Flamingoschnabel. Füße grau. ♀ ähnl. ♂, etwas dunkler u. einheitl., weißliche Kopf- u. Flügelzeichnung fehlt. Schnabel schwarz. 12—13 cm. O-Brasilien (Bahia bis São Paulo). Gesang zwitschernd, knarrend mit schrillen Tönen. Ab u. zu eingeführt, zuletzt wohl in den 60er Jahren. Zucht A. MÖLLER, Dänemark. Bastarde: *S. nigricollis* x *falcirostris*, 1981 SABEL. Sehr zutraulich.
— *S. frontalis*, Riesenpfäffchen. ♂: wie *S. falcirostris*, deutl. hellgelblicher bis weißlicher Augenbrauenstreif, bei manchen ♂♂ auch ein solcher Stirnlängsstreifen. Flügelbinden u. -spiegel deutlicher. Schnabelform nicht so stark flamingoähnl. ♀: ähnl. ♀ von *S. falcirostris*. 13—14 cm. SO-Brasilien, O-Paraguay u. Misiones. Folge klangloser lauter Rufe. Öfters eingeführt. Von K. RUẞ ↗ im vergangenen Jh. gezüchtet, 1958 von BÖGH-MORTENSEN, Dänemark, in den 70er Jahren öfters von SABEL u. ZEHMER. Äußerst zutraulich.
— *S. hypoxantha*, Ockerbrustpfäffchen. ♂: Kopf u. Oberrücken hellbläulichgrau, übriger Rücken u. Oberschwanzdecken ± braun durchsetzt. Unterrücken, Bürzel u. US rotbraun; Oberbrust, Kehle, Ohrgegend, Wangen u. vordere Hälfte der Halsseiten schwarz od. dunkelbraun. Flügel- u. Schwanzfedern schwarz, fahlbraun gesäumt. Flügelspiegel. Schnabel in u. kurz nach Mauser horngelb, sonst schwarz. Füße graubraun. ♀: oberseits fahlgraubraun, unterseits fahlbraun bis fahlockerfarben, Kehle mehr beige. Flügel- u. Schwanzfedern dunkelbraun, fahl-

Sporophila

bräunlich gesäumt. Flügelspiegel. Oberschnabel grau, Unterschnabel hellhornfarben. Füße hellgrau. 10 cm. Variante: *ruficollis*, früher als eigene A angesehen. Von O-Bolivien, S-Mato Grosso, S-Goias u. São Paulo sü. durch Paraguay bis N-Argentinien. Gesang lockere Folge von ± rein klingenden Flötentönen. Nachgesang: 3 versch. hohe, reine Flötentöne. Ersteinfuhr nach Deutschland 1924, erneut ab 1966. Zucht 1979 durch SABEL, BRD, 1980 SANDBERG-NIELSEN, Dänemark. Insekten zur Jungenaufzucht notwendig. Im Käfig relativ ruhig.
— *S. intermedia*, Einfarbpfäffchen. ♂: gesamtes Kleingefieder ± bläulichgrau: Rücken u. Kopf dunkler als US, die an Kehle, Bauch u. Unterschwanzdecken weißlichgrau sein kann. Flügel- u. Schwanzfedern schwarz, bei neuem Gefieder grau gesäumt. Flügelspiegel. Schnabel gelb bis orangegelb. Füße grau. ♀: oberseits olivgraubraun. Kopfseiten u. US fahlbraun bis weißlich, bes. Kehle, Bauch u. Unterschwanzdecken. Flügel- u. Schwanzfedern dunkelbraun, olivbraun gesäumt. Schnabel gelb od. schwärzlich im jahreszeitl. Wechsel. Füße hellgrau. 11—12 cm. 3 UAn, wenig unterschiedl. gefärbt. Kolumbien, N-Venezuela, W-Guayana u. Trinidad. Gesang erinnert an den der Heidelerche ↗. Zuchtbericht 1880 von JANTZEN, Deutschland. Seit 60er Jahren öfters in Europa. 1976—1979 mehrfach gezüchtet von SABEL, BRD.

Riesenpfäffchen. Männchen

— *S. lineola*, Diamantpfäffchen, Weißstirnpfäffchen. ♂: OS glänzendschwarz, ebenso Kehle u. schmales Oberbrustband. Breiter Längsstreif auf Stirn, Wangen, Flügelspiegel, US weiß. Schnabel schwarz. Füße schwärzlichgrau. UA *S. l. bouvronides* fehlt der weiße Stirnstreifen. ♀: oberseits olivbräunlichgrau, Kopfseiten u. US gelblichbraun, an Kehle, Bauch u. Unterschwanzdecken weißlichbraun. Flügel- u. Schwanzfedern dunkelbraun, bräunlichgrau gesäumt. Oberschnabel schwärzlich, Unterschnabel gelb. Füße dunkelgrau. 11 cm. 2 UAn u. Mischform. Trinidad u. Tobago; O-Kolumbien, Venezuela u.

Sporophilinae

Guayana sü. bis O-Bolivien, Mato Grosso u. São Paulo, durch Paraguay bis N-Argentinien. Gesang klangvolle Strophe, die auch beim Balzflug vorgetragen wird. Erstzucht 1936 durch A. MÖLLER, Dänemark. Seit den 60er Jahren öfters in Europa u. mehrfach gezüchtet. Zuweilen Verfettungsgefahr.
— *S. luctuosa*, Trauerpfäffchen. ♂: nach Frühjahrsmauser oberseits, Kehle u. Oberbrust glänzendschwarz, nach der Herbstmauser ± stark mit braungrauen Federn durchsetzt (RK). Unterer Lidrand, US u. Flügelspiegel weiß. Schnabel hellbläulichgrau. Füße schwarz. ♀: gesamtes Körpergefieder graubraun, Bauch u. Unterschwanzdecken heller. Unterer Lidrand weißlich. Flügel- u. Schwanzfedern dunkelbraun, graubraun gesäumt. Schnabel bleigrau. Füße dunkelgrau. 11—12 cm. Andengebiet von W-Venezuela durch Kolumbien, Ekuador u. Peru bis N-Bolivien. Grasland bis 3000 m ü. NN. Gesang laute, variable, klangvolle Strophe. Seit den 60er Jahren öfters in Europa. Erstzucht 1976 u. weitere danach durch SABEL, spätere auch durch ZEHMER, BRD. ♂ erstellt Nestrohbau, stark verflochten mit Gezweig u. dickwandiger als andere Pfäffchennester.
— *S. minuta*, Zwergpfäffchen. ♂: wie *S. hypoxantha*, außer rotbrauner Kehle u. Oberbrust. ♀: wie ♀ von *S. hypoxantha* ohne Flügelspiegel. 9—10 cm. 2 UAn wenig unterschiedl. Vom pazifischen Mexiko u. Guatemala nach S über Kolumbien, Venezuela u. Guayana bis NW-Ekuador u. zum Amazonas; Trinidad u. Tobago. Gesang klangvolle, variierte Flötenstrophe mit einigen knarrenden Tönen. 1906 im Zoo London. A. MÖLLER, Dänemark, berichtete 1936 von 2maligem Brutbeginn. Seit Ende der 50er Jahre ab u. zu in Europa, Zucht bislang keine.
— *S. peruviana*, Papageischnabelpfäffchen. ♂: Kopf u. OS bräunlichgrau. Kehle u. Brustband schwarz. Bartstriche u. Vorderhals bis zur Mitte nach den Seiten weiß, ebenso US. Flügel- u. Schwanzfedern schwarz, bräunlichgrau gesäumt. Spitzen der mittl. Armdecken bräunlichweiß, eine Flügelbinde bildend. Flügelspiegel. Lidrand oben u. unten weiß. Schnabel gelb, First stark gebogen. Füße fleischfarben. ♀ ähnl. ♂, fahler u. mehr bräunlich. Kehle u. Vorderhals weißlich. Flügel- u. Schwanzfedern dunkelbraun, hellbraun gesäumt. Kleine UA *(S. p. devronis)* 11—12 cm, große *(S. p. peruviana)* 12—13 cm. SW-Ekuador u. W-Peru. Gesang lockere Folge von Schilp- u. ± reinen Flötentönen. Erstimport nach Deutschland 1924. Zucht 1964 durch N. OLESEN, Dänemark, ab 1969 über Generationen durch SABEL u. ZEHMER, BRD. Frißt gerne Knospen sowie Blätter von Roter Beete.
— *S. simplex*, Dickschnabelpfäffchen. ♂: oberseits braungrau, unterseits weißlichgrau. Flügel- u. Schwanzfedern dunkelbraun, heller gesäumt. Mittl. Armdecken mit weißlichen, große mit braunweißen Spitzen, 2 Flügelbinden bildend. Flügelspiegel. Schnabel hellhorn- bis fleischfarben. Füße bläulichgrau. ♀ ähnl. ♂, weniger farbintensiv, Schnabel schwarz. 11 cm. Peru (oberes Marañon-Tal u. W-Hang der Kordilleren von Libertad bis Ica). Gesang kurze Strophen mit klangvollen, variierten Flötentönen u. Zwitscherlauten. In den 70er Jahren nach Europa eingeführt. Erstzucht 1977 durch SABEL, BRD. Sehr flink; in der Voliere nicht scheu.
— *S. telasco*, Braunkehlpfäffchen. ♂: oberseits hellbläulichgrau, braun durchsetzt, mit dunklen Federmitten, eine leichte Strichelung andeutend. Brust bräunlichweiß, Bauch u. Bürzel weiß. Kehle kastanienbraun, weißlicher Fleck an Unterschnabelwurzel. Flügel- u. Schwanzfedern schwarz, fahlbraun gesäumt. Flügelspiegel. Schnabel schwarz, in u. kurz nach Mauser horngelb. Füße hellgrau. ♀: oberseits hellbraungrau mit dunklen Federmitten (s. ♂). Kehle u. Bauch schmutzigweiß, Brust bräunlicher. Flügel- u. Schwanzfedern schwarzbraun, hellbraun gesäumt. Schnabel hellhornfarben. Füße fahlfleischfarben. 10 cm. Insel Gorgona, W-Ekuador durch W-Peru bis N-Chile. Gesang wohlklingend u. zwitschernd mit wenigen gequetschten Knarrlauten wie *S. minuta*. Ersteinfuhr nach Deutschland 1935, in den 60er Jahren in Europa im Handel. Erstzucht 1970 durch SABEL, BRD.
— *S. torqueola*, Braunbürzelpfäffchen. ♂: Kopf, OS u. breites Brustband schwarz, ebenso Flügel u. Schwanz. Flügelspiegel, Kehle u. breites Halsband (im Nacken nicht ganz geschlossen) weiß. US, Unterrücken u. Bürzel rotbraun, ± intensiv. Schnabel schwarz, in u. kurz nach Mauser grau. Auge relativ groß. Füße grau. ♀: Kopf u. OS hellgrau. Kehle u. Halsseiten weißlichgrau. US, Unterrücken u. Bürzel bräunlichgrau. Flügel- u. Schwanzfedern schwärzlichbraun, hellgrau gesäumt. Schnabel grau. Füße wie ♂. 11 cm. 4 UAn versch. gefärbt. W-Mexiko von Sinaloa bis Oaxaca; von NN bis über 2000 m ü. NN. Gesang zwitschernd u. flötend mit einigen Schilplauten. Seit den 60er Jahren in Europa im Handel. Zucht ab 1976 durch SABEL, BRD. Ängstlich u. sehr flink.

Sporophilinae, Finkenammern. UF der Emberizidae ↗. 17 Gn, ca. 70 An. Besprochen sind Gn *Volatinia* ↗, *Sicalis* ↗, *Diuca* ↗, *Catamenia* ↗, *Sporophila* ↗ u. *Oryzoborus* ↗.

Sporopipes, Sperlingsastrilde, Bartstrichweber. G der Sporopipidae ↗. 2 An. Ernährung Juv. u. Ad. s. Ploceidae ↗.
— *S. frontalis*, Schuppenköpfchen. ♂ u. ♀: Kinn, Kehle weiß, übrige US grauweiß. Bartstriche, Stirn u. Kopf-OS schwarz u. weiß geschuppt. Übriger Kopf u. Nacken rostrot. Kopfseiten grau. Rücken, Flügeldecken braun, ebenso Schwingen u. Schwanz, beiger Saum. Oberschwanzdecken beige, Flanken rostbraun überhaucht. Schnabel leicht rosa. Auge dunkelbraun. Füße bräunlich bis fleischfarben. Juv. matt bräunlich. 12 cm. Von Senegal bis N-Äthiopien, sü. bis Tansania. Nest in Dornbüschen, hängt auch von Zweigenden. Brütet paarweise, selten in kleinen Kolonien. Gelege ca. 4 graugrünliche, dunkelbraun gefleckte Eier. Brutzeit Oktober—Februar. Juv. werden überwiegend mit Insekten gefüttert, sonst auch Grassamen. Friedlich, gut für Gesellschaftsanlagen geeignet. Anfangs wärmebedürftig. Überwinterung im warmen Raum. Sowohl für Käfig als auch für Voliere geeignet. Zucht oft gelungen. Am besten paarweise Haltung in kleiner Voliere. Nest in großen, halboffe-

nen Kästen, auch in Astquirlen, besteht aus langen Halmen u. Fasern. Bebrütung des Geleges von ♀ u. ♂. Schlupf nach 14 Tagen. Aufzuchtfutter vorwiegend Insekten, Juv. fliegen nach ca. 3 Wochen aus.
– *S. squamifrons,* Schnurrbärtchen. ♂ u. ♀: US weißlich. Vom Kinn ausgehend 2 schwarze Streifen an den Kehlseiten (Schnurrbart). Zügel schwarz, Stirn schwarzweiß geschuppt. Wangen, Kopf-OS, Nacken, Rücken grau. Flügeldecken u. Schwanzfedern schwarz, weiß gesäumt. Schwingen dunkelgrau.

Schnurrbärtchen

Schnabel rosafarben. Auge dunkelbraun. Füße bräunlich bis fleischfarben. Nur ♂ schilpender Gesang! Juv. matt bräunlichgrau. 10 cm. S-Angola, Namibia bis W-Oranje-Freistaat u. W-Simbabwe. Bewohnt Dornbuschsteppen u. Kulturland. Nest groß, unordentlich, auch Koloniebrüter. Juv. anfangs nur mit Insekten gefüttert, erst später Grassamen. Wildfänge hinfällig. Eingewöhnung über 22 °C. Erst nach 4–6 Monaten akklimatisiert, dann ausdauernd. Für Käfig u. Volieren geeignet. Überwinterung warm. Zucht mehrfach gelungen, nicht einfach. Nest, Aufzuchtfutter s. *S. frontalis.* Juv. fliegen nach 18 Tagen aus. Noch ca. 14 Tage gefüttert.

Sporopipidae, Bartstrichweber. F der Passeriformes ↗. 1 G. Manche Ähnlichkeiten mit den Estrildidae ↗. Bewohnen Trockengebiete des mittl. u. sü. Afrikas. Können längere Zeit ohne Wasser auskommen (*Sporopipes squamifrons* bis 62 Tage ohne Schaden). Nest dem der Estrildidae ähnl. Haltung, Ernährung s. Ploceidae.

Spottdrossel *(Mimus polyglottos)* → *Mimus*
Spötter → *Hippolais*
Spötter. Vögel, die Gesangsteile anderer Vögel od. Geräusche in die arteigenen stimmlichen Äußerungen aufnehmen, z. B. Star ↗, Beo ↗. Zuweilen große individuelle Unterschiede.

Sprenkelkauz *(Strix virgata)* → *Strix*

Springsittich *(Cyanoramphus auriceps)* → *Cyanoramphus*
Sprosser *(Luscinia luscinia)* → *Luscinia*
Sprosserkäfig. S. Weichfresserkäfig ↗. Unterkunft für einen Einzelvogel von der Größe eines Sprossers ↗. Mindestgröße: 60 × 25 × 30 cm. Anordnung der Sprunghölzer s. Sprungschema ↗, am besten Dreisprung, bei dem die höhere Sitzstange 6 cm über den Sockelsprunghölzern (diese 4 cm von Futtertrögen entfernt) befestigt wird.

Sprungschema. Spielte in der Vergangenheit bei der Haltung von Einzelvögeln, spez. der Weichfresser ↗, zum Zwecke des Gesanges eine große Rolle. Die versch. Ansichten über die Zahl, bes. aber über die Anordnung von Sprunghölzern wurde von Sachkennern im 19. u. im ersten Drittel des 20. Jh. hartnäckig u. leidenschaftlich vertreten. Ziel aller war es, in den verhältnismäßig kleinen Weichfresserkäfigen ↗ dem Vogel einen gleichmäßig ruhigen, bequemen Sprung ohne großen Kraftaufwand zu ermöglichen. Der Vogel behielt so eine gute Kondition u. sang bis zur Mauser ↗. Bes. aber blieb er bei nächtlicher Unruhe während der Zugzeit durch den eingeübten Sprung vor schädigendem Geflatter verschont. Viele Vögel erreichten unter solchen Haltungsbedingungen bei artentsprechender Pflege ein hohes Alter. Häufig wurden die Käfig ↗-Größen nach vorgegebenem S. festgelegt. Meistens werden 4 Sprunghölzer, selten 3 od. 5 im Käfig angebracht. Anordnung: Beim Dreisprung befindet sich in Käfigmitte über den beiden Sockelsprunghölzern vor den Futtertrögen eine Sitzstange. Der Vierersprung hat in mittl. Käfighöhe 2 Sitzstangen, die enger als die beiden unteren angebracht sind (gern bei der Haltung von Drosseln ↗ verwendet). Weichfresser, die ungern auf den Boden kommen (z. B. Grasmücken ↗, Laubsänger ↗, Spötter ↗) u. deren Käfig große Futtertröge zum Fußen hat, erhalten einen Vierersprung, bei dem die unteren Sprunghölzer enger als die oberen stehen. Die Käfiggröße wird so vom Vogel optimal genutzt. Falls ein Sänger häufiger auf den Boden springt, wird eine 5. Sitzstange in einen Vierersprung eingebaut. Sie erhält ihren Platz in der Käfigmitte, aber tiefer als die die beiden Hölzer in Sockelhöhe, also gleich über der Schublade. Als Kreuzsprung wird eine Anordnung bezeichnet, die zusätzl. zum Dreisprung ein 4. Sprungholz lotrecht unter der Sitzstange in Käfigmitte hat u. wenig höher als die Schublade befestigt ist, also tiefer als die Sockelsprunghölzer. Heute S. nur noch geringe Bedeutung (z. B. bei Haltung in Käfigen während des Winterhalbjahres), allgemein Unterbringung im Landschaftskäfig ↗.

Sprungstangen. Aus Holz gedrechselte Sitzstangen od. berindete Äste, die in Käfig ↗ od. Voliere ↗ angebracht sind (s. Sprungschema). Sparsame Verwendung, damit Vögel beste Möglichkeiten zum Springen bzw. Fliegen haben. So anbringen, daß Futter, Tränke u. Badehäuschen ↗ gut erreichbar sind, der Schwanz beim Umdrehen nicht anstößt u. keine Verkotung durch höher angebrachte Sitzgelegenheiten erfolgt. Unterschiedl. Stärken verwenden, nicht zu dünne. Gedrechselte S. in kürzeren Abständen gut säubern u. desinfizieren, berindete S. häufig gegen neue austauschen. Im Handel Halterungen zur Befestigung von S. in Volieren erhältlich, im Käfig häufig in senkrechter Kerbe im Gitterstab eingeklemmt.

Spurenelemente → Mineralstoffe
Stachelbürzler → Campephagidae
Stachelibis *(Carphibis spinicollis)* → *Carphibis*
Stachyridopsis. G der Timaliidae ↗. 6 An. S-Asien. Unterbringung im großen Käfig ↗, Vogelvitrine ↗, pflanzenreicher Vogelstube ↗ od. bepflanzter Außenvoliere ↗ mit Schutzraum ↗. Warme Überwinterung. Futter wie *Yuhina* ↗.
— *S. pyrrhops*, Brillenbaum-, Schwarzkinntimalie. ♂ u. ♀: rotbraun, Flügel dunkler. Zügel schwarz, ebenso Kinnfleck. Kopf-OS wenig schwarz gestrichelt. Schnabel lang, dunkelhornfarben, Basis fleischfarben. Auge braun. Füße rosafarben. 10 cm. W-Himalaja von Rawalpindi öst. bis M-Nepal. Bewohnt Busch-, Sekundärwald, Bambusdickichte u. Schilf. Untereinander großes Kontaktbedürfnis. Einzelvogel sucht immer Anschluß an einen Partner. Zuweilen auf dem europ. Vogelmarkt. Bald zutraulich. Friedlich, sehr gut für Weichfresser-Gesellschaft geeignet.

Stachyris. G der Timaliidae ↗. 9 An. S-Asien, vorwiegend indoaustral. Inselwelt. Haltung, Pflege wie *Chrysomma* ↗.
— *S. leucotis*, Weißohrtimalie, Perlhals-Buschtimalie. ♂ u. ♀: Ohrpartie grau, Überaugenstreif gelblichweiß, faßt Ohrpartie ein. Unten schließen sich von der Ohrpartie zur Kehle weiße Federn mit schwarzen Säumen an. Kehle schwarz. Kopf-OS hellolivbraun mit rötlichem Anflug. US grau. 13 cm. UAn. S-Thailand, Malaysia, Sumatera u. Kalimantan. Lebt im Unterholz. Sehr beweglicher, angenehmer, bald zutraulicher Vogel.

Stactolaema, NN → *Gymnobucco*
Stadttaube *(Columba livia var. domestica)* → *Columba*
Staffelschwänze → Maluridae
Stagonopleura. G der Estrildidae ↗. 1 A. O-Australien vom Dawson-Fluß durch O-Queensland, O-Neusüdwales bis Victoria, südöst. S-Australien; Känguruh-Insel. Bewohnen lichte Waldgebiete, bevorzugen Gewässernähe. Nahrung überwiegend Grassamen. Nest umfangreich, vorwiegend in 2 m Höhe, aber auch hoch in Baumwipfeln, zuweilen in Greifvogelhorsten. Brüten auch in Gärten u. Parks. Gesellig, wenig scheu. Bereits 1792 auf dem europ. Vogelmarkt. Gut verträglich, ausdauernd, leicht zu züchten. Können mit gleichgroßen Vögeln, auch kleinen Sittichen zusammen gehalten werden. Bei Käfighaltung bald Verfettung. Am besten Unterbringung in Volieren ↗, zur Brutzeit am besten Paar allein halten, da gegenüber Mitbewohnern zuweilen aggressiv. Großen Nistkasten (querformatigen Wellensittichkasten od. halboffenen Nistkasten ↗) bieten. Verbauen vorzugsweise langhalmige Gräser, auch Kokosfasern, wenig Moos u. Federn. Nest umfangreich, manchmal lange Einschlupfröhre, bauen selbst während der Jungenaufzucht noch weiter. Gelege 3—6 Eier. Schlupf nach 12—14 Tagen. Nestkontrollen werden allgemein nicht verübelt. Juv. fliegen nach 21—25 Tagen aus, nach ca. 2 Wochen selbständig, dann getrennt von Ad. unterbringen. Fortpflanzungsfähig ab 9.—12. Monat.
— *S. guttata*, Diamantfink, Diamantamadine. ♂: Oberkopf, Nacken mausgrau, vordere Kopfseiten weißlichgrau, nach hinten dunkleres Grau. Rücken u. Flügeldecken olivbraun, Bürzel, Oberschwanzdecken scharlachrot. Schwarzes Querband zwischen Unterhals u. mittl. Brust, sonst US weiß. Körperseiten schwarz mit großen, ovalen weißen Punkten. Schnabel dunkelrot, Basis bläulichrot. Auge rötlichbraun, rötlicher, etwas geperlter Lidrand. Füße dunkelgraubraun. ♀ wie ♂, aber Lidrand hellrötlich, manchmal auch Brustband schmaler, Zügel grauschwarz (bei ♂ schwarz), meistens auch kleiner als ♂. Juv. Oberkopf graubraun, Rücken, Flügel olivbraun, Flankenzeichnung hellgrau u. blaßbraun. Schnabel schwarz. 12 cm.

Stahlamazilie *(Amazilia saucerottei)* → *Amazilia*
Stahlflecktaube *(Turtur afer)* → *Turtur*
Stahlhakenschnabel *(Diglossa lafresnayii)* → *Diglossa*
Stahlnektarvogel *(Hedydipna collaris)* → *Hedydipna*
Stamm → systematische Kategorien
Standard. Spezifische Vorschrift zur Durchsetzung konkreter Ergebnisse der Standardisierung ↗ sowie Richtschnur zur Erreichung eines bestimmten Zuchtzieles mit Festlegung auf ganz bestimmte Qualitäts- u. Rassemerkmale. Wird vorwiegend bei den domestizierten An angewandt, die nach einem S. bewertet werden, um Meisterschaften ↗ für diese An austragen zu können. Der S. beinhaltet eine genaue Musterbeschreibung der A sowie genaue Ausführungen zur Kondition, zur Größe, zum Typ, zur Haltung, zur Farbe u. Zeichnung, zum Flügel u. Schwanz, zu Schnabel, Füßen u. Beinen. Des weiteren werden diese Festlegungen durch einen Fehlerfinder ↗, Bewertungsgruppen, -tabellen u. -richtlinien, Klasseneinteilungen, Standardbilder, Farbskalen u. dergl. vervollständigt. Ein festgelegter u. abgeschlossener S. stellt ein grundlegendes, mustergültiges Werk auf einem Fach- od. Teilgebiet der Vogelhaltung dar u. besitzt i. d. R. so lange Gültigkeit, wie das festgelegte Zuchtziel nicht erreicht od. nur in einigen Punkten erreicht wird.

Standardisierung. Weg od. Vorgang zur planmäßigen Ausarbeitung eines Standards ↗ u. zur optimalen Vereinheitlichung aller im Standard angegebenen Punkte für jeweils eine bestimmte A. Gilt vorrangig für alle domestizierten An.

Standardkäfig. Käfig in genormter Abmessung u. Ausführung zur Bewertung ↗ aller standardisierter u. auch einiger nicht standardisierter Vogel-An. Mehrere Grundtypen werden unterschieden, so für Großsittiche ↗, für Exoten ↗ u. für Wellensittiche ↗. Bei letzteren wird in vielen Ländern der Käfig der B. S.

mit den Maßen 35,5 cm Breite, 30,5 cm Höhe u. 16,5 cm Tiefe verwendet. Für Gesangs- ↗ od. Farbenkanarien ↗, Gestalts- ↗ od. Mischlingskanarien ↗ werden teilweise recht unterschiedl. Käfige verwendet. In einigen Ländern kommen aber schon geschlossene Käfige, ähnl. wie für WS ↗ u. Exoten ↗, zur Anwendung.

Standardvögel. Alle An, für die ein einheitl. geltender Standard ↗ im jeweiligen Land erarbeitet wurde u. Gültigkeit besitzt, nach dem die Vögel dann bewertet od. gerichtet werden können.

Ständer. Grundplatte mit senkrechter Stange u. Querstange aus Hartholz, an den Enden Futter- u. Trinkgefäß. Vor allem in früheren Jahren zur Haltung von Papageien ↗ verwendet, die mit einem Fußring an einem Lauf angekettet wurden. Kette ↗ muß 1 bis 2 Wirbel haben od. Flugunfähigkeit ↗ durch Beschneiden der Schwingen. Bewegung des Vogels sehr eingeschränkt, deshalb heute allgemein Verwendung eines Kletterbaumes ↗.

Standvögel. Vogel-An, die auch in extremen klimatischen Situationen ihr Wohn- u. Fortpflanzungsareal nicht verlassen.

Stanleysittich *(Platycercus icterotis)* → *Platycercus*
Star *(Sturnus vulgaris)* → *Sturnus*
Starkschnabel-Honigschmecker *(Melithreptus validirostris)* → *Melithreptus*
Stärlinge → Icteridae
Stärlingsammern → Spizinae

Starnoenas. G der Columbidae ↗. 1 A. Kuba, durch intensive menschliche Verfolgung in die Bergwälder der Provinz Oriente zurückgedrängt u. auch dort schon sehr selten. Bewohnten ursprüngl. die tropischen Regenwälder des Flachlandes. Im vorigen Jh. in Jamaika eingeschleppt, doch dort wieder ausgerottet. Nest in kleinen Büschen u. Bäumen od. auf dem Boden. Gelege 2 weiße Eier, Brutdauer u. Nestlingszeit trotz häufiger Züchtung nicht bekannt.
— *S. cyanocephala,* Blaukopf-Erdtaube. ♂ u. ♀: Kopf-OS leuchtend schieferblau, ein schwarzes Band zieht sich vom Schnabel durchs Auge bis zum Hinterkopf, trennt das Blau des Oberkopfes von einem breiteren weißen Band, das sich vom Unterschnabel bis zum Nacken erstreckt. Kehle, Kropf u. Oberbrust schwarz, mit blauen Federspitzen von einem schmalen weißen Band gesäumt. OS, Schwanz olivbraun, Brust zart weinrötlich, US hellbräunlich. Schnabel rot mit grauer Spitze, Beine rot. Juv. wie Ad., doch matter in allen Farben u. Federn des Rückens sowie Flügeldecken mit schmalem, rötlichem Saum. 32 cm.

Starweber *(Dinemellia dinemelli)* → *Dinemellia*

Steatornis. G der Steatornithes ↗. 1 A. Lokal von Kolumbien u. Ekuador bis NW-Bolivien u. durch Venezuela bis Guayana; Trinidad. In Wäldern, in Felshöhlen in riesigen Kolonien hausend. Flugorientierung mit Echolotpeilung. Ernähren sich ausschließl. von Früchten, bes. von Ölpalmen, die fliegend mit Schnabelspitze abgerissen werden. Größere Kerne als Gewölle ausgeworfen. Krächzende, kreischende Rufe. Tags in Höhlen ruhend, nachts auf Nahrungssuche. Nester in Höhlenwänden bis in 35 m Höhe. Flaches Kegelnest aus Kot. 1—2 weiße Eier (42 × 32 mm). Beide Partner brüten u. füttern. Nackte Nesthocker, später mit graubraunem Dunenkleid. Mit 3—4 Monaten flugfähig. Eingeborene erbeuten fast erwachsene Juv. u. verarbeiten Fett zu klarem geruchlosem Öl.
— *S. caripensis,* Fettschwalm. ♂ u. ♀: dunkelbraun mit weißen Flecken auf Schultern u. Flügeln. Langer Schwanz schwarz gewellt. Hinterzehe schräg nach vorn, daher kein Quersitz auf Ästen möglich. 45—55 cm. Flügelspannweite 100 cm.

Steatornithes, Fettschwalme. UO der Caprimulgiformes ↗. 1 F Steatornithidae, 1 G *Steatornis* ↗, 1 A. Haltung s. Caprimulgiformes.

Stefanieparadieselster *(Astrapia stephaniae)* → *Astrapia*

Steganura, Paradieswitwen. G der Viduidae ↗. 3 An. O-, S-Afrika. Lange Schwanzfedern der ♂♂ im BK so ausgebildet, daß sie raschelnde Geräusche erzeugen, gehören sicherlich wie der Balzflug zum festen Bestandteil des Imponiergehabes. Brutparasiten bei G *Pytilia* ↗. Vögel aller 3 An auf dem Markt. Eingewöhnung problemlos, friedlich, ausdauernd, anspruchslos. Volierenhaltung, warme Überwinterung, dann auch im großen Käfig. Für Gesellschaftsanlage zu empfehlen. Während der Brutzeit kleinere Vögel entfernen. Mitbewohner erschrecken manchmal vor langem Schwanz bei fliegenden Vögeln. Futter wie *Tetraenura* ↗.
— *S. interjecta,* Langschwanz-Paradieswitwe. ♂: im BK Nackenband kräftig gelb bis bräunlichgelb, ansonsten ähnl. *S. paradisea,* nur bei den 4 langen Schwanzfedern die beiden inneren ca. 15 cm lang, die äußeren bis 38 cm, gleichmäßig breit, Enden abgerundet. ♀ u. RK ♂: ähnl. ♀ von *S. paradisea.* Länge ♂ im BK bis 42 cm, bei UA *S. i. togoensis,* Togo-Paradieswitwe, bis 50 cm. ♂ im RK 14 cm, ♀ 12 cm. Von Sierra Leone bis S-Sudan. Dornbuschsavannen, Felder, Gärten, Siedlungen. Brutparasit bei *Pytilia phoenicoptera* ↗. Wenig gezüchtet, angebl. auch mit *Lagonosticta senegala* ↗ als Wirt.

Blaukopf-Erdtaube oder Kuba-Blaukopferdtaube

— *S. obtusa*, Breitschwanzparadieswitwe. ♂: im BK wie *S. interjecta*, aber Brust intensiver braun u. auch ausgedehnter. Vor allem Unterscheidung durch die langen, bis 6 cm breiten, an den Enden gerundeten Schwanzfedern (bei *S. interjecta*, diese nur bis 3 cm breit). Im RK ♂ u. ♀ wie *S. interjecta*. Länge ♂ im BK bis 34 cm, im RK 14 cm, ♀ 12 cm. Kenia bis Moçambique, N-Transvaal, we. bis Angola. Lebensraum wie *S. interjecta*. Brutparasit bei *Pytilia afra*. Einige Male gezüchtet, große Volieren u. mehrere Wirtsvogel-Paare erforderlich.

— *S. paradisea*, Spitzschwanz-Paradieswitwe. 3 UAn. ♂: im BK Nackenband bräunlichgelb, bei UA *S. p. orientalis* hellgelb, bei UA *S. p. paradisea* blaßgoldgelb, bei UA *S. p. aucupum* rotbraun. Bei allen UAn Brust kastanienbraun, Bauch bräunlichweiß, übriges Gefieder schwarz. 4 verlängerte Schwanzfedern, von denen die 2 längsten spitz auslaufen, bei *S. p. orientalis* breiter als bei den übrigen UAn, kürzer (bis 22 cm). Ansonsten Schwanzfedern bei Nominatform bis 28 cm, bei *S. p. aucupum* bis 26 cm. Schnabel schwarz. Auge schwarz. Füße schwärzlich. Im RK ♂ ähnl. ♀, dieses sperlingsähnl. gefärbt. Weißer Scheitelstreif, ebenso Überaugenstreif. Kopf-OS sonst mit schwarzbraunen Streifen, gleichfalls Oberregion. US weißlich, Brust bräunlich überhaucht, gering gefleckt. Schnabel hornbraun. Länge ♂ im BK bis 40 cm, im RK 15 cm, ♀ 13 cm. Senegal bis Sudan, Äthiopien, O-Afrika bis S-Angola, nö. Namibia, Transvaal, N-Natal. In Busch- u. Baumsavanne. Brutparasit bei *Pytilia melba*. Nach der Fortpflanzungszeit truppweise umherstreifend. Zucht schwierig, da Wirt schon nicht leicht zu züchten ist.

Steigrohrsegler (*Panyptila cayennensis*) → *Panyptila*

Steinbacher, Joachim

Steinbacher, Joachim, Dr., geb. 18.11.1911 in Höxter/Weser. Studium der Zoologie, Botanik, Geographie, Chemie, Philosophie in Berlin (1931–1937). Von 1934–1938 Doktorand bei Prof. STRESEMANN, Zool. Museum, zwischendurch Tätigkeit an den Vogelwarten Rossitten u. Helgoland sowie am Zool. Garten Berlin. 1940-1945 Assistent am Zool. Forsch. Institut Museum A. KOENIG in Bonn. 1946/47 Volontär am Zool. Institut Marburg. Ab 1947 am Forsch. Institut Senckenberg in Frankfurt, zuerst als Assistent, dann als Direktorial-Assistent, ab 1954 als Kustos bis 1976. Seit 1938 Herausgeber der Zeitschr. «Die Gefiederte Welt». Ausgedehnte literarische Arbeiten, wie 1937 mit O. HEINROTH ↗ u. H. SICK «Gefiederte Meistersänger» (Schallplattenwerk). Wesentl. Mitarbeit 1938–1942 an NIETHAMMERS «Handbuch der deutschen Vogelkunde». Buchpublikationen: 1951 Vogelzug u. Vogelzugforschung, 1960 Prachtfinken, 1965 Exotische Vögel in Farben, 1968 3 Bde. Vogel in GRZIMEKS Tierleben, 1971 Enzyklopädie der Tiere, Teil Vögel (EIGNER). Über 200 Aufsätze.

Steinhuhn (*Alectoris graeca*) → *Alectoris*

Steinigeweg, Werner, geb. 3.1.1948 in Emden. Ornithol. Hauptarbeitsgebiete: Vogelhaltung u. Geschichte der Ornithologie, zahlreiche Publikationen in Zeitschriften. Schriftleitung «Die Voliere» ↗ von 1978–1980. Nachwort zu Conrad GESNER, Vogelbuch, Nachdruck Hannover 1981.

Steinkauz (*Athene noctua*) → *Athene*
Steinkrähe, NN → Alpenkrähe
Steinrötel (*Monticola saxatilis*) → *Monticola*
Steinschmätzer (*Oenanthe oenanthe*) → *Oenanthe*
Steinsittich (*Pyrrhura rupicola*) → *Pyrrhura*
Steinsperling (*Petronia petronia*) → *Petronia*
Steinwälzer (*Arenaria interpres*) → *Arenaria*
Steißfüße → *Podiceps*
Steißhühner → Tinamidae
Stellalori (*Charmosyna papou*) → *Charmosyna*
Stellers Blauhäher, NN → Diademhäher
Stelzen → Motacillidae
Stelzenkäfig → Bodenläuferkäfig
Stelzenläufer (*Himantopus himantopus*) → *Himantopus*
Stelzenrallen → Mesitornithidae
Stelzentyrann (*Machetornis rixosus*) → *Machetornis*

Stephanoaetus. G der Accipitridae ↗. 1 A.

— *S. coronatus*, Kronenadler. Großer, kraftvoller Greifvogel mit deutl. Habichtshabitus (harpyienähnl.). ♂ u. ♀: Flügel kurz, breit, gerundet, Schwanz lang, breit. OS schwarzgrau, Federn hell gesäumt. Kopf grauschwarz mit mittellanger, aufrichtbarer Haube. Federn der Armschwingen mit 2 grauen Bändern. US weiß, schwarz gesperbert. Schwanz grau mit 3 breiten schwarzen Binden. Schnabel flach, kräftig, stark gekrümmt, Wachshaut gelb. Füße bis zu den Zehen befiedert, sehr kräftig, Krallen stark gebogen, spitz. W- u. Z-Afrika, Angola bis zum Kapland. Kraftvollster u. gefährlichster Greifvogel Afrikas. Bewohnt die tropischen Regenwälder bis hinauf ins Gebirge. Selten werden Streifzüge in die Savanne od. das Buschland unternommen. Beute zu 98% Säugetiere (Affen, Ducker, kleine Antilopen), selten Reptilien od. Vögel. Horst auf hohen Bäumen, meist in Flußtälern. Gelege 1–2 weiße, spärlich rotbraun gefleckte Eier. Brutdauer 49 Tage. Nestlingsdauer 90–95 Tage. ♂ u. ♀ betreiben Brutpflege. Sehr selten in Tiergärten, wird nur selten importiert. Wesen nervös, aber selbstbewußt u. angriffslustig. Einfühlsame Quarantäne in völlig geschlossenem Raum notwendig. Haltung in großen Volieren (mindestens 10 × 4 × 3 m). Winterquartier ab Temp.en unter 5°C notwendig. Nahrung Ganzkörperfutter, Kaninchen, Meerschweinchen, Ratten, Hühner. Noch nicht in Gefangenschaft gezüchtet. Ist wegen der Nervosität u. dem rasanten Flug nur bedingt zur Schaustellung geeignet — sehr anspruchsvolle A. In den Regionen Afrikas ist der Bestand teilweise stark zurückgegangen.

Stephanophorus. G der Thraupinae ↗. 1 A. Schnabelgrund stark mit Borsten besetzt. In Uruguay nur Brutvögel, im Winter in wärmere Zonen ziehend. Fressen gerne frische Pflanzentriebe u. Blütenknospen. Immer Grünzeug bieten. Sonst Nahrung usw. s. *Tangara.*

— *S. diadematus*, Diademtangare. ♂: Körper dunkelblau. Stirn, Kehle, Flügel u. Schwanz schwarz. Flügel- u. Schwanzfedern blau gesäumt. Obere Kopfplatte blutorange. Nacken weiß. ♀ ähnl. ♂, doch kleinere Krone u. weniger weiß im Nacken. 19,5 cm. S-Brasilien, Uruguay, NO-Argentinien u. O-Paraguay. Lebt paarweise od. in kleinen Flügen an Waldrändern u. Plantagen. Zucht wiederholt gelungen. Freistehendes Napfnest im dichten Geäst. 13 Tage bebrütet das ♀ alleine 2—3 Eier. Nach 14 Tagen verlassen die Jungen das Nest. Bis auf den fehlenden weißen Nackenfleck gleichen sie dem ♀. Als Aufzuchtfutter dienen Mehlwürmer ↗, Grillen u. Früchte ↗. Selten eingeführt.

Stephanoxis, Zopfelfen. G der Trochilidae ↗. 1 A. SO-Brasilien (Minas Gerais u. Espirito Santo bis Rio Grande do Sul). Misiones, Corrientes, Paraguay. Bevorzugen Gelände u. Savannen des höheren Berglandes. Nach A. RUTGERS ist diese A «leicht eingewöhnt». Zur Haltung fehlen Angaben. Zucht noch nicht geglückt.

— *S. lalandi*, Zopfelfe. ♂: Kopf-OS goldgrün, hintere Haubenfedern bläulich, die einzelne lange Haubenfeder blauschwarz. OS einschließl. des mittelsten Steuerfederpaares bronzegrün, übrige an der Wurzelhälfte bronzegrün, an der Spitze blauschwarz, mit weißlichgrauer Spitze. US violettblau. Schnabel schwarz. ♀: mit rudimentärer Haube. Kopf-OS wie Rücken, ganze US grau Juv. wie ♀. 8,5 cm.

Steppenbaumhopf *(Phoeniculus damarensis)* → *Phoeniculus*
Steppenhuhn *(Syrrhaptes paradoxus)* → *Syrrhaptes*
Steppenkiebitz *(Chettusia gregaria)* → *Chettusia*
Steppenläufer *(Pedionomus torquatus)* → *Pedionomus*
Steppenspätzling *(Pseudonigrita arnaudi)* → *Pseudonigrita*
Steppensteißhühner → Rhynchotinae
Steppenweber → *Textor*
Stercorariidae, Raubmöwen. F der Lari ↗. 1 G *Stercorarius* ↗, 4 An. Nordatlantik, sü. Meere, N-Eurasien, Nordwe. N-Amerika, Grönland, arktische Inseln.

Stercorarius. G der Stercorariidae ↗. 4 An. Teils möwenartig, teils greifvogelähnl. in Gestalt u. Verhalten. ♂ u. ♀: meist düster rauchbraun. Färbung variiert manchmal zwischen dunkleren u. helleren Phasen. Braunfleckige Jugendkleider. Kräftiger, an Spitze hakiger Schnabel. Lange, schmale, gewinkelte Flügel. Kräftige Füße mit Schwimmhäuten. Wendige Flieger. Meist jagen sie wie Fregattvögel anderen Vögeln (Möwen, Seeschwalben, Sturmvögeln, Tölpeln, Kormoranen, Albatrossen) Nahrung ab. Fressen auch Aas u. Abfall, rauben Nester aus u. stellen Jungvögeln, Kleinsäugern u. Insekten nach. Nester als wenig gepolsterte Mulden in kleinen Brutkolonien meist in Nähe anderer Seevogelkolonien. ♂ u. ♀ brüten. Brutdauer 4 Wochen. Juv. werden von Ad. gefüttert, bis sie voll befiedert sind. Kleinere An manchmal als Zuggäste in M-Europa. Unverträglich. Haltung nur ausnahmsweise bei Zufallsfängen. Fütterung: Fisch aller Art; Umstellung auf Fleisch verhältnismäßig einfach: Kleinsäuger, Vögel, Muschelfleisch, Insekten.

— *S. longicaudus*, Falkenraubmöwe, Kleine Raubmöwe. ♂ u. ♀: Kopf-OS scharf begrenzt bräunlichschwarz. Mantel u. Oberschwanzdecken graubraun. Schwingen u. Steuerfedern schwarz. Kopf u. Halsseiten gelblichbraun. Brust weiß. Flanken, Bauch, Unterflügeldecken aschbraun. Schwanz lang u. keilförmig. Schnabel schwarz. Füße bläulichgrau. Juv. OS aschbraun. Mantel u. Schwanzdecken mit gelbbraunen Spitzen. US grauweiß mit aschbraunen Bändern. Schlank. Mittl. Steuerfedern stehen 16—25 cm über. 53—58 cm. Grönland, arktische Inseln, N-Eurasien (sü. bis Skandinavien u. Kamtschatka), nö. N-Amerika. In Küstengewässern u. über freiem Meer. Hauptbeute: Lemminge. Nistet in zerstreuten Kolonien in der Tundra. Ei 55 × 38 mm. Brutdauer 23 Tage. Juv. verlassen 2 Tage nach Schlupf das Nest. Werden vorwiegend mit Insekten gefüttert. Überwintert auf offenem Meer.

Schmarotzerraubmöwe

— *S. parasiticus*, Schmarotzerraubmöwe. ♂ u. ♀: Kopf-OS, Rücken, Flügel u. Schwanz dunkel aschbraun. Kopfseiten u. Hals strohgelb. Kehle u. Brust mattweiß. Unterflügeldecken, Bauch u. Unterschwanzdecken aschbraun. Schwanz lang, keilförmig. Schnabel bräunlich. Füße schwarz. Juv. OS braun gefleckt. Oberschwanzdecken weiß u. rotbraun gebändert. US weißlich u. braun gebändert. 43—50 cm. Grönland, arktische Inseln, N-Eurasien (sü. bis N-Schottland, Schweden, Finnland, zum Ochotskischen Meer u. Kamtschatka), Komman-

Sterna

deur-Inseln, Alëuten, nordwe. N-Amerika. In Küstengewässern u. über freiem Meer. Nistet kolonieweise in Tundra u. auf Mooren.
— *S. pomarinus*, Spatelraubmöwe, Mittlere Raubmöwe. ♂ u. ♀: Kopf-OS rauchschwarz. Rücken, Flügel, Schwanz dunkelgraubraun. Handschwingenwurzel weißlich. Hals u. Brust weiß; Halsseiten strohgelb; Oberhals, Brust u. Seiten dunkel gebändert. Steuerfedern lang. Schwanz lang, keilförmig. Schnabel braun mit schwarzer Spitze. Füße schwärzlich. Juv. OS dunkel graubraun, braungelb auf Schultern u. Bürzel gefleckt. Kopf, Hals, US matt gelbbraun, gebändert. 51—56 cm. Tundren N-Rußlands we. bis zur Kanin-Halbinsel, N-Sibirien u. vorgelagerte Inseln, arktisches N-Amerika, W-Grönland. Küstengewässer, aber auch offenes Meer. Nistet in kleinen zerstreuten Kolonien in Tundren.
— *S. skua*, Skua, Große Raubmöwe. ♂ u. ♀: braun mit weißem Flügelfleck. Hals mit gelblichen u. Rücken mit rotbraunen Streifen. US rostfarbener. Handschwingen innen an Wurzel weiß. Schwanz kurz, keilförmig. Plump gebaut. Schnabel u. Füße schwarz. Juv. ähnl., aber Rücken u. US mit rostfarbenen Federsäumen. 54—61 cm. UAn. N-Atlantik, sü. Meere. Im Winter bis in gemäßigten Zonen beider Hemisphären. Offenes Meer u. Küstengewässer. Nistet in lockeren Kolonien auf hochgelegenen Mooren in Meeresnähe. Außerhalb Brutzeit ungesellig.

Sterna. G der Sternidae ↗. 21 An.
— *S. albifrons*, Zwergseeschwalbe. ♂ u. ♀: OS blaugrau, US weiß. Schwarze Kopfplatte u. weiße Stirn. Schnabel gelb mit schwarzer Spitze, Füße gelb. Juv. OS bräunlich mit dunkler Fleckung, Kopf-OS grau. 23 cm. UAn. Küsten Europas, an einigen Stellen auch im Binnenland, O-Europa ostwärts in M-, S-Asien, Afrika, Amerika, Australien. Bewohnt flache, vegetationslose, sandige Meeresküsten, auch Flußmündungen u. im Binnenland Seen- u. Flußufer mit Inseln u. Sandbänken. Brütet in kleineren Kolonien. Nest flache Bodenmulde, Brutdauer 19—22 Tage. Haltung s. Sternidae. Keine Gefangenschaftsbruten bekannt.
— *S. fuscata*, Ruß-Seeschwalbe. ♂ u. ♀: OS bräunlichschwarz, schwarzer Kopf mit weißer Stirn, unterseits weiß. Schnabel u. Füße schwarz. Juv. braun mit weißen Flecken. 42 cm. UAn. Auf den Inseln tropischer u. subtropischer Weltmeere. Nistet in großen Kolonien. 1 Ei, Brutdauer 26—28 Tage. Haltung s. Sternidae.
— *S. hirundo*, Flußseeschwalbe. ♂ u. ♀: im BK OS blaugrau, US weiß, schwarze Kopfplatte. Schwanz tief gegabelt. Füße rot, Schnabel rot mit schwarzer Spitze. RK mit weißer Stirn, Schnabel schwarz mit rötlicher Basis. Juv. hellbräunliche OS mit Querbänderung. Kopf schwarzbraun, helle Stirn. 36 cm. UAn. Fast ganz Europa, von O-Europa weiter ostwärts in M-Asien bis W-Sibirien, NW-Afrika, N-Amerika. Überwintert in sü. Regionen. Brütet meist in Kolonien an Binnengewässern aller Art, oft in Lachmöwenkolonien, sowie an Meeresküsten u. vorgelagerten Inseln. Nest auf flachen, sandigen od. kurzgrasigen Inseln, an verlandenden Seen u. Teichen, entweder eine flache Mulde od. mit trockenem Pflanzenmaterial ausgelegt. Brutdauer etwa 25 Tage. Haltung s. Sternidae. Zucht gelang 1970 u. 1972 im Zoo Prag.
— *S. paradisaea*, Küstenseeschwalbe. ♂ u. ♀: ähnl. Flußseeschwalbe, im BK Schnabel rot, im RK schwarze Füße. Juv. ähnl. Flußseeschwalbe. 37 cm. Island, NO-Europa, Küsten des übrigen N-Europa, nö. Asien bis Kamtschatka, N-Amerika u. Grönland. Winterquartier in der Antarktis. Brütet an flachen, vegetationslosen od. kurzgrasigen Meeresküsten, im N auch an Binnengewässern. Nest eine flache Mulde, meist 2 Eier. Haltung s. Sternidae. Keine Gefangenschaftsbruten bekannt.

Sternfischer (*Alcyone argentata*) → *Alcyone*

Sternidae, Seeschwalben. F der Charadriiformes ↗. 3 UFn, 13 Gn, 40 An. Schlanker Körper, lange u. schmale Flügel, Schwanz lang u. ± tief gegabelt. Schnabel gerade u. spitz. Füße kurz u. schwach, Zehen durch Schwimmhäute verbunden. ♂ u. ♀ gleich gefärbt. Über die ganze Welt verbr., vorwiegend in den Tropen u. Subtropen. Sind an Wasser gebunden, laufen sehr wenig an Land, bewegen sich hauptsächl. in der Luft. Leben an Binnengewässern u. Meeresküsten. Nahrung vorwiegend Fische, Krebse, Würmer, Insekten. Vögel vieler An erbeuten diese durch Stoßtauchen. Koloniebrüter, meist 3 gefleckte Eier. Brutdauer 15—28 Tage, ♂ u. ♀ brüten, Juv. werden von Eltern noch eine Zeitlang gefüttert. Haltung in größerer Voliere ↗ mit genügend Sitzwarten (Steine, Pfähle), sonst Kies od. Sand mit kleinem Grasteil sowie Wasserstelle. Fütterung mit Fisch ↗, Garnelen, Fleisch u. Insekten ↗.

Sternkolibri (*Oreotrochilus estella*) → *Oreotrochilus*

Sternoclyta, Veilchenbrustkolibris. G der Trochilidae ↗. 1 A. Andengebiet von Venezuela. In Wäldern u. Waldrändern. Eingewöhnung bereitet Schwierigkeiten. Haltungserfolge liegen nicht vor. Zucht noch nicht gelungen.
— *S. cyanopectus*, Veilchenbrustkolibri. ♂: OS dunkelgrün, Oberschwanzdecken, Steuerfedern bronzefarben, Schwanzfedern mit weißen Spitzen. Kehle grün, violetter Brustfleck. US grün, Armschwingen rostbraun. Schnabel, Füße schwarz. ♀: OS, Oberschwanzdecken grün, Schwanz wie beim ♂. Kinn, Kehle u. Brust grün, übrige US hell rostfarben. Schnabel stärker gebogen als beim ♂. Juv. wie ♀. 13,5 cm.

Brütende Flußseeschwalbe

Sternrötel *(Pogonocichla stellata)* → *Pogonocichla*
Sterntaucher *(Gavia stellata)* → *Gavia*
Sthenelides. G der Anatidae ↗, UF Anserinae ↗. 1 A. S-Amerika von S-Brasilien bis S-Chile u. S-Argentinien. Brutvögel des äußersten S ziehen im Winter nach N. Bewohnen pflanzenreiche Seen, Sümpfe u. Brackwasserlagunen des Flachlandes. Nahrung besteht fast ausschließl. aus Wasserpflanzen. Brutpaare beanspruchen großflächiges Brutrevier. Umfangreiche Nester aus Pflanzenteilen in Sumpfvegetation. ♀ bebrütet 3—6 Eier 34—36 Tage. Betreuung der Juv., die sich häufig im Rückengefieder der Ad. aufhalten, durch ♂ u. ♀. Außerhalb der Brutzeit in Trupps auf Küstengewässern. Verbreitete, aber nicht häufige Gehegevögel. Unterbringung auf mittelgroßen Teichen. ♂ ♂ zur Brutzeit wenig aggressiv gegen andere An. Halten sich vorwiegend auf dem Wasser auf. Überwinterung auf offener Wasserstelle möglich. Zucht gelingt regelmäßig, jedoch nicht mit allen Paaren. Bevorzugt werden auf Inseln errichtete Nester angenommen. Mehrere Bruten im Jahr möglich. Mit 3 Jahren zuchtfähig.
— *S. melanocoryphus*, Schwarzhalsschwan. ♂: Kopf u. Hals schwarz, sonst weiß. Schnabel bleigrau mit rotem Höcker am Schnabelgrund. Füße fleischfarben. ♀ wie ♂, meist kurzhalsiger u. mit kleinerem Schnabelhöcker. 100 cm.

Stictopeleia. G der Columbidae ↗ (früher zu *Geopelia*). 1 A. Australien.
— *S. cuneata*, Diamanttäubchen. ♂: Kopf, Hals, Brust graubläulich. OS ab Hinterhals düster graubräunlich. Flügeldecken graubraun bis grau, die einzelnen Federn mit 2 kleinen weißen, schmal schwarz eingefaßten Perlpunkten besetzt. Verlängerte mittl. Steuerfedern mit dunklen Endsäumen, äußere weiß mit schwärzlichem Basisteil. US mit Unterschwanzdecken weiß. Flanken hellgrau. Schnabel schwärzlich. Auge rot, breite nackte wulstige Augeneinfassung rubin- bis orangerot. Füße rötlich. ♀ wie ♂, aber Braun der OS intensiver, Farbe der Augenringe etwas blasser. Zahlreiche Zuchtformen durch Domestikationseinflüsse: Silber (silbergrau), Brillant (fast weiß), Braun (dunkler, stärker braun), ferner Schekken, Gelbe, Rote u. Zimtbraune, doch nur die erste fest etabliert. In der DDR wird nach Standard gezüchtet. 19,5—20 cm. N- u. Z-Australien. Den aufgelockerten Wald der Savanne u. den Trockenbusch bewohnend. Bevorzugt den Aufenthalt am Boden, wo sie ihr aus feinen Samen bestehendes Futter sucht u. bes. über Mittag ausgedehnte Sonnenbäder im glühheißen Sand nimmt. Benötigt Tränke in erreichbarer Nähe. Neststand in den unteren Regionen der Bäume u. im Gebüsch. Gelege 2 weiße Eier. Brutdauer 12—13 Tage. Nestlingszeit 11—12 Tage. In der ersten Zeit nach dem Ausfliegen schlafen die Jungen zwischen den Eltern auf einem Ast, alle auf Körperkontakt zusammengerückt. Erstmalig 1868 in Europa (Zoo London), 1871 dort Erstzucht. Anspruchslos. Haltung in Volieren, auch in Vogelstuben u. Käfigen möglich. Verträglich, so daß in geräumigen Volieren mehrere Paare vereinigt werden können. Kann auch mit anderen Tauben, Fasanen, Sittichen u. kleinen Körnerfressern vergesellschaftet werden. Zucht gelingt ohne Schwierigkeiten, selbst im Käfig. Dafür

Diamanttäubchen. Paar auf dem Nest mit Jungvogel

mehrere Unterlagen anbringen. Bis 7 Jahresbruten möglich, jedoch nicht mehr als 3 zulassen. Mindestmaße für Zuchtkäfige: 100 × 50 × 75 cm. Schachtelbruten sind die Regel. Juv., die etwa 4 Wochen aus dem Nest sind, d. h. nach Anlegen des Alterskleides, hinausnehmen. Ziemlich kälteresistent, am besten frostfrei überwintern. Futter feine Samen, wie Wellensittich- u. Waldvogelmischungen, Grünes, zur Aufzucht zusätzl. gequollene u. gekeimte Körner, Weichfutter (Ei, Biskuit, Möhre), Mehlwürmer (zerschnitten), Ameisenpuppen. Die A ist zur Ammenaufzucht anderer kleinerer Tauben sehr geeignet.

Stictospiza. G der Estrildidae ↗. 1 A. Mittl. Indien. Im dichten Gras der Uferböschungen u. des Kulturlandes. Nahrung kleine Samen, Insekten. Nest aus groben, trockenen Gräsern zwischen Gras-, Schilfod. Zuckerrohrstengeln. Ersteinfuhr in Europa (England) 1863, 1873 in Deutschland. Bereits vorher Käfigvögel in Indien. Zurückhaltende, angenehme Pfleglinge. Friedlich, nur während der Brutzeit Streitereien zwischen den ♂ ♂. Während der Eingewöhnung empfindlich, nicht unter 22 °C halten. Später hart, ausdauernd. Für Käfig u. Voliere geeignet. Zucht gelingt nur im Flugraum. Futter wie *Sporaeginthus subflavus* ↗, reichl. Blattläuse u. andere kleine Insekten → Estrildidae. Nest freistehend, auch in Nistkästen (gern in Harzer Bauer ↗). Gelege 5—7 Eier. Gegenüber Nestkontrollen manchmal empfindlich. Schlupf nach 11—12 Tagen. Aufzuchtfutter Insekten, Keimfutter ↗, Unkrautsamen, Grassamen, Kolbenhirse. Juv. fliegen nach 3 Wochen aus, nach 10—14 Tagen selbständig, von ad. Vögeln entfernen.
— *S. formosa*, Olivgrüner Astrild. ♂: OS olivgrün, Oberschwanzdecken mehr gelblich, Schwanz schwarz. Kopfseiten gelblichgrün. Kehle, vordere Brust mattgelb, übrige US kräftiger gelb. Auf den Körperseiten scharf begrenzte olivgrüne u. weiße Querbänder. Schnabel rot. Auge braun. Füße rötlichbraun. ♀: matter als ♂, US gering heller, Kehle mehr grauweißlich. Flankenzeichnung grau schwärz-

Stieglitz

lich. Juv. OS olivgrün, US gelblich olivgrau, zum Bauch u. den Unterschwanzdecken hin etwas heller. Querbänder der Körperseiten fehlen. Schnabel schwarz. 10—11 cm.

Stieglitz *(Carduelis carduelis)* → *Carduelis*

Stimme. Die Laute der Vögel werden im Syrinx gebildet. Dieses auch als unterer Kehlkopf bezeichnete Organ liegt an der Gabelungsstelle der Luftröhre in den beiden zu den Lungen führenden Hauptbronchien. Es stellt eine als Trommel funktionierende Erweiterung dar, deren Wände aus Knorpelringen u. -membranen bestehen. Die S. entsteht anfangs durch Schwingungen der Membranen, deren Spannung von der Stellung der Stimmritzen (Eingang in die Bronchien) abhängt. Ein vor allem bei Singvögeln gut ausgebildetes, kompliziertes Muskelsystem ermöglicht die z. T. sehr differenzierte Lautgebung. Der Syrinx ist eine Sonderdifferenzierung der Vögel, er entspricht nicht dem Kehlkopf der Säugetiere. Die S. der Vögel hat bei der innerartlichen Signalgebung einen zentralen Stellenwert → Passeres.

Stizoptera. G der Estrildidae ↗. 1 A. W-Australien bis N-Territorium, N-Queensland bis Neusüdwales. Leben im busch-, baumbestandenen Grasland. Meist truppweise unterwegs. Häufig, bes. an Tränken. Nahrung vorwiegend Grassamen, wird auf dem Boden gesucht, z. T. Früchte. Nest liederlich wirkend, aus trockenen Gräsern, Würzelchen, in Büschen, kleinen Bäumen, selten über 2 m Höhe. Nestschläfer ↗. Nur noch gezüchtete Vögel im Angebot (Ausfuhrsperre s. *Aidemosyne*). Munter, lebhaft, sehr zutraulich, verträglich. Für Käfig auf Dauer kaum geeignet (geringe Zuchtaussichten). Nicht unter 20 °C halten. Während der Brutzeit paarweise unterbringen. Nestkontrollen werden meistens nicht verübelt. Aufzuchtfutter vor allem Gras-, Unkrautsamen, auch halbreif, Keimfutter, gequollene Kolbenhirse, Vogelmiere, Insektennahrung s. Estrildidae.

— *S. bichenovii*, Ringelastrild. ♂: Stirn schwarz, von hier zieht schwarzes Band oberhalb des Auges entlang, umfaßt Kopfseiten u. Kehle. Oberkopf, Hinterhals, Rücken fahlbraun mit feiner dunkler Querwellung, schwanzwärts immer gröber werdend. Flügel dunkler, schwarze Flügeldecken mit weißer Gitterzeichnung, auf den Armschwingen deutlicher, äußere Schwingen dunkel, ohne Zeichnung. Bürzel weiß, Schwanz bräunlichschwarz. Kopfseiten u. Kehle weiß. Brust u. Bauch gelblich weiß. Schwarzes Band zieht quer über hintere Brust. Schnabel graublau. Auge dunkelbraun. Füße grau. UA *Stizoptera b. annulosa* (Gitterflügelastrild) mit schwarzem Bürzel (bewohnt NW-Australien). ♀ wie ♂, aber Brust matter gefärbt. Flügeldecken schwarzgrau (bei ♂ tiefschwarz!). Juv. schmutziggrauer Rücken, US schmutzigweiß ohne Querband, zuweilen bräunlicher Brustring vorhanden. 10 cm. UAn.

Stöbener, Walter Friedrich, geb. 11. 12. 1944 in Ludwigshafen. Sein Hauptinteresse in der Vogelkunde gilt der Zucht europ. Vögel u. der Feldornithologie. Herausgeber u. Verleger der Zeitschr. (seit 1979) «Die Europäische Vogelwelt»; Vorstand des Verbandes Deutscher Waldvogelpfleger u. Vogelzüchter, Landesverband Rheinland, Pfalz, Saar. Über 40 Berichte, vorwiegend über Vogelhaltung u. Zucht. 1979 gelang die Erstzucht des Braunkehlchens ↗ im Landschaftskäfig ↗, seit 1979 regelmäßig Zucht des Trauersteinschmätzers ↗, Zucht des Weißsternigen Blaukehlchens ↗ in der Voliere usw. Zahlreiche Auszeichnungen für Erfolg in der Vogelzucht, u. a. Goldmedaille der Zeitschr. «Die Gefiederte Welt» 1979 für die Zucht des Braunkehlchens.

Stockente *(Anas platyrhynchos)* → *Anas*

Stoffwechsel. Fähigkeit aller Lebewesen, Stoffe aus der Umgebung aufzunehmen, umzuwandeln u. auszuscheiden. Alle chemischen Reaktionen der Lebewesen sind Stoffwechselreaktionen. Im System des Baustoffwechsels wird Körpersubstanz gebildet, während im Betriebsstoffwechsel die Energie zur Aufrechterhaltung der Lebensfähigkeit geliefert wird. Die Fähigkeit des Fliegens erfordert vom Vogel die schnelle Bereitstellung großer Energiemengen. Vögel verfügen daher über einen sehr intensiven S. Die Verdauungsorgane ↗ sind so ausgebildet, daß die Umwandlung der Futterstoffe in körpereigene Stoffe sehr schnell erfolgt. Deshalb ständige Nahrungszufuhr über den gesamten aktiven Tagesabschnitt! Bei der Fütterung ↗ berücksichtigen!

Stopfen → Zwangsfütterung
Störche → Ciconiidae
Storchschnabel-Eisvogel *(Pelargopsis capensis)* → *Pelargopsis*
Strandläufer → Eroliinae → *Calidris*
Strandpieper → Wasserpieper
Straßentaube *(Columba livia var. domestica)* → *Columba*
Strauchschmätzer *(Saxicoloides fulicata)* → *Saxicoloides*
Strauß *(Struthio camelus)* → *Struthio*
Straußwachtel *(Rollulus roulroul)* → *Rollulus*
Streifenastrild *(Pytilia ph. lineata)* → Auroraastrild
Streifenbartvogel *(Thereiceryx lineatus)* → *Thereiceryx*
Streifen-Erdtaube *(Geotrygon linearis)* → *Geotrygon*
Streifeneule *(Asio clamator)* → *Asio*
Streifengans *(Eulabeia indica)* → *Eulabeia*
Streifengirlitz *(Dendrospiza hypostica)* → *Dendrospiza*

Ringelastrild

Streifenhäherling *(Grammatoptila striata)* → *Grammatoptila*
Streifenkauz *(Strix varia)* → *Strix*
Streifenkiwi *(Apteryx australis)* → *Apteryx*
Streifenkopftangare *(Spindalis zena)* → *Spindalis*
Streifenliest *(Chelicutia chelicuti)* → *Chelicutia*
Streifenmausvogel, NN → Gestreifter Mausvogel
Streifenohreule *(Asio clamator)* → *Asio*
Streifenpfäffchen, UA → Wechselpfäffchen
Streifenschwanz *(Threnetes ruckeri)* → *Threnetes*
Streifenschwirl *(Locustella certhiola)* → *Locustella*
Streifenuhu *(Pseudoptynx philippensis)* → *Pseudoptynx*
Streifen-Waldohreule *(Asio clamator)* → *Asio*
Strepera. G der Cracticidae ↗. 2 An.
— *S. graculina*, Würgerkrähe, Dickschnabel-Würgerkrähe. ♂: blauschwarz, nur Steiß, Unterschwanzdecken u. Schwanzspitze weiß. Schnabel schwarz. Auge gelb. Füße schwarz. ♀ ähnl. ♂. 45 cm. UAn. *S. g. fuliginosa*, Braune Würgerkrähe, oft als eigene A angesehen. N-Queensland bis Victoria (O-Australien), Tasmanien. Lebt in Wäldern, sowohl in der Ebene als auch im Gebirge, im Winter auch in Dörfern u. Städten. Frißt auch das Grün der Saat u. Früchte, zuweilen greift sie Küken, deshalb auf dem Lande wenig beliebt. Selten in europ. Sammlungen.
— *S. versicolor*, Schlankschnabel-Würgerkrähe, Graue Würgerkrähe. ♂ u. ♀: schiefergrau, unterseits ins Bräunliche übergehend. Augenpartie u. Stirn schwärzlich, Flügel u. Schwanz schwarzbraun. Wurzeln der Innenfahnen der Handschwingen, Saum der Schwingenspitzen u. Schwanzfedernspitzen weiß, ebenso Unterschwanzdecken. Schnabel schwarz. Auge orangegelb. Füße schwarz. 52 cm. UAn. *S. v. arguta*, Hügelkrähe, hat braunschwarzes Gefieder, Unterschwanzdecken weiß, ebenso Spitzen der Schwanzfedern, wird von einigen als eigene A angesehen. SW-Australien bis S-Neusüdwales, Victoria; Tasmanien. Bewohnt Waldland. Nahrungssuche häufig am Boden. Sehr selten auf europ. Vogelmarkt, einige Male im Zool. Garten London gepflegt.
Streptoceryle. G der Alcedinidae ↗. 2 An.
— *S. alcyon*, Gürtelfischer, Halsbandfischer, Großfischer. Oberseits graublau; unterseits weiß mit graublauem Brustband. ♀ außerdem noch rotbraunes hufeisenförmiges Bauchband. Graublaue Haube. ♂ mit einem weißen u. einem grauen Halsring. Auf grauen Flügeldecken u. Schwanz weiße Fleckung. Schnabel schwarz. Füße grauschwarz. 30–33 cm. UAn. N-Amerika bis Alaska. Überwintert in M- u. nö. S-Amerika, dort überwiegend von Insekten lebend. Hohe keckernde Pfiffe. Nistet in Erdhöhlen. Brutdauer 19–21 Tage. Etwas gesellig. 1973 Aufzucht junger Wildfänge in USA gelungen.
Streptocitta. G der Sturnidae ↗. 2 An. Malaiischer Archipel.
— *S. albicollis*, Weißhalsatzel. ♂: vorwiegend glänzend schwarz. Kehle, Brust, Hals weiß. Um das Auge nackt, grauschwärzlich. Stirnfedern wachsen über Oberschnabelansatz nach vorn, decken z. T. Nasenlöcher zu. Schwanz lang, dadurch elsterhaftes Aussehen. Schnabel schwarz, breite, gelbe Spitze. Auge dunkelbraun. Füße u. Krallen schwarz. ♀ wie ♂, geringer kleiner (?). Ca. 48 cm. UAn. Sulawesi, Buton u.

Streptopelia

589

Weißhalsatzel

Muna. Durchstreift paarweise u. in kleinen Gruppen Baumwipfel. Sehr selten im Handel, 1937 ein Exempl. im Zoo Berlin. Nach langer Zeit 1982 Import durch MICHI, BRD, u. a. kamen 6 Vögel in den Vogelpark Walsrode ↗ u. 4 in den Berliner Zoo. Eingewöhnung problemlos. Kann gut als Gruppe gehalten werden, im Sommer in Freivoliere ↗ mit ungeheiztem Schutzraum ↗. Stimme rauh, Strophen abwechslungsreich, ähnl. Papua-Atzel ↗. Badet gern.
Streptopelia. G der Columbidae ↗. 16 An. Europa, Asien, Afrika. Einbürgerungen. Alle An leicht kreuzbar, die Mischlinge zwischen mehreren An fertil.
— *S. chinensis*, Perlhalstaube, Tigerhalstaube. ♂ u. ♀: Kopf grau, vorn u. am Kinn aufhellend. Auffallend breites, hinten geschlossenes Halsband, gebildet aus gespaltenen schwarzen Federchen mit weißer Spitze, was die Perlung bewirkt. Mantel, Flügeldecken, innere Armschwingen kräftig weinrot. Flügelbug graubräunlich. Bürzelregion mit Oberschwanzdecken düster graublau. Schwanz ziemlich lang, zentrale Federn heller grau, die äußeren mit weißen Außenfahnen u. viel Weiß am Ende. US licht weinrötlich, nach hinten grau verwaschen. Unterschwanzdecken weiß. Schnabel schwärzlich. Auge verschieden, meist bräunlich. Füße tiefrot. 27–32 cm. UAn (in der Färbung z. T. beträchtliche Unterschiede). Indomalaiische Region: auf dem Festland von Vorderindien mit Sri Lanka bis S-China, außerdem die gesamte Inselwelt, doch ohne Philippinen u. Neuguinea. Vom Menschen verbr. in Australien, Neuseeland, Hawaii, USA (S-Kalifornien). Bewohnt Habitate mit aufgelockertem Baumbestand, auch den Se-

Streptopelia

kundärwald u. die Kulturlandschaft, insbes. Gebiete mit Garten- u. Parkcharakter, häufig im Bereich von Ortschaften. Nistet auf Bäumen, in Gebüsch u. an Gebäuden. Gelege 2 weiße Eier. Brutdauer 14 Tage. Nestlingszeit ca. 3 Wochen (Gefangenschaftsangaben). Nominatform erstmalig 1843 im Zoo Amsterdam. Anspruchslos, doch wenigstens frostfrei überwintern. Unverträglich. Leicht züchtbar. Am Nest störanfällig.

Türkentaube

— *S. decaocto*, Türkentaube. ♂ u. ♀ : Kopf, Hals hell graubräunlich. Halbring über dem Nacken schwarz, beidseitig schmal weiß eingefaßt. OS graubraun. Schulterpartie u. anschließender Flügelrand aschgrau. Arm- u. Handschwingen schwarzbraun. Schwanz ziemlich lang, am Ende mit viel Weiß. US vorn violett bis weinrötlich überflogen, hinten hellgraubräunlich. Schnabel schwärzlich. Auge rot. Füße rot. 30—32 cm. UAn. Verbr. ursprüngl. wohl beschränkt auf indischen Subkontinent, Teile M- u. O-Asiens. Von Indien breitete sie sich zunächst allmähl., seit den 30er Jahren dieses Jh. rasant nach NW bis Europa (Britische Inseln, Skandinavien) aus. Die Expansion ist noch nicht abgeschlossen. Lebensraum im Herkunftsgebiet trockene, ± offene Landschaften mit aufgelockertem Baum- u. Strauchbewuchs. Infolge Anpassung überall, spez. im gesamten Expansionsgebiet engste Bindung an menschl. Ansiedlungen, bis in die Zentren der Großstädte. Lange Brutperiode; aus Europa auch Winterbruten bekannt. Baum-, zunehmend Gebäudebrüter. Gelege 2 weiße Eier. Brutdauer 14—16 Tage. Nestlingszeit (14) 15—17 (20) Tage. In Gefangenschaft anspruchslos. Kälteresistent, doch sollte wetterfester Unterschlupf aufgesucht werden können. In Gefangenschaft aufgezogene bzw. erbrütete Exempl. gut züchtbar. Bastardiert leicht mit Lachtauben; die Mischlinge sind fertil.
— *S. orientalis*, Meenataube, Orient-Turteltaube. ♂ u. ♀ : ähnl. *S. turtur*, doch größer, Grundfarbe mehr ins Rote spielend, Abzeichen an Hals u. Schwanz nicht weiß, sondern bläulich- bis hellgrau. 33 cm. UAn. Mittl. Orient (Iran) durch M- bis O-Asien. Lebensraum, Brutbiologie wohl weitgehend mit *S. turtur* übereinstimmend. Erstmalig 1864 im Zoo London. Gelegentl. importiert. Mäßig warm überwintern. Verträglich. Leicht züchtbar.
— *S. roseogrisea*, Lachtaube, Hauslachtaube. ♂ u. ♀ : isabellgelblich, oberseits etwas dunkler, Schwingen heller als bei der ähnl. *S. decaocto*. Schwanz kürzer als bei dieser, Halbring über dem Nacken schwarz, schmal weiß gesäumt. Schnabel schwärzlich. Auge rot. Füße rötlich. 26 cm. Domestizierte Form der in der Sahelzone u. in SW-Arabien vorkommenden Wildlachtaube. Domestikationszentrum (Arabien od. Indien) u. -zeitpunkt unbekannt. Etliche Farbschläge: Weiße mit Halbring sowie Albinos mit roten Augen u. höchstens schwach angedeutetem Nackenring, ferner Dunkelbraune, Zimtfarbene, Lachsrote, Schecken, Isabellfarbene mit weißen Flügeln, Seidenfiedrige. Heu- od. strohgepolsterte Nestunterlagen zur Verfügung stellen. Duldet Nestinspektionen. Gelege 2 weiße Eier. Brutdauer 14—15 Tage. Nestlingszeit 13—15 (16) Tage. Anspruchslos, kann in allen Typen von Unterkünften gepflegt u. gezüchtet werden, selbst in engsten Käfigen (kleinste Einheiten unter Experimentalbedingungen 30 × 30 × 30 cm für ein Paar!). Frostgeschützt, besser leicht gewärmt überwintern. Verträglich, so daß in Volieren Gemeinschaftszucht betrieben werden kann u. ein Zusammenhalten mit Fasanenartigen ↗, Sittichen ↗ u. Kleinvögeln möglich ist. Gerade aus dem Nest gekommene Juv., noch nicht ganz befiedert, sitzen oft am Boden u. müssen vor Fasanen in Sicherheit gebracht werden. Ausgezeichnet für Ammenaufzuchten schlecht brütender Tauben geeignet.

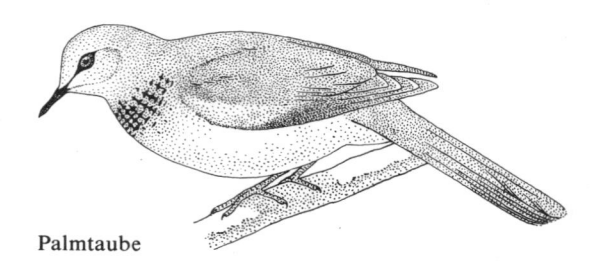

Palmtaube

— *S. senegalensis*, Palmtaube, Senegaltaube. ♂ : Kopf, Hals, Brust düster weinrot bis bräunlich. Kinn hell. Am Kropf gegabelte Federn, die ein breites, schwärzliches, rotbräunlich geflechtes Querband ergeben. Mantel, Schulter, innerer Flügel rotbraun. Entlang der Flügelkante ein breites blaugraues Feld. Bürzelbereich grau. Oberschwanzdecken u. mittl. Schwanzfedern braun, grau bepudert, äußere Steuerfedern weiß mit schwärzlichem Grund. US weißlich, Flanken grau. Schnabel schwärzlich. Auge braun. Füße rot. ♀ wie ♂, nur oberseits matter. An Farbvarianten existieren Weiße u. Gescheckte. 26—28 cm. UAn. Afrika, Vorderasien mit Teilen Arabiens u. von SO-Kleinasien bis Turkestan (UdSSR) u. Vorderindien. Vom Menschen verbr. in W-Kleinasien, W-Australien u. auf Malta. Besiedelte einstmals nur trockene Dornbuschsavannen, heute als Kulturfolger bis in die Zentren der Großstädte vorgedrungen u. selbst in der weitgehend vegetationsfreien City zu finden. Fast überall sehr häufig. Baum- u. Gebüschbrüter, auch an Bauwerken nistend. Gelege 2 weiße Eier. Brutdauer 13 Tage. Nestlingszeit 12 Tage. Juv. gut 10 Tage nach dem Ausfliegen selbständig. In Europa erstmals 1861 im Zoo London, wo kurz darauf die Erstzucht gelungen sein müßte. Anspruchslos. Im allgemeinen verträglich, was jedoch nicht für alle Paare gilt. Für die Haltung in Volieren sehr zu empfehlen, muß aber warm überwintert werden. Ausgezeichnet züchtbar. 6–8 Bruten/Jahr sind möglich, aber oftmals werden fast flügge Juv. wegen vorzeitig auflebenden Bruttriebes im Stich gelassen. Selbständige Juv. aus der Unterkunft des Elternpaares entfernen. Futter Mischung aus Weizen, Wicken, Hirse, Spitzsaat, wenig Hanf, etwas Grünes. Zur Aufzucht eingeweichte Semmel bzw. Weichfutter.

— *S. tranquebarica*, Zwerglachtaube; Rote bzw. Weinrote Halsringtaube. ♂: Kopf graublau. Gesicht mit Kinn u. Kehle weißlich. Nackenband schwarz, schmal weißlich eingefaßt. Mantel, Flügeldecken, innere Armschwingen kräftig weinrot. Hinterer Rücken bis Oberschwanzdecken düster graublau. Seitl. Steuerfedern an den Enden ausgedehnt weiß. US größtenteils hell weinrötlich, hinten weißlich. Schnabel schwärzlich. Auge braun. Füße rot. ♀: Weinrot des ♂ erdbraun eingefärbt u. dadurch leicht erkennbar. 22,5 cm. UAn. Vorder-, Hinterindien, S-Hälfte Chinas, Taiwan, N-Philippinen. Teilweise offenes Gelände mit Baumbestand, Dschungel, Kulturland, lokal in Gärten. Baumbrüter. Gelege 2 cremefarbene Eier. Brutdauer 13 Tage. Nestlingszeit 15 Tage. Erstmalig 1844 in Europa, Zoo Amsterdam. Sehr scheu u. schreckhaft, deshalb Paare einzeln unterbringen u. nicht am Nest stören. In sehr großen Volieren gute Erfolge bei Gemeinschaftshaltung u. -zucht möglich. Mindestens frostfrei überwintern.

— *S. turtur*, Turteltaube. ♂: Stirn weißlich. Kopf oben u. Hals hinten graubläulich. Halsseiten mit charakteristischen schwarzsilbrigweißen Abzeichen. OS, bes. Flügeldecken, durch hellere Federsäume auffällig geschuppt. Äußere Steuerfedern mit breiten weißen Enden. Oberer Kehlbereich weißlich, anschl. bis auf die Brust weinrötlich, übrige US weiß. Schnabel schwarz. Schmale Augeneinfassung rötlich. Auge orangerot. Füße rötlich. ♀ wie ♂, nur matter in der Farbe u. geringfügig kleiner. 27 cm. UAn. Europa ohne Hohen N, N-Afrika u. Asien bis in die Mongolei. Kommt in Feldgehölzen u. heckenreichen Landschaften sowie in aufgelockerten, abwechslungsreichen Waldgebieten vor. Nest tief stehend in Bäumen u. Gebüschen. Zugvogel ↗, der in M-Europa nur von Anfang Mai – August/September anwesend ist. Tauber zeigt Balzflüge. Im N nur eine Jahresbrut. Gelege 2 weiße Eier. Brutdauer 14–15 Tage. Nestlingszeit 14 Tage, Juv. dann noch nicht gleich flugfähig. In der Haltung anspruchslos; muß leicht temperiert überwintert werden. Friedfertig, so daß in geräumigen Volieren ein Zusammenleben von mehreren Paaren bzw. mit Paaren anderer verträglicher Tauben möglich ist. Zucht gelingt ohne größere Probleme, sofern geschützt stehende Nestunterlagen angebracht werden (am besten oben im Schutzraum an der Voliereseite). Es lassen sich fruchtbare Bastarde mit der Lachtaube ↗ erzielen.

Turteltaube

Außerdem folgende An gezüchtet: *S. bitorquata*, Kicher- od. Doppelhalsband-Lachtaube; *S. capicola*, Gurr- od. Kaplachtaube; *S. vinacea*, Rötel- od. Weinrote Lachtaube; *S. semitorquata*, Halbmond- od. Rotaugentaube; *S. decipiens*, Brillen- od. Triller-, Angola-Lachtaube; *S. picturata*, Madagaskar-Turteltaube.

Stresemann, Erwin, Dr., geb. 22. 11. 1889 in Dresden, gest. 20. 11. 1972 in Berlin. Vater Apotheker. Als Kind hielt er verschiedenste einheimische Tiere, u. a. auch Vögel in einer großen Voliere ↗, deren Pflegehinweis er aus K. Ruß ↗ «Vögel der Heimat» erhielt. Hier gelang ihm die Kreuzung eines Stieglitz ↗-♀ mit einem Birkenzeisig ↗-♂, die zu seiner 1. Veröffentlichung 1906 führte. Nach dem Abitur 1908 in Dresden Studium der Medizin u. Naturwissenschaft in Jena, anschließend in München. Gehörte als Zoologe der «II. Freiburger Molukken-Expedition» (1910–1912) an. Unter der umfangreichen zool., ethnologischen u. linguistischen Ausbeute befand sich reichl. ornithol. Material, u. a. 1 200 Vogelbälge, mehrere Vogel-An wurden entdeckt. Nach der Rückkehr Fortsetzung des Medizinstudiums in Freiburg u. Bearbeitung der ornithol. Expeditionsausbeute in Tring, von E. HARTERT beraten. 1912–1914 widmete er sich intensiv Sprachforschungen, die weltweit Beachtung fanden. Der ehrende Antrag von W. KÜKENTHAL, den Band «Aves» im «Handbuch der Zoologie» zu schreiben, war Ausdruck der Anerkennung seiner wissenschaftl. Leistungen. Von 1914–1918 Teilnahme am ersten Weltkrieg. Selbst während des Fronteinsatzes widmete er sich feldornithol. Beobachtungen u. im Lazarett der wissenschaftl. Arbeit. Nach dem Krieg wissenschaftl. Hilfsarbeiter bei C. HELLMAYR in der Zool. Staatssammlung München, nahm Studium mit dem Hauptfach Zoologie wieder auf, im März 1920 Promotion zum Dr. phil., im Juni erscheint die «Avifauna Macedonica». 1920 schrieb S. auf Drängen KÜKENTHALS eine

Strichelgirlitz

Probelieferung der «Aves». Diese Arbeit führte bei KÜKENTHAL, Direktor des Berliner Zool. Museums, zu dem Entschluß, ihn trotz mancherlei Widerstandes als Nachfolger für den 73jähr. Kustos A. REICHENOW an die Ornithol. Abt. des Zool. Museums in Berlin zu rufen. Am 1. 4. 1921 übernahm S. die Leitung der Ornithol. Abt., anfangs als Assistent, 1924 als Kustos. Anschließend begann die eigentl. Arbeit an dem Band «Aves». Die 1. Lieferung erschien 1927. Hier

Stresemann, Erwin

wuchs ihm der unvergängliche Ruhm in der Fachwelt, brachte ihm spätestens zu diesem Zeitpunkt für ½ Jh. die uneingeschränkte Stellung in der Ornithologie. 1930 Ernennung zum Professor, seit 1946 mit Lehrauftrag. Von 1952–1959 2. Direktor des Museums, 1957–1959 kommissarischer Leiter. Pensionierung am 30. 9. 1961, weiterhin 11 Jahre zeitweise im Museum tätig. Von 1922–1949 Generalsekretär der DO-G ↗, von 1949–1967 ihr Präsident, anschl. Ehrenpräsident. Herausgeber der Zeitschriften «Journal für Ornithologie» (1922–1961 u. 1968), «Ornithologische Monatsberichte» (1922–1944), «Ornithologische Berichte» (1947–1950), Mitherausgeber der «Zoologische Jahrbücher» (Abt. f. Syst., Ökol. u. Geogr. der Tiere, von 1967–1971), «Mitteilungen aus dem Zoologischen Museum Berlin» (1953–1961), «Verhandlungen der Ornithologischen Gesellschaft in Bayern» u. in deren «Anzeiger» (ab 1920, wahrscheinl. bis 1922), «Beiträge zur Vogelkunde» (1952–1962). Von seinen zahlreichen Verdiensten seien die erfolgreichen Bemühungen zur Vervollständigung der Vogelsammlung im Zool. Museum in Berlin hervorgehoben (Erweiterung um 35 000 Bälge). Außerdem erweiterte S. den ornithol. Teil der Bibliothek des Zool. Museums Berlin beträchtlich u. rettete diese u. die Balgsammlung, beide ausgesprochen wertvoll, über den Weltkrieg. S. organisierte mehrere sehr erfolgreiche Expeditionen (ohne an diesen teilzunehmen) u. bezog deren Ausbeute in seine Forschungen ein. Er sorgte dafür, daß die Ornithologie als biol. Wissenschaft in dem Kreis der akademischen Wissenszweige den ihr zustehenden festen Platz erhielt. Einer großen Zahl bekannter Ornithologen wies er den richtigen Weg, u. a. inaugurierte er 28 Dissertationen. S. faßte den A-Begriff neu, beschrieb zahlreiche An, UAn u. 2 monotypische Gn. Insges. erschienen von ihm ca. 600 (!) Veröffentlichungen, die sich durch ihre Vielseitigkeit u. Detailgenauigkeit auszeichnen u. kaum ein Gebiet der Ornithologie ausließen. Bes. klärte S. mit seinen Ergebnissen Fragen der Taxonomie, Nomenklatur, Ornithogeographie, Evolution, Morphologie, Anatomie, Fortpflanzungsbiologie, Ökologie u. Zugforschung, herausragend sein Interesse an Mauserstudien u. an der Geschichte der Vogelkunde (1951 erschien das großartige Buch «Entwicklung der Ornithologie»). Außerdem trat er als hochgeachteter Sprachforscher publizistisch hervor. In dem letzten Jahrzehnt standen wie in früheren Jahren Mauseruntersuchungen im Mittelpunkt der Interessen des rastlosen genialen Mannes. Neben Universalität u. Exaktheit verfügte S. über einen selten zu findenden Wortreichtum, eine beispielhafte Klarheit u. Einfachheit der Sprache. S. genoß schon zu Lebzeiten eine weltweite Verehrung, u. a. ernannten ihn fast 30 naturwissenschaftl., überwiegend ornithol. Gesellschaften zum Korrespondierenden od. Ehrenmitglied, er war 1934 Präsident des VIII. Internat. Ornithologen-Kongresses in Oxford, seit 1954 Mitglied der Leopoldina, 1955 Verleihung des Nationalpreises 2. Klasse.

Strichelgirlitz *(Crithagra striolata)* → *Crithagra*
Strichelhäher *(Garrulus lanceolatus)* → *Garrulus*
Strichelkauz *(Glaucidium brasilianum)* → *Glaucidium*
Strichellori *(Eos reticulata)* → *Eos*
Strichelracke *(Coracias naevius)* → *Coracias*
Strichelschwirl *(Locustella lanceolata)* → *Locustella*
Strichelstirn-Honiganzeiger *(Melipodagus variegatus)* → *Melipodagus*
Strichvögel. Vogel-An, die in der nahrungsarmen Jahreszeit (Winter) aus Nahrungsgründen od. in klimatisch extremen Perioden in der engeren od. weiteren Umgebung ihres Wohn- u. Fortpflanzungsareals umherstreifen.

Strigidae, Eulen. F der Strigiformes ↗. 5 UFn, 26 Gn, 142 An. Sperlings- bis fast Adlergröße. Weltweite Verbr., außer Antarktis. Allen Landbiotopen angepaßt. Einige An Kulturfolger. Hervorragendes Sehvermögen bei Tag u. Nacht. Weitsichtig. Bei völliger Dunkelheit können Gegenstände visuell nicht erfaßt werden. Dreidimensionales Hörvermögen, bei *Tyto alba* ↗ experimentell nachgewiesen. Nahrung animalisch. Stoßen unverdauliche Beuteteile wie Haare, Federn, Knochen als Gewölle oral aus. Bauen keine Nester i. e. S. *Asio flammeus* ↗ u. vielleicht auch noch einige andere An tragen etwas Nistmaterial zusammen. Alle An legen weiße, ungezeichnete Eier, u. frischgeschlüpfte Juv. haben geschlossene Augen u. Ohren. Nesthocker. In Europa bisher 74 An gehalten.

41 An gezüchtet. In den meisten Ländern Europas sind die S.-An gesetzlich geschützt. Sie dürfen weder bejagt, gefangen noch gehalten werden. Zur Haltung von S.-An sind Genehmigungen erforderlich. Schutzmaßnahmen in Form von künstl. Nistgelegenheiten, Bewachung von Nestern u. Winterfütterung haben sich bei mitteleurop. An positiv ausgewirkt. Haltung, Zucht u. Auswilderung relativ einfach u. sollte als eine weitere Form der An-Erhaltung im Naturschutz unbedingt weit mehr Berücksichtigung finden.

Strigiformes, Eulen. O der Kl Vögel. In der älteren Literatur der O Greifvögel (Falconiformes ↗) zugeordnet. Später von anderen Vogelgruppen deutl. abgegrenzte O, jedoch in verwandtschaftl. Beziehung mit den Nachtschwalben (Caprimulgiformes ↗) gebracht. Neuere Erkenntnisse lassen eine verwandtschaftl. Beziehung zu den Greifvögeln, spez. zur F der Falken (Falconidae ↗), wieder möglich erscheinen.

Striginae, Eigentliche Eulen. UF der Strigidae ↗. 13 Gn, 79 An. Mit Ausnahme Australiens weltweit.

Strigopidae, Eulenpapageien. F der Psittaciformes ↗. 1 G *Strigops* mit 1 A *S. habroptilus*, Eulenpapagei, Kakapo. Neuseeland, früher auch auf Nordinsel. Bewohnten in früherer Zeit *Podocarpus*- u. *Nothofagus*-Wälder zur subalpinen Grenze, in jüngerer Zeit vorwiegend an Waldrändern u. im Gestrüpp der subalpinen Lage u. an den Ufern von Flüssen in dieser Höhe. Im Red Data Book ↗ geführt. Kritische Gefährdung. Über lange Zeit festgestellter Populationsschwund, begann vermutl. um 950 u. Z. mit der Ankunft der Maoris (Eingeborene Neuseelands). Umsetzung auf andere Inseln als Rettungsprogramm, die von Nahrungskonkurrenten, Wiesel u. Ratte frei sind, hat Anfangserfolge gebracht, obgleich die Entwicklung einer stabilen Population offen bleibt. 1976 Wiederentdeckung einer kleinen Population auf der Stewart-Insel. Gegenwärtige Population unter 100 Vögeln; 1976 30 Exempl. im SO der Stewart-Insel nachgewiesen. Der New Zealand Wildlife Service läßt der Erhaltung der A höchste Priorität zukommen; Aufgaben u. a. Bestandserfassung, Beobachtungen über Lebensweise, Umsetzung von Vögeln auf die Mand-Insel, um eine lebensfähige Population frei von feindlichen Einflüssen aufzubauen. Erstmalig 1845 in Europa, letztes Exempl. in Europa wahrscheinl. 1915 in England gestorben.

Strix, Käuze. G der Strigidae ↗. 20 An. Mittelgroß bis groß mit großen runden Köpfen, ohne Federohren mit Ausnahme der UG *Lophostrix*. Keine Geschlechtsunterschiede im Gefieder, jedoch sind ♀♀ größer u. schwerer als die ♂♂. Weltweit, außer Australien. Meist Waldbewohner; aber auch in Parks, Gärten u. menschlichen Siedlungen anzutreffen. Nachtaktiv. Kleinsäuger, Vögel, Rept., Amph. u. Insekten sind ihre Nahrung. Eingewöhnung u. Haltung mit Eintagsküken, Mäusen u. Jungratten problemlos. 16 An bereits in Europa gehalten, davon 10 An erfolgreich gezüchtet. Paarweise Haltung in mindestens 2,00 × 4,00 × 2,00 m Volieren ↗ erforderlich.

— *S. albitarsis*, Rötelkauz. ♂ u. ♀: mit brauner Iris, OS u. Brust dunkelbraun, kräftig gelbbraun quergebändert. Bauch rostbraun mit großen weißen Flecken. Beine befiedert, Zehen nackt. Juv. unterseits einfarbig braungelb. 30—32 cm. Andengebiete von Venezuela bis N-Bolivien. Lebt in den Gebirgswäldern der Anden bis 3 700 m hoch. Nahrung Insekten, Kleinsäuger u. Kleinvögel. Sehr wahrscheinl. Baumhöhlenbrüter. Äußerst selten gehalten. Zucht einmal gelungen. Gelege 1—2 Eier. Erstzucht gelang 1975 K. LANGFELDT, BRD.

— *S. aluco*, Waldkauz. ♂ u. ♀: mit brauner Iris, in 2 Gefiederfarbvarianten vorkommend. Gefiedergrundfarbe unabhängig vom Geschlecht od. Alter rotbraun od. grau. Rotbraune bzw. graue OS u. weiße US mit dunklen Längsflecken. Auf den Schultern weißes Fleckenmuster. Beine u. Zehen weiß befiedert. Juv. mit hellgrauer bis beigefarbener, schwach quergewellter US. 35—46 cm. N-Afrika, Europa, W-Sibirien, W-Iran, Turkestan bis N-Belutschistan durch das Himalajagebiet bis S- u. W-China, Taiwan, Korea u. NO-China. Nicht zu dichte Laub- u. Mischwälder, in den südasiat. Gebirgen montane Nadelwälder, in Parks, großen baumbestandenen Gärten, Dörfern u. Städten. Sehr anpassungsfähig, durchaus als Kulturfolger zu bezeichnen. Ernährt sich von Kleinsäugern, Vögeln, Amph., Fischen u. Insekten. Baumhöhlenbrüter, jedoch nicht wählerisch, brütet auch am Boden in verlassenen Nestern anderer Vögel, auf Dachböden, Scheunen u. in Nistkästen. Dürfte die am häufigsten in Europa vorkommende u. gehaltene Eule sein. Mehrfach gezüchtet. Gelege 3—5 Eier. Legeabstand 2—3 Tage. Das ♀ brütet allein ab dem 1. Ei, u. die Juv. schlüpfen nach 28 Tagen Brutzeit. ♂ versorgt ♀ u. Juv. mit Beute. ♂ füttert die kleinen Juv. nicht. Erstzucht gelang 1868 T. SWEETAPPLE, Easton, England. Naturschutzbestimmungen s. Strigidae.

Waldkauz

— *S. butleri*, Fahlkauz. ♂ u. ♀: mit sehr hellem sandfarbenem Gefieder, zart dunkel gefleckt u. gebändert. Federn der Kopf-OS dunkelbraun gerandet, dadurch erscheint der Kopf dunkler als das Körpergefieder. Zehen nackt. Iris gelb. Sonst *S. aluco* nicht unähnl. Eine der seltensten u. am wenigsten bekannten Eulen der Welt. 33 cm. 2 räumlich getrennte, sehr kleine Verbr.-Gebiete: Küste von Belutschistan sowie Syrien bis Sinai u. W-Arabien. Lebt in Palmenhainen, Felsgebieten u. Ruinen. Nur nachtaktiv. Kleinsäuger u. Insekten sind wahrscheinl. die Grundnahrung. Baum- u. Felshöhlenbrüter. Einmal nach Europa eingeführt. Brutbiologie u. Lebensgewohnheiten weitgehend unbekannt.

— *S. cristata*, Haubenkauz. ♂ u. ♀: mit brauner, bei der UA *S. c. stricklandi* mit gelber Iris. Große braune Federohren mit weißen Innenfahnen. Stirn weißlich. OS braun mit weißen Punkten auf den Flügeldecken. US beigefarben mit feinen unregelmäßigen Querlinien. Beine weiß befiedert. Zehen nackt. Juv. unbekannt. 28 cm. S-Mexiko bis Bolivien zum Amazonasgebiet u. Guayana. Waldvogel, oft in der Nähe von Gewässern. Insekten sind die Ernährungsgrundlage. Äußerst selten eingeführt. Nachweisbar nur einmal von einem Liebhaber in der BRD gehalten. Wurde dort mit Eintagsküken gefüttert. Brutbiologie u. Lebensgewohnheiten weitgehend unbekannt.

— *S. huhula*, Zebrakauz. ♂ u. ♀: mit brauner Iris u. braunschwarzem Gefieder. Die weißgebänderten Einzelfedern geben dem Kauz ein ober- u. unterseits weiß quergebändertes, zebraähnl. Aussehen. Beine befiedert, Zehen nackt. Juv. unbekannt. 30—36 cm. Von Kolumbien, Venezuela u. Guayana bis Paraguay, N-Argentinien u. Santa Catarina. Bewohnt feuchte u. trockene Wälder des Tieflandes, doch ebenso Kulturland wie Kaffee- u. Bananenplantagen. Nachtaktiv. Insekten u. Kleinsäuger als Nahrung. Äußerst selten eingeführt. Der von einem Liebhaber in der BRD gehaltene Zebrakauz wurde mit Eintagsküken gefüttert. Brutbiologie u. Lebensgewohnheiten weitgehend unbekannt.

— *S. hylophila*, Brasilkauz. ♂ u. ♀: mit brauner Iris u. insges. brauner Gefiedergrundfarbe. Auf den Schultern reihenförmiges Fleckenmuster. US stark weiß u. braun, zur Brust hin auch orangefarben quergebändert. Schwanz dunkelbraun mit in sich gelbbraun marmorierten Binden. Beine befiedert, Zehen zur Hälfte nackt. Juv. camelhaarfarbene US, Querbänderung dunkelbraun angedeutet. 34—36 cm. Nur in SO-Brasilien, Paraguay u. N-Argentinien. Waldvogel. Ernährung von Kleinsäugern, Vögeln u. Insekten. Sehr selten gehalten. Zucht mehrfach gelungen. Brutbiologie u. Lebensgewohnheiten in Freiheit weitgehend unbekannt. Erstzucht 1972 Tierpark Berlin.

— *S. leptogrammica*, Malaienkauz. ♂ u. ♀: mit brauner Iris, OS dunkelbraun, bei den einzelnen UAn unterschiedl. einfarbig bis weiß gefleckt u. gebändert, US beigefarben, zur Brust hin dunkler mit dünnen braunen Querlinien. Beine befiedert, Zehen bei einigen Rassen teils nackt, bei anderen befiedert. Juv. mit einfarbig schmutzigweißem Gefieder u. dunkler Gesichtsmaske. 46—53 cm. Sri Lanka, Indien bis S-China, Taiwan, Indochina, Malaysia, Sumatera, Kalimantan u. Java. Bewohnt die Wälder des Tieflandes u. auch die Gebirgswälder bis 4300 m ü. NN. Überwiegend nachtaktiv. Ernährung von Kleinsäugern, Vögeln, Amph., Fischen u. Insekten. Baumhöhlen- u. Bodenbrüter. Selten gehalten. Zucht mehrfach gelungen. Gelege 2 Eier. ♀ brütet ab dem 1. Ei allein. Juv. schlüpfen nach 30 Tagen. Erstzucht 1976 Tiergarten Heidelberg, BRD, nachdem bereits 1975 dem Zoo in Tokio ein Teilerfolg beschieden war.

— *S. melanota*, Bindenkauz. ♂ u. ♀: mit gelber Iris, OS dunkelbraun, schwach quergebändert, US weiß mit dunkelrostbraunen Querbinden, zur Brust hin orangefarben. Dunkelbraunes einfarbiges u. weißes Querband an der Oberbrust. Zwischen den Augen weißes Federn-X, das sich über die Augen hin fortsetzt. Schwanz weiß quergebändert. Beine befiedert, Zehen nackt. Juv. unbekannt. 48 cm. Von SO-Kolumbien bis N-Bolivien. Waldbewohner. Nachtaktiv. Nahrung Kleinsäuger u. Vögel. Äußerst selten gehalten. Über eine Zucht in Europa ist nichts bekannt. Brutbiologie u. Lebensweise weitgehend unbekannt.

— *S. nebulosa*, Bartkauz. ♂ u. ♀: mit gelber Iris, jedoch verhältnismäßig kleinen Augen. Außerordentl. dichtes, lockeres, schmutziggraues Gefieder. OS mit weißen u. dunkelbraunen Längsflecken. Die amerik. UA ist deutl. auf Rücken u. Bauch quergebändert. Großer runder Kopf mit ausgeprägtem Gesichtsschleier mit 6—8 konzentrischen Ringen. Unterhalb des Schnabels schwarz. Beine u. Zehen pelzig befiedert. Juv. graubraun, OS u. US quergebändert. 61—84 cm. N- u. W-Amerika, N-Asien u. N-Europa. Bewohnt die borealen Waldgebiete. Kleinsäuger bilden die Hauptnahrung, gelegentl. werden auch Vögel u. Amph. geschlagen. Brütet in verlassenen Greifvogelnestern. Sehr selten gehalten. Bereits mehrfach gezüchtet. Gelege 3—6 Eier. Die in 2—3tägigem Abstand gelegten Eier werden ab dem 1. Ei allein vom ♀ bebrütet. Die Juv. schlüpfen nach 30 Tagen Brutzeit. ♂ versorgt ♀ u. Juv. mit Beute. ♂ füttert die

Bartkauz

kleinen Juv. nicht. Erstzucht gelang 1974 dem Zoologischen Garten Kopenhagen, Dänemark.
— *S. occidentalis*, Fleckenkauz. ♂ u. ♀: mit dunkelbrauner Iris, OS u. US dunkelbraun gefiedert mit weißen Flecken. Bauch quergestreift. Ausgeprägter Gesichtsschleier mit konzentrisch angeordneten Ringen. Beine befiedert, Zehen beborstet. Juv. graubraun ohne Zeichnung der US. 40—48 cm. W von N-Amerika, British Columbia bis Mexiko. Bevorzugt dichte Nadelholzwälder u. Gebirgsschluchten. Nachtaktiv. Nahrung Kleinsäuger, Vögel u. Insekten. Eine der wenigen Eulen-An, welche dafür bekannt sind, menschliche Nahrungsabfälle an Campingplätzen u. Mülldeponien zu sich zu nehmen. Brütet sowohl in Baumhöhlen als auch in verlassenen Greifvogelnestern. Äußerst selten gehalten. Von einem Liebhaber mehrfach gezüchtet. Gelege 2—3 Eier, Legeabstand 2—3 Tage. ♀ brütet ab dem 1. Ei allein in 28 Tagen die Juv. aus. ♀ u. Juv. werden vom ♂ mit Nahrung versorgt. Erstzucht gelang 1973 K. LANGFELDT, BRD.
— *S. perspicillata*, Brillenkauz. ♂ u. ♀: mit gelber Iris, wobei *S. p. pulsatrix* mit dunkelbrauner Iris eine Ausnahme bildet. OS einfarbig schwarzbraun, US hell ockerfarben mit breitem dunkelbraunem Brustband. Weißes Federn-X zwischen den Augen, das sich zu Augenbrauen verlängert. Schnabel grau bis hornfarben. Beine u. Zehen befiedert. Juv. mit weißer US u. Kopf sowie schwarzer Gesichtsmaske s. *S. leptogrammica*. 43—46 cm. M- u. S-Amerika, von S-Mexiko bis W-Ekuador, M-Argentinien u. Rio Grande do Sul. Waldbewohner, aber auch in Plantagen zu Hause. Liebt die Nähe von Gewässern. Nachtaktiv. Kleinsäuger, Vögel u. Insekten sind die Grundnahrung. Baumhöhlenbrüter. Selten gehalten. In den letzten Jahren jedoch öfter gezüchtet. Gelege 1—2 Eier. Das ♀ brütet ab dem 1. Ei die in 2—3tägigem Abstand gelegten Eier in 36—39 Tagen allein aus. In einem Fall wurde bei einer Winterbrut eine extrem lange Brutzeit von 52 Tagen festgestellt. Dies ist mit Abstand die längste bei einer Eulen-A festgestellte Brutzeit. ♀ u. Juv. werden vom ♂ mit Beute versorgt. Erstzucht 1949 E. F. CHAWNER, England.
— *S. seloputo*, Pagodenkauz. ♂ u. ♀: mit brauner Iris, OS dunkel graubraun, weiß gefleckt, US weiß u. braun quergebändert mit zur Seite u. Brust hin gelben flaumartigen Büscheln. Gesichtsschleier einfarbig gelbbraun ohne Ringbildung. Weißer Kehlfleck. Beine u. Zehen befiedert. Juv. unbekannt. 38—48 cm. S-Burma, Thailand u. S-Indochina bis Malaysia, Bawean, Java u. Palawan. Bewohnt sowohl Waldgebiete als auch die offenen Landschaften, Obstgärten u. Parks. Meidet menschliche Siedlungen nicht. Nachtaktiv. Ernährt sich überwiegend von Insekten. Äußerst selten gehalten. Nachweisbar nur einmal in der BRD gehalten. Brutbiologie u. Lebensweise weitgehend unbekannt.
— *S. uralensis*, Habichtskauz. ♂ u. ♀: mit brauner Iris u. relativ kleinen Augen. Das grauweiße bis braunweiße Gefieder ist kräftig dunkelbraun längsgestreift. Gesichtsschleier einfarbig braunweiß ohne Ringbildung. Beine u. Zehen befiedert. Langer keilförmiger Schwanz. Juv. graubraun, US mit dichter weißer Querbänderung. 53—61 cm. Über Teile von

Strix
595

Brillenkauz

M- u. SO-Europa, N- u. O-Europa bis O-Sibirien zur Mandschurei bis Korea, Sachalin, Japan sowie W-China verbr. Bevorzugt hochstämmige Nadelholz- u. Mischwälder, aber auch in der Nähe menschlicher Siedlungen zu finden. Nacht- u. tagaktiv. Kleinsäuger sind Ernährungsgrundlage. Baumhöhlenbrüter, jedoch benutzt er zur Brut auch verlassene Greifvogelnester u. Gebäude. Selten gehalten. Erstzucht 1909 bei A. BREHM, Deutschland. Gelege 2—6 Eier. Vom 1. Ei an bebrütet ♀ allein die in 2—5tägigem Abstand gelegten Eier. Juv. schlüpfen nach 27—29 Tagen. ♂ versorgt ♀ u. Juv. mit Nahrung. Zucht gelang 1965 dem Tiergarten Nürnberg, BRD. Naturschutzbestimmungen s. Strigidae.
— *S. varia*, Streifenkauz. ♂ u. ♀: mit brauner Iris. Gefiedergrundfarbe graubraun bis rotbraun, OS u. an der Brust quergebändert. Bauch kräftig dunkelbraun längsgestreift. Gesichtsschleier mit deutl. 4—5 feinen dunkelbraunen konzentrischen Ringen. Beine befiedert, Zehen bei der nö. UA befiedert, bei den beiden sü. UAn nackt. Juv. US nicht längs-, sondern quergebändert. 48—61 cm. N-Amerika öst. des Felsengebirges, Gebirge Mexikos bis Guatemala u. Honduras. Bewohnt Nadelholz-, Laub- u. Mischwälder im N, dichte feuchte Wälder mit Sümpfen u. Flüssen im S. Nachtaktiv. Ernährt sich von Kleinsäugern, Vögeln, Rept., Amph. u. Insekten. Nester anderer Vögel u. Baumhöhlen werden zur Brut benutzt. Äußerst selten gehalten. Von einer Zucht in Europa ist nichts bekannt. Gelege 2—4 Eier. Die im 2tägigem Abstand gelegten Eier werden ab dem 1. Ei allein vom ♀ bebrütet. Juv. schlüpfen nach 28 Tagen. ♂ versorgt ♀ u. Juv. mit Futter. Naturschutzbestimmungen s. Strigidae.

Strohhalsibis

— *S. virgata*, Sprengelkauz. ♂ u. ♀: mit brauner Iris, OS dunkelbraun mit kleinen weißen Flecken, US weiß bis gelborange mit kräftiger brauner Längsstrichelung, welche sich zur Brust hin fast ringförmig verdichtet. Beine befiedert, Füße nackt. Juv. US okkerfarben, mit weißem Gesicht. 30—36 cm. M- u. S-Amerika von W- u. S-Mexiko bis W-Ekuador, Paraguay, Misiones u. Rio Grande do Sul. Bewohner der Wälder bis 1800 m Höhe, auch häufig an Bananen- u. Kaffeeplantagen. Nachtaktiv. Kleinsäuger, Vögel, Rept. u. Insekten bilden die Nahrung. Baumhöhlenbrüter. Äußerst selten gehalten. Einige Male nach Europa gekommen. Über eine Zucht ist nichts bekannt. Gelege 2 Eier. Brutbiologie u. Lebensweise weitgehend unbekannt.

— *S. woodfordii*, Woodfordkauz. ♂ u. ♀: mit brauner Iris, OS schwarz- bis rotbraun u. weiß gefleckt, mit reihenförmig angeordneten großen weißen Flecken auf den Schultern, US gelbweiß, kräftig dunkelbraun quergebändert. Schnabel gelb. Beine befiedert, Zehen beborstet. Juv. heller, US hell ockerfarben mit schwach angedeuteter Querbänderung. 30—36 cm. Afrika sü. der Sahara von Sierra Leone u. Äthiopien bis N-Botswana, Sambia, Simbabwe u. durch O-Transvaal, Natal bis S-Kapprovinz. Waldbewohner, scheut die Nähe menschlicher Siedlungen nicht. Nachtaktiv. Nahrung Kleinsäuger, Vögel, Rept. u. Insekten. Baumhöhlenbrüter. Sehr selten gehalten. Einige Male gezüchtet. Gelege 1 Ei. Erstzucht gelang 1968/69 dem Zoo London, England.

Strohhalsibis *(Carphibis spinicollis)* → *Carphibis*

Strohsittich *(Platycercus eximius flaveolus)* → *Platycercus*

Strohwitwe *(Tetraenura fischeri)* → *Tetraenura*

Struppfiedrigkeit. Federmißbildung mit Kräuselung der Rumpffedern. Rezessiv vererbt.

Struthidea. G der Corcoracidae ↗. 1 A. Inneres N-Territorium u. nö. Queensland bis N-Victoria (Australien). Lebensweise s. Corcoracidae. Bilden durch Vereinigung benachbarter Gruppen zeitweise mehrere hundert Vögel zählende Gemeinschaften, die dann an Wasserstellen u. bei Nahrungsquellen anzutreffen sind. 1873 erstmalig im Zoo Berlin, brüteten 1875—1876 4mal. Zeitweise in großer Zahl auf dem europ. Vogelmarkt gewesen. Haltung am besten in Freivoliere ↗. Zur Brutzeit paarweise Unterbringung, ansonsten gut verträglich mit anderen etwa gleichgroßen Vögeln. Überwinterung frostfrei. Ausdauernd. Grobes handelsübl. Insektenfutter, vermischt mit gekochten Kartoffeln u. Gemüse, zerkleinertem rohem Fleisch u. Obststückchen, außerdem Mehlkäferlarven ↗, Grillen u. lebende größere Insekten neben Keimfutter reichen. Zum Nisten Schlamm u. Gras anbieten, außerdem Voliere mit kräftigen verzweigten Ästen ausstatten.

— *S. cinerea*, Gimpelhäher. ♂ u. ♀: grau, Federn von Kopf, Nacken, Oberrücken, Kehle u. Brust mit weißlichgrauen Spitzen. Flügel braun, Schwanz schwarz. Schnabel schwarz. Auge grau. Füße schwarz. 32 cm. UAn?

Struthideinae, Gimpelhäher. UF der Corcoracidae ↗. 1 G *Struthidea* ↗.

Struthio. G der Struthionidae ↗. 1 A. Afrika. ♂ führt mit geöffneten u. fächelnden Flügeln Balztänze aus. Nestmulde in der Steppe, wird mit 12—15 Eiern (je Ei 1 bis mehr als 1,5 kg schwer) belegt u. von beiden Elternteilen 6 Wochen bebrütet. Die glatte, feste, dicke Schale wird vom Küken mit Hilfe einer starken Genickmuskulatur durchbrochen. Küken stachlig braun befiedert, Hals längsgestreift. Nach Brutzeit gesellig u. mischgesellig mit Zebras, Giraffen u. Antilopen. Strauße schon in der Antike nach Europa eingeführt. Manche Exempl. aggressiv u. gefährlich

Strauß

durch Fußtritte. Manipulation am besten durch Überziehen eines Strumpfes über den Kopf des Vogels möglich. Weiter Auslauf nötig. Verfetten leicht (z. B. durch Maisfütterung). Grob gehacktes Grünzeug, trockene Brotwürfel, die im Gehege umhergeworfen werden müssen, damit der Strauß genügend Bewegung hat. Küken müssen ebenfalls laufend bewegt werden, wenn sie nicht von den Eltern, sondern

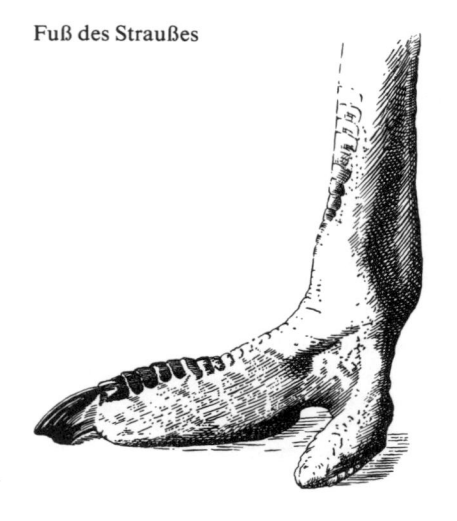

Fuß des Straußes

künstl. aufgezogen werden. Baden u. schwimmen. Zucht in Europa mit Brutmaschine, weil sonst Witterungseinflüsse unserer Breiten zu ungünstig. In warmen Ländern farmmäßig leicht zu halten, bes. um 1900, als Flügel- u. Schwanzfedern für Hutschmuck (Pleureusen) u. Fächer modern waren. Nach Auflassen mancher Farmen mancherorts verwildert (Australien). Auch als Reittiere für Straußenrennen gelegentl. verwendet. Schlucken alles, was erreichbar, auch Ungenießbares, u. sterben dann daran.
— *S. camelus*, Afrikanischer Strauß. ♂ : schwarz, nur Flügel u. Schwanz weiß, ♀ : erdbraun. Hals u. Beine rot (Rothalsstrauß) aus N- u. O-Afrika od. bläulichgrau (Blauhalsstrauß) aus S-Afrika. Größte u. schwerste gegenwärtig lebende Vogel-A: ♂ bis 3 m hoch, mehr als 150 kg schwer. UAn.

Struthiones, Strauße. UO der Struthioniformes ↗. 1 F Struthionidae ↗.

Struthionidae, Strauße. F der Struthiones ↗. 1 G, Struthio ↗, 1 A. Größte rezente Vogel-A. 2 Zehen. Flacher, breitgedrückter Schnabel mit weitem Schlund. Am Flügel 3 Finger. Keine Afterschäfte. Flügel u. Schwanz mit großen (vom Menschen als Schmuck begehrten) Federn besetzt. Schenkel u. Läufe nackt. Kopf u. Hals nur mit spärlichen, flaumigen Federchen bedeckt. Eier mit porzellanartiger, großporiger Schale. In Wüsten u. Steppen Afrikas, früher auch Arabiens. Vorzügliche Läufer. Nahrung hauptsächl. vegetabilisch (auf dem Halm getrocknetes Gras), aber auch Kleingetier, dazu Sand u. Steinchen. Zucht in Zoos selten, in warmen Ländern (z. B. Kairo) regelmäßig, in Farmen warmer Klimate problemlos.

Struthioniformes, Flachbrustvögel. 3 UOn (Casuarii ↗, Struthiones ↗, Rheae ↗), 4 Fn, 4 Gn, 7 An. Größte in der Gegenwart lebende Laufvögel, da flugunfähig. Flügel reduziert, bestenfalls als Organe der Gleichgewichtshaltung u. der Balz verwendbar. 1 od. 3, davon 1—2 krallenbesetzte Finger. Beine kräftig. Brustbeinkamm fehlt (Flachbrustvögel!). Federfluren u. Federraine fehlen. Schwung- u. Schwanzfedern strukturell umgewandelt. Bürzeldrüse fehlt. Voluminöser Penis.

St. Thomas-Sittich *(Eupsittula pertinax)* → *Eupsittula*

Stubenfliege → *Musca domestica*

Stülpträrke. Trinkautomat aus Glas, Porzellan, Keramik, Plast od. Zinkblech. Umgestülptes, wassergefülltes Gefäß auf größerem Untersatz. Versch. Größen im Handel erhältlich.

Stummellerche *(Alaudala rufescens)* → *Alaudala*

Stummelschwanzpapagei *(Bolbopsittacus lunulatus)* → *Bolbopsittacus*

Stummelwida *(Coliuspasser axillaris)* → *Coliuspasser*

Sturmmöwe *(Larus canus)* → *Larus*

Sturmschwalbe *(Hydrobates pelagicus)* → *Hydrobates*

Sturmvögel → *Procellariidae*

Sturnella. G der Icterinae ↗. 5 An. N-, M-, S-Amerika. Pflege wie Icterinae.
— *S. defilippii*, Defilippistärling, Kleiner Soldatenstärling. ♂ : wie *S. militaris*, aber kleiner als dieser u. Rot weniger leuchtend. ♀ wie ♀ von *S. militaris*, in den Farben blasser. 21 cm. Konspezies ↗ mit *S. militaris*? SO-Brasilien, Uruguay, O-Argentinien. Selten im Handel. Gut für Gesellschaft mit gleichgroßen Vögeln geeignet. Mäßig warme Überwinterung, an sonnigen Tagen zeitweilig in Freivoliere.
— *S. magna*, Lerchenstärling. ♂ : Kopf-OS mit breitem, schwarzem Band, hat gelblichen Mittelstreif, Augenstreif gelblich. OS lerchenfarbig. US zitronengelb, Körperseiten weißlich, dunkel gestreift, Bauch, Unterschwanzdecken weißlich. Brust mit schwarzem, V-förmigem Latz, dessen Spitzen bis in die Ohrpartie ziehen. ♀ : blasser als ♂, kleiner. 22—25 cm. UAn. O-, M-, N-Amerika von S-Dakota, Minnesota, Wisconsin, S-Ontario, S-Quebec, Neuschottland bis zur Golfküste, Florida durch O-Oklahoma, O-, S-Texas, Neumexiko, Arizona, Mexiko (nicht Niederkalifornien), M-Amerika bis N-Kolumbien, Venezuela, Guayana, NO-Brasilien; Kuba, Isla de la Juventud. Bewohnt offene Graslandschaften, hält sich vorwiegend am Boden auf, sitzt gern auf Pfählen u. in Büschen. Gesang kurz, flötend, fleißiger Vortrag. Lebhaft, deshalb größere Voliere ↗. Frostfreie Überwinterung. Im Sommer Weichfutter u. Insekten, Obst. Im Winter vorwiegend Samen (Hirse, Glanz). Sporadisch im Handel, erstmalig 1864 in Europa.
— *S. militaris*, Langschwanz-Soldatenstärling, Soldatenstärling. ♂ : Überaugenstreif cremefarben, roter Fleck vor dem Auge, Federn der OS braun, hell gesäumt, dadurch streifenähnl. Zeichnung. Kinn bis Bauch scharlachrot, übrige US schwarz, Federn weißlich gesäumt. Schnabel hornfarben, lang, spitz. Auge braun, Lidrand weiß. Füße graubraun. ♀ ähnl. ♂, OS mehr gräulich, US mit weniger Rot. 25 cm. UAn. W-, S-Argentinien, Chile bis Feuerland; Falklandinseln. Lebt vorwiegend an Flüssen, Berghängen, Waldrändern, Standvogel ↗. Sucht geschäftig Nahrung auf dem Boden. Nest meistens in Grasbüscheln in Feuchtgebieten. Gelege 4—5 Eier, nur ♀ brütet. Erstmalig 1860 in Europa (Tiergarten Amsterdam), seither regelmäßig im Handel. Mäßig warme Überwinterung.
— *S. neglecta*, Wiesenstärling. ♂ : Scheitel hat breites, schwarzes Band, in der Mitte durch gelben Längsstreif getrennt. Augenbrauenstreif zitronengelb, Kopfseiten grauweiß mit dunkelgrauen Stricheln. OS hellbraun, Federn haben dunkle Säume. Schwanz außen weiß. Brust, Bauch gelb, von den Halsseiten zieht bogenförmiges Band über die Brust, das zur Mitte hin breiter wird. Körperseiten dunkel längsgefleckt. Bauch, Unterschwanzdecken weiß. Schnabel rötlich hornfarben. Auge braun. Füße grau bis rötlich. ♀ wie ♂, aber Oberkopfstreifen, Brustband schmaler, unterseits blasser, kleiner. 22 cm. W-, Inner-N-Amerika, sü. bis NW-Niederkalifornien, M-Mexiko, NW-Louisiana, W-Tennessee, Ohio; eingeschleppt auf Kanai (Hawaii). Lebt im offenen Grasland wie *S. magna* (Gelb der Kehle geringer ausgedehnt, Oberschwanzdecken kräftiger dunkelbraun gezeichnet), aber Gesang voller, melodischer. Seltener im Handel als *S. magna*.

Sturnia

Mandarinenstar

Sturnia. G der Sturnidae ↗. 1 A. S-China, N-Indochina. Im Winter sü. wandernd, zuweilen bis Malaysia, regelmäßig auf Taiwan, nö. Philippinen. Leben im offenen Gelände, Nest in Baumhöhlen, unter Hausdächern, in Mauerlöchern. Gelege 5–7 blaue Eier. Erstmalig zu Beginn des 20. Jh. in Europa (in Frankreich). Bald zutraulich, in Vogelgesellschaft allgemein friedlich, Gesang angenehm. Pflege s. Sturnidae. Zuerst in Frankreich wenig später nach der Ersteinfuhr gezüchtet, inzwischen auch in anderen Ländern. Nistkästen in Anlage hängen. ♀ u. ♂ brüten, empfindlich gegenüber Kontrollen. Juv. schlüpfen nach 14 Tagen, nach ca. 24 Tagen flügge.

— *S. sinensis*, Mandarinenstar. ♂ u. ♀: Oberkopf, Kehle weißlichgrau. OS hellgrau, aber Bürzel, Oberschwanzdecken, Bauch, Unterschwanzdecken gelblichweiß. Großer, weißer Flügelfleck, scharf abgegrenzt von schwarzen Schwingen. Schwanzfedern schwarz mit weißlichen Spitzen. Brust hellgrau mit gelblichem Anflug, Flanken ockerfarben. Schnabelgrund blau, spitzenwärts hellbläulich. Auge weißlich. Füße bleigrau. 17–18 cm.

Sturnidae, Stare. F der Passeriformes ↗. 42 Gn, 115 An. 17–45 cm, auch durch langen, elsternähnl. Schwanz über 50 cm. Gefieder häufig schwarz, auch grau, braun mit Weiß, Gelb, selten Rot. Einige An haben Schopf, andere Kopfhaube u. manche nackte Hautstellen od. Hautlappen am Kopf. Flügel, Schnabel nicht einheitl. Beine, Füße kräftig, die meisten An schreiten, nur wenige hüpfen. ♂ u. ♀ meistens gleich gefärbt. Bewohner der Alten Welt, durch den Menschen in Amerika, Australien u. auf mehrere Inseln eingeschleppt, z. T. Zugvögel in gemäßigten Breiten, bilden oftmals große Schwärme. Allgemein Baumvögel. Gesellig. Gesang pfeifende, schnalzende Töne in schwätzender Folge, sehr gutes Nachahmungstalent. Nahrung Würmer, Insekten, Beeren, Früchte, Samen, gelegentl. Eidechsen, Lurche, Vogeleier, Abfälle. Typisch ist das «Zirkeln» (der in den Boden gesteckte, geschlossene Schnabel wird zum Erspähen, Ertasten u. Herausholen der Nahrung gespreizt). 1 Mauser ↗ jährl. Nest aus aufgehäuften Pflanzenteilen in Baumhöhlen, Fels-, Mauerspalten, Erdröhren, einige An bauen napfförmige, andere überdachte, ja selbst beutelförmige Nester in Bäumen, Büschen. Seltener Nest auf der Erde. Viele An brüten in arteigenen Gruppen zusammen. Bei einigen An brütet nur ♀, bei allen ziehen die Eltern die Jungen gemeinsam auf. Gelege 2–9, meistens 3–5 Eier, diese blaugrün, auch weiß u. gefleckt. Bewegliche, neugierige, ausdauernde Vögel. Gern gehalten. Für Einzelvogel Käfig (70–100 × 40–50 × 30–40 cm) mit wenigen Sprunghölzern ausstatten. Bei manchen weiche Käfigdecke erforderlich. Für kleinere Vögel Drosselkäfig ↗ gut geeignet. Bodenbelag Zeitungspapier mit wenig Sand-Torfmull-Gemisch, Erneuerung nach 1–2 Tagen. Schweres Futter-, Badegefäß auf den Boden stellen od. gut befestigen. Durch ihr Wesen, bei manchen An auch Geruchsbelästigung durch den dünnflüssigen Kot, beste Unterbringung in bepflanzter Gartenvoliere. Warme Überwinterung. Mauser problemlos, ebenso Eingewöhnung, aber ad. Wildfänge müssen sich erst an Gitterstäbe gewöhnen. Handaufgezogene Vögel sehr zahm, vorzügliche Imitatoren. Futter grobes Insektenfutter (im Handel erhältlich), Kükenalleinkorn, außerdem Beeren, Obst entspr. jahreszeitl. Angebot, Würmer (keine Regenwürmer, *Syngamus* ↗ begünstigend), Mehlkä-

Elsterstar

ferlarven, Grillen, Wiesenplankton, Ameisenpuppen (Rote Waldameise steht in vielen Ländern unter Naturschutz). Baden gern. Von mehreren An Zucht gelungen. Bei Höhlenbrütern Nistkästen anbringen. Aufzuchtfutter große Mengen frischer Insekten, dadurch sehr aufwendig, wo Möglichkeit vorhanden, nach dem Schlupf der Jungen Eltern Freiflug in Umgebung gestatten, selbst dann Obst, gute Garten- od. Walderde bieten; durchgedrehtes Rinderherz mit

Multivitaminpräparat u. Kalk unter übliches Weichfutter mischen. Artenschutz s. Naturschutzbestimmungen ↗.

Sturnopastor. G der Sturnidae ↗. 3 An. SO-Transbaikalien, O-Mongolei, China, S-, SO-, O-Asien.
— *S. cineraceus*, Graustar. ♂: Ober- u. Hinterkopf schwarz, Stirn u. Wangen weiß. OS u. US grauschwarz, Bürzel weiß. Füße u. Schnabel gelborange, Schnabelspitze schwarz. ♀ wie ♂, aber Kopf mehr bräunlich. Juv. überwiegend braun, Schnabelspitze weniger schwarz. 24—25 cm. SO-Transbaikalien, O-Mongolei bis Ussuriland, N-China, Korea; Sachalin; Japan. Laubwälder, Parks u. Gärten. Kulturfolger. Häufig. In den letzten Jahren zuweilen im Handel. Nahrung käufliches Drosselfutter, Mehlkäferlarven. Unempfindlich, frostfreie Überwinterung.

Sturnus. G der Sturnidae ↗. 2 An. Europa, Asien, N-Afrika. *S. vulgaris* vielerorts durch den Menschen verbr. Nisten in Höhlen aller Art, Mauerspalten, unter Dächern. Gelege 4—6 Eier. Als Einzelvögel gut für den Käfig geeignet. Eingewöhnung problemlos, im unverhüllten Käfig, im Frühjahr mit Weichfutter wie Sturnidae u. 20—30 Mehlkäferlarven ↗ tägl. (auf das Futter legen), im Herbst mit Weichfutter u. reifen Holunderbeeren od. anderen süßen Beeren. Handaufgezogene Nestjunge werden sehr anhänglich, lernen vorgepfiffene Strophen, manchmal einige Worte, rechtzeitig mit dem Abrichten beginnen (Erfolge nur bei gepäppelten Vögeln). Im Alter von 8 Tagen Juv. aus dem Nest nehmen, auf Heuunterlage in dunkles Kästchen setzen, alle 1—2 Std. frische Ameisenpuppen (Rote Waldameise steht in vielen Ländern unter Naturschutz!), Kellerasseln, Gemisch von Schabefleisch ↗, Biskuit ↗, aufgequollenen trockenen Ameisenpuppen u. wenig Gartenerde füttern. Mehlkäferlarven nur wenig reichen. Vormittags kräftiger füttern. Flügge im Alter von ca. 3 Wochen, dann in Käfig setzen, ansonsten große Unfallgefahr. Sehr gut für Gartenvoliere geeignet, sonst Pflege wie Sturnidae.
— *S. unicolor*, Einfarbstar. ♂: BK einfarbig schwarz, Gefieder mit purpurnem Schimmer, sonst ähnl. *S. vulgaris*. RK: Kleingefieder weiß getüpfelt. ♀ wie ♂, mit grauem Anflug. RK wie ♂. Juv. wie *S. vulgaris*, etwas dunkler. 21,5 cm. N-Afrika, Spanien, Portugal, Korsika, Sardinien, Sizilien. Lebt allgemein an Felsen, in Dörfern, Städten, lichten Waldungen, Parks, Gärten, um einzelne Gehöfte. Gesang schriller, lauter als bei *S. vulgaris*. Standvogel ↗. Brütet in kleinen Kolonien. Weit seltener gehalten als *S. vulgaris*.
— *S. vulgaris*, Star. ♂: im BK schwarz, purpur glänzend. RK: OS mehr braun, US kräftig weiß getüpfelt (Perlstar). Schnabel dunkel, lang, scharf, gelb, Wurzel bläulich. Auge braun. Füße schwarz. ♀ wie ♂, aber weniger glänzendes Gefieder, unterseits mit feinen hellen Tüpfeln. RK wie ♂, aber US mehr getüpfelt. Juv. mausbraun, Kehle weißlich. 21,5 cm. UAn. Europa (nicht auf Iberischer Halbinsel, Korsika, Sardinien, Sizilien), Azoren, N-, Vorderasien bis Baikalsee, W-Mongolei, Turkestan, W-Himalaja, Pakistan. Durch den Menschen verbr. in N-Amerika, S-Afrika, SO-Australien, Neuseeland, Lau-Archipel (Fidschi-Inseln), auf Jamaika. Lebt im offenen baumbestandenen Gelände verschiedenster Art, bes. im Kulturland der Weiden u. Äcker. in lichten, alten Waldungen, Parks, Gärten, Dörfern, Städten. Zugvogel ↗. Seit alters als Stubenvogel gehalten. Vorzüge: Leichte Pflege, abwechslungsreicher, ganzjähriger Gesang (nicht während der Mauser), ausdauernd (schon 16 Jahre alt geworden). Zucht in Volieren nicht schwierig, aber wegen der großen Menge frischer Insektennahrung für Juv. nicht zu empfehlen. Bei Bedarf besser 1 Jungtier aus dem Starkasten entnehmen u. päppeln. Artenschutz s. Naturschutzbestimmungen.

Südamerikanische Buntschnepfe *(Nycticryphes semicollaris)* → *Nycticryphes*
Südamerikanische Löffelente *(Spatula platalea)* → *Spatula*
Südamerikanischer Sägekauz *(Aegolius harrisii)* → *Aegolius*
Südamerikanischer Sperlingskauz *(Glaucidium brasilianum)* → *Glaucidium*
Südammern → Poospizinae
Sudanhornrabe *(Bucorvus abyssinicus)* → *Bucorvus*
Süd-Hornrabe *(Bucorvus cafer)* → *Bucorvus*
Südmexikanischer Elfenbeinsittich, UA → Elfenbeinsittich

Sula. G der Sulidae ↗. 6 An.
— *S. dactylatra*, Maskentölpel. ♂ u. ♀: weiß, Flügeldecken u. Schwanz schwarzbraun. Nackte Gesichtshaut u. Kehle blauschwarz. Schnabel blaugrau, grünlichgelb, gelb od. rot. Füße gelblich, orange od. grün. Juv. Kopf u. Hals dunkelbraun, OS graubraun. 82—92 cm. UAn. Lokal an Küsten u. auf Inseln tropischer Meere nö. bis zur Küste SO-Irans (nicht an Küsten W-Afrikas).
— *S. leucogaster*, Brauntölpel, Weißbauchtölpel. ♂ u. ♀: dunkel schokoladenbraun; Handschwingen schwärzlich. Bauch, Unterschwanzdecken, Unterflügeldecken weiß. Gesichtshaut u. Kehle grünlichgelb, blau od. purpurfarben. Schnabel gelblich, bläulichweiß, blau od. grünlich. Füße hellgelb, blau od. grün. Juv. düsterbraun, unten heller. 75—87 cm. UAn. Küsten u. Inseln tropischer Meere u. nö. bis zu Bahamas u. Golf von Suez. Bes. guter Segler. Jagt nachts vor allem Tintenfische.
— *S. nebouxii*, Blaufußtölpel. ♂ u. ♀: Kopf, Hals, Vorderbrust, Rücken zimtbraun, weiß gefleckt. Flügel braun. Mittl. Steuerfedern weiß. Hinterbrust u. Bauch weiß. ♀ schwarze Flecken in gelber Regenbogenhaut des Auges. Juv. ähnl., aber Bauch dunkel gefleckt. 80—87 cm. Inseln an der Küste von Mexiko bis N-Peru, Galápagos-Inseln. Nest in Erdmulde, 2 Eier.
— *S. sula*, Rotfußtölpel. ♂ u. ♀: weiß mit gelbbrauner Tönung. Handschwingen schwärzlichbraun. Schwanz graubraun. Gesichtshaut blau. Kehle schwarz. Schnabel hellblau mit brauner Spitze u. roter Wurzel. Füße rot. Juv. mattbraun. 66—75 cm. UAn. Inseln im S-Atlantik u. Karibik, lokal an Küsten u. auf Inseln im Pazifischen u. Indischen Ozean bis Australien. Reisignester nur auf Gebüsch u. Bäumen bewaldeter Inseln. Diese A wurde 1976 im Tierpark Berlin gehalten.

Sula-Königssittich

— *S. variegata*, Guanotölpel. ♂ u. ♀: weiß, braunschwarze Flügel. Rücken, Flanken u. Schwanz schwarzweiß gefleckt. Schnabel bläulich. Füße bläulichschwarz. Juv. ähnl., aber Rücken, Seiten, Bauch schwarzweiß gefleckt. 70—74 cm. Küsten von Peru u. Chile. Wichtigster Guanoerzeuger. Gelege 3 Eier.

Sula-Königssittich, UA → Amboinasittich
Sulidae, Tölpel. F der Pelecaniformes ↗. 2 Gn, *Sula* ↗, *Morus* ↗, 9 An. ♂ wie ♀, überwiegend weiß gefärbt. ♀ wenig größer. Langer, spitzer Schnabel. Nasenlöcher verschlossen. An gemäßigten u. tropischen Küsten der Weltmeere. Geschickte Flieger u. Segler mit langen, schmalen Flügeln u. spitzem Schwanz. Am Boden ungeschickt. Starke Luftpolster unter der Haut. Stoßtaucher bis in 25 m Tiefe. Meist in Schwärmen von 10 bis über 100, nur gelegentl. einzeln. Fischfresser, bevorzugen Fliegende Fische, auch Tintenfische. Wichtige Guanoproduzenten. Koloniebrüter. Beide Partner bauen Nest aus Gräsern u. Algen, dicht nebeneinander u. brüten abwechselnd. Meist nur 1 Ei, blaßblau mit kalkigem Überzug. Brutdauer 42 Tage. Nesthocker. Juv. mit Brei aus angedautem Fisch ernährend. 10—13 Wochen Nestlingszeit; danach Juv. noch 1 Woche allein im Nest, von Reservefett lebend. Unauffällige bräunliche od. schwarze Jugendkleider. Versch. An in Tiergärten häufig. Ausdauernde Pfleglinge. Schwimmbecken erforderlich. Oft vergesellschaftet mit Pinguinen, Wasser- u. Stelzvögeln sowie mit Ringelrobben. Oft Ballengeschwülste (s. Phalacrocoracidae ↗). Fütterung mit Fischen aller Art, bes. Heringen. Tagesbedarf 6—8 Heringe = 1,0—1,2 kg pro Tier. Von Schollen wird nur Rückenteil gefressen; Bauchteile, Kopf, Eingeweide abgelehnt. Haltungsdauer für Baßtölpel ↗ 4 Jahre, 3 Monate (Tiergrotten Bremerhaven). Erstzucht von Baßtölpeln (lt. HEINROTH ↗) 1880/81 in Brighton (Südengland).

Sumba-Allfarblori, UA → Allfarblori
Sumpfastrild (*Estrilda paludicola*) → *Estrilda*
Sumpffrankolin (*Francolinus gularis*) → *Francolinus*
Sumpfläufer (*Limicola falcinellus*) → *Limicola*
Sumpfmeise (*Poecile palustris*) → *Poecile*
Sumpfohreule (*Asio flammeus*) → *Asio*
Sumpfrohrsänger (*Acrocephalus palustris*) → *Acrocephalus*
Sumpfschnepfen → *Gallinago*
Sumpfwachtel (*Synoicus ypsilophorus*) → *Synoicus*
Sunda-Fischuhu (*Ketupa ketupu*) → *Ketupa*
Sundaprinie (*Prinia familiaris*) → *Prinia*
Sundkrähe (*Corvus brachyrhynchos*) → *Corvus*
Superspezies → Art
Surinamamazone, UA → Gelbscheitelamazone
Surinam-Braunwangensittich, UA → St. Thomas-Sittich
Surnia, Sperbereulen. G der Strigidae ↗. 1 A. Mittelgroß, ohne Federohren. Keine Geschlechtsunterschiede im Gefieder, jedoch sind ♀♀ größer u. schwerer als die ♂♂. Zirkumpolare Verbr. Charaktervögel der nö. Taiga. Tag- u. nachtaktiv. Hauptnahrung Kleinsäuger, im Winter auch Vögel. Brüten in Baumhöhlen u. in verlassenen Greifvogelhorsten. Eingewöhnung u. Haltung mit Eintagsküken, Mäusen u. jungen Ratten problemlos. Paarweise Haltung in mindestens 2,00 m breiten, 4,00 m tiefen u. 2,00 m hohen Volieren ↗. Gelege 5—7 Eier. Die in 2tägigem Abstand gelegten Eier werden allein vom ♀ ab dem 1. Ei bebrütet. Juv. schlüpfen nach 25 Tagen. ♀ u. später die Juv. werden vom ♂ mit Beute versorgt.

— *S. ulula*, Sperbereule. ♂ u. ♀: mit gelber Iris, spitzen Flügeln u. langem abgestuftem Schwanz. OS braun mit lebhafter weißer Fleckenzeichnung, US weiß mit sperberähnl., brauner Querbänderung. Gesichtsschleier seitl. schwarz eingerahmt. Beine u. Zehen pelzig weiß befiedert. Gesamterscheinung falkenähnl. Juv. OS einfarbig braun, US schmutzigweiß mit nicht so enger Querbänderung. 36—44 cm. Sehr selten gehalten, trotzdem bereits gezüchtet. Erstzucht gelang 1976 K. BRÄUER, BRD. Naturschutzbestimmungen s. Strigidae.

Surniinae, Falkenkäuze. UF der Strigidae ↗. 10 Gn, 44 An. Über alle Erdteile u. Klimazonen verbr.
Surucuá-Trogon (*Trogonurus surrucura*) → *Trogonurus*
Suthora. G der Paradoxornithidae ↗. 7 An. Asien. Bewohnen Strauch- u. Staudendickichte in Talgebieten. Nahrung Insekten, Spinnen, Kleintiere. Eingewöhnung nicht schwierig. Friedlich. Bleiben im Käfig scheu, in Voliere ↗ vertraut. Überwinterung in Freivoliere ↗. Futter Ameisenpuppen, Fertigfutter ↗, Eifutter. Mehrfach gezüchtet. Brutdauer 13 Tage, Nestlingsdauer 10—11 Tage. Nach weiteren 12 Tagen selbständig.

— *S. webbiana*, Braunkopf-Papageischnabel. ♂ u. ♀: Kopf, Nacken braun, Rücken hellbraun, Flügeldecken u. Schwingen braun mit kastanienbraunem Saum, Schwanz graubraun. Kehle rötlich mit schwarzen Längsstrichen, US gelblichbraun. Schnabel braun. Auge rotbraun. Füße graubraun. Juv. wie Ad. 12—13 cm. Ussuriland, Mandschurei, Korea, China, NO-Burma, Taiwan. Buschreiche Gebiete, meist in Tälern. Außerhalb der Brutzeit lebt sie in Schwärmen. Importierte Frischfänge sind im Käfig bodenscheu, Futternapf ist oben anzubringen. An frischen Zweigen entfernt sie die Knospen. In der Freivoliere verliert sie rasch die Scheu. Ein Reisighaufen u. wiederholt ergänztes Fallaub ermöglichen dauernde Beschäftigung auf dem Boden. Nahrung neben Fertigweichfutter, Ameisenpuppen, Mehlwürmern ↗ u. Lichtfalleninsekten auch gemahlene Pinienkerne, Vogelmiere ↗, die sie stückweise verzehrt. Aus dem Fallaub als Bodenstreu entnimmt sie viel unbestimmbare Nahrung. Nestbau in dichtem Gebüsch in einer regensicheren Ecke. Nistmaterial dürres Gras versch. Beschaffenheit, das bei Regen feucht sein kann. Beide Altvögel bauen am Nest. Eier hellblau. Juv. völlig nackt, wachsen ungewöhnlich rasch, nach 10—11 Tagen verlassen sie das Nest u. sind im Alter von 23—24 Tagen selbständig. Futter Ameisenpuppen, tägl. mit Kalkpulver bestreut, u. kleine Raupen, z. B. Seidenraupen.

Swainsonfrankolin (*Pternistis swainsonii*) → *Pternistis*
Swinhoefasan (*Lophura swinhoii*) → *Lophura*

SWS → Kurzbezeichnung für Schau-Wellensittich
Sylvia, G der Sylviidae ↗. 14 An. Europa, Asien, N-Afrika, auch an W-Küste des Roten Meeres u. sü. des Toten Meeres bis Aden (Blanfordgrasmücke). Artenschutz, Pflege, Zucht s. Sylviidae. Käfig für Einzelvögel: Kistenkäfig ↗ mit weicher Decke od. teilweise geschlossener (Rückwand, weiche Decke) Käfig mit Innen- ↗ od. Außenfütterung ↗, Maße 70 × 30 × 35 cm. 4 Sprunghölzer, je 2 übereinander. Entfernung von der Käfigseite so groß, daß Schwanz nicht anstößt u. Futter nicht durch Kot verunreinigt wird, ansonsten max. Ausnutzung des Raumes. Heutzutage Käfighaltung nur noch während des Winters vertretbar. Übriges Jahr Flugräume, am besten gut bepflanzte Gartenvoliere, in deren hinterem Teil dichtes Buschwerk steht, vorderer Teil weitgehend offene Landschaft. Dem Insektenweichfutter neben Quark, geriebenem Apfel, gemahlenes Rinderherz beifügen, Mehlkäferlarven ↗, ganzjährig Obst, bes. im Herbst (wenig Banane, macht zu fett), ansonsten s. Sylviidae.

— *S. atricapilla*, Mönchsgrasmücke. ♂: Kopfplatte schwarz, scharf begrenzt. OS graubraun, US aschgrau. ♀: Kopfplatte rotbraun, US mehr bräunlich als bei ♂. Juv. haben rostbraune Kopfplatte. 14 cm. UAn. Europa, Kleinasien, Kaukasus, Israel bis N-Iran; W-Sibirien bis zum Irtysch; N-Afrika, Kap Verde-, Kanarische Inseln, Azoren, Madeira. Unterholzreiche Wälder, Parks, Friedhöfe, Feldgehölze, buschreiche Gärten. Nest meist niedrig in Büschen. Gelege allgemein 5 Eier, häufig Wirt des Kuckucks ↗. 2 Bruten jährl. Seit alters her begehrter Pflegling, herrlicher Gesang, bestehend aus abwechslungsreichem Zwitschern, Flötentönen u. dem sog. «Überschlag». Pflege mühelos, bald zutraulich, ausdauernd. In gut bepflanzter Voliere ↗. Zucht nicht schwierig, selbst im großen Sprungkäfig schon gelungen. Nest aus Stengeln, Würzelchen, Fasern, Pflanzenwolle. Brutdauer 13 Tage. Juv. nach ca. 15 Tagen flügge, werden dann überwiegend von ♂ gefüttert, während ♀ 2. Brut beginnt.

— *S. borin*, Gartengrasmücke. ♂ u. ♀: OS einfarbig olivgraubraun. US grauweiß, sonst unauffällig. Juv. OS rotbrauner als Ad., US hellgelblichbraun. 14 cm. UAn. N-, M-Europa bis N-Spanien, Mallorca, S-Frankreich, Gebirge Italiens, Albanien, Bulgarien, Krim, Transkaukasien bis W-Sibirien (zum Jenissei). In unterholzreichen Wäldern u. des Hügellandes, in den Mittelmeerländern, Wälder bis zur subalpinen Zone; gern in Himbeer-, Brennesseldickicht, an Teichrändern. Nest bodennah in Büschen, Gelege 4–5 Eier, Wirt vom Kuckuck. Erfreute sich in der Vergangenheit großer Beliebtheit. Guter eifriger Sänger, verträglich, ausdauernd, Eingewöhnung einfach mit Mehlkäferlarven. Wintermauser (allgem. im Febr.) erschwert, gleichmäßige Wärme auch nachts, nicht unter 20 °C halten (Käfig mit Wolltuch abdekken), eingefrostete Ameisenpuppen reichl. füttern. Zucht schwierig, gelang erstmalig 1966 A. SCHEICH, BRD. Zum Nestbau reichl. Kokosfasern bieten. Juv. schlüpfen nach ca. 12 Tagen. Entscheidend für Aufzuchterfolg ist Lebendfutter, in den ersten Tagen reichl. kleine Insekten anbieten (Wiesenplankton), später werden außerdem kleine Mehlkäferlarven,

Mönchsgrasmücke. Fütterndes Männchen

große Spinnen, Falter aus der Lichtfalle ↗ verfüttert. Juv. fliegen nach ca. 12 Tagen aus, 6 Tage später beginnt selbständige Futteraufnahme.

— *S. cantillans*, Weißbartgrasmücke. ♂: auffallend weißer Bartstreif, roter Augenring, Kehle, Brust rötlichbraun. OS grau. ♀: OS braun, Kehle rötlichweiß. Juv. wie ♀. 12,5 cm. UAn. Iberische Halbinsel (nicht NW), S-Frankreich, Italien (nicht N), Korsika, Sardinien, Sizilien, Kreta, Dalmatien, Albanien, Griechenland, Kleinasien, Syrien. Bewohnt sonnige, trockene, buschbestandene Hänge, Steineichengestrüpp, auch in Stechginster-Vegetation. Nest in niedrigen Büschen. Gelege 3-4 Eier. Langsamer, angenehmer Gesang ähnelt dem der Dorngrasmücke. Sehr selten gehalten.

— *S. communis*, Dorngrasmücke. ♂: Kopfkappe hellgrau, reicht bis in den Nacken u. unter das Auge. Kehle reinweiß. Flügel rostfarben. Schwanz lang, Außenkante weiß. Unterkörper weißlich, bräunlichrosafarben überhaucht. Im Herbst Kopfkappe bräunlichgrau. ♀ matter als ♂, Kopfkappe hellbraun, Brust blaßrötlicher Anflug. Juv. wie Ad., aber Brust mit gelbbräunlichem Hauch. 14 cm. UAn. N-Afrika, Europa bis W-Sibirien, Kleinasien, Syrien, N-Iran bis zum Jenissei, Mongolei, W-Sinkiang, N-, O-Afghanistan. Im offenen buschbestandenen Gelände, ab u. an auch im unterholzreichen Laubwald. Brütet bodennah im Dickicht, gern in Brennesseln. Gelege 5–6 Eier. 2 Bruten jährl. Bisweilen Wirt des Kuckucks ↗. Melodisch zwitschernder Gesang, fast ganzjährig vorgetragen. Bald zutraulich, ausdauernd. Gutes, nahrhaftes Futter reichen. Brütet sehr selten, 1970 berichtete F. MEADEN, England, über Einzelheiten, weiterhin 1971 u. 1973 HARRISON, England.

— *S. conspicillata*, Brillengrasmücke. ♂: s. Dorngrasmücke, aber Brust rötlicher, Wangen dunkler.

Sylvia

Orpheusgrasmücke

Auge rotbraun, schmaler, weißer Augenring (bei Dorngrasmücke Auge gelbbraun, Ring fehlt). ♀ wie ♂, fahlbräunliche, weinfarbene US, blasser als bei ♂. 12,5 cm. N-Afrika, Kap-Verde-Inseln, Kanaren, Madeira, Israel, Iberische Halbinsel, S-Frankreich (am Mittelmeer), M-, S-Italien, Sizilien, Sardinien, Korsika. Bewohnt offenes, trockenes, buschbestandenes Gelände bis ins Gebirge. Nest bodennah in Büschen. Gelege 4–5 Eier. Gesang wohltönend, ähnl. *S. communis*, leiser, kratzende Töne fehlen. Selten gehalten.

— *S. curruca*, Zaungrasmücke, Klappergrasmücke. ♂ u. ♀: s. *S. communis*, aber OS grauer, Ohrdecken dunkel, Rostbraun der Flügel fehlt, Schwanz kürzer. US weißlich. 13,5 cm. UAn. 3 Rassengruppen, vielfach als eigene An betrachtet: 1. *curruca*, 2. *althaea*, 3. *minula*. Europa bis W-Sibirien, Kleinasien, übriges Vorderasien bis O-Sibirien. Transbaikalien, N-, W-Mongolei, weiter zur Wüste Gobi, zum Ala-schan, Kansu; Turkestan bis Iran, Afghanistan, NW-Himalaja. Offenes, buschreiches Land, allgemein in dichterer Vegetation als *S. communis*. Nest niedrig in Büschen, Gelege meistens 5 Eier. Munteres, ansprechendes Wesen, bald zutraulich, verträglich, Gesang zwitschernde Strophen mit folgender klappernder Tonreihe; insges. einförmig, unbedeutend, bescheidenes Spöttertalent.

— *S. hortensis*, Orpheusgrasmücke. ♂: s. *S. atricapilla*, aber Auge gelb, schwärzliche Kopfplatte reicht bis unter das Auge, geht fließend (nicht scharf begrenzt) in grauen Nacken über. Schwanzfedern (äußere) weiß. Kinn, Kehlmitte, Bauch weiß, sonst US mit rötlichem Anflug. ♀ ähnl. ♂, aber gering brauner, Kopf-OS heller. Juv. OS brauner als bei ♀. 15 cm. UAn. N-Afrika, Iberische Halbinsel, Mallorca, S-Frankreich (örtl. bis M-Frankreich), SW-Schweiz, Italien, fehlt aber auf Sizilien; Dalmatien, Albanien, Griechenland, Kreta, Kleinasien, Transkaukasien, Syrien, Iran, Transkaspien, bis Tadschikistan, Afghanistan, NW-Pakistan. Bewohnt vorwiegend Bäume in Wäldern, Orangen-, Olivenhainen, Gärten. Nest in Büschen, niedrigen Bäumen. Gelege 4–5 Eier. Sehr vereinzelt gehalten. Sehr schöner, anhaltender, lauter Gesang, ähnl. dem der von Nachtigall ↗ u. Mönchsgrasmücke. Verfettungsgefahr. Vollmauser im Jan./Febr., dann nicht unter 18 °C halten.

— *S. melanocephala*, Samtkopfgrasmücke. ♂: Kopfkappe glänzendschwarz, reicht bis unter das Auge. Rücken schiefergrau. Schwanz gestuft, schwarzbraun, Kanten weiß, Kehle weiß, US weißlich, Seiten grau. ♀: brauner als ♂, Kappe graubraun. Brust, Seiten blaßrötlichbraun. ♂ u. ♀ haben auffälligen roten Augenring. 13 cm. UAn. S-Europa, N-Afrika, Kanarische Inseln, Balearen, Korsika, Sizilien, Sardinien, Kleinasien, Syrien bis Israel, N-Ägypten. Lebt in Macchia-Landschaft mit einzelnen höheren Bäumen, Dickichten, Kiefern-, immergrünen Eichenwäldern. Nest niedrig in Büschen. Gelege 3–5 Eier. Selten gehalten. Gesang ähnl. Dorngrasmücke, aber wohltönender, länger, leise. Erstzucht 1981 in BRD.

— *S. mystacea*, Tamariskengrasmücke, Kaspische Bartgrasmücke. ♂: Kopf-OS matt grauschwarz, ebenso Zügel. Bartstreif weiß. OS braungrau. Schwanz braunschwarz, Kanten weiß. Kinn weiß, sonst US hell weinrötlich. Seiten graubräunlich, Bauch weißlich. Auge braunrot, orangegelber Ring. ♀ ähnl. ♂, aber OS blaß graubraun, US bräunlich rahmfarben (weinrötliche Tönung fehlt). Kehlmitte, Unterkörper weißlich. Juv. wie ad. ♀. 13,5 cm. SO-Sowjetunion, Transkaukasien, Israel, durch Transkaspien, den Irak, Iran bis S-Tadschikistan, Afghanistan. Vorwiegend im sandigen, tamariskenreichen Gelände, an Berghängen, strauchreichen Flußtälern. Nest niedrig, vorwiegend in Tamarisken. Gelege 4–5 Eier. Selten gehalten. Gesang ähnl. Dorngrasmücke, aber wohltönender, plaudernder, variabler.

— *S. nana*, Wüstengrasmücke. ♂ u. ♀: OS blaß isabellbraun mit grauem Hauch. Oberschwanzdecken rötlichisabell. US weiß mit blaßgelblichem Anflug. Schwanz mit weißen Kanten. 11,5 cm. UAn. N-Sahara, SO-Sowjetunion durch Transkaspien, Turkestan bis Mongolei, zum Ala-schan, sü. von Transkaspien bis S-Iran. Afghanistan. Bewohnt Steppen, Halbwüsten. Nest in niedrigen Büschen. Gelege 5 Eier. Sehr selten gehandelt.

— *S. nisoria*, Spergrasmücke. ♂: OS aschgrau, US weißlichgrau mit dunkelgrauer Sperberzeichnung. Auge gelb. ♀ brauner als ♂. Sperberung undeutlicher. Juv. US blaß bräunlichrahmfarben, nur geringe od. fehlende Zeichnung auf der US. 15 cm. UAn. O-Europa, Kleinasien, SW-Sibirien, Turkestan, NO-Afghanistan, Tienschan, W-Sinkiang bis we. Sayanen, NW-Mongolei. Dorndickichte, Hecken im offenen Gelände, unterholzreiche, lichte Auwälder, buschbestandene Lichtungen, Waldränder. Nest in Büschen, gewöhnl. in Dornbüschen, niedrig. Wildfänge anfangs scheu, bald zutraulich, problemlos, ausdauernd. Gesang abwechslungsreich, erinnert an Mönchsgrasmücke, durch schnellere Folge an Dorngrasmücke, vermischt mit Schnarrtönen, kräftig. Während Wintermauser (Febr.) kaum Gesangsunterbrechung. Mauser bei schlanken Vögeln komplikationslos. Zucht noch nicht gelungen.

— *S. rueppelli*, Maskengrasmücke. ♂: Kopf-OS, Kehle schwarz, Bartstreif weiß, ansonsten s. Samtkopfgrasmücke, allerdings Nacken, Rücken bräunlichgrau. Schwanz schwarz. Außenkante breit, weiß. US weißlich. ♀: matter als ♂, Kopf graubraun, Kehle weißlich. Auge rotbraun, ebenso Füße, gleichfalls bei ♂. Juv. ähnl. Ad. 14 cm. Inseln der Aegaeis, Kreta, Kleinasien, möglicherweise in Israel, früher auch auf dem Festland in Griechenland. Gestrüpp. Büsche, häufig an Felshängen. Nest niedrig im Gestrüpp. Gelege meistens 5 Eier. Gesang klappernd, ähnl. dem von Samtkopfgrasmücke. Sehr selten gehalten.

Sylviidae, Grasmücken (Zweigsänger). F der Passeriformes ↗. 90 Gn, 342 An. 8—29 cm, fast ausschließl. bräunlich, grau od. olivgrünlich gefärbt, einige mit gelben, rostroten u. schwarzen Partien. Schnabel fein, schmal. ♂ u. ♀ bei manchen Gn unterschiedl., bei anderen kaum. Alte Welt, auch Australien, der Nordische Laubsänger neben den 2 nachfolgenden An auch in N-Amerika (Alaska), eine Goldhähnchen-A in N-Amerika, eine weitere von Alaska bis Guatemala, viele Zugvögel. Leben in Wäldern aller Art, Parks, Gärten, offenem Buschland, Wiesen, Weiden, Schilf, Sümpfen. Nahrung vorwiegend Insekten, Spinnen, manche An zeitweise Beeren. Die meisten An bauen napfförmiges Nest am od. wenig über Boden od. Wasser. Laubsänger backofenartiges Nest. Eier überwiegend gefleckt. Bei manchen An brütet nur ♀, bei allen zieht ♂ Juv. mit auf. Viele europ. An wurden seit alters her gehalten, erst durch Artenschutz Liebhaberkreis klein. Dieser versucht in den letzten Jahren durch Züchtungen Bestände zu erhalten. Früher fast nur Einzelvogelhaltung. Überwiegend gute Sänger, leichte Eingewöhnung, ausdauernd. Selten Importe von anderen Kontinenten. Einzelvögel wurden wegen Gesang meistens im Käfig gehalten, weiche Decke (Zugunruhe). Bodenbelag saugfähiges Papier (z. B. Zeitung) mit Sand, Einzelheiten s. Gn. Viele An gut für Vogelgesellschaften im Flugraum geeignet. Überwinterung frostfrei, meistens warm. Futter: handelsübl. Insektenweichfuttergemisch, Ergänzung mit Magerquark (in warmes Wasser, nicht kochendes, einrühren, nach Auflösen durch Tuch seihen. Rückstand krümeliger Quark), frische Ameisenpuppen (Rote Waldameise steht in vielen Ländern unter Naturschutz), im Winter eingefrostete Mehlkäferlarven ↗ (kleine, frisch gehäutete) Fliegenmaden, Weißwurm, 1—2 Tropfen Multivitaminpräparat tägl. (ggf. Mehlkäferlarven damit anfeuchten), ab u. an Prise Mineralstoffgemisch ↗. Kurz vor u. während der Mauser ↗ reichl. frische Insekten (Vorrat einfrosten) füttern. Mauser bei einigen An problematisch. Baden gern. Zucht gelang bei etlichen An. Gut bepflanzte Flugräume notwendig, nur 1 Paar unterbringen. Aufzuchtfutter reichl. frische Insekten, vor allem Ameisenpuppen. Artenschutz s. Naturschutzbestimmungen.

Syma. G der Alcedinidae ↗. 2 An.
— *S. torotoro*, Torotoro, Gelbschnabel. ♂ u. ♀: oberseits bläulichgrün. Kopf u. Hals rotbraun mit schwarzem Nackenfleck; unterseits rostgelblich. Schnabel gelb mit gezähnelten Schneiden. 19 cm. UAn. NO-Australien (Kap-York-Halbinsel), Neuguinea u. benachbarte Inseln. In Mangrovewäldern u. trockenen Gehölzen. Beute Krabben u. Insekten. 3—4 Eier. Nest stets in Baumtermitenbauten.

Symplectes, Singweber. G der Ploceinae ↗. 3 An. Afrika. Waldbewohner. Leben paarweise od. einzeln, manchmal auch in kleinen Gruppen unterwegs. Suchen geschickt im Geäst nach Insekten, vorwiegende Nahrung (Hauptnahrung).
— *S. bicolor*, Waldweber. ♂ u. ♀: oberseits schwarzbraun, ebenso Kopfseiten. Kinn, Kehle, weißlich, schwarz gefleckt. Sonst unterseits goldgelb. Schnabel grau. Auge braun. Füße fleischfarben. Juv. gefleckte Brust. Je nach UA Rücken mehr grau, Kinn, Kehle wie OS. 16 cm. Von O-Nigeria, Kamerun, S-Sudan, W-Kenia, Inner-Tansania, öst. Kapprovinz bis M-Angola, Insel Fernando Póo. Verspeist auch Früchte. Nest längsoval aus Fasern, Blattstreifen an hohen Ästen, lange Einschlupfröhre. Gelege 2—4 rosafarbene, auch grünlichweiße Eier, rotbraun u. bläulich gezeichnet. Sehr selten in Europa. Einzelheiten nicht bekannt.

Syngamus. Wurm-Parasiten in Luftröhre u. Bronchien der Vögel. Folge Syngamose: Atmungsbeschwerden, Husten, Niesen, häufige Todesfälle. Therapie mit Breitband-Anthelminthika.

Synoicus, Sumpfwachteln. G der Pericinae ↗. 1 A. Länger, aber leichter als *Coturnix* ↗. ♂ u. ♀ unterschiedl. gefärbt. Kurzer hoher Schnabel, 10—12fedriger weicher Schwanz, 2. u. 3. Handschwinge am längsten.
— *S. ypsilophorus*, Sumpfwachtel. ♂: Kopfplatte schwärzlichbraun, Stirn u. Kopfseiten grauweiß, gelblich schimmernd. Kopfstreif undeutl. Kehle bräunlich bis grau. Bräunliche Brust fein gestreift mit schwarzbraunen Zickzacks. Seiten weniger stark gestreift, zimtfarbig. OS mit unregelmäßiger grauer,

1 Mönchsgrasmücke. 2 Orpheusgrasmücke, 3 Samtkopfgrasmücke, 4 Maskengrasmücke, 5 Sardengrasmücke, 6 Provencegrasmücke

Syrmaticus

Königsfasan. 1. Lebenstag

schwarzer, kastanienbrauner Querstreifung. Schultern graubraun. Rückenfedern mit hellem Schaft. Flügeldecken mausgrau. Handschwingen mausgrau mit schwarzen u. mittelbraunen Flecken. Armschwingen bräunlich. US gelblichgrau mit Zickzack-Zeichnung. Schnabel blauschwarz. Iris orangerot. Läufe gelb. ♀ ähnl. ♂, aber heller, weniger klar gezeichnet. Juv. bräunliches Dunenkleid. 22 cm. UAn. Australien, Neuguinea, kleine Sundainseln. Lebt in dichten Grasflächen in Gewässernähe. Gesellig außerhalb der Brutzeit. ♂ gegen Pfleger kampflustig, aber leicht einzugewöhnen in gut bewachsener Voliere. Gelege 7–11 Eier, gelblich, grünlich od. bräunlicher Grundton mit dunklen Flecken od. Punkten. Fütterung, Haltung s. *Coturnix*.

Syrmaticus, Königsfasanen. G der Phasianinae ↗. 1 A. 75–210 cm schlanke Hühnervögel ↗. Schwanzlänge ♂♂ 100–160 cm. 16–20fedriger, ungewöhnlich langer Schwanz. Gebirge Z-Chinas. Nahrung grüne Pflanzenteile, Früchte, Samen u. Insekten. Balzruf des ♂ wiederholte Pfiffe. Ansonsten ist ein singvogelartiges Gezwitscher zu vernehmen. Leben paarweise oder in Trios. Während der Balz umwirbt ♂ die ♀♀ mit gesträubtem Halsgefieder; hüpft in Seitenstellung mit ausgebreitetem erhobenem Schwanz den ♀♀ entgegen. ♀♀ bebrüten Gelege aus 7–15 kleinen, grünlichen bis braunen Eiern allein. Schlupf nach 24–25 Tagen. In M-Europa absolut winterhart. Zur Zucht gibt man ♂ mehrere ♀♀. Große Gehege erforderlich, um Schwanzfedern zu erhalten. Juv. sehr frohwüchsig, schon mit wenigen Tagen außerordentl. unverträglich. Größere Aufzuchträume vorteilhaft, damit Ausweichmöglichkeiten vorhanden. Nicht mit Küken anderer An aufzuziehen. Im Herbst des 1. Lebensjahres ausgefärbt u. im darauffolgenden zuchtfähig.

— *S. reevesii*, Königsfasan. ♂: Stirn, Kopfseiten, Ohrdecken u. Hinterkopfband schwarz. Hinter dem Auge kleiner unbefiederter roter Fleck, übriges Gesicht vollständig befiedert. Unter dem Auge ein weißer Fleck. Oberkopf bis an Hinterkopfband weiß. Mantel, Rücken u. Bürzel ockergelb mit schwarzen Säumen, wie geschuppt. Handschwingen dunkelbraun, mit rostbraunen Flecken. Armschwingen schwarzbraunweiße Querbinden. Schwanz in der Mitte weiß mit schwarzen Querbinden an den Schäften, an den Seiten kastanienbraun mit gelbbraunen Säumen. US in der Mitte schwarz, an den Flanken ockergelb mit schwarzen bis rotbraunen Säumen. Schenkel u. Unterschwanzdecken schwarz. Schnabel grünlichhornfarben. Füße bräunlichhorngelb mit Sporn. ♀: OS ockergelbbraun. Scheitel u. Oberstreifen dunkelbraun. Gesichtsseiten, Zügel u. Augenbrauenstreif hellockerfarben. Hinterhalsfleck schwarz, rotbraun gebändert. Vorderrücken ebenso mit pfeilförmigen weißen Schaftflecken. Rücken u. Bürzel graubraun, rotgelb gesäumt u. gefleckt mit lanzettförmigen schwarzen Schaftstrichen. Flügeldecken große schwarze Flecken mit gelblichen Schaftstrichen. Schwingen dunkelbraun. Schwanz kastanienbraun, Spitzen weiß, mittl. Federpaare graubraun, am Schaft schwarz gefleckt. Kinn, Kehle u. Vorderhals ockergelb, Kropf rotbraun, Spitzen graubraun mit weißer Querbinde. Brust u. Unterkörper rahmfarben, Flanken dunkler rotbraun. Juv. Oberkopf rostrot, Scheitel dunkelbraun. OS dunkel bis rotbraun gesprenkelt. Nacken rahmfarben, ebenso Doppel-Streif längs der Rückenseiten. Kopfseiten vom Auge schwarzer Streif. US gelblichweiß. 210 cm ♂, 75 cm ♀. Gebirge N- u. M-Chinas. In mehreren Teilen Europas zeitweilig eingebürgert. Bewohner bewaldeter Gebirge Z-Chinas in Höhenlagen zwischen 300 u. 1800 m ü. NN.

Syrrhaptes. G der Pteroclidae ↗. 6 An. Lauf- u. Zehen-OS befiedert. Hinterzehe fehlt.

— *S. exustus*, Braunbauch-Flughuhn. ♂: OS graubräunlichsandfarben mit olivbraunen, braun gesäumten Schultern u. Flügeldeckfedern u. schwarzbraunen Handschwingen. US schwarz. Kropfband schwarz. Gesicht ockergelb. Vorderhals isabellfarben. Mittl. Schwanzfederpaar bei ♂ u. ♀ zu braunschwarzen Spießen verlängert. ♀: OS, Kopf, Hals rötlichsandgelb mit schwarzer Zeichnung. US roströtlich u. schwarzbraun gewellt. 30 cm. UAn. Senegal bis Äthiopien, Somalia u. Kenia. In Wüstenrandgebieten u. trockenen Ländereien. Gelege 3 Eier, gräulichgelblich, braun gefleckt. Brutdauer 23 Tage. Zucht gelungen.

— *S. gutturalis*, Gelbkehl-Flughuhn. ♂ u. ♀: mit kräftig gelbbräunlicher Kehle. Braunes schmales Halsband. Dünner Augenstreif. Schwanzfedern nicht verlängert. 33 cm. UAn. Äthiopien bis Tansania u. NO-Sambia, Namibia bis W-Simbabwe u. W-Transvaal. In offenen Grassteppen od. Dornbuschland.

— *S. orientalis*, Sandflughuhn. ♂: bräunlichgrauer Kopf, sandbraungelbliche OS mit dunkelgrauer Querbänderung. Handschwingen u. Schwanz blaugrau. Kehle u. Halsseiten rostbräunlich. Schwarzer Kehlfleck. Vorderbrust bräunlichgrau u. von isabellfarbener Brust durch schwarze Querbinde getrennt. US schwarz. ♀: OS rötlich sandfarben, an Kopf u. Hals schwarz längs-, sonst quergefleckt. Kehle gelblich. Schwarzer Kehlfleck u. graues Band. Vorderhals u. Vorderbrust isabellfarben mit schwarzen Längsflecken u. schwarzem Querband. US schwarz. Juv. rostbraunes, schwarz gesprenkeltes Dunenkleid. Mittellange Schwanzfedern. 35 cm. Körpermasse 500 g. UAn. Iberische Halbinsel, Insel Fuerteventura (Ka-

naren), N-Afrika, Kleinasien bis Iran, SO-Rußland bis Turkestan. In Wüstenrandgebieten. 2—3 Eier, auf dem Boden nistend. Zucht gelungen.
— **S. paradoxus**, Steppenhuhn. ♂: sandfarben, auf Rücken schwarz quergebändert, auf Flügeln schwarzgefleckt. Kopf u. Halsseiten ockergelb. Vorderbrust isabellfarben mit dunkler Binde, übrige Brust schwarz. US rahmweiß. Mittl. Schwanzfedern spießartig verlängert. ♀ ähnl. ♂, aber Brustfleck von schmalem schwarzem Band gesäumt, Scheitel u. Nacken schwarz gefleckt, ohne orangegelb. 36—40 cm. Kasachstan bis zur Mongolei, NW-Mandschurei u. Kansu. In baumlosen u. sandigen Ländereien. Riesige Wanderflüge bis Europa (z. B. 1908). Nahrung Samen, Salzpflanzen, Gräser. 2—4 gefleckte Eier. Beide Eltern brüten am Boden. Brutdauer 30 Tage. Nestflüchter mit Dunenkleid. Zucht mehrfach gelungen, z. B. 1979 im Tierpark Berlin.

Steppenhuhn

systematische Kategorien. Gliederungseinheiten der Systematik, die gestaffelt eingesetzt eine Rangfolge, d. h. hierarchische Gliederung ermöglichen. Die wichtigsten s. K. sind:
Reich (Regnum)
Stamm (Phylum)
Klasse (Classis)
Ordnung (Ordo)
Familie (Familia)
Gattung (Genus)
Art (Species)
Jede mit einem Namen belegte s. K. wird als Taxon bezeichnet. Unter den vielen Taxa ist allerdings die A das einzige real existierende Taxon. Eine weitere Staffelung ist durch die Verwendung der Silben «Über» u. «Unter» od. durch Einschiebung der Begriffe Division, Kohorte, Tribus, Abteilung u. a. möglich. Mit den s. K.en wird lediglich ein Ordnungsprinzip nach Ranghöhen für jeweils eine best. Gruppe angestrebt. Vor allem die höheren Rangstufen (Taxa) versch. Organismengruppen haben ganz unterschiedl. Wertigkeiten u. lassen sich deshalb nicht vergleichen.

Tachybaptus. G der Podicipedidae ↗. 3 An.
— **T. ruficollis**, Zwergtaucher. ♂ u. ♀: kleinster paläarktischer Taucher, nicht größer als eine Faust. BK, rotbraune Kopf- u. Halsseiten, dunkler Scheitel u. auffällig gelber Fleck an Schnabelwurzel. RK oberseits heller, Kopf- u. Halsseiten hellbräunlich, weiße US. Juv. ähnl. RK. 27 cm. UAn. Fast über ganze Alte Welt verbr., Europa, sü. Asien, M- u. S-Afrika. Brütet an stehenden u. fließenden Gewässern aller Art, auch auf kleinen Weihern u. Tümpeln, manchmal mitten

Zwergtaucher

in Großstadt. Nest ähnl. Ohrentaucher ↗, 4—7 Eier. Trillernder Balzruf. Eingewöhnung relativ leicht, tägl. Nahrungsbedarf ca. 20 g. Zucht im Zoo Dublin.
Tachyeres. G der Anatidae ↗, UF Anatinae ↗. 3 An.
— **T. brachypterus**, Falkland-Dampfschiffente. ♂: plumpe Gestalt mit kurzen Flügeln. Kaum flugfähig. Schiefergrau mit hellen Federsäumen. Weißes Flügelfeld. Heller Kopf u. braune Kehle. ♀ wie ♂, aber mit braunen Kopfseiten u. weißem Augenstreif. Schnabel u. Füße gelb. 65—70 cm. Bewohnt zerklüftete Küsten der Falklandinseln. Nahrung hauptsächl. Mollusken u. Krebstiere. Lebt paarweise u. verteidigt Brutrevier energisch. Nester zwischen Pflanzen od. Geröll. ♀ bebrütet 6—7 Eier 32—35 Tage. Selten gehalten. Unterbringung paarweise in Einzelgehegen, da sehr aggressiv. Fütterung mit Mischfutter u. Fischstücken. Anfällig gegen Pilzerkrankungen. Zucht mehrfach gelungen.
Tachymarptis. G der Apodidae ↗. 2 An.
— **T. melba**, Alpensegler. ♂ u. ♀: schwarzbraun, Kehlfleck u. US weiß mit braunem Brustband. 20—21 cm. Körpermasse 100 g. UAn. S-Europa u. N-Afrika bis S-Turkestan, Indien u. Sri Lanka, Gebirge der O- u. S-Äthiopis von Somalia bis S-Angola, Namibia u. Kapprovinz, Madagaskar. Brutvogel in S-Afrika. Gesellig. Nest in Felshöhlen u. an Gebäuden, napfförmig angeklebt. Brut im Mai. Brutdauer 20 Tage. Juv. sperren. Ein ♂ brütete 17 Jahre im selben Nest, 11 Jahre davon mit selbem ♀.
Tachyphoninae, Kardinaltangaren. UF der Thraupidae ↗. 14 Gn, 47 An. Farblich meist sehr ansprechend. N- u. S-Amerika. Die 4 An, die in den USA brüten, sind Zugvögel ↗. Bevorzugen oft die höheren, etwas kühleren Landschaften. Nahrung Früchte u. Insekten, zur Jungenaufzucht letztere reichl. Bei Gesellschaftshaltung sei vor Streitsucht gewarnt.
Tachyphonus. G der Tachyphoninae ↗. 8 An. ♂ ♂ überwiegend schwarz, oft mit weißem Flügelspiegel. Schnabel schlank. Sü. M-Amerika bis Paraguay u. NW-Argentinien. In tropischen Wäldern. Ziehen paarweise od. in kleinen Flügen umher, nach reifen

Tadorna

Beeren, Früchten u. Insekten suchend. Die napfförmigen Nester sind meist in geringer Höhe angelegt. Das ♀ bebrütet die 2–3 grauweißen od. cremefarbenen Eier allein. Brutdauer 12–13 Tage, 14 Tage später verlassen die Jungen das Nest. Beide Eltern beteiligen sich an der Aufzucht. Während der Brutzeit wird das ♀ hin u. wieder vom ♂ gefüttert. Haltungserfahrungen liegen kaum vor. Meist streitsüchtig. Ernährung usw. s. *Tangara*. Selten eingeführt.

— *T. coronatus*, Krontangare. ♂: blauschwarz mit rotem Kopffleck. Kleine Flügeldecken weiß. Schnabel dunkel bleifarben. Auge braun. Füße braun. ♀: oberseits rotbraun, Kopf-OS u. Nacken gräulich schimmernd. US heller. Schnabel braun. 17 cm. S-Brasilien, O-Paraguay u. NW-Argentinien. Paarweise in buschiger Vegetation. In den USA nachgezogen. Schon nach 9 (!) Tagen verließen die Jungen das Nest. Während Gesangsvortrag des ♂ wird der rote Scheitelstreifen bes. gut sichtbar gesträubt. Bisher kaum importiert.

— *T. cristatus*, Haubentangare. ♂: samtig schwarz, Bürzel u. Kehlfleck gelbbraun. Verlängerte Schopffedern orangefarben. Kleine Flügeldecken weiß. Schnabel schwarz. Auge braun. Füße schwarz. ♀: rostfarben, unterseits etwas heller. Stirn u. hinterer Nacken gräulich. Schnabel u. Füße braun. 15 cm. 9 UAn. Guayana, Venezuela, Ekuador, O-Peru, NW-Brasilien. Tropische Wälder. Außerhalb der Brutzeit gern in gemischten Flügen. Selten nach Europa gekommen.

— *T. luctuosus*, Trauertangare. ♂: schwarz mit weißem Flügelspiegel. Schnabel schwarz. Auge braun. Füße dunkel hornfarben. ♀: Kopf gräulich, OS olivgrün. Kehle bräunlichweiß. US olivgelb. 12,5 cm. 5 UAn. Von Honduras sü. über Kolumbien, Venezuela, Guayana, Trinidad, Ekuador, Peru u. N-Brasilien. Lebt meist paarweise in den tropischen Wäldern u. Plantagen des Tieflandes. Sehr selten eingeführt.

— *T. rufus*, Schwarztangare. ♂: glänzend blauschwarz. Kleine Flügeldecken weiß. Oberschnabel schwarz, Unterschnabel am Grunde hornfarben. Auge u. Füße braun. ♀: oberseits fuchsrot, unterseits hellbraun. 15–18 cm. Von Panama sü. bis O-Peru, im W bis Z- u. O-Brasilien, sowie Paraguay u. NO-Argentinien. Weit verbr. in den unterschiedlichsten Biotopen. Folgt oft den Zugwegen der Treiberameisen. Widerstandsfähig u. meist bösartig gegen nahe verwandte An. Brütet offenbar leicht. Ab u. zu im Handel.

Tadorna. G der Anatidae ↗, UF Tadorninae ↗. 1 A. Brutvögel in Europa, Vorder- u. M-Asien. Im Winter N-Afrika, S-China u. N-Indien. Bewohnen in Europa fast ausschließl. Meeresküsten, in Asien Salzseen. Ernähren sich vorwiegend von kleinen Wassertieren, nach denen im Flachwasser gesucht wird. Pflanzenteile werden gelegentl. aufgenommen. Außerhalb der Brutzeit gesellig. Nester werden in Erdbauen von Kaninchen u. Füchsen, zwischen Steinen, in verlassenen Gebäuden od. seltener unter Büschen angelegt. Gelege mit 7–12 Eiern. Größere Gelege stammen von mehreren ♀♀. Brutdauer 28–30 Tage. Brütendes ♀ wird vom ♂ bewacht. Betreuung der Juv. durch ♂ u. ♀. Verbreitete Gehegevögel. Unterbringung in größeren Gemeinschaftsanlagen od. Einzelgehegen. ♂♂ zur Brutzeit mitunter aggressiv gegen kleinere An. Überwinterung bei offenem Wasser im Freien. Zucht nicht problematisch. Eiablage in künstlich angelegten Erdhöhlen, Nistkästen od. Innenräumen. Aufzucht der Juv. unter Wärmequellen meist verlustarm. Fütterung mit Mischfutter, das hohen Anteil tierischen Eiweißes enthält u. Wasserlinsen. Bastarde, meist mit An der Tadorninae, häufig.

— *T. tadorna*, Brandgans. ♂: Kopf, Hals u. Schultern schwarz. Breites rostbraunes Brustband. Flügelspiegel grün u. rotbraun. Übriger Körper weiß. Roter Schnabel beim ♂ mit flachem Stirnhöcker, der zur Brutzeit anschwillt. ♀ wie ♂, aber mit rotem, sattelförmig gebogenem Schnabel ohne Stirnhöcker u. mit weißen Federchen im Gesicht. ♂ 62–65 cm, ♀ kleiner.

Tadorninae, Halbgänse. UF der Anatidae ↗. 8 Gn, 15 An.

Taenioglaux, Trillerkäuze. G der Strigidae ↗. 5 An. Klein, ohne Federohren. Alle An mit intensiver Querbänderung sowohl der OS als auch der US. Keine Geschlechtsunterschiede im Gefieder, jedoch sind ♀♀ größer u. schwerer als die ♂♂. Afrika, SO-Asien. Bewohnen tropische Waldgebiete u. offene baumbestandene Savannen. Tag- u. nachtaktiv. Nahrung Kleinsäuger, Vögel, Insekten. Eingewöhnung mit Mäusen, Eintagsküken, Heuschrecken ↗, Heimchen u. Mehlwürmern ↗ problemlos. Unverträglich. Nur paarweise Haltung in mindestens 2,00 × 3,00 × 2,00 m Volieren ↗. Brutbiologie aller T.-An weitgehend unbekannt.

— *T. capensis*, Kapkauz. ♂ u. ♀: mit gelber Iris, OS u. Brust eng weiß u. gelb gebändert. Bauch weiß mit großen dunkelbraunen Flecken, Schwanz zahlreich quergebändert. Beine befiedert, Zehen nackt. Juv. unbekannt. 21–22 cm. Nö. Namibia bis Angola, Shaba (Katanga), O-Kenia, Natal, O-Transvaal u. N-Botswana. Bevorzugt Akazienbusch. Tag- u. nachtaktiv. Ernährt sich in der Hauptsache von Insekten u. Kleinsäugern. Baumhöhlenbrüter. Äußerst selten in Europas Liebhabervolieren zu finden. Z. Z. keine Haltung bekannt. Gelege 3 Eier. Brutbiologie u. Lebensweise weitgehend unbekannt.

— *T. castanoptera*, Trillerkauz. ♂ u. ♀: mit gelber Iris, OS rotbraun mit schmaler dunkelockerfarbener Querbänderung, US weiß, an der Brust rotbraun quergebändert, am Bauch breit längsgestreift. Beine befiedert, Zehen nackt. Die einzelnen UAn zeigen sowohl starke Farbabweichungen als auch unterschiedl. Zeichnung des Gefieders. Juv. Bauch nicht längsgestreift, sondern quergebändert. 23–25 cm. Vom Himalaja bis Indochina, S-China, Bali u. Java. In Gebirgswäldern u. tropischen Regenwäldern. Tag- u. nachtaktiv. Nahrung Kleinsäuger, Vögel u. Insekten. Kann eine Wachtel falkenähnl. im Fluge schlagen. Baumhöhlenbrüter. Äußerst selten gehalten, aber bereits gezüchtet. Gelege 3–4 Eier. ♀ brütet ab dem 1. Ei in 29 Tagen die Eier aus. Erstzucht gelang 1976 K. LANGFELDT, BRD.

— *T. radiata*, Dschungelkauz. ♂ u. ♀: mit gelber Iris, OS u. US eng gelbweiß quergebändert, dabei an der Brust deutl. enger als am Bauch. Gefiedergrundfarbe ist rotbraun. Weißer Kehlfleck, Schwanz mit zahlreichen Querbinden. Beine befiedert, Zehen beborstet. Juv. unbekannt. 17—20 cm. Nur in Indien u. Sri Lanka. Bewohnt offene baumbestandene Landschaften, auch in Gärten u. Parkanlagen zu Hause. Tag- u. nachtaktiv. Hauptnahrung Kleinsäuger, Vögel u. Insekten. Baumhöhlenbrüter. Äußerst selten gehalten. Über eine Zucht ist nichts bekannt. Gelege 3—4 Eier. Brutbiologie u. Lebensweise weitgehend unbekannt.

Taenioptynx, Wachtelkäuze. G der Strigidae ↗. 1 A. Sehr klein, ohne Federohren u. mit gelber Iris. Keine Geschlechtsunterschiede im Gefieder, jedoch sind ♀♀ größer u. schwerer als die ♂♂. Himalaja, W- u. S-China, durch Hinterindien bis Sumatera, Kalimantan u. Taiwan. Im dichten tropischen Regenwald bis 3 000 m Höhe. Tag- u. nachtaktiv. Grundnahrung Insekten, aber auch Kleinsäuger u. Vögel. Baumhöhlenbrüter. Eingewöhnung u. Haltung dürfte wie bei anderen Eulen mit Eintagsküken, Mäusen u. Heuschrecken problemlos sein. Paarweise Haltung in mindestens 2,00 × 3,00 × 2,00 m Volieren ↗ zu empfehlen. Gelege 4 Eier. Brutbiologie u. Lebensweise weitgehend unbekannt.
— *T. brodiei*, Wachtelkauz. ♂ u. ♀: OS u. Brust bei graubrauner Gefiedergrundfarbe stark ockerfarben quergebändert. Bauch weiß mit dunkelbrauner Längsfleckung. Schwanz quergebändert. Schnabel graugelb. Beine befiedert, Zehen beborstet. Juv. unbekannt. 14—15 cm. Es ist nicht ganz sicher, ob er jemals in Europa gehalten worden ist. 1979 wurden von mehreren Großimporteuren zahlreiche *T. b.* angeboten. In allen nachprüfbaren Fällen handelte es sich jedoch um *Athene brama*.

Taeniopygia. G der Estrildidae ↗. 1 A. Australien (nicht im äußersten SW u. SO, ohne Tasmanien), Inseln der Banda-See u. Kleine Sundainseln (Moa, Luang, Sermatta, Kissar, Letti, Wetar, Timor, Samau, Savu, Sumba, Alor, Flores, Sumbawa, Lombok). Be-

Trillerkauz

Zebrafink

wohnen gesellig Savannen, Steppen, Halbwüsten, busch- u. baumbestandenes Kulturland, Gärten, Parks, Ortschaften. Bilden lockere Brutkolonien bis ca. 50 Paare, gemeinsam auf Nahrungssuche, an der Wasserstelle, auch bei der Gefiederpflege zusammen, allerdings brütet meistens nur 1 Paar in einem Busch. Benutzen Schlafnester. Ortstreu, bilden bei Nahrungs- u. Wassermangel große umherwandernde Schwärme. Neben Japanischen Mövchen ↗ häufigste Prachtfinken. Anspruchslos, temperamentvoll. Sehr für den Anfänger zu empfehlen. Paarweise Haltung im Käfig ↗ u. allen anderen Unterkünften, nicht unter 12 °C. Zucht einfach, sowohl bei paarweiser Einzelhaltung als auch in der Gemeinschaft. Halboffene Nistkästen, Kiefernzweige gebündelt, ebenso Schilf usw. in unterschiedl. Höhe als Nistplatz anbieten. Zum Nestbau Gräser (grobe u. feine), Kokosfasern, kleine Federn reichen. Gelege meistens 5—6 Eier, selten 8—9. Juv. schlüpfen nach ca. 12 Tagen. Aufzuchtfutter wie übliches Futter, außerdem reichl. Eiweiß-, Keimfutter, Vogelmiere. Nach 19—22 Tagen fliegen Nestlinge aus. Nicht mehr als 3 Bruten jährl. erlauben. Zahlreiche Mutationen, die erste trat 1921 in Australien auf (weiße Vögel), s. domestizierte Prachtfinken. Beliebtes Studienobjekt u. a. in der Verhaltensforschung, bes. von Prof. Dr. K. IMMELMANN u. Mitarbeitern verwendet.
— *T. guttata*, Zebrafink. ♂: Stirn mit schwarzweißer Schuppenzeichnung, Scheitel u. Nacken hellgrau, ebenso Halsseiten. Zügel weiß, gleichfalls senkrechter Bartstrich, vorn u. hinten schmal schwarz gesäumt. Großer Wangenfleck orangebraun. Rücken u. Flügel graubraun, Bürzel weiß, Oberschwanzdecken mit breiten schwarzweißen Querbändern. Kinn, Kehle u. Vorderbrust schwarzweiß quergestreift, zum Bauch breites, schwarzes Band. Flanken rotbraun mit weißer Tropfenzeichnung, übrige US weiß, zu den Unterschwanzdecken mehr gelblichweiß. Schnabel kräftig rot. Auge rot. Füße fleischfarben. ♀: Kopfseiten grau, Kinn, Kehle u. Brust einfarbig grau, Flanken bräunlichgrau ohne weiße Flecken. Juv. ähnl. ♀, aber matter, Schnabel schwarz. 11 cm. 2 UAn. *T. g. guttata*, Timor-Zebrafink, bewohnt Insel Timor u. benachbarte Inseln, wie *T. g. castanotis* in

Tafelente

Australien gefärbt, aber Kinn u. Kehle ohne «Zebrazeichnung», ♂ mit schwarzem Brustband, seitl. gering schwarzweiß gestreift, OS braun.
Tafelente *(Aythya ferina)* → *Aythya*
Tagschläfer → *Nyctibiidae*
Tahaweber *(Euplectes afer)* → *Euplectes*
Taigaammer, NN → *Tristramammer*
Tajazuira *(Neomorphus geoffroyi)* → *Neomorphus*
Takazze-Nektarvogel *(Aidemonia tacazze)* → *Aidemonia*
Talegalla, Talegallahühner. G der Megapodiidae ↗. 3 An. Pflege s. Megapodiidae, *Alectura* ↗.
— *T. fuscirostris*, Schwarzschnabeltalegalla. ♂ u. ♀: schwarz. Haut an Kopf u. Hals dunkelgrau bis bläulichschwarz. Auge braun bis rötlichbraun. Schnabel schwarz bis schwarzbraun. Füße chromfarben bis zitronengelb. Küken dunkelbraun, Kehle u. Bauchmitte blasser, mehr lederfarben. Schwingen tiefschwarzbraun. 51—53 cm. UAn. *T. f. occidentis* kleiner als *T. f. fuscirostris*, dieser UA sehr ähnl., bewohnt Aru-Inseln, sü. Neuguinea (von der Etna Bay bis zum Fly River in öst. Richtung). Nominatform lebt an der SO-Küste Neuguineas. In dicht bewaldetem Flachland bis zu 100 m ü. NN. Breiter, flacher Nesthügel, etwa 1,80 m hoch, oben abgeflacht, an der Basis 4 m breit, weiter oben mit einem Ø von ca. 2,60 m. Besteht aus Waldbodenmaterial. Eier fast oval, blaß od. von dunklem lederfarbenem Braun.
— *T. jobiensis*, Halsbandtalegalla, Jobi-Maleo. ♂ u. ♀: gewöhnlich schwarz, Schopffedern länglich, bilden breiten Kamm. Gesichtsseiten, Kehle u. obere Halsseiten mausgrau, nicht klar begrenzter, dunkel kastanienbrauner Streifen umgibt den Hals (Kennzeichen allein dieser Spezies). Nackte Gesichtspartien schmutzig rot, nackte Halspartien dunkel rosenfarbig, bei ♂ zapfenförmig während der Brutzeit verlängert. Schnabel bräunlich. Auge braun bis rotbraun. Füße lachsfarben bis hellrot. 53—61 cm. UAn. *T. j. longicauda* bewohnt wahrscheinl. die nö. Flachgebiete auf Neuguinea bis ca. 900 m ü. NN. Etwas größer als Nominatform, die auf Japen Island u. im nö. Neuguinea vom Tal des Mamberamo River bis zur Humboldt Bay lebt. Nesthügel ist breiter, flacher Erdhügel zwischen hohen Regenwaldbäumen, wird 3—5 Jahre genutzt. Jeder Nesthügel nur im Besitz eines Paares, das ganzjährig jeden Morgen — nach Informationen von Einheimischen — das Nest aufsucht u. pflegt. In den Wäldern recht verbr. Die A ist für die Einheimischen auf Grund ihrer Eierproduktion von Bedeutung. Die Nesthügel sind Eigentum der einzelnen Familien, u. die Eier werden systematisch gesammelt. In einem Nesthügel sollen im Jahr ca. 16 Eier gefunden werden. Wird im Sommer in großer Freivoliere ↗ mit Schutzraum ↗ gehalten, dort 1984 5 Juv. aus Naturbrut.
Talegallahühner → *Talegalla*
Tamariskengrasmücke *(Sylvia mystacea)* → *Sylvia*
Tamariskensänger *(Calamodus melanopogon)* → *Calamodus*
Tamatia-Faulvogel *(Bucco tamatia)* → *Bucco*
Tambourintäubchen *(Tympanistria tympanistria)* → *Tympanistria*

Tangara. G der Dacnidinae ↗. 50 An. Sehr farbenprächtig, Geschlechter oft gleichgefärbt. M- u. S-Amerika. Tropische u. subtropische Waldlandschaften, Kulturland, Siedlungen, Nahrung Früchte ↗ u. Insekten ↗. Letztere bes. zur Jungenaufzucht. Leben in Dauerehe. Außerhalb der Brutzeit oft in kleineren gemischten Flügen umherstreifend. Lebensweise meist wenig bekannt. Gesanglich bieten sie nicht viel. Einige An regelmäßig im Handel. In jüngster Zeit aber ein gewisser Rückgang durch generelle Ausfuhrsperren einiger Heimatländer. Eingewöhnung nicht immer leicht, da oft erhebliche Darminfektionen od. Pilzerkrankungen vorliegen. Gefieder beim Transport oft verklebt. Einzeleingewöhnung in einem Einzelkäfig bei 20—24 °C zu empfehlen. Zusätzl. Wärmequelle (Dunkelstrahler), dessen Wärmekegel aber ausgewichen werden kann, nach Bedarf. Wegen der großen Verschmutzung Boden mit saugfähigem Papier auslegen, das tägl. gewechselt werden sollte. Häufig großes Badebedürfnis. Während der Eingewöhnung zeitweise Gelegenheit dazu geben. Andernfalls verklebtes Gefieder besprühen (Blumenspritze). Zum raschen Trocknen Wärmelampe einschalten. Haltung paarweise in großem Käfig ↗ od. besser in Voliere ↗. Mehrere Paare zweckmäßig nur in großen (bepflanzten) Flugräumen zusammenhalten, da artgleiche od. nahe verwandte An oft aggressiv gegeneinander sind. Gegenüber anderen Vögeln meist friedlich. Überwinterung bei 16—20 °C. Nahrung Bananen, Äpfel, Birnen, Mandarinen, Weintrauben, Kaktusfeigen, Datteln od. Tomaten halbiert u. aufgespießt od. gewürfelt im Napf. Beeren wie Mahonien, Feuer-, Sanddorn, Ebereschen u. Holunder (doldenweise auch tiefkühlfähig). Eingeweichte Rosinen sowie ein gutes Weichfutter ↗, zubereitet mit Honig, geriebenen Möhren od. Quark u. angereichert mit gehacktem Eigelb u. frischen Ameisenpuppen. Ferner ein Trockengemisch aus perliertem Aptamil (Säuglingsnahrung) u. Traubenzucker. Gern genommen wird auch ein «Nektartrank». Die Mischungen gehen vom einfachen Honig-Wasser-Gemisch (1 : 6) mit Multivitaminzusatz bis zu umfangreicheren Zuckerlösungen mit Proteinen, Blütenpollen u. Vitaminen (s. z. B. Kolibri ↗ -Futter). Sehr zu empfehlen ist auch folgendes Gemisch: 500 g Magerquark, ca. 190 g Spinat-Säuglingsfertignahrung (= 1 Glas Alete o. ä.), 200 g Äpfel, 50 g Frucht-, 50 g Traubenzucker, 2 Eidotter, 2 Eßl. Lebertran, 1 Eßl. Bierhefe (Pulver) u. 20 Tropfen Vitamin-B-Komplex (Polybion o. ä.). Alles zusammen im Mixer verquirlen u. in Portionen einfrieren. Als Lebendfutter können u. a. frische Ameisenpuppen, Mehlwürmer, kleine Grillen, Fliegen u. deren Maden, Wachsmotten u. deren Maden, Spinnen od. Wiesenplankton geboten werden. Schließlich auch etwas Grünfutter, gekeimte Samen (werden nur teilweise genommen) u. Futterkalk ↗. Da die meisten Tangaren nur ungern auf den Boden kommen, richtet man die Futterstelle zweckmäßig erhöht ein bzw. spießt die halbierten Obststücke auf Äste auf. Rote od. gelbe Gefiederpartien einiger An neigen zu verblassen, hier können Karotin-Präparate teils Abhilfe schaffen. Einige An wurden bereits gezüchtet. Nester freistehend, napfförmig od. auf angebotenen Unterlagen. Meist nicht sehr fest gebaut. 2—3mal im Jahr werden 2 Eier meist nur vom ♀ bebrütet. Zur Paarungszeit werden ♀♀ oft heftig gejagt. Juv. sollten vorsichtshalber nach dem Selbständigwerden abgetrennt werden. Ad. Kleid erlangen sie überwiegend nach 1 Jahr.

— *T. argyrofenges*, Grünkehltangare. ♂: Kopf-OS, Flügel u. Schwanz glänzend schwarz. Ohrdecken u. Kehle silbriggrün. Sonstige OS u. Flanken silbrigstrohfarben. Schnabel schwarz. Füße dunkelbraun. ♀: Kopfplatte schuppig graugrün. Flügel u. Schwanz-Innenfahne schwarz, Außenfahne grün. Oberseits grüngelb, Kehle u. Wangen silbriggrün. Flanken gelb, sonstige US grau. 12 cm. 2 UAn. Subtropische Region O-Perus u. NW-Boliviens. 1972 gelangte ein Vogel in den Zoo von Antwerpen.

— *T. arthus*, Goldtangare. ♂: Körper goldgelb. Je nach UA Brust u. Flanken kräftig kastanienbraun. Ohrfleck u. Schwanz schwarz. Flügel schwarz mit grüngelbem Federsaum. Schnabel schwarz. Auge braun. Füße grauschwarz. ♀ ähnl. ♂, doch im ganzen matter. Juv. schmutziggelb, sonst ähnl. ♀. 13—14 cm. 9 UAn. Tropische u. subtropische Bergwälder in Kolumbien, Venezuela, W-Ekuador u. N-Bolivien. Erstzucht gelang KLEEFISCH ↗ 1970. ♀ u. ♂ bauten u. brüteten, Hauptanteil jedoch beim ♀. Nester napfförmig freistehend od. auch im halboffenen Nistkasten ↗. 2 weiße, braun gefleckte Eier. Brutdauer 12—13 Tage. Verlassen nach 14 Tagen recht unselbständig das Nest. Aufzuchtfutter in den ersten 8 Tagen fast nur animalisch, danach auch etwas Obst. Meist friedlich. Häufig im Handel.

— *T. calliparaea*, Braunohr-Bunttangare. ♂: glänzend grün. Schmaler Scheitelstreif u. Bürzel orange. Ohrdecken braun. Flügel- u. Schwanzfedern schwarz, grün gesäumt. Brust grün, Bauch fast blaugrün. Kinn u. Kehle schwarz. Auge braun. Schnabel u. Füße schwarz. ♀ ähnl. ♂, doch dunkler u. matter. Kehle grau. 13 cm. 3 UAn. Von N-Kolumbien, Ekuador, Peru bis N-Bolivien. In dicht bewaldetem Andengebiet. Heikle A, die mehr Insektennahrung verlangt. Grünes Gefieder wechselt infolge falscher Ernährung gern ins Blaue. Sehr selten eingeführt.

— *T. callophrys*, Opalscheiteltangare. ♂ u. ♀: breites Stirnband u. Überaugenstreif, unterer Rücken u. Oberschwanzdecken opalisierend goldfarben, in grünblauem Ton endend. Flügeldecken, Kopfseiten, Kehle, Brust u. Bauch capriblau. Übriger Körper, Schnabel u. Füße schwarz. 13,5 cm. Tropische Wälder SO-Kolumbiens bis O-Peru u. we. Amazonasgebiet. I. d. R. friedlich. Nicht häufig eingeführt. Bei KLEEFISCH ↗ 1981 mehrere Brutversuche im halboffenen Naturnistkasten. Nestmulde spärlich mit breiteren Grasfasern ausgebaut. 2 hellbraune, dunkler gefleckte Eier. Brut sehr störanfällig. 2 Gelege wurden vorzeitig verlassen. Bei einer weiteren schlüpften 2 Juv., die aber nur 10 Tage gefüttert wurden.

— *T. cayana*, Isabelltangare. Einige Systematiker behandeln die UA *T. c. flava* als eigene A. ♂: Kopfplatte rötlich, kupferfarben. Kopfseiten schwarz. Kehle u. obere Brust graublau. OS silbrig ockerfar-

Tangara

Siebenfarbentangare

ben. US blaß gelbbraun. Flügel- u. Schwanzfedern schwarz mit blaugrünen Säumen. ♀ ähnl. ♂, doch matter. Kehle weißlich. Auge dunkelbraun. Schnabel u. Füße schwarz. *T. c. flava* mehr braungelb. Schwarz an Kopf u. Brust ausgedehnter. 12—13 cm. Vom nö. S-Amerika südwe. bis Bolivien u. Paraguay. Tropische Wälder, als Kulturfolger richtet sie in den Obstplantagen oft Schaden an. Ruhiger friedlicher Vogel, gut geeignet für Gemeinschaftsvoliere. Nachzucht bereits gelungen. Ab u. zu angeboten.

— *T. chilensis*, Siebenfarbentangare. Teilweise auch als *T. paradisea* bezeichnet. ♂ u. ♀: Kopf-OS u. Kopfseiten leuchtend gelbgrün, schuppenartig schillernd. Nacken, Halsseiten, Mantel, Flügel, Unterbauch u. Schwanz samtschwarz. Unterrücken u. Bürzel leuchtend scharlachrot. Kehle ultramarinblau. Brust, vorderer Bauch u. Flügeldecken türkis. Schnabel schwarz. Auge braun, Augenring u. Füße schwarz. 12—13 cm. 4 UAn. O-Kolumbien u. S-Venezuela südwe. bis N-Bolivien, we. Mato Grosso sowie W-Amazonien. Bewohner der feuchtwarmen Wälder. Paarweise od. in kleinen Trupps im oberen Bereich der Bäume. Für Käfig ↗ wenig geeignet, da meist scheu u. unruhig. Sonst verträglich. Roter Bürzel verblaßt mit der Zeit. Recht regelmäßig auf dem Vogelmarkt.

— *T. chrysophrys*, Tropfentangare. Andere behandeln die A als *T. guttata*, wobei *chrysophrys* eine UA bildet. ♂: Kopf u. Rücken schwarz u. grün gefleckt. Zügel schwarz. Stirn u. Augenregion goldgelb. Kehle u. Brust graugrün mit schwarzen Punkten. Restl. US grüngelb. ♀: etwas kleiner u. matter. 12,5 cm. 6 UAn. Kostarika, Panama, O-Kolumbien, Venezuela u. NW-Brasilien. Außerhalb der Brutzeit paarweise od. in kleinen Trupps oft weit umherstreifend. 1974 gelang ein Teilzuchterfolg mit *T. schrankii*. Selten im Handel.

— *T. chrysotis*, Goldohrtangare. ♂ u. ♀: Stirn u. Überaugenstreif leuchtend goldgelb. Ohrfleck kupfergold. Zügel, Augenregion, Streifen unter den Wangen, Kopfplatte u. Nacken schwarz. Rückengefieder schwarz, goldbraun gesäumt. Bürzel, Oberschwanzdecken, Brust u. Flanken leuchtend goldgrün. Bauchmitte u. Unterschwanzdecken hellkastanienbraun. Handschwingen u. Schwanzfedern schwarz mit gold-

Tangara

Goldohrtangare

grünen Außensäumen. Schnabel schwarz. Auge, Füße braun. 14 cm. S-Kolumbien, O-Ekuador, Peru u. N-Bolivien. Subtropische Andengebiete. Recht scheu, gerne Deckung aufsuchend. Friedfertig. Nimmt vermehrt Insektennahrung. Nicht häufig im Handel.
— *T. cyanicollis*, Azurkopftangare. ♂ u. ♀: Kopf u. Hals leuchtend lichtblau. Kehle violettblau. Unterrücken, Bürzel u. Flügeldecken goldgelbgrün. OS, Zügel u. Brust samtschwarz. Bauch schwarz, an den Flanken mit violetten Federspitzen. Flügel- u. Schwanzfedern hellblau bis hellgrün gesäumt. Schnabel schwarz. Auge, Füße braun. Juv. Kopf lichtblau. Bauch u. Rücken graublau. Flügelbug gelblich. Schwingen blau gesäumt. 12 cm. 7 UAn. Bewohnt Kolumbien, W-Venezuela, südwe. bis W-Ekuador, O-Peru, Bolivien u. ein isoliertes Vorkommen im we. Mato Grosso. Lebt in den Baumkronen der lichteren subtropischen u. höheren tropischen Bergwälder. Außerhalb der Brutzeit oft mit anderen Tangaren-An vergesellschaftet. Mehrfach nachgezogen. Das napfförmige Nest gern freistehend im dichten Geäst. Nistmaterial trockene Blätter, breite dürre Grashalme u. Kokosfasern. 2–3 rotbraun geflecktete weißgrundige Eier. Nach 12 Tagen schlüpfen die Jungen u. verlassen nach 14–16 Tagen meist recht unselbständig das Nest. Beide Eltern an Brut u. Aufzucht beteiligt. Während der Brutzeit oft gegen Störungen recht anfällig. Selbständig Juv. abtrennen, da sie oft von den erneut brutlustigen Eltern verfolgt werden. Sonst friedliche A. Häufig im Handel.
— *T. cyanocephala*, Blaukappentangare. Nicht zu verwechseln mit *Thraupis cyanocephala* ↗. ♂: OS u. US grasgrün. Wangen u. breites Nackenband scharlachfarben. Stirn, Rücken, Kinn u. Schwanz schwarz. Hinteres Stirnband u. Augenring türkis. Kehle u. Kopfplatte blau. Kleine Flügelbinden blaßorange. Schnabel schwarz. Auge braun. Füße dunkelbraun. ♀ ähnl. ♂, jedoch weniger klare Farben u. oberseits grünlicher. 12,5 cm. 3 UAn. Küstenregion Brasiliens sü. des Äquators, N-Argentinien u. O-Paraguay, seltener Vogel der Wälder. In England bereits gezüchtet. Sehr selten eingeführt.

— *T. caynoptera*, Blauflügeltangare. Nicht zu verwechseln mit *Thraupis cyanoptera* ↗, auch als Blauflügeltangare bezeichnet. ♂: Kopf, Nacken, Kehle, Flügel u. Schwanz schwarz. Schwingen blau gesäumt. Sonst silbriggrüngelb. Schnabel schwarz. Füße braun. ♀: Kopf u. Kehle grau, Rücken graugrün, US heller, nach hinten gelbgrün. 14 cm. 2 UAn. Bergwälder in N-Kolumbien, Venezuela u. im nö. Brasilien. Sehr selten importiert.
— *T. cyanoventris*, Blaubrusttangare. ♂ u. ♀: oberseits goldgelb mit schwarzen Flecken. Breites schwarzes Brustband. Schwung- u. Schwanzfedern mit grünem Rand. Oberschwanzdecken hellgrün. US türkis, ab Bauchmitte in Hellgrün übergehend. Kehle u. Schnabel schwarz, Füße dunkelbraun, 13 cm. Küste Brasiliens von Bahia südwe. bis São Paulo. Seltener Waldbewohner. Erst wenige Exempl. gelangten nach Europa.
— *T. desmaresti*, Orangebrusttangare. Synonym mit *T. thoracica*. ♂ u. ♀: Stirn schwarz, vorderer Kopf u. Augenring türkis. Wangen grün. OS, Flügel u. Schwanz schwarz mit breiten grünen Säumen. US leuchtend grün. Kehle u. Brust gelborange. Obere Kehle goldgrün, unterer Kehlfleck u. Schnabel schwarz. Auge braun. Füße hellbraun. 13,5 cm. Küstengebiet SO-Brasiliens. Führt in den hügeligen

Azurkopftangare

Waldlandschaften ein heimliches Leben. Bisher 2 Brutversuche in Gefangenschaft bekannt. Die Eier wurden fast ausschließl. vom ♀ bebrütet. Leider starben die geschlüpften Jungen spätestens nach 9 Tagen. Verträglich. Selten nach Europa gebracht.
— *T. dowii*, Glanzfleckentangare. ♂ u. ♀: Kopf, Kehle u. OS schwarz, an den Wangen u. im Nacken als Band mit silbergrünen Federspitzen. Flügel- und Schwanzfedern blau gesäumt. Rotbrauner Nackenfleck. Bürzel u. Oberschwanzdecken grünblau bis blau. Obere Brust schwarz, grün gesäumt. Restl. US hell zimtfarben. 14 cm. Subtropisches Bergland in Kostarika u. W-Panama. Häufig an Waldrändern u. Waldlichtungen oberhalb 2 000 m ü. NN. Äußerst selten im Handel.
— *T. fastuosa*, Vielfarbentangare. ♂: Stirn, Schulter, Kinn u. Kehle schwarz. Bürzel u. Ränder der 3 äußeren Armschwingen kräftig orange. Kopf leuch-

tend smaragdgrün. Obere Flügeldecken glänzend lichtblau. Flügel- u. Schwanzfedern schwarz, dunkelblau gesäumt. US enzianblau. Schnabel schwarz. Füße dunkelbraun. ♀ ähnl. ♂, doch etwas blasser. Bürzel mehr gelborange. 13,5 cm. In den Bergwäldern Pernambucos im Osten Brasiliens. Friedliche A, die sich gut für die Gesellschaftsvoliere ↗ eignet. Mehrere Hybridzuchten gelungen. 1972 gelang DETRY in Belgien die Reinzucht. Früher regelmäßig, z. Z. nicht im Handel.

— *T. gyrola*, Grüntangare. ♂ u. ♀: kräftig grasgrün. Kopf kastanienbraun. Nackenband u. obere Flügeldecke goldgelb. Bauchmitte hellblau. Federhosen rotbraun. Schnabel dunkelbraun. Auge braun u. Füße dunkelbraun. Nackenband u. Bauchfärbung je nach UA ± ausgedehnt. OS teils goldgelb überzogen. 12,5 cm. 9 UAn. Von Kostarika südwe. bis W-Ekuador, Peru, N-Bolivien, Guayana u. das Amazonasbecken. Bewohnt überwiegend die Baumkronen od. Plantagen des tropischen u. subtropischen Tieflandes. Friedlich, hin u. wieder angeboten.

— *T. heinei*, Heinetangare. ♂: Kopfplatte u. Nacken schwarz. OS silbrigblaugrau. Kopfseiten, Kinn u. Kehle silbergrün, an oberer Brust schwarz geschuppt. Übrige US matt taubenblau. Auge braun. Schnabel u. Füße schwarz. ♀: Kopfplatte blaugrün, OS grün. US graugrün, an der Brust leicht geschuppt. 12,5 cm. Bergwälder NW-Venezuelas, W-Kolumbien bis NO-Ekuador. Ruhiger, friedlicher Vogel. Unregelmäßig eingeführt.

— *T. icterocephala*, Silberkehltangare. ♂: Kopf, Bürzel u. US kadmiumgelb. Kehle u. Nackenband silbergrau, durch schwarzen Bartstreifen vom übrigen Gelb getrennt. Rücken schwarz, grüngelb gesäumt. Schnabel schwarz. Auge braun. Füße grauschwarz. ♀ ähnl. ♂, jedoch blasser u. unterseits mehr gelbgrün. Juv. unterseits graugrün, OS intensiver grün. 13 cm. 3 UAn. Kostarika, Panama, W-Kolumbien u. NW-Ekuador. In den subtropischen Bergwäldern, paarweise od. in kleinen Trupps. KLEEFISCH ↗ gelang die Erstzucht in der BRD. ♀ baute allein napfförmiges Nest. Brut u. Aufzucht durch beide Eltern. Brutdauer 12 Tage, Nestlingszeit 14 Tage. Gewöhnlich friedlich, häufig im Handel.

— *T. labradorides*, Schwarznackentangare. ♂ u. ♀: Stirn, obere Kopfplatte, Nacken, Zügel u. Augenring schwarz. Kopf, Überaugenstreif u. Ohrdecken goldfarbig bis türkis schillernd. Restl. OS leuchtend silbrig grünblau, unterseits mehr bläulich. Bauchmitte grau, Unterschwanzdecken zimtfarben. Flügel- u. Schwanzfedern schwarz mit blaugrünen Säumen. Schnabel schwarz. Auge braun. Füße graubraun. 12 cm. 2 UAn. Subtropische Westhänge der Anden Kolumbiens u. Ekuadors, Ostanden Perus. Erst wenige Exempl. in Europa. Heikle A, die offenbar mehr Insekten braucht.

— *T. larvata*, Purpurmaskentangare. Konspezies ↗ mit *T. nigrocincta* ↗? ♂ u. ♀: Stirn, Zügel, Augenring u. Kinn schwarz. Wangenregion, Streifen über der Stirn, Flügelbinden u. Bürzel blau. Kopf u. Hals golden kupferfarben. OS u. Brust schwarz. Schwung- u. Schwanzfedern grünblau gesäumt. Bauch weiß, an den Flanken blau od. purpurn überzogen. Schnabel schwarz. Füße dunkelbraun. 12,5 cm. 4 UAn. Von S-

Tangara

611

Mexiko durch M-Amerika bis W-Kolumbien u. NW-Ekuador. Lebt sowohl im Tiefland wie auch in Höhen bis 1 800 m. Gern im halboffenen Gelände od. in Parklandschaften. 1964 gelang in England die Erstzucht. Hybriden mit *Cyanerpes cyaneus* ↗. Friedlich, öfters importiert.

— *T. mexicana*, Türkistangare. ♂ u. ♀: Stirn, vordere Kopfplatte, Kopfseiten u. Brust ultramarinblau. Bürzel blau. Sonstige OS schwarz, Flügel- u. Schwanzfedern blau gerandet. Flanken blau u. schwarz, restl. US gelb. Schnabel schwarz. Auge, Füße schwarzbraun. 13,5 cm. O-Kolumbien, Venezuela, Trinidad, Guayana südwe. bis N-Bolivien u. NW-Brasilien; isoliertes Vorkommen von S-Bahia bis Rio de Janeiro. Recht häufige A im offenen Gelände u. Plantagen. Nach Beobachtungen von SNOW ist des Sozialverhalten dieser A größer als bei anderen Tangaren ↗. 1980 gelang HESSE, BRD, ein Teilzuchterfolg. Unmittelbar unter der Überdachung einer Freivoliere ↗ bebrütete das ♀ allein 2 Eier. Nach 12 Tagen schlüpften die Jungen u. wurden von beiden Eltern gefüttert. Nach 15 Tagen huderte das ♀ nicht mehr. Die Jungen starben an Unterkühlung. Ab u. zu eingeführt.

— *T. nigrocincta*, Schwarzbrusttangare. Konspezies ↗ mit *T. larvata*? ♂: Kopf u. Nacken lavendelblau. Ohrdecken grünlichblau. Rücken u. Brust schwarz. Bürzel u. Schulterfleck hellblau. Flügel- u. Schwanzfedern schwarz mit grünem Rand. Bauchmitte weiß, an den Flanken hellblau. Stirn, Zügel, Kinn u. Schnabel schwarz. ♀ ähnl. ♂, doch im ganzen blasser. 12,5 cm. Waldränder u. offenes Waldland vom tropischen S-Mexiko südwe. bis NW-Ekuador, S-Venezuela, Guayana, Peru, NW-Brasilien u. N-Bolivien. Einige Brutversuche in England scheiterten leider an ungeeignetem Nistmaterial. Die frischen Grashalme der recht locker gebauten Nester trockneten derart zusammen, daß die jeweiligen Eier durchfielen. Ab u. zu angeboten.

— *T. nigroviridis*, Silberfleckentangare. ♂: Stirn, Zügel, Kinn u. Rücken schwarz. Bürzel grünblau. Flügel- u. Schwanzfedern schwarz mit blauem Rand. Kopfplatte u. US schwarz mit silbrig glänzenden grünblauen Federspitzen. Bauchmitte grauweiß. Schnabel schwarz. Auge u. Füße braun. ♀ sehr ähnl. ♂, jedoch etwas heller. 12,5 cm. 4 UAn. Subtropische Zonen von Venezuela u. Kolumbien südwe. bis Peru u. NW-Bolivien. Zucht in England gelungen. Ruhig, unempfindlich. Unregelmäßig angeboten.

— *T. palmeri*, Palmertangare. ♂ u. ♀: Stirn, Zügel, Augenregion, Ohrdecken u. seitl. Nackenfleck schwarz. Kopf hellgrün. Schwarzes graugeflecktes Band über silbriggrünem Rücken. Bürzel grau. Strohgelbes Brustband, blaugrün überhaucht u. schwarz gefleckt. Restl. US weiß. Flügel, Schwanz u. Schnabel schwarz. 15,5 cm. Tropische Küstenwälder von O-Panama, W-Kolumbien u. NW-Ekuador. Sehr selten eingeführt.

— *T. parzudakii*, Rotstirntangare. ♂ u. ♀: vordere Kopfplatte, Stirn u. Wangen je nach UA gelborange

Tangara

bis blutorange, zum Hinterkopf hin melonengelb. Rücken, Flügel, Schwanz, Kehle, Zügel u. Ohrdecken schwarz. Brust, Flanken u. kleine Flügeldecken opalisierend blau od. silbergrün. Bauch u. Unterschwanzdecken braunbeige. Schnabel schwarz. Auge dunkelbraun. Füße schwarz. Juv. ähnl., doch olivgrün u. blasser. 15 cm. Kolumbien, NW-Venezuela südwe. bis W-Ekuador u. Peru. Bewohnt die bewaldeten Westabhänge der Anden. HESSE, BRD, gelang 1980 die Erstzucht. Das ♀ baute aus Sisal- u. Kokosfasern ein stabiles Napfnest u. bebrütete allein 14—15 Tage das Gelege. Die Jungen wurden von beiden Eltern gefüttert u. verließen nach 18 Tagen das Nest. Im allgemeinen friedlich u. rasch zutraulich. Regelmäßig im Handel.

— *T. peruviana*, Schwarzmanteltangare. Nach WOLTERS ↗ sind *T. peruviana* u. *T. preciosa* evtl. nur UAn ein u. derselben A. ♂: Kopf-OS u. Nacken dunkel kupferbraun. Rücken schwarz. Bürzel u. kleine Flügeldecken leuchtend ockergold. US grünlichblau. Flanken u. hinterer Bauch kastanienbraun. Flug- u. Schwungfedern schwarz mit bläulichem Rand. Schnabel schwarzbraun. Auge braun. Füße hornfarben. ♀: von ♂ *T. preciosa* nicht zu unterscheiden. 14,5 cm. Südöst. Staaten Brasiliens von Espirito Santo bis Santa Catarina. Äußerst selten importiert.

— *T. preciosa*, Prachttangare. Nicht zu verwechseln mit *T. seledon*, die fälschlich hin u. wieder auch Prachttangare genannt wird. ♂ ähnl. *T. peruviana*, nur am Rücken ebenfalls kupferbraun u. etwas größer. ♀: OS gelbgrün, Kopf u. Rücken kupferbraun überhaucht. US heller als ♂, Bauchmitte weißlich. Flug- u. Schwanzfedern grün gesäumt. Südstaaten Brasiliens, NO-Argentinien, Uruguay u. O-Paraguay. Sehr selten eingeführt.

— *T. pulcherrima*, Halsbandtangare. Teils auch mit *Iridophanes pulcherrima* bezeichnet u. als separate G in die Nähe der G *Cyanerpes* ↗ gestellt. ♂: Kopf, Rücken u. Schwanz schwarz. Nackenstreif goldgelb. Rückenmitte u. Bürzel opalisierend grüngelb. US grüngelb, untere Brust u. After weißlich. Flügeldecken purpurblau. Schwungfedern schwarz, blau gesäumt. Schnabel länglich, an *Chlorophanes spiza* ↗ erinnernd. ♀ ähnl. ♂, doch ohne Gold im Nacken. Rücken grünlicher, Brust u. Kehle gräulich. 14 cm. Subtropische Regionen in Z-Kolumbien, O- u. W-Ekuador sowie Peru. Lebt in Wäldern u. Plantagen. Bevorzugt im größeren Maße «Nektartrank» u. Insektennahrung. In England machte 1977 ein Paar 2 Brutversuche. Das napfförmige Nest wurde vom ♀ allein gebaut. 2 blaßblaue Eier wurden vom ♀ bebrütet. Beide Eltern fütterten die Jungen mit Insekten. Leider starben die Jungen während der Aufzucht od. unmittelbar nach dem Ausfliegen. Nur wenige Exempl. gelangten nach Europa.

— *T. punctata*, Drosseltangare. ♂: OS grasgrün, schwarz gefleckt. Flügelfedern schwarz mit blaugrünen Außenfahnen. Schmaler Stirn- u. Überaugenstreif weißlich. Zügel schwarz. Kopfseiten, Kehle u. Brust grünlichweiß mit bläulichen Federspitzen. Flanken grasgrün. Bauchmitte weiß, in Gelb übergehend. Schnabel schwarz. Auge braun. Füße schwarz. ♀: etwas kleiner u. blasser gefärbt. 11,5 cm. 5 UAn. O-Ekuador, Peru, NW-Bolivien, Amazonasgebiet bis S-Venezuela u. Guayana. Gebietsweise häufiger Vogel der offenen Waldlandschaften. Friedlich. Zeitweise häufig eingeführt, doch schwierig während der Eingewöhnung.

— *T. ruficervix*, Goldnackentangare. ♂ u. ♀: Stirn, Zügel, schmaler Augenring u. Kinn schwarz. Vordere Kopfplatte blau, sonst rötlichgolden. Ohrdecken türkisblau mit weißlicher Federspitze. Nackenfedern schwarz mit violettblauer Spitze. Rückenfedern schwarz, türkisblau gesäumt. Kehle, Brust u. Flanken türkisblau, zur Kehle hin dunkler. Bauch u. Unterschwanzdecken zimtfarben. Flügel schwarz, türkisblau gesäumt. Augenbrauen u. Schnabel schwarz. 12,5 cm. 6 UAn. Kolumbien bis W-Ekuador, Peru u. NW-Bolivien. Wurde in England 1970 gezüchtet. Während der Brutzeit sehr aggressiv, bes. gegen nahe Verwandte. Regelmäßig im Handel.

— *T. rufigula*, Rostkehltangare. ♂: Kopf, Rücken u. Flügeldecken schwarz, kupfriggrün gesäumt. Flügel- u. Schwanzfedern schwarz mit silbergrünem Rand. Kinn u. Kehle rötlichkastanienfarbig. Brust u. Flanken schwarz, silbergrün gerandet. Übrige US weißlich, Unterschwanzdecken bräunlich. Schnabel schwarz. Füße braun. ♀: weniger schwarz an Brust u. kleiner gefleckt wirkend. 13 cm. Bewohnt die Wälder Kolumbiens u. W-Ekuadors. Friedlich. Nur vereinzelt im Handel.

— *T. schrankii*, Goldbrusttangare. ♂: Stirn, vordere Kopfplatte u. Ohrdecken schwarz. Mitte der Kopfplatte, Bürzel, Brust u. Bauchmitte goldgelb. Flügel- u. Schwanzfedern schwarz, blaugrün gesäumt. Kehle u. Körperseiten grasgrün. Schnabel u. Füße schwarz. ♀ ähnl. ♂, doch weniger klar gefärbt. 12 cm. 3 UAn. O-Ekuador, S-Kolumbien, SW-Venezuela südwe. durch Peru bis N-Bolivien u. NW-Brasilien. Lebhafter, angenehmer Volierenvogel. Häufig importiert.

— *T. seledon*, Dreifarbentangare. Fälschlich auch mit *T. tricolor* bezeichnet. ♂: Stirn schwarz. Kopf-OS, Nacken u. Halsseiten schillernd blaugrün. Oberer Rücken grüngelb mit einem schwarzen Querband vom orangefarbenen unteren Rücken getrennt. Flügeldecken tiefblau. Schwingen schwarz, gelbgrün gesäumt. Schwanzfedern schwarz, grün gesäumt. Oberschwanzdecken gelbgrün. Kehle schwarzblau. Brust silbrigblau, übrige US gelbgrün. Schnabel schwarz. Auge braun. Füße schwarz. ♀: matter gefärbt, Bürzel mehr gelb. 13 cm. SO-Küste Brasiliens landeinwärts bis O-Paraguay u. NO-Argentinien. Häufiger Vogel in Parkanlagen u. Plantagen. Meist in kleinen Flügen. Friedlicher, angenehmer Volierenvogel. Ab u. zu wenige Einzelvögel eingeführt. Schon verschiedentl. nachgezogen.

— *T. vassorii*, Vassoritangare. ♂: Körper leuchtend dunkelblau. Schmales Stirnband, Zügel, Flug- u. Schwanzfedern schwarz. Fügeldecken blau od. blau gesäumt. Schnabel schwarz. Auge braun. Füße schwarz. ♀: etwas blasser. 12 cm. 3 UAn. Höhere subtropische u. gemäßigte Gebiete in W-Venezuela, Kolumbien, Ekuador u. Peru. Friedlich, lebhaft. In letzter Zeit häufiger angeboten.

— *T. velia*, Rotbauchtangare. Die UA *T. v. cyanomelaena* wird auch mit Schwarzblaue Tangare bezeichnet. ♂ u. ♀: Kopf-OS, Nacken u. oberer Rücken schwarz. Unterer Rücken opalisierend goldfarben. Flügel- u. Oberschwanzdecken leuchtend blau. Schwung- u. Schwanzfedern schwarz mit blauem Rand. Stirn, Kopfseiten u. Kehle violettblau. Unterhalb ein schwarzes, blau geflecktes Band. US violettblau bis graublau. Hinterer Bauch kastanienbraun. Schnabel schwarz. Auge braun. 12,5 cm. 4 UAn. Tropische Zonen Guayanas, S-Venezuela, O-Kolumbien südwe. bis Peru sowie im Küstengebiet von der Amazonasmündung südwe. bis Rio de Janeiro. Ruhig, friedlich. Unregelmäßig auf dem Markt.
— *T. vitriolina*, Rotscheiteltangare. ♂ u. ♀: Kopfplatte u. Nacken rotbraun. Zügel u. Kopfseiten grauschwarz. OS silbriggelbgrün. Flug- u. Schwanzfedern schwarz mit einem breiten grünblauen Rand. US grau. Bauchmitte u. Unterschwanzdecken beige. Schnabel u. Füße bleifarben. 14 cm. Höhere Andenhänge in W-Kolumbien u. NW-Ekuador. Selten eingeführt.
— *T. xanthocephala*, Gelbkopftangare. ♂: Kopf-OS, Wangen u. Ohrdecken goldgelb. Stirn, Zügel, Augenregion u. obere Kehle schwarz. Rücken, Flügel u. Schwanz schwarz, grünblau gesäumt. Untere Kehle, Brust u. Flanken opalisierend grünblau. Bauchmitte u. Unterschwanzdecken hellocker. Schnabel schwarz. Auge braun. Füße schwarz. 13 cm. 3 UAn. Berggebiete in NW-Venezuela u. Kolumbien südwe. bis N-Bolivien. Friedlich. Ab u. zu importiert.
— *T. xanthogastra*, Gelbbauchtangare. Sehr ähnl. *T. chrysophrys*, doch kleiner u. mehr gelblichgrün. Kehle grün u. spärlich gefleckt. 10,5 cm. 2 UAn. Tropengebiete Venezuelas sü. des Orinocos über O-Kolumbien, O-Ekuador, O-Peru bis N-Bolivien u. NW-Brasilien. Selten nach Europa eingeführt.

Tannenhäher (*Nucifraga caryocatactes*) → *Nucifraga*
Tannenmeise (*Periparus ater*) → *Periparus*
Tannenschnäpper (*Ficedula mugimaki*) → *Ficedula*
Tanygnathus. G der Psittaculidae ↗. 4 An. Maluku, Philippinen, Inselwelt um Kalimantan, Sulawesi, Neuguinea, einige Ins. der Kleinen Sundainseln.
— *T. gramineus*, Schwarzstirn-Edelpapagei, Burupapagei. ♂: grün, Stirnbinde u. Zügel schwarz. Scheitel bläulichgrün, Basis der Federn mattgrün, vordere große Flügeldecken u. Schwingen blau mit breiten grünen Säumen. Schwanz oberseits grün, spitzenwärts grünlichgelb, US schmutziggelb. US gelblichgrün. Schnabel rot. Auge gelb. Füße dunkelgrau. ♀ wie ♂, aber Schnabel grünlichweiß. Juv. unbeschrieben. 40 cm. Insel Buru (Maluku). Bewohner der Gebirgswälder. Lebensweise weitgehend unbekannt. Möglicherweise in Europa noch nicht gehalten.
— *T. lucionensis*, Blauscheitel-Edelpapagei, Blaunackenpapagei. ♂ u. ♀: grün, Ober- u. Hinterkopf blau. Rücken mit blauem Anflug. Rand der Schwingen u. der kleinen Flügeldecken schwarz, letztere mit schmalen blauen Säumen. Mittl. Flügeldecken schwarz, breit, matt orangegelb gesäumt. Schulterfedern u. innere Armfedern blau mit breiten, gelbgrünen Säumen. Unterflügeldecken grün. Schwanz oberseits grün, unterseits schmutziggelb. Schnabel rot, spitzenwärts heller. Auge hellgelb. Füße grünlichgrau. Juv. dunkler u. matter grün als Ad., Scheitel u. Hinterkopf nur wenig od. ohne Blau, Unterrücken bläulich getönt. 31 cm. 3 UAn. Waldbewohner. Brütet in hohlen Stämmen alter Bäume. Brutbiol. Details unbekannt. Erstmalig 1871 im Zool. Garten London. Sehr selten in Europa im Handel. Erstzucht 1935 bei BONESTELL, USA, war z. T. Handaufzucht, 1936 Naturbrut, 1983 bei KROHN. Gelege 2 Eier. Juv. schlüpfen nach 25 Tagen, fliegen nach 54—63 Tagen aus.
— *T. megalorhynchus*, Schwarzschulter-Edelpapagei, Schwarzschulterpapagei. ♂ u. ♀: grün, unterseits grünlichgelb, Körperseiten gelblich. Rücken u. Bürzel glänzend hellblau. Schulterfedern u. kleine Flügeldecken schwarz, mittl. Flügeldecken schwarz mit breiten tiefgelben Säumen. Große Flügeldecken grün mit grünlichgelbem Rand. Schwingen blau mit schmalem grünen Saum der Außenfahne. Schwanz oberseits grün, spitzenwärts grünlichgelb, unterseits schmutziggelb. Schnabel rot, spitzenwärts heller. Auge gelblichweiß. Füße grünlichgrau. Juv. wie Ad., aber Schulterfedern u. kleine Flügeldecken grün mit wenig od. ohne Schwarz, mittl. Flügeldecken mit schmalen hellgelben Säumen. 41 cm. 8 UAn. Bewohnt Waigeu, Batanta, Salawati, Misool, Gebe (Inseln bei Neuguinea), Maluku, Talaut-Inseln, kleine Inseln bei Sulawesi, Tenimber u. Babar-Inseln, Sumba, Flores u. W-Timor. Lebt in Küstengebieten, vorzugsweise in Mangrovewäldern. Baumbewohner. Brütet in hohlen Baumstämmen, brutbiol. Einzelheiten unbekannt. Erstmalig 1856 in London, seither nur sehr selten auf europ. Vogelmarkt. Zuchterfolge nicht bekannt.
— *T. sumatranus*, Müllers-Edelpapagei, Everettpapagei. ♂: grün, US mehr gelblich, ebenso Oberrücken. Kopf u. Oberschwanzdecken glänzend grün, Unterrücken u. Bürzel blau. Kleine Flügeldecken u. vordere große Flügeldecken grün mit blauem Rand, mittl. Flügeldecken u. hintere große Flügeldecken grün mit gelblichgrünem Saum, Unterflügeldecken gelblichgrün. Schwanz oberseits grün, spitzenwärts grünlichgelb, unterseits schmutziggelb. Schnabel rot, spitzenwärts heller. Auge hellgelb. Füße grünlichbraun. ♀ wie ♂, aber Oberrücken dunkler grün, geringe gelblich. Säume der kleinen Flügeldecken wenig blau, Schnabel weißlich. Juv. ähnl. Ad. 32 cm. 6 UAn. Sulawesi u. benachbarte Inseln, Philippinen. Lebt auf Sulawesi im feuchten Tiefland bis 500 m ü. NN, vorwiegend an Waldrändern, die an Kulturland grenzen, selten im Waldesinneren. Überfliegt ungern weite, offene Flächen. Brütet hoch in Baumhöhlen (30 m). Erstmalig 1857 im Zool. Garten London, seither in Europa stets selten angeboten. Während der Eingewöhnung empfindlich, später hart, ausdauernd.

Tanysiptera. G der Alcedinidae ↗. 8 An.
— *T. carolinae*, Numforliest. ♂ u. ♀: dunkelultramarinblau; Bürzel u. Schwanz weiß mit langen Schmuckfedern mit Flagge u. schmalem blauem Endteil. Roter Schnabel. Insel Numfor (Neuguinea). Sehr selten!

Tanzwida

— *T. galatea*, Spatelliest, Seidenliest. ♂ u. ♀: oberseits schwarzblau; Scheitel u. Flügelbug lackblau. Kehle, US u. Bürzel seidiges Weiß. Schwanz weiß mit 2 langen (18 cm), schmalen blauen M-Federn, am Ende mit weißer spatelförmiger Flagge. Schnabel rot. Füße graubraun. 28—35 cm. UAn. Maluku, Neuguinea u. benachbarte Inseln. Im dichten Urwald. Nahrung Kerbtiere, Schnecken, Eidechsen. Nistet in Baumtermitenbauten. Selten in Tiergärten gehalten.
— *T. sylvia*, Paradiesliest. ♂ u. ♀: oberseits schwarz u. blau; unterseits ockergelb. Bürzel u. verlängerte Schwanzfedern weiß. Schnabel rot. UAn. Bismarck-Archipel, SO-Neuguinea, N-Queensland. Waldbewohner. In Termitenbauten nistend, sowohl in Bäumen als auch auf der Erde.

Tanzwida, NN → Leierschwanzwida

Taoniscus. G der Tinamidae ↗. 1 A. O-Brasilien. In Argentinien ausgerottet; in Brasilien äußerst selten. In Sekundärwäldern u. Savannen in kleinen Trupps lebend.
— *T. nanus*, Pfauensteißhuhn. Nur ein Einzeltier im Zoo von Brasilia bekannt.

Tapera. G der Taperidae ↗. 1 A. S-Mexiko bis SW-Ekuador u. M-Argentinien. In buschreichen Gegenden, Sümpfen, Mangroven u. trockenen Savannen. Eier blauweiß. Brutschmarotzend bei Tyrannen u. Baumschlüpfern.
— *T. naevia*, Vierflügelkuckuck. ♂ u. ♀: OS graubraun mit schwarzen Längsstrichen, Federn des Oberkopfes rotbraun gesäumt. US weißlich. Kehle gelbbräunlich. Afterflügel schwarz. Gefieder weich u. schmalfedrig. Stark verlängerte Oberschwanzfedern. Kurzer zusammengedrückter Schnabel. 28 cm. UAn. Sehr scheu; versteckt lebend. Nimmt gern Sandbäder. Über Haltung in Gefangenschaft nichts bekannt.

Taperidae, Lerchenkuckucke. F der Cuculiformes ↗. 1 G *Tapera* ↗, 1 A. S-Amerika.

Taranta-Unzertrennlicher *(Agapornis taranta)* → *Agapornis*

Tariktikhornvogel *(Penelopides panini)* → *Penelopides*

Tarnfärbung → Färbung

Tasmanien-Pfuhlhuhn, NN → Grünfuß-Pfuhlralle

Tasmanischer Rosella *(Platycercus eximius diemensis)* → *Platycercus*

Tauben → Columbidae

Taubenhalsamazone *(Amazona vinacea)* → *Amazona*

Taubensittich *(Psittacula columboides)* → *Psittacula*

Taucher → Podicipedidae

Tauraco. G der Musophagidae ↗. 14 An.
— *T. bannermani*, Bannermanturako, Dickschnabelturako. ♂ u. ♀: ähnl. Rotschopfturako, aber mit schlitzartigen, nicht ovalen Nasenöffnungen. Schnabel kräftiger. OS hellgrün. Haubenfedern ohne weißen Saum. Gelber Schnabel mit rotem First. N-Kamerun. Im Hochland, in dichten Gebirgswäldern. Bisher wohl kaum importiert.
— *T. corythaix*, Helmturako. ♂ u. ♀: grün, Bauch grau, Rücken u. Schwanz blaugrün. Handschwingen rot. Kompakter grüner Helmschopf nach hinten abgerundet, mit weißem Saum. Rotes Augenfeld schwarz u. weiß abgesetzt. 45 cm. UAn. S-Äthiopis: S-Kapprovinz durch Natal bis O-Transvaal. In Tiergärten häufiger. Zucht mehrfach gelungen.
— *T. erythrolophus*, Rotschopfturako. ♂ u. ♀: blutrote Haube mit weißem Federsaum. Glänzend olivgrün mit bläulichgrünen Flügeln, rote Handschwingen. Bläulichschwarzer Schwanz. Weißliches Gesicht. Gelber Schnabel, an Basis grünlich. W-Angola. In Tiergärten am häufigsten. Zucht gelungen.
— *T. fischeri*, Fischerturako, Rotkronenturako. ♂ u. ♀: glänzend grün. Schwingen karminrot. Haube niedrig u. wie Hinterhals kirschrot, oben mit schwarzem u. weißem Saum. Augenfeld rot, oben u. unten weiß abgegrenzt. Schnabel rot. 40 cm. UAn. Küstengebiet von NO-Tansania bis S-Somalia, Sansibar. In Wäldern u. Baumsteppen. Selten importiert.
— *T. hartlaubi*, Seidenturako, Hartlaubs-Turako. ♂ u. ♀: grün, Flügel u. Schwanz bläulichviolett, Handschwingen rot. Kopf mit kleinem abgerundetem Helm blauschwarz. Weißer länglicher Augenfleck. Rotweißes Augenfeld. Juv. mit dichtem schwarzem od. grauem Dunenkleid. 40—45 cm. N-Tansania, Kenia, O-Uganda. In Wäldern des Hochlandes u. in lockeren Galeriewäldern an Flußläufen. Meidet möglichst stärkere Sonneneinstrahlung. Brutdauer 16—18 Tage. Juv. verlassen Nest schon 2 Wochen, bevor sie voll befiedert sind. Zucht gelungen.
— *T. johnstoni*, Kammschnabelturako, Ruwenzoriturako. ♂ u. ♀: blauviolett mit dunkelrotem Nackenfleck, rote Handschwingen. Rötlicher Fleck auf grüner Brust. Grünvioletter Schopf kammartig. Gelbes nacktes Augenfeld. Hoher schmaler Schnabel, hellgrün mit schwarzer Spitze u. rotem First. 41 cm. Inner-Afrika: Ruwenzori bis Kiwu-Gebiet u. Rwanda. In Bergwäldern in über 3 000 m ü. NN. Selten importiert.
— *T. leucolophus*, Weißhaubenturako. ♂ u. ♀: blauviolett mit grüner Brust, Handschwingen karminrot. Federschopf, Hinterkopf, Wangen u. Hals weiß. Gesicht schwarz. Haube klein. Schnabel gelb. 35—45 cm. NO-Nigeria u. Kamerun bis zum Rudolfsee, Turkanasee u. NW-Kenia. In lichterem Wald, offenen Buschstreifen an Flußufern, in Parklandschaften. Bevorzugt Feigenbestände. Meist nur 2—3 zusammen, seltener in kleinen Trupps. Kaum importiert.
— *T. leucotis*, Weißohrturako, Weißwangenturako. ♂ u. ♀: blaue od. grünrote Haube. Auffallend weißer Wangen- u. Ohrfleck. UAn. Äthiopien u. Somalia. Häufiger in Tiergärten gehalten. Zucht mehrfach gelungen.
— *T. livingstonii*, Langschopfturako, Spitzschopfturako. ♂ u. ♀: lange grüne, fast haarartige Haubenfedern mit weißem Saum. Glänzend grün. Flügel u. Schwanz glänzend violett, Bauch blaugrün, Handschwingen karminrot. Rötliches Augenfeld von weißen Linien begrenzt. Roter Schnabel mit grüner Basis. 40 cm. UAn. Angola bis NW-Simbabwe u. durch Sambia bis S-Burundi u. Tansania, sü. durch O-Malawi, O-Simbabwe u. Moçambique bis Natal. In dich-

ten u. lichteren Wäldern, in flußnahen Baumbeständen u. Baumsavannen. In einigen Tiergärten gehalten. Zucht gelungen.

— *T. macrorhynchos*, Blaurückenturako. ♂ u. ♀: grün, Rücken metallisch glänzend blauviolett. Bei UAn Haubenfederspitzen entweder dunkelrot od. schwarz gesäumt, weiß abgesetzt. Unterm Auge weißer Streifen. UAn. Sierra Leone bis zum unteren Kongo, Fernando Póo. Kaum importiert. Zucht gelungen.

— *T. persa*, Guinea-Turako, Haarschopfturako, Grünhelmturako, Hollenturako. ♂ u. ♀: grün, Rücken, Flügel u. Schwanz bläulichschwarz, rote Handschwingen. Aufrechte grüne Kopfhaube. Rotweißes Augenfeld mit schwarzem Streifen unterm Auge. 45 cm. UAn. W-Äthiopis von Gambia bis NW-Angola. 2 weiße Eier, von ♂ u. ♀ bebrütet. Brutdauer 18—22 Tage. Nesthocker mit dichtem, weichem, rauchgrauem Dunenkleid. Erste Federn brechen am 10. Tag durch. Mit 4 Wochen volles Federdunenkleid, Beginn der Haubenbildung. Verlassen bereits Nest, werden aber von Eltern weiter gefüttert mit ausgewürgtem Futterbrei. Zucht mehrfach gelungen.

Guinea-Turako

— *T. porphyreolophus*, Glanzhaubenturako, Purpurhaubenturako. ♂ u. ♀: blaugrau, auf Rücken in Grün übergehend. Kehle u. Brust grasgrün. Bauch blaßgrau. Kopf mit purpurschwarzem, dichtem, kammartigem Schopf. Keine weißen Abzeichen im Gesicht. Handschwingen karminrot. Rotes Augenfeld. Schnabel grauschwarz. 43 cm. UAn. O-Äthiopis von Burundi u. SO-Kenia bis N-Transvaal, Natal u. öst. Kapprovinz. Randgebiete des Regenwaldes. Baumsavannen u. baumbestandene Flußufer. Häufiger gehalten. Zucht gelungen.

— *T. schuetti*, Schwarzschnabelturako. ♂ u. ♀: grün mit roten Schwingen (wie *T. livingstonii*), mit kürzerem, abgerundetem grünem Schopf mit weißem Federsaum. Schwarzweiße Gesichtszeichnung. Schwarzer Schnabel. Kurzer Schwanz. 41 cm. UAn. NO-Angola u. Zaïre bis S-Sudan, Uganda, W-Kenia u. Rwanda. In dichten Wäldern, bevorzugt Feigenbestände. Selten importiert.

Taveuni-Pompadoursittich, UA → Pompadoursittich

Tchagra. G der Tchagrinae ↗. 5 An. Afrika. Pflege, Zucht s. Laniidae.

— *T. australis*, Dornschagra. ♂ u. ♀: wie *T. senegala*, aber Kopf-OS braun. UAn. Sierra Leone, S-Nigeria, Sudan, M-Kenia bis mittl. Namibia, Botswana, nö. Oranje-Freistaat, Natal. Lebensweise, Haltung s. *T. senegala*.

— *T. senegala*, Senegaltschagra. ♂ u. ♀: Kopf-OS, Nacken schwarz. Überaugenstreif fahlbraun. Schmaler Augenstreif, Zügel schwarz. Rücken braun. Schwingen rostrot, Spitzen u. Innenfahnen schwarz. Äußere Schwanzfedern schwarz, Spitzen weiß, innere Federn graubraun mit dunklen Querbändern. US weißlichgrau. Schnabel schwarz. Iris dunkelviolett. Juv. Kopf-OS bräunlich, Schnabel hornfarben. 22 cm. UAn. Küste N-Afrikas, Äthiopis ↗. Lebt vorwiegend am Boden, versteckt in dichten Büschen. Balzflug. Ruft häufig, laut, auch im Käfig. Gelege meistens 3 Eier, gewöhnlich brütet ♀, Brutdauer 12—13 Tage. Juv. nach ca. 16 Tagen flügge. Von allen Würgern Afrikas am häufigsten im Handel. Genügsam, hart, ausdauernd. Als Einzelvogel für großen Käfig geeignet. Im Winter nicht unter 18 °C halten. Futter s. Laniidae, aber ständig Multivitaminpräparate füttern (z. B. Mehlkäferlarven ↗ befeuchten), zusätzl. tote, nackte Mäuse, zerkleinerte Hähnchenküken.

Tchagrinae, Tschagras. UF der Laniidae ↗. 1 G *Tchagra* ↗.

Teichralle *(Gallinula chloropus)* → *Gallinula*

Teichrohrsänger *(Acrocephalus scirpaceus)* → *Acrocephalus*

Teichwasserläufer *(Tringa stagnatilis)* → *Tringa*

Telesilla-Kolibri *(Colibri delphinae)* → *Colibri*

Telophorus. G der Malaconotinae ↗. 4 An. Afrika. Pflege, Zucht s. Laniidae.

— *T. dohertyi*, Rotstirnwürger. ♂: Stirnband breit, karminrot, Augenstreif, Zügel schwarz, Kehle karminrot, begrenzt von breitem schwarzem Band. OS grün, US goldgelb. ♀ ähnl. ♂, aber schwarzes Band im Anschluß an die Kehle schmaler. Juv. ober-, unterseits mit schwärzlicher Querwellenzeichnung. 18 cm. W-Kenia, W-Uganda, NO-Zaïre. Bewohner des Hochlandes bis 2500 m ü. NN. Lebt in Büschen. Gesang flötend. Ab u. zu im Handel.

— *T. viridis*, Vierfarbenwürger. ♂ u. ♀: Stirn gelb, Kehle scharlachrot, breit schwarz gesäumt. OS grün. US grünlichgelb, Brust, Körpermitte rötlich gezeichnet. 19 cm. UAn, von manchen *T. v. nigricauda*, *T. v. quadricolor* als eigene A angesehen. Unterer Kongo, Angola, S-Zaïre, NW-Sambia, bis Kivu-Gebiet; Küste von Kenia, O-Tansania, Moçambique, S-Malawi, O-Simbabwe, O-Transvaal bis Natal. Bewohnt Buschland u. immergrüne Wälder. Selten eingeführt.

Temenuchus

Andamanenstar

Temenuchus. G der Sturnidae ↗. 4 An. Asien. Pflege → Sturnidae.
— *T. erythropygius andamensis*, Andamanenstar. ♂ u. ♀: Kopf, Hals, US weiß, zuweilen grau überhaucht. Rücken hellgrau, Bürzel weißlich, Oberschwanzdecken dunkelgrau. Flügel schwarz, Unterflügeldecken weiß. Schwanz schwarzgrünlich glänzend, Federn mit weißen Spitzen (nicht mittl. Paar). Auge weiß. Schnabel, Füße gelb. 20 cm. Spezies mit mehreren UAn. Andamanen, Nikobaren. Bewohnt offenes Land, Felder, Wiesen. Brütet im lichten Baumbestand. Angenehmer Volierenvogel, bald zutraulich, allgemein friedlich. Mehrmals gezüchtet, u. a. 1935 im Zoo Berlin. Nistkästen aufhängen.
— *T. malabaricus*, Graukopfstar. ♂ u. ♀: Hals rostfarben, Oberbrust rötlichbraun. OS grau, Flügel, Schwanz schwärzlich, von letzterem mittl. Federn grau, übrige mit rotbraunen Spitzen, werden nach außen größer. US zimtfarben. Schnabelgrund bläulich, spitzenwärts grünlich, Spitze gelb. Auge weißlich. Füße je nach UA gelb bis bräunlicholiv. 19 cm. UAn. Indien, Himalajagebiet bis Burma, NW-Thailand, Indochina. Bewohnt in Gruppen offenes Grasland mit vereinzelten Baumgruppen. Nest in Baumhöhlen. Gelege 3—4 blaßblaugrüne Eier. Häufig im Handel, bald zahm, friedlich, sehr gut für Vogelgesellschaft geeignet. Einzelvogel im Käfig oft guter Spötter. Mehrfach gezüchtet. Nistkästen anbringen. Kreuzungen mit Andamanen-, Pagoden-, Rosenstar ↗ bekannt.
— *T. pagodarum*, Pagodenstar. ♂: Oberkopf schwarz mit grünlichem Glanz, Federn bilden im Nacken Schopf. OS hellgrau mit bräunlichem Anflug, Handschwingen, Schwanzfedern schwarz, von letzteren Spitzen weiß. US rötlichisabell, nur Unterschwanzdecken weiß. Schnabel blaugrau, Spitze gelb. Auge weißlich. Füße gelb. ♀ wie ♂, aber Schopf kürzer, wohl gering kleiner. 20 cm. O-Afghanistan, Nepal, Indien (bis W-Bengalen), Sri Lanka. Lebt im offenen Gras-, Kulturland, auch in Siedlungen, Nest in Baumhöhlen, Mauerlöchern verlassener Gebäude. Beliebter Käfigvogel in seiner Heimat. Erstmalig 1853 in Europa (Tiergarten Amsterdam), seither regelmäßig im Angebot. Bald zutraulich, angenehmer Pflegling, auch im großen Käfig. Verträgt einige Frostgrade, wenn Schutzraum zur Verfügung steht. Mehrfach gezüchtet. Nest wird aus Stroh u. Federn gern in halboffenen Kästen gebaut. Gelege 3—4 blaue Eier. Kreuzungen mit Graukopf-, Weißkopf ↗-, Rosenstar ↗ u. Star ↗ bekannt.

Temminckbartvogel *(Cyanops armillaris)* → Cyanops

Temminck-Kolibri *(Heliomaster squamosus)* → Heliomaster

Temmincks Saphirflügel-Kolibri *(Pterophanes cyanopterus)* → Pterophanes

Temminckstrandläufer *(Ereunetes temminckii)* → Ereunetes

Temminck-Tragopan *(Tragopan temminckii)* → Tragopan

Tenebrio molitor, Mehlkäfer. Seine 25—30 mm lange Larve, im Volksmund oft als Mehlwurm bezeichnet, ist ein universell einsetzbares Futter in der Vogelhaltung. Selbst Körnerfresser, wie Finken ↗ od. Papageien ↗, nehmen sie als Bestandteil des Aufzuchtfutters bevorzugt an. Da die Mehlkäferlarven sehr eiweiß- u. fettreich sind, ist vor Überfütterung u. Einsatz als Alleinfutter zu warnen. Die Entwicklung vom Ei zum Imago dauert 8—10 Monate. Obwohl T.m. im Handel angeboten werden, ist ihre Zucht lohnend. In die Zuchtgefäße aus Holz od. Plast wird eine ca. 5 cm starke Schicht Sägespäne ein-

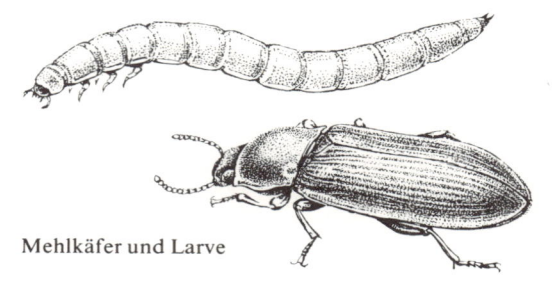

Mehlkäfer und Larve

gebracht. Auf diese gibt man nochmals eine gleichstarke Schicht Getreideschrot. Obenauf werden Brotreste, Obst od. Knochen gelegt, von denen geerntet wird. Als Zuchtansatz verwendet man ca. 20 Käfer. Optimale Zuchttemp. ist 25—30 °C.

Tennenbauer *(Scenopoeetes dentirostris)* → Scenopoeetes

Tepuisittich *(Nannopsittaca panychlora)* → Nannopsittaca

Terathopius. G der Accipitridae ↗. 1 A. Mittelgroße bis große Greifvögel von kräftigem, gedrungenem Habitus. Kopf mit kurzer Haube, Flügel sehr lang, spitz, Schwanz extrem kurz, Füße sehr kräftig. Typisches gaukelndes Flugbild.
— *T. ecaudatus*, Gaukler. ♂ u. ♀: tiefschwarz, Rücken, Hose u. Schwanz mittelbraun, Oberflügeldecken rahmfarben bis hellbraun, Wachshaut u. Füße bes. zur Brutzeit intensiv rot. Zehen u. Krallen sehr kräftig. ♀ hat eine breite helle Binde über die ges. Handschwinge. Afrika sü. der Sahara, wandert manchmal bis S-Arabien. Savannen, lichte Wälder in der Ebene u. auch im Bergland. Beute kleine Säugetiere, Reptilien, selten auch bodenbewohnende Vögel. Nest auf hohen Bäumen, oft auf Akazien. Gelege 1

weißes Ei. Brutdauer 42—43 Tage. Nestlingsdauer 95—110 Tage. Selten in Gefangenschaft. Wesen sehr ruhig, ausgeglichen. Haltung in Volieren problematisch, denn die Erfahrungen zeigen, daß die volle Flugfähigkeit dieser A auch in großen Volieren kaum gewährleistet ist. Bei Temp.en unter 5 °C Winterquartier notwendig. Nahrung Meerschweinchen, Ratten, Junghühner, Küken. Einmal in Gefangenschaft gezüchtet.

Terpsiphone. G der Monarchidae ↗. 10 An. Afrika, Madagaskar u. umliegende Inseln, S-, SO-Asien.
— *T. paradisi*, Fahlbauch-, Indischer Paradiesschnäpper. ♂: 2 Färbungsphasen: 1. Kopf (mit Schopf) schwarz, OS u. Schwanz rotbraun. Kehle u. Brust grau, Bauch weiß. 2. Weiß, nur Kopf (mit Schopf), Nacken u. Kehle schwarz, ebenso Handschwingen. ♀: wie rotbraune Variante, keine verlängerten Schwanzfedern. 47 cm, davon entfallen ca. 25 cm auf den Schwanz. UAn. Sri Lanka, lokal in Indien, von S-Turkestan u. O-Afghanistan durch den Himalaja bis China (einschließl. Mandschurei), Korea u. sü. Ussuriland, Hinterindien, Nikobaren, Sumatera u. umliegende kleine Inseln, Billiton, Kalimantan bis Java; Kleine Sundainseln (Sumba, Flores, Sumbawa, Alor). Bewohnt Wälder u. Bambusbestände. Gesang kurz, aber lebhaft. Selten auf dem Vogelmarkt.
— *T. viridis*, Afrikanischer-, Graubrust-Paradiesschnäpper. ♂: je nach UA od. Färbungsphase Kopf (mit Schopf) grünlich, blauschwarz bis schieferfarben, Rücken, Flügel u. Schwanz rotbraun, grau, schwarz od. weiß. Handschwingen bei allen Farbphasen dunkel schiefergrau. Schwanzlänge unterschiedl. (altersabhängig?). US schiefergrau. ♀: stets gleich gefärbt, mittl. Schwanzfedern nicht verlängert, aber ebenfalls mit Schopf. 40 cm, davon entfallen auf die 2 mittl. Schwanzfedern ca. 25 cm. UAn. Konspezies ↗ mit *T. paradisi*? 3 Rassengruppen, die häufig als selbständige An angesehen werden: 1. *rufocinerea*, 2. *plumbeiceps*, 3. *viridis*. Außerdem haben manche UAn mehrere Farbvarianten (s. o.). Südöst. Nigeria u. nordöst. Kamerun bis nordöst. Zaïre, Angola, Sambia, nö. W-Afrika, N-, NO-Botswana, öst. S-Afrika bis sü. Kappprovinz, nö. bis N-Äthiopien, SW-Arabien, Sudan, Kamerun u. Nigeria bis Senegal. Bewohnt Savannen u. Wälder. Gesang perlend, kurz. Erbeutet sowohl fliegende Insekten als auch Kerfen auf Blättern. Zuweilen im Handel.

Tersina. G der Tersinidae ↗, 1 A. Sü. u. zentrales S-Amerika. In kühleren Regionen Zugvögel. Die ♂ ♂ besetzen ein geeignetes Brutrevier u. werben um die ♀ ♀. Mit weit geöffnetem Schnabel werden diese umhüpft u. teilweise mit hochgewürgter Nahrung gefüttert. Als einzigste der Tangaren ↗ graben sie Brutröhren in Uferböschungen od. Sandbänke. Die Nestkammer wird mit feinen Fasern ausgekleidet. Das ♀ bebrütet das Gelege allein u. füttert auch überwiegend allein. Brutzeit 15 Tage. Nestlingszeit ca. 23 Tage. Nahrung überwiegend Insekten, die nach Fliegenschnäpperart vom Ansitz aus erbeutet werden, bei Insektenmangel große Früchte wie Avocados usw. Schnabel breit, flach. Rachen weit dehnbar. Nach der Brutzeit bilden sie kleinere Schwärme

Tetraenura

617

Königswitwe

u. streifen umher. Juv. ♂ ♂ können sich bereits im 1. Jahr fortpflanzen, obwohl sie erst nach 3 Jahren das ad. Gefieder tragen. Haltung s. *Tangara*, außerdem Fütterung von Hunde-Konservennahrung wie Hühnerfleisch o. ä. (ohne Knochen). Eingewöhnung ist u. U. schwierig, da die Vögel oft mit großen Ernährungsstörungen od. Pilzerkrankungen eingeführt werden.
— *T. viridis*, Schwalbentangare. ♂: türkisblau, Flanken schwarz gesperbert. Hinterer Bauch u. Unterschwanzdecken weiß. Stirn, Kehle u. Maske schwarz. Flügel u. Schwanzfedern schwarz, blau gesäumt. Schnabel schwarz. Auge rot. Füße dunkelbraun. ♀ ähnl. ♂, nur grün anstatt türkisblau. Ohne Schwarz am Kopf, Bauch gelbgrün. 15 cm. 3 UAn. Guayana, Venezuela, Kolumbien südwe. bis Bolivien, Paraguay u. SO-Brasilien. Neben Erdhöhlen auch Baumhöhlen u. ähnl. als Nistplatz. Selten importiert.

Tersinidae, Schwalbentangaren. F der Passeriformes ↗. 1 G, 1 A. Einige Systematiker stellen sie als G zu den Thraupinae ↗ innerhalb der F Emberizidae ↗. WOLTERS ↗ behandelt sie als eigene F mit nur 1 A. In tropischen u. unteren subtropischen Waldgebieten S-Amerikas.

Tetraenura, Dornbuschwitwen. 2 An. S- u. O-Afrika. In Dornbusch-Savannen. Polygam. Brutparasiten bei An der G *Granatina* ↗. Regelmäßig auf dem Vogelmarkt. Leichte Eingewöhnung, anspruchslos, friedlich. Volierenhaltung. Warme Überwinterung. Futter Hirse ↗, Glanz ↗, kleine Samen, Keimfutter ↗, Insektennahrung, s. Ploceidae.

Tetrao

618

— *T. regia*, Königswitwe. ♂: im BK Kopfseiten, Kehle, Nackenband, US gelbbraun, sonst schwarz, Flügel-, Schwanzfedern hellbraun gesäumt, 4 mittl. Schwanzfedern verlängert, drahtförmige Schäfte mit sehr schmalen Fahnen, deren Enden verbreitert sind (ca. 20 cm Länge). Schnabel rot. Auge schwarzbraun.

Männchen der Königswitwe macht Weibchen durch Vortragen des Nestlockrufes der Wirtsvogelart auf ein bauendes Wirtsvogelweibchen aufmerksam (nach J. NICOLAI)

Füße rot. Im RK ♂ wie ♀, dieses oberseits hellbraun mit dunkler Zeichnung, Gesichtsseiten bis einschließl. Brust gelbbraun, übrige US weißlich. Schnabel rötlich, ebenso Füße. Juv. wie ♀, aber matter gefärbt. Zeichnung undeutl. Länge des ♂ im BK bis 32 cm, im RK 13 cm, ♀ 12 cm. Bewohnt größten Teil S-Afrikas. Meistens truppweise unterwegs. ♂♂ verteidigen Territorien während der Brutzeit der Wirte *Granatina granatina*. Zucht in S-Afrika nach gemeinsamer Unterbringung mit Wirtsvögeln gelungen. *G. granatina* in Europa schwierig zu züchten, deshalb gehört Bruterfolg zu den größten Seltenheiten.
— *T. fischeri*, Strohwitwe, Fischers Witwe. ♂: im BK Kopf-OS blaß gelbbraun, Hinterkopf, übrige OS schwarz, ebenso Gesichtsseiten, Kinn, Kehle. Bürzelfedern, Oberschwanzdecken sandbraun gesäumt, gleichfalls die schwarzbraunen Schwingen u. Schwanzfedern. Von letzteren die 4 mittl. verlängert (bis 22 cm), Schäfte mit sehr schmalen Fahnen isabellgelb. US weißlich, rostbraun an Brust u. Flanken überhaucht. Schnabel rot. Auge dunkelbraun. Füße rot. Im RK ♂ wie ♀, dessen OS hellbraun mit schwarzbraunen Streifen. US weißlichbraun, Kopf rotbraun, heller Überaugenstreif. Juv. ähnl. ♀, aber bräunlicher. Länge ♂ im BK bis 31 cm, im RK 12 cm, ♀ 11 cm. S-Äthiopien, Somalia bis Tansania. Brutparasit bei *Granatina ianthinogaster*. Auffälliger Balzflug, dabei laut rufend. Selten gezüchtet, scheitert an den Wirten, da diese sich in Gefangenschaft schwer fortpflanzen.

Tetrao. Auerhühner. G der Phasianidae ↗. 2 An.
— *T. urogallus*, Auerhuhn, Urhahn, Großer Hahn. ♂: vorherrschend dunkles Gefieder. Kopf, Hals, Nacken schiefergrau mit feinen Wellenlinien. Rük-

ken schwarz mit kleinen Punkten u. Strichen. 6 cm langer, schwarzer Kehlbart. Brust metallisch schwarzgrün schillernd. Die 18 (20) Schwanzfedern sind abgerundet, mit unregelmäßigen schwachen weißen Fleckungen versehen. Über dem Auge (Iris braun) aufrechtstehende rote Warzen (Rosen ↗). Schnabel kräftig, leicht gekrümmt, bei juv. ♂ blaugrau, bei ad. ♂ gelbweiß. ♀: ⅓ kleiner als ♂, Kopf, Hals, OS rostgelb mit braunen Zeichnungen, ebensolche auf den Schwanzfedern. Brustgefieder etwas dunkler, auf jeder Feder eine schwarze Querbinde, Spitze weiß. Dunenküken rostgelbe OS, schwarze Linie an der Schnabelwurzel, ebensolcher Fleck an der Stirn, Rücken unregelmäßig schwarz gefleckt. Ad. ♂ 100 cm, ad. ♀ 67 cm. N- u. M-Europa (meist nur Reliktvorkommen) bis mittl. Sibirien, Pyrenäen, Balkan bis 70° nö. Breite, NW-Mongolei. Bevorzugt beerenkrautreiche Wälder im Klimaxstadium, sowohl in der Tiefebene als auch im Hochgebirge. Im März/April sucht ♂ bestimmte Balzplätze auf. Hier balzt es am frühen Morgen auf waagerechten, starken Ästen in den Kronen alter Bäume, nach Sonnenaufgang erfolgt die Bodenbalz, dabei Begattung. 6—10 Eier legt das ♀ in eine Bodenmulde, brütet 26 Tage. Küken führendes ♀ benötigt zur Aufzucht lockere Baumbestände mit lichter Bodenvegetation. Wildfänge gelangen selten in den Handel, stammen dann aus den reichen Vorkommen der UdSSR u. den skandinavischen Ländern. Eingewöhnung mit Hilfe von 2 Gehegen, die mit einem 30 m langen Laufgang verbunden sind. Die hintere Voliere ↗ ist völlig geschützt (verblendet mit Platten), in der vorderen Voliere erfolgt die Fütterung. Dadurch gelingt es die Fluchtdistanz innerhalb weniger Wochen nahezu völlig abzubauen. Bei Eingewöhnung weniger Ex. in kleinen Gehegen müssen Flügelwesten angelegt werden. Gezüchtete Tiere sollten nicht vor Oktober bezogen werden. Zur Haltung für einen Stamm sollte das Gehege 30 m groß sein (⅓ überdacht). Desinfektion, bzw. auswechseln des Bodenbelages in kurzen Zeitabständen, ohne Haltung auf Drahtrosten — zumindest zeitweise — ist kaum auszukommen. Sollen ♀♀ selbst brüten, wird diesen Gelegenheit gegeben durch ⌀ 19 cm große Schlupflöcher aus dem Bereich des ♂ in eine ruhige Brutvoliere gelangen zu können. Harte Magensteine dürfen niemals fehlen (Untermischung mit Holzkohle u. Geflügelgrit). Ständige tierärztl. Wartung. Untersuchungen des Kotes (aller 3 Monate) ist neben der Verabreichung tägl. frischer natürlicher Futtermittel notwendig. Futtermittel werden gebündelt gereicht, aufgehangen od. auf Hürden ausgebreitet. Im Winter einförmige Ernährung (Kiefernzweige, Kohlsorten), dazu je 40 Gramm Getreidemischung (Hafer, Mais, Weizen, Hirse). Im Sommer hauptsächl. Aspenlaub, Weidenzweige, alle Beerenkräuter mit u. ohne Früchte, Getreidemischung. Zusammenstellung der Zuchtgruppen im zeitigen Frühjahr. ♀♀ voneinander getrennt halten. Das Geschlechterverhältnis sollte 1 : 3 nicht überschreiten. ♂ u. ♀ sind schon im 1. Lebensj. geschlechtsreif, kommen jedoch meist erst im 2. Lebensjahr zur Fortpflanzung. Die Kunstbrut der Eier gelingt nur in Ausnahmefällen. Neben der Naturbrut ist die kombinierte Brut zu empfehlen, bei der die Eier ca. 23 Tage unter eine Ammenglucke (Zwerghühner, Puten) bebrütet und anschl. im Brutschrank zum Schlupf gebracht werden. Die Küken dürfen keinesfalls unter der Brutamme schlüpfen, da die Infektionsgefahr groß ist. Außerdem kommt es zu Mißverständnissen zwischen Amme u. Küken. Geschlüpfte Küken benötigen eine Rückenwärme von 40°, der Aufzuchtraum muß jedoch kühl sein. Fütterung der Dunenküken mit Putenstarterfutter, feingehacktem Ei, Brennessel, Vogelmiere. Dazu in den ersten Tagen lebendes Wiesenplankton (Insekten mit dem Kescher auf der Wiese gefangen) in die Vitrine geben. Ab 3. Tag nehmen die Küken frischgehäutete Mehlwürmer. Ab 3. Woche kann die Haltung auf Drahtrosten erfolgen. Der Anteil an Grünfutter steigt (Löwenzahn, Kopfsalat, Buchweizen als Ganzpflanze gebündelt), Lärchenzweige, Beeren aller Art werden gern genommen. Mitte August mausern die Juv. zum Alterskleid u. können umgesetzt werden. Die Eingewöhnung der Juv. in Gehegen kann nochmals eine kritische Phase darstellen (Schreckhaftigkeit gegenüber noch ungewohnten Erscheinungen).

Tetraogallus, Königshühner. G der Perdicinae ↗. 5 An. Fast auerhuhngroß. 22 Schwanzfedern. Oberschwanzdecken lang. Kräftige Läufe mit kurzen, dicken Sporen bei ad. ♂. Geschlechter gleich gefärbt, ♀ kleiner. Asiat. Hochgebirge. Oft über Baum- bis zur Schneegrenze zu finden. Nester in kahlen Erdmulden über 3 000 m ü. NN. Brutdauer 28 Tage. Küken empfindlich gegen Schwarzkopfkrankheit. Aufzucht ähnl. *Alectoris* ↗.

— *T. himalayensis*, Himalaja-Königshuhn. ♂ u. ♀: Ober- u. Hinterkopf hellgrau. Kopfseiten grauweiß, Kehle u. Halsseiten weiß mit kastanienfarbigem Saum. Kropf grau u. weiß mit schwarzer Binde, zur Brust mit weißem Federband. US grau u. braun gesprenkelt. Obere Zügel u. Überaugenstreif weißlich. Vom Auge zum Hinterhals kastanienfarbiger Streif. Nacken hell graurostfarben mit schwarzer Kritzelquerzeichnung. OS dunkel mit grauer u. hinten hell rostfarbener Kritzelung. Schulter- u. Oberflügeldeckfedern mit rostroten Saumflecken. Schwingen weiß. Handschwingen mit braunen Spitzen, Armschwingen hellbraune Spitzen mit bräunlicher Sprenkelung u. grauen Innenfahnen. Oberschwanzdecke u. mittl. Schwanzfedern mattschwarz u. rostgelb gesprenkelt. Lange Körperseitenfedern blaugrau mit bräunlichen u. schwarzen Außenstreifen. Schnabel horngrau. Iris dunkelbraun. Läufe orangerot. 50—55 cm. UAn. W-Himalaja, Afghanistan u. Turkestan bis NW-China. Bevorzugt kahles Felsengelände mit Schotterhängen in windgeschützter Lage. Zahmer Volierenbewohner. In gemäßigten Klimaten schwer zu halten. Erfolgreiche Aussetzung in Nevada (USA).

Tetraoninae, Rauhfußhühner. UF der Phasianidae ↗. Ursprüngl. ausschließl. Bewohner von Wäldern u. Tundrazonen nö. Breiten. Nordamerik. An z. T. in Steppengebieten lebend. Bevorzugen Biotope, die vom Menschen wenig beeinflußt sind. Alle Gn besitzen teilweise od. völlig befiederte Läufe. An den Zehen Federrudimente als kleine Hornblättchen (sogen. Balzstifte). Bei G *Lapogus* ↗ sogar Zehen u. Sohlen im Winter pelzartig, im Sommer spärlich befiedert. Gutes Laufvermögen im Schnee. Die Nasenlöcher werden bei allen Gn von Federn verdeckt (Kälteschutz). Nahrung der Juv. vorwiegend Insekten. Ad. leben von Früchten, Samen, Pflanzenteilen. Der hohe Zellulosegehalt in der Nahrung wird durch lange Blinddärme aufgeschlossen. Neben normalem Kot wird der flüssige grüne Blinddarmkot (Balzpech) abgesetzt. Gn *Lapogus* ↗, *Bonasa* ↗, *Tetrastes* ↗ monogam, alle übrigen Gn polygam mit ausgeprägten Balzritualen (Imponierbalz). Alle Gn in Haltung u. Zucht schwierig. Hoher Aufwand für Unterbringung, Futterbeschaffung u. Reinigung, große Anfälligkeit für alle infektiösen Erkrankungen. Isolierte Unterbringung von anderen Hühnervögeln ↗.

Tetrapteryx. G der Gruinae ↗. 1 A. S-Afrika, aber nicht in SW-Afrika. Bewohnen trockene Hochebenen mit Steppen- u. Halbwüstenvegetation, auch weitflächiges Grasland. Nach der Brutzeit gern in Gewässernähe, ansonsten wahrscheinl. nicht an Wasser gebunden, stillen Durst an wasserhaltigen Blättern. Standvögel ↗, oftmals nahrungsbedingtes Vagabundieren. Große Brutreviere, ca. 1 Woche vor Eiablage wählt ♂ flache Bodenmulde als Nistplatz. Gelege 2 lehmfarbene, dunkelbraun u. oliv gefleckte Eier. Vorwiegend ♀ brütet. Juv. schlüpfen nach 30 Tagen. Beide Eltern führen Juv., ♂ sehr aggressiv gegenüber Feinden. Familienverband verläßt nach erreichter Flugfähigkeit der Juv. Brutrevier. Allgemein sehr anhänglich an den Pfleger u. aufgrund des attraktiven Aussehens sehr gern in Europa u. Amerika gehalten, auch in der Heimat. Unterbringung, Futter → Gruidae. 1917 Erstzucht in den USA, vielerorts gezüchtet. Regelmäßig u. in großer Zahl (z. T. auch durch künstl. Besamung) im Vogelpark Walsrode ↗ gezüchtet (1978—1983 47 Exempl.).

— *A. paradisea*, Paradieskranich. ♂: blaugrau. Kopf-OS weißlich, Kopf wirkt durch dichte Federn aufgetrieben. Federn des vorderen u. seitl. Halses verlängert. Innere Armschwingen zu langer, häufig bis auf den Boden reichende dunkelgraue bis schwarze, Schleppe verlängert, hängt über dem

Tetrastes, Haselhühner. G der Phasianidae ↗. 2 An.

— *T. bonasia*, Haselhuhn. ♂ u. ♀: nahezu gleich. Auffallend der außerordentl. große äußere Gehörgang, der mit einem aufstellbaren Büschel schütterer, 26 mm langer Federn bedeckt ist (Holle). Beim ♂ Kopf u. Hals braun, Rosen ↗ rot. Rücken mit deutl. dunkler Bänderung. Kehlfleck schwarz, weiß umrahmt. Brust, Seiten rostfarben, Flügel graubraun. Am graubraunen Schwanz befindet sich eine schwarze Binde. ♀ etwas weniger lebhaft gefärbt als ♂, Rosen rotgelb. Diese A neigt zu vielen Färbungsvarianten. 39 cm. Skandinavien bis Sachalin, im N bis zur Tundra, im S bis zu den Pyrenäen, Alpen, Balkan, mit Ausnahme des S gesamte UdSSR bis N-Japan, Korea. Heimlich lebendes Waldhuhn, das sich häufig auf dem Boden aufhält. Stellt an den Lebensraum spez. Ansprüche. 1,1 Pärchen bewohnen recht kleine Reviere mit Urwaldcharakter. Reiche Beerenkrautschicht, Hasel, Erle, Eberesche, Aspe müssen ebenso vorhanden sein wie einige tief beastete Fichten, die bei Gefahr aufgesucht werden. Das ♂ verteidigt gegen A-Genossen das einmal besetzte Revier. Lebt streng monogam. Eine Eingewöhnung von Wildfängen ist nicht möglich, da die Wildheit nie abgelegt wird. Gelegentl. werden Aufzuchten von gestörten od. verlassenen Gelegen angeboten, gezüchtete Haselhühner haben ausgesprochenen Seltenheitswert. Niemals darf eine Zusammensetzung ohne vorherige Angewöhnung von ♂ u. ♀ erfolgen. Die Angewöhnung erfolgt wie beim Kragenhuhn ↗. Das Gehege für 1,1 Haselhühner muß mindestens 20 m² groß sein. Eine völlige Überdachung mit lichtdurchlässigen Kunststoffplatten ist angebracht, ebenso ein Sichtschutz. Im Gehege müssen Versteckmöglichkeiten (Jungfichten) vorhanden sein. Der Boden muß leicht auswechselbar sein, tägl. ist der Kot zu entfernen. Haltung ausgesprochen aufwendig. Als Grundfutter dient eine Getreidemischung (2/3 Weizen, 1/3 Hafer), dazu in der Fortpflanzungsperiode proteinreiches Futter. Wesentl. ist die ständige Gabe von Weide, Hasel, Erle, Heidelbeersträuchern u. Beeren entspr. der Jahreszeit. Zucht nur selten gelungen. Gelege 7—10 Eier (im Mai), ♀ brütet gut, sofern alle Störungen ferngehalten werden. Kombinierte Brut (Zwerghuhnglucke u. Schlupf im Brutapparat) bringt ebenfalls gute Ergebnisse. Zur Aufzucht, die wie bei den anderen Rauhfußhühnern ↗ erfolgt, dürfen Ameisenpuppen nicht fehlen. Die Brutzeit beträgt 25—27 Tage. Tägl. ist in den ersten Tagen die Aufzuchtvitrine mit einer frischen Zellstoffschicht auszulegen. Ab 20. Lebenstag erhöht sich die Versorgung mit Grünfutter ↗. Heidel-, Him-, Preiselbeeren mit Laub u. Früchten, Löwenzahn mit Blütenständen, Spitzwegerich, Hirtentäschel, Vogelmiere ↗. Lärchenzweige usw. müssen den Juv. angeboten werden.

Schwanz. Schnabel fleischfarben. Auge dunkelbraun. Beine schwarz. ♀ wie ♂, deutl. kleiner. Juv. bräunlicher als Ad., Flügelfedern nur wenig verlängert. 100 cm.

Für eine Haltung zu Schauzwecken denkbar ungeeignet.

Tetrax. G der Otididae ↗. Die einzige A besiedelt die SW-Paläarktis.

— *T. tetrax*, Zwergtrappe. ♂: OS u. Scheitel sandfarben, fein schwarzbraun gewellt, Gesicht grau, Hals schwarz, schmal weiß abgesetzt, dunkles Kropfband. 4. äußere Handschwinge als Schallschwinge ausgebildet. Im RK dem ♀ ähnl., doch ohne gebänderte Flanken. ♀: ohne die markanten Merkmale, Flanken, Brust u. sandfarbene OS schwarz gebändert. Juv. mit hellem Scheitelstreifen. Handschwingen gelb gesprenkelt. 45 cm. Von S-Frankreich, Iberien, S-Italien, S-Ukraine u. NW-Afrika bis M-Asien verbreiteter Agrarland- u. Steppenbesiedler. Bestandsabnahme. Monogam, Geschlechtsreife mit 1—2 Jahren. ♂ zur Brutzeit territorial, führt optisch wirksame Balzsprünge aus. 2—5 Eier, Brutdauer 21 Tage. Schlupfgewicht 25 g. Nahrung Heuschrecken, Käfer u. Kräuter wie Brassicaceae, Leguminosae, Löwenzahn. Handaufzucht u. Haltung der winterharten Vögel mit einseitig gestutzten Schwingen in sandigen

Zwergtrappe. Paar

Gehegen unkompliziert. Ernährung mit Heuschrecken, Mäusen, Mehlwürmern, Weichfresser-Futtermischung, Haferflocken u. Grünfutter. Zur Fortpflanzungszeit paarweise in größeren Volieren mit Sichtblenden u. Raumteilern zu halten. Nach Eiablage bislang Kunstbrut u. Handaufzucht (bei v. FRISCH ↗). Haltung nur aus wissenschaftl. u. naturschutzgründen mit staatl. Genehmigung. Zu Zuchtzwecken mindestens ab Eiablage Entfernung des ♂ außer Sichtweite u. Sicherung seiner Erreichbarkeit durch Laufgang mit einseitigem Sprossendurchlaß für das ♀, das jeweils wieder in seine Voliere zurückgeführt werden muß (ähnl. *Chlamydotis* ↗).

Texas-Grünfischer *(Chloroceryle americana)* → *Chloroceryle*

Textor, Steppenweber. G der Ploceinae ↗. 28 An, artenstärkste G der UF. Afrika, 1 A in S-Arabien. Retortenförmige Nester mit doppelter Decke (Schutz vor Sonnenglut), an der US Einschlupf, manchmal mit kurzer Röhre, an Zweigen od. je nach A auch im Schilf, selbst in Ortschaften. Meistens Vielweiberei, häufig große Flüge nach der

Brutzeit. ♂♂ auffälliges BK, RK u. ♀♀ schlicht grünlich bis bräunlich. Häufig importiert, oft in zool. Gärten zu sehen. Für Volieren ↗ gut geeignet, im Zimmer stören die Stimmen. Ernährung s. Ploceidae.
— *T. atrogularis*, Heuglinweber. ♂: Kinn, Kehle, Wangen schwarz. Stirn, Kopf-OS goldgelb, ebenso US, allerdings Brust gering rötlichbraun. OS olivgrün, Schwingen dunkel, gelb gesäumt. Schnabel schwarz. ♀: matt olivgrün, US mehr gelblichgrün. 14 cm. 2 UAn. Senegal, durch Nigeria u. Kamerun bis SW-Sudan u. NW-Kenia. Gesang laut, schnarrend, kreischend. Koloniebrüter. Nest aus Gräsern, beutelförmig. Hängt an Baumzweigen, oftmals sehr hoch, gern in der Nähe von Wespennestern u. Greifvogelhorsten. Kolonien auch in menschlichen Siedlungen. Eier bläulichgrün, braun gefleckt. Sehr selten importiert. Haltung s. Ploceidae.
— *T. badius*, Schulterfleckenweber. ♂ u. ♀: Kopf schwarz, OS goldgelb mit zimtbraunen Flecken, Flügeldecken streifig olivgrün u. dunkelbraun. Schwingen, Schwanzfedern schwärzlich, hellgrün bis gelb gesäumt. US gelb, bräunlich überhaucht. 14 cm. O-, S-Sudan. Nahrung Grassamen u. Insekten. Koloniebrüter. Ausgesprochen selten importiert. Einzelheiten der Haltung nicht bekannt.
— *T. bojeri*, Bojer-, Palmenweber. ♂: Kopf orangegelb, ebenso Band über der Brust, Rücken, Flügel- u. Schwanzfedern grünlichgelb. Sonst goldgelb. Schnabel schwarz. Auge dunkelbraun. Füße bräunlich. ♀: OS olivgrün, nur angedeutet gestreift u. gefleckt. US gelb. Kenia u. S-Somalia. Bewohnt die Küsten, vor allem Kokospalmen u. Bäume der Siedlungen u. Parks. Häufig. Ovales Nest. Einschlupf an der US, keine Röhre. Nest aus Gräsern, Fasern u. Blattstreifen gebaut, hängt an Zweigen von Bäumen u. Sträuchern. Selten in Europa, wird wegen seiner Eigenschaften gelobt, friedlich, sehr gut für Gartenvoliere geeignet, im Winter warm unterbringen.
— *T. capensis*, Kapweber. ♂: Stirn goldgelb, Kopf-OS orange- bis olivgelb. Kopfseiten hellgelb wie US. OS gelblichgrün, Rückenfedern in der Mitte braun. Flügel-, Schwanzfedern schwarzbraun, olivgrün gesäumt. Schnabel dunkelbraun. Auge rot. Füße fleischfarben. RK ♂ u. ♀ oberseits olivbraun, US grünlichgelb, nur Brust- u. Flankengefieder bräunlich. Kinn, Kehle gelblichweiß. UA *T. c. olivaceus*, Kaffernweber. ♂ wie Nominatform, aber Kehle, Vorderbrust bräunlich überhaucht. Schnabel schwarz. Auge gelb. S-Afrika bis Transvaal u. Natal. In Gewässernähe, oft auch in Siedlungen. Nest wird von ♂ an Zweige geflochten, bis 15 cm lange Einschlupfröhre. Gelege 2—3 hellblaue Eier. Brutkolonien. Nach der Brutzeit große Schwärme, dann auch vergesellschaftet mit anderen Vögeln. Empfehlenswerter Pflegling, da sehr verträglich (Gesellschaftsanlage!). Ausdauernd. Gut für Gartenvoliere geeignet. Überwinterung im mäßig warmen Raum. Zucht mehrfach gelungen. Brutzeit 13—14 Tage, zuverlässiger Brüter. Aufzuchtfutter abwechslungsreiche Insekten-, Fruchtnahrung, außerdem Keimfutter ↗, versch. Hirsesorten, Glanz, Negersaat, Getreide. Samen werden erst ab etwa 10. Tag verfüttert. Juv. verlassen nach 17—19 Tagen das Nest.
— *T. castaneiceps*, Genickbandweber. ♂: gelb, Band

Textor

Textor

im Nacken kastanienbraun, reicht manchmal bis zur oberen Brust. Flügel, Schwanz wesentl. dunkler als OS u. US, Federn gelb gesäumt. Schnabel schwarz. Auge rotbraun. Füße fleischfarben. ♀: OS olivbraun, gestreift. US hellgelbbraun. 14 cm. NO-Tansania, SO-Kenia. Bewohnt Küste, Ufer von Binnengewässern. Schwatzende u. schilpende Stimme, klingt tief. Nahrung vor allem Grassamen u. Getreide. Während der Jungenfütterung bes. Insekten. Nest aus Gräsern u. Blattstreifen, oval, seitl. Einschlupföffnung, steht im Schilf, Hochgräsern od. hängt an Zweigen. Nach der Brut vagabundierend. Stets nur in geringer Zahl nach Europa gekommen. Friedlich. Geeignet für Gartenvoliere. Im Winter aber warm unterbringen.
— *T. cucullatus*, Textorweber, Dorfweber, Großer Textor. 3 Rassengruppen, voneinander stark abweichende Färbung u. Zeichnung, früher eigene An. 1. Gruppe *cucullatus*: *T. c. abyssinicus*, *T. c. femininus*, *T. c. bohndorffi*, *T. c. cucullatus*, *T. c. frobenii*. Im BK Scheitel schwarz, gleichfalls V-Zeichnung des Rückens, überwiegend kastanienbraune Färbung. Kopf schwarz, Hinterkopf kastanienbraun bis hin zum Gelb, Rücken gelb bis orangebraun, Kinn, Kehle schwarz als Keilform in gelbe bis orangebraune Brust verlaufend, sonst unterseits gelb. Flügeldecken, Schwingen schwarz, gelb gesäumt. Oberschwanzdecken, Bürzel, Schwanz abweichend gelb bis olivgrün, schwärzlich. Schnabel schwarz. Auge rot. Füße bräunlich bis fleischfarben. Im RK ♂ u. ♀ OS olivgrün bis braun. Rücken, Flügeldecken mit dunklen Längsstreifen. US gelblich bis weiß. ♀ kräftiger gelb zur Brutzeit. Juv. wie ♀. 14 cm. Senegal bis Äthiopien u. W-Kenia. 2. Gruppe *collaris*: *T. c. collaris*, *T. c. graueri*, *T. c. nigriceps*, *T. c. paroptus* s. 1. Rassengruppe, aber schwarzer Scheitel, Rücken geschuppt, *T. c. collaris* Brust kastanienbraun. Gruppe wird auch als Layard UA. Große Maskenweber bezeichnet. S-Somalia, O-Kenia, bis S-Zaïre u. Moçambique, *T. c. collaris* von Angola bis Gabun. 3. Gruppe *spilonotus*: *T. c. dilutescens*, *T. c. spilonotus* s. 1. Rassengruppe, aber Scheitel gelb, Rücken schuppenartig gezeichnet, werden als Gelbscheitelweber bezeich-

Schwarzkopfweber

net. Von S-Moçambique bis öst. Kapprovinz. Versch. UAn auf São Tomé, Mauritius, Haïti, Réunion. Von Waldrändern bis zur Küste. Nahrung vorwiegend Grassamen u. Samen von Feldern, außerdem Früchte. Bildet große Kolonien in Siedlungen, bevorzugt Affenbrotbäume u. Palmen, baut aber auch in Büschen u. hohen Gräsern. Rundliches Nest aus Gräsern, Fasern u. Blattstreifen, mit feinem Material ausgepolstert. Gelege ca. 3 Eier, von weißer bis rosa u. blaßblauer Färbung, sowohl einfarbig als auch mit braunen Flecken. An Juv. überwiegend Insekten verfüttert. Versch. UAn in sehr großer Zahl u. regelmäßig importiert. Ausdauernd. Eingewöhnung leicht, nur für Voliere geeignet, am besten im Garten. Im Winter mäßig warm halten. Gegenüber kleinen Vögeln manchmal, während der Brutzeit immer aggressiv. ♂♂ ganzjährig Nestbautrieb. Entspr. dichte Ausstattung, vor allem mit hohen Gräsern u. Ästen. Futter versch. Hirsesorten, Glanz, Getreide, viel Grünes, Früchte, Insekten, Fruchtbrei mit Babynahrung. Zucht mehrfach gelungen. Schlupf nach 14 Tagen. Aufzuchtfutter vorwiegend Insekten, fast nur ♀ füttert. ♂ verteidigt Nestterritorium. Juv. fliegen nach 21 Tagen aus.

— *T. galbula*, Gilbweber. ♂: im BK Hinterkopf, Nacken, Halsseiten kräftig gelb, ebenso US. Stirn schwarz, Vorderkopf, Gesicht kastanienbraun. Gelboliver Rücken. Flügel-, Schwanzfedern schwärzlichgelb gesäumt. Schnabel schwarz. Auge orangerot. Füße fleischfarben. Im RK Gesicht, Kopf grünlichgelb. Schnabel grauschwarz. ♀: OS braungrau, gestreift. Oberschwanzdecken, Bürzel, Schwanz olivgrün. Von Kinn bis einschließl. Brust hellgelb, übrige US weiß. Schnabel hornfarben. Juv. bräunlicher als ♀. 14 cm. O-Sudan, Äthiopien, N-Somalia, SW-Arabien bis W-Hadramaut. Bewohnt offenes Gelände. Nahrung Samen, vor allem auch Getreide. Häufig große Schwärme. Koloniebrüter. Nest aus Gräsern u. Blättern auf Bäumen, birnenförmiger Bau mit seitl. kurzer Einschlupfröhre. Gelege meistens 3 rosaweißliche od. hellgrüne od. hellblaue Eier ohne od. mit violetten, schwarzen, braunen Flecken. Während der Jungenaufzucht überwiegend Insekten. Selten eingeführt. Eingewöhnung problemlos, friedlich, für Gartenvoliere sehr gut geeignet. Überwinterung mäßig warm.

— *T. jacksoni*, Jacksonweber. ♂: im BK Kopf schwarz bis einschließl. Nacken, Rücken, Oberschwanzdecken, Bürzel gelb, ebenso Schwanzfedern. Große Flügeldecken, Schwingen schwarz, gelb gesäumt. Kehle schwarz, US kastanienbraun. Schenkel gelb mit kastanienbraunen Federn, ebenso Unterschwanzdecken. Schnabel grauschwarz. Auge rot. Füße bräunlich. RK wie ♀, dieses olivbräunlich auf der OS, schwärzlich gestreift. Gelber Überaugenstreif. Kinn, Kehle gelb, bauchwärts mehr graugelb. Bauch, Unterschwanzdecken weißlich. Auge orange, auch kleiner. Füße fleischfarben. 15 cm. S-Sudan, Uganda, W-, S-Kenia, Tansania. Gesellig, häufig in Wassernähe u. Sümpfen anzutreffen. Nest oval, sowohl in Büschen u. Bäumen als auch in Schilf u. hohen Gräsern. Kleine bis größere Brutkolonien. Gelege meistens 2—3 blaugrüne Eier, rotbraun gepunktet od. gefleckt. Ernährung s. *T. galbula*. Kam erstmalig 1928 auf den europ. Vogelmarkt, seither ab u. zu eingeführt.

— *T. melanocephalus*, Schwarzkopfweber. ♂: im BK Kopf einschließl. Kinn u. Kehle schwarz. Unterer Hinterkopf, Nacken gelb, Rücken, Oberschwanzdecken, Bürzel olivgelb, Schwanz mehr olivgrün. Flügelfedern schwarzbraun, gelb bis gelbgrün gesäumt. 4 UAn. *T. m. melanocephalus*, *T. m. duboisi*, *T. m. capitalis* US gelb, allein Kehle an den Seiten rotbraune Tönung. Bei *T. m. fischeri* Brust kastanienbraun, ebenso Flanke, sonst US gelb. Schnabel schwarz. Auge schwarzbraun. Füße bräunlich bis fleischfarben. Im RK ♂ wie ♀, bei diesem OS bräunlich mit schwarzbraunen Längsstreifen. Brust, Flanken hellrostbraun. Bauch, Unterschwanzdecken weißlich. Oberschwanzdecken, Schwanz grünlich. Juv. wie ♀. 15 cm. Von Senegal bis W-Kenia, NW-Tansania u. N-Sambia. Die UA *T. m. fischeri* lebt in Uganda, Tansania u. Kenia. Häufig an Gewässern. Stimme knarrend, quietschend. Manchmal sehr große Brutkolonien. Im Schilf, Hochgras u. Sümpfen Nest aus Gräsern, zwischen Halmen u. in Büschen. Gelege 2 grüne Eier mit braunen Flecken. Selten eingeführt. Anspruchslos. Eingewöhnung problemlos, verträglich. Sehr gut für Gartenvoliere geeignet, gut ausstatten (Schilf, hohe Gräser, Büschel). Überwinterung mäßig warm.

— *T. nigerrimus*, Mohrenweber. 2 UAn. Bei UA *T. n. nigerrimus* (Mohrenweber) ♂ schwarz, Auge weißgelb. UA *T. n. castaneofuscus* (Fuchsweber) Rücken bis einschließl. Oberschwanzdecken kastanienbraun, ebenso Flanken, Bauch, Unterschwanzdecken. ♀♀ beider UAn sehr ähnl. gefärbt. OS dunkelolivgrün, schwärzlich längsgestreift. US mehr gelblich. Juv. ähnl. ♀. 17 cm. *T. n. nigerrimus* von Nigeria bis N-Angola u. W-Kenia, *T. n. castaneofuscus* Senegal bis Nigeria. Brütet oftmals in Kolonien anderer Weber, nicht selten nahe bei Siedlungen. Nest birnenförmig, an Baumzweigen hängend. Einflugöffnung unten. Gelege 2—3 blaue Eier, am stumpfen Eipol mit rötlichen Flecken. Ab u. zu auf dem Vogelmarkt, Haltung nicht schwierig, am besten Gartenvo-

Mohrenweber. Unterart *castaneofuscus*

liere mit Schutzhaus. Ausstattung mit hängenden Zweigen (Trauerweide, Birke). Überwinterung mäßig warm. Bereits öfter gezüchtet, störempfindlich. Zur Jungenaufzucht reichl. Insektennahrung, sonst übliches Futter.

— *T. reichardi*, Reichardweber. ♂: Kopf-OS bis in den Nacken gelb, Rücken gelbgrün, Bürzel gelb, Flügel, Schwanz dunkel, hellgelb gesäumt. Kinn, Kopfseiten schwarz, Kehle kastanienbraun, ebenso Flanken, sonst unterseits gelb, rotbraun. Schnabel schwarz. Im RK ♂ u. ♀ OS bräunlichgrün, Kopf gelblich, US gelbweiß. 13 cm. SW-Tansania, NO-Sambia, SO-Zaïre. Bewohnt Sümpfe. Nest aus Blattstreifen u. Gräsern im Schilf u. hohen Gras. Eier blau, auch grün, braungefleckt u. gepunktet. Bisher wenige Male auf dem europ. Vogelmarkt angeboten, sicherlich auch verkannt als *T. velatus* od. *T. vitellinus* gehandelt.

— *T. rubiginosus*, Maronenweber. ♂: im BK Kopf einschließl. Kinn, Kehle schwarz, sonst rotbraun, allein Flügel schwärzlich, weißgelb gesäumt. Schnabel schwarz. Auge rotbraun. Füße fleischfarben. Im RK ♂ dem ♀ ähnl. OS hell graubraun, dunkle Längsstreifen. US gelbbraun, Bauch weißlich, ebenso Überaugenstreif. Juv. insges. rötlichbraun. 16 cm. Äthiopien, Somalia bis M-Tansania, SW-Angola u. nö., mittl. Namibia. Dornbuschsavannen. Gesellig. Nahrung Samen, Schäden auf Getreidefeldern. Große Schwärme ziehen weit umher. Koloniebrüter, nur ♂♂ in der Zeit der Paarung u. während des Nestbaus in der Kolonie, anschl. vagabundierend. Juv. mit Insekten gefüttert. Ab u. zu auf dem Vogelmarkt. Gebärdet sich recht wild, bes. während der Brutzeit aggressiv. Beste Haltung in großen Gartenvolieren mit Schutzhaus. Baut öfter Nester, Zuchterfolg nicht bekannt. Außerhalb der Brutzeit überwiegend Samen.

— *T. spekei*, Somaliweber, Spekeweber. ♂: kein RK, Kopfseiten, Kinn schwarz, Rücken, Flügel dunkel olivgelblich gesäumt. Bürzel, Oberschwanzdecken grünlichgelb, Schwanzfedern grünlichschwarz. Sonst gelb. Schnabel schwarz. Auge orangegelb. Füße fleischfarben. ♀: OS olivbräunlich mit dunklen Streifen. Kopfseiten olivgrünlich bis olivgrau. US gelbbraun, zum Bauch weißlich. Juv. ähnl. ♀. 15 cm. M-Äthiopien, Somalia bis N-Tansania. Bewohnt Buschwälder, Felder u. Dörfer. Nest liederlich, hängt ohne Stiel an Zweigen. Gelege 2–3 blaue Eier, gering schwarz gefleckt. Erstmalig 1925 auf dem europ. Vogelmarkt. Seitdem nur ab u. zu angeboten. Nach der Eingewöhnung ausdauernd, aber stürmisch, deshalb beste Haltung in Gartenvoliere mit Schutzhaus.

— *T. subaureus*, Goldweber. ♂: goldgelb, nur Kopf, Kehle mattes Braun. Schnabel schwarz. Auge rot. Füße fleischfarben. ♀: OS olivgrün, US gelb. Verwechslungsgefahr mit *T. bojeri*. O-Kenia bis S-Afrika. Nest längsoval in Büschen, hohem Schilf, auf Bäumen. Gelege 2–3 hellblaue Eier, nicht immer dunkel gefleckt. Selten in Europa angeboten. Ausdauernd, recht unverträglich. Am besten für große Gartenvoliere mit Schutzhaus geeignet. Öfter Nester gebaut. Über Zuchterfolge nichts bekannt.

Goldweber

— *T. taeniopterus*, Goldmantel-, Flügelbindenweber. ♂: im BK ähnl. *T. reichardi*, aber Ohrregion kastanienbraun, Kinn schwarz, reicht bis zur Kehle. US gelb. Im RK Kopf-OS olivgelb mit feinen Strichen, sonst oberseits bräunlichgelb, schwarze Flügelfedern, weißlichgelb gesäumt. US weißlichbraun. ♀: wie RK des ♂, aber insges. heller. 14 cm. Sudan, S-Äthiopien, N-Uganda. Große Brutkolonien in Schilf u. hohen Gräsern. Längliches Nest, unterseits Einschlupföffnung. Gelege 2–3 Eier von hellgrüner bis hellbrauner Farbe von zahlreichen dunkelgrünen bis rötlichbraunen Punkten u. Flecken besetzt. Nach der Brutzeit zu großen Schwärmen vereint. Ab u. zu in Europa. Unempfindlich. Für Gartenvoliere mit Schutzhaus gut geeignet. Futter s. *T. cucullatus*. Mehrfach gezüchtet, Einzelheiten nicht bekannt.

Textorweber

— *T. velatus*, Maskenweber. ♂: im BK Gesicht schwarz einschließl. Kinn u. Kehle. Kopf-OS orange, Nacken gelb. Rücken, Flügeldecken gelbgrün, schwarzgestreift. Schwingen schwärzlich, gelb gesäumt. Brust orangegelb, sonst unterseits gelb. Schnabel schwarz. Auge orange. Füße braun. RK oberseits schwarzbraun auf olivgelbem Grund gestreift. Bürzel, Schwanz mattgelb, US gelblichweiß. ♀: insges. grauer als RK des ♂, während der Brutzeit US kräftig gelb. Juv. ähnl. ♀. 16 cm. S-Afrika bis Malawi, O-, S-, SW-Sambia, W-, S-Angola. Auf Insel São Tomé wohl eingeschleppt. Vorwiegend im Flachland, bevorzugt in Gewässernähe, auch auf Feldern. Nest aus Gräsern, Rispen u. Fasern, steht sowohl im Schilf u. Hochgras als auch in Büschen u. auf Bäumen. Gelege 2—3 Eier sehr abweichender Färbung (weiß, rosa, hellblau, hellgrün), einfarbig od. mit rotbraunen Flecken. Vor neuer Brut wird altes Nest zerstört. Nach der Brutzeit in riesigen Schwärmen unterwegs. Selten importiert, friedlich. Eingewöhnung leicht, wird schnell zutraulich. Beste Haltung Gartenvoliere mit warmem Schutzhaus. Futter s. *T. cucullatus*.

— *T. vitellinus*, Dotterweber, Dottergelber Weber. ♂: Gesicht schwarz (Verwechslung mit *T. galbula* möglich, der aber mit kastanienbraunem Gesicht, auch *Sitagra* ↗ *intermedia* ähnl., doch ist das Schwarz nicht so ausgedehnt, läuft an der Kehle auch nicht spitz aus. Gute Unterscheidung Augenfarbe!). Rücken geloliv. Flügel, Schwanzfedern schwärzlich gelbgesäumt. Sonst kräftig gelb. Schnabel schwarz. Auge orangerot. Füße fleischfarben. ♀: OS auf grünlichgelbem Grund gestreift, US weißlich, Brust gelblich überhaucht. 14 cm. Senegal bis Sudan, S-Äthiopien, N-Somalia, N-Tansania. Stimme kreischend, zischend. Brütet in der buschbestandenen Savanne. Nest oval ohne Einflugröhre. Häufig große Brutkolonien. Gelege 2—3 weiße bis hellblaue Eier mit roter bis violetter Zeichnung. Nach der Brutzeit streifen große Schwärme umher. Wird von allen Webern am häufigsten auf dem Vogelmarkt angeboten. Eingewöhnung komplikationslos, friedlich, zutraulich. Haltung auch in großem Käfig möglich, besser in Volieren. Mäßig warme Überwinterung. Ernährung wie *T. cucullatus*. Starker Nestbautrieb, schon mehrfach gezüchtet. Nistmaterial vorwiegend Blätter von Gräsern, feine Halme, Bast, kleine Federn. Brutdauer 12—14 Tage. Aufzuchtfutter vor allem Insekten. Juv. fliegen nach ca. 21 Tagen aus.

Textorweber *(Textor cucullatus)* → *Textor*
Teydefink *(Fringilla teydea)* → *Fringilla*
Thalasseus. G der Sternidae ↗. 7 An.

— *T. sandvicensis*, Brandseeschwalbe. ♂ u. ♀: im BK oberseits blaugrau, unterseits weiß, schwarze Kopfplatte, hinten in einem Schopf auslaufend. Schnabel schwarz mit gelber Spitze, Füße schwarz. RK: Stirn weiß, Kopf-OS mit weißen Federn. Juv. OS grau mit dunklen Flecken. 43 cm. UAn. Küsten Englands, Frankreichs, der Nordsee, auch an wenigen Stellen an der Ostseeküste, Schwarzes u. Kaspisches Meer, N- u. M-Amerika. Brütet in großen Kolonien an flachen Sandstränden u. vegetationslosen Inseln. Nest eine flache Mulde, meist 2 Eier. Haltung s. Sternidae. Keine Gefangenschaftsbruten bekannt.

Thaler, Ellen (geb. Kottek), Dr., geb. 29. 10. 1933. Ca. 20 Publikationen in wissenschaftl. Zeitschriften. 1973 Goldmedaille der Zeitschr. «Die Gefiederte Welt» für die Erstzucht des Sommergoldhähnchens.

Thalurania, Waldnymphen. G der Trochilidae ↗. 3 An. Mexiko bis Paraguay u. Uruguay. Bevorzugen Wälder, Buschgelände.

— *T. furcata*, Schwalbennymphe, Goldkehl-Waldnymphe, Gabelschwanz-Waldnymphe, Gabelthalurania, Tschudis-Waldnymphe. ♂: Kopf-OS von vorn gesehen fast schwarz, fast ohne Glanz, von hinten gesehen mit bronzenem Schimmer. Ein breites Band quer über dem Rücken, Unterkörper u. Weichen glänzend purpurblau. Unterrücken, Bürzel u. Oberschwanzdecken dunkelgrün. Ganze Kehle leuchtend smaragdgrün. Steuerfedern, Unterschwanzdecken stahlblau, weiß gesäumt. ♀: oben glänzend grasgrün, unten hellgrau. Mittl. Steuerfedern bläulichgrün, seitl. blauschwarz mit weißen Spitzen u. hellgrauer Wurzel. Juv. wie ♀. 12,0 cm. Mexiko bis W-Ekuador, Paraguay, Misiones u. São Paulo, Trinidad. Tropische u. subtropische Zone bis 1 900 m ü. NN, hier offenes Gelände mit einzelstehenden Bäumen. Bes. Eingewöhnungsschwierigkeiten bestehen nicht. Langjährige Haltungserfolge liegen vor. Zucht ist sowohl bei W. SCHEITHAUER ↗ als auch bei K. L. SCHUCHMANN ↗ gelungen. Brutzeit 17 Tage, nach 20 Tagen verlassen die Jungen das Nest. Am 30. Tag wurde selbständige Nahrungsaufnahme beobachtet.

— *T. glaucopis*, Veilchenkopfnymphe, Königliche Waldnymphe, Violettkappenthalurania. ♂: Kopf-OS leuchtend veilchenblau. Hinterkopf blauschwarz. OS mit Einschluß der Oberflügeldecken glänzend grün. Ganze US mit Einschluß der Unterschwanzdecken leuchtend grün, letztere mit grauen Säumen. Steuerfedern stahlblau. Schnabel schwarz. ♀: ganze OS grün, Kopf matter. US weißlichgrau; seitl. Steuerfedern mit weißlichgrauen Spitzen. Kleiner als ♂. Juv. wie ♀. 11,5 cm. O-Brasilien, Uruguay, Paraguay. Bevorzugt als Lebensraum Wälder u. Buschregionen. Bes. Eingewöhnungsschwierigkeiten bestehen nicht. Sollte in großen Volieren ↗ gehalten werden, hier auch mit größeren An zusammen. Mehrere Vögel wurden von M. BEHNKE-PEDERSEN länger als 2 Jahre gehalten. Bei W. SCHEITHAUER erbrütete ein Weibchen Hybriden mit einer *Amazilia amazilia (dumerilii)*. Brutzeit 17 Tage, das Jungtier verließ das Nest nach 25 Tagen. Schon am 26. Tag nahm es selbständig Nahrung auf.

— *T. watertonii*, Langschwanznymphe. ♂: Kopf-OS, Nacken u. Hinterhals, Bürzel, Oberschwanzdecken dunkelgrün. Rücken veilchenblau. US grün, Körperseiten veilchenblau. Unterschwanzdecken schwarzbraun mit weißlichen Säumen. Steuerfedern stahlblau, fast schwarz. Schnabel schwarz. ♀: OS, mittelste Steuerfedern metallischgrün. US hellgrau, Brustseiten grün. Äußere Steuerfedern metallischgrün, nach der Spitze zu stahlblau mit weißlichen Spitzen. Juv. wie ♀. 12,5 cm. Küstengebiet von O-Brasilien.

In Wäldern, Buschregionen u. Mangrovewäldern. Bes. Schwierigkeiten werden nicht genannt. Haltung ähnl. *T. glaucopis*; die Zoological Society London gibt eine Haltungsdauer von 2 Jahren an. Zucht noch nicht gelungen.

Thamnolaea. G der Muscicapidae ↗. 2 An. Afrika. Pflege wie *Oenanthe* ↗.

— *T. cinnamomeiventris*, Rotbauchschmätzer, Rotbauch-Drosselschmätzer. ♂: Kopf, Kinn, Kehle u. Brust blauschwarz, Flügel u. Schwanz schwarz. Weißer Schulterfleck. US kräftig zimtfarben. Auge braun. Schnabel u. Füße schwarz. ♀: ohne weißen Schulterfleck, zuweilen silbergrau mit dunklen Längsstreifen (W. BAARS ↗). 20 cm. UAn. *T. c. coronata* hat weiße Kopf-OS, *T. c. kordofanensis* außerdem weißes Band zwischen schwarzer Brust u. zimtfarbenem Bauch, beide UAn häufig als selbständige An angesehen. Am oberen Niger, inneres W-Afrika, Äthiopien, O-, S-Sudan bis NO-Zaïre durch Uganda, Kenia, Tansania, O-Sambia, Malawi, Moçambique u. Simbabwe, bis O-Botswana durch Transvaal, den Oranje-Freistaat, Natal bis zur O-Kapprovinz. Verbr. lokal. Bewohnt felsiges Gelände, manchmal auch an Gebäuden. Zuweilen auf dem europ. Vogelmarkt. Gesang lieblich plaudernd, häufig vermischt mit imitierten Strophen anderer Vögel.

Thamnophilus. G der Formicariidae ↗. 20 An. M- u. S-Amerika. Lebensweise wie Formicariidae. Futter handelsübl. Insektengemisch mit geschabtem rohem Fleisch, frischen Ameisenpuppen, außerdem andere lebende Wirbellose.

— *T. palliatus*, Mantelwollrücken, Rotbrauner Bindenwollrücken. ♂: Kopf-OS schwarz, ebenso übrige OS, aber mit weißen Querstrichelln. US schwarz mit weißen, querverlaufenden Streifen, Flanken mit gelblichweißen Flecken. Schnabelspitze hakenförmig. ♀ ähnl. ♂, aber Kopf-OS mit weißen Querstreifen. 17,5 cm. UAn. O-Kolumbien bis N-Bolivien; Amazonasgebiet bis Mato Crosso, Minas Gerais u. Rio de Janeiro. Lebt überwiegend am Boden. Napfförmiges Nest in Büschen. ♀ u. ♂ brüten, Juv. schlüpfen nach 15 Tagen, verlassen nach 12 Tagen das Nest. Erstmalig 1933 in Europa (Zoo Berlin), seither selten in Vogelsammlungen. Ähnelt im Verhalten Vögeln der F Laniidae ↗. Warme Unterbringung, am besten paarweise od. einzelne Haltung in biotopähnl. Voliere ↗ od. im Landschaftskäfig ↗. Wenig scheu.

Thectocercus. G der Aratingidae ↗, UF Aratinginae ↗. 1 A. Früher zu *Aratinga* ↗ gezählt. Verbr.-Gebiet, Lebensweise u. Pflege s. *Pyrrhura*. Überwinterung frostfrei. Einzelvögel manchmal sehr zahm, lernen dann auch wenige Worte sprechen. Laute Stimmen bei Haltung berücksichtigen.

— *T. acuticaudatus*, Blaukopf-, Spitzschwanzsittich. ♂ u. ♀: grün, Stirn, Scheitel blau, ebenso Zügel, Wangen, Ohrdecken. Innenfahnen des Schwanzes bräunlichrot. Oberschnabel weißlich mit schwarzer Spitze, Unterschnabel schwärzlich. Auge blaßrot, Augenring weiß. Füße fleischfarben. Juv. Blau des Kopfes matter, Unterschnabel weißlich. 37 cm. UAn (s. u.). Nominatform, Blaukopfsittich, verbr. in O-Bolivien, we. Mato Grosso, Paraguay, Uruguay, nordwe. Argentinien bis La Pampa u. Buenos Aires. Lebt in recht trockenen Regionen, am häufigsten in laubabwerfenden Wäldern od. in Galeriewäldern, vielerorts auch in offenen Savannen u. sogar wüstenähnl. Habitaten (z. B. in Bolivien). Überwiegend Flachlandbewohner, in Bolivien außerdem in trockenen Bergtälern bis 1 800 m ü. NN. Häufig. Im S des Verbr.-Gebietes Population stabil, ansonsten unwesentl. Rückgänge. Brütet in Baumhöhlen. Nahrung: Mango-, Kaktusfrüchte u. andere Früchte, Samen, Blüten der Ceibobäume, häufig verursacht er Schäden auf Feldern. Unregelmäßig auf europ. Vogelmarkt, oftmals als Blaustirnsittich im Handel. Anspruchslose, reizvolle Pfleglinge. Kann in Freivoliere ↗ überwintert werden (Dr. BURKARD ↗). Erstzucht 1971 bei K. BASTIAN, England. Paar allein halten, da sehr aggressiv. Geräumige Bruthöhle bieten, günstig querformatiger Kasten (Th. ARNDT ↗), nimmt auch hohen Kasten an (Dr. BURKARD). Brütet in Europa im zeitigen Frühjahr, wahrscheinl. nur eine Brut jährl. Gelege 2–4 Eier. *T. a. haemorrhous*, Blaustirnsittich. ♂ u. ♀: grün, heller als Blaukopfsittich, Stirn blaßblau (bedeutend matter als bei Nominatform), Innenfahnen des Schwanzes mehr rötlich, ges. Schnabel weißlich. 35 cm. Brasilien (Piaui u. Bahia). Über Lebensweise wenig bekannt. Erstmalig 1864 in London, seither sehr selten im Handel. Erstzucht 1950 bei G. R. BROWN, Los Angeles, 1974 in São Paulo Lutino gezüchtet. *T. a. neoxenus*, Venezuela-Blaustirnsittich. ♂ u. ♀: grün, nur Stirn u. Scheitel blaßblau, ansonsten Kopf grün, Innenfahnen der seitl. Schwanzfedern braunrot, Oberschnabel weißlich, Unterschnabel schwärzlich. 32 cm. Verbr.-Gebiet N- u. O-Venezuela, vielleicht auch in Guayana u. auf der Insel Margarita. Bewohnt Savannen u. Waldränder, möglicherweise noch nicht in Europa im Handel gewesen. *T. a. neumanni*, Bolivien-Blaustirnsittich. ♂ u. ♀: intensives Blau von Stirn u. Kopf-OS reicht bis in den Nacken, Wangen grün, Flügel länger als bei Nominatform, Schnabel weißlich, möglicherweise Unterschnabel schwarz. 37 cm. Lebt in den Anden zwischen 1 500 u. 2 650 m ü. NN. Vielleicht weitere UA Blauscheitelsittich, sonst aber zu *neumanni* gehörend od. intermediäre Vögel zwischen Nominatform u. *neumanni* (Th. ARNDT) mit Oberschnabel weißlich, Unterschnabel schwarz, ansonsten wie *neumanni* gefärbt. 38 cm. Verbr.-Gebiet Provinz Santa Cruz (Bolivien). Über Lebensweise nichts bekannt. Badet gern. Erstzucht 1976 bei de BUHR, 4 Jungvögel gezogen.

Theklalerche (*Galerida theklae*) → *Galerida*

Thereiceryx, Grünbartvögel. G der Capitonidae ↗. 4 An. Mittelgroß bis groß mit vorwiegend grünem Gefieder u. heller Streifen- od. Tropfenzeichnung. ♂ u. ♀ gleich. S-Asien von Sri Lanka u. Indien bis Indochina u. Indonesien. Alle An eingeführt. Keine Zuchterfolge bekannt.

— *T. flavifrons*, Gelbstirn-Bartvogel, Goldstirnbartvogel. ♂ u. ♀: Stirn u. Fleck an Unterschnabelbasis goldgelb, Kopf-OS bräunlichgelb, Nacken grün mit heller Strichelung. Augenbrauen, Kopfseiten blau, Kinn, Kehle aquamarinblau; übriges Gefieder ober-

Theristicus

seits dunkel-, unterseits hellgrün, durch dunklere Federränder geschuppt erscheinend. Schwanz oberseits dunkelgrün, unterseits bläulich. Schnabel grünlichhornfarben. Iris hellrot. Füße grünlichblau. 21 cm. Sri Lanka. Bewaldete Zonen in den Bergen bis in eine Höhe von 2 100 m, aber auch im feucht-heißen Tiefland u. in trockeneren Gegenden im O, ziemlich häufig. Nicht scheu. Ernährt sich hauptsächl. von Früchten, in Plantagen schädlich. Bezeichnender rollender Ruf häufig zu hören, wird vom Partner beantwortet. Brut in Baumhöhlen von Februar bis Mai u. im August u. September, 2—3 weiße Eier. Bereits 1905 im Berliner Zoo, von Zeit zu Zeit importiert, aber noch nicht gezüchtet.

— *T. lineatus*, Streifenbartvogel. ♂ u. ♀: Kopf, Kehle, Brust braun mit breiter, hellbeiger bis weißlicher Streifung, beiger Ohrfleck. Nacken grünlich mit beiger Strichelung, übrige OS dunkel olivgrün. Schwungfedern bräunlich. Bauch gelblichgrün, braun verwaschen. Schnabel hell hornfarben, Spitze dunkler. Iris braun, nackter Augenring dunkelgelb. Füße orangegelb bis fleischfarben. 28 cm. UAn. Am Fuße des Himalaja von Nepal bis Malaysia, Indochina sowie Java, Bali. In lichten Wäldern, häufig auch im Kulturland. Einzeln od. in kleinen Gruppen fruchttragende Bäume aufsuchend, durch seine lauten Rufe auffallend, deretwegen er in Indochina Cococ genannt wird. Brut März—Juni, 2—4 weiße Eier. 1877 im Londoner Zoo, seit 1894 auch im Zoo Berlin gehalten. Später immer wieder eingeführt, aber keine Haltungsberichte vorliegend.

— *T. viridis*, Grünbartvogel. ♂ u. ♀: Kopf-OS braun, jede Feder heller gerandet, weißer Augenbrauenstreif, desgl. ein weißer Strich unter dem Auge von der Basis des Oberschnabels bis übers Ohr, OS u. Schwanz sonst kräftig smaragdgrün. Schwungfedern braun, hell gerandet. Kehle weißlich, Kopf-, Halsseiten braun gefleckt. Brust beige, braun marmoriert, übrige US hellgrün. Schwanz-US bläulich. Schnabel bräunlichfleischfarben. Iris dunkelbraun, nackter Augenring schwärzlich. Füße grünlichgrau. 23 cm. S- u. W-Indien. Bewohnt immergrünen Wald bis in Höhen von 2 300 m, aber auch in Gärten u. Plantagen. Paarweise od. in Gruppen bes. an Feigenbäumen erscheinend. In Kaffeeplantagen als Schädling bekannt. Ruf ähnl. anderen An der G, selbst in hellen Mondnächten rufend. Brut von Dezember—Juni, 2—4 weiße Eier. Aufzucht der Juv. durch ♀ u. ♂. Einfuhr bereits 1894 durch G. Voss nach Köln. Teilweise später, Angaben durch Verwechslung mit anderen An der G nicht sicher zuzuordnen. Zucht unbekannt.

— *T. zeylanicus*, Braunkopf-Bartvogel. ♂ u. ♀: Kopf, Nacken, Kehle u. Brust braun mit heller Strichelung, Schwungfedern bräunlich, außen hell gesäumt, Bauch vorne gelblichbraun, in Grün übergehend, Rücken, Flügel, Bürzel grün mit bronzenem Schimmer. Schwanz-OS dunkelgrün, US bläulich schimmernd. Schnabel bräunlich, in der Brutzeit rötlich orange. Iris rotbraun, nackter Augenring hell oran-

gefarben. Füße zitronengelb. 27 cm. Von Sri Lanka durch Indien bis W-Nepal. In bewaldeten Gegenden ebenso wie im Kulturland, auf Sri Lanka bis in 1 500 m ü. NN. Häufiger, durch seine monotonen Rufe auffallender Vogel. Nahrung Früchte, aber auch Insekten. Brut von Februar—Juni, 2—4 weiße Eier. Bereits 1875 durch Frl. HAGENBECK ↗ eingeführt u. immer wieder im Handel. Wegen seiner nicht sehr auffallenden Färbung nicht sehr beliebt u. deshalb nur wenig über Haltung mitgeteilt. Zucht nicht gelungen.

Theristicus. G der Threskiornithidae ↗. 2 An.

— *T. caudatus*, Weißhalsibis, Schwarzgesichtsibis. ♂ u. ♀: Kopf, Hinterhals, Rücken, Brust, Bauch braun. Vorderhals weiß; vom Schnabelgrund bis Augenumgebung schwarz. Flügel grauschwarz. Unterschwanzdecken weiß. Abwärts gebogener Schnabel schwarz. Beine rötlich. 70 cm. Kolumbien u. Venezuela bis N-Argentinien.

— *T. melanopis*, Schwarzzügelibis, Brillenibis. ♂ u. ♀: wie Schwarzgesichtsibis, nur Vorderhals nicht weiß, sondern bräunlich. 70 cm. UAn. Anden von Ekuador bis Chile, Patagonien. Zuchterfolg 1962/64 in Philadelphia, USA.

Thermometerhuhn (*Leipoa ocellata*) → *Leipoa*

Thlypopsis. G der Hemithraupinae ↗. 6 An. We. S-Amerika von Kolumbien bis N-Argentinien. Lebensweise wenig bekannt. Haltung, Futter usw. s. *Tangara*.

— *T. sordida*, Orangekopftangare. ♂ u. ♀: Stirn, Kopfseiten u. Kehle gelb, an Scheitel u. Nacken in rostrot übergehend. OS grau. Nacken grünlich. Schwingen schwarz, weißlich gerandet. US hell okkerfarben, Bauchmitte weiß. Schnabel bleifarben, Füße grau. 14 cm. 3 UAn. Tropisches Venezuela, S-Kolumbien, O-Ekuador, O-Peru, Brasilien, Paraguay u. N-Argentinien. Gern in Schilfbeständen u. im hohen Gras entlang der Flüsse. In früheren Jahren gelangten einige Stücke nach Europa.

Thraupidae, Ammertangaren. F der Passeriformes ↗. Früher als UF der Emberizidae ↗ angesehen. 9 UFn, 68 Gn u. 201 An. WOLTERS ↗ ordnet nunmehr u. a. die Cardinalinae ↗, Geospizinae ↗ od. Coerebinae ↗ als UFn ein. Anordnung u. Abgrenzung einiger UFn allerdings noch unsicher. Meisen- bis Drosselgröße. Farblich recht unterschiedl. Tropisches bis gemäßigtes N- u. S-Amerika.

Thraupinae, Edeltangaren. UF der Thraupidae ↗. 13 Gn, 34 An. Oft unscheinbar, viele aber auch sehr kontrastreich gefärbt. M- u. S-Amerika. Bewohnen tropische Wälder, Kulturland od. auch die Nebelwälder der Hochgebirge. Neben Früchten werden auch Insekten genommen, die bes. zur Jungenaufzucht benötigt werden. Nester napfförmig. 2—3 Eier. ♀♀ tragen die Hauptarbeit bei der Brut. Viele An noch weitgehend unerforscht. Ähnl. wie die übrigen Vertreter der Tangaren findet man sie nicht häufig in den Anlagen der Liebhaber. Der Hauptgrund liegt wohl in der Ernährungsweise. Als überwiegende Fruchtfresser verursachen sie viel Schmutz. Waren nie in großer Zahl im Handel. Haltung, Futter usw. s. *Tangara*.

Thraupis. G der Thraupinae ↗. 7 An. 15—19 cm. Überwiegend blaßblau od. blaßolivfarben. M-Amerika sü. von Nikaragua u. S-Amerika nö. der La

Plata-Mündung. Einige An zählen zu den häufigsten Vögeln innerhalb der großen Städte. Fütterung, Haltung usw. s. *Tangara*. Für Käfighaltung wenig geeignet, in Eingewöhnung u. Temp.-Ansprüchen nicht so empfindlich.

— *T. cyanocephala*, Gelbschenkeltangare. Nicht zu verwechseln mit *Tangara cyanocephala* ↗. ♂ u. ♀: oberseits dunkelolivgrün bis gelboliv. Kopf u. Nakken leuchtend blau. Stirn u. Zügel schwarz. US je nach UA dunkelgrau, grünlichblau od. blau. Hinterer Bauch, Flanken u. Unterschwanzdecken grüngelb. Schenkelbefiederung gelb. Schnabel; Füße schwarz. 17—19 cm. 8 UAn. Karibische Küste Venezuelas sowie subtropische Waldgebiete von Kolumbien sü. bis Bolivien. Ruhiger, zutraulicher Volierenvogel. Sehr selten eingeführt.

— *T. cyanoptera*, Violettschultertangare. ♂: blaugrau, Rücken grünlich überzogen. US heller. Schwung- u. Schwanzfedern blaugrün gesäumt. Großer violettblauer Schulterfleck. Schnabel schwärzlich, Füße braun. ♀: kleinerer Schulterfleck u. insges. blasser. 17 cm. S-Staaten Brasiliens, N-Argentinien u. O-Paraguay. Bewohnt die oberen Baumregionen. Unregelmäßig importiert.

— *T. episcopus*, Bischofstangare. Teils auch als *T. virens* bezeichnet. ♂: Kopf, Nacken u. US silbrig graublau. Rücken blaugrau bis leuchtend blau. Bürzel etwas heller. Kleine Flügeldecken silbrig blauweiß, große hell blaugrün. Schwingen schwärzlich mit breitem blauem od. blaugrünem Rand. Schnabel schwarz. Auge braun. Füße schwarz. ♀: insges. etwas blasser. 15 cm. 16 UAn. Mexiko, nordwe. S-Amerika nö. des Amazonas, Peru u. Bolivien. Häufig in Parkanlagen, Gärten od. lichten Wäldern. Paare halten das ganze Jahr zusammen. Lebhafter Volierenvogel, dessen Nachzucht schon wiederholt gelungen ist. 14 Tage bebrütet das ♀ allein das Gelege. Nach 3 Wochen verlassen die dunkel gefärbten Jungen das Nest.

— *T. ornata*, Schmucktangare. ♂: Kopf blau, OS dunkeloliv, zum Rücken hin bläulich. Kehle, Brust u. Flanken violettblau. Kleine Flügeldecken blau, gelb gefleckt. Flug- u. Schwanzfedern schwarz, olivgrün gesäumt. Schnabel schwarz. Auge dunkelbraun. Füße graubraun. ♀: dunkler u. etwas kleiner. 18 cm. Küstenregion SO-Brasiliens von Bahia bis Santa Catarina. In England mehrfach gezüchtet. Angriffslustig. Selten angeboten.

— *T. palmarum*, Palmentangare. ♂ u. ♀: insges. braunoliv. Kopf u. Flügeldecken olivgrün. Auge dunkelbraun. Schnabel u. Füße schwärzlich. 17 cm. 4 UAn. Von Nikaragua sü. bis S-Brasilien, Paraguay u. Bolivien. Nistet gerne in Nischen od. den Wedeln großer Palmen. Wiederholt nachgezogen. Frisch gehäutete Mehlwürmer ↗ wurden bevorzugt verfüttert. Unregelmäßig im Handel.

— *T. prelatus*, Prälattangare. Synonym von *T. sayaca*. ♂ u. ♀: OS blaugrau. Kopf u. US grau, an den Flanken grünlich. Flügel- u. Schwanzfedern grünblau gesäumt. Schnabel schwärzlich. Füße braun. 16 cm. 3 UAn. Karibische Küste Kolumbiens u. Venezuelas, O-Brasilien sü. des Amazonas bis NO-Argentinien, Paraguay u. Bolivien. Lebt in Trockengebieten, innerhalb von Städten od. auch kleineren Wäldern. Zuweilen richten sie in Schwärmen beträchtlichen Schaden in Obstplantagen an. Ab u. zu eingeführt. Bereits nachgezogen.

Threnetes, Eremiten. G der Trochilidae ↗. 5 An. Nö. S-Amerika. Wälder.

— *T. leucurus*, Hellschwanz-Eremit, Weißschwanz-Bartkolibri. ♂ u. ♀: OS grün. Zügel, Ohrdecken, Kinn schwärzlich. Kehlfleck dunkel rostfarben. Unterkörper weißlichgrau, Brust metallischgrün. Unterschwanzdecken metallischgrün. Mittelste Steuerfedern wie der Rücken grün, äußerste Steuerfedern schwarz an der Wurzel u. Spitze, in der Mitte weiß; das nächste Paar größtenteils weiß; das zunächst dem mittelsten mit nur etwas Weiß an der Spitze. Schnabel schwarz, nur Wurzel des Unterschnabels weißlich. 11,0 cm. Von O-Kolumbien, S-Venezuela, Guayana bis Bolivien, Pará, Maranhão. Lebt einzeln im Regenwald, in Sekundärvegetation u. Pflanzungen in der Nähe von Wasser. Erscheint äußerst selten im Handel, über Eingewöhnung u. Haltung liegen keine Angaben vor. Zucht noch nicht gelungen.

— *T. niger*, Mohreneremit, Schwarzer Einsiedler. ♂: grünlichschwarz mit Bronzeschimmer. US etwas dunkler, Oberschwanzdecken schwarz gesäumt. Kehle schwarz. Steuerfedern schwärzlich olivfarbig, an der US mit Purpurschimmer. Schnabel lang, schwach gebogen u. schwarz, nur Unterschnabel an der Basis hell. Füße gelb. ♀: Steuerfedern mit bräunlichgrauen Kanten, Kehle mit hellbraunem Fleck. Juv. wie ♀. 11,2 cm. Cayenne (Französisch-Guayana). Soll in Wäldern leben. Mitte der 80er Jahre einmal nach Europa gelangt. Zur Haltung liegen keine Angaben vor. Zucht nicht gelungen.

— *T. ruckeri*, Bindenschwanz-Eremit, Blaufächerschwanz-Einsiedler, Ruckers Einsiedlerkolibri, Streifenschwanz, Bartkolibri. ♂: OS glänzend grün mit Bronzeschimmer, Kopf-OS dunkler. Fleck hinter dem Auge u. Bartstreif hellbraun. Zügel, Ohrdecken u. Kinn schwarz. Vorderbrust zimtfarben, übrige US bräunlichgrau. Unterschwanzdecken grün mit rotbraunen Säumen. Mittelste Steuerfeder wie der Rücken; seitl. Steuerfedern schwarz mit weißer Wurzel, weißer Spitze. Oberschnabel u. Spitze des Unterschnabels schwarz. Wurzel des Unterschnabels rot. ♀: wahrscheinl. etwas kleiner. Juv. wie ♀. 11,2 cm. Von Guatemala bis NW-Ekuador u. W-Venezuela. In Regenwäldern, Sekundärvegetation, *Heliconia*-Dikkicht u. Bananenplantagen entlang der Flüsse. Kommt einzeln od. in kleinen Trupps vor. Heikel, überdauert in menschlicher Obhut selten bis zur ersten Mauser. Die Zoological Society London gibt als Haltungsrekord 1 Jahr u. 5 Monate an. Zucht noch nicht gelungen.

Threskiornis. G der Threskiornithidae ↗. 3 An.

— *T. aethiopicus*, Heiliger Ibis. ♂ u. ♀: weiß, Kopf u. Oberhals nackt u. schwarz. Schwungfedern mit schwarzen Spitzen; fein zerschlissene Schmuckfedern am Hinterrücken schwarz. Abwärts gebogener Schnabel u. Beine schwarz. Juv. an Kopf u. Hals schwarzweiß gesprenkelt; Schmuckfedern fehlen.

Threskiornithidae

Heiliger Ibis

75—85 cm. UAn. Äthiopis, Madagaskar, S-Irak (früher auch Ägypten). Sowohl an der Meeresküste als auch im Binnenland auf Grassteppen. Nest an Felsen od. auf der Erde im Sumpfgelände, auch in Büschen u. Bäumen. Nahrungssuche in größeren Schwärmen gemeinsam. Gelegentl. heisere Krächzlaute. 2—4 bläulich- od. grünlichweiße Eier, teils mit gelbbraunen Punkten. Seit 60er Jahren in zahlreichen Tiergärten mehrfache Zuchterfolge.
— *T. melanocephalus*, Schwarzhalsibis, Schwarzkopfibis. ♂ u. ♀: weiß, nackter Kopf u. Hals sowie Beine schwarz. Am Hinterrücken Schmuckfedern grau. Juv. mit befiedertem Kopf u. Hals; ohne Schmuckfedern. Indien u. Sri Lanka bis zur Mandschurei (früher auch in Japan). Im Binnenland an Gewässern u. Sümpfen. Nistet in kleinen Kolonien bis zu 12 Paaren. Eier hell bläulichweiß, teils braungefleckt. Zuchterfolge 1961 Zoo Delhi, 1962—1966 Ahmedabad, Indien; 1964 Saigon, Vietnam.
— *T. moluccus*, Molukkenibis. ♂ u. ♀: wie Schwarzhalsibis. UAn. Australien, Neuguinea, Maluku. Zuchterfolge seit 60er Jahren in Adelaide, Healesville u. Melbourne.

Threskiornithidae, Ibisse. F der Ciconiiformes ↗. 16 Gn (*Mesembrinibis, Cercibis, Harpiprion, Thaumatibis, Phimosus* ↗, *Theristicus* ↗, *Threskiornis* ↗, *Carphibis* ↗, *Nipponia* ↗, *Geronticus* ↗, *Pseudibis* ↗, *Bostrychia* ↗, *Lophotibis* ↗, *Plegadis* ↗, *Eudocimus* ↗, *Platalea* ↗) mit 31 An. ♂ wie ♀. Storchenverwandte Schreitvögel. In allen wärmeren u. tropischen Ländern der Welt (außer Ozeanien). In Sumpfgebieten, an Gewässerufern, aber auch in Steppen. Gesellig lebend, wandern u. brüten in Schwärmen. Im Flug Hals gestreckt nach vorn u. Beine nach hinten gerichtet. Schräge od. V-förmige Ketten bildend. Segeln seltener. Gesicht federfrei, Puderdunen fehlen. Beine kräftig, Zehen lang, Hinterzehe etwas höher angesetzt. Schnabel lang, schmal u. nach abwärts gebogen (Sichler) od. flach u. verbreitert (Löffler). Sichler stochern mit Schnabelspitzen im Schlamm u. im Pflanzenwuchs nach Beute, Löffler schnattern im seichten Wasser Nahrung auf. Stimmapparat meist untauglich für Lautgebung; Stimmen meist laut grunzend u. rauh. Nester auf Boden im Röhricht, auf Büschen u. Bäumen od. an Felsen. Teils sehr große Brutkolonien, teils mit anderen Stelzvogel-An vergesellschaftet. 3—5 Eier, hell, meist braun- u. graugefleckt. Brutdauer 21 Tage (Löffler 24—25 Tage). Eltern würgen im Nest Futter aus dem Magen hoch, Juv. gehen mit ihrem Schnabel in den der Eltern hinein, um Nahrung abzunehmen. *Nipponia nippon* unter strengem An-Schutz! Die meisten An der Sichler u. Löffler in Tiergärten gehalten. Für Liebhaberhaltung weniger geeignet. Meist in spez. Reihervolieren mit versch. An vergesellschaftet. Gras- u. Sandboden mit kleinen Wasserflächen. Möglichst reichhaltiger Gebüsch- od. Baumbestand (auch trockene). Für Winter temperierte Unterkunft im Haus erforderlich. Futter rohes u. gekochtes Fleisch in Stückchen od. Streifen; gekochter Reis, Garnelenschrot, durchgedrehter Süßwasserfisch; Mahlfleisch mit eingeweichten Semmeln u. gewiegtes Grün untergemischt; Futterkalk, Vigantol. Zur Eingewöhnung werden Mehlwürmer aufgelegt. Sichler wie Flamingos ↗, bes. aber Grünmehl, Garnelenschrot. Wenn möglich synthetisches Carotin (für *Eudocimus ruber* 1963 in Amsterdam: Canthaxantin. Basis 10%iges Canthaxantin; davon 1% mit 99% Magermilchpulver gemischt). Würmer u. Insekten aller Art. Einige An sind nicht allzu schwer zur Brut zu bringen. Vielfach Bruterfolge zu verzeichnen: Braunsichler mehrfach im Tierpark Berlin u. Zoo Magdeburg, DDR; Brillensichler 1964—1966 in Dallas, USA; Schneesichler 1966 in Houston, USA; Scharlachsichler 1965 Stuttgart, BRD; 1966 Washington, USA; 1973 Tierpark Berlin, DDR; Schwarzzügelibis 1962/64 Philadelphia, USA; Heiliger Ibis seit 60er Jahren vielfach; Schwarzhalsibis 1961 Delhi; 1962—1966 Ahmedabad, Indien; 1964 Saigon, Vietnam; Warzenibis 1965 Saigon; Strohhalsibis seit 1970 mehrfach im Tierpark Berlin; 1960—1966 Basel, Schweiz; 1965 Zoo Berlin-West; 1966 Adelaide, Australien; Mischlinge aus Strohhalsibis × Molukkenibis 1964, Adelaide.

Tiaris. G der Thraupidae ↗. 4 An. M- u. S-Amerika, Inseln der Karibik. Haltung, Pflege s. *Sporophila* ↗. Baden gern.
— *T. bicolor*, Schwarzgesichtchen, Jamaicafink. ♂: Kopf-OS braunschwarz, Kopfseiten, Vorderhals u. Brust schwarz, OS dunkelolivgrün, ebenso kleine u. mittl. Flügeldecken, sonst Flügelfedern schwarzbraun, Außenfahnen dunkeloliv. Schwanzfedern schwarzbraun mit olivgrünen Säumen, mittl. sind olivgrün verwaschen. Bauch u. Unterschwanzdecken aschgrau, Federn mit grauweißen Säumen. Körperseiten olivfarben. Schnabel braun, Unterschnabel etwas heller. Auge braun. Füße bräunlichgrau. ♀: olivgrün, Kopfseiten graubraun, olivfarben getönt. Kropf grau, Brustseiten dunkelgrau mit olivfarbenem Hauch, Körperseiten bräunlich. Mitte von Brust u. Bauch gelblichweiß. Schwingen u. Schwanzfedern schwarzbraun mit olivgrünen Säumen. 10 cm. UAn. Bahama-Inseln, Haïti, Jamaika, Puerto Rico, Kleine Antillen, Tobago, Küstenlandschaft von Venezuela u. vorgelagerte Inseln, Bonaire, Curaçao, Aruba, nö. Kolumbien u. oberes Magdalenatal, südwe. Inseln in der Karibik (San Andrés, Santa Catalina, Providencia). Lebt häufig in der Nähe menschlicher Siedlun-

gen. Nest in kleinen Bäumen. Erstmalig 1865 im Zool. Garten London, später auch 1 Paar bei K. Ruß ↗. Sporadisch im Handel.
— *T. canora*, **Kleiner Kubafink**. ♂: Stirn, Gesicht u. Kehle schwarz, Hinterkopf u. Nacken gelblichgrün, ebenso Rücken. Flügeldecken, Handdecken, Schwingen u. Schwanz bräunlichgrau mit gelblichgrünen Außensäumen, nur innere Schwingen gelblichgrün, ebenfalls gesäumt. Bürzel u. Oberschwanzdecken gelblichgrün. Leuchtend gelbes Band über Kropf, Halsseiten bis in die Ohrgegend, endet sichelförmig auslaufend über dem Auge, sonst Vorderhals schwarz. Restl. US dunkelgrau, Bauchmitte weißlich, Flanken bräunlich. Schnabel schwarz. Auge dunkelbraun. Füße fleischfarben. ♀: Gesichtsmaske grau bis rötlichbraun, Halsband bräunlichgelb, sonst wie ♂. Juv. matter u. mehr bräunlicholivgrün als ♀, blaßgelbes Halsband bei den ♂♂. 10 cm. Kuba u. Isla de la Juventud. Bewohnt mit Büschen u. Bäumen bestandene Graslandschaften, Unterholz der Waldränder, buschbestandene Feldränder u. Gärten. Kunstvolles kugeliges Nest aus Halmen, Würzelchen, Pflanzenwolle, Haaren u. Federn in Büschen u. Bäumen. Vor Mitte des 19. Jh. sehr selten auf europ. Vogelmarkt, danach öfter, zeitweise sogar zahlreich im Handel. Durch Färbung, munteres Wesen u. den melodisch zwitschernden Gesang gern gehalten. Eingewöhnung bei Zimmertemp. Später auch Haltung in Außenvoliere ↗ mit Schutzraum ↗ gut möglich, warme Überwinterung. Manchmal aggressiv gegenüber artfremden Vögeln, stets gegenüber A-Genossen, deshalb auch nicht in angrenzenden Anlagen unterbringen. Kann gut mit robusten Prachtfinken ↗ vergesellschaftet werden. Zucht schon häufig gelungen, auch im größeren Käfig ↗. Am leichtesten in gestrüppreicher Voliere ↗. Als Nistgelegenheiten Harzer Bauer ↗, halboffene Nistkästen ↗, Kaisernester ↗, Nistklötzchen ↗ bieten, selten werden Nester von Prachtfinken bezogen u. ausgebessert. Gelege 2—4 Eier, ♀ brütet allein, störempfindlich. Schlupf nach 12—13 Tagen, zuweilen auch bis zu 2 Tagen später. Aufzuchtfutter große Mengen frischer Puppen der Rasenameise, halbreife Gras- u. Unkrautrispen, viel Grünes, gekeimtes Körner-, Weichfutter (Eibiskuit mit hartgekochtem Eigelb). Juv. verlassen nach 13—17 (19) Tagen das Nest, unterschiedl. flugfähig. Werden anschl. vorwiegend vom ♂ gefüttert, sind nach 10—14 Tagen selbständig, dann von Eltern trennen. 2—3 Bruten jährl., nicht mehr erlauben.
— *T. olivacea*, **Großer Kubafink**. ♂: Stirn, Kopf-OS graugrün, orangegelber Streifen vom Schnabel über das Auge bis zu den Ohrdecken, ebenso gefärbter kurzer Streifen unter dem Auge. Von Zügel u. Wangen bis Kehle u. Vorderbrust schwarz. OS olivgrün, großer Kinnfleck orangegelb. Übrige US grau mit olivgrünem Hauch, Bauchmitte u. Unterschwanzdecken gelblich. Schnabel, Auge schwarz. Füße graubraun. ♀: matter als ♂, orangegelbe Abzeichen des ♂ sind gelblichweiß, US grauer, Bauchmitte weißlicher. Juv. ähnl. ♀, aber Brust grau, kaum gelbe Abzeichen. 11 cm. UAn. Karibikküste von Mexiko bis S-Tamaulipas, Oaxaca sü. bis W-Kolumbien u. W-Venezuela; Insel Cozumel vor Yucatán; Kuba, Isla

Tichodroma

629

Kleiner Kubafink. Paar

de la Juventud, Haïti (Hispaniola), Jamaika, Cayman-Inseln, Puerto Rico. Lebt in buschreichen Landschaften, in Parks, Gärten, an Feld-, Waldrändern u. Ufern. Bereits Mitte des 19. Jh. in Europa gehalten, 1884 erstmalig gezüchtet. Aggressiver als Kleiner Kubafink, deshalb Vergesellschaftung nur mit größeren Vögeln, am besten Paar allein halten. Unverträglich auch gegenüber arteigenen ♂♂ u. Kleinem Kubafink. Zucht leichter als bei Kleinem Kubafink, Einzelheiten s. dort.

Tichodroma, Mauerläufer. G der Tichodromidae ↗. 1 A. Europa, Asien. Felskletterer. Nahrung Insekten, Spinnen. Eingewöhnung von Altvögeln nicht ratsam, dagegen Jungenaufzucht möglich. Haltung in Voliere ↗. Winterhart. Nahrung Fertigfutter, Eifutter, Insekten, Ameisenpuppen. Gezüchtet. Brutdauer 19 Tage, Nestlingsdauer 28 Tage, nach weiteren 8 Tagen selbständig.
— *T. muraria*, **Mauerläufer**. ♂: im BK Kopf-OS, Rücken aschgrau, Kehle, Kropf, Wangen schwarz, sonstige US grau, kleine Flügeldecken rosa, große Flügeldecken, Handdecken schwarzbraun mit roten Außenfahnen, Schwingen schwärzlich braungrau, äußere Handschwingen an Innenfahnen 2 weiße Flecken. Schwanzfedern schieferschwarz. ♂: im RK Kehle, Kropf, Wangen weißlichgrau. ♀: im BK entweder mit weißlicher Kehle u. Kropfregion od. mit schwarzem od. grauem Brustfleck. Juv. einfarbig aschgrau, Rücken etwas heller als US. 13,5—16,5 cm. Pyrenäen über die Alpen, den Balkan, Karpaten, Kaukasus zum Himalaja. Im Winter in tieferen Lagen. Felsgebiete von rund 1 000 m ü. NN, seltener tiefer, bis 3 000 m. Bevorzugt bewachsene Felsen möglichst in Wassernähe, gerne Bachschluchten. Wildfänge sind meist nicht einzugewöhnen, Jungvögel dagegen aufzuziehen mit Ameisenpuppen, Kalkpulver u. mit in Lichtfallen ↗ gefangenen kleinen Nachtfaltern. Spätere Gewöhnung an Fett- u. Eifutter. Von Oktober ab ist Einzelhaltung nötig. Futtergrundlage Fertigfutter, dazu Mehlwürmer, tiefgefrorene, wieder aufgetaute Ameisenpuppen u. Insekten aus der Lichtfalle. Im Sommer auch Fliegen, Raupen u. Spinnen. Benötigt geräumige Voliere möglichst mit Fließwasser, zur Brut nach unten führende Höhle in künstl. Steinmauer von 10—15 cm Querschnitt, Angebot von feuchtem Moos, Federn u. Haaren wünschenswert.

Tichodromidae, Mauerläufer. F der Passeriformes ↗. Früher zu Certhiidae ↗, dann Sittidae ↗ angegliedert. 1 A. Europa, Asien. Felsbewohner im Gebirge. Farbe blaugrau mit roten u. weißen Gefiederteilen am Flügel. Suchen flatternd, kletternd u. hüpfend ihre Nahrung. Ernähren sich von Insekten u. Spinnen. Nisten in Felslöchern u. Spalten. Nest aus Moos, Tierwolle u. Federn.

Tickell's Braunbrüstiger Fliegenschnäpper *(Cyornis tickelliae)* → Cyornis

Tibetwürger *(Lanius tephronotus)* → Lanius

Tierhygiene. Dem Fachgebiet obliegt die Erkennung u. Nutzung aller fördernder Umwelteinflüsse u. die Fernhaltung schädigender Wirkungen auf die Tiergesundheit.

Tierschutz. Grundlage des T. ist neben ethischen Grundsätzen die Tierhygiene ↗. Einen untrennbaren Komplex bilden T., Tierhygiene u. Ökonomie, da sich jede Störung des Wohlbefindens der Tiere negativ u. damit leistungsmindernd auswirkt. Die Einhaltung des T. wird entsprechend den gesetzlichen Bestimmungen kontrolliert.

Tierseuche. Jede durch verschiedenste Erreger hervorgerufene Krankheit bei Tieren, die auf andere Tiere od. den Menschen in irgendeiner Weise übertragen werden kann.

Tigerfink *(Amandava amandava)* → Amandava

Tigerhalstaube, NN → Perlhalstaube

Tigerwürger *(Lanius tigrinus)* → Lanius

Timalia. G der Timaliidae ↗. 1 A. Vorland des Himalaja von Nepal bis Assam, Burma, S-China, Thailand u. Indochina; Java. Bewohner der Ebene, im SO bis über 1000 m ü. NN. Leben im gras- u. buschreichen Sumpfland. Gesellig. Haltung, Pflege wie *Chrysomma* ↗. Für Vogelgesellschaft nur bei Unterbringung in größerer Voliere ↗ od. Vogelstube ↗ geeignet, da zuweilen aggressiv gegenüber anderen Vögeln. Bald zutraulich. Gesang ähnl. den Rufen der Haubenlerche ↗, sangesfreudig.

— *T. pileata*, Rotkäppchentimalie. ♂ u. ♀: Vorderkopf, Wangen u. Überaugenstreif weiß, ebenso Kehle u. Brust, letztere beide schwarz gestreift. Kopf-OS rostbraun. Zügel schwarz. OS olivbraun. Bauch blaß rostbräunlich bis weißlich. Auge rot od. rotbraun. 17 cm. UAn.

Timaliidae, Timalien. F der Passeriformes ↗. 4 UFn (Timaliinae ↗, Spelaeornithinae, Pomatorhininae ↗, Turdoidinae ↗); 69 Gn, ca. 216 An. 9—31 cm. F mit sehr vielfältigen Formen, unterschiedlichste Färbungen u. Zeichnungen, manche An mit roten, gelben u. grünen Abzeichen, andere einfarbig braun. Federkleid locker, 10 Handschwingen, 3 äußere kürzer als die folgenden, Flügel kurz, rund, wenig für kraftvollen Flug geeignet. Schwanz mit 12 Steuerfedern. Schnabel häufig kräftig, nach unten gebogen. Lauf u. Fuß derb, starkes Sprungvermögen. Afrika, Madagaskar, Arabien, China, S-, SO-Asien, Indonesien, Neuguinea, Philippinen u. N-Amerika. Die meisten An leben in Asien. Stand- ↗ u. Strichvögel ↗. Rastlose Bewohner des Unterholzes, auch der Bäume, seltener auf dem Boden tropischer Wälder. Außerhalb der Brutzeit in kleinen Trupps unterwegs, häufig in Gesellschaft anderer An. Stimme abwechslungsreich, meistens laut. Nahrung Insekten, Spinnen u. andere kleine Tiere, vor allem auch Beeren u. Früchte. Nistplatz, Nestbau, Gelegegröße, Eifärbung u. weitere brutbiologische Einzelheiten bei Mannigfaltigkeit der Formen unterschiedl. Wenige An im Handel, ± häufig. Haltung möglichst paarweise. Unterbringung, Pflege s. *Yuhina*. Baden gern. Zuchterfolge sehr selten.

Timaliinae, Eigentliche Timalien. UF der Timaliidae ↗. Ca. 15 Gn, ca. 42 An. Aufgeführt sind *Chrysomma* ↗, *Timalia* ↗, *Stachyris* ↗, *Stachyridopsis* ↗.

Timneh-Graupapagei, UA → Graupapagei

Timorreisfink *(Padda fuscata)* → Padda

Timorrotflügelsittich, Timorsittich *(Aprosmictus jonquillaceus)* → Aprosmictus

Timor-Zebrafink → Zebrafink

Tinamidae, Steißhühner. Einzige F der Tinamiformes ↗. 2 UFn, 9 Gn, 46 An. Wachtel- bis hühnergroße Bodenvögel. Näher verwandt mit Flachbrustvögeln (Nandus). Rebhuhnartiges braunfleckiges Gefieder, bei beiden Geschlechtern allgemein gleich, beim ♀ oft kräftiger gefärbt. Puderdunen vorhanden. Kurzer Schwanz. Steuerfedern verkümmert. Gedrungener Körper mit kurzen, runden Flügeln u. kurzen, kräftigen Beinen. Füße mit 3 kräftigen Vorderzehen u. 1 schwachen, hoch ansetzenden Hinterzehe (fehlt G *Eudromia*). Schnabel hühnerartig, meist aber dünner u. spitzer. Besitzen Kropf u. gut entwickelte Blinddärme. ♀ meist größer als ♂. S- u. M-Amerika bis Mexiko. Urwälder u. Grasebenen bis über 4000 m Höhe. Meist dämmerungs- u. nachtaktiv. Fliegen nur ungern, da schwache Flugmuskulatur. Bei Annäherung von Feinden sich am Boden drückend od. im Pflanzenbewuchs verbergend. Manche An leben paarweise, meist aber haremsbildend. Stimme pfeifend u. flötendes Trillern. Nahrung Sämereien, Grünzeug, Früchte, Kleingetier (vor allem Insekten, Würmer). Bei einigen An ♀♀ bei Werbung führende Rolle, balzen um ♂♂. Brut u. Aufzucht nur durch ♂. 2—12 Eier, stets einfarbig, kräftig graublau, grau, braun, gelb, grün, weinrot, purpurn; porzellanartig aussehend. Brutdauer 19—20 Tage. Küken rötlichgelb mit dunklen Streifen u. Sprenkeln, Nestflüchter. Begehrtes Jagdwild. Haltung in Tiergärten N-, M- u. S-Amerikas häufiger, in europäischen nur gelegentl., da Tiere recht unscheinbar. Private Haltung äußerst selten. Geeignet für nicht zu kleine, flache Gartenvolieren ↗ mit reichl., dichtem Bewuchs. Als Bodengrund wechselnd Sand, Kies, Wiesenboden, mit größeren Steinen gestaltet. Zur Überwinterung für Waldsteißhühner mäßig warmen Raum, für Steppensteißhühner frostfreie Unterkunft genügend. Futter reichl. fein geschnittenes Grünzeug, Hühnerpellets od. Waldvogelgemisch, Quetschgetreide, Insektenschrot, Mehlwürmer ↗, Regenwürmer, Mahlfleisch, geschnittene Äpfel. Zucht häufiger gelungen.

Tinamiformes. O Steißhühner. 1 F Tinamidae ↗.

Tinaminae, Waldsteißhühner. UF der Tinamidae ↗. 3 Gn, *Tinamus* ↗, *Nothocercus* ↗, *Crypturellus* ↗.

Grausteißtao oder Grausteißtinamu

Tinamus. G der Tinaminae ↗. 5 An. Haltung, Pflege s. Tinamidae ↗.

— *T. major*, Großtinamu, Bergtao. ♂ u. ♀: olivbraun mit feinen dünnen schwarzen Binden an Rücken u. Flanken; Kehle weiß. 40–53 cm. UAn. SO-Mexiko bis Bolivien u. Mato Grosso. Waldbodenbewohner. Bodennest mit großen Blättern ausgelegt. Gelege 6–7 blaugrün glänzende Eier. Sehr selten geworden.

Tinnunculus. G der Falconidae ↗. 10 An. Weltweit verbr.

— *T. sparverius*, Buntfalke. Kleinster Vertreter der G. ♂: Kopf bunt, Schwanz rotbraun mit breiter schwarzer Binde, Flügel schiefergrau, Brust orangegelblich. ♀: Schwanz braun, leicht grau gebändert, Brust hell, braun getropft. Von der UA *sparverioides* existieren eine helle u. eine dunkle Phase. 15 UAn. Amerika von Kanada bis Feuerland. In offenem bis halboffenem Gelände auch in extremen Wüstenregionen, aber auch in menschlichen Ansiedlungen. Nistet in Spechthöhlen, alten Nestern u. in Gebäuden. Gelege 3–7 weiße, braungefleckte Eier. Brutdauer 29–30 Tage. ♂ u. ♀ betreiben Brutpflege. Schon häufig in Gefangenschaft gezüchtet. Erwerb aus Zuchtanlagen möglich. Wird auch als Beizvogel benutzt. Für die Brut sind Nistkästen am geeignetsten. Winterquartier notwendig.

— *T. tinnunculus*, Turmfalke. ♂: Oberkopf, Wangen u. hinterer Hals blaugrau, Schwanz aschgrau mit breitem schwarzen Band u. schmalem weißen Endsaum. Flügeldecken blaugrau. ♀: mittelbraun mit dunklen Tropfenflecken, Schwanz gebändert. 11 UAn. Europa, Asien, Afrika bis zum Kapland. Offenes u. halboffenes Gelände, menschliche Ansiedlungen. Horstet in Felswänden, alten Baumhorsten u. in Gemäuern u. Gebäuden. Gelege 5–7 gelbweiße, braunrot gewölkte Eier. Brutdauer 29 Tage. ♂ u. ♀ betreiben Brutpflege. Schon mehrfach in Gefangenschaft gezüchtet. Für die Brut sind Nistkästen am geeignetsten.

Tiputip (*Centropus superciliosus*) → *Centropus*
Tirikasittich (*Brotogeris tirica*) → *Brotogeris*
Tobago-Amazilie, Tobagokolibri (*Amazilia tobaci*) → *Amazilia*

Tockus, Tokos. G der Bucerotidae ↗. Kleinste Nashornvögel ↗. Bis auf *T. griseus* (W-Indien, Sri Lanka) u. *T. birostris* (Indien) in Afrika. Volieren ↗ bepflanzen, gut in Gemeinschaft u. a. mit Hühner- ↗,

Töpfervögeln ↗ zu halten. Futter Hefe- u. Haferflocken, frischer Magerquark, handelsübl. Drosselfuttergemisch, gekochtes, zerkleinertes Hühnerei, frische, zerkleinerte Karotten, kleingehackter Apfel, wenig gekochter Reis, durchgedrehte Eintagsküken, geschnittener Weißfisch, Vitakalk. Nisthöhlengröße entspr. Vogelgröße wählen. Aufzuchtfutter: zum üblichen Futter reichl. geschnittene Eintagsküken bieten. Lebensweise, zusätzl. Pflegehinweise s. Bucerotidae.

— *T. deckeni*, Jacksontoko. ♂: Kopf-OS schwärzlichgrau, Kopfseiten weiß, Ohrregion grau, Augenring nackt, schwärzlich. Rücken, Flügel schwarz, mittl. Armschwingen weiß, ebenso Längsband Mitte Oberrücken. Schwanzfedern schwarz (4 mittl. vollständig), äußere am Ende breit weiß. Schnabel (ohne Aufsatz) mit roter Basalhälfte, entlang der Schneiden schwärzlich, sonst gelb. Auge braun. Füße schwarz. ♀ wie ♂, kleiner, Schnabel schwarz. Juv. wie Ad.; Armdecken mit weißen Flecken. Schnabel schwächer, hornfarbenschwärzlich. Manche Juv. bereits Schnabel wie ad. Vögel, aber noch weiß gefleckte

Junger Buntfalke

Flügeldecken, wurden früher fälschlich als eigene A (*T. jacksoni*) angesehen. In trockenen Busch- u. Baumsavannen. In Winnipeg/Kanada u. London gezüchtet.

— *T. erythrorhynchus*, Rotschnabeltoko. ♂: Kopf-OS schwärzlichgrau, Überaugenstreif weiß, ebenso Kopfseiten u. Hals. Ohrregion mit grauen Stricheln. Um Auge u. Kehle Haut nackt, gelb. Schwärzlichbrauner Rücken, parallel zur Mitte verläuft längs weißes Band. Schwarzbraune Flügeldecken, weißgefleckt. Mittl. Armdecken weiß, Handschwingen schwarz, 2 äußersten u. innersten auf Innenfahne weißer Fleck. Mittl. haben diesen auch auf Außenfahne. Schwanzfedern schwarz mit weißen Spitzen, außer mittl. Paar. Fleckung auf Schwingen u. Schwanz sind variabel. US weiß. Schnabel rot, Wurzel gelblich, kein Aufsatz, untere Hälfte des Unterschnabels schwarz. Auge braun. Füße schwarzbraun. ♀ wie ♂, kleiner, Schnabel schwächer, häufig rot od. mit kleinem, schwarzem, basalem Fleck. Juv. wie Ad., Schnabel aber schwächer, bräunlichgelb, kein schwarzer Fleck, Kehle mehr befiedert. *T. e. rufirostris* hat grau gewölkte Kehle u. Vorderbrust, 5. u. 6. Armschwinge max. bis zur Hälfte weiß, *T. e. damarensis* hat weiße Stirn, Kopf-OS dunkelbraun, 50 cm. Von Senegal, S-Mauretanien bis Eritrea durch O-Afrika bis S-Angola, Namibia, Transvaal u. nö. Natal. Steppen- u. Savannenbewohner. Pflanzl. u. tierische Nahrung, bevorzugt Heuschrecken, die häufig auf dem Boden gegriffen werden. Gelege 3—5 Eier in Baumhöhlen bis 9 m über der Erde, ♀ u. ♂ verbauen Schlamm von Pfützen, ♀ vorzugsweise von innen, nur ♂ trägt Material herbei. Zucht gelang 1926 u. 1927 den Zoos Frankfurt/M. u. Berlin, in Burford/England, Dvůr Králové/ČSSR, London, Münster/BRD, 1984 im Vogelpark Walsrode ↗. Brutdauer mindestens 28 Tage (Zool. Garten Frankfurt/M.).

— *T. flavirostris*, Gelbschnabeltoko. ♂: Kopf-OS schwarz, ± mit Weiß vermischt. Überaugenstreif breit, bis in den Nacken ziehend, weiß, schwarz gestrichelt, ebenso Ohrregion. Kopfseiten weiß, Augenhaut nackt, schwarz. Rücken schwarz, parallel zur Mitte verläuft längs weißes Band. Flügeldecken braunschwarz, weiß gefleckt, Handschwingen schwarz, jeweils weißer Fleck auf Innen- u. Außenfahne (bei den äußeren nur Fleck auf Innenfahne). Auf Armschwingen werden weiße Flecken größer, so daß mittl. Armschwingen Weiß mit schwarzer Basis u. schwarzer Binde haben, innere Armschwingen schwarz, weiß gesäumt. Schwanzfedern schwarz, Spitzen u. Mittelbinde weiß, nur mittl. Federpaar schwarz. Kehle nackt, rosa. US weiß. Schnabel gelb, Basis orange, Schneiden, Spitze schwarz, keine Leiste. Auge gelb. Füße schwarzbraun. ♀ wie ♂, kleiner. Kehlhaut schwarz. Juv. wie Ad., Brustfedern

Rotschnabeltoko *(T. e. erythrorhynchus).* Männchen und Kopf des Weibchens (nach K. SANFT)

Grautoko

ohne schwarze Schaftstriche, Auge gelblichgrau. *T. f. somaliensis* wie Nominatform, aber beim ♂ Unterschnabel nicht gelb, sondern Basalhälfte rot, bei ♀ rot. Bei *T. f. elegans* Kopf-OS grau, Unterschnabel beim ♂ gelb, ebenso bei ♀, aber Basis rot, bei *T. f. leucomelas* Kopf-OS grauschwarz, Unterschnabel ♂ u. ♀ gelb, aber als einzige UA mit Leiste auf Oberschnabel. 56 cm. Äthiopien, Somalia bis nordöst. Tansania, W-Angola, nö. Namibia, vom Sambesi, Malawi bis we. Oranje-Freistaat, Transvaal, Natal. Bewohnt lichte Akazienwälder, Dornbuschsteppe, gern in der Nähe von Flußläufen, auch bis in 2400 m ü. NN. Nahrung s. *T. erythrorhynchus.* Zucht in Tampa/USA gelungen.

— *T. nasutus*, Grau-, Weißschafttoko. ♂: Kopf, Hals dunkelgrau, Überaugenstreif weiß. Rücken hellbraun, weißes Längsband. Flügeldecken dunkelbraun mit weißen Säumen. Schwingen, Schwanzfedern schwarzbraun, Spitzen weiß. Kehle nackt, dunkelgrau. US weiß. Schnabel schwarz, Basis des Oberschnabels mit weißem Fleck, am Unterschnabel weiße, schräge Streifen. Auge rot bis rotbraun. ♀ wie ♂, kleiner. Kehlhaut nackt, dunkelgrün. Vorderer Oberschnabel bräunlichrot, sonst gelb. Juv. wie Ad., Schnabel grauschwarz. *T. n. epirhinus* wie *T. n. nasutus*, aber ad. ♂ hat leistenförmigen Schnabelaufsatz, der in Spitze endet, bei ♀ häufig Schrägstreifen des Unterschnabels enger, Kopf graubraun. *T. n. dorsalis* wie vorherige UA, aber Kopf grau, OS heller. *T. n. forskalii* hat dunklere OS als *T. n. nasutus*, Flügel u. Schnabel länger. Ca. 50 cm. Senegal bis Äthiopien, SW-Arabien, O-Afrika bis S-Angola, mittl. Namibia, Botswana bis zum Oranje-Fluß, Transvaal, Natal. Bewohnt Steppen u. Savannen, Mopanewälder. 1981 im Vogelpark Walsrode ↗ 1 Juv. gezüchtet (Welterstzucht). Bruthöhle war rund, hatte 28 cm ∅, Höhe 58 cm, Flugloch ∅ 9 cm, Standorthöhe knapp 2 m.

Todidae, Todis. F der Alcediniformes ↗. 1 G *Todus* ↗, 5 An. 9–11 cm. Gewicht 5–7,5 g. Kopf-OS, Ohrregion, Flügel u. Schwanz bei allen An grün, Kehle rot. Bauchseite u. Flanken hell, von A zu A versch. pastellfarben gelb, hellgrün, hellgrau u. rosa. 2 An (*Todus multicolor* u. *T. todus*), blauer Fleck unterhalb des Ohrs. Schnabel 12,3–14,3 mm, dorsoventral abgeflacht, Schnabelborsten. Mittel- u. Innenzehe weit miteinander verwachsen. Füße rosa bis dunkelgrau. ♂ u. ♀ äußerlich weitgehend gleich. Große Antillen. Je 1 A auf Kuba *(T. multicolor)*, Puerto Rico *(T. mexicanus)*, Jamaika *(T. todus)*, 2 An auf Hispaniola (*T. subulatus* u. *T. angustirostris*). Baumvögel, in trockenem Buschland bis sehr feuchtem Bergregenwald vorkommend, auch in Sekundärvegetation, Parkanlagen u. Kaffeeplantagen, *T. subulatus* auch in Mangrove. Nahrung fast ausschließl. Insekten (hauptsächl. *Diptera* u. *Coleoptera*), weniger Spinnen, gelegentl. sehr kleine Reptilien *(Anolis)*. Stoffwechsel außerordentl. rasch. Nehmen im Freiland tagsüber pro Min. durchschnittl. 1–1,7 Beutetiere auf. Die Mehrzahl wird von Zweigen u. Blättern, bes. deren US abgesammelt, der kleinere Teil im Flug gefangen. Sitzen auf Warten, die freie Ausblicke gewähren, halten Schnabel dabei meist etwa 45° zur

Grautoko füttert Weibchen in der Bruthöhle

Horizontalen geneigt nach oben. Schlagen Beute auf der Warte tot. Nicht scheu. Brüten in Erdwänden, Uferbänken, Straßeneinschnitten, in die sie ihre Nisthöhlen mit dem Schnabel u. den Füßen etwa waagerecht graben. Eingangsröhre im Durchschnitt 30 cm lang, 3,4 cm breit, 3,6 cm hoch. Meist biegt der Gang zur Nestkammer nach rechts od. links ab. Nestkam-

Todiramphus

633

mer durchschnittl. 11,3 cm lang, 9,8 cm breit u. 6,9 cm hoch. Kein Nistmaterial. Gelege 1–5 Eier, zumeist 2–4. Brutdauer von *T. mexicanus* 21–22 Tage. Brutflecken bei beiden Geschlechtern, beide brüten, ♀ mehr als ♂. Eier dünnschalig u. weiß, bei *T. mexicanus* durchschnittl. 1,44 g schwer. Paare verteidigen kleine Nestterritorien, dennoch wurde beobachtet, daß ad. fremde Todis als Nesthelfer bei der Jungenaufzucht mitwirken. Todis sind als Vögel mit außerordentl. großem Bewegungsbedürfnis für die Käfighaltung nicht geeignet. In Volieren mit guter Bepflanzung u. ausreichend vielen Sitzgelegenheiten zu halten. Raumtemp. 22–25 °C. Trotz oberflächlicher Ähnlichkeit mit Eisvögeln ↗ tauchen u. fischen Todis nicht. Paarweise Haltung zumindest in kleinen Flugräumen. Flache Futternäpfe von der Decke hängend anbringen, möglichst so, daß die Todis von ihren Warten hineinsehen können. Futter lebende od. frischtote kleinere Insekten. Zugabe von Vitamin- u. Mineralstoffpräparaten erforderlich. Von Versuchen, Todis an Weichfutter zu gewöhnen, ist abzuraten. Schwierigstes Problem bei der Todihaltung ist der Transport. Wegen des sehr raschen Stoffwechsels ist Zwangsfütterung während des Flugtransports erforderlich (Abstände etwa 90 Min.). Eine einmalige 6stündige Ruhepause während der Nacht wurde gut vertragen. Von unbegleitetem Versand ist abzuraten. Zur Zwangsfütterung eignen sich Mehlwürmer, ergänzt durch Vitamin- u. Mineralstoffpräparate. Versuche der Todihaltung in der Karibik u. in den USA waren bisher nur wenig erfolgreich, längste Haltungsdauer bislang gut 5 Monate für *T. multicolor* im Bronx-Zoo, New York. Eigenimport des Zool. Gartens Wuppertal von *T. subulatus* im April 1981. Zucht noch nicht gelungen.

Todiramphus. G der Alcedinidae ↗. 19 An.
– *T. chloris*, Halsbandliest, Grünkopfliest, Weißbauchliest. ♂: OS blau. Kopfplatte blaugrün, schwarz abgegrenzt. US weiß, ockerfarbige Tönung an Brust u. Bauch. Breites weißes Nackenband. Bürzel u. Schwanz blau. Schnabel schwarz. Füße braun. ♀: Kopf-OS u. Rücken grünlicher, blassere Ockerpartien. Juv. glanzlos, Flügeldecken ocker od. hellbraun gesäumt, Brust schuppig gezeichnet. Umfärbung im 2. Jahr. 22–25 cm. UAn. Küsten des Sudans, Eritreas u. S-Arabiens, lokal an Küsten Indiens, Andamanen, Nikobaren, Hinterindien, Philippinen, Sundainseln, Küsten N-Australiens, Maluku, Neuguinea u. benachbarte Inseln (einschließl. Bismarck-Archipel), Salomonen u. Südsee-Inseln öst. bis zu den Tonga-Inseln u. Samoa; Mikronesien. Auch in dichten Urwäldern, an Waldrändern, in Plantagen, Parks u. Gärten. Einzeln od. paarweise. Ausgeprägtes Badebedürfnis. Ansitzjagd. Nahrung Fische u. Krabben, auch Insekten, Kriechtiere u. Jungvögel. In Baumhöhlen u. Termitenbauten brütend. 3–5 reinweiße, rundliche Eier (24 x 30 mm). Brutdauer 17–24 Tage; Nestlingszeit etwa 20 Tage. Aufzucht junger Wildfänge in Sabah (N-Kalimantan) 1972 gelungen. Zuchterfolg 1965 im Bronx-Zoo (USA).

Todis

— *T. farquhari*, Braunbauchliest. ♂ u. ♀: oberseits ultramarinblau; Kopf schwarz, mit weißem Fleck am Hinterkopf. Bürzel u. Unterrücken heller. Kehle, Hals u. breites Nackenband weiß. US kastanienbraun. Hinterm Auge kurzes ultramarinblaues Band; Schnabel oben schwarz, unten hell hornfarben. Füße graubraun. ♀ am Unterbauch großen weißen Fleck. Juv. wie ♀. 20 cm. Neue Hebriden (Inseln Malekula, Malo u. Santo). In Wäldern. Nahrung Insekten, Reptilien. Recht selten! Haltung u. Aufzucht junger Wildfänge in Australien gelungen.

— *T. macleayii*, Spiegelliest, Waldliest. ♂ u. ♀: oberseits graublau. Oberflügeldecken graublau. Schwingen olivgrün, im Flug ausgebreitet weißer Fleck sichtbar. Wangen schwarz. Kehle u. US weiß. Schnabel schwarz. 18 cm. UAn. N- u. O-Australien, O-Neuguinea u. Aru-Inseln. Küstennahe Gebiete.

— *T. pyrrhopygius*, Rotbürzelliest, Rotrückenliest. ♂ u. ♀: Kopf mattgrün u. weiß gestreift. Rücken u. Bürzel rostrot. Brust u. Bauch weiß. Flanken blaugrün. Schwingen violettblau. Schwarzer Augenstreif, bei ♂ breiter als bei ♀. Schnabel schwarz. Füße grau. Juv. mit dunkler Wellenzeichnung auf Brust u. Bauch. 20—23 cm. UAn. Australien (ohne SW u. Tasmanien). Wälder, Savannen, meist Trockengebiete. Stimme leises Pfeifen. Beute hauptsächl. große Insekten u. kleine Reptilien. Nest in steilen Fluß- u. Küstenufern. 4—5 weiße, runde Eier. Haltung u. Aufzucht junger Wildfänge in Australien gelungen.

— *T. sanctus*, Götzenliest. ♂ u. ♀: oberseits bläulichgrüngrau. Kopfseiten schwärzlich. Nacken mit einem schwarzen u. einem weißen Band. Flügel u. Bürzel blau. Kehle weiß. Brust u. Bauch bei ♂ ockerfarben, bei ♀ weiß. Vor dem Auge gelblichweißer Fleck. Schnabel grauschwarz, Unterschnabel am Ansatz rot. Füße braun. 18—20 cm. Körpermasse 45 g. UAn. Australien, Tasmanien, Norfolk- u. Lord-Howe-Inseln, Neukaledonien, Loyalitäts-Inseln, Neuseeland, Kermadec-Insel. In Wäldern, an Mangroveküsten u. in Savannen. Beute Insekten, Krebse u. Reptilien. Nester in Baumhöhlen (bes. Eukalyptus) od. in Baumtermitenbauten u. Erdhöhlen. 4—6 weiße Eier (21,5 × 25 mm). Haltung häufiger; z. B. schon 1868 im Zoo London; 1901 im Zoo Berlin; 1940 im Zoo Breslau u. ab 1980 im Vogelpark Walsrode ↗.

— *T. saurophagus*, Weißkopfliest, Echsenliest. ♂ u. ♀: Kopf, Nacken, Kehle u. US weiß. Rücken bläulichgrün. Schwingen u. Schwanz graublau. Schnabel graubraun. Schwarzer Augenstreif. 35 cm. UAn. N-Neuguinea u. benachbarte Inseln, N-Maluku, Salomonen. Waldgebiete. Ab u. zu gehalten.

Todis → Todidae
Todus. G der Todidae ↗. 5 An.

— *T. subulatus*, Breitschnabeltodi. ♂ u. ♀: Kopf, Körper-OS, Flügel u. Schwanz leuchtend grün, Kehle rot, Flanken rosa, Bauchseite weißgelblich. Unterschnabel rot, ohne schwarze Spitze, durchschnittl. 14,3 mm lang, an der Basis 5,4 mm breit. Auge dunkelbraun, Füße grau. Ca. 11 cm. Hispaniola u. vorgelagerte Insel Gonave. Bevorzugt niedrige Höhenlagen, bis 1 265 m ü. NN, selten in sehr feuchten Bergwäldern, in trockenem Buschland mit einer Vegetationshöhe von 4—5 m häufig. Sehr anpassungsfähig in der Wahl des Lebensraumes. Brütet wie alle anderen Todis in selbstgegrabenen Erdbauen. Stimme «tirp-tirp-tirp»; erzeugt beim Fliegen manchmal schwirrendes Geräusch. Erstmals 1981 in Europa im Zool. Garten Wuppertal. 1 der 5 importierten Vögel verstarb an einer Lungenentzündung nach 5 Monaten, 4 lebten länger als 20 Monate. Haltung in einer bepflanzten Innenvoliere gemeinsam mit kleinen u. mittelgroßen Kolibris ↗. Neben frisch abgetöteten Insekten ständig großes Angebot an lebenden Fruchtfliegen *(Drosophila)*. Hauptfutter mittelgroße u. kleine Heimchen (bevorzugte Größe 5—7 mm), Stubenfliegen, Wachsmottenraupen, wenig Mehlkäferlarven ↗ u. -puppen. Versuchten in Lehmwand Nisthöhle zu graben, bisher keine Brut.

Togo-Paradieswitwe *(Steganura i. togoensis)* → *Steganura*
Tokos → *Tockus*
Tollwut. Durch ein Rhabdovirus verursachte Infektionskrankheit der Säugetiere u. Vögel, die tödlich endet. Hauptträger u. Überträger der Erkrankung in M-Europa ist der Fuchs. Vögel infizieren sich nur selten, am ehesten Greif- ↗ u. Rabenvögel ↗.
Tölpel → Sulidae
Tonkibülbül *(Pycnonotus cafer)* → *Pycnonotus*
Tonkin Bankivahuhn → Bankivahuhn
Topaskolibri *(Topaza pella)* → *Topaza*
Topasrubinkolibri *(Chrysolampis mosquitus)* → *Chrysolampis*
Topaza, Topaskolibris. G der Trochilidae ↗. 2 An. Nö. S-Amerika. Flußtäler.

— *T. pella*, Topaskolibri, Feuer-Topaskolibri. ♂: Kopf-OS, Kopfseiten u. ein die Kehle einfassender Streif schwarz. Nacken, Hinterhals weinrot mit goldenem Schimmer, in die rötliche Kupferfarbe des Rückens übergehend, die dann wieder in die grüne, goldigglänzende Farbe der Oberschwanzdecken übergeht. Mittelstes Steuerfederpaar bronzegrün; das nächste stark verlängerte Paar purpurbraun, die daraufolgenden zimtfarben. Armschwingen, Unterflügeldecken zimtfarben. Kehle grün, in der Mitte goldig, US kupferrot, Vorderbrust weinrot. Unterschwanzdecken bronzegrün. Flaumfedern weiß, Flaumbüschel schwarz mit weißgrauen Spitzen. Schnabel schwarz. ♀: OS grasgrün. Steuerfedern purpurbraun. US goldiggrün, Kehle goldigrot. Unterflügeldecken zimtfarben. Juv. wie ♀. 19,5 cm. S-Venezuela, Guayana, NO-Brasilien (Amapá, Umgebung von Belim), O-Ekuador (oberer Rio Napo). Regenwälder u. offenes Waldland entlang der Flüsse in einer Höhe von 100—300 m. Soll in kleinen Kolonien brüten. Der Erstimport kam 1922 nach Clères (Frankreich), die Tiere waren sehr aggressiv. Nähere Angaben fehlen. Zucht noch nicht gelungen. 1983 zwei ♂♂ u. einige ♀♀ bei W. SCHEITHAUER ↗.

Töpfervogel *(Furnarius rufus)* → *Furnarius*
Tordalk *(Alca torda)* → *Alca*
Torgos. G der Accipitridae ↗. Afrika. 1 A.

— *T. tracheliotus*, Ohrengeier. Sehr großer Geier.

♂ u. ♀ : dunkelbraun, beduntes Untergefieder. Brust u. Bauch mit grauweißen Flaumdunen, aus dem einzelne, längliche Federn ragen, bedeckt. Hosen u. Halskrause weiß bedunt. Kopf u. Hals nackt, blaß bis kräftig rot, Teile des Kopfes u. der Halshaut sind stark gefaltet bis gelappt. Schnabel sehr kräftig, Wachshaut blau, Füße kräftig, graublau, Zehen lang. ♀ etwas größer. 2 UAn. Südwe. der Sahara bis Eritrea, hinunter bis zur Kapprovinz, Restpopulation am Toten Meer. Bewohnt wüstenartige Steppen u. Savannengebiete, Gebirgsregionen. Sehr guter Segelflieger. Aasverwerter, schlägt aber auch lebende Beute. Hat unter den afrikan. Geiern die höchste Rangstufe. Nistet auf Felsen od. Bäumen. Gelege 1 weißes Ei. Brutdauer 55—58 Tage. ♀ bebrütet allein das Gelege. ♂ u. ♀ füttern das Juv. mit herausgewürgter Nahrung. Es wird meist nur alle 2 Jahre ein Juv. aufgezogen. Nur in Tiergärten. Importe selten. Eingewöhnung unproblematisch, nicht winterhart. Für die Gemeinschaftshaltung in Großvolieren geeignet. Nahrung Knochenfleisch, Hautstücke, Innereien. Erstzucht im Universitätszoo von Tel Aviv.

Torotoro *(Syma torotoro)* → *Syma*

Touit. G der Amazoninae. 7 An. S-, M-Amerika. Waldbewohner. Bisher wohl nur 1 A in Europa gehalten.
— *T. batavica*, Siebenfarbenpapagei. ♂ u. ♀ : Kopf gelbgrün, gleichfalls Bauch, Unterschwanzdecken. Nackenfedern olivgelb, schwarzbraun gesäumt. Rücken bis Oberschwanz-, kleine Flügeldecken schwarz. Große Armdecken gelb, Spitzen violettblau. Schwingen schwarz, außen blaugrün gesäumt. Unterflügeldecken blaßblau. Schwanz dunkelrot mit violettem Schimmer. Vor dem Schwanzende schwarze Querbinde. Daunenrand orangerot. Kropf, Brust grünlichblaugrau. Juv. Kopf, Brust bläulicher als bei Ad., Schwanzfedern rötlicher. 14 cm. Venezuela, Guayana, Inseln Trinidad, Tobago. Lebt in Baumwipfeln von Wäldern u. im höheren Sekundärwuchs, gelegentl. auf Lichtungen u. a. Waldrändern, vorwiegend in tieferen Lagen bis 800 m, in der subtropischen Zone Venezuelas bis 1 700 m ü. NN. Lokal häufig, gewisser Bestandsrückgang, aber Spezies nicht gefährdet. Nahrung Früchte, Nektar, Blütenknospen, Samen. Brütet vor allem in Baumhöhlen. Gelege ca. 4 Eier. 1950 einige Exempl. R. Low ↗ erhalten, starben nach Monaten. Fraßen überwiegend Nektarbrei. Samen, Kerfen, Obst blieben unbeachtet. Nahrungsspezialisten. Einzelheiten über Ernährung wenig bekannt. Einzige A der G, die außerhalb S-Amerikas gezüchtet wurde (Low).

Tovisittich *(Brotogeris jugularis)* → *Brotogeris*

Toxostoma. G der Mimidae ↗. 9 An. S-Kanada, USA bis Mexiko. Pflege s. Mimidae.
— *T. curvirostre*, Krummschnabel-Spottdrossel, Kaktusspötter. ♂ u. ♀ : Zügel, Ohrdecken dunkel bräunlichgrau, Kopfseiten mit mattem Weiß vermischt, ebenso Halsseiten. OS blaß bräunlichgrau. Schwingen u. Schwanz dunkler, mittl. u. große Flügeldecken haben weißliche Spitzensäume, ebenso äußere Schwanzfedern. Kinn u. Kehle weißlich. Sonst US grauockerfarben, bräunlichgrau gefleckt, aber Bauchmitte weißlich. Schnabel schwarz. Auge orangegelb. Füße bräunlich. 24—27,5 cm. UAn. Arizona, S-Neumexiko, W-Texas, NW-Oklahoma, Mexiko bis N-Guerrero, Puebla u. Veracruz. Lebt in lichten Wäldern mit Dornbüschen u. Kakteen, in Mexiko häufig an Waldrändern u. auf Kaktushecken. Sehr guter Sänger. 1896 im Zool. Garten Berlin. Selten im Handel.
— *T. rufum*, Rotrücken-Spottdrossel, Rote Spottdrossel. ♂ u. ♀ : Wangen weißlich, meistens mit braunen od. graubraunen Flecken, Ohrdecken hell rostfarben, weißlich gestrichelt. Augenbrauenpartie hell rotbraun. OS rotbraun. Schwingen braun, 2 weiße Flügelbinden. Schwanz rotbraun. Kinn u. Kehle weißlich, seitl. schwarzer Streif. Übrige US gelblichweiß. Brust u. Körperseiten braun gefleckt. Bauchmitte u. Unterschwanzdecken weißlich. Schnabel schwarz, Grund des Unterschnabels fleischfarben. Auge gelb. Füße dunkel fleischfarben. Juv. ähnl. Ad., oberseits z. T. dunkel gefleckt, innere Armschwingen mit hellem Saum. 29—34 cm. UAn. Sü. Kanada, mittl. u. öst. USA bis öst. Colorado u. O-Texas. Hält sich vorwiegend in dichtbelaubten Bäumen u. Büschen unterholzreicher Wälder u. Waldränder auf, gern in Gewässernähe. Scheu, führt verstecktes Leben. Fleißiger Sänger, Strophen abwechslungsreich, selten nachts zu hören. In früherer Zeit ab u. zu im Handel. Lebhaft, anmutig, ausdauernd. Sangesqualitäten werden unterschiedl. beurteilt.

Trachylaemus, NN → *Trachyphonus purpuratus*

Trachyphonus, Schmuckbartvögel. G der Capitonidae ↗. 5 An. Mittelgroß. Färbung oberseits dunkel mit heller Flecken- od. Streifenzeichnung (nur bei 1 A fehlend), unterseits gelb mit roten Abzeichen. Ziemlich langschwänzig. Schnabel eher schlank, ungezähnt. Tropisches Afrika. Gesellig, meist paarweise, auffallender Duettgesang von Partnern eines Paares, brüten z. T. in selbstgegrabenen Erdhöhlen, zu denen ein langer Gang führt. Alle An eingeführt, meist gut haltbar. 4 An gezüchtet.
— *T. darnaudii*, Ohrfleck-Bartvogel. ♂ u. ♀ : Stirn, Kopf-OS schwarzbraun, Kopfseiten, Nacken gelb mit braunen Federspitzen, dunkelbrauner Ohrfleck. Rücken, Flügel, Schwanz braun mit heller Tropfenzeichnung bzw. Bänderung (Steuerfedern). Kinn, Kehle gelb mit kleinen, dunkelbraunen Flecken, am Schnabelansatz orange verwaschen, in der Kehlmitte ein schwärzlicher Fleck. Brust, Bauch blaßgelb, Unterschwanzdecken rot. Schnabel dunkel hornfarben. Iris dunkelbraun. Füße grau. Juv. blasser. 16 cm. Einige UAn. Von Sudan, Äthiopien über Uganda, Kenia bis S-Tansania. Bewohnt trockene Dornbuschsavanne u. Steppe. Hält sich auf Büschen od. bei der Nahrungssuche auch auf dem Boden auf. Enge Paarbindung mit gegenseitiger Gefiederpflege, Fütterung des ♀ durch ♂. Begrüßungszeremonien, bei denen sie sich wie mechanische Puppen verbeugen, u. Duettgesang. Brut in Erdhöhlen, 2—4 weiße Eier. Erst in neuerer Zeit eingeführt. Mit abwechslungsreicher Ernährung (Früchte u. Lebendfutter, sogar Regenwürmer u. Schnecken ↗ wurden bei MAU ↗ genommen) ausdauernd. Untereinander verträglich,

Tragopan

Ohrfleck-Bartvogel

werden aber kleineren Vögeln gegenüber gefährlich. Zucht 1971 in Winged World (England) gelungen, nachdem 1 Paar mehrere Höhlen selbst hergestellt hatte. 3 Juv. aufgezogen. Fütterung mit üblicher Nahrung ohne bes. Preferenz für Lebendfutter. Nestlingszeit mindestens 30 Tage. 1972 u. 1973 dort weitere Zuchterfolge.

— *T. erythrocephalus*, Flammenkopf-Bartvogel. ♂: Kopf-OS glänzend schwarz, Kopfseiten scharlachrot. Kehle schwefelgelb mit medianem, schwarzem Band, das sich nicht ganz bis zum ebenfalls schwarzen, schmalen Halsband erstreckt. Nacken gelb mit schwarzen Flecken. Rücken, Flügel u. Schwanz schwärzlich mit weißen Tupfen. Bürzel schwefelgelb, Brust, Bauch gelb, Unterschwanzdecken rötlich. Schnabel orangebraun. Iris braun. Füße blaugrau. ♀: mit roter, schwarz getupfter Kopf-OS u. ohne schwarzen Kehlfleck. 22 cm. UAn. SO-Sudan, Äthiopien u. Somalia durch Uganda, Kenia bis NO-Tansania. Bewohner trockenen, offenen Buschlandes. Meist paarweise od. in Familienverbänden, fällt bes. am Morgen durch laute Rufe auf. Nahrung vor allem Termiten u. andere Insekten. Selbstgegrabene Bruthöhlen an sandigen Hängen zu kleinen Flüssen u. ä., 3–4 weiße Eier. 1939 im Berliner Zoo, neuerdings mehrmals eingeführt. Zuerst 1973 in England gezüchtet, Brut in Nistkasten. 2 Juv. aufgezogen, die die Unterschiede von ♂ u. ♀ bereits erkennen ließen. Aufzucht mit Mehlwürmern u. Heuschrecken.

— *T. margaritatus*, Perlenbartvogel. ♂: Kopf-OS schwarz, gelbes Nackenband mit schwarzen Tupfen. Rücken, Flügel, Schwanz dunkelbraun mit weißen Flecken. Kopfseiten, Kinn, Kehle zitronengelb mit einem schwarzen Fleck in der Kehlmitte. Brustband rot u. schwärzlich gefleckt. Übrige US blaß graugelb, Steiß rot. Schnabel rötlichgelb. Iris braun. Füße grau. ♀: ohne schwarzen Kehlfleck. 19 cm. UAn. Von Mali bis Sudan, Äthiopien u. Somalia. In trockenem Buschland der Sahelzone. Nahrung vornehmlich Insekten. Lauter, bezeichnender Duettgesang. Brut in Erdhöhlen am Abfall zu Flußläufen, sogar in Lehmwänden von Häusern. 1924 offenbar durch FOCKELMANN erstmals nach Deutschland, in den folgenden Jahren häufig aus Äthiopien eingeführt. Als gut haltbarer u. angenehmer Vogel beschrieben. 1927 in England gezüchtet, neuerdings aber kaum eingeführt.

— *T. purpuratus*, Gelbschnabel-Bartvogel, Purpurbartvogel. Häufig in eigene G *Trachylaemus* gestellt. ♂ u. ♀: OS schwarz, im Nacken u. auf dem Rücken mit blauem Metallglanz. Stirn u. Streifen hinter den Augen u. Halsseiten entlang bis zum Brustband dunkel karminrot. Kinn, Kehle, Brust schwärzlich mit bläulich schillernden Federspitzen, schmales karminrotes Brustband. Brust u. Bauch blaßgelb. Flanken schwarz mit gelben Flecken, Flügel-US weiß. Schnabel gelb. Iris dunkelrot, die unbefiederte Umgebung des Auges gelb. Füße grünlich grau. 24 cm. Mehrere UAn, von denen sich *T. p. goffini* aus dem we. Afrika durch rosa Federspitzen an Kehle u. Brust unterscheidet. W-Afrika von Sierra Leone bis S-Sudan, W-Kenia, Zaïre u. NW-Angola. Urwaldbewohner, an Berghängen bis in 2000 m ü. NN. An Fruchtbäumen oft in größerer Zahl versammelt. Hält sich meist in den Baumwipfeln auf. Brut in Baumhöhlen, gewöhnlich in verlassenen Spechthöhlen. Bis 4 weiße Eier. Gelangte bereits 1884 in den Londoner Zoo. Seitdem selten eingeführt.

— *T. vaillantii*, Haubenbartvogel, Schwarzrücken-Bartvogel, Levaillants Bartvogel. ♂ u. ♀: Stirn, Kopf-OS, Kopfseiten, Kinn u. Kehle gelb mit roten Federrändern, kurze Haube schwarz, Rücken, Flügel, Schwanz u. breites Brustband glänzend blauschwarz mit weißen Flecken, übrige US gelb mit einzelnen, rot gesäumten Federn. Oberschwanzdecken blutrot. Schnabel grünlich gelb mit dunklerer Spitze. Iris rot. Füße grauschwarz. Juv. matter gefärbt, mehr bräunlich. 21 cm. Im sü. Afrika von Angola, S-Zaïre, Tansania bis Transvaal u. Natal. Bewohner trockenen Buschlandes. Hält sich während des Tages meist in alleinstehenden Bäumen auf. Nahrung Insekten, bes. Termiten. Übernachtet u. brütet in Höhlen in Baumstümpfen u. morschen Stämmen. 3–5 weiße Eier, Fortpflanzung hauptsächl. von September–Januar. 1909 2 handaufgezogene Exempl. in England, 1911 im Zoo Berlin, später u. auch neuerdings wiederholt eingeführt. Zucht zuerst bei Dr. ARNAULT 1928 in Frankreich gelungen. Brut in hohlem Baumstamm in einer dunklen Ecke der Voliere. 2 Eier, vorwiegend brütet das ♀. 2 Juv. geschlüpft, vor allem mit Mehlwürmern ↗ aufgezogen, nach ca. 5 Wochen Nestlingszeit im April ausgeflogen. Gut entwickelt u. kräftig, aber ruhiger als die Eltern. Weitere Zuchtversuche bei anderen Vogelliebhabern, 1938 auch bei K. NEUNZIG ↗, wo die Eier aber verschwanden, neuerdings Zucht in versch. zool. Gärten.

Tragopan, Tragopane, Satyrhühner. G der Tragopaninae ↗. 5 An, alle gehalten u. gezüchtet. Pflege, Zucht s. Tragopaninae.

— *T. blythii*, Graubauch-Tragopan, Blyth-Tragopan. ♂: Gesicht, Kehle nackt, orangegelb, Unterkehle bläulich. Hauthörner hellblau, Kehllatz leuchtend gelb, blaugesäumt u. -gemasert. Stirn, Scheitel, Hinterkopfseiten, Kehlumrandung schwarz befiedert. Hinterkopf, Hals orangerot. Rücken, Flügel u. Hinterleib hellbraun mit großen braunroten u. kleinen

weißen Flecken. Übrige US graubraun mit dunklerer Federsäumung. ♀: wie Satyr-Tragopan, aber dunkler gefärbt. Orbitalring gelblich. 65 cm. UAn. Bhutan bis SO-Tibet, Assam, NW-Burma. Bewohner feuchter Bergwälder in Lagen zwischen 1 800 u. 2 700 m ü. NN.
— *T. caboti*, Braunbauch-Tragopan, Cabot-Tragopan. ♂: Gesicht, Kehle orangegelb, nackt. Hauthörner blaßblau, Kehllatz orangerot mit purpurblauen Flecken, kobaltblau gerandet, jederseits 9 blaßblaue Keilflecken. Kopf-OS, Hinterkopfseiten, Umrandung der Kehle u. Nacken schwarz, Rücken u. Flügel mit rotbraunen schwarzumsäumten Flecken. US hellgelbbraun, an den Flanken mit rotbraunen u. schwarzen Streifenflecken. ♀: OS grau mit weißer Musterung. Orbitalring orangegelb. 61 cm. UAn. SO-China in Fukien u. Kwangtung. Bewohner niedriger Bergwälder in Lagen zwischen 900 u. 1 500 m ü. NN.
— *T. melanocephalus*, Schwarzkopf-Tragopan, Hasting-Tragopan. ♂: Kopfseiten mennigerot, Kehle hellblau, nackt. Hauthörner blauviolett, Kehllatz purpurbläulich, gelblichrosa gerandet mit blauem Zackenmuster. Kopf-OS, Hinterwangen schwarz, Nacken, Halsseiten braunrot, Kropfmitte zinnoberrot. US schwarz gewellt mit weißer schwarzumsäumter Perlfleckung. ♀: grauer u. schwächer gesprenkelt als die anderen T.-An. 60 cm. UAn. NW-Himalaja von NW-Kaschmir öst. bis Garhwal u. we. Gartoks in Tibet. Bewohner dunkler Bergwälder in Höhenlagen zwischen 2 000 u. 4 000 m ü. NN.
— *T. satyra*, Satyr-Tragopan. ♂: Kopf-OS schwarz, Hauthörner, Augenring blau. Himmelblauer Kehllatz mit dunklerem Zentrum, dreieckigen, scharlachroten Randflecken. Hinterkopf, Hals feuerrot. Vorderrücken, Kropf u. US rot mit weißen schwarzumrandeten Perlflecken. ♀: stets sattbrauner Flügel u. Schwanz. Augenring blau. Flügelbeuge mit orangekarmesinrotem Anflug. ♂ 70 cm, ♀ 57 cm. Himalaja von Kumaon ostwärts durch Nepal, Sikkim, Bhutan u. Monyul. In kühlen regenreichen Montanwäldern in Lagen zwischen 1 800 u. 3 900 m ü. NN.
— *T. temminckii*, Temminck-Tragopan. ♂: Gesicht, Kehle kobaltblau, nackt. Hauthörner blau, Kehllatz leuchtendblau mit scharlachrotem Pfeilfleckenmuster. Hintere Kopfseiten u. Kehlsaum schwarz, übrige Kopfpartien u. Hals feuerrot, OS dunkelrot mit grauen schwarzgesäumten Flecken. US silbergrau mit feuerroten Federsäumen. ♀: OS grob gezeichnet, US mit großen weißen Flecken; Augenring blau. 64 cm. UAn. O-Himalaja, SO-Tibet, W-China von S-Schensi bis Yünnan, NW-Vietnam. In kühlen regenreichen Montanwäldern in Lagen zwischen 900 u. 2 700 m ü. NN.

Trappenlaufhühnchen

637

Tragopane → Tragopaninae → *Tragopan*
Tragopaninae. UF der Phasianidae ↗. 1 G *Tragopan* ↗. 61—70 cm. Hühnervögel ↗ mit kurzem Schnabel u. 18fedrigem keilförmigem Schwanz. ♂ ♂ weisen jederseits am Hinterkopf einen durch Schwellkörper zu Hörnchen erigierbaren Hautzapfen sowie eine latzartig dehnbare, nackte farbige Kehlhaut auf, die zusammen mit dem bunten Gefieder, dem schlichtfarbigen ♀ bei der Frontalbalz eindrucksvoll demonstriert werden. SO-Asien. Bewohnen regenreiche Gebirgswälder. Nahrung vorwiegend Blätter, Knospen, Triebe, Beeren, zum geringen Teil Insekten. Zur Balzzeit im Frühjahr stoßen ♂ ♂ blökende Rufe aus, ♀ ♀ wählen zum Legen verlassene Horste von Raben- ↗ u. Greifvögeln ↗ hoch in den Bäumen. Gelege 4—6 gelbbraune, dunkel gefleckte Eier. Schlupf nach 28 Tagen, nur ♀ brütet. Küken schlüpfen mit gut entwickelten Flügeln. Die Haltung von T. ist nur erfahrenen Pflegern zu empfehlen. Futter: Obst-Beerengemisch, reichl. Grünpflanzen (Brennessel, Löwenzahn, Schafgarbe, Luzerne, Salat), dazu Puten- od. Fasanen-Pellets ↗. Körnerfutter führt zur Verfettung. Tägl. frisches Wasser. Zur Zucht erhält jedes ♂ nur ein ♀, kann aber auch umschichtig zu mehreren einzeln gehaltenen ♀ ♀ gesetzt werden. Nistgelegenheiten: Flechtkörbe u. Holzkisten mit Laub od. Heuunterlage in Augenhöhe an der Volieren- od. Schutzraumwand anbringen. Gelegentl. Bodenbruten. Kleinküken sehr wärmebedürftig, wachsen viel langsamer als die von übrigen An der F. Juv. ♂ ♂ haben im 2. Lebensjahr das volle Prachtgefieder, juv. ♀ ♀ legen schon im 1. Lebensjahr wenige Eier. Alle An gezüchtet.
Tränenbartvogel (*Tricholaema lacrymosa*) → *Tricholaema*
Tränentangare (*Anisognathus lacrymosus*) → *Anisognathus*
Tränke. Größe artabhängig, Material s. Futtergefäß, Reinigung u. Wassererneuerung tägl., ebenso Desinfektion bei empfindlichen An, sonst 1—2mal wöchentl. Gefäß desinfizieren. Trinkröhrchen bei Käfighaltung häufig eingesetzt (u. a. günstig für Verabreichung von Multivitaminpräparaten), werden oftmals auch als Futterautomat für kleine Körner verwendet, s. Stülptränke.
Transport → Vogeltransport
Trappen → Otidiformes → Otididae
Trappenlaufhühnchen → Pedionomidae

1 Braunbauch- oder Cabot-Tragopan
2 Satyr-Tragopan
3 Grauband- oder Blyths Tragopan

Traueratlaswitwe

![Waaliataube]

Traueratlaswitwe *(Hypochera funerea)* → *Hypochera*
Trauerbachstelze → Bachstelze
Trauerbartvogel, NN → Olivrücken-Bartvogel
Trauerblauhäher, NN → Trauerblauraben
Trauerblaurabe *(Cissilopha beecheii)* → *Cissilopha*
Trauerbronzemännchen *(Lonchura tristissima)* → *Lonchura*
Trauerdrongo *(Dicrurus adsimilis)* → *Dicrurus*
Trauerente *(Melanitta nigra)* → *Melanitta*
Trauergrackel *(Quiscalus lugubris)* → *Quiscalus*
Trauerkolibri *(Melanotrochilus fuscus)* → *Melanotrochilus*
Trauermaina *(Acridotheres tristis)* → *Acridotheres*
Trauermeise *(Poecile lugubris)* → *Poecile*
Trauernektarvögel → *Leptocoma*
Trauerpfäffchen *(Sporophila luctuosa)* → *Sporophila*
Trauerralle *(Pardirallus nigricans)* → *Pardirallus*
Trauerschmätzer *(Oenanthe leucura)* → *Oenanthe*
Trauerschnäpper *(Ficedula hypoleuca)* → *Ficedula*
Trauerschwan *(Chenopis atrata)* → *Chenopis*
Trauerseeschwalbe *(Chlidonias niger)* → *Chlidonias*
Trauersteinschmätzer *(Oenanthe leucura)* → *Oenanthe*
Trauertangare, NN → Schwarztangare
Trauertaube, NN → Carolinataube
Trauertyrann *(Tyrannus melancholicus)* → *Tyrannus*
Trauerzeisig *(Spinus tristis)* → *Spinus*

Treron. G der Treronidae ↗ (einschließlich der früheren G *Sphenurus*). 24 An. Afrika, Madagaskar, S-Asien, Inselwelt SO-Asiens.
— *T. curvirostra*, Papageischnabeltaube od. Dickschnabel-Grüntaube. ♂: Oberkopf mit Stirn graubläulich. Übriger Kopf, Hals u. US grünlich mit Goldglanz. Flanken u. kleinere Unterschwanzdecken mit breiten weißen Rändern. Längste Unterschwanzdecken rotbräunlich. Vorderrücken u. innere Flügeldecken tief zimtbraun. Alle anderen Flügeldecken dunkel- bis schwarzgrün, breite gelbe Ränder tragend. Bürzel u. zentrale Steuerfedern hellgrün, die äußeren am Grunde u. Ende grau, in der Mitte schwarz. Vordere Hälfte des starken Schnabels gelblich, am Grunde rot. Augeneinfassung u. Zügel nackt u. bläulich. Auge außen orange, innen tiefblau. Füße rot. ♀: größtenteils olivgrün. 26—27 cm. UAn. Hinterindien, im NW noch bis Nepal u. Assam vorhanden, Sumatera, Kalimantan, SW-Philippinen. Regenwaldbewohner. Neststand in Bäumen, Büschen, Bambus. Gelege 2 weiße Eier. Brutdauer 14 Tage. Nestlingszeit 11 Tage, dann noch sehr klein (⅓ der Altvögel). Erstmalig 1894 in Deutschland. Erstzucht 1964 in England (bei WHITMORE).
— *T. vernans*, Frühlingstaube. ♂: Kopf, Nacken, Mantelansatz graubläulich. Wangen, Kinn blau- bis hellgrünlich. OS mit Flügeldecken olivgrün. Gelber Streif entlang der Flügelkante, auch Handschwingen mit gelben Rändern. Steuerfedern blaugrau, die äußeren mit dunkler Subterminalbinde. Hals, auch hinten, Kehle, obere Brust rosa getönt. Untere Brust orange. Übrige US grün, dann gelb, am Unterschwanz rotbraun. Schnabel am Grunde gelb, sonst grünlichblau. Auge außen rötlich, innen blau. Füße rot. ♀: die auffälligen Farbgegensätze fehlen, oberseits dunkel oliv-, unterseits hell gelbgrün. 25—26 cm. UAn. Vorkommen im S der Malaiischen Halbinsel, Große Sundainseln, Kalimantan, Sulawesi, Philippinen. Besiedelt bewaldetes Terrain, sofern die Bestände nicht zu dicht sind, gern in Küstennähe, so in der Mangrove, wo auch die sich nach der Brutzeit bildenden Massenansammlungen schlafen. Nester in Bäumen u. Sträuchern, mitunter ziemlich niedrig. Gelege 2 weiße Eier. Erstmalig 1876 in Europa, Zoo London. Erstzucht 1976 im Berliner Zoo. Informationen über die Friedfertigkeit differieren. Außerdem wurden folgende An gezüchtet: *T. sphenura*, früher *Sphenurus sphenurus*, Keilschwanz-Grüntaube; *T. waalia*, Waaliataube.

Treronidae, Grüntauben, Papageitauben. F der Columbiformes ↗ (früher zur F Columbidae, UF Treroninae). 1 G, 24 An. Afrika, S-Asien. Vorherrschende Farben Grün u. Gelb. Gestalt gedrungen. Kurzschwänzig. Langflügig. 3. Handschwinge mit charakteristischer, von A zu A verschiedener Ausbuchtung. Im Gegensatz zu Duculidae ↗ mit starkem Muskelmagen u. langem, engen Darmtrakt ausgestattet. Können deshalb von Früchten, insbes. Feigen, ihrer Hauptnahrung, die harten Kerne aufschließen u. deren Inhalt der Verdauung zuführen. Benötigen Grit zur Förderung der Mahltätigkeit im Muskelmagen. Aufenthalt so gut wie nur in Bäumen, wo sie geschickt, auch in dünnstem Gezweig, umherturnen. Lassen sich papageienartig kopfunter von einem Ast herabbaumeln, um auf diese Weise an anderweitig nicht erreichbare Früchte zu gelangen. Sonst nicht sehr bewegungsfreudig u. stundenlang am selben Platz ruhend. Werden selten importiert u. meist in

Tiergärten gehalten. Sie sind in geräumigen, reichl. mit Ästen versehenen Volieren zu pflegen u. warm zu überwintern. Futter Früchte, Beeren, etwas Körnernahrung, gekochter Reis, in Wasser od. Milch eingeweichte Semmel od. Biskuit. Bewährt hat sich eine Mischung aus geschrotetem, gekochtem Mais, mit Kondensmilch gesüßtem, gekochtem u. getrocknetem Reis, feingehacktem Apfel, worunter gleichmäßig Biskuitmehl od. ein Trockenweichfutter, auch etwas Schabefleisch sowie mehrfach pro Woche ein Multivitaminpräparat gemengt wird. Werden reine Früchte, Bananen usw. verfüttert, dann sollten diese zuvor in Zwiebackmehl gewälzt werden, da so das Verkleben der Schnäbel u. der Schnabelumgebung vermieden werden kann. Futtergefäße bei Neuankömmlingen zunächst erhöht an der Volierenwand befestigen.

Tresmaria-Amazone, UA → Gelbscheitelamazone

Tribonyx. G der Rallidae ↗. 1 A. Tasmanien. Flugunfähig. Bewohnen dichtbewachsene feuchte Gebiete. Vorwiegend an Land, gehen nur selten ins Wasser. Nest gut verborgen in dichter Vegetation. Hauptsächl. Pflanzenfresser. Selten in Europa, wohl nur in Tiergärten. Fressen sehr gern Gras, auch Getreide, Entenmischfutter u. Schabefleisch. Zucht in Tiergärten mehrfach gelungen.
— *T. mortierii,* Grünfuß-Pfuhlralle. ♂ u. ♀: olivgrün, an der US mehr grau. Flanken weiß gestreift. Schwanz schwarz. Beine grün. Schnabel ohne Stirnplatte. 35 cm.

Trichoglossus. G der Loriidae ↗. 8 An. Nahrung Pollen, Nektar, Blüten, Früchte, Beeren u. Samen. Brüten in Baumhöhlen. Vögel dieser G für Anfänger der Lori-Zucht zu empfehlen. Vögel einiger An u. UAn nehmen zusätzlich auch gequollenes Körner- u. Keimfutter. Zur Zucht Paar allein halten. Im Vogelpark Walsrode ↗ stets nur Zweiergelege (eine Ausnahme bei Gelbkopflori), Vierergelege sicherlich kein Paar, sondern 2 ♀♀.
— *T. chlorolepidotus,* Schuppenlori. ♂: grün, Federn von Nacken, Kehle u. Brust gelb mit breiten grünen Säumen, dadurch diese Partie gelbgrün geschuppt. Unterschwanzdecken, Schenkel u. Unterflanken grün, kräftig gelb gezeichnet. Unterflügeldecken orangerot, breites, orangerotes Band auf der US der Schwingen. Schnabel gelborangefarben. Auge orangegelb. Füße grau. ♀ wie ♂, Kopf u. Schnabel gering schmaler, letzterer möglicherweise blasser. Juv. wie Ad., Schnabel dunkelbraun, Basis gelb gerandet. Auge braun. 23 cm. Öst. Australien. In Eukalyptusbäumen zu beobachten, häufig vergesellschaftet mit Gebirgs- u. Moschusloris. Im Flug an den roten Unterflügeln zu erkennen. Seit der Ausfuhrsperre (1960) in Europa selten. Pflegeleicht. Harter Vogel. Wenig gezüchtet. Gelege 2 Eier. Nur ♀ brütet. Juv. schlüpfen nach 3 Wochen, fliegen nach ca. 8 Wochen aus.
— *T. euteles,* Gelbkopflori. ♂ u. ♀: grün, Kopf olivgelb, breites hellgrünes Nackenband. Brust u. Oberbauch grünlichgelb. Gelbes Band auf Unterflügel. Unterschwanzdecken grün mit Gelb. Schwanz oberseits grün, unterseits mattgelb. Schnabel orangefarben. Auge rot. Füße grau. Juv. Kopf grüner als bei Ad., insges. matter. Schnabel bräunlich. Ca. 24 cm.

Trichoglossus

639

Öst. Kleine Sundainseln (Timor, Lomblen bis Bahar, Nila). Kommt bis 2 300 m ü. NN vor, Einzelheiten über Lebensweise nicht bekannt. Stimme schrill. Zuweilen auf europ. Vogelmarkt. Ruhiger als übrige An der G. Eingewöhnung u. Zucht nicht schwierig. Bruthöhle mit ca. 8 cm Holzmulm auffüllen (Kotaufnahme). Gelege 2, selten 3 Eier. Juv. schlüpfen nach 21 Tagen.
— *T. flavoviridis,* Gelbgrüner Lori. ♂ u. ♀: grün, Stirn u. Scheitel olivgelb, ebenso Ohrdecken. Gesicht schmutziggrün, z. T. mit wenig Gelb, ebenso Kinn. Kehle, Halsseiten, Brust u. Oberbauch mit gelbgrüner Schuppenzeichnung. Unterschwanzdecken gelblichgrün mit dunkleren Säumen. Unterflügeldecken gelblichgrün. Schwanz oberseits grün, unterseits mattgelb. Schnabel gelb hornfarben. Auge orangegelb, hellrosafarbener Augenring. Füße grau. Juv. weniger gelb, mehr grünlich gezeichnet. 22 cm. 2 UAn. *T. f. meyeri,* Meyers Lori, Hinterscheitel,

Gelbgrüner Lori

Hinterkopf u. Genick grünlichbraun, Federn von Brust u. Oberbauch grünlichgelb mit dunkelgrünen Säumen, insges. kleiner als *T. f. flavoviridis.* Heimat Sulawesi. Seit 1976 wenige Jahre (bis WAÜ ↗) öfter in Europa, vorher selten. Während der Eingewöhnung wärmebedürftig (mindestens 25 °C), sehr anfällig gegenüber Pilzerkrankungen der Atemwege. Prophylaxe peinlichste Sauberkeit, Haltung auf Bodenrost. Später unempfindlich. Ganz liebes Wesen, nicht zänkisch, kann in der Gruppe gehalten werden (im Vogelpark Walsrode 5 Paare, Unterbringung während der Zucht → Loriidae). Vergesellschaftung mit anderen Vögeln gut möglich, nicht mit artfremden Loris. Im Vogelpark Walsrode mehrfach gezüchtet. Gelege 2 Eier. Juv. schlüpfen nach 22–24 Tagen.
T. f. flavoviridis, Gelbgrüner Lori, bewohnt Sula-Inseln. Lebt in Bergwäldern bis ca. 2 000 m ü. NN. In europ. Anlagen sehr große Rarität. Erstmalig um ca. 1930 in England, in den 70er Jahren von einem

Trichoglossus

Breitbinden-Allfarblori

Schweden gepflegt (nach de GRAHL ↗). 1974 erhielt Vogelpark Walsrode 1 ♂ u. 2 ♀♀. Wesen wie Meyers Lori. Von 1976–1982 legte Paar 30 Eier. Gelegegröße stets 2 Eier. Sehr zuverlässiger Brüter. Insges. schlüpften 6 Juv., von denen 4 in der Bruthöhle starben. Welterstzucht 1977. Es schlüpften 2 Juv. (sonst immer nur 1), beide flogen nach 59 Tagen aus (♂, ♀).
— *T. haematodus*, Allfarblori. ♂: Stirn, Vorderscheitel, Zügel u. Kinn bläulichmauvefarben, übriger Kopf bräunlichschwarz. Nackenband gelblichgrün. Brust rot u. blauschwarz, schmal quergestreift. Bauch dunkelgrün. Schenkel u. Unterschwanzdecken grünlichgelb, variabel mit dunkelgrün vermischt. OS grün, Federn des Oberrückens am Grund rot. Flügel grün. Unterflügeldecken orange. Schwingen unterseits mit breitem gelbem Streif, Schwanz oberseits grün, unterseits matt olivgrün. Schnabel orange. Auge orangerot. Füße grünlichgrau bis dunkelgrau. ♀ wie ♂, aber grünlicher Nackenring schmaler. Juv. matter als Ad., Auge braun, Schnabel bräunlich. 27 cm. 21 UAn. *T. h. capistratus*, Blauwangen-, Edwards-Lori, hat auffällige gelbe Brust, gelbe Federn variabel orange gezeichnet, Unterflügeldecken gelb, unterschiedl. orange gezeichnet. ♂ zuweilen auf der Brust orangerot gefleckt, 28 cm. Insel Timor. Selten auf europ. Vogelmarkt. Eingewöhnung warm, später unempfindlich, mäßig warme Überwinterung. Außerhalb der Brutzeit gut in Gesellschaft zu halten, sonst Paar allein. Wenige Male gezüchtet, seit 1976 regelmäßig u. problemlos im Vogelpark Walsrode. *T. h. deplanchii*, Neukaledonien-Allfarblori, ♂ u. ♀: matter grün als Nominatform, bes. OS, Brust u. Bauch. Rote Brustfedern mit schmalen Säumen. Kopf mehr blau, Hinterkopf u. Nacken geringer braun, Schenkel u. Unterschwanzdecken geringer gelb. 29 cm. Neukaledonien u. Loyalitäts-Inseln. Häufig in Kaffeeplantagen zu beobachten. Haltung problemlos. Zuchterfolg fraglich, da UA-Bestimmung schwierig. *T. h. forsteni*, Forstenlori, ähnl. *T. h. mitchellii*, Kopf dunkel, schwärzlichbraun, Brust rot, wenig schmal gestreift. Vorderkopf u. Wangen violettblau gestreift. Nackenband mehr gelblich, zuweilen purpurfarbener Unternacken u. unterer Nackenstreif. Bauch purpurfarben. 26 cm. Sumbawa. Mitte des 20. Jh. in großer Zahl in Europa im Handel, in den letzten Jahren selten. Nach der Eingewöhnung unempfindlich, ausdauernd, während der Brutzeit Paar allein halten, da aggressiv. Sehr temperamentvoll. Einige Male gezüchtet. *T. h. fortis*, Sumba-Allfarblori, mit violettblau gestreiftem Vorderkopf u. Wange. Zügel, Linie oberhalb des Auges, Hinterkopf u. Kehle grün. Brust orangegelb, Bauch dunkelgrün, Federspitzen schwarz. Unterflügeldecken gelb. 29 cm. Insel Sumba. Nach warmer Eingewöhnung später unempfindlich, aber nicht unter 10 °C halten. Pflege problemlos. Wahrscheinl. 1972 in Dänemark gezüchtet. *T. h. haematodus*, Breitbinden-Allfarblori s. A-Beschreibung. 27 cm. Inseln Buru, Ambiona, Ceram, Ceramlaut, Goram, Watubela u. we. papuanische Inseln, Inseln in der Geelvink-Bucht (ausgenommen Biak), W-Irian von der N-Küste bis zur Humboldt Bucht u. dem oberen Fly River, möglicherweise auf den überwiegend we. Kai-Inseln. Zuweilen auf europ. Vogelmarkt, nach der Eingewöhnung hart u. ausdauernd. Haltung problemlos, aber nicht mit anderen Vögeln vergesellschaften, da spontan aggressiv. Temperamentvoll, leicht erregbar, laute Stimme. Neben üblichem Loribrei auch gequollene Sonnenblumenkerne füttern. Einige Male gezüchtet. Bis 3 Bruten jährl., im Vogelpark Walsrode zog 1 Paar insges. 20 Juv. auf. *T. h. massena*, Schmalbindenlori, ähnl. *T. h. haematodus*, aber Nackenband weniger gelblich, Hinterkopf u. Genick kräftig braun getönt. Brust heller u. mit schmalen Binden. Bauch gering heller. Bewohnt Bismarck-Archipel, Salomonen-Inseln bis zu den Neuen Hebriden. Selten im europ. Handel. Haltung, Zucht wie *T. h. haematodus*. Im Vogelpark Walsrode gezüchtet. *T. h. mitchellii*, Mitchells Lori, Kopf dunkel schwärzlichbraun, Scheitel u. Wangen graugrün gestreift. Hinterkopf rötlichbraun getönt. Brust kräftig rot, zuweilen einige Federn schwach bläulich gesäumt. Bauch purpurschwarz. 24 cm. Inseln Bali u. Lombok. Gern in Europa gepflegt, nach der Eingewöhnung unempfindlich, mäßig warme Überwinterung, sehr temperamentvoll, fliegt gern. Als handaufgezogener Vogel sehr zahm, gern als Hausgenosse gehalten. Mehrfach gezüchtet, regelmäßig im Vogelpark Walsrode. Gelege 2 Eier, bis zu 3 Bruten jährl. *T. h. moluccanus*, Gebirgslori, Kopf violettblau, Brust gelblichorange mit schmalem od. keinem Querstreifen. Bauch dunkel purpurblau. Nackenband gelblichgrün. Unterflügeldecken orange, kräftig verwaschen gelb. ♂: Auge dunkler gefärbt als bei ♀, zuweilen Kehle u. Oberbrust röter. 29 cm. Öst. Küste Australiens bis Kap-York-Halbinsel sü. bis Tasmanien, Kangaroo-Insel u. Eyre-Halbinsel (S-Australien). In Europa

sehr häufig gehalten, in den letzten Jahren seltener. Angenehmer, harter Volierenvogel, mäßig warme Überwinterung. Anspruchslos. Stimme sehr laut (Nachbarn). Neben üblichem Lorifutter auch Sonnenblumenkerne, Glanz u. Hafer reichen. Häufig gezüchtet. Paar allein halten, in arteigener Gruppe brütet sonst nur dominantes Paar. Gelege 2 Eier. Juv. schlüpfen nach 24—25 Tagen, fliegen nach ca. 8 Wochen aus. 2—3 Bruten jährl. *T. h. rosenbergii*, Rosenbergs Allfarblori, ähnl. *T. h. haematodus*, aber mit ausgedehnterem gelbem Nackenband, oberseits begrenzt von rotem Streif. Kopf kräftig violettblau gestreift. Brustfedern breit mit purpurblauen Säumen. Bauch purpurfarben. Flügel-US mit breitem orangefarbenem Streif. 28 cm. Insel Biak in der Geelvink-Bucht (W-Irian). Haltung wie *T. h. moluccanus*, aber während der Eingewöhnung länger wärmebedürftig, frißt auch gequollene Sonnenblumenkerne. Wahrscheinl. noch nicht gezüchtet. *T. h. rubritorquis*, Rotnackenlori, Kehle u. oberer Nacken schwärzlich, übriger Kopf violettblau, Brust heller orangerot als bei *T. h. moluccanus*. Breites orangerotes Nackenband. Oberrücken dunkelblau, variabel grün u. rot gezeichnet. Bauch grünlichschwarz. ♂ häufig breiteres Nackenband, Brust röter, Auge orangefarbener als ♀. Juv. ♂ häufig rotes Brustband, Schnabel anfangs schwarz. 29 cm. N-Australien. Heute selten in den Vogelsammlungen Europas. Längere warme Eingewöhnung, später ausdauernd, mäßig warme Überwinterung. Frißt neben üblichem Lorifutter auch gequollene Sonnenblumenkerne. Einige Male gezüchtet, regelmäßig im Vogelpark Walsrode. Gelege 2 Eier, Juv. schlüpfen nach 24 Tagen, fliegen nach 6—7 Wochen aus. *T. h. weberi*, Webers Lori, insges. grün, Brustfedern variabel grünlichgelb gezeichnet, Stirn u. Zügel blau überflogen. 23 cm. Insel Flores. Sehr selten in Europa gepflegt. Erstzucht 1970 bei R. KYME, England. Gelege 2—3 Eier, Juv. schlüpfen nach 25 Tagen, verlassen nach ca. 8 Wochen die Bruthöhle. Verbr. der A Bali u. Kleine Sundainseln bis N-, O-, SO-Australien einschließl. Tasmanien, Maluku, Neuguinea u. benachbarte Inseln, Bismarck-Archipel, Salomonen, Neue Hebriden, Loyalitäts-Inseln u. Neukaledonien. Bewohnt vorwiegend das Tiefland mit blühenden Bäumen, häufig auch in Parks u. Gärten.

— *T. iris*, Irislori. ♂ : allgemein grün, US u. Unterflügeldecken mehr gelblich. Stirn, vorderer Scheitel bis hinter das Auge orangerot. Rötlichviolettes Band zieht bis zum seitl. Nacken. Hinterkopf graublau, Ohrdecken hell bläulichgrün. Wangen grün. Unterer Nacken mit gelblichem Band. Brust mit schmalen dunkelgrünen, unregelmäßigen Querstreifen. Bauch u. Unterschwanzdecken einfarbig gelblichgrün, ebenso Schenkel. Schwanz oberseits grün, unterseits schmutziggelb. Schnabel orangerot. Auge orange. Füße bläulichgrün. ♀ wie ♂, aber vorderer Scheitel grün u. unterschiedl. mit Rot vermischt, Wangen mehr gelblich. Juv. ähnl. ♀, aber mit weniger Rot im Scheitel. Schnabel bräunlich. Auge braun. 20 cm. UAn. Timor u. Wetar (Indonesien). Bewohner des tropischen Berglandes bis 1 500 m ü. NN. Sehr selten in Gefangenschaft.

— *T. johnstoniae*, Mindanao-Lori. ♂ u. ♀ : allgemein grün. Stirn, obere Ohrdecken u. vordere Wangen matt rosarot, von Zügel bis Hinterkopf dunkel purpurbraunes Band. Untere Ohrdecken grünlichgelb. Federn der US gelb mit breiten grünen Rändern, dadurch Schuppenzeichnung, ebenso Schenkel. Unterflügeldecken u. Oberschwanzdecken gelblichgrün. US der Flügel mit gelbem Band. Schwanz oberseits grün, unterseits olivgelb. Schnabel orangerot. Auge rot. Füße grünlichgrau. Juv. wenig rot in den oberen Ohrdecken, purpurbräunliches Band zum Nacken fehlt. Hinter dem Auge matt mauvebraun gezeichnet. Um das Auge nackter, weißer Ring, bei ad. Vögeln dunkel blaugrau. Schnabel bei sehr jungen Vögeln schwärzlich. 20 cm. Mindanao (Philippinen). Bewohnt die Bergwälder des Mt. Apo zwischen 1 000 u. 2 500 m ü. NN, im Gebiet des Mt. Malindang zwischen 1 000 u. 1 700 m ü. NN. Schlafplätze in tieferen Lagen. H. BREGULLA beobachtete auf Mindanao Vögel, die Sonnenblumenkerne fraßen. Sehr selten im Handel. Manchmal auch unter *Psitteuteles* ↗ od. *Charmosyna* ↗ in der Systematik eingeordnet. 1972 in den USA (W. de GRAHL ↗), 1971 bereits in der Schweiz, u. a. erhielt Dr. BURKARD Vögel von H. BREGULLA. 1971/72 Zucht im Zoo San Diego.

— *T. ornatus*, Schmucklori. ♂ u. ♀ : Stirn, Scheitel u. obere Ohrdecken purpurblau. Wange u. untere Ohrdecken glänzend orangerot. Gelbes Band seitl. des Nackens hinter den Ohrdecken. Hinterkopf rot, Federn spitzenwärts schmutzig blau. Kehle u. Brust orangerot, auffällig blauschwarz gezeichnet, dadurch Querstreifenmuster. Bauch u. um den After grün, variabel grünlichgelb gezeichnet. OS glänzend grün. Unterflügeldecken gelb. Schwanz oberseits grün, unterseits mattgelb. Schnabel u. Auge orangerot. Füße fleischfarben. Juv. Steiß u. Unterschwanzdecken mit reichl. Gelb. Auge u. Schnabel dunkelbraun. 25 cm. Sulawesi u. benachbarte Inseln. Lebt im waldbestandenen Tiefland bis 1 000 m ü. NN. Paarweise u. in kleinen Flügen unterwegs, manchmal mit anderen Loris vergesellschaftet. In Europa ab u. zu im Handel. Im Wesen etwas ruhiger als die meisten An der G, nicht so laut. Während der Eingewöhnung warm unterbringen, später nicht unter 10 °C halten. Neben üblichem Lori-Futter werden auch gequollene Sonnenblumenkerne, eingeweichtes Weißbrot, gekochter Reis genommen. Mehrmals gezüchtet. Gelege 2 Eier. Juv. schlüpfen nach 26—27 Tagen, verlassen nach 10 Wochen die Höhle. Während der Aufzucht Keimfutter, frische Maiskolben, halbreife Getreideähren füttern.

— *T. rubiginosus*, Kirschlori. ♂ : tief rotbraun, Nakken u. US Federn dunkler gesäumt. Flügel u. Schwanz olivgelb. Schnabel orange. Auge gelborange. Füße dunkelgrau. ♀ wie ♂, aber Schnabel mehr gelb, Auge grauweiß. Juv. ähnl. Ad. 24 cm. Bewohnt Insel Ponapé (Karolinen, Mikronesien). Lebt vorzugsweise in Kokosnußpalmen, paarweise u. in kleinen Flügen anzutreffen. Nicht selten. Brütet hoch in Baumhöhlen. Ausgesprochen selten in Gefangen-

Tricholaema

schaft. Brütete 1970 u. 1971 im Zoo Los Angeles, bereits 1967 im Kelling-Park in Norfolk.

Tricholaema, Haarbärtlinge. G der Capitonidae ↗. 4 An. Kleinere Bartvögel. Mit dunkler, hell gestrichelter OS, größtenteils heller US, gedrungen, mit kräftigem, gezähntem Schnabel. Tropisches Afrika. 3 An eingeführt u. gezüchtet.

— *T. leucomelaena,* Rotstirnbartvogel, Diadembartvogel (UA *T. l. diademata,* häufig als eigene A angesehen). ♂: Stirn rot, Kopf-OS, Kopfseiten, Kinn u. Kehlfleck schwarz (UAn *T. l. diademata* u. *T. l. frontata* ohne schwarzen Kehlfleck); ein vorne gelber, dann weißer Streifen über dem Auge u. ein breiterer, weißer unter ihm. Rücken schwärzlich mit gelben Flecken, Bürzel gelb, Flügel, Schwanz schwarzbraun mit gelben od. weißen Federsäumen. Brust, übrige US weiß, Flanken dunkler od. gefleckt. Schnabel schwarz. Iris braun. Füße schiefergrau. ♀ wie ♂, soll aber weniger Rot an der Stirn haben. Juv. mit schwarzer Stirn. 16 cm. Bewohner der Dornbuschsavanne mit vereinzelten Akazien, hält sich dort mit Vorliebe auf. Ruft ausdauernd. Meist einzeln od. paarweise zu beobachten. Nahrung Früchte, Beeren u. Insekten, bes. Termiten. Brütet in Baum- od. Astlöchern, auch in verlassenen Schwalbennestern, 2—4 weiße Eier. 1914 durch RUHE in den Berliner Zoo gelangt, später wiederholt eingeführt. Ausdauernd, 1 Exempl. in Privatbesitz lebte über 12 Jahre. Nimmt gerne Mehlwürmer ↗, Fleischstücke u. Früchte. Diadembartvögel 1972 in England gezüchtet, nur 1 Juv. aufgezogen. Fütterung mit Insekten, Ameisenpuppen, Früchten u. Grünfutter. Rotstirnbartvögel 1973 im Zoo Heidelberg gezüchtet, Brutdauer 14 Tage, zunächst ♀ vom ♂ in selbst hergestellter Höhle mit Futter versorgt, ab 9. Tag Futter von ♂ u. ♀ ins Nest gebracht. Juv. am 33. Tag ausgeflogen. Nach 10 Tagen allein fressend. Bei weiterer Brut 2 Juv. aufgezogen. Später von Prof. CURIO gezüchtete Vögel selbst mit knapp 7 Monaten brutreif u. erfolgreich Juv. aufziehend.

— *T. lacrymosa,* Tränenbartvogel. ♂ u. ♀: Kopf-OS, Kopfseiten, Nacken u. Rücken schwarz, Flügel, Schwanz dunkelbraun mit gelben bzw. weißen Säumen. Ein weißlicher Streifen über u. einer unter dem Auge, großer, schwarzer Kehlfleck. Brust, Bauch gelblichweiß, an den Seiten mit schwärzlichen Tropfenflecken. Schnabel schwarz. Iris beim ♂ gelb, beim ♀ rot. Füße schwarz. Juv. matter gefärbt. 14 cm. S-Sudan, NO-Zaïre durch Uganda bis Kenia u. Tansania. Bewohner der trockenen Akaziensteppe, aber meist nicht weit von einer Wasserstelle entfernt. Durch den metallischen Ruf auffallend. Nisthöhle meist auf der US eines abgestorbenen Zweiges angelegt, 3 weiße Eier. Selten importiert, 1975 erhielt der brit. Vogelliebhaber M. D. ENGLAND 1 Paar dieser Vögel aus Kenia, die 1976 zu brüten begannen u. zwischen Juni u. Oktober in 4 Bruten 7 Juv. aufzogen. Fütterung mit Mehlwürmern, Heuschrecken, Heimchen, versch. Früchten u. Stückchen von Sepia.

— *T. melanocephala,* Schwarzkopf-Bartvogel. ♂ u. ♀: Stirn, Scheitel, Kopfseiten u. Nacken schwarz, desgl. Rücken, Flügel, Schwanz. Federn hier aber z. T. gelb od. weißlich gesäumt. 1 weißer Streifen über u. einer unter dem Auge, großer, schwarzer Kehlfleck. Übrige US weiß. Schnabel schwarz. Iris braun. Füße schwärzlich. 14 cm. Mehrere UAn, *T. m. stigmatothorax* aus Kenia mit braunem Kehlfleck. Von Äthiopien durch Kenia bis Tansania. Bewohner von trockenem Buschland, sonst wie *T. lacrymosum.* Selten importiert, 1963 erstmals im Londoner Zoo, 1969 u. 1970 in Winged World (England) gezüchtet (*T. m. stigmatothorax*), Brut in halb verrottetem Stamm, Eingangsloch sehr klein, nur 2,5 cm ⌀, Gang dann senkrecht abwärts führend, so daß eine weitere Einsicht wie öfters bei Nisthöhlen von Bartvögeln nicht möglich war. Brutzeit von 12 Tagen vermutet. Fütterung der Juv. durch ♂ u. ♀ mit Mehlwürmern, Heimchen u. Fliegenmaden, nach 8 Tagen auch mit Weichfuttermischung. Nur 1 Juv. ausgeflogen. Noch längere Zeit gefüttert, aber mit Beginn einer neuen Brut seine Anwesenheit nicht mehr geduldet. 1970 6 Juv.

Trichothraupis. G der Tachyphoninae ↗. 1 A. Hauptnahrung Insekten. Sonstige Lebensweise wenig bekannt. Haltung, Futter usw. s. *Tangara* ↗.

— *T. melanops,* Haarschopftangare. ♂: OS olivgrün. Stirn, Zügel, breiter Augenring u. Flügel schwarz. Handschwingen mit großem weißem Fleck auf der Innenfahne. Federschopf hellgelb. Schnabel hornfarben. Auge braun. Füße hornfarben. ♀ ähnl. ♂, doch ohne Schwarz am Kopf u. insges. matter. 17 cm. O-Peru, O-Bolivien, O-Paraguay u. SO-Brasilien. Tropische Gebiete. Hält sich gern in Bodennähe auf. Erst wenige Exempl. kamen nach Europa.

Triclaria. G der Aratingidae ↗, UF Triclariinae ↗. 1 A. Heimat öst. Brasilien vom sü. Bahia bis Rio Grande do Sul. Bewohnen überwiegend nasse, tiefer gelegene Bergwälder der Serra do Mar, bes. zwischen 500 u. 1 000 m ü. NN, zuweilen auch in tieferen Lagen u. gelegentl. außerhalb der Brutzeit direkt an der Küste, im besiedelten Kulturland u. in Vorstadtbezirken. Relativ häufig, stets sehr unauffällig. Leichter Rückgang der Gesamtpopulation, z. Z. nicht gefährdet. Sehr schöner, drosselartiger Gesang (Dr. BURKARD ↗), deshalb auch von Einheimischen gern gehalten. In Europa auch vor dem Ausfuhrverbot Brasiliens nur ab u. zu im Handel. Eingewöhnung schwierig (Futterumstellung). Benötigen anfangs reichl. Baumfrüchte u. Beeren. In mittelgroßer bis großer Voliere unterbringen, da schneller, schwalbenartiger Flug. Futterplatz unbedingt hoch anbringen. Warme Überwinterung. Futter → *Ara,* aber nur kleine Nüsse. Haben in England gebrütet, Aufzucht der Juv. mißlang, wahrscheinl. nur in der Heimat gezüchtet.

— *T. malachitacea,* Blaubauch. ♂: grün, Scheitel u. Nacken mit bläulichem Anflug. Schwingen violettblau. Schwanz-US bläulichgrün. Unterbrust u. Bauch blauviolett. Schnabel hell hornfarben. Auge braun. Füße grau. ♀ wie ♂, aber Unterbrust u. Bauch grün. Juv. grün, ♂♂ Bauch mit vereinzelten blauen Federn. 28 cm.

Triclariinae, Sittichpapageien. UF der Aratingidae ↗. 1 G *Triclaria* ↗ mit 1 A.

Triel (*Burhinus oedicnemus*) → *Burhinus*

Trifolium spec., Klee. Als Grünfutter vom Nutzgeflügel gut aufgenommen. Bildet eine vitaminreiche Ergänzung zum verabreichten Körnerfutter (Vitamine ↗ E, B_1, B_2) u. sollte vor allem in der Zuchtperiode eingesetzt werden. Auch sein Gehalt an Mineralstoffen, insbes. Kalium u. Calcium, ist beachtl. Fasane u. Sittiche nehmen Klee als Blatt u. Blüte auf. Bes. Vertreter der G *Platycercus* ↗ scheinen eine Vorliebe für ihn zu haben. Kleesamen werden von vielen Körnerfressern ↗ gern verzehrt.

Trigonoceps. G der Accipitridae ↗. Afrika. 1 A.
— *T. occipitalis*, Wollkopfgeier. ♂ u. ♀: ad. bunteste A der Altweltgeier. Kopf weiß bedunt, Wachshaut blau, Schnabel rot, Gefieder dunkelbraun, Armschwingen, ein Teil der Brust, Bauch u. Hosen sind weiß. Füße rot, Krallen leicht gekrümmt. Senegal, Kordofan bis Eritrea, O-Afrika bis zum Oranjefluß u. S-Natal. Wüstenrandzonen, Savannen, Buschlandschaften. Meist solitär lebend. Aasverwerter, schlägt aber auch häufig kleine Wirbeltiere u. kranke Stücke. Nistet in hohen Bäumen u. Felswänden, z. T. riesige Nester. Gelege 1 weißes Ei. Brutdauer 48–50 Tage. Nestlingsdauer über 100 Tage. Jungtiere werden zum großen Teil mit kleinen Beutetieren gefüttert. ♀ bebrütet das Gelege fast allein. Haltung meist nur in Tiergärten. Gut in Gemeinschaftsvolieren zu halten. Anteil des Ganzkörperfutters ↗ über 60 % halten. In Gefangenschaft noch nicht gezüchtet. Als Brutanreiz ist Horstunterlage unerläßlich.

Trillerkauz (*Taenioglaux castanoptera*) → *Taenioglaux*

Trillertaube, NN → Brillentaube

Tringa. G der Scolopacidae ↗. 10 An. Nur auf die nö. Halbkugel beschränkt. Zierlicher als die Schnepfen, kürzerer Schnabel. Bewohnen Wiesen, Marschen u. Salzsümpfe. Haltung s. Scolopacidae.
— *T. erythropus*, Dunkler Wasserläufer, Schwarzwasserläufer, Perlwasserläufer. ♂ u. ♀: im BK dunkel schieferfarben, Rücken, Flanken u. Bauch mit weißen Federsäumen. Weißer Bürzel. Langer, dunkler Schnabel, an der Basis rot. RK oberseits aschbraun mit weißen Flecken. Juv. ähnl. 31 cm. Nö. Skandinavien bis zum nö. Sibirien. Überwintert am Mittelmeer, Schwarzen Meer u. in S-Asien. Bewohnt sumpfige, lichte Waldungen, Sümpfe u. Strauchtundra. Nahrung wird mehr im Wasser erbeutet. Keine Gefangenschaftsbruten bekannt.
— *T. glareola*, Bruchwasserläufer. ♂ u. ♀: im BK oberseits schwarzbraun mit weißen Flecken, US weiß. Brust, Flanken gefleckt. Schwanz schwarzbraun gebändert. RK weiße Fleckung auf OS nicht so ausgeprägt, US verwaschen. Juv. ähnl. 20 cm. N-, NO-Europa, im nö. Asien bis Kamtschatka. Überwintert in Afrika, Indien u. Australien. Bewohnt sumpfiges Gelände aller Art, Lebensweise ähnl. Rotschenkel. Keine Gefangenschaftsbruten bekannt.
— *T. nebularia*, Grünschenkel. ♂ u. ♀: vorwiegend grau, im BK schwarzbraune OS u. weiße US, schieferfarbener, langer Schnabel, der an der Spitze leicht aufgeworfen ist. Grünliche Beine. RK oberseits heller. Juv. ähnl. Ad. 31 cm. N-Europa, nö. Asien ostwärts bis Kamtschatka. Überwintert am Mittelmeer, in Afrika u. S-Asien. Bewohnt baumlose Moore u. Tundren. Keine Gefangenschaftsbruten bekannt.

Trinidadpapagei
643

— *T. ochropus*, Waldwasserläufer. ♂ u. ♀: BK, RK u. Juv. ähnl. OS schwarzbraun mit weißer Tüpfelung, US weiß. Schwanz weiß mit wenig dunkler Bänderung. 23 cm. N-, O-Europa, mittl. Asien bis nach O-Sibirien. Überwintert in W-Europa, am Mittelmeer, in Afrika u. S-Asien. Bewohnt ältere Waldbestände mit Mooren u. Sümpfen, brütet in den Nestern anderer An. (Drosseln ↗, Häher ↗). Keine Gefangenschaftsbruten bekannt.
— *T. stagnatilis*, Teichwasserläufer. ♂ u. ♀: hochbeinig u. zierlich erscheinend. BK oberseits graubraun mit schwarzer Fleckung, unterseits weiß mit schwarzer Fleckung an Brust u. Flanken. Sehr dünner, schwarzer Schnabel. Gelblichgrüne Beine. RK oberseits graubraun, unterseits weiß. Juv. ähnl. Ad. 23 cm. SO-Europa (Ungarn), SW-Sibirien, O-Sibirien. Überwinterung in Afrika u. S-Asien. Bewohnt Ufer von Seen, Teichen u. Sümpfen, Wasserlachen in Steppengebieten sowie nasse Wiesen. Keine Gefangenschaftsbruten bekannt.
— *T. totanus*, Rotschenkel. ♂ u. ♀: im BK lange, orangerote Beine, überkopflanger, an der Wurzel rötlicher, sonst schwarzer Schnabel. OS graubraun, US hell mit dunklen Flecken. Im Fluge weiße Armschwingen. RK heller, weniger Fleckung. Juv. ähnl. Ad. 28 cm. UAn. Verbr. in N-, M- u. O-Europa, ost-

Rotschenkel

wärts nach M-Asien bis zum Amurgebiet. Überwintert im Mittelmeergebiet. Bewohnt feuchte u. sumpfige Wiesen, Moore, verlandende Teiche. ♂ dreht mehrere tiefe Mulden, eine davon wählt ♀ für die Ablage der 4 Eier aus. ♀ u. ♂ brüten 21–25 Tage, Juv. nach 25 Tagen flügge. Zucht mehrfach gelungen, sowohl in England als auch in den Zoos von Budapest u. Helsinki.

Tringinae, Wasserläufer. UF der Scolopacidae ↗. 5 Gn, davon aufgeführt *Tringa* ↗, *Actitis* ↗.

Trinidadpapagei, NN → Siebenfarbenpapagei

Tripsurus

644

Gelbstirn-Sammelspecht

Tripsurus, Bindenspechte. G der Picidae ↗. 3 An. M- u. S-Amerika. In Wäldern, Obstanlagen, Parks. Können im Fluge Insekten erbeuten. Übernachtung während der Fortpflanzungszeit paarweise in der Bruthöhle bei den Eltern od. den Jungspechten. Jungvögel übernachten nach dem Flüggewerden ebenfalls in der Bruthöhle bis zum Beginn der 2. Brut. Selten im Handel.
— *T. flavifrons,* Goldmaskenspecht. ♂: vordere Kopf-OS hellgelb, nach hinten scharlachrot, ebenso Nacken, Rücken, Flügel. Schwanz glänzend schwarz; oberer Rücken gestreift, innere Schwungfedern zugespitzt u. weiß; unterer Rücken, Bürzel, Oberschwanzdecken weiß; obere Brust helloliv; untere Brust, Bauchmitte scharlachrot; Seiten gleichmäßig schwarz gestreift, schwach gelb; ♀ wie ♂, aber ohne scharlachroten Nacken. Juv. ♂ ♂ sehen dem ♂ Altvogel ähnl., aber Rot u. Gelb etwas blasser als beim ad. ♂. 19 cm. M-, S-Brasilien, Paraguay, NO-Argentinien. Bewohnt Wälder, Palmengehölze, Parkanlagen. Vögel, die sich gegenseitig nicht kennen u. eingewöhnt werden, bleiben zwar scheu, können aber aneinander gewöhnt werden. Haltung in 6,00 × 5,00 × 2,50 m großer Innenvoliere mit abgestorbenen, 1,50–2,50 m hohen Akazienstämmen. Tageslicht mit tagsüber zusätzl. Kunstlichtbeleuchtung; mit anderen Volierenbewohnern (1,1 Schwarzkopfbergtangare ↗ u. 1,1 Berghaubenwachteln ↗, Rotbrust-Bartvögeln ↗, Weißkopf-Bartvögeln ↗, Rotbüschel-Bartvögeln ↗ u. Blauwangen-Bartvögeln ↗) verträglich. Ernährung Mischung aus Insektenfutter, kleingehackten, rohen Möhren ↗ sowie zerkleinertem, gekochtem Ei u. durchgedrehtem, rohem Rinderherz; dazu lebende Mehlwürmer ↗, Wachsmottenmaden u. Grillen; Obst ↗. Gelege aus 2–5 Eiern. Beide Eltern füttern. Aufzuchtfutter anfangs frische Ameisenpuppen u. kleine Raupen, von der 2.–4. Woche an reife Birnen, danach zerriebener Apfel; ebenso erfolgreich ist auch eine ausschließl. Fütterung mit zerkleinertem, rohem Rinderherz, das mit etwas Wasser u. Vitakalk ↗ vermischt wird. Juv. verlassen mit etwa 4 Wochen die Höhle.

Tristramammer *(Cristemberiza tristrami)* → Cristemberiza

Trochalopteron. G der Timaliidae ↗. 12 An. S-Asien. Unterbringung in pflanzenreicher Voliere ↗. Warme Überwinterung. Futter handelsübl. grobes Weichfutter, Obststückchen, Beeren, Mehlkäferlarven ↗ u. a. Insekten, auch Sonnenblumenkerne.
— *T. erythrocephalum,* Rotkopfhäherling. ♂ u. ♀: Kopfseiten je nach UA rotbraun, schwarz od. z. T. silbergrau, bei einigen UAn Augenstreif u. Stirn schwarz. Kopf-OS rotbraun. Rücken olivbraun, Flügel u. Schwanz olivgoldfarben. Kehle u. Brust häufig braun, bei einigen UAn auch schwarz od. schwarze Schuppenzeichnung, die dann bis in die Ohrpartie reicht. Bauch u. Unterschwanzdecken bräunlicholiv. 24 cm. Zahlreiche UAn. Himalaja, Assam, we. Yünnan, Burma, NW- u. S-Thailand, Malaysia u. nö. Indochina. Lebt im Unterholz, in den Bergen bis ca. 2 000 m ü. NN. Zuweilen im Handel.

Trochilidae, Kolibris. F der Trochiliformes ↗. Die große An-Fülle — je nach Systematiker 319 bis 327 An — läßt sich nur sehr schwierig noch weiter untergliedern. Meist werden Verschiedenartigkeiten von Gefieder u. Schnabel für die Aufstellung der ebenfalls nach Forschern unterschiedl. 110 bis

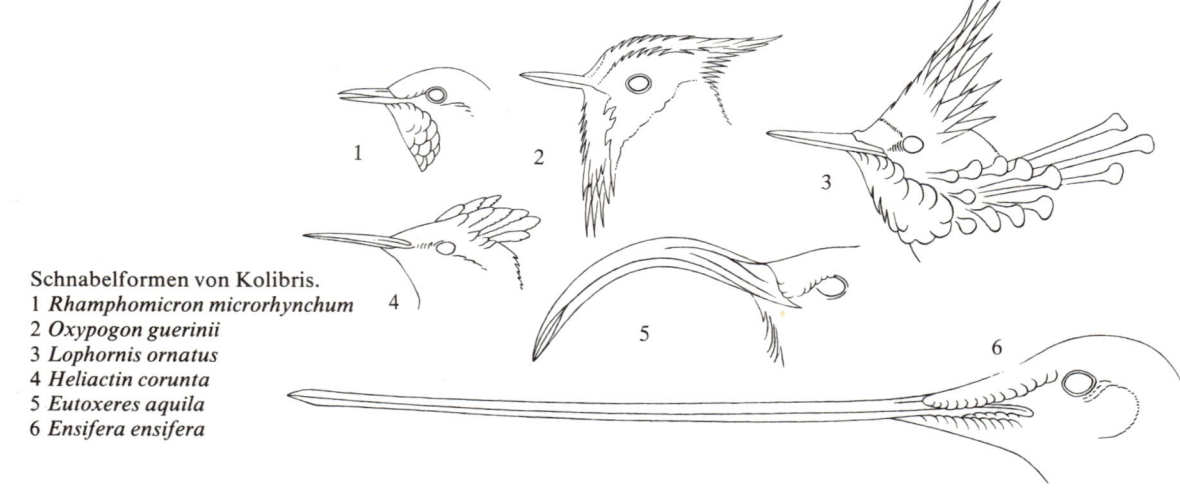

Schnabelformen von Kolibris.
1 *Rhamphomicron microrhynchum*
2 *Oxypogon guerinii*
3 *Lophornis ornatus*
4 *Heliactin cornuta*
5 *Eutoxeres aquila*
6 *Ensifera ensifera*

140 Gn herangezogen. T. bewohnen alle Biotope der beiden amerik. Subkontinente von Alaska bis Feuerland einschließl. der karibischen Inselwelt. Das Zentrum der An-Dichte liegt im nö. S-Amerika. Größe 6—22 cm, Gewicht 2—20 g. Auffallendstes Merkmal der T. ist ihr Schwirrflug; mit ihm sind alle Flugmanöver eines modernen Hubschraubers möglich —

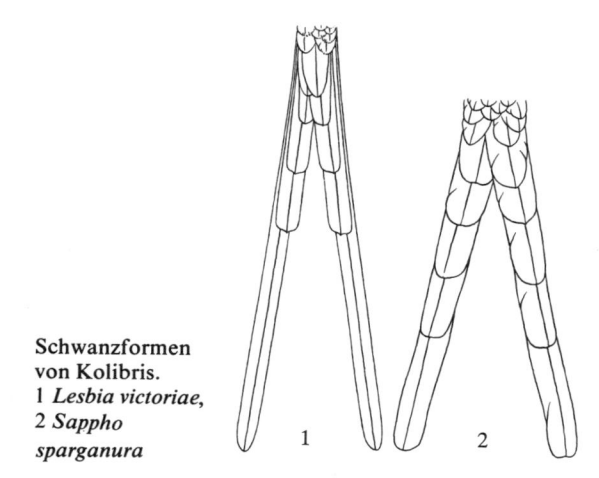

Schwanzformen von Kolibris.
1 *Lesbia victoriae*,
2 *Sappho sparganura*

auch der Rückwärtsflug! Die Verbindung zwischen dem für fliegerische Hochleistungen konstruierten Flügel u. den enorm entwickelten Flugmuskeln (25—30 % des Körpergewichtes) wird durch ein einzigartiges Drehgelenk hergestellt. Dadurch können die Tiere jeden beliebigen Winkel zwischen Flügelfläche u. Luftwiderstand herstellen. Die Zahl der Flügelschläge kann 200/s erreichen, dabei entstehen brummende Töne. Die Nahrung besteht aus Blütennektar u. Insekten. Beim Blütenbesuch korrespondieren Schnabel- u. Blütenform, außerdem werden Pollen übertragen. Die Abhängigkeit der Pflanzen vom Vogelbesuch nennt man Ornithophilie. Selbstverständlich zeigt der Stoffwechsel der T. außergewöhnl. hohe Werte. Zur Energieeinsparung können T. bei schlechter Energiebilanz die Körpertemp. auf fast Umgebungstemp. senken. Durch diese meist nächtliche Kältestarre wird der hohe Stoffwechsel gesenkt u. damit Energie gespart. Während der Fortpflanzungszeit vereinigen sich ♂ u. ♀ lediglich zur Kopulation. ♂♂ singen einzeln od. in kleinen Gruppen. ♀ baut aus Pflanzenfasern, Tierhaaren u. Spinnweben ein Nest. Napfnester, Hängenester u. Kugelnester sind gefunden worden. Alle An legen 1—2 reinweiße Eier, die 14—20 Tage bebrütet werden.

Trochilus

Während 19—25 Tage dauernder Nestlingszeit füttert die Mutter die Jungen mit ausgewürgter Nahrung. Nach dem Ausfliegen werden Juv. noch ca. 10 Tage von der Mutter betreut, die nicht selten sofort eine 2. Brut beginnt. Eine weitere morphologische Besonderheit sind die Schillerfarben des Kleingefieders, dabei ist der Feinbau der Kolibrifeder für die T. kennzeichnend u. sehr versch. von dem anderer schillernder Vogelfedern.

Trochiliformes. Kolibris. O der Aves ↗. F Trochilidae. Vorkommen auf das nearktische u. neotropische Faunengebiet beschränkt. Es ist sehr schwierig, Verwandtschaftsbeziehungen zu anderen On herzustellen. Die morphologischen Besonderheiten dieser sehr artenreichen O, bedingt durch die Ernährungsweise, machen sie zu einer der am klarsten gekennzeichneten, am schärfsten begrenzten u. einheitlichsten On im Vogelreich.

Trochilus, Wimpelschwänze. G der Trochilidae ↗. 1 A. Jamaika. In allen Lebensräumen zu finden, von den trockenen Tiefebenen bis in die höchsten Berge. Eingewöhnung relativ leicht. Haltung birgt keine großen Schwierigkeiten. Zucht gelang erstmals bei Captain R. S. de QUINCEY in England 1958. In einer Innenvoliere ↗ des Zoos Wuppertal brüten sie seit vielen Jahren regelmäßig. Nestbau u. Brut bleiben dem ♀ überlassen, ebenso die Aufzucht der Jungen. Brutzeit 17—19 Tage. Gelege 2 Eier, die im 2-Tage-Abstand gelegt werden. Nach 23—25 Tagen verlassen die Juv. das Nest. Sie werden aber noch einige Zeit vom ♀ versorgt, das aber nach dem Ausfliegen der Jungen sofort mit dem Bau eines neuen Nestes beginnen kann. K. L. SCHUCHMANN ↗ berichtet von einem mißglückten Zuchtversuch bei der schwarzschnäbeligen UA.

— *T. polytmus*; Wimpelschwanz, Jamaikakolibri, Wimpelschwanzkolibri, Wimpelkolibri. ♂: Stirn, Kopf-OS, Nacken schwarz, übrige OS grün. Steuerfedern lang, blauschwarz. US glitzernd hell gelblichgrün. Unterschwanzdecken blauschwarz. Schnabel rötlich mit schwärzlicher Spitze. ♀: OS glänzend grün, Kopf-OS düsterer. Mittl. Steuerfedern bronzegrün, übrige stahlblau mit ausgedehnten weißen Spitzen. US weiß, Körperseiten metallischgrün. Oberschnabel braun, Unterschnabel rötlich mit schwärzlicher Spitze. Juv. wie ♀. ♂ 22,0—25,0 cm. ♀ 9,5 cm.

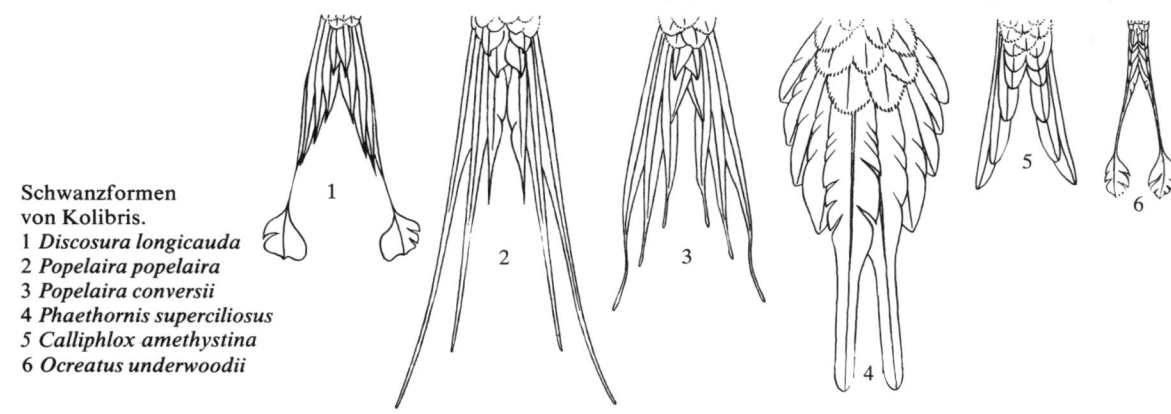

Schwanzformen von Kolibris.
1 *Discosura longicauda*
2 *Popelaira popelaira*
3 *Popelaira conversii*
4 *Phaethornis superciliosus*
5 *Calliphlox amethystina*
6 *Ocreatus underwoodii*

Zaunkönig

Trogisch, Klaus, geb. 22. 1. 1941 in Breslau. Verantwortlicher im Vogelpark Walsrode ↗. Hervorragende Kenntnisse in der Biologie u. Pflege vieler Vögel, bes. der Psittaciformes ↗. Haltungserfahrung über 25 Jahre. Zahlreiche Reisen. 1984 Goldmedaille der Zeitschr. «Die Gefiederte Welt».

Troglodytes. G der Troglodytidae ↗. 4 An. Lebensweise s. Troglodytidae.

– *T. troglodytes*, Zaunkönig. ♂ u. ♀: OS braun. Schwanz, Flügel u. Flanken mit verschwommener Bänderzeichnung. US fahlbraun. Juv. ähnl. Ad., aber US dunkel gewölkt. 9,5 cm. UAn, 3 Rassengruppen. Europa (ohne N-Skandinavien), Kleinasien, Kaukasus sü. bis Libanon, N-Iran, Turkestan, Gebirge Innerasiens; Transbaikalien u. SO-Sibirien, sü. durch China bis Yünnan, Honan, Hopeh u. Korea; nö. Burma u. Himalaja; Taiwan; Japan, Kamtschatka, Kommandeur-Inseln, Aleuten; N-Amerika. Wird selten gepflegt, da anspruchsvoll im Futter. Läßt sich schwer an Trockeninsekten od. anderes Ersatzfutter gewöhnen, benötigt lebende Nahrung. Kümmert bei ausschließl. od. überwiegender Fütterung mit Mehlkäferlarven ↗, läßt sich aber mit lebenden od. tiefgefrorenen Heimchen (weniger mit Ameisenpuppen) lange u. gut halten. Vorsicht: Nimmt tägl. mindestens 5–7 g Insekten zu sich! Benötigt gut bepflanzte, reich strukturierte Volieren ↗ mit Schlupfwinkeln, bes. wichtig bei paarweiser Haltung, da ♂ u. ♀ sehr aggressiv gegeneinander sein können. Einmal gut eingewöhnt, ungemein munterer u. liebenswürdiger Pflegling. Sehr selten gezüchtet, braucht dann reiche Auswahl an Kerbtieren.

Troglodytidae, Zaunkönige. F der Passeriformes ↗. 12–15 Gn, ca. 61 An. 9,5–22,2 cm, oft durch kurzen, in Erregung gestelzt getragenen Schwanz ausgezeichnet. Überwiegend gedämpfte, erd-, rindenfarbene Gefiedertönungen, seltener kräftige Farben. Schnabel schlank bis zart, Füße kräftig u. relativ groß. Bewohner der Neuen Welt (ausgenommen Zaunkönig ↗), bes. deren tropische Regionen. In Europa nur 1 A. Gebüschbewohner mit kurzen, gerundeten Flügeln, die wendigen Flug gewährleisten. Kerbtierfresser. Stark reviergebunden, aggressiv. Beim Zaunkönig können ♂ u. ♀ ein eigenes Winterrevier besetzen u. verteidigen. Sehr sangesfreudig u. stimmkräftig, auch ♀♀ singen. Viele An neigen zu geselligem Schlafen, sogar tropische An benützen häufig ein gemeinsames Schlafnest. Nest meist überdacht mit seitl. Einschlupf in dichtem Gestrüpp, auch bodennah, sogar in Kakteen. ♂ baut meist mehrere Nester, ♀ wählt eines u. polstert es aus. Neigen zu Polygamie. Jungenaufzucht entweder durch das ♀ allein od. ♂ beteiligt sich, bei tropischen An können Geschwister früherer Bruten als Helfer fungieren.

Trogon. G der Trogonidae ↗. 4 An. OS blau, schwarz u. grün, US leuchtend gelb. M- u. S-Amerika. Nur 1 A eingeführt.

– *T. viridis* (= *T. strigilatus*), Weißschwanztrogon. ♂: Kopf u. Brust rötlich violettblau, Kehle, Wangen schwarz, Rücken bronzegrün, Bürzel violettblau glänzend, Schwungfedern dunkelbraun, außen schmal weiß gesäumt, mittl. Steuerfedern metallisch blaugrün mit schwarzer Endbinde, äußere Steuerfedern mit keilförmigen weißen Spitzen od. bei 1 UA größtenteils weiß, Bauch u. Steiß orangegelb. ♀: vorwiegend schiefergrau ohne metallischen Glanz, Schwanz u. Flügel dunkel graubraun, Flügeldecken mit zarter, weißer Bänderung, Steuerfedern unterseits keilförmig weiß gezeichnet, Bauch u. Steiß blaß orangegelb. Schnabel blaßgrün od. blaugrau, Spitze u. Schneiden gelb. Iris dunkelbraun, nackter Augenring hellblau. Füße blaugrau. 29 cm. UAn. Nö. S-Amerika von Kolumbien, Venezuela u. Guayana bis W-Ekuador, N-Bolivien u. SO-Brasilien. Bewohner des Urwaldes, aber auch der Baumsavanne, fallen durch bezeichnende Rufe auf. Stellen Nisthöhlen in den Nestern von Baumtermiten her, ein bis zu 30 cm langer, aufwärts führender Gang zur 15–20 cm weiten Nistkammer, 2–3 weiße Eier, Nestlingszeit ca. 25 Tage. 1936 zuerst von CORDIER nach Europa gebracht. Schwer einzugewöhnen, selten importiert.

Trogonidae, Trogons. Einzige F der Trogoniformes ↗. 10 Gn, 39 An. Kernbeißer- bis elstergroß, gedrungen. Mit kurzem, kräftigem Schnabel u. langem, breitem, meist gerade abgestutztem Schwanz. Gefiederfärbung bunt, oberseits meist grün od. metallisch blau schillernd, unterseits häufig leuchtend rot od. gelb, Geschlechter meist verschieden, ♀♀ weniger kontrastreich gefärbt. Füße schwach, 1. u. 2. Zehe nach hinten gerichtet, nur 3. u. 4. nach vorne (heterodactyl). M- u. S-Amerika, Afrika sü. der Sahara u. S-Asien von Sri Lanka bis S-China, Philippinen u. Java. Vorwiegend Waldbewohner, nur selten in offener Landschaft, in Gebirgen manchmal bis 3000 m ü. NN. Ruhig, sitzen meist auf Ästen in Stammnähe, um von dort zu Beuteflügen auf fliegende Insekten zu starten, pflücken auch Früchte im Fluge. Oft paarweise, nur außerhalb der Brutzeit manchmal in kleinen Gruppen, können durch laute Rufe auffallen. Höhlenbrüter in verlassenen Spechthöhlen od. in selbst in morschem Holz hergestellten Höhlungen, manchmal in Nestern von Baumtermiten od. Wespen. Kein Nistmaterial, Eier fast kugelig, weiß od. pastellfarbig, 2–4 bilden ein Gelege, Brut durch ♂ u. ♀, 17–19 Tage dauernd; Junge zunächst nackt u. blind, rasch wachsend, verlassen Nest mit 15–30 Tagen, manchmal noch deutl. kleiner als Ad., im Gefieder oft ♀ ähnl. 10 An eingeführt, aber nur selten gehalten, meist in Zoos, Eingewöhnung am besten von Jungvögeln, sonst nicht leicht; benötigen große Flugräume, da Gefieder sonst sehr bald zerschlissen, meist verträglich. Im Sommer Haltung in Außenvolieren z. T. möglich, im Winter je nach Herkunft warm od. temperiert unterzubringen. Ernährung mit versch. Früchten (ganz od. zerkleinert), Weichfutter, evtl. mit Quark u. Fleisch, Leber usw., gekochtem Reis, Grünfutter, Insekten (Mehlwürmer, Ameisenpuppen, sogar Küchenschaben wurden genommen), großer Nahrungsbedarf (tägl. etwa das halbe Eigengewicht). Zunächst oft sehr anfällig, eingewöhnt aber ausdauernd, haben in Volieren ↗ schon länger als 21 Jahre gelebt. Eingeführte An s. Gn *Apaloderma* ↗, *Harpactes* ↗, *Pharomachrus* ↗, *Priotelus* ↗, *Trogon* ↗ u. *Trogonurus* ↗. Zucht bisher nicht gelungen, nur 1 A (*Pharomachrus mocinno* ↗) in Voliere im Heimatland gebrütet.

Trogoniformes, Nageschnäbler. O nur mit F Trogonidae ↗.

Trogons → Trogonidae

Trogonurus. G der Trogonidae ↗. 9 An. OS größtenteils blaugrün od. schwärzlich, US gelb od. rot, Geschlechter versch. gefärbt. M- u. S-Amerika.

— *T. curucui*, Blauscheiteltrogon. ♂: Kopf-OS metallisch blau schillernd, Rücken goldgrün, Bürzel, Oberschwanzdecken u. mittl. Steuerfedern blaugrün, äußere Steuerfedern dunkelbraun mit weißer Bänderung an den Außenfahnen, Kopfseiten schwarz, Kehle u. Brust metallisch blaugrün, von einem undeutl. weißen Band begrenzt, übrige US karminrot, Flügel graubraun mit feiner, weißer Zeichnung, Armschwingen mit breiter, weißer Bänderung, Handschwingen außen weiß gesäumt. ♀: oberseits sowie an Kehle, Brust u. Flanken mausgrau, übrige US blaß karminrot, Flügel gleichmäßig schmal weiß gebändert, Schwanz oberseits graubraun mit dunkelbraunem Rand, unterseits wie ♂. Schnabel hell graugrün. Iris dunkelbraun. Füße hellgrau. 24 cm. Über nö. u. öst. S-Amerika von Kolumbien durch Brasilien bis N-Argentinien (Salta). Selten importiert, erstmals 1936 durch M. C. CORDIER aus Brasilien.

— *T. personatus*, Maskentrogon. ♂: Stirn, Kopfseiten u. Kehle schwarz, Scheitel, Bürzel metallisch blau glänzend, Rücken, Schwanz goldgrün, mittl. Steuerfedern mit schwarzer Endbinde, Brust metallisch blaugrün, durch ein schmales, weißes Band von der übrigen, leuchtend karminroten US abgesetzt, äußere Steuerfedern dunkelbraun mit schmaler, heller Querbänderung u. weißen Spitzen, Flügeldecken schwarzbraun, fein grau meliert. ♀: oberseits u. an Kehle außer der schwarzen Maske braun, weißer Überaugenstrich, weißes Brustband u. karminrote US wie beim ♂. Schnabel orangegelb. Iris braun. Füße dunkelgrau. 26 cm. Nö. u. we. S-Amerika von W-Guayana u. Venezuela bis Bolivien u. W-Peru. Bergwälder der Anden. Selten importiert.

— *T. surrucura*, Surucuá-Trogon. ♂: Stirn, Kopfseiten u. Kehle schwarz, Kopf-OS u. Brustband leuchtend violettblau, Rücken goldgrün, Bürzel metallisch blaugrün, mittl. Steuerfedern metallisch blau mit schwarzer Endbinde, äußere Steuerfedern größtenteils weiß, nur Innenfahnen an der Basis dunkelbraun. Flanken grau, Flügel dunkelbraun, Deckfedern grau meliert. Bauch, Steiß karminrot, bei 1 UA orange. ♀: mit bleigrauem Kopf, übrige OS, Brust u. Schwanz schwärzlich graubraun ohne metallischen Glanz, weniger Weiß an den Außenfahnen der Steuerfedern, Flügel mit feiner, schmutzigweißer Bänderung, Bauchmitte verwaschen karminrot. Schnabel hellgrau. Iris hellbraun. Füße bleigrau. 27,5 cm. Öst. S-Amerika von NO-Brasilien (Bahia) bis N-Argentinien. Selten importiert.

Trompetergimpel → *Bucanetes*

Trompeterhornvogel (*Bycanistes bucinator*) → *Bycanistes*

Trompeterschwan (*Olor buccinator*) → *Olor*

Trompetervögel → *Psophia*

Tropenhalle. Große Freiflughalle ↗, allseitig mit lichtdurchlässigem Material (meistens Glas) ge-

Tropenhalle Tierpark Berlin

Tropenhalle im Vogelpark Walsrode

schlossen. Vermittelt den Eindruck einer üppigen tropischen Vegetation, zur Schonung der Pflanzen sparsamer Vogelbesatz. Ganzjährig beheizt, hohe Luftfeuchtigkeit. Reiche Ausstattung mit versch. dekorativen Pflanzen, häufig Teich, Bachlauf, Wasserfall. Attraktiver Anziehungspunkt in zool. Gärten u. großen Vogelparks ↗, häufig in Baueinheit mit Volieren ↗, Vogelvitrinen ↗ od. anderen Tiergehegen (z. B. im Tierpark Berlin, Zool. Garten Frankfurt/M., Vogelpark Walsrode ↗).

Tropen-Kreischeule, Tropen-Schreieule *(Megascops choliba)* → *Megascops*

Tropfenbrust-Honiganzeiger *(Melipodagus maculatus)* → *Melipodagus*

Tropfenfrankolin *(Francolinus pictus)* → *Francolinus*

Tropfenrötel *(Cichladusa guttata)* → *Cichladusa*

Tropfentangare *(Tangara chrysophrys)* → *Tangara*

Tropfentrupial *(Icterus pectoralis)* → *Icterus*

Tropikvögel → Phaethontes

Tropische Haubeneule *(Strix cristata)* → *Strix*

Trottellumme *(Uria aalge)* → *Uria*

Trugon. G der Columbidae ↗. 1 A. Neuguinea. Pflege s. auch Columbiformes ↗.

Trugstelze *(Grallina bruijni)* → *Grallina*

Trukbrillenvogel *(Rukia ruki)* → *Rukia*

Trupiale → Icterinae

Truthuhn *(Meleagris gallopavo)* → *Meleagris*

Tschagras → Tchagrinae

Tschirch, Werner, Dr., geb. 17. 9. 1939 in Neundorf. Tierarzt. Seit 1970 Leiter der Staatlichen tierärztlichen Gemeinschaftspraxis Hoyerswerda u. stellv. Kreistierarzt. Seit 1964 Betreuung des Tiergartens Hoyerswerda, seit 1969 des Wildforschungsgebietes Niederspree des Inst. für Forstwissenschaften Eberswalde (Zucht von Rauhfußhühnern ↗, Bastardzucht Rehwild). Ca. 30 Arbeiten in wissenschaftl. Zeitschriften. Mehrere Auszeichnungen, u. a. Ehrennadel des Naturschutzes in Bronze 1979.

Tschudis Waldnymphe *(Thalurania furcata)* → *Thalurania*

Tschunja *(Chunga burmeisteri)* → *Chunga*

Tuberkelhokko *(Crax rubra)* → *Crax*

Tuchkäfig. Besteht aus einem Bodenbrett, darauf lockeres Draht- od. Holzgestell, das mit undurchsichtigem, aber lichtdurchlässigem weißen Stoff überzogen wird. Vorzüglicher Käfig zur Eingewöhnung kleiner Insektenfresser ↗. Verhindert Fluchtverhalten u. Panik, da der Vogel nur Futter u. Wasser sieht.

Tucuman-Amazone *(Amazona tucumana)* → *Amazona*

Tui *(Prosthemadera novaeseelandiae)* → *Prosthemadera*

Tuiparasittich, UA → Goldflügelsittich

Tuisittich *(Brotogeris sanctithomae)* → *Brotogeris*

Tukanbartvogel *(Semnornis ramphastinus)* → *Semnornis*

Tukane → Ramphastidae

Tüpfelpfeifgans *(Dendrocygna guttata)* → *Dendrocygna*

Tüpfelralle *(Porzana porzana)* → *Porzana*

Tüpfeltangare, NN → Tropfentangare

Tupfenbartvogel *(Capito niger)* → *Capito*

Turacoena. G der Columbidae ↗. 1 A. Inseln in SO-Asien. Pflege s. auch Columbiformes ↗.

Turakos → Musophagidae

Turdoides. G der Timaliidae ↗. 16 An. Afrika u. S-Asien (3 An). Beste Unterbringung in pflanzenreicher Außenvoliere ↗ mit Schutzraum ↗. Warme Überwinterung. Futter handelsübl. grobes Insektenweichfutter, Obststückchen, Beeren, Mehlkäferlarven ↗, Grillen u. a. Insekten, außerdem kleine Samen u. Honig- bzw. Nektartrank anbieten.

— *T. bicolor,* Elsterdrossling. ♂ u. ♀: weiß, Flügel u. Schwanz schwarz. Schnabel schwarz. Auge orangegelb. Füße schwarz. 25—26 cm. Nö. u. mittl. Namibia, nö. Kapprovinz (nordwe. des Oranje), Botswana, Transvaal, SW-Simbabwe. Lebt im Buschland, in Trupps unterwegs. Sehr selten im Handel, u. a. von CHRIST, Köln/BRD, eingeführt.

— *T. leucopygius,* Weißbürzeldrossling. ♂ u. ♀: bronzebraun, Kopf weiß, nur Kopf-OS grau, Bürzel u. Bauch weiß. 26 cm. UAn. SO-Sudan, Äthiopien, N-Somalia. Lebt im Buschland u. in Schilfbeständen. Bildet Schwärme. Temperamentvoll. Zuweilen im Handel, mit kleineren Vögeln haltbar.

Turdoidinae, Drosseltimalien. UF der Timaliidae ↗. 38 Gn, ca. 136 An. Aufgeführt sind *Leioptila* ↗, *Siva* ↗, *Alcippe* ↗, *Leiothrix* ↗, *Trochalopteron* ↗, *Grammatoptila* ↗, *Leucodioptron* ↗, *Garrulax* ↗, *Turdoides* ↗.

Turdus. G der Muscicapidae ↗. Früher sehr umfangreiche G, nach WOLTERS ↗ nur noch 3 An. Europa, N-Afrika u. Asien. Pflege s. *Merula.*

— *T. viscivorus,* Misteldrossel. ♂: ähnl. Singdrossel ↗, aber größer, OS grauer, Unterflügel weiß, äußere Schwanzfedern mit weißen Spitzen. US gelblichweiß, grob dunkelbraun gefleckt. ♀ wie ♂, aber gering heller, Schnabelwurzel weniger gelb. Juv. OS hell gefleckt, US mehr weißlich als Ad. Ca. 26 cm. UAn. Marokko bis Tunesien, Europa, W-Sibirien bis we. des Baikalsees u. zum Altai, von Kleinasien, Syrien u. Libanon bis zum Tienschan u. Garhwal (W-Himalaja). Teilzieher in Europa. Bewohnt Wälder aller Art von der Ebene bis ins Gebirge, in einigen Gebieten auch in Parks u. Gärten. Gesang volltönend, melodische Flötentöne, fanfarenartig. Lock- u. Warnruf laut schnärrend. Pflege einfach, winterhart, trotzdem frostfreie Überwinterung empfehlenswert. Mindestlänge des Käfigs ↗ 1,20 m, am besten Haltung in bepflanzter Freivoliere ↗, hier dann bald zahm. Als Einzelvogel gut für Gesellschaftsanlage geeignet, gegenüber arteigenen Vögeln sehr aggressiv. Wenige Male gezüchtet, u. a. 1969 von M. u. R. G. KRAHE ↗.

Türkenammer *(Emberiza cineracea)* → *Emberiza*

Türkenkleiber *(Sitta krueperi)* → *Sitta*

Türkentaube *(Streptopelia decaocto)* → *Streptopelia*

Türkisara *(Anodorhynchus glaucus)* → *Anodorhynchus*

Türkisbrauensägerake *(Eumomota superciliosa)* → *Eumomota*

Türkisfischer *(Cyanispida caerulescens)* → *Cyanispida*

Türkis-Irene *(Irena puella)* → Irena
Türkisnaschvogel *(Cyanerpes cyaneus)* → Cyanerpes
Türkistangare *(Tangara mexicana)* → Tangara
Türkisvogel, NN → Türkisnaschvogel
Turmalinkolibri, Turmalinnymphe *(Heliangelus exortis)* → Heliangelus
Turmalin-Sonnenengel *(Heliangelus exortis)* → Heliangelus
Turnicidae, Wachtellaufhühnchen. F der Turniciformes ↗. 2 Gn, *Ortyxelos* ↗ u. *Turnix* ↗, 16 An. Wachtelähnl., 10—20 cm. ♀ stets größer u. auffälliger gefärbt als ♂. Kein Kropf, aber starker Muskelmagen u. große Blinddärme. Bürzeldrüse vorhanden. 10 Handschwingen, Federn mit langen Afterschäften. Hinterzehe fehlt (im Gegensatz zu Trappenlaufhühnchen). Afrika, Australien, Asien, Iberische Halbinsel. Bodenvögel. Brummende, pfeifende, trommelnde Laute. ♀♀ balzen um ♂♂ u. verteidigen Revier gegenüber anderen ♀♀ (daher «Kampfwachteln»). Bauen flache, wenig gepolsterte Nestmulde. 2—4 ovale, weißliche, braun-, grau-, schwarzgefleckte Eier. Brut u. Aufzucht nur durch ♂♂. Ein ♀ versorgt nacheinander mehrere ♂♂ mit Nestern u. Eiern. Dunenjunge schlüpfen als winzige Nestflüchter nach erstaunlich kurzer Zeit von 12—13 Tagen. Schlupfgewicht 4 g. Mit 2 Wochen flügge. Begehrtes Jagdwild. Gelegentl. im Tierhandel. Von Liebhabern bisher wenig beachtet. Ausdauernde Pfleglinge, die sich bei geeigneter Unterbringung leicht fortpflanzen. Haltung in flachen, dicht bepflanzten Gartenvolieren ↗. Bodengrund Sand, Kies, Wiesenboden. Nicht kalt überwintern. Futter Samen u. Getreide, auch gekeimt; Insekten od. Insektenschrot, Mehlwürmer ↗, Ameisenpuppen, Hartei, Quetschkartoffeln. Grünfutter ↗ wird kaum angerührt. Für Aufzucht der Juv. Ameisenpuppen, Mohn, Eifutter. Juv. lernen bald Ameisenpuppen vom Schnabel des ♂ zu picken. ♀ kümmert sich meist nicht um Aufzucht; falls es ♂ jagt, herausfangen. Zusätzl. auch kleingeschnittene Mehlwürmer, angekeimte Samen, Kalkstückchen. Nach 3 Monaten sind juv. ♀♀ bereits brutreif. Zucht einiger An im Zoo Basel, Kopenhagen, Vogelpark Walsrode ↗, Ahmedabad (Indien), Melbourne u. Adelaide (Australien), Chicago, New York, Colombia u. Evansville (USA) gelungen.

Turniciformes. O Laufhühnchen, Kampfwachteln. 2 F, Pedionomidae ↗ u. Turnicidae ↗, 3 Gn, 17 An.

Lerchenkopfwachtel

10—20 cm. Wachtelähnl. gefärbtes Gefieder. ♀♀ größer als ♂♂, sonst kaum zu unterscheiden. Wärmere Gebiete Afrikas, Madagaskars, Australiens, Tasmaniens u. Neukaledoniens, Asiens bis China, Philippinen, Malaysia, Neuguinea; in Europa nur im S der Iberischen Halbinsel. Auf Sizilien ausgerottet. Flugunlustige Bodenvögel der Grasländer u. Steppen. Nahrung Samen, Körner, Würmer u. Insekten. ♀ übernimmt bei Werbung führende Rolle, treibt Vielmännerei. Brut u. Aufzucht dem ♂ überlassen. Einfaches Nest im dichten Gras. 3—5 Eier. Pflege wie Turnicidae.

Turnix. G der Turnicidae ↗. 15 An.
— *T. sylvatica*, Spitzschwanzlaufhühnchen, Rostkehllaufhühnchen. ♂ u. ♀: wachtelartig braungefleckt mit orangebrauner Brust, dunkel getropften Seiten u. weißem Bauch. ♂ 12,5—15 cm, ♀ 15—18 cm. UAn. S der Iberischen Halbinsel. S-Arabien, Afrika von Atlasländern bis Namibia u. O-Kapprovinz, S-Asien von Iran bis China, Taiwan, Philippinen, Bali. Auf Sizilien ausgerottet. Bevorzugt dichtes Gebüsch. Dumpfe, tiefe, rohrdommelähnl. Laute. Balzend plustert ♀ Kehlschild auf. Legt bis zu 50 Eier bei versch. ♂♂ ins Nest. ♂ sucht Nistplatz u. fertigt Nestmulde aus feinem Gras. 6—8 Eier. Brutdauer 13 Tage.
— *T. varia*, Buntlaufhühnchen. ♂ u. ♀: hell- bis dunkelbraun mit schwarzer Fleckung, US grauweiß. ♂ 16,5 cm, 80 g; ♀ 20 cm, 130 g. UAn. Australien, Tasmanien, Neukaledonien. ♀ balzt; ♂ bebrütet 2—4 Eier. Brutdauer 12—14 Tage. Jungtiere mit 11 Tagen flugfähig, nach 4 Monaten fortpflanzungsfähig.

Turquoisinsittich, NN → Schönsittich
Turteltaube *(Streptopelia turtur)* → Streptopelia
Turtur. G der Columbidae ↗. 3 An. Afrika.
— *T. afer*, Stahlflecktaube. ♂ u. ♀: wie *T. chalcospilos*, doch Färbung düsterer. Flügelglanzflecken kleiner u. immer tiefblau od. purpurrot, höchstens mit einer Andeutung von Grün. Schnabel rot mit gelblicher Spitze. 20 cm. UAn. Afrika sü. der Sahara, auch im Kongo, doch nicht im S des Kontinents. Waldbewohner, bevorzugt in Galeriewäldern. Gelege 2 cremefarbene Eier. Brutdauer 13 Tage. Nestlingszeit 13—14 Tage. Erstmalig 1845 in Europa, Zoo Amsterdam. Erstzucht 1872 in Paris, Jardin d'Acclamatation. Verträglich. Warme Überwinterung erforderlich (über 10 °C). Leicht züchtbar, jedoch Nestinspektionen vermeiden.
— *T. chalcospilos*, Bronzeflecktaube. ♂ u. ♀: Oberkopf grau mit hellerer Stirn. Schmaler Strich am Zügel schwärzlich. OS rotbräunlich. Über dem hinteren Rücken 2 schwarze Binden mit isabellfarbenem Zwischenfeld. 2 ausgedehnte, gold- od. blaugrüne Glanzfelder am Flügelinnenrand. Graubläulicher Schwanz mit weißen Außenkanten u. dunklem Endsaum. Kehle u. Unterschwanzbefiederung weiß, übrige US weinrötlich, auf die Halsseiten hinaufgezogen. Schwarzer Schnabel mit rötlichem Ansatz. Auge tiefbraun. Füße rot. 20 cm. UAn. Afrika von Äthiopien bis fast an die Südspitze, ohne Namibia. Bewohner der Dornbuschsteppe u. des Trockenwaldes, sofern im Umkreis Tränken erreichbar sind. Nahrungssuche (Samen, kleine Wirbellose) am Boden. Brütet im Buschwerk bis 3 m, selten höher. Gelege 2 cremefarbene Eier. Brutdauer 13 Tage. Juv. verlassen am

Turturoena

13. Tag das Nest, erreichen aber erst nach dem 16. Tag die Flugfähigkeit. Ersteinfuhr u. -zucht 1866, Zoo London. Agil u. verträglich. Kommt oft auf den Volierenboden herab u. nimmt dort u. a. Sonnenbäder. Warm überwintern. Leicht züchtbar. Manche Paare lassen Brut auf Brut folgen, so daß der Züchter im Interesse der Täubin bremsend eingreifen muß. Futter neben kleinkörnigen Samen etwas Grünes, Ei- u. Weichfutter hin u. wieder Mehlwürmer.

Turturoena. G der Columbidae ↗ (früher zu *Columba* ↗). 3 An. Afrika. Pflege s. auch Columbiformes.

Tympanistria. G der Columbidae ↗. 1 A. Afrika.
— *T. tympanistria*, Tambourintäubchen. ♂: Stirn, Augenumrandung, gesamte US bis auf die braune Unterschwanzbefiederung weiß. Zügel schwarzbraun. OS dunkelbraun, an Kopf u. Hals grau durchsetzt, sonst oliv getönt. Hinterer Rücken mit 2 dunklen Querstreifen, dazwischen weißlich. Innere große Flügeldecken u. Armschwingen mit schwarzen Flecken, die blau od. grün schimmern. Schnabel rötlich, Spitze dunkel. Auge braun. Füße rot. ♀: kleiner, weiße US mit Grauton. Glanzflecke matt. 19 cm. UAn. Afrika, sü. der Sahara, aber nicht ganz bis an die Südspitze verbr. Besiedelt feuchtheißes Gelände mit Galerie- u. Urwäldern, außerdem Sekundärbewuchs u. hohe Dickichte. Nahrungssuche am Boden an offenen Stellen, Rizinussamen u. Beeren bevorzugt. Das durchsichtige Nest aus dünnen Zweigen steht im Gebüsch od. niedrig in einem Baum. Gelege 2 cremefarbene Eier. Brutdauer 13 Tage. Nestlingszeit 13—15 Tage, dann flügge. Erstmalig 1871 in Europa, Zoo London. Erstzucht 1903 ebenfalls in England (bei Butler). Anfangs recht ängstlich u. schreckhaft, gibt sich nach u. nach. Sollte sonnige Voliere mit heizbarem Innenraum bekommen. Strauchwerk als Schattenspender einbringen. Pflege in Vogelstuben ↗ u. größeren Käfigen ↗ möglich. Bes. gegen nasse Kälte empfindlich, unbedingt bei mehr als 10 °C überwintern. Im allgemeinen verträglich, doch gibt es andere Erfahrungen, vor allem bezüglich ihres Verhaltens gegenüber A-Genossen u. a. kleinen Tauben zur Brutzeit. Deshalb Zuchtpaare besser allein halten. Brütet leicht, verträgt aber keine Störungen am Nest. Futter überwiegend ölhaltige Samen, z. B. 40—80 % Hanf, dazu Silberhirse, zerkleinerte Sonnenblumen-, Pinien-, Erdnußkerne, außerdem in geringeren Mengen Holunderbeeren, Quark, Ei-, Weichfutter, Mehlwürmer, Ameisenpuppen.

Tympanuchus, Präriehühner. G der Phasianidae ↗. 2 An.
— *T. cupido*, Präriehuhn. ♂: hellocker mit vielen feinen Abstufungen. Mittelscheitel schwarz mit ockerbraunen Spitzen. Flügeldecken, Armschwingen olivbraun. Verlängerte Halsseitenfederbüschel. Schwanz braun, weiß gespitzt. Zimtbrauner Zügelstreif an der Ohrengegend. Orangefarbige fleischige, nackte Überaugenhaut. Luftsäcke des Seitenhalses im aufgeblasenen Zustand (Balz) tief orange. ♀: etwas kleiner als ♂, kürzere Halsseitenbüschel. Luftsäcke u. Rosen ↗ fehlen. Dunenküken OS bräunlicholiv mit auffälligem Muster auf Nacken u. Rücken. 43 cm. Mittl. N-Amerika von Kanada bis Texas. In weiten Teilen des ursprüngl. Verbr.-Gebietes ausgerottet (öst. N-Amerika). Lebensweise dem Birkhuhn ↗ ähnl. ♂ ♂ suchen im Frühjahr gemeinsame Balzplätze auf. Die orange leuchtenden Halsluftsäcke sind aufgebläht, die langen Halsfederbüschel nach vorn über den Kopf gestellt, der Schwanz fächerförmig ausgebreitet u. immer wieder zusammengefaltet. Brummender Balzruf besteht aus 3teiliger Tonfolge. Ad. leben vorwiegend von den Samen der Präriegräser u. vielen grünen Pflanzen. Leicht haltbar. Neben dem üblichen Grünfutter ↗ erhalten T. eine Getreidesamenmischung. Für einen Zuchtstamm 1 : 3 sollte die Voliere ↗ mindestens 35 m^2 groß sein. Gelege 12—15 Eier, sind oft nur zu 50 % befruchtet. Die Eier werden im Brutapparat zum Schlupf gebracht (Brutdauer 23 Tage). Die Küken erhalten in den ersten Tagen ausschließl. Mehlkäferlarven ↗, mit denen sie gestopft werden müssen. Erst ab 3. Tag werden Mehlkäferlarven selbständig genommen, es kann ein Kükenstarterfutter eingesetzt werden. Die weitere Haltung entspricht der von *Lyrurus* ↗ *tetrix*.
— *T. phasianellus*, Schweifhuhn, Spitzschwanzhuhn. ♂ u. ♀: graubraun mit weißen Querbändern. Schwarzbraune Stirnfedern. Armschwingen olivbraun mit sparsamer weißer Bänderung. Lange spitze Schwanzfedern rötlich längs- u. quergebändert, Außenfahnen mit Weiß vermischt. Dunkler Wangenstreifen. Untere Körperseiten u. Kehlfleck weiß. Rosen über den Augen hellorange, die Haut der seitl. am Hals gelegenen Luftsäcke bei der Balz rötlichviolett leuchtend. ♀ wie ♂, aber kleiner. Dunenküken senfgelb mit schwarzem Mittelscheitel, auf dem Rükken ockerfarben, auf den Ohrendecken ein schwarzer Fleck. 43 cm. We., nordwe. N-Amerika, öst. bis Ontario. Bewohnt Buschgelände. Im Frühjahr findet die Gemeinschaftsbalz der ♂ ♂ auf freien, übersichtlichen Stellen statt. Dabei wird der Körper waagerecht gehalten, der Spitzschwanz senkrecht getragen, u. durch die aufblasbaren Halsluftsäcke werden gurrende Töne abgegeben. Ad. leben vorwiegend von Grünpflanzen u. Grassamen, Juv. benötigen Insekten. Es kommen nur gezüchtete Tiere in den Handel. Die Haltung erfolgt in Gehegen mit Sandboden, der häufig ausgewechselt werden muß. Nahrung neben Grünpflanzen Getreidemischung u. Junghennenpellets. Gute Ergebnisse werden auch mit aufgeweichtem Hundekuchen erzielt. Gelege 7—14 Eier. Kunstbrut ist möglich. Die Küken nehmen in den ersten Tagen kein Futter vom Boden auf. Deshalb müssen die Futterbröckchen an die Wände der Aufzuchtvitrine geklebt werden. Im Prinzip unterscheidet sich die Aufzucht nicht wesentl. von der anderer juv. Rauhfußhühner ↗.

Typhlohepatitis, enzootische. Ansteckende Blinddarm-Leber-Entzündung. Durch Histomonaden (Protozoen) verursachte Infektionskrankheit der Hühnervögel. Bes. gefährdet sind Puten, Pfauen ↗ u. Rauhfußhühner ↗. Es erkranken hauptsächl. Jungtiere bis 4 Monate. Starke Abgeschlagenheit u. starker gelblicher Durchfall sind klinische Zeichen der Erkrankung. Lebernekrosen u. diphtheroide

Blinddarmentzündung sind bei der Sektion festzustellen. Allgemeinhygienische Maßnahmen u. Hochgehegehaltung für Jungtiere djenen der Prophylaxe, Chemotherapeutika (z. B. Metronidazol u. Dimetridazol) eignen sich zur Therapie. Dauertherapie mit Metronidazol soll Unfruchtbarkeit verursachen können.

Tyrannen → Tyrannidae

Tyranni, Bronchienschreier, Tyrannenartige. UO der Passeriformes ↗. Fn Phytotomidae, Cotingidae ↗, Pipridae ↗, Tyrannidae ↗, Oxyruncidae. Syrinx (unterer Kehlkopf) greift von der Luftröhre in die Bronchien über. Gefieder mit Fettfarbstoffen.

Tyrannidae, Tyrannen. F der Tyranni ↗. 3 UFn, zahlreiche Gn, fast 400 An. 6,5–40 cm. Überwiegend grau, braun, blaßgelb u. grünlich, einige auffällig gefärbt. Schnabel recht flach, gering hakig, am Grund mit langen Borsten. 3. u. 4. Zehe mit dem Basisglied aneinandergeheftet. Außenseite des Laufes von Laufschildern umfaßt. ♂ u. ♀ allgemein ähnl. gefärbt. Alaska, Kanada bis Südspitze S-Amerikas. In nö. u. sü. kalten Gebieten Zugvögel ↗, selten auch tropische An. In heißen feuchten Tropenwäldern bis trockensten Wüsten u. rauhen Bergzonen, am zahlreichsten im tropischen Tiefland. «Fliegenschnäpper» ↗ der Neuen Welt. Überwiegende An Insektenfresser, einige verzehren auch Früchte, die größeren Lurche, Kriechtiere u. Kleinsäuger, selbst Fische. Jagen fliegende Insekten vom Ansitz aus. Die meisten An bauen selbst Nest unterschiedl. Gestalt in Zweigen, im Schilf, am Boden, in Baumhöhlen, auch in Erdlöchern. Eier weiß od. gefleckt, überwiegend brütet ♀ allein, ♂ zieht Juv. mit auf. Juv. ähnl. Ad. Bisher wenige An in Europa im Handel. Eingewöhnung einfach mit Lebendfutter, bald wird auch handelsübl. Insektenweichfutter mit geriebenem Apfel verzehrt, außerdem lebende Mehlkäferlarven ↗ (bei mittelgroßen An 4–6 tägl.), Grillen, Wiesenplankton u. andere Insekten tropischer An, zusätzl. Beeren, Fruchtstückchen, größere An außerdem zerkleinerte Hühnerhähnchen-Eintagsküken, kleine Mäuse, Rinderherzstücken. Trinken viel, baden gern. Unterbringung im Flugraum ↗, bei Haltung eines Einzelvogels im Käfig ↗ muß dieser mindestens 1 m lang sein. Artenschutz → Naturschutzbestimmungen.

Tyrannus. G der Tyrannidae ↗. 13 An.

— *T. melancholicus,* Trauertyrann. ♂ u. ♀: gelber u. scharlachroter Scheitelfleck, OS grünlichgrau. Flügel, Schwanz schwarzbraun, Federn hell gesäumt. Kehle weißlich, Brust graugelb, sonst unterseits gelb. Schnabel schwarz. Auge braun. Füße schwarz. 22–23 cm. UAn. W-, S-Mexiko bis W-Peru, S-Argentinien; küstennahe Inseln nö. S-Amerika; Grenada. Ruffreudig. Erstmalig 1893 in Europa (Zool. Garten London), seither sehr selten gehandelt.

— *T. tyrannus,* Königstyrann. ♂: Wangen weiß, sonst Kopfseiten schwarz, ebenso Kopf-OS, Scheitelfleck groß, orange bis scharlachrot, meistens von den Oberkopffedern verdeckt. OS schwarz bis schiefergrau, Schwanz mit weißer Endbinde. US weiß. Schnabel schwarz, Unterschnabelgrund heller. Auge braun. Füße braunschwarz. ♀ ähnl. ♂, aber kleinerer Scheitelfleck, Handschwingen wahrscheinl. auch weniger spitz. Juv. OS rauchgrau, Scheitelfleck fehlt.

Tyto

651

Schleiereule

18–21 cm. Von Kanada bis Utah, mittl. Texas, Florida, zieht im Winter nach M-Amerika u. in weite Teile S-Amerikas. Bewohnt Waldränder, Felder, große Gärten, Flußufer. Einzeln od. paarweise anzutreffen, während des Zuges gesellig. Nest ca. 5 m hoch, napfförmig aus Zweigen u. Halmen gebaut, umfangreich. Innen mit Wolle, Haaren, Federn ausgekleidet. Gelege 3–4 rötlichweiße Eier mit braunen Punkten. Nur ♀ brütet, Schlupf nach 12–13 Tagen. Juv. fliegen nach ca. 14 Tagen aus. Haltung im Flugraum ↗, im Käfig ↗ träge. Keine Vergesellschaftung mit kleineren Vögeln. Futter Insektenfuttergemisch, reichl. lebende Insekten, Beeren. Sporadisch im Handel.

Tyto, Schleiereulen. G der Strigidae ↗. 9 An. Mittelgroß, ohne Federohren mit herzförmigem Gesichtsschleier u. dunkelbrauner Iris. Gefieder außerordentl. weich. Keine Geschlechtsunterschiede im Gefieder, jedoch sind ♀ ♀ größer u. schwerer als die ♂ ♂. In warmen u. gemäßigten Zonen aller Erdteile. Meiden Waldgebiete. Bevorzugen offene Natur- u. Kulturlandschaften. Nur nachtaktiv. Hauptnahrung Kleinsäuger. Eingewöhnung u. Haltung mit Eintagsküken u. Mäusen problemlos. Können gesellig gehalten werden. Sollten zur Zucht aber paarweise in mindestens 2,00 m breiten, 4,00 m tiefen u. 2,00 m hohen Volieren ↗ gehalten werden. Brutbiologie bei einigen An weitgehend unbekannt.

— *T. alba,* Schleiereule. ♂ u. ♀: OS silbergrau u. okkerfarben mit feinen dunkelbraunen Punkten, US okkerfarben bis weiß mit dunkelbraunen Punkten, die bei weißer US auch ganz fehlen können. Gesichtsschleier einfarbig weiß bis weißgelb, zum Schnabel hin hellbraun. Beine lang u. befiedert, Zehen beborstet. Juv. US einfarbig schmutziggelbweiß. 33–43 cm. Größtes Verbr.-Gebiet aller Eulen-An, Polynesien, Fidschi-Inseln bis Neukaledonien, Salomonen, SO-Neuguinea, Australien, Tasmanien, Kleine Sundainseln, Java, Sumatera, Andamanen, Kanarische Inseln, Madeira, Europa (außer N u. O),

Tytoninae

Afrika, Madagaskar, USA, S- u. M-Amerika, Bahama- u. Galapagos-Inseln. In Europa bevorzugt offene Kulturlandschaft in der Nähe menschlicher Siedlungen. Ausgesprochener Kulturfolger. Brütet überwiegend in Gebäuden, jedoch auf Korsika u. Sardinien in Felswänden u. in England in Baumhöhlen. Kleinsäuger bilden die Ernährungsgrundlage. Vögel, Amph. u. Insekten werden nur ausnahmsweise erbeutet. Häufig gehalten. Sehr oft gezüchtet.

Schleiereulen. Begattung nach der Beuteübergabe (nach U. N. GLUTZ VON BLOTZHEIM und K. U. BAUER)

In einer Voliere paarweise gehalten, brütet sie regelmäßig. Gelege 3—7 Eier, manchmal bis 11 Eier. ♀ brütet ab dem 1. Ei allein, u. die Juv. schlüpfen nach 30 Tagen aus. ♀ u. kleine Juv. werden vom ♂ mit Beute versorgt. Erstzucht gelang 1867 E. SHEPPARD, England. *T. alba* ist in der BRD wiederholt gezüchtet worden, um mit den erzielten Jungtieren Aussiedlungsversuche an geeigneten Örtlichkeiten durchzuführen. Naturschutzbestimmungen s. Strigidae.
— *T. capensis,* Graseule. ♂ u. ♀: mit dunkelgraubrauner OS fein weiß gepunktet u. weißgelber US mit kleinen dunkelbraunen Punkten. Beine u. Zehen nicht befiedert, sondern beborstet. Juv. s. *T. alba.* 38—42 cm. S- u. öst. S-Afrika bis Kenia u. vom nö. Namibia bis Zaïre u. W-Kamerun. Bewohnt die Gras- u. Sumpflandschaften. Bodenbrüter im dichten Gras. Überwiegend Kleinsäuger, aber auch Vögel u. Insekten. Äußerst selten gehalten. Nachweisbar nur bei einem Liebhaber in der BRD gekäfigt. Brutbiologie u. Lebensgewohnheiten weitgehend unbekannt.
— *T. longimembris,* Erdeule. ♂ u. ♀: *T. capensis* sowohl in Gefieder, Größe, Ernährung als auch in der Lebensweise ähnl. S-Asien nö. bis SO-China u. Taiwan sowie Neuguinea, Fidschi-Inseln u. Australien. Äußerst selten gehalten. Nachweisbar nur einmal in der BRD. Brutbiologie u. Lebensweise weitgehend unbekannt.
Tytoninae, Schleiereulen. UF der Strigidae ↗. 1 G, 9 An. Verbr. über die tropischen bis gemäßigten Zonen aller Erdteile.

Ufermaina *(Acridotheres ginginianus)*→ *Acridotheres*
Uferschnepfe *(Limosa limosa)* → *Limosa*
Uferschwalbe *(Riparia riparia)* → *Riparia*
Uguisu *(Cettia diphone)* → *Cettia*
Uhu *(Bubo bubo)* → *Bubo*
UICN → IUCN
Uirapuru, NN → Goldkopfpipra
Ulare, NN → Königshühner
Ultramarinbischof *(Cyanoloxia brissonii)* → *Cyanoloxia*
Ultraviolett-Strahlung. Teil des Lichtes, der u. a. biol. Wirkungen im Körper auslöst. Bes. wichtig für die Bildung von Vitamin D.
Unglückshäher *(Perisoreus infaustus)* → *Perisoreus*
Unkrautsämereien, Absaat. Samen von Wildpflanzen, die als unerwünschte Begleitpflanzen in landwirtschaftl. Kulturen auftreten. U. sind für alle Körnerfresser ↗ ein universelles u. preiswertes Futtermittel. Durch Ausstreuen auf den Volierenböden werden nicht verzehrte Samen zum Keimen gebracht u. bilden eine Bereicherung des Grünfutters.
Untugenden. Vom Normalverhalten des Vogels abweichende Verhaltensweisen, die auf unterschiedl. Ursachen zurückzuführen sind (z. B. Feder ↗- u. Eierfressen ↗, Zehenpicken ↗, Hysterie, Kannibalismus).
Unzertrennliche → *Agapornis*
Upupa, Wiedehopfe. G der Upupidae ↗. 1 A. An-Schutz s. Naturschutzbestimmungen.
— *U. epops,* Wiedehopf. ♂: rötlich isabellfarben. Typische aufrichtbare Federholle. Flügel schwarz, weiß gebändert. Schwanz schwarz mit breiter weißer Querbinde. Schnabel schmal, lang, nach unten gebogen, schwärzlich, Basis gelblich. Auge braun. Füße bräunlichschwarz. ♀ wie ♂, aber etwas matter, gering kleiner. Juv. ähnl. Ad., Federholle kürzer. 28 cm. 9 UAn. Selten gezüchtet, u. a. 1975 im Zool. Garten Frankfurt/Main, 1975 in Leeds, England. P. HERZOG u. F. BAUMGARTNER, Graben-Neudorf, BRD, zogen in 12 Jahren ca. 160 Wiedehopfe. *U. e. longirostris* 1975 u. 1976 in Padstow.
Upupae, Hopfe. UO der Upupiformes ↗. 2 Fn (Upupidae ↗, Phoeniculidae ↗).
Upupidae, Wiedehopfe. F der Upupae ↗. 1 G, 1 A, 9 UAn. Drosselgroß, rötlich isabellfarben mit auffälliger Federhaube u. schwarzweißem Flügelmuster. Schnabel sichelförmig abwärtsgebogen, lang, dünn. ♂ u. ♀ fast gleich. Europa (fast bis 60° nö. Br. ohne Britische Inseln, in M-Europa nur lokal), asiat. Festland bis S-Sibirien (bis ca. 55° nö. Br.), Sri Lanka, Sumatera, Afrika bis zum Kap (ausgenommen Waldgebiete), Madagaskar. Im N Zugvögel, überwintern im tropischen Afrika u. in S-Asien. Leben im offenen, mit Bäumen bestandenen Land mit Viehweiden, auf feuchten Wiesen, in großen Obstgärten, inmitten weiträumigen Siedlungslandes, in Weinbergen, Steppen u. Savannen. Wellenförmiger Flug. Stochern aus Erde, Rasen, Dung u. zwischen Steinen Maden, Maulwurfsgrillen, Engerlinge, Raupen u. Käfer heraus. Im Frühjahr sehr häufig vom ♂ zu hörendes, dumpfes «upupup». Brüten in Höhlen u. Halbhöhlen, in Bäumen, unter Hausdächern, in Steinhaufen, Ruinen u. Erdwällen. Nest meistens aus wenig Material (Stroh, Grashalmen, Kuhmist). Ge-

lege 5—8 grünlichgraue Eier. Nur ♀♀ brüten, werden vom ♂ gefüttert. Juv. schlüpfen nach 16 Tagen, werden die ersten 10 Tage vom ♀ gehudert. Bei Störungen spritzen Nestlinge dem Eindringling dünnflüssigen Kot entgegen, außerdem ekelerregender Moschusgeruch. Öl der Bürzeldrüse des ♀ wird während der Brutzeit zu dunkelbraunem Stinkstoff, auch bei Nestjungen vorhanden (dient der Abwehr von Feinden). Sehr angenehmer Volierenbewohner. Für Käfig wenig geeignet, im S manchmal Hausgenosse. Bald zutraulich, nach einiger Zeit selbst Wildfänge. Handaufgezogene Vögel ausgesprochen anhänglich. Eingewöhnung vor allem mit Mehlkäferlarven ↗ u. Heimchen, später außerdem kleine Stückchen Rinderherz, handelsübl. Insektenweichfutter, hartgekochtes Eigelb, gekochten Reis als Mischung bieten. Regenwürmer sollten nicht gefüttert werden → *Syngamus* fördernd. Friedlich, kann gut mit anderen Vögeln zusammen gehalten werden. Zur Zucht paarweise Unterbringung. Anbringen von Naturstammhöhlen, in der Höhle Holzkohleschicht zum Aufsaugen der Feuchtigkeit des Kotes, darüber Gemisch aus Sägespänen u. Holzmull. Aufzuchtfutter: Die ersten 4—5 Tage bis zu 15 mm lange Mehlkäferlarven, danach größere feingeschnitten reichen, außerdem Rinderherz u. zerkleinertes hartgekochtes Ei. Nach 10 Tagen werden große Mehlkäferlarven, geschnittenes Rinderherz, gekochtes Ei, Quark (10 % Fett Magerstufe) u. handelsübl. Insektenweichfutter als Gemisch geboten. Im Abstand von 2—3 Tagen werden Mehlkäferlarven im Mineralstoffgemisch gewälzt.

Upupiformes, Hopfartige. O der Aves ↗. 2 UOn (Upupae ↗, Bucerotes ↗).

Uraeginthus. G der Estrildidae ↗. 3 An. Afrika. Bewohner der dornbuschbestandenen Trockensteppen, Feldränder, Gärten. Nest aus Gräsern, Rispen, innen mit Federn gepolstert in Büschen u. niedrigen Bäumen. Vögel aller An seit langem auf dem Vogelmarkt u. gezüchtet. Haltung, Futter s. *Estrilda*. Astschläfer. Während der Eingewöhnung hinfällig, wärmebedürftig, später bei 20 C° in Käfig od. Voliere halten. Kugeliges bis birnenförmiges Nest, meist freistehend, selten im halboffenen Nistkasten → Estrildidae. Gelege 4—6 Eier. Schlupf nach 12—13 Tagen. Aufzuchtfutter Insektennahrung, bes. Ameisenpuppen. Juv. fliegen nach ca. 3 Wochen aus, nach weiteren 12—14 Tagen futterfest.

— *U. angolensis*, Angola-Schmetterlingsfink. ♂: OS fahl graubraun, Bauch, Unterschwanzdecken hellgelblichbraun, übriges Gefieder blau. Schnabel schwarz mit rötlichem Hauch. Auge braun. Füße braungrau. ♀: weniger blau, Körperseiten zart bläulich überhaucht, manchmal fehlend. Juv. fahl graubraun, Kehle, Oberschwanzdecken gering blau. 12 cm. Unterer Kongo, Angola bis O-, SO-Afrika. Eingeschleppt auf São Tomé. Lebt in busch- u. baumreichem offenen Grasland, an Rändern von Dörfern u. Städten, gern in Gewässernähe. Seit dem zweiten Weltkrieg häufiger im Handel. Anspruchslos, verträglich, selbst während der Brutzeit. Zucht problemlos bei richtigem Aufzuchtfutter (reichl. Ameisenpuppen, zerteilte Mehlkäferlarven ↗, Blattläuse, Vogelmiere, nach gut 10 Tagen vorzugsweise Keimfutter, Samen von Gräsern u. Unkräutern).

Uraeginthus

653

Wiedehopf

— *U. bengalus*, Schmetterlingsfink. ♂: Zügel, Kopfseiten, Kehle, Brust, Körperseiten, hinterer Bürzel, häufig auch Federn des Flügelbuges hellblau. Roter, länglicher Ohrfleck. OS sonst braun. Schwanz blau. Bauch, Unterschwanzdecken hellrötlich braun. Schnabel rötlichgrau, schwarze Spitze, schwärzliche Oberschnabelschneide. Auge braun bis rotbraun, gelblicher Lidrand. Füße rötlich. ♀: ohne roten Ohrfleck, Blautöne matter, nicht so ausgedehnt, bei UAn unterschiedl. Juv. wie ♀, heller. Nur Kehl-, Kropfgefieder, Oberschwanzdecken, Schwanz mattblau. 12 cm. Von Senegal durch Zentral-Afrika, von NO-Nigeria bis W-Eritrea, O-, S-Uganda, S-Sudan, Kenia, NO-, W-Sambia, O-Angola. Bewohnt die dornbuschbestandene Savanne, Baumsavanne, Buschwald, auf verunkrauteten Feldern, an Dorfrändern, auch in der Trockensavanne, dann aber in der Nähe des Wassers; bis 2400 m ü. NN. Wird schon lange in Europa gehalten, einer der häufigsten Prachtfinken. Leichte Pflege u. Zucht.

— *U. cyanocephalus*, Blaukopfschmetterlingsfink. ♂: Kopf, Kehle, Kropf, Körperseiten himmelblau, Unterschwanzdecken hell gelbbraun. OS braungelblich, sonst wie *U. bengalus*, nur Schnabel kräftiger rot. ♀: Oberkopf braun, matter blau als ♂. Blau kräftiger als bei ♀ von *U. angolensis*. Juv. ähnl. Juv. *U. bengalus* bis auf bläuliche Stirn, Kopfseiten, Kinn, Kehle. 14 cm. Mittl. u. N-Kenia bis N-Tansania, S-Somalia, auf Ukarewe-Insel (Victoria-See). Bewohner der Trockensavanne u. Halbwüste. Erstmalig 1927 durch G. W. Shapman nach England u. damit nach Europa. Erstzucht in Europa 1930 durch Decoux, Frankreich. Ab u. zu gehandelt, anspruchslos, angenehm, zutraulich. Zucht in gut bepflanzten Volieren einfach.

Uragus

Blaukopfschmetterlingsfink. Paar

Uragus, Meisengimpel. G der Carduelidae ↗. Nur 1 A.
— *U. sibiricus.* Ähnl. einer übergroßen Schwanzmeise ↗. ♂: je nach Alter, Gefiederzustand u. Herkunftsgebiet silbrigrosa bis rosenrot, Kopfgefieder od. Kopf u. Brust silbrig schimmernd. ♀: graubraun, unterseits kräftig gestreift. Juv. wie ♀. 14–17 cm, davon Schwanz 5,5–7 cm. UAn unterscheiden sich vor allem in der Schwanzlänge. Sibirien, Mongolei, China bis Japan, überwintert in den wärmeren Gebieten des Verbr.-Gebietes. Sucht die Nahrung, Wildsamen, Beeren, Knospen, aber auch Insekten von Sträuchern u. Kräutern, im Winter auch in Schwärmen. Nistet halbhoch in Büschen. ♀ errichtet den festen, tiefen Napf aus Zweigen, Rinde, Gras u. Haaren. Gelege besteht aus 3–6 grünlichblauen Eiern, die vorwiegend am stumpfen Pol mit wenigen dunklen Kritzeln gezeichnet sind. Brutdauer 13–14 Tage, Nestlingsperiode ebensolange. Beide Ad. versorgen die Jungen. Futter Sonnenblumenkerne, Waldvogelfutter ↗, auch gekeimt. Viel Grünfutter ↗, Zweige mit Knospen, zur Brutzeit auch Insekten. Zucht auch in Kleinvolieren gelungen, unverträglich, frostfrei überwintern. Vereinzelt eingeführt.

Uria. G der Alcidae ↗. 2 An.
— *U. aalge,* Trottellumme. ♂ u. ♀: OS schwarz, US weiß. Dünner, spitzer Schnabel. Gelegentl. weißer Strich hinter dem Auge («Ringellumme»). 45 cm. UAn. Island, nö. Skandinavien, W-Spanien, W-Frankreich, Großbritannien, Nowaja Semlja, Ostküste N-Amerikas u. W-Küste Grönlands, O-Asien. Bewohnt die steilen Meeresküsten. Brütet in Kolonien, oft mit anderen Seevögeln. Das Ei wird ohne jede Unterlage auf Felssimsen u. ä. abgelegt, eine kreiselförmige Gestalt verhindert Herunterrollen. Haltung s. Alcidae. Zucht gelang mehrfach in England.

Urochroa, Glanzfleckenkolibris. G der Trochilidae ↗. 1 A. Von Kolumbien bis Ekuador. Leben in den großen Wäldern der subtropischen Zonen, ebenso an freien Berghängen. Zur Eingewöhnung waren keine Angaben erhältlich. Van Perlo gibt eine Haltungsdauer von 4 Monaten an. Zucht bisher nicht gelungen.

— *U. bougueri,* Glanzfleckenkolibri, Weißschwanz-Bergnymphe. ♂ u. ♀: OS bronzebraun, kupferig im Nacken u. auf dem Bürzel. Grünlich in der Mitte des Rückens. Mittl. Steuerfederpaar schwarz mit Bronzeschimmer, äußerstes dunkel bronzefarben mit weißer Basis, die übrigen weiß mit schwarzen Säumen. Zügel dunkel rostrot. Kinn bräunlich. Kehle glitzernd grünlichblau. Brust, Unterkörper mattbraun mit grünlichen Federmitten an den Seiten. Juv. wie ♀. 14,0 cm.

Urocissa, Schweifkitta. G der Corvidae ↗. 3 An. Mit fast geradem, auffällig gefärbtem Schnabel, sehr langem Schwanz u. verlängerten Oberkopffedern. S- u. O-Asien.
— *U. caerulea,* Dickschnabelkitta. Sehr ähnl. *U. erythrorhyncha,* aber intensiv blau gefärbt u. im Verhältnis zu anderen An der G großer Schnabel. Nur auf Taiwan. Lebensweise, Eingewöhnung u. Haltung s. *U. erythrorhyncha.* Zucht wohl noch nicht gelungen.
— *U. erythrorhyncha,* Rotschnabelkitta. ♂ u. ♀: Kopf u. Hals mit bläulichweißem Nackenfleck, Scheitelfedern ebenfalls mit bläulichweißen Spitzen,

Siamkitta (*U. e. occipitalis*)

Schulter bräunlichblau, Flügel kornblumenblau mit weißem Endsaum, Schwanz kräftig blau mit schwarzer Binde vor weißer Spitze, mittl. Deckfedern aber grau gestreift mit hellgrauer Querbinde vor schwarzer Spitze. US grauweiß. Füße u. Schnabel rot. ♀ etwas kleiner als ♂. 60–70 cm, davon 40 cm Schwanz. UAn. Himalaja-Gebiet, Burma, Hinterindien, China bis zur SW-Mandschurei. Bewohnt Wälder auch in Siedlungsnähe, sucht am Boden Insekten u. Früchte. Nest auf Bäumen od. Bambus aus Zweigen u. Halmen. Gelege 4–5 grünliche Eier mit dunkelbraunen

Flecken. In der Heimat beliebter Käfigvogel. Im Handel des öfteren angeboten. Eingewöhnung u. Haltung in großer Voliere ↗ problemlos, winterhart, lebhaft. Nahrung s. Corvidae, während der Mauser (2× im Jahr) mehr rohes Fleisch, Lebertran, Mineralsalze, Honig, Knochenmehl, Ei, Insekten dazu, um die schöne Farbzeichnung zu erhalten. Zucht in gut bepflanzten Volieren relativ regelmäßig. *U. e. occipitalis* (Schwarzkopfkitta), UA aus dem Himalaja-Gebiet, durch kräftigeres Blau im Gefieder, blaugraue Säume an den Handschwingen u. orangene Füße unterschieden. *U. e. occipitalis* (Siamkitta). UA aus Burma u. Siam, von der Nominatform durch dunkleres Gefieder, bes. fahle Säume an den Handschwingen u. größeren Schnabel unterschieden.

— *U. flavirostris,* Gelbschnabelkitta. ♂ u. ♀: Kopf, Hals u. Kropf schwarz mit metallenem Glanz u. bläulichweißem Nackenfleck. Flügel graublau, Arm- u. Handschwingen mit weißen Spitzen. US gelblichgrau verwaschen. Schwanz dunkelblau mit weißem Querband vor dunkler Spitze. Schnabel gelb. Auge rötlichbraun. Füße orange. 60 cm. Himalaja-Gebiet öst. bis SW-China, Burma, Thailand. Waldvogel in Gebirgen zwischen 2 000 u. 3 000 m ü. NN, viel am Erdboden nach Insekten jagend. Nest in Astgabeln aus Zweigen u. Wurzeln mit Halmen gepolstert. Gelege 3—? grünliche Eier mit dunklen Flecken. Im Handel sehr selten. Eingewöhnung u. Haltung s. *U. erythrorhyncha.* Zucht wohl noch nicht gelungen.

Urocolius, Schmalschwanzmausvögel. G der Coliidae ↗. 2 An. Früher häufig nicht von G *Colius* ↗ getrennt, unterscheiden sich durch schmale, bis 30 cm lange Schwanzfedern, Gefieder graubraun ohne Querbänderung, US z. T. rötlich angeflogen, OS mit schwachem, blaugrünem Glanz. Schnabel schwarz, Oberschnabel an der Basis, Zügel u. unbefiederter Augenring rot. Juv. mit grünlichgrauem Schnabel, ohne rote Färbung an Schnabel u. Augenumgebung, Füße noch nicht rot, sondern dunkelgrau. W-Afrika über O-Afrika bis S-Afrika. Baum- u. Strauchsavannen. Gewandtere Flieger als *Colius,* unternehmen außerhalb der Brutzeit Wanderungen in Gebiete mit günstigerem Nahrungsangebot, z. B. in die Nähe von Flüssen, dann gelegentl. in größeren Flügen. Stimme laut, pfeifend. Gelege 2—4 weiße Eier mit rötlichen od. braunen Tupfen u. Flecken.

— *U. indicus,* Rotzügelmausvogel, Brillenmausvogel. ♂ u. ♀: oberseits graubraun, Stirn je nach UA gelblichweiß (Namibia, Angola) bis kräftig braun (Kap-

Urosticte

land), Flügel-, Schwanzfedern mit blaugrünem Metallglanz, US braun, weinrötlich überflogen, Kehle aufgehellt. Auge graubraun od. grau. Füße rötlich. 30—38 cm. Sü. Afrika von der Kongomündung durch Angola bis zum Kapland, im O nö. bis S-Tansania. Bewohnt offene Baumsavannen, manchmal auch im Kulturland, fehlt aber im *Brachystegia*-Wald. Stimme laut, aus 3silbigem Ruf bestehend. Gesellig. Gelegentl. eingeführt, zuerst 1884 nach Deutschland u. England. Zucht erst 1962 in Österreich gelungen. In einer geräumigen Innenvoliere brüteten 2 Paare in aus Peddigrohr geflochtenen Nistunterlagen, in die sie nur wenig Material eintrugen. Zucht in 2. Generation gelungen, seither auch in der Schweiz gezüchtet.

— *U. macrourus,* Blaunackenmausvogel. ♂ u. ♀: oberseits graubraun, unterseits heller, über der Brust ein weinrötliches Band, Flügel-, Schwanzfedern mit blaugrünem Glanz, Rücken grau, hellblauer Nackenfleck. UAn aus der Sudanzone Afrikas blasser als solche aus Senegal u. O-Afrika. Juv. ohne Nackenfleck, blasser. 32—40 cm. UAn. Von Senegal durch Sudanzone bis Äthiopien, Somalia, O-Zaïre nö. des zentralafrikan. Urwaldgebietes, in O-Afrika durch Uganda, Kenia bis S-Tansania. Bewohnt vorwiegend die Dornbuschsavanne, häufig in der Nähe blühender Akazienbäume. Jahreszeitl. Wanderungen, in der Trockenzeit mehr in der Nähe von Flüssen u. Wasserstellen, die regelmäßig aufgesucht werden. Gesellig. Ruf aus einem langgezogenem Pfiff bestehend. Gelegentl. eingeführt, zunächst scheu u. schreckhaft. 1931 Brutversuch im Berliner Zoo, erfolgreiche Zuchten seit 1955.

Uroleuca → *Cyanocorax*

Uropelia. G der Columbidae ↗. 1 A. S-Amerika. Pflege s. auch Columbiformes ↗.

Urosticte, Weißspitzchen. G der Trochilidae ↗. 1 A. Kolumbien, Ekuador u. NO-Peru. Bevorzugen Wälder, Buschland, Plantagen. In großen Flugräumen ↗ bereitet die Eingewöhnung wenig Schwierigkeiten. Von längeren Haltungserfolgen ist nichts bekannt. Zucht bisher noch nicht gelungen.

— *U. benjamini,* Weißspitzchen, Weißspitzkolibri. ♂: OS grün, hinter dem Auge ein weißer Fleck. Steuerfedern olivgrün, die Spitzen schneeweiß. Kinn, Kehle leuchtend goldiggrün, Vorderbrust rötlichlila.

Biotop des Blaunackenmausvogels

Urutau

656

Unterschwanzdecken grün. US grün. Flaumbüschel an den Bauchseiten schwarz mit weißen Spitzen. ♀: OS grün. Steuerfedern bronzegrün, die beiden seitl. Paare mit ausgedehnten weißen Spitzen. Federn der US weiß, Spitzen der Kehlfedern leuchtend grün. Unterschwanzdecken hell rostgelblich. Juv. wie ♀. 10,5 cm.

Urutau (*Nyctibius griseus*) → *Nyctibius*
Uveasittich, UA → Hornsittich

Vanellidae, Kiebitze. F der Charadriiformes ↗, UO Charadrii ↗. 14 Gn, 25 An. Verbr. in den gemäßigten u. tropischen Zonen außer N-Amerika. Meist Binnenlandbewohner.

Vanellus. G der Vanellidae ↗. 1 A. Verbr. in Europa, mittl. Asien bis O-Asien. Überwintert in W-Europa, N-Afrika u. S-Asien. Bewohnt feuchte Wiesen, Äcker, Grünflächen, Mündungsgebiete von Flüssen u. Marschen. Im Frühjahr auffällige Flugbalz des ♂ über dem Brutgebiet. Nest Bodenmulde mit wenig Pflanzenmaterial. 4 gefleckte Eier, die man früher zu Nahrungszwecken sammelte. Brutdauer 24 Tage. Nahrung fast ausschließl. tierisch. Haltung s. Scolopacidae. Zucht an versch. Stellen mehrfach gelungen. — *V. vanellus,* Kiebitz. ♂ u. ♀: ähnl. OS schwarz, metallisch grün schillernd, schwarze Kehle u. Brust. US weiß, orangefarbene Unterschwanzdecken. Auffälliger Federschopf am Hinterkopf. Juv. mit bräunlichen Federsäumen auf Rücken, Federschopf zunächst nicht so lang, weniger ausgedehnter schwarzer Brustlatz. 32 cm.

Variabler Chachalaca, NN → Paraka
Vasapapagei (*Coracopsis vasa*) → *Coracopsis*
Vassoritangare (*Tangara vassorii*) → *Tangara*
Veilchenastrild (*Granatina ianthinogaster*) → *Granatina*
Veilchenblauer Organist, NN → Veilchenorganist

Kiebitz

Veilchenblaurabe, NN → Purpurblaurabe
Veilchenbrustkolibri (*Sternoclyta cyanopectus*) → *Sternoclyta*
Veilchen-Heliodoxa (*Heliodoxa leadbeateri*) → *Heliodoxa*
Veilchenkappen-Fruchttaube (*Ptilinopus coronulatus*) → *Ptilinopus*
Veilchenkehlkolibri (*Heliangelus viola*) → *Heliangelus*
Veilchenkolibri (*Colibri coruscans*) → *Colibri*
Veilchenkopfnymphe (*Thalurania glaucopis*) → *Thalurania*
Veilchenlori (*Psitteuteles goldiei*) → *Psitteuteles*
Veilchenohr (*Colibri coruscans*) → *Colibri*
Veilchenohrkolibri (*Colibri coruscans*) → *Colibri*
Veilchenorganist (*Euphonia violacea*) → *Euphonia*
Veilchenpapagei (*Pionus fuscus*) → *Pionus*
Veilchenracke, NN → Hinduracke
Venezuelaamazone (*Amazona amazonica*) → *Amazona*
Venezuela-Blaustirnsittich, UA → Blaukopfsittich
Venezuela-Braunwangensittich, UA → St. Thomas-Sittich
Venezuelagrünhäher, NN → Grünhäher
Venezuelasittich, UA → Perusittich
Verballung des Vogelembryos. Mißbildung des Embryos, wie sie bes. bei Infektionen des Muttervogels mit Infektiöser Bronchitis u. Bursitis ↗ zu beobachten ist.
Verband der Kleingärtner, Siedler und Kleintierzüchter (VKSK), DDR. Wurde 1959 als Dachverband für 11 Fachrichtungen gegründet, heute gehören ihm weit über 1,5 Mill. Mitglieder an. Eine Fachrichtung sind die Ziergeflügel-, Exoten-, Kanarien- u. Wildvogelzüchter mit nahezu 18 000 Mitgliedern. Diese Fachrichtung unterteilt sich in 3 Spezialzuchtgemeinschaften.
Verband deutscher Waldvogelpfleger und Vogelschützer e. V., BRD. Untergliedert sich in 5 Landesverbände mit mehreren hundert Mitgliedern. Vorrangiges Ziel ist der Vogelschutz u. alle damit in Verbindung stehenden Fragen wie Nistkastenaktionen, Winterfütterung, Ein- u. Ausfuhr.
Verbreitungsgebiet → Areal
Verdauung. Aufbereitung der Futterstoffe in einfache Verbindungen, die dem Stoffwechsel zugeführt werden. Sie erfolgt in den Verdauungsorganen. Zunächst werden die Futterstoffe mechanisch zerkleinert. Dieser Prozeß findet in Schnabel, Kropf (Aussackung der Speiseröhre) u. Muskelmagen statt. Der Vogelmagen ist außerordentl. muskulös u. unter Zuhilfenahme von Grit ↗ in der Lage, härteste Schalen, ja sogar Glas u. Gewehrschrot, zu zermahlen. Im Drüsenmagen werden die Nährstoffe durch Fermente gespalten. Damit wird der Hauptvorgang, die chemische Verdauung, eröffnet. Dieser setzt sich im Dünndarm u. in den bei manchen Vögeln vorhandenen Blinddärmen fort. Die dazu erforderlichen Fermente werden in Drüsen der Darmschleimhaut sowie der Bauchspeicheldrüse u. Leber erzeugt u. dem Darm zugeführt. Die aufbereiteten Nährstoffe gelangen über die Darmwand in feinste Blutgefäße u. werden vom Blut den spezifischen Stoffwechselprozessen zugeführt. Der nicht verwertbare Teil der Futter-

stoffe wird als Kot u. Harn über die Kloake ausgeschieden. Hier wird dem Harn ein großer Teil des Wassers entzogen u. in den Vogelkörper rückgeführt, so daß er im Gegensatz zu den Säugetieren nicht als Flüssigkeit abgesetzt wird.

Verdauungsorgane → Verdauung

Verdauungssystem → Verdauung

Verklebte Daunen. Rezessiv vererbte Mutation des Federkleides der Küken.

Vermes, Würmer. In der Vogelernährung bilden sie ein wertvolles Futter für die sog. Insektenfresser ↗, werden aber auch von Körnerfressern ↗ gern genommen. Leicht kann u. a. der wasserbewohnende Schlammröhrenwurm *(Tubifex tubifex)* als Vogelnahrung verwendet werden. Gut züchtbar u. damit als Futtertiere geeignet sind die Enchyträen. Durch Umgraben des Volierenbodens kann man den Vögeln die Aufnahme versch. bodenbewohnender V. ermöglichen.

Versicolorente *(Punanetta versicolor)* → *Punanetta*

Veterinärmedizinische Bestimmungen → Gesetzliche Bestimmungen für die Vogelhaltung

Vicia sativa, Wicke, Sommerwicke, Saatwicke. Hat Bedeutung weniger in der Grünfutterverwertung, sondern vielmehr in der Nutzung der Samen. Wird in der Nutzgeflügelhaltung bei der Aufzucht u. Mast eingesetzt. Bevorzugt von Tauben aufgenommen, kann dort in der Brut- u. Aufzuchtphase bis zu 20 % der Futterration ausmachen. Auch bei Fasanen u. Wildhühnern einsetzbar. Einige An wachsen als Bestandteil der Ackerunkräuter u. werden von Wildtauben u. Wildhühnern aufgenommen. Ihr Sammeln ist jedoch wenig ergiebig.

Victoriasylphe *(Lesbia victoriae)* → *Lesbia*

Vidua, Schmalschwanzwitwen. G der Viduidae ↗. 2 An. Afrika sü. der Sahara. Offenes Grasland, Dornbuschsavannen, Kulturlandschaft. Im BK Volierenhaltung, sonst auch im großen Käfig möglich. Futter wie Viduidae.

— *V. hypocherina,* Glanzwitwe. ♂: im BK schwarz, violettblau überhaucht, weißgesäumte Schwingen, weiße Unterflügelfedern. Schnabel weißlichrot. Auge dunkelbraun. Füße grau. Im RK ♂ ähnl. ♀, OS bräunlich mit schwarzen Streifen, US weiß, Schnabel hornfarben. Länge ♂ im BK bis 26 cm, RK u. ♀ 12 cm. Äthiopien, mittl. Tansania. Gesang zwitschernd, flötend, rüttelnder Balzflug. Brutschmarotzer bei *Estrilda* ↗ *charmosyna, Estrilda erythronotos.* Rachenzeichnung, Gefiederfärbung u. sonstige Anpassung an Wirte s. *Estrilda.* Ab u. zu eingeführt, friedlich, ausdauernd, recht ruhig.

— *V. macroura,* Dominikanerwitwe. ♂: im BK Gesichtsseiten, Nackenband, ganze US, Flecken auf den Flügeln, Bürzel weiß. Schwingen hellbraun gesäumt, sonst Gefieder schwarz. Schnabel rot. Auge dunkelbraun. Füße dunkelbraun. Im RK ähnelt ♂ sehr dem ♀, dessen Kopf-OS schwarz, mit deutl. sandfarbenem Mittelstreifen, seitwärts schwarz begrenzt, sonst oberseits hellbraun, schwärzlich gestrichelt. Schwingen, Schwanzfedern dunkelbraun mit gelbbraunen Säumen. Von letzteren haben die äußeren weiße Spitzenflecke bzw. -säume. Kopfseiten rostbraun bis weißlich, schwarzes Band hinter dem Auge zieht über die Ohrdecken. Bartstreif schwarz. US weißlich,

Viduidae

Dominikanerwitwe. Paar

Brust, Flanken dunkler. Schnabel rotbraun. Füße hellbraun. Länge ♂ im BK 25—33 cm, im RK 11—12,5 cm, ebenso ♀. Senegal bis Äthiopien sü. bis Kapprovinz, Inseln Fernando Póo, São Tomé, Mafia. Rüttelnder Balzflug über ♀. Brutschmarotzer bei *Estrilda astrild, Estrilda troglodytes.* Am häufigsten von allen V. gehandelt, außer zur Brutzeit friedlich, leichte Pflege, nicht kälteempfindlich, mäßig warme Überwinterung. Zucht mehrfach gelungen, meistens Juv. von Japanischen Mövchen ↗ aufgezogen. Günstig ein ♂ mit 3—4 ♀ ♀ u. mehreren Wirtsvogelpaaren in großer Biotopvoliere ↗ halten. Manchmal gegenüber Wirtsvögeln aggressiv.

Viduidae, Witwenvögel. F der Passeriformes ↗. 4 Gn, 13 An. Stehen Feuerwebern ↗ u. Widavögeln nahe. 11—15 cm (im Fortpflanzungskleid bei ♂ ♂ mittl. Schwanzfedern verlängert, dann Gesamtlänge bis 40 cm, außer bei G *Hypochera* ↗). RK einfach, schmucklos, BK bei vielen ♂ ♂ prächtig. Afrika sü. der Sahara, Tropen. Bewohnen Steppen, Savannen, Kulturlandschaft. Brutschmarotzer nur bei 4 Gn der Estrildidae ↗. In vielen Merkmalen Anpassung an die Wirte, hohe Spezialisierung, da jeweils nur 1 A bzw. UA der V. nur bei 1 A bzw. UA der Estrildidae parasitiert. In der Evolution einmaliger Weg des Brutparasitismus. Hochgradige Anpassung (Eier, Rachenzeichnung, Gaumenfarbe, Schnabelwinkelpapillen, Bettelbewegungen, Bettellaute, Futterübernahme, Hautfarbe, Dunenkleid, Jugendgefieder) an die arttypischen Merkmale der Wirtsjungen, führen zur Täuschung des Wirtsvogels u. machen eine Beseitigung der Wirtsjungen nicht notwendig, wie sie z. B. *Cuculus canurus* ↗ vornimmt. Auf diese Weise wird die Zahl der Wirte nicht eingeschränkt. Bis auf 2 Witwen-An tragen alle den ges. Lautschatz der Wirte vor, auf den sie während der Nestlingszeit u. dem noch anschl. Beisammensein mit den Wirtsvögeln geprägt

Viehweber

werden. Beliebte Volierenvögel, vorübergehend auch im großen Käfig (im Winter) zu halten. Warme Überwinterung. Eingewöhnung nicht schwierig. Futter wie Estrildidae. Durch Brutparasitismus Zucht selten.

1 Wienerastrild, Männchen, 2 Wienerastrild, Weibchen, 3 Wienerastrild, Jungvogel, 4 Breitschwanzparadieswitwe, Männchen, 5 Breitschwanzparadieswitwe, Weibchen, 6 Breitschwanzparadieswitwe, Jungvogel

Viehweber (*Bubalornis albirostris*) → *Bubalornis*
Vielfarbenamazilie (*Amazilia versicolor*) → *Amazilia*
Vielfarben-Bartvogel, NN → Buntbartvogel
Vielfarbenfink (*Passerina versicolor*) → *Passerina*
Vielfarbensittich (*Psephotus varius*) → *Psephotus*
Vielfarbentangare (*Tangara fastuosa*) → *Tangara*
Vielfarbenwürger (*Chlorophoneus multicolor*) → *Chlorophoneus*
Vielstrichellori (*Hypocharmosyna multistriata*) → *Hypocharmosyna*
Vierersprung → Sprungschema
Vierfarben-Papageiamadine, NN → Lauchgrüne Papageiamadine
Vierfarbentangare, NN → Haarschopftangare
Vierfarbenwürger (*Telophorus viridis*) → *Telophorus*
Vierflügelkuckuck (*Tapera naevia*) → *Tapera*
Villariscensios Säbelflügler (*Campylopterus villaviscensio*) → *Campylopterus*
Vini. G der Loriidae ↗. 5 An. Nahrung Nektar, Blüten. Brüten in Baumhöhlen. Warm überwintern.

Bruthöhle zur Aufnahme des dünnflüssigen Kotes ca. handbreit hoch mit Holzmulm auffüllen.
— *V. australis*, Blaukäppchen-Lori. ♂ u. ♀: grün, hinterer Nacken u. Bürzel heller u. glänzender. Zügel, vordere Ohrdecken, Wangen, Kinn u. Kehle einheitl. roter Fleck, ebenso roter Bauchfleck mit anschl. purpurblauem Unterbauch. Scheitel dunkelblau mit mauveblauen Schaftstricheln. Unterflügeldecken grün. Schwanz-OS grün, -US grünlichgelb. Schnabel orangefarben. Auge gelb. Füße orangefarben. Juv. Kopf, Kehle u. Bauch mit wenig roten u. blauen Federn, Schnabel bräunlich gefleckt. 19 cm. Samoa-, Tonga-Inseln, Fortuna, Lau-Archipel. Lebt in blühenden Bäumen, meistens in kleinen Flügen unterwegs. Brütet in Höhlen von Palmen. Selten auf europ. Vogelmarkt, in den 60er Jahren bei Dr. BURKARD ↗ mehrere Exempl., bei ihm 1965/67 nach mehreren mißglückten Versuchen in 2 Bruten 3 Juv. aufgezogen. Vögel brüteten in am Boden liegenden hohlen Baumstamm. 1973 u. 1974 Zuchterfolg im Zoo San Diego, Juv. schlüpften nach 23 Tagen, 2 wurden jeweils aufgezogen.
— *V. kuhlii*, Rubinlori. ♂ u. ♀: OS grün, Rücken u. Bürzel gelblich. Scheitel mit hellgrünen Schaftstrichen, Hinterkopf dunkelblau mit mauveblauen Schaftstrichen. Untere Kopfseiten u. US scharlachrot. Schenkel purpurfarben. Unterschwanzdecken grünlichgelb. Unterflügeldecken grün. Schwanz-OS scharlachrot, -US gräulich. Schnabel orange. Auge rot. Füße dunkel orangebraun. Juv. unterseits graublau gefleckt, mittl. Schwanzfedern kaum rot, Auge bräunlich, ebenso Schnabel. 19 cm. Rimitara (Tubuai-Inseln), durch den Menschen verbr. auf Washington-, Fanning-, Weihnachtsinsel (Pazifik). Lebt in Kokospalmen. Nach zweiten Weltkrieg wahrscheinl. nur in Australien u. USA gepflegt. Erstzucht 1934 bei G. LEE, USA. Gelege 2 Eier. Juv. fliegen nach ca. 8 Wochen aus.
— *V. peruviana*, Saphirlori. ♂: dunkelmauveblau, Scheitel mit hellen Schaftstrichen. Untere Kopfseiten, Kinn, Kehle u. Oberbrust weiß. Schnabel orange. Auge gelblich. Füße orangegelb. ♀ wie ♂, aber Kopf u. Schnabel gering kleiner. Juv. dunkler als Ad., weiße Gefiederpartien der Ad. mehr schmutzigweiß, Schnabel bräunlich. 18 cm. Gesellschafts-, we. Tuamotu-Inseln u. offensichtl. auf Aitutaki (Cook-Inseln) eingeführt, auf letzterer zahlreich. Im Red Data Book ↗ (1981) geführt, Status selten. Der neuerliche Rückgang auf Niau (Tuamotu-Inseln) wird im ursächlichen Zusammenhang mit dem von Flugzeugen eingeschleppten Moskito (*Culinoides*) gesehen, der ein Überträger der Vogelmalaria ist. In Europa stets selten gehandelt. 1936 letzte offizielle Einfuhr (England, Belgien). Empfindlich. 1937 Erstzucht bei Lord TAVISTOCK, England. 1977 erhielt Zoo San Diego vom Zoll konfiszierte Vögel, 1979 Zuchterfolg. Juv. fliegen nach ca. 2 Monaten aus.
— *V. ultramarina*, Smaragdlori. ♂ u. ♀: kräftig blau, Scheitel u. Hinterkopf mauveblau mit hellblauen Schaftstrichen, OS mattblau, zum Bürzel heller. US weiß, Federn mit dunkelblauen Säumen. Breites mauveblaues Querband über der Brust. Schenkel u. Unterschwanzdecken mauveblau. Unterflügeldecken mattblau. Schwanz hellblau, spitzenwärts weiß.

Schnabel schmutzig braun, Oberschnabel an der Basis orangefarben. Auge gelborange. Füße orange. Juv. blauweißes Gefieder mit Grauweiß vermischt, Auge braun, Schnabel schwärzlich. 18 cm. Marquesas-Inseln (Uapou, Nukuhiva u. vor einigen Jahrzehnten auf Uahuka erfolgreich umgesiedelt worden). Im Red Data Book (1981) geführt, Status selten. Gefährdung durch ausgedehnte Rodungen, um Weideflächen zu gewinnen. Habitat montane Wälder in 700—1 000 m ü. NN, Bananenplantagen u. Mangobäume werden gelegentl. zur Nahrungsaufnahme auch in tieferen Lagen aufgesucht. Seit 1936 gesetzlicher Schutz, seit 1967 Jagdverbot. War in Europa sehr selten im Handel, heute wahrscheinl. nicht mehr in Gefangenschaft gehalten. 1939 Welterstzucht bei Lord TAVISTOCK, England, hier auch 1948 gezüchtet. Diese Vögel lebten mindestens 10 Jahre, kamen später zu HALLSTROM, Australien. Stets sehr scheu. Gelege 2 Eier.

Violettblauer Organist, NN → Veilchenorganist
Violettkappenthalurania *(Thalurania glaucopis)* → *Thalurania*
Violettkehlnymphe *(Heliangelus viola)* → *Heliangelus*
Violettkopfkolibri *(Klais guimeti)* → *Klais*
Violettmantel-Nektarvögel → *Lamprothreptes*
Violettschultertangare *(Thraupis cyanoptera)* → *Thraupis*
Violettschwanz-Muffenbeinchen *(Eriocnemis luciani)* → *Eriocnemis*
Violettstirn-Brillant *(Heliodoxa leadbeateri)* → *Heliodoxa*
Virginia-Uhu *(Bubo virginianus)* → *Bubo*
Virginiawachtel *(Colinus virginianus)* → *Colinus*
Virginische Baumwachtel, NN → Virginiawachtel
Viridibucco, Zwergbärtlinge. G der Capitonidae ↗. 7 An. Kleinste, nur zaunkönigsgroße Bartvögel, oberseits mit grünem od. schwärzlichem Gefieder, unterseits weißlich bis grau, Bürzel überwiegend gelb. Afrika sü. der Sahara. Waldbewohner. Halten sich meist versteckt im dichten Laub auf, verraten sich aber durch ihre oft wiederholten, eintönigen, metallisch klingenden Rufe, die ihnen zu ihrem engl. Namen «Tinker-Birds» (= Kesselflickervögel) verholfen haben. Frucht- u. Insektenfresser. Sorgfältige Eingewöhnung notwendig, nur 1 A mehrmals importiert.
— *V. bilineatus*, Goldbürzel-Bartvogel. ♂ u. ♀: Kopf, OS schwärzlich mit metallisch blauem Glanz, weißer od. gelblicher Augenbrauenstreifen, ebenso gefärbtes Stirnband, das sich unter dem Auge bis zu den Halsseiten erstreckt, Kopfseiten u. ein schmales Band von der Basis des Unterschnabels ausgehend schwarz. Kinn, Kehle reinweiß bis schmutziggrau, auf der Brust in sonst gelblichgrüne US übergehend. Flügelfedern dunkelbraun mit gelben Säumen an den Außenfahnen. Bürzel je nach UA schwefel- bis goldgelb. Schwanz dunkelbraun, seitl. schmal gelb gesäumt. Schnabel schwarz. Iris braun. Füße schwarz. Juv. mit grünlichen Tupfen auf dem Rücken, hell hornfarbenem Schnabel. 11 cm. Mehrere UAn (einschließl. *V. leucolaima*). W-Afrika (Gambia) bis nach Kenia im O u. nach Moçambique, Malawi, Sambia im S. Waldbewohner, auch in Bergwäldern. Paar-

Vitaminmangelkrankheiten

weise od. in kleinen Gruppen. Brütet in meist selbstgemeißelten Höhlen in dürren Ästen od. morschen Bäumen. 2—4 weiße Eier, Brutdauer etwa 12 Tage. Nestlingszeit 3 Wochen. 1929 erstmals durch WEBB aus Moçambique nach England gebracht, 1935 aus Kamerun, 1937 aus Ghana ebenfalls durch WEBB nach England. Erst neuerdings aus O-Afrika in die BRD, 1973 in der Tropenvogelvoliere des Zoos Heidelberg.

Vitakalk. Handelsübl. Mineralstoffpräparate mit auf den Vogelbedarf abgestimmten Vitaminzusätzen.

Vitamine. Lebenswichtige organ. Verbindungen, die über das Futter dem Körper zugeführt werden müssen, da sie nur z. T. bzw. in ungenügendem Maße vom Körper selbst gebildet werden können. Der Vitaminbedarf ist nach Tierart, Alter, Haltungsform u. Reaktionslage des Körpers sehr unterschiedl. Die Einteilung der V. erfolgt nach ihrer Löslichkeit in 2 Gruppen: fettlöslich sind die V. A, D, E u. K; wasserlöslich die V. des B-Komplexes u. C. In der Tierhaltung werden die fettlöslichen V. durch entspr. Lösungsmittelzusatz wassermischbar eingesetzt. Durch vielseitige ausreichende Fütterung des Vogels ist die normale Vitaminversorgung zu sichern. Zu Zeiten der Fortpflanzung, Brut, Jungenaufzucht, während Erkrankungen, nach Transporten, Einsatz von Antibiotika u. Sulfonamiden steigt jedoch der Bedarf an V. stark an. Dann müssen Vitaminpräparate über Futter od. Wasser zugesetzt werden.

Vitaminmangelkrankheiten. Bei fehlerhafter Fütterung mit Unterangebot an Vitaminen über einen bestimmten Zeitraum, bei Unvermögen des Vogels zur Aufnahme der Vitamine aus dem Futter mit nachfolgendem Einbau im Körper od. beim Vorhandensein von Antivitaminen im Futter können V. entstehen. Juv. Tiere zeigen häufiger V. als ad. Vitamin-A-Mangel führt zu Entzündungen der Haut u. Schleimhäute, Verminderung der Infektionsabwehr des Körpers, Wachstumshemmungen, Störungen der Fortpflanzungsfunktion u. Stoffwechselkrankheiten (Gicht ↗). Beim Vitamin-D-Mangel treten in Abhängigkeit von der Versorgung mit Kalzium u. Phosphor Wachstumsstörungen am Knochen mit Verbiegungen (Rachitis ↗, Brustbeinverkrümmungen) auf, beim ad. Vogel Entkalkungen der Knochen u. Ablegen weichschaliger Eier (Legenot ↗). Der Vogel kann nur Vitamin D$_3$ richtig verwerten. Vitamin-E-Mangel führt beim ad. Vogel zu schweren Fortpflanzungsstörungen, beim Jungvogel in Abhängigkeit von der Versorgung mit Selen, Antioxydantien, ungesättigten Fettsäuren u. schwefelhaltigen Aminosäuren zu Enzephalomalazie ↗, Weißfleischkrankheit u. exsudativer Diathese ↗ mit Einlagerung von Wasser im Gewebe. Vitamin-K-Mangel zeigt sich beim Jungvogel in erhöhter Blutungsneigung durch Herabsetzung der Blutgerinnungsfähigkeit. Lebererkrankungen, Mangel an Grünfutter od. erhöhter Einsatz von Kokzidiostatika u. Chemotherapeutika können den Vitamin-K-Mangel auslösen. Vitamin-C-Mangel kommt beim Geflügel nur in der Intensivhaltung vor

Vogelfang

u. soll mitbeteiligt sein am Auftreten von Legeleistungsdepressionen u. Hysterie. Frucht- u. nektarfressende Vögel können ebenfalls an C-Mangel leiden. Die Vitamine des B-Komplexes kommen im Futter der Vögel normalerweise ausreichend vor; Fisch- u. Fleischfresser sowie wachsende Vögel zeigen in Gefangenschaft jedoch oft Symptome des Vitamin-B-Mangels. Da selten nur ein Einzelfaktor fehlt, ist die Symptomatik sehr vielseitig u. reicht von schlechtem Wachstum, schlechter Befiederung, Durchfall, Beinschwäche, Zehenverkrümmungen ↗, Hockstellung, Perosis ↗, Kopfverdrehungen, Lähmungen, Krämpfe, Anämie bis hin zu Hautveränderungen, Verminderung der Legeleistung, der Befruchtung der Bruteier u. Verschlechterung der Schlupffähigkeit der Embryonen. V. treten in Gefangenschaft viel häufiger auf als vermutet wird, während Überdosierung bei Vitaminverabreichung praktisch nur bei Vitamin A u. D möglich wären.

Vogelfang → Naturschutzbestimmungen

Vogelgesellschaft. Die Zusammenstellung einer V. ist nur nach vorheriger gründlicher Information in der Fachliteratur, möglichst nach Einholen des Rates eines erfahrenen Praktikers u. zusätzl. Beobachtung über längere Zeit nach Einsetzen der Vögel ratsam.

Vogelhandel. Er unterliegt den Gesetzen, Verordnungen, Anordnungen usw. des Staates, in dem er vorgenommen wird, s. Gesetzliche Bestimmungen für die Vogelhaltung, s. Naturschutzbestimmungen. Bei Überschreiten der Landesgrenzen treten weitere Bestimmungen in Kraft, s. Gesetzliche Bestimmungen für die Vogelhaltung, s. Washingtoner Artenschutzübereinkommen. Rückfragen bei den zuständigen Veterinärmedizinischen u. Zoll-Behörden sind ratsam.

Vogelhaus. Großräumige Anlage in massiver od. gewächshausähnl. Bauweise, allgemein in mehrere Innenvolieren ↗ unterteilt, die manchmal mit Außenvolieren ↗ in Verbindung stehen. Kann auch alleiniger größerer Flugraum mit unterschiedl. Ausstattung sein, z. B. mit großen Pflanzen, dann meistens ganzjährig beheizt.

Vogelkauf. Beim Kauf eines Vogels sollte die gründliche Inspektion durch den neuen Eigentümer od. einen ihn begleitenden bzw. von ihm beauftragten Fachmann erfolgen, außerdem Klärung der Fragen der Unterbringung, Fütterung u. Zuchtmöglichkeiten. Das persönliche Gespräch mit dem Vorbesitzer gibt die Möglichkeit des Kennenlernens bisheriger Haltungsbedingungen, Absprachen bezügl. der rechtlichen Verbindlichkeiten bei Geschlechtsgarantien usw. Weitaus ungünstiger, wenn auch aus verschiedensten Gründen am häufigsten praktiziert, ist der Kauf «aus der Ferne» mit dem → Versand auf dem Post-, Bahn- od. Flugweg. Er bedeutet größere Gefahren für den Gefiederten u. bringt manchmal für den Empfänger auch unliebsame Überraschungen, z. B. was die Qualität des Tiermaterials anbelangt. Beachtung der gesetzlichen Verbindlichkeiten, s. Naturschutz-, Gesetzliche Bestimmungen.

Vogelpark. Aus gemeinschaftlichen, privaten od. öffentlichen Mitteln errichtete Schau- bzw. Zuchtvolieren auf einem größeren Gelände. Vogelsammlungen unterschiedl. artenreich. Für Besucher geöffnet. Vogelpark Walsrode ↗ ist der größte in der Welt.

Vogelpark Walsrode. Weltgrößter Vogelpark, Direktor WOLF W. BREHM ↗. 1958 aus Liebhaberzucht hervorgegangen, seit 1962 für Besucher geöffnet. Bis zu 1,5 Mill. Besucher aus aller Welt jährl. Es werden Vögel von ca. 900 An gepflegt. Größte Sammlung der Welt von Kranichen ↗, Ibissen ↗, Löfflern ↗ u. Papageienvögeln ↗. Es werden auch selten gepflegte Vögel zahlreicher An gehalten u. gezüchtet. Hervorragende Anlage des V., erwähnenswert bes. die Paradieshalle, die zu den größten u. schönsten ihrer Art zählt, u. die 1973 gebaute 3000 m² große u. 12 m hohe Freiflughalle, das 1974 fertiggestellte Papageienhaus u. das 1976 bezogene Lori-Atrium. In den 80er Jahren wurden zunehmend wissenschaftl. Fragestellungen bearbeitet, u. die internat. Zusammenarbeit mit Naturschutzorganisationen u. Regierungsstellen nahm sprunghaft zu. 1980 Eröffnung eines wissenschaftl. Instituts. Im Mittelpunkt dieser Arbeit steht bes. die Züchtung von Kranichen ↗, Störchen ↗, Ibissen ↗, Löfflern ↗, Papageienvögeln ↗, vor allem auch die Aufzeichnung von Verhaltensweisen bei seltenen An. Seit 1980 ist hier die einzige Sektion der International Crane Foundation ↗ in Europa angesiedelt, 1981 kam die ICBP-World working Group for Storks, Ibisses and Spoonbills (ICBP) u. die Mitarbeit im Caribean Wildlife Preservation Trust ↗ hinzu. Verantwortliche Stelle für die Einhaltung des Artenschutzabkommens für den Bereich Vögel in Niedersachsen. Sitz des Wolf-W.-Brehm-Fonds.

Vogelschutz, praktischer. Landschaftspflege, Schutzgebiete u. strenger Brutplatzschutz bestandsgefährdeter An ist der beste Vogelschutz. Dabei kommt der Erhaltung, Pflege u. Ungestörtheit zur Brutzeit von Sümpfen, Röhrichten, Weidendickichten sowie Gräben, Feldrainen, Feldgehölzen, Waldrändern mit Dornen- u. Beerenstrauch-Hecken die größte Bedeutung zu. Wo alte Eichen-, Linden-, Robiniengehölze u. -alleen fehlen sowie in Gärten können auch Nistkästen, s. Nisthilfen ↗, angebracht werden. Winterfütterung ↗ der Vögel hat vorwiegend erzieherische Werte.

Vogelstube. Unterbringung einer Vogelgesellschaft ↗ od. mehrerer arteigener Vögel in einem Zimmer, einer Dachkammer, Gartenlaube, im Nebengebäude od. in einem trockenen Keller. Vorwiegend für exotische Vögel als Unterkunft gewählt. Diese Form der Haltung hatte ihre Blüte im 19. Jh. Die heutige Knappheit an Wohnraum, Neubauwohnungen, in manchen Ländern auch hohe Mieten schränken die Möglichkeiten beträchtl. ein. Eine V. muß trocken, hell (möglichst sonnig), mäusesicher sein, eine gute Wärmeisolierung u. Lüftung aufweisen. Fenster, Beleuchtungskörper, Heizquellen werden mit Maschendraht vor dem Anflug geschützt. Ritzenfreier Fußboden. Eingangsschleuse, um Entweichen der Vögel zu verhindern. Ausstattung in artspezifischer Abhängigkeit mit Topf- u. Kübelpflanzen, Stubben, Steinen, Ästen, Kiefernzweigen, Schilf,

Heidekraut, Gräsern, Moos usw. Reichl. Nisthilfen anbringen. Futter- u. Badeplatz in entspr. Abstand (wegen Verschmutzung) gut sichtbar einrichten. Bodenbelag: Sand, Erde, Nadelboden. Künstl. Verlängerung des Tageslichtes im Winterhalbjahr, Hellphase 12–14 Stunden. Dämmerungsschaltung ↗, Sparbeleuchtung ↗.

Vogeltransport. Fang u. Transport bedeuten für einen Vogel Streß in vielfältiger Form. Am besten wird er von dem zukünftigen Eigentümer selbst abgeholt. Neben anderen Vorteilen, s. Vogelkauf, liegt die Fürsorge während des Transportes in seiner eigenen Hand. Sie beginnt bereits mit dem Transportbehälter. Ein der Vogelgröße angepaßter stabiler Pappkarton mit entspr. vielen u. großen Luftlöchern ist allen anderen Unterkünften für den Weg vorzuziehen, denn er ist Wegwerfware. Es wird sich anschl. auch sofort von ihm getrennt, dadurch entfällt die aufwendige, oft durch die Konstruktion eines hölzernen Transportbehältnisses erschwerte u. somit unzureichende Säuberung u. Desinfektion u. die Ungewißheit der möglichen Infektion eines zukünftig zu transportierenden Gefiederten. Der Vogel ist vor Zugluft, Kälte u. vor allem auch vor zu großer Wärme zu schützen. Nach Möglichkeit befördert man jedes Tier in einem gesonderten Behälter. Ein Versandkasten hat eine solche Stabilität aufzuweisen, daß er die Unbilden während der Reise weitgehend von dem Vogel fernhält bzw. mildert. Das Material des Kastens wird meistens aus Holz od. Hartfaserplatten bestehen. Die Größe des Transportbehälters muß der Größe des Vogels angepaßt sein, also gute Bewegungsmöglichkeiten erlauben, aber keine Flugversuche ermöglichen. Eine ausreichende Luftzufuhr garantiert eine im oberen Teil abgeschrägte Wand, die mit Maschendraht od. Gitterstäben verschlossen wird. Bei scheuen u. bei wärmeliebenden Vögeln wird ein Teil der Schrägen mit einem Stück Stoff od. Folie zugespannt. Die Tür wird nur so groß gewählt, daß mit der Hand in den Kasten gegriffen werden kann. Ein zugluftfreier, sicherer Türschluß muß gewährleistet werden. Wenn überhaupt, dann bringt man eine Sitzstange dicht über dem Boden in Kastenmitte an, mehrere Stangen bedeuten nur Unfallquellen. Für Weichfresser wird die Kastendecke mit einer etwa 5 mm starken Schaumgummilage gepolstert, zuweilen macht sich auch die Einbeziehung der Wände erforderlich. Futter wird auf den Boden gelegt. Der befestigte Trinknapf mit einem lumenfüllenden Schwämmchen befindet sich in gut erreichbarer Nähe des Türchens. Bei einem Versand per Post, Bahn od. Luftfracht benötigen Singvögel immer Futter u. Wasser. Für den Versand von Fasanenvögeln eignen sich sehr gut höhere Kartons, wie sie zur Verpackung von Orangen Verwendung finden. Wasservögel werden häufig in Körben verschickt, die oben mit Sackleinen verschlossen sind. Ebenso wie Fasanenvögeln wird ihnen kein Wasser auf die Reise mitgegeben. Manche Vögel müssen in Kisten (z. B. Kraniche ↗) od. in kleinen Spezialbehältern (z. B. Kolibris ↗) versandt werden. Bei jedem Versand gilt es die Empfindlichkeit der Tiere, die Jahreszeit, die Wahl der schnellsten Transportmöglichkeit, die Zeitdauer der Reise u. die rechtzeitige Benachrichtigung des Empfängers, verbunden mit Haltungs- u. Fütterungshinweisen, zu beachten. Die Adresse ist deutl. zu schreiben u. der Versandbehälter mit der Aufschrift «Vorsicht! Lebende Vögel» zu versehen. Über erforderliche staatliche u. veterinärmedizinische Vorschriften, Begleitpapiere usw. gilt es sich zu informieren. Am besten erfolgt der Versand abends, da der Vogel dann ohne Hunger u. Durst auf die Reise geht u. abgesehen von den nachtaktiven An sein Bewegungsdrang geringer als am Tage ist. Nach Möglichkeit wird der Ankömmling morgens in die Unterkunft zur Quarantäne ↗ gelassen, damit er genügend Zeit zum Kennenlernen der neuen Umgebung hat. Bei einer Ankunft am Abend bleibt er deshalb auch bis zum zeitigen Morgen im Transportbehälter, wird mit Futter u. Wasser versorgt, außerdem erhält er genügend Helligkeit zur Nahrungsaufnahme. Eine Dämmerungsbeleuchtung bleibt auch in den folgenden Tagen in der neuen Unterkunft brennen. Er verträgt dann nächtliche Geräusche seiner Umgebung weit besser u. flattert beim Erschrecken nicht panikartig umher. Beachtung der gesetzlichen Bestimmungen, s. Gesetzliche Bestimmungen für die Vogelhaltung, s. WAÜ.

Vogelvitrine. Unterkunft mit verglaster Vorderfront, meistens auch Seitenwände unten mit Glas, sonst mit Vorsatzgittern ↗ od. Drahtgeflecht verschlossen, ebenso Decke teilweise mit Gitter (Draht) od. vollständig geschlossen (Holz, Hartfaser, Plast). Rückwand sollte immer undurchsichtig sein (Vögel fühlen sich sicherer). Deckenbeleuchtung so anbringen, daß für den Betrachter keine Blendwirkung entsteht. Füttern u. Tränken von den Seiten vornehmen, auch Badewasser von hier erneuern. V. läßt sich gut mit Pflanzen ausstatten, s. Landschaftskäfig ↗. Ausgesprochen sparsam mit Vögeln besetzen. Reinigung der Scheibe bei erleuchteter V. u. verdunkeltem Zimmer vornehmen.

Voigt, Adolf, geb. 20. 10. 1874 in Stendal, gest. 16. 2. 1960 in Jena. Seit der Kindheit Vogelhaltung, bereits der Vater hielt u. züchtete Vögel. Beschäftigte sich mit An zahlreicher Fn, vorwiegend Liebhaber von Finken i. w. S. u. Sittichen ↗. Vorzüglicher Kenner der Haltung u. Züchtung von Vögeln, unzählige Berichte, vorwiegend in der Zeitschr. «Die Gefiederte Welt» u. dem Mitteilungsblatt der AZ. Viele Jahre Schriftführer der AZ.

Volatinia. G der Emberizidae ↗. 1 A. Von Mexiko bis N-Chile, Argentinien u. S-Brasilien, auf Trinidad, Tobago u. Grenada. Bewohnen buschreiche Landschaften, häufig in der Nähe von Gehöften, auf Plantagen, in Parks u. Gärten. Oft mit anderen Vögeln vergesellschaftet. Gesang leise, zirpend u. trillernd. Nest napfförmig aus Gräsern u. Fasern, mit Haaren u. Federn gepolstert. Standort niedrig in dichten Büschen, oft Brutkolonien bildend. Gelege 2–3 Eier. Erstmalig 1858 in Europa (Zool. Garten London). Regelmäßig im Handel, zuweilen in größerer Zahl. Eingewöhnung problemlos. Anfangs scheu, bald dreist. Friedlich. Unterbringung, Pflege s. *Sporo-*

Voliere

phila ↗. Mehrmals gezüchtet, selbst im Flugkäfig. Paar allein unterbringen, da Vögel in Nestnähe gegenüber Mitbewohnern aggressiv. Als Nesthilfen Körbchen, Nistkästen in dichten Büschen anbringen. ♀ brütet, wird am Ende der Brut zuweilen vom ♂ kurzzeitig abgelöst. Juv. schlüpfen nach 12 Tagen, fliegen nach 10—12 Tagen aus u. werden anschl. vorwiegend vom ♂ gefüttert. Beide Eltern versorgen Nestlinge. Nicht mehr als 3 Bruten im Jahr erlauben, es kam bereits schon zu 6—8 jährl. Juv. mausern im Alter von 6—8 Monaten.
— *V. jacarina*, Jakarina, Jakarinifink. ♂: glänzend blauschwarz, Kopf u. Kehle mit purpurnem Anflug. Schulterfedern an der Basis weiß, ebenso Unterflügeldecken. Oberschnabel schwarz, Unterschnabel silbergrau. Auge dunkelbraun. Füße schwarz. ♀: Kopf grauolivbraun, OS olivbraun, US gelblichweiß. Halsseiten, Brust u. Flanken mit breiten Streifen. Juv. ähnl. ♀, aber bräunlicher. 9—10 cm. UAn. *V. j. splendens* hat schwarze Unterflügeldecken, zuweilen mit wenig Weiß vermischt; *V. j. peruviensis* ist nach der Mauser ↗ durch breite braune Federsäume braun u. schwarz gefleckt.

Voliere. Mit Drahtgeflecht bespanntes Holz- od. Metallgerüst od. aus Gittern gebaute, meistens rechteckige größere Vogelunterkunft in einem Raum, im Hof od. Garten od. auf dem Balkon. Allgemein 2—2,50 m hoch, falls nicht bes. A-Ansprüche größere Höhe erforderlich machen. Länge u. Breite werden von vielerlei Abhängigkeiten u. Absichten bestimmt. Allgemein sollte eine V. länger als breit sein. Oftmals befindet sich an der Rückseite ein Schutzraum ↗, ansonsten wind- u. regensichere Abdeckung des hinteren Viertels bis Drittels. Pflegeleichtes Material verwenden! Gerüst u. Drahtgeflecht müssen so stabil sein, daß Vögel nicht entweichen können, Katzen, marderartige Säuger u. Eulen ↗ keinen Schaden verursachen, außerdem Wind- u. Schneelast berücksichtigen (ggf. im Winter zusätzl. unter Deckenhölzer Stützen aufstellen). V. muß vor wühlenden Ratten, anderen ungebetenen Gästen u. je nach gehaltener Vogel-A auch vor Mäusen sicher sein. Massive Fundamente frostfrei gründen od. Boden mit anderem Material vor Raubzeug sichern. S. auch Hochgehege ↗ u. Außenvoliere ↗. Falls Möglichkeiten einer ansprechenden gärtnerischen Gestaltung um die V. bestehen, sollten diese voll genutzt werden (u. a. um für Besucher die Distanz zum Vogel zu vergrößern).

Vultur. G der Cathartidae ↗. 1 A.
— *V. gryphus*, Kondor. Größter Geier, Flügel lang u. brettartig, Gefieder gänzlich schwarz, nur Armschwingen der Flügel u. Dunenhalskrause weiß, Kopf u. Hals nackt. ♂♂ haben fleischigen Kamm auf der Stirn. Anden von Venezuela bis Kap Horn. Einzeln, in Paaren od. in Gruppen zu beobachten. Hochgebirgsregionen, an den Küsten u. auf vorgelagerten Inseln. Beute Aas, kranke Tiere, plündert auch gelegentl. Seevogelkolonien in Küstennähe. Nistet in unzugänglichen Felswänden. Hat eine interessante Bodenbalz. Gelege 1 weißes Ei. Brutdauer 54—58 Tage. Jungtiere werden mit hervorgewürgter Nahrung versorgt. Nestlingsdauer ca. 4 Monate. Schon im 19. Jh. in Tiergärten häufigster südamerik. Geier. Kann nicht mit anderen An vergesellschaftet werden (sehr aggressiv). Großvoliere sehr günstig. Als Sitzstangen eignen sich etwas abgerundete starke Holzbohlen. Nahrung Pferde-, Rind- od. Hammelfleisch mit Knochen, Innereien u. zur Brutzeit ausreichend Ganzkörperfutter ↗. Brutnische (4 m² Grundfläche) ist sehr wichtig. Winterhart, aber nur in einer geschützten Voliere, 2 m² des Bodens mit Stroh dick abpolstern. Anschaffung nur aus Gefangenschaftsnachzucht.

Waaliataube *(Treron waalia)* → *Treron*
Wacholderdrossel *(Arceuthornis pilaris)* → *Arceuthornis*
Wacholderkernbeißer *(Mycerobas carnipes)* → *Mycerobas*
Wachtelastrild *(Ortygospiza atricollis)* → *Ortygospiza*
Wachtelbronchitis. Adenovirus-Infektion bei Virginiawachteln ↗; seltener bei Puten u. Hühnern. Entzündungen der Atmungsorgane, von Leber, Milz u. Legeapparat führen bei den meisten erkrankten Wachteln zum Tod. Die Inkubationszeit beträgt 2—8 Tage. Klinische Erkrankungen bei anderen Vogel-An wurden noch nicht nachgewiesen.
Wachtelfrankolin *(Ortygornis pondicerianus)* → *Ortygornis*
Wachtelfrankoline (afrik.) → *Peliperdix*
Wachtelfrankoline (asiat.) → *Ortygornis*
Wachtelkauz *(Taenioptynx brodiei)* → *Taenioptynx*
Wachtelkönig *(Crex crex)* → *Crex*
Wachtellaufhühnchen → *Turnicidae*
Wachteln → *Coturnix*
Waglers Blauußsittich, UA → Blausteißsittich
Wahlberg-Laubpicker *(Prodotiscus regulus)* → *Prodotiscus*
Waldammer *(Buscarla rustica)* → *Buscarla*
Waldbaumläufer *(Certhia familiaris)* → *Certhia*
Walddrossel *(Hylocichla mustelina)* → *Hylocichla*
Waldgirlitz *(Dendrospiza scotops)* → *Dendrospiza*
Waldhühner. Heimische Rauhfußhühner ↗. I. U. zu den Feldhühnern (Rebhuhn, Jagdfasan, Wachtel).
Waldkauz *(Strix aluco)* → *Strix*
Waldkönigsfischer *(Ceyx erithacus)* → *Ceyx*
Waldlaubsänger *(Rhadina sibilatrix)* → *Rhadina*
Waldliest *(Todiramphus macleayii)* → *Todiramphus*
Waldnektarvogel *(Hedydipna collaris)* → *Hedydipna*
Waldnymphen → *Coeligena*
Waldohreule *(Asio otus)* → *Asio*
Waldperlhühner → *Agelastes*
Waldrapp *(Geronticus eremita)* → *Geronticus*
Waldrebhühner, NN → Buschwachteln
Waldrosenfink, NN → Waldschneegimpel
Waldschneegimpel *(Leucosticte nemoricola)* → *Leucosticte*
Waldschnepfe *(Scolopax rusticola)* → *Scolopax*
Waldsteißhühner → *Tinaminae*

Waldvögel. Bezeichnung für eine Vogelgruppe einheimischer Körnerfresser ↗, z. B. Stieglitz ↗, Zeisig ↗, Gimpel ↗, Buchfink ↗, aber auch der Wintergast Bergfink ↗. Waren viele Jh.e die gefiederten Hausgenossen der Armen, da sie billig angeboten bzw. mit Netz, Schlagkäfig od. Leimstange selbst gefangen wurden. In vieler Hinsicht haben sich seither Ansichten u. gesetzliche Bestimmungen gewandelt. In einigen Ländern M-Europas werden auf Grund gesetzlicher Regelungen alljährl. wenige An in beschränktem Maße zum Fang durch Berechtigte freigegeben, s. Naturschutzbestimmungen. Beim Erwerb eines W. muß gleichzeitig ein Wildvogelursprungschein ↗ ausgehändigt werden bzw. entspr. den gesetzlichen Festlegungen der Nachweis erbracht werden, daß es sich um einen in Gefangenschaft gezogenen Vogel handelt. Alle diesbezügl. Verbindlichkeiten sind bei der zuständigen Naturschutzbehörde rechtzeitig zu erfragen. In den letzten Jahren versuchen im verstärkten Maße verantwortungsbewußte Züchter in mehreren Ländern (z. B. BRD, DDR, England) stabile Gefangenschaftspopulationen aufzubauen, damit zukünftig die Entnahme aus der Natur unterbleiben u. die Nachfrage mit gezüchteten Vögeln gedeckt werden kann.

Waldvogelfutter. Futtermischung für Körnerfresser ↗, die in der Umgangssprache der Vogelzüchter als Waldvögel bezeichnet werden. Es handelt sich dabei meist um Vertreter aus der F Fringillidae ↗. Sie bewohnen neben Wäldern auch Alleen, Feldgehölze u. Parks im mitteleurop. Raum. Das W. setzt sich im wesentl. aus den Samen von Hanf, Lein, Raps, Rübsen, Mohn, Sonnenblumen u. versch. Gräsern zusammen. Oft werden auch getrocknete Beeren der Eberesche beigefügt. Trotz dieser Vielseitigkeit haftet dem W. der Nachteil an, daß je nach Beliebtheit versch. Futterkomponenten weniger häufig aufgenommen werden. Bedingt durch seinen hohen Gehalt an ölhaltigen Samen empfiehlt es sich, das W. durch kohlenhydratreiche Samen (Getreide, Absaat, Grassamen) zu ergänzen. Im Handel wird das W. oft als Zeisig-Stieglitz-Hänfling-Mischung angeboten.

Waldwasserläufer *(Tringa ochropus)* → *Tringa*
Waldweber *(Symplectes bicolor)* → *Symplectes*
Wallichfasan *(Catreus wallichii)* → *Catreus*
Wallnister *(Leipoa ocellata)* → *Leipoa*
Wanderalbatros *(Diomedea exulans)* → *Diomedea*
Wanderdrossel *(Merula migratoria)* → *Merula*
Wanderelster *(Dendrocitta vagabunda)* → *Dendrocitta*
Wanderheuschrecke → *Locusta migratoria*
Wanderpfeifgans *(Dendrocygna arcuata)* → *Dendrocygna*
Warzenfruchttaube *(Alectroenas pulcherrima)* → *Alectroenas*
Warzenibis *(Pseudibis papillosa)* → *Pseudibis*
Washingtoner Artenschutzübereinkommen (WAÜ). Auch als Washingtoner Artenschutzabkommen (WA) im Sprachgebrauch. Die genaue Bezeichnung lautet: «Übereinkommen über den internationalen Handel mit gefährdeten Arten freilebender Tiere und Pflanzen». Annahme durch die ersten Signatarstaaten am 3. 3. 1973 in Washington. Das Übereinkommen trat am 1. 7. 1975 in Kraft u. wird in der Schweiz verwahrt, in den folgenden Jahren traten ihm eine Vielzahl weiterer Staaten bei. Die Unterzeichnung der Vertragsstaaten erfolgt: In der Erkenntnis, daß die freilebenden Tiere u. Pflanzen in ihrer Schönheit u. Vielfalt einen unersetzlichen Bestandteil der natürlichen Systeme der Erde bilden, den es für die heutigen u. künftigen Generationen zu schützen gilt; im Bewußtsein, daß die Bedeutung der freilebenden Tiere u. Pflanzen in ästhetischer, wissenschaftl. u. kultureller Hinsicht sowie im Hinblick auf die Erholung u. die Wirtschaft ständig zunimmt; in der Erkenntnis, daß die Völker u. Staaten ihre freilebenden Tiere u. Pflanzen am besten schützen können u. schützen sollten; sowie in der Erkenntnis, daß die internat. Zusammenarbeit zum Schutz bestimmter An freilebender Tiere u. Pflanzen vor einer übermäßigen Ausbeutung durch den internat. Handel lebenswichtig ist; im Bewußtsein der Notwendigkeit, dazu geeignete Maßnahmen unverzüglich zu treffen. Die Grundprinzipien sind im Anhang I—III (im Sprachgebrauch häufig als Liste bezeichnet) für die aufgeführten An im Detail fixiert. Anhang I enthält alle von der Ausrottung bedrohten An, die durch den Handel beeinträchtigt werden od. beeinträchtigt werden können. Um ihr Überleben nicht noch weiter zu gefährden, muß der Handel mit Exempl. dieser An einer bes. strengen Regelung unterworfen u. darf nur in Ausnahmefällen zugelassen werden. Anhang II enthält a) alle An, die, obwohl sie nicht notwendigerweise schon heute von der Ausrottung bedroht sind, davon bedroht werden können, wenn der Handel mit Exempl. dieser An nicht einer strengen Regelung unterworfen wird, damit eine mit ihrem Überleben unvereinbare Nutzung verhindert wird, u. b) andere An, die einer Regelung unterworfen werden müssen, damit der Handel mit Exempl. gewisser An im Sinne von Buchstabe a) unter wirksame Kontrolle gebracht werden kann. Anhang III enthält alle An, die von einer Vertragspartei als An bezeichnet werden, die in ihrem Hoheitsbereich einer bes. Regelung unterliegen, um die Ausbeutung zu verhindern od. zu beschränken, u. bei denen die Mitarbeit anderer Vertragsparteien bei der Kontrolle des Handels erforderlich ist. Im Artikel III des Übereinkommens ist die Regelung des Handels mit Exempl. der im Anhang I, II u. III aufgeführten An festgelegt. Für Wildtiere im Anhang I ist die Ausfuhrgenehmigung nach Erfüllung mehrerer Bedingungen durch die Erteilung des Staates u. die Einfuhrgenehmigung ebenfalls nach Erfüllung festgelegter Bedingungen erforderlich. Die Erteilung erfolgt unter fixierten Vorbehalten nur an wissenschaftl. Institutionen. Gezüchtete Tiere, die im Anhang I aufgeführt sind, werden wie Tiere des Anhangs II gehandelt, d. h. es ist nur die Ausfuhrgenehmigung des ausführenden Staates erforderlich. Für Tiere im Anhang II muß die Ausfuhrgenehmigung des Exportlandes vorliegen, wenn es sich um Wildtiere handelt. Eine Einfuhrgenehmigung ist nicht notwendig. Wildtiere im Anhang III benötigen nur in spez. genannten Ländern eine Ausfuhrgenehmigung,

Wasseramsel

sie ist also nicht grundsätzl. für die A notwendig. Das Übereinkommen enthält noch eine Vielzahl detaillierter Festlegungen sowohl für Tiere als auch für Pflanzen bzw. auch Teile von ihnen. Ebenfalls sind Festlegungen im Handel z. B. für die Durchfuhr, Wiederausfuhr getroffen. Die Signatarstaaten haben diese Verpflichtungen in das entspr. Landesrecht umgesetzt.

Wasseramsel *(Cinclus cinclus)* → *Cinclus*
Wasserfasan *(Hydrophasianus chirurgus)* → *Hydrophasianus*
Wasserläufer → Tringinae
Wasserpieper *(Spipola spinoletta)* → *Spipola*
Wasserralle *(Rallus aquaticus)* → *Rallus*
Wasserrötel *(Rhyacornis fuliginosus)* → *Rhyacornis*
Wasserscherer → Procellariinae
Wasserschwätzer, Wasserstar, NN → Wasseramsel
Watsoneule *(Megascops watsonii)* → *Megascops*
Watvögel → Charadriiformes
WAÜ → Washingtoner Artenschutzübereinkommen
Webers Lori, UA → Allfarblori
Weberstar *(Lamprocorax metallicus)* → *Lamprocorax*
Webervögel → Ploceidae
Wechselhecke. Neben der Einzel- ↗, Käfig- ↗, Abteilungs- ↗ u. Flughecke ↗ in der Kanarienvogelzucht angewendete Methode, die zur Vererbung gewünschter Eigenschaften eines ♂ an viele Nachkommen praktiziert wird. Nur für erfahrene Züchter zu empfehlen. In Reihe angeordnete Kistenkäfige ↗ (häufig finden die im Handel angebotenen Vollkunststoffboxen Verwendung) dienen der Einzelunterbringung von 1 ♂ u. 2—4 ♀♀. Wird ein ♀ brutlustig, so wird der Hahn zum Ende des Nestbaues zu ihr gelassen. Bis zur Ablage des 3. Eies, besser des vollständigen Geleges, bleibt er bei diesem ♀. Nacheinander wird er so zu jedem vorgesehenen ♀ gesperrt. Sind gleichzeitig 2 ♀♀ mit dem Nestbau fertig, so lassen Züchter — mit viel Erfahrung u. Zeit zum Beobachten — in den Morgenstunden das ♂ bis zur Kopulation zu dem einen ♀, anschl. am Vormittag zum anderen. Nicht immer gelten die Sympathien dem ♂, so daß häufiger als bei anderen Zuchtmethoden Gelege unbefruchtet sind. Wenn die ♀♀ brüten, wird das ♂ außer Hörweite untergebracht, damit es sie nicht durch den Gesang beunruhigt. ♀♀ in der W. sollen jährl. nicht mehr als 2 Bruten erlaubt werden.

Wechselpfäffchen *(Sporophila americana)* → *Sporophila*
Weddell-Braunkopfsittich *(Eupsittula weddellii)* → *Eupsittula*
Wegekuckuck *(Geococcyx californianus)* → *Geococcyx*
Wehrvögel → Anhimidae
Weichfresser. Gebräuchl. Bezeichnung bei Haltern u. Züchtern von Vögeln für Vogelgruppen, die überwiegend mit einem angefeuchteten, krümeligen Ersatzfutter (s. Weichfutter) u. versch. Zusätzen an Insekten, Obst, Beeren, Quark u. vielem mehr ernährt werden. Allgemein sind diese Vögel in der Haltung, bes. in der Fütterung, anspruchsvoller als die sog. Körnerfresser ↗.

Weichfresserkäfig. Unterkunft für einzeln gehaltene Sänger. Kistenkäfig ↗ mit schaumstoffbeklebter Decke od. häufiger halboffener Käfig mit weicher Decke (mit Tuch od. Wachstuch bespannter Rahmen, Hinterwand geschlossen, Seitenwände meistens im unteren Drittel od. in der unteren Hälfte). Weiche Käfigdecke unbedingt bei Zugvögeln notwendig.

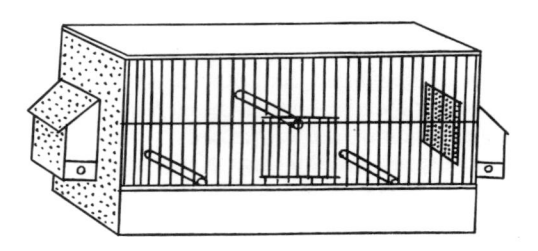

Kistenkäfig für Weichfresser mit Außenfütterung

Außen- ↗ od. Innenfütterung. Badehäuschen ↗ an einer Seite od. in der Türöffnung angebracht. Wasser im handelsübl. Plastikwasserautomaten reichen. Sprungstangen ↗ aus weichem Holz, möglichst mit Rinde u. in unterschiedl. Stärke anbringen, s. Sprungschema ↗. Bodenbelag aus Zeitungs-, Lösch- od. anderem saugfähigen Papier mit Sand od. Sand-Torfmullgemisch, alle 1—2 Tage erneuern. Modifizierte Formen sind Drossel- ↗, Grasmücken- ↗, Sprosser- ↗, Bodenläuferkäfig ↗.

Weichfutter. Sammelbezeichnung für Futtermischungen von feuchtkrümeliger Beschaffenheit. Grundfutter für eine große Anzahl Vogel-An unterschiedlichster systematischer Gruppen. Es ist ein Ersatzfutter für Vögel, die sich unter natürl. Bedingungen überwiegend durch Insekten ernähren. Da Körnerfresser ↗ tierische Kost ebenfalls nicht verschmähen, kann es als Zusatzfutter auch bei diesen Vogelgruppen dienen. Allen Weichfuttermischungen ist ein hoher Anteil tierischen Eiweißes gemeinsam. Er kann etwa 15—20 % betragen. Wird das W. als Aufzuchtfutter verwendet, sind Eiweißgehalte bis 30 % möglich. Entspr. den unterschiedl. Anwendungsgebieten sowie den persönl. Erfahrungen der Züchter wird in der Literatur eine große Anzahl Rezepte beschrieben. Auch im Handel wird W. auf der Basis von Trockenfutterstoffen, die vor Verbrauch in Wasser od. Magermilch aufzuweichen sind, angeboten. Immer wieder genannte Bestandteile sind: Ameisenpuppen, Weißwurm, Eigelb ↗, Quark u. Mahlfleisch ↗. Diese Futterbestandteile tierischen Ursprungs können etwa 40—50 % am Gesamtfutter ausmachen, wobei auf Vielseitigkeit Wert zu legen ist. Weiterhin werden verwendet: Weißbrot (trocken), Waffeln, Zwieback, Bisquit ↗, Getreideschrot ↗ u. industrielle Fertigfuttermischungen wie Fasanenzuchtfutter ↗ od. Kükenaufzuchtfutter ↗. Der Anteil solcher kohlenhydratreicher Futterstoffe, überwiegend pflanzl. Ursprungs, beträgt ebenfalls etwa 40—50 %. Ergänzend werden zerstoßene Beeren ↗, geschabte Mohrrübe ↗ sowie eine große Anzahl grüner Pflanzenteile, wie Vogelmiere, Brennessel od. Löwenzahn, verwendet. Allen W.-Mischungen ist ihre begrenzte Haltbarkeit gemeinsam. In befeuchtetem Zustand deshalb nur als Tagesration zubereiten! Eine längere Aufbewahrung im Kühlschrank schützt nicht vor Verderb. Bei tiefgefrostetem W. muß ein mehrmaliges Auftauen vermieden werden. Man froste deshalb möglichst portionsweise. Zur Vermeidung von Verdauungsstörungen muß das W. bei Verfütterung Zimmertemp. aufweisen.

Weichfuttermischungen → Weichfutter
Weidenammer *(Hypocentor aureola)* → *Hypocentor*
Weidenlaubsänger *(Phylloscopus collybita)* → *Phylloscopus*
Weidenmeise *(Poecile montana)* → *Poecile*
Weidensperling *(Passer d. hispaniolensis)* → *Passer*
Weindrossel *(Iliacus iliacus)* → *Iliacus*
Weinrote Halsringtaube, NN → Zwerglachtaube
Weinrote Lachtaube *(Streptopelia vinacea)* → *Streptopelia*
Weißaugenalcippe *(Alcippe nipalensis)* → *Alcippe*
Weißaugen-Honigfresser *(Meliornis novaehollandiae)* → *Meliornis*
Weißaugensittich *(Psittacara leucophthalma)* → *Psittacara*
Weißäugige Krähe, NN → Neuhollandkrähe
Weißbartgrasmücke *(Sylvia cantillans)* → *Sylvia*
Weißbart-Schattenkolibri *(Phaethornis yaruqui)* → *Phaethornis*
Weißbartseeschwalbe *(Chlidonias hybrida)* → *Chlidonias*
Weißbauchamazilie *(Amazilia franciae)* → *Amazilia*
Weißbauchblauhäher, NN → Graubrusthäher
Weißbauch-Bronzemännchen *(Lonchura leucogastra)* → *Lonchura*
Weißbauchgirlitz *(Ochrospiza dorsostriata)* → *Ochrospiza*
Weißbauchkolibri *(Florisuga mellivora)* → *Florisuga*
Weißbauch-Lärmvogel *(Criniferoides leucogaster)* → *Criniferoides*
Weißbauchliest *(Todiramphus chloris)* → *Todiramphus*
Weißbauch-Nektarvogel *(Arachnechthra talatala)* → *Arachnechthra*
Weißbauchnonne, NN → Prachtnonne
Weißbauchorganist *(Euphonia minuta)* → *Euphonia*
Weißbauchpapageien → Pionitinae → *Pionites*
Weißbauchralle, NN → Weißbrustralle
Weißbauchschwalbenstar *(Artamus leucorhynchus)* → *Artamus*
Weißbauch-Sonnenastrild, UA → *Neochmia*
Weißbauch-Sumpfhühnchen, NN → Weißbauchralle
Weißbauchtölpel *(Sula leucogaster)* → *Sula*
Weißbauchtrappe, NN → Senegaltrappe
Weißbauch-Zwergfischer *(Corythornis leucogaster)* → *Corythornis*
Weißbindentangare *(Piranga leucoptera)* → *Piranga*
Weißbrauenblauschwanz *(Ianthia indica)* → *Ianthia*

Weißbrauendrossel *(Merula obscura)* → *Merula*
Weißbrauen-Heckensänger *(Erythropygia leucophrys)* → *Erythropygia*
Weißbrauenrötel *(Cossypha heuglini)* → *Cossypha*
Weißbrauenschnäpper *(Muscicapula superciliaris)* → *Muscicapula*
Weißbrauenschwalbenstar *(Artamus superciliosus)* → *Artamus*
Weißbrust-Faulvogel *(Malacoptila fusca)* → *Malacoptila*
Weißbrüstiger Kappenastrild, Weißbrüstiges Schwarzköpfchen, NN → Nonnenastrild
Weißbrust-Kielralle *(Amaurornis phoenicurus)* → *Amaurornis*
Weißbrust-Königsfischer *(Halcyon smyrnensis)* → *Halcyon*
Weißbrustperlhuhn *(Agelastes meleagrides)* → *Agelastes*
Weißbrustralle *(Laterallus leucopyrrhus)* → *Laterallus*
Weißbrustschilffink *(Heteromunia pectoralis)* → *Heteromunia*
Weißbrustschwalbenstar *(Artamus leucorhynchus)* → *Artamus*
Weißbrustschwärzling → Mantelschwärzling
Weißbrustsittich *(Pyrrhura albipectus)* → *Pyrrhura*
Weißbrusttaube *(Alopecoenas jobiensis)* → *Alopecoenas*
Weißbrusttukan *(Ramphastos tucanus)* → *Ramphastos*
Weißbugtäubchen *(Metriopelia melanoptera)* → *Metriopelia*
Weißbugtaube, NN → Weißflügeltaube
Weißbürzelbronzemännchen *(Lonchura s. striata)* → *Lonchura*
Weißbürzeldrossling *(Turdoides leucopygius)* → *Turdoides*
Weißbürzellori *(Pseudeos fuscata)* → *Pseudeos*
Weißbürzel-Ringelastrild, NN → Ringelastrild
Weißbürzelsegler *(Apus affinis)* → *Apus*
Weißbürzel-Steinschmätzer *(Oenanthe leucopyga)* → *Oenanthe*
Weißer Engel *(Heliothryx barroti)* → *Heliothryx*
Weißer Klaffschnabel *(Anastomus oscitans)* → *Anastomus*
Weißer Ohrfasan *(Crossoptilon crossoptilon)* → *Crossoptilon*
Weißer Sichler *(Eudocimus albus)* → *Eudocimus*
Weißflanken-Buntschnäpper, NN → Weißflankenschnäpper
Weißflankenschnäpper *(Batis molitor)* → *Batis*
Weißflanken-Wollschnäpper, NN → Weißflankenschnäpper
Weißflecken-Goldschnepfe *(Nycticryphes semicollaris)* → *Nycticryphes*
Weißflügelente *(Asarcornis scutulatus)* → *Asarcornis*
Weißflügelgimpel *(Rhodospiza obsoleta)* → *Rhodospiza*
Weißflügellalage *(Lalage sneurii)* → *Lalage*

Weißflügelsittich

Weißflügelsittich *(Brotogeris versicolura)* → *Brotogeris*
Weißflügeltaube *(Melopelia asiatica)* → *Melopelia*
Weißflügel-Trompetervogel *(Psophia leucoptera)* → *Psophia*
Weißflügelwida *(Coliuspasser albonotatus)* → *Coliuspasser*
Weißgesichtige Damadrossel → Damadrossel
Weißgesichtibis *(Plegadis chihi)* → *Plegadis*
Weißgesichtseule, Weißgesichts-Ohreule *(Ptilopsis leucotis)* → *Ptilopsis*
Weißgezeichnetes Bronzemännchen, NN → Weißgezeichnetes Perlenbronzemännchen
Weißgezeichnetes Perlenbronzemännchen *(Lonchura leucosticta)* → *Lonchura*
Weißgezeichnete Wida, NN → Spiegelwida
Weißhalsatzel *(Streptocitta albicollis)* → *Streptocitta*
Weißhals-Faulvogel *(Notharchus macrorhynchos)* → *Notharchus*
Weißhalsibis *(Theristicus caudatus)* → *Theristicus*
Weißhalskolibri *(Leucochloris albicollis)* → *Leucochloris*
Weißhalssittich *(Pyrrhura albipectus)* → *Pyrrhura*
Weißhaubenhäher *(Garrulax leucolophus)* → *Garrulax*
Weißhaubenkakadu *(Cacatua alba)* → *Cacatua*
Weißhauben-Nashornvogel *(Berenicornis comatus)* → *Berenicornis*
Weißhaubenturako *(Tauraco leucolophus)* → *Tauraco*
Weißibis *(Eudocimus albus)* → *Eudocimus*
Weißkappenammer, NN → Silberkopfammer
Weißkappenpapagei *(Pionus senilis)* → *Pionus*
Weißkappenrotschwanz *(Phoenicurus erythrogaster)* → *Phoenicurus*
Weißkappenschama *(Copsychus stricklandii)* → *Copsychus*
Weißkehlamazilie *(Amazilia franciae)* → *Amazilia*
Weißkehl-Fächerschwanz *(Rhipidura albicollis)* → *Rhipidura*
Weißkehlgirlitz *(Crithagra albogularis)* → *Crithagra*
Weißkehlhäherling *(Garrulax albogularis)* → *Garrulax*
Weißkehliges Rebhuhnfrankolin, NN → Rebhuhnfrankolin
Weißkehlkolibri *(Leucochloris albicollis)* → *Leucochloris*
Weißkehlpfäffchen *(Sporophila albogularis)* → *Sporophila*
Weißkehlrötel *(Cossypha humeralis)* → *Cossypha*
Weißkehlsänger *(Irania gutturalis)* → *Irania*
Weißkehltaube, NN → Weißwangentaube
Weißkehlwachtel, NN → Virginiawachtel
Weißkinn-Honigschmecker *(Melithreptus albogularis)* → *Melithreptus*
Weißkinnsaphir *(Hylocharis cyana)* → *Hylocharis*
Weißkopf-Bartvogel *(Lybius leucocephalus)* → *Lybius*

Weißkopf-Baumhopf *(Phoeniculus bollei)* → *Phoeniculus*
Weißkopfliest *(Todiramphus saurophagus)* → *Todiramphus*
Weißkopfmausvogel *(Colius leucocephalus)* → *Colius*
Weißkopfnonne *(Munia maja)* → *Munia*
Weißkopfpapagei, NN → Glatzenkopf
Weißkopfruderente *(Oxyura leucocephala)* → *Oxyura*
Weißkopfschmätzer *(Chaimarrornis leucocephalus)* → *Chaimarrornis*
Weißkopf-Viehweber *(Dinemellia dinemelli)* → *Dinemellia*
Weißkrawatt-Musketier *(Coeligena torquata)* → *Coeligena*
Weißmantel-Bartvogel *(Capito hypoleucus)* → *Capito*
Weißmaskenhopf *(Phoeniculus bollei)* → *Phoeniculus*
Weißnacken-Bartvogel *(Capito squamatus)* → *Capito*
Weißnackenblaurabe *(Cyanocorax cyanopogon)* → *Cyanocorax*
Weißnacken-Faulvogel *(Notharchus macrorhynchos)* → *Notharchus*
Weißnackenhonigschmecker *(Melithreptus lunatus)* → *Melithreptus*
Weißnacken-Jakobiner, Weißnackenkolibri *(Florisuga mellivora)* → *Florisuga*
Weißnackenkranich *(Grus vipio)* → *Grus*
Weißnackenrabe, NN → Geierrabe
Weißnackenracke, NN → Strichelracke
Weißnackenstorch *(Ciconia episcopus)* → *Ciconia*
Weißohramadine *(Poephila p. leucotis)* → *Poephila*
Weißohr-Bartvogel *(Gymnobucco leucotis)* → *Gymnobucco*
Weißohrhäherling *(Garrulax chinensis)* → *Garrulax*
Weißohrhonigfresser *(Nesoptilotis leucotis)* → *Nesoptilotis*
Weißohrkolibri *(Hylocharis leucotis)* → *Hylocharis*
Weißohr-Rabenkakadu, UA → Brauner Rabenkakadu
Weißohrsaphir *(Hylocharis leucotis)* → *Hylocharis*
Weißohrsittich *(Pyrrhura leucotis)* → *Pyrrhura*
Weißohrtimalie *(Stachyris leucotis)* → *Stachyris*
Weißohrturako *(Tauraco leucotis)* → *Tauraco*
Weißrücken-Flötenvogel → Flötenvogel
Weißrückenmausvogel *(Colius colius)* → *Colius*
Weißrückentaube, NN → Schneetaube
Weißsäbelpipra, NN → Säbelpipra
Weißschafttoko *(Tockus nasutus)* → *Tockus*
Weißscheitelnonne *(Munia nevermanni)* → *Munia*
Weißscheitelrötel *(Cossypha niveicapilla)* → *Cossypha*
Weißscheiteltaube *(Patagioenas leucocephala)* → *Patagioenas*
Weißschnabel-Jacamar *(Galbula albirostris)* → *Galbula*
Weißschnäbliger Büffelweber *(Bubalornis albirostris)* → *Bubalornis*
Weißschopfguan *(Penelope pileata)* → *Penelope*
Weißschulterlalage → Weißflügellalage
Weißschulterraupenfresser → Weißflügellalage

Weißschwanz-Bartkolibri *(Threnetes leucurus)* → *Threnetes*
Weißschwanz-Bergnymphe *(Urochroa bougueri)* → *Urochroa*
Weißschwanzblauhäher, NN → Krauskopf-Blaurabe
Weißschwanzblaurabe, NN → Krauskopf-Blaurabe
Weißschwanz-Kastanienflügler *(Boissonneaua jardini)* → *Boissonneaua*
Weißschwanz-Glanzfasan *(Lophophorus sclateri)* → *Lophophorus*
Weißschwanzkolibri *(Coeligena torquata)* → *Coeligena*
Weißschwanzschneehuhn *(Lagopus leucurus)* → *Lagopus*
Weißschwanztrogon *(Trogon viridis)* → *Trogon*
Weißschwanztropikvogel *(Phaethon lepturus)* → *Phaethon*
Weißschwingentaube, NN → Weißflügeltaube
Weißspecht *(Melanerpes candidus)* → *Melanerpes*
Weißspiegeltaube *(Petrophassa albipennis)* → *Petrophassa*
Weißspitzchen *(Urosticte benjamini)* → *Urosticte*
Weißspitzkolibri *(Urosticte benjamini)* → *Urosticte*
Weißsterniges Blaukehlchen, UA → Blaukehlchen
Weißstirnamazone *(Amazona albifrons)* → *Amazona*
Weißstirn-Erdtaube, NN → Jamaicataube
Weißstirnlerche *(Eremopterix nigriceps)* → *Eremopterix*
Weißstirnpfäffchen, UA → Diamantpfäffchen
Weißstirn-Rotkehlspint, Weißstirnspint *(Meropiscus bullockoides)* → *Meropiscus*
Weißstirnweber *(Amblyospiza albifrons)* → *Amblyospiza*
Weißstorch *(Ciconia ciconia)* → *Ciconia*
Weißwangenastrild *(Nesocharis capistrata)* → *Nesocharis*
Weißwangen-Buschwachtel *(Arborophila atrogularis)* → *Arborophila*
Weißwangenkleiber *(Sitta leucopsis)* → *Sitta*
Weißwangenlerche *(Eremopterix leucotis)* → *Eremopterix*
Weißwangentaube *(Alsocomus vitiensis)* → *Alsocomus*
Weißwangen-Tschaja *(Chauna chavaria)* → *Chauna*
Weißwangenturako *(Tauraco leucotis)* → *Tauraco*
Weißwangige Haubenelster, NN → Langschwanzhäher
Weißwurmschrot → Insektenschrot
Weißzügel-Faulvogel *(Malacoptila panamensis)* → *Malacoptila*
Wekaralle *(Gallirallus australis)* → *Gallirallus*
Wellenastrild *(Estrilda astrild)* → *Estrilda*
Wellenbauch-Bronzemännchen *(Lonchura molucca)* → *Lonchura*
Wellenbrust-Fischuhu *(Ketupa zeylonensis)* → *Ketupa*
Wellenflughuhn *(Nyctiperdix lichtensteinii)* → *Nyctiperdix*
Wellenläufer *(Oceanodroma leucorhoa)* → *Oceanodroma*
Wellenliest *(Lacedo pulchella)* → *Lacedo*

Wellensittich *(Melopsittacus undulatus)* → *Melopsittacus*
Wellensittiche → Melopsittacidae
Wellstaube *(Leptotila wellsi)* → *Leptotila*
Weltausstellung. Wird einmal jährl. im Jan./Febr. in der nö. u. sü. Hemisphäre durchgeführt. Angeschlossen sind die Weltmeisterschaften für alle domestizierten An sowie zahlreiche internat. Kongresse u. Symposien. Ausgestellt werden alle einheimischen, exotischen u. fremdländ. Vögel mit Ausnahme der Psittacidae ↗, die nur auf nationaler Ebene ausgestellt werden dürfen. In der nö. Hemisphäre fand die W. bisher nur in Europa statt, 1982 wurde bereits die 30. Ausstellung ausgerichtet, in der sü. Hemisphäre vorwiegend in São Paulo, Brasilien.

Weltmeister. Damit wird der absolut beste Züchter einer Vogel-A entspr. der höchst vergebenen Punktzahl od. des Prädikates für einen Vogel ausgezeichnet. Dieses gilt auch für den Sieger ↗ jeder Sparte od. Vogel-A jeden Jahres auf einer Weltschau.

Weltnaturschutzfonds → World Wildlife Fund
Wendehals *(Jynx torquilla)* → *Jynx*
Wendnagel, Adolf, geb. 24. 8. 1876 in Basel, gest. 16. 1. 1952 in Basel. Tiergärtner, seit 1913 Direktor des Zool. Gartens Basel. Setzte sich als einer der ersten für den Vogelschutz in der Schweiz ein. Jahrelang Leiter der Vogelschutz-Kommission der Gesellschaft für Vogelkunde, seit 1943 hier Ehrenmitglied. 20 Jahre Präsident der Ornithol. Gesellschaft Basel. Weckte durch die Gehege u. Volieren, bes. auch durch den Bau des Vogelhauses 1926/27 in seinem Zoo in weiten Kreisen Interesse u. Freude an den Vögeln u. an ihrer sachgerechten Haltung. Mehrere ornithol. Veröffentlichungen in Fachzeitschriften, u. a. über Käfigvögel, Blaukehlchen ↗, Kernbeißer ↗, Waldohreule ↗, Weiß- ↗, Schwarzstorch ↗, außerdem mehrere Abhandlungen über Vogelschutz.

Wennrich, Gunter, Dr., geb. 13. 9. 1943 in Oppeln. Hauptarbeitsgebiete: angewandte Ethologie beim Nutzgeflügel sowie ornithol. Verhaltensforschung. Über 50 wissenschaftl. Publikationen. 1975 Felix-Wankel-Tierschutz-Forschungspreis.

Werbeverhalten. Ritualisierte Verhaltensabläufe, die anfänglich zur Anlockung u. Anbiederung an den Geschlechtspartner, im fortgeschrittenen Stadium der Überwindung der Kontaktscheu u. der Abstimmung der Geschlechtspartner dienen. Bei Fischen u. Vögeln wird W. i. d. R. als Balz od. Balzverhalten, bei Säugetieren als Brunft od. Brunftverhalten bezeichnet. Beim W. ist meist das ♂ seltener das ♀ der aktivere Partner. Bei manchen An sind beide Partner gleich aktiv u. die vom ♂ u. ♀ gezeigten Rituale ähnl. In anderen Fällen weicht das W. beider Partner deutl. od. vollkommen voneinander ab. Das W. ist vielfach artspezifisch. In das W. können bes. eindrucksvolle Abschnitte als Imponierverhalten eingeschoben werden. Dabei handelt es sich im typischen Fall um Verhaltensweisen, die in Gegenwart des umworbenen Partners auf Rivalen orientiert sind. Aber auch gegenüber dem Partner selbst kommt Imponier-

Westafrikanischer Kronenkranich

Zum Wildvogelfang Berechtigter mit Lockvögeln im Thüringer Wald/DDR

verhalten vor. Vielfach wird Imponierverhalten durch bes. Signalgeber unterstützt, z. B. Radschlagen beim Pfau, Genitalpräsentieren bei Affen, Imponierlaufen, Imponierschwimmen, Imponiertracht. Besonderheiten des W. sind bei Vögeln das nicht obligatorische, aber häufig der Kopulationseinleitung dienende Balzfüttern, das Doppelhalstauchen der Schwäne, der Duettgesang, die Gruppenbalz der Austernfischer u. Birkhühner, das Putzen der ♂ ♂ u. das Hetzen der ♀ ♀ Entenvögel u. a. m.

Westafrikanischer Kronenkranich → Kronenkranich

Westmexikanischer Elfenbeinsittich, UA → Elfenbeinsittich

Wicke → *Vicia sativa*

Widavögel → Ploceinae

Wiedehopf *(Upupa epops)* → *Upupa*

Wiedereinbürgerung. Tiere werden dort freigelassen, wo diese früher (in historischer Zeit) gelebt haben u. ausgestorben sind. Man erwartet, daß die freigelassenen Tiere am Leben bleiben u. sich fortpflanzen. In den letzten Jahrzehnten wurden in Europa u. a. folgende Vogel-An wiedereingebürgert: Uhu ↗, Wanderfalk ↗, Graugans ↗, Schell- ↗, Moor- ↗, Löffel- ↗ u. Kolbenente ↗, Auer- ↗ u. Birkhuhn ↗, Rothuhn ↗, Großtrappe ↗.

Wienerastrild *(Pytilia afra)* → *Pytilia*

Wiesenammer *(Emberiza cioides)* → *Emberiza*

Wiesendrossel *(Catharus fuscescens)* → *Catharus*

Wiesenpieper *(Spipola pratensis)* → *Spipola*

Wiesenplankton. Bezeichnung für beim Netzfang über Wiesen meist anfallende Insekten. Der Fang von Insekten mit dem Netz u. ihre anschließende Verfütterung ist vor allem für Bewohner von Vogelstuben ↗ u. Tropenhäusern ↗ günstig. Dazu wird ein aus Gaze gefertigtes, gestieltes Netz in rascher Bewegung u. wechselnder Richtung unmittelbar über den Pflanzenspitzen bewegt.

Wiesenralle *(Crex crex)* → *Crex*

Wiesenstärling *(Sturnella neglecta)* → *Sturnella*

Wildtauben → Columbiformes

Wildvogelfang. Der Fang von Wildvögeln ist in den einzelnen Staaten von den Gesetzen, Verordnungen, Anordnungen usw. abhängig. Die gesetzlichen Bestimmungen reichen vom erlaubten, unkontrollierten Fang über Ausnahmeregelungen bis zum vollständigen Fangverbot. Länder, in denen der Vogelfang untersagt ist, haben manchmal Sonderregelungen für einige An in den gesetzlichen Bestimmungen festgelegt (z. B. DDR, Österreich, Schweiz). Auskünfte geben die zuständigen Naturschutzbehörden. Vor der Entnahme eines Wildvogels aus der Natur besteht die unbedingte Informationspflicht über die gesetzlichen Verbindlichkeiten, s. Naturschutzbestimmungen, s. Gesetzliche Bestimmungen für die Vogelhaltung, s. Washingtoner Artenschutzübereinkommen.

Wildvogelursprungschein. Die in der DDR zum Wildvogelfang ↗ Berechtigten haben für jeden von ihnen gefangenen Vogel einen W. auszufüllen, der bei jedem Eigentumswechsel dem neuen Besitzer auszuhändigen ist. W. werden den zum Wildvogelfang Berechtigten zusammen mit der Fangerlaubnis vom zuständigen Rat des Bezirkes ausgegeben. Allgemein geben die zum Wildvogelfang Berechtigten ihre Vögel in einer Sammelstelle ab, dort wird der W. beim Verkauf des Vogels ausgehändigt s. Naturschutzbestimmungen.

Wilsondrossel *(Catharus fuscescens)* → *Catharus*

Wilsons Atlaswitwe *(Hypochera wilsoni)* → *Hypochera*

Wilson-Waldnymphe *(Coeligena wilsoni)* → *Coeligena*

Wimpelkolibri *(Trochilus polytmus)* → *Trochilus*

Wimpelschwanz, Wimpelschwanzkolibri *(Trochilus polytmus)* → *Trochilus*

Windfaktor. Wirkung des Windes auf den pflanzlichen od. tierischen Organismus. Bei den Tieren wirkt der Wind vielfach auf die Orientierung ein. So stellen sich viele Vögel in Ruhe mit dem Kopf gegen den Wind ein. Auf die aktive u. passive Verbr. fliegender Tiere hat der Wind durch Ablenkung von der Flugrichtung, durch Vergrößerung od. Verringerung der Flugleistung u. durch passiven Windtransport ebenfalls Einfluß. Vögel können durch den Wind über große Entfernungen über 1 000 km weit getragen werden.

Winterammer *(Junco hyemalis)* → *Junco*

Winterfütterung. Zur Unterstützung freifliegender Vögel übliche Form der Zusatzfütterung in der nahrungsarmen Jahreszeit. Obwohl umstritten, kann sie doch neben der Erziehung zur Tierliebe interessante Beobachtungen über die Wintergäste erbringen u. die Vögel an ein Territorium gewöhnen, in dem sie dann auch brüten. Auswahl der Futterstoffe u. Art der Verabreichung sind den winterlichen Bedingungen anzupassen. Dabei müssen gefrierende, wasserhaltige Futtermittel vermieden werden. Gut geeignet sind Körnermischungen, getrocknete Beeren u. in bestimmten Fällen Talg. Die Fütterung muß an geschützten Stellen, zweckmäßigerweise in Futterhäuschen, erfolgen. Auch Meisenringe u. Futterglocken können verwendet werden.

Wintergoldhähnchen *(Regulus regulus)* → *Regulus*
Witwenmonjita *(Xolmis irupero)* → *Xolmis*
Witwenpfeifgans *(Dendrocygna viduata)* → *Dendrocygna*
Witwenstelze *(Motacilla aguimp)* → *Motacilla*
Witwenvögel → Viduidae
Wöhrmann, Hans-Joachim, geb. 19. 9. 1939 in Lerchenborn/Lüben. Seit Jugendzeit passionierter Vogelzüchter, vor allem von Finkenvögeln (vorwiegend Prachtfinken ↗), Agaporniden ↗, Großsittichen ↗, Weichfressern ↗. Zuchtwart, Zuchtrichter der SZG Ziergeflügel u. Exoten, Vorsitzender der Interessengemeinschaft Prachtfinken der DDR. Mitarbeiter an Fachzeitschriften. Über 70 Artikel in Zeitschriften der Vogelhaltung. 4 Staatspreise der DDR für züchterische Leistungen, 2 Goldmedaillen für Erstzuchten der DDR, Goldene Ehrennadel der SZG.

Woida, Alfred, geb. 10. 1. 1901 in Erfurt. Hauptinteressengebiete: Austral. Sittiche ↗, Fasanen ↗, Wassergeflügel, Waldvogelbastarde. Seit 1923 Mitglied des Vereins Mitteldeutscher Ziervogel-Züchter u. Exotenliebhaber, Sitz Chemnitz. 1927–1935 Vors. für das Land Thüringen, Sitz Erfurt. 1954–1966 Obmann der SZG Ziergeflügel u. Exoten. Zahlreiche Auszeichnungen, u. a. je Goldene Ehrennadel des VKSK, der SZG Ziergeflügel u. Exoten, der Prager Vereinigung der Vogelzüchter, Ehrenobmann u. Ehrenmitglied der SZG, 1966 Vaterländischer Verdienstorden.

Wollhalsstorch *(Ciconia episcopus)* → *Ciconia*
Wollhöschen *(Eriocnemis vestiteus)* → *Eriocnemis*

Wolters, Hans Edmund

Wolters, Hans Edmund, Dr., geb. 11. 2. 1915 in Duisburg. 1974 als Nachfolger von Prof. NIETHAMMER Leiter der Ornithol. Abt. des Museums Koenig, 1978 stellv. Direktor. Hauptarbeitsgebiete: Taxonomie der Vögel auf phylogenetischer Grundlage, vor allem der altweltlichen Passeriformes, bes. der Prachtfinken, daneben Zoogeographie u. heimische Faunistik. Weit über 100 wissenschaftl. Publikationen. 1974–1979 Schriftleiter der «Bonner zoologischen Monographien» u. der «Bonner zoologischen Beiträge». Autor der systematischen Liste «Die Vogelarten der Erde».

Wongataube *(Leucosarcia melanoleuca)* → *Leucosarcia*
Woodfordkauz *(Strix woodfordii)* → *Strix*

World Bird Conservation Priorities. Liste der ICBP ↗ mit dem Ziel, eine effektive Vogelschutzstrategie auf weltweiter Basis zu erreichen, um die zur Verfügung stehenden finanziellen Mittel nicht in ungenügendem Maße auf zu viele Projekte zu verteilen. Die Verzeichnisse umfassen gefährdete Gebiete (z. B. Tropenwälder in Indonesien, Inseln, u. a. die Seychellen), führen dringend nötige Schutzmaßnahmen (z. B. Jagdverbote, Handelseinschränkungen) auf, nennen erforderliche Forschungsarbeiten (z. B. Bestandserfassungen, Nachführen der Roten Listen ↗) u. bedrohte Vogel-An (z. B. Waldrapp ↗, Eskimobrachvogel). Die Richtlinien sollen Regierungen, Organisationen u. Einzelpersonen als Grundlagen für Aktionen, Programme u. Geldsammlungen dienen.

World Pheasant Association (WPA). Weltvereinigung der Fasanenfreunde. Internat. kooperative Organisation mit dem Ziel der Förderung u. Unterstützung der Erhaltung aller An der Galliformes ↗. Sitz der Zentrale in Exning, England, Sektionen in Frankreich, BRD, Benelux-Staaten, Pakistan, Indien, Nepal u. Thailand, Mitglieder in über 40 Ländern. Zu den Aufgaben zählen u. a. Erarbeitung von An-Schutzprogrammen u. methodischen Fragen der optimalen Haltung, Beratung von Organisationen u. Institutionen in Belangen der Ökologie, Erhaltung, Schutz u. Zucht aller An der O, Führung einer Datenbank, Aufbau stabiler Gefangenschaftspopulationen bes. gefährdeter An in Zusammenarbeit mit Regierungen u. erfahrenen Züchtern u. in enger Abstimmung mit ICBP ↗, IUCN ↗ u. WWF ↗. Beitritt entspr. den Satzungen der WPA möglich.

World Wildlife Fund (WWF). Weltnaturschutzfonds. 1961 gegründete Stiftung für den Schutz u. die Gestaltung der natürl. Umwelt mit Sitz in Morges (Schweiz). Sie hilft in Zusammenarbeit mit ihren nationalen WWF-Gesellschaften durch finanzielle Unterstützung bedrohten Tier-An in aller Welt. Über 30 Säugetier- u. Vogel-An würden heute ohne Hilfe der Naturschutzstiftung WWF nicht mehr existieren. Mit Hilfe des WWF wurden auf allen Kontinenten Reservate u. Nationalparks mit einer Fläche der doppelten Größe W-Europas geschaffen. Weitere Aufgaben des WWF sind u. a. die Förderung der Ausbildung u. Erziehung zum Naturschutz. Symbol Pandabär.

WPA → World Pheasant Association
WS — gebräuchliche Kurzbezeichnung, Wellensittich → *Melopsittacus undulatus*
Wundersylphe *(Heliactin cornuta)* → *Heliactin*
Würger → Laniidae
Würgerhabia, NN → Flügelbindentangare

Würgerkrähe *(Strepera graculina)* → *Strepera*
Wüstengimpel *(Bucanetes githagineus)* → *Bucanetes*
Wüstengrasmücke *(Sylvia nana)* → *Sylvia*
Wüstenkauz *(Strix butleri)* → *Strix*
Wüstensteinschmätzer *(Oenanthe deserti)* → *Oenanthe*
Wüstentrompeter *(Bucanetes githagineus)* → *Bucanetes*

WWB-Fonds für Internationalen Vogelschutz. 1982 vom Vogelpark Walsrode ↗ gegründet. Aufgabenstellung umfaßt die Erhaltung der Vögel in der Welt. Die Abteilungen beinhalten die Weltarbeitsgruppe für Störche ↗, Ibisse ↗ u. Löffler ↗ (WWG-SIS), eine Expertengruppe des Internationalen Rates für die Erhaltung der Vogelwelt u. die Deutsche Sektion der International Crane Foundation ↗ (ICF-G), eine Erweiterung der ICF für Europa u. den Caribbean Wildlife Preservation Trust ↗ (CWPT). Die Aktivitäten in den Heimatländern ergänzt ein Erhaltungs- u. Zuchtprogramm im Vogelpark. Die Finanzierung erfolgt aus Spendengeldern im Vogelpark Walsrode, regelmäßigen Beiträgen Förderer, Legaten u. Hinterlassenschaften. Zusammenarbeit mit vielen internationalen gleichartigen Organisationen. In regelmäßigen Abständen Erscheinen des Informationsblattes «Zum Fliegen geboren» in deutscher u. engl. Sprache. Symbol Japanischer Ibis *(Nipponia nipponia).* Präsident WOLF W. BREHM

WWF → World Wildlife Fund

Xanthocephalus. G der Icterinae ↗. 1 A. W-, Inner-, N-Amerika bis NO-Niederkalifornien, Arizona, Neumexiko, NO-Mexiko, Missouri, M-Illinois. Bewohnen Sümpfe, feuchte Wiesen, Felder, Röhricht. Nest im Schilf od. über dem Wasser in den Zweigen von Büschen. Erstmalig 1876 in Deutschland, seither regelmäßig, aber in geringen Stückzahlen im Handel, meistens ♂♂. Sehr beweglich, unterhaltend, bald zahm. Eingewöhnung problemlos. Pflege s. *Cyrtotes* ↗. Ausdauernd. Während der Brutzeit paarweise Haltung, sonst auch mehrere Exempl. zusammen.

— *X. xanthocephalus,* Brillen-, Gelbkopf-Spiegel-, Gelbkopf-Schwarzstärling. ♂: Kopf, Nacken gelb, ebenso Brust. Ansonsten Gefieder schwarz glänzend, Flügel mit weißem Spiegel. ♀: Kehle, obere Brust gelblichweiß, sonst Gefieder dunkelbraun, Flügelspiegel fehlt. 25 cm.

Xantholaema. G der Capitonidae ↗. 2 An. Ziemlich kleine Bartvögel mit roter Zeichnung an Kopf u. Brust, sonst überwiegend grün. Gedrungen gebaut, kurzschwänzig. S- u. SO-Asien von Sri Lanka bis S-China, Java u. auf die Philippinen. Offenbar nur die eine, weiter verbr. A eingeführt.

— *X. haemacephala,* Kupferschmied, Rotscheitel-Bartvogel, Goldbartvogel. ♂ u. ♀: Stirn, Kopf-OS leuchtend blutrot, zitronengelber Streifen über u. unter dem Auge, ein schwarzer Streifen von der Basis des Unterschnabels bis zu den schwärzlichen Kopfseiten u. Nacken, Kehle gelb, rotes Brustband goldgelb gesäumt; OS dunkel olivgrün, Bürzel heller, Schwungfedern braun mit bläulichgrünen Außenfahnen. Schwanz matt dunkelgrün, US gelblichgrau, grün gestreift. Rote Färbung an Kopf u. Brust bei einigen UAn ausgedehnter. Schnabel dunkelbraun bis schwärzlich. Iris braun. Augenlider, Füße hellrot. Imm. ohne rote Abzeichen an Kopf u. Brust. 17 cm. Mehrere UAn. Von Pakistan u. Sri Lanka durch Vorder-, Hinterindien bis S-China, Sumatera, Java, Philippinen. In baumbestandener Landschaft von der Küste bis in ca. 1000 m, fehlt in dichten Wäldern ebenso wie in Trockengebieten, häufig im Kulturland, selbst in Ortschaften. Vorwiegend Fruchtfresser. Findet sich in fruchttragenden Bäumen häufig in größerer Zahl ein. Der namengebende, metallisch klingende Ruf wird vor allem in der heißen Tageszeit unermüdlich vorgetragen, im Winter verhältnismäßig ruhig. Brut hauptsächl. von Dezember bis Juni, oft 2mal hintereinander brütend. 2–4 weiße Eier in Baumhöhlen od. erweiterten Astlöchern. Juv. von ♂ u. ♀ betreut. 1901 in den Londoner Zoo gekommen, dann immer wieder eingeführt, als empfindlich bezeichnet, erst in neuerer Zeit bessere Haltungserfolge, aber bis jetzt nicht gezüchtet.

Xanthom. Bei Wellensittichen ↗ häufig auftretende gutartige Unterhautgeschwulst mit gelber, speckiger Schnittfläche.

Xanthophylle. Gelbe Pflanzenfarbstoffe, z. B. im Mais ↗ als Zeaxanthin vorkommend, die aber auch zu Federfarbstoffen umgebaut werden können (z. B. wird Paprikamehl in der Flamingofütterung eingesetzt). X. kommt zusammen mit Chorophyll in allen grünen Pflanzenteilen vor u. findet sich weiterhin frei od. verestert in vielen gelben u. roten Blüten od. Früchten, z. B. im Löwenzahn, in der Sumpfdotterblume, in Arnika, in der Gelben Narzisse u. der Sonnenblume. X. ist neben Zeaxanthin der Hauptfarbstoff des gelben Eidotters der Vögel.

Xanthoura, NN → *Cyanocorax*

Xolmis. G der Tyrannidae ↗. 6 An.

— *X. irupero,* Witwenmonjita, Pepoaza, Schneeflöckchen. ♂ u. ♀: weiß, Handschwingen u. Schwanzbinde schwarz. 15 cm. UAn. NO-Brasilien bis Bolivien, mittl. Argentinien u. Uruguay. Savannenbewohner, jagt von höherer Warte nach Insekten. Sehr selten im Handel. Handelsübl. Nachtigallfutter, Weißkäse zusetzen. Unverträglich gegenüber arteigenen Vögeln in der Voliere ↗. Hohe Pfeiftöne.

Xylobucco, Schuppenzwergbärtlinge. G der Capitonidae ↗. 1 A. Kleine Bartvögel mit gesprenkeltem, dadurch schuppenartig erscheinendem Gefieder. W-Afrika von Sierra Leone bis W-Kenia, N-Angola. Am Waldrand u. in offeneren, baumbestandenen Landschaften, auch im Kulturland. Vorwiegend Insektenfresser, oft in gemischten Vogelgesellschaften auf Nahrungssuche unterwegs. Im Benehmen spechtartig. Selten importiert.

— *X. scolopaceus,* Schuppenbartvogel. ♂ u. ♀: Kopf dunkelbraun mit kleinen, goldgelben Flecken, übrige OS dunkel olivbraun. Durch goldgelbe Säume Gefieder schuppig erscheinend. Flügel, Schwanz dunkelbraun mit gleichfalls hellen Federrändern. Kehle schmutzigweiß. Brust bräunlichgrau bis gelb, bräunlich verwaschen. Schnabel schwarz. Auge gelb. Füße bleigrau. Juv. mit stumpferen Farben u. an der Basis hornfarbenem Schnabel. 12 cm. Mehrere UAn. W-Afrika (Sierra Leone) bis W-Kenia, N-Angola. Häufige, wenig scheue Bewohner des Waldrandes, von Lichtungen, Plantagen u. offeneren, mit einzelnen Bäumen bestandenen Landschaften. Brütet in Höhlen in abgestorbenem Holz, ein horizontaler Gang führt zur eigentl. Nistkammer von etwa 10 cm ∅, in der die Vögel auch außerhalb der Brutzeit schlafen. Bis zu 4 weiße Eier. 1949 in den Londoner Zoo gekommen.

Xylocopus, Kleinspechte. G der Picidae ↗. 1 A.
— *X. minor*, Kleinspecht. ♂: dicht schwarzweiß gebändert; roter Scheitel. ♀: weißlicher Scheitel. Juv. mit etwas Rot auf dem Scheitel u. bräunlicher US. 16—17 cm. Europa, Asien, in M-Europa überall verbreiteter, doch meist nicht zahlreicher Brutvogel; fehlt im höheren Bergland. In halboffener Landschaft der Ebene mit Feldgehölzen, Parks u. Obstanlagen. Bruthöhle ohne Auspolsterung meist in weicheren, abgestorbenen Laubholzstämmen oft in einem Seitenast ab 1 m Höhe über dem Erdboden. Brutdauer ca. 11—12 Tage. Juv. fliegen nach 18—23 Tagen aus u. werden von beiden Ad. betreut. Eingewöhnung s. *Dendrocopus* ↗ *major*. Haltung paarweise in 7,50 × 3,70 × 2,20 m großer Außenvoliere mit Rasen, versch. Büschen u. zahlreichen halbverrotteten Ästen u. Baumstümpfen. Nesthöhle wird von beiden Partnern auf der vom Beobachter abgewandten Seite eines Baumstumpfes in ca. 120 cm Höhe angelegt. Höhlen ∅ ca. 25 cm. Juv. werden von beiden Eltern mit Maden u. Mehlwürmern ↗ gefüttert. Handaufzucht: Ernährung mit frischen Ameisenpuppen u. Kinderfertigmilch. Juv. gelegentl. untereinander aggressiv, müssen dann voneinander getrennt werden.

Yarrellzeisig *(Spinus yarrellii)* → *Spinus*
Yealland, John James, geb. 20. 3. 1904 in Binstead, Isle of Wight. 1921—1922 an der Zoological Society in London tätig, anschließend bis 1937 Betreuung der Sammlung (überwiegend Papageien) des Marquis of TAVISTOCK, danach Übernahme der Betreuung der Sammlung von Dr. J. M. DERSCHEID in Armendy, Steerebeek, Brabant in Belgien bis 1939. Seit 1946 in Slimbridge, um Mr. (jetzt Sir) Peter SCOTT bei der Gründung der Wildfowl Trust Sammlung von Wasservögeln zu unterstützen. 1948 mit G. DURRELL nach Kamerun für Sammlerzwecke, anschl. wieder in Slimbridge. Zwischenzeitl. Reise nach Hawaii, um die Aufzucht der Hawaii-Gans ↗ zu studieren, von dort 2 Exempl. nach Europa mitgebracht, damit seit 1938 erstmalig wieder in europ. Haltung. Gleichzeitig 2 Exempl. *Anas platyrhynchos wyvilliana* (erstmalig in Europa?). 1951—1969 Kurator für Vögel in der Zoological Society in London. 1966—1971 Herausgeber des «Bulletin of the British Ornithologists' Club», 1974—1978 Herausgeber des «Avicultural Magazine» ↗. Zahlreiche wissenschaftl. Beiträge im «Avicultural Magazine».

Yersinia-Infektion der Vögel → Pseudotuberkulose
Ypecaha-Ralle *(Aramides ypecaha)* → *Aramides*

Meisenyuhina oder Zwergtimalie

Ypsilonwachtel, NN → Sumpfwachtel
Yucatan-Blaurabe *(Cissilopha yucatanica)* → *Cissilopha*
Yucatan-Trauerblaurabe, NN → Yucatan-Blaurabe
Yuhina. G der Yuhinidae ↗. 5 An. S-Asien. Paarweise Haltung, auch gut in Gesellschaft mit kleinen artfremden Insektenfressern u. Prachtfinken ↗. Eingewöhnung nicht leicht, Umstellung auf Ersatzfutter bereitet Schwierigkeiten, günstig deshalb Unterbringung mit bereits eingewöhnten arteigenen Vögeln od. anderen kleinen Insektenfressern. Handelsübl. feines Insektenfutter ↗ mit Honig bzw. Nektarpräparaten anfeuchten, außerdem Futter wie bei Kolibris ↗; *Drosophila*, kleine Mehlkäferlarven ↗, Ameisenpuppen, Wachsmottenraupen u. a. kleine lebende Insekten, Orangen, Kirschen, Weintrauben od. andere süße Früchte reichen. Nach der Eingewöhnung Unterbringung in Vogelvitrine ↗, Landschaftskäfig ↗, auch in Außenvoliere ↗ mit Schutzraum ↗, warme Überwinterung.
— *Y. flavicollis*, Gelbnackentimalie, Gelbnackenyuhina. ♂ u. ♀: Bartstreifen schwarz, vom Schnabelwinkel in den Nacken ziehend. OS dunkelbraun, Nacken je nach UA mit breitem, gelblichen bis roströtlichen Band. Breite, fächerförmig aufgestellte Haube. US weiß, Flanken hellbräunlich mit weißen Stricheln. Auge dunkelbraun, von weißem Federring umgeben. 13 cm. UAn, zuweilen wird eigene A *humilis* abgetrennt. We. Himalaja öst. bis Burma, Thailand, N-Indochina u. Yünnan (SW-China). Bewohnt Bambusdickichte, dichte Büsche, Bäume, Sekundärwald; bis in 3 000 m ü. NN. Ständig in Bewegung, zwitschernde Stimmfühlungslaute. Nahrung Insekten, Früchte u. süße Beeren. Zuweilen im Handel.
— *Y. nigrimenta*, Zwergtimalie, Meisenyuhina. ♂: Ohrdecken grau, Wangen u. Kehle weiß, Federn der Haube schwarz, weiß gesäumt. Zügel, Hinterkopf u.

Yuhinidae

Nacken schwarz, OS olivbraun, Mitte des Rückens grau. Schwanz dunkelbraun, olivbraun gesäumt. Kinn schwarz, US gelblichbraun, Brust grau überhaucht. Oberschnabel hornfarben, Unterschnabel rot. Auge braun. Füße rötlichgelb. ♀ wie ♂, Haube gering kleiner. 10 cm. UAn. NO-Burma, nö. Indochina u. S-China. Lebt im niedrigen Buschwald in Bergen u. auf der Hochebene, zieht im Winter südwärts. Gesellig. Von allen An der F am häufigsten auf dem Vogelmarkt. Nach der Eingewöhnung ausdauernd, bald zutraulich. Bei T. KLEEFISCH ↗ erreichte ♂ ein Alter von mindestens 15 Jahren, wurde im Laufe der Jahre weiß.

Yuhinidae, Meisentimalien. F der Passeriformes ↗. 3 Gn, ca. 10 An. Klein. Gefieder weich, locker, auf dem Rücken zerschlissen. Schwanz mittellang. Schnabel relativ kurz u. spitz. S-Asien. Bewohnen Unterholz, Bambusdickichte, Schilf. Nahrung vorwiegend Insekten, auch Obst u. Nektar. Nest allgemein kugelig. Wenige An selten im Handel. Pflege wie *Yuhina* ↗.

Zahnbartvögel → *Lybius*
Zahnhühner, NN → **Zahnwachtel**
Zahnlaubenvogel, **Zahnschnabellaubenvogel** *(Scenopoeetes dentirostris)* → *Scenopoeetes*
Zahnschnabelkernbeißer → *Mycerobas*
Zahntaube *(Didunculus strigirostris)* → *Didunculus*
Zahnwachteln → *Odontophorinae*
Zapfenglockenvogel, **Zapfenglöckner** *(Procnias alba)* → *Procnias*
Zaunammer *(Emberiza cirlus)* → *Emberiza*
Zaungrasmücke *(Sylvia curruca)* → *Sylvia*
Zaunkönig *(Troglodytes troglodytes)* → *Troglodytes*
The Zebra Finch Society (Z. F. S.), Großbritannien. Zebrafinken-Vereinigung. Wurde 1952 in Birmingham/England gegründet. Hauptarbeitsgebiete: Haltung, Pflege, Zucht, Ausstellungswesen u. Zebrafinkenstandard. Einer der ersten Vereine, der sich auf eine einzige Vogel-A spezialisierte.
Zebrafink *(Taeniopygia guttata)* → *Taeniopygia*
Zebrakauz *(Strix huhula)* → *Strix*
Zebratäubchen *(Geopelia maugeus)* → *Geopelia*
Zederngirlitz *(Serinus syriacus)* → *Serinus*
Zedernseidenschwanz, **Zedernvogel** *(Bombycilla cedrorum)* → *Bombycilla*
Zehenkoppler → *Eurylaimi*
Zehennekrose. Bei Wellensittichen ↗ beobachtetes Absterben der Zehen aus bisher ungeklärter Ursache.
Zehenpicken. Untugend ↗ bei Küken der Hühnervögel ↗ in den ersten Lebenstagen. Kann bis zum Kannibalismus führen.
Zehenverkrümmung. Durch Vitaminmangel ↗, Brutfehler od. ungünstige Haltungsbedingungen bei Küken der Hühnervögel ↗, Trappen ↗ u. Kraniche ↗ zu beobachtende seitl. Zehenverbiegungen, die durch geeignete rechtzeitige Schienung zu heilen sind.

Zeisige → *Spinus*
Zeisig-Girlitze → *Dendrospiza*
Zenaida. G der Columbidae ↗. 1 A. M-Amerika, Karibik. Pflege s. auch Columbiformes ↗. Zucht von *Z. aurita,* Liebestaube, gelungen.
Zenaidura. G der Columbidae ↗. 2 An. N- bis S-Amerika, Inseln der Karibik.
– *Z. macroura,* Carolinataube; Trauer-, Langschwanztaube. ♂ u. ♀: gelbbraun, Scheitel, Nacken graubläulich. Halsseiten mit schwarzem Längsfleckchen, darunter ein violetter Glanzfleck. Äußere Flügeldecken blaugrau, übrige sowie Schulterpartie mit einigen schwarzen Flecken. Schwanz verhältnismäßig lang, abgestuft. Außenfahnen der äußeren Steuerfedern weiß. Brust weinrot getönt, übrige US gelbbräunlich, Flanken grau. Schnabel am Ansatz rötlich, sonst schwarz. Orbitalringe bläulichgrün, Auge tiefbraun. Füße rot. 30 cm. UAn. S-Kanada bis Panama, Bahamas, Große Antillen. Im N Zugvogel ↗. Lichtes Waldland, Gehölze, Gebüsche, Gärten, Parks, offenes Gelände, sogar Halbwüsten u. Wüsten, aber nur in der Nähe von Wasser. Häufig. Nahrungssuche am Boden. Verzehrt kaum Insekten. Führt Balzflüge aus. Neststand verschieden, meist in Bäumen u. Büschen bis 6 m, auch an Bauwerken; in Gelände ohne höhere Vegetation manchmal am Boden. Übernimmt alte Nestplattformen anderer An. Gelege 2 weiße Eier. Brutdauer (13) 14–15 Tage. Nestlingszeit 13–15 (-17) Tage. Gefiederentwicklung bei den Juv. dann noch ungenügend, werden vom Tauber darüber hinaus 2–3 Wochen versorgt. 3–4 Jahresbruten, im N nur 2, im S mitunter 5. Außerhalb der Brutperiode Zusammenschluß zu großen Flügen. Erstmalig 1861 in Europa, Zoo London. Erstzucht 1934 in England bei STOKES. Verträglich. Sollte wenigstens frostfrei überwintert werden, aus dem S stammende unbedingt warm. Zucht problemlos. Trägt in vorbereitete Unterlagen meist viel Niststoffe ein. Während der Jungenaufzucht Weichfutter mit Möhre anbieten, sonst Körnerfutter mit Weizen u. Grünes (kleingeschnitten). Kann zur Ammenaufzucht kleinerer Tauben verwendet werden. Außerdem gezüchtet: *Z. auriculata,* Ohrflecktaube.

Zehenverkrümmung bei juv. Kranich nach unsachgemäßer Kunstbrut

Zenkers Unzertrennlicher, UA → Grünköpfchen
ZGF → Zoologische Gesellschaft Frankfurt von 1858 e. V.
Ziegenmelker *(Caprimulgus europaeus)* → *Caprimulgus*
Ziegensittich *(Cyanoramphus novaezelandiae)* → *Cyanoramphus*
Zierfledermauspapagei *(Loriculus amabilis)* → *Loriculus*
Zierlicher Organist, NN → Blauscheitelorganist
Zierloris → *Charmosyna*
Ziernektarvogel *(Arachnechthra venusta)* → *Arachnechthra*
Ziervögel. Sammelbegriff für Vogel-An, die auf Grund der Färbung, des Gesanges, der Verhaltensweisen gepflegt werden, aber nicht aus wirtschaftlichen Gesichtspunkten.
Zigeunerhuhn *(Opisthocomus hoazin)* → *Opisthocomus*
Zilpzalp *(Phylloscopus collybita)* → *Phylloscopus*
Zimmerli, Ernst, geb. 15. 11. 1928 in Rothrist, Kanton Aargau, Schweiz. Hauptarbeitsgebiete: Naturerziehung, Naturmanagement, Vogelschutz. Ca. 250 Publikationen. Seit 1963 Redakteur der Zeitschr. «Vögel der Heimat». Mitarbeit in den Vorständen: Aargauischer Bund für Naturschutz ABN, Verband Schweizerischer Vogelschutzvereine ABN, WWF-Schweiz. Ehrenmitglied des Verbandes Schweizerischer Vogelschutzvereine VSV.
Zimtbrillenvogel *(Rukia ruki)* → *Rukia*
Zimtbrustmotmot *(Baryphthengus ruficapillus)* → Nomotidae
Zimtente *(Spatula cyanoptera)* → *Spatula*
Zimtkehlschnäpper *(Siphia strophiata)* → *Siphia*
Zimtkleiber *(Sitta castanea)* → *Sitta*
Zimtkolibri *(Selasphorus rufus)* → *Selasphorus*
Zimtralle *(Corethrura fusca)* → *Corethrura*
Zimtroller *(Eurystomus glaucurus)* → *Eurystomus*
Zimtschwanzkolibri *(Boissonneaua matthewsii)* → *Boissonneaua*
Zimttäubchen, NN → Rosttäubchen
Zimttaube *(Aplopelia larvata)* → *Aplopelia*
Zinkenschnäbel → *Semnornis*
Zinnobertangare *(Piranga flava)* → *Piranga*
Zippammer *(Emberiza cia)* → *Emberiza*
Zitronenbrillenvogel *(Zosterops citrinella)* → *Zosterops*
Zitronengirlitz *(Serinus citrinella)* → *Serinus*
Zitronensittich *(Psilopiagon aurifrons)* → *Psilopiagon*
Zollikofer, Ernst Heinrich, geb. Herbst 1859 in Ellikon (Thur), gest. 3. 2. 1930 in St. Gallen. Neben ausgeprägten feldornithol. Interessen galten seine Ambitionen der Pflege von Käfig- u. Volierenvögeln. Die an ihnen gewonnenen Erkenntnisse schlossen bei einigen An Wissenslücken, deren Klärung im Freiland kaum möglich gewesen wäre. Große Zuchterfolge gelangen ihm u. a. von Sperlingskauz ↗, Zwergohreule ↗, Tannenhäher ↗, Alpenkrähe ↗, Alpendohle ↗, Schneefink ↗, Alpenbraunelle ↗, Felsenschwalbe ↗, den Mauerläufer brachte er bis zur Eiablage. Außerdem gelang ihm der Nachweis, daß *Parus pleskei* einer Kreuzung von Lasur- ↗ u. Blaumeise ↗ entstammt. Publizistisch übte er Zu-

Zoogeographische Regionen

rückhaltung. Er gehörte zu den verdienstvollen Vogelliebhabern, die Haltung u. Zucht unter den Gesichtspunkten biol. Denkens durchführten.

Zonaeginthus. G der Estrildidae ↗. 2 An. Australien, Känguruh-Inseln, Tasmanien. In Wäldern, Gras-, Kulturland, Parks, Gärten. Nestschläfer ↗. Vögel beider An in Europa gehandelt. Ausfuhrsperre s. *Poephila*. Gelege 4—6 Eier. Schlupf nach 12 Tagen. Aufzuchtfutter vor allem Körner, Keimfutter, halbreife Samen, Samen von Wildgräsern, s. Estrildidae, Eiweichfutter mit Möhre, Insekten, Spinnen. Juv. fliegen nach 21—25 Tagen aus, nach gut 2 Wochen selbständig.
— *Z. bellus,* Feuerschwanzamadine. ♂: Stirnband, Zügel, Augenpartie schwarz, Bürzel, Oberschwanzdecken scharlachrot, sonst OS oliv- bis graubraun. Rücken, Flügeldecken, Armschwingen mit braunschwarzen Querbinden überzogen, am Hals u. auf dem Kopf feine Wellenzeichnung. Brust, Körperseiten von schwärzlicher Querwellung bedeckt. Bauchmitte, Unterschwanzdecken schwärzlich. Schwanzfedern braun, nur die beiden mittl. schwärzlich, dunkle Querbänderung. Schnabel rot. Auge braun, von hellblauem Lidring umgeben. Füße fleischfarben. ♀: Bauchmitte grau, US mit schwärzlichen Querwellen. Juv. fast keine Wellenzeichnung, Schnabel schwarz. 12 cm. Australien, Känguruh-Inseln, Tasmanien. In lichten Wäldern, Gras-, Schilfbeständen, Gärten, Parks. Nahrung, Grassamen, Insekten. Nest kunstvoll mit langer Einschlupfröhre in Büschen u. Bäumen. Kam selten nach Europa, erstmalig 1870 (England). In Australien mehrfach gezüchtet.
— *Z. oculatus,* Rotohramadine. ♂: wie *Z. bellus*, aber Kehle, Brust gelbgrün mit schwarzen Querstreifen. Bauch, Körperseiten schwarz mit weißer Tropfenzeichnung. Ohrfleck scharlachrot. Schnabel rot. Auge rot, Lidrand türkis. Füße hornfarben. ♀ wie ♂, Ohrfleck gering matter, auch übriges Gefieder. Juv. insges. matter als Ad.; Ohrfleck, weiße Tropfenzeichnung fehlen. Schnabel schwarz. 12 cm. Lokal in SW-Australien. Bewohnt Eukalyptuswälder, Nest überwiegend hoch in Bäumen. Durch Rodungen Lebensraum stark eingeengt, Arterhaltung gefährdet. Erstmalig 1893 in Europa (Dr. RUß ↗). Ausgesprochen selten gehandelt. 1971 20 Vögel zu Dr. BURKARD ↗, dem 1974 europ. Erstzucht gelang.

Zonotrichiinae, Scharrammern. UF der Emberizidae ↗. 35 Gn, ca. 110 An. Besprochen Gn *Brachyspiza* ↗ u. *Junco* ↗.

Zoogeographische Regionen. Grobgliederung der Landmassen einschließl. der angrenzenden Küstensäume u. der Binnengewässer nach Kriterien der Tierverbr. Die Fauna der einzelnen z. R. ist von historischen u. ökologischen Faktoren abhängig. Die Grenzen der z. R. sind unabhängig von den Kontinentgrenzen, natürl. auch Landesgrenzen. Im Gegensatz zu den z. R. ist die Regionierung der Meeresoberfläche im wesentl. eine klimatische Zonierung. Man unterscheidet folgende z. R.:
— Holarktis, größte der z. R., die ganz Eurasien mit

**Zoologische Gesellschaft
Frankfurt von 1858 e. V. (ZGF)**

Ausnahme der tropischen Gebiete S-Asiens, N-Afrika bis sü. der Sahara u. N-Amerika umfaßt. Viele Vogel-An sind holarktisch verbr. Anderseits stellen der Atlantik u. die Behringstraße Ausbreitungsgrenzen dar, die auf die eurasisch-afrikan. Tierwelt u. nordamerik. Tierwelt isolierend wirken. Die Holarktis wird deshalb häufig in eine Paläarktis (Eurasien, N-Afrika) u. Nearktis (N-Amerika) untergliedert.
— Neotropis, ganz S- u. M-Amerika, nö. bis Kalifornien u. Florida. Sie ist im äquatorialen Bereich vor allem durch Regenwälder, im S durch Graslandschaften charakterisiert.
— Äthiopis, Afrika sü. der Sahara, südlichster Teil der arabischen Halbinsel, Madagaskar. Die tropische u. subtropische Region ist reich an endemischen An.
— Orientalis, Asien sü. des Himalaja, SO-Asien, Philippinen u. Große Sundainseln. Die z. R. hat geographisch bedingte Beziehungen zur Paläarktis, Äthiopis u. Australis.
— Australis, Australien, Tasmanien, Neuguinea, Neuseeland u. die polynesischen Inselgruppen. Am wenigsten geschlossene z. R., zahlreiche endemische An.

Zoologische Gesellschaft Frankfurt von 1858 e. V. (ZGF). Bis vor kurzem trug sie den Namen «Zoologische Gesellschaft von 1858, Frankfurt am Main». Ursprüngl. Förderverein des Zool. Gartens Frankfurt a. Main. Seit dem Spendenaufruf von Prof. Dr. Dr. GRZIMEK ↗ «Hilfe für die bedrohte Tierwelt» in seinen Fernsehsendungen (seit Ende der 50er Jahre) kam ein zweiter Schwerpunkt hinzu: Die Finanzierung eigener u. fremder Naturschutzprojekte in aller Welt, bes. in Afrika, vorwiegend in Tansania, Kenia u. Uganda. Bis Mitte 1984 gingen Spenden von 22 Mill. DM ein, die knapp 1 000 Projekte förderten. Präsident Prof. Dr. Dr. GRZIMEK, Vizepräsident Dr. RICHARD FAUST (seit 1974 Direktor des Frankfurter Zoos).

zoologische Nomenklatur. Namensgebung für Tiere nach internat. verbindlichen Regeln. Diese sind gegenwärtig in 87 Artikeln festgeschrieben, ihre Einhaltung u. richtige Auslegung wird von einem internat. zusammengesetzten Gremium, der Nomenklaturkommission, überwacht. Das Taxon A wird stets mit einem Doppelnamen bezeichnet, der aus 2 latein. od. latinisierten Einzelworten besteht (binominale Nomenklatur). Das 1. Wort ist der Name der G, der die betreffende A angehört, das 2. Wort der eigentl. A-Name. Alle Taxa über der A-Ebene, d. h. G, F, O u. a. haben nur einen einfachen Namen. Allerdings

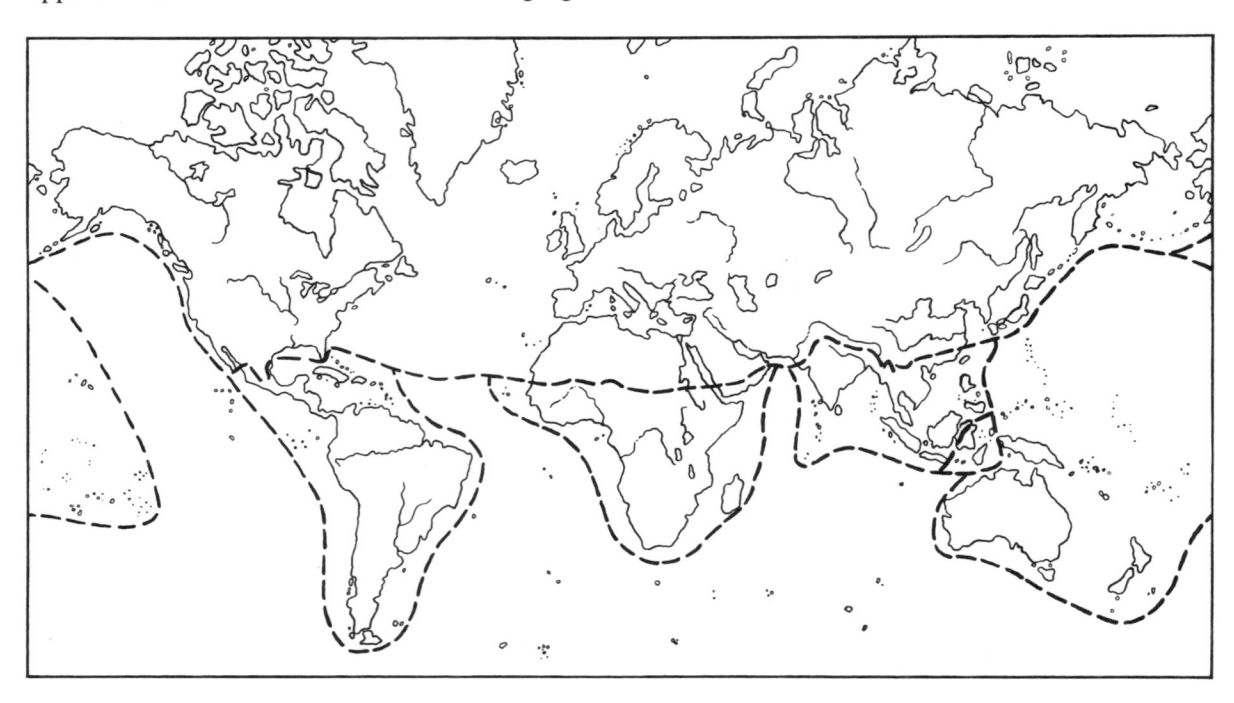

Zoogeographische Regionen. Holarktis (N-Amerika, -Afrika, Eurasien), Neotropis (M-, S-Amerika), Äthiopis (Afrika), Orientalis (S-Asien), Australis (Australien, pazifische Inselgruppen)

muß dieser bei UFn mit ...inae u. bei Fn mit ...idae enden. Neuere Systeme verwenden einheitl. Endungen z. B. auch für UOn (...oidei), On (...formes) u. andere Taxa. Weiterhin ist festgelegt, daß der F-Name von einer zur F gehörenden repräsentativen G abgeleitet wird, ein Prinzip, das zunehmend auch auf höhere Taxa ausgedehnt wird. UGn werden durch Einfügung eines UG-Namens ausgewiesen. Er steht bei A-Bezeichnungen stets hinter dem G-Namen u. wird in Klammer gesetzt. Die Klammern demonstrieren, daß der A-Name trotzdem binominal bleibt. UAn haben einen 3fachen Namen, sind trinominal. Der 3., die UA charakterisierende Name wird hinter den binominalen A-Namen gestellt. Ein A-Name darf vor 1758 u. nach 1960 nicht anonym veröffentlicht sein. Deshalb gehört hinter den A-Namen der Name des Erstbeschreibers der A, durch ein Komma abgesetzt, die Jahreszahl der Erstbeschreibung. Auch Erstbeschreibungen höherer Taxa sind in ähnl. Form zu charakterisieren (vor allem bei Gn). Schwierig wird die Situation immer dann, wenn eine A sich als schon beschrieben herausstellt od. auf Grund neuer Erkenntnisse in eine andere G eingeordnet werden muß od. aber einen Namen besitzt, der bereits anderweitig vergeben ist. Um die Priorität zu wahren, ist festgeschrieben, daß Zweitbenennungen (Synonyme) immer zugunsten der ältesten bekannten Benennung ungültig werden. Wird eine A zu einer anderen G od. in eine neue G gestellt, so erhält die A keinen neuen Autorennamen, sondern der Erstbeschreiber wird einschließl. der Jahreszahl in Klammern gesetzt. Stellt sich ein Name als schon vergeben heraus (Homonym), muß ein neuer Name eingesetzt werden, dies gilt für alle Taxa von der G an aufwärts, nicht für A-Namen, d. h. jeder G-, F-, O-Name usw. darf im Tierreich nur einmal vorhanden sein. Aus diesen u. vielen anderen Festlegungen resultieren letztlich häufig Namensänderungen, eine Tatsache, die nicht nur lästiges Umlernen erfordert, sondern auch Erkenntniszuwachs demonstriert. Die Einführung u. Durchsetzung der binominalen Nomenklatur durch den Schweden CARL V. LINNÉ (1708–1778) war eine der großen Pionierleistungen naturwissenschaftl. Forschung.

Zoothera. G der Muscicapidae ↗. 4 An. Asien bis O-Australien u. Tasmanien. Pflege, Futter s. *Merula*.

— *Z. dauma*, Erd-, Buntdrossel. ♂ u. ♀: goldbraun. Kopf, Rücken, Brust u. Flanken mit halbmondförmiger schwarzer Fleckenzeichnung. Augenring weiß. Schwingen u. Schwanz rotbraun. Kehle, Bauch u. Unterschwanzdecken ungefleckt weiß. Schnabel schwärzlichgrau, Basis gelblich. Auge braun. Füße gelbbraun. Juv. ähnl. Ad., aber insges. matter. Ca. 28 cm. Zahlreiche UAn. Sri Lanka, Indien, Himalajagebiet bis Thailand u. Indochina; W-China, Taiwan, Japan von Hokkaido bis Riukiu-Inseln, O-Sibirien, lokal we. bis zum Ural; Malaysia, Sumatera, Java, Bali (?) u. Lombok; Tenimber-Inseln; Gebirge von Neuguinea, Bismarck-Archipel (St. Matthias, Neubritannien), Salomonen (Choiseul, Guadalcanal, San Cristobal), O-Australien bis SO S-Australiens, Känguruh-Inseln u. Tasmanien. Wiederholt Irrgast in W-Europa. Bewohnt unterschiedlichste Lebensräume, bevorzugt Misch-, Laub- u. Nadelwälder im Gebirge bis zur Baumgrenze. Im N Zugvogel. Gesang ähnl. Misteldrossel, aber eintöniger, melancholischer. Je nach Verbr. 1–2 Jahresbruten. Nest in Astgabeln meistens in 2–4 m Höhe, aus Zweigen u. trokkenen Blättern gebaut, Nestmulde aus Moos/Erde-Mischung, aber auch aus feinen Würzelchen. Gelege 3–5 Eier. Sehr selten auf dem Vogelmarkt. Anfangs scheu, später angenehmer Pflegling. Für Käfig ungeeignet, größere busch- u. deckungsreiche Voliere ↗ erforderlich. Warme Überwinterung nicht notwendig. Bodenbelag z. T. Walderde, Laubschicht, Sand. Friedlich. Keine bes. Ansprüche. 1980 Brutversuch bei W. BIERETH, BRD, bei diesem Nestnapf mit Halmen ausgepolstert, Gelege 4 Eier. ♀ u. ♂ brüteten, sehr ausgeprägter Bruttrieb. Schlupf am 17. u. 18. Tag.

Zosteropidae
675

Erddrossel

Zopfelfe (*Stephanoxis lalandi*) → *Stephanoxis*

Zosteropidae, Brillenvögel. F der Passeriformes ↗. 13 Gn (u. a. mit *Chlorocharis* ↗, *Lophozosterops, Rukia* ↗, *Zosterops* ↗), 89 An. 10–14 cm. Klein, zierlich, laubsängerähnl., wahrscheinl. mit Blütenpickern u. Honigfressern von gemeinsamen Vorfahren abstammend. ♂ wie ♀ meist oberseits olivgrünlich, unterseits gelb u. weiß. Nicht alle mit Feder-«Brille». Schnabel spitz, fein, schlank, Schneiden des Oberschnabels ein wenig gezähnelt u. an Spitze etwas eingekerbt. Zunge zweizipflig, vorn aufgefasert, zum Auflecken von Fruchtsäften; viele An picken Blüten seitl. an u. schlürfen den Nektar, verzehren auch Beeren, Früchte u. Insekten. Flügel kurz, abgerundet; nur 9 funktionsfähige Handschwingen. In tropischen Gebieten zwischen Afrika, S-Asien, Japan, Pazifischer Inselwelt, Australien u. Neuseeland. Nur 2 An, *Zosterops palpebrosus* u. *Zosterops erythropleurus*, in paläarktischem Gebiet. Auf Hawaii eingeschleppt. Meist ausgeprägte Standvögel. Außerhalb der Brutzeit gesellig. In großen Schwärmen unstet auf Insektenjagd im Blattwerk u. Gezweig von Büschen u. Bäumen. Gesellige Gefiederpflege nicht nur am Kopfgefieder, sondern auch auf andere Gefiederpartien ausgedehnt. Schlafen dicht aneinandergerückt. Während der Brutzeit ♂·♂ mit wohlklingendem Gesang. Napfförmiges Nest aus Halmen, Bast, Moos, Spinngeweben in Zweiggabeln hängend. Beide Eltern treiben Brutfürsorge. 2–4 ungefleckte weiße od. bläuliche Eier (16 × 12 mm). Brutdauer 9–12 Tage; nach 9–13 Tagen Juv. flügge; werden noch 2–3 Wochen durch Eltern versorgt. Je Paar jährl. 2–3 Bruten. Verschiedene An wegen ihres lebhaften Wesens u. ihrer angenehmen Stimme gern ge-

Zosterops

halten. Einige An (*Zosterops palpebrosus*, erstmals 1874 durch Frl. HAGENBECK importiert; *Zosterops erythropleurus, Zosterops japonicus*) regelmäßig im Tierhandel. Andere An, wie *Z. flavus, Z. montanus, Z. nigrorum, Z. meyeni* u. *Lophozosterops javanicus* in letzter Zeit in BRD u. England importiert. Ausdauernd u. schnell zahm werdend. Gut für Käfig-, bes. Vogelvitrine ↗ u. Landschaftskäfig ↗, Volieren- u. Vogelstubenhaltung geeignet. Sonnige Außenvolieren mit dichtem Bewuchs (Birke, Weide, Gebüsch). Überwinterung in warmen Raum (ca. 20 °C); allgemein kälteempfindlich; bes. Wildfänge in Eingewöhnungszeit wärmebedürftig. Möglichst Pärchen halten, zur Einzelhaltung ungeeignet. Geschlechtsunterscheidung meist allerdings nicht möglich; für *Zosterops erythropleurus* wird hingewiesen, daß ♂ im Sonnenlicht auf Rücken mehr olivgrün, ♀ mehr grau erscheint. Ohne Probleme mit anderen An (z. B. Prachtfinken ↗) zu vergesellschaften. Baden gern u. ungestüm. Zweige als Sitzgelegenheit unbedingt erforderlich. Werden mehrere Wildfänge während Eingewöhnung in kleineren Käfigen zusammen gehalten, rupfen sie sich manchmal gegenseitig Federn aus. Abhilfe nur durch Einzelhaltung. Ernährung mit Nachtigallen-Weichfutter, mit Honigwasser, lebenden Insekten (Essigfliegen, Blattläuse, Spinnen, Enchyträen ↗, Mückenlarven, frischgehäutete Mehlwürmer ↗, Wachsmottenraupen), frischen Ameisenpuppen, frischen Beeren, saftigem Obst (Apfelsinen-, Birnen-, Pflaumenstückchen), zerkleinerten Rosinen u. Feigen. Auch in Milch eingeweichte Semmel mit Honig u. Zucker, Hartei, geriebenen Möhren od. Kanarienaufzuchtfutter mit Milch od. Wasser angefeuchtet. Futter u. Wasser in mittl. Käfighöhe stellen, Brillenvögel gehen ungern auf den Boden. Zucht von *Zosterops palpebrosus* mehrfach gelungen. Sicherlich in letzten Jahren auch weitere An gezüchtet. Brutbeginn unabhängig von Jahreszeit, je nach Wärme in Zuchtanlage. Pärchen möglichst allein halten, nicht mit arteigenen Vögeln zusammen unterbringen. (Es wurde auch von Zuchterfolg 2 zusammen gehaltener Paare berichtet!) ♂ singt viel. Nest wird meist im dichten Gezweig errichtet. Man kann Körbchen als Nestunterlage bieten. ♂ u. ♀ bauen. Nistmaterial kurze Wollfäden, Watte, feine Halme, kurze Haare, Kokosfasern. 2−5 blaßgrünblaue Eier. Brutdauer 9−11 Tage. Als Aufzuchtfutter werden lebende kleine Insekten in genügender Menge angeboten. Beunruhigung vermeiden, da sonst Juv. verlassen werden. Nach 10−14 Tagen fliegen Juv. unvollständig befiedert aus, werden aber noch längere Zeit von Eltern gefüttert. Augenringe erst im Alter von 3 Wochen erkennbar. Mitunter 4−5 Tage nach Ausfliegen der Juv. 2. Brut. Für neues Nest wird Material des alten verwendet. Mehrfach wurden Gangesbrillenvögel ↗ auch künstlich aufgezogen. Dafür Futtergemisch aus Nestle-Kindernahrungsmittel u. Ameisenpuppen mittels zündholzstarker Holzstäbchen in Schnäbel praktiziert. Zucht von *Zosterops japonicus simplex* verschiedentl. (z. B. 1964 u. 1966 im Tierpark Berlin) gelungen. Möglichst allein od. nur mit sehr ruhigen Prachtfinken halten, da sie Ruhe lieben. 3−4 bläuliche Eier. Juv. nur mit Insekten aufgezogen. Wachsmotten können gute Dienste leisten. Zucht von *Zosterops erythropleurus* 1974 im Tierpark Berlin, 1982 vom Züchter BEHRENSMEIER gelungen. Innenanlage Sommer u. Winter mit 20 °C. Im April 2 Eier in Tagesabstand, brütet vom 1. Ei an. Brutdauer 12 Tage. Zuerst mit Ameisenpuppen, später mit lebenden *Drosophila* gefüttert. Altvögel stecken Futter Juv. in Schnäbel. Nehmen gleich Kot ab, der in ersten Tagen gefressen, später fortgetragen wird. Nach 13 Tagen verließen Juv. das Nest. Nach weiteren 3 Tagen 2. Brut; Juni 3. Brut. Zucht von *Zosterops pallidus virens* 1978 in Denver (USA).

Zosterops. G der Zosteropidae ↗. 68 An.

− *Z. atricapillus,* Schwarzstirn-Brillenvogel, Schwarzkappen-Brillenvogel. ♂ u. ♀: Oberkopf schwärzlich; Rücken u. Flügel olivgrün. Kehle grünlichgelb. US grauweiß. Bürzel gelb. Weiße Brille. 9 cm. UAn. Gebirge von Kalimantan u. Sumatera.

− *Z. atrifrons,* Nehrkornbrillenvogel. ♂ u. ♀: Kopf u. Nacken bräunlichschwarz (nicht alle UAn mit schwarzer Stirn!). Rücken u. Flügel olivgrün. Kehle u. Bürzel gelb. Bauch weiß. Bräunlichgraues Halsband. Weiße Brille. 12 cm. UAn. Neuguinea, D'Entrecasteaux-Archipel, Yapen, Seram, Sula-Inseln, Peling- u. Banggai-Inseln, N-Sulawesi, Gross-Sangir. Berggegenden.

− *Z. citrinella,* Zitronenbrillenvogel, Grüner Brillenvogel. ♂ u. ♀: oberseits grün. Kehle gelblichgrün. Brustseiten grau. UAn. Inseln vor N-Australien u. in der Torres-Straße, SW-, SO- u. Tanimbar-Inseln. In Massen vernichtet, da Schädling in Obstplantagen u. Weinbaugebieten.

− *Z. erythropleurus,* Rotflanken-Brillenvogel, Goldkinn-Brillenvogel. ♂ u. ♀: OS olivgrün; Flanken rotbraun; Kehle goldgelb. Weiße Brille. US hellbräunlich. S- u. M-Ussuriland, angrenzendes Amurgebiet u. O-Mandschurei. In Buschwerk, Wäldern u. Kulturlandschaften. Paarweise u. in kleinen Trupps.

− *Z. flavus,* Horsfieldbrillenvogel. ♂ u. ♀: wie Gangesbrillenvogel, nur ganze US gelb. Schwanzfedern nicht so dunkel gesäumt. 10 cm. NW-Java u. S-Kalimantan. Küstengebiete.

− *Z. japonicus,* Japanbrillenvogel. ♂ u. ♀: OS lebhaft olivgrün. Körperseiten isabellbraun. Kehle u. Unterschwanzdecken zitronengelb. Weißer Augenring. 11 cm. UAn. Japan von Hokkaido bis zu den Riukiu-Inseln u. einschließl. der Bonin (Ogasawara-)Inseln, der Vulkan- u. Borodino-Inseln, Taiwan, China nö. bis Schensi, Honan u. Schantung, N-Indochina. Im N seines Areals Zugvogel, in S-Japan Standvogel. Zu Tausenden bei japanischer Kirschblüte. Nest 1−3 m hoch im Gebüsch.

− *Z. lateralis,* Silberbrillenvogel, Mantelbrillenvogel, Australischer Brillenvogel, Neuseeland-Brillenvogel. ♂ u. ♀: OS u. Kehle gelblichgrün. Brust grau. Bauch bräunlichweiß. Weiße Brille. 11 cm. UAn. Küstennahe Gebiete von SW-Australien u. S-Australien, O-Australien vom Kap York durch O-Queensland, O- u. S-Neusüdwales u. Victoria bis südöst. S-Australien, Känguruh-Insel, Tasmanien, Norfolk-Insel, Neuseeland, Lord-Howe-Insel, Neukaledonien,

Loyalitäts-Inseln, Neue Hebriden, Banks- u. Torres-Inseln, Fidschi-Inseln. Werden in Unmengen getötet, da große Schäden in Obstplantagen durch Anpicken von Blüten u. Früchten. Dennoch auch großen Nutzen durch Verzehren riesiger Insektenmengen.

– *Z. montanus*, Gebirgsbrillenvogel. ♂ u. ♀: wie Gangesbrillenvogel, nur US rein weiß. UAn. Philippinen, Sulawesi, Maluku, Kleine Sundainseln, Bali, Java, S- u. M-Sumatera.

– *Z. pallidus*, Kapbrillenvogel. ♂ u. ♀: OS grün; Kehle u. Unterschwanzdecken gelb. US fahl bräunlichgrau od. gelbgrünlich. Weißer Augenring. 12 cm. 7 g Körpermasse. UAn. S-Afrika von der Kapprovinz nö. bis zum mittl. Namibia, SO-Botswana, N-Transvaal u. zum südlichsten Moçambique.

– *Z. palpebrosus*, Gangesbrillenvogel, Indien-Brillenvogel. ♂ u. ♀: OS olivgrünlich bis gelb. Kehle, Schenkel u. Unterschwanzdecken zitronengelb. US weißgrau od. gelb. Schwingen u. Schwanzfedern dunkelolivgrün gesäumt. Schnabel schwärzlich. Auge gelbbraun. Weißer schmaler Brillenrand. Zügel schwarz. Juv. oberseits mehr grün, unterseits matter gefärbt. 10 cm. UAn. Lakkadiven, Ceylon, SO-Afghanistan, Vorderindien, Andamanen, Nikobaren, SW-China, Hinterindien, Sumatera, W-Kalimantan, Inseln zwischen Sumatera u. Kalimantan, Java, Bali, Sumbawa, Flores. In Wäldern u. Gärten. Gesang grasmückenähnl.

– *Z. senegalensis*, Senegalbrillenvogel, Afrikanischer Brillenvogel. ♂ u. ♀: oberseits grünlichgelb. Kopf, Kehle, Brust u. Bauch gelb. Breite weiße Brille. 11–13 cm. UAn (mit z. T. punktförmigem Vorkommen). Äthiopis von Senegal u. Sierra Leone bis zum Sudan, W-Äthiopien u. Uganda, durch Kamerun mit Fernando Póo bis Gabun, Hochländer von W-Kenia, öst. bis Marsabit, zum Nyiru u. zum Laikipia-Hochland, Gebirge von Usambara (NO-Tansania) bis Malawi u. N-Moçambique, NO- u. O-Zaïre bis SW-Tansania, Sambia, N-Botswana u. durch Simbabwe u. Moçambique bis NO-Transvaal u. Natal; durch S-Zaïre bis Angola u. NO-Namibia. In Bergwäldern.

Zuchtregal. In einem Regal aufgestellte od. in Reihenbauweise angefertigte Käfige ↗ in einem Raum, u. a. auch im Schutzraum ↗.

Zuchtrichter → Preisrichter

Zuckervogel (*Coereba flaveola*) → *Coereba*

Zuckervögel, NN → *Chlorophanes* → *Cyanerpes* → *Dacnis* → *Diglossa* → *Euneornis* → *Polidacnis*

Zügelastrild (*Estrilda rhodopyga*) → *Estrilda*

Zügelhonigfresser (*Lichenostomus virescens*) → *Lichenostomus*

Zügelliest (*Halcyon malimbica*) → *Halcyon*

Zügelorganist (*Euphonia chrysopasta*) → *Euphonia*

Zügeltrogon (*Apaloderma narina*) → *Apaloderma*

Zügelweber → *Hyphanturgus*

Zugkauz (*Ninox scutulata*) → *Ninox*

Zugvögel. Vogel-An, die weite, in den Jahreszyklus eingeordnete Wanderungen durchführen, Migration, Orientierung ↗. Die europ. Z. haben meist Winterquartiere (Wohnareale) in Afrika. Einige Z., z. B. Star, Rotkehlchen, verhalten sich in Gegenden ihres Areals ↗ mit milden klimatischen Bedingungen während des Winters wie Strichvögel ↗.

Gangesbrillenvogel

Zusatzfutter. Futterstoffe ↗, die das Grundfutter ↗ ergänzen u. bereichern. Es ist wesentl. für das Wohlbefinden des Vogels, sein Wachstum, die Eiablage, die Jungenaufzucht od. die Mauser ↗. Auch bei Verwendung ausgewogener Futtermischungen od. nach wissenschaftl. Erkenntnissen zusammengesetzten Fertigfutters sollte auf gelegentl. Gaben von Z. nicht verzichtet werden.

Zwangsfütterung. Im Rahmen der künstl. Aufzucht vieler Vogelgruppen von Bedeutung. So gelingt die Aufzucht von Papageien ↗ relativ problemlos, wenn man den Nahrungsbrei mittels dünnem Plasteschlauch u. Injektionsspritze in den Kropf befördert. Dabei ist darauf zu achten, daß der Schlauch in Richtung der Körperachse geführt wird, um Verletzungen der Speiseröhre zu vermeiden. Nach Verabreichung des Nahrungsbreies sind Spritze u. Schlauch abzukochen. Die jeweils dosierte Menge muß A, Größe u. Alter des Vogels angepaßt werden. Es ist zu empfehlen, in kurzen Intervallen kleinere Portionen zu verabreichen.

Zweifarbenelsterchen, NN → Glanzelsterchen

Zweifarb(en)fruchttaube (*Myristicivora bicolor*) → *Myristicivora*

Zweifarbenschwärzling (*Nigrita bicolor*) → *Nigrita*

Zweige. Die dünnen Endteile der Sprosse von Laub- u. Nadelbäumen, als Z. bezeichnet, werden von versch. Vogelgruppen mit Vorliebe entrindet u. verzehrt. Dies trifft bes. für alle Papageien ↗, aber auch dickschnäblige Finken ↗ u. Hühnervögel ↗ zu. Dabei scheinen es vor allem in der Rinde vorhandene bitter schmeckende Substanzen zu sein, die zum Verzehr anregen. Eine positive Wirkung auf die Verdauung ↗ ist nicht auszuschließen. Auch wegen der mit der Entrindung verbundenen Beschäftigung u. Abnutzung der Hornsubstanz des Schnabels sollten Z. oft angeboten werden. Die im Winter u. Frühjahr an den Z.n der Laubgehölze entstehenden Blattanlagen, die Knospen, sind wegen ihres Vitamin- u. Kohlenhydratgehaltes ein wertvoller Futterstoff. Bevorzugt werden Z. von Baum-An mit relativ weichem Holz, wie Weide, Pappel, Eberesche, aber auch Fichte u. Kiefer. Für Papageien ↗ können auch Harthölzer, z. B. Eiche, angeboten werden.

Zweigsänger → Sylviidae
Zwergamazone, NN → Dunenkopf
Zwergammer *(Ocyris pusilla)* → *Ocyris*
Zwergbärtlinge → *Pogoniulus* → *Viridibucco*
Zwergblässgans *(Anser erythropus)* → *Anser*
Zwergdommel *(Ixobrychus minutus)* → *Ixobrychus*
Zwergdrossel *(Catharus ustulatus)* → *Catharus*
Zwergeinsiedler *(Phaethornis ruber)* → *Phaethornis*
Zwergeisvogel *(Ispidina picta)* → *Ispidina*
Zwergelfe *(Mellisuga minima)* → *Mellisuga*
Zwergelsterchen *(Lepidopygia nana)* → *Lepidopygia*
Zwergeremit *(Phaethornis longuemareus)* → *Phaethornis*
Zwergfasanen → Galloperdicinae
Zwergflamingo *(Phoenicopterus minor)* → *Phoenicopterus*
Zwerggänsegeier, NN → Weißrückengeier
Zwergkardinal *(Lophospingus pusillus)* → *Lophospingus*
Zwergkiwi *(Apteryx owenii)* → *Apteryx*
Zwergkleiber, NN → Zimtkleiber
Zwergkolibri *(Mellisuga minima)* → *Mellisuga*
Zwergkönigsfischer *(Ispidina picta)* → *Ispidina*
Zwerglachtaube *(Streptopelia tranquebarica)* → *Streptopelia*
Zwergmaskenweber *(Sitagra luteola)* → *Sitagra*
Zwergmennigvogel *(Pericrocotus cinnamomeus)* → *Pericrocotus*
Zwergmoschuslori *(Glossopsitta pusilla)* → *Glossopsitta*
Zwergmöwe *(Hydrocoloeus minutus)* → *Hydrocoloeus*
Zwergniltava *(Niltava macgrigoriae)* → *Niltava*
Zwergohreule *(Otus scops)* → *Otus*
Zwergpapageien → Psittaculirostrinae
Zwergpfäffchen *(Sporophila minuta)* → *Sporophila*
Zwergpfeifgans *(Dendrocygna javanica)* → *Dendrocygna*
Zwergralle *(Porzana pusilla)* → *Porzana*
Zwergsäger *(Mergellus albellus)* → *Mergellus*
Zwergscharbe *(Microcarbo pygmeus)* → *Microcarbo*
Zwergschilffink, UA → Braunbrustschilffink
Zwergschnäpper *(Erythrosterna parva)* → *Erythrosterna*
Zwergschneegans *(Chen rossii)* → *Chen*
Zwergschwan *(Olor bewickii)* → *Olor*
Zwergseeschwalbe *(Sterna albifrons)* → *Sterna*
Zwergspint *(Melittophagus pusillus)* → *Melittophagus*
Zwergstrandläufer *(Ereunetes minutus)* → *Ereunetes*
Zwergsultansralle *(Porphyrio martinica)* → *Porphyrio*
Zwergtäubchen *(Columbigallina minuta)* → *Columbigallina*
Zwergtaucher *(Tachybaptus ruficollis)* → *Tachybaptus*
Zwergtimalie *(Yuhina nigrimenta)* → *Yuhina*
Zwergtrappe *(Tetrax tetrax)* → *Tetrax*
Zwerguhu *(Bubo poensis)* → *Bubo*
Zwergveilchenohr *(Colibri thalassinus)* → *Colibri*
Zwergwachtel *(Coturnix chinensis)* → *Coturnix*
Zwergweber *(Sitagra luteola)* → *Sitagra*
Zwischenkleid → Brutkleid
Zyklopie. Mißbildung beim Vogelembryo. Einäugigkeit.

Bildnachweis

Die Angaben beziehen sich auf die Seiten im Lexikon. Befinden sich auf einer Seite 2 Aufnahmen von einem Bildautor wird nur die Seitenzahl angegeben, sonst wird durch links (l.), rechts (r.), oben (o.) und unten (u.) unterschieden.

Bernásèk, Lanskroun 379
Bielfeld, Hamburg 103
Borrmann, Lüttenhagen 193 r., 338, 353
Bruchholz, Rothenburg 370
Hofer, Halle 435
Klatt, Erfurt 127
Kleefisch, Bonn 84, 229, 487, 609
Kraft, Angelburg-Gönnern 140, 219
Lange, Leipzig 223
Löhrl, Egenhausen 453, 566
Müller, Bomlitz 37, 55, 61, 134 r., 182, 193 l. 314 r. (u.), 337, 441, 496, 501, 528 l., 557, 583, 589, 644
Reinhard, Heiligkreuzsteinach-Eiterbach 11, 17, 22 r., 23, 39, 46, 60 r., 65, 66, 74, 99, 108, 109, 110, 111, 124, 130, 174, 183, 187, 188 r., 210, 214, 217, 218, 220, 232, 241, 244, 250, 261, 262, 267, 271, 297, 303, 310, 317, 334, 335, 340, 347 r., 363, 390, 398, 399, 402, 417, 419 r., 423, 425 l., 429, 436, 439, 454, 467 r. (o.), 469, 470, 475, 488, 500, 513, 517, 528 r., 531, 532 l., 543, 547 l., 562 r., 563, 567, 571, 574, 576 r., 577, 578, 595, 598, 602, 605, 607 l., 610, 617, 623, 636, 638, 640, 657, 671, 675, 677
Robiller, F., Weimar 9, 10, 13, 19, 22 l., 26, 29, 30, 31, 34, 38, 43, 47, 48, 51, 57, 60 l., 64, 67, 68, 69, 73, 76, 79, 81, 90, 100, 101, 105, 114, 118 r., 126, 132, 133, 135, 141, 144, 148, 149, 154, 169, 173, 184, 188 l., 189, 194 l., 207, 211, 215, 216, 221, 223 r. (u.), 225, 226 l., 227, 228, 231, 239, 248, 249, 251, 258, 263, 279, 280, 283, 286, 287, 299, 300, 314 r. (o.), 315, 330, 333, 336, 341, 344, 347 l., 349, 352, 355, 366 l., 368, 374, 384, 386, 387, 388, 391, 392, 393, 404, 405, 411, 413, 418, 419 l., 422, 425 r., 427, 437, 443, 445, 447, 448, 457, 458, 462, 467 l., 467 т. (u.), 476, 477, 478, 484, 486, 489, 491, 497, 499, 505, 519, 522, 523, 532 r., 536, 542, 547 r., 554, 562 l., 568, 569, 570, 573, 576 l., 586, 588, 593, 594, 601, 604, 607 r., 616, 621, 622, 628, 629, 631 r., 632, 643, 646, 647 r., 651, 653, 654, 656, 668
Robiller, M., Weimar 102, 116, 171, 255, 354, 358, 359, 587
Rudloff, Berlin 59, 117, 118 l., 123, 139, 147, 178, 194 r., 236, 270, 289, 345, 464, 527, 544, 546, 575, 631 l., 647 l.
Scheithauer, Bad Aibling 21, 32, 33, 145, 191, 213, 226 r., 243, 301
Schifter, Wien 158, 655
Trogisch, Walsrode 134 l.

In folgenden Institutionen wurden Aufnahmen vorgenommen:

Brehm – Gedenkstätte, Reuthendorf 95
Naumann Museum, Köthen 407
Tierpark Berlin 236, 464
Vogelpark Walsrode 30, 34, 37, 38, 48, 51, 55, 60 l., 61, 64, 67, 69, 81, 100, 101, 102, 103, 105, 118 r., 126, 132, 134 r., 135, 148, 169, 182, 184, 189, 193 l., 194 l., 207, 215, 216, 225 l., 226 l., 227, 248, 263, 280 r., 286, 300, 314 r. (u.), 330, 337, 341 l. (o.), 384, 391, 404, 405, 411, 413, 427 l., 441, 447, 448, 457, 496, 501, 528 l., 532 r., 536, 542 r., 557, 573, 583, 589, 628, 632, 644, 647 r.
Zoo Dresden 345
Zoo Leipzig 139 r.
Zoo München-Hellabrunn 249
Zoo Prag 139 l.